Código de Processo Civil

Código de Processo Civil

Anotado, Comentado e Interpretado

Volume II · 2015

PARTE ESPECIAL I (Arts. 318 a 692)

Artur César de Souza

Juiz Federal

Professor Universitário

Pós-Doutor em Direito

ALMEDINA

CÓDIGO DE PROCESSO CIVIL – VOLUME II
Anotado, Comentado e Interpretado
© Almedina, 2015

AUTOR: Artur César de Souza
DIAGRAMAÇÃO: Almedina
DESIGN DE CAPA: FBA
ISBN: 978-858-49-3055-5

Dados Internacionais de Catalogação na Publicação (CIP)
(Câmara Brasileira do Livro, SP, Brasil)

Souza, Artur César de
Código de processo civil: anotado, comentado
e interpretado: parte especial (arts. 318 a 692),
volume II / Artur César de Souza. – São Paulo:
Almedina, 2015.
ISBN 978-85-8493-055-5
1. Processo civil 2. Processo civil – Brasil
3. Processo civil – Legislação – Brasil I. Título.

15-05627 CDU-347.9(81)(094)

Índices para catálogo sistemático:
1. Brasil: Leis: Processo civil 347.9(81)(094)
2. Leis: Processo civil: Brasil 347.9(81)(094)

Este livro segue as regras do novo Acordo Ortográfico da Língua Portuguesa (1990).

Agosto, 2015

EDITORA: Almedina Brasil
Rua José Maria Lisboa, 860, Conj. 131 e 132, Jardim Paulista | 01423-001 São Paulo | Brasil
editora@almedina.com.br
www.almedina.com.br

ABREVIATURAS

AC TC – Acórdão Tribunal Constitucional
Ac. Acórdão
ACO – Ação Civil Ordinária
ACP – Ação Civil Pública
ADI-MC – Medida Cautelar em Ação Direta de Inconstitucionalidade
ADIN – Ação Direta de Inconstitucionalidade
ADPF – Arguição de Descumprimento de Preceito Fundamental
AG – Agravo
AgR – Agravo Regimental
AGRCR – Agravo Regimental em Carta Rogatória
AgREsp – Agravo em Recurso Especial
AgRg na APn – Agravo Regimental na Ação Penal
AgRg no Ag – Agravo Regimental no Agravo
AgRg no Ag – Agravo Regimental no Agravo
AgRg no AREsp – Agravo Regimental no Agravo em Recurso Especial
AgRg no CC – Agravo no Conflito de Competência
AgRg no RMS – Agravo Regimental no Recurso em Mandado de Segurança
AgRg nos EREsp – Agravo Regimental nos Embargos em Recurso Especial
AGU – Advocacia Geral da União
AI – Agravo de Instrumento
ALI – American Law Institute.
AR – Ação Rescisória
ARE – Recurso Extraordinário com Agravo.
Art. – Artigo
BACENJUD – Banco Central do Brasil Judiciário
BGB – Código Civil Alemão

C. Pr. Civil – Código de Processo Civil
C.C. – Código Civil
C.C.B. – Código Civil Brasileiro
C.c.b. – Código Civil Brasileiro
C.F. – Constituição Federal
C.J.F. – Conselho da Justiça Federal
C.N.J. – Conselho Nacional de Justiça
C.P.C. – Código de Processo Civil
C.P.P. – Código de Processo Penal
Cass. – Cassação
CC – Código Civil
CC – Conflito de Competência
CDA – Certidão de Dívida Ativa
CDC – Código de Defesa do Consumidor
CEF – Caixa Econômica Federal
Com. – Comentários
CONFEA – Conselho Federal de Engenharia e Agronomia
Conv. Eur. Dir. Uomo – Convênio Europeu dos Direitos dos Homens
CPC – Código de Processo Civil
CPCC – Código de Processo Civil Comentado
CRC – Conselho Regional de Contabilidade
CREAA – Conselho Regional de Engenharia e Agronomia e Arquitetura
CRM – Conselho Regional de Medicina
CSLL – Contribuição Social sobre Lucro Líquido
CTN – Código Tributário Nacional
D – Digesto
D.E. – Diário Eletrônico
Dec. – Decreto
DF – Distrito Federal
DI – Direito Internacional
Disp. Trans. – Disposições Transitórias
DIVULG – Divulgação
DJ – Diário da Justiça
DJe – Diário da Justiça Eletrônico
DNA – ácido desoxirribonucléico
DOU – Diário da Justiça da União
DR – Diário da República
EAD – Ensino à Distância
EC – Emenda Constitucional

ECA – Estatuto da Criança e do adolescente
ED – Embargos de Declaração
EDcl – Embargos de Declaração
EDcl nos EDcl no AgRg na MC. – Embargos de Declaração nos Embargos de Declaração no Agravo Regimental na Medida Cautelar
EDcl nos EDcl no RHC – Embargos de Declaração nos Embargos de Declaração no Recurso em Habeas Corpus
EDcl nos EDcl nos EDcl no AgRg na ExSusp – Embargos de Declaração nos Embargos de Declaração nos Embargos de Declaração no Agravo Regimental na Exceção de Suspeição.
EDcl nos EDcl nos EDcl nos EDcl no AgRg no REsp – Embargos de declaração nos Embargos de Declaração nos Embargos de Declaração nos Embargos de Declaração no Agravo Regimental no Recurso Especial
ED-ED-AgR – Embargos de Declaração em Embargos de Declaração em Agravo Regimental
EMENT – Ementário
EOA – Estatuto da Ordem dos Advogados
FGTS – Fundo de Garantia por Tempo de Serviço
FUNAI – Fundação Nacional do Índio
HC – Habeas Corpus
INC. – Inciso
INCRA – Instituto Nacional de Colonização e Reforma Agrária
INSS – Instituto Nacional de Seguridade Social
IRPJ – Imposto de Renda Pessoa Jurídica
J. – julgamento
L. – Lei.
LACP – Lei da Ação Civil Pública
LC – Lei Complementar
LDi – Lei de Divórcio
LICC – Lei de Introdução ao Código Civil brasileiro
LOMAN – Lei Orgânica da Magistratura Nacional
LOPJ – Lei Orgânica do Poder Judiciária
M.P. – Ministério Público
MC-REF – Referendo Medida Cautelar
MI – Mandado de Injunção
MIN. – Ministro
MP – Medida Provisória
MPF – Ministério Público Federal
MRE/MF – Ministério das Relações Exteriores/Ministério da Fazenda

MS – Mandado de Segurança
N. – número
OAB – Ordem dos Advogados do Brasil
ONG – Organização não Governamental
ONU – Organização das Nações Unidas
ORTN – Obrigações Reajustáveis do Tesouro Nacional.
PET – Petição
PIS/PASEP – Programa de Integração Social/Programa de Formação do Patrimônio do Servidor Público
PROJUDI – Processo Judicial
PUBLIC – Publicação
QO – Questão de Ordem
R0 – Recurso Ordinário
Rcl – Reclamação
RE – Recurso Extraordinário
Rel. – Relação
Rel. – Relator
REsp – Recurso Especial
Rev. – Revista
RHC – Recurso em Habeas Corpus
RI/STF – Regimento Interno do Supremo Tribunal Federal
RMS – Recurso em Mandado de Segurança
RPV – Requisição de Pequeno Valor
RSTJ – Revista do Superior Tribunal de Justiça
RT – Revista dos Tribunais
RTJ – Revista Trimestral de Jurisprudência
S.T.F. – Supremo Tribunal Federal
S.T.J. – Superior Tribunal de Justiça
SE – Sentença Estrangeira
SEC – Sentença Estrangeira Contestada
SENT. – Sentença
SIMP – Simpósio
SISTCON – Sistema de Conciliação
STC – Supremo Tribunal Constitucional
STEDH – Sentença do Tribunal Europeu de Direitos Humanos
T.R.Fs. – Tribunais Regionais Federais
T.S.M. – Tribunal Superior Militar
TEDH – Tribunal Europeu de Direitos Humanos
TFR – Tribunal Federal de Recurso

TJ/RS – Tribunal de Justiça do Rio Grande do Sul
TRF 1ª – Tribunal Regional Federal da 1ª Região
TRF4 – Tribunal Regional Federal da 4ª Região.
TRT – Tribunal Regional do Trabalho
TSE – Tribunal Superior Eleitoral
TST – Tribunal Superior do Trabalho
UERJ – Universidade Estadual do Rio de Janeiro
UNIDROIT – International Institute for the Unification
UTI – Unidade de Terapia Intensiva
VOL – Volume
ZPO – Código de Processo Civil Alemão

SUMÁRIO

PARTE ESPECIAL I

Parte Especial

LIVRO I – DO PROCESSO DE CONHECIMENTO E DO CUMPRIMENTO DE SENTENÇA

TÍTULO I – Do Procedimento Comum

CAPÍTULO I – Disposições Gerais

Art. 318

Aplica-se a todas as causas o procedimento comum, salvo disposição em contrário deste Código ou de lei.

Parágrafo Único. O procedimento comum aplica-se subsidiariamente aos demais procedimentos especiais e ao processo de execução.

Aplicação do procedimento comum

Sob a égide do C.P.C. de 1973, especificamente o seu art. 272, o *procedimento comum* era subdividido em *ordinário e sumário.*

O art. 275 do C.P.C. de 1973 estabelecia quais causas deveriam seguir o procedimento comum sumário, a saber:

> *I – nas causas cujo valor não exceda a 60 (sessenta) vezes o valor do salário mínimo; (Redação dada pela Lei nº 10.444, de 7.5.2002)*
>
> *II – nas causas, qualquer que seja o valor (Redação dada pela Lei nº 9.245, de 26.12.1995)*

a) de arrendamento rural e de parceria agrícola; (Redação dada pela Lei nº 9.245, de 26.12.1995)

b) de cobrança ao condômino de quaisquer quantias devidas ao condomínio; (Redação dada pela Lei nº 9.245, de 26.12.1995)

c) de ressarcimento por danos em prédio urbano ou rústico; (Redação dada pela Lei nº 9.245, de 26.12.1995)

d) de ressarcimento por danos causados em acidente de veículo de via terrestre; (Redação dada pela Lei nº 9.245, de 26.12.1995)

e) de cobrança de seguro, relativamente aos danos causados em acidente de veículo, ressalvados os casos de processo de execução; (Redação dada pela Lei nº 9.245, de 26.12.1995)

f) de cobrança de honorários dos profissionais liberais, ressalvado o disposto em legislação especial; (Redação dada pela Lei nº 9.245, de 26.12.1995)

g) que versem sobre revogação de doação; (Redação dada pela Lei nº 12.122, de 2009)

h) nos demais casos previstos em lei. (Incluído pela Lei nº 12.122, de 2009)

Segundo prescrevia o parágrafo único do art. 275 do C.P.C. de 1973, o procedimento sumário não seria observado nas ações relativas ao estado e à capacidade das pessoas. (Redação dada pela Lei nº 9.245, de 26.12.1995)

O novo C.P.C. não faz mais essa distinção entre procedimento comum ordinário e sumário, razão pela qual todas as causas, salvo disposição em contrário deste Código ou da lei, deverão apenas seguir o procedimento comum, deixando de existir o procedimento comum *sumário*.

Contudo, ainda se deve observar o rito dos Juizados Especiais Comuns ou Federais para as causas tratadas na Lei 9.099/95 ou na Lei dos Juizados Federais.

Na realidade, o legislador do novo C.P.C. procurou simplificar o rito (o procedimento) a ser adotado em quase todas as causas, concentrando todas elas no procedimento.

Porém, ainda prevalece os ritos sumários em relação às legislações especiais, como é o caso do mandado de segurança.

O processo em que é formulado um pedido de tutela de urgência cautelar antecedente também apresenta um rito sumarizado.

Preceitua o parágrafo *único do art. 318* do novo C.P.C. que *o procedimento comum aplica-se subsidiariamente aos demais procedimentos especiais e ao processo de execução.*

As normas que regulamentam o procedimento comum devem ser aplicadas subsidiariamente aos procedimentos especiais regulados neste Código, assim como no processo de execução ou de cumprimento de sentença, naquilo que não se ache diversamente regulado.

Portanto, o procedimento comum passa a ser uma regra geral para todos os procedimentos especiais, inclusive para o processo de execução, salvo em relação às normas que são específicas na regulação desses procedimentos ou desse processo de execução.

Aliás, é importante salientar que quando, para cada pedido, corresponder tipo diverso de procedimento, será admitida a cumulação se o autor empregar o procedimento comum, sem prejuízo do emprego das técnicas processuais diferenciadas previstas nos procedimentos especiais a que se sujeitam um ou mais pedidos cumulados, que não forem incompatíveis com as disposições sobre o procedimento comum (§2º do art. 327 do atual C.P.C.).

Sobre o tema, eis os seguintes precedentes do S.T.J.:

> *1. É juridicamente viável, de acordo com os requisitos do art. 292, § 1º, do CPC, a cumulação em um único processo sob o rito do procedimento comum ordinário de pedidos indenizatório (natureza condenatória) e anulatório (natureza constitutiva negativa), mormente quando facultado à parte pleitear a reparação pela frustração do negócio por ação própria e autônoma.*
>
> *(...).*
>
> (REsp 647.456/SP, Rel. Ministro RICARDO VILLAS BÔAS CUEVA, TERCEIRA TURMA, julgado em 16/04/2013, DJe 25/04/2013)

> *– De acordo com o art. 292, § 1º, III e § 2º, do CPC, a cumulação de pedidos se sujeita, entre outros requisitos, à identidade de procedimento ou à possibilidade de que todos os pedidos sejam processados pelo rito ordinário.*
>
> *– Em nosso sistema processual prevalece a regra da indisponibilidade do procedimento, segundo a qual as partes não podem alterar a espécie procedimental prevista para determinada situação litigiosa.*
>
> *Todavia, há situações em que o ordenamento jurídico possibilita que pedidos sujeitos a procedimentos especiais sejam também formulados via procedimento comum, como é o caso das ações possessórias e monitórias.*
>
> *– Dessa forma, a partir de uma análise sistemática do CPC, conclui-se que a regra do art. 292, § 2º, não se aplica indiscriminadamente, alcançando apenas os pedidos sujeitos a procedimentos que admitam conversão para o rito ordinário.*
>
> *– Na cobertura do art. 292, § 2o, do CPC, os pedidos que guardam compatibilidade e não demonstram diversidade de procedimento podem e devem ser apreciados. Precedentes.*
>
> *– No particular, tendo a parte feito uso dos embargos de terceiro, poderiam, em princípio, ser conhecidos os pedidos compatíveis com o procedimento aplicável a tal ação. Todavia, a parte estabelece confusão acerca da condição em que litiga no processo,*

se como proprietária do imóvel ou credora hipotecária dos executados. Essa confusão, que impede o estabelecimento de uma ligação lógica e coerente entre a narrativa dos fatos e os pedidos formulados, caracteriza a inépcia da petição inicial, nos termos do art. 295, parágrafo único, II, do CPC, a ensejar a extinção da ação sem o julgamento do mérito, com fulcro no art. 267, I, do CPC.

Recurso especial a que se nega provimento.

(REsp 993.535/PR, Rel. Ministra NANCY ANDRIGHI, TERCEIRA TURMA, julgado em 06/04/2010, DJe 22/04/2010)

Ação de consignação em pagamento. Cumulação de pedidos. Precedentes da Corte.

1. Já decidiu a Corte ser possível em ação de consignação em pagamento "examinar o critério de reajustamento em contratos de mútuo para a aquisição da casa própria" (REsp nº 257.365/SE, de minha relatoria, DJ de 18/6/01). Há, também, precedente no sentido de que se admite "a cumulação dos pedidos de revisão de cláusulas do contrato e de consignação em pagamento das parcelas tidas como devidas por força do mesmo negócio jurídico" e de que quando o autor cumula pedidos "que possuem procedimentos judiciais diversos, implicitamente requer o emprego do procedimento ordinário" (REsp nº 464.439/GO, Relatora a Ministra Nancy Andrighi, DJ de 23/6/03).

2. Não viola o art. 292, § 1º, I e II, do Código de Processo Civil a decisão que defere ao autor a possibilidade de opção pelo procedimento ordinário antes do indeferimento da inicial.

3. Recurso especial não conhecido.

(REsp 616.357/PE, Rel. Ministro CARLOS ALBERTO MENEZES DIREITO, TERCEIRA TURMA, julgado em 07/06/2005, DJ 22/08/2005, p. 263).

CAPÍTULO II – Da Petição Inicial

SEÇÃO I – Dos requisitos da petição inicial

Art. 319

A petição inicial indicará:

I – o juízo a que é dirigida;

II – os nomes, os prenomes, o estado civil, a existência de união estável, a profissão, o número de inscrição no Cadastro de Pessoas Físicas ou no Cadastro Nacional da Pessoa Jurídica, o endereço eletrônico, o domicílio e a residência do autor e do réu;

III – o fato e os fundamentos jurídicos do pedido;

IV – o pedido com as suas especificações;

V – o valor da causa;

VI – as provas com que o autor pretende demonstrar a verdade dos fatos alegados;

VII – a opção do autor pela realização ou não de audiência de conciliação ou de mediação.

§1º. Caso não disponha das informações previstas no inciso II, poderá o autor, na petição inicial, requerer ao juiz diligências necessárias a sua obtenção.

§2º A petição inicial não será indeferida se, a despeito da falta de informações a que se refere o inciso II, for possível a citação do réu.

§3º A petição inicial não será indeferida pelo não atendimento ao disposto no inciso II deste artigo se a obtenção de tais informações tornar impossível ou excessivamente oneroso o acesso à justiça.

Requisitos da petição inicial

Na visão de Salvatore Satta, *"(...) a demanda exprime a instância absoluta de concretização do ordenamento jurídico (em próprio favor), sendo ela pois a própria ação a materializar-se num ato, qual o da postulação de direito e de fato. Justamente por isso é que a demanda é nada obstante a revelação da autonomia plena do sujeito, de sua liberdade, posto que sua e de mais ninguém pode ser a postulação em juízo, sendo tal, além de mais nada, a expressão do princípio dispositivo do processo, vale dizer, de sujeição do juízo da ação"*.[1]

Portanto, o *ato típico* pelo qual se traduz o exercício do direito de ação constitucional para a prestação da tutela jurisdicional é a proposição da *demanda*. Por meio de tal ato, quem age assume a veste de autor e pede ao juiz a pronúncia de um provimento de tutela jurisdicional.

E a exteriorização empírica e concreta da demanda se faz, em regra, pela *petição escrita*, denominada por nós de *petição inicial* do processo jurisdicional.

Conforme anotam Luigi Paolo Comoglio, Corrado Ferri e Michele Taruffo, a petição inicial, para que sirva de instrução de exteriorização da demanda, deve conter:

[1] SATTA, Salvatore. . *Direito processual civil*. Trad. de Luiz Autuori. 7. Ed., Rio de Janeiro: Editor Borsoi, 1973. p. 171.

"1) a indicação do juízo em que se propõe a demanda;

2) a generalidade do autor e do réu (nome, cognome, residência) ou, no caso de pessoa jurídica e de associações não reconhecidas ou de comitês, a denominação ou a empresa, com indicação do órgão ou do escritório que tenha representação em juízo;

3) a determinação da coisa objeto da demanda (isto é, o pedido mediato, ou o bem e a prestação que se pede à contraparte por força de uma específica causa de pedir; isso se subordina, instrumentalmente, ao denominado pedido imediato, que é por sua vez a forma de tutela ou o tipo de provimento pedido ao juiz);

4) a exposição dos fatos (que se alegam) e dos elementos (que se afirmam) constituindo as razões de direito da demanda, com as relativas conclusões (no qual se sintetizam os termos essenciais da demanda: pedido, medida ou imediato, e causa de pedir);

5) a indicação específica dos meios de prova (que o autor deduz, desejando-se fazer valer em juízo) e, em particular, dos documentos (que ele oferece em comunicação e, por isso, produz);

6) a generalidade do procurador e indicação da procuração já concedida (salvo o caso previsto no art. 125, inc. 2) ..."[2]

Daí porque a importância de uma petição inicial bem formulada, objetiva e precisa na descrição dos fundamentos jurídicos de fato e de direito.

O *art. 319* do novo C.P.C. preconiza que *a petição inicial* indicará:

I – o juízo a que é dirigida.

Trata-se de um pressuposto de validade da relação jurídica processual, pois a demanda deve ser formulada perante o juízo ou tribunal competente.

Por vezes, a Constituição Federal estabelece quais são as causas originárias que devem ser julgadas pelos tribunais de apelação ou pelos tribunais superiores.

Em regra, a competência do juízo é estabelecida por este código ou pelos códigos de organização judiciária.

Evidentemente que em se tratando de diversos juízos competentes e sujeitos a distribuição, o autor não poderá indicar especificamente o juiz, indicando apenas sua competência material para conhecer da pretensão de direito público.

Somente após a distribuição do processo é que se conhecerá em definitivo qual o juízo competente para análise da causa.

A indicação do juízo a que é dirigida a petição inicial dá-se no início da petição: *Excelentíssimo Senhor Juiz da ....vara cível, criminal etc. da comarca ou seção judiciária....*

[2] COMOGLIO, Luigi Paolo; FERRI, Corrado; TARUFFO, Michele. *Lezioni sul processo civile – il processo ordinário di cognizione.* Bologna: Il Mulino, 2006. p. 246 e 247.

II – os nomes, os prenomes, o estado civil, a existência de união estável, a profissão, o número de inscrição no Cadastro de Pessoas Físicas ou no Cadastro Nacional da Pessoa Jurídica, o endereço eletrônico, o domicílio e a residência do autor e do réu.

A individualização das partes com maior objetividade possível é importante para se identificar com segurança o autor e o réu.

O C.P.C. de 1973 (art. 282, inc. II), assim como o Projeto originário do Senado Federal n. 166/10 (art. 303, inc. II) não exigiam na identificação do autor e do réu o número no cadastro de pessoas físicas ou do cadastro de pessoa jurídica, nem mesmo o endereço eletrônico (e-mail).

A inserção do endereço eletrônico na petição inicial é requisito importante para se adequar os requisitos da petição inicial aos sistemas informatizados de processo eletrônico, nos quais constam essas exigências de identificação das partes.

Há necessidade também da indicação do CPF em caso de pessoa física ou do CNPJ no caso de pessoa jurídica.

Note-se que recentemente o S.T.J. assim decidiu no REsp n. 1.450.819-AM:

> *(...).*
>
> *3. Nas instâncias ordinárias, decidiu-se pelo indeferimento da petição inicial de ação de execução fiscal movida pelo município de Manaus-AM, sob o argumento da falta de indicação, pelo exequente, do número do CPF da pessoa física executada.*
>
> *4. Tal exigência, contudo, não se acha prevista na legislação especial que rege o procedimento executivo fiscal, a saber, a Lei nº 6.830/80, cujo art. 6º, ao elencar os requisitos da petição inicial, não prevê o fornecimento do CPF da parte executada, providência, diga-se, também não contemplada no art. 282, II, do CPC.*
>
> *5. A previsão de que a petição inicial de qualquer ação judicial contenha o CPF ou o CNPJ do réu encontra suporte, unicamente, no art. 15 da Lei nº 11.419/06, que disciplina a informatização dos processos judiciais, cuidando-se, nessa perspectiva, de norma de caráter geral.*
>
> *6. Portanto, e sem que se esteja a questionar a utilidade da indicação do CPF da pessoa física executada já na peça inaugural, certo é que não se pode cogitar de seu indeferimento com base em exigência não consignada na legislação específica (Lei nº 6.830/80-LEF), tanto mais quando o nome e endereço da parte executada, trazidos com a inicial, possibilitem, em tese, a efetivação do ato citatório.*
>
> *7. Em caso assemelhado, também decidido em sede de repetitivo, a 1ª Seção do STJ concluiu por afastar a exigência de que a exordial da execução se fizesse acompanhar, também, da planilha discriminativa de cálculos, isto porque "A petição inicial da execução fiscal apresenta seus requisitos essenciais próprios e especiais que não podem ser exacerbados a pretexto da aplicação do Código de Processo Civil, o qual, por conviver*

com a lex specialis, somente se aplica subsidiariamente" (REsp 1.138.202/ES, Rel. Min. Luiz Fux, DJe 01/02/2010).

8. Outrossim, a existência de atos normativos do Conselho Nacional de Justiça (Resoluções 46/07 e 121/10) e de verbete do Tribunal local (Súmula 02/TJAM), prevendo a indicação do CPF/CNPJ dos litigantes já no pórtico das ações em geral, não se prestam, só por si, a legitimar o indeferimento da petição inicial em ações de execução fiscal, sem prejuízo da vinda desses dados cadastrais em momento posterior.

9. Tese fixada para os fins do art. 543-C do CPC: "Em ações de execução fiscal, descabe indeferir a petição inicial sob o argumento da falta de indicação do CPF e/ou RG da parte executada (pessoa física), visto tratar-se de requisito não previsto no art. 6º da Lei nº 6.830/80 (LEF), cujo diploma, por sua especialidade, ostenta primazia sobre a legislação de cunho geral, como ocorre frente à exigência contida no art. 15 da Lei nº 11.419/06".

10. Recurso especial do fisco municipal parcialmente conhecido e, nessa extensão, provido para, no caso concreto, determinar-se o regular prosseguimento da execução fiscal.

(REsp 1450819/AM, Rel. Ministro SÉRGIO KUKINA, PRIMEIRA SEÇÃO, julgado em 12/11/2014, DJe 12/12/2014)

Evidentemente que se o autor não tiver o número no cadastro de pessoas físicas ou do cadastro de pessoa jurídica, por circunstâncias alheias à sua vontade, não poderá ser impedido de promover sua demanda pela falta de tal requisito, pois a Constituição Federal preconiza que a lei não poderá excluir da apreciação do poder judiciário lesão ou ameaça de lesão a direitos. Isso significa dizer que a lei não poderá exigir requisitos por vezes impossíveis de serem preenchidos, sob pena de mácula ao princípio da ubiquidade.

Evidentemente que caberá ao autor apresentar justificação objetiva pelo qual não possui tal informação.

Na petição inicial deverá ser indicada ainda o estado civil do autor e do réu, ou a indicação de que vivem em união estável.

III – o fato e os fundamentos jurídicos do pedido.

Dentre os três elementos da demanda: parte, pedido e causa de pedir, deve-se dar uma atenção especial à descrição dos fundamentos de fato e de direito inseridos na petição inicial.

Este dispositivo trata da indicação na petição inicial da *causa de pedir* da pretensão, ou seja, a causa de pedir próxima que caracteriza o interesse processual imediato e a causa de pedir remota.

Conforme ensina Giuseppe Tarzia, *"o Escopo da fase preparatória não é somente aquele de individualizar os sujeitos do processo, mas também e sobretudo, aquele de delimitar o objeto do processo sobre o qual é solicitado a intervenção da autoridade judiciária: é assim o 'thema decidendum', como as questões que o juiz deve conhecer 'incidenter tantum', com o fim de se pronunciar sobre a demanda judicial.*[3]

Sem dúvida, não é apenas o pedido que delimita o *thema decidendum*, mas com muito maior razão a causa de pedir próxima e remota.

Segundo anota Andrea Proto Pisani, *"a indicação das razões da demanda ou a exposição dos fatos e dos elementos do direito constituintes das razões da demanda coincide com o requisito tradicionalmente indicado com a expressão 'causa de pedir' ... neste momento me parece suficiente identificar o título ou a 'causa de pedir' com o fato constitutivo (ou os fatos constitutivos) do direito feito valer em juízo pelo autor".*[4]

Na realidade, o réu não se defende do pedido, mas, sim, dos argumentos inseridos como constituintes dos fundamentos de fato e de direito da pretensão formulada em juízo pelo autor. O que o réu solicita é que seja indeferido o pedido formulado.

Na realidade, entre os elementos da demanda, *"a maior dificuldade encontra-se na causa de pedir, o título da demanda e da causa, ou, se se preferir, o conjunto de fatos e dos elementos de direito que constituem as razões da demanda...Trata-se das razões jurídicas sobre as quais se funda o pedido, ou também dos fatos jurídicos que se ligam aos fundamentos do direito substancial afirmado. Mas incerto é o 'quantum mínimo' de 'fatos' ou de 'razões', que se necessita identificar e precisar na demanda, para que o mérito possa ser resolvido.*

Os contrastes apresentam-se com o tempo e se ligam às tradições germânicas do século XIX.

Enquanto a teoria da denominada 'substanciação', coordenando-se com o princípio da 'eventualidade', impunha ao autor o ônus de sintetizar na própria demanda 'todos' os eventuais fatos históricos, igualmente (ou alternativamente) invocáveis àqueles fatos constitutivos do direito afirmado, a teoria da 'individualização 'exigia, ao invés, a mera especificação do direito substancial acionado, fazendo depender a 'causa de pedir' da simples função de identificar a relação jurídica controvertida, não necessitando das possíveis suas justificações jurídicas (concorrentes ou alternativas). Mas, se bem consideradas, aquelas duas teorias extremas são, na verdade, o lado direito e o verso de uma mesma moeda: alegar os fatos históricos e afirmar o direito ou a relação jurídica significa por em movimento atividades

[3] Tarzia, Giuseppe. *Lineamenti del processo civile di cognizione*. Seconda Edizione. Milano: Dott A. Giuffrè Editore, 2002. p. 86.

[4] Pisani, Andrea Protto. *Lezioni di diritto processuale civile*. Terza Edizione. Napoli: Casa Editrice Dott. Eugenio Jovene, 1999, p. 59.

processuais 'compatíveis', 'conexas' e 'complementarias', na medida em que a identificação da 'fattispecie' substancial realiza-se em exclusiva função dos 'efeitos jurídicos' que o autor entende decorrer disso (e que o juiz, com a pretensão formulada, é obrigado a verificar). O problema, na verdade, não está totalmente resolvido

São preferíveis soluções mais elásticas, baseadas porém sobre claros pontos de partida. Que o objeto típico do processo e da tutela jurisdicional sejam não um fato ou um ato, mas um 'direito', é muito óbvio (cfr. o at. 24 da Const. Italiana, o art. 2.907 do c.c. italiano ou o art. 99 do c.p.c. italiano). Que aquele direito, para se poder fazer valer, deva ser identificado por quem se afirma seu titular por meio de alegações de seus fatos constitutivos comprovados em juízo (ex art. 2.697, inc.I, c.c. italiano) é não menos óbvio. Mas a sua identificação depende da variação de suas características substanciais, ou, se se preferir, da variação estrutural das 'fattispecie' normativas, em que está geneticamente ligada.

E agora, buscando uma melhor orientação, parece útil a seguinte classificação:

a) entende-se por 'autodeterminado' aqueles direitos, por exemplo, o direito de propriedade, os direitos reais de gozo, e outros direitos absolutos, que podem existir 'uma vez somente' com o mesmo conteúdo, e entre os mesmos sujeitos, sem 'riguardo' à variação do fato genético;

b) *entende-se, por sua vez, por 'heterodeterminados' aqueles direitos, por exemplo, os direitos de crédito, além de outros direitos denominados relativos, e também os direitos reais de garantia (penhor ou hipoteca), que podem subsistir e ser constituídos 'mais vezes' com o mesmo conteúdo, entre os mesmos sujeitos.*

As consequências são opostas. Os primeiros (por exemplo, o direito de propriedade sobre determinada coisa) vêm normalmente afirmados e individualizados apenas sobre sua base de conteúdo, sem que assuma relevância diferencial a alegação de um ou mais fatos constitutivos concorrentes (para isso basta apenas um, para afirmar o direito na sua plena identidade; não importa que o mesmo possa pois, alternativamente, derivar também de outros...). Os segundos, ao contrário, devem ser afirmados e identificados em exclusiva função daquele específico fato constitutivo que venha, de vez em quando, alegado na demanda; já que, com a variação dos fatos constitutivos hipotizados, varia necessariamente também o conteúdo de sua identidade (por exemplo, não é de fato indiferente que um direito de crédito possa decorrer de um contrato de mútuo, de um comodato, de uma locação ou de uma compra e venda; como não é também indiferente que uma hipoteca, inscrita mais de uma vez sobre um mesmo bem, dependa de um título negociável, decorrente da lei ou de um provimento do juiz).

Somente para os direitos 'heterodeterminados' é que a 'causa de pedir' desenvolve uma função essencial de identificação do 'fattispecie' genética variável, condicionando da mesma forma a própria formulação do 'petitum' em relação à diversa disciplina jurídica aplicável, porque para esses direitos (diferentemente do que acontece, frequentemente, com os direitos 'autodeterminados') a mudança do fato singular constitutivo comporta sempre a mudança do direito a tutelar. Em outras palavras, o direito de crédito, que se deseja fazer valer, não é mais o mesmo, e a sua violação não produz mais os mesmos efeitos jurídicos...

(...).

Nunca um direito é feito valer em juízo em abstrato, com observância de toda sua teórica lesão ou a todo o seu possível efeito jurídico, mas vem acionado em concreto, com referência àquela 'específica lesão' que identifica, 'ex hic et nunc', a atualidade do interesse de agir de quem pretende invocar a tutela (ex art. 100 do c.p.c. italiano). É quanto basta, sob o plano prático, a impor para qualquer categoria de direito (auto ou heterodeterminado, potestativo ou não) a exigência constante de indicar, na demanda, uma específica 'razão jurídica' que se encontra geneticamente correlata aos 'fatos constitutivos' a alegar e a provar em juízo como fundamento daquele direito. Por coerência, a área de cobertura objetiva e os efeitos vinculantes do sucessivo julgado (art. 2.909 c.c.) devem limitar-se apenas e somente apenas à 'causa de pedir' que, por vontade da parte, identifica o particular direito acionado, sem se poder automaticamente também estender seus efeitos a outras não deduzidas, que possam ser teoricamente alternativas ou concorrentes".[5]

Comentando o direito processual civil alemão, anota Adolf Schönke:

"III. O escrito de demanda deve conter (§253, II).

(...).

4. A indicação precisa dos fundamentos do direito ou ação exercitada (fundamentos da demanda).

a) Os fundamentos da demanda estão constituídos pelo conjunto de fatos nos quais o demandante apoia sua ação. Nas demandas de prestação, portanto, devem ser consignados os fatos que na opinião do demandante sejam apropriados para fazer aparecer o direito como pertencente a ele, e ao mesmo tempo como violado pelo demandado; nas demandas declaratórias e constitutivas, os fatos constitutivos, os fatos concretos para o nascimento das consequências jurídicas afirmadas. Assim, na demanda de divórcio, designação das circunstâncias em que se apoie o direito do autor ao divórcio. Esta chamada teoria da substanciação é a dominante na prática (conforme pode ver-se por distintas resoluções do Tribunal Supremo). Por esta opinião abona o princípio de que é missão das partes produzir o material de fatos necessário para o litígio, enquanto o Juiz, tem que aplicar o direito. Igualmente o §499 a, 1, exige para a petição de conciliação, a indicação dos fatos que sirvam de apoio à ação.

Frente a esta, a teoria da individualização entende-se no §253 pelo fundamento da ação, uma relação jurídica concreta, que exige para a demanda indicação dos traços característicos pelos quais se distingue uma relação jurídica de outra. Importância prá-

[5] Comoglio, L. P.; Ferri, C.; Taruffo, M., op. Cit., p. 250 a 252.

tica tem esta divergência de opiniões para a teoria da modificação da demanda, para o procedimento contumacial e para a força da coisa julgada.

O Projeto de 1931, segundo a redação do §206, II, 3, inclina-se à teoria da substanciação.

Nas demandas sobre imóveis não basta, portanto, a designação do direito real (como, por exemplo, propriedade, servidão), mas, sim, é necessária a indicação do modo de adquirir (contrato, prescrição) (Tribunal Supremo). Nas demandas sobre direito sucessório, é indispensável a indicação da razão da chamada à herança.

Nas demandas declaratórias negativas, pelo contrário, é bastante a indicação da relação jurídica, cuja inexistência afirma o demandante; nestas demandas é de se seguir a teoria da individualização (Tribunal Supremo). Também é necessária a indicação dos fatos dos quais se deduza a legitimação em causa (Tribunal Supremo)".[6]

Sem que o autor indique precisamente no que consiste o *fato* e o *fundamento jurídico* do pedido, o réu não poderá exercer condignamente o contraditório e a ampla defesa, pois desconhecerá a causa de pedir que justifica o pedido do autor.

Se não houver a precisa indicação do fato e do fundamento jurídico, o juiz poderá indeferir a petição inicial por inépcia.

É certo que a parte autora deverá indicar com precisão o fato jurídico, sendo que a indicação do fundamento jurídico deverá transitar na esfera da probabilidade do conhecimento do pedido, pois em regra *o juiz conhece o direito*, podendo valer-se de outros fundamentos jurídicos que não apenas aqueles descritos na inicial. Daí porque se entende que mesmo que o autor indique de forma equivocada o fundamento jurídico do pedido, tal circunstância não impede que o juiz conheça da pretensão formulada.

Sobre o tema, eis os seguintes precedentes do S.T.J.:

1 – A autora, ora agravada, ajuizou ação de reintegração de posse e individualizou o imóvel, além de ter indicado os atos e a data em que teria havido a turbação da sua posse, o que afasta a alegada inépcia da petição inicial.

2 – Nesse contexto, observa-se da análise da inicial que, a fim de possibilitar a ampla defesa e o contraditório, são fornecidos de modo suficiente os elementos necessários ao estabelecimento da relação jurídico-processual, porquanto permite-se, pelos fatos apresentados, a identificação da causa de pedir, do pedido e da fundamentação jurídica.

3 – Agravo regimental a que se nega provimento.

(AgRg no AREsp 62.915/RJ, Rel. Ministro RAUL ARAÚJO, QUARTA TURMA, julgado em 02/02/2012, DJe 17/02/2012).

[6] Schönke, Adolf. *Direito processual civil.* Revisão de Afonso Celso Rezende: Campinas: Editora Romana, 2003. p. 224 a 225.

(...).

3. No que diz respeito à aventada ofensa ao art. 267, inc. VI, do CPC, nota-se, a partir da leitura da petição inicial, a existência de pedido mediato e imediato, bem como a causa de pedir: a prestação de contas do contrato de prestação de serviço firmado com o INSS, o qual vigorou entre 1993 e 2008. Nesse sentido, não se pode acolher a tese do recorrente de afronta ao citado dispositivo processual.

(...).

(REsp 1260302/PR, Rel. Ministro MAURO CAMPBELL MARQUES, SEGUNDA TURMA, julgado em 13/12/2011, DJe 02/02/2012).

RECURSO ESPECIAL – AÇÃO DE INDENIZAÇÃO POR DANOS MORAIS E MATERIAIS 1. Padece de vício a sentença que julga procedente o pedido com amparo em fatos não invocados pelo autor.

2. O réu, ao ser citado, ocupar-se-á de apresentar a sua contestação aos fatos narrados pelo autor na peça vestibular, especialmente em virtude da estabilização da demanda prevista no art. 264 do CPC. Não lhe cumpre exercer um juízo de futurologia para rebater fatos que, embora não tenham sido alegados pelo autor na exordial, poderiam vir a ser ventilados pelo autor ou pelo julgador. Tal conjectura, realmente, atentaria contra os primados de segurança jurídica, do contraditório e da ampla defesa.

3. Recurso especial provido.

(REsp 998.696/ES, Rel. Ministro MASSAMI UYEDA, TERCEIRA TURMA, julgado em 25/08/2009, DJe 10/09/2009)

ADMINISTRATIVO. AÇÃO CIVIL PÚBLICA. IMPROBIDADE ADMINISTRATIVA.

1. Cuida-se, originariamente, de Ação Civil Pública ajuizada pelo Ministério Público do Estado do Espírito Santo, em razão da contratação de funcionários, no âmbito do Poder Legislativo Municipal de Afonso Cláudio, para ocupar cargos efetivos sem a realização de concurso público.

(...).

5. Exige-se que a inicial da ação seja, tanto quanto possível, exata na narração dos fatos considerados ímprobos. Esse é o fundamento do pedido do Ministério Público, e não a indicação do dispositivo legal que embasa a pretensão.

6. O enquadramento legal do ato considerado ímprobo, ainda que errôneo, não enseja a extinção liminar da Ação Civil Pública.

7. A causa petendi, na Ação Civil Pública, firma-se na descrição dos fatos, e não na qualificação jurídica dos fatos. Por isso mesmo, é irrelevante, na petição inicial, eventual capitulação legal imprecisa, ou até completamente equivocada, desde que haja suficiente correlação entre causa de pedir e pedido.

8. Sob pena de esvaziar a utilidade da instrução e impossibilitar a apuração judicial dos ilícitos nas ações de improbidade administrativa, a petição inicial não necessita descer a minúcias do comportamento de cada um dos réus. Basta a descrição genérica dos fatos e das imputações.

9. In casu, essa descrição é suficiente para bem delimitar o perímetro da demanda e propiciar o pleno exercício do contraditório e do direito de defesa.

(...).

(REsp 817.557/ES, Rel. Ministro HERMAN BENJAMIN, SEGUNDA TURMA, julgado em 02/12/2008, DJe 10/02/2010)

IV – o pedido com as suas especificações;

A pretensão formulada através de uma demanda é delimitada pelo pedido e suas especificações.

O pedido é o objeto da demanda.

Por isso, o pedido deve certo e determinado, podendo ser formulado pedido genérico nas exceções legais (art. 324 do novo C.P.C.).

O pedido, efetivamente, é um elemento objetivo e um critério de identificação da demanda.

O pedido, segundo tradicional dicotomia, divide-se em:

a) pedido *mediato,* que é aquele que identifica a *res*, o 'bem da vida' ou a prestação que o autor pretende do réu, por força da relação jurídica substancial deduzida em juízo (o pedido mediato deixa transparecer a pretensão de direito material);
b) pedido *imediato,* que é aquele que identifica a *forma de tutela* (condenação, declaratória, constitutiva, mandamental etc), ou seja, o *tipo de provimento* que o autor pretende do juiz, sob o plano processual (pretensão processual).

Petição inicial sem pedido é inepta, podendo-se até mesmo afirmar que se trata de ato inexistente.

Sobre o tema, eis os seguintes precedentes do S.T.J.:

Agravo regimental no agravo em recurso especial. art. 128 e 286 do cpc. Fundamentação deficiente. Súmula n. 284/stf. Petição inicial e aditamento. Pedido. Definição quantos aos bens adquiridos na constância da união estável. Ausência. Matéria fática. Reexame.

Súmula n. 7/stj. Agravo regimental desprovido.

(AgRg no AREsp 181.976/SP, Rel. Ministro PAULO DE TARSO SANSEVERINO, TERCEIRA TURMA, julgado em 10/12/2013, DJe 17/12/2013).

(...).

4. O pedido deduzido na petição inicial do processo de conhecimento, conforme assentado pelo acórdão impugnado, é no sentido de que sejam atualizados os "depósitos bancários" mantidos em "contas- correntes", e a decisão judicial transitada em julgada reconhece o pleito do autor, ora recorrido, não se cogitando restrição da condenação à conta poupança.

5. A exegese do art. 468 do CPC permite concluir que o pedido fixa os limites da lide. Dessarte, se o pedido se referiu ao cômputo de correção monetária sobre as contas-correntes, por obvio o provimento judicial não poderia ter criado a distinção a que alude o recorrente já na fase de execução do título executivo. Precedente: REsp 910.205/DF, Relator Ministro Francisco Falcão, Primeira Turma, DJ 11/6/2007.

6. Recurso especial conhecido parcialmente e, nessa extensão, não provido.

(REsp 1335480/RJ, Rel. Ministro BENEDITO GONÇALVES, PRIMEIRA TURMA, julgado em 15/10/2013, DJe 23/10/2013).

(...).

3. Atende a exigência legal prevista no art. 801, III, do CPC, a petição inicial da ação cautelar preparatória em que se evidencia a providência jurisdicional a ser pleiteada na ação principal, possibilitando, assim, a análise acerca da plausibilidade do direito invocado, bem como o exercício pleno do direito de resposta do réu.

4. É certo e determinado o pedido, nos termos dos arts. 282 e 286 do CPC, quando perfeitamente caracterizados a tutela jurisdicional e o bem da vida pretendido, representados, na espécie, pelo pedido imediato de condenação e pedido mediato de autorização para tratamento médico.

(...).

(REsp 1186851/MA, Rel. Ministra NANCY ANDRIGHI, TERCEIRA TURMA, julgado em 27/08/2013, DJe 05/09/2013)

(...).

1. Se, a despeito de equívoco na petição inicial, a parte requerida foi corretamente citada e apresentou contestação, é manifesta a ausência de prejuízo à sua defesa, tratando-se a hipótese de irregularidade sanável, e não de nulidade, a teor de extensa jurisprudência desta Corte.

2. Não incide ISS sobre o serviço de provedor de acesso à internet.

3. Vencida a Fazenda Pública, não há óbice à fixação de verba honorária sucumbencial com base no valor da causa.

4. A ausência de fundamentação do pedido atrai o óbice da Súmula 284 do STF: "É inadmissível o recurso extraordinário, quando a deficiência na sua fundamentação não permitir a exata compreensão da controvérsia".

5. Recurso especial não provido.

(REsp 1333231/AM, Rel. Ministra ELIANA CALMON, SEGUNDA TURMA, julgado em 25/06/2013, DJe 05/08/2013)

(...).

5. "Afasta-se a alegação de que seria inepta a petição inicial por não haver a parte autora formulado o pedido principal da ação, tendo pleiteado, apenas, a concessão da tutela antecipada" (REsp 707.997/PE, Primeira Turma, Rel. Min. Francisco Falcão, DJ de 27/3/2006, p. 182).

6. agravo regimental a que se nega provimento.

(AgRg no Ag 838.989/DF, Rel. Ministro RAUL ARAÚJO, QUARTA TURMA, julgado em 11/06/2013, DJe 01/07/2013)

1. Cuida-se de embargos de declaração opostos contra acórdão que manteve a denegação de segurança em writ impetrado contra ato judicial, concernente na determinação de ementa da petição inicial para detalhamento do pedido e do valor da causa de ação de indenização material e moral para empregado público anistiado. A origem consignou que não há teratologia, pois a dificuldade de mensuração do dano moral não pode justificar a atribuição de valor da causa irrisório, eis que esta deve possuir proporção com o bem econômico postulado.

2. Os embargantes alegam duas omissões. A primeira, de que não teria sido detalhado o dispositivo legal pelo qual seria fundamenta a necessidade de revisão do valor da causa. A segunda, de que a necessidade de detalhamento do pedido e retificação do valor da causa ensejaria o perecimento do direito postulado. Ambas as omissões referem-se ao debate relacionado à decisão combatida pelo writ of mandamus.

3. Da leitura do acórdão embargado, é possível extrair fundamentação suficiente para concluir pela ausência de teratologia no despacho que determinou a revisão do valor da causa, com o detalhamento do pedido, em relação ao art. 258 do CPC e da jurisprudência do STJ que o interpretou. Não há omissão.

(...).

(EDcl no AgRg no RMS 37.524/RJ, Rel. Ministro HUMBERTO MARTINS, SEGUNDA TURMA, julgado em 16/04/2013, DJe 25/04/2013).

(...).

4 – O pedido deduzido na demanda é revelado a partir da interpretação lógico-sistemática do conteúdo da petição inicial. Precedentes.

5 – Se, a partir da leitura dos embargos opostos pela devedora, fica clara sua insurgência acerca do excesso de execução, o julgamento nesse sentido não extrapola os limites da lide.

6 – Recurso especial não provido.

(REsp 1307131/DF, Rel. Ministra NANCY ANDRIGHI, TERCEIRA TURMA, julgado em 09/04/2013, DJe 15/04/2013)

V – o valor da causa.

A petição inicial também deve indicar o valor da causa, pois, segundo estabelece o art. 291 do novo C.P.C.: *A toda causa será atribuído um valor certo, ainda que não tenha conteúdo econômico imediato aferível.*

O valor da causa deve corresponder, na medida do possível, ao valor do proveito ou benefício econômico pretendido pela parte.

A fixação do valor da causa é importante para servir de base às seguintes circunstâncias:

a) base de cálculo para a incidência tributária (taxas judiciárias);
b) pode servir de parâmetro para fixação dos honorários de advogado (art. 85, §2º do novo C.P.C.);
c) servir de base para a aplicação de multa pelo descumprimento de preceito mandamental (art. 77, §2º do novo C.P.C.);
d) servir de base para a incidência da multa pela litigância de má-fé (art. 81 do novo C.P.C.);
e) estabelecer a competência do juízo;
f) verificar a competência dos juizados especiais estaduais e federais.

Se a parte não fixar o valor da causa, o juiz deverá intimá-la a fazê-lo, podendo, inclusive fixar o valor de ofício (art. 292, §3º do novo C.P.C.).

VI – as provas com que o autor pretende demonstrar a verdade dos fatos alegados;

Não basta à parte indicar na causa de pedir os fundamentos de fato que dão sustentação ao seu pedido, se não comprovar a existência ou a ocorrência empírica desses acontecimentos históricos.

Com o termo 'prova' *"indicam-se todos os meios de conhecimento que possam ser empregados no processo para o fim de que se possa formular uma decisão em torno da veracidade ou falsidade de enunciados relativos aos fatos relevantes da controvérsia. Esta noção é típica da linguagem comum e existe, com algumas variações, em o ordenamento processuais"*.[7]

A necessidade de se indicar logo na inicial os meios de provas que se pretende utilizar, é justamente pelo fato de que decisão jurisdicional deve verter

[7] Comoglio, L.p.; Ferri, C.; Taruffo, M., op. Cit., p. 413.

sobre a verdade ou falsidade dos fatos da causa, ou seja, sobre a verdade ou falsidade dos enunciados referentes a tais fatos.

Evidentemente que essa verdade não será absoluta, mas relativa, ou seja, ela deve aproximar-se ao máximo do acontecimento histórico, mas sem jamais poder repeti-lo, principalmente porque na maioria das vezes os fatos que são introduzidos no processo dizem respeito não aos acontecimentos da natureza, mas às condutas humanas.

É certo que "existem concepções que retiram do âmbito finalístico do processo estabelecer a verdade ou falsidade dos fatos da causa: é, por exemplo, o caso das teorias segundo as quais o processo serve somente para resolver a controvérsia entre as partes, sendo que seu escopo é conseguido quando a controvérsia é resolvida, independentemente do fato de que a verdade dos fatos seja ou não identificada. Existem, por sua vez, outras orientações filosóficas segundo as quais o conhecimento racional dos fatos não é de qualquer modo possível, sequer no processo isso pode ser almejado: segundo várias doutrinas irracionais ou idealísticas, de fato, as circunstâncias da realidade empírica não poderia mais ser conhecida de modo intersubjetivamente atendível. Finalmente, existem orientações doutrinárias que entendem que o processo não pode permanecer, indefinidamente, vinculado à procura da verdade...".[8]

Não obstante a decisão justa nem sempre se encontra vinculada à verdade dos fatos, ou seja, nem sempre é proferida com base na prova apresentada pelo autor para demonstrar sua causa de pedir, isso não significa dizer que a prova dos fatos não seja importante para se encontrar uma decisão équo e justa para o processo jurisdicional.

O fim do processo jurisdicional moderno não é, efetivamente, a busca incessante da verdade dos fatos, mas, sim, a construção de uma decisão équo justa, a qual, por vezes, pode-se afastar de uma rota natural que poderia conduzir a verdade dos fatos. Isso não significa dizer que a decisão do juiz esteja fundada sobre um acertamento equivocado ou errado dos fatos, mas que o juiz, apesar da prova dos fatos, opta por uma via contrária em busca de uma decisão équo e justa.

Mas, independentemente do resultado do processo, o certo é que o autor para que possa ter alguma perspectiva na concretização de sua pretensão deverá comprovar os fatos que fundamentam a sua causa de pedir.

Por isso, o autor deve indicar de imediato na petição inicial os meios de prova que pretende produzir, desde que sejam provas licitamente permitidas, ou seja, a indicação de prova pericial, documental, testemunhal etc.

[8] Comoglio, L.P.; Ferri, C.; Taruffo, M., idem, p. 423.

Aliás, as partes têm direito de empregar todos os meios legais, bem como os moralmente legítimos ainda que não especificados neste Código para provar a verdade dos fatos em que se funda o pedido ou a defesa e influir eficazmente na convicção motivada do juiz.

Daí porque o autor deverá delimitar na petição inicial os meios de prova dos fundamentos fáticos que constam como causa de pedir.

Deve-se ressaltar que a parte não precisa comprovar o direito alegado, pois se aplica no processo civil o princípio *"juria novit cúria"*, ou, 'narra-me o fato que eu te darei o direito'.

Sobre o tema, eis os seguintes precedentes do S.T.J.:

Se assinado o respectivo prazo, o autor deixou de especificar as provas que pretendia produzir, o juiz pode julgar antecipadamente a lide, mesmo que na petição inicial tenha sido requerida a realização de perícia.

Hipótese em que o juiz "exigiu a apresentação dos quesitos e indicação do assistente técnico, no caso de requerimento de prova pericial".

Agravo regimental desprovido.

(AgRg no AREsp 184.288/DF, Rel. Ministro ARI PARGENDLER, PRIMEIRA TURMA, julgado em 04/04/2013, DJe 10/04/2013)

Processual Civil. Recurso Especial. Instrução probatória.

Requerimento da parte na petição inicial. Falta de indicação das provas a produzir no momento processual oportuno. Reconhecimento da necessidade da prova na sentença pelo magistrado. Poder instrutório do juiz. Cerceamento de defesa.

– Ao julgador é lícita a determinação de produção de provas ex officio sempre que o conjunto probatório mostrar-se contraditório, confuso ou incompleto e puder a prova a ser produzida influir na formação de sua convicção.

– Resta configurado o cerceamento de defesa quando há prévia e expressa manifestação pela produção de provas na petição inicial e o d. Juízo a quo, embora na sentença reconheça a sua imprescindibilidade, julga antecipadamente improcedente o pedido formulado pelo autor sob o fundamento de falta de provas.

(REsp 406.862/MG, Rel. Ministro CARLOS ALBERTO MENEZES DIREITO, Rel. p/ Acórdão Ministra NANCY ANDRIGHI, TERCEIRA TURMA, julgado em 08/11/2002, DJ 07/04/2003, p. 281).

I – Se o autor requereu, na inicial, a produção de provas, não é lícito ao juiz desprezar tal pedido. Impõe-se-lhe decidir expressamente, deferindo ou denegando o pedido. Não se admite indeferimento implícito.

II – Não pode o juiz, após indeferir a produção de provas requeridas pelo autor, alegar insuficiência da prova, para declarar improcedente a ação.

(REsp 199.970/DF, Rel. Ministro GARCIA VIEIRA, Rel. p/ Acórdão Ministro HUMBERTO GOMES DE BARROS, PRIMEIRA TURMA, julgado em 13/04/1999, DJ 14/06/1999, p. 131)

VII – a opção do autor pela realização ou não de audiência de conciliação ou de mediação.

Segundo estabelece o art. 334 do novo C.P.C., preenchendo a petição inicial os requisitos essenciais e se não for o caso de improcedência liminar do pedido, o juiz designará audiência de conciliação ou de mediação com antecedência mínima de trinta dias, devendo ser citado o réu com pelo menos vinte dias de antecedência.

Porém, diante da necessidade de se evitar atos processuais protelatórios ou que não apresentem qualquer finalidade importante para a resolução definitiva da lide, deverá o autor indicar na petição inicial se há espaço para conciliação, bem como se opta pela realização da audiência de conciliação ou mediação.

Se o autor entender que é possível acordo entre as partes, o juiz designará audiência de conciliação ou mediação, caso contrário não a designará. É certo que a audiência de conciliação e mediação somente não se realizará caso o réu assim também se manifeste (art. 334, §4º, inc. I)

O C.P.C. de 1973, assim como o projeto originário n. 2.046/10, também inseriu como requisito da petição inicial o *requerimento para a citação do réu.*

O novo C.P.C. não mais insere o requerimento para a citação do réu como requisito da petição inicial.

Parece-me que agiu com acerto o legislador, pois o ato de citação deve ser considerado como ato ordinatório a ser realizado de ofício pelo juiz, conste ou não este pedido na inicial, desde que haja perfeita identificação do réu ou dos réus que deverão compor o polo passivo da relação jurídica processual.

Estabelece o *§1º do art. 319* do novo C.P.C. que *caso não disponha das informações prevista no inciso II, poderá o autor, na petição inicial, requerer ao juiz diligências necessárias a sua obtenção.*

Como já se afirmou, se o autor não tiver conhecimento ou possibilidade de conhecer a identificação do réu, especialmente o número do cadastro de pessoas físicas ou cadastro nacional de pessoas jurídicas, tal fato não implicará na impossibilidade de se valer do judiciário para proteger direito contra a ameaça ou lesão.

Assim, poderá o autor requerer ao órgão jurisdicional diligências necessárias à obtenção desses dados, a fim de se complementar a petição inicial.

Prescreve o *§2º do art. 319* do novo C.P.C. que *a petição inicial não será indeferida se, a despeito da falta de informações a que se refere o inciso II, for possível a citação do réu.*

A identificação do réu deverá ser realizada com os dados indicados no inc. II deste artigo.

Porém, mesmo que o autor não disponha de todos os elementos identificadores citados no inciso II deste artigo, a petição inicial não poderá ser indeferida se por outros elementos forem possíveis a identificação e a citação do réu.

Prevalece nesta hipótese o princípio da *instrumentalidade das formas.*

Aduz o *§3º do art. 319* do novo C.P.C. que *a petição inicial não será indeferida pelo não atendimento ao disposto no inciso II deste artigo se a obtenção de tais informações tornar impossível ou excessivamente oneroso o acesso à justiça.*

Novamente o princípio da *ubiquidade* ou do *acesso à justiça* prevalece sobre a formalidade procedimental na regulação da petição inicial.

Conforme estabelece expressamente a Constituição Federal, *a lei não poderá excluir da apreciação do Poder Judiciário lesão ou ameaça de direito.*

Portanto, deve-se possibilitar, mediante a máxima desburocratização, o acesso à Justiça, sem se exigir informações impossíveis de serem obtidas ou excessivamente onerosas para aqueles que são, inclusive, beneficiários da gratuidade de justiça.

Art. 320

A petição inicial será instruída com os documentos indispensáveis à propositura da ação.

Documentos indispensáveis

O art. 320 do novo C.P.C., evidentemente, não trata de um requisito intrínseco da petição inicial, mas, sim, de um requisito extrínseco, ou seja, um complemento de validade para a instauração da demanda, isto é, a necessidade de logo com a petição inicial fazer juntar documento indispensável.

A grande complexidade deste dispositivo é a compreensão do que significa documento *indispensável.*

Comentando o ordenamento jurídico italiano, anotam Comoglio, Ferri e Taruffo: *"À categoria das provas documentais são reconduzidas, em gênero, todas as coisas que parecem idôneas a 'documentar' um fato, ou seja, a narrá-lo, a representá-lo ou a reproduzi-lo. Trata-se de uma definição muito geral, e talvez genérica, justificada porém pelo fato de que na nossa doutrina prevalece uma noção extremamente lata disso que pode constituir um documento para fins de prova. Em outros ordenamentos, de fato, documento é somente o 'documento escrito', idôneo somente para narrar ou reproduzir declarações. Nosso ordenamento se inclina, por sua vez, a acolher uma noção assaz mais estendida de documento ou de prova documental: obviamente que neste conceito ingressam os documentos escritos de todo tipo e natureza, que de todo modo representam o arqueptico da prova documental e também a sua mais frequente manifestação; contudo, ali também se enquadram os documentos não escritos, como as 'registrazioni su nastro', as fotografias, os vídeo, as películas cinematográficas, que reproduzem sons, imagens, estados de fato, ações e comportamentos; entram nesse conceito documentos criados por meio de tecnologias de informação e de comunicação, como os dados inseridos na memória dos computadores ou transmitidos ao longo de uma rede telemática, e em geral os denominados documentos informáticos.*

Necessita-se portanto excluir que a prova documental possa definir-se com referência à natureza material do meio de prova, porque esta é assaz diversa dependendo de cada caso em concreto. A prova documental é sempre uma prova 'real' porque consta de uma 'res' material, mas esta é a única determinação válida para todas as provas documentais".[9]

A doutrina brasileira, assim como o novo C.P.C., adota também essa perspectiva mais elástica da definição de documento, para não restringir sua definição apenas aos registros escritos.

O novo Código de Processo Civil afirma peremptoriamente que a parte deve instruir a petição inicial ou a contestação com os documentos destinados a provar as alegações.

Por sua vez, o novo C.P.C., em seu art. 320, também estabelece que a demanda não será instaurada se a petição não vier instruída como os documentos *indispensáveis* à sua propositura.

Sobre a noção de *documento indispensável*, ensinam Comoglio, Ferri e Taruffo: *"O documento deve ser 'indispensável' para a prova de um fato relevante, e necessita que o juiz entenda por necessária a sua aquisição. Segundo a interpretação prevalecente, isso significa que deve tratar-se de um documento sem o qual a prova daquele fato seria impossível, ou seja, trata-se do único meio de prova disponível sobre aquele fato. O requisito da indispensabilidade é mais rigoroso do que aquele de simples relevância do meio de prova..."*[10]

Em tese são indispensáveis os documentos que comprovam o estado e a capacidade das pessoas. Da mesma forma a procuração com cláusula 'ad judicia'. Também a prova de propriedade.

São exemplos de documentos indispensáveis para a propositura da demanda: *"a) ação reivindicatória: escritura devidamente registrada; b) ação de anulação de casamento ou divórcio: certidão de casamento; c) ação de alimentos, fundada na Lei de Alimen-*

[9] Comoglio, L.P.; Ferri, C.; Taruffo, M., idem, p. 467.
[10] Comoglio, L.P.; Ferri, C.; Taruffo, M., idem, p. 485.

tos – certidão de nascimento ou outra prova de parentesco; d) ação desconstitutiva (de anulação, rescisão etc) de contrato escrito – o instrumento do contrato; e) ação condenatória de obrigação de fazer, consistente em instituição de arbitragem LArb. 7º): o contrato do qual conste a cláusula compromissória ou o compromisso arbitral; f) ação de execução fundada em título executivo extrajudicial: o título executivo".[11]

Evidentemente que a parte somente poderá exibir o documento indispensável à propositura da demanda se estiver na posse do referido documento. Se a parte que tem a necessidade de exibir o documento indispensável não se encontra na posse do documento, entram em jogo ulteriores mecanismos processuais com o fim de fazer com que aquele que estiver na posse do documento o *exiba* em juízo.

Muito embora a petição inicial deva ser acompanhada por documento indispensável, o juiz deverá, antes de extinguir o processo, dar oportunidade para que a parte apresente o documento faltante.

Sobre o tema, eis os seguintes precedentes do S.T.J.:

1. Esta Corte Superior firmou entendimento no sentido de ser a petição inicial de mandado de segurança passível de emenda nos termos do artigo 284 do CPC, razão por que o magistrado deve abrir prazo para que a parte promova a juntada dos documentos comprobatórios da certeza e liquidez do direito alegado, sendo que, somente após o descumprimento da diligência, poderá indeferir a inicial.

2. Precedentes: AgRg no AREsp 271.545/SP, Rel. Min. Humberto Martins, Segunda Turma, DJe 21.3.2013; REsp 1297948/MG, Rel. Min. Castro Meira, Segunda Turma, DJe 5.3.2012; e AgRg no AREsp 42.270/PE, Rel. Min. Mauro Campbell Marques, Segunda Turma, DJe 28.11.2011.

(...).

(AgRg no REsp 1086080/AL, Rel. Ministro MAURO CAMPBELL MARQUES, SEGUNDA TURMA, julgado em 05/12/2013, DJe 11/12/2013)

1. A análise das alegações de inépcia da petição inicial, falta de documentos indispensáveis à propositura da ação e ausência de demonstração dos fatos constitutivos do pedido de indenização por dano material e moral demanda necessariamente o revolvimento da matéria fático-probatória, inviável nesta sede especial em razão do óbice da Súmula 7/STJ.

[11] NERY JUNIOR. Nelson Nery; NERY, Rosa Maria Andrade Nery. *Código de processo civil comentado e legislação processual civil extravagante em vigor* – atualizado até 01.06.1997. 3ª Ed. São Paulo: Ed. Revista dos Tribunais, 1997. p. 568.

(...).

(AgRg no AREsp 318.362/PE, Rel. Ministro LUIS FELIPE SALOMÃO, QUARTA TURMA, julgado em 21/05/2013, DJe 05/06/2013)

1. Não é inepta a petição inicial em que realizada descrição suficiente dos fatos que servem de fundamento ao pedido, ensejando ao réu o pleno exercício do direito à defesa.

2. Nos termos do disposto no art. 283 do Código de Processo Civil, o autor deverá apresentar com a inicial os documentos indispensáveis à propositura da ação. Entretanto, se a parte não detiver a posse da referida documentação, poderá o juiz requisitá-la, de ofício ou a pedido da parte, nos moldes do art. 130 do CPC.

3. Agravo regimental a que se nega provimento.

(AgRg no REsp 492.868/SP, Rel. Ministro OG FERNANDES, SEXTA TURMA, julgado em 11/12/2012, DJe 07/02/2013)

1. O Acórdão recorrido encontra-se em consonância com o entendimento desta Corte, segundo o qual o pedido deve ser extraído a partir de uma interpretação lógico-sistemática de toda a petição inicial, sendo desnecessário a sua formulação expressa na parte final desse documento, não podendo o magistrado se esquivar da análise ampla e detida da relação jurídica posta em exame.

Precedentes.

2. Quanto à ausência de documento indispensável à propositura da ação, restou consignado no v. Acórdão que o autor se desincumbiu de provar o fato constitutivo de seu direito. Dessa forma, a convicção a que chegou o Acórdão decorreu da análise do conjunto fático-probatório, e o acolhimento da pretensão recursal demandaria o reexame do mencionado suporte, obstando a admissibilidade do especial à luz da Súmula 7 desta Corte.

(...).

(AgRg no AREsp 4.513/MG, Rel. Ministro SIDNEI BENETI, TERCEIRA TURMA, julgado em 22/11/2011, DJe 06/12/2011)

Art. 321

O juiz, ao verificar que a petição inicial não preenche os requisitos dos arts. 319 e 320 ou que apresenta defeitos e irregularidades capazes de dificultar o julgamento de mérito, determinará que o autor, no prazo de 15 (quinze) dias, a emende ou a complete, indicando com precisão o que deve ser corrigido ou completado.

Parágrafo Único. Se o autor não cumprir a diligência, o juiz indeferirá a petição inicial.

Emenda da petição inicial

Este dispositivo vem demonstrar que a finalidade principal do processo jurisdicional não é a prolação de uma sentença sem resolução do mérito, mas justamente procurar de todas as formas a resolução definitiva do mérito, realçando os escopos jurídicos, sociais e políticos da jurisdição.

Por isso, verificando o juiz que a petição inicial apresenta alguma irregularidade, não deverá extinguir o processo de plano, mas, sim, oportunizar à parte autora que emende ou complete o ato jurídico exteriorizador da demanda, devendo o magistrado, até para que a parte possa se valer do princípio do contraditório, indicar precisamente o que deve ser corrigido.

Portanto, o despacho que determina a emenda ou correção da petição inicial deve ser fundamentado com a indicação precisa da irregularidade e dos meios necessários para supri-la.

Somente *se o autor não cumprir a diligência, o juiz indeferirá a petição inicial (parágrafo único* do *art. 321* do novo C.P.C.).

SEÇÃO II – Do pedido

Art. 322

O pedido deve ser certo.

§1º Compreendem-se no principal os juros legais, a correção monetária e as verbas de sucumbência, inclusive os honorários advocatícios.

§2º A interpretação do pedido considerará o conjunto da postulação e observará o princípio da boa-fé.

Do pedido

Como um dos elementos objetivos da demanda, juntamente com a causa de pedir, o pedido adquire importância fundamental no exercício da atividade jurisdicional.

Em primeiro lugar, *"o pedido bitola a prestação jurisdicional, que não poderá ser 'extra', 'ultra' ou 'infra/citra petita', conforme prescreve o princípio da congruência (arts. 128 e 460 do CPC de 1973). Serve o pedido também como elemento de identificação da demanda, para fins de verificação da ocorrência de conexão, litispendência ou coisa julgada. O pedido é, finalmente, o parâmetro para fixação do valor da causa (art. 259 do C.P.C. de 1973).*[12]

[12] DIDIER JR., Fredie. *Curso de direito processual civil – teoria geral do processo e processo de conhecimento.* Vol. 1. Salvador: Edições PODIVM, 2007. p. 383.

Mas para que o pedido possa 'bitolar' a prestação jurisdicional, é necessário que ele seja objetivamente conhecido e definido.

Prescreve o *art. 322* do novo C.P.C. que o *pedido deve ser certo.*

A pretensão formulada através de uma demanda é delimitada pelo pedido e suas especificações.

O pedido é o objeto da demanda.

Por isso o pedido deve *certo,* ou seja, não se pode haver dúvida quanto à sua existência.

O pedido também deve ser *determinado,* podendo ser formulado pedido genérico nas exceções legais (art. 324 do novo C.P.C.).

O pedido, efetivamente, é um elemento objetivo e um critério de identificação da demanda.

O pedido, segundo tradicional dicotomia, divide-se em:

c) pedido *mediato,* que é aquele que identifica a *res,* o 'bem da vida' ou a prestação que o autor pretende do réu, por força da relação jurídica substancial deduzida em juízo (o pedido imediato deixa transparecer a pretensão de direito material);

d) pedido *imediato,* que é aquele que identifica a *forma de tutela* (condenação, declaratória, constitutiva, mandamental etc), ou seja, o *tipo de provimento* que o autor pretende do juiz, sob o plano processual (pretensão processual).

Conforme ensina Andrea Proto Pisani, *"a determinação da coisa objeto da demanda (ou do objeto da demanda 'tout court' como se verifica do art. 414, n. 3) coincide com o requisito tradicionalmente indicado como objeto ou 'petitum'. Isso consiste, segundo a opinião que me parece preferível e que seguirei no curso destas lições – no direito substancial feito valer em juízo. Segundo a doutrina e a jurisprudência tradicional, se deve distinguir um objeto imediato de um objeto mediato: o primeiro individuaria o provimento jurisdicional pedido pelo autor ao juízo, o segundo o bem da vida, expressão voluntariamente genérica com a qual se alude ao bem jurídico que aspira o autor. A nível convencional, no meu ponto de vista, ao invés de utilizar esta não sempre clara noção de objeto imediato e mediato, pode ser útil distinguir um objeto substancial de um objeto processual da demanda e individuar o objeto substancial no direito que se faz valer em juízo e o objeto processual no conteúdo do provimento (declaratório, condenatório etc) jurisdicional pedido".*[13]

[13] Pisani. Andrea Proto. *Lezioni di diritto processuale civile.* Napoli: Casa Editrice Dott. Eugenio Jovene, 1999. p. 59.

Ao analisar a generalidade ou não do pedido (objeto) da demanda no direito processual civil alemão, sustenta Adolf Schönke, *"Exige-se, além disso, uma petição determinada. Somente o é, se faz conhecer com segurança o que o autor pede para que se pronuncie na sentença. Da petição deve deduzir-se, em especial, que classe de tutela jurídica se solicita, se a condenação para que se realize uma prestação, uma declaração, ou a constituição de uma nova situação jurídica.*

Nas demandas de prestação, deve ser designada tão exatamente que não possa surgir dúvida alguma, de maneira que, se se pede a condenação de partes de vários direitos independentes, devem indicar-se as importâncias parciais de cada um dos direitos que entram na soma solicitada (Tribunal Supremo). Em uma demanda em que se reclame a entrega de dinheiro, a petição da demanda deve determinar-se em princípio numericamente (Tribunal Supremo). Por exceção, não é isto necessário se não for possível fixar uma cifra ou não pode exigir-se ao demandante por motivos especiais. Pela jurisprudência foram entendidas como suficientes, em particular, as petições em demandas sobre indenização de danos e prejuízos, dirigidas sem fazer indicação de quantidade, à condenação sobre um prejuízo que tem que ser averiguado pelo Juiz, 'se atendendo à petição em relação com as indicações feitas sobre o objeto e fundamento da ação, fica individualizada a classe de ação exercitada, de maneira que não caiba dúvida sobre sua identidade, e a importância pode ser fixada pela apreciação judicial e, caso necessário, com assessoramento de peritos' (Tribunal Supremo). Também pode ser feita uma petição de maneira que só seja limitada no mínimo, e quanto ao máximo se deixe uma margem livre para a apreciação judicial (Tribunal Supremo).

Em regra, é de se entender como indeterminável a petição de que se indenize ao autor todos os prejuízos que tenha sofrido em um acidente (com mais detalhes designados) (Tribunal Supremo). Tampouco está suficientemente determinada a petição, segundo a qual, o demandante em uma ação sobre indenização de prejuízos por incapacidade parcial para o trabalho, se reserva o direito de pedir indenização em capital ou renda (Tribunal Supremo). Nem tampouco a petição de pagamento de uma renda até a recuperação da capacidade de trabalho (Tribunal Supremo). Em uma demanda para que se entregue uma coisa apoiada em propriedade, é indeterminável a petição de que se condene o demandado à entrega do depósito e estoque que se encontram em uma cervejaria (Tribunal Supremo). Se pedir o demandante a condenação ao pagamento de seus credores, devem designar-se as importâncias do crédito a entregar a cada um (Tribunal Supremo).

É inadmissível a petição de condenação ao abono de danos que não podem ser determinados até outro processo. Tal petição pode considerar-se proposta e resolver como demanda declaratória, se houver um interesse jurídico em que a declaração se faça imediatamente (§256), por exemplo, no caso de que a prescrição ameace, segundo o Tribunal Supremo; embora este, por outra parte, também afirma que não é preciso que concorra tal interesse jurídico.

As demandas de omissão não podem formular-se com um caráter tão geral, que o âmbito da proibição fique para ser determinado no procedimento executivo (Tribunal Supremo). Por outra parte, as medidas preventivas a adotar pelo demandado, em caso de demandas negatórias, não é necessário que sejam indicadas de modo específico (Tribunal Supremo).

Nas demandas declaratórias não é preciso que o autor assinale no 'petitum' (pedido) o que solicita de modo quantitativo ou qualitativo (Tribunal Supremo); é suficiente que se destaque, como o detalhe suficiente, a relação jurídica da que surge a pretensão. Entretanto, os fundamentos de fato necessários para a declaração quantitativa da pretensão devem ser trazidos, assim como as bases para a delimitação qualitativa e quantitativa da mesma (Tribunal Supremo).

As súplicas em demandas constitutivas são aplicáveis princípios análogos do que para as de prestações. A mudança jurídica a que se aspira tem que se designar na petição (assim, por exemplo, o divórcio). Mas não se necessita sempre facilitar mais detalhes, mas sim basta, por exemplo, a petição para redução à importância correspondente, da responsabilidade em virtude de cláusula penal de um contrato.

O §254 contém exceções ao requisito de pedido concreto. Se com a demanda sobre entrega de contas ou sobre apresentação de inventário, ou sobre prestação de juramento de manifestação, está relacionada a demanda para entrega de tudo o que o demandado deve, em consequência da relação jurídica e motivo da reclamação, pode reservar-se a determinação da condenação que se pede, até a prestação de contas, apresentação de inventário, ou prestação do juramento de manifestação (§254)".[14]

O art. 322 do novo C.P.C. diz que o pedido deve ser certo. Por sua vez, o art. 324 do novo C.P.C. preconiza que o pedido deve ser, além de certo, também determinado.

Já o art. 286 do C.P.C. de 1973 estabelecia que o pedido deveria ser certo *ou* determinado.

Na realidade, será a conjugação do pedido *mediato* com o pedido *imediato* que permitirá afirmar se o pedido é certo e determinado ou é genérico.

Note-se que o código não exige que o pedido seja líquido, mas, sim, certo e determinado.

Há efetivamente uma diferença entre a liquidez, certeza e determinação do pedido.

O pedido líquido é aquele em que se pode quantificar numericamente a pretensão postulada na demanda.

[14] SCHÖNKE, Adolf. *Direito processual civil.* Revisão de Afonso Celso Resende. Campinas: Editora Romana, 2003. p. 225 a 227.

Por sua vez, o pedido é certo e determinado quando está bem delimitado o seu objeto, ou seja, não há dúvida quanto à qualidade e à quantidade (não no sentido de cifra numérica) da pretensão formulada.

Conforme já teve oportunidade de ensinar José Joaquim Calmon de Passos, *"A inicial, dissemos, é o projeto da sentença que se pretende obter. E na inicial o pedido é o projeto da conclusão que se deseja alcançar com a sentença do magistrado. Sendo impossível a efetividade do comando quando ele é impreciso relativamente ao que ordena, é impossível igualmente o pedido que não oferece, à futura sentença, os elementos indispensáveis para o comando dela emergente seja certo e determinado"*.[15]

Na concepção de Araken de Assis, *"a certeza respeita, simultaneamente, aos objetos mediato e imediato do pedido. Tanto o bem da vida, quanto a concreta providência ('força' ou eficácia principal) pleiteada para alcançá-lo (declaração, constituição, condenação, execução ou mandamento) – idêntica ao agir que, originalmente, competiria ao autor –, reclamam escorreita exatidão, desde que situadas, por suposto, no mesmo plano lógico. Designam os alemães a isto de 'ein bestimmter Antrag'"*.[16]

Para Fredie Didier Jr., o pedido certo é o pedido expresso, razão pela qual não se admite, como regra, pedido implícito.[17]

Ocorre que a certeza não está vinculada à expressa consignação do pedido na petição inicial, pois, conforme já teve oportunidade de decidir nossos Tribunais, há pedidos que podem ser implícitos ou decorrem logicamente de outros formulados, razão pela qual é possível a existência de pedidos implícitos sem que percam com isso a sua certeza e determinação, como é o caso dos juros de mora. Nesse sentido é o teor da Súmula 254 do S.T.F.: *Incluem-se os juros moratórias na liquidação, embora omisso o pedido inicial ou a condenação"*.

O que não se admite é a existência de pedidos vagos, obscuros, mal formulados, ou de forma genérica que possa, principalmente, prejudicar o contraditório e a ampla defesa da parte contrária ou, ainda, a efetiva e justa prestação jurisdicional.

Por sua vez, anota Calmon de Passos que *"certo e determinado devem ser tanto o pedido mediato quanto o pedido imediato. Nas ações declaratórias é fundamental formular com clareza o pedido meramente declaratório, precisando-se que o objeto imediato é a simples declaração, e que ela basta para assegurar o bem da vida pretendido; e este, como objeto do pedido mediato, deve igualmente ser determinado e certo. Nas ações constituti-*

[15] Calmon de Passos José Joaquim. *Comentários ao código de processo civil.* 6ª ed., Vol. III (arts. 270 a 331). Rio de Janeiro: Editora Forense, 1989. p. 214.

[16] Assis, Araken. *Cumulações de ações.* 4ª ed., São Paulo: Ed. Revista dos Tribunais, 2002. p. 234.

[17] Didier Jr., F., op. cit. p. 384.

vas, deve-se deixar expresso, de modo inequívoca, que se pretende a modificação, criação ou extinção de uma relação ou situação jurídica ou de um estado, precisando-se, igualmente, o bem da vida perseguido: a separação judicial, a anulação do contrato etc. Finalmente, nas ações condenatórias, cumpre se deixar insuscetível de dúvida que se pretende uma prestação por parte do réu, consistente numa obrigação de dar, fazer ou não-fazer alguma coisa, cuidando-se igualmente de tornar certo e determinado o bem da vida, conteúdo dessa prestação: uma quantia em dinheiro, um bem imóvel devidamente caracterizado, a construção de uma casa devidamente especificada etc".[18]

O pedido também deve ser *concludente*, isto é, deve apresentar correspondência lógica decorrente da causa de pedir deduzida.[19] Quando o juiz conhece de ofício o pedido, em razão de ser ele implícito, não há necessidade de que haja essa afinidade lógica.

O pedido, sendo certo e determinado, deixa de ser genérico e não conclusivo.

Estabelece o *§1º do art. 322* do atual C.P.C. que *se compreendem no principal os juros legais, a correção monetária e as verbas de sucumbência, inclusive os honorários advocatícios.*

Diante dessa determinação legal, não há necessidade de o autor formular expressamente o pedido de condenação do réu para pagamento de juros legais (moratórios e compensatórios), correção monetária e honorários de sucumbência, pois estas verbas estão automaticamente incluídas no pedido principal como consectário lógico e natural.

Aliás, neste sentido já vinha decidindo o S.T.J.:

> *1. Segundo a jurisprudência do STJ, não configura julgamento ultra petita a fixação de juros de mora e correção monetária, por serem pedidos implícitos, mesmo que não previstos na condenação. Ademais, a Corte de origem analisou a questão com base no contexto fático-probatório dos autos e no exame das cláusulas do contrato administrativo firmado entre a partes. Incidência das Súmulas 5 e 7/STJ.*
>
> (...).
>
> (AgRg nos EDcl no AREsp 184.453/MS, Rel. Ministro HERMAN BENJAMIN, SEGUNDA TURMA, julgado em 15/08/2013, DJe 13/09/2013)

> *(...).*
>
> *2. Os juros de mora e a correção monetária são considerados pedidos implícitos, por isso sua concessão não caracteriza julgamento extra petita.*

[18] Calmon de Passos, J. J., op. cit., p. 215.

[19] Didier, JR., F., op. cit., loc. cit.

3. Agravo regimental desprovido.

(AgRg nos EDcl no AREsp 133.365/RS, Rel. Ministro ANTONIO CARLOS FERREIRA, QUARTA TURMA, julgado em 18/12/2012, DJe 04/02/2013)

1. O termo a quo da prescrição da correção monetária sobre o principal e os juros reflexos é a data da antecipação do vencimento da obrigação ou da conversão do título nas AGE's.

2. Sobre os valores apurados em liquidação de sentença, devem incidir, até o efetivo pagamento, correção monetária e juros de mora a partir da citação.

3. Os aclaratórios são cabíveis para esclarecer a incidência de juros de mora sobre a condenação, por tratar-se de pedido implícito.

Embargos de declaração acolhidos, com efeitos infringentes.

(EDcl nos EDcl no AgRg no REsp 1023728/RS, Rel. Ministro HUMBERTO MARTINS, SEGUNDA TURMA, julgado em 10/05/2011, DJe 17/05/2011)

É certo que nos termos do art. 322 do novo C.P.C. compreendem-se no principal os juros legais, a correção monetária e as verbas de sucumbência, inclusive os respectivos honorários advocatícios.

Porém, a questão que se coloca é se, muito embora estejam essas verbas compreendidas no pedido principal, a sentença delas não tratou, transitando em julgado.

Em relação aos juros de mora e a correção monetária, o S.T.J. já estabeleceu que poderão ser inseridas na liquidação da execução, mesmo que não tenham sido tratadas na sentença. Nesse sentido são os seguintes precedentes:

1. A jurisprudência desta Corte, baseada no disposto na Súmula 254/STF? "incluem-se os juros moratórios na liquidação, embora omisso o pedido inicial ou a condenação" ?, firmou-se no sentido de que a incidência de juros de mora sobre o valor objeto da execução independe de pedido expresso e de determinação contida na sentença exequenda, sendo considerados nela implicitamente incluídos.

2. Agravo regimental não provido.

(AgRg no AREsp 122.118/MG, Rel. Ministro MAURO CAMPBELL MARQUES, SEGUNDA TURMA, julgado em 22/05/2012, DJe 29/05/2012).

(...).

1. A correção monetária é matéria de ordem pública, integrando o pedido de forma implícita, razão pela qual sua inclusão ex officio, pelo juiz ou tribunal, não caracteriza julgamento extra ou ultra petita, hipótese em que prescindível o princípio da congruência entre o pedido e a decisão judicial (Precedentes do STJ: AgRg no REsp 895.102/SP, Rel. Ministro Humberto Martins, Segunda Turma, julgado em 15.10.2009, DJe 23.10.2009; REsp 1.023.763/CE, Rel. Ministra Eliana Calmon, Segunda Turma, julgado em 09.06.2009, DJe 23.06.2009; AgRg no REsp 841.942/RJ, Rel. Ministro Luiz Fux, Primeira Turma, julgado em 13.05.2008, DJe 16.06.2008; AgRg no Ag 958.978/RJ, Rel. Ministro Aldir Passarinho Júnior, Quarta Turma, julgado em 06.05.2008, DJe 16.06.2008; EDcl no REsp 1.004.556/SC, Rel. Ministro Castro Meira, Segunda Turma, julgado em 05.05.2009, DJe 15.05.2009; AgRg no Ag 1.089.985/BA, Rel. Ministra Laurita Vaz, Quinta Turma, julgado em 19.03.2009, DJe 13.04.2009; AgRg na MC 14.046/RJ, Rel. Ministra Nancy Andrighi, Terceira Turma, julgado em 24.06.2008, DJe 05.08.2008; REsp 724.602/RS, Rel. Ministra Eliana Calmon, Segunda Turma, julgado em 21.08.2007, DJ 31.08.2007; REsp 726.903/CE, Rel. Ministro João Otávio de Noronha, Segunda Turma, julgado em 10.04.2007, DJ 25.04.2007; e AgRg no REsp 729.068/RS, Rel. Ministro Castro Filho, Terceira Turma, julgado em 02.08.2005, DJ 05.09.2005).

2. É que: "A regra da congruência (ou correlação) entre pedido e sentença (CPC, 128 e 460) é decorrência do princípio dispositivo.

Quando o juiz tiver de decidir independentemente de pedido da parte ou interessado, o que ocorre, por exemplo, com as matérias de ordem pública, não incide a regra da congruência. Isso quer significar que não haverá julgamento extra, infra ou ultra petita quando o juiz ou tribunal pronunciar-se de ofício sobre referidas matérias de ordem pública. Alguns exemplos de matérias de ordem pública: a) substanciais: cláusulas contratuais abusivas (CDC, 1º e 51); cláusulas gerais (CC 2035 par. ún) da função social do contrato (CC 421), da função social da propriedade (CF art. 5º XXIII e 170 III e CC 1228, § 1º), da função social da empresa (CF 170; CC 421 e 981) e da boa-fé objetiva (CC 422); simulação de ato ou negócio jurídico (CC 166, VII e 167); b) processuais: condições da ação e pressupostos processuais (CPC 3º, 267, IV e V; 267, § 3º; 301, X; 30, § 4º); incompetência absoluta (CPC 113, § 2º); impedimento do juiz (CPC 134 e 136); preliminares alegáveis na contestação (CPC 301 e § 4º); pedido implícito de juros legais (CPC 293), juros de mora (CPC 219) e de correção monetária (L 6899/81; TRF-4ª 53); juízo de admissibilidade dos recursos (CPC 518, § 1º (...)" (Nelson Nery Júnior e Rosa Maria de Andrade Nery, in "Código de Processo Civil Comentado e Legislação Extravagante", 10ª ed., Ed. Revista dos Tribunais, São Paulo, 2007, pág. 669).

(...).

(REsp 1112524/DF, Rel. Ministro LUIZ FUX, CORTE ESPECIAL, julgado em 01/09/2010, DJe 30/09/2010)

Já em relação aos honorários de advogado, o S.T.J. vinha entendendo que se esses não fossem fixados expressamente na sentença transitada em julgado, não poderiam ser cobrados quando da sua execução. Eis sobre o tema os seguintes precedentes:

(...).

2. Havendo o trânsito em julgado de sentença omissa quanto aos honorários advocatícios, não pode o advogado vitorioso cobrá-los, sob pena de ofensa à coisa julgada.

3. Agravo regimental desprovido.

(AgRg no AREsp 12.423/DF, Rel. Ministro JOÃO OTÁVIO DE NORONHA, TERCEIRA TURMA, julgado em 06/08/2013, DJe 19/08/2013).

(...).

– Se a sentença – omissa na condenação em honorários de sucumbência – passou em julgado, não pode o advogado vitorioso cobrar os honorários omitidos.

(EREsp 462.742/SC, Rel. Ministro BARROS MONTEIRO, Rel. p/ Acórdão Ministro HUMBERTO GOMES DE BARROS, CORTE ESPECIAL, julgado em 15/08/2007, DJe 24/03/2008).

Porém, o §18º do art. 85 do atual C.P.C. expressamente estabelece: *Caso a decisão transitada em julgado seja omissa quanto ao direito aos honorários ou ao seu valor, é cabível ação autônoma para sua definição e cobrança.*

Preceitua o *§2º do art. 322* do novo C.P.C. que *a interpretação do pedido considerará o conjunto da postulação e observará o princípio da boa-fé.*

Este parágrafo estabelece uma metodologia para se interpretar o pedido formulado na petição inicial.

O primeiro critério que o juiz deverá levar em consideração é o conjunto da postulação, retirando a certeza e determinação do pedido com base na totalidade dos fundamentos inseridos na petição.

Assim, é a amplitude do conjunto da postulação que irá delimitar e delinear o pedido em sua integralidade.

O segundo critério encontra-se amparado no princípio da *boa-fé*. O juiz irá interpretar o pedido segundo a boa-fé do postulante.

Aliás, a má-fé não se presume, mas deve ser provada.

Porém, constatando o juiz que parte do pedido pode decorrer da *má-fé* da parte autora, deverá o juiz delimitar o pedido, excluindo a parte que provém da má-fé.

Art. 323
Na ação que tiver por objeto cumprimento de obrigação em prestações sucessivas, essas serão consideradas incluídas no pedido, independentemente de declaração expressa do autor, e serão incluídas na condenação, enquanto durar a obrigação, se o devedor, no curso do processo, deixar de pagá-las ou de consigná-las.

Pedido e prestações sucessivas
Este dispositivo, evidentemente, não trata de *pedidos sucessivos* ou *alternativos por sucessividade*, mas de pedido simples composto por *obrigação em prestações sucessivas.*

Há obrigações que se cumprem de forma *instantânea* por meio de uma prestação única e imediata.

Em outras obrigações, as prestações são cumpridas de forma prolongada no tempo.

Quando as prestações se prolongam no tempo, a propositura da demanda por inadimplemento de uma das prestações engloba também as demais que porventura se forem vencendo no tempo.

Trata-se, na verdade, de espécie de *pedido implícito.*

A segunda parte do artigo que trata de *condenação para o futuro* assim foi analisada por Calmon de Passos: *"Condenação para o futuro – A segunda parte do artigo sob comentário acrescenta: se o devedor, no curso do processo, deixar de pagá-las (as prestações periódicas) ou de consigná-las, a sentença as incluirá na condenação, enquanto durar a obrigação.*

A indagação inicial sugerida pelo texto é a de se saber que prestações são incluídas na sentença: todas as vencidas até a data de sua prolação, ainda quando não vencidas à data do pedido? Ou também as vincendas, em relação à sentença de mérito?

O Código revogado (1939) preceituava que, compreendendo o pedido frutos, foros, rendas ou outras prestações periódicas, nele se incluiriam, além das prestações vencidas, as que se vencessem, enquanto subsistisse a obrigação. O Código de Processo Civil português menciona: 'enquanto subsistir a obrigação'. E em Portugal, como entre nós, no regime anterior, dúvida não se pôs quanto à abrangência, pela sentença, tanto das prestações vencidas até sua prolação, como das que se vencessem posteriormente a ela, enquanto perdurando o negócio jurídico de que elas decorrem. E deve ser este o entendimento em relação ao art. 290".[20]

[20] Calmom de Passos. J. J., op. cit, p. 235

Haverá, portanto, condenação para o futuro em relação às prestações que se vencerem após a prolação da sentença de mérito, enquanto perdurar a obrigação.

Havendo condenação para o futuro, isto é, condenação em prestações ainda não vencidas, observam-se duas vantagens: a) o credor poupa-se às despesas, aos incômodos e aos trabalhos duma nova ação de conteúdo idêntico; além disso, é detentor de uma sentença 'com trato sucessivo', um título executivo que pode por em movimento logo que o devedor deixe de satisfazer, de futuro, qualquer prestação.[21]

Questão interessante é trazida por Calmon de Passos quanto à questão da condenação para o futuro e processo de execução: *"Pode-se pactuar um negócio jurídico do qual decorra obrigação de prestação sucessiva, emitindo-se, entretanto, título de crédito representativo dessas prestações, títulos aos quais a lei atribui eficácia executiva. Pensemos, por exemplo, na hipótese da venda de imóvel, cujo preço foi parcelado, emitindo-se, contudo, para maior segurança do vendedor, promissórias em número igual ao das prestações e pelo valor das mesmas. Vencido um desses títulos, pode o credor obter de logo título sentencial que seja fundamento para as futuras execuções, evitando-se a possibilidade da defesa ampla do executado, que insere no processo de execução um verdadeiro processo cognição (art. 745 do C.P.C. de 1973)?*

A resposta deverá atender a determinadas peculiaridades. Em primeiro lugar, é relevante atentar-se, no caso concreto, se a emissão dos títulos valeu pagamento, pelo que o negócio deixou de ser com obrigação de prestação periódica, desvinculando-se a dívida, representada pelos títulos, de sua causa original, não se podendo falar em inadimplemento relativo à obrigação contratual originária por força do inadimplemento relativo à obrigação constante do título de crédito, autônomo e representativo do preço 'recebido'.

Conservada, entretanto, a vinculação entre os títulos de crédito e o negócio original, eles, em que pese sua autonomia cambial, vivem as vicissitudes do contrato a que se vinculam, ressalvada a boa-fé de terceiro. Nesta hipótese, vencida uma prestação e não resgatado o título, pode o credor reclamar o pagamento dos vencidos e dos vincendos? Estivessem as prestações consignadas no texto do instrumento, no caso escritura pública de compra e venda, e não representados por títulos, e dúvida não haveria se proposta a ação condenatória".[22]

Questão também interessante é a inserida no REsp n. 1258645/SP, da Relatoria do Ministro Massami Uyeda, sobre as quotas condominiais vencidas após a prolação da sentença. Eis o inteiro teor do acórdão:

[21] Calmon de Passos, J. J., idem, p. 236.

[22] Calmon de Passos, José Joaquim. *Comentários ao código de processo civil.* 6ª ed. Vol. III, arts. 270 a 331, Rio de Janeiro, 1989. p. 236 a 237.

"A irresignação não merece prosperar.

Com efeito.

Na realidade, sobreleva anotar que a celeuma instaurada no recurso especial, em suma, centra-se em saber se, na hipótese de título judicial do qual não conste expressamente a condenação ao pagamento das quotas condominiais vencidas no curso da demanda, é ou não possível a execução desses valores.

Sobre o tema, observa-se que as prestações periódicas vincendas consideram-se, ex vi do quanto dispõe o artigo 290 do CPC, incluídas na condenação, senão pagas, enquanto durar a obrigação, dispensando-se o ajuizamento de novo processo de conhecimento. Ademais, a regra contida no referido dispositivo legal aplica-se ao pagamento de cotas condominiais. Nesse sentido, confiram-se:

"Agravo. Recurso especial. Condomínio. Ação de cobrança. Condenação. Prestações vincendas periódicas. Inclusão na condenação 'enquanto durar a obrigação'. cpc, Art. 290. A regra contida no Art. 290, do CPC, em homenagem à economia processual, incide em relação às cotas de condomínio" (AgRg no REsp 647367/PR, Rel. Min. Humberto Gomes de Barros, DJ 15/10/2007).

"Recurso especial. Processual civil. Preliminar de julgamento ultra petita rejeitada. Pagamento de prestações periódicas. Inteligência do art. 290 do cpc. Afastamento ilegal. Ressarcimento das verbas devido pelo período compreendido entre o dito afastamento até a reintegração. Precedentes. 1.

Confrontando os pedidos formulados pelo autor na peça vestibular com o que foi concedido pelo juízo de primeiro grau, tem-se que nada em excesso foi deferido, razão pela qual não há o que se falar em julgamento ultra petita. 2. Ademais, é sabido que, a teor do art. 290 do Código de Processo Civil, nos casos de pedido de pagamento de prestações periódicas, independentemente destas serem requeridas, ou não, pelo autor, estarão elas incluídas na condenação. 3. É pacífico o entendimento desta Corte Superior de Justiça no sentido de que aquele que foi ilegalmente afastado de seu serviço tem o direito a ser ressarcido pelo período compreendido entre o afastamento e sua reintegração ao cargo. Precedentes. 4. Recurso especial improvido" (REsp 1055806/PA, Rel. Min. Maria Thereza de Assis Moura, DJe 13/04/2009).

"Ação de cobrança. Cotas de condomínio. Prestações periódicas. art. 290 do código de processo civil. Precedentes da corte. 1. como assentado em precedentes da Corte, a regra do art. 290 do Código de Processo Civil é salutar, aplicando-se, sem dúvida, no pagamento das cotas de condomínio. 2. Recurso especial não conhecido" (REsp 200600/SP, Rel. Min. Carlos Alberto Menezes Direito, DJ 08/03/2000).

E ainda: REsp 157195/RJ, Rel. Min. Sálvio Figueiredo Teixeira, DJ 29/03/1999.

Todavia, sem embargo de o artigo 290 do Código de Processo Civil estabelecer que as parcelas vincendas podem ser incluídas implicitamente no pedido, faz-se necessário, no entanto, que haja condenação na sentença, o que efetivamente não ocorre no caso sub examine. Sobre a questão, assim já se decidiu:

"Execução de sentença. Quotas condominiais. Excesso de execução. Cobrança das prestações vincendas. art. 290 do código de processo civil. 1. Não constando da sentença a condenação no pagamento das prestações vincendas, embora passível de inclusão, ainda que não mencionado no pedido inicial, torna-se impertinente a sua cobrança na execução.

2. Recurso especial não conhecido" (REsp 674384/SP, Rel. Min. Carlos Alberto Menezes Direito, DJ 28/05/2007).

Da fundamentação do sobredito precedente colhe-se o que se segue: "Sem dúvida, o art. 290 do Código de Processo Civil autoriza a cobrança das prestações vincendas, mas para a execução é indispensável que a sentença expressamente as inclua. Se assim não faz, existe o excesso que deve ser decotado".

Inexiste, pois, qualquer vício no seio da decisão ora recorrida.

Nega-se, portanto, provimento ao recurso.

É o voto».

Assim, conforme se denota do precedente acima citado, não basta que a lei preveja como inserida implicitamente no pedido as prestações vencidas durante o curso do processo, pois é necessário que na sentença conste expressamente essa condenação, sob pena de não existir título para se promover futuramente o cumprimento da sentença.

Art. 324

O pedido deve ser determinado.

§1º É lícito, porém, formular pedido genérico:

I – nas ações universais, se o autor não puder individuar os bens demandados;

II – quando não for possível determinar, desde logo, as consequências do ato ou do fato;

III – quando a determinação do objeto ou do valor da condenação depender de ato que deva ser praticado pelo réu.

§2º O disposto neste artigo aplica-se à reconvenção.

Pedido genérico

O *artigo 324* do novo C.P.C. abre exceção à determinação do pedido, permitindo a formulação de pedido *genérico* nas seguintes hipóteses: *I – nas ações universais, se o autor não puder individuar os bens demandados; II – quando não for possível determinar, desde logo, as consequências do ato ou do fato; III – quando a determinação do objeto ou do valor da condenação depender de ato que deva ser praticado pelo réu.*

Determinado quanto ao gênero, o pedido pode ser genérico em relação à quantidade, isto é, em relação ao *an debeatur* será certo e determinado; já em relação ao *quantum debeatur*, será incerto.

Não se pode evidentemente pedir a condenação a qualquer prestação (há incerteza quanto à pretensão de direito material). A incerteza somente poderá ensejar dúvida quanto à quantificação da pretensão de direito material.

Daí porque se admite o pedido genérico nas ações universais, quando o autor não puder, logo na inicial, individualizar os bens demandados.

A petição de herança é exemplo típico de ação (demanda) universal, ou seja, de um tipo de demanda em que a pretensão recai sobre a universalidade de fato ou de direito.

Preceituam os artigos 90 e 91 do C.C.b de 2002:

> *"Art. 90. Constitui universalidade de fato a pluralidade de bens singulares, que pertinentes à mesma pessoa, tenham destinação unitária;*
>
> *Art. 91. Constitui a universalidade de direito o complexo de relações jurídicas, de uma pessoa, dotadas de valor econômico".*

O pedido genérico também pode ser formulado quando não for possível determinar, desde logo, as consequências do ato ou fato. Por exemplo, em eventual demanda de reparação de danos por acidente automobilístico, os efetivos danos somente poderão ser apurados no transcorrer do tempo e do trâmite processual, razão pela qual, nesta hipótese, é lícito ao autor formular pedido genérico. O juiz poderá levar em considerações circunstâncias ou fatos acontecidos após a propositura da demanda.

Conforme ensina Didier Jr: *"Muito embora não precise quantificá-lo, o autor deverá especificar o prejuízo sofrido. Afirma Humberto Theodoro Jr: 'Expressões vagas como 'perdas e danos' e 'lucros cessantes' não servem para a necessária individuação do objeto da causa. Necessariamente deverá ser descrita a lesão suportada pela vítima do ato ilícito, v.g.: prejuízos (danos emergentes) correspondentes à perda da colheita de certa lavoura, ou, ainda, os lucros cessantes representados pela perda do rendimento líquido do veículo durante sua inatividade...'*

Problema que merece cuidadosa análise é o do pedido genérico nas ações de reparação de dano moral: o autor deve ou não quantificar o valor da indenização na petição inicial? A resposta é positiva: o pedido nestas demandas deve ser certo e determinado, delimitando o autor quanto pretende receber como ressarcimento pelos prejuízos morais que sofreu. Quem, além do próprio autor, poderia quantificar a 'dor moral' que alega ter sofrido? Como um sujeito estranho e por isso mesmo alheio a esta 'dor' poderia aferir a sua existência, mensurar a sua extensão e quantificá-la em pecúnia?

A função do magistrado é julgar se o montante requerido pelo autor é ou não devido; não lhe cabe, sem uma provocação do demandante, dizer quanto deve ser o montante. Ademais, se o autor pedir que o magistrado determine o valor da indenização, não poderá recorrer da decisão que, por absurdo, a fixou em um real (R$1,00), pois o pedido teria sido acolhido integralmente, não havendo como se cogitar de interesse recursal.

Somente é possível a formulação de pedido genérico, nestas hipóteses, se o ato causador do dano puder repercutir, ainda, no futuro, gerando outros danos (p. ex.: uma situação em que a lesão à moral é continuada, como a inscrição indevida em arquivos de consumo ou a contínua ofensa à imagem).

Fora desta hipótese, incabível a formulação de pedido genérico".[23]

A última hipótese em que se permite a formulação de pedido genérico ocorre quando a determinação do objeto ou do valor da condenação depender de ato que deva ser praticado pelo réu, como ocorre na hipótese de demanda de prestação de contas cumulada com o pagamento do saldo devedor.[24] Porém, conforme já decidiu o S.T.J., descabe a ação de prestação de contas quando formulado pedido genérico, em que não foram indicados os períodos em relação aos quais se buscam esclarecimentos, com a exposição de motivos que justifiquem a dúvida, sendo incabível também quando se pretende discutir cláusulas contratuais. Súmula n. 83/STJ. Eis nesse sentido os seguintes precedentes:

(...).

2. Descabe a ação de prestação de contas quando formulado pedido genérico, em que não foram indicados os períodos em relação aos quais se buscam esclarecimentos, com a exposição de motivos que justifiquem a dúvida, sendo incabível também quando se pretende discutir cláusulas contratuais. Súmula n. 83/STJ.

(...).

(EDcl no AREsp 155.376/SP, Rel. Ministro JOÃO OTÁVIO DE NORONHA, TERCEIRA TURMA, julgado em 10/09/2013, DJe 16/09/2013)

1. O correntista tem interesse e legitimidade para propor ação de prestação de contas quando discordar dos lançamentos constantes dos extratos bancários periódicos (Súmula n. 259/STJ).

[23] Didier Jr, F., op. cit., p. 401.

[24] Didier Jr., F., idem, p. 402.

2. Para a configuração do interesse de agir, não basta a manifestação de dúvida genérica sobre os lançamentos registrados em extratos relativos a períodos aleatórios, sem impugnação do conteúdo deles constante e sem indicação do número da conta-corrente de titularidade do autor e da agência onde foi aberta e mantida.

3. Agravo regimental provido.

(AgRg no REsp 1312666/RS, Rel. Ministro JOÃO OTÁVIO DE NORONHA, TERCEIRA TURMA, julgado em 20/08/2013, DJe 27/08/2013)

Sobre o tema, eis ainda os seguintes precedentes do S.T.J.:

(...).

2. A extinção do feito sem a resolução do mérito, por inépcia da petição inicial, mostrou-se correta, uma vez que (i) indevida a formulação de pedido genérico diante da possibilidade de individualização dos servidores substituídos e do período de cobrança; e (ii) foi descumprida a ordem proferida pelo Juiz de Primeira Instância que determinou a emenda da inicial para que fossem apresentados os valores individualizados pretendidos por cada servidor substituído.

3. Agravo regimental não provido.

(AgRg no AREsp 50.879/AP, Rel. Ministro ARNALDO ESTEVES LIMA, PRIMEIRA TURMA, julgado em 06/08/2013, DJe 14/08/2013)

1. Conquanto a jurisprudência desta Corte tenha-se firmado no sentido de que "a ação de prestação de contas pode ser proposta pelo titular de conta-corrente bancária" (Súmula 259/STJ), independentemente do prévio fornecimento de extratos, é imprescindível que, na petição inicial, sejam indicados motivos consistentes acerca de ocorrências duvidosas na conta-corrente, bem como o período determinado sobre o qual se busca esclarecimentos.

2. Ademais, a ação de prestação de contas não é a via adequada para deduzir pretensão de revisão de encargos de contratos bancários, uma vez que, para tanto, deve ser ajuizada ação ordinária, cumulada com eventual repetição do indébito.

3. Agravo regimental a que se nega provimento.

(AgRg no REsp 1355882/SP, Rel. Ministro RAUL ARAÚJO, QUARTA TURMA, julgado em 21/03/2013, DJe 26/04/2013)

1. A decisão singular deu provimento ao recurso especial ao fundamento de que "não se considera genérico o pedido de condenação à entrega de medicamentos aptos a combater doença específica. Precedentes" (e-STJ fl. 144).

(...).

(AgRg no REsp 1156503/RS, Rel. Ministro CASTRO MEIRA, SEGUNDA TURMA, julgado em 07/08/2012, DJe 21/08/2012)

(...).

2. A formulação de pedido genérico é admitida, na impossibilidade de imediata mensuração do quantum debeatur, como soem ser aqueles decorrentes de complexos cálculos contábeis, hipótese em que o valor da causa pode ser estimado pelo autor, em quantia simbólica e provisória, passível de posterior adequação ao valor apurado pela sentença ou no procedimento de liquidação. (Precedentes desta Corte: REsp 591351/DF, desta relatoria, DJ de DJ 21.09.2006; AgRg no REsp 568.329/SP, Rel. Ministro Francisco Falcão, DJ 23/05/2005; RESP 363445/RJ, Relatora Ministra Nancy Andrighi, DJ de 01.04.2002; REsp 327.442/SP, Rel. Ministro José Delgado, DJ 24/09/2001; RESP 120307/SP, Relator Ministro Fernando Gonçalves, DJ de 09.12.1997 e RESP 180842/SP, Relator Ministro José Delgado, DJ de 23.11.1998.).

(...).

(AgRg no REsp 906.713/SP, Rel. Ministro LUIZ FUX, PRIMEIRA TURMA, julgado em 23/06/2009, DJe 06/08/2009)

O *§2º* do *art. 324* do novo C.P.C estabelece que o *disposto neste artigo aplica-se à reconvenção.*

No projeto originário dizia-se que este dispositivo aplicava-se ao pedido contraposto, uma vez que a reconvenção não havia sido prevista nos projetos originários do C.P.C.

Porém, a reconvenção foi mantida no nosso ordenamento jurídico pelo novo C.P.C., razão pela qual poderá ser formulado pedido genérico nas hipóteses indicadas no art. 324, ou seja, também na reconvenção.

Art. 325

O pedido será alternativo quando, pela natureza da obrigação, o devedor puder cumprir a prestação de mais de um modo.

Parágrafo único. Quando, pela lei ou pelo contrato, a escolha couber ao devedor, o juiz lhe assegurará o direito de cumprir a prestação de um ou de outro modo, ainda que o autor não tenha formulado pedido alternativo.

Pedido alternativo

Muito embora o art. 325 do novo C.P.C. fale em pedido alternativo, o certo é que a alternatividade encontra-se na escolha (vontade) do devedor em cumprir a prestação, uma vez que pela natureza da obrigação a prestação poderá ser cumprida por mais de um modo diferente.

Preceitua o art. 252 do C.C.b.: *"Nas obrigações alternativas, a escolha cabe ao devedor, se outra coisa não se estipulou"*.

Conforme ensinam Ludwig Enneccerus, Theodor Kipp e Martín Wolff: *"A obrigação alternativa se dirige a várias prestações concretas de maneira que somente uma delas, a determinar por eleição, há de ser realizada (§262 C.c.) ...*

A obrigação alternativa se dirige a várias prestações consideradas 'concretas'. Por isto se distingue da 'obrigação genérica' (também da delimitada), na qual as possibilidades concretas de prestação não se representam previamente delimitadas, senão somente com uma soma de possibilidades de mesma índole.

A diversidade das prestações pode referir-se a seu objeto ou somente a certas modalidades singulares de prestações (lugar e tempo)".[25]

O exemplo clássico da obrigação alternativa ou disjuntiva é a hipótese em que o devedor se obriga a entregar um quadro ou o seu equivalente em dinheiro.

Como anota Araken de Assis, "Inexiste cúmulo de ações no pedido alternativo. O direito subjetivo se revela único, e se satisfaz, por igual, com apenas uma prestação. A alternatividade se configura somente no objeto mediato da ação".[26]

Na lição de Ludwig Enneccerus, Theodor Kipp e Martín Wolff: "Da obrigação alternativa deve distinguir-se cuidadosamente a obrigação com 'faculdade alternativa' (facultas alternativa), faculdade de solução, faculdade de substituição, direito de apartar. Neste gênero de obrigações não se deve uma ou outra prestação, senão simplesmente somente uma, porém o devedor tem o direito de liberar-se mediante outra prestação, ou seja, o direito a realizar 'uma prestação a título de cumprimento sem necessidade de assentimento do credor (Isto se expressa do seguinte modo: a outra prestação não está 'in obligatione', senão somente 'in solucione'. Melhor ainda: não é devida, porém pode ser dada a título de cumprimento sem o assentimento do credor). Semelhante faculdade de substituição pode convencionar-se por contrato: o comprador se obriga a pagar o preço em dólar, porém se reserva a faculdade de entregar em seu lugar 'buenos efectos' de acordo com a cotação que tenham em bolsa".[27]

Outra hipótese de cumulação alternativa é a de pedidos relativos a obrigação que embora não alternativa na sua origem pode resolver-se em alternativa. Exemplo: "Na venda 'ad mensuram', se a diferença entre a área declarada e a real excede 1/20 do total anunciado, o comprador pode exigir o complemento da área, ou o abatimento proporcional do preço, ou a rescisão do contrato (art.

[25] Enneccerus, Ludwig; KIPP, Theodor; Wolff, Martín. *Tratado de derecho civil.* Segundo Tomo. Derecho de obligaciones. Vol. I. Barcelona: Bosch, 1947. p. 101 e 102.

[26] Assis, A., op.cit. p. 246.

[27] Enneccerus, L.; Kipp, T.; Wolff, M., op. cit. p. 114 e 115.

1.136 do Código Civil). Isto ocorrendo, é livre o autor de formular um pedido simples: ou de complementação da área (*ex emptio*) ou de redução do preço (quanti minoris) ou de rescisão do contrato (redibitória), como pode cumular esses pedidos em alternativa, para que um deles seja acolhido".[28]

É importante salientar que se uma das duas prestações não puder ser objeto de obrigação ou se tornar inexequível, subsistirá o débito quanto à outra (art. 253 do C.C.b.).

O art. 254 do C.C.b., apesar de permitir uma alternatividade, não está tratando de obrigações alternativas ao estabelecer que se por culpa do devedor não se puder cumprir nenhuma das prestações, não competindo ao credor a escolha, ficará aquele obrigado a pagar o valor da que por último se impossibilitou, mais as perdas e danos que o caso determinar.

Sobre o tema, eis os seguintes precedentes do S.T.J.:

> *1. Dispõe o art. 288 do CPC que o pedido pode ser formulado de modo alternativo "quando, pela natureza da obrigação, o devedor puder cumprir a prestação de mais de um modo".*
>
> *2. O pedido formulado no caso em exame não tem as características definidas pelo art. 288 do CPC.*
>
> *3. Considere-se, ainda, que, em Segundo grau, não se instaurou exame sobre ser o pedido do embargante de natureza alternativa. Ausência, portanto, de prequestionamento.*
>
> *4. Embargos conhecidos, porém, rejeitados.*
>
> (EDcl no AgRg no Ag 491.905/DF, Rel. Ministro JOSÉ DELGADO, PRIMEIRA TURMA, julgado em 28/10/2003, DJ 15/12/2003, p. 198)

O parágrafo único do art. 325 do novo C.P.C. prescreve que *quando, pela lei ou pelo contrato, a escolha couber ao devedor, o juiz lhe assegurará o direito de cumprir a prestação de um ou de outro modo, ainda que o autor não tenha formulado pedido alternativo.*

O parágrafo único vem confirmar que na verdade não se está diante de pedidos alternativos, mas, sim, de prestações alternativas que podem ser cumpridas de uma ou outra maneira.

A opção contratual ou legal de escolha da prestação gera direito subjetivo incorporado ao devedor, razão pela qual a escolha poderá ser realizada independentemente de o autor ter formulado pedido alternativo na petição inicial.

[28] Calmon de Passos, op. Cit., p. 246.

Contudo, é importante observar o que dispõe o art. 252 e seus parágrafos do C.C.b:

"§1º Não pode o devedor obrigar o credor a receber parte em uma prestação e parte em outra;

§2º Quando a obrigação for por prestação periódicas, a faculdade de opção poderá ser exercida em cada período;

§3º No caso de pluralidade de optantes, não havendo acordo unânime entre eles, decidirá o juiz, findo o prazo por este assinado para a deliberação;

§4º Se o título deferir a opção a terceiro, e este não quiser, ou não puder exercê-la, caberá ao juiz a escolha se não houver acordo entre as partes".

Porém, se na obrigação alternativa a escolha couber ao credor, este deverá indicar a prestação que deverá ser cumprida pelo devedor logo na inicial, sob pena de retornar a opção ao devedor.

Por sua vez, conforme preconiza o art. 255 do C.C.b., quando a escolha couber ao credor e uma das prestações tornar-se impossível por culpa do devedor, o credor terá direito de exigir a prestação subsistente ou o valor da outra, com perdas e danos; se, por culpa do devedor, ambas as prestações se tornarem inexequíveis, poderá o credor reclamar o valor de qualquer das duas, além da indenização por perdas e danos.

Sobre o tema, eis o seguinte precedente do S.T.J.:

1. Nas obrigações alternativas a escolha é a concentração da obrigação na prestação indicada, momento no qual torna-se simples, pelo que, apenas a escolhida poderá ser reclamada.

2. Segundo dispõe o artigo 255 do Código Civil, se a escolha couber ao credor e uma das prestações houver perecido, pode escolher a outra ou optar pelo valor da perdida mais perdas e danos.

3. Devedor de obrigação alternativa que grava com ônus reais imóvel que era objeto de possível escolha pelo credor, sem adverti-lo de tal hipótese, torna viciosa escolha, mormente quando não honrar a obrigação com credor hipotecário que, posteriormente, vem a executar a garantia.

Assim, concentrada a obrigação em prestação inexigível por culpa do devedor, terá o credor o direito de exigir a prestação subsistente ou o valor da outra.

4. Recurso especial conhecido e provido.

(REsp 1074323/SP, Rel. Ministro JOÃO OTÁVIO DE NORONHA, QUARTA TURMA, julgado em 22/06/2010, DJe 28/10/2010)

Art. 326

É lícito formular mais de um pedido em ordem subsidiária, a fim de que o juiz conheça do posterior, quando não acolher o anterior.

Parágrafo único. É lícito formular mais de um pedido, alternativamente, para que o juiz acolha um deles.

Pedido em ordem subsidiária

Há uma diferença entre o cumprimento de obrigações alternativas e a realização de *pedidos sucessivos ou subsidiários* como objeto da demanda.

Enquanto a alternatividade decorre da escolha do devedor, já a sucessividade ou subsidiariedade decorre da impossibilidade de se atender ao pedido precedente, outorgando-se o pedido consequente o meio de execução da obrigação.

Na realidade, enquanto que no pedido alternativo há um único pedido com possibilidade de cumprimento da prestação por mais de um modo, na hipótese de pedido subsidiário ou sucessivo está-se diante de verdadeira cumulação de pedidos.

Conforme anota José Joaquim Calmon de Passos, *"Segunda modalidade de cumulação é aquela em que um pedido é prejudicial de outro, vale dizer, o segundo pedido somente será apreciado quando procedente(sic) o primeiro. Fala-se, na hipótese, em cumulação sucessiva. A relação entre os dois pedidos pode ser de prejudicialidade sem acessoriedade, pois ambos os pedidos guardam sua própria autonomia, embora o acolhimento de um deles seja premissa necessária para o acolhimento do outro. É o que ocorre na cumulação do pedido do reconhecimento da paternidade com o de petição de herança: sem que seja tornada certa a filiação, impossível se apreciar o direito à sucessão. Mas a relação entre os pedidos pode ser de principal para acessório, como a acumulação dos pedidos de pagamento do principal e dos juros, da reintegração na posse e da condenação em perdas e danos etc.".*[29]

Evidentemente que nessa lição de Calmon de Passos não se aplica o conteúdo normativo do art. 326 do novo C.P.C., pois neste dispositivo o pedido sucessivo somente é conhecido se o pedido precedente não for acolhido pelo juiz.

Na realidade, a lição de Calmon de Passos não trata de pedidos sucessivos, mas, sim, de pedidos vinculados entre si por um pressuposto lógico de sucessão.

Não se deve confundir cumulação sucessiva com pedidos sucessivos. Na cumulação sucessiva, um determinado pedido é pressuposto lógico para a concessão do pedido sucessivo. Já nos pedidos sucessivos ou subsidiários, um pedido somente poderá ser acolhido se o precedente não for acolhido pelo juiz.

[29] Calmon de Passos. J. J. , op. cit., p. 244.

Exemplo de pedido subsidiário ou sucessivo: Não sendo acolhido o pedido de reintegração de posse da Fazenda 'A', que seja acolhido o pedido sucessivo de indenização pelas benfeitorias necessárias e úteis realizadas pelo autor da possessória.

Sobre o tema, eis os seguintes precedentes do S.T.J.:

1. A ausência de manifestação do Tribunal de origem sobre o pedido alternativo de redução do valor da multa lançada pela autoridade tributária, correspondente a 100% do valor apurado a título de ISS não recolhido, caracteriza o vício da omissão e determina a anulação do acórdão e o retorno dos autos à origem.

(...).

(AgRg no REsp 1283353/PB, Rel. Ministro OG FERNANDES, SEGUNDA TURMA, julgado em 03/12/2013, DJe 10/12/2013).

(...).

2. Afastado o único fundamento do aresto recorrido, para se reconhecer a legalidade do critério fixado pela Universidade Federal Pública na implementação de políticas afirmativas (sistema de cotas para vestibular), cabe o retorno dos autos à origem, para julgamento do pedido alternativo formulado na inicial (possibilidade de participação da candidata na listagem geral).

3. Embargos de declaração parcialmente acolhidos, para esclarecimentos.

(EDcl no REsp 1260976/PR, Rel. Ministra ELIANA CALMON, SEGUNDA TURMA, julgado em 13/08/2013, DJe 11/10/2013)

Estabelece o *parágrafo único do art. 326* do novo C.P.C.que *é lícito formular mais de um pedido, alternativamente, para que o juiz acolha um deles.*

Trata-se de uma inovação trazida pelo novo C.P.C., relativizando o *princípio da disponibilidade.*

Na realidade, transfere-se ao juiz a possibilidade de escolha entre os pedidos alternativos formulados pela parte autora.

Neste caso, o juiz deverá realizar a escolha ponderando os interesses do autor e do réu, a fim de que, com base no princípio da razoabilidade e proporcionalidade, resguarde a melhor solução para ambos, sem sacrificar em demasia os bens e interesses de cada um.

Art. 327

É lícita a cumulação, em um único processo, contra o mesmo réu, de vários pedidos, ainda que entre eles não haja conexão.

§ 1º São requisitos de admissibilidade da cumulação que:

I – os pedidos sejam compatíveis entre si;

II – seja competente para conhecer deles o mesmo juízo;

III – seja adequado para todos os pedidos o tipo de procedimento.

§ 2º Quando, para cada pedido, corresponder tipo diverso de procedimento, será admitida a cumulação se o autor empregar o procedimento comum, sem prejuízo do emprego das técnicas processuais diferenciadas previstas nos procedimentos especiais a que se sujeitam um ou mais pedidos cumulados, que não forem incompatíveis com as disposições sobre o procedimento comum.

§ 3º O *inciso* I do § 1º não se aplica às cumulações de pedidos de que trata o art. 326.

Cumulação de pedidos

O art. 327 do novo C.P.C. prescreve *que é lícita a cumulação, em um único processo, contra o mesmo réu, de vários pedidos, ainda que entre eles não haja conexão.*

Este dispositivo trata da denominada cumulação *subjetiva* que permite a *conexão objetiva de pedidos.*

A identidade subjetiva do autor deve ser física e jurídica. Não haverá cumulação *subjetiva* se o autor formula um pedido em nome próprio e o outro como representante de um incapaz. Nesta hipótese há cumulação subjetiva física, mas não jurídica.

O pedido, como elemento que dá existência à demanda, compõe o mérito juntamente com a causa de pedir.

Conforme anota Araken de Assis, *"O duplo aspecto que medra no pedido, a um só tempo exercício da ação processual frente ao órgão do Estado e da ação material em face do adversário, induziu a doutrina tradicional a distinguir o tipo de providência requerida, equivalente à natureza da ação, e o bem da vida visado através da tutela pelo autor".*[30]

Assim, o pedido divide-se em mediato e *imediato.*

O pedido mediato é o pedido de tutela jurisdicional requerida por meio do exercício da jurisdição, enquanto que o pedido imediato seria o bem da vida a que se julga com direito o autor, em virtude de fato jurídico deduzido em juízo.

Segundo Araken de Assis, para alguns autores, *"variando o objeto mediato ou imediato, não haverá identidade de ações. Exemplifica-se a hipótese com a relação entre ação declaratória e condenatória: o objeto desta última se mostra mais amplo que o da*

[30] Assis, A. op. cit., p. 154.

outra, e, assim, verifica-se continência (art. 104 do C.P.C. de 1973), e, não, litispendência. Por outro lado, a propositura ulterior da ação declaratória negativa à ação condenatória (ou executória) do credor inibe a primeira, pela mesma razão, ou seja, em virtude da maior dimensão do objeto daquelas.

Esta observação se acolhe com sérias reservas, aplicando-se, quiçá, à generalidade dos casos, mas bem comporta algumas exceções. Por exemplo, adotando-se a classificação das 'pretensões processuais' no processo executivo de Guasp, entre nós recebida sob a designação de meios executórios, e em tudo semelhante, para estes efeitos, à taxionomia das ações próprias do processo de conhecimento, os resultados infirmam a tese. Estatui o art. 18 da Lei 5.478, de 26.07.1968, que, se não for possível a execução através do desconto ou da expropriação de aluguéis ou rendimentos, abrir-se-á ao credor a faculdade de expropriar outros bens (arts. 732 e 735) ou utilizar a coação pessoal (art. 733). É a gradação dos meios executórios da obrigação alimentar. Agora, se o credor da obrigação alimentar ajuíza duas execuções do mesmo crédito, uma pelo rito da coação pessoal e outra pelo rito da expropriação, em que pese a diferença do objeto imediato, tratar-se-á, ou não, de ações idênticas? Ora, as ações se identificam e, àquela proposta em segundo lugar, se opõe o obstáculo da litispendência.

Outra hipótese, centrada no pedido mediato, se situa nas obrigações alternativas, obrigações com prestação facultativa ou com faculdade de substituição. Desejando o autor, por exemplo, a condenação do réu, a despeito da existência de um só objeto imediato, se oferece à escolha do réu (art. 252, 'caput', do Cód. Civil de 2002) uma ou outra prestação, porque, cabendo ao autor, ele desde logo efetuará um pedido fixo. Contudo, o direito subjetivo que origina a ação material se revela desenganadamente, único, e, por este motivo, inexiste cúmulo de ações.

E permanece em pleno vigor a premissa de que a identificação da ação, através do pedido, implica o exame dos objetos mediato e imediato, porque a avaliação expressa análise de ambos".[31]

Diante do que dispõe o art. 327 do novo C.P.C., poderá o autor cumular num mesmo processo vários pedidos mediatos ou imediatos contra o mesmo réu.

Por isso, o autor, numa mesma demanda, pode requerer a declaração ou condenação, ou requerer a desconstituição e condenação, ou, ainda, duas condenações contra o mesmo réu.

O art. 327 do novo C.P.C. permite essa cumulação de pedidos contra o mesmo réu, mesmo que não haja conexão objetiva entre eles, ou seja, mesmo que não haja conexão entre os pedidos e as causas de pedir.

[31] Assis, A. idem, p. 156 e 157.

É importante salientar que na lição de Calmon de Passos o ressarcimento das despesas processuais e dos honorários de advogado não é efeito de formulação de pedido específico.[32]

A consagração do princípio da sucumbência fixando a obrigação de o juiz condenar o vencido no pagamento de custas processuais e honorários de advogado não decorre, no particular, *de pedido formulado pelo autor*, com o significado do art. 327 do novo C.P.C. Na realidade, o autor, para ter direito aos efeitos do princípio da sucumbência, não está obrigado a formular pedido de condenação do réu ao pagamento desse tipo de verba de sucumbência. Da mesma forma o réu, sem que formule pedido específico na contestação ou em reconvenção, também tem o direito aos efeitos do princípio da sucumbência.

Na doutrina portuguesa, conforme anota Calmon de Passos, *"fala-se, na hipótese, em 'cumulação aparente'. Haverá cumulação real quando se formula mais de um pedido de caráter 'substancial'; será ela aparente quando a multiplicidade de pedidos é de caráter 'processual'. E exemplificam. Se A pede que B lhe pague duas dívidas, uma de que é credor por um contrato de empréstimo, outra representativa do preço de uma venda, a cumulação é real, pois há dois pedidos fundados em duas relações jurídicas de direito material distintas. Mas se A pede que lhe seja reconhecido o direito de propriedade sobre um prédio em que B está de posse e que ele seja condenado a entregar-lhe o mesmo prédio, ou se A pede que B seja condenado a pagar-lhe uma dívida e ainda as despesas do processo, não se pode falar de cumulação real. A ação de reivindicação é uma ação de condenação e toda condenação pressupõe uma apreciação prévia de natureza declaratória. Logo, o pedido de que o juiz declare se contém, como pressuposto, no pedido para que o juiz condene. De maneira que, ao pedir-se o reconhecimento do direito de propriedade (efeito declarativo) e a condenação na entrega (efeito executivo), não se formulam dois pedidos substancialmente distintos, unicamente se indicam as duas operações ou as duas espécies de atividades que o tribunal tem de desenvolver para atingir o fim último da ação...*

José Alberto dos Reis estende o conceito de cumulação aparente à que ocorre por força de formulação de um pedido principal e de um pedido acessório. Como, por exemplo, o pedido do pagamento do principal e mais juros, ou pedido de entrega de um prédio e restituição de rendimentos, contrariado, no particular, por Paulo Cunha. Inclinamo-nos pela segunda opinião, o pedido acessório é pedido que se soma ao principal, tanto que se não for incluído na inicial só em ação autônoma poderá ser ajuizada. A pluralidade de pedidos não se prende à pluralidade de relações jurídicas de direito material, mas também ocorre quando de uma relação jurídica mais de uma prestação é deduzível...".[33]

[32] Calmon de Passos, J. J., op. Cit., p. 240.

[33] Calmon de Passos, J. J., idem, p. 242 e 243.

Porém, para que o autor possa cumular pedidos no mesmo processo é necessário que sejam observados os requisitos previstos no *§1º do art. 327* do novo C.P.C., a saber:

I – que os pedidos sejam compatíveis entre si;

O primeiro requisito para a cumulação subjetiva de pedidos é que os pedidos sejam compatíveis entre si.

Os pedidos são incompatíveis entre si quando um exclui ou outro, ou seja, não se pode deferir simultaneamente os pedidos formulados por razões lógicas ou jurídicas. Exemplo: não se pode ao mesmo tempo requerer a devolução de um bem comprado com defeito e o abatimento do preço. É possível formular estes pedidos alternativamente.

II – que seja competente para conhecer deles o mesmo juízo;

Para que se possa realizar a cumulação de pedidos é necessário que o juízo seja competente para conhecer de todos os pedidos formulados.

Em regra, em se tratando de competência relativa, em razão do valor ou do território, é possível que o juízo seja competente para conhecer de todos os pedidos, permitindo-se a cumulação subjetiva.

Por sua vez, o mesmo não ocorre em relação à competência absoluta, em razão da matéria ou funcional, uma vez que essa modalidade de competência não se prorroga, devendo o juiz declará-la de ofício, determinando o desmembramento dos pedidos e, por consequência, do processo. Pedidos que são de competência dos juizados especiais e pedidos que são de competência do juizado comum; pedido de competência de juízo estadual e pedido de competência de juízo federal.

Sobre o tema, eis a seguinte decisão do S.T.J.:

> *1. A competência da Justiça Federal é absoluta e, por isso, não pode ser modificada por conexão.*
>
> *2. Agravo regimental desprovido.*
>
> (AgRg no AgRg no CC 92320/ES, Rel. Ministro JOÃO OTÁVIO DE NORONHA, SEGUNDA SEÇÃO, julgado em 08/09/2010, DJe 16/09/2010)

III – que seja adequado para todos os pedidos o tipo de procedimento.

O procedimento nada mais significa do que o regramento instrumental que deverá regular a dinâmica dos atos processuais.

O procedimento é uma ordem e sucessão de atos, em contraposição ao seu conjunto, que forma o processo.

Definido o processo como um instrumento de concretização do ordenamento jurídico realizado por meio de uma relação jurídica desenvolvida em contraditório, a dinâmica dos atos praticados e exteriorizados nessa relação jurídica será definida pelo procedimento estabelecido pela norma legal.

Na verdade, a concretização do princípio constitucional da efetividade da tutela jurisdicional, ou de que cada pretensão de direito material deve corresponder uma apropriada tutela, diz respeito justamente à espécie de procedimento que será adotada, sumarizando ou não os atos processuais e a urgência de sua realização.

No caso, se houver incompatibilidade de procedimento não se poderá realizar a cumulação de pedidos, salvo se a parte optar pelo procedimento comum para todos os pedidos formulados.

Porém, se os pedidos apresentarem procedimento diverso, ainda assim poderão ser cumulados, se se observar o que dispõe o *§2º do art. 327* do novo C.P.C., *in verbis: quando, para cada pedido, corresponder tipo diverso de procedimento, será admitida a cumulação se o autor empregar o procedimento comum, sem prejuízo do emprego das técnicas processuais diferenciadas previstas nos procedimentos especiais a que se sujeitam um ou mais pedidos cumulados, que não forem incompatíveis com as regras do procedimento comum.*

Permite-se, portanto, a cumulação de pedidos que correspondam a tipo diverso de procedimento, desde que o autor empregue o procedimento comum para todos os pedidos.

Porém, o legislador permite que sejam empregadas as técnicas processuais diferenciadas previstas nos procedimentos especiais a que se sujeitam um ou mais pedidos cumulados, desde que essas técnicas não sejam incompatíveis com as regras do procedimento comum.

Portanto, mesmo que para determinado pedido haja um procedimento especial diferenciado, como, por exemplo, divisão e demarcação de terras, poderá ser cumulado esse pedido com outro, sujeito a diverso procedimento especial ou mesmo comum, podendo ser observado no processo algumas das técnicas processuais diferenciadas previstas no procedimento de demarcação e divisão de terras.

Prescreve o *§3º do art. 327* do novo C.P.C. que o *inciso I do § 1º não se aplica à cumulação de pedidos de que trata o art. 326.*

Assim, poderão ser cumulados pedidos em ordem subsidiária, a fim de que o juiz conheça do posterior se não acolher o anterior, mesmo que os pedidos sejam incompatíveis entre si.

Neste caso não haverá incompatibilidade, uma vez que somente será acolhido um pedido se o outro não for acolhido.

Art. 328

Na obrigação indivisível com pluralidade de credores, aquele que não participou do processo receberá sua parte, deduzidas as despesas na proporção de seu crédito.

Obrigação indivisível e pluralidade de credores

Este dispositivo trata da figura do litisconsórcio ativo, podendo ser unitário facultativo ou simplesmente facultativo.

Por outro lado, se todos os litisconsortes estão presentes na relação jurídica processual (litisconsórcio unitário necessário), não há aplicação do art. 328 do novo C.P.C., uma vez que todos os litisconsortes deverão compor a relação jurídica processual.

Por sua vez, conforme ensina Calmon de Passos, "*O direito material, em determinados casos de comunhão de direito, legitima qualquer dos titulares, a sozinho, pleitear em favor da comunhão. Assim é que autoriza o condômino a reivindicar o imóvel em benefício da comunhão. Como legitima qualquer credor de obrigação indivisível a exigi-la por inteiro em favor da pluralidade de credores (art. 892). Consequentemente, se a ação foi proposta por um só dentre os credores por obrigação indivisível, ele é parte legítima, não se podendo impor o litisconsórcio na espécie. Mas o autor apenas estará autorizado a levantar a parte que lhe for devida, legitimados os que não participaram do processo, tanto a executar a sentença pela parte que lhes couber, como a levantar do produto a quota que lhes for devida, abatida sua participação proporcional nas despesas do processo*".[34]

As obrigações divisíveis são aquelas cujo cumprimento da prestação pode ser parcelado ou parcial, enquanto que as obrigações *indivisíveis* são aquelas em que a prestação tem por objeto uma coisa ou um fato não suscetível de divisão, por sua natureza, por motivo de ordem econômica ou dada a razão determinante do negócio jurídico.

Sobre regramento das obrigações divisíveis e indivisíveis, prescrevem os arts. 257 a 263 do C.C.b.:

[34] Calmon de Passos, J. J., op. cit., p. 239.

"Art. 257. Havendo mais de um devedor ou mais de um credor em obrigação divisível, esta presume-se dividida em tantas obrigações, iguais e distintas, quantos os credores ou devedores.

Art. 258. A obrigação é indivisível quando a prestação tem por objeto uma coisa ou um fato não suscetível de divisão, por sua natureza, por motivo de ordem econômica, ou dada a razão determinante do negócio jurídico.

Art. 259. Se, havendo dois ou mais devedores, a prestação não for divisível, cada um será obrigado pela dívida toda.

Parágrafo único. O devedor, que paga a dívida, sub-roga-se no direito do credor em relação aos outros coobrigados.

Art. 260. Se a pluralidade for dos credores, poderá cada um destes exigir a dívida inteira; mas o devedor ou devedores se desobrigarão, pagando:

I – a todos conjuntamente;

II – a um, dando esta caução de ratificação dos outros credores;

Art. 261. Se um só dos credores receber a prestação por inteiro, a cada um dos outros assistirá o direito de exigir em dinheiro a parte que lhe caiba no total.

Art. 262. Se um dos credores remitir a dívida, a obrigação não ficará extinta para com os outros; mas estes só a poderão exigir, descontada a quota do credor remitente.

Art. 263. Perde a qualidade de indivisível a obrigação que se resolver em perdas e danos.

§1º Se, para efeito do disposto neste artigo, houver culpa de todos os devedores, responderão todos por partes iguais.

§2º Se for de um só a culpa, ficarão exonerados os outros, respondendo só esse pelas perdas e danos".

O art. 328 do novo C.P.C. ao estabelecer que diante de uma obrigação indivisível com pluralidade de credores aquele que não participou do processo terá direito de receber sua parte, deduzidas as despesas de cobrança na proporção de seu crédito, nada mais fez do que aplicar no âmbito processual o disposto no art. 261 do C.C.b., que assim dispõe: *"Se um só dos credores receber a prestação por inteiro, a cada um dos outros assistirá o direito de exigir em dinheiro a parte que lhe caiba no total"*.

Contudo, o credor que não participou do processo somente receberá sua parte em dinheiro se assim concordar, caso contrário, receberá uma quota parte do bem indivisível entregue por meio de uma prestação decorrente de uma obrigação indivisível, tornando-se condômino na coisa recebida, salvo se no âmbito judicial for determinada a venda do bem para pagamento de quota-parte em dinheiro.

Art. 329

O autor poderá:

I – até a citação, aditar ou alterar o pedido ou a causa de pedir, independentemente de consentimento do réu;

II – até o saneamento do processo, aditar ou alterar o pedido e a causa de pedir, com o consentimento do réu, assegurado o contraditório mediante a possibilidade de manifestação deste no prazo mínimo de 15 (quinze) dias, facultado o requerimento de prova suplementar.

Parágrafo único. Aplica-se o disposto neste artigo à reconvenção e à respectiva causa de pedir.

Limite para aditamento ou alteração do pedido

O art. 294 do C.P.C. de 1973, no que concerne ao aditamento do pedido, afirmava: *antes da citação, o autor poderá aditar o pedido, correndo à sua conta as custas acrescidas em razão dessa iniciativa. (Redação dada pela Lei nº 8.718, de 14.10.1993).*

Antes da Lei n. 8.718, de 14.10 de 1993, a redação originária do art. 294 do C.P.C. de 1973 era a seguinte: *"Quando o autor houver omitido, na petição inicial, pedido que lhe era lícito fazer, só por ação distinta poderá formulá-lo".*

Sobre a interpretação do art. 294 do C.P.C. de 1973, aduzia Araken de Assis: *"Na sua redação originária, o art. 294 estabelecia que, omitindo o autor algum pedido que lhe era lícito fazer na inicial, terá de valer-se de outra ação. Mercê da reforma, passou a tratar da alteração do pedido, dando razão a Calmon de Passos, que distinguia entre aditamento do pedido, hipótese então prevista no art. 294, e modificação do pedido, incluída no art. 264. Verdadeira e sutil separação, a lei conferia dois tratamentos às vicissitudes do pedido: o aditamento se impossibilitaria tão logo proposta a ação (art. 263), ignorando-se, ademais, a concordância do réu; a modificação, ao invés, se mostraria lícita até a citação, ou mesmo após, desde que de acordo com ela o demandado. Outros, todavia, interpretavam conjuntamente os arts 264 e 294. Felizmente, o novo texto resolveu o problema hermenêutico.*

Em princípio, o maior efeito do aditamento do pedido, em comparação à simples modificação, justificaria, satisfatoriamente, a incongruência das normas. É que a adição do pedido não se reduz ao gabarito da simples modificação. Observa Giancarlo Gianozzi, a propósito, que a mudança integral do 'petitum' implica a existência de uma nova ação; com redobradas razões, portanto, o aditamento. Mas, por consequência direta de semelhante interpretação, o campo de incidência do art. 264 perderia em extensão, compreendendo-se a regra com menos notas, talvez, do que ela, razoavelmente, contém.

Nessas circunstâncias, escapando, de resto, a problemática da modificação da demanda dos objetivos do trabalho, a nova redação do art. 294 adotou a melhor solução, consa-

grando a uniformidade dos efeitos: trata-se de modificação, ou de aditamento, feita a citação se torna defeso requerer o autor num ou noutro sentido, restando o caminho da desistência da ação, antes de escoado o prazo de defesa (art. 267, §4º), e oportuna proposição correta em outra demanda. Em outro sentido, 'o requisito para a viabilidade do aditamento do pedido é meramente temporal, negativo e de contagem inversa, isto é, enquanto não se verificar a 'citação válida', inexistindo qualquer liame com o despacho inicial que recebe a peça e ordena a citação ou, muito menos, com o decurso de prazo para o oferecimento de resposta ou com a formalização da comunicação do ato citatório ao réu sem que o mandado respectivo seja juntado aos autos".[35]

O inc. I do art. 329 do novo C.P.C. resolveu qualquer dúvida de interpretação, pois permite que o autor, até a citação, possa aditar ou modificar o pedido ou a causa de pedir, independentemente do consentimento do réu.

Evidentemente que quem pode mais pode menos, ou seja, se o autor, até a citação do réu pode *modificar o pedido ou a causar de pedir,* também poderá, até este marco decadencial, *aditar* o pedido ou a causa de pedir.

É importante salientar que o art. 294 do C.P.C. de 1973 somente permitia o aditamento do *pedido,* não fazendo alusão à *modificação ou ao aditamento da causa de pedir.*

O inc. I do art. 327 do novo C.P.C. permite, até a citação do réu, a modificação do pedido ou da causa de pedir, ou, ainda, de ambos ao mesmo tempo.

Mas essa possibilidade tem um termo final, qual seja, a citação do réu.

Havendo litisconsorte, basta a citação de um dos litisconsortes para que o autor não possa mais modificar o pedido ou causa de pedir sem o seu consentimento dos réus.

A norma fala do ato de citação e não do despacho de citação.

Outrossim, o termo final é a citação em si e não da juntada do mandado no processo.

Sobre a alteração do pedido e da causa de pedir, anota o artigo 264º do C.P.C. português: *Havendo acordo das partes, o pedido e a causa de pedir podem ser alterados ou ampliados em qualquer altura, em 1ª ou 2ª instância, salvo se a alteração ou ampliação perturbar inconvenientemente a instrução, discussão e julgamento do pleito.*

O legislador brasileiro não chegou a tal ponto de permitir a alteração do pedido ou da causa de pedir, mesmo com autorização das partes.

Na verdade, o inc. II do art. 329 do novo C.P.C. também permite o aditamento ou a alteração do pedido e da causa de pedir mediante acordo das partes: *"até o saneamento do processo, assegurado o contraditório mediante a possibilidade*

[35] ARAKEN, Assis, op. cit., p. 251 e 252.

de manifestação deste no prazo mínimo de 15 (quinze) dias, facultado o requerimento de prova suplementar.

Assim, até a citação o autor poderá modificar ou aditar o pedido e a causa de pedir sem o consentimento do réu.

Uma vez citado o réu, o inc. II do art. 329 do novo C.P.C. também permite o aditamento ou a alteração do pedido e/ou causa de pedir, desde que o réu consinta.

Havendo litisconsortes, todos os réus devem consentir.

Por sua vez, esta possibilidade de modificação do pedido e/ou causa de pedir, mediante concordância do réu, vai até o saneamento do processo, e desde que seja assegurado o contraditório mediante a possibilidade de manifestação sobre essa alteração no prazo de quinze dias, facultado o requerimento de prova suplementar.

A questão que se coloca é em qual momento ocorre o saneamento do processo.

Sobre a denominação do *despacho saneador*, anota Jônatas Milhomens:

> *"Submetida a rigorosa análise a denominação adotada pelo legislador, ver-se-á que não é perfeita.*
>
> *Em primeiro lugar, o despacho saneador é decisão de conteúdo variável, que tanto pode apresentar-se como simples despacho como pode conter os elementos de verdadeira sentença. Em segundo lugar, nem todo despacho saneador 'saneia' o processo, limpa-o, expunge-o de vícios, de defeitos.*
>
> *Há processos limpos, sem vícios, sem nulidades insanáveis a ser pronunciadas, sem nulidades supríveis que devam ser sanadas, sem defeitos 'verbi gratia', de representação, a ser remediados, sem irregularidades, enfim, a ser corrigidas, mas nos quais deverá o juiz proferir 'despacho saneador', apenas para determinar audiência de instrução e julgamento, ou qualquer medida que se não ajuste ao conceito de saneamento.*
>
> *Dir-se-á que, reconhecendo o juiz, explícita ou implicitamente, a legitimidade das partes, o legítimo interesse, a perfeita representação, a incolumidade de todos os atos praticados, declara o processo 'saneado', e portanto, 'saneia'. Falso raciocínio. Uma coisa é declarar limpo, outra coisa, limpar. Uma, declarar corrigido, outra, declarar correto.*
>
> *'Despacho ordenador (Pereira Braga, Martinho Garcez Neto, Filadelfo Azevedo) e 'despacho coordenador' (Galvão Cerquinho) foram denominações, entre outras, propostas.*
>
> *A denominação – desde que o sinal indique a coisa e desde que se integre no vocabulário corrente – deixa de ser problema...*

> *Despacho saneador é aquela decisão que o juiz profere logo após a contestação, ou reconvenção, se houver; decisão que profere entre a fase postulatória e a de instrução e julgamento".*[36]

No Brasil, houve épocas em que havia um despacho ou decisão específica intitulado *despacho saneador.*

O Regulamento 737, em vigor na época do Império, estabelecia: *"Quando da contestação constar a arguição de nulidade, o juiz tomando dela conhecimento verbal e sumário em audiência, ou mandando que os autos lhe sejam conclusos, suprirá ou pronunciará a nulidade como for de direito e se prescreve no título Das nulidades".*[37]

Por sua vez, o Código de Processo Civil da Bahia, de 1915, produziria uma regra semelhante, mas melhorada: *"Deve o juiz pronunciar ou suprir as nulidades, logo que as partes as arguirem; conforme influam ou não sobre os atos posteriores, os atos arguidos de nulos (art. 1.355)".*[38]

O Código de Processo Civil brasileiro de 1939 estabelecia no art. 294 os requisitos do despacho saneador, *in verbis*:

> *"Art. 294. No despacho saneador, o juiz:*
>
> *I – decidirá sobre a legitimidade das partes e da sua representação, ordenando, quando for o caso, a citação dos litisconsortes necessários e do órgão do Ministério Público;*
>
> *II – mandará ouvir o autor, dentro em três (3) dais, permitindo-lhe que junte prova contrária, quando na contestação, reconhecido o fato em que se fundou, outro se lhe opuser, extintivo do pedido;*
>
> *III – pronunciará as nulidades insanáveis, ou mandará suprir as sanáveis bem como as irregularidades;*
>
> *IV – determinará exames, vistorias e quaisquer outras diligências, na forma do art. 295.*
>
> *Parágrafo único. As providências referidas nos n.s. I e II serão determinadas nos três (3) primeiros dias do prazo a que se refere o artigo anterior".*

Sobre a preponderância do despacho saneador na égide do Código de Processo Civil de 1939, afirmava J. M. De Carvalho Santos:

[36] MILHOMENS, Jônatas. *Teoria e prática do despacho saneador.* Rio de Janeiro: Editora Forense, 1958. p. 33.

[37] MILHOMENS, J., idem, p. 19.

[38] MILHOMENS, J. idem, ibidem.

> *"O despacho saneador apresenta, no desenvolvimento do processo ordinário, um papel preponderante. O seu elevado alcance torna-se evidente, sem dúvida, desde que é certo que ele tem estas quatro finalidades principais: a) conhecer das nulidades; b) apreciar a legitimidade das partes e a sua representação; c) julgar as questões prévias ou prejudiciais; d) providenciar sobre diligências para completo esclarecimento do juiz.*
>
> *Deve admitir-se, também, que possa o juiz, no despacho saneador, conhecer de quaisquer outras questões, para cuja decisão o processo lhe forneça os elementos necessários".*[39]

Segundo Pontes de Miranda, na sua monumental obra Comentários ao Código de Processo Civil de 1939, *"O despacho saneador é ato jurisdicional complexo, de unidade (não necessária) apenas formal, abrangente de múltiplas resoluções do juiz, declarações de vontade umas e comunicações de vontade outras; de modo que os efeitos, que possa ter, dependem de cada interrogação submetida à resolução do juiz (força formal de coisa julgada; força material de coisa julgada; força ou efeito executivo, mandamental, constitutivo, ou eficácia de alguma condenação incidente; efeitos anexos e efeitos reflexos). É quanto às questões nele tratadas que se há de levantar o problema da preclusividade, ou não, do recurso que cabe, se recorrível a resolução, a reconsiderabilidade a requerimento ou de ofício, etc. Ele mesmo é múltiplo; e seriam sem sentido perguntas que o tomasse como todo material.*

Assim, tem-se de miudear as questões, que o despacho saneador resolve, para, a respeito de cada uma delas, se lhe apurar a força ou efeito. Ora tem força ou efeito mandamental, ora não no tem; ora tem força ou efeito constitutivo, ora não no tem; ora tem força ou efeito condenatório, ora não, ora tem força ou efeito executivo, ora não; ora tem força ou efeito de coisa julgada formal e material; ora nem um nem outro; ora somente formal".[40]

Por sua vez, anota Galeno Lacerda, em sua clássica e inesquecível obra, Despacho Saneador: *"Exame oficial, prévio e compulsório do instrumento de prestação da atividade judiciária, tal como se configura após a litiscontestação e antes da audiência para instrução do mérito, desnecessário será ressaltar-lhe a importância excepcional, como manifestação do princípio da economia. Graças a ele, deixam de realizar-se atos e despesas inúteis pela decisão da questão prejudicial. Impede-se que processo inviável transponha os umbrais da audiência. Ordena-se o suprimento oportuno de vícios sanáveis, para que não contaminem os atos posteriores, libertos, assim de repetições onerosas. Poupa-se tempo,*

[39] Carvalho Santos, J. M., *Código de processo civil interpretado.* (artigos 263 a 353). Vol. IV. 3. Ed., Rio de Janeiro: Livraria Editora Freitas Bastos, 1946. p. 169.

[40] Pontes de Miranda. *Comentário ao código de processo civil.* Tomo IV (arts. 273 a 301), Rio de Janeiro: Editora Forense, 1959. p. 155.

evitam-se desperdícios. Não se faça, porém, do despacho saneador a panaceia preclusiva de todos os males do processo. Seria visão exagerada e irreal de seu alcance".[41]

O C.P.C. de 1973, ao entrar em vigor, regulou na Seção III, não mais o *despacho saneador*, mas sim os critérios necessários para o *saneamento do processo.*

O art. 331 do C.P.C. de 1973, na sua redação originária, estabelecia:

> *"Art. 331. Se não se verificar nenhuma das hipóteses previstas nas seções precedentes, o juiz, ao declarar saneado o processo:*
>
> *I – deferirá a realização de exame pericial, nomeando perito e facultando às partes a indicação dos respectivos assistentes técnicos;*
>
> *II – designará a audiência de instrução e julgamento, determinando o comparecimento das partes, perito, assistentes técnicos e testemunhas"*

Por sua vez, com a Lei 5.925, de 1º de outubro de 1973, o art. 331 do C.P.C. de 1973 passou a ter a seguinte redação:

> *"Art. 331. Se não se verificar nenhuma das hipóteses previstas nas seções precedentes, o juiz, ao declarar saneado o processo:*
>
> *I – decidirá sobre a realização do exame pericial, nomeando o perito e facultando às partes a indicação dos respectivos assistentes técnicos;*
>
> *II – designará a audiência de instrução e julgamento, deferindo as provas que nela há de produzir-se".*

Por outro lado, com a Lei 8.952, de 13 de dezembro de 1994, o art. 331 do C.P.C. de 1973 apresentou a seguinte normatização:

> *"Art. 331. Se não se verificar qualquer das hipóteses previstas nas seções precedentes e a causa versar sobre direitos disponíveis, o juiz designará audiência de conciliação, a realizar-se no prazo máximo de 30 (trinta) dias, à qual deverão comparecer as partes ou seus procuradores, habilitados a transigir".*

Já a Lei 10.444, de 7 de maio de 2002, ao dar nova redação ao art. 331 do C.P.C. de 1973, também renomeou a Seção III do C.P.C., retirando a fase *Do Saneamento do Processo,* para inserir a fase *Da Audiência Preliminar.* O art. 331, com a nova redação, passou assim estabelecer:

[41] Lacerda, Galeno. *Despacho Saneador.* Porto Alegre: Sergio Antonio Fabris Editor, n. 2, 1990. p. 6.

"Art. 331. Se não ocorrer qualquer das hipóteses previstas nas seções precedentes, e versar a causa sobre direitos que admitam transação, o juiz designará audiência preliminar, a realizar-se no prazo de 30 (trinta) dias, para a qual serão as partes intimadas a comparecer, podendo fazer-se representar por procurador ou preposto, com poderes para transigir.

§1º Obtida a conciliação, será reduzida a termo e homologada por sentença.

§2º Se, por qualquer motivo, não for obtida a conciliação, o juiz fixará os pontos controvertidos, decidirá as questões processuais pendentes e determinará as provas a serem produzidas, designando audiência de instrução e julgamento, se necessário.

§3º Se o direito em litígio não admitir transação, ou se as circunstâncias da causa evidenciarem ser improvável sua obtenção, o juiz poderá, desde logo, sanear o processo e ordenar a produção de prova, nos termos do §2º".

Observa-se, portanto, que o C.P.C. de 1973, ao invés de estabelecer um despacho específico para o saneamento do processo, preferiu regulamentar o saneamento do processo num determinado momento da fase processual.

Na realidade, o saneamento do processo é feito em todas as fases processuais, pois a obrigação do juiz em primar pela regularidade processual não está delimitada apenas a uma fase do processo. Nesse sentido é o seguinte precedente do S.T.J.:

(...).

6. O saneamento do processo, no modelo atual do CPC, pode ser feito por etapa, desde que algum vício apresente necessidade de correção, pelo prejuízo causado a uma das partes.

7. A ausência de despacho saneador não acarreta nulidade de processo, conforme tem assentado a jurisprudência.

8. Na verdade, o sistema processual atual não consagra a obrigatoriedade do despacho saneador em momento único. O saneamento do processo é feito em qualquer momento, desde que surja a necessidade de corrigir qualquer desvio prejudicial à apuração dos fatos discutidos e à aplicação das leis suscitadas.

A regra do § 3º do artigo 331 do Código de Processo Civil não é obrigatória. A sua falta só produz nulidade quando demonstrado evidente prejuízo para uma das partes. Não é o caso dos autos. O juiz monocrático, em sede de embargos de declaração à sentença proferida, bem decidiu a controvérsia, ao afirmar (fls. 287/288): "Não constitui nulidade da sentença a falta de despacho saneador...

(...).

Igual posicionamento adota o Superior Tribunal de Justiça: "Saneamento do processo. É dispensável quando o Juiz conhece diretamente do pedido" (RSTJ 85/200).

(...).

(EDcl no AgRg no REsp 724.059/MG, Rel. Ministro JOSÉ DELGADO, PRIMEIRA TURMA, julgado em 21/03/2006, DJ 03/04/2006, p. 252)

Daí porque o acerto da Lei 8.952/94 em retirar da Seção III do C.P.C. de 1973 a fase *Do Saneamento do Processo*, para nela inserir a fase *Da Audiência Preliminar*.

O novo C.P.C, no Capítulo VIII trata *DAS PROVIDÊNCIAS PRELIMINARES E DO SANEAMENTO*, assim estabelecendo em seu art. 349: *"Verificando a existência de irregularidades ou vícios sanáveis, o juiz determinará sua correção em prazo nunca superior a trinta dias"*

Muito embora o art. 347 do novo C.P.C. não fale expressamente em *despacho saneador*, o certo é que o legislador ao determinar que o juiz proceda a supressão de vícios sanáveis de certa forma está permitindo que o juiz proceda ao saneamento do processo.

Conforme leciona Galeno Lacerda, *"podemos conceituar o despacho saneador como a decisão proferida logo após a fase postulatória, na qual o juiz, examinando a legitimidade da relação processual, nega ou admite a continuação do processo ou da ação, dispondo, se necessário, sobre a correção de vícios sanáveis. Como toda decisão, possui conteúdo declaratório e volitivo. Tem por objeto matéria que exige pronunciamento de ofício, mas poderá versar também questões provocadas pela parte. De ofício, deverá o juiz investigar se coexistem as condições da ação e os pressupostos processuais que admitam exame oficiosos, e ordenar o suprimento de nulidades sanáveis e irregularidades. Mediante solicitação da parte, além destas questões, poderá julgar outras relativas ao processo e também ao mérito"*.[42]

Assim, quando o inc. II do art. 329 do novo C.P.C. estabelece que a alteração do pedido e da causa de pedir pode ocorrer mediante acordo das partes até o *saneamento do processo*, isso significa que essa alteração deverá ocorrer até que o juiz profira a decisão estabelecida no art. 347 do novo C.P.C.

Porém, mesmo que haja acordo das partes para aditar ou alterar o pedido e a causa de pedir até o saneamento do processo, deverá ser assegurado ao réu o contraditório mediante a possibilidade de manifestação deste no prazo mínimo de quinze dias, facultado o requerimento de prova suplementar.

O prazo de quinze dias poderá ser suplantado pelo juiz de acordo com a complexidade do aditamento ou da alteração do pedido e da causa de pedir.

[42] LACERDA, G., op. Cit., p. 7 e 8.

É importante salientar que após o saneamento do processo não será mais possível aditar ou alterar o pedido, mesmo que haja concordância do réu. Nesse sentido é o seguinte precedente do S.T.J.:

> *(...).*
> *2. A jurisprudência desta Corte não admite a emenda da inicial após o oferecimento da contestação quando tal diligência ensejar a modificação do pedido ou da causa de pedir. Isso porque a regra prevista no artigo referido deve ser compatibilizada com o disposto no art. 264 do CPC, que impede ao autor, após a citação, modificar o pedido ou a causa de pedir, sem o consentimento do réu (caput); e, em nenhuma hipótese, permite a alteração do pedido ou da causa de pedir após o saneamento do processo (parágrafo único).*
> *3. Destarte, após oferecida a contestação e saneado o feito, não se mostra possível a realização da diligência prevista no art. 284 do CPC quando ensejar a modificação do pedido e da causa de pedir, como ocorre no caso dos autos, impondo-se a extinção do processo sem resolução de mérito.*
> *4. Recurso especial parcialmente provido.*
> (REsp 1291225/MG, Rel. Ministro MAURO CAMPBELL MARQUES, SEGUNDA TURMA, julgado em 07/02/2012, DJe 14/02/2012)

O *parágrafo único* do art. 329 do novo C.P.C. estabelece que *se aplica o disposto neste artigo à reconvenção e à respectiva causa de pedir.*

Tendo em vista que a reconvenção é uma pretensão formulada pelo réu contra o autor, pretensão esta amparada numa demanda fundada numa causa de pedir próxima ou remota, o aditamento ou alteração da causa de pedir deve observar o disposto no art. 329 *caput* do novo C.P.C.

Note-se que o dispositivo somente faz referência, na reconvenção, à causa de pedir, e não ao pedido, pois este está delimitado e circunscrito ao pedido formulado pelo autor na demanda principal.

SEÇÃO III – Do indeferimento da petição inicial

Art. 330

A petição inicial será indeferida quando:

I – for *inepta*;

II – a parte for manifestamente ilegítima;

III – o autor carecer de interesse processual;

IV – não atendidas as prescrições dos arts. 106 e 321.

§ 1º Considera-se inepta a petição inicial quando:

I – lhe faltar pedido ou causa de pedir;

II – o pedido for indeterminado, ressalvadas as hipóteses legais em que se permite o pedido genérico;

III – da narração dos fatos não decorrer logicamente a conclusão;

IV – contiver pedidos incompatíveis entre si.

§ 2º Nas ações que tenham por objeto a revisão de obrigação decorrente de empréstimo, de financiamento ou de alienação de bens, o autor terá de, sob pena de inépcia, discriminar na petição inicial, dentre as obrigações contratuais, aquelas que pretende controverter, além de quantificar o valor incontroverso do débito.

§ 3º Na hipótese do § 2º, o valor incontroverso deverá continuar a ser pago no tempo e modo contratados.

Indeferimento da petição inicial

A demanda tem por elementos as partes, o pedido e a causa de pedir.

Os elementos da demanda vêm exteriorizados, em regra, por meio de uma petição inicial escrita que deve apresentar todos esses elementos para que a relação jurídica processual exista e tenha um desenvolvimento válido e regular.

Faltando alguns dos requisitos indispensáveis para o prosseguimento da relação jurídica processual, a petição inicial poderá ser rechaçada de plano.

Conforme ensina J. J. Calmon de Passos: *"Quando o ato processual se desvia do modelo legalmente prefixado, dizemos que ele é atípico, por conseguinte, defeituoso. Mas, com vistas à natureza instrumental do processo, que não tem um fim em si mesmo, mas serve à aplicação autoritativa do direito, nem sempre o defeito do ato conduz à sua ineficácia. Donde se pode distinguir uma atipicidade (defeito) relevante e uma atipicidade (defeito) irrelevante. A atipicidade relevante acarreta a ineficácia do ato. Ele cessa de produzir efeitos. E essa improdutividade de efeitos ora se reveste da forma de nulidade, invalidade que alcança efeitos já produzidos, ora assume outras formas, como a do indeferimento, que é sanção à atipicidade relevante do ato que ainda não produziu efeitos, para que eles não venham a ocorrer. O indeferimento é, portanto, uma forma obstativa da eficácia. Enquanto a nulidade faz cessar efeitos que já se produziram, o indeferimento sanciona o ato com a ineficácia, mesmo que os efeitos por ele perseguidos se tenham produzido.*

A petição inicial, ato processual típico, pode, consequentemente, ser defeituosa. E se o defeito que apresenta é relevante, isto é, capaz de obstar o fim específico a que o ato se propõe ou de dificultar ou impedir o alcance dos fins de justiça a que o próprio processo, como fenômeno global, se lança, deve o defeito da petição inicial acarretar o seu indeferimento, vale dizer, a sanção de invalidade do ato, chamada de indeferimento, por seu caráter obstativo".[43]

Se a petição inicial for inepta ou não apresentar as condições de análise de mérito ou os pressupostos processuais, deverá ela ser de plano *indeferida*.

O *art. 330* do novo C.P.C. estabelece as hipóteses que justificam o indeferimento da petição inicial, a saber:

Inc. I – quando for inepta.

As hipóteses de inépcia da petição inicial estão elencadas no *§1º do art. 330* do novo C.P.C.:

a) quando *lhe faltar pedido ou causa de pedir*.

Sendo o pedido e a causa de pedir elementos da demanda, se a petição inicial não trouxer expressamente e bem delineados esses elementos, a petição inicial será considerada *inepta*. Aliás, o pedido também é um dos pressupostos processuais de existência da relação jurídica processual, na visão de Arruda Alvim. A falta do pedido ou da causa de pedir não apenas dificulta o julgamento do mérito, mas principalmente torna impossível sua apreciação. Faltando o pedido, falta o próprio conteúdo para a sentença, ou seja, o juiz não saberá qual prestação jurisdicional deverá conceder, muito menos qual o bem da vida pretendido pela parte autora. Da mesma forma, faltando a causa de pedir, prejudicada está a análise do mérito, pois faltará a enunciação do fato jurídico que justifica e fundamenta a análise e aplicação da norma abstrata para a concretização do direito. A causa de pedir é justamente o fato constitutivo do direito do autor.

Sobre o tema, eis o seguinte precedente do S.T.J.:

> *(...)*
>
> *2. Controvérsia que se cinge a definir se é cabível a determinação de emenda da petição inicial em momento posterior ao da apresentação da peça contestatória.*
>
> *3. O dissídio jurisprudencial deve ser comprovado mediante o cotejo analítico entre acórdãos que versem sobre situações fáticas idênticas.*
>
> *4. A aptidão da inicial pressupõe a articulação harmoniosa de alguns requisitos, dentre eles a indicação precisa dos fatos e dos fundamentos jurídicos que dão suporte ao direito vindicado.*

[43] CALMON DE PASSOS, José Joaquim. *Comentários ao código de processo civil.* 6ª ed., Vol. III (arts. 270 a 331). Rio de Janeiro: Forense, 1989. p. 255 e 256.

5. A falta de explicitação da causa de pedir conduz ao reconhecimento da inépcia da petição inicial e ao seu consequente indeferimento. Inteligência do art. 295, parágrafo único, I, do CPC.

Precedentes.

6. Tratando-se de ação revocatória proposta com fundamento no art.53 da antiga Lei de Falências (DL 7.661/45), a petição inicial deve, necessariamente, conter a descrição das condutas fraudulentas atribuídas aos réus como causa de pedir. É a própria norma invocada que reclama – como requisito a ser preenchido para decretação da ineficácia dos atos praticados pelo falido – a demonstração da existência de fraude imputável ao devedor e aos terceiros que com ele contrataram.

7. De acordo com a jurisprudência deste Tribunal, a petição inicial não pode ser emendada depois de apresentada a contestação, sob pena de malferir o princípio da estabilização da demanda. Ainda que essa perspectiva possa ser flexibilizada em situações excepcionais, o art. 264, parágrafo único, do CPC veda a alteração da causa de pedir após o saneamento do processo.

8. Negado provimento ao recurso especial.

(REsp 1305878/SP, Rel. Ministra NANCY ANDRIGHI, TERCEIRA TURMA, julgado em 05/11/2013, DJe 11/11/2013)

1. Se a parte, ao impetrar mandado de segurança, discorre sobre o ato judicial impugnado, atribuindo-lhe conteúdo que, de fato, não tem, toda a narrativa perde o sentido, sendo inviável analisar a pretensão.

2. Não há como deixar de extinguir liminarmente o processo se a petição inicial não exprime, ainda que de modo precário, qual o objeto da pretensão deduzida em juízo.

4. Recurso ordinário desprovido.

(RMS 37.226/PB, Rel. Ministro JOÃO OTÁVIO DE NORONHA, TERCEIRA TURMA, julgado em 14/05/2013, DJe 24/05/2013).

O art. 186 do Código de Processo Civil português afirma que a petição inicial será inepta *quando falte ou seja ininteligível a indicação do pedido ou da causa de pedir ou quando o pedido esteja em contradição com a causa de pedir.*

Assim, pode-se considerar a falta de pedido ou da causa de pedir não somente quando não forem expressamente formulados na petição inicial, mas, também quando não for possível sua compreensão ou inteligibilidade, ou seja, quando forem *obscuros.*

É evidente que diante do princípio da instrumentalidade das formas não se poderá considerar inepta a petição inicial se for possível razoavelmente compreender o pedido ou a causa de pedir. Nesse sentido é o seguinte precedente do S.T.J.:

1. Não há como acolher a tese de inépcia da exordial, pois "a petição inicial não deve ser considerada inepta quando, com a narração dos fatos contidos na exordial, seja possível a razoável compreensão, por parte do magistrado, da causa de pedir e do pedido." (AgRg no AREsp 207.365/SP, Rel. Ministro SIDNEI BENETI, TERCEIRA TURMA, julgado em 21/03/2013, DJe 02/04/2013) 1.1. A indicação dos fundamentos jurídicos do pedido não se confunde com a obrigatoriedade de particularização, de modo absoluto, de artigos de lei em que amparada a pretensão do autor. "Isso porque a exigência legal deve conviver com o princípio identificado pelos brocardos iura novit curia e da mihi factum dabo tibi jus." (REsp 818.738/PB, Rel. Ministro SIDNEI BENETI, TERCEIRA TURMA, julgado em 19/08/2010, DJe 16/11/2010)

(...).

(AgRg no REsp 1075225/MG, Rel. Ministro MARCO BUZZI, QUARTA TURMA, julgado em 17/12/2013, DJe 04/02/2014)

(...).

4. Estando a causa de pedir e o pedido devidamente delimitados na petição inicial, permitindo a compreensão da controvérsia jurídica, não há falar em inépcia da petição inicial.

(...).

(AgRg no REsp 1337819/DF, Rel. Ministro ARNALDO ESTEVES LIMA, PRIMEIRA TURMA, julgado em 20/08/2013, DJe 06/09/2013).

(...).

3. Hipótese em que a petição inicial, além de descrever de forma objetiva os fatos (candidato inscrito em concurso público que, aprovado nas fases iniciais, foi obstado de continuar no certame por não lograr êxito no teste psicotécnico), informa o direito subjetivo supostamente ofendido, ensejador do writ, sem causar qualquer espécie de embaraço à defesa do réu ou à efetiva prestação jurisdicional, tanto assim que o pedido foi julgado procedente.

4. Agravo regimental não provido.

(AgRg no AgRg no AREsp 236.492/DF, Rel. Ministro ARNALDO ESTEVES LIMA, PRIMEIRA TURMA, julgado em 02/05/2013, DJe 10/05/2013)

b) quando *o pedido for indeterminado, ressalvadas as hipóteses legais em que se permite o pedido genérico.*

Como vimos, o pedido deve ser certo e determinado, salvo as hipóteses previstas no art. 324 do novo C.P.C. que permite a formulação de pedido genérico. Poderá ser formulado pedido genérico: I – nas ações universais, se o autor não puder individuar os bens demandados; II – quando não for possível determinar, desde logo, as consequências do ato ou do fato; III – quando a determinação do objeto ou do valor da condenação depender de ato que deva ser praticado pelo réu.

Portanto, se não ocorrer qualquer das hipóteses dos incisos I a III do art. 324 do novo C.P.C., o autor (inclusive na reconvenção) não poderá formular pedido genérico, sob pena de ser a petição inicial considerada inepta.

Sobre o tema, eis o seguinte precedente do S.T.J.:

> *(...).*
>
> *2. A extinção do feito sem a resolução do mérito, por inépcia da petição inicial, mostrou-se correta, uma vez que (i) indevida a formulação de pedido genérico diante da possibilidade de individualização dos servidores substituídos e do período de cobrança; e (ii) foi descumprida a ordem proferida pelo Juiz de Primeira Instância que determinou a emenda da inicial para que fossem apresentados os valores individualizados pretendidos por cada servidor substituído.*
>
> *3. Agravo regimental não provido.*
>
> (AgRg no AREsp 50.879/AP, Rel. Ministro ARNALDO ESTEVES LIMA, PRIMEIRA TURMA, julgado em 06/08/2013, DJe 14/08/2013)

c) quando *da narração dos fatos não decorrer logicamente a conclusão.*

Mais que um requisito jurídico, esse requisito é um pressuposto lógico de qualquer discurso narrativo, de qualquer silogismo lógico, pois se num discurso narrativo jurídico os fatos não conduzirem a uma conclusão lógica do pedido formulado na petição inicial, esta será considerada inepta.

O Código de Processo Civil português também prevê esta causa como inépcia da petição inicial. O art. 186º do referido diploma legal afirma que a petição inicial será inepta quando o pedido esteja em contradição com a causa de pedir.

Assim, não pode existir entre o pedido e sua causa de pedir incompatibilidade, desarmonia, incongruência.

É importante salientar que essa congruência entre causa de pedir e pedido não significa dizer que o autor deve indicar com precisão o dispositivo de lei no qual o seu direito está fundado, pois o conhecimento e aplicação da norma aos fatos indicados é um dever do juiz, conforme o velho brocardo: *da mihi factum dabo tibi jus* ou *jura novit cúria.*

Conforme leciona J. J. Calmon de Passos: *"A primeira hipótese a considerar é a de ter narrado o autor, em sua inicial, um fato não qualificado pelo direito, isto é, um fato que não é fato jurídico (não há direito a ele aplicável, logo não é relevante juridicamente). Se isso se verifica, duas coisas podem ter ocorrido: ou o autor não formulou pedido ou o fez obscuramente (e será caso de inépcia com fundamento no inciso I), ou se algum pedido ele formulou, esse pedido não decorre logicamente do fato narrado, porquanto o fato nar-*

rado é inábil para produzir consequências jurídicas (e a inépcia será com fundamento no inciso II). Segundo hipótese possível é aquela em que o fato narrado é fato jurídico (está, em abstrato, tipificado pelo ordenamento jurídico). Nessa circunstância, duas possibilidades existem: a) o autor tipificou corretamente o fato jurídico, mas lhe atribuiu consequências jurídicas não autorizadas, pelo que o seu pedido não guarda coerência lógica com a premissa menor; e ainda quando o juiz possa corrigir a premissa maior, não poderá fazê-lo se modifica o pedido formulado pelo autor; neste caso, a inicial é inepta; b) o autor tipificou incorretamente o fato jurídico e, consequentemente, pediu o que os fatos não autorizavam; também aqui a faculdade deferida ao juiz de corrigir a premissa maior encontra obstáculo intransponível na impossibilidade de modificar o pedido como formulado pelo autor, pelo que a petição será igualmente inepta".[44]

Sobre o tema, eis os seguintes precedentes do S.T.J.:

> *1. Não há como acolher a tese de inépcia da exordial, pois "a petição inicial não deve ser considerada inepta quando, com a narração dos fatos contidos na exordial, seja possível a razoável compreensão, por parte do magistrado, da causa de pedir e do pedido." (AgRg no AREsp 207.365/SP, Rel. Ministro SIDNEI BENETI, TERCEIRA TURMA, julgado em 21/03/2013, DJe 02/04/2013) 1.1. A indicação dos fundamentos jurídicos do pedido não se confunde com a obrigatoriedade de particularização, de modo absoluto, de artigos de lei em que amparada a pretensão do autor. "Isso porque a exigência legal deve conviver com o princípio identificado pelos brocardos iura novit curia e da mihi factum dabo tibi jus." (REsp 818.738/PB, Rel. Ministro SIDNEI BENETI, TERCEIRA TURMA, julgado em 19/08/2010, DJe 16/11/2010) (...).*
>
> (AgRg no REsp 1075225/MG, Rel. Ministro MARCO BUZZI, QUARTA TURMA, julgado em 17/12/2013, DJe 04/02/2014)
>
> *(...).*
>
> *3 – De acordo com a Jurisprudência desta Corte a inépcia da petição inicial pela imprecisão dos seus termos apenas deve ser declarada quando importar em prejuízo para a ampla defesa, o que não ocorreu no caso dos autos.*
>
> *4 – Se a petição inicial já indicou de modo suficientemente preciso quais são os atos supostamente irregulares, não há espaço para se cogitar de imprecisão na delimitação desses mesmos atos, nem em relação ao seu conteúdo nem em relação à sua autoria. Partindo-se desse ponto, arguido na petição inicial, o resto é matéria a ser enfrentada ao*

[44] Calmon de Passos, J. J., idem, p. 258 e 259.

longo do processo, mais especificamente na segunda fase da ação de prestação de contas, com base em percuciente análise de provas.

5 – Não se conhece o recurso especial na parte em que apresenta alegação genérica de ofensa a dispositivo legal, sendo exigível a demonstração analítica da suposta violação. Incidência, por analogia, da Súmula 284/STF.

6 – Agravo Regimental a que se nega provimento.

(AgRg no REsp 1223010/MG, Rel. Ministro SIDNEI BENETI, TERCEIRA TURMA, julgado em 25/06/2013, DJe 01/08/2013)

d) quando *contiver pedidos incompatíveis entre si.*

Trata-se de um pressuposto lógico do discurso jurídico.

Muito embora o autor possa formular na petição inicial diversas espécies e formas de pedidos, o certo é que ele não poderá formular pedidos *incompatíveis entre si*, sob pena de a petição inicial ser considerada inepta.

Sobre o tema, eis os seguintes precedentes do S.T.J.:

(...)

5. Não há incompatibilidade lógica entre o pedido de nulidade das vendas de frações do terreno e o de adequação do empreendimento realizado pelo recorrente à legislação ambiental. Com efeito, tais medidas podem ser executadas no caso concreto, concomitantemente, e sem a necessária exclusão de uma das providências para a realização da outra, razão pela qual há de afastar-se a tese de inépcia da petição inicial.

6. Recurso especial parcialmente conhecido, e, nesta parte, não provido.

(REsp 1159221/SP, Rel. Ministro CASTRO MEIRA, SEGUNDA TURMA, julgado em 19/08/2010, DJe 30/08/2010)

A hipótese que permite a formulação de pedidos incompatíveis ocorre quando se trata de pedido alternativo. Nesse sentido eis o seguinte precedente do S.T.J.:

(...).

2. Afasta-se a alegação de inépcia da petição inicial, por suposta cumulação de pedidos incompatíveis, na hipótese de os pedidos se apresentarem alternativos, não demandando execução concomitante.

(...).

(AgRg no REsp 1142623/PR, Rel. Ministro RICARDO VILLAS BÔAS CUEVA, TERCEIRA TURMA, julgado em 13/03/2012, DJe 16/03/2012)

Inc. II – a parte for manifestamente ilegítima.

Dentre as condições de admissibilidade de análise do mérito da demanda, também denominada pela doutrina como condições da ação, há a *legitimatio 'ad causam'*.

Na lição de Enrico Tullio Liebman:

"Conceito de parte. – Sujeitos do processo e da relação processual são, além do juiz, as partes: os 'litigantes' as partes 'condendenti', as pessoas que levam a controvérsia ao juiz.

Como nos atos e nas relações jurídicas substanciais designam-se com o termo 'parte' as pessoas que colocam em existência o ato (cfr. art. 1325 do cód. Civ. Italiano), ou que são os sujeitos da relação (cfr. art. 1260, inc. II, cód. Civ. Italiano); do mesmo modo são partes do processo os sujeitos do contraditório instituído diante do juiz, os sujeitos do processo diversos do juiz, cujo confronto deve ser analisado pelo juiz por meio de seu provimento. A demanda judicial, como ato constitutivo do processo, determina também as partes: aquela que pede ao juiz de prover sobre um determinado objeto e aquela contra quem o provimento é pedido.

São estas as pessoas que de um lado são os sujeitos dos atos de parte e de outro são os destinatários dos efeitos do provimento do juiz. As partes são os sujeitos contrapostos na dialética do processo diante de um juiz que é titular de um poder imparcial.

Também no processo pode advir todavia que uma pessoa aja em nome de outra (representante voluntário ou representante legal): parte é neste caso, como sempre, o representado não o representante. Deste último se distingue o substituto processual, o qual propõe a demanda em 'nome próprio' (cfr. art. 81 cod. Proc. Civ.), sendo portanto parte no processo.

Todos aqueles que não são partes são, em relação ao processo, terceiros.

A noção de parte em 'sentido substancial', que seria o sujeito da 'lide' ou da relação controvertida (que uma parte da doutrina contrapõe a parte 'em sentido processual') é estranha à lei e ao sistema do direito processual. A denominada parte em sentido substancial, quando não coincide com a parte em sentido processual, é somente um 'terceiro'.

A determinação do conceito de parte não tem qualquer relação com o problema da legitimação para agir: este problema consiste na identificação das 'justas partes', ou 'legítimos contraditores' em relação a um dado objeto; são, por sua vez, partes no processo aqueles que de fato são ali os sujeitos com suas qualidades, com todas as consequências que disso derivam, independentemente da circunstância que seja ou não seja, em relação à ação proposta, também as partes legítimas. Naturalmente, se sobre isso surge contestação, uma das questões preliminares para decidir é justamente esta, se o autor ou o réu estão respectivamente amparados pela legitimação para agir ou para contradizer: no caso de decisão negativa, o processo se encerra sem o exame de mérito.

A posição de parte se adquire: a) por efeito da demanda introdutiva do processo; b) por efeito de 'sucessão' na posição da parte originária; c) por efeito de 'intervenção' voluntária ou coagida, em um processo pendente.".[45]

Por sua vez, anota Calmon de Passos:

"Deve ser sujeito da relação processual, para ser parte legítima, quem é sujeito da pretensão ou o sujeito da pretensão ou o sujeito da prestação. Em outras palavras, deve ser sujeito da relação processual quem é sujeito da lide. Deve haver, portanto, correlação entre os sujeitos da lide e os sujeitos da relação processual, donde se conceituar a legitimação processual como a pertinência subjetiva da lide. Quem afirma uma pretensão, ou quem se afirma com direito a lograr determinada consequência jurídica, bem como aquele de quem se pretende uma prestação, ou em face de quem se persegue determinada consequência jurídica, estes é que devem ser partes na relação processual, para que haja legitimidade. Somente quando, excepcionalmente, autorizado por lei, pode alguém pleitear, em nome próprio, direito alheio (legitimação anômala, denominada de substituição processual e referida no art. 6º). Assim, se quem está em juízo não é titular da pretensão, ou do interesse cuja tutela se reclama, ou não é titular da prestação reclamada ou não é aquele em face de quem se pretende determinada consequência jurídica, não é parte legítima salvo, como visto, se, em caráter excepcional, está autorizado por lei para atuar como substituto processual".[46]

Sobre a legitimação para agir, leciona Elio Fazzalari:

"Portanto. A legitimação das partes, do juiz, dos auxiliares determina-se, 'in limine litis', contemplando, em hipótese, aquilo que, segundo o autor, deverá ser o provimento jurisdicional emanado pelo magistrado.

a) Quanto as partes. Porque tal provimento (nunca por essas emanado) ou melhor, os seus efeitos criariam necessariamente uma nova situação no mundo substancial, incidindo no patrimônio de alguns sujeitos; e portanto é óbvia a exigência que aqueles, por tornarem-se destinatários da eficácia do provimento jurisdicional, participam da formação do provimento; por estas razões, tais sujeitos são legitimados a 'dizer e con-

[45] Liebman, Enrico Tullio. *Manuale di diritto processuale civile. Principi.* Sesta edizione. Milano: Giuffrè editore. 2002. p. 85.

[46] Calmon de Passos, J. J., op. Cit., p. 265 e 266.

tradizer' no curso do procedimento. O qual, próprio em virtude da participação deles é processo".[47]

Segundo o inc. II do art. 330 do novo C.P.C., somente se a parte for *manifestamente legítima* é que a petição inicial será indeferida.

Note-se que o inc. II do art. 330 do novo C.P.C. não fala simplesmente em parte ilegítima para o efeito de indeferimento da petição inicial, mas traz uma observação importante, a parte tem de ser *manifestamente* ilegítima.

Portanto, somente se a parte for *manifestamente ilegítima* é que a petição inicial poderá ser indeferida.

Para J. J. Calmon de Passos, *"quando a legitimidade para a causa é manifesta, diz o inc. II, deve o juiz indeferir a inicial. Essa exigência de que seja manifesta se prende ao fato de não ser aconselhável trancar-se, de logo, a via judicial ao litigante, se a sua ilegitimidade pode ser posta em dúvida, se ela não ressalta evidente e irretorquível. Não sendo manifesta, é aconselhável deferir-se a inicial, aguardando-se a resposta do réu, que permitirá melhor caracterizar a espécie, reservando-se o juiz para pronunciamento definitivo quando proferir o julgamento conforme o estado do processo".*[48]

Por sua vez, Kazuo Watanabe, citando Celso Neves, apresenta outra visão em relação à falta das condições da ação, como no caso, a legitimidade 'ad causam', a saber:

> *"Celso Neves distingue entre 'ação abstratamente considerada'* e *'ação exercida', que é a ação 'concretizada pela demanda da tutela jurídica processual'. Em função desta é que são concebidas as 'condições da ação', que são a 'legitimatio ad tutelam (prefere essa expressão à legitimação ad causam, conceito que, em se entender, se vincula à 'res deducta – causa cadere: causa condemnare' – que é elemento pré-processual, processualizado, e resta incólume se a carência é reconhecida'), interesse de agir* e *possibilidade jurídica do pedido. Ressalta que são condições da 'ação exercida', 'de cuja existência dependerá o exame do mérito', e a 'carência da ação exercida', à falta de qualquer dessas condições, não afeta o direito público subjetivo de ação, direito esse abstratamente considerado, mas cuja abstração não se confunde com a da 'ação exercida'. Apesar de sujeita às condições e concretizada pelo seu exercício, a ação que se exerceu mantém caráter abstrato quanto ao resultado do processo. A seguinte passagem é importante para o exato entendimento de sua posição que, salvo equívoco nosso, não confere às 'condições de ação' o sentido de condições de existência da ação, e sim condições para o exame do*

[47] FAZZALARI, Elio. *Istituzioni di diritto processuale*. Seconda Edizione. Padova: CEDAM, 1979. p. 146 e 147.

[48] CALMON DE PASSOS, J. J., op. Cit., p. 267.

mérito da causa: 'em face da ação 'exercida', examina-se a viabilidade do juízo sobre a relação cuja tutela se pretende, para aferir-se sua eventual instrumentalidade, na hipótese. Tem-se em conta, aí, o provimento pretendido, passando-se a considerá-lo, 'em tese', em face da 'res deducta', tal como subjetiva e objetivamente, aparece no processo".[49]

Com base nessa doutrina, pode-se afirmar que se a ilegitimidade 'ad causam' não for manifesta, o processo deverá ter seu trâmite normal, razão pela qual o juiz somente irá analisar essa questão quando adentrar no mérito da demanda. Por isso, quando o juiz indefere a inicial por *manifesta ilegitimidade 'ad causam'* o faz em '*status assertionis*'. Sobre esse tema, anota Kazuo Watanabe:

"O 'ponto nodal' da problemática está em saber se as condições da ação (rectius: 'condições para o julgamento do mérito') devem ser aferidas segundo a afirmativa feita pelo autor na petição inicial (in status assertionis) quanto às condições da ação (com a apresentação, evidentemente, das provas necessárias desde o início da ação, para se evitar o prosseguimento inútil do processo, como por exemplo a escritura de aquisição do imóvel na ação reivindicatória, o contrato escrito celebrado por aquele que pretende anulá-lo por vício de vontade, o ato constitutivo que demonstre a existência da associação civil por mais de 1 ano para a propositura da ação civil pública etc.) ou conforme 'seu elo efetivo' com 'a situação de fato contrária ao direito', ou seja, com o objeto litigioso do processo, que vier a ser evidenciado pelas provas produzidas pelas partes. Somente se afigura compatível com a teoria abstratista a primeira opção.

O exame das condições de ação deve ser feito 'com abstração das possibilidades que, no 'juízo de mérito', vão deparar-se ao julgador: a de proclamar existente ou a de declarar inexistente a relação jurídica que constitui a 'res in iudicium deducta'; vale dizer, o órgão julgador, ao apreciá-las, 'considera tal relação jurídica 'in status assertionis', ou seja, 'à vista do que se afirmou', raciocinando ele, ao estabelecer a cognição, 'como que admita, por hipótese e em caráter provisório, a veracidade da narrativa, deixando para a ocasião própria (o juízo de mérito) a respectiva apuração, ante os elementos de convicção ministrados pela atividade instrutória', como preleciona Barbosa Moreira".[50]

A preocupação quanto aos efeitos práticos entre o pensamento da *teoria abstrata* e a *teoria eclética* foi muito bem apontada por Kazuo Watanabe no seguinte exemplo:

"Considere-se, agora, uma ação reivindicatória movida por "A", em seu nome, dizendo que o imóvel 'x', de propriedade de seu compadre, foi invadido por 'B'. O juiz

[49] WATANABE, Kazuo. *Da cognição no processo civil.* 2ª Ed., Campinas: Bookseller, 2000. p. 76 e 77.
[50] WATANABE, K., idem, p. 80.

indeferirá desde logo a inicial por ilegitimidade 'ad causam ativa' (art. 295, II, CPC). Aqui, nenhuma diferença entre as duas correntes. Admita-se, ao invés, que 'A' se diga proprietário do imóvel 'x', apresente o título em seu nome, e mova a ação contra 'B'. Este, em defesa, alega que o imóvel é de 'C', sendo o autor, em consequência, parte ilegítima. Feita a instrução, conclui o magistrado que a razão está com 'B'. Pela teoria eclética, a solução deveria ser de carência, por ilegitimidade 'ad causam ativa'. Mas, pela teoria abstratista, o problema da legitimidade estaria já superado, pela verificação da afirmativa contida na inicial e sua conformidade com o título exibido, de modo que a solução deveria ser de improcedência, pois o que o juiz estará declarando é que o direito que o autor afirmou ser seu, não existe. A consideração de que o imóvel pertence a 'C' é apenas o fundamento para negar o direito afirmado pelo autor, pois é esse o objeto litigioso do processo em julgamento".[51]

Assim, pela teoria abstrata da ação, não sendo a parte manifestamente ilegítima o seu reconhecimento após a instrução probatória será feito no âmbito da análise do mérito da demanda judicial.

Sobre o tema, eis os seguintes precedentes do S.T.J.:

> *(...).*
>
> *2. É parte manifestamente ilegítima a Comissão Especial Organizadora dos Concursos Públicos para Ingresso e Remoção dos Titulares dos Serviços Notariais e de Registros do Foro Extrajudicial do Estado de Mato Grosso para responder a presente ação. Isso porque é ressabido que a aludia comissão não ostenta personalidade jurídica própria para figurar como ré na presente ação rescisória.*
>
> *3. Embargos de declaração recebidos sob a forma de agravo regimental, para negar provimento à insurgência.*
>
> (EDcl na AR 4.348/MT, Rel. Ministro BENEDITO GONÇALVES, PRIMEIRA SEÇÃO, julgado em 25/05/2011, DJe 01/06/2011)

[51] "Por 'Teoria Eclética' se entende, basicamente, aquela que, na apuração das condições da ação, determina seja o nexo de instrumentalidade entre a ação e a situação de fato contrária ao direito, apurado através do exame das provas, e não apenas pela afirmativa do autor.
Nem todos os que se consideram seguidores da teoria de Liebman concluiriam da forma como ficou exposta. Mas, se acaso admite a aferição 'in status assertionis' das condições da ação, o entendimento esposado é muito mais de abstratista do que de eclético. Talvez a filiação ao 'ecletismo' seja por um aspecto parcial, como o ligado à natureza da atividade exercida pelo juiz quando este conclui pela carência da ação, ou por alguma outra particularidade. O importante é deixar bem ressaltado que a aceitação das condições de ação pelos abstratista somente será possível nos termos expostos, vale dizer, 'in status assertionis'". (WATANABE, K., idem, p. 88).

1. É manifestamente ilegítima a autoridade impetrada quando não pratica o ato apontado na impetração, nem com ele se relaciona por ausência de provocação da parte. O ato contra o qual se insurge o impetrante é de responsabilidade exclusiva da autoridade que o assina, especificamente o Diretor Técnico de Serviço da serventia. O impetrado sequer tomou conhecimento do ato, nem foi instado a manifestar-se sobre a regularidade da certidão de antecedentes criminais, quando então poderia tê-lo encampado ao defender a sua correção.

2. O art. 267, I, IV e VI, c/c o art. 295, I e parágrafo único, do Código de Processo Civil permitem ao juiz extinguir o processo sem julgamento de mérito quando for inepta a inicial ou quando não estiverem presentes as condições da ação ou os pressupostos de constituição e desenvolvimento válido da relação processual.

3. O equívoco na indicação da autoridade impetrada, quando evidente o erro, leva à extinção do processo sem julgamento do mérito, o que pode ser feito com o simples indeferimento da petição inicial, sem que isso comprometa o devido processo legal.

4. Recurso ordinário em mandado de segurança improvido.

(RMS 20.353/SP, Rel. Ministro CASTRO MEIRA, SEGUNDA TURMA, julgado em 17/11/2005, DJ 28/11/2005, p. 242)

(...).

4. A legitimidade ativa ad causam é uma das condições da ação. Sua aferição, em conformidade com a teoria da asserção, a qual tem prevalecido no STJ, deve ocorrer in status assertionis, ou seja, à luz das afirmações do demandante (AgRg no AREsp 205.533/SP, Rel. Ministro Mauro Campbell Marques, Segunda Turma, DJe 8/10/2012; AgRg no AREsp 53.146/SP, Rel. Ministro Castro Meira, Segunda Turma, DJe 5/3/2012; REsp 1.125.128/RJ, Rel. Ministra Nancy Andrighi, Terceira Turma, DJe 18/9/2012).

5. In casu, a análise da demanda instaurada revela que o recorrido possui legitimidade para pleitear o direito em litígio, pois afirmou que sofrera prejuízos decorrentes da inundação do Rio Ganhamoroba e que os danos devem ser imputados à falha do serviço da Administração municipal. Portanto, independentemente das provas produzidas nos autos, não se pode negar a legitimidade ativa ad causam.

(...).

(REsp 1354983/SE, Rel. Ministro HERMAN BENJAMIN, SEGUNDA TURMA, julgado em 16/05/2013, DJe 22/05/2013)

(...).

1. – O exame das alegações de ausência de interesse de agir, bem como de ilegitimidade ativa e passiva ad causam, no caso, só pode ser realizado mediante o levantamento de toda a relação contratual firmada entre as partes, razão pela qual se afigura correto o

Acórdão recorrido ao afastar a análise dessas questões como matéria preliminar, já que se confundem com o próprio mérito da demanda.

2. – É de ter presente que as condições da ação são inicialmente aferidas in status assertionis, com base na alegação feita pelo demandante na inicial, sem depender do exame das circunstâncias e dos elementos probatórios contidos nos autos.

3. – Ademais, a convicção a que chegou o Acórdão recorrido decorreu da avaliação das premissas fáticas da causa, cujo reexame é vedado em âmbito de Recurso Especial, a teor do enunciado 7 da Súmula deste Tribunal.

4. – Agravo Regimental improvido.

(AgRg no AREsp 158.127/SP, Rel. Ministro SIDNEI BENETI, TERCEIRA TURMA, julgado em 26/06/2012, DJe 02/08/2012)

Inc. III – o autor carecer de interesse processual.

Novamente o legislador inseriu como causa de *indeferimento da petição inicial uma* condição de análise do mérito do pedido, também conhecida pela doutrina clássica como condição de ação.

No início, Enrico Túlio Liebman previa três espécies de condição da ação, a saber: a) legitimidade para a causa; b) possibilidade jurídica do pedido c) interesse processual.

Contudo, após a terceira edição de seu *Manuale*, Liebman altera sua perspectiva para dizer que as condições da ação seriam apenas duas, ou seja, legitimação para causa e interesse processual, sendo que a possibilidade jurídica do pedido estaria inserida no interesse processual. Afirma o autor italiano:

> *"As condições da ação. As condições da ação, acima mencionada, são o interesse de agir e a legitimação. Esses são, conforme já mencionado, os requisitos de existência da ação, e devem, por isso, ser acertados em juízo preliminarmente ao exame do mérito".*[52]

O novo C.P.C., em art. 330, somente faz referência para efeito de indeferimento da petição inicial à parte manifestamente ilegítima e à falta de interesse processual.

É bem verdade que o art. 295, *parágrafo único*, inc. III, do C.P.C. de 1973, reconhecia a *inépcia da petição inicial* quando o pedido fosse *juridicamente impossível.*

O novo C.P.C. não repetiu a hipótese de pedido *juridicamente impossível* como fundamento da *inépcia da inicial.*

[52] LIEBMAN, Enrico Tullio. *Manuale di diritto processuale civile – principi* – Sesta Edizione, Milano: Giuffrè Editore, 2002. p. 74.

Assim, a questão da *possibilidade jurídica ou não do pedido* não poderá mais ser avaliada no momento do deferimento ou não da petição inicial, muito menos o reconhecimento *in limine* da impossibilidade jurídica do pedido poderá justificar a *inépcia da inicial* como acontecia no código revogado.

Contudo, para aqueles que passaram a adotar a teoria de Liebman sobre as condições da ação, após a terceira edição de seu *Manuale*, nada impede que sustentem o indeferimento da petição inicial pela *impossibilidade jurídica do pedido*, pois esta causa está inserida no âmbito da *falta de interesse processual*.

Conforme ensina Calmon de Passos, *"Interesse é a relação que se estabelece entre uma necessidade e o bem que pode satisfazê-la. Seja necessidade de ordem material, seja necessidade imaterial (moral, psicológica, intelectual, espiritual etc)...*

Doutrina mais recente propugna por que se adicione, para configuração do interesse processual, um outro requisito: o da adequação do provimento e do procedimento.

O primeiro requisito, o da 'necessidade concreta' da jurisdição, por nós já examinado, nas expressões de Cândido Dinamarco significa que não nasce a ação enquanto as forças do próprio direito substancial objetivo ainda não se mostraram incapazes de extinguir a situação de lide.

Quando ao segundo, o da 'adequação', também na lição do mesmo autor, significa que o Estado condiciona ainda o exercício da atividade jurisdicional, em cada caso, à utilidade que o provimento desejado possa trazer ao seu escopo de atuação da vontade concreta da lei, bem como à 'justiça' da sujeição da parte contrária aos rigores de cada tipo de processo.

Assim, tanto carece de ação, por falta de interesse processual, quem aciona por dívida ainda não exigível (falta do interesse-necessidade) como o autor que ajuíze um processo de execução para obter a tutela de uma pretensão suscetível apenas de ser posta como objeto de um processo de conhecimento (falta do interesse-adequação)".[53]

Segundo leciona Liebman: *"Para propor uma demanda em juízo é necessário haver interesse (art. 100 cod. Proc. Civ. Italiano). O interesse de agir é elemento material do direito de ação e consiste no interesse de obter o provimento demandado.*

Isso se distingue do interesse substancial, para cuja proteção se intenta a ação, assim como se distinguem os dois correspondentes direitos, aquele substancial, que se afirma garantido ao autor, e aquele processual que se exercita para a tutela do primeiro.

O interesse de agir é por isso um interesse processual, secundário e instrumental em relação ao interesse substancial primário, e tem por objeto o provimento que se requer ao magistrado como meio para obter a satisfação do interesse primário, ferido pelo comportamento da outra parte ou mais genericamente pela situação de fato objetivamente existente. Por exemplo: o interesse primário de quem se afirma credor de 100 é de obter o pagamento

[53] CALMON DE PASSOS, J. J., op. Cit., p. 268 e 269.

desta soma; o interesse de agir surgirá se o devedor não cumprir com sua obrigação e terá por objeto a condenação do devedor e sucessivamente a execução forçada a cargo do seu patrimônio.

O interesse de agir surge pela necessidade de se obter no processo a proteção do interesse substancial; pressupõe, por isso, a afirmação da lesão (ou ameaça de lesão) *deste interesse e a idoneidade do provimento demanda para protegê-lo ou satisfazê-lo. Seria de fato inútil prosseguir com a demanda para conceder ou negar o provimento requerido no caso em que a situação de fato que seja referida não tenha por fundamento uma afirmação de lesão* (ou ameaça de lesão) *de direito ou interesse que se 'levanta' diante da contraparte ou se os efeitos jurídicos que decorrem do provimento já tenham sido adquiridos ou se o provimento seja por si mesmo inadequado ou inidôneo para remover a lesão* (ou ameaça de lesão) *ou, enfim, se o provimento requerido não pode ser pronunciado porque não admitido pela lei (ex. a prisão do devedor).".*[54]

Em síntese, pode-se dizer que o *interesse de agir* está presente quando o provimento jurisdicional requerido ao juiz for *útil, necessário e adequado.*

Inc. IV – não atendidas as prescrições dos arts. 106 e 321.

O art. 106 do novo C.P.C. prescreve:

> *Art. 106. Quando postular em causa própria, incumbe ao advogado:*
>
> *I – declarar, na petição inicial ou na contestação, o endereço, seu número de inscrição na Ordem dos Advogados do Brasil e o nome da sociedade de advogados da qual participa, para o recebimento de intimações;*
>
> *II – comunicar ao juízo qualquer mudança de endereço.*

O art. 321 do novo C.P.C. preceitua:

> *O juiz, ao verificar que a petição inicial não preenche os requisitos dos arts. 319 e 320 ou que apresenta defeitos e irregularidades capazes de dificultar o julgamento de mérito, determinará que o autor, no prazo de 15 (quinze) dias, a emende ou a complete, indicando com precisão o que deve ser corrigido ou completado.*

Quando o advogado ou a parte que postula em causa própria não declarar na petição inicial ou na contestação o endereço, eletrônico ou não, em que receberá intimação, nem suprir essa deficiência da inicial no prazo de cinco dias, o juiz *indeferirá a petição inicial.* Isso se aplica, também, ao denominado endereço eletrônico, quando diante de processos eletrônicos.

[54] LIBEMAN, E. T., op. Cit., p. 142 e 143.

Por fim, é importante salientar que o inc. IV do art. 295 do C.P.C. de 1973 trazia também uma outra hipótese de *indeferimento da petição inicial*, a saber: *IV – quando o juiz verificar, desde logo, a decadência ou a prescrição (art. 219, § 5º).*

O art. 330 do novo C.P.C. não inseriu o reconhecimento da prescrição ou da decadência como causa de *indeferimento liminar da petição inicial*.

O atual legislador, na realidade, entende que o reconhecimento da prescrição e da decadência deve ser objeto de análise do pedido, razão pela qual o art. 332, §1º, do novo C.P.C. estabelece que *o juiz também poderá julgar liminarmente improcedente o pedido se verificar, desde logo, a ocorrência de decadência ou a prescrição.*

Daí porque a prescrição e decadência são matérias de mérito e não hipóteses legais para indeferimento da petição inicial.

Estabelece o *§2º do art. 330* do atual C.P.C. que *nas ações que tenham por objeto a revisão de obrigação decorrente de empréstimo, de financiamento ou de alienação de bens, o autor terá de, sob pena de inépcia, discriminar na petição inicial, dentre as obrigações contratuais, aquelas que pretende controverter, além de quantificar o valor incontroverso do débito.*

Este dispositivo foi inserido através de Emenda da Câmara dos Deputados, e que ao que tudo indica, por meio de um trabalho competente das Instituições Financeiras.

Assim, o autor deverá na petição inicial, sob pena de inépcia, discriminar dentre as obrigações contratuais aquelas que pretende controverter, ou seja, litigar, além de quantificar o valor incontroverso do débito (demonstrativos contábeis), quando a demanda tiver por objeto obrigação de empréstimo (mútuo), financiamento ou alienação de bens móveis e imóveis.

Com isso, o legislador pretendeu evitar a contestação genérica nesses tipos de contratos, os quais apresentam um grande volume de contentas nos judiciários brasileiros.

Preceitua o *§ 3º do art. 330* do atual C.P.C., *na hipótese do § 2º, o valor incontroverso deverá continuar a ser pago no tempo e modo contratados.*

Em que pese seja possível ao autor discutir determinadas obrigações contratuais nos contratos que tenham por objeto a revisão de obrigação decorrente de empréstimo, financiamento ou alienação de bens, o valor incontroverso deverá continuar a ser pago no tempo e modo contratados.

Art. 331

Indeferida a petição inicial, o autor poderá apelar, facultado ao juiz, no prazo de 5 (cinco) dias, retratar-se.

§ 1º Se não houver retratação, o juiz mandará citar o réu para responder ao recurso.

§ 2º Sendo a sentença reformada pelo tribunal, o prazo para a contestação começará a correr da intimação do retorno dos autos, observado o disposto no art. 334.

§ 3º Não interposta a apelação, o réu será intimado do trânsito em julgado da sentença.

Recurso contra o indeferimento da petição inicial

A redação originária do art. 316 do Projeto de Lei do Senado Federal n. 166/10 facultava ao juiz reformar sua decisão no prazo de quarenta e oito horas.

Já a redação originária do art. 306 do Projeto de Lei do Senado Federal n. 8.046/10 facultava ao juiz reformar sua decisão no prazo de três dias.

O art. 331 do atual C.P.C. demonstra que o ato judicial que indefere a petição inicial tem natureza de sentença, pois o juiz extingue o processo sem resolução de mérito, podendo a parte, se assim desejar, ingressar com recurso de apelação contra esse indeferimento da petição inicial.

Verificando-se que os fundamentos introduzidos no recurso de apelação são pertinentes, faculta-se ao juiz retratar-se para o efeito de reformar a sua decisão, recebendo a petição inicial e determinando o prosseguimento do processo, nos termos do art. 331 do novo C.P.C.

A retratação facultada ao juiz deverá ocorrer no prazo de cinco dias após a conclusão do processo ao magistrado competente.

Porém, se não houver retratação, o juiz determinará a remessa da apelação ao tribunal. Neste caso, o réu será citado para responder ao recurso (§1º do art. 331 do novo C.P.C.). Provida a apelação pelo tribunal, o prazo para a contestação começará a correr da intimação do retorno dos autos (pois o réu já foi citado para responder ao recurso), observado o disposto no art. 334, que assim dispõe:

Art. 334. Se a petição inicial preencher os requisitos essenciais e não for o caso de improcedência liminar do pedido, o juiz designará audiência de conciliação ou de mediação com antecedência mínima de 30 (trinta) dias, devendo ser citado o réu com pelo menos 20 (vinte) dias de antecedência.

§ 1º O conciliador ou mediador, onde houver, atuará necessariamente na audiência de conciliação ou de mediação, observando o disposto neste Código, bem como as disposições da lei de organização judiciária.

§ 2º Poderá haver mais de uma sessão destinada à conciliação e à mediação, não podendo exceder a 2 (dois) meses da data de realização da primeira sessão, desde que necessárias à composição das partes.

§ 3º A intimação do autor para a audiência será feita na pessoa de seu advogado.

§ 4º A audiência não será realizada:

I – se ambas as partes manifestarem, expressamente, desinteresse na composição consensual;

II – quando não se admitir a autocomposição.

§ 5º O autor deverá indicar, na petição inicial, seu desinteresse na autocomposição, e o réu deverá fazê-lo, por petição, apresentada com 10 (dez) dias de antecedência, contados da data da audiência.

§ 6º Havendo litisconsórcio, o desinteresse na realização da audiência deve ser manifestado por todos os litisconsortes.

§ 7º A audiência de conciliação ou de mediação pode realizar-se por meio eletrônico, nos termos da lei.

§ 8º O não comparecimento injustificado do autor ou do réu à audiência de conciliação é considerado ato atentatório à dignidade da justiça e será sancionado com multa de até dois por cento da vantagem econômica pretendida ou do valor da causa, revertida em favor da União ou do Estado.

§ 9º As partes devem estar acompanhadas por seus advogados ou defensores públicos.

§ 10. A parte poderá constituir representante, por meio de procuração específica, com poderes para negociar e transigir.

§ 11. A autocomposição obtida será reduzida a termo e homologada por sentença.

§ 12. A pauta das audiências de conciliação ou de mediação será organizada de modo a respeitar o intervalo mínimo de 20 (vinte) minutos entre o início de uma e o início da seguinte

Se não for interposta apelação contra a decisão que indeferiu a petição inicial ou se a apelação não for provida pelo tribunal, o réu será apenas intimado do trânsito em julgado da sentença ou do acórdão (§3º do art. 331 do novo C.P.C.).

CAPÍTULO III – Da Improcedência Liminar do Pedido

Art. 332

Nas causas que dispensem a fase instrutória, o juiz, independentemente da citação do réu, julgará liminarmente improcedente o pedido que contrariar:

I – enunciado de súmula do Supremo Tribunal Federal ou do Superior Tribunal de Justiça;

II – acórdão proferido pelo Supremo Tribunal Federal ou pelo Superior Tribunal de Justiça em julgamento de recursos repetitivos;

III – entendimento firmado em incidente de resolução de demandas repetitivas ou de assunção de competência;

IV – enunciado de súmula de tribunal de justiça sobre direito local.

§ 1º O juiz também poderá julgar liminarmente improcedente o pedido se verificar, desde logo, a ocorrência de decadência ou de prescrição.

§ 2º Não interposta a apelação, o réu será intimado do trânsito em julgado da sentença, nos termos do art. 241.

§ 3º Interposta a apelação, o juiz poderá retratar-se em 5 (cinco) dias.

§4º Se houver retratação, o juiz determinará o prosseguimento do processo, com a citação do réu, e, se não houver retratação, determinará a citação do réu para apresentar contrarrazões, no prazo de quinze dias.

Improcedência liminar do pedido

O Capítulo III ora analisado trata do instituto *da improcedência liminar do pedido.*

O mesmo Capítulo era intitulado no projeto originário do Senado, n. 166/10, como *Da rejeição liminar da demanda.*

Evidentemente que a nova denominação é tecnicamente mais aconselhável, pois a demanda não é nem rejeitada e nem acolhida; o que o juiz acolhe ou rejeita é o pedido formulado na demanda, ou seja, a pretensão.

Note-se que a demanda não se limita ao pedido, mas também apresenta como seus elementos essenciais as partes e a causa de pedir.

Este capítulo, além de fortalecer a uniformização de jurisprudência, evita o prosseguimento de um processo cujo resultado final já se sabe de antemão, especialmente pelo fato de que os Tribunais Superiores já uniformizaram sua jurisprudência sobre a matéria posta em juízo.

Segundo estabelece o art. 332 do novo C.P.C., *n*as causas que dispensem a fase instrutória, o juiz, independentemente da citação do réu, julgará liminarmente improcedente o pedido nas hipóteses previstas nos incisos I a IV do referido dispositivo.

Em relação ao art. 332 do novo C.P.C., prescreve o Enunciado n. 43 da ENFAM (Escola Nacional de Formação e Aperfeiçoamento de Magistrado): O art. 332 do CPC/2015 se aplica ao sistema de juizados especiais e o inciso IV também abrange os enunciados e súmulas dos seus órgãos colegiados competentes.

O dispositivo permite que nas hipóteses dos incisos I a IV do artigo comentado o juiz possa, *liminarmente, inaldita altera pars,* sem ouvir a parte contrária, julgar improcedente o pedido nas causas que dispensem a fase instrutória, resolvendo em definitivo o mérito, sem necessidade de se valer da citação do réu e da fase instrutória.

No projeto originário n. 2.046/10 a improcedência liminar do pedido dava-se nas causas meramente de direito.

A grande indagação que surgia em relação à redação originária seria como definir o que se entende por causas meramente de direito, pois todas as questões jurídicas têm por fundamento algum aspecto fático.

Não se pode esquecer, conforme já teve oportunidade de ensinar o saudoso Miguel Reale no âmbito de sua teoria tridimensional, que o direito é fato, valor e norma.

Na realidade, não se trata de questões meramente de direito, mas, talvez, de questões que, conforme ficou bem consignado no novo C.P.C., *dispensem a fase instrutória*, uma vez que tanto a matéria de fato quanto a matéria jurídica já se encontram antecipadamente definidas.

E as hipóteses que autorizam o julgamento liminar de improcedência do pedido são:

I – *contrariar enunciado de súmula do Supremo Tribunal Federal ou do Superior Tribunal de Justiça;*

Tendo em vista que o dispositivo em comento não distingue a espécie de súmula, o permissivo legal aplica-se tanto às súmulas vinculantes quanto às súmulas não vinculantes, uma vez que a intenção do legislador é não permitir o desenvolvimento e prosseguimento de um processo cuja jurisprudência do Supremo Tribunal Federal ou do Superior Tribunal de Justiça já esteja uniformizada pela edição de súmulas.

É bem verdade que o legislador poderia também ter inserido no aludido inciso a possibilidade de improcedência liminar do pedido se este contrariasse *jurisprudência dominante do S.T.F. ou do S.T.J.*, tendo em vista que muitas vezes a questão já se encontra definida nos tribunais superiores de forma uniforme, porém não foi consolidada em súmula de jurisprudência.

II – contrariar acórdão proferido pelo Supremo Tribunal Federal ou pelo Superior Tribunal de Justiça em julgamento de recursos repetitivos;

Sob a égide do C.P.C. de 1973, o instituto dos recursos repetitivos somente se aplicava ao Superior Tribunal de Justiça.

Atualmente, o instituto dos recursos repetitivos aplica-se tanto ao S.T.J. quanto ao S.T.F. Nesse sentido é o teor do art. 1.036 do novo C.P.C.: *Sempre que houver multiplicidade de recursos extraordinários ou especiais com fundamento em idêntica questão de direito, haverá afetação para julgamento de acordo com as disposições desta*

Subseção, observado o disposto no Regimento Interno do Supremo Tribunal Federal e no do Superior Tribunal de Justiça.

Desta feita, o pedido será liminarmente julgado improcedente quando contrariar acórdão proferido pelo S.T.F. ou pelo S.T.J. em julgamento de recursos repetitivos.

III – contrariar entendimento firmado em incidente de resolução de demandas repetitivas ou de assunção de competência;

O incidente de *resolução de demandas repetitivas e de assunção de competência* são institutos inseridos no novo C.P.C. e que visam a aplicar no âmbito da atividade jurisdicional o princípio da econômica processual e o da celeridade da prestação da tutela jurisdicional.

Sobre a *assunção de competência*, prescreve o art. 947 do novo C.P.C.: *É admissível a assunção de competência quando o julgamento de recurso, de remessa necessária ou de processo de competência originária envolver relevante questão de direito, com grande repercussão social, sem repetição em múltiplos processos.*

A assunção de competência, na realidade, antecipa aquilo que era de conteúdo dos embargos infringentes, os quais seriam julgados pelas Turmas ou Câmaras reunidas ou órgão colegiado reunido.

Sobre a *resolução de demandas repetitivas*, prescreve o art. 976 do atual C.P.C.:

É cabível a instauração do incidente de resolução de demandas repetitivas quando houver, simultaneamente:

I – efetiva repetição de processos que contenham controvérsia sobre a mesma questão unicamente de direito;

II – risco de ofensa à isonomia e à segurança jurídica.

Portanto, o pedido que contrariar o incidente de assunção de competência ou resolução de demandas repetitivas será liminarmente julgado improcedente.

IV – contrariar enunciado de súmula de tribunal de justiça sobre direito local.

Este inciso não havia no projeto originário do novo C.P.C.

Porém, quando o exame de questão controvertida demanda a interpretação de direito local, não será possível a interposição de recurso especial, nem tampouco recurso extraordinário. Nesse sentido são os seguintes precedentes do S.T.F. e do S.T.J.:

Ementa: O acórdão impugnado decidiu a causa com base na interpretação de legislação infraconstitucional, especificamente a Lei nº 1.638/1991, do Município de Uchoa, e o Decreto Municipal nº 210/2002. O tema em debate não configura violação direta à Constituição, bem como impede o reconhecimento de existência de repercussão geral, na forma do artigo 324, § 2º, RISTF. A ofensa ao direito local não viabiliza o apelo extremo (súmula 280 do STF). Ausência de repercussão geral. (RE 662224 RG, Relator(a): Min. CEZAR PELUSO, Relator(a) p/ Acórdão: Min. LUIZ FUX, julgado em 13/09/2012

O exame da alegada ofensa ao art. 5º, II, XXXV, LIV, LV, da Constituição Federal dependeria de prévia análise da legislação infraconstitucional aplicada à espécie, o que refoge à competência jurisdicional extraordinária, prevista no art. 102 da Constituição Federal. Tendo a Corte de origem dirimido à luz da legislação local controvérsia acerca da regularidade da aplicação de multa decorrente de infração ambiental, obter decisão em sentido diverso demandaria a análise de matéria infraconstitucional, o que torna oblíqua e reflexa eventual ofensa, insuscetível de viabilizar o conhecimento do recurso extraordinário. Aplicação da Súmula 280/STF: "Por ofensa a direito local não cabe recurso extraordinário". Precedentes. Agravo regimental conhecido e não provido.

(ARE 773595 AgR, Relator(a): Min. ROSA WEBER, Primeira Turma, julgado em 10/12/2013).

1. O exame da questão controvertida demanda a interpretação de direito local, sendo que tal providência não é possível em sede de recurso especial. Aplica-se, por analogia, o disposto na Súmula 280/STF: "Por ofensa a direito local não cabe recurso extraordinário".

2. Agravo regimental não provido.

(AgRg no AREsp 436.551/PR, Rel. Ministro MAURO CAMPBELL MARQUES, SEGUNDA TURMA, julgado em 17/12/2013, DJe 05/02/2014).

1. O Superior Tribunal de Justiça já decidiu, amiúde, que não é passível de cognição, na estreita via do recurso especial, a pretensão de modificar o posicionamento da Corte estadual que, com base em análise de direito local, decide pela legitimidade ou ilegitimidade da autoridade apontada como coatora em sede de mandado de segurança, a teor da Súmula 280/STF: "Por ofensa a direito local não cabe recurso extraordinário". A respeito, confira-se: AgRg no AREsp 215.751/PE, Rel. Ministra ELIANA CALMON, SEGUNDA TURMA, julgado em 17/09/2013, DJe 24/09/2013; AgRg no AREsp 328.202/PE, Rel. Ministro HUMBERTO MARTINS, SEGUNDA TURMA, DJe 30/08/2013; AgRg no REsp 1359529/PE, Rel. Ministro MAURO CAMPBELL MARQUES, SEGUNDA TURMA, DJe 27/09/2013; AgRg no REsp 1373641/DF, Rel. Ministro HERMAN BENJAMIN, SEGUNDA TURMA, DJe 13/09/2013.

2. Agravo regimental não provido.

(AgRg no REsp 1367112/AL, Rel. Ministro MAURO CAMPBELL MARQUES, SEGUNDA TURMA, julgado em 17/12/2013, DJe 05/02/2014).

1. Por ofensa a direito local não cabe recurso especial. Aplica-se, por analogia, o disposto na Súmula 280/STF.

2. Recurso especial não conhecido.

(REsp 1219229/SP, Rel. Ministro MAURO CAMPBELL MARQUES, SEGUNDA TURMA, julgado em 07/11/2013, DJe 03/02/2014)

Assim, a decisão proferida pelos Tribunais de Justiça sobre direito local, especialmente quando consolidada em súmula, passa a ter caráter definitivo pelo fato de que contra ela não será possível a interposição de recurso especial e extraordinário.

Preceitua o *§1º do art. 332* do novo C.P.C que o *juiz também poderá julgar liminarmente improcedente o pedido se verificar, desde logo, a ocorrência de decadência ou de prescrição.*

O reconhecimento da prescrição ou decadência pode se dar por provocação da parte ou de ofício.

O juiz verificando *de ofício* a ocorrência da prescrição ou da decadência poderá (no sentido deverá) *julgar liminarmente improcedente o pedido.*

Com isso o novo C.P.C. insere a decadência e a prescrição no campo certo de análise, ou seja, como questão de mérito, razão pela qual o pedido é sumariamente julgado improcedente.

Contra a decisão que julgar liminarmente a improcedência do pedido em face das hipóteses enunciadas nos incisos do art. 332 do novo C.P.C. cabe recurso de apelação, pois se trata de sentença que extingue o processo com resolução de mérito.

Contudo, se não foi interposta a apelação, *o réu será intimado do trânsito em julgado da sentença, nos termos do art. 241 (§2º do art. 332* do novo C.P.C.).

Este dispositivo não diz que o réu será intimado da decisão proferida, mas somente do seu trânsito em julgado, o que pode gerar mácula ao princípio Constitucional do devido processo legal (do processo público com todas as suas garantias) ou do contraditório. Na realidade, mesmo que a decisão que tenha sido proferida possa em *tese* beneficiar totalmente o réu, ele tem direito de ser intimado antes do seu trânsito em julgado, pois poderá, por qualquer motivo, ingressar com embargos de declaração ou mesmo, dependendo das circunstâncias (não há dúvida que serão raras), apelar da decisão.

Estabelece o *§3º do art. 332* do novo C.P.C. que *interposta a apelação, o juiz poderá retratar-se em 5 (cinco) dias.*

Diante da sentença que julgou liminarmente improcedente o pedido em face de algumas das hipóteses estabelecidas no art. 332 do novo C.P.C., poderá o autor apresentar recurso de apelação.

Interposto o recurso de apelação, o juiz, sem ouvir a parte contrária, poderá *retratar-se* no prazo de cinco dias, especialmente quando demonstrado pelo apelante que houve erro ou equívoco na decisão que julgou liminarmente improcedente o pedido.

Aduz o *§4º do art. 332* do novo C.P.C. *que se houver retratação, o juiz determinará o prosseguimento do processo, com a citação do réu, e, se não houver retratação, determinará a citação do réu para apresentar contrarrazões, no prazo de 15 (quinze) dias.*

Se diante da apelação interposta o juiz retratar-se de sua decisão, haverá o prosseguimento regular do processo, com a citação do réu. Contra esta decisão não cabe recurso.

Se o juiz não se retratar no prazo de cinco dias, determinará a citação do réu para apresentar *contrarrazões*, no prazo de quinze dias.

Se a decisão for reformada no tribunal, o réu será novamente intimado para apresentar resposta.

(VETADO)

CAPÍTULO IV – Da Conversão da Ação Individual em Ação Coletiva

Art. 333. (*VETADO*)

Atendidos os pressupostos da relevância social e da dificuldade de formação do litisconsórcio, o juiz, a requerimento do Ministério Público ou da Defensoria Pública, ouvido o autor, poderá converter em coletiva a ação individual que veicule pedido que:

I – tenha alcance coletivo, em razão da tutela de bem jurídico difuso ou coletivo, assim entendidos aqueles definidos pelo art. 81, parágrafo único, incisos I e II, da Lei nº 8.078, de 11 de setembro de 1990 (Código de Defesa do Consumidor), e cuja ofensa afete, a um só tempo, as esferas jurídicas do indivíduo e da coletividade;

II – tenha por objetivo a solução de conflito de interesse relativo a uma mesma relação jurídica plurilateral, cuja solução, por sua natureza ou por disposição de lei, deva ser necessariamente uniforme, assegurando-se tratamento isonômico para todos os membros do grupo.

§ 1º Além do Ministério Público e da Defensoria Pública, podem requerer a conversão os legitimados referidos no art. 5º da Lei nº 7.347, de 24 de julho de 1985, e no art. 82 da Lei nº 8.078, de 11 de setembro de 1990 (Código de Defesa do Consumidor).

§ 2º A conversão não pode implicar a formação de processo coletivo para a tutela de direitos individuais homogêneos.

§ 3º Não se admite a conversão, ainda, se:

I – já iniciada, no processo individual, a audiência de instrução e julgamento; ou

II – houver processo coletivo pendente com o mesmo objeto; ou

III – o juízo não tiver competência para o processo coletivo que seria formado.

§ 4º Determinada a conversão, o juiz intimará o autor do requerimento para que, no prazo fixado, adite ou emende a petição inicial, para adaptá-la à tutela coletiva.

§ 5º Havendo aditamento ou emenda da petição inicial, o juiz determinará a intimação do réu para, querendo, manifestar-se no prazo de 15 (quinze) dias.

§ 6º O autor originário da ação individual atuará na condição de litisconsorte unitário do legitimado para condução do processo coletivo.

§ 7º O autor originário não é responsável por nenhuma despesa processual decorrente da conversão do processo individual em coletivo.

§ 8º Após a conversão, observar-se-ão as regras do processo coletivo.

§ 9º A conversão poderá ocorrer mesmo que o autor tenha cumulado pedido de natureza estritamente individual, hipótese em que o processamento desse pedido dar-se-á em autos apartados.

§ 10. O Ministério Público deverá ser ouvido sobre o requerimento previsto no caput, salvo quando ele próprio o houver formulado.

Razões dos vetos

"Da forma como foi redigido, o dispositivo poderia levar à conversão de ação individual em ação coletiva de maneira pouco criteriosa, inclusive em detrimento do interesse das partes. O tema exige disciplina própria para garantir a plena eficácia do instituto. Além disso, o novo Código já contempla mecanismos para tratar demandas repetitivas. No sentido do veto manifestou-se também a Ordem dos Advogados do Brasil – OAB."

CAPÍTULO V – Da Audiência de Conciliação ou Mediação

Art. 334

Se a petição inicial preencher os requisitos essenciais e não for o caso de improcedência liminar do pedido, o juiz designará audiência de conciliação ou de mediação com antecedência mínima de 30 (trinta) dias, devendo ser citado o réu com pelo menos 20 (vinte) dias de antecedência.

§1º O conciliador ou mediador, onde houver, atuará necessariamente na audiência de conciliação ou de mediação, observando o disposto neste Código, bem como as disposições da lei de organização judiciária.

§2º Poderá haver mais de uma sessão destinada à conciliação e à mediação, não podendo exceder a 2 (dois) meses da data de realização da primeira sessão, desde que necessárias à composição das partes.

§3º A intimação do autor para a audiência será feita na pessoa de seu advogado.

§4º A audiência não será realizada:

I – se ambas as partes manifestarem, expressamente, desinteresse na composição consensual;

II – quando não se admitir a autocomposição.

§5º O autor deverá indicar, na petição inicial, seu desinteresse na autocomposição, e o réu deverá fazê-lo, por petição, apresentada com 10 (dez) dias de antecedência, contados da data da audiência.

§6º Havendo litisconsórcio, o desinteresse na realização da audiência deve ser manifestado por todos os litisconsortes.

§7º A audiência de conciliação ou de mediação pode realizar-se por meio eletrônico, nos termos da lei.

§8º O não comparecimento injustificado do autor ou do réu à audiência de conciliação é considerado ato atentatório à dignidade da justiça e será sancionado com multa de até dois por cento da vantagem econômica pretendida ou do valor da causa, revertida em favor da União ou do Estado.

§9º As partes devem estar acompanhadas por seus advogados ou defensores públicos.

§10º A parte poderá constituir representante, por meio de procuração específica, com poderes para negociar e transigir.

§11º A autocomposição obtida será reduzida a termo e homologada por sentença.

§12º A pauta das audiências de conciliação ou de mediação será organizada de modo a respeitar o intervalo mínimo de 20 (vinte) minutos entre o início de uma e o início da seguinte.

Audiência de conciliação ou mediação

Conforme ensinam Luigi Paolo Comoglio, Corrado Ferri e Michele Taruffo, o ponto de partida para uma análise atendível do processo civil pode ser constituído por uma definição segundo a qual *o processo civil é um método para a resolução de conflitos*, e mais precisamente, *é um método institucional para resolução de controvérsias.*[55]

Contudo, é possível recorrer a outras estratégias que provém do equilíbrio dos interesses em conflito. Essas podem articular-se de vários modos (tratativas, discussões, procedimento em vários graus estandardizados) que tem como objetivo a individualização de um ponto de equilíbrio entre as posições em contraste. Para a possibilidade de se realizar tais estratégias, é necessário que as partes realizem recíprocas concessões e parciais renúncias às próprias pretensões, podendo inclusive vincular-se a comportamentos futuros.[56]

O novo C.P.C., seguindo essa tendência conciliatória generalizada no direito comparado, apresenta em seus artigos 165 a 175 uma seção específica sobre profissionais aptos à realização de soluções alternativas de conflito.

A conciliação e a mediação, métodos de resolução de conflitos há muito inseridos no seio cultural da Europeu e Americano, passam a ser expressamente previstos no C.P.C. brasileiro.

Conciliação é o método pelo qual as partes chegam, por meio de tratativas, a um acordo fundado sobre compromisso entre as respectivas posições.[57] Na conciliação o grau de atuação do conciliador é mais acentuado do que na mediação. Assim, na conciliação o conciliador pode estimular o acordo entre as partes, sugerindo formas de composição, o que em regra não deveria acontecer na mediação.

Mas tanto na conciliação como na mediação, o conciliador ou o mediador deve saber ouvir, refletir sobre as colocações, estimular a dialética entre as partes, tentando trazer para o campo do debate os sentimentos, interesses e frustrações daqueles que desejam de certa forma firmar um acordo. Devem, acima de tudo, contornar a exaltação dos ânimos, evitar o aumento do conflito pela inserção de sentimentos pessoais de vingança, ódio ou ressentimento. Devem tentar trazer as partes para o campo da racionalidade, do diálogo, da ponderação de interesses.

[55] Comoglio. Luigi Paolo; Corrado, Ferri; Taruffo, Michele. *Lezioni sul processo civile – I. Il processo ordinario di cognizione*. Bologna: Mulino, 2006. p. 17.

[56] Comoglio, L. P.; Corrado, F.; Taruffo, M., idem, p. 18.

[57] Comoglio, L.p.; Corrado, F.; Taruffo, M., idem, ibidem.

Recentemente a ENFAM realizou uma palestra sobre a mediação no modelo alemão. No sitio de notícia de S.T.J. (http://www.stj.jus.br/portal_stj/publicacao/engine.wsp?tmp.area=398&tmp.texto=113205) obtêm-se a seguinte informação: *"Uma espécie de mediador privado de conflitos entre bancos e seus clientes, com poderes para obrigar instituições financeiras a cumprir o que foi acordado e, se for o caso, até mesmo depositar o que devem na conta do reclamante. Essa figura existe na Alemanha desde 1992 e lá é chamada de 'ombudsman'.*

A fim de debater a experiência alemã, o ex-professor titular da Universidade de Hamburgo, na Alemanha, Klaus Hopt, irá proferir palestra sobre o tema 'Ombudsman...

O termo 'ombudsman' tem origem no idioma sueco. Na Alemanha, adquiriu o sentido de 'mediador' ou 'advogado particular'. O ministro Beneti conta que conheceu o sistema quando visitou o Verband der Deutschen Privaten Banken, em Berlim, uma espécie de federação dos bancos alemã.

Essa associação de bancos privados mantém um escritório do 'ombudsman', encarregado da composição de conflitos extrajudiciais entre instituições e clientes. 'A grande vantagem está tanto no tipo de conciliação quanto no tipo de solução de 'conflitos', afirma o ministro.

De acordo com ele, o caso começa com uma reclamação do cliente feita mediante preenchimento de formulário disponível nas agências bancárias. Caso a reclamação não seja solucionada pelo departamento de atendimento aos clientes do banco, ela é enviada ao escritório central do 'ombudsman', em Berlim.

O ministro ressalta que o tipo de conciliação feito pelo 'ombusdman', nesses casos, dispensa a necessidade de chamar as pessoas a um fórum, não movimenta qualquer estrutura administrativa e, principalmente, não tem qualquer ônus para o estado.

O 'ombudsman', que, em geral, é um juiz aposentado de um tribunal superior ou professor universitário, redige sua decisão – 'em poucas páginas e me linguagem mais clara possível', destaca o ministro. Se a decisão reconhece o direito do reclamante e corresponde a quantia não superior a cinco mil euros (equivalente no Brasil a R$16 mil), o banco é obrigado a depositá-la na conta bancária do reclamante. 'Tem de pagar sem processo de execução e sem processo judicial', observa o ministro.

Mas se o banco foi o vencedor, o reclamante tem direito a entrar com ação em juízo e o prazo de prescrição é aumentado em seis meses. Outra vantagem, segundo Beneti, é que, mesmo nas causas superiores a cinco mil euros, o cliente pode abrir mão do restante, finalizando o conflito.

A importância desse modelo para o Brasil, de acordo com o ministro, está na possibilidade de diminuir consideravelmente as ações judiciais de consumidores contra os bancos. Ele exemplifica que, no Brasil, somente as causas judiciais contra os bancos, relativas aos planos econômicos, representam mais de dois milhões de processos.

Beneti estima que 40% do número de recursos que chegam à mesa de trabalho de cada um dos ministros de Seção de direito privado do STJ tratam de questões envolvendo conflitos entre bancos e clientes.

Esse modelo de 'ombudsman – que, de acordo com Beneti, é seguido por diversos países da União Europeia – não se aplica apenas aos bancos, mas pode ser utilizado para prestações de serviços em geral, contratos de seguro, planos de saúde e diversas outras modalidades de relações de consumo".

Preceitua o *art. 331* do novo C.P.C. que *se a petição inicial preencher os requisitos essenciais e não for o caso de improcedência liminar do pedido, o juiz designará audiência de conciliação ou de mediação com antecedência mínima de trinta dias, devendo ser citado o réu com pelo menos vinte dias de antecedência.*

O primeiro passo para que o juiz possa designar a audiência de conciliação ou de mediação é verificar se a petição inicial preenche os seus requisitos essenciais. E os requisitos essenciais da petição inicial estão previstos no art. 319 do novo C.P.C., a saber:

Art. 319. A petição inicial indicará:

I – o juízo a que é dirigida;

II – os nomes, os prenomes, o estado civil, a existência de união estável, a profissão, o número de inscrição no Cadastro de Pessoas Físicas ou no Cadastro Nacional da Pessoa Jurídica, o endereço eletrônico, o domicílio e a residência do autor e do réu;

III – o fato e os fundamentos jurídicos do pedido;

IV – o pedido com as suas especificações;

V – o valor da causa;

VI – as provas com que o autor pretende demonstrar a verdade dos fatos alegados;

VII – a opção do autor pela realização ou não de audiência de conciliação ou de mediação.

A petição inicial, nos termos do art. 330 do atual C.P.C., será indeferida quando: I – for inepta; II – a parte for manifestamente ilegítima; III – o autor carecer de interesse processual; IV – não atendidas as prescrições dos arts. 106 e 321.

Verificando o magistrado que a petição inicial preenche os requisitos iniciais, antes de passar para a audiência de conciliação ou mediação outras circunstâncias devem ser observadas, ou seja, deve o juiz verificar se não é caso de improcedência liminar do pedido. Os casos de improcedência liminar do pedido estão previstos no art. 332 do novo C.P.C, a saber:

I – enunciado de súmula do Supremo Tribunal Federal ou do Superior Tribunal de Justiça;

II – acórdão proferido pelo Supremo Tribunal Federal ou pelo Superior Tribunal de Justiça em julgamento de recursos repetitivos;

III – entendimento firmado em incidente de resolução de demandas repetitivas ou de assunção de competência;

IV – enunciado de súmula de tribunal de justiça sobre direito local.

Portanto, preenchidos os requisitos da petição inicial e não sendo o caso de julgamento liminar de improcedência do pedido, o juiz designará audiência de conciliação ou mediação com antecedência mínima de trinta dias, não havendo prazo máximo para tal designação.

O juiz designará audiência de conciliação ou de mediação com antecedência mínima de trinta dias, devendo ser citado o réu com pelo menos vinte dias de antecedência.

Preceitua o §1º do art. 334 do novo C.P.C. que o conciliador ou mediador, onde houver, atuará necessariamente na audiência de conciliação ou de mediação, observando o disposto neste Código, bem como as disposições da lei de organização judiciária.

Conforme se afirmou, a *conciliação* é o método pelo qual as partes chegam, por meio de tratativas, a um acordo fundado sobre compromisso entre as respectivas posições.[58]

E para que as partes possam chegar a essa tratativa de conciliação, haverá um conciliador que conduzirá a audiência de conciliação.

Na conciliação o grau de atuação do conciliador é mais acentuado do que na mediação. Assim, na conciliação, o conciliador pode estimular o acordo entre as partes, sugerindo formas de composição, o que em regra não deveria acontecer na mediação.

Mas tanto na conciliação como na mediação, o conciliador ou o mediador deve saber ouvir, refletir sobre as colocações, estimular a dialética entre as partes, tentando trazer para o campo do debate os sentimentos, interesses e frustrações daqueles que desejam de certa forma firmar um acordo. Devem, acima de tudo, contornar a exaltação dos ânimos, evitar o aumento do conflito pela inserção de sentimentos pessoais de vingança, ódio ou ressentimento. Deve tentar trazer as partes para o campo de racionalidade, do diálogo, da ponderação de interesses.

Mediação, por sua vez, é um meio alternativo e voluntário de resolução de conflito, ou seja, a mediação ocorre quando o acordo for alcançado pela obra de

[58] Comoglio, L.p.; Corrado, F.; Taruffo, M., idem, ibidem.

um terceiro que atua como intermediário entre as partes, facilitando e promovendo as negociações para se chegar a um acordo. É importante asseverar que na mediação o terceiro não resolve o conflito nem sugestiona, mas atua de tal modo que as partes o resolvam por meio de um acordo.

O conciliador ou mediador que participar da audiência de conciliação deverá obrigatoriamente observar as disposições deste Código, especialmente as dos artigos 165 a 175, bem como as normas de Organização Judiciária no âmbito da Justiça Estadual.

O Tribunal Regional Federal da 4ª Região já regulamentou a forma de conciliação no processo eletrônico. Essa regulamentação deu-se com a Resolução n. 125 de 22 de novembro de 2012, que assim estabelece:

> *"Art. 1º A partir de 23/11/2012, será possível a conciliação em processos eletrônicos, por meio da funcionalidade denominada Fórum.*
>
> *Art. 2º O Fórum de Conciliação é aplicável às ações de execução fiscal ajuizados pelos Conselhos de Fiscalização Profissional, às ações de execução dos títulos extrajudiciais previstos no art. 585, I a VI e VIII, do Código de Processo Civil e às ações monitórias, exceto as que versem sobre execuções de contratos do Sistema Financeiro de Habitação.*
>
> *Art. 3º O Fórum de Conciliação funcionará no processo eletrônico e poderá ser acionado pelos integrantes do polo passivo do feito (réus ou executados), a qualquer tempo, em uma única oportunidade.*
>
> *4º A abertura do Fórum será feita através da utilização do número e chave do processo, cabendo ao interessado acionar o link 'Quero Conciliar' para obtenção da chave de acesso ao Fórum.*
>
> *5º Acessado o ambiente do Fórum pelo executado ou réu, dar-se-á início ao prazo de abertura pelo exequente, que ocorrerá de forma automática em 10 (dez dias ou em momento anterior por iniciativa deste.*
>
> *Art. 6º O Fórum constitui ambiente privativo das partes, no qual serão postadas mensagens sem intervenção judicial.*
>
> *Art. 7º O prazo de duração do Fórum é de 15 (quinze) dias.*
>
> *§1º Findo o prazo previsto no 'caput' deste artigo sem manifestação, será encerrado automaticamente por ausência de acordo, podendo ser encerrado antes por recusa da parte autora.*
>
> *§2º Havendo acordo, poderá ser gerado documento quanto ao seu conteúdo e haverá o lançamento do evento apropriado ao processo eletrônico.*
>
> *Art. 8º Mediante Termo de Adesão a ser firmado com a Seção Judiciária pela parte autora ou exequente, serão ajuizadas com pedido de citação para o requerido optar pela conciliação no Fórum até 10 (dez) dias corridos:*

I – as execuções fiscais ajuizadas pelos Conselhos de Fiscalização Profissional;

II – as execuções dos títulos extrajudiciais previstos no art. 585, I a VI e VIII, do CPC; e

III – as ações monitórias.

§1º Acionado o Fórum, aplica-se o disposto no artigo 7º desta resolução.

§2º A contagem dos prazos previstos nos art. 652 do CPC, 1.102 do CPC ou art. 8º da Lei n. 6.830/80 somente terá início se não acionado o Fórum ou se for encerrado sem acordo.

§3º O controle dos prazos no caos deste artigo não será feito de forma automatizada pelo sistema do processo eletrônico, cabendo à vara a verificação para os efeitos desta resolução.

Art. 9º Se requerida a abertura do Fórum em outro momento, que não o da citação inicial, não haverá a suspensão da prática de atos processuais e de medidas constritivas, salvo determinação em contrário do juízo processante.

Art. 10 A falta de interesse na conciliação virtual ou seu encerramento sem acordo não impede a remessa posterior do processo ao Centro Judiciário de Solução de Conflitos e Cidadania – CEJUSCON.

Art. 11. Havendo interesse público, outros tipos de processos poderão ser submetidos à conciliação virtual na forma do art. 8º desta resolução".[59]

Na realidade, os tribunais deverão criar centros judiciários de solução consensual de conflitos, responsáveis pela realização de sessões e audiências de conciliação e mediação, e pelo desenvolvimento de programas destinados a auxiliar, orientar e estimular a autocomposição.

A composição e organização do centro serão definidas pelo respectivo tribunal, observadas as normas do Conselho Nacional de Justiça.

O Tribunal Regional Federal da 4ª Região criou o SISTCON – Sistema de Conciliação, cujo e-mail é: conciliar@trf4.gov.br.

A Resolução n. 22 de 23 de abril de 2009 do TRF4ª Região dispõe sobre a reestruturação do SISTCON – Sistema de Conciliação da Justiça Federal da 4ª Região, *in verbis*:

"A PRESIDENTE DO TRIBUNAL REGIONAL FEDERAL DA 4ª REGIÃO, no uso de suas atribuições legais e regimentais, tendo em vista o constante nos autos do Processo Administrativo nº 05.20.00127-3 e o decidido pela Corte Especial na sessão de 25/09/2008, resolve:

[59] Comoglio, L.P.; Corrado, F.; Taruffo, M., idem, ibidem.

Art. 1º Instituir a Coordenadoria do Sistema de Conciliação da Justiça Federal da 4ª Região como unidade central para as atividades de conciliação.

Art. 2º A coordenação-geral do Sistema de Conciliação da Justiça Federal da 4ª Região será exercida por um Desembargador Federal, eleito pelo Plenário, com mandato coincidente ao dos órgãos de Administração, conforme dispõe o art. 4º, inciso I, do Regimento Interno, que terá, dentre outras, as seguintes atribuições:

a) designar os Coordenadores Regionais do SISTCON das Seções Judiciárias;

b) indicar à Corregedoria-Geral os Juízes Federais para as atividades de conciliação.

c) submeter ao Plenário o planejamento anual das atividades de conciliação, no âmbito da Justiça Federal da 4ª Região, com a definição de metas e ações, inclusive as relativas ao Dia Nacional de Conciliação;

d) identificar, do acervo de processos distribuídos aos Desembargadores Federais que compõem os órgãos julgadores do Tribunal Regional Federal da 4ª Região, os tipos de processos passíveis de conciliação, independente da matéria, e submeter à aprovação do Plenário a utilização do processo conciliatório como meio de solucionar a lide;

e) designar, mediante portaria, os integrantes da Comissão Permanente de Conciliação para o auxílio na triagem dos processos com probabilidade de conciliação, bem como para a realização das demais atividades necessárias à sua operacionalização;

f) promover a divulgação interna e externa das estatísticas e dos resultados das atividades de conciliação; e

g) efetuar a prestação anual, ou quando convocado, das atividades e esclarecimentos referentes às atividades de conciliação tanto à Administração deste Tribunal quanto ao seu Plenário.

§ 1º O atual mandato do Desembargador Federal Coordenador-Geral do SISTCON expira com o da Administração em curso.

§ 2º Os procedimentos e meios de funcionamento do Sistema de Conciliação da Justiça Federal da 4ª Região serão instituídos em ato específico pelo Desembargador Federal Coordenador-Geral do SISTCON.

Art. 3º Alterar a nomenclatura da Assessoria de Apoio ao Sistema de Conciliação, junto à Presidência, para Divisão de Apoio ao Sistema de Conciliação, subordinando-a à Coordenadoria do Sistema de Conciliação da Justiça Federal da 4ª Região e renomeando o respectivo cargo em comissão CJ01 – Assessor-Adjunto (id. 701) para CJ01 – Diretor de Divisão (id. 701).

Art. 4º Em decorrência das transformações promovidas por esta resolução, a estrutura do Tribunal fica estabelecidas na forma do anexo I.

Art. 5º As atribuições da unidade envolvida nas alterações desta resolução deverão ser atualizadas e inscritas no Manual de Atribuições do Tribunal pela Assessoria de Planejamento e Gestão no prazo de 30 dias.

Art. 6º Esta resolução revoga a Resolução nº 88, de 29/07/2005, republicada no DJU nº 152, de 09/08/2005, seção 2, pág. 624, e a Resolução nº 50, de 30/08/2006, publicada no DJU nº 170, 04/09/2006, seção 2, pág. 581; altera em parte a Resolução nº 2, de 07/01/2009, publicada no DEJF 4ªR (Ed. Adm.) nº 12, de 14/01/2009, pág. 3; e entra em vigor na data de sua publicação.

PUBLIQUE-SE. REGISTRE-SE. CUMPRA-SE.

Des. Federal Silvia Goraieb

Presidente"

No dia 01 de outubro de 2009, foi inaugurado o Gabinete de Conciliação do Instituto Nacional do Seguro Social – INSS junto ao Tribunal Regional Federal da 4ª Região.

Por sua vez, a Portaria n. 02 de 20 de outubro de 2005 do Coordenador dos Juizados Especiais Federais da 4ª Região regulamentou a figura do conciliador nos seguintes termos:

"O COORDENADOR DOS JUIZADOS ESPECIAIS FEDERAIS DA 4ª REGIÃO, no uso de suas atribuições,

CONSIDERANDO o volume acentuado de feitos, tanto distribuídos, como em tramitação nos Juizados Especiais Federais da 4ª Região, em especial aqueles que tramitam fora do processo eletrônico, os quais, em sua maioria dependem de dilação probatória;

CONSIDERANDO o número restrito de magistrados federais e servidores a quem incumbe a responsabilidade pela movimentação processual, circunstância que a toda evidência leva à demora na efetiva entrega da prestação jurisdicional, frustrando dessa forma, o objetivo da recém promulgada Emenda Constitucional 45/2004;

CONSIDERANDO o artigo 18 da Lei nº 10.259/01 que expressamente contempla a possibilidade da indicação de conciliadores pelo período de 2 anos, admitida a recondução;

CONSIDERANDO o artigo 8 da Resolução nº 54, de 28 de novembro de 2001, da Presidência e o artigo nº 392 do provimento nº 2/04 da Corregedoria-Geral, ambos desta Corte, que preveem a instituição de conciliadores com as funções ali definidas;

CONSIDERANDO as resoluções nº 434 e nº 440 do Conselho da Justiça Federal que disciplinam a figura dos "advogados voluntários", inclusive no âmbito dos Juizados Especiais Federais;

CONSIDERANDO que recentemente o Exmo. Sr. Presidente do Superior Tribunal de Justiça apresentou proposta de instalação de vários Juizados Especiais Federais Virtuais Adjuntos (JEFVAs), inclusive dispondo sobre suas atribuições;

CONSIDERANDO a existência de experiências exitosas em varas de juizados da 4ª Região com a utilização de conciliadores os quais, em razão da sua atuação, têm proporcionado maior celeridade na tramitação processual;

CONSIDERANDO ainda, o artigo 2, inciso II da resolução nº 443 do Conselho da Justiça Federal que prevê, dentre as atribuições do Coordenador dos Juizados Especiais Federais, a edição de normas complementares objetivando o adequado funcionamento das diretrizes estabelecidas para os Juizados Especiais Federais; resolve:

Art. 1º. Fica regulamentada a figura do conciliador no âmbito dos Juizados Especiais Federais da 4ª Região:

§ 1º. A utilização do conciliador terá caráter facultativo nos Juizados Especiais Federais, cabendo ao Juiz Titular da Vara a escolha dentre candidatos bacharéis em direito, servidores ou não;

§ 2º. Os interessados atuarão na condição de voluntários, sem remuneração, pelo período de dois anos, admitida a recondução;

Art. 2º. São as seguintes, as atribuições dos conciliadores junto aos Juizados Especiais Federais da 4ª Região:

§ 1º. Instruir as causas, quando necessário, em especial a colheita de prova oral, sem prejuízo de sua renovação pelo Juiz que presidir o processo;

§ 2º. Promover a conciliação ou transação prevista no artigo 10, parágrafo único, da Lei nº 10.259, de 12 de julho de 2001;

§ 3º. Realizar a atermação das ações judiciais, bem como o registro de outros atos do processo, exceto os privativos dos magistrados.

Art. 3º. Esta portaria entre em vigor na data de sua publicação.

Publique-se. Registre-se. Cumpra-se.

Desembargador Federal Edgard A. LIPPMANN JÚNIOR

Coordenador dos Juizados Especiais Federais da 4ª Região"

O grande problema que se percebe na instituição de sistemas institucionais de mediação e conciliação é que não há uma efetiva preocupação com a profissionalização daqueles que irão participar como mediadores ou conciliadores. No âmbito dos juizados especiais federais da 4ª Região, os conciliadores ou mediadores são 'amadores', atuando na condição de voluntários, sem remuneração.

Evidentemente que esse tratamento meramente formal, sem caráter profissional, faz com as partes não deem o devido valor a esses meios de autocomposição.

Por sua vez, o conciliador ou mediador também não são valorizados na função desenvolvida, uma vez que devem trabalhar gratuitamente. Geralmente são contratados bacharéis em direito, recém formados, sem qualquer experiência na vida, quanto mais para atuarem como conciliadores ou mediadores de questões por vezes tão complexas.

Daí porque o ideal seria a criação de cargos públicos, devidamente remunerados, e com profissionais devidamente qualificados para exercerem a função de conciliadores ou mediadores, profissionalizando no âmbito institucional essa forma de autocomposição de questões litigiosas.

O C.N.J. já vem buscando institucionalizar a mediação e a conciliação, especialmente por meio de uma política pública de tratamento adequado aos conflitos de interesse. Para tanto, expediu a Resolução n. 125, de 29 de novembro de 2010.

É necessário que essa política pública instituída pelo C.N.J. não fique apenas no contexto formal de uma resolução, pois sem uma efetiva mudança da cultura de solução de conflitos no Brasil, nenhum resultado terá esse novo método conciliatório.

O *§2º do art. 334* do novo C.P.C. estabelece que poderá *haver mais de uma sessão destinada à conciliação e à mediação, não podendo exceder a 2 (dois) meses da data de realização da primeira sessão, desde que necessárias à composição das partes.*

Diante da complexidade do caso, poderá ser necessária mais de uma audiência de conciliação ou mediação, razão pela qual novas tentativas deverão ser realizadas para o fim da resolução conciliatória do conflito.

Neste caso, as audiências deverão ter no máximo um intervalo entre uma e outra não excedente a dois meses.

Isso significa dizer que o processo poderá ficar suspenso entre uma e outra audiência de conciliação ou mediação.

Evidentemente que outras audiências poderão ser realizadas para tentar a conciliação, mas sem prejuízo do regular andamento do processo.

O *§3º do art. 334* do novo C.P.C. estabelece que *a intimação do autor para a audiência será feita na pessoa de seu advogado.*

Não haverá necessidade de intimação pessoal do autor para o comparecimento na audiência de conciliação ou mediação, bastando a intimação de seu advogado que poderá ser pelo diário eletrônico, se for o caso.

Aduz o *§4º do art. 334* do novo C.P.C. que *a audiência não será realizada: I – se ambas as partes manifestarem, expressamente, desinteresse na composição consensual; II – quando não se admitir autocomposição.*

O §5º do art. 323 do Projeto n. 2.046/10 preceituava que a audiência não seria realizada se uma das partes manifestasse, com dez dias de antecedência, desinteresse na composição amigável. A parte contrária seria, então, imediatamente intimada do cancelamento do ato.

Sem dúvida, se uma das partes demonstrasse com antecedência mínima de dez dias que não teria interesse na realização da conciliação ou da mediação, não haveria razão para se manter a designação de um ato processual que estaria fadado ao insucesso.

Porém, o novo C.P.C., no inc. I do §4º do art. 334, condiciona a não realização da audiência de conciliação ou mediação à manifestação expressa de *vontade de ambas as partes.*

Assim, muito embora deva o autor, na petição inicial, indicar se tem ou não interesse na conciliação, conforme dispõe o art. 319, inc. VII, do novo C.P.C., o certo é que a audiência de conciliação somente não se realizará se também o réu demonstrar expressamente esse desinteresse.

Porém, o mais lógico e o mais sensato é que basta apenas uma das partes manifest - formalmente seu desinteresse na conciliação para que a audiência não se realize, em homenagem ao princípio da economia e celeridade processual. Na realidade, haveria quebra da isonomia permitir-se que o réu, isoladamente, indicasse seu desinteresse pela audiência de mediação ou conciliação, e o mesmo tratamento não fosse dado ao autor. Note-se que no art. 335, inc. II, do novo C.P.C. preconiza que o réu deverá oferecer contestação no prazo de 15 dias contado da data do protocolo da petição que ele réu expressamente apresentou indicando que não deseja a audiência de conciliação ou mediação. Neste caso, como é evidente, o autor já se manifestou na petição inicial que não deseja a realização da audiência.

Por óbvio também não haverá a designação da audiência de conciliação ou mediação quando no processo não se admitir a autocomposição, conforme preconiza o inc. II do §4º do art. 334 do novo C.P.C.

Diante de demanda que tenha por objeto direitos indisponíveis não se realizará a audiência de conciliação ou mediação, pois tal ato processual seria inócuo pela falta de disponibilidade do direito material.

Estabelece o *§5º do art.334* do novo C.P.C. que *o autor deverá indicar, na petição inicial, seu desinteresse na autocomposição e o réu deverá fazê-lo, por petição, apresentada com 10 (dez) dias de antecedência, contados da data da audiência.*

O art. 319, inc. VII, do novo C.P.C. estabelece como requisito da petição inicial a indicação do autor pela opção ou não da realização da audiência de conciliação.

O §5º do art. 334 do novo C.P.C. vem apenas reforçar a exigência do referido requisito.

Porém, a audiência de conciliação ou mediação, nos termos do §4º, inc. I, do art. 334 do novo C.P.C., somente não se realizará se *ambas as partes* manifestarem desinteresse na conciliação.

Contudo, conforme se afirmou, bastaria que uma das partes manifestasse seu desinteresse para que a audiência de conciliação não se realizasse, especialmente pelo fato de que a realização deste ato poderá ser inútil.

Em relação ao réu, este poderá também demonstrar o desinteresse pela conciliação ou mediação em petição escrita apresentada até dez dias de antecedência, contados da data da audiência. Porém, a audiência somente não se realizará se houver concordância expressa do autor.

Preconiza o *§6º do art. 334* do novo C.P.C. que *havendo litisconsórcio, o desinteresse na realização da audiência deve ser manifestado por todos os litisconsortes.*

Este dispositivo exige a concordância de todos os litisconsortes para que a audiência de conciliação ou mediação não seja realizada.

Porém, é necessário diferenciar o litisconsorte unitário do facultativo, assim como não se deve confundir a exigência de realização da audiência com a obrigação de comparecer à audiência e o início de prazo para apresentar a contestação.

Na realidade, se se tratar de litisconsórcio unitário necessário, quando a decisão deverá ser uniforme para todas as partes, bastaria que um dos litisconsortes recusasse a conciliação ou a mediação para que a realização da audiência possa ser considerada como inócua.

É o exemplo da demanda que vise a nulidade de um contrato. O contrato não poderá ser, por conciliação ou mediação, declarado nulo para um dos litisconsortes e não para o outro litisconsorte.Note-se que o código exige que autor e réu se manifestem pela não realização da audiência. No caso, se um dos litisconsortes unitário concordar com a não realização da audiência, o requisito exigido pelo código foi devidamente cumprido. Assim, o razoável é que a audiência deixasse de ser realizada, sendo os demais litisconsortes intimados para apresentar a contestação.

É claro que poderá haver vozes que entendam que a audiência somente não se realizará com a concordância de todos os litisconsortes.

Nessa hipótese, a conciliação ou mediação somente somente será válida se houver a participação de todos os litisconsortes.

Outrossim, em se tratando de litisconsorte facultativo, não há razão jurídica para não se admitir o desinteresse de determinado litisconsorte facultativo em não desejar realizar a conciliação ou mediação, sem prejuízo de que os demais assim procedam. Se os demais litisconsortes passivos facultativos manifestarem interesse na audiência de conciliação e mediação, a audiência deverá ser realizada com os anuentes..

Aduz o *§7º do art. 331* do atual C.P.C. que *a audiência de conciliação ou de mediação pode realizar-se por meio eletrônico, nos termos da lei.*

Há determinados Tribunais brasileiros, especialmente os Tribunais Regionais Federais, em que se observa uma ampla evolução tecnológica e constante aperfeiçoamento dos sistemas de comunicação virtual e eletrônica. Diante desse aprimoramento tecnológico, a audiência de conciliação ou mediação poderá ser realizada por meios eletrônicos, especialmente a vídeo conferência.

No Tribunal Regional Federal da 4ª Região há muito vem se realizando, por exemplo, sessões de julgamento e sustentação oral de advogados por vídeo conferência.

Diante desse avanço instrumental da tecnologia da informação e da comunicação, também as audiências de conciliação ou mediação deverão ser realizadas, na medida do possível, por vídeo conferência ou outro instrumental tecnológico.

Referido sistema de comunicação eletrônica será de extrema importância quando uma das partes não possa comparecer à audiência, seja porque se encontra em viagem ou porque passou a residir em outra localidade.

Preceitua o *§ 8º do art. 334* do atual C.P.C. que *o não comparecimento injustificado do autor ou do réu à audiência de conciliação é considerado ato atentatório à dignidade da justiça e será sancionado com multa de até dois por cento da vantagem econômica pretendida ou do valor da causa, revertida em favor da União ou do Estado.*

Muito embora o dispositivo somente faça referência à conciliação, sua normatização também se aplica à mediação.

Uma vez que o legislador deu tanta importância para esse novo método de resolução de conflitos, preconizando a audiência de conciliação ou mediação como um dos primeiros passos para a resolução da lide, não poderia deixar de sancionar o descaso ou a falta de cooperação das partes, especialmente pelo fato de que o não comparecimento do autor ou do réu à audiência de conciliação ou mediação, sem motivo justificado, exigirá gasto de energia, de tempo e muitas vezes de dinheiro.

Por isso, o legislador estabeleceu como requisito da petição inicial a manifestação expressa do autor pelo interesse ou não na realização da audiência de conciliação ou mediação.

O legislador igualmente permitiu que o réu, com dez dias de antecedência da data da realização da audiência, manifeste-se pelo desinteresse em comparecer no aludido ato processual.

Se o autor ou o réu não se utilizarem da oportunidade legal para demonstrar a falta de interesse na conciliação ou mediação, o seu não comparecimento à audiência caracterizará ato atentatório à dignidade da justiça. É de duvidosa constitucionalidade a incidência de multa por ato atentatório à dignidade da justiça quando o autor ou o réu expressamente informa, respectivamente, na inicial ou em petição avulsa que não deseja comparecer à audiência de conciliação ou mediação. É de duvidosa Constitucionalidade inserir a liberdade individual ou autonomia de vontade ao desejo ou manifestação de outrem.

A sanção pelo não comparecimento é justamente a caracterização do ato atentatório à dignidade da justiça.

O não comparecimento do autor não importará em arquivamento dos autos.

O não comparecimento do réu não importará em revelia.

Porém, o fato de o réu não comparecer à audiência não prejudica o início do prazo para que ele apresente sua resposta, conforme preconiza o art. 335, inc. I, do novo C.P.C, a saber:

> *Art. 335. O réu poderá oferecer contestação, por petição, no prazo de 15 (quinze) dias, cujo termo inicial será a data:*
>
> *I – da audiência de conciliação ou de mediação, ou da última sessão de conciliação, quando qualquer parte não comparecer ou, comparecendo, não houver autocomposição;*

O § 5º do art. 333 do projeto originário n. 166/10 encaminhado ao Senado apenas considerava como ato atentatório à dignidade da justiça o não comparecimento do réu.

O novo C.P.C. alterou o projeto originário para também incluir o autor nessa sanção legal.

O art. 414, item 2, do Código de Processo Civil espanhol regula da seguinte forma o não comparecimento das partes à audiência de conciliação:

> *Art. 414 (...)*
>
> *(...).*
>
> *2. As partes deverão comparecer na audiência assistidas de advogado. Com a intenção de resolver ou transacionar, quando as partes não concorrerem pessoalmente senão através de seu procurador, haverão de outorgar a este poder para renunciar ou transigir. Se não concorrerem pessoalmente nem outorgarem àquele poder, serão consideradas como se não tivessem comparecido à audiência.*
>
> *3. Se não comparecerem à audiência nenhuma das partes, se lavrará ata fazendo constar tal fato e o Tribunal, sem mais trâmites, ditará auto de suspensão do processo, ordenando o arquivo das autuações.*
>
> *Também se suspenderá o processo se à audiência somente concorrer o réu e este não alegar interesse legítimo no sentido de continuar o procedimento para que se dite sentença sobre o fundo da questão. Se for o réu que não comparece, a audiência prosseguirá com o autor no que resultar procedente.*

> 4. *Quando faltar à audiência o advogado do autor, se suspenderá o processo, salvo se o réu alegar interesse legítimo na continuação do procedimento para que se dite sentença sobre o fundo da questão. Se faltar o advogado do réu, a audiência seguirá com o autor no que resultará procedente.*

No direito comparado o não comparecimento das partes à audiência de conciliação ou mediação não caracterizará ato atentatório à dignidade da justiça.

O novo C.P.C. brasileiro caracteriza como ato atentatório à dignidade da justiça a falta de comparecimento do autor ou do réu à audiência de conciliação ou mediação.

E este ato atentatório à dignidade da justiça será sancionado com multa de até dois por cento da vantagem econômica pretendida ou do valor da causa, revertida em favor da União ou do Estado.

Estabelece o *§ 9º do art. 334* do atual C.P.C. que *as partes devem estar acompanhadas por seus advogados ou defensores públicos.*

É importante o comparecimento das partes acompanhadas de seus advogados para a audiência de conciliação ou mediação, até para que a parte possa se aconselhar com o profissional de sua confiança sobre as consequências jurídicas da conciliação ou da mediação.

Por outro lado, o injustificado não comparecimento do advogado para a audiência de conciliação ou mediação não é motivo para o seu adiamento. Neste caso, o juiz deve nomear defensor dativo para suprir a falta de advogado, prosseguindo-se com a audiência de conciliação ou mediação.

Também não será declarada ineficaz a audiência de conciliação ou mediação realizada sem a presença do advogado, se o termo de conciliação ou mediação for ratificado pelo defensor posteriormente.

Preceitua o *§ 10 do art. 334* do atual C.P.C. que *a parte poderá constituir representante, por meio de procuração específica, com poderes para negociar e transigir.*

Assim, a parte poderá nomear um preposto com poderes para transigir ou mesmo outorgar poderes ao seu advogado para comparecer à audiência de conciliação ou mediação e realizar a conciliação ou mediação em seu nome.

Aduz o *§ 11 do art. 334* do atual C.P.C. que *a autocomposição obtida será reduzida a termo e homologada por sentença.*

Uma vez realizada a audiência de conciliação ou mediação e obtida a transação entre as partes, o acordo deverá ser reduzido a termo assinado pelas partes e pelo conciliador.

Se o conciliador for o próprio magistrado, de plano poderá ele proferir sentença homologatória da transação, caso contrário os autos serão conclusos ao juiz para proferir a sentença homologatória.

A decisão que apreciar a transação realizada pelas partes apresenta natureza de sentença homologatória, podendo contra ela ser manejado recurso de apelação.

É importante salientar que nos termos do art. 784, inc. IV, do atual C.P.C., é considerado título executivo extrajudicial o instrumento de transação referendado por conciliador ou mediador credenciado por tribunal.

Porém, se o instrumento de transação for homologado pelo juiz, passará a ser considerado título executivo judicial.

Prescreve o *§ 12 do art. 334* do atual C.P.C. que *a pauta das audiências de conciliação ou de mediação será organizada de modo a respeitar o intervalo mínimo de 20 (vinte) minutos entre o início de uma e o início da seguinte.*

Tendo em vista que por recomendação do C.N.J. deverá ser implantada nas sedes dos juízos uma coordenadoria de conciliação e mediação, haverá de ser estabelecidos juízos de audiências diversos daquelas que visam a registrar as audiências de instrução e julgamento.

E as audiências de conciliação e mediação terão prioridades em relação às audiências de instrução e julgamento, devendo existir entre um e outro ato um limite mínimo de vinte minutos para que se dê tempo suficiente para uma tentativa efetiva de conciliação ou mediação.

CAPÍTULO VI – Da Contestação

Art. 335

O réu poderá oferecer contestação, por petição, no prazo de 15 (quinze) dias, cujo termo inicial será a data:

I – da audiência de conciliação ou de mediação, ou da última sessão de conciliação, quando qualquer parte não comparecer ou, comparecendo, não houver autocomposição;

II – do protocolo do pedido de cancelamento da audiência de conciliação ou de mediação apresentado pelo réu, quando ocorrer a hipótese do art. 334, §4º, inciso I.

III – prevista no art. 231, de acordo com o modo como foi feita a citação, nos demais casos.

§ 1º No caso de litisconsórcio passivo, ocorrendo a hipótese do art. 334, §6º, o termo inicial previsto no inciso II será, para cada um dos réus, a data de apresentação de seu respectivo pedido de cancelamento da audiência.

§ 2º Quando ocorrer a hipótese do art. 334, § 4º, inciso II, havendo litisconsórcio passivo e o autor desistir da ação em relação a réu ainda não citado, o prazo para resposta correrá da data de intimação da decisão que homologar a desistência.

Contestação – prazo – termo inicial

A simetria de posições, conforme determina os princípios fundamentais do 'justo' processo, implica, pelo menos em teoria, uma igualdade de partes em regime de 'paridade' de ação e de defesa, propugnando não apenas por uma igualdade inicial (no ponto de partida da lide), mas sobretudo a uma global 'paridade de armas' e das 'chances' de sucesso no curso da demanda, sem que no processo possa existir alguma pré-constituição de desequilíbrio ou 'handicap' inicial, principalmente quando se necessita dirigir ativamente diante de um juiz para fazer prevalecer as próprias razões, com o exercício dos poderes processuais necessários reconhecidos pelo ordenamento jurídico.[60]

Em um processo de estampa prevalentemente 'dispositivo', como se observa no procedimento comum de cognição, a bilateralidade do contraditório impõe que ao réu se estenda, automaticamente, a aplicabilidade dos mesmos princípios cardinais (demanda, disponibilidade da tutela e da 'res litigiosa', disponibilidade da prova) sobre os quais se baseia o monopólio das iniciativas do autor. Contudo, na realidade, a autonomia e os poderes 'dispositivos' concedidos ao réu encontram *'in re ipsa'* um específico limite fisiológico, tendo em vista que sua reação deve estar delimitada por um já predeterminado pelo autor certo 'objeto' do processo.[61]

O Capítulo VI do novo C.P.C., que se inicia pelo art. 335, tem por objetivo concretizar na normatização processual esta possibilidade fática da bilateralidade do princípio do Contraditório. Este capítulo está intitulado como *"Da Contestação"*.

Por sua vez, o Capítulo II do C.P.C. de 1973 era intitulado como *"Da Resposta do Réu"*, uma vez que o art. 297 do código revogado preconizava que o réu poderia oferecer, no prazo de quinze (15) dias, em petição escrita, dirigida ao juiz da causa, contestação, exceção e reconvenção.

[60] Comoglio, Luigi Paolo; Ferri, Corrado; Taruffo, Michele. *Lezioni sul processo civile – il processo ordinario di cognizione*. Bologna: Il Mulino, 2006. p. 261.

[61] Comoglio, L. P.; Ferri, C.; Taruffo, M., idem, ibidem.

Assim, no âmbito do Código revogado, o réu deveria oferecer em peça própria e autônoma a contestação, a exceção e a reconvenção.

No Projeto originário n. 2.046/10 houve a *concentração* numa mesma peça processual – denominada de *contestação*- as matérias que eram arguidas em exceção (incompetência relativa, por exemplo) ou em reconvenção, (que passava a ser denominada apenas de *pedido contraposto* como pretensão inserida na própria contestação e não por petição em separado).

No Projeto originário n 2.046/10 houve o referendo ao *princípio da eventualidade*, segundo o qual as partes deveriam apresentar de uma só vez e na fase adequada todos os meios de ataque e defesa de que dispunham. Daí porque, passada em julgado a sentença de mérito, reputar-se-iam deduzidas e repelidas todas as alegações e defesas que a parte poderia ter oposto tanto para o acolhimento quanto para a rejeição do pedido.

Porém, o novo C.P.C., em seu art. 343, ressuscitou a *reconvenção*, deixando de lado o *pedido contraposto* a ser inserido na própria contestação.

Na realidade, o projeto originário estava mais em sintonia com a nova concepção filosófica do processo civil moderno, especialmente o princípio da instrumentalidade e da economia processual.

Outro aspecto que deveria ter sido observado pelo novo C.P.C. seria a manutenção da denominação do Capítulo como *da resposta do réu*, pois a resposta do réu não se restringe à contestação.

Pode o réu, ao invés de *contestar* a pretensão formulada pelo autor, simplesmente *reconhecer a procedência do pedido*.

O réu ao *reconhecer a procedência do pedido* muito embora apresente *resposta* à pretensão do autor não *contesta* o pedido, pois sua manifestação é justamente em concordar com aquilo que pretende o demandante. Concordar e não contestar é a preferência processual do demandado.

Desta feita, penso que o Capítulo VI do novo C.P.C. poderia continuar a ser intitulado como *Da Resposta do Réu*, pois nem toda resposta caracteriza natureza de contestação.

Preceitua o *art. 335* do novo C.P.C. que o réu poderá oferecer contestação, por petição, no prazo de quinze dias, cujo termo inicial será a data: I – da audiência de conciliação ou de mediação, ou da última sessão de conciliação, quando qualquer parte não comparecer ou, comparecendo, não houver autocomposição; II – do protocolo do pedido de cancelamento da audiência de conciliação ou de mediação apresentado pelo réu, quando ocorrer a hipótese do art. 334, § 4º, inciso I; III – prevista no art. 231, de acordo com o modo como foi feita a citação, nos demais casos.

Segundo anotam Luigi Paolo Comoglio, Corrado Ferri e Michele Taruffo, *"Na configuração escolasticamente 'trilateral' do juízo, no qual agem e se defendem ao menos dois litigantes em contraditório entre eles, diante de um juiz, o réu é a parte processual que, por definição, se contrapõem e resiste ao autor, que promoveu a demanda. Em tal parte, a um mesmo tempo, identificam-se:*

- *o titular de um direito fundamental de defesa, constitucionalmente garantido (art. 24, inc. 2 e 3 da Const. Italiana);*
- *aquele contra o qual a demanda judicial vem proposta e contra quem o direito se pretende fazer valer (art. 99 e 101 do c.p.c. italiano);*
- *aquele que, pela ritual instauração do contraditório e com o fim de validade da decisão final, deve ser regularmente citado ou, no entanto, comparecer em juízo para se defender (art. 111, inc. 2, da Const. Italiana; 101 do c.p.c. italiano);*
- *aquele que, havendo interesse, está legitimado a contraditar à demanda contra si proposta;*
- *aquele que, uma vez citado em juízo, pode livremente preferir não se constituir, permanecendo inerte diante da iniciativa do autor, sujeitando-se assim às regras do procedimento de contumácia (art. 291-294), ou se decide se constituir, deve uniformizar-se em tal caso à modalidade estabelecida dos artigos 166 a 167".*[62]

E a forma normal de o réu contradizer a demanda proposta pelo autor, e fazer valer o princípio do Contraditório, é mediante a tradicional peça de defesa denominada *contestação.*

Segundo anota J. J. Calmon de Passos, *"A contestação está para a defesa como a inicial para a ação. Ela é a peça mediante a qual se formaliza o exercício do direito de defesa do réu, vale dizer, exercita esta sua pretensão à prestação da atividade jurisdicional. Diz o Código que nela deve o réu alegar toda a matéria de defesa, quer a indireta de natureza processual, quer a indireta de mérito, quer a direta de mérito. De fora mesmo só a defesa indireta processual...".*[63]

A contestação está para o réu assim como a petição inicial está para o autor. Conforme anotam Comoglio, Ferri e Taruffo, *"simetria de posições em função do 'mérito' da controvérsia, significa também identidade de denominadores comuns (apesar de uma posição, por assim dizer, invertida). O 'interesse' e a 'legitimação para contradizer' outrem, não são, sob o plano processual, se não o 'reverso' de uma mesma moeda, cujo 'direito' é representado pelo 'interesse' e 'pela legitimação de agir'. Da mesma forma que o*

[62] Comoglio, L. P.; Ferri, C.; Taruffo, M., idem, p. 259.

[63] Calmon de Passos. José Joaquim. *Comentários ao código de processo civil.* Vol. III, arts. 270 a 331. Rio de Janeiro: Editora Forense, 1989. p. 296.

autor, que 'convida' o adversário para comparecer perante o juiz, propondo contra ele uma demanda, o 'réu' tem o poder de reagir e, onde entenda de fazê-lo, é livre para exercitar um conjunto de 'contra-azione', propondo, por sua vez, em confronto ao autor, uma outra (e oposta) demanda, direta pelo menos como rejeição à primeira...".[64]

A contestação deve ser apresentada por petição escrita e não poderá ser verbal mediante redução a termo.

Excepciona-se a forma escrita nos Juizados Especiais Cíveis, o qual dá prevalência à informalidade.

A contestação apresenta requisito, assim como a inicial.

Contudo, nem todos os requisitos exigidos para a inicial são também obrigatórios para a contestação.

A indicação do juízo é indispensável, muito embora o juízo já esteja definido pela distribuição da petição inicial.

O nome e prenome das partes são exigidos, não as demais qualificações.

As questões de fato e de direito que fundamentam a resposta do réu também são exigidas. É importante salientar que o réu na contestação propriamente dita não traz pretensão própria contra o autor, inserindo nova causa de pedir nem novo pedido formulado contra o autor, salvo se promover a reconvenção.

É dever do réu ao formular contestação *"expor as razões de fato e de direito com que impugna o pedido do autor, isto é, que justificam sua atitude de negação do direito do autor ou sua atitude de resistência à pretensão por ele formulada"*.[65]

O prazo para que o réu possa apresentar a contestação é de quinze (15) dias cujo termo inicial será: *I – da audiência de conciliação ou de mediação, ou da última sessão de conciliação, quando qualquer parte não comparecer ou, comparecendo, não houver autocomposição; II – do protocolo do pedido de cancelamento da audiência de conciliação ou mediação apresentado pelo réu, quando ocorrer a hipótese do art. 334, §4º, inciso I; III – prevista no art. 231, de acordo com o modo como foi feita a citação, nos demais casos.*

Em regra, se a petição inicial preencher os requisitos essenciais e não for o caso de improcedência liminar do pedido, o juiz designará audiência de conciliação ou mediação com antecedência mínima de trinta dias (art. 334 do novo C.P.C).

Sendo o réu intimado a comparecer na audiência de conciliação ou mediação, o prazo de quinze (15) dias para responder terá início a partir da realização deste ato processual.

[64] Comoglio, L.; Ferri, C.; Taruffo, M., op. cit., p. 260 e 261.

[65] Camlon de Passo. J. J., op. cit.,p. 298.

Portanto, não comparecendo o réu à audiência de conciliação ou mediação, ou comparecendo, mas sem acordo entre as partes, conta-se desta data o prazo para contestar, excluindo-se o dia do começo e incluindo o dia final.

O prazo para contestar também terá início a partir do protocolo do pedido de cancelamento da audiência de conciliação ou mediação apresentado pelo réu. Nos termos do §5º do art. 334 do novo C.P.C., o réu, por petição, apresentada com dez dias de antecedência poderá exteriorizar seu desinteresse em comparecer à audiência de conciliação. Evidentemente, e por uma questão sistêmica, o prazo da constatação somente começará a correr a partir do protocolo da petição pelo réu, se, e somente se, o autor já tiver exteriorizado na petição inicial que não deseja comparecer à audiência de conciliação ou mediação. Sem essa manifestação do autor, o protocolo da petição do réu não terá efeito, por si só, para cancelar a audiência.

Por fim, não sendo o caso das hipóteses anteriores, o prazo para contestar terá início, nos termos do art. 231 do novo C.P.C.: Salvo disposição em sentido diverso, considera-se dia do começo do prazo:

I – a data de juntada aos autos do aviso de recebimento, quando a citação ou a intimação for pelo correio;

II – a data de juntada aos autos do mandado cumprido, quando a citação ou a intimação for por oficial de justiça;

III – a data de ocorrência da citação ou da intimação, quando ela se der por ato do escrivão ou do chefe de secretaria;

IV – o dia útil seguinte ao fim da dilação assinada pelo juiz, quando a citação ou a intimação for por edital;

V – o dia útil seguinte à consulta ao teor da citação ou da intimação ou ao término do prazo para que a consulta se dê, quando a citação ou a intimação for eletrônica;

VI – a data de juntada do comunicado de que trata o art. 232 ou, não havendo esse, a data de juntada da carta aos autos de origem devidamente cumprida, quando a citação ou a intimação se realizar em cumprimento de carta;

VII – a data de publicação, quando a intimação se der pelo Diário da Justiça impresso ou eletrônico;

VIII – o dia da carga, quando a intimação se der por meio da retirada dos autos, em carga, do cartório ou da secretaria.

Assim, não sendo o caso das hipóteses previstas nos incs. I e II do art. 335 do atual C.P.C., o dia do começo do prazo para contestar corresponderá à última das datas a que se referem os incisos I a VI e VII do art. 231 do novo C.P.C.

É importante salientar que na contagem do prazo em dias (15 dias), prazo este estabelecido pela lei, computar-se-ão somente os dias úteis, nos termos do art. 219 do novo C.P.C.

Salvo disposição em contrário, os prazos serão contados excluindo o dia do começo e incluindo o do vencimento (art. 224 do novo C.P.C.).

O prazo para a contestação terá início mesmo que o réu, devidamente intimado, não compareça à audiência de conciliação ou mediação.

É importante que conste expressamente no ato de intimação do réu para comparecer na audiência de conciliação ou mediação o prazo de 15 (dias), a contar da audiência, para a apresentação de contestação sob pena dos efeitos da revelia.

Estabelece o *§1º do art. 335* do novo C.P.C. que *no caso de litisconsórcio passivo, ocorrendo a hipótese do art. 334, §6º, o termo inicial previsto no inciso II será, para cada um dos réus, a data de apresentação de seu respectivo pedido de cancelamento da audiência.*

Havendo litisconsórcio passivo, o prazo para a contestação, quando o litisconsorte protocolar petição informando o desinteresse na audiência de conciliação ou mediação, terá início a partir da data da apresentação por cada réu de seu respectivo pedido de cancelamento da audiência. Essa regra também está condicionada à manifestação expressa do autor de que não deseja a realização da audiência de conciliação ou mediação.

Se alguns dos litisconsortes não apresentar a petição de desinteresse na conciliação ou mediação, o prazo para contestar contar-se-á da audiência de conciliação. É importante salientar que cada um dos litisconsortes facultativos deve ser considerado de forma autônoma na relação jurídica processual, razão pela qual aqueles que manifestaram desinteresse na audiência não precisarão nela comparecer.

Porém, tratando-se de litisconsórcio unitário, basta a apresentação da petição por um dos litisconsortes para que o juiz cancele a audiência e determine a intimação dos demais litisconsortes para apresentar contestação.

Preceitua o *§2º do art. 335* do novo C.P.C. que *quando ocorrer a hipótese do art. 334, §6º, inciso II, e, havendo litisconsórcio passivo, o autor desistir da ação em relação a réu ainda não citado, o prazo para resposta correrá da data de intimação do despacho que deferir a desistência.*

Evidentemente que este dispositivo trata do litisconsórcio facultativo, pois, em se tratando de litisconsórcio necessário, o autor não poderá desistir da demanda em relação a só um dos litisconsortes.

Sendo o caso de litisconsórcio passivo facultativo, e havendo o autor manifestado desinteresse na conciliação ou mediação e ainda houver réu que não fora citado para a audiência, o prazo para a resposta dos demais que permanecerem nos autos correrá da data de intimação do despacho que deferir a desistência.

Art. 336

Incumbe ao réu alegar, na contestação, toda a matéria de defesa, expondo as razões de fato e de direito com que impugna o pedido do autor e especificando as provas que pretende produzir.

Princípio da concentração da matéria de defesa

Este dispositivo disse menos do que deveria dizer, pois nem toda matéria alegada pelo autor na contestação pode ser caracterizada como *matéria de defesa* ou que tenha por objetivo *impugnar o pedido do autor.* No caso, por exemplo, de o réu *reconhecer a procedência do pedido*, apenas apresentou resposta à demanda, mas particularmente não apresentou *contestação.*

Sendo a matéria de efetiva *contestação 'stricto sensu'*, deve o réu, nessa peça processual, alegar toda matéria defesa, expondo as razões de fato e de direito com que impugna o pedido do autor e especificando as provas que pretende produzir.

Sobre a defesa do réu, anota Adolf Schönke: *"I. O demandado pode frente à demanda apresentar diferentes atitudes. Sua defesa pode ter simplesmente uma finalidade processual, mas também pode consistir em uma posição de mérito...II. A defesa processual do demandado pode consistir concretamente em que alegue a existência de impedimentos processuais, como, por exemplo, a exceção de compromisso. Também pode pedir que se examine, de ofício, a existência de verdadeiros pressupostos processuais (por exemplo, a capacidade para ser parte, ou a admissibilidade da via civil) ... O demandado também pode denunciar outros defeitos processuais, tal como defeito na notificação. A defesa processual só pode conduzir a que se despreze a demanda como inadmissível, requerendo, portanto, a prolação de uma sentença processual. III. A defesa quanto ao mérito pode ser de classes bastante diferentes. 1. Pode consistir em alguma destas posturas: a) O demandado pode discutir os fatos dos quais o autor deduz sua ação, como, por exemplo, pode manifestar que não indicou os artigos cujo pagamento lhe reclama, ou que não cometeu o ato ilícito, ou mesmo que não existe o motivo alegado para a nulidade ou invalidade do matrimônio. É de se fazer nota que o demandado, por razão do dever de colaboração, tem que se pronunciar sobre os fatos afirmados pelo demandante, pois os fatos não discutidos expressamente são de entender-se como reconhecidos, se não se deduz das restantes manifestações do demandado a intenção de querer discuti-los. A declaração de ignorá-los somente cabe sobre fatos que não tenham sido atos próprios do demandado, nem conhecimento diretamente deles... b) Também pode se defender o demandado negando a ação, ou seja, reconhecendo os fatos da demanda, mas alegando ao mesmo tempo outros impeditivos (por exemplo, a fraude) ou extintivos (por exemplo, o pagamento) do direito... c) O demandado também pode, para sua defesa, fazer manifestações jurídicas, podendo limitar-se a elas, e declarar, por exemplo, que segundo sua opinião, a entrega de uma carta na portaria não tinha chegado ao seu conhecimento nem a declaração de vontade naquela contida. Mas, em regra, estas afirmações jurídicas são unidas à discussão dos fatos ou à negação da ação. Semelhantes manifestações jurídicas não obrigam ao Tribunal a uma determinada atividade processual, nem a limitam tampouco no exame jurídico; são meras sugestões para que se examine a situação de fato do ponto de vista posto de relevo pelo demandado. d) A defesa do demandado também pode consistir na alegação da existência de um direito a negar-se realizar a prestação, como, por exemplo, prescrição, prorrogação, direito de retenção, descumprimento de contrato, excussão (apreensão ou penhora de bens, para efeito de cumprimento na execução). e) Finalmente, também pode defender-se o demandado alegando direitos que tenha contra o demandante, entre os quais a figura da compensação...".*[66]

O conjunto de fatos apresentados pelo réu em relação à demanda (não as manifestações jurídicas) é denominado de *objeções.*

Se o demandado contribui com fatos conciliáveis com a alegação do demandante, fala-se em *exceções.*

Exceção, em sentido processual, quer dizer toda alegação de fato pelo demandado que não é discussão dos fatos do autor. Portanto, segundo Adolf. Schönke, *"o conceito de exceção (como o da ação) é distinto no Direito Civil. Exceção, no sentido do Código Processual, compreende restrição e objeção do direito material. Objeção, no sentido do Direito Processual, compreende oposição e exceção do direito material e a discussão".*[67]

Por sua vez, anotam Comoglio, Ferri e Taruffo: *"Aqueles fundamentais poderes dispositivos, dos quais o réu está legitimado a se valer, são de todo modo tais que consentem a ele a utilização de uma diversa e mais específica estratégia de defesa, pode não ser suficiente para desafiar o autor em seu próprio terreno e lá tentar prevalecer sobre ele, simplesmente 'contestando' e 'negando' tudo aquilo que aquele afirma. Pode, por sua vez, apresentar-se bem mais útil uma deliberada 'ampliação do objeto do juízo', com o consequente e proporcional alargamento dos 'limites decisórios', entre os quais o juiz será obrigado a se manifestar, no sentido do art. 112* (c.p.c. italiano). *E de que modo a nova, e mais corajosa, opção defensiva vem a se caracterizar: – a ação (ou a reação) do réu e a demanda por ele proposta têm por objetivo obter do juiz uma declaração negativa do direito acionado (ou uma declaração positiva do direito negado) pelo autor, fazendo desta forma que a demanda judicial seja de toda forma 'rejeitada' (porque inadmissível, ou de todo modo infundada no mérito), com o lógico coro-*

[66] SCHÖNKE, Adolf. *Direito processual civil.* Trad. Karina Andrea Fumberg, Vera Longuini e Diego Alejandro Fabrizio. Campinas: Editora Romana, 2003. p. 242 e 243.

[67] SCHÖNKE, A., idem, p. 243.

*lário de condenação ao reembolso pelas despesas da lide (ex art. 91 c.p.c.*italiano*); – o réu, todavia, não se limita a uma 'alegação negativa', contestando os fatos constitutivos alegados pelo autor, nem se contenta em lhe afirmar sua ineficácia, propondo uma 'exceção em sentido impróprio' mas, por sua vez, assume a iniciativa de 'alegar e excepcionar novos fatos', diversos dos primeiros, cujo efeito seja aquele de paralisar, em rito ou no mérito, a outro demanda, solicitando, de todo modo, sua total rejeição; – tais novos e diversos fatos, sobretudo em nível substancial e no contexto do mérito da lide, configuram uma 'exceção em sentido próprio', exteriorizando no confronto do direito que se fez valer 'efeitos modificativos, extintivos ou impeditivos' (como prevê, com clareza, o art. 2697, inc. 2 do c.c. italiano); – a alegação e a prova daqueles fatos integram normalmente ônus, análogos em relação àqueles a que se sujeitou o autor, e que agravam sobremaneira e exclusivamente o réu (já que, segundo a nota máxima da tradição clássica, 'reus in excipiendo fit actor'); e a falta de seu adimplemento conduz à aplicação da mesma regra do juízo sobre fatos incertos, determinando a sucumbência daquele que tinha a obrigação de realizá-lo e não o fez, ou não o conseguiu (em outras palavras, 'reo non probante, exceptio reiecta est';, art. ex. art. 2697, inc. 2, c.c. italiano);*

– a iniciativa do réu, de resto, introduzindo em juízo a alegação e a necessidade de prova de novos fatos, termina por ampliar o objeto do processo e da cognição, que são inicialmente delimitados pela demanda do autor; ao mesmo tempo, amplia os limites objetivos da pronúncia do juiz, impondo-lhe o dever de estatuir também sobre aqueles fatos e seus efeitos impeditivos, modificativos ou extintivos (ex aqrt. 112 c.p.c. italiano);

– o réu, porém, não amplia nem ultrapassa os limites objetivos do pedido enunciado pela demanda judicial, uma vez que, ao limitar-se a pedir a rejeição da pretensão acionada pelo autor, ele propõe, na verdade, uma mera demanda de rejeição, tendo em vista que a fundamente, não tanto sobre a genérica negação dos mesmos fatos constitutivos alegados por ele, mas sim sobre a alegação específica de fatos novos e diversos, tendo efeitos opostos e contrários àqueles".[68]

A exceção aparece como meio técnico pelo qual o réu faz valer, opõe, e de todo modo alega, seja a existência de novos fatos, dos quais deriva a ineficácia dos fatos constitutivos enunciados pelo autor, seja sobretudo a existência de fatos ulteriores, dos quais o direito acionado pode resultar modificado ou extinto.

É importante, contudo, distinguir a *exceção processual* da *exceção de mérito*.

A *exceção processual* leva ao conhecimento do juiz o defeito de qualquer requisito ou pressuposto processual.

A *exceção de mérito* é aquela na qual se opõe ao direito do autor fatos jurídicos substanciais, idôneos a extingui-lo, a modificá-lo ou a impedir seu exercício.

[68] Comoglio, L.; Ferri, C.; Taruffo, M., op. Cit., p. 267.

O Código Processual português apresenta uma Seção própria sobre as exceções, fazendo *distinção entre as exceções dilatórias e peremptórias*, a saber:

Artigo 576º Exceções dilatórias e perentórias – Noção
1 – As exceções são dilatórias ou perentórias.
2 – As exceções dilatórias obstam a que o tribunal conheça do mérito da causa e dão lugar à absolvição da instância ou à remessa do processo para outro tribunal.
3 – As exceções perentórias importam a absolvição total ou parcial do pedido e consistem na invocação de factos que impedem, modificam ou extinguem o efeito jurídico dos factos articulados pelo autor.

Artigo 577º Exceções dilatórias
São dilatórias, entre outras, as exceções seguintes:
a) A incompetência, quer absoluta, quer relativa, do tribunal;
b) A nulidade de todo o processo;
c) A falta de personalidade ou de capacidade judiciária de alguma das partes;
d) A falta de autorização ou deliberação que o autor devesse obter;
e) A ilegitimidade de alguma das partes;
f) A coligação de autores ou réus, quando entre os pedidos não exista a conexão exigida no artigo 36º;
g) A pluralidade subjetiva subsidiária, fora dos casos previstos no artigo 39º;
h) A falta de constituição de advogado por parte do autor, nos processos a que se refere o nº 1 do artigo 40º, e a falta, insuficiência ou irregularidade de mandato judicial por parte do mandatário que propôs a ação;
i) A litispendência ou o caso julgado.

Artigo 578º Conhecimento das exceções dilatórias
O tribunal deve conhecer oficiosamente das exceções dilatórias, salvo da incompetência absoluta decorrente da violação de pacto privativo de jurisdição ou da preterição de tribunal arbitral voluntário e da incompetência relativa nos casos não abrangidos pelo disposto no artigo 104º.

Artigo 579º Conhecimento de exceções perentórias
O tribunal conhece oficiosamente das exceções perentórias cuja invocação a lei não torne dependente da vontade do interessado.

Diante dessa concentração das exceções como defesa do réu, aplica-se no ordenamento jurídico nacional *o princípio da eventualidade*, que obriga o réu a desenvolver concentradamente todas suas deduções de defesa *in limine litis*.

O princípio da eventualidade, reforçado pelo novo C.P.C, termina por impor ao réu o dever de concentrar em seu primeiro ato defensivo todas as eventuais defesas possíveis de serem apresentadas por ele, sob pena de preclusão.[69]

Este princípio da eventualidade vem complementado pelo *princípio da contestação específica*, no sentido de que o réu deve impugnar de forma articulada e especificamente todos os pedidos e fundamentos apresentados pelo autor.

Sobre o ônus da impugnação especificada, anota Fredie Didier Jr.: *"Não se admite a formulação de defesa genérica. O réu não pode apresentar a sua defesa com a negativa geral dos fatos apresentados pelo autor (art. 302 do CPC de 1973). Cabe-lhe impugná-los especificadamente, sob pena de o fato não-impugnado ser havido como existente. Eis o ônus da impugnação especificada. Esse ônus não se aplica quando a defesa tiver sido apresentada por advogado dativo, curador especial ou membro do Ministério Público (parágrafo único do art. 302 do C.P.C. de 1973). A Fazenda Pública submete-se ao ônus da impugnação especificada, pois nem sempre as causas que lhe dizem respeito versam sobre direitos indisponíveis; basta citar o exemplo da ação civil pública em que um ente público é réu: nessa situação, o interesse público está, preponderantemente, ao lado ativo, não se admitindo a negação geral, conduta que se pode reputar temerária, quando provinda de ente público. A não-impugnação especificada, em algumas situações, não produz o efeito de reputar-se ocorrido o fato não impugnado. Eis os casos: a) se a respeito do fato não for admissível confissão, como os direitos indisponíveis (arts. 302, I e 351, CPC de 1973); art. 213, CC-202); b) se a petição inicial não estiver acompanhada de instrumento público que a lei considerar da substância do art. (art. 302, II; certidão do registro imobiliário, o testamento ext); c) se os fatos não-impugnados estiverem em contradição com a defesa (art. 302, III): quando o réu contesta apenas alguns dos fatos alegados pelo autor, mas da impugnação destes decorre implicitamente a rejeição dos demais, por incompatibilidade lógica entre o que foi arguido e os fatos não apreciados pelo contestante".*[70]

Por sua vez, o ônus de prova dos fatos alegados na contestação compete ao réu, razão pela qual ele deve indicar expressamente na contestação as provas que pretende produzir.

Art. 337

Incumbe ao réu, antes de discutir o mérito, alegar:

I – inexistência ou nulidade da citação;

II – incompetência absoluta e relativa;

III – incorreção do valor da causa;

[69] Comoglio, L.; Ferri, C.; Taruffo, M., idem, p. 280.

[70] Didier Jr. Fredie. *Curso de direito processual civil. Teoria geral do processo e processo conhecimento.* Vol. 1. Salvador: Edições PODIVM, 2007. p. 451.

IV – inépcia da petição inicial;

V – perempção;

VI – litispendência;

VII – coisa julgada;

VIII – conexão;

IX – incapacidade da parte, defeito de representação ou falta de autorização;

X – convenção de arbitragem

XI – ausência de legitimidade ou de interesse processual;

XII – falta de caução ou de outra prestação que a lei exige como preliminar;

XIII – indevida concessão do benefício de gratuidade de justiça.

§ 1º Verifica-se a litispendência ou a coisa julgada quando se reproduz ação anteriormente ajuizada.

§ 2º Uma ação é idêntica a outra quando possui as mesmas partes, a mesma causa de pedir e o mesmo pedido.

§ 3º Há litispendência quando se repete ação que está em curso.

§4º Há coisa julgada quando se repete ação que já foi decidida por decisão transitada em julgado.

§5º Excetuadas a convenção de arbitragem e a incompetência relativa, o juiz conhecerá de ofício das matérias enumeradas neste artigo.

§ 6º A ausência de alegação da existência de convenção de arbitragem, na forma prevista neste Capítulo, implica aceitação da jurisdição estatal e renúncia ao juízo arbitral.

Preliminares de contestação

Estabelece o art. 337 do novo C.P.C. que incumbe ao réu, antes de discutir o mérito, alegar:

I – inexistência ou nulidade da citação.

A citação apresenta dupla finalidade, ou seja, convocar o réu para comparecer em juízo (*in ius vocatio)* e cientificar o réu do teor da demanda formulada, permitindo que apresente sua resposta à demanda (*edictio actionis*). A citação, portanto, seria a comunicação realizada ao sujeito passivo da relação jurídica processual, de que em face dele foi ajuizada demanda ou procedimento de jurisdição voluntária, a fim de que possa, querendo, vir a se defender ou a se manifestar.[71]

[71] Didier JR. F., idem, p. 423.

Tendo em vista que a citação do réu é um *pressuposto processual* de existência da relação jurídica processual em relação à parte demandada, e não em relação ao autor, gerando sua falta nulidade absoluta da relação jurídica processual, o réu deverá formular esta alegação na contestação antes mesmo de discutir o mérito da pretensão.

E qual seria a diferença entre *inexistência ou nulidade* da citação.

Haverá *inexistência* quando não houver a citação na pessoa do réu, por sua falta ou ausência. Há inexistência quando ausente requisito material para que se possa considerar como ato dessa natureza. Daí porque a citação requer agente adequado para realizá-la, pessoa correta para recebê-la e um conteúdo próprio do ato citatório. Será inexistente a citação, também, se a citação for realizada em pessoa estranha à pessoa do réu.

Por sua vez, haverá *nulidade da citação* quando houver a prática do ato da citação; porém, este ato jurídico processual, ao ser realizado, deixou de observar as determinações estabelecidas em lei para a sua realização.

A sentença proferida num processo em que não houve a citação do réu é um ato defeituoso, cuja nulidade pode ser declarada a qualquer tempo, mesmo após o prazo da ação rescisória, tratando-se de um vício *transrescisório*, na afirmação de José Maria Tesheiner.[72]

Sobre o tema, eis o seguinte precedente do S.T.J.:

> *A exigência de citação constitui pressuposto do contraditório, que é garantia constitucional.*
>
> *A citação não se confunde com a intimação da penhora e sua falta é causa de nulidade do processo, que se projeta além da sentença, podendo a invalidade ser proclamada independentemente de ação rescisória (CPC, art. 741, I).*
>
> *Acontece que a exceção de pré-executividade supõe execução ainda não aparelhada, e na espécie ela foi oposta após a arrematação, já decorrido o prazo dos respectivos embargos.*
>
> *Recurso especial conhecido, mas desprovido.*
>
> *(REsp 1415108/RJ, Rel. Ministro ARI PARGENDLER, PRIMEIRA TURMA, julgado em 04/02/2014, DJe 13/02/2014)*

Quando a questão da nulidade ou inexistência da citação ocorre em relação a um dos litisconsortes, anota Fredie Didier Jr.: *"Se houver litisconsórcio necessário unitário passivo, a falta de citação de qualquer dos réus torna a sentença, que é ineficaz em*

[72] Tesheiner. José Maria. *Pressupostos processuais e nulidades no processo civil*. São Paulo: Editora Saraiva, 2000. p. 283.

relação a qualquer deles, passível de nulificação a qualquer tempo, por provocação, também, de qualquer deles. Se o caso é de litisconsórcio necessário simples, a sentença é válida e eficaz em relação àqueles que participaram do feito, mas ineficaz em relação àquele que não foi citado, isso 'porque a sentença, no caso, tem um conteúdo específico em relação a ele e somente em relação a ele'. Nesse último caso, somente o litisconsorte preterido teria legitimação para pretender o reconhecimento da ineficácia/nulidade da sentença. Barbosa Moreira, que participou da Comissão Revisora do projeto do atual CPC, sugeriu uma mudança de redação do parágrafo único do art. 47 do CPC, para esclarecer que há consequências distintas para a falta de citação de um litisconsorte necessário unitário ou simples. Cabe a transcrição das suas ponderações, escritas ainda em 1972: 'Agora, o que importa saber é se ainda há de preponderar a conveniência da decisão simultânea, ou se ela deve ceder o passo à conveniência do aproveitamento da atividade processual realizada. Na primeira hipótese, o corolário lógico seria a completa inutilização do que se fez no processo defeituoso: nula a sentença, ter-se-ia de aguardar a instauração de outro feito, com regular integração do contraditório, para disciplinar validamente a situação litigiosa, mesmo quanto aos que houvessem participado do processo anterior; na segunda, permitir-se-á que subsista a regulamentação já fixada para os figurantes, evitando o sacrifício do tempo, do dinheiro e das energias gastas. Esta última solução é a que se nos afigura mais condizente com a função instrumental e a finalidade prática do processo. Daí termos propostos, em nossa emenda, que a sentença definitiva, acaso proferida sem a participação, no feito, de algum litisconsorte necessário seja havida como nula 'se a decisão tinha de ser uniforme em relação a uma das partes e a todas as pessoas que, como seus litisconsortes, deveriam ter integrado o contraditório... – em outras palavras, se o consórcio, além de ser necessário, era também unitário; e 'ineficaz apenas para os que não foram citados, nos outros casos'...Na derradeira hipótese, fica em aberto a solução do litígio quanto às pessoas que, não obstante devessem figurar, de fato não figuraram no processo; mas, para os que dele hajam participado, prevalece o que se decidiu' (MOREIRA, José Carlos Barbosa. 'Litisconsórcio unitário'. Rio de Janeiro: Forense, 1972, p. 233). Nesse sentido, ainda, GUERRA FILHO, Willis Santiago, 'Eficácia ultra-subjetiva da sentença, litisconsórcio necessário e princípio do contraditório'. Revista de Processo, São Paulo: RT, 1996. n. 84, p. 267; DINAMARCO, Cândido. Instituição de Direito Processual Civil, cit., v. 2, p. 504"[73]

O art. 115 do novo C.P.C. demonstra que efetivamente adotou a tese formulada em 1972 por Barbosa Moreira, ao preconizar que: *A sentença de mérito, quando proferida sem a integração do contraditório será:* I – nula, se a decisão deveria ser uniforme em relação a todos que deveriam ter integrado o processo; II – ineficaz, nos outros casos, apenas para os que não foram citados.

[73] Didier Jr., F., op. cit., p. 424.

Sobre o tema, eis o seguinte precedente do S.T.J.:

> *(...).*
>
> *3. Correto o Tribunal a quo que declarou a nulidade da sentença, em razão da falta de citação, apenas em relação ao réu não citado, mantidos os demais atos quanto aos outros demandados, tendo em vista a condição de litisconsórcio simples entre eles.*
>
> *4. Não se pode aceitar a tese do ora recorrente de que, não tendo sido realizada a citação de um dos demandados, claro está que não se iniciou a contagem do prazo para contestação, uma vez que inaplicável neste caso o art. 241, inciso III, do CPC que dispõe: "Começa a correr o prazo: (...) quando houver vários réus, da data de juntada aos autos do último aviso de recebimento ou mandado citatório cumprido". Nessa linha, a jurisprudência desta Corte Superior de Justiça é no sentido de que, havendo litisconsórcio passivo facultativo, ante a autonomia do prazo, a ausência da citação quanto a alguns dos demandados não configura óbice oponível ao prosseguimento da ação quanto aos demais já citados, sendo, portanto, inaplicável a regra contida no art. 241, inciso III, do Código de Processo Civil.*
>
> *5. Recurso especial parcialmente conhecido e, nessa parte, não provido.*
>
> (REsp 1378384/AC, Rel. Ministro MAURO CAMPBELL MARQUES, SEGUNDA TURMA, julgado em 17/10/2013, DJe 24/10/2013)

Por sua vez, preceitua o art. 239 do novo C.P.C. que ressalvadas as hipóteses de improcedência liminar do pedido, para a validade do processo é indispensável a citação inicial do réu ou do executado.

Porém, conforme preconiza o §1º do art. 239 do novo C.P.C., *o comparecimento espontâneo do réu ou do executado supre a falta ou nulidade da citação, fluindo a partir desta data o prazo para apresentação de contestação ou de embargos à execução.*

Assim, o réu não citado pode comparecer ao processo somente para alegar a inexistência ou a nulidade da citação. Conta-se o prazo para a apresentação da contestação ou para opor embargos à execução a partir do comparecimento em juízo e não da ciência do réu ou de seu advogado da decisão que acolher a alegação da arguição de inexistência ou de nulidade da citação.

Sobre o tema, eis os seguintes precedentes do S.T.J.:

> *(...).*
>
> *2. Supre a ausência de citação, nos termos do art. 214 do CPC, o comparecimento espontâneo do advogado da parte devedora para informar, por meio de petição, a adesão a programa de parcelamento do débito tributário, pois tal ato demonstra ciência inequívoca da execução e o reconhecimento do débito.*
>
> (...).

(EDcl no REsp 1368802/SC, Rel. Ministro HUMBERTO MARTINS, SEGUNDA

(...).

3. Não prospera a alegação de vícios quanto à ausência de citação, por dois motivos, a) a Corte a quo afastou a nulidade porquanto a recorrente integrou a lide antes mesmo da efetivação da citação e impugnou a penhora on line; alterar tal conclusão demandaria a incursão no contexto fático dos autos, impossível nesta Corte ante o óbice da Súmula 7/STJ; b) segundo porque a recorrente não impugnou este específico fundamento, o que atrai a incidência das Súmulas 283 e 284/STF.

4. Ressalte-se que esta Corte entende que a ausência de citação se supre pelo comparecimento espontâneo desde que atingida a finalidade do ato.

5. O Tribunal a quo, ao decidir a causa, entendeu estarem presentes as condições para o conhecimento do recurso, haja vista ter enfrentado o mérito. A recorrente, por seu turno, inconformada com o provimento desfavorável à sua tese, utilizou-se dos embargos declaratórios com a finalidade de modificação do julgado, distanciando-se do propósito legal de sanar omissão porventura existente, ou mesmo de prequestionar a matéria. Assim, deve ser mantida a penalidade.

Agravo regimental improvido.

(AgRg no AREsp 328.171/RJ, Rel. Ministro HUMBERTO MARTINS, SEGUNDA TURMA, julgado em 25/06/2013, DJe 01/08/2013)

É importante salientar que o S.T.J. já decidiu que não se considerará comparecimento espontâneo do réu quando o advogado que peticiona nos autos não possui procuração com poderes especiais para receber citação. Nesse sentido é o seguinte precedente do S.T.J.:

1. O peticionamento nos autos por parte de advogado destituído de poderes especiais para receber citação, e sem a apresentação de defesa, não poderia configurar comparecimento espontâneo apto a suprir a necessidade de citação, sob pena de comprometer o devido processo legal.

2. Agravo regimental não provido.

(AgRg no AREsp 410.070/PR, Rel. Ministra ELIANA CALMON, SEGUNDA TURMA, julgado em 26/11/2013, DJe 03/12/2013).

O certo é que o comparecimento espontâneo do réu supre a falta ou nulidade da citação. Além do que, o réu pode alegar a nulidade ou inexistência de citação sem que ao mesmo tempo conteste o pedido, pois o prazo para contestar inicia-se no momento em que o réu comparece em juízo para arguir tal irregularidade processual.

Portanto, não há necessidade de o réu, ao mesmo tempo em que alega a nulidade ou inexistência da citação, também apresente contestação. É possível fazê-lo, mas não necessariamente.

É claro que, nos termos do art. 239, §2º, incs. I e II, do novo C.P.C., uma vez rejeitada a alegação de nulidade, tratando-se de processo de conhecimento, o réu será considerado revel, e no caso da execução o feito terá seguimento normal.

II – incompetência absoluta e relativa.

A competência do juízo é um dos pressupostos de validade da relação jurídica processual. Somente o juiz competente é que pode conhecer da pretensão formulada na demanda.

A competência do juízo pode ser classifica em competência *absoluta* ou *relativa.*

A *competência absoluta* é aquela que não pode ser alterada ou modificada, seja em razão de conexão ou continência, muito menos por acordo das partes ou mesmo de ofício pelo juiz. Já toda a *competência relativa* é passível de modificação em decorrência da conexão ou pela continência, nos termos do art. 54 do novo C.P.C.

São casos de competência absoluta a competência em razão da matéria e da função.

Já a competência em razão do valor ou do território é considerada relativa, salvo no que concerne aos juizados especiais.

Pelo código revogado, a incompetência absoluta poderia ser alegada como preliminar de contestação; por sua vez, a incompetência relativa deveria ser arguida por meio de exceção. Sobre o tema eis o seguinte precedente do S.T.J.:

> *1. Nos termos dos arts. 113 e 301, II, do CPC, a irresignação concernente à suposta incompetência absoluta do juízo deve ser veiculada nos próprios autos da ação principal, de preferência em preliminar de contestação, e não via exceção de incompetência, instrumento adequado somente para os casos de incompetência relativa.*
>
> (...).
>
> (REsp 1162469/PR, Rel. Ministro PAULO DE TARSO SANSEVERINO, TERCEIRA TURMA, julgado em 12/04/2012, DJe 09/05/2012)

Porém, o S.T.J. já vinha admitindo a alegação de incompetência relativa como preliminar de contestação. Nesse sentido são os seguintes precedentes:

> *1. Tem esta Corte entendido pela possibilidade de arguição de incompetência relativa como preliminar de contestação, desde que inexistentes prejuízos à parte contrária;*

2. Inaplicável é estender-se o conceito de União previsto no art. 109, § 1º da Constituição Federal às empresas públicas, ante a ausência de determinação extensiva da norma;

3. É competente o foro do ato ou fato para a ação de reparação de dano;

4. É competente o foro do ato ou fato para a ação em que for réu o gestor de negócios alheios.

(CC 76.002/SP, Rel. Ministro PAULO FURTADO (DESEMBARGADOR CONVOCADO DO TJ/BA), SEGUNDA SEÇÃO, julgado em 28/10/2009, DJe 01/02/2010)

1. A teor do Art. 112 CPC, a incompetência relativa deve ser arguida por exceção, cuja ausência conduz à prorrogação da competência (Art. 114, CPC).

2. A jurisprudência do Superior Tribunal de Justiça mitigou o rigor técnico da norma e passou a admitir a arguição de incompetência relativa em preliminar de contestação, sob o argumento de que o defeito não passa de mera irregularidade, a ser convalidada com base no princípio da instrumentalidade.

3. Embora se trate de simples irregularidade, a arguição de incompetência relativa em preliminar de contestação só pode ser convalidada com base na regra da instrumentalidade se não resultar prejuízo à parte contrária.

(CC 86.962/RO, Rel. Ministro HUMBERTO GOMES DE BARROS, SEGUNDA SEÇÃO, julgado em 13/02/2008, DJe 03/03/2008).

Processo civil. Agravo no agravo de instrumento. Ação indenizatória. Competência relativa. Arguição em preliminar de contestação. Princípio da instrumentalidade. Foro competente. Lugar onde a obrigação seria cumprida. Análise do contrato.

– Apesar de se tratar de irregularidade formal, é admissível a alegação de incompetência relativa em preliminar de contestação, em virtude do princípio da instrumentalidade.

– Não se admite a interpretação de cláusulas contratuais em sede de recurso especial.

– É vedado o reexame fático-probatório em sede de recurso especial.

Negado provimento ao agravo.

(AgRg no Ag 696.779/RS, Rel. Ministra NANCY ANDRIGHI, TERCEIRA TURMA, julgado em 08/11/2005, DJ 28/11/2005, p. 284)

O novo C.P.C. determina que tanto a competência absoluta quanto a competência relativa sejam arguidas como preliminares de contestação.

III – incorreção do valor da causa;

A toda causa será atribuído um valor certo, ainda que não tenha conteúdo econômico imediato.

Se o valor da causa atribuído pelo autor na petição inicial não corresponder às regras preconizadas pelo art. 292 do novo C.P.C., será considerado como incorreto, devendo o réu impugná-lo. Preceitua o art. 293 do novo C.P.C.: *"O réu poderá impugnar, em preliminar da contestação, o valor atribuído à causa pelo autor, sob pena de preclusão, e o juiz decidirá a respeito, impondo, se for o caso, a complementação das custas.*

A preclusão é apenas para a parte e não para o juiz, o qual poderá determinar a correção do valor da causa *ex ofício.*

Pelo código revogado, a impugnação do valor da causa era realizada por meio de exceção, e não como se dá atualmente mediante preliminar de contestação.

IV – inépcia da petição inicial;

A petição inicial, para que possa legitimamente constituir e exteriorizar uma demanda, deve observar os requisitos de regularidade estabelecidos por este código, sob pena de se considerar inepta para produzir os efeitos desejados.

Estabelece o art. 319 do novo C.P.C. que a petição inicial indicará: I – o juízo a que é dirigida; II – os nomes, os prenomes, o estado civil, a existência de união estável, a profissão, o número de inscrição no Cadastro de Pessoas Físicas ou no Cadastro Nacional da Pessoa Jurídica, o endereço eletrônico, o domicílio e a residência do autor e do réu; III – o fato e os fundamentos jurídicos do pedido; IV – o pedido com as suas especificações; V – o valor da causa; VI – as provas com que o autor pretende demonstrar a verdade dos fatos alegados; VII – a opção do autor pela realização ou não de audiência de conciliação ou de mediação.

Por sua vez, estabelece o art. 330 do novo C.P.C. que a petição inicial será indeferida quando: *for inepta.* E o parágrafo primeiro do mesmo dispositivo indica quais são as hipóteses em que a petição inicial será considera inepta: *I – lhe faltar pedido ou causa de pedir; II – o pedido for indeterminado, ressalvadas as hipóteses legais em que se permite o pedido genérico; III – da narração dos fatos não decorrer logicamente a conclusão; IV – contiver pedidos incompatíveis entre si.*

Contudo, o art. 330 do C.P.C. traz outras hipóteses em que a petição inicial será indeferida, além das hipóteses de *inépcia da inicial,* ou seja, quando *a parte for manifestamente ilegítima; quando o autor carecer de interesse processual ou, ainda, quando não for atendidas as prescrições dos arts. 106 a 321.*

Assim, sendo inepta a petição inicial, o réu deverá alegar tal circunstância em preliminar da contestação.

V – perempção.

O réu também deverá alegar como preliminar de contestação a *perempção.*

O órgão jurisdicional não resolverá o mérito quando o autor abandonar a causa por mais de trinta dias, ou seja, se o autor realizar comportamento omisso caracterizado pela desídia em dar andamento ao processo pela ausência de prática de ato processual que lhe incumbia realizar ou mesmo pela falta de diligência que deveria observar no processo com relevância para o curso do procedimento. Nesse sentido preconiza o art. 485, inc. III do novo C.P.C.: *"Art. 485. O juiz não resolverá o mérito quando: III – por não promover os atos e as diligências que lhe incumbir, o autor abandonar a causa por mais de 30 (trinta) dias".*

Contudo, se por três vezes o autor der causa à decisão fundada em abandono da causa, ocorrerá a *perempção*, nos termos do §3º do art. 483 do novo C.P.C., *in verbis*:

> *"Art. 486. O pronunciamento judicial que não resolve o mérito não obsta que a parte proponha de novo a ação.*
>
> *(...).*
>
> *§3º Se o autor der causa, por 3 (três) vezes, a sentença fundada em abandono da causa, não poderá propor nova ação contra o réu com o mesmo objeto, ficando-lhe ressalvada, entretanto, a possibilidade de alegar em defesa o seu direito.*

A perempção, segundo anota Calmon de Passos, *"não extingue o direito material objeto do processo em que se deu o desfazimento da relação processual. E nisso ela se distingue da decadência. Nem alcança, também, a pretensão e direito material, como ocorre com a prescrição. Ela obsta o exercício da pretensão à prestação da atividade jurisdicional do Estado (ação). Por isso mesmo é suscetível de ser conhecida de ofício, independendo de provocação do interessado. E também, por esse mesmo motivo, subsistem o direito e a pretensão de natureza substancial, oponível como defesa.*

A perempção atinge o que foi posto para conhecimento do juiz (objeto) nos processos anteriores, cuja extinção ocorreu, em três oportunidades sucessivas, por desídia do autor. Consequentemente, não é invocável em relação a outras ações concernentes à mesma pretensão, se independentes, e muito menos ações concernentes às outras pretensões irradiadas do mesmo direito, como esclarecido por Pontes de Miranda, que exemplifica: 'Assim, o que foi atingido pela perempção na ação de anulação do ato jurídico por dolo não está inibido de propor a ação redibitória ou a 'quanti minoris', nem a de indenização pelo ato ilícito do dolo".[74]

[74] Calmon de Passos. J. J, op. cit., p. 310.

É importante ressaltar que somente haverá a *perempção* se as três causas de extinção forem por exclusiva culpa, em 'lato sensu', do autor da demanda. Nesse sentido, eis o seguinte precedente do S.T.J.:

(...).

2. Não há que se falar em prescrição intercorrente, abandono do processo ou negligência da parte se a mora no processamento e julgamento do feito resultou de falhas no exercício da atividade jurisdicional.

(...).

(REsp 1193132/RJ, Rel. Ministra ELIANA CALMON, SEGUNDA TURMA, julgado em 02/09/2010, DJe 22/09/2010)

VI – litispendência.

A litispendência caracteriza-se como um pressuposto processual *negativo,* uma vez que se deve verificar negativamente a existência de litispendência para que o processo tenha uma relação jurídica válida e regular.

O novo Código define a litispendência no *§3º do art. 337,* a saber: *"Há litispendência quando se repete ação que está em curso...".*

Melhor seria se o legislador tivesse optado, ao invés de utilizar a expressão *ação,* pela terminologia 'demanda', ou seja, verifica-se a litispendência quando se reproduz *demanda* anteriormente ajuizada e que ainda se encontra em andamento.

Segundo ensinam Comoglio, Ferri e Taruffo, *"São úteis algumas premissas para tornar mais claro o tema. Antes de tudo, depois do que foi dito sobre as ações em sentido clássico e sobre os aspectos dinâmicos da demanda, aqueles que a tradição define como 'critérios de identificação das ações' – vale dizer, os 'sujeitos', o 'pedido', a 'causa de pedir' – devem ser modernamente entendidos como 'critérios de identificação da demanda".*[75]

Assim, os critérios de identificação dos elementos da demanda para efeito de *litispendência* são *sujeitos, pedido e causa de pedir.* Tais critérios, *"são de grande relevância prática não somente para individualização da área decisória, destinada a ser coberta pela coisa julgada, mas também para o acertamento da 'identidade' total ou parcial 'das causas' no quadro da litispendência e da continência. Para a determinação dos 'sujeitos', evidentemente, é essencial não apenas a referência formal das partes em relação às quais a demanda é proposta mediante contraditório, mas, principalmente, a referência à relação jurídica controvertida e às 'partes em sentido substancial' que da mesma relação se afirmam titulares do ponto de vista ativo ou passivo...*

[75] Comoglio. L.p.; Ferri, C.; Taruffo, M., op. Cit., p. 249.

Quanto ao 'pedido', já se explicou a tradicional dicotomia: – aquele 'mediato' que identifica a 'res', o 'bem da vida' ou a prestação que o autor pretende do réu, em decorrência da relação substancial deduzida em juiz; – aquele 'imediato' que identifica, ao contrário, a 'forma de tutela' (condenatória, declaratória ou constitutiva) e o consequente 'tipo de provimento' que o autor pretende do juiz, sob o plano processual.

A maior dificuldade diz respeito à 'causa de pedir', o título da demanda e da causa, ou, se se preferir, o conjunto dos 'fatos' e dos 'elementos de direito' constituindo as 'razões' da demanda. Trata-se, em síntese, das razões jurídicas, sobre as quais se funda o pedido, ou também, dos 'fatos jurídicos' que se alegam como fundamento do direito substancial afirmado...".[76]

Portanto, para se verificar se há ou não litispendência deve-se fazer uma análise dos elementos das demandas propostas, ou seja, verificar se os sujeitos, o pedido e a causa de pedir são os mesmos entre as demandas que se encontram em andamento.

É importante salientar que a *identidade de sujeitos* não significa a mera identidade física das pessoas, mas, sim, a sua identidade jurídica.

Uma pessoa pode ter diversas *qualidades*, e a demanda somente é a mesma quando nela os sujeitos se apresentam na mesma qualidade. Por isso, não haverá identidade de pessoa, se, numa demanda, 'A' atuou como representante e, em outra, com o mesmo objeto e com a mesma causa de pedir, ele age em seu próprio nome.[77]

Em relação à identidade de objeto, há certa particularidade no que concerne à pretensão declaratória e à pretensão condenatória entre idênticos sujeitos, versando sobre a mesma causa de pedir. Exemplo disso se verifica na relação existente entre a ação declaratória negativa proposta pelo devedor e a ação condenatória proposta pelo credor. Entende parte da doutrina que a ação declaratória negativa promovida pelo devedor não obsta a propositura, pelo credor, da ação condenatória. Neste caso não haveria litispendência, mas, sim, conexão entre as demandas.[78]

Segundo estabelece o art. 312 do novo C.P.C., *considera-se proposta a ação quando a petição inicial for protocolada, todavia, a propositura da ação só produz quanto ao réu os efeitos mencionados no art. 240 depois que for validamente citado.*

Por sua vez, estabelece o art. 240 do novo C.P.C.: *A citação válida, ainda quando ordenada por juízo incompetente, induz litispendência, torna litigiosa a coisa e constitui em mora o devedor, ressalvado o disposto nos arts. 397 e 398 da Lei nº 10.406, de 10 de janeiro de 2002 (Código Civil).*

[76] Comoglio. L.p.; Ferri, C.; Taruffo, M., idem, p. 250.
[77] Calmon de Passos, J. J., op. Cit., p. 313.
[78] Calmon de Passos, J. J., idem, p. 313 e 314.

O art. 312 do novo C.P.C. estabelece que se considera proposta a ação (demanda) quando a petição inicial for protocolizada. Porém, somente a citação válida é que demarcará o momento em que ocorrerá a *litispendência*, nos termos do art. 240 do mesmo diploma legal.

Portanto, o processo em que se deu a primeira citação válida é o que prevalece, considerando-se o outro duplicação proibida, devendo o juiz determinar a sua extinção mesmo que de ofício.

A extinção ocorrerá observando-se a data da citação e não da propositura da demanda.

A proibição do *bis in idem* determina a extinção da segunda demanda proposta.

Sobre o tema, eis os seguintes precedentes do S.T.J.:

1. Nos termos do art. 301, §2º, do CPC, para identificação da litispendência é necessário que exista a tríplice identidade entre as ações, ou seja, entre as partes, a causa de pedir e o pedido.

2. Hipótese em que a litispendência entre o presente mandamus e o MS 19.420/DF resta evidenciada, haja vista que em ambos o Impetrante/Agravante busca impugnar um mesmo ato administrativo, qual seja, o processo "Conselho de Justificação" encaminhado pelo Comandante da Aeronáutica para julgamento do STM, nos termos da Lei 5.836/72.

3. Agravo regimental não provido

(AgRg no MS 19.988/DF, Rel. Ministro ARNALDO ESTEVES LIMA, PRIMEIRA SEÇÃO, julgado em 27/11/2013, DJe 09/12/2013).

(...).

2. Nos casos de extinção do feito por litispendência, os ônus de sucumbência correm por conta do Autor.

3. O fato de a litispendência ter sido verificada em processo cujo acórdão ainda não foi publicado não interfere na decisão de extinção do feito secundário, porque esse instituto não pressupõe a existência de trânsito em julgado.

4. Embargos de declaração acolhidos para fins de esclarecimento, sem concessão de efeitos infringentes.

(EDcl no AgRg no Ag 1371959/RS, Rel. Ministro SIDNEI BENETI, TERCEIRA TURMA, julgado em 14/05/2013, DJe 05/06/2013).

1. Nos termos da jurisprudência do STJ, quando há identidade apenas parcial dos pedidos, porquanto um deles é mais abrangente que o outro, configura-se a continência, e não a litispendência. Esta, como na conexão, importa a reunião dos processos, e não a sua extinção, que visa evitar o risco de decisões inconciliáveis.

Precedentes.

2. Havendo continência e prejudicialidade entre as ações, e não reunidos os feitos oportunamente para julgamento conjunto, cabível é a suspensão de um deles, conforme os termos do art. 265, IV, "a", do CPC.

Agravo regimental improvido.

(AgRg no AREsp 301.377/ES, Rel. Ministro HUMBERTO MARTINS, SEGUNDA TURMA, julgado em 16/04/2013, DJe 25/04/2013).

Em complemento a este inciso, estabelece o *§1º do art. 334* do novo C.P.C. que se verifica a litispendência quando se reproduz ação anteriormente ajuizada.

Por sua vez, o *§2º do art. 337* do novo C.P.C. preconiza que uma ação é idêntica a outra quando possuir as mesmas partes, a mesma causa de pedir e o mesmo pedido.

Se houver qualquer modificação ou ampliação destes elementos, salvo em relação à sujeição ativa e passiva, não haverá como considerar a identidade de causa para efeito de litispendência e extinção do processo sem resolução de mérito.

VII – coisa julgada;

O fim do processo não é outro que a resolução definitiva do mérito, visando a pacificação social, se possível.

O processo careceria de sentido prático se, uma vez concluído com uma sentença sobre o mérito, pudesse ser reaberto ilimitadamente pelo simples fato de que as partes teriam a intenção de ver julgado novamente o que já fora decidido, forçando uma solução distinta e dirigida a alterar o já julgado.

Daí porque a necessidade da estabilidade e permanência da sentença transitada em julgado, devendo permanecer inalterada no tempo, salvo exceções.

A essa característica de imutabilidade ou estabilidade da sentença transitada em julgado se denomina de *coisa julgada.*

Na concepção de Giuseppe Chiovenda, *"A 'res iudicata' outra coisa não é para os romanos do que a 'res in iudicium deducta' depois que foi 'iudicata' (supra, n. 32): 'res iudicata dicitur quae finem controversiarum pronuntiatione iudicis accipit, quode vel condennatione vel absolutione contingi' (fr. 1 Dig. De re iud. 42, 1). Podemos igualmente asseverar que a coisa julgada não é senão o 'bem' julgado, o bem reconhecido ou desconhecido pelo juiz; e apenas substituímos a alternativa do texto romano (sentença de 'condenação' ou de 'absolvição') pela alternativa mais abrangente (porque nela se compreendem também as sentenças declaratórias) de sentença de 'recebimento' ou de 'rejeição'. Para os romanos, como para nós, salvo as raras exceções em uma norma expressa de lei dispõe diversamente (supra, n. 27), o bem julgado torna-se incontestável (finem controversiarum accipit): a parte a que se denegou o bem de vida, não o pode mais reclamar; a parte a quem se reconheceu, não só tem o direito de consegui-lo praticamente, em face da outra, mas não pode sofrer, por parte desta, ulteriores contestações a esse direito e esse gozo. Essa é a 'autoridade da coisa julgada'. Os romanos a justificaram com razões inteiramente práticas, de utilidade social. Para que a vida social se desenvolva o mais possível segura e pacífica, é necessário imprimir certeza ao gozo dos bens da vida, e garantir o resultado do processo"*.[79]

Segundo anotam Jaime Guasp e Pedro Aragoneses: *"A coisa julgada, em sentido amplo, é, pois a 'força' que o direito atribui normalmente aos resultados processuais. Esta força se traduz em um necessário respeito e subordinação ao que se diz e ao que se fez no processo. O processo, em virtude da figura da coisa julgada, se faz inatacável, e coisa julgada não quer dizer, em substancia, senão 'inatacabilidade' do que no processo se conseguiu"*.[80]

Conforme leciona José Mª Asencio Mellado, *"Para Cortés Domínguez a coisa julgada consiste no efeito processual das sentenças que determina a invariabilidade das mesmas e a sua permanência no tempo.*

Deste conceito se pode extrair as seguintes notas:

a) Este efeito processual ao que chamamos coisa julgada somente se consente às sentenças firmes que tenham resolvido sobre o fundo do assunto.

Não o produz, pois, as sentenças definitivas em relação às quais seja possível interpor qualquer tipo de recurso.

Esta afirmação se depreende do art. 222 do c.p.c. espanhol, que ao analisar os limites objetivos dentro dos quais opera esta ficção, os estende 'às pretensões da demanda e da reconvenção', sendo assim que o termo pretensão vem sempre referido a uma petição baseada em um direito material, não meramente processual...

b) O efeito da coisa julgada se manifesta em duas ordens de relações, que se qualificam como formal e material, segundo transcendam ao exterior do processo, ou o se limitem ao seu interior.".[81]

Para Enrico Tullio Liebman, *"Com o fim de por um termo final à lide e de dar certeza ao direito, o legislador fixou um momento em que é interditada toda nova pronúncia sobre isso que foi julgado. Chegando o processo àquele ponto, não só a sentença não é mais impugnável pelas vias ordinárias mas a decisão torna-se vinculante para as partes e para o ordenamento e nenhum juiz pode novamente julgar o mesmo objeto em relação às mesmas partes (salvo a distante possibilidade de proposição das impugnações extraordinárias). Tudo isso se exprime dizendo que a 'sentença é passada em julgado', ou seja, que se tornou*

[79] Chiovenda, Giuseppe. *Instituições de direito processual civil.* Vol. I. São Paulo: Edição Saraiva, 1965. p. 269 e 270.

[80] Guasp, Jaime; Aragoneses, Pedro. *Derecho procesal civil.* Tomo I. Introducción y parte general. 7ª ed. Navarra: Thomson Civitas, 2005. p. 573.

[81] Mellado, José Mª Asencio. *Derecho procesal civil.* Valencia: Tirant Lo Blanch, 2008. p. 173.

'imutável', ao mesmo tempo imutável torna-se igualmente o provimento que ela contém, com todos os efeitos que disso decorrem.

A sentença, em sentido próprio e por sua natural atitude, já era eficaz; mas agora adquire aquela nova e particular força que a desvincula do fluxo dos atos do procedimento, assegura a sua duração no tempo e garante a sua incondicionada e indiscutível eficácia. Não se poderá propor uma nova demanda, não poderá ser pronunciada uma nova sentença sobre o mesmo objeto, entre as mesmas partes. A essência da coisa julgada encontra-se propriamente imutabilidade da sentença, do seu conteúdo e dos seus efeitos,...

A eficácia vinculante da sentença passada em julgado se manifesta também positivamente, porque se entre as mesmas partes surge uma controvérsia sobre uma relação jurídica logicamente dependente daquela sobre a qual já houve pronúncia (por exemplo, o direito aos alimentos em favor daquele cuja sentença anterior já lhe garantiu o estado de filho etc), sobre esta relação ou estado prejudicial o juiz não deverá fazer outra coisa a não ser assumi-lo como certo e não mais discutível.

A autoridade da coisa julgada de fato não somente obriga a uma pronúncia de modo conforme, quanto também a não pronunciar sobre o objeto do precedente julgamento. Todavia, no caso de pronúncia conforme o ordenamento jurídico não tem motivo para reagir, como o faz, por sua vez, no caso de pronúncia contrária ao mesmo objeto e entre as mesmas partes: neste caso, a sentença estaria viciada e poderia ser revogada (art. 395 n. 5) ou anulada em Cassação, Mas, por sua vez, se passasse em julgado, prevaleceria em confronto com a precedente. A específica previsão da possibilidade de impugná-la significa de fato que se a impugnação não é proposta ou de todo modo não conduz à revogação ou à anulação da sentença, essa passa em julgado e termina por substituir à precedente. ".[82]

Segundo Chiovenda, a obrigatoriedade da coisa julgada é endereçada ao juiz dos processos vindouros. Assim, por certo, às partes nos futuros processos é possível alegar e provar o julgado anterior para excluir um novo. Essa seria a *exceptio rei iudicatae,* uma exceção de natureza especial, pois de um lado, com ela se propõe excluir não só uma decisão contrária à precedente, mas simplesmente uma nova decisão sobre o que já foi julgado. Por isso é logicamente preliminar a qualquer outra dedução de mérito. Além dessa função, que se diz *negativa* da coisa julgada e que sobressai nas origens do instituto como consequência do princípio da consumação processual, pode a coisa julgada incluir uma função *positiva,* a saber, quando constrange o juiz a reconhecer a existência do julgado em todas as decisões sobre demandas que o pressuponham. Dizia Chiovenda, que à época muito se discutia se se poderia fazer-se essa distinção de funções da coisa julgada. Muito se discutia se a exceção de coisa julgada seria uma exceção

[82] LIEBMAN, Enrico Tullio. *Manuale di diritto processuale civile – principi.* Sesta edizione. Milano: Giuffrè Editore, 2002. p. 265 e 2566

em sentido próprio, ou se o juiz deveria de ofício considerar o julgado existente (coisa julgada relativa ou absoluta). No direito comum, reputava-se como verdadeira a exceção, o que seria consequência da concepção privatista do processo, concepção essa outrora dominante. A doutrina francesa insuflou este conceito que de certa forma passou a imperar na Itália. Na Alemanha, por sua vez, as novas correntes de ideias, em particular o conceito de que o juiz intervém como sujeito ativo na relação processual e não pode ser obrigado a prestar a decisão mais de uma vez, impuseram à doutrina conceito posto, tanto é que no Cód. Civil alemão se cancelou o parágrafo que, no projeto, remetia essa exceção à iniciativa da parte.[83]

É importante salientar que a coisa julgada não é considerada como um efeito da sentença, conforme inspiração da doutrina alemã. Isso não é mais aceitável para aqueles que se apercebem que a sentença é intrinsecamente imperativa, que por isso a coisa julgada material não é outra coisa que uma qualidade da sentença e da sua eficácia, propriamente aquele particular aspecto de sua imutabilidade que é referida ao seu conteúdo. A coisa julgada, na realidade, seria uma qualidade especial, mais intensa e mais profunda, que reveste o ato também em seu conteúdo e faz assim imutáveis, além do ato em sua existência formal, os efeitos, quaisquer que sejam, do próprio ato.

Portanto, nos termos do *§4º do art. 337* do novo C.P.C., *há coisa julgada quando se repete ação que já foi decidida por decisão transitada em julgado.*

Havendo coisa julgada, deverá o réu arguir tal circunstância como preliminar de contestação.

Sobre o tema, eis os seguintes precedentes do S.T.J.:

1. A jurisprudência desta Corte é no sentido de que a extinção do processo sem julgamento do mérito por falta de legitimidade ad causam não produz coisa julgada material, mas apenas coisa julgada formal, a qual não impede a discussão da matéria em processo diverso. Precedentes.

2. A ação anteriormente proposta pelo autor, igual à ação da qual decorreu o Recurso Especial em análise, sem resolução do mérito, não cria impedimento à propositura de nova ação pelo autor, contra as mesmas partes, sob pena de violação ao artigo 5º, XXXV, da Constituição da República, que assegura o amplo acesso à Justiça.

3. Recurso Especial provido.

(REsp 1148581/RS, Rel. Ministro SIDNEI BENETI, TERCEIRA TURMA, julgado em 24/09/2013, DJe 27/09/2013).

[83] Chiovenda, Giuseppe. *Instituições de direito processual civil.* 2ª Ed. Trad. J. Guimarães Menegale. São Paulo: Edição Saraiva,1965. p. 382 e 383.

1. Não pode o Tribunal Regional, em sede de agravo de instrumento desafiando decisão proferida em exceção de pré-executividade em que se discute verba honorária, reavaliar o conteúdo do título judicial, de ofício, que restou definido em primeiro grau, nos embargos à execução, cuja decisão não foi atacada pela autarquia previdenciária oportunamente, tendo em vista a ocorrência da preclusão pro judicato e da coisa julgada.

2. Recurso especial provido.

(REsp 1163210/RS, Rel. Ministra MARIA THEREZA DE ASSIS MOURA, SEXTA TURMA, julgado em 06/12/2012, DJe 13/12/2012).

Em complemento a este inciso, estabelece o *§1º do art. 337* do novo C.P.C. que se verifica a coisa julgada quando se reproduz ação anteriormente ajuizada.

Por sua vez, o *§2º do art. 337* do novo C.P.C. preconiza que uma ação é idêntica a outra quando possui as mesmas partes, a mesma causa de pedir e o mesmo pedido.

Se houver qualquer modificação ou ampliação destes elementos, salvo em relação à sujeição ativa e passiva, não haverá como considerar a identidade de causa para efeito de coisa julgada e extinção do processo sem resolução de mérito.

VIII – conexão;

O réu também deverá alegar como preliminar de contestação a existência de eventual *conexão* entre causas.

A conexão determina a reunião de um processo com outro já em curso, em prol da aplicação do princípio da *economia processual* e para evitar *decisões conflitantes*.

Com a conexão dos processos unificam-se a instrução e julgamento, com ou sem modificação da competência.

Na conexão há identidade parcial de demandas, pois se houver identidade total haveria litispendência.

O Código revogado preconizava em seu art. 103 que se reputavam conexas duas ou mais ações quando lhes fosse comum *o objeto ou a causa de pedir*.

O art. 40 da redação original do Projeto de Lei do Senado n. 166/10 estabelecia que se consideravam conexas duas ou mais ações quando *decididas separadamente, gerassem risco de decisões contraditórias*.

Contudo, o novo C.P.C. estabelece em seu art. 55 que: *"Reputam-se conexas 2 (duas) ou mais ações, quando lhes for comum o pedido ou a causa de pedir"*.

Com isso, o novo C.P.C. definiu a conexão nos mesmos moldes em que era definida no código revogado de 1973.

A conexão seria, portanto, um vínculo de semelhança parcial entre causas.

Adotou o C.P.C. de 1973, assim como o faz o novo código, a *teoria tradicional* (Matteo Pescatore), identidade de pedido ou causa de pedir.

A *causa de pedir* seria a motivação fática ou jurídica da demanda, ou seja, os fundamentos do pedido. Pode ela ser próxima ou remota.

Segundo Cândido Rangel Dinamarco, todo processo tem seu *objeto*, que é a *pretensão* trazida pelo demandante ao juiz em busca da satisfação. Essa pretensão é caracterizada como expressão de uma aspiração ou desejo e é acompanhada de um pedido de um ato jurisdicional que a satisfaça. O *objeto do processo* é aquilo que ordinariamente se chama *mérito*.[84]

Ocorre que essa definição de causas conexas é restrita, uma vez que exige a identidade de objeto ou de causa de pedir. Essa restrição já havia sido objeto de crítica por parte de Barbosa Moreira e Celso Agrícola Barbi.

Barbosa Moreira, por exemplo, afirmara que a definição de conexão seria insuficiente pois a 'definição não abrange todo o de-finido".[85]

O artigo 40 do projeto originário do novo C.P.C., encaminhado ao Senado Federal, ampliava a possibilidade de ocorrência de demandas conexas, bastando para isso eventual existência de decisões conflitantes ou contraditórias, mesmo que não houvesse identidade de *objeto ou causa de pedir*. Salvo engano, o projeto originário do novo Código de Processo Civil aproximava-se da *Teoria de Carnelluti*, bastando, para que houvesse a conexão, a *identidade de questões* que julgadas separadamente poderiam levar a decisões contraditórias ou conflitantes.

Pode-se pensar, também, que a redação originária do novo C.P.C. aproximava-se da denominada *Teoria Materialista* de Olavo Oliveira Neto, para quem a conexão decorre de identidade de *relação jurídica material* e o julgamento conjunto tem por finalidade a *uniformidade de julgamentos*.[86]

Contudo, não foi essa a proposta que acabou prevalecendo no novo C.P.C.

Porém, muito embora não se possa falar de conexão, o §3º do art. 55 do novo C.P.C. determina que serão reunidos para julgamento conjunto os processos que possam gerar risco de prolação de decisões conflitantes ou contraditórias caso sejam decididas separadamente, anda que não haja conexão entre elas.

[84] DINAMARCO. Cândido Rangel. *Instituições de direito processual civil.* Vol. I. São Paulo: Ed. Malheiros, 2001. p.296.

[85] MOREIRA. José Carlos Barbosa. Pode o juiz declarar de ofício a incompetência relativa?. *Temas de direito processual – Quinta Série.* São Paulo: Saraiva, 1994. p. 126.

[86] OLIVEIRA NETO. Olavo. *Conexão por prejudicialidade.* São Paulo: Revista dos Tribunais, 1994. p. 62 a 65.

É possível que exista conexão, porém, não é possível a reunião dos processos, como ocorre com o julgamento de processos que pertencem a juízos de competência absoluta distinta, uma vez que a modificação de competência somente ocorre com a competência *relativa*.

Sobre a conexão entre causas coletivas, Nelson Nery Jr e Marcelo Abelha Rodrigues entendem que é possível a reunião das ações civis públicas, nos termos do parágrafo único do artigo 2ª da Lei 7.347/85, apesar de se tratar de competência absoluta.[87]

Já Fredie Didier Jr. acha curiosa essa perspectiva, uma vez que o art. 16 da Lei 7.347/85 restringe a eficácia subjetiva da coisa julgada, limitando-a à competência territorial do órgão prolator.[88]

Sobre a questão da ação civil pública, eis o seguinte precedente do S.T.J.:

> *1. A jurisprudência desta Corte Superior de Justiça é no sentido de que "havendo causa de modificação da competência relativa decorrente de conexão, mediante requerimento de qualquer das partes, esta Corte Superior tem admitido a suscitação de conflito para a reunião das ações propostas em separado, a fim de que sejam decididas conjuntamente (simultaneus processus) e não sejam proferidas decisões divergentes, em observância aos princípios da economia processual e da segurança jurídica".*
>
> *2. No presente caso, trata-se de conflito positivo de competência proposto pela Agência Nacional de Energia Elétrica – ANEEL em face do Juízo da 3ª Vara Federal da Seção Judiciária de Minas Gerais e outros, em demandas de índole coletiva, cujo objeto é a discussão da metodologia de reajuste tarifário aplicado pela ANEEL desde 2002 às concessionárias de distribuição de energia elétrica. Nessa linha, verificando-se que nas ações há as mesmas alegações (ilegalidade do reajuste tarifário aplicado pela ANEEL desde 2002), aplicáveis a todas as concessionárias, é imperioso que se dê uma única solução para todas.*
>
> *3. Conforme dispõe o art. 103 do CPC, reputam-se conexas duas ou mais ações, quando lhes for comum o objeto e a causa de pedir, como no presente caso. A conexão (relação de semelhanças entre as demandas), com o intuito de modificação de competência, objetiva promover a economia processual e a evitar decisões contraditórias.*
>
> *4. O parágrafo único do art. 2º da Lei nº 7347/85 (Lei de Ação Civil Pública) prevê uma hipótese de conexão em ações coletivas: "A propositura da ação prevenirá a jurisdição do juízo para todas as ações posteriormente intentadas que possuam a mesma causa de pedir ou o mesmo objeto".*

[87] Rodrigues, Marcelo Abelha. *Ação civil pública e meio ambiente*. São Paulo: Forense Universitária, 2003, p. 129.

[88] Didier JR. Fredie., op. Cit., p. 128.

5. Havendo na Lei de Ação Civil Pública norma específica acerca da conexão, competência e prevenção, é ela que deve ser aplicada para a ação civil pública. Logo, o citado parágrafo substitui as regras que no CPC definem a prevenção (artigos 106 e 219).

6. A competência na ação civil pública é absoluta (art. 2º da Lei nº 7347/85). A conexão, em regra, só pode modificar competência relativa. O parágrafo único do referido dispositivo criou uma conexão que permite alterar a competência absoluta, ensejando a reunião dos processos para o julgamento simultâneo. Porém, tal parágrafo se mostra incompatível com o art. 16 da Lei nº 7347/85.

7. No presente caso, há ações civis públicas conexas correndo em comarcas situadas em estados diversos, surgindo um problema: como compatibilizar o art. 2º, parágrafo único, e o art. 16 da Lei nº 7347/85, que restringe a eficácia subjetiva da coisa julgada em ação coletiva, impondo uma limitação territorial a essa eficácia restrita à jurisdição do órgão prolator da decisão? Nessa situação, concluímos que a regra do artigo 16 aplica-se apenas aos casos de ações conexas envolvendo dano de âmbito regional.

8. Quando as ações civis públicas conexas estiverem em trâmite em comarcas situadas em estados diversos, busca-se a solução do Código de Defesa do Consumidor, conforme estabelecido no art. 21 da Lei de Ação Civil Pública.

9. Não pode haver dúvidas de que a questão tratada no presente conflito tem abrangência nacional. O reajuste tarifário aplicado pela ANEEL desde 2002 às concessionárias de distribuição de energia elétrica é único para todo o país. Qualquer decisão proferida nos autos de uma das demandas ora reunidas afetará, indistintamente, a todos os consumidores dos serviços de energia, em todo o país, dada a abrangência nacional destes contratos.

10. Reconhecida a abrangência nacional do conflito, cumpre definir o juízo competente, destacando-se que, ante o interesse da ANEEL no polo passivo de todas as demandas, a competência é, indubitavelmente, da Justiça Federal (art. 109, I, da Constituição Federal).

11. Em razão do disposto no artigo 93, II, do Código de Defesa do Consumidor, sendo o suposto dano nacional, a competência será concorrente da capital do Estado ou do Distrito Federal, a critério do autor, tendo em vista sua comodidade na defesa dos interesses transindividuais lesados e o mais eficaz acesso à Justiça, uma vez que "não há exclusividade do foro do Distrito Federal para o julgamento de ação civil pública de âmbito nacional. Isto porque o referido artigo ao se referir à Capital do Estado e ao Distrito Federal invoca competências territoriais concorrentes, devendo ser analisada a questão estando a Capital do Estado e o Distrito Federal em planos iguais, sem conotação específica para o Distrito Federal" (CC 17533/DF, Rel. Ministro CARLOS ALBERTO MENEZES DIREITO, SEGUNDA SEÇÃO, julgado em 13/09/2000, DJ 30/10/2000, p. 120).

12. No presente caso, como já visto, o dano atinge todo país, tendo sido apresentadas várias ações idênticas em foros concorrentes (Capitais de Estados e Distrito Federal). Dessa forma, a prevenção deverá determinar a competência.

12. Pela leitura do art. 2º, parágrafo único, da Lei nº 7347/85 deve ser fixado como foro competente para processar e julgar todas as ações o juízo a quem foi distribuída a primeira ação (CC 22693/DF, Rel. Ministro JOSÉ DELGADO, PRIMEIRA SEÇÃO, julgado em 09/12/1998, DJ 19/04/1999). Assim, como a primeira ação coletiva foi proposta pela Associação de Defesa de Interesses Coletivos – ADIC, em 20.10.2009, perante a 3ª Vara Federal da Seção Judiciária de Minas Gerais, esta é a competente para o julgamento das demais causas.

13. Salienta-se que, conforme informações de fls. 3174, a Ação Civil Pública nº 2009.38.00.027553 – 0, que tramitou na 3ª Vara Federal da Seção Judiciária de Minas Gerais, foi julgada extinta sem resolução do mérito, nos termos do art. 267, inciso VI, do CPC, com recurso pendente de julgamento no TRF da 1ª Região.

14. Conforme enunciado Sumular 235/STJ "A conexão não determina a reunião dos processos, se um deles já foi julgado". Porém, se o conflito decorre de regra de competência absoluta (art. 93, inciso II, do CDC), como no presente caso, não há restrição a seu conhecimento após prolatada a sentença, desde que não haja trânsito em julgado.

15. Conflito conhecido para declarar a competência da 3ª Vara Federal da Seção Judiciária de Minas Gerais.

(CC 126.601/MG, Rel. Ministro MAURO CAMPBELL MARQUES, PRIMEIRA SEÇÃO, julgado em 27/11/2013, DJe 05/12/2013)

Havendo identidade do pedido ou da causa de pedir entre a nova demanda e a outra já proposta, o réu poderá requerer em preliminar de contestação a reunião dos feitos, se eles se processam perante o mesmo juízo.

Se os processos encontram-se em juízos separados, a reunião somente será possível se o juízo for materialmente competente para ambas as demandas, uma vez que somente a competência relativa (valor e do território) é que pode ser modificada pela conexão.

É importante salientar que o juiz não pode modificar a competência relativa de ofício, mas somente mediante provocação da parte.

A reunião das demandas propostas em separado será realizada no *juízo prevento* onde serão decididas simultaneamente (art. 58 do novo C.P.C.).

Em relação ao código revogado, a doutrina encontrava-se dividida a respeito da prevenção em decorrência da conexão, em virtude do conflito existente entre os arts. 106 e 219 do C.P.C. de 1973.

Prevaleceu o entendimento de Frederico Marques e Barbosa Moreira[89], entre outros, segundo o qual a prevenção dar-se-ia pela citação quando as causas conexas tivessem curso em foros diversos e pelo despacho inicial se estivessem ambas sendo processadas no mesmo foro.

O art. 44 do projeto originário do Senado Federal estabelecia que o despacho que ordenasse a citação tornava prevento o juízo.

Contudo, o art. 59 do novo C.P.C. estabelece que o *registro ou a distribuição da petição inicial torna prevento o juízo.*

Portanto, a nova legislação não faz mais distinção entre causas conexas no mesmo juízo e em juízos territoriais diversos. Em qualquer desses casos, a prevenção dar-se-á pela *distribuição da petição inicial.*

É importante salientar que havendo conexão entre duas ou mais demandas, os processos serão reunidos para decisão conjunta, *salvo se um deles já tiver sido sentenciado* (§1º do art. 55 do novo C.P.C.).

Sobre o tema, eis os seguintes precedentes do S.T.J.:

> *1. A competência para dirimir as questões referentes à guarda de menor é, em princípio, do Juízo do foro do domicílio de quem já a exerce legalmente, nos termos do que dispõe o art. 147, I, do Estatuto da Criança e do Adolescente.*
>
> *2. Nos termos da Súmula 383/STJ, "A competência para processar e julgar as ações conexas de interesse de menor é, em princípio, do foro do domicílio do detentor de sua guarda".*
>
> (...).
>
> (CC 125.642/DF, Rel. Ministro RAUL ARAÚJO, SEGUNDA SEÇÃO, julgado em 27/11/2013, DJe 19/12/2013)

> *(...).*
>
> *2. Outrossim, a existência de qualquer ação relativa ao débito constante do título executivo, ainda que anterior, não inibe o credor de promover-lhe a execução (art. 585, § 1º, do CPC).*
>
> *3. Por isso que, evidenciada a prejudicialidade de ação cognitiva em relação à executiva, é medida escorreita a reunião dos processos no juízo que primeiro despachou (art. 106 do CPC), impedindo, dessa forma, a prolatação de decisões conflitantes como a que ora se apresenta, qual seja, a fixação de astreintes por atraso no cumprimento da obrigação em execução posterior à ação cognitiva que visa à anulação do débito exequendo. Precedentes. Matéria, entretanto, que não foi prequestionada.*

[89] Moreira, José Carlos Barbosa. *O novo processo civil brasileiro*. 2. ed., vol. I, Rio de Janeiro: Forense, 1976. p. 46.

4. É possível a suspensão do processo executivo em virtude da conexão existente entre este e o processo de anulação ou revisão da dívida executada, haja vista a identidade de partes e causa de pedir, máxime porque, uma vez julgado procedente o feito cognitivo, o débito exequendo pode vir a ser reduzido ou quiçá extinto.

Precedentes.

5. A garantia do juízo é condição imprescindível à suspensão do processo executivo (art. 739-A, § 1º, do CPC), o que, consoante assentado pelo Tribunal de origem, não ocorreu no caso em julgamento.

6. Recurso especial não provido.

(REsp 1118595/MT, Rel. Ministro LUIS FELIPE SALOMÃO, QUARTA TURMA, julgado em 19/11/2013, DJe 06/12/2013)

1. Tendo em vista que a ação civil pública já se encontra sentenciada, ainda que se tratem de ações conexas, o que poderia ocasionar a reunião de processos, incide, no caso, a Súmula n. 235, do STJ – 'A conexão não determina a reunião dos processos, se um deles já foi julgado'.

2. Agravo regimental improvido.

(AgRg no CC 119.070/ES, Rel. Ministro LUIS FELIPE SALOMÃO, SEGUNDA SEÇÃO, julgado em 13/11/2013, DJe 19/11/2013).

1. A conexão pode ser alegada por qualquer das partes ou ser reconhecida de ofício pelo juízo. É hipótese comum sua alegação pelo autor na petição inicial, momento em que já solicita a distribuição por dependência prevista no art. 253, I, do CPC.

2. Há, no ponto, uma diferenciação importante a ser feita entre a alegação de modificação de competência e a invocação de incompetência relativa. Na primeira situação, o réu pretende a reunião de processos conexos, podendo argui-la, desde logo, em sede de preliminar da contestação, uma vez que, nesse caso, parte da premissa de que o juízo era competente e, por conta da conexão, a competência deve ser prorrogada (art. 301, VII, CPC). O réu, nessa hipótese, invoca a conexão. Ao revés, quando sua pretensão mediata reside no reconhecimento da não ocorrência da conexão, que deu azo – a seu ver – à distribuição equivocada do processo, deve fazê-lo por meio de exceção de incompetência (artigos 307 e seguintes do CPC), uma vez que a premissa básica de seu raciocínio e o seu objetivo imediato são exatamente a incompetência relativa do juízo.

3. A despeito da adequação da exceção de incompetência para impugnação à distribuição por dependência calcada na conexão – haja vista ser a declaração de incompetência o escopo direto do réu –, no caso concreto as demandas guardam entre si relação de conexão, apontando para a competência do Juízo da comarca de Brasília.

4. Recurso especial não provido.

(REsp 1156306/DF, Rel. Ministro LUIS FELIPE SALOMÃO, QUARTA TURMA, julgado em 20/08/2013, DJe 03/09/2013)

Havendo conexão entre execução fiscal e ação anulatória de débito fiscal, impõe-se a reunião dos processos, de modo a evitar decisões conflitantes; espécie em que, ajuizada primeiro a execução fiscal, o respectivo juízo deve processar e julgar ambas as ações. Agravo regimental não provido.

(AgRg no AREsp 129.803/DF, Rel. Ministro ARI PARGENDLER, PRIMEIRA TURMA, julgado em 06/08/2013, DJe 15/08/2013)

(...)..

3. Considerando as peculiaridades do caso concreto, consistentes na multiplicidade de ações judiciais (sete demandas) envolvendo interesses de menor, recomendável o pronunciamento definitivo acerca da competência para o processamento e o julgamento de tais processos, inclusive em face da jurisprudência do Superior Tribunal de Justiça que tem conferido interpretação extensiva ao disposto no referido dispositivo legal, admitindo ser suficiente para a caracterização do conflito a mera potencialidade ou risco de que sejam proferidas decisões conflitantes. Precedentes.

4. Inaplicabilidade do óbice estabelecido no art. 117 do CPC quando se reconhece a conexão de causas (CPC, art. 115, III), pois a modificação da competência, nesses casos, independe do oferecimento de exceção, podendo ser ordenada pelo juiz, de ofício, ou a requerimento de qualquer das partes (CPC, art. 105).

5. Lição doutrinária de Cândido Rangel Dinamarco no sentido de que "o fundamento do dispositivo (art. 117 do CPC) é substancialmente ético, criado para impedir que a parte beneficiada pela suspensão do processo, com a apresentação da exceção, fosse sucessivamente favorecida com a suspensão permitida quando suscitado o conflito", o que não se vislumbra na hipótese (voto do Min. Ruy Rosado de Aguiar no Conflito de Competência 17.588/GO, 2ª Seção, Rel. Ministro Sálvio de Figueiredo Teixeira, DJ de 23/06/1997), 6. Nos termos da Súmula 383/STJ e do art. 147 do Estatuto da Criança e do Adolescente, considerando que a suscitada, detentora da guarda da filha, fixou, de acordo com os arts. 70 e 74 do Código Civil, domicílio na cidade de Palmas/TO, compete ao Juízo de Direito da 3ª Vara de Família e Sucessões da comarca de Palmas/TO o processamento e o julgamento das ações em que se discute, além do divórcio do casal, a guarda da filha menor.

6. Conflito conhecido para estabelecer a competência do Juízo de Direito da 3ª Vara de Família e Sucessões da comarca de Palmas/TO.

(CC 127.109/AM, Rel. Ministro PAULO DE TARSO SANSEVERINO, SEGUNDA SEÇÃO, julgado em 26/06/2013, DJe 01/07/2013)

IX – incapacidade da parte, defeito de representação ou falta de autorização;

Pode o réu arguir em preliminar de contestação a incapacidade da parte, defeito de representação ou falta de autorização.

Todas essas circunstâncias são hipóteses de *pressupostos processuais subjetivos de validade da relação jurídica processual.*

A condição da parte para participar de uma demanda ou de uma relação jurídica processual deve ser analisada sob duplo aspecto. Como condição da ação ou condição para análise do mérito da demanda, ou seja, a *legitimatio 'ad causam'* ou *capacidade de ser parte,* em que haja uma inter-relação entre as partes da causa da relação jurídica de direito material e as partes que compõem a relação jurídica processual, e como pressuposto processual, ou seja, *legitimatio 'ad processum'* ou *capacidade para estar em juízo.*

Não basta que as partes tenham legitimidade para causa, é também necessário que tenham capacidade processual, representação legítima ou autorização para participar da relação jurídica processual.

O inc. IX do art. 337 do novo C.P.C. trata especificamente da incapacidade de exercício, no processo, de atos processuais.

São exemplos de incapacidade de exercício dos atos processuais no processo; a) falta de representação do absolutamente incapaz; b) falta de assistência ao relativamente incapaz; c) falta de representação de pessoa jurídica ou defeito nessa representação; d) falta de representação da parte por procurador devidamente habilitado ou defeitos nessa representação.

X – convenção de arbitragem.

No relatório final da Câmara ficou consignada a seguinte observação de Daniel Francisco Metidiero: (...). *Diz que a arguição de convenção de arbitragem não pode ser realizada na contestação, conforme estabelece o projeto, uma vez que isso pode comprometer a confidencialidade estipulada na arbitragem...*

Porém, o Senado Federal houve por bem inserir a alegação de convenção de arbitragem como matéria de preliminar de contestação.

As partes capazes de contratar poderão firmar compromisso de se submeter à convenção de arbitragem, isto é, submeter eventual conflito a árbitros que resolvam litígios de qualquer valor, desde que digam respeito a direitos patrimoniais sobre os quais a lei admite transação.

É o que estabelece o art. 1º da Lei 9.307/96: *As pessoas capazes de contratar poderão valer-se da arbitragem para dirimir litígios relativos a direitos patrimoniais disponíveis.*

O juízo arbitral é um meio de resolução de conflitos que exclui a jurisdição estatal.

As partes interessadas podem submeter a solução de seus litígios ao juízo arbitral mediante convenção de arbitragem, assim entendida cláusula compromissória e o compromisso arbitral.

A cláusula compromissória deve ser estipulada por escrito, podendo estar inserida no próprio contrato ou em documento apartado que a ele se refira.

O compromisso arbitral é a convenção através da qual as partes submetem um litígio à arbitragem de uma ou mais pessoas, podendo ser judicial ou extrajudicial.

O compromisso arbitral judicial celebrar-se-á por termo nos autos, perante o juízo ou tribunal onde tem curso a demanda.

O compromisso arbitral extrajudicial será celebrado por escrito particular, assinado por duas testemunhas, ou por instrumento público.

Havendo convenção de arbitragem sobre determinado litígio, a parte ré deverá alegar a existência dessa convenção em preliminar de contestação.

Sobre o tema, eis o seguinte precedente do S.T.J.:

> *1. Com a promulgação da Lei de Arbitragem, passaram a conviver, em harmonia, três regramentos de diferentes graus de especificidade: (i) a regra geral, que obriga a observância da arbitragem quando pactuada pelas partes, com derrogação da jurisdição estatal; (ii) a regra específica, contida no art. 4º, § 2º, da Lei nº 9.307/96 e aplicável a contratos de adesão genéricos, que restringe a eficácia da cláusula compromissória; e (iii) a regra ainda mais específica, contida no art. 51, VII, do CDC, incidente sobre contratos derivados de relação de consumo, sejam eles de adesão ou não, impondo a nulidade de cláusula que determine a utilização compulsória da arbitragem, ainda que satisfeitos os requisitos do art. 4º, § 2º, da Lei nº 9.307/96.*
>
> *2. O art. 51, VII, do CDC se limita a vedar a adoção prévia e compulsória da arbitragem, no momento da celebração do contrato, mas não impede que, posteriormente, diante de eventual litígio, havendo consenso entre as partes (em especial a aquiescência do consumidor), seja instaurado o procedimento arbitral.*
>
> *3. As regras dos arts. 51, VIII, do CDC e 34 da Lei nº 9.514/97 não são incompatíveis. Primeiro porque o art. 34 não se refere exclusivamente a financiamentos imobiliários sujeitos ao CDC e segundo porque, havendo relação de consumo, o dispositivo legal não fixa o momento em que deverá ser definida a efetiva utilização da arbitragem.*
>
> *4. Recurso especial a que se nega provimento.*
>
> *(REsp 1169841/RJ, Rel. Ministra NANCY ANDRIGHI, TERCEIRA TURMA, julgado em 06/11/2012, DJe 14/11/2012)*

É certo que a parte ré poderá alegar o compromisso arbitral por meio de petição avulsa, antes da audiência de conciliação ou mediação, marcada, aduzindo para tanto que não tem interesse em eventual conciliação ou mediação, mas somente no exercício de seu direito à convenção de arbitragem. Nesse sentido, aliás, era o que dispunha o §5º do art. 345 do Projeto do Novo C.P.c. na Câmara dos Deputados: *Se, antes da audiência de conciliação ou de mediação, o réu manifestar desinteresse na composição consensual, terá de, na mesma oportunidade, formular a alegação de convenção de arbitragem, nos termos deste artigo.*

Para que a parte ré possa alegar a existência de convenção arbitral, deverá juntamente com a contestação apresentar o *instrumento* da convenção da arbitragem, o qual poderá ser particular, desde que assinado por duas testemunhas, ou por instrumento público.

Se a parte não apresentar, junto com a contestação o instrumento de convenção da arbitragem, o juiz rejeitará a alegação liminarmente.

É importante salientar que nos termos do §5º do art. 337, o juiz não poderá conhecer de ofício da convenção de arbitragem.

Outrossim, conforme preconiza o *§6º do art. 337* do atual C.P.C., *a ausência de alegação da existência de convenção de arbitragem, na forma prevista neste Capítulo, implica aceitação da jurisdição estatal e renúncia ao juízo arbitral.*

XI – ausência de legitimidade ou de interesse processual

Este dispositivo trata daquilo que a doutrina clássica denomina de condições da ação, e que, na realidade, nada mais significa do que condições ou pressupostos para análise do mérito da demanda.

O C.P.C. de 1973, ao invés de mencionar a ausência de legitimidade ou de interesse processual, falava no inc. X do art. 301 em *carência de ação.*

Conforme ensina Calmon de Passos: *"Carência de ação é revivescência teimosa da concepção civilista da ação; último esforço para acorrentar o direito processual ao direito material. E porque somos dos que entendem se deva batalhar por sua autonomia, sempre nos causou repulsa o termo, máxime quando se pretende construí-la com conteúdo que se afirma não seja de direito material, mas de alguma coisa a meio caminho entre o processo e o mérito. Sem dúvida, cumpre ao estudioso insistir na crítica às construções da dogmática, perseguindo, justamente, precisar melhor os conceitos e enriquecer a 'praxis'"*.[90]

Atualmente, sendo o direito de ação um direito fundamental previsto na Constituição, não pode ser condicionado por requisitos infraconstitucionais, pois ninguém carece de ação, uma vez que não se pode negar a qualquer pessoa um direito fundamental previsto na Constituição Federal.

[90] Calmon de Passos, J. J., op. Cit., p. 320.

O próprio Liebman já teve oportunidade de afirmar que: *"Este direito ('de agir') goza da garantia constitucional, inscrito na art. 24, inciso primeiro, da Constituição italiana, que assim dispõe: 'Todos podem agir no juízo para a tutela dos próprios direitos e interesses legítimos'". Na linguagem jurídica, agir significa perseguir em juízo a tutela do próprio direito e o termo ação designa o correspondente direito. É a 'actio' dos juristas romanos, cuja definição é ainda agora válida e significativa: 'nihil aliud est actio quam ius persequendi iudicio quod sibi debetur. Mas o conceito é profundamente mudado daquele do direito romano".*[91]

Mas, segundo ainda Liebman, *"...o direito de agir em juízo é atribuído de fato para a tutela dos próprios direitos e interesses legítimos, e isso significa dizer que não atende a quem pede a tutela de direitos de outrem. Eis aí uma primeira indicação que serve a individuar a pessoa que por acaso pode efetivamente agir em juízo: é aquela que se chama de 'legitimação para agir'.*

Em segundo lugar, tendo em vista que o direito de agir é dado para a tutela de um direito ou interesse legítimo, é claro que surge somente quando se necessita efetivamente de tutela, ou seja, quando o direito ou interesse legítimo não é satisfeito como deveria ser, ou quando é contestado, tornando-se incerto e por isso gravemente ameaçado. Vem assim individuada a situação objetiva que justifica a proposição de uma demanda; é aquela que se chama de 'interesse de agir'".[92]

Na verdade, muito embora Liebman reconheça que o direito de ação decorre do primeiro inciso do art. 24 da Constituição Italiana, o qual tem por garantia constitucional o genérico poder de agir, o certo é que para a sua realização não se permite apenas uma alegação genérica, mas, sim, uma alegação que faça referência a uma concreta fattispecie na qual se faça menção a uma lesão de um direito ou interesse legítimo e que se individua mediante três elementos bem precisos: os sujeitos, a causa de pedir e o pedido. E, diante dessas considerações, continua o mestre italiano: *"Se em um caso determinado faltam as condições da ação ou também uma dessas (interesse e legitimação para agir) dizemos que ali está caracterizada a 'carência de ação' e o juiz deverá afastar um julgamento sobre o mérito, limitando-se a declarar inadmissível a demanda."* [93]

Evidentemente que na nossa maneira de pensar, tanto a *legitimidade 'ad causam'* como o *'interesse de agir'* não seriam condições da 'actio', no sentido constitucional, mas, sim, pressupostos ou condições de análise do mérito da demanda.

O novo C.P.C. demonstra que de certa forma retirou a legitimidade de parte ou o interesse processual como requisitos que condicionavam o direito de ação,

[91] LIEBMAN, E. T., op. cit., p. 135 e 136.

[92] LIEBMAN, E.T., idem, p. 138

[93] LIEBMAN, E.T., idem, p. 139.

mas manteve-os, até como observância do princípio da economia processual, como condições ou pressupostos para que o juiz possa ingressar no mérito da demanda.

Além do mais, o novo C.P.C. não insere mais a possibilidade jurídica do pedido como causa a ser arguida como *preliminar de contestação,* muito menos como causa de *extinção do processo sem resolução do mérito,* ao contrário do que estabelecia o art. 267, inc. VI do C.P.C. de 1973.

Por isso, a *possibilidade jurídica do pedido* deixou de ser causa ou pressuposto condicionante de resolução do mérito, uma vez que a sua ausência não será mais alegada como preliminar de contestação, muito menos será objeto de extinção do processo sem resolução de mérito.

A *impossibilidade jurídica do pedido,* na realidade, é matéria a ser discutida no mérito, pois diz respeito ao acolhimento ou não do pedido formulado na demanda.

O novo C.P.C., ao invés de falar em *carência de ação,* o que de certa forma com base na doutrinária clássica do C.P.C. revogado incluía a legitimidade de parte, o interesse processual e a possibilidade jurídica do pedido, apenas manteve como questão a ser arguida em preliminar de contestação a *legitimidade de parte e o interesse processual.*

O *interesse de agir* é o elemento material processual para que o juiz possa analisar o mérito da demanda, e consiste no interesse a obter o provimento demandado. Esse se distingue do interesse substancial, para cuja proteção se intenta a ação, assim como se distingue de dois correspondentes direitos, aquele substancial, que se afirma possuidor o autor e aquele processual que se exercita pela tutela do primeiro. O interesse de agir é por isso um interesse processual, secundário e instrumental em relação ao interesse substancial primário, e tem por objeto o provimento que se requer ao magistrado como meio para obter a satisfação do interesse primário, tornado lesionado pelo comportamento da contraparte ou mais genericamente pela situação de fato objetivamente existente. Assim, por exemplo, o interesse primário de que se afirma credor de 100 é de obter o pagamento desta soma; o interesse de agir surgirá se o devedor não pagar no vencimento e terá por objeto a condenação do devedor e sucessivamente a execução forçada que recairá sobre o seu patrimônio.[94]

O *interesse de agir* surge pela necessidade de obter por meio do processo a proteção do interesse substancial; pressupõe por isso a afirmação da lesão ou possí-

[94] Liebman, E.T., idem, p., 143.

vel lesão deste interesse e a idoneidade do provimento demandado a protegê-lo ou satisfazê-lo.[95]

Assim, para que haja interesse de agir o autor deverá demonstrar: a) necessidade; b) utilidade e c) adequação do provimento processual que pretende seja concedido em razão da demanda proposta.

A *legitimação para agir* ou 'legitimatio ad causam' é, por sua vez, a titularidade (ativa e passiva) da demanda.

A legitimação corresponde ao aspecto subjetivo da legitimação para a demanda.

Somente o titular do direito ou do interesse, em regra, pode exercitar validamente a demanda e seu interesse de agir em juízo. O mesmo se dá em relação à contraparte.

A legitimação é uma condição ou um pressuposto para que o juiz possa proferir uma decisão de resolução de mérito da demanda.

A *legitimação* é tida como o direito de invocar a tutela jurisdicional, direito esse conferido àquele que a invoca por si próprio, com referência a uma relação jurídica da qual seja possível requerer uma razão de tutela a seu próprio favor.[96]

Por isso, fora dos casos expressos em lei, ninguém pode fazer valer em juízo, em nome próprio, direito de outrem.

Contudo, a demanda a ser proposta é de competência do sujeito legitimado se e somente se tal demanda é direcionada àquele que é legitimado passivamente. Também a legitimação passiva é elemento ou aspecto da legitimação para agir. E a legitimação passiva aplica-se ao contra-interessado ou legitimado, isto é, àquele em relação ao qual o provimento que se demanda deverá produzir os seus efeitos, àquele por meio do qual deverá operar a tutela jurisdicional invocada pelo autor. Por isso a titularidade 'ad causam' apresenta-se necessariamente como problema de duas faces: aquela da legitimação ativa e aquela da legitimação passiva, ou seja como pertencente ao autor do interesse de agir e como pertencente ao demandado que tenha interesse em contradizer.[97]

Em resumo, a *legitimação para agir* é, portanto, *"a pertinência subjetiva da ação* (demanda)*, isto é, a identificação daquele que há proposto a demanda com aquele que, no que concerne à lesão* (ou possível lesão) *de um seu direito, que ele afirma existente, possa pretender por si o provimento de tutela jurisdicional demandado em relação àquele que é chamado em juízo"*.[98]

[95] Liebman, E.T., idem, ibidem.
[96] Liebman, E. T., idem, p. 146.
[97] Liebman, E. T., idem, ibidem.
[98] Liebman, E. T., idem, p. 147.

Contudo, não se pode esquecer que a lei pode reconhecer a um terceiro a *legitimação extraordinária*, a qual lhe confere o direito de fazer valer em juízo o direito de outrem.

Por outro lado, não se deve confundir a substituição processual ou *legitimatio extraordinária* com a *representação*. Na primeira, a parte age em nome próprio defendendo interesse de outrem, enquanto que na segunda o representante, que não é parte, age em nome alheio defendendo direito de outrem.

XII – falta de caução ou de outra prestação que a lei exige como preliminar;

Calmon de passos coloca ao lado dos pressupostos processuais, os quais dizem respeito estritamente aos sujeitos da relação processual e a seu objeto, fatos relativos ao procedimento que impedem o desenvolvimento da relação processual. Para distingui-los dos pressupostos processuais, o autor gaúcho denomina-os de *impedimentos processuais*.[99]

Na realidade, com a devida vênia, não observamos essa distinção, uma vez que os pressupostos processuais distinguem-se em pressupostos de existência e de desenvolvimento válido da relação jurídica processual.

Por isso, pode-se inserir a *falta de caução ou de outra prestação que a lei exigir* como falta de pressuposto processual de desenvolvimento válido da relação jurídica processual.

Uma das hipóteses aqui tratada é a do art. 486, §2º, do novo C.P.C., ou seja, o pronunciamento judicial sem resolução de mérito não obsta a que a parte proponha de novo a demanda. Contudo, a petição inicial não será despachada sem a prova do pagamento ou do depósito das custas e dos honorários de advogado.

Há também a hipótese do art. 968, inc. II, do novo C.P.C. que diz que a petição inicial da ação rescisória será elaborada com observância dos requisitos essenciais do art. 319, bem como com o depósito da importância de cinco por cento sobre o valor da causa, a título de multa, caso a demanda rescisória seja, por unanimidade de votos, declarada inadmissível ou improcedente.

XIII – indevida concessão do benefício da gratuidade de justiça.

Pelo que dispunha o art. 4º, §2º, da Lei 1.060, de 5.2.50, a impugnação ao pedido de assistência judiciária gratuita era realizada em autos apartados e não suspendia o trâmite do processo principal.

[99] Calmon de Passos, J. J., op. Cit., p. 324.

Agora, havendo indevida concessão do benefício de gratuidade de justiça, poderá o réu, em preliminar de contestação, suscitar tal irregularidade, sem suspensão do trâmite do processo.

Estabelece o *§5º do art. 337* do novo C.P.C. que *excetuada a convenção de arbitragem e a incompetência relativa, o juiz conhecerá de ofício das matérias enumeradas neste artigo.*

Este dispositivo estabelece que a falta ou irregularidade dos pressupostos processuais de existência e de validade da relação jurídica processual ou a falta das condições de análise do mérito pode ser alegada pela parte demandada, como preliminar de contestação, como também pode ser reconhecida de ofício pelo juiz, salvo a questão da convenção de arbitragem e da incompetência relativa de juízo que somente poderá ser conhecida pelo juiz se houver expressa alegação da parte interessada, conforme preconiza a Súmula n. 33 do S.T.J.

Por fim, estabelece o *§6º do art. 337* do atual C.P.C. que *a ausência de alegação da existência de convenção de arbitragem, na forma prevista neste Capítulo, implica aceitação da jurisdição estatal e renúncia ao juízo arbitral.*

Art. 338

Alegando o réu, na contestação, ser parte ilegítima ou não ser o responsável pelo prejuízo invocado, o juiz facultará ao autor, em 15 (quinze) dias, a alteração da petição inicial para substituição do réu.

Parágrafo único. Realizada a substituição, o autor reembolsará as despesas e pagará os honorários ao procurador do réu excluído, que serão fixados entre três e cinco por cento do valor da causa ou, sendo este irrisório, nos termos do art. 85, § 8º.

Substituição do réu

O art. 338 do novo C.P.C. incorpora no estatuto processual de forma simplificada e com maior extensão a essência do instituto da nomeação à autoria, que era previsto nos arts. 62 a 69 do C.P.C. de 1973, e que assim dispunham:

> *Art. 62. Aquele que detiver a coisa em nome alheio, sendo-lhe demandada em nome próprio, deverá nomear à autoria o proprietário ou o possuidor.*
>
> *Art. 63. Aplica-se também o disposto no artigo antecedente à ação de indenização, intentada pelo proprietário ou pelo titular de um direito sobre a coisa, toda vez que o responsável pelos prejuízos alegar que praticou o ato por ordem, ou em cumprimento de instruções de terceiro.*

Art. 64. Em ambos os casos, o réu requererá a nomeação no prazo para a defesa; o juiz, ao deferir o pedido, suspenderá o processo e mandará ouvir o autor no prazo de 5 (cinco) dias.

Art. 65. Aceitando o nomeado, ao autor incumbirá promover-lhe a citação; recusando-o, ficará sem efeito a nomeação.

Art. 66. Se o nomeado reconhecer a qualidade que lhe é atribuída, contra ele correrá o processo; se a negar, o processo continuará contra o nomeante.

Art. 67. Quando o autor recusar o nomeado, ou quando este negar a qualidade que lhe é atribuída, assinar-se-á ao nomeante novo prazo para contestar.

Art. 68. Presume-se aceita a nomeação se:
I – o autor nada requereu, no prazo em que, a seu respeito, lhe competia manifestar-se;
II – o nomeado não comparecer, ou, comparecendo, nada alegar.

Art. 69. Responderá por perdas e danos aquele a quem incumbia a nomeação:
I – deixando de nomear à autoria, quando lhe competir;
II – nomeando pessoa diversa daquela em cujo nome detém a coisa demandada.

O novo dispositivo não estabeleceu com minúcias o rito a ser empregado nessa modificação de legitimação passiva.

Pelo novo dispositivo, o réu pode simplesmente alegar sua *ilegitimidade*, sem qualquer indicação da suposta parte legítima, como, também, em face das circunstâncias fáticas e jurídicas indicar expressamente a quem deveria ter sido direcionada a demanda.

Aliás, sobre a necessidade ou não de o réu indicar o novo nomeado, veja o que dispõe o art. 339 do novo C.P.C.

O certo é que se o réu alegar em preliminar de contestação que é parte *ilegítima*, o juiz, ao invés de proferir decisão imediata de extinção do processo sem resolução de mérito, facultará ao autor, em quinze dias, faça a substituição da inicial, a fim de corrigir o vício, isto é, a fim de indicar a verdadeira parte legítima para compor o polo passivo da demanda. Essa possibilidade também ocorrerá se o réu alegar em preliminar de contestação sua ilegitimidade passiva pelo fato de *não ser responsável pelo prejuízo invocado na inicial*.

O novo C.P.C. não restringe a modificação do polo passivo apenas às hipóteses de direito de propriedade ou possessório, dando mais amplitude para esta modificação de legitimação passiva, para nela incluir também as questões concernentes aos direitos pessoais.

Se o autor se valer da faculdade que lhe foi outorgada pelo disposto no art. 338 do novo C.P.C., requererá a citação do nomeado, mediante a alteração da petição inicial no prazo de quinze dias; caso contrário, o processo seguirá com seus trâmites normais em face do réu originário, podendo ou não ser analisado o mérito da questão.

É importante salientar que a ilegitimidade passiva deve ser alegada juntamente com a contestação, em preliminar, não ensejando mais o efeito de suspensão do processo, como ocorria com o instituto revogado da nomeação à autoria.

Se o autor, devidamente intimado para se manifestar sobre a alegação da *ilegitimidade passiva* no prazo de quinze dias, nada requerer, tal silêncio não caracterizará presunção de aceitação de modificação do polo passivo, ao contrário do que estabelecia o inc. I do art. 68 do C.P.C. de 1973.

Se o autor substituir a inicial para nela incluir outro legitimado passivo, este será citado para nova audiência de conciliação ou mediação e, se for o caso, para contestar a demanda no prazo legal, podendo, inclusive, também alegar como preliminar de contestação sua *ilegitimidade passiva*.

A questão que se coloca, nessa hipótese, é se o autor será novamente intimado para substituir a inicial no prazo de quinze dias ou não.

Tendo em vista que a finalidade desse instituto é justamente a aplicação do *princípio da economia processual*, com base nessa perspectiva é que se deve resolver a questão.

Assim, se o novo réu que veio compor a relação jurídica processual indicar expressamente quem seria o legitimado para compor a demanda, deverá ser dado nova oportunidade ao autor para se manifestar sobre tal alegação, no prazo de quinze dias, podendo, se for o caso, emendar novamente a inicial.

Contudo, se o novo réu não indicar expressamente quem seria o novo legitimado, deverá o processo prosseguir para uma decisão final, evitando-se assim o prolongamento infinito do processo, em prejuízo, inclusive, do próprio princípio da economia processual.

Outrossim, o réu não responderá mais por perdas e danos pelo fato de não alegar sua ilegitimidade passiva ou mesmo por não indicar quem seria a verdadeira parte legítima, conforme estabelecia o revogado art. 69 do C.P.C. de 1973, uma vez que compete ao autor e não ao réu eleger o sujeito passivo da demanda.

No relatório final apresentado na Câmara dos Deputados essa questão ficou assim definida:

> *"Em relação à alteração do art. 328, o projeto eliminou a nomeação à autoria do sistema processual civil brasileiro. Em seu lugar, prevê, no artigo 328, que, quando*

o réu alegar ilegitimidade passiva, poderá o autor pedir a citação da parte legítima, arcando com as custas e os honorários decorrentes da exclusão do réu do processo.

Há casos, porém, como o da detenção de coisa alheia, que está previsto no artigo 62 do atual Código de Processo Civil, em que o réu ilegitimamente demandado sabe quem é o legitimado passivo. Em casos assim, é dever do réu indicar o correto legitimado passivo, em razão do princípio da cooperação, expressamente decorrente da boa-fé processual, expressamente consagrado no próprio projeto.

É necessário, então, compatibilizar o artigo 328 com os demais dispositivos do projeto. Por esses motivos, propõe-se a inserção do referido parágrafo único ao artigo 328. Acolhe-se as Emendas nº 137 e 172/11.

Quanto ao parágrafo único do art. 328. Acolhe-se, em parte a Emenda nº 382/11".

Estabelece o *parágrafo único do art. 335* do atual C.P.C. que *realizada a substituição, o autor reembolsará as despesas e pagará honorários ao procurador do réu excluído, que serão fixados entre três e cinco por cento do valor da causa ou, sendo este irrisório, nos termos do art. 85, § 8º.*

A eleição indevida da sujeição passiva da relação jurídica processual ensejará, por parte do autor da demanda, o reembolso das despesas feitas pelo réu, assim como o pagamento de honorários de advogado ao seu procurador, que será fixado entre três e cinco por cento do valor da causa ou, sendo este irrisório, nos termos do §8º do art. 85, que assim dispõe: *Nas causas em que for inestimável ou irrisório o proveito econômico ou, ainda, quando o valor da causa for muito baixo, o juiz fixará o valor dos honorários por apreciação equitativa, observando o disposto nos incisos do § 2º.*

Art. 339

Quando alegar sua ilegitimidade, incumbe ao réu indicar o sujeito passivo da relação jurídica discutida sempre que tiver conhecimento, sob pena de arcar com as despesas processuais e de indenizar o autor pelos prejuízos decorrentes da falta de indicação.

§ 1º O autor, ao aceitar a indicação, procederá, no prazo 15 (quinze) dias, à alteração da petição inicial para substituição do réu, observando-se, ainda, o parágrafo único do art. 338.

§ 2º No prazo de 15 (quinze) dias, o autor pode optar por alterar a petição inicial para incluir, como litisconsorte passivo, o sujeito indicado pelo réu.

Nomeação à autoria

Tendo o réu alegado como preliminar de contestação a sua ilegitimidade *ad causam*, incumbe a ele indicar o novo sujeito passivo da relação jurídica processual sempre que tiver conhecimento de sua identidade.

Não o fazendo, o réu deverá arcar com as despesas processuais e indenizar o autor pelos prejuízos decorrentes da falta da indicação.

Porém, se o réu desconhecer a identidade do verdadeiro sujeito passivo não arcará com qualquer despesa ou indenização.

Competirá ao autor comprovar que o réu tinha pleno conhecimento da identidade real do sujeito passivo da relação jurídica processual.

Estabelece o *§ 1º do art. 339* do atual C.P.C. que se o *autor, ao aceitar a indicação, procederá, no prazo de 15 (quinze) dias, à alteração da petição inicial para a substituição do réu, observando-se, ainda, o parágrafo único do art. 338.*

Indicado o novo sujeito passivo pelo réu, o juiz facultará ao autor, em quinze dias, a substituição da inicial para corrigir o vício.

O p.u. do art. 338 estabelece que realizada a substituição, o autor reembolsará as despesas e pagará os honorários ao procurador do réu excluído, que serão fixados entre três e cinco por cento do valor da causa ou, sendo este irrisório, nos termos do art. 85, § 8º.

Não sendo corrigido o vício, o processo prosseguirá com o réu originário.

Estabelece o *§ 2º do art. 339* do atual C.P.C. que *no prazo de quinze dias, o autor pode optar por alterar a petição inicial para incluir, como litisconsorte passivo, o sujeito indicado pelo réu.*

Art. 340

Havendo alegação de incompetência relativa ou absoluta, a contestação poderá ser protocolada no foro de domicílio do réu, fato que será imediatamente comunicado ao juiz da causa, preferencialmente por meio eletrônico.

§ 1º A contestação será submetida a livre distribuição ou, se o réu houver sido citado por meio de carta precatória, juntada aos autos dessa carta, seguindo-se a sua imediata remessa para o juízo da causa.

§ 2º Reconhecida a competência do foro indicado pelo réu, o juízo para o qual for distribuída a contestação ou a carta precatória será considerado prevento.

§ 3º Alegada a incompetência nos termos do caput, será suspensa a realização da audiência de conciliação ou de mediação, se tiver sido designada.

§ 4º Definida a competência, o juízo competente designará nova data para a audiência de conciliação ou de mediação.

Alegação de incompetência relativa

Este dispositivo aplica-se tanto à alegação de incompetência relativa quanto à alegação de incompetência absoluta.

É evidente que esse dispositivo somente terá aplicação se o foro do domicílio do réu for diverso daquele em que tramita a demanda.

Se o réu tem domicilio diverso daquele em que tramita a demanda judicial, e sendo o seu domicilio o competente para conhecer da causa posta em juízo, a contestação por ele formulada, na qual conste expressamente a alegação de incompetência do juízo, poderá ser protocolizada no foro do seu domicílio, fato que será imediatamente comunicado ao juiz da causa, de preferência por meio eletrônico.

Essa facultatividade outorgada pela norma ao réu somente terá sentido em relação aos processos físicos ou em papel, pois em se tratando de processo eletrônico o advogado terá imediato acesso ao processo podendo inserir em qualquer localidade sua contestação nos próprios autos do processo virtual.

No caso de processo físico ou em papel, o legislador por economia processual permitiu que o réu protocolizasse a contestação já no juízo do seu domicilio, o qual, em tese, seria o competente para apreciar a demanda proposta em outro juízo. Evita-se, assim, que o réu ou seu advogado desloquem-se para outro juízo a fim de alegar a incompetência relativa como preliminar de contestação.

Aduz o *§1º do art. 340* do novo C.P.C. que *a contestação será submetida a livre distribuição ou, se o réu houver sido citado por meio de carta precatória, juntada aos autos dessa carta, seguindo-se a sua imediata remessa para o juízo da causa.*

Havendo mais de um juízo competente no foro do domicilio do réu, a contestação com a preliminar de incompetência relativa será submetida a livre distribuição.

Segundo o dispositivo, tendo o réu sido citado por carta precatória, juntada a contestação aos autos da carta, seguirá sua imediata remessa para o juízo da causa.

Na realidade, não há razão para o legislador não adotar a regra geral do *caput* do art. 340 do novo C.P.C., mesmo em se tratando de carta precatória.

Ora, se a intenção é facilitar e agilizar a prática dos atos processuais, também na hipótese de contestação apresentada em carta precatória, deveria a alegação de incompetência do juízo ser comunicada via eletrônica ao juízo competente, evitando-se mais gastos com a devolução da precatória ao juízo deprecante.

Prescreve o *§2º do art. 340* do novo C.P.C. que *reconhecida a competência do foro indicado pelo réu, o juízo para o qual for distribuída a contestação ou a carta precatória será considerado prevento.*

Uma vez apreciada a preliminar de incompetência relativa ou absoluta pelo juízo da causa/juízo deprecante, e reconhecida a competência do juízo do domicílio do réu, o processo seguirá perante o juízo para quem foi distribuída a contestação ou a carta precatória, o qual será considerado prevento.

Preceitua o *§3º do art. 340* do atual C.P.C. que *alegada a incompetência nos termos do 'caput', será suspensa a realização da audiência de conciliação ou de mediação, se tiver sido designada.*

Uma vez proposta a demanda, o juiz determinará a citação do réu para comparecer à audiência de conciliação ou mediação a ser designada.

Porém, se a citação ocorrer no foro do domicílio do réu, diverso do foro em que tramita a causa, e havendo alegação na contestação protocolizada naquele foro, o juiz da causa determinará a suspensão da realização da audiência de conciliação ou mediação, até que seja definida a competência do juízo.

Estabelece o *§4º do art. 340* do novo C.P.C. que *definida a competência, o juízo competente designará nova data para a audiência de conciliação ou de mediação.*

Art. 341

Incumbe também ao réu manifestar-se precisamente sobre as alegações de fato constantes da petição inicial, presumindo-se verdadeiras as não impugnadas, salvo se:

I – não for admissível, a seu respeito, a confissão;

II – a petição inicial não estiver acompanhada de instrumento que a lei considerar da substância do ato;

III – estiverem em contradição com a defesa, considerada em seu conjunto.

Parágrafo único. O ônus da impugnação especificada dos fatos não se aplica ao defensor público, advogado dativo e ao curador especial.

Ônus de impugnação específica dos fatos

Normatividade semelhante encontra-se no art. 574º do Código de Processo Civil português, a saber:

> *Artigo 574º Ônus de impugnação*
>
> *1 – Ao contestar, deve o réu tomar posição definida perante os factos que constituem a causa de pedir invocada pelo autor.*

2 – Consideram -se admitidos por acordo os factos que não forem impugnados, salvo se estiverem em oposição com a defesa considerada no seu conjunto, se não for admissível confissão sobre eles ou se só puderem ser provados por documento escrito; a admissão de factos instrumentais pode ser afastada por prova posterior.

3 – Se o réu declarar que não sabe se determinado facto é real, a declaração equivale a confissão quando se trate de facto pessoal ou de que o réu deva ter conhecimento e equivale a impugnação no caso contrário.

4 – Não é aplicável aos incapazes, ausentes e incertos, quando representados pelo Ministério Público ou por advogado oficioso, o ónus de impugnação, nem o preceituado no número anterior.

No mesmo sentido é o disposto no art. 405, número 2, do Código de Processo Civil Espanhol, *in verbis:*

Art. 405. Contestação e forma da contestação à demanda.

(...).

2. Na contestação da demanda haverão de serem negados ou admitidos os fatos aduzidos pelo autor. O tribunal poderá considerar o silencio ou as respostas evasivas do demandado como admissão tácita dos fatos que lhe sejam prejudiciais.

O art. 341 do novo C.P.C. reconhece a aplicação no processo civil brasileiro do *princípio da contestação específica*, no sentido de que o réu deve impugnar de forma articulada e especificamente todos os fundamentos de fato apresentados pelo autor. Manifestar-se especificadamente, precisamente, é manifestar-se indicando com precisão e pormenorizadamente os fatos e fundamentos jurídicos que possam ser articulados contra os argumentos fáticos exteriorizados na petição inicial. Isso significa dizer que o réu tem o ônus de impugnar os fatos postos pelo autor. Se não impugnar, esses fatos serão tidos como verdadeiros, razão pela qual deixam de ser objeto de prova, pois não são mais considerados controvertidos.

Conforme anota Calmon de Passos: *"a primeira consequência a retirar-se do dispositivo é a da impossibilidade da contestação por negação geral. Não só a tradicional contestação por negação geral, mas também a contestação que se limita a dizer não serem verdadeiros os fatos aduzidos pelo autor. Firmar isso e não impugnar são coisas que se equivalerão. Quer a exigência primitiva de manifestação específica, quer a constante do texto, de manifestação precisa, brigam de modo irreconciliável com a pura e simples negação dos fatos. Cumpre ao réu dizer não somente que os fatos são inverídicos, mas também como ocorreram ou que outros fatos são verdadeiros...".*[100]

[100] Calmon de Passos. J. J., idem, p. 328.

Sobre o ônus da impugnação especificada, preceitua Fredie Didier Jr.: *"Não se admite a formulação de defesa genérica. O réu não pode apresentar a sua defesa com a negativa geral dos fatos apresentados pelo autor (art. 302 do CPC de 1973). Cabe-lhe impugná-los especificadamente, sob pena de o fato não-impugnado ser havido como existente. Eis o ônus da impugnação especificada. Esse ônus não se aplica quando a defesa tiver sido apresentada por advogado dativo, curador especial ou membro do Ministério Público (parágrafo único do art. 302). A Fazenda Pública submete-se ao ônus da impugnação especificada, pois nem sempre as causas que lhe dizem respeito versam sobre direitos indisponíveis; basta citar o exemplo da ação civil pública em que um ente público é réu: nessa situação, o interesse público está, preponderantemente, ao lado ativo, não se admitindo a negação geral, conduta que se pode reputar temerária, quando provinda de ente público. A não-impugnação especificada, em algumas situações, não produz o efeito de reputar-se ocorrido o fato não impugnado. Eis os casos: a) se a respeito do fato não for admissível confissão, como os direitos indisponíveis (arts. 302, I e 351, CPC de 1973); art. 213, CC-202); b) se a petição inicial não estiver acompanhada de instrumento público que a lei considerar da substância do ato (art. 302, II; certidão do registro imobiliário, o testamento ext); c) se os fatos não-impugnados estiverem em contradição com a defesa (art. 302, III): quando o réu contesta apenas alguns dos fatos alegados pelo autor, mas da impugnação destes decorre implicitamente a rejeição dos demais, por incompatibilidade lógica entre o que foi arguido e os fatos não apreciados pelo contestante".*[101]

Aliás, o S.T.J. vem entendendo que o princípio da *impugnação específica* vai muito além da contestação, abrangendo também a esfera recursal. Sobre o tema eis o seguinte precedente:

> *(...).*
>
> *2. O agravo interposto contra decisão denegatória de processamento de recurso especial que não impugna, especificamente, seus fundamentos não merecem conhecimento, ante o óbice imposto pelo Súmula 182/STJ.*
>
> *3. A jurisprudência desta Corte é assente no sentido de que, para afastar a incidência da Súmula 182/STJ, não basta a impugnação genérica dos fundamentos da decisão agravada; é necessário que a contestação seja específica e suficientemente demonstrada.*
>
> *4. Nos termos do art. 544, § 4º, inciso I, do Código de Processo Civil, "a parte deve impugnar todos os fundamentos da decisão agravada, autônomos ou não, pois não existe identidade entre a lógica da Súmula n. 182/STJ e a da Súmula n. 283 do STF, uma vez que o conhecimento, ainda que parcial do agravo em especial, obriga a Corte a conhecer de todos os fundamentos do especial, inclusive os não impugnados de*

[101] DIDIER JR. F., op. cit., p. 451.

modo específico" (AgRg no AREsp 68.639/GO, Rel. Min. Mauro Campbell Marques, Segunda Turma, julgado em 13/12/2011, DJe 2/2/2012). Embargos de declaração recebidos como agravo regimental, mas improvido.

(EDcl no AREsp 372.739/RJ, Rel. Ministro HUMBERTO MARTINS, SEGUNDA TURMA, julgado em 08/10/2013, DJe 18/10/2013).

Somente não será aplicado o princípio da *contestação específica*, e, consequentemente, não haverá presunção de veracidade dos fatos, na hipótese em que *I – não for admissível, a seu respeito, confissão* (direitos relativos a direitos indisponíveis); *II – a petição inicial não estiver acompanhada de instrumento público que a lei considerar da substância do ato* (não supre a confissão ou qualquer outra prova a falta de escritura pública, quando ela for da substância do negócio jurídico); *III – estiverem em contradição com a defesa, considerada em seu conjunto* (em relação aos fatos articulados pelo autor e às consequências jurídicas deles provenientes). Em relação ao litisconsórcio, prescreve o art. 117 do atual C.P.C.:

> *Art. 117. Os litisconsortes serão considerados, em suas relações com a parte adversa, como litigantes distintos, exceto no litisconsórcio unitário, caso em que os atos e as omissões de um não prejudicarão os outros, mas os poderão beneficiar.*

É importante salientar a seguinte advertência de Calmon de Passos que, sem dúvida, aproxima-se de uma perspectiva de um processo justo baseado numa justa decisão:

> *"A parte é representada, em juízo, por advogado legalmente habilitado (art. 36 do C.P.C. de 1973), salvo raríssimas hipóteses em que se tolera a atuação em causa própria. Isso significa que a impugnação dos fatos ou sua aceitação expressa ou tácita não é ato da parte, mas do advogado. Exige o art. 38 (C.P.C. de 1973), entretanto, poderes especiais para que o advogado possa confessar ou reconhecer o direito do autor. O silêncio, contudo, ao contestar, pode valer confissão e confissão feita sem que poderes especiais existissem.*
>
> *Em face dessa realidade, o Código de Processo Civil português, no seu art. 38, prevê a possibilidade de a parte retificar ou retirar as afirmações de fato feitas por seu mandatário. O nosso silencia.*
>
> *Como obviar as consequências resultantes da admissibilidade expressa ou tácita de fato não verdadeiro por parte do advogado do réu, ao contestar, ou do advogado do autor, ao manifestar-se sobre a defesa indireta de mérito do réu? A presunção de verdade que resulta desse comportamento do advogado é prova, como outra qualquer, já vimos isso. E se o juiz vem a sentenciar com apoio nela, será sua decisão proferida com base em falsa prova, por não ser verdadeiro o fato em relação ao qual se constituiu a*

presunção, sendo admissível ação rescisória para desconstituição da coisa julgada formal, com apoio no disposto pelo art. 485, VI, do C.P.C. de 1973. E se por acaso o fato presumido verdadeiro foi insuficiente para autorizar o julgamento antecipado da lide (art. 330), a parte, no seu depoimento pessoal, pode elidir a presunção, como poderá fazê-lo a prova pericial ou testemunhal que acaso venha a produzir em contradição com o fato presumido verdadeiro".[102]

Por fim, estabelece o *parágrafo único* do *art. 341* do novo C.P.C.: *O ônus da impugnação especificada dos fatos não se aplica ao defensor público, advogado dativo e ao curador especial.*

No Projeto Originário do C.P.C. n. 8.046/10, preconizava-se que esse ônus da impugnação específica também não se aplicava ao *membro do Ministério Público.*

Assim, no caso de defesa apresentada por defensor público, advogado dativo ou por curador especial, não se aplicava o *princípio da impugnação específica,* razão pela qual a contestação por eles apresentada poderá ser por meio da *negativa geral.*

Parece-me que o legislador excluiu desse rol o Ministério Público pelo fato de que essa instituição encontra-se devidamente aparelhada e estruturada para o efeito de buscar elementos a fim de realizar uma contestação mais específica, não podendo mais valer-se da contestação genérica.

Art. 342

Depois da contestação, só é lícito ao réu deduzir novas alegações quando:

I – relativas a direito ou a fato superveniente;

II – competir ao juiz conhecer delas de ofício;

III – por expressa autorização legal, puderem ser formuladas em qualquer tempo e grau de jurisdição.

Dedução de novas alegações após a contestação

Conforme já se afirmou, aplica-se ao processo civil brasileiro o *princípio da eventualidade*, pois nos termos do que estabelece o art. art. 336 do novo C.P.C. incumbe ao réu alegar na contestação toda a matéria de defesa, expondo as razões de fato e de direito com que impugna o pedido do autor e especificando as provas que pretende produzir.

[102] Calmon de Passos, J. J., op. Cit., p. 334 e 335.

A mesma regra processual está prevista no art. 573º, número 2, do Código de Processo Civil Português (Oportunidade de dedução da defesa): *2 – Depois da contestação só podem ser deduzidas as exceções, incidentes e meios de defesa que sejam supervenientes, ou que a lei expressamente admita passado esse momento, ou de que se deva conhecer oficiosamente.*

Depois da contestação, somente será lícito ao réu deduzir novas alegações.

Por *novas alegações* deve-se entender novas razões de fato ou de direito, em outros termos, *novos fatos*, simples ou jurídicos, ou consequências jurídicas relacionáveis a esses novos fatos ou a essa nova situação jurídica. Não cuida o dispositivo de alegações no sentido comum de colocações de ordem doutrinária ou jurisprudencial em torno de fatos jurídicos ou das consequências jurídicas deduzíveis dos fatos já postos em juízo. Para essas alegações não há falar em preclusão.[103]

O réu poderá alegar após a apresentação da contestação matéria de defesa relativa a *direito ou fato superveniente*.

Direito superveniente é aquele que surgiu ou se integrou no curso da demanda, em momento posterior à apresentação da contestação. *Fatos supervenientes* são também aqueles que surgem ou se constituem após a apresentação da contestação. São exemplos: os frutos civis cuja exigibilidade se efetiva depois da contestação; ou o fato que agrava os danos decorrentes de um ato ilícito, como, por exemplo, o réu ter que se submeter a nova intervenção cirúrgica, ou vir a sofrer incapacidade grave etc.[104]

A questão que se coloca é se o *fato superveniente* diz respeito apenas aos fatos constitutivos após a contestação ou também aos fatos existentes antes da contestação mas que se tornaram conhecidos pelo réu após a prática deste ato processual.

O Código de Processo Civil português, em seu artigo 588º, estabelece a seguinte solução para o direito português:

> *Artigo 588º Termos em que são admitidos*
>
> *1 – Os factos constitutivos, modificativos ou extintivos do direito que forem supervenientes podem ser deduzidos em articulado posterior ou em novo articulado, pela parte a quem aproveitem, até ao encerramento da discussão.*
>
> *2 – Dizem -se supervenientes tanto os factos ocorridos posteriormente ao termo dos prazos marcados nos artigos precedentes como os factos anteriores de que a parte*

[103] Calmon de Passos, J. J., idem, p. 337.

[104] Calmon de Passos, J. J., idem, ibidem.

só tenha conhecimento depois de findarem esses prazos, devendo neste caso produzir -se prova da superveniência.

3 – O novo articulado em que se aleguem factos supervenientes é oferecido:

a) Na audiência prévia, quando os factos hajam ocorrido ou sido conhecidos até ao respetivo encerramento;

b) Nos 10 dias posteriores à notificação da data designada para a realização da audiência final, quando não se tenha realizado a audiência prévia;

c) Na audiência final, se os factos ocorreram ou a parte deles teve conhecimento em data posterior às referidas nas alíneas anteriores.

4 – O juiz profere despacho liminar sobre a admissão do articulado superveniente, rejeitando -o quando, por culpa da parte, for apresentado fora de tempo, ou quando for manifesto que os factos não interessam à boa decisão da causa; ou ordenando a notificação da parte contrária para responder em 10 dias, observando -se, quanto à resposta, o disposto no artigo anterior.

5 – As provas são oferecidas com o articulado e com a resposta.

6 – Os factos articulados que interessem à decisão da causa constituem tema da prova nos termos do disposto no artigo 596º.

Assim, para o direito português são fatos supervenientes tanto os que se constituírem posteriormente como os anteriores que até então eram desconhecidos.

Evidentemente que a melhor interpretação para o inc. I do art. 342 do novo C.P.C. é no sentido de que a superveniência seja tanto na constituição como no conhecimento do fato. Assim, a força maior ou o caso fortuito autoriza a alegação de fato cujo conhecimento somente veio a ocorrer após a apresentação da contestação.

Sobre o tema eis o seguinte precedente do S.T.J.:

1. Os reclamantes propuseram Ação Ordinária em 2004 visando ao reconhecimento do direito ao reajuste de 28,86%, conforme a Lei 8.627/1993, acolhida nos termos do Recurso Especial 775.341/DF, apreciado inicialmente em 2006, em decisão transitada em julgado em 2009. O juízo de primeiro grau entende que tal decisão não pode ser cumprida em razão de norma superveniente, datada de 2001, que teria promovido a recomposição salarial pretendida pelos reclamantes.

2. É dever do réu alegar toda a matéria de defesa com a contestação.

Eventual recomposição salarial ocorrida três anos antes da propositura da demanda está inserida no contexto de debate sobre o reajuste pretendido e devia estar contida nas alegações de defesa.

Tal fato não era novo ou superveniente à demanda.

3. Aplica-se o princípio do deduzido e do dedutível, pelo qual, nos termos do art. 474 do CPC, "passada em julgado a sentença de mérito, reputar-se-ão deduzidas e repelidas todas as alegações e defesas, que a parte poderia opor assim ao acolhimento como à rejeição do pedido".

4. Reclamação procedente para cassar a decisão reclamada e determinar o cumprimento da decisão proferida nos autos do REsp 775.341/DF.

(Rcl 5.077/DF, Rel. Ministro HERMAN BENJAMIN, PRIMEIRA SEÇÃO, julgado em 22/08/2012, DJe 03/09/2012)

Também poderão ser articuladas novas alegações quando delas *o juiz puder conhecer de ofício.*

É certo que em face do *princípio dispositivo* o juiz não poderá inserir no processo novas alegações de fato, sob pena de modificar o objeto da demanda que é de disponibilidade das partes.

Contudo, quando o juiz puder conhecer de ofício de determinada alegação de defesa, poderá o réu alegá-la após a contestação, como é o caso das nulidades absolutas, bem como das matérias relativas à preliminar de contestação, salvo a competência relativa (a não ser no caso de nulidade de cláusula de eleição). Também nas questões concernentes aos direitos indisponíveis, poderá o juiz conhecer de ofício de matérias não contidas e inseridas na contestação, principalmente quando estejam envolvidas questões concernentes a crianças, adolescentes e incapazes.

Sobre o tema, eis os seguintes precedentes do S.T.J.:

1. Não caracteriza omissão, contradição ou obscuridade quando o tribunal adota outro fundamento que não aquele defendido pela parte.

2. O artigo 462 do Código de Processo Civil dispõe que, se depois da propositura da ação algum fato constitutivo, modificativo ou extintivo do direito influir no julgamento da lide, caberá ao juiz tomá-lo em consideração, de ofício ou a requerimento da parte, no momento de proferir a sentença. Portanto, não constitui inovação a alegação, realizada pela recorrida em apelação, a respeito de haver o superveniente ajuizamento de execução pela recorrente.

(...).

6. Recurso especial parcialmente provido para restabelecer a sentença de improcedência.

(REsp 1011040/PB, Rel. Ministro LUIS FELIPE SALOMÃO, QUARTA TURMA, julgado em 27/03/2012, DJe 10/04/2012)

(...).

2. Incumbe ao julgador, de ofício ou a requerimento da parte, levar em conta fato constitutivo, modificativo ou extintivo de direito, ocorrido posteriormente ao ajuizamento da ação, capaz de influir no seu julgamento, ainda que arguido em embargos declaratórios, inclusive para evitar decisões contraditórias. Precedentes jurisprudenciais do STJ.

3. Dispõe o artigo 462, do CPC:" Se, depois da propositura da ação, algum fato constitutivo, modificativo ou extintivo do direito influir no julgamento da lide, caberá ao juiz, tomá-la em consideração, de ofício ou a requerimento da parte, no momento de proferir a sentença." 4. In casu, o Tribunal a quo teve conhecimento do fato superveniente – reforma do Plano Diretor de Porto alegre, no que diz respeito à taxa de ocupação que ficou caracterizada como exagerada, bem assim a possibilidade de regularização, efetuado pela Lei 434/99 – por intermédio da oposição de Embargos de Declaração.

5. Desta sorte, incumbia ao Tribunal de origem, em face da influência do fato superveniente, e considerando a possibilidade de conceder-se efeitos infringentes aos embargos, determinar a intimação da parte contrária para manifestar-se em atenção ao princípio do contraditório.

6. Deveras, o art. 517 do CPC permite o ius novorum quanto à questão fática superveniente, o que impõe a análise de legislação ulterior amparando a pretensão da parte.

7. Recurso Especial parcialmente conhecido e, nesta parte, provido para determinar o retorno dos autos à instância a quo para que examine a questão superveniente, nos termos do art. 462, do CPC, restando prejudicado o exame das demais alegações da recorrente.

(REsp 567.951/RS, Rel. Ministro LUIZ FUX, PRIMEIRA TURMA, julgado em 06/12/2005, DJ 13/02/2006, p. 662)

Da mesma forma, poderão ser apresentadas novas alegações após a apresentação da contestação quando, *por expressa autorização legal, puderem ser formuladas em qualquer tempo e juízo.*

Assim, quando houver expressa autorização legal para que novas matérias de defesa possam ser alegadas ou formuladas, a qualquer tempo ou juízo, poderá o réu alegá-las. Observa-se essa autorização no disposto do art. 1011: *As questões de fato não propostas no juízo inferior poderão ser suscitadas na apelação, se a parte provar que deixou de fazê-lo por motivo de força maior.*

CAPÍTULO VII – Da Reconvenção

Art. 343

Na contestação, é lícito ao réu propor reconvenção para manifestar pretensão própria, conexa com a ação principal ou com o fundamento da defesa.

§ 1º Proposta a reconvenção, o autor será intimado, na pessoa de seu advogado, para apresentar resposta no prazo de 15 (quinze) dias.

§ 2º A desistência da ação ou a ocorrência de causa extintiva que impeça o exame de seu mérito não obsta ao prosseguimento do processo quanto à reconvenção.

§ 3º A reconvenção pode ser proposta contra o autor e terceiro.

§ 4º A reconvenção pode ser proposta pelo réu em litisconsórcio com terceiro.

§ 5º Se o autor for substituto processual, o reconvinte deverá afirmar ser titular de direito em face do substituído e a reconvenção deverá ser proposta em face do autor, também na qualidade de substituto processual.

§6º O réu pode propor reconvenção independentemente de oferecer contestação.

Da reconvenção

Tanto no projeto originário do novo C.P.C., n. 166/10, quanto na sua versão encaminhada pelo Senado, n. 2.046/10, não havia mais a previsão de *reconvenção* a ser interposta pelo réu.

Nos referidos projetos, ao invés da reconvenção, permitia-se ao réu ingressar com o denominado *pedido contraposto.*

No relatório final da Câmara ficou consignada a seguinte observação de Daniel Francisco Metidiero:

> *Diz que é louvável a adoção de um procedimento único para o processo de conhecimento cujas características possibilitam flexibilidade no que se refere às alterações do pedido e da causa de pedir; Reclama da substituição da reconvenção pelo pedido contraposto como uma das formas de resposta do réu, pois tal mudança, além de não trazer nenhum benefício ao processo civil, enfraquece a tradição jurídica de um instituto que vem dos tempos do direito Romano; Diz que a arguição de convenção de arbitragem não pode ser realizada na contestação, conforme estabelece o projeto, uma vez que isso pode comprometer a confidencialidade estipulada na arbitragem; Sugere a adoção de uma audiência preliminar destinada ao saneamento do processo na qual o juiz deve ter*

postura cooperativa com o intuito de auxiliar as partes; Destaca que o código necessita disciplinar melhor a dinamização da prova cuja inversão do ônus, muitas vezes, ocorre na sentença, surpreendo as partes; Pugna pelo estabelecimento de parâmetros que norteiem os termos e as expressões contidos nas decisões judiciárias; Chama a atenção para a possibilidade do emprego de uma linguagem, no projeto, que transcenda àquela aplicada às obrigações de fazer, não fazer e dar, contemplando termos referentes à tutela dos direitos; Destaca que a supressão da ação declaratória incidental é um problema grave, porquanto amplia objetivamente os limites da coisa julgada; Destaca que a possibilidade de substituição da penhora em dinheiro pela penhora em imóveis representa um retrocesso; Finaliza agradecendo a atenção e se coloca à disposição para colaborar com elaboração do projeto.

O Ministro Luiz Fux do S.T.F. também deixou registrada a seguinte ponderação no relatório final da Câmara dos Deputados:

Salienta que a discussão do novo CPC tem sido conduzida de forma aberta e ampla, sendo extremamente democrática; Destaca que o grande ideário do novo CPC é o cumprimento da cláusula pétrea referente à duração razoável do processo; Relembra que os trabalhos da comissão de juristas no Senado Federal foram conduzidos sob o mote de eliminar as barreiras que impedem o Poder Judiciário de prestar qualitativa e rapidamente a tutela jurisdicional; Ressalta que o CPC atual é bastante formalista e que permite a existência de vários incidentes; Discorre sobre a prodigalidade de recursos, em abstrato e em concreto, permitida pelo CPC em vigor; Constata que o projeto do novo Código retirou a formalidade excessiva do processo, conforme defendeu Mauro Cappelletti, e cita como exemplo disso a simplificação da intervenção de terceiros e a retirada do incidente da impugnação do valor da causa; Defende a manutenção do pedido contraposto cujas características implicam apenas uma decisão no processo, o que facilita o entendimento do cidadão; Elogia a retirada dos embargos infringentes da lei processual, uma vez que se trata de um instituo ineficiente e só existente no Brasil; Enaltece o sistema recursal do novo CPC no qual todas as irresignações das partes serão manifestadas em um recurso único cujo deferimento terá efeitos ex-tunc; Tece elogios sobre as peculiaridades do novo CPC que possibilitam a atribuição de efeitos ex-nunc nos casos de modificação jurisprudencial sem o correspondente lastro de alteração legal; Exprime admiração quanto à instituição de honorários de sucumbência na fase recursal, porquanto tal característica será um meio dissuasório de possíveis aventuras jurídicas que impedem a célere prestação jurisdicional; Vislumbra a necessidade de racionalizar a sistemática dos embargos de declaração, em especial, no que se refere à sua admissibilidade no segundo grau de jurisdição; Discursa em favor do regramento proposto pelo novo CPC para alguns institutos, quais sejam: incidente de resolução de demandas repetitivas, Amicus Curiae, tutela de urgência, tutela evidência e princípios gerais; Finaliza elogiando os trabalhos da Comissão e agradece a honra do convite para proferir palestra na referida conferência.

Prevaleceu na Câmara dos Deputados a reintrodução da reconvenção no novo C.P.C., conforme preconiza o art. 343: "*Na contestação, é lícito ao réu propor reconvenção para manifestar pretensão própria, conexa com a ação principal ou com o fundamento da defesa*".

Assim, "*o réu, sem prejuízo da defesa, e até sob certo aspecto reforçando-a, poderá tomar a ofensiva. O autor poderá ter ou não ter razão, sem embargo do que poderá o réu ter, ou supor que tem, uma legítima pretensão contra ou em relação ao primeiro, que seja juridicamente protegível, diversa da que constitui objeto da ação, e, assim, contra-atacando, pedir ao juiz que dela conheça e a declare conforme com a vontade da lei. Ao ataque do autor reage o réu com um contra-ataque; 'a atitude estática, de quem se defende, passa o réu à atitude dinâmica de quem, por sua vez, ofende o adversário*".[105]

Esse fenômeno é mais comum no capítulo das obrigações e ainda mais no das obrigações bilaterais, mas que não é dele exclusivo, pois também é observado no âmbito dos litígios em que a pretensão do autor consiste em exigir do réu o pagamento de certa quantia, de que se diz credor, e este, por sua vez, se considere credor daquele.[106]

Essa contra-ação do réu contra a do autor no mesmo processo denomina-se de *reconvenção.*

Conforme anota Paula Batista, "*reconvenção é a ação proposta pelo réu contra o autor, no mesmo feito a juízo em juízo em que é demandado*".[107]

Há entendimento respeitável de que a reconvenção teria sua origem na compensação, ainda no sistema formulário romano, tendo em vista que os textos falam das *mutuae petitiones,* aludindo a casos de compensação.[108]

Porém, a compensação em nosso ordenamento jurídico não deverá ser alegada em reconvenção, mas, sim, como matéria de defesa (contestação), invocando em seu favor a *exceptio compensationis,* extinguindo-se as duas obrigações até onde se compensarem.[109] Sobre o tema, eis o seguinte precedente do S.T.J.:

[105] SANTOS, Moacyr Amaral. *Da reconvenção no direito brasileiro.* 4ª ed. São Paulo: Max Limonad, 1973. p. 111 e 112.

[106] SANTOS, M. A., idem, p. 112.

[107] PAULA BATISTA. *Compêndio da teoria e prática do processo civil e comercial*, Lisboa, 1910. §125.

[108] SANTOS, M. A., op. cit., p. 118.

[109] SANTOS, M. A, idem, p. 112.

1. Cuidando-se de defesa indireta de mérito, consubstanciada em fato extintivo do direito do autor (art. 326 e 333, II, do CPC), não há óbice à alegação de compensação de créditos em sede de embargos à ação monitória, tampouco é vedado ao embargante alegar e provar pagamento parcial da dívida, sendo desnecessário pleito reconvencional para tanto.

2. Recurso especial parcialmente provido.

(REsp 781.427/SC, Rel. Ministro LUIS FELIPE SALOMÃO, QUARTA TURMA, julgado em 19/08/2010, DJe 09/09/2010).

A reconvenção, segundo estabelece o art. 343 do atual C.P.C., deverá ser alegada pelo réu *na contestação*, sendo-lhe lícito propor reconvenção para manifestar pretensão própria.

O legislador do novo C.P.C. estabelece que a reconvenção não será interposta em peça própria e apertada, mas inserida como um capítulo da contestação.

No C.P.C. de 1973, ao contrário, era lícito ao réu reconvir ao autor no mesmo processo, toda vez que a reconvenção fosse conexa com a ação principal ou com o fundamento da defesa. A reconvenção, neste caso, dava-se em petição própria e não na contestação.

A reconvenção deve ser conexa com a demanda principal ou com o fundamento da defesa, pois se assim não o for, deverá o réu promover demanda própria autônoma contra o autor. Sobre o tema, eis os seguintes precedentes do S.T.J.:

(...).

3. Não cabe reconvenção se a pretensão do réu/reconvinte não é conexa com a do autor/reconvindo. A conexão se verifica quando há identidade de objeto ou de causa de pedir, situação não evidenciada no caso.

4. Agravo regimental não provido.

(AgRg no REsp 1296812/PR, Rel. Ministro MARCO BUZZI, QUARTA TURMA, julgado em 27/11/2012, DJe 11/12/2012).

(...).

1. A reconvenção pode ser apresentada nas hipóteses sempre que seja conexa com a ação principal ou com o fundamento da defesa. Se, defendendo-se da ação, o réu apresenta fatos que justificariam, em seu entender, o comportamento que adotou, e se desses fatos ele acredita emergir direito a indenização por dano moral, é possível apresentar, no processo, reconvenção pleiteando o recebimento dessa verba.

2. É irrelevante o argumento do recorrente no sentido de que os fatos que dão fundamento à pretensão do réu-reconvinte são impertinentes. O cabimento da reconvenção deve ser avaliado em 'status assertionis'.

3. Recurso especial improvido.

(REsp 1126130/SP, Rel. Ministra NANCY ANDRIGHI, TERCEIRA TURMA, julgado em 20/03/2012, DJe 11/04/2012).

1. A legislação de regência prevê a utilização da reconvenção sempre que houver conexão com a ação principal ou com o fundamento da defesa. Inteligência do artigo 315 do CPC.

2 Presente o vínculo entre o fundamento da defesa e a pretensão reconvinte, consistente no contrato locativo, possível a propositura da reconvenção em ação de despejo. Precedentes.

3. Recurso especial a que se dá provimento, para determinar o retorno dos autos à origem, a fim de que as questões de mérito tecidas com a reconvenção sejam apreciadas.

(REsp 293.784/SP, Rel. Ministro OG FERNANDES, SEXTA TURMA, julgado em 17/05/2011, DJe 06/06/2011)

Estabelece o *§ 1º do art. 343 do atual C.P.C. que proposta a reconvenção, o autor será intimado, na pessoa de seu advogado, para apresentar resposta no prazo de 15 (quinze) dias.*

Proposta a reconvenção na contestação, o autor deverá ser intimado, na pessoa de seu advogado, para apresentar resposta no prazo de quinze dias à reconvenção.

Na realidade, o autor deverá, em peças separadas, apresentar a impugnação à contestação propriamente dita e em outra peça apresentar impugnação à reconvenção.

Aduz o*§ 2º do art. 343* do atual C.P.C. que *a desistência da ação ou a ocorrência de causa extintiva que impeça o exame de seu mérito não obsta ao prosseguimento do processo quanto à reconvenção.*

Este dispositivo vem demonstrar que haverá apenas e tão-somente um processo para a demanda principal e para a demanda reconvencional. Tanto é que a desistência da demanda principal ou a ocorrência de causa extintiva que impeça o exame de seu mérito, não obstará que o juiz conheça, no mesmo processo, a questão introduzida via a reconvenção.

Havia previsão no projeto originário do novo C.P.C. que contra a decisão que indeferisse liminarmente a reconvenção ou que a julgasse liminarmente improcedente, caberia agravo de instrumento.

Porém, não há previsão desse recurso no art. 1015 do novo C.P.C., salvo em relação ao julgamento liminar de improcedência, quando, então, caberá o agravo de instrumento com base no art. 1015, inc. II do atual C.P.C.

Preceitua o *§ 3º do art. 343* do atual C.P.C. que *a reconvenção pode ser proposta contra o autor e terceiro.*

Este preceito normativo permite a ampliação da sujeição passiva na reconvenção, a fim de que a pretensão nela inserida possa ser dirigida em relação ao autor e eventual terceiro (litisconsorte).

Porém, a reconvenção não poderá ser dirigida exclusivamente contra terceiro, pois neste caso não haveria ampliação da sujeição passiva, mas, sim, modificação integral dessa sujeição.

Aduz o § 4º do art. 343 do atual C.P.C. *que a reconvenção pode ser proposta pelo réu em litisconsórcio com terceiro.*

A ampliação da sujeição na reconvenção não se dá apenas em relação à sujeição passiva da pretensão formulada, mas pode ocorrer igualmente no que concerne à sujeição ativa da reconvenção.

Desta feita, a reconvenção poderá ser proposta pelo réu juntamente com eventual terceiro em litisconsórcio, seja esse litisconsórcio unitário ou facultativo.

Porém, a reconvenção não poderá ser proposta unicamente por terceiro, mesmo que seja eventual litisconsorte do réu, pois neste caso não haveria ampliação da sujeição, mas, sim, modificação integral dessa sujeição.

Preceitua o *§ 5º do art. 343* do atual C.P.C. que se *o autor for substituto processual, o reconvinte deverá afirmar ser titular de direito em face do substituído, e a reconvenção deverá ser proposta em face do autor, também na qualidade de substituto processual.*

Como na substituição processual ou na *legitimatio extraordinário* o substituto age em nome próprio defendendo interesse do substituído, eventual reconvenção do réu, evidentemente, não poderá veicular pretensão contra o substituto, mas somente em relação ao substituído. Porém, a reconvenção, procedimentalmente, deverá ser proposta em face do substituto (autor) na qualidade de substituto processual.

Por fim, prescreve o *§ 6º do art. 343* do atual C.P.C. que *o réu pode propor reconvenção independentemente de oferecer contestação.*

Esse dispositivo demonstra a autonomia entre a contestação e a reconvenção.

Por isso, muito embora a reconvenção deva ser promovida na contestação, quando o réu também apresenta esse mecanismo de defesa, isso não significa que a reconvenção somente possa ser utilizada quando haja efetiva contestação.

O réu poderá ingressar somente com a reconvenção, sem apresentar a contestação, sofrendo evidentemente as consequências jurídicas dessa opção processual, dentre elas, eventual revelia quanto à matéria de fato. Sobre o tema, eis o seguinte precedente do S.T.J.:

1. A revelia, que decorre do não oferecimento de contestação, enseja presunção relativa de veracidade dos fatos narrados na petição inicial, podendo ser infirmada pelos demais elementos dos autos, motivo pelo qual não acarreta a procedência automática dos pedidos iniciais.

2. A decretação da revelia com a imposição da presunção relativa de veracidade dos fatos narrados na petição inicial não impede que o réu exerça o direito de produção de provas, desde que intervenha no processo antes de encerrada a fase instrutória.

3. No caso, a apresentação de reconvenção, ainda que sem o oferecimento de contestação em peça autônoma, aliada ao pedido de produção de provas formulado em tempo e modo oportunos impedia o julgamento antecipado da lide.

4. Recurso especial não provido.

(REsp 1335994/SP, Rel. Ministro RICARDO VILLAS BÔAS CUEVA, TERCEIRA TURMA, julgado em 12/08/2014, DJe 18/08/2014)

Eis, ainda, os seguintes precedentes do S.T.J.:

Súmula 192 do S.T.J.: *A reconvenção é cabível na ação monitória, após a conversão do procedimento em ordinário.*

1. As sentenças de cunho declaratório podem ter força executiva, se presentes os elementos necessários à execução, como exigibilidade e certeza da relação. Precedentes.

2. A sentença declaratória em ação de revisão de contrato pode ser executada pelo réu, mesmo sem ter havido reconvenção, tendo em vista a presença dos elementos suficientes à execução, o caráter de "duplicidade" dessas ações, e os princípios da economia, da efetividade e da duração razoável do processo (REsp nº 1.309.090/AL).

(...).

(AgRg no REsp 1446433/SC, Rel. Ministro SIDNEI BENETI, TERCEIRA TURMA, julgado em 27/05/2014, DJe 09/06/2014)

(...).

6. É possível, no bojo de ação que visa impedir o protesto de título, a reconvenção pelo credor para a cobrança da dívida.

7. Agravo regimental a que se nega provimento.

(AgRg no AREsp 27.041/GO, Rel. Ministro JOÃO OTÁVIO DE NORONHA, TERCEIRA TURMA, julgado em 08/05/2014, DJe 26/05/2014)

1. A disciplina processual civil é estruturada de modo que o réu, citado para apresentar resposta ao pedido do autor, querendo formular-lhe pleito adverso, somente o possa fazer por meio do ajuizamento da reconvenção; na contestação, como se diz, não cabe a formulação de pedido, porquanto, por seu intermédio, a parte ré deve apenas se defender da pretensão da parte autora, resistindo, pelos meios ao seu alcance, à procedência de sua postulação, mas não lhe é permitida a dedução de pedido, ainda que tenha direito à correspondente prestação.

2. No caso dos autos, a egrégia Corte Paranaense aplicou, de ofício, os ditames do art. 333 do Código Comercial (hoje revogado), impondo ao autor ônus ou encargo que obviamente não fora objeto de seu pedido (do promovente) e nem de declinação, pelo promovido, em sede própria, a saber, a reconvenção.

3. O art. 128 do CPC impõe ao Juiz decidir a lide nos limites em que foi proposta, enquanto o art. 460 do CPC veda-lhe a prolação de decisão além (ultra petita), fora (extra petita) ou aquém do pedido (citra ou infra petita); ambos os dispositivos consagram o chamado princípio da congruência ou da correlação, que preceitua que a sentença deve corresponder, fielmente, ao pedido formulado pela parte promovente, deferindo-o ou negando-o, no todo, parcialmente, se for o caso.

4. Embargos de Divergência acolhidos, a fim de conhecer e dar provimento ao Recurso Especial, para anular o acórdão proferido pelo egrégio Tribunal de Justiça do Estado do Paraná, a fim de que o julgamento das Apelações seja adstrito aos limites estabelecidos na lide.

(EREsp 1284814/PR, Rel. Ministro NAPOLEÃO NUNES MAIA FILHO, CORTE ESPECIAL, julgado em 18/12/2013, DJe 06/02/2014)

(...).

4. Não se admite no processo executivo o oferecimento de reconvenção, pois a defesa do devedor se veicula exclusivamente nos embargos.

(...).

(REsp 1050341/PB, Rel. Ministro MARCO BUZZI, QUARTA TURMA, julgado em 05/11/2013, DJe 25/11/2013).

(...).

1. Considerando o fato de ser a desapropriação de interesse exclusivo do ente público e de serem limitadas as matérias passíveis de discussão, nos moldes do art. 20 do Decreto-Lei 3.365/41, não se admite pedido de reconvenção nos feitos expropriatórios.

2. Agravo regimental não provido.

(AgRg no AREsp 94.329/PR, Rel. Ministra ELIANA CALMON, SEGUNDA TURMA, julgado em 08/10/2013, DJe 18/10/2013).

(...).

2. Julgadas extintas a ação e a reconvenção, por ausência de condição da ação, não descaracteriza a sucumbência recíproca apta a propiciar o manejo do recurso adesivo, pois "[a] 'sucumbência recíproca' há de caracterizar-se à luz do teor do julgamento con-

siderado em seu conjunto; não exclui a incidência do art. 500 o fato de haver cada uma das partes obtido vitória total neste ou naquele capítulo".

(...).

(REsp 1109249/RJ, Rel. Ministro LUIS FELIPE SALOMÃO, QUARTA TURMA, julgado em 07/03/2013, DJe 19/03/2013).

(...).

2. A pretensão deduzida pelos recorrentes, relativa à indenização em razão do plantio realizado durante o trâmite desta ação, é impertinente na presente via. Em ação de despejo julgada totalmente procedente, não pode o autor sair condenado a obrigação de pagar, sem que tenha havido reconvenção ou mesmo ação autônoma para tal finalidade.

(...).

(REsp 1012325/RS, Rel. Ministro LUIS FELIPE SALOMÃO, QUARTA TURMA, julgado em 25/09/2012, DJe 16/10/2012).

(...).

3. Nada impede os acionistas minoritários de apresentarem, em sede de defesa, reconvenção, caso concordem com a dissolução parcial mas entendam que os acionistas majoritários é que devem se afastar.

Todavia, o que não se pode admitir é que, numa sociedade intuito personae com ruptura da affectio societatis, os sócios minoritários se postem contrários à dissolução parcial mas não demonstrem interesse em assumir o controle da empresa.

4. Recurso especial não provido.

(REsp 1128431/SP, Rel. Ministra NANCY ANDRIGHI, TERCEIRA TURMA, julgado em 11/10/2011, DJe 25/10/2011).

CAPÍTULO VIII – Da Revelia

Art. 344

Se o réu não contestar a ação, será considerado revel e presumir-se-ão verdadeiras as alegações de fato formuladas pelo autor.

Sumário:

1. Crítica ao instituto da revelia
2. Revelia e contumácia
3. Falta de contestação ou defesa do réu

4. Diferenciação entre revelia e efeitos decorrente da revelia

5. Revelia e julgamento antecipado da lide

1. Crítica ao instituto da revelia

O Capítulo VIII do novo C.P.C. trata do instituto da *revelia.*

Contudo, analisando os dispositivos do novo C.P.C. que tratam da revelia, lamentavelmente observa-se que o legislador do Século XXI não evolui para atenuar os efeitos da revelia em face de determinadas situações fáticas que podem ensejar mácula ao princípio do contraditório como garantia fundamental prevista na Constituição.

Conforme já tivemos a oportunidade de criticar os efeitos da revelia sob a égide do C.P.C. de 1973, *"ainda hoje, o nosso ordenamento jurídico considera os efeitos da revelia sob a perspectiva privatista e disponível da relação jurídica processual, sem qualquer preocupação com a nova postura da natureza jurídica do processo, e sem atentar para o fato de que a relação jurídica processual é diversa da relação jurídica de direito material nela inserida, uma vez que o seu âmbito de aplicação encontra-se no direito público, ou seja, na perspectiva de que não há falar em direito disponível perante a natureza público do processo"*.[110]

E essa crítica há muito vem sendo feita por renomados doutrinadores. Calmon de Passos teve a seguinte inspiração: *"acreditamos que se possa construir, com apoio em interpretação sistemática de vários dispositivos do Código, uma disciplina tolerável para a revelia. E esse esforço se impõe, porquanto, no particular, o legislador foi de um irrealismo e de uma insensibilidade chocantes, 'data venia'. Esqueceu-se de que o Brasil possui peculiaridades que o fazem essencialmente diverso, do ponto de vista social e humano, dos desenvolvidos países germânicos, tomados, como exemplo, o do pequenino e arrumadinho Portugal, hoje modelo tão estimado para tanta coisa em nosso país"*.[111]

A visão de José Joaquim Calmon de Passos, muito embora externada para uma determinada época deste Brasil, não se pode tachar de impertinente para a contemporânea realidade social, que pouco mudou, principalmente quanto à questão da distribuição de riquezas, razão pela qual o instituto da revelia não pode continuar na inércia e na postura que advém desde o tempo do Brasil colônia.[112]

[110] Souza, Artur César. *Contraditório e revelia.* – perspectiva crítica dos efeitos da revelia em face da natureza dialética do processo. São Paulo: Editora Revista dos Tribunais, 2003. p. 180.

[111] Calmon de Passos, J. J. *Comentário ao código de processo civil.* 6. ed., Rio de Janeiro: Forense, 1989, vol. III. P. 397.

[112] Souza, A. C., op. Cit., p. 233.

O Brasil, segundo dizia Calmon de Passos, *"é um continente, segundo velho, mas expressivo, lugar comum. Possui Estados maiores que países como a Áustria, Portugal e Alemanha. Estados dolorosamente pobres e atrasados, onde analfabetos e marginalizados vivem em lugares precariamente servidos de meios de comunicação e nos quais muitas vezes nem chegou a ser muito visto um profissional de direito. Lugares onde as partes, sem que isso constitua raridade, nem mesmo sabem o real significado de uma citação e, recebendo-a das mãos do oficial (quando recebem), procuram na cidade o coronel ou o compadre letrado, para que as orientem a respeito ... Os cultos, os bem providos, ou bem nascidos e bem situados geograficamente, esses dificilmente são revéis. Mas os outros, os que se situam fora da cerca, ou dentro do cercado, esses dificilmente não são revéis de fato ou de direito. E eles foram esquecidos"*.[113]

Sem dúvida, deveria o legislador se preocupar um pouco mais com os fatores empíricos e realistas que impediram o réu de participar no processo, tornando-se revel, uma vez que existem fatos concretos, pelos quais o revel não tem qualquer responsabilidade, que impedem sua efetiva participação no processo.

É por isso que o direito comparado, principalmente o art. 294 do Código de Processo Civil italiano, permite que o revel requeira ao juiz o restabelecimento do prazo para prática de atos processuais já preclusos, desde que demonstre que a sua falta de constituição no processo deu-se por causa a ele não imputável. Diz o art. 294 do C.P.C. italiano:

> *Art. 294 (Restabelecimento dos prazos)*
>
> *O contumaz que se constitui pode requerer ao juiz instrutor para ser admitido a cumprir a atividade que lhe estaria preclusa, se demonstrar que a nulidade da citação ou da sua notificação o impediu de ter conhecimento do processo ou que a constituição foi impedida por causa a ele não imputável.*
>
> *O juiz, se considerar verossímil os fatos alegados, admite, quando necessário, a prova do impedimento, e então provê sobre a remissão do prazo das partes.*
>
> *Os provimentos previstos no inciso precedente são pronunciados por decisão.*
>
> *As disposições dois incisos precedentes aplicam-se também se o contumaz que se constitui pretende desenvolver, sem o consentimento da outra parte, atividade defensiva que produzem retardo na remessa ao colégio da causa que esteja já madura para a decisão em relação às partes já constituídas.*

Evidentemente que a essência sociológica do dispositivo previsto no art. 294 do C.P.C. italiano deveria ter sido observada pelo novo C.P.C. brasileiro, pois

[113] CALMON DE PASSOS, op. Cit., p. 397.

muitas vezes o réu não comparece ao processo por circunstâncias fáticas, caso fortuito ou força maior, que o impedem de contratar um advogado ou mesmo procurar um defensor público para realizar sua defesa. E essas questões fáticas e empíricas deveriam ser analisadas e se for o caso levadas em consideração para afastar a revelia.

Contudo, como se afirmou, lamentavelmente o legislador brasileiro do Século XXI não evoluiu no trato do instituto da revelia, razão pela qual passa à sua análise sob o âmbito meramente dogmático.

2. Revelia e contumácia

A palavra revelia advém do latim *rebelle*, mais o sufixo "ia", sendo que, na perspectiva jurídica, é configurada como sendo o estado ou situação do revel, isto é, daquele que não cumpre a citação para comparecer em Juízo.[114]

A contumácia, por sua vez, dentro de sua concepção etimológica representa aquele que *contemnit*, ou seja, que despreza algo, uma vez que na sua origem foi considerada como sendo um desprezo à pessoa do magistrado.[115]

Atualmente, o vocábulo contumácia significa: *"[...]grande teimosia; obstinação, aferro, afinco, pertinácia[...]"*.[116]

Não obstante permanecer intacta a acepção etimológica da palavra contumácia, a sua acepção técnica não se identifica com a de *resistência*, uma vez que a contumácia "[...]é hoje compreendida face o comportamento da parte no processo, de modo especial como detalhe de sua inatividade. E contumaz, universalmente, *é aquele que não comparece em juízo*".[117]

[114] "Revel – derivado do latim *rebéllis* (rebelde), originariamente designa a pessoa que se rebela (rebelde ou rebelado), ou aquele que não obedece (desobediente).
Juridicamente, em acepção geral e ampla, revel designa o réu, seja um Juízo cível ou criminal, que não atende ao chamado para acompanhar o processo que se intenta contra si. E, desse modo, não comparece ao processo, nem pessoalmente, nem por mandatário regularmente constituído.
Para o revel civil não estabelece a lei a necessidade de um defensor *ad hoc*.
E o processo se movimentará mesmo sem a sua presença". (Silva, De Plácido, *Vocabulário jurídico*. Rio de Janeiro: Forense, 1984. v. IV, p. 141).

[115] Gianesini, Rita. *Da revelia no processo civil brasileiro*. São Paulo: Ed. Revista dos Tribunais, 1977. p.56.

[116] Ferreira, Aurélio Buarque de Holanda. *Novo dicionário da língua portuguesa*. 2. ed. rev. e aum. 29ª impressão. Rio de Janeiro: Ed. Nova Fronteira, 1986. p.469.

[117] Tucci, Rogério Lauria. *Da contumácia no processo civil brasileiro*. São Paulo: Ed. José Bushatsky, 1964. p. 115.

No campo jurídico, a doutrina apresenta diversas perspectivas sobre a natureza da contumácia e da revelia, agrupando-se em três grupos, a saber:[118]

> *a) os que afirmam serem as duas expressões sinônimas;*[119]
> *b) os que sustentam ser a revelia efeito da contumácia;*[120] *e*
> *c) os que colocam a revelia como espécie de contumácia.*[121]

Parece que a terceira posição, ou seja, a que considera a revelia como espécie de contumácia, é a mais condizente com os aspectos conceituais desses institutos. O termo inatividade das partes (autor e réu) no processo corresponde à contumácia, enquanto que a não apresentação de contestação por parte do réu deve-se denominar de revelia.[122]

Assim: "*Contumácia consiste na inatividade do autor, do réu (salvo no tocante à não apresentação de contestação), ou de ambos, ou de terceiro interveniente na prática de algum*

[118] Gianesini, R., op. cit., p.57.

[119] "[...]Revelia significa o estado ou qualidade do revel, e este vocábulo designa a parte que, sendo citada, não acode à citação. Para se incidir na revelia, que também se pode chamar de contumácia, [...]" (Monteiro, João. *Curso de processo civil.* São Paulo: Ed. Cia. Industrial, 1900, p.44.

[120] "A inércia do réu, desatento ao ônus de comparecer e responder no prazo, produz o efeito da revelia. É a consequência da contumácia do réu". (Santos, Moacyr Amaral. *Primeiras linhas do direito processual civil.* São Paulo: Ed. Max Limonad, 1962. v. 2. p. 189).

[121] "[...]Contumácia é o não comparecimento da parte a Juízo. A contumácia do réu denomina-se de revelia. Esta não é uma penalidade imposta ao réu por desobedecer à ordem judicial de comparecimento. É apenas uma medida processual destinada a impedir que o réu possa obstar o curso normal da causa; prossegue esta, sem embargo da ausência do réu, contra ele correndo os prazos, independentemente de intimação ou notificação". (Rezende, Gabriel de. *Curso de direito processual civil.* São Paulo: Ed. Saraiva, 1963. v. II. p.102).

[122] "E isto porque: a) a revelia não pode ser considerada como efeito da contumácia, pois constitui uma hipótese de inatividade do réu – não apresentação de contestação – ao lado de tantas outras, que poderão ocorrer não só por parte dele, como, também, por parte do autor ou de ambas as partes; b) contumácia e revelia não podem ser consideradas como sinônimos pois são dois termos distintos, sendo um mais amplo e geral, enquanto que o outro mais específico. Até pela origem etimológica do vocábulo podemos chegar a esta conclusão. Com efeito, contumácia significa desprezo, teimosia, obstinação no tocante à prática, ou melhor, não prática de *qualquer* ato por quaisquer ou ambas as partes, enquanto que revelia é caracterizada por aquele que, citado, não comparece em Juízo, e é, por isso, revel. Trata-se de relação entre espécie e gênero; c) não há que se distinguir os dois termos sem qualquer interligação entre ambos, pois a revelia nada mais é que uma inatividade do réu – não apresentação de contestação. Outro não foi o entendimento de nosso legislador". (Gianesini, R., op. cit., p.64).

ato processual, na forma e prazo determinados. Revelia consiste na não apresentação de contestação na forma e prazos legais".[123]

3. Falta de contestação ou de defesa do réu

Prescreve o *art. 344* do novo C.P.C. que *se o réu não contestar a ação, será considerado revel e presumir-se-ão verdadeiras as alegações de fato formuladas pelo autor.*

A doutrina, induzida pelo teor da disposição legal do artigo 319 do Código de Processo Civil de 1973, que não se diferencia muito do atual art. 344 do novo C.P.C., afirma que há revelia quando o réu não contesta o pedido formulado pelo autor.

O momento caracterizador da revelia seria a falta de contestação do réu, em outras palavras, o transcurso silencioso do prazo para contestar, salvo as exceções preconizadas pelo próprio estatuto processual.

Haverá revelia, igualmente, na hipótese de eventual incapacidade processual ou irregularidade da representação processual da parte, não sendo ela sanada no prazo fixado pelo juiz, nos termos do artigo 76 do novo C.P.C. O réu sofrerá os efeitos da revelia, conforme orientação do inciso II do mesmo diploma legal.[124]

No entanto, há situações processuais em que, muito embora o réu não tenha apresentado contestação ao pedido formulado pelo autor, não se vislumbra a ocorrência da revelia. É o caso, por exemplo, de o réu, comparecendo, reconhecer a procedência do pedido ou confessar os fatos alegados pelo autor.

A resposta do réu efetiva-se não só pela contestação, no sentido de impugnação defensiva ao pedido do autor, mas também através de reconhecimento do pedido ou mesmo por meio de uma demanda proposta pelo réu contra autor mediante a formulação de um *pedido contraposto* ou reconvenção.

Portanto, mesmo que o réu não apresente contestação em *sentido estrito* ao pedido formulado na inicial, mas insira no processo alguma forma de resposta à demanda inicial, reconhecimento do pedido, por exemplo, não há falar em revelia.

Percebe-se, portanto, que, por vezes, a falta de contestação ao pedido não é, por si só, suficiente para configurar o instituto processual da revelia.

Na verdade, a revelia decorre da falta de resposta do réu à pretensão formulada pelo autor, ou seja: *a revelia, a nosso entendimento, se instala no momento em que*

[123] GIANESINI, R., idem, p.66.

[124] "Revel é quem não contesta a ação ou, o que é o mesmo, não a contesta validamente (ex: contestação fora de prazo ou apresentada por advogado sem mandato, não ratificado posteriormente" (NEGRÃO, Theotônio. *Código de processo civil e legislação processual em vigor*. 32. ed. São Paulo: Saraiva, 2001. p. 399).

se vence o prazo para o réu apresentar em juízo, dando uma resposta ao pedido do autor que pode ser através da contestação ou qualquer outro ato processual que demonstre a sua efetiva participação ou resposta ao que lhe está sendo exigido.[125]

Assim, a ausência de resposta por parte do réu, que não se limita apenas à contestação, configura a circunstância legitimadora da decretação da revelia.

4. Diferenciação entre revelia e efeitos decorrente da revelia

Segundo estabelece a concepção dogmática prevista nos artigos 344 a 346 do novo C.P.C., uma vez configurada a revelia desencadeiam-se alguns efeitos jurídicos que poderão ser contrários aos interesses do revel.

A norma processual prevê que a configuração da revelia autorizará *a presunção de que os fatos narrados pelo autor serão reputados verdadeiros;* que *contra o revel, sem patrono nos autos, correrão os prazos processuais da data da publicação do ato decisório no órgão oficial*; *e que haverá julgamento antecipado do mérito* (art. 355, inc. II do novo C.P.C.).

Primeiramente, antes de se ingressar especificamente nos efeitos decorrentes da revelia, registre-se que não há confundir revelia com os efeitos que dela, porventura, venham a se manifestar.

Conforme já afirmado, a revelia configura-se pela ausência de contestação do réu ao pedido formulado pelo autor em sua demanda. Havendo a revelia, surgirão os efeitos preconizados pela norma processual (presunção de verdade dos fatos; ausência de intimação para os demais atos do processo; julgamento antecipado da lide).

Em regra, ocorrendo a revelia surge a presunção de veracidade dos fatos narrados pelo autor, produzindo a inversão do ônus da prova.[126]

A norma processual estabelece uma espécie de confissão ficta, reconhecendo a verdade dos fatos inseridos na inicial pela ausência de comparecimento do réu ao processo.

O juiz, salvo no que concerne aos fatos considerados públicos e notórios,[127] desconhece todos os demais que são inseridos no processo por intermédio da

[125] SOUZA, Gelson Amaro. Da revelia. *RePro, n. 80,* São Paulo, out.-dez. 1995. *p.* 190,

[126] "Percebe-se que a revelia está voltada aos fatos e não ao direito. Ainda que ocorram os efeitos da revelia, há necessidade de julgamento (art. 330, II, Código de Processo Civil)". (SOUZA, id., p. 191).

[127] "O notório, efetivamente, não significa, pela sua origem, o verdadeiro ou indiscutível. A Academia disse que provém de *notorius.* E define-o assim: 'público e sabido de todos'. Assiná-la, pois, um valor de quantidade em determinado saber, que se faz manifesto; mas não esta-

demanda ou da resposta do réu. É através dos meios de prova que o julgador vai apreciar os fundamentos de fato e firmar sua convicção no processo.[128]

Nem todos os fatos, porém, são objeto de prova, pois, no que diz respeito aos chamados fatos incontroversos, os quais são denominados tecnicamente de *pontos,* não há dúvida a ser dirimida, uma vez que em relação a eles as partes estão de acordo quanto à forma e ao conteúdo de sua existência.[129]

Somente no momento em que os fatos tornam-se controvertidos e, consequentemente, inseridos no campo das *questões,* é que eles passam a ser objeto de prova e sujeitos à verificação por meio de conteúdos probatórios específicos.

No que tange às *questões,* quaisquer dúvidas que sobre elas incidam serão dirimidas pela produção probatória.

Já no que concerne ao revel, dispensa-se, segundo a norma processual, a utilização dos meios de prova previstos em lei, pois os fatos controvertidos que possam ser considerados *questões*, encontram-se devidamente comprovados através da chamada *presunção legal de veracidade,* a qual, [...] *embora não seja um meio de prova, mas um processo mental através do qual se parte de um fato desconhecido para um fato que se quer conhecer, e que se presume, tem como efeito o de inverter o ônus da prova.*[130]

Candido Rangel Dinamarco discorda da linha de pensamento que considera *presumidos* os fatos mencionados no artigo 319, atual 344 do novo Código de Processo Civil, uma vez que, na sua perspectiva, não há falar em *presunção* se o autor alegou e o réu não apresentou impugnação, pois isso, na verdade, quer significar que aqueles *pontos de fato* permaneceram como *pontos* e não passaram a ser *questões* controvertidas e dependentes de conteúdo probatório. Não havendo controvérsia a respeito, aplicar-se-á, segundo o renomado processualista, o artigo 374, inciso III, do novo Código de Processo Civil, razão pela qual esses fatos não são inseridos como objeto de prova.[131]

belece relação alguma de certeza" (Carnelli, Lorenza. *O fato notório.* Tradução Érico Maciel. Rio de Janeiro: José Konfino Ed., 1957. p. 91).

128 "[...] Aqui não se trata de saber quem vai provar – ônus da prova – mas *o que* se prova – objeto da prova [...] (Dinamarco, Cândido Rangel. O ônus de contestar e o efeito da revelia. *RePro,* n. 41, São Paulo, jan.-mar,1986, p. 191).

129 "Repugna-me considerar como presunção esta solução do art. 391, com relação a fatos que não integraram o objeto de prova, pois que incontroversos. Se o autor alegou e o réu não negou, isto quer significar que aqueles pontos de fato permaneceram como *pontos,* não passaram a ser questões. [...]" (Dinamarco, id., p. 192).

130 Dinamarco, id., ibid.

131 Id.

Não obstante a advertência formulada por Cândido Rangel Dinamarco, a doutrina majoritária e a própria norma processual afirmam que a falta de contestação do réu ao pedido formulado na demanda inicial desencadeia o efeito processual que considera, **por presunção legal,** verdadeiros os fatos alegados pelo autor.

5. Revelia e julgamento antecipado do mérito

Preconiza o artigo 355, inciso II, do atual Código de Processo Civil, que o juiz julgará antecipadamente o pedido, proferindo sentença com resolução de mérito, quando o réu for revel.

Uma vez que o efeito principal da revelia é a presunção de veracidade dos fatos alegados pelo autor, o preceito normativo processual que determina o julgamento antecipado do mérito decorre logicamente daquele efeito presuntivo, pois, uma vez configurada a presunção de veracidade dos fatos, segundo a ótica do legislador processual, não haveria necessidade de qualquer outra providência probatória para que a decisão pudesse ser de plano proferida.

Porém, não se proferirá o julgamento antecipado do mérito se o réu revel, nos termos do art. 349 do atual C.P.C., requerer a produção de provas, contrapostas às alegações do autor, desde que se faça representar nos autos a tempo de praticar os atos processuais indispensáveis a essa produção.

É evidente que comparecendo o réu antes da prolação da decisão de primeiro grau, e desde que haja tempo hábil e elementos suficientes para a realização de prova por ele requerida, não se deve proferir julgamento conforme o estado do processo com base no efeito da revelia, pois, nesse caso, a sua presença na relação jurídica processual permite-lhe utilizar dos meios probatórios disponíveis na legislação processual em vigor.[132]

A Súmula 231 do Supremo Tribunal Federal assim preconiza: *"O revel, em processo cível, pode produzir provas, desde que compareça em tempo oportuno"*.

Quanto às questões que podem ser conhecidas de ofício pelo juiz, o revel tem plena possibilidade de articulá-las em qualquer fase do processo. É o caso, por exemplo, do impedimento ou da suspeição do magistrado, da nulidade de citação etc.

Outras questões, não sujeitas à apreciação de ofício pelo juiz, somente podem ser objeto de prova, desde que o revel compareça ao processo em tempo

[132] Se o revel comparece antes do julgamento, este fato, por si só, exclui a incidência do artigo 330, II do C.P.C. (R.T.J. 75/275).

oportuno, a fim de que o juiz possa autorizar a produção probatória, sem inversão tumultuária do processo.[133]

Não se deve esquecer, é evidente, dos poderes instrutórios do juiz, que conferem ao magistrado a possibilidade, no caso de eventual omissão da parte, determinar a realização de provas indispensáveis à orientação de seu convencimento, muito embora esteja diante de um processo em que ficou configurada a revelia, e mesmo que o direito ali inserido seja de caráter disponível.[134]

133 "[...] Ora, se o réu não contestou a ação, por certo perdeu a oportunidade de fazer valer esta especificação. No que tange ao direito de especificar as provas houve preclusão. O réu somente poderá produzir prova de fato superveniente ou precedente desde que relacionado a direito indisponível ou ainda se estiver dentro das especificações de prova feita pelo autor, ou como diz Rita Gianesini, somente poderá utilizar os mesmos meios de prova do autor. No mais somente poderá acompanhar a fase probatória que se volta à especificação do autor, porque o revel, perdeu a oportunidade de fazê-lo. Assim, poderá participar da produção de prova do autor, reperguntando testemunhas, fazendo quesitos em caso de perícia e requerer esclarecimentos dos peritos bem como indicar assistente técnico e apresentar quesitos, em caso ou quando isso se tornar necessário" (Souza, op. cit., p. 193).

134 "[...] As normas processuais devem ser interpretadas em conformidade com a finalidade do processo, qual seja, a efetivação de direito substancial.
Não se pode ver na iniciativa instrutória do juiz uma atividade substitutiva de qualquer das partes, em detrimento da outra. A doutrina moderna demonstra isso com clareza. [...]
[...]
As regras referentes à distribuição do ônus da prova devem ser levadas em conta pelo juiz apenas e tão-somente no momento de decidir. São regras de julgamento, ou seja, destinam-se a fornecer ao julgador meios de proferir a decisão, quando os fatos não restaram suficientemente provados. Antes disso, não tem ele de se preocupar com as normas de distribuição do ônus da prova, podendo e devendo esgotar os meios possíveis, a fim de proferir julgamento que retrate a realidade fática e represente a atuação da norma à situação apresentada em juízo. Os princípios estabelecidos no art. 333 só devem ser aplicados depois que tudo for feito no sentido de se obter a prova dos fatos. E quando isso ocorre, não importa a sua origem, isto é, quem a trouxe para os autos.
Em sínteses, o poder instrutório do juiz, previsto no art. 130, não se subordina às regras sobre o ônus da prova; e não as afeta. Visto que são problemas a serem resolvidos em momentos diversos.
Verifica-se, portanto, o equívoco cometido por aqueles que afirmam a exclusividade das partes sobre a instrução, visto que a concessão de poderes instrutórios ao juiz implicaria em eliminação das regras sobre o ônus da prova. Absolutamente incorreta tal conclusão. Se o resultado da atividade instrutória se mostrar suficiente para esclarecer o julgador sobre os fatos alegados pelas partes, irá ele decidir com base nas provas trazidas para os autos, sem se importar como elas ali chegaram. Quando, porém, o resultado for negativo, ainda que os integrantes da relação processual, inclusive o próprio magistrado, tenham esgotado os esforços para provar os fatos, incidirão as regras legais referentes ao ônus da prova. Essa preocupação o juiz terá

É importante salientar que não obstante o revel compareça ao processo antes da prolação da decisão de primeiro grau, poderá o juiz valer-se da prerrogativa de proferir julgamento antecipado do mérito, conforme o estado do processo, desde que amparado pelo disposto no artigo 355, inciso I, do novo Código de Processo Civil, ou seja, quando a questão de mérito for unicamente de direito, ou, sendo de direito e de fato, não houver necessidade de produzir prova em audiência.

Art. 345

A revelia não produz o efeito mencionado no art. 344 se:

I – havendo pluralidade de réus, algum deles contestar a ação;

II – o litígio versar sobre direitos indisponíveis;

III – a petição inicial não estiver acompanhada de instrumento que a lei considere indispensável à prova do ato;

IV – as alegações de fato formuladas pelo autor forem inverossímeis ou estiverem em contradição com prova constante dos autos.

Sumário:

1. Hipóteses em que não há produção de efeitos da revelia

O artigo 345, incisos I, II, III e IV, do novo Código de Processo Civil, prevê algumas circunstâncias legais que, diante do instituto da revelia, impedem o desencadeamento do efeito preconizado no artigo 344 do mesmo estatuto processual.

Desta feita, por escolha política do legislador, não há falar em presunção de verdade dos fatos articulados pelo autor quando havendo pluralidade de réus, algum deles contestar o pedido; o litígio versar sobre direito indisponível, a petição inicial não estiver acompanhada de documento que a lei considerar indis-

somente no momento de julgar. Durante a instrução, o problema não se coloca. Nesta fase do procedimento, os sujeitos da relação devem estar voltados apenas para a obtenção da prova" (BEDAQUE, José Roberto dos Santos. *Poderes instrutórios do juiz*. São Paulo, RT, 1994, p. 80-82).

pensável à prova do ato ou as alegações de fato formuladas pelo autor forem inverossímeis ou estiverem em contradição com prova constante dos autos.

2. Litisconsórcio

O primeiro motivo legal que impede o efeito da revelia (artigo 344 do novo C.P.C.), está consignado no inciso I do artigo 345 do mesmo diploma processual.

Isso ocorre na hipótese de existindo diversos réus, apenas um deles apresenta resposta. Tal circunstância impede o efeito jurídico estabelecido no artigo 344 do novo Código de Processo Civil.

A acumulação processual pode ser objetiva ou subjetiva. Dá-se a primeira, quando há inserção de vários pedidos num só processo. Já a segunda está intimamente ligada à pluralidade de sujeitos processuais, seja no polo ativo, no polo passivo ou em ambos os polos.

Na realidade, ao mencionar o legislador o requisito de pluralidade de réus como critério que de certa forma impede os efeitos da revelia, inseriu a questão no chamado instituto do litisconsórcio passivo, assim descrito pelo artigo 113 do novo C.P.C.: "*Duas ou mais pessoas podem litigar, no mesmo processo, em conjunto, ativa ou passivamente, quando:* [...]".

Ocorre que, o instituto do litisconsórcio é amplo e complexo, apresentando diversas espécies jurídicas, a saber: litisconsórcio facultativo simples, litisconsórcio facultativo unitário; litisconsórcio necessário simples e litisconsórcio necessário unitário.

Pois bem, o artigo 345, inciso I do Código de Processo Civil, não estabeleceu qual das espécies de litisconsórcio está apta a impedir o efeito da revelia previsto no artigo 344 do mesmo diploma legal.

Rogério Lauria Tucci observa que a orientação normativa do inciso I, do artigo 320, do Código de Processo Civil de 1973, só se aplicava aos casos de *litisconsórcio unitário*,[135] ou seja, àquelas hipóteses em que não se verifica a autono-

[135] "A verdadeira essência do litisconsórcio unitário foi muito bem sentida e destacada, no Brasil, pela doutrina mais recente, que já desenhou os rumos definitivos da distinção entre a necessariedade e a unitariedade do litisconsórcio. O processualista brasileiro moderno coloca corretamente em planos diversos os dois fenômenos, consciente de que são problemáticas distintas a da indispensabilidade da integração de todos os co-legitimados na relação processual (litisconsórcio necessário ou facultativo) e a do *regime* de tratamento dos litisconsortes no processo. Há situações, dependendo da natureza da relação jurídica controvertida (*res in judicium deducta*), em que não se pode conceber, mesmo em teses, que os litisconsortes recebam soluções diferentes, no julgamento do mérito; por isso, já no curso do processo, é preciso que eles sejam tratados de forma unitária, para que o instrumento de atuação do direito material não conduza por caminhos diferentes aqueles que não podem chegar a destinos diversos. Tal

mia de um litisconsorte em relação ao outro, estabelecida no artigo 117 do novo Código de Processo Civil.[136]

Rita Gianesini aduz que o efeito da revelia somente será elidido na hipótese de *"[...] litisconsórcio facultativo unitário ou necessário unitário, e de litisconsortes facultativo simples ou necessário simples, quando forem os fatos comuns"*.[137]

Cândido Rangel Dinamarco, por sua vez, acredita que o critério de ser ou não ser unitário o litisconsórcio não é suficiente para ditar a regra de impedimento do efeito da revelia, mas, sim, o da *utilidade da controvérsia*. Estabelece o referido processualista uma hipótese de uma ação de cobrança que alguém move, cobrando uma dívida do devedor e de seu fiador – dos dois. O afiançado comparece, contesta e nega a existência da dívida. O fiador, por sua vez, permanece revel. Indaga-se: Seria possível condenar-se somente o fiador? Punir alguém por obrigação acessória, se a principal não existe? Assim, segundo sua opinião, será a *utilidade da controvérsia* que irá estabelecer se a contestação de um dos réus será ou não suficiente para elidir o efeito da revelia estabelecido no artigo 344 do novo Código de Processo Civil, pouco importando seja o litisconsórcio unitário ou simples, necessário ou facultativo.

Sobre o tema, a jurisprudência é vacilante, ora restringindo a questão à hipótese de litisconsortes passivos necessários, e por vezes incluindo também o facultativo, como na hipótese da fiança.[138]

Ainda sobre o tema, eis os seguintes precedentes do S.T.J.:

é o regime de unitariedade, em que não prepondera o princípio da autonomia dos litisconsortes" (Dinamarco, Cândido Rangel. *Litisconsórcio*. 2. ed. São Paulo: Revista dos Tribunais, 1986b. p. 85).

[136] "Assim, claro está que, em nosso modo de ver, também o artigo 90 do C.P.C. de 1973 só se refere ao litisconsórcio necessário ou, mais precisamente, ao litisconsórcio unitário" (Tucci, op. cit., 1964, p. 137).

[137] Gianesini, Rita. *Da revelia no processo civil brasileiro*, São Paulo: RT, 1977. p. 87.

[138] "A ressalva cuidada no art. 320, I, do CPC, tocante aos efeitos da revelia, alcança, apenas, os litisconsortes passivos necessários, não os facultativos" (TFR-3. Turma, AC 105.599-SC, rel. Min. José Dantas, j. 21.10.86, DJU 27.11.86, p. 23.349).

"[...] Apesar de os efeitos do recurso interposto por um irradiarem a todos os litisconsortes necessários unitários, o mesmo raciocínio não pode ser deduzido relativamente à contestação, ainda mais quando pode não haver profunda identidade no objeto de defesa dos co-réus [...]" (TJSP – 9. Câmara, Ap. 129.245-2, rel. Des. Camargo Viana, *Revista dos Tribunais*, São Paulo, v. 631, p. 1 22, mai. 1988).

"A aplicação da regra do art. 320, I, do CPC pressupõe impugnação a fato comum ao réu atuante e ao litisconsorte revel" (STJ – 3. Turma, v.u., REsp 44.545-0-SP, rel. Min. Costa Leite, j. 19.4.94, DJU 20.3.95, p. 6.112).

1. O simples fato de um dos litisconsortes ter apresentado contestação não é suficiente para afastar os efeitos da revelia ao litisconsorte revel. É imprescindível que o contestante impugne fato comum a ambos. No caso, a despeito de um dos corréus ter apresentado peça contestatória, o Juízo de primeiro grau deixou claro em sua sentença que "nenhum dos réus negou a alegação da autora de que os títulos eram sem causa".

2. O recurso especial não comporta o reexame de questões que impliquem revolvimento do contexto fático-probatório dos autos, a teor do que dispõe o enunciado n. 7 da Súmula do STJ.

3. Agravo regimental desprovido.

(AgRg no REsp 557.418/MG, Rel. Ministro ANTONIO CARLOS FERREIRA, QUARTA TURMA, julgado em 02/04/2013, DJe 16/04/2013).

1. Em caso de litisconsórcio entre dois corréus, o prazo deverá ser contado em dobro, mesmo que um deles seja revel, deixando de apresentar contestação. Precedentes.

2. Agravo Regimental improvido.

(AgRg no REsp 1344103/SP, Rel. Ministro SIDNEI BENETI, TERCEIRA TURMA, julgado em 23/10/2012, DJe 07/11/2012)

No que concerne ao instituto da assistência, o artigo 121 do novo Código de Processo Civil estabelece que o assistente atuará como auxiliar da parte principal; exercerá os mesmos poderes e sujeitar-se-á aos mesmos ônus processuais que o assistido, sendo que, configurando-se revel o assistido, o assistente será considerado como *substituto processual* (parágrafo único do art. 121 do novo C.P.C.). Desta feita, apresentando o assistente contestação no prazo legal, muito embora caracterizada a revelia do assistido, não há falar, nesse caso, no efeito da revelia preconizado no artigo 344 do novo Código de Processo Civil.[139]

3. Direitos indisponíveis

Segundo a doutrina dominante, compreendido o instituto da revelia e seus efeitos como forma de agilizar o processo, evitando-se delongas com a instrução probatória em decorrência de eventual inércia do réu, alega-se que seu campo

[139] "[...] Havendo o assistente contestado a ação, os efeitos da revelia do réu são afastados, devendo a sentença ser fundamentada, com análise das questões de fato e de direito, conforme dispõe o inciso II do art. 458 do CPC, sob pena de nulidade, eis que o assistente será considerado gestor de negócios do assistido (CPC, art. 52, parágrafo único), podendo, em princípio, praticar os atos processuais que a este caberia e aguardar os efeitos respectivos [...]" (Ex-TFR – 1. Seção, por maioria, AC 112.575-RJ, rel. Min. Carlos Thibau, *Revista do Tribunal Federal de Recursos*, Brasília, n. 161, p. 91, set. 1988).

de incidência restringe-se apenas aos processos em que se discute uma relação jurídica de direito material de caráter disponível.[140]

Entende-se por direito indisponível aquele em relação ao qual o titular não poderá manifestar sua vontade livremente, a fim de desencadear efeitos diversos daqueles estabelecidos cogentemente pela norma jurídica.

Versando a questão sobre direitos indisponíveis (artigo 345, inciso II, do novo C.P.C.), e havendo revelia desencadeada no processo, inaplicável afigura--se o efeito inserido no artigo 344 do novo Código de Processo Civil (presunção de verdade fatos articulados pelo autor), razão pela qual o autor deverá provar os fatos afirmados na inicial, a fim de que a tutela jurisdicional lhe seja favorável.

Assim, no caso de questão concernente à filiação, à paternidade, aos interesses da criança ou do adolescente etc., não há falar em efeitos da revelia, uma vez que se está diante dos chamados direitos indisponíveis.

Segundo Pontes de Miranda: *"Se a perda ou a modificação do direito emana de vontade do seu titular, ou de outrem, a quem caiba o poder de perder, ou de modificar, embora seja o titular quem perca, ou sofra a modificação, diz-se que há disposição"*.[141]

Percebe-se que, muito embora a norma processual não estabeleça o que se entenda por direito indisponível, o seu significado é de fácil compreensão, pois corresponde ao inverso daquilo que se entende por disponível. O direito será disponível quando ocorre a faculdade de se determinar o destino de eventual direito subjetivo ou interesse juridicamente protegido, segundo a vontade do seu titular. Não se possibilitando essa faculdade ao titular de determinado direito subjetivo ou interesse jurídico, ingressa-se no campo da indisponibilidade do direito ou do interesse juridicamente protegido.

É bem verdade que diante de eventual demanda envolvendo divórcio, há alguns aspectos a ser considerados.

A jurisprudência, nessa hipótese, vem autorizando o efeito preconizado no artigo 344 do novo Código de Processo Civil quando diante de divórcio litigioso, sob o argumento de que a separação não constitui direito indisponível, pois é possível sua efetivação através de mútuo consenso.[142] Contudo, deve-se obser-

[140] "[...] A falta de contestação faz presumir verdadeiros os fatos alegados pelo autor, desde que se trate de direito disponível. Deixando de reconhecê-lo, contrariou o acórdão o disposto no art. 319 do CPC". (STJ – 3. Turma, v.u., REsp 8.392-MT, rel. Min. Eduardo Ribeiro, j. 29.4.91, DJU 27.5.91, p. 6.963).

[141] Pontes de Miranda, Francisco Cavalcanti. *Tratado de direito privado:* parte geral. Rio de Janeiro: Borsoi, 1955. V. v, p. 320-321.

[142] "A separação não constitui direito indisponível, tanto que pode ser feita por consenso das partes, daí incidir contra o cônjuge revel os efeitos do art. 319 do CPC, correndo contra ele os

var que, por vezes, há questões pertinentes aos direitos indisponíveis que são inseridas nas relações processuais de divórcio, seja litigioso ou consensual, v.g., a guarda dos filhos, o que impede a ocorrência da revelia.[143]

Sobre o tema, assim tem se posicionado o S.T.J.:

> *1. Não há que se falar em citação por carta rogatória no processo alienígena, uma vez que o casal residia na Suíça, devendo ser obedecida, para o ato, a legislação interna daquele País. Precedentes do STJ.*
>
> *2. Não sendo conhecido, até o momento, o paradeiro da requerida e observada a legislação alienígena para a decretação da revelia, cumpridas as demais formalidades legais, não há razão para o indeferimento do pedido homologatório, que atende aos requisitos da Res. 9/2005, do STJ.*
>
> *3. Homologação de sentença estrangeira deferida.*
>
> (SEC 6.274/EX, Rel. Ministro NAPOLEÃO NUNES MAIA FILHO, CORTE ESPECIAL, julgado em 19/06/2013, DJe 21/08/2013)

> *I. Os reflexos da separação judicial litigiosa não se restringem à esfera dos cônjuges, mas também refletem no âmbito do interesse público, de sorte que a revelia não deve ser motivo suficiente à dispensa de qualquer instrução processual, seja por prova material ou oral, incorretamente procedendo-se ao julgamento antecipado da lide, com a decretação da culpa do réu, sem que sequer se tenha oportunizado ao menos a colheita do depoimento pessoal das partes em audiência.*
>
> (...).
>
> (REsp 485.958/SP, Rel. Ministro ALDIR PASSARINHO JUNIOR, QUARTA TURMA, julgado em 18/12/2003, DJ 08/03/2004, p. 259).

> *Separação judicial. Comportamento injurioso (toxicomania). Revelia.*
>
> *A despeito da revelia, há caso em que é lícito proceder-se à instrução, tratando-se de aspectos que se inserem entre os direitos indisponíveis. Por exemplo, a exigência de provimento judicial sobre a guarda de menor. Caso em que se não impunha a aplicação dos arts. 330, II e 319 do Cód. de Pr. Civil. Recurso especial conhecido e provido.*

prazos independentemente de intimação". (TJBA, 3.Câmara Cível, v.u., ApCiv 18.875-2, rel. subs. Juiz João Pinheiro, *Revista dos Tribunais*, São Paulo, v. 737, p. 338, mar. 1997).

[143] "[...] Ainda que o direito da separação, em si, possa considerar-se como disponível, já que passível de fazer-se por mútuo consenso, uma vez reunidos os pressupostos legais, dela resultam conseqüências a cujo respeito o juiz deve prover e que se inserem entre os direitos indisponíveis. Dentre elas a pertinente à guarda dos filhos" (STJ, 3. Turma, v.u., RMS 684 – CE, rel. Min. Eduardo Ribeiro, *Revista dos Tribunais*, São Paulo, v. 672, p. 199, out. 1991).

(REsp 50.703/RJ, Rel. Ministro NILSON NAVES, TERCEIRA TURMA, julgado em 01/10/1998, DJ 19/04/1999, p. 132)

4. Falta de instrumento indispensável para a prova do ato

Exclui-se o efeito da revelia estabelecido no artigo 344 do novo Código de Processo Civil, segundo dispõe o inciso III do artigo 345 do mesmo diploma legal, se a petição inicial não estiver acompanhada de instrumento que a lei considera indispensável à prova do ato.

O C.P.C. de 1973 trazia o mesmo preceito normativo, porém restringia a natureza do documento ao *instrumento público*.

É certo que em determinadas situações o instrumento público será considerado como documento indispensável à prova do ato. A aludida regra processual faz referência ao conteúdo probatório que é preconizado no artigo 108 da Lei 10.406 de 10 de janeiro de 2002. O artigo 108 do Código Civil brasileiro de 2002 estabelece que *não dispondo a lei em contrário, a escritura pública é essencial à validade dos negócios jurídicos que visem à constituição, transferência, modificação ou renúncia de direitos reais sobre imóveis de valor superior a trinta vezes o maior salário mínimo vigente no País*.

Porém, poderá ocorrer que o documento indispensável à prova do ato não tenha natureza de instrumento público, como é o caso do testamento particular.

5. Não produz a revelia se as alegações de fato formuladas pelo autor forem inverossímeis

Além desses aspectos expressamente estabelecidos na norma processual, igualmente impedem o efeito da revelia os fatos inverídicos ou inverossímeis, como também os fatos notórios, pois são considerados impedimentos lógicos da presunção relativa de verdade dos fatos mencionadas na inicial.

Ainda que o réu não apresente resposta, por questão de bom senso, não poderá o julgador aceitar como verdadeiros fatos impossíveis ou que sejam inverossímeis.

Na linha dos ensinamentos de Rita Gianesini, Galeno Lacerda, Rogério Lauria Tucci, entre outros, a presunção de veracidade dos fatos como efeito da revelia não apresenta caráter absoluto, mas meramente relativo, razão pela qual o pedido formulado pelo autor não será obrigatoriamente acolhido por meio da tutela jurisdicional, possibilitando ao juiz rejeitá-lo quando destituído de qualquer fundamento jurídico.

O caráter relativo da presunção legal previsto no artigo 344 do Código de Processo Civil permite que o pedido formulado na demanda seja rejeitado em decorrência de prova posteriormente produzida, ou por contradição evidenciada na própria petição inicial.[144]

Os nossos Tribunais, no caso de intempestividade da contestação, ao mesmo tempo em que determinam o desentranhamento da peça processual apresentada fora do prazo legal, autorizam que permaneçam nos autos os documentos que acompanharam a defesa, levando-se em consideração a prova produzida através desses documentos no momento de se prolatar a decisão final.[145] Isso, *[...] me parece uma manifestação inequívoca de se considerar relativa essa presunção. Ela existe, mas não fecha as portas para a prova contrária. Se sobrevier prova contrária estará desfeita a presunção.*[146]

Não é pelo fato de o réu deixar de responder ao pedido formulado pelo autor que o Juiz não poderá levar em consideração provas posteriormente inseridas no processo, até mesmo quando provenientes da própria iniciativa probatória do juiz, modernamente preconizada sem qualquer limite ou restrição, em face dos poderes instrutórios do juiz.[147]

Da mesma maneira, observando o julgador, de plano, que o fato é inverossímil ou improvável, não há falar em presunção relativa de verdade do fato indi-

[144] "[...] Sobre o alcance do art. 319 do Código de Processo Civil divergem os autores, mas a doutrina se inclina no sentido de não ser a presunção absoluta, mas sim relativa, como prelecionam Wellington Moreira Pimentel, Arruda Alvim, Calmon de Passos e Barbosa Moreira [...] (STF – 2. Turma, v.u., RE 96.480-RJ, *Revista Trimestral de Jurisprudência*, Brasília, v. 115, p. 1229, mar. 1986.

[145] "[...] Somente os documentos tidos como pressupostos da causa é que devem acompanhar a inicial e a defesa. Os demais podem ser oferecidos em outras fases e até mesmo na via recursal, desde que ouvida a parte contrária e inexistentes o espírito de ocultação premeditada e o propósito de surpreender o juízo[...]" (STJ – 4. Turma, v.u., REsp. 2.373-MT, rel. Min. Sálvio de Figueiredo, *Revista do Superior Tribunal* de Justiça, a.2, n. 14, p. 359, out. 1990).
"Processual – juntada de documentos – não violação de dispositivos processuais. Não é absoluta a exigência de juntar documentos na inicial ou na contestação. O art. 397 do Cod. Proc. Civil permite juntar documentos novos em qualquer fase. O direito não deve ser sacrificado em nome do formalismo. [...]. Recurso improvido" (STJ – 1. Turma. v.u., REsp 4.163 – RJ, rel. Min. Garcia Vieira, j. 28.11.90, DJU 4.2.91, p. 563).

[146] Dinamarco, op. cit., 1986, p. 192.

[147] "[...] O efeito da revelia não induz procedência do pedido e nem afasta o exame de circunstâncias capazes de qualificar os fatos fictamente comprovados[...]" (STJ – 4. Turma, v.u., Resp. 38.325-0-PB, rel. Min. Dias Trindade, *Revista do Superior Tribunal de Justiça*, Brasília, a. 6, n. 53, p. 335, jan. 1994).

cado na petição inicial.[148] Nesse sentido, aliás, é o que dispõe o inc. IV do art. 345 do atual C.P.C., a saber:

"Art. 345. A revelia não produz o efeito mencionado no art. 344 se: IV – as alegações de fato formuladas pelo autor forem inverossímeis ou estiverem em contradição com prova constante dos autos".

Mas o que se deve entender por *verossimilhança?*

Um conceito que é a princípio vinculado ao de verdade, para determinar suas eventuais analogias e as possíveis distinções, é o conceito de *verossimilhança.*

Conforme afirma Michele Taruffo, esta vinculação é em princípio analisada em sede epistemológica, porém, reveste-se também de uma notável importância no âmbito da teoria do processo, em especial a partir de um famoso ensaio de Calamandrei (*Verità e verosimiglianza nel processo civile*). No caso, não há espaço para se discutir o aspecto epistemológico do conceito de *verossimilhança,* razão pela qual vale a pena examinar a noção jurídica deste conceito para esclarecer se pode ter um significado, e, nesta hipótese, qual seria este no âmbito de uma teoria da determinação judicial dos fatos.[149]

Segundo Michele Taruffo, *"a primeira e principal constatação que deve realizar-se é que na doutrina italiana a análise do conceito de verossimilhança se funda sobre um equívoco, introduzido por Calamandrei e que não tem sido eliminado nem sequer pela doutrina mais recente. O equívoco é terminológico e portanto conceitual. O aspecto terminológico consiste em partir do vocábulo alemão 'Wahrscheinlichkeit' e traduzi-lo por 'verossimilhança', sem levar em conta o fato de que assim se toma em consideração unicamente uma área, e não sequer a mais importante, do significado do termo, olvidando outra, claramente a mais importante – na qual aquele significa, ao contrário, 'probabilidade'. Mas além do fato de que desta forma o recurso à doutrina alemã resulta escassamente significativo, já que é um erro entender em termos de verossimilhança o que se afirma acerca da probabilidade, o equívoco linguístico leva às vezes a resultados curiosos e quase incompreensíveis: algum autor, por exemplo, chega a falar de uma 'verossimilhança subjetiva' distinta de uma 'verossimilhança objetiva', sem dar conta de que este modo repete a distinção da teoria*

[148] O art. 335 do Código de Processo Civil de 1973 assim estabelecia: "Em falta de normas jurídicas particulares, o juiz aplicará as regras de experiência comum subministradas pela observação do que ordinariamente acontece e ainda as regras de experiência técnica, ressalvado, quanto a esta, o exame pericial".

[149] Taruffo, Michele. *La prueba de los hechos.* Trad. Jordi Ferrer Bletrán. Madri: Editorial Trotta, 2005. p. 183.

alemã, obvia e fundamental na teoria geral da probabilidade, entre 'probabilidade objetiva' e 'probabilidade subjetiva'".[150]

É importante salientar que o significado de *verossimilhança* e *probabilidade* é distinto e por isso não pode ser usado conjunta e alternativamente.

Que se trata de conceitos distintos e que *"a verossimilhança de uma asserção não pode ser reconduzida à sua probabilidade ou a sua verdade aproximada parece, com efeito, bastante claro no plano epistemológico e não à razão para não empregar igual concepção quando o mesmo problema se coloca no âmbito da análise de algum fenômeno processual"*.[151]

Esclarece Michele Taruffo: *"Por um lado, busca-se definir a verossimilhança de uma asserção como sua capacidade para representar uma certa realidade, como a aproximação da representação ao objeto representado ou como a 'proximidade' da asserção à realidade da qual se ocupa. Por exemplo, é verossímil uma asserção segundo a qual a medida de uma coisa é L1, quando na realidade a medida é L2, se a distinção (o descarte) entre L1 e L2 é pouco relevante. De forma análoga se pode dizer que um quadro é 'verossímil' se se sustenta que representa bastante fielmente um determinado objeto; se pode dizer que a descrição de um fato é verossímil se é correto supor que existe um fato similar ao descrito. Portanto, substancialmente a verossimilhança indica o grau de capacidade representativa de uma descrição em relação à realidade. Isto representa evidentemente o problema da circularidade intrínseca do conceito de verossimilhança, já que seria necessário conhecer a realidade representada para estabelecer a verossimilhança da representação, porém se se conhece a realidade deixa de ser interessante discutir se a representação é verossímil. Sem entrar aqui neste problema, muito complexo do ponto de vista epistemológico, se pode de todo modo observar que o juízo de verossimilhança se pode formular sensatamente tendo, por um lado, uma descrição e, por outro, uma hipótese (em princípio fundada sobre alguma concepção acerca da 'ordem normal das coisas) sobre a eventualidade de que exista uma realidade parecida ao objeto representado. Deste ponto de vista, a referência do juízo de verossimilhança pode não ser a realidade, senão uma hipótese que se formula acerca desta e que se emprega como parâmetro para valorar se uma asserção é ou não verossímil.*

Tudo isso, por outro lado, não tem nada a ver com a veracidade da asserção nem com sua probabilidade, dado que estas qualificações não se referem à relação de 'proximidade' ou de 'representatividade' de uma asserção em relação à realidade, senão à existência de razões para sustentar que a asserção é verdadeira.

Pode suceder, com efeito, que uma asserção verossímil não seja em absoluto provável ou não seja verdadeira no seu todo: por isso, é necessário distinguir entre 'graus de similitude' ao verdadeiro e 'graus de certeza'. Um quadro pode ser parecido à realidade sem que isso

[150] Taruffo, M. idem, p. 184 e 185.
[151] Taruffo, M., idem, p. 185.

implique nada acerca da existência real daquilo que representa: isto é, pode ser 'realista' sem ser 'verídico'. Do mesmo modo, uma asserção (como por exemplo 'Nos Alpes existe uma montanha de 5.000 metros de altitude) pode ser verossímil (para quem conheça os Alpes e a altitude aproximada do Mont Blanc) porém falsa ou, em todo caso, nada provável. O fato é que as qualificações de verdade e probabilidade, e sobre tudo esta última, que nos interessa aqui especialmente, se referem à existência de elementos que justifiquem a crença na veracidade da asserção e não à 'similitude à verdade' desta. Se estamos diante de uma asserção verossímil porém que carece completamente de elementos que justifiquem um juízo racional acerca de sua aceitabilidade, a consequência é que sua probabilidade é = 0; se, ao contrário, existem elementos de prova em contrário, a asserção segue sendo verossímil porém é falsa (provavelmente falsa).

Por outro lado, pode suceder que uma asserção inverossímil seja verdadeira, ou ao menos provavelmente verdadeira; isto acontece quando se adquirem elementos de juízo suficientes para considerar (em um grau mais ou menos elevado) aceitável aquela afirmação. Este ponto tem sido também assumido na teoria jurídica da prova e constitui a razão porque se exclui que a inverossimilhança do fato justifique a exclusão preventiva das provas que o afetam: o fato inverossímil pode resultar verdadeiro se as provas confirmam sua existência".[152]

Diante desses ensinamentos, há razões válidas para excluir em linhas gerais que verossimilhança seja sinônimo de probabilidade.

Além do mais, verossimilhança também não é substituto processual de verdade conforme afirmara Calamandrei.

Na realidade, 'verossimilhança' tem por objetivo designar aquele aspecto de asserção sobre um fato ou função do qual se pode dizer que esta se corresponde com uma hipótese plausível segundo a ordem 'normal' das coisas, em uma situação em que essa asserção não tenha sido submetida todavia à verificação probatória ou demonstrativa. Assim, a verossimilhança não expressa conhecimento ou grau de conhecimento, já que estes são fornecidos pelos elementos de prova da asserção sobre o fato, enquanto que a verossimilhança prescinde dos elementos de prova e, no processo – é relevante em momento anterior à aquisição das provas.[153]

Art. 346

Os prazos contra o revel que não tenha patrono nos autos fluirão da data de publicação do ato decisório no órgão oficial.

[152] Taruffo, M, idem, p. 186 e 187.

[153] Taruffo, M., idem, p. 188.

Parágrafo único. O revel poderá intervir no processo em qualquer fase, recebendo-o no estado em que se encontrar.

Transcurso dos prazos contra o revel

Outro efeito específico da revelia encontra-se previsto no artigo *art. 346* do novo C.P.C., segundo o qual, *os prazos contra o revel que não tenha patrono nos autos fluirão da data de publicação do ato decisório no órgão oficial*, facultando-lhe, contudo, *a possibilidade de intervir no processo em qualquer fase, recebendo o processo no estado em que se encontra (parágrafo único do art. 346 do novo C.P.C.)*.

A doutrina, na sua grande maioria, aceita essa previsão normativa como perfeitamente adequada ao princípio constitucional do contraditório, pois, segundo ela, a falta de intimação do revel para os demais atos (despachos) do processo não lhe retira a oportunidade de ingressar na relação processual posteriormente.

Da mesma forma, a jurisprudência majoritária vem dando guarida ao preceito normativo processual que dispensa a intimação do revel para os demais atos processuais.[154]

Segundo entendia a jurisprudência, o início do prazo recursal para o revel, quando diante da sentença, dar-se-ia a partir da publicação do ato judicial em cartório ou em audiência, independentemente de qualquer intimação posterior.[155] Sobre o tema, eis o recente precedente do S.T.J.:

> *(...).*
>
> *2. A orientação jurisprudencial desta Corte Superior é de que, "nos termos do artigo 322 do Código de Processo Civil, o prazo recursal para o revel corre a partir da publicação da sentença em cartório, independentemente de sua intimação" (REsp 1.027.582/CE, Segunda Turma, Rel. Min. Herman Benjamin, DJe de 11/3/2009).*
>
> *3. Agravo regimental a que se nega provimento.*
>
> (AgRg no AREsp 118.269/GO, Rel. Ministro RAUL ARAÚJO, QUARTA TURMA, julgado em 07/02/2013, DJe 08/03/2013).

[154] "O prazo de recurso para o revel começa a fluir a partir do momento em que a sentença se torna pública, em cartório, independentemente de qualquer intimação (art. 322 do Código de Processo Civil)" (STF – 1. Turma, v.u., RE 86.680-RJ, rel. Min. Rodrigues Alckmin, *Revista Trimestral de Jurisprudência*, Brasília, v. 83, p. 591, fev. 1978). No mesmo sentido: R.T.J. n. 121, p. 186.

[155] Súmula 12 do TJRS: "O prazo recursal para o réu revel corre independentemente de intimação, a partir da publicação da sentença em audiência ou em cartório".

Esse entendimento tinha respaldo na própria redação prevista no art. 322 do C.P.C. de 1973 que dizia: *Contra o revel que não tenha patrono nos autos, correrão os prazos independentemente de intimação, a partir da publicação de cada ato decisório. (Redação dada pela Lei nº 11.280, de 2006).*

O art. 322 do C.P.C. de 1973, ao contrário do que dispõe o atual art. 346 do novo C.P.C., não exigia que a publicação fosse em órgão oficial.

Assim, pelo novo texto não se admite apenas a publicação da sentença em audiência ou em cartório, havendo necessidade de sua publicação também no órgão oficial para que comece a correr o prazo contra o revel.

Se não houver a publicação no órgão oficial, a decisão não transitará em julgado e não correrá o prazo contra o revel. Aliás, nesse sentido, de forma pontual, já havia manifestação na jurisprudência.[156] Essa orientação jurisprudencial, sem

[156] STJ – 1. Turma. v.u. REsp 6.381-PR, rel. Min. Garcia Vieira, j. 5.12.90, DJU 4.2.91, p. 565. No voto condutor encontra-se a seguinte passagem: "[...] Se não houver publicação, não haverá trânsito em julgado. J. J. Calmon de Passos, nos seus Comentários ao Código de Processo Civil, 6. Ed., 1989, deixa claro que: 'Nosso pensamento é no sentido de se afirmar a necessidade de intimação do revel para o trânsito em julgado da sentença contra ele proferida. E isso afirmamos pelos motivos que se seguem. A sentença, num paralelismo com a lei, não obriga antes de conhecida. A publicação da sentença é por conseguinte, ato indispensável para sua existência e eficácia. E não há publicação enquanto não há ciência. Pouco importa que dessa ciência também decorra o prazo para recurso e o Código tenha dito que para o revel os prazos correm independentemente de publicação. Essa norma só vale para as hipóteses em que a ciência pessoal não seja da essência mesma do ato, para que exista e seja eficaz. Nesse caso não está a sentença. O comando singular que ela contém exige a ciência do que a ele se deve submeter. E para esse fim a ciência é indispensável e sobreleva à limitação do artigo 322. Se a sentença for proferida em audiência, a publicação vale ciência por parte do revel, porquanto a audiência era de instrução e julgamento. Se a sentença foi proferida em oportunidade outra, a ciência do revel é exigida, nos mesmos termos em que for exigida a ciência do autor. E o prazo que o revel tem para o recurso encontra o seu termo *a quo* nessa publicação [...]. Proferida a sentença e antes de sua publicação, não estava correndo contra o réu (revel) nenhum prazo e muito menos de apelação porque ele não tinha ainda sido intimado e a sentença não havia ainda se tornado pública. Nossa Corte Maior, nos Recursos Extraordinários n.s 78921- RJ, Relator Eminente Ministro Bilac Pinto, DJ de 18/11/74, 86814-MG, Relator Eminente Ministro Soares Muñoz, DJ de 16/7/79, 86680-RJ, Relator Eminente Ministro Rodrigues Alckmin, RTJ 83/591 e 86814-MG, Relator Eminente Ministro Soares Muñoz, RTJ 96/183. O Pretório Excelso, no primeiro, entendeu que, não sendo a sentença publicada em audiência, o prazo para o recurso, mesmo para o revel, contar-se-á da intimação e nos outros três, decidiu que: 'O prazo de recurso para o revel começa a fluir do momento em que a sentença se torna pública, em audiência, independentemente de qualquer intimação [...]".

dúvida, parecia mais consentânea com o conteúdo material da garantia fundamental do contraditório e da natureza dialética do processo.[157]

Aliás, deveria o legislador brasileiro ter seguido a norma preconizada no art. 292 do Código de Processo Civil italiano que se identifica melhor com o princípio do contraditório como essência do processo jurisdicional, *in verbis*:

> *Art. 292 (Notificação e comunicação dos atos ao contumaz).*
>
> *A decisão que admite o interrogatório ou o juramento, e os acréscimos que contenham novas demandas ou reconvencionais por qualquer um propostas, são notificadas pessoalmente ao contumaz nos termos fixados pelo juiz instrutor por decisão.*
>
> *Os demais acréscimos se consideram comunicados com o depósito em secretaria e com a aposição do visto do secretário sobre o original.*
>
> *Todos os demais atos não estão sujeitos à notificação ou comunicação.*
>
> *As sentenças são notificadas à parte pessoalmente.*

Conforme bem dispôs o C.P.C. italiano, as sentenças serão notificadas pessoalmente à parte revel.

Se o revel intervier no processo, em qualquer fase, receberá o processo no estado em que se encontra conforme preconiza o p.u. do art. 346 do atual C.P.C., sendo que a partir deste momento a norma processual outorga-lhe o direito de ser intimado, através de seu advogado, para todos os demais atos processuais, inclusive da sentença que porventura venha a ser prolatada. (RT 591/187).[158]

Porém, se a apesar de existir 'revelia', tiver o revel patrono nomeado nos autos, os prazos processuais somente fluirão a partir da intimação do seu patrono.

CAPÍTULO IX – Das Providências Preliminares e do Saneamento

Art. 347

Findo o prazo para a contestação, o juiz tomará, conforme o caso, as providências preliminares constantes das seções deste Capítulo.

[157] Observe-se logo mais a crítica feita neste trabalho em relação aos efeitos da revelia e sua perspectiva em face do contraditório e da natureza dialética do processo.

[158] "Igualmente, deve ser intimado o advogado do réu, ainda que sua contestação não haja sido admitida (RSTJ 26/452); e a procuração permanecerá nos autos, para as intimações posteriores (STJ 3ª Turma, Resp 15.449-SP, rel. Min. Waldemar Zveiter, j. 18.12.91, deram provimento, v.u., DJU 24.2.92, p. 1.869, 2ª col., em; STJ 4ª Turma, REsp 19.664-0-SP, rel. Min. Sálvio Figueiredo, j. 25.5.92, deram provimento, v.u., DJU 22.6.92, p. 9.766, 1ª col., em; [...]" (Negrão, op. cit., 1995, p. 291).

Providências preliminares e do saneamento do processo

O procedimento do processo jurisdicional é composto de três fases que podem ser consideradas normais para o seu desenvolvimento: a) postulatória; b) instrutória; c) decisória.

Durante este projeto normal de desenvolvimento do procedimento processual podem ocorrer variantes ou circunstâncias que demandam do magistrado a realização de algumas providências (ora de natureza político-legislativa outras decorrentes das vicissitudes do próprio procedimento), concentrando-se ou dilatando-se fases processuais, ou realizando providências no sentido de resguardar a própria eficácia do processo. O juiz, diante dessas circunstâncias, poderá abreviar a resolução do mérito ou extinguir o processo sem pronunciamento sobre a procedência ou improcedência do pedido. Um dos fatores que legitimam esta providência é justamente evitar o desperdício do tempo e de esforços, quer das partes, quer do magistrado.[159]

As providências que o juiz poderá adotar, findo o prazo da contestação, serão as seguintes:

a) da não incidência dos efeitos da revelia;

b) do fato impeditivo, modificativo ou extintivo do direito do autor;

c) das alegações do réu;

Assim, o juiz determinará o prosseguimento do procedimento processual de acordo com as circunstâncias ocorridas e constatadas após o transcurso do prazo para a contestação.

O art. 323 do C.P.C. de 1973 estabelecia o prazo de 10 (dez) dias para que o juiz, conforme o caso, determinasse as providências preliminares.

O atual art. 347 do C.P.C. não estabeleceu prazo para que o juiz determine as providências preliminares que achar convenientes.

Contudo, o art. 226 do novo C.P.C. estabelece os prazos específicos para a atuação do juiz no processo. Assim, o juiz proferirá os despachos no prazo de cinco dias; as decisões interlocutórias no prazo de dez dias e as sentenças no prazo de trinta dias.

[159] Calmon de Passos. José Joaquim. *Comentários ao código de processo civil.* 6ª ed. Vol. III – arts. 270 a 331. Rio de Janeiro: Forense, 1989. p. 458.

SEÇÃO I – Da não Incidência dos Efeitos da Revelia

Art. 348

Se o réu não contestar a ação, o juiz, verificando a inocorrência do efeito da revelia previsto no art. 344, ordenará que o autor especifique as provas que pretenda produzir, se ainda não as tiver indicado.

Não incidência dos efeitos da revelia

Vencido o prazo para que o réu apresente a contestação ou qualquer resposta ao pedido formulado na demanda, os autos serão conclusos ao juiz para que no prazo de dez dias (decisão interlocutória) verifique os efeitos ou não da revelia.

Não havendo a contestação do réu, a primeira análise que deverá realizar o juiz é verificar se houve efetivamente a citação do réu, e se ela seguiu os preceitos legais para sua realização.

Na realidade, segundo prescreve o art. 239 do atual C.P.C., *para a validade do processo é indispensável a citação do réu ou do executado, ressalvadas as hipóteses de indeferimento da petição inicial ou de improcedência do pedido.*

Em complemento, estabelece o art. 280 do novo C.P.C. que *as citações e as intimações serão nulas quando feitas sem observância das prescrições legais.*

Verificando o juiz que houve alguma nulidade da citação, deverá declarar tal nulidade de ofício, determinando a renovação do ato processual.

Se a citação ocorreu regularmente, e diante da não contestação do réu, o juiz deverá analisar se se aplicam ao caso os efeitos da revelia ou não.

Note-se que se o Tribunal de apelação entender na análise de provas que houve a citação, tal questão não poderá ser levada ao crivo do S.T.J., em face do que dispõe a Súmula 07 do referido tribunal. Nesse sentido eis os seguintes precedentes:

> *1. Inexiste afronta ao art. 535 do CPC quando o acórdão recorrido analisou todas as questões pertinentes para a solução da lide, pronunciando-se, de forma clara e suficiente, sobre a controvérsia estabelecida nos autos.*
>
> *2. O recurso especial não comporta o exame de questões que impliquem revolvimento do contexto fático-probatório dos autos, a teor do que dispõe a Súmula n. 7 do STJ.*
>
> *3. O Tribunal de origem, com base nos elementos de prova, concluiu pela aplicação da teoria da aparência e, consequentemente, pela validade da citação. Alterar esse entendimento é inviável em recurso especial, a teor do que dispõe a Súmula n. 7/STJ.*

4. Agravo regimental a que se nega provimento.

(AgRg nos EDcl no AREsp 253.623/RJ, Rel. Ministro ANTONIO CARLOS FERREIRA, QUARTA TURMA, julgado em 11/02/2014, DJe 21/02/2014).

1. Revolver a conclusão firmada pela instância ordinária quanto ao fato de que o Dr. Pierre Moreau não detinha poderes para responder pela Belmax quando peticionou nos autos em nome da empresa Nortox é pretensão inviável na via eleita ante o óbice da Súmula nº 7/STJ.

2. Agravo regimental não provido.

(AgRg no REsp 1362666/PR, Rel. Ministro RICARDO VILLAS BÔAS CUEVA, TERCEIRA TURMA, julgado em 06/02/2014, DJe 20/02/2014)

O art. 348 do novo C.P.C. trata de providência preliminar para o caso em que não se verificam os efeitos da revelia.

As hipóteses em que a falta de contestação do réu não induz os efeitos da revelia estão inseridas no art. 345, incs. I a III do novo C.P.C., a saber:

Art. 345. A revelia não produz o efeito mencionado no art. 344 se:

I – havendo pluralidade de réus, algum deles contestar a ação;

II – o litígio versar sobre direitos indisponíveis;

III – a petição inicial não estiver acompanhada de instrumento que a lei considere indispensável à prova do ato;

IV – as alegações de fato formuladas pelo autor forem inverossímeis ou estiverem em contradição com prova constante dos autos.

Segundo preconiza o art. 348 do atual C.P.C., *se o réu não contestar a ação, o juiz, verificando a inocorrência do efeito da revelia previsto no art. 344, ordenará que o autor especifique as provas que pretenda produzir, se ainda não as tiver indicado*

Porém, poderá ocorrer que o réu seja revel, não conteste a demanda, e antes de o juiz intimar o autor deverá tomar outra providência.

O pressuposto lógico da geração dos efeitos da revelia (presunção de veracidade da matéria de fato e a ausência de intimação para os demais atos do processo) é a ciência inequívoca do réu em relação à demanda que lhe foi proposta, conjugada com a sua inércia.

A forma processual estabelecida pela norma, a fim de cientificar o réu da demanda, é a citação, que normalmente se perfaz por mandado ou pelo correio.

Por vezes, no entanto, a citação será efetivada por edital ou por hora certa, nas hipóteses em que há dificuldades para a localização e cientificação pessoal do réu. Nesses casos, contudo, não se tem certeza se o réu efetivamente teve conhecimento da demanda. Por essa razão, concretizada a citação por meio dessas espécies de citação, exige-se a nomeação de curador especial, nos termos do artigo 72, inciso II, do novo Código de Processo Civil.

Nas situações preconizadas pelo artigo 72, inciso II, do novo Código de Processo Civil, muito embora caracterizada a revelia daquele que citado por edital ou por hora certa deixou de contestar ou apresentar qualquer outra forma de defesa, não há falar em presunção de verdade dos fatos articulados na inicial, pois a norma determina a nomeação obrigatória de curador especial para defendê-lo.[160] Ressalte-se que o curador deverá, obrigatoriamente, apresentar defesa, preferencialmente contestação, mesmo que por negativa geral.[161]

Havia certa inquietação doutrinária e jurisprudencial quanto à necessidade de nomeação de curador especial ao executado que, citado por edital, deixasse de comparecer aos autos de execução. A matéria, contudo, foi assim definida pelo Superior Tribunal de Justiça, através da Súmula 196: *Ao executado que, citado por edital ou por hora certa, permanece revel, será nomeado curador especial, com legitimidade para apresentação de embargos.*[162]

Sobre o tema, eis ainda os seguintes precedentes do S.T.J.:

> *1. Nos termos da jurisprudência desta Corte, ao executado que, citado por edital ou por hora certa, permanecer revel, será nomeado curador especial, com legitimidade para apresentação de embargos – Súmula 196/STJ.*
>
> (...).

[160] "Por que é necessária essa intervenção?
A razão de ser da nomeação do curador à lide consiste no fato de o réu não ter sido citado pessoalmente. Trata-se de hipótese de citação ficta, que não nos dá a certeza de ter o interessado tomado realmente ciência de que contra ele está correndo uma ação.
'... se se cumpre, de um lado, o princípio da bilateralidade da audiência, ligando-se o réu ao processo, mas tendo-se em vista que isto é feito sob um aspecto presumivelmente formal, para que o princípio do contraditório não fique definitivamente mutilado há que se dar àquele que foi citado por edital ou com hora certa, que não comparece a Juízo, o curador especial [...]' (Gianesini, op. cit., p. 100).

[161] "[...] Elide, assim, a nomeação do curador especial a incidência do art. 319, pois o réu terá apresentado contestação, e esse artigo só se aplica às hipóteses de não apresentação dessa peça" (Gianesini, id., p. 103).

[162] No mesmo sentido: "Curador especial. Processo de execução. Executado que não atende à citação edital. É devida a nomeação de curador especial ao executado que, citado por edital, não comparece a juízo. Doutrina". (STF – 2. Turma, v.u., RE 108.073-MG, rel. Min. Francisco Rezek, *Revista Trimestral de Jurisprudência*, Brasília, v. 120, p. 1276, jun. 1987).

(AgRg no AREsp 327.707/SP, Rel. Ministro HUMBERTO MARTINS, SEGUNDA TURMA, julgado em 19/09/2013, DJe 30/09/2013).

(...).

– Cabível a designação de curador especial ao revel no processo falimentar, nos termos do art. 9º, II do CPC, na hipótese da citação ter se efetivado por edital, como no caso.

– Nulidade da r. sentença declaratória da falência e de todos os atos dela decorrentes, sendo anulado o processo a partir do momento em que, citada a falida por edital e decretada a revelia, não lhe foi nomeado curador especial, o que deverá ser feito pelo magistrado de primeiro grau, nos termos do art. 9º, II do Código de Processo Civil.

– Recurso especial parcialmente conhecido e, nessa extensão, provido.

(REsp 180.349/SP, Rel. Ministro CESAR ASFOR ROCHA, QUARTA TURMA, julgado em 03/05/2001, DJ 15/10/2001, p. 266).

O art. 72, inc. II, do novo C.P.C. também determina a nomeação de curador especial ao *réu preso revel.*

Assim, sendo declarada a revelia do réu preso, haverá necessidade de nomeação de curador especial para que ele possa realizar sua defesa.

Sobre o tema, eis o seguinte precedente do S.T.J.:

2. Citação pessoal do réu, seguida do recolhimento deste a estabelecimento prisional, ainda durante o decurso do prazo destinado à defesa na demanda cível. Decretação da revelia pelo magistrado a quo e prolação de sentença, que transitou em julgado.

3. Nulidade do título executivo judicial. Ofensa aos princípios constitucionais do contraditório e ampla defesa. Violação, ademais, ao art. 9, II, do CPC. Réu que, não obstante citado pessoalmente, tem sua liberdade privada quatro dias após o ato citatório, ainda durante o transcurso do lapso destinado à apresentação da defesa. Caso fortuito que impossibilitou a apresentação de resposta perante o juízo cível. Omissão do juízo em nomear curador especial que culmina na nulidade do processo desde a citação, exclusive, devendo ser restituído o prazo destinado à defesa.

4. Alegação de nulidade absoluta resultante da ausência de nomeação de curador especial ao réu preso, articulada no bojo dos embargos à execução. Viabilidade. Inteligência do art. 741, I, do CPC, com redação anterior à vigência da Lei 11.232/05.

5. Recurso especial conhecido e provido.

(REsp 1032722/PR, Rel. Ministro MARCO BUZZI, QUARTA TURMA, julgado em 28/08/2012, DJe 15/10/2012)

Verificando o juiz que não foram observados os efeitos da revelia, seja porque havia pluralidade de réus e um deles contestou, seja porque se tratava de direito indisponível, seja, ainda, porque é da essência da prova do ato a apresentação de instrumento, seja pelo fato de que as alegações de fato formuladas pelo autor são inverossímeis ou estão em contradição com prova constante dos autos, determinará, nos termos do art. 348 do C.P.C., que o autor especifique as provas que pretenda produzir se ainda não as tiver indicado.

Contudo, o momento oportuno para o autor indicar as provas não é após a realização ou não da contestação, mas, sim, na petição inicial, nos termos do art. 317, inc. VI do novo C.P.C., *in verbis*:

> *"Art. 319. A petição inicial indicará:*
> *(...).*
> *VI – as provas com que o autor pretende demonstrar a verdade dos fatos alegados".*

No art. 296 do projeto originário n. 2.046/10, o autor, na petição inicial, também deveria indicar o rol de testemunhas cuja oitiva pretendia realizar, em número não superior a cinco. Ocorre que este dispositivo não constou do substitutivo da Câmara dos Deputados enviado ao Senado Federal.

Outrossim, a petição inicial também deverá ser instruída com os documentos indispensáveis para a propositura da demanda (art. 320 do novo C.P.C.).

Verificando o juiz que a petição inicial não preenche os requisitos dos arts. 319 e 320 do novo C.P.C., determinará que o autor, no prazo de quinze dias, a emende ou a complete, indicando com precisão o que deve ser corrigido ou completado (art. 321 do novo C.P.C.).

Haveria, então, alguma incompatibilidade entre o art. 319, inc. VI, e o art. 348 do novo C.P.C.?

A princípio não.

O art. 319, inc. VI, do novo C.P.C. estabelece que o autor deverá indicar na petição inicial, de forma geral e abrangente, as provas que possivelmente pretende realizar para demonstrar a verdade dos fatos.

Já o art. 348 do novo C.P.C. ultrapassa o limite da indicação geral das provas, a fim de que o autor agora indique precisamente e de forma especificada quais, dentre as provas indicadas na inicial, realmente pretende produzir, salvo se assim já tiver feito quando da apresentação da petição inicial.

Tenha-se presente que não se verificando os efeitos da revelia, não há qualquer alteração quanto ao ônus da prova.

Nenhum direito novo surge para o autor à falta de contestação, principalmente quando desta falta não se verificam os efeitos da revelia.

Conforme bem esclarece Calmon de Passos: *"Se o autor deixou de indicar como provas a serem produzidas a testemunhal e a perícia, omitindo-se a respeito em sua peça inicial, a revelia do réu não lhe restaura o direito de indicá-las, descabendo, nessa circunstância, a providência do art. 324 do C.P.C. de 1973... O fato de ter ocorrido revelia do demandado, sem se verificarem os efeitos fáticos previstos no art. 319 do C.P.C. de 1973, não torna obrigatória a produção de prova em audiência, se impertinentes ou irrelevantes seriam tais provas, ou se tais provas não foram indicadas pelo autor em sua inicial.*

Julgada necessária a perícia, o juiz poderá determiná-la de ofício. Requerida a produção de prova pelo curador especial ou pelo Ministério Público, o juiz poderá deferi-la. Mas isso não significa tenha o autor readquirido o direito de produzir essas provas, apenas se lhe assegurando delas participar".[163]

Também não ocorrerão os efeitos da revelia na hipótese de o réu ter sido citado por edital ou por hora certa, sendo que nestes casos não se aplica o disposto no art. 348 do novo C.P.C., pois o juiz antes de determinar qualquer manifestação do autor deverá oferecer prazo para que o Curador Especial apresente contestação em favor do revel.

Ocorrendo a revelia e seus efeitos, e não havendo requerimento de prova na forma do art. 349 do novo C.P.C., a providência que deverá adotar o juiz será a do art. 355, inc. II do novo C.P.C., ou seja, o juiz julgará antecipadamente o mérito, proferindo sentença *com resolução de mérito*, evidentemente desde que haja uma demanda regularmente formulada e estejam presentes os pressupostos processuais de validade e desenvolvimento regular do processo.

Sobre o tema, eis os seguintes precedentes do S.T.J.:

> *(...).*
>
> *2. A presunção de veracidade prevista pelo art. 319 da Lei Adjetiva Civil não é absoluta, notadamente se, diante das provas produzidas nos autos, não se chega à mesma conclusão quanto aos fatos afirmados pelo autor. Neste sentido, não obstante a juntada da peça contestatória fora do prazo, a aludida preclusão relativa ao requerimento de produção de provas e a respectiva desistência, não há que se falar em negativa de oitiva de testemunhas.*
>
> *3. Além de caber ao magistrado, à inteligência do princípio do livre convencimento fundamentado, decidir sobre as provas necessárias para a formação de seu convencimento, conforme reiteradamente decidido pelo Superior Tribunal de Justiça, a análise da necessidade ou não de produção daquelas, qualquer que seja o momento processual ou o motivo que leve a tanto, é atribuição da instância ordinária, eventual reforma da respectiva decisão importaria em reexame do conjunto fático-probatório, o que é vedado a esta Corte pela Súmula n. 7 deste Tribunal. Precedentes.*

[163] CALMON DE PASSOS. José Joaquim. *Comentários ao código de processo civil.* 6ª ed., Vol. III – arts. 270 a 331. Rio de Janeiro: Forense, 1989. p. 464 e 465.

4. Recurso especial não provido.

(REsp 1198159/RS, Rel. Ministro MAURO CAMPBELL MARQUES, SEGUNDA TURMA, julgado em 02/09/2010, DJe 04/10/2010)

1. Os efeitos materiais da revelia não são afastados quando, regularmente citado, deixa o Município de contestar o pedido do autor, sempre que não estiver em litígio contrato genuinamente administrativo, mas sim uma obrigação de direito privado firmada pela Administração Pública.

2. Não fosse por isso, muito embora tanto a sentença quanto o acórdão tenham feito alusão à regra da revelia para a solução do litígio, o fato é que nem seria necessário o apelo ao art. 319 do Código de Processo Civil. No caso, o magistrado sentenciante entendeu que, mediante a documentação apresentada pelo autor, a relação contratual e os valores estavam provados e que, pela ausência de contestação, a inadimplência do réu também.

3. A contestação é ônus processual cujo descumprimento acarreta diversas consequências, das quais a revelia é apenas uma delas. Na verdade, a ausência de contestação, para além de desencadear os efeitos materiais da revelia, interdita a possibilidade de o réu manifestar-se sobre o que a ele cabia ordinariamente, como a prova dos fatos impeditivos, modificativos ou extintivos do direito do autor (art. 333, inciso II, CPC), salvo aqueles relativos a direito superveniente, ou a respeito dos quais possa o juiz conhecer de ofício, ou, ainda, aqueles que, por expressa autorização legal, possam ser apresentados em qualquer tempo e Juízo (art. 303, CPC).

4. Nessa linha de raciocínio, há nítida diferença entre os efeitos materiais da revelia – que incidem sobre fatos alegados pelo autor, cuja prova a ele mesmo competia – e a não alegação de fato cuja prova competia ao réu. Isso por uma razão singela: os efeitos materiais da revelia dispensam o autor da prova que lhe incumbia relativamente aos fatos constitutivos de seu direito, não dizendo respeito aos fatos modificativos, extintivos ou impeditivos do direito alegado, cujo ônus da prova pesa sobre o réu. Assim, no que concerne aos fatos cuja alegação era incumbência do réu, a ausência de contestação não conduz exatamente à revelia, mas à preclusão quanto à produção da prova que lhe competia relativamente a esses fatos.

5. A prova do pagamento é ônus do devedor, seja porque consubstancia fato extintivo do direito do autor (art. 333, inciso II, do CPC), seja em razão de comezinha regra de direito das obrigações, segundo a qual cabe ao devedor provar o pagamento, podendo até mesmo haver recusa ao adimplemento da obrigação à falta de quitação oferecida pelo credor (arts. 319 e 320 do Código Civil de 2002). Doutrina.

6. Recurso especial não provido.

(REsp 1084745/MG, Rel. Ministro LUIS FELIPE SALOMÃO, QUARTA TURMA, julgado em 06/11/2012, DJe 30/11/2012)

Art. 349

Ao réu revel será lícita a produção de provas, contrapostas às alegações do autor, desde que se faça representar nos autos a tempo de praticar os atos processuais indispensáveis a essa produção.

Produção de prova pelo réu revel

Não havia no C.P.C. de 1973 dispositivo idêntico ao do art. 349 do novo C.P.C.

Assim, muito embora possa ocorrer a revelia, bem como os efeitos dela decorrentes, se o réu ingressar no processo por meio de advogado antes da fase instrutória, poderá requerer ao juízo a produção de prova para contrapor àquelas produzidas pelo autor.

Trata-se de relativização da *confissão ficta* como efeito da revelia.

O revel poderá apresentar documentos, requerer a realização de prova pericial ou mesmo a inspeção judicial, assim como o interrogatório da parte.

Uma vez encerrada a instrução processual, o revel não poderá requer nova produção probatória, salvo, a não ser a apresentação de documentos, pois estes poderão ser apresentados a qualquer momento do procedimento, salvo se devessem ser juntados com a inicial da demanda.

Sobre o tema, eis o seguinte precedente do S.T.J.:

> *(...).*
>
> *2. A interpretação sistemática dos alegadamente violados arts. 319 a 322 do Código de Processo Civil leva à conclusão de que a revelia é um ato-fato processual – decorrente da falta de apresentação de defesa pelo requerido a respeito dos fatos aduzidos na petição inicial –, do qual exsurge os seguintes efeitos: (a) via de regra, presunção de veracidade das circunstâncias firmadas pelo autor (efeito material); e, (b) prosseguimento do processo sem a intimação do réu-revel (efeito processual). A esses, acrescenta a doutrina, ainda os seguintes: (c) preclusão em desfavor do réu do poder de alegar algumas matérias de defesa; e, (d) possibilidade de julgamento antecipado da lide, acaso se produza o efeito substancial da revelia (art. 330, II, CPC).*
>
> *3. Assim, a presunção de veracidade dos fatos é apenas um dos efeitos possíveis da revelia, sendo certo que, outro igualmente importante, é a falta de intimação da parte revel a respeito dos atos processuais. Note-se que, de acordo com a nova redação do art. 322 do CPC – nos termos da Lei 11.280/06 –, ainda que tenha havido a ocorrência da revelia, conforme art. 236, § 1º do CPC, há a necessidade de que o advogado constituído nos autos seja devidamente intimado dos atos processuais, sendo esta providência desnecessária tão somente àquele revel que não tem patrono constituído nos autos.*

Precedentes.

4. Esta circunstância é de extrema relevância em demandas como a sub examine, em que se discute a prática de ato de improbidade administrativa. Isso porque, embora tenha um caráter eminentemente cível, é inegável o caráter sancionatório da demanda, tendo em vista as sanções aplicáveis – que implicam, inclusive, na suspensão transitória de direitos políticos –, e, ainda, a eventual irradiação dos seus efeitos para outras esferas, tais como, na administrativa e no penal. Assim, não só por se tratar de direitos indisponíveis, mas – e ainda o que é mais relevante – tendo em vista a natureza dos interesses envolvidos, sobreleva ainda mais a importância de se garantir exercício do direito de defesa ao requerido a fim de que o sistema de justiça possa prolatar uma resposta à sociedade que efetivamente proteja os interesses públicos envolvidos.

(...).

(REsp 1330058/PR, Rel. Ministro MAURO CAMPBELL MARQUES, SEGUNDA TURMA, julgado em 20/06/2013, DJe 28/06/2013)

SEÇÃO II – Do Fato Impeditivo, Modificativo ou Extintivo do Direito do Autor

Art. 350

Se o réu alegar fato impeditivo, modificativo ou extintivo do direito do autor, este será ouvido no prazo de 15 (quinze) dias, permitindo-lhe o juiz a produção de prova.

Alegação de fato impeditivo, modificativo ou extintivo do direito do autor

O dispositivo em análise trata das denominadas exceções peremptórias descritas no item 3 do art. 576º do Código de Processo Civil português, *in verbis:*

Artigo 576º Exceções dilatórias e perentórias – Noção

1 – As exceções são dilatórias ou perentórias.

2 – As exceções dilatórias obstam a que o tribunal conheça do mérito da causa e dão lugar à absolvição da instância ou à remessa do processo para outro tribunal.

3 – As exceções perentórias importam a absolvição total ou parcial do pedido e consistem na invocação de factos que impedem, modificam ou extinguem o efeito jurídico dos factos articulados pelo autor.

No direito brasileiro, o réu, ao mesmo tempo em que pode reconhecer fato no qual se fundou a demanda formulada pelo autor, também pode apresentar outros fatos que impedem, modificam ou extinguem o direito do autor.

Portanto, o réu quando alega a ineficácia dos fatos constitutivos sobre os quais se funda o direito do autor, ou quando alega que aquele direito se encontra modificado ou extinto, deve (isto é: tem o ônus) de provar os fatos sobre os quais se funda a exceção peremptória.

As *exceções* são o *meio técnico* pelas quais o réu *faz valer, opõe e, portanto, alega* seja *a existência* de *novos fatos* dos quais deriva a *ineficácia* dos *fatos constitutivos* enunciados pelo autor, seja sobretudo a *existência de fatos* ulteriores, pelos quais o direito acionado possa resultar *modificado* ou *extinto*.[164]

Em relação aos fatos extintivos, modificativos e impeditivos do direito do autor, anotam os autores italianos Comoglio, Ferri e Taruffo, que podem ser considerados como exceções de ineficácia dos fatos constitutivos do direito do autor a anulabilidade do contrato por vício de consenso, oposta por quem seja sujeito passivo de sua execução. Pode-se, pois, indicar como clássicos fatos extintivos de um direito de crédito, em relação ao qual se requeira a tutela judiciária de natureza condenatória ao adimplemento, a ocorrência de pagamento do débito ou, também, a ocorrência de adimplemento da obrigação controvertida; a extinção do direito em alguns dos modos diversos do adimplemento, que tenham previsão legal, como, por exemplo, a novação, a remissão, a compensação, a confusão; a ocorrência de uma condição resolutiva inserida no contrato objeto de execução; a decadência ou a prescrição. São, por sua vez, possíveis fatos modificativos do direito do autor, um adimplemento parcial; a moratória concedida pelo credor; a sobrevinda impossibilidade parcial da prestação; a redução por equidade de um contrato pela sobrevinda onerosidade excessiva. Qualificam-se, por fim, como possíveis fatos impeditivos do direito do autor, a pendência do prazo para adimplemento em favor do devedor, em relação ao qual o credor exija o imediato adimplemento; a existência de uma válida cláusula de exoneração da responsabilidade do devedor; a falta de realização de uma condição suspensiva inserida no contrato do qual deriva o direito acionado; a exceção de inadimplemento dos contratos com prestação correspondentes.[165]

Segundo prescrevia o art. 326 do C.P.C. de 1973, alegando o réu fato impeditivo, modificativo ou extintivo do direito do autor, este seria ouvido no prazo de dez dias, facultando-lhe o juiz a produção de prova exclusivamente documental.

O art. 350 do novo C.P.C. estabelece o prazo de quinze dias para que o autor seja ouvido e possa se manifestar sobre os fatos impeditivos, modificativos ou extintivos do seu direito. Além do mais, o juiz permitirá que o autor, além da

[164] Comoglio, Luigi Paolo; Ferri, Corrado; Taruffo, Michele. *Lezioni sul processo civile – il processo ordinario di cognizione*. Bologna: Il Mulino, 2006. p. 267.
[165] Comoglio, L. P.; Ferri, C.; Taruffo, M., idem, p. 268 e 269.

produção de prova documental, também possa apresentar outras provas, inclusive a indicação de rol de testemunha adicional.

O parágrafo *único* do *art. 337* do projeto originário n. 2.046/10 do C.P.C. estabelecia que *proceder-se-á de igual modo se o réu oferecer pedido contraposto.*

Inicialmente, é de se ressaltar que o projeto originário n. 2.406/10 extinguia o instituto da *reconvenção* como processo autônomo, mantendo apenas o instituto do *pedido contraposto.*

Segundo estabelecia o art. 326 do projeto originário do novo C.P.C., seria lícito ao réu, na contestação, formular pedido contraposto para manifestar pretensão própria, conexa com a demanda principal ou com o fundamento da defesa, hipótese em que o autor seria intimado, na pessoa do seu advogado, para responder no prazo de quinze dias.

Por sua vez, nos termos do §2º do art. 326 do projeto originário, a ocorrência de causa extintiva da demanda principal não obstaria o prosseguimento do processo ao pedido contraposto.

Porém, o novo C.P.C. não adotou a possibilidade do *pedido contraposto*, restabelecendo o instituto da *reconvenção.*

SEÇÃO III – Das Alegações do Réu

Art. 351

Se o réu alegar qualquer das matérias enumeradas no art. 337, o juiz determinará a oitiva do autor no prazo de 15 (quinze) dias, permitindo-lhe a produção de prova.

Réplica do autor – prazo quinze dias

Incumbe ao réu alegar na contestação toda matéria de defesa, expondo as razões de fato e de direito com que impugna o pedido do autor e especificando as provas que pretende produzir.

O réu, antes de sua defesa de mérito, poderá arguir como preliminar na contestação as denominadas exceções processuais positivas ou negativas.

Tudo o que diga respeito às condições de análise do mérito da demanda, aos pressupostos processuais etc deverá ser objeto de preliminar de contestação.

Dentre as matérias que o réu poderá alegar na contestação, como preliminar, estão aquelas enumeradas no art. 337 do novo C.P.C., a saber:

Art. 337. Incumbe ao réu, antes de discutir o mérito, alegar:
I – inexistência ou nulidade da citação;
II – incompetência absoluta e relativa;
III – incorreção do valor da causa;
IV – inépcia da petição inicial;
V – perempção;
VI – litispendência;
VII – coisa julgada;
VIII – conexão;
IX – incapacidade da parte, defeito de representação ou falta de autorização;
X – convenção de arbitragem;
XI – ausência de legitimidade ou de interesse processual;
XII – falta de caução ou de outra prestação que a lei exige como preliminar;
XIII – indevida concessão do benefício de gratuidade de justiça.

Uma vez alegada qualquer das matérias indicadas no art. 337 do novo C.P.C., o juiz mandará ouvir o autor no prazo de quinze dias. O art. 327 do C.P.C. de 1973 estabelecia o prazo de dez dias para que o autor fosse ouvido.

O autor, na impugnação à contestação, e para refutar a alegação das matérias enumeradas no art. 337 do novo C.P.C., ou seja, os fatos novos, constitutivos da defesa indireta de rito, poderá produzir toda e qualquer prova lícita. O art. 338 do projeto originário n. 2.046/10 apenas permitia a produção de prova documental.

Art. 352

Verificando a existência de irregularidades ou de vícios sanáveis, o juiz determinará sua correção em prazo nunca superior a 30 (trinta) dias.

Saneamento dos vícios e das irregularidades

Verificando a existência de irregularidades ou vícios sanáveis, o juiz determinará sua correção em prazo nunca superior a trinta dias, conforme estabelece o art. 352 do novo C.P.C.

Uma vez ouvido o autor sobre a defesa indireta feita pelo réu como preliminar de contestação, o juiz deverá, se for o caso e sendo possível, determinar que eventuais irregularidades ou nulidades sejam sanadas.

O art. 327 do C.P.C. de 1973 determinava que as irregularidades ou nulidades sanáveis fossem supridas num prazo nunca superior a trinta dias. O art. 350

do Projeto originário do Senado, n.166/10 também estabelecia um prazo nunca superior a um mês.

O novo C.P.C. estabeleceu também o prazo, não em mês, mas em dias (30 dias) para que as irregularidades ou nulidades sanáveis sejam supridas, nos termos do art. 352, *in verbis*: *"Verificando a existência de irregularidades ou de vícios sanáveis, o juiz determinará sua correção em prazo nunca superior a 30 (trinta) dias".*

O C.P.C. de 1973 não falava em 'vícios sanáveis', mas em 'nulidades sanáveis'.

Sobre as expressões 'nulidades sanáveis' e 'nulidades insanáveis' ensina Calmon de Passos: *"Verificada pelo juiz a atipicidade do ato, seja essa atipicidade expressamente cominada com a sanção de nulidade ou não o seja, cabe-lhe indagar do atendimento do fim posto pelo ordenamento para o ato atípico. Se esse fim foi atingido, v.g., a citação é defeituosa, mera irregularidade, incapaz de determinar ineficácia do ato, motivo pelo qual o juiz não decretará a nulidade. Trata-se de ato atípico eficaz. Se a atipicidade acarretou prejuízo para os fins de justiça do processo, deixando inatingido o fim particular posto para o ato, estamos diante de atipicidade relevante, que deve ser sancionada com a nulidade... A sanabilidade ou insanabilidade da nulidade é uma apreciação posterior ao pronunciamento judicial que a constitui. Nulidade sanável, portanto, não é mais do que aquela cujas consequências sobre o processo podem ser obviadas, mediante a repetição de atos ou realização de atos que faltaram na série dos atos do procedimento. Insanável, por conseguinte, é a nulidade que repercute sobre o processo como um todo e importa em sua extinção. Suas consequências são extensas e definitivas. A repetição de um ato não pode ser vista como sanação de defeito desse mesmo ato, sim das repercussões que sua invalidade determina no processo. O ato é nulo. O juiz pronuncia sua nulidade e manda repeti-lo, impedindo, com isso, a extensão dos efeitos da nulidade do ato, extensão que normalmente ocorreria, não fosse o ato repetível. É a projeção da nulidade no processo que se corta, não a nulidade. Ela existe e deve ser decretada.*

Logo, quando se fala em nulidades sanáveis e insanáveis, fala-se, em verdade, de extensão dos efeitos das nulidades. As sanáveis, que se corrigem, quanto à repercussão de seus efeitos, pela repetição do ato ou dos atos atingidos, sobrevivendo o processo. As insanáveis, quando o ato não pode ser repetido operando elas sobre o processo, atingindo-o na sua validade, como um todo".[166]

Agora o legislador, para evitar essa conturbada questão, optou pela expressão *vícios sanáveis*.

Na realidade, conforme já teve oportunidade de afirmar Fredie Didier Jr. sobre a sanabilidade dos vícios processuais: *No direito processual, não há defeito que não possa ser sanado. Por mais grave que seja, mesmo que apto a gerar a invalidade do*

[166] Calmon de Passos, J. J., op. Cit., p. 479 e 480.

procedimento ou de um dos seus atos, todo defeito é sanável. Não há exceção a essa regra. (...). Mesmo nos casos de ausência de citação ou de citação defeituosa que gerou revelia, vícios transrescisórios, que permitem a invalidação da decisão judicial após o prazo da ação rescisória [...], há possibilidade de suprimento do defeito pelo comparecimento do réu ao processo (art. 214 do CPC). Para Pontes de Miranda, inclusive, se o réu citado/intimado regularmente na execução da sentença proferida em processo com tal defeito comparecer e não o apontar, sanado está o vício pela preclusão.[167]

Sobre o tema, eis os seguintes precedentes do S.T.J.:

(...).

1. "O STJ firmou o entendimento de que a ausência de assinatura na petição nas instâncias ordinárias, ao contrário do estabelecido na instância especial, é vício sanável, conforme reza o art. 13 do CPC, aplicável analogicamente à irregularidade da representação postulatória, de forma que se deve proceder à abertura de prazo razoável para reparar a irregularidade" (AgRg no REsp 1.222.475/RS, Rel. Min. HERMAN BENJAMIN, Segunda Turma, DJe 1º/4/11).

(...).

(AgRg no AREsp 165.513/SP, Rel. Ministro ARNALDO ESTEVES LIMA, PRIMEIRA TURMA, julgado em 07/03/2013, DJe 15/03/2013).

1 – Ajuizada nova ação, porquanto a primeira foi extinta sem julgamento de mérito, pode o magistrado intimar o autor para que comprove o pagamento ou deposite as custas e os honorários advocatícios. Inteligência ao art. 268 c/c 284, parág. único, ambos do Código de Processo Civil.

2 – As normas processuais devem ser interpretadas em conjunto e não isoladamente. Vício sanável de regularização até antes do julgamento conforme o estado do processo (art. 328 do CPC).

3 – A teor do art. 255 do RISTJ, não basta a simples transcrição de ementas para apreciação do dissídio jurisprudencial (art. 105, III, alínea "c" da CF), devendo ser mencionadas e expostas as circunstâncias que identificam ou assemelham os casos confrontados.

4 – Precedentes (REsp nºs 10.258/SP e 87.943/SP).

5 – Recurso improvido.

(REsp 178.379/SP, Rel. Ministro JORGE SCARTEZZINI, QUINTA TURMA, julgado em 02/09/1999, DJ 04/10/1999, p. 83)

[167] DIDIER JR. F. op. cit. (*Curso de Direito Processual Civil*, vol. 1, 7ª ed. Salvador: Juspodivm, 2007, p. 234).

Art. 353
Cumpridas as providências preliminares ou não havendo necessidade delas, o juiz proferirá julgamento conforme o estado do processo, observando o que dispõe o Capítulo X.

Julgamento conforme o estado do processo
Cumpridas as providências preliminares, quais sejam, constatação da não ocorrência dos efeitos da revelia, verificação dos fatos impeditivos, modificativos ou extintivos do direito do autor afirmados pelo réu, bem como da alegação em preliminar de contestação das matérias enumeradas no art. 337 do novo C.P.C., ou não havendo necessidades delas, o juiz proferirá *julgamento conforme o estado do processo.*

Antes de o juiz proferir julgamento conforme o estado do processo, deverá sempre examinar a regularidade ou vícios do processo e de sua relação jurídica, apreciando e resolvendo as pendências sobre os pressupostos processuais, sobre as condições de análise do mérito da demanda. E essa análise de regularidade processual ou procedimental poderá ocorrer mesmo que o réu não tenha alegado em contestação, quando o juiz puder conhecê-la de ofício.

O art. 353 do atual C.P.C. determina que o juiz profira julgamento conforme o estado do processo, observando o que dispõe o Capítulo X.

E segundo o Capítulo X do novo C.P.C., o *julgamento conforme o estado do processo* dar-se-á: a) com a extinção do processo (art. 354 do novo C.P.C.); b) com o julgamento antecipado do mérito (art. 355 do novo C.P.C.); c) com o julgamento antecipado parcial do mérito (art. 356 do novo C.P.C.); d) com o saneamento e da organização do processo (art. 357 do novo C.P.C.).

CAPÍTULO X – Do Julgamento Conforme o Estado do Processo

SEÇÃO I – Da Extinção do Processo

Art. 354
Ocorrendo qualquer das hipóteses previstas nos arts. 485 e 487, incisos II e III, o juiz proferirá sentença.

Parágrafo único. A decisão a que se refere o caput pode dizer respeito a apenas parcela do processo, caso em que será impugnável por agravo de instrumento.

Do julgamento conforme o estado do processo – da extinção do processo
No projeto originário do novo C.P.C., essa seção era denominada de *Julgamento da Lide.*

Sem dúvida, não teria sido feliz a modificação introduzida no projeto originário n. 2.046/10, ao intitular a presente seção como do *julgamento da lide*, pois o termo *lide* no âmbito do processo civil brasileiro é um termo *equívoco*.

Na verdade, agiu com acerto o atual legislador em denominar a Seção I como da *extinção do processo*, pois o juiz, nas hipóteses do art. 485 e 487, incisos II a III do novo C.P.C., poderá proferir sentença tanto de resolução como sem resolução de mérito, *extinguindo o processo.*

Prescreve o art. 485 do atual C.P.C.:

> *Art. 485. O juiz não resolverá o mérito quando:*
> *I – indeferir a petição inicial;*
> *II – o processo ficar parado durante mais de 1 (um) ano por negligência das partes;*
> *III – por não promover os atos e as diligências que lhe incumbir, o autor abandonar a causa por mais de 30 (trinta) dias;*
> *IV – verificar a ausência de pressupostos de constituição e de desenvolvimento válido e regular do processo;*
> *V – reconhecer a existência de perempção, de litispendência ou de coisa julgada;*
> *VI – verificar ausência de legitimidade ou de interesse processual;*
> *VII – acolher a alegação de existência de convenção de arbitragem ou quando o juízo arbitral reconhecer sua competência;*
> *VIII – homologar a desistência da ação;*
> *IX – em caso de morte da parte, a ação for considerada intransmissível por disposição legal; e*
> *X – nos demais casos prescritos neste Código.*

Por sua vez, prescrevem os incisos II a III do art. 487 do novo C.P.C.:

> *Art. 487. Haverá resolução de mérito quando o juiz:*
> *(...).*
> *II – decidir, de ofício ou a requerimento, sobre a ocorrência de decadência ou prescrição;*
> *III – homologar:*
> *a) o reconhecimento da procedência do pedido formulado na ação ou na reconvenção;*
> *b) a transação;*
> *c) a renúncia à pretensão formulada na ação ou na reconvenção.*

O art. 354 do novo C.P.C., assim como estabelecia o art. 329 do C.P.C. de 1973, estabelece hipóteses (art. 485 e 487, inc. II a III do novo C.P.C.) em que o juiz deverá proferir de imediato a sentença de acordo com o estado do processo.

Trata-se de um julgamento que se realiza entre a fase postulatória e a fase instrutória do processo, pondo-se fim ao processo sem necessidade de realização de novos procedimentos ou mesmo de instrução probatória.

O julgamento nesta fase processual ocorrerá ora com resolução do mérito ora sem resolução do mérito, dependendo da circunstância e dos motivos que fundamentam a decisão.

Não sendo o caso de extinção do processo, do julgamento antecipado de mérito ou do julgamento antecipado parcial de mérito, o juiz, em saneamento, decidirá as questões processuais pendentes e delimitará as questões de fato sobre as quais recairá a atividade probatória, especificando os meios de prova admitidos, definirá a distribuição do ônus da prova, observado o art. 373, delimitará as questões de direito relevantes para a decisão de mérito e designará, se necessário, audiência de instrução e julgamento, nos termos 357 do atual C.P.C.

É importante salientar que o juiz não precisa esperar, por exemplo, que a parte deixe de movimentar o processo por mais de um ano para proferir decisão sem resolução do mérito, conforme estabelece o art. 485, inc. II, pois se o autor não sanar as irregularidades ou vícios sanáveis no prazo de 30 (trinta) dias, nos termos do art. 352, poderá então proferir sentença conforme o estado do processo sem necessidade de aguardar um ano por negligência das partes. Neste caso, deve-se aplicar o inc. III do art. 485 do novo C.P.C., ou seja, o juiz deverá extinguir o processo sem resolução do mérito se o autor não *promover os atos e as diligências que lhe incumbir, o autor abandonar a causa por mais de 30 (trinta) dias.* As diligências nessa fase processual determinadas ao autor são as derivadas das providências preliminares, sendo que neste caso o prazo deve-se contar em dias ou em mês?

Tendo em vista o conflito de normas, e como há norma específica para o cumprimento das diligências preliminares, o prazo deve ser fixado em dias.

É importante salientar que a extinção do processo poderá não ocorrer quando da prolação da sentença com base em julgamento conforme o estado do processo, pois o processo poderá ainda prosseguir para análise de eventual recurso interposto pelas partes.

É importante salientar que não se poderá proferir julgamento conforme o estado do processo se não for oportunizado à parte a produção probatória, especialmente quando a sentença tem por fundamento justamente a falta de prova. Nesse sentido é o seguinte precedente do S.T.J.:

(...).

7. Se à parte não foi dada oportunidade de especificar quais provas pretendia produzir, não se mostra possível, de antemão, pressupor a desnecessidade de sua produção, mormente porque, em contrarrazões, a empresa Rio Grande Energia postulou pela produção de provas documentais, não se podendo pressupor que todas aquelas provas que a empresa pretendia produzir seriam despiciendas ao julgamento da causa.

8. Em outras palavras, seria possível que a parte pretendesse a produção de provas documentais que tivessem em poder de terceiros, nos termos do que determina o artigo 341 do CPC.

9. Assim, prospera a tese veiculada pela recorrente, no tocante ao cerceamento de defesa, porquanto a ausência de intimação da parte para que especificasse as provas que pretendesse produzir, inegavelmente macula a sentença que se deve ter por nula.

10. Outro aspecto que deve ser ressaltado é que, ainda que à parte tivesse sido oportunizada a produção de prova e o juiz as indeferisse, mesmo nessas hipóteses poderia restar caracterizado o cerceamento de defesa, já que o magistrado lançou mão da ausência de provas nos autos capazes de infirmar o alegado pelo Ministério Público Federal para rechaçar as pretensões deduzidas pela parte. Há vários julgados deste Tribunal no sentido de que se mostra inviável o julgamento conforme o estado do processo se houver o indeferimento da produção de prova pericial e posterior não provimento das pretensões da parte ao fundamento de ausência de produção de prova.

11. Recurso especial interposto pela Rio Grande Energia S.A provido para anular o acórdão recorrido e determinar a remessa dos autos à origem, a fim de que seja oportunizada à recorrente a especificação de provas que pretende produzir.

(REsp 779.160/RS, Rel. Ministro MAURO CAMPBELL MARQUES, SEGUNDA TURMA, julgado em 22/02/2011, DJe 28/03/2011).

Eis, ainda, os seguintes precedentes do S.T.J. sobre o tema:

1. Do texto do artigo 11 da LC 76/93, não se pode extrair a obrigatoriedade da realização da audiência de instrução e julgamento, porquanto o fato de o referido dispositivo legal prever a realização da audiência, no prazo de quinze dias a contar da conclusão da perícia, não significa que essa deva, necessariamente, acontecer, podendo a lide receber julgamento conforme o estado do processo, desde que cumpridos os requisitos dispostos no artigo 330 do CPC.

O Tribunal Regional entendeu que, havendo nos autos elementos suficientes para que se procedesse ao julgamento da causa, infundada a realização de audiência de instrução e julgamento, o que não pode ser alterado por meio de recurso especial.

2. A questão da justa indenização foi decidida com base na análise das provas constantes nos autos, de modo que não há como esta Corte Superior infirmar as conclusões a que chegou o Tribunal de origem, sob pena de violação da Súmula n. 7/STJ. As instâncias ordinárias, soberanas na análise das provas, entenderam que o valor alcançado pelo magistrado de piso era o que melhor se ajustava ao valor de mercado do imóvel, pois considerou inúmeras variáveis, inclusive a posição geográfica do imóvel e a existência de atividade agrícola na região. Concluir em sentido contrário demanda o revolvimento da matéria fático-probatória.

(...).

(REsp 902.452/RN, Rel. Ministro MAURO CAMPBELL MARQUES, SEGUNDA TURMA, julgado em 10/08/2010, DJe 10/09/2010).

Em se tratando de ação para a concessão de benefício acidentário, é possível ao juiz determinar ex officio a realização de perícia médica, tendo em vista a sua importância para a solução da lide, ainda que o segurado, motivado pelo deferimento do benefício no âmbito administrativo, tenha requerido o julgamento conforme o estado do processo, por entender desnecessária a prova técnica.

Recurso não conhecido.

(REsp 285.872/PR, Rel. Ministro FELIX FISCHER, QUINTA TURMA, julgado em 20/03/2001, DJ 09/04/2001, p. 378).

Estabelece o parágrafo único do art. 354 do atual C.P.C. que *a decisão a que se refere o caput pode dizer respeito a apenas parcela do processo, caso em que será impugnável por agravo de instrumento.*

Se a decisão disser respeito à totalidade do processo, o recurso cabível será o de apelação, caso contrário, a parte poderá interpor recurso de *agravo de instrumento.*

Aliás, prescreve o art. 1.015, inc. II, que caberá agravo de instrumento contra as decisões interlocutórias que versarem sobre o *mérito da causa.*

SEÇÃO II – Do Julgamento Antecipado do Mérito

Art. 355

O juiz julgará antecipadamente o pedido, proferindo sentença com resolução de mérito, quando:

I – não houver necessidade de produção de outras provas;

II – o réu for revel, ocorrer o efeito previsto no art. 344 e não houver requerimento de prova, na forma do art. 349.

Do julgamento antecipado de mérito

O projeto originário n. 2.046/10 não utilizava da expressão julgamento antecipado do mérito (pedido) mas, sim, julgamento imediato da lide.

Aliás, tanto o art. 330 do C.P.C. de 1973, quanto o art. 353 da redação originária do Projeto de Lei do Senado n. 166/10, diziam que o juiz conheceria *diretamente* do pedido nas hipóteses dos incs. I e II.

Já o art. 355 do novo C.P.C. preceitua que o juiz *julgará antecipadamente o pedido,* sendo essa expressão a mais condizente com a correta sistemática do direito processual civil.

Na realidade, o art. 355 é um complemento do art. 354, ambos do novo C.P.C., pois quando ocorrerem as hipóteses do art. 487, incs. II a III (referidas no art. 354 do novo C.P.C.), o juiz também conhecerá de imediato do pedido, proferindo sentença com resolução de mérito.

Assim, preenchidos os pressupostos processuais de existência e validade da relação jurídica processual, bem como as condições de análise do mérito da demanda, e sanadas eventuais irregularidades ou vícios, cumpre ao juiz proferir julgamento segundo o estado do processo, conhecendo de imediato do pedido, proferindo sentença com resolução do mérito.

Porém, o julgamento antecipado do mérito quando haja necessidade de produção probatória caracteriza cerceamento de defesa. Nesse sentido é o seguinte precedente do S.T.J.:

> *O julgamento antecipado da lide, na hipótese em que se faz necessária a produção de provas em audiência, a fim de esclarecer fatos relevantes ao deslinde da causa, caracteriza-se como cerceamento de defesa.*
>
> *Recurso provido.*
>
> (REsp 315.935/SP, Rel. Ministro FELIX FISCHER, QUINTA TURMA, julgado em 19/06/2001, DJ 20/08/2001, p. 524)

O inc. I do art. 355 do novo C.P.C. determina o julgamento antecipado do pedido *quando não houver necessidade de outras provas,* ou seja, quando a questão de mérito for unicamente de direito ou, sendo de direito e de fato, não houver necessidade de produzir prova em audiência.

O que se entende por *questão de mérito*?

Segundo anota Francesco Carnelutti, *"a) Da análise acerca dos conceitos de razão, de pretensão e contestação surge outra noção, que é necessário explicar, com o objetivo de poder entender o mecanismo do processo. Essa noção é a 'questão'.*

Quando uma afirmação compreendida na razão (da pretensão ou da discussão) possa engendrar dúvida e, portanto, tenha de ser verificada, converte-se numa 'questão'. A questão pode-se definir, pois, como um 'ponto duvidoso', de fato ou de direito, e sua noção é correlativa da afirmação; b) quais sejam as condições necessárias para que surja a dúvida ou, mais exatamente, para que as afirmações tenham de ser verificadas, não ainda o momento de expô-las; aqui é suficiente indicar que nem sempre se requer para tal finalidade a dissensão entre as partes, pelo que a noção de questão não coincide com tal dissenção; c) posto que a decisão do litígio ou, melhor, a decisão sobre a pretensão ou sobre a discussão obtenha-se resolvendo as questões, as questões revolvidas convertem-se em razões de discussão; portanto, os conceitos de razão e de questão guardam estreita correlação: as razões da pretensão ou da discussão transformam-se em questões (do processo) e estas se traduzem em razões (da decisão)".[168]

Por sua vez, sobre o mérito e as *questões* de mérito, ensina Cândido Rangel Dinamarco: *"Todo juízo humano é precedido de alguma reflexão sobre as razões que conduzem a optar por uma conclusão e não por outra. Assim, é na vida de toda pessoa e assim são necessariamente as sentenças e todas as decisões judiciárias, em relação às quais a Constituição e a lei exigem que seu prolator explicite as razões de decidir, em um capítulo indispensável que é a 'motivação' (Const., art. IX e CPC, art. 458, inc. II). Nos processos de índole jurisdicional, as dúvidas que necessitam ser dirimidas antes de concluir situam-se em 'dois setores bem definidos': a) no campo da 'admissibilidade do julgamento da causa', quando então o juiz verifica se as partes são legítimas, se concorre o legítimo interesse de agir, se o processo foi regular, se ele próprio é competente etc; b) no 'julgamento da pretensão do autor' – quando, superadas as eventuais dúvidas acerca de sua admissibilidade, o juiz trata de saber se os fatos alegados na inicial, ocorreram e ficaram provados, se as normas de direito substancial invocadas são pertinentes ao caso e se elas realmente conferem ao demandante o direito que alega. Tais são 'as questões de mérito' que a sentença resolve em seus fundamentos (ou seja, na motivação). Se os fatos estão provados e o direito material apoia a pretensão, ela procede; e improcede se os fatos não estão provados ou se a o direito material não dá razão ao autor. Fala-se tradicionalmente num 'trinômio' de questões a serem decididas: relativas às condições de ação, à regularidade do processo e ao mérito. Na medida em que a relevância da ação no sistema processual vai sendo reduzida a seus devidos termos, o trinômio tende a tornar-se 'binômio': questões sobre a admissibilidade do julgamento do mérito e questões das quais depende o teor desse julgamento. As questões de mérito, assim conceituadas, não se confundem com o mérito. Elas constituem antecedente lógico da conclusão por acolher ou rejeitar a pretensão do autor, ou seja, antecedente lógico da decisão de mérito, mas não são o 'mérito'. O juiz lhes dá solução quando compõe a motivação da sentença, enquanto que a procedência ou improcedência da demanda reside no 'decisum'".*[169]

[168] CARNELUTTI, Francesco. *Sistema de direito processual civil.* Trad. Hiltomar Martins Oliveira. Vol. II. São Paulo: Classic Book, 2000. p. 39.

[169] DINAMARCO. Cândido Rangel. *Instituições de direito processual civil.* Vol. II. São Paulo: Malheiros, 2001. p. 185 e 186.

Assim, quando a 'questão de mérito', ou seja, 'o ponto duvidoso' for unicamente de direito, ou sendo de direito e de fato a sua resolução não depender de produção de prova em audiência, o juiz, de acordo com o estado do processo, proferirá sentença com resolução de mérito.

A doutrina preconiza que o objeto da prova são apenas os fatos.

Contudo, *questões ou pontos duvidosos* também podem surgir em relação à interpretação do direito, razão pela qual, se a dúvida de interpretação é somente em relação ao direito, poderá o juiz proferir julgamento antecipado do pedido, proferindo sentença com resolução de mérito.

Por outro lado, se os fatos que são a base de sustentação da ordem jurídica não demandam ou necessitam de outras provas, uma vez que não há controvérsia sobre sua consistência, pode também o juiz proferir julgamento imediato do mérito.

Outrossim, existindo fatos controvertidos, a necessidade de prova é de rigor, ainda que esses fatos controvertidos sejam pertinentes e relevantes; fato pertinente é o que diz respeito à causa, o que não lhe é estranho; fato relevante, aquele que, sendo pertinente, é também capaz de influir na decisão da causa. Se o fato, apesar de controvertido (questão de fato) não é pertinente, ou se apesar de pertinente, é irrelevante, a necessidade de produção de provas a respeito dele inexiste, pelo que a instrução em audiência seria pura perda de tempo.[170]

O inc. II do art. 355 do novo C.P.C. determina o julgamento antecipado do pedido *quando o réu for revel, ocorrer o efeito previsto no art. 344 e não houver requerimento de prova, na forma do art. 349.*

O julgamento antecipado do pedido também ocorrerá quando se verificar a revelia e desta decorrerem seus efeitos, nos termos do art. 344 do atual C.P.C.

Impossibilitado o réu de produzir prova em razão de revelia, não há porque prosseguir no processo com a audiência de instrução e julgamento, razão pela qual o juiz deverá proferir julgamento antecipado do pedido formulado na demanda.

É importante salientar, contudo, que a revelia não leva necessariamente nem à admissibilidade da demanda, nem à sua procedência, pois ao juiz cabe, *"uma vez configurada, examinar os pressupostos processuais e as condições da ação, e somente quando apurada a validade da relação processual e a condição de o autor obter um pronunciamento sobre o mérito proferirá decisão sobre o seu pedido. Enfim, precede, sempre o jul-*

170 Calmon de Passos. José Joaquim. *Comentários ao código de processo civil.* 6. ed. Vol. III (arts. 270 a 331). Editora Forense: Rio de Janeiro, 1989. p. 495 e 496.

gamento antecipado da lide, o juízo sobre a possibilidade ou não de extinguir-se o processo sem exame de mérito".[171]

Mas nunca é demais lembrar o desabafo proferido por Calmon de Passos sobre o nosso instituto da revelia: *"(...). O legislador esqueceu-se de que legislava para todo o Brasil, que nem todo ele é o Centro-Sul, onde a riqueza se concentra e se centuplica; onde os meios de comunicação aproximam os homens (fisicamente, tenhamos a cautela de esclarecer) e a melhor renda lhes permite melhor consciência de seus direitos e maior cuidado no atendimento de seus deveres. Infelizmente o Código foi pensado e redigido por homens do Brasil rico, mas ele vai viger no Brasil contraditório, no Brasil do LTD e do Mercedes importado e no Brasil do pé no chão ou do luxo da alpercata. E não se pode tratar o revel desse Brasil dos molambos com a crueza e indiferença com que foi trado pelo Código. Como se o Brasil desenvolvido, ao invés de ser aguado, lhe tivesse um rancor invencível, ou vergonha de tê-lo a reboque, quando na verdade ele não está a reboque, mas embaixo, cavalgado como alimária de passo manso e bom acomodar.*

Cabe, portanto, ao intérprete e ao aplicador da lei, os que não têm apenas o dever das construções teóricas de bom feitio, cabe a estes, responsáveis pelas soluções que dão vida ou morte aos outros, cabe a estes tentar encontrar, no atual sistema, os caminhos que assegurem ao revel um mínimo de possibilidade de não ser duplamente sacrificado: na sua menor valia social e no seu direito normalmente tão desprovido de meios para assegurá-lo".[172]

Também não será o caso de julgamento antecipado do pedido se o revel comparecer no processo em tempo hábil para requerer a produção de provas, nos termos do art. 349 do atual C.P.C.

SEÇÃO III – Do Julgamento Antecipado Parcial do Mérito

Art. 356

O juiz decidirá parcialmente o mérito quando um ou mais dos pedidos formulados ou parcela deles:

I – mostrar-se incontroverso;

II – estiver em condições de imediato julgamento, nos termos do art. 355.

§ 1º A decisão que julgar parcialmente o mérito poderá reconhecer a existência de obrigação líquida ou ilíquida.

[171] Calmon de Passos. J. J., idem, p. 498 e 499.

[172] Calmon de Passos, J. J., idem, p. 501 e 502.

§ 2º A parte poderá liquidar ou executar, desde logo, a obrigação reconhecida na decisão que julgar parcialmente o mérito, independentemente de caução, ainda que haja recurso contra essa interposto.

§3º Na hipótese do § 2º, se houver trânsito em julgado da decisão, a execução será definitiva.

§ 4º A liquidação e o cumprimento da decisão que julgar parcialmente o mérito poderão ser processados em autos suplementares, a requerimento da parte ou a critério do juiz.

§ 5º A decisão proferida com base neste artigo é impugnável por agravo de instrumento.

Sumário:

1. Do julgamento antecipado parcial de mérito

É muito difícil uma sentença conter o julgamento de uma só pretensão, ou seja, que seja composta por apenas uma única decisão.

A prova contundente desta afirmação é justamente a condenação do réu nas verbas de sucumbência. Trata-se de uma decisão condenatória que não se confunde com a decisão condenatória que tenha por objeto especificamente a pretensão de direito material formulada pela parte.

Tal perspectiva também ocorre no denominado cúmulo de pedidos, quando a decisão divide-se em tantas quantas forem necessárias para decidir a diversidade de pedidos formulados com a demanda.

O mesmo ocorre no caso de reconvenção, denunciação da lide etc.[173]

Conforme anota Cândido Rangel Dinamarco, *"se peço reintegração de posse em cúmulo com indenização, o dispositivo da sentença que julgar o mérito deverá conter um preceito referente a cada um desses pedidos, ou seja, dois capítulos de sentença – um julgando a possessória e outro, a indenizatória. Se peço 100 e a sentença me concede 80, isso significa que o juiz acolheu minha pretensão a obter 80 e julgou improcedente a pretensão a*

[173] Dinamarco, Cândido Rangel. *Capítulos da sentença*. 4ª ed. São Paulo: Malheiros, 2009. p. 09.

obter os outros 20 (decompôs, portanto, um pedido que formalmente era uno). No primeiro caso já a demanda vinha colocada em capítulos (cúmulo de pedidos) e no segundo, não. Mesmo assim, uma singela operação mental de abstração conduz à claríssima percepção de que nos dois casos o julgamento continha 'capítulos'".[174]

Diante desse exemplo fornecido por Dinamarco, pode-se observar que a sentença é elaborada mediante inúmeros preceitos concretos contidos no seu decisório.

Quando se diz que a sentença é decomposta em capítulos, isso tem imediato significado no *objeto do processo*, uma vez que o juiz deverá analisar mais de um objeto, ou seja, mais de um pedido, proferindo julgamento sobre todos os pedidos formulados, expressa ou implicitamente.

Trata-se de *objeto do processo composto* – cúmulo de pedidos, reconvenção, denunciação da lide.

Segundo Dinamarco: *"capítulo de sentença, locução já em alguma medida integrada ao vocabulário do processualista brasileiro, é tradução da fórmula italiana 'capo di sentenza'. Trata-se das partes em que a sentença comporta uma decomposição útil, sendo indiferente para os italianos o emprego dos vocábulos 'parte' o 'capo' – com a ressalva de que este último figura ali no significado de 'chefe', tanto quanto na locução francesa equivalente, 'chef de jugement (ou chef de décision). Os italianos empenham-se na busca do conceito dos 'capi di sentenza', na interpretação de dispositivos de seu Código, onde se fala em 'partes' desta (c.p.c. arts. 329 e 336) ..."*[175]

Capítulo é, portanto, porção, parte, parcela, segmento, ou seja, unidade decorrente de uma divisão.[176]

É importante não confundir, para efeito da teoria do capítulo da sentença, o conteúdo da motivação com o da decisão. Ao solucionar *questões* – ou seja, dúvidas quanto ao direito ou aos fatos – o juiz está somente a construir o suporte lógico do ato imperativo que será a decisão. Nada há de imperatividade na solução de questões, o que é inerente à 'decisão' e não à sua 'preparação'.[177]

É certo que é possível separar a decisão em partes ou capítulos. Assim, é possível: *"a) fazer somente a repartição dos preceitos contidos no decisório, referentes às diversas pretensões que compõem o 'mérito'; b) separar, sempre no âmbito do decisório sentencial, capítulos referentes aos 'pressupostos de admissibilidade' do julgamento do mérito*

[174] Dinamarco, C. R., idem, p. 10.

[175] Dinamarco, C. R., idem, p. 13.

[176] Dinamarco, C. R., idem, p. 35.

[177] Dinamarco, C. R., idem, p. 23.

e capítulos que contêm esse próprio julgamento; c) isolar capítulos segundo os diversos 'fundamentos' da decisão".[178]

Note-se que quando o juiz refuta a alegação de uma preliminar trazida pelo réu, como, por exemplo, a existência de coisa julgada, e logo em seguida profere decisão de mérito, profere uma decisão em que há dois capítulos da sentença, um referente à coisa julgada e o outro que diz respeito ao mérito propriamente dito.

Os capítulos de sentença podem ser *homogêneos* quando todos contiverem exclusivamente pronunciamentos sobre o objeto do processo ou *meritum causae*, resolvendo-se em segmentos a decisão sobre as pretensões contrapostas das partes; ou *heterogêneos*, se incluírem em primeiro lugar a explícita afirmação do direito do demandante ao julgamento do mérito e, em seguida, o julgamento do mérito mesmo.[179]

Interessa-nos aqui, porém, a questão que diz respeito à repartição de preceitos contidos no decisório referentes às diversas pretensões que compõem o 'mérito'.

Dinamarco afirma que a teoria dos capítulos da sentença desenvolveu-se em torno de um dos possíveis pronunciamentos judiciais, no caso, a sentença. Porém, encontram-se capítulos também nos acórdãos e nas decisões interlocutórias (é o caso de o juiz na mesma decisão interlocutória deferir a prova requerida por uma das partes e indeferir a requerida pela outra).[180]

O art. 356 do novo C.P.C. permite-nos analisar o capítulo da sentença no âmbito da teoria da sentença e não mais, como outrora, apenas no limitado círculo das teorias dos recursos.

Assim, são de notória importância para o teor normativo do art. 356 do novo C.P.C. os cortes realizados no *decisório* da sentença, mediante a identificação e isolamento de capítulos portadores de preceitos concretos e de imperativa eficácia prática.

Portanto, quando o art. 356 do novo C.P.C. preconiza que o juiz decidirá parcialmente o mérito de acordo com cada pedido formulado (expressa ou implicitamente), tal afirmação tem por objetivo esclarecer que cada capítulo decisório é uma unidade elementar autônoma, no sentido de que cada um deles expressa uma deliberação específica, ou seja, *"cada uma dessas deliberações é distinta das contidas nos demais capítulos e resulta da verificação de pressupostos próprios, que não se confundem com os pressupostos das outras. Nesse plano, a autonomia dos diversos capítulos de*

[178] Dinamarco, C. R., idem, p. 12.
[179] Dinamarco, C. R., idem, p. 34.
[180] Dinamarco, C. R., idem, p. 48.

sentença revela apenas uma 'distinção funcional entre eles', sem que necessariamente todos sejam portadores de aptidão a constituir objeto de julgamento separados, em processos distintos e mediante mais de uma sentença..."[181]

Na realidade, a complexidade do objeto do processo, seja em virtude da cumulação de pedidos na demanda deduzida pelo autor, seja pela superveniência de pedidos (reconvenção, etc), repercute necessariamente na sentença de mérito mediante a necessária presença de tantos capítulos quantos forem os pedidos postos.[182]

O objeto do processo encontra-se na *pretensão* deduzida pelo demandante, razão pela qual o *meritum causae*, ou seja, a pretensão deduzida, é o conteúdo e a razão de ser da demanda e do processo.[183]

Julgar o mérito, portanto, é acolher ou rejeitar a pretensão deduzida.

Somente quando o juiz acolher a pretensão ao julgamento do mérito é que se agregam novos capítulos, isto é, quando o mérito é julgado, independentemente do teor desse julgamento.[184]

Pode-se afirmar, com toda segurança, que o mérito ou objeto do processo é a *pretensão apresentada ao juiz com pedido de sua satisfação*. Decidir o mérito é acolher ou rejeitar a pretensão indicada na inicial, concedendo a tutela jurisdicional àquele que tiver razão.[185]

O art. 356 do novo C.P.C. trata justamente dos capítulos de mérito, ou seja, sobre os capítulos em que se dá o julgamento da pretensão contida na demanda.

É no pedido que o demandante expõe sua pretensão, ou delimita quais capítulos de mérito que deseja seja avaliado na sentença de resolução de mérito.

Decidir o mérito é justamente acolher ou rejeitar a pretensão formulada na demanda.

Assim, para Dinamarco, o objeto do processo restringe-se apenas ao *pedido* e não *à causa de pedir*. Por isso, é que, por expressa determinação legal, somente o dispositivo da sentença se considera suscetível de ficar imunizado pela autoridade da coisa julgada, e jamais os fundamentos.[186]

A inserção de diversos capítulos de mérito poderá ocorrer na própria inicial ou posteriormente, conforme estabelece o art. 329, inc. I e II, do C.P.C., *in verbis*:

[181] Dinamarco, C. R., idem, p. 34.
[182] Dinamarco, C. R., idem, p. 42.
[183] Dinamarco, C. R., idem, p. 51.
[184] Dinamarco, C. R., idem, p. 52.
[185] Dinamarco, C. R., idem, p. 60.
[186] Dinamarco, C. R., idem, p. 58.

Art. 329. O autor poderá:

I – até a citação, aditar ou alterar o pedido ou a causa de pedir, independentemente de consentimento do réu;

II – até o saneamento do processo, aditar ou alterar o pedido e a causa de pedir, com consentimento do réu, assegurado o contraditório mediante a possibilidade de manifestação deste no prazo mínimo de 15 (quinze) dias, facultado o requerimento de prova suplementar.

Portanto, nos termos do art. 329 do atual C.P.C., poderá o autor ampliar o objeto do processo.

Poderá ser alargado o objeto do processo também com a denunciação da lide ou na intervenção litisconsorcial voluntária.

2. Decisão parcial de mérito

Quando se ingressa com um processo, o autor apresenta uma demanda *bifronte* na qual demonstra uma pretensão de julgamento do mérito e uma pretensão do bem da vida envolvido num conflito de interesses.

É importante salientar que o pedido pode ser subdividido em pedido imediato e mediato.

É no pedido que o autor expõe ao juiz a sua pretensão (pedido imediato) e indica qual tutela ela representa (pedido mediato). É no pedido que se percebe a afirmação do autor de que ele visa ao bem e à solicitação, ao juiz, de determinada tutela. Tal é o caráter bifronte do pedido feito na petição inicial, o qual define o bem pretendido e pleiteia do juiz uma providência que lhe propicie o acesso a ele. O autor especifica concretamente o bem e indica a espécie de tutela pretendida – declaratória, constitutiva, executiva.[187]

Assim, o fim último do processo é a resolução definitiva das pretensões postas em juízo de forma integral e total.

Porém, pode ocorrer que a decisão que julgar a demanda não seja integral, mas parcial de mérito.

Neste caso, a decisão define, mediante ato imperativo, um ou mais capítulos de mérito sem, contudo, analisar o objeto do processo integralmente.

Segundo estabelece o art. 356 do atual C.P.C., *o juiz decidirá parcialmente o mérito quando um ou mais dos pedidos formulados ou parcela deles...*

[187] Dinamarco, C. R., idem, pág. 58.

Portanto, o juiz decidirá parcialmente o mérito quando um ou mais pedidos ou parcela deles forem resolvidos, sem, contudo, que haja resolução de todo o conteúdo do processo.

As hipóteses em que o juiz decide parcialmente o mérito são as seguintes: I – quando um ou mais pedidos formulados ou parcela deles *mostrarem-se incontroversos;* II – quando um ou mais pedidos formulados ou parcela deles *estiver em condições de imediato julgamento,* nos termos do art. 355 do atual C.P.C.

Nessas hipóteses, portanto, o juiz poderá cindir o julgamento dos pedidos cumulados.

3. Pedidos incontroversos

Inicialmente, é necessário esclarecer que o autor pode cumular, objetivamente, diversos pedidos em relação ao réu, nos termos do que dispõe o art. 327, §1º, inciso I, II, III, §2º e §3º do novo C.P.C.:

> *Art. 327. É lícita a cumulação, em um único processo, contra o mesmo réu, de vários pedidos, ainda que entre eles não haja conexão.*
>
> *§ 1º São requisitos de admissibilidade da cumulação que:*
>
> *I – os pedidos sejam compatíveis entre si;*
>
> *II – seja competente para conhecer deles o mesmo juízo;*
>
> *III – seja adequado para todos os pedidos o tipo de procedimento.*
>
> *§ 2º Quando, para cada pedido, corresponder tipo diverso de procedimento, será admitida a cumulação se o autor empregar o procedimento comum, sem prejuízo do emprego das técnicas processuais diferenciadas previstas nos procedimentos especiais a que se sujeitam um ou mais pedidos cumulados, que não forem incompatíveis com as disposições sobre o procedimento comum.*
>
> *§ 3º O inciso I do § 1º não se aplica às cumulações de pedidos de que trata o art. 326.*

Havendo cumulação de pedidos, e sendo um ou alguns incontroversos, o juiz poderá julgar parcialmente o mérito, nos termos do art. 356 do atual C.P.C.

Sob a égide do C.P.C. de 1973, quando um ou alguns pedidos fossem incontroversos, admitia-se a antecipação da tutela de evidência, nos termos do art. 273, §6º, do C.P.C.

O Art. 186-bis (ordem para pagamento de somas não contestadas) do Código de Processo Civil italiano traz normatização semelhante ao estabelecer: "*Sob requerimento da parte, o juiz instrutor pode dispor, até o momento da definição das conclusões, o pagamento das somas não contestadas pela parte contrária. Se o requerimento é efetivado fora da audiência, o juiz dispõe sobre o comparecimento das partes e assina o prazo para a notificação. A decisão constitui título executivo e conserva a sua eficácia no caso de extinção do processo. A decisão está sujeita à disciplina das decisões revogáveis previstas nos artigos 177, primeiro e segundo incisos e 178, primeiro inciso.*

A diferença fundamental existente entre o art. 356 do novo C.P.C. e o art. 186-bis co C.P.C. italiano decorre de dois aspectos importantes: a) no direito brasileiro, ao contrário do italiano, a solução será definitiva e não poderá ser revogada; b) no direito brasileiro, ao contrário do italiano, o julgamento parcial de mérito não se limita a pedidos de condenação em dinheiro, mas a qualquer pedido.

Portanto, no novo C.P.C., o juiz ao invés de conceder antecipadamente a tutela de evidência poderá, nos termos do art. 356, promover de plano o julgamento parcial de mérito, revolvendo em definitivo um ou alguns dos capítulos de mérito.

O requisito principal para o julgamento parcial de mérito encontra-se no fato de o pedido ou parcela dele mostrar-se incontroverso.

No caso, para que o juiz possa proferir o julgamento parcial de mérito, há necessidade de que o aspecto incontroverso abranja ambos os pedidos e não apenas um deles.

Essa característica de ser o pedido incontroverso pode decorrer de diversos fatores, como, por exemplo, não contestação ou impugnação do pedido no prazo legal, reconhecimento expresso ou tácito do pedido ou parte dele etc.

Em outras palavras, *"a técnica de não contestação vem utilizada em larga escala, e não mais em situações particulares, quando, para descongestionar e acelerar no processo a obtenção das formas de tutela, procura-se favorecer ao máximo a formação interna de um título executivo judicial, que saiba atuar ou reintegrar com rapidez o direito violado, neutralizando a incidência negativa do fator tempo sobre a acionalidade do direito na forma ordinária".*[188]

A cognição exercida pelo juiz neste caso é exauriente e definitiva, podendo gerar de imediato a coisa julgada material sobre o pedido ou parte de dele em que não há controvérsia.

Segundo ensina Luiz Guilherme Marinoni:

> *"Antes da introdução da tutela antecipatória no Código de Processo Civil não era possível a cisão do julgamento dos pedidos cumulados, ou o julgamento antecipado de parcela do pedido, prevalecendo o princípio chiovendiano 'della unità e unicità della decisione'.*

[188] Comoglio. L. P.; Ferri, C.; Taruffo, M., op. Cit., p. 497.

Esse princípio elaborado há muito, não se concilia com a atual leitura de outros princípios igualmente formulados por Chiovenda, especialmente com o princípio de que o processo não pode prejudicar o autor que tem razão.

Se um dos pedidos apresentados pelo autor está maduro para julgamento, seja porque diz respeito apenas à matéria de direito, seja porque independe de instrução dilatória, a necessidade, cada vez mais premente, de uma prestação jurisdicional célere e efetiva justifica a quebra do velho princípio da 'unità e unicità della decisione'.

A tutela antecipatória, neste caso, estará antecipando o momento do julgamento do pedido. A tutela não é fundada em cognição sumária, mas sim em cognição exauriente.

Para que seja possível a tutela antecipatória mediante o julgamento antecipado de um (ou mais de um) dos pedidos cumulados, é necessário que um ou mais dos pedidos esteja em condições de ser imediatamente julgado e um outro (ou outros) exija instrução dilatória.

É imprescindível, em outras palavras, que ao menos um dos pedidos não precise de instrução dilatória e que um outro exija o prosseguimento do processo rumo à audiência de instrução e julgamento..."[189]

Na verdade, nesta hipótese, não se está diante de uma mera antecipação de tutela, mas, sim, da própria antecipação do julgamento do mérito em relação ao pedido ou parte do pedido que se tornou incontroverso.

4. Um ou mais pedidos formulados ou parcela deles estiver em condições de imediato julgamento, nos termos do art. 355 do atual C.P.C.

Além da hipótese em que haja pedidos incontroversos, o juiz poderá cindir o julgamento para o efeito de proferir decisão parcial de mérito quando um ou mais pedidos formulados ou parcela deles estiver em condições de imediato julgamento, nos termos do art. 355 do atual C.P.C.

E haverá possibilidade de julgamento imediato do pedido, nos termos do art. 355 do novo C.P.C., quando não houver necessidade de produção de outras provas, ou havendo revelia, ocorrer o efeito previsto no art. 344 e não houver requerimento de prova, nos termos do art. 349.

É certo que o art. 355 do novo C.P.C. trata das hipóteses de julgamento antecipado de *todo* o mérito.

Porém, o legislador, utilizando-se das hipóteses normativas previstas no art. 355, também permite que haja julgamento parcial de mérito.

[189] MARINONI, L. G., op. Cit. p. 202 a 205

Para tanto, basta que um ou alguns dos capítulos de mérito (pedidos) não tenham necessidade de outras provas ou que tenha ocorrido os efeitos da revelia. É possível, por exemplo, que o autor formule duas pretensões ou pedidos contra o réu. Um deles necessita de produção probatória para seu acolhimento, enquanto que o outro diz respeito apenas a matéria de direito, não necessitando de outras provas. Nessa última hipótese, o juiz poderá proferir *julgamento parcial de mérito*, nos termos do inc. II do art. 356 do atual C.P.C.

Também poderá ocorrer a hipótese em que o réu tenha sido revel. Porém, os efeitos da revelia somente se aplicam em relação a um ou alguns dos pedidos e não em relação a outro (direito indisponível). Na primeira hipótese, o juiz poderá proferir *julgamento parcial de mérito*, nos termos do inc. II do art. 356 do atual C.P.C.

Nos termos do §1º do art. 356 do atual C.P.C., *a decisão que julgar parcialmente o mérito poderá reconhecer a existência de obrigação líquida ou ilíquida.*

Denota-se desse conteúdo normativo que o juiz, ao proferir julgamento parcial de mérito resolvendo em definitivo um ou alguns dos capítulos de mérito, poderá reconhecer a existência de obrigação líquida ou ilíquida.

Porém, o juiz não pode deixar de aplicar o que dispõe no art. 491 do atual C.P.C. que assim dispõe:

> *Art. 491. Na ação relativa à obrigação de pagar quantia, ainda que formulado pedido genérico, a decisão definirá desde logo a extensão da obrigação, o índice de correção monetária, a taxa de juros, o termo inicial de ambos e a periodicidade da capitalização dos juros, se for o caso, salvo quando:*
>
> *I – não for possível determinar, de modo definitivo, o montante devido;*
>
> *II – a apuração do valor devido depender da produção de prova de realização demorada ou excessivamente dispendiosa, assim reconhecida na sentença.*
>
> *§ 1º Nos casos previstos neste artigo, seguir-se-á a apuração do valor devido por liquidação.*
>
> *§ 2º O disposto no caput também se aplica quando o acórdão alterar a sentença.*

Não sendo o caso de aplicação do art. 491 do atual C.P.C., a decisão parcial de mérito poderá permitir que a liquidação da obrigação ocorra em momento posterior, ou seja, por meio de liquidação por artigo (procedimento comum) ou arbitramento, conforme o caso.

Prescreve o *§ 2º do art. 356* do atual C.P.C. que *a parte poderá liquidar ou executar, desde logo, a obrigação reconhecida na decisão que julgar parcialmente o mérito, independentemente de caução, ainda que haja recurso contra essa interposto.*

O §2º do art. 356 do atual C.P.C. reconhece a natureza de título executivo judicial da decisão que julgar parcialmente o mérito

Se houver necessidade de liquidação da obrigação reconhecida na decisão, assim deverá proceder a parte beneficiada antes de promover o cumprimento da decisão (execução).

A liquidação dar-se-á, conforme o caso, por artigo ou arbitramento, nos termos do art. 509 do atual C.P.C., a saber:

> *Art. 509. Quando a sentença condenar ao pagamento de quantia ilíquida, proceder-se-á à sua liquidação, a requerimento do credor ou do devedor:*
>
> *I – por arbitramento, quando determinado pela sentença, convencionado pelas partes ou exigido pela natureza do objeto da liquidação;*
>
> *II – pelo procedimento comum, quando houver necessidade de alegar e provar fato novo.*

Se, porém, a decisão já promoveu a liquidação da obrigação, a parte beneficiada poderá promover, desde logo, o cumprimento da decisão independentemente de caução, ainda que haja recurso interposto.

O legislador, portanto, abre uma exceção à exigência de caução quando se tratar de cumprimento provisório da decisão que proferiu o julgamento parcial de mérito.

Assim, mesmo que o cumprimento de decisão parcial de mérito seja provisório, uma vez que houve interposição de recurso contra o julgamento parcial, a parte beneficiada não precisará oferecer caução para a prática dos atos executivos, nem para poder levantar eventual valor. Estabelece o Enunciado n. 49 da ENFAM (Escola Nacional de Formação e Aperfeiçoamento de Magistrado): No julgamento antecipado parcial de mérito, o cumprimento provisório da decisão inicia-se independentemente de caução (art. 356, § 2º, do CPC/2015), sendo aplicável, todavia, a regra do art. 520, IV.

Estabelece o *§3º do art.* 356 do atual C.P.C. que *na hipótese do §2º, se houver trânsito em julgado da decisão, a execução será definitiva.*

Se houver o trânsito em julgado da decisão que proferiu o julgamento parcial de mérito, o cumprimento de decisão será definitivo.

O cumprimento da decisão dar-se-á nos termos do art. 513 e seguintes do novo C.P.C.

Conforme estabelece o *§4º do art. 356* do atual C.P.C., *a liquidação e o cumprimento da decisão que julgar parcialmente o mérito poderão ser processados em autos suplementares, a requerimento da parte ou a critério do juiz.*

Essa medida é salutar, pois em relação a alguns capítulos de mérito haverá necessidade de prosseguir o processo, especialmente com produção probatória.

Estabelece o § 5º *do art. 356* do atual C.P.C. que a decisão proferida com base no artigo 356 do atual C.P.C. é impugnável por *agravo de instrumento*, e não por meio de apelação.

No mesmo sentido preceitua o art.1015, inc. II, do atual C.P.C.:

> *Art. 1012. Cabe agravo de instrumento contra as decisões interlocutórias que versarem sobre*
>
> *(...).*
>
> *II – o mérito da causa;*

SEÇÃO IV – Do Saneamento e da Organização do Processo

Art. 357

Não ocorrendo nenhuma das hipóteses deste Capítulo, deverá o juiz, em decisão de saneamento e de organização do processo:

I – resolver as questões processuais pendentes, se houver;

II – delimitar as questões de fato sobre as quais recairá a atividade probatória, especificando os meios de prova admitidos;

III – definir a distribuição do ônus da prova, observado o art. 373;

IV – delimitar as questões de direito relevantes para a decisão do mérito;

V – designar, se necessário, audiência de instrução e julgamento.

§ 1º Realizado o saneamento, as partes têm o direito de pedir esclarecimentos ou solicitar ajustes, no prazo comum de 5 (cinco) dias, findo o qual a decisão se torna estável.

§ 2º As partes podem apresentar ao juiz, para homologação, delimitação consensual das questões de fato e de direito a que se referem os incisos II e IV, a qual, se homologada, vincula as partes e o juiz.

§ 3º Se a causa apresentar complexidade em matéria de fato ou de direito, deverá o juiz designar audiência para que o saneamento seja feito em cooperação com as partes, oportunidade em que o juiz, se for o caso, convidará as partes a integrar ou esclarecer suas alegações.

§ 4º Caso tenha sido determinada a produção de prova testemunhal, o juiz fixará prazo comum não superior a 15 (quinze) dias para que as partes apresentem rol de testemunhas.

§ 5º Na hipótese do § 3º, as partes devem levar, para a audiência prevista, o respectivo rol de testemunhas.

§ 6º O número de testemunhas arroladas não pode ser superior a 10 (dez), sendo 3 (três), no máximo, para a prova de cada fato.

§ 7º O juiz poderá limitar o número de testemunhas levando em conta a complexidade da causa e dos fatos individualmente considerados.

§ 8º Caso tenha sido determinada a produção de prova pericial, o juiz deve observar o disposto no art. 465 e, se possível, estabelecer, desde logo, calendário para sua realização.

§ 9º As pautas deverão ser preparadas com intervalo mínimo de 1 (uma) hora entre as audiências.

Do saneamento e da organização do processo

Prescreve o *art. 357* do novo C.P.C. que não ocorrendo qualquer das hipóteses deste Capítulo, deverá o juiz proferir decisão de saneamento e de organização do processo.

Não ocorrendo qualquer das hipóteses do *julgamento conforme o estado do processo,* isto é, não sendo o caso de extinção do processo, nos termos do art. 354 do novo C.P.C., não sendo o caso do julgamento antecipado do mérito, conforme estabelece o art. 355 do novo C.P.C., ou não sendo o caso do julgamento antecipado parcial de mérito, de acordo com o art. 356 do novo C.P.C., o juiz realizará o que se denominada saneamento e organização do processo, preparando-o para a prolação de uma decisão final.

A primeira questão que se coloca é em qual momento ocorre o saneamento do processo.

Sobre a denominação do *despacho saneador*, anota Jônatas Milhomens:

> *"Submetida a rigorosa análise a denominação adotada pelo legislador, ver-se-á que não é perfeita.*
>
> *Em primeiro lugar, o despacho saneador é decisão de conteúdo variável, que tanto pode apresentar-se como simples despacho como pode conter os elementos de verdadeira sentença. Em segundo lugar, nem todo despacho saneador 'saneia' o processo, limpa-o, expunge-o de vícios, de defeitos.*
>
> *Há processos limpos, sem vícios, sem nulidades insanáveis a ser pronunciadas, sem nulidades supríveis que devam ser sanadas, sem defeitos 'verbi gratia', de representação, a ser remediados, sem irregularidades, enfim, a ser corrigidas, mas nos quais deverá o juiz proferir 'despacho saneador', apenas para determinar audiência de instrução e julgamento, ou qualquer medida que se não ajuste ao conceito de saneamento.*
>
> *Dir-se-á que, reconhecendo o juiz, explícita ou implicitamente, a legitimidade das partes, o legítimo interesse, a perfeita representação, a incolumidade de todos os atos*

praticados, declara o processo 'saneado', e portanto, 'saneia'. Falso raciocínio. Uma coisa é declarar limpo, outra coisa, limpar. Uma, declarar corrigido, outra, declarar correto.

'Despacho ordenador (Pereira Braga, Martinho Garcez Neto, Filadelfo Azevedo) e 'despacho coordenador' (Galvão Cerquinho) forma denominações, entre outras, propostas.

A denominação – desde que o sinal indique a coisa e desde que se integre no vocabulário corrente – deixa de ser problema...

Despacho saneador é aquela decisão que o juiz profere logo após a contestação, ou reconvenção, se houver; decisão que profere entre a fase postulatória e a de instrução e julgamento".[190]

No Brasil, em diversas fontes normativas, houve épocas em que havia um despacho ou decisão específica de certa forma intitulada *despacho saneador.*

O Regulamento 737, em vigor na época do Império, estabelecia: *"Quando da contestação constar a arguição de nulidade, o juiz tomando dela conhecimento verbal e sumário em audiência, ou mandando que os autos lhe sejam conclusos, suprirá ou pronunciará a nulidade como for de direito e se prescreve no título Das nulidades".*[191]

Por sua vez, o Código de Processo Civil da Bahia, de 1915, produziria uma regra semelhante, mas melhorada: *"Deve o juiz pronunciar ou suprir as nulidades, logo que as partes as arguirem; conforme influam ou não sobre os atos posteriores, os atos arguidos de nulos (art. 1.355)".*[192]

O Código de Processo Civil brasileiro de 1939 estabelecia, no art. 294, os requisitos do despacho saneador, *in verbis*:

"Art. 294. No despacho saneador, o juiz:

I – decidirá sobre a legitimidade das partes e da sua representação, ordenando, quando for o caso, a citação dos litisconsortes necessários e do órgão do Ministério Público;

II – mandará ouvir o autor, dentro em três (3) dais, permitindo-lhe que junte prova contrária, quando na contestação, reconhecido o fato em que se fundou, outro se lhe opuser, extintivo do pedido;

III – pronunciará as nulidades insanáveis, ou mandará suprir as sanáveis bem como as irregularidades;

[190] Milhomens, Jônatas. *Teoria e prática do despacho saneador.* Rio de Janeiro: Editora Forense, 1958. p. 33.

[191] Milhomens, J., idem, p. 19.

[192] Milhomens, J. idem, ibidem.

IV – determinará exames, vistorias e quaisquer outras diligências, na forma do art. 295.

Parágrafo único. As providências referidas nos n.s. I e II serão determinadas nos três (3) primeiros dias do prazo a que se refere o artigo anterior".

Sobre a preponderância do despacho saneador na égide do Código de Processo Civil de 1939, afirmava J. M. De Carvalho Santos:

"O despacho saneador apresenta, no desenvolvimento do processo ordinário, um papel preponderante. O seu elevado alcance torna-se evidente, sem dúvida, desde que é certo que ele tem estas quatro finalidades principais: a) conhecer das nulidades; b) apreciar a legitimidade das partes e a sua representação; c) julgar as questões prévias ou prejudiciais; d) providenciar sobre diligências para completo esclarecimento do juiz.

Deve admitir-se, também, que possa o juiz, no despacho saneador, conhecer de quaisquer outras questões, para cuja decisão o processo lhe forneça os elementos necessários".[193]

Segundo Pontes de Miranda, na sua monumental obra Comentários ao Código de Processo Civil de 1939, *"O despacho saneador é ato jurisdicional complexo, de unidade (não necessária) apenas formal, abrangente de múltiplas resoluções do juiz, declarações de vontade umas e comunicações de vontade outras; de modo que os efeitos, que possa ter, dependem de cada interrogação submetida à resolução do juiz (força formal de coisa julgada; força material de coisa julgada; força ou efeito executivo, mandamental, constitutivo, ou eficácia de alguma condenação incidente; efeitos anexos e efeitos reflexos). É quanto às questões nele tratadas que se há de levantar o problema da preclusividade, ou não, do recurso que cabe, se recorrível a resolução, a reconsiderabilidade a requerimento ou de ofício, etc. Ele mesmo é múltiplo; e seriam sem sentido perguntas que o tomasse como todo material.*

Assim, tem-se de miudear as questões, que o despacho saneador resolve, para, a respeito de cada uma delas, se lhe apurar a força ou efeito. Ora tem força ou efeito mandamental, ora não no tem; ora tem força ou efeito constitutivo, ora não no tem; ora tem força ou efeito condenatório, ora não, ora tem força ou efeito executivo, ora não; ora tem força ou efeito de coisa julgada formal e material; ora nem um nem outro; ora somente formal".[194]

193 Carvalho Santos, J. M., *Código de processo civil interpretado.* (artigos 263 a 353). Vol. IV. 3. Ed., Rio de Janeiro: Livraria Editora Freitas Bastos, 1946. p. 169.

194 Pontes de Miranda. *Comentário ao código de processo civil.* Tomo IV (arts. 273 a 301), Rio de Janeiro: Editora Forense, 1959. p. 155.

Segundo anota Galeno Lacerda, em sua clássica e inesquecível obra, Despacho Saneador: *"Exame oficial, prévio e compulsório do instrumento de prestação da atividade judiciária, tal como se configura após a litiscontestação e antes da audiência para instrução do mérito, desnecessário será ressaltar-lhe a importância excepcional, como manifestação do princípio da economia. Graças a ele, deixam de realizar-se atos e despesas inúteis pela decisão da questão prejudicial. Impede-se que processo inviável transponha os umbrais da audiência. Ordena-se o suprimento oportuno de vícios sanáveis, para que não contaminem os atos posteriores, libertos, assim de repetições onerosas. Poupa-se tempo, evitam-se desperdícios. Não se faça, porém, do despacho saneador a panaceia preclusiva de todos os males do processo. Seria visão exagerada e irreal de seu alcance".*[195]

O C.P.C. de 1973, ao entrar em vigor, regulou na Seção III não mais o *despacho saneador*, mas, sim, os critérios necessários para o *saneamento do processo.*

O art. 331 do C.P.C. de 1973, na sua redação originária, estabelecia:

"Art. 331. Se não se verificar nenhuma das hipóteses previstas nas seções precedentes, o juiz, ao declarar saneado o processo:

I – deferirá a realização de exame pericial, nomeando perito e facultando às partes a indicação dos respectivos assistentes técnicos;

II – designará a audiência de instrução e julgamento, determinando o comparecimento das partes, perito, assistentes técnicos e testemunhas".

Por sua vez, com a Lei 5.925, de 1º de outubro de 1973, o art. 331 do C.P.C. de 1973 passou a ter a seguinte redação:

"Art. 331. Se não se verificar nenhuma das hipóteses previstas nas seções precedentes, o juiz, ao declarar saneado o processo:

I – decidirá sobre a realização do exame pericial, nomeando o perito e facultando às partes a indicação dos respectivos assistentes técnicos;

II – designará a audiência de instrução e julgamento, deferindo as provas que nela há de produzir-se".

Por outro lado, com a Lei 8.952, de 13 de dezembro de 1994, o art. 331 do C.P.C. de 1973 passou a ter a seguinte redação:

"Art. 331. Se não se verificar qualquer das hipóteses previstas nas seções precedentes e a causa versar sobre direitos disponíveis, o juiz designará audiência de conciliação, a

[195] LACERDA, Galeno. *Despacho Saneador.* Porto Alegre: Sergio Antonio Fabris Editor, n. 2, 1990. p. 6.

realizar-se no prazo máximo de 30 (trinta) dias, à qual deverão comparecer as partes ou seus procuradores, habilitados a transigir".

Já a Lei 10.444, de 7 de maio de 2002, ao dar nova redação ao art. 331 do C.P.C. de 1973, também renomeou a Seção III do C.P.C., retirando a fase *Do Saneamento do Processo,* para inserir a fase *Da Audiência Preliminar.* O art. 331, com a nova redação, passou assim estabelecer:

"Art. 331. Se não ocorrer qualquer das hipóteses previstas nas seções precedentes, e versar a causa sobre direitos que admitam transação, o juiz designará audiência preliminar, a realizar-se no prazo de 30 (trinta) dias, para a qual serão as partes intimadas a comparecer, podendo fazer-se representar por procurador ou preposto, com poderes para transigir.

§1º Obtida a conciliação, será reduzida a termo e homologada por sentença.

§2º Se, por qualquer motivo, não for obtida a conciliação, o juiz fixará os pontos controvertidos, decidirá as questões processuais pendentes e determinará as provas a serem produzidas, designando audiência de instrução e julgamento, se necessário.

§3º Se o direito em litígio não admitir transação, ou se as circunstâncias da causa evidenciarem ser improvável sua obtenção, o juiz poderá, desde logo, sanear o processo e ordenar a produção de prova, nos termos do §2º".

Observa-se, portanto, que o C.P.C. de 1973, ao invés de estabelecer um despacho específico para o saneamento do processo, preferiu regulamentar o saneamento do processo num determinado momento da fase processual.

Na realidade, o saneamento do processo é feito em todas as fases procedimentais, pois o dever do juiz em primar pela regularidade processual não está delimitado apenas a uma fase do processo.

Daí porque o acerto da Lei 8.952/94 em retirar da Seção III do C.P.C. de 1973 a fase *Do Saneamento do Processo* para nela inserir a fase *Da Audiência Preliminar.*

Sobre o despacho saneador, eis os seguintes precedentes do S.T.J.:

(...).

2. Recurso especial em que se discute quem dever arcar com o pagamento dos honorários do perito judicial, presente a peculiaridade de que, embora o despacho saneador tenha imposto o ônus aos réus, o autor, beneficiário da assistência judiciária, restou vencido na ação.

3. O ônus financeiro da prova fixado no despacho saneador, ainda que decorrente da hipossuficiência de uma das partes, subsiste a título precário até a sentença, momento em que, nos termos do art. 20, caput, do CPC, se condenará o vencido a pagar ao vencedor as despesas por este incorridas.

(REsp 1377633/SP, Rel. Ministra NANCY ANDRIGHI, TERCEIRA TURMA, julgado em 18/03/2014, DJe 26/03/2014).

(...).

Questionam-se os limites do despacho saneador durante a instrução da lide ao: (i) não reconhecer a inépcia da inicial; (ii) não considerar prescrita a pretensão; (iii) antecipar questão relativa ao mérito da demanda; (iv) não declarar as obrigações decorrentes dos contratos como quitadas.

2. Ausentes os vícios do art. 535 do CPC, rejeitam-se os embargos de declaração.

3. Esta Corte Superior entende ser correta a decisão que afasta a alegação de inépcia da exordial que fornece satisfatoriamente os elementos necessários para a formação da lide, narrando devidamente os fatos a ponto de possibilitar a compreensão da causa de pedir, do pedido e do respectivo fundamento jurídico. Violação dos arts. 165, 267, I, e 295, I e parágrafo único do CPC não configurada.

Precedente.

4. Tratando-se de ação que objetiva a recomposição de expurgos inflacionários – ou seja, a retomada do que deveria ter sido monetariamente corrigido –, aplica-se a prescrição vintenária do Código Civil de 1916, aplicável à época dos fatos. Precedentes.

5. É inviável rever as conclusões proferidas durante o saneamento do processo, as quais se baseiam substancialmente nos elementos de prova, para concluir que inexiste causa extintiva do direito da parte credora. Reexame expressamente vedado pela Súmula 7/STJ.

Precedentes.

6. Recurso parcialmente conhecido e, nessa parte, não provido.

(REsp 1222070/RJ, Rel. Ministra NANCY ANDRIGHI, TERCEIRA TURMA, julgado em 12/04/2011, DJe 16/05/2011)

O novo C.P.C, na Seção IV, trata *do saneamento e da organização do processo*.

O art. 357 do novo C.P.C. expressamente consigna que não ocorrendo qualquer das hipóteses deste Capítulo, deverá o juiz, *em decisão de saneamento e de organização do processo...*

Tal preceito normativo demonstra que o novo C.P.C. retomou a clássica concepção da existência no processo civil brasileiro de um despacho (decisão) de saneamento, acrescentando, ainda, a organização do processo.

O certo é que o legislador, ao determinar que o juiz *em saneamento* decida as questões processuais pendentes e delimite as questões de fato sobre as quais incidirá a prova, especificando os meios admitidos de sua produção e, se necessário, designando audiência de instrução e julgamento etc, fez renovar em nosso ordenamento jurídico a essência do *despacho saneador*, conforme já se observava por ocasião do C.P.C. de 1939.

A definição do despacho saneador foi assim elaborada por Galeno Lacerda, *"podemos conceituar o despacho saneador como a decisão proferida logo após a fase postulatória, na qual o juiz, examinando a legitimidade da relação processual, nega ou admite a continuação do processo ou da ação, dispondo, se necessário, sobre a correção de vícios sanáveis. Como toda decisão, possui conteúdo declaratório e volitivo. Tem por objeto matéria que exige pronunciamento de ofício, mas poderá versar também questões provocadas pela parte. De ofício, deverá o juiz investigar se coexistem as condições da ação e os pressupostos processuais que admitam exame oficiosos, e ordenar o suprimento de nulidades sanáveis e irregularidades. Mediante solicitação da parte, além destas questões, poderá julgar outras relativas ao processo e também ao mérito".*[196]

O atual Código de Processo Civil português trata do *despacho saneador* no artigo 595º, a saber:

> *1 – O despacho saneador destina -se a:*
>
> *a) Conhecer das exceções dilatórias e nulidades processuais que hajam sido suscitadas pelas partes, ou que, face aos elementos constantes dos autos, deva apreciar oficiosamente;*
>
> *b) Conhecer imediatamente do mérito da causa, sempre que o estado do processo permitir, sem necessidade de mais provas, a apreciação, total ou parcial, do ou dos pedidos deduzidos ou de alguma exceção perentória.*
>
> *2 – O despacho saneador é logo ditado para a ata; quando, porém, a complexidade das questões a resolver o exija, o juiz pode excecionalmente proferi -lo por escrito, suspendendo -se a audiência prévia e fixando -se logo data para a sua continuação, se for caso disso.*
>
> *3 – No caso previsto na alínea a) do nº 1, o despacho constitui, logo que transite, caso julgado formal quanto às questões concretamente apreciadas; na hipótese prevista na alínea b), fica tendo, para todos os efeitos, o valor de sentença.*
>
> *4 – Não cabe recurso da decisão do juiz que, por falta de elementos, relegue para final a decisão de matéria que lhe cumpra conhecer.*
>
> *5 – Nas ações destinadas à defesa da posse, se o réu apenas tiver invocado a titularidade do direito de propriedade, sem impugnar a posse do autor, e não puder apreciar -se logo aquela questão, o juiz ordena a imediata manutenção ou restituição da posse, sem prejuízo do que venha a decidir -se a final quanto à questão da titularidade do direito.*

[196] Lacerda, G., op. Cit., p. 7 e 8.

O juiz, ao proferir a decisão de saneamento e organização do processo, nos termos do *caput* do art. 357 do novo C.P.C., deverá, entre outras medidas:

I – *resolver as questões processuais pendentes, se houver.*

Evidentemente que essas questões processuais pendentes não são aquelas previstas no art. 485 do atual C.P.C., pois naquelas hipóteses o juiz deverá extinguir o processo sem resolução de mérito antes mesmo de proferir a decisão de saneamento.

Também não será o caso de resolver as questões postas no art. 487, inc. II e III, pois diante dessas circunstâncias o juiz também deverá proferir julgamento com resolução de mérito, antes de proferir a decisão de saneamento.

II – *delimitar as questões de fato sobre as quais recairá a atividade probatória, especificando os meios de prova admitidos.*

Nesta hipótese, o juiz deverá organizar o processo de tal maneira que fiquem delimitadas na decisão quais serão as questões de fato sujeitas à atividade probatória das partes durante a instrução processual. Deverá o juiz, ao delimitar as questões de fato (e não de direito), indicar os meios de provas que podem ser utilizados para se alcançar a veracidade desses fatos, como, por exemplo, prova testemunhal, documental, pericial etc.

III – *definir a distribuição do ônus da prova, observado o art. 373.*

Também na decisão de organização do processo, o juiz deverá indicar sobre qual das partes deverá recair o ônus da prova de determinado fato.

Essa regra processual tem por finalidade evitar que a parte se surpreenda, na decisão, com a argumentação de que não provou determinado fato constante do processo.

Para tanto, o juiz deverá distribuir esse ônus da prova segundo o que dispõe o art. 373 do novo C.P.C., a saber:

> *Art. 373. O ônus da prova incumbe:*
> *I – ao autor, quanto ao fato constitutivo de seu direito;*
> *II – ao réu, quanto à existência de fato impeditivo, modificativo ou extintivo do direito do autor.*

Nos casos previstos em lei ou diante de peculiaridades da causa relacionadas à impossibilidade ou à excessiva dificuldade de cumprir o encargo nos termos do caput ou à maior facilidade de obtenção da prova do fato contrário, poderá o juiz atribuir o ônus da prova de modo diverso, desde que o faça por decisão fundamentada, caso em que deverá dar à parte a oportunidade de se desincumbir do ônus que lhe foi atribuído (§1º do art. 373 do atual C.P.C.). Neste caso, o juiz deverá dar à parte a oportunidade de se desincumbir do ônus que lhe foi atribuído.

Esse novo delineamento do ônus da prova não pode gerar situação em que a desincumbência do encargo pela parte seja impossível ou excessivamente difícil (§2º do art. 373 do atual C.P.C.).

A distribuição diversa do ônus da prova também poderá ocorrer por convenção das partes, salvo quando: I – recair sobre direito indisponível da parte; II – tornar excessivamente difícil a uma parte o exercício do direito.

Contra a redistribuição do ônus da prova, caberá agravo de instrumento (art. 1.015, inc. XI do atual C.P.C.).

IV – *delimitar as questões de direito relevantes para a decisão do mérito.*

Nesta hipótese o juiz não estabelece critério de prova para a definição das questões de direito relevante, uma vez que o juiz conhece o direito – *juria novit curia*.

Porém, deverá o juiz na decisão de organização do processo indicar quais são as questões relevantes de direito para a solução da demanda, a fim de que as partes possam direcionar seus esforços na fundamentação e na interpretação que mais lhes convém segundo seus interesses postos no processo.

Evita-se com isso que o juiz gere perplexidade ou insegurança por valer-se de uma fundamentação jurídica em que nenhuma das partes teve oportunidade de analisar ou mesmo produzir argumentos para sua melhor interpretação.

V – *designar, se necessário, audiência de instrução e julgamento.*

O juiz, verificando que há necessidade de se produzir provas em relação a determinada matéria de fato existente nas argumentações trazidas pelas partes, poderá designar a audiência de instrução e julgamento.

Segundo estabelece o *§1º do art. 357* do atual C.P.C., uma vez *realizado o saneamento, as partes têm o direito de pedir esclarecimentos ou solicitar ajustes, no prazo comum de 5 (cinco) dias, findo o qual a decisão se torna estável.*

No caso, uma vez proferida decisão de saneamento e de organização do processo, as partes poderão, no prazo comum de cinco dias (ou seja, o prazo corre em cartório), solicitar ao juiz esclarecimentos quanto, por exemplo, à nova distribuição do ônus da prova, bem como requerer ajustes nos critérios adotados pelo juiz no saneamento do processo.

Se as partes deixarem transcorrer o prazo de cinco dias *in albis*, a decisão proferida no saneamento e na organização do processo tornar-se-á *estável*, ou seja, servirá de base e de estrutura para todos os demais atos processuais que deverão ser realizados.

Sobre o tema, eis os seguintes precedentes do S.T.J.:

(...).

1. Admitem-se como agravo regimental embargos de declaração opostos a decisão monocrática proferida pelo relator do feito no Tribunal.

Princípios da economia processual e da fungibilidade.

2. As matérias de ordem pública decididas por ocasião do despacho saneador não precluem, podendo ser suscitadas na apelação, ainda que a parte não tenha interposto o recurso de agravo.

Precedentes. Incidência da Súmula n. 83/STJ.

3. Embargos de declaração recebidos como agravo regimental, ao qual se nega provimento.

(EDcl no Ag 1378731/PR, Rel. Ministro JOÃO OTÁVIO DE NORONHA, TERCEIRA TURMA, julgado em 14/05/2013, DJe 24/05/2013).

(...).

2. A jurisprudência desta Corte possui o entendimento de que afastada a prescrição no despacho saneador e não havendo a interposição de recurso, não pode o Tribunal, em sede de apelação, sob pena de vulneração do instituto da preclusão, proferir nova decisão sobre a matéria. Precedentes: AgRg no REsp 1.013.225/SC, Rel. Ministro Humberto Martins, Segunda Turma, DJe 4/2/2009; REsp 1.147.112/PR, Rel. Ministro Castro Meira, Segunda Turma, DJe 19/8/2010; AgRg no REsp 1.147.834/RS, Rel. Ministro João Otávio de Noronha, Quarta Turma, DJe 19/5/2011.

3. Não se admite, na via do agravo regimental, a inovação argumentativa com o escopo de alterar a decisão agravada.

4. Agravo regimental não provido.

(AgRg no AREsp 195.865/PR, Rel. Ministro BENEDITO GONÇALVES, PRIMEIRA TURMA, julgado em 22/10/2013, DJe 21/11/2013).

1. A prova testemunhal por precatória ou rogatória requerida nos moldes do art. 338 do CPC não impede o Juiz de julgar a ação, muito menos o obriga a suspender o processo, devendo fazê-lo apenas quando considerar essa prova imprescindível, assim entendida aquela sem a qual seria inviável o julgamento de mérito. A prova meramente útil, esclarecedora ou complementar, não deve obstar o processo de seguir seu curso regularmente.

2. Nos termos do art. 130 do CPC, não há preclusão absoluta em matéria de prova, até por se tratar de questão de ordem pública.

Mesmo proferido o despacho saneador, o juiz pode, mais tarde, determinar a realização de outras provas, caso entenda que essa providência é necessária à instrução do processo.

3. Recurso especial não provido.

(REsp 1132818/SP, Rel. Ministra NANCY ANDRIGHI, TERCEIRA TURMA, julgado em 03/05/2012, DJe 10/05/2012).

(...).

5. O art. 398 do CPC não foi afrontado. O recorrente poderia ter se manifestado sobre os documentos dos autos em duas ocasiões, nas quais o Processo Administrativo já havia sido juntado. Ausente demonstração do prejuízo. Pas de nullité sans grief.

6. Intimado do despacho saneador, o recorrente quedou-se silente, deixando correr in albis a oportunidade de complementar o pleito genérico de citação deduzido na inicial.

7. Recurso Especial parcialmente conhecido e, nessa parte, não provido.

(REsp 1262959/CE, Rel. Ministro HERMAN BENJAMIN, SEGUNDA TURMA, julgado em 28/02/2012, DJe 12/04/2012).

(...).

1. As matérias de ordem pública decididas por ocasião do despacho saneador não precluem, podendo ser suscitadas na apelação – mesmo que a parte não tenha interposto o recurso próprio (agravo).

2. Recurso especial provido.

(REsp 1254589/SC, Rel. Ministra NANCY ANDRIGHI, TERCEIRA TURMA, julgado em 20/09/2011, DJe 30/09/2011)

(...).

1. Afastada a prescrição no despacho saneador e não havendo a interposição do recurso de agravo de instrumento, não pode o Tribunal, em sede de apelação, sob pena de ofensa ao instituto da preclusão, proferir nova decisão sobre a matéria.

2. Agravo regimental desprovido.

(AgRg no REsp 1147834/RS, Rel. Ministro JOÃO OTÁVIO DE NORONHA, QUARTA TURMA, julgado em 10/05/2011, DJe 19/05/2011).

Estabelece o *§ 2º do art. 357* do atual C.P.C. que *as partes podem apresentar ao juiz, para homologação, delimitação consensual das questões de fato e de direito a que se referem os incisos II e IV, a qual, se homologada, vincula as partes e o juiz.*

Antes ou mesmo após a prolação da decisão de saneamento e organização do processo, as partes, valendo-se de um acordo, podem apresentar ao juiz a delimitação das questões de fatos que deverão ser comprovadas em juízo, assim como a delimitação das questões de direito que deverão ser objeto de resolução e interpretação no processo.

Essa delimitação realizada por mútuo consentimento deverá ser homologada pelo juiz para que surta os devidos efeitos legais.

Pode ocorrer, por exemplo, que as partes delimitem a questão fática apenas aos danos causados e não em relação à existência de culpa ou dolo. Ou, ainda, as partes podem delimitar a questão jurídica apenas ao conteúdo dogmático da responsabilidade civil e não quanto ao conteúdo dogmático de que se entende por culpa ou dolo.

Uma vez delimitadas as questões de fato e de direito, somente em relação a essas questões é que a cognição deverá ser perfectibilizada, pois, uma vez homologada, a delimitação vinculará as partes e o juiz.

Evidentemente que essa vinculação somente poderá ocorrer quando não se tratar de direitos indisponíveis, pois, do contrário, as partes não terão legitimidade para assim proceder, podendo o juiz, inclusive de ofício, estabelecer quais questões de fato ou de direito deverão continuar a ser objeto de cognição no processo.

Aduz o *§ 3º do art. 357* do atual C.P.C. que *se a causa apresentar complexidade em matéria de fato ou de direito, deverá o juiz designar audiência para que o saneamento seja feito em cooperação com as partes, oportunidade em que o juiz, se for o caso, convidará as partes a integrar ou esclarecer suas alegações.*

Se a causa apresentar complexidade em matéria de fato ou de direito, deverá o juiz designar audiência para que o saneamento seja feito em cooperação com as partes. Nesta oportunidade, o juiz, se for o caso, convidará as partes a integrar ou esclarecer suas alegações.

Evidentemente que a grande indagação que se pode fazer é o que significa causa 'complexa'.

Não se pode considerar a complexidade da causa apenas no que diz respeito ao seu conteúdo econômico, pois muitas causas sem qualquer conteúdo econômico evidente apresentam por vezes complexidade fática ou jurídica importante, como é o caso da concessão de medicamentos pelo Poder Público.

Havendo complexidade fática ou jurídica da causa, a decisão do saneamento e da organização processual deverá ser realizada em audiência previamente designada para tal finalidade.

Assim, ao lado da audiência de conciliação/mediação e da instrução e julgamento, o novo C.P.C. também prevê a realização de audiência de saneamento e organização do processo.

A finalidade dessa audiência é no sentido de que as partes possam *cooperar* com o juiz na forma em que será organizado o processo para que se possa chegar ao objetivo maior da prestação da tutela jurisdicional que é a realização da *justiça.*

Esta previsão de *cooperação* entre as partes é uma manifestação concreta do princípio constante do art. 6º do atual C.P.C. que assim dispõe: *"Todos os sujeitos do processo devem cooperar entre si para que se obtenha, em tempo razoável, decisão de mérito justa e efetiva"*.

Nessa possibilidade de cooperação na realização do saneamento e na organização do processo, as partes poderão auxiliar o juiz na determinação das questões de fato que merecem ser objeto da prova, assim como delimitar as questões de direito que deverão ser objeto de cognição.

Poderão, ainda, as partes cooperar e de comum acordo autorizar a inversão da produção das provas se isso auxiliar na busca da veracidade dos fatos.

As partes também poderão limitar o número de testemunhas a ser ouvidas, ou de comum acordo indicar o perito para a realização da prova pericial.

Na audiência de saneamento e de organização do processo, o juiz poderá ouvir as partes no sentido de que elas esclareçam com maior detalhe suas pretensões, bem como o motivo pelo qual requereram a produção de determinada prova, e qual o sentido dessa prova para a solução do conflito.

Conforme já teve oportunidade de anotar Andrea Proto Pisani ao se manifestar sobre a importância da audiência preliminar prevista no art. 183 do Código de Processo Civil italiano, *"a primeira audiência referida no art. 183 é destinada a absorver um papel fundamental no modelo de processo ordinário de cognição disciplinado pela Lei 353/90. Creio de não exagerar dizendo que o sucesso ou a falência da reforma são indissoluvelmente ligados ao funcionamento ou não desta audiência. Em extrema síntese, a primeira audiência deveria ter a função de consentir a fixação tendencialmente definitiva do 'thema decidendum' (demanda e exceção) e do 'thema probandum' (fatos controversos e que de todo modo necessitam de prova). A essa fixação tendencialmente definitiva deveriam colaborar as partes pessoalmente, bem como seus defensores e o juiz, ao qual deveria ser restituída a função de direção da audiência prevista pelos artigos 127 e 175. Fruto desta intensa atividade de colaboração deveria ser a simplificação e a redução da lide àquelas poucas questões de fato e ou de direito efetivamente controvertidas, com consequente maior probabilidade de ocorrer a conciliação seja judicial ou extrajudicial"*.[197]

Na fase de preparação para audiência de instrução e julgamento, o juiz competente deve esforçar-se para tornar claro, libertando-se da superestrutura

[197] PIZANI, Andrea Proto. *Lezioni di diritto processuale civile.* Terza Edizione. Napoli: Casa Editrice Dott. Eugenio Jovene. 1999. p. 100 e 101.

criada pela inexperiência ou pela parcialidade das partes, a verdadeira face da causa. A prática demonstra que em todas as causas, igualmente naquelas que num primeiro momento se apresentam como extraordinariamente complicadas e difíceis, os pontos de verdadeiros dissídios se reduzem a poucos: *"o juiz instrutor deve antes de mais nada eliminar da discussão o excesso e o insignificante e, se não consegue conciliar as partes sobre todos os pontos, reduz a controvérsia àquelas poucas questões essenciais que tem verdadeiramente necessidade de ser decididas"*.[198]

Prescreve o *§ 4º do art. 357* do atual C.P.C. que *caso tenha sido determinada a produção de prova testemunhal, o juiz fixará prazo comum não superior a 15 (quinze) dias para que as partes apresentem rol de testemunhas.*

Se o juiz no saneamento e organização do processo deferir a realização da prova testemunhal para a elucidação dos fatos, fixará prazo comum não superior a quinze dias para que as partes apresentem rol de testemunhas (§4º do art. 357 do novo C.P.C.).

O art. 407 (redação dada pela Lei n. 10.358, de 27.12.2001) do C.P.C. de 1973 prescrevia que incumbia às partes, no prazo que o juiz fixasse ao designar a data da audiência, depositar em cartório o rol de testemunhas, precisando-lhes o nome, profissão, residência e o local de trabalho; omitindo-se o juiz, o rol será apresentado até 10 (dez) dias antes da audiência.

O novo C.P.C. estabelece que o juiz deverá fixar o prazo comum para a apresentação do rol de testemunha, sendo que esse prazo não será superior a quinze dias. Porém, o novo C.P.C. não fixou um prazo máximo antecedente da data da audiência.

Evidentemente que o juiz deverá fixar um prazo razoável para a apresentação do rol de forma que não prejudique a realização da audiência de instrução.

Aduz o *§ 5º do art. 357* do novo C.P.C. que *na hipótese do § 3º, as partes devem levar, para a audiência prevista, o respectivo rol de testemunhas.*

Se o juiz houver designado audiência para a prolação da decisão de saneamento e organização do processo, as partes devem levar na audiência designada o respectivo rol de testemunha (§5º do art. 357 do novo C.P.C.), sob pena de preclusão.

O número de testemunhas arroladas pelas partes não poderá ser superior a 10 (dez) no total, sendo 3 (três), no máximo, para a prova de cada fato determinado *(§6º do art. 357* do novo C.P.C.).

[198] Pizani, A. P., idem, p. 101.

Tendo em vista a complexidade da causa e dos fatos individualmente considerados, o juiz poderá limitar o número de testemunhas, desde que não gere cerceamento de defesa (*§7º do art. 357* do novo C.P.C.).

As pautas dos órgãos jurisdicionais para a realização das audiências de instrução e julgamento deverão ser preparadas com intervalo mínimo de 1 (uma) hora entre as audiências (*§9º do art. 357* do novo C.P.C.). Esse prazo é razoável para que haja tempo suficiente para que o juiz possa realizar a audiência sem atrapalhar o horário da que vem logo a seguir.

Se o juiz verificar que há necessidade de produção probatória para análise técnica de determinado fato, poderá deferir na decisão de saneamento e organização do processo a realização da prova pericial, devendo observar, para tanto, o que dispõe o art. 465 do atual C.P.C. (*§8º do art. 357* do atual C.P.C.)

Assim, o juiz na decisão que deferir a prova pericial deverá observar o que dispõe o art. 465 do atual C.P.C.:

Art. 465. O juiz nomeará perito especializado no objeto da perícia e fixará de imediato o prazo para a entrega do laudo.

§ 1º Incumbe às partes, dentro de 15 (quinze) dias contados da intimação do despacho de nomeação do perito:

I – arguir o impedimento ou a suspeição do perito, se for o caso;

II – indicar assistente técnico;

III – apresentar quesitos.

§ 2º Ciente da nomeação, o perito apresentará em 5 (cinco) dias:

I – proposta de honorários;

II – currículo, com comprovação de especialização;

III – contatos profissionais, em especial o endereço eletrônico, para onde serão dirigidas as intimações pessoais.

§ 3º As partes serão intimadas da proposta de honorários para, querendo, manifestar-se no prazo comum de 5 (cinco) dias, após o que o juiz arbitrará o valor, intimando-se as partes para os fins do art. 95.

§ 4º O juiz poderá autorizar o pagamento de até cinquenta por cento dos honorários arbitrados a favor do perito no início dos trabalhos, devendo o remanescente ser pago apenas ao final, depois de entregue o laudo e prestados todos os esclarecimentos necessários.

§ 5º Quando a perícia for inconclusiva ou deficiente, o juiz poderá reduzir a remuneração inicialmente arbitrada para o trabalho.

§ 6º Quando tiver de realizar-se por carta, poder-se-á proceder à nomeação de perito e à indicação de assistentes técnicos no juízo ao qual se requisitar a perícia.

Se o juiz determinar a produção da prova pericial, além de observar o que dispõe o art. 465 do atual C.P.C., também deverá estabelecer, se possível, calendário para sua realização (§8º do art. 357 do novo C.P.C.).

CAPÍTULO XI – Da Audiência de Instrução e Julgamento

Art. 358

No dia e na hora designados, o juiz declarará aberta a audiência de instrução e julgamento e mandará apregoar as partes e os respectivos advogados, bem como outras pessoas que dela devam participar.

Audiência de instrução e julgamento

Não sendo o caso de *julgamento conforme o estado do processo*, ou seja, da extinção do processo nas hipóteses do art. 485 e 487, incisos II e III, ou do julgamento antecipado, ou do julgamento antecipado parcial de mérito, nos termos dos arts. 355 e 356 todos do atual C.P.C., o juiz deverá, em saneamento e organização do processo, delimitar *os pontos controvertidos sobre os quais incidirá a prova*, especificando os meios admitidos de sua produção, e, se for o caso, designar a *audiência de instrução e julgamento* (art. 358 do novo C.P.C.), indicando o dia, hora e local para sua realização.

Daí porque a grande importância de o juiz delimitar com precisão e com a colaboração das partes *os pontos controvertidos* (matéria de fato) que deverão ser objeto de prova durante a audiência de instrução e julgamento. É a síntese dessa delimitação que poderá ensejar a celeridade ou a demora na produção de prova e na prolação final da decisão.

Conforme já teve oportunidade de anotar Andrea Proto Pisani, ao se manifestar sobre a importância da audiência preliminar prevista no art. 183 do Código de Processo Civil italiano, *"a primeira audiência referida no art. 183 é destinada a absorver um papel fundamental no modelo de processo ordinário de cognição disciplinado pela Lei 353/90. Creio de não exagerar dizendo que o sucesso ou a falência da reforma são indissoluvelmente ligados ao funcionamento ou não desta audiência. Em estrema síntese, a primeira audiência deveria ter a função de consentir a fixação tendencialmente definitiva do 'thema decidendum' (demanda e exceção) e do 'thema probandum' (fatos controversos e que de todo modo necessitam de prova). A esta fixação tendencialmente definitiva deveriam colaborar as partes pessoalmente, bem como seus defensores e o juiz, ao qual deveria ser restituída a função de direção da audiência prevista pelos artigos 127 e 175. Fruto desta intensa atividade de colaboração deveria ser a simplificação e a redução da lide àquelas poucas questões de fato e ou de direito efetivamente controvertidas, com consequente maior probabilidade de ocorrer a conciliação seja judicial ou extrajudicial".*[199]

Na fase de preparação para audiência de instrução e julgamento, o juiz competente deve esforçar-se para tornar claro, libertando-se da superestrutura criada pela inexperiência ou e parcialidade das partes, a verdadeira face da causa. A prática demonstra que em todas as causas, igualmente naquelas que num primeiro momento se apresentam como extraordinariamente complicadas e difíceis, os pontos de verdadeiros dissídios se reduzem a poucos: *"o juiz instrutor deve antes de mais nada eliminar da discussão o excesso e o insignificante e, se não consegue conciliar as partes sobre todos os pontos, reduz a controvérsia àquelas poucas questões essenciais que tem verdadeiramente necessidade de ser decididas".*[200]

O Capítulo XI do novo C.P.C. trata especificamente da *audiência de instrução e julgamento.*

Assim, sendo o caso da realização da audiência de instrução e julgamento, estabelece o *art. 355* do novo C.P.C. que no *dia e na hora designados, o juiz declarará aberta a audiência de instrução e julgamento e mandará apregoar as partes e os respectivos advogados, bem como outras pessoas que dela devam participar.*

No sistema oral, que ainda é um fator importante de regência do atual C.P.C. brasileiro, a audiência é o momento culminante do processo, razão pela qual é regida pelos seguintes princípios:

> *"a) princípio da concentração: na audiência se concentram as provas de natureza oral e, oralmente, se completam outras provas, discute-se e profere-se o julgamento da causa. Todas essas atividades deverão realizar-se numa só reunião, ou, quando isso não for possível, em reuniões consecutivas, realizadas a curto intervalo uma da outra;*
>
> *b) princípio da imediatidade: o juiz entra em contato direto com as partes e seus advogados, com as testemunhas, os peritos e assistentes técnicos, aos quais ouve pessoalmente. Até mesmo certos aspectos da prova escrita poderão ser examinados diretamente pelo juiz;*
>
> *c) princípio da oralidade: os depoimentos das partes e das testemunhas serão orais; orais as informações e os esclarecimentos dos peritos e assistentes técnicos; orais os debates das partes e em assim, como regra, o julgamento da causa;*

[199] Pizani, Andrea Proto. *Lezioni di diritto processuale civile.* Terza Edizione. Napoli: Casa Editrice Dott. Eugenio Jovene. 1999. p. 100 e 101.

[200] Pizani, A. P., idem, p. 101.

d) princípio da identidade física do juiz: o mesmo juiz, que houver iniciado a instrução da causa em audiência, deverá completá-la e proferir a sentença, salvo se for transferido, promovido ou aposentado, casos em que passará os autos ao seu sucessor".[201]

É na audiência de instrução e julgamento que se concentra, de certa forma, a produção probatória e os elementos de provas sobre a matéria de fato posta em juízo.

Como bem conceituou Eliézer Rosa, a audiência de instrução é o *"ato processual público, solene, substancial do processo, presidido pelo juiz, onde se instrui, discute e decide a causa".*[202]

Assim, mediante a presidência do juiz, que declara aberta a audiência, o servidor designado deve apregoar as partes e os respectivos advogados, bem como verificar se estão presentes outras pessoas (testemunhas, peritos etc) que devam dela participar.

Art. 359

Instalada a audiência, o juiz tentará conciliar as partes, independentemente do emprego anterior de outros métodos de solução consensual de conflitos, como a mediação e a arbitragem.

Tentativa de resolução alternativa do conflito

Instalada a audiência, o juiz tentará conciliar as partes.

Este dispositivo vem realçar a intenção do legislador do novo C.P.C. em dar preferência aos meios alternativos de resolução de conflitos, como é o caso da *conciliação e mediação,* assim como a *arbitragem.*

Não obstante o art. 167 do atual C.P.C. estabeleça que cada tribunal poderá criar setor de conciliação e mediação ou programas destinados a estimular a autocomposição da lide, a existência desses setores específicos não impede que o juiz deva, sempre e na medida do possível, convocar as partes para que solucionem a lide mediante *conciliação ou mediação.*

Por isso, logo no início da audiência de instrução e julgamento, deverá o juiz indagar das partes sobre a possibilidade de conciliação, independentemente de ter havido tentativa anterior.

[201] SANTOS, Moacyr Amaral. *Comentários ao código de processo civil.* IV vol. Art. 332 a 475. Rio de Janeiro: Forense, 1976. p. 394.

[202] ROSA, Eliézer. *Dicionário de processo civil.* Vbo. "Audiência de Instrução".

Na verdade, a realização de conciliação ou mediação deverá ser estimulada por magistrados, advogados, defensores públicos e membros do Ministério Público, *inclusive no curso do processo judicial.*

Aliás, a audiência de conciliação é o primeiro ato processual efetivo para a solução do conflito, conforme estabelece o art. 331 do novo C.P.C.: *Se a petição inicial preencher os requisitos essenciais e não for o caso de improcedência liminar do pedido, o juiz designará audiência de conciliação ou de mediação com antecedência mínima de 30 (trinta) dias, devendo ser citado o réu com pelo menos 20 (vinte) dias de antecedência.*

Art. 360

O juiz exerce o poder de polícia, incumbindo-lhe:

I – manter a ordem e o decoro na audiência;

II – ordenar que se retirem da sala de audiência os que se comportarem inconvenientemente;

III – requisitar, quando necessário, a força policial;

IV – tratar com urbanidade as partes, os advogados, os membros do Ministério Público e da Defensoria Pública e qualquer pessoa que participe do processo;

V – registrar em ata, com exatidão, todos os requerimentos apresentados em audiência.

Poder de polícia do juiz

O art. 356 do Projeto originário do Senado Federal n. 166/10 previa apenas como poder de polícia do juiz o inciso I (manter a ordem e o decoro na audiência), II (ordenar que se retirem da sala da audiência os que se comportarem inconvenientemente) e III (requisitar, quando necessário, a força policial).

Os incisos IV (tratar com urbanidade as partes, os advogados, os membros do Ministério Público e da Defensoria Pública e qualquer pessoa que participe do processo) e V (registrar em ata, com exatidão, todos os requerimentos apresentados em audiência) foram incluídos pelo Senado Federal quando da remessa do projeto à Câmara dos Deputados.

É importante salientar que a obrigação de o juiz tratar com urbanidade os sujeitos do processo, bem como registrar em ata com exatidão todos os requerimentos apresentados em audiência, não se trata de conteúdo decorrente do *poder de polícia*, mas, sim, de *dever legal* imposto ao juiz pela norma processual e pelo Código de Ética da Magistratura aprovado na 68ª Sessão Ordinária do Conselho Nacional de Justiça, publicado no DJ do dia 18.09.2008. Estabelece o art. 22 do Código de Ética: *"O magistrado tem o dever de cortesia para com os colegas, os membros do Ministério Público, os advogados, os servidores, as partes, as testemunhas e todos quantos se relacionem com a administração da Justiça"*

Por sua vez, os poderes de polícia estipulados pelo art. 360, incisos I a III do atual C.P.C. assemelham-se aos poderes estabelecidos pelo art. 602º do C.P.C. português, que assim dispõe:

Artigo 602º Poderes do juiz

1 – O juiz goza de todos os poderes necessários para tornar útil e breve a discussão e para assegurar a justa decisão da causa.

2 – Ao juiz compete em especial:

a) Dirigir os trabalhos e assegurar que estes decorram de acordo com a programação definida;

b) Manter a ordem e fazer respeitar as instituições vigentes, as leis e o tribunal;

c) Tomar as providências necessárias para que a causa se discuta com elevação e serenidade;

d) Exortar os advogados e o Ministério Público a abreviarem os seus requerimentos, inquirições, instâncias e alegações, quando sejam manifestamente excessivos ou impertinentes, e a cingirem-se à matéria relevante para o julgamento da causa, e retirar -lhes a palavra quando não sejam atendidas as suas exortações;

e) Significar aos advogados e ao Ministério Público a necessidade de esclarecerem pontos obscuros ou duvidosos.

Conforme anota Castro Nunes, o poder de polícia, *"entende-se implícito na atividade constitucional de todos os poderes do Estado, como função inerente ao desempenho das suas atribuições expressas, de acordo com as limitações que, por construção constitucional, se devem ter por subentendidas. Seus limites naturais são os que se compreendem na sua definição como instrumento da ação pública para os fins superiores ao interesse geral. Seus limites objetivos, as normas legais ou regulamentares que condicionam o seu exercício e os princípios fundamentais da vida jurídica do país".*[203]

Não há dúvida de que todo agente político, no exercício de sua função estatal, seja legislativa, executiva ou judiciária poderá exercer o seu poder de polícia para que esta função seja desempenhada de acordo com os ditames Constitucionais e legais, podendo, inclusive, valer-se da força policial para o controle de distúrbios que possam por em risco a função pública Estatal.

[203] Nunes, Castro. *Teoria e prática do poder judiciário.* 1943, pág. 617.

Esse poder de polícia pode ser exercido de forma preventiva ou repressiva, principalmente para se manter a ordem e o decoro.

O poder de polícia tem por finalidade controlar as possíveis formas de condutas 'desviantes' dos sujeitos processuais, com o fim de desencorajar todo tipo de abuso, inclusive os abusos decorrentes do exercício instrumental do direito de ação ou de defesa.

Sobre os poderes coercitivos e de direção do juiz, anotam Luigi Paolo Comoglio, Corrado Ferri e Michele Taruffo: *"Sob o plano sistemático, é possível distinguir: a) de um lado, os 'poderes coercitivos' (ou de polícia) de competência do juiz singular ou do presidente do órgão colegiado para a manutenção da 'ordem' e do 'decoro' na audiência pública de discussão da causa (nos termos dos artigos 128-129, em relação aos artigos 190-bis; 275, 315, 321, 352, 379, 420, 437, os artigos 281-quinto; 281-sexto e 352, introduzidos ou modificados pelos artigos 68 e 76 do d.lgs. de 19 de fevereiro de 1998 n. 51; o art. 84); b) por outro lado, uma gama indeterminada de 'poderes de direção do procedimento', em conotação com uma marcada discricionariedade, os quais são de competência, sobretudo, do juiz instrutor na 'tratativa' ou na 'instrução 'da causa e são 'concebidos no sentido de atender aos reclamos de um leal desenvolvimento' do juízo (art. 175, inc. I)".*[204]

O inc. V do art. 360 do novo C.P.C. traz um dever imposto ao juiz no sentido de registrar em ata, com exatidão, todos os requerimentos apresentados em audiência.

Esse dever legal de registrar em ata todos os requerimentos formulados pelas partes na audiência permite que haja transparência e publicidade de todas as questões que foram formuladas oralmente ou por escrito na audiência, permitindo que as partes possam exercer o devido processo legal perante os órgãos colegiados.

Por isso, não pode o juiz recusar a *consignação em ata* dos pedidos formulados pelas partes, sob pena de ferir e macular o devido processo legal e seu subprincípio da ampla defesa.

Art. 361

As provas orais serão produzidas em audiência, ouvindo-se nesta ordem, preferencialmente:

I – o perito e os assistentes técnicos, que responderão aos quesitos de esclarecimentos requeridos no prazo e na forma do art. 477, caso não respondidos anteriormente por escrito;

[204] Comoglio, Luigi Paolo; Ferri, Corrado; Taruffo, Michele. *Lezioni sul processo civile. I. Il processo ordinario di cognizione.* Bologna: Il Mulino, 2006. p. 181.

II – o autor e, em seguida, o réu, que prestarão depoimentos pessoais;

III – as testemunhas arroladas pelo autor e pelo réu, que serão inquiridas.

Parágrafo único. Enquanto depuserem o perito, os assistentes técnicos, as partes e as testemunhas, não poderão os advogados e o Ministério Público intervir ou apartear, sem licença do juiz.

Ordem de produção da prova oral

Não há dúvida de que compete ao juiz a direção formal do processo.

Competindo ao magistrado a direção formal do processo, também é de sua incumbência fazer com que sejam respeitadas as disposições deste Código quanto à regularidade do desenvolvimento dos atos processuais, inclusive no que tange à ordem de sua realização, pois desta forma estará sendo observado o princípio do *devido processo legal, do contraditório e da ampla defesa* no seu sentido formal.

Sobre a direção formal do processo, anotam Comoglio, Ferri e Taruffo: *"Para uma finalidade puramente classificatória, que se baseia numa convenção de linguagem tradicional, é possível reagrupar tais poderes de impulso 'formal' e 'mecânico' entre as categorias da 'direção formal' do procedimento, deixando, por sua vez, a 'direção material' à síntese dos diversos poderes de iniciativa de ofício, por meio dos quais o juiz torna claro os temas controvertidos, integra as provas produzidas pelas partes e concorre, portanto, à formação do material decisório".*[205]

Compete ao juiz, e somente a ele, proceder à colheita de prova, o que ocorre de forma direta e pessoalmente, isto é, com observância do *princípio da imediatidade*. Assim, nos termos deste princípio, é prerrogativa do juiz, direta e pessoalmente, ouvir as partes em interrogatório ou em depoimento pessoal, inquirir as testemunhas.

Estabelece o art. 456 do atual C.P.C. que o juiz inquirirá as testemunhas separadas e sucessivamente, primeiro as do autor e depois as do réu, e providenciará para que uma não ouça o depoimento das outras.

O juiz poderá alterar a ordem estabelecida no *caput* se as partes concordarem (p.u. do art. 456 do atual C.P.C.).

O art. 361 do novo C.P.C. estabelece uma ordem cronológica para a prática de atos processuais orais, principalmente em relação à produção probatória, que deve ser seguida na seguinte ordem:

[205] Comoglio, L.p.; Ferri, C.; Taruffo, M. *idem*, p. 183.

I – o perito e os assistentes técnicos, que responderão aos quesitos de esclarecimentos requeridos no prazo e na forma do art. 477, caso não respondidos anteriormente por escrito.

O art. 477 do atual C.P.C. preceitua que o perito protocolará o laudo em juízo, no prazo fixado pelo juiz, pelo menos 20 (vinte) dias antes da audiência de instrução e julgamento.

As partes serão intimadas para, querendo, manifestar-se sobre o laudo do perito do juízo no prazo comum de quinze dias. Em igual prazo, o assistente técnico de cada uma das partes poderá apresentar seu respectivo parecer.

O perito do juízo tem o dever de, no prazo de quinze dias, esclarecer ponto: a) sobre o qual exista divergência ou dúvida de qualquer das partes, do juiz ou do Ministério Público; b) divergente apresentado no parecer do assistente técnico.

Se ainda houver necessidade de esclarecimentos, a parte requererá ao juiz que mande intimar o perito ou o assistente técnico a comparecer à audiência de instrução e julgamento, formulando, desde logo as perguntas sob forma de quesitos.

O perito ou o assistente técnico será intimado por meio eletrônico, com pelo menos dez dias de antecedência da audiência.

Assim, se não houver a prestação de esclarecimento por escrito, o perito somente estará obrigado a prestar os esclarecimentos em audiência, desde que seja intimado dez dias antes da realização deste ato processual (§4º do art. 477 do atual C.P.C.).

II – o autor e, em seguida, o réu, que prestarão depoimentos pessoais.

No caso de interrogatório do autor ou do réu, a ordem cronológica de coleta do interrogatório se dá primeiro em relação ao depoimento do autor e depois do réu.

III – as testemunhas arroladas pelo autor e pelo réu, que serão inquiridas.

Nesta ordem é que devem ser inquiridas as testemunhas sob pena de *error in procedendo*.

Ressalte-se novamente que o juiz poderá inverter a ordem da oitiva das testemunhas se houver concordância das partes (art. 456, p.u. do atual C.P.C.).

Por outro lado, se determinada testemunha arrolada pelo autor tiver que ser ouvida por precatória, deverá o juiz, antes de ouvir as testemunhas do réu, aguardar a oitiva da testemunha do autor no juízo deprecado. Porém, o S.T.J., em questão criminal, entendeu que não há nulidade quando a inversão da oitiva de testemunha é feita por precatória. Nesse sentido é o seguinte precedente:

(...).

5. "Esta Corte de Justiça firmou o entendimento de que a inversão da oitiva de testemunhas de acusação e defesa não configura nulidade quando a inquirição é feita por meio de carta precatória, cuja expedição não suspende a instrução criminal". (HC 160.794/RS, Rel.

Min. JORGE MUSSI, QUINTA TURMA, DJe 04/05/2011) 6. Agravo regimental a que se nega provimento.

(AgRg no AREsp 81.288/RS, Rel. Ministra MARIA THEREZA DE ASSIS MOURA, SEXTA TURMA, julgado em 27/08/2013, DJe 10/09/2013)

Evidentemente que se não houver prejuízo para as partes, não há porque anular a oitiva das testemunhas em razão de inversão da ordem estabelecida pelo atual C.P.C. Aliás, nesse sentido vem decidindo o S.T.J., inclusive na audiência de instrução em matéria penal, *in verbis:*

(...).

1. A não observância do art. 212 do Código de Processo Penal em relação à ordem de inquiridores de testemunhas pode gerar, no máximo, nulidade relativa, por se tratar de simples inversão.

Súmula 83/STJ.

(...).

(AgRg no AREsp 438.334/SP, Rel. Ministro SEBASTIÃO REIS JÚNIOR, SEXTA TURMA, julgado em 11/03/2014, DJe 02/04/2014).

Também nesse sentido o seguinte precedente:

(...).

3. – A inversão na ordem da oitiva das testemunhas não acarretou prejuízo à defesa do Agravante, razão pela qual, ausente prova de efetivo prejuízo, não merece reforma o aresto recorrido quanto ao tema.

(...).

(AgRg no AREsp 249.673/RS, Rel. Ministro SIDNEI BENETI, TERCEIRA TURMA, julgado em 19/02/2013, DJe 28/02/2013).

Estabelece o *Parágrafo único do art. 361* do novo C.P.C. que *enquanto depuserem o perito, os assistentes técnicos, as partes e as testemunhas, não poderão os advogados e o Ministério Público intervir ou apartear, sem licença do juiz.*

É importante salientar que *"causa perturbadora da ordem dos trabalhos são as intervenções ou os apartes dos advogados enquanto depõem as partes, o perito, os assistentes técnicos e as testemunhas. Tais intervenções ou apartes somente são permitidos com expressa licença do juiz, o que importa dizer que este deverá obstá-los sempre que inadequados ou extemporâneos. O mesmo se diga quanto às intervenções e aos apartes por ocasião do debate oral da causa".*[206]

Art. 362

A audiência poderá ser adiada:

I – por convenção das partes;

II – se não puder comparecer, por motivo justificado, qualquer pessoa que dela deva necessariamente participar;

III – por atraso injustificado de seu início em tempo superior a 30 (trinta) minutos do horário marcado.

§ 1º O impedimento deverá ser comprovado até a abertura da audiência, e, não o sendo, o juiz procederá à instrução.

§ 2º O juiz poderá dispensar a produção das provas requeridas pela parte cujo advogado ou defensor público não tenha comparecido à audiência, aplicando-se a mesma regra ao Ministério Público.

§ 3º Quem der causa ao adiamento responderá pelas despesas acrescidas.

Adiamento da audiência

O *art. 362* do novo C.P.C. preconiza as hipóteses em que *a audiência poderá ser adiada.*

É bem verdade que com base no princípio constitucional da celeridade processual, o juiz deve evitar ao máximo, e dentro da medida do possível, adiar a audiência, principalmente a de instrução e julgamento, pois todo adiamento, além de acarretar atraso na prestação jurisdicional, também enseja enormes dispêndio de tempo e de dinheiro.

As hipóteses legais em que a audiência pode ser adiada são:

I – por convenção das partes.

Havendo acordo entre as partes, a audiência poderá ser adiada, sendo que na redação originária do projeto do novo C.P.C. (n. 2.046/10) somente se permitia o adiamento por uma única vez. O novo C.P.C. não repetiu esta limitação.

[206] SANTOS, Moacyr Amaral. *Comentários ao código de processo civil.* IV Vol. Art. 332 a 475. Rio de Janeiro: Forense, 1976. p. 400

O adiamento poderá ocorrer sem que as partes apresentem motivo justificado, bastando que requeiram por mútuo consentimento.

Essa prerrogativa também ocorre quando as partes, por acordo, suspendem o andamento do processo.

É importante salientar que o S.T.J. já entendeu que o adiamento da audiência é uma faculdade do juiz. Nesse sentido é o seguinte precedente:

> *(...).*
> *4. O adiamento da audiência de julgamento é uma faculdade do relator, cujo indeferimento não configura cerceamento de defesa.*
> *Precedentes.*
> (...).
> (EDcl nos EDcl no AREsp 269.971/SP, Rel. Ministro HUMBERTO MARTINS, SEGUNDA TURMA, julgado em 04/06/2013, DJe 10/06/2013)

II – se não puder comparecer, por motivo justificado, qualquer pessoa que dela deva necessariamente participar.

Se o autor, réu, perito, membro do Ministério Público, ou mesmo os advogados não puderem comparecer, por motivo justificado, o juiz deverá adiar a audiência.

Note-se que, nos termos do *§1º do art. 362* do novo C.P.C., *o impedimento deverá ser comprovado até a abertura da audiência, e, não o sendo, o juiz procederá à instrução.* Assim, se qualquer dos advogados não puder comparecer à audiência, desde que devidamente justificado o motivo, haverá o seu adiamento, devendo este impedimento ser comprovado até a abertura da audiência de instrução e julgamento.

Não havendo comunicação ou não provado o impedimento, o juiz procederá à instrução, caso em que, a requerimento, ou mesmo de ofício, poderá ser dispensada a produção das provas requeridas pela parte por ele representada, conforme preleciona o *§2º do art. 362* do novo C.P.C.: *O juiz poderá dispensar a produção das provas requeridas pela parte cujo advogado ou defensor público não tenha comparecido à audiência, aplicando-se a mesma regra ao Ministério Público.* Evidentemente que na hipótese de defensor público, principalmente pelo fato de que ele normalmente defende as pessoas que são hipossuficientes, deverá demonstrar o juiz cautela antes de dispensar a prova. Se a prova for necessária, poderá o juiz determina a sua produção como prova do juízo. O mesmo deve ser dito em relação ao membro do Ministério Público.

Motivo justificado, *"no texto da lei, está no sentido de motivo 'ponderoso': doença, que impeça o comparecimento, viagem, para atender a pessoa da família, enferma; desig-*

nação anterior de outra audiência, impedimento de qualquer comunicação e prova antes da mesma".[207]

E se o motivo da ausência do advogado consistir no fato de sua morte inesperada? Nesse caso o processo deverá ser suspenso, nos termos do art. 313, inc. I, do atual C.P.C., devendo ser adiada a audiência de instrução e julgamento, ainda que iniciada.

É importante salientar que o §3º do art. 313 do atual C.P.C. estabelece que: *No caso de morte do procurador de qualquer das partes, ainda que iniciada a audiência de instrução e julgamento, o juiz determinará que a parte constitua novo mandatário, no prazo de 15 (quinze) dias, ao final do qual extinguirá o processo sem resolução de mérito, se o autor não nomear novo mandatário, ou ordenará o prosseguimento do processo à revelia do réu, se falecido o procurador deste.*

E se a morte ocorrer após a audiência e antes do transcurso do prazo para eventual recurso? Neste caso, deve-se intimar a parte para a nomeação de novo advogado, restaurando-se o prazo recursal.

A suspensão da audiência também deverá ocorrer se a testemunha não puder comparecer por motivo justificado. Neste caso, cabe à testemunha fazer a respectiva comunicação e dar a prova do motivo, podendo isso ser feito pelo advogado da parte que a arrolou.

III – por atraso injustificado de seu início em tempo superior a 30 (trinta) minutos do horário marcado.

É importante salientar que não havia este inciso no art. 453 do C.P.C. de 1973.

Se houver atraso *injustificado* para o início da audiência, como, por exemplo, injustificado atraso do juiz por mais de trinta minutos, qualquer dos advogados das partes, inclusive o Ministério Público, poderá requerer o seu adiamento, pois as pessoas também têm outros compromissos além de comparecer na audiência designada.

Estabelece o *§3º do art. 362* do novo C.P.C.: *Quem der causa ao adiamento responderá pelas despesas acrescidas*, inclusive se a causa decorrer de conduta injustificada do magistrado ou do membro do Ministério Público.

Salvo se houver motivo justificado, aquele que der causa ao adiamento da audiência deverá responder pelas despesas acrescidas para tal fato, devendo essas despesas ser arcadas, inclusive pelo magistrado ou pelo membro do Ministério Público que tenha dado causa ao adiamento.

[207] Santos, M. A., idem, p. 412

Outrossim, havendo antecipação ou adiamento da audiência, o juiz, de ofício ou a requerimento da parte, determinará a intimação dos advogados ou da sociedade de advogados para ciência da nova designação.

No caso, se a parte estiver representada pela sociedade de advogado, a intimação deverá ser da sociedade e não de um advogado específico.

Deverão ser intimadas novamente também as pessoas que deveriam comparecer à audiência, especialmente se sua antecipação ou adiamento ocorrer de forma antecedente.

Art. 363

Havendo antecipação ou adiamento da audiência, o juiz, de ofício ou a requerimento da parte, determinará a intimação dos advogados ou da sociedade de advogados para ciência da nova designação.

Intimação da antecipação ou adiamento da audiência

Havendo antecipação ou adiamento da audiência, deverá o juiz, de ofício ou mediante requerimento da parte, determinar à Secretaria que proceda a intimação dos advogados ou da sociedade de advogados sobre a nova data para a realização de instrução e julgamento, sob pena de nulidade.

Art. 364

Finda a instrução, o juiz dará a palavra ao advogado do autor e do réu, bem como ao membro do Ministério Público, se for caso de sua intervenção, sucessivamente, pelo prazo de 20 (vinte) minutos para cada um, prorrogável por 10 (dez) minutos, a critério do juiz.

§ 1º Havendo litisconsorte ou terceiro interveniente, o prazo, que formará com o da prorrogação um só todo, dividir-se-á entre os do mesmo grupo, se não convencionarem de modo diverso.

§ 2º Quando a causa apresentar questões complexas de fato ou de direito, o debate oral poderá ser substituído por razões finais escritas, que serão apresentadas pelo autor e pelo réu, bem como pelo Ministério Público, se for caso de sua intervenção, em prazos sucessivos de 15 (quinze) dias, assegurada vista dos autos.

Alegações finais

Tendo em vista que todos os atos praticados na audiência de instrução e julgamento são orais, da mesma forma as manifestações finais do advogado do autor e do réu, assim como do Ministério Público, também serão orais.

Finda a instrução, seguem-se os debates orais na mesma ou na sessão subsequente.

Nos debates orais, os advogados e o Ministério Público, se for o caso, realizarão a sustentação oral de seus argumentos e de suas razões com base na matéria de fato e de direito.

Trata-se da aplicação do *princípio da oralidade* na audiência de instrução e julgamento.

Portanto, finda a instrução com a produção da última prova em audiência, e não havendo mais necessidade de nenhuma outra diligência probatória, o juiz dará a palavra ao advogado do autor e ao do réu, sucessivamente, bem como ao membro do Ministério Público, se for o caso de sua intervenção.

Em relação ao Ministério Público é necessário distinguir a natureza de sua participação na relação jurídica processual. Se sua participação for como parte autora, deverá falar antes do réu. Se sua participação for como fiscal da ordem jurídica, deverá se manifestar após o réu.

O prazo para os debates orais será de *vinte minutos* para cada um, prorrogável por dez minutos, *a critério do juiz.*

Havendo litisconsórcio, seja ativo, passivo ou misto, ou intervenção de terceiro (assistente simples ou litisconsorcial, por exemplo) o prazo será de *trinta minutos* (vinte minutos do prazo normal somado aos dez minutos da prorrogação), conforme estabelece o *art. 364, §1º do atual C.P.C.).* Nesse prazo deverá o grupo correspondente se manifestar, dividindo-se o prazo se não acordarem de modo diverso.

Prescreve o *§2º do art. 364* do novo C.P.C. que *quando a causa apresentar questões complexas de fato ou de direito, o debate oral poderá ser substituído por razões finais escritas, que serão apresentadas pelo autor e pelo réu, bem como pelo Ministério Público, se for caso de sua intervenção, em prazos sucessivos de 15 (quinze) dias, assegurada vista dos autos.*

No regime do C.P.C. de 1939 que instituiu os debates orais, estes vinham sendo de forma constante substituídos por *memoriais escritos.* O mesmo vinha ocorrendo com o C.P.C. de 1973 (art. 454, §3º).

Versando a causa sobre questões *complexas* de fato ou de direito, o debate oral poderá ser substituído pela entrega de memoriais ou razões finais escritas, as quais serão apresentadas pelo autor e pelo réu, nessa ordem. Também poderão ser apresentadas pelos terceiros interveniente e pelo Ministério Público.

O prazo para apresentação das *razões finais* será sucessivo de quinze dias, assegurada a vista dos autos.

Contudo, em se tratando de processo eletrônico não há necessidade de vista dos autos, uma vez que o processo é virtual e se encontra no próprio sistema de acesso, aberto para todos as partes interessadas ao mesmo tempo.

Se por qualquer motivo a parte não puder ter acesso aos autos, o prazo deverá ser contado a partir do momento em que esse impedimento cessar.

O prazo para a entrega dos memoriais será de *quinze dias.*

Art. 365

A audiência é una e contínua, podendo ser excepcional e justificadamente cindida na ausência de perito ou de testemunha, desde que haja concordância das partes.

Parágrafo único. Diante da impossibilidade de realização da instrução, do debate e do julgamento no mesmo dia, o juiz marcará seu prosseguimento para a data mais próxima possível, em pauta preferencial.

Princípio da unidade e continuidade da audiência de instrução e julgamento – regras de exceção

O *art. 365* do novo C.P.C. preceitua que a audiência é una e contínua, podendo ser excepcional e justificadamente cindida na ausência do perito ou de testemunha, desde que haja concordância das partes.

Assim, na ausência justificada do perito ou de testemunha, a audiência deverá ser adiada.

Porém, se houver concordância das partes, a audiência poderá ser cindida.

Diante da impossibilidade de realização da instrução, do debate e do julgamento no mesmo dia, o juiz marcará seu prosseguimento para a data mais próxima possível, em pauta preferencial.

Conforme já teve oportunidade de lecionar José Carlos Barbosa Moreira, *"audiência é, em princípio, una e contínua, e só se suspenderá pela morte do procurador (presente) de qualquer das partes, ou quando não for possível concluir, no mesmo dia, todas as etapas, caso em que o órgão judicial designará, para o prosseguimento, hora em dia próximo. A impossibilidade da conclusão poderá resultar, v.g., da necessidade de ouvir testemunhas referidas, ou de proceder à acareação entre depoentes que já não estejam todos presentes, e assim por diante. Na estrutura normal da audiência, podem distinguir-se os seguintes momentos: 1º) abertura pelo juiz, no dia e hora designados, apregoando-se as partes e seus advogados; 2º) produção, na ordem do (....), das provas que hajam de realizar-se, sobre os pontos controvertidos que ao juiz, ouvidas as partes, cabe previamente fixar; 3º) debates orais, mediante a concessão da palavra, pelo juiz, primeiro ao advogado do autor, depois ao réu, e eventualmente ao órgão do Ministério Público (quando funcione como fiscal da lei), pelo prazo de 20 minutos para cada um, prorrogável por mais 10, a critério do órgão judicial. Havendo litisconsórcio, ou figurando terceiro que litigue junto ao autor ou ao réu, o prazo será dividido entre os do mesmo grupo, a menos que convencionem outra coisa, levando-se em conta, para efeito de divisão, a soma dos 20 minutos com os 10 de prorrogação....; 4º) prolação da sentença pelo juiz); 5º) lavratura pelo escrivão, sob ditado do juiz, do termo da audiência, que conterá, em resumo, o ocorrido nela – inclusive por extenso, os despachos (ou as decisões interlocutórias) a sentença proferida no ato –, será subscrito pelo juiz, pelos advogados, pelo órgão do Ministério Público, se for o caso, e pelo escrivão, cabendo a este trasladar para os autos cópia autêntica,...; 6º) encerramento da audiência".*[208]

Evidentemente que essa ordem pode ser alterada caso haja, por exemplo, conciliação entre as partes; quando, sem motivo justificado, deixar de comparecer à audiência o advogado de alguma das partes; quando a causa apresentar questões complexas de fato e de direito; quando o juiz não se sinta habilitado a julgar a causa, uma vez encerrado os debates.[209]

Não obstante as circunstâncias que possam alterar a ordem dos fatos ocorridos na audiência, o certo é que ela é *una e contínua*, somente podendo ser excepcionalmente e ocasionalmente cindida na ausência do perito ou de testemunha.

Não haverá possibilidade de cisão da audiência na eventual falta injustificada do advogado ou das partes.

Não sendo possível concluir num só dia a instrução, o debate e o julgamento, o juiz marcará o seu prosseguimento para a data mais próxima possível, em pauta preferencial.

Art. 366

Encerrado o debate ou oferecidas as razões finais, o juiz proferirá sentença em audiência ou no prazo de 30 (trinta) dias.

Prolação da sentença em audiência ou no prazo de trinta dias.

Preceitua o art. 366 do atual C.P.C. que *encerrado o debate ou oferecidas as razões finais, o juiz proferirá sentença em audiência ou no prazo de 30 (trinta) dias.*

[208] MOREIRA, José Carlos Barbosa. *O novo processo civil brasileiro*. 6ª ed. Rio de Janeiro: Editora Forense, 1984. p. 108 e 109.

[209] MOREIRA, J. C. B., *idem*, p. 110.

No projeto originário falava-se no prazo de vinte dias.

Concluídos os debates o juiz poderá proferir desde logo a decisão, satisfazendo desta forma os *princípios da concentração, da imediatidade e da identidade física do juiz,* salvo se não se sentir habilitado para tanto ou permitir que as partes apresentem razões finais por escrito, quando deverá proferir decisão no prazo de trinta dias.

Art. 367

O servidor lavrará, sob ditado do juiz, termo que conterá, em resumo, o ocorrido na audiência, bem como, por extenso, os despachos, as decisões e a sentença, se proferida no ato.

§ 1º Quando o termo não for registrado em meio eletrônico, o juiz rubricar-lhe-á as folhas, que serão encadernadas em volume próprio.

§ 2º Subscreverão o termo o juiz, os advogados, o membro do Ministério Público e o escrivão ou chefe de secretaria, dispensadas as partes, exceto quando houver ato de disposição para cuja prática os advogados não tenham poderes.

§ 3º O escrivão ou chefe de secretaria trasladará para os autos cópia autêntica do termo de audiência.

§ 4º Tratando-se de autos eletrônicos, observar-se-á o disposto neste Código, em legislação específica e nas normas internas dos tribunais.

§ 5º A audiência poderá ser integralmente gravada em imagem e em áudio, em meio digital ou analógico, desde que assegure o rápido acesso das partes e dos órgãos julgadores, observada a legislação específica.

§ 6º A gravação a que se refere o § 5º também pode ser realizada diretamente por qualquer das partes, independentemente de autorização judicial.

Lavratura de termo circunstanciado

No projeto originário falava-se em *escrivão*; agora, com o novo C.P.C., a lavratura do termo poderá ser feita por qualquer servidor.

Este dispositivo trata da *documentação dos atos da audiência.*

Evidentemente que todos os fenômenos e acontecimentos ocorridos na audiência, desde sua abertura até o seu encerramento, deverão constar no termo da audiência, o qual será lavrado por servidor competente, sob ditado do juiz.

Os atos de instrução como interrogatório, depoimentos de testemunhas, esclarecimentos dos peritos e assistentes técnicos constarão em termos avulsos.

Os fatos ocorridos deverão constar em resumo do termo, enquanto que os despachos, decisões e a sentença, se proferida no ato, deverão ser por extenso.

Quando o termo não for registrado em meio eletrônico, o juiz rubricar-lhe-á as folhas, que serão encadernadas em volume próprio (*§1º do art. 367* do atual C.P.C.).

Subscreverão o termo o juiz, os advogados, o membro do Ministério Público e o escrivão ou chefe de secretaria, dispensadas as partes, exceto quando houver ato de disposição para cuja prática os advogados não tenham poderes (*§2º do art. 367* do atual C.P.C.).

O escrivão ou chefe de secretaria trasladará para os autos cópia autêntica do termo de audiência (*§3º do art. 367* do atual C.P.C.).

Tratando-se de autos eletrônicos, observar-se-á o disposto no atual C.P.C., na legislação específica e em normas internas dos tribunais (*§4º do art. 367* do atual C.P.C.).

Nos termos do *§5º do art. 367* do atual C.P.C. *a audiência poderá ser integralmente gravada em imagem e em áudio, em meio digital ou analógico, desde que assegure o rápido acesso das partes e dos órgãos julgadores, observada a legislação específica.*

Atualmente as audiências estão sendo integralmente gravadas em imagem e em áudio, os quais ficam à disposição das partes.

No processo eletrônico, haverá o momento em que as audiências ficarão instaladas no próprio processo, em página distinta, bastando visualizar a imagem e o som, como ocorre com o Youtube.

A gravação a que se refere o §5º também pode ser realizada diretamente por qualquer das partes, independente de autorização judicial (*§6º do art. 367* do atual C.P.C.).

Como a audiência é pública, não se poderá alegar quebra de sigilo.

Art. 368

A audiência será pública, ressalvadas as exceções legais.

Publicidade imediata e publicidade mediata

A publicidade,[210] entendida no seu aspecto externo ou geral, *"isto é, que comporta a possibilidade de que conheça das atuações qualquer membro da comuni-*

210 *"Así, se pueden distinguir diversas clases de publicidad. En lo que aqui nos interesa debemos distinguir la denominada publicidad para terceros, general o absoluta y la publicidad entre las partes o relativa. La publicidad externa harí a referencia a la publicidad general. Véase* CHIOVENDA, *'Principios de Derecho*

Procesal civil, tomo II, Madrid, 1977, págs. 171 y SS. En el mismo sentido, CONDE-PUMPIDO TOURÓN, 'Los procesos penales, op. cit., págs. 301 y SS ". (Lopez Jiménez, Raquel. *La prueba en el juicio por jurados.* Valencia: Tirant lo Blanch, 2002 p. 324).

A mesma distinção tem sido feita por María del Pilar Otero González: *"Como principio procesal que es, la publicidad supone, en primer lugar, una garantía del individuo sometido a un proceso penal. Es el aspecto subjetivo e interno de la publicidad: subjetivo, porque lo que interesa prioritariamente son los derechos del justiciable, más que el eventual control externo de las decisiones de la justicia. E interna, porque es una publicidad, en primer lugar, para las partes en el proceso y, secundariamente, destinada a la difusión social. Esta publicidad interna, es pues, un aspecto del derecho de defensa y de la prohibición de toda indefensión, conectada más que con el derecho a un proceso público (art. 24.2 CE) y la publicidad de las atuaciones judiciales (art. 120.1 CE), con la proscripción de toda indefensión (art. 24.1. C.E.) y con el derecho a un proceso con todas las garantías (art. 24.2. C.E.). Los titulares del derecho a la publicidad interna son las partes procesales. Esta publicidad interna tiene, pues, rango de derecho fundamental, siendo de aplicación obligatoria y directa por los tribunales sin necesidad de norma alguna que defina su exacto contenido. Por tanto, es una norma completa que contiene un mandato de directa aplicación".*

Asimismo, por meio de este principio, se le garantiza el sometimiento a un sistema judicial que no escape al control público, impidiendo, de esta forma, las posibles manipulaciones o interferencias del poder político en el ejercicio de la facultad de juzgar. Es decir, además de ese interés individual, la publicidad se concibe desde una perspectiva social. En este sentido, este principio se constituye en uno de los más importantes criterios legitimadores del Poder Judicial. A este tipo de publicidad es al que se refieren directamente tanto el art. 120.1 de la C.E. ('las actuaciones judiciales será públicas...') como el art. 24.1. ('todos tiene derecho a un proceso público').

Esta legitimación de la función jurisdiccional, que se alcanza gracias a la publicidad procesal, implica, asimismo, una función controladora del poder político.

Dicha función de control es confiada, tanto a los propios jueces, a través del llamado 'control jurídico' – haciendo compatible el ejercicio de los distintos derechos y libertades en conflicto –, como a los periodistas, mediante el denominado 'control social' – control este último unido a la libertad de expresión y cuya fuerza reside sobre todo en su credibilidad social pues es la sociedad la que en definitiva Le otorga ese control, lo que promueve, al mismo tiempo, el interés social por la labor jurisdiccional, al ofrecerse a la vista de todo el pueblo como titular de la soberanía.

Estas dos funciones básicas del principio de publicidad aparecen recogidas con claridad en la STC 96/1987, de 10 de junio.

En definitiva, el titular de este derecho es el ciudadano sometido a juicio, interesado en la publicidad del proceso como garantía de la independencia e la imparcialidad de la Administración de Justicia. Pero junto a esta dimensión individual de la publicidad, existe otra social referente al control público de las actuaciones del poder judicial, constituyéndose así en la garantía de una institución política fundamental, que es la opinión pública libre. Su fundamento reside en las libertades de información y de opinión, consagradas en el artículo 20 C.E., verdadero elemento de unión entre la opinión pública y la justicia.

Aunuando ambas funciones, deducimos el fundamento mismo del principio de publicidad, su trascendencia garantista del proceso justo (que comprende la obligación de garantizar que el justiciable sea juzgado por un tribunal imparcial e Independiente) y el refrendo que, en este aspecto recibe de los textos constitucionales. No obstante, para conocer su dimensión en plenitud, es preciso depurar sus limites, en la medida en que la propia publicidad puede comprometer ese derecho al juicio cuando aquélla resulte incontrolada".

dade, é garantia do julgamento justo porque permite o controle público das decisões judiciais".[211]

A publicidade do processo garante ao "povo" o conhecimento da maneira que o judiciário administra a justiça, mas, mais do que isso, é uma garantia do acusado de que seu julgamento estará sob o crivo da opinião pública e não será secreto ou sigiloso (salvo as exceções legais por razões de moralidade ou de ordem pública).[212]

Essa garantia foi reconhecida no artigo 24.2 da Constituição espanhola, assim como pela VI Emenda da Constituição dos Estados Unidos. Do mesmo modo foi reconhecida pelo artigo 10 da Declaração Universal de Direitos Humanos: *"Toda pessoa tem direito, em condições de plena igualdade, a ser ouvida publicamente e com justiça por um Tribunal independente e imparcial..."*. A mesma garantia foi reafirmada no artigo 6 da Convenção Europeia de Direitos Humanos e no artigo 14.1 do Pacto Internacional de Direitos Civis e Políticos de 1966.

A garantia, portanto, é que o debate no processo seja realizado de portas abertas, com o intuito de permitir o livre acesso do público à sala de audiência e a possibilidade para qualquer um do povo assistir 'de visu et de auditu' à celebração do ritual processualístico.

Segundo Di Chiaria:[213] *"é tal publicidade 'imediata', sem dúvida, a forma mais simples e tradicional de livre fruição da atividade de audiência, e, portanto, de notória trans-*

(Otero Gonzáles, María Pilar. *Protección del secreto sumarial y juicios paralelos.* Madrid: Editorial Centro de Estudios Ramón Areces, 1999. p. 25, 26 e 27).

[211] *"esto es, que conlleva la posibilidad de que conozca de las actuaciones cualquier miembro de la comunidad, es garantía del juicio justo porque permite el control público de las decisiones judiciales".* López Jiménez, Raquel. *La prueba en el juicio por jurados.* Valencia: Tirant lo Blanch, 2002.

[212] *"Sea cual sea la justificación que permita atribuir al sumario las condiciones de secreto, la verdad es que los medios de comunicación social aseguran la publicidad como garantía del juicio, y ello porque como ha señalado el TC 'las excepciones a la publicidad no puede entenderse como un apoderamiento en blanco al legislador, porque la 'publicidad procesal' está inmediatamente ligada a situaciones jurídicas subjetivas de los ciudadanos que tienen la condición de derechos fundamentales: derecho a un proceso público, en el artículo 24.2 de la Constitución, y derecho a recibir libremente información, según puede derivarse de la sentencia 30/1982, de 1 de junio, fundamento jurídico cuarto"* (López Jiménez, R., idem, ibidem, p. 326).

[213] *"è, tale pubblicità 'immediatà', senza dubbio la forma più semplice e tradizionale di libera fruizione dell'attività di udienza, e dunque di rimarcata trasparenza del processo – cioè di ciò che si svolge nel ieròs Kyklos – nei confronti del mondo esterno".* Di Chiaria, Giuseppe. Televisione e dibattimento penale – Esperienze e problemi della pubblicità mediata 'tecnologia' in Italia. In: Barbero Santos, Marino; Díaz-Santos, Maria Rosario (coord.). *Criminalidad, medios de comunicación y proceso penal.* Salamanca: Universidad Salamanca, 1998. p. 97.

parência do processo – isso que se desenvolve no ierós Kyklos – nos confrontos do mundo externo".

Ao lado desta publicidade "imediata" encontra-se uma publicidade "mediata", isto é, o conhecimento da atividade exercida pelo Poder Judiciário é proveniente de um diafragma imposto pelos meios de comunicação (jornal, rádio, televisão, redes telemáticas), sendo que os instrumentos de que o povo poderá dispor para este fim, serão tanto mais numerosos e evoluídos na medida em que se aperfeiçoem as técnicas e as tecnologias de circulação da notícia.[214]

Mario Chiavario faz uma nítida distinção entre *publicidade imediata* e *publicidade mediata*. Para ele, a *"publicidade imediata"* é aquela inserida no processo penal ou civil e que permite a qualquer do povo presenciar o cumprimento dos atos processuais, sem que lhe exija uma particular qualificação profissional, nem uma particular relação entre sua pessoa e o processo (in questo primo senso sembrano da interpretare i testi della Conv. Eur. e del Patto internaz, quando parlano di 'publico' *tout court*).[215]

A *"publicidade mediata"*, por sua vez, é aquela permitida pelos trâmites dos meios de comunicação, que se traduz não apenas na exigência de se reconhecer aos jornalistas uma faculdade de presenciar os atos processuais, mas, também, na possibilidade de divulgação desses atos para um número indeterminado de pessoas, por meio dos meios de comunicação de massa.[216]

Sobre a *publicidade mediata* anotou o magistrado espanhol Juan J. López Ortega:[217] *"Assinalei num trabalho anterior que, na minha opinião, a publicidade judicial não é mais que a concreção de um princípio mais geral, inerente a toda a atuação do*

[214] Esta expressão foi utilizada por Francesco Carnelutti em sua obra: La publicidad del proceso penal, *in: Cuestiones sobre el proceso penal,* Trad. Sentis Melendo, Buenos Aires, 1961, p. 122.

[215] Chiavario, Mario., *Processo e garanzie della persona – le garanzie fondamentali.* 3 ed. Vol. II. Milano: Dott. A. Giuffrè Editore, 1984. p. 281.

[216] Chiavario, M. idem. Ibidem. Loc. Cit.

[217] *"He señalado en un trabajo anterior que, en mim opinión, la publicidad judicial no es ma's que la concreción de un principio más general, inherente a toda la actuación del Estado moderno, que se justifica funcionalmente porque hace posible el control de la actuación del Poder Judicial por la opinión pública. Desde esta óptica, cobra singular importancia la 'publicidad mediata', es decir, la que tiene lugar a través de los medios de comunicación de masas. Y esto, a su vez, explica que la exigencia general de publicidad ya no se encuentre suficientemente salvaguardada garantizando, como haste ahora, el acceso de los interesados a las actuaciones judiciales o permitiendo a los terceros ajenos al litigio asistir y presenciar personalmente el desarrollo del proceso".* (López Ortega, Juan J. Información y justicia. *Cuadernos de Derecho Judicial. Justicias y Medios de Comunicación.* Madrid: Consejo General del Poder Judicial, 2006. n. 16, p. 97).

Estado moderno, que se justifica funcionalmente porque faz possível o controle da atuação do Poder Judiciário pela opinião pública. A partir desta ótica, adquire singular importância a 'publicidade mediata', isto é, a que tem lugar por meio dos meios de comunicação de massa. E isso, por sua vez, explica que a exigência geral de publicidade já não se encontre suficientemente salvaguardada, garantindo, como até agora, o acesso dos interessados às atuações judiciais ou permitindo aos terceiros alheios ao litígio assistir e presenciar pessoalmente o desenvolvimento do processo".

Percebe-se, portanto, que por intermédio dos grandes meios de comunicação em massa articula-se uma conexão entre a justiça e a opinião pública. Como resultado disso, a publicidade processual deixou de ser uma instância crítica, perdendo sua antiga função como mecanismo de controle da aplicação da lei para se converter num mero instrumento de prevenção geral, em um meio de educação dos cidadãos como fiéis cumpridores das normas.[218]

Mas é necessário advertir: *"que a publicidade amplificada pelos meios de comunicação, a 'publicidade-espetáculo', acarreta grandes riscos para todos os participantes no processo..."*.[219]

Não se resumindo o estudo do processo à análise das normas escritas que o regulam, conforme bem advertiu Giuseppe di Chiara, o tema da publicidade mediata passa a ser uma constante preocupação daqueles que pregam a existência de um processo justo com todas as garantias, principalmente a partir do momento em que racionalmente ou intuitivamente percebe-se uma nítida e constante condução do resultado da atividade jurisdicional segundo os postulados hermenêuticos preconizados pelos *mass media*, colocando-se em risco principalmente o princípio da *imparcialidade judicial*.

O art. 368 do novo C.P.C., ao mesmo tempo em que afirma que *a audiência será pública,* também diz que o juiz poderá restringir o acesso de pessoas ao local de sua realização, quando diante das *exceções legais*.

E as exceções legais estão previstas no art. 189 do novo C.P.C., que assim dispõe:

> *Art. 189. Os atos processuais são públicos, todavia tramitam em segredo de justiça os processos:*

[218] López Ortega, J. J., idem, ibidem, p. 100.

[219] *"que la publicidad amplificada por los medios de comunicación, la 'publicidad-espectáculo', conlleva grandes riesgos para todos los participantes en el proceso, especialmente para el inculpado que ha de soportar que parte de su vida, el reproche por el delito e incluso su condena se pongan a la vista de otras personas, lo que sin duda representa el obstáculo más serio para su resocialización (HASSAMER, 1984)".* López Ortega, J. J., idem, ibidem, p. 101.

I – em que o exija o interesse público ou social;

II – que versem sobre casamento, separação de corpos, divórcio, separação, união estável, filiação, alimentos e guarda de crianças e adolescentes;

III – em que constem dados protegidos pelo direito constitucional à intimidade;

IV – que versem sobre arbitragem, inclusive sobre cumprimento de carta arbitral, desde que a confidencialidade estipulada na arbitragem seja comprovada perante o juízo.

§ 1º O direito de consultar os autos de processo que tramite em segredo de justiça e de pedir certidões de seus atos é restrito às partes e aos seus procuradores.

§ 2º O terceiro que demonstrar interesse jurídico pode requerer ao juiz certidão do dispositivo da sentença, bem como de inventário e de partilha resultantes de divórcio ou separação.

O direito de consultar os autos de processos que correm em segredo de justiça e de pedir certidões de seus atos é restrito às partes e a seus procuradores. O terceiro que demonstrar interesse jurídico pode requerer ao juiz certidão do dispositivo da sentença, bem como de inventário e partilha resultante de divórcio ou separação (§2º. do art. 189 do atual C.P.C.).

O processo eletrônico assegurará às partes sigilo.

Não havendo sigilo, qualquer pessoa poderá consultar o processo em razão do princípio da publicidade.

CAPÍTULO XII – Das Provas

SEÇÃO I – Das Disposições Gerais

Art. 369

As partes têm direito de empregar todos os meios legais, bem como os moralmente legítimos, ainda que não especificados neste Código, para provar a verdade dos fatos em que se funda o pedido ou a defesa e influir eficazmente na convicção do juiz.

Sumário:

1. Análise dogmática dos critérios de prova previsto no novo C.P.C.

2. Prova do direito

3. Irretroatividade e retroatividade das normas sobre provas

4. Meios de Prova

1. Análise dogmática dos critérios de prova previsto no novo C.P.C

Não sendo o caso de *julgamento conforme o estado do processo,* e não ocorrendo qualquer das hipóteses previstas para a realização das providências preliminares, o juiz, em saneamento e organização do processo, decidirá as questões processuais pendentes e delimitará as questões de fato sobre as quais recairá a atividade probatória, especificando os meios de prova admitidos, delimitando os pontos controvertidos sobre os quais incidirá a prova, especificando os meios admitidos de sua produção e, se necessário, designará audiência de instrução e julgamento. (Art. 357 do novo C.P.C.).

Portanto é no momento do saneamento do processo que o juiz fixa os pontos controvertidos sobre os quais a prova deverá ser delimitada, especificando os meios de prova que poderão ser produzidos.

Assim, nos termos do art. 357 do novo C.P.C. compete ao juiz *a determinação e a individualização* dos fatos a provar (*thema probandum*).

2. Prova do direito

É importante salientar que muita embora a prova incida sobre os fatos, há também no nosso ordenamento jurídico regra que determina a prova de questão de direito, conforme está consignada no art. 376 do novo C.P.C.: *"A parte que alegar direito municipal, estadual, estrangeiro ou consuetudinário provar-lhe-á o teor e a vigência, se assim o juiz determinar".*

3. Irretroatividade e retroatividade das normas sobre provas

Tendo em vista que as normas sobre prova estão inseridas no âmbito do direito material e processual, pode-se afirmar que as normas relativas à prova, no que concerne à substancia do direito, e que digam respeito ao seu valor jurídico e às condições de sua admissibilidade, não retroagem.

Já as normas que estabelecem o modo de produzir a prova em juízo, ou seja, as meramente reguladoras do procedimento, são eminentemente retroativas, no sentido de que se aplicam de imediato, a partir da vigência, como as leis processuais em geral.[220]

[220] Santos, M. A. op. Cit., 1976. p. 26.

Por isso, o direito de fornecer esta ou aquela prova, as condições pelas quais uma prova é admitida em juízo, o valor, ou seja, a sua força *probandi* dependem exclusivamente da lei vigente ao tempo em que teve lugar o fato que se trata de provar. Por sua vez, a forma pela qual a prova deve ser fornecida em juízo depende da lei em vigor ao tempo em que tal prova deve ser produzida no processo.[221]

4. Meios de prova

O *art. 369* do novo C.P.C. estabelece que *as partes têm direito de empregar todos os meios legais, bem como os moralmente legítimos, ainda que não especificados neste Código, para provar a verdade dos fatos em que se funda o pedido ou a defesa e influir eficazmente na livre convicção do juiz.*

Uma vez estabelecidos pelo juiz os pontos controvertidos que dependem de prova, nos termos do art. 357, inc. II, do novo C.P.C., as partes têm o direito de empregar todos os meios legais, bem como moralmente legítimos para provar fatos em que se funda a demanda ou defesa e que possam influir eficazmente na livre convicção do juiz.

A fixação formal do fato controvertido não está adstrita à discricionariedade do juiz, pois, a) para o conhecimento do fato controvertido, o juiz não pode servir-se mais do que *percepções de determinado modo;* b) o juiz não pode servir-se livremente dos fatos assim percebidos para suas deduções, senão que deve *utilizá-los segundo regras determinadas.*[222] Entre os fatos não afirmados por nenhuma das partes, fatos que não existem para o juiz, e os fatos afirmados por todas as partes, que para ele existem sem outras indagações, encontra-se a zona neutra dos fatos afirmados tão somente por uma ou alguma das partes, isto é, fatos afirmados, porém não admitidos, que podem existir ou não. São os chamados fatos *controvertidos*, que constituem matéria de prova.[223]

Assim, a prova deve recair sobre os denominados fatos *controvertidos.*

Como já teve oportunidade de dizer Carnelutti, *"Em minha cátedra, posso dizer que o juiz está no meio de um minúsculo feixe de luz, fora do qual tudo é trevas: detrás dele, o enigma do passado e, diante, o enigma do futuro. Esse minúsculo feixe de luz são as provas".*[224]

O *art. 369* do novo C.P.C. preconiza que *as partes têm o direito de empregar todos os meios legais, bem como os moralmente legítimos, ainda que não especificados neste*

[221] Santos, M. A. idem, ibidem.

[222] Carnelutti, Francesco. *La prueba civil.* Trad. para o español: Niceto Alcalá-Zamora Y Castillo. Buenos Aires: Ediciones Arayú. 1947. p. 15.

[223] Carnelutti, F., idem, p. 15.

[224] Carnelutti, F. Idem, p. XVIII.

Código, para provar a verdade dos fatos em que se funda o pedido ou a defesa e influir eficazmente na convicção do juiz.

Numa concepção toda própria, Francesco Carnelutti define *meio de prova* a *percepção do juiz*, sendo que o instrumento de percepção são todos os seus sentidos: principalmente, ainda que não exclusivamente, *a visão, o ouvido, o gosto e o olfato.*[225] Em segundo lugar, entende o autor italiano que o *meio de prova* é a *dedução do juiz.* Neste caso, o instrumento da atividade do juiz não são aqui seus sentidos, senão seus conhecimentos, porque não se trata agora de ver ou ouvir, mas sim de saber.[226]

O mesmo Francesco Carnelutti preceitua que há duas espécies de *fonte de prova*, uma que ele denomina de *fonte de prova em sentido estrito* outra concebida como *fonte de presunção.* Denomina-se *fonte de prova* os fatos que servem para a dedução do fato a provar e que *são constituídos pela representação deste;* por sua vez, chamam-se *fontes de presunção* os fatos que servem para a dedução do fato a provar e que *não estão constituídos pela representação destes...*".[227]

Por isso, segundo Francesco Carnelutti, a palavra prova tem, pois, um duplo significado: *prova em sentido amplo* compreende qualquer forma de fixação do fato controvertido (mediante os processos determinados pela lei), e, portanto, a *presunção; prova em sentido estrito* refere-se às formas de fixação dos fatos controvertidos (não percebido pelo juiz), mediante fatos constitutivos pela representação daqueles, e se distingue da *presunção*, como forma de fixação dos fatos controvertidos (não percebidos pelo juiz), mediante fatos não constituídos pela representação daqueles.[228]

A *representação*, por sua vez, na concepção de Francesco Carnelutti, significa um sucedâneo da percepção; serve para despertar, mediante um *equivalente sensível*, a ideia que veria primariamente determinada pela *percepção* de um fato. O objeto da representação é, pois, o objeto mesmo da percepção: *um fato, isto é, uma atitude concreta (determinada no espaço e no tempo) do mundo exterior.* O que não é um fato, isto é, o que não tem existência concreta, não se representa.[229]

Assim, são fontes de prova o documento, a testemunha, a perícia, etc.

Jaime Guasp e Pedro Aragoneses diferenciam *meio de prova* de *fonte de prova.*

Segundo os processualistas espanhóis, entende-se como *meio de prova* todo aquele elemento que serve, de uma ou outra maneira, para convencer o Juiz da

[225] Carnelutti, F., idem., p.71.
[226] Carnelutti, F., idem, p. 77.
[227] Carnelutti, F., idem, p. 90.
[228] Carnelutti, F., idem, p. 91.
[229] Carnelutti, F., idem, p. 102.

existência ou inexistência de um dado processual determinado. O meio é, pois, seja qual for a sua natureza, um elemento como seu nome indica: algo que se maneja para contribuir a obter a finalidade específica da prova processual. Não deve confundir-se com o sujeito, muito menos com a matéria, *nem com a fonte de prova*, ainda que consista em uma pessoa, em uma coisa ou em uma atividade. O conceito de meio de prova é, portanto, muito amplo, já que encerra em si uma complexidade de fenômenos concretos.[230] Em resumo, *meios de prova* são aqueles elementos que, por meio da *fonte de prova*, levam eventualmente a produzir a convicção do juiz, determinando a classificação das provas mais importantes.

Ainda, segundo Jaime Guasp e Pedro Aragoneses, a determinação legal dos meios de prova encontra-se no direito espanhol atualmente regulada no capítulo VI do Título I do Livro II da LEC. O artigo 299 estabelece: *"1. Os meios de prova de que se poderá fazer uso em juízo: '1. Interrogatório da parte. 2. Documentos públicos. 3. Documentos privados. 4. Prova pericial. 5. Reconhecimento judicial. 6. Interrogatório de testemunhas.* Também serão admitidos, conforme disposto em lei, os meios de produção de palavra, de som e de imagem, assim como os instrumentos que permitam arquivar e conhecer ou reproduzir palavras, dados, cifras e operações matemáticas que são levadas a cabo para fins contábeis ou de outra classe, relevante para o processo.[231]

Pelo atual C.P.C. brasileiro, as partes podem empregar os seguintes meios de prova: a) ata notarial (art. 384); b) depoimento pessoal (arts. 385 a 388); c) confissão (arts. 389 a 395); c) documental (arts 396 a 441); d) testemunhal (arts. 442 a 463) pericial (arts. 464 a 480); f) inspeção judicial (arts. 481 a 484).

Nos termos do art. 369 do novo C.P.C., as partes têm o direito de empregar todos os meios legais, bem como os moralmente legítimos, ainda que não especificados neste Código, para provar a verdade dos fatos em que se funda o pedido ou a defesa e influir eficazmente na convicção do juiz.

4.1. Das presunções

Segundo anota Jaime Guasp e Pedro Aragoneses, as presunções são omitidas pela Ley de Enjuiciamiento Civil espanhola como meio de prova, sem dúvida porque se crê erroneamente que, como não exigem um procedimento para sua prática, não teriam por que ser incluídas como tais no texto processual. Porém,

[230] Guasp, Jaime; Aragoneses, Pedro. *Derecho procesal civil.* Tomo I, Introducción y parte general. Séptima edición. Navarra: Thomson Civitas, p.395.

[231] Guasp, J.; Aragoneses, P., idem, p. 396 e 397.

as presunções judiciais são um meio de prova para produzir a convicção psicológica do julgador.[232]

Por sua vez, no nosso novo C.P.C preconiza em seu art. 374, inc. IV, que não dependem de prova os fatos em cujo favor milita presunção legal de existência ou de veracidade.

Assim, podemos dizer que a presunção para nós é uma *fonte de prova* e não um *meio de prova*.

É importante salientar que o art. 1.072, inc. II, do atual C.P.C. revogou expressamente o art. 230 do C.C.b., que assim dispunha: *as presunções, que não as legais, não se admitem nos casos em que a lei exclui a prova testemunhal.*

4.2. Provas típicas e atípicas

Segundo preconiza o art. 369 do novo C.P.C., as partes, além dos meios legais de provas, também podem se utilizar dos meios *moralmente legítimos,* ainda que não especificados neste Código. Esta concepção normativa demonstra que os meios de prova que as partes podem utilizar para demonstração dos fatos não estão limitados apenas aqueles expressamente discriminados no C.P.C.

Também podem ser utilizados pelas partes os meios *moralmente legítimos.*

Assim, observamos que a disciplina legal dos meios de prova do nosso ordenamento jurídico não é taxativa e vinculante, no sentido de que somente as provas expressamente reguladas pela lei são admissíveis no processo.

O direito italiano prevê ao lado das provas *típicas* as provas *atípicas* que podem ser utilizadas para provar as afirmações de fato das partes. Contudo, para a utilização pelo juiz das denominadas provas atípicas, apresenta a doutrina italiana alguns critérios que devem ser observados: Antes de tudo, não podem ser admitidas como atípicas provas que na realidade são típicas, mas que são nulas ou inadmissíveis porque viciadas na sua formação ou excluídas por específica norma legal. Assim, por exemplo, não podem ser admitidas perícias nulas ou testemunhas de terceiro incapaz. Por outro lado, necessita-se que quando o juiz emprega prova atípica o faça de modo a não violar o direito das partes ao contraditório, e em particular o seu direito a deduzir provas típicas, diretas e contrárias, sobre os mesmos fatos e a utilização da dialética antes da decisão sobre o conteúdo da prova atípica em questão. Ainda, é necessário que empregando provas atípicas, o juiz aplique com particular atenção os critérios racionais de valoração de credibilidade e de eficácia da prova, e que apresente em todo caso uma adequada motivação da própria valoração. Na presença dessas condições

[232] Guasp, J.; Aragoneses, P., idem, p. 397.

pode-se admitir o emprego de provas atípicas quando essas sejam na verdade úteis para o acertamento dos fatos...".[233]

Pode-se observar que os indícios e as presunções são fontes de prova moralmente admitidos.

Paolo Tonini, ao comentar as provas atípicas no direito processual penal italiano, observa: *"Os requisitos da prova atípica. Com base no art. 189, a prova atípica pode ser admitida se apresenta dois requisitos. Em primeiro lugar deve ser 'idônea a assegurar o acertamento dos fatos'; isto é, que deve ser em concreto capaz de fornecer elementos atendíveis e a permitir uma valoração sobre a credibilidade da fonte de prova. Em segundo lugar, o meio de prova atípico deve assegurar a 'liberdade moral' da pessoa-fonte de prova; isto é, deve deixar íntegra a faculdade de determinar-se livremente em relação aos estímulos (v. o art. 188 c.p.p.). Por tais motivos é que no processo não se pode utilizar a narcoanalise, a hipnose e a denominada máquina da verdade (lie dector)".*[234]

4.3. Provas atípicas e ilegítimas

Não podem ser consideradas como provas atípicas admitidas aquelas que correspondem a meios de prova assumidos ilegitimamente (em violação dos limites de admissibilidade das modalidades de aquisição). Por isso, não pode ser admitido como meio de prova o *fruto da árvore envenenada*.

Assim, a escuta clandestina de telefone não pode ser admitida como meio de prova, pois se trata de uma prova ilegítima, uma vez que fere o princípio constitucional do sigilo.

Contudo, a gravação de uma conversa feita por um dos interlocutores, por não ser considerada interceptação telefônica, é moralmente legítima e pode ser considerada como meio de prova. Sobre o tema, eis o seguinte precedente do S.T.J.:

> *1. A gravação ambiental realizada por um dos interlocutores sem o consentimento da outra parte, quando não restar caracterizada violação de sigilo, é considerada prova lícita. Precedentes desta Corte e do Supremo Tribunal Federal.*
>
> *2. A Lei nº 9.296/96, que disciplina a parte final do inciso XII do art. 5º da Constituição Federal, não se aplica às gravações ambientais.*
>
> *3. Em recente assentada, por ocasião do recebimento da denúncia nos autos da APn nº 707/DF, a Corte Especial deste Superior Tribunal de Justiça firmou entendimento*

[233] COMOGLIO, Luigi Paolo; FERRI, Corrado; TARUFFO, Michele. *Lezioni sul processo civile*. I. Il processo ordinario di cognizione. Bologna: Il Mulino, 2006. p. 424.

[234] TONINI, Paolo. *Manuale di procedura penale*. Milano: Giuffrè Editore, 2007. p. 237.

no sentido de que a gravação clandestina feita por um dos participantes da conversa é válida como prova para a deflagração de persecução criminal.

4. Reconhecida a legalidade da prova contra a qual se insurgem os recorrentes, não há falar em ausência de justa causa para a ação penal.

5. Recurso improvido.

(RHC 34.733/MG, Rel. Ministro JORGE MUSSI, QUINTA TURMA, julgado em 12/08/2014, DJe 19/08/2014)

Na realidade, quando o art. 366 do atual C.P.C. fala em meios moralmente legítimos, isso significa dizer que as partes podem utilizar meios de provas que não contrariem os direitos fundamentais previstos no art. 5º da Constituição, pois todo meio de prova que contrariar esses direitos fundamentais é moralmente ilegítimo.

5. Destinatário da prova

O art. 369 do novo C.P.C., por fim, estabelece que as partes têm direito de empregar todos os meios legais, bem como os moralmente legítimos, *para influir eficazmente na livre convicção do juiz.*

Conforme leciona Jaime Guasp e Pedro Aragoneses, *"como em todo ato processual, na prova aparecem três classes de sujeitos: o ativo, ou pessoa de quem procedem as atividades probatórias; o passivo, ou pessoa que suporta ou sobre quem recaem tais atividades; e o destinatário, ou pessoa a quem a prova é funcionalmente dirigida".*[235]

Os sujeitos ativos da prova são, normalmente e em termos gerais, *as partes.* O *destinatário* da prova, por sua vez, será sempre *o juiz, iudici fit probatio.* Ainda que o juiz excepcionalmente assuma a iniciativa da prova, isso não significa dizer que ele não seria o destinatário da prova, pois as qualidades de sujeito ativo e de receptor da prova podem conjugar-se perfeitamente por meio da intermediação que o meio de prova supõe. No direito moderno a prova não se realiza para satisfazer o adversário, senão para convencer o juiz.[236]

Por outro lado, a influência que a prova deverá exercer será de acordo com a *livre convicção do juiz.*

Sobre a *eficácia da prova* no livre convencimento do juiz, anotam Jaime Guasp e Pedro Aragoneses: *"Dois sistemas são possíveis, em princípio, em relação à eficácia da prova: o sistema que estabelece a liberdade, para o Julgador, na determinação de tal eficácia, ou 'prova livre', e o sistema que vincula o Julgador à concessão ou privação à prova de uma eficácia determinada ou sistema de 'prova legal ou taxada'. É evidente que, dado o conceito*

[235] Guasp. J.; Aragoneses, P., op. Cit., p. 377.
[236] Guasp. J.; Aragoneses, P., idem, p. 381.

da prova e sua estrita natureza jurídica processual, somente o sistema de prova livre resulta congruente com a significação essencial desta classe de ato. Se a função da prova é produzir a convicção psicológica do Julgador em torno à existência ou inexistência de dado processual determinado, apreciar a prova processual não pode querer dizer senão expressar o resultado psicológico das operações probatórias: exteriorizar a convicção do Juiz tal como esta surge ao finalizar os atos de prova. A convicção psicológica do Julgador não é um ente idealizado teoricamente, senão uma realidade, se bem uma realidade que consiste em uma crença, pela qual: ou se sacrifica o sentido intrínseco da prova processual, dirigida não a todos, senão a um, ou se reconhece o caráter pessoal da prova e a irremediável qualidade psicológica de seu resultado. Assim, o segundo sistema apontado no que diz respeito à eficácia da prova, isto é, o sistema da prova legal ou taxada, tem que ser cientificamente rechaçado. As normas de direito não são idôneas para ordenar uma eficácia probatória, dado o sentido da prova mesma. Pois sendo a norma jurídica um imperativo, está dirigida a inclinar em certo sentido a vontade de um sujeito e não é apta por natureza para impor-se frente a outra atividade da personalidade, entre elas, a crença. Os fenômenos de prova legal ou prova taxada constitui uma anormalidade jurídica, já que, destinadas, por essência, todas as operações probatórias a convencer o Juiz da existência ou inexistência de um dado processual determinado, no momento de chegar à obtenção do resultado de ditas operações se prescinde de tal convicção e a substitui por imperativo legal. Entre o sistema da prova livre e o da prova taxada não há, juridicamente falando, nenhum critério intermediário que possa ser validamente reconhecido. Em particular não constitui um terceiro gênero o que às vezes se tem chamado sistema da 'persuasão racional', no qual se vincula a apreciação da prova às regras da sã crítica ou do critério humano... No terreno estritamente jurídico não há mais que duas soluções possíveis: submissão ou desvinculação às regras de direito. As 'regras da sã crítica' ou do critério humano ou são definidas juridicamente pela lei ou pela jurisprudência, ou, então se convertem em preceitos de direito e fazem da prova uma prova taxada, ou bem não se consideram como mandados, senão como simples indicações, e a prova segue sendo livre, com o que a alusão a tais regras resulta teoricamente, ainda não praticamente, estéril".[237]

Conforme ensina Michele Taruffo: *"O problema é muito simples em seus termos teóricos: a técnica da prova legal consiste na produção de regras que predeterminam, de forma geral e abstrata, o valor que deve atribuir-se a cada tipo de prova. Ao contrário, o princípio oposto, da prova livre ou da livre convicção, pressupõe a ausência daquelas regras e implica que a eficácia de cada prova para a determinação do fato seja estabelecida caso a caso, seguindo critérios não predeterminados, discricionários e flexíveis, baseados essencialmente em pressuposto da razão".*[238]

[237] Guasp. J.; Aragoneses, P., idem, p. 393 e 394.
[238] Taruffo, M., op. cit. p. 387.

Contudo, adverte Michele Taruffo que a liberdade de convicção pode resultar em sinônimo de *discricionariedade incontrolada*, e a falta de critérios racionais abre o caminho ao subjetivismo da intuição irracional como instrumento para a formulação do juízo de fato. Em consequência, a valoração das provas é subtraída do domínio de qualquer racionalidade lógica, científica ou de sentido comum, e se situa num espaço ideal no qual o único critério de juízo é a falta de critério.[239] Daí porque a necessidade de se estabelecer uma concepção racional de avaliação da prova. E essa concepção racional de valoração da prova incide em distintos sentidos na liberdade do juiz no uso das provas. Por um lado, esta concepção implica que a liberdade do juiz está 'orientada' e não equivale a uma discricionariedade absoluta ou a uma arbitrariedade subjetiva no juízo do fato. A liberdade orientada significa que o juiz deve utilizá-la unicamente com o objetivo de alcançar uma determinação tendencialmente verdadeira dos fatos do caso e que deve usar critérios racionais para isso. A convicção do juiz deve estar livre de vínculos legais, que precluem a aproximação da realidade, porém, não deve estar livre dos critérios de valoração racional: e mais, estes são os únicos critérios que permitem estabelecer se a valoração da prova produz elementos aptos para fundar o juízo sobre o fato. A distinção entre concepção racional e concepção irracional da convicção do juiz equivale, pois, à distinção entre liberdade de valoração e arbitrariedade subjetiva.[240]

Art. 370

Caberá ao juiz, de ofício ou a requerimento da parte, determinar as provas necessárias ao julgamento do mérito.

Parágrafo único. O juiz indeferirá, em decisão fundamentada, as diligências inúteis ou meramente protelatórias.

Sumário:

1. Legitimidade para produção probatória
2. Os princípios informadores do processo penal e civil como critério diferenciador da atividade probatória *ex officio*
3. O sistema adversarial e o objeto do processo
4. O ativismo judicial probatório e a paridade de armas
5. Diligências inúteis ou meramente proletórias

[239] Taruffo, M., idem, p. 398.
[240] Taruffo, M., idem, p. 402.

1. Legitimidade para a produção probatória

O método dialético desenvolvido no processo e a condução do órgão jurisdicional a uma posição *supra partes* fizeram com que certo setor da doutrina considerasse o juiz mero espectador mudo, inerte, nada além de um observador do confronto entre os litigantes, os quais seriam os verdadeiros donos e únicos *dominus litis*, *"(...) debido a la vigencia de los principios dispositivos y de aportación de parte, en el proceso civil, y al principio acusatório en el proceso penal"*.[241]

Em relação ao processo civil, desde a vigência das Ordenações do Reino de Portugal, a legislação processual, em princípio, deixou-se influenciar pelo figurino francês do Juiz sem expressão, mais ou menos inerte, silencioso, passivo. É, na verdade, "a bizarra figura do Juiz fantoche ou Juiz manequim".

O processo em que o juiz se mostra um mero "fantoche" está nitidamente demarcado pelo princípio individualista nascido da Revolução Francesa.

No que diz respeito ao processo penal, a questão inverte-se.

Inicialmente, no processo penal, a postura do órgão jurisdicional era mais dinâmica, pois o processo apresentava um caráter nitidamente inquisitório.[242]

Posteriormente, esse modo de atuação passou a sofrer restrição, exigindo-se como forma de garantir a imparcialidade judicial a passividade do julgador (está-se diante do sistema acusatório).[243] Esse princípio é mais evidente na questão da produção probatória, pois o juiz ao exercer de *ofício* a iniciativa probatória poderia estar sujeito a prejulgamentos em relação à matéria que lhe fora trazida à decisão.[244]

[241] Picó i Junoy, Joan. *La imparcialidad judicial y sus garantías*: la abstención y la recusación. Barcelona: Bosch, 1998. p. 104.
É importante assinalar que em razão da diferenciação entre ilícito civil e ilícito penal, reclama-se, também, distinção entre princípio dispositivo e acusatório, uma vez que o primeiro se fundamenta na titularidade privada do interesse em jogo, enquanto que o segundo em uma realidade absolutamente distinta.

[242] "Il proceso inquisitorio è essenzialmente *scritto* e *segreto* e vi manca qualsiasi contraddittorio, che non sarebbe neppur concepibile data la mancata contrapposizione delle parti fondamentali (*accusa e difesa*). Pisapia, Gian Domenico. *Copendio di procedura penal*. Padova: Cedam, 1975. p. 19).

[243] Por modelo acusatório deve entender-se um processo de partes, ou, como assinala José Antonio Díaz Cabiale, um modelo "adversarial", de adversários que se enfrentam, que lutam ou combatem entre um árbitro passivo que acabe por dar a razão à parte mais hábil. (Cabiale, José Antonio Díaz. *Principios de aportación de parte y acusatorio*: la imparcialidad del juez. Granada: Comares, 1996, 191).

[244] "Aunque cuando analizamos la imparcialidad hacemos referencia a la doctrina, baste como ejemplo en este momento la argumentación de Carreras, J. "Facultades materiales de dirección", en *Estudios de derecho procesal, con Fenech*, Barcelona, 1962, p.263, para negar la posibili-

No processo penal acusatório "puro" de origem anglo-saxão, as partes são as únicas capacitadas a poder aportar as provas," partisan fact-gathering", ao processo. E isso decorre porque o processo, como instrumento técnico que é, somente se concebe de forma unitária, "(...) bajo una misma filosofia liberal antiintervencionista con distintos fundamentos gnoseológicos y sociológicos".[245]

O processo do tipo acusatório, segundo Gian Domenico Pisapia, é historicamente ligado ao sistema do *giuria popolare,* que emite um veredicto de regra imotivado, enquanto ao juiz é reservado exclusivamente o dever de determinar a pena com base na afirmação de culpabilidade operada pelo júri.[246]

Em face desse novo remodelamento do processo penal, em torno do princípio acusatório, o órgão jurisdicional viria a ocupar uma posição distinta das partes, de *neutralidade*, o que lhe permitiria apreciar a questão sem se deixar conduzir por paixões, sem desigualar ou desequilibrar a posição dos sujeitos da relação jurídica, alcançando um resultado mais justo e segundo os ditames dos direitos fundamentais do acusado.

Introduz-se, dessa maneira, uma alteração importante no panorama probatório do processo penal, na medida em que desaparece a figura do órgão jurisdicional como sujeito ativo da instrução do processo. Ao mesmo tempo, reclama-se a participação do Ministério Público como parte da relação jurídica processual penal, desvinculado e separado do poder executivo, permitindo-lhe assumir muitas das funções que o órgão jurisdicional teve que abandonar para se instalar numa posição inter partes da relação.

dad de aumentar los poderes materiales del Juez, que resultaría una 'aventura muy peligrosa, que llegara a atentar con el bien supremo de la imparcialidad de los órganos jurisdiccionales', p. 264. El mismo GUASP, Jaime. *Juez y hechos en el proceso civil,* Barcelona, 1943, p.49 y ss., consciente del peso de esta opinión la critica fuertemente, y precisamente alude como ejemplo al proceso penal. Y en el mismo sentido GUTIÉRREZ DE CABIEDES, E.: *La socialización del proceso. Constitución, Derecho y Proceso,* en *Estudios en memoria de Herce y Duque,* Zaragoza, 1983, p.428 a 432, aclara que el Juez se convertiría en un 'asistente social', perdiendo la imparcialidad, si abandonara su carácter de ajenidad respecto al proceso". (Idem. Ibidem, p. 72).
Em razão dessa tendência doutrinária, não é de se estranhar uma inclinação de recente jurisprudência do Tribunal Supremo espanhol, no sentido de preconizar que a iniciativa probatória *ex officio iudicis* prevista no artigo 729.2 LECrim comporta infração ao princípio acusatório, comprometendo a imprescindível imparcialidade judicial, razão pela qual se põe em dúvida a constitucionalidade da aludida norma (Sentença do Tribunal Supremo de 23 de setembro de 1995, FJ 2º (Repertório de Jurisprudência Aranzadi, n. 6756)).

[245] Idem. Ibidem, p. 223.

[246] PISAPIA, G. D., Loc. Cit.

Essa nova perspectiva do processo penal, regida pelo princípio acusatório fez com que, por exemplo, a jurisprudência e a doutrina passassem a enaltecer o aludido sistema, consagrando-o de forma quase absoluta, afirmando que não haveria mais possibilidade de se discutir eventual participação do órgão jurisdicional na questão da produção probatória. Realçou-se a formulação de um binômio: princípio acusatório = quietude probatória do órgão jurisdicional.[247]

Mas essa postura doutrinária e jurisprudencial que visa a identificar o princípio acusatório à quietude probatória do órgão jurisdicional não está imune a críticas, pois: "(...)mientra que por un lado se reclama mayor actividad probatória judicial en el orden civil, por el outro se abogaba por la quietud del órgano jurisdicional en el orden penal".[248]

Evidentemente que a referência a esse paradoxo não tem por finalidade a postulação de uma teoria geral dos poderes do órgão jurisdicional em matéria probatória.

Em que pese não se sustente uma teoria igualitária no quadro probatório para ambos os ramos processuais, observa-se com certa reserva o pensamento que proclama um tratamento indiscutivelmente diferenciado quanto à iniciativa probatória *ex officio* do juiz no âmbito do processo civil e penal. A moderna concepção de processo (seja ele civil ou penal) que o concebe como um instrumento do poder desenvolvido através de uma relação jurídica em contraditório, reclama um maior intercâmbio na condução probatória entre os sujeitos processuais, seja no processo civil como no processo penal.[249]

Na atualidade, e desde que superada a concepção de oficialidade em todos os sistemas civilizados, pode-se afirmar que não existe um modelo adversarial puro, nem mesmo o processo norte-americano ou qualquer outro de origem anglo-saxão entendem o processo como processo de partes com caráter abso-

[247] CABIALE, J. A. D., Op. Cit., p. 196 e 197.

[248] Idem. Ibidem, p. 199.

[249] "Segundo a concepção tradicional, o princípio do contraditório exprimia estaticamente, em correspondência com a igualdade formal das partes, a exigência de equilíbrio das forças, traduzindo-se na necessidade de lhes garantir a possibilidade de desenvolverem plenamente a defesa de suas próprias razões. Mas a concepção menos individualista e mais dinâmica do contraditório postula a necessidade de eqüidistância do juiz ser adequadamente temperada, mercê da atribuição ao magistrado de poderes mais amplos, a fim de estimular a efetiva participação das partes no contraditório e, conseqüentemente, sua colaboração no justo processo". (GRINOVER, Ada Pellegrini. *Novas tendências do direito processual* – de acordo com a constituição de 1988. 2. ed. São Paulo: Ed. Forense Universitária Ltda, 1990. p. 7).

luto, senão de que o predomínio adversarial dependerá da fase processual.[250] É necessária a libertação do clamor histórico da época da República romana, fonte inspiradora do modelo acusatório, através do processo das "questiones", ley Calpurnia, 149 a.C. e das leis Acilia ou Sempronia, 123 ou 112 a.C., onde se estabeleceu que para certos delitos públicos sua persecução pelo Estado poderia estar condicionada à iniciativa de um cidadão privado como acusador.[251]

Não se pode continuar simplesmente apegado acriticamente ao passado, pois, sequer para os herdeiros do Império Romano há servido o princípio acusatório "puro" de inspiração.

Aliás, conforme já teve oportunidade de afirmar Gian Domenico Pisapia, "(...) in nessun paese oggi è più accolto nè il sistema accusatorio puro nè quello inquisitório".[252]

Portanto, fragilizada encontra-se a justificação da inércia probatória do juiz no processo penal consubstanciada no sistema acusatório.

Conceber a impossibilidade de se atribuir atividade probatória ao órgão jurisdicional como manifestação do princípio acusatório, anota Joan Pico i Junoy, é somente o resultado de uma evolução jurisprudencial pouco reflexiva, que, tendo por intenção reforçar ao máximo as garantias de imparcialidade, não observou que o processo é um instrumento que possuem os juízes e os tribunais para levar a bom termo sua função jurisdicional (artigo 117 da Constituição espanhola), pelo que é totalmente inadequado não atribuir ao julgador as faculdades necessárias que lhe permitam cumprir justa e eficazmente a função jurisdicional, sem menosprezar, é evidente, algum direito processual das partes.[253]

Na verdade, a maior ou menor participação do órgão jurisdicional no campo probatório decorre de cada situação fática, e segundo a necessidade de consagrar concretamente determinados valores fundamentais que servem de garantia ao processo penal.[254]

[250] "En la actualidad, y desde que se supera la concepción de oficialidad en todos os sistemas civilizados, puede decirse que no existe un modelo adversarial puro, precisamente por esa circunstancia, ni siquiera el proceso norteamericano o cualquier otro de corte anglosajón entiende al proceso penal como un proceso de partes con carácter absoluto, sino que el predominio de la configuración adversarial dependerá según de qué fase del proceso se trate". (Cabiale. J. A. D., Op. Cit., p. 217).

[251] Idem. Ibidem.p. 204.

[252] Pisapia, G. D., Op. Cit. Loc. Cit.

[253] Picó i Junoy, J., Op. Cit. Loc. Cit.

[254] "Pretendemos evitar en definitiva una situación que nos parece altamente peligrosa, vistos los problemas que ha suscitado en el orden civil: el justificar las exigencias del sistema en base simplemente al juego de principios o modelos procesales abstractos. No parece que la inter-

2. Os princípios informadores do processo penal e civil como critério diferenciador da atividade probatória *ex officio*

Não sendo o sistema acusatório, por si só, fundamento para justificar a inércia probatória do juiz no processo penal, seria talvez a natureza dos princípios que regem cada processo (civil ou penal) a razão suficiente para se postular um tratamento diferenciado em cada ordem processual?

Até pouco tempo, o pensamento tradicional moldava a ordem processual civil com base na figura de um juiz passivo e inerte no âmbito da instrução probatória com fundamento no denominado princípio dispositivo[255] e do que seria seu corolário lógico: "aportación da parte" ou "contribuição da parte".

Para Enrico Tullio Liebman (defensor do princípio da "contribuição da parte" como exigência para salvaguardar a imparcialidade no processo civil), não se pode duvidar que a imparcialidade do juiz fica comprometida quando deva julgar com base em prova eleita e buscada por ele mesmo e por sua iniciativa desenvolvida no processo.[256]

vención mayor o menos del órgano jurisdiccional en sede probatoria pueda o deba resolverse tan solo con el expediente del juego del principio acusatorio. Es cierto que puede existir una idealización de un modelo procesal que configure la intervención del Juez en un sentido u otro. Pero lo que verdaderamente tiene importancia para el desarrollo de la ciencia procesal es la configuración de un sistema de acuerdo con exigencias concretas, es decir construyendo un modelo que permita preservar los valores que la sociedad en cada momento determinado haya decidido consagrar como derechos fundamentales". (CABIALE, J. A. D., Op. Cit., p. 197 e 198).

[255] O principio dispositivo se reflete em três brocardos que lhe dão unidade tanto em sua natureza como em sua origem: "ne procedat iudex ex officio", "ne eat iudex ultra vel extra petitum partium" e "iudex iudicare debet secundum allegata et probata partium". Cappelletti assinala como características do princípio dispositivo: "a) poder monopolístico de la parte de iniciar el proceso (...); b) pleno poder de las partes de disponer negocialmente del objeto del proceso (...); c) vínculo del Juez a las demandas de las partes (...); d) vínculo, además, del Juez a las alegaciones (*allegata*) de las partes, sea respecto a los hechos constitutivos, o sea también, a modo de máxima, respecto a los hechos impeditivos o extintivos (...); e) vínculo del Juez a los *probata a partibus* (...); f) poder monopolíticos de las partes de proponer las impugnaciones y de determinar sus limites y objeto". (CAPPELLETTI, Mauro. *Proceso, ideologias, sociedad.* Trad. Sentis Melendo y Tomás A. Banzhaf. Buenos Aires: Ediciones Jurídicas Europa-America, 1974. p. 99).

[256] "(...) e non potendosi dubitare che l'imparzialità del giudice rischia di rimaner compromessa quando egli debba giudicare di una prova da lui stesso prescelta e cercata e per sua iniziativa acquisita al processo. Anche per questa parte del suo compito poteri attivi 'non potrebbero essere conferiti direttamente al giudice senza snaturarne la funzione, basata sulla necessária distintizione psicologica tra l'agire e il giudicare (...)". (LIEBMAN, Enrico Tullio.

No processo penal, ao contrário, num primeiro momento e com base no princípio da oficialidade, o juiz deveria mostrar-se mais ativo na realização dos atos probatórios para alcançar a verdade.[257]

Ocorre que, tanto no processo civil como no processo penal esse panorama vem sofrendo profundas modificações, conforme já se teve oportunidade de realçar.

Na ordem processual civil, a doutrina vem sustentando como justificação teórica para ampliação da atividade probatória do órgão jurisdicional a existência de uma crise na construção das "Máximas" alemãs, origem da elaboração do "princípio dispositivo".

A doutrina alemã, no início do século XX, já vinha consagrando a diferenciação entre "princípio dispositivo em sentido estrito" e o princípio de "contribuição da parte" ou "*aportación de parte*". Com base nessa distinção, o princípio dispositivo permaneceria preservando à disposição da parte o início do processo, assim como a possibilidade de encerrá-lo mediante a renúncia, transação e desistência, tendo a parte domínio sobre o próprio objeto do processo. Ao "contrário sensu", o princípio da "contribuição da parte" não teria caráter necessário, seria contingente. O fato de que somente as partes poderiam aportar ao material fático e aos meios de prova conferidos pelo sistema jurídico seria uma opção do legislador que não teria porque subsistir, ao menos de forma plena. Tal postura é uma tentativa de se desligar a atividade probatória do princípio dispositivo. O princípio dispositivo deveria ser mantido apenas em relação ao momento em que o litígio pudesse ser invocado pela petição da parte, e como delimitador da decisão sobre a matéria litigiosa inserida dentro dos limites da demanda. Porém, uma vez que as partes determinaram o alcance do litígio, deve ficar a cargo do juiz realizar o que for necessário para o esclarecimento do assunto; não se pode deixá-lo reduzido aos fatos e meios de provas apresentados pelas partes.[258]

Em face dessa concepção doutrinária alemã, em que se realiza uma efetiva diferenciação entre o princípio dispositivo e o princípio da participação da

Fondamento del principio dispositivo. *Rivista di Diritto Processuale*, Padova: Cedam, v. 15, 1960, p. 561).

[257] "A *verdade processual* não assenta numa idéia de certeza científica comprovada, mas sim numa ideia de probabilidade. Na expressão de Germano Marques da Silva, 'ela não é senão o resultado probatório processualmente válido, isto é, a convicção de que certa alegação singular de facto é justificavelmente aceitável como pressuposto da decisão, obtida por meios processualmente válidos". (Gonçalves, Fernando; Alves, Manuel João. *Os tribunais, as polícias e o cidadão* – o processo penal prático. 2. ed. revista e actualizada. Coimbra: Almedida, 2002. p.139).

[258] Cabiale, J. A. D., Op. Cit., p. 11.

parte, é que atualmente se postula uma ampliação dos poderes instrutórios do juiz no processo civil.

No processo penal, conforme já se asseverou, a corrente dominante advoga uma maior atuação do "princípio acusatório", cuja consequência mais evidente é a passividade probatória do órgão jurisdicional.

Parece, assim, que o processo civil e o processo penal resultam de jogos[259] distintos de princípios que imperam em cada um deles, baseados nos diferentes interesses que se pretende tutelar, percorrendo caminhos diversos, senão, por vezes, opostos.

Em face dessa incongruência doutrinária, não teve dúvida em afirmar de La Oliva Santos:

> *Adviértase, por último, que el procesalista se encuentra ante una situación muy próxima a la de tener una doble personalidad. Por un lado se viene sosteniendo que deben aumentarse los poderes del Juez civil, terminando con el Juez espectador, hasta reconocerle la posibilidad de que ordene pruebas de oficio, y, al mismo tiempo y por otro lado, se dice que hay que limitar los poderes del Juez penal, hasta el extremo de que no pueda ordenar pruebas de oficio, con lo que se le convierte en Juez pasivo. Estamos incurriendo en el absurdo de afirmar y negar una misma cosa, con lo que podemos estar muy próximos a la esquizofrenia.*[260]

E essa "dupla personalidade" torna-se muito mais evidente quando se sustenta a inércia do órgão jurisdicional no processo penal, não só em razão do princípio acusatório "absoluto", mas, principalmente, pelo fato de que eventual atividade probatória *ex officio* macularia a imparcialidade do juiz, como se a imparcialidade judicial pudesse ontologicamente ser coisa distinta no âmbito do processo civil e do processo penal. [261]

[259] "Este recurso literario al ejemplo deportivo no debe interpretarse torcidamente, pues nada mas lejos de la concepción que aquí se mantiene sobre el proceso penal que la de un juego entre partes. El proceso penal no es, ni en Estados Unidos, ni en país alguno en que exista monopolio del Estado en el ejercicio del *ius puniendi*, un proceso privado entre partes que disponen libremente su objeto. La tan denostada referencia al ejemplo deportivo se emplea en este contexto con una pretensión bien distinta, esto es, para reforzar la imagen de que el proceso jurisdiccional (...) es en esencia, un debate equitativo y contradictorio entre partes". (ORTIZ, Maria Isabel Valldecabres. *Imparcialidad del juez y médios de comunicación*. Valencia: Tirant lo Blanch, 2004. p. 54).

[260] Apud CABIALE, J. A. D., Op. Cit., Loc. Cit.

[261] "(...) no es lógico aplicar uno al proceso civil, a la par que se decide por el opuesto en el proceso penal, pues, como se ha indicado certeramente, ello puede provocar la 'esquizofre-

Somente diante de uma "esquizofrenia", nos termos de La Oliva Santos, é que se pode sustentar que a atividade probatória *ex officio* do órgão jurisdicional no processo civil não causa qualquer dano ao direito fundamental de um juiz imparcial, e, ao mesmo tempo, mudar o discurso diante do processo penal. Em outras palavras:*(..) la consideración de si el órgano jurisdiccional pierde su imparcialidad cuando practica actividad probatoria es válida en todos los procesos jurisdiccionales, sin que puedan crearse compartimentos estancos baseados en principios antagónicos.*[262]

Aliás, se o princípio ou direito fundamental da imparcialidade fosse motivo suficiente para impedir alguma instituição de realizar atividade processual probatória, a maioria dos atos instrutórios praticados pelo Ministério Público no processo penal seriam inválidos, pois, modernamente, não se concebe a existência de um órgão do Ministério Público que não seja *imparcial*.

Em relação ao Ministério Público seria correto afirmar:*(...) que es una parte imparcial y determinada por la legalidad, pero en cambio se admite que un mismo Fiscal participe en la instrucción (y en algunos países incluso la realiza el mismo) y luego acuse en el juicio oral, para el cual, si el intervenir en la instrucción afectara a la imparcialidad, habría dejado de ser parte imparcial (...) no podrá negar-se que si el haber participado en la instrucción afecta a la imparcialidad, también debería de afectar a la del Ministerio Público.*[263]

É bem verdade que para parte da doutrina, o que se exige do Ministério Público é a denominada imparcialidade subjetiva, afirmando-se que a imparcialidade objetiva restringir-se-ia apenas à atividade jurisdicional. Em razão disso, a atividade instrutória desenvolvida pelo *Parquet* na relação jurídica processual penal não faz com que ele perca a imparcialidade subjetiva.

Contudo, conforme já tivera oportunidade de afirmar o próprio Joan Pico I Junoy, além de ser criticável a distinção entre imparcialidade subjetiva e objetiva, é possível observar que todas as causas concernentes à imparcialidade objetiva, de certa maneira, afetam a denominada imparcialidade subjetiva.

Não é suficiente, assim, constatar o fato de que o juiz sentenciador realizou atos de natureza instrutória, senão que é preciso demonstrar, mesmo que indi-

nia' procesal. En definitiva, si se opta por un modelo que permite la investigación de oficio es impensable tratar de argumentar que el juez pierde la imparcialidad al practicar actividad probatoria, porque los postulados teóricos en que se basa, la búsqueda de la verdad a través de una participación directa del juez en la práctica de la prueba, son absolutamente contrarios a esa idea". (Idem. Ibidem, Loc. Cit.).

262 Idem. Ibidem, p. XXIV.

263 Picó i Junoy, J., Op. Cit., p. 89.

ciariamente, que aludida atividade, concretamente, possibilitou provocar em seu ânimo prejulgamentos que efetivamente comprometeram sua imparcialidade.

Diante disso, o recurso à imparcialidade do juiz como mecanismo de proibição de atividade probatória *ex officio* do juiz, deve apresentar tratativa unívoca tanto no processo penal como no processo civil, não se concebendo diferenciações abstratas e inconsistentes.[264]

Na verdade, não há princípios autônomos ou distintos que justifiquem tratativa diferenciada em relação à iniciativa probatória em cada âmbito processual, razão pela qual, se se postula maior ampliação dos poderes instrutórios no processo civil, o mesmo deverá acontecer em relação ao processo penal, e vice-versa.

3. O sistema adversarial e o objeto do processo

Ainda quanto à questão da atividade probatória *ex officio* do juiz, observa-se que há um erro jurídico elementar na posição doutrinária e jurisprudencial que reclama um tratamento diferenciado no processo civil e no processo penal quanto à iniciativa probatória do juiz. Esse erro consubstancia-se no fato: *(...) de no distinguir entre objeto del proceso y proceso mismo: si bien respecto del primero el juzgador no puede tener iniciativa; con referencia al proceso debe atribuírsele, con ciertos límites, la posibilidad de actuar ex officio, pues sólo así el proceso se convierte en un instrumento idóneo para alcanzar la efectiva y real tutela, por parte del Estado, de los intereses en conflicto.*[265]

O juiz não deve realizar atividades probatórias que tenham por finalidade alterar o objeto do processo delimitado pelo princípio acusatório, pois, caso contrário, estaria fazendo às vezes de um juiz inquisidor e, consequentemente, ferindo o princípio da imparcialidade.

A questão, na verdade, não é de se justificar a inércia do julgador no princípio acusatório, mas estabelecer o âmbito de aplicação desse princípio quanto à iniciativa *ex officio* do órgão jurisdicional.

Nesse aspecto, conforme afirma José Antonio D. Cabiale, pode-se formular contornos precisos em relação ao princípio acusatório:*(...)el principio acusatorio*

[264] "Por ello nos parece evidente que cuando se plantea la imparcialidad del órgano jurisdiccional y la práctica de la prueba, no cabe hacer compartimentos estancos para cada uno de los procesos, y decir que lo que tiene validez para el proceso civil en esta materia no tiene aplicación para el proceso penal, contencioso administrativo o laboral. Si la afirmación según la cual el órgano jurisdiccional cuando practica pruebas toma partido respecto de una de las partes, pierde la imparcialidad, es cierta, debe serlo para todos los órganos jurisdiccionales sin distinción". (Cabiale, J. A. D., Op. Cit., p. 402).

[265] Picó i Junoy, J., Op. Cit., Loc. Cit.

exige que todos los hechos que sirvan para la identificación del objeto del proceso sean introducidos y mantenidos hasta el trámite de las calificaciones definitivas, por una persona distinta al órgano jurisdiccional.[266]

O princípio acusatório incide, portanto, no âmbito dos fatos articulados pela peça inicial da persecução penal, impedindo que o órgão jurisdicional introduza no âmbito da relação jurídica processual penal outros fatos que não aqueles delimitados pela acusação; o princípio acusatório, "nemo iudex sine actore", pode ser interpretado como: "nenhum fato (que identifica o objeto) sem acusador".[267]

Por outro lado, em que pese o juiz não tenha disponibilidade sobre o objeto do processo, o qual foi delimitado pelo conteúdo fático trazido pela parte "acusatória", o mesmo não ocorre em relação ao resultado da atividade jurisdicional, sempre dependente das provas apresentadas e colhidas na relação jurídica processual.

Tendo em vista que a atividade jurisdicional visa a um *processo justo e equânime*, justifica-se que o órgão jurisdicional possa realizar as diligências necessárias no sentido de concretizar e alcançar a efetiva tutela jurisdicional, sem que se possa falar em mácula ao princípio acusatório ou ao princípio da imparcialidade do juiz.

Há, portanto, que se distinguir entre provas e fatos ("probata" et "allegata"), pois constituem realidades distintas. Enquanto o elemento fático identifica a "causa de pedir" e, assim, somente é essencial no momento de se delimitar o objeto do processo, a prova de sua constituição é inerente ao desenvolvimento da relação jurídica processual e está intimamente ligada ao resultado último da atividade jurisdicional.[268]

Além do mais, conforme já se asseverou, qualquer atividade prejudicial à imparcialidade do juiz durante o desenvolvimento de sua atividade probatória *ex officio*, será suficiente que o juiz instrutor, assim como na Espanha, não realize o julgamento.

4. O ativismo judicial probatório e a paridade de armas

Estando a atividade jurisdicional vinculada ao direito público, justifica-se um maior ativismo probatório do juiz no processo. Esse argumento que foi muito utilizado para ampliar os poderes instrutórios do juiz no processo civil, com maior razão serve de suporte para o processo penal.

[266] Cabiale, J. A. D., Op. Cit., p. 362.

[267] Idem. Ibidem. Loc. Cit.

[268] Idem. Ibidem, p. XIX.

Se o exercício do poder jurisdicional prende-se à tutela do direito de liberdade em face do *jus puniendi* estatal, tudo o que possa contribuir para a realização dessa finalidade deve ser, em princípio, bem recebido e aprimorado.

A busca incessante por um processo *justo e équo* não convive com o postulado de inércia ou apatia de qualquer sujeito da relação jurídica processual.

O juiz, muitas vezes, na incansável perseguição a um processo *justo e équo*, depara-se com o total desequilíbrio das partes na relação jurídica processual, o que poderá causar sérios prejuízos ao princípio da igualdade de armas.

É dever do órgão jurisdicional zelar pela igualdade de armas.

A existência de uma desigualdade de armas entre os sujeitos da relação jurídica processual e a exigência de inércia do órgão jurisdicional são posturas incongruentes que não se adequam ao caráter público do poder jurisdicional.[269]

A tese formulada neste trabalho da "parcialidade positiva" do juiz tem justamente por objetivo preservar o embate modernamente civilizado de uma autêntica "paridade de armas", razão pela qual:*(...) onde se perceba, nesse embate, um injustificado desequilíbrio da balança a favor de uma das partes, não se pode esperar justiça da sentença, quer pelo fato em si mesmo injusto, quer pela ilação de que não se chega*

[269] "En el mismo sentido, justifica la posibilidad de actuación probatoria de oficio en la búsqueda de la verdad material Maza Martín, J. M., 'Posibilidades y límites de la actuación de oficio de Jueces y Tribunales durante el plenario', *Cuadernos de Derecho Judicial,* núm. XXVIII, 1995, pág. 83. Sus palabras son suficientemente expresivas de una determinada ideología acerca del proceso penal: 'El fundamento que en nuestro ordenamiento encuentra esta atribución a quien ha de juzgar de ciertas facultades de influencia directa en la producción del resultado probatorio, tanto de cargo como de descargo, a iniciativa propia, es evidente. La norma procesal básica, nuestra por tantas causas venerable Ley de Enjuiciamiento Criminal, es clara y reiterada en indicar la búsqueda de la verdad material como fin principal de procedimiento (principio de 'oficialidad'), por lo que nada tiene de extraño que, ante la obtención de esa finalidad principal, no repare en atribuir competencias al Tribunal que, a juicio del legislador, conduzcan a dicho fin'. En la misma línea Saavedra Ruiz, J., 'La iniciativa del tribunal en el acto del juicio oral. Alcance de los arts. 729 y 733 de la Ley de Enjuiciamiento Criminal', *Cuadernos de Derecho Judicial,* núm. X, 1994, pág. 37-38, considera desmesuradamente ampliado el contenido de la imparcialidad objetiva cuando se exige la pasividad probatoria del Juez en el acto del juicio oral. Las razones de tal concepción vuelven a poner de relieve una concepción sustancialita del Derecho penal: '(...) el Juez no puede ser un destinatario pasivo del juicio por lo valores que hay en juego, porque no es posible tampoco fragmentar el principio de tutela judicial (acusado-víctima) y porque la búsqueda de la verdad material es una exigencia en sí misma de todo el proceso penal, siendo todo ello compatible con las garantías del acusado'". (Ortiz, M. I. V., Op. Cit., p. 167).

ao conhecimento da verdade diante de duas versões ou afirmações contrárias se a uma e outra parte não se confere igual chance de dizer e demonstrar o que alega.[270]

Sob a perspectiva da igualdade de armas, Vittorio Denti define a posição do juiz como resultado de uma dupla concepção garantista, que visa a salvaguardar dois princípios fundamentais, liberdade e *igualdade*. Essa dupla concepção seria: a) vetor-garantístico – baseado na defesa do princípio dispositivo em um sentido processual, isto é, como garantia de neutralidade e imparcialidade do juiz; b) "neo-garantístico" que procura a *efetiva igualdade* das partes.[271]

A efetiva igualdade das partes reclama, também, a efetividade do contraditório, pois: (...). *Effettività del contraddittorio non significa, peraltro, soltanto dibattito delle questioni tra le parti, ma concreto esercizio del diritto di difesa ai fini della formazione del convincimento del giudice, e, quindi, garanzia che la difesa non sia lacunosa o insufficiente. I poteri istruttori d'ufficio si collocano così in un quadro più ampio, che abbraccia tutte le iniziative volte a rendere effettiva la difesa, in diritto e in fatto (...).*[272]

É necessário, portanto, estabelecer-se mecanismo que possa compensar essa desigualdade congênita, e que permita a todo participante da relação processual atuar em igualdade de armas.

A partir do momento em que se postula a existência de um processo *justo e équo*, legitima-se maior atuação do órgão jurisdicional tanto no processo civil como no processo penal, uma vez que eventual atividade probatória *ex officio* não tem o condão, por si só, de ferir o direito fundamental ao juiz imparcial.

Recorde-se que o exercício probatório realizado pelo órgão jurisdicional tanto pode reforçar a tese da acusação, como, pelo contrário, favorecer ao acusado. "*Entre otras cosas porque esa actividad puede versar tanto sobre los hechos que dan lugar a la responsabilidad criminal como sobre los hechos que la excluyen*".[273]

Além do mais, assim como nenhuma das partes da relação jurídica processual penal tem absoluta certeza sobre o resultado do meio de prova a ser realizado, muito menos o órgão jurisdicional possui essa certeza, "(...)*por lo que ni siquiera la decisión de acordar la práctica de prueba sobre un hecho implica una predeterminación del resultado*".[274]

[270] Cruz, Rogério Schietti Machado. *Garantias processuais nos recursos criminais.* São Paulo: Atlas, 200, p. 101.

[271] Denti, Vittorio: Il ruolo del giudice nel processo civile tra vecchio e nuovo garantismo. In *Rivista Trimestrale di Diritto e Procedura Civile*, Milano, Dott. A. Giuffrè Editore, Ano XXXVIII, n. 3, (726-739), p. 729. settembro-1984.

[272] Idem. Ibidem, p. 732.

[273] Cabiale, J. A. D., Op. Cit., p. 456.

[274] Idem. Ibidem, Loc. Cit.

Mas qual seria a razão desse ativismo exercido pelo órgão jurisdicional e que o conduz à realização de ofício de alguns meios de prova visando à paridade de armas? A resposta está consubstanciada na: *(...) busca tan sólo determinar la verdad o no del hecho para poder dictar la sentencia más justa, en cuanto se acomode lo mejor posible a la realidad. Esta es la diferencia fundamental entre la práctica de la prueba por parte del órgano jurisdiccional y la de la parte.*[275]

Não se pode negar, evidentemente, que sempre haverá um componente ideológico na escolha de uma posição a favor ou contra da participação do juiz na atividade probatória.[276] Porém, mais importante que esse componente ideológico, é estabelecer a justa medida dessa participação.

Sobre esse tema, Comoglio, Ferri e Taruffo assim estabelecem ao comentar o art. 115 do Código de Processo Civil italiano: *"Um dos pontos fundamentais da concepção tradicional do processo civil como 'coisa das partes' era que também a aquisição em juízo de tudo quanto necessita para o acertamento dos fatos da causa deveria depender exclusivamente da iniciativa das partes. Se afirma, há tempo, que próprio uma das manifestações fundamentais do 'principio dispositivo' fosse o 'princípio de disponibilidade das provas, ou seja, a regra pela qual compete às partes dispor dos meios de prova que entendam fazer introduzir em juízo. Em homenagem a esta tradição, o art. 115 do código de processo italiano intitula-se 'Disponibilidade das provas' e prevê que 'salvos os casos previstos em lei, o juiz deve inserir como fundamento da decisão as provas propostas pelas partes ou pelo ministério'. Uma interessante orientação doutrinária há lido esta norma em termos de 'direito à prova', entendendo o 'deve inserir como fundamento da decisão' como uma obrigação do juiz de levar em consideração as provas deduzidas pelas partes. A interpretação largamente prevalecente permanece todavia aquela que vê no art. 115 uma manifestação do princípio dispositivo, retirando dali o dever do juiz de fundamentar a decisão, somente com base nas provas deduzidas pelas partes e pelo ministério público, e então, também o dever de o juiz de não agir de ofício, e além das iniciativas probatórias das partes, procurando a verdade entorno dos fatos relevantes da causa. A norma tenderia então a excluir uma função 'ativa' ou, como se diz, talvez com certo exagero, 'inquisitória' do juiz na pesquisa e disposição de ofício das provas. Essa miraria, ao invés, a consolidar a imagem tradicional do juiz como 'arbitro passivo' do confronto entre as partes, que se limita a levar em consideração isso que as partes lhe trouxeram e funda exclusivamente sobre este material probatório a sua decisão sobre os fatos. Contudo, o*

[275] "Así, cuando se habla de imparcialidad del órgano jurisdiccional y atribución de facultades probatorias al mismo, lo que se está discutiendo en realidad es si el proceso pertenece exclusivamente a las partes o por el contrario el órgano jurisdiccional debe participar en él". (Idem. Ibidem, p. 457 e 458).

[276] Denti, V., Op. Cit., p. 726.

art. 115 não seguiu esta orientação – que decorre da codificação oitocentista de conteúdo liberal, em modo absoluto. É, na verdade, significativo o inciso inicial, 'salvo os casos previstos pela lei' com o qual vêm legitimadas, seja, talvez, por exceção, as hipóteses nas quais a lei prevê que, em derrogação ao princípio da disponibilidade da parte sobre os meios de prova, o juiz possa 'dispor provas de ofício'. Na realidade, porque reafirmando a regra tradicional no art.115, o legislador do código introduziu algumas significativas aberturas no sentido de uma atribuição ao juiz de poderes autônomos de iniciativa instrutória. Assim, por exemplo, se prevê que o juiz possa dispor de ofício a inspeção (art. 118), a consulta técnica (art. 191), o pedido de informação à administração pública (art. 213), a oitiva de testemunha referida (art. 257), e o juramente supletório e estimatório (artt. 240 e 241). Por outro lado, se preveem maiores poderes ao juiz nas controvérsias em que se retêm que exista um relevante interesse à justa e verdadeira resolução da controvérsia (razão pela qual não se deixa ao exclusivo interesse das partes a coleta de prova), ou se considera oportuno atribuir ao juiz uma função 'lato sensu' supletiva ou integrativa das iniciativas probatórias das partes, também com o escopo de não condicionar o acertamento dos fatos à iniciativa probatória de uma parte que poderia não estar em grau de desenvolver plenamente as próprias defesas...".[277]

5. Diligências inúteis ou meramente proletórias

Estabelece o *parágrafo único do art. 370* do novo C.P.C. que *o juiz indeferirá, em decisão fundamentada, as diligências inúteis ou meramente protelatórias.*

Isso significa dizer que o juiz, com base no poder que lhe foi outorgado pela Constituição Federal e pelas leis que regulam o processo civil, poderá indeferir, mediante decisão fundamentada, as diligências inúteis ou meramente protelatórias, como, por exemplo, indeferir a prova pericial quando os fatos já estão bem demonstrados pela prova documental ou quando a testemunha nada sabe sobre os fatos articulados pelas partes.

Art. 371

O juiz apreciará a prova constante dos autos, independentemente do sujeito que a tiver promovido, e indicará na decisão as razões da formação de seu convencimento.

[277] Comoglio, Luigi Paolo; Corrado, Ferri; Taruffo, Michele. *Lezioni sul processo civile.*I. Il processo ordinario di cognizione. Bologna: Il Mulino, 2006. p. 424 e 425.

Livre apreciação da prova

O princípio da livre convicção do juiz, conforme já teve oportunidade de advertir Michele Taruffo, pressupõem também a liberdade deste de escolher, entre o material probatório incorporado à causa, os elementos que considere significativos e determinantes para a decisão sobre o fato; porém esta liberdade adquire aspectos muito distintos em função de qual premissa ou concepção da livre convicção se assume. Com efeito, se se parte da ideia de que a valoração das provas é uma atividade irracional, esta liberdade do juiz facilmente pode parecer excessiva e inoportuna ou bem lesiva do princípio dispositivo, já que permitirá ao juiz omitir arbitrariamente a tomada em consideração de provas deduzidas pelas partes. Se, ao contrário, se parte da premissa de que a liberdade de eleição dos elementos de prova relevantes para a decisão pode e deve ser exercida de forma racional e controlável, então a perspectiva muda completamente: resulta sensato falar em garantia do princípio de contradição entre as partes aos efeitos de eleição do juiz, porém, especialmente, a relativa liberdade do juiz resulta num aspecto natural e não particularmente perigoso da discricionariedade do juiz orientada a uma determinação verdadeira e racionalmente fundada dos fatos.[278]

É necessário também destacar que a concepção que se adote sobre a livre convicção incide sobre a configuração de ulteriores problemas, como, por exemplo, a *motivação da sentença*.

Conforme anota Michele Taruffo, se se parte da concepção irracionalista, é impossível atribuir um significado positivo à obrigação do Juiz de motivar o juízo de fato expondo as 'razões' fundadas sobre as provas. Não há sentido em impor ao juiz uma justificação racional de um juízo que se supõe irracional, de modo que a motivação acaba como sendo considerada nada mais nada menos como uma mera *Scheinbegründung* carente de toda vinculação com o juízo. Por esta perspectiva, as funções da motivação e da respectiva obrigação resultam escassamente significativas e substancialmente supérfluas.[279]

Contudo, se se parte da concepção racionalista da convicção do juiz, a obrigação de motivar assume um significado muito preciso, consistente em fazer que o juiz, justificando mediante argumentações racionais suas próprias eleições, as submeta ao controle externo que pode efetuar-se sobre a motivação. Com efeito, se se concebe a valoração das provas em termos racionais, tem sentido exigir que o juiz enuncie os critérios que adotou para valorar as provas e, sobre esta base, justifique o juízo de fato.[280]

[278] Taruffo, M., op. cit., p. 402 e 403.

[279] Taruffo, M., idem, p. 403.

[280] Taruffo, M., idem, ibidem.

A Constituição Federal brasileira evidentemente adotou o princípio da *persuasão racional do juiz*, pois exige que toda a decisão proveniente do Poder Judiciário seja devidamente motivada e fundamentada, conforme estabelece o art. 93, inc.IX da Constituição Federal.

Daí porque, seja qual for a decisão do Poder Judiciário, deverá ser devidamente motivada, sob pena de nulidade. Evidentemente que essa motivação deve respeitar o tipo de cognição realizada pelo juiz no momento da prolação da decisão, ou seja, se se trata de cognição vertical superficial, sumária ou exauriente.

Indaga Michele Taruffo se o princípio da motivação das sentenças, previsto no art. 111 da Constituição Italiana, também se estende aos decretos, os quais, para alguns, apresentam conteúdo meramente administrativo. As soluções sobre as quais existem uma ampla convergência de opiniões levam em conta a função de garantia que tem a motivação perante as partes: de fato, se considera que o decreto deve motivar-se quando se lhe opõem uma impugnação, quando se decide em virtude de um meio de impugnação, quando incide sobre os direitos de uma parte. Em particular, em relação a essa última hipótese, se há observado com razão que a mesma abarca praticamente a todos os decretos que o juiz emite no curso do processo, porque o curso da causa sempre impacta na posição processual das partes, de modo que todo ele implica uma obrigação geral de motivação dos decretos e, ademais, deixa ao juiz sem nenhum espaço de 'liberdade de motivação'.[281]

Sobre o tema, eis os seguintes precedentes do S.T.J.:

> *(...).*
>
> *2. O magistrado não está vinculado aos laudos médicos oficiais, podendo decidir o feito de acordo com outras provas juntadas aos autos, sendo livre seu convencimento.*
>
> *Precedentes: AgRg no AREsp 276.420/SE, Rel. Ministro Arnaldo Esteves Lima, Primeira Turma, DJe 15/04/2013; AgRg no AREsp 263.157/PE, Rel. Ministra Eliana Calmon, Segunda Turma, DJe 14/08/2013.*
>
> *3. No caso, ficou consignado que a parte agravada é portadora de neoplasia maligna, que, muito embora tenha existido cirurgia que extirpou lesões decorrentes da enfermidade, ainda necessita de acompanhamento contínuo, em razão da existência de outras áreas afetadas pela doença.*
>
> *4. Agravo regimental a que se nega provimento.*
>
> (AgRg no AREsp 371.436/MS, Rel. Ministro SÉRGIO KUKINA, PRIMEIRA TURMA, julgado em 03/04/2014, DJe 11/04/2014).

[281] TARUFFO, Michele. *La motivación de la sentencia civil.* México: Tribunal Electoral del Poder Judicial de la Federación, 2006. p. 349.

(...).

1. Não há cerceamento de defesa quando o Tribunal de origem julga o feito, entendendo substancialmente instruído o feito e declarando a existência de provas suficientes para seu convencimento.

(AgRg no AREsp 471.670/SP, Rel. Ministro JOÃO OTÁVIO DE NORONHA, TERCEIRA TURMA, julgado em 01/04/2014, DJe 08/04/2014).

(...).

2. É firme a jurisprudência do Superior Tribunal de Justiça no sentido de que compete às instâncias ordinárias exercer juízo acerca das provas produzidas, haja vista sua proximidade com as circunstâncias fáticas da causa, cujo reexame é vedado em âmbito de recurso especial, a teor da Súmula 7 deste Tribunal.

3. Não há falar em violação aos arts. 130, 131, 437 e 438 do Código de Processo Civil. Hão de ser levados em consideração o princípio da livre admissibilidade da prova e do livre convencimento do juiz, que, nos termos do art. 130 do Código de Processo Civil, permitem ao julgador determinar as provas que entende necessárias à instrução do processo, bem como o indeferimento daquelas que considerar inúteis ou protelatórias.

4. Rever os fundamentos que levaram à conclusão de que não teria sido comprovado qualquer hipótese prevista no art. 3º da Lei 6.194/74 para que fosse devido o Seguro DPVAT, demandaria o exame do conjunto probatório, o que é vedado na instância especial, segundo dispõe a Súmula 7/STJ.

5. Para a análise da admissibilidade do recurso especial pressupõe-se uma argumentação lógica, demonstrando de plano de que forma se deu a suposta vulneração do dispositivo legal pela decisão recorrida. Incidência da Súmula 284 do STF.

6. Agravo regimental a que se nega provimento.

(AgRg no AREsp 476.371/RJ, Rel. Ministro LUIS FELIPE SALOMÃO, QUARTA TURMA, julgado em 01/04/2014, DJe 07/04/2014).

(...).

3. O Tribunal de origem, com base nos elementos de prova, concluiu ser necessária a realização de perícia contábil, em homenagem ao princípio do livre convencimento motivado do julgador. Alterar esse entendimento demandaria o reexame das provas produzidas nos autos, o que é vedado em recurso especial.

4. Agravo regimental a que se nega provimento.

(AgRg no AREsp 131.923/MT, Rel. Ministro ANTONIO CARLOS FERREIRA, QUARTA TURMA, julgado em 27/03/2014, DJe 11/04/2014)

(...).

4. O Tribunal a quo, com esteio no acervo fático-probatório da causa, julgou improcedente o pedido inicial por entender que não ficou comprovado nos autos o nexo causal entre a moléstia e as atividades laborais desenvolvidas pela parte agravante.

5. No âmbito judicial vige o princípio do livre convencimento motivado do Juiz (art. 131 do CPC) e, por isso, se o magistrado, após análise das provas carreadas nos autos, entendeu não haver necessidade de produção de prova testemunhal para o julgamento da lide, não há que se falar em cerceamento de defesa.

6. Agravo Regimental desprovido.

(AgRg no AREsp 342.400/SP, Rel. Ministro NAPOLEÃO NUNES MAIA FILHO, PRIMEIRA TURMA, julgado em 25/03/2014, DJe 04/04/2014)

(...).

1. O art. 130 do CPC consagra o princípio do livre convencimento motivado, segundo o qual o Juiz é livre para apreciar as provas produzidas, bem como a necessidade de produção das que forem requeridas pelas partes. No caso dos autos, reformar o entendimento consagrado pelo Juiz da causa de que a prova trazida aos autos pela parte recorrente não é apta a comprovar sua tese defensiva, acarretaria o revolvimento de toda a matéria fático-probatória dos autos, cuja análise é vedada nesta instância especial, tendo em vista a circunstância obstativa disposta na Súmula 7 desta Corte.

(...).

(AgRg nos EDcl no AREsp 322.054/PI, Rel. Ministro NAPOLEÃO NUNES MAIA FILHO, PRIMEIRA TURMA, julgado em 20/03/2014, DJe 27/03/2014)

Art. 372

O juiz poderá admitir a utilização de prova produzida em outro processo, atribuindo-lhe o valor que considerar adequado, observado o contraditório.

Prova emprestada

Este dispositivo permite a utilização da denominada *prova emprestada*, ou seja, a utilização de prova produzida em outro processo, podendo o juiz atribuir a esta prova o valor que considerar adequado de acordo com o seu livre convencimento racional.

Sobre esta questão, estabelece o art. 216 do Código Civil brasileiro: *Farão a mesma prova que os originais as certidões textuais de qualquer peça judicial, do protocolo das audiências, ou de outro qualquer livro a cargo do escrivão, sendo extraídas por ele, ou sob a sua vigilância, e por ele subscritas, assim como os traslados de autos, quando por outro escrivão consertados.*

Em relação à prova emprestada, assim prescreve Fredie Didier Jr: *"Prova emprestada é a prova de um fato, produzida em um processo, seja por documentos, testemunhas, confissão, depoimento pessoal ou exame pericial, que é trasladada para outro processo, por meio de certidão extraída daquele".*[282]

Parte da doutrina destaca eventual ilegitimidade da utilização da prova emprestada, pois poderia macular os princípios da oralidade e imediação. Refutando tal afirmação, anota Cândido Rangel Dinamarco: *"(...) mas nem a oralidade é um valor tão elevado em si mesmo, que pudesse ser usado como escudo contra legítimos expedientes destinados a assegurar o acesso à justiça; nem a própria lei a consagra tão intensamente como desejaria seus defensores. Não há imediatidade entre o julgador e a pessoa no caso de testemunhas inquiridas ou perícias realizadas mediante carta precatória, ou quando a prova foi produzida por juiz incompetente e depois aproveitada pelo competente (CPC, art. 113, §2º do C.P.C. de 1973); nem os juízes dos tribunais têm qualquer participação na constituição do material probatório do processo. A fragilidade do princípio da oralidade perante o direito positivo tem por consequência a fragilidade da objeção fundada na suposta pureza com que a lei brasileira a adotaria".*[283]

A única exigência para que a denominada prova emprestada possa ter eficácia para além do processo em que foi produzida, é que tenha sido respeitado o *contraditório na prova*.

Conforme afirma Comoglio, Ferri e Taruffo, *"uma segunda implicação do direito à prova consiste no 'diritto alla prova contraria'"*, ou seja, no direito de servir-se de todas as provas necessárias. Também neste aspecto o direito à prova permite as limitações decorrentes das normas que excluem a admissibilidade de determinados meios de prova. Isso representa, de todo modo, a explicação sobre o plano probatório do direito à defesa, e encontra atuação por meio de mecanismos processuais diretos para atuar o contraditório na admissão e na assunção das provas.[284] E concluem: *"O juiz que assume os meios de prova também tem a obrigação de resolver todas as questões que possam surgir, pronunciando provimentos em forma de ordem (art. 205). A garantia da defesa implica que a assunção das provas advenha sempre*

[282] Didier JR, Fredie. *Curso de direito processual civil*: Teoria geral do processo e processo de conhecimento. 6. ed. Salvador: JusPodivm, 2006. p. 523.

[283] Dinamarco, Cândido Rangel, *Instituição de Direito Processual Civil.* V. III, 4. ed. São Paulo: Malheiros, 2004, p. 97.

[284] Comoglio, Luigi Paolo; Corrado, Ferri; TARUFFO, Michele. *Lezioni sul processo civile.*I. Il processo ordinario di cognizione. Bologna: Il Mulino, 2006. p. 419.

no contraditório das partes, e normas específicas preveem a atividade que as partes podem desenvolver no curso da assunção. Isso implica que a prova deve ser assumida na presença dos defensores das partes. O art. 206 prevê por outro lado que as partes possam assistir 'pessoalmente' a assunção dos meios de prova, ainda que se trate de uma presença puramente passiva, posto que não se prevê para esta uma específica função ou atividade".[285]

Respeitando o contraditório, Fredie Didier Jr também postula a utilização de prova emprestada produzida em processo envolvendo terceiros: *"Importação de prova que fora produzida em processo envolvendo terceiros. Penso que não há problema na importação, porque ambas as partes estariam na mesma situação e o contraditório seria implementado no processo em que a prova emprestada fosse utilizada".*[286]

A prova emprestada pode advir de um processo penal ou mesmo de um processo administrativo, ou, ainda, de um mero procedimento administrativo, ainda que realizada no exterior,[287] desde que, obviamente, tenha sido produzida em contraditório, ou que ainda seja possível à parte realizar o contraditório.

Há controvérsias sobre a possibilidade de utilização em processo civil de prova emprestada realizada em processo penal, cuja realização decorre de quebra de sigilo. Sobre essa controvérsia, anota Fredie Didier Jr: *"Empréstimo de interceptação telefônica feita em determinado processo penal. Há controvérsia. Talamini não admite a importação em qualquer hipótese, pois o regime jurídico da interceptação telefônica a restringe ao processo penal e apenas para a prova dos fatos delimitados no momento de requerer a produção de tal prova. Barbosa Moreira, porém, a admite: a sua lição merece transcrição literal: a) 'sacrificado o direito da parte à preservação da intimidade, não faria sentido que continuássemos a preocupar-nos com o risco de arrombar um cofre já aberto; b) a sentença penal é título executivo judicial no âmbito cível e o devedor-executado não poderá formular qualquer objeção no sentido de que a sentença se fundara em interceptação telefônica, que não pode ter eficácia no juízo cível (a eficácia preclusiva da coisa julgada impediria essa conduta)".*[288]

Também poderá ser utilizada a prova emprestada realizada por juízo incompetente, assim como em processo anulado por qualquer motivo que não seja a própria realização e constituição da prova.

[285] Comoglio, L. P.; Corrado, F.; Taruffo, M., idem, p. 433.
[286] Didier JR, F., op. cit., p. 524.
[287] "É possível a importação de prova produzida em juízo criminal, arbitral e, até mesmo, em processo administrativo. Também é possível a importação de prova produzida no estrangeiro". (Didier JR, F., idem, p. 524.
[288] Didier JR, Fredie. Idem, p. 525.

Em relação ao processo extinto antes da sentença, eis o comentário realizado por Francesco P. Luiso, sobre o conteúdo normativo do art. 310, inc. III, do C.P.C. italiano:

"Ao lado das provas em sentido próprio, o nosso ordenamento conhece também as provas menores, que são os denominados argumentos de prova, disciplinados no art. 116, inc. II do c.p.c, e que podem ser retirados das respostas das partes no interrogatório livre, pela sua recusa injustificada a consentir às inspeções por parte do juiz e, em geral, pela atitude das próprias partes no processo (v., por exemplo, o art. 183, I e II c.p.c.). Uma outra categoria de argumentos de prova é prevista no art. 310, III c.p.c.: na hipótese em que o processo extinga-se antes de ser proferida uma sentença de mérito, se a demanda vem a ser novamente proposta, as provas produzidas no processo extinto são avaliadas pelo juiz como argumentos de prova. Em tal situação, as provas apresentam uma certa degradação.

Em substância, o argumento de prova, por si só, não é idôneo a demonstra a existência de um certo fato, mas pode ser usado como instrumento de avaliação, e, se for o caso, integrar os meios de prova em sentido próprio".[289]

Evidentemente que, sendo o destinatário da prova o juízo que irá resolver a causa, poderá ele, se ainda for possível, renovar a prova para suprir eventuais dúvidas existentes na sua original produção.

Sobre o tema, eis os seguintes precedentes do S.T.J.:

(...).

1. Respeitados o contraditório e a ampla defesa, faz-se possível a utilização, em processo administrativo disciplinar, de prova emprestada de inquérito policial, devidamente autorizada por autoridade judicial.

2. O simples fato de as interceptações telefônicas serem provenientes de inquérito policial não as desqualificam como meio probatório na esfera administrativa, notadamente se o servidor indiciado teve acesso, no processo disciplinar, às transcrições dos diálogos e às próprias gravações, e sobre elas tenha sido possível sua manifestação.

(...).

(MS 14.501/DF, Rel. Ministro MARCO AURÉLIO BELLIZZE, TERCEIRA SEÇÃO, julgado em 26/03/2014, DJe 08/04/2014)

289 Luiso. Francesco P. *Diritto processuale civile.* Il processo di cognizione. Vol. II. Terza Edizione. Milano: Giuffrè Editore: s.d. p. 75 e 76.

(...).

2. No mérito, o Tribunal de origem, ao rejeitar a prova emprestada requerida pelo ora recorrente, se baseou no conjunto fático-probatório dos autos, ao consignar pelo não atendimento ao contraditório na produção da prova. Assim, para rever tal conclusão, necessário o revolvimento de matéria fática, o que é vedado em sede de recurso especial, ante o óbice da Súmula 7/STJ.

3. Agravo regimental não provido.

(AgRg no AREsp 455.198/RJ, Rel. Ministro MAURO CAMPBELL MARQUES, SEGUNDA TURMA, julgado em 18/03/2014, DJe 21/03/2014)

(...).

2. A análise quanto à não utilização da prova emprestada e a imprescindibilidade das novas provas requeridas, por depender do reexame do contexto fático-probatório dos autos, não pode ser realizada na via do recurso especial, em razão do óbice da Súmula 7/STJ. Precedentes.

3. Agravo regimental a que se nega provimento.

(AgRg no AREsp 461.911/RJ, Rel. Ministro OG FERNANDES, SEGUNDA TURMA, julgado em 18/03/2014, DJe 02/04/2014)

(...)..

3. Respeitado o contraditório e a ampla defesa, é admitida a utilização, no processo administrativo, de "prova emprestada" devidamente autorizada na esfera criminal. Precedentes.

4. Autorizado o uso da prova emprestada oriunda de procedimento criminal, não se pode exigir que a Comissão Disciplinar responda a questionamentos relativos à produção da prova e equipamentos utilizados, mormente se tomou todas as medidas para garantir o pleno acesso às informações solicitadas pelo impetrante.

(...).

(MS 17.355/DF, Rel. Ministro BENEDITO GONÇALVES, PRIMEIRA SEÇÃO, julgado em 12/03/2014, DJe 19/03/2014).

É pacífico o entendimento do Superior Tribunal de Justiça quanto à legalidade da prova emprestada, quando esta foi produzida com respeito aos princípios do contraditório e da ampla defesa. Rever os fundamentos que levaram a tal conclusão, ou seja, de que a prova emprestada utilizada no processo não teria passado pelo crivo do contraditório, demandaria reexame do conjunto probatório.

Incidência da Súmula 7/STJ.

(...).

(AgRg no AREsp 426.343/SP, Rel. Ministro LUIS FELIPE SALOMÃO, QUARTA TURMA, julgado em 11/03/2014, DJe 18/03/2014)

Art. 373

O ônus da prova incumbe:

I – ao autor, quanto ao fato constitutivo de seu direito;

II – ao réu, quanto à existência de fato impeditivo, modificativo ou extintivo do direito do autor.

§ 1º Nos casos previstos em lei ou diante de peculiaridades da causa relacionadas à impossibilidade ou à excessiva dificuldade de cumprir o encargo nos termos do caput ou à maior facilidade de obtenção da prova do fato contrário, poderá o juiz atribuir o ônus da prova de modo diverso, desde que o faça por decisão fundamentada, caso em que deverá dar à parte a oportunidade de se desincumbir do ônus que lhe foi atribuído.

§ 2º A decisão prevista no § 1º deste artigo não pode gerar situação em que a desincumbência do encargo pela parte seja impossível ou excessivamente difícil.

§ 3º A distribuição diversa do ônus da prova também pode ocorrer por convenção das partes, salvo quando:

I – recair sobre direito indisponível da parte;

II – tornar excessivamente difícil a uma parte o exercício do direito.

§ 4º A convenção de que trata o § 3º pode ser celebrada antes ou durante o processo.

Ônus da prova

O dispositivo trata do denominado *ônus da prova* ou do princípio da *carga da prova*.

No direito romano aplicava-se a regra *semper ônus ei incumbit qui decit'*, isto é, *semper necessitas probandi incumbit illi qui agit*. Por sua vez, enunciava Ulpiano: *resu in excepcione actor est*.

Segundo afirma Leo Rosenberg, da insuficiência de nossos meios e os limites de nossas possibilidades de conhecimento pode ocorrer que em determinado processo não seja tornado claro as circunstâncias importantes que servem de base à controvérsia. Porém, tal *non liquet* em questões de 'fato' não pode conduzir a um *non liquet* em questões de 'direito'. Daí porque o magistrado deve ditar em cada caso uma decisão. Isso é possível graças às normas jurídicas que distribuem a *carga da prova*, que dão um norte sobre o conteúdo da sentença. Assim, a teoria da carga da prova nada mais significa do que *as consequências jurídicas pela falta de prova*, e terá aplicação prática nas hipóteses em que permanece incerta uma afirmação sobre os fatos.[290]

O problema da carga da prova é um problema de *aplicação do direito*, por isso os inconvenientes de possíveis incertezas sobre os fatos alegados devem ser suportados pela parte cujo êxito processual exige a aplicação desse preceito jurídico. Disso resulta o princípio da *carga da prova*: *"cada parte suporta a carga da prova sobre a existência de todos os pressupostos (ainda que negativos) das normas sem cuja aplicação não pode ter êxito sua pretensão processual, em uma palavra: sobre os pressupostos das normas que lhe são favoráveis"*.[291]

É justamente dessa carga da prova que trata o art. 373 do novo C.P.C.

Dispositivo similar encontra-se no art. 2.697 do Código Civil italiano. Esse estabelece que quem tem por objetivo fazer valer um direito em juízo deve provar os fatos que lhe constituam o fundamento, enquanto quem excepciona a ineficácia de tais fatos, ou excepciona que o direito foi modificado ou extinto, deve provar os fatos sobre os quais se fundamenta a exceção.

Em regra, o *ônus da prova* incumbe ao autor, quanto ao fato constitutivo do seu direito, e ao réu, quanto à existência de fato impeditivo, modificativo ou extintivo do direito do autor.

Assim, ao encerrar-se a instrução probatória pode ocorrer que não se chegue a um resultado satisfatório sobre o conteúdo da prova dos fatos articulados na demanda. Isso acontece em várias situações: a) quando sobre um fato não foram deduzidas provas, ou as provas deduzidas foram excluídas em razão de sua inadmissibilidade ou irrelevância; b) quando a assunção da prova admitida não tenha resultado eficaz, e tenha produzido resultados não úteis para o acertamento dos fatos; c) quando as provas tenham sido realizadas com êxito positivo mas não resultam suficientes a fundamentar um juízo sobre a verdade possível dos fatos (quando as provas não são suficientes a demonstrar que o relativo enunciado é 'mais provável que não'); d) quando as provas realizadas demonstram que o fato não se verificou (ou seja, quando a hipótese relativamente mais provável é aquela negativa). Em todas essas hipóteses há um fato em comum, ou seja, não resulta suficientemente demonstrada a existência de um fato jurídico relevante para a decisão. A consequência disso é que a controvérsia não pode ser decidida aplicando as normas substanciais que regulam a 'fattispécie', por falta das condições de fato que representam a premissa necessária.[292]

[290] Rosenberg, Leo. *Tratado de derecho procesal civil.* Trad. Angela Romera Vera. Tomo II. Buenos Aires: Ediciones Juridicas Europa-America, 1955. p. 221 e 222.

[291] Rosenberg, L., idem, p. 222.

[292] Comoglio, L. P.; Ferri, C.; Taruffo, M., op. Cit., p. 438.

O certo é que o juiz diante dessa circunstância existente no processo não poderá pronunciar um *non liquet*, razão pela qual terá de individuar critérios que possam ser legítimos e eficazes para a resolução da controvérsia quando não resultem provados os fatos principais. Tais critérios disciplinam as regras do *ônus da prova*. A sua função é estabelecer normativamente qual parte deveria ter provado determinado fato, e estabelecer as consequências jurídicas em razão da não possibilidade de comprovação.

Segundo anotam Luigi Paolo Comoglio, Corrado Ferri e Michele Taruffo: "*O princípio fundamental em matéria de ônus da prova é que quando um fato juridicamente relevante não resulta provado, o juiz deve rejeitar a demanda ou a exceção que se fundava sobre aquele fato e sua relativa norma substancial, declarando a sucumbência da parte que havia proposta a demanda ou aquela exceção*".[293]

Interessante é a seguinte advertência feita por Jaime Guasp e Pedro Aragoneses sobre *a carga da prova*: "*Como já se sabe, os problemas da carga da alegação e da carga da prova há de receber soluções não idênticas, porém paralelas. Em cada litígio determinado é necessário saber qual dos litigantes adversários suporta um resultado desfavorável para sua própria causa pelo fato de que se produza a omissão de uma alegação ou de uma prova. O problema se centra aqui na carga da prova...: a) O problema da carga da prova não pode ser resolvido com base em uma consideração isolada dos sujeitos processuais. Não cabe dizer, com efeito, que a carga da prova incumbe em todo caso ao autor, interpretando literalmente os antigos aforismos segundo os quais 'necessitas probandi incumbit ei qui agit' ou que 'onus probandi incumbit actori', razão pela qual, 'actore non probante, reus absolvitur'. Pois facilmente se compreende que o autor não deve suportar a carga de provar que não é fundada na oposição do demandado, pelo menos em relação a determinas espécies específicas. E se para conseguir este resultado se diz que o demandado, ao excepcionar, se converte em autor: 'reus in excipiendo actor fit', então a fórmula da consideração isolada dos sujeitos processuais perde, evidentemente, todo seu valor; b) Tampouco pode se falar de determinação exata da carga da prova com base em uma consideração isolada de seu objeto, isto é, dos dados processuais a provar, como se há pretendido, por vezes, repartindo a carga da prova entre as partes segundo a natureza absoluta ou intrínseca destes dados. Já uma antiga direção dentro desta tendência separava os dados positivos e negativos, para dispensar da carga da prova os segundos: 'negativa non sunt probanda', em máxima hoje criticada e desacreditada. Porém tampouco outras classificações do mesmo estilo, mais modernas, merecem juízo favorável: como há muito difundido e na realidade dominante na atualidade que divide os dados a provar em constitutivos, impeditivos e extintivos, para impor a carga da prova dos primeiros ao demandante e a dos dois últimos ao demandado. Pois, aparte da*

[293] Comoglio, L. P.; Ferri, C.; Taruffo, M., idem, ibidem.

dificuldade da distinção em cada caso entre essas três categorias, é certo que se o demandante afirma circunstâncias impeditivas ou extintivas, hipóteses nada excepcionais, sobre ele passará a carga da prova; e se se replica que estas circunstâncias deixam de ser impeditivas ou extintivas naquele caso para converte-se em constitutivas, é certo então que se frustrará por completo a pretendida consideração isolada, isto é, absoluta e intrínseca do objeto da prova. E o mesmo cabe dizer da classificação dos dados a provar, a este fim, em internos e externos, presentes e ausentes, normais e anormais; c) Por isso, renunciando a toda consideração isolada dos elementos de prova, é preciso fixar-se unicamente na situação relativa do sujeito e ao tema probatório, isto é, na posição que o dado a provar ocupa em relação às partes sobre as quais a carga de prova pesa em concreto. Como a carga da prova não consiste senão em um perigo que corre um litigante de que o juiz não se convença de certos dados processuais, o prejuízo não pode sofrê-lo senão a parte a quem favoreça o convencimento do juiz sobre tal dado. Isto quer dizer que cada uma das partes tem a carga não somente de alegar os dados que lhe interessem, senão, em segundo lugar, de prová-los, determinando-se seu interesse pelo fato de que o dado em questão funcione como suposto de fato de uma norma cuja aplicação lhe interessa, o que equivale em definitivo a dizer que cada parte suporta a carga de provar os dados que constituem o suposto de fato das normas que lhe são favoráveis. Isto se traduz, em definitivo, no princípio há muito formulado, segundo o qual 'affirmantis est probare', e, sobretudo, *incumbit probatio eiqui dicit, no ei qui negat'".*[294]

Os *fatos constitutivos* da demanda e os *fatos* que fundamentam a exceção definem-se como tais em função da configuração substancial da 'fattispécie' que vem deduzida em juízo, porque somente em referência às normas substanciais, que se configura como hipótese de aplicação, é possível estabelecer quais são os fatos juridicamente relevantes. A conexa dimensão processual é relevante enquanto a distinção entre fatos constitutivos do direito, e fatos impeditivos, extintivos ou modificativos daquele direito, corresponde, em regra, à contraposição existente entre as partes, dado que o autor alega os fatos constitutivos do direito que pretende fazer valer em juízo, e o réu alega os fatos que fundamentam a sua exceção.[295]

Segundo anota Moacyr Amaral Santos: *"Para bom entendimento da doutrina, convém que se faça a distinção entre fatos 'constitutivos', de um lado, e fatos 'impeditivos, extintivos e modificativos', de outro.*

Por fatos constitutivos se entendem os que têm a eficácia jurídica de dar vida, de fazer nascer, de constituir a relação jurídica, e, geralmente, também a função de identificar os seus elementos. Por exemplo: um empréstimo, uma compra e venda, uma sucessão.

[294] GUASP. J.; ARAGONESES. P., op. Cit., p. 378 de 379.

[295] COMOGLIO, L.P.; FERRI, C.; TARUFFO, M., *op.cit.* p. 439.

Em toda relação jurídica, em todo o fato jurídico, há duas ordens de condições de existência, umas são específicas da relação, isto é, próprias, imediatas, essenciais e ela; outras são gerais, comuns a outros negócios jurídicos. Assim, numa compra e venda de imóvel: são condições essenciais, específicas, as consistentes no acordo sobre a coisa e o preço; são condições gerais, comuns a outros negócios jurídicos, a capacidade das partes, a seriedade do consentimento das partes, a comercialidade da coisa etc. As primeiras, as condições específicas, peculiares ao fato jurídico, são os fatos constitutivos da relação.

Por fatos extintivos se entendem os que têm a eficácia de fazer cessar a relação jurídica. Por exemplo: o pagamento, na ação de cobrança; o perecimento da coisa, na obrigação de dar.

Fatos impeditivos são todas aquelas circunstâncias que impedem decorra de um fato o efeito que lhe é normal, ou próprio, e que constitui a sua razão de ser. Compreendem-se, como tais, todas as condições gerais ou comuns aos atos ou fatos jurídicos, às quais, umas pela sua existência, outras pela sua ausência, impedem que de um dado fato resulte qualquer efeito. Assim, na compra e venda, por exemplo, muito embora provado o acordo sobre a coisa e o preço, poderá ocorrer a existência de um impedimento, como o ocasionado pela simulação do negócio; ou pela incapacidade das partes ou pela impropriedade de forma.

Fatos modificativos são os que, sem excluir ou impedir a relação jurídica, `a qual são posteriores, tem a eficácia de modificá-la. Assim, o pagamento de parte de um crédito, a combinação sobre a guarda dos filhos entre cônjuges são atos modificativos do crédito, do pátrio poder".[296]

Estabelece o *§1º do art. 373* do novo C.P.C. que *nos casos previstos em lei ou diante de peculiaridades da causa relacionadas à impossibilidade ou à excessiva dificuldade de cumprir o encargo nos termos do caput ou à maior facilidade de obtenção da prova do fato contrário, poderá o juiz atribuir o ônus da prova de modo diverso, desde que o faça por decisão fundamentada, caso em que deverá dar à parte a oportunidade de se desincumbir do ônus que lhe foi atribuído.*

Este dispositivo vem inserir no âmbito do processo civil aquilo que já está disseminado no campo do direito do consumidor, ou seja, a possibilidade de o juiz, em face de circunstâncias específicas da causa e das peculiaridades do fato a ser provado, *inverter o ônus da prova*, impondo à parte que estiver em melhores condições de produzi-la.

O art. 6º, inc. VIII do C.D.C. prescreve que são direitos básicos dos consumidores: *VIII – a facilitação da defesa de seus direitos, inclusive com a inversão do ônus da prova, a seu favor, no processo civil, quando, a critério do juiz, for verossímil a alegação ou quando for ele hipossuficiente, segundo as regras ordinárias de experiências;*

[296] Santos, Moacyr Amaral. *Comentários ao código de processo civil.* IV Vol. Art. 332 a 475. Rio de Janeiro:Forense, 1976. p. 36 e 37.

Pelo atual art. 373, §1º, do novo C.P.C., a distribuição diversa do ônus da prova poderá ocorrer por determinação legal ou diante das peculiaridades da causa relacionadas à impossibilidade ou à excessiva dificuldade de cumprir o encargo do *caput*.

Evidentemente que essa atribuição diversa do ônus da prova prevista no novo C.P.C. vai além daquela estabelecida no código do consumidor, pois não está restrita somente às hipóteses de hipossuficiência, abrangendo igualmente outras circunstâncias, como, por exemplo, 'peculiaridades da causa relacionadas à impossibilidade ou à excessiva dificuldade de cumprir o encargo', maiores facilidades de obtenção da prova do fato contrário'.

Portanto, é possível que aquele que não seja hipossuficiente tenha o direito à redistribuição diversa do ônus da prova.

Já entendeu o S.T.J., no que concerne ao Código de Defesa do Consumidor, que a inversão do ônus da prova no caso de responsabilidade do serviço ou do produto decorre de *lei*. Nesse sentido eis o seguinte precedente:

> *(...).*
>
> *1. A Segunda Seção deste Tribunal, no julgamento do Resp 802.832/MG, Rel. Paulo de Tarso Sanseverino, DJ de 21/09.2011, pacificou a jurisprudência desta Corte no sentido de que em demanda que trata da responsabilidade pelo fato do produto ou do serviço (arts. 12 e 14 do CDC), a inversão do ônus da prova decorre da lei.*
>
> *2. "Diferentemente do comando contido no art. 6º, inciso VIII, que prevê a inversão do ônus da prova "a critério do juiz", quando for verossímil a alegação ou hipossuficiente a parte, o § 3º, do art. 12, preestabelece – de forma objetiva e independentemente da manifestação do magistrado –, a distribuição da carga probatória em desfavor do fornecedor, que "só não será responsabilizado se provar: I – que não colocou o produto no mercado; II – que, embora haja colocado o produto no mercado, o defeito inexiste; III- a culpa exclusiva do consumidor ou de terceiros". É a diferenciação já clássica na doutrina e na jurisprudência entre a inversão ope judicis (art. 6º, inciso VIII, do CDC) e inversão ope legis (arts. 12, § 3º, e art. 14, § 3º, do CDC). Precedente da Segunda Seção." (REsp 1095271/RS, Rel. Ministro LUIS FELIPE SALOMÃO, QUARTA TURMA, julgado em 07/02/2013, DJe 05/03/2013).*
>
> *(...).*
>
> (AgRg no AREsp 402.107/RJ, Rel. Ministro SIDNEI BENETI, TERCEIRA TURMA, julgado em 26/11/2013, DJe 09/12/2013)

As circunstâncias da causa que justificam a possibilidade de o juiz distribuir diversamente o *ônus da prova* são mais abrangentes que a inversão do ônus da prova prevista no Código de Defesa do Consumidor, pois podem decorrer não apenas de circunstâncias de *hipossuficiência*, mas também de qualquer outra questão de natureza social, econômica ou mesmo cultural que possa ensejar a impossibilidade ou a excessiva dificuldade de cumprir o encargo nos termos do *caput* do art. 373 ou à maior facilidade de obtenção da prova do fato contrário.

Portanto, diante de um *hipossuficiente* cultural, econômico ou social, poderá o juiz *inverter o ônus da prova*, determinando à parte que se encontra em melhores condições sociais, econômicas ou mesmo cultural o dever de produzir a prova que, em tese, seria de incumbência da outra parte.

Assim, poderá o juiz determinar ao réu que comprove a inexistência de fato constitutivo do direito do autor, diante da mera alegação da pretensão formulada na demanda, ou mesmo, estabelecer que o autor comprove a inexistência de fato impeditivo, modificativo ou extintivo de seu direito, quando tais circunstâncias forem alegadas pelo réu em sua contestação.

Este dispositivo faz com que o juiz observe no processo as diferenças sociais, econômicas e culturais das partes, a fim de que, diante dessas diferenças e dificuldades delas resultantes, determine ele juiz a *inversão do ônus da prova*.

Pode-se dizer que a inserção desse instituto no âmbito do processo civil brasileiro, de certa forma, relativiza o *princípio da imparcialidade do juiz*.

A postulação da aplicação do princípio da *parcialidade positiva do juiz* já foi por nós defendida em outra oportunidade.[297]

Aliás, a necessidade de uma nova leitura do princípio/direito/garantia da (im)parcialidade do juiz não é fruto de um simples trabalho teórico acadêmico; acima de tudo decorre, principalmente, da percepção de que no limiar de um novo milênio, o que se observa até então é um lamentável paradoxo da trajetória humana ao longo da história. Se por um lado a humanidade atingiu nível de progresso tecnológico e científico jamais visto anteriormente, por outro, assiste-se à exclusão de milhões de seres humanos do processo de evolução social, convertidos em escravos da "lógica do mercado". Em síntese, presencia-se uma sociedade humana com imensa dose de injustiça social, e que reclama um "senso de igualdade".[298] O processo penal ou civil e a atividade jurisdicional desenvolvida pelo juiz no seu âmbito não estão a salvo desse paradoxo.

[297] Souza, Artur César de Souza. *A parcialidade positiva do juiz*. São Paulo: Editora Revista dos Tribunais, 2008.

[298] "(...) um senso de igualdade, quanto à natureza humana, o qual embora refute os 'igualitarismos', não compactue com gritantes desigualdades a se apresentarem como impedimento a uma vida digna a membros da referida sociedade". (Gomes, Sergio Alves. *Hermenêutica jurídica e constituição no estado de direito democrático*. Rio de Janeiro: Forense, 2001. p. p. 8).

Com base no postulado de uma nova leitura da (im)parcialidade do juiz, pretende-se introduzir no processo penal e civil, para além de uma racionalidade teórica instrumental, a realidade como ela é, retirando-se o "véu da ignorância" que cobre a consciência dos liberais para que passem a enxergar as diferenças e desigualdades como efetivamente se apresentam durante o transcurso da relação jurídica processual – dura e crua.

E é pelo motivo de que toda eficácia normativa está vinculada à realidade dos fatos, que a nova leitura da (im)parcialidade do juiz deverá romper com eventuais posições apriorísticas nem sempre convergentes com o modelo contemporâneo do processo, isto é: *"Livre dos conceitos que, difundidos doutrinariamente, denunciam posições apriorísticas nem sempre totalmente compatíveis com o modelo real da base de sustentação institucional do processo penal vigente, na tentativa de conciliar o inconciliável, de conferir às práticas processuais penais, ao menos no âmbito do discurso, foro de legitimidade constitucional quando algumas não o têm, escondendo-se desse modo a verdadeira tensão estabelecida em razão da discrepância entre o preceito jurídico e a sua implementação.*[299]

Na verdade, segundo Giuseppe Bettiol: "Il concettualismo è la tomba della scienza processualistica".[300]

Aquilo que é próprio do pensamento abstrato que consiste na possibilidade de evocar "coisas" ou eventuais realidades mesmo que ausentes, difere do pensamento crítico, no qual é preciso acrescentar a dialética, ou seja, *"(...) o pensamento crítico parte da experiência de que o mundo é complexo: o real não mantém as condições da sua existência senão numa luta, quer ela seja consciente, quer inconsciente"*.[301]

Com base nesse pensamento crítico, já se pode fazer uma afirmação conclusiva preliminar de que o processo e sua sistematização são frutos não apenas de seu contexto normativo, cujas linhas mestras são ditadas pela Constituição, mas, também, "num plano político integrado a todo sistema penal"[302] ou civil, podendo-se, inclusive, avançar um pouco mais para dizer que se encontra integrado também pelo plano econômico, social e cultural que constituem uma determinada ordem comunitária.

[299] Prado, Geraldo. *Sistema acusatório* – a conformidade constitucional das leis processuais penais. Rio de Janeiro: Ed. Lúmen Júris, 1999. p.3.

[300] Bettiol, Giuseppe. *Istituzioni di diritto e procedura penal.* Padova: CEDAM – Casa Editrice Dott. Antonio Milani, 1966, p. 139.

[301] Miaille, Michel. *Introdução crítica ao direito.* Trad. Ana Prata. Lisboa: Editorial Estampa, 1994. p. 21 e 22.

[302] Prado, Geraldo. *Sistema acusatório* – A conformidade constitucional das leis processuais penais. Rio de Janeiro: Lumen Juris, 1999. p.4.

Ao se desconstruir de certa maneira as estruturas dogmáticas até então formuladas em relação ao princípio/direito/garantia da (im)parcialidade do juiz no processo penal e civil, não se pretende lançar a decisão judicial ao crivo subjetivo do magistrado, muito menos colocar em risco os direitos e garantias fundamentais dos sujeitos que compõem a relação jurídica processual, mas, sim, realçar os aspectos empíricos sociais, culturais, econômicos que contrastam entre a chamada constituição escrita e a constituição real.[303]

É intuitivo que não se deseja permanecer no campo das teorias mecanicistas do homem máquina ou na visão de que a atividade intelectual se dá por processo lógico-matemático. Não se comunga com uma época em que a "morte do homem" é considerada como um fato consumado, uma vez que o homem concreto representaria o último obstáculo que impede o pensamento teórico girar sobre si mesmo.[304]

Deseja-se, na verdade, ressuscitar o ser humano – juiz, concreto, vivo, para se analisar a (im)parcialidade do magistrado, que nada mais é do que uma (im) parcialidade humana.

Evidentemente que essa linha de pensamento decorre da concepção de ser o direito processual penal e civil um fenômeno cultural, e, consequentemente, vinculado a uma determinada realidade e linguagem histórica. Abandona-se qualquer postura exclusivamente idealista e formal.[305] Deve-se evitar esse

[303] "Onde a constituição escrita não corresponder à real, irrompe inevitavelmente um conflito que é impossível evitar e no qual, mais dia menos dia, a constituição escrita, a folha de papel, sucumbirá necessariamente, perante a constituição real, a das verdadeiras forças vitais do país" (Lassalle, Ferdinand. *A essência da constituição.* 6. ed. Rio de Janeiro: Lúmen Júris, 2001. p.33).
Ver também sobre o tema: HESSE, Konrad. *A força normativa da constituição.* Trad. Gilmar Ferreira Mendes. Porto Alegre, Sergio Antonio Fabris, 1991.

[304] Gusdorf, Georges. Pasado, presente y futuro de la investigacion interdisciplinaria. *In Interdisciplinariedad y ciencias humanas. Madrid*: Editorial Tecnos, 1983. p.48.

[305] "No seu significado mais comum, o idealismo é uma corrente do pensamento filosófico que se opõe ao materialismo: a característica consiste em que, para um idealista, o princípio fundamental da explicação do mundo encontra-se nas idéias, idéia ou no Espírito, concebido como superior ao mundo da matéria; este não é, em última análise, senão o produto ou o efeito do Espírito que governa (...). A atitude dos juristas resulta de as noções de direito serem sempre apresentadas e tratadas, nos factos, fora de um contexto social preciso: o jurista não nega a existência e o peso das estruturas sociais, subordina-as ao seu sistema de pensamento. Estes mecanismos intelectuais conduzem a resultados desoladores: os fenômenos, por vezes os mais evidentes, perdem-se, enquanto que as idéias se tornam o fundamento da realidade (...). A via idealista traz consigo uma 'visão' do direito aparentemente extremamente banal, profundamente orientada para a realidade" (Miaille, M., op. cit., p. 50, 51 e 52).

idealismo formal e universal que conduz a uma perspectiva a-histórica, destacando-se pouco-a-pouco do contexto geográfico e histórico as ideias que foram produzidas.

O pensamento idealista, segundo Michel Miaille, torna-se um fenômeno em si, alimentando-se de sua própria produção; os termos abstratos, como o da imparcialidade do juiz, abandonam a sociedade que os produziu, sujeitando-se à razão pura, a um universalismo abstrato e formal.[306]

É nessa postura idealista e formal que ainda se percebe e se compreende a (im)parcialidade do juiz, e é contra essa maneira clássica de se pensar que se projeta um pensamento crítico-filosófico.

O pensamento crítico-filosófico vai recomendar que o juiz reconheça as diferenças sociais, econômicas e culturais das partes na relação jurídica processual, para que, com base nessa diferença, possa dar um tratamento efetivo e concreto ao princípio da igualdade entre as partes.

A garantia de tratamento igualitário a todos os indivíduos decorre de Convenções Internacionais e está consignada expressamente no artigo 5º, da Constituição Federal brasileira.[307]

A noção de igualdade está vinculada às concepções de cada Estado, de cada ideologia. Apesar disso, pode-se sistematizar as teorias a respeito da igualdade em duas vertentes principais: a que atribui à igualdade uma noção formal e absoluta e a que a conceitua de forma positiva e real.[308] Significa dizer, em outras palavras, que a igualdade apresenta uma dimensão estática e outra dinâmica. A dimensão estática, sob a perspectiva de que todos são iguais perante a lei, representa, nada mais, nada menos, que mera ficção jurídica. Na dimensão dinâmica, por sua vez, reclama-se do Estado-juiz a supressão dessa desigualdade para transformá-la em igualdade real.[309]

306 Idem. Ibidem. p. 52.

307 "Todos são iguais perante a lei, sem distinção de qualquer natureza, garantindo-se aos brasileiros e aos estrangeiros residentes no País a inviolabilidade do direito à vida, à liberdade, à igualdade, à segurança e à propriedade".

308 Fernandes, Antonio Scarance. *Processo penal constitucional.* São Paulo: Revista dos Tribunais, 1999, p.46.

309 "Assim sendo, o contraditório não se identifica com o a igualdade estática, puramente formal, das partes no processo; não exprime a simples exigência de que os sujeitos possam agir em plano de paridade; nem determina ao juiz o mero dever de levar em conta a atividade de ambos, permitindo que façam ou até que deixem de fazer alguma coisa. O contraditório, como contraposição dialética paritária e forma organizada de cooperação no processo, constitui o resultado da moderna concepção da relação jurídica processual, da qual emerge o

Atualmente, uma visão simplesmente idealista e abstrata do processo penal ou civil contribui para o aumento das desigualdades processuais.

Na realidade, o puro idealismo representa um seriíssimo obstáculo epistemológico. Não se pode subestimá-lo.[310]

A via idealista traz uma noção do direito extremamente banal, pois procura sustentar um universalismo a-histórico e um pluralismo de explicações. Entende-se por universalismo a-histórico, um idealismo em que as "ideias" se destacam do contexto geográfico e histórico no qual efetivamente são produzidas, constituindo-se um conjunto de noções universalmente válidas, sem intervenção de uma história verdadeira. O pensamento idealista torna-se um fenômeno em si mesmo alto-suficiente, deixando de pertencer à sociedade que o produziu.

Pensar a ciência processual apenas no plano ideal e abstrato é subverter a ordem da realidade e da materialidade. Uma coisa é o idealismo de um processo penal ou civil que represente a aplicação dos princípios democráticos, como o da igualdade, o da ampla defesa e o do contraditório. Outra coisa bem diferente é a realidade concreta desse instrumento de perfectibilização da tutela jurisdicional.

O que se deseja realçar é a necessidade de se superar a visão meramente formal e idealista do princípio da igualdade no processo penal ou civil, bem como colocar em questão a efetiva eficácia do princípio da igualdade diante das sociedades capitalistas como a nossa.[311]

Mario Chiavario preconiza que um dos aspectos que melhor deveria exaltar a eficiência da administração da justiça seria a igualdade de fato entre as diversas pessoas no exercício do direito de defesa. Segundo ele, a este propósito a Corte Europeia dos Direitos do Homem frequentemente atribui importância fundamental à "efetividade" do direito de defesa. Neste aspecto, tem recordado a Corte, que não basta a um Estado, visando resguardar seus deveres, a predis-

conceito de *par condicio,* ou *igualdade de armas.* (Grinover, Ada Pellegrini. *As garantias constitucionais do direito de ação.* São Paulo: Revista dos Tribunais, 1973. p. 7).

[310] Miaille, M., Op. Cit., p.52.

[311] "Sin embargo, la experiencia histórica enseña cuan ilusoria suele mostrarse la solemne proclamación de la igualdad *in abstracto.* Es hoy en día una verdad de Perogrullo la distinción entre la igualdad *formal,* que se da por satisfecha con la pura identidad de derechos y deberes otorgados por los textos legales a los miembros de la comunidad, y la igualdad *material,* que tiene en cuenta las condiciones concretas bajo las cuales, *hic et nunc,* se ejercen los derechos y se complen los deberes". (Moreira, José Carlos Barbosa. La igualdad de las partes em el proceso civil. *In. Revista de Processo,* São Paulo: Revista dos Tribunais, n. 44, ano 11, out./dez., 1986, (176-185), p. 176.

posição em abstrato daquele instituto: não é suficiente, em outras palavras, que seja obrigatório nomear um defensor a quem não o tenha, e retribuí-lo. Com a decisão proferida no caso Goddi, há mais de doze anos, a própria Itália foi condenada em Estrasburgo pela ineficiência e inércia do comportamento de um defensor nomeado de ofício.[312]

Gian Domenico Pisapia, ao comentar a questão da assistência obrigatória de defensor, inspirada no critério da igualdade substancial, e consagrada no artigo 24, inciso terceiro, da Constituição italiana, faz a seguinte advertência: *"L'istituto del gratuito patrocínio, destinato appunto a tale scopo, non realizza efficacemente l'esigenza della difesa del povero; così come la difesa d'ufficio, espressamente prevista per il processo penale, si riduce spesso, nella prassi, ad una mera formalità, senza costituire una effetiva ed efficace garanzia per chi non abbia la possibilità di munirsi di un difensore di fidúcia"*.[313]

Em certas circunstâncias há efetivamente a necessidade de se reconhecer as diferenças para que se possa igualar, em outras palavras: "(...) *inclinar la balanza de la justicia en favor de las víctimas cuando se dude cuál de los platillos pesa más"*.[314]

Conforme afirma Mauro Cappelletti: (...).*Una vez más, la égalité burguesa demonstró representar un progreso importante, pero sólo parcial. Todos los ciudadanos adquirían una igualdad formal frente a la ley; pero hoy es bien claro que tratar 'como iguales' a sujetos que económica y socialmente están en desvantaja, no es otra cosa que una ulterior forma de desigualdad y de injusticia*.[315]

Em relação à igualdade processual, Walter J. Habscheid, citado por Rogério Lauria Tucci, diz que a isonomia processual reclama a concessão das mesmas armas aos sujeitos denominados parciais, paritariamente tratadas, para que *"(...) tenham idênticas chances de reconhecimento, satisfação ou assecuração do direito que constitui o objeto material do processo"*.[316]

Mario Chiavario, ao tratar do direito à defesa técnica ou autodefesa, afirma que: "L 'ascolto' delle parti è, senza dubbio, il perno di uno svolgimento pro-

[312] Chiavario, Mario. Garanzie individuali ed efficienza del processo. In *Il giusto proceso*. Associazione tra gli studiosi del processo penal, n. 8. Milano: Dott. A. Giuffrè editore, 1998. p.61 e 62.

[313] Pisapia, Gian Domenico. *Copendio di procedura penal.* Padova: CEDAM – Casa Editrice Dott. Antonio Milani, 1975. p.34 e 35.

[314] Beristain, Antonio. Nuevo proceso penal desde las víctimas. *In Direito Criminal.* coord. José Enrique Pierangeli. Belo Horizonte: Del Rey, 2001. p. 31

[315] Cappelletti, Mauro. *Proceso, ideologias, sociedad.* Trad. Sentis Melendo y Tomás A. Banzhaf. Buenos Aires: Ediciones Jurídicas Europa-America, 1974, p. 67.

[316] Apud Tucci, Rogério Lauria. *Direitos e garantias individuais no processo penal brasileiro.* São Paulo: Saraiva, 1993. p. 164.

cessuale autenticamente giurisdizionale, e d'altro canto esso non deve potersi ridurre a *mero simulacro*." [317]

O que se pretende, na verdade, não é estabelecer uma justiça dos pobres em contraposição à justiça dos mais abastados economicamente, mas, sim, formatar um Poder Judiciário acessível a todos com igualdade de condições e estrutura.[318] Deseja-se romper com as perspectivas, ainda recente, das indiferenças em relação à realidade do sistema judiciário. "Fatores como diferenças entre os litigantes em potencial no acesso prático ao sistema, ou a disponibilidade de recursos para enfrentar o litígio, não eram (e não são) sequer percebidos como problemas".[319]

Postula-se o reconhecimento dessas diferenças, não apenas econômicas, mas também culturais, sociais, psicológicas etc.

Persegue-se o reconhecimento de eventuais *vítimas* do sistema dominante. E por *vítimas* do sistema não significa apenas aqueles que são catalogados como réu ou como "menos favorecidos economicamente", mas, também, aqueles que em razão de determinas circunstâncias de fato não possam ser beneficiados pela denominada *igualdade de armas.*

E esta paridade de armas, que também foi analisada por Mario Chiavario em relação à Constituição italiana, art. 3º e 24, delineada como princípio fundamental, não implica uma absoluta identidade entre os poderes concedidos às partes de um mesmo processo e nem preconiza, necessariamente, uma perfeita simetria de direitos e deveres respectivos. Aquilo que conta é que eventuais diferenças de tratamento sejam justificadas razoavelmente à luz de critérios de reciprocidade, de modo a se evitar que ocorra um global desequilíbrio e danos em relação a uma das partes.[320]

Reconhecer as desigualdades das pessoas é de rigor, não para igualá-las concretamente, pois as diferenças das condições sociais, culturais e econômicas sempre estarão presentes na realidade, mas, sim, para permitir a realização de atos concretos e eficazes que possam atenuar essa lamentável e indesejável cir-

[317] Chiavario, Mario. *Processo e garanzie della persona – le garanzie fondamentali.* 3.ed. v. II. Milano: Dott. A. Giuffrè Editore, 1984. p. 135.

[318] "Provavelmente o primeiro reconhecimento explícito do dever do Estado de assegurar igual acesso à justiça (pelo menos quando as partes estejam na Justiça) veio com o Código Austríaco de 1895, que conferiu ao juiz um papel ativo para equalizar as partes" (Cappelletti, Mauro; Bryant Garth. *Acesso à justiça*. Trad. Ellen Gracie Northfleet. Porto Alegre: Sergio Antonio Fabris Editor, 1988. p. 11).

[319] Idem. Ibidem. p. 10.

[320] Chiavario, M., Op. Cit., 1984 p. 24.

cunstância da vida, levando-se sempre em consideração o critério e o princípio fundamental de uma ética material, ou seja, uma ética voltada para a *produção, reprodução e desenvolvimento da vida humana*.

É bem verdade que esse tema nunca foi tratado com a devida preocupação, pois, muito embora os juristas reconheçam a deficiência da relação jurídica processual em face das vítimas do sistema, permanecem resignados com a situação, limitando-se à incessante, desgastante e infrutífera reivindicação de sua melhoria por parte do Poder Executivo ou do Poder Legislativo.

Para não se permanecer nessa posição conformista, pretende-se apresentar uma alternativa.

A alternativa que se apresenta para esse lamentável quadro de desigualdade processual é realçar a *parcialidade positiva do juiz* e direcioná-la para o efetivo reconhecimento das desigualdades existentes no processo, a fim de que, através dos meios legítimos conferidos pelo ordenamento jurídico, e que não são poucos, possa promover-se o desenvolvimento da relação jurídica processual penal ou civil com base nos princípios democráticos fundamentais previstos na Constituição Federal brasileira de 1988.

Há necessidade, portanto, de se redefinir o papel do juiz, protagonista das atividades que ele coordena e orienta, com o "(...) esfuerzo de colaboración de las partes y profesionales, y sin miedo a la proyección de las consecuencias efectivas, es decir sin apego a la rutina".[321]

Não se deseja, evidentemente, que essa nova configuração do juiz permaneça circunscrita apenas a uma postura meramente ideal, superficial e formalista, senão que ingresse profundamente no conteúdo pragmático do processo penal ou civil. Posição criteriosamente diligente que o conduza a resolver (com certa imaginação) no vértice do direito público e da transcendência da dimensão social em que se encontra estruturado o processo, as desigualdades existentes na relação jurídica processual. Ao juiz são adjudicadas funções, poderes (expressos, implícitos ou inerentes), com o objetivo de exercê-los razoavelmente, exigindo-se, para isso, o devido respeito ao direito de audiência, a bilateralidade, a igualdade das partes, sem incorrer em surpresas desestabilizadoras da regularidade de seu desenvolvimento, "(...) ni en exceso ritual que frustre la sustancia y destino útil de los actos y las actividades que conducen a la setencia".[322]

Para que se alcance algum resultado, exige-se um árduo enfrentamento de dificuldades que, normalmente, configuram o foco filosófico do problema do acesso à justiça, e que circunda e condiciona contextualmente ao desenvolvi-

[321] MORELLO, A., Op. Cit., p. 606.
[322] Idem. Ibidem. Loc. Cit.

mento da relação jurídica processual do caso particular e, em grau determinante, a "ideologia dos profissionais" operadores do direito. Esse enfrentamento é de extrema importância, para que não se compare, como ironicamente se diz na Inglaterra, o acesso à justiça com o eventual ingresso ao "Hotel Ritz", que tem sempre as portas abertas "para todos", ainda que sejam muito poucos os que, na verdade, podem hospedar-se nele.[323]

Ao se tratar do processo penal ou civil e da atividade jurisdicional nele desenvolvida, deve-se abordar a questão vital "da pobreza", e se fazer referência aos paliativos em uso que originariamente se costumam denominar de "benefício de pobreza", ou melhor, "assistência judiciária gratuita" (eufemismo: que benefício pode dar a pobreza numa sociedade de consumo e da cultura de satisfação?). Na verdade, trata-se de epidérmicas ou presumidas compensações (Francesco Carnelutti), que na perspectiva de eximir dos gastos alguns sujeitos da relação jurídica processual, procuram emparelhar situações intrinsecamente desiguais, de quem não pode eleger seu advogado, muito menos assumir o processo em condições ideais ou com melhores possibilidades por causa de insuficiência de recursos.[324]

A pobreza não é mera ficção, senão efeito da desigualdade econômica e social, principalmente no âmbito dos países da América latina.

As grandes barreiras do processo penal ou civil são aquelas que advêm de fora e que se erguem como muros de contenção ao *justo processo*.

Entre essas barreiras, a pobreza caracteriza-se como o tendão de Aquiles de qualquer ciência processual que tenha por objetivo a factibilidade de resultado *équo e justo*.

[323] "Um dos grandes problemas acerca da institucionalização da democracia na América Latina passa pela garantia do acesso universal à justiça. É interessante mencionar, para iniciarmos, a perspectiva pragmática de Aljandro Garro, do New York University:
'Deixando de lado as discussões acadêmicas e altas proclamações, o melhor sistema judicial do mundo não vai ainda permitir justiça se a maior parte do povo não tiver acesso a ele. Tribunais e serviços jurídicos são, em teoria, acessíveis a todos, como o Hotel Sheraton – qualquer um pode entrar, tudo o que se requer é dinheiro. (Garro, A. 'Acess to justice for the poor in Latin América, *In:* O'Donell, G., Mendez, Pinheiro, P. S. The (un) rule of and the underprivileged in Latin America. Notre Dame: Notre Dame University Presse, 1999, p. 278-302)". (Veronese, Alexandre. O terceiro poder em crise: impasses e saídas; *Cadernos Adenauer*, Ano III, 2002, n. 06, Rio de Janeiro: Ed. Fundação Konrad, p. 95 e 96).

[324] Morello, A., Op. Cit., p. 621 e 622.

Até mesmo as nações do chamado sistema mundo dominante reconhecem que a pobreza é o maior entrave para se conseguir o justo desenvolvimento de um processo jurisdicional.[325]

É por isso que a Comunidade Econômica Europeia, em suas considerações sobre a essência e o desenvolvimento de medidas concretas sobre a questão da pobreza, a fim de facilitar o acesso à Justiça, fixou o entendimento de que o acesso, assim como o direito a *uma justa audiência* – garantido pelo art. 6º da Convenção Europeia dos Direitos Humanos (1950), são fatores essenciais de toda sociedade democrática.[326]

Quanto ao ordenamento jurídico italiano, prescreve o art. 3º, inciso 2º, da Constituição italiana, que é obrigação da "República" na sua globalidade de instituições e de órgãos (não excluído, portanto, o judiciário) operar no sentido de se conseguir cada vez mais a igualdade "substancial" e não apenas "formal". Tal é o sentido fundamental indicado pelo princípio que estabelece como obrigação da República remover os obstáculos de ordem econômico e social que, limitando de fato a liberdade e a igualdade dos cidadãos, impedem o pleno desenvolvimento da pessoa humana e a efetiva participação de todos os trabalhadores na organização política, econômica e social do país. Mais especificamente, o inciso 3º, do art. 24, da Constituição Italiana, consagra um plano contundente de inviolabilidade dos direitos de "ação" e de "defesa", vinculando o legislador ordinário a estabelecer as condições e os modos para a reparação dos erros judiciários. Contudo: *Il programa di 'politica sociale della giustizia' che traspare dai citati articoli della Costituzione è tuttavia, ancor oggi, ben lontano dall'essersi tradotto in un efficace apparto di tutela processuale dei soggetti in condizioni sócio-economiche più deboli.*[327]

A nossa Constituição Federal estabelece como objetivos fundamentais da República Federativa do Brasil, a erradicação da pobreza e a redução das desigualdades sociais e regionais (artigo 3º, inciso III). O judiciário como componente importante da República tem papel preponderante na concretização desses objetivos.

Para se ter uma ideia da influência do problema econômico na administração da justiça, podemos observar o que acontece nos EE.UU.: *La verdad es que el costo de la Justicia, en todas las latitudes, es caro y poco accesible. Uno de los fiscales del caso "Watergate", el famoso Philip Heymann, ha reconocido que éste es el "talón de Aguiles" cuando se capta que la crítica más seria al sistema norteamericano de Justicia es que resulta*

[325] Idem. Ibidem. p. 242.

[326] Idem. Ibidem. p. 242 e 243.

[327] Chiavario, M., 1984, Op. Cit., p. 371 e 372.

muy oneroso a la hora en que todos los acusados solicitan sus derechos y piden que se realice el juicio con jurados. 'Entonces, y finalmente, sólo el veinte (20) por ciento de los acusados llega suele negociar entre el fiscal y el defensor; el inculpado se declara culpable y logra una condena menor de la que hubiera obtenido en un hipotético juicio. Habría que buscar una vía para que más casos lleguen al Tribunal. Como están las cosas, tenemos procesos ejemplares – que cuestan mucho dinero- para un porcentaje reducido de los acusados y un sistema barato que, de manera indirecta, alienta a decir 'Yo soy culpable'. Sinceramente, no me parece justo.[328]

O sistema, na verdade, não funciona para "o homem comum" (Gelsi Bidart). O cidadão, em geral, ou bem tem uma justiça (sua defesa) de segunda categoria ou simplesmente não conta com possibilidade de acesso à jurisdição, nem a outras opções alternativas, se é que elas efetivamente existem. Qualquer tentativa de análise do tema, pragmaticamente, demonstra que um aspecto é a possibilidade de se valer do devido processo legal adjetivo para os ricos, e outra para aquele, que de fato, envolvido em sua pobreza, quer usar a vestimenta de litigante. Tudo o mais não passa de simples retórica. É por isso que se exige para a resolução dos conflitos uma urgente e desesperada mudança fundamental e suficiente, que vá além do que atualmente se vem oferecendo, a fim de que a jurisdição seja uma atividade efetivamente igualitária.[329]

O que se percebe, atualmente, principalmente no pensamento da grande massa desprovida de atenção social e estatal, é que os atuais mecanismos processuais só funcionam para alguns poucos. Na realidade: *Hay una atmósfera de desconfianza, de enojo, con lo que se proclama y ofrece, por los profesionales del derecho, porque así no tiene destino, no sirve, es insuficiente. Una fachada que oculta el muy diferente rostro de la realidad, sin logros de superación, porque en los hechos no atinamos sino a brindar más de lo mismo. La única verdad es la que los pobres pierden siempre.*[330]

É por isso que se indaga sempre: *¿Quién se defenderá cuando de hecho no puede hacerlo con igualdad de armas? ¿No está ya vencido, antes de estructurarse un litigio que, en tales condiciones, sólo será aparente y que aunque formalmente se colorea como tal, en lo que es sustancial o materialmente exigido por la Constitución, termina en un fallo contrario a sus normas fundamentales?*[331]

Não basta apenas proclamar-se o direito ao justo processo. Exige-se um desafio muito mais eloqüente, ou seja, a derrubada das barricadas, especialmente as sociais e econômicas, consistentes em fatores de desigualdades reais das partes

[328] Morello, A., Op. Cit., p. 260.
[329] Idem. Ibidem. p. 614.
[330] Idem. Ibidem. p. 616.
[331] Idem. Ibidem. p. 450.

na relação jurídica processual. Sem isso, para muitos o caminho para justiça permanecerá intransitável.

As barreiras exógenas são verdadeiras "arbitrariedades externas", cuja não razoável incidência produz os mesmos resultados que a "arbitrariedade na motivação das sentenças", que é uma grave irracionalidade interna do processo.[332]

Conforme preconiza Augusto Morello, tudo isso nos propõe ao desafio do redescobrimento das pautas fundamentais que dão sustentação ao justo processo. Postula-se a retirada dessa máscara (formal) que disfarça, mas que também, paradoxalmente, deixa a descoberto "la indefensión sustancial", encapsulada na viva realidade do processo penal ou civil, e que não se conforma com o sentimento de justiça.[333]

Devem-se observar as coisas concernentes à jurisdição "(...) con los ojos del que está necesitado de que se le haga justicia en su concreto reclamo".[334]

Segundo Augusto Morello: *No intentamos, obviamente, allegar respuestas políticas a a todos los males de la sociedad, ni hacer de Quijote o Robin Hood para enmendar las situaciones con las que nos topamos a diario y que, de una o otra manera, "perturban" en grados cada vez más intensos el sentido global del servicio por la generalización y la hondura de las discriminaciones. De lo que se trata – nos parece – es de reformular la manera de organizar la "empresa" de la justicia – que siempre se ha encarado desde un exclusivo matiz de técnica formal – lo que reputamos erróneo y parcial porque no permite alcanzar un deseado sinceramiento en la comprensión del debido proceso justo, que no tolera ya el infértil y simplificador paradigma que lo reduce al constante empeño de "idealizarlo" en las normas constitucionales. En verdad nos consta del modo más fehaciente que sus predicados rectores, desde el afianzar la justicia para muchos – una gran mayoría – son inaccesibles o prácticamente imposible de hacerlos medianamente ciertos en el derecho vivido (Ortega y Gasset).*[335]

Há necessidade de se refletir o processo civil, conforme já o fez Juan Eduardo Couture, ou seja, buscando um encontro de equilíbrio entre os postulados *políticos, sociais e econômicos externos*. Segundo o processualista uruguaio, o direito processual de uma democracia há de eliminar as bases do individualismo e formular *todo um sistema* que seja construído de acordo com o próprio regime democrático, que é o da defesa de nossa natureza humana; para isso deve-se transitar

[332] Idem. Ibidem. p. 264.
[333] Idem. Ibidem. p. 609.
[334] Idem. Ibidem. p. 610.
[335] Idem. Ibidem. p. 610.

pelos valores da dignidade e da igualdade, sem os quais não se poderão assumir *solidariamente* as exigências do bem comum.[336]

Deve-se compatibilizar o estudo do processo com a realidade social, ou seja, fundamentalmente: (...) para valorar si el régimen jurídico de aquélla es adecuado a los fines que debe alcanzar, y si son efectivas para todas las personas, cualquiera sea su condición, las garantías que (en principio) supone la existencia de la jurisdicción y del proceso, y tras esa valoración, para configurar los instrumentos apropiados para un ajuste más perfecto entre norma y realidad social.[337]

A pobreza, indubitavelmente, afeta a própria participação da parte em juízo, causando danos irremediáveis à ampla defesa, ao contraditório e à igualdade de armas.[338]

Muito embora não seja o processo ontologicamente um meio em si de "promoção" de justiça social, pode-se dizer que o processo, com os seus custos humanos e econômicos e com as suas consequências, "(...) offre infatti un terreno paticolarmente idoneo a divenire, a seconda dei casi, un amplificatore di quei condizionamenti, ovvero un, sia pur indiretto, fattore di eguaglianza 'sostanziale'.[339]

Para se romper com as barreiras externas que põem em dúvida a factibilidade (pragmática) dos resultados conseguidos com a decisão que é proferida na relação jurídica processual penal ou civil, exigem-se medidas que permitam suplantar os fatores socioeconômicos que interferem na realização de um processo *justo e équo*.

As questões prioritárias (nucleares) que capturam a atenção dos estudiosos neste momento, e que possivelmente dominarão todo o horizonte processual constitucional do Século XXI, circulam por uma ampla faixa geral e comum a todos os países e se desdobram em um elenco integrado por: – *privilegiar su rol instrumental – de serviço- en el núcleo de la persona (principal referencia del Derecho), con base en la pauta guía de la solidaridad y dimensión social; la meta del debido proceso adjetivo, el desemboque real, es un fallo justo que en verdad solucione o disuelva los conflictos, que brinde una tutela efectiva, facilitando la realización del derecho material; – dar prioridad a los valores; en la cumbre, la dignidad de la persona, pero también en las sociedades de masas y en la escala de los conflictos coexistenciales, preservar la paz jurídica; – reconocer*

[336] Apud Idem. Ibidem. p. 611.

[337] Idem. Ibidem. Loc. Cit.

[338] "La stessa natura dialettica del processo vuole duello ad armi uguali e non sarebbero eguali le armi di un accusatore giurisperito e di un accusato digiuno di diritto". (BELLAVISTA, Girolamo. *Lezioni di diritto processuale penale.* 4. ed. Milano: Dott. A. Giuffrè Editore, 1973. p. 203).

[339] CHIAVARIO, M., 1984, Op. Cit. loc. cit.

que el hallazgo inteligente de las respuestas será la conclusión de un método interdisciplinario; en donde cada especialización arrime su verdad, su técnica, sumándose al esfuerzo común;- El juez debe saber sumar a su función normal – la de dar con sus sentencias soluciones jurídicas – la creativa del derecho aplicable al caso, la de un activismo protagónico y una presencia y dirección inteligentes.[340]

A incansável luta para se derrubarem e ultrapassarem os obstáculos e as barreiras, tanto as do interior do processo em si (em particular a idealização abstrata do processo como realização suficiente e cabal do direito de defesa em juízo e a demora e ineficácia de suas decisões), como as exógenas demonstradas por tantas circunstâncias sociológicas debilitadoras (pobreza, linguagem, desinformação, discriminações), conduz a uma nova perspectiva: *"(...) el del proceso justo, como resultante de los ajustes interiores y del paulatino e intenso derrocamiento de las vallas que, desde afuera de los tribunales, impiden el acesso a jurisdicción".* Essa perspectiva de um "processo justo" também é representada pela dimensão social de um processo, caracterizado por um aspecto mais humano e solidário, bem como pelo trânsito de uma justiça ortodoxamente "liberal" para aquela que incorpora em suas vivencias *"(...)las exigencias del estado social de derecho, en el pivote de una clara relevancia del solidarismo (la justicia con un rostro más humano)".*[341]

São mudanças importantes e adequadas para um perfeito funcionamento do processo atual, ou seja: *(...) de la garantización de una aparente igualdad de armas a la destrucción de las barreras que impiden – en los hechos – asegurar la igualación real, consagrando la desprotección del débil, carenciado o sin capacidad económica de similar nivel, para equipararlos a la del dominante, lo que en la praxis equivale a verdadera privación de justicia; al mismo tiempo, un retorno a la personalización, a la debida consideración central de la persona, también, como sujeto del proceso o de sus alternativas integradoras (...); la constante y preferente atención en el hombre que está envuelto en el conflicto que dio origen a la controversia , y que aguarda la solución de ésos, sus problemas, que son los referentes del derecho y, también, del proceso; el franco reconocimiento de que el proceso es una institución social; los intereses que en él se hallan en juego trascienden los de las partes; humanizar el proceso es personalizarlo; al cabo socializarlo con los aires no egoístas de la solidariedad.*[342]

Nessa notável e civilizada evolução, inserem-se as conquistas propugnadas pelo modelo legítimo de acesso à justiça, cujos princípios atingem gravemente o

[340] Morello, A., Op. Cit., p. 625 e 626.

[341] Idem. Ibidem. p. 234.

[342] Idem. Ibidem, p.306.

velho edifício do "processo legal", para torná-lo mais "poroso, funcional, sincero e realista".[343]

Na verdade, a injustiça percorre todo o organismo social e solta suas raízes onde encontra um terreno propício. A fonte de injustiça está num sistema que reproduz em todos os níveis o abuso sem distinção de classe. Deve-se cada vez mais sustentar e com rigor a aspiração ética e intelectual que, por detrás de qualquer investigação teórica, conserva intacta sua razão de ser: "(...) la necesidad de eliminar la explotación económica y los abusos y discriminaciones sociales".[344]

Portanto, *"recién cuando se derriben las 'barreras', y se remuevan los obstáculos que en la realidad ponen vallas insuperables a las demandas de los pobres a la Jurisdicción – en concreto, no en los sueños que promete la lectura de los textos constitucionales – podremos, sin hipocresías, afirmar que ha llegado el tiempo de los Derechos Humanos – entre los cuales el primero y capital, el proceso justo, es la palanca con la cual brincar al modelo adulto y solidarista del acceso a la Justicia"*.[345]

É por isso que se exige para a solução dos conflitos, urgentes mudanças fundamentais, que vão mais além do que atualmente se vem oferecendo, a fim de que a jurisdição seja uma atividade efetivamente igualitária, solidária e humana.

E o novo C.P.C. apresenta uma dessas mudanças, ao permitir no âmbito da produção probatória a aplicação do princípio da *inversão do ônus da prova*.

Um exemplo claro dessa inversão ou dessa distribuição de produção probatória, podemos encontrar na necessidade de realização do exame de DNA no processo de investigação de paternidade. Neste caso, o juiz poderá determinar que o exame de DNA seja realizado à custa do eventual pai (que possui meios econômicos suficientes para arcar com a realização da referida prova), principalmente quando a mãe ou o filho são economicamente *hipossuficientes*.

343 Idem. Ibidem. p. 355 e 340.
"Quizás quien en nuestra época haya reflejado con mayor solidez esa necesidad (sentimiento) de reducir las desigualdades sea John Rawls (Teoria de la Justicia) al consagrar el 'principio de la diferencia', según el cual no cabe conformarse con que el progreso de uno o pocos redunde en el progreso de otros, sino que corresponde exigir que se vuelque específicamente en beneficio de los que están peor, de suerte que habría que formulárselo de modo más severo: 'voy a aceptar que tú ganes más con la condición de que tu ganancia redunde en beneficio de los que ganan menos'. También resalta el otro principio de la justicia que es el de que 'la igualdad de oportunidades sea *equitativa*: lo que supone que la sociedad, de alguna manera, debe compensar las desventajas del punto de partida: que todos puedan partir del mismo nivel'". (Grondona, Mariano, *Los pensadores de la liberdad – de John Locke a Robert Nozick*. 6. ed. Sudamericana, 1992, pp. 141-144).

344 Morello, A., Op. Cit., p. 346.

345 Idem. Ibidem. p. 351.

Da mesma forma será o caso do pagamento da realização de uma prova pericial. Mesmo que a prova devesse ser produzida por uma das partes, o juiz poderá inverter o ônus da prova, determinando que o custo dessa prova seja suportado pela parte contrária.

Também será o caso da inversão do ônus da prova a alegação de que determinada área não pertence a indígenas ou mesmo a quilombolas.

Contudo, o §1º do art. 373 do novo C.P.C., ao mesmo tempo em que permite a *distribuição diversa do ônus da prova,* também estabelece dois requisitos importantes para a sua aplicação: a) a decisão que assim estabelecer deverá ser fundamentada; b) a inversão deverá respeitar o princípio do contraditório, permitindo que a parte desincumba-se do ônus que lhe foi atribuído.

Isso significa dizer que o juiz deve indicar na motivação de sua decisão as circunstâncias de fato que justificam a aplicação do art. 373, bem como conferir à parte que deverá arcar com o ônus o devido contraditório, ou seja, a possibilidade de se manifestar previamente antes da prolação da decisão.

A distribuição diversa do ônus da prova deverá ser comunicada à parte em tempo hábil, ou seja, em tempo suficiente para que a parte possa desempenhar adequadamente o ônus que lhe foi atribuído.

Quanto ao *momento da aplicação da regra dessa inversão (distribuição) do ônus da prova,* ensinam os renomados juristas, Ada Pellegrini Grinover, Antônio Herman de Vasconcellos e Benjamin, Daniel Roberto Fink, José Geraldo Brito Filomeno, Kazuo Watanabe, Nelson Nery Júnior e Zelmo Denari, ao comentarem o Código de Defesa do Consumidor, que tal fato ocorre quando do *julgamento da causa*. Segundo eles, as regras de distribuição do ônus da prova são *regras de juízo* e orientam o juiz, quando há um *non liquet* em matéria de fato, a respeito da solução a ser dada à causa. O mesmo entendimento foi sustentado por Cecília Matos, para quem, é no instante de sentenciar que o juiz apreciará a necessidade de se utilizar das regras do ônus da prova, invertidas ou não. E prossegue: *"A partir desses argumentos discorda-se da posição dos autores que sustentam que a inversão deve se dar no recebimento da petição inicial, no despacho saneador ou, ainda durante a instrução, justificando esta posição com o argumento de que, do contrário, haveria ofensa à ampla defesa do fornecedor".*[346]

Contudo, pelas regras do novo C.P.C., a distribuição diversa do ônus da prova deverá observar o princípio do contraditório, razão pela qual não poderá ocorrer quando do momento da decisão do juiz, mas em momento anterior, ou seja, logo

[346] GRINOVER, Ada Pellegrini, org. *Código de defesa do consumidor*. 6. Ed., Rio de Janeiro: Forense Universitária, 1999. p. 714 e 715.

com a propositura da demanda ou, o que me parece mais plausível, quando do saneamento do processo.

Trata-se, portanto, de *regra de instrução*.

Contra a redistribuição do ônus da prova, caberá recurso de agravo de instrumento (art. 1.015, inc. XI, do atual C.P.C.).

Essa conclusão também se pode retirar do conteúdo do disposto no *§2º do art. 373* do atual C.P.C. que assim estabelece: *A decisão prevista no § 1º deste artigo não pode gerar situação em que a desincumbência do encargo pela parte seja impossível ou excessivamente difícil.*

É importante permitir-se o contraditório com antecedência, até para que a parte possa alegar e comprovar que a nova distribuição do ônus da prova tornou-se impossível ou até excessivamente difícil.

Aliás, o S.T.J. já vem exigindo o contraditório prévio da inversão no ônus da prova mesmo quando tal ocorre em face do Código de Defesa do Consumidor. Nesse sentido é o seguinte precedente:

> *(...).*
>
> *2. Hipótese em que o acórdão recorrido considera a inversão do ônus da prova prevista no art. 6º, inciso VIII, do CDC regra de julgamento e o acórdão paradigma trata o mesmo dispositivo legal como regra de instrução. Divergência configurada.*
>
> *3. A regra de imputação do ônus da prova estabelecida no art. 12 do CDC tem por pressuposto a identificação do responsável pelo produto defeituoso (fabricante, produtor, construtor e importador), encargo do autor da ação, o que não se verificou no caso em exame.*
>
> *4. Não podendo ser identificado o fabricante, estende-se a responsabilidade objetiva ao comerciante (CDC, art. 13). Tendo o consumidor optado por ajuizar a ação contra suposto fabricante, sem comprovar que o réu foi realmente o fabricante do produto defeituoso, ou seja, sem prova do próprio nexo causal entre ação ou omissão do réu e o dano alegado, a inversão do ônus da prova a respeito da identidade do responsável pelo produto pode ocorrer com base no art. 6º, VIII, do CDC, regra de instrução, devendo a decisão judicial que a determinar ser proferida "preferencialmente na fase de saneamento do processo ou, pelo menos, assegurando-se à parte a quem não incumbia inicialmente o encargo, a reabertura de oportunidade" (RESP 802.832, STJ 2ª Seção, DJ 21.9.2011).*
>
> *5. Embargos de divergência a que se dá provimento.*
>
> (EREsp 422778/SP, Rel. Ministro JOÃO OTÁVIO DE NORONHA, Rel. p/ Acórdão Ministra MARIA ISABEL GALLOTTI, SEGUNDA SEÇÃO, julgado em 29/02/2012, DJe 21/06/2012)

A distribuição diversa do ônus da prova poderá ser determinada de *ofício pelo juiz*, ou, também, pode ocorrer por *convenção das partes*, salvo quando a causa recair sobre direito *indisponível da parte* ou *tornar-se excessivamente difícil a uma parte o exercício do direito*, conforme estabelece o *§3º do art. 373* do novo C.P.C. Esse dispositivo, numa análise invertida, permite tirar a conclusão de que as partes podem convencionar de forma diversa dos preceitos normativos o ônus da prova, respeitando-se desta forma a autonomia de vontade dos sujeitos de direito.

Assim, o código permitiu convenções relativas ao ônus da prova.

Sobre a prova convencional, leciona Francesco Carnelutti: *"Pode-se perguntar se, ao lado da lei como fonte de regras de valoração das provas, deve-se ou pode-se permitir também a convenção, e portanto se, em antítese à prova livre, juntamente com a prova legal deve-se ou pode-se falar em prova convencional.*

Convenção é usada aqui, em sentido amplo, por negócio bilateral como 'genus' abrangendo o contrato e o acordo): que, enquanto se tiver de admitir, a convenção sobre a eficácia das provas pertence a esta segunda e não à primeira espécie, demonstra-se com as mesmas razões que servem para colocar na categoria dos acordos, mais do que na dos contratos, o compromisso e a cláusula de prorrogação ou de derrogação da competência.... Várias ordens de argumentos, a meu entender, contribuem à formação de um princípio de disposição das partes quanto ao valor das provas. Reconhece-se às partes um poder de disposição quanto à afirmação dos fatos e quanto à proposição das provas, porque se lhes tem de negar quanto à sua avaliação? Os materiais para a interpretação analógica são exatamente estes. Sabemos que o poder de disposição chega até à eleição do juiz; onde está a razão para excluir sua potência em matéria de avaliação das provas?...Se as partes para proporcionar um ambiente de certeza em relação a si próprias, estão de acordo com menores garantias de justiça, porque seu acordo não tem de vincular ao juiz?

Colocada a questão assim, deve excluir-se a solução negativa e tudo se reduz em fixar limites ao poder das partes, ou seja, a eficácia de seu acordo".[347]

Muito embora o §3º do art. 373 do novo C.P.C. permita que as partes convencionem o encargo da prova, há limites legais para que isso aconteça.

Sobre esses limites, preconiza Francesco Carnelutti: "*Também estes limites são fáceis de determinar; e as reflexões que se podem fazer para tal fim ajudam a robustecer o fundamento do princípio. O poder de disposição das partes quanto à avaliação das provas anda paralelamente com seu poder de disposição sobre a tutela dos interesses em litígio; isto quer dizer que quando sua tutela não depender de sua vontade, é ineficaz o acordo relativo ao valor das provas. Os limites do princípio, da mesma forma que o próprio princípio, esta-*

[347] Carnelutti, Francesco. *Sistema de direito processual civil* Trad. Hiltomar Martins Oliveira. Vol. II. São Paulo: Classic. Book, 2000. p. 587 a 589.

belecem-se por analogia: lembre-se que o compromisso não é válido, de acordo com o art. 8º do Código de Procedimento Civil, quanto às questões de estado, de separação conjugal e qualquer outra que não possa ser transigida; reflita-se também sobre um limite ao senhorio das partes sobre as afirmações dos fatos e a proposta das provas derivada da atividade do Ministério Público nos processos encaminhados à composição de um litígio de interesses públicos: é certo que esta matéria está regulada muito deficientemente em nossa antiga lei, mas o princípio, sem dúvida, é assim. No fundo, o poder de disposição das partes no processo coordena com o poder de disposição das partes sobre o litígio; posto que até agora foi permitido às partes solucionar seu litígios por meio de uma transação, não se lhes pode negar que regulem com seus acordos o resultado do processo...".[348]

Em nosso ordenamento jurídico, esses limites estão preconizados no próprio §3º do art. 373 do novo C.P.c., a saber: "*A distribuição diversa do ônus da prova também pode por convenção das partes, salvo quando: I – recair sobre direito indisponível da parte; II – tornar excessivamente difícil a uma parte o exercício do direito*".

Nessas duas hipóteses, direito indisponível da parte, ou no caso de se tornar excessivamente difícil a uma parte o exercício do direito, não se poderá convencionar de forma diversa do que determina a lei processual o ônus da prova.

A mesma regra observa-se no art. 2.698 do Código Civil italiano: "*São nulos os pactos com os quais é invertido ou é modificado o ônus da prova, quando se trata de direitos indisponíveis pelas partes ou quando a inversão ou a modificação tem por efeito tornar a uma das partes excessivamente difícil o exercício do direito*".

Comentando o art. 2.698 do C.c. italiano, prescrevem Comoglio, Ferri e Taruffo: "*A modificação pactuada ou convencional do ônus da prova é admitida e regulada pelo art. 2.698 c.c. A norma considera os pactos com os quais modificam ou invertem o ônus da prova sancionada de nulidade quando se trata de direitos indisponíveis, e quando a modificação ou a inversão tenha por efeito de tornar excessivamente difícil a uma das partes o exercício de seu direito. Na primeira hipótese o legislador deseja evidentemente impedir que as partes disponham de modo indireto e sub-reptício de um direito indisponível. A segunda hipótese é remetida à valoração discricionária do juiz: a razão da norma é impedir que uma parte agrave excessivamente a própria posição processual aceitando um acordo desvantajoso sobre o ônus probatório*".[349]

São casos de direitos indisponíveis: os direitos fundamentais da personalidade, salvo os economicamente transferíveis; os direitos de incapazes etc. Por sua vez, poderá tornar-se excessivamente difícil a uma parte o exercício do direito na hipótese de um hipossuficiente.

[348] CARNELUTTI, F., idem, ibidem.

[349] COMOGLIO, Luigi Paolo; FERRI, Corrado; TARUFFO, Michele. *Lezioni sul processo civile*. Bologna: Il Mulino, 2006. p. 440.

A nulidade da convenção da inversão do ônus da prova nas hipóteses do §3º do art. 373 do novo C.P.C. é de tal ordem, que nem mesmo o juiz poderá, de ofício, realizar tal inversão.

O §4º do art. 373 do novo C.P.C. estabelece a *convenção de que trata o §3º do art. 370 pode ser celebrada antes ou durante o processo.*

Assim, a convenção de distribuição diversa da prova pode constar em documento extrajudicial, como num contrato, ou ser decorrente de manifestação realizada no bojo de uma relação jurídica processual.

Art. 374

Não dependem de prova os fatos:

I – notórios;

II – afirmados por uma parte e confessados pela parte contrária;

III – admitidos no processo como incontroversos;

IV – em cujo favor milita presunção legal de existência ou de veracidade.

Sumário:

1. Dos fatos que não dependem de provas

A prova tem por finalidade convencer o juiz sobre a existência ou não de determinado fato que interessa à resolução da controvérsia posta em juízo.

Raramente há a necessidade de se comprovar um direito, como na hipótese do direito estrangeiro ou consuetudinário.

Porém, nem todos os fatos alegados pelas partes carecem de prova.

Não há necessidade de provar as alegações das partes que digam respeito aos fatos notórios, ou aos fatos afirmados por uma parte e confessados pela parte contrária, ou admitidos no processo como incontroversos, ou, ainda, quando milita em favor do fato a presunção legal da existência de veracidade.

1.1. O fato notório

O fato notório advém da escolástica, que, por sua vez, legitimou uma exceção aos preceitos gerais da prova: *notória non egent probatione.*

O notório, portanto, é de procedência canônica.

A medida filosófica do valor do fato notório deve-se a Santo Agostinho, que o qualificava como *evidência*, ou seja, uma evidência produzida pela publicidade, resultado, por sua vez, da difusão entre o povo. Na escolástica havia um discriminativo prévio:

"Notorietate facti, fatos conhecidos por todos ou por tão vasto círculo de pessoas que qualquer ocultação a seu respeito tornava-se impossível; e notorietate júris, conhecidos judicialmente, por sentença passada em julgado ou por confissão regular em juízo".[350]

Após um longo eclipse, o fato notório ressurge na legislação germânica, sem qualquer relação causal com o direito canônico. A *civilprozessordnung für das Deutsche Reich,* 30 de janeiro de 1877, eximia o notório da prova, sem defini-lo, afastando-se essencialmente da tradição canônica posto que incluía no gênero uma forma inconciliável, que não provinha já da publicidade. Assim passou à disposição vigente: *"Os fatos notórios para o Tribunal, não necessitam de prova".* No mesmo sentido: a lei austríaca de 1º de agosto de 1895, parág. 269; O Código Processual da Hungria, 267; do Japão, 218; o da China (22 de junho de 1921).[351]

O art. 115, inc. 2, do C.P.C. italiano estabelece: *"Salvo os casos previstos em lei, o juiz deve inserir como fundamento da decisão as provas propostas pelas partes e pelo Ministério Público, assim como os fatos não especificadamente contestados pela parte constituída. O juiz pode, todavia, sem necessidade de prova, inserir como fundamento da decisão as noções de fato que se enquadram na comum experiência".*

É bem verdade que o mérito do que haja conquistado o notório no direito italiano, depois de abril de 1942, deve-se atribuir ao legislador, não ao juiz. Antes dessa data, a situação era oscilante. Mas, na época de Lessona, a quem precediam, no tempo, Ellero, Carrara e Giurati, e, logo, acompanharam Lomonaco, Flórian, Manzini, prevaleceu na magistratura a tese contrária à notoriedade. As sentenças de então poderiam ser catalogadas desta forma: a) o notório não está entre as provas legais, e seu conteúdo não tem, consequentemente, entrada no processo; b) o notório não pode ser, por si só, elevado à categoria de meio normal de prova; c) o que a lei quer, em matéria de prova, não é o notório mas a verdade.[352] Posteriormente, até a vigência do novo código italiano, pronunciaram-

[350] Carnelli, Lorenzo. *O fato notório.* Trad. Erico Maciel. Rio de Janeiro: José Konfino, 1957. p. 68.

[351] Carnelli, L., idem, p. 70.

[352] Carnelli, L., idem, p. 81.

-se favoravelmente ao fato notório três grandes mestres, Chiovenda, Carnelutti e Calamandrei.

Contudo, atualmente, e segundo a interpretação largamente prevalecente no direito italiano, o inc. 2 do art. 115 do C.P.C. italiano traz em seu conteúdo os denominados fatos *notórios* e as denominadas *máximas de experiência.*[353]

São notórios os fatos que pertencem à cultura do homem médio no lugar e no momento em que a decisão é proferida. Trata-se, então, de fatos geralmente conhecidos, e também de fatos que geralmente não são conhecidos à generalidade dos consorciados, mas que podem ser rapidamente conhecidos por qualquer um por meio dos normais instrumentos de informações.[354]

Assim, são fatos notórios, *"circunstâncias históricas, dados geográficos, eventos importantes da vida social, econômica e política (guerra, tempestades, eleições, desvalorização monetária etc)".*[355]

A notoriedade geralmente é do conhecimento da generalidade dos cidadãos, mas também se admite a *notoriedade relativa*, que existe dentro de um limitado círculo social ou profissional. E a razão pela qual *notória non egent probatione* é muito evidente: *"o controle sobre a atendibilidade da existência destes fatos não precisa ser efetuado em juízo com meios de prova 'ad hoc' porque é implícito na própria notoriedade do fato. Em substância, são os ambientes sociais e a cultura média nesse difundida a garantir a referida veracidade. O fato notório pode ser principal quando representa um fato constitutivo da demanda ou da exceção: em tal caso – segundo a orientação difundida na doutrina – esse poderia ser levado em consideração, somente quando fosse alegado por uma parte. De regra, trata-se de fatos secundários que têm alguma relevância no contesto da decisão: em tal caso o juiz pode (segundo alguns: deve) levá-lo em consideração ainda que não tenha sido alegado".*[356]

Mc.Cormic (*Encyclopedia of the Social Sciences, 1937, verb: 'Evidenci'*), ensaia as seguintes hipóteses em que se dispensa a prova no direito norte americano: *"acham-se dispensados de prova para os juízes norte-americanos, afora os fatos admitidos: a) os de conhecimento universal (o gelo é mais leve que a água, o calor dilata os corpos); b) os que são suscetíveis de conhecimento judicial isento de discussão ou dúvida razoável (o calendário, sistemas como o de pesos e medidas); c) os que emanam de informações oficiais (termos relativos a uma lei nacional".*[357]

[353] Comoglio, L. P.; Corrado, F.; Taruffo, M., op. Cit., p. 416.
[354] Comoglio, L. P.; Corrado, F.; Taruffo, M., idem, ibidem.
[355] Comoglio, L.p.; Corrado, F.; Taruffo, M., idem, ibidem.
[356] Comoglio, L.p., Ferri, C.; Taruffo, M., idem, ibidem.
[357] Apud, Carnelli, L., op. Cit., p. 85.

É importante salientar que o *notório* não significa, pela sua origem, o verdadeiro ou indiscutível.

A academia define assim o *notório*: *'público e sabido de todos'*. Assiná-la nessa definição um valor de quantidade em determinado saber, que se faz manifesto: *mas não estabelece relação alguma de certeza*. Assim, *notorius* é o conhecido e sabido de todos, sem a pretensão inegável de ser verdade.[358]

A questão é definir o sentido do que se entende *sabido por todos*. Qual o número mínimo exigível para que possa haver publicidade: *"Alguns canonistas falavam em dez pessoas, base indispensável para uma paróquia, bastando a simples maioria aos efeitos do notório. Gamache precisa que onde não se congregassem dez convizinhos nenhum resultado se fazia possível, ainda que se dispusesse da unanimidade. Dentro de tais limites, seis opiniões bastavam; termos médios, aliás, que aumentavam com o crescimento do vizindário. Tratando-se de cidades populosas, como Roma e Paris, entendia-se, segundo um comentador francês, que a solução deveria ser entregue ao homem 'sage et prudent'. Disputavam também os doutores, por escrúpulos dogmáticos. Em uma de suas Encíclicas, Bento XIV recomendou que se tivesse presente a diferença que no notório cabia segundo versasse sobre fatos em que o delito procedesse da só ação exterior ou sobre fatos em que o delito dependesse, principalmente, da 'disposição interna da alma"*.[359]

Sobre o tema, eis os seguintes precedentes do S.T.J.:

(...).

2. Alegação do laboratório fabricante, acolhida pelas instâncias de origem, de que nenhum anticoncepcional é cem por cento eficaz, tendo essa informação constado de sua bula.

3. Fato notório de que os métodos contraceptivos não são 100% eficazes.

4. Informação constante da bula do medicamento.

5. Não caracterização do defeito de informação.

6. Necessidade de revisão da prova colhida no processo que esbarra no óbice da Súmula 07/STJ.

7. AGRAVO REGIMENTAL DESPROVIDO.

(AgRg no REsp 1261815/SC, Rel. Ministro PAULO DE TARSO SANSEVERINO, TERCEIRA TURMA, julgado em 19/02/2013, DJe 25/02/2013).

(...).

1. Desde que limitada ao mínimo previsto na legislação previdenciária, não se exige, para fins de indenização, a comprovação das despesas havidas com funeral e sepulta-

[358] CARNELLI, L., op. cit., p. 91.

[359] CARNELLI, L, idem, p. 94.

mento, por se tratar de fato notório que deve ser presumido, pela insignificância do valor no contexto da ação, bem como pela natureza social da verba, de proteção e respeito à dignidade da pessoa humana.

Precedentes.

2. A aparente divergência jurisprudencial no âmbito do STJ, pela necessidade de comprovação das despesas de funeral, é antiga e se encontra superada.

3. Recurso especial provido.

(REsp 1128637/RJ, Rel. Ministra NANCY ANDRIGHI, TERCEIRA TURMA, julgado em 03/05/2012, DJe 10/05/2012).

(...).

3. Aplica-se a Súmula nº 7/STJ na hipótese em que a tese versada no recurso especial, referente à legitimidade dos valores apresentados pelo ECAD como devidos sem juntada do respectivo regulamento por configurar fato notório, reclama a análise dos elementos probatórios produzidos ao longo da demanda.

4. Agravo regimental não provido.

(AgRg no Ag 1244068/PR, Rel. Ministro RICARDO VILLAS BÔAS CUEVA, TERCEIRA TURMA, julgado em 24/04/2012, DJe 03/05/2012).

(...)..

5. No mais, é de se assentar que o prejuízo ao erário, na espécie (fracionamento de objeto licitado, com ilegalidade da dispensa de procedimento licitatório), que geraria a lesividade apta a ensejar a nulidade e o ressarcimento ao erário, é in re ipsa, na medida em que o Poder Público deixa de, por condutas de administradores, contratar a melhor proposta (no caso, em razão do fracionamento e consequente não-realização da licitação, houve verdadeiro direcionamento da contratação).

6. Além disto, conforme o art. 334, incs. I e IV, independem de prova os fatos notórios.

7. Ora, evidente que, segundo as regras ordinárias de experiência (ainda mais levando em conta tratar-se, na espécie, de administradores públicos), o direcionamento de licitações, por meio de fracionamento do objeto e dispensa indevida de procedimento de seleção (conforme reconhecido pela origem), levará à contratação de propostas eventualmente superfaturadas (salvo nos casos em que não existem outras partes capazes de oferecerem os mesmos produtos e/ou serviços).

(...).

9. Dessa forma, milita em favor da necessidade de procedimento licitatório precedente à contratação a presunção de que, na sua ausência, a proposta contratada não será a economicamente mais viável e menos dispendiosa, daí porque o prejuízo ao erário é notório. Precedente: REsp 1.190.189/SP, de minha relatoria, Segunda Turma, DJe 10.9.2010.

(...).

(REsp 1280321/MG, Rel. Ministro MAURO CAMPBELL MARQUES, SEGUNDA TURMA, julgado em 06/03/2012, DJe 09/03/2012).

(...).

2. A legitimidade da Brasil Telecom S/A para responder pela chamada "dobra acionária", relativa às ações da Celular CRT Participações S/A, decorre do protocolo e da justificativa de cisão parcial da Companhia Riograndense de Telecomunicações (CRT). Constitui fato notório, reiteradamente reconhecido pelas instâncias locais, que o protocolo e a justificativa de cisão da Companhia Riograndense previa que, para cada ação que o titular possuísse antes da cisão, equivaleria a uma ação da telefonia fixa (CRT) e a outra da telefonia móvel (Celular CRT).

(...).

(REsp 842.118/RS, Rel. Ministro LUIS FELIPE SALOMÃO, QUARTA TURMA, julgado em 08/11/2011, DJe 29/11/2011).

(...).

2. Veja-se, em primeiro lugar, o que dispõe art. 334, inc. I, da Lei Adjetiva Civil, no sentido de ser dispensada a prova de fato notório. Não custa lembrar a larga divulgação dada pela mídia ao caso da cassação de Jackson Lago, no Maranhão. Nesta ocasião, apreciando exceção de suspeição levantada junto ao Tribunal Regional Eleitoral daquele Estado-membro, que correu em paralelo com o processo de cassação do Governador eleito à época, a excepta declarou-se suspeita para apreciar a própria exceção levantada contra si por motivos de foro íntimo.

3. Se era suspeita à época, em razão das consequências da cassação (nomeação para o Chefe do Executivo estadual da sobrinha de seu marido), permanece suspeita aqui, na medida em que a sobrinha de seu marido também será diretamente afetada pelo julgamento da ação popular no âmbito da qual foi oferecida a exceção.

4. Esta conclusão não poderia ser refutada já antes, mas em especial atualmente, em contexto no qual ganha relevância a proteção da confiança legítima criada em face das partes e dos interessados com os atos realizados durante o processo. Ora, existe uma conduta clara por parte da magistrada excepta em determinado sentido e, sem mudança no contexto fático, uma repentina mudança, com adoção de sentido diametralmente oposto. A partir da exteriorização da primeira conduta citada em certo sentido, cria-se uma expectativa merecedora de efetiva proteção pelo direito (na espécie, pelo direito dos impedimentos e das suspeições processuais).

(...).

(REsp 916.476/MA, Rel. Ministro MAURO CAMPBELL MARQUES, SEGUNDA TURMA, julgado em 11/10/2011, DJe 18/10/2011)

1.2. Diferença entre fato notório e máxima de experiência

Para Lorenzo Carnelli, há diferença entre a máxima de experiência e o notório. Essa diferença seria em quantidade e em essência.

Conforme anota Baldassare Pastore, *"A máxima de experiência pode ser definida como 'proposições e juízos de conteúdo geral, adquirida mediante a experiência das coisas e independe no caso do objeto da decisão'... A máxima de experiência é usada para formular inferência e valorações no âmbito do juízo de fato, de modo a ser possível um conhecimento indireto dos singulares eventos e acontecimentos"*.[360]

Para Lorenzo Carnelli, *"As máximas, qual já disse, possuem um valor próprio, com a generalidade aludida, que lhes permite influir desinteressadamente no convencimento judicial. São 'independentes' do fato a que se aplicam, mesmo que tal fato resulte 'idêntico', ou pouco menos, aos que integram a série causal que as engendrou. Identidade esta necessária para que se possa estabelecer a comparação; independência, aquela, necessária à hierarquia do princípio ou regra para que o juiz possa aplicá-las imparcialmente.*

O notório, contrariamente, não se emancipa do fato, senão que o afirma e impõe. As máximas traduzem uma determinada sequência de fenômenos que se sucedem regularmente. O notório incide sobre um fato singular, esclarecendo e aperfeiçoando o respectivo testemunho com o concurso de opiniões diversas, que discutem e analisam até chegar a uma solução.

Poder-se-ia imaginar que as máximas produzem um movimento centrífugo, enquanto o notório o produz concêntrico. Nas primeiras, o fato é o motivo; no notório, fim. Para este instituto o que tem importância é o próprio fato em sua existência objetiva. Situa-se, por isso, no passado. Para as máximas, a objetividade concreta e singular tende a desaparecer na generalização lógica destinada a produzir juízos universais. E, por isso, valem para o futuro.

No notório não há estritamente um juízo geral, mas juízos diversos que, vencendo os obstáculos que os separam, convêm, afinal, em uma mesma opinião. São como que assinaturas que se acumulam certificando a autoridade de um testemunho".[361]

1.3. Fato notório e o princípio do contraditório

Há também uma discussão na doutrina se os fatos notórios estariam sujeitos ao contraditório.

Segundo Lorenzo Carnelli, *"O princípio da contradição, segundo Mazzarella, não atinge o notório. Só quer que a afirmação feita por uma das partes se transfira à parte con-*

[360] PASTORE. Baldassare. *Giudizio, prova, ragion pratica*. Milano: Dott. A. Giuffrè, 1996. p. 173 e 174.

[361] CARNELLI, L, op. Cit., p. 133 e 134.

trária, para que esta a examine e conteste, estabelecendo-se uma frutuosa discussão. 'Funciona quando há atividade de parte e não quando a há de juiz. A atividade judicial, por desinteressada, não tem necessidade do corretivo que visa a contradição'.

Desinteressada em absoluto, não. Mais bem, interessada, ainda que de outro modo. E, além disso, pelo fato de obedecerem as partes a um interesse próprio, o órgão jurisdicional não se desvincula inteiramente do 'contraditório'. Tem também um interesse que sustentar. E em momento algum se reduz a uma atitude estritamente passiva. No que diz respeito à contradição, intervém para estimulá-la se, como observa Carnelutti, ela não se desenvolve com a devida eficácia, ou para moderá-la, quando está 'per vercare i limiti della utilità'. As conclusões que poderiam favorecer ao juiz para que dispusesse do notório, não se ajustam às premissas que estabelece Mazzarella. Embora fosse a contradição 'coisa das partes', é, também, componente do processo e, se pudesse ter desenvolvimento cabal com prescindência do juiz, não por isso autorizaria dito juiz a não utilizá-la. Além disso, estará circunscrita a determinados sujeitos – as partes – mas não a determinados fatos. Todos estes, inclusive os notórios, devem submeter-se à contradição".[362]

1.4. Fatos afirmados por uma parte e confessados pela outra

Não dependem de prova os fatos afirmados por uma parte e confessados pela parte contrária.

Nesta hipótese observam-se dois requisitos cumulativos: a) o primeiro corresponde à afirmação da existência de um fato feita por uma das partes; b) o segundo é que este fato foi também confessado pela parte contrária.

Afirmação e confissão devem estar conjugadas para que o fato independa de prova.

Segundo Garsonnet e Cesar Bru, a confissão torna 'inutile et frustatoire' a prova judicial. Seu efeito é independente da convicção judicial. Os fatos que se confessam, na realidade, não são provados, impondo-se à vontade mais que à consciência do julgador.[363]

Conforme anota Francesco Carnelutti, na verdade, a confissão é *um testemunho*, e, por isso, uma declaração de *ciência*; daí porque não existe confissão a não ser quando a parte *declarar alguma coisa como verdadeira*. Assim, em todos os casos em que a afirmação se faça sem declaração de conhecer o que se declara, enquanto tal 'quid' seja contrário ao interesse de quem a faz, existe 'admissão' não 'confissão'. Por isso, quando a parte não impugnar a verdade de uma afirma-

[362] CARNELLI, L, idem, p. 167.
[363] CARNELLI, L., idem, p. 171.

ção contrária sem dizer ou sem fazer compreender que se conhece o fato, tem-se simplesmente admissão.[364]

Portanto, apenas enquanto provier da parte, o testemunho pode ser *confissão*, nos termos do que dispõe o art. 389 do novo C.P.C.: *"Há confissão, judicial ou extrajudicial, quando a parte admite a verdade de fato contrário ao seu interesse e favorável ao adversário"*.

Se a parte admite a verdade de um fato, a favor de seus interesses, não caracteriza o instituto da confissão.

Por sua vez, é importante salientar que não vale como confissão a admissão, em juízo, de fatos relativos a direitos indisponíveis, razão pela qual a confissão será ineficaz por quem não for capaz de dispor do direito a que se referem os fatos confessados.

1.5. Fatos incontroversos

Segundo estabelece o inc. III do art. 374 do novo C.P.C., os fatos admitidos no processo como *incontroversos* não dependem de prova.

Inicialmente, deve-se ressaltar que o *fato incontroverso* indicado no inc. III não se confunde com o *fato afirmado por uma parte e confessado por outra* previsto no inc. II.

É certo que o fato afirmado por uma parte e confessado por outra é, sem dúvida, uma espécie de *fato incontroverso.*

Contudo, o que diferencia os dois incisos em confronto, é que no inc. III a falta de controvérsia sobre o fato não decorre de confissão expressa da parte, mas, sim, por inexistência de impugnação.

O art. 356, Inc. I, do novo C.P.C. estabelece que o juiz decidirá parcialmente o mérito quando um ou mais dos pedidos formulados ou parcela deles *mostrar-se incontroversos.*

Note-se que o art. 356, inc. I, do novo C.P.C. não está tratando de *fatos incontroverso*, mas, sim, de *pedidos incontroversos* que justificam o julgamento parcial de mérito.

Assim, feitas essas considerações, passamos a análise do fato *incontroverso.*

Sobre a posição do fato *não controvertido*, ensina Francesco Carnelutti:

> *"No que concerne à posição da situação de fato, o juiz, ao invés de ter que se ajustar estritamente à 'realidade', há de acomodar-se às 'afirmações das partes'.*

[364] Carnelutti, Francesco. *Sistema de direito processual civil.* Trad.Hiltomar Martins Oliveira. Vol. II. São Paulo: Classic Book. 2000. p. 591.

A afirmação de um fato é a 'posição deste como pressuposto da demanda dirigida ao juiz'. Quando o ato cuja realização se peça ao juiz pressuponha a existência de determinado fato, o pedido do próprio ato implica por necessidade a afirmação do mesmo: afirmação, entende-se, de sua existência material (Thatsachenbehauptung, Thatsachenanführung). Se peço ao juiz que condene Tício a restituir-me a soma mutuada, afirmo com isso a conclusão do contrato de mútuo e a entrega da quantidade ao mutuário. Quando peço ao juiz que escute a Tício como testemunha acerca de determinado assunto, afirmo com isso a existência do testemunho de Tício sobre referido fato.

A afirmação de um fato por parte de um litigante pode corresponder à afirmação do 'mesmo fato' por parte do outro; isso sucede sempre que 'também este outro ponha aquele fato como pressuposto de sua demanda ao Juiz'. Se peço ao juiz que condene a Tício à restituição da soma mutuada, e Tício, por sua vez, pede ao juiz que rechace minha demanda por não se haver celebrado nenhum contrato entre nós, somente existe afirmação (da existência) do contrato por minha parte; se, pelo contrário, Tício pede ao juiz que rechace a minha demanda por já ter restituído a soma mutuada, então existe 'afirmação bilateral' da conclusão do contrato de mútuo e da entrega da soma ao mutuário, posto que também Tício põe estes fatos como premissas de sua petição. A afirmação de um fato já afirmado pela contraparte se chama 'admissão', cuja noção, portanto, se pontualiza nestes termos: 'posição como pressuposto da demanda, de um fato já pressuposto na demanda contrária'".[365]

Nessa lição, Carnelutti aponta uma distinção sutil entre *admissão* e *confissão*, que Ascoli y Cammeo, (*Note alla trad. de Crome, Parte gen. Del dir. Priva. Franc. moderno, p. 428, b*) crêem que não há sido colocada nitidamente pela doutrina italiana e que por acaso não há sido claramente elaborada pela doutrina alemã. Segundo Carnelutti, o elemento comum entre as duas figuras é a afirmação de 'um fato posto como fundamento da demanda contrária'; o elemento que as diferencia consiste na 'posição do próprio fato com pressuposto da própria demanda, o qual se encontra na admissão e não na confissão'.[366]

Assim, a afirmação das partes vincula o juiz quanto à posição do fato.

O juiz, por sua vez, *não pode por uma situação de fato que não tenha sido afirmada por pelo menos uma das partes e, por outro lado, não pode deixar de por uma situação de fato que tenha sido afirmada por todas as partes.* A afirmação *unilateral* (discorde) de um fato é condição necessária para sua posição na sentença. Por outro lado, a afirmação *bilateral* (concorde) é para tal fim condição suficiente. Em resumo, os

[365] Carnelutti, Francesco. *La prueba civil.* Trad. Niceto Alcalá-Zamora y Castillo. Buenos Aires: Ediciones Arayú, 1955. p. 8

[366] Carnelutti, F., idem, p. 9.

fatos não afirmados *não podem* ser postos; os fatos afirmados em mútua concordância *têm* de ser postos.[367]

É bem verdade que, conforme adverte Carnelutti, "*um sistema processual assim construído integra um 'poder de disposição' das partes sobre o material de fato da sentença e, portanto, uma influência da conduta destas sobre o conteúdo da própria sentença: as partes podem, bem omitindo um fato real ou bem afirmando de acordo a existência de um fato imaginário, constranger o juiz a por na sentença uma situação de fato diversa da realidade. Este sistema, chamado princípio de 'disposição' (Dispositionsmaxime, Verhandlungsmaxime) – não obedece, contudo, de maneira exclusiva à natureza privada do interesse tutelado no processo civil e à conseguinte indiferença do Estado sobre o extremo da realidade dos pressupostos de fato da sentença, senão que, pelo contrário, vem principalmente determinado por um propósito prático de aproveitamento da iniciativa das partes para uma mais rápida e segura posição do fato conforme à realidade mesma: o conjunto de interesses que determina e vivifica o processo, permite considerar que o fato silenciado por todas as partes não pode existir e que o fato afirmado por todas elas não pode deixar de ser real, enquanto que a possibilidade de que esta previsão seja falaz em algum caso raro, não diminui sensivelmente a destacada vantagem de segurança e economia.*

O sistema descansa, portanto, na previsão da coincidência normal entre o ponto de equilíbrio dos interesses privados contrários e o interesse público na justa realização das normas jurídicas e, por conseguinte, na fixação dos fatos na sentença segundo a verdade".[368]

Na realidade, a necessidade de afirmação unilateral e a suficiente afirmação bilateral para que um fato seja levado em consideração quando da sentença é realmente, em relação ao fato principal, um reflexo do princípio *ne procedat iudex ex officio* e *ne eat iudex ultra petita partium*, razão pela qual se o juiz levar em consideração na sentença um fato (principal) não afirmado, realizaria uma norma sem demanda.[369]

Portanto, "*quando o demandado afirma o mesmo fato afirmado pelo autor, ou propõe ao juiz a mesma petição que este, isto é, a reconhece e desse modo renuncia à sua defesa ou limita esta à contestação em torno das consequências jurídicas, isto é, à qualidade jurídica do fato reciprocamente afirmado, em ambos os casos o juiz pronunciaria 'ultra petita' do demandado se não pusesse na sentença o fato reciprocamente afirmado*".[370]

Contudo, o princípio dispositivo das partes, principalmente quanto à verdade ou não dos fatos articulados no processo, não é uma característica indefectível, senão uma diretiva de conveniência do processo civil, que pode ceder

[367] CARNELUTTI, F., idem, ibidem.

[368] CARNELUTTI, F., idem, p. 9, 10 e 11.

[369] CARNELUTTI, F., idem, p. 12.

[370] CARNELUTTI, F., idem, p. 13.

perante uma diretiva oposta em relação às matérias ou aos casos em relação aos quais o interesse público deva prevalecer ao interesse privado das partes, exigindo assim o sacrifício desse interesse ou pelo menos sua relativização. Por isso, o princípio dispositivo encontra-se notavelmente superado pelo princípio da oficialidade quanto à fixação dos fatos constitutivos dos chamados *pressupostos processuais*. Também a realização do princípio dispositivo atenua-se sensivelmente quando se passa dos denominados *fatos principais* aos denominados *fatos secundários*.[371]

Por sua vez, em relação à relativização do princípio dispositivo em nosso ordenamento jurídico, não se pode deixar de citar o que dispõe o art. 77, inc. I, *in verbis*:

> *Art. 77. Além de outros previstos neste Código, são deveres das partes, de seus procuradores e de todos aqueles que de qualquer forma participem do processo:*
> *I – expor os fatos em juízo conforme a verdade;*

Por sua vez, prescreve o art. 80, inc. II, do novo C.P.C.:

> *Art. 80. Considera-se litigante de má-fé aquele que:*
> *II – alterar a verdade dos fatos".*

Contudo, não havendo mácula ao interesse público ou algum outro interesse que deve ser protegido em prejuízo dos interesses privados, deverá prevalecer o princípio dispositivo, isto é, a liberdade de disposição das partes quanto aos fatos articulados na relação jurídica processual.

1.6. Presunção legal de existência ou veracidade do fato

O art. 374, inc. IV, do novo C.P.C. afirma que independe prova os fatos em cujo favor milita presunção legal de existência ou de veracidade.

Prescreve o art. 212, inc. IV, do C.C.brasileiro, *salvo o negócio a que se impõe forma especial, o fato jurídico pode ser provado mediante: IV – presunção.*

Segundo estabelece o art. 2.727 do C.C. italiano, *as presunções são as consequências que a lei ou o juiz traz de um fato notório para deixar evidenciar um fato ignorado.*

Sobre a presunção, ensina Proto Pisani: "*A prova por presunção, portanto, não é um meio de prova que se acrescente àqueles já conhecidos, mas, sim, somente uma atividade lógica necessária para se aproximar ao conhecimento do fato principal a provar. Se assim*

[371] CARNELUTTI, F., idem, p. 12.

se deseja dizer, a prova por presunção pode ser indicada como prova indireta de segundo grau...".[372]

A *presunção* (provas indiciárias ou crítica) divide-se em três categorias a saber: presunção absoluta (ou *iuris et de iure*); presunções legais simples (*ou iuris tantum*); presunções não estabelecidas pela lei (ou *iudicis ou hominis*).

As *presunções absolutas* são aquelas que não admitem prova em contrário, salvo que esta seja consentida pela própria lei.

Os exemplos de presunções absolutas não são muitos, tendo em vista que o sistema das presunções que não admitem prova contrária constitui uma técnica legislativa que no curso do tempo foi abandonada pelo legislador, tendo em vista que não vinha sendo mais usada com frequência.[373]

Exemplo de presunção legal encontra-se no art. 1.802 e seu parágrafo único do C.C.b.: *São nulas as disposições testamentárias em favor de pessoas não legitimadas a suceder, ainda quando simuladas sob a forma de contrato oneroso, ou feitas mediante interposta pessoa.*

Parágrafo único. Presumem-se pessoas interpostas os ascendentes, os descendentes, os irmãos e o cônjuge ou companheiro do não legitimado a suceder.

Comentando o art. 599 do C.C.italiano, o qual apresenta a mesma redação do art. 1.802 do C.C.b., anota Francesco P. Luiso: *"Uma das poucas presunções legais absolutas observável em nosso ordenamento é aquela do art. 599 do c.c. que, em tema de capacidade para receber por testamento, ali diz que as disposições testamentárias em vantagem de certas pessoas incapazes são nulas, ainda que feitas sob o nome de interposta pessoa. O mecanismo é o seguinte: O notário que recebe o testamento não pode ser beneficiário do mesmo, nem mesmo por interposta pessoa. São reputadas pessoas interpostas, sem possibilidade de prova em contrário, o pai, a mãe, o descendente e o cônjuge do notário. Na realidade, a presunção legal absoluta outra coisa não é que uma norma de direito substancial que modifica a fattispécie. Essa é um mecanismo retorcido por meio do qual o legislador diz, numa dúplice passagem aquilo que poderia ter dito com uma passagem apenas, nos seguintes termos: são nulas as disposições testamentárias a favor do notário, do pai, da mãe dos descentes e do cônjuge do notário. A dúplice passagem se realiza prevendo a nulidade do testamento a favor das pessoas interpostas e a presunção legal absoluta de interposição nos confrontos do pai, mãe, descente e cônjuge do notário. Assim, a presunção legal absoluta não é outra coisa que um estilo técnico barroco de redação de uma norma de direito substancial".*[374]

[372] Pisani, Andrea Protto. *Lezioni di diritto processuale civile.* Terza Edizione. Napoli: Casa Editrice Dott. Eugenio Jovene, 1999. p. 445.

[373] Luiso; F., P., op. Cit., p.76.

[374] Luiso, F. P., idem, p. 77.

Segundo afirma Francesco P. Luiso, ao lado das presunções legais absolutas que não admitem prova contrária existem as presunções legais absolutas que admitem não todas mas somente algumas provas em contrário. Exemplo: o art. 2.960 C.C.italiano que prevê as prescrições presuntivas: decurso de um certo período de tempo, se presume que a obrigação foi cumprida. Neste caso, não estamos diante de uma verdadeira prescrição, mas de uma presunção de efetivo adimplemento. O legislador permite a prova em contrário, porém não através de qualquer meio, mas apenas com aquele previsto no art. 2.960 do c.c.italiano: o juramento.[375]

Por sua vez, *as presunções legais simples ou 'iuri tantum'* dispensam de qualquer tipo de prova aqueles a favor dos quais essas são estabelecidas.

A presunção legal simples opera uma inversão do ônus da prova.

Segundo afirma Francesco F. Luiso:" *Ao verificar-se o pressuposto previsto pela norma, advém na fattispécie uma mudança: aquilo que normalmente é um fato constitutivo torna-se uma exceção; aquela que é uma exceção torna-se um fato constitutivo. E, então, correlativamente ao mover-se o fato de um setor da fattispécie a outro, inverte-se o ônus da prova. Se a exceção torna-se fato constitutivo, caberá ao autor o dever de provar e não mais o réu; e vice-versa. Consequente o risco da falta de prova passa de uma a outra parte segundo a modificação que a presunção produz na estrutura da fattispécie"*.[376]

As presunções legais simples são um fenômeno frequente, porque o legislador normalmente por meio dela incide sobre o ônus da prova para conseguir finalidades mais variáveis possíveis.[377]

Na verdade, as presunções legais simples constituem um dos mecanismos com o qual o legislador reparte o risco da falta de prova, pois, *"o legislador pode operar sobre a colocação de um certo elemento da fattispécie na área dos fatos constitutivos ou na área das exceções; ou agir sobre o efeito, disciplinando o ônus da prova relativa a este fato. Uma técnica legislativa vale a outra. O legislador pode indiferentemente ou dizer que um certo fato é uma exceção e um outro é um fato constitutivo; ou estabelecer que um fato deve ser provado pelo autor e um outro pelo réu"*.[378]

Segundo estabelece o art. 2.727 do C.C. italiano, *as presunções são as consequências que a lei ou o juiz traz de um fato notório para deixar evidenciar um fato ignorado.* Este, na verdade, é o elemento característico da prova crítica: objeto da prova é um fato de *per si* não relevante (porque não é elemento da fattispécie) que, por meio de um raciocínio presuntivo, consente de afirmar a existência ou inexis-

[375] Luiso, F. P., idem, p. 78

[376] Luiso, F..P., idem, p. 78 e 79.

[377] Luiso, F..P., idem, p. 79.

[378] Luiso, F..P., idem, p. 80.

tência de um fato relevante (porque elemento da fattispécie). A presunção é a ponte lógica que o juiz institui entre o fato provado, mas de *per si* irrelevante, e o fato não provado, mas relevante.[379]

É importante salientar que as provas presuntivas ou indiciárias não necessariamente apresentam uma eficácia probatória inferior às outras provas. Na realidade, *"a eficácia da prova presuntiva encontra-se na força da inferência que liga o fato notório aquele ignorado. O álibi, por exemplo, é uma prova indiciária forte porque a regra da não ubiquidade é uma regra que não está sujeita a negações".*[380]

Alguns exemplos previstos no Código Civil brasileiro que tratam da presunção simples, da presunção *iuris tantum*:

> *Art. 133. Nos testamentos, presume-se o prazo em favor do herdeiro, e, nos contratos, em proveito do devedor, salvo, quanto a esses, se do teor do instrumento, ou das circunstâncias, resultar que se estabeleceu a benefício do credor, ou de ambos os contratantes.*
>
> *Art. 163. Presumem-se fraudatórias dos direitos dos outros credores as garantias de dívidas que o devedor insolvente tiver dado a algum credor.*
>
> *Art. 164. Presumem-se, porém, de boa-fé e valem os negócios ordinários indispensáveis à manutenção de estabelecimento mercantil, rural, ou industrial, ou à subsistência do devedor e de sua família.*
>
> *Art. 219. As declarações constantes de documentos assinados presumem-se verdadeiras em relação aos signatários.*
>
> *Art. 257. Havendo mais de um devedor ou mais de um credor em obrigação divisível, esta presume-se dividida em tantas obrigações, iguais e distintas, quantos os credores ou devedores.*
>
> *Art. 311. Considera-se autorizado a receber o pagamento o portador da quitação, salvo se as circunstâncias contrariarem a presunção daí resultante.*
>
> *Art. 322. Quando o pagamento for em quotas periódicas, a quitação da última estabelece, até prova em contrário, a presunção de estarem solvidas as anteriores.*
>
> *Art. 324. A entrega do título ao devedor firma a presunção do pagamento.*
>
> *Parágrafo único. Ficará sem efeito a quitação assim operada se o credor provar, em sessenta dias, a falta do pagamento.*
>
> *Art. 1.201. É de boa-fé a posse, se o possuidor ignora o vício, ou o obstáculo que impede a aquisição da coisa.*
>
> *Parágrafo único. O possuidor com justo título tem por si a presunção de boa-fé, salvo prova em contrário, ou quando a lei expressamente não admite esta presunção.*

[379] Luiso, F..P., idem, ibidem

[380] Luiso, F..P., idem, p. 81.

Art. 1.571. A sociedade conjugal termina:

(...).

§ 1º O casamento válido só se dissolve pela morte de um dos cônjuges ou pelo divórcio, aplicando-se a presunção estabelecida neste Código quanto ao ausente.

Art. 1.600. Não basta o adultério da mulher, ainda que confessado, para ilidir a presunção legal da paternidade.

Art. 323. Sendo a quitação do capital sem reserva dos juros, estes presumem-se pagos.

Art. 500. Se, na venda de um imóvel, se estipular o preço por medida de extensão, ou se determinar a respectiva área, e esta não corresponder, em qualquer dos casos, às dimensões dadas, o comprador terá o direito de exigir o complemento da área, e, não sendo isso possível, o de reclamar a resolução do contrato ou abatimento proporcional ao preço.

§ 1º Presume-se que a referência às dimensões foi simplesmente enunciativa, quando a diferença encontrada não exceder de um vigésimo da área total enunciada, ressalvado ao comprador o direito de provar que, em tais circunstâncias, não teria realizado o negócio.

Art. 510. Também a venda sujeita a prova presume-se feita sob a condição suspensiva de que a coisa tenha as qualidades asseguradas pelo vendedor e seja idônea para o fim a que se destina.

Art. 591. Destinando-se o mútuo a fins econômicos, presumem-se devidos juros, os quais, sob pena de redução, não poderão exceder a taxa a que se refere o art. 406, permitida a capitalização anual.

Art. 614. Se a obra constar de partes distintas, ou for de natureza das que se determinam por medida, o empreiteiro terá direito a que também se verifique por medida, ou segundo as partes em que se dividir, podendo exigir o pagamento na proporção da obra executada.

§ 1º Tudo o que se pagou presume-se verificado.

§ 2º O que se mediu presume-se verificado se, em trinta dias, a contar da medição, não forem denunciados os vícios ou defeitos pelo dono da obra ou por quem estiver incumbido da sua fiscalização.

Art. 658. O mandato presume-se gratuito quando não houver sido estipulada retribuição, exceto se o seu objeto corresponder ao daqueles que o mandatário trata por ofício ou profissão lucrativa.

Art. 699. Presume-se o comissário autorizado a conceder dilação do prazo para pagamento, na conformidade dos usos do lugar onde se realizar o negócio, se não houver instruções diversas do comitente.

Art. 775. Os agentes autorizados do segurador presumem-se seus representantes para todos os atos relativos aos contratos que agenciarem.

Art. 790. No seguro sobre a vida de outros, o proponente é obrigado a declarar, sob pena de falsidade, o seu interesse pela preservação da vida do segurado.

Parágrafo único. Até prova em contrário, presume-se o interesse, quando o segurado é cônjuge, ascendente ou descendente do proponente.

Art. 1.198. Considera-se detentor aquele que, achando-se em relação de dependência para com outro, conserva a posse em nome deste e em cumprimento de ordens ou instruções suas.

Parágrafo único. Aquele que começou a comportar-se do modo como prescreve este artigo, em relação ao bem e à outra pessoa, presume-se detentor, até que prove o contrário.

Art. 1.231. A propriedade presume-se plena e exclusiva, até prova em contrário.

Art. 1.253. Toda construção ou plantação existente em um terreno presume-se feita pelo proprietário e à sua custa, até que se prove o contrário.

Art. 1.256. Se de ambas as partes houve má-fé, adquirirá o proprietário as sementes, plantas e construções, devendo ressarcir o valor das acessões.

Parágrafo único. Presume-se má-fé no proprietário, quando o trabalho de construção, ou lavoura, se fez em sua presença e sem impugnação sua.

Art. 1.282. A árvore, cujo tronco estiver na linha divisória, presume-se pertencer em comum aos donos dos prédios confinantes.

Art. 1.297. O proprietário tem direito a cercar, murar, valar ou tapar de qualquer modo o seu prédio, urbano ou rural, e pode constranger o seu confinante a proceder com ele à demarcação entre os dois prédios, a aviventar rumos apagados e a renovar marcos destruídos ou arruinados, repartindo-se proporcionalmente entre os interessados as respectivas despesas.

§ 1º Os intervalos, muros, cercas e os tapumes divisórios, tais como sebes vivas, cercas de arame ou de madeira, valas ou banquetas, presumem-se, até prova em contrário, pertencer a ambos os proprietários confinantes, sendo estes obrigados, de conformidade com os costumes da localidade, a concorrer, em partes iguais, para as despesas de sua construção e conservação.

Art. 1.315. O condômino é obrigado, na proporção de sua parte, a concorrer para as despesas de conservação ou divisão da coisa, e a suportar os ônus a que estiver sujeita.

Parágrafo único. Presumem-se iguais as partes ideais dos condôminos.

Art. 1.324. O condômino que administrar sem oposição dos outros presume-se representante comum.

Art. 1.436. Extingue-se o penhor:

I – extinguindo-se a obrigação;

II – perecendo a coisa;

III – renunciando o credor;

IV – confundindo-se na mesma pessoa as qualidades de credor e de dono da coisa;

V – dando-se a adjudicação judicial, a remissão ou a venda da coisa empenhada, feita pelo credor ou por ele autorizada.

§ 1º Presume-se a renúncia do credor quando consentir na venda particular do penhor sem reserva de preço, quando restituir a sua posse ao devedor, ou quando anuir à sua substituição por outra garantia.

Art. 1.446. Os animais da mesma espécie, comprados para substituir os mortos, ficam sub-rogados no penhor.

Parágrafo único. Presume-se a substituição prevista neste artigo, mas não terá eficácia contra terceiros, se não constar de menção adicional ao respectivo contrato, a qual deverá ser averbada.

Art. 1.597. Presumem-se concebidos na constância do casamento os filhos:

I – nascidos cento e oitenta dias, pelo menos, depois de estabelecida a convivência conjugal;

II – nascidos nos trezentos dias subsequentes à dissolução da sociedade conjugal, por morte, separação judicial, nulidade e anulação do casamento;

III – havidos por fecundação artificial homóloga, mesmo que falecido o marido;

IV – havidos, a qualquer tempo, quando se tratar de embriões excedentários, decorrentes de concepção artificial homóloga;

V – havidos por inseminação artificial heteróloga, desde que tenha prévia autorização do marido.

Art. 1.598. Salvo prova em contrário, se, antes de decorrido o prazo previsto no inciso II do art. 1.523, a mulher contrair novas núpcias e lhe nascer algum filho, este se presume do primeiro marido, se nascido dentro dos trezentos dias a contar da data do falecimento deste e, do segundo, se o nascimento ocorrer após esse período e já decorrido o prazo a que se refere o inciso I do art. 1597.

Art. 1.662. No regime da comunhão parcial, presumem-se adquiridos na constância do casamento os bens móveis, quando não se provar que o foram em data anterior.

Art. 1.674. Sobrevindo a dissolução da sociedade conjugal, apurar-se-á o montante dos aquestos, excluindo-se da soma dos patrimônios próprios:

I – os bens anteriores ao casamento e os que em seu lugar se sub-rogaram;

II – os que sobrevieram a cada cônjuge por sucessão ou liberalidade;

III – as dívidas relativas a esses bens.

Parágrafo único. Salvo prova em contrário, presumem-se adquiridos durante o casamento os bens móveis.

Art. 1.680. As coisas móveis, em face de terceiros, presumem-se do domínio do cônjuge devedor, salvo se o bem for de uso pessoal do outro.

Art. 1.793. O direito à sucessão aberta, bem como o quinhão de que disponha o coerdeiro, pode ser objeto de cessão por escritura pública.

§ 1º Os direitos, conferidos ao herdeiro em consequência de substituição ou de direito de acrescer, presumem-se não abrangidos pela cessão feita anteriormente.

Art. 1.932. No legado alternativo, presume-se deixada ao herdeiro a opção.

Art. 2.005. São dispensadas da colação as doações que o doador determinar saiam da parte disponível, contanto que não a excedam, computado o seu valor ao tempo da doação.

Parágrafo único. Presume-se imputada na parte disponível a liberalidade feita a descendente que, ao tempo do ato, não seria chamado à sucessão na qualidade de herdeiro necessário.

É importante salientar que o art. 230 do C.C.B., o qual estabelecia que *as presunções, que não as legais, não se admitem nos casos em que a lei exclui a prova testemunhal*, foi revogado pelo art. 1.072, inc. II, do novo C.P.C.

Art. 375

O juiz aplicará as regras de experiência comum subministradas pela observação do que ordinariamente acontece e, ainda, as regras da experiência técnica, ressalvado, quanto a estas, o exame pericial.

Regras de experiência comum e técnica

Este dispositivo, que também é direcionado à prova, permite que o juiz na falta de normas jurídicas particulares regulamentadoras da questão probatória possa utilizar das *regras de experiência subministrada pela observação do que ordinariamente acontece, e, ainda, as regras de experiência técnica, ressalvado, quanto a esta, o exame pericial.*

Conforme ensinam Comoglio, Ferri e Taruffo, *"as máximas de experiência são constituídas por todas as noções, regras, generalizações, critérios, 'standard' e leis naturais ou empíricas que o juiz extrai, como de resto acontece para qualquer pessoa de media cultura num dado contexto social, da experiência ordinária do mundo. Trata-se de um conjunto vastíssimo e largamente indeterminado de noções que tem por conteúdo os mais diversos e os mais variado 'status' epistemológico e cognoscitivo. Talvez sejam essas as noções comuns de leis naturais, lógicas ou científicas. Outras vezes, trata-se de meras generalizações desenhadas indutivamente das experiências, que podem servir como critérios aproximativos de atendibilidade. Não é raro, porém, tratar-se de formulação, 'sub espécie' de regra ou máxima, de preconceitos, falsas representações, e verdadeiros e próprios erros difundidos na cultura média. O emprego da máxima de experiência é, portanto, variável, incerto, perigoso e não raro produtivo de mal-entendidos e erros. Todavia, isso é inevitável, tendo em vista que o recurso a estas noções é necessário a todo momento na valoração da prova, além de que, muito frequentemente, também na interpretação das normas jurídicas. Não está descartada, a priori, que as máximas de experiência possam ser objeto de prova em juízo, mas o juiz pode contudo empregá-la, tomando-a da própria bagagem cultural do 'homem médio'. Também aqui é a denominada experiência comum a constituir o fundamento do conhecimento desta noção e, pelo menos em hipótese, a base da sua atendibilidade: de quem não necessita fornecer uma específica demonstração em juízo".*[381]

Alguns exemplos de máxima de experiência são apresentados por Andrea Proto Pisani, a saber: *"É oportuno indicar alguns exemplos de máxima de comum experiência utilizáveis (isoladamente ou mais frequentemente em regime de concurso) para deduzir da declaração de ciência ou dos documentos a existência do fato (principal ou secundário) representado.*

Regras de saber comum: o terceiro desinteressado diz a verdade; o terceiro interessado é dificilmente credível; o terceiro interessado, mas de refletida e comprovada moralidade, diz a verdade; a pessoa anciã recorda mal os fatos vizinhos e bem aqueles remotos; a pessoa muito anciã é provável que tenha problemas de audição ou de vista; a declaração da parte desfavorável ao próprio interesse e favorável ao interesse do adversário é verdadeira; a declaração da parte favorável ao próprio interesse e desfavorável ao interesse do adversário dificilmente é credível.

Regras de saber médico: a pessoa sob perturbação mental psíquica percebe mal; a pessoa com uma diminuição 'tot' da audição não ouve a distância superior a 'tot'; a pessoa com um 'tot' de miopia sem óculos não vê bem a distância superior a 'tot'.

Regras de saber técnico: se um automóvel vai a 100 Km por hora, desloca-se 100 metros em 'tot' segundos; o peso específico de uma mercadoria; a água ferve a cem graus.

Ainda regras de saber comum relativas a documentos: a subscrição de uma declaração serve para fazer própria a declaração; a representação de uma declaração ou de um fato contida em um documento redigido por quem desenvolve institucionalmente a função de recolher declarações outras ou representa fatos advindos em sua presença é altamente atendível; a representação de uma fotografia é atendível, mas se a foto é colorida, as cores podem ser alteradas; a representação de um quadro de um pintor expressionista é pouco atendível, enquanto o é muito mais aquela de um pintor veneziano dos anos 700".[382]

É importante salientar que em relação às regras de experiência técnicas, é necessário que essas regras sejam do alcance do chamado 'homem médio' e não restrita a alguns profissionais de determinada área do saber. Nem mesmo que o juiz tenha conhecimento específico sobre determinada regra técnica, como é o caso da engenharia ou da agronomia, poderá fazer valer no processo esses

[381] Comoglio, L.p.; Ferri, C.; Taruffo, M., op. Cit. p. 417.

[382] Pisani, A. P., op. Cit. P. 444 e 445.

conhecimentos, a não ser que esses conhecimentos possam ser do conhecimento da maioria das pessoas. Nesse caso, conforme bem determina a parte final do art. 375 do atual C.P.C., o juiz não poderá dispensar a perícia.

Sobre o tema, eis os seguintes precedentes do S.T.J.:

(...).

6. Com efeito, para compor a lide e, assim, aplicar a lei do caso concreto, a autoridade judiciária não deve se valer apenas de seu conhecimento jurídico, mas também das regras de experiência comum subministradas pela observação do que ordinariamente acontece e ainda da experiência técnica, ressalvado, quanto a esta, o exame pericial (art. 335 do CPC).

7. Ora, ainda que os números das casas sejam "bastantes distintos", indaga-se: quantas Travessas São Damião existem no Município de Juazeiro do Norte? Se na casa de nº 103 não residia o recorrido, não seria natural supor que o(a) respectivo(a) residente indicasse ao carteiro que o destinatário morava na mesma travessa, no nº 377? 8. Não bastasse isso, é sobremaneira relevante que seja esclarecido se o domicílio tributário eleito pelo contribuinte, na época da intimação, era exatamente aquele para o qual foi enviada a correspondência, pois a jurisprudência do STJ considera válida a notificação em tal hipótese, ainda que o Aviso de Recebimento seja assinado por terceiro.

9. Os precedentes do STJ consagram valores que enobrecem e contribuem para o progresso de uma sociedade pautada nos ideais da justiça e da lealdade, pois impedem que a parte se valha da própria torpeza para burlar o ordenamento jurídico.

10. Recurso Especial parcialmente provido para anular o acórdão proferido nos Embargos de Declaração, com determinação de retorno dos autos ao Tribunal de origem. Prejudicados os demais fundamentos do apelo.

(REsp 1396544/CE, Rel. Ministro HERMAN BENJAMIN, SEGUNDA TURMA, julgado em 03/09/2013, DJe 11/10/2013).

(...).

3. No caso dos autos, a instância ordinária negou a reiteração da tentativa de penhora online com fundamento no princípio da razoabilidade, ou seja, a partir da ponderação entre o esforço a ser empreendido e o improvável sucesso da diligência, dada a inexistência de elementos concretos que evidenciem o contrário, considerando-se, ainda, a norma do art. 335 do CPC, segundo o qual, em falta de normas jurídicas particulares, o Juiz aplicará as regras de experiência comum subministradas pela observação do que ordinariamente acontece e ainda as regras da experiência técnica, ressalvado, quanto a esta, o exame pericial. Incide, assim, a Súmula 7/STJ. Precedentes: AgRg no AREsp 183.264/AC, Rel. Min. NAPOLEÃO NUNES MAIA FILHO,

DJe 23.11.2012, e AgRg no REsp. 1.254.129/RJ, Rel. Min. BENEDITO GONÇALVES, DJe 09.02.2012.

4. Agravo Regimental desprovido.

(AgRg no REsp 1311126/RJ, Rel. Ministro NAPOLEÃO NUNES MAIA FILHO, PRIMEIRA TURMA, julgado em 14/05/2013, DJe 22/05/2013)

(...).

1. A jurisprudência desta Corte é farta de precedentes que negam indenização por dano moral nas hipóteses em que o fato alegado pela parte representa, segundo as regras de experiência, um mero dissabor inerente à vida em sociedade.

2. Os limites entre o mero dissabor e o dano moral indenizável deve ser apurado mediante regras de experiência, pelo julgador.

(...).

(REsp 955.031/MG, Rel. Ministra NANCY ANDRIGHI, TERCEIRA TURMA, julgado em 20/03/2012, DJe 09/04/2012).

1. A jurisprudência do STJ vem se orientando no sentido de ser desnecessária a prova de abalo psíquico para a caracterização do dano moral, bastando a demonstração do ilícito para que, com base em regras de experiência, possa o julgador apurar se a indenização é cabível a esse título.

(...).

(REsp 1109978/RS, Rel. Ministra NANCY ANDRIGHI, TERCEIRA TURMA, julgado em 01/09/2011, DJe 13/09/2011)

Art. 376

A parte que alegar direito municipal, estadual, estrangeiro ou consuetudinário provar-lhe-á o teor e a vigência, se assim o juiz determinar.

Direito municipal, estadual, estrangeiro ou consuetudinário

A prova tem por finalidade convencer o juiz sobre a existência ou não de determinado fato que interessa à resolução da controvérsia posta em juízo. Raramente há a necessidade de se comprovar um direito, pois uma das características da lei é a sua obrigatoriedade de conhecimento em todo território brasileiro. Daí porque ninguém pode escusar-se com fundamento na ignorância da lei, conforme preconiza o art. 3º: *"Ninguém se escusa de cumprir a lei, alegando que não conhece.*

Comentando o art. 3º da Lei de Introdução às Normas do Direito brasileiro: da LICC, anota Miguel Maria de SERPA LOPES: *"Como o acentuamos, a obrigação de conhecer a lei não tem por base uma presunção ou uma ficção. É uma exigência do seu próprio ordenamento, decorrente do seu próprio império. Mas coloquemos a questão: provada a ignorância ou o erro de direito, constitui isso motivo para o atingido por esse erro ou ignorância se furtar aos efeitos de uma determinada normal legal?*

Contra o princípio básico do art. 3º se tem arguido que há nele uma ficção, pois maior é o número dos que desconhecem do que o dos que conhecem as leis, além das dificuldades suscitadas com a sua interpretação, dificuldades a que não escapam os próprios juristas.

Mas, revida SALVAT, a despeito da importância dessas objeções, elas caem, ao se considerar o dever do interessado de ter o prévio cuidado de se informar dos dispositivos legais, refutação essa que se enquadra no conceito de PORTALIS.

De qualquer modo, porém, o problema preocupa a doutrina e as legislações.

Embora matéria inerente aos vícios de vontade, trata-se de um ponto intimamente ligado ao art. 3º.

Os romanos distinguiam o erro de fato do erro de direito.

Estabeleceram, mesmo, uma dupla regra, limitando a esfera de um e de outro: 'error facti prodest, error júris non prodest. Júris ignorantia non prodest acquirir volentibus, suum vero petentibus non nocet (Dig. L. 7 e 8, De juris et facti ignorantia, 22, 6).

Em resumo, no direito romano, o erro de direito era circunstância inescusável, e certos Código modernos, como o chileno e o argentino, sob o seu influxo, recusaram o erro de direito.

O antigo Código Civil italiano consagrou-o, porém, como causa de nulidade (art. 1.109), enquanto os Códigos alemão, suíço e japonês silenciaram a respeito.

Do mesmo modo procedeu o Código Civil francês, porém a doutrina, em grande maioria, se tem manifestado favorável à acolhida do erro de direito.

Como o problema tem sido encarado em nosso Direito? CLÓVIS afirma que o art. 87 do código civil apenas compreende o erro de fato, pois o erro de direito é inerente à capacidade do agente, à proibição do ato, ou à sua forma; não à essência mesma dele, ao seu conteúdo.

ESPÍNOLA observa que, nos casos indicados por CLÓVIS, a nulidade decorre, não do erro de direito, mas da própria infração à lei.

CLÓVIS, revidando a objeção de ESPÍNOLA, manteve o seu ponto de vista, sob o fundamento da necessidade social de se dar à lei toda força obrigatória. ESPÍNOLA, porém, peremptoriamente, afirma o caráter lato do art. 90 do Código Civil, e desse modo a admissibilidade do erro de direito...

Já deixamos dito que o princípio da obrigatoriedade da lei publicada e a consequente inescusabilidade do seu cumprimento pela ignorância do texto legal decorrem, não de uma presunção de conhecimento de uma ficção de tal conhecimento, mas da natureza própria da norma, de um dos seus atributos.

Quando se argui o erro de direito, como o explicou FIORE partindo provavelmente do mesmo ponto de vista, não se invoca a ignorância da lei por se pretender desconhecer sua força obrigatória. Se, porém, o que prestar o seu consenso tiver sido induzido a fazê-lo tão--somente por ignorância da lei, de modo a ser essa ignorância a precípua causa e única do contrato, este pode ser anulado; não, acentua ainda FIORE, 'pelo motivo da ignorância da lei, mas pela razão do consentimento viciado'.

Não há dúvida, se assim for considerada a questão, o erro de direito é perfeitamente conciliável com o princípio assente no artigo 3º...".[383]

Assim como a parte não pode alegar a ignorância da lei, também o juiz não poderá fazê-lo, conforme preconiza o princípio *jura novit cúria.* Nesse sentido prescreve o art. 140 do atual C.P.C.: *"O juiz não se exime de decidir sob a alegação de lacuna ou obscuridade do ordenamento jurídico".*

Não sendo lícito às partes alegar a ignorância da lei, muito menos cabe ao juiz valer-se do *non liquet;* a regra é que a lei não precisa ser provada.

Raras vezes, portanto, são objeto de prova os *preceitos jurídicos – Jura novit cúria.* Excepcionalmente pode não ser exigido do juiz o conhecimento de determinado preceito jurídico, como é o caso, em particular, do *direito estrangeiro* ou mesmo o *direito consuetudinário.*

Não sendo o caso de *julgamento conforme o estado do processo,* e não ocorrendo qualquer das hipóteses previstas para a realização das providências preliminares, o juiz, em saneamento, decidirá as questões processuais pendentes e delimitará os pontos controvertidos sobre os quais incidirá a prova, especificando os meios admitidos de sua produção e, se necessário, designará audiência de instrução e julgamento.

Portando, é no momento do saneamento do processo que o juiz fixa os pontos controvertidos sobre os quais a prova deverá ser delimitada, especificando os meios de prova que poderão ser produzidos.

É importante salientar que muita embora a prova incida sobre os fatos, há também no nosso ordenamento jurídico regra que determina a prova de questão de direito, conforme está consignado no art. 376 do novo C.P.C.: *"A parte que alegar direito municipal, estadual, estrangeiro ou consuetudinário provar-lhe-á o teor e a vigência, se assim o juiz determinar".*

Apesar de o juiz não poder se escusar do conhecimento do direito comum, o mesmo não ocorre em relação ao direito singular. Aliás, seria exigir demais do juiz que ele tivesse conhecimento de todas as leis editadas nos municípios ou

[383] Serpa Lopes, Miguel Maria de. *Comentários à lei de introdução ao código civil.* Vol. I. 2. Ed. Rio de Janeiro: Libraría Freitas Bastos S/A, 1959. p. 80, 81 e 82.

nos estados brasileiros, que são muitas, assim como conhecimento do direito estrangeiro, ou, ainda, de todos os costumes que possam existir nas diversas localidades situadas no território brasileiro.

Falamos em direito comum com referência àquele que vigora em todo território nacional.

O direito municipal, ou estadual ou estrangeiro são considerados como direito singular.

É importante salientar que o art. 376 do novo C.P.C. contém duas regras, uma relativa ao objeto da prova, outra referente ao ônus da prova. Nesse sentido é a lição de Moacyr Amaral Santos: *"a) Estão sujeitos à prova o teor e a vigência do direito municipal, estadual, estrangeiro ou consuetudinário. Essa a regra relativa ao objeto da prova. Entretanto, o juiz, pessoa versada nas ciências jurídicas e, mui comumente, nas mais diversas legislações, poderá conhecer o direito invocado, tornando-se desnecessária a sua prova. Por isso, essa deverá ser produzida apenas naqueles casos em que o juiz a determinar. Se assim o determinar o juiz, diz o artigo comentado, atendendo à crítica que se fazia ao dispositivo correspondente do Código de 1939... b) A prova do direito municipal, estadual ou estrangeiro cumpre seja fornecida por quem o invoca. Essa a regra relativa ao ônus da prova. Aplicação do princípio conforme o qual compete, em regra, a cada uma das partes fornecer os elementos de prova das alegações que fizer".*[384]

Moacyr Amaral Santos afirma, ainda, que se o direito invocado for estadual ou municipal, se presume conhecido no Estado ou no Município em que vigora, em relação aos quais é *direito comum*. Em tais condições, impõe-se a prova do direito estadual ou municipal quando seja de Estado ou Município diverso daquele em que tenha sede o juízo por onde corre o ato.

Contudo, não concordamos com a afirmação de Amaral Santos, pois o dispositivo não abre essa exceção, ou seja, da desnecessidade de comprovar o direito municipal ou estadual vigente somente porque o juiz reside em determinado município ou estado. Mesmo que um juiz estadual, federal ou militar resida num determinado município ou estado, a legislação lhe permite exigir que a parte que alegue a vigência e conteúdo de referida legislação faça a sua prova.

A prova da lei estadual ou municipal deverá ser feita por meio de certidão expedida pela repartição estadual ou municipal competente, ou, ainda, pela exibição do jornal oficial que a publicou, ou, ainda, por cópia extraída de um ou outro. Também folhetos ou avulsos oficiais poderão demonstrar a vigência da lei.

[384] SANTOS, Moacyr Amaral. *Comentários ao código de processo civil*. IV Vol. Arts. 332 a 475. Rio de Janeiro: Forense, 1976. p. 61 e 62.

No caso de direito estrangeiro, e na impossibilidade de poder apresentar cópia autêntica da lei ou coleção oficial, será suficiente a referência a qualquer obra jurídica de reconhecido merecimento que contenha a lei invocada.

É bem verdade que a internet e seus sistemas públicos de 'busca' facilitam a procura destes textos normativos.

O direito *consuetudinário*, se assim o juiz determinar, também deverá ser provado.

A prova do costume implica a prova de seus elementos, visto que se faz imprescindível a coexistência deles para que ocorra a norma consuetudinária.[385]

Segundo afirma Serpa Lopes, a questão dos costumes é de certa relevância, apresenta-se como um poliedro, cujas facetas devem ser objeto dos cuidados do sociólogo, do filósofo e do jurista.[386]

Geny definiu os costumes como toda formação de regras jurídicas processadas fora da lei estrita; e Du Pasquier os considerou como o uso implantado numa coletividade e por ela considerado juridicamente obrigatório.[387]

Geny, estudando o papel atual dos costumes na vida jurídica, afirma que eles, como fonte irrecusável de Direito positivo, não podem ser olvidados pelo intérprete, na solução dos problemas jurídicos. No silêncio da lei, na indiferença dos poderes públicos, nada impede estabelecer-se um costume, sendo prescindível invocar uma tolerância emanada do Estado, ou uma implícita aprovação pelo silêncio. Reconhece a jurisprudência como órgão revelador da 'opinio necessitatis', mas nega serem os julgamentos indispensáveis à própria formação do Direito costumeiro, pois importaria em fixar, sob uma forma rígida e única, o uso criador de costumes e desconhecer a essência do uso, que é a de um ato voluntário. Lambert critica esse modo de entender pouco favorável ao desenvolvimento da única fonte formal por ele reconhecida ao lado da lei e censura essa concepção de costume, que, praticamente, leva a reduzi-lo a um quase insignificante papel.[388]

A nossa legislação colocou os costumes em um plano secundário, como elemento interpretativo

Qual a razão fundamental da obrigatoriedade dos costumes? Uns falam na vontade tácita do legislador (*consensus imperantis*). Essa concepção é tudo quanto se possa imaginar de mais fictício e contrário à própria origem dos costumes, os quais sempre nasceram à margem do processo formal de legislação. Há, ainda, a

385 Santos, M. A., idem, p. 64.
386 Serpa Lopes, M. M., op. Cit., p. 58.
387 Serpa Lopes, M. M., idem, ibidem.
388 Serpa Lopes, M. M., idem, p. 60.

escola histórica que atribui aos costumes um fundamento essencialmente popular, isto é, na generalidade natural da convicção de um povo inteiro. Contudo, esta escola empresta aos costumes um papel exagerado, quando os consagra como uma unção de autonomia em frente ao legislador. Há, também, o *fundamento sociológico* de Geny, assim resumido: *"De um lado a segurança indispensável aos interesses privados e a estabilidade necessária dos direitos individuais, não menos do que a necessidade de igualdade, que constitui o fundamento de toda justiça, exigem que uma regra, admitida por um longo uso, com o caráter de obrigação jurídica, se impõe, de modo igual à lei, e maneira a guiar, sem hesitação, a atividade de todos. De outro, esse resultado torna-se eco de um sentimento profundo da natureza humana, que envolve, com um respeito entremisturado de temor, o costume dos ancestrais".* Com isso ele funda o costume na natureza das coisas.[389]

Implica, ainda, afirmar que a prova do costume, geralmente, é muito difícil, não só pela razão de reclamar a prova de uma série de fatos iguais, uniformes, em tempo diverso mas continuado, e mesmo em lugares diversos, como também porque se torna necessária a de que existe a convicção generalizada de que o costume probando é uma regra de direito e como tal deve ser obedecida. Assim, justamente porque é difícil, não se deve criar embaraços para a sua produção.[390]

São requisitos de prova dos costumes dois elementos essenciais, ou seja, um o uso prolongado e a *opinio necessitatis*.

O uso prolongado significa uma prática reiterada, pacífica, aceita incondicionalmente, sendo que a aceitação do costume seja de tal ordem que torne inequívoco o haver sido acolhido como uma prática habitual e inconteste. Em síntese, o requisito do uso prolongado pode ser resumido nessas quatro palavras: *pluritas, uniformitas, continuitas, frequentia actuum*.[391]

A *opinio necessitatis* é um elemento subjetivo, do *substratum* anímico da norma costumeira, condição imaterial e psicológica, cujo diagnóstico é infinitamente mais delicado e mais sutil. Segundo ENNECEROS-KIPP-WOLF, o requisito psicológico é representado por uma vontade geral, tendente a dar realidade a uma regra obrigatória, executando-a, obedecendo-a. Ressaltam, porém, que essa vontade jurídica só aparece após um uso prolongado e ininterrupto e estabelecem uma distinção entre o uso precedente à aparição da vontade de validez e a manifestação dessa vontade, mediante o uso ulterior. Somente com o surgir dessa vontade adquire o uso a consciência de realizar uma regra jurídica.[392]

[389] SERPA LOPES, M. M., idem, p. 62 e 63.
[390] SANTOS, M.A. op. Cit., loc. cit.
[391] SERPA LOPES. M., M.., op. cit., p. 63.
[392] SERPA LOPES. M. M., idem, p. 65.

Com relação à prova dos costumes, anota Miguel Maria de Serpa Lopes: "*No que se relaciona com a prova dos costumes, é intuitivo que o juiz pode inferir a existência de um Direito costumeiro dos atos de uso, de uma jurisprudência reiterada, recorrendo a outras fontes de conhecimento, como memórias, obras científicas etc.*

A questão, porém, se trava sobre o saber se o costume deve ser provado pela pessoa que o alega ou se em favor dele corre a presunção de conhecimento por parte do magistrado.

É de se salientar, antes do mais, a diferença entre a publicidade da lei e a dos costumes. A primeira tem por si um meio de divulgação predeterminado igualmente em lei e ainda conta com a presunção de conhecimento por parte da coletividade. Tal situação não se reproduz em relação ao Direito costumeiro. A publicidade deste assenta num uso prolongado, por conseguinte, sem um meio de exteriorização seguro do qual se possa presumir um conhecimento da coletividade, num sentido mais amplo.

A solução geralmente admitida é a de ser facultado ao juiz exigir a prova do costume, quando dele não tiver conhecimento".[393]

Sobre o tema, eis os seguintes precedentes do S.T.J.:

> *(...).*
>
> *1. Não se arguindo a própria aplicação de legislação estadual no âmbito deste Tribunal Superior, mas, sim, a violação do artigo 337 do Código de Processo Civil, que determina que "A parte, que alegar direito municipal, estadual, estrangeiro ou consuetudinário, provar-lhe-á o teor e a vigência, se assim o determinar o juiz", não há falar na incidência do enunciado nº 280 da Súmula do Pretório Excelso.*
>
> *2. "O princípio jura novit curia aplica-se inclusive às normas do direito estadual e municipal. A parte não está obrigada a provar o conteúdo ou a vigência de tal legislação salvo quando o juiz o determinar (CPC, art. 337)" (AgRgAgRgAg nº 698.172/SP, Relator Ministro Teori Albino Zavascki, in DJ 19/12/2005).*
>
> *3. Agravo regimental improvido.*
>
> (AgRg no REsp 1174310/DF, Rel. Ministro HAMILTON CARVALHIDO, PRIMEIRA TURMA, julgado em 11/05/2010, DJe 25/05/2010).

> *(...).*
>
> *6. É vedado ao magistrado a negativa de prestação jurisdicional, ao fundamento de desconhecimento da legislação ou do seu processo formal de produção, sob pena de afronta ao Princípio Jura Novit Curia.*
>
> *7. O princípio Jura Novit Curia faz pressupor esse conhecimento, suprível pela aplicação analógica do art. 337, do CPC.*

[393] Serpa Lopes, M. M., idem, p. 66.

8. Dispõe o art. 337, do CPC que: "337. A parte, que alegar direito municipal, estadual, estrangeiro ou consuetudinário, provar-lhe-á o teor e a vigência, se assim o determinar o juiz."

9. Na hipótese sub examine o Tribunal de origem não eximiu-se da apreciação da arguição de inconstitucionalidade formal da Lei 9.429/92, sob alegação de desconhecimento ou de falta de comprovação pelo ora recorrente do teor e da vigência daquele texto de lei federal. Ao revés, afirmou que o apelante não juntara aos autos elementos suficientes à comprovação das circunstâncias fáticas que caracterizariam o apontado vício formal na tramitação do projeto de lei que resultou na edição da Lei de Improbidade falta de submissão do texto do Senado Federal.

10. Recurso especial parcialmente conhecido e, nessa parte, improvido.

(REsp 565.317/RO, Rel. Ministro LUIZ FUX, PRIMEIRA TURMA, julgado em 14/09/2004, DJ 05/12/2005, p. 223).

1. Sobre a aventada ofensa ao artigo 337 do Código de Processo Civil (CPC), ao contrário do que o recorrente alega, houve a prova do direito estrangeiro por meio de outros elementos colhidos dos autos, conforme as premissas de fato fixadas pela corte de origem. Assim, inviável é o recurso para revisão dessa questão, porquanto ela demanda o revolvimento da matéria fático-probatória a fim de verificar o teor e a vigência do direito estrangeiro no território do respectivo Estado, o que encontra óbice no Enunciado Sumular n. 7 desta Corte.

(...).

(REsp 1173960/RS, Rel. Ministro MAURO CAMPBELL MARQUES, SEGUNDA TURMA, julgado em 07/05/2013, DJe 13/05/2013)

Art. 377

A carta precatória, a carta rogatória e o auxílio direto suspenderão o julgamento da causa no caso previsto no art. 313, inciso V, alínea "b", quando, tendo sido requeridos antes da decisão de saneamento, a prova neles solicitada for imprescindível.

Parágrafo único. A carta precatória e a carta rogatória não devolvidas no prazo ou concedidas sem efeito suspensivo poderão ser juntadas aos autos a qualquer momento.

Carta precatória, carta rogatória e auxílio direto – suspensão do julgamento da causa

A prova que tiver de ser produzida fora da jurisdição do juiz processante, mas no território nacional ou estrangeiro, poderá ser realizada por meio da carta precatória ou rogatória, assim como por meio de auxílio direto nacional ou internacional.

Deferida a expedição da carta precatória ou rogatória estabelecerá o juiz o *prazo* dentro do qual deverá ser cumprida, conforme preconiza o *art. 261 do atual C.P.C.: Em todas as cartas o juiz fixará o prazo para cumprimento, atendendo à facilidade das comunicações e à natureza da diligência.*

Havendo urgência, será a carta precatória transmitida por meio eletrônico ou por telegrama.

O cumprimento da precatória ou da rogatória deverá ocorrer no prazo assinado pelo juiz, o qual poderá ser prorrogado por motivos ponderados, equivalentes à justa causa; por obstáculo criado em detrimento da parte; e pela suspensão do processo, por convenção das partes.

Cumprida a carta, será devolvida ao juízo de origem no prazo de dez dias, independente de traslado, pagas as custas pela parte (art. 268).

O art. 377 do novo C.P.C. preconiza que a carta precatória, a carta rogatória e o auxílio direto suspenderão o julgamento da causa no caso previsto no art. 313, inc. V., alínea 'b' do atual C.P.C. que assim dispõe:

> *"Art. 313. Suspende-se o processo:*
> *(...).*
> *V – quando a sentença de mérito:*
> *(...).*
> *b) tiver de ser proferida somente após a verificação de determinado fato ou a produção de certa prova, requisitada a outro juízo;*

Assim, em regra, a expedição da carta precatória, rogatória ou auxílio direto permite a suspensão do processo.

Ocorre que a prova realizada por carta precatória, rogatória ou auxílio direto poderá ser requerida *antes* ou *depois* do despacho (decisão) saneador, sendo que na primeira hipótese terá ela efeito *suspensivo*.

A suspensividade da carta ou do auxílio direto somente tem sentido enquanto correr o prazo para o seu cumprimento, mesmo se prorrogado, devendo o juiz não designar dia para a audiência ou designá-lo para data posterior àquele prazo.

Requerida a carta ou auxílio após o despacho saneador, *não terá ela efeito suspensivo*, no sentido de que não se aplica o disposto no art. 313, inc. V, letra 'b', segundo o qual se dá a 'suspensão do processo', quando a sentença de mérito não puder ser proferida senão depois de produzida certa prova, requisitada a outro juízo.[394]

[394] Santos, M. A., op. Cit., p. 69

Entende Moacyr A. Santos: *"que se o prazo marcado para cumprimento da precatória ainda se não esgotou, muito embora a audiência se tenha iniciado, o juiz deverá aguardar o término do mesmo para proferir a sentença de mérito, pois o contrário seria dar-se e negar-se, concomitantemente, a produção da prova. De resto, nada obsta que o juiz da causa, em hipóteses especiais, à vista da demonstração da diligência da parte requerente da carta e de circunstâncias ponderáveis, equivalentes a 'justa causa' (art. 183), mesmo quando requerida a precatória, ou a rogatória, após o despacho saneador, possa adiar a audiência, ou protelar a sentença de mérito, à espera daquele instrumento probatório".*[395]

Prescreve o *parágrafo único* do art. 377 do atual C.P.C.: *A carta precatória e a carta rogatória não devolvidas dentro do prazo ou concedidas sem efeito suspensivo poderão ser juntadas aos autos a qualquer momento.*

Poderemos incluir no espírito deste dispositivo também a carta de ordem e o auxílio direto.

Assim, se o juiz determinar a expedição da carta ou a realização do auxílio direto antes da decisão de saneamento do processo, deverá suspender o processo nas hipóteses do *caput* do art. 377, fixando um prazo para o seu cumprimento.

Se a carta ou o auxílio direto não se concluir no prazo estabelecido pelo juiz, o processo terá o seu prosseguimento normal, podendo o juiz prolatar sua decisão. Retornando a carta ou o resultado do auxílio direto poderá ser juntado aos autos a qualquer momento, mesmo que o julgamento final ocorra apenas em grau de recurso. O mesmo critério deverá ser aplicado se a expedição da carta ou pedido de auxílio direto for realizado sem efeito suspensivo do processo.

Art. 378

Ninguém se exime do dever de colaborar com o Poder Judiciário para o descobrimento da verdade.

Dever de colaboração para descoberta da verdade

Sobre a colaboração de pessoas interessadas e desinteressadas no processo, já teve oportunidade de afirmar Francesco Carnelutti, *"a palavra processo serve, pois, para indicar 'um método para a formação ou para a aplicação do direito' que visa a garantir o bom resultado, ou seja, uma tal regulação do conflito de interesses que consiga realmente a paz e, portanto, seja justa e certa: a justiça deve ser sua qualidade superior ou substancial; a certeza, sua qualidade exterior ou formal; se o direito não é certo, os interessados*

[395] Santos, M. A., idem, p. 69 e 70.

'não sabem'; e se não é justo, 'não sentem' o que é necessário para obedecer. Assim como para o objetivo de alcançar a regulamentação justa e certa é necessária uma 'experiência' para conhecer os termos do conflito, uma 'sabedoria' para encontrar seu ponto de equilíbrio, uma técnica para aquilatar a fórmula idônea que represente esse equilíbrio, a colaboração das pessoas interessadas com pessoas desinteressadas está demonstrada para tal finalidade como um método particularmente eficaz. Por outra parte, tal colaboração, sobretudo em razão da heterogeneidade das pessoas que a ela concorrem, determina necessariamente uma sequela de atos que devem ser estritamente regulados e evocam a ideia de processo como mutação da realidade que se concretiza por uma sucessão de fatos causalmente vinculados".[396]

O art. 378 do novo C.P.C. deixa claro que um dos objetivos do Poder Judiciário é o descobrimento da verdade dos fatos alegados e introduzidos no âmbito da relação jurídica processual.

Quanto ao lugar que se atribui à verdade dos fatos na teoria do processo, afirma-se que o processo enquanto tal não tem nada a ver com a busca e a determinação da verdade dos fatos. Esta afirmação é típica das teorias que dizem ter o processo por objetivo a resolução de controvérsias e não produzir decisões verdadeiras. Assim, afirma-se que a única verdade que importa é a que é estabelecida pelo juiz na sentença, já que fora dela não há nenhuma outra verdade que interessa ao Estado, à administração da justiça ou às partes.[397]

Observa-se nessa afirmação uma evidente contradição entre a teoria da prova e a teoria do processo em geral. Enquanto que na primeira se diz habitualmente que a função da prova consiste em estabelecer a verdade dos fatos; no âmbito da segunda se diz, ao contrário, que a função do processo não consiste em absoluto em determinar a verdade dos fatos.[398]

Segundo anota Michele Taruffo sobre a oportunidade ideológica: "*A ideologia dos objetivos do processo que aqui se destaca sustenta que este deve tender a produzir 'decisões justas', o que resulta muito óbvio e dificilmente contestável. Naturalmente, é possível definir de outros modos a finalidade do processo, como se faz quando se diz que aquele pretende decidir 'tout court' as controvérsias ou decidi-las satisfatoriamente para as partes; e mais, esta possibilidade é a razão principal pela qual a finalidade de produzir decisões justas constitui uma ideologia mais do que uma teoria do processo. Na realidade, simplificando ao máximo o problema, trata-se de uma eleição acerca do que o processo deverá fazer mais que de uma análise acerca do que se sustenta que o processo faz realmente.*

[396] Carnelutti, Francesco. *Instituições de processo civil*. Trad. Adrián Sotero De Witt Batista. Vol. I. Campinas: Servanda, 1999. p. 72.

[397] Taruffo, M., op. Cit., p.25 e 26.

[398] Taruffo, M., idem, p. 26.

Quem sustenta a tese de que o processo deve tender para a produção de decisões justas está logicamente induzido a discutir e analisar os critérios com base nos quais deveria definir-se, em geral, ou valorar-se no caso concreto, a justiça da decisão: surgem assim as teorias procedimentais da justiça ou se coloca o problema da justa interpretação e aplicação da lei por parte do juiz e de suas respectivas garantias".[399]

O certo é que não é este lugar adequado para adentrar-se na análise das possíveis concepções da justiça da decisão judicial, ainda que essas concepções normalmente se referem à decisão sobre o direito e não abordam o problema da determinação dos fatos.[400]

Contudo, conforme afirma Michele Taruffo, há um aspecto muito importante do conceito de justiça da decisão que afeta diretamente ao problema que estamos tratando, ou seja, a questão se coloca na medida em que, independentemente do critério jurídico que se apresente para definir e valorar a justiça da decisão, pode-se sustentar que esta 'nunca' será justa se está fundada em uma determinação errônea ou inaceitável dos fatos. Por isso, a veracidade e a aceitabilidade do juízo sobre os fatos são condições necessárias (obviamente, não suficiente) para que se possa dizer que a decisão é justa.[401]

Esta afirmação de Michele Taruffo é compatível com a teoria segunda a qual o processo serve unicamente para resolver de forma justa conflitos: *"se não se aceita como válida 'qualquer' solução do conflito e se pensa que deve ser resolvido sobre a base de algum critério de justiça, então se apresenta de novo a necessidade de reconhecer que a determinação verdadeira dos fatos é condição necessária de qualquer solução justa de um conflito".*[402]

Devemos ter em mente também a seguinte advertência de Michele Taruffo: *"Existem, ao contrário, boas razões para adotar uma atitude de otimismo racionalista no plano metodológico, isto é, como critério de análise. A principal dessas razões, como se disse no momento apropriado, é que é necessário situar a determinação da verdade dos fatos entre os objetivos institucionais do processo, dado que sem esta hipótese é quase impossível explicar racionalmente em que consiste a justiça da decisão.*

Neste ponto, o núcleo do problema não é, pois, perguntar-se acerca de se o processo deve ou pode estar dirigido à determinação da verdade dos fatos, senão estabelecer o que se pode entender por verdade dos fatos no âmbito do processo e quando, em que condições e mediante que meios aquela pode alcançar-se. Trata-se, então, de um problema eminentemente epistemológico, e que afeta as características e as modalidades do conhecimento de

[399] Taruffo, M., idem, p. 63 e 64.
[400] Taruffo, M., idem, p. 64.
[401] Taruffo, M., idem, ibidem.
[402] Taruffo, M., idem, p. 65.

um fato, ainda que seja no âmbito de um contexto de experiência específica caracterizada por regras e exigências institucionais particulares".[403]

Contudo, seja ou não um dos objetivos do processo determinar a verdade dos fatos, o certo é que no processo há inserção de fatos que caracterizam a fattispécie para a aplicação da norma.

E muito embora, conforme já se teve oportunidade de afirmar, a verdade alcançada no processo jurisdicional seja meramente uma verdade contingencial e histórica, o certo é que apesar de nossas limitações técnicas, cognitivas e por que não dizer decorrente da finitude humana a busca pela aproximação ao máximo da certeza é um dever das partes na relação jurídica processual.

Estamos diante do chamado princípio da *cooperação das partes e de todos aqueles que de certa forma participam no processo.*

O princípio da *cooperação* também é bem definido no art. 7º do Código de Processo Civil português, *in verbis:*

> *Artigo 7º Princípio da cooperação*
>
> *1 – Na condução e intervenção no processo, devem os magistrados, os mandatários judiciais e as próprias partes cooperar entre si, concorrendo para se obter, com brevidade e eficácia, a justa composição do litígio.*
>
> *2 – O juiz pode, em qualquer altura do processo, ouvir as partes, seus representantes ou mandatários judiciais, convidando -os a fornecer os esclarecimentos sobre a matéria de facto ou de direito que se afigurem pertinentes e dando -se conhecimento à outra parte dos resultados da diligência.*
>
> *3 – As pessoas referidas no número anterior são obrigadas a comparecer sempre que para isso forem notificadas e a prestar os esclarecimentos que lhes forem pedidos, sem prejuízo do disposto no nº 3 do artigo 417º.*
>
> *4 – Sempre que alguma das partes alegue justificadamente dificuldade séria em obter documento ou informação que condicione o eficaz exercício de faculdade ou o cumprimento de ónus ou dever processual, deve o juiz, sempre que possível, providenciar pela remoção do obstáculo.*

Se todos aqueles que de certa forma participam na relação jurídica processual cooperam com o Poder Judiciário para se aproximar ao máximo da verdade dos fatos, estão de certa forma cooperando também para a resolução da controvérsia de forma justa e équo.

[403] Taruffo, M., idem, p. 168.

Art. 379

Preservado o direito de não produzir prova contra si própria, incumbe à parte:

I – comparecer em juízo, respondendo ao que lhe for interrogado;

II – colaborar com o juízo na realização de inspeção judicial que for considerada necessária;

III – praticar o ato que lhe for determinado.

Dever da parte de colaboração e o princípio da não produção de prova contra si mesmo

Desde que não fira o direito de não produzir prova contra si mesmo, a parte tem o dever de colaborar no processo para a busca de uma solução justa do conflito.

Os deveres previstos neste código em relação à parte estão expressamente consignados em seu art. 77, a saber:

> *Art. 77. Além de outros previstos neste Código, são deveres das partes, de seus procuradores e de todos aqueles que de qualquer forma participem do processo:*
>
> *I – expor os fatos em juízo conforme a verdade;*
>
> *II – não formular pretensão ou de apresentar defesa quando cientes de que são destituídas de fundamento;*
>
> *III – não produzir provas e não praticar atos inúteis ou desnecessários à declaração ou à defesa do direito;*
>
> *IV – cumprir com exatidão as decisões jurisdicionais, de natureza provisória ou final, e não criar embaraços à sua efetivação;*
>
> *V – declinar, no primeiro momento que lhes couber falar nos autos, o endereço residencial ou profissional onde receberão intimações, atualizando essa informação sempre que ocorrer qualquer modificação temporária ou definitiva;*
>
> *VI – não praticar inovação ilegal no estado de fato de bem ou direito litigioso.*

Sobre o tema, eis os seguintes precedente do S.T.J.:

> *(...).*
>
> *3. Afigura-se desarrazoada a conduta da parte que requer a concessão de prazo de 30 dias para a juntada de documentos e, ato contínuo, se mantém inerte por quase o dobro desse tempo, sob a alegação de que estaria aguardando a manifestação do juízo, sabidamente assoberbado pela enorme quantidade de processos que assola o Poder Judiciário.*

Era de se esperar que a parte, dentro do prazo por ela próprio estipulado, trouxesse aos autos os documentos comprobatórios de seu crédito, os quais, aliás, já deveriam ter instruído a petição inicial, por serem indispensáveis à propositura da ação.

4. O dever das partes de conduzir seus atos no processo pelos princípios da boa-fé e da lealdade, conforme determina o art. 14, II, do CPC, induz a desnecessidade de intimação da parte para dar cumprimento a prazo dilatório por ela própria requerido.

5. O rol do art. 14, II, do CPC é meramente exemplificativo, devendo-se vincular o princípio da lealdade ao princípio do contraditório, entendido em seu sentido amplo, de colaboração, considerando, sobretudo, a existência de interesse comum a todos os sujeitos processuais, de que a questão pendente de apreciação pelo Poder Judiciário seja resolvida da maneira mais célere e adequada possível.

6. Recurso especial a que se nega provimento.

(REsp 1062994/MG, Rel. Ministra NANCY ANDRIGHI, TERCEIRA TURMA, julgado em 19/08/2010, DJe 26/08/2010).

Terceiro. Dever de colaborar com a apuração da verdade. C.P.C. art.339. Comparecimento a juízo. Intimação.

Não pode o terceiro, injustificadamente, recusar sua colaboração para esclarecer fatos necessários ao julgamento da causa. Não há razão, entretanto, para ser determinada sua condução, se não foi previamente intimado a comparecer em determinado dia e local.

(RHC 8.448/PR, Rel. Ministro EDUARDO RIBEIRO, TERCEIRA TURMA, julgado em 11/05/1999, DJ 21/06/1999, p.148)

i – fixado o prazo pelo juiz para entrega de laudo (art. 427, ii, do cpc), e não o fazendo o assistente técnico, cumpria ao interessado diligenciar para que ele se desincumbisse do encargo para o qual fora intimado, na forma preconizada no art. 433, da lei processual civil. As partes, e, com elas, os seus procuradores e advogados, têm o dever de colaborar com o magistrado e seus auxiliares na realização do direito positivo, finalidade do processo, na apuração da verdade e no andamento regular dos feitos. ii – a falta de recolhimento da taxa judiciária constitui mera irregularidade, que poderá ser sanada por determinação do juiz suprida ela, prosseguindo-se nos demais atos processuais, não se configura ofensa ao art. 257, da lei adjetiva civil.

iii – dissídio não demonstrado (art. 255, parágrafo único, do ristj).

iv – recurso não conhecido.

(REsp 4.835/SP, Rel. Ministro WALDEMAR ZVEITER, TERCEIRA TURMA, julgado em 27/11/1990, DJ 17/12/1990, p. 15374)

O art. 379 do novo C.P.C. vem inserir novos deveres paras as partes, além daqueles já indicados no art. 77 do mesmo estatuto processual.

O inciso I do art. 379 do novo C.P.C. estabelece que um dos deveres da parte é o de comparecer em juízo respondendo ao que lhe for perguntado.

Trata-se de um reforço daquilo que já foi externado no art. 378 do novo C.P.C., pois ninguém se exime do dever de colaborar com o Poder Judiciário para o descobrimento da verdade.

Prescreve o art. 385 do novo C.P.C. que cabe à parte requerer o depoimento pessoal da outra parte, a fim de ser interrogada na audiência de instrução e julgamento, sem prejuízo do poder do juiz de ordená-lo de ofício.

Se a parte, pessoalmente intimada para prestar depoimento pessoal e advertida da pena de confesso, não comparecer ou, comparecendo, se recusar a depor, o juiz aplicar-lhe-á a pena (§1º do art. 385 do atual C.P.C.).

Contudo, poderá a parte comparecer em juízo e não responder ao que lhe for perguntado, se as respostas puderem levar à produção de prova contra o próprio depoente.

No âmbito penal, o Supremo Tribunal Federal já firmou o entendimento de que o réu pode permanecer calado. Nesse sentido eis o seguinte precedente:

> *EMENTA: Informação do direito ao silêncio (Const., art. 5º, LXIII): relevância, momento de exigibilidade, consequências da omissão: elisão, no caso, pelo comportamento processual do acusado. I. O direito à informação da faculdade de manter-se silente ganhou dignidade constitucional, porque instrumento insubstituível da eficácia real da vetusta garantia contra a auto- incriminação que a persistência planetária dos abusos policiais não deixa perder atualidade. II. Em princípio, ao invés de constituir desprezível irregularidade, a omissão do dever de informação ao preso dos seus direitos, no momento adequado, gera efetivamente a nulidade e impõe a desconsideração de todas as informações incriminatórias dele anteriormente obtidas, assim como das provas delas derivadas. III. Mas, em matéria de direito ao silêncio e à informação oportuna dele, a apuração do gravame há de fazer-se a partir do comportamento do réu e da orientação de sua defesa no processo: o direito à informação oportuna da faculdade de permanecer calado visa a assegurar ao acusado a livre opção entre o silêncio – que faz recair sobre a acusação todo o ônus da prova do crime e de sua responsabilidade – e a intervenção ativa, quando oferece versão dos fatos e se propõe a prová-la: a opção pela intervenção ativa implica abdicação do direito a manter-se calado e das consequências da falta de informação oportuna a respeito. (HC 78708, Relator(a): Min. SEPÚLVEDA PERTENCE, Primeira Turma, julgado em 09/03/1999, DJ 16-04-1999 PP-00008 EMENT VOL-01946-05 PP-00874 RTJ VOL-00168-03 PP-00977)*

Evidentemente que o princípio Constitucional do direito fundamental ao silêncio também se aplica ao processo civil, quando eventual interrogatório da parte puder concretizar sua autoincriminação sujeita a eventual sanção penal.

Aliás, isso é o que estabelece o art. 388: *A parte não é obrigada a depor sobre fatos: I – criminosos ou torpes que lhe forem imputados; II – a cujo respeito, por estado ou profissão, deva guardar sigilo; III – acerca dos quais não possa responder sem desonra própria, de seu cônjuge, de seu companheiro ou de parente em grau sucessível; IV – que coloquem em perigo a vida do depoente ou das pessoas referidas no inciso III.*

Contudo, o parágrafo único do art. 388 estabelece que as disposições citadas neste dispositivo não se aplicam às ações de estado e de família.

Não sendo o caso de autoincriminação, ou de qualquer outra hipótese do art. 388, a parte tem o dever de responder às perguntas que lhe serão formuladas, sob pena, além das sanções processuais por ato atentatório à dignidade da justiça, também ser o seu silencio interpretado em seu desfavor. Aliás, isso é o que estabelece o art. 386 do atual C.P.C.:

> *Quando a parte, sem motivo justificado, deixar de responder ao que lhe for perguntado ou empregar evasivas, o juiz, apreciando as demais circunstâncias e os elementos de prova, declarará, na sentença, se houve recusa de depor.*

Além de responder a tudo que lhe for interrogado, deve também a parte, nos termos do inc. II do art. 379, colaborar com o juízo na realização de inspeção judicial que for considerada necessária.

Não somente os bens, mas também as pessoas, inclusive a pessoa da parte, podem constituir objeto de prova, não podendo eximir-se ou causar impedimento para se descobrir a possível verdade dos fatos.

Evidentemente que essa colaboração somente será necessária quando a participação da parte na inspeção for imprescindível, caso contrário o juiz poderá realizar a inspeção sem a participação da parte, devendo apenas intimá-la para comparecer ao ato se assim desejar.

Dentre os deveres de colaboração com o Poder Judiciário, a parte também deve, nos termos do inc. III, do art. 379, *praticar o ato que lhe for determinado.*

Se não praticar o ato que lhe foi determinado por meio de decisão executiva ou mandamental, poderá a parte sofrer a sanção prevista no §2º do art. 77 do atual C.P.C., *in verbis*: "*§ 2º a violação ao disposto nos incisos IV e VI constitui ato atentatório à dignidade da justiça, devendo o juiz, sem prejuízo das sanções criminais, civis e processuais cabíveis, aplicar ao responsável multa de até vinte por cento do valor da causa, de acordo com a gravidade da conduta*".

Art. 380

Incumbe ao terceiro, em relação a qualquer causa:

I – informar ao juiz os fatos e as circunstâncias de que tenha conhecimento;

II – exibir coisa ou documento que esteja em seu poder.

Parágrafo único. Poderá o juiz, em caso de descumprimento, determinar, além da imposição de multa, outras medidas indutivas, coercitivas, mandamentais ou sub-rogatórias.

Dever de colaboração dos terceiros

Este dispositivo demonstra que a obrigação de cooperação com o Poder Judiciário para a descoberta da verdade e para a prolação de uma decisão justa não fica restrita apenas às partes da relação jurídica processual, mas também aos terceiros.

Esta regra também estava prevista no art. 341 do C.P.C. de 1973, a saber:

> *"Art. 341. Compete ao terceiro, em relação a qualquer pleito:*
>
> *I – informar ao juiz os fatos e as circunstâncias, de que tenha conhecimento;*
>
> *II – exibir coisa ou documento, que esteja em seu poder".*

O inc. I do art. 380 do atual C.P.C. estabelece que um dos deveres do terceiro que não é parte da relação jurídica processual é informar ao juiz os fatos e circunstâncias de que tenha conhecimento. Neste preceito normativo estão inseridas as testemunhas arroladas pelas partes, como convocada de ofício pelo juiz, como também os peritos e auxiliares de peritos, bem como outros sujeitos da relação jurídica processual.

O inc. II do art. 380 do atual C.P.C. estabelece outro dever do terceiro, ou seja, exibir coisa ou documento que esteja em seu poder.

Em relação à exibição de documento ou coisa em poder de terceiro, prescrevem os arts. 396 a 404 do atual C.P.C.:

> *Art. 396. O juiz pode ordenar que a parte exiba documento ou coisa que se encontre em seu poder.*
>
> *Art. 397. O pedido formulado pela parte conterá:*
>
> *I – a individuação, tão completa quanto possível, do documento ou da coisa;*
>
> *II – a finalidade da prova, indicando os fatos que se relacionam com o documento ou com a coisa;*

III – as circunstâncias em que se funda o requerente para afirmar que o documento ou a coisa existe e se acha em poder da parte contrária.

Art. 398. O requerido dará sua resposta nos 5 (cinco) dias subsequentes à sua intimação.

Parágrafo único. Se o requerido afirmar que não possui o documento ou a coisa, o juiz permitirá que o requerente prove, por qualquer meio, que a declaração não corresponde à verdade.

Art. 399. O juiz não admitirá a recusa se:

I – o requerido tiver obrigação legal de exibir;

II – o requerido tiver aludido ao documento ou à coisa, no processo, com o intuito de constituir prova;

III – o documento, por seu conteúdo, for comum às partes.

Art. 400. Ao decidir o pedido, o juiz admitirá como verdadeiros os fatos que, por meio do documento ou da coisa, a parte pretendia provar se:

I – o requerido não efetuar a exibição nem fizer nenhuma declaração no prazo do art. 398;

II – a recusa for havida por ilegítima.

Parágrafo único. Sendo necessário, o juiz pode adotar medidas indutivas, coercitivas, mandamentais ou sub-rogatórias para que o documento seja exibido.

Art. 401. Quando o documento ou a coisa estiver em poder de terceiro, o juiz ordenará sua citação para responder no prazo de 15 (quinze) dias.

Art. 402. Se o terceiro negar a obrigação de exibir ou a posse do documento ou da coisa, o juiz designará audiência especial, tomando-lhe o depoimento, bem como o das partes e, se necessário, o de testemunhas, e em seguida proferirá decisão.

Art. 403. Se o terceiro, sem justo motivo, se recusar a efetuar a exibição, o juiz ordenar-lhe-á que proceda ao respectivo depósito em cartório ou em outro lugar designado, no prazo de 5 (cinco) dias, impondo ao requerente que o ressarça pelas despesas que tiver.

Parágrafo único. Se o terceiro descumprir a ordem, o juiz expedirá mandado de apreensão, requisitando, se necessário, força policial, sem prejuízo da responsabilidade por crime de desobediência, pagamento de multa e outras medidas indutivas, coercitivas, mandamentais ou sub-rogatórias necessárias para assegurar a efetivação da decisão.

Art. 404. A parte e o terceiro se escusam de exibir, em juízo, o documento ou a coisa se:

I – concernente a negócios da própria vida da família;

II – sua apresentação puder violar dever de honra;

III – sua publicidade redundar em desonra à parte ou ao terceiro, bem como a seus parentes consanguíneos ou afins até o terceiro grau, ou lhes representar perigo de ação penal;

IV – sua exibição acarretar a divulgação de fatos a cujo respeito, por estado ou profissão, devam guardar segredo;

V – subsistirem outros motivos graves que, segundo o prudente arbítrio do juiz, justifiquem a recusa da exibição;

VI – houver disposição legal que justifique a recusa da exibição.

Parágrafo único. Se os motivos de que tratam os incisos I a VI do caput disserem respeito a apenas uma parcela do documento, a parte ou o terceiro exibirá a outra em cartório, para dela ser extraída cópia reprográfica, de tudo sendo lavrado auto circunstanciado.

Foi inserido no art. 380 do atual C.P.C. um parágrafo único que não existia no art. 341 do C.P.C. de 1973 e que deu ao juiz maior força sancionatória para eventual descumprimento do terceiro em colaborar com o Poder Judiciário.

Prescreve o *parágrafo único* do atual art. 380 do C.P.C. que *poderá o juiz, em caso de descumprimento, determinar, além da imposição de multa, outras medidas indutivas, coercitivas, mandamentais ou sub-rogatórias.*

Assim, se o terceiro não informar ao juiz os fatos e as circunstâncias de que tenha conhecimento ou não exibir coisa ou documento que esteja em seu poder, poderá sofrer as sanções previstas no parágrafo único do art. 380 do atual C.P.C, ou seja, poderá o magistrado determinar a busca e apreensão da coisa ou documento, reforço policial, impor *astreintes* diária até que o terceiro cumpra a determinação mandamental, além de o terceiro sofrer a imposição da multa prevista no art. 77, §2º do atual C.P.C., como ato atentatório à dignidade da justiça, multa essa a ser fixada de acordo com a gravidade da conduta e não superior a vinte por cento do valor da causa.

Sobre o tema, eis os seguintes precedentes do S.T.J.:

Terceiro. Dever de colaborar com a apuração da verdade. C.P.C. art. 339. Comparecimento a juízo. Intimação.

Não pode o terceiro, injustificadamente, recusar sua colaboração para esclarecer fatos necessários ao julgamento da causa. Não há razão, entretanto, para ser determinada sua condução, se não foi previamente intimado a comparecer em determinado dia e local.

(RHC 8.448/PR, Rel. Ministro EDUARDO RIBEIRO, TERCEIRA TURMA, julgado em 11/05/1999, DJ 21/06/1999, p. 148).

(...).

2. Recurso especial que discute a responsabilidade dos gerenciadores de fóruns de discussão virtual pelo fornecimento dos dados dos respectivos usuários.

3. A exploração comercial da Internet sujeita as relações de consumo daí advindas à Lei nº 8.078/90. Precedentes.

4. O gerenciador de fóruns de discussão virtual constitui uma espécie do gênero provedor de conteúdo, pois esses sites se limitam a abrigar e oferecer ferramentas para edição dos fóruns criados e mantidos por terceiros, sem exercer nenhum controle editorial sobre as mensagens postadas pelos usuários.

5. Ao oferecer um serviço por meio do qual se possibilita que os usuários divulguem livremente suas opiniões, deve o provedor de conteúdo ter o cuidado de propiciar meios para que se possa identificar cada um desses usuários, coibindo o anonimato e atribuindo a cada imagem uma autoria certa e determinada. Sob a ótica da diligência média que se espera do provedor, do dever de informação e do princípio da transparência, deve este adotar as providências que, conforme as circunstâncias específicas de cada caso, estiverem ao seu alcance para a individualização dos usuários do site, sob pena de responsabilização subjetiva por culpa in omittendo.

6. As informações necessárias à identificação do usuário devem ser armazenadas pelo provedor de conteúdo por um prazo mínimo de 03 anos, a contar do dia em que o usuário cancela o serviço.

7. Não há como exigir do provedor de conteúdo que diligencie junto a terceiros para obter os dados que inadvertidamente tenha apagado dos seus arquivos, não apenas pelo fato dessa medida não estar inserida nas providências cabíveis em sede ação de exibição de documentos, mas sobretudo porque a empresa não dispõe de poder de polícia para exigir o repasse dessas informações. Por se tratar de medida cautelar de natureza meramente satisfativa, não há outro caminho senão reconhecer a impossibilidade de exibição do documento, sem prejuízo, porém, do direito da parte de buscar a reparação dos prejuízos decorrentes da conduta desidiosa.

8. Recurso especial parcialmente provido.

(REsp 1398985/MG, Rel. Ministra NANCY ANDRIGHI, TERCEIRA TURMA, julgado em 19/11/2013, DJe 26/11/2013).

(...).

1. Em sede de ação cautelar de exibição de documentos, não cabe a aplicação da multa cominatória prevista no art. 461 do CPC. Súmula 372/STJ.

2. Se a documentação estiver na posse de terceiros, cabível a busca e apreensão, inclusive mediante uso de força policial, tudo sem prejuízo da responsabilização por crime de desobediência, nos termos do artigo 362 do CPC.

3. Agravo regimental não provido, com aplicação de multa.

(AgRg no REsp 1151817/RS, Rel. Ministro LUIS FELIPE SALOMÃO, QUARTA TURMA, julgado em 05/06/2012, DJe 15/06/2012).

1. A atividade bancária, dada sua relevância econômico-social, sofre intervenção direta e indireta do Estado, consoante manifesto interesse público que a envolve, submetendo-se à Lei 4.595/64 e a normatização do Conselho Monetário Nacional e Banco Central.

2. O acórdão recorrido consignou que a cártula de cheque foi devolvida pelo denominado "motivo 11", o que, nos termos do artigo 4º da Circular 2.989/2000, da Diretoria colegiada do Banco Central, vigente à época dos fatos, impunha à instituição financeira que prestasse informação acerca do endereço do emitente.

3. Tendo em vista que os artigos 339 a 341 do Código de Processo Civil impõem a terceiros o dever de colaboração com o Judiciário, o fornecimento de informações de natureza cadastral aos credores da obrigação cambiária é feito em benefício do direito fundamental de ação, da função social do contrato, do sistema de crédito e da economia, da adequada utilização do cheque, que contribui para o aperfeiçoamento do sistema financeiro, da proteção do credor de boa-fé e da solução rápida dos conflitos, não podendo o Banco acobertar o devedor.

4. Como é cediço, a sentença proferida na ação de exibição, proposta em face de terceiro, tem caráter mandamental, não cabendo a imposição de astreintes, mas pode ser fixado prazo para que o requerido exiba o documento vindicado, sob pena de ser determinada a expedição de mandado de busca e apreensão. É bem por isso que orienta a Súmula 372/STJ que, na ação de exibição de documentos, não cabe a aplicação de multa cominatória.

5. Recurso especial parcialmente provido para afastar a multa cominatória.

(REsp 1159087/MG, Rel. Ministro LUIS FELIPE SALOMÃO, QUARTA TURMA, julgado em 17/04/2012, DJe 15/05/2012).

1. Recurso especial contra acórdão segundo o qual "evidenciando-se a ausência de documentos necessários à instrução do processo, documentos esses que se encontram em poder da parte contrária, é de todo salutar que o juiz, mediante provocação da parte interessada ou de ofício, os requisite de quem os possuir".

2. Decisão a quo clara e nítida, sem omissões, obscuridades, contradições ou ausência de motivação. O não-acatamento das teses do recurso não implica cerceamento de defesa. Ao juiz cabe apreciar a questão de acordo com o que entender atinente à lide. Não está obrigado a julgá-la conforme o pleiteado pelas partes, mas sim com seu livre convencimento (CPC, art. 131), usando fatos, provas, jurisprudência, aspectos atinentes ao tema e legislação que entender aplicáveis ao caso. Não obstante a oposição de embargos declaratórios, não são eles mero expediente para forçar o ingresso na instância especial, se não há vício para suprir. Não há ofensa ao art. 535, I, do CPC quando a matéria é abordada no aresto a quo.

3. O Direito Processual Civil contemporâneo está a exigir uma participação mais ativa do juiz na formação e no desenvolvimento da relação jurídico-processual, especialmente quando uma das partes é hipossuficiente economicamente.

4. Evidenciando-se ausência de documentos necessários à instrução do processo, documentos esses que se encontram em poder da parte contrária, é de todo salutar que o juiz, mediante provocação da parte interessada ou de ofício, os requisite de quem os possuir.

5. O art. 844, II, do CPC estatui que "tem lugar, como procedimento preparatório, a exibição judicial de documento próprio ou comum, em poder de cointeressado, sócio, condômino, credor ou devedor; ou em poder de terceiro que o tenha em sua guarda, como inventariante, testamenteiro, depositário ou administrador de bens alheios".

6. "Em tema de terceiro e exibição, cumpre lembrar a parte final do inciso II, do art. 844, ora em exame. Mesmo que o documento não seja próprio ou comum, o terceiro tem o dever de exibi-lo se sob sua custódia ou guarda. A enumeração da lei a esse respeito (com menção a inventariante, testamenteiro, depositário ou administrador de bens alheios) exibe, não há dúvida, natureza meramente exemplificativa" (Carlos Alberto Álvaro de Oliveira, in "Comentários ao Código de Processo Civil", Editora Forense, Vol. VIII, – Tomo II, 3ª ed., pág. 220).

7. Precedentes desta Corte Superior.

8. Recurso não-provido.

(REsp 829.716/SC, Rel. Ministro JOSÉ DELGADO, PRIMEIRA TURMA, julgado em 23/05/2006, DJ 08/06/2006, p. 153).

(...).

2. O art. 844, II, do CPC estatui que "tem lugar, como procedimento preparatório, a exibição judicial de documento próprio ou comum, em poder de cointeressado, sócio, condômino, credor ou devedor; ou em poder de terceiro que o tenha em sua guarda, como inventariante, testamenteiro, depositário ou administrador de bens alheios".

3. "Em tema de terceiro e exibição, cumpre lembrar a parte final do inciso II, do art. 844, ora em exame. Mesmo que o documento não seja próprio ou comum, o terceiro tem o dever de exibi-lo se sob sua custódia ou guarda. A enumeração da lei a esse respeito (com menção a inventariante, testamenteiro, depositário ou administrador de bens alheios) exibe, não há dúvida, natureza meramente exemplificativa" (Carlos Alberto Álvaro de Oliveira, in "Comentários ao Código de Processo Civil", Editora Forense, Vol. VIII, – Tomo II, 3ª ed., pág. 220).

4. In casu, o próprio recorrido admitiu, expressamente, ser "detentor" do contrato cuja exibição foi requerida pelo recorrente, daí advindo a sua legitimidade para figurar no polo passivo da controvérsia. O BDMG possui legitimidade para figurar no polo passivo da ação (ainda que não seja o titular do pacto), pois os documentos a serem exibidos estão sob sua custódia e guarda.

5. Precedentes desta Corte Superior.

6. Recurso provido, nos termos do voto.

(REsp 827.326/MG, Rel. Ministro JOSÉ DELGADO, PRIMEIRA TURMA, julgado em 18/05/2006, DJ 08/06/2006, p. 152).

SEÇÃO II – Da Produção Antecipada da Prova

Art. 381

A produção antecipada da prova será admitida nos casos em que:

I – haja fundado receio de que venha a tornar-se impossível ou muito difícil a verificação de certos fatos na pendência da ação;

II – a prova a ser produzida seja suscetível de viabilizar a autocomposição ou outro meio adequado de solução de conflito;

III – o prévio conhecimento dos fatos possa justificar ou evitar o ajuizamento de ação.

§ 1º O arrolamento de bens observará o disposto nesta Seção quando tiver por finalidade apenas a realização de documentação e não a prática de atos de apreensão.

§ 2º A produção antecipada da prova é da competência do juízo do foro onde esta deva ser produzida ou do foro de domicílio do réu.

§ 3º A produção antecipada da prova não previne a competência do juízo para a ação que venha a ser proposta.

§ 4º O juízo estadual tem competência para produção antecipada de prova requerida em face da União,

de entidade autárquica ou empresa pública federal se, na localidade, não houver vara federal.

§ 5º Aplica-se o disposto nesta Seção àquele que pretender justificar a existência de algum fato ou relação jurídica para simples documento e sem caráter contencioso, que exporá, em petição circunstanciada, a sua intenção.

Sumário:

1. Produção antecipada de prova

Define-se a tutela cautelar como aquela prestada *ex officio* ou por provocação da parte, sem caráter satisfativo, e que tem por finalidade garantir a eficácia da prestação da tutela jurisdicional ou *o equilíbrio das partes* na relação jurídica processual.

Nesse sentido é a lição de Donaldo Armelin: "*Surge, então, a tutela jurisdicional cautelar como uma garantia adicional à eficácia da prestação de tutela jurisdicional satisfativa, e, inclusive, algumas vezes, como meio de assegurar a própria justiça no processo com a manutenção do equilíbrio entre os litigantes, como sucede com a produção antecipada de provas*".[404]

Sendo uma das finalidades da tutela cautelar garantir o equilíbrio das partes no processo, o C.P.C. de 1973 inseria entre as hipóteses de medidas cautelares nominadas ou típicas a *produção antecipada da prova*, a qual era prevista nos artigos 846 a 851 do Livro III do Código revogado.

É certo que Ovídio Baptista da Silva sustentava que a produção antecipada de provas perderia o caráter de cautelar quando fosse requerida incidentalmente no processo principal, uma vez que a pretensão assim formulada seria apenas uma antecipação da produção probatória que deveria ser realizada no próprio processo principal e não de conservação da prova. Nesse sentido é também a lição de Carlos Alberto Álvaro de Oliveira e Galeno Lacerda: "*Nem sempre, porém, a medida apresentará natureza cautelar, podendo ocorrer, em outras hipóteses, decisão de conteúdo jurisdicional se, durante o procedimento, houver necessidade de solver-se questão controvertida. Assim, se requerida a antecipação no curso mesmo da demanda principal, o deferimento do pedido importará admissão e produção de prova, não mera segurança dela (ver n. 140 supra). Como acentua Pontes de Miranda, 'não há dúvida que se procede ante-*

[404] Armelin, Donaldo. A tutela jurisdicional cautelar. *In Revista da Procuradoria do Estado de São Paulo,* São Paulo, jun. 1985. p. 116.

cipadamente, por cautelar; mas o depoimento, aí, já é parte da instrução (art. 410, I e III), o que não se dá quanto ao depoimento 'ad perpetuam rei memoriam'".[405]

Daí porque a doutrina e a jurisprudência, diferenciando as cautelares jurisdicionais das cautelares meramente administrativas, formularam o entendimento de que no caso de *produção antecipada de prova* não haveria de respeitar o prazo previsto no art.806 do C.P.C. revogado, ou seja, ingressar com a ação principal no prazo de 30 dias, sob pena de perda da eficácia da medida cautelar.

Pelo novo C.P.C., a produção antecipada de prova passou a ser considerada uma medida preventiva probatória, seja para garantir o equilíbrio das partes na relação jurídica processual a ser instaurada, seja para facilitar uma determinada conciliação ou mediação, seja também para avaliar se haverá ou não necessidade de propositura de futura ação judicial.

Sobre o provimento de instrução preventiva no direito italiano, anota Andrea Proto Pisani: *"Até agora encontramos provimentos cautelares diretos a tutelar situações jurídicas substanciais: o direito de crédito a um bem determinado ou ao pagamento de uma soma de dinheiro, no caso de sequestro; o direito de propriedade e da posse, no caso das denunciações de obra nova e de dano eminente; o direito ao alimento, nos termos do procedimento previsto no art. 446 c.c...*

Ao lado das medidas deste tipo, o ordenamento prevê algumas hipóteses de provimentos cautelares diretos a tutelar um direito processual, o direito à prova: mediante tais provimentos a parte que teme a perda do meio de prova ou do seu objeto pode fixar, em um momento antecedente à ordinária fase instrutória, alguns resultados probatórios cuja utilização haverá no momento oportuno, no futuro processo de cognição plena".[406]

O legislador do novo C.P.C. brasileiro retirou a *produção antecipada de provas* do âmbito das medidas cautelares, inserindo essa medida no capítulo da produção probatória antecipada.

Contudo, a essência da produção antecipada de prova continua a ser de *garantir o equilíbrio das partes* na relação jurídica processual, pois se a parte não puder realizar a prova em seu momento oportuno, por quaisquer circunstâncias fáticas, estará em desequilíbrio e não poderá fazer valer o princípio Constitucional da *ampla defesa*, justamente porque a prova que iria produzir poderá desaparecer ou tornar-se ineficaz.

Segundo preceitua o art. 381 do atual C.P.C. a produção antecipada da prova será admitida nos casos em que: I – haja fundado receio de que venha a tornar-

[405] Alvaro de Oliveira, Carlos Alberto; Lacerda, Galeno. *Comentários ao código de processo civil.* Vol. VIII. Tomo II, (art. 813 a 889). Rio de Janeiro: Editora Forense, 1988, p. 327.

[406] Pisani. Andrea Proto. *Lezioni di diritto processuale civile.* Terza Edizione. Napoli: Casa Editrice Dott. Eugenio Jovene, 1999. p. 665.

-se impossível ou muito difícil a verificação de certos fatos na pendência da ação; II – a prova a ser produzida seja suscetível de viabilizar a autocomposição ou outro meio adequado de solução de conflito; III – o prévio conhecimento dos fatos possa justificar ou evitar o ajuizamento de ação.

O art. 367 do Projeto do novo C.P.C. n. 2.046/10 preconizava que a produção antecipada de prova consistiria em *interrogatório da parte, inquirição de testemunhas e exame pericial.*

Os casos de interrogatório da parte, inquirição de testemunha e exame pericial são casos típicos de pretensão *à segurança da prova.*

No Código de Processo Civil de 1939 fazia-se alusão a vistorias, arbitramento e inquirições *ad perpetuam* (art. 676, VI) e havia certa discussão se também o depoimento pessoal poderia ser antecipado.[407]

Porém, o art. 381 do novo C.P.C. não discriminou os meios de provas que poderão ser objeto de produção antecipada.

Portanto, pelo novo C.P.C. qualquer prova lícita e moralmente legítima poderá ser objeto de produção antecipada de prova.

A demanda judicial tem por finalidade suscitar enunciados de fato sobre temas probatórios. Esse é um dos pontos principais para a resolução da causa, pois uma coisa é a produção, outra a admissibilidade e outra ainda a atendibilidade da prova.

Daí porque, se por qualquer motivo a prova não puder ser realizada no seu momento oportuno, poderá a parte interessada requerer que essa prova seja realizada antecipadamente para que se resguarde o equilíbrio das partes no âmbito da relação jurídica processual.

Por isso, quem tenha fundado motivo de temer que faltem um ou mais testemunhos, cujas disposições podem ser necessárias para a resolução de uma causa a ser proposta, pode pedir que seja ordenada a sua coleta ou oitiva para futura memória. Isso também ocorre em relação ao interrogatório da parte e em relação à prova pericial.

1.1. Antecipação da inspeção judicial

O Código Italiano, em seu artigo 696, permite que a *inspeção judicial* possa ser realizada antecedentemente: *"Quem tenha urgência de fazer verificar, antes do juízo, o estado do lugar ou a qualidade ou a condição de coisa pode pedir, por força da norma dos artigos 692 e seguintes, que seja disposto um acertamento técnico ou uma inspeção judicial.*

[407] Alvaro De Oliveira, C.A.; Lacerda, G., op. Cit., p. 335 e 336.

O acertamento técnico e a inspeção judicial, se houver urgência, podem ser dispostos também sobre a pessoa do autor e, se esta permitir, sobre a pessoa do réu...".

O C.P.C. de 1973 não fazia referência à inspeção judicial como forma de antecipação de prova preventiva. Porém, para: *"João Vicente Campos, nada impede que a parte requeira a inspeção, pelo juiz, do feito que indica, e que a diligência se realize. Da mesma opinião compartilha Humberto Theodoro Júnior, invocando o poder geral de cautela do juiz. Opina negativamente Ovídio A. Baptista da Silva, sustentando que nessa especialíssima modalidade probatória haveria, desde logo, a recepção, pelo juiz, dos fatos a serem observados, não se podendo conceber a simples preservação de tais fatos, para que eles venham a ser utilizados como prova na futura demanda. Ressalva, contudo, a 'inspectio corporis. Acompanhamos a primeira corrente. Muitas vezes, a inspeção judicial poderá ser da maior utilidade prática, principalmente em tema de asseguração da prova, em que a necessidade instante de prevenção do risco não comporte espera de exame ou vistoria 'ad perpetuam', de regra, mais demorado. A tanto está o juiz autorizado pelo amplo poder de cautela que o Código lhe concede no art. 798. A preservação do fato, além disso, estará assegurada pelo auto circunstanciado que o juiz mandará lavrar, concluída a diligência, mencionando tudo quanto for útil ao julgamento da causa e que poderá ser instruído, inclusive, com desenho, gráfico ou fotografia (art. 443 e respectivo parágrafo único) ...".*[408]

1.2. Antecipação da prova pericial

A perícia abrange o exame, a vistoria e avaliação.

Segundo a conceituação de Frederico Marques: *"exame é a inspeção realizada por perito para cientificar-se da existência de algum fato ou circunstâncias que interesse à solução do litígio e tem por objeto coisas móveis, semoventes, livros comerciais, documentos e papéis em geral, e até mesmo pessoas. Quando a perícia recai sobre bem imóvel é denominada vistoria. Já a avaliação é o exame pericial destinado a verificar o valor em dinheiro de alguma coisa ou obrigação que, todavia, chama-se arbitramento em se tratando de verificação ou estimativa tendo por objeto um serviço ou cálculo abstrato sobre indenização ou sobre o valor de alguma obrigação".*[409]

A perícia tem por objeto a conservação de fatos ou circunstâncias que possam desaparecer com o transcurso do tempo. Já a avaliação ou o arbitramento, dependendo do caso, não está sujeito ao dano pelo passar do tempo, pois se

408 Alvaro De Oliveira, C.A.; Lacerda, G., idem, p. 338.

409 Marques, José Frederico. *Manual de Direito Processual Civil.* 8ª Ed. Vol. II. São Paulo: Saraiva, 1985. n. 487, p. 231 e 232; Alvaro De Oliveira, C.A.; Lacerda, G., idem, p. 336.

cuida de estimativa econômica de valor e esta, em certas condições, não está sujeita a risco de dano.[410]

A prova pericial poderá ser realizada com base nos arts. 464 a 480 do atual C.P.C. e a inspeção judicial com base nos arts. 481 a 484 do atual C.P.C.

Muito embora a produção antecipada de prova não seja um procedimento estruturalmente dialético e contraditório, este dispositivo permite que aqueles que possam intervir nele como terceiros interessados requeiram a produção de prova no mesmo procedimento, desde que relacionada ao mesmo fato.

É importante salientar que o requerente da medida, assim como os terceiros que nela irão participar, poderão nomear *assistente técnico* para auxiliar na realização da antecipação probatória.

É bem verdade que existem algumas decisões que se inclinam no sentido de negar possam o perito e seus assistentes técnicos ser convocados para prestar esclarecimentos em audiência de instrução e julgamento, inexistentes na espécie, devendo-se aguardar aquela que for designada no processo principal. Outra corrente afirma que os esclarecimentos devem ser prestados por escrito, admitindo os pessoais apenas se comprovada sua necessidade e a insuficiência dos prestados por escrito.

Por sua vez, Carlos Alberto Alvará de Oliveira e Galeno Lacerda afirmam que os esclarecimentos devem ser prestados no próprio procedimento, pois, inclusive, pode nem haver processo principal e não há motivo razoável para afastar.[411]

Discute-se sobre a possibilidade de ser repetida a perícia no processo principal.

Salvo na hipótese de desaparecimento dos dados ou fatos empíricos para a realização da perícia, não se vislumbra impedimento para isso, principalmente se o juiz competente para a valoração da prova apresenta alguma dúvida sobre os dados técnicos. Esta possibilidade, aliás, está prevista no art. 480 do atual C.P.C.: *O juiz determinará, de ofício ou a requerimento da parte, a realização de nova perícia quando a matéria não estiver suficientemente esclarecida.*

1.3. Antecipação do interrogatório da parte

Pode também ser antecipado o *interrogatório* da parte.

Havia crítica na doutrina no que concerne ao fato de o Código revogado fazer referência ao *interrogatório* e não ao *depoimento da parte*, tendo em vista que ambas as figuras são inconfundíveis.

410 Alvaro de Oliveira, C.A.; Lacerda, G., idem, ibidem.

411 Alvaro de Oliveira, C.A.; Lacerda, G., idem, p. 358

O interrogatório livre e informal da parte era previsto no art. 342 do C.P.C. de 1973, a saber: *"O juiz pode, de ofício, em qualquer estado do processo, determinar o comparecimento pessoal das partes, a fim de interrogá-las sobre os fatos da causa"*.

O interrogatório permitia às partes esclarecer suas alegações de fato, quando ao juiz parecessem incompletas, obscuras ou contraditórias. Não seria, portanto, considerado meio de prova, senão instrumento para o juiz colher elementos para formação de seu convencimento.

Já o depoimento pessoal era previsto no art. 343 do C.P.C. de 1973, *in verbis*: *"Quando o juiz não o determinar de ofício, compete a cada parte requerer o depoimento pessoal da outra, a fim de interrogá-la na audiência de instrução e julgamento"*.

O depoimento pessoal da parte, diversamente do interrogatório da parte, apresenta-se como meio de prova na medida em que o depoente pode vir a admitir fatos que lhe sejam desfavoráveis.[412]

Para Carlos Alberto Álvaro de Oliveira e Galeno Lacerda, a aparente imprecisão terminológica mostra-se irrelevante e decorre, provavelmente, do tratamento conjunto de espécies diferentes. Segundo eles, *"em primeiro lugar, pouco importando se cuide de asseguração ou de produção de prova, é certo não ter cabimento o interrogatório livre que, como se viu, não é meio de prova. Mas, é importante ressaltar, o art. 847 não alude a interrogatório livre e nem remete ao art. 342. Tampouco mencionou-se depoimento pessoal, pois este termo seria apropriado apenas à produção antecipada de prova. A expressão usada na lei fica, portanto, a meio termo, cumprindo destacar que o interrogatório 'ad perpetuam', antes de iniciada ação, visa tão-somente a documentar essa manifestação, não podendo ser confundido com depoimento pessoal, mesmo porque não se pode pensar em pena de confesso. Realmente, inadmissível que em medida de natureza administrativa, com intuito meramente documentador, sequer iniciada principal, podendo até não ser proposta no futuro (a asseguração pode ser requerida, v.g., pelo provável réu da ação futura), fosse reconhecida a confissão da matéria de fato, de forma expressa ou tácita. Entendimento contrário implicaria confundir-se, absurdamente, produção e asseguração de prova. Nesta não há admissão ou produção de prova, apenas se a documenta perante juiz que não é o da causa principal. Faltariam, pois, todos os requisitos à valorização de eventual recusa no depor ou de admissão de fatos desfavoráveis, que nem sequer se sabe exatamente quais sejam. Tudo há de ser resolvido na causa principal e o juiz emprestará ao interrogatório, ou à sua ausência, o devido valor no confronto de prova que então for colhida"*.[413]

[412] Lopes, João Batista. O depoimento pessoal e o interrogatório livre no processo civil e estrangeiro. *Revista de Processo*, n. 13/86.

[413] Alvaro de Oliveira, C.A.; Lacerda. G., op. Cit., p. 340 e 341.

O novo C.P.C. trata do interrogatório da parte e do depoimento pessoal, respectivamente, no art. 385, *in verbis:*

> *Art. 385. Cabe à parte requerer o depoimento pessoal da outra parte, a fim de que esta seja interrogada na audiência de instrução e julgamento, sem prejuízo do poder do juiz de ordená-lo de ofício.*
>
> *§ 1º Se a parte, pessoalmente intimada para prestar depoimento pessoal e advertida da pena de confesso, não comparecer ou, comparecendo, se recusar a depor, o juiz aplicar-lhe-á a pena.*
>
> *§ 2º É vedado a quem ainda não depôs assistir ao interrogatório da outra parte.*
>
> *§ 3º O depoimento pessoal da parte que residir em comarca, seção ou subseção judiciária diversa daquela onde tramita o processo poderá ser colhido por meio de videoconferência ou outro recurso tecnológico de transmissão de sons e imagens em tempo real, o que poderá ocorrer, inclusive, durante a realização da audiência de instrução e julgamento.*

Não obstante o art. 385 do novo C.P.C. possa ser interpretado no sentido de que o interrogatório nada mais é do que o *modus operandi* do depoimento pessoal, entendo que a diferença de instituto ainda é importante, até mesmo para o efeito de possibilitar a produção antecipada de prova.

É importante salientar que na realização do interrogatório como produção antecipada de prova não poderá conter no mandado a advertência de que se presumirão confessados os fatos alegados contra o depoente, mas que poderá conter que sua ausência ou recusa a depor importará fato que lhe poderá ser desfavorável no eventual processo principal.

1.4. Antecipação de oitiva de testemunha

A antecipação de prova pode decorrer de inquirição de testemunha.

Tem-se por objetivo simplesmente documentar a futura memória, ou seja, o depoimento da testemunha;

A antecipação da inquirição de testemunha afasta qualquer possibilidade de valoração da prova ou da pessoa que vai depor perante o juiz.

Assim, inviável é a contradita, devendo o juiz da causa principal posteriormente medir a incapacidade, impedimento ou suspeição da pessoa que prestou o depoimento. Também não haverá acareação de testemunhas no âmbito da antecipação da prova. [414]

[414] Alvaro de Oliveira, C.A.; Lacerda. G., idem, p. 342 e 343.

2. Antecipação de prova com base no *periculum in mora*

O inciso I do art. 381 do novo C.P.C. exige a demonstração de *periculum in mora* para a realização da prova antecipada, ou seja, que *haja fundado receito de que venha a tornar-se impossível ou muito difícil a verificação de certos fatos na pendência da ação.*

A antecipação da prova com base nos critérios estabelecidos no inc. I do art. 381 do novo C.P.C. visa a evitar ou neutralizar o prejuízo consistente no risco de não se poder utilizar do meio de prova, isto é, não poder a parte interessada utilizar a testemunha no processo futuro, pois esta poderá falecer em razão de doença ou mudar de endereço para lugar incerto ou não sabido, ou porque a parte contrária poderá também falecer ou desaparecer sem deixar informações sobre o seu paradeiro, ou, ainda, porque os vestígios que poderiam ser periciados poderão desaparecer pela atuação do tempo.

É importante salientar que por fundado receio deve-se entender um risco objetivo, consubstanciado em motivo sério que possa representar uma ameaça atual ou eminente. Simples temor subjetivo, desacompanhado de razões concretas, não justifica a antecipação da prova com base no inc. I do art. 381 do novo C.P.C.

O receio deve basear-se em fatos positivos que possam levar qualquer pessoa sensata ao receito de ser prejudicada. Basta a potencialidade razoável de dano para a concessão da medida.

3. Antecipação da prova como critério de viabilização de autocomposição

Em relação à antecipação de prova prevista no inc. II do art. 381 do novo C.P.C., como inovação do atual C.P.C., não há necessidade de se alegar ou demonstrar a existência de qualquer *periculum in mora* para a concessão da antecipação probatória.

Neste caso, basta que a parte interessada alegue que a produção da prova antecipada poderá ajudar a viabilizar a tentativa de conciliação ou outra forma de autocomposição, evitando-se assim a instauração de um processo custoso e demorado ou mesmo a persistência insalubre da continuidade de um determinado litígio.

Com a produção antecipada da prova, a resistência a eventual conciliação poderá ser superada, pois as partes já terão de antemão o conteúdo da prova que porventura poderá ser utilizado quando da instauração do processo em que será prestada a tutela satisfativa.

É bem verdade que muitas pessoas somente acreditam no conteúdo da prova que lhe são apresentadas quando esse conteúdo já passou pelo crivo do Poder Judiciário, daí porque o legislador autorizar a antecipação judicial da prova para o fim de colaboração para autocomposição.

4. Antecipação da prova como causa para se evitar o ajuizamento da demanda

O inc. III do art. 381 do novo C.P.C., como inovação legislativa processual, também permite a formulação de pedido de antecipação probatória, sem necessidade de se demonstrar a existência de *periculum in mora*.

Nesse caso, basta que o interessado demonstre que *o prévio conhecimento dos fatos possa justificar ou evitar o ajuizamento de demanda.*

Essa inovação é apenas legislativa, pois há muito tempo a jurisprudência brasileira já vinha admitindo essa situação para a concessão da produção antecipada de prova. Nesse sentido foi a decisão proferida pelo *TJSP, 4ª Câm. Cív. 8.6.67, R.T. 391/219*: *"não é só a urgência que pode justificar o pedido de prova 'ad perpetuam'; outros casos podem ocorrer, em que haverá necessidade e mesmo conveniência de que a prova seja feita preventivamente ou mesmo como preparatória da ação. Será a hipótese de vir a vistoria 'ad perpetuam' em reforço ou no sentido de dissipar a ideia de que o direito foi violado, munindo o interessado de elementos para propor a ação ou evitando a promoção de uma demanda ingrata ou temerária".*

Evidentemente que se as partes tiverem conhecimento prévio do resultado das provas que porventura poderão ser introduzidas no processo de tutela satisfativa, poderão evitar ou mesmo justificar o ajuizamento da demanda.

Assim, se o autor tiver prévio conhecimento do conteúdo de uma prova testemunhal, de uma prova pericial ou mesmo do depoimento da parte contrária, tal fato poderá estimular a propositura da demanda ou, ao contrário, evitar o seu ajuizamento.

Note-se que o provimento que o juiz emanará nestes casos não antecipa de modo algum, como acontece com alguns provimentos urgentes de natureza satisfativa, nem a decisão sobre o mérito da controvérsia, nem qualquer de seus efeitos.

É importante salientar que a instância de instrução preventiva pode ser proposta também no curso da causa satisfativa e nas fases de suspensão e interrupção do processo. Em tal caso, não se trata de um pedido autônomo de tutela de antecipação probatória, mas, sim, apenas de antecipar a própria instrução probatória que seria realizada no processo num momento *a posteriori*. Daí porque a afirmação feita por Ovídio Baptista ainda sob a égide do C.P.C. de 1973 de que nesse caso não estaria diante de um provimento cautelar, era totalmente pertinente.

5. Arrolamento de bens

Estabelece o §1º do art. 381 do novo C.P.C. que o *arrolamento de bens observará o disposto nesta seção quando tiver por finalidade apenas a realização de documentação e não a prática de atos de apreensão.*

Este dispositivo faz referência ao denominado arrolamento de bens.

No C.P.C. de 1939, art. 676, IX, o arrolamento de bens tinha natureza eminentemente de *segurança de prova*, nas questões de família e sucessão.

No C.P.C. de 1973, o arrolamento de bens era regulado nos artigos 855 a 860 do C.P.C. de 1973, apresentando específica natureza de tutela jurisdicional cautelar.

Por sua vez, sob a égide do código revogado, a feição do instituto, ao contrário do de 1939, configurava sua natureza estritamente *conservativa*. Nesse sentido era a percepção de Ovídio Baptista da Silva, para quem o arrolamento de bens no C.P.C. de 1973 era mais do que um simples arrolamento *ad probationem*, configurando-se constrição cautelar, semelhante à do sequestro.[415]

O arrolamento de bens descrito no C.P.C. de 1973 passou a exigir o *depósito* dos bens e não simplesmente a sua descrição, aliás, conforme estabelecia o art. 859: *O depositário lavrará auto, descrevendo minuciosamente todos os bens e registrando quaisquer ocorrências que tenham interesse para sua conservação.*

O interesse do requerente apoiava-se sempre na enumeração e conservação dos bens, prevenindo o risco de dano pelo *depósito*.

Segundo anotam Carlos Alberto Álvaro de Oliveiro e Galeno Lacerda: "*O exame do desenvolvimento histórico, no direito lusitano, é de maior importância à conceituação do arrolamento cautelar porque aponta o fato, altamente significativo, de que a figura quase sempre esteve a serviço da conservação de universalidade de bens. Assim, a imposição de selos ordenava-se, segundo o Código Civil português de 1867, art. 2.010, como providência conservatória de bens de 'herança' aberta e ainda não partilhada, havendo justo receito de extravio de valores imobiliários. Causa que se repetiu no Código de Processo Civil português de 1876, art. 675 a 679, admitida a imposição de selos como medida preparatória ou incidente ao inventário ou arrolamento de bens. O receio de extravio dizia respeito aos objetos que pertencessem à herança, lacrando-se as portas das casas ou os móveis onde estivessem (art. 676, §2º), para depois proceder-se ao arrolamento. Este ainda tinha lugar nos casos de abandono de bens, herança jacente, ou outros idênticos (art. 680). Pelo Decreto n. 3.11.1910, art. 20, §2º, possibilitou-se à mulher que, por haver pedido o depósito judicial, tivesse de abandonar o domicílio conjugal, requerer ao juiz arrolamento de bens mobiliários do casal, observando-se, na parte aplicável o disposto nos arts. 675 a 683 do Código de 1876. Por sua vez, o Decreto n. 21.287, de 25.5.32 – afastando a vedação constante do Assento de 8.5.1928 – facultou ao filho ilegítimo, investigante de paternidade ou maternidade, o direito de requerer a imposição de selos e o arrolamento (art. 87, §2º). O mesmo diploma legal permitiu idênticas providências ao autor de ação de*

[415] Baptista da Silva, Ovídio A. *Comentários ao código de processo civil*. Vol. XI – arts. 796-889 – do processo cautelar. Porto Alegre: Letras Jurídicas Editoras, 1985. p. 510.

anulação de testamento ou doação ou de ação de interdição por demência ou surdo-mudez (art. 87, §§1º e 2º)".[416]

Observa-se que o atual Código de Processo Civil português descreve o arrolamento de bens em seus artigos 403 a 409 a saber:

> *Artigo 403º Fundamento*
>
> *1 – Havendo justo receio de extravio, ocultação ou dissipação de bens, móveis ou imóveis, ou de documentos, pode requerer -se o arrolamento deles.*
>
> *2 – O arrolamento é dependência da ação à qual interessa a especificação dos bens ou a prova da titularidade dos direitos relativos às coisas arroladas.*
>
> *Artigo 404º Legitimidade*
>
> *1 – O arrolamento pode ser requerido por qualquer pessoa que tenha interesse na conservação dos bens ou dos documentos.*
>
> *2 – Aos credores só é permitido requerer arrolamento nos casos em que haja lugar à arrecadação da herança.*
>
> *Artigo 405º Processo para o decretamento da providência*
>
> *1 – O requerente faz prova sumária do direito relativo aos bens e dos factos em que fundamenta o receio do seu extravio ou dissipação; se o direito relativo aos bens depender de ação proposta ou a propor, tem o requerente de convencer o tribunal da provável procedência do pedido correspondente.*
>
> *2 – Produzidas as provas que forem julgadas necessárias, o juiz ordena as providências se adquirir a convicção de que, sem o arrolamento, o interesse do requerente corre risco sério.*
>
> *3 – No respetivo despacho, procede -se logo a nomeação de um depositário e ainda de um avaliador, que é dispensado do juramento.*
>
> *Artigo 406º Como se faz o arrolamento*
>
> *1 – O arrolamento consiste na descrição, avaliação e depósito dos bens.*
>
> *2 – É lavrado auto em que se descrevem os bens, em verbas numeradas, como em inventário, se declara o valor fixado pelo louvado e se certifica a entrega ao depositário ou o diverso destino que tiveram; o auto menciona ainda todas as ocorrências com interesse e é assinado pelo funcionário que o lavre, pelo depositário e pelo possuidor dos bens, se assistir, devendo intervir duas testemunhas quando não for assinado por este último.*

[416] Alvaro de Oliveira, C. A.; Lacerda, G., op., cit. p.423 e 424.

3 – Ao ato do arrolamento assiste o possuidor ou detentor dos bens, sempre que esteja no local ou seja possível chamá -lo e queira assistir; pode este interessado fazer -se representar por mandatário judicial.

4 – O arrolamento de documentos faz-se em termos semelhantes, mas sem necessidade de avaliação.

5 – São aplicáveis ao arrolamento as disposições relativas à penhora, em tudo quanto não contrarie o estabelecido nesta secção ou a diversa natureza das providências.

Artigo 407º Casos de imposição de selos

1 – Quando haja urgência no arrolamento e não seja possível efetuá-lo imediatamente ou quando se não possa concluí-lo no dia em que foi iniciado, impõem-se selos nas portas das casas ou nos móveis em que estejam os objetos sujeitos a extravio, adotando -se as providências necessárias para a sua segurança e continuando-se a diligência no dia que for designado.

2 – Os objetos, papéis ou valores de que não seja necessário fazer uso e que não sofram deterioração por estarem fechados são, depois de arrolados, encerrados em caixas lacradas com selo, que devem ser depositados na Caixa Geral de Depósitos.

Artigo 408º Quem deve ser o depositário

1 – O depositário é o próprio possuidor ou detentor dos bens, salvo se houver manifesto inconveniente em que lhe sejam entregues.

2 – O auto de arrolamento serve de descrição no inventário a que haja de proceder-se.

Artigo 409º Arrolamentos especiais

1 – Como preliminar ou incidente da ação de separação judicial de pessoas e bens, divórcio, declaração de nulidade ou anulação de casamento, qualquer dos cônjuges pode requerer o arrolamento de bens comuns, ou de bens próprios que estejam sob a administração do outro.

2 – Se houver bens abandonados, por estar ausente o seu titular, por estar jacente a herança, ou por outro motivo, e tornando -se necessário acautelar a perda ou deterioração, são arrecadados judicialmente, mediante arrolamento.

3 – Não é aplicável aos arrolamentos previstos nos números anteriores o disposto no nº 1 do artigo 403º.

Na verdade, o arrolamento de bens no direito lusitano, assim como no direito brasileiro sob a égide do código revogado, sempre esteve ligado à conservação de bens de *universalidade fática ou jurídica*, cujo conteúdo se apresentava incógnito ao requerente da providência. Tratava-se de arrolamento requerido como ato preparatório ou incidente de inventário, de demanda de dissolução de sociedade, de demanda de divórcio e da demanda de separação de pessoas e de bens, de demanda de investigação de paternidade ou maternidade etc.

Aliás, o próprio significado da palavra 'arrolamento' conduziu a essa conclusão, *"porque compreende, como elucidava Moraes no seu clássico dicionário: 'o ato de tomar em rol, lançar em memória, inventário, para se saber o que há, com descrição de números, qualidades etc"*.[417]

E isso tinha a sua razão de ser, até para não se confundir o arrolamento de bens com o sequestro ou mesmo com o arresto que eram considerados medidas cautelares nominadas.

Além do mais, o conteúdo do sequestro não era incógnito ao requerente da medida.

Contudo, o §1º do art. 381 do atual C.P.C. não faz mais essa delimitação, muito menos restringe a sua legitimidade apenas ao credor de herança jacente, ou seja, aos casos em que tenha lugar a arrecadação da herança, razão pela qual se pode afirmar que o arrolamento de bens poderá incidir sobre um número determinado de bens sem que se caracterize a sua universalidade.

Aliás, isto está de acordo com o espírito no novo C.P.C. e sua perspectiva de generalidade dos institutos processuais, assim como o fez com a tutela jurisdicional cautelar.

O objeto do arrolamento pode compreender bens imóveis e móveis, inclusive documentos, pois pode não bastar a exibição ou busca apreensão de coisa ou de documentos, havendo necessidade também de seu arrolamento.

Também não há restrição ao arrolamento de documentos apenas aos documentos que tenham valor econômico, como é o caso dos títulos de crédito.

O interesse ao arrolamento pode ensejar apenas um interesse moral e não econômico. Pode-se arrolar, por exemplo, os processos judiciais que serão descartados, a fim de que sejam preservados os documentos históricos que os compõem.

O interesse de agir para a produção antecipada de arrolamento de bens pode decorrer da existência de determinado *periculum in mora*, no caso, dissipação, extravio, destruição, ocultação, desaparecimento ou desperdício dos bens, conforme estabelece o inc. I do art. 381 do atual C.P.C. O receio pode consistir, ainda, em que o bem ou os bens saiam do lugar, ou sejam tirados, ou se juntem a outros sem se poder, após isso, distinguir o que é o objeto do direito do requerente da medida. [418]

Contudo, o arrolamento também poderá ser requerido para efeito de se possibilitar uma conciliação ou mesmo para se justificar ou impedir a propositura

[417] Alvaro de Oliveira, C. A.; Lacerda, G., idem, p. 427.
[418] Alvaro de Oliveira, C. A.; LacerdA, G., idem, p. 430.

de uma demanda, nos termos do que estabelecem os incs. II e III do art. 381 do atual C.P.C.

Quanto à *legitimidade*, pode requerer o arrolamento todo aquele que tenha interesse na conservação da prova sobre o bem.

Contudo, se o requerente não tiver direito algum sobre o bem, o pedido não pode ser atendido.

Assim, o aspecto da legitimidade ou ilegitimidade do requerente diz respeito à posição que este tem quanto ao ato ou fato que invoca para justificar o direito aos bens.[419]

Como já se afirmou, em relação aos credores, o arrolamento não está adstrito apenas ao credor de herança jacente, como assim ocorria sob a égide do C.P.C. de 1973.

Não é possível arrolar o dinheiro, em face de sua fungibilidade. Mas pode ser arrolado o conteúdo de um cofre.

São exemplos de arrolamento de bens: a) arrolamento de bens como antecedente à demanda de divórcio ou anulação de casamento ou dissolução da união estável, havendo direito à partilha dos bens; b) arrolamento como antecedente ao processo de inventário e partilha; c) arrolamento de bens como antecedente à demanda de nulidade de testamento; d) arrolamento de bens como antecedente à demanda de dissolução da sociedade.

Note-se que o arrolamento descrito no §1º do art. 381 do atual C.P.C. diz respeito apenas a uma medida de caráter de antecipação probatória, que tem apenas por finalidade a conservação da prova representada pela realização de sua documentação e não da coisa em si.

Se houver necessidade de arrolamento de bens com o intuito de preservação da própria coisa, tal medida terá natureza cautelar e não de antecipação probatória.

A questão que se coloca é se o depósito será exigido em ambas as hipóteses de arrolamento de bens.

Parece que o legislador do atual C.P.C. insere o depósito como marco diferenciador entre o arrolamento de bens como medida cautelar e o arrolamento de bens como medida antecipada de prova, razão pela qual o arrolamento de bens somente exigirá o depósito quando de certa forma houver necessidade de preservação da coisa em si, ou seja, quando o arrolamento tiver natureza de cautelaridade.

[419] Alvaro de Oliveria, C. A. Lacerda, G., idem, p. 432.

6. Competência e prevenção do juízo para a produção antecipada de prova

Segundo estabelece o §2º do art. 381 do atual C.P.C., *a produção antecipada da prova é da competência do juízo do foro onde esta deva ser produzida ou do foro do domicílio do réu.*

Trata-se de uma competência particular sobre o juízo competente para o pedido de antecipação de prova.

A petição inicial da asseguração da prova será dirigida ao juiz do local do fato ou do domicílio do interessado, salvo em se tratando de competência absoluta.

Quando se tratar de competência relativa, dentro dos critérios legais, o juiz não poderá declarar sua incompetência de ofício, nem o requerido poderá alegar a incompetência em preliminar de contestação, pois não há defesa nesse tipo de procedimento, salvo, evidentemente, se o requerente optar por juízo totalmente estranho ao fato ou aos interessados. Em qualquer hipótese, o juízo do procedimento não fica prevento para a demanda principal, cujo aforamento deverá respeitar as regras processuais sobre a competência.[420]

No caso, a produção antecipada de prova deverá ser requerida perante o juízo do foro onde a prova deva ser produzida e não no juízo do foro em que deverá tramitar a demanda principal.

Assim, se há necessidade de se produzir uma prova que normalmente seria colhida por precatória, o juízo competente para sua realização será a do juízo deprecado e não do juízo deprecante.

Se não houver um juízo competente devidamente delineado, a produção antecipada de prova ocorrerá no juízo do foro do domicílio do réu.

É importante salientar que a produção antecipada de prova não previne a competência do juízo para a demanda que venha a ser proposta, conforme o §3º do art. 381 do novo C.P.C.

Aliás, a produção antecipada de prova já não tornava preventa a competência quando ainda tinha natureza cautelar. Nesse sentido são os seguintes precedentes do S.T.J.:

> *(...).*
>
> *4. "A produção antecipada de provas, por si só, não previne a competência para a ação principal". Súmula nº 263/TFR.*
>
> *5. Recurso especial improvido.*
>
> (REsp 617.921/MT, Rel. Ministro LUIS FELIPE SALOMÃO, QUARTA TURMA, julgado em 18/05/2010, DJe 26/05/2010).

420 ALVARO DE OLIVEIRA, C.A.; LACERDA, G., idem, ibidem.

(...).

1 – A prevenção das cautelares em geral não se aplica, indistintamente, às medidas de produção antecipada de provas, porquanto estas últimas, ressalvados os casos específicos, sempre ou quase sempre, já se encontram extintas quando aforada a causa principal.

(...)

(AgRg na MC 10.565/RJ, Rel. Ministro FERNANDO GONÇALVES, QUARTA TURMA, julgado em 25/10/2005, DJ 14/11/2005, p. 324)

Porém, se a cautelar ainda estivesse em andamento, haveria a prevenção para a demanda principal. Nesse sentido é o seguinte precedente do S.T.J.:

Medida cautelar de produção antecipada de provas. Controvérsia doutrinária e jurisprudencial. Peculiaridade. Precedentes.

1. Estando ainda em curso a ação cautelar de produção antecipada de prova, sequer concluído o laudo pericial, deve ser reconhecida a prevenção para o ajuizamento da ação principal.

2. Recurso especial não conhecido.

(REsp 712.999/SP, Rel. Ministro CARLOS ALBERTO MENEZES DIREITO, TERCEIRA TURMA, julgado em 12/04/2005, DJ 13/06/2005, p. 305)

7. Competência do juízo estadual

A competência para a produção antecipada de prova em que haja interesse da União, entidade autárquica ou empresa pública federal é da Justiça Federal, conforme determina o art. 109 da Constituição Federal.

Porém, nas localidades em que não haja vara federal, a competência será da Justiça Estadual, conforme preconiza o §4º do art. 381 do novo C.P.C.

Essa permissão legal encontra-se legitimada pelo §3º do art. 109 do Constituição Federal.

8. Justificação

Segundo prescreve o §5º do art. 381 do atual C.P.C. *aplica-se o disposto nesta Seção àquele que pretender justificar a existência de algum fato ou relação jurídica para simples documento e sem caráter contencioso, que exporá, em petição circunstanciada, a sua intenção.*

A *justificação*, muito embora não tivesse natureza de cautelaridade, era prevista no capítulo das medidas cautelares quando da vigência do C.P.C. de 1973.

Prescrevia o art. 861 do C.P.C. de 1973 que, *"quem pretendesse justificar a existência de algum fato ou relação jurídica, seja para simples documento e sem caráter conten-*

cioso, seja para servir de prova em processo regular, exporia, em petição circunstanciada, a sua intenção.

A justificação consiste na inquirição de testemunhas sobre os fatos alegados, sendo facultado ao requerente juntar documentos.

Ao interessado será lícito contraditar as testemunhas, reinquiri-las e manifestar-se sobre os documentos.

Na justificação sob a égide do C.P.C. de 1973, não se admitia defesa nem recurso.

A justificação seria ao final julgada por sentença e os autos seriam entregues ao requerente independentemente de traslado, decorridos 48 (quarenta e oito) horas da decisão.

O juiz não se pronunciaria sobre o mérito da prova, limitando-se a verificar se foram observadas as formalidades legais.

É importante salientar que a justificação de algum fato ou de alguma relação jurídica não possui caráter contencioso, servindo apenas para simples caráter de documentação.

Sobre a eficácia da justificação, eis os seguintes precedentes do S.T.J.:

> *1. O ato da autoridade impetrada, que não acolheu o pedido de averbação de tempo de serviço para fins de concessão de aposentadoria, se afigurou como ilegal, ante a existência de prova pré-constituída do preenchimento dos requisitos para concessão do benefício, produzida por meio de justificação judicial.*
>
> (...).
>
> (AgRg no Ag 920.172/SP, Rel. Ministro NAPOLEÃO NUNES MAIA FILHO, QUINTA TURMA, julgado em 19/08/2009, DJe 28/09/2009).

> *(...).*
>
> *3. Pedido amparado unicamente em Justificação Judicial, também arrimada apenas em depoimentos testemunhais. Ausência de provas documentais aptas à comprovação material da condição de seringueiro durante a 2ª Guerra Mundial. Inteligência do verbete sumular 149/STJ. Precedentes jurisprudenciais do STF e STJ.*
>
> *4. Recurso especial provido.*
>
> (REsp 906.695/RO, Rel. Ministro ARNALDO ESTEVES LIMA, QUINTA TURMA, julgado em 19/02/2009, DJe 08/09/2009).

> *1. "A comprovação do tempo de serviço para os efeitos desta Lei, inclusive mediante justificação administrativa ou judicial, conforme o disposto no artigo 108, só produzirá efeito quando baseada em início de prova material, não sendo admitida prova exclusi-*

vamente testemunhal, salvo na ocorrência de motivo de força maior ou caso fortuito, conforme disposto no Regulamento." (artigo 55, parágrafo 3º, da Lei 8.213/91).

2. O início de prova material, de acordo com a interpretação sistemática da lei, é aquele feito mediante documentos que comprovem o exercício da atividade nos períodos a serem contados, devendo ser contemporâneos dos fatos a comprovar, indicando, ainda, o período e a função exercida pelo trabalhador.

(...).

(AgRg no REsp 945.696/SP, Rel. Ministro HAMILTON CARVALHIDO, SEXTA TURMA, julgado em 11/09/2007, DJe 07/04/2008)

Sobre a questão de competência para processar a justificação, eis os seguintes precedentes do S.T.J.:

1. A competência para processar e julgar ação de justificação ajuizada por servidora do Cartório de Registro Civil da 2ª Circunscrição da Comarca de Nova Iguaçu – RJ, regida por regime celetista, no afã de comprovar o seu tempo de serviço, é da Justiça Estadual. Incidência, a contrario sensu, da Súmula nº 32 deste STJ, no sentido de que: Compete à Justiça Federal processar e julgar justificações judiciais destinadas a instruir pedidos perante entidades que nela têm exclusividade de foro, ressalvada a aplicação do art. 15, II, da Lei nº 5.010, de 1966 (Precedente: AgRg no CC 31.965 – RJ, Relator Ministro ALDIR PASSARINHO JÚNIOR, Segunda Seção, DJ de 04 de abril de 2002).

(...).

(CC 74.867/RJ, Rel. Ministro LUIZ FUX, PRIMEIRA SEÇÃO, julgado em 10/09/2008, DJe 29/09/2008).

(...).

Quando a justificação ou declaração de ausência tem como escopo a obtenção de prova junto ao INSS, para percepção de pensão dos dependentes do ausente, é competente a Justiça Federal. Súmula 32-STJ.

(CC 21.875/RJ, Rel. Ministro BUENO DE SOUZA, SEGUNDA SEÇÃO, julgado em 11/11/1998, DJ 18/12/1998, p. 284)

Art. 382

Na petição, o requerente apresentará as razões que justificam a necessidade de antecipação da prova e mencionará com precisão os fatos sobre os quais a prova há de recair.

§ 1º O juiz determinará, de ofício ou a requerimento da parte, a citação de interessados na produção da prova ou no fato a ser provado, salvo se inexistente caráter contencioso.

§ 2º O juiz não se pronunciará sobre a ocorrência ou a inocorrência do fato, nem sobre as respectivas consequências jurídicas.

§ 3º Os interessados poderão requerer a produção de qualquer prova no mesmo procedimento, desde que relacionada ao mesmo fato, salvo se a sua produção conjunta acarretar excessiva demora.

§ 4º Neste procedimento, não se admitirá defesa ou recurso, salvo contra decisão que indeferir totalmente a produção da prova pleiteada pelo requerente originário.

Procedimento da produção antecipada de prova

Segundo estabelece o *art. 382* do atual C.P.C., o requerente, na petição inicial, apresentará as razões que justificam a necessidade de antecipação da prova e mencionará com precisão os fatos sobre os quais a prova há de recair.

Evidentemente que para se requerer a produção antecipada de prova há necessidade de se demonstrar algum interesse no exercício dessa tutela jurisdicional.

O requerente deverá apresentar as razões que justificam a necessidade de antecipação da prova, assim com os fatos sobre os quais a prova há de recair.

Tratando-se de arrolamento de bens, deverá ainda indicar no que consiste os bens a serem arrolados.

No caso de justificação, deverá, se for o caso, indicar a relação jurídica que pretende ver justificada.

As hipóteses que legitimam a provocação jurisdicional estão expressamente mencionadas nos incisos I a III do art. 381, ou seja: I – haja fundado receio de que venha a tornar-se impossível ou muito difícil a verificação de certos fatos na pendência da ação; II – a prova a ser produzida seja suscetível de viabilizar a autocomposição ou outro meio adequado de solução de conflito; III – o prévio conhecimento dos fatos possa justificar ou evitar o ajuizamento de ação.

Também deverá indicar o requerente da antecipação probatória, com precisão, *os fatos sobre os quais há de recair a prova.*

Evidentemente, se estes fatos não mais existirem por quaisquer circunstâncias, a antecipação não será possível, por perda do objeto material.

Estabelece o *§1º do art. 382* do atual C.P.C. que o *juiz determinará, de ofício ou a requerimento da parte, a citação de interessados na produção da prova ou no fato a ser provado, salvo se inexistente caráter contencioso.*

Tendo em vista que a prova a ser produzida poderá interessar a outros que não apenas aquele que a requereu, inclusive para compor a futura demanda, o presente dispositivo determina que o juiz, de ofício ou a requerimento da parte, determine a citação de possíveis interessados na produção da prova ou no fato a ser provado, quando haja possibilidade de que produção dessa prova possa ser usada em futura demanda de natureza contenciosa.

Assim, o magistrado deverá ter a prudência e o discernimento de apurar se a prova requerida antecipadamente poderá ser objeto de futura demanda contenciosa ou não.

Se houver interesse público evidenciado na demanda que poderá ser proposta, o juiz deverá citar também o Ministério Público.

Na realidade, como não há contestação neste tipo de medida, o termo correto não seria a citação, mas, sim, mera intimação do interessado para acompanhar a prova que será realizada.

No caso, o interessado terá o direito de participar na inspeção judicial, na audiência de coleta da prova, formulando perguntas às testemunhas e ao perito judicial, podendo, inclusive, nomear perito auxiliar.

O dispositivo fala que não havendo caráter contencioso, não haverá necessidade de citar os demais interessados.

Sobre essa questão da contenciosidade ou não do conteúdo do processo, já ensinava Carlos Alberto de Oliveira e Galeno Lacerda: *"No exame da antecipação emergencial de prova aparece, com intensidade, a necessidade de distinguir entre tutela cautelar jurisdicional e administrativa, seguidamente descurada em doutrina. Na intimidade do processo jurisdicional, pratica o juiz um sem-número de atos de mera direção e impulso, sem nada decidir, de mera natureza administrativa, idênticos aos de qualquer autoridade executivo no exercício de suas funções. No exercício desse poder-dever de direção, o volume maior dos atos é meramente ordinatório, não possui natureza decisória. Ao efetuá-los, o juiz nada julga; limita-se a atuar como diretor do processo, com autoridade-chefe do procedimento, responsável pelo seu decurso em ordem certa e legal. Documentar prova, tal como se dá nas espécies do art. 846, inclui-se nesse tipo de atividade. O juiz exerce, aqui, função de mero agente documentador, sem nada julgar ou decidir: o ato que dele se reclama é meramente ordinatório ou próprio da chamada 'jurisdição' voluntária, não pressupondo, necessariamente, a existência da lide, ou, se existente esta, não exigindo exercício da função jurisdicional, porque o pedido se apresenta desacompanhado de questão".*[421]

Conforme anota Eduardo J. Couture: *"Acontece que na atualidade, a denominada jurisdição voluntária não é jurisdição nem é voluntária. Sua índole não é jurisdicional,*

[421] Alvaro de Oliveria, C. A.; Lacerda, G., idem, p. 326.

pelas razões que se darão imediatamente; e não é voluntária porque em muitos casos, a intervenção dos juízes se faz imposta pela lei sob pena de sanções pecuniárias, ou privação do fim esperado".[422]

Evidentemente que somente poderemos aceitar que a atividade do juiz será meramente de documentação sem necessidade de participação de eventuais possíveis interessados na prova a ser produzida, se estivermos diante não de um processo jurisdicional, mas apenas diante de um mero *procedimento*, pois na nossa concepção, processo jurisdicional é um instrumento do poder estatal realizado por meio de um procedimento *em contraditório*. Portanto, conforme preconiza a própria Constituição Federal, o *contraditório* é a essência do processo jurisdicional brasileiro.

Além do mais, parece-me que não andou bem o legislador em não determinar a intimação de todos os interessados pelo fato de não haver, em princípio, caráter de contenciosidade. Digo, em princípio, pois a contenciosidade poderá ocorrer após a produção da prova.

Por outro lado, verifica-se certo paradoxo na sistemática do Código, pois a citação dos interessados também é exigida nos procedimentos não contenciosos, nos termos do art. 721 do atual C.P.C.: *"Serão citados todos os interessados, bem como intimado o Ministério Público nos casos do art. 178, para que se manifestem, querendo, no prazo de 15 (quinze) dias".*

Em relação à participação de terceiro interessado na produção antecipada de prova, já se entendeu que não se deve anular a vistoria por falta de citação de litisconsorte condômino, se não houver prejuízo, devido à participação do outro condômino como requerido (TJSP, RT 286/334). Segundo Carlos Alberto Álvaro de Oliveira e Galeno Lacerda, esta conclusão é validada para as vistorias voluntárias não contenciosas, mas inaceitável para as vistorias contenciosas e jurisdicionais com litisconsórcio necessário. Ressalva-se, é claro, o direito do não citado de pedir repetição da prova no processo principal, ou em outra medida.[423]

Por isso, a seguradora tem legitimidade em participar de vistoria antecipada, pois tem interesse na verificação da responsabilidade civil do segurado, já que vai pagar a dívida deste.

É bem verdade que a produção antecipada de prova pode ser solicitada inclusive por aquele que não venha a participar sequer da eventual futura demanda, desde que tenha indiscutível interesse em seu resultado. Nesse sentido foi uma decisão proferida por José Joaquim da Fonseca, então juiz na ex-Guanabara,

[422] Couture, Eduardo J. *Fundamentos del derecho procesal civil.* 4ª ed. Montevideo-Buenos Aires: IBDF, 2009. p. 38.

[423] Alvaro de Oliveira, C.A.; Lacerda, G., op. Cit., p. 332.

deferindo perícia para comprovar o estado mental de futuro testador, requerida por este, interessado em preservar o documento de possível anulação *post mortem*.[424]

Aduz o *§2º do art. 382* do C.P.C. que *o juiz não se pronunciará sobre a ocorrência ou a inocorrência do fato, nem sobre as respectivas consequências jurídicas.*

Este dispositivo denota que a participação do juiz no processo ou procedimento de produção antecipada de prova é meramente de documentação ou no máximo de correção de rumos que possam ocorrer durante a fase da produção probatória.

O juízo da produção antecipada de prova não exercer qualquer ato valorativo sobre a prova a ser produzida, muito menos sobre a ocorrência ou não do fato. Também não proferirá qualquer decisão que possa caracterizar eventuais consequências jurídicas em decorrência da prova produzida.

Como o juiz não resolve questão de direito material na produção probatória (tutela de natureza satisfativa), também não haveria possibilidade de ocorrer a denominada intervenção de terceiros, como o chamamento ao processo ou a denunciação da lide ou em garantia.

Contudo, entendo que havendo interesse de terceiros que poderia ser atingido pela decisão a ser proferida no processo principal, deverão ser eles citados (intimados), inclusive de ofício, para participar da produção probatória. Estamos diante daquilo que Cândido Rangel Dinamarco já denominava de *assistência provocada*, promovendo-se a citação de oficio do terceiro para participar do procedimento probatório, a fim de que fique adstrito à eficácia da prova antecipada.[425]

Preconiza o *§3º do art. 382* do novo C.P.C. que *os interessados poderão requerer a produção de qualquer prova no mesmo procedimento, desde que relacionada ao mesmo fato, salvo se a sua produção conjunta acarretar excessiva demora.*

Assim, se o requerente da produção antecipada de prova solicitar para comprovar a existência de determinado fato a produção antecipada de oitiva de testemunha, o interessado poderá, por exemplo, requerer no mesmo procedimento a realização de prova pericial, desde que se trate do mesmo fato.

Isso somente não será permitido, no mesmo procedimento, se a produção conjunta acarretar excessiva demora. Contudo, nada impede que o interessado promova novo procedimento de antecipação de prova para produzir a prova pretendida.

[424] Alvaro de Oliveira, C.A.; Lacerda, G., idem, ibidem.

[425] Dinamarco, Cândido Rangel. *Fundamentos....*, op. cit. p. 340 e ss.

Preceitua o *§4º do art. 382* do atual C.P.C. que *neste procedimento, não se admitirá defesa ou recurso, salvo contra a decisão que indeferir total ou parcialmente a produção da prova pleiteada pelo requerente originário.*

Este dispositivo definiu muito bem a natureza jurídica da produção antecipada de prova, configurando-a como sendo não um *processo*, mas, sim, um *procedimento.*

E isso tem sua razão de ser.

Se se tratasse de um processo jurisdicional, em hipótese alguma poderia o legislador impedir o contraditório e a ampla defesa, pois a essência do processo jurisdicional é justamente o contraditório, conforme já tivemos oportunidade de afirmar na obra Contraditório e Revelia. Nesta obra assim definimos o processo: *"Assim, após o transcurso de todo esse desenvolvimento teórico, chega-se à natureza jurídica do processo, principalmente do processo jurisdicional, como sendo um instrumento do poder, legitimado por meio de um procedimento realizado mediante o desenvolvimento da relação entre seus sujeitos, presente o contraditório".*[426]

Uma vez que a produção antecipada de prova apresenta apenas a natureza jurídica de um *procedimento,* poderia o legislador afirmar que neste procedimento não se admite defesa ou recurso, salvo na hipótese em que a decisão indeferir, total ou parcialmente, a produção da prova pleiteada pelo requerente originário.

A atividade exercida pelo juiz neste tipo de procedimento é meramente *administrativa,* salvo se houver alguma questão a ser dirimida que demande a transformação do mero procedimento para um processo jurisdicional.

Assim, muito embora o §1º do art. 382 do atual C.P.C. fale em *citação* dos interessados, na verdade o que ali se pretende dizer é que os interessados serão *intimados* para participar da produção probatória e não para apresentar contestação. Esta *"citação"* serve apenas para que o interessado possa comparecer à audiência de inquirição ou à diligência de compromisso do perito, quando oferecerá quesitos.

Ovídio Baptista da Silva aduz que o juiz de asseguração da prova poderá declará-la improcedente quando 'macroscopicamente for inadmissível'.

E se a decisão indeferir o pedido de produção de prova formulado pelo interessado na produção antecipada de prova? Neste caso também não caberá recurso, podendo o interessado ingressar com um procedimento próprio e autônomo.

[426] Souza, Artur César. *Contraditório e revelia – perspectiva crítica dos efeitos da revelia em face da natureza dialética do processo.* São Paulo: Editora R.T., 2003. p. 133.

Muito embora a produção antecipada de prova não admita defesa nem recurso, isso não significa dizer que qualquer um, sem interesse ou mesmo o mínimo de legitimidade possa provocar o Poder Judiciário simplesmente por provocar.

O requerente não está desobrigado de expor, na petição inicial, as razões do pedido, justificando sumariamente a necessidade de antecipação e mencionando com precisão os fatos sobre que há de recair a prova. Conforme afirmam Carlos Alberto Álvaro de Oliveira e Galeno Lacerda, *"não se trata só de justificar a medida perante o juiz, senão de possibilitar ao requerido a formulação dos próprios quesitos ou de perguntas à testemunha, pois, se no procedimento não se admite controvérsia sobre a lide principal, indiscutível é que se cuida de relação bilateral com objetivo probatório de interesse também para o requerido. Daí, a necessidade de clareza quanto aos motivos da providência"*.[427]

O valor da causa será o valor mínimo das leis fiscais, pois não se trata de processo jurisdicional propriamente dito, muito menos há litigiosidade.

Por outro lado, neste tipo de procedimento não há sucumbência, salvo se em hipótese excepcionalíssima surgir a necessidade de resolução de questões entre a parte requerente e o interessado sobre o próprio cabimento da medida.

Art. 383

Os autos permanecerão em cartório durante 1 (um) mês para extração de cópias e certidões pelos interessados.

Parágrafo único. Findo o prazo, os autos serão entregues ao promovente da medida.

Destinação dos autos

A doutrina, sob a análise do C.P.C. de 1973, aduzia que tomado o depoimento ou feito exame pericial, o juiz, se inexistisse questão ou lide a decidir, formalizaria a manifestação de vontade do interessado, extinguindo o procedimento administrativo dela originado por meio de *sentença homologatória*.

A homologação constituiria nessa hipótese simples resolução sobre estarem satisfeitos os pressupostos de *forma*, vale dizer, o juiz verificaria se foram atendidos os requisitos *exteriores* dos atos praticados, tarefa condizente e necessária à atividade administrativa que lhe foi solicitada.

[427] Alvaro de Oliveira, C.A.; Lacerda, G., op. Cit., p. 346.

Tratava-se de sentença eminente formal, em que o conteúdo seria dado pela realização da prova antecipada, como natureza administrativa.[428]

Não verificamos motivo para não aceitar tais ensinamentos para a produção antecipada da prova regulada pelo novo C.P.C.

Não haverá fixação sucumbencial de honorários de advogado, salvo se o juiz tiver de resolver questão envolvendo o requerente da medida e o interessado em nela participar.

Os honorários de perito e de eventuais despesas processuais deverão ser suportados pela parte requerente, ou pelo interessado que também formulou pedido de produção antecipada de prova.

Evidentemente que isso não significa dizer que o vencido na demanda principal não deva arcar com as despesas do vencedor, incluídas nestas as despesas realizadas com o pedido de produção antecipada de prova.

Tratando-se de asseguração de prova, o procedimento é autônomo e autuado à parte e, encerrada a instrução preventiva, devem os autos permanecer em cartório, facultado aos interessados o direito de pedir certidões ou extrair cópias do que desejarem.

O C.P.C. de 1973 não autorizava a entrega dos autos ao requerente da medida.

O C.P.C. de 1939 preconizava, em seu art. 250, a entrega dos autos ao requerente nas quarenta e oito horas seguintes ao encerramento, permitindo que, nesse prazo, fosse extraída certidão a pedido do interessado.

É bem verdade que diante do processo eletrônico, a questão da entrega dos autos deverá ser melhor avaliada.

O novo C.P.C., no *parágrafo único do art. 383* do atual C.P.C., restabeleceu a regra do art. 250 do C.P.C. de 1939, modificando apenas o prazo de permanência dos autos em cartório para efeitos de traslado de certidão que é agora de *um mês.*

SEÇÃO III – Da Ata Notarial

Art. 384

A existência e o modo de existir de algum fato podem ser atestados ou documentados, a requerimento do interessado, mediante ata lavrada por tabelião.

Parágrafo único. Dados representados por imagem ou som gravados em arquivos eletrônicos poderão constar da ata notarial.

[428] Alvaro de Oliveira, C.A.; Lacerda, G., idem, p. 360.

Ata notarial

A ata notarial é um meio de prova realizado extrajudicialmente, sendo que em razão de sua rápida e fácil elaboração por meio de Tabelião de Notas, possui fé pública daquilo que consta como seu objeto de prova.

Demonstrando-se a existência ou inexistência de determinado fato, o Tabelião descreve essa situação de forma minuciosa e objetiva, transcrevendo todas essas circunstâncias na ata notarial.

Seu conteúdo normativo substancial está previsto no art. 217 do Código Civil brasileiro que assim dispõe: *Terão a mesma força probante os traslados e as certidões, extraídos por tabelião ou oficial de registro, de instrumentos ou documentos lançados em suas notas.*

Por sua vez, o seu conteúdo administrativo está regulamentado pelo art. 236 da Constituição Federal e pela Lei 8.935/94.

O art. 1º da Lei 8.935/94 prescreve que *"os serviços notarias e de registro são os de organização técnica destinados a garantir a publicidade, autenticidade, segurança e eficácia dos atos jurídicos.*

O art. 6º da Lei 8.935/94 estabelece que aos notórios compete: I – formalizar juridicamente a vontade das partes; II – intervir nos atos e negócios jurídicos a que as partes deveram ou queiram dar forma legal ou autenticidade, autorizando a redação ou redigindo os instrumentos adequados, conservando os originais e expedindo cópias fidedignas de seu conteúdo; III- autenticar fatos.

O art.7º da Lei 8.935/94, por sua vez, afirma que aos tabeliães de notas compete exclusivamente: *III – lavrar atas notariais.*

É facultado aos tabeliães de notas realizar todas as gestões e diligências necessárias ou convenientes ao preparo das atas notariais.

Este meio de prova é elaborado por um notário público, detentor de fé pública, cuja fé pública dá maior segurança sobre a existência ou o modo de existir de algum fato.

Evidentemente que, muito embora a grande garantia de segurança que possa exercer a *ata notarial*, isso não significa que o juiz deva estar totalmente vinculado ao seu conteúdo, pois o magistrado no processo deve apreciar a prova com base no princípio da livre persuasão racional.

Conforme anota José Maria Tescheiner, há muita utilidade prática na ata notarial, principalmente como forma de comprovação em juízo de fatos relevantes para a decisão da causa. O referido autor cita um exemplo interessante. A consignação em pagamento tem lugar se o credor, sem justa causa, se recusa a receber o pagamento, ou dar quitação na devida forma (C.c., art. 335). Proposta a demanda, pode o réu alegar na contestação que não houve recusa, fato cuja prova, como fato constitutivo, incumbe ao demandante. Contudo, ao invés de depender da prova testemunhal, que de certa forma pode ser considerada duvidosa, pode o devedor comprovar a recusa mediante *ata notarial*.[429]

Na realidade, o conteúdo da ata notarial decorre de um ato jurídico, muitas vezes proveniente de assembleias de sociedade ou de condomínios ou de qualquer outro registro por escrito de fatos e atos jurídicos importantes, inclusive para demonstrar a verdade, a eficácia e a existência das conclusões chegadas em referidas assembleias.

Conforme anota Adauto A. Tomaszewski: *"A partir da observação da legislação e da prática notarial é possível conceituar a ata notarial como um documento que contém a narração imparcial, portanto sem juízo de valores, e minuciosa, de fatos jurídicos adrede solicitados e que não sejam de atribuição de outro profissional registrador. Não seria possível lavrar ata notarial de protesto de título, por exemplo. Os fatos objeto de autenticação são aqueles passíveis de percepção, verificação ou presenciados pelo notário, ou mesmo seu substituto legal. A prévia solicitação deve partir de pessoa com legítimo interesse, nos moldes daqueles delineados no Código de Processo Civil. Este profissional deve se ater em sua atividade a relatar aquilo que ouve, vê ou, como anotado, ainda pode perceber pela audiência ou olfato. Este documento pode servir de base probante de fatos jurídicos, assim entendidos como aqueles relevantes para o Direito e que, por previsão no ordenamento jurídico, produzem efeitos a que a ordem jurídica entende sendo dignos de regulamentação"*.[430]

Podem as atas notariais ser classificadas do seguinte modo: *"a) materiais – são aquelas que afetam fatos jurídicos que, por sua índole, não há como qualificá-los como contratos; b) formais – são aquelas em que a lei estabelece uma manifestação formal, como, por exemplo, aprovação de testamento cerrado ou ato de depósito perante o notário; c) típicas – são aquelas atas previstas em lei, com efeito de regulamentação especial; d) atípicas – são aquelas que, embora previstas no ordenamento jurídico, são possíveis de serem realizadas, pois possuem objeto lícito, o agente é capaz e as formas dos fatos são admitidas em direito"*.[431]

Adauto A. Tomaszewski entende que é bastante relevante que se teçam algumas considerações sobre as diversas modalidades, razão pela qual ele traça as seguintes considerações principais: *"a) Ata notarial de presença e declaração – o tabelião narra fielmente, em linguagem jurídica, a declaração do interessado. Tais decla-*

[429] Tescheiner, José Maria. Ata notarial como meio de prova – uma revolução no processo civil. *In: Boletim eletrônico IRIB*, São Paulo, agosto de 2004, n. 1.259 de 26.08.2004.

[430] Tomaszewski, Adauto de Almeida. A ata notarial como meio de prova e efetivação de direitos. *Revista Cien. Jurídica e Sociológica da Unipar*, Umuara, vol. 11, n. 1, p. 7-23, jan./jun., 2008. p. 12.

[431] Vasconcelos, Julenildo Nunes. CRUZ, Antonio Augusto. *Direito notarial: teoria e prática*. Rio de Janeiro: Forense, 2006. p. 82.

rações são aquelas pura e simples que atingem direitos próprio (sentido de se manifestar, fazer valer a sua manifestação de vontade ou declaração). Nesta ata, a declaração poderá ser absolutamente só ou com testemunhas. Alguns notários denominam este instrumento como 'Escritura Pública de Declaração' ou 'Escritura de Declaração'. Destaque-se que estas declarações partem da ideia de serem simples narrativa sem a característica negocial. Inegavelmente que se prestam a produzir efeitos jurídicos, sendo, portanto, entendidos como atos jurídicos, com os efeitos que lhe são peculiares. Mas, afinal de contas, que efeitos seriam estes? Os negócios jurídicos podem produzir os efeitos desejados pelas partes e que não sejam proibidos pela lei. É por isto que se permite a inserção de elementos acidentais como a condição, termo, seja inicial ou final. Consequentemente, o prazo de vinculação entre as partes, e por fim, eventualmente, comumente em negócios não onerosos, o encargo. Diferentemente, o ato jurídico somente produz os efeitos previamente determinados pela Lei. Imagine-se uma declaração que reconhece a paternidade: os efeitos não podem ser delimitados pelo manifestante; na mesma esteira, o ato jurídico de emancipação, cujos efeitos também escapam ao poder emancipatório dos pais e produzem diversas consequências que a Lei especifica de forma direta ou indireta; b) ata notarial de verificação de atos na rede de comunicação de computadores Internet – o tabelião acessa determinado endereço na rede mundial de computadores e verifica o conteúdo de certo sítio (página ou site), materializando tudo aquilo que presenciou e certificando não só o conteúdo existente, mas também a data e horário de acesso; a imagem da página acessada poderá, a pedido do solicitante, ser impressa no próprio instrumento notarial; c) ata notarial de verificação de fatos em diligência – são diversas as hipóteses, dentre as quais duas se destacam: uma delas quando a pessoa interessada solicita ao tabelião que se desloque em diligência, respeitada a noção espacial de competência territorial, presencie, verifique e certifique um fato. Um exemplo prático é a diligência até uma fazenda e o tabelião fotografa uma extensa área agrícola queimada, juntamente com eventuais bens acessórios e pertenças, também perecidos ou deteriorados, em decorrência de uma queimada iniciada por lindeiro daquela propriedade, cujo descontrole fez com que danos fossem causados ao seu vizinho. Neste caso, o notário certifica tudo com uma máquina fotográfica digital, ou equivalente, imprime as fotos, atesta sua autenticidade e este conjunto probante é acolhido para se determinar em juízo a extensão dos prejuízos, faltando apenas que se determine o estabelecimento do quantum indenizatório. Outro exemplo ocorre quando uma pessoa, movida por um interesse legítimo, solicita ao tabelião que este se dirija até certo local e ali presencie um diálogo telefônico em sistema que lhe permita ouvir a conversa. Posteriormente, o conteúdo é transcrito fielmente para o instrumento notarial. Esta mesma verificação também pode ocorrer em situações dentro da própria serventia, se o notário dispuser de um sistema similar ou se este for levado episodicamente para lá; d) ata notarial de notoriedade – o interessado solicita ao tabelião que verifique a existência e a capacidade de determinada pessoa; desta forma, o tabelião atestará que reconhece a pessoa e que esta aparenta boas condições físicas e mentais, tendo ela declarado a ele, ora tabelião, que não se encontra interditado ou em processo para tanto, o que a capacita para todos os atos da vida civil, conforme a lei brasileira. Ressalvo que o notário não pode e nem deve emitir juízo de valor, apenas ser fiel àquilo que vê. Assim, não se atestará a capacidade, apenas que não existem indícios visíveis de eventual incapacidade. A título de melhor esclarecimento, reporto estas noções aos capítulos referentes à interdição e os efeitos decorrentes da incapacidade das partes para a celebração de um negócio jurídico; e) ata notarial de nomeação de tutor – hipótese em que o titular do poder familiar, no intuito de resguardar e proteger seu filho pela eventualidade e por ocasião de sua morte, solicita ao notário que redija ata notarial, na qual indica determinada pessoa a quem confia a guarda e a tutela de seu descendente. Acresça-se que a pessoa indicada não precisa estar presente, pois o objetivo é pura e simplesmente colher a manifestação de vontade de seu emitente. Oportunamente, em procedimento judicial específico, o indicado será chamado para manifestar se aceita este múnus e assumir as responsabilidades dele decorrentes. Pode até ocorrer que nem aceite; f) ata notarial de presença e declaração – o tabelião narra com fidedignidade e em linguagem jurídica a declaração da pessoa interessada. Este tipo de declaração é pura e simples e atinge interesses e direitos próprios ou particulares da pessoa do declarante. Bastante comum esta hipótese nas situações em que o consulado exige o instrumento público, como escrituras, atas notariais e procurações, para satisfazer exigências de determinada norma interna. Esta ata pode conter declaração somente do indivíduo, sem a participação de outros que presenciem o ato ou em conjunto com testemunhas que a assinam".[432]

É importante salientar que não obstante a importância da ata notarial como meio de prova, principalmente pelo caráter de fé pública que reveste a atuação do Tabelião, o certo é que o juiz irá apreciá-la e valorá-la conjuntamente com outras provas produzidas no processo, pois é garantido ao juiz a livre apreciação da prova, de acordo com o seu convencimento racional.

Os dados representados por imagem ou som em arquivos eletrônicos poderão constar da ata notarial, conforme estabelece o *p.u. do art. 384* do atual C.P.C.

Nesta hipótese, o tabelião transcreverá na ata notarial, com fé pública, o conteúdo do arquivo eletrônico de imagem ou som, fazendo a transcrição desses elementos para a ata pública.

Sobre o tema, eis o seguinte precedente do S.T.J.:

> *(...).*
>
> *3. Esta Corte Superior admite seja considerado bem de família imóvel cuja matrícula conste em nome de pessoa jurídica, desde que sirva de moradia para a entidade familiar, o que na hipótese não foi provado nos autos, motivo pelo qual queda inviável a*

[432] Tomaszewski, A. A., op. Cit., págs. 15 a 17.

aplicação do entendimento sedimentado no STJ acerca da pouca importância do modo pelo qual se dá a ocupação do imóvel, se a título de propriedade (com o imóvel registrado em nome de um dos integrantes da entidade familiar), ou de posse.

4. Inviável a análise da documentação apresentada às fls. 534-537, que constitui uma Ata Notarial lavrada em 14 de fevereiro de 2014 no qual assevera o notário que o executado reside no imóvel, porquanto não consiste em documento comprobatório de fato novo propriamente dito, sobre o qual esta Corte Superior tem o dever de analisar caso se mostre influente para o deslinde da controvérsia; contrariamente, apresenta-se como mera tentativa de prova de fato sobre o qual se debruçaram as instâncias ordinárias, documentação esta que poderia ter sido elaborada e apresentada à época da análise preliminar da demanda.

5. Agravo regimental desprovido.

(AgRg no AREsp 137.818/SP, Rel. Ministro MARCO BUZZI, QUARTA TURMA, julgado em 05/08/2014, DJe 15/08/2014).

SEÇÃO IV – Do Depoimento Pessoal

Art. 385

Cabe à parte requerer o depoimento pessoal da outra parte, a fim de que esta seja interrogada na audiência de instrução e julgamento, sem prejuízo do poder do juiz de ordená-lo de ofício.

§ 1º Se a parte, pessoalmente intimada para prestar depoimento pessoal e advertida da pena de confesso, não comparecer ou, comparecendo, se recusar a depor, o juiz aplicar-lhe-á a pena.

§ 2º É vedado a quem ainda não depôs assistir ao interrogatório da outra parte.

§ 3º O depoimento pessoal da parte que residir em comarca, seção ou subseção judiciária diversa daquela onde tramita o processo poderá ser colhido por meio de videoconferência ou outro recurso tecnológico de transmissão de sons e imagens em tempo real, o que poderá ocorrer, inclusive, durante a realização da audiência de instrução e julgamento.

Sumário:

1. Depoimento pessoal

Está-se diante das denominadas provas orais, que são aquelas que consistem na declaração oral efetuada por um sujeito que afirma conhecer um determinado fato, a sua veracidade ou falsidade.

É importante salientar que para utilização deste meio de prova, é necessário que as declarações colhidas advenham de alguma das partes do processo, isto é, de alguns dos sujeitos que componham a relação jurídica processual como parte processual, ou seja, daquelas pessoas que estejam diretamente envolvidas com o objeto litigioso.

Os terceiros podem também emitir declarações de vontade, mas não como depoimento pessoal, mas por meio de outra natureza de produção probatória.

Conforme anotam Jaime Guasp e Pedro Aragoneses: *"Meios de prova pessoais são aqueles em que, como seu nome indica, utiliza-se de uma pessoa como elemento produtor da convicção judicial. Agora bem, dentre os meios pessoais de prova deve distinguir-se segundo a pessoa em que o elemento consiste seja uma das partes processuais ou seja um terceiro. A prova pessoal que tem por elemento alguma ou algumas das partes é a que se conhece na doutrina e no direito positivo, com o nome de confissão (depoimento pessoal).*[433]

Jaime Guasp e Pedro Aragoneses criticam a doutrina italiana que identifica o depoimento pessoal como confissão. Na realidade, tal nome é impróprio, pois não alude estritamente a qualquer prova pessoal que as partes poderiam proporcionar, senão somente a um certo resultado de referida prova: *"o resultado que se obtém quando uma das partes reconhece fatos que são prejudiciais"*. Verdadeiramente, a designação mais adequada desta prova, como os autores espanhóis vinham defendendo desde a primeira edição de sua obra, é a do *interrogatório das partes*, terminologia que utiliza a nova *Ley de Enjuiciamiento Espanhol.*[434]

Pelo depoimento da parte busca-se retirar dela a ciência que tem dos fatos.

A confirmação dos fatos importa em confissão. Mas o depoente é livre para responder as indagações formuladas pela parte ou pelo juiz, podendo reconhecer como verdadeiros os fatos no todo ou em parte, negar-lhes a veracidade ou narrá-los diversamente da forma exposta pelo adversário e até mesmo ignorá-los.[435]

Mediante o interrogatório busca-se obter uma declaração das partes que desempenhe uma função probatória dentro do processo. O resultado do interrogatório produz-se mediante uma *declaração*, isto é, uma exteriorização volun-

[433] Guasp, Jaime; Aragoneses, Pedro. *Derecho procesal civil.* Tomo Primeiro. 7. Ed. Navarra: Editorial Aranzadi S.A., 2005. p. 398.

[434] Guasp, J.; Aragoneses, P., idem, p. 398

[435] Santos, M. A., op. Cit., loc. Cit.

tária de certa atitude humana que se expressa mediante signos de linguagem. Essa atitude constitui uma crença ou conhecimento e não uma declaração de vontade ou de querer.[436]

É bem verdade que as partes podem não somente declarar, mas também manifestar, mediante operações físicas ou atos reais, uma atitude probatória em relação ao tema da prova. Por isso *"é possível configurar estas manifestações como uma espécie deste meio de prova e permitir ao Juiz que formule seu convencimento com base em uma conduta do litigante exteriorizada de tal modo. Em todo caso, se não como variante desta prova, poderá considerar-se a conduta pessoal dos litigantes como uma manifestação das provas de presunções"*.[437]

A natureza jurídica do depoimento pessoal não é a de um negócio jurídico processual, mas, sim, de um *meio de prova.*

O objeto dessa espécie de prova é, como em todo meio de prova, um fato relevante (principal ou secundário) para a decisão da causa.

O *meio de prova* é o sujeito que efetua a declaração vertente sobre o fato; na realidade, o verdadeiro meio de prova é a declaração efetuada por aquele sujeito, tendo em vista que o juiz se serve desta declaração para estabelecer se o enunciado relativo aquele fato é ou não é verdadeiro. Se a declaração parece verdadeira, a prova oral teve êxito positivo; se essa, ao invés, é falha e lacunosa, a declaração não será considerada como verdadeira.[438]

Para Amaral Santos, instrumento de provocação da confissão, em si mesmo o depoimento pessoal não é prova, mas, sim, apenas *meio de prova. Prova* será a confissão dele resultante com o reconhecimento da verdade dos fatos arguidos pelo adversário como fundamento do seu direito.[439]

Como meio de prova, "*o depoimento pessoal deve ter por fim último buscar a verdade, que poderá tanto estar na confissão dos fatos, conforme relata o antagonista do inquirido, como nas declarações do depoente narrando-os diferentemente ou negando-os. Cumprindo ao juiz encontrar a verdade, é-lhe, pois, vedado forçar a confissão. Esta deve surgir das respostas obtidas livremente, sem embargos dos processos que a técnica do interrogatório aconselha ao Juiz"*.[440]

[436] Guasp, J.; Aragonéses, P., op. Cit., p. 399.

[437] Guasp, J.; Aragonéses, P., idem, ibidem.

[438] Comoglio, Luigi Paolo; Ferri, Corrado; Taruffo, Michele. *Lezioni sul processo ordinario di cognizione.* Bologna: Il Mulino, 2006. p. 443.

[439] Santos, Moacyr Amaral. *Comentários ao código de processo civil.* IV Vol. Art. 332 a 475. Rio de Janeiro: Forense, 1976. p.76.

[440] Santos, M. A., idem, p. 77.

O depoimento pessoal da parte é um meio de prova em que o juiz passa a ter um contato imediato de primeiro grau com a pessoa que postula em juízo um direito que entende deva ser tutelado, seja na posição ativa ou na posição passiva da relação jurídica processual.

Nesse contato pessoal do juiz com a parte, permite-se que o julgador perceba algo que o depoente possa deixar transparecer durante o interrogatório. Às vezes, numa palavra, num gesto, num olhar, o juiz percebe verdades escondidas até então e a sua convicção pessoal se firma e o norteia para a decisão, que reputada acertada. Mesmo que o depoente por vezes apenas narre os fatos ou apenas negue sua veracidade, o juiz poderá encontrar no depoimento material necessário que servirá de auxílio no esclarecimento da verdade.

O interrogatório livre e informal da parte era previsto no art.342 do C.P.C. de 1973, a saber: *"O juiz pode, de ofício, em qualquer estado do processo, determinar o comparecimento pessoal das partes, a fim de interrogá-las sobre os fatos da causa"*. Esse interrogatório permitia às partes esclarecer suas alegações de fato, quando ao juiz pareciam incompletas, obscuras ou contraditórias. Não seria, portanto, considerado meio de prova, senão instrumento para o juiz colher elementos para formação de seu convencimento.

Já o depoimento pessoal era previsto no art. 343 do C.P.C. de 1973, *in verbis: "Quando o juiz não o determinar de ofício, compete a cada parte requerer o depoimento pessoal da outra, a fim de interrogá-la na audiência de instrução e julgamento"*. O depoimento pessoal da parte, diversamente do interrogatório da parte, apresenta-se como meio de prova na medida em que o depoente pode vir a admitir fatos que lhe sejam desfavoráveis.[441]

Para Carlos Alberto Álvaro de Oliveira e Galeno Lacerda, a aparente imprecisão terminológica mostra-se irrelevante e decorre, provavelmente, do tratamento conjunto de espécies diferentes. Segundo eles, *"em primeiro lugar, pouco importando se cuide de asseguração ou de produção de prova, é certo não ter cabimento o interrogatório livre que, como se viu, não é meio de prova. Mas, é importante ressaltar, o art. 847 não alude a interrogatório livre e nem remete ao art. 342. Tampouco mencionou-se depoimento pessoal, pois este termo seria apropriado apenas à produção antecipada de prova. A expressão usada na lei fica, portanto, a meio termo, cumprindo destacar que o interrogatório 'ad perpetuam', antes de iniciada ação, visa tão-somente a documentar essa manifestação, não podendo ser confundido com depoimento pessoal, mesmo porque não se pode pensar em pena de confesso. Realmente, inadmissível que em medida de natureza administrativa, com intuito meramente documentador, sequer iniciada principal, podendo*

[441] Lopes, João Batista. O depoimento pessoal e o interrogatório livre no processo civil e estrangeiro. *Revista de Processo*, n. 13/86.

até não ser proposta no futuro (a asseguração pode ser requerida, v.g., pelo provável réu da ação futura), fosse reconhecida a confissão da matéria de fato, de forma expressa ou tácita. Entendimento contrário implicaria confundir-se, absurdamente, produção e asseguração de prova. Nesta não há admissão ou produção de prova, apenas se a documenta perante juiz que não é o da causa principal. Faltariam, pois, todos os requisitos à valorização de eventual recusa no depor ou de admissão de fatos desfavoráveis, que nem sequer se sabe exatamente quais sejam. Tudo há de ser resolvido na causa principal e o juiz emprestará ao interrogatório, ou à sua ausência, o devido valor no confronto de prova que então for colhida".[442]

O novo C.P.C. trata do interrogatório da parte e do depoimento pessoal, respectivamente, no art. 385.

Não obstante o art. 385 do novo C.P.C. possa ser interpretado no sentido de que o interrogatório nada mais significa do que o *modus operandi* do depoimento pessoal, entendo que a diferença de instituto ainda é importante, até mesmo para o efeito de possibilitar a produção antecipada de prova.

É importante salientar que na realização do interrogatório como produção antecipada de prova não poderá conter no mandado a advertência de que se presumirão confessados os fatos alegados contra o depoente, mas que poderá conter que sua ausência ou recusa a depor importará fato que lhe poderá ser desfavorável no eventual processo principal.

Já em relação ao depoimento pessoal, anota o disposto no *§1º do art. 385* do atual C.P.C.: *se a parte, pessoalmente intimada para prestar depoimento pessoal e advertida da pena de confesso, não comparecer ou, comparecendo, se recusar a depor, o juiz aplicar-lhe-á a pena.*

Julgando necessário, o juiz pode e deve, inclusive de ofício, determinar o comparecimento pessoal de uma das partes ou de ambas, a fim de interrogá-las sobre os fatos que entenda úteis à solução da causa.[443]

Na realidade, o depoimento pessoal da parte tem por objetivo provocar a confissão da parte e tornar mais claros os fatos inseridos no processo.

Denomina-se depoimento pessoal, como no direito pátrio e português; interrogatório, como no direito italiano, alemão ou inglês; confissão por absolvição de posições, como no direito espanhol.[444]

[442] Alvaro de Oliveira, Carlos Alberto; Galeno, Lacerda. *Comentários ao código de processo civil.* Vol. VIII. Tomo II – art. 813 a 889. Rio de Janeiro: Forense, 1988. p. 340 e 341.

[443] Fadel, Sergio Sahione. *Código de processo civil comentado.* Arts. 1º a 443. Rio de Janeiro: Forense, 1981. p. 374 a 375.

[444] Santos, M. A. op.cit. p.76.

Em se tratando de pedido formulado pela parte para a realização do depoimento pessoal, esse pedido deverá ser formulado de tal maneira que o depoimento seja prestado na audiência de instrução e julgamento, sob pena de preclusão.

É importante salientar que a parte não pode requerer o seu próprio depoimento pessoal, pois o que pretendia dizer já o fez na petição inicial da demanda ou na própria contestação.

O juiz, por sua vez, poderá determinar o interrogatório da parte a qualquer tempo, mesmo depois da audiência de instrução e julgamento, mas antes da prolação da sentença. Apesar de já transcorrida a fase instrutória, poderá o juiz converter o julgamento em diligência para realizar o interrogatório da parte.

Deve-se permitir também ao Ministério Público, quando atua como fiscal do ordenamento jurídico, a legitimidade para requerer o depoimento pessoal da parte.

2. Requisitos para a realização do depoimento pessoal

São requisitos subjetivos para a realização do depoimento pessoal:

Sujeito ativo: alguma das partes, o órgão judicial, o ministério público;

Sujeito passivo: as partes processuais, incluindo os litisconsortes. Também é possível o interrogatório da parte que vem representada em juízo por meio de substituto processual ou *legitimatio extraordinária.*

É bem verdade que a atual *Ley de Enjuiciamiento Espanhol* preconiza em seu art. 308.1, que quando alguma pergunta se refere a fatos que não sejam pessoais do declarante, este deverá responder segundo os seus conhecimentos, indicando as razões de sua origem, porém poderá propor que seja direcionada a pergunta a um terceiro que tenha conhecimento pessoal dos fatos, em razão de suas relações com o assunto, *aceitando as consequências da declaração.* No nosso ordenamento jurídico não há essa possibilidade, pois se houver referência a um terceiro no depoimento pessoal, este somente poderá ser ouvido como testemunha referencial, salvo se houver a nomeação a autoria.

Em se tratando de pessoa natural, a idoneidade para prestar declaração deve ser igual aos requisitos exigidos para a prova testemunhal, razão pela qual deverá ter capacidade para prestar as declarações, dotada de razão, dos sentidos e do discernimento necessário para conhecer e para declarar a veracidade.

Sendo o sujeito passivo uma pessoa jurídica ou uma entidade sem fins lucrativos, caberá ao seu representante legal prestar depoimento. Por isso é importante que o representante legal tenha efetivo conhecimento dos fatos para que possa cooperar com o juízo para a busca da verdade dos fatos.

O art. 309 da *Ley de Enjuiciamiento Civil* espanhola estabelece que quando a parte declarante seja uma pessoa jurídica ou um ente sem personalidade jurídica, e seu representante em juízo não houver intervindo nos fatos controvertidos no processo terá de alegar tal circunstancia na audiência preliminar, e deverá facilitar a identificação da pessoa que interveio em nome da pessoa jurídica ou da entidade interrogada, para que seja citada em juízo. O representante poderá solicitar que a pessoa identificada seja citada na qualidade de testemunha se já não formar parte da pessoa jurídica ou do ente sem personalidade jurídica. Quando alguma pergunta se referir a fatos em que não houvesse intervindo o representante da pessoa jurídica ou ente sem personalidade, terá, não obstante, que responder segundo seus conhecimentos, identificando as razões de sua origem e terá de identificar a pessoa que, em nome da parte, teria intervindo naqueles fatos. O tribunal citará a referida pessoa para ser interrogada fora do juízo como diligência final. Se o representante legal da pessoa jurídica ou da entidade sem fins lucrativos declarar que desconhece a pessoa interveniente nos fatos, o tribunal considerará tal manifestação como uma resposta evasiva ou resistência a prestar declaração.

Sobre o tema, eis os seguintes precedentes do S.T.J.:

Processo civil. Recurso especial. Depoimento pessoal. Mandatário com poderes especiais.

– O depoimento pessoal é ato personalíssimo, em que a parte revela ciência própria sobre determinado fato. Assim, nem o mandatário com poderes especiais pode prestar depoimento pessoal no lugar da parte.

Recurso parcialmente provido.

(REsp 623.575/RO, Rel. Ministra NANCY ANDRIGHI, TERCEIRA TURMA, julgado em 18/11/2004, DJ 07/03/2005, p. 250).

A pessoa jurídica pode ser representada em Juízo por preposto, ainda que este não seja seu diretor; basta a designação regular. Recurso especial conhecido e provido.

(REsp 191.078/MA, Rel. Ministro ARI PARGENDLER, TERCEIRA TURMA, julgado em 15/09/2000, DJ 09/10/2000, p. 142).

O destinatário deste meio de prova (depoimento pessoal) será sempre o órgão jurisdicional. Em princípio o juiz, órgão incumbido da apuração da verdade dos fatos e destinatário da prova, pode ordenar de ofício o depoimento pessoal da parte sempre que necessário ou apenas útil à apuração dos fatos inseridos na relação jurídica processual.

A determinação de ofício para o depoimento pessoal poderá ser feita quando do saneamento do processo ou ainda antes da prolação da sentença final.

São requisitos objetivos deste meio de prova (depoimento pessoal):

a) Em primeiro lugar, os gerais de todos os atos processuais, isto é, sua *possibilidade física e moral, idoneidade e causa.*

b) Em segundo lugar, que recaia sobre fatos, isto é, sobre acontecimentos fáticos que servem para a decisão da causa.

Assim, não poderá haver um interrogatório que recaia sobre o direito, nem sobre pontos de direito que possam ser combinados com os fatos.

Por outro lado, *"dentro dos fatos, o objeto deste meio de prova não conhece outras limitações, além daquelas que são comuns a toda prova, como, por exemplo, deixar de fora dela os fatos admitidos, os fatos presumidos e os fatos notórios.*[445]

Quanto ao *lugar*: este será fixado normalmente no mesmo órgão jurisdicional, isto é, na sede do juízo em que corre o processo.

Excepcionalmente o interrogatório pode e deve ser prestado fora do lugar originário. Tal exceção decorre das *circunstâncias subjetivas ou objetivas* que possam envolver a pessoa que deverá prestar o interrogatório.

São *circunstâncias pessoais*, se a pessoa que deverá prestar o interrogatório não puder comparecer na sede do tribunal em razão de determinadas circunstâncias, como por exemplo, impossibilidade de locomoção por acidente, doença ou mesmo idade avançada. Nestes casos, o art. 311.1 da *Ley de Enjuiciamiento Civil* espanhola permite, a pedido da parte ou de ofício, que a declaração possa prestar-se no domicílio ou residência do declarante, perante o Juiz ou o membro do Tribunal que corresponda, na presença do Secretário Judicial e das demais partes e de seus advogados, salvo se a juízo do Tribunal a presença da parte contrária possa por em risco a saúde do depoente. Por sua vez, são *circunstâncias objetivas* que impedem que a parte compareça na sede do juízo, a distância, a dificuldade do deslocamento e outras causas análogas caracterizadas por causas que resultem muito gravosa o comparecimento. Nestes casos, o depoimento pessoal poderá ser realizado por meio do auxílio ou cooperação entre juízos ou por carta. Em tal caso, poderá ser acompanhado do despacho uma relação de perguntas formuladas pela parte proponente do interrogatório, se esta assim houver solicitado por não poder concorrer também ao interrogatório. As perguntas deverão ser declaradas pertinentes pelo tribunal que conheça do assunto.

Estabelece o *§3º do art. 385* do novo C.P.C. que o *depoimento pessoal da parte que residir em comarca, seção ou subseção judiciária diversa daquela onde tramita o processo*

[445] GUASP, J.; ARAGONÉSES, P., op. Cit., p. 404.

poderá ser colhido por meio de videoconferência ou outro recurso tecnológico de transmissão de sons e imagens em tempo real, o que poderá ocorrer, inclusive, durante a realização da audiência de instrução e julgamento.

Tendo em vista a era do processo eletrônico, não se justifica o custo financeiro e de tempo e de espaço para o deslocamento da parte e de seu advogado a fim de participar ou prestar declarações no interrogatório.

Se a parte não residir na comarca ou na seção judiciária em que tramita o processo, o seu depoimento pessoal poderá ser colhido por meio de *videoconferência ou outro recurso tecnológico* de transmissão de sons e imagens em tempo real, o que pode acontecer, inclusive, durante a audiência de instrução e julgamento. Neste último caso, contudo, deverá ser observada a ordem de colheita de prova, para que não se alegue eventual nulidade.

É importante salientar que é vedado a quem ainda não depôs assistir ao interrogatório da outra parte (*§2º do art. 385* do atual C.P.C.).

Este dispositivo estava inserido no parágrafo único do art. 344 do C.P.C. de 1973 que assim prescrevia:

> *"Art. 344. A parte será interrogada na forma prescrita para a inquirição de testemunhas.*
>
> *Parágrafo único. É defeso, a quem ainda não depôs, assistir ao interrogatório da outra parte".*

Trata-se de uma precaução salutar, pois se uma parte assiste ao interrogatório da outra poderá alterar suas declarações a fim de melhor encontrar os argumentos necessários no sentido de que prevaleçam unicamente os seus interesses, causando enorme prejuízo à parte que prestou declaração antecedente.

Prescreve o *§1º do art. 385* do atual C.P.C. que *se a parte, pessoalmente intimada e advertida da pena de confesso, não comparecer ou, comparecendo, se recusar a depor, o juiz aplicar-lhe-á a pena.*

Sobre os efeitos do interrogatório, anotam Jaime Guasp e Pedro Aragoneses: *"I. Os efeitos do interrogatório serão determinados pela força probatória que há de assinalar-se a este meio de prova. O problema de grande importância, recebe solução distinta segundo os resultados concretos que o interrogatório da parte tenha produzido. A este respeito, com efeito, há que distinguir entre aquelas declarações emitidas pelo declarante que lhe sejam favoráveis, e aquelas declarações que lhe sejam prejudiciais e aqueles que revistam simultaneamente uma ou outra característica. II. As 'declarações favoráveis', ou seja, aquelas respostas que tenham sentido afirmativo da existência de fatos favoráveis ao interrogado ou negativos da existência de fatos que lhe sejam prejudiciais, suposto que, como se compreende facilmente, é o que mais frequentemente se produz neste tipo de prova, razão pela qual não pode ser considerada, evidentemente como de eficácia privilegiada. As declarações favoráveis não revestem especial garantia de veracidade, posto que a parte tem interesse nelas e não se dão, em favor deste resultado da prova, motivos de nenhuma classe que possam justificar uma especial atribuição de efeitos probatórios determinados. Isso não quer dizer que as declarações favoráveis não devam ser consideradas como prova processual, senão que a sua apreciação está, em todo caso, à discrição do órgão jurisdicional, ou, como diz o art. 316, segundo as regras de sã crítica, o qual é lógico que somente em contadíssimas ocasiões se deseja convencer por declarações deste tipo. III. As 'declarações desfavoráveis' obtidas nesta prova constitui um pressuposto mais raro de fato que o anterior, porém, pelo menos em teoria, nela se aplica com toda razão o regime legal privilegiado desta prova. É inegável que existe uma forte razão psicológica em favor de sua concessão, podendo ser considerada como sendo um valor de prova plena. Existindo um interesse do interrogado contrário à sua declaração, há um motivo muito poderoso em favor de sua verdade, já que ninguém, normalmente, mente em prejuízo próprio. Por esta razão psicológica se converte, no direito positivo espanhol, em uma prescrição jurídica que faz da declaração prejudicial uma verdadeira prova de eficácia legal".*[446]

Portanto, a declaração prestada pela parte em seu depoimento pessoal pode ser *favorável* ou *desfavorável.*

Contudo, essa perspectiva *desfavorável* pode também se concretizar independentemente da declaração prestada pela parte. Basta que ocorra a hipótese do §1º do art. 385 do atual C.P.C.

A parte que for devidamente e pessoalmente intimada para comparecer em juízo a fim de ser interrogada, seja a pedido da parte contrária, seja de ofício pelo juiz, deverá fazê-lo impreterivelmente, sob pena de *confissão ficta* quanto à matéria de fato, assim como ocorre com o instituto da revelia.

Não dispondo o Estado do denominado *contempt of court*, ou de um meio coercitivo para obrigar a parte a comparecer na audiência de instrução e julgamento a fim de ser interrogada, pois a utilização desse meio coercitivo poderia ensejar a nulidade da prova resultante das declarações prestadas, o legislador encontrou outra forma de sancionar o não comparecimento em juízo ou a recusa em depor, ou seja, a *confissão ficta, tácita ou presumida.*

Conforme ensina James Goldschmidt: *"A inatividade no processo é um fato de não livrar-se de um dever processual. Pode supor, ademais, a não utilização de uma possibilidade processual. A inatividade processual não é propriamente contrária ao direito, senão contrária a um imperativo do próprio interesse. Por isso a culpabilidade que ordinaria-*

[446] Guasp, J.; Aragonéses, P., op. Cit., p. 412

mente se requer para que se produzam as consequências com que a Lei a sanciona, é sempre uma 'culpabilidade contra si mesmo'".[447]

Evidentemente que para que essa pena possa ser aplicada, é necessário que no mandado de intimação seja a parte expressamente advertida da pena de confesso. Se não houver a advertência, essa pena não poderá ser aplicada.

Essa determinação legal (intimação pessoal do depoente) exclui a possibilidade de intimação ficta por edital ou com hora certa, ou pelo Correio, ou pela imprensa oficial. Poderá ser feita por precatória, rogatória ou auxílio direto.

Assim, do mandado de intimação, no qual deverá ficar expressamente consignado a finalidade do comparecimento, dia, lugar e hora em que o depoimento deverá ser prestado, constará cláusula expressa de que o não comparecimento ou a recusa em depor importará na confissão ficta dos fatos.

A confissão ficta nada mais é do que uma presunção *iuris tantum* e não *iuri et de iuri*.

Aliás, seria esdrúxulo, na verdade, considerar-se e declarar-se confessa a parte somente porque não compareceu ou se recusou a depor, quando dos autos conste prova que refute hipótese de confissão.[448]

É importante salientar que a confissão judicial faz prova contra o confitente, não prejudicando, todavia, os litisconsortes, sejam estes unitários ou facultativos.

Art. 386

Quando a parte, sem motivo justificado, deixar de responder ao que lhe for perguntado ou empregar evasivas, o juiz, apreciando as demais circunstâncias e os elementos de prova, declarará, na sentença, se houve recusa de depor.

Da recusa em depor e suas consequências

A *confissão ficta* pode decorrer da falta de comparecimento da parte no ato do depoimento pessoal, ou quando o juiz na sentença reconhece que a parte, sem motivo justificado, deixou de responder ao que lhe fora perguntado ou empregou evasivas, caracterizando desta forma a *recusa de depor*.

Esta regra também é prevista no art. 232 do Código de Processo Civil italiano, a saber:

[447] Goldschmidt, James. *Derecho procesal civil*. Trad. Leonardo Prieto Castro. Barcelona: Editorial Labor S.A., 1936. p. 208.

[448] Santos, M. A., op. cit., p. 98.

"Art. 232 (Falta de resposta)

Se a parte não se apresenta ou recusa de responder sem justificado motivo, o colégio, avaliando todos os outros elementos de prova, pode configurar como admitidos os fatos deduzidos no interrogatório

O juiz instrutor que reconhece justificada a falta de apresentação da parte para responder ao interrogatório, dispõe sobre a realização deste, ainda que fora da sede do juízo".

Segundo anotam Luigi Paolo Comoglio, Corrado Ferri e Michele Taruffo *"Se a parte não se apresenta ou apresentando-se recusa-se a responder sem justificado motivo, o juiz, avaliando todos os outros elementos do processo, pode considerar como admitidos os fatos deduzidos no interrogatório (art. 232)".*[449]

Contudo, para os referidos processualistas italianos não se prevê qualquer *confissão ficta* derivante *automaticamente* da recusa da parte em comparecer ou responder. O comportamento da parte pode ser indubitavelmente avaliado pelo juiz para os fins probatórios (e o juiz deverá motivar a decisão que considerar a recusa não significativa para esses fins), mas se trata de avaliação evidentemente confiada ao livre convencimento do juiz: por acaso, aliás, e justamente para evitar automatismo, a norma prevê que a recusa em depor possa atribuir-se eficácia probatória somente em coerência com quanto emerge de todos os outros elementos de prova.[450]

É importante salientar que se a parte comparecer ao interrogatório ela não será obrigada a dizer a verdade, pois ela não presta juramento ou promessa de dizer a verdade. Contudo, sua recusa em falar ou suas evasivas às respostas poderão ensejar na convicção do magistrado efetiva recusa em depor, justificando assim a aplicação da pena de *confissão ficta*, desde que a avaliação das outras provas assim recomende.

Além do mais, não se pode esquecer que pelo novo C.P.C. há necessidade de cooperação da parte na busca da verdade e na concretização de uma decisão justa e equo.

Conforme aduz Moacyr Amaral Santos: *"Incontestável é caber ao litigante o direito de silenciar, corolário imediato do princípio da liberdade de não apresentar-se em juízo ou não tomar parte ativa na relação processual. Mas é também incontestável que o outro litigante tem o direito de ouvi-lo, como ao próprio juiz ocorre mesmo o dever, em certos casos, de interrogá-lo sobre os fatos que interessam à causa. Mesmo por uma questão de interesse público, qual o de se apurar pelo modo mais rápido expedito a verdade e assim,*

[449] Comoglio, L., P.; Ferri, C.; Taruffo, M. op. Cit., p. 453.

[450] Comoglio, L., P.; Ferri, C.; Taruffo, M., idem, ibidem.

com o mínimo de dispêndio de atividade processual, dar-se pronta solução ao litígio, o depoimento da parte geralmente é interessante, conveniente e até necessário. Assim, aquele litigante que, sem embargo do direito do adversário, do dever do juiz e do próprio interesse social, se recusa a depor ou a falar, apenas fundado no seu direito de permanecer inativo ou silencioso, abusa deste direito. Agindo sem atenção ao direito alheio, com o qual o seu colide, e, além de tudo, criando tropeços ao pronunciamento da Justiça e opondo-se ao próprio interesse social, o litigante, que se nega a depor ou responder, exorbita e usa abusivamente do seu direito. O abuso do direito traz consequências jurídicas, que variam segundo as hipóteses. Ao silêncio abusivo do litigante que se recusa a depor ou responder, a lei, tendo em vista o interesse social de decidir-se prontamente o litígio, atribui o efeito de confissão. Se o litigante podia falar e no entanto se manteve inativo e quieto, e se ele, para não abusar de seu direito de silenciar, devia falar, responderá pelas consequências: admite a lei haja nesse ato uma como manifestação da vontade de confessar. Manifestação presumida de vontade, como consequência do abuso de direito de silenciar. Contudo, essa presunção não é de ordem absoluta, nem pode ser admitida sem maiores ponderações. Basta que, silenciando, não esteja o litigante abusando do seu direito, mas exercendo-o dentro dos limites que lhe são traçados, para desaparecer motivo para aquela presunção. Daí só cumprir ao juiz considerar o silêncio como confissão tácita quando os fatos alegados pelo adversário do silente 'sejam verossímeis e coerentes com as demais provas dos autos', como ainda também deverá apreciá-lo segundo as 'regras da experiência'".[451]

Ressalta-se, contudo, que a recusa em depor somente poderá ser levada em consideração, em prejuízo dos interesses dos depoentes, caso não haja motivo justificado, pois, se houver motivo justificado para não depor, nenhuma consequência desfavorável poderá ser aplicada ao interrogado. E os motivos justificados para não depor estão elencados *no* art. 388 do atual C.P.C.

Art. 387

A parte responderá pessoalmente sobre os fatos articulados, não podendo servir-se de escritos anteriormente preparados, permitindo-lhe o juiz, todavia, a consulta a notas breves, desde que objetivem completar esclarecimentos.

Pessoalidade do interrogatório e consulta a breves notas

Este dispositivo trata do procedimento a ser aplicado na realização do depoimento pessoal.

[451] Santos, Moacyr Amaral. *Comentários ao código de processo civil.* IV Vol. Art. 332 a 475. Rio de Janeiro: Forense, 1976. p. 95 e 96.

O primeiro aspecto que se observa no preceito em comento, é que o depoimento pessoal somente poderá ser realizado pela própria parte e não por procurador, mesmo com poderes especiais.

Esta afirmação também pode ser retirada da análise dos art. 390 e seus parágrafos do atual C.P.C., in verbis:

> *Art. 390. A confissão judicial pode ser espontânea ou provocada.*
>
> *§ 1º A confissão espontânea pode ser feita pela própria parte ou por representante com poder especial.*
>
> *§ 2º A confissão provocada constará do termo de depoimento pessoal.*

Este dispositivo apresenta duas formas de confissão judicial: a) espontânea; b) provocada.

A confissão espontânea é aquela requerida pela própria parte e que será lavrada por termo nos autos.

Já a confissão provocada é aquela que constará do depoimento pessoal prestado em juízo.

O §1º do art. 390 do atual C.P.C. somente permite a confissão por meio de mandatário com poderes especiais, na única hipótese de confissão espontânea, ou seja, naquela que não decorre do depoimento pessoal em juízo.

Quanto ao procedimento do interrogatório da parte, o art. 344, caput, do C.P.C. de 1973 era mais claro e preciso, pois, segundo este dispositivo, a parte seria interrogada na forma prescrita para a inquirição de testemunhas.

Muito embora o atual C.P.C. não apresente um dispositivo semelhante, nada impede que se adote o procedimento de inquirição de testemunha para o depoimento pessoal.

Diante dessa analogia na colheita de prova, pode-se aplicar o disposto no art. 459 do atual C.P.C. também no depoimento pessoal, *in verbis*:

> *Art. 459. As perguntas serão formuladas pelas partes diretamente à testemunha, começando pela que a arrolou, não admitindo o juiz aquelas que puderem induzir a resposta, não tiverem relação com as questões de fato objeto da atividade probatória ou importarem repetição de outra já respondida.*
>
> *§ 1º O juiz poderá inquirir a testemunha tanto antes quanto depois da inquirição feita pelas partes.*
>
> *§ 2º As testemunhas devem ser tratadas com urbanidade, não se lhes fazendo perguntas ou considerações impertinentes, capciosas ou vexatórias.*
>
> *§ 3º As perguntas que o juiz indeferir serão transcritas no termo, se a parte o requerer.*

Em princípio, o interrogatório da parte será oral. Tal oralidade traz consigo a adoção de certas características formais na colheita do depoimento pessoal, onde se apresentam os princípios da imediação subjetiva, da publicidade para as partes e para os terceiros, com importantes exceções no caso de pluralidade de partes ou segredo de justiça, de imediação objetiva, salvo a possibilidade de a parte consultar a notas breves, desde que objetivem completar esclarecimentos que serão prestados pessoalmente.

O art. 305, itens 1. e 2. do Código de Processo Civil espanhol também permite que a parte consulte apontamentos para auxiliar a memória. Vejamos:

> *Art. 305. Modo de responder ao interrogatório.*
>
> *1. A parte interrogada responderá por si mesma, sem valer-se de nenhuma anotação de respostas; porém se lhe permitirá consultar no ato documentos e notas ou apontamentos, quando a juízo do tribunal sejam convenientes para auxiliar a memória.*
>
> *2. As respostas haverão de ser afirmativas ou negativas e, não sendo isso possível segundo o teor das perguntas, serão precisas e concretas. O declarante poderá agregar, em todo caso, as explicações que estime convenientes e que guardem relação com as questões colocadas.*

A consulta a apontamentos para reavivar a memória não significa que a parte possa trazer na audiência escritos previamente preparados, como se as eventuais respostas às perguntas formuladas no depoimento pessoal pudessem ser previamente formuladas.

Art. 388

A parte não é obrigada a depor sobre fatos:

I – criminosos ou torpes que lhe forem imputados;

II – a cujo respeito, por estado ou profissão, deva guardar sigilo;

III – acerca dos quais não possa responder sem desonra própria, de seu cônjuge, de seu companheiro ou de parente em grau sucessível;

IV – que coloquem em perigo a vida do depoente ou das pessoas referidas no inciso III.

Parágrafo único. Esta disposição não se aplica às ações de estado e de família.

Sumário:

1. Hipóteses em que a parte não está obrigada a depor

1.1. Autoincriminação

1.2. Fatos torpes

1. Hipóteses em que a parte não está obrigada a depor

Como se afirmou, a parte intimada para realizar o depoimento pessoal na audiência de instrução e julgamento não poderá se recusar a depor, *salvo motivo justificado.*

E os motivos que justificam à parte a não depor sobre os fatos estão expressamente catalogados no art. 388, incs. I, II, III e IV do atual C.P.C.

Evidentemente que compete ao magistrado, diante da pergunta formulada, verificar se a parte está efetivamente desobrigada a depor, seja em decorrência de que os fatos possam causar desonra, de que possam representar confissão de crime ou de torpeza, de que possam expor à desonra as pessoas referidas no artigo, de que possam expor a perigo de vida as pessoas referidas no inc. III do dispositivo legal ou que a parte não pode divulgá-los em razão de segredo de profissão ou de estado.

Tanto a pergunta, quanto o alegado impedimento, assim como a decisão do juiz devem ser consignadas em ata.

1.1. Autoincriminação

O primeiro motivo que autoriza à parte a não responder as perguntas que lhe são formuladas no depoimento pessoal, diz respeito a fatos *criminosos ou torpes que lhe forem imputados.*

Esta causa que legítima a recusa em responder às perguntas que forem formuladas à parte em seu depoimento pessoal também está prevista no art. 554 do Código de Processo Civil português:

> *Artigo 454º Factos sobre que pode recair*
>
> *1 – O depoimento só pode ter por objeto factos pessoais ou de que o depoente deva ter conhecimento.*
>
> *2 – Não é, porém, admissível o depoimento sobre factos criminosos ou torpes, de que a parte seja arguida.*

O impedimento de autoincriminação está previsto na Constituição Federal brasileira nos artigos 1º, incisos II e II, 4º, II e IX, 5º, II, XLIX, LIV, LV, LVI, LVII, LXIII.

Este princípio, de origem canônica, funda-se na regra moral e na equidade natural, argumentando-se que obrigar a parte a responder perguntas que pudessem sugerir eventual confissão sobre fatos criminosos ou torpes seria forçá-la a mentir ou confessar o crime ou a própria torpeza, atitudes essas inconciliáveis com uma Constituição democrática.

O direito ao *silêncio* daquele que pode autoincriminar-se foi assim reconhecido pelo Ministro Celso de Mello do Supremo Tribunal Federal no julgamento do HC 113862 MC

DECISÃO: Trata-se de "'Habeas Corpus' preventivo, com pedido liminar", impetrado em razão de a ora paciente haver sido convocada, pela CPMI Operações Vegas e Monte Carlo, "para prestar depoimento (...), na condição de testemunha (...)". Busca-se, com a presente impetração, o reconhecimento, em favor da ora paciente, das seguintes prerrogativas: "a – direito de não ser obrigada a assinar termo de compromisso de dizer a verdade; b – direito de ficar calada ou em silêncio; c – direito de não se autoincriminar; d – direito de ser assistida por advogado e de comunicar-se, livremente e em particular, com o mesmo; e – garantia de não ser presa por desobediência ou falso testemunho, por exercitar os direitos acima relacionados; f – ter acesso a todos os elementos de investigação colhidos até então, vistas e cópias integrais dos autos (sabidamente consistem de aproximadamente 50 volumes) do referido Inquérito Parlamentar, incluindo os depoimentos prestados por pessoas já ouvidas perante aquela douta Comissão (bem como seu áudio e vídeo integrais de toda a sessão, em mídia digital), que deverão ser franqueadas a algum dos advogados da Paciente, com prazo razoável para seu estudo, antes de sua oitiva perante a douta CMPI, tal como se extrai do Enunciado 14 da Súmula Vinculante do Supremo Tribunal Federal, somente podendo ser convocada a comparecer nessa Comissão a Paciente após ter tido acesso aos elementos que ora solicita com prazo mínimo de 10 dias contados retroativamente, suspendendo-se então a convocação da Paciente para o dia 05-06-2012; g – presenciar e acompanhar – por sua defesa pessoal e/ou técnica – toda a produção de provas no curso da referida CPMI, eis o que dali derivar poderá ensejar restrição a seus direitos individuais (liberdade, inclusive), direta ou indiretamente; h – direito a que se renovem as oitivas já realizadas sem a presença de seu defensor constituído (a Paciente nunca fora comunicada de que ocorreriam essas oitivas ou que existia essa investigação em curso), para que outras se realizem com a presença dos advogados da Paciente, eis deverá sua defesa técnica participar das oitivas e da colheita de qualquer elemento de prova, podendo reperguntar, requerer perícias e diligências e ainda indicar assistentes técnicos." (grifei) Sendo esse o contexto, passo a examinar o pleito cautelar deduzido pelo ora impetrante. E, ao fazê-lo, acolho, em parte, o pedido de medida liminar, restringindo-o aos itens "a", "b", "c", "d", "e" e "g" acima referidos. Embora intimada como testemunha, a ora paciente, como qualquer outra pessoa, dispõe da prerrogativa constitucional contra a autoincriminação, não obstante esse mesmo direito já se achasse igualmente contemplado no art.

406, inciso I, do CPC. É por essa razão que o Plenário do Supremo Tribunal Federal tem reconhecido esse direito também em favor de quem presta depoimento na condição de testemunha, advertindo, a tal propósito, que "Não configura o crime de falso testemunho, quando a pessoa, depondo como testemunha, ainda que compromissada, deixa de revelar fatos que possam incriminá-la" (RTJ 163/626, Rel. Min. CARLOS VELLOSO – grifei): "COMISSÃO PARLAMENTAR DE INQUÉRITO – PRIVILÉGIO CONTRA A AUTO-INCRIMINAÇÃO – DIREITO QUE ASSISTE A QUALQUER INDICIADO OU TESTEMUNHA – IMPOSSIBILIDADE DE O PODER PÚBLICO IMPOR MEDIDAS RESTRITIVAS A QUEM EXERCE, REGULARMENTE, ESSA PRERROGATIVA – PEDIDO DE HABEAS CORPUS DEFERIDO. – O privilégio contra a auto–incriminação – que é plenamente invocável perante as Comissões Parlamentares de Inquérito – traduz direito público subjetivo assegurado a qualquer pessoa, que, na condição de testemunha, de indiciado ou de réu, deva prestar depoimento perante órgãos do Poder Legislativo, do Poder Executivo ou do Poder Judiciário. – O exercício do direito de permanecer em silêncio não autoriza os órgãos estatais a dispensarem qualquer tratamento que implique restrição à esfera jurídica daquele que regularmente invocou essa prerrogativa fundamental. Precedentes. O direito ao silêncio – enquanto poder jurídico reconhecido a qualquer pessoa relativamente a perguntas cujas respostas possam incriminá-la (nemo tenetur se detegere) – impede, quando concretamente exercido, que aquele que o invocou venha, por tal específica razão, a ser preso, ou ameaçado de prisão, pelos agentes ou pelas autoridades do Estado. – Ninguém pode ser tratado como culpado, qualquer que seja a natureza do ilícito penal cuja prática lhe tenha sido atribuída, sem que exista, a esse respeito, decisão judicial condenatória transitada em julgado. O princípio constitucional da não-culpabilidade, em nosso sistema jurídico, consagra uma regra de tratamento que impede o Poder Público de agir e de se comportar, em relação ao suspeito, ao indiciado, ao denunciado ou ao réu, como se estes já houvessem sido condenados definitivamente por sentença do Poder Judiciário. Precedentes." (HC 79.812/SP, Rel. Min. CELSO DE MELLO) O direito ao silêncio – e o de não produzir provas contra si próprio (HC 96.219-MC/SP, Rel. Min. CELSO DE MELLO) – constitui prerrogativa individual que não pode ser desconsiderada por qualquer dos Poderes da República. Assiste, por igual, a qualquer pessoa que compareça perante Comissão Parlamentar de Inquérito, seja como investigada, seja, como ocorre na espécie, como testemunha, o direito de ser acompanhada por Advogado e de, com este, comunicar-se pessoal e reservadamente, tal como expressamente assegurado pela jurisprudência constitucional do Supremo Tribunal Federal (HC 95.037-MC/SP, Rel. Min. CÁRMEN LÚCIA – HC 113.646-MC/DF, Rel. Min. DIAS TOFFOLI – MS 30.906-MC/DF, Rel. Min. CELSO DE MELLO, v.g.). Sendo assim, tendo em consideração as razões expostas, e sem dispensar a ora paciente de comparecer perante a "Comissão Parlamentar Mista de

Inquérito – Operações Vegas e Monte Carlo", defiro, em parte, o pedido de medida liminar, nos precisos termos expostos nesta decisão, em ordem a assegurar, cautelarmente, a essa mesma paciente, (a) o direito de exercer a prerrogativa constitucional contra a autoincriminação, sem que se lhe possa impor a obrigação de assinar o termo de compromisso e sem que se possa adotar, contra a paciente em questão, como consequência do regular exercício de tal prerrogativa jurídica, qualquer medida restritiva de direitos ou privativa de liberdade, e (b) o direito de ser assistida por seu Advogado e de, com este, comunicar-se, pessoal e reservadamente, durante o curso de seu depoimento perante referida Comissão Parlamentar Mista de Inquérito. 2. Comunique-se, com urgência, o teor desta decisão ao eminente Senhor Presidente da "Comissão Parlamentar Mista de Inquérito – Operações Vegas e Monte Carlo". O ofício de comunicação deverá ser encaminhado, mediante telex, "fax" ou qualquer outro meio ágil de comunicação, ao Presidente da "Comissão Parlamentar Mista de Inquérito – Operações Vegas e Monte Carlo", em ordem a permitir a sua imediata cientificação quanto ao teor da presente decisão. Permito que o impetrante comunique o teor desta decisão, mediante exibição da respectiva cópia, para efeito de cumprimento da liminar nela referida, ao Senhor Presidente da "Comissão Parlamentar Mista de Inquérito – Operações Vegas e Monte Carlo", ou a quem estiver no exercício da Presidência de mencionado órgão de investigação parlamentar. Publique-se. Brasília, 04 de junho de 2012 (20h30). Ministro CELSO DE MELLO Relator

(HC 113862 MC, Relator(a): Min. CELSO DE MELLO, julgado em 04/06/2012, publicado em PROCESSO ELETRÔNICO DJe-111 DIVULG 06/06/2012 PUBLIC 08/06/2012)

1.2. Fatos torpes

Também se considera como motivo justo para se recusar a depor, quando o depoente tenha que falar sobre fatos que possam ensejar uma conduta *torpe*

A imoralidade está na ação desonesta.

É bem verdade que parte da doutrina entende que não pode haver proibição de interrogatório sobre fatos considerados torpes. Nesse sentido é a lição de Giuseppe Chiovenda: *"(...). Importa, entretanto, não esquecer que o nosso interrogatório se originou das 'positiones' do direito comum, e que, por conseguinte, pode compreender todos os fatos, desde que 'verossímeis, concludentes e não notoriamente inexistentes', que se poderiam expor nas alegações da parte interrogante. Razão não há, portanto, para excluir o interrogatório sobre 'fatos imorais ou delituosos'"*.[452]

[452] Chiovenda, Giuseppe. *Instituições de direito processual civil*. Trad. Alfredo Buzaid. 2º Ed. Vol. III, São Paulo: Edição Saraiva, 1965. p. 103.

Segundo aduz Moacyr Amaral Santos sobre a extensão do termo torpeza, *"o código, tomando por modelo, ao que nos parece, o Código de Processo Civil de Portugal, art. 554, n. 2, relegando os ensinamentos da melhor doutrina, restaurou a velha regra das Ordenações, desobrigando a parte de depor de fatos criminosos ou torpes, que lhe foram imputados. Cabe à doutrina e à jurisprudência, ao menos, restringir a extensão da regra, de modo a não se cair no absurdo de atribuir-se à parte o poder de escusar-se de depor de fatos criminosos ou torpes que constituam o próprio fundamento da ação ou da defesa"*.[453]

1.3. Sigilo profissional

Também não será obrigada a parte a depor quando, em razão do estado ou profissão, deva guardar sigilo.

A mesma regra encontra-se no art. 448, inc. II em relação à prova testemunhal, *in verbis*:

> *Art. 448. A testemunha não é obrigada a depor sobre fatos:*
> *(...).*
> *II – a cujo respeito, por estado ou profissão, deva guardar sigilo.*

O depoente, tanto quanto a testemunha, não pode revelar os fatos que lhe vieram ao conhecimento em razão do estado ou profissão.

A mesma regra encontramos do 229, inc. I do Código Civil brasileiro:

> *"Art. 229. Ninguém, por ser obrigado a depor sobre fato:*
> *I – cujo respeito, por estado ou profissão, deva guardar segredo".*

Trata-se de um dever legal e não de uma faculdade do depoente, pois não poderá revelar os fatos que lhe chegaram ao conhecimento em razão do estado ou da profissão.

Assim, o depoente está moralmente e juridicamente obrigado a guardar segredo, salvo se a pessoa que tem o direito ao sigilo e desde que tenha capacidade civil plena, libere-o do dever de sigilo.

São exemplos de profissão que exigem o sigilo: médico, advogado, sacerdote em confissão etc.

Em razão do estado familiar, por exemplo, pai em relação ao filho, marido em relação à mulher.

[453] Santos, M. A., op. Cit., p. 111.

Sobre o tema, eis a seguinte decisão do S.T.J.:

> *Advogado (testemunha). Depoimento (recusa). Conhecimento dos fatos (exercício da advocacia). Sigilo profissional (prerrogativa). Lei nº 8.906/94 (violação).*
>
> *1. Não há como exigir que o advogado preste depoimento em processo no qual patrocinou a causa de uma das partes, sob pena de violação do art. 7º, XIX, da Lei nº 8.906/94 (Estatuto da Advocacia).*
>
> *2. É prerrogativa do advogado definir quais fatos devem ser protegidos pelo sigilo profissional, uma vez que deles conhece em razão do exercício da advocacia. Optando por não depor, merece respeito sua decisão.*
>
> *3. Agravo regimental improvido.*
>
> (AgRg no HC 48.843/MS, Rel. Ministro NILSON NAVES, SEXTA TURMA, julgado em 31/10/2007, DJ 11/02/2008, p. 1)

1.4. Desonra própria ou de terceiros

Outra justificativa legal que permite à parte não depor ocorre quando a resposta possa causar desonra própria, de seu cônjuge, de seu companheiro ou de parente em grau sucessível.

Dispositivo similar encontrava-se no art. 229, inc. II do Código Civil brasileiro:

> *"Art. 229. Ninguém pode ser obrigado a depor sobre fato:*
>
> *I – (...).*
>
> *II – a que não possa responder sem desonra própria, de seu cônjuge, parente em grau sucessível, ou amigo íntimo".*

No art. 229, inc. II do C.C.b. também se encontrava a referência ao *amigo íntimo*.

Porém, o art. 229 do C.c.b. foi revogado pelo art. 1072, inc. II, do atual C.P.C.

Portanto, a parte não está obrigada a depor quando possa causar desonra própria. Evidentemente que este dispositivo também está abrangido pelo inc. I do art. 388 do atual C.P.C., pois sem dúvida que a prática de fatos *torpes* também pode configurar *desonra própria*.

A desonra também pode dizer respeito ao cônjuge, companheiro ou parente em grau sucessível.

Por parente em grau sucessível, devemos entender aqueles parentes que possam de certa forma participar na sucessão legítima hereditária do depoente (e não apenas necessária).

Sobre a sucessão legítima, aduz o art. 1.829 do C.C.b:

"Art. 1.829. A sucessão legítima defere-se na ordem seguinte:

I – aos descendentes, em concorrência com o cônjuge sobrevivente, salvo se casado este com o falecido no regime de comunhão universal, ou no de separação obrigatória de bens (art. 1.640, parágrafo único); ou se, no regime da comunhão parcial, o autor da herança não houver deixado bens particulares;

II – aos ascendentes, em concorrência com o cônjuge;

III – ao cônjuge sobrevivente;

IV – aos colaterais".

Em relação aos colaterais, haverá uma limitação até ao quarto grau, nos termos do art. 1.839 do C.C.b.

1.5. Fatos que exponham terceiros a perigo de vida

Por fim, nos termos do *inc. IV* do art. 388 do novo C.P.C., a parte não está obrigada a depor sobre fatos que possam expor as pessoas referidas no inciso III a perigo de vida, sendo que no projeto originário do novo C.P.C. também falava em *dano patrimonial imediato.*

Um exemplo típico deste dispositivo: Relatar que a pessoa referida no inc. III (cônjuge, companheiro ou parente em grau suscetível) foi testemunha de um crime hediondo, no qual o réu está ameaçando de morte todos aqueles que presenciaram o fato.

2. Ações de estado e de família

Prescreve o parágrafo único do art. 388 do atual C.P.C. que esta disposição não se aplica às ações de estado e de família.

Evidentemente que diante de ações de estado e de família, como, por exemplo, divórcio, anulação de casamento, reconhecimento de paternidade, alimentos etc., a parte não poderá se valer das escusas estabelecidas nos diversos incisos do art. 388 para não responder às perguntas que lhe forem formuladas, uma vez que a necessidade de se conhecer os fatos nesses tipos de demanda é mais importante do que os impedimentos legais que desobriga a parte a depor.

Além do mais, em ações de estado e de família, o conhecimento dos fatos está geralmente restrito a um número limitado de pessoas.

SEÇÃO V – Da Confissão

Art. 389

Há confissão, judicial ou extrajudicial, quando a parte admite a verdade de fato contrário ao seu interesse e favorável ao do adversário.

Confissão

Preceitua o art. 2.730 do Código Civil italiano: *"A confissão é a declaração que uma parte faz da verdade dos fatos a essa desfavorável e favorável à outra parte. A confissão é judicial ou extrajudicial.*

Por sua vez, o art. 212, inc. I, do Código Civil brasileiro prescreve que, salvo o negócio a que se impõe forma especial, o fato jurídico pode ser provado mediante: I – *confissão.*

A confissão, portanto, é um ato jurídico judicial ou extrajudicial composta de uma declaração de ciência ou mesmo de vontade (vontade de realizar a confissão) que uma parte faz de fatos desfavoráveis a ela e favoráveis à outra parte.

Giuseppe Chiovenda define a confissão como *"a declaração, que uma parte formula, da verdade dos fatos afirmados pelo adversário e contrários ao confitente"*.[454]

A confissão é caracterizada como um *meio de prova.*

É bem verdade que diante da exigência de capacidade para realizar a confissão, tornou-se de certa forma muito incerta sua natureza jurídica.

Segundo Giuseppe Chiovenda, alguns, atendo-se à letra da lei e ao seu sistema, não hesitaram em situar a confissão entre os meios de prova. Outros, considerando especialmente a equiparação que a lei faz da capacidade de confessar à capacidade de obrigar, e atendendo, ainda, ao princípio da incindibilidade, definiram a confissão como um meio de disposição dos direitos privados. Ao que se redarguiu que a lei jamais considera o processo como um meio de disposição de interesse privado, visto que a sentença do juiz deve declarar direitos existentes e não constituí-los novos. Que, se a lei trata por igual a capacidade de obrigar-se e a de confessar, tal acontece em vista das possíveis consequências 'de fato' da confissão.[455]

Quanto ao *objeto da confissão*, o art. 389 do atual C.P.C. afirma que são os *fatos;* isso significa dizer que as *normas jurídicas* não podem ser objeto de confissão, uma vez que em relação às normas jurídicas, além de prevalecer o princípio *jura novit cúria*, a parte somente poderá delas dispor por meio da *renúncia ao direito.*

Da mesma forma não poderão ser objeto de confissão a qualificação jurídica dos fatos relevantes da causa, uma vez que essa qualificação também se encontra no âmbito dos poderes decisórios do juiz.

Assim, todas as vezes que a parte realiza uma confissão que abrange também os aspectos jurídicos da controvérsia, além dos fatos, essa poderá valer como confissão apenas na parte que diga respeito aos fatos.

[454] CHIOVENDA, Giuseppe. *Instituições de direito processual civil.* Trd. Alfredo Buzaid. II. Vol. São Paulo: Edição Saraiva, 1965. p. 354.

[455] CHIVENDA, G., idem, p. 100.

Segundo anotam Comoglio, Ferri e Taruffo, *"a condição pela qual os fatos objeto da confissão devem ser 'desfavoráveis' à parte que os declara e 'favoráveis à outra parte', individua o caráter peculiar da confissão. A natureza favorável ou desfavorável do fato declarado será estabelecida em relação à qualificação jurídica do fato no âmbito da fattispécie controvertida"*.[456]

A este propósito, não se leva em consideração o convencimento subjetivo da parte que confessa, mas a relação objetiva que intercorre entre o fato e a qualificação jurídica da *fattispécie* que serve de critério de decisão. Isso demonstra que a confissão somente pode tratar de fatos juridicamente qualificados, ou seja, de fatos *principais*, constitutivos, impeditivos, extintivos ou modificativos. Assim, as declarações concernentes a fatos *secundários* não integram a confissão.[457]

O *sujeito ativo* da confissão, nos termos do art. 389 do atual C.P.C., somente pode ser a parte, de quem a confissão provém diretamente.

Não podem ser consideradas como confissão as declarações de fatos desfavoráveis à parte provenientes do *defensor*: tais declarações podem ser consideradas apenas como meras *admissões* privadas de eficácia probatória, que tem apenas o efeito de dispensar a outra parte de realizar prova do fato, e são a todo momento revogáveis.[458]

O juiz, sem dúvida, deve inserir o fato confessado em sua decisão. Porém, muito embora o juiz não possa desprezar a confissão, isso não significa que ele esteja obrigatoriamente e indiscutivelmente vinculado a esse meio de Prova. Não se pode esquecer que no processo civil brasileiro aplica-se o princípio da *livre persuasão racional*.

Conforme já teve oportunidade de lecionar Giuseppe Chiovenda: *"Tal limitação ao poder do juiz se esvai, porém, toda vez que ao Estado é impossível desinteressar-se das consequências que acarretaria, no caso concreto, o caráter vinculativo para o juiz de uma confissão não correspondente à verdade. São esses os casos em que, em lugar do princípio 'dispositivo', se introduz o princípio 'inquisitório', visto não se poder socorrer do princípio de que as partes são responsáveis pelo dano que a si mesmas produzem, lá onde o dano incidiria, ao contrário, sobre a sociedade e sobre o Estado. Assim é no processo penal: só está no interesse do Estado punir o imputado, se o delito foi realmente cometido e cometido por ele; a confissão do imputado, portanto, não tem efeito vinculativo ao juiz. Assim, é no processo civil, quando se tratar de causas de importância social (anulação de casamento; impugnação de legitimidade de filho; interdição e semelhantes). Algumas leis, como a alemã e aus-*

[456] Comoglio, Luigi Paolo; Ferri, Corrado; Taruffo, Michele. *Lezioni sul processo civile.* I. Il processo ordinario di cognizione. Bologna: Il Mulino, 2006. p. 451.

[457] Comoglio, L. P.; Ferri, C.; Taruffo, M., idem, ibidem.

[458] Comoglio, L. P.; Ferri, C.; Taruffo, M., idem, ibidem.

tríaca, traçaram expressamente esse limite à eficácia da confissão e algumas normas de lei nossas, também, são explícitas em tal sentido, como o art. 165 do Cód. Civil em matéria de impugnação da paternidade. Trata-se, contudo, aí, de um princípio geral, sem necessidade de ser expresso. Se, portanto, v.g., o cônjuge confessa sua impotência, isso não é suficiente para 'dever' o juiz pronunciar a nulidade do casamento (Cód. Civil, art. 107): a confissão poderá 'concorrer' para determinar a decisão; mas a existência de um casamento não pode depender da eventual inveracidade dos cônjuges. Outro tanto deve-se dizer de uma confissão tendente a tornar existente um casamento inexistente".[459]

Sobre o tema eis o seguinte precedente do S.T.J.:

> *(...).*
>
> *6. Ausência de violação do art. 334 do CPC, porquanto a confissão não vincula o Juízo, que, em razão do princípio do livre convencimento motivado (art. 131 do CPC), dar-lhe-á o peso que entender adequado.*
>
> (...).
>
> (REsp 1145728/MG, Rel. Ministro JOÃO OTÁVIO DE NORONHA, Rel. p/ Acórdão Ministro LUIS FELIPE SALOMÃO, QUARTA TURMA, julgado em 28/06/2011, DJe 08/09/2011)

O art. 389 do atual C.P.C. também menciona que a confissão pode ser *judicial* ou *extrajudicial.*

Segundo Giuseppe Chiovenda: *"a judicial é a declaração que a parte ou o seu 'procurador especial' faz perante o juiz, ainda que incompetente; a extrajudicial é a que se faz fora do juízo, e esta se pode fazer, ou à parte (ou a quem a represente), e forma, como veremos, prova plena; ou a um terceiro, e não pode subministrar mais que simples indício (arts. 1.355 a 1.358). Não se pode provar por testemunhas a confissão extrajudicial quando se trata de demandas em que a lei não admite prova testemunhal (art. 1.359)".*[460]

Art. 390

A confissão judicial pode ser espontânea ou provocada.

§ 1º A confissão espontânea pode ser feita pela própria parte ou por representante com poder especial.

§ 2º A confissão provocada constará do termo de depoimento pessoal.

[459] Chiovenda, G., op. Cit., p. 354.

[460] Chiovenda, G., idem, p. 102.

Confissão espontânea ou provocada

A confissão espontânea pode ser feita pela própria parte ou por representante com poder especial (*§1º do art. 390* do atual C.P.C).

Já a confissão provocada constará do termo de depoimento pessoal (*§2º do art. 390* do atual C.P.C.).

Sobre as espécies de confissão espontânea, anotam Luigi Paolo Comoglio, Corrado Ferri e Michele Taruffo: *"A confissão pode ser feita segundo diversas modalidades. É 'judicial' a confissão feita em juízo (art. 2733 c.c.). Essa pode ser espontânea se é feita voluntariamente pela parte, e pode ser feita oralmente em audiência, ou estar contida em um ato do processo subscrito pessoalmente pela parte (art. 229). Deve ficar claro, no entanto, que não podem constituir confissão as declarações de fatos desfavoráveis realizadas no curso do interrogatório livre (v. cap.13), porque o art. 117 prevê expressamente que as respostas realizadas no interrogatório livre constituem somente argumentos de prova (infra, par. 5.2). Como exceção a este princípio, a jurisprudência admite talvez que uma confissão seja realizada em sede de interrogatório livre, se essa é feita com 'animus confitenti' e é efetuada espontaneamente. Trata-se, contudo, de uma orientação discutível, que contrasta com o que está previsto no art. 117 e tem por objetivo sobreavaliar excessivamente a eficácia probatória disso que as partes afirmam no curso do interrogatório livre. Na mesma ordem de ideia se deve excluir, com fundamento no art. 229, e em contraste com o que a jurisprudência italiana admite, que o interrogatório oral livre subscrito pela parte possa ser fonte adequada de confissão espontânea feita por escrito".*[461]

Estabelece o art. 228 do Código de Processo Civil italiano que *"a confissão judicial é espontânea ou provocada mediante interrogatório formal"*.

Assim, tanto pela norma do C.P.C. italiano, quanto pela regra do art. 390 do nosso atual C.P.C., a *confissão provocada* decorre do interrogatório formal ou no depoimento pessoal da parte.

Na realidade, o interrogatório formal deve ser desenvolvido e deduzido por artigos separados e específicos, sendo o interrogatório realizado pelo juiz de tal forma que o seu objeto seja delimitado aos fatos formulados nos respectivos capítulos, salvo ulterior demanda sobre a qual as partes concordam e salvo o poder do juiz de pedir à parte esclarecimentos sobre a resposta dada.

Conforme já teve oportunidade de afirmar Giuseppe Chiovenda, *"o interrogatório é um meio de provocar a confissão da parte adversária; mas é óbvio que tal se possa promover sem alcançar o fim colimado, como acontece quando a parte interrogada nega os fatos afirmados pelo interrogante".*[462]

[461] Comoglio, L.P.; Ferri, C.; Taruffo, M. op. Cit., p.452.

[462] Chiovenda, G., op. Cit. p. 102.

Estabelece o *§1º do art. 390* do novo C.P.C. que a *confissão espontânea pode ser feita pela própria parte ou por representante com poderes especiais.*

Conforme se verifica desse preceito legal, somente a *confissão espontânea* e não a *confissão provocada* é que pode ser realizada por *representante com poderes especiais.*

Segundo preceitua o art. 653 do Código Civil brasileiro, opera-se o mandato quando alguém recebe de outrem poderes para, em seu nome, praticar atos ou administrar interesses. O instrumento do mandato deve conter a indicação do lugar onde foi passado, a qualificação do outorgante e do outorgado, a data e *o objetivo da outorga com a designação e a extensão dos poderes conferidos* (§1º do art. 654 do C.c.b.).

Por sua vez, o art. 662 do Código Civil Brasileiro preceitua que os atos praticados por quem não tenha mandato, ou o tenha sem poderes suficientes, são ineficazes em relação àqueles em cujo nome foram praticados, salvo se este os ratificar.

Em complemento, estabelece o art. 213 e seu parágrafo único do Código Civil Brasileiro:

> *Art. 213. Não tem eficácia a confissão se provém de quem não é capaz de dispor do direito a que se referem os fatos confessados.*
>
> *Parágrafo único. Se feita a confissão por um representante, somente é eficaz nos limites em que este pode vincular o representado.*

Assim, a confissão espontânea realizada por mandatário deverá decorrer de poderes especiais outorgados pelo mandante.

Além do mais, a confissão somente terá eficácia nos limites estabelecidos pelo mandatário em sua procuração, sendo que se houver excesso, a confissão não terá valor legal.

Sobre o tema, eis o seguinte precedente do S.T.J.:

> *Processo civil. Recurso especial. Depoimento pessoal. Mandatário com poderes especiais.*
>
> *– O depoimento pessoal é ato personalíssimo, em que a parte revela ciência própria sobre determinado fato. Assim, nem o mandatário com poderes especiais pode prestar depoimento pessoal no lugar da parte.*
>
> *Recurso parcialmente provido.*
>
> (REsp 623.575/RO, Rel. Ministra NANCY ANDRIGHI, TERCEIRA TURMA, julgado em 18/11/2004, DJ 07/03/2005, p. 250)

Art. 391

A confissão judicial faz prova contra o confitente, não prejudicando, todavia, os litisconsortes.

Parágrafo único. Nas ações que versarem sobre bens imóveis ou direitos reais sobre imóveis alheios, a confissão de um cônjuge ou companheiro não valerá sem a do outro, salvo se o regime de casamento for o de separação absoluta de bens.

Confissão judicial e seus efeitos em relação aos litisconsortes

Demonstra-se com esse dispositivo que a confissão é um ato personalíssimo que não atinge aqueles que não realizaram ou aderiram a um ato semelhante.

Por isso, a confissão judicial faz prova apenas contra aquele que a realizou, não prejudicando, todavia, nem o *litisconsorte unitário nem o facultativo.*

Conforme anota Moacyr Amaral Santos, *"Pela confissão, expressa e clara, a certeza moral buscada pela instrução da causa é substituída pela certeza legal, a que o juiz não pode repelir. Os fatos confessados pelo litigante são tidos como provados, pelo reconhecimento que deles este faz como verdadeiros. Pela confissão há concordância entre as partes, relativamente ao mesmo fato, e isso, normalmente, constitui um limite ao poder do juiz, no sentido de que deverá, sem necessidade de maiores indagações, tomar o fato como provado e como base de sua resolução. Daí o princípio: 'a confissão judicial faz prova contra o confitente'.*

a) Mas o confitente se prolonga nos seus herdeiros, que o substituem nos seus direitos e nas suas obrigações. Daí ser de completar-se o princípio enunciado: 'a confissão prova contra o confitente e seus herdeiros'. Tal regra, provinda do direito tradicional, vinha expressamente acolhida no Código de 1939, art. 231, que dispunha: 'A confissão produzirá efeitos em relação apenas ao confitente e a seus herdeiros...'

b) Do princípio exposto se extrai uma primeira consequência: a 'confissão não terá eficácia em relação a terceiros'. Oposta a um terceiro, a confissão se converteria num simples testemunho. De resto, nem mesmo como testemunha deverá ser apreciada, porque não produzido com as formalidades estabelecidas na lei para esse gênero de prova. Daí advertir Mattirolo que 'a confissão oposta a um terceiro nada mais é que uma simples declaração, ou seja, testemunho de terceiro colhido sem as formalidades estabelecidas para o exame de testemunhas'".[463]

[463] Santos, Moacyr Amaral. *Comentários ao código de processo civil.* IV Vol. Art. 332 a 475. Rio de Janeiro: Forense, 1976. p. 120 a 121.

Estabelece o art. 117 do atual C.P.C.: *os litisconsortes serão considerados, em suas relações com a parte adversa, como litigantes distintos, exceto no litisconsórcio unitário, caso em que os atos e as omissões de um não prejudicarão os outros, mas os poderão beneficiar.*

Segundo anota José Carlos Barbosa Moreira sobre a confissão no Direito alemão e sua relação com os litisconsortes: *"Também no tocante à confissão, faz sentir-se a influência do regime especial. Tem ela em regra, no sistema alemão, efeito vinculativo para o juiz, que deve levá-la em conta ao decidir a causa, ainda quando não se convença de ser verdadeira o fato confessado. No litisconsórcio unitário, todavia, se um dos litisconsortes confessa determinado fato e outro o contesta, desce a confissão ao nível de prova livremente apreciável pelo órgão judicial".*[464]

Em relação ao direito italiano, aduz, ainda, José Carlos Barbosa Moreira: *"Em tema de 'prova', por exemplo, observa-se que em casos tais a contestação por um único dos litisconsortes gera para a parte contrária o ônus de provar o fato alegado, mesmo que o admitam como verdadeiro os restantes. Peculiaridades interessantes ocorrem no tocante à confissão e ao juramento, que no direito italiano têm o caráter de provas 'legais' e vincula o órgão judicial, determinando o conteúdo da decisão. No litisconsórcio necessário, se confessa apenas um (ou uma parte) dos colitigantes, o ato perde a eficácia típica e fica sujeito à livre apreciação do juiz, inclusive em relação ao(s) cofitente(s)".*[465]

Por sua vez, o art. 288º do Código de Processo Civil português prescreve:

> *1 – No caso de litisconsórcio voluntário, é livre a confissão, a desistência e a transação individual, limitada ao interesse de cada um na causa.*
>
> *2 – No caso de litisconsórcio necessário, a confissão, a desistência ou a transação de algum dos litisconsortes só produz efeitos quanto a custas, seguindo -se o disposto no nº 2 do artigo 528º.*

Se um dos colitigantes confessa e outro contesta o fato alegado pelo adversário, o órgão judicial, mesmo que se convença da veracidade, não pode só com base nisso, inexistindo outros elementos probatórios que o confirmem, decidir contra o litisconsorte que tenha contestado.[466]

Para José Carlos Barbosa Moreira esta solução é desconcertante do ponto-de-vista lógico: "*em relação ao confitente, o juiz, embora não esteja 'vinculado' à confissão, tampouco está proibido de, valorando-a livremente, havê-la como bastante para fundamentar sua conclusão. O sistema enseja, assim, a eventualidade de sentença contrária a*

[464] Barbosa Moreira, José Carlos. *Litisconsórcio unitário.* Rio de Janeiro: Editora Forense, 1972. p. 38.
[465] Barbosa Moreira, J. C., idem, p. 73 e 74.
[466] Barbosa Moreira, J. C., idem, p. 201.

um litisconsorte e favorável a outro. Ora, enquanto a dificuldade se limita ao plano puramente 'lógico', não repercute no problema da unitariedade. Se, porém, ao ângulo 'prático', é inconcebível a decisão heterogênea, já não se pode admitir o resultado acima descrito. Na hipótese, pois, de ser 'unitário' o litisconsórcio, e de parecer convincente ao órgão judicial a confissão, por um (ou alguns) dos colitigantes, de fato decisivo para o julgamento da lide, apenas se concebem, 'a priori', duas soluções: ou a) permitir que o juiz se funde na confissão para sentenciar ainda quanto ao(s) que haja(m) confessado; b) negar 'qualquer' eficácia probatória à confissão que não seja de 'todos' os litisconsortes. A solução 'a' é incompatível com o expresso e categórico preceito do art. 231 (c.p.c. de 1973); prevalece, pois, a solução 'b'. Ela afina, aliás, com o princípio geral, oportunamente enunciado, que domina o regime do litisconsórcio unitário".[467]

Sobre o tema, eis os seguintes precedentes do S.T.J.:

> *(...).*
>
> *5. O princípio da interdependência entre litisconsortes, ainda que unitário, não autoriza que os atos prejudiciais de um dos consortes prejudiquem os demais.*
>
> *(...).*
>
> *A doutrina do tema assenta: "A formação do litisconsórcio no processo não retira a individualidade de cada uma das ações relativas dos litisconsortes.*
>
> *Assim, se Caio e Tício litisconsorciam-se para litigar em juízo acerca de um prejuízo que lhes foi causado por Sérvio, este consórcio no processo, em princípio, não implica em que um só promova o andamento do feito e produza provas "comuns". Ao revés, cada um deve atuar em seu próprio benefício porque são considerados em face do réu como "litigantes distintos" (art. 49 do CPC).*
>
> *(...). Mesmo litigando conjuntamente, cada um dos litisconsortes é considerado, em relação à parte contrária, como litigante distinto, de modo que as ações de um não*

[467] "Consoante se registro (...), costuma a doutrina alemã considerar como prova 'sujeita à livre valoração judicial' a confissão de um (ou alguns) dos litisconsortes unitários: assim, particularmente quando conjugada com outros elementos probatórios, ela pode servir de fundamento à decisão (que é, por força, uniforme para todos os co-litigantes). Na mesma pauta inscrevem-se, entre nós, as lições de Pontes de Miranda, *Coment.*cit. t. II. pág. 106; Lopes da Costa, ob. Cit., vol. I. pág. 414 (aliás com referência ao litisconsórcio *necessário*); Calmon de Passos, *Do litisc. no Cód. De Proc. Civ.* cit. pág. 63. Cabe, entretanto, ponderar que no sistema tedesco, de acordo com a *communis opinio* (cf. a nota 39 ao n. 19), tem a confissão normalmente, eficácia 'vinculativa' para o juiz; esse efeito 'típico' deixa de produzir-se na hipótese figurada. Em face do ordenamento pátrio, se exatas as nossas premissas (*supra n. 124*), a construção, posto que 'análoga', não leva a conclusão 'idêntica'; há que levar em conta, ademais, a norma do art. 231 (C.P.C. de 1973), sem correspondente na lei germânica". (Barbosa Moreira, J. C., idem, p. 202.

prejudicarão nem beneficiarão as ações dos demais. Cada litisconsorte, para obter os resultados processuais que pretende, deve exercer suas atividades autonomamente, independentemente da atividade de seu companheiro de litígio. Em contrapartida, os interesses eventualmente opostos ou conflitantes do outro litisconsorte não contaminarão a sua atividade processual. Isto ocorre no plano jurídico; no plano fático, o prejuízo ou o benefício pode ocorrer. Por exemplo: se um litisconsorte confessa, tal confissão não se estende aos outros litisconsortes, os quais continuarão litigando sem que o juiz possa considerá-los também em situação de confissão. Todavia, por ocasião da sentença, e em virtude do princípio do livre convencimento do juiz, poderá ele levar em consideração, na análise da matéria, a confissão do litisconsorte como elemento de prova, podendo advir daí um prejuízo de fato.

(...).

(REsp 1091710/PR, Rel. Ministro LUIZ FUX, CORTE ESPECIAL, julgado em 17/11/2010, DJe 25/03/2011)

1. Tratando-se de litisconsórcio necessário unitário (CPC, art. 47), descabida seria a aplicação da pena de confissão à recorrida, esposa do recorrido, pelo fato de, embora intimada, não ter comparecido à audiência de instrução e julgamento, pois o cônjuge varão promovido compareceu ao ato.

(...).

(REsp 796.700/MS, Rel. Ministro RAUL ARAÚJO, QUARTA TURMA, julgado em 26/02/2013, DJe 19/06/2013)

Segundo estabelece o *parágrafo único do art. 391* do atual C.P.C., *nas ações que versarem sobre bens imóveis ou direitos reais sobre imóveis alheios, a confissão de um cônjuge ou companheiro não valerá sem a do outro, salvo se o regime de casamento for o de separação absoluta de bens.*

O parágrafo único do art. 350 do C.P.C. de 1973, sobre esta questão, assim prescrevia: *Nas ações que versarem sobre bens imóveis ou direitos sobre imóveis alheios, a confissão de um cônjuge não valerá sem a do outro.*

Assim, nas ações que versem sobre bens imóveis ou direitos sobre imóveis alheios, a confissão de um cônjuge ou companheiro não valerá sem a do outro, salvo se o regime de bens for de separação total.

O atual dispositivo, ao contrário do art. 350 do C.P.C. 1973, também inseriu o companheiro ou a companheira.

Segundo preceitua o art. 1.647 do Código Civil brasileiro: *"Ressalvado o disposto no art. 1.648, nenhum dos cônjuges pode, sem autorização do outro, exceto no regime da separação absoluta: I – alienar ou gravar de ônus real os bens imóveis; (...).".*

Entende-se por ações que versem sobre bens imóveis ou direitos sobre imóveis alheios, as demandas referentes a: a) propriedade; b) superfície; c) servidões; d) usufruto; f) uso; g) habitação; h) direito real do promitente comprador; i) penhor; j) hipoteca; l) anticrese; m) a concessão de uso especial para fins de moradia.

Por sua vez, o art. 80 do Código Civil brasileiro preconiza que se consideram imóveis para os efeitos legais: I – os direitos reais sobre imóveis e as ações que os asseguram; II – o direito à sucessão aberta.

Outrossim, a confissão, mesmo que realizada por ambos os cônjuges, não poderá contrariar o disposto nos art. 108 e 1.227 do Código Civil brasileiro, que assim estabelecem respectivamente: *"Não dispondo a lei em contrário, a escritura pública é essencial à validade dos negócios jurídicos que visem à constituição, transferência, modificação ou renúncia de direitos reais sobre imóveis de valor superior a trinta vezes o maior salário mínimo vigente no País". "Os direitos reais sobre imóveis constituídos, ou transmitidos por atos entre vivos, só se adquirem com o registro no Cartório de Registro de Imóveis dos referidos títulos (arts. 1.245 a 1.247), salvo os casos expressos neste Código".*

A exceção prevista no art. 391 do atual C.P.C., é no sentido de que o cônjuge não precisa de autorização do outro para realizar a confissão na hipótese em que o casamento for realizado pelo *regime de separação total de bens.*

Outrossim, em que pese a posse atualmente seja considerada um direito real, poderá o cônjuge confessar fatos concernentes à posse independentemente de autorização do outro cônjuge ou companheiro, salvo em se tratando de composse ou de fatos praticados por ambos os cônjuges conjuntamente.

Sobre esse tema, prescreve o art. 73 do atual C.P.C.:

> *Art. 73. O cônjuge necessitará do consentimento do outro para propor ação que verse sobre direito real imobiliário, salvo quando casados sob o regime de separação absoluta de bens.*
>
> *§ 1º Ambos os cônjuges serão necessariamente citados para a ação:*
>
> *I – que verse sobre direito real imobiliário, salvo quando casados sob o regime de separação absoluta de bens;*
>
> *II – resultante de fato que diga respeito a ambos os cônjuges ou de ato praticado por eles;*
>
> *III – fundada em dívida contraída por um dos cônjuges a bem da família;*
>
> *IV – que tenha por objeto o reconhecimento, a constituição ou a extinção de ônus sobre imóvel de um ou de ambos os cônjuges.*
>
> *§ 2º Nas ações possessórias, a participação do cônjuge do autor ou do réu somente é indispensável nas hipóteses de composse ou de ato por ambos praticado.*
>
> *§ 3º Aplica-se o disposto neste artigo à união estável comprovada nos autos.*

Evidentemente que quando a lei exige a participação de ambos os cônjuges ou companheiros quando se tratar de composse ou de atos por ambos praticados, estaremos diante de um *litisconsórcio necessário*, razão pela qual a confissão de um litisconsorte não prejudica o outro.

Art. 392

Não vale como confissão a admissão, em juízo, de fatos relativos a direitos indisponíveis.

§ 1º A confissão será ineficaz se feita por quem não for capaz de dispor do direito a que se referem os fatos confessados.

§ 2º A confissão feita por um representante somente é eficaz nos limites em que este pode vincular o representado.

Confissão e direitos indisponíveis

Em complemento ao art. 392 do atual C.P.C., estabelece o art. 213 do C.C.b.: *Não tem eficácia a confissão se provém de quem não é capaz de dispor do direito a que se referem os fatos confessados.*

A mesma regra jurídica encontra-se no art. 2.733 do Código Civil italiano, in verbis: *"É judicial a confissão feita em juízo. Essa forma plena prova contra aquele que a fez, salvo se versar sobre fatos relativos a direitos não disponíveis".*

Comentando o art. 2.733 do C.c.italiano, anotam Comoglio, Ferri e Taruffo: *"Antes de tudo, segundo o art. 2.733, inciso I, do c.c., a confissão judicial tem eficácia de prova legal 'porque não versa sobre direitos indisponíveis'".*[468]

Na realidade, quem confessa renuncia, em regra, ao próprio direito e atribui direito a outrem.

Segundo ensinam Georges Ripert e Jean Boulanger: *"Certos direitos, ao ser atribuídos para defesa da personalidade humana ou para a satisfação de necessidades pessoais, não podem ser mudados de titular. São inerentes à pessoa e não podem ser transmitidos".*[469]

Existem, portanto, direitos *indisponíveis*, cuja renúncia é inoperante, razão pela qual os fatos concernentes a esses direitos são insuscetíveis de confissão. Assim, por exemplo, a confissão de que a parte renunciou ao seu nome civil.

[468] Comoglio, L.p.; Ferri, C.; Taruffo, M., op. Cit., p. 454.

[469] Ripert. Georges; Boulanger. Jean. *Tratado de derecho civil.* Tomo I. Buenos Aires: La Ley, s/d. p. 481.

Na realidade, salvo os casos excepcionais previstos em lei, os direitos da personalidade são intransmissíveis e irrenunciáveis, não podendo o seu exercício sofrer limitações voluntárias (art. 11 do C.C.b.).

O *§1º do art. 392* do novo C.P.C estabelece que *a confissão será ineficaz se feita por quem não for capaz de dispor do direito a que se referem os fatos confessados.*

Observamos a mesma regra no art. 2.731 do Código Civil italiano, *in verbis:*

> *"Art. 2.731. Capacidade exigida para confissão.*
> *A confissão não é eficaz se não provém de pessoa capaz de dispor do direito, a cujo os fatos confessados se referem. Todas as vezes que a confissão provenha de um representante, é eficaz apenas de realizada dentre os limites e nos modos em que esta vincula o representado".*

No mesmo sentido é o teor do art. 213 e seu parágrafo único do Código civil brasileiro:

> *"Art. 213. Não tem eficácia a confissão se provém de quem não é capaz de dispor do direito a que se referem os fatos confessados.*
> *Parágrafo único. Se feita a confissão por um representante, somente é eficaz nos limites em que este pode vincular o representado".*

Em relação à capacidade para a realização dos atos da vida civil, prescrevem os arts. 3º e 4º do C.c. brasileiro:

> *"Art. 3º São absolutamente incapazes de exercer pessoalmente os atos da vida civil:*
> *I – os menores de dezesseis anos;*
> *II – os que, por enfermidade ou deficiência mental, não tiverem o necessário discernimento para a prática desses atos;*
> *III – os que, mesmo por causa transitória, não puderem exprimir sua vontade.*
> *Art. 4º São incapazes, relativamente a certos atos, ou à maneira de os exercer:*
> *I – os maiores de dezesseis e menores de dezoito anos;*
> *II – os ébrios habituais, os viciados em tóxicos, e os que, por deficiência mental, tenham o discernimento reduzido;*
> *III – os excepcionais, sem desenvolvimento mental completo;*
> *IV – os pródigos.*
> *Parágrafo único. A capacidade dos índios será regulada por legislação especial".*

Por sua vez, o art. 5º do mesmo estatuto legal afirma que a menoridade cessa aos dezoito anos completos.

Comentando a capacidade para que se possa celebrar negócio jurídico, já tiveram oportunidade de afirmar Ludwig Enneccerus, Theodor Kipp e Martin Wolff: "*Incapacidade e inconsciência. Chama-se capacidade de negociar à capacidade de provocar efeitos jurídicos mediante negócios jurídicos. Porém, por regra geral, há que considerá-la, por analogia dos §§104 ss., também como requisito (cf. infra. §194) dos atos semelhantes aos negócios (supra §128 IV 2 a) na mesma medida em que o é para os negócios jurídicos, porém não, ao contrário, para os atos reais com efeito jurídico, como o encontrar um tesouro, a especificação, a tomada de posse ou a composição de uma obra artística ou científica. O C.c. não diz quem é capaz de celebrar negócios jurídicos, senão que se limita a estabelecer os pressupostos em que falta a capacidade...Segundo o direito comum, a incapacidade por enfermidade mental somente será incapaz se verdadeiramente era enfermo mental e na medida em que subsistiria essa enfermidade. Pelo contrário, conforme o C.c., a incapacidade por enfermidade mental constitui uma causa autônoma de incapacidade. Assim, pois, o incapacitado é incapaz, ainda que na realidade não esteja enfermo; também é incapaz durante os intervalos de lucidez... É nula a declaração de vontade de um incapaz. Portanto, tampouco pode ser confirmada... É nula a declaração de um inconsciente ou de um perturbado transitoriamente. Mas é importante salientar que a perturbação tem que ser de tal modo que exclua a livre determinação da vontade. Encaixam-se dentro desse pressuposto especialmente as declarações (aparentes) emitidas em estado de embriagues intensa, de febre alta, de hipnose, de ataque epilético etc.*".[470]

É importante salientar que os relativamente incapazes previstos no art. 4º do C.C.b. (maiores de dezesseis e menores de dezoito anos; os ébrios habituais, os viciados em tóxicos, os que, por deficiência mental, tenham o discernimento reduzido, os excepcionais, sem desenvolvimento mental completo e os pródigos são capazes para concluir todos os negócios que não lhes tragam desvantagem alguma, por exemplo, aceitar uma promessa de doação para adquirir por tradição ou por cessão, para aceitar uma declaração de renúncia e também para os negócios que lhes são pessoalmente indiferentes, por exemplo, transmissão de uma coisa móvel alheia. Agora bem, "*para todas as declarações de vontade 'que não lhes tragam exclusivamente uma vantagem jurídica', necessitam o assentimento de seu representante legal*".[471]

Contudo, se a confissão não trouxer qualquer vantagem para o relativamente incapaz, entendo que ela não pode ser concretizada, nem mesmo com a assistência do representante do incapaz.

[470] ENNECCERUS, Ludwig; KIPP, Theodor; WOLFF, Martin. *Tratado de derecho civil.* Primer Tomo. Parte General. II. 2ª ed. Barcelona: Casa Editorial Bosch, 1950. p. 96, 97 e 98.
[471] ENNECCERUS, L.; KIPP, T.; WOLFF, M., idem, p. 101.

É importante salientar que o §1º do art. 392 do atual C.P.C. não trata da *validade*, mas sim da *eficácia* da confissão em relação à capacidade de dispor do direito daquele que realiza este ato.

A confissão não será *eficaz* se não provém da pessoa capaz de dispor do direito cujos fatos confessados se refere.

É bem verdade que parte da doutrina afirma que esse dispositivo prevê um requisito de *validade* da confissão, razão pela qual, faltando o requisito da capacidade, a confissão seria nula e, portanto, não utilizável de algum modo pelo juiz, principalmente se ela provém de um sujeito incapaz de dispor do direito.[472]

Comentando o art. 136 do C.C.b. de 1916, que representa o atual art. 213 do novo C.C.b., teve oportunidade de lecionar o saudoso J. M. de Carvalho Santos:

> *"A confissão só é válida quando emana de pessoa capaz de dispor do objeto da contestação, não fazendo prova a confissão do menor, do interdito etc.*
>
> *Mesmo em se tratando de pessoa capaz, não tem valor a confissão sempre que tenha por objeto um direito de que a parte, por motivo de ordem pública, não pode dispor, ou quando se refira a um fato cujo reconhecimento a lei proibir. Exemplos: a confissão sobre o estado das pessoas, sobre os fatos jurídicos que, para sua existência, necessitam da prova instrumental (LAURENT, obr. Cit., vol. 20, n 176; BAUDRY-BARDE, obr., cit., n. 2.709)".*[473]

Estabelece o *§2º do art. 392* do atual C.P.C. que *a confissão feita por um representante somente é eficaz nos limites em que este pode vincular o representado.*

Na perspectiva do direito italiano, prescrevem Comoglio, Ferri e Taruffo sobre a confissão prestada por um representante: *"Se a parte não é capaz de dispor do direito, a confissão pode ser realizada pelo seu representante legal, porque munido das necessárias autorizações. Se a confissão é realizada por um representante voluntário, esta vincula o representado nos limites do mandato (art. 2731), enquanto que se realizada além desses limites, tem efeito equivalente à confissão feita por um sujeito incapaz de dispor de seu direito. Se a parte é uma pessoa jurídica, a confissão deve ser realizada pelo sujeito que a representa, nos termos do art. 75, inc. 3, eventualmente munido das autorizações necessárias".*[474]

[472] Comoglio, L.p.; Ferri, C.; Taruffo, M., op. Cit., p. 451 e 452.

[473] Carvalho Santos, J. M., 7ª Ed., Vol. III. Rio de Janeiro: Livraria Freitas Bastos S/A., 1958. p. 173 e 174.

[474] Comoglio, L.p.; Ferri, C.; Taruffo, M., OP. CIT., P. 452.

Na lição de Giuseppe Chiovenda, *"a eficácia da confissão se subordina a determinadas condições de capacidade, pois deve partir de pessoas 'capazes de se obrigar': a confissão de tutores e de administradores não prejudica aos administrados a não ser quando se faça nos casos e modos pelos quais possam eles obrigar os administrados mesmos (art. 1.361)"*.[475]

Leo Rosenberg, comentando o direito processual civil alemão, faz a seguinte advertência: *"Contudo, o tribunal, de acordo com seu livre arbítrio, não sujeito a revisão, pode interrogar a um parte processualmente incapaz (em lugar de seu representante legal, ou junto com este) quando deva declarar sobre 'atos ou percepções própria' e quando: a) tenha alcançado a idade de 16 anos; b) seja maior de idade e esteja sujeito a interdição por debilidade mental, prodigalidade ou dipsomania, ou se encontre sob tutela provisória; c) quando ainda sendo incapaz de trabalhar, gestiona por ela a controvérsia o representante legal e, por isso, carece de capacidade processual para esse procedimento. A declaração de uma parte processual não compreendida por estas exceções não é, certamente, inatendível; porém deve estimar-se como declaração de testemunho"*.[476]

No direito, a confissão por representante somente poderá ocorrer se for voluntária, e desde que o outorgante da representação seja maior e capaz.

Art. 393

A confissão é irrevogável, mas pode ser anulada se decorreu de erro de fato ou de coação.

Parágrafo único. A legitimidade para a ação prevista no caput é exclusiva do confitente e pode ser transferida a seus herdeiros se ele falecer após a propositura.

Irrevogabilidade da confissão – erro ou coação

Em regra, a confissão é *irrevogável,* o que significa dizer que uma vez realizada pela parte confitente, ela não poderá ser modificada ou alterada no sentido de ser revogada.

Contudo, um problema relevante que deve subsistir na análise da confissão diz respeito a eventuais particularidades ou condições subjetivas em relação à parte que pratica este ato jurídico com efeitos processuais.

[475] Chivenda, G., op. Cit., p. 100.

[476] Rosenberg, Leo. *Tratado de direito processual civil.* Trad. Ângela Romera Vera. Tomo II. Buenos Aires: Ediciones Jurídicas Europa-America, 1955. p. 274.

A orientação prevalecente na doutrina é no sentido de afirmar que a confissão é apenas um ato de *ciência*, e não de *vontade*.[477]

Contudo, o art. 393 do atual C.P.C. reconhece que ao menos deve subsistir como elemento subjetivo daquele que realiza a confissão o requisito de *querer realizar a confissão*, fundada sobre o convencimento de afirmar a verdade dos fatos.

Assim, nos termos do preceito normativo ora estudado, há necessidade de subsistir naquele que realiza a confissão um livre e verdadeiro animus *confitenti*, ou seja, a consciência e intenção livre e desembaraçada de declarar um fato verdadeiro a si desfavorável.

Por isso, a declaração de *animus confitenti* para ser livre e verdadeira não pode emanar de *erro de fato ou de coação*.

É bem verdade que o art. 352 do C.P.C. de 1973 também falava que a confissão não poderia ser revogada se emanada do *dolo*, sendo que o Projeto originário n. 166/10 do atual C.P.C., quando encaminhado ao Senado Federal, também ali inseria o *dolo* como forma de revogar a confissão.

O atual C.P.C, com acerto, corrigiu este preceito normativo para excluir o dolo como causa ou fundamento da revogação da confissão, pois se o dolo advém do próprio confitente, ele não poderá revogar a confissão, especialmente porque ninguém pode alegar a própria torpeza para revogar a sua própria confissão, principalmente quando age de forma dolosa. Por outro lado, se o dolo provém de um terceiro, esse dolo irá acarretar no confitente a realização de uma confissão proveniente de seu erro na análise do fato. Assim, de certa forma, o dolo conduzirá ao erro.

Dispositivo similar encontra-se no art. 2.732 do Código Civil italiano, a saber: *"A confissão não pode ser revogada se não se provar que foi determinada por erro de fato ou de violência"*.

Comentando o art. 2.732 do C.c. italiano, anotam Comoglio, Ferri e Taruffo: *"Não obstante o princípio geral segundo o qual os vícios da vontade não dizem respeito aos atos processuais, o art. 2732 c.c prevê que a confissão possa ser revogada pela parte que a fez. A condição sempre indispensável para a revogação é que o fato confessado 'não seja verdadeiro': se o fato é verdadeiro, o eventual vício de vontade do confitente não tem qualquer relevância. A parte que pretende revogar a própria confissão deve portanto demonstrar que o fato confessado não é verdadeiro, e que essa versava na errônea crença de que era verdadeiro. A não verdade do fato confessado não é todavia condição suficiente para a revogação: o art. 2732 requer de fato a prova de que a confissão foi determinada por 'erro de fato' ou por 'violência'. Na realidade, segundo a interpretação corrente, a norma compreende impli-*

[477] COMOGLIO, L.P.; FERRI, C.; TARUFFO, M., op. Cit., p. 451.

citamente também a hipótese de 'dolo', que porém assume relevância somente enquanto o dolo tenha induzido a parte em erro acerca da verdade do fato; se o dolo não incidiu sobre a veracidade da declaração, isso é de tudo irrelevante (e isso explica a razão pela qual a norma não fala do dolo expressamente). Quanto à violência, é evidente que a norma faz referência à violência moral. A violência física é obviamente relevante, mas não aos limitados fins da revogação da confissão: essa atinge de fato a própria vontade de declaração, que então é de considerar-se 'a priori' privada de qualquer efeito".[478]

Conforme bem esclarecem os processualistas italianos, a confissão somente poderá ser revogada em razão do erro, se se tratar de um erro essencial em relação à veracidade dos fatos, pois se o erro não incidir sobre este requisito, poderá ser considerado mero erro acidental, o qual não acarretará a revogação da confissão.

Sobre a revogação da confissão emanada de erro, aduz Cunha Gonçalves, citado por Moacyr A. Santos: *"O erro, na claríssima conceituação de Cunha Gonçalves, consiste 'no juízo incorreto acerca de uma cousa, de um fato, de uma pessoa, derivado da ignorância ou do imperfeito conhecimento da realidade das circunstâncias concretas ou dos princípios jurídicos aplicáveis".*[479]

Segundo prescreve Emilio Betti: *"Qualifica-se de erro na declaração ou erro obstativo, uma falsa representação pela qual a parte atribui à declaração o comportamento próprio de um significado distinto, ao que tem objetivamente. A comprovação deste erro é, portanto, um 'corolário da reta interpretação do negócio jurídico. Trata-se de um erro que priva o autor do ato da consciência do significado objetivo daquele, provocando uma discrepância entre este e a ideia de que dele se fez. A falta de tal consciência impede o autor de apreciar exatamente o valor socialmente concludente de seu comportamento..."*.[480]

O erro pode ser *essencial* ou *acidental.*

Essencial, *"é o que vicia o ato na sua substância. É o erro relevante, cuja importância é tão significativa que o ato não se teria realizado ou produzido, se se houvesse conhecido a realidade. É o chamado erro 'substancial', que se acha conceituado nos arts. 87, 88 e 90 do Código civil (de 1916)".*[481]

Acidental, *"é o que recai sobre qualidades secundárias do objeto ou sobre motivos do ato, quando estes não sejam causas determinantes"*.[482]

[478] Comoglio, L. P.; Ferri, C.; Taruffo, M., idem, p. 456.

[479] Santos, M. A., op. Cit. 125.

[480] Betti, Emilio. *Teoria general del negocio jurídico.* Trad. A. Martin Peres.2ª ed. Madrid: Editorial Revista de Derecho Privado, 1959. p. 312.

[481] Santos, M. A., op. Cit., p. 126.

[482] Santos, M. A., idem, ibidem.

Somente o erro *essencial ou substancial* vicia o ato jurídico de confissão, aliás, conforme prescreve o art. 138 do C.C.b. em relação aos negócios jurídicos, a saber:

"Art. 138: São anuláveis os negócios jurídicos, quando as declarações de vontade emanarem de erro 'substancial' que poderia ser percebido por pessoal de diligência normal, em face das circunstâncias do negócio".

Sobre as hipóteses de *erro substancial*, preceitua o art. 139 do C.C.b.:

"Art. 139. O erro é substancial quando:
I – interessa à natureza do negócio, ao objeto principal da declaração, ou a alguma das qualidades a ele essenciais;
II – concerne à identidade ou à qualidade essencial da pessoa a quem se refira a declaração de vontade, desde que tenha influído nesta de modo relevante;
III – sendo de direito e não implicando recusa à aplicação da lei, for o motivo único ou principal do negócio jurídico".

Para Moacyr Amaral Santos, o erro essencial deverá apresentar os seguintes requisitos: 1º, ser escusável; 2º ser real, isto é, recair sobre o objeto do ato ou fato e não simplesmente sobre o nome ou qualificações; 3º ser pertinente ao fato, ou ato, e não a motivos não essenciais; 4º ser relevante, isto é, de tal importância que, razoavelmente e segundo as regras de experiência, possa admitir-se que o ato não teria sido produzido se o agente tivesse conhecido a realidade.[483]

Na confissão, o erro pode verificar-se da mesma forma do que acontece com os negócios jurídicos em geral. Na realidade, quem admite um fato, devido a erro, não confessa.

Assim, *"verifica-se, na confissão, erro referente à natureza do fato, quando a parte, querendo afirmar a existência de um fato, declara outro de natureza diversa e de consequências diversas. Ex: o confitente tenciona dizer que dívida fora prorrogada, mas responde, por engano, ao prestar depoimento, que remitira a dívida. Ocorre erro relativo ao objeto principal da declaração, quando a parte, tenciona afirmar um fato, afirma outro. Tencionando afirmar que locara o prédio A, declara, por engano, que locara o prédio B...Dar-se-á confissão, com erro sobre as qualidades essenciais do objeto, sempre que estas, supostas existentes e sendo determinante da confissão, sejam pelo confitente verificadas, posteriormente à confissão, como inexistentes. Ex.: a parte confessa que o café recebido é tipo 4, conforme*

[483] Santos, M. A., idem, ibidem.

convencionara, mas depois da confissão apura que se trata de café tipo 7, não querido. Configura-se erro referente a qualidades essências da pessoa, sempre que o confitente se engane sobre tais qualidades ou sobre a própria identidade da pessoa. Ex.: a parte confessa que prometera um prêmio ao seu salvador Primus e depois verifica que a pessoa que a salvara fora Secundus".[484]

Os exemplos acima citados dizem respeito a *erros de fato* na confissão.

No que concerne à confissão, a doutrina entende que o *erro de direito* não a vicia, tornando-a, pois, inescusável.[485]

A confissão emanada de erro de fato ou de coação pode ser tornada sem efeito por meio de *ação anulatória.*

O art. 352, incs. I e II do C.P.C. de 1973, dizia que a confissão emanada de *erro, dolo ou coação* poderia ser revogada por ação anulatória, se pendente o processo em que fora feita (inc. I) ou por ação rescisória, depois de transitada em julgado a sentença da qual constitui o único fundamento.

Agora, pelo teor do art. 393 do atual C.P.C, pouco importa se o processo esteja pendente ou se já transitou em julgado, a única referência para se desconstituir uma sentença fundada em erro essencial é a ação anulatória e não a ação rescisória.

Ocorre que, muito embora o art. 393 não tenha feito referência à ação rescisória, por uma questão de sistematização do atual C.P.C., a ação anulatória somente poderá ser proposta enquanto não transitada em julgado a sentença em que ocorreu a confissão fundada em erro.

Se já houver o trânsito em julgado da decisão, a única forma de desconstituí-la, mesmo que fundada em erro, será por meio da *ação rescisória*, conforme preconiza o art. 966, inc. VIII e §1º do atual C.P.C., a saber:

> *Art. 966. A decisão de mérito, transitada em julgado, pode ser rescindida quando:*
> *(...).*
> *VIII – for fundada em erro de fato verificável do exame dos autos.*
> *§ 1º Há erro de fato quando a decisão rescindenda admitir fato inexistente ou quando considerar inexistente fato efetivamente ocorrido, sendo indispensável, em ambos os casos, que o fato não represente ponto controvertido sobre o qual o juiz deveria ter se pronunciado.*
> *(...).*

[484] Santos, M. A., idem, p. 126 e 127

[485] Betti, E., op. cit. p. 332.

Assim, pode-se afirmar: a) se ainda está em andamento o processo em que fora efetuada a confissão errônea, deverá a parte ingressar com a ação anulatória; b) se já houve o trânsito em julgado, a parte deverá ingressar com a ação rescisória.

Por força da conexão entre a ação anulatória e a ação em que a confissão fora feita, é recomendável a reunião das ações, se ainda for possível. Neste caso, a sentença a ser proferida na ação anulatória poderá funcionar como uma prejudicial da outra ação que ainda não transitou em julgado.

Evidentemente que se magistrado não levou em consideração a confissão realizada por meio de erro ou coação, não será o caso de se acolher a rescisão da sentença.

Prescreve o *parágrafo único do art.* 393 do atual C.P.C. que *a legitimidade para a ação prevista no 'caput' é exclusiva do confitente e pode ser transferida a seus herdeiros se ele falecer após a propositura.*

A ação anulatória ou a ação rescisória de uma decisão baseada em confissão decorrente de erro de fato é personalíssima quanto à promoção da demanda ou à iniciativa da ação.

Contudo, uma vez proposta a demanda, e vindo a falecer durante o processo a parte que a propôs, poderão os herdeiros ingressar no processo, habilitando-se. Neste caso, a demanda perde o seu caráter personalíssimo.

Art. 394

A confissão extrajudicial, quando feita oralmente, só terá eficácia nos casos em que a lei não exija prova literal.

Confissão oral

O código prevê a possibilidade de ser realizada a confissão oralmente, podendo ser provada por meio de testemunha.

Contudo, a confissão oral extrajudicial somente terá eficácia legal nas hipóteses em que a lei não exija prova literal.

O art. 227 e seu parágrafo único do Código Civil brasileiro estabelecia as hipóteses em que a prova poderia ser feita exclusivamente por testemunha, *in verbis*:

> *"Art. 227. Salvo os casos expressos, a prova exclusivamente testemunhal só se admite nos negócios jurídicos cujo valor não ultrapasse o décuplo do maior salário mínimo vigente no País ao tempo em que foram celebrados.*

Parágrafo único. Qualquer que seja o valor do negócio jurídico, a prova testemunhal é admissível como subsidiária ou complementar da prova por escrito".

Porém, o art. 227 do C.c.b. foi expressamente revogado pelo art. 1.072, inc. II, do atual C.P.C.

Por sua vez, estabelece o atual C.P.C.:

Art. 444. Nos casos em que a lei exigir prova escrita da obrigação, é admissível a prova testemunhal quando houver começo de prova por escrito, emanado da parte contra a qual se pretende produzir a prova.

Art. 445. Também se admite a prova testemunhal quando o credor não pode ou não podia, moral ou materialmente, obter a prova escrita da obrigação, em casos como o de parentesco, de depósito necessário ou de hospedagem em hotel ou em razão das práticas comerciais do local onde contraída a obrigação.

Art. 446. É lícito à parte provar com testemunhas:

I – nos contratos simulados, a divergência entre a vontade real e a vontade declarada;

II – nos contratos em geral, os vícios de consentimento.

Um exemplo em que a lei exige prova literal, ou, no caso, início de prova material por escrito, encontra-se no art. 55, §3º, da Lei 8.213/91:

§ 3º A comprovação do tempo de serviço para os efeitos desta Lei, inclusive mediante justificação administrativa ou judicial, conforme o disposto no art. 108, só produzirá efeito quando baseada em início de prova material, não sendo admitida prova exclusivamente testemunhal, salvo na ocorrência de motivo de força maior ou caso fortuito, conforme disposto no Regulamento.

Art. 395

A confissão é, em regra, indivisível, não podendo a parte que a quiser invocar como prova aceitá-la no tópico que a beneficiar e rejeitá-la no que lhe for desfavorável, porém cindir-se-á quando o confitente a ela aduzir fatos novos, capazes de constituir fundamento de defesa de direito material ou de reconvenção.

A indivisibilidade da confissão

Este dispositivo apresenta dois aspectos importantes da confissão: a) primeiro, a confissão, em regra, é indivisível, não podendo a parte que a quiser invocar como prova aceitá-la naquilo que lhe favorece e refutá-la naquilo que lhe prejudica; b) segundo, é possível cindir a confissão quando o confitente lhe aduzir fatos novos, capazes de constituir fundamento de defesa de direito.

Conforme ensina Carvalho Santos: "*Sobre a indivisibilidade da confissão não é pacífica a doutrina, nem tampouco a jurisprudência. Apesar disso, podemos admitir como exatos os seguintes princípios: a) É indivisível a confissão que contém em si o reconhecimento do fato principal, desde que tenha modificação que altera a sua natureza (LAURENT, obr. Cit.; AUBRY et RAU, cit).b) Na confissão complexa, que é a que abrange dois fatos, o principal e um fato novo, ela não é indivisível, se o fato novo não é conexo ao fato principal, por seu objeto ou sua natureza, e não lhe pressupõe a existência (LAURENT, obr. E loc. Cits.; BAUDRY, cit); c) também não é indivisível a confissão se é falso o fato acessório, ou se este está em contradição com o reconhecimento do fato principal (LAURENT, cit., n. 206, DEMOLOMBE, cit., p. 528)*".[486]

Sobre a denominada *confissão complexa*, ensinam Comoglio, Ferri e Taruffo: "*O art. 2.734 c.c. italiano regula especificamente uma situação que se verifica não raramente na prática. Acontece frequentemente, de fato, que a parte que efetua uma confissão não se limita a admitir a verdade dos fatos que lhe são desfavoráveis, mas integra a própria declaração com ulteriores declarações, e em particular com declarações relativas a fatos ou a circunstâncias que lhe são favoráveis. Se denomina este tipo de confissão de 'confissão complexa', que compreende tanto os fatos desfavoráveis como os fatos favoráveis à parte que a presta (diversa hipótese é aquela da denominada 'confissão qualificada', na qual a parte qualifica juridicamente os fatos que declara: já se verificou, porém, que tal qualificação não tem qualquer valor para o juiz, que decidirá livremente com base no princípio 'jura novit curia').*

No caso de 'confissão complexa', a regra tradicional era aquela da 'incindibilidade' das declarações confessadas, segundo a qual essa deveria ser levada em consideração no seu conjunto, ou totalmente negligenciada. O art. 2.734 introduz um mecanismo mais complexo que atenua o rigor do princípio da incindibilidade, sem abandoná-lo, e amplia a área da possível valoração discricionária do juiz. A norma faz depender a eficácia probatória da confissão complexa ao comportamento da outra parte. Se esta não contesta a verdade dos fatos e das circunstâncias agregadas à confissão, e que são 'tendentes a infirmar a eficácia do fato confessado ou a modificar-lhe ou a extinguir-lhe os efeitos', agora a inteira confissão complexa, e 'também as declarações acrescentadas', fazem plena prova na sua integralidade. Se, pelo contrário, a contraparte contesta a veracidade das declarações acrescentadas, agora a inteira confissão complexa, e portanto 'também as declarações confessadas em sentido próprio', tornam-se livremente apreciáveis pelo juiz 'segundo as circunstâncias'. Em ambas

[486] CARVALHO SANTOS, J. M., 7ª Ed., Vol. III. Rio de Janeiro: Livraria Freitas Bastos S/A., 1958. p. 173 e 174.

as hipóteses vale portanto o princípio da incindibilidade das declarações confessadas: na primeira isso opera no sentido de estender também às declarações acrescentadas a eficácia da prova legal; na segunda, isso opera no sentido de tornar livremente avaliadas pelo juiz, inclusive as declarações sobre os fatos desfavoráveis à parte que realiza a confissão".[487]

O art. 395 do atual C.P.C. adota o chamado princípio da *indivisibilidade da confissão*. Isso significa dizer que a confissão não pode ser dividida em prejuízo de quem a fez, ou seja, a confissão não pode ser aceita em parte e rejeitada em parte.

Na realidade, a confissão não pode ser aceita na parte que beneficia o adversário e repelida na parte que o prejudicar.

Conforme ensina Francesco Carnelutti: *"A indivisibilidade da confissão deve ser entendida portanto como 'proibição de atribuir eficácia legal de prova à parte desfavorável sem admissão do fato favorável ao declarante', mas não, pelo contrário, como proibição da livre avaliação da declaração complexa".*[488]

Contudo, a nossa legislação, ao contrário da lei italiana, dá tratamento diverso à denominada *confissão complexa* em que há fatos que possam constituir fundamento de defesa de direito.

Sobre a noção de *fatos novos*, ensina Moacyr Amaral Santos: *"A expressão 'fatos novos', conjugada à palavra suscetíveis, esclarece o pensamento do legislador. Fatos novos significam fatos ainda não pertencentes à causa; a palavra 'suscetíveis' quer dizer 'capazes de'. De tal modo, desde que os aditamentos ao fato confessados constituam 'fatos ainda não pertencentes à causa, capazes de' constituir fundamento de defesa de direito material ou de 'reconvenção', as declarações do confitente são cindíveis, para valer contra o confitente na parte que lhe é desfavorável. Mas se os aditamentos ao fato confessado consistem em fatos já pertencentes à causa e sejam fundamento expresso de defesa ou 'reconvenção', as declarações do confitente são incindíveis, para serem apreciadas no conjunto das provas. Dois exemplos esclarecerão o assunto: Na contestação, alega o réu que nada deve ao autor. Em depoimento pessoal, confessa que deste tomou por empréstimo a quantia reclamada, mas que já pagou. Há confissão do fato constitutivo da ação e aditamento de um fato novo, o 'pagamento', que não fora até então alegado. Neste caso, a confissão é cindível, para valer como prova contra o confitente, desprezada a circunstância do fato novo aditado. Na contestação, alega o réu haver tomado por empréstimo a quantia reclamada, mas acrescenta que já a pagou. No mesmo sentido se manifesta no depoimento pessoal. A alegação de pagamento, já pertencente à causa, está sujeita à prova por quem a alegou. Se essa prova foi ou será ainda feita, é questão a ser afinal apreciada, mas, independentemente dela, não será dividida a*

[487] Comoglio, L. P.; Ferri, C.; Taruffo, M., op. Cit., p. 455 e 456.

[488] Carnelutti, Francesco. *Sistema de direito processual civil.* Vol. II. São Paulo: Classic Book, 2000. p. 598.

declaração no depoimento para, por si só, haver como confessado o fato constitutivo da ação do autor".[489]

SEÇÃO VI – Da Exibição de Documento ou Coisa

Art. 396

O juiz pode ordenar que a parte exiba documento ou coisa que se encontre em seu poder.

Exibição de documento

Esta seção trata da exibição de documento ou coisa móvel que esteja na posse da parte ou de terceiro.

Conforme já teve oportunidade de lecionar Pontes de Miranda, em sua clássica e inesquecível obra Tratado das Ações, *"a pretensão a que se exiba, ou se funda em direito à coisa ou documento, ou existe por si mesma, como pretensão específica do direito à exibição. O interesse em que se exiba aparece em todos os casos como suficiente à exigência. A definição de 'exhibere', que vem de Ulpiano, na L. 3, §8, D., 'de homine libero exhibendo', 43, 29, aludia ao se produzir em público, 'in publicum producere,' ao desvendar, 'extra secretum habere'; e a outra, a de 'edere (L.1, D., 'de edendo, 2, 13), referia-se ao se apresentar o documento para ser copiado. Não se desce, hoje, à diferença entre o 'exhibere' e o 'edere'; mas continua de existir na extensão do aproveitamento. O interesse, em que se baseia a exibição, não é mais, além disso, só pecuniário. O interesse moral pode bastar".*[490]

No direito brasileiro, de modo nenhum se pode por em dúvida ser suficiente para a demanda exibitória apenas haver um interesse meramente *moral*. Assim, *"se alguém disse ou propalou que outrem lhe escreveu carta em que há ofensa ao próprio endereçado ou a terceiro, tem a pessoa a que se atribui afirmação lesiva interesse moral em que se exiba a carta. Se C diz que A, casada com B, lhe enviou carta amorosa, tanto A como B têm a ação de exibição. Ou mesmo algum descendente".*[491]

A pretensão de exibição poder ter por finalidade: *"a) a apresentação da coisa corpórea necessária para o exercício dos direitos relativos à própria coisa, como quando alguém pede a exibição de várias coisas, em poder de outrem, a fim de conhecer suas quali-*

[489] Santos, M. A., op. Cit. p. 136.

[490] Pontes de Miranda. *Tratado das ações.* Tomo VI – ações mandamentais. São Paulo: Editora Revista dos Tribunais, 1976a. p. 505.

[491]

dades e habilitar-se para o exercício do direito de escolha que porventura tenha; b) a apresentação da coisa corpórea, ou documento, com finalidade 'probatória'".[492]

O C.P.C. de 1973 tratava da exibição de coisa ou documento em dois livros distintos. No primeiro livro, arts. 355 a 363, como incidente da instrução processual. E no terceiro livro, arts. 844 e 845, como medida cautelar

O novo C.P.C. trata da exibição de documentos ou coisa, como finalidade *probatória*, apenas na Seção VI, como pedido incidental da instrução processual.

Evidentemente que isso não significa dizer que não se possa mais requerer a exibição de coisa ou documento como medida cautelar antecedente urgente ou mesmo como medida urgente satisfativa, desde que preenchidos os requisitos para a concessão dessa tutela de urgência.

Assim, a parte poderá requer a medida cautelar de exibição de documento como medida urgente ou como uma *ação exibitória autônoma* (inclusive podendo ela ser urgente satisfativa), com a finalidade de conhecer a coisa corpórea ou o documento, sem qualquer outra pretensão de conteúdo probatório. Daí porque a pretensão à *exibição de coisa móvel* com a finalidade de se verificar e conhecer o bem, não produz prova, nem entrega da coisa: é apenas asseguração da pretensão a conhecer os dados de uma ação antes de propô-la.

Aliás, *"às vezes, a exibição está intimamente ligada à pretensão de direito material, a que serve, e a cumulação, por isso mesmo, se impõe. Assim, acontece com a pretensão do legatário a que se mostrem as coisas deixadas pelo testador, para que escolha a que mais lhe agrada, inseparável da ação de legado. Outras vezes, é a ação preparatória, tal como observava Pascoal José de Melo Freire (Institutiones, IV, 64: 'Ad exhibendum agimus non solum in rei vindicatione, cuius haec actio praeparatoria est, sed quoties petitoris, peculiariter interest rem exhiberi'). Exemplo: perdi o meu anel, soube que o antiquário comprou anel que parece ser o meu; peço a exibição para poder saber se isso é certo, e reivindicá-lo. A exibição também pode ser fundada em pretensão à segurança de prova".*[493]

Como se sabe, a parte que pretende servir-se para os fins probatórios de documentos ou coisa que estão na sua posse, poderá produzi-los, juntando-os, em regra, com a inicial ou com a contestação ou em reconvenção.

Contudo, se a parte tem necessidade de servir-se de um documento ou de uma coisa móvel para provar os fatos que porventura haja alegado, mas que não dispõe deles, entram em jogo ulteriores mecanismos processuais diretos no sen-

[492] SANTOS, Moacyr Amaral. *Comentários ao código de processo civil.* IV Vol. Art. 332 a 475. Rio de Janeiro: Editora Forense, 1976. p. 139.
PONTES DE MIRANDA, *Comentários ao código de processo civil.* Tomo XII (arts. 796 a 889). Rio de Janeiro: Forense, 1976b. p. 244.
[493] PONTES DE MIRANDA, op cit., 1976a. p. 505 a 506.

tido de forçar aquele que se encontra com o documento ou coisa a exibi-lo em juízo.

Conforme ensinam Comoglio, Ferri e Taruffo, *"no passado, e essencialmente por causa da falta de específicas normas sobre tal matéria, entendia-se que uma 'actio ad exhibendum' poderia ser concedida somente para aquele que pudesse demonstrar um direito substancial sobre o documento. Esta concepção do direito à exibição parece todavia superada, e a ordem de exibição configura-se como um instrumento ao qual se recorre para satisfazer um interesse meramente processual, conexo à exigência de fornecer a prova dos fatos relevantes para a decisão"*.[494]

Para Pontes de Miranda, *"a 'actio ad exhibendum' era pressuposto indispensável, em muitos casos, da 'rei vindicatio'. Se o bem não estava 'in iure', era exercida a ação (pessoal) de exibição. O demandado que não queria discutir a propriedade estava exposto à exibitória. Dava-se o mesmo a propósito de outros direitos reais (usufruto, penhor), antes de o possuidor, despojado da posse, exercer o 'interdictum utrubi', ou em se tratando de legatário ou de terceiro a que coubesse a faculdade de eleição para determinar o objeto legado, ou de quem tivesse de reparar o objeto (ad eligendum, ad separandum); cfl. G. Demelius, 'Die Exhibitionspflicht in ihrer Bedeutung für das classische und heutige Recht, 96). No direito romano, a 'actio ad exhibendum' era para se obrigar o demandado a apresentar o bem ao pretor, se não queria ser parte no processo. Também a tinha quem por via judicial queria exercer o seu direito de usufruto ou de penhor, se despojado da posse, ou o legatário ou quem devia escolher o objeto legado. O demandado podia ser possuidor, ou tenedor. Tinha de ser condenado a prestar o que se fixasse, ou a exibir; mas o direito justinianeu afastou o princípio da condenação pecuniária. Seja como for, no passado e hoje, a exibição é exigível porque há interesse de outrem, legítimo, para que se exiba. A falta de exibição é omissão ilícita, de modo que o ato ilícito, em si, ainda não foi cometido, mas já se prevê, e se evita, se condenado o demandado.*

Já no direito romano havia regras jurídicas sobre a 'exibição de documentos'. O documento que se achava em poder de outrem, possuidor ou tenedor, podia ser objeto de pretensão exibitória de quem nele inseriu manifestação de vontade, ou outra manifestação, ou para quem outrem a fez, uma vez que haja influído em sua esfera patrimonial (L.3, §14, e L.9, D., 'ad exhibendum', 10,4). A exibição de móveis era a mais frequente. Porém nada se opunha à exibitória de bens imóveis (L. 8, D, 'ad exhibendum, 10,4: '...nam si fundum vel hominem petiero et heres ex eadem causa possidere coeperit, restituere cogitur'). Sem razão, G. Demelius (Die Exhibionspflicht in ihrer Bedeutung für das classische und heutige Recht, 62 s.).

[494] Comoglio, Luigi Paolo; Ferri, Corrado; Taruffo, Michele. *Lezioni sul processo civile.* I. Il processo ordinario di cognizione. Bologna: Il Mulino, 2006. p. 485.

A 'exibição de bem móvel' ou 'imóvel' distingue-se da 'exibição de documentos'. Para aquela, é preciso que a pessoa tenha pretensão de direito real ou pessoal sobre o bem, ou que precise da exibição para saber se tem tal pretensão (e.g., A é dono do relógio e pede a exibição do relógio, que está com B, para saber se é o seu, ou tem penhor do relógio e quer saber se o relógio que está com B é o que C lhe empenhou). A pretensão pode ser condicional ou a termo. O direito pode ser formativo gerador, modificativo ou extintivo. Quem tem direito à retrovenda é legitimado. O editor ou quem tem direito à edição, inclusive pré-contratual, pode exigir a exibição, com ou sem o exercício da pretensão à entrega do original (cf. Erich Jung, Anspruch auf Einsirings Jaharbücher, 70. 210 s.). Aliás, advirta-se que no sistema jurídico brasileiro, há 'ação possessória' no tocante à propriedade intelectual e à industrial".[495]

É importante salientar que J. H. Lipsius e J. Partsch entendiam que a *actio ad exhibendum* advinha do direito ático. Argumentou-se, também, que a ação Ática tinha uma extensão diversa da ação romana, ou seja, a primeira poderia ser dirigida contra o possuidor de documento ou contra o mero detentor. É importante salientar, contudo, que originariamente a ação exibitória apresentava uma natureza condenatória, condenando-se a parte, não à exibição, mas ao valor do documento ou da coisa, se não a exibisse. O direito justinianeu deu nova natureza a esta ação, tornando-a mandamental (ou executiva *lato sensu*). Assim, se o demandado não atendia a exibição, o magistrado a executava. A finalidade, portanto, seria a produção da prova e não o adimplemento do dever de exibição.[496]

Segundo estabelece o *art. 396* do novo C.P.C., *o juiz pode ordenar que a parte exiba documento ou coisa que se encontre em seu poder.*

Este dispositivo trata da exibição de documento ou coisa pela parte que compõe a relação jurídica processual e não por terceiro.

Este dispositivo diz respeito à exibição de documento ou coisa móvel ou imóvel.

O juiz pode ordenar que a parte exiba o documento próprio ou comum, em poder de cointeressado, sócio, condômino, credor ou devedor ou em poder de terceiro que o tenha em sua guarda como inventariante, testamenteiro, depositário ou administrador de bens alheios.

Inicialmente deve-se definir o que se entende por *documento*. Segundo Comoglio, Ferri e Taruffo, *"À categoria de provas documentais se reconduzem em gênero todas as 'coisas' que parecem idôneas a 'documentar' um fato, ou seja, a narrá-lo, a representá-lo ou a reproduzi-lo. Trata-se de uma definição muito geral, e talvez genérica, justificada porém pelo fato de que na nossa doutrina prevalece uma noção extremamente lata disso*

[495] Pontes de Miranda, op. Cit., 1976b. p. 230 a 231.
[496] Pontes de Miranda, idem, p. 232.

que pode constituir um documento para os fins da prova. Em outros ordenamentos, de fato, documento é somente o 'documento escrito', idôneo somente para narrar ou reproduzir declarações. No nosso ordenamento tende-se, pelo contrário, a acolher uma noção muito mais estendida de documento ou de prova documental: obviamente que neste conceito estão abrangidos os documentos escritos de todo tipo e natureza, que por sua vez representam o arquétipo da prova documental e também a sua mais frequente manifestação; abrangem porém também documentos não escritos, como as gravações, as fotografias, os videoteipes, as películas cinematográficas, que reproduzem sons, imagens, estados de fato, ações e comportamentos; abrangem, enfim, documentos criados através das tecnologias de informação e da comunicação, como os dados inseridos na memória dos computadores ou transmitidos ao longo de uma rede telemática, e em geral os denominados documentos informáticos".[497]

A justificativa para a exibição de documento ou coisa encontra-se no fato de que o requerente considera que a coisa lhe pertence, seja em decorrência de direito de propriedade ou de posse proveniente de legítima relação jurídica.

Mas o pedido de exibição também poderá ter por fundamento eventual interesse em apenas conhecer o documento ou a coisa móvel, a fim de analisar posteriormente possíveis consequências jurídicas. É o caso, por exemplo, de um sócio que deseja verificar um determinado bem que foi adquirido pela sociedade e que esteja em poder de outrem por autorização do administrador da empresa.

Embora o documento ou a coisa esteja em poder de outrem, o pedido formulado ao juiz é dirigido à parte contrária e não ao terceiro que detém o bem. Evidentemente que esse dispositivo somente poderá ser aplicado se o terceiro estiver na detenção do bem em razão de permissão ou autorização da parte contrária.

Se pelo contrário, o terceiro encontra-se na posse da coisa em face de relação jurídica própria e não de simples permissão à detenção proveniente de outrem, o pedido de exibição da coisa deverá ser formulado diretamente contra o terceiro e não contra a parte contrária, nos termos do art. 401 do atual C.P.C.

Em se tratando de processo eletrônico, estabelece o art. 13 da Lei 11.419/06:

> *"Art. 13. O magistrado poderá determinar que sejam realizados por meio eletrônico a exibição e o envio de dados e de documentos necessários à instrução do processo.*
>
> *§1º Consideram-se cadastros públicos, para efeitos deste artigo, dentre outros existentes ou que venham a ser criados, ainda que mantidos por concessionárias de serviço público ou empresas privadas, os que contenham informações indispensáveis ao exercício da função judicante.*

[497] Comoglio, L.P.; Ferri, C.; Taruffo, M., op. Cit., p. 467.

§2º O acesso de que trata este artigo dar-se-á por qualquer meio tecnológico disponível, preferentemente o de menor custo, considerada sua eficiência".

Conforme os princípios que regem a prova, no sentido de que cada uma das partes cabe fornecer a prova dos fatos que alega, não seria possível exigir da parte contrária que fornecesse prova de fato alegado pela outra parte, pois ninguém é obrigado a fazer prova contra si próprio.

Contudo, muitas vezes, seja em relação a documentos ou a coisa, a parte justifica que a sua exibição goza de um direito de propriedade ou outro direito de natureza privada sobre a coisa ou documento, razão pela qual, fundado nesse direito subjetivo, a exibição pode ser exigida.

Outrossim, ainda que o documento não pertença à parte que requer sua exibição, pode ocorrer que ela tenha interesse juridicamente tutelado ao gozo ou conhecimento do mesmo. Em tais circunstâncias, é a própria lei que lhe assegura o direito ao gozo do documento. Nestas hipóteses, o direito à exibição decorre de uma questão de direito substancial.[498]

Por outro lado, mesmo que a parte que pretenda a exibição não tenha nenhum direito substancial sobre o documento ou a coisa que se encontra em poder da outrem, pode ocorrer que aquela tenha interesse no conhecimento de qualquer um deles pela relação com o fato controvertido inserido no processo judicial. Aqui o interesse de quem solicita a exibição se confunde com o interesse da Justiça, no sentido de se apurar a verdade ou a verossimilhança dos fatos, razão pela qual impõe-se ao litigante, com quem se encontra o documento ou a coisa, o dever processual de exibi-lo.[499]

Na exibitória, o sujeito ativo é aquele que tenha interesse na exibição da coisa ou documento. Trata-se de um interesse específico em fazer a prova de um fato ou mesmo de conhecer determinada coisa em poder de outrem. Conforme aduz Pontes de Miranda, *"a pretensão à exibição também existe em direito material, e não só em direito processual. Uma vez que alguém tenha interesse legítimo em ver, ou ver e examinar, documento que se acha em poder de outra pessoa, pode exigir a exibição se há relação jurídica entre o interessado e a outra pessoa, ou relação jurídica entre o interessado e terceiro, ou em que alguém haja exercido, com a outorga do interessado, poder de intermediário ou de mediador".*[500]

[498] Santos, M. A., op. Cit., p. 137.

[499] Santos, M., A., idem, ibidem.

[500] Pontes de Miranda, op. Cit., 1976b, p. 232.

São, portanto, partes legítimas na exibitória tanto o autor como o réu de um determinado processo, desde que demonstrem efetivo interesse probatório na exibição do documento ou da coisa.

É possível, também, que o juiz, com base no seu *poder instrutório*, determine de ofício a exibição do documento, conforme autorização contida no art. 421 do atual C.P.C., *in verbis*: "*O juiz pode, de ofício, ordenar à parte a exibição parcial dos livros e dos documentos, extraindo-se deles a suma que interessar ao litígio, bem como reproduções autenticadas*".

Sobre a legitimidade na exibição de documento, assim tem se manifestado o S.T.J.:

> *1. A jurisprudência desta Corte é pacífica no sentido de que o correntista possui interesse de agir quanto ao pedido de exibição de documentos feito na ação em que se objetiva discutir a relação jurídica deles originada, independentemente de ter havido prévia remessa de extratos pela instituição financeira ou solicitação no âmbito administrativo, haja vista se tratar de documentos comuns às partes. Precedentes.*
>
> *2. É pacífica a compreensão jurisprudencial desta Corte no sentido de que, "em ação de exibição de documentos, não pode a instituição financeira condicionar a apresentação de extratos ao pagamento de tarifas" (AgRg no Ag 1.082.268/PR, Quarta Turma, Rel. Min. Maria Isabel Gallotti, DJe de 22.2.2011).*
>
> *3. As instituições financeiras devem manter os documentos comuns às partes enquanto não prescrita eventual ação sobre eles. Incidência da Súmula 83/STJ.*
>
> *4. Agravo regimental a que se nega provimento.*
>
> (AgRg no AREsp 447.681/SP, Rel. Ministro RAUL ARAÚJO, QUARTA TURMA, julgado em 18/02/2014, DJe 17/03/2014)

> *1. O segurado tem legitimidade para promover ação contra a seguradora a fim de obter o cumprimento do contrato de seguro.*
>
> *Precedentes.*
>
> (...).
>
> (AgRg no REsp 1412314/SP, Rel. Ministro SIDNEI BENETI, TERCEIRA TURMA, julgado em 26/11/2013, DJe 09/12/2013).

> *I – O titular da conta possui interesse processual para propor ação de exibição de documentos, objetivando questionar, em ação principal, as relações jurídicas decorrentes de tais documentos, independentemente de prova de prévio pedido de esclarecimento ao banco e do fornecimento de extratos de movimentação financeira.*
>
> *Precedentes.*

II – Conforme pacífica jurisprudência desta Corte Superior, em casos como tais, a obrigação da instituição financeira de exibir a documentação requerida decorre de lei, de integração contratual compulsória, não podendo ser objeto de recusa nem de condicionantes, em face do princípio da boa-fé objetiva.

(...).

(AgRg no Ag 1369220/SP, Rel. Ministro RICARDO VILLAS BÔAS CUEVA, TERCEIRA TURMA, julgado em 07/02/2012, DJe 09/03/2012).

(...).

3. No caso em julgamento, o Ministério Público estadual propôs ação cautelar para exibição de documentos bancários (listagem de correntistas da agência bancária e cópias dos contratos celebrados entre as partes), de modo a constatar a ocorrência de alegada prática abusiva quanto à imposição para aquisição de produtos bancários ("venda casada"), com vistas a eventual ajuizamento de ação civil pública.

4. O contingente de inúmeros correntistas, clientes da ré, possivelmente compelidos a adquirir produtos agregados quando buscam abertura de contas-correntes, pedidos de empréstimos ou outros serviços bancários, denota a origem comum dos direitos individuais e a relevância social da demanda, exsurgindo a legitimidade ativa do Parquet também para a ação cautelar.

5. Recurso especial não provido.

(REsp 986.272/RS, Rel. Ministro LUIS FELIPE SALOMÃO, QUARTA TURMA, julgado em 20/09/2011, DJe 01/02/2012)

Art. 397

O pedido formulado pela parte conterá:

I – a individuação, tão completa quanto possível, do documento ou da coisa;

II – a finalidade da prova, indicando os fatos que se relacionam com o documento ou com a coisa;

III – as circunstâncias em que se funda o requerente para afirmar que o documento ou a coisa existe e se acha em poder da parte contrária.

Requisitos do pedido

Este dispositivo indica além da necessidade dos requisitos gerais da petição inicial também outros requisitos de fundamentação para a exibição do documento ou coisa.

Em primeiro lugar é importante salientar que as exigências dos requisitos previstos no art. 397 do novo C.P.C. são comuns a qualquer tipo de exibição que tenha natureza probatória, seja esta dirigida contra a parte ou contra terceiro.

É necessário ressaltar que há necessidade de um requerimento direto da parte/interessado para o fim de que o juiz determine a exibição do documento ou da coisa.

Por isso, na petição de exibição deve a parte proceder à individuação, tão completa quanto possível, do documento ou coisa, indicando sua natureza, característica, forma, conteúdo etc. Por isso a parte deve indicar os caracteres externos e internos do documento ou da coisa objeto da exibição.

A individuação do documento pelo seu conteúdo, conforme anota Amaral Santos, *"tem em mira determinar o documento como também mostrar que os atos ou fatos, isto é, as declarações de vontade ou ciência contidas no documento são idôneas ou úteis para a demonstração do ato ou fato cuja prova se pretende produzir através da exibitória".*[501]

No mesmo sentido anotam Comoglio, Ferri e Taruffo, "*o documento deve ser indispensável para a prova de um fato relevante, e demanda que o juiz o julgue como necessária sua aquisição. Segundo a interpretação prevalente, isso significa que deve tratar-se de um documento sem o qual a prova do fato seria impossível, ou seja, que este documento seria o único meio de prova disponível para aquele fato. O requisito da indispensabilidade é muito mais rigoroso do que a simples relevância do meio de prova".*[502]

Por isso, o requente deverá expor os fatos que por meio do documento ou da coisa pretende provar, tendo em vista que é através dessa mensuração que o juiz poderá avaliar a pertinência ou não do pedido de exibição.

Somente a exibição útil para a prova do fato é que poderá ser deferida, caso contrário o juiz deverá liminarmente indeferir a pretensão de exibição.

O requerente tem de alegar e provar a sua pretensão à exibição, inclusive dizendo onde se acha, ou é provável que se ache a coisa ou o documento, porque, assim, *"o mandado se refere ao lugar da citação e ao lugar em que está a coisa, ou o documento, o que pode não coincidir. Nem sempre o 'poder' que tem o demandado é de posse ou de tença onde ele tem de ser citado. 'Achar-se em seu poder' não é sempre 'achar-se onde é domiciliado ou residente o que tem a posse ou a tença".*[503]

Deverá o requerente indicar a individuação tão completa quanto possível do documento, a fim de que não haja dúvida quanto ao objeto a ser exibido.

Preconiza também o dispositivo que o pedido formulado pela parte (interessada) conterá a *finalidade da prova*, devendo ser indicados os fatos que se relacio-

[501] Santos, M. A., op. Cit. p. 143.

[502] Comoglio, L.p.; Ferri, C.; Taruffo, M., op. Cit., p. 485

[503] Pontes De Miranda, op. Cit., 1976b. p. 243.

nam com o documento ou a coisa. Se não houver essa convergência de relação, o juiz não deferirá o pedido de exibição de documento ou coisa.

O interesse na exibição do documento pode decorrer de interesse patrimonial ou não, de direito privado ou público, ou mesmo moral. Conforme alerta Pontes de Miranda, *"a exibição pode ser de coisa ou de documento. Uma das espécies de exibição de documentos é a 'exibição de títulos'. Qualquer das espécies de exibição pode ser simplesmente cautelar. Quando os interessados recorrem a um papel escrito, ou em que se expressa pensamento, por meio de sinais, para provar fatos, diz-se que o fazem por 'documento'. Mas é preciso que o pensamento expresso prove a afirmação de algum dos interessados que o produziram e que não seja prova só circunstancial ou indiciária, salvo ao lado de outra prova ou de outras provas. O instrumento de contrato, com que se pretende provar o ato de falsificação de alguém, é prova, porém não prova documental, no sentido do Código de Processo Civil. Tem que estar em causa o conteúdo intelectual do documento, para que seja documento no sentido dos artigos 353-363 do Código. Fora daí, é coisa. As coisas é que se apreciam só em suas situações materiais"*.[504]

Por sua vez, a pretensão exibitória deverá ser dirigida contra a pessoa que está obrigada ou deva exibir o documento, podendo ser a própria parte contrária ou um terceiro estranho ao processo.

O art. 397 do atual C.P.C. trata da determinação do juiz dirigida à própria parte que compõe a relação jurídica processual, e não a terceiros que porventura estejam na posse da coisa ou do documento.

Assim, deverá o requerente indicar as circunstâncias que conferem indícios de que a parte contrária encontra-se na posse do documento ou coisa.

É importante salientar que no que concerne à exibição de urgência cautelar ou autônoma, é legitimado ativamente para requerer a exibição de documento ou coisa, que se ache em poder da parte adversa, qualquer interessado na demanda judicial. Portanto, não só autor, mas também o réu na ação. Além do pressuposto de interesse na demanda, existe também o *interesse na exibição*, que deve ser apreciada *a posteriori*. Esse interesse está ligado ao que se tem na causa, mas também pode surgir no decorrer do processo, por ter o processo tomado uma direção especial que antes não tinha. De modo *"que nenhum desses interesses se circunscreve, hoje, ao interesse pecuniário, ou mesmo, em geral, econômico. Seja como for, tratando-se de exibição para a prova, o interesse na exibição deve subsumir-se ou conectar-se com o interesse do requerente na causa. Porque A é interessado na causa não se segue que sempre tenha interesse na exibição de documentos (ou de coisas) que nada provaria pró ou contra as suas afirmações, nem diminuirá a eficácia objetiva ou a atendibilidade de suas*

[504] Pontes De Miranda, idem, p. 240 e 241.

provas. Nem o interesse que adviria a A da exibição incidente do documento ou da coisa (e.g., saber se, noutro pleito, convém pedir a exibição) sem que, na demanda de que se trata, a exibição lhe sirva, basta para que o juiz ordene a exibição".[505]

Para ser exigida a exibição do documento é necessário que ele seja um documento *próprio* ou *comum.*

O art. 218, parágrafo único, do Código de Processo Civil brasileiro de 1939 definia legislativamente o que se deveria entender por *documento comum*: *"O documento considerar-se-á comum às pessoas cujas relações jurídicas forem nele determinadas circunstâncias comum e àquelas em cujo interesse houver sido elaborado".*

Interpretando o aludido dispositivo, ensinava J. M. de Carvalho Santos: *"O código, em seguida, como se vê, explica o que se deve entender por documento comum ao requerente e ao detentor. E destaca duas hipóteses: a) quando determina as relações jurídicas estabelecidas entre eles; b) quando foi elaborado no interesse de ambos. O Código, neste particular, acompanhou as últimas conquistas da doutrina, que está firmada justamente no sentido de manifestar uma ampla tendência de enxergar a comunhão nos documentos, que se refiram objetivamente às relações jurídicas entre as partes, ou sejam criadas nos seus recíprocos interesses (Cfr. Ramela, citado por Peronaci, in Encyclopeida Giuridica Italiana, v. Documenti, 10)".*[506]

Conforme anota Pontes de Miranda, *"se algum documento, próprio ou comum, está em poder de alguém, com quem há alguma relação jurídica, ou apenas situação jurídica, como sucede com o condômino, o credor ou o devedor, ou sócio, ou se está sob a guarda de terceiro, como acontece com o inventariante, o testamenteiro, o depositário ou administrador de bens alheios"*, cabe a demanda de exibição de documento como critério de produção probatória.[507]

Entende-se, portanto, por documento *comum*, aquele documento que configura ou decorre de uma relação jurídica entre o requerente da exibição e a pessoa que detém o documento.

Indica-se como documento *comum, uma certidão de casamento, um contrato, um testamento, uma carta etc.*

Conforme leciona Pontes de Miranda, *"a procuração pode ser de interesse para quem a outorga, como para o outorgado, ou os outorgados, ou para a pessoa que haja de figurar no negócio jurídico, ou ato jurídico 'stricto sensu', ou mesmo que tenha de figurar ativa ou passivamente em ato-fato jurídico (e.g., pagamento)".*[508]

[505] PONTES DE MIRANDA, idem, p. 245.

[506] CARVALHO SANTOS. J. M. *Código de processo civil interpretado.* (art. 180 a 262). Vol. III, 3ª ed., São Paulo: Libraría Editora Freitas Bastos, 1946. p. 203.

[507] PONTES DE MIRANDA, op. Cit. 1976b, p. 248.

[508] PONTES DE MIRANDA, idem, p. 245.

Por documento *próprio*, entende-se aquele documento que é de propriedade da parte que requer a sua exibição, não havendo qualquer vínculo de relação jurídica com a pessoa que o detém. Assim, podemos considerar como documento próprio: *carteira de identidade, CPF, carteira de motorista, certidão de nascimento, passaporte etc.*

O pedido de exibição de documento próprio ou comum poderá ser dirigido em relação àquele que está em poder do documento, no caso o cointeressado (esse cointeressado deve ser caracterizado como a parte processual, podendo ser passiva ou ativa), sócio, condômino, credor ou devedor ou em poder de terceiro que o tenha em sua guarda como inventariante, testamenteiro, depositário ou administrador de bens alheios.

Evidentemente que essas hipóteses são *meramente exemplificativas*, podendo existir outras além do inventariante, testamenteiro, depositário ou administrador de bens alheios, como, por exemplo, o usufrutuário, o credor pignoratício, o locatário, o arrendatário etc. (STJ, 1ª Turma, Resp 829.716/SC, rel. Min. José Delgado, j. 23.05.2006).

O juiz poderá determinar também a exibição *da escrituração comercial por inteiro, balanços e documentos de arquivo nos casos expressos em lei.*

Essa medida normalmente decorre de relações contratuais ou relações sociais envolvendo empresas e sociedades.

Nas relações entre os sócios, a sociedade em comum somente será comprovada por escrito. Mas os terceiros estranhos poderão comprová-la de qualquer modo, nos termos do art. 987 do C.C.b.

A Súmula 260 do S.T.F. por sua vez prescreve: *"O exame de livros comerciais, em ação judicial, fica limitado às transações entre os litigantes".*

Isso significa dizer que a exibição não será integral, se a relação jurídica ou transações existentes entre os litigantes não disser respeito à escrituração comercial, balanço e documentos de arquivos por inteiro.

Em complemento, prescrevem os artigos 1.191 a 1.195 do C.C.b.:

Art. 1.191. O juiz só poderá autorizar a exibição integral dos livros e papéis de escrituração quando necessária para resolver questões relativas a sucessão, comunhão ou sociedade, administração ou gestão à conta de outrem, ou em caso de falência.

§ 1º O juiz ou tribunal que conhecer de medida cautelar ou de ação pode, a requerimento ou de ofício, ordenar que os livros de qualquer das partes, ou de ambas, sejam examinados na presença do empresário ou da sociedade empresária a que pertencerem, ou de pessoas por estes nomeadas, para deles se extrair o que interessar à questão.

§ 2º Achando-se os livros em outra jurisdição, nela se fará o exame, perante o respectivo juiz.

Art. 1.192. Recusada a apresentação dos livros, nos casos do artigo antecedente, serão apreendidos judicialmente e, no do seu § 1º, ter-se-á como verdadeiro o alegado pela parte contrária para se provar pelos livros.

Parágrafo único. A confissão resultante da recusa pode ser elidida por prova documental em contrário.

Art. 1.193. As restrições estabelecidas neste Capítulo ao exame da escrituração, em parte ou por inteiro, não se aplicam às autoridades fazendárias, no exercício da fiscalização do pagamento de impostos, nos termos estritos das respectivas leis especiais.

Art. 1.194. O empresário e a sociedade empresária são obrigados a conservar em boa guarda toda a escrituração, correspondência e mais papéis concernentes à sua atividade, enquanto não ocorrer prescrição ou decadência no tocante aos atos neles consignados.

Art. 1.195. As disposições deste Capítulo aplicam-se às sucursais, filiais ou agências, no Brasil, do empresário ou sociedade com sede em país estrangeiro.

Conforme ensina Pontes de Miranda: *"O direito distingue, a respeito da exibição, a 'integral' ou 'total' e a 'parcial'. Tratando-se de livros comerciais, assiste pretensão àquela: aos sucessores a título universal do dono dos livros; ao cônjuge do de cujo e outros comunheiros; ao cônjuge sobrevivente dos sucessores; aos sócios; nos casos de mandato, gestão de negócios etc; aos representantes da massa e ao órgão do Ministério Público. Limitava-se a exibição parcial à pendência da lide; mas a regra jurídica estava obsoleta, devendo entender-se que a exibição parcial pode ser 'in praeparatorio iudicio'. Os livros dos corretores, e mais pessoas que tratam negócios alheios, posto que de terceiro, estão sujeito a exibição (pretensão à exibição de coisa alheia, para prova)".*[509]

Em relação à exibição integral dos livros comerciais, preceitua o art. 420 do atual C.P.C.:

Art. 420. O juiz pode ordenar, a requerimento da parte, a exibição integral dos livros empresariais e dos documentos do arquivo:

I – na liquidação de sociedade;

II – na sucessão por morte de sócio;

III – quando e como determinar a lei.

Assim, tratando-se de liquidação de sociedade, inclusive falência, sucessão por morte do sócio ou quando a lei determinar, a parte poderá requerer ao juiz, ou este de ofício poderá determinar a exibição *integral dos livros empresariais* e dos documentos do arquivo.

[509] Pontes de Miranda, op. Cit., 1976 a. p. 506.

Art. 398

O requerido dará a sua resposta nos 5 (cinco) dias subsequentes à sua intimação.

Parágrafo único. Se o requerido afirmar que não possui o documento ou a coisa, o juiz permitirá que o requerente prove, por qualquer meio, que a declaração não corresponde à verdade.

Resposta do requerido

O requerido mencionado neste dispositivo deve ser a parte da relação jurídica processual e não o terceiro, uma vez que em relação ao terceiro o código regula sua situação jurídica no art. 401 do atual C.P.C.

O requerido na pretensão de exibição além de poder alegar que não possui o documento ou a coisa, pode formular as seguintes matérias de defesa: a) carência de pretensão do autor a que se lhe exiba a coisa ou documento; b) que, sem culpa, deixou de possuir o objeto exibível; c) que nunca o possuiu.[510]

A carência de pretensão abrange a falta de interesse do requerente, conforme já referia J. H. Correia Teles em sua obra doutrina das ações.[511]

Se a parte ou o terceiro afirmar que não possui o documento ou a coisa, o juiz autorizará que o requerente possa provar, por qualquer meio (inclusive testemunha) que a afirmação prestada pela parte requerida não procede.

Segundo anota Amaral Santos: *"Intimado para dizer sobre o pedido, o requerido exibirá o documento, ou a coisa, ou exporá por escrito os motivos por que não o faz ou se julga sem obrigação de exibir. De três ordens pode ser a impugnação ao pedido: 1º, inexistência, perda ou perecimento do documento ou coisa; 2º, falta de causa do requerente; 3º, falta de interesse do requerente.*

A) Motivo excludente da exibição é a inexistência do documento ou coisa, sua perda ou perecimento. A alegação de inexistência é uma negativa do fato da existência, cumprindo, por isso mesmo, ao requerente fazer a prova do fato positivo. O mesmo ocorrerá quanto à alegação de não possuir o documento. Nesses casos, 'o juiz permitirá que o requerente prove, por qualquer meio', que a declaração do requerido não corresponde à verdade. Não assim a arguição de perda ou perecimento, que exige prova de quem a faz. Alegado o perecimento ou extravio, a defesa será procedente tão-somente quando provado que este se deu sem culpa ou dolo do requerido, isto é, por motivo de força maior ou caso fortuito, causas essas que afastam a responsabilidade civil. Poderá o requerido alegar que o documento ou coisa não

[510] Pontes de Miranda, op. Cit., 1976 a., p. 508

[511] Pontes de Miranda, idem, ibidem.

se acha em seu poder. Em tal hipótese, há a considerar o motivo de detenção do documento por terceiro. O que exonera o requerido da obrigação de exibir não é o fato de não deter materialmente o documento ou a coisa, mas o fato de não poder dispor juridicamente dele. É de entender-se – escreve Zanzuchi-, como condição da obrigação de exibir, que 'a coisa esteja não na disponibilidade de fato, mas na disponibilidade jurídica da parte ou do terceiro, pois que, de outra forma, seria muito fácil fugir à ordem de exibição, depositando a coisa nas mãos de estranho'.

B) A impugnação sob a alegação de 'falta de causa (illegitimatio ad causam) corresponde à inexistência de título por parte do requerente para pedir a exibição. Será a afirmação da inexistência ou da inconsistência do direito pelo requerente alegado sobre ou em relação ao documento ou coisa. Quer dizer que o requerido poderá deduzir matéria que contrarie a obrigação de exibir. Dirá, assim, que não tem obrigação legal de exibir; que não fez referência ao documento com o propósito de constituir prova; que o documento não é comum ao requerente e a ele requerido, mas, mesmo por seu conteúdo, exclusivamente do requerido.

C) Negar o 'interesse' do requerente será modalidade da resposta do requerido. Alegará e provará este que o documento, ou coisa, não fará prova dos fatos alegados pelo requerente, ou, ainda, que aquele não é necessário à formação da prova dos mesmos".[512]

O prazo para a defesa do requerido será de 5 (cinco) dias, contado de sua intimação para a exibição do documento ou coisa.

Estabelece o *parágrafo único do art. 398* do atual C.P.C. que se o requerido afirmar que não possui o documento ou a coisa, o juiz deverá permitir que o requerente prove, por qualquer meio, que a declaração não corresponde à verdade.

Art. 399

O juiz não admitirá a recusa se:

I – o requerido tiver obrigação legal de exibir;

II – o requerido tiver aludido ao documento ou à coisa, no processo, com o intuito de constituir prova;

III – o documento, por seu conteúdo, for comum às partes.

Não acolhimento da recusa

O art. 399 do novo C.P.C. apresenta as hipóteses em que a recusa à exibição de documento ou coisa torna-se inescusável. Esse preceito normativo já existia no art. 358 do C.P.C. de 1973 e no art. 218 do C.P.C. de 1939.

[512] SANTOS, M. A., op. Cit., p. 145 e 146.

Tanto o inc. I como o inc. III do art. 399 do atual C.P.C. têm por fundamento a aplicação do direito material. Nestes casos, o requerente apresenta um direito pessoal ou material sobre o documento ou sobre a coisa. Já o inc. II tem por fundamento um direito processual, isto é, no princípio da *comunhão de prova.*[513]

Dentre os casos em que a parte é por lei obrigada a exibir um documento, encontra-se o dos livros da escrituração comercial; o dos livros comerciais no caso de falência, títulos de domínio no caso de bens nomeados à penhora, etc.

Se uma das partes menciona determinado documento ou coisa com a intenção de servir de prova no processo, surge o direito de a parte contrária ter acesso e conhecer esse documento ou essa coisa. É importante salientar que não se trata propriamente de *documento comum*, mas, sim, de documento que, por força do princípio da *comunhão da prova*, tornou-se processualmente comum a ela, *"porque referido na causa como meio de prova dos fatos controvertidos"*.[514]

Também não poderá haver recusa de exibição de *documento comum* às partes da relação jurídica processual. O documento comum não é somente aquele que decorre de composse ou condomínio, mas, também, quando o documento representa fatos ou atos dos quais decorrem direitos a várias pessoas. Tendo em vista que o documento, neste caso, pode ser considerado um acessório desses direitos, o titular deste também tem direito sobre o documento, em que pese ele, documento, seja de propriedade de outrem. De um modo geral, *"a comunhão, em relação ao documento, ou dimana de direito real ou pessoal, sobre ele, ou diz respeito ao seu 'conteúdo', independentemente de qualquer direito real ou pessoal sobre ele".*[515]

Sobre o tema, eis a seguinte decisão:

> *(...).*
>
> *1. Esta Corte pacificou o entendimento segundo o qual "... é cabível a inversão do ônus da prova em favor do consumidor para o fim de determinar às instituições financeiras a exibição de extratos bancários, enquanto não estiver prescrita a eventual ação sobre eles, tratando-se de obrigação decorrente de lei e de integração contratual compulsória, não sujeita à recusa ou condicionantes, tais como o adiantamento dos custos da operação pelo correntista e a prévia recusa administrativa da instituição financeira em exibir os documentos, com a ressalva de que ao correntista, autor da ação, incumbe a demonstração da plausibilidade da relação jurídica alegada, com indícios mínimos capazes de comprovar a existência da contratação, devendo, ainda, especificar, de modo*

[513] SANTOS, M. A., idem, p. 147.
[514] SANTOS, M. A., idem, p. 148.
[515] SANTOS, M. A., idem, p. 149.

preciso, os períodos em que pretenda ver exibidos os extratos" (REsp 1.133.872/PB, Segunda Seção, Rel. Min. Massami Uyeda, DJe de 28/3/2012).

2. Ademais, o Superior Tribunal de Justiça tem sólida jurisprudência no sentido de que não cabe a imposição da presunção ficta prevista no artigo 359 do Código de Processo Civil, quando a recusa de exibição dos documentos se dá no bojo de ação cautelar, nos termos do explanado no REsp 1.094.846/MS

3. Agravo regimental a que se nega provimento.

(AgRg no REsp 1335168/SP, Rel. Ministro RAUL ARAÚJO, QUARTA TURMA, julgado em 20/02/2014, DJe 25/03/2014)

Art. 400

Ao decidir o pedido, o juiz admitirá como verdadeiros os fatos que, por meio do documento ou da coisa, a parte pretendia provar se:

I – o requerido não efetuar a exibição nem fizer nenhuma declaração no prazo do art. 398;

II – a recusa for havida por ilegítima.

Parágrafo único. Sendo necessário, o juiz pode adotar medidas indutivas, coercitivas, mandamentais ou sub-rogatórias para que o documento seja exibido.

Efeitos jurídicos pela não apresentação do documento pela parte

No direito italiano, verifica-se que a legislação não estabeleceu sanção para a falta de exibição de documento. Coube à jurisprudência colmatar essa lacuna legislativa, conforme ensinam Comoglio, Ferri e Taruffo: *"O art. 210 não prevê qualquer consequência na hipótese em que a parte ou o terceiro obrigado à exibição do documento não cumprem a ordem do juiz. Trata-se de uma relevante lacuna, a tal ponto de deixar totalmente privada de tutela o direito à prova da parte, para quem a aquisição do documento em juízo é indispensável como estrutura para demonstrar a fundamentação das próprias alegações. Exclui-se, além disso, que o documento não exibido possa ser sequestrado com base no art. 670, para o fim de assegurar-lhe a utilização probatória. A prevalente jurisprudência tenta colmatar de qualquer modo esta lacuna aplicando por analogia os incisos 2 e 3 do art. 118: assim, se é a parte a não cumprir a ordem de exibição, o juiz pode derivar de seu comportamento argumento de prova, enquanto se se trata de terceiro, o juiz o condena a uma pena pecuniária que, não sendo atualizada, não pode ser superior a 5 euros. Trata-se evidentemente de sanção insignificante, seguramente não idônea a induzir a parte ou o terceiro ao adimplemento efetivo da ordem de exibição emanada do juiz. Segue-se que a aquisição do documento no processo decorre, ainda que em execução de tal ordem, não mais que da boa vontade do sujeito que tem materialmente a posse do documento. Isso contrasta de modo evidente seja com a previsão de pressupostos e condições diretas a garantir que a ordem de exibição venha emanada quando subsiste um relevante interesse para adquirir o documento, seja com o direito da parte de poder se valer de todas as provas que necessita para demonstrar a verdade das suas alegações de fato".*[516]

No nosso ordenamento jurídico, ao contrário, é a própria legislação que estabelece a sanção a ser aplicada àquele que deveria exibir o documento e não o fez.

Na realidade, intimada a parte para exibir o documento ou a coisa, poderá ela exercer uma das seguintes alternativas: a) exibe o documento ou a coisa no prazo; b) não exibe nem oferece resposta no prazo; c) não exibe mas responde no prazo, alegando motivos que justificam sua recusa.[517]

Havendo, como no primeiro caso, a exibição da coisa ou do documento, encerra-se o incidente de exibição. Nos demais, o juiz terá que proferir uma decisão, acolhendo ou não os motivos que ensejaram a não exibição do bem. No segundo caso, se não houve nem a exibição e nem a resposta, a decisão é de plano. No último caso, após a instrução do incidente, o juiz acolherá ou não a recusa da exibição do documento ou da coisa.

É importante salientar que essa decisão ocorrerá por decisão interlocutória ou quando da decisão final.

O art. 1.015, inc. VI, do novo C.P.C., manteve a interposição de agravo de instrumento em relação à decisão interlocutória que verse sobre exibição ou posse de documento ou coisa.

Por isso, se a recusa for ilegítima (inc. II) ou se não houve nem resposta (inc. I), o juiz, na sentença, admitirá como verdadeiros os fatos que, por meio do documento ou da coisa, a parte pretendia provar.

Como nas duas hipóteses previstas no art. 400 do novo C.P.C. a exibição deixou de ser realizada por culpa ou dolo do requerido, o código apresenta uma presunção de que a recusa decorre do fato de ser o conteúdo favorável ao requerente e desfavorável ao requerido.

O art. 219 do Código de Processo Civil brasileiro de 1939 exigia também um outro requisito para que o juiz pudesse admitir como verdadeiros os fatos, qual seja, a verossimilhança. Preceituava o art. 219: *"Desde que o exame do documento possa confirmar ou destruir as alegações, o juiz poderá considerá-las provadas, se forem verossímeis e estiverem coerentes com as demais provas dos autos: I – quando a parte condenada a exibi-lo negar que o possua, ou recusar a exibição; II – quando as circunstâncias convencerem de que a parte condenada à exibição ocultou ou inutilizou o documento, para impedir-lhe o uso pelo requerente".*

[516] Comoglio, L.P.; Ferri, C.; Taruffo, M., op. Cit., p. 486.
[517] Santos, M. A., op. Cit., p. 150.

Comentando o art. 219 do Código de 1939, afirmava Pontes de Miranda: *"Verossímil é o provável, nos dois sentidos da palavra: ter probabilidade de ser verdadeiro; ser suscetível de prova. O que o texto indica é que, na dúvida, criada pela inverossimilhança, não se atribuam efeitos de motivo de prova à abstenção do obrigado a exibir. Mas o pressuposto da verossimilhança não é o único: exige-se a coerência com as demais provas, requisito que, na maioria dos casos, já atuou como fator de verossimilhança. O que é coerente com as outras provas ganha em atendibilidade. Outras provas, aí, não são só as que correspondem a obrigações; são também as de fatos ou circunstâncias constantes a obrigações; são também as de fatos ou circunstâncias constantes dos autos, ainda que não alegados pelas partes. Se a parte apresentou cópia, rascunho ou extrato do documento, com ou sem intervenção do obrigado a exibir, e as outras provas se ajustam à sua alegação de existir e estar com o excipiente omisso o documento, então melhor se configura o motivo probatório da cominação legal do art. 219. Pode o juiz, no seu livre convencimento, tê-la por autêntica"*.[518]

Estabelece *parágrafo único do art. 400* do novo C.P.C. que *sendo necessário, o juiz pode adotar medidas indutivas, coercitivas, mandamentais ou sub-rogatórias para que o documento seja exibido.*

Este dispositivo permite que o juiz, em caso de recusa indevida na exibição de documento ou coisa, aplique medidas coercitivas, inclusive de natureza pecuniária, para que o documento seja exibido.

Essa possibilidade de se aplicar sanção pecuniária (multa ou *astreintes*) à parte detentora do documento ou da coisa não era autorizada pelo Superior Tribunal de Justiça à época do Código de 1973, conforme se pode verificar do conteúdo da Súmula 372 do S.T.J. e do precedente a seguir citado:

> Súmula 372: *Na ação de exibição de documentos, não cabe a aplicação de multa cominatória.*

Sobre o tema, eis o seguinte precedente do S.T.J.:

> *(...).*
>
> *2. A imposição da multa cominatória prevista no art. 461 do CPC é restrita às demandas que envolvem obrigação de fazer e não fazer, sendo incabível em sede de pedido incidental de exibição de documentos.*
>
> *3. Interpostos dois recursos pela mesma parte contra uma única decisão, a preclusão consumativa impede o exame do que tenha sido protocolizado por último.*

[518] PONTES DE MIRANDA, *Comentários ao código de processo civil de 1939.* Tomo III, 2ª Ed. Rio de Janeiro: Forense, 1958. p. 326.

4. Primeiro agravo regimental provido em parte e segundo agravo regimental não conhecido.

(AgRg no Ag 1268236/MG, Rel. Ministro JOÃO OTÁVIO DE NORONHA, QUARTA TURMA, julgado em 04/08/2011, DJe 16/08/2011)

Portanto, com o novo dispositivo previsto no atual C.P.C. é possível ao juiz aplicar *medidas coercitivas, inclusive de natureza pecuniária, para que o documento seja exibido.*

Evidentemente que se o juiz optar por essa forma de coerção e de sanção para que a parte exiba o documento ou a coisa, deverá fazê-lo antes da sentença, ou seja, mediante decisão interlocutória.

Poderá, ainda, como medida sub-rogatória, determinar a busca e apreensão do documento, bem como a utilização da força policial.

Assim, além da incidência da presunção da veracidade do fato, o que será avaliada por ocasião da sentença, haverá também possibilidade de aplicação de medidas coercitivas ou sub-rogatórias de forma conjunta.

Art. 401

Quando o documento ou a coisa estiver em poder de terceiro, o juiz ordenará sua citação para responder no prazo de 15 (quinze) dias.

Documento em poder de terceiro

Conforme já se afirmou, o art. 396 do atual C.P.C. regula a situação do requerido que figure como parte na relação jurídica processual, enquanto que o art. 401 do mesmo diploma legal trata da situação jurídica do terceiro que deve exibir a coisa ou o documento. Neste último caso, quando o documento ou a coisa estiver em poder de terceiro, o juiz mandará citá-lo para responder no prazo de quinze dias.

Em relação aos direitos do terceiro, lecionam Comoglio, Ferri e Taruffo: *"A tutela dos direitos em conflito com o interesse em adquirir o documento objeto da exibição é particularmente importante quando um terceiro esteja na posse do documento, e em relação a ele se volta a ordem de exibição. Segundo preceitua o art. 211 do c.p.c. italiano, o juiz deve procurar conciliar do melhor modo possível o interesse da justiça com o respeito dos direitos do terceiro. Se considerar oportuno, antes de ordenar a exibição o juiz pode dispor que o terceiro seja citado em juízo para que possa expor as próprias razões. O terceiro pode, de todo modo, opor-se à ordem de exibição intervindo em juízo antes da expiração do prazo no qual deverá exibir o documento. Em ambos os casos o terceiro não adquire a qualidade de parte na causa, porque a sua presença no processo é finalizada apenas para consentir-lhe de expor as razões que poderiam obstar a emanação da ordem de exibição, ou para requerer que o juiz disponha modalidade não prejudicial para o adimplemento da ordem".*[519]

O pedido de exibição deverá conter os mesmos requisitos estabelecidos no art. 397 do atual C.P.C, quais sejam: I – a individuação, tão completa quanto possível, do documento ou da coisa; II – a finalidade da prova, indicando os fatos que se relacionam com o documento ou com a coisa; III – as circunstâncias em que se funda o requerente para afirmar que o documento ou a coisa existe e se acha em poder da parte contrária.

Além desses requisitos, a parte deverá também na petição da demanda indicar os motivos que caracterizam a obrigação do terceiro de exibir o documento ou a coisa, bem como que o documento ou a coisa é imprescindível para a formação da prova no processo.

O requerido será citado para responder no prazo de quinze dias, podendo neste caso exercer plenamente o contraditório e a ampla defesa.

Art. 402

Se o terceiro negar a obrigação de exibir ou a posse do documento ou da coisa, o juiz designará audiência especial, tomando-lhe o depoimento, bem como o das partes e, se necessário, o de testemunhas, e em seguida proferirá decisão.

Negativa de posse de documento ou coisa pelo terceiro

Conforme se afirmou no comentário ao artigo anterior, o requerente da pretensão de exibição da coisa ou documento deverá indicar na petição da demanda de exibição em que consiste a obrigação do terceiro em exibir o documento e a coisa.

Uma determinada doutrina afirma que a obrigação do terceiro em exibir o documento ou a coisa somente poderia decorrer da lei ou nas hipóteses em que o requerente tivesse a propriedade ou copropriedade do documento ou da coisa. Já a doutrina eminentemente publicista estabelece a obrigação do terceiro exibir sempre que o documento ou a coisa seja necessário à apuração da verdade no processo. Trata-se de obrigação processual decorrente do princípio da apuração da verdade ou veracidade processual.[520]

[519] COMOGLIO, L.P.; FERRI, C.; TARUFFO, M., op. Cit. p. 486.

[520] SANTOS, M. A., op. Cit. p. 153.

A doutrina dominante sustenta a obrigatoriedade da exibição no mesmo princípio jurídico que impõe a toda pessoa o dever de testemunhar em juízo. Assim, *"como todo o indivíduo é obrigado a testemunhar, assim também lhe deve ser imposta a obrigação de contribuir com documentos que possua, quando a isso convidado, para esclarecimento da verdade em juízo"*.[521]

Aliás, o dever de cooperar com o Poder Judiciário na busca da verdade ou da verossimilhança dos fatos encontra-se expressamente previsto no art. 77, inc. I, do atual C.P.C., a saber:

> *Art. 77. Além de outros previstos neste Código, são deveres das partes, de seus procuradores e de todos aqueles que de qualquer forma participem do processo:*
> *I – expor os fatos em juízo conforme a verdade;*
> *(...).*

Evidentemente que o terceiro somente estará obrigado a exibir o documento ou a coisa quando diga respeito a fatos da causa, e, sob certo aspecto, esse documento ou coisa puder ser essencial para elucidação da questão posta em juízo. Se o documento ou coisa for alheia aos fatos da causa, o terceiro não poderá ser constrangido a exibi-lo.

O terceiro, por sua vez, nos termos do art. 402 do atual C.P.C., em sua resposta ao pedido de exibição poderá *negar a obrigação de exibir*, assim como afirmar que não está na posse do documento ou da coisa.

Além de alegar que não tem a obrigação de exibir, o terceiro também poderá fundamentar sua recusa em *justo motivo*, o qual será apreciado pelo juiz da causa depois de permitir às partes eventual produção probatória.

Assim, havendo recusa do terceiro em exibir o documento ou a coisa, seja porque não tem a obrigação de exibir, seja porque não está na possa da coisa ou do documento, o juiz designará audiência *especial*, tomando-lhe o depoimento, bem como o das partes da causa principal, e, se necessário, de testemunha. Após essa instrução processual especial, o juiz proferirá uma decisão interlocutória, acolhendo ou não a recusa do terceiro em exibir o documento ou a coisa.

Contra essa decisão, caberá recurso de agravo de instrumento, nos termos do art. 1015, inc. VI, do atual C.P.C.

[521] Santos, M. A., idem, p. 153 e 154.

Art. 403

Se o terceiro, sem justo motivo, se recusar a efetuar a exibição, o juiz ordenar-lhe-á que proceda ao respectivo depósito em cartório ou em outro lugar designado, no prazo de 5 (cinco) dias, impondo ao requerente que o ressarça pelas despesas que tiver.

Parágrafo único. Se o terceiro descumprir a ordem, o juiz expedirá mandado de apreensão, requisitando, se necessário, força policial, sem prejuízo da responsabilidade por crime de desobediência, pagamento de multa e outras medidas indutivas, coercitivas, mandamentais ou sub-rogatórias necessárias para assegurar a efetivação da decisão.

Recusa injustificada do terceiro – consequências jurídicas

Preceito similar ao do art. 403 do atual C.P.C. encontra-se no art. 118 do Código de Processo Civil italiano, *in verbis*:

> *"Art. 118 (Ordem de inspeção de pessoa e de coisa)*
>
> *O juiz pode ordenar às partes e aos terceiros que consintam as inspeções que pareçam indispensáveis sobre sua pessoa ou sobre coisas de que tenham posse, para o fim de conhecer os fatos da causa, desde que isso possa ser cumprido sem grave dano para parte ou para o terceiro, e sem lhes constranger a violar um dos segredos previstos nos arts. 351 e 352 do Código de Processo Penal.*
>
> *Se a parte recusa em cumprir tal ordem sem justo motivo, o juiz pode em razão desta recusa, presumir argumentos de prova nos termos do art. 116, segundo inciso.*
>
> *Se a recusa o terceiro, o juiz o condena a uma pena pecuniária de 250 a 1.500 euros".*

Assim, nos termos do art. 403 do atual C.P.C., se a recusa feita pelo terceiro não for considerada devidamente justificada pelo juiz, este determinará que o terceiro deposite a coisa ou documento em cartório ou em outro lugar designado, no prazo de cinco dias, impondo ao requerente que o reembolse das despesas que tiver.

Preceitua o *parágrafo único do art. 403* do atual C.P.C. que *se o terceiro descumprir a ordem, o juiz expedirá mandado de apreensão, requisitando, se necessário, força policial, sem prejuízo da responsabilidade por crime de desobediência, pagamento de multa e outras medidas indutivas, coercitivas, mandamentais ou sub-rogatórias necessárias para assegurar a efetivação da decisão.*

Neste caso não terá qualquer aplicação a Súmula 372 do S.T.J.: *Na ação de exibição de documentos, não cabe a aplicação de multa cominatória*

Portanto, havendo descumprimento da ordem de exibição, o juiz poderá: a) determinar a busca e apreensão do documento ou da coisa; b) requisitar força policial para o cumprimento da ordem; c) determinar abertura de inquérito policial ou encaminhar as peças ao Ministério Público para apuração do crime de desobediência; d) pagamento de multa processual por descumprimento de preceito mandamental; e) aplicar medidas sub-rogatórias, indutivas e coercitivas, como, por exemplo, *astreintes* por dia de atraso da entrega do documento.

Pontes de Miranda também defendia a reparação de danos causados pelo terceiro à parte requerente pela não exibição do documento ou da coisa: "*Se o demandado se recusa a exibir, ou permitir que se exiba, tem de prestar a indenização. Tem-se de atender ao que se estatui nos arts. 357-359, se o citado não é terceiro, ou nos arts. 361 e 362. Na espécie dos arts. 357-359, há sanção que consta do art. 359, que é a de se terem como verdadeiros os fatos alegados pelo autor da ação cautelar, tal como aconteceria se a exibição fosse simplesmente para prova, porém não se afasta a hipótese de que, mesmo com o ganho da causa, a que serviu a recusa, haja danos a serem ressarcidos. Quanto a terceiros, que teria de exibir, há, além da pretensão, a responsabilidade pelo crime de desobediência (art. 362, in fine) e a responsabilidade civil pelos danos. Todavia, pode acontecer que a recusa do terceiro preencha os requisitos para se cogitar de algum outro crime*".[522]

As decisões proferidas pelo juiz em relação à exibição ou não do documento ou coisa por parte de terceiro apresentam natureza interlocutória e não de sentença, sujeitas, portanto, ao recurso de agravo de instrumento.

Art. 404

A parte e o terceiro se escusam de exibir, em juízo, o documento ou a coisa, se:

I – concernente a negócios da própria vida da família;

II – sua apresentação puder violar dever de honra;

III – sua publicidade redundar em desonra à parte ou ao terceiro, bem como a seus parentes consanguíneos ou afins até o terceiro grau, ou lhes representar perigo de ação penal;

IV – a exibição acarretar a divulgação de fatos a cujo respeito, por estado ou profissão, devam guardar segredo;

V – subsistirem outros motivos graves que, segundo o prudente arbítrio do juiz, justifiquem a recusa da exibição;

[522] Pontes de Miranda, op. Cit., 1976b, p. 230.

VI – houver disposição legal que justifique a recusa da exibição.

Parágrafo único. Se os motivos de que tratam os incisos I a VI do caput disserem respeito a apenas uma parcela do documento, a parte ou terceiro exibirá a outra em cartório, para dela ser extraída cópia reprográfica, de tudo sendo lavrado auto circunstanciado.

Escusas legais para não exibir o documento

Os incisos I a VI do atual art. 404 indicam as diversas hipóteses em que o terceiro ou a própria parte poderão justificadamente recusar a exibição do documento ou da coisa.

Assim como o legislador assegurou à própria parte ou à testemunha recusar a depor sobre certos fatos, também a parte e o terceiro em face da existência de certos fatos poderao escusar-se de apresentar o documento ou a coisa requerida para exibição.

Este dispositivo, assim como o fez o art. 118 do C.P.C. italiano, tem por objetivo conciliar da melhor maneira possível o interesse da Justiça com o resguardo dos interesses do terceiro e da própria parte. Diz o art. 118: *"O juiz pode ordenar às partes e aos terceiros que consintam as inspeções que pareçam indispensáveis sobre sua pessoa ou sobre coisas de que tenham posse, para o fim de conhecer os fatos da causa, desde que isso possa ser cumprido sem grave dano para parte ou para o terceiro, e sem lhes constranger a violar um dos segredos previstos nos arts. 351 e 352 do Código de Processo Penal".*

O inc. I do art. 404 do atual C.P.C diz que o terceiro ou a parte poderá escusar-se de exibir o documento ou a coisa, se tais bens disserem respeito a fatos concernentes a negócios da própria vida da família.

Este dispositivo tem por finalidade proteger a intimidade e a honra da própria família, sendo que a exibição poderia acarretar muito mais gravame à vida da família do que a falta dele para a produção probatória no processo.

Evidentemente que se se tratar de documento comum, ou seja, documento que pertença ao requerente e ao requerido, muito embora possa ser concernente a negócios da própria família, mas que não causa qualquer dano à sua intimidade ou à sua subsistência, a recusa tornar-se-á improcedente.

O inc. II do art. 404 do atual C.P.C. diz que o terceiro ou a parte poderão escusar-se de exibir o documento ou a coisa, se sua apresentação puder violar dever de honra.

A grande questão que se coloca se esse dever de honra decorre de uma norma meramente moral ou se há necessidade de ser uma norma jurídica.

Parece-me que a parte, seja por dever moral ou legal, poderá escusar-se de apresentar o documento ou a coisa, se essa apresentação infringir direta ou indiretamente o disposto no art. 5º, inc. X da Constituição Federal que assim dispõe: "são invioláveis a intimidade, a vida privada, a honra e a imagem das pessoas, assegurando a indenização pelo dano material ou moral decorrente de sua violação".

Assim, se a apresentação do documento ou da coisa violar a honra da parte ou de terceiro, a sua recusa estará plenamente justificada, seja por uma questão moral ou legal.

O inc. III do art. 404 do atual C.P.C diz que o terceiro ou a parte poderá escusar-se de exibir o documento, se a publicidade do documento redundar em desonra à parte ou ao terceiro, bem como a seus parentes consanguíneos ou afins até o terceiro grau ou lhes representar perigo de ação penal.

Evidentemente que este dispositivo de certa forma abrange o inc. II anteriormente já referido.

Dispositivo similar encontrava-se no art. 229, inc. II do Código Civil brasileiro, em relação ao depoimento pessoal:

> *"Art. 229. Ninguém pode ser obrigado a depor sobre fato:*
> *I – (...).*
> *II – a que não possa responder sem desonra própria, de seu cônjuge, parente em grau sucessível, ou amigo íntimo".*

No art. 229, inc. II do C.C.b. também encontrava-se a referência ao *amigo íntimo*.

Porém, o art. 229 do C.c.b. foi revogado pelo art. 1.072, inc. II, do atual C.P.C.

Portanto, a parte ou o terceiro não estão obrigados a exibir documento quando possa causar desonra a qualquer deles ou à sua família.

Evidentemente que este dispositivo também abrange a prática de fatos *torpes* que podem configurar *desonra própria ou de terceiro.*

A desonra também pode dizer respeito ao cônjuge ou parentes consanguíneos ou afins até o terceiro grau ou lhes representar perigo de ação penal.

Ao mencionar o cônjuge, também devemos ali inserir o companheiro ou companheira mediante uma interpretação extensiva.

Por parente em grau sucessível, deve-se entender aqueles parentes que possam de certa forma participar na sucessão legítima hereditária do depoente (e não apenas necessária).

Em relação aos colaterais, haverá uma limitação até ao terceiro grau.

Não há sentido jurídico em estabelecer que no depoimento o impedimento vá até o quarto grau enquanto que na exibição vá até ao terceiro grau.

A recusa da exibição também fundamentar-se-á no argumento de que exibido o documento ou a coisa poderá ensejar ação penal contra a parte, o terceiro, ou, ainda, a membro da família.

O impedimento de autoincriminação está previsto na Constituição Federal em seu art. 5º, LXIII.

Este princípio, de origem canônica, funda-se na regra moral e na equidade natural, argumentando-se que obrigar à parte ou ao terceiro a responder perguntas ou mesmo a exibir documento ou coisa que pudesse sugerir eventual confissão sobre fatos criminosos ou torpes seria forçá-lo a mentir ou confessar o crime ou a própria torpeza, atitudes essas inconciliáveis com os princípios Constitucionais.

A imoralidade está na ação desonesta.

É bem verdade que parte da doutrina entende que não pode haver proibição de interrogatório sobre fatos criminosos ou torpes, o que indiretamente também se aplicaria à exibição de documento ou coisa. Nesse sentido é a lição de Giuseppe Chiovenda: *"(...). Importa, entretanto, não esquecer que o nosso interrogatório se originou das 'positiones' do direito comum, e que, por conseguinte, pode compreender todos os fatos, desde que 'verossímeis, concludentes e não notoriamente inexistentes', que se poderiam expor nas alegações da parte interrogante. Razão não há, portanto, para excluir o interrogatório sobre 'fatos imorais ou delituosos'".*[523]

Segundo aduz Moacyr Amaral Santos sobre a extensão do termo torpeza, *"o código, tomando por modelo, ao que nos parece, o Código de Processo Civil de Portugal, art. 554, n. 2, relegando os ensinamentos da melhor doutrina, restaurou a velha regra das Ordenações, desobrigando a parte de depor de fatos criminosos ou torpes, que lhe foram imputados. Cabe à doutrina e à jurisprudência, ao menos, restringir a extensão da regra, de modo a não se cair no absurdo de atribuir-se à parte o poder de escusar-se de depor de fatos criminosos ou torpes que constituam o próprio fundamento da ação ou da defesa".*[524]

E uma das questões que se poderia ventilar, por analogia, sobre a falta de legitimação da recusa, mesmo que essa exibição pudesse demonstrar fatos que caracterizariam a torpeza da conduta, seria aquela prevista no parágrafo único do art. 388 do atual C.P.C., ou seja, quando o documento ou a coisa diga respeito a demandas de estado e de família.

[523] Chiovenda, Giuseppe. *Instituições de direito processual civil.* Trad. Alfredo Buzaid. 2º Ed. Vol. III, São Paulo: Edição Saraiva, 1965. p. 103.

[524] Santos, M. A., op. Cit., p. 111.

O inc. IV do art. 404 do atual C.P.C. diz que o terceiro ou a parte poderá escusar-se *à exibição que acarretar a divulgação de fatos a cujo respeito, por estado ou profissão, devam guardar segredo.*

Também não será obrigada a parte ou terceiro exibir documento ou coisa que em razão do estado ou profissão deva guardar sigilo.

A mesma regra encontramos no art. 388, inc. II, em relação ao depoimento pessoal, *in verbis*:

> *Art. 388. A parte não é obrigada a depor sobre fatos:*
> *(...).*
> *II – a cujo respeito, por estado ou profissão, deva guardar sigilo;*
> *(...).*

O depoente bem como a testemunha não podem revelar os fatos que lhes vieram ao conhecimento em razão do estado ou profissão.

A mesma regra encontrava-se no 229, inc. I do Código Civil brasileiro:

> *"Art. 229. Ninguém, por ser obrigado a depor sobre fato:*
> *I – cujo respeito, por estado ou profissão, deva guardar segredo".*

Porém, o art. 229 do C.c.b. foi revogado pelo art. 1.072, inc. II, do atual C.P.C.

Trata-se de um dever legal e não de uma faculdade da parte ou do terceiro, pois não poderá revelar os fatos que lhe chegaram ao conhecimento em razão do estado ou da profissão. Assim, a parte ou o terceiro está moralmente e juridicamente obrigado a guardar segredo, salvo se a pessoa que tem o direito ao sigilo, e desde que tenha capacidade para isso, liberar a parte ou o terceiro desta obrigação.

São exemplos de profissão que exigem o sigilo: médico, advogado, sacerdote em confissão etc.

Em razão do estado familiar, por exemplo, pai em relação ao filho, marido em relação à mulher, companheiro em relação à companheira.

O inc. V do art. 404 diz que a parte e o terceiro não serão obrigados a exibir o documento ou a coisa se *subsistirem outros motivos graves que, segundo o prudente arbítrio do juiz, justifiquem a recusa da exibição.*

Portanto, as hipóteses dos incs. I a IV do art. 404 são meramente exemplificativas, pois a recusa será legítima se subsistirem outros motivos graves que, segundo o prudente arbítrio do juiz, justifiquem a recusa da exibição.

Assim, por exemplo, a parte ou terceiro não está obrigado a exibir documento ou a coisa que digam respeito a fatos que possam expor as pessoas referidas no inciso III a perigo de vida ou a dano patrimonial imediato.

Um exemplo típico deste dispositivo: Relatar que a pessoa referida no inc. III foi testemunha de um crime hediondo, no qual o réu está ameaçando todos aqueles que presenciaram o fato. Relatar que a pessoa referida no inc. III está inserida no sistema de proteção à testemunha.

Evidentemente que compete ao magistrado, diante da pergunta formulada, verificar se a parte está efetivamente desobrigada a depor, seja em decorrência de que os fatos possam causar desonra, possam representar confissão de crime ou de torpeza, possam expor à desonra as pessoas referidas no artigo, possam expor a perigo de vida ou a dano material imediato as pessoas referidas no inc. III do art. 404 do atual C.P.C.

Evidentemente que esse risco de vida deverá ser analisado de forma prudente pelo juiz. Aqui o juiz deverá aplicar a máxima da razoabilidade ou da proporcionalidade para verificar quais dos interesses deverão prevalecer naquele momento processual.

O inc. VI do art. 404, por fim, aduz que a parte ou o terceiro não serão obrigados a exibir o documento ou a coisa se houver disposição legal que justifique a recusa da exibição.

Portanto, havendo norma legal que justifique a não exibição de documento ou coisa, tal falta de exibição encontrar-se-á devidamente legitimada.

Segundo preceitua o parágrafo único do art. 404 do atual C.P.C., se os motivos de que tratam os incisos I a VI do caput disserem respeito a apenas uma parcela do documento, a parte ou o terceiro exibirá a outra em cartório, para dela ser extraída cópia reprográfica, de tudo sendo lavrado auto circunstanciado.

Assim, se a proibição de exibição disser respeito a parte do documento ou da coisa, a parte ou terceiro exibirá a outra em cartório, para que dela seja extraída cópia reprográfica, devendo tudo constar de auto circunstanciado.

SEÇÃO VII – Da Prova Documental

SUBSEÇÃO I – Da Força Probante dos Documentos

Art. 405

O documento público faz prova não só da sua formação, mas também dos fatos que o escrivão, o chefe de secretaria, o tabelião ou o servidor declarar que ocorreram em sua presença.

Sumário:

1. Considerações gerais

2. Objeto da prova do documento público.

1. Considerações gerais

A seção VII da Subseção I do atual C.P.C. trata da força probante dos documentos.

A primeira questão que se coloca é definir o que se entende por documento.

Na doutrina, não raro é o uso da palavra *'documento'* com significado muito amplo, isto é, uma gama de significados com amplitude decrescente: a) para indicar qualquer meio de prova (Glück, Martin, Bayer, Renaud, Strippelmann, Birkmeyer); b) para indicar qualquer meio objetivo de prova (Glaser, Messina, Gensler, Linde, Francke); c) para indicar qualquer objeto que sirva para a comunicação de uma notícia (Bayer, Renaud, Schultze, Planck, Hellwig); d) para indicar algum objeto que sirva a tal fim por meio da escritura.[525]

Segundo anota Giuseppe Chiovenda, *"documento, em sentido amplo, é toda representação material destinada a reproduzir determinada manifestação de pensamento, como uma voz fixada duradouramente (vox mortua)"*.[526]

Na concepção de Emilio Betti, *"O documento é uma coisa formada na presença de um fato (o fato a provar) e destinada a fixar nele de modo permanente a percepção ou a impressão física com a função de representá-lo para o futuro... Em regra o documento vem definido como uma manifestação do pensamento reproduzida duravelmente, quase 'vox mortua', num ato escrito ou em outro signo material"*.[527]

Francesco Carnelluti, na segunda edição de sua obra *Teoria Generale del Diritto*, define o documento como uma coisa 'que fornece imediatamente a imagem do fato a apreciar através da figura...' (pág. 344). E mais tarde, nas *Lezioni sul Processo Penale* (I, p. 222), distingue o documento fotográfico e o fonográfico como duas espécies de documento: figurativo e discursivo.[528]

Por sua vez, Francesco P. Luiso afirma que do ponto de vista estritamente jurídico, o *documento* é qualquer objeto que fornece a representação de um fato histórico, mesmo quando essa representação deva ser elaborada por um objeto

[525] CARNELUTTI, Fancesco. *La prueba civil.* Trad. Niceto Alcalá-Zamora Y Castillo. Buenos Aires, Ediciones Arayú, 1955. p. 156.

[526] CHIOVENDA, Giuseppe. *Instituições de direito processual civil.* Trad. da 2ª ed. Italiana por J. Guimarães Menegale. Vol. III. São Paulo: Edição Saraiva, 1965. p. 127.

[527] BETTI, Emilio. *Diritto processuale civile italiano.* IIª edizione. Roma: Società Editrice del 'Foro Italiano', 1936. p. 357.

[528] AUGENTI, Giacomo P. *In:* Fancesco Carnelutti. *La prueba civil.* Trad. Niceto Alcalá-Zamora Y Castillo. Buenos Aires, Ediciones Arayú, 1955. p. 249.

através de um procedimento que necessita de um instrumento. Assim, além do documento escrito, são documentos também as representações mecânicas, como, por exemplo, fotos, fitas magnéticas gravadas, vídeos, documentos eletrônicos etc.[529]

Por isso, na categoria da *prova documental* abrangem-se em gênero todas as *coisas* que pareçam idôneas a *documentar* um fato, ou seja, a narrá-lo, a representá-lo ou reproduzi-lo. Trata-se, talvez, de uma noção genérica, porém justificada pelo fato de que na nossa doutrina prevalece uma noção estritamente *lata* disso que pode constituir um documento para os fins de prova.

Existem ordenamentos em que o documento seria apenas o *documento escrito*, idôneo somente para narrar e reproduzir declarações. No nosso ordenamento jurídico se pretende acolher uma noção muito mais ampla de documento ou de prova documental. Assim, ingressam nessa categoria os documentos escritos de todo tipo de natureza, que sem dúvida representam o arquétipo da prova documental e também a sua frequente manifestação. Ingressam, contudo, também documentos não escritos, como os registros fotográficos, os vídeos, as películas cinematográficas, que reproduzem sons, imagens, estado de fato, ações e comportamentos. Ingressam enfim os documentos criados pela tecnologia de informação e comunicação, como os dados inseridos na memória dos computadores ou transmitidos ao longo de uma rede telemática, e em geral os documentos eletrônicos.[530]

Diferenciando documento de testemunho, anota Francesco Carnelutti: *"Diferentemente do testemunho, o documento não é um 'acto', senão uma 'coisa'. A atividade do homem é a fonte comum das duas formas de representação, porém se encontra com a representação em relação distinta: no testemunho, o ato é o próprio fato representativo e, portanto, a representação é o efeito imediato do mesmo, enquanto que no documento o ato não é, de maneira alguma o fato representativo, senão um momento precedente a este, porque não representa por si, senão que cria um objeto capaz de representar. Quem deseja ter uma rápida impressão de tal diferença, que compare o ato do narrador com o do preparador fonográfico: a primeira obra representando, enquanto que o segundo atua preparando uma coisa, que representará. O ponto de contato entre os dois tipos de fato representativos é, portanto, a formação mediante a atividade humana; o ponto de separação é o pressuposto dessa atividade, que no documento opera sobre um fato presente e se projeta para o futuro, enquanto que no testemunho opera sobre um fato não presente e se projeta no passado.*

[529] Luiso, Francesco P. *Diritto processuale civile.* II. Il processo di cognizione. Terza edizione. Milano: Giuffrè Editore, 2000. p. 94.

[530] Comoglio, Luigi Paolo; Ferri, Corrado; Taruffo, Michele. *Lezioni sul processo civile.* I. Il processo ordinario di cognizione. Bologna: Il Mulino, 2006. p. 467.

A 'presença' ou a 'não presença' do fato representado em relação à formação do fato representativo e', portanto, a pedra de toque para discernir o 'documento' e o 'testemunho'. Quem descreve por escrito um fato enquanto o percebe, forma um documento, porque quer representar para o futuro o fato presente mediante o escrito formado; quem descreve por escrito um fato que percebeu em outra ocasião, forma um testemunho, porque quer representar atualmente um fato passado mediante o ato de escrever. Em ambos os casos medeia uma atividade aparentemente idêntica, porém diversa na sua substância: no primeiro, o homem não fornece mais que o 'meio', enquanto que no segundo proporciona também a 'matéria' da representação, posto que o fato não existe fora, senão dentro dele; no primeiro, forma um aparato (exterior) para conservar ele (a memória do) fato, enquanto que no segundo o extrai de si mesmo, onde está conservado".[531]

É importante salientar que o documento público elaborado pelo escrivão, tabelião ou servidor, declarando os fatos que ocorreram em sua presença não caracteriza um testemunho do oficial público.

Conforme afirma Francesco Carnelutti, *"com mais frequência do que se crê, a doutrina, enganada pela aparente identidade do ato material, perde o fio da distinção entre os dois tipos de fatos representativos, porque não se dá conta exata da diversidade do pressuposto. Se compreende assim que a construção do ato público se tenha buscado alguma vez mediante o conceito de um testemunho do notário, e a da escritura privada, em geral ou pelo menos em sua forma menos elaborada (cartas missivas e livros de comércio), mediante o conceito de confissão. É um modo de ver completamente errôneo. Quando o notário insere ou faz inserir por escrito o que as partes declaram, não rende testemunho, como tampouco presta o operador fonográfico que mencionei antes como exemplo; prepara, simplesmente, um documento. Quando o contratante consigna por escrito sua declaração contratual, não faz uma confissão: se esta se refere ao momento em que se forma o escrito, seu conceito está fora de lugar, porque não há confissão de um fato presente; e se, pelo contrário, se refere ao momento em que o escrito é inserido no processo, se comete com a confissão um abuso ainda maior, porque no processo é fonte de prova e não o ato de forma o documento, senão o próprio documento, como objeto. Isto significa dizer que se a formação do documento tem lugar 'em ausência' do fato documentado, existe na realidade um 'testemunho' e um 'documento do testemunho'".*[532]

Por isso, nesta perspectiva é que se pode afirmar que o tabelião não exerce uma função de testemunho quando *documenta* as declarações alheias no instrumento público.

É bem verdade, contudo, que não é de maneira alguma rara a afirmação de que a construção do instrumento público realizada pelo notário seria como

[531] Carnelutti, F., op. Cit., p. 154 de 155.
[532] Carnelutti, F., idem, p. 155 e 156.

um testemunho escrito que o tabelião realiza acerca do que as partes realizam perante ele. Nesse sentido seria a concepção dos seguintes doutrinadores: Endemann; Planiol; Renaud; Endemann; Kohler; Wetzell; Planck; Schimitd etc. Contudo, como bem afirmou Francesco Carnelutti, resulta manifesto que a declaração do notário não tem de nenhum modo caráter de *representação de um fato passado ou longínquo*, senão a *descrição de um fato presente*. Na verdade, o tabelião não é o fonógrafo que ressuscita as vozes passadas dos estipulantes, senão o operador que registra estas vozes, enquanto fala, no disco fonográfico. O que ressuscita as vozes passadas, isto é, representa o fato, é o próprio instrumento público, ou seja, o documento (objeto), não o ato do tabelião que simplesmente redige um documento e não leva a cabo um testemunho.[533]

Evidentemente que o tabelião poderá participar do processo como testemunho, quando, por exemplo, for chamado pelo juiz para narrar os fatos documentados no instrumento público (v.g., em um processo de falsidade).

Assim, o *documento* é o suporte que pode conter a descrição ou a representação imediata do fato.

O *conteúdo* da prova documental é constituído pela representação imediata do fato histórico. Por isso, o documento não é somente uma coisa, senão uma coisa *representativa*, ou seja, capaz de representar um fato.

Por isso, o documento é concebido como sendo um objeto que contém uma manifestação do pensamento (Chiovenda, Cammeo, Crome, Kleinfeller, Kohler, Wismann, Beling etc). Contudo, para Francesco Carnelutti, a manifestação de pensamento não *é nem necessária nem suficiente* para a existência do documento. Sem dúvida, a forma predominante da documentação ou da representação de um fato mediante um objeto tem sido a expressão como um meio permanente, ou seja, a fixação em um objeto exterior da ideia que um homem haja recebido do mesmo. Este é o mecanismo existente na representação gráfica, pictórica, musical etc. A mente do homem seria o meio que recebe e reflete o fato exterior. É necessário que o fato passe através da psique para ser suscetível de fixação. Contudo, hoje em dia é possível fixar os fatos em um objeto exterior sem necessidade que esses passem através da psique humana, ou seja, mediante a fotografia, a cinematografia e a fonografia. Estes expedientes técnicos permitiram substituir a percepção do homem pela percepção das coisas. Cada dia mais, o homem consegue o resultado menos diretamente com o seu trabalho, isto é, a fazer trabalhar as coisas. De certo modo, o documento gráfico é o instrumento da representação, porque percebe e reproduz; o documentador fotográfico ou

[533] Carnelutti, F., idem, p. 128 e 129.

fonográfico, ao invés de ser, cria ou prepara o próprio instrumento. Enquanto o primeiro se aproxima do testemunho, o segundo se distancia dele. Assim, diante dessa evolução, a manifestação do pensamento não é o único meio para a representação dos fatos ou, em outros termos, que um objeto pode representar um fato inclusive sem ocorrer tal manifestação. Também não é suficiente, pois existem objeto que contém uma manifestação do pensamento e que não são documentos. Por exemplo, uma folha de papel sobre a qual simplesmente se há escrito: "Compro um cavalo", ou uma carta que somente contém as seguintes palavras: "Saudações cordiais". Sem dúvida são objetos que contém uma manifestação de pensamento, porém não são documentos. Para sê-lo, teria que representar um fato. São, indubitavelmente um fato, porém não *representam* o que são. Por isso, para que a folha de papel ou a carta se convertam em um documento, há necessidade que contenham algo mais, isto é, que contenham o que baste pelo menos para representar o fato da manifestação do pensamento. Também a manifestação de pensamento é um fato. Contudo, isso não é o pensamento manifestado, senão o *ato de quem o manifesta*. Por isso, o fato não são as 'saudações cordiais', senão o ato de quem os envia, ou seja, de quem os escreve.[534]

Assim, com base nessa estrutura, pode-se dizer que muitas vezes a prova documental constitui a representação imediata de um fato histórico. Na realidade, a prova documental pode ser a prova imediata do fato, ou a prova de uma prova do fato. Exemplo: Uma escritura, na qual se evidencia a estipulação de um contrato, é a prova imediata do fato histórico, qual seja, 'estipulação do contrato', porque atesta a troca de consentimento em face de um determinado objeto. Outro exemplo: o recebimento de um pagamento *não* é a prova imediata da ocorrência do pagamento. O recebimento prova que uma parte há declarado de haver recebido uma soma em dinheiro. Contudo, o documento não contém a representação do acontecimento denominado pagamento, mas é uma prova de uma outra prova (a declaração), a qual, essa sim tem por objeto o fato 'acontecimento denominado pagamento'. Outro exemplo: a filmagem de um acidente automobilístico é prova direta do fato; a filmagem que grava um sujeito que conta como ocorreu um acidente é prova de uma prova.[535]

Quanto *à eficácia probatória*, pode-se afirmar que é documento da mesma forma a carta na qual a parte narra fatos a si desfavorável, quanto aquele em que há narrativa de fatos favoráveis. Mas esta última não tem valor probatório, tendo em vista que o fato documento é a narração que a parte faz de fatos a si favoráveis, motivo pelo qual não constitui uma prova. A outra tem conteúdo

[534] Carnelutti, F., idem, p. 160.

[535] Luiso, Francesco P., op. Cit., p. 95.

probatório, pois o documento contém de certa forma uma confissão que a parte faz de fatos a si desfavoráveis. Desta forma, se o documento contém a declaração de um sujeito, isso prova que a declaração foi realizada; contudo, para estabelecer se isso que foi objeto da declaração pode ser considerado provado, necessita verificar quem fez a declaração, a quem foi feita, em que contexto etc. Em outras palavras, há necessidade de se aplicar as regras concernentes à eficácia probatória da declaração.[536]

O documento quanto *ao meio de sua formação* pode ser: a) *escrito*, que são os documentos normais, particulares regulados pela lei. Feito por este meio fala-se em prova literal; b) *gráficos*, quando a ideia ou o fato são representados por sinais gráficos diversos da escrita: desenhos, pinturas, plantas, cartas topográficas, byte etc; c) *diretos*, quando o fato representado se transmite diretamente para a coisa representativa – fotografia, fonografia, cinematografia, e que se distinguem dos documentos escritos ou gráficos, ditos *indiretos*.[537]

Já em relação *à autoria*, os documentos podem ser heterógrafo ou *autógrafo*.

A representação é um sucedâneo da percepção, no sentido de que desperta a ideia de um fato mediante a percepção de outro fato, o qual constitui, precisamente, seu equivalente sensível. O mecanismo da representação assenta-se na substituição de um fato por outro como objeto de percepção para a determinação da mesma ideia. A representação supõe, portanto, dois fatos: o fato 'representativo', que é o fato sub-rogante, e o fato 'representado', que é o fato sub-rogado. Em outros termos, no conceito de representação existe o pressuposto da 'diversidade' ou 'separação' entre o 'fato percebido' e o 'fato idealizado': se a ideia determinada em quem o percebe é tão somente a ideia do fato percebido, este não é um fato representativo. A aptidão do fato percebido para determinar a ideia de um fato diverso, isto é, para substituir a este último como fonte da ideia, constitui a 'capacidade representativa'. A capacidade representativa depende, portanto, da 'estrutura' ou da 'constituição' do fato. Uma pedra, uma planta, um animal não representam nada, ou seja, não representam mais do que si mesmos, porque sua percepção não suscita senão a ideia, respectivamente, da pedra, da planta e do animal; vice-versa: a fotografia ou o desenho de cada um destes objetos os representa, porque estão constituídos de modo que despertam, ademais a ideia da fotografia ou do desenho, também a da pedra, a da planta ou a do animal retratado.[538]

[536] Luiso, F., P., idem, ibidem.

[537] Santos, Moacyr Amaral. *Comentários ao código de processo civil.* IV Vol. Rio de Janeiro: Forense, 1976. p. 163.

[538] Carnelutti. Francesco, op. Cit., p. 103 e 104.

Por sua vez, a análise do documento deve desenvolver-se sobre a linha destes pressupostos, ou seja, sobre a diferenciação entre *fato representativo e fato representado.*

Sendo o documento um produto da atividade humana, a diferença mais evidente entre o documento e o fato representado pode consistir que este último seja um fato não humano: a fotografia de uma casa é sem dúvida um documento, porque a fotografia e a casa são dois *fatos diversos.*

Outra diferença bem apreciável ocorre quando o fato representado seja um fato humano e sempre que o realize pessoa diversa daquela que forma o documento: se fotografo ou descrevo um ato de Tício, a fotografia ou a escritura não deixa dúvida acerca da qualidade do documento, precisamente porque o fato de Tício, por ser realizado por Tício e não por mim, é diverso do meu fato. É importante salientar que por *formação* do documento não se pretende focar tanto o *ato material,* mas, sim, o *ato jurídico* de sua formação. E, por formador ou autor do documento não se pretende indicar tanto aquele que materialmente o forma, mas, sim, aquele a quem a ordem jurídica atribui sua formação.[539]

Um exemplo importante dessa espécie de documento encontramos no *instrumento notarial,* cuja particularidade, do ponto de vista do conteúdo, consiste em que este tipo de documento descreve fatos não realizados por quem forma o documento. Estes tipos de documentos podem ser definidos como *heterógrafos,* ou seja, *"documentos cuja nota essencial consiste em que não 'são formados por quem realizado o fato documentado'".*[540]

Pode ocorrer, *documento autógrafo,* que o documento represente um fato realizado pela própria pessoa que o forma. Neste caso, e tendo em vista que a formação do documento deve ocorrer na *presença* do fato documentado, o único fato do autor do documento que este pode representar é o ato mesmo de sua formação. Por outro lado, o documento autógrafo se forma principalmente quando o ato que serve para a constituição do documento possui também uma função autônoma e serve, portanto, para um fim distinto do da própria constituição. Por isso, esse tipo de documento, ao representar sua formação, o documento representa um ato, autônomo em outro sentido. Esta coincidência de funções ocorre principalmente no campo dos meios permanentes de manifestação do pensamento. Assim, uma carta possui precisamente a função *comunicativa* e uma função *certificativa* de pensamento, sendo ao mesmo tempo um meio de manifestação e de certificação do pensamento. Quem, ao invés de falar, escreve, forma,

[539] Carnelutti, F., idem, p. 161.

[540] Carnelutti, F., idem, p. 162 e 163.

ao mesmo tempo em que manifesta o pensamento, o documento da manifestação. Esse tipo de documento é denominado como *autógrafos*.[541]

Esta distinção entre documento *heterógrafos* e *autógrafos* permite também consolidar a diferenciação entre o *documento público* e o *documento particular.*

Sobre a constituição do documento público, prescrevem os artigos 2.699 a 2.701 do Código Civil italiano:

> *Art. 2.699. (Do ato público)*
> *O ato público é o documento redigido, com a observância das formalidades, por um notário ou outro público oficial autorizado a atribuir-lhe fé público no lugar onde o ato é formado.*
> *Art. 2.700 (Eficácia do ato público)*
> *O ato público faz plena prova, até a arguição de falso, da proveniência do documento do oficial público que o há formado, também das declarações das partes e dos outros fatos que o público oficial atesta ocorridos em sua presença ou por ele cumpridos*
> *Art. 2.701. (Conversão do ato público).*
> *O documento formado pelo oficial público incompetente ou incapaz ou sem a observância das formalidades prescritas, se for subscrito pelas partes, tem a mesma eficácia probatória da escritura privada.*

Assim, nos termos da legislação italiana, o ato público deve realizar-se de acordo com as formalidades. Por outro lado, o ato público deve ser formado por um notário/tabelião ou por outro oficial público autorizado a atribuir-lhe fé pública. Isso é importante, uma vez que são poucos os oficiais públicos autorizados a atribuir fé pública. Particularmente não são atos públicos, pelo só fato de advirem de um oficial, todas as atestações por eles efetuadas. Tais atestações apresentam seguramente uma particular confiança, porquanto provenham de um público oficial, mas não tem fé pública no sentido do art. 2.699 do C.c. italiano. Assim, tais acertamentos podem ser confrontados com qualquer meio de prova, sem necessidade de se utilizar daquele especial instrumento – querela de falso – que é necessário para atacar os atos públicos.[542]

Na realidade e na prática, a função de atribuir fé pública aos documentos públicos deve ser a função *primária e específica* do oficial público. Pelo contrário, quando o público oficial tem função diversa e para o desempenho de tal função acerta instrumentalmente determinados fatos, tais fatos não são acertados com eficácia de ato público, e o ato em questão não é munido de fé pública.

[541] Carnelutti, F., idem, p. 163 e 164.
[542] Luiso, F., P., op. Cit., p. 96.

Assim, por exemplo, o policial que lança uma multa por estacionar em lugar proibido, não forma um ato público de acertamento da existência do veículo naquele lugar, porque a função do policial não é de acertamento de fatos, mas de reprimir a violação ao código de trânsito. O acertamento é instrumento ao desenvolvimento de uma função diversa; isso é seguramente crível, pois provem de um oficial público; porém para refutar o lançamento da multa não há necessidade de arguir o falso documental.[543]

Documentos públicos são, portanto, somente aqueles em que o oficial público – escrivão, tabelião ou servidor – exerce a função primária de acertamento dos fatos, e não o acertamento instrumental ao exercício de funções diversas.

2. Objeto da prova do documento público

Estabelece o *art.* 405 do atual C.P.C. *que o documento público faz prova não só da sua formação, mas também dos fatos que o escrivão, o chefe de secretaria, o tabelião ou o servidor declarar que ocorreram em sua presença.*

Com relação à *eficácia probatória* do documento público, este dispositivo aduz que ele faz prova não só da sua formação, mas também dos fatos que o escrivão, o tabelião ou o servidor declarar que ocorreram em sua presença.

O ato público, portanto, faz prova *plena*, isto é, tem a eficácia de uma prova legal. Assim, tudo que o oficial público certifique no documento tem fé pública de ser verdadeiro. A confiança do que resulta do documento público foi pré-avaliada pelo legislador em sentido positivo de modo que o juiz não pode, sob nenhum aspecto, entender como não veraz aquilo que foi atestado pelo oficial público. O juiz que negar a confiabilidade do documento público violará a norma processual que lhe impõe uma regra de comportamento, que neste caso é de inserir como fundamento da decisão os fatos resultantes do documento público, sem possibilidade de dizer: *isso que atesta o documento público não é confiável.*[544]

Conforme estabelece o art. 215 do C.c.brasileiro:

> *Art. 215. A escritura pública, lavrada em notas de tabelião, é documento dotado de fé pública, fazendo prova plena.*
>
> *§ 1º Salvo quando exigidos por lei outros requisitos, a escritura pública deve conter:*
>
> *I – data e local de sua realização;*
>
> *II – reconhecimento da identidade e capacidade das partes e de quantos hajam comparecido ao ato, por si, como representantes, intervenientes ou testemunhas;*

[543] Luiso, F., P., idem, p. 96 e 97.

[544] Luiso, F. P., idem, p. 96 e 97.

III – nome, nacionalidade, estado civil, profissão, domicílio e residência das partes e demais comparecentes, com a indicação, quando necessário, do regime de bens do casamento, nome do outro cônjuge e filiação;

IV – manifestação clara da vontade das partes e dos intervenientes;

V – referência ao cumprimento das exigências legais e fiscais inerentes à legitimidade do ato;

VI – declaração de ter sido lida na presença das partes e demais comparecentes, ou de que todos a leram;

VII – assinatura das partes e dos demais comparecentes, bem como a do tabelião ou seu substituto legal, encerrando o ato.

§ 2º Se algum comparecente não puder ou não souber escrever, outra pessoa capaz assinará por ele, a seu rogo.

§ 3º A escritura será redigida na língua nacional.

§ 4º Se qualquer dos comparecentes não souber a língua nacional e o tabelião não entender o idioma em que se expressa, deverá comparecer tradutor público para servir de intérprete, ou, não o havendo na localidade, outra pessoa capaz que, a juízo do tabelião, tenha idoneidade e conhecimento bastantes.

§ 5º Se algum dos comparecentes não for conhecido do tabelião, nem puder identificar-se por documento, deverão participar do ato pelo menos duas testemunhas que o conheçam e atestem sua identidade.

Assim, o documento público faz prova plena: *"a) a proveniência originária do documento do oficial público que o há formado: o juiz não pode por em dúvida que o oficial público tenha formado aquele documento. Isso não significa dizer que o documento faça prova plena também da qualidade de público oficial do sujeito que o há formado. Se qualquer sujeito redige um documento auto-atribuindo-se a qualificação, por exemplo, de notário, não é que, somente por isso, se necessitará da querela de falso para contestar que referida pessoa seja efetivamente um notário. A fim de que a proveniência do documento do sujeito que o há realizado esteja coberta pela fé pública, necessita que aquele sujeito seja 'efetivamente' oficial público: os pressupostos de eficácia do ato público são evidentemente exteriores à pública fé que lhe é atribuída, e, portanto, para negar-lhe tal requisito não é necessário se ingressar com a querela de falsidade; b) de tudo o que advém diante do oficial público. O ato público faz fé pública do denominado 'extrínseco', isto é, de tudo isso que o público oficial pode atestar que tenha ocorrido em sua presença, ou que ele tenha cumprido. Na presença do oficial público podem ser também realizadas as declarações das partes, isto é, o denominado 'intrínseco'. O ato público estabelece de uma maneira plena que um sujeito há realizado uma declaração, mas a verdade disso que foi declarado não é de fato acobertado pela fé pública. O oficial público não pode atestar que seja verdadeiro aquilo que as partes lhe tenham declarado, porque ele não pode adentrar na mente de quem fez a declaração. O intrínseco da declaração é realizado diante do oficial público por si só não acobertada pela fé pública. No caso em que se trata de uma declaração de ciência, o fato declarado se considera plenamente comprovado se a declaração tem, por sua vez, uma característica de prova legal; se, ao contrário, tem uma característica de uma prova livre, vale como uma prova livre; se, finalmente, tem a característica de não ser prova, então não vale absolutamente nada".*[545]

Pode-se citar um exemplo do que fora afirmado: Tício vai até um tabelião e declara ter restituído a Caio a soma que Caio lhe tinha dado em mútuo. Aqui, permanece incontroverso que Tício há feito a declaração (porque o tabelião atesta que esta foi feita diante dele), mas a declaração tem por objeto fatos favoráveis ao declarante, e portanto não tem valor probatório. Permanece firme que Tício há feito a declaração, mas o fato declarado não foi provado, porque a declaração feita não tem eficácia probatória.[546]

Desta forma, o documento apresenta uma fungibilidade de conteúdo, isto é, a declaração realizada é atestada com idêntica eficácia, só que somente resta atestado que a declaração foi feita perante o oficial e não a veracidade do seu conteúdo. Para que o fato declarado possa ser considerado provado, há necessidade de ser valorado segundo as regras gerais probatórias.

Por isso, se um declarante pretende contestar o documento público, sustentando, por exemplo, de não ter feita a declaração nesse atestada, deve utilizar da arguição de falsidade, porque a afirmação contrasta com aquilo que foi atestado pelo oficial público.

Art. 406

Quando a lei exigir instrumento público como da substância do ato, nenhuma outra prova, por mais especial que seja, pode suprir-lhe a falta.

Documento público como substância do ato

Este dispositivo apresenta, na realidade, a inserção no C.P.C. dos princípios gerais relativos à forma dos negócios jurídicos. Sobre esses princípios, assim se manifestou Miguel Maria se Serpa Lopes: *"Na definição de Clóvis, a forma 'é o conjunto de solenidades que se devem observar para que a declaração de vontade tenha eficácia jurídica'. Comumente, prevalece o regime da forma livre. Só excepcionalmente é que a validade de um negócio jurídico fica subordinada ao cumprimento de um determinado rito...*

[545] Luiso, F. P., idem, p. 98.
[546] Luiso, F. P., idem, ibidem.

Mas, livre ou especial, uma forma sempre é necessária para dar corpo à vontade manifestada. É o meio de traduzir o elemento volitivo e imprimir-lhe uma função na ordem jurídica e na vida social. Toda coisa deve civilmente constar a fim de se poder dizê-la civilmente existente. No nosso Direito positivo, portanto, e em face do sistema do Código Civil, duas são as modalidades de formas: a forma livre e a forma especial, advertindo Clóvis não ter mais cabimento a distinção entre formas 'ad solemnitatem' e 'ad probationem'. Entretanto, a despeito de reduzida àquelas duas modalidades, e malgrado dizer-se que a forma livre é a geral e a especial a excepcional, E. Espínola salienta que a série de exceções ao princípio geral contidas no art. 129 é de tal monta e em tão numerosos casos que se poderia dizer regra geral a forma especial e exceção a forma livre...".[547]

Em determinadas circunstâncias, a validade do negócio jurídico depende da forma especial ou excepcional previamente estabelecida em lei (art. 104, inc. III do C.c.brasileiro). Aliás, nos termos do art. 166, inc. IV do C.c.brasileiro, é nulo o negócio jurídico que não revestir a forma prescrita em lei.

Assim, não dispondo a lei em contrário, a escritura pública é essencial à validade dos negócios jurídicos que visem à constituição, transferência, modificação ou renúncia de direitos reais sobre imóveis de valor superior a trinta vezes o maior salário mínimo vigente no País (art. 108 do C.c.brasileiro).

Por outro lado, no negócio jurídico celebrado com a cláusula de não valer sem instrumento público, este é da *substância do ato* (art. 109 do C.c.brasileiro).

Clóvis Beviláqua, comentando o art. 133 do C.c. brasileiro de 1916, o qual tinha a mesma redação do atual art. 109, assim havia se manifestado: *"Instrumento público é o escripto lavrado por official publico, em seu districto, segundo suas attribuições, com as formalidades legaes. São instrumentos públicos: 1º As escripturas lavradas pelos tabeliães, em seus livros de notas, e os traslados, que desse livro se extrahirem. Os cônsules também exercem funcções de notários e de officiaes de registro; 2º Os actos judiciaes; 3º As certidões tiradas dos autos, pelos escrivães; 4º As certidões extraídas dos livros das repartições fiscaes, do registro civil de nascimentos, casamentos e óbitos, e dos outros factos da vida civil; 5º Os instrumentos guardados nos archivos públicos; 6º. Os instrumentos de approvação dos testamentos cerrados; 7º As notas dos corretores, estando os seus livros regularmente escripturados; 8º Os protestos de letras; 9º Os actos authenticos passados em paiz estrangeiro, segundo as leis respectivas, e legalizados pelos cônsules brasileiros".*[548]

No dizer de Miguel Maria de Serpa Lopes, *"instrumentos públicos são os feitos por oficial público, competente em razão do lugar e da matéria, com o preenchimento das*

[547] Serpa Lopes, Maria Miguel de. *Curso de direito civil.* 6ª ed., Vol. I. Rio de Janeiro: Livraria Freitas Bastos S.A., 1988. p. 380.

[548] Bevilaqua, Clóvis. *Código civil dos estados unidos do Brasil comentado.* 6ª ed., Vol. I, Rio de Janeiro: Livraria Francisco Alves, 1940. p. 389.

formalidades inerentes ao ato. Na categoria de instrumentos públicos estão compreendidas em primeiro lugar as escrituras públicas, que são lavradas por tabelião e os traslados extraídos dos seus livros de notas. Igualmente são considerados como tais os atos judiciais e as certidões tiradas dos autos pelos escrivães, certidões extraídas dos livros das repartições ficais etc. A escritura pública, quando da substância do contrato, não pode ser suprida nem mesmo pela confissão da parte. A força probante do instrumento público se estende aos traslados e certidões extraídas, com as formalidades legais, dos livros onde se encontrem, e fazem a mesma prova que estes, desde que firmados por oficial público".[549]

Marcelo Planiol e Jorge Ripert, comentando o direito francês, assim se manifestaram quanto à subordinação voluntária do contrato à redação de um documento notarial:

> *"Quando as partes acordam em redigir um escrito para concluir o contrato, haverá que determinar se sua intenção foi a de subordinar a existência definitiva do contrato à redação daquele: Se se demonstrar tal intenção haverá de ser respeitada e cada uma das partes poderá desistir enquanto não tenha firmado o documento em questão. Porém, não por isso o contrato torna-se convertido em um contrato solene considerando-se a assinatura somente como a manifestação da adesão definitiva por parte do assinante. Com bastante frequência se pactua que o contrato deverá ser realizado em determinada forma; notarial, por exemplo. Porém, também neste aspecto, a finalidade que com isso se persegue pode ser simplesmente a criação de uma prova segura ou a imposição de uma verdadeira solenidade, lícita por outra parte, que será a condição mesma da existência do contrato. O código alemão (parags. 125 e 154) e o suíço das obrigações (art. 16) presume, em caso de dúvida, que o contrato não se concretizou enquanto não redigido o instrumento. Porém, na França, a falta de texto legal nesse sentido, tal presunção seria arbitrária. Por isso, a jurisprudência admite que, em princípio, o contrato é definitivo e não se vinculou à redação de um escrito ou à outorga de um ato notarial, salvo que circunstâncias especiais determinem o contrário, a juízo livre dos tribunais de instância".*[550]

O art. 2.699 do C.c. italiano, assim define a escritura pública: *"A escritura pública é o documento redigido, com as devidas formalidades, por um notário ou por outro oficial público autorizado a atribuir-lhe fé pública no lugar onde o ato é formado".*

Sendo a escritura pública *substância do ato*, ela deve observar, nos termos do art. 215 do C.c. brasileiro, os seguintes requisitos para que tenha valor jurídico probatório:

[549] Serpa Lopes, M. M., op. Cit., p. 382.

[550] Planiol, Marcelo; Ripert, Jorge. *Tratado practico de derecho civil.* Tomo Sexto. Las obrigaciones. Trad. española del Mario Diaz Cruz. Havana: Cultural S.A., 1946. p. 146 e 147.

"Art. 215. A escritura pública, lavrada em notas de tabelião, é documento dotado de fé pública, fazendo prova plena.

§ 1º Salvo quando exigidos por lei outros requisitos, a escritura pública deve conter:

I – data e local de sua realização;

II – reconhecimento da identidade e capacidade das partes e de quantos hajam comparecido ao ato, por si, como representantes, intervenientes ou testemunhas;

III – nome, nacionalidade, estado civil, profissão, domicílio e residência das partes e demais comparecentes, com a indicação, quando necessário, do regime de bens do casamento, nome do outro cônjuge e filiação;

IV – manifestação clara da vontade das partes e dos intervenientes;

V – referência ao cumprimento das exigências legais e fiscais inerentes à legitimidade do ato;

VI – declaração de ter sido lida na presença das partes e demais comparecentes, ou de que todos a leram;

VII – assinatura das partes e dos demais comparecentes, bem como a do tabelião ou seu substituto legal, encerrando o ato.

§ 2º Se algum comparecente não puder ou não souber escrever, outra pessoa capaz assinará por ele, a seu rogo.

§ 3º A escritura será redigida na língua nacional.

§ 4º Se qualquer dos comparecentes não souber a língua nacional e o tabelião não entender o idioma em que se expressa, deverá comparecer tradutor público para servir de intérprete, ou, não o havendo na localidade, outra pessoa capaz que, a juízo do tabelião, tenha idoneidade e conhecimento bastantes.

§ 5º Se algum dos comparecentes não for conhecido do tabelião, nem puder identificar-se por documento, deverão participar do ato pelo menos duas testemunhas que o conheçam e atestem sua identidade".

A autenticidade a e solenidade das escrituras públicas exigem que o instrumento seja lavrado e/ou subscrito pelo tabelião em livro de notas, revestido das formalidades legais. A escritura pública revestida das formalidades legais internas e externas faz prova plena da existência do contrato e dos fatos nela narrados ou certificados pelo notário, passados na sua presença e na das testemunhas.[551]

O instrumento público faz prova plena, não somente entre as partes como, ainda, em relação a terceiros, quanto à existência do ato jurídico e aos fatos certificados pelo oficial público.

[551] CIRIGLIANO, Raphael. *Prova civil – legislação – doutrina – jurisprudência.* Rio de Janeiro: Forense, 1930. p. 80.

A fé pública é o requisito que melhor distingue o documento público do particular, pois faz pressupor o cumprimento das formalidades prescritas para essa espécie de instrumento e que foram ditadas para resguardo de direito. Por sua vez, *"a verdade intrínseca ou a sinceridade do que afirmam os contraentes da obrigação escapa à fé de que goza o tabelião, como se verifica nos casos de erro, dolo, coação, simulação. Não se lhe exige que de fé de um estado de consciência de que não pode estar seguro; e quando perceba sinais que denunciem vícios de consentimento, cumpre-lhe não elaborar o ato".*[552]

A regra geral na avaliação das provas é da livre persuasão racional. Contudo, o próprio C.P.C. traz em seu bojo a aplicação das denominadas provas legais, ou seja, o princípio do livre convencimento encontra limite nas denominadas provas legais. Havendo prova legal, o juiz não poderá deixar de lhe atribuir o valor probante estabelecido pela prova, nem suprir a falta do meio de prova por outro a fim de provar o fato jurídico.

Comoglio, Ferri e Taruffo comentando o artigo 2.699 do C.c.italiano, que trata da escritura pública, preconizam a sua natureza de *prova legal, in verbis*: *"O instrumento público que tenha sido validamente formado nos termos do art. 2.699 da lei reconhece a máxima eficácia probatória, ou seja, o valor de 'prova legal'. Segundo a formulação do art. 2.700 c.c, o instrumento público 'faz prova plena, até eventual arguição de falsidade'.*

À parte a questão da querela de falsidade, isso significa dizer que tal documento é vinculante seja para as partes, seja para o juiz, quanto à veracidade do seu conteúdo. Não é portanto admitida prova contrária, nem o juiz pode avaliar a eficácia da prova segundo o próprio livre convencimento. Todavia, como se costuma dizer, o instrumento público faz prova plena, pelo menos até que seja arguida a querela de falso somente 'do extrínseco', mas não 'do intrínseco'. O art. 2.700 indica de fato e de modo analítico e taxativo quais são as circunstâncias sob as quais explica-se a particular eficácia do instrumento público, ou seja qual é o objeto da prova legal que essa constitui. Tais circunstâncias são: a) a proveniência do documento do oficial público que o há formatado; b) as declarações das partes; c) os outros fatos que o oficial público atesta ocorridos em sua presença, ou por ele cumpridos. Em particular, o instrumento público individualiza com certeza incontestável o autor do ato, a data da sua formação e o lugar em que isso foi formado. Se trata, portanto, essencialmente, da veracidade das declarações que o oficial público realiza, no documento, de acordo com as modalidades com que esse foi formatado e de acordo com os fatos que são verificados durante a sua formação. Assim, por exemplo, pode se tratar de pagamento ou fatos realizados na presença do oficial público, os quais são consignados por este no documento".[553]

[552] Cirigliano, R., idem, p. 81.

[553] Comoglio, Luigi Paolo; Ferri, Corrado; Taruffo, Michele. *Lezioni sul processo civile*. I. Il processo ordinario di cognizione. Bologna: Il Mulino, 2006. p. 469 e 470.

No mesmo sentido é a lição de Francesco P. Luiso sobre a eficácia probatória da escritura pública: *A escritura pública tem fé pública do denominado 'extrínseco', isto é, de tudo isso que o oficial público pode atestar que tenha ocorrido em sua presença, ou que ele devidamente cumpriu. Na presença do oficial público podem ser realizadas também declarações das partes, isto é, o denominado 'intrínseco'. A escritura pública assegura plenamente que um sujeito fez uma declaração, mas a verdade disso que é declarado não é de fato coberto pela fé pública. O oficial público não pode atestar que seja verdadeiro aquilo que as partes lhe tenham declarado, porque não pode entrar na mente de quem fez a declaração. O 'intrínseco' da declaração feita perante o oficial público não é de fato coberto pela fé pública. No caso de se tratar de uma declaração de ciência, o fato declarado se considera plenamente provado se a declaração tem por sua vez a característica de uma prova legal; se, por outro lado, tem uma característica de uma prova livre, vale como prova livre, se, por fim, não tem a característica de uma prova, agora não vale absolutamente nada".*[554]

É importante salientar que há limites de eficácia para a *prova legal*, isto é, o que é coberto pela eficácia da prova legal típica do instrumento público é o fato que tais declarações foram realizadas por determinado sujeito, bem como que o texto de tais declarações foi redigido pelo notário no documento público. O que não é coberto pela eficácia da prova legal é justamente o denominado *intrínseco*, ou seja, a veracidade das declarações realizadas pelas partes perante o oficial público. Assim, por exemplo, se num contrato de compra e venda as partes declaram que o preço da coisa é de R$1.000,00, é coberto pela eficácia da prova legal o fato de que as partes declararam que o preço da coisa é de R$1.000,00, não a veracidade do fato de que o preço acordado seja efetivamente R$1.000,00. Para verificar a correspondência do preço declarado à realidade não há necessidade de se socorrer da querela de falsidade, pois podem ser usadas outras provas. O juiz é livre para apreciar a eficácia probatória do documento público e das outras provas sobre este ponto. Análoga consideração vale em geral para a exata determinação da vontade das partes: isso que o instrumento público acerta de modo vinculante é o texto das declarações que as partes prestaram perante o oficial público, não a sua real vontade: se necessário, esta pode ser demonstrada com qualquer outro meio de prova, e o juiz poderá avaliar tal questão livremente.[555]

No que concerne aos denominados *enunciados ou premissas*, que consistem as declarações de ciência que as partes acrescentam com o fim de esclarecer circunstâncias que precedem a estipulação do ato ou os motivos pelos quais as partes se induzem a cumpri-lo, aplica-se a regra geral sobre a eficácia probatória

[554] Luiso, F. P., op. Cit., p. 98.

[555] Comoglio, L.p.; Ferri, C.; Taruffo, M., op. Cit., p. 470.

da escritura pública. O ato faz prova do fato que estas declarações foram realizadas na presença do oficial público, que atesta a sua efetuação, mas não estende sua eficácia ao conteúdo dessas premissas: a sua veracidade permanece portanto sujeita à livre valoração do juiz.[556]

Art. 407

O documento feito por oficial público incompetente ou sem a observância das formalidades legais, sendo subscrito pelas partes, tem a mesma eficácia probatória do documento particular.

Documento público expedido por oficial incompetente

A mesma regra normativa encontra-se no art. 2.701 do C.c. italiano: *"O documento formado por oficial público incompetente ou incapaz ou sem a observância das formalidades prescritas, se for subscrito pelas partes, tem a mesma eficácia probatória da escritura privada"*.

Segundo estabelece o art. 9º da Lei 8.935/94, *"o tabelião de notas não poderá praticar atos de seu ofício fora do Município para o qual recebeu delegação"*.

Assim, faltando algum elemento essencial para o instrumento público elaborado por oficial público, desde a necessidade de inserção de um determinado requisito (art. 215, §1º, incs. I a VII do C.c.brasileiro), ou mesmo a questão de competência do oficial, tal fato não acarreta a nulidade do documento, mas, sim, a transformação de sua natureza jurídica de documento público para documento particular, desde que seja este documento devidamente subscrito pelas partes e não haja qualquer indício de falsidade.

Conforme anota Francesco P. Luiso, comentando o art. 2.701 do C.c.italiano: *"Em primeiro lugar, a escritura pública deve realizar-se com as formalidades exigidas; na ausência dos requisitos estatuídos no art. 2701 c.c., em virtude da qual poderá a escritura pública não valer como tal em razão de uma série de carência (por exemplo, incompetência do oficial público ou falta de formalidade prescrita), se o ato for subscrito pelas partes, isso terá a eficácia probatória de uma escritura privada, na qual se converte"*.[557]

É importante salientar, contudo, que essa conversão de documento público para particular somente será possível diante de atos que possam ser formados indistintamente por instrumento público ou particular, ou seja, de atos que não

[556] Comoglio, L.p.; Ferri, C.; Taruffo, M., idem, p. 470 e 471.
[557] Luiso, F. P., op. Cit., p. 96.

exigem para sua formação o instrumento público como forma. Se o ato exigir para sua formação a escritura pública como *substância do ato*, nenhuma validade terá a sua transformação, pois o ato não valerá mediante a realização de instrumento particular, salvo as hipóteses em que a lei permite um pré-contrato de natureza particular (compromisso de compra e venda).

Art. 408

As declarações constantes do documento particular escrito e assinado ou somente assinado presumem-se verdadeiras em relação ao signatário.

Parágrafo único. Quando, todavia, contiver declaração de ciência de determinado fato, o documento particular prova a ciência, mas não o fato em si, incumbindo o ônus de prová-lo ao interessado em sua veracidade.

A presunção de veracidade das declarações constantes de documento particular

A mesma regra encontra-se inserida no caput do art. 219 do C.c.brasileiro: *As declarações constantes de documentos assinados presumem-se verdadeiras em relação aos signatários.*

Observa-se uma importante diferença entre a escritura pública e a escritura particular quanto à sua autoria e à sua fidelidade com a veracidade das declarações.

Contudo, nem o nosso código civil e nem o nosso código de processo civil contém uma definição normativa da escritura privada. A relativa noção é por sua vez pressuposta e dada pela definição doutrinária, enquanto a lei se limita a disciplinar a eficácia probatória do documento privado e as técnicas de controle de sua legitimidade.

Na concepção de Comoglio, Ferri e Taruffo, *"a definição da 'escritura privada' se obtém geralmente por exclusão daquela realizada por ato público, pois se trata de um documento escrito que resulta do exercício da autonomia privada, ao invés daquela de uma pública função certificativa".*[558]

A escritura privada é um documento que contém os sinais gráficos enunciativos de manifestações de vontade ou de ciência e se distingue da escritura

[558] Comoglio, L.p.; Ferri, C.; Taruffo, M., op. Cit., p. 474.

pública porque não é formada por um oficial público e de acordo com os requisitos exigidos pela lei, mas é um documento formado 'privadamente'.[559]

Por outro lado, não se pode esquecer o disposto no art. 2.701 do C.c.italiano que corresponde ao atual art. 407 do nosso C.P.C., no sentido de que o ato público inválido porque redigido por um oficial público incompetente ou incapaz, ou sem as formalidades prescritas pela lei, pode ter a mesma eficácia probatória da escritura privada se foi subscrito pelas partes.

Trata-se, portanto, de uma noção muito ampla, que compreende toda a escritura escrita de próprio punho (h*ológrafo)* ou somente subscrita por aqueles que a redigiram.

Os elementos essenciais do escrito privado são *o texto* e a *subscrição.*

O texto pode ter sido elaborado inteiramente de punho pelo próprio sujeito que subscrevera a escritura. Contudo isso não é necessário. Na realidade, o texto pode ser elaborado por qualquer um e de qualquer modo, pois não se detecta quem o redigiu materialmente, mas, sim, que o assume a paternidade através da subscrição (assinatura).

É bem verdade que *"pode acontecer não raramente que a subscrição tenha sido aposta sobre uma folha em branco, sem qualquer texto precedente: trata-se da denominado 'biancosegno' ou 'foglio in bianco', que vem subscrito por um sujeito que entende de atribuir a si mesmo a paternidade das declarações que serão escritas sucessivamente por outro sobre aquele papel. De regra, isso ocorre sobre a base de um específico 'pacto de preenchimento' ou seja de um acordo sobre declarações que deverão ser escritas na folha preventivamente assinada".*[560]

A subscrição tem uma importância essencial na escritura privada, pois somente excepcionalmente a lei reconhece de fato qualquer eficácia probatória a documentos privados não subscritos.[561]

O problema prejudicial que se coloca para a escritura privada é justamente o de se estabelecer a quem é imputável o conteúdo declarativo do escrito. Trata-se de verificar de quem provem a declaração documentada, mas, naturalmente, não se leva geralmente em consideração quem redigiu materialmente o documento

[559] Luiso, F. P., op. cit., p. 103.

[560] Comoglio, L.p.; Ferri, C.; Taruffo, M., op. cit., p. 474.

[561] "Somente excepcionalmente a lei equipara à escritura privada particular típicos documentos sem subscrição, porque o sujeito que lhe é o autor surge comumente identificável. Trata-se das 'cartas e registros domésticos', que fazem prova contra quem lhes subscreveu quando enunciam expressamente um pagamento recebido ou contenham a menção expressa que a anotação foi feita para suprir à falta de um ´titulo em favor do credor (art. 2.707 do C.c.italiano). (Comoglio, L.p.; Ferri, C.; Taruffo, M., idem, p. 475.

(salvo exceções: por exemplo, o testamento hológrafo). O texto do escrito pode ser predisposto por outro sujeito ou por impressão mecânica. O problema é se realmente determinado sujeito faz suas as declarações documentadas.[562]

A forma tradicional pela qual determinada pessoa assuma como própria as declarações inseridas na escritura privada é justamente a *subscrição*.

Na comum experiência, aquele que subscreve um texto naturalmente se apropria do seu conteúdo. Assim, *"a imputabilidade do conteúdo da escritura privada é solucionada pelo ordenamento por meio da subscrição: as declarações contidas na escritura privada são imputáveis não àquele que a redigiu, mas sim àquele que a subscreveu, tendo em vista que com a subscrição fez suas as declarações inseridas no documento"*.[563]

Comumente, a subscrição apresenta uma dúplice função: *indicativa* e *declarativa*. A função *indicativa* serve para individuar o autor do documento (ainda que aquele que o subscreveu possa não ser aquele que o tenha materialmente escrito). A subscrição deve ser idônea para desenvolver tal função, ou então ser legível, ou ao menos idônea para a individualização do sujeito. Não é idônea a inserção de um "X" ou no caso do analfabeto a subscrição copiando ou desenhando a própria firma de um modelo predisposto por outro. A função *declarativa* da subscrição se tem enquanto aquele que subscreve uma escritura assume *a paternidade* das declarações que o texto contém. Essa estabelece portanto a proveniência das declarações do sujeito que subscreveu o documento.[564]

Os critérios para se verificar a legitimidade da subscrição são três: a) o reconhecimento; b) a autenticação; c) a verificação da subscrição. O *reconhecimento pode ser expresso ou tácito*. É expresso quando a parte expressamente reconhece como sua a subscrição. O reconhecimento tácito ocorre quando a subscrição de um documento é indicada a determinada pessoa e esta não impugna essa indicação. De fato, neste caso a parte deve negar formalmente que a subscrição provenha de seu punho. A autenticação da subscrição se tem quando é inserida em presença de um oficial público, o qual previamente identificou o sujeito que a subscreve. O oficial público não se limita a atestar que aquela é a subscrição de um certo sujeito, mas atesta alguma coisa mais, isto é, que a subscrição foi inserida em sua presença por um sujeito cuja identidade ele reconhece; isso gera certeza à subscrição, sendo o conteúdo da declaração devidamente imputado ao sujeito que parece tê-la subscrito. É importante salientar que mesmo com a autenticação da subscrição, a escritura privada não perde essa característica, ou seja, não se transforma num documento público. Por outro lado, a autenticação

562 Luiso, F. P., op. Cit., p. 103.

563 Luiso, F.P., idem, ibidem.

564 Comoglio, L.p.; Ferri, C.; Taruffo, M., op. Cit., p. 474 e 475.

constituiu sim um ato público, razão pela qual se o interessado deseja sustentar que não subscreveu o ato, deverá utilizar da arguição de falsidade documental. A terceira forma de reconhecer a legitimidade da subscrição é a *verificação*, a qual ocorre quando a assinatura é contestada por alguém. Essa verificação poderá ocorrer incidentalmente ao processo em que se discute a questão principal ou mesmo de forma antecedente. Na realidade, pode ser proposta uma demanda autônoma para verificar a legitimidade da subscrição no documento. O processo de verificação se desenvolve normalmente por meio de uma perícia técnica, ou seja, utilizando-se de um perito em grafia e por meio de comparação entre assinaturas. Se falta documentos para realizar a comparação, a parte que nega sua assinatura deverá fornecer material gráfico para a perícia grafotécnica.[565]

É importante salientar que o art. 408 do atual C.P.C. diz que as declarações constantes do documento particular escrito e assinado ou somente assinado *presumem-se verdadeiras em relação ao signatário.*

Essa presunção é naturalmente *iuris tantum*, ou seja, é uma presunção que admite prova em contrário.

Outrossim, essa presunção denota que se está diante de uma *prova legal*, assim como ocorre com a escritura pública. Tanto é, que somente se poderá refutar a escritura particular quando instaurado o instituto da arguição da falsidade, assim como ocorre com o documento público. A querela de falsidade do documento particular apresenta os mesmos requisitos da querela de falsidade do documento público. Evidentemente que essa querela está limitada apenas à proveniência das declarações contidas no documento que foi subscrito por determinada pessoa. Tal eficácia probatória não abrange o conteúdo ou a veracidade das declarações, nem com maior razão outras circunstâncias como a real vontade ou as intenções de quem a formulou. Isso implica uma importante consequência, ou seja, que a veracidade das declarações documentadas em uma escritura privada pode ser contestada com o emprego de qualquer meio de prova, se for necessário, a instauração de falso documental.[566]

O *parágrafo único do art. 408* do atual C.P.C. estabelece que *quando, todavia, contiver declaração de ciência de determinado fato, o documento particular prova a ciência, mas não o fato em si, incumbindo o ônus de prová-lo ao interessado em sua veracidade.*

A mesma regra normativa encontra-se no parágrafo único do art. 219 do C.c.brasileiro: "*Não tendo relação direta, porém, com as disposições principais ou com a legitimidade das partes, as declarações enunciativas não eximem os interessados em sua veracidade do ônus de prová-las*".

[565] Luiso, F. P., op. Cit., p. 104, 105 e 107.

[566] Comoglio, L.P.; Ferri, C.; Taruffo, M., op. Cit., p. 476.

Neste parágrafo único não se está diante de uma declaração referente ao presente em direção ao futuro, mas, sim, uma declaração direcionada ao passado, mais precisamente à ciência de determinado fato que ocorrera no passado.

Está-se diante de uma declaração meramente *enunciativa.*

A presunção de veracidade estabelecida no *caput* do dispositivo não se aplica ao seu *parágrafo único*, ou seja, não se aplica às declarações meramente enunciativas.

Essa declaração enunciativa prova apenas a declaração de ciência, mas não fato objeto da ciência. Por isso, se qualquer pessoa tiver interesse em comprovar o fato objeto da ciência, deverá valer-se das provas necessárias para tal comprovação.

Assim, *"as declarações que se presumem verdadeiras são as dispositivas e enunciativas diretas. As enunciativas indiretas, máxime quando apenas referentes à 'ciência relativa a determinado fato', valem como simples declarações, e como tais são havidas provadas. O fato declarado, entretanto, depende de prova pelos meios regulares, recaindo o ônus da prova em quem seja interessado na sua veracidade".*[567]

Art. 409

A data do documento particular, quando a seu respeito surgir dúvida ou impugnação entre os litigantes, provar-se-á por todos os meios de direito.

Parágrafo único. Em relação a terceiros, considerar-se-á datado o documento particular:

I – no dia em que foi registrado;

II – desde a morte de algum dos signatários;

III – a partir da impossibilidade física que sobreveio a qualquer dos signatários;

IV – da sua apresentação em repartição pública ou em juízo;

V – do ato ou do fato que estabeleça, de modo certo, a anterioridade da formação do documento.

Prova da data do documento particular

Sobre a data do documento, prescreve o art. 2.704 do C.c.italiano:

[567] SANTOS, M. A., op. Cit., p. 181.

"Data da escritura privada no confronto com os terceiros.

A data da escritura privada em que não foi autenticada a subscrição e não é certa é computada em relação aos terceiros, do dia em que a escritura foi registrada ou do dia da morte ou da superveniência de impossibilidade física daquele ou de um daqueles que a subscreverão ou do dia em que o conteúdo da escritura foi reproduzido em atos públicos ou, enfim, do dia em que se verifica um que estabeleça de modo igualmente certo a anterioridade da formação do documento.

A data da escritura privada que contém declarações unilaterais não destinadas à pessoa determinada pode ser acertada com qualquer meio de prova.

Para o acertamento da data nos documentos de quitações, o juiz, tendo conta das circunstâncias, pode admitir qualquer meio de prova".

Um primeiro ponto a ser dirimido em relação ao disposto no art. 409 do atual C.P.C. diz respeito ao fato de que *não é elemento essencial* da escritura privada a inserção do *local e da data* de sua elaboração ou subscrição.

Se necessário, e se esses elementos não forem indicados na escritura, poderão ser obtidos por qualquer elemento idôneo de prova.

Eventual indicação da data e do local na escritura tem entre as partes a mesma força declarativa das outras declarações nela inserida.

Por isso, o reconhecimento e a verificação da escritura privada dão certeza da proveniência das declarações e, se isso também é atestado na escritura, que as declarações foram feitas naquela certa data. Não significa que a escritura deve reportar-se a determinada data. Contudo, se o faz, também aquela data é acertada como eficácia de prova legal. Naturalmente, a data da escritura privada é acertada com eficácia de prova legal somente entre as partes entre as quais a escritura privada forma prova.[568]

Já em relação aos terceiros, a data indicada no documento não tem valor probante, salvo se ele for registrado, conforme estabelece o art. 221 do C.c.brasileiro, *in verbis*:

"Art. 221. O instrumento particular, feito e assinado, ou somente assinado por quem esteja na livre disposição e administração de seus bens, prova as obrigações convencionais de qualquer valor; mas os seus efeitos, bem como os da cessão, não se operam, a respeito de terceiros, antes de registrado no registro público.

Parágrafo único. A prova do instrumento particular pode suprir-se pelas outras de caráter legal".

[568] Luiso, F. P., idem., p. 110.

Essa exigência de que a escritura privada tenha data certa em relação aos terceiros decorre, evidentemente, da possibilidade de *retrodatazione*. Segundo anota Francesco P. Luiso, *"O inconveniente, cuja data certa resolve o problema, consiste no fato de que, para produzir determinado efeito em relação a terceiros, pode ser relevante que num determinado dia a escritura passe a existir. As partes poderiam por sua vez colocar-se de acordo e redigir hoje a escritura, retrodatando-a, porém, por exemplo, com a data de um ano atrás, de modo a dar por certo que há um ano atrás a escritura já se encontrava formada. Isso significaria dar às partes um instrumento para fazer ocorrer ao menos retroativamente efeitos que, segundo as regras do ordenamento jurídico, já eram produzidos em favor de terceiros".*[569]

Segundo estabelece o *parágrafo único do art. 409* do atual C.P.C., *em relação a terceiros, considerar-se-á datado o documento particular: I – no dia em que foi registrado; II – desde a morte de algum dos signatários; III – a partir da impossibilidade física que sobreveio a qualquer dos signatários; IV – da sua apresentação em repartição pública ou em juízo; V – do ato ou do fato que estabeleça, de modo certo, a anterioridade da formação do documento.*

Assim, se a escritura privada não apresentar data específica, a data a ser considerada será de acordo com as hipóteses previstas no p.u. do art. 409 do atual C.P.C.

A veracidade da indicação do local e data pode ser contestada por qualquer meio idôneo de prova.

Por isso, havendo dúvida quanto à data e o local da escritura privada entre os signatários do documento, tais circunstâncias poderão ser provadas por qualquer meio de prova, sem que a ausência acarrete a nulidade do documento. Em primeiro lugar a escritura pode estar registrada ou autenticada, sendo este o dia de sua formação. Com a autenticação, o tabelião atesta não apenas que a subscrição foi aposta por determinado sujeito mas também que esta foi aposta em certo dia. O documento também pode ser registrado no Cartório de títulos e documentos, sendo a data do registro aquela que irá informa o dia em que o documento foi formado. Em segundo lugar, pode sobrevir um evento que dá certeza que escritura não poderia ser formada sucessivamente, como, por exemplo, a morte ou a impossibilidade física que sobrevenha a qualquer dos signatários. Se a escritura porta a subscrição também daquele sujeito, isso significa dizer que a escritura necessariamente já tinha sido formada antes que ocorresse a impossibilidade física. Em terceiro lugar, a data poderá ser considerada a partir do momento da apresentação em qualquer repartição pública ou em juízo da

[569] Luiso, F. P., idem, ibidem.

escritura privada. E, por último, a data pode ser constituída por meio de ato ou fato que estabeleça, de certo modo, a anterioridade da formação do documento.

Art. 410

Considera-se autor do documento particular:

I – aquele que o fez e o assinou;

II – aquele por conta de quem foi feito, estando assinado;

III – aquele que, mandando compô-lo, não o firmou porque, conforme a experiência comum, não se costuma assinar, como livros empresariais e assentos domésticos.

Prova da autoria do documento particular

A qualidade do sujeito (autor) do documento apresenta essencial importância no que concerne à sua veracidade.

Segundo o art. 410 do atual C.P.C, o momento crítico para a conformidade com a verdade (fidelidade) do documento é justamente o ato de sua formação, que, de regra, é representada por aquele que o fez e o assinou.

Também se considera autor do documento particular aquele por conta de quem foi feito, desde que esteja assinado.

Assim, para perfeição e validade do escrito particular basta que a parte lance de seu punho a *assinatura*, a menos que se esteja diante de um documento *hológrafo*, como o testamento.[570]

Da mesma forma, considera-se autor do documento aquele que mandando compô-lo não o firmou, porque, conforme a experiência comum não se costuma assinar, como *livros empresariais e assentos domésticos*.

Só excepcionalmente a lei equipara à escritura privada particular tipos de documentos privados de subscrição, porque o sujeito que lhe é o autor aparece de todo modo plenamente identificável. Trata-se das *cartas e registros domésticos* que fazem prova contra quem lhe escreveu quando enunciam expressamente um pagamento recebido ou contenham a menção expressa de que a anotação foi feita para suprir a falta de um título favorável ao credor. A razão da limitação objetiva da eficácia probatória é clara: deseja-se evitar que o autor destas

[570] Chiovenda, Giuseppe. *Instituições de direito processual civil.* Trad. J. Guimarães Menegale. Vol. III. São Paulo: Saraiva, 1965. p. 132.

escrituras crie prova em próprio favor, e, por outro lado, se reconheça eficácia probatória à declaração *lato senso* confessória.[571]

Conforme ensina Giuseppe Chiovenda, *"normalmente um escrito proveniente de uma só parte não pode provar a seu favor a existência de um crédito ou outro direito, ressalvadas sempre as presunções que possam decorrer do fato de existir o escrito. Há, contudo, exceções: por exemplo, os livros dos comerciantes fazem prova entre comerciantes em matéria de comércio, desde que mantidos regularmente (art. 48, Cód. Com.); e, em relação aos não comerciantes, constituem de qualquer modo uma 'semiplena probatio' que autoriza o juiz a deferir de ofício o juramento a uma ou outra parte (art. 1.328). De tal sorte que, se a parte, a cujos livros a outra oferece prestar fé, se recusa a apresentá-los, pode o juiz deferir a esta o juramento sobre o objeto disputado (art. 51, Cód. Comercial). Em qualquer caso, os livros dos comerciantes fazem prova contra eles, na forma em que se encontrem; mas aquele que pretende tirar vantagem disso, não lhes pode cindir o conteúdo (art. 1.329, Cód. Civil, art. 50, Cód. Comercial).*

Pelo contrário, os registros e papéis domésticos não fazem prova 'a favor' de quem os escreveu, mas o fazem 'contra' ele quando enunciam formalmente o recibo de um pagamento, e quando contém expressa menção de que a nota foi redigida para suprir a carência de título a favor do credor (art. 1.330)".[572]

No que concerne aos registros domésticos, estabelece o art. *412 do atual C.P.C.:*

> *Art. 412. As cartas e os registros domésticos provam contra quem os escreveu quando:*
>
> *I – enunciam o recebimento de um crédito;*
>
> *II – contêm anotação que visa a suprir a falta de título em favor de quem é apontado como credor;*
>
> *III – expressam conhecimento de fatos para os quais não se exija determinada prova.*

Não há dúvida de que os livros empresariais e os assentos domésticos muitas vezes são confeccionados por terceiros a pedido do seu real autor, sendo que de regra esses documentos não costumam ser assinados, razão pela qual eles fazem prova contra o seu autor. Já se forem utilizados para fazer prova a favor de seu autor, deverão estar amparados por outros meios de prova que demonstrem a efetiva existência da situação favorável.

Assim, se redige uma carta ao seu cliente ou pede que outrem o faça (uma secretária), ele será o autor do documento para todos os efeitos legais.

[571] Comoglio, L.p.; Ferri, C.; Taruffo, M., op. Cit., p. 475.

[572] Chiovenda, G., op. Cit., p. 133.

Isso também se apresenta nas denominadas comunicações eletrônicas, como é o caso dos e-mails.

Sobre os livros e escrituras contábeis, lecionam Comoglio, Ferri e Taruffo: *"Escrituras privadas não subscritas são também 'os livros e as escriturais contábeis' das empresas. O art. 2.709 c.c.italiano prevê que estes documentos façam prova contra o empresário, mas estabelece que quem entende deles tirar vantagem não pode cindir o seu conteúdo, assumindo eventuais consequências que emergem dos dados a ele desfavoráveis. A jurisprudência italiana interpreta esta norma de modo extensivo e reconhece valor de prova a todos os livros pertencentes ao empresário, compreendidos também aqueles não obrigatórios e aqueles não regularmente exigidos; o mesmo critério vale para todas as escrituras relativas à administração da empresa. A eficácia probatória de todas estas escrituras está sujeita à análise discricionária do juiz".*[573]

Art. 411

Considera-se autêntico o documento quando:

I – o tabelião reconhecer a firma do signatário;

II – a autoria estiver identificada por qualquer outro meio legal de certificação, inclusive eletrônico, nos termos da lei;

III – não houver impugnação da parte contra quem foi produzido o documento.

Prova da autenticidade do documento

Norma similar encontra-se no art. 2.703 do C.c.italiano, a saber:

> *"Art. 2.703. (Subscrição autenticada)*
>
> *Se tem por reconhecida a subscrição autenticada por notário ou por outro oficial público a isso autorizado. A autenticação consiste na atestação por parte do oficial público que a subscrição foi inserida na sua presença. O oficial público deve previamente verificar a identidade da pessoa que subscreve".*

Sobre o tema, estabelece o art. 2.702 do C.c. italiano: *"A escritura privada faz prova plena, até a querela de falso, da proveniência das declarações de quem a subscreveu, se aquele contra quem a escritura foi produzida reconhece a sua subscrição, ou se esta é legalmente considerada como reconhecida".*

[573] Comoglio, L.p.; Ferri, C.; Taruffo, M., op. Cit., p. 475.

Por sua vez, preceituam os art.s. 214 e 215 do Código de Processo Civil italiano:

> *"Art. 214 (Desconhecimento da escritura privada)*
> *Aquele contra o qual é produzida uma escritura privada, se entende desconhecê-la, é obrigado a negar formalmente a própria escritura ou a própria subscrição.*
> *Os herdeiros ou cessionários podem limitar-se a declarar desconhecer a escritura ou a subscrição de seu autor.*
> *Art. 215. (Reconhecimento tácito da escritura privada)*
> *A escritura privada produzida em juízo se tem por reconhecida:*
> *1) se a parte, à qual a escritura é atribuía ou contra a qual é produzida, é revel, salvo a disposição do art. 293 inc. III;*
> *2) se a parte, ao comparecer, não a desconhece ou não declara de não conhecê-la na primeira audiência ou na primeira resposta sucessiva à produção.*
> *Quando nos casos admitidos pela lei a escritura for produzida em cópia autenticada, o juiz instrutor pode conceder um prazo para que a parte delibere sobre isso nos moldes do número 2".*

O art. 411 do atual C.P.C. trata de um problema ligado à autoria do documento que é a *autenticidade.*

Por autenticidade se entende a certeza de que o documento foi efetivamente elaborado por aquele que o subscreveu.

Sobre a autenticidade documental, ensina Francesco Carnelutti: *"A circunstância de que o documento autógrafo subscrito represente o fato de sua formação, isto é, enquanto sua forma mais importante, ou seja, o fato da declaração por parte do autor, isso não quer dizer, por si só, que este fato seja verdadeiro. Não é necessário repetir novamente que a verdade do fato representado não é, de modo algum, um pressuposto da representação em geral nem da representação documental em especial. Da mesma forma, a indicação do autor do documento e, em especial modo, a subscrição não devem confundir-se com a verdade da indicação do autor e em particular da subscrição, já que esta, ainda que sendo falsa, completa o documento, posto que a falsidade não impede que o documento exista. A verdade da indicação do autor e, singularmente, da subscrição, isto é, a correspondência entre o autor 'aparente' e o autor 'real', denomina-se 'autenticidade' do documento. A autenticidade é a verdade do documento autógrafo".*[574]

Desta forma, não obstante o documento autógrafo represente o seu autor, isso não significa dizer que ele tenha eficácia para prová-lo, ou seja, que apre-

[574] Carnelutti, F., op. cit., p. 169.

sente fé pública sobre tal circunstância. Apenas significa dizer que *pode ser*, segundo as regras do direito positivo, *que* a paternidade do documento seja de seu autor.

É bem verdade que a *paternidade* do documento é demonstrada pela simples subscrição do texto, independentemente de qualquer autenticação proveniente de oficial público. Conforme ensina Emilio Betti: "*Autor do documento é aquele cuja a ordem jurídica refere o fato jurídico da formação, e portanto atribui a paternidade do documento. Para tal atribuição não se exige que da pessoa provenha também o fato material da formação: já que basta que se acredite que este ocorreu por conta dela. Tal ilação encontra normalmente a sua base necessária e suficiente no fato da 'subscrição': cujo valor é por certo aquele de designar (representar) o autor do documento, permitindo também demonstrar que os caracteres constituintes do texto foram escritos por quem o subscreveu.*

Segundo os princípios, quando uma escritura é subscrita (assinada), o simples fato da subscrição – sempre que esse não seja contestado – deverá fazer fé de que provem do signatário. Deverá fazer fé seja no sentido de que outra coisa não se necessitará para demonstrar que o seu signatário é o autor, seja no sentido de que outra coisa não serviria para desmentir essa necessária ilação e demonstrar o contrário. Em consequência, não deverá ser consentida, para o fim de excluir a paternidade do documento, a prova de que a assinatura foi lançada sem ter tomado conhecimento do seu conteúdo ou foi posta em papel em branco, salvo apenas a prova da falsidade".[575]

O novo C.P.C. apresenta essa mesma regra em seu artigo art. 408, ao estabelecer que as declarações constantes do documento particular escrito e assinado ou somente assinado presumem-se verdadeiras em relação ao signatário.

Num sentido amplo, dizem-se *autênticos* todos os documentos que têm em si próprios essa eficácia, qual seja, a coincidência entre o autor aparente e o autor real. Já num sentido estrito, dizem-se *autênticos* os documentos *públicos*. Contudo, como os documentos privados não têm aquela eficácia, sua 'autenticidade', quando reclamada, ou se contestada, exigirá prova que é admitida por todos os meios de direito. Provada a autenticidade, fala-se em documento 'autenticado'.[576]

A autenticidade do documento também se dá quando a autoria estiver identificada por qualquer outro meio legal de certificação, inclusive eletrônicos, nos termos da lei. Isso é muito comum em relação à autoria das petições formuladas em processo eletrônico, cuja assinatura ocorre por certificação eletrônica.

Também a autenticidade do documento ocorre quando não houver impugnação da parte contra quem este documento foi produzido. Sem dúvida, o maior interessado na autenticidade do documento é aquele contra quem o documento

[575] Betti, E., op. cit., p. 358 e 359.
[576] Santos, M. A., op. Cit., p. 165.

foi produzido. Se o próprio interessado, desde que maior, não impugnar o documento, a autenticidade deve prevalecer para todos os efeitos legais.

Contudo, a autenticação da subscrição pelo notário permite maior segurança (fé pública) de que aquele documento é autêntico. Na realidade, *"há prova documental da proveniência do documento, quando a escritura privada for autenticada, isto é, garantida por um 'certificado de autenticação' da subscrição: certificado, que constituiu um documento daqueles nitidamente distinto e precisamente, porque provem de um oficial público como o notário, um documento oficial. Dispõe a propósito o* (antigo) *art. 1.323 c.civ.* (italiano): *"Se tem por reconhecidas as subscrições autenticadas pelos notários. O notário não autenticará as subscrições que não sejam apostas na sua presença e de duas testemunhas, precedendo ao acerto da identificação das pessoas contraentes... Formado com a observância de tais garantias, o certificado de autenticação tem fé pública não somente do próprio autor, mas também do autor da escritura na qual consente. De tal maneira, a) quem deseja impugnar a autenticidade de uma escritura privada autenticada, tem o ônus da querela de falsidade que não é diversa daquele que deseja impugnar um documento público".*[577]

Conforme já teve oportunidade de afirmar Francesco P. Luiso, *"a autenticação da subscrição se tem quando essa é aposta em presença de um oficial público, o qual previamente há identificado o sujeito que a subscreve (art. 2.703 c.c.) O oficial público não se limita a atestar que aquela é a subscrição de um determinado sujeito, mas atesta algo mais, isto é, que a subscrição foi aposta em sua presença por um sujeito cuja identidade ele está certo; isto dá certeza da subscrição, e por isso o conteúdo da declaração é imputado ao sujeito que parece tê-la subscrita".*[578]

Os serviços notariais destinam a dar autenticidade e segurança aos atos jurídicos, e são dotados de fé pública, nos termos do art. 1º e 2º da Lei 8.935/94, *in verbis*:

> *"Art. 1º serviços notarias e de registro são os de organização técnica e administrativa destinados a garantir a publicidade, autenticidade, segurança e eficácia dos atos jurídicos.*
>
> *Art. 2º Notário, ou tabelião, e oficial de registro, ou registrador, são profissionais do direito, dotados de fé pública, a quem é delegado o exercício da atividade notarial e de registro".*

Além do mais, compete exclusivamente aos tabeliães, nos termos do art. 7º da Lei 8.935/94, *reconhecer firmas e autenticar cópias.*

[577] Betti, E., idem, p. 361 e 362

[578] Luiso, F. P., op. Cit., p. 105.

Por fim, preconiza o art. 9º do Decreto 6.932, de 11 de agosto de 2009, que dispõe sobre a simplificação do atendimento público ao cidadão, ratifica e dispensa do reconhecimento de firma em documentos produzidos no Brasil, institui a 'Carta de Serviço do Cidadão' e dá outras providências: *"Salvo na existência de dúvida fundada quanto à autenticidade e no caso de imposição legal, fica dispensado o reconhecimento de firma em qualquer documento produzido no Brasil destinado a fazer prova junto a órgãos e entidades da administração pública federal, quando assinado perante o servidor público a quem deva ser apresentado"*.

Art. 412

O documento particular de cuja autenticidade não se duvida prova que o seu autor fez a declaração que lhe é atribuída.

Parágrafo único. O documento particular admitido expressa ou tacitamente é indivisível, sendo vedado à parte que pretende utilizar-se dele aceitar os fatos que lhe são favoráveis e recusar os que são contrários ao seu interesse, salvo se provar que estes não ocorreram.

Documento particular – autenticidade de que não se duvida

Estabelece o art. 412 do novo C.P.C. que *o documento particular de cuja autenticidade não se duvida prova que o seu autor fez a declaração que lhe é atribuída.*

Se a parte reconhecer a autenticidade do documento de forma expressa ou tácita (mediante o silêncio), isso significa que não há dúvida quanto à sua autenticidade e quanto ao autor das declarações nele inseridas.

Esta regra normativa encontra-se também prevista no art. 2.702 do C.c.italiano, *in verbis*: *"A escritura privada faz prova plena, até eventual querela de falso, da proveniência das declarações e de que a subscreveu, se aquele contra o qual a escritura foi produzida nela reconheça sua subscrição, ou se este é legalmente considerada como reconhecida"*.

Conforme anota Francesco Carnelutti, *"a) O primeiro ponto em relação ao qual se separam a regulamentação dos atos públicos e das escrituras particulares, é o que se refere 'a autenticidade' ou, melhor dizendo, à 'prova do autor'; existe a este respeito entre as duas categorias, mais do que uma diferença, uma oposição; b) O ato público 'faz fé de seu autor'; em outras palavras, não necessita nada mais o juiz a fim de ter por certo que o documento provém daquele que indica como autor; para tal fim o documento público é sempre, de acordo com as normas de sua formação, um documento 'nominal'. Esta regra não está enunciada pela lei, mas deriva-se 'a contrariis' das disposições ditadas para as escrituras privadas, cuja autenticidade deve ser provada por meio de provas estranhas à própria escritura... Por isso, o ato público designa-se também, por antonomásia, como 'ato autêntico'; mas a noção de ato autêntico é mais ampla do que a do ato público, posto que abrange todo ato cuja autenticidade, reconhecida ou verificada; c) Diferentemente do ato público, a escritura particular 'não prova sua autoria'; isto quer dizer que a demonstração de sua procedência, enquanto seja controvertida, deve ser realizada com provas estranhas à própria escritura. Naturalmente, a prova da autenticidade deve ser realizada somente se em torno a esta questão não houver acordo entre as partes; não haveria, com efeito, razão alguma para derrogar a regra segundo a qual, quando à afirmação de uma parte corresponder a admissão da outra, a prova não seja necessária; por isso, o art.2.702 equipara a escritura reconhecida à escritura autêntica; a hipótese do reconhecimento resolve-se exatamente na admissão da afirmação relativa à procedência da escritura".*[579]

Se houver admissão tácita ou expressa da escritura privada, não é necessário nada mais para que o juiz deva considerar a autenticidade do documento. Compreende-se que a admissão da autenticidade equivale à admissão dos fatos que de acordo com a lei constituem a prova da autenticidade.

É importante salientar que em nosso sistema jurídico a autenticidade se faz induvidosa de duas maneiras: a) pela *autenticação*, que é o ato do tabelião quando reconhece a firma do signatário, declarando que foi aposta na sua presença; b) pelo *reconhecimento* da parte.

No segundo caso, *"tratando-se de 'reconhecimento total', isto é, concernente à autenticidade da assinatura e à veracidade do contexto, igualmente, como no caso anterior, a regra se faz logicamente aplicável. Mas, tratando-se de 'reconhecimento parcial' no concernente à 'veracidade do contexto', embora a autenticidade da assinatura seja induvidosa, a prova das declarações e, pois, dos fatos impugnados, fica para ser produzida pelos meios ordinários. Nesse caso se nos afiguram mais jurídicas a inteligência e a prática do direito italiano, conforme o qual 'o conteúdo da escritura é objeto de apreciação pelo juiz juntamente com todas as outras provas existentes'. Nesta hipótese, compete ao impugnante promover a prova da inveracidade do contexto, quando for o caso..."*.[580]

Preceitua o *parágrafo único* do *art. 412* do atual C.P.C. que *o documento particular admitido expressa ou tacitamente é indivisível, sendo vedado à parte que pretende utilizar-se dele aceitar os fatos que lhe são favoráveis e recusar os que são contrários ao seu interesse, salvo se provar que estes não ocorreram.*

Evidentemente que a parte que deseja utilizar-se de um determinado documento, cuja autenticidade não foi contestada, seja de forma expressa ou tácita, não poderá fazê-lo por partes, ou seja, não poderá pleitear a divisão dos fatos

[579] CARNELUTTI, Francesco. *Sistema de direito processual civil.* Vol. II. São Paulo: Classic. Book, 2000. p. 620 e 621.
[580] SANTOS, M. A., op. Cit. P. 191.

constantes, ou seja, aceitar os fatos que lhe são favoráveis e recusar os que são contrários ao seu interesse.

A única forma de a parte ter sucesso na divisão dos fatos é provando que eles não ocorreram, podendo utilizar de todos os meios de prova para demonstrar suas alegações, inclusive suscitando a nulidade parcial do documento.

Art. 413

O telegrama, o radiograma ou qualquer outro meio de transmissão tem a mesma força probatória do documento particular se o original constante da estação expedidora tiver sido assinado pelo remetente.

Parágrafo único. A firma do remetente poderá ser reconhecida pelo tabelião, declarando-se essa circunstância no original depositado na estação expedidora.

Força probatória do telegrama, radiograma ou qualquer outro meio de transmissão

A mesma regra normativa encontra-se no art. 2.705 do C.c. italiano: "*O telegrama tem eficácia probatória da escritura privada, se o original consignado no escritório de emissão tenha sido subscrito pelo emitente, ou se foi consignado o fato de que foi o próprio emitente que o postou, ainda que sem assinatura. A subscrição pode ser autenticada pelo notário. Se a identidade da pessoa que subscreveu o original do telegrama foi acertada nos modos estabelecidos pelos regulamentos, é admitida a prova contrária. O emitente pode fazer indicar no telegrama se o original foi firmado com ou sem autenticação*".

É necessário, em primeiro lugar, distinguir entre o *despacho* ou *original* e o telegrama propriamente dito.

Despacho ou original é a minuta escrita e entregue à estação emissora, para que ela possa emitir o telegrama ao destinatário.

O *telegrama*, por sua vez, é a cópia da tradução do despacho pela estação receptora.

Sobre a natureza jurídica do *telegrama*, já teve oportunidade de ensinar o saudoso J. X. Carvalho de Mendonça: "*O telegrama é caso típico de manifestação de vontade por meio de intermediário. É um dos meios mais rápido para a formação dos contratos por correspondência. O que dizemos do telegrama aplica-se ao cabograma e ao radiograma. A carta-missiva chega às mãos do destinatário com a assinatura exarada diretamente pelo remetente; o telegrama, porém, não é outra coisa que a cópia da tradução do despacho original, transmitido por meio de instrumentos especiais, ficando arquivado na estação telegráfica transmissora. Note-se bem, o telegrama é a 'cópia da tradução' do despacho pela estação receptora; não é 'cópia do original', assinado pelo expedidor, e entregue na estação transmissora. Se ao menos os encarregados da transmissão e da recepção fossem depositários da fé pública, poderiam autenticá-lo; mas, não o sendo, o telegrama fica sempre dependente da prova da autenticidade, quando contestada".*[581]

Entende-se por radiograma o telegrama sem fio, ou seja, o telegrama emitido via rádio.

Já os outros meios de transmissão que se pode observar seriam: o fax, o e-mail, o torpedo etc.

Sobre o telex e o fax adverte o autor italiano Francesco P. Luiso: *"Para o telex e o fax se põe o problema da individualização do lugar do qual partiu e do qual em que é recebido. Isso é possível enquanto o sistema de transmissão atesta o dia, a hora, o número do telefone do emitente e do destinatário do fax, e o número do aparelho que transmite e daquele que recebe o telex. Necessita pois avaliar se se pode estabelecer com suficiente segurança e certeza de qual sujeito foi expedido e por qual sujeito foi recebido. O telex e o fax deixam de certa forma a incerteza sobre fato de serem estados expedidos próprio por um determinado sujeito e recebido por um outro. Evidentemente que não se tem uma prova legal em nenhum desses casos e é necessário avaliar, todas as vezes, a qual conclusão necessita-se chegar acerca da pessoa do emitente e da do destinatário. Estes meios fornecem, de fato, a certeza dos aparelhos transmitentes e recebedores, mas não das pessoas que utilizaram o aparelho".*[582]

Para que o telegrama, o radiograma ou qualquer outro meio de transmissão tenha a força probatória do documento particular, é necessário que o original constante da estação expedidora tenha sido assinado pelo remetente. Se não houver a assinatura no original constante da estação expedidora, o telegrama não terá a eficácia de um documento particular, ao contrário do que se observa no direito italiano.

Em relação à força probatória do telegrama, aduz Francesco P. Luiso: *"Os arts. 2.705 e 2.706 do c.c.italiano estabelecem que o telegrama tem a eficácia de uma escritura privada se o texto original (isto é, o modo que se apresenta para a expedição) é subscrito pelo emitente, ou se foi consignado o fato de que o texto foi elaborado pelo próprio emitente, ainda que sem subscrevê-lo. A subscrição pode ser autenticada por notário ou pode ser acertada pelo empregado do telégrafo; no primeiro caso, para contrastar a autenticação, se necessita propor a querela de falso; no segundo caso, ao invés, é admitida qualquer prova em contrário".*[583]

[581] Carvalho de Mendonça, José Xavier. *Tratado de direito comercial brasileiro.* 5ª Ed. Vol. VI. Rio de Janeiro: Livraria Freitas Bastos, 1955. p. 152 e 153.

[582] Luiso, F.P., op. Cit., 112

[583] Luiso, F. P., idem, ibidem.

Como documento particular, ainda que *autenticado*, o telegrama, radiograma ou outro meio de comunicação está sujeito ao ato de *reconhecimento*. Assim, o telegrama ou outro documento de comunicação sempre fica dependendo da prova da autenticidade, quando contestado.

Estabelece o *parágrafo único* do art. 410 do atual C.P.C. que *a firma do remetente poderá ser reconhecida pelo tabelião, declarando-se essa circunstância no original depositado na estação expedidora.*

Como o telegrama sempre dependerá da prova da autenticidade, evidentemente que se houver o reconhecimento de firma do remetente do telegrama por parte de um tabelião, tal prova tornar-se-á mais contundente.

No caso do reconhecimento da firma por um oficial público, é importante que o expedidor do telegrama faça consignar tal circunstância no original depositado na estação expedidora.

Art. 414

O telegrama ou o radiograma presume-se conforme com o original, provando as datas de sua expedição e de seu recebimento pelo destinatário.

Telegrama ou radiograma – presunção conforme o original

O art. 202 do C.c. brasileiro estabelece que *"o telegrama, quando lhe for contestada a autenticidade, faz prova mediante conferência com o original assinado"*.

Regra similar encontra-se no art. 2.706 do C.c.italiano:

> *"Art. 2.706. Conformidade entre original e reprodução do telegrama.*
>
> *A reprodução do telegrama consignada ao destinatário se presume, até prova em contrário, conforme o original. O emitente, se realizou o telegrama segundo as disposições dos regulamentos, presume-se ausente de culpa pela divergência verificada entre o original e a reprodução".*

Como cópia da tradução do despacho, o telegrama ou o radiograma presume-se de acordo com o original arquivado no escritório expedidor. Esta presunção, evidentemente, é *iuris tantum*, ou seja, admite prova em contrário.

A presunção decorre da prova da data de expedição e do recebimento pelo destinatário da cópia do telegrama. Sobre o tema, eis o seguinte precedente do S.T.J.:

– O Tribunal de origem, ao atribuir presunção absoluta de veracidade à declaração dos Correios de que entregou o telegrama, violou o disposto no art. 125, inciso I, do Código de Processo Civil, que impõe ao juiz o tratamento igualitário entre as partes. Ora, se o objetivo da atividade probatória é o de chegar à verdade dos fatos, entre as alegações de ambas as partes, deve ser prestigiada a que se mostrar mais verossímil. No caso, revelou-se mais consistente a prova documental produzida pela impetrante afirmando que, no dia e hora da suposta entrega, encontrava-se em local diverso.

– Não é a lei que se curva à cláusula editalícia, mas o edital que deve obediência à lei. Cláusula que impõe aos candidatos o dever de acompanhar a publicação pelo diário oficial não encontra amparo legal.

– Provado o não recebimento da notificação, é nulo, por vício de objeto, o ato administrativo de exclusão do concurso público.

Inteligência da Lei n. 9.784/1999.

Recurso ordinário provido.

(RMS 33.717/DF, Rel. Ministro CESAR ASFOR ROCHA, SEGUNDA TURMA, julgado em 17/05/2012, DJe 30/05/2012)

Art. 415

As cartas e os registros domésticos provam contra quem os escreveu quando:

I – enunciam o recebimento de um crédito;

II – contêm anotação que visa a suprir a falta de título em favor de quem é apontado como credor;

III – expressam conhecimento de fatos para os quais não se exija determinada prova.

Prova das cartas e dos registros domésticos

Sobre esse tema estabelece o art. 2.707 do C.c.italiano:

> *"Art. 2.707. Cartas e registros domésticos*
>
> *As cartas e registros domésticos fazem prova contra quem os escreveu:*
>
> *1) quando enunciam expressamente um pagamento recebido;*
>
> *2) quando contenham a menção expressa que a anotação foi feita para suprir a falta de título em favor de que é indicado como credor".*

Conforme ensina Giuseppe Chiovenda, *"normalmente um escrito proveniente de uma só parte não pode provar a seu favor a existência de um crédito ou outro direito, ressalvadas sempre as presunções que possam decorrer do fato de existir o escrito. Há, contudo, exceções: por exemplo, os livros dos comerciantes fazem prova entre comerciantes em matéria de comércio, desde que mantidos regularmente (art. 48, Cód. Com.); e, em relação aos não comerciantes, constituem de qualquer modo uma 'semiplena probatio' que autoriza o juiz a deferir de ofício o juramento a uma ou outra parte (art. 1.328). De tal sorte que, se a parte, a cujos livros a outra oferece prestar fé, se recusa a apresentá-los, pode o juiz deferir a esta o juramento sobre o objeto disputado (art. 51, Cód. Comercial). Em quaisquer casos, os livros dos comerciantes fazem prova contra eles, na forma em que se encontrem; mas aquele que pretende tirar vantagem disso, não lhes pode cindir o conteúdo (art. 1.329, Cód. Civil, art. 50, Cód. Comercial).*

Pelo contrário, os registros e papéis domésticos não fazem prova 'a favor' de quem os escreveu, mas o fazem 'contra' ele quando enunciam formalmente o recibo de um pagamento, e quando contém expressa menção de que a nota foi redigida para suprir a carência de título a favor do credor..."[584]

Conforme afirma Comoglio, Ferri e Taruffo: *"Só excepcionalmente a lei equipara à escritura privada particular tipos de documentos privados de assinatura, porque o sujeito que é o autor surge de todo modo identificado. Trata-se das 'cartas e registro domésticos', que fazem prova contra quem os escreveu quando enunciam expressamente um pagamento recebido ou contenham a menção expressa que a anotação foi feita para suprir a falta de um título a favor do credor (art. 2.707 c.c.italiano). A razão da limitação objetiva da eficácia probatória é clara: deseja-se evitar que o autor destas escrituras crie prova em seu próprio favor, e além disso deve-se reconhecer eficácia probatória à declaração 'lato senso' confessória. É importante salientar que se trata de todo modo de uma eficácia probatória livremente avaliada pelo juiz".*[585]

Assim, os escritos nas cartas e nos registros domésticos representam verdadeira declaração de vontade confessória. E o valor da prova é regulado, segundo o direito italiano, pelas normas ditadas para confissão.

É necessário que a anotação, o assentamento, o registro ou a declaração tenha sido escrita pela própria pessoa contra quem a prova será invocada. Contudo, não há dúvida de que os livros empresariais e os assentos domésticos muitas vezes são confeccionados por terceiros a pedido do seu real autor, sendo que de regra esses documentos não costumam ser assinados, razão pela qual eles também fazem prova contra o seu autor. Já se forem utilizados para fazer prova

584 Chiovenda, G., op. Cit., p. 133.

585 Comoglio, L.p.; Ferri, C.; Taruffo, M., op. Cit., p. 475.

a favor de seu autor, deverão estar amparados por outros meios de prova que demonstrem a efetiva existência da situação favorável.

Entende-se por carta missiva o escrito emanado de uma pessoa e dirigido a outra, com a intenção de comunicar uma manifestação de vontade, mediante um intermediário, o qual normalmente é a empresa pública de Correios e Telégrafos. A transmissão também pode ocorrer sem intermediário, quando o próprio emitente entrega a carta ao seu destinatário. Atualmente se pode pensar também na comunicação eletrônica por meio de e-mail, o que demanda um conjunto probatório um pouco mais apurado para demonstrar a origem e o destinatário da manifestação de pensamento.

Essas cartas, missivas ou não, servem de prova em processos judiciais, principalmente para a demonstração da existência de eventuais negócios jurídicos, obrigatórios ou liberatórios, como também sobre fatos que influam sobre eventual extinção das obrigações.

O art. 415 não visa a utilizar as cartas como instrumento de contrato. Este dispositivo tem por objetivo regular a prova fornecida por cartas não subscritas, provando contra quem as escreveu.

As anotações e registros de memórias, apontamentos, fatos funcionais ou não, vida em família, sociedade etc, registro de entrada e saída de bens, inventário etc., podem ter natureza de papéis contábeis ou não. Os registros não contábeis são aqueles que a norma denomina de *registro e papéis domésticos.*

Assim, "*'registro domésticos' são livros convenientemente encadernados, com certo caráter de fixidez e nos quais uma pessoa escritura sucessivamente ou faz escriturar, em forma contábil ou não, os atos de sua administração doméstica, suas receitas e despesas, suas compras e vendas. Suas origens estão no 'adversaria' e no 'codex' do 'pater familias' romano. Sua forma, geralmente, é a mais aproximada possível à dos livros dos comerciantes. 'Papéis domésticos' são todos escritos e notas, reunidos em caderno, de maneira permanente, ou mesmo em folhas soltas, assinados ou não, que a pessoa, sem estar a isso obrigada, redige com a intenção de os conservar, para fixar a lembrança de fatos ou quaisquer acontecimentos*".[586]

É importante salientar que com a modernidade tecnológica, esses registros atualmente podem estar inseridos em sistema de computadores, notebook, i-pod etc., tecnologia essa que deve ser considerada para efeito de aplicação do disposto no art. 415 do atual C.P.C.

[586] Santos, M. A., op. Cit., p. 199.

Art. 416

A nota escrita pelo credor em qualquer parte de documento representativo de obrigação, ainda que não assinada, faz prova em benefício do devedor.

Parágrafo único. Aplica-se essa regra tanto para o documento que o credor conservar em seu poder quanto para aquele que se achar em poder do devedor ou de terceiro.

Nota escrita pelo credor ainda que não assinada

Regra similar encontra-se no art. 2.708 do C.c.italiano, *in verbis*:

> *"Art. 2.708. Anotação no pé da página, na margem ou no verso de um documento.*
>
> *A anotação feita pelo credor no pé da página, na margem ou no verso de um documento que permanece na sua posse faz prova, ainda que não subscrita por ele, se tende a acertar a liberação do devedor.*
>
> *O mesmo valor tem a anotação feita pelo credor no pé da página, na margem ou no verso de um recibo ou de um exemplar do documento de débito em posse do devedor".*

Como se observou no artigo anterior, as cartas e registros domésticos, independentemente de assinatura, provam contra quem as subscreveu, principalmente quando enunciam o pagamento de um crédito; também a nota escrita pelo credor em qualquer parte de documento representativo de obrigação, ainda que não assinada, faz prova em benefício do devedor. Nesse sentido é a lição de Crisanto Mandrioli: *"Como vimos no parágrafo antecedente, a regra geral em tema de eficácia probatória da escritura privada é no sentido de que essa faz prova 'contra' o seu autor e não a seu favor, por óbvia razão de que não se dizem, muito menos se escrevem coisas contra o próprio interesse se não são verdadeiras. Alargando, de certo modo, o fluxo desta regra de experiência, a lei (art. 2.707 c.c. italiano) dispõe que também algumas escrituras que foram constituídas para uso próprio e não para pré-constituir provas, como 'as cartas e os registros domésticos', podem todavia fazer prova (naturalmente 'contra' quem a escreveu) quando enunciam expressamente um pagamento recebido ou quando contenham a expressa menção de que a anotação foi realizada para suprir à falta de título em favor de quem é indicado como credor. Na mesma perspectiva, o art. 2.708 do c.c.italiano atribui eficácia, contra o credor, quando realizar eventual anotação no pé da página, na margem ou no verso de um documento que permanece na sua posse, ainda que não assinada, quando tal anotação tenha por objetivo acertar a liberação do devedor; e assim também ocorre quanto à anotação feita pelo credor num recibo ou sobre um exemplar do documento que está na posse do devedor. Trata-se, portanto, de um simples elemento de prova livre".*[587]

A declaração escrita pelo credor num documento representativo de obrigação, ainda que não assinada, na qual o credor menciona o pagamento de toda ou de parte dívida, a redução do capital ou dos juros, o resultado de uma extinção da obrigação por novação ou compensação, a liberação do devedor poderá ser total ou parcial.

Essa regra de liberação aplica-se tanto em documento em poder do credor como em relação àquele que se achar na posse do devedor, conforme estabelece o *parágrafo único* do *art. 416* do novo C.P.C.: *Aplica-se essa regra tanto para o documento que o credor conservar em seu poder como para aquele que se achar em poder do devedor ou de terceiro.*

Um exemplo claro desse tipo de liberação de pagamento é a inserção num contrato de locação, pelo credor, da seguinte afirmação: *"Recebi no dia tal o pagamento do aluguel referente ao mês tal".* Tal anotação, seja no pé da página, na margem ou no verso do contrato, ainda que não datada ou assinada, faz prova em favor do devedor sobre a quitação da dívida.

É importante salientar que essa anotação não precisa ser do próprio punho do credor, bastando que seja lançada pelo seu gerente, mandatário, procurador, representante, desde que seja comprovado, por documento, que esses representantes tinham poderes para dar quitação em relação à dívida em questão, pois, conforme estabelece o art. 220 do C.c. brasileiro, *a anuência ou a autorização de outrem, necessária à validade de um ato, provar-se-á do mesmo modo que este, e constará, sempre que se possa, do próprio instrumento.*

No que concerne aos títulos de crédito, aduz o art. 890 do C.c.brasileiro: *"Consideram-se não escritas no título a cláusula de juros, a proibitiva de endosso, a excludente de responsabilidade pelo pagamento ou por despesas, a que dispense a observância de termos e formalidade prescritas, e a que, além dos limites fixados em lei, exclua ou restrinja direitos e obrigações".*

Art. 417

Os livros empresariais provam contra seu autor, sendo lícito ao empresário, todavia, demonstrar, por todos os meios permitidos em direito, que os lançamentos não correspondem à verdade dos fatos.

[587] Mandrioli, Crisanto. *Corso di diritto processuale civile.* II – Il processo di cognizione. 5ª ed. Torino: G. Giappichelli Editore, 2006. p. 149.

Dos livros empresariais

Preceito similar encontra-se nos artigos 2.709 e 2.710 do C.c. italiano, a saber:

> *"Art. 2.709. Eficácia probatória contra o empreendedor.*
>
> *Os livros e as outras escrituras contábeis das empresas sujeitas a registro fazem prova contra o empreendedor. Todavia, quem deseja delas retirar vantagem não podem cindir o seu conteúdo.*
>
> *Art. 2.710. Eficácia probatória entre empreendedores.*
>
> *Os livros carimbados e autenticados nas formas da lei, quando são regularmente possuídos, podem fazer prova entre empreendedores para as relações inerentes ao exercício da empresa".*

Sobre esse tema, leciona Crisanto Mandrioli: *"O princípio pelo qual as escrituras privadas fazem prova 'contra' os seus autores é aplicado pela lei também em relação às 'escrituras contábeis das empresas sujeitas a registro', pois essas escrituras, sem dúvida, apresentam também uma função probatória. À enunciação da regra de eficácia probatória contra o empreendedor, o art. 2.709 C.c.italiano acrescenta apenas a uma intuitiva explicação de que 'quem deseja ter vantagem disso não pode cindir o conteúdo do documento'. Mas a disciplina da eficácia probatória das escrituras contábeis dos empreendedores contém todavia uma importante exceção à regra da eficácia probatória contra o autor da escritura, conforme estabelece o art. 2.710 do c.c.italiano, que 'tais escrituras podem fazer prova também a favor do seu autor, porque se trata de livros carimbados e autenticados por determinação legal e sua posse é regular, e limitadamente às relações entre empreendedores inerentes ao exercício da empresa... Como é fácil entender, a razão desta extensão da eficácia probatória, que naturalmente é sujeita à livre apreciação do juiz, está nos controles pelos quais as anotações estão sujeitas, na sua continuidade cronológica, na garantia que em geral assegura-se uma contabilidade regularmente realizada e também na correlação, facilmente demonstrada, com as anotações nos livros dos outros empreendedores".*[588]

É princípio geral há muito aplicado nas relações comerciais e empresarias de que contra o empresário, seu autor ou sucessores, os livros empresariais fazem sempre prova, ou seja, prova de seus assentamentos contra o empresário ou seus sucessores.

Essa prova é relativa, ou seja, *iuris tantum*, podendo ser ilidida por outros elementos de prova.

[588] MANDRIOLI, C., idem, p. 149.

Sobre os livros e escritos de contabilidade, ensinam Comoglio, Ferri e Taruffo: *"Escrituras privadas não subscritas são também os livros e as escrituras contábeis. O art. 2.709 c.c.italiano prevê que estes documentos façam prova contra o empreendedor, mas estabelece que quem pretenda deles tirar vantagem não possa cindir o conteúdo, e assuma, portanto, as consequências de eventual surgimento de dados a ele desfavorável. A jurisprudência interpreta esta norma de modo extensivo e reconhece valor de prova a todos os livros pertencentes ao empreendedor, compreendidos aqueles não obrigatórios e aqueles não regularmente possuídos; o mesmo critério vale para todas as escrituras relativas à administração da empresa. A eficácia probatória de todas estas escrituras está sujeita à discricional valoração do juiz. O art. 2.710 c.c.italiano acrescenta pois que 'os livros carimbados e autenticados nas formas da lei, se regularmente possuídos, podem fazer prova sobre relações inerentes ao exercício da empresa nas controvérsias entre empreendedores. Também neste caso se trata de prova sujeita ao livre convencimento do juiz"*.[589]

O art. 226 do C.c.brasileiro complementa o disposto no art. 417 do atual C.P.C. com a seguinte disposição:

> *"Art. 226. Os livros e fichas dos empresários e sociedades provam contra as pessoas a que pertencem, e, em seu favor, quando, escriturados sem vício extrínseco ou intrínseco, forem confirmados por outros subsídios.*
>
> *Parágrafo único. A prova resultante dos livros e fichas não é bastante nos casos em que a lei exige escritura pública, ou escrito particular revestido de requisitos especiais, e pode ser ilidida pela comprovação da falsidade ou inexatidão dos lançamentos".*

Art. 418

Os livros empresariais que preencham os requisitos exigidos por lei provam a favor de seu autor no litígio entre empresários.

Livros empresariais e litígio entre empresários

Os livros e registros dos empresários provam tanto contra quanto a favor de seu autor nos litígios entre empresários.

Por sua vez, a prova resultante dos livros e fichas não é suficiente nos casos em que a lei exige escritura pública (por exemplo: transferência de imóveis, constituição de direito real sobre imóvel etc), ou escrito particular revestido de

[589] Comoglio, L.p.; Ferri, C.; Taruffo, M., op. Cit., p. 475.

requisitos especiais (compromisso de compra e venda para que tenha força de direito real).

De qualquer sorte, a prova dos livros e de registros dos empresários e das sociedades pode sempre ser ilidida pela comprovação de falsidade ou inexatidão dos lançamentos.

Portanto, os livros e fichas dos empresários e sociedades provam contra eles.

Evidentemente que para que esses livros possam servir de prova é necessário que preencham as condições e os requisitos necessários para serem configurados como livros, registros e fichas dos empresários e das sociedades, isto é, que esses livros preencham as formalidades extrínsecas e intrínsecas, que não existam vícios ou defeitos e que haja harmonia de lançamentos entre todos os registros.

Quanto à escrituração dos livros e dos registros dos empresários e da sociedade empresária, deve-se observar o disposto nos arts. 1.179 a 1.185 do C.c.brasileiro.

Outrossim, não há necessidade que as anotações nos livros e os registros tenham sido realizados de próprio punho pelo empresário ou pelo gerente ou administrador da sociedade. Também valem os registros efetuados pelos prepostos encarregados da escrituração, nos termos do art. 1.177 do C.c.brasileiro: *"Os assentos lançados nos livros ou fichas do preponente, por qualquer dos prepostos encarregados de sua escrituração, produzem, salvo se houver procedido de má-fé, os mesmos efeitos como se o fossem por aquele".*

Art. 419

A escrituração contábil é indivisível, e, se dos fatos que resultam dos lançamentos, uns são favoráveis ao interesse de seu autor e outros lhe são contrários, ambos serão considerados em conjunto, como unidade.

Indivisibilidade da escrituração contábil

A não cindibilidade da prova prevista no art. 2.709 parte final do C.c.italiano também está expressamente contida no art. art. 419 do atual C.P.C. ao estabelecer que a *escrituração contábil é indivisível, e, se dos fatos que resultam dos lançamentos, uns são favoráveis ao interesse de seu autor e outros lhe são contrários, ambos serão considerados em conjunto, como unidade.*

Portanto, a escrituração é *indivisível*, uma vez que os livros fazem prova no conjunto dos seus lançamentos, no seu todo, não se podendo por qualquer questão tomar isoladamente um lançamento ou registro sem atender aos outros lançamentos. Adota-se neste caso a mesma regra da confissão que também é indivisível. Pretendendo-se utilizar ou tirar vantagem dos livros e registros dos empresários ou das sociedades não se pode cindir o seu conteúdo, devendo-se assumir as consequências de eventual surgimento de dados desfavoráveis.

A única alternativa para que não haja a indivisibilidade da escrituração, é quando os lançamentos não se prendem uns aos outros, ou seja, quando cada qual se refere a atos distintos e não vinculantes.

Art. 420

O juiz pode ordenar, a requerimento da parte, a exibição integral dos livros empresariais e dos documentos do arquivo:

I – na liquidação de sociedade;

II – na sucessão por morte de sócio;

III – quando e como determinar a lei.

Exibição integral dos livros empresariais e dos documentos de arquivos

Disposição similar encontra-se no art. 2.711 do C.c.italiano, a saber:

> *Art. 2.711. Comunicação de exibição.*
>
> *A comunicação integral dos livros, das escrituras contábeis e da correspondência pode ser ordenada pelo juiz somente nas controvérsias relativas à liquidação da sociedade, à comunhão de bens e à sucessão por causa morte.*
>
> *Nos outros casos o juiz pode ordenar, também de ofício, que se exibam os livros para extrair deles os registros concernentes à controvérsia em curso. Pode ordenar também a exibição de singulares escrituras contábeis, telegramas ou faturas concernentes à própria controvérsia.*

Por sua vez, estabelece o art. 212 (Exibição de cópia do documento e dos livros do comércio) do C.P.C.italiano: *"O juiz instrutor pode dispor que, em substituição ao original, exiba-se uma cópia também fotográfica ou um extrato autêntico do documento. Na ordem de exibição dos livros de comércio ou dos registros para o fim de se retirar determinados dados, o juiz, mediante pedido do interessado, pode dispor que sejam produzidos extratos, para a formação dos quais nomeia um notário e, quando necessita, um perito a fim de que o assista".*

O art. 420 do atual C.P.C. trata da demanda de exibição de documentos, livros e arquivos.

Sobre a ordem de exibição, estabelecem Comoglio, Ferri e Taruffo: *"A parte que pretenda servir-se para fins probatórios de documentos que estão na sua posse, os produz em juízo mediante depósito em secretaria ou os produz em audiência... Se a parte que tem necessidade de se servir de um documento para provar os fatos que alegou não dispõe do próprio documento, então entram em jogo ulteriores mecanismos processuais diretos a fazer com aquele que os possua os exiba em juízo. A ordem de exibição das provas documentais está prevista e disciplinada pelos art. 210 a 212 do c.p.c.italiano. No passado, e essencialmente por causa da falta de específicas normas sobre o tema, acreditava-se que uma 'actio ad exibendum' poderia ser experimentada somente por aquele que poderia ter em seu favor um direito substancial sobre o documento. Esta concepção do direito à exibição parece todavia superada, e a ordem de exibição se configura como um instrumento ao qual se recorre para satisfazer um interesse meramente processual, conexos à exigência de se fornecer a prova de fatos relevantes para a decisão..."*.[590]

É importante ressaltar que salvos os casos previstos em lei, nenhuma autoridade, juiz ou tribunal, sob qualquer pretexto, poderá fazer ou ordenar diligência para verificar se o empresário ou a sociedade empresária observam, ou não, em seus livros e fichas, a formalidades prescritas em lei (art. 1.190 do C.c. brasileiro).

Pelo art. 420 do atual C.P.C., a exibição poderá ocorrer *integralmente* (também denominada inteira ou plena) nos livros empresariais e nos documentos de arquivos. Por ser uma medida excepcional, somente pode ocorrer nas seguintes hipóteses: a) na liquidação da sociedade, pois nesse caso os sócios e os credores terão o direito de conhecer a real situação da sociedade para a sua dissolução; b) na sucessão por morte do sócio, caso em que os sucessores e mesmo os credores também terão o direito de saber a real situação da sociedade e os direitos que o sócio porventura tenha nos bens sociais. Ocorre na sucessão a título universal, seja sucessão legítima, testamentária ou legatária; c) quando e como a lei determinar. Algumas hipóteses previstas em lei são nos casos de falência, nas questões de comunhão entre cônjuges e condôminos etc.

Por sua vez, estabelece o art. 1.191 do C.c.brasileiro:

> *Art. 1.191. O juiz só poderá autorizar a exibição integral dos livros e papéis de escrituração quando necessária para resolver questões relativas a sucessão, comunhão ou sociedade, administração ou gestão à conta de outrem, ou em caso de falência.*

[590] Comoglio, L.p.; Ferri, C.; Taruffo, M., idem, p. 485.

§ 1º O juiz ou tribunal que conhecer de medida cautelar ou de ação pode, a requerimento ou de ofício, ordenar que os livros de qualquer das partes, ou de ambas, sejam examinados na presença do empresário ou da sociedade empresária a que pertencerem, ou de pessoas por estes nomeadas, para deles se extrair o que interessar à questão.

§ 2º Achando-se os livros em outra jurisdição, nela se fará o exame, perante o respectivo juiz.

Conforme estabelece o art. 420 do C.P.C., a exibição ocorre mediante requerimento expresso da parte. A parte que propõe o pedido deve demonstrar a existência material do documento e se possível indicar com precisão o local em que se encontra e o seu conteúdo. O documento deve ser indispensável para a prova de um fato relevante, e necessita que o juiz tenha por necessária a exibição. Segundo interpretação prevalecente, isso significa que deve se tratar de um documento sem o qual a prova daquele fato seria impossível, ou seja, o documento seria o único meio de prova disponível para provar o fato. Necessita, por outro lado, que a exibição não comporte um *grave dano* à parte ou ao terceiro: não se trata evidentemente do dano que à parte derive da prova de um fato a ela desfavorável, mas das consequências que podem, por exemplo, derivar da divulgação de uma 'invenção industrial' ou da revelação da divulgação de notícias que violariam o direito à reserva pessoal. Na ordem de exibição, o juiz determina o tempo, o lugar e o modo de exibição. [591]

Segundo estabelece o art. 1.192 do C.c.brasileiro, *recusada a apresentação dos livros, nos casos do artigo antecedente, serão apreendidos judicialmente e, no do seu § 1º, ter-se-á como verdadeiro o alegado pela parte contrária para se provar pelos livros.* Por sua vez, *a confissão resultante da recusa pode ser elidida por prova documental em contrário* (p.ú. do art. 1.193 do C.c.brasileiro).

Por outro lado, as restrições estabelecidas neste Capítulo ao exame da escrituração, em parte ou por inteiro, não se aplicam às autoridades fazendárias no exercício da fiscalização do pagamento de impostos, nos termos estritos das respectivas leis especiais (art. 1.193 do C.c.brasileiro).

O empresário e a sociedade empresária são obrigados a conservar em boa guarda toda a escrituração, correspondência e mais papéis concernentes à sua atividade, enquanto não ocorrer prescrição ou decadência no tocante aos atos neles consignados (art. 1.194 do C.c.brasileiro).

Sobre o tema, eis os seguintes precedentes do S.T.J.:

[591] Comoglio, L.p., Ferri, C.; Taruffo, M., idem, p. 485 e 486.

(...).

2. Nos termos do art. 18 do Código Comercial, norma reproduzida no art. 1.191 do Código Civil atual, a exibição judicial dos livros do empresário pode ser ordenada em favor do interessado em questões de sucessão. Na hipótese, o ajuste firmado entre as partes cuida justamente de acerto de questões ligadas à sucessão dos bens deixados pelo pai falecido, o que, em tese, autoriza seja ordenada a exibição.

(...).

(REsp 270.169/MG, Rel. Ministro RAUL ARAÚJO, QUARTA TURMA, julgado em 17/11/2011, DJe 24/11/2011)

(...).

1. Cuida-se de recurso especial pela alínea "c" da permissão constitucional contra acórdão que extinguiu ação de exibição de documentos proposta pela municipalidade sob o fundamento de ausência de interesse para agir em face do que dispõe o artigo 195 combinado com o artigo 200, ambos do CTN, os quais garantem ao Fisco o direito de ampla investigação sobre livros e demais documentos comerciais e fiscais do contribuinte. Sem contra-razões.

2. A faculdade conferida à Fazenda Pública para determinar a exibição da documentação que julgar necessária no exercício de sua função de fiscalização tributária, não lhe retira o interesse de propor ação judicial caso encontre resistência do contribuinte em a fornecer. Inexiste no ordenamento jurídico disposição que impeça, ao contrário, contempla a legislação pátria a possibilidade do manejo da ação exibitória de documentos, uma vez que, como assinalado anteriormente, a faculdade conferida pelos dispositivos legais insertos nos artigos 195 e 200 do Código Tributário Nacional não pode ser utilizada como fator de obstáculo ao exercício do múnus público do Estado; pois, quem pode o mais, pode o menos.

3. O interesse de agir evidencia-se na necessidade de o município ter acesso à documentação da empresa para obter os esclarecimentos necessários à elucidação de vários procedimentos adotados pela recorrida na escrituração de suas contas.

4. Recurso especial provido para reconhecer o interesse de agir do município devendo os autos retornarem ao Tribunal a quo para que seja julgado o mérito da apelação.

(REsp 1010920/RS, Rel. Ministro JOSÉ DELGADO, PRIMEIRA TURMA, julgado em 20/05/2008, DJe 23/06/2008)

1. A quantidade de documentos cuja exibição é pretendida, por maior que seja, não impede o exercício da ação. É que cabe ao magistrado, autorizada a medida, ordenar o processo de exibição, de forma a atender o autor sem comprometer as atividades da ré.

2. A indicação de muitos documentos a serem exibidos não traduz pedido genérico, quando estão todos identificados por natureza e período.

3. O Art. 18 do Código Comercial não foi revogado pelo Art. 381 do CPC. Ao contrário, ele trata de uma das hipóteses legais de exibição integral da contabilidade da empresa, referida no próprio Art. 381, III, do CPC.

4. Mesmo depois de revogado o Art. 18 do Código Comercial pelo novo Código Civil, sua norma subsiste no ordenamento, porque repetido no Art. 1.191, caput, do Código Civil de 2002.

(REsp 796.729/SP, Rel. Ministro HUMBERTO GOMES DE BARROS, TERCEIRA TURMA, julgado em 13/02/2007, DJ 12/03/2007, p. 231)

Admite-se a produção de prova pericial nos livros comerciais de empresas, mesmo que o interesse do requerente seja meramente civil e específico, seguindo-se o rito previsto nos Arts. 355 a 363 do CPC.

(REsp 696.676/RS, Rel. Ministro HUMBERTO GOMES DE BARROS, TERCEIRA TURMA, julgado em 16/12/2004, DJ 28/02/2005, p. 322)

Art. 421

O juiz pode, de ofício, ordenar à parte a exibição parcial dos livros e dos documentos, extraindo-se deles a suma que interessar ao litígio, bem como reproduções autenticadas.

Exibição parcial dos livros

Estabelece o art. 212 (Exibição de cópia do documento e dos livros do comércio) do C.P.C.italiano: *"O juiz instrutor pode dispor que, em substituição ao original, exiba-se uma cópia também fotográfica ou um extrato autêntico do documento. Na ordem de exibição dos livros de comércio ou dos registros para o fim de se retirar determinados dados, o juiz, mediante pedido do interessado, pode dispor que sejam produzidos extratos, para a formação dos quais nomeia um notário e, quando necessita, um perito a fim de que o assista".*

O art. 421 do atual C.P.C. trata da demanda de exibição parcial de documentos, livros e arquivos.

Sobre a ordem de exibição, estabelecem Comoglio, Ferri e Taruffo: *"A parte que pretenda servir-se para fins probatórios de documentos que estão na sua posse, os produz em juízo mediante depósito em secretaria ou os produz em audiência... Se a parte que tem necessidade de se servir de um documento para provar os fatos que alegou não dispõe do próprio documento, então entram em jogo ulteriores mecanismos processuais diretos a fazer com aquele que os possua os exiba em juízo. A ordem de exibição das provas documentais está prevista e disciplinada pelos art. 210 a 212 do c.p.c.italiano. No passado, e essencial-*

mente por causa da falta de específicas normas sobre o tema, acreditava-se que uma 'actio ad exibendum' poderia ser experimentada somente por aquele que poderia ter em seu favor um direito substancial sobre o documento. Esta concepção do direito à exibição parece todavia superada, e a ordem de exibição se configura como um instrumento ao qual se recorre para satisfazer um interesse meramente processual, conexos à exigência de se fornecer a prova de fatos relevantes para a decisão...".[592]

É importante ressaltar que salvos os casos previstos em lei, nenhuma autoridade, juiz ou tribunal, sob qualquer pretexto, poderá fazer ou ordenar diligência para verificar se o empresário ou a sociedade empresária observam, ou não, em seus livros e fichas, a formalidades prescritas em lei (art. 1.190 do C.c.brasileiro).

Nos termos do art. 421 do atual C.P.C., a exibição poderá ser determinada *ex officio* pelo juiz quando a exibição dos livros e dos documentos empresariais for meramente *parcial*, extraindo-se dos documentos a suma que interessar ao litígio, bem como reproduções autenticadas.

Segundo estabelece o Art. 1.192 do C.c.brasileiro, *recusada a apresentação dos livros, nos casos do artigo antecedente, serão apreendidos judicialmente e, no do seu § 1º, ter-se-á como verdadeiro o alegado pela parte contrária para se provar pelos livros.* Por sua vez, *a confissão resultante da recusa pode ser elidida por prova documental em contrário* (p.ú. do art. 1.193 do C.c.brasileiro).

Por outro lado, as restrições estabelecidas neste Capítulo ao exame da escrituração, em parte ou por inteiro, não se aplicam às autoridades fazendárias, no exercício da fiscalização do pagamento de impostos, nos termos estritos das respectivas leis especiais (art. 1.193 do C.c.brasileiro).

O empresário e a sociedade empresária são obrigados a conservar em boa guarda toda a escrituração, correspondência e mais papéis concernentes à sua atividade, enquanto não ocorrer prescrição ou decadência no tocante aos atos neles consignados (art. 1.194 do C.c.brasileiro).

Art. 422

Qualquer reprodução mecânica, como a fotográfica, a cinematográfica, a fonográfica ou de outra espécie, tem aptidão para fazer prova dos fatos ou das coisas representadas, se a sua conformidade com o documento original não for impugnada por aquele contra quem foi produzida.

[592] Comoglio, L.P.; Ferri, C.; Taruffo, M., idem, p. 485.

§ 1º As fotografias digitais e as extraídas da rede mundial de computadores fazem prova das imagens que reproduzem, devendo, se impugnadas, ser apresentada a respectiva autenticação eletrônica ou, não sendo possível, realizada perícia.

§ 2º Se se tratar de fotografia publicada em jornal ou revista, será exigido um exemplar original do periódico, caso impugnada a veracidade pela outra parte.

§ 3º Aplica-se o disposto no artigo à forma impressa de mensagem eletrônica.

Força probatória de reprodução mecânica – fotografia, cinematografia, fonografia ou de outra espécie

Preceito similar encontra-se no art. 2.712 do C.c.italiano, *in verbis*:

> *"Art. 2.712 (Reproduções mecânicas)*
> *As reproduções fotográficas, informáticas ou cinematográficas, os registros fonográficos e, em geral, todas as outras representações mecânicas de fatos e de coisas formam plena prova dos fatos e das coisas representadas, se aqueles contra o qual são produzidas não lhes nega a conformidade dos fatos ou das próprias coisas".*

Quanto à reprodução mecânica dos fatos e das coisas, ensinam Comoglio, Ferri e Taruffo: "*Quando aquilo que for produzido não for um documento, mas outra coisa ou fato, entram em jogo as reproduções 'fotográficas ou cinematográficas, os registros fonográficos e todos as outras representações mecânicas' de fatos e de coisas. A formulação um pouco obsoleta do art. 2.712 c.c. é meramente exemplificativa, e compreende todo tipo de reprodução mecânica feita possível pela tecnologia: trata-se então também dos registros sobre fitas e sobre videoteipe, também de todo outro tipo de registro ou de reprodução.*

Segundo o art. 2.712 as reproduções em questão formam 'plena prova dos fatos e das coisas representadas' se a conformidade a tais fatos ou coisa não vem desconhecida por aquele contra o qual essas são reproduzidas. Com base na interpretação largamente dominante se trataria de uma verdadeira e própria eficácia de prova legal, vinculante para as partes e para o juiz: a razão seria reconhecer no fato que a contraparte, não desconhecendo-a, reconhece substancialmente a conformidade da reprodução ao fato ou à coisa reproduzida: trata-se de um conjunto de admissões ou reconhecimentos da existência do fato ou da coisa. Pode-se, todavia, duvidar da conclusão deste argumento, se se admite que a não contestação ou admissão não produzem efeitos de prova legal mas somente efeitos 'lato sensu' probatórios e de todo modo não para vincular formalmente os critérios de livre convicção do juiz. Assim argumentando parece lícito ter em mente que a 'prova plena' da qual fala a norma seja a eficácia de uma prova de per si suficiente a fundamentar o acertamento do fato, mas não a excluir automaticamente a admissão de provas diversas ou contrárias ou a eventualidade de uma diversa valoração do juiz. Tratar-se-ia, portanto, da normal eficácia de prova livremente avaliada, não da eficácia de prova legal".[593]

A reprodução terá eficácia se a sua conformidade não for impugnada por aquele contra quem for produzida.

Assim, a eficácia probatória das reproduções mecânicas é subordinada à condição de que a parte contra a qual essas reproduções venham a ser produzidas não desconheça a sua conformidade aos fatos ou às coisas reproduzidas.

Não se trata, evidentemente, de um desconhecimento idêntico àquele que ocorre em relação às escrituras privadas, mas sim de uma contestação em relação à conformidade da reprodução com a verdade fenomênica. Não se aplicam, portanto, as regras que regulam o desconhecimento das escrituras privadas, razão pela qual a contestação da conformidade ao verdadeiro da reprodução pode ser suscitada em todo momento do processo e também no apelo. Essa pode, por outro lado, derivar de qualquer conduta defensiva da parte, como a dedução de provas contrárias ao fato que resulta reproduzido. O desconhecimento da reprodução, por outro lado, não investe somente em relação à conformidade dessa aos fatos, mas também à existência dos fatos e das coisas que se pretendem representar pela reprodução (assim como a falta de desconhecimento vem entendido como uma admissão da existência dos fatos ou coisas).[594]

Estabelece o *§1º do art. 422* do atual C.P.C. que as *fotografias digitais e as extraídas da rede mundial de computadores fazem prova das imagens que reproduzem, devendo, se impugnadas, ser apresentada a respectiva autenticação eletrônica ou, não sendo possível, realizada perícia.*

Atualmente, as fotografias estão sendo realizadas por meio de câmaras digitais ou mesmo estão sendo extraídas de computadores mediante circulação nas redes sociais.

Por isso, diante dessa modernidade digital, as fotografias digitais e as extraídas da rede mundial de computadores fazem prova das imagens que reproduzem.

Porém, esses documentos poderão ser impugnados. E sendo impugnados deverá ser apresentada a respectiva autenticação eletrônica. Não sendo possível apresentar a autenticação eletrônica, deverá o juiz autorizar a realização de prova pericial.

[593] Comoglio, L.p.; Ferri, C.; Taruffo, M., idem, p. 481.
[594] Comoglio, L.p.; Ferri, C.; Taruffo, M., idem, p. 481.

Estabelece o *§ 2º do art. 422* do atual C.P.C. que *se se tratar de fotografia publicada em jornal ou revista, será exigido um exemplar original do periódico, caso impugnada a veracidade pela outra parte.*

Havendo impugnação à fotografia publicada em jornal ou em revista, bastará que se apresente um exemplar do original do periódico em que a fotografia foi publicada.

Preconiza o *§ 3º do art. 422* do atual C.P.C. que *se aplica o disposto no artigo à forma impressa de mensagem eletrônica.*

Atualmente a mensagem eletrônica via e-mail, *whatsApp*, sistema de troca de mensagens em rede sociais, está dominando a comunicação mundial, razão pela qual não se poderia deixar de lado esse tipo de documentação eletrônica como meio de prova nas demandas judiciais.

Assim, qualquer forma impressa de mensagem eletrônica caracterizar-se-á como prova dos fatos ou das coisas ali representadas, se a sua conformidade com o documento original não for impugnada por aquele contra quem for produzida.

Sendo impugnada, deverá comprovar-se sua respectiva autenticação eletrônica, ou, não sendo possível, deverá o juiz autorizar a realização de prova pericial.

Art. 423

As reproduções dos documentos particulares, fotográficas ou obtidas por outros processos de repetição, valem como certidões sempre que o escrivão ou chefe de secretaria certificar sua conformidade com o original.

Força probatória de reprodução fotográfica ou obtidas por outros processos de repetição – validade como certidão dos documentos particulares

Similar dispositivo encontra-se no art. 2.719 do C.c.italiano:

> *"Art. 2.719. (Cópias fotográficas de escritura)*
> *As cópias fotográficas de escrituras têm a mesma eficácia das autênticas, se a sua conformidade com o original for atestada pelo oficial público competente ou não for expressamente desconhecida".*

Este dispositivo afirma que as reproduções fotográficas ou obtidas por outros processos de repetição dos documentos particulares (escrituras), valem como certidões, sempre que o escrivão ou chefe de secretaria certificar a sua conformidade com o original.

Havendo a certificação pelo escrivão ou chefe de secretaria, estas cópias terão o mesmo valor que os originais.

Por outro lado, estão dispensadas de apresentar cópias autenticadas ou conferidas por oficial público, as pessoas jurídicas de direito público, conforme preconiza o art. 24 da Lei 10.522, de 19.07.02 (Dispõe sobre o Cadastro Informativo dos créditos não quitados de órgãos e entidades federais e dá outras providências), *in verbis*: "*As pessoas jurídicas de direito público são dispensadas de autenticar as cópias reprográficas de quaisquer documentos que apresentem em juízo*".

Outrossim, prescreve o art. 10 do Decreto n. 6.932, de 11 de agosto de 2009, que dispõe sobre a simplificação do atendimento público prestado ao cidadão, ratifica a dispensa de reconhecimento de firma em documentos produzidos no Brasil, institui a 'Carta de Servidos do Cidadão' e dá outras providências:

> *"Art. 10. A juntada de documento, quando decorrente de disposição legal, poderá ser feita por cópia autenticada, dispensada nova conferência com o documento original.*
>
> *§1º A autenticação poderá ser feita, mediante cotejo da cópia com o original, pelo próprio servidor a quem o documento deva ser apresentado.*
>
> *§2º Verificada, a qualquer tempo, falsificação de assinatura ou de autenticação de documento público ou particular, o órgão considerará não satisfeita a exigência documental respectiva, e dentro do prazo de cinco dias, dará conhecimento do fato à autoridade competente para adoção das providências administrativas, civis e penais cabíveis"*

Fazem a mesma prova que o original *as cópias reprográficas de peças do próprio processo judicial declaradas autênticas pelo advogado, sob sua responsabilidade pessoal, se não lhes for impugnada a autenticidade.*

Neste caso, cópias reprográficas de peças do próprio processo judicial, declaradas autênticas pelo advogado e sob sua responsabilidade pessoal, faz a mesma prova que o original, salvo se for impugnada sua autenticidade.

Art. 424

A cópia de documento particular tem o mesmo valor probante que o original, cabendo ao escrivão, intimadas as partes, proceder à conferência e certificar a conformidade entre a cópia e o original.

Cópia de documento particular – valor probante igual a do original

Não se deve esquecer que cópia referida neste dispositivo é a reprodução mecânica ou digital de uma coisa representativa de um original.

As cópias de documentos particulares assumem diversas formas: *"umas são 'autênticas', porque extraídas por 'certidão' por oficial público dos seus registros; outras são 'autenticadas' porque, cópias de papel avulso, extraídas ou não por oficial público, mas por este 'consertadas', com a declaração de se acharem conforme o original (pública-forma); outras, enfim, são as chamadas 'cópias comuns', ou simplesmente 'cópias', extraídas sem qualquer formalidade pelo próprio interessado ou por terceiro, sem intervenção do oficial público. Há, ainda, um tipo de cópia conhecida por 'extrato', que é cópia parcial de um documento particular ou mesmo de um documento público".*[595] A essas espécies faz referência o art. 424 do atual C.P.C., sendo que esse dispositivo apresenta duas regras importantes: a) a cópia do documento particular tem o mesmo valor probante que o original; b) cabe ao escrivão ou chefe de secretaria, intimadas as partes, proceder à conferência e certificar a conformidade entre a cópia e o original.

Estabelece a primeira regra que a cópia, qualquer que seja, tem o mesmo valor probante que o original. A segunda regra, por sua vez, está condicionada a *impugnação* daquele contra quem foi produzida a cópia. Se este aceitar a cópia como reproduzindo fielmente o original, ela terá sido reconhecida explicitamente e terá a mesma eficácia probatória deste. Oferecida em juízo a cópia e omitindo-se aquele contra quem foi produzida de oferecer qualquer impugnação, houve a aceitação tácita pelo silêncio. Todavia, contestada a veracidade da cópia ou alegada a sua desconformidade com o original, nascerá oportunidade para a aplicação da segunda regra: proceder-se-á, através do escrivão, a *conferência* entre o original e a cópia. Essa conferência, dada a contestação de conformidade da cópia com o original, é automática, no sentido de que o juiz deverá determinar de *ofício*, se a parte interessada não apressar-se em requerê-la. Para a conferência, que deverá ser feita em presença das partes, estas serão intimadas, com designação de dia, lugar e hora em que deverá realizar-se, lavrando-se afinal o termo correspondente, no qual o escrivão *certificará* quanto à conformidade ou desconformidade entre cópia e o original, mencionando no segundo caso em que pontos se diversificam. Caso haverá, em razão da complexidade da análise, em que o juiz deverá designar um perito no lugar do escrivão ou do diretor de secretaria.[596]

[595] SANTOS, M. A., op. Cit., p. 220.
[596] SANTOS, M. A., idem, p. 221 e 222.

Art. 425

Fazem a mesma prova que os originais:

I – as certidões textuais de qualquer peça dos autos, do protocolo das audiências ou de outro livro a cargo do escrivão ou do chefe de secretaria, se extraídas por ele ou sob sua vigilância e por ele subscritas;

II – os traslados e as certidões extraídas por oficial público de instrumentos ou documentos lançados em suas notas;

III – as reproduções dos documentos públicos, desde que autenticadas por oficial público ou conferidas em cartório com os respectivos originais;

IV – as cópias reprográficas de peças do próprio processo judicial declaradas autênticas pelo advogado, sob sua responsabilidade pessoal, se não lhes for impugnada a autenticidade;

V – os extratos digitais de bancos de dados públicos e privados, desde que atestado pelo seu emitente, sob as penas da lei, que as informações conferem com o que consta na origem;

VI – as reproduções digitalizadas de qualquer documento público ou particular, quando juntadas aos autos pelos órgãos da justiça e seus auxiliares, pelo Ministério Público e seus auxiliares, pela Defensoria Pública e seus auxiliares, pelas procuradorias, pelas repartições públicas em geral e por advogados, ressalvada a alegação motivada e fundamentada de adulteração.

§ 1º Os originais dos documentos digitalizados mencionados no inciso VI deverão ser preservados pelo seu detentor até o final do prazo para propositura de ação rescisória.

§ 2º Tratando-se de cópia digital de título executivo extrajudicial ou de documento relevante à instrução do processo, o juiz poderá determinar seu depósito em cartório ou secretaria.

Fazem as mesmas provas que os originais

De forma mais sintetizada, mas com a mesma ideia normativa, é o disposto no art. 318 do Código de Processo Civil espanhol:

> *Art. 318. Modo de produção da prova por documentos públicos.*
>
> *Os documentos públicos terão a força probatória estabelecida no art. 319 se se aportarem ao processo em original ou por cópia ou certificação confiável, sejam apresenta-*

das estes em suporte de papel ou mediante documento eletrônico, ou se, havendo sido aportado por cópia simples, em suporte de papel ou imagem digitalizada, conforme o previsto no artigo 267, não se houver impugnado sua autenticidade.

Uma primeira importante observação que se deve fazer da leitura do art. 425 do atual C.P.C., é que não se deve confundir, *quanto à forma*, os documentos *originais* e as *cópias* dos documentos, embora este dispositivo preconize que em determinadas hipóteses elencadas nos incisos I a VI essas reproduções terão a mesma eficácia probatória que teriam os originais.

O documento original é o documento que se apresenta na sua genuína forma, o escrito em que na sua forma original lançou-se o ato. Cópia, por sua vez, seria a reprodução mecânica ou eletrônica do documento original.[597]

Segundo sustenta Moacyr Amaral Santos, *"as cópias estão compreendidas nas seguintes espécies: a) traslado; b) certidão; c) pública-forma; d) registro; e) extrato; f) cópias comuns. Traslado é a cópia textual e autêntica, feita por oficial público competente, do que está escrito no livro de notas. É a reprodução textual e autêntica do documento público. Dos traslados, uns existem que, por serem os primeiros, se denominam 'primeiros traslados', ou escrituras autênticas; correspondem ao próprio original e como instrumento originais se consideram. 'Segundo traslado' são traslados outros, extraídos da própria escritura matriz. 'Traslado de traslado' é a reprodução, por cópia, de outro traslado. Também há 'traslado de autos', isto é, de autos judiciais. Certidões são, igualmente, cópia dos livros de notas outros, ou de autos judiciais, extraídas pelos tabeliães, escrivães ou funcionários autorizados. Mas, enquanto os traslados constituem uma nova via, verdadeira duplicata do documento original, a certidão é a asseveração autêntica, feita por oficial público e com as formalidades legais, do documento constante de suas notas, livros ou autos judiciais. São 'integrais', também chamadas em 'teor', 'textual', de 'inteiro teor', ou 'verbo ad verbum', quando cópias integrais e textuais do documento certificado; são 'em breve relatório' quando respondem, sintetizando, os pontos indicados pelo interessado e constantes do documento original. 'Pública-forma' é cópia de papel avulso, extraída por oficial público. As 'reproduções dos documentos públicos', de que fala o n. III do art. 365 (C.P.C. de 1973), são legítimas públicas-formas de documentos públicos".* [598]

Fazem a mesma prova que os originais *as certidões textuais de qualquer peça dos autos, do protocolo das audiências ou de outro livro a cargo do escrivão ou chefe de secretaria, sendo extraídas por ele ou sob sua vigilância e por ele subscritas.*

A mesma regra normativa está prevista no art. 216 do C.c.brasileiro:

[597] Santos, M. A., op. Cit. p. 171.
[598] Santos, M. A., idem, p. 171 e 172.

> *Art. 216. Farão a mesma prova que os originais as certidões textuais de qualquer peça judicial, do protocolo das audiências, ou de outro qualquer livro a cargo do escrivão, sendo extraídas por ele, ou sob a sua vigilância, e por ele subscritas, assim como os traslados de autos, quando por outro escrivão consertados.*

Essas certidões não são cópia de livros ou de peça dos autos, mas um documento público extraído e certificado pelo escrivão ou pelo diretor de secretaria (no caso da Justiça Federal), sendo essa certidão realizada pelos referidos servidores ou sob sua vigilância e por eles subscritas. Neste caso, o mais importante não é que a certidão tenha sido elaborada pelo próprio escrivão ou diretor de secretaria, mas sim que tenha ele conferido a certidão realizada por outrem e tenha, ele, subscrito o documento público.

Por sua vez, prescreve o art. 218 do C.c.brasileiro: "*Os traslados e as certidões considerar-se-ão instrumentos públicos, se os originais se houverem produzido em juízo como prova de algum ato*".

Muito embora estejamos diante de uma certidão, esta certidão terá a natureza de instrumento público se os originais se houverem produzido em juízo como prova de algum ato.

Fazem também a mesma prova que os originais *os traslados e as certidões extraídas por oficial público de instrumento ou documentos lançados em suas notas.*

A mesma regra normativa está inserida no art. 217 do C.c.brasileiro:

> *Art. 217. Terão a mesma força probante os traslados e as certidões, extraídos por tabelião ou oficial de registro, de instrumentos ou documentos lançados em suas notas.*

A diferença entre o inc. II e o inc. I é que neste a autoridade competente para extrair as certidões é o escrivão ou o diretor de secretária, e está intimamente vinculada ao exercício da jurisdição. No inc.II, a competência é dos demais oficiais públicos, principalmente dos cartórios extrajudiciais, os quais poderão extrair traslados e as certidões de instrumentos ou documentos lançados em suas notas.

Ressalta-se, novamente, a diferença existente entre *traslado* e *certidões* preconizada por Moacyr Amaral Santos: "*Traslado é a cópia textual e autêntica, feita por oficial público competente, do que está escrito no livro de notas. É a reprodução textual e autêntica do documento público. Dos traslados, uns existem que, por serem os primeiros, se denominam 'primeiros traslados', ou escrituras autênticas; correspondem ao próprio original e como instrumento originais se consideram. 'Segundo traslado' são traslados outros, extraídos da própria escritura matriz. 'Traslado de traslado' é a reprodução, por cópia, de outro traslado. Também há 'traslado de autos', isto é, de autos judiciais. Certidões são, igualmente, cópia dos livros de notas outros, ou de autos judiciais, extraídas pelos tabeliães, escrivães ou funcionários autorizados. Mas, enquanto os traslados constituem uma nova via, verdadeira duplicata do documento original, a certidão é a asseveração autêntica, feita por oficial público e com as formalidades legais, do documento constante de suas notas, livros ou autos judiciais. São 'integrais', também chamadas em 'teor', 'textual', de 'inteiro teor', ou 'verbo ad verbum', quando cópias integrais e textuais do documento certificado; são 'em breve relatório' quando respondem, sintetizando, os pontos indicados pelo interessado e constantes do documento original".*[599]

Fazem a mesma prova que os originais, *as reproduções dos documentos públicos, desde que autenticadas por oficial público ou conferidas em cartório com os respectivos originais.*

Este inciso trata da reprodução ou cópia de documentos públicos, desde que autenticadas por oficial público ou conferidas em cartório, com os respectivos originais.

Por isso, *"as reproduções de documentos públicos, feitas por oficial público ou por este conferidas em cartório, com os respectivos originais (públicas-formas de documentos públicos), visto que o seu autor é o oficial público, são também cópias autênticas e como tais fazem a mesma prova que os originais"*.[600]

Por outro lado, estão dispensadas de apresentar cópias autenticadas ou conferidas por oficial público, as pessoas jurídicas de direito público, conforme preconiza o art. 24 da Lei 10.522, de 19.07.02 (Dispõe sobre o Cadastro Informativo dos créditos não quitados de órgãos e entidades federais e dá outras providências), *in verbis*: *"As pessoas jurídicas de direito público são dispensadas de autenticar as cópias reprográficas de quaisquer documentos que apresentem em juízo"*.

Outrossim, prescreve o art. 10 do Decreto n. 6.932, de 11 de agosto de 2009, que dispõe sobre a simplificação do atendimento público prestado ao cidadão, ratifica a dispensa de reconhecimento de firma em documentos produzidos no Brasil, institui a 'Carta de Servidos do Cidadão' e dá outras providências:

> *"Art. 10. A juntada de documento, quando decorrente de disposição legal, poderá ser feita por cópia autenticada, dispensada nova conferência com o documento original.*
>
> *§1º A autenticação poderá ser feita, mediante cotejo da cópia com o original, pelo próprio servidor a quem o documento deva ser apresentado.*
>
> *§2º Verificada, a qualquer tempo, falsificação de assinatura ou de autenticação de documento público ou particular, o órgão considerará não satisfeita a exigência documental respectiva, e dentro do prazo de cinco dias, dará conhecimento do fato à autoridade competente para adoção das providências administrativas, civis e penais cabíveis"*

[599] Santos, M. A., idem, p. 171.
[600] Santos, M. A., idem, p. 173.

Fazem a mesma prova que o original *as cópias reprográficas de peças do próprio processo judicial declaradas autênticas pelo advogado, sob sua responsabilidade pessoal, se não lhes for impugnada a autenticidade.*

Neste caso, cópias reprográficas de peças do próprio processo judicial, declaradas autênticas pelo advogado e sob sua responsabilidade pessoal, faz a mesma prova que o original, salvo se for impugnada sua autenticidade.

O dispositivo não diz se as peças deverão ser autenticadas pelo advogado que tem procuração para atuar nos autos ou se pode ser por qualquer advogado. Tendo em vista que o legislador não distinguiu entre esses dois profissionais, não cabe ao interprete distinguir, razão pela qual a autenticação das peças poderá ser feita por qualquer advogado, e somente por advogado inscrito na ordem, não abrangendo os estagiários.

O documento autenticado pelo próprio advogado, sob sua responsabilidade, somente terá sua validade questionada se se alegar a falsidade documental.

Fazem a mesma prova que os originais *os extratos digitais de bancos de dados públicos e privados, desde que atestado pelo seu emitente, sob as penas da lei, que as informações conferem com o que consta na origem.*

Este dispositivo tem sua origem no art. 20 da Lei 11.419 de 19.12.06.

Assim, para que valham como os originais, não basta apenas a emissão dos extratos digitais de bancos de dados públicos e privados, pois é necessário também que sejam atestados pelo seu emitente, sob as penas da lei, que as informações conferem com o que consta na origem.

No que concerne aos filmes, cópias e microfilmes, prescreve o art. 17 do D. 1.799/96:

> *Art. 17. Os microfilmes e filmes cópias, produzidos no exterior, somente terão valor legal, em juízo ou fora dele, quando: I – autenticados por autoridade estrangeira competente; II – tiverem reconhecida, pela autoridade consular brasileira, a firma da autoridade estrangeira que os houver autenticado; III – forem acompanhados de tradução oficial.*

Este dispositivo trata de certa maneira das denominadas *provas eletrônicas*, ou seja, aquelas produzidas por meio de um suporte instrumental eletrônico (digitalizado), ou, ainda, uma sequência de números binários os quais, traduzidos por um computador, representam uma informação.

Evidentemente que este extrato digital para ter validade jurídica deverá ser atestado pelo seu emitente. Para isso foram desenvolvidas técnicas eletrônicas a fim de identificar a autoria de um extrato digital, as quais denominam-se de assinaturas eletrônicas.

Dinemar Zocccoli assim se manifesta sobre a assinatura eletrônica: "*A comissão das Comunidades Europeias, órgão no Âmbito da União Europeia, afirma: 'Existem vários métodos de assinar documentos eletronicamente, desde métodos muito simples (como a inserção de uma imagem digitalizada de uma assinatura manuscrita num documento feito com tratamento de texto) até métodos muito avançados (como assinaturas digitais que utilizam criptografia de chaves públicas). As assinaturas permitem que o receptor de dados confirme que os dados estão completos e inalterados, estando assim salvaguardada a sua integridade*".[601]

Contudo, é importante salientar que os extratos digitais não são os originais, mas fazem a mesma prova como se originais fossem.

Em face do uso cada vez mais constante de documentos eletrônicos no processo com base nas Leis n. 11.386/06 e 11.419/06, também se tem dado maior força probante para as cópias reprográficas, extratos digitais ou reproduções digitalizadas. Por isso, conforme leciona Breno Munici Lessa: "*as cópias, apesar de ainda terem bastante importância em nosso direito, já são cada vez mais igualadas aos originais. Os extratos digitais e os documentos digitalizados, apesar de necessitarem de fé do advogado, têm a mesma força probante dos originais no processo eletrônico*".[602]

Sobre a força probante dos extratos digitais, assim se manifestou Crislayne Maria Lima Amaral Nogueira Cavalcante de Moraes:

> *"É importante fazer uma distinção entre cópia de documentos eletrônicos e cópias reprográficas, extratos digitais e reproduções digitalizadas, uma vez que esta distinção serve para definir a forma que estes documentos serão juntados no processo.*
>
> *As alterações do CPC deram a mesma força probante aos extratos digitais de banco de dados eletrônicos, reproduções digitalizadas* **e** *cópias reprográficas, desde que fossem declaradas autênticas pelo advogado ou por quem as emitiu. Tais alterações ocorreram justamente para ser possível juntar nos processos que tramitam em papel as "cópias" de documentos eletrônicos. E, mesmo assim, o Colendo Superior Tribunal de Justiça não aceitou a cópia impressa de comprovante de pagamento de custas feito pela internet, considerando deserto um recurso: Processual civil. Agravo regimental interposto em face de decisão que negou seguimento ao recurso especial. Documento extraído da internet. Ausência de fé pública. Impossibilidade de oposição contra o stj. Decorrência*

[601] ZOCCOLI, Dinemar. Autenticidade e integridade dos documentos eletrônicos: a firma eletrônica. *In:* ROVER, Aires José (Org). *Direito, Sociedade e Informática: limites e perspectivas da vida digital.* Florianópolis: Fundação Boiteux, 2000. p. 180

[602] LESSA, Breno Munici. (03/2010) *A invalidade das provas digitais no processo judiciário* http://jus.uol.com.br/revista/texto/14555/a-invalidade-das-provas-digitais-no-processo-judiciario/print . Acesso em: 03/11/2010

> *da medida provisória nº 2.200/01. Juntada de documento em sede de agravo regimental. Inadmissibilidade. Preclusão consumativa. Incidência do art. 511, caput, do cpc. Multa do art. 557, § 2º, do cpc. Recurso improvido. (ag.rg. no resp n. 1.103.021-df (2008/025065-8, rel.: Min. Luis Felipe Salomão).*
>
> *A Lei não fala nada de "cópia impressa" de documentos eletrônicos, exceto extratos digitais de banco de dados. Assim, não há disciplina legal quanto à força probante de "cópias impressas" de páginas da internet para serem juntadas em processos que tramitam "em papel", por exemplo.*
>
> *Ante tal omissão, para evitar a impugnação destas "cópias impressas" e tendo em vista a dinamicidade do conteúdo destas páginas, muitos advogados passaram a adotar o uso das atas notariais.*
>
> *Também em relação às cópias eletrônicas de documentos eletrônicos, a lei é omissa. Mas, cumpre trazer uma observação que dentre dois documentos eletrônicos idênticos não é possível auferir qual é o original e qual é cópia. Isto torna inútil a discussão da força probante das cópias de documentos eletrônicos.*
>
> *Mas, de qualquer forma, ao se juntar num processo que tramita por meio eletrônico a cópia eletrônica de um documento eletrônico, é importante conservar o documento eletrônico originário, para que seja possível a realização de perícia nos casos deste documento ser impugnado".*[603]

Fazem a mesma prova que os originais, *as reproduções digitalizadas de qualquer documento público ou particular, quando juntadas aos autos pelos órgãos da justiça e seus auxiliares, pelo Ministério Público e seus auxiliares, pela Defensoria Pública e seus auxiliares, pelas procuradorias, pelas repartições públicas em geral e por advogados, ressalvada a alegação motivada e fundamentada de adulteração.*

Este inciso teve sua origem no art. 11, §1º, da Lei 11.419 de 19.12.2006, que assim dispõe:

> *"Art. 11. Os documentos produzidos eletronicamente e juntados aos processos eletrônicos com garantia da origem e de seu signatário, na forma estabelecida nesta Lei, serão considerados originais para todos os efeitos legais.*
>
> *§ 1º Os extratos digitais e os documentos digitalizados e juntados aos autos pelos órgãos da Justiça e seus auxiliares, pelo Ministério Público e seus auxiliares, pelas procuradorias, pelas autoridades policiais, pelas repartições públicas em geral e por advogados públicos e privados têm a mesma força probante dos originais, ressalvada*

[603] MORAES, Crislayne Maria Amaral Nogueira Cavalcante de Moraes. *Prova eletrônica: aspectos controvertidos.* http://www.jurisway.org.br/v2/dhall.asp?id_dh=5633. Acesso em 29/10/2011.

a alegação motivada e fundamentada de adulteração antes ou durante o processo de digitalização".

Assim, os extratos digitais e os documentos digitalizados juntados aos autos pelos órgãos da Justiça e seus auxiliares, pelo Ministério Público e seus auxiliares, pela Defensoria Pública e seus auxiliares, pelas procuradorias, pelas repartições públicas em geral e por advogados, têm a mesma força probante dos originais, salvo eventual alegação de falsidade.

Nos termos do §2º do art. 11 da Lei 11.419 de 19.12.2006, a arguição de falsidade do documento original será processada eletronicamente na forma da lei processual em vigor.

Segundo estabelece o *§1º do art. 425* do atual C.P.C., *os originais dos documentos digitalizados mencionados no inciso VI deverão ser preservados pelo seu detentor até o final do prazo para propositura da ação rescisória.*

Esta regra foi introduzida em nosso ordenamento jurídico pelo §3º do art. 11 da Lei 11.419/06, *in verbis*: *Os originais dos documentos digitalizados, mencionados no § 2º deste artigo, deverão ser preservados pelo seu detentor até o trânsito em julgado da sentença ou, quando admitida, até o final do prazo para interposição de ação rescisória.*

Tendo em vista que eventual propositura da ação rescisória, principalmente fundamentada em falsidade documental, poderá ensejar novo resultado à demanda, há necessidade de se preservarem os documentos originais até o transcurso do prazo da referida ação rescisória.

Por sua vez, os documentos cuja digitalização seja tecnicamente inviável devido ao grande volume ou por motivo de ilegibilidade deverão ser apresentados ao cartório ou secretaria no prazo de 10 (dez) dias contado do envio da petição eletrônica, comunicando o fato, os quais serão devolvidos à parte após o trânsito em julgado (§5º do art. 11 da Lei 11.419/06).

Preconiza o *§2º do art. 425* do atual C.P.C.: *Tratando-se de cópia digital de título executivo extrajudicial ou de documento relevante à instrução do processo, o juiz poderá determinar o seu depósito em cartório ou secretaria.*

A regra geral para a propositura de execução com base em título executivo extrajudicial é a apresentação original do documento.

Contudo, em se tratando de processo eletrônico, não se apresenta o original, mas, sim, a reprodução digitalizada do título executivo.

Por isso a regra do §2º do art. 422 do atual C.P.C. faculta ao juiz a determinação de que o título executivo judicial (original) ou outro documento relevante à instrução do processo permaneça em cartório ou secretaria até o encerramento da demanda executiva.

Art. 426

O juiz apreciará fundamentadamente a fé que deva merecer o documento, quando em ponto substancial e sem ressalva contiver entrelinha, emenda, borrão ou cancelamento.

Documento com entrelinha, emenda, borrão ou cancelamento

Preceito similar encontra-se no art. 2.716 do C.c.italiano, *in verbis*:

> *"Art. 2.716. Falta de ato original ou de cópia depositada.*
>
> *Na falta do original do ato público ou de uma cópia desse perante um público depositário, as cópias expedidas em conformidade do art. 2.714 fazem plena prova; mas se tais cópias, ou ainda a cópia existente perante um público depositário quando falta o original apresentam rasuras, arranhões, inserções intercaladas e outros defeitos exteriores, compete ao juiz apreciar a eficácia probatória de tais cópias.*
>
> *Na falta do original de escritura privada as cópias de sua expedição em conformidade do art. 2.715 fazem igualmente prova; mas se apresentam rasuras, arranhões intercaladas ou outros defeitos exteriores, compete ao juiz, igualmente, apreciar a sua eficácia probatória. Em qualquer caso, deixa-se em aberto a questão acerca da autenticidade do original desaparecido".*

O documento faz prova dos fatos por ele representados desde que tenha sido elaborado de acordo com os requisitos intrínsecos ou extrínsecos exigidos pela lei, pois se houver imperfeições na confecção do documento, esses vícios poderão levar à sua nulidade.

Entre os vícios *extrínsecos* perfeitamente visíveis a olho nu ou mediante um exame grafotécnico, encontram-se *as entrelinhas, emendas, rasuras, borrões, cancelamentos, dilacerações* e outros vícios.

Geralmente a presença desses vícios leva à ineficácia da prova documental. Mas esses vícios somente levarão à ineficácia do documento caso incidam sobre pontos *substanciais* do documento, ou seja, elementos importantes do documento que caracterizam seus efeitos jurídicos, sua espécie, modalidade, eficácia e consequências dos direitos e obrigações dele decorrentes.[604]

Contudo, é possível que esses defeitos ocorram por erro ou engano, por distração ou descuido, sem que seja afetado o conteúdo do documento em si. Diante desses equívocos, as partes podem inserir, antes da assinatura, uma *ressalva*, indi-

[604] SANTOS, M. A., op. cit., p. 223.

cando a existência do equívoco, fato esse que não afetará a eficácia documental. Aliás, mesmo que não tenha sido inserida a *ressalva* no documento, é possível ao juiz avaliar essas *entrelinhas, emendas, rasuras, borrões, cancelamentos, dilacerações etc*, de acordo com o seu livre convencimento, mas fundamentadamente analisando até que ponto esses fatos causam ou não danos à eficácia documental.

Art. 427

Cessa a fé do documento público ou particular sendo-lhe declarada judicialmente a falsidade.

Parágrafo único. A falsidade consiste em:

I – formar documento não verdadeiro;

II – alterar documento verdadeiro.

Cessação da fé do documento público ou particular

Tendo o documento público ou particular sido elaborado de acordo com os requisitos intrínsecos ou extrínsecos previstos em lei gera eficácia probatória, tendo, portanto, fé o seu conteúdo e sua legitimidade.

Contudo, através de demanda própria e com base em uma decisão declaratória judicial de falsidade do documento, a fé do documento cessa para todos os efeitos legais.

E a declaração sobre a falsidade do documento quando suscitada como questão principal constará da parte dispositiva da sentença, e sobre ela incidirá também a autoridade de coisa julgada (art. 433 do atual C.P.C.).

A falsidade consiste, segundo estabelece o *parágrafo único* do art. 427 do atual C.P.C. em: I- *formar documento não verdadeiro; II – alterar documento verdadeiro.*

A arguição de falsidade (arts. 430 a 433 do atual C.P.C.) é um processo *sui generis*, tendo em vista que de regra o objeto do processo são situações substanciais. Ao invés, o objeto da falsidade documental é um fato e não um direito.

Declaração judicial de falsidade é: "*aquela que se manifesta através de uma sentença do órgão jurisdicional, transitada em julgado, declarando falso o documento. Tal sentença pode ser alcançada por três vias: a) por ação principal e autônoma (arguição principaliter) de declaração de falsidade documental; b) no curso do procedimento, em que o documento foi produzido (arguição incidenter tantum), por meio de ação incidente de arguição de falsidade; c) por ação criminal, como prejudicial e fundamento da ação rescisória*".[605]

[605] Santos, M. A., idem, p. 231.

Ao documento se pode imputar dois tipos de falsidade: a) o falso ideológico (*alterar documento verdadeiro*); b) o falso material (*formar documento não verdadeiro*).

Sobre a diferenciação entre falso ideológico e falso material, ensinam Comoglio, Ferri e Taruffo: "*Pode antes de tudo acontecer que um documento não seja 'genuíno', ou seja, não corresponde a isso que efetivamente era ou é o documento originário na sua realidade material, ou seja no seu 'extrínseco'. Neste caso se fala em 'falsidade material' do documento. Pode dar-se que isso seja 'contrafeito', ou seja, que parece exteriormente como um ato público, mas não o seja na realidade.*

Não detecta se um verdadeiro ato exista realmente ou não tenha nunca sido formado: isso que importa é que o documento de que se trata não é isso que parece, porque não foi redigido nos termos do art. 2699 c.c.italiano, mas foi confeccionado por alguém para poder ser usado em lugar de um ato autêntico. O documento contrafeito é, obviamente, falso na sua totalidade. Pode dar-se, ao invés, que a falsidade material seja somente 'parcial': isso se verifica quando sobre o documento público original sejam realizadas alterações, interpolações, rasuras, substituições ou correções tais a modificar-lhe o texto. No caso, o documento original é transformado em outro documento que tem conteúdo parcialmente diverso.

Verifica-se, por sua vez, o denominado 'falso ideológico' quando não correspondem a verdade as atestações que representam o conteúdo – o denominado 'intrínseco' – do documento. Trata-se tipicamente do falso que é introduzido pelo notário ou pelo público oficial que redige o ato, e que diz respeito à deformidade disso que o público oficial atesta em relação a isso que é realmente acontecido em sua presença. O falso ideológico se tem quando o público oficial documenta declarações que as partes não lhe fizeram, ou declarações diversas daquelas que as partes lhe fizeram, ou atesta fatos que não ocorreram na sua presença (por exemplo, um pagamento que não se verificou), ou insere uma data diversa do real".[606]

Observa-se que a doutrina dos ilustres processualistas italianos acima citada apenas faz referência à arguição de falsidade de documento público, aquele realizado pelo oficial público. No direito brasileiro, por sua vez, a arguição de falsidade, seja ela autônoma ou incidental, pode ser tanto em relação ao documento público quanto ao documento particular.

Assim, o documento público ou particular, ainda que falso, produz efeitos que lhe são próprios, até que seja declarada por sentença a sua falsidade.

Art. 428

Cessa a fé do documento particular quando:

[606] Comoglio, L.P.; Corrado, F.; Taruffo, M., op. Cit., p. 471.

I – for impugnada sua autenticidade e enquanto não se comprovar sua veracidade;

II – assinado em branco, for impugnado seu conteúdo, por preenchimento abusivo.

Parágrafo único. Dar-se-á abuso quando aquele que recebeu documento assinado com texto não escrito no todo ou em parte formá-lo ou o completá-lo por si ou por meio de outrem, violando o pacto feito com o signatário.

Cessação da fé de documento particular

O art. 428 do atual C.P.C, assim como o art. 214 do C.P.C. italiano, fala na realidade do *desconhecimento da escritura privada* por obra da parte contra a qual a escritura está sendo produzida em juízo. Esta parte pode comportar-se de vários modos: pode reconhecer expressamente ser o autor da escritura (sendo ela autógrafa) ou da subscrição, ocorrendo assim um *reconhecimento expresso* da escritura; poderá permanecer inerte, provocando o *reconhecimento tácito* da escritura; poderá por sua vez *desconhecer* a escritura negando formalmente 'a própria escritura ou a própria subscrição'.[607]

Conforme afirmam Comoglio, Ferri e Taruffo, *"Para o desconhecimento da escritura não se necessita de fórmulas particulares: é suficiente que venha expressa e de modo não equívoco, ainda que de forma indireta (por exemplo, mediante uma dedução defensiva claramente incompatível com a vontade de reconhecer como própria a escritura ou a subscrição), a vontade de contestar a proveniência por si só da escritura ou da subscrição. O desconhecimento pode advir inclusive de defensor não munido de específica procuração. Nos termos do art. 215 n. 2 o desconhecimento deve ser alegado na primeira audiência ou na primeira resposta sucessiva à produção em juízo da escritura. O desconhecimento tardio equivale à falta de desconhecimento, ou seja, ao reconhecimento tácito da escritura".*[608]

No caso de nosso ordenamento jurídico, apresentado um determinado documento particular em um dado processo, deverá a parte contra quem foi produzido o documento alegar se admite ou não a autenticidade da assinatura firmada no documento, bem como a veracidade do contexto.

Questão interessante é quanto ao momento preclusivo para arguir a falsidade documental.

[607] Comoglio, L.p.; Ferri, C.; Taruffo, M., idem, p. 477 e 478.

[608] Comoglio, L.p.; Ferri, C.; Taruffo, M., idem, p. 478.

O art. 399 do Projeto originário do novo C.P.C., n. 2046/10, preconizava: *"incumbe à parte contra quem foi produzido documento particular alegar no prazo de cinco dias, se admite ou não a autenticidade da assinatura e a veracidade do contexto, presumindo-se, com o silêncio, que o tem por verdadeiro"*.

O novo C.P.C. não repetiu a mesma regra.

Porém, o art. 411, inc. III, do atual C.P.C. aduz que se considera autêntico o documento quando: *não houver impugnação da parte contra quem foi produzido o documento.*

Além do mais, é de se aplicar por analogia o disposto no art. 430 do atual C.P.C. que estabelece: *"a falsidade deve ser suscitada na contestação, na réplica ou no prazo de 15 (quinze) dias, contado a partir da intimação da juntada aos autos do documento".*

Assim, se não houver impugnação no primeiro momento que compete à parte falar sobre o documento, haverá a aceitação tácita, conforme interpretação que se pode retirar do art. 430, parágrafo único, do atual C.P.C.

Há, por conseguinte, momentos preclusivos dispostos em lei para impugnação do documento particular. Ultrapassado o prazo legal, *quinze dias,* presume-se pelo silêncio da parte contra a qual foi produzido o documento em que ela deveria se pronunciar que esta o tem por verdadeiro.[609]

O parágrafo único do art. 372 do C.P.C. de 1973 apresentava uma hipótese de exceção à preclusão para se suscitar a falsidade documental, no caso de o documento ter sido obtido por *erro, dolo ou coação.* Comentando este parágrafo único, aduzia João Carlos Pestana de Aguiar: *"O parágrafo único não prima por um contexto de ampla regulamentação, como sói acontecer em outros dispositivos do novo Código. Contudo, pelo que informa, seu pressuposto é versar sobre vício da vontade no conteúdo do documento produzido e não em sua chegada às mãos da parte que o produziu. Esta última hipótese interessa à apuração da verdade. Assim posta a questão, qual o efeito dessa invocação em qualquer fase do processo, para a prolação da sentença, se não foi decidida em ação própria? Cremos nenhum. O vício da vontade coloca o conteúdo do documento passível de 'anulação', porém, depende de ação própria desconstitutiva, a ser oportunamente proposta. Se não for intentada no curso da ação onde o documento viciado foi produzido, não poderá, a sentença desta, examinar e decidir acerca dessa anulação. Não comporta a hipótese a declaração incidental (art. 5º combinado com art. 325), mas sim pretensão desconstitutiva da relação jurídica viciada. Logo, enquanto não desconstituído por sentença transitada em julgado o conteúdo da declaração do documento valerá este como coisa representativa do fato declarado. Em suma, podemos concluir que, a simples alegação de ter sido o documento*

[609] AGUIAR, João Carlos Pestana. *Comentários ao código de processo civil.* 2ª Ed. Vol. IV – Arts. 332 a 443. São Paulo: Editora Revista dos Tribunais, 1977. p. 212.

obtido por erro, dolo ou coação, não deve ocasionar qualquer repercussão jurídica na sentença da ação onde foi esse documento produzido. Tão-somente terá esse valor a sentença transitada em julgado noutra ação. Nessa circunstância, se proposta a ação desconstitutiva do teor do documento antes de proferida a sentença, deverá, logo que o juízo desta ação disso tome conhecimento, sustar o andamento do feito, em conformidade com o disposto no art. 265, IV, a do CPC".[610]

Mas o disposto no art. 372 do C.P.C. de 1973 não foi repetido no atual C.P.C.

Assim, mesmo na hipótese de vício de vontade decorrente de erro, dolo ou coação, o prazo preclusivo para sua alegação é o mesmo das outras hipóteses, ou seja, a partir do momento em que a parte teve ciência da juntada do documento.

Contudo, uma questão ainda merece ser observada.

Enquanto que o p.u. do art. 412 do atual C.P.c. aduz que haverá aceitação tácita do documento se este não for impugnado na primeira oportunidade que competir à parte falar nos autos, presumindo-se, com o silêncio, que o tem por verdadeiro, o art. 966, inc. VI do atual C.P.C. também afirma peremptoriamente que a decisão de mérito, transitada em julgado, pode ser rescindida quando: VI – for fundada em prova cuja falsidade tenha sido apurada em processo criminal ou venha a ser demonstrada na própria ação rescisória.

Assim, o art. 966, inc. VI, do atual C.P.C teria relativizado a preclusão estabelecida no p.u. do art. 412 do atual C.P.C.? Qual seria a melhor interpretação a ser dada em relação aos dois dispositivos?

Evidentemente que a preclusão estabelecida no p.u. do art. 412 do atual C.P.C. é meramente interna, ou seja, apenas para o processo em andamento. Tal preclusão não interfere no julgamento a ser proferido em eventual processo penal, muito menos para eventual propositura de ação rescisória amparada na falsidade de prova, podendo essa falsidade ser demonstrada na própria ação desconstitutiva de decisão transitada em julgado.

Conforme ensina Pontes de Miranda: *"Quer o documento tenha sido expressamente aceito, ou tacitamente admitido, inclusive pela expiração do prazo, quer tenha sido afastada a dúvida do juiz, nada obsta a que se suscite o incidente de falsidade (arts. 390-395), ou que se proponha ação de nulidade ou de anulação, à semelhança do que ocorre com a confissão (art. 352, I), ou, se transitada em julgado a sentença, a ação rescisória, uma vez que o caso caiba no art. 485, III, ou VI, ou VII, ou IX".*[611]

Ao contrário do direito italiano, em que a arguição de falsidade não é subordinada a algum prazo de decadência ou de preclusão, nossa lei prevê, de certa

[610] Aguiar, J. C. P., idem, p. 213.

[611] Pontes de Miranda. *Comentários ao código de processo civil.* Tomo IV (arts. 282 – 443). 2ª Ed., Rio de Janeiro: Forense, 1979. p. 485.

forma, prazo preclusivo para a manifestação de desconhecimento do texto ou da subscrição da escritura privada.

Uma vez alegado o desconhecimento, a escritura permanece privada de qualquer eficácia probatória e o juiz não poderá nem mesmo levá-la em consideração. A parte que produziu a escritura poderá tentar igualmente valer-se dela como prova, contrastando os efeitos do desconhecimento e demonstrando que a escritura provém na realidade da parte contra a qual esta foi produzida. Segundo anotam Comoglio, Ferri e Taruffo, no direito italiano, *"o instrumento previsto para conseguir este escopo é a 'verificação' da escritura privada. Essa deve ser pedida pela parte que produziu a escritura cuja autenticidade foi refutada, e a relativa instância deve ser acompanhada da indicação dos meios de prova que a parte considera útil, ou da indicação das escrituras que possam servir de comparação para estabelecer a autenticidade da escritura ou da subscrição. Se abre assim um especial procedimento disciplinado pelo código de processo civil nos arts. 217-220. Se prevê que o juiz disponha sobre a custódia do documento e para o depósito em secretaria das escrituras de comparação, e nomeie quando necessário um perito técnico...Todo meio de prova pode ser empregado para o fim de acertar a autenticidade da escritura ou da subscrição... O juiz também pode ordenar a colheita de dados gráficos da parte que impugnou o documento, na presença de um perito técnico, de modo a obter uma escritura de comparação com aquele que se trata de verificar. Se a parte não comparece ou se recusa a escrever, o juiz pode considerar a escritura a verificar como reconhecida, com base no seu discricionário convencimento..."*.[612]

O p.u. do art. 412 do atual C.P.C. refere que o *silêncio*, na hipótese de não impugnação do texto do documento ou de sua assinatura, configura manifestação de vontade de aceitação da escritura privada.

O *silêncio* como manifestação de vontade vem assim regulado pelo art. 111 do C.c.brasileiro: *"O silêncio importa anuência, quando as circunstâncias ou os usos o autorizarem, e não for necessário a declaração expressa"*.

No caso, as circunstâncias autorizam configurar o *silêncio* da parte como anuência à autenticidade do documento apresentado pela outra.

O que se discute no direito italiano, e com muita propriedade, é a falta de manifestação do contumaz (revel) ao documento apresentado nos autos.

Em relação ao nosso ordenamento jurídico, basta aplicar a regra do p.u. do art. 412 do atual C.P.C.

Nas hipóteses do art. 428, incs. I e II do atual C.P.C., a cessação da eficácia independe da arguição de falsidade, bastando que o juiz avalie essas situações na sentença final que irá proferir no processo em que o documento foi produzido.

[612] Comoglio, L.p.; Ferri, C.; Taruffo, M., idem, ibidem.

Observa-se que a alegação de não autenticidade da assinatura ou do conteúdo do documento particular é feita sem necessidade de se ingressar com o procedimento específico de *arguição de falsidade* previsto nos arts. 430 a 433 do atual C.P.C. Assim, este procedimento específico ficou restrito, em regra geral, a arguição de falsidade dos documentos públicos. Aliás, esse entendimento já era previsto na jurisprudência: *"Contestada a assinatura do documento particular, cessa--lhe a fé, independentemente da arguição de falsidade, cabendo o ônus da prova, nesse caso, à parte que o produziu, durante a instrução da causa"* (STJ-3ª T., Resp 15.706-SP, rel. Min. Nilson Naves, j. 24.3.92; DJU 13.4.92, p. 4.998.

Em relação ao direito italiano, anota Francesco P. Luiso: *"Concluindo, enquanto que contra a escritura pública é possível somente a querela de falso (arguição de falsidade), porque a proveniência das declarações é previamente acertada, contra a escritura privada é admissível um desconhecimento e ou uma querela de falso (arguição de falsidade) que incidem sobre dois aspectos diversos. A querela de falso incide sobre a falsidade do documento, o desconhecimento incide sobre a imputabilidade do documento.*

Também para a escritura privada reconhecida, autenticada ou verificada, assim como para a escritura pública, não é necessária a querela de falso (arguição de falsidade), quando se deseja contestá-la apenas em seu intrínseco. Exemplo: é produzida contra Tício uma escritura privada na qual é consagrada a compra e venda de um certo bem por um milhão, e Tício sustenta que ali ocorreu uma simulação sobre o preço, porque o bem, na realidade, foi vendido por 10 milhões. Para fazer valer a simulação, Tício não deve propor a querela de falso (arguição de falsidade). Necessita naturalmente que prove, nos modos consentidos pelo ordenamento, o acordo dissimulado, mas não é necessário que use a querela de falso (arguição de falsidade) porque não contesta a 'genuinità' da escritura. Também para a escritura privada, assim como para a escritura pública, a querela de falso serve somente para contrastar isso que é provado com a eficácia de prova legal; enquanto que para contestar a veracidade das declarações não é necessário se utilizar da querela de falso, mas se podem usar os meios que o ordenamento oferece e nos limites em que é oferecido".[613]

Como se sabe, as declarações constantes do documento particular escrito e assinado ou somente assinado presumem-se verdadeiras em relação ao signatário (art. 408 do atual C.P.C.).

Na realidade, o documento particular de cuja autenticidade não se duvida prova que o seu autor fez a declaração que lhe é atribuída.

Porém, o documento particular somente conservará a presunção de fé de legitimidade se houver por parte daquele contra quem o documento foi pro-

[613] Luiso, F. P., op. Cit., p. 109.

duzido o reconhecimento de sua autenticidade, ou seja, o reconhecimento da assinatura ou da veracidade de seu contexto.

Reconhecido o documento, dele resultarão os efeitos que lhe são próprios. Não reconhecido o documento pela sua impugnação, suspende-se a fé do documento particular.

Assim, cessa a fé do documento particular quando: *I – for impugnada a autenticidade e enquanto não se comprovar a veracidade.*

Impugnada a autenticidade do documento particular, incumbe àquele que o produziu comprovar sua veracidade, pelos meios ordinários, sendo que até que ocorra esta circunstância processual a fé do documento particular continuará suspensa.

De todo modo, o impugnante da assinatura do documento não precisa se valer da arguição de falsidade para contestar a fé documental.

O outro motivo que cessa a fé do documento particular ocorre quando: *II –assinado em branco, for impugnado seu conteúdo, por preenchimento abusivo.*

Os elementos essenciais da escritura privada são o *texto* e a *subscrição*. O texto pode ser inteiramente redigido pelo punho do mesmo sujeito que subscreve o documento, mas isso não é necessário. Na realidade, o texto pode ser subscrito por qualquer pessoa e por qualquer modo lícito, porque de certa forma não interessa quem seja o autor material do documento, mas sim quem assume a sua paternidade por meio da subscrição.

Como se sabe, as declarações constantes do documento particular escrito e assinado ou somente assinado presumem-se verdadeiras em relação ao signatário (art. 408 do atual C.P.C.).

Contudo, *"acontece não casualmente que a subscrição venha aposta sobre uma folha em que ainda não foi escrito qualquer texto: trata-se da denominada 'subscrição em branco', ou 'folha em branco', que vem subscrita por um sujeito que entende de atribuir a si mesmo a paternidade das declarações que virão a ser redigidas no documento por outrem. Geralmente, isso ocorre sob a base de um específico 'pacto de preenchimento' ou seja, de um acordo sobre declarações que deverão ser escritas na folha preventivamente subscrita"*.[614]

Este pacto, por sua vez, está regulado pela fidúcia ou confiança que a parte que subscreveu o documento deposita naquela que irá, sucessivamente, realizar a redação do texto nas folhas em branco. Se essa confiança for quebrada, a fé do documento poderá também ser abalada, pois o subscritor não poderá ficar à mercê da má-fé daquele que deverá preencher o documento.

[614] Comoglio, L.P.; Ferri, C.; Taruffo, M., op. cit., p. 474.

Portanto, o código legalizou a figura do documento particular assinado em branco.

Contudo, quando houver abuso daquele que ficou encarregado do preenchimento, cessa a fé do documento.

E segundo estabelece o *parágrafo único do art.428* do atual C.P.C., *dar-se-á abuso quando aquele que recebeu documento assinado com texto não escrito no todo ou em parte formá-lo ou completá-lo por si ou por meio de outrem, violando o pacto feito com o signatário.*

Sobre o tema, eis os seguintes precedentes do S.T.J.:

> *1. É lícito emitir nota promissória em branco, para que o valor seja posteriormente preenchido pelo credor.*
>
> *2. O preenchimento, entretanto, pode acarretar a nulidade do título se o credor agir de má-fé, impondo ao devedor obrigação cambial sabidamente superior à prometida.*
>
> *3. Ainda que se afaste a tese da existência de falsidade ideológica, o título fica maculado pela quebra da boa-fé, princípio regente do direito privado e ignorado por quem preencheu a nota promissória.*
>
> (REsp 598.891/GO, Rel. Ministro CARLOS ALBERTO MENEZES DIREITO, Rel. p/ Acórdão Ministro HUMBERTO GOMES DE BARROS, TERCEIRA TURMA, julgado em 18/04/2006, DJ 12/06/2006, p. 473)

> *(...).*
>
> *7 – No que diz respeito à validade das notas promissórias emitidas em branco, a orientação desta Corte é no sentido de que a cláusula contratual que permite a emissão da nota promissória em favor do banco, caracteriza-se como abusiva, porque violadora do princípio da boa-fé, consagrado no art. 51, inciso IV do Código de Defesa do Consumidor. Precedentes (AgRg Ag 511.675/DF, REsp 511.450/RS).*
>
> *8 – Agravo regimental desprovido.*
>
> (AgRg no REsp 817.530/RS, Rel. Ministro JORGE SCARTEZZINI, QUARTA TURMA, julgado em 06/04/2006, DJ 08/05/2006, p. 237)

> *(...).*
>
> *– A juntada da via original do título executivo extrajudicial é requisito essencial à formação válida do processo de execução e visa assegurar a autenticidade da cártula apresentada, bem como afastar a hipótese de ter o título circulado.*
>
> *– Afasta-se a nulidade dos atos processuais praticados em processo de execução fundado em cópia do título executivo extrajudicial, entretanto, se for juntada a via original, ainda que em data posterior à oferta dos embargos do devedor, e se, na hipótese, não houver impugnação à autenticidade da cópia apresentada.*

– É inadmissível o recurso especial que dependa, para sua análise, de reexame do conjunto fático-probatório.

(REsp 337.822/RJ, Rel. Ministra NANCY ANDRIGHI, TERCEIRA TURMA, julgado em 20/11/2001, DJ 18/02/2002, p. 424)

Art. 429

Incumbe o ônus da prova quando:

I – se tratar de falsidade de documento ou de preenchimento abusivo, à parte que a arguir;

II – se tratar de impugnação da autenticidade, à parte que produziu o documento.

Ônus da prova

Por fim, sobre o ônus da prova, preconiza o art. 429 do atual C.P.C. que: *Incumbe o ônus da prova quando: I – se tratar de falsidade de documento ou de preenchimento abusivo, à parte que a arguir; II – se tratar de impugnação da autenticidade, à parte que produziu o documento.*

Assim, no caso de arguição de falsidade ideológica ou material prevista no art. 427, seja ela incidental ou não, o ônus da prova incumbe àquele que arguiu a falsidade. Nessa hipótese enquadra-se também a falsidade pelo preenchimento abusivo do documento.

No caso de se tratar de arguição de falsidade da assinatura, o ônus da prova incumbe àquele que produziu o documento.

É evidente que o juiz poderá distribuir de forma diversa o ônus da prova, desde que presentes os pressupostos indicados no art. 373, §1º, do novo C.P.C., a saber:

> *Art. 373. O ônus da prova incumbe:*
>
> *(...).*
>
> *§ 1º Nos casos previstos em lei ou diante de peculiaridades da causa relacionadas à impossibilidade ou à excessiva dificuldade de cumprir o encargo nos termos do caput ou à maior facilidade de obtenção da prova do fato contrário, poderá o juiz atribuir o ônus da prova de modo diverso, desde que o faça por decisão fundamentada, caso em que deverá dar à parte a oportunidade de se desincumbir do ônus que lhe foi atribuído.*

SUBSEÇÃO II – Da Arguição de Falsidade

Art. 430

A falsidade deve ser suscitada na contestação, na réplica ou no prazo de 15 (quinze) dias, contado a partir da intimação da juntada do documento aos autos.

Parágrafo único. Uma vez arguida, a falsidade será resolvida como questão incidental, salvo se a parte requerer que o juiz a decida como questão principal, nos termos do inciso II do art. 19

Momento para suscitação da falsidade documental

A eficácia probatória dos documentos, seja a dos documentos públicos ou a dos documentos privados, pressupõe, naturalmente, que tais documentos sejam autênticos (sob o aspecto *extrínseco)* e verdadeiros (sob o aspecto *intrínseco*), isto é, que não sejam falsos.[615]

Conforme bem esclarece Enrico Tullio Liebman: *"O 'extrínseco' é o elemento material do documento, ou seja, a coisa, isto que se apresenta nas escrituras (que são as regras que a lei considera a este respeito), a carta e os sinais gráficos traçados sobre essa. O 'intrínseco' é o conteúdo do documento, isto é, o conjunto das afirmações ou declarações manifestadas em forma escrita.*[616]

A falsidade documental que compromete a eficácia do documento é, na realidade, uma discordância ou falta de sintonia entre a realidade e isso que aparece representado pelo próprio documento, e pode macular tanto o documento na sua materialidade *extrínseca*, quanto o pensamento expresso nele, ou seja, o seu conteúdo *intrínseco*. No primeiro caso está-se diante da *falsidade material* que pode concretizar-se na *contrafação* (que se verifica quando o documento vem materialmente formado por um sujeito diverso do seu autor aparente ou nele é inserido uma data ou um lugar diverso daquele aparente) ou, ainda, na *alteração* (que é uma modificação resultante no documento após a sua formação). No segundo caso ocorre a denominada *falsidade ideológica* (denominado por Carnelutti como *falso per mendacio*), que consiste em um enunciado falso no seu conteúdo: por isso essa pode macular apenas as declarações de ciência ou de todo modo as enunciações de conteúdo narrativo, as quais somente podem ser verda-

[615] Mandrioli, C., op. Cit., p. 150.

[616] Liebman, Enrico Tullio. *Manuale di diritto processuale civile.* Vol. II. Milano: Giuffrè Editores, 1984. p. 128.

deiras ou falsas (ou seja, conforme ou não conforme à verdade) enquanto que as declarações de vontade podem ser somente conforme ou não conforme à própria vontade, sendo que no caso de ser não conforme dá lugar a um fenômeno diverso, ou seja a simulação. O fenômeno da *falsidade ideológica* pode verificar-se ainda quando se trata de uma declaração que pertence ao *extrínseco* do ato documentado e que, em relação disso, é investida de eficácia de prova legal: exemplo: falsa atestação do notário que uma certa pessoa apresentou diante dele uma declaração que na verdade não a apresentou.[617]

É importante salientar que a jurisprudência do Superior Tribunal de Justiça somente admite a arguição de *falsidade ideológica* se o reconhecimento não importar em *desconstituição da situação jurídica* (AgRg n. Ag. 204.657/SP, 4ª Turma, Rel. Min. Sálvio Figueiredo Teixeira, DJ de 14.02.2000.). No mesmo sentido:

> *1. Quanto à suposta contrariedade ao art. 535, inciso II, do Código de Processo Civil, não foram esclarecidas de maneira específica, quais as questões, objeto da irresignação recursal, não foram debatidas pela Corte de origem, incidindo, portanto, a Súmula nº 284 do Pretório Excelso.*
>
> *2. O incidente de falsidade ideológica será passível de admissibilidade tão somente quando não importar a desconstituição da própria situação jurídica. Precedentes.*
>
> *3. Recurso Especial conhecido e desprovido.*
>
> *(REsp 717.216/SP, Rel. Ministra LAURITA VAZ, QUINTA TURMA, julgado em 04/12/2009, DJe 08/02/2010).*

Assim, com base na decisão do S.T.J., é preciso distinguir as declarações *enunciativas* e *dispositivas* inseridas no documento. Se o falso diz respeito apenas a declarações de ciência, tendo em vista a inexistência do fato declarado ou declarado de forma distorcida, nada impede a arguição de falsidade, bem como o seu reconhecimento por sentença, que se limita a declarar o conflito existente entre a declaração e a realidade. Já quando o objeto da falsidade é a declaração de vontade por si só apta à formação de negócios jurídicos – *dispositivas* – o reconhecimento do falso implicaria a afirmação de simulação do próprio negócio. Neste caso não se pode utilizar da arguição para tal finalidade, ou seja, para a *desconstituição do negócio por via transversa,* uma vez que a arguição de falsidade gera uma decisão meramente *declaratória.*

[617] MANDRIOLI, C., op. Cit., p. 150.

Para um documento, o fato de ser verdadeiro ou falso integra sua qualidade, o seu modo de ser, que assume grande relevância jurídica, porque a falsidade o faz tornar-se útil ou danoso na sua função probatória.

A lei, diante dessa importância de se saber se um documento é verdadeiro ou falso, apresenta dois meios que podem assegurar a formação e o modo de ser do documento, a saber: a) verificação de escritura privada e b) arguição de falsidade. O objeto destes procedimentos é de toda maneira um *fato* que corresponde à autenticidade ou falsidade do documento.[618] Na primeira hipótese, o acertamento da escritura privada pode ser obtido mediante o seu reconhecimento, que é a declaração confessória de que há escrito ou subscrito o documento e reconhece de forma expressa ou tácita (silêncio) como própria a escritura e a assinatura. O desconhecimento, que pode ser feito por meio de procurador, consiste na formal e específica negação que a escritura ou sua subscrição seja daquele a quem se intitulou seu autor. Também os herdeiros e sucessores podem limitar-se a declarar de não conhecer a escritura ou a assinatura do seu autor. Na segunda hipótese, a arguição de falsidade pode ser proposta no curso da causa e em todo grau de jurisdição. A arguição pode ser proposta contra qualquer tipo de documento. Entende Enrico Túlio Liebman que *"a querela é proponível contra qualquer espécie de documento, seja contra documento público, seja contra escritura privada (tenha sido ou não reconhecida). Naturalmente, até que a escritura não tenha sido reconhecida, é mais simples não reconhecê-la, ao invés de propor a querela; mas isso não pode impedir à parte que tenha interesse, de preferir impugnar a escritura por meio de arguição de falsidade".*[619]

Conforme já se afirmou, a arguição de falsidade (arts. 430 a 433 do atual C.P.C.) é um processo *sui generis*, tendo em vista que de regra o objeto do processo são situações substanciais. Ao invés, o objeto da falsidade documental é um fato e não um direito.

Declaração judicial de falsidade é: *"aquela que se manifesta através de uma sentença do órgão jurisdicional, transitada em julgado, declarando falso o documento. Tal sentença pode ser alcançada por três vias: a) por ação principal e autônoma (arguição principaliter) de declaração de falsidade documental; b) no curso do procedimento, em que o documento foi produzido (arguição incidenter tantum), por meio de ação incidente de arguição de falsidade; c) por ação criminal, como prejudicial e fundamento da ação rescisória".*[620]

[618] LIEBMAN, E. T., op. cit., p. 139.

[619] LIEBMAN, E. T., idem, p. 136.

[620] SANTOS, M. A., op. Cit., p. 231.

Os artigos 430 a 433 do atual C.P.C. tratam da arguição de falsidade *incidenter tantum*.

É importante salientar que a arguição de falsidade ora analisada pode ter por objeto tanto um documento público quanto um documento particular. E pode ser objeto todo tipo de documento, escrito ou não escrito, como as reproduções mecânicas e as eletrônicas, além de gráficos, plantas etc.

Sobre a arguição de falsidade de documentos eletrônicos, prescreve o art. 11 da Lei 11.419/06:

> *Art. 11. Os documentos produzidos eletronicamente e juntados aos processos eletrônicos com garantia da origem e de seu signatário, na forma estabelecida nesta Lei, serão considerados originais para todos os efeitos legais.*
>
> *§ 1º Os extratos digitais e os documentos digitalizados e juntados aos autos pelos órgãos da Justiça e seus auxiliares, pelo Ministério Público e seus auxiliares, pelas procuradorias, pelas autoridades policiais, pelas repartições públicas em geral e por advogados públicos e privados têm a mesma força probante dos originais, ressalvada a alegação motivada e fundamentada de adulteração antes ou durante o processo de digitalização.*
>
> *§ 2º A arguição de falsidade do documento original será processada eletronicamente na forma da lei processual em vigor.*
>
> *§ 3º Os originais dos documentos digitalizados, mencionados no § 2º deste artigo, deverão ser preservados pelo seu detentor até o trânsito em julgado da sentença ou, quando admitida, até o final do prazo para interposição de ação rescisória.*
>
> *§ 4º (*
>
> *§ 5º Os documentos cuja digitalização seja tecnicamente inviável devido ao grande volume ou por motivo de ilegibilidade deverão ser apresentados ao cartório ou secretaria no prazo de 10 (dez) dias contados do envio de petição eletrônica comunicando o fato, os quais serão devolvidos à parte após o trânsito em julgado.*
>
> *§ 6º Os documentos digitalizados juntados em processo eletrônico somente estarão disponíveis para acesso por meio da rede externa para suas respectivas partes processuais e para o Ministério Público, respeitado o disposto em lei para as situações de sigilo e de segredo de justiça.*

Outrossim, o documento objeto da arguição deve ser *relevante* para a resolução da causa principal, pois se não for relevante, a permissão de ampliação do objeto do processo ensejaria mácula ao princípio de economia processual.

Discordando-se da perspectiva adotada por Fábio Tabosa, deve-se entender possível a arguição de falsidade mesmo que o documento seja inserido no processo por determinação de ofício do juiz, ou quando a parte leva o documento ao processo por exigência da parte contrária.[621]

Segundo estabelece o art. 430 do atual C.P.C., *a falsidade deve ser suscitada na contestação, na réplica ou no prazo de 15 (quinze) dias, contado a partir da intimação da juntada aos autos dos documentos.*

Note-se que em se tratando de impugnação da autenticidade da assinatura ou da veracidade do contexto, o prazo será o mesmo, aplicando-se por analogia, e não dependerá da arguição de falsidade.

Ao contrário do que preceituava o art. 393 do C.P.C. de 1973, a arguição não mais será processada em apenso, mas sim dentro do processo em que se discute a causa principal, devendo ser suscitada na própria contestação, na réplica ou no prazo de quinze dias, contado a partir da intimação da juntada aos autos do documento.

A petição avulsa somente será admitida se o documento for juntado aos autos após a apresentação da contestação, quando o prazo de quinze dias contará a partir da intimação da juntada aos autos do documento.

Em se tratando de arguição de falso em processo de execução, a arguição deverá ser realizada no prazo para a impugnação ou quando da propositura dos embargos.

Segundo estabelece *o parágrafo único do art. 430* do atual C.P.C., *uma vez arguida, a falsidade será resolvida como questão incidental, salvo se a parte requerer que o juiz a decida como questão principal, nos termos do inciso II do art. 19.*

Em regra, a decisão sobre a falsidade documental poderá ser decidida como questão incidental, tendo eficácia apenas para o processo em que foi arguida.

Porém, a parte poderá requerer que o juiz a decida como questão principal, nos termos do inc. II do art. 19 do atual C.P.C. que assim dispõe:

> *Art. 19. O interesse do autor pode limitar-se à declaração:*
> *(...).*
> *II – da autenticidade ou da falsidade de documento.*

Na hipótese do art. 19, inc. II, a decisão que conhecer da falsidade documental fará coisa julgada material.

A sentença que definir a causa principal também deverá declarar ou não a falsidade documental.

O conteúdo deste capítulo da sentença será meramente declaratório.

[621] Pessoa, Fábio Guidi Tabos. *In: Código de processo civil interpretado.* Coord. Antonio Carlos Marcato. São Paulo: Atlas, 2004. p. 1189.

A legitimidade para arguir a falsidade é 'da parte contra quem foi produzido o documento', sendo que nada impede que o assistente (terceiro) possa também utilizar desse instrumento, pois, conforme preconiza o art. 121 do atual C.P.C: *"o assistente simples atuará como auxiliar da parte principal, exercerá os mesmos poderes e sujeitar-se-á aos mesmos ônus processuais que o assistido"*. Evidentemente que essa afirmação deverá observar a fase processual em que o assistente ingressa no processo.

Já os demais terceiros que tenham interesse na declaração de falsidade, poderão, todavia, usar a ação declaratória autônoma (art. 19, inc. II do atual C.P.C.).

O Ministério Público, inclusive quando atua como *fiscal do ordenamento jurídico*, também apresenta legitimidade para a arguição de falsidade. Nesse sentido é a seguinte decisão do *S.T.J.:*

> *Recurso especial. Incidente de falsidade documental. Legitimidade do ministério público. Falsidade ideológica. Cabimento.*
>
> *Intempestividade. Possibilidade de se averiguar a falsidade de ofício e no curso do processo principal.*
>
> *Ainda que com a prerrogativa de custos legis, está o Ministério Público sujeito aos princípios processuais constantes do sistema jurídico brasileiro e, portanto, caso permaneça inerte, pode ser atingido pela preclusão.*
>
> *Deve reconhecer-se, contudo, que o incidente de falsidade foi requerido intempestivamente. Não poderá, portanto, ser processado como tal e, a final, gerar os efeitos de uma decisão em incidente de falsidade, bem como fazer coisa julgada.*
>
> *Ao juiz, ocioso lembrar, compete, mesmo de ofício, ordenar diligências para apurar a verdade real e, consequentemente, a validade do documento questionado.*
>
> *Recurso especial provido.*
>
> *Decisão por unanimidade.*
>
> *(REsp 257.263/PR, Rel. Ministro FRANCIULLI NETTO, SEGUNDA TURMA, julgado em 17/05/2001, DJ 01/10/2001, p. 186)*

Muito embora o atual art. 430 não tenha formulado a mesma observação do art. 390 do C.P.C. de 1973, o certo é que o incidente de falsidade pode ser arguido em qualquer tempo e grau de jurisdição, ou seja, em primeiro ou em segundo grau, inclusive no âmbito do S.T.F e do S.T.J.

Nos tribunais, o incidente será processado pelo órgão colegiado, podendo inclusive ser realizada, se necessária, produção de provas durante o recurso da causa. Também a instrução poderá ser delegada ao juízo de primeiro grau.

Sobre a competência do tribunal para apreciar o incidente, leciona Fábio Tabosa: *"A competência do tribunal para o processamento e julgamento aplica-se quer o documento tenha sido apresentado perante o próprio tribunal, quer ainda perante o juiz da causa, bastando de toda forma que integre recurso a ser apreciado pelo tribunal; normalmente, o problema se verificará em sede de apelação, caso com o recurso se aleguem fatos novos (art. 517 (1973)) ou de qualquer forma se admitam documentos não apresentados durante o processamento regular da causa. Deve o juiz, quando o caso, se abster de deliberar sobre o recebimento, relegando-se ao próprio tribunal o juízo de admissibilidade formal (é o que se dará se o documento impugnado vier com as razões de apelação; o prazo de dez dias para o apelado terminará antes daquele destinado às contrarrazões recursais, e dessa forma o incidente forçosamente será apresentado antes da remessa dos autos à instância superior".*[622]

Uma vez reconhecida a autenticidade do documento, não haverá lugar para arguição de falsidade incidental em face da preclusão, nem mesmo nas hipóteses de erro, dolo ou coação. Contudo, tal questão poderá ser arguida em demanda autônoma ou mesmo em demanda rescisória.

É importante, ainda, consignar a seguinte advertência feita por Fábio Tabosa, quando de seu comentário ao art. 390 do C.P.C. de 1973: *"Embora o art. 372 do CPC (1973), no âmbito da impugnação à veracidade de documentos particulares, faça expressa remissão a este art. 390, não se confundem a refutação singela, objeto daquele dispositivo, e a figura a partir daqui disciplinada, sendo assim necessário que antes de mais nada se defina sua natureza.*

A autenticidade ou falsidade de documento em si considerada é, ao lada da existência ou inexistência de relação jurídica, uma das hipóteses em que, à luz do art. 4º do CPC (1973), prevê o legislador a formulação de pedido meramente declaratório. É certo ainda que, no tocante às relações jurídicas, vindo a se tornar litigiosa no curso de qualquer processo alguma de cuja verificação dependa o julgamento da causa, à parte se 'faculta' requerer ao juiz que sobre o tema profira sentença (art. 5º do CPC (1973), valendo-se então da ação declaratória incidental mencionada no art. 315 do mesmo Código; pode a matéria, assim, ser apreciada no julgamento em caráter meramente incidente, integrando-se tão--somente nos fundamentos da sentença como uma dentre outras questões de direito prejudicais e não fazendo coisa julgada (art. 469, III, do CPC (1973) ou então ser decidida no próprio feito, desde logo, em caráter também principal, caso em que se amplia o objeto do processo e se produzem, também quanto a esse aspecto prejudicial, os efeitos próprios da coisa julgada material.

Ora, não há motivo, diante da analogia de situações, para entender que o mesmo não possa ocorrer quanto à autenticidade ou falsidade documental, desde que o tema porventura se torne litigioso no curso da demanda. E, como o art. 395 do CPC (1973) deixa claro

[622] Pessoa, F. G. T. op. Cit., p. 1202.

que a decisão que resolve o incidente é 'sentença', forçoso é reconhecer que aqui também se cuida de 'ação declaratória incidental', ainda que o legislador não o tenha explicitado; esse o entendimento largamente predominante na doutrina e na jurisprudência.

Nota-se dessa forma que enganosa a nomenclatura adotada pelo Código, pois não se está diante de singelo 'incidente' processual ainda se, anteriormente ao encerramento da instrução, venha o processamento da arguição de falsidade a se dar nos mesmos autos e como parte da mesma relação processual inerente ao feito principal. Feita contudo essa advertência, e presente a noção do efetivo exercício do direito de ação, por meio de pretensão específica e distinta daquele objeto do processo, não há óbice a que se use tal referência nominal".[623]

Art. 431

A parte arguirá a falsidade expondo os motivos em que funda a sua pretensão e os meios com que provará o alegado.

Fundamento e meios de prova da arguição de falsidade

O art. 391 do C.P.C. de 1973 fazia uma distinção entre a juntada do documento antes de encerrada a instrução ou depois.

Quando o documento fosse oferecido antes de encerrada a instrução, a parte deveria arguir o falso, em petição dirigida ao juiz da causa, expondo os motivos em que se funda a sua pretensão e os meios com que provará o alegado. Por sua vez, se o documento fosse juntado após encerrada a instrução, o incidente de falsidade deveria correr em apenso aos autos principais (art. 393 do C.P.C. de 1973). Na hipótese do art. 393 do C.P.C. de 1973, poder-se-ia visualizar com certa precisão a existência de um verdadeiro processo incidente, ao invés de um mero incidente processual.

Pela novo C.P.C., pouco importa o momento processual de sua juntada, ou seja antes ou depois de encerrada a instrução, a arguição de falsidade deverá ser sempre suscitada por petição formulada nos próprios autos, em caráter incidental. E nessa petição, conforme estabelece o art. 431 do atual C.P.C., a parte deverá fundamentá-la, expondo os motivos em que se funda a sua pretensão, bem como indicando os meios de prova que pretende utilizar para demonstrar a falsidade documental.

[623] Pessoa, Fábio Guidi Tabos. *In: Código de processo civil interpretado.* Coord. Antonio Carlos Marcato. São Paulo: Atlas, 2004. p. 1187.

Pela nova legislação, há efetivamente um mero incidente processual e não uma demanda autônoma, razão pela qual, havendo indeferimento do pedido de instauração do incidente não se fala mais em recurso de apelação, mas, sim, de eventual agravo de instrumento (se for essa hipótese), ou de preliminar de apelação da sentença final quando nesta a falsidade for reconhecida.

Sobre o tema, eis o seguinte precedente do S.T.J.:

> *(...).*
>
> *1 – Não é possível admitir e nem processar incidente de falsidade em sede de agravo de instrumento para subida de recurso especial, via específica e com fins próprios, notadamente considerando a natureza jurídica do incidente, de verdadeira ação declaratória, prejudicial ao mérito (bem da vida pretendido) da contenda.*
>
> *2 – Agravo regimental desprovido.*
>
> (AgRg nos EDcl no Ag 1120264/SP, Rel. Ministro FERNANDO GONÇALVES, QUARTA TURMA, julgado em 17/12/2009, DJe 22/02/2010)

Art. 432

Depois de ouvida a outra parte no prazo de 15 (quinze) dias, será realizado o exame pericial.

Parágrafo único. Não se procederá ao exame pericial se a parte que produziu o documento concordar em retirá-lo.

Oitiva da parte contrária e prova pericial

O atual C.P.C., ao contrário do que estabelecia o art. 394 do C.P.C. de 1973, não determina mais a suspensão do processo principal em razão da arguição de falsidade documental, pois, na verdade, na nova sistemática do instituto não há processo principal ou processo acessório, mas simplesmente um incidente instaurado no próprio processo em que deve ser resolvida a causa principal.

Evidentemente que sendo a prova documental relevante para o deslinde da questão, dever-se-á dar prioridade à instrução do incidente de arguição de falsidade, ocorrendo desta forma aquilo que Dinamarco denominada de 'suspensão imprópria' do processo, ou, conforme entende João Batista Lopes, apenas a necessidade de que o juiz aguarde a decisão do incidente, sem suspensão do processo.[624]

[624] LOPES, João Batista. *Ação declaratória*. 5ª ed.. São Paulo: Editora Revista dos Tribunais, 2002. p. 100

Parece que a posição adotada por João Batista Lopes foi consagrada pelo atual C.P.C., tendo em vista o que estabelece o art. 433 do atual C.P.C. Este dispositivo preconiza que a declaração de falsidade do documento, quando suscitada como questão principal, constará da parte dispositiva da sentença e sobre ela incidirá também a autoridade de coisa julgada.

Assim, muito embora o novo C.P.C. não determine a suspensão do processo, pois o incidente faz parte deste mesmo processo, o certo é que a decisão final da lide dependerá da declaração ou não da falsidade documental.

Uma vez instaurado o incidente processual de arguição de falsidade, seja como preliminar de contestação, seja em petição avulsa, será ouvida a parte contrária, no prazo de quinze dias, podendo o juiz, se for o caso, determinar a realização de prova pericial.

A oitiva da parte contrária evidentemente decorre do princípio Constitucional do contraditório. Como o dispositivo não afirma se a intimação deve ser direta e pessoal da parte ou por meio de seu advogado, deve-se realizar uma interpretação que mais garanta a efetividade do contraditório, ou seja, devendo a intimação ser dirigida à parte contrária, principalmente porque eventual procedência da arguição de falsificação poderá ensejar a instauração de processo penal contra aquela parte que inseriu o documento na relação jurídica processual.[625]

Não havendo manifestação da parte no prazo de quinze dias, entende Moacyr Amaral Santos que deve ser aplicado o efeito da revelia, reputando-se verdadeiros os fatos afirmados pelo arguente.[626]

Por sua vez, Humberto Theodoro Júnior sustenta que a omissão deve ser interpretada como insistência da parte na validade do documento.[627]

Contudo, tendo em vista os efeitos penais que o reconhecimento de uma arguição de falsidade pode implicar, não se pode considerar os efeitos da revelia, típica da falta de contestação no processo de conhecimento, para a hipótese de falta de manifestação em relação à arguição de falsidade.

Muito embora a falta de impugnação não seja suficiente para a prolação de uma sentença declaratória de falsidade documental, isso não impede que o juiz

[625] A doutrina diverge. Dinamarco entende que a intimação deve ser ao patrono (*Instituições, vol. III. P. 580)*, enquanto que Marinoni e Arenhart entendem que deve ser dirigida à parte, por se tratar de ato personalíssimo (*Comentários, vol. 5, tomo II, p. 212)*.

[626] Santos, M. A., op. Cit., p. 240.

[627] Theodoro Júnior, Humberto. *Curso de direito processual civil.* 32ª ed. Vol. I. Rio de Janeiro: Forense, 2000. p. 406.

valore o documento no momento da decisão com base no princípio da livre persuasão racional.

Diante de litisconsorte unitário, na arguição devem participar todos os litisconsortes. Em se tratando de litisconsorte facultativo, apenas as partes que têm interesse direto no documento.

Sobre o tema, eis os seguintes precedentes do S.T.J.:

(...).

3. In casu, revela-se inequívoco interesse recursal do Estado do Mato Grosso que não foi citado para integrar a lide em Incidente de Falsidade, a fim de obter a declaração judicial de nulidade dos títulos emitidos pelo próprio Estado.

4. O Estado é litisconsorte necessário no Incidente de Falsidade, porquanto transmitente do ato translativo de domínio.

5. O incidente de falsidade reclama a participação de todos os interessados na controvérsia a saber: (o expropriado, o expropriante e o emissor do título reputado falso).

6. Consectariamente, o Estado do Mato Grosso deveria ter sido citado no processo expropriatório, no qual surgiu o incidente autônomo e incidental, para defender a validade dos títulos por ele emitido, o que inocorreu na espécie, inviabilizando-lhe a oportunidade de demonstrar a higidez do processo administrativo.

7. É que os efeitos da sentença de nulidade atingirão a esfera jurídica estatal, mercê de gerar ação de evicção.

8. A validade do processo que eclipsa ação desconstitutiva reclama a integração na lide do recorrente, na condição de litisconsorte passivo necessário (CPC, art. 47), sob pena de nulidade.

9. Recurso do terceiro prejudicado provido, para anular todos os atos decisórios praticados desde a data do Incidente de Falsidade opostos pelo INCRA, determinando que o juiz de primeiro grau proceda a citação do ora Requerente no feito relativo ao incidente de falsidade.

10. Embargos de declaração opostos pelas partes prejudicados.

(EDcl no REsp 883.398/MT, Rel. Ministro LUIZ FUX, PRIMEIRA TURMA, julgado em 07/12/2010, DJe 15/12/2010).

Processual civil. Incidente de falsidade. Prazo em dobro. Litisconsórcio.

I – A regra prevista no art. 191 do CPC é aplicável ao incidente de falsidade, devendo o prazo para a sua arguição ser contado em dobro no caso de litisconsortes com advogados diferentes.

II – Recurso especial não conhecido.

(REsp 152.335/SP, Rel. Ministro ANTÔNIO DE PÁDUA RIBEIRO, TERCEIRA TURMA, julgado em 17/05/2001, DJ 11/06/2001, p. 198)

Estabelece o *parágrafo único do art. 432* do atual C.P.C. que *não se procederá ao exame pericial se a parte que produziu o documento concordar em retirá-lo.*

O parágrafo único do art. 392 do C.P.C. de 1973 também estabelecia que não se procederia ao exame pericial do documento se a parte que o produziu concordasse em retirá-lo. Contudo, o documento somente poderia ser retirado se a parte contrária concordasse.

Pelo novo dispositivo do parágrafo único do art.432 do atual C.P.C. a retirada do documento se dá independentemente da anuência da parte contrária.

Evidentemente que não haverá necessidade de se proferir uma sentença declaratória de falsidade documental se a parte que o introduziu na relação jurídica processual concordar em retirar o documento, pois nesse caso o documento deixa de ser conteúdo probatório na relação processual.

Mas uma questão deve ser analisada.

A inserção de um documento falso pode alcançar interesse público que vai além dos interesses das partes no âmbito do processo civil, pois a falsidade documental também é tipificada no código penal como crime, em seus artigos 296 a 305 do Código Penal, delitos esses de ação penal pública incondicionada.

No caso, tomando ciência o magistrado ou mesmo o ministério público da prática de crime de falso documental, a questão deverá ser apurada no âmbito criminal, mesmo que a parte, na esfera civil, entenda em não utilizar o documento.

Desta forma, apenas se evitará uma sentença civil declaratória de falsidade documental, mas não se impedirá eventual persecução criminal pela tentativa de uso de documento falso.

Art. 433

A declaração sobre a falsidade do documento, quando suscitada como questão principal, constará da parte dispositiva da sentença e sobre ela incidirá também a autoridade da coisa julgada.

Declaração de falsidade – questão incidental – coisa julgada

A decisão sobre a falsidade de documento, pelo novo C.P.C., poderá ocorrer de forma incidental, sem que conste como questão principal, ou como questão principal, incidindo neste último caso a autoridade de coisa julgada.

A sentença do incidente de falsidade tem natureza declaratória e não desconstitutiva de relação jurídica, razão pela qual não se pode requerer a falsidade ideológica de um documento se essa resolução da lide ensejar a desconstituição do próprio negócio jurídico subjacente.

Uma vez provocado o incidente de arguição de falsidade, como *questão principal*, haverá uma ampliação do objeto do processo, bem como a necessidade de que o juiz julgue o mérito dessa nova ampliação. Há, portanto, com a arguição de falsidade a incidência de um objeto do processo autônomo, além daquele que já havia sido inserido com a propositura da demanda.

A sentença, ao julgar esse novo fato processual, limitar-se-á a declarar a falsidade ou autenticidade do documento.

Tendo em vista que a resolução da lide sobre a falsidade ou não documental corresponde a um capítulo da sentença final, constando a decisão de sua parte dispositiva, isso significa dizer que há resolução de mérito no que concerne à falsidade, sendo que, uma vez transitada em julgado, há *coisa julgada material.*

Segundo anota Cândido Rangel Dinamarco: *"Sem invocar premissas inerentes à teoria do 'objeto do processo', mas visivelmente influenciado por elas, Liebman associa os 'capítulos de sentença' à existência de 'objetos autônomos' a serem alvo de julgamentos que também devem ser considerados autônomos. Fala o Mestre em 'pluralità di corpi semplici o unità elementari'. São objetos autônomos de um julgamento de mérito os diversos ítens em que se desdobra o 'decisum' e que se referem a pretensões distintas ou a diferentes segmentos destacados de uma pretensão só. Em princípio, trata-se de pretensões que poderiam ser julgadas por sentença separadas, em dois ou mais processos – o que só não sucede quando os dois capítulos de mérito são representados pelo julgamento do mérito principal e da pretensão relacionada com o custo financeiro do processo (custas, honorários de sucumbência). Em todos esses casos, a sentença é uma só e formalmente incindível como ato jurídico integrante do procedimento; também um só e formalmente incindível é o decisório que a integra. Mas 'substancialmente' o decisório comporta divisão, sempre que integrado por mais de uma unidade elementar – residindo cada uma dessas em um dos 'preceitos imperativos' ali ditados".*[628]

A propósito de tal questão, ensina Pontes de Miranda: *"Trata-se de sentença definitiva sobre a questão prejudicial, de sentença em ação declaratória, com a possível eficácia de coisa julgada material, 'incidenter tantum'".*[629]

Portanto, a decisão de mérito sobre a falsidade ou não documental proferida num incidente de arguição de querela, desde que tenha a natureza de questão principal, faz coisa julgada material. Desta feita, procedente a arguição, o juiz concluirá por declarar a falsidade do documento, sendo que este meio de prova não poderá ser levado em consideração na decisão da causa no qual o mesmo foi produzido. Com a declaração de falsidade transitada em julgado cessa a fé do documento público ou privado.

[628] Dinamarco, Cândido Rangel. *Capítulos de sentença.* São Paulo: Malheiros, 2002. p. 63 e 64.
[629] Pontes de Miranda. *Comentário ao código de processo civil,* IV Vol. Pág. 260.

Uma questão que se coloca é se essa sentença tem eficácia apenas entre as partes ou *erga omnes*. Sobre o tema assim se posiciona Enrico T. Liebman: *"Muito controvertido entre os intérpretes é o ponto se tal declaração teria eficácia apenas entre as partes ou 'erga omnes'. Aplicando ao caso particular das sentenças sobre falso, os princípios, já expostos outra vez em matéria das sentenças, deverão dizer que o acertamento da verdade ou falsidade de um documento tem eficácia para todos, mas com autoridade de coisa julgada limitada somente às partes, pois a sentença é oponível também ao terceiro, ou contra ele, mas o terceiro – se é titular de um direito que será prejudicado pela sentença – é admitido a impugná-la, seja com a oposição de terceiro, seja com a demonstração, em qualquer sede, da injustiça da sentença"*.[630] No mesmo sentido é a posição de Carnelutti e Satta.

Por sua vez, Giuseppe Chiovenda entende que essa decisão tem efeitos *erga omnes, in verbis*: *"Ação de falsidade. Tem cabimento enquanto o documento não for 'declarado verdadeiro' por sentença irrevogável em processo de falsidade civil ou penal...E deve-se considerar que a lei não distingue entre o caso de ter ou não ter o processo precedente corrido entre as mesmas partes. Isto não importa em nenhuma exceção aos princípios sobre os limites subjetivos da coisa julgada, visto que a coisa julgada 'como julgado entre as partes' prevalece invariavelmente com respeito a todos, enquanto e desde que as relações jurídicas dos terceiros 'não sejam prejudicadas'. Ora, quando não for o caso de declarar uma relação jurídica 'própria das partes', mas de declarar o modo como a lei em concreto considerará as qualidades de uma coisa, é natural que o julgado, que declara essa vontade da lei com referência às qualidades próprias de uma coisa, possa declará-la genericamente e não apenas com respeito às partes em causa"*.[631]

Outra questão a ser analisada é que o art. 433 do atual C.P.C. somente afirma que há coisa julgada quando a sentença declarar a falsidade documental, ao contrário do que dispunha a redação do art. 395 do C.P.C. de 1973, que dizia que a sentença que resolvesse o incidente declararia a *falsidade ou autenticidade* do documento, o que permitia deduzir que a coisa julgada abrangeria tanto a procedência do pedido de falsidade quanto a sua improcedência.

Na realidade, julgado improcedente o pedido de arguição de falsidade, regular seria existir uma sentença declaratória negativa de falsidade, e isso ocorria na perspectiva do C.P.C.de 1973.

Contudo, pela atual redação do dispositivo, a coisa julgada somente ocorrerá se o juiz declarar a falsidade documental e não mais quando por falta de prova ou em razão de prova insuficiente não for reconhecida a inautenticidade documental. Neste caso, a decisão que se limitar a declarar a improcedência da arguição

[630] Liebman, E. T., op. cit., p. 138.

[631] Chiovenda, Giuseppe. *Instituições de direito processual civil.* Trad. J. Guimarães Menegale. Vol. III. São Paulo: Edição Saraiva, 1965. p. 136.

somente será sugestiva no sentido de que a apreciação do documento, como conteúdo da causa principal, exige rigores especiais, tanto maiores quanto mais frágeis os argumentos favoráveis à sua veracidade e sinceridade. Essa lição, em certo sentido, já era preconizada por Giuseppe Chiovenda, quando havia insuficiência da prova de falsidade: *"Compreende-se ainda que uma sentença não possa 'declarar a verdade' do documento só porque rejeite a queixa de falsidade por 'decadência de provas' ou pela renúncia do querelante à ação (o que seria por certo grave em relação às partes do subsequentes processos de falsidade); a lei, com efeito, quer uma 'declaração de verdade' do documento, que não se produzirá senão quando o juiz, apoiado nas provas apuradas, se capacitar 'positivamente' da verdade do documento. Enquanto, pois, nas ações declaratórias negativas que têm por objeto 'uma relação jurídica', a rejeição da ação implica afirmação da existência de vontade da lei negada pelo autor, a rejeição da querela de falsidade, cujo objeto é um 'fato jurídico', por si mesma não implica declaração de verdade do documento, a qual tem de ser expressa. Daí resulta que, se parte contra a qual se produz um escrito particular, em vez de se limitar a desconhecê-la, a impugna por falsidade, e a querela é rejeitada por insuficiência de prova, ou seja, sem que o juiz declare positivamente verdadeiro o escrito, não é possível considerá-lo verificado para os fins de sua eficácia probatória".*[632]

SUBSEÇÃO III – Da Produção da Prova Documental

Art. 434

Incumbe à parte instruir a petição inicial ou a contestação com os documentos destinados a provar suas alegações.

Parágrafo único. Quando o documento consistir em reprodução cinematográfica ou fonográfica, a parte deverá trazê-lo nos termos do caput, mas sua exposição será realizada em audiência, intimando-se previamente as partes.

Instrução da petição inicial com documentos para prova das alegações

Este dispositivo é complementado pelo art. 319, inc. VI e pelo art. 320 do novo C.P.C.

Segundo Fábio Tosa, *"apesar da referência expressa do art. 396 (C.P.C. de 1973) aos arts. 283 e 297 (CPC de 1973), faz-se possível isolar a matéria aqui tratada daquela objeto*

[632] Chivenda, G., op. Cit., p. 136.

do primeiro desses dois dispositivos. Com efeitos, fala-se ali em documentos 'indispensáveis à propositura da ação', enquanto no artigo ora comentado cogita-se daqueles destinados a mera 'prova das alegações'; embora o momento de apresentação seja o mesmo (v. g. a petição inicial), e conquanto a lei não explique quais sejam os documentos indispensáveis, difere a rigor a abordagem conforme se tenha uma ou outra categoria de documentos, daí a necessidade de buscar os traços distintivos. De um modo geral, indispensáveis são antes de mais nada aqueles voltados a demonstrar os 'pressupostos processuais' e as 'condições da ação'. Quanto aos requisitos específicos de admissibilidade de determinada demanda, é o caso, por exemplo, da prova pelo autor de ação reivindicatória de sua condição de proprietário, pelo autor da ação de divórcio da existência de relação matrimonial, pelo autor da ação de despejo dos requisitos do art. 47, §2º, da Lei n. 8.245/91, pelo autor da ação de dissolução de sociedade e de sua condição de sócio, ou ainda a juntada, pelo exequente, de título executivo, dentre inúmeras possibilidades; já no campo dos pressupostos processuais, cuida-se da apresentação dos documentos destinados a demonstrar o preenchimento daqueles de cunho subjetivo, basicamente os ligados à capacidade processual e à representação em juízo das partes...Já quando se fala em documentos 'não essenciais', e com fins meramente probatórios (objeto do art. 396 do C.P.C. de 1973), têm –se em vista aqueles relevantes ou simplesmente úteis ao acolhimento da pretensão formulada pelo autor, e voltados à demonstração dos fatos constitutivos do direito alegado, mas não imprescindíveis ao julgamento de mérito. Sua falta, quando muito, pode conduzir ao decreto de improcedência da 'ação', mas não obsta o normal julgamento da causa...".[633]

É importante salientar que não se deve confundir o princípio *dispositivo* com o princípio da *aportação da parte.*

A doutrina alemã, no início do século XX, já vinha consagrando a diferenciação entre "princípio dispositivo em sentido estrito" e o princípio de "contribuição da parte" ou "*aportación de parte*". Com base nessa distinção, o princípio dispositivo permaneceria preservando à disposição da parte o início do processo, assim como a possibilidade de encerrá-lo mediante a renúncia, transação e desistência, tendo a parte domínio sobre o próprio objeto do processo. Ao "contrário sensu", o princípio da "contribuição da parte" não teria caráter necessário, seria contingente. O fato de que somente as partes poderiam aportar ao material fático e aos meios de prova conferidos pelo sistema jurídico seria uma opção do legislador que não teria porque subsistir, ao menos de forma plena. Tal postura é uma tentativa de se desligar a atividade probatória do princípio dispositivo. O princípio dispositivo deveria ser mantido apenas em relação ao momento em que o litígio pudesse ser invocado pela petição da parte, e como delimitador da

[633] Pessoa, Fábio Guidi Tabosa. *In:* Coord. Antonio Carlos Marcato. *Código de processo civil interpretado*. São Paulo: Atlas, 2004. p. 1.211 e 1.212.

decisão sobre a matéria litigiosa inserida dentro dos limites da demanda. Porém, uma vez que as partes determinaram o alcance do litígio, deve ficar a cargo do juiz realizar o que for necessário para o esclarecimento do assunto; não se pode deixá-lo reduzido aos fatos e meios de provas apresentados pelas partes. [634]

Sendo os documentos formatados geralmente antes da propositura da demanda, a norma determina que logo com a inicial ou com a contestação esses documentos devem ser *aportados* ao processo (princípio da *aportação da parte*). A lei exige, portanto, a imediata apresentação pelas partes dos documentos já disponíveis no momento do ajuizamento da demanda ou da apresentação da defesa. Isso vale também para os terceiros intervenientes ou para os litisconsortes ulteriores que ingressem no processo após a sua formação.

Conforme anota Francesco P. Luiso sobre a produção do documento no direito italiano: *"Vermos agora os aspectos dinâmicos da prova documental: como as provas documentais são concretamente adquiridas no processo, de modo a serem utilizadas pelo juiz por ocasião da decisão. O mecanismo mais simples e óbvio de aquisição da prova documental é a sua produção, que se dá pela inserção do documento no próprio fascículo e registrando o ato ou na audiência verbal (se o documento é produzido no curso da causa), ou nos atos introdutivos ou em outros atos escritos eventualmente formados no curso do processo (se o documento é produzido em ocasião da formação de tais atos escritos). Uma vez que o documento foi produzido, esse encontra-se definitivamente adquirido no processo, e a parte que o há produzido não pode mais retirá-lo sem o consenso de todas as outras partes. Isso constitui uma das várias manifestações daquele importante princípio, que é o princípio da aquisição. Em aplicação de tal princípio, uma vez adquirido um documento aos atos da causa, tal documento pode ser utilizado para provar, nos limites da sua disciplina, qualquer fato. Pode ser portanto utilizado seja a favor ou contra àquele que produziu o documento. Se vem produzido em juízo um documento que prova um fato favorável à parte que o tenha produzido, mas também um fato favorável à contraparte, o juiz pode legitimamente retirar do documento a prova de ambos os fatos".* [635]

Segundo estabelece o *parágrafo único* do art. 434 do atual C.P.C., *quando o documento consistir em reprodução cinematográfica ou fonográfica, a parte deverá trazê-lo nos termos do caput, mas sua exposição será realizada em audiência, intimando-se previamente as partes.*

Se a parte deseja apresentar, como meio de prova, reprodução cinematográfica ou fonográfica, deverá requerer e juntar essa reprodução com a petição ini-

[634] CABIALE, José Antonio Díaz. *Principios da aportação da parte y acusatório.: la impacialidad del juez.* Granada: Comares, 1996. p. 11.
[635] LUISO, F. P., op. Cit., p. 119.

cial ou com a contestação, sendo que a sua exposição será realizada em audiência de instrução, intimando-se previamente as partes para tal fim.

Art. 435

É lícito às partes, em qualquer tempo, juntar aos autos documentos novos, quando destinados a fazer prova de fatos ocorridos depois dos articulados ou para contrapô-los aos que foram produzidos nos autos.

Parágrafo único. Admite-se também a juntada posterior de documentos formados após a petição inicial ou a contestação, bem como dos que se tornaram conhecidos, acessíveis ou disponíveis após esses atos, cabendo à parte que os produzir comprovar o motivo que a impediu de juntá-los anteriormente e incumbindo ao juiz, em qualquer caso, avaliar a conduta da parte de acordo com o art. 5º.

Documentos novos

A regra geral determina que as partes apresentem os documentos indispensáveis ou que devam servir de prova dos fatos logo com a petição inicial ou com a contestação. Abre-se, contudo, uma exceção que é a do art. 435 do atual C.P.C., pois é lícito às partes, *em qualquer tempo*, juntar aos autos documentos novos quando destinados a fazer prova de fatos ocorridos depois dos articulados ou para contrapor aos que foram produzidos nos autos.

É importante salientar que a tolerância legislativa para a juntada de documentos novos ocorre apenas em relação a *fatos novos* e não aos fatos antigos e já descritos na petição inicial ou na contestação. Assim, a lei permite essa tolerância somente a fatos *supervenientes*, os quais passaram a existir após a apresentação dos articulados.

Contudo, a doutrina e a jurisprudência têm interpretado este dispositivo de forma mais branda e de acordo com a própria sistemática do C.P.C.

Segundo anota Fábio Tabosa, *"Refere-se o legislador, aqui, a duas situações específicas, desde logo cabendo ressalvar que a redação do art. 397 (C.P.C. de 1973) comporta leitura ampliativa, a uma interpretação sistemática do próprio CPC. Assim é que, no tocante à primeira figura, incompreensível a aparente restrição a 'fatos novos', bastando ver que, de acordo com o art. 485, VII, do CPC (1973), é fundamento para a rescisão de sentença a obtenção pela parte de 'documento novo', assim entendido aquele cuja existência ignorava, ou de que não pode fazer uso no momento próprio; ora, se para o mais, que é o ataque à sentença transitada em julgado, tolera-se a consideração de documento já existente na época da demanda, com muito mais razão, e por coerência, há que se admitir a prática ainda no curso do processamento, inclusive para evitar possível decisão injusta. Mais razoável e, insista-se, consentâneo com o norte do dispositivo comentado e a filosofia adotada pelo Código, parece destarte a interpretação de que a exceção abranja não só a prova de fatos supervenientes como também a juntada de documentos efetivamente novos acerca de fatos antigos e ainda daqueles 'velhos', mas até então não apresentados por foca maior".*[636]

Inclusive a jurisprudência do Superior Tribunal de Justiça tem admitido a juntada de documento em grau de recurso, desde que não fique caracterizada a má-fé e desde que haja o devido contraditório na prova:

> *(...).*
>
> *1. Esta Corte já pacificou entendimento no sentido de ser admissível a apresentação de prova documental na fase recursal, desde que não caracterizada a má-fé e observado o contraditório. Precedentes (REsp nºs 466.751/AC, 431.716/PB e 183.056/RS).*
>
> *(...).*
>
> *(AgRg no Ag 1378759/SP, Rel. Ministro BENEDITO GONÇALVES, PRIMEIRA TURMA, julgado em 10/05/2011, DJe 13/05/2011)*
>
> *1. A jurisprudência desta Corte tem admitido a juntada de documentos que não os produzidos após a inicial e a contestação, em outras fases do processo, até mesmo na via recursal, desde que respeitado o contraditório e ausente a má-fé.*
>
> *2. Não é absoluta a exigência de juntar documentos na inicial ou na contestação. A juntada de documentos em sede de apelação é possível, tendo a outra parte a oportunidade de sobre eles manifestar-se em contra-razões.*
>
> *O art. 397 do CPC assim dispõe: "É lícito às partes, em qualquer tempo, juntar aos autos documentos novos, quando destinados a fazer prova de fatos ocorridos depois dos articulados, ou para contrapô-los aos que foram produzidos nos autos." 3. Recurso especial desprovido.*
>
> *(REsp 780396/PB, Rel. Ministra DENISE ARRUDA, PRIMEIRA TURMA, julgado em 23/10/2007, DJ 19/11/2007, p. 188)".*

Por outro lado, em matéria de *contraprova* (segunda parte do art. 432 do atual C.P.C.), *"igualmente não se justifica a linguagem aparentemente restritiva do dispositivo ora comentado. É natural que, em atenção ao contraditório, se admitia a juntada de um documento para refutar prova documental produzida pela outra parte (que, de resto, é 'fato novo' em relação ao processo); não há entretanto por que limitar a possibilidade aos casos*

[636] PESSOA, Fábio Guidi Tabosa, Coord. Antônio Carlos Marcato. *Código de processo civil interpretado.* São Paulo: Atlas, 2004. p. 1215.

de prova documental, propriamente dita, podendo perfeitamente ocorrer de um documento destinar-se a combater prova de outra natureza (pense-se na apresentação de prova documental destinada a evidenciar que uma testemunha mentiu ao dizer que esteve em determinado local, na data referida no depoimento)".[637]

Sem dúvida que a jurisprudência tem sido de certa forma liberal quanto à apresentação dos documentos (muito embora não sejam tão novos assim e não pretendam comprovar fatos novos), desde que esses documentos, evidentemente, não representem inovação à causa de pedir próxima, ou que não demonstrem por parte de seu apresentante o intuito de ocultação do documento e em determinado momento processual surpreender a parte contrária, maculando o contraditório e a ampla defesa, ferindo a lealdade processual.

Assim, desde que a parte esteja de boa-fé ou demonstre que não pode juntar o documento no momento oportuno em decorrência de caso fortuito ou força maior, não há o porquê impedi-la, mesmo que em grau de recurso.

Aliás, nesse sentido é o teor do disposto no *parágrafo único* do art. 435 do atual C.P.C., a saber: *Admite-se também a juntada posterior de documentos formados após a petição inicial ou a contestação, bem como dos que se tornaram conhecidos, acessíveis ou disponíveis após esses atos, cabendo à parte que os produzir comprovar o motivo que a impediu de juntá-los anteriormente e incumbindo ao juiz, em qualquer caso, avaliar a conduta da parte de acordo com o art. 5º.*

Art. 436

A parte, intimada a falar sobre documento constante dos autos, poderá:

I – impugnar a admissibilidade da prova documental;

II – impugnar sua autenticidade;

III – suscitar sua falsidade, com ou sem deflagração do incidente de arguição de falsidade;

IV – manifestar-se sobre seu conteúdo.

Parágrafo único. Nas hipóteses dos incisos II e III, a impugnação deverá basear-se em argumentação específica, não se admitindo alegação genérica de falsidade.

Contraditório da parte sobre a juntada do documento

Este dispositivo vem reforça no âmbito procedimental legal o princípio constitucional do efetivo contraditório das partes em todo o arco do procedimento.

637 Pessoa, F. G. T., idem, p. 1215.

O contraditório deve ser efetivo em todo estado ou grau do procedimento jurisdicional.

E, consequentemente, é *"opinião comum que a norma tenha pretendido consagrar, seja no âmbito dos limites que veremos, um princípio geral e diretivo do ordenamento, o qual, aderindo ao espírito da máxima tradicional 'audiatur et altera pars', exprime – sobretudo, mas não somente, nos modelos processuais de tipo 'dispositivos' e 'antagônicos' uma basilar escolha de civilidade do Estado de direito..."*.[638]

Portanto, o contraditório não se limita à fase postulatória, mas, também, e principalmente na fase instrutória.

Assim, a necessidade de se ouvir a parte contrária sobre o documento juntado é de rigor, e decorre do princípio do *contraditório na prova*, especialmente para que a parte possa se manifestar sobre a possibilidade da juntada, tempestividade, e mesmo sobre o conteúdo material da prova, podendo, inclusive, se for o caso, desconhecer a autenticidade ou suscitar sua falsidade, com ou sem deflagração do incidente de arguição de falsidade.

Outrossim, a necessidade de se ouvir a parte não se dá apenas quando a juntada ocorre por iniciativa de uma delas, mas também quando o documento vem ao processo por determinação de *ofício do juiz*, ou porque o documento foi introduzido por obra de terceiros, estranhos ao processo. Neste caso, ambas as partes deverão ter oportunidade de se manifestar sobre o documento.

Evidentemente que o *contraditório na prova* somente deve ser instaurado se o documento for importante e relevante para fundamentar a decisão judicial. Caso contrário, se esse documento não servir de fundamentação da decisão, não há motivo para que se instaure o contraditório, inclusive pondo em risco outra garantia fundamental do processo que é a sua *celeridade*.

A oitiva da parte contrária sobre a juntada do documento somente será imprescindível se o documento for considerado efetivamente um meio de prova no conteúdo da decisão judicial.

Preceitua o *parágrafo único* do art. 436 do atual C.P.C. que *nas hipóteses dos incisos II e III, a impugnação terá de basear-se em argumentação específica, não se admitindo alegação genérica de falsidade.*

Se a parte contra quem for produzido o documento entender de impugnar a autenticidade ou de suscitar a falsidade documental, com ou sem deflagração do incidente de arguição de falsidade, deverá fazê-lo por meio de argumentação específica, não se admitindo alegação genérica de falsidade.

[638] Comoglio, L.p.; Ferri, C.; Taruffo, M., op. Cit., p. 71.

Ocorre que também em relação aos incisos I e IV do art. 436 do atual C.P.C. (impugnação quanto à admissibilidade da prova documental ou manifestação contra o conteúdo do documento) não se poderá admitir alegação genérica, sem qualquer fundamentação, sob pena de o juiz considerar defesa meramente protelatória.

Art. 437

O réu manifestar-se-á na contestação sobre os documentos anexados à inicial, e o autor manifestar-se-á na réplica sobre os documentos anexados à contestação.

§ 1º Sempre que uma das partes requerer a juntada de documento aos autos, o juiz ouvirá, a seu respeito, a outra parte, que disporá do prazo de 15 (quinze) dias para adotar qualquer das posturas indicadas no art. 436.

§ 2º Poderá o juiz, a requerimento da parte, dilatar o prazo para manifestação sobre a prova documental produzida, levando em consideração a quantidade e a complexidade da documentação.

Prazo e momento para se manifestar sobre a juntada do documento

Este dispositivo vem complementar o disposto no art. 436 do atual C.P.C., pois preconiza o momento apropriado para se exercer o contraditório em relação aos documentos juntados no processo.

Se os documentos forem anexados com a inicial, o réu terá oportunidade para se manifestar quando da contestação ou da apresentação de defesa.

Por sua vez, se o documento for apresentado com a contestação ou com a defesa, o autor terá oportunidade para se manifestar com a réplica.

E se o autor apresentar algum documento com a réplica, o réu será devidamente intimado para se manifestar no prazo de 15 (quinze) dias.

Estabelece o *§1º do art. 434* do atual C.P.C. que *sempre que uma das partes requerer a juntada de documento aos autos, o juiz ouvirá, a seu respeito, a outra parte, que disporá do prazo de 15 (quinze) dias para adotar qualquer das posturas indicadas no art. 436.*

Assim, se a juntada do documento ocorrer em fase distinta da petição inicial ou da contestação, o juiz deverá ouvir a outra parte, a seu respeito, que disporá do prazo de quinze dias para adotar qualquer das medidas indicadas no art. 436, ou simplesmente silenciar ou, ainda, concordar com o conteúdo do documento juntado.

Outrossim, a necessidade de se ouvir a parte não se dá apenas quando a juntada ocorre por iniciativa de uma delas, mas também quando o documento vem ao processo por determinação de *ofício do juiz*, ou porque o documento foi introduzido por obra de terceiros, estranhos ao processo. Neste caso, ambas as partes deverão ter oportunidade de se manifestar sobre o documento.

Preconiza o *§2º do art. 437* do atual C.P.C. que *poderá o juiz, a requerimento da parte, dilatar o prazo para manifestação sobre a prova documental produzida, levando em consideração a quantidade e a complexidade da documentação.*

Sendo de complexa análise a documentação apresentada no processo, inclusive com a petição inicial ou com a contestação, poderá o juiz, mediante requerimento da parte, dilatar o prazo para manifestação sobre a prova documental, levando-se em conta a sua complexidade e a quantidade de documentos apresentados.

Art. 438

O juiz requisitará às repartições públicas, em qualquer tempo ou grau de jurisdição:

I – as certidões necessárias à prova das alegações das partes;

II – os procedimentos administrativos nas causas em que forem interessados a União, os Estados, o Distrito Federal, os Municípios ou entidades da administração indireta.

§ 1º Recebidos os autos, o juiz mandará extrair, no prazo máximo e improrrogável de 1 (um) mês, certidões ou reproduções fotográficas das peças que indicar e das que forem indicadas pelas partes, e, em seguida, devolverá os autos à repartição de origem.

§ 2º As repartições públicas poderão fornecer todos os documentos em meio eletrônico, conforme disposto em lei, certificando, pelo mesmo meio, que se trata de extrato fiel do que consta em seu banco de dados ou no documento digitalizado.

Requisição de documentos perante as repartições públicas

Até pouco tempo, o pensamento tradicional moldava a ordem processual civil com base na figura de um juiz passivo e inerte no âmbito da instrução probatória com fundamento no denominado princípio dispositivo[639] e do que seria seu corolário lógico: "aportación da parte" ou "contribuição da parte".

[639] O principio dispositivo se reflete em três brocardos que lhe dão unidade tanto em sua natureza como em sua origem: "ne procedat iudex ex officio", "ne eat iudex ultra vel extra petitum partium" e "iudex iudicare debet secundum allegata et probata partium".

Para Enrico Tullio Liebman (defensor do princípio da "contribuição da parte" como exigência para salvaguardar a imparcialidade no processo civil), não se pode duvidar que a imparcialidade do juiz fica comprometida quando deva julgar com base em prova eleita e buscada por ele mesmo e por sua iniciativa desenvolvida no processo.[640]

No processo penal, ao contrário, num primeiro momento e com base no princípio da oficialidade, o juiz deveria mostrar-se mais ativo na realização dos atos probatórios para alcançar a verdade.[641]

Ocorre que, tanto no processo civil como no processo penal esse panorama vem sofrendo profundas modificações.

Na ordem processual civil, a doutrina vem sustentando como justificação teórica para ampliação da atividade probatória do órgão jurisdicional a existência de uma crise na construção das "Máximas" alemãs, origem da elaboração do "princípio dispositivo".

A doutrina alemã, no início do século XX, já vinha consagrando a diferenciação entre "princípio dispositivo em sentido estrito" e o princípio de "contribuição da parte" ou "*aportación de parte*". Com base nessa distinção, o princípio dis-

Cappelletti assinala como características do princípio dispositivo: "a) poder monopolístico de la parte de iniciar el proceso (...); b) pleno poder de las partes de disponer negocialmente del objeto del proceso (...); c) vínculo del Juez a las demandas de las partes (...); d) vínculo, además, del Juez a las alegaciones (*allegata*) de las partes, sea respecto a los hechos constitutivos, o sea también, a modo de máxima, respecto a los hechos impeditivos o extintivos (...); e) vínculo del Juez a los *probata a partibus* (...); f) poder monopolíticos de las partes de proponer las impugnaciones y de determinar sus limites y objeto". (Cappelletti, Mauro. *Proceso, ideologias, sociedad.* Trad. Sentis Melendo y Tomás A. Banzhaf. Buenos Aires: Ediciones Jurídicas Europa-America, 1974. p. 99).

640 "(...) e non potendosi dubitare che l'imparzialità del giudice rischia di rimaner compromessa quando egli debba giudicare di una prova da lui stesso prescelta e cercata e per sua iniziativa acquisita al processo. Anche per questa parte del suo compito poteri attivi 'non potrebbero essere conferiti direttamente al giudice senza snaturarne la funzione, basata sulla necessária distintizione psicologica tra l'agire e il giudicare (...)". (Liebman, Enrico Tullio. Fondamento del principio dispositivo. *Rivista di Diritto Processuale*, Padova: Cedam, vo. 15, 1960. p. 561).

641 "A *verdade processual* não assenta numa ideia de certeza científica comprovada, mas sim numa ideia de probabilidade. Na expressão de Germano Marques da Silva, 'ela não é senão o resultado probatório processualmente válido, isto é, a convicção de que certa alegação singular de facto é justificavelmente aceitável como pressuposto da decisão, obtida por meios processualmente válidos". (Gonçalves, Fernando; Alves, Manuel João. *Os tribunais, as polícias e o cidadão* – o processo penal prático. 2. ed. revista e actualizada. Coimbra: Almedida, 2002. p.139).

positivo permaneceria preservando à disposição da parte o início do processo, assim como a possibilidade de encerrá-lo mediante a renúncia, transação e desistência, tendo a parte domínio sobre o próprio objeto do processo. Ao "contrário sensu", o princípio da "contribuição da parte" não teria caráter necessário, seria contingente. O fato de que somente as partes poderiam aportar ao material fático e aos meios de prova conferidos pelo sistema jurídico seria uma opção do legislador que não teria porque subsistir, ao menos de forma plena. Tal postura é uma tentativa de se desligar a atividade probatória do princípio dispositivo. O princípio dispositivo deveria ser mantido apenas em relação ao momento em que o litígio pudesse ser invocado pela petição da parte, e como delimitador da decisão sobre a matéria litigiosa inserida dentro dos limites da demanda. Porém, uma vez que as partes determinaram o alcance do litígio, deve ficar a cargo do juiz realizar o que for necessário para o esclarecimento do assunto; não se pode deixá-lo reduzido aos fatos e meios de provas apresentados pelas partes. [642]

Em face dessa concepção doutrinária alemã, em que se realiza uma efetiva diferenciação entre o princípio dispositivo e o princípio da participação da parte, é que atualmente se postula uma ampliação dos poderes instrutórios do juiz no processo civil.

No processo penal, a corrente dominante advoga uma maior atuação do "princípio acusatório", cuja consequência mais evidente é a passividade probatória do órgão jurisdicional.

Parece, assim, que o processo civil e o processo penal resultam de jogos[643] distintos de princípios que imperam em cada um deles, baseados nos diferentes interesses que se pretende tutelar, percorrendo caminhos diversos, senão, por vezes, opostos.

Em face dessa incongruência doutrinária, não teve dúvida em afirmar de La Oliva Santos: *Adviértase, por último, que el procesalista se encuentra ante una situación muy próxima a la de tener una doble personalidad. Por un lado se viene sosteniendo que*

[642] Cabiale, José Antonio Díaz. *Principios de aportación de parte y acusatório.*: la imparcialidad del juez. Granada: Comares, 1996. p. 11.

[643] "Este recurso literario al ejemplo deportivo no debe interpretarse torcidamente, pues nada mas lejos de la concepción que aquí se mantiene sobre el proceso penal que la de un juego entre partes. El proceso penal no es, ni en Estados Unidos, ni en país alguno en que exista monopolio del Estado en el ejercicio del *ius puniendi,* un proceso privado entre partes que disponen libremente su objeto. La tan denostada referencia al ejemplo deportivo se emplea en este contexto con una pretensión bien distinta, esto es, para reforzar la imagen de que el proceso jurisdiccional (...) es en esencia, un debate equitativo y contradictorio entre partes". (Ortiz, Maria Isabel Valldecabres. *Imparcialidad del juez y médios de comunicación.* Valencia: Tirant lo Blanch, 2004. p. 54).

deben aumentarse los poderes del Juez civil, terminando con el Juez espectador, hasta reconocerle la posibilidad de que ordene pruebas de oficio, y, al mismo tiempo y por otro lado, se dice que hay que limitar los poderes del Juez penal, hasta el extremo de que no pueda ordenar pruebas de oficio, con lo que se le convierte en Juez pasivo. Estamos incurriendo en el absurdo de afirmar y negar una misma cosa, con lo que podemos estar muy próximos a la esquizofrenia.[644]

E essa "dupla personalidade" torna-se muito mais evidente quando se sustenta a inércia do órgão jurisdicional no processo penal, não só em razão do princípio acusatório "absoluto", mas, principalmente, pelo fato de que eventual atividade probatória *ex officio* macularia a imparcialidade do juiz, como se a imparcialidade judicial pudesse ontologicamente ser coisa distinta no âmbito do processo civil e do processo penal.[645]

Somente diante de uma "esquizofrenia", nos termos de La Oliva Santos, é que se pode sustentar que a atividade probatória *ex officio* do órgão jurisdicional no processo civil não causa qualquer dano ao direito fundamental de um juiz imparcial, e, ao mesmo tempo, mudar o discurso diante do processo penal. Em outras palavras: *(..) la consideración de si el órgano jurisdiccional pierde su imparcialidad cuando practica actividad probatoria es válida en todos los procesos jurisdiccionales, sin que puedan crearse compartimentos estancos baseados en principios antagónicos.*[646]

Não é suficiente, assim, constatar o fato de que o juiz sentenciador realizou atos de natureza instrutória, senão que é preciso demonstrar, mesmo que indiciariamente, que aludida atividade, concretamente, possibilitou provocar em seu ânimo prejulgamentos que efetivamente comprometeram sua imparcialidade.

Diante disso, o recurso à imparcialidade do juiz como mecanismo de proibição de atividade probatória *ex officio* do juiz, deve apresentar tratativa unívoca tanto no processo penal como no processo civil, não se concebendo diferenciações abstratas e inconsistentes.[647]

[644] Apud Cabiale, J. A. D., Op. Cit., Loc. Cit.

[645] "(...) no es lógico aplicar uno al proceso civil, a la par que se decide por el opuesto en el proceso penal, pues, como se ha indicado certeramente, ello puede provocar la 'esquizofrenia' procesal. En definitiva, si se opta por un modelo que permite la investigación de oficio es impensable tratar de argumentar que el juez pierde la imparcialidad al practicar actividad probatoria, porque los postulados teóricos en que se basa, la búsqueda de la verdad a través de una participación directa del juez en la práctica de la prueba, son absolutamente contrarios a esa idea". (Idem. Ibidem. Loc. Cit.).

[646] Idem. Ibidem. p. XXIV.

[647] "Por ello nos parece evidente que cuando se plantea la imparcialidad del órgano jurisdiccional y la práctica de la prueba, no cabe hacer compartimentos estancos para cada uno de los procesos, y decir que lo que tiene validez para el proceso civil en esta materia no tiene

Na verdade, não há princípios autônomos ou distintos que justifiquem tratativa diferenciada em relação à iniciativa probatória em cada âmbito processual, razão pela qual, se se postula maior ampliação dos poderes instrutórios no processo civil, o mesmo deverá acontecer em relação ao processo penal, e vice-versa.

Assim, diante desse ativismo judicial e desse poder instrutório do juiz, o art. 438 do atual C.P.C. permite ao juiz determinar requisição às repartições públicas em qualquer tempo ou grau de jurisdição de certidões necessárias à prova das alegações das partes e dos procedimentos administrativos nas causas em que forem interessadas a União, os Estados, o Distrito Federal, os Municípios ou as respectivas entidades da administração indireta.

E essa requisição deve ser cumprida pelas repartições competentes, pois ninguém se exime do dever de colaborar com o Poder Judiciário para o descobrimento da verdade.

O poder de requisição pode ser exercido de ofício ou mediante pedido da parte. Evidentemente que se for requerido pela parte, esta deve demonstrar por qual motivo não conseguiu pessoalmente as certidões necessárias à prova de suas alegações ou os procedimentos administrativos. Um dos motivos poderá ser o sigilo documental. Se não forem convincentes os argumentos, o juiz poderá indeferir o pedido.

Evidentemente que o juiz somente poderá determinar a requisição de tais documentos se esses documentos forem pertinentes à prova dos fatos, ou seja, desde que digam respeito à causa de pedir próxima. Se não houver qualquer pertinência temática entre à causa de pedir e o documento, não deverá o juiz determinar a requisição. Sobre o tema, eis o seguinte precedente do S.T.J.:

1. O acórdão recorrido concluiu: o juízo a quo é o destinatário da prova e cabe a ele avaliar sobre a necessidade de sua produção, indeferindo as diligências inúteis e protelatórias. No caso, o indeferimento está devidamente fundamentado, pois os documentos cuja requisição foi pretendida ou já constam dos autos ou não têm relação direta com a lide. Além disso, foi conferida ao ora agravante a oportunidade de demonstrar o contrário, ônus do qual não se desincumbiu (e-STJ fls. 1.707-1.712).

2. O magistrado, com base no livre convencimento motivado, pode indeferir a produção de provas que julgar impertinentes, irrelevantes ou protelatórias para o regu-

aplicación para el proceso penal, contencioso administrativo o laboral. Si la afirmación según la cual el órgano jurisdiccional cuando practica pruebas toma partido respecto de una de las partes, pierde la imparcialidad, es cierta, debe serlo para todos los órganos jurisdiccionales sin distinción". (Cabiale, J. A. D., Op. Cit., p. 402).

lar andamento do processo, o que não configura, em regra, cerceamento de defesa. Precedentes.

3. Rever a orientação adotada pelo Tribunal a quo para acolher-se a tese da recorrente de que no caso a produção de provas seria imprescindível para a solução da lide exige análise de fatos e provas, o que inviabiliza a realização de tal procedimento pelo STJ na via do recurso especial, nos termos da Súmula 07/STJ.

4. Agravo regimental não provido.

(AgRg no AREsp 87.393/AM, Rel. Ministro CASTRO MEIRA, SEGUNDA TURMA, julgado em 14/02/2012, DJe 05/03/2012)

É importante que o juiz fixe um prazo para que a requisição seja atendida, sob pena de fixação de multa processual pelo descumprimento da decisão mandamental.

Preceito similar ao ora analisado encontra-se no art. 213 do C.P.C. italiano, *in verbis*:

"Art. 213. Pedido de informação à administração pública.

Fora dos casos previstos nos artigos 210 e 211, o juiz pode pedir de ofício à administração pública as informações escritas relativas a atos e documentos da própria administração, que necessário trazer ao processo".

Comentando o aludido dispositivo do C.P.C. italiano, anota Francesco P. Luiso:

"Devemos por último pedir a atenção sobre um instituto que é o meio caminho entre a prova documental e a prova "constituenda": o pedido de informação à Administração Pública, sinteticamente disciplinado pelo art. 213 c.p.c. O art. 213 c.p.c. estabelece que, fora dos casos do art. 210 e 211 c.p.c. (que disciplinam a exibição), o juiz pode determinar de ofício à própria Administração Pública informações escritas relativas a atos e documentos da própria administração, que é necessário adquirir ao processo. O art. 96 disp. Att. c.p.c. prevê que a Administração Pública responda por escrito com um ato que contenha as informações que sejam ligadas aos fatos da causa. Portanto, as informações são fornecidas pela P.A. por meio de um documento.

Os atos e documentos da Administração são evidentemente atos e documentos concernentes à atividade institucional da P.A.; normalmente provimentos administrativos. Exclui-se que o juiz possa delegar à administração o cumprimento da pesquisa; porém se admite que o juiz possa pedir à administração o resultado da pesquisa já por esta autonomamente cumprida. Exemplo típico, na experiência concreta, são os verbais de acertamento dos acidentes de estradas feitos pela polícia. Como também se exclui que o pedido de informação possa ter por base atividades não institucionais do ente público, mas os conhecimentos pessoais dos dependentes dos entes, os fatos conhecidos pelos singulares funcionários do ente. Neste caso, o funcionário poderá ser ouvido como testemunha. Enfim, o valor das informações depende evidentemente do tipo de atividade da Administração Pública à qual essas se referem. Normalmente (a menos que a função da atividade pública seja aquela de formar atos munidos de fé pública) não têm eficácia de prova legal, porque não são atos públicos, e, portanto, têm somente aquela particular atendibilidade das provas que provenham da Administração Pública; atendibilidade que, por outro lado, é superável com uma prova em contrário, sem necessidade da querela de falso".[648]

Estabelece o *§1º do art. 438* do atual C.P.C. que *recebidos os autos, o juiz mandará extrair, no prazo máximo e improrrogável de 1 (um) mês, certidões ou reproduções fotográficas das peças que indicar e das que forem indicadas pelas partes, e, em seguida, devolverá os autos à repartição de origem.*

Este dispositivo estabelece que somente permanecerá no processo judicial certidões ou reproduções fotográficas das peças indicadas pelas partes ou de ofício, devendo o processo administrativo ser devolvido à repartição de origem no prazo fixado pelo juiz.

Em relação ao processo administrativo correspondente à inscrição de Dívida Ativa, execução fiscal ou à ação proposta contra a Fazenda Pública, estabelece o art. 41 e seu parágrafo único da Lei n. 6.830/80 (Execução Fiscal):

> *Art. 41 – O processo administrativo correspondente à inscrição de Dívida Ativa, à execução fiscal ou à ação proposta contra a Fazenda Pública será mantido na repartição competente, dele se extraindo as cópias autenticadas ou certidões, que forem requeridas pelas partes ou requisitadas pelo Juiz ou pelo Ministério Público.*
>
> *Parágrafo Único – Mediante requisição do Juiz à repartição competente, com dia e hora previamente marcados, poderá o processo administrativo ser exibido na sede do Juízo, pelo funcionário para esse fim designado, lavrando o serventuário termo da ocorrência, com indicação, se for o caso, das peças a serem trasladadas.*

Aliás, nos termos do art. 3º, inc. II da Lei 9.784/99, que regula o processo administrativo no âmbito da administração pública federal, é direito do administrado perante a Administração ter ciência da tramitação dos processos admi-

[648] Luiso, F. P. op. Cit., p. 121.

nistrativos em que tenha a condição de interessado, ter vista dos autos, obter cópias de documentos neles contidos e conhecer das decisões proferidas.

Por fim preconiza o *§2º do art. 438* do atual C.P.C. que *as repartições públicas poderão fornecer todos os documentos em meio eletrônico, conforme disposto em lei, certificando, pelo mesmo meio, que se trata de extrato fiel do que consta em seu banco de dados ou do documento digitalizado.*

Tendo em vista que todos os processos judiciais no território brasileiro estão sendo incorporados ao denominado processo eletrônico, também os documentos que serão neles inseridos serão eletrônicos ou adquiridos mediante *scanner.*

Sobre a produção de *documentos eletrônicos*, estabelece o art. 11 da Lei 11.419/06:

> *Art. 11. Os documentos produzidos eletronicamente e juntados aos processos eletrônicos com garantia da origem e de seu signatário, na forma estabelecida nesta Lei, serão considerados originais para todos os efeitos legais.*
>
> *§ 1º Os extratos digitais e os documentos digitalizados e juntados aos autos pelos órgãos da Justiça e seus auxiliares, pelo Ministério Público e seus auxiliares, pelas procuradorias, pelas autoridades policiais, pelas repartições públicas em geral e por advogados públicos e privados têm a mesma força probante dos originais, ressalvada a alegação motivada e fundamentada de adulteração antes ou durante o processo de digitalização.*
>
> *§ 2º A arguição de falsidade do documento original será processada eletronicamente na forma da lei processual em vigor.*
>
> *§ 3º Os originais dos documentos digitalizados, mencionados no § 2º deste artigo, deverão ser preservados pelo seu detentor até o trânsito em julgado da sentença ou, quando admitida, até o final do prazo para interposição de ação rescisória.*
>
> *§ 4º (*
>
> *§ 5º Os documentos cuja digitalização seja tecnicamente inviável devido ao grande volume ou por motivo de ilegibilidade deverão ser apresentados ao cartório ou secretaria no prazo de 10 (dez) dias contados do envio de petição eletrônica comunicando o fato, os quais serão devolvidos à parte após o trânsito em julgado.*
>
> *§ 6º Os documentos digitalizados juntados em processo eletrônico somente estarão disponíveis para acesso por meio da rede externa para suas respectivas partes processuais e para o Ministério Público, respeitado o disposto em lei para as situações de sigilo e de segredo de justiça.*

SEÇÃO VIII – Dos Documentos Eletrônicos

Art. 439

A utilização de documentos eletrônicos no processo convencional dependerá de sua conversão à forma impressa e da verificação de sua autenticidade, na forma da lei.

Utilização de documento eletrônico no processo convencional

Muito embora a Justiça brasileira caminha a passos largos para a concretização e uniformização do processo eletrônico – PJe, ainda perdurará por muito tempo o processo convencional, ou seja, processo em papel, principalmente pela falta de estrutura da Justiça Estadual no interior dos Estados brasileiros.

Quando o documento é realizado de forma convencional, ou seja, de forma tradicional, não há maiores problemas para sua inserção no processo, bastando observar os artigos antecedentes que tratam da prova documental.

Contudo, quando o documento é eletrônico e se pretende utilizá-lo no âmbito do processo convencional, deve-se observar o que dispõe o *art. 439* do atual C.P.C.: *A utilização de documentos eletrônicos no processo convencional dependerá de sua conversão à forma impressa e da verificação de sua autenticidade, na forma da lei.*

Segundo prescreve o art. 107 do C.C.brasileiro, a validade da declaração de vontade não dependerá de forma especial, senão quando a lei expressamente a exigir.

Assim, a declaração de vontade poderá ser exteriorizada por meio de um documento convencional ou de um documento eletrônico.

Por sua vez, o art. 225 do C.C.b. preconiza que as reproduções fotográficas, cinematográficas, os registros fonográficos e, em geral, quaisquer outras reproduções mecânicas *ou eletrônicas* de fatos ou de coisas fazem prova plena destes, se a parte, contra quem forem exibidos, não lhes impugnar a exatidão.

Desta forma, em razão de autorização expressa do código civil, é possível qualquer pessoa exteriorizar sua vontade ou reproduzir fatos ou coisas por meio de *documentos eletrônicos*, os quais farão prova plena de sua representação, até que a parte, contra quem forem produzidos, impugne sua exatidão.

Sobre o conceito e o conteúdo dos documentos eletrônicos ou informatizados, ensinam Comoglio, Ferri e Taruffo: *"A evolução da tecnologia informática e o rapidíssimo incremento da frequência do seu emprego para as finalidades mais diversas faz surgir em todos os ordenamentos a exigência de estabelecer que coisa se entenda por 'documento informático', se existem ou quais seriam as regras a serem adotadas para a sua admissibilidade como meio de prova, e qual seria a eficácia probatória que deve ser reconhe-*

cida a tal documento. Com a expressão 'documento informático' se faz normalmente referência a todas informações que seja gerada, transmitida ou conservada por meio de computador ou de uma rede telemática. Se tal informação é relevante para a prova de um fato no âmbito de um processo civil, necessita-se estabelecer quais são as garantias de autenticidade do documento informático, e qual seria a sua eficácia probatória.

A propósito deve ser preliminarmente esclarecido que se a tecnologia informática está simplesmente sendo usada para produzir documentos escritos ou impressos sobre suportes 'cartacei' não surgem problemas particularmente relevantes. Diante de uma escritura privada subscrita manualmente por um sujeito, não importa se o texto foi produzido por uma impressora ligada a um computador ao invés de ser 'dattiloscritto'. O fato de aquele texto ter sido originariamente memorizado no 'hard disk' de um computador ou em um 'floppy disk', ou tenha sido transmitido por correio eletrônico, não tolhe que se trata de uma nova escritura privada subscrita de punho por um determinado sujeito. Os problemas mais complicados são observados, não por acaso, em hipóteses diversas desta.

No nosso ordenamento a matéria do documento informático foi objeto, nos últimos anos, de numerosos e não sempre coerentes interventos normativos. No estado atual, a normatização que se deve fazer referência é aquela da d.lgs. 23 de janeiro de 2002 n. 10, emanada em sede de atuação da diretiva União Europeia 1999/93. Essa afronta numerosos problemas que não tem relevância nesta sede, e há variavelmente modificado normas precedentes entre as quais em particular aquela contida no d.p.r. n.445 de 28 de dezembro de 2000. Para o que interessa, necessita fazer referência ao art. 10 deste d.p.r., principalmente como esse dispositivo ficou após a modificação aportada pelo d.lgs. n. 10 de 2002. A norma se ocupa da forma e da eficácia probatória do documento informático, e enuncia regras que podem ser assim resumidas:

– o documento informático não munido de subscrição tem a mesma eficácia probatória do art. 2.712 c.c. para as reproduções mecânicas.

– O documento informático subscrito com firma eletrônica ordinária (dita 'debole' ou 'ligeira' no jargão, com referência a vários sistemas eletrônicos que consentem a pura e simples identificação da proveniência da mensagem mas não consentem a identificação certa de seu autor, como acontece no caso de 'usernames', 'passwords', 'pisn' e similares dispositivos) representa uma verdadeira e própria forma escrita com os requisitos exigidos pelo c.c. (por exemplo do art. 1350), mas a sua eficácia probatória permanece livremente avaliável pelo juiz, o qual a verificará em cada caso a qualidade e a sua legitimidade. Nestes casos, a identificação do autor da mensagem não é assegurada, e então poderá ser contestada e demonstrada por todos os meios de prova. O documento informático fornece de todo modo uma prova 'livre' da proveniência e da identidade do autor da declaração.

– O documento informático subscrito com firma 'digital' ou com outro tipo de firma eletrônica (avançada) (baseada em certificado qualificado e gerada com dispositivos para criação de uma 'firma segura', dita também 'forte' ou 'pesada' no jargão) faz prova até a

querela de falso da proveniência das declarações contidas no documento por aquele que o há subscrito. Neste caso, de fato, a subscrição se forma por meio de mecanismos que asseguram a certeza da identidade do subscritor, e que equivalem substancialmente aqueles previstos pelo art. 2.702 c.c. referente à normal escritura privada".[649]

A forma mais elementar de se garantir a *autenticidade de um documento eletrônico* dá-se pela: a) assinatura eletrônica – a partir de combinação das duas possibilidades de se utilizar a criptografia assimétrica, pode-se obter concomitantemente a integridade e a autenticidade dos documentos eletrônicos; b) certificação digital – que é a atividade de certificar assinaturas digitais, identificando e reconhecendo o seu titular e a sua correspondente chave pública. Mediante o uso da certificação digital, presume-se a autenticidade e a integridade do documento eletrônico.

Por sua vez, a Medida Provisória n. 2.200-2 instituiu o sistema de Infraestrutura de Chaves Públicas Brasileiras (ICP-Brasil), que estabelece a presunção de veracidade das declarações constantes de documentos eletrônicos certificados por entidades credenciadas junto ao referido sistema. A referida M.P. também admite a prova da autoria e integridade de outros documentos eletrônicos, desde que sua validade não seja impugnada pelas partes, ou sejam aceitos expressamente ou tacitamente pelas pessoas contra quem são apresentados.

Estabelece o art. 1º da M.P. n. 2.200/02: *"Fica instituída a Infraestrutura de Chaves Públicas Brasileiras – ICP-Brasil, para garantir a autenticidade, a integridade e a validade jurídica de documentos em forma eletrônica, das aplicações de suporte e das aplicações habilitadas que utilizem certificados digitais, bem como a realização de transações eletrônicas seguras".* Por sua vez, o §2º do art. 10 do mesmo diploma legal complementa: *"O disposto nesta Medida Provisória não obsta a utilização de outro meio de comprovação da autoria e integridade de documentos em forma eletrônica, inclusive os que utilizem certificados não emitidos pela ICP-Brasil, desde que admitido pelas partes como válido ou aceito pela pessoa a quem for oposto o documento".*

Assim, se for apresentado um documento eletrônico convertido para o processo convencional, ele terá eficácia e validade desde que seja aceito pelas partes de forma tácita ou expressa e desde que não haja impugnação de sua autenticidade.

O e-mail criptografado e certificado dentro da ICP-Brasil faz prova de sua autoria e/ou integridade de conteúdo em juízo.

[649] Comoglio, L.P.; Corrado, F.; Taruffo, M., op. Cit., p. 484.

Se o e-mail não for criptografado e houver impugnação de seu conteúdo ou de sua autenticidade, deverão as partes utilizar de todas as provas legítimas para demonstrar e sua legitimidade.

Outrossim, quanto à validade e legitimidade das informações prestadas pela INTERNET, assim já se manifestou o S.T.J.:

"A recorrente, citada para a execução, aguardava a juntada do mandado aos autos, valendo-se das informações processuais prestadas via internet pela Justiça. Ocorre que o mandado foi juntado e a secretaria não lançou tal informação no sistema, levando a recorrente a perder o prazo para embargos. A Turma entendeu que as informações prestadas pela rede de computadores operada pelo Poder Judiciário são oficiais e merecem confiança. O eventual erro nela contido é evento imprevisto, alheio à vontade da parte, a justificar a justa causa, permitindo ao juiz a restituição do prazo para a prática do ato (§1º e 2º do art. 183 do CPC). Precedente citado: Resp n. 49.456-DF, DJ 2/10/1995. Resp 390. 561-PR, Rel. Min. Humberto Gomes de Barros, julgado em 18.06.2002.

Art. 440

O juiz apreciará o valor probante do documento eletrônico não convertido, assegurado às partes o acesso ao seu teor.

Valor probante de documento eletrônico não convertido

Se o documento eletrônico não for convertido nos termos da lei para sua apresentação no processo convencional, isso não significa que ele não poderá ser indicado como meio de prova.

Contudo, como não houve a conversão na forma legal, o seu valor probante será apreciado pelo juiz livremente, assegurando-se às partes o acesso ao seu teor. Isso pode ocorrer, por exemplo, com os documentos que se encontram inseridos num determinado processo eletrônico e haja requerimento por uma das partes que esses documentos sejam considerados como prova emprestada para um determinado processo convencional.

Art. 441

Serão admitidos documentos eletrônicos produzidos e conservados com a observância da legislação específica.

Admissibilidade de documentos eletrônicos

No caso, as leis específicas seriam a Medida Provisória n. 2.200-2, a Resolução n. 90/09 de C.N.J., entre outras.

Contudo, mesmo que os documentos eletrônicos não sejam produzidos ou conservados segundo a legislação específica, isso não significa que eles não tenham nenhum valor probatório. No caso, a eficácia desses documentos dependerá dos demais meios de prova e da livre apreciação pelo juiz.

SEÇÃO IX – Da Prova Testemunhal

SUBSEÇÃO I – Da Admissibilidade e do Valor da Prova Testemunhal

Art. 442

A prova testemunhal é sempre admissível, não dispondo a lei de modo diverso.

Admissibilidade da prova testemunhal

As provas orais são aquelas que se consistem na declaração oral efetuada por um sujeito que afirma conhecer um fato, bem como sua veracidade ou falsidade.

Segundo ensina Giuseppe Chiovenda, *"a testemunha é uma pessoa 'diversa dos sujeitos processuais' chamada a expor ao juiz as próprias observações de fatos ocorridos, de importância para a causa. Essa exposição pode compreender tanto o efeito imediato que sobre os sentidos da testemunha produziu o fato ocorrido em sua presença, quanto as ilações lógicas que ela tirou de tal impressão"*.[650]

É importante salientar que as observações da testemunha decorrem de sua percepção subjetiva, jamais como expressão do que objetivamente se deve considerar como consequência de determinados fatos segundo ensinamentos de uma ciência ou de uma arte, o que é mister próprio de um perito. É possível que uma mesma pessoa sirva como perito e como testemunha. Contudo, uma vez arrolada como testemunha, não tem obrigação de expor observações que poderia fazer como perito.[651]

Somente a pessoa física pode testemunhar, tendo a obrigação de dizer a verdade sobre os fatos de seu conhecimento. Existe um dever jurídico de depor sobre os fatos.

[650] Chiovenda, Giuseppe. *Instituições de direito processual civil.* Trad. J. Guimarães Menegale. Vol. III. São Paulo: Edição Saraiva, 1965. p. 111.

[651] Chiovenda, G., idem, ibidem.

Do conceito de testemunha extraem-se os elementos característicos que a integram, a saber: a) é uma pessoa física; b) é uma pessoa estranha ao feito; c) a pessoa deve saber do fato litigioso; d) a pessoa deve ser chamada a depor em juízo, salvo exceções; f) a pessoa deve ser capaz de depor.[652]

O objeto da prova oral, como em todo meio de prova, é um fato relevante principal ou secundário para a decisão da causa. Na realidade, o verdadeiro meio de prova é a declaração feita pelo sujeito, porque de tal declaração o juiz serve-se para estabelecer o enunciado relativo àquele fato como verdadeiro ou falso.

A prova testemunhal é tipicamente a declaração relativa à verdade ou falsidade de um fato relevante, efetuada por um sujeito que afirma ser conhecedor deste fato. Uma característica da prova testemunhal é que essa declaração provém de um terceiro, ou seja, de um sujeito que não é e nem pode ser parte no processo. A eficácia da prova testemunhal é verificada justamente pela 'credibilidade' da declaração sobre o fato: essa depende, seja da credibilidade da pessoa que faz a declaração, seja da confiança da declaração em si considerada. A confiança da declaração deriva da peculiaridade disso que a testemunha afirma, ou seja, da precisão, completude e coerência de suas afirmações. Esta ordem de fatores é agora confiada à livre valoração do juiz, sendo há muito tempo retirada do sistema de prova legal, típico das épocas do direito comum que vinculava a determinação do valor da testemunha ao uso de critérios predeterminados. A prova testemunhal ingressa portanto plenamente na área de aplicação do princípio do livre convencimento do juiz.[653]

Apresenta-se o problema do valor probatório da *declaração escrita*, proveniente de um terceiro, que contenha uma declaração de ciência de algum fato. Evidentemente, em si, tal meio de prova é, em sentido amplo, uma *prova documental*, porque tem a consistência de um documento e vem inserida no processo como se insere os demais documentos (com a produção ou a exibição). Contudo, o documento é uma prova que tem a característica de conter, às vezes, a representação imediata do fato relevante, e, às vezes, determinadas narrações; neste último caso, necessita-se observar, por vezes, que valor probatório tem a narração, pois o fato de que essa narração esteja contida em um documento não diz absolutamente nada sobre a eficácia probatória do próprio documento, ex: *a narração proveniente da parte e contida em um documento, se tem por objeto fatos desfavoráveis à parte, integra uma confissão; contudo, se tem por objeto fatos favoráveis ao decla-*

[652] Santos, Moacyr Amaral. *Comentários ao código de processo civil (1973)*. IV Vol. (arts. 332 a 475). Rio de Janeiro: Forense, 1977. p. 262.

[653] Comoglio, Luigi Paolo; Ferri, Corrado; Taruffo, Michele. *Lezioni sul processo civile*. I. Il processo ordinario di cognizione. Bologna: Il Mulino, 2006. p. 444 e 445.

rante, não tem qualquer valor probatório. Também para a declaração prestada por terceiro ocorre o mesmo problema. De regra, a declaração escrita proveniente de terceiro não tem eficácia probatória, porque o ordenamento jurídico estabelece que a modalidade típica de aquisição da ciência do terceiro no processo é a declaração oral realizada em *contraditório na assunção da prova* pelas partes. Este é o instrumento 'legal' de aquisição ao processo do conhecimento de terceiro; portanto, os instrumentos diversos daqueles previstos pela lei, próprio do princípio da legalidade (em sentido amplo), não tem eficácia probatória".[654]

Diversamente ocorre quando há a morte do terceiro. Em tal caso não se pode ignorar a declaração escrita feita pelo terceiro. Contudo, o juiz pode, obviamente, inserir a declaração a uma avaliação de eficácia ainda mais rigorosa daquela própria de uma prova testemunhal.

Estabelece o *art. 442* do atual C.P.C. que *a prova testemunhal é sempre admissível, não dispondo a lei de modo diverso.*

Preceitua o §373 do *Zivilprozessordnung* (Código de Processo Civil Alemão): *"Der Zeugenbeweis wird durch die Benennung der Zeugen und die Bezeichnung der Tatsachen, über welche dieVernehmung der Zeugen stattfinden soll, angetreten" "Produção da Prova. A prova testemunhal será produzida mediante indicação das testemunhas e dos fatos, sobre os quais devem ser interrogadas as testemunhas"*.[655]

O art. 442 do atual C.P.C. trata, portanto, da questão da *admissibilidade da prova testemunhal.*

Conforme observam Comoglio, Ferri e Taruffo: *"problema preliminar diverso, e por muitos aspectos assai mais complexos, é aquele da 'admissibilidade' da prova testemunhal. O legislador tem sempre sido cauteloso na permissão de utilização da prova testemunhal, principalmente por causa de sua correta avaliação, e tem traduzido esta preocupação em regras de exclusão da prova testemunhal. Sobretudo em matéria de prova dos contratos há muito tem sido afirmado o princípio pelo qual 'lettres passent témoins', com base no qual se considera mais atendível a prova escrita em relação à prova testemunhal: a consequência é que em muitos ordenamentos jurídicos, e em particular no nosso (italiano), existem regras que excluem a prova testemunhal e solicitam a prova documental de diversas espécies contratuais. Nesse aspecto, observa-se um sistema por assim dizer curioso, no qual a prova testemunhal é sujeita à livre valoração do juiz quando se trata de estabelecer a eficácia, mas encontra numerosos e relevantes limites no que concerne à sua admissibilidade"*.[656]

[654] Luiso, Francesco P. *Diritto processuale civile*. Vol. II. Il processo di cognizione. Terza Edizione. Milano: Giuffrè Editore, 2000. p 124 e 125.

[655] Patti, Salvatore. *Códice di procedura civile tedesco*. Milano: Giuffrè Editore: 2010. p. 261 e 263.

[656] Comoglio, L.p.; Corrado, F.; Taruffo, M., op. Cit., p. 444.

Nos termos do ordenamento jurídico brasileiro, a regra é da admissibilidade da prova testemunhal, sendo sua inadmissibilidade uma norma de exceção.

Art. 443

O juiz indeferirá a inquirição de testemunhas sobre fatos:

I – já provados por documento ou confissão da parte;

II – que só por documento ou por exame pericial puderem ser provados.

Indeferimento da prova testemunhal

O *art. 443* do atual C.P.C. indica a regra de exceção, pois o juiz poderá indeferir o pedido de admissibilidade da prova testemunhal *caso os fatos já tenham sido provados por documento ou confissão da parte, ou por que só por documento ou por exame pericial puderem ser provados.*

Desta forma, se os fatos já se encontram devidamente comprovados por documento ou pela própria confissão da parte, não há necessidade de produção de prova testemunhal para confirmar a veracidade dos fatos.

No mesmo sentido prescreve o art. 374, inc. II do atual C.P.C.:

> *Art. 374. Não dependem de prova os fatos:*
> *(...).*
> *II – afirmados por uma parte e confessados pela parte contrária;*
> *(...).*

Também não será admitida a prova testemunhal nos casos em que o fato somente puder ser provado por meio de prova documental.

Há negócios jurídicos em que a lei impõe, para sua formação e validade, forma obrigatória. Sem revestir a forma prescrita em lei, o ato jurídico é nulo (art. 104, inc. III, art. 166, inc. IV do C.c.brasileiro).

A forma é da substância desses atos. Por exemplo: direitos reais sobre imóveis que exigem, em regra, escritura pública.

Da mesma maneira não será admitida a prova testemunhal quando para a demonstração dos fatos for necessário exame técnico pericial, ou seja, quando para a demonstração da ocorrência ou não de determinado fato houver necessidade de exame por perito especializado.

Sobre o tema, eis os seguintes precedentes do S.T.J.:

1. O indeferimento de prova testemunhal e pericial requeridas e o julgamento antecipado da lide não configuram cerceamento de defesa, uma vez que o acórdão considerou que a documentação juntada foi suficiente à verificação dos fatos aduzidos pela agravante, ainda que de forma contrária aos seus interesses.

(...).

(AgRg no Ag 1257317/PE, Rel. Ministro RAUL ARAÚJO, QUARTA TURMA, julgado em 18/03/2014, DJe 25/04/2014)

1. No tocante à suposta violação ao art. 332 do CPC, o Tribunal de origem manifestou-se no sentido de que os elementos trazidos aos autos revelaram-se aptos e suficientes à formação do convencimento do julgador. Logo, a alteração desta conclusão é vedada em recurso especial, conforme o óbice previsto na Súmula 7/STJ.

(...).

(AgRg no Ag 1393974/RS, Rel. Ministro SÉRGIO KUKINA, PRIMEIRA TURMA, julgado em 20/02/2014, DJe 28/02/2014).

(...).

2. Cabe ao magistrado verificar a existência de provas suficientes nos autos para o indeferimento da produção de prova testemunhal, conforme o princípio do livre convencimento do julgador. Infirmar tais fundamentos demandaria, necessariamente, o reexame do conjunto fático-probatório dos autos. Incidência da Súmula 7/STJ.

(...).

(AgRg no AREsp 389.539/MG, Rel. Ministro MARCO BUZZI, QUARTA TURMA, julgado em 18/02/2014, DJe 25/02/2014)

(...).

3. A alegação de cerceamento de defesa decorrente do indeferimento da prova pericial atrai a incidência dos princípios da livre admissibilidade da prova e do livre convencimento do juiz os quais conduzem à aplicação da Súmula 07/STJ.

4. Tendo as instâncias de origem afirmado que os documentos que instruem a inicial servem como prova escrita da dívida não é possível afirmar o contrário em sede de recurso especial. Súmula 07/STJ.

(...).

(AgRg no AREsp 431.298/RS, Rel. Ministro SIDNEI BENETI, TERCEIRA TURMA, julgado em 11/02/2014, DJe 13/03/2014).

(...).

1. Não há cerceamento de defesa quando o juízo, analisando os documentos carreados aos autos, conclui pela inutilidade de produção de prova testemunhal.

2. O Tribunal de origem consignou que já existia nos autos depoimentos das testemunhas arroladas e que foi oportunizado ao recorrente que justificasse pontualmente a necessidade de nova oitiva, o que não foi atendido.

3. Agravo regimental não provido.

(AgRg no REsp 1249099/SP, Rel. Ministro BENEDITO GONÇALVES, PRIMEIRA TURMA, julgado em 17/12/2013, DJe 04/02/2014).

Art. 444

Nos casos em que a lei exigir prova escrita da obrigação, é admissível a prova testemunhal quando houver começo de prova por escrito, emanado da parte contra a qual se pretende produzir a prova.

Começo de prova escrita e prova testemunhal

Nos contratos com forma escrita 'ad substantiam', tal circunstância é um requisito de eficácia do contrato; se não se observa tal forma, o contrato é nulo. Os contratos com forma escrita 'ad probationem' devem ser provados por escrito, porém são válidos e eficazes também se estipulados oralmente, para os quais a prova escrita constitui somente um limite para a prova. Assim, se o contrato tem a forma escrita 'ad probationem' não é possível usar a prova testemunhal, mas é possível usar outras provas, como, por exemplo, a confissão, ou o início de prova material por escrito. Isso não é possível para o contrato que tem forma escrita 'ad substantiam'. Os contratos com forma escrita 'ad substantiam' têm uma diversa disciplina. Para esses, a forma é requisito de validade e de eficácia do contrato; não é possível demonstrar, ainda que por meios diversos da prova testemunhal, que o contrato foi estipulado.[657]

É importante salientar que a restrição estabelecida pela norma à constituição ‹ad substantiam› do negócio jurídico diz respeito apenas à sua forma, isto é, no que concerne à sua própria existência. Isso não significa dizer que não se possa comprovar exclusivamente por meio de testemunhas meros aspectos ligados aos possíveis desdobramentos do negócio jurídico, como questões meramente acessórias, sem qualquer vinculação com sua constituição e existência.

[657] Luiso, F. P., op. Cit., p. 128.

Por regra comum de experiência, a prova escrita é seguramente mais eficaz do que a prova testemunhal, pois a testemunha, quando consideramos o processo, pode por vezes não estar disponível para depor; depondo, pode recordar bem ou mal dos fatos etc. Assim, a exclusão da prova exclusivamente testemunhal decorre do fato de que o ordenamento jurídico, com tal exclusão, deseja forçar às partes a utilizar da documentação escrita para a realização da atividade contratual.

Previsão legal em que não se admite a prova exclusivamente testemunhal para a comprovação dos fatos, encontrava-se justamente no art. 227 do C.c.brasileiro, a saber: *"Salvo os casos expressos, a prova exclusivamente testemunhal só se admite nos negócios jurídicos cujo valor não ultrapasse o décuplo do maior salário mínimo vigente no País ao tempo em que foram celebrados"*.

O código civil italiano apresenta normatização similar. Prescrevem os arts. 2.721, 2.725 e 2.726 do c.c.italiano:

> *Art.2.721. Admissibilidade: limite de valor. A prova por testemunha dos contratos não é admitida quando o valor do objeto excede a cinco mil liras. Todavia, a autoridade pode consentir a prova além do limite referido, tendo em conta a qualidade das partes, da natureza do contrato e toda outra circunstância.*
>
> *Art. 2.725. Atos pelos quais é solicitada prova por escrito ou forma escrita. Quando, segundo a lei ou a vontade das partes, um contrato deve ser provado por escrito, a prova por testemunha é admitida somente no caso indicado no n. 3 do art. precedente (o qual diz: quando o contraente, sem culpa sua, perdeu o documento que fornecia a prova). A mesma regra se aplica nos casos em que a forma escrita é solicitada sob pena de nulidade.*
>
> *Art. 2.726. Prova do pagamento da remissão. As normas estabelecidas para a prova testemunhal dos contratos aplicam-se também ao pagamento e à remissão do débito.*

Sobre os limites objetivos de admissibilidade da prova testemunhal, ensinam Comoglio, Ferri e Taruffo: *"As limitações mais relevantes à admissibilidade da prova testemunhal atendem, segundo uma tradição retirada dos ordenamentos que seguem o modelo francês, a prova dos contratos. O art. 2.721 exclui a prova testemunhal dos contratos quando o valor do objeto supera as 5.000L. Este limite era bastante elevado no momento da entrada em vigor do código, mas não foi mais atualizado e hoje é evidentemente ridículo e não razoável. A consequência é que tornou-se normal a aplicação do inc. 2 do próprio art. 2.721, segundo o qual o juiz pode consentir a prova testemunhal além do limite, 'levando em conta a qualidade das partes, da natureza do contrato e de toda outra circunstância'. A exceção tornou-se assim a regra e o limite vem substancialmente não mais aplicado. A não aplicação do limite depende sempre de uma valoração discricionária do juiz: de regra essa não vem nem sequer explicitada e motivada, e as provas testemunhais vem admitida sem problemas além do limite em exame. Todavia em jurisprudência exclui-se às vezes a prova testemunhal em particular hipótese nas quais se observa que o valor elevado do contrato justifique a exclusão da prova testemunhal. Trata-se de uma eventualidade não prevista na norma, que não confia ao juiz um poder geral discricionário de excluir a prova testemunha com base no valor do contrato, mas somente o poder discricionário de estabelecer se aplica ou não aplica o limite de valor estabelecido no inciso 1...*

Limites ainda mais relevantes à admissibilidade da prova testemunhal são reclamados pelo art. 2.725, que regula duas distintas categorias de hipóteses. A primeira dessas compreende os casos nos quais, por lei ou por vontade das partes, o contrato 'deve ser provado por escrito'. Trata-se dos casos em que a forma escrita é exigida 'ad probationem tantum', ou seja, como forma necessária de prova do contrato. Trata-se, por exemplo, do contrato de seguro (art. 1888 c.c. italiano), da transação (art. 1965 c.c.italiano) e da simulação entre as partes (art. 1417 do c.c. italiano), ou seja, de casos em que de vez em quando o legislador prevê que o contrato, porque substancialmente válido ainda que não estipulado pela forma escrita, deva ser demonstrado somente com provas escritas.

A segunda categoria compreende os casos nos quais o contrato 'deve ser estipulado em forma escrita', sob pena de nulidade, como nos casos elencados pelo art. 1.350 c.c. italiano, ou seja, quando a forma escrita do contrato é exigida 'ad substantiam'. O art. 2725, inc. 2, transforma a regra de forma do contrato em regra de prova do contrato, prevendo de todo modo que não se possa provar por testemunha o contrato que deve ser estipulado de forma escrita.

As regras de inadmissibilidade de prova testemunhal, e de privilégio da prova escrita dos contratos, são portanto numerosas e relevantes, e garantem um espesso grupo de contratos".[658]

A regra constante no art. 2.271, inc. II, do C.c.italiano é de extrema importância para excepcionar a obrigatoriedade de que a prova do contrato seja exclusivamente por escrito, quando o seu objeto tenha valor superior a 5.000L. Este dispositivo confere ao juiz a possibilidade de superar a proibição legal da prova exclusivamente testemunhal, tendo em conta a qualidade das partes, a natureza do contrato ou qualquer outra circunstância preponderante.

No direito italiano, em relação aos pactos adjuntos, esclarece Francesco P. Luiso: *"Existe a hipótese de que o contrato esteja documentalmente comprovado, mas se deseja provar por testemunhas pactos adjuntos ou estipulações contrárias antecedentes, contemporâneas, ou talvez sucessivas. O pacto adjunto ou as estipulações contrárias antecedentes e contemporâneas não podem ser provadas por testemunhas, porque, no momento*

[658] COMOGLIO, L.P.; CORRADO, F.; TARUFFO, M., op. Cit., p. 446.

em que as partes consagraram documentalmente a sua vontade contratual, é inverossímil que omitam de documentar o pacto, que naquele momento já se encontra estipulado. Diverso é o discurso para os pactos adjuntos ou contrário sucessivos à formação do documento, porque em tal caso é possível que a vontade das partes, assim como existente no momento em que se formou o documento, tenha sido sucessivamente modificada. Em tal caso, o art. 2.723 do c.c.italiano admite a prova testemunhal quando ao juiz, observando a qualidade das partes, a natureza do contrato e as outras circunstâncias, reconhece como verossímil que tenham sido estipulados pactos, sem que desses tenha sido redigido documento escrito".[659]

Porém, conforme estabelece art. 1.072, inc.II, do atual C.P.C., o art. 227 do C.c.b. foi revogado, não havendo mais na legislação civil limitação para a prova testemunhal em razão do valor do negócio jurídico.

Com a revogação do art. 227 do C.C.b., permite-se a comprovação do contrato por meio de prova testemunhal, seja qual for o seu valor.

Porém, segundo prescreve o art. 444 do atual C.P.C., nos casos em que a lei exigir prova escrita da obrigação, é possível a comprovação do negócio por meio de testemunha, desde que haja começo de prova por escrito, emanado da parte contra a qual se pretenda produzir a prova.

Na hipótese do *início de prova por escrito*, a prova testemunhal é meramente complementar. A prova testemunhal será considerada como subsidiária para agregar valor à prova material por escrito.

Os elaboradores do Código Francês, adotando a doutrina de Pohier, definiram, no art. 1.347 do código francês, o que se entendia como *começo de prova por escrito*: *"Chama-se assim a todo o documento escrito emanado da pessoa contra quem se forma o pedido, ou daquela que a representa, e que torne verossímil o fato alegado".*[660]

O C.P.C. de 1973 (art. 402, inc.I), assim como o atual C.P.C. (art. 444), de certa forma adotou a definição do código francês, pois entende que o começo de prova por escrito é emanado da parte contra a qual se pretenda produzir a prova e não daquela que a pretende utilizar.

Assim, há necessidade de um escrito e que esse escrito provenha da parte contra quem se pretende utilizar o documento como prova. A origem do escrito, no que diz respeito ao seu aspecto material ou no que concerne à sua subscrição, deve ser atribuída a uma das partes ou a seu representante.

Evidentemente que o art. 444 do atual C.P.C. disse menos do que deveria dizer, razão pela qual é possível fazer uma interpretação extensiva para se ampliar o entendimento do que significa início de prova material por escrito.

[659] Luiso, F.P., idem, p. 127.

[660] Santos, M. A., op. Cit.. p. 273.

É possível considerar também como início de prova material por escrito o depósito bancário feito na conta de uma das partes, ou, ainda, atos certificados por oficial público. Muito embora esse início de prova material não provenha e não seja subscrito pela parte contra quem se pretende utilizar, são circunstâncias que, juntamente com a prova material, poderão comprovar a existência de um negócio jurídico.

É importante salientar que *começo de prova por escrito* não corresponde ao próprio instrumento contratual, mas, sim, contribui, juntamente com a prova testemunhal, para comprovar a existência de manifestação de vontade. É necessário que o escrito torne *verossímil* o contrato que se pretende demonstrar por meio da prova testemunhal.

Mas não se pode esquecer que a prova por meio de testemunha é excepcional, isto é, somente será admissível quando a falta do escrito decorrer de verdadeira impossibilidade de sua realização. Conforme ensina Moacyr Amaral Santos: *"A verificação dessa impossibilidade exige que se tenha em conta não só a natureza do próprio fato convencional como, igualmente, a natureza das relações entre os contraentes. Há contratos que se não formam comumente por escrito porque, por um lado, a natureza especialíssima das relações entre os contratantes, afastando normal e quase obrigatoriamente as naturais suspeições próprias aos que se obrigam, e, por outro lado, a natureza do fato convencional, em que os fatores confiança e respeito recíproco entre os contraentes são elementares à sua efetuação, constituem obstáculos sobremodo graves para que qualquer das partes possa removê-los impunemente. Trata-se de obstáculos irremovíveis e haverá impossibilidade"*.[661]

Sobre o tema, eis os seguintes precedentes do S.T.J.:

> *(...).*
>
> *1. A certidão de casamento na qual consta a qualificação do marido como agricultor ou rural é documento público hábil a comprovar o início de prova material do trabalho da esposa no meio agrícola, entretanto deve vir acompanhado de idônea prova testemunhal como observado pelo acórdão a quo.*
>
> (...).
>
> (AgRg no AREsp 119.028/MT, Rel. Ministro BENEDITO GONÇALVES, PRIMEIRA TURMA, julgado em 08/04/2014, DJe 15/04/2014)
>
> *(...).*

[661] Santos, M. A., idem, p.278.

II. Embora imprescindível o início de prova documental do tempo de serviço, a lei não exige que corresponda ele, necessariamente, ao período de carência ou a todo o período que se pretende comprovar.

III. Havendo, nos autos, início de prova material, ratificado pela prova testemunhal, é de rigor o reconhecimento da condição da autora como trabalhadora rural, sem que tal implique revisão de matéria fática.

IV. Consoante a jurisprudência do STJ, "(...) as instâncias ordinárias são soberanas na análise fática e probatória inerente ao caso. Contudo, o STJ não é impedido, a partir da realidade fática assentada pelo Juízo a quo, de proceder à adequada qualificação jurídica do fato, em razão da valoração, e não do reexame, da prova produzida" (STJ, AgRg no AgRg no AREsp 364.427/RJ, Rel. Ministro HERMAN BENJAMIN, SEGUNDA TURMA, DJe de 05/12/2013).

V. Agravo Regimental improvido.

(AgRg no REsp 1364417/RJ, Rel. Ministra ASSUSETE MAGALHÃES, SEGUNDA TURMA, julgado em 27/03/2014, DJe 08/04/2014)

(...).

1. É firme o entendimento desta Corte de que para o reconhecimento do labor rural não se exige que a prova material abranja todo o período de carência, desde que haja prova testemunhal apta a ampliar a eficácia probatória dos documentos, como no caso dos autos.

2. Agravo Regimental do INSS desprovido. Correção, de ofício, do erro material averiguado na ementa da decisão embargada.

(AgRg no AREsp 396.253/MG, Rel. Ministro NAPOLEÃO NUNES MAIA FILHO, PRIMEIRA TURMA, julgado em 25/03/2014, DJe 04/04/2014)

(...).

2. No caso dos autos, conforme se observa do acórdão recorrido, a ora recorrida juntou documentos suficientes como início de prova material. Ademais, os depoimentos testemunhais corroboram tais provas.

(...).

(AgRg no AREsp 434.922/PR, Rel. Ministro HUMBERTO MARTINS, SEGUNDA TURMA, julgado em 25/02/2014, DJe 07/03/2014)

1. A concessão de salário-maternidade rural, benefício previdenciário previsto no art. 71 da Lei 8213/91, exige que a trabalhadora demonstre o exercício de atividade laboral no campo, por início de prova material, desde que ampliado por prova testemunhal, nos dez meses imediatamente anteriores ao do início do benefício, mesmo que de forma descontínua.

2. Para esse fim, são aceitos, como início de prova material, os documentos em nome dos pais da autora que os qualificam como lavradores, aliados à robusta prova testemunhal. De outro lado, o posterior exercício de atividade urbana por um dos membros da família, por si só, não descaracteriza a autora como segurada especial, devendo ser averiguada a dispensabilidade do trabalho rural para a subsistência do grupo familiar (REsp 1.304.479/SP, Rel. Ministro Herman Benjamin, Primeira Seção, DJe 19/12/2012, recurso submetido ao rito do art. 543-C do CPC).

3. No caso dos autos, o juízo de origem, ao examinar o contexto fático-probatório dos autos, concluiu que ficou amplamente demonstrado o labor rural da segurada. Assim, a averiguação de que não existe regime de economia familiar em virtude de vínculo urbano mantido por um dos membros da unidade familiar, esbarra no óbice da Súmula 7/STJ ("A pretensão de simples reexame de prova não enseja recurso especial").

4. Agravo regimental a que se nega provimento.

(AgRg no AREsp 363.462/RS, Rel. Ministro SÉRGIO KUKINA, PRIMEIRA TURMA, julgado em 17/12/2013, DJe 04/02/2014)

Art. 445

Também se admite a prova testemunhal quando o credor não pode ou não podia, moral ou materialmente, obter a prova escrita da obrigação, em casos como o de parentesco, de depósito necessário ou de hospedagem em hotel ou em razão das práticas comerciais do local onde contraída a obrigação.

Admissão de prova testemunhal em situações especiais

Nestes casos, muitas vezes, não haverá nem início de prova material por escrito, sendo que a comprovação será toda ela feita por meio de prova testemunhal.

A impossibilidade de obtenção da prova escrita pode ser *moral* ou *material*.

São exemplos de impossibilidade *moral*: contratos entre parentes, especialmente entre pais e filhos. Sem dúvida, nessas relações não se tem por hábito exigir documento escrito para formação do contrato, pois a confiança recíproca entre os parentes supera esta exigência comum em relação às demais pessoas; também ocorre essa relação de confiança nas obrigações entre médicos e clientes.

São exemplos de impossibilidade *material*: obrigação resultante de depósito legal ou necessário (art. 647 do C.c.brasileiro) e as obrigações resultantes de hospedagem em hotel (art. 649 do C.c. brasileiro), a saber:

Art. 647. É depósito necessário:

I – o que se faz em desempenho de obrigação legal;

II – o que se efetua por ocasião de alguma calamidade, como o incêndio, a inundação, o naufrágio ou o saque.

Art. 649. Aos depósitos previstos no artigo antecedente é equiparado o das bagagens dos viajantes ou hóspedes nas hospedarias onde estiverem.

Parágrafo único. Os hospedeiros responderão como depositários, assim como pelos furtos e roubos que perpetrarem as pessoas empregadas ou admitidas nos seus estabelecimentos.

Evidentemente que as hipóteses estabelecidas no art. 445 do atual C.P.C. são meramente exemplificativas, admitindo também outras circunstâncias ou situações em que também moral ou materialmente não se exige a formação do contrato por escrito.

Em todo caso, compete ao juiz uma valoração rigorosa na análise destes fatos, pois se está diante de uma norma de caráter excepcional.

Pode-se ainda considerar como *impossibilidade de obtenção da prova escrita*, o fato de uma das partes ter *perdido*, sem culpa sua, mas em decorrência de caso fortuito ou força maior, o documento comprobatório do contrato. Essa hipótese de perda do contrato encontra-se devidamente prevista no art. 2.725 do C.c. italiano, *in verbis*:

Art. 2.725. Atos pelos quais é solicitada prova por escrito ou forma escrita.

Quando, segundo a lei ou a vontade das partes, um contrato deve ser provado por escrito, a prova por testemunha é admitida somente no caso indicado no n. 3 do art. precedente (o qual diz: quando o contraente, sem culpa sua, perdeu o documento eu lhe forneci a prova).

A mesma regra se aplica nos casos em que a forma escrita é solicitada sob pena de nulidade.

Comentando o art. 2.275 do C.c. italiano, anota Francesco P. Luiso: *"Em segundo lugar, o art. 2.725 c.c. admite a prova por testemunha quando se perdeu o documento, porque tal perda decorre sem culpa. É esta a disposição que ilumina a 'ratio' da norma: se fosse verdadeiramente um problema sem relevância, bastaria provar que o documento existiu, mas foi perdido, sem necessidade de se falar em culpa da parte. Este ulterior elemento que impõe a prova da perda sem culpa do documento significa que o legislador aqui se mantém sempre na lógica da exclusão da prova testemunhal dos contratos, mas em uma forma mais rígida. De fato, em linha geral, o legislador onera a parte de predispor a documentação escrita dos contratos, mas concede certa elasticidade à disciplina, com a possibilidade de admitir a prova testemunhal do contrato... Ao contrário, para a prova testemunhal dos contratos, havendo prova escrita 'ad substantiam' ou 'ad probationem, vale a mesma 'ratio', mas a disciplina é mais rígida, porque a parte não apenas deve predispor da prova escrita, mas deve também custodiá-la; se perde culposamente a prova escrita, a prova testemunhal não é admissível. O legislador, substancialmente, onera as partes na custódia e manutenção da prova escrita, porque, no momento em que tal prova deve ser utilizada, essa não pode ser substituída por prova testemunhal, salvo se não houve culpa da parte. Portanto, além do ônus de predispor, há também o dever de conservar a documentação, e somente quando tal dever foi devidamente observado, e havendo a perda do documento, é admitida a prova testemunhal, prova que demonstra o nascimento do contrato com a forma escrita (quando a forma é 'ad substantiam) e que o documento se perdeu sem culpa".*[662]

O art. 431 do Projeto n. 2.046/10, que não foi repetido pelo novo C.P.C., previa que as *normas estabelecidas nos arts. 429 e 430 aplicam-se ao pagamento e à remissão da dívida.*

Regra similar encontra-se no art. 2.726 do C.c.italiano, a saber:

> *Art. 2.726. Prova do pagamento e da remissão. As normas estabelecidas para a prova testemunhal dos contratos aplicam-se também ao pagamento e à remissão do débito.*

O art. 431 do Projeto n. 2.046/10 determinava a aplicação dos artigos 429 e 430 na questão probatória do pagamento e da remissão de dívida, razão pela qual era inadmissível a prova *exclusivamente testemunhal* sobre pagamento ou remissão de dívida.

Admite-se, contudo, a prova testemunhal, quando houver início de prova material por escrito ou quando por questão *material* ou *moral* não for possível apresentar a prova por escrito. Também é admissível a prova testemunhal na hipótese de perda da prova documental do pagamento sem culpa do devedor, ou seja, decorrente de caso fortuito ou força maior.

Art. 446
É lícito à parte provar com testemunhas:

I – nos contratos simulados, a divergência entre a vontade real e a vontade declarada;

II – nos contratos em geral, os vícios de consentimento.

[662] Luiso, F.P., op. Cit., p. 129 e 130.

Licitude da prova testemunhal sobre vícios de vontade contratual
Regra similar encontra-se no art. 1.417 do C.c.italiano:

> *Art. 1.417. Prova da simulação. A prova por testemunhas da simulação é admissível sem limites, se a demanda for proposta pelo credor ou por terceiro e, se for direta a fazer valer a ilicitude do contrato dissimulado, também se é proposta pelas partes.*

O art. 446 do atual C.P.C. faz referência apenas à parte, sem adjetivá-la. Já o art. 404 do C.P.C. de 1973 falava expressamente em parte inocente, ou seja, somente a parte inocente poderia provar exclusivamente por testemunha a divergência entre a vontade real e a vontade declarada nos contratos simulados ou os vícios de consentimento nos contratos em geral.

Sobre a permissão dada apenas à parte inocente para pleitear o reconhecimento da simulação ou do vício de consentimento, assim ensinava Moacyr Amaral Santos: *"Para a prova da 'simulação', isto é, da divergência entre a vontade real e a vontade declarada, nos contratos simulados, pode a parte 'inocente' valer-se exclusivamente de testemunhas. Dado que autorizada ao uso da prova exclusivamente testemunhal é apenas à parte 'inocente', a conclusão a extrair-se é a de que a norma (art. 404, n. I) não abrange as hipóteses de simulação 'fraudulenta' (Código Civil, art. 104), em que o intuito dos contraentes fora o de prejudicar terceiros ou infringir disposição legal. Mesmo porque o conluio necessário dos contraentes, neste caso, afasta a ideia de parte inocente. Tratando-se de simulação 'inocente', não havendo intenção de prejudicar terceiros, ou de violar disposição de lei (Código Civil, art. 103), a parte, contra a qual se quer fazer valer o contrato simulado, poderá usar exclusivamente de testemunhas para a prova da divergência entre a vontade real e a vontade declarada. Quer dizer, acionada uma das partes pela outra, que pretende fazer valer o contrato, poderá aquela contestá-la, alegando e provando com testemunhas simulação inocente, mas absoluta, que a invalide".*[663]

Tendo em vista que o novo código, em seu art. 446, não restringiu a utilização da prova testemunhal apenas à parte inocente, isso significa que também a parte que conscientemente participou da simulação ou de qualquer vício de consentimento poderá arguir tal irregularidade negocial.

Aliás, no caso da simulação, não se trata mais de anulabilidade do negócio jurídico, como era na égide do código civil de 1916, pois a partir da entrada em vigor do atual código civil de 2002, a simulação passou a ser causa de *nulidade do negócio jurídico*, conforme estabelece o seu art. 167: *É nulo o negócio jurídico simulado, mas subsistirá o que se dissimulou, se válido for na substância e na forma.*

[663] SANTOS, M. A., idem, p. 283.

Além do mais, a simulação poderá ser alegada por qualquer interessado, pelo Ministério Público e de ofício pelo juiz, conforme estabelece o art. 168 do C.c.brasileiro:

> *Art. 168. As nulidades dos artigos antecedentes podem ser alegadas por qualquer interessado, ou pelo Ministério Público, quando lhe couber intervir.*
>
> *Parágrafo único. As nulidades devem ser pronunciadas pelo juiz, quando conhecer do negócio jurídico ou dos seus efeitos e as encontrar provadas, não lhe sendo permitido supri-las, ainda que a requerimento das partes.*

O inc. I do art. 446 do atual C.P.C. aduz que é lícito à parte provar com testemunha a divergência entre a vontade real e a vontade declarada nos contratos simulados. Assim, para a prova da simulação nos contratos simulados, pode a parte valer-se exclusivamente da prova testemunhal.

O §1º, incs. I a III, do art. 167 do C.c.brasileiro, indica as hipóteses em que há simulação:

> *Art. 167 (...).*
>
> *§ 1º Haverá simulação nos negócios jurídicos quando:*
>
> *I – aparentarem conferir ou transmitir direitos a pessoas diversas daquelas às quais realmente se conferem, ou transmitem;*
>
> *II – contiverem declaração, confissão, condição ou cláusula não verdadeira;*
>
> *III – os instrumentos particulares forem antedatados, ou pós-datados.*
>
> *§ 2º Ressalvam-se os direitos de terceiros de boa-fé em face dos contraentes do negócio jurídico simulado.*

Muito embora o art. 446 do atual C.P.C. faça referência apenas à parte, também *terceiros* estranhos ao negócio jurídico podem ou não provar a simulação, qualquer que seja a sua natureza, por meio de prova exclusivamente testemunhal. A prova testemunhal pode ser aproveitada numa ação desconstitutiva de negócio jurídico proposta por terceiro.

Também é lícito à parte provar com testemunhas os vícios de consentimento nos contratos em geral (inc. II do art. 446 do atual C.P.C.).

Desta forma, poderá a parte (inocente ou não) comprovar que o contrato por ela firmado decorre de *dolo, coação, erro, estado de perigo, lesão ou fraude contra credores,* admitindo-se prova exclusivamente testemunhal para comprovar tais fatos.

Em relação ao dolo, é importante advertir sobre o que dispõe o art. 150 do C.c.brasileiro:

Art. 150. Se ambas as partes procederem com dolo, nenhuma pode alegá-lo para anular o negócio, ou reclamar indenização.

Art. 447

Podem depor como testemunhas todas as pessoas, exceto as incapazes, impedidas ou suspeitas.

§ 1º São incapazes:

I – o interdito por enfermidade ou deficiência mental;

II – o que, acometido por enfermidade ou retardamento mental, ao tempo em que ocorreram os fatos, não podia discerni-los, ou, ao tempo em que deve depor, não está habilitado a transmitir as percepções;

III – o que tiver menos de 16 (dezesseis) anos;

IV – o cego e o surdo, quando a ciência do fato depender dos sentidos que lhes faltam.

§ 2º São impedidos:

I – o cônjuge, o companheiro, o ascendente e o descendente em qualquer grau e o colateral, até o terceiro grau, de alguma das partes, por consanguinidade ou afinidade, salvo se o exigir o interesse público ou, tratando-se de causa relativa ao estado da pessoa, não se puder obter de outro modo a prova que o juiz repute necessária ao julgamento do mérito;

II – o que é parte na causa;

III – o que intervém em nome de uma parte, como o tutor, o representante legal da pessoa jurídica, o juiz, o advogado e outros que assistam ou tenham assistido as partes.

§ 3º São suspeitos:

I – o inimigo da parte ou o seu amigo íntimo;

II – o que tiver interesse no litígio.

§ 4º Sendo necessário, pode o juiz admitir o depoimento das testemunhas menores, impedidas ou suspeitas;

§5º Os depoimentos referidos no §4º serão prestados independentemente de compromisso, e o juiz lhes atribuirá o valor que possam merecer.

Quem pode depor como testemunha

Despontam, no estudo do direito comparado, quatro grandes sistemas acerca da capacidade de testemunha, a saber: *"a) 'sistema romano justinianeu' – é denominado o sistema tradicional, por sua longa duração. Através deste se relacionam inúmeras figuras com incapacidade para testemunhar, tais como os infames os condenados em juízo público, os apostados, os hereges, os escravos etc; b) 'sistema do livre testemunho' – em relação ao sistema tradicional, propugna pela eliminação de toda e qualquer incapacidade. Admite, até mesmo à parte, o testemunho. É defendido na doutrina por Bentham, Malatesta, Carnelutti, Cappelletti e outros; c) 'sistema germânico – admite a capacidade de todos para testemunhar, mas ao mesmo tempo aceita a escusa de certas pessoas, tais como o noivo ou o cônjuge da parte, os parentes da parte em linha reta de consanguinidade, afinidade ou por adoção e os colaterais em terceiro grau de consanguinidade ou segundo de afinidade, dentre as demais pessoas que relaciona o §3º do ZPO; d) 'sistema latino' – também denominado sistema francês, é aquele segundo o qual o maior número de incapacidades do direito tradicional (primeiro sistema) se transmuda em causas de impedimento e suspeição, só permanecendo um resíduo das incapacidades relacionadas nesse primeiro sistema".*[664]

O novo C.P.C., assim como já o fizera o C.P.C. de 1973, adotou o sistema latino, relativizado pelo parágrafo único do art. 228 do C.c.brasileiro.

A prova testemunhal é a declaração de ciência efetuada por um sujeito que é terceiro em relação às partes em causa. Desta maneira, para depor como testemunha a pessoa deve ser capaz e estranha à demanda proposta.

A regra geral é que *todas as pessoas podem depor como testemunhas*, exceto aquelas que sejam *incapazes, impedidas ou suspeitas.*

Segundo estabelece o §1º do art. 447 do atual C.P.C., são incapazes: I – o interdito por enfermidade ou deficiência mental; II – o que, acometido por enfermidade ou retardamento mental, ao tempo em que ocorreram os fatos, não podia discerni-los, ou, ao tempo em que deve depor, não está habilitado a transmitir as percepções; III – o que tiver menos de 16 (dezesseis) anos; IV – o cego e o surdo, quando a ciência do fato depender dos sentidos que lhes faltam.

Como se disse, a regra geral é que todas as pessoas podem depor como testemunhas, exceto aquelas que por suas condições físicas, psíquicas ou patológicas não se acham em condições ideais para depor.

Tais pessoas são incapazes de depor num processo como prova testemunhal. A *capacidade* de testemunhar consiste na aptidão, reconhecida pela lei, para que a pessoa possa prestar seu depoimento como testemunha.

A capacidade é regra e a incapacidade a exceção.

Estabelece o art. 1º do C.c.brasileiro: *"Toda pessoa é capaz de direitos e deveres na ordem civil".*

[664] AGUIAR, João Carlos Pestana. *Comentários ao código de processo civil.* 2ª ed. Vol. IV – arts. 332 a 443. São Paulo: Editora Revista dos Tribunais, 1977. p. 305.

A incapacidade para depor começa pelo *interdito por enfermidade ou deficiência mental* (inc. I do §1º do art. 447 do atual C.P.C.). A lei prevê, nesta hipótese, a forma juridicamente mais patente de demência ou deficiência mental, pois no caso de enfermidade ou deficiência mental a pessoa já se encontra interditada.

Aliás, preceito similar encontra-se no art. 495º do Código de Processo Civil português, *in verbis*:

> *Artigo 495º Capacidade para depor como testemunha*
>
> *1 – Têm capacidade para depor como testemunhas todos aqueles que, não estando interditos por anomalia psíquica, tiverem aptidão física e mental para depor sobre os factos que constituam objeto da prova.*
>
> *2 – Incumbe ao juiz verificar a capacidade natural das pessoas arroladas como testemunhas, com vista a avaliar da admissibilidade e da credibilidade do respetivo depoimento.*

O art. 3º, inc. II, do C.C.brasileiro estabelece que são absolutamente incapazes de exercer pessoalmente os atos da vida civil *os que, por enfermidade ou deficiência mental, não tiverem o necessário discernimento para a prática desses atos.*

No âmbito da enfermidade ou deficiência mental, o legislador faz inserir todas as patologias mentais, entre elas, os idiotas, imbecis, débeis mentais, psicastêmicos, histéricos, monomaníacos, psicopatas, esquizofrênicos etc.

Essa incapacidade pode ser por enfermidade ou deficiência mental permanente ou temporária.

Contudo, para que se possa alegar a incapacidade por esses fatos, é necessário que a pessoa esteja *interditada.*

Conforme estabelece o art. 1.767 do C.c.brasileiro, estão sujeitos à curatela aqueles que, por enfermidade ou deficiência mental, não tiverem o necessário discernimento para os fatos da vida civil (inc. I), os deficientes mentais, os ébrios habituais e os viciados em tóxico (inc. II), os excepcionais sem completo desenvolvimento mental (inc. IV).

Por sua vez, preconizava o art. 1.773 do C.C.brasileiro: *"A sentença que declara a interdição produz efeitos desde logo, embora sujeita a recurso".*

Porém, o art. 1.773 do C.c.brasileiro foi expressamente revogado pelo art. 1.068, inc. II, do atual C.P.C.

O art. 1.782 do atual C.c.brasileiro afirma que a *"interdição do pródigo só o privará de, sem curador, emprestar, transigir, dar quitação, alienar, hipotecar, demandar ou ser demandado, e praticar, em geral, os atos que não sejam de mera administração".* Não há impedimento, portanto, para depor, a não ser que além da prodigalidade haja outra deficiência mental comprovada.

Justifica-se essa incapacidade para depor dos enfermos ou deficientes mentais, uma vez que a doença que os acomete, em regra, reflete nas suas percepções e sensações, causando transtornos de memória ou falsa avaliação dos fatos.

Também são incapazes de depor os que, acometidos por enfermidade ou retardamento mental, ao tempo em que ocorreram os fatos, não podiam discerni-los, ou, ao tempo em que devem depor, não estão habilitados a transmitir as suas percepções (inc. II do §1º do art. 447 do atual C.P.C.).

Regra similar encontra-se no art. 228, inc. II do C.c.brasileiro, a saber:

> *Art. 228. Não podem ser admitidos como testemunhas:*
> *(...).*
> *II – aqueles que, por enfermidade ou retardamento mental, não tiverem discernimento para a prática dos atos da vida civil;*

Neste dispositivo também há referência aos acometidos por enfermidade ou retardamento mental.

Contudo, nesta hipótese, a pessoa não foi juridicamente *interditada.*

No caso, a enfermidade ou retardamento mental deve ser verificada *ao tempo em que ocorreram os fatos* ou *ao tempo em que a testemunha deve depor*, dificultando sua consistente avaliação do que efetivamente ocorreu. Isso pode acontecer com o psicopata, o acometido de transtorno bipolar, o esquizofrênico, ou com aquele que foi acometido por epilepsia.

Pode-se ainda inserir nesta categoria os que, mesmo por causa transitória, não puderem exprimir sua vontade (art. 3º, inc. III do C.c.brasileiro), os ébrios habituais, os viciados em tóxicos, e os que, por deficiência mental, tenham o discernimento reduzido (art. 4º, inc. II do C.c. brasileiro), assim como os excepcionais, sem desenvolvimento mental completo (art. 4º, inc. III do C.c.brasileiro), e, em determinadas hipóteses, os pródigos (art. 4º, inc. IV do C.c. brasileiro).

Evidentemente, se uma das partes arrolar determinada testemunha que apresente esse quadro de anomalia, deverá imediatamente comunicar tal fato ao juízo, pois se assim não o fizer, poderá estar agindo de má-fé, ferindo a lealdade processual. Diante do comunicado, caberá ao juiz determinar uma inspeção médica, quando se apurará as exatas condições psíquicas do arrolado.[665]

Da mesma forma é incapaz para depor *aquele que tenha menos de 16 (dezesseis) anos.* (Inc. III do §1º do art. 447 do atual C.P.C.).

Por sua vez, o art. 228, inc. II do C.c.brasileiro estabelece:

[665] Aguiar. J. C. P., idem, p. 306.

> *Art. 228. Não podem ser admitidos como testemunhas:*
> *I – os menores de dezesseis anos;*

Observa-se, portanto, que tanto para o Código civil quanto para o Código de Processo Civil o limite de idade para depor é de dezesseis anos.

O Código de Processo Civil italiano estabelece a incapacidade para menor de quatorze anos em seu art. 248, *in verbis*:

> *Art. 248. Oitiva dos menores de quatorze anos. Os menores de quatorze anos podem ser ouvidos somente quando a sua oitiva for necessária em razão de particulares circunstâncias. Esses não prestam juramento.*

Contudo, a Corte Constitucional italiana, por meio da sentença de 11 de junho de 1975, n. 139, declarou a inconstitucionalidade do aludido artigo, conforme relata Francesco P. Luiso: *"A mesma declaração de inconstitucionalidade foi realizada em relação ao art. 248 c.p.c. italiano, o qual afirmava: 'Os menores de 14 anos podem ser ouvidos somente quando a sua oitiva for necessária para particulares circunstâncias. Esses não prestam juramento'. A norma confirma que a testemunhança é uma declaração de ciência, enquanto admite sem limites a testemunhança de quem tenha mais de 14 e menos de 18 anos, portanto, de quem ainda é menor incapaz, e não tendo a disponibilidade dos direitos, normalmente não pode emitir manifestação de vontade, mas somente declaração de ciência. Se a testemunhança fosse uma declaração de vontade, não poderia ser realizada pelo menor. A Corte Constitucional afirmou a inconstitucionalidade da exclusão, porque pertence ao juiz a avaliação em concreto da atendibilidade do testemunho de um menor de quatorze anos. Segundo a 'ratio' do art. 248 c.p.c., o testemunho infra-quatorze anos é inatendível, e então não deve ser ouvido. Tal valoração, porém, segundo a Corte, deve ser feita pelo juiz em cada caso específico"*.[666]

O Código Civil brasileiro preceitua em seu artigo 3º, inc. I: *São absolutamente incapazes de exercer pessoalmente os atos da vida civil: I – os menores de dezesseis anos"*.

Tendo em vista que a testemunha não exterioriza uma manifestação de vontade, mas, sim, uma declaração de ciência, não há qualquer impedimento constitucional para a fixação da idade. Contudo, fica a questão já analisada pela Corte Constitucional Italiana, se a testemunha apenas realiza uma declaração de ciência, não seria melhor deixar ao critério do juiz valorar eventual declaração prestada por menor de dezesseis anos?

[666] Luiso, F. P., op. Cit., p. 132

Outrossim, parece-me que de certa forma o nosso legislador permitiu a oitiva de testemunha, mesmo que seja menor de dezesseis anos, conforme se pode observar pelo disposto no parágrafo único do art. 228 do C.c.brasileiro, *in verbis: Para a prova de fatos que só elas conheçam, pode o juiz admitir o depoimento das pessoas a que se refere este artigo.*

Portanto, se somente a criança ou adolescente menor de dezesseis anos é que tem conhecimento dos fatos e ninguém mais, poderá o juiz admitir o seu depoimento, nos termos do art. 228 do C.c.brasileiro.

Também são incapazes de depor *o cego e o surdo, quando a ciência do fato depender dos sentidos que lhes falta*m (inc. IV do §1º do art. 447 do atual C.P.C.).

Preceito similar encontra-se no art. 228, inc. III do C.c.brasileiro, *in verbis*:

> *Art. 228. Não podem ser admitidos como testemunhas:*
> *(...).*
> *III – os cegos e surdos, quando a ciência do fato que se quer provar dependa dos sentidos que lhes faltam.*

Os cegos não podem ser testemunhas oculares, enquanto que os surdos não podem ser testemunha auriculares. Se a mesma pessoa é cega e surda, não poderá depor sobre fatos que depende dos sentidos que lhe falta, no caso, a visão e a audição. Por sua vez, se a pessoa é somente cega, poderá depor sobre o que ouviu, devendo o juiz avaliar se a falta de visão não afetou a percepção dos fatos pela ausência da visão; se a pessoa é somente surda, poderá depor sobre o que viu, devendo também o juiz avaliar se a falta da audição não afetou a percepção dos fatos pela ausência da audição.

Segundo estabelece o *§2º do art. 447* do atual C.P.C., *são impedidos: I – o cônjuge, o companheiro, o ascendente e o descendente em qualquer grau e o colateral, até o terceiro grau, de alguma das partes, por consanguinidade ou afinidade, salvo se o exigir o interesse público ou, tratando-se de causa relativa ao estado da pessoa, não se puder obter de outro modo a prova que o juiz repute necessária ao julgamento do mérito; II – o que é parte na causa; III – o que intervém em nome de uma parte, como o tutor, o representante legal da pessoa jurídica, o juiz, o advogado e outros que assistam ou tenham assistido as partes.*

Como se disse, a regra geral é que todas as pessoas podem depor como testemunhas, exceto aquelas que por questão de relacionamento íntimo com as partes ou com o próprio objeto do processo não se acham em condições ideais para depor. Tais pessoas são impedidas de depor num processo como testemunhas.

O impedimento para depor começa com o *cônjuge, o companheiro, o ascendente e o descendente em qualquer grau e o colateral, até o terceiro grau, de alguma das partes, por consanguinidade ou afinidade, salvo se o exigir o interesse público ou, tratando-se de causa relativa ao estado da pessoa, não se puder obter de outro modo a prova que o juiz repute necessária ao julgamento do mérito* (inc. I do §2º do art. 447 do atual C.P.C.).

Sobre o tema estabelece o art. 228, inc. V do C.c. brasileiro:

> *Art. 228. Não podem ser admitidos como testemunhas:*
> *(...).*
> *V – os cônjuges, os ascendentes, os descendentes e os colaterais, até o terceiro grau de alguma das partes, por consanguinidade, ou afinidade.*

Presume a lei a inidoneidade do testemunho dessas pessoas em decorrência do *jus conjugi*, do *jus sanguinis* e do *jus familiae*.

Há legislações, como a portuguesa (art. 497º, item 1, letra c), a italiana (art. 247) que estendem a proibição inclusive para *ex-cônjuge*.

O nosso ordenamento jurídico não insere o ex-cônjuge ou ex-companheira/o como impedido para depor. Contudo, caberá ao juiz verificar a idoneidade do seu depoimento, principalmente avaliando se o ex-cônjuge ou ex-companheiro/a não estaria inserido nas causas de suspeição.

O impedimento para depor até o terceiro grau, pelo novo C.P.C., ficou restrito ao colateral (seja por afinidade ou consanguinidade). Ex: tios e sobrinhos afins.

O novo C.P.C. também insere o companheiro ou companheira como impedido de depor.

É importante salientar que este dispositivo abre duas exceções, ou seja, *salvo se o exigir o interesse público ou, tratando-se de causa relativa ao estado da pessoa, não se puder obter de outro modo a prova que o juiz repute necessária ao julgamento de mérito.*

Em se tratando de causa relativa ao estado de pessoa, por exemplo, casamento, divórcio, reconhecimento de paternidade, as pessoas impedidas poderão depor, se não se puder obter de outro modo a prova que o juiz repute necessária ao julgamento.

No que concerne ao 'interesse público', essa expressão é de amplo alcance, *"inclusive de difícil apuração perante as relações jurídicas de direito privado, é neste campo concedido ao juiz um certo poder discricionário na admissão da prova testemunhal. Cremos, porém, ser possível aqui identificar 'interesse público' com a 'ordem pública'. Em consequência, onde estiver presente uma norma de ordem pública, terá pertinência a presença do interesse público, desde que a prova a ser produzida se encontre com este intimamente correlacionada. Em muitos casos o interesse público pode ser previamente projetado pela parte proponente da prova, tais como nas questões que envolvem interesses de família e fazendários".*[667]

O art. 247 do C.P.C. do C.P.C. italiano assim prescreve:

> *Art. 247 (Proibição de testemunhar). Não podem depor o cônjuge ainda que separado, os parentes, ou afins em linha reta e aqueles que são ligados a uma das partes por vínculo de filiação, salvo se a causa versar sobre questões de estado, de separação pessoal ou relativas a relações de família.*

Francesco F. Luiso, comentando o art. 247 do C.P.C. italiano, advertiu: "*O art. 247 c.p.c. (segundo o qual não poderiam depor o cônjuge, os parentes e afins em linha reta e aqueles que são ligados a uma das partes por vínculos de filiação, exceto em se tratando de causas de família e de estado) foi declarado inconstitucional. A Corte Constitucional, com base em um argumento que se recusou a estender ao art. 246 c.p.c. (sustentando que os sujeitos que tem título para participar no processo, ainda que não sejam formalmente partes, todavia o são do ponto de vista substancial, por isso as suas declarações de ciência não podem valer como uma prova testemunhal), afirmou que é inconstitucional um limite rígido à prova testemunhal do cônjuge, parentes e afins. O legislador exclui a prova testemunhal dos parentes e afins, partindo do pressuposto de sua falta de atendibilidade, pois seriam naturalmente não imparciais, e seriam conduzidos a favorecer (frequentemente também a desfavorecer...) a parte a quem estivessem ligados. Tal valoração de atendibilidade, segundo a Corte, é porém aquela mesma que o juiz realiza em relação a qualquer testemunha. Razão pela qual é irracional que seja operada pelo legislador 'a priori' e de uma vez por todas, enquanto que seria mais lógico que seja feita pelo juiz em cada caso. Portanto, o cônjuge, os parentes, os afins etc., podem ser ouvidos pelo juiz como testemunhas, salvo a valoração da sua atendibilidade, valoração em relação à qual o juiz deverá levar em consideração que, pela regra de comum experiência (recordamos que a regra de comum experiência é uma regra de valoração da prova livre), o testemunho ligado pela parentela ou afinidade a uma das partes é levado a apresentar as coisas de uma maneira não imparcial".*[668]

Também está impedido de depor *o que é parte na causa* (inc. II do §2º do art. 447 do atual C.P.C.).

Inicialmente não se deve confundir aquele que é parte material e processual na causa, o que configura causa de impedimento para depor como testemunha, com aquele que tem interesse no litígio, mas que não é parte, o que configura suspeição para depor como testemunha.

[667] Aguiar, J. C. P., op. Cit., p. 308.
[668] Luiso, F. P., op. Cit., p. 131 e 132.

Regra similar encontra-se no art. 246 do C.P.C. italiano: *"Não podem ser assumidas como testemunhas as pessoas que tenham na causa um interesse que poderia legitimar a sua participação em juízo"*.

Aqueles que são partes efetivas ou potenciais devem ser excluídos da prova testemunhal, pelo fato de que seu depoimento não poderia ser considerado como imparcial. (*nemo testis in causa própria*). Além do mais, prova genuinamente testemunhal é aquela que na sua essência advém das declarações de *terceira* pessoa, distinta e diversa das pessoas que estão em juízo como *parte*.

Diferentemente de outros ordenamentos, o nosso parece firme em excluir a *parte como testemunha*, ainda que a parte pudesse fornecer provas importantes como a confissão.

Ainda são impedidos de depor, *o que intervém em nome de uma parte, como o tutor, o representante legal da pessoa jurídica, o juiz, o advogado e outros que assistam ou tenham assistido as partes* (inc. III do §2º do art. 447 do atual C.P.C.).

Conforme ensina João Carlos Pestana Aguiar: *"No inciso III do §2º prossegue a relação de pessoas impedidas de testemunhar, logo indicando a lei aquele que intervém em nome de uma parte, como o tutor na causa de menor. Em seguida inclui o representante legal da pessoa jurídica, o juiz o advogado e outros, que assistam ou tenham assistidos às partes. Pelo que se verifica, toda e qualquer pessoa que tenha intervindo em nome de uma das partes, como além do tutor, o advogado, o membro do Ministério Público quando este atua como parte, o curador, o mandatário, o cedente em relação ao cessionário ou sub-rogado incidente, o síndico no condomínio da propriedade horizontal, o membro da comissão de representantes, o membro da diretoria numa sociedade anônima, encontram-se por lei impedidos de depor. Estende-se esse impedimento ao representante legal da pessoa jurídica, ao juiz, ao advogado e outros que tenham assistido ou assistam às partes. A alusão reiterada ao advogado no mesmo texto legal, já que ele integra o grupo de pessoas que intervém em nome da parte, visa incluí-lo quando assistiu à parte antes desta ingressar em juízo, ainda que não a assista no processo. Com relação ao impedimento do juiz é evidente o intuito legal, pois precisamente ao juiz narra a testemunha os fatos. Ele é o destinatário do testemunho, bem como diria Carnelutti. Não se coaduna, portanto a atividade de destinatário da prova com a de meio de prova. Embora os textos romanos admitam essa estranha conjugação, desde muitos séculos por antigos doutores, como Alberico de Maletis e Mascardo, vem sendo ensinada a inconciabilidade entre a atividade judicante e a função de testemunha. Se o juiz tem por ciência própria conhecimento dos fatos que interessam à causa e for por qualquer das partes solicitado a depor sobre esse conhecimento, deverá se dar por impedido"*.[669]

[669] Aguiar, J. C. P., idem, p. 309 e 310.

É importante salientar que esse dispositivo trata de uma maneira geral do pressuposto processual de *legitimatio ad processum*. Ou seja, aqueles que vêm suprir a capacidade da parte estão impedidos de depor. Assim como aquele que age em nome próprio defendendo interesse alheio, *legitimatio extraordine*, também está impedido de depor como testemunha.

Também deve-se inserir no âmbito deste impedimento o presentante legal da pessoa jurídica, o síndico ou liquidante, assim como o sócio de fato que administra a sociedade sem personalidade jurídica. Esse presentante pode ser ainda sócio gerente, diretor, representante legal ou mandatário.

Estabelece o §3º do art. 447 do atual C.P.C. que *são suspeitos: I – o inimigo da parte ou o seu amigo íntimo; II – o que tiver interesse no litígio.*

No projeto originário do C.P.C. mencionava-se como suspeitos: *I – o condenado por crime de falso testemunho, havendo transitado em julgado a sentença; II – o que, por seus costumes, não for digno de fé; III – o inimigo da parte ou o seu amigo íntimo; IV – o que tiver interesse no litígio.*

Ao lado das causas de incapacidade e impedimento, o legislador também insere as causas de *suspeição* da pessoa para depor como testemunha.

É importante salientar que *"se as hipóteses de incapacidade e impedimento são taxativamente dispostas em lei, o mesmo não se verifica com as hipóteses de suspeição, que podem transcender os exemplos relacionados.*[670]

O projeto do novo C.P.C. dizia que seria suspeito para depor como testemunha *o condenado por crime de falso testemunho, havendo transitado em julgado a sentença* (inc. I do §3º do art. 433 do Projeto n. 2.046/10.).

Não mereceria crédito o depoimento prestado por pessoa que já tivesse sido condenada por sentença transitada em julgado pelo crime de falso testemunho previsto no art. 342 do Código Penal, que assim dispõe: *"Fazer afirmação falsa, ou negar ou calar a verdade como testemunha, perito, contador, tradutor ou intérprete em processo judicial, ou administrativo, inquérito policial, ou em juízo arbitral"*.

A condenação pelo crime de falso testemunho poderia ter por objeto afirmação falsa realizada em processo judicial ou administrativo, inquérito policial ou, ainda, em juízo arbitral.

A norma exigia o trânsito em julgado da decisão para caracterizar a *suspeição* da pessoa em depor como testemunha, respeitando o princípio Constitucional da Inocência, previsto no art. 5º, inc. LVIII: *"Ninguém será considerado culpado até o trânsito em julgado de sentença penal condenatória"*.

[670] Aguiar, J. C. P., idem, p. 313 e 314.

Assim, não geraria a suspeição o recebimento da denúncia ou a sentença condenatória recorrível.

Evidentemente que essa *pecha* de suspeição não poderia durar para vida toda, sob pena de os efeitos da sentença condenatória serem perpétuos, o que é proibido pelo art. 5º inc. XLVII, letra 'b' da Constituição Federal.

Desta feita, para que não houvesse *pena de caráter perpétuo*, a suspeição para depor deveria permanecer até a *reabilitação do condenado* prevista no art. 93 do C.P.: *"A reabilitação alcança quaisquer penas aplicadas em sentença definitiva, assegurando ao condenado o sigilo dos registros sobre o seu processo e condenação"*.

Este dispositivo, porém, não foi recepcionado pelo novo C.P.C. E com razão, pois se fosse mantido, o novo C.P.C. estaria admitindo a existência em nosso ordenamento jurídico do 'direito penal do autor'.

Também previa o Projeto do novo C.P.C. como suspeito para depor aquele que *por seus costumes, não fosse digno de fé* (inc. II do §3º do art. 433 do Projeto n. 2.046/10).

Este dispositivo teria por objetivo declarar suspeitas as pessoas que *não tivessem bons costumes*. E, sem bons costumes, segundo Moacyr Amaral Santos,[671] entendia-se, a) os condenados por crime de falsidade, estelionato, furto, roubo, ou por crime contra a honra; b) as meretrizes e os que as exploram; c) o ébrio habitual; d) o jogador profissional. Inclui ainda João Carlos Pestana de Aguiar, o condenado por vadiagem e o toxicômano, ambos criaturas revelam um profundo afrouxamento moral.[672]

Evidentemente que muitas das hipóteses acima citadas não poderiam ser consideradas como mácula aos bons costumes. Aliás, outras muito mais graves poderiam fazer parte deste rol.

Não é porque a pessoa tenha cometido delito de falsidade, estelionato, furto, roubo etc que se pode penalizá-la para além das sanções penais e civis correspondentes e ligadas a esses fatos. Da mesma forma, não se pode considerar as 'meretrizes' como pessoas de má índole ou que possam mentir em depoimentos prestados perante o Poder Judiciário. Não se pode vincular eventual ciência de fatos com a atividade escolhida.

Em relação ao ébrio habitual, somente não poderá depor se o seu estado caracterizar eventual incapacidade e não por suspeição. O mesmo deve ser dito em relação ao toxicômano.

[671] Santos, M. A., op. Cit., p. 294 e 295.

[672] Aguiar, J. C. P., op. Cit., p. 311.

Da mesma forma o jogador profissional não poderia, pela sua profissão, ser maculado como suspeito para depor, principalmente em fatos que nada tem a ver com o jogo.

Evidentemente que em todos esses casos ditados pelas normas, aspectos morais e não jurídicos passariam a ditar a ordem jurídica, o que poderia ser muito perigoso, principalmente pela eventual discriminação odiosa.

Na verdade, caberá ao juiz, no caso concreto, valorar o depoimento de determinadas pessoas, as quais poderão faltar com a verdade ou agir sem a imparcialidade devida no momento de relatar os fatos, circunstâncias essas que justificam sua suspeição.

Este dispositivo, felizmente, não foi recepcionado pelo novo C.P.C.

Será considerado suspeito, agora sim, com base no novo C.P.C., *o inimigo da parte ou o seu amigo íntimo* (inc. I do §3º do art. 447 do atual C.P.C.).

Regra similar encontra-se no art. 228, inc. IV do C.c.brasileiro:

> *Art. 228. Não podem ser admitidos como testemunhas:*
> *(...).*
> *IV – o interessado no litígio, o amigo íntimo ou o inimigo capital das partes;*

Diante da inimizade ou da amizade íntima com a parte, a pessoa que irá depor poderá ingressar num estado emocional e vinculativo de tal maneira que venha a causar dano à sua imparcialidade. Trata-se de um conceito subjetivo, de motivação psicológica, muitas vezes difícil de se definir. Na realidade, é muito difícil estabelecer o que se denomina por *amizade íntima*. São somente os fatos, devidamente exteriorizados, é que poderão dar uma certa *pista* dessa amizade ou dessa inimizade.

Por certo é que a amizade íntima irá denotar um intenso estado afetivo, gerador de um sentimento prazeroso em relação ao amigo ou amiga.

Assim, não basta apenas a simples amizade para caracterizar a suspeição, devendo essa ser adjetivada como sendo *intima*.

Também não necessita que o inimigo seja um *inimigo capital ou de morte*, como exigia o art. 405, §3º, inc. III do C.P.C. de 1973.

Basta que haja uma *inimizade fundada e demonstrável por fatos exteriores*, para que a pessoa possa ser considerada suspeita em depor.

Conforme afirma Moacyr Amaral Santos, *"não basta a simples malquerença, a mera inamistosidade para resultar a suspeição. Preciso é que haja motivos fortes, presumindo inequívoca paixão, que perturba a consciência daquele que vai depor"*.[673]

[673] Santos, M. A., op. Cit., p. 295.

Evidentemente que o juiz também poderá avaliar a suspeição no caso de amizade íntima ou inimizade com as pessoas indicadas no inc. I do §2º do art. 447 do atual C.P.C., o que poderá gerar muito mais danos do que a inimizade ou amizade com alguma das partes.

Também poderá ser considerado suspeito para depor *o que tiver interesse no litígio* (inc. II do §3º do art. 447 do atual C.P.C.).

Regra similar encontra-se no art. 228, inc. IV do C.c.brasileiro:

> *Art. 228. Não podem ser admitidos como testemunhas:*
> *(...).*
> *IV – o interessado no litígio, o amigo íntimo ou o inimigo capital das partes;*

Sobre esta causa de suspeição, anotam Comoglio, Ferri e Taruffo:

> *"Segundo a mais difusa interpretação, os sujeitos que são incapazes a testemunhar por força do art. 246 do c.p.c. italiano, são todos aqueles que poderiam intervir na causa a qualquer título, ou seja, aqueles que poderiam realizar uma intervenção voluntária (terceiro interessado) ou que poderiam ser chamados à causa por ordem do juiz ou por iniciativa das partes... Não se leva em consideração os interesses de 'mero fato' que a testemunha poderia ter na causa, por exemplo, em consequência de relações econômicas, de trabalho ou de parentesco com uma das partes. Interesses destes gêneros podem ser levados em consideração pelo juiz ao final quando avaliar a credibilidade do depoimento testemunhal, mas não determinam a incapacidade da testemunha".*[674]

Estabelece o *§4º do art. 447* do atual C.P.C.: *sendo necessário, pode o juiz admitir o depoimento das testemunhas menores, impedidas ou suspeitas*

Preceito similar encontra-se no parágrafo único do art. 228 do C.c.brasileiro, *in verbis:*

> *Art. 228. Não podem ser admitidos como testemunhas:*
> *(...).*
> *Parágrafo único. Para a prova de fatos que só elas conheçam, pode o juiz admitir o depoimento das pessoas a que se refere este artigo.*

No caso de ser necessário, ou seja, se não houver outro meio de se chegar à veracidade dos fatos, o juiz poderá ouvir os incapazes, assim como as pessoas impedidas ou suspeitas de depor como testemunhas.

[674] Comolgio, L.p.; Ferri, C.; Taruffo, M., op. Cit. p. 445.

Preceitua o *§5º do art. 447* do atual C.P.C. que *os depoimentos referidos no §4º serão prestados independentemente de compromisso, e o juiz lhes atribuirá o valor que possam merecer.*

Os depoimentos referidos no §4º serão prestados independentemente do compromisso de o depoente dizer a verdade do que souber e lhe for perguntado.

O juiz irá atribuir ao depoimento de tais pessoas o valor que possa merecer, levando-se em conta as causas de incapacidade de suspeição e de impedimento e eventual grau de influência que essas circunstâncias possam acarretar no relato dos fatos.

Evidentemente que esse tipo de depoimento deve sempre receber o caráter de excepcionalidade.

Ressalte-se que, *"se por inadvertência for tomado o depoimento de pessoa incapaz de depor, deverá ser o fato reputado como absolutamente nulo"*.[675]

Art. 448

A testemunha não é obrigada a depor sobre fatos:

I – que lhe acarretem grave dano, bem como ao seu cônjuge ou companheiro e aos seus parentes consanguíneos ou afins, em linha reta ou colateral, até o terceiro grau;

II – a cujo respeito, por estado ou profissão, deva guardar sigilo.

Hipóteses em que a testemunha não é obrigada a depor

Da mesma forma era o teor do art. 229 e incisos do C.c.brasileiro, a saber:

> *Art. 229. Ninguém pode ser obrigado a depor sobre fato:*
>
> *I – a cujo respeito, por estado ou profissão, deva guardar segredo;*
>
> *II – a que não possa responder sem desonra própria, de seu cônjuge, parente em grau sucessível, ou amigo íntimo;*
>
> *III – que o exponha, ou às pessoas referidas no inciso antecedente, a perigo de vida, de demanda, ou de dano patrimonial imediato.*

Porém, o art. 229 do C.C.b. foi revogado pelo art. 1.072, inc. II, do novo C.P.C.

A testemunha, comparecendo à audiência, não poderá se recusar a depor, *salvo motivo justificado*. E os motivos que justificam à testemunha a não depor

[675] Aguiar, J. C. P., op. Cit., p. 313.

sobre os fatos estão expressamente catalogados no art. 448 inc. I e II do atual C.P.C.

O primeiro motivo que justifica à testemunha não responder às perguntas que lhe são formuladas, diz respeito a fatos que lhe acarretem danos graves, como, por exemplo, fatos *criminosos ou torpes que possam, em razão de sua resposta, lhe ser imputados.*

Esse direito de *escusa em depor* é um direito de legítima defesa, defesa da honra, de interesse patrimonial imediato. Nestes casos a testemunha pode se recusar a depor, ao contrário dos casos dos incapazes ou dos impedidos em que são proibidos de depor.

A palavra dano expressamente consignada no art. 448, inc. I, do atual C.P.C. abrange tanto o dano material quanto o dano moral. Como bem ensina Moacyr Amaral Santos, *"a honra dos indivíduos é um bem de valor inestimável, assistindo-lhes o dever de defendê-la, até mesmo por meio da força. Impor à testemunha, num processo em que se discutem interesses de terceiros, desvende a própria desonra, conte a própria torpeza ou confesse um crime, ou de seu cônjuge, parente em grau sucessível ou colateral ou até o segundo grau, seria constrangê-la, a ela que colabora com a Justiça, a um sacrifício tal que, no mais das vezes, a levaria ao perjúrio"*.[676]

O impedimento de autoincriminação, por exemplo, está previsto na Constituição Federal em seu art. 5º, LXIII. Este princípio, de origem canônica, funda-se na regra moral e na equidade natural, argumentando-se que obrigar a testemunha a responder perguntas que pudessem sugerir eventual confissão sobre fatos criminosos ou torpes seria forçá-la a mentir ou confessar o crime ou a própria torpeza, atitudes essas inconciliáveis com os princípios Constitucionais.

Embora o dispositivo fale em fatos criminosos, ali também estão inseridas as contravenções, que, de certa forma, não deixam de ser torpes.

A imoralidade está na ação desonesta.

Também não será obrigada a testemunha a depor quando, em razão do estado ou profissão, deva guardar sigilo.

A testemunha não pode revelar os fatos que lhe veio ao conhecimento em razão do estado ou profissão.

A mesma regra encontrava-se no art. 229, inc. I do Código Civil brasileiro (revogado pelo art. 1.072, inc. II, do novo C.P.C.):

> *"Art. 229. Ninguém, por ser obrigado a depor sobre fato:*
> *I – cujo respeito, por estado ou profissão, deva guardar segredo".*

[676] SANTOS, M. A., op. Cit., p. 300.

Trata-se de um dever legal e não de uma faculdade da testemunha, pois não poderá revelar os fatos que lhe chegaram ao conhecimento em razão do estado ou da profissão. A testemunha está moralmente e juridicamente obrigada a guardar segredo, salvo se a pessoa que tem o direito ao sigilo, e desde que tenha capacidade, liberar o depoente desta obrigação.

São exemplos de profissão que exigem o sigilo: médico, advogado, sacerdote em confissão etc.

Em razão do estado familiar, por exemplo, pai em relação ao filho, marido em relação à mulher, companheiro em relação à companheira etc.

O outro motivo que permite à testemunha a não depor ocorre quando a resposta possa causar desonra própria ao *cônjuge ou companheiro e aos seus parentes consanguíneos ou afins, em linha reta ou na colateral, até terceiro grau.*

Já o art. 229, inc. II do Código Civil brasileiro (revogado pelo art. 1.072, inc. II, do atual C.P.C.), apresentava a seguinte redação:

> *"Art. 229. Ninguém pode ser obrigado a depor sobre fato:*
>
> *I – (...).*
>
> *II – a que não possa responder sem desonra própria, de seu cônjuge, parente em grau sucessível, ou amigo íntimo".*

No art. 229, inc. II do C.C.b. também encontrávamos a referência ao *amigo íntimo.*

Contudo, o art. 448, inc. I, do atual C.P.C., não fala mais em *amigo íntimo.*

Da mesma forma, não é a testemunha obrigada a depor quando possa causar dano grave a *parentes consanguíneos ou afins, em linha reta ou na colateral até terceiro grau* (redação conforme o inc. I do art. 448 do atual C.P.C.). Já o inc. II do art. 229 do C.c.brasileiro (revogado pelo art. 1.072, inc. II, do atual C.P.C.) falava em *parente em grau sucessível.* Qual dessas duas redações deveria prevalecer? Parece que a melhor interpretação seria aquela que favorecesse à testemunha, pois é esta pessoa que poderá se sentir constrangida e moralmente culpada por causar danos às pessoas com quem tem laços íntimos e familiares. Além do mais, não há justificativa lógica e plausível para desobrigar a parte, em seu depoimento pessoal, de relatar fatos que possam causar graves danos a parente em grau sucessível (art. 388, inc. III do atual C.P.C.) e o mesmo tratamento não ser dispensado à testemunha. Na realidade, *ubi eadem ratio legis idem eadem disposition.*

Por parente em grau sucessível, deve-se entender aqueles parentes que possam de certa forma participar na sucessão legítima hereditária da testemunha (e não apenas necessária).

Sobre a sucessão legítima, aduz o art. 1.829 do C.C.b:

"Art. 1.829. A sucessão legítima defere-se na ordem seguinte:

I – aos descendentes, em concorrência com o cônjuge sobrevivente, salvo se casado este com o falecido no regime de comunhão universal, ou no de separação obrigatória de bens (art. 1.640, parágrafo único); ou se, no regime da comunhão parcial, o autor da herança não houver deixado bens particulares;

II – aos ascendentes, em concorrência com o cônjuge;

III – ao cônjuge sobrevivente;

IV – aos colaterais".

Em relação aos colaterais, haverá uma limitação até ao quarto grau, nos termos do art. 1.839 do C.C.b.

Por fim, deve-se aplicar por analogia o disposto no art. 388, inc. IV, em relação à testemunha, pois ela, testemunha, não está obrigada a depor sobre fatos que possam expor as pessoas referidas no inciso I do art. 448 do C.P.C. a perigo de vida ou a dano patrimonial imediato. Um exemplo típico deste dispositivo: Relatar que a pessoa referida no inc. I foi testemunha de um crime hediondo, no qual o réu está ameaçando todos aqueles que presenciaram o fato. Relatar que a pessoa referida no inc. I está inserida no sistema de proteção à testemunha.

Evidentemente que compete ao magistrado, diante da pergunta formulada, verificar se a testemunha está efetivamente desobrigada a depor, seja em decorrência de que os fatos possam causar desonra, representar confissão de crime ou de torpeza, expor à desonra as pessoas referidas no dispositivo legal, expor a perigo de vida ou a dano material imediato as pessoas referidas no inc. I, ou que a testemunha não pode divulgá-los em razão de segredo de profissão ou de estado.

Tanto a pergunta quanto o alegado impedimento, assim como a decisão do juiz, devem ser consignados em ata.

Art. 449

Salvo disposição especial em contrário, as testemunhas devem ser ouvidas na sede do juízo.

Parágrafo único. Quando a parte ou a testemunha, por enfermidade ou por outro motivo relevante, estiver impossibilitada de comparecer, mas não de prestar depoimento, o juiz designará, conforme as circunstâncias, dia, hora e lugar para inquiri-la.

Local de oitiva da testemunha

As testemunhas depõem, em regra, na audiência de instrução e julgamento e perante o juiz da causa, reforçando a aplicação dos princípios da *concentração* (em que todas as provas devem ser produzidas e concentradas num mesmo ato processual, no caso, audiência de instrução e julgamento) e o da *imediatidade* (o juiz da causa é que deve ser o destinatário da prova a ser produzida, tendo contato direto com a prova, devendo, ainda, proferir a decisão).

É importante salientar que o novo C.P.C. não repetiu a redação do texto normativo previsto no art. 132 do C.P.C. de 1973 que assim dispunha: *"O juiz, titular ou substituto, que concluir a audiência julgará a lide, salvo se estiver convocado, licenciado, afastado por qualquer motivo, promovido ou aposentado, casos em que passará os autos ao seu sucessor"*. Este dispositivo determinava a expressa aplicação no processo civil do *princípio da identidade física do juiz*.

Contudo, muito embora o novo C.P.C. não traga expressamente o princípio da identidade física do juiz como o fazia o código revogado, sem dúvida que o juiz que presidir a audiência da instrução e julgamento, e tiver contato direto com a prova (princípio da imediatidade), deverá proferir a decisão, até por uma questão de bom senso, pois o juiz que produziu a prova na audiência de instrução e julgamento estará em melhores condições de proferir uma decisão justa, principalmente pelo fato de que foi o destinatário da prova produzida. Apenas não será o juiz prolator da decisão, caso esteja convocado, licenciado, afastado por qualquer motivo, promovido ou aposentado. Assim também ocorrerá no caso do término do prazo do juiz que foi designado para atender o órgão jurisdicional.

Excepciona-se a produção de prova na audiência de instrução e julgamento e perante o juiz da causa, na hipótese em que a testemunha prestou depoimento antecipadamente.

Também não será ouvida a testemunha perante o juiz da causa e na audiência una de instrução e julgamento no caso em que a testemunha resida em local diverso do juízo, sendo necessária a expedição de carta precatória, de ordem ou rogatória, e também nos casos de cooperação internacional e cooperação nacional.

Outra situação excepcional ocorre quando a testemunha esteja impossibilitada de comparecer à audiência de instrução e julgamento por motivo de doença ou outro motivo relevante. Neste caso, a testemunha, se puder prestar o depoimento, poderá ser ouvida no hospital, na sua residência ou no seu trabalho.

SUBSEÇÃO II – Da Produção da Prova Testemunhal

Art. 450

O rol de testemunhas conterá, sempre que possível, o nome, a profissão, o estado civil, a idade, o número de inscrição no Cadastro de Pessoas

Físicas, o número de registro de identidade e o endereço completo da residência e do local de trabalho.

Conteúdo do rol de testemunha

O art. 407 do C.P.C. de 1973 determinava que a parte depositasse o rol de testemunha no prazo que o juiz fixasse ao designar a audiência de instrução e julgamento; omitindo-se o juiz, o rol seria apresentado até 10 (dez) dias antes da audiência (redação dada pela Lei n. 10.358/01). Além do mais, nos termos do p.u. do mesmo dispositivo, seria lícito a cada parte oferecer, no máximo, 10 (dez) testemunhas, sendo que quando qualquer das partes oferecesse mais de 3 (três) testemunhas para a prova de cada fato, o juiz poderia dispensar as restantes.

O Projeto originário do novo C.P.C. n. 2.046/10 determinava que já na petição inicial o autor apresentasse o rol de testemunha cuja oitiva pretendia realizar, em número não superior a cinco (art. 296 do projeto originário.). Portanto, não haveria outra oportunidade para o autor apresentar o rol de testemunha, a não ser com a petição inicial. Outrossim, o número máximo de testemunhas a serem ouvidas teria sido diminuído de 10 (dez) para 5 (cinco). Também o réu deveria, logo na contestação, apresentar o rol de testemunhas, cuja oitiva pretendia realizar, não podendo o número ser superior a 5 (cinco) testemunhas (art. 325, parágrafo único, do Projeto originário n. 2.046/10).

Porém, o atual C.P.C., em seu art. 357, §4º, estabelece que o juiz, quando do saneamento e organização do processo, fixará o prazo comum não superior a 15 (quinze) dias para que as partes, tanto o autor quanto o réu, apresentem rol de testemunhas.

O número de testemunhas arroladas não poderá ser superior a 10 (dez), sendo 3 (três), no máximo, para a prova de cada fato (§6º do art. 357 do atual C.P.C.).

O juiz poderá limitar o número de testemunhas em consideração à complexidade da causa e dos fatos individualmente considerados.

Por sua vez, se o juiz designou audiência para o saneamento do processo mediante cooperação das partes, em face de a causa apresentar complexidade quanto à matéria de fato ou de direito, as partes deverão comparecer munidas do respectivo rol de testemunha (art. 357, §§ 3º e 5º do atual C.P.C.).

Há, evidentemente, outras hipóteses de apresentação de rol de testemunhas, como no caso de impedimento ou suspeição do juiz. Nesta hipótese, a parte alegará o impedimento ou suspeição do juiz, no prazo de quinze dias a contar do conhecimento do fato, em petição específica dirigida ao juiz da causa, indicando o fundamento da recusa, podendo instruí-la com documentos em que se fundar a alegação e com o *rol de testemunha*.

O rol de testemunha conterá, sempre que possível, o nome, a profissão, o estado civil, a idade, o número do C.P.F. e do R.G., assim como o endereço completo da residência e do local de trabalho.

É bem verdade que pelo atual art. 455 do novo C.P.C. caberá ao advogado da parte informar ou intimar a testemunha que arrolou do local, do dia e do horário da audiência designada, dispensando-se a intimação do juízo. Assim, poder-se-ia perguntar porque da necessidade de indicar o endereço completo da residência e do trabalho da testemunha se compete ao advogado intimá-la. É que, muito embora esse dever caiba ao advogado, há ainda hipóteses em que caberá ao juiz intimar a testemunha, conforme estabelece o §4º do 455 do atual C.P.C. Somente se fará a intimação pela via judicial quando: I – frustrada a intimação prevista no § 1º do art. 455; II – sua necessidade for devidamente demonstrada pelo juiz; III – figurar no rol de testemunhas servidor público ou militar, hipótese em que o juiz requisitará ao chefe da repartição ou ao comando do corpo em que servir; IV – a testemunha houver sido arrolada pelo Ministério Público ou pela Defensoria Pública; V – a testemunha for uma daquelas previstas no art. 454.

A necessidade de qualificação da testemunha, além do motivo de indicar a sua residência ou domicílio para efeitos de intimação, decorre também de outra finalidade importante, ou seja, a possibilidade de a parte contrária exercer o contraditório, inclusive para efeito de contraditar a testemunha. Tendo a parte contrária prévia ciência das pessoas que irão depor, poderá investigar melhor se essa testemunha não está incapacitada, impedida ou suspeita. Essa necessidade de se conhecer a testemunha com antecedência, inclusive para o exercício de um efetivo contraditório na contradita da testemunha, faz com que seja obrigatória a indicação da testemunha no rol apresentado com a inicial ou com a contestação, mesmo que essa testemunha, a partir de agora, seja intimada pelo próprio advogado ou mesmo nos casos em que a parte se disponha a trazê-la independentemente de intimação.

Segundo afirma Fábio Tabosa: *"Impõe-se aí, todavia, uma advertência sob perspectiva inversa: o mero fato de inspirar-se no contraditório a exigência de prévia apresentação do rol não autoriza que, a pretexto de satisfeito o requisito, se admitam testemunhas indicadas fora do prazo (quando, por exemplo, a parte contrária demonstra, a despeito de tudo, ter tomado conhecimento do rol antes da audiência). O abrandamento do formalismo pressupõe, dentre outras coisas, a ausência de prejuízo, e em casos tais estaria sendo afrontado o direito da parte contrária em não ver inquiridas senão as testemunhas arroladas tempestivamente, abrindo-se ensejo à quebra da esperada paridade de tratamento e à própria segurança e estabilidade das regras processuais; deve o prazo em questão ser visto, portanto, como preclusivo, embora não se trate de matéria pacífica. Do mesmo modo, em caso de rol extemporâneo, não se justifica que se venha a autorizar a inquirição ao abrigo dos poderes instrutórios gerais concedidos pelo art. 130 do CPC, tomando-se as testemunhas como do 'juízo'. Tais poderes, como sabido, são também limitados pelas regras da imparcialidade e da equidistância, e não se prestam a permitir que o juiz, por meio deles, venha a suprir a omissão da parte em aspecto que diga com sua iniciativa probatória imediata".*[677]

Tendo em vista que a partir de agora o rol de testemunha deve ser apresentado no prazo não superior a quinze dias contado do saneamento e organização do processo, não haverá mais o que se discutir sobre eventual nova apresentação de rol de testemunha na hipótese de transferência da audiência de instrução e julgamento.

O C.P.C. de 1973 dizia que o número máximo de testemunhas que cada parte poderia arrolar seria de dez, enquanto que o atual C.P.C. fala em dez testemunhas, sendo três no máximo para cada fato.

A finalidade de se estabelecer um número máximo de testemunhas tem por objetivo evitar em demasia o prolongamento da instrução, retardando assim a resolução da questão e ferindo o princípio constitucional da celeridade processual.

É bem verdade que, diante de circunstâncias especiais, poderá o juiz ultrapassar o limite estabelecido na norma, principalmente quando o fato é extremamente complexo e demanda um amplo conteúdo probatório. Mas neste caso, em razão do princípio da igualdade entre as partes, o juiz deverá conceder o mesmo número de testemunhas para todas as partes que participam da relação jurídica processual.

Entendem alguns doutrinadores, como, por exemplo, Moacyr Amaral Santos, que não devem ser computadas como testemunhas, na formação do número máximo, as que nada sabem dos fatos da causa.[678] No mesmo sentido era o disposto no art. 633º do Código de Processo Civil português revogado:

ARTIGO 633º (Número de testemunhas que podem ser inquiridas sobre cada facto)

Sobre cada um dos factos que se propõe provar, não pode a parte produzir mais de cinco testemunhas, não se contando as que tenham declarado nada saber.

[677] Tabosa, Fábio, *in: Código de processo civil interpretado.* Coord. Antonio Carlos Marcato, São Paulo, Ed. Atlas, 2004. p. 1255.

[678] Santos, M. A., op. Cit., p. 304.

Neste número também não poderiam ser contadas as testemunhas referidas e as ouvidas por determinação de ofício pelo juiz.

O art. 407 do C.P.C. de 1973 permitia que o juiz, após ouvir três testemunhas das dez arroladas, dispensasse as demais que fossem relatar as mesmas circunstâncias sobre o mesmo fato.

No novo C.P.C., o número de testemunhas arroladas não pode ser superior a 10 (dez), sendo 3 (três), no máximo, para a prova de cada fato (§6º do art. 357 do atual C.P.C.).

Art. 451

Depois de apresentado o rol de que tratam os §§ 4º e 5º do art. 357, a parte só pode substituir a testemunha:

I – que falecer;

II – que, por enfermidade, não estiver em condições de depor;

III – que, tendo mudado de residência ou de local de trabalho, não for encontrada.

Hipóteses para substituição de testemunha

Uma vez apresentado o rol de testemunhas nos termos dos §§4º e 5º do art. 357 do atual C.P.C., as testemunhas somente poderão ser substituídas nas seguintes hipóteses: a) no caso de falecimento; b) no caso de enfermidade e quando não estiver em condições de depor; c) no caso de ter mudado de residência ou de local de trabalho, não sendo mais encontrada.

Também deve ser autorizada a substituição em eventual contradita da testemunha, ou seja, quando a testemunha for declarada incapaz, impedida ou suspeita.

Deve-se observar, ainda, que eventual substituição fora das hipóteses prevista em lei é caso de nulidade relativa, devendo a parte alegar tal matéria na primeira oportunidade que puder impugná-la, sob pena de preclusão, bem como demonstrar que o depoimento da testemunha de certa forma influenciou no julgado.

Sobre o tema, eis o seguinte precedente do S.T.J.:

> *I. Não cerceia a defesa do investigado a substituição de testemunha com seu consentimento, sem que, por desídia pessoal, outra seja indicada.*
>
> *II. De acordo com a jurisprudência desta Corte, a recusa do investigado em submeter-se ao exame de DNA, como na espécie ocorreu em manifestação na audiência de*

conciliação e instrução, constitui elemento probatório a ele desfavorável, pela presunção que gera de que o resultado, se realizado fosse o teste, seria positivo, corroborando os fatos narrados na inicial, já que temido pelo alegado pai.

III. "Em ação investigatória, a recusa do suposto pai a submeter-se ao exame de DNA induz presunção juris tantum de paternidade" (Súmula n. 301-STJ).

IV. Existência, de outra parte, de outros dados colhidos nos autos, que, juntamente com tal presunção gerada pela recusa daquele a quem é imputada a paternidade, justificam a conclusão do acórdão estadual pela procedência da ação, cuja revisão, assim como o suposto cerceamento de defesa, nesse contexto, reclamaria do STJ o reexame geral da prova, o que recai no óbice da Súmula n. 7.

V. Recurso especial não conhecido.

(REsp 721.991/CE, Rel. Ministro ALDIR PASSARINHO JUNIOR, QUARTA TURMA, julgado em 02/12/2008, DJe 02/02/2009).

Art. 452

Quando for arrolado como testemunha, o juiz da causa:

I – declarar-se-á impedido, se tiver conhecimento de fatos que possam influir na decisão, caso em que será vedado à parte que o incluiu no rol desistir de seu depoimento;

II – se nada souber, mandará excluir o seu nome.

Arrolamento como testemunha do juiz da causa

O juiz da causa é impedido de participar como testemunha na relação jurídica processual.

Contudo, se ele juiz for conhecedor dos atos deduzidos pelas partes, deverá manifestar de imediato seu impedimento.

Sendo o juiz conhecedor dos fatos, a parte pode arrolá-lo como testemunha, sendo que neste caso o juiz declarar-se-á *impedido*, não podendo a parte que o arrolou desistir do seu depoimento. O sentido jurídico para essa proibição de desistir da oitiva do juiz é justamente para se evitar fraude processual, ou eventual conluio entre a parte e o juiz. Neste caso, o processo será encaminhado ao seu substituto legal.

É importante salientar que o impedimento não decorre da simples inserção do nome do juiz no rol de testemunhas, mas, sim, do seu efetivo conhecimento dos fatos.

Se o juiz, muito embora arrolado como testemunha, não tiver presenciado os fatos ou nada souber sobre eles, mandará excluir seu nome do rol de testemunha.

Art. 453

As testemunhas depõem, na audiência de instrução e julgamento, perante o juiz da causa, exceto:

I – as que prestam depoimento antecipadamente;

II – as que são inquiridas por carta.

§ 1º A oitiva de testemunha que residir em comarca, seção ou subseção judiciária diversa daquela onde tramita o processo poderá ser realizada por meio de videoconferência ou outro recurso tecnológico de transmissão e recepção de sons e imagens em tempo real, o que poderá ocorrer, inclusive, durante a audiência de instrução e julgamento.

§2º Os juízos deverão manter equipamento para a transmissão e recepção dos sons e imagens a que se refere o § 1º.

Local de oitiva da testemunha

O artigo 453 do novo C.P.C., ao dispor que as testemunhas depõem na audiência de instrução e julgamento perante o juiz da causa, reforça a aplicação dos princípios da *concentração* (em que todas as provas devem ser produzidas e concentradas num mesmo ato processual, no caso, audiência de instrução e julgamento) e o da *imediatidade* (o juiz da causa é que deve ser o destinatário da prova a ser produzida, tendo contato direto com a prova, devendo, ainda, proferir a decisão).

É importante salientar que o novo C.P.C. não repetiu a redação do texto normativo previsto no art. 132 do C.P.C. de 1973 que assim dispunha: *"O juiz, titular ou substituto, que concluir a audiência julgará a lide, salvo se estiver convocado, licenciado, afastado por qualquer motivo, promovido ou aposentado, casos em que passará os autos ao seu sucessor"*. Este dispositivo determinava a expressa aplicação no processo civil do *princípio da identidade física do juiz.*

Contudo, muito embora o novo C.P.C. não traga expressamente o princípio da identidade física do juiz como o fazia o código revogado, sem dúvida que o juiz que presidir a audiência da instrução e julgamento, e tiver contato direto com a prova (princípio da imediatidade), deverá proferir a decisão, até por uma questão de bom senso, pois o juiz que produziu a prova na audiência de instrução e julgamento estará em melhores condições de proferir uma decisão justa, principalmente pelo fato de que foi o destinatário da prova produzida. Apenas não será o juiz prolator da decisão, caso esteja convocado, licenciado, afastado por qualquer motivo, promovido ou aposentado. Assim também ocorrerá no caso do término do prazo do juiz que foi designado para atender o órgão jurisdicional.

O art. 453 do novo C.P.C. excepciona a produção de prova na audiência de instrução e julgamento e perante o juiz da causa na hipótese em que a testemunha prestou depoimento antecipadamente.

Sobre a produção antecipada de prova, ver os artigos 381 a 383 do atual C.P.C. Nesses casos, a testemunha será ouvida antecipadamente quando: I – haja fundado receio de que venha a tornar-se impossível ou muito difícil a verificação de certos fatos na pendência da ação; II – a prova a ser produzida seja suscetível de viabilizar a autocomposição ou de outro meio adequado de solução de conflito; III – o prévio conhecimento dos fatos possa justificar ou evitar o ajuizamento de ação.

Também não será ouvida a testemunha perante o juiz da causa e na audiência una de instrução e julgamento no caso em que a testemunha resida em local diverso do juízo sendo necessária a expedição de carta precatória, de ordem, ou rogatória, ou nos casos de cooperação internacional e cooperação nacional.

Contudo, conforme estabelece o *§1º do art. 453* do atual C.P.C., *a oitiva de testemunha que residir em comarca, seção ou subseção judiciária diversa daquela onde tramita o processo poderá ser realizada por meio de videoconferência ou outro recurso tecnológico de transmissão e recepção de sons e imagens em tempo real, o que poderá ocorrer, inclusive, durante a audiência de instrução e julgamento.*

Lamentavelmente, somente a Justiça Federal (e nem todas) é que possui equipamento suficiente para a realização de oitiva de testemunha mediante videoconferência ou outro recurso tecnológico de transmissão de sons e imagens em tempo real.

Na maioria da Justiça Estadual, nem mesmo o processo eletrônico ainda foi implementado na sua integralidade, o que se dirá em relação aos recursos de videoconferência.

No caso de a testemunha ser ouvida por videoconferência, o advogado poderá formular suas perguntas junto ao juízo da causa ou no local em que a testemunha está realizando a videoconferência, pois este local passa a ser uma extensão geográfica da audiência de instrução e julgamento.

O art. 502º do C.P.C. português também prevê a possibilidade de inquirição de testemunha por teleconferência nos seguintes termos:

Artigo 502º Inquirição por teleconferência

1 – As testemunhas residentes fora da comarca, ou da respetiva ilha, no caso das Regiões Autónomas, são apresentadas pelas partes, nos termos do nº 2 do artigo 507º, quando estas assim o tenham declarado quando do seu oferecimento, ou são ouvidas por teleconferência na própria audiência e a partir do tribunal da comarca da área da sua residência.

2 – O tribunal da causa designa a data da audiência depois de ouvido o tribunal onde a testemunha deve prestar depoimento e procede à notificação desta para comparecer.

3 – No dia da inquirição, a testemunha identifica -se perante o funcionário judicial do juízo onde o depoimento é prestado, mas a partir desse momento a inquirição é efetuada

perante o juízo da causa e os mandatários das partes, via teleconferência, sem necessidade de intervenção do juiz do juízo onde o depoimento é prestado.

4 – As testemunhas residentes no estrangeiro são inquiridas por teleconferência sempre que no local da sua residência existam os meios técnicos necessários.

5 – Nas causas pendentes em tribunais sediados nas áreas metropolitanas de Lisboa e do Porto não existe inquirição por teleconferência quando a testemunha a inquirir. resida na respetiva circunscrição, ressalvando -se os casos previstos no artigo 520º.

Por sua vez, estabelece o *§2º do art. 453* do atual C.P.C. que *os juízos deverão manter equipamento para a transmissão e recepção dos sons e imagens a que se refere o §1º*. Espera-se que os Poderes Judiciários Estaduais e Federais deem efetiva aplicação a este dispositivo legal. Aliás, espera-se que a estruturação do poder judiciário tenha efetiva participação nos orçamentos da União e dos Estados.

Art. 454

São inquiridos em sua residência ou onde exercem sua função:

I – o presidente e o vice-presidente da República;

II – os ministros de Estado;

III – os ministros do Supremo Tribunal Federal, os conselheiros do Conselho Nacional de Justiça e os ministros do Superior Tribunal de Justiça, do Superior Tribunal Militar, do Tribunal Superior Eleitoral, do Tribunal Superior do Trabalho e do Tribunal de Contas da União;

IV – o procurador-geral da República e os conselheiros do Conselho Nacional do Ministério Público;

V – o advogado-geral da União, o procurador-geral do Estado, o procurador-geral do Município, o defensor público-geral federal e o defensor público-geral do Estado;

VI – os senadores e os deputados federais;

VII – os governadores dos Estados e do Distrito Federal;

VIII – o prefeito;

IX – os deputados estaduais e distritais;

X – os desembargadores dos Tribunais de Justiça, dos Tribunais Regionais Federais, dos Tribunais Regionais do Trabalho e dos Tribunais Regionais Eleitorais e os conselheiros dos Tribunais de Contas dos Estados e do Distrito Federal;

XI – o procurador-geral de justiça;

XII – o embaixador de país que, por lei ou tratado, concede idêntica prerrogativa a agente diplomático do Brasil.

§ 1º O juiz solicitará à autoridade que indique dia, hora e local a fim de ser inquirida, remetendo-lhe cópia da petição inicial ou da defesa oferecida pela parte que a arrolou como testemunha.

§ 2º Passado 1 (um) mês sem manifestação da autoridade, o juiz designará dia, hora e local para o depoimento, preferencialmente na sede do juízo.

§ 3º O juiz também designará dia, hora e local para o depoimento, quando a autoridade não comparecer, injustificadamente, à sessão agendada para a colheita do seu testemunho no dia, hora e local por ela mesma indicados.

Inquirição de testemunha em residência ou onde exerce sua função

Preceito normativo similar encontra-se nos artigos 503º a 505º do Código de Processo Civil português

No processo penal brasileiro, o Presidente e o Vice-Presidente da República, os senadores e deputados federais, os ministros de Estado, os governadores de Estados e Territórios, os secretários de Estado, os prefeitos do Distrito Federal e dos Municípios, os deputados das Assembleias Legislativas Estaduais, os membros do Poder Judiciário, os ministros e juízes dos Tribunais de Contas da União, dos Estados, do Distrito Federal, bem como os do Tribunal Marítimo serão inquiridos em local, dia e hora previamente ajustados entre eles e o juiz. (Redação dada pela Lei nº 3.653, de 4.11.1959). (Art. 221 do C.P.P.).

Por sua vez, o § 1º do art. 221 do C.P.P. estabelece que o Presidente e o Vice-Presidente da República, os presidentes do Senado Federal, da Câmara dos Deputados e do Supremo Tribunal Federal poderão optar pela prestação de depoimento por escrito, caso em que as perguntas, formuladas pelas partes e deferidas pelo juiz, lhes serão transmitidas por ofício. (Redação dada pela Lei nº 6.416, de 24.5.1977).

Evidentemente que esse dispositivo processual que permite que determinadas autoridades prestem depoimento em sua residência ou no local em que exercem sua função não macula o princípio da isonomia entre as testemunhas. O que se leva em consideração no conteúdo normativo do art. 454 do atual C.P.C. é a prerrogativa da função, isto é, existem determinadas funções públicas que em razão de sua importância estratégica na estrutura do Estado brasileiro ou estrangeiro recomenda que a pessoa que a esteja exercendo tenha a prerrogativa de prestar depoimento como testemunha em sua residência ou no local de seu ofício, justamente para que não ocorra solução de continuidade da função por ela exercida. Não há nestas hipóteses quebra dos princípios democráticos, mas apenas uma prerrogativa outorgada em prol do próprio serviço público, que não deverá, em tese, ser interrompido.

Sobre o tema, eis o seguinte precedente do S.T.F.:

EMENTA: I.Presidente da República: depoimento pessoal: prerrogativa de função (C. Pr. Civil, art. 344, comb. com o art.411 e parágrafo único). 1. As inspirações teleológicas da prerrogativa de função não são elididas pela circunstância de a autoridade não figurar no processo como testemunha, mas como parte. 2. A prerrogativa de os dignitários referidos no art. 411 C.Pr.Civ. poderem designar o local e o tempo de sua inquirição, para não se reduzir a mero privilégio, há de ser vista sob a perspectiva dos percalços que, sem ela, poderiam advir ao exercício de suas altas funções, em relação às quais pouco importa que a audiência se faça na qualidade de testemunha ou de parte. II. Investigação judicial eleitoral: defesa escrita (LC 64/90, art. 22; L. 9.504/97, art. 96). 1.Nem a disciplina legal da investigação judicial – objeto do art. 22 da LC 64/90, nem a da representação por infringência à L. 9.504/97 – objeto do seu art.96 e, a rigor, a adequada à espécie – contêm previsão de depoimento pessoal do investigado ou representado; limitam-se ambas a facultar-lhe o oferecimento de defesa escrita. 2.O silêncio da lei eleitoral a respeito não é casual, mas eloquente: o depoimento pessoal, no processo civil, é primacialmente um ensaio de obter-se a confissão da parte, a qual, de regra, não tem relevo no processo eleitoral, dada a indisponibilidade dos interesses de que nele se cuidam. 3.Entre as diligências determináveis de ofício previstas no art. 22, VI, da LC 64/90 não está a de compelir o representado – ainda mais, sob a pena de confissão, de manifesta incompatibilidade com o Processo Eleitoral – à prestação de depoimento pessoal, ônus que a lei não lhe impõe. 4.A circunstância de que no Processo Eleitoral não estivesse compelido a fazê-lo, reforça, porém, que, se dispondo a depor, não seja o paciente privado da prerrogativa que teria se arrolado como testemunha em qualquer processo de escolher o local, dia e hora do depoimento.

(HC 85029, Relator(a): Min. SEPÚLVEDA PERTENCE, Tribunal Pleno, julgado em 09/12/2004, DJ 01-04-2005 PP-00006 EMENT VOL-02185-2 PP-00329 RTJ VOL-00195-02 PP-00538 LEXSTF v. 27, n. 318, 2005, p. 422-434)

Assim, o juiz do processo deverá entender-se com essas autoridades, previamente por escrito, solicitando-lhes que designem dia, hora e local onde desejam ser inquiridas. Remetendo-lhes concomitantemente cópia da petição inicial ou da defesa oferecida pela parte, que as tenha arrolado. Nesse sentido dispõe *§ 1º do art. 451* do atual C.P.C.: *O juiz solicitará à autoridade que indique dia, hora e local a fim de ser inquirida, remetendo-lhe cópia da petição inicial ou da defesa oferecida pela parte que a arrolou como testemunha.*

Observa-se que o art. 451 do atual C.P.C. não menciona o juiz federal ou o juiz estadual, assim como o ministério público dentre as autoridades que tem a prerrogativa de ser ouvida em sua residência ou no local em que exerce sua função.

Contudo, prescreve o art. 33, inc. I da Lei Complementar n. 35/79:

> *"Art. 33 – São prerrogativas do magistrado:*
> *I – ser ouvido como testemunha em dia, hora e local previamente ajustados com a autoridade ou Juiz de instância igual ou inferior".*

Se o juiz for ouvido como testemunha perante autoridade ou Juiz de instância igual ou inferior, deverá haver um prévio ajuste entre as autoridades.

Contudo, se o juiz for ouvido como testemunha perante juiz de instância superior, não haverá necessidade desse prévio ajuste, pois o inc. I do art. 33 da Lei Complementar n. 35/79 não menciona juiz de instância superior.

Da mesma forma, estabelece o art. 18, inc. II. letra 'g) da Lei Complementar n..73/93:

> *"Art. 18. São prerrogativas dos membros do Ministério Público da União:*
> *(...)*
> *Inc. II – processuais:*
> *(...).*
> *g) ser ouvido, como testemunhas, em dia, hora e local previamente ajustados com o magistrado ou a autoridade competente".*

Outro aspecto importante a ser referido é que o art. 454, inc. XII, do atual C.P.C., fala em embaixador e não em autoridade consular.

Sobre o depoimento da autoridade consular, aduz o art. 44 da Convenção de Viena sobre Relações Consulares:

Art. 44: Obrigação de prestar depoimento 1. Os membros de uma repartição consular poderão ser chamados a depor como testemunhas no decorrer de um processo judi-

ciário ou administrativo. Um empregado consular ou um membro do pessoal de serviço não poderá negar-se a depor como testemunha, exceto nos casos mencionados no parágrafo 3 do presente artigo. Se um funcionário consular recusar-se a prestar depoimento, nenhuma medida coercitiva ou qualquer outra sanção ser-lhe-á aplicada.

2. A autoridade que solicitar o testemunho deverá evitar que o funcionário consular seja perturbado no exercício de suas funções. Poderá tomar o depoimento do funcionário consular em seu domicílio ou na repartição consular, ou aceitar sua declaração por escrito, sempre que for possível.

3. Os membros de uma repartição consular não serão obrigados a depor sobre fatos relacionados com o exercício de suas funções, nem a exibir correspondência e documentos oficiais que a elas se refiram.

Poderá, igualmente, recusar-se a depor na qualidade de peritos sôbre as leis do Estado que envia.

Estabelece o §2º do art. 454 do atual C.P.C. que passado 1 (um) mês sem manifestação da autoridade, o juiz designará dia, hora e local para o depoimento, preferencialmente na sede do juízo.

O fato de a autoridade pública ter prerrogativa para indicar o dia, hora e local para o depoimento, isso não significa que poderá ficar em silêncio ou retardando o andamento processual.

Assim, passado um mês de sua intimação, sem que a autoridade se manifeste expressamente, o juiz designará dia, hora e local para o depoimento, preferencialmente na sede do juízo, devendo a autoridade ali comparecer.

O juiz também designará dia, hora e local para o depoimento, quando a autoridade não comparecer, *injustificadamente*, à sessão agendada para a colheita do seu testemunho no dia, hora e local por ela mesma *indicados* (§3º do art. 454 do atual C.P.C.).

Questão que se coloca é se o juiz poderá determinar a condução coercitiva das autoridades indicadas no art. 454, caso não compareçam à audiência designada.

Há determinadas autoridades que possuem imunidade Constitucional, como é o caso do Presidente da República que, nos termos do art. 85, §4º, da Constituição Federal, não pode ser responsabilizado por atos estranhos ao exercício de sua função.

Porém, poderá o Presidente da República recusar-se a depor sobre fatos que tenha conhecimento, pondo em grave risco o exercício da atividade jurisdicional?

Se o depoimento for imprescindível, não há porque conceder um privilégio às autoridades que, por deliberação própria, estão prejudicando o processo e pondo em risco o exercício da atividade jurisdicional.

Como a lei não dá solução, deve prevalecer o princípio Constitucional da *efetividade da tutela jurisdicional e da celeridade processual*.

Contudo, tendo determinada autoridade foro privilegiado, deverá o juiz da causa solicitar eventual condução da testemunha à autoridade judiciária competente, no caso, que deverá promover o julgamento da autoridade com foro privilegiado.

Art. 455

Cabe ao advogado da parte informar ou intimar a testemunha por ele arrolada do dia, da hora e do local da audiência designada, dispensando-se a intimação do juízo.

§ 1º A intimação deverá ser realizada por carta com aviso de recebimento, cumprindo ao advogado juntar aos autos, com antecedência de pelo menos 3 (três) dias da data da audiência, cópia da correspondência de intimação e do comprovante de recebimento.

§ 2º A parte pode comprometer-se a levar a testemunha à audiência, independentemente da intimação de que trata o § 1º, presumindo-se, caso a testemunha não compareça, que a parte desistiu de sua inquirição.

§ 3º A inércia na realização da intimação a que se refere o § 1º importa desistência da inquirição da testemunha.

§ 4º A intimação será feita pela via judicial quando:

I – for frustrada a intimação prevista no § 1º deste artigo;

II – sua necessidade for devidamente demonstrada pela parte ao juiz;

III – figurar no rol de testemunhas servidor público ou militar, hipótese em que o juiz o requisitará ao chefe da repartição ou ao comando do corpo em que servir;

IV – a testemunha houver sido arrolada pelo Ministério Público ou pela Defensoria Pública;

V – a testemunha for uma daquelas previstas no art. 454.

§ 5º A testemunha que, intimada na forma do § 1º ou do § 4º, deixar de comparecer sem motivo justificado será conduzida e responderá pelas despesas do adiamento.

Forma de intimação da testemunha para comparecer à audiência

Esse dispositivo traz uma grande inovação apresentada pelo novo C.P.C. no que concerne à intimação da testemunha para comparecer à audiência de instrução e julgamento.

O C.P.C. de 1973, em seu art. 412, estabelecia que a testemunha seria intimada a comparecer à audiência, constando do mandado dia, hora e local, bem como os nomes das partes e a natureza da causa. Assim, a intimação da testemunha era feita por mandado judicial.

Pelo novo C.P.C., art. 455, *caput,* a obrigação de intimar a testemunha não é mais do juízo, mas, sim, do próprio advogado da parte, devendo este profissional informar ou intimar a testemunha que arrolou do local, do dia e do horário da audiência designada, dispensando-se desta forma a intimação do juízo.

O art. 250 do C.P.C. italiano, ao lado da intimação por oficial de justiça, também prevê a intimação da testemunha por ato do próprio defensor, in verbis:

> *Art. 250. (Intimação das testemunhas).*
>
> *O oficial judiciário, mediante pedido da parte interessada, intima as testemunhas admitidas pelo juiz instrutor para comparecerem no lugar, no dia e na hora fixados, indicando o juiz que assume a prova e a causa na qual devem ser ouvidas.*
>
> *A intimação de que trata o inciso primeiro, se não for executada em mãos próprias do destinatário ou mediante serviço postal, será efetuada em envelope lacrado e sigiloso.*
>
> *A intimação da testemunha admitida sob pedido das partes privadas a comparecer na audiência pode ser efetuada pelo defensor por meio de envio de cópia do ato mediante carta com aviso de recebimento ou por meio de telefax ou correio eletrônico nos termos da lei, observando, ainda, o que concerne o regulamento em relação à subscrição, a transmissão e a recepção dos documentos informatizados e teletransmitidos.*
>
> *O defensor que expediu o ato de notificação por carta registrada depositará na secretaria do juízo cópia do ato enviado, atestando-lhe a conformidade com o original, e o aviso de recebimento.*

Evidentemente que o interesse em que a testemunha compareça para depor é da própria parte e de seu advogado que a arrolou, razão pela qual nada mais lógico do que incumbir ao advogado da parte informar ou notificar a testemunha, inclusive reduzindo os custos processuais que poderiam ser acarretados se a intimação fosse via judicial.

A intimação feita pelo advogado deve ser realizada por carta com aviso de recebimento, cumprindo ao advogado juntar aos autos, com antecedência de pelo menos três dias da data da audiência, cópia da correspondência de intimação e do comprovante de recebimento (*§1º do art. 455* do atual C.P.C.). Cumprindo com esse dever, o advogado demonstra que efetivamente notificou a testemunha da data da audiência.

Intimada a testemunha nos termos do §1º do art. 455 do atual C.P.C., essa deverá comparecer para depor no dia, hora e local designados. Trata-se de obrigação legal, sendo que seu desrespeito poderá ensejar também as sanções normativas, dentre elas, as do §5º deste dispositivo. Por isso, não é porque a intimação foi efetuada pelo advogado da parte que deixou a testemunha de ter a obrigação de comparecer à audiência de instrução e julgamento.

Por outro lado, a inércia na realização da intimação a que se refere o §1º importa na desistência da inquirição da testemunha (*§3º do art. 455* do atual C.P.C.).

Assim, é de suma importância o encaminhamento da notificação por parte do advogado à testemunha, sob pena de se caracterizar a *desistência da oitiva da testemunha.*

Por sua vez, conforme estabelece o *§2º do art. 455* do novo C.P.C. *a parte pode comprometer-se a levar a testemunha à audiência, independentemente da intimação de que trata o §1º; presumindo-se, caso a testemunha não compareça, que a parte desistiu de sua inquirição.*

Ao apresentar o rol das testemunhas, declarará a parte se as mesmas deverão comparecer mediante intimação a ser realizada pelo advogado ou independentemente de intimação.

Optando a parte por levar a testemunha à audiência, independentemente de intimação, não haverá necessidade de encaminhar a notificação via AR. Contudo, se a testemunha não comparecer, haverá presunção de que houve desistência de sua oitiva (a parte sofre um ônus pela confiança depositada na testemunha).

Não se justifica, porém, diante de fatores como acidente, doença, internação hospitalar etc, interpretar-se essa desistência como presunção absoluta. A testemunha, nessas hipóteses, não sofrerá qualquer sanção pelo seu não comparecimento.

Estabelece o §4º do art. 455 do atual C.P.C. que a intimação será feita pela via judicial quando:: I- for frustrada a intimação prevista no §1º deste artigo; II sua necessidade for devidamente demonstrada pela parte ao juiz; III – figurar no rol de testemunhas servidor público ou militar, hipótese em que o juiz o requisitará ao chefe da repartição ou ao comando do corpo em que servir; IV – a testemunha houver sido arrolada pelo Ministério Público ou pela Defensoria Pública; V a testemunha for uma daquelas previstas no art. 454.

Assim como no direito italiano, o nosso ordenamento jurídico também permite que a intimação da testemunha seja feita via judicial. Contudo, essa intimação passou a ser exceção, pois a regra geral é que a intimação se dê por ato do advogado da parte.

A intimação judicial ocorrerá:

a) quando frustrada a intimação prevista no §1º deste artigo.

A parte poderá demonstrar que haverá necessidade de que o oficial de justiça, em razão da frustração da intimação por AR, diligencie o local certo para a intimação da testemunha, uma vez que a parte não tem condições de encontrar o número correto de sua casa (a testemunha mora, por exemplo, num local perigoso e de difícil acesso), razão pela qual somente mediante diligência do oficial de justiça é que se conseguirá intimar a testemunha para audiência.

b) sua necessidade for devidamente demonstrada pela parte ao juiz.

Também poderá o juiz constatar a necessidade da intimação judicial, por oficial de justiça, em face de circunstâncias peculiares da própria testemunha, as quais deverão ser devidamente demonstradas pela parte.

c) quando figurar no rol de testemunhas servidor público ou militar, hipótese em que o juiz o requisitará ao chefe da repartição ou ao comando do corpo em que servir.

Em razão da natureza dos misteres que exercem o servidor público e o militar, essas pessoas estão sujeitas a especial disciplina e subordinação a outras autoridades das quais dependem para poder retirar-se ou afastar-se do seu posto ou repartição.

A ordem e a necessidade de serviço justificam a impossibilidade de se ausentarem sem autorização do respectivo chefe ou comando.

Por isso, o legislador condicionou a obrigação de comparecer do militar e do funcionário público à requisição desse comparecimento ao respectivo comando ou ao chefe da repartição. A requisição de militar somente ocorrerá para aqueles militares que se encontram em serviço ativo e não os em licença ou na reserva. A requisição do servidor público ocorrerá apenas quando o funcionário está submetido a horário e a um chefe ao qual deva satisfação legal pela sua retirada temporária da repartição. Se ele está em licença ou em férias não haverá necessidade da requisição. Se não houver a requisição, mas o funcionário ou o militar comparecer espontaneamente, a sua oitiva será eficaz e legítima.

d) a testemunha houver sido arrolada pelo Ministério Público ou pela Defensoria Pública.

O legislador outorgou certa deferência à instituição do Ministério Público e da Defensoria Pública, especialmente pelo fato de que essas instituições muitas vezes são desprovidas de recursos materiais e humanos para a intimação de testemunhas.

e) a testemunha for uma daquelas previstas no art. 454 do atual C.P.C., ou seja, I – o presidente e o vice-presidente da República; II – os ministros de Estado; III – os ministros do Supremo Tribunal Federal, os conselheiros do Conselho Nacional de Justiça e os ministros do Superior Tribunal de Justiça, do Superior Tribunal Militar, do Tribunal Superior Eleitoral, do Tribunal Superior do Trabalho e do Tribunal de Contas da União; IV – o procurador-geral da República e os conselheiros do Conselho Nacional do Ministério Público; V – o advogado-geral da União, o procurador-geral do Estado, o procurador-geral do Município, o defensor público-geral federal e o defensor público-geral do Estado; VI – os senadores e os deputados federais; VII – os governadores dos Estados e do Distrito Federal; VIII – o prefeito; IX – os deputados estaduais e distritais; X – os desembargadores dos Tribunais de Justiça, dos Tribunais Regionais Federais, dos Tribunais Regionais do Trabalho e dos Tribunais Regionais Eleitorais e os conselheiros dos Tribunais de Contas dos Estados e do Distrito Federal; XI – o procurador-geral de justiça; XII – o embaixador de país que, por lei ou tratado, concede idêntica prerrogativa a agente diplomático do Brasil.

Estabelece o *§5º do art. 455* do atual C.P.C. que *a testemunha que, intimada na forma do §1º ou do §4º, deixar de comparecer sem motivo justificado será conduzida e responderá pelas despesas do adiamento.*

Desta forma, se a testemunha for devidamente intimada pelo advogado da parte (§1º do art. 455) ou intimada por determinação judicial (§4º do art. 455), e mesmo assim deixar de comparecer à audiência de instrução e julgamento, sem motivo justificado, o juiz determinará a condução da testemunha para comparecer à própria audiência designada ou outra marcada em dia subsequente, arcando com as despesas do adiamento da audiência. Se a testemunha não puder comparecer por motivo justificado, nova audiência será designada pelo juiz.

Conforme ensinam Comoglio, Ferri e Taruffo: *"Tendo em vista que a prestação do testemunho é uma obrigação que incumbe à testemunha, esta é obrigada a comparecer à audiência para ser interrogada. Se ela, apesar de devidamente intimada, não comparece à audiência, o juiz pode ordenar uma nova intimação ou determinar o seu acompanhamento forçado à mesma audiência ou a uma audiência sucessiva (art. 255 do C.P.C. italiano). O juiz aplica também à testemunha que não comparece uma pena pecuniária (atualmente irrisória, dado que não foi mais atualizada) e a condena às despesas causadas pela falta de apresentação (art. 255, inc. I). Se a testemunha se encontra na impossibilidade de apresentar-se, ou se ela está isenta por lei ou por Convenção Internacional (como no caso dos agentes diplomáticos com grau de embaixador e dos grandes oficiais do Estado), o juiz pode ouvi-la na sua residência ou no seu trabalho, ou delegar ao juiz do lugar se este encontra-se fora da sua jurisdição (art. 255, inc. II)".*[679]

O art. 509º do Código de Processo Civil português só permite um adiamento da audiência para oitiva da testemunha faltosa: *"Salvo acordo das partes, não pode haver segundo adiamento da inquirição de testemunha faltosa"*.

[679] Comoglio, L.p., Ferri, C.; Taruffo, M., op. Cit., p. 448.

O nosso código não traz preceito igual, mas o juiz deve analisar com bom senso os motivos justificadores pela falta da testemunha, sendo o caso, deve autorizar à parte substituir a testemunha que não puder comparecer por motivo justificado.

Art. 456

O juiz inquirirá as testemunhas separada e sucessivamente, primeiro as do autor e depois as do réu, e providenciará para que uma não ouça o depoimento das outras.

Parágrafo único. O juiz poderá alterar a ordem estabelecida no caput se as partes concordarem.

Método para inquirição de testemunha

Deve-se, inicialmente, analisar este dispositivo quanto à afirmação de que o juiz inquirirá as testemunhas separadamente e sucessivamente.

Muito embora aplica-se em nosso processo civil o princípio da imediatidade, ou seja, de que a prova deve ser realizada na presença do juiz da causa, isso não significa que somente o juiz deverá formular perguntas diretamente à testemunha.

Na realidade, o art. 456 do atual C.P.C. não trata das pessoas que devem formular as perguntas à testemunha, mas somente estabelece que as testemunhas devem ser ouvidas separadamente e sucessivamente, primeiro as do autor e depois as do réu, devendo o juiz providenciar que uma não ouça o depoimento da outra.

Quanto à legitimidade para formular perguntas, o artigo 459 do atual C.P.C. estabelece que estas serão formuladas pelas partes diretamente à testemunha, começando pela que a arrolou.

O juiz também poderá inquirir a testemunha tanto antes quanto depois da inquirição feita pelas partes (§1º do art. 459 do atual C.P.C.) (na redação originária do Projeto n. 2.046/10, o juiz somente poderia formular perguntas depois da inquirição feita pelas partes).

A importância da as testemunhas serem ouvidas separadamente e sucessivamente, bem como que uma não ouça o depoimento da outra, decorre do fato de que o testemunho deve ser realizado sem qualquer interferência externa ou mesmo qualquer contágio por outros testemunhos, salvaguardando-se a originalidade e a veracidade dos depoimentos. A lisura da independência do testemunho deve ser sempre preservada para todos os efeitos legais.

A regra geral (da ordem dos depoimentos) é que primeiro sejam ouvidas as testemunhas do autor e depois as testemunhas do réu. Contudo, esta ordem cronológica não obedece a uma rigidez absoluta, pois muitas vezes deve-se dar preferência ao princípio da celeridade processual previsto na constituição, razão pela qual essa ordem pode ser invertida. Essa necessidade de inversão da ordem de oitiva das testemunhas pode decorrer da ausência de algumas das testemunhas na instrução e julgamento, ou mesmo da necessidade de oitiva da testemunha mediante a expedição de carta precatória ou rogatória.

Outrossim, não se declarará a nulidade do processo pela inversão da ordem de oitiva das testemunhas se não se demonstrar a existência de prejuízo. Sobre o tema, eis os seguintes precedentes do S.T.J.:

> *(...).*
>
> *Se a expedição de carta precatória não suspende o curso do processo e, consequentemente, a instrução criminal (CPP, art. 222, § 1º), a designação de audiência para inquirição das testemunhas arroladas pela Defesa, antes do retorno da deprecata, não implica em nulidade, tanto mais se não demonstrado qualquer prejuízo resultante do ato.*
>
> *Sendo o paciente o chefe da atividade ilícita, pois o dono do "ferro velho" onde realizados os desmontes dos carros roubados, havendo notícia, inclusive, de que responde a outro processo pela mesma infração penal, sua situação pessoal é diversa da de seus empregados, coautores do crime, que apenas executam suas ordens, daí não ser merecedor da extensão do benefício da liberdade provisória a estes deferido, pois não evidenciada a hipótese do art. 580, do Código de Processo Penal. Ordem denegada.*
>
> (HC 12.579/PR, Rel. Ministro JOSÉ ARNALDO DA FONSECA, QUINTA TURMA, julgado em 06/06/2000, DJ 28/08/2000, p. 96)
>
> *(...).*
>
> *1. Carece a impetração de prova do direito líquido e certo alegado, inexistindo elementos pré-constituídos do prejuízo causado à defesa em razão da oitiva da testemunha de defesa antes da acusação, devendo ser aplicado o princípio do pas de nullité sans grief.*
>
> *2. A inversão da ordem de oitiva de testemunhas e interrogatório do acusado, bem como a extrapolação do prazo para conclusão do processo administrativo disciplinar não acarretam a sua nulidade, se, em razão disso, não houve qualquer prejuízo para a defesa do acusado (RMS n. 21.633/RN, Ministro Felix Fischer, Quinta Turma, DJ 4/6/2007).*
>
> *3. Decorrendo a penalidade da prova do cometimento da infração administrativa perpetrada pela servidora e constando do relatório da comissão processante os motivos*

(fatos, provas e fundamentos) que justificaram a penalidade, não há falar em nulidade do processo administrativo.

4. Segurança denegada.

(MS 13.519/DF, Rel. Ministro SEBASTIÃO REIS JÚNIOR, TERCEIRA SEÇÃO, julgado em 12/02/2014, DJe 19/02/2014)

Outrossim, estabelece o *parágrafo único do art. 456* do atual C.P.C. que o *juiz poderá alterar a ordem estabelecida no 'caput' se as partes concordarem.*

Contudo, a inversão da produção probatória pode ser determinada pelo juiz de ofício, independentemente da concordância das partes, conforme estabelece o art. 139, inc. V do atual C.P.C., *in verbis*:

> *"Art. 139. O juiz dirigirá o processo conforme as disposições deste Código, incumbindo-lhe:*
> *(...).*
> *VI – dilatar os prazos processuais e alterar a ordem de produção dos meios de prova adequando-os às necessidades do conflito de modo a conferir maior efetividade à tutela do direito".*

Considere-se que o art.512 do Código de Processo Civil português permite que a alteração da ordem de oitiva das testemunhas seja determinada de ofício pelo juiz ou por acordo das partes, *in verbis:*

> *Artigo 512º Ordem dos depoimentos*
> *1 – Antes de começar a inquirição, as testemunhas são recolhidas a uma sala, donde saem para depor pela ordem em que estiverem mencionadas no rol, primeiro as do autor e depois as do réu, salvo se o juiz determinar que a ordem seja alterada ou as partes acordarem na alteração.*
> *2 – Se, porém, figurar como testemunha algum funcionário da secretaria, é ele o primeiro a depor, ainda que tenha sido oferecido pelo réu.*

Art. 457

Antes de depor, a testemunha será qualificada, declarará ou confirmará seus dados e informará se tem relações de parentesco com a parte ou interesse no objeto do processo.

§ 1º É lícito à parte contraditar a testemunha, arguindo-lhe a incapacidade, o impedimento ou a suspeição, bem como, caso a testemunha negue os fatos que lhe são imputados, provar a contradita com documentos ou com testemunhas, até 3 (três), apresentadas no ato e inquiridas em separado.

§2º Sendo provados ou confessados os fatos a que se refere o §1º, juiz dispensará a testemunha ou lhe tomará o depoimento como informante.

§ 3º A testemunha pode requerer ao juiz que a escuse de depor, alegando os motivos previstos neste Código, decidindo o juiz de plano após ouvidas as partes.

Qualificação e contradita da testemunha

A qualificação da testemunha juntamente com os seus dados já devem constar do rol de testemunha, justamente para que a parte contrária possa analisar se essa testemunha não é suspeita, impedida ou incapaz de depor.

Quando do interrogatório da testemunha, e antes de depor, esta deverá ser novamente qualificada e declarará ou confirmará os seus dados indicados no rol juntado ao processo, bem como se tem alguma relação de parentesco com alguma das partes ou se tem interesse no objeto do processo.

Da qualificação e da resposta da testemunha poderão surgir elementos para sua contradita.

Nos termos do *§1º do art. 457* do atual C.P.C., *é lícito à parte contraditar a testemunha, arguindo-lhe a incapacidade, o impedimento ou a suspeição, bem como, caso a testemunha negue os fatos que lhe são imputados, provar a contradita com documentos ou com testemunhas, até 3 (três), apresentadas no ato e inquiridas em separado. Sendo provados ou confessados os fatos, o juiz dispensará a testemunha ou lhe tomará o depoimento como informante.*

A contradita pode suscitar um verdadeiro incidente procedimental no ato do depoimento da testemunha arrolada.

A contradita é justamente a indicação de elementos que demonstrem que a testemunha é incapaz, suspeita ou impedida de depor. Tais motivos, normalmente, não são de conhecimento do juiz, daí a necessidade de a parte indicá-los ao magistrado.

A contradita deverá ser arguida logo após a qualificação da testemunha e antes dela começar a depor. Contudo, é possível que as causas de impedimento, incapacidade ou suspeição somente venham a ficar evidenciadas no transcorrer do depoimento. Nesse caso, *"não será necessária qualquer providência probatória a respeito. Ou o fato se encontra caracterizado no próprio depoimento, ou não se encontra, o que será na sentença decidido pelo juiz. Em caso positivo, será ao depoimento atribuído o valor que possa merecer...".*[680] Uma vez arguidas causas de incapacidade, suspeição ou impedimento, a contraditada confirmará tais fatos ou os negará.

Preceitua o *§2º do art. 457* do atual C.P.C. que *sendo provados ou confessados os fatos a que se refere o §1º, o juiz dispensará a testemunha ou lhe tomará o depoimento como informante.*

Se a testemunha negar os fatos que lhe são imputados, a parte poderá provar a contradita com documentos ou com testemunhas, até três, apresentados no ato e inquiridas em separado.

Sendo provados ou confessados os fatos, o juiz dispensará a testemunha ou lhe tomará o depoimento como informante.

Sobre o tema, eis os seguintes precedentes do S.T.J.:

> *1. O magistrado pode, com base no livre convencimento motivado, indeferir a produção de provas que julgar impertinentes, irrelevantes ou protelatórias para o regular andamento do processo.*
>
> *2. É correta a decisão do magistrado que não acolhe a contradita quando não demonstrado o fato impeditivo da oitiva da testemunha.*
>
> *Ademais, a pretensão da defesa na declaração de impedimento implica, necessariamente, revolvimento de material fático-probatório, procedimento vedado, nos termos da Súmula 7/STJ.*
>
> *3. Não há falar em nulidade do processo quando não demonstrado nenhum prejuízo em decorrência da inobservância da defesa prévia estabelecida no art. 17, § 7º, da Lei 8.429/92. Aplicável, no caso, o princípio do pas de nullité sans grief.*
>
> *(...).*
>
> (REsp 1184973/MG, Rel. Ministro ARNALDO ESTEVES LIMA, PRIMEIRA TURMA, julgado em 16/09/2010, DJe 21/10/2010)

> *(...).*
>
> *2. O momento oportuno da contradita da testemunha arrolada pela parte contrária é aquele entre a qualificação desta e o início de seu depoimento.*
>
> *3. Recurso especial não-conhecido.*
>
> *(REsp 735.756/BA, Rel. Ministro JOÃO OTÁVIO DE NORONHA, QUARTA TURMA, julgado em 09/02/2010, DJe 18/02/2010)*

[680] Aguiar, João Carlos Pestana. *Comentários ao código de processo civil.* Vol. IV. – arts. 332 a 443: São Paulo: Editora Revista dos Tribunais, 1977. p. 340.

1. Com base no princípio do livre convencimento motivado do juiz, não se traduz em nulidade valorar o depoimento de testemunha presumidamente interessada no desfecho da demanda como se prestado por informante, apesar da ausência de contradita.

2. Se a testemunha foi efetivamente ouvida, conquanto seu depoimento tenha sido analisado com as restrições do art. 405, § 3º, IV, do Estatuto Processual, não há que se falar em cerceamento de defesa.

(...).

(REsp 824.473/PB, Rel. Ministro FERNANDO GONÇALVES, QUARTA TURMA, julgado em 06/11/2008, DJe 24/11/2008)

(...).

2. Pessoa impedida de depor, em face do art. 405, § 2º, III, do CPC, não pode ser considerada testemunha. Ausência de contradita que não impediu, no caso concreto, o reconhecimento de suspeição.

3. A pretensão de reexame de aspectos fático-probatórios é inviável em sede de recurso especial, nos termos da Súmula nº 7/STJ.

Agravo improvido.

(AgRg no Ag 398.015/SP, Rel. Ministro BARROS MONTEIRO, QUARTA TURMA, julgado em 19/12/2002, DJ 31/03/2003, p. 228)

Testemunhas. Rol. Qualificação.

A exigência do deposito do rol de testemunhas, devidamente qualificadas e com a necessária antecedência, justifica-se para que a parte contraria possa melhor inquiri-las e, especialmente, contraditá-las. Não contraria a lei a recusa em ouvir as que, constantes embora do rol, não estão acompanhadas da qualificação completa.

Prejuízo. Ausência. Impossibilidade de reconhecer essa circunstância que o acórdão não admitiu.

(REsp 137.495/SP, Rel. Ministro EDUARDO RIBEIRO, TERCEIRA TURMA, julgado em 14/10/1997, DJ 01/12/1997, p. 62743)

Por sua vez, estabelece o *§3º do art. 457* do atual C.P.C. que *a testemunha pode requerer ao juiz que a escuse de depor, alegando os motivos previstos neste Código decidindo o juiz de plano após ouvidas as partes.*

Conforme anota Moacyr Amaral Santos, *"o exercício do direito de escusar-se a depor não reclama senão formalidades mínimas. A testemunha, nas condições de exercer esse direito, dirigir-se-á ao juiz, por escrito, expondo-lhe os motivos da escusa, e este decidirá de plano, depois de ouvidas as partes. Entendemos que as pessoas impedidas de testemunhar poderão usar do direito de recusar-se a depor, arguindo o impedimento, antes mesmo de ser contraditadas por qualquer das partes. Razões de economia processual justificam essa conclusão. O pedido de escusa, que poderá formular-se por via de petição, ofício, ou simples carta, deverá ocorrer antes da audiência, para que esta seja inteiramente consagrada à instrução e ao julgamento da causa. Além disso, dever-se-á, ocorrendo ser considerada justa a escusa, conceder à parte interessada prazo bastante para providenciar, se entender necessário, a substituição da testemunha. Mas poderá acontecer que à testemunha se evidencie o direito, ou o dever, de não responder, somente em face das questões que lhe sejam propostas na audiência ou quando tomar ciência da natureza dos assuntos sobre os quais tem de informar o juízo. Nessa hipótese, nada veda seja o pedido de escusa formulado oralmente, na própria audiência, mesmo durante a inquirição. Aliás, a escusa, com fundamento no segredo profissional, não é incomum se ofereça no ato da inquirição, quando, à vista da natureza da pergunta, verifica a testemunha achar-se em perigo o dever de não revelar o que lhe foi confidenciado".*[681]

Art. 458

Ao início da inquirição, a testemunha prestará o compromisso de dizer a verdade do que souber e lhe for perguntado.

Parágrafo único. O juiz advertirá à testemunha que incorre em sanção penal quem faz afirmação falsa, cala ou oculta a verdade.

Prestação de compromisso da testemunha

O art. 203 do Código de Processo Penal brasileiro tem a seguinte redação: *A testemunha fará, sob palavra de honra, a promessa de dizer a verdade do que souber e lhe for perguntado, devendo declarar seu nome, sua idade, seu estado e sua residência, sua profissão, lugar onde exerce sua atividade, se é parente, e em que grau, de alguma das partes, ou quais suas relações com qualquer delas, e relatar o que souber, explicando sempre as razões de sua ciência ou as circunstâncias pelas quais possa avaliar-se de sua credibilidade.*

Sobre a questão do juramento da testemunha, estabelecem os §§391, 392 e 393 do Código de Processo Civil Alemão:

> *"§391 (juramento da testemunha): Salvo as exceções do §393, a testemunha deve prestar juramento, se o tribunal, se o tribunal entende que isso seja necessário tendo em conta a importância do depoimento e as partes não renunciam ao juramento.*

[681] Santos, M. A., op. Cit, p. 319 e 320.

§392 (juramento depois do interrogatório; fórmula do juramento): O juramento vem pronunciado depois do interrogatório. Várias testemunhas podem prestar juramento contemporaneamente. A fórmula do juramento recita que a testemunha disse a pura verdade segundo ciência e consciência e que não silenciou sobre qualquer coisa.

§393 (Interrogatório sem juramento): As pessoas que no momento do interrogatório não completaram ainda 16 anos ou que não tem uma visão suficiência da essência e do significado do juramento por causa de insuficiente maturidade ou por doença mental devem ser interrogadas sem juramento".[682]

O compromisso firmado pela testemunha tem por finalidade conscientizá-la da responsabilidade do depoimento que irá prestar em juízo.

Trata-se de um compromisso legal *laico* e não religioso, e decorre da seguinte indagação feita pelo juiz: *A testemunha compromete-se a dizer a verdade sobre os fatos que tem conhecimento?* Se a resposta for afirmativa, o juiz adverte a testemunha de que está sob compromisso e se faltar com a verdade poderá ser processada pelo crime de falso testemunho. Tanto o compromisso como a advertência deverão ser realizados no *começo do depoimento*.

A mesma regra encontra-se no art. 251 do Código de Processo Civil italiano:

Art. 251. (Juramento dos testemunhos).

Os testemunhos são examinados separadamente. O juiz instrutor adverte a testemunha sobre a importância religiosa e moral do juramento e sobre as consequências penais das declarações falsas ou reticentes, e lê a fórmula: 'está consciente da responsabilidade que com o juramento assume diante de Deus, se crente, e aos homens, jura de dizer a verdade, nada mais que a verdade'. Então o testemunho em pé, presta o juramento pronunciando a palavra: 'Eu juro'.

Ocorre que a Corte Constitucional italiana com a sentença n. 17, de 10 de outubro de 1979 declarou a ilegitimidade do presente inciso na parte em que contem a seguinte expressão: *'se crente'*.

A Corte constitucional da mesma forma com a sentença 5 de maio de 1995, n. 149, declarou a ilegitimidade do presente inciso na parte em que prevê: a) que o juiz instrutor 'adverte a testemunha sobre a importância religiosa, se crente, e moral do juramento e sobre', antes de estabelecer que o juiz instrutor 'adverte a testemunha sobre a obrigação de dizer a verdade e de'; b) que o juiz instrutor 'lê a fórmula: 'Consciente da responsabilidade que com o juramento assume

[682] Patti, Salvatore. *Códice di procedura civile tedesco*. Milano: Giuffrè Editore, 2010. p. 276 e 277.

diante de Deus, se crente, e aos homens, jura de dizer a verdade, nada mais que a verdade', antes de estabelecer que o juiz instrutor ' o convida a fazer a seguinte declaração 'Consciente da responsabilidade moral e jurídica que assumo com o meu testemunho, meu empenho de dizer toda a verdade e não esconder nada do que sei'.; c) 'Então o testemunho, em pé, presta o juramento pronunciando a palavra: 'eu juro'.

Comentando o art. 251 do C.P.C. italiano anotam Comoglio, Ferri e Taruffo: *"A testemunha que compareça à audiência é examinada separadamente (art. 251, inc. 1). Depois de várias decisões judiciais a Corte Constitucional analisou o art. 251, inc. 2 na parte em que a norma previa o juramento da testemunha, declarando-lhe a inconstitucionalidade (v. Corte Cost. 5 de maio de 1995, n. 149) por mácula aos princípios da laicidade do Estado e da liberdade de consciência religiosa. Agora a testemunha não presta mais juramento, mas é advertida pelo juiz da obrigação de dizer a verdade e de declarar que assume tal compromisso, sendo conscientizada da relativa responsabilidade moral e jurídica, o empenho de dizer a verdade e de não esconder nada sobre os fatos de que tem conhecimento e que são objeto da prova. A omissão de tal declaração não implica, porém, nulidade da prova testemunhal".*[683]

O *parágrafo único* do art. 458 do atual C.P.C. estabelece que *o juiz advertirá à testemunha que incorre em sanção penal quem faz afirmação falsa, cala ou oculta a verdade.*

Sobre o crime de 'falso testemunho' estabelece o art. 342 do Código Penal:

> *Art. 342. Fazer afirmação falsa, ou negar ou calar a verdade como testemunha, perito, contador, tradutor ou intérprete em processo judicial, ou administrativo, inquérito policial, ou em juízo arbitral: (Redação dada pela Lei nº 10.268, de 28.8.2001)*
> *Pena – reclusão, de um a três anos, e multa.*
> *§ 1º As penas aumentam-se de um sexto a um terço, se o crime é praticado mediante suborno ou se cometido com o fim de obter prova destinada a produzir efeito em processo penal, ou em processo civil em que for parte entidade da administração pública direta ou indireta.(Redação dada pela Lei nº 10.268, de 28.8.2001)*
> *§ 2º O fato deixa de ser punível se, antes da sentença no processo em que ocorreu o ilícito, o agente se retrata ou declara a verdade.(Redação dada pela Lei nº 10.268, de 28.8.2001)*

A doutrina e a jurisprudência são divergentes sobre ser o compromisso um pressuposto do crime de falso testemunho.

[683] COMOGLIO. L.P.; FERRI, C.; TARUFFO, M., op. Cit., p. 449.

Na verdade, o compromisso é secundário, mera manifestação solene de advertência do depoente. Ele não integra o depoimento, mas apenas registra uma admoestação feita à testemunha, reforçando o seu dever de dizer a verdade. Aliás, ninguém pode se escusar do conhecimento da lei, principalmente da lei que determinada que a testemunha não pode faltar com a verdade, nos termos do art. 342 do C.P.

Sobre o tema, eis os seguintes precedentes do S.T.J.:

I. Merece ser mantida a decisão embargada, por seus próprios fundamentos, eis que, de acordo com o entendimento firmado pelo STJ, mostra-se prescindível o compromisso, para a configuração do delito de falso testemunho. Precedentes.

(...).

(AgRg no HC 190.766/RS, Rel. Ministra ASSUSETE MAGALHÃES, SEXTA TURMA, julgado em 25/06/2013, DJe 13/09/2013)

1. No caso dos autos, a paciente foi acusada de praticar o crime de falso testemunho porque teria narrado "fatos que não correspondem à verdade, prejudicando a correta distribuição da justiça" em ação indenizatória movida por seu irmão em face das Lojas Americanas S.A.

2. Não se desconhece a existência de discussão doutrinária e jurisprudencial acerca da imprescindibilidade ou não de a testemunha estar compromissada para a caracterização do crime previsto no artigo 342 do Código Penal, tendo esta Corte Superior de Justiça se orientado no sentido de que o compromisso de dizer a verdade não é pressuposto do delito. Precedentes do STJ e do STF.

3. Contudo, na hipótese em análise, a circunstância de a paciente haver prestado depoimento após ter aceitado o compromisso de dizer a verdade mostra-se irrelevante para o deslinde da controvérsia, uma vez que ela sequer poderia ser considerada testemunha nos termos da legislação civil pátria, aplicável à espécie pelo fato de a afirmação em tese falsa haver sido fornecida em processo de natureza cível.

4. Com efeito, de acordo com o artigo 228, inciso V, do Código Civil, e com o artigo 405, inciso I, do Código de Processo Civil, não podem ser admitidos como testemunhas os cônjuges, os ascendentes, os descendentes e os colaterais, até o terceiro grau de alguma das partes, por consanguinidade, ou afinidade.

5. Entretanto, o § 4º do artigo 405 da Legislação Processual Civil permite que o juiz ouça as pessoas impedidas ou suspeitas de testemunhar, sendo os seus depoimentos prestados independentemente de compromisso, e devendo o magistrado lhes atribuir o valor que possam merecer.

6. No caso em exame, a paciente foi inquirida na qualidade de irmã do requerente da ação indenizatória, motivo pelo qual o fato de haver se comprometido a dizer a ver-

dade do que sabia e lhe foi perguntado não possui qualquer relevo, já que pelo inciso II e pelo § 4º do artigo 405 do Código de Processo Civil estava impedida de testemunhar no caso, só podendo ser ouvida como informante, sem prestar o compromisso previsto no artigo 415 do mencionado diploma legal.

7. O crime disposto no artigo 342 do Código Penal é de mão própria, só podendo ser cometido por quem possui a qualidade legal de testemunha, a qual não pode ser estendida a simples declarantes ou informantes, cujos depoimentos, que são excepcionais, apenas colhidos quando indispensáveis, devem ser apreciados pelo Juízo conforme o valor que possam merecer.

8. Desse modo, sendo incontroverso que a paciente foi ouvida como informante, justamente pelo fato de ser irmã do autor da ação de indenização na qual o falso testemunho teria sido prestado, não pode ser ela sujeito ativo do citado ilícito.

9. Ordem concedida para cassar o acórdão impugnado, restabelecendo-se a sentença por meio da qual a paciente foi absolvida sumariamente do crime de falso testemunho.

(HC 192.659/ES, Rel. Ministro JORGE MUSSI, QUINTA TURMA, julgado em 06/12/2011, DJe 19/12/2011)

1 – Para a caracterização do crime de falso testemunho não é necessário o compromisso. Precedentes.

2 – Tratando-se de testemunha com fortes laços de afetividade (esposa) com o réu, não se pode exigir-lhe diga a verdade, justamente em detrimento da pessoa pela qual nutre afeição, pondo em risco até a mesmo a própria unidade familiar. Ausência de ilicitude na conduta.

3 – Conclusão condizente com o art. 206 do Código de Processo Penal que autoriza os familiares, inclusive o cônjuge, a recusarem o depoimento.

4 – Habeas corpus deferido para trancar a ação penal.

(HC 92.836/SP, Rel. Ministra MARIA THEREZA DE ASSIS MOURA, SEXTA TURMA, julgado em 27/04/2010, DJe 17/05/2010)

Art. 459

As perguntas serão formuladas pelas partes diretamente à testemunha, começando pela que a arrolou, não admitindo o juiz aquelas que puderem induzir a resposta, não tiverem relação com as questões de fato objeto da atividade probatória ou importarem repetição de outra já respondida.

§ 1º O juiz poderá inquirir a testemunha tanto antes como depois da inquirição feita pelas partes.

§ 2º As testemunhas devem ser tratadas com urbanidade, não se lhes fazendo perguntas ou considerações impertinentes, capciosas ou vexatórias.

§ 3º As perguntas que o juiz indeferir serão transcritas no termo, se a parte o requerer.

Modo de perguntar à testemunha

Regra similar encontra-se no art. 212 do Código de Processo Penal brasileiro:

> *Art. 212. As perguntas serão formuladas pelas partes diretamente à testemunha, não admitindo o juiz aquelas que puderem induzir a resposta, não tiverem relação com a causa ou importarem na repetição de outra já respondida. (Redação dada pela Lei nº 11.690, de 2008)*
>
> *Parágrafo único. Sobre os pontos não esclarecidos, o juiz poderá complementar a inquirição. (Incluído pela Lei nº 11.690, de 2008)*

Percebe-se que o novo C.P.C., assim como já o faz o C.P.P., adotou a técnica de interrogatório de testemunha típica do *cross examination* angloamericana. Segundo estabelece o *The Oxford – Essential Dictionary of Legal Words*: "*pergunta (uma testemunha chamada pela outra parte) em um tribunal de justiça para desacreditar ou minar testemunho já prestado.*

Citando um dos maiores advogados da Inglaterra, afirmou certa vez Francis L. Willman: "*A resolução de uma questão de uma causa raramente depende de um discurso, contudo pode ela ser afetada por este. Mas nunca há uma causa impugnada, cujo o resultado não é principalmente dependente da habilidade com que o advogado conduz seu 'cross-examination'*".[684]

Evidentemente que quando nosso ordenamento jurídico permite que o advogado faça as perguntas diretamente à testemunha, isso não significa que essas perguntas poderão ser formuladas sem qualquer análise ou avaliação do juiz. Como o juiz é quem dirige a audiência e como a prova é colhida na sua presença, caberá ao magistrado controlar a forma e a maneira de o advogado interrogar a testemunha, evitando que sejam formuladas perguntas impertinentes, vexatórias, ou que demandem da testemunha uma simples percepção subjetiva.

[684] Wellman, Francis L. *The art of cross-examination*. Fourth edition. New York: Touchstone Book, 1997. p. 21.

Em regra, não admitirá o juiz as perguntas que puderem induzir a resposta, não tiverem relação com as questões de fato objeto da atividade probatória ou importarem repetição de outra já respondida.

Sobre o tema, eis o seguinte precedente do S.T.J.:

> *(...).*
> *2. Não conduz a cerceamento de defesa o indeferimento de formulação de perguntas consideradas impertinentes ou de nenhum interesse para o esclarecimento dos fatos.*
> *(...).*
> (HC 205.599/SP, Rel. Ministra MARIA THEREZA DE ASSIS MOURA, SEXTA TURMA, julgado em 20/03/2014, DJe 07/04/2014)

Se o juiz indeferir a pergunta formulada e a parte quiser discutir a questão perante o Tribunal 'ad quem' deverá de imediato requerer que a pergunta e a sua negativa fiquem consignadas em ata.

Estabelece o §1º do art. 459 do atual C.P.C. que o juiz poderá inquirir a testemunha tanto antes como depois da inquirição pelas partes.

Evidencia-se que em nosso sistema há uma relativização do *cross-examination*, pois não somente os advogados pessoalmente e diretamente poderão formular perguntas às testemunhas, como também o juiz poderá fazê-lo.

É bem verdade que no âmbito do Processo Penal, o juiz somente poderá formular perguntas à testemunha para esclarecer pontos nebulosos e após a inquirição dos advogados (parágrafo único do art. 212 do C.P.P.).

Já no atual C.P.C., o juiz poderá formular novas perguntas antes ou depois da inquirição feita pelos advogados das partes.

Assim, o juiz poderá formular outras perguntas a fim de encontrar a veracidade dos fatos.

O §2º do art. 459 do atual C.P.C. preconiza que as testemunhas devem ser tratadas com urbanidade, não se lhes fazendo perguntas ou considerações impertinentes, capciosas ou vexatórias.

Trata-se de uma regra de urbanidade, de gentileza e de respeito que os advogados, assim como o juiz, devem demonstrar em relação à testemunha.

Por isso, não poderão os advogados ou o magistrado formular perguntas à testemunha que possam ser consideradas impertinentes, capciosas ou vexatórias.

A testemunha tem o direito de protestar ao juiz que faça cessar qualquer ato contrário à sua dignidade, principalmente quando eventual pergunta formulada pelo advogado possa caracterizar ofensa à honra e à reputação da testemunha.

Ora, se o indivíduo vem prestar os seus serviços à sociedade, colaborando com a justiça, não pode sofrer qualquer fato que possa por em risco sua integridade física e moral. Na realidade, o respeito que se deve à testemunha não é somente pela sua individualidade como pessoa, mas, também, pelo fato de que ela reveste em juízo o caráter de colaborador com a justiça.

O §3º do art. 459 do atual C.P.C. por sua vez estabelece que as perguntas que o juiz indeferir serão transcritas no termo, se a parte o requerer.

Evidentemente que quando o juiz indefere que seja formulada ou respondida determina pergunta é em decorrência de que, na sua concepção, essa pergunta não poderia ter sido dirigida à testemunha pelos fatos já expostos.

Contudo, como se trata de uma percepção subjetiva, este fato poderá ser apreciado em recurso pelo tribunal, até com fundamento no princípio do contraditório e da ampla defesa, razão pela qual, se a parte não se conforma com o seu indeferimento, deverá requerer ao juiz que transcreva a pergunta no termo de audiência. Se a parte não requerer a consignação da pergunta no termo, precluirá sua possibilidade de recorrer para o tribunal superior.

Sobre o tema, eis o seguinte precedente do S.T.J.:

> *(...).*
>
> *1. "Inexiste constrangimento ilegal a ser sanado, no caso de indeferimento de perguntas, em oitiva de testemunha, consideradas impertinentes tanto para com os fatos narrados na denúncia quanto para o deslinde da questão." (HC 36.375/SP, Rel. Ministro FELIX FISCHER, QUINTA TURMA, julgado em 08/03/2005, DJ 04/04/2005, p. 329) 2. Entrar na seara da pertinência ou não das reperguntas, bem como da insuficiência de provas para embasar a condenação, demandaria revolvimento de todo o conjunto fático-probatório, o que é inviável na via eleita.*
>
> *(...).*
>
> (HC 129.636/SP, Rel. Ministro ADILSON VIEIRA MACABU (DESEMBARGADOR CONVOCADO DO TJ/RJ), QUINTA TURMA, julgado em 08/05/2012, DJe 04/06/2012).

> *(....).*
>
> *2. O indeferimento pelo juízo das perguntas formuladas pelo outro advogado, que não possuía procuração nos autos, não se constitui em cerceamento de defesa, pois o paciente estava representado no ato por procurador constituído, o qual poderia ter reformulado as perguntas, porém não o fez. Nesse particular, impende dizer que, a teor do enunciado da Súmula nº 523, do Supremo Tribunal Federal, apenas a ausência de defesa – o que na hipótese não ocorreu – gera nulidade absoluta do processo.*
>
> *(...).*
>
> (HC 48.657/RO, Rel. Ministra LAURITA VAZ, QUINTA TURMA, julgado em 06/02/2007, DJ 17/09/2007, p. 310)

Art. 460

O depoimento poderá ser documentado por meio de gravação.

§1º Quando digitado ou registrado por taquigrafia, estenotipia ou outro método idôneo de documentação, o depoimento será assinado pelo juiz, pelo depoente e pelos procuradores.

§ 2º Se houver recurso em processo em autos não eletrônicos, o depoimento somente será digitado quando for impossível o envio de sua documentação eletrônica.

§ 3º Tratando-se de autos eletrônicos, observar-se-á o disposto neste Código e na legislação específica sobre a prática eletrônica de atos processuais.

Forma de registro do depoimento

Em regra, o depoimento da testemunha será documentado por meio de gravação audiovisual, não necessitando ser assinado pelo juiz, pelo depoente ou por seus procuradores.

Preceitua o §1º do art. 460 do atual C.P.C. que quando digitado ou registrado por taquigrafia, estenotipia ou outro método idôneo de documentação, o depoimento será assinado pelo juiz, pelo depoente e pelos procuradores.

Taquigrafia vem do grego taqui = rápido e grafia = escrita. É um termo geral que define todo o método abreviado ou simbólico de escrita, com o objetivo de melhorar a velocidade da escrita ou a brevidade, em comparação a um método padrão de escrita.

A diferença entre taquigrafia e estenotipia é que a taquigrafia é feita à mão, geralmente usando lápis ou caneta; já a estenotipia utiliza-se de máquinas próprias na composição dos taquigramas.

Deve-se observar a seguinte advertência feita por João Carlos Pestana de Aguiar feita na década de 70, mas que é válida para os dias de hoje: "Dispunha o direito anterior acerca de outro modo de redação do depoimento, além da datilografia, qual fosse a taquigrafia, este, manual ou mecanográfico. Contudo, a despeito das vantagens, em economia de tempo, se os depoimentos fossem taquigrafados, desde logo se chegou à conclusão da impraticabilidade desse modo de impressão. Como bem ponderavam Pedro Batista Martins e Carvalho Santos, além da dificuldade na obtenção de taquígrafos em comarcas do interior, não pode exigir da testemunha que subscreva as notas taquigráficas de seu depoimento, antes de ter havido a devida tradução. Logo, tornar-se-ia necessário ou outro comparecimento da testemunha para conferir e autenticar a tradução, ou aguardar esta uma possivelmente demorada tradução no local da audiência. Por isso, embora seja lícito o uso da taquigrafia em geral, na hipótese é este uso afastado".[685]

Contudo, atualmente os depoimentos são gravados em áudio e vídeo, razão pela qual fica dispensada a assinatura do termo de audiência, pois a prova maior de sua realização e dos fatos ali consignados encontra-se na própria gravação da audiência.

A assinatura do termo do depoimento pelo juiz, pela testemunha e pelos procuradores das partes tem por finalidade autenticar o ato e torná-lo imutável no seu conteúdo.

Estabelece o *§2º do art. 460* do atual C.P.C. que *se houver recurso em processo em autos não eletrônicos, o depoimento somente será digitado quando for impossível o envio de sua documentação eletrônica.*

Não sendo eletrônico o processo, e havendo recurso, o depoimento gravado será passado para a forma digitada somente quando for impossível o envio de sua documentação eletrônica.

Assim, sendo possível o encaminhamento do depoimento na forma eletrônica, não será ele digitado para o encaminhamento do processo ao Tribunal 'ad quem'.

Por outro lado, preconiza o §3º do art. 460 do atual C.P.C. que em se tratando de autos eletrônicos, observar-se-á o disposto neste Código e na legislação específica sobre a prática eletrônica de atos processuais.

Nos termos da Lei 11.419/06, e segundo as determinações do C.N.J., todos os processos deverão num futuro próximo ser realizados eletronicamente.

Conforme preconiza o art. 8º da Lei 11.419/06, os órgãos do Poder Judiciário poderão desenvolver sistemas eletrônicos de processamento de ações judiciais por meio de autos total ou parcialmente digitais, utilizando, preferencialmente, a rede mundial de computadores e acesso por meio de redes internas e externas.

O §2º do art. 460 do atual C.P.C. determina que, no caso do processo eletrônico, sejam observados os critérios estabelecidos no C.P.C. e na Lei 11.419/06 que tratam da utilização do meio eletrônico para a prática e comunicação dos atos processuais.

Assim, os tribunais disponibilizarão as informações eletrônicas constantes do seu sistema de automação, em primeiro e segundo graus de jurisdição, em página própria na rede mundial de computadores, cumprindo aos interessados obter a tecnologia necessária para acessar os dados constantes do mesmo sistema.

[685] AGUIAR, J. C. P., op. Cit., p. 349.

O procedimento eletrônico deve ter sua sistemática unificada em todos os tribunais, cumprindo ao Conselho Nacional de Justiça a edição de ato que incorpore e regulamente os avanços tecnológicos que forem se verificando.

A *Ley de Enjuiciamiento Civil* espanhola prevê está forma de comunicação em seu art. 162, *in verbis:*

> *"Art. 162. Atos de comunicação por meio eletrônico, informatizado e similares.*
>
> *1 – Quando os juizados e tribunais e as partes ou os destinatários dos atos de comunicação dispuserem de meios eletrônicos, telemáticos, infotelecomunicações, ou de outra calasse semelhante, que permitam o envio e a recepção de escritos e documentos, de forma tal que este garanta a autenticidade da comunicação e de seu conteúdo e é uma evidência irrefutável da remissão e recepção íntegras e do momento em que se fizeram, os atos de comunicação poderão efetuar-se por aqueles meios, com a devida expedição de recibo.*
>
> *As partes e os profissionais que intervenham no processo deverão comunicar ao tribunal o fato de disporem dos meios antes indicados e sua direção.*
>
> *Também será constituído no Ministério da Justiça um Registro acessível eletronicamente dos meios indicados e as direções correspondentes aos organismos públicos.*
>
> *2 – Quando a autenticidade de resoluções, documentos, pareceres ou informações apresentados ou transmitidos pelos meios a que se refere o número anterior somente poderá ser reconhecida ou verificada mediante seu exame direto ou por outros procedimentos, aqueles terão de ser fornecidos ou transmitidos às partes de modo adequado a ditos procedimentos ou na forma prevista nos artigos anteriores, com observância dos requisitos de tempo e lugar que a lei assinale para cada caso".*

Por sua vez, preconiza o art. 193 do atual C.P.C. que os atos processuais podem ser totais ou parcialmente digitais, de forma a permitir que sejam produzidos, comunicados, armazenados e validados por meio eletrônico, na forma da lei.

A preocupação do novo código de processo civil quanto à efetividade da tutela jurisdicional decorrente de uma razoável duração do processo é demonstrada inclusive pela virtualização procedimental do processo, agilizando os trâmites processuais em todos os seus aspectos.

É bem verdade que a virtualização do processo com os atuais mecanismos tecnológicos desenvolvidos somente permite uma virtualização de arquivos de petição e de documentos, o que pode ser muito promissor para pequenos volumes processuais.

Já em relação aos processos em que haja grande volume processual, o sistema de virtualização processual do TRF4ª Região, por exemplo, deixa muito a desejar, causando sérios transtornos para os participantes da relação jurídica processual.

Lamentavelmente, o processo de virtualização processual foi iniciado de forma fragmentária nos diversos Tribunais do país, utilizando-se da ultrapassada política do *erro e acertos*.

Para se ter uma ideia dessa falta de unificação do processo virtual entre os Tribunais, a Justiça Federal muitas vezes tem de extinguir o processo eletrônico por não ser possível remetê-lo ao Juizado Especial estadual, que só admite os autos na forma física. Esta decisão de extinção demonstra como o processo eletrônico ainda não sanou o problema de redistribuição de processos de uma esfera do Judiciário a outra.

Há necessidade, sem dúvida, de unificar os diversos sistemas de virtualização processual, inclusive inserindo como ferramenta o processo virtual por meio de e-BOOK, o que facilitaria, e muito, a formação e visualização do processo, inclusive para os processos com grandes volumes de documentos.

Também é necessário observar que nem todos os processos devem ser *virtualizados*, uma vez que a dificuldade de manuseio e análise documental pode ensejar mácula aos princípios do contraditório e ampla defesa. Pense-se na hipótese dos processos criminais, com inúmeros réus, e com mais de dez volumes.

É um erro querer inserir todas as circunstâncias existentes no mundo fenomenológico numa mesma matriz cognitiva. É um erro pretender que todos os fatos sejam tratados com um mesmo método de conhecimento.

Não há dúvida de que se pode virtualizar os atos processuais de comunicação, intimação, colheita de provas em audiência, mas isso não significa dizer que todo o processo deva ser por meio eletrônico, devendo-se abrir exceção àqueles processos em que sua virtualização possa causar mais transtorno do que solução.

A Lei 11.419/06 dispõe sobre a informatização do processo judicial.

Para que haja uma uniformização metodológica na utilização do processo eletrônico é necessária a unificação dos procedimentos eletrônicos, para que todos os Tribunais adotem uma fonte única de virtualização processual.

Daí porque a Resolução n. 90, de 29 de setembro de 2009, do Conselho Nacional de Justiça dispõe sobre os requisitos de nivelamento de tecnologia da informação no âmbito do Poder Judiciário, a saber.

O Conselho Nacional de Justiça está tentando unificar o processo eletrônico em todo país, por meio do sistema denominado CRETA, conforme notícia abaixo retirada do sitio do C.N.J.:

CNJ apresenta sistema de processo eletrônico a Tribunais de Justiça

Terça, 02 de Fevereiro de 2010

O conselheiro do Conselho Nacional de Justiça (CNJ) e membro da Comissão de Tecnologia da Informação e Infraestrutura, Walter Nunes, reuniu-se, nesta terça-feira

(2/2), com representantes dos Tribunais de Justiça de Mato Grosso, Maranhão e Pernambuco, para apresentar um novo sistema de processo judicial eletrônico. A ferramenta, que ainda está em fase de desenvolvimento no Tribunal Regional Federal da 5ª Região (TRF5), permitirá a tramitação eletrônica de todos os tipos de ações judiciais de qualquer ramo do Judiciário. Também participaram da reunião os juízes auxiliares da presidência do CNJ, Paulo Cristóvão e Marivaldo Dantas.

Os tribunais de Justiça do Maranhão, de Pernambuco e Mato Grosso demonstraram interesse em conhecer a ferramenta e por isso procuraram o CNJ. O sistema de processo virtual, denominado Creta, está sendo desenvolvido pela subsecretaria de Informática do TRF5 e será compartilhado com outros tribunais interessados, como resultado de um termo de cooperação assinado em setembro do ano passado entre o CNJ, o Conselho da Justiça Federal (CJF) e os Tribunais Regionais Federais (TRFs) das 1ª a 5ª regiões.

A ferramenta dará maior celeridade à tramitação de processos, além de facilitar o acesso de partes, advogados e procuradores às ações. Ele deverá contemplar atividades essenciais à tramitação de qualquer ação judicial, como autuação, numeração, validação e cadastro, distribuição, audiência, perícias, intimação, central de mandados, precatórios, cálculos, certidões, segredo de justiça e sigilo. Além disso, será flexível, de maneira que possa ser adaptado às particularidades do fluxo processual das ações.

Desde o final de dezembro de 2009, em uma primeira etapa do projeto, a ferramenta já possibilita a realização de peticionamentos eletrônicos em algumas das unidades da Justiça Federal de 1º e 2º graus da 5ª Região (Pernambuco, Paraíba, Rio Grande do Norte, Ceará, Alagoas e Sergipe). Em uma segunda fase, prevista para ter início em maio deste ano, a ferramenta começará a ser utilizada no Judiciário Federal de Pernambuco, para a tramitação de alguns tipos de ação judicial. Posteriormente, a ideia é que o sistema também seja adotado em outras seções judiciárias do TRF5 e estendido aos tribunais que demonstrarem interesse em adotar a ferramenta.

Art. 461

O juiz pode ordenar, de ofício ou a requerimento da parte:

I – a inquirição de testemunhas referidas nas declarações da parte ou das testemunhas;

II – a acareação de 2 (duas) ou mais testemunhas ou de alguma delas com a parte, quando, sobre fato determinado que possa influir na decisão da causa, divergirem as suas declarações.

§1º Os acareados serão reperguntados para que expliquem os pontos de divergência, reduzindo-se a termo o ato de acareação.

§2º A acareação pode ser realizada por videoconferência ou por outro recurso tecnológico de transmissão de sons e imagens em tempo real.

Testemunha referida e acareação

O inc. I do art. 461 do atual C.P.C. faz menção à denominada testemunha *referida*, ou seja, aquela testemunha que é mencionada quando do interrogatório de outras testemunhas na audiência de instrução e julgamento.

É importante salientar que a testemunha referida pode ser ouvida a pedido da parte ou de ofício pelo juiz.

Com essa linha de entendimento, não se pode considerar existir, para efeito de prova testemunhal, um regimento predominantemente exclusivo de aportação da prova ao processo adstrito à parte.

Pode o juiz, igualmente, determinar de ofício a oitiva de testemunhas referidas na audiência de instrução e julgamento, desde que imprescindível para a comprovação dos fatos relevantes para a solução da lide.

Sendo deferido o pedido de oitiva da testemunha referida, esta será ouvida numa próxima audiência a ser designada para outro dia próximo.

O inc. II do art. 461 do atual C.P.C., por sua vez, estabelece que o juiz pode ordenar de ofício ou a requerimento da parte a acareação de duas ou mais testemunhas ou de alguma delas com a parte, quando, sobre fato determinado que possa influir na decisão da causa, divergirem as suas declarações.

Preceito similar encontra-se no art. 254 do C.P.C. italiano (Confronto dos testemunhos): *Se existem divergências entre as declarações de duas ou mais testemunhas, o juiz instrutor, mediante pedido da parte ou de ofício, pode dispor que essas sejam acareadas.*

No mesmo sentido é o disposto no §394 do C.P.C. alemão:

> *"1 Toda testemunha deve ser interrogada individualmente e na ausência dos testemunhos que devem ser interrrogados posteriormente.*
>
> *2. Os testemunhos, cujas disposições são contraditórias, podem ser colocados em confronto".*[686]

A acareação consiste no confronto pessoal de testemunhas entre si ou de testemunhas com a parte da relação jurídica processual, sempre que nos depoimentos prestados haja contradição/divergência e desde que essa contradição possa influir na decisão da causa. Acarear, em outras palavras, é por cara a cara, frente a frente.

[686] Patti, S., op. cit., p. 277.

A acareação ocorrerá, em regra, na mesma audiência em que foram prestados os depoimentos, isto se as testemunhas divergentes ainda estiverem presentes, caso contrário será realizada numa audiência próxima a *posteriori*.

É bom salientar que geralmente a acareação não tem trazido muito proveito, pois as partes ou testemunhas costumam confirmar aquilo que anterior relataram.

Sobre o tema, eis o seguinte precedente do S.T.J.:

> (...).
>
> *2. Conforme anotado pelo Magistrado singular, a oitiva de mais uma testemunha, referida por outra testemunha anteriormente arrolada, não se mostrou necessária para o esclarecimento dos fatos, servindo apenas à indevida protelação da instrução criminal.*
>
> *3. Agravo Regimental desprovido.*
>
> (AgRg no REsp 1213242/PR, Rel. Ministro NAPOLEÃO NUNES MAIA FILHO, QUINTA TURMA, julgado em 31/05/2011, DJe 27/06/2011)

Estabelece o *§1º do art. 461* do atual C.P.C. *que os acareados serão reperguntados para que expliquem os pontos de divergência, reduzindo-se a termo o ato de acareação.*

Como a acareação tem por objetivo eliminar eventuais dúvidas ou contradições que possam ocorrer em relação ao depoimento de testemunhas ou destas com a parte, os acareados serão reperguntados para que expliquem os pontos de divergência, devendo o juiz indicar de forma clara e precisa o que caracteriza essa divergência.

Tudo o que for dito na acareação deverá ser reduzido a termo no próprio ato.

Prescreve o *§2º do art. 461* do atual C.P.C. que *a acareação pode ser realizada por videoconferência ou por outro recurso tecnológico de transmissão de sons e imagens em tempo real.*

O legislador, novamente, preconiza que se deve aproveitar ao máximo a tecnologia da informática, permitindo que a própria acareação entre as testemunhas ou entre essas e a parte possa ser realizada por meio de recursos tecnológicos de transmissão de sons e imagens em tempo real, como é o caso da videoconferência.

Art. 462

A testemunha pode requerer ao juiz o pagamento da despesa que efetuou para comparecimento à audiência, devendo a parte pagá-la logo que arbitrada ou depositá-la em cartório dentro de 3 (três) dias.

Pagamento das despesas da testemunha

Preceito similar encontra-se nos §§379 e 401 do C.P.C. alemão:

> *§379 (Antecipação das despesas): O tribunal pode condicionar a citação da testemunha ao pagamento por parte de quem deduz a prova de uma antecipação suficiente para a cobertura das despesas que o erário estatal deve sustentar para a realização do interrogatório da testemunha. Na hipótese em que a antecipação não tenha sido feita dentro do prazo estabelecido, a citação não será executada....*
>
> *§401. (Indenização da testemunha): a testemunha recebe uma indenização segundo a lei sobre compensação no âmbito das ações judiciárias.*

Tendo em vista que o testemunho não é uma faculdade, mas um imperativo legal, a testemunha pode requerer ao juiz, após a audiência de comparecimento para depor, eventuais despesas de locomoção, estadia, alimentação que porventura tenha realizado para a efetivação do depoimento.

Deve-se entender que, em determinadas situações especiais, esse pagamento deve ser prévio, pois muitas vezes, em razão da situação econômica e social da testemunha, nem mesmo o deslocamento até a sede do juízo é possível ser realizado pela própria testemunha, sem que haja grave prejuízo ao seu sustento.

Essas despesas deverão ser arcadas pela parte que arrolou a testemunha, devendo o seu valor ser pago logo que arbitrado ou depositado no prazo de 3 (três) dias em cartório.

Se o valor não for previamente pago, a testemunha não estará obrigada a comparecer.

Se o valor não for pago *a posteriori*, a decisão do juiz que determinou o seu arbitramento valerá como título executivo judicial.

Evidentemente que a responsabilidade final pelo pagamento dessas despesas será da parte sucumbente.

Art. 463

O depoimento prestado em juízo é considerado serviço público.

Parágrafo único. A testemunha, quando sujeita ao regime da legislação trabalhista, não sofre, por comparecer à audiência, perda de salário nem desconto no tempo de serviço.

Depoimento – serviço público relevante

A participação no processo como testemunha é caracterizada como serviço público, razão pela qual a testemunha não pode se furtar a comparecer, salvo em situações especiais.

Como a testemunha é obrigada a comparecer em juízo, não poderá sofrer prejuízo por exercer esse *munus* público.

Preceitua o *parágrafo único do at. 463* do atual C.P.C. que a testemunha sujeita ao regime da legislação trabalhista, não poderá sofrer, por comparecer à audiência, perda de salário, nem desconto no tempo de serviço.

SEÇÃO X – Da Prova Pericial

Art. 464

A prova pericial consiste em exame, vistoria ou avaliação.

§ 1º O juiz indeferirá a perícia quando:

I – a prova do fato não depender de conhecimento especial de técnico;

II – for desnecessária em vista de outras provas produzidas;

III – a verificação for impraticável.

§ 2º De ofício ou a requerimento das partes, o juiz poderá, em substituição à perícia, determinar a produção de prova técnica simplificada, quando o ponto controvertido for de menor complexidade.

§ 3º A prova técnica simplificada consistirá apenas na inquirição de especialista, pelo juiz, sobre ponto controvertido da causa que demande especial conhecimento científico ou técnico.

§ 4º Durante a arguição, o especialista, que deverá ter formação acadêmica específica na área objeto de seu depoimento, poderá valer-se de qualquer recurso tecnológico de transmissão de sons e imagens com o fim de esclarecer os pontos controvertidos da causa.

Prova pericial

A prova pericial é o instrumento ao qual o juiz recorre quando verifica que para acertar os fatos da causa é necessário o emprego de *conhecimentos técnicos ou científicos particulares* que vão além da cultura média ou da experiência normal, e em relação aos quais em regra o juiz não dispõe de conhecimento. O Juiz, neste caso, poderá valer-se de um consultor técnico dotado dos conhecimentos necessários.

Assim, por exemplo, se o prédio desabou e se deseja saber por que desabou, ou se o veículo não parou antes do acidente por imperícia do motorista ou porque tinha defeito de fábrica nos freios, caberá à prova pericial suprir tal dúvida.

A perícia, como meio de prova, terá por finalidade descrever ora a *percepção dos fatos*, ora a *apreciação dos fatos*.

Nicola Framarino Dei Malateste assim define a perícia: *"A perícia, é o testemunho de fatos científicos, de fatos técnicos, ou das suas relações. Ora, a matéria difícil deste testemunho, que diz respeito muitas vezes a minúcias complicadas e impressões analíticas, que é necessário fixar imediatamente por escrito, querendo-se depois reproduzir exatamente, faz com que o escrito seja o melhor ponto de partida para tais testemunhos, servindo melhor para garantir a exatidão e a verdade. Eis porque se admite a leitura do depoimento escrito dos peritos. O perigo da fragilidade da memória considera-se maior, em matéria de perícia, que o das afirmações preparadas e artificiosas que acompanham todos os depoimentos escritos; e isto também quanto à qualidade do testemunho do perito, que não é um homem qualquer, indicado ao acaso, mas sim um homem incomum, que se escolhe 'post factum'"*.[687]

Portanto, a perícia nada mais é do que uma manifestação de conhecimento ou do pensamento humano técnico-científico de qualquer ramo do conhecimento, tendo por objetivo a análise de um fato específico e particularizado, que é objeto de um litígio judicial ou extrajudicial.

A finalidade da perícia é justamente analisar e verificar as circunstâncias do fato, sua origem, causa, consequências e reflexos, que possa ter ele produzido no mundo exterior.

O juiz não deve dispor da perícia quando a decisão da causa requer apenas o emprego de noções que ingressam na comum experiência. Assim, o S.T.J. tem entendimento de que o juiz não necessita de perícia para fixar o valor dos danos morais. Nesse sentido eis o seguinte precedente:

> (...).
> *2. ao juiz de direito e permitido proceder ao arbitramento do montante indenizatório desde logo, independentemente de socorrer-se aos préstimos da prova pericial. Hipótese em que a fixação do "quantum" não se deu de modo aleatório, mas razoavelmente justificado.*
> *Recurso especial não conhecido.*
> (REsp 50.940/SP, Rel. Ministro BARROS MONTEIRO, QUARTA TURMA, julgado em 14/08/1995, DJ 23/10/1995, p. 35676)

O recurso à perícia implica somente uma integração dos conhecimentos técnicos que o juiz necessita para decidir. Contudo, isso não significa dizer que o juiz delegue a decisão ao perito judicial.

[687] MALATESTA. Nicola Framarino Dei. *A lógica das provas em matéria criminal*. Vol. II. Trad. Alexandre Augusto Correia. São Paulo: Edição Saraiva, 1960. p. 32.

Conforme ensinam Comoglio, Ferri e Taruffo: *"Permanece válido o tradicional princípio pelo qual o juiz é o 'peritus peritorum', e, portanto, pertence a ele a avaliação do êxito da perícia, decidindo sobre sua utilização, e de todo modo formular a decisão sobre os fatos. Tal princípio não está privado de aspectos contraditórios e quase paradoxais, porque pressupõe que o juiz avalie a obra do perito, ainda quando este seja nomeado justamente porque o juiz não dispõe das cognições necessárias para decidir sobre os fatos. Isso tem, todavia, algumas conotações importantes, enquanto implica que de todo modo o perito deva prestar contas ao juiz do próprio trabalho, que a sua atividade decorra de êxitos compreensíveis e controláveis, e que portanto pertença ao juiz a decisão final e a possibilidade de discordar (fornecendo idôneas motivações) das conclusões às quais chegou o perito judicial. Malgrado qualquer incerteza teórica e o risco de desvio na prática, sobretudo quando o controle sobre o perito e a avaliação do êxito da perícia sejam particularmente difíceis, permanece de todo modo firme a natureza 'integrativa e auxiliar' da função que o perito desenvolve na relação entre o juiz e o acertamento dos fatos".*[688]

É importante salientar que o juiz não fica adstrito à prova pericial, em face do princípio da livre convicção do órgão julgador. Nesse sentido eis os seguintes precedentes:

> *(...)*
>
> *3. Isso porque o magistrado não está vinculado ao fundamento legal invocado pelas partes ou mesmo adotado pela instância a quo, podendo qualificar juridicamente os fatos trazidos ao seu conhecimento, conforme o brocardo jurídico mihi factum, dabo tibi jus ("dá-me o fato, que te darei o direito) e o princípio jura novit curia ("o Juiz conhece o Direito").*
>
> *4. De igual modo, não prospera a arguição de ofensa aos demais dispositivos do CPC, quais sejam, os arts. 125, 425 e 435, ao argumento de que o processo foi sentenciado sem que fosse concluída a fase probatória, bem como os arts. 131, 436 e 458, II, porque não teria sido acolhido o laudo técnico judicial.*
>
> *5. Na linha da iterativa jurisprudência desta Casa de Justiça, o magistrado não está obrigado a realizar todas as perícias requeridas pelas partes. Ao revés, dentro do livre convencimento motivado, pode dispensar exames que repute desnecessários ou protelatórios. Na hipótese, se não foi deferida a diligência complementar – esclarecimentos adicionais ao perito –, é porque o juiz do processo a entendeu irrelevante.*
>
> *6. Ademais, por ser o juiz o destinatário das provas, a ele incumbe a valoração do conjunto probatório carreado aos autos, portanto não está o magistrado adstrito ao*

[688] Comoglio, L.p.; Ferri, C.; Taruffo, M., op. Cit., p. 488.

laudo pericial realizado, eis que pode formar sua convicção com outros elementos ou fatos existentes nos autos, o que ocorreu na espécie.

(...).

(REsp 1352497/DF, Rel. Ministro OG FERNANDES, SEGUNDA TURMA, julgado em 04/02/2014, DJe 14/02/2014)

1. O Superior Tribunal de Justiça vem entendendo que a norma prevista no art. 30 da Lei 9.250/95 não vincula o Juiz, que é livre na apreciação da prova apresentada por ambas as partes, nos termos dos arts. 131 e 436 do CPC. Precedentes: REsp. 1.251.099/SE, Rel. Min. CASTRO MEIRA, DJe 16.03.2012; AgRg no REsp. 1.160.742/PE, Rel. Min. HAMILTON CARVALHIDO, DJe 29.04.2010, dentre outros.

2. O laudo pericial do serviço médico oficial é, sem dúvida alguma, uma importante prova e merece toda a confiança e credibilidade, mas não tem o condão de vincular o Juiz que, diante das demais provas produzidas nos autos, poderá concluir pela comprovação da moléstia grave; entendimento contrário conduziria ao entendimento de que ao Judiciário não haveria outro caminho senão a mera chancela do laudo produzido pela perícia oficial, o que não se coaduna com os princípios do contraditório e da ampla defesa.

3. A perícia médica oficial não é o único meio de prova habilitado à comprovação da existência de moléstia grave para fins de isenção de imposto; desde que haja prova pré-constituída, o Mandado de Segurança pode ser utilizado para fins de afastar/impedir a cobrança de imposto.

4. Agravo Regimental desprovido.

(AgRg no AREsp 81.149/ES, Rel. Ministro NAPOLEÃO NUNES MAIA FILHO, PRIMEIRA TURMA, julgado em 15/10/2013, DJe 04/12/2013)

Estabelece o *art. 464* do atual C.P.C. que *a prova pericial consiste em exame, vistoria ou avaliação.*

Em toda perícia existe um elemento que lhe é essencial, ou seja, a *verificação, certificação ou comprovação dos fatos*. Para que isso ocorra, é necessário estabelecer-se um método de análise, podendo esse método consistir em *exame, vistoria ou avaliação.*

Pode-se dizer que *"a prova pericial ou, simplesmente perícia, constitui o gênero probatório, cujas espécies são o exame, a vistoria e a avaliação. A essas acrescentamos o 'arbitramento' ..."*.[689]

[689] Santos, M. A., op. Cit., p. 336.

Por *exame pericial* entende-se a inspeção, por meio de perito, sobre pessoas, coisas, móveis e semoventes para verificação de fatos ou circunstâncias que interessam à causa. *Vistoria* é a mesma inspeção relativamente a imóveis. Tratando-se de apurar o valor, em dinheiro, do objeto do litígio, de direitos ou da obrigação demandada, a perícia toma o nome de *arbitramento*. Sua finalidade é justamente a estimação do valor, em moeda, de coisas, direitos ou obrigações. Dá-se o nome de *avaliação* à mesma estimação do valor, em moeda, de coisas, direitos ou obrigações, quando feita em inventário, partilhas ou processos administrativos, e nas execuções, para a estimação da coisa a partilhar, ou penhorada. Nestes casos, a avaliação busca a determinação do justo preço de alguma coisa.[690]

A perícia pode ser judicial ou extrajudicial.

A perícia extrajudicial é realizada pela parte ou pelas partes amigavelmente mas em ato fora do processo judicial. Um exemplo clássico de perícia é a vistoria realizada por locador e locatário no bem locado quando da assinatura do contrato de locação.

A perícia judicial será realizada mediante autorização do juiz.

Na direção do processo, o juiz compete ordenar a realização da perícia útil à instrução da causa e indeferir as inúteis. Não há dúvida de que o juiz, como destinatário da prova, é livre na análise da produção da prova pericial. Contudo, essa liberdade precisa ser entendida dentro de certos limites para que não se converta em puro arbítrio. Daí porque Mortara afirma que esse arbítrio do juiz será restringido pelo denominado *sistema da necessidade da prova pericial*. Será caso de perícia uma vez que o fato a ser provado dependa de conhecimentos especiais para sua verificação. Fatos há, com efeito, que impõem prova por meio de perícia. A verificação de tais fatos depende justamente de conhecimentos técnicos especiais. Nestes casos, a prova pericial não poderá ser indeferida pelo juiz, sob pena de ferir o princípio constitucional *da ampla defesa*.[691]

A perícia também pode se objeto da *produção antecipada de prova* prevista nos artigos 378 a 380 do atual C.P.C., quando a perícia é realizada antes da instrução processual no processo principal.

Segundo estabelece o *§1º do art. 464* do atual C.P.C., *o juiz indeferirá a perícia quando: I – aprova do fato não depender de conhecimento especial de técnico; II – for desnecessária em vista de outras provas produzidas; III – a verificação for impraticável.*

Nestes casos, o juiz não está adstrito à realização da prova pericial.

[690] SANTOS, M. A., idem, p. 336 e 337.
[691] SANTOS, M. A., idem, p. 339.

Em princípio, deverá o juiz indeferir a prova pericial quando a prova do fato não depender de conhecimento especial de técnico, podendo o fato ser avaliado com a experiência ou conhecimento normal de uma pessoa comum.

Também não haverá necessidade da prova pericial quando o fato já se encontrar provado por outras provas (documental, por exemplo) produzidas no processo.

Igualmente não será deferida a prova pericial quanto a verificação do fato for impraticável, como é o caso em que os vestígios da perícia desapareceram ou foram destruídos.

Contra o indeferimento da prova pericial, segundo o projeto originário n. 2.046/10, caberia o recurso do agravo de instrumento, nos termos do seu art. 1.028, inc. XIX. Contudo, esse dispositivo não foi repetido no art. 1.015 do atual C.P.C.

Prescreve o *§ 2º do art. 464* do atual C.P.C. que *de ofício ou a requerimento das partes, o juiz poderá, em substituição à perícia, determinar a produção de prova técnica simplificada, quando o ponto controvertido for de menor complexidade.*

A perícia, em regra, é elaborada por escrito, devendo o laudo ser apresentado em peça própria subscrita pelo perito judicial.

Contudo, o §2º do art. 464 do atual C.P.C. excepciona a regra geral de que o laudo pericial deve ser apresentado por escrito. Assim, quando a natureza do fato o permitir, a produção de prova técnica poderá consistir apenas na inquirição pelo juiz de especialista, por ocasião da audiência de instrução e julgamento, a respeito das coisas que houver informalmente examinado ou avaliado.

Nestas hipóteses, não há necessidade de um exame ou avaliação formal, pois basta para que os fatos sejam compreendidos que o especialista preste declarações orais sobre aquilo que ele informalmente examinou ou avaliou.

Muitas vezes a dúvida que surge sobre determinado fato é uma dúvida técnica, mas simplificada, não sendo razoável a produção de uma prova pericial ampla e complexa.

É importante salientar que a prova técnica simplificada consistirá apenas na inquirição pelo juiz de especialista sobre ponto controvertido da causa, o qual demande especial conhecimento científico ou técnico (*§3º do art. 464* do atual C.P.C).

Nesta hipótese, o juiz, de ofício ou a requerimento da parte, poderá determinar o comparecimento em audiência de especialista (que não necessita ser um verdadeiro perito) para que em audiência ele possa esclarecer dúvida sobre ponto controvertido da causa, devendo esse especialista ter conhecimento técnico ou científico sobre tal fato (por exemplo, o especialista simplesmente deverá dizer se na atividade de tratamento de piscina há alteração química de produtos).

O especialista, que deverá ter formação acadêmica específica na área objeto de seu depoimento, poderá, ao prestar seus esclarecimentos, valer-se de qualquer recurso tecnológico de transmissão de sons e imagens com o fim de esclarecer os pontos controvertidos na causa (*§ 4º do art. 464* do atual C.P.C.).

Art. 465

O juiz nomeará perito especializado no objeto da perícia e fixará de imediato o prazo para a entrega do laudo.

§ 1º Incumbe às partes, dentro de 15 (quinze) dias contados da intimação do despacho de nomeação do perito:

I – arguir o impedimento ou a suspeição do perito, se for o caso;

II – indicar assistente técnico;

III – apresentar quesitos.

§ 2º Ciente da nomeação, o perito apresentará em 5 (cinco) dias:

I – proposta de honorários;

II – currículo, com comprovação de sua especialização;

III –contatos profissionais, em especial o endereço eletrônico, para onde serão dirigidas as intimações pessoais.

§ 3º As partes serão intimadas da proposta de honorários para, querendo, manifestar-se no prazo comum de 5 (cinco) dias, após o que o juiz arbitrará o valor, intimando-se as partes para os fins do art. 95.

§ 4º O juiz poderá autorizar o pagamento de até cinquenta por cento dos honorários arbitrados a favor do perito no início dos trabalhos, devendo o remanescente ser pago apenas ao final, depois de entregue o laudo e prestados todos os esclarecimentos necessários.

§ 5º Quando a perícia for inconclusiva ou deficiente, o juiz poderá reduzir a remuneração inicialmente arbitrada para o trabalho.

§ 6º Quando tiver de realizar-se por carta, poder-se-á proceder à nomeação de perito e à indicação de assistentes técnicos no juízo ao qual se requisitar a perícia.

Nomeação de perito e prazo para entrega do laudo.

Dispositivo similar encontra-se no §404 do Código de Processo Civil alemão:

> *"§404 (Escolha de consultor técnico)*
>
> *1. A escolha dos consultores técnicos para instruir e a determinação de seu número será efetuada pelo tribunal da causa. Isso pode limitar-se à nomeação de um só consultor técnico. Pode nomear outros consultores técnicos para o posto daquele nomeado precedentemente.*
>
> *2. Se para determinados tipos de perícia os consultores técnicos forem nomeados publicamente, devem ser escolhidas outras pessoas somente se circunstâncias particulares o requererem.*
>
> *3. O tribunal pode convidar as partes a indicar pessoas adequadas a ser interrogadas como consultores técnicos.*
>
> *4. Se as partes estiverem de acordo acerca de determinada pessoa como consultor técnico, o tribunal deve ater-se a tal escolha; o tribunal pode todavia limitar a escolha das partes a um determinado número".*[692]

O juiz pode fazer-se assistir por um ou mais peritos (consultor técnicos) dotados de 'particular competência técnica' para o cumprimento de singulares atos ou para todo o processo.

O perito é um *auxiliar da justiça*, conforme estabelece o art. 156 do atual C.P.C. Segundo estabelece o art. 156 do atual C.P.C.:

> *Art. 156. O juiz será assistido por perito quando a prova do fato depender de conhecimento técnico ou científico.*
>
> *§ 1º Os peritos serão nomeados entre os profissionais legalmente habilitados e os órgãos técnicos ou científicos devidamente inscritos em cadastro mantido pelo tribunal ao qual o juiz está vinculado.*
>
> *§ 2º Para formação do cadastro, os tribunais devem realizar consulta pública, por meio de divulgação na rede mundial de computadores ou em jornais de grande circulação, além de consulta direta a universidades, a conselhos de classe, ao Ministério Público, à Defensoria Pública e à Ordem dos Advogados do Brasil, para a indicação de profissionais ou de órgãos técnicos interessados.*
>
> *§ 3º Os tribunais realizarão avaliações e reavaliações periódicas para manutenção do cadastro, considerando a formação profissional, a atualização do conhecimento e a experiência dos peritos interessados.*
>
> *§ 4º Para verificação de eventual impedimento ou motivo de suspeição, nos termos dos arts. 148 e 467, o órgão técnico ou científico nomeado para realização da perícia*

[692] Patti, S., op. cit., p. 281 a 283.

informará ao juiz os nomes e os dados de qualificação dos profissionais que participarão da atividade.

§ 5º Na localidade onde não houver inscrito no cadastro disponibilizado pelo tribunal, a nomeação do perito é de livre escolha pelo juiz e deverá recair sobre profissional ou órgão técnico ou científico comprovadamente detentor do conhecimento necessário à realização da perícia.

A jurisprudência tem sido maleável na escolha do perito judicial, principalmente acerca de sua qualificação, dispensando certos requisitos em relação a algumas atividades, como, por exemplo, simples avaliações mercadológicas de imóveis. Sobre o tema, eis o seguinte precedente:

> *Processual civil e administrativo. Ofensa a resolução. Não-inclusão no conceito de lei federal. Reexame de matéria fática.*
>
> *Impossibilidade. Súmula 7/stj. Exercício profissional. Multa aplicada por conselho regional de engenharia e arquitetura. Avaliação de imóvel. Nomeação de perito. Violação ao art. 7º da lei 5.194/66. Inocorrência. Atividade não afeta com exclusividade a engenheiros, arquitetos ou agrônomos. Corretor de imóveis. Possibilidade. art. 3º da lei 6.530/78. Precedentes. Recurso especial parcialmente conhecido e, nessa parte, desprovido.*
>
> (REsp 779.196/RS, Rel. Ministro TEORI ALBINO ZAVASCKI, PRIMEIRA TURMA, julgado em 25/08/2009, DJe 09/09/2009)

Assim, ao deferir o pedido de realização de perícia ou ao determinar este meio de prova de ofício, o juiz deverá nomear perito seguindo as diretrizes traçadas pelo art. 156 do atual C.P.C.

No mesmo despacho que o juiz nomeia o perito também estabelece, de imediato, o prazo para a entrega do laudo. Neste caso o juiz deverá levar em consideração a complexidade da perícia para estabelecer um prazo suficiente a fim de que o trabalho pericial seja concluído. Nada impede que o juiz reveja o prazo estabelecido no despacho inicial, mediante provocação do perito, o qual poderá argumentar a necessidade de um prazo maior para a conclusão dos trabalhos. Assim, na realidade, o prazo a ser concedido ao perito irá variar de acordo com a urgência da resolução da causa, segundo a complexidade da matéria e também no que concerne à abrangência da prova.

É importante que o juiz no despacho de nomeação do perito também possa inserir eventuais quesitos que entenda serem pertinentes para a veracidade dos fatos. A importância de que esses quesitos sejam apresentados desde logo tem por fundamento permitir às partes exercerem o contraditório.

Sendo o perito um auxiliar do juízo e exercendo um *múnus público*, fará *jus* não só ao pagamento das despesas que realizar com a perícia, mas, também, ao pagamento de remuneração específica (honorários), que deverá ser fixada pelo juiz de forma prudente e moderada, compatibilizando a complexidade do trabalho e o menor ônus possível para a parte.

Em relação à remuneração do perito, prescreve o art. 95 do atual C.P.C.:

> *Art. 95. Cada parte adiantará a remuneração do assistente técnico que houver indicado, sendo a do perito adiantada pela parte que houver requerido a perícia ou rateada quando a perícia for determinada de ofício ou requerida por ambas as partes.*
>
> *§ 1º O juiz poderá determinar que a parte responsável pelo pagamento dos honorários do perito deposite em juízo o valor correspondente.*
>
> *§ 2º A quantia recolhida em depósito bancário à ordem do juízo será corrigida monetariamente e paga de acordo com o art. 465, § 4º.*
>
> *§ 3º Quando o pagamento da perícia for de responsabilidade de beneficiário de gratuidade da justiça, ela poderá ser:*
>
> *I – custeada com recursos alocados no orçamento do ente público e realizada por servidor do Poder Judiciário ou por órgão público conveniado;*
>
> *II – paga com recursos alocados no orçamento da União, do Estado ou do Distrito Federal, no caso de ser realizada por particular, hipótese em que o valor será fixado conforme tabela do tribunal respectivo ou, em caso de sua omissão, do Conselho Nacional de Justiça.*
>
> *§ 4º Na hipótese do § 3º, o juiz, após o trânsito em julgado da decisão final, oficiará a Fazenda Pública para que promova, contra quem tiver sido condenado ao pagamento das despesas processuais, a execução dos valores gastos com a perícia particular ou com a utilização de servidor público ou da estrutura de órgão público, observando-se, caso o responsável pelo pagamento das despesas seja beneficiário de gratuidade da justiça, o disposto no art. 98, § 2º.*
>
> *§ 5º Para fins de aplicação do § 3º, é vedada a utilização de recursos do fundo de custeio da Defensoria Pública.*

Uma das grandes evoluções legislativa do novo C.P.C., no que diz respeito à remuneração do perito, foi justamente a questão do beneficiário da gratuidade de justiça.

As pessoas carentes sempre tiveram enormes dificuldades no exercício de sua ampla defesa, pois era extremamente difícil nomear peritos para a realização de perícia em processos em que essas pessoas se encontravam envolvidas.

Dificilmente profissionais renomados sujeitavam-se à realização de perícia gratuitamente ou com base nos valores estipulados em tabelas pelos tribunais.

Na verdade, a questão da pobreza na justiça brasileira era comparada a ideia do Hotel Hitz (suas portas estão abertas para todos, mas somente pode nele se hospedar aquele que tem dinheiro).

Atualmente, com a possibilidade de se determinar que as instituições públicas ou peritos oficiais realizem as perícias em que envolvam beneficiário de justiça gratuita, ampliou-se o leque para a resolução desse grave problema social, ou melhor, para esse 'tendão de aquiles' da justiça brasileira.

Agora, nos termos do §3º do art. 95 do atual C.P.C., quando o pagamento da perícia for de responsabilidade de beneficiário de gratuidade da justiça, ela poderá ser custeada com recursos alocados ao orçamento do ente público e realizada por servidor do Poder Judiciário ou por órgão público conveniado. No caso da realização por particular, o valor será fixado conforme tabela do tribunal respectivo ou, em caso de sua omissão, do Conselho Nacional de Justiça, e pago com recursos alocados ao orçamento da União, do Estado ou do Distrito Federal.

Estabelece o *§1º do art. 465* do atual C.P.C. que *incumbe às partes, dentro de 15 (quinze) dias contados da intimação do despacho de nomeação do perito: I – arguir o impedimento ou a suspeição do perito, se for o caso; II – indicar assistente técnico; III – apresentar quesitos.*

Uma vez intimadas as partes sobre a nomeação do perito, cada uma poderá, no prazo de quinze dias contado da intimação do despacho de nomeação (publicação oficial ou mandado), arguir o impedimento ou a suspeição do perito.

Aplicam-se os motivos de impedimento ou suspeição do juiz aos peritos, nos termos do art. 148, inc. II, do atual C.P.C.

Será considerado impedido o perito nas hipóteses indicadas no art. 144 do atual C.P.C.

Será considerado suspeito o perito nas hipóteses do art. 145 do atual C.P.C.

No prazo de quinze dias também incumbe às partes indicar o assistente técnico e apresentar quesitos.

Findo o prazo de quinze dias, extingue-se o direito de praticar o ato, podendo, contudo, a parte comprovar que não o fez por justa causa.

A jurisprudência majoritária tem entendido que esse prazo não seria preclusivo. Nesse sentido eis o seguinte entendimento do S.T.J.:

> *1 – Não é cabível a ação demarcatória na espécie, diante da ausência de controvérsia sobre os limites da propriedade objeto do litígio.*
>
> *2 – É possível a indicação de assistente técnico e a formulação de quesitos de perícia, além do quinquídio previsto no art. 421, § 1º, do Código de Processo Civil (prazo não-preclusivo), desde que não dado início aos trabalhos da prova pericial. Precedentes.*

3 – Recurso especial conhecido e parcialmente provido.

(REsp 796.960/MS, Rel. MIN. FERNANDO GONÇALVES, QUARTA TURMA, julgado em 15/04/2010, DJe 26/04/2010)

No processo existirá um perito oficial nomeado pelo juiz, e os assistentes técnicos de cada parte se assim desejar.

Havendo pluralidade de autores ou de réus, em litisconsórcio, poderá cada qual apresentar seu assistente técnico, pois o §1º do art. 465 do atual C.P.C. fala em parte e não em conjunto de litisconsortes.

O assistente técnico terá por incumbência aproximar e auxiliar as partes em relação à perícia a ser realizada, acompanhando-a, inclusive podendo arguir determinadas falhas existentes no laudo pericial oficial.

Sendo o vínculo do assistente técnico direto com a parte, sua remuneração, em princípio, ficará sob a incumbência da parte que o indicou (art. 95, 'caput', primeira parte do atual C.P.C.). Contudo, ao final essa despesa será arcada pela parte sucumbente.

No prazo de quinze dias, as partes também deverão apresentar os quesitos pertinentes a serem respondidos pelo perito judicial.

Os quesitos devem versar somente sobre a matéria de fato, não cabendo ao perito informar sobre a matéria de direito, pois no processo civil brasileiro prevalece o princípio *juria novit cúria*.

Estabelece o *§2º do art. 465* do atual C.P.C. que *ciente da nomeação, o perito apresentará em 5 (cinco) dias: I – sua proposta de honorários; II – currículo, com a comprovação de sua especialização; III – contatos profissionais, em especial o endereço eletrônico, para onde serão dirigidas as intimações pessoais.*

Uma vez notificado o perito de sua nomeação, deverá ele, no prazo de cinco dias, dirigir-se ao juiz indicando aceitação ou recusa para realização do trabalho, devendo esta, ao contrário daquela, ser devidamente motivada.

Uma vez aceita a incumbência, no mesmo ato deverá o perito apresentar sua proposta de honorários.

Sobre a proposta de honorários apresentada pelo perito, as partes deverão se manifestar, podendo argumentar que os valores são elevados e não estão de acordo com a complexidade ou não da perícia.

Uma vez intimadas as partes para se manifestar, o juiz decidirá a questão.

É importante salientar que a questão da proposta de honorários, salvo se o juiz manifestar-se de forma diversa, não suspende o processo nem o transcurso do prazo para apresentação dos quesitos ou para a entrega do laudo pericial.

Deverá também o perito, no prazo de cinco dias, apresentar o seu currículo, com a comprovação de sua especialização, assim como contatos profissionais, em especial o endereço eletrônico para onde serão dirigidas as intimações pessoais.

Segundo estabelece o *§3º do art. 465* do atual C.P.C., *as partes serão intimadas da proposta de honorários para, querendo, manifestar-se no prazo comum de 5 (cinco) dias, após o que o juiz arbitrará o valor, intimando-se as partes para os fins do art. 95.*

Uma vez formulada a proposta de honorários pelo perito nomeado pelo juiz, as partes serão de imediato intimadas para se manifestar sobre a proposta formulada, pois o pagamento do perito judicial será feito pela parte sucumbente.

As partes deverão se manifestar sobre a proposta de honorários do perito nomeado pelo juiz no prazo comum de cinco dias.

Se uma das partes impugnar de forma fundamentada a proposta formulada pelo perito, o juiz, após ouvir a parte contrária, decidirá.

Decidida a questão dos honorários periciais pelo juiz, o qual arbitrará o seu valor, será intimada a parte que houver requerido a perícia para o adiantamento dos honorários periciais.

Se a perícia for determinada de ofício ou requerida por ambas as partes, o adiantamento será rateado pelo autor e pelo réu.

As perícias requeridas pela Fazenda Pública, Ministério Público ou Defensoria Pública poderão ser realizadas por entidade pública ou, havendo previsão orçamentária, ter os valores adiantados por aquele que requerer a prova.

Se o valor do depósito dos honorários for realizado pela parte que não era obrigada a fazê-lo, o perito deverá restituir os honorários, caso tenha levantado o seu valor, conforme estabelece o seguinte precedente do S.T.J.:

> *1. Pacífico o entendimento nesta Corte Superior no sentido de que, nos termos do estatuído pelos arts. 19 e 33 do CPC, os honorários periciais, com exceção dos casos de justiça gratuita ou requerimento do Ministério Público, devem ser arcados pela parte que requereu a perícia, visto que tal verba tem natureza jurídica de despesa processual. Vastidão de precedentes.*
>
> *2. In casu, antecipados pela ré, por equívoco – já que a perícia fora requerida pela autora e determinada pelo juiz –, os honorários periciais, os quais foram levantados pelo perito, deve este ser intimado para devolver a verba referenciada, cujo ônus do pagamento é de quem requereu, id est, da parte adversa.*
>
> *3. Recurso provido.*
>
> (REsp 753.575/SP, Rel. Ministro JOSÉ DELGADO, PRIMEIRA TURMA, julgado em 04/08/2005, DJ 29/08/2005, p. 231)

Segundo prescreve o *§4º* do art. 465 do atual C.P.c., *o juiz poderá autorizar o pagamento de até cinquenta por cento dos honorários arbitrados a favor do perito no início* *dos trabalhos, devendo o remanescente ser pago apenas ao final, depois de entregue o laudo e prestados todos os esclarecimentos necessários.*

Por vezes, o perito deverá realizar inúmeras diligências e algumas despesas logo no início da perícia, razão pela qual o juiz poderá autorizar o pagamento de até cinquenta por cento dos honorários arbitrados em favor do perito, no início dos trabalhos. A fixação do percentual dependerá dos argumentos expendidos pelo perito para demonstrar a necessidade da antecipação do valor.

O remanescente dos honorários periciais será pago ao final, após a entrega do laudo definitivo ou depois que ele prestar todos os esclarecimentos necessários, inclusive aqueles que deverão ser prestados em audiência a ser designada pelo juiz.

Porém, conforme estabelece o *§ 5º do art. 465* do atual C.P.C., *quando a perícia for inconclusiva ou deficiente, o juiz poderá reduzir a remuneração inicialmente arbitrada para o trabalho.*

Por vezes, o laudo apresentado pelo perito é inconclusivo, falho, deficiente e cheio de lacunas. Nesta hipótese, o juiz poderá reduzir a remuneração inicial arbitrada para o trabalho, se de alguma forma for aproveitada a perícia.

Se o trabalho apresentado pelo perito for *imprestável*, isto é, dele não se puder aproveitar qualquer coisa, deverá o juiz destituir o perito, determinando a devolução do valor que já tiver recebido como adiantamento.

Contra a determinação judicial que determinar a devolução dos honorários periciais caberá mandado de segurança, conforme já teve oportunidade de afirmar o S.T.J. no seguinte precedente:

> *1. É cabível mandado de segurança impetrado por perito judicial contra ato que determina a devolução dos honorários periciais. Ordem judicial proferida após a conclusão da perícia.*
>
> *2. O ato que determina a devolução dos honorários periciais, quando já exercido o labor profissional pelo expert, configura ilegalidade manifesta que não pode ser combatida pelos meios recursais usuais, uma vez que o perito não é parte e nem interessado na causa.*
>
> *3. O perito judicial deve ser remunerado pelo trabalho que realiza, nos termos do art. 10 da Lei n. 9.289/96 e art. 33 do CPC.*
>
> *4. Impetrado mandado de segurança contra ato judicial, impõe-se a citação de todos os litisconsortes passivos necessários, notadamente porque suportarão no processo principal o ônus financeiro pela paga dos honorários periciais.*
>
> *5. Ausente a citação dos litisconsortes passivos necessários, há violação do postulado do devido processo legal. Precedentes desta Corte.*

Recurso ordinário improvido.

(RMS 30.115/SP, Rel. Ministro HUMBERTO MARTINS, SEGUNDA TURMA, julgado em 10/08/2010, DJe 19/08/2010)

Estabelece o *§6º do art. 465* do atual C.P.C. que *quando tiver de realizar-se por carta, poder-se-á proceder à nomeação de perito e à indicação de assistentes técnicos no juízo ao qual se requisitar a perícia.*

Se a perícia deve ser realizada por carta precatória ou rogatória, a nomeação do perito poderá ser feita pelo juízo deprecante, ou seja, pelo juízo que requisitou a perícia. Se o juízo deprecante não indicar o perito, deverá fazê-lo o juízo deprecado.

Art. 466

O perito cumprirá escrupulosamente o encargo que lhe foi cometido, independentemente de termo de compromisso.

§1º Os assistentes técnicos são de confiança da parte e não estão sujeitos a impedimento ou suspeição.

§2º O perito deve assegurar aos assistentes das partes o acesso e o acompanhamento das diligências e dos exames que realizar, com prévia comunicação, comprovada nos autos, com antecedência mínima de 5 (cinco) dias.

Conduta do perito

Segundo preceitua o art. 157 do atual C.P.C., o perito tem o dever de cumprir o ofício no prazo que lhe assinar o juiz, empregando toda a sua diligência.

A antiga redação do art. 422 do C.P.C. de 1973, antes da entrada em vigor da Lei n. 8.455, de 24.8.1992, estabelecia que o perito e os assistentes técnicos seriam intimados a prestar, em dia, hora e lugar designados pelo juiz, o compromisso de cumprir conscienciosamente o encargo que lhes foi cometido.

A partir da Lei 8.455/92, não há mais a condição legal de prestação de compromisso para que o perito possa exercer seu oficio.

Na realidade, sendo o perito um auxiliar do juízo e exercendo um *múnus público*, não se poderia exigir desse profissional outra conduta a não ser de cumprir *escrupulosamente* o encargo que lhe foi cometido, *independentemente de compromisso*. Portanto, o *compromisso* não é condição para que o perito aja com escrúpulo, lealdade, honestidade e fidelidade ao juiz da causa.

Estabelece o *§1º do art. 466* do atual C.P.C. que os assistentes técnicos são de confiança da parte que o indicou e não da parte contrária e nem do juiz da causa, razão pela qual não pode ser alegada em relação a eles a sua suspeição ou o seu impedimento.

Contudo, isso não significa dizer que os assistentes técnicos, pelo fato de serem de confiança da parte, possam agir de forma temerária ou de má-fé no processo, tentando dolosamente induzir o juiz em erro, pois, conforme preconiza o art. 77 do atual C.P.C., *além dos outros previstos neste código, são deveres das partes, de seus procuradores, e de todos aqueles que de qualquer forma participam do processo: I – expor os fatos em juízo conforme a verdade;*

Estabelece o *§2º do art. 466* do atual C.P.C. que *o perito deve assegurar aos assistentes das partes o acesso e o acompanhamento das diligências e dos exames que realizar, com prévia comunicação, comprovada nos autos, com antecedência mínima de 5 (cinco) dias.*

Conforme ensinam Comoglio, Ferri e Taruffo: *"Das pesquisas do consultor se forma o processo verbal e nesse intervém o juiz; ou este dispõe que o consultor para ele redija um relatório escrito (art. 195 do c.p.c. italiano), no qual o consultor deve inserir também as observações e os pedidos das partes (art. 195, inc. II do c.p.c. italiano). As partes têm de fato o direito de intervir e estar presentes a todas as atividades e pesquisas desenvolvidas pelo consultor, pessoalmente e também por meio dos próprios assistentes técnicos e dos próprios defensores; esses podem, por sua vez, apresentar ao consultor observações e requerimentos. Trata-se de uma importante manifestação da garantia do 'contraditório', que deve ser observada integralmente: donde o dever do consultor de comunicar de modo adequado e tempestivo o tempo e o lugar no qual entende desenvolver as próprias pesquisas, desde que seja possível a participação das partes. Provêem sob este tema os arts. 90 ss do c.p.c. italiano, os quais devem ser interpretados de modo a assegurar que 'sempre' as partes sejam colocadas em condições de exercitar tal direito que lhes pertence".*[693]

Art. 467

O perito pode escusar-se ou ser recusado por impedimento ou suspeição.

Parágrafo único. O juiz, ao aceitar a escusa ou ao julgar procedente a impugnação, nomeará novo perito.

[693] COMOGLIO, L.P.; FERRI, C.; TARUFFO, M., op. Cit., p. 489.

Escusa, impedimento ou suspeição do perito

Sobre a escusa do perito, estabelece o art. 157 do atual C.P.C.: *o perito tem o dever de cumprir o ofício no prazo que lhe designar o juiz, empregando toda sua diligência, podendo escusar-se do encargo alegando motivo legítimo.*

É importante salientar que a escusa será apresentada dentro de cinco dias contados da intimação ou do impedimento superveniente, sob pena de renúncia ao direito de alegá-la.

Assim como ocorre com o próprio juiz, o perito judicial pode escusar-se ou ser recusado por *impedimento ou suspeição.*

Segundo estabelece o art. 148 do atual C.P.C.: *Aplicam-se os motivos de impedimento e de suspeição (II) – aos auxiliares da justiça.*

Será considerado impedido o perito (art. 144 do atual C.P.C.): I – em que interveio como mandatário da parte, oficiou como perito, funcionou como membro do Ministério Público ou prestou depoimento como testemunha; II – de que conheceu em outro grau de jurisdição, tendo proferido decisão; III – quando nele estiver postulando, como defensor público, advogado ou membro do Ministério Público, seu cônjuge ou companheiro, ou qualquer parente, consanguíneo ou afim, em linha reta ou colateral, até o terceiro grau, inclusive; IV – quando for parte no processo ele próprio, seu cônjuge ou companheiro, ou parente, consanguíneo ou afim, em linha reta ou colateral, até o terceiro grau, inclusive; V – quando for sócio ou membro de direção ou de administração de pessoa jurídica parte no processo; VI – quando for herdeiro presuntivo, donatário ou empregador de qualquer das partes; VII – em que figure como parte instituição de ensino com a qual tenha relação de emprego ou decorrente de contrato de prestação de serviços; VIII – em que figure como parte cliente do escritório de advocacia de seu cônjuge, companheiro ou parente, consanguíneo ou afim, em linha reta ou colateral, até o terceiro grau, inclusive, mesmo que patrocinado por advogado de outro escritório; IX – quando promover ação contra a parte ou seu advogado.

Será considerado suspeito o perito (art. 145 do atual C.P.C.): I – amigo íntimo ou inimigo de qualquer das partes ou de seus advogados; II – que receber presentes de pessoas que tiverem interesse na causa antes ou depois de iniciado o processo, que aconselhar alguma das partes acerca do objeto da causa ou que subministrar meios para atender às despesas do litígio; III – quando qualquer das partes for sua credora ou devedora, de seu cônjuge ou companheiro ou de parentes destes, em linha reta até o terceiro grau, inclusive; IV – interessado no julgamento do processo em favor de qualquer das partes.

É importante salientar que nos termos do §1º do art. 145 do atual C.P.C. o juiz poderá declarar-se suspeito por motivo de foro íntimo, sem necessidade de exteriorizar suas razões. Por sua vez, o perito também pode declarar-se suspeito por foro íntimo, mas neste caso, para que o juiz possa avaliar se o motivo da suspeição é legítimo, deverá o perito indicar em petição ao juiz suas razões.

Em relação ao parentesco entre o juiz e o perito, assim decidiu o Superior Tribunal de Justiça:

> *(...).*
>
> *3. As hipóteses de impedimento e suspeição do juiz estão expressamente previstas nos arts. 134 e 135 do CPC, sendo certo que os motivos de impedimento e de suspeição do juiz também são aplicáveis ao perito, por força do disposto no inciso III do art. 138 do mesmo código. Deve ser observada, ainda, a norma contida no art. 136 da Lei Processual Civil.*
>
> *4. O legislador, ao definir as hipóteses de suspeição e impedimento, atentou apenas para as possíveis relações existentes entre o juiz e as partes do processo, ou, conforme o art. 138, III, do CPC, entre as partes e o perito, nada dispondo acerca de eventuais vínculos, seja de que natureza for, entre o juiz e os seus auxiliares (peritos, serventuários, intérpretes etc).*
>
> *5. Uma vez nomeado para oficiar nos autos, o perito, sendo irmão do juiz que o nomeou, poderia até mesmo – o que seria uma atitude louvável – declarar a sua suspeição por motivo de foro íntimo, nos termos do parágrafo único do art. 135 acima transcrito.*
>
> *6. Tratando-se, todavia, de hipótese de suspeição, esta deve ser arguida em petição fundamentada e devidamente instruída, na primeira oportunidade em que lhe couber falar nos autos, sob pena de preclusão (CPC, art. 138, § 1º).*
>
> *7. Assim, conquanto não constitua exemplo de ética profissional, não há na lei processual civil nada que impeça o juiz de nomear o seu próprio irmão para oficiar nos autos como seu assistente, não sendo causa suficiente, portanto, para se declarar, de ofício, a nulidade do julgamento.*
>
> *8. "Embargos de declaração manifestados com notório propósito de prequestionamento não têm caráter protelatório" (Súmula 98/STJ).*
>
> *9. Recurso especial parcialmente provido.*
>
> *(REsp 906598/MT, Rel. Ministra DENISE ARRUDA, PRIMEIRA TURMA, julgado em 19/06/2007, DJ 02/08/2007, p. 407).*

Ao aceitar a escusa formulada pelo perito ou julgada procedente a sua recusa por uma das partes, o juiz no mesmo ato nomeará novo perito.

Art. 468

O perito pode ser substituído quando:

I – faltar-lhe conhecimento técnico ou científico;

II – sem motivo legítimo, deixar de cumprir o encargo no prazo que lhe foi assinado.

§ 1º No caso previsto no inciso II, o juiz comunicará a ocorrência à corporação profissional respectiva, podendo, ainda, impor multa ao perito, fixada tendo em vista o valor da causa e o possível prejuízo decorrente do atraso no processo.

§ 2º O perito substituído restituirá, no prazo de 15 (quinze) dias, os valores recebidos pelo trabalho não realizado, sob pena de ficar impedido de atuar como perito judicial pelo prazo de 5 (cinco) anos.

§ 3º Não ocorrendo a restituição voluntária de que trata o § 2º, a parte que tiver realizado o adiantamento dos honorários poderá promover execução contra o perito, na forma dos arts. 513 e seguintes deste Código, com fundamento na decisão que determinar a devolução do numerário.

Substituição do perito

Enquanto o art. 467 do atual C.P.C. trata das causas de impedimento ou suspeição do perito judicial, o art. 468 traz as hipóteses em que o perito deve ser *substituído*. Neste caso, o perito será substituído quando faltar-lhe conhecimento técnico ou científico ou, sem motivo legítimo, deixar de cumprir o encargo no prazo que lhe foi assinado.

Sem dúvida, sendo o perito um órgão auxiliar do juízo com conhecimentos técnicos e científicos para realizar a avaliação, o exame ou a vistoria, não resta dúvida de que se lhe faltar esses atributos, deverá ser imediatamente substituído. Tais fatos o juiz poderá verificar durante a realização da prova pericial ou após a entrega do laudo pericial.

Da mesma forma, quando o perito deixar de entregar o laudo pericial, sem motivo justificado, no prazo estipulado pelo juiz, tal circunstância demonstra que o perito não é merecedor da confiança do magistrado, muito menos responsável com suas obrigações, além de não cumprir o seu ofício de forma escrupulosa.

Prescreve o *§1º do art. 468* do atual C.P.C. que *no caso previsto no inciso II, o juiz comunicará a ocorrência à corporação profissional respectiva, podendo, ainda, impor multa ao perito, fixada tendo em vista o valor da causa e o possível prejuízo decorrente do atraso no processo.*

Assim, se o perito não entregar o laudo no prazo fixado, o juiz comunicará a ocorrência de tal fato ao órgão de fiscalização profissional respectivo, podendo, ainda, impor multa ao perito, fixada tendo em vista o valor da causa e o possível prejuízo decorrente do atraso no processo.

Se o perito não pagar a multa, tal fato será comunicado à Fazenda Nacional que poderá inscrever em dívida ativa.

Também será responsabilizado o perito por eventual atraso processual se demonstrar qualquer despreparo para o encargo que lhe foi determinado, inclusive agindo de forma temerária ou negligente na realização da perícia.

Sobre o tema, eis o seguinte precedente do S.T.J.:

> *1. Busca-se, no mandamus, a nulidade do ato judicial que aplicou ao impetrante, perito judicial, multa de 10% sobre o valor da causa, em virtude de ter atuado de forma desidiosa na condução dos trabalhos que lhe foram confiados, contribuindo decisivamente para o retardo do julgamento da lide.*
>
> *2. Não tendo o perito legitimidade para recorrer nos autos da ação que lhe aplicou a multa, cabível é a impetração do mandado de segurança contra o ato judicial. Precedentes.*
>
> *3. O mandado de segurança é ação sob rito especial em que se exige a comprovação de plano do alegado na própria peça inaugural. No presente caso, o impetrante não logrou trazer aos autos documentos suficientes para infirmar as conclusões do juízo prolator do ato impugnado. A sanção aplicada não se fundamenta apenas numa conduta isolada, mas numa sucessão de atos praticados pelo perito, que foram determinantes para o retardamento da entrega da prestação jurisdicional. O impetrante não comprovou que atendeu com presteza às providências solicitadas pela autoridade judicial, não dando causa ao atraso mencionado na decisão impugnada, ou, ainda, que houve justo impedimento para sua regular atuação.*
>
> *4. Impossível avaliar a proporcionalidade da multa aplicada, pois não consta nos autos o valor da causa que serviu como base de cálculo para a referida sanção, bem como o montante fixado a título de honorários periciais.*
>
> *5. Recurso ordinário em mandado de segurança não provido.*
>
> (RMS 21.546/SP, Rel. Ministro CASTRO MEIRA, SEGUNDA TURMA, julgado em 05/05/2009, DJe 15/05/2009).

Preceitua o *§2º do art. 468* do atual C.P.C. que o *perito substituído restituirá, no prazo de 15 (quinze) dias, os valores recebidos pelo trabalho não realizado, sob pena de ficar impedido de atuar como perito judicial pelo prazo de 5 (cinco) anos.*

Além de sofrer a imposição de multa, o perito substituído deverá também restituir, no prazo de quinze dias, os valores que porventura possa ter recebido pelo trabalho não realizado, ou realizado de forma inescrupulosa.

Se o perito não devolver os valores determinados pelo juiz, ficará impedido de atuar como perito judicial pelo prazo de cinco anos.

Sobre o tema, eis o seguinte precedente do S.T.J.:

> *(...).*
>
> *2. O perito é auxiliar do juízo e deve pautar suas atividades com o máximo de isenção. Quebrada a confiança do magistrado, e constatada a falta de isenção na elaboração do laudo pericial, pode o juiz determinar, inclusive de ofício, a substituição do expert, com a devolução dos honorários à parte que não contribui para o fato e se viu devidamente prejudicada.*
>
> *3. Ao contrário do que alega a recorrente, é patente a quebra dos princípios da confiança, probidade e boa-fé causados por ela mesma, não podendo, agora, com abuso da confiança dada pelo Juízo, voltar-se contra um fato por ela mesmo causado. Trata-se da proibição do venire contra factum proprio.*
>
> (...).
>
> (RMS 22.514/SP, Rel. Ministro HUMBERTO MARTINS, SEGUNDA TURMA, julgado em 06/02/2007, DJe 18/11/2008).

Outrossim, o perito não tem legitimidade para recorrer da decisão que lhe determina a devolução dos valores, conforme preconiza o seguinte precedente do S.T.J.:

> *Perito. Legitimidade para recorrer. Precedentes da Segunda Seção.*
>
> *1. Os precedentes da Segunda Seção assentam que o perito não tem legitimidade para recorrer, não sendo considerado terceiro prejudicado.*
>
> *2. Recurso especial conhecido, mas desprovido.*
>
> (REsp 513.573/SP, Rel. Ministro CARLOS ALBERTO MENEZES DIREITO, TERCEIRA TURMA, julgado em 20/11/2003, DJ 01/03/2004, p. 182)

Prescreve o *§3º do art. 468* do atual C.P.C. que *não ocorrendo a restituição voluntária de que trata o § 2º, a parte que tiver realizado o adiantamento dos honorários poderá promover execução contra o perito, na forma dos arts. 513 e seguintes deste Código, com fundamento na decisão que determinar a devolução do numerário.*

O §2º do art. 468 do atual C.P.C. determina que o perito substituído pelo juiz devolva o valor que porventura tenha recebido.

Se não houver a devolução voluntária, no prazo de quinze dias, dos valores recebidos indevidamente, a parte prejudicada que tiver realizado o adiantamento dos honorários periciais poderá promover execução contra o perito fundada na decisão que determinar a devolução do numerário.

A execução processar-se-á na forma do art. 513 e seguintes do atual C.P.C.

Preferencialmente, e para que não haja tumulto processual, a execução deverá ocorrer em autos apartados.

Art. 469

As partes poderão apresentar quesitos suplementares durante a diligência, que poderão ser respondidos pelo perito previamente ou na audiência de instrução e julgamento.

Parágrafo único. O escrivão dará à parte contrária ciência da juntada dos quesitos aos autos.

Quesitos suplementares

Os quesitos principais são apresentados pelas partes no prazo de quinze dias contado da intimação do despacho de nomeação do perito judicial, nos termos do art. 465, §1º, inc. III do atual C.P.C.

Contudo, durante a realização da perícia, e na medida em que possam surgir novas questões sobre a avaliação, exame ou vistoria, poderão as partes requerer ao juiz a inserção de *quesitos complementares*, os quais poderão ser respondidos pelo perito previamente, ou seja, com a apresentação do laudo pericial ou na audiência de instrução e julgamento.

Tendo em vista que compete ao juiz indeferir quesitos impertinentes, os quesitos suplementares deverão passar pelo crivo do magistrado.

Nos termos do *parágrafo único* do art. 469 do C.P.C. *o escrivão dará à parte contrária ciência da juntada dos quesitos aos autos*.

Não só o escrivão, mas também o chefe de secretaria na hipótese da Justiça Federal.

Essa determinação cumpre o disposto no princípio constitucional do contraditório, assim como permite à parte contrária fazer a avaliação dos quesitos, até mesmo para verificar se não se trata de quesitos impertinentes.

Os quesitos suplementares também podem ser formulados de ofício pelo juiz.

É importante salientar que os quesitos suplementares podem ampliar a investigação do perito, mas não podem dilatar o objeto da investigação.

Art. 470

Incumbe ao juiz:

I – indeferir quesitos impertinentes;

II – formular os quesitos que entender necessários ao esclarecimento da causa.

Atividade do juiz na perícia

Segundo estabelece o inc. I do art. 470 do atual C.P.C., não é toda indagação sobre fatos que pode ser objeto de quesitos. Somente os fatos pertinentes e que necessitem de conhecimento técnico ou científico é que devem ser objeto dos quesitos. Além de pertinente, o quesito também deve fazer referência a fatos relevantes para a solução da causa, no sentido de que sua análise seja útil para a decisão.

Não sendo pertinente ou relevante para a solução da causa, o juiz deve indeferir o quesito formulado.

Dentre os quesitos impertinentes está a indagação jurídica sobre o fato apresentado ao perito.

O indeferimento do quesito impertinente poderá ocorrer por provocação da parte ou de ofício pelo juiz.

Se o juiz indeferir o quesito, especialmente quando formulado oralmente, deverá a parte requerer que fique registrado em ata o quesito e o seu indeferimento para posterior recurso.

O inc. II do art. 470 do atual C.P.C. expressamente autoriza ao juiz a formulação de quesitos quando entender necessários ao esclarecimento da causa.

Sendo o juiz o destinatário da prova, seu livre convencimento deve estar respaldado na certeza ou pelo menos num importante grau de verossimilhança sobre os fatos, evitando-se a persistência de dúvidas sobre os acontecimentos do mundo fenomênico.

Este preceito também demonstra que o juiz não é um mero expectador de um confronto entre partes, como se fosse um árbitro num evento esportivo. Ao contrário, o juiz também poderá determinar a aportação de prova para o processo, participando diretamente na sua colheita e na sua realização, desde que não altere o próprio objeto do processo, pois, segundo estabelece o art. 141 do atual C.P.C.: *"O juiz decidirá o mérito nos limites propostos pelas partes, sendo-lhe vedado conhecer de questões não suscitadas a cujo respeito à lei exige a iniciativa da parte"*.

Art. 471

As partes podem, de comum acordo, escolher o perito, indicando-o mediante requerimento, desde que:

I – sejam plenamente capazes;

II – a causa possa ser resolvida por autocomposição.

§ 1º As partes, ao escolher o perito, já devem indicar os respectivos assistentes técnicos para acompanharem a realização da perícia, que se realizará em data e local previamente anunciados.

§ 2º O perito e os assistentes técnicos devem entregar, respectivamente, laudo e pareceres em prazo fixado pelo juiz.

§ 3º A perícia consensual substitui, para todos os efeitos, a que seria realizada por perito nomeado pelo juiz.

Escolha do perito

O art. 471 do atual C.P.C. permite excepcionar a regra de que o perito deverá ser nomeado pelo juiz e não pelas partes.

Nos termos do art. 471 do atual C.P.C., as partes poderão, desde que de comum acordo, escolher o perito técnico, indicando-o mediante requerimento.

Se o juiz deferir a realização da prova pericial no despacho saneador e de organização do processo, as partes poderão se manifestar no sentido de indicar de comum acordo o profissional que deverá realizar a perícia, requerendo a sua indicação.

Mas para que as partes possam exercer essa prerrogativa processual, é necessário que todas sejam capazes e que a causa possa ser resolvida mediante autocomposição, ou seja, que tenham livre disposição do objeto material do processo.

Assim, se no polo da relação jurídica processual houver algum incapaz ou se se tratar de direito indisponível, não será possível a indicação particular e de comum acordo do perito. Nesta hipótese, compete ao juiz indicar o profissional competente para a realização da perícia.

Estabelece *o § 1º do art. 471* do atual C.P.C. que *as partes, ao escolher o perito, já devem indicar seus assistentes técnicos para acompanharem a realização da perícia, que se realizará em data e local previamente anunciados.*

Muito embora as partes possam, de comum acordo, indicar o perito que irá conduzir os trabalhos, isso não significa que não possam ser também representadas por assistente técnico.

Assim, ao escolherem o perito, deverão as partes igualmente indicar seus assistentes técnicos para acompanharem a realização da perícia, que se realizará em data e local previamente anunciados.

Prescreve o *§2º do art. 471* do atual C.P.C. que *o perito e os assistentes técnicos devem entregar, respectivamente, laudo e seus pareceres em prazo fixado pelo juiz.*

Muito embora tenham as partes a prerrogativa de indicar o perito e o assistente técnico, isso não significa que o controle e a fiscalização deste meio de prova não pertencem ao juiz condutor do processo.

Compete ao juiz indicar o prazo no qual deverá ser apresentado o laudo do perito e os pareceres dos assistentes técnicos.

Preceitua o *§3º do art. 471* do atual C.P.C. que *a perícia consensual substitui, para todos os efeitos, a que seria realizado por perito nomeado pelo juiz.*

Este dispositivo não disse mais que o óbvio, pois não se justificaria a realização de dupla perícia sobre o mesmo fato.

Porém, se a perícia consensual for insatisfatória ou o perito que nela atuar não agir com escrúpulo, poderá o juiz determinar a realização de nova perícia, desta feita com nomeação judicial do perito.

Art. 472

O juiz poderá dispensar prova pericial quando as partes, na inicial e na contestação, apresentarem, sobre as questões de fato, pareceres técnicos ou documentos elucidativos que considerar suficientes.

Dispensa da prova pericial

A prova pericial, tanto pelo custo de tempo quanto pelo custo monetário, deve ser evitada ao máximo e na medida do possível.

Pela prática judicante, muitas situações fáticas continuam na penumbra mesmo após a realização da perícia judicial.

Podendo o juiz valer-se de outras provas ou de outros documentos para firmar seu convencimento, deverá utilizá-los, até mesmo para dar maior celeridade ao processo e reduzir seu custo monetário.

Daí porque, nos termos do 472 do atual C.P.C., o juiz poderá dispensar a prova pericial quando as partes, com a inicial ou com a contestação, apresentarem sobre as questões de fato pareceres técnicos ou documentos elucidativos que considerar suficiente.

Evidentemente que esses pareceres técnicos ou esses documentos elucidativos deverão passar pelo crivo do contraditório, pois em regra foram produzidos de forma unilateral.

O juiz deverá agir com muita prudência para dar eficácia e razoável valoração aos pareceres técnicos ou documentos apresentados por uma das partes, principalmente quando eles forem contestados ou colocados em dúvida pela parte contrária.

De regra, esses documentos ou pareceres devem ser considerados para efeito do julgamento, independentemente da prova pericial, se não houver impugnação pela parte contrária, ou havendo, essa impugnação ser meramente protelatória.

Um exemplo claro de dispensa de prova pericial ocorre quando numa questão de liquidação de uma instituição financeira, uma das partes, seja na inicial ou na contestação, proceda a juntada no processo de um parecer técnico do Banco Central sobre a saúde econômica e financeira da instituição.

Art. 473

O laudo pericial deverá conter:

I – a exposição do objeto da perícia;

II – a análise técnica ou científica realizada pelo perito;

III – a indicação do método utilizado, esclarecendo-o e demonstrando ser predominantemente aceito pelos especialistas da área do conhecimento da qual se originou;

IV – resposta conclusiva a todos os quesitos apresentados pelo juiz, pelas partes e pelo órgão do Ministério Público.

§ 1º No laudo, o perito deve apresentar sua fundamentação em linguagem simples e com coerência lógica, indicando como alcançou suas conclusões.

§ 2º É vedado ao perito ultrapassar os limites de sua designação, bem como emitir opiniões pessoais que excedam o exame técnico ou científico do objeto da perícia.

§ 3º Para o desempenho de sua função, o perito e os assistentes técnicos podem valer-se de todos os meios necessários, ouvindo testemunhas, obtendo informações, solicitando documentos que estejam em poder da parte, de terceiros ou em repartições públicas, bem como instruir o laudo com planilhas, mapas, plantas, desenhos, fotografias ou outros elementos necessários ao esclarecimento do objeto da perícia.

Requisitos do laudo pericial

Este dispositivo indica os requisitos formais de um laudo pericial, a fim de que ele possa ser considerado como meio de prova dos fatos que foram avaliados ou analisados.

O laudo pericial deverá conter a exposição do objeto da perícia, ou seja, o fato que deverá ser analisado e investigado pelo perito.

Deverá também o laudo pericial conter a análise técnica ou cientifica realizada pelo perito, descrevendo com minúcias como se chegou a determinada conclusão.

O laudo pericial deverá indicar o método científico utilizado, esclarecendo e demonstrando que esse método é aceito pelos especialistas da área do conhecimento da qual se originou.

Evidentemente que nada impede que o perito apresente um novo método, mais eficaz, desde que esse método já tenha sido exposto aos especialistas da área e não tenha sofrido qualquer objeto para sua utilização.

Por fim, o laudo deverá conter a descrição dos quesitos formulados pelo juiz, pelas partes e pelo órgão do Ministério Público, assim como a resposta conclusiva dos quesitos apresentados.

Estabelece o *§1º do art. 473* do atual C.P.C. que *no laudo, o perito deve apresentar sua fundamentação em linguagem simples e com coerência lógica, indicando como alcançou suas conclusões.*

Muito embora o perito seja um especialista na matéria, tendo formação acadêmica e profissional qualificada, ele deve ter em mente que o conteúdo do laudo deve ser acessível e compreendido por aqueles que participam da relação jurídica processual, os quais, geralmente, não possuem a intelecção necessária para compreender a linguagem técnica da especialização do perito.

Daí porque o perito deve apresentar sua fundamentação em linguagem que seja facilmente compreendida pelos atores da relação jurídica processual, ou seja, por meio de uma linguagem simples e com coerência lógica, indicando como alcançou suas conclusões.

Prescreve o *§2º do art. 473* do atual C.P.C. que *é vedado ao perito ultrapassar os limites de sua designação, bem como emitir opiniões pessoas que excedam o exame técnico ou científico do objeto da perícia.*

O perito deve ter em mente que não será ele que irá julgar a demanda, pois essa competência é do juiz da causa.

Assim, o perito deve manter-se estritamente no âmbito do que fora estabelecido pelo juiz para a realização da perícia, nem mais, nem menos. Não poderá, portanto, ultrapassar os limites de sua nomeação.

Também não poderá o perito emitir opiniões subjetivas e pessoais que excedam o exame técnico ou científico do objeto da perícia.

Daí porque a fundamentação que o perito deverá usar no laudo é somente uma fundação técnica e científica e não opinativa ou subjetiva.

Preceitua o *§3º do art. 473* do atual C.P.C. que *para o desempenho de sua função, o perito e os assistentes técnicos podem valer-se de todos os meios necessários, ouvindo testemunhas, obtendo informações, solicitando documentos que estejam em poder da parte, de terceiros ou em repartições públicas, bem como instruir o laudo com planilhas, mapas, plantas, desenhos, fotografias ou outros elementos necessários ao esclarecimento do objeto da perícia.*

Ao contrário do que se possa pensar, a função do perito e dos assistentes técnicos não é estática, inerte.

No desempenho de seu *munus público*, o perito age de forma dinâmica, pró-ativa, razão pela qual pode se utilizar de todos os meios legítimos e morais necessários para a concretização da perícia.

O perito não poderá utilizar de elementos ilícitos ou imorais para a realização da perícia.

Na realidade, a escolha do método técnico ou científico fica ao crivo do perito.

O perito poderá ter acesso direto ao processo judicial, mesmo que seja ele via eletrônico, podendo ouvir pessoas que presenciaram o acontecimento fenomênico para colher informações que possam contribuir para sua análise técnica e científica. As pessoas poderão ser indicadas pelo próprio perito ou pelas partes ou, ainda, pelo juiz. Evidentemente que compete ao perito levar em consideração ou não as informações prestadas pelas pessoas ouvidas.

Quando as pessoas se negarem a prestar diretamente esclarecimentos ao perito, este poderá requerer ao juiz que essas pessoas sejam ouvidas em juízo, como testemunhas, com a assistência das partes e de seus assistentes técnicos.

Poderá também o perito solicitar diretamente ou via intervenção judicial documentos que estejam em poder da parte ou em repartição pública, desde que sejam necessários para a elucidação técnica e científica dos fatos.

Assim, o perito pode proceder livremente, mas não arbitrariamente, razão pela qual não poderá ampliar seu campo de pesquisa para além do objeto estabelecido pelo juiz no deferimento da prova pericial.

Para melhor compreensão técnica e científica dos fatos, principalmente em razão de que o juiz e as partes são muitas vezes leigos na matéria, poderá o perito instruir o laudo com plantas, desenhos, fotografias e outras peças, sempre no sentido de tornar o trabalho mais claro e objetivo possível.

É importante salientar que o laudo pericial não deve ser compreensível apenas para o perito, mas, principalmente, para o juiz e para as partes do processo.

Art. 474

As partes terão ciência da data e do local designados pelo juiz ou indicados pelo perito para ter início a produção da prova.

Cientificação da data e do local da realização da perícia

A perícia não é um meio de prova que deve ser realizada às escondidas, sem que dela possa participar e presenciar as partes e seus assistentes técnicos.

Por isso, as partes, seus advogados e seus assistentes técnicos deverão ser cientificados da data e do local designados pelo juiz ou indicados pelo perito para ter início a produção da prova pericial.

Conforme ensinam Comoglio, Ferri e Taruffo, *"Trata-se de uma importante manifestação da garantia do 'contraditório', que atua integralmente: onde o dever do perito de comunicar de modo adequado e tempestivo o tempo e o lugar em que pretende desenvolver a produção probatória, permitindo com isso a participação das partes"*.[694]

Seja a pedido do perito ou por designação do juiz, a data e horário do início da produção da prova serão fixados por despacho do juiz.

De preferência, o perito deverá informar o local e a data da produção da prova ao juízo, a fim de que este providencie a intimação das pessoas interessadas em acompanhar a prova pericial, mesmo porque a perícia desenvolver-se-á sob a direção e autoridade do juiz, de quem o perito é simples auxiliar.

Evidentemente que poderá existir perícias em que as partes ou seus advogados não poderão presenciar, como é o caso, por exemplo, do exame ginecológico realizado numa mulher. Nestes casos, somente o perito e o assistente técnico da parte poderão participar do exame, justamente para garantir o direito constitucional da pessoa à preservação de sua intimidade.

Art. 475

Tratando-se de perícia complexa que abranja mais de uma área de conhecimento especializado, o juiz poderá nomear mais de um perito, e a parte, indicar mais de um assistente técnico.

Perícia complexa

A perícia pode ser simples, ou seja, abrangendo apenas uma área de conhecimento e sob a direção de apenas um perito.

[694] Comoglio, L.p.; Ferri, C.; Taruffo, M., op. Cit., p. 489.

Por outro lado, a perícia também pode ser complexa quando abranja mais de uma área de conhecimento especializado. Neste caso, o juiz poderá nomear mais de um perito e a parte indicar mais de um assistente técnico.

Exemplo de perícia complexa: Um vazamento de óleo numa plataforma de petróleo. Neste caso, o juiz deverá nomear um engenheiro mecânico ou equivalente especialista em plataformas de petróleo, assim como um técnico ou perito em danos ambientais, preferencialmente biólogos com especialização marítima.

Sobre a questão da prova científica e os diversos ramos da ciência, ensinam Comoglio, Ferri e Taruffo: *"Um fenômeno que está se tornando particularmente relevante é aquele da denominada 'prova científica', ou seja, do recurso a noções científicas como instrumento para o acertamento dos fatos relevante da causa. O instrumento normal para a aquisição das noções científicas necessária para a decisão é a consulta técnica, mas a evolução em curso no uso das provas científicas suscita problemas que não vinham sendo discutidos no passado a propósito desse instituto. Por outro lado, se ampliou o âmbito das ciências que se consideram relevantes em juízo: não somente as tradicionais ciências 'duras' como a física, a química, a engenharia ou a medicina, mas também várias ciências 'humanas' como a econômia, a psicologia, a sociologia ou ainda a história da arte. Por outro lado, trata-se de assegurar que em juízo venham adquiridos noções dotadas de efetiva validade científica: isso implica que se desenvolvam controles acurados sobre a validade dos procedimentos usados para efetuar testes e experimentos, dado que o uso de um procedimento incorreto invalidaria a atendibilidade do resultado, e também que venham excluídas as denominadas 'ciências lixo' ou pseudociência (como a grafologia ou astrologia), que não estão em grau de fornecer noções cientificamente válidas. O emprego sempre mais frequente de provas científicas renda mais importante e mais frequente que no passado, também em áreas científicas 'novas', o recurso à consultoria técnica, mas renda também assai mais difícil e delicado o papel de controle e de avaliação da atendibilidade destas provas, que cabe ao juiz".*[695]

Art. 476

Se o perito, por motivo justificado, não puder apresentar o laudo dentro do prazo, o juiz poderá conceder-lhe, por uma vez, prorrogação pela metade do prazo originalmente fixado.

Prorrogação do prazo para apresentação do laudo pericial

É obrigação do perito apresentar o laudo pericial no prazo estabelecido e fixado pelo juiz.

[695] Comoglio, L.p.; Ferri, C.; Taruffo. M., idem, p. 490 e 491.

Contudo, poderão ocorrer situações ou circunstâncias não previstas inicialmente, as quais acarretarão retardo na realização da prova pericial e, por consequência, da entrega do laudo pericial. Poderá ocorrer inclusive maior complexidade para a avaliação, exame ou vistoria das coisas ou dos fatos.

Diante dessas circunstâncias aleatórias e não previstas inicialmente quando da fixação do prazo inicial, poderá o juiz conceder ao perito, por uma vez, prorrogação pela metade do prazo originalmente fixado.

Para a dilação do prazo é necessário que o perito judicial apresente motivo justificado e não previsto quando da marcação do prazo inicial.

Poderão, contudo, ocorrer situações de extrema gravidade, as quais justificarão, inclusive, nova prorrogação, além daquela já autorizada pelo art. 476 do atual C.P.C., como, por exemplo: a perícia deve ser realizada numa plataforma de petróleo. Contudo, em razão do mau tempo, não é possível o deslocamento do perito até a plataforma nem por mar nem por via aérea. Neste caso, somente poderá ter início a perícia após a melhora do tempo. Em razão dessa força maior, o juiz deverá estabelecer o prazo da entrega do laudo somente após a melhora das condições meteorológicas.

Art. 477

O perito protocolará o laudo em juízo, no prazo fixado pelo juiz, pelo menos 20 (vinte) dias antes da audiência de instrução e julgamento.

§ 1º As partes serão intimadas para, querendo, manifestar-se sobre o laudo do perito do juízo no prazo comum de 15 (quinze) dias, podendo o assistente técnico de cada uma das partes, em igual prazo, apresentar seu respectivo parecer.

§ 2º O perito do juízo tem o dever de, no prazo de 15 (quinze) dias, esclarecer ponto:

I – sobre o qual exista divergência ou dúvida de qualquer das partes, do juiz ou do órgão do Ministério Público;

II – divergente apresentado no parecer do assistente técnico da parte.

§ 3º Se ainda houver necessidade de esclarecimentos, a parte requererá ao juiz que mande intimar o perito ou o assistente técnico a comparecer à audiência de instrução e julgamento, formulando, desde logo, as perguntas, sob forma de quesitos.

§ 4º O perito ou o assistente técnico será intimado por meio eletrônico, com pelo menos 10 (dez) dias de antecedência da audiência.

Protocolo do laudo pericial
Se houver necessidade de realização de audiência de instrução e julgamento, o perito deverá apresentar o laudo em cartório, no prazo fixado pelo juiz, e pelo menos vinte dias antes da audiência designada, justamente para que as partes tenham ciência do conteúdo do laudo e possam, se necessário, solicitar oralmente esclarecimentos ao perito, inclusive mediante a inserção de quesitos complementares.

Contudo, se não houver necessidade de audiência de instrução e julgamento, uma vez juntado o laudo pericial no processo, o juiz intimará as partes para que se manifestem sobre o laudo. Se houver concordância das partes, o juiz, entendendo cabível, poderá proferir de imediato o julgamento da causa.

Estabelece o *§ 1º do art. 477* do atual C.P.C. que as *partes serão intimadas para, querendo, manifestar-se sobre o laudo do perito do juízo no prazo comum de 15 (quinze) dias, podendo o assistente técnico de cada uma das partes poderá apresentar seu respectivo parecer.*

Apresentado o laudo pericial, as partes serão intimadas para, querendo, manifestar-se sobre o laudo pericial no prazo comum de quinze dias.

Também no prazo de quinze dias, o assistente técnico de cada uma das partes poderá apresentar seu respectivo parecer.

Observa-se por este dispositivo a autonomia existente entre o laudo pericial oficial (elaborado pelo auxiliar do juiz) e os laudos dos assistentes técnicos (elaborados pelos assistentes de confiança das partes).

Assim, os assistentes técnicos oferecerão seus pareceres no prazo comum de quinze dias, a partir da intimação das partes sobre o laudo pericial judicial.

Contudo, nada impede que os assistentes técnicos, se assim desejarem, apresentem seus laudos, mesmo antes da juntada do laudo pelo perito oficial.

Evidentemente que o trabalho do perito independe da participação direta ou constante do assistente técnico. Por isso, a averiguação dos meios de pesquisa pode ser feita em separado. Contudo, isso não impede que os assistentes técnicos assinem em conjunto o laudo pericial, manifestando sua concordância com as conclusões do perito judicial.

Prescreve *o § 2º do art. 477* do atual C.P.C. que *o perito do juízo tem o dever de, no prazo de 15 (quinze) dias, bem esclarecer ponto: I – sobre o qual exista divergência ou dúvida de qualquer das partes, do juiz ou do órgão do Ministério Público; II – divergente apresentado no parecer do assistente técnico da parte.*

Uma vez intimadas as partes para que se manifestem sobre o laudo pericial, poderão elas apresentar considerações sobre as conclusões apresentadas pelo perito judicial, inclusive arguindo equívocos, erros, contradições ou omissões.

O perito do juízo tem o dever, no prazo de quinze dias, de esclarecer ponto sobre o qual exista divergência ou dúvida de qualquer das partes, do juiz ou do Ministério Público.

O perito também tem o dever de esclarecer eventuais divergências que possam existir no parecer do assistente técnico da parte em relação ao laudo pericial.

Se ainda houver necessidade de esclarecimentos, a parte requererá ao juiz que mande intimar o perito ou o assistente técnico a comparecer à audiência de instrução e julgamento, formulando, desde logo, as perguntas, sob forma de quesito (*§3º do art. 477* do atual C.P.C.).

Sendo designada a audiência, o perito ou o assistente técnico será intimado por meio eletrônico, com pelo menos dez dias de antecedência (*§4º do art. 477* do atual C.P.C.).

Art. 478

Quando o exame tiver por objeto a autenticidade ou a falsidade de documento ou for de natureza médico-legal, o perito será escolhido, de preferência, entre os técnicos dos estabelecimentos oficiais especializados, a cujos diretores o juiz autorizará a remessa dos autos, bem como do material sujeito a exame.

§ 1º Nas hipóteses de gratuidade de justiça, os órgãos e as repartições oficiais deverão cumprir a determinação judicial com preferência, no prazo estabelecido.

§ 2º A prorrogação do prazo referido no §1º pode ser requerida motivadamente.

§ 3º Quando o exame tiver por objeto a autenticidade da letra e da firma, o perito poderá requisitar, para efeito de comparação, documentos existentes em repartições públicas e, na falta destes, poderá requerer ao juiz que a pessoa a quem se atribuir a autoria do documento lance em folha de papel, por cópia ou sob ditado, dizeres diferentes, para fins de comparação.

Perícia – autenticidade ou falsidade documental e médico-legal

Este dispositivo recomenda, e não obriga, que o perito seja escolhido, preferencialmente, entre os técnicos de estabelecimentos oficiais (Instituto Médico Legal, Instituto de Perícia da Polícia Civil ou Federal etc) para a realização de exame que tiver por objeto autenticidade ou falsidade de documento ou for de natureza médico-legal.

Essa recomendação tem por objetivo reduzir economicamente o custo do processo, pois as perícias grafológicas por vezes são mais dispendiosas, assim como as perícias de natureza médico-legal também podem exigir a realização de exames. Os estabelecimentos oficiais, por ser justamente oficial, são providos, em tese, de instrumentos específicos, razão pela qual seriam menos dispendiosos para a realização da perícia.

Além do mais, os peritos dos institutos oficiais estão mais familiarizados e especializados neste tipo de perícia, pois realizam este trabalho constantemente.

Normalmente, o juiz encaminha os autos e o material a ser periciado ao Diretor do instituto, incumbindo a este a indicação do médico ou perito oficial.

Com relação à remuneração do perito, ensina João Carlos Pestana de Aguiar: *"No que toca à remuneração desse perito, tomáramos entendimento favorável ao seu cabimento, o que seria normal e até mesmo o razoavelmente justo. Não obstante, já tendo havido pronunciamento na doutrina em contrário, embora com argumentos tão respeitáveis quanto respondíveis, decidimos reestudar atentamente o assunto. E chegamos a outra conclusão. A Constituição de 1969 (art. 99) veda a acumulação remunerada de 'cargos' e 'funções públicas', ao contrário da Constituição de 1946, que só proibia a acumulação de 'cargos' (art. 185). Sob o regime da de 1946 foi elaborado por Buzaid seu Anteprojeto que hoje, salvo modificações outras que não a da matéria enfocada, corporifica o CPC vigente (art. 472 do Anteprojeto). Vê-se, portanto, malgrado a tendência do Código no sentido genérico da remuneração do perito (art. 33), até mesmo não havendo propósito para injustificável gratuidade num só ato processual e em detrimento da atividade pública dos estabelecimentos oficiais especializados, todos notoriamente assoberbados de serviço, que há vedação constitucional para a hipótese. Com isso, torna-se de árida aplicação prática a regra do art. 434, face ou ao agravamento do acúmulo de serviço ou às prováveis escusas justificáveis dos escolhidos. Veja-se que a propósito, que a Constituição de 1969 prevê a promulgação de lei complementar de iniciativa exclusiva do Presidente da República que estabeleça, no interesse do serviço público, outras exceções à proibição de acumular, restritas as atividades de natureza técnica ou científica ou de magistério (§3º do art. 99). Consequentemente, melhor seria a vinda de lei complementar que contemplasse a perícia judicial como exceção à regra proibitiva de acumular. O que visara o Código fora a competência profissional do técnico e o barateamento da perícia (mas não a gratuidade), nada impedindo que em suas horas de lazer perante o serviço público pudesse cumprir o técnico tal mister".*[696]

[696] AGUIAR, J. C. P., *op. Cit.*, p. 403.

A Constituição Federal de 1988 estabeleceu no seu art. 37, inc. XVI, letras a), b), c) e inc. XVII a seguinte regulamentação sobre a proibição de cumulação de cargos por parte do servidor público:

"XVI – é vedada a acumulação remunerada de cargos públicos, exceto, quando houver compatibilidade de horários, observado em qualquer caso o disposto no inciso XI. (Redação dada pela Emenda Constitucional nº 19, de 1998)

a) a de dois cargos de professor; (Incluída pela Emenda Constitucional nº 19, de 1998)

b) a de um cargo de professor com outro técnico ou científico; (Incluída pela Emenda Constitucional nº 19, de 1998)

c) a de dois cargos ou empregos privativos de profissionais de saúde, com profissões regulamentadas; (Redação dada pela Emenda Constitucional nº 34, de 2001)

XVII – a proibição de acumular estende-se a empregos e funções e abrange autarquias, fundações, empresas públicas, sociedades de economia mista, suas subsidiárias, e sociedades controladas, direta ou indiretamente, pelo poder público; (Redação dada pela Emenda Constitucional nº 19, de 1998)"

No caso, o perito oficial já exerce um cargo público no órgão público em que presta serviço.

Contudo, sua nomeação como perito judicial caracteriza um *múnus público* para exercer uma *função técnica e científica*, o que lhe é permitido pela letra b) do inc. XVI do art. 37 da Constituição Federal de 1988.

Na realidade, a função de perito é justamente uma função técnica e científica cuja cumulação com outro cargo público é permitida pelo texto Constitucional.

Sendo assim, não há inconstitucionalidade evidenciada na nomeação como perito de um servidor público que atua em instituição oficial, como também não há impedimento que o juiz fixe sua remuneração por exercer esse *múnus público*. A remuneração total, porém, ficará sujeita ao *teto* constitucional.

A parte final do art. 478 do atual C.P.C. estabelece que o juiz autorizará a remessa dos autos, bem como o material sujeito a exame ao diretor do estabelecimento.

Evidentemente que esse preceito normativo refere-se ao processo físico, em papel, pois em se tratando de processo eletrônico, o perito poderá acessá-lo nos termos da legislação pertinente.

Contudo, uma questão importante deve ser levantada no caso do processo eletrônico e principalmente do documento eletrônico (virtual).

Sendo necessária perícia no documento (que foi scanneado), principalmente para se avaliar sua falsidade material ou mesmo a eventual falsidade de sua subscrição, haverá necessidade evidentemente de que a perícia seja realizada no documento original, o qual deve ser disponibilizado ao perito para o exame.

Estabelece o *§1º do art. 478* do atual C.P.C. que *nas hipóteses de gratuidade de justiça, os órgãos e as repartições oficiais deverão cumprir a determinação judicial com preferência, no prazo estabelecido.*

Este dispositivo, evidentemente, vem reforçar a necessidade de um tratamento diferenciado ao beneficiário da gratuita de justiça (se é que se possa falar de beneficiário), ao determinar que as repartições oficiais cumpram a determinação judicial com preferência, no prazo estabelecido.

Não se nega a importância de que as repartições oficiais efetivamente cumpram com rapidez, correção, dedicação as determinações judiciais proferidas em processo em favor de beneficiário de gratuidade de justiça.

Contudo, isso não significa dizer que possam ter melhores condições ou mesmo preferência na resolução de sua causa em relação àqueles que não são beneficiários dessa assistência social, pois a Constituição Federal, em seu art. 5º, estabelece que todos são iguais perante a lei, sem distinção de qualquer natureza.

Evidentemente que não há qualquer razoabilidade de se dar preferência à realização de exame pericial simplesmente porque a pessoa é beneficiária da gratuidade de justiça, a não ser que outra causa específica possa justificar a necessidade da urgência na realização do exame e portanto a preferência de tratamento.

O critério diferenciador entre aquele que é beneficiário da gratuidade de justiça e aquele que não é beneficiário está justamente na *gratuidade dos atos* e não na preferência de sua realização.

A entrega do laudo pericial, nessas hipóteses, poderá ser prorrogada, mediante requerimento motivado do servidor público (*§2º do art. 478* do atual C.P.C.).

Se não houver a entrega do laudo, poderá o juiz impor as sanções processuais ao servidor público que tinha a obrigação de entregar o laudo.

Prescreve o *§3º do art. 478* do atual C.P.C., *quando o exame tiver por objeto a autenticidade da letra e da firma, o perito poderá requisitar, para efeito de comparação, documentos existentes em repartições públicas e, na falta destes, poderá requerer ao juiz que a pessoa a quem se atribuir a autoria do documento lance em folha de papel, por cópia ou sob ditado, dizeres diferentes, para fins de comparação.*

No caso de exame pericial envolvendo autenticidade de letra e da firma (assinatura), a melhor forma para se verificar a veracidade ou falsidade dessa situação é por meio do método comparativo, isto é, mediante comparação da letra ou da firma inserida em outro documento paradigma.

Por isso este dispositivo permite que o perito judicial pessoalmente ou por meio de solicitação ao juízo tenha acesso a documentos existentes em repartições públicas (Instituto de Identificação, DETRAN, Ministério do Exército, etc), nos quais constem letra ou firma a ser analisada.

À falta de qualquer documento que sirva de modelo de comparação gráfica, poderá o perito requerer ao juiz que a pessoa a quem se atribuir a autoria do documento lance em folha de papel, por cópia ou sob ditado, dizeres diferentes, para fins de comprovação.

Essa norma somente vem normatizar aquilo que é prática usual nas perícias grafotécnicas.

E se a pessoa recusar-se a fornecer o material gráfico? Poderá o juiz presumir autoria de eventual falsidade documental?

De início, é de se ressaltar que a Constituição Federal, em seu art. 5º, LVI, veda expressamente o uso de prova obtida ilicitamente nos processos judiciais, com o fim de tutelar os direitos fundamentais das pessoas. No ponto, cumpre destacar que essa garantia constitucional quanto à impossibilidade de utilização, nos processos, de prova ilícita mantém estreito vínculo com outros direitos à intimidade e à privacidade (CF., art. 5º, X), o direito à inviolabilidade de domicílio (CF, art. 5º, XI), o sigilo de correspondência e das comunicações telegráficas, de dados e das comunicações telefônicas (CF, art. 5º, XII), o direito ao sigilo profissional (CF, art. 5º, XIII e XIV) e o direito ao silêncio (CF, art. 5º, LXIII).

Com efeito, cumpre destacar que o princípio do 'nemo tenetur se detegere' assenta que a pessoa não é obrigada a produzir prova contra si mesma.

Assim, o princípio da não autoincriminação possibilita à pessoa em geral o exercício do direito de permanecer em silêncio e, em consequência lógica, o direito de não fornecer material necessário a subsidiar exame pericial que entenda ser-lhe desfavorável.

Se a pessoa se recusar a fornecer material para o exame grafotécnico, o juiz não poderá obrigá-la a fazê-lo, pois isso caracterizaria mácula ao princípio da proibição da autoincriminação.

Neste caso, se a pessoa se recusar a fornecer o material gráfico, e não houver outra forma de se realizar o comparativo, a perícia estará prejudicada, devendo o magistrado decidir a questão com base nos outros elementos de prova.

Art. 479

O juiz apreciará a prova pericial de acordo com o disposto no art. 371, indicando na sentença os motivos que o levaram a considerar ou a deixar de considerar as conclusões do laudo, levando em conta o método utilizado pelo perito.

Livre apreciação da prova pericial pelo juiz

Tendo em vista que no processo civil brasileiro prevalece o princípio da *livre convicção racional do juiz,* a prova pericial assim como as demais provas do processo serão apreciadas livremente pelo juiz, o qual é o destinatário da prova.

O princípio da *livre convicção do juiz* encontra-se expressamente consignado do atual C.P.C., em seu art. 371 que assim estabelece: *"juiz apreciará a prova constante dos autos, independentemente do sujeito que a tiver promovido, e indicará na decisão as razões da formação de seu convencimento".*

Em face do princípio da livre convicção racional, o laudo pericial não vincula o juiz, mas apenas fornece elementos que serão livremente avaliados pelo magistrado.

Evidentemente que o juiz poderá decidir a causa com base em outras provas que não seja a perícia; porém, não poderá o juiz simplesmente substituir o perito na análise técnica do fato, pois o magistrado não tem preparo científico para tal fim.

Para que o juiz não acolha as conclusões do perito judicial e não haja de forma arbitrária, deverá motivar de forma precisa sua decisão, com argumentos factíveis, sólidos e razoáveis. O que não pode é o juiz assumir o papel do perito, sem apontar os elementos ou fatos provados nos autos que influíram na sua convicção.

Apesar de o perito tecnicamente ter mais conhecimento do que o magistrado em relação à questão fática, a avaliação jurídica do fato, tecnicamente apreciado, é igualmente necessária, sendo que esta avaliação é de competência do juiz.

Sobre o tema, eis os seguintes precedentes do S.T.J.:

> *1. No tocante à necessidade de perícia complementar e, bem assim, à desincumbência dos Autores em comprovar os fatos constitutivos do seu direito, hão de ser levados em consideração os princípios da livre admissibilidade da prova e do livre convencimento do juiz que, nos termos do artigo 130 do Código de Processo Civil, permitem ao julgador determinar as provas que entender necessárias à instrução do processo, bem como o indeferimento das que considerar inúteis ou protelatórias. Incidência da Súmula 07/STJ.* (...).
>
> (AgRg no AREsp 459.990/SP, Rel. Ministro SIDNEI BENETI, TERCEIRA TURMA, julgado em 19/08/2014, DJe 29/08/2014).

(...).

1. O julgador decide de acordo com seu livre convencimento motivado e, portanto, não fica adstrito a conclusão da prova pericial, quando, como no caso, outros elementos mais relevantes que a perícia feita em uma gravação de circuito de TV indicam a improcedência da acusação imputada à Ré.

(...).

(AgRg no REsp 1345137/RS, Rel. Ministra LAURITA VAZ, QUINTA TURMA, julgado em 07/08/2014, DJe 22/08/2014)

1. É firme o entendimento deste Superior Tribunal de Justiça de que a Corte de origem é soberana na análise das provas, podendo, portanto, concluir pela desnecessidade da produção de provas periciais, documentais e testemunhais. Isso porque, o art. 130 do Código de Processo Civil consagra o princípio do livre convencimento motivado, segundo o qual o Juiz é livre para apreciar as provas produzidas, bem como a necessidade de produção das que forem requeridas pelas partes.

(...).

(AgRg no AREsp 393.358/RS, Rel. Ministro NAPOLEÃO NUNES MAIA FILHO, PRIMEIRA TURMA, julgado em 13/05/2014, DJe 20/05/2014)

Art. 480

O juiz determinará, de ofício ou a requerimento da parte, a realização de nova perícia quando a matéria não estiver suficientemente esclarecida.

§1º A segunda perícia tem por objeto os mesmos fatos sobre os quais recaiu a primeira e destina-se a corrigir eventual omissão ou inexatidão dos resultados a que esta conduziu.

§2º A segunda perícia rege-se pelas disposições estabelecidas para a primeira.

§3º A segunda perícia não substitui a primeira, cabendo ao juiz apreciar o valor de uma e de outra.

Nova prova pericial

Preceito similar encontra-se no §412 do Código de Processo Civil alemão:

"§412. Nova perícia.

1. O tribunal pode ordenar uma nova perícia a ser realizada pelo mesmo ou por outro perito técnico, se se convence que a perícia é insuficiente.

2. O tribunal pode ordenar perícia por parte de um outro consultor técnico se um consultor técnico foi recusado com sucesso depois de haver fornecido o laudo".

O princípio da *livre convicção racional* não somente permite que o juiz não utilize ou recuse o laudo pericial, como também lhe permite realizar nova perícia se a primeira não lhe parecer suficientemente esclarecida.

O juiz ao analisar o laudo pericial pode concluir que ele lhe satisfaz, não lhe satisfaz, ou ainda necessita de complementação.

Muitas vezes a perícia realizada pelo perito judicial deixa muito a desejar, seja pela má qualidade técnica, contradição, omissões, seja pela prolixidade do perito, ou ainda pela imperícia ou negligência do auxiliar do juízo.

Poderá assim o laudo estar eivado de vícios insanáveis, razão pela qual somente uma outra perícia poderá resolver a questão técnica do fato.

Neste caso, o juiz poderá determinar, de ofício ou a requerimento de qualquer das partes, a realização de nova perícia quando a matéria não lhe parecer suficientemente esclarecida.

Se a nova perícia for realizada por culpa ou dolo do perito judicial, este deverá responder processualmente e civilmente pela sua desídia.

Evidentemente que, conforme já afirmará certa vez Pedro Martins, *"É claro que o juiz deverá usar desse arbítrio com moderação e prudência, para evitar a perda de tempo e o aumento das despesas; mas semelhantes preocupações não lhe deverá embaraçar a ação, desde que o laudo pericial e a crítica não lhe hajam subministrado os esclarecimentos de que precisa".*[697]

Estabelece o *§1º do art. 480* do atual C.P.C. *que a segunda perícia tem por objeto os mesmos fatos sobre os quais recaiu a primeira e destina-se a corrigir eventual omissão ou inexatidão dos resultados a que esta conduziu.*

Este dispositivo vem reforçar que a prova pericial não poderá alterar os fatos que compõem o objeto do processo, isto é, ela deve ter por base determinado fato importante e pertinente para ajudar ao magistrado resolver determinada questão para solução da pretensão formulada.

Por isso a segunda perícia terá por objeto os mesmos fatos sobre que recaiu a primeira, e somente será realizada para corrigir eventual omissão ou inexatidão dos resultados.

Evidentemente que quando o dispositivo diz que a segunda perícia terá por objeto os mesmos fatos, isso significa dizer que o objeto da segunda perícia deverá ter relação direta com os fatos da primeira perícia, muito embora os fatos da segunda possam ser diversos. Um exemplo específico dessa situação ocorre quando o perito, ao realizar a primeira perícia, não teve conhecimento técnico suficiente para esclarecer uma nova situação que surgiu em decorrência da aná-

[697] AGUIAR, J. C. P., idem, p. 418.

lise do fato inserido na primeira perícia. Assim, num caso em que o perito está avaliando o incêndio ocorrido numa plataforma de petróleo, mas que nas suas conclusões ficou uma dúvida sobre a característica geográfica do fundo do mar naquela localidade, característica essa que poderá contribuir para a conclusão do incêndio ocorrido. Na primeira perícia a análise deu-se exclusivamente em relação à questão mecânica e técnica da plataforma, enquanto que na segunda perícia o fato objeto de análise será a característica geográfica do fundo do mar. Embora a análise tenha por objeto fatos diversos, eles estão diretamente interligados para a conclusão final sobre o incêndio ocorrido.

Preceitua o *§2º do art. 480* do atual C.P.C. que *a segunda perícia rege-se pelas disposições estabelecidas para a primeira*, devendo seguir os mesmos critérios e requisitos.

Por fim, aduz o *§3º do art. 480* do atual C.P.C. que a *segunda perícia não substitui a primeira, cabendo ao juiz apreciar livremente o valor de uma e de outra.*

Este dispositivo reforça mais ainda a ideia do princípio do *livre convencimento racional do juiz*, razão pela qual a segunda perícia não substitui a primeira, mesmo que a primeira perícia apresente circunstâncias de tal gravidade que a tornem praticamente inválida. Assim, não obstante essa gravidade, o juiz poderá avaliar ambas as perícias para formar o seu livre convencimento.

SEÇÃO XI – Da Inspeção Judicial

Art. 481

O juiz, de ofício ou a requerimento da parte, pode, em qualquer fase do processo, inspecionar pessoas ou coisas, a fim de se esclarecer sobre fato que interesse à decisão da causa.

Inspeção Judicial

Sendo o juiz o destinatário da prova, nada mais salutar que ele pudesse presenciar toda e qualquer produção probatória pessoalmente, seja durante a audiência de instrução e julgamento, seja em lugar diverso da sede do juízo.

Por isso, o exame direto e concreto de pessoas ou coisas por parte do juiz, quando elas não possam ser levadas até o tribunal, é aconselhável para que o magistrado tenha uma visão mais ampla e real da situação de fato a ser comprovada.

Se a pessoa ou coisa não puder ser levada até o juiz para que possa ser examinada, que então o juiz dirija-se até o local em que ela se encontra para assim proceder. A isso se denomina de *exame ou inspeção judicial*.

Por esse meio, como já o dissera Giuseppe Chiovenda, *"o juiz recolhe diretamente, por seus próprios sentidos, as observações sobre as coisas que são objeto da lide ou que com ela tem relação"*.[698]

Na inspeção judicial é o próprio juiz que examina ou avalia a coisa, mediante uma análise ocular. Isso é justamente o que distingue a inspeção judicial da perícia, pois naquela o juiz examina a coisa pessoalmente, tirando suas conclusões não de uma simples leitura de um laudo pericial, mas apreciando os fenômenos diretamente, sem interposta pessoa.

Por isso o juiz, de ofício ou a requerimento da parte, poderá deferir a *inspeção judicial* quando seja necessário o exame direto e pessoal da pessoa ou coisa para um perfeito conhecimento ou uma correta avaliação dos fatos ou das circunstâncias.

A inspeção pode ocorrer em qualquer fase do processo, inclusive em grau recursal, pois o seu objetivo é justamente possibilitar ao julgador esclarecimentos importantes sobre fato ou circunstância que interessa à decisão da causa.

Sustenta Moacyr Amaral Santos, amparado na lição de Alsina, que a inspeção judicial seria uma diligência instrutória *ulterior à prova já produzida por iniciativa da parte ou que consista na própria coisa sobre a qual recaia a inspeção.*[699]

Contudo, não parece que seja essa a melhor interpretação.

A inspeção judicial não está condicionada à produção probatória previamente produzida pela parte, pois é um meio de prova como qualquer outro. Um exemplo clássico encontra-se nas questões previdenciárias quando a parte requer o pagamento de assistência social em razão da pobreza, sendo que a prova da necessidade e das precárias condições de vida é feita única e exclusivamente pela *inspeção judicial,* na qual o juiz comparece pessoalmente à residência do postulante e lá constata a efetiva miséria em que vive.

Não obstante o entendimento de alguns processualistas, não há diferença entre o instituto da inspeção judicial brasileira e o da italiana. Prescreve o art. 118 do C.P.C italiano:

> *"O juiz pode ordenar às partes e aos terceiros de consentir que se realize sobre sua pessoa ou suas coisas nos seus processos as inspeções que pareçam indispensáveis para conhecer os fatos da causa, desde que isso possa cumprir-se sem grave dano para a parte ou para terceiro, e sem lhes constranger a violar um dos segredos previstos nos artigos 351 a 352 do Código de processo penal.*

[698] Chiovenda, Giuseppe. *Instituições de direito processual civil.* Trad. J.Guimarães Menegale. 2ª ed. Vol. III. São Paulo: Edição Saraiva, 1965. n. 343. p. 125..

[699] Santos, M. A. op. Cit., p. 384 e 385.

Se a parte se recusar de executar tal ordem sem motivos justificado, o juiz pode presumir desta recusa argumento de prova com base na norma do art. 116 inc. II.

Se recusa o terceiro, o juiz o condena a uma pena pecuniária de 250 a 1.550 euros".

Não é porque o c.p.c.italiano fala que o objetivo da inspeção é de *conhecer os fatos da causa* que isso seja diverso de nosso instituto, pela simples razão de que o art. 481 do atual c.p.c. brasileiro fala em *esclarecer sobre fato que interesse à decisão da causa.* Ora, para esclarecer tem-se que conhecer, assim como para conhecer deve-se esclarecer todas as dúvidas sobre aquilo que se pretende conhecer.

Sobre a *inspeção judicial*, anotam Comoglio, Ferri e Taruffo: *"Pode acontecer que o acertamento dos fatos relevantes para a causa requeira a percepção direta por parte do juiz do lugar ou coisa, ou das condições pessoais de determinados sujeitos, partes ou terceiros. Quando o juiz constata que subsiste esta necessidade, ordena às partes ou aos terceiros de consentir a inspeção de sua pessoa ou de coisas que estejam sob sua posse. Trata-se de um meio instrutório que o juiz tem à sua disposição, de ofício, quando observa a sua necessidade. Necessita-se, por outro lado, que a inspeção seja 'indispensável' para conhecer os fatos da causa (art. 118 do c.p.c. italiano), ou seja, que se trate do único meio de qual se dispõe para acertar tais fatos. Por sua vez, a inspeção não pode resultar nem provocar qualquer dano, principalmente quando se tende a admiti-la com maior amplitude... Exclui-se de todo modo que a inspeção possa ser disposta para meros escopos explorativos, ou seja, para descobrir fatos não previamente individualizados: necessita também que o juiz determine preliminarmente quais são as circunstâncias que se entende acertar por meio da inspeção".*[700]

A inspeção, evidentemente, somente pode ser deferida quando não comporte graves danos para a parte ou para o terceiro, e também quando ele não seja obrigado a violar um segredo profissional ou mesmo violar algum direito fundamental que lhe garante a Constituição Federal. O grave dano pode ser considerado na lesão do direito à reserva ou intimidade pessoal, que pode derivar em particular da inspeção sobre a pessoa, na revelação de segredos de empresa ou de invenção industrial. A inspeção judicial não pode ficar à simples discricionariedade do juiz, e deve levar em consideração também o contraposto interesse no acertamento efetivo dos fatos.

A inspeção sobre pessoas poderá recair sobre partes ou terceiros.

A inspeção sobre coisas pode ter objeto coisa móveis ou imóveis que estejam na posse das partes ou de terceiros e que tenham a obrigação de exibi-los.

As coisas estão sujeitas à inspeção nos mesmos casos da exibição. Também pode ser objeto de inspeção os lugares.

[700] Comoglio, L.p.; Ferri, C.; Taruffo, M., op. Cit. p. 487.

Deferida a inspeção, o juiz deverá intimar as partes, que, por sua vez, poderão acompanhar pessoalmente a inspeção ou por intermédio de seus advogados, sendo que, e se for o caso, poderão também comparecer acompanhadas de seus assistentes técnicos.

Segundo anota Moacyr Amaral Santos, *"no sistema do Código, a sujeição da parte à inspeção judicial, dissipando controvérsias doutrinárias quanto à sua natureza jurídica, se caracteriza como 'dever processual'. É que aí se dispõe constituir dever da parte, entre outros, 'submeter-se à inspeção judicial, quando necessária' (art. 340, n. II). Todavia, a lei não faz alusão à sanção correspondente para o caso de inadimplemento desse dever. Desprovido de sanção, além de não tratar-se de dever suscetível de ser cumprido mediante coação, de recusa da parte à inspeção de sua pessoa ou coisa resultará, em seu desproveito, a permissibilidade de o juiz extrair, do comportamento ilícito, argumentos de prova, semelhantemente ao que ocorre com a recusa à exibição de documento ou coisa.*

Por princípio de direito, também expresso em lei, 'ninguém se exime do dever de colaborar com o Poder Judiciário para o descobrimento da verdade'. E, assim, na consonância desse princípio, também 'terceiros', estranhos à relação processual, estão no 'dever' de atender e sujeitar-se à ordem de inspeção que lhes haja sido dirigida. Trata-se igualmente aqui de dever a que se não transcorre Express sanção quando desrespeitado, convindo que a lei explicitamente a instituísse, à semelhança do que ocorre no direito italiano, que impõe ao desobediente determinada multa. Entretanto, não obstante o silêncio da lei processual, somos levados, com apoio na doutrina, a admitir, tratando-se de inspeção de coisa à disposição de terceiro, e, visto que a inspeção pressupõe a exibição da mesma, somos levados a admitir, no caso de recusa à exibição, tornando impossível ou impraticável a inspeção, disso resultar ficar o terceiro sujeito à sanção dessa recusa...".[701]

Penso que é possível sancionar a parte que não colabora com a inspeção judicial, nos termos do art. 80, inc. IV, do novo C.P.C.

Sobre questão referente à inspeção judicial, eis os seguintes precedentes do S.T.J.:

> *(...).*
>
> *I – A utilização da inspeção judicial como meio de prova se justifica sempre que houver necessidade de o magistrado melhor avaliar ou esclarecer um fato controvertido, ou seja, naquelas situações em que essa percepção não puder ser obtida pelos outros meios de prova comumente admitidos no processo.*
>
> *II – No caso concreto, contudo, analisando os fundamentos do Acórdão recorrido, o que se verifica é que a expressão "inspeção pessoal" não foi utilizada pelo Relator no*

[701] Santos, M. A., op. Cit., p. 388 e 389.

sentido técnico-jurídico a que alude o artigo 440 e seguintes do CPC. Até porque, não se reportou ele a nenhum fato controvertido específico que tivesse ficado esclarecido com a sua visita ao local do acidente.

(...).

(AgRg no REsp 1110215/RJ, Rel. Ministro SIDNEI BENETI, TERCEIRA TURMA, julgado em 27/10/2009, DJe 06/11/2009)

(...).

Rejeita-se a tardia impugnação à inspeção judicial (fls. 630 e 632), em face das provas produzidas nos autos, incluindo as supervenientes à sentença corroborando o desmatamento efetuados pelos apelantes, real e não 'fantasmagórico", tendo sido realizado a pretexto de "limpeza do pasto", sem a indispensável autorização do órgão competente. Como acentuado às fls. 627, a inspeção pessoal se constituiu em mais um elemento de convicção a se somar aos demais, conferindo amparo à pretensão do Estado, acolhida na sentença (fls.540).

(...).

(REsp 896.997/RJ, Rel. Ministro LUIZ FUX, PRIMEIRA TURMA, julgado em 02/12/2008, DJe 27/04/2009)

Art. 482

Ao realizar a inspeção, o juiz poderá ser assistido por um ou mais peritos.

Assistência de perito

Como já se afirmou, na inspeção judicial é o próprio juiz que examina ou avalia a coisa mediante uma verificação ocular. Isso é justamente o que distingue a inspeção judicial da perícia, pois naquela o juiz examina a coisa pessoalmente, tirando suas conclusões não de uma simples leitura de um laudo pericial, mas apreciando os fenômenos diretamente sem interposta pessoa.

Contudo, nada impede que o juiz na inspeção judicial direta e concreta possa ser auxiliado por um ou mais peritos judiciais, justamente para que esses possam esclarecer determinadas dúvidas técnicas e científicas sobre a pessoa ou sobre a coisa examinada.

Por isso, no despacho em que deferir a inspeção é importante que o juiz estabeleça o modo pelo qual deverá ser realizada, inclusive se será realizada mediante auxílio de perito e de assistentes técnicos, a fim de que as partes não sejam surpreendidas e possam realizar plenamente o contraditório.

Muito embora o juiz possa se valer de perito como auxiliar na inspeção, este auxiliar pode ser impugnado por qualquer das partes, principalmente se ele for impedido, suspeito ou incapaz.

Art. 483

O juiz irá ao local onde se encontre a pessoa ou a coisa quando:

I – julgar necessário para a melhor verificação ou interpretação dos fatos que deva observar;

II – a coisa não puder ser apresentada em juízo sem consideráveis despesas ou graves dificuldades;

III – determinar a reconstituição dos fatos.

Parágrafo único. As partes têm sempre direito a assistir à inspeção, prestando esclarecimentos e fazendo observações que considerem de interesse para a causa.

Deslocamento do magistrado

Segundo preceitua esse dispositivo, em regra a inspeção judicial em pessoas ou coisas ocorrerá na sede do juízo, quando isso for possível.

Contudo, a estrutura judicial necessária será deslocada ao local em que se encontre a pessoa ou a coisa quando a) o juiz julgar necessário para a melhor verificação ou interpretação dos fatos que deva observar; b) a coisa não puder ser apresentada em juízo sem consideráveis despesas ou graves dificuldades; c) o juiz determinar a reconstituição dos fatos.

Evidentemente que estando a pessoa fora da sede do juízo, nada impede que o juiz solicite por meio de precatória ou pelo instituto de cooperação judicial os préstimos do juízo em que se encontre a pessoa ou a coisa. Não é porque a pessoa ou a coisa encontra-se em local diverso da sede do juízo que a prova não poderá ser realizada, pois a inspeção judicial não se caracteriza simplesmente por critérios subjetivos, uma vez que todas as constatações e circunstâncias objetivas deverão constar objetivamente de atas que serão elaboradas durante o procedimento.

O inc. I do art. 480 concede certa margem de conveniência ou oportunidade ao magistrado para realizar a inspeção judicial fora da sede do juízo, principalmente quando ele julgar necessário para melhor verificação ou interpretação dos fatos que deva observar (por exemplo, analisar uma paisagem). Essa regra abrange tanto coisas como pessoas, como, por exemplo, observar um incapaz no ambiente que se encontra e sua relação com as pessoas com quem convive.

O inc. II do art. 480 tem por objetivo evitar o alto custo de remoção da coisa ou da pessoa até a sede do juízo, ou quando essa remoção possa causar graves dificuldades (exemplo, a análise de uma grande máquina de uma empresa ou de uma turbina de uma usina). A retirada de um local seguro de uma obra de arte ou de uma joia valiosa. Ou, ainda, o transporte de uma pessoa que se encontra internada num hospital ou detida num presídio.

O inc. III do art. 480 determina que a inspeção judiciária seja externa quando o juiz entenda de reconstituir os fatos a serem demonstrado.

Por sua vez, conforme estabelece o *parágrafo único do art. 483* do atual C.P.C., qualquer que seja o local da realização da inspeção judicial, *as partes têm sempre direito a assistir à inspeção, prestando esclarecimentos e fazendo observações que considerem de interesse para a causa.*

As partes poderão comparecer pessoalmente ou por meio de seus advogados, ou, quando o juiz assim autorizá-las, ser auxiliadas por assistente técnico. Os esclarecimentos em regra serão prestados informalmente e sem registro. Contudo, nada impede que a parte requeira que seja consignada em ata os esclarecimentos que foram indeferidos ou não suficientemente respondidos.

Art. 484

Concluída a diligência, o juiz mandará lavrar auto circunstanciado, mencionando nele tudo quanto for útil ao julgamento da causa.

Parágrafo único. O auto poderá ser instruído com desenho, gráfico ou fotografia.

Lavratura de auto circunstanciado

O auto que deve ser elaborado ao final da inspeção tem por objetivo documentar as circunstâncias ocorridas, pois a inspeção judicial não deixa de ser um meio de prova que deverá passar pelo crivo de análise do próprio juiz ou de outros magistrados que porventura possam atuar no processo.

Não se nega que de certa forma haverá um grau de subjetivismo na análise das circunstâncias pelo juiz que realizar a inspeção. Contudo, mesmo havendo esse grau de subjetivismo, o juiz deve motivar mediante critérios objetivos as impressões que teve ao examinar a coisa ou a pessoa, evitando proferir juízo de valor durante a inspeção.

O auto será subscrito por todos aqueles que acompanharam a diligência, podendo as partes, seus procuradores ou mesmo os assistentes técnicos solicitar que fique consignado em ata seus esclarecimentos ou eventual retificação dos termos do auto circunstanciado, para fins de fundamentar eventuais recursos.

Sobre o tema, assim já decidiu o S.T.J.:

> *1. A ausência do auto circunstanciado, lavrado a partir da diligência feita pelo juiz, não é capaz de macular a sentença quando, como no caso dos autos, outras provas forem suficientes à formação da convicção do julgador.*

2. A jurisprudência desta Corte consagrou o entendimento segundo o qual o enunciado do art. 459, parágrafo único, do CPC, deve ser interpretado em consonância com o princípio do livre convencimento, de sorte que, não estando o juiz convencido da extensão do pedido certo formulado pelo autor, pode reconhecer-lhe o direito, remetendo as partes para a liquidação. Precedentes.

3. Agravo regimental não provido.

(AgRg no Ag 676.160/MG, Rel. Ministra MARIA ISABEL GALLOTTI, QUARTA TURMA, julgado em 23/11/2010, DJe 17/12/2010)

Por fim, estabelece o *parágrafo único do art. 484* do atual C.P.C. que o *auto poderá ser instruído com desenho, gráfico ou fotografia.*

CAPÍTULO XIII – Da Sentença e da Coisa Julgada

SEÇÃO I – Disposições Gerais

Art. 485

O juiz não resolverá o mérito quando:

I – indeferir a petição inicial;

II – o processo ficar parado durante mais de 1 (um) ano por negligência das partes;

III – por não promover os atos e as diligências que lhe incumbir, o autor abandonar a causa por mais de 30 (trinta) dias;

IV – verificar a ausência de pressupostos de constituição e de desenvolvimento válido e regular do processo;

V – reconhecer a existência de perempção, de litispendência ou de coisa julgada;

VI – verificar ausência de legitimidade ou de interesse processual;

VII – acolher a alegação de existência de convenção de arbitragem ou quando o juízo arbitral reconhecer sua competência;

VIII – homologar a desistência da ação;

IX – em caso de morte da parte, a ação for considerada intransmissível por disposição legal; e

X – nos demais casos prescritos neste Código.

§ 1º Nas hipóteses descritas nos incisos II e III, a parte será intimada pessoalmente para suprir a falta no prazo de 5 (cinco) dias.

§ 2º No caso do § 1º, quanto ao inciso II, as partes pagarão proporcionalmente as custas, e, quanto ao inciso III, o autor será condenado ao pagamento das despesas e dos honorários de advogado.

§ 3º O juiz conhecerá de ofício da matéria constante dos incisos IV, V, VI e IX, em qualquer tempo e grau de jurisdição, enquanto não ocorrer o trânsito em julgado.

§ 4º Oferecida a contestação, o autor não poderá, sem o consentimento do réu, desistir da ação.

§ 5º A desistência da ação pode ser apresentada até a sentença.

§ 6º Oferecida a contestação, a extinção do processo por abandono da causa pelo autor depende de requerimento do réu.

§ 7º Interposta a apelação em qualquer dos casos de que tratam os incisos deste artigo, o juiz terá 5 (cinco) dias para retratar-se.

Hipóteses em que o órgão jurisdicional não resolve o mérito

Os artigos 267 e 269 do C.P.C. de 1973 tratavam das hipóteses em que o processo seria *extinto* com ou sem resolução de mérito, uma vez que, de certa forma, a sentença proferida pelo juiz teria por escopo a extinção do processo, salvo se houvesse recurso ao tribunal competente.

O novo C.P.C. em seus arts. 485 e 487 estabelece as hipóteses em que o juiz resolverá ou não o mérito da causa, nada mencionando sobre a extinção do processo.

Contudo, em que pese o novo código não utilize a expressão *extinção do processo*, o certo é que o juiz ao proferir uma sentença com ou sem resolução de mérito tem por objetivo final a *extinção do processo*, ou seja, *o encerramento da relação jurídica processual controvertida ou não*, muito embora essa extinção esteja condicionada ao trânsito em julgado da decisão.

A sentença, sem dúvida, é o último ato realizado no procedimento em primeiro grau, sendo que o juiz ao proferir a sentença acaba o seu ofício jurisdicional.

Pode-se afirmar que se adotou um critério topológico para a sentença, ou seja, trata-se de um ato judicial localizado em uma das pontas do procedimento, ou seja, em sua extremidade final.[702]

O *art. 485* do atual C.P.C. estabelece as seguintes hipóteses em que o juiz, ao proferir a sentença, não resolverá o mérito:

a) – indeferir a petição inicial;

[702] Dinamarco, Cândido Rangel. *Instituições de direito processual civil*. Vol. III. São Paulo: Malheiros, 2001. p. 652.

A demanda tem por elementos as partes, o pedido e a causa de pedir.

Os elementos da demanda vêm exteriorizados por meio da *petição inicial*, a qual deve ser composta por todos esses elementos para que a relação jurídica processual exista e tenha um desenvolvimento válido e regular.

A petição inicial, para que seja válida e regular, deve observar os requisitos estabelecidos no art. 319 do atual C.P.C., ou seja, deve indicar: I – o juízo a que é dirigida; II – os nomes, os prenomes, o estado civil, a existência de união estável, a profissão, o número de inscrição no Cadastro de Pessoas Físicas ou no Cadastro Nacional da Pessoa Jurídica, o endereço eletrônico, o domicílio e a residência do autor e do réu; III – o fato e os fundamentos jurídicos do pedido; IV – o pedido com as suas especificações; V – o valor da causa; VI – as provas com que o autor pretende demonstrar a verdade dos fatos alegados; VII – a opção do autor pela realização ou não de audiência de conciliação ou de mediação.

A petição inicial deverá também ser instruída com os documentos indispensáveis à propositura da demanda.

O art. 321 do atual C.P.C. preconiza que antes de proferir sentença sem resolução de mérito, o juiz deverá conceder à parte oportunidade para, se possível, corrigir o vício.

Assim, verificando o juiz que a petição inicial não preenche os requisitos dos arts. 319 e 320 ou que apresenta defeitos e irregularidades capazes de dificultar a resolução do mérito, determinará que o autor, no prazo de quinze dias, a emende ou a complete, indicando com precisão o que deve ser corrigido. Se o autor não cumprir a diligência, o juiz indeferirá a petição inicial (p.u. do art. 321 do atual C.P.C.).

Faltando alguns desses requisitos, e sendo isso ainda possível, o juiz determinará a emenda da inicial, caso contrário deverá indeferir a petição inicial.

Conforme ensina J. J. Calmon de Passos: "*Quando o ato processual se desvia do modelo legalmente prefixado, dizemos que ele é atípico, por conseguinte, defeituoso. Mas, com vistas à natureza instrumental do processo, que não tem um fim em si mesmo, mas serve à aplicação autoritativa do direito, nem sempre o defeito do ato conduz à sua ineficácia. Donde se poder distinguir uma atipicidade (defeito) relevante e uma atipicidade (defeito) irrelevante. A atipicidade relevante acarreta a ineficácia do ato. Ele cessa de produzir efeitos. E essa improdutividade de efeitos ora se reveste da forma de nulidade, invalidade que alcança efeitos já produzidos, ora assume outras formas, como a do indeferimento, que é sanção à atipicidade relevante do ato que ainda não produziu efeitos, para que eles não venham a ocorrer. O indeferimento é, portanto, uma forma obstativa da eficácia. Enquanto a nulidade faz cessar efeitos que já se produziram, o indeferimento sanciona o ato com a ineficácia, mesmo que os efeitos por ele perseguidos se tenham produzido.*

A petição inicial, ato processual típico, pode, consequentemente, ser defeituosa. E se o defeito que apresenta é relevante, isto é, capaz de obstar o fim específico a que o ato se propõe ou de dificultar ou impedir o alcance dos fins de justiça a que o próprio processo, como fenômeno global, se lança, deve o defeito da petição inicial acarretar o seu indeferimento, vale dizer, a sanção de invalidade do ato, chamada de indeferimento, por seu caráter obstativo".[703]

Por sua vez, o art. 330 do novo C.P.C. estabelece as hipóteses em que a *petição inicial será indeferida*.

a.1) quando for inepta.

Considera-se inepta a petição inicial:

a.1.1.) quando lhe faltar pedido ou causa de pedir.

Sendo o pedido e a causa de pedir elementos da demanda, se a petição inicial não trouxer expressamente e bem delineados esses elementos, a petição inicial será considerada *inepta*. Aliás, o pedido também é um dos pressupostos processuais de existência da relação jurídica processual, na visão de Arruda Alvim. A falta de pedido ou de causa de pedir não apenas dificulta o julgamento do mérito, mas principalmente torna impossível sua apreciação. Faltando o pedido, falta o próprio conteúdo para a sentença, ou seja, o juiz não saberá qual prestação jurisdicional deverá conceder, muito menos qual o bem da vida pretendido pela parte autora.

Da mesma forma, faltando a causa de pedir, prejudicada está a análise do mérito, pois faltará a enunciação do fato jurídico que justifica e fundamenta a análise e aplicação da norma abstrata para a concretização do direito.

A causa de pedir é justamente o fato constitutivo do direito do autor.

Assim, pode-se considerar a falta de pedido ou a falta da causa de pedir, não somente quando não forem expressamente formulados na petição inicial, mas também quando não for possível sua compreensão ou inteligibilidade.

a.1.2.) – o pedido for indeterminado, ressalvadas as hipóteses legais em que se permite pedido genérico.

A parte autora, ao formular seu pedido na petição inicial, deverá fazê-lo de forma determinado, ou seja, pedido específico e objetivo.

Porém, o art. 324, §1º, inc.s. I, II e III, permite a formulação de pedido genérico: I – nas ações universais, se o autor não puder individuar os bens demandados; II – quando não for possível determinar, desde logo, as consequências do ato ou do fato; III – quando a determinação do objeto ou do valor da condenação depender de ato que deva ser praticado pelo réu.

[703] Calmon de Passos, José Joaquim. *Comentários ao código de processo civil.* 6ª ed., Vol. III (arts. 270 a 331). Rio de Janeiro: Forense, 1989. p. 255 e 256.

Se a petição inicial trouxer pedido genérico, fora das hipóteses do art. 324 do atual C.P.C., deverá o juiz indeferi-la por ser inepta.

a.1.3.) da narração dos fatos não decorrer logicamente a conclusão;

Mais que um requisito jurídico, esse requisito é um pressuposto lógico de qualquer discurso narrativo, de qualquer silogismo lógico, pois se num discurso narrativo jurídico os fatos não levarem a uma conclusão lógica do pedido formulado na petição inicial, esta será considerada inepta.

O Código de Processo Civil português também prevê esta causa como inépcia da petição inicial. O art. 186, n. 2, letra 'b', do referido diploma legal afirma que a petição inicial será inepta quando o pedido esteja em contradição com a causa de pedir.

Assim, não pode existir entre o pedido e sua causa de pedir incompatibilidade, desarmonia, incongruência.

É importante salientar que essa congruência entre causa de pedir e pedido não significa dizer que o autor deva indicar com precisão o dispositivo de lei no qual o seu direito está fundado, pois a aplicação da norma aos fatos articulados é um dever do juiz, conforme o velho brocardo: *da mihi factum dabo tibi jus* ou *jura novit cúria*.

Conforme leciona J. J. Calmon de Passos: *"A primeira hipótese a considerar é a de ter narrado o autor, em sua inicial, um fato não qualificado pelo direito, isto é, um fato que não é fato jurídico (não há direito a ele aplicável, logo não é relevante juridicamente). Se isso se verifica, duas coisas podem ter ocorrido: ou o autor não formulou pedido ou o fez obscuramente (e será caso de inépcia com fundamento no inciso I), ou se algum pedido ele formulou, esse pedido não decorre logicamente do fato narrado, porquanto o fato narrado é inábil para produzir consequências jurídicas (e a inépcia será com fundamento no inciso II). Segunda hipótese possível é aquela em que o fato narrado é fato jurídico (está, em abstrato, tipificado pelo ordenamento jurídico). Nessa circunstância, duas possibilidades existem: a) o autor tipificou corretamente o fato jurídico, mas lhe atribuiu consequências jurídicas não autorizadas., pelo que o seu pedido não guarda coerência lógica com a premissa menor; e ainda quando o juiz possa corrigir a premissa maior, não poderá fazê-lo se modifica o pedido formulado pelo autor; neste caso, a inicial é inepta; b) o autor tipificou incorretamente o fato jurídico e, consequentemente, pediu o que os fatos não autorizavam; também aqui a faculdade deferida ao juiz de corrigir a premissa maior encontra obstáculo intransponível na impossibilidade de modificar o pedido como formulado pelo autor, pelo que a petição será igualmente inepta"*.[704]

a.1.4.) – quando *contiver pedidos incompatíveis entre si.*

[704] Calmon de Passos, J. J., idem, p. 258 e 259.

Trata-se de um pressuposto lógico do discurso jurídico.

Muito embora o autor possa formular na petição inicial diversas espécies e formas de pedido, como, por exemplo, pedido alternativo, sucessivo, simples, complexo etc., o certo é que ele não poderá formular pedidos *incompatíveis entre si*, sob pena de a petição inicial ser considerada inepta.

a.2.) – a parte for manifestamente ilegítima.

Dentre as condições de admissibilidade de análise do mérito da demanda, também denominada pela doutrina como condições da ação, há a *legitimatio 'ad causam'*.

Na lição de Enrico Tullio Liebman:

> *"Conceito de parte. – Sujeitos do processo e da relação processual são, além do juiz, as partes: os 'litigantes' as partes 'contendenti', as pessoas que levam a controvérsia ao juiz.*
>
> *Como nos atos e nas relações jurídicas substanciais designam-se com o termo 'parte' as pessoas que colocam em existência o ato (cfr. art. 1325 do cód. Civ. Italiano), ou que são os sujeitos da relação (cfr. art. 1260, inc. II, cód. Civ. Italiano); do mesmo modo são partes do processo os sujeitos do contraditório instituído diante do juiz, os sujeitos do processo diversos do juiz, cujo confronto deve ser analisado pelo juiz por meio de seu provimento. A demanda judicial, como ato constitutivo do processo, determina também as partes: aquela que pede ao juiz de prover sobre um determinado objeto e aquela contra quem o provimento é pedido.*
>
> *São estas as pessoas que de um lado são os sujeitos dos atos de parte e de outro são os destinatários dos efeitos do provimento do juiz. As partes são os sujeitos contrapostos na dialética do processo diante de um juiz que é titular de um poder imparcial.*
>
> *Também no processo pode advir todavia que uma pessoa aja em nome de outra (representante voluntário ou representante legal): parte é neste caso, como sempre, o representado não o representante. Deste último se distingue o substituto processual, o qual propõe a demanda em 'nome próprio' (cfr. art. 81 cod. Proc. Civ.), sendo portanto parte no processo.*
>
> *Todos aqueles que não são partes são, em relação ao processo, terceiros.*
>
> *A noção de parte em 'sentido substancial', que seria o sujeito da 'lide' ou da relação controvertida (que uma parte da doutrina contrapõe à parte 'em sentido processual') é estranha à lei e ao sistema do direito processual. A denominada parte em sentido substancial, quando não coincide com a parte em sentido processual, é somente um 'terceiro'*
>
> *A determinação do conceito de parte não tem qualquer relação com o problema da legitimação para agir: este problema consiste na identificação das 'justas partes', ou 'legítimos contraditores' em relação a um dado objeto; são, por sua vez, partes no processo aqueles que de fato são ali os sujeitos com suas qualidades, com todas as con-*

sequências que disso derivam, independentemente da circunstância que sejam ou não seja, em relação à ação proposta, também as partes legítimas. Naturalmente, se sobre isso surge contestação, uma das questões preliminares para decidir é justamente esta, se o autor ou o réu estão respectivamente amparados pela legitimação para agir ou para contradizer: no caso de decisão negativa, o processo se encerra sem o exame de mérito

A oposição de parte se adquire: a) por efeito da demanda introdutiva do processo; b) por efeito de 'sucessão' na posição da parte originária; c) por efeito de 'intervenção' voluntária ou coagida, em um processo pendente.".[705]

Por sua vez, anota Calmon de Passos:

"Deve ser sujeito da relação processual, para ser parte legítima, quem é sujeito da pretensão ou o sujeito da pretensão ou o sujeito da prestação. Em outras palavras, deve ser sujeito da relação processual quem é sujeito da lide. Deve haver, portanto, correlação entre os sujeitos da lide e os sujeitos da relação processual, donde se conceituar a legitimação processual como a pertinência subjetiva da lide. Quem afirma uma pretensão, ou quem se afirma com direito a lograr determinada consequência jurídica, bem como aquele de quem se pretende uma prestação, ou em face de quem se persegue determinada consequência jurídica, estes é que devem ser partes na relação processual, para que haja legitimidade. Somente quando, excepcionalmente, autorizado por lei, pode alguém pleitear, em nome próprio, direito alheio (legitimação anômala, denominada de substituição processual e referida no art. 6º). Assim, se quem está em juízo não é titular da pretensão, ou do interesse cuja tutela se reclama, ou não é titular da prestação reclamada ou não é aquele em face de quem se pretende determinada consequência jurídica, não é parte legítima salvo, como visto, se, em caráter excepcional, está autorizado por lei para atuar como substituto processual".[706]

Sobre a legitimação para agir, prescreve Elio Fazzalari:

"Portanto. A legitimação das partes, do juiz, dos auxiliares determina-se, 'in limine litis', contemplando, em hipótese, aquilo que, segundo o autor, deverá ser o provimento jurisdicional emanado pelo magistrado

a) Quanto as partes. Porque tal provimento (nunca por essas emanado) ou melhor, os seus efeitos criariam necessariamente uma nova situação no mundo substancial, incidindo no patrimônio de alguns sujeitos; e portanto é óbvia a exigência que aqueles, por tornarem-se destinatários da eficácia do provimento jurisdicional, participam da formação do provimento; por estas razões, tais sujeitos são legitimados a 'dizer e con-

[705] Liebman, Enrico Tullio. *Manuale di diritto processuale civile. Principi.* Sesta edizione. Milano: Giuffrè editore. 2002. p. 85.

[706] Calmon de Passos, J. J., op. Cit., p. 265 e 266.

tradizer' no curso do procedimento. O qual, próprio em virtude da participação deles é processo".[707]

Segundo o inc. II do art. 330 do novo C.P.C., somente se a parte for *manifestamente ilegítima*, é que a petição inicial será indeferida.

Note-se que o inc. II do art. 330 não fala simplesmente em parte ilegítima para o efeito de indeferimento da petição inicial, mas traz uma observação importante, a parte tem de ser *manifestamente* ilegítima.

Portanto, somente se a parte for *manifestamente ilegítima* é que a petição inicial poderá ser indeferida.

Para J. J. Calmon de Passos, *"quando a legitimidade para a causa é manifesta, diz o inc. II, deve o juiz indeferir a inicial. Essa exigência de que seja manifesta se prende ao fato de não ser aconselhável trancar-se, de logo, a via judicial ao litigante, se a sua ilegitimidade pode ser posta em dúvida, se ela não ressalta evidente e irretorquível. Não sendo manifesta, é aconselhável deferir-se a inicial, aguardando-se a resposta do réu, que permitirá melhor caracterizar a espécie, reservando-se o juiz para pronunciamento definitivo quando proferir o julgamento conforme o estado do processo".*[708]

Por sua vez, Kazuo Watanabe, citando Celso Neves, dá outra perspectiva à falta das condições da ação, como no caso, a legitimidade 'ad causam', a saber:

"Celso Neves distingue entre 'ação abstratamente considerada' e *'ação exercida', que é a ação 'concretizada pela demanda da tutela jurídica processual'. Em função desta é que são concebidas as 'condições da ação', que são a 'legitimatio ad tutelam (prefere essa expressão à legitimação ad causam, conceito que, em seu entender, se vincula à 'res deducta – causa cadere: causa condemnare' – que é elemento pré processual, processualizado, e resta incólume se a carência é reconhecida'), interesse de agir* e *possibilidade jurídica do pedido. Ressalta que são condições da 'ação exercida', 'de cuja existência dependerá o exame do mérito', e a 'carência da ação exercida', à falta de qualquer dessas condições, não afeta o direito público subjetivo de ação, direito esse abstratamente considerado, mas cuja abstração não se confunde com a da 'ação exercida'. Apesar de sujeita às condições e concretizada pelo seu exercício, a ação que se exerceu mantém caráter abstrato quanto ao resultado do processo. A seguinte passagem é importante para o exato entendimento de sua posição que, salvo equívoco nosso, não confere às 'condições de ação' o sentido de condições de existência da ação, e sim condições para o exame do mérito da causa: 'em face da ação 'exercida', examina-se a viabilidade do juízo sobre a relação cuja tutela se pretende, para aferir-se sua eventual instrumentalidade,*

[707] Fazzalari, Elio. *Istituzioni di diritto processuale.* Seconda Edizione. Padova: CEDAM, 1979. p. 146 e 147.

[708] Calmon de Passos, J. J., op. Cit., p. 267.

na hipótese. Tem-se em conta, aí, o provimento pretendido, passando-se a considerá-lo, 'em tese', em face da 'res deducta', tal como subjetiva e objetivamente, aparece no processo".[709]

Com base nesses postulados, pode-se afirmar que se a ilegitimidade 'ad causam' não for manifesta, o processo deverá ter seu trâmite normal, razão pela qual o juiz somente irá analisar essa questão quando for proferir decisão de resolução de mérito da demanda.

Por isso, quando o juiz indefere a petição inicial por *manifesta ilegitimidade 'ad causam'* o faz em *'status assertionis'*. Sobre esse tema, anota Kazuo Watanabe:

> *"O 'ponto nodal' da problemática está em saber se as condições da ação (rectius: 'condições para o julgamento do mérito') devem ser aferidas segundo a afirmativa feita pelo autor na petição inicial (in status assertionis) quanto às condições da ação (com a apresentação, evidentemente, das provas necessárias desde o início da ação, para se evitar o prosseguimento inútil do processo, como por exemplo a escritura de aquisição do imóvel na ação reivindicatória, o contrato escrito celebrado por aquele que pretende anulá-lo por vício de vontade, o ato constitutivo que demonstre a existência da associação civil por mais de 1 ano para a propositura da ação civil pública etc.) ou conforme 'seu elo efetivo' com 'a situação de fato contrária ao direito', ou seja, com o objeto litigioso do processo, que vier a ser evidenciado pelas provas produzidas pelas partes. Somente se afigura compatível com a teoria abstratista a primeira opção.*
>
> *O exame das condições de ação deve ser feito 'com abstração das possibilidades que, no 'juízo de mérito', vão deparar-se ao julgador: a de proclamar existente ou a de declarar inexistente a relação jurídica que constitui a 'res in iudicium deducta'; vale dizer, o órgão julgador, ao apreciá-las, 'considera tal relação jurídica 'in status assertionis', ou seja, 'à vista do que se afirmou', raciocinando ele, ao estabelecer a cognição, 'como que admita, por hipótese e em caráter provisório, a veracidade da narrativa, deixando para a ocasião própria (o juízo de mérito) a respectiva apuração, ante os elementos de convicção ministrados pela atividade instrutória', como preleciona Barbosa Moreira".*[710]

A preocupação quanto aos efeitos práticos entre o pensamento da *teoria abstrata* e a *teoria eclética* foi muito bem aflorada por Kazuo Watanabe no seguinte exemplo:

> *"Considere-se, agora, uma ação reivindicatória movida por "A", em seu nome, dizendo que o imóvel 'x', de propriedade de seu compadre, foi invadido por 'B'. O juiz*

[709] Watanabe, Kazuo. *Da cognição no processo civil.* 2ª Ed., Campinas: Bookseller, 2000. p. 76 e 77.

[710] Watanabe, K., idem, p. 80.

indeferirá desde logo a inicial por ilegitimidade 'ad causam ativa' (art. 295, II, CPC). Aqui, nenhuma diferença entre as duas correntes. Admita-se, ao invés, que 'A' se diga proprietário do imóvel 'x', apresente o título em seu nome, e mova a ação contra 'B'. Este, em defesa, alega que o imóvel é de 'C', sendo o autor, em consequência, parte ilegítima. Feita a instrução, conclui o magistrado que a razão está com 'B'. Pela teoria eclética, a solução deveria ser de carência, por ilegitimidade 'ad causam ativa'. Mas, pela teoria abstratista, o problema da legitimidade estaria já superado, pela verificação da afirmativa contida na inicial e sua conformidade com o título exibido, de modo que a solução deveria ser de improcedência, pois o que o juiz estará declarando é que o direito que o autor afirmou ser seu, não existe. A consideração de que o imóvel pertence a 'C' é apenas o fundamento para negar o direito afirmado pelo autor, pois é esse o objeto litigioso do processo em julgamento".[711]

Assim, pela teoria abstrata da ação, não sendo a parte manifestamente ilegítima, o seu reconhecimento após a instrução probatória será feito no âmbito da análise do mérito da demanda judicial.

a.3.) – o autor carecer de interesse processual.

Novamente o legislador inseriu como causa de *indeferimento da petição inicial uma* condição de análise do mérito do pedido, também conhecida pela doutrina clássica com condição de ação.

No início, Enrico Túlio Liebman previa três espécies de condição da ação, a saber: a) legitimidade para a causa; b) possibilidade jurídica do pedido c) interesse processual.

Contudo, após a terceira edição de seu *Manuale*, Liebman altera sua perspectiva para dizer que as condições da ação seriam apenas duas, ou seja, legitimação para causa e interesse processual, sendo que a possibilidade jurídica do pedido estaria inserida no interesse processual. Afirma o autor italiano:

[711] "Por 'Teoria Eclética' se entende, basicamente, aquela que, na apuração das condições da ação, determina seja o nexo de instrumentalidade entre a ação e a situação de fato contrária ao direito, apurado através do exame das provas, e não apenas pela afirmativa do autor.
Nem todos os que se consideram seguidores da teoria de Liebman concluiriam da forma como ficou exposta. Mas, se acaso admite a aferição 'in status assertionis' das condições da ação, o entendimento esposado é muito mais de abstratista do que de eclético. Talvez a filiação ao 'ecletismo' seja por um aspecto parcial, como o ligado à natureza da atividade exercida pelo juiz quando este conclui pela carência da ação, ou por alguma outra particularidade. O importante é deixar bem ressaltado que a aceitação das condições de ação pelos abstratista somente será possível nos termos expostos, vale dizer, 'in status assertionis'". (Watanabe, K., idem, p. 88).

"As condições da ação. As condições da ação, acima mencionada, são o interesse de agir e a legitimação. Esses são, conforme já mencionado, os requisitos de existência da ação, e devem, por isso, ser acertados em juízo preliminarmente ao exame do mérito".[712]

O novo C.P.C., em art. 330, somente faz referência para efeito de indeferimento da petição inicial à parte manifestação ilegítima e ao autor carecedor de interesse processual.

É bem verdade que o art. 295, *parágrafo único*, inc. III, do C.P.C. de 1973 reconhecia também a *inépcia da petição inicial* quando o pedido fosse *juridicamente impossível*.

O novo C.P.C. não repetiu a hipótese de pedido *juridicamente impossível* como fundamento da *inépcia da inicial*.

Assim, a questão da *possibilidade jurídica ou não do pedido* não poderá mais ser avaliada no momento do deferimento ou não da petição inicial, muito menos o reconhecimento *in limine* da impossibilidade jurídica do pedido poderá justificar a *inépcia da inicial* como acontecia no código revogado.

Contudo, para aqueles que passaram a adotar a teoria de Liebman sobre as condições da ação, após a terceira edição de seu *Manuale*, nada impede que sustentem o indeferimento da petição inicial pela *impossibilidade jurídica do pedido*, pois esta causa está inserida no âmbito da *falta de interesse processual*.

Conforme ensina Calmon de Passos, *"Interesse é a relação que se estabelece entre uma necessidade e o bem que pode satisfazê-la. Seja necessidade de ordem material, seja necessidade imaterial (moral, psicológica, intelectual, espiritual etc) ...*

Doutrina mais recente propugna por que se adicione, para configuração do interesse processual, um outro requisito: o da adequação do provimento e do procedimento.

O primeiro requisito, o da 'necessidade concreta' da jurisdição, por nós já examinado, nas expressões de Cândido Dinamarco significa que não nasce a ação enquanto as forças do próprio direito substancial objetivo ainda não se mostraram incapazes de extinguir a situação de lide.

Quanto ao segundo, o da 'adequação', também na lição do mesmo autor, significa que o Estado condiciona ainda o exercício da atividade jurisdicional, em cada caso, à utilidade que o provimento desejado possa trazer ao seu escopo de atuação da vontade concreta da lei, bem como à 'justiça' da sujeição da parte contrária aos rigores de cada tipo de processo.

Assim, tanto carece de ação, por falta de interesse processual, quem aciona por dívida ainda não exigível (falta do interesse-necessidade) como o autor que ajuíze um processo de

[712] Liebman, Enrico Tullio. *Manuale di diritto processuale civile – principi* – Sesta Edizione, Milano: Giuffrè Editore, 2002. p. 74.

execução para obter a tutela de uma pretensão suscetível apenas de ser posta como objeto de um processo de conhecimento (falta do interesse-adequação)".[713]

Segundo leciona Liebman: *"Para propor uma demanda em juízo é necessário haver interesse (art. 100 cod. Proc. Civ. Italiano). O interesse de agir é elemento material do direito de ação e consiste no interesse de obter o provimento demandado.*

Isso se distingue do interesse substancial, para cuja proteção se intenta a ação, assim como se distinguem os dois correspondentes direitos, aquele substancial, que se afirma garantido ao autor, e aquele processual que se exercita para a tutela do primeiro.

O interesse de agir é por isso um interesse processual, secundário e instrumental em relação ao interesse substancial primário, e tem por objeto o provimento que se requerer ao magistrado como meio para obter a satisfação do interesse primário, ferido pelo comportamento da outra parte ou mais genericamente pela situação de fato objetivamente existente. Por exemplo: o interesse primário de quem se afirma credor de 100 é de obter o pagamento desta soma; o interesse de agir surgirá se o devedor não cumprir com sua obrigação e terá por objeto a condenação do devedor e sucessivamente a execução forçada a cargo do seu patrimônio.

O interesse de agir surge pela necessidade de se obter no processo a proteção do interesse substancial; pressupõe, por isso, a afirmação da lesão (ou ameaça de lesão) *deste interesse e a idoneidade do provimento demandado para protegê-lo ou satisfazê-lo. Seria de fato inútil prosseguir com a demanda para conceder ou negar o provimento requerido no caso em que a situação de fato que seja referida não tenha por fundamento uma afirmação de lesão* (ou ameaça de lesão) *de direito ou interesse que se 'levanta' diante da contraparte ou se os efeitos jurídicos que decorrem do provimento já tenham sido adquiridos ou se o provimento seja por si mesmo inadequado ou inidôneo para remover a lesão* (ou ameaça de lesão) *ou, enfim, se o provimento requerido não pode ser pronunciado porque não admitido pela lei (ex. a prisão do devedor). ".*[714]

Assim, em síntese, pode-se dizer que o *interesse de agir* está presente quando o provimento jurisdicional requerido ao juiz é *útil, necessário e adequado.*

a.4.) não atendidas as prescrições dos arts. 106 e 321.

O art. 106 do atual C.P.C. estabelece:

Quando postular em causa própria, incumbe ao advogado:

I – declarar, na petição inicial ou na contestação, o endereço, seu número de inscrição na Ordem dos Advogados do Brasil e o nome da sociedade de advogados da qual participa, para o recebimento de intimações;

II – comunicar ao juízo qualquer mudança de endereço.

[713] Calmon de Passos, J. J., op. Cit., p. 268 e 269.
[714] Libeman, E. T., op. Cit., p. 142 e 143.

§ 1º Se o advogado descumprir o disposto no inciso I, o juiz ordenará que se supra a omissão, no prazo de 5 (cinco) dias, antes de determinar a citação do réu, sob pena de indeferimento da petição.

§ 2º Se o advogado infringir o previsto no inciso II, serão consideradas válidas as intimações enviadas por carta registrada ou meio eletrônico ao endereço constante dos autos.

O art. 321 do atual C.P.C. preconiza:

O juiz, ao verificar que a petição inicial não preenche os requisitos dos arts. 319 e 320 ou que apresenta defeitos e irregularidades capazes de dificultar o julgamento de mérito, determinará que o autor, no prazo de 15 (quinze) dias, a emende ou a complete, indicando com precisão o que deve ser corrigido ou completado.

Parágrafo único. Se o autor não cumprir a diligência, o juiz indeferirá a petição inicial.

Se a petição inicial não preencher os requisitos exigidos pelos arts. 319 e 320 do novo, e não sendo suprida a irregularidade, o juiz indeferirá a petição inicial.

Por fim, é importante salientar que o inc. IV do art. 295 do C.P.C. de 1973 trazia também uma outra hipótese de *indeferimento da petição inicial*, a saber: *IV – quando o juiz verificar, desde logo, a decadência ou a prescrição (art. 219, § 5º); (Redação dada pela Lei nº 5.925, de 1º.10.1973).*

O art. 330 do novo C.P.C. não inseriu o reconhecimento da prescrição ou da decadência como causa de *indeferimento liminar da petição inicial.*

O atual legislador, na realidade, entende que o reconhecimento da prescrição e decadência deve ser objeto de improcedência liminar do pedido, nos termos do art. 332, §1º do atual C.P.C.

Daí porque a prescrição e decadência são matérias de mérito e não de preliminares.

b) o processo ficar parado durante mais de 1 (um) ano por negligência das partes;

Preceito similar encontra-se no art. 307 do C.P.C. italiano:

"Art. 307 (Extinção do processo por inatividade da parte)

Se depois da notificação da citação nenhuma das partes esteja constituída dentro do prazo estabelecido no art. 166, ou se, depois da constituição da mesma, o juiz, nos casos previsto pela lei, tenha ordenado o cancelamento da causa, o processo, salvo o disposto no art. 181 e do art. 290, deve ser reassumido perante o mesmo juiz no prazo peremptório de três meses que decorre respectivamente da expiração do prazo para a constituição do réu com base na norma do art. 166, ou da data do provimento de cancelamento; caso contrário o processo extingue-se.

O processo, uma vez reassumido, nos termos da norma do inciso precedente, extingue-se se nenhuma das partes seja constituída, ou se nos casos previstos pela lei o juiz ordene o cancelamento da causa.

Além dos casos previstos nos incisos precedentes, e salvo diversas disposições de lei, o processo extingue-se também quando as partes em relação às quais devem ser renovadas as citações, ou de prosseguir, reassumir ou integrar o juízo, não tenham providenciado dentro do prazo peremptório estabelecido pela lei, ou pelo juiz que pela lei seja autorizado a fixá-lo. Quando a lei autoriza o juiz a fixar o prazo, este não pode ser inferior a um mês nem superior a três.

E extinção opera de direito e é declarada, também de ofício, com decisão do juiz instrutor ou com sentença do colégio".

Não obstante prevaleça no processo civil brasileiro o princípio do *impulso oficial*, o certo é que existem situações em que o desenvolvimento da relação jurídica processual fica totalmente dependente da prática de atos por alguma das partes. Nessas hipóteses, quando o juiz não puder determinar o andamento do processo por impulso oficial, compete às partes fazê-lo. Exemplo clássico ocorre quando ambas as partes requerem a paralisação do processo pelo prazo de trinta dias porque estão em vias de realizar certa transação judicial, sendo que após este prazo o juiz não poderá dar prosseguimento de ofício à relação jurídica processual, tendo em vista que há necessidade da prática de algum ato essencial por uma das partes. Contudo, encerrado o prazo de trinta dias, as partes mantêm o processo paralisado por mais de um ano sem qualquer comunicação da eventual transação, nem ocorre a prática do ato essencial para o prosseguimento do feito. A paralisação do processo por negligência das partes por mais de um ano justifica a prolação de uma sentença sem resolução de mérito.

O prazo inicial da paralisação conta-se do último ato realizado, seja qual for, sendo irrelevante sua autoria, se das partes ou de qualquer outro dentre os figurantes do processo. Também não importa, igualmente, que o ato de cuja prática deveria resultar o prosseguimento do feito, incumbia às partes ou a qualquer outro dos integrantes do juízo ou da relação processual.[715]

A negligência configura-se pela falta de iniciativa de ambas as partes que toleram a paralisação do processo por mais de um ano, quando caberia a qualquer delas dar andamento ao processo.

[715] Moniz de Aragão. Egas. D. *Comentários ao código de processo civil.* 6ª ed., Vol. II (art. 164 a 269). Rio de Janeiro: Editora Forense, 1989. p. 540.

Evidentemente que não é simplesmente o prazo de um ano que justifica a prolação de sentença sem resolução do mérito, pois há necessidade de demonstração da negligência (espécie de culpa) em relação às partes.

Assim, se a paralisação não decorre de negligência das partes, não cabe prolação de sentença sem resolução do mérito. Nesse sentido já decidiu o Supremo Tribunal Federal no Agravo n. 70.911. (Revista Trimestral de Jurisprudência n. 83, pag. 382.).

Contudo, a extinção não é automática, pois, nos termos do *§1º do art. 485* do atual C.P.C. *nas hipóteses descritas nos incisos II e III, a parte será intimada pessoalmente para suprir a falta no prazo de 5 (cinco) dias.*

Assim, passados mais de um ano de paralisação do processo por negligência das partes, o juiz, antes de prolatar sentença sem resolução de mérito, deverá intimar pessoalmente a parte para que supra a falta em cinco dias. Somente ultrapassado o prazo de cinco dias é que o juiz poderá prolatar sua decisão. É importante salientar que o §1º do art. 267 do C.P.C. de 1973 não falava em cinco dias mas em 48 (quarenta e oito) horas.

Nesse sentido eis a seguinte decisão do S.T.J.:

> *2. Nos casos que ensejam a extinção do processo sem julgamento do mérito, por negligência das partes ou por abandono da causa (art. 267, incisos II e III, do CPC), o indigitado normativo, em seu § 1º, determina que a intimação pessoal ocorra na pessoa do autor, a fim de que a parte não seja surpreendida pela desídia do advogado.*
> *Incidência da Súmula 83 do STJ.*
> (...).
> (AgRg no AREsp 24.553/MG, Rel. Ministro HUMBERTO MARTINS, SEGUNDA TURMA, julgado em 20/10/2011, DJe 27/10/2011)

O abandono também pode ocorrer no âmbito da execução fiscal, conforme precedentes do S.T.J abaixo indicados:

> *(...).*
> *2. É possível a extinção da ação de execução fiscal com base no art. 267, III, do CPC, por abandono da causa. Precedente: REsp 1.120.097/SP, Rel. Min. Luiz Fux, julgado sob o rito do art. 543-C do CPC.*
> *3. Não há incompatibilidade entre o dispositivo do Código de Processo Civil que pune a inércia da exequente e o art. 40 e parágrafos da Lei 6.830/80. Os quais regulam a suspensão do curso da execução, o arquivamento provisório e a prescrição intercorrente, mais voltados à necessidade de estabilizar-se o conflito por imperativo de segurança jurídica do que sanção processual por desídia.*

4. Inerte a Fazenda Nacional ao despacho judicial para dar prosseguimento ao feito, impõe-se o desfecho da extinção da ação fiscal e não o seu arquivamento provisório.

5. Agravo regimental não provido.

(AgRg no REsp 1248866/RS, Rel. Ministro CASTRO MEIRA, SEGUNDA TURMA, julgado em 13/09/2011, DJe 27/09/2011)

1. Diante da intimação pessoal do representante da Fazenda Municipal, para dar prosseguimento ao feito, permanecendo ele inerte por mais de trinta dias, cabe ao juiz determinar a extinção do processo, sem julgamento de mérito, por abandono de causa.

2. Não se aplica, à espécie, da Súmula n. 240/STJ, porquanto não embargada a execução.

3. Recurso especial não provido.

(REsp 1198324/MG, Rel. Ministro MAURO CAMPBELL MARQUES, SEGUNDA TURMA, julgado em 28/06/2011, DJe 03/08/2011)

Havendo a extinção do processo pelo abandono, nos termos do *§2º do art. 482* do atual C.P.C., *as partes pagarão proporcionalmente as custas.*

c) por não promover os atos e as diligências que lhe incumbir, o autor abandonar a causa por mais de 30 (trinta) dias.

No caso da hipótese anterior, letra b), a motivação para a prolação de sentença sem resolução do mérito seria o abandono da causa pelas partes por mais de um ano.

Agora, neste item, o fundamento para a prolação de sentença sem resolução do mérito diz respeito ao fato de o autor abandonar a causa por mais de trinta dias.

No caso, incumbe ao autor e somente a ele movimentar o processo por meio de realização de algum ato processual. Contudo, ao invés de assim agir, o autor abandona a causa por mais de trinta dias, sem qualquer motivo justificável.

Evidentemente se algum motivo de força maior impediu a realização do ato processual, o processo não deve ser extinto pelo abandono.

Outrossim, não basta que o processo permaneça paralisado, é necessário configurar o elemento subjetivo por parte do autor, no caso o efetivo abandono da causa.

Outro aspecto importante é que somente haverá abandono se o ato a ser praticado pelo autor for relevante para o desenvolvimento da relação jurídica processual, caso contrário o juiz deverá valer-se do princípio do impulso oficial.

Segundo estabelece o §6º do art. 485 do atual C.P.C., oferecida a contestação, a extinção do processo, por abandono da causa pelo autor, depende de requerimento do réu.

Da mesma forma que no item anterior, e segundo o que estabelece o *§1º do art. 485* do atual C.P.C., *nas hipóteses descritas nos incisos II e III, a parte será intimada pessoalmente para suprir a falta em 5 (cinco) dias.*

Portanto, antes de o juiz prolatar sentença sem resolução de mérito por abandono da causa por parte do autor, este deve ser intimado pessoalmente para suprir a falta no prazo de cinco dias.

Havendo a extinção do processo pelo abandono da causa por parte do autor, este, nos termos do *§2º do art. 485* do atual C.P.C. *será condenado ao pagamento das despesas e dos honorários de advogado.*

d) verificar a ausência de pressupostos de constituição e de desenvolvimento válido e regular do processo;

Não se deve confundir condições da análise do mérito (também denominadas de condições da ação) com os pressupostos de constituição e de desenvolvimento válido e regular da relação jurídica processual. O primeiro diz respeito à questão da demanda processual propriamente dita, enquanto que o outro interfere diretamente na relação jurídica processual.

Pelo novo C.P.C., as condições para análise do mérito (condições da ação) são a legitimidade de parte e o interesse processual.

A possibilidade jurídica do pedido, assim como já o fizera Liebman na terceira edição de sua obra *Manuale di Diritto Processuale Civile*, deixou de ser uma condição autônoma.

Deve-se a Oskar Von Bülow, professor da Universidade de Giessen, no Século XIX (1868) a concepção da teoria das exceções processuais e dos pressupostos processuais. Dizia Von Bülow que *"nunca se duvidou que o processo civil determina as faculdades e os deveres que põem em mútua vinculação as partes e o tribunal. Porém, dessa maneira, se há afirmado, também, que o processo é uma relação de direitos e obrigações recíprocas, isto é, uma 'relação jurídica'".*[716]

Trata-se, portanto, na concepção de Bülow, de uma relação jurídica de direito público e não de direito privado. Essa afirmação permitiu-nos visualizar uma autonomia da relação jurídica processual, assentando, de certa forma, o nascimento do processo civil como ciência.

O processo é uma relação jurídica que avança gradualmente e que se desenvolve passo a passo. Enquanto que as relações jurídicas de natureza privada que constituem a matéria do debate judicial apresentam-se como totalmente con-

[716] Bülow, Oskar Von. *La teoria de las excepciones procesales y los presupuestos procesales.* Trad. Miguel Angel Rosas Lichtschein. Buenos Aires: Ediciones Jurídicas Europa, 1964. p. 1.

cluídas, a relação jurídica processual encontra-se embrionária. A relação jurídica processual está em constante movimento e transformação.[717]

Sendo o processo uma relação jurídica na concepção de Bülow, há necessidade de se observar que essa relação está sujeita a determinados requisitos para o seu nascimento e para o seu desenvolvimento. Precisa-se saber entre que pessoas pode ter lugar, a que objeto se refere, que fato ou ato é necessário para seu surgimento, quem é capaz ou está facultado para realizar o ato. Estes problemas *"devem colocar-se também na relação jurídica processual e não se mostram menos apropriados e fecundos do que aqueles que se verificam nas relações jurídicas privadas. Também aqui eles dirigem sua atenção a uma série de importantes preceitos legais estreitamente unidos. Em particular, as prescrições sobre: a) a competência, capacidade, e não suspeição do tribunal; a capacidade processual das partes (pessoa legítima para estar em juízo) e a legitimação de seu representante; b) as qualidades próprias e imprescindíveis de uma matéria litigiosa civil; c) a redação e comunicação (ou notificação) da demanda e a obrigação do autor pelas cauções processuais; d) a ordem entre vários processos"*.[718]

Essas prescrições devem fixar, em clara contraposição com as regras relativas puramente à marcha do procedimento, os requisitos de admissibilidade e as condições prévias para a tramitação de toda a relação jurídica processual. Elas estabelecem entre que *pessoas*, sobre que *matéria*, por meio de que *atos* e em que *momento* se pode dar um processo. Em suma, nesses princípios estão contidos os elementos constitutivos da relação jurídica processual, razão pela qual se propõe denominá-los de *'pressupostos processuais'*.[719]

Por isso, na composição da entidade complexa que é o processo, figura a relação jurídica processual como a *'alma'* das atividades que ali desenvolvem seus sujeitos. A relação jurídica processual não é perceptível aos sentidos, como os atos que integram o *procedimento*. Os atos do procedimento não se realizam por acaso ou irracionalmente, mas porque as partes têm a faculdade, ônus, o poder ou o dever de realizá-los, ou porque tem o juiz o poder e o dever de impô-los ou de oferecê-los às partes. A esse conjunto de situações em que se encontram o juiz e as partes ao longo do procedimento caracteriza-se como 'relação jurídica' processual.[720]

Conforme ensina Dinamarco: *"'Relação' é vínculo, ou ligação entre dois elementos; existem relações de amizade, de simpatia, de gratidão, de fé religiosa, de 'torcida' esportiva,*

717 Bülow, O. V., idem, p. 2.

718 Bülow, O. V., idem, p. 5.

719 Bülow, O., V. idem, ibidem.

720 Dinamarco. Cândido Rangel. *Instituições de direito processual civil*. Vol. II. São Paulo: Malheiros, 2001. p. 195 e 196.

de dependência psíquica ou econômica, de parentesco sanguíneo, de semelhança e muitas outras. 'Jurídica' é a relação regida pelo direito; toda relação jurídica implica obrigatoriedade de condutas ou abstenções, ou inevitabilidade de uma submissão, dado o caráter imperativo e geralmente inevitável das normas jurídicas estatais – diferentemente do que se passa com as demais relações, que não são dotadas de igual teor imperativo (as de fundo religioso, afetivo ou meramente cultural etc). 'Processual' é a relação jurídica – obrigatória e imperativa como as demais relações jurídicas – que se passa no processo e em torno dos atos a realizar ou a suportar em preparação do ato final de outorga da tutela jurisdicional. Daí falar-se de uma 'relação (vínculo) jurídica (regida pelo direito) processual (que passa no processo)".[721]

O conceito de relação jurídica processual se traduz, em última análise, como sendo aquela relação jurídica formada entre o autor e o juiz, entre o juiz e o réu e entre o autor e o réu. É uma relação trilateral.

A existência de uma relação jurídica processual válida e viável é condicionada a certos requisitos indispensáveis.

Segundo Arruda Alvim, há os denominados pressupostos processuais de *existência*. E, diz ainda o mestre processualista, que a relação jurídica processual pode existir válida ou invalidamente. Assim, haveriam quatro requisitos para que uma relação jurídica processual *exista*. O primeiro requisito é de haver uma demanda, traduzida numa petição inicial, mesmo que inepta. A palavra demanda é considerada por Arruda Alvim no sentido de *pedido*, de *pretensão*. Não existe processo sem que haja iniciativa da parte. Sendo a petição inicial inepta, haverá existência da relação jurídica processual, mesmo que diante de uma demanda absolutamente inválida. O segundo requisito é a existência de *jurisdição*. O órgão jurisdicional deve estar investido na jurisdição. O terceiro requisito para a triangularização da relação jurídica processual é a *citação do réu*. O quarto requisito seria a *capacidade postulatória*. Não se deve confundir a capacidade postulatória com a capacidade das partes ou com a capacidade do próprio mandatário, pois a capacidade postulatória antecede as outras, sendo requisito, segundo Arruda Alvim, de existência da relação jurídica processual. Aduz-se, ainda, que a capacidade postulatória é um requisito de existência em relação ao autor, sendo que não o é com pertinência ao réu. A capacidade postulatória também seria um requisito para o réu ingressar em juízo para se defender, mas não de existência da relação jurídica processual, que se forma com a citação. O requisito da capa-

[721] Dinamarco, C. R., idem, p. 196.

cidade postulatória nada mais seria do que a exigência de a parte postular em juízo através de um advogado, salvo as exceções legais.[722]

Ao lado dos requisitos de existência da relação jurídica processual, Arruda Alvim também indica os pressupostos processuais de *validade* ou, ainda, de *desenvolvimento válido e regular do processo*. O primeiro requisito de validade é a *petição inicial regular*, *apta* a produzir determinados efeitos. A petição, por exemplo, inepta, será uma petição destituída de validade. Por petição *apta*, entende-se aquela que retrata um pedido que, em tese, é possível, ou que expressa pretensão possível ou viável. O segundo requisito seria a *competência e imparcialidade do juiz*. Trata-se de um requisito de validade no que concerne à pessoa do juiz. O terceiro requisito de validade é a *capacidade do autor*, ou seja, *a capacidade para estar em juízo*, também denominada de '*legitimatio ad processum*' ou capacidade processual. Tem capacidade para estar em juízo toda pessoa que se ache no exercício de seus direitos, ou seja, toda pessoa que tem capacidade de gozo e de exercício de direitos. Sabe-se que todas as pessoas têm capacidade de gozo de direitos, mas nem sempre de exercício. Assim, a criança, absolutamente incapaz pelo Direito civil, não tem capacidade para estar em juízo, tendo-a, por ela, seu pai, ou sua mãe, ou, ainda, o tutor. É importante salientar que a capacidade para estar em juízo não deve ser confundida com a *legitimação para a causa*, ou '*legitimatio ad causam*', pois esta é definida, normalmente, em função de elementos fornecidos pelo direito substancial ou material. Consiste em conferir o direito de ação processual àquele que é titular ativo ou passivo da relação jurídica material. A *legitimatio ad causa* ativa é condição para análise do mérito ou também denominada de *condição da ação* e não pressuposto processual.[723]

Para Dinamarco, por sua vez, dois pressupostos processuais condicionam a *existência* da relação jurídica processual a saber: a) a *propositura de uma demanda inicial* que é um ato da parte, em si mesmo responsável pela formação do processo, tendo inclusive recebido a qualidade de *suposto processual*, que a distinguiria dos pressupostos de validade da relação processual (Celso Neves). Desta forma, proposta a demanda perante um órgão jurisdicional, a relação jurídica processual passa a existir, independentemente de ser ela regular ou irregular; b) *investidura jurisdicional* como requisito de existência da relação jurídica processual significa que não dá formação a esta a entrega de uma postulação a órgão ou

[722] ALVIM, Arruda. *Manual de direito processual civil*. Vol. I. Parte Geral. São Paulo: Editora Revista dos Tribunais, 1979. p. 289 e 290.

[723] ALVIM, A., idem, p. 295 a 296.

entidade que não esteja catalogada constitucionalmente entre os componentes do Poder Judiciário.[724]

Já para Dinamarco os pressupostos de *validade* do processo formado por uma demanda endereçada a um órgão jurisdicional estão condicionados a outros três requisitos que são: a) *a regularidade da demanda proposta;* b) *a plena capacidade do sujeito que a propõe;* c) *a personalidade jurídica da pessoa que na demanda figure como demandado.* Assim, uma demanda fundada em uma petição inicial *inepta* dá nascimento a uma relação processual, mas *inviável* porque é dever do juiz extinguir o processo logo no nascedouro. Contudo, é possível que o juiz não se aperceba da inépcia da inicial e dê prosseguimento à relação jurídica, inclusive com a citação do réu. Quando se dá conta da inépcia, no entanto, o juiz extingue o processo por falta de um *pressuposto de constituição válida e regular*. Até que isso se dê, ele existiu mas não é apto a produzir o resultado final. Para a *plena capacidade* de um sujeito processual exige-se que ele tenha condições para ser parte (pessoas físicas e jurídicas etc), que tenha capacidade de exercício de direitos segundo a lei civil (maioridade etc) e que esteja representado por advogado (capacidade postulatória). Se *ao demandado* faltar qualquer um desses requisitos, não será viável a relação processual. Ela se forma, o juiz despacha (ainda que para indeferir a petição inicial), mas não deve ir além. Também será assim *se o demandado não tiver capacidade de ser parte*, como se dá no caso do morto ou de uma Secretaria de Estado (mera divisão de serviço de uma pessoa jurídica). A apresentação da demanda ao Poder Judiciário, em casos assim, dá existência a uma relação jurídica processual mas ela não é *viável*, pois o polo passivo jamais poderia vir a ser ocupado e porque, depois, eventual sentença de mérito não teria como ser efetivada, devendo o processo ser extinto. Em síntese: existem: *"a) requisitos prévios de 'existência' da relação jurídica processual (demanda e investidura) e b) requisitos de sua validade (regularidade da demanda, capacidade do demandante e personalidade jurídica do demandado). Todos eles são pressupostos processuais e sem alguns deles inexiste relação jurídica processual"*.[725]

Pode-se ainda afirmar que outro *pressuposto processual de desenvolvido válido e regular do processo* é que o juiz não seja suspeito, nem impedido, e que ele seja competente para conhecer da demanda. Estes requisitos dizem respeito à pessoa do juiz e tem por finalidade garantir os princípios constitucionais da *imparcialidade e do juiz natural.*

[724] Dinamarco, C. R., op. cit., p. 216.

[725] Dinamarco, C. R., idem, p. 217 e 218.

É importante salientar que ao lado dos pressupostos processuais positivos, acima analisados, há também os denominados pressupostos processuais negativos, ou seja, a litispendência e a coisa julgada, que serão analisados no item seguinte.

e) – reconhecer a existência de perempção, de litispendência ou de coisa julgada;

A perempção, a litispendência ou a coisa julgada, essas duas consideradas como pressupostos processuais negativos ou extrínsecos ao processo, são fundamentos para que o juiz prolate uma decisão sem resolução de mérito, extinguindo o processo.

e.1.) *perempção.*

Extingue-se o processo se o autor abandonar a causa por mais de trinta dias, ou seja, se o autor realizar comportamento omisso caracterizado pela desídia em dar andamento ao processo pela ausência de prática de ato processual que lhe incumbia praticar ou mesmo pela falta de diligência que deveria realizar no processo com relevância para o curso do procedimento. Nesse sentido preconiza o art. 485, inc. III do novo C.P.C.: *"Art. 485. O juiz não resolverá o mérito quando: III – por não promover os atos e as diligências que lhe incumbir, o autor abandonar a causa por mais de 30 (trinta) dias"*.

Contudo, se por três vezes o autor der motivo à sentença fundada em abandono da causa, ocorrerá a *perempção*, nos termos do §3º do art. 486 do novo C.P.C., *in verbis*:

> *Art. 483. O pronunciamento judicial que não resolve o mérito não obsta a que a parte proponha de novo a ação.*
>
> *(...).*
>
> *§ 3º Se o autor der causa, por 3 (três) vezes, a sentença fundada em abandono da causa, não poderá propor nova ação contra o réu com o mesmo objeto, ficando-lhe ressalvada, entretanto, a possibilidade de alegar em defesa o seu direito.*

A perempção, segundo anota Calmon de Passos, *"não extingue o direito material objeto do processo em que se deu o desfazimento da relação processual. E nisso ela se distingue da decadência. Nem alcança, também, a pretensão e direito material, como ocorre com a prescrição. Ela obsta o exercício da pretensão à prestação da atividade jurisdicional do Estado (ação). Por isso mesmo é suscetível de ser conhecida de ofício, independendo de provocação do interessado. E também, por esse mesmo motivo, subsistem o direito e a pretensão de natureza substancial, oponível como defesa.*

A perempção atinge o que foi posto para conhecimento do juiz (objeto) nos processos anteriores, cuja extinção ocorreu, em três oportunidades sucessivas, por desídia do autor. Consequentemente, não é invocável em relação a outras ações concernentes à mesma pretensão, se independentes, e muito menos ações concernentes às outras pretensões irradiadas do mesmo direito, como esclarecido por Pontes de Miranda, que exemplifica: 'Assim, o que foi atingido pela perempção na ação de anulação do ato jurídico por dolo não está inibido de propor a ação redibitória ou a 'quanti minoris', nem a de indenização pelo ato ilícito do dolo".[726]

É importante ressaltar que somente haverá a *perempção*, se as três causas de extinção forem por exclusiva culpa em 'lato sensu' do autor da demanda.

e.2) litispendência.

A litispendência é caracterizada como um pressuposto processual *negativo*, ou seja, se apta a petição inicial para instaurar o processo, deve-se examinar se não há a existência da *litispendência*. Por isso, deve-se estabelecer a negatividade da existência de litispendência para que o processo tenha uma relação jurídica válida e regular.

O novo Código define a litispendência no *§1º do art. 337*, a saber: *"Verifica-se a litispendência ou a coisa julgada quando se reproduz ação anteriormente ajuizada"*.

Melhor seria se o legislador tivesse optado, ao invés de utilizar a expressão *ações*, pela terminologia 'demanda', ou seja, verifica-se a litispendência quando se reproduz *demanda* anteriormente ajuizada e que ainda se encontra em andamento.

Segundo ensinam Comoglio, Ferri e Taruffo, *"São úteis algumas premissas para tornar mais claro o tema. Antes de tudo, depois do que foi dito sobre as ações em sentido clássico e sobre os aspectos dinâmicos da demanda, aqueles que a tradição define como 'critérios de identificação das ações' – vale dizer, os 'sujeitos', o 'pedido', a 'causa de pedir' – devem ser modernamente entendidos como 'critérios de identificação da demanda"*.[727]

Assim, os critérios de identificação dos elementos da demanda para efeito de *litispendência* são *sujeitos, pedido e causa de pedir.* Tais critérios, *"são de grande relevância prática não somente para individualização da área decisória, destinada a ser coberta pela coisa julgada, mas também para o acertamento da 'identidade' total ou parcial 'das causas', no quadro da litispendência e da continência. Para a determinação dos 'sujeitos', evidentemente, é essencial não apenas a referência formal das partes em relação às quais a demanda é proposta mediante contraditório, mas, principalmente, a referência à relação jurídica controvertida e às 'partes em sentido substancial' que da mesma relação se afirmam titulares do ponto de vista ativo ou passivo...*

Quanto ao 'pedido', já se explicou a tradicional dicotomia: – aquele 'mediato' que identifica a 'res', o 'bem da vida' ou a prestação que o autor pretende do réu, em decorrência da relação substancial deduzida em juiz; – aquele 'imediato' que identifica, ao contrário, a 'forma de tutela' (condenatória, declaratória ou constitutiva) e o consequente 'tipo de provimento' que o autor pretende do juiz, sob o plano processual.

[726] Calmon de Passos. J. J, op. cit., p. 310.

[727] Comoglio. L.p.; Ferri, C.; Taruffo, M., op. Cit., p. 249.

A maior dificuldade diz respeito à 'causa de pedir', o título da demanda e da causa, ou, se se preferir, o conjunto dos 'fatos' e dos 'elementos de direito' constituindo as 'razões' da demanda. Trata-se, em síntese, das razões jurídicas, sobre as quais se funda o pedido, ou também, dos 'fatos jurídicos' que se alegam como fundamento do direito substancial afirmado...".[728]

Portanto, para se verificar se há ou não litispendência, deve-se fazer uma análise dos elementos das demandas propostas, ou seja, verificar se os sujeitos, o pedido e causa de pedir são os mesmos entre as demandas que se encontram em andamento.

Segundo estabelece o *§3º do art. 337* do novo C.P.C., *há litispendência quando se repete ação que está em curso,* ou seja, quando se repete demanda que tenha as mesmas partes, a mesma causa de pedir e o mesmo pedido (§2º do art. 337 do novo C.P.C.).

É importante salientar que a *identidade de sujeitos* não significa a mera identidade física das pessoas, mas, sim, a sua identidade jurídica.

Uma pessoa pode ter diversas *qualidades,* e a demanda somente é a mesma quando nelas os sujeitos se apresentam na mesma qualidade. Por isso, não haverá identidade de pessoa se, numa demanda, 'A' atuou como representante e, em outra, com o mesmo objeto e com a mesma causa de pedir, ele age em seu próprio nome.[729]

Em relação à identidade de objeto, há certa particularidade para efeito de litispendência, ou seja, a relação que possa existir em relação à pretensão declaratória e à pretensão condenatória entre idênticos sujeitos, versando sobre a mesma causa de pedir. Exemplo, é o caso das relações entre a ação declaratória negativa do devedor e a ação condenatória do credor. Entende parte da doutrina que a ação declaratória negativa do devedor não obsta a propositura, pelo credor, da ação condenatória. Neste caso não haveria litispendência, mas, sim, conexão entre as demandas.[730]

Segundo estabelece o art. 312 do novo C.P.C., *"considera-se proposta a ação quando a petição inicial for protocolada, todavia, a propositura da ação só produz quanto ao réu os efeitos mencionados no art. 240 depois que for validamente citado".*

Por sua vez, preconiza o art. 240 do novo C.P.C.: *A citação válida, ainda quando ordenada por juízo incompetente, induz litispendência, torna litigiosa a coisa e constitui em mora o devedor, ressalvado o disposto nos arts. 397 e 398 da Lei nº 10.406, de 10 de janeiro de 2002 – o Código Civil.*

[728] Comoglio. L.p.; Ferri, C.; Taruffo, M., idem, p. 250.

[729] Calmon de Passos, J. J., op. Cit., p. 313.

[730] Calmon de Passos, J. J., idem, p. 313 e 314.

Em que pese o art. 312 do novo C.P.C. preconize que a demanda se considera proposta com o protocolo da petição inicial, somente a citação válida é que demarcará o momento em que ocorrerá a *litispendência,* nos termos do art. 240 do mesmo diploma legal.

Portanto, o processo em que se deu a primeira citação válida é o que prevalece, considerando-se, o outro, duplicação proibida, devendo o juiz determinar a sua extinção, mesmo que de ofício. A extinção ocorrerá observando-se a data da citação e não da propositura da demanda.

A proibição do *bis in idem* determina a extinção da segunda demanda proposta.

e.3) coisa julgada;

O fim do processo não é outro que a satisfação das pretensões e resistências que no mesmo se intercalam. O processo careceria de sentido prático se, uma vez concluído com uma sentença sobre o mérito, pudesse ser reaberto ilimitadamente pelo simples fato de que as partes teriam a intenção de ver julgado novamente o que já fora decidido, forçando uma solução distinta e dirigida a alterar o já julgado.

Daí porque a necessidade da estabilidade e permanência da sentença transitada em julgado, devendo permanecer inalterada e invariável no tempo.

A essa característica de imutabilidade ou estabilidade da sentença transitada em julgado se dá o nome de *coisa julgada.*

Na concepção de Giuseppe Chiovenda, *"A 'res iudicata' outra coisa não é para os romanos do que a 'res in iudicium deducta 'depois que foi 'iudicata' (supra, n. 32): 'res iudicata dicitur quae finem controversiarum pronuntiatione iudicis accipit, quode vel condennatione vel absolutione contingi' (fr. 1 Dig. De re iud. 42, 1). Podemos igualmente asseverar que a coisa julgada não é senão o 'bem' julgado, o bem reconhecido ou desconhecido pelo juiz; e apenas substituímos a alternativa do texto romano (sentença de 'condenação' ou de 'absolvição') pela alternativa mais abrangente (porque nela se compreendem também as sentenças declaratórias) de sentença de 'recebimento' ou de 'rejeição'. Para os romanos, como para nós, salvo as raras exceções em uma norma expressa de lei dispõe diversamente (supra, n. 27), o bem julgado torna-se incontestável (finem controversiarum accipit): a parte a que se denegou o bem de vida, não o pode mais reclamar; a parte a quem se reconheceu, não só tem o direito de consegui-lo praticamente, em face da outra, mas não pode sofrer, por parte desta, ulteriores contestações a esse direito e esse gozo. Essa é a 'autoridade da coisa julgada'. Os romanos a justificaram com razões inteiramente práticas, de utilidade social. Para que a vida social se desenvolva o mais possível segura e pacífica, é necessário imprimir certeza ao gozo dos bens da vida, e garantir o resultado do processo".*[731]

[731] CHIOVENDA, Giuseppe. *Instituições de direito processual civil.* Vol. I. São Paulo: Edição Saraiva, 1965. p. 269 e 270.

Segundo anotam Jaime Guasp e Pedro Aragoneses: *"A coisa julgada, em sentido amplo, é, pois a 'força' que o direito atribui normalmente aos resultados processuais. Esta força se traduz em um necessário respeito e subordinação ao que se diz e ao que se fez no processo. O processo, em virtude da figura da coisa julgada, se faz inatacável, e coisa julgada não quer dizer, em substancia, senão 'inatacabilidade' do que no processo se conseguiu"*.[732]

Conforme leciona José Mª Asencio Mellado, *"Para Cortés Domínguez a coisa julgada consiste no efeito processual das sentenças que determina a invariabilidade das mesmas e a sua permanência no tempo.*

Deste conceito se pode extrair as seguintes notas:

> *"a) Este efeito processual ao que chamamos coisa julgada somente se consente às sentenças firmes que tenham resolvido sobre o fundo do assunto.*
>
> *Não o produz, pois, as sentenças definitivas em relação às quais seja possível interpor qualquer tipo de recurso.*
>
> *Esta afirmação se depreende do art. 222 do c.p.c. espanhol, que ao analisar os limites objetivos dentro dos quais opera esta ficção, os estende 'às pretensões da demanda e da reconvenção', sendo assim que o termo pretensão vem sempre referido a uma petição baseada em um direito material, não meramente processual...*
>
> *b) O efeito da coisa julgada se manifesta em duas ordens de relações, que se qualificam como formal e material, segundo transcendam ao exterior do processo, ou o se limitem ao seu interior"*.[733]

Para Enrico Tullio Liebman, *"Com o fim de por um termo final à lide e de dar certeza ao direito, o legislador fixou um momento em que é interditada toda nova pronúncia sobre isso que foi julgado. Chegando o processo àquele ponto, não só a sentença não é mais impugnável pelas vias ordinárias mas a decisão torna-se vinculante para as partes e para o ordenamento e nenhum juiz pode novamente julgar o mesmo objeto em relação às mesmas partes (salvo a distante possibilidade de proposição das impugnações extraordinárias). Tudo isso se exprime dizendo que a 'sentença é passada em julgado', ou seja, que se tornou 'imutável', ao mesmo tempo imutável torna-se igualmente o provimento que ela contém, com todos os efeitos que disso decorrem.*

A sentença, em sentido próprio e por sua natural atitude, já era eficaz; mas agora adquire aquela nova e particular força que a desvincula do fluxo dos atos do procedimento, assegura a sua duração no tempo e garante a sua incondicionada e indiscutível eficácia. Não se poderá propor uma nova demanda, não poderá ser pronunciada uma nova sentença

[732] Guasp, Jaime; Aragoneses, Pedro. *Derecho procesal civil.* Tomo I. Introducción y parte general. 7ª ed. Navarra: Thomson Civistas, 2005. p. 573.

[733] Mellado, José Mª Asencio. *Derecho procesal civil.* Valencia: Tirant Lo Blanch, 2008. p. 173.

sobre o mesmo objeto, entre as mesmas partes. A essência da coisa julgada encontra-se propriamente imutabilidade da sentença, do seu conteúdo e dos seus efeitos,...

A eficácia vinculante da sentença passada em julgado se manifesta também positivamente, porque se entre as mesmas partes surge uma controvérsia sobre uma relação jurídica logicamente dependente daquela sobre a qual já houve pronúncia (por exemplo, o direito aos alimentos em favor daquele cuja sentença anterior já lhe garantiu o estado de filho etc), sobre esta relação ou estado prejudicial o juiz não deverá fazer outra coisa a não ser assumi-lo como certo e não mais discutível.

A autoridade da coisa julgada de fato não somente obriga a uma pronúncia de modo conforme, quanto também a não pronunciar sobre o objeto do precedente julgamento. Todavia, no caso de pronúncia conforme o ordenamento jurídico não tem motivo para reagir, como o faz, por sua vez, no caso de pronúncia contrária ao mesmo objeto e entre as mesmas partes: neste caso, a sentença estaria viciada e poderia ser revogada (art. 395 n. 5) ou anulada em Cassação. Mas, por sua vez, se passasse em julgado, prevaleceria em confronto com a precedente. A específica previsão da possibilidade de impugná-la significa de fato que se a impugnação não é proposta ou de todo modo não conduz à revogação ou à anulação da sentença, essa passa em julgado e termina por substituir à precedente.".[734]

É importante salientar que a coisa julgada não é considerada como um efeito da sentença, conforme inspiração da doutrina alemã. Isso não é mais aceitável para aqueles que se apercebem que a sentença é intrinsecamente imperativa, que por isso a coisa julgada material não é outra coisa que uma qualidade da sentença e da sua eficácia, propriamente aquele particular aspecto de sua imutabilidade que é referida ao seu conteúdo. A coisa julgada, na realidade, seria uma qualidade especial, mais intensa e mais profunda, que reveste o ato também em seu conteúdo e faz assim imutáveis, além do ato em sua existência formal, os efeitos, quaisquer que sejam, do próprio ato.

f) verificar ausência de legitimidade ou de interesse processual;

Ao contrário dos pressupostos processuais de existência e validade da relação jurídica processual, este item trata das duas condições de análise do mérito ou também denominadas de condições da ação.

Este dispositivo trata daquilo que a doutrina clássica denomina de condições da ação, e que, na realidade, nada mais significa do que condições ou pressupostos para análise do mérito da demanda.

O C.P.C. de 1973, ao invés de mencionar a ausência de legitimidade ou de interesse processual, falava no inc. X do art. 301 em *carência de ação.*

[734] Liebman, Enrico Tullio. *Manuale di diritto processuale civile – principi.* Sesta edizione. Milano: Giuffrè Editore, 2002. p. 265 e 2566

Conforme ensina Calmon de Passos: *"Carência de ação é revivescência teimosa da concepção civilística da ação; último esforço para acorrentar o direito processual ao direito material. E porque somos dos que entendem se deva batalhar por sua autonomia, sempre nos causou repulsa o termo, máxime quando se pretende construí-la com conteúdo que se afirma não seja de direito material, mas de alguma coisa a meio caminho entre o processo e o mérito. Sem dúvida, cumpre ao estudioso insistir na crítica às construções da dogmática, perseguindo, justamente, precisar melhor os conceitos e enriquecer a 'práxis'"*.[735]

Atualmente, sendo o direito de ação um direito fundamental constitucional, não pode ser condicionado por requisitos infraconstitucionais, pois ninguém carece de ação, uma vez que não se pode negar a qualquer pessoa um direito fundamental previsto na Constituição Federal. O que pode ocorrer é que a lei processual estabeleça algumas condições ou pressupostos para que o juiz possa analisar o mérito da demanda.

O próprio Liebman já teve oportunidade de afirmar que: *"Este direito ('de agir') goza da garantia constitucional, inscrito na art. 24, inciso primeiro, da Constituição italiana, que assim dispõe: 'Todos podem agir em juízo para a tutela dos próprios direitos e interesses legítimos'". Na linguagem jurídica, agir significa perseguir em juízo a tutela do próprio direito e o termo ação designa o correspondente direito. É a 'actio' dos juristas romanos, cuja definição é ainda agora válida e significativa: 'nihil aliud est actio quam ius persequendi iudicio quod sibi debetur. Mas o conceito é profundamente mudado daquele do direito romano"*.[736]

Mas, segundo ainda Liebman, *"...o direito de agir em juízo é atribuído de fato para a tutela dos próprios direitos e interesses legítimos, e isso significa dizer que não atende a quem pede a tutela de direitos de outrem. Eis aí uma primeira indicação que serve a individuar a pessoa que por acaso pode efetivamente agir em juízo: é aquela que se chama de 'legitimação para agir'.*

Em segundo lugar, tendo em vista que o direito de agir é dado para a tutela de um direito ou interesse legítimo, é claro que surge somente quando se necessita efetivamente de tutela, ou seja, quando o direito ou interesse legítimo não é satisfeito como deveria ser, ou quando é contestado, tornando-se incerto e por isso gravemente ameaçado. Vem assim individuada a situação objetiva que justifica a proposição de uma demanda; é aquela que se chama de 'interesse de agir'".[737]

Na verdade, muito embora Liebman reconheça que o direito de ação decorre do primeiro inciso do art. 24 da Constituição Italiana, o qual tem por garantia constitucional o genérico poder de agir, o certo é que para a sua realização

[735] Calmon de Passos, J. J., op. Cit., p. 320.

[736] Liebman, E. T., op. cit., p. 135 e 136.

[737] Liebman, E.T., idem, p. 138

não se permite apenas uma alegação genérica, mas, sim, uma alegação que faça referência a uma concreta fattispécie na qual se faça menção a uma lesão de um direito ou interesse legítimo e que se individua mediante três elementos bem precisos: os sujeitos, a causa de pedir e o pedido. E diante dessas considerações, continua o mestre italiano: *"Se em um caso determinado faltam as condições da ação ou também uma dessas (interesse e legitimação para agir) dizemos que ali está caracterizada a 'carência de ação' e o juiz deverá afastar um julgamento sobre o mérito, limitando-se a declarar inadmissível a demanda."*.[738]

Evidentemente que na nossa maneira de pensar, tanto a *legitimidade 'ad causam'* como o *'interesse de agir'* não seriam condições da 'actio', no sentido constitucional, mas, sim, pressupostos ou condições de análise do mérito da demanda.

O novo C.P.C. demonstra que de certa forma retirou a legitimidade de parte ou o interesse processual como requisitos que condicionavam o direito de ação, mas manteve-os, até como observância do princípio da economia processual, como condições ou pressupostos para que o juiz possa ingressar no mérito da demanda.

Além do mais, o novo C.P.C. não insere mais a possibilidade jurídica do pedido como causa a ser arguida como *preliminar de contestação,* muito menos como causa de *extinção do processo sem resolução do mérito.*

Observe-se que o art. 485, inc. VI preconiza:

> *"Art. 485. O juiz não resolverá o mérito quando:*
> *(...).*
> *VI – verificar a ausência de legitimidade ou de interesse processual".*

Por sua vez, estabelecia o art. 267, inc. VI do C.P.C. de 1973:

> *"Art. 267. Extingue-se o processo, sem resolução de mérito.*
> *(...).*
> *VI – quando não concorrer qualquer das condições da ação, como a possibilidade jurídica, a legitimidade das partes e o interesse processual".*

Por isso, a *possibilidade jurídica do pedido* deixou de ser causa ou pressuposto condicionante de resolução do mérito, uma vez que a sua ausência não será mais alegada como preliminar de contestação, muito menos será objeto de extinção do processo sem resolução de mérito.

[738] Liebman, E.T., idem, p. 139.

A *impossibilidade jurídica do pedido*, na realidade, é matéria a ser discutida no mérito, pois diz respeito ao acolhimento ou não do pedido formulado na demanda.

O novo C.P.C., ao invés de falar em *carência de ação*, o que de certa forma com base na doutrinária clássica do C.P.C. revogado incluía a legitimidade de parte, o interesse processual e a possibilidade jurídica do pedido, apenas manteve como questão a ser arguida em preliminar de contestação a *legitimidade de parte e o interesse processual*.

O *interesse de agir* é o elemento material processual para que o juiz possa analisar o mérito da demanda, e consiste no interesse a obter o provimento demandado. Esse se distingue do interesse substancial, para cuja proteção se intenta a ação, assim como se distingue de dois correspondentes direitos, aquele substancial, que se afirma possuidor o autor e aquele processual que se exercita pela tutela do primeiro. O interesse de agir é por isso um interesse processual, secundário e instrumental em relação ao interesse substancial primário, e tem por objeto o provimento que se requer ao magistrado como meio para obter a satisfação do interesse primário, tornado lesionado pelo comportamento da contraparte ou mais genericamente pela situação de fato objetivamente existente. Assim, por exemplo, o interesse primário de que se afirma credor de 100 é de obter o pagamento desta soma; o interesse de agir surgirá se o devedor não pagar no vencimento e terá por objeto a condenação do devedor e sucessivamente a execução forçada que recairá sobre o seu patrimônio.[739]

O *interesse de agir* surge pela necessidade de obter por meio do processo a proteção do interesse substancial; pressupõe por isso a afirmação da lesão ou possível lesão deste interesse e a idoneidade do provimento demandado a protegê-lo ou satisfazê-lo.[740]

Assim, para que haja interesse de agir o autor deve demonstrar: a) necessidade; b) utilidade; e c) adequação.

A *legitimação para agir* 'legitimatio ad causam' é, por sua vez, a titularidade (ativa e passiva) da demanda.

A legitimação corresponde ao aspecto subjetivo da legitimação para a demanda.

Somente o titular do direito ou do interesse, em regra, pode exercitar validamente a demanda e seu interesse de agir em juízo. O mesmo se dá em relação à contraparte.

[739] Liebman, E.T., idem, p., 143.

[740] Liebman, E.T., idem, ibidem.

A legitimação é uma condição ou um pressuposto para que o juiz possa proferir uma decisão de resolução de mérito da demanda.

A *legitimação* é tida como o direito de invocar a tutela jurisdicional, direito esse conferido àquele que a invoca por si próprio, com referência a uma relação jurídica da qual seja possível requerer uma razão de tutela a seu próprio favor.[741]

Por isso, fora dos casos expressos em lei, ninguém pode fazer valer em juízo, em nome próprio, direito de outrem.

Contudo, a demanda a ser proposta é de competência do sujeito legitimado se e somente se tal demanda é direcionada àquele que é legitimado passivamente. Também a legitimação passiva é elemento ou aspecto da legitimação para agir. E a legitimação passiva aplica-se ao contrainteressado ou legitimado, isto é, àquele em relação ao qual o provimento que se demanda deverá produzir os seus efeitos, àquele por meio do qual deverá operar a tutela jurisdicional invocada pelo autor. Por isso a titularidade 'ad causam' apresenta-se necessariamente como problema de duas faces: aquela da legitimação ativa e aquela da legitimação passiva, ou seja, como pertencente ao autor do interesse de agir e como pertencente ao demandado que tenha interesse em contradizer.[742]

Assim, em resumo, a *legitimação para agir* é, portanto, *"a pertinência subjetiva da ação* (demanda), *isto é, a identificação daquele que há proposto a demanda com aquele que, no que concerne à lesão* (ou possível lesão) *de um seu direito, que ele afirma existente, possa pretender por si o provimento de tutela jurisdicional demandado em relação àquele que é chamado em juízo"*.[743]

Contudo, não se pode esquecer que a lei pode reconhecer a um terceiro a *legitimação extraordinária*, a qual lhe confere o direito de fazer valer em juízo o direito de outrem.

Por outro lado, não se deve confundir a substituição processual ou *legitimatio extraordinária* com a *representação*. Na primeira, a parte age em nome próprio defendendo interesse de outrem, enquanto que na segunda o representante, que não é parte, age em nome alheio defendendo direito de outrem.

g) acolher a alegação de existência de convenção de arbitragem ou quando o juízo arbitral reconhecer sua competência.

Preceitua o art. 485, inc. VII do novo C.P.C. que o juiz proferirá sentença sem resolução de mérito quando as partes acordaram a se submeter à convenção de arbitragem ou quando o juízo arbitral reconhecer sua competência.

741 LIEBMAN, E. T., idem, p. 146.
742 LIEBMAN, E. T., idem, ibidem.
743 LIEBMAN, E. T., idem, p. 147.

Assim, as partes capazes de contratar poderão firmar compromisso de se submeter à convenção de arbitragem, isto é, submeter eventual conflito a árbitros que resolvam as pendências judiciais ou extrajudiciais de qualquer valor, desde que digam respeito a direitos patrimoniais, sobre os quais a lei admite transação. É o que estabelece o art. 1º da Lei 9.307/96: *As pessoas capazes de contratar poderão valer-se da arbitragem para dirimir litígios relativos a direitos patrimoniais disponíveis.*

O juízo arbitral é um meio de resolução de conflitos que exclui a jurisdição estatal.

As partes interessadas podem submeter a solução de seus litígios ao juízo arbitral mediante convenção de arbitragem, assim entendida cláusula compromissória e o compromisso arbitral.

A cláusula compromissória deve ser estipulada por escrito, podendo estar inserida no próprio contrato ou em documento apartado que a ele se refira.

O compromisso arbitral é a convenção através da qual as partes submetem um litígio à arbitragem de uma ou mais pessoas, podendo ser judicial ou extrajudicial.

O compromisso arbitral judicial celebrar-se-á por termo nos autos, perante o juízo ou tribunal onde tem curso a demanda.

O compromisso arbitral extrajudicial será celebrado por escrito particular, assinado por duas testemunhas, ou por instrumento público.

É importante salientar que o juiz não poderá conhecer de ofício a convenção de arbitragem, razão pela qual, se a parte não a arguir como preliminar de contestação, o seu silêncio caracterizará renúncia ao pacto firmado.

Havendo convenção de arbitragem, pode ela ser alegada pelo demandado como matéria preliminar da contestação, tendo por objetivo afastar a jurisdição estatal.

h) homologar a desistência da ação;

Não se deve confundir a *desistência da ação* com a *renúncia ao direito em que se funda o pedido*. A primeira gera efeitos eminentemente processual, enquanto que a segunda gera efeitos também materiais.

Este Código bem diferencia a desistência da renúncia. Enquanto esta tem por finalidade encerrar o litígio, em caráter definitivo, compondo a lide, aquela implica em encerramento do processo sem composição da lide, sendo possível promover novamente a demanda.

Contudo, há um limite temporal para que o autor possa desistir da demanda proposta, e esse limite encontra-se estabelecido no *§4º do art. 485* do atual C.P.C. que assim preconiza: *oferecida a contestação, o autor não poderá, sem o consentimento do réu, desistir da ação.*

Portanto, oferecida a contestação, o autor não poderá mais desistir da demanda, salvo mediante concordância do réu.

A anuência do réu somente será necessária se ele tiver oferecido a contestação.

Se o réu for revel, não terá o direito de se opor à desistência, nem será intimado do requerimento do autor nesse sentido.

Por outro lado, a anuência do réu será necessária desde o momento em que apresentar a contestação, muito embora ainda o prazo para contestar não tenha se encerrado.

A exigência dessa necessidade de concordância do réu após a apresentação de sua contestação encontra-se no fato de que o réu pode desejar que se resolva de uma vez por todas a questão trazida em juízo, evitando-se assim que a questão se renove em outro processo.

Outrossim, conforme preconiza o *§5º do art. 485* do atual C.P.C., *a desistência da ação pode ser apresentada até a sentença*, o que significa dizer que após a prolação da sentença de primeiro grau não será mais possível ao autor desistir da demanda.

Sobre a desistência do mandado de segurança, assim tem se pronunciado o S.T.J.:

> *(...).*
>
> *1. O impetrante pode desistir do Mandado de Segurança a qualquer tempo, independente da manifestação do impetrado, máxime quando a sentença lhe é favorável, sendo, portanto, inaplicável o disposto no art. 267, § 4º, do CPC. (Precedentes: Pet nº 4375/PR, Rel. Min.*
>
> *João Otávio de Noronha, Primeira Seção, publicado no DJ de 18.09.2006; AgRg no REsp 389638/PR; Rel. Min. Castro Meira, DJ de 20.02.2006; AgRg no REsp 600724/PE; deste relator, DJ de 28.06.2004; RESP 373619/MG, Relator Ministro Humberto Gomes de Barros, DJ de 15.12.2003; RESP 440019/RS, Rel. Min. Felix Fischer, DJ de 24/02/2003; AROMS 12394/MG, Rel. Min. Hamilton Carvalhido, DJ de 25/02/2002 e REsp 61244/RJ, Rel. Min. Antônio de Pádua Ribeiro, DJ de 14/04/1997.*
>
> *2. "O pedido de desistência de Mandado de Segurança independe da aquiescência das autoridades apontadas como coatoras, eis que se revela inaplicável à ação de Mandado de Segurança a norma inscrita no CPC 267, § 4º." (STF, MS 22129-1-DF) 3. Recurso especial conhecido e desprovido.*
>
> (REsp 930.952/RJ, Rel. Ministro JOSÉ DELGADO, Rel. p/ Acórdão Ministro LUIZ FUX, PRIMEIRA TURMA, julgado em 12/05/2009, DJe 17/06/2009).

i) em caso de morte da parte, a ação for considerada intransmissível por disposição legal;

Falecendo qualquer das partes, e sendo intransmissível o direito material referido na demanda, então não resta outra alternativa ao órgão jurisdicional do que proferir sentença sem resolução de mérito.

A *intransmissibilidade* não é da ação, mas, sim, do direito material, pois se trata de uma qualidade do direito deduzido ou a deduzir em juízo. É exemplo de intransmissibilidade do direito material a morte de um dos cônjuges durante a demanda de divórcio ou da nulidade ou anulabilidade do casamento.

A transmissibilidade é regra sendo a intransmissibilidade a exceção, somente ocorrendo nos casos expressamente estabelecidos em lei.

Um outro exemplo típico de direitos não transmissíveis são os direitos *da personalidade*. Estabelece o art. 11 do C.c.brasileiro: *Com exceção dos casos previstos em lei, os direitos da personalidade são intransmissíveis e irrenunciáveis, não podendo o seu exercício sofrer limitação voluntária.*

Em relação à intransmissibilidade do direito objeto da demanda, afirmava o saudoso Alfredo Buzaid: *"A nova hipótese é de intransmissibilidade da ação. As ações, de ordinário, se transmitem aos herdeiros e sucessores; o direito ou a coisa sobre que litigam as partes pode ser alienado no curso do processo; neste caso não se altera a legitimidade das partes (CPC/1973, art. 42); naquelas, porém, as ações se transmitem 'causa mortis'. Há, porém, ações, fundadas em 'direitos personalíssimos', que não se transmitem, como o poder marital, o pátrio poder, o direito a alimentos, o usufruto e outros. No sistema brasileiro, o que importa é considerar quais as ações que a lei considera intransmissíveis e em relação a que partes. O Código Civil brasileiro estabelece os casos em que se podem revogar as doações por ingratidões. O direito de pleitear a revogação, que deve ser exercido dentro de um ano a contar do conhecimento do fato que a autoriza, não se transmite aos herdeiros do doador, nem prejudica os do donatário; mas aqueles podem prosseguir na ação intentada pelo doador, continuando contra os herdeiros do donatário, se este falecer, depois de contestada a lide* (ajuizada a lide – art. 560 do atual C.c.brasileiro). *Dado o seu caráter personalíssimo, o direito de intentar a ação de revogação da doação por ingratidão do donatário compete exclusivamente ao doador; e dado o caráter penal da ação, só pode ser movida contra o donatário. Morrendo o donatário depois de contestada a lide* (ajuizada a lide) *contra os seus herdeiros podem prosseguir na ação o doador ou os herdeiros deste. Isto significa que, morrendo o doador antes de expirado o prazo prescricional para propor a ação de revogação da doação, os herdeiros dele não podem exercitar o direito que não se transmite".*[744]

[744] Buzaid, Alfredo. *Estudos e pareceres de direito processo civil.* São Paulo: Editora Revista dos Tribunais, 2002. p. 64 e 65.

Sobre os direitos personalíssimos, assim se manifestou o S.T.J.:

Direito civil. Família. Ação de declaração de relação avoenga. Busca da ancestralidade. Direito personalíssimo dos netos. Dignidade da pessoa humana. Legitimidade ativa e possibilidade jurídica do pedido. Peculiaridade. Mãe dos pretensos netos que também postula seu direito de meação dos bens que supostamente seriam herdados pelo marido falecido, porquanto pré-morto o avô.

– Os direitos da personalidade, entre eles o direito ao nome e ao conhecimento da origem genética são inalienáveis, vitalícios, intransmissíveis, extrapatrimoniais, irrenunciáveis, imprescritíveis e oponíveis erga omnes.

– Os netos, assim como os filhos, possuem direito de agir, próprio e personalíssimo, de pleitear declaratória de relação de parentesco em face do avô, ou dos herdeiros se pré-morto aquele, porque o direito ao nome, à identidade e à origem genética estão intimamente ligados ao conceito de dignidade da pessoa humana.

– O direito à busca da ancestralidade é personalíssimo e, dessa forma, possui tutela jurídica integral e especial, nos moldes dos arts. 5º e 226, da CF/88.

– O art. 1.591 do CC/02, ao regular as relações de parentesco em linha reta, não estipula limitação, dada a sua infinitude, de modo que todas as pessoas oriundas de um tronco ancestral comum, sempre serão consideradas parentes entre si, por mais afastadas que estejam as gerações; dessa forma, uma vez declarada a existência de relação de parentesco na linha reta a partir do segundo grau, esta gerará todos os efeitos que o parentesco em primeiro grau (filiação) faria nascer.

– A pretensão dos netos no sentido de estabelecer, por meio de ação declaratória, a legitimidade e a certeza da existência de relação de parentesco com o avô, não caracteriza hipótese de impossibilidade jurídica do pedido; a questão deve ser analisada na origem, com a amplitude probatória a ela inerente.

– A jurisprudência alemã já abordou o tema, adotando a solução ora defendida. Em julgado proferido em 31/1/1989 e publicado no periódico jurídico NJW (Neue Juristische Woche) 1989, 891, o Tribunal Constitucional Alemão (BVerfG) afirmou que "os direitos da personalidade (Art. 2 Par. 1º e Art. 1º Par. 1º da Constituição Alemã) contemplam o direito ao conhecimento da própria origem genética." – Em hipótese idêntica à presente, analisada pelo Tribunal Superior em Dresden (OLG Dresden) por ocasião de julgamento ocorrido em 14 de agosto de 1998 (autos nº 22 WF 359/98), restou decidido que "em ação de investigação de paternidade podem os pais biológicos de um homem já falecido serem compelidos à colheita de sangue".

– Essa linha de raciocínio deu origem à reforma legislativa que provocou a edição do § 372a do Código de Processo Civil Alemão (ZPO) em 17 de dezembro de 2008, a seguir reproduzido (tradução livre): "§ 372a Investigações para constatação da origem genética. I. Desde que seja necessário para a constatação da origem genética, qualquer

pessoa deve tolerar exames, em especial a coleta de amostra sanguínea, a não ser que o exame não possa ser exigido da pessoa examinada. II. Os §§ 386 a 390 são igualmente aplicáveis. Em caso de repetida e injustificada recusa ao exame médico, poderá ser utilizada a coação, em particular a condução forçada da pessoa a ser examinada." – Não procede a alegada ausência de provas, a obstar o pleito deduzido pelos netos, porque ao acolher a preliminar de carência da ação, o TJ/RJ não permitiu que a ação tivesse seguimento, sem o que, não há como produzir provas, porque não chegado o momento processual de fazê-lo.

– Se o pai não propôs ação investigatória quando em vida, a via do processo encontra-se aberta aos seus filhos, a possibilitar o reconhecimento da relação avoenga; exigem-se, certamente, provas hábeis, que deverão ser produzidas ao longo do processo, mas não se pode despojar do solo adequado uma semente que apresenta probabilidades de germinar, lançando mão da negativa de acesso ao Judiciário, no terreno estéril da carência da ação.

– O pai, ao falecer sem investigar sua paternidade, deixou a certidão de nascimento de seus descendentes com o espaço destinado ao casal de avós paternos em branco, o que já se mostra suficiente para justificar a pretensão de que seja declarada a relação avoenga e, por consequência, o reconhecimento de toda a linha ancestral paterna, com reflexos no direito de herança.

– A preservação da memória dos mortos não pode se sobrepor à tutela dos direitos dos vivos que, ao se depararem com inusitado vácuo no tronco ancestral paterno, vêm, perante o Poder Judiciário, deduzir pleito para que a linha ascendente lacunosa seja devidamente preenchida.

– As relações de família tal como reguladas pelo Direito, ao considerarem a possibilidade de reconhecimento amplo de parentesco na linha reta, ao outorgarem aos descendentes direitos sucessórios na qualidade de herdeiros necessários e resguardando-lhes a legítima e, por fim, ao reconhecerem como família monoparental a comunidade formada pelos pais e seus descendentes, inequivocamente movem-se no sentido de assegurar a possibilidade de que sejam declaradas relações de parentesco pelo Judiciário, para além das hipóteses de filiação.

– Considerada a jurisprudência do STJ no sentido de ampliar a possibilidade de reconhecimento de relações de parentesco, e desde que na origem seja conferida a amplitude probatória que a hipótese requer, há perfeita viabilidade jurídica do pleito deduzido pelos netos, no sentido de verem reconhecida a relação avoenga, afastadas, de rigor, as preliminares de carência da ação por ilegitimidade de parte e impossibilidade jurídica do pedido, sustentadas pelos herdeiros do avô.

– A respeito da mãe dos supostos netos, também parte no processo, e que aguarda possível meação do marido ante a pré-morte do avô dos seus filhos, segue mantida,

quanto a ela, de igual modo, a legitimidade ativa e a possibilidade jurídica do pedido, notadamente porque entendimento diverso redundaria em reformatio in pejus.

Recurso especial provido.

(REsp 807.849/RJ, Rel. Ministra NANCY ANDRIGHI, SEGUNDA SEÇÃO, julgado em 24/03/2010, DJe 06/08/2010)

1. Inexistindo condenação prévia do autor da herança, não há por que falar em transmissão do dever jurídico de prestar alimentos, em razão do seu caráter personalíssimo e, portanto, intransmissível.

2. Recurso especial provido.

(REsp 775.180/MT, Rel. Ministro JOÃO OTÁVIO DE NORONHA, QUARTA TURMA, julgado em 15/12/2009, DJe 02/02/2010).

1. Os direitos da personalidade, de que o direito à imagem é um deles, guardam como principal característica a sua intransmissibilidade.

Nem por isso, contudo, deixa de merecer proteção a imagem de quem falece, como se fosse coisa de ninguém, porque ela permanece perenemente lembrada nas memórias, como bem imortal que se prolonga para muito além da vida, estando até acima desta, como sentenciou Ariosto. Daí porque não se pode subtrair da mãe o direito de defender a imagem de sua falecida filha, pois são os pais aqueles que, em linha de normalidade, mais se desvanecem com a exaltação feita à memória e à imagem de falecida filha, como são os que mais se abatem e se deprimem por qualquer agressão que possa lhes trazer mácula.

Ademais, a imagem de pessoa famosa projeta efeitos econômicos para além de sua morte, pelo que os seus sucessores passam a ter, por direito próprio, legitimidade para postularem indenização em juízo.

(...).

(REsp 268.660/RJ, Rel. Ministro CESAR ASFOR ROCHA, QUARTA TURMA, julgado em 21/11/2000, DJ 19/02/2001, p. 179).

Se o juiz extinguir a demanda pelo fato de que o direito não pode ser transmitido, a verba de sucumbência deverá ser arcada por aquele que deu causa à demanda. Se ainda não foi definido pelos Tribunais Superiores quem deu causa à demanda, os honorários e as custas processuais deverão ser distribuídos entre as partes.

j – nos demais casos prescritos neste Código.

Poderão existir outras hipóteses previstas neste Código que justifiquem a não resolução do mérito.

Porém, também hipóteses previstas em outras esferas normativas, como, por exemplo, Código Civil brasileiro, poderão fundamentar a não resolução do mérito.

Dentre esses demais casos prescritos em lei, há a confusão entre autor e réu

Sobre a *confusão* como forma de extinção das obrigações, estabelecem os artigos 381 a 384 do C.c.brasileiro:

> *Art. 381. Extingue-se a obrigação, desde que na mesma pessoa se confundam as qualidades de credor e devedor.*
>
> *Art. 382. A confusão pode verificar-se a respeito de toda a dívida, ou só de parte dela.*
>
> *Art. 383. A confusão operada na pessoa do credor ou devedor solidário só extingue a obrigação até a concorrência da respectiva parte no crédito, ou na dívida, subsistindo quanto ao mais a solidariedade.*
>
> *Art. 384. Cessando a confusão, para logo se restabelece, com todos os seus acessórios, a obrigação anterior.*

Assim, se a qualidade de autor e de réu se confundirem em uma só pessoa, extinguir-se-á o processo, uma vez que a relação jurídica processual pressupõe a necessária presença de duas partes distintas.

Alguns exemplos práticos: locatário que adquire o imóvel no curso do despejo; réu que adquire a propriedade no curso da reivindicatória. Há também a situação apresentada por E. D. Moniz de Aragão: *"a Justiça paranaense foi chamada a decidir caso também original: rejeitados embargos de terceiros opostos à penhora, por se entender que o embargante adquirira em fraude à execução, pagou ele a dívida e se subrogou no crédito, extinguindo-se, por confusão, os embargos opostos, em vista de o embargante, pela sub-rogação, passar a credor e, consequente, a embargado"*.[745]

A confusão, assim como estabelece o direito das obrigações, pode ser total ou parcial, razão pela qual a prolação de sentença sem resolução de mérito também poderá ser total ou parcial.

Por fim, muito embora o art. 384 do C.c. brasileiro preconize que cessando a confusão, para logo se restabelece, com todos os seus acessórios, a obrigação anterior, isso não se aplica ao processo, pois o processo uma vez extinto não poderá se restabelecer. No caso, ocorrendo esta hipótese, a parte deverá promover nova demanda. Também é importante enfatizar que neste caso não corre a prescrição, pois não há pretensão enquanto válida a confusão.

[745] Moniz de Aragão. Egas Dirceu. *Comentários ao código de processo civil.* 6ª ed., Vol. II. (art.s. 154 a 269). Rio de Janeiro: Forense, 1989. p. 582.

Pode-se indicar como fundamento para a prolação da sentença sem resolução de mérito a hipótese do §2º do art. 303 do novo C.P.C.: *"não realizado o aditamento a que se refere o inciso I do §1º deste artigo, o processo será extinto sem resolução de mérito"*.

Segundo estabelece o *§3º do art. 485* do atual C.P.C., *o juiz conhecerá de ofício da matéria constante dos incisos IV, V, VI e IX, em qualquer tempo e grau de jurisdição, enquanto não ocorrer o trânsito em julgado.*

Este dispositivo aduz que o juiz poderá conhecer de ofício das matérias dos incisos IV, V, VI e IX, ou seja, *se verificar a ausência de pressupostos de constituição e de desenvolvimento válido e regular do processo; reconhecer a existência de perempção, de litispendência ou de coisa julgada; verificar a ausência de legitimidade ou de interesse processual; em caso de morte da parte, a ação for considerada intransmissível por disposição legal.*

Evidentemente que este dispositivo não inibe o juiz de conhecer de outras matérias de ordem pública.

Além do mais, quando o *§3º do art. 485* do atual C.P.C. fala em juiz, tal termo não está restrito ao juiz de primeiro grau, devendo ser incluídos os magistrados dos tribunais de segundo grau. Disso resulta que tanto o juiz de primeiro como de segundo grau poderão apreciar a matéria prevista nos três incisos.

Estabelece o *§7º do art. 485* do atual C.P.C. que *interposta a apelação em qualquer dos casos de que tratam os incisos deste artigo, o juiz terá 5 (cinco) dias para retratar-se.*

Assim, se o juiz prolatar decisão sem resolução do mérito, nos termos dos incisos I a X do art. 485 do atual C.P.C., e havendo apelação pela parte sucumbente, o juiz poderá retratar-se no prazo de cinco dias, reformando sua decisão e determinando o prosseguimento do processo, ou, se for o caso, prolatando decisão com resolução de mérito.

Art. 486

O pronunciamento judicial que não resolve o mérito não obsta a que a parte proponha de novo a ação.

§ 1º No caso de extinção em razão de litispendência e nos casos dos incisos I, IV, VI e VII do art. 485, a propositura da nova ação depende da correção do vício que levou à sentença sem resolução do mérito.

§ 2º A petição inicial, todavia, não será despachada sem a prova do pagamento ou do depósito das custas e dos honorários de advogado.

§ 3º Se o autor der causa, por 3 (três) vezes, a sentença fundada em abandono da causa, não poderá propor nova ação contra o réu com o mesmo objeto, ficando-lhe ressalvada, entretanto, a possibilidade de alegar em defesa o seu direito.

Não resolução do mérito e propositura de nova demanda

Tendo em vista que a decisão proferida com base nas hipóteses do art. 485 do atual C.P.C. não analisa o mérito da demanda, não fazendo coisa julgada material, a parte poderá, uma vez suprida a falta apontada pelo juiz em sua decisão, propor novamente a demanda.

Contudo, nem todas as hipóteses do art. 485 do atual C.P.C. permitem que a parte proponha novamente a mesma demanda.

Na realidade, se o juiz proferir sentença sem resolução do mérito com fundamento no V (perempção, litispendência e coisa julgada) não poderá a parte renovar a demanda. Aliás, essa impossibilidade estava expressamente consignada no art. 268 do C.P.C. de 1973, razão pela qual deveria ter o legislador atual previsto esta exceção.

Da mesma forma não será possível renovar a demanda se a sentença sem resolução de mérito basear-se nos incisos VII e IX, a saber: *verificar a existência de convenção de arbitragem ou quando juízo arbitral reconhecer sua competência e no caso de morte da parte, a demanda for considerada intransmissível por disposição legal.*

Não há dúvida de que não se poderá repetir a demanda se houver convenção de arbitragem, ou se falecendo a parte o direito material objeto da demanda for considerado intransmissível por disposição legal, ou quando houver confusão entre autor e réu.

Somente nas demais hipóteses, e desde que suprida a falta, é que se poderá renovar a demanda judicial.

Estabelece o § 1º do art. 483 do atual C.P.C. que n*o caso de extinção em razão de litispendência e nos casos dos incisos I, IV, VI e VII do art. 485, a propositura da nova ação depende da correção do vício que levou à extinção do processo sem resolução do mérito.*

Se o órgão jurisdicional extinguir o processo sem resolução de mérito nas hipóteses de *indeferimento da petição inicial, ausência de pressupostos de constituição e de desenvolvimento válido e regular do processo, ausência de legitimidade ou de interesse processual ou acolher a alegação de existência e convenção de arbitragem ou quando o juízo arbitral reconhecer sua competência,* o autor somente poderá promover nova demanda se corrigir o vício que levou à extinção do processo.

Não se justifica a inserção nesse inciso da convenção de arbitragem, pois não é possível corrigir vício em que as partes se submetem por vontade própria ao juízo arbitral.

Questão interessante diz respeito à sentença proferida sem resolução de mérito fundada na *ilegitimidade 'ad causam'* passiva. Neste caso, poderia a parte renovar a demanda anteriormente proposta contra a mesma parte passiva?

Arruda Alvim, num artigo publicado http://www.rkladvocacia.com/arquivos/artigos/art_srt_arquivo20100628152357.pdf – 06/12/2011, assim se pronunciou sobre esta questão:

"Pois bem. Permanecemos com essa opinião acerca de ter havido exercício da atividade jurisdicional, embora não tenham se aperfeiçoado todas as potencialidades da jurisdição, em casos de decretação de carência. Hoje, porém, decorrida mais de três décadas da promulgação do Código de Processo Civil, deparamo-nos com perplexidades, advindas da práxis forense e do aprofundamento jurisprudencial e doutrinário do tema, tais que, em certa medida, nos fizeram modificar o posicionamento acerca do que está contido em nossa assertiva anterior: 'Não há dúvida de que inexistentes as condições da ação – e assim não havendo ação – não pode o juiz decidir o mérito'. Podemos dizer que os questionamentos acerca da natureza da decisão que decreta a carência de ação – se se trata ou não de sentença de mérito – permanecem sondando a ciência do direito processual brasileiro, pois a lei, especificamente o art. 268 do CPC, não oferece uma solução coerente e razoável a questões como a existência de coisa julgada e a possibilidade de repropositura da ação. Ao dispor que a extinção do processo sem resolução do mérito (executada a hipótese do inciso V do art. 267 do CPC de 1973) 'não obsta que o autor intente de nova a ação', o art. 268 do CPC foi, ao mesmo passo, coerente com a teoria abstrata da ação, segundo a qual não há definitividade (coisa julgada material) num provimento judicial que não seja o de mérito, e incoerente com os princípios da economia e instrumentalidade do processo, face aos quais não há como ser explicada a possibilidade de repropositura sucessiva e indefinidamente da mesma ação, quando for insanável o vício que tenha ensejado a carência decretada anteriormente. Diante desse panorama, decidimos reapreciar o tema e modificar nosso posicionamento precedente, ao menos no que diz respeito à carência de ação decretada com base na ilegitimidade 'ad causam', onde, entendemos, são mais evidentes as razões para se desfazer a correlação absoluta – contida na lei – entre sentença de carência e inexistência de resolução de mérito ou, pelo menos, entre sentença de carência e ausência de definitividade do provimento jurisdicional... O que é necessário ter presente, todavia, é que, pela sistemática do Código de Processo Civil, as condições da ação são requisitos de ordem processual, 'lato sensu', intrinsecamente instrumentais, e operam, em última análise, para se verificar se o direito de ação existe ou não. Não encerram, em si, bem-fim; são requisitos-meio para, admitida a ação, ser julgado o seu mérito. E para completar a lógica do CPC vigente, tem-se que as sentenças resolutivas do mérito diferem das sentenças processuais (entre as quais se inserem as que decretam a carência de ação, a teor do inc. VI do art. 267 do CPC de 1973) também em seus efeitos: enquanto as primeiras produzem coisa julgada material (i.e., resultam na imutabilidade do comando que contêm), as sentenças processuais revestem-se de mera preclusão (coisa

julgada formal). Disso resultam a possibilidade de serem repropostas as ações extintas por carência, a teor do art. 268 do CPC, e a inadmissibilidade de repropositura de ações cujo mérito já tenha sido analisado. Essa diferença, contudo, veio a sofrer reconstrução pretoriana pelo STJ, especificamente em relação ao julgamento em que se reconheça ilegitimidade 'ad causam', como demonstraremos adiante... Como dito, a legitimidade 'ad causam' decorre, no direito positivo brasileiro, da conexão entre as posições das partes na relação jurídica processual e na situação jurídica material exposta na petição inicial. Dessa forma, como explica Leonardo Greco ao abordar a teoria da asserção, essa condição da ação decorre, como as demais 'de um juízo de fundada possibilidade de que o autor veja acolhida a sua pretensão de tutela do direito material alegado, juízo esse formado através do exame da relação jurídica de direito material'. Desse modo, de acordo com a teoria da asserção, a verificação da legitimidade demandaria um juízo sobre questões de direito material, pois depende da admissão provisória e hipotética de serem verdadeiros os fatos narrados na inicial. Se, a partir daí, verificar-se, 'in status assertionis', a ausência de situação legitimante do autor ou do réu – é dizer, a ausência de titularidade para invocar o direito alegado ou submeter-se ao provimento pretendido, no caso de legitimação ordinária – terá sido reconhecida a ilegitimidade ativa ou passiva 'ad causam'. Entretanto, aduz Leonardo Greco, com pertinência, que 'a teoria da asserção não pode ser considerada suficiente para conferir ao autor o direito de ação, sob pena de autolegitimação'. E complementa, para justificar seu posicionamento, que a possibilidade de acolhimento do pedido deverá ser 'concretamente fundamentada na logicidade da verdade relatada e das suas consequências jurídicas e na sua sustentação em provas, ainda que mínimas'. Caso isso não se verifique, 'será o autor julgado carecedor de ação, para não submeter o réu ao ilegal constrangimento de ter de defender-se e de perder o pleno gozo de seu direito decorrente da litigiosidade, sem uma causalidade adequada'. E então, arremata. 'Não haverá coisa julgada. Volte o autor, se quiser, com outra postulação satisfatoriamente fundamentada'... Parece-nos, entretanto, que, relativamente à legitimidade 'ad causam', os pontos de estrangulamento da questão residem, primeiramente, na legada inexistência de um juízo de mérito e, ao depois, na possibilidade de repropositura da ação. Justamente por dizer respeito à inexistência de uma situação legitimante (afirmada pertinência subjetiva da ação ou, excepcionalmente, autorização legal para atuar em lugar do suposto titular da relação material), estamos convencidos de que a decretação da ilegitimidade 'ad causam' dificilmente estará dissociada de um juízo de mérito. A opinião de José Roberto dos Santos Bedaque converge parcialmente com a nossa, pois, segundo esse autor, a decretação de ilegitimidade encerra um exame parcial do objeto litigioso, que não está sujeito à discussão posterior. Para Bedaque, não se trata propriamente de exame de mérito, porquanto o juiz não decidiu integralmente a lide; porém, entende o autor que a sentença de carência de ação produz, em casos de ilegitimidade, efeito subs-

tancial acerca das questões de direito material analisadas para o fim de se reconhecer a ilegitimidade. Convém reproduzir, nesse ponto, as palavras de Bedaque, ao asseverar: 'embora não elimine integralmente a lide, a sentença de carência produz eficácia extraprocessual, pois reconhece não ser o autor titular daquele direito afirmado na inicial, muito embora terceiro possa sê-lo'. Sendo assim, tal sentença deve tornar-se imutável quanto à decretação de ilegitimidade, 'gerando a impossibilidade de o autor voltar a postular a tutela jurisdicional para aquela situação da vida, em relação à qual ele já foi declarado estranho', já que, 'afinal de contas, um pequeno aspecto da relação material foi solucionado'. A nosso ver, porém, a decretação de ilegitimidade encerra juízo integral de mérito. Ora, o mérito corresponde 'à pretensão não satisfeita espontaneamente, trazida pelo autor do plano material, mediante a demanda e sobre que incide a decisão do juiz'. É, pois, a 'res in judicium deducta' o objeto litigioso, concretamente analisado à luz de cognição exauriente. E uma vez que a situação legitimante há de apresentar suporte no direito material, a ausência desse suporte, mesmo que abstratamente considerada, revela a improcedência do pedido. Não há, no nosso entender, análise parcial do mérito; parece-nos que, relativamente àquela relação jurídica invocada na inicial, a 'res in judicium deducta' terá sido analisada. De fato, se o autor não demonstra, em abstrato, ser titular da relação jurídica invocada, ou não demonstra a possibilidade de, em tese, o réu vir a ser submetido à sua pretensão, disso decorre que não possui o direito pleiteado naquela relação jurídica. É dizer: ou aquele que figura como autor não tem o direito que invoca por não ser titular ativo da relação jurídica material ou o direito invocado não existe contra aquele que figura como réu, por não ser ele o titular passivo da relação jurídica material. Em qualquer das hipóteses, na sentença que decreta a ilegitimidade há uma afirmação de direito material que exaure as questões objeto da lide. A modificação do polo ativo ou do polo passivo dirá respeito a uma nova lide, pois o mérito da anterior já teria sido analisado... O segundo aspecto que nos causa perplexidade quando tentamos dissociar a ilegitimidade (ordinária) do mérito: a questão da repropositura... Tamanho é o contrassenso a que conduz esse raciocínio que a jurisprudência e a doutrina pátrias vêm interpretando o disposto no art. 268 com ressalva de que a repropositura somente está autorizada quando sanado o vício decretado pela sentença anterior.... Em casos de ilegitimidade, não nos afigura suficiente interpretar o art. 268 do CPC de 1973 com a ressalva no sentido de que a repropositura depende da correção do vício que maculou a ação anterior, por duas razões. Em primeiro lugar, porque, intuitivamente, sanar o ´vicio da ilegitimidade significaria modificar o polo passivo ou ativo da ação, e, em tal hipótese, não haveria que se falar em repropositura. A outra possibilidade seria trazer para causa elementos novos, que autorizassem a revisão do exame de legitimidade; nesse caso, porém, a nova situação legitimante nos autorizaria a crer que a ação proposta não seria idêntica, mas outra, diversa da anterior. Tenha-se em mente, ainda, que a inter-

pretação literal do art. 485 do CPC não permite ao jurisdicionado que se reveja a decretação de ilegitimidade, portanto, nos termos do Código, a sentença que decreta a ilegitimidade não é 'sentença de mérito' nem produz coisa julgada material".

A correta interpretação do art. 268 do C.P.C. de 1973, correspondente ao art. 486 do atual C.P.C., ainda constitui objeto de debate no âmbito do Superior Tribunal de Justiça, principalmente quanto à questão de a sentença sobre a ilegitimidade de parte produzir coisa julgada material.

No julgamento proferido no Resp n. 191.934-SP, encontra-se a seguinte passagem no voto do Ministro Garcia Vieira;

"...'Desta feita, entendo que se a sentença que indefere a petição inicial e julga extinto o processo, sem o julgamento de mérito, pela falta de uma das condições da ação, qual seja, a legitimidade passiva para a causa, faz trânsito em julgado material, se a parte deixar transcorrer em branco o prazo para a interposição do recurso cabível'.

No mesmo sentido o excelente voto do Eminente Ministro Relator, Barros Monteiro (fls. 740/742).

Este posicionamento encontra apoio em vários precedentes do STJ, bastando lembrar os Recursos Especiais n.s. 103.584-O julgado no dia 05/06/2001, relator o Eminente Ministro Sálvio de Figueiredo Teixeira; 160.850-SP, DJ de 05/03/2001, relator o Eminente Ministro César Rocha; 45.935-4-SP, DJ de 31/10/94, relator o Eminente Ministro Nilson Naves, 2.728-SP, julgado no dia 05/06/90 e 129.246-SP, DJ de 09/03/98, relator o Eminente Ministro Carlos Alberto Menezes Direito.

Consta da ementa do Recurso Especial n. 103.584-SP, relator o Eminente Ministro Sálvio de Figueiredo Teixeira, que:

'I – A extinção do processo por descabimento da ação civil pública, na espécie, por falta de condição da ação, obsta a que o autor intente de novo a ação.

II – Segundo boa doutrina, se o autor se limita a re-propor ação da qual fora julgado carente, estará ofendendo a coisa julgada, dado que, consoante comanda o art. 471, CPC, nenhum juiz decidirá novamente as questões já decididas'.

No Recurso Especial n. 160.850-SP, relator o Eminente Ministro César Asfor Rocha, entendeu a Egrégia Quarta Turma que:

'A sentença que indefere a petição inicial e julga extinto o processo, sem o julgamento de mérito, pela falta de legitimidade passiva para a causa, faz trânsito em julgado material, se a parte deixa transcorrer em branco o prazo para a interposição do recurso cabível, sendo impossível o novo ajuizamento de ação idêntica'.

A Egrégia 3ª Turma, no Recurso Especial n. 45.935-4-SP, relator o Eminente Ministro Nilson Naves, decidiu que:

'Não é lícito que o autor intente de nova ação, quando lhe tenha faltado interesse processual para a anterior. Identidade de ações. Hipóteses em que não houve ofensa ao artigo 268 do Código de Processo Civil'".

Contudo, pela nova redação dada ao §1º do art. 485 do novo C.P.C., pode-se realmente afirmar que a prolação de uma decisão que reconheça expressamente a falta de interesse de agir ou de ilegitimidade 'ad causam' resolve o mérito, razão pela qual faz coisa julgada material. Note-se que o §1º não fala na mesma demanda mas, sim, em nova demanda, desde que corrigido o vício. No caso, a correção do vício na hipótese de ilegitimidade de parte é justamente a mudança do polo ativo ou passivo, e, consequentemente, a mudança de um dos elementos da demanda, o que caracteriza, não a mesma, mas, sim, nova causa.

É bem verdade que há posicionamento diverso no âmbito do S.T.J., conforme se constata pelos precedentes abaixo:

– A eg. Corte Especial firmou o entendimento no sentido de que a extinção do processo por falta de condição da ação não é passível de formar coisa julgada material, mas apenas formal, pelo que possível o ajuizamento de nova ação, desde que suprida a irregularidade da anterior.

– Esse entendimento, todavia, não aproveita ao caso concreto, dado o objeto do recurso: instalação de CPI no âmbito da Assembleia Legislativa do Estado do Rio Grande do Norte, objetivando investigar a gestão 1999-2002 do governo estadual, assim como o término do mandato dos deputados estaduais então recorrentes.

– Recurso ordinário prejudicado ante a superveniente perda de objeto.

(RMS 14.752/RN, Rel. Ministro FRANCISCO PEÇANHA MARTINS, SEGUNDA TURMA, julgado em 02/02/2006, DJ 29/03/2006, p. 130)

I – A coisa julgada material somente se dá quando apreciado e decidido o mérito da causa.

II – A extinção do processo sem julgamento de mérito, por falta de legitimidade ad causam, não é passível de formar coisa julgada material, mas sim coisa julgada formal, que impede a discussão da questão no mesmo processo e não em outro. Isso quer dizer que não se pode excluir, prima facie, a possibilidade de o autor repropor a ação, contanto que sane a falta da condição anteriormente ausente.

III – Tendo sido o processo extinto por falta de legitimidade do réu, não se permite ao autor repetir a petição inicial sem indicar a parte legítima, por força da preclusão consumativa, prevista nos arts. 471 e 473, CPC, que impede rediscutir questão já decidida.

(EREsp 160.850/SP, Rel. Ministro EDSON VIDIGAL, Rel. p/ Acórdão Ministro SÁLVIO DE FIGUEIREDO TEIXEIRA, CORTE ESPECIAL, julgado em 03/02/2003, DJ 29/09/2003, p. 134)

Em recente julgado, assim se manifestou o S.T.J.:

1. A extinção do processo, sobre ser com ou sem resolução de mérito, condiciona-se ao conteúdo do decisum, sendo de somenos a denominação que lhe empresta o juízo.

2. O processo deve ser extinto, sem resolução de mérito, quando não concorrerem quaisquer das condições da ação, como a possibilidade jurídica do pedido, a legitimidade das partes e o interesse processual (CPC, art. 267, VI).

(...).

5. Conforme cediço na doutrina: A preclusão veda a rediscussão da causa noutro processo idêntico – isto é, com identidade dos elementos de identificação das ações (sujeito, pedido e causa petendi) – ou noutra demanda onde se vise, por via oblíqua, a infirmar o resultado a que se chegou no processo anterior. É a denominada eficácia preclusiva da coisa julgada retratada pelo art. 474 do Código de Processo Civil e consubstanciada na máxima tantum judicatum quantum disputatum vel quantum disputari debeat. Em regra a preclusão é incondicionada: opera-se objetivamente, independente do resultado do processo. Assim é que a eventual discussão incompleta da causa não influi no grau de imutabilidade do julgado, tanto mais que o compromisso da coisa julgada é com a estabilidade social e não com a justiça da decisão ou sua compatibilidade com a realidade, porque esta não se modifica pela sentença. A realidade é a realidade. O juízo é de veracidade ou de verossimilhança, conforme a coincidência do que se repassou para o processo em confronto com a vida fenomênica (Luiz Fux, Curso de Direito Processual Civil, 3ª ed., p. 252).

6. Recurso especial desprovido.

(REsp 915.907/SC, Rel. Ministro LUIZ FUX, PRIMEIRA TURMA, julgado em 08/09/2009, DJe 06/10/2009).

O *§2º do art. 486* do atual C.P.C. estabelece que *a petição inicial, todavia, não será despachada sem a prova do pagamento ou do depósito das custas e dos honorários de advogado.*

Se o juiz proferir sentença sem resolução de mérito, acarretando com a isso a extinção do processo, a nova demanda somente poderá ser proposta desde que suprida a falha que deu origem à extinção, e desde que o autor demonstre que efetuou o depósito das custas processuais e dos honorários de advogado, se for o caso, pois muitas vezes o autor pode ser beneficiário da gratuidade de justiça ou o processo foi extinto antes de triangularizada a relação jurídica processual.

Estabelece o *§3º do art. 486* do atual C.P.C.: Se o autor der causa, por 3 (três) vezes, a sentença fundada em abandono da causa, não poderá propor nova ação contra o réu com o mesmo objeto, ficando-lhe ressalvada, entretanto, a possibilidade de alegar em defesa o seu direito.

Se o autor der causa à extinção do processo pela *perempção*, ou seja, por três vezes, não poderá propor nova demanda contra o réu com o mesmo objeto.

Contudo, muito embora não haja mais pretensão processual para a propositura de nova demanda, o autor terá a possibilidade de alegar seu direito material como matéria defesa, ou seja, em contestação.

Assim, por exemplo, se o autor der causa à extinção de um processo de usucapião por três vezes por abandono da causa, não poderá mais propor nova demanda objetivando a usucapião. Contudo, poderá alegar a usucapião como matéria de defesa.

Art. 487

Haverá resolução de mérito quando o juiz:

I – acolher ou rejeitar o pedido formulado na ação ou na reconvenção;

II – decidir, de ofício ou a requerimento, sobre a ocorrência de decadência ou prescrição;

III – homologar:

a) o reconhecimento da procedência do pedido formulado na ação ou na reconvenção;

b) a transação;

c) a renúncia à pretensão formulada na ação ou na reconvenção.

Parágrafo único. Ressalvada a hipótese do § 1º do art. 332, a prescrição e a decadência não serão reconhecidas sem que antes seja dada às partes oportunidade de manifestar-se.

Hipóteses de resolução do mérito

Conforme já teve oportunidade de afirmar Dinamarco, *"a pretensão ao bem da vida preexiste ao processo e consiste na aspiração a obter um dado bem material ou imaterial, uma coisa móvel ou imóvel etc. Pretensão não é uma situação jurídica, mas um fato que ocorre na vida das pessoas; não é um direito, mas uma exigência (exigência subordinada de um interesse alheio ao interesse próprio: Carnelutti). Pretender é querer, desejar, aspirar. Por isso, pretensão é desejo, aspiração, vontade de obter. É a insatisfação dessa aspiração que dá motivo à instauração do processo para o exercício da função jurisdicional em casos concretos. Trazida a juízo a pretensão, a resposta final do juiz consistirá na eliminação da crise jurídica e oferta de uma solução que por sua vez se projetará na vida do demandante. O processo alimenta um resultado consistente em sua eliminação"*.[746]

Na vida do processo tudo gira em torno de seu objeto, dessa pretensão processual formulada pelo autor. E a parte autora quando leva ao conhecimento do Poder Judiciário sua pretensão espera que ela seja resolvida por meio de uma decisão que contenha a resolução do mérito.

O art. 487 do atual C.P.C. trata da sentença (em sentido geral) que é proferida com resolução de mérito.

O mérito, conforme já observamos acima, corresponde ao objeto do processo, o qual, por sua vez, é o pedido formulado na demanda, ou melhor, a pretensão trazida com o pedido de sentença que a reconheça, a resolva e a acolha.

Não se deve, contudo, confundir o mérito com as "*questões de mérito*, pois estas são *"antecedente lógico da conclusão por acolher ou rejeitar a pretensão do autor, ou seja, antecedente lógico da decisão de mérito, mas não são o 'mérito'. O juiz lhes dá solução quando compõe a motivação da sentença, enquanto que a procedência ou improcedência da demanda reside no 'decisum'"*.[747]

A resolução do mérito preconizada no art. 487 do atual C.P.C. ocorre por meio de julgamento proferido pelo Estado-juiz ou por meio de composição realizada pelos próprios interessados por ato próprio.

No caso de as partes transigirem haverá sem dúvida uma sentença, contudo esta sentença será meramente homologatória e não decorrerá de um julgamento judicial. Daí por que não se fala mais em julgamento do mérito mas sim de resolução do mérito.

É importante salientar que no Código de Processo Civil alemão observa-se que há dois tipos de sentença sobre o mérito, ou seja, a sentença definitiva e a sentença parcial, conforme preconizam os §§ 300 e 301 da ZPO:

> "§300 (Sentença definitiva)
>
> 1) *Se a controvérsia está madura para a decisão final, está última deve ser pronunciada pelo tribunal com sentença definitiva.*
>
> 2) *O mesmo vale quando havendo vários processos reunidos para os fins do contextual tratamento e decisão somente um esteja madura para a decisão"*.

[746] Dinamarco. Cândido Rangel. *Instituições de direito processual civil.* Vol. II. São Paulo: Malheiros, 2001. p. 181.

[747] Dinamarco, C. R., idem, p. 186.

"§301 (Sentença parcial)

1) *Se entre várias pretensões acionadas com a demanda está madura para a decisão final somente uma ou somente parte de uma pretensão ou – quando tenha sido proposta uma demanda reconvencional – somente a demanda ou somente a demanda reconvencional, o tribunal deve pronunciar a decisão com sentença definitiva (sentença parcial). Uma parte de uma pretensão indivisa, que é controvertida para fundamentação e 'importo', pode ser decidida com sentença parcial somente se contextualmente vem pronunciada uma sentença sobre a fundamentação da parte restante da pretensão.*

2) *A pronúncia de uma sentença parcial pode ser omitida quando o tribunal não a tenha por oportuna em consideração da situação da 'vicenda'.*

O *inciso I do art. 487* do atual C.P.C. estabelece que a forma mais comum e normal para a resolução do mérito ocorre quando o juiz acolhe ou rejeita o pedido formulado na demanda principal ou reconvencional.

Nesta hipótese, a sentença acolherá ou rejeitará a pretensão processual formulada pelo autor ou pelo réu em reconvenção. Isso demonstra que não apenas o autor formula pretensão processual, pois o réu também poderá fazê-lo quando se utilizar do instituto da reconvenção. Deve-se observar que pelo projeto originário do novo C.P.C., n. 166/10, a reconvenção tinha sido extinta, restando apenas a possibilidade de se formular pedido contraposto.

Nas exceções formuladas pelo réu, sejam elas dilatórias ou peremptórias, não haverá pretensão direcionada contra o autor, mas apenas exceções ou matérias de defesa, as quais, quando acolhidas, podem fundamentar um julgamento de improcedência do pedido do autor.

O *inciso II do art. 487* do atual C.P.C. aduz que o juiz resolverá o mérito quando *decidir, de ofício ou a requerimento, sobre a ocorrência de decadência ou prescrição.*

Como se sabe, a decadência, ao contrário da prescrição, incide sobre o próprio direito subjetivo, extinguindo-o.

A dificuldade da doutrina foi saber qual a natureza jurídica da prescrição e sobre o que ela incide. A questão do *direito subjetivo, ação e pretensão*, corroborada por uma péssima interpretação legislativa, torna propícia a existência de diversas teorias sobre a definição da prescrição e da decadência, sobre as distinções que entre elas se podem fazer, sobre o objeto a ser atingido por cada uma delas e, ainda, sobre as formas de se identificar um prazo como sendo de uma ou de outra natureza.[748]

[748] PINTO, Nelson Luiz. O fundamento da pretensão processual como objeto da prescrição e da decadência. *In: Revista de Processo*, N. 34, Ano 9, abril-junho de 1984, São Paulo, p.60.

Diante das diversas teorias existentes, adota-se aquela que mais se aproxima da própria essência do instituto da prescrição.

A prescrição não tem por efeito extinguir *direitos*, mas a *pretensão*. Segundo Pontes de Miranda, *"pretensão é a posição subjetiva de poder exigir de outrem alguma prestação positiva ou negativa"*.[749]

Há muito tempo J. Biermann *(Bürgerliches Recht)* equiparava *direito* e pretensão como termos equivalentes. Erro que os juristas, fora da Alemanha, continuaram por muito tempo a cometer.[750]

Aliás, *"a expressão 'Recht' (direito) no Código Civil alemão, §194, embora de inconvenientes afastáveis, deveria ter sido evitada; porque permite falar-se de direito (direito subjetivo), de direito a exigir (pretensão) e de direito à ação. Rigorosamente, há três posições em vertical: o direito subjetivo, a pretensão e a ação, separáveis"*.[751]

Há, *"direitos que perderam, ou não têm pretensão"*.[752]

A pretensão, *"dirige-se a pessoa determinada, a sujeito único ou total, que é o sujeito passivo da relação jurídica; mas se ela é a direção, a atividade do direito diante de si, não se identifica com ele. Atividade potencial para frente, faculdade jurídica de exigir; portanto, algo mais"*.[753]

Toda *pretensão* tem por objetivo a satisfação – é um meio para fim.

A *pretensão* é sempre contida no direito, ou se refere a elemento de conteúdo do direito.

Não há exigibilidade sem *pretensão*. O direito subjetivo pode ser inexigível.

Daí porque *o direito não prescreve, o que prescreve é a 'pretensão'"*.[754]

A confusão jurídica sobre a essência e a natureza da prescrição já vinha ocorrendo desde a vigência do Código Civil de 1916.

Essa confusão dogmática fazia com que os clássicos civilistas, ora definissem a prescrição como extinção da ação, ora como extinção do direito.

Para J. M. Carvalho Santos, a prescrição seria *"o modo de extinguir os direitos pela perda da ação que nos assegura..."*.[755] E nessa linha equivocada, continua o inesquecível civilista: *"A prescrição diz respeito à ação e só como consequência atinge o direito. Ou*

[749] Pontes de Miranda. *Tratado de direito privado*. Tomo V, Rio de Janeiro: Editor Borsoi, 1955. p. 451.

[750] Pontes de Miranda, idem, ibidem, loc. cit.

[751] Pontes de Miranda, idem, ibidem, loc. Cit.

[752] Pontes de Miranda, idem, ibidem, p. 452.

[753] Pontes de Miranda, idem, ibidem, loc. Cit.

[754] Pontes de Miranda, idem, ibidem, p. 455.

[755] Carvalho Santos, J. M., *Código civil interpretado*. 7. ed. Vol. III. Rio de Janeiro: Livraria Freitas Bastos S/A, 1958. p.371.

por outro: é preciso reconhecer que, embora a prescrição se refira à ação, em regra a extinção da ação e do direito são contemporâneos, porque um direito que se não pode fazer valer é ineficaz".[756]

Da mesma forma é a opinião de Rubens Limongi França ao afirmar que: *"(...)na prescrição, o que se perde é apenas a respectiva ação, tornando-se assim inócuo o direito".*[757]

A confusão terminológica não poupou o próprio autor do anteprojeto do Código Civil de 1916, Clóvis Beviláqua. Para ele, a prescrição: *"é a perda da acção attribuida a um direito...".*[758]

Essa ambiguidade de efeitos da prescrição foi assim descrita pelo civilista Miguel Maria de Serpa Lopes: *"No Direito romano, a opinião constante dos autores, com a contestação de uma pequena minoria, é a de que a prescrição manifesta-se como elemento 'exceptionis': a prescrição é uma exceção. Tal caráter de exceção foi igualmente consagrado por muitos juristas franceses, cuja doutrina muito influiu nos italianos, tanto que Pacifici-Mazoni, definindo a prescrição, considerou-a 'uma exceção' mediante a qual se pode, em geral, repelir uma ação por ter o autor negligenciado por um tempo determinado de fazer valer ou excitar o direito ao qual ela se refere. Outros, porém, partindo do pressuposto de que a prescrição ataca o 'direito' e não a ação, consideram a prescrição 'um meio com o qual devido à inércia do titular do direito mantida por um determinado tempo, o próprio direito se extingue', ou, como o definiu Josserand, 'a extinção de um direito, especialmente de um crédito, tão-só pelo decurso de um certo prazo'. Domenico Barbero, modernamente, sustenta se a prescrição um modo extintivo da ação tutelar de um crédito consistente no 'deixar passar um dado tempo, variamente estabelecido, sem se cuidar de promover a ação, desde o momento dentro no qual podia empreender o seu exercício. E diz: 'prescrição, contra a opinião comum e o próprio texto legislativo, não extingue o crédito em si mesmo como relação substancial, mas unicamente a ação que lhe presidia à atuação. Entre nós, Clóvis definiu a prescrição como sendo 'a perda da ação atribuída a um direito, e de toda a sua capacidade defensiva, em consequência do não uso dela, durante um determinado tempo'. Explicando o seu ponto de vista, o nosso ilustre jurista acentua não ser a falta de exercício do direito que lhe tira o vigor; o direito pode conservar-se inativo por longo tempo, sem perder a sua eficácia. É o não uso da ação que lhe atrofia a capacidade de reagir. Para Carpenter, a prescrição liberatória é 'um modo de extinção dos direitos em geral, salvo os imprescindíveis, em razão de que, violados, o respectivo titular ou sujeito deixou de prover,*

[756] Carvalho Santos, J. M., idem, ibidem, p. 372.

[757] França, Rubens Limongi, *Manual de direito civil.* 3. ed. Vol. 1. São Paulo: Ed. Revista dos Tribunais. P. 357.

[758] Beviláqua, Clóvis. *Código civil dos estados unidos do Brasil comentado.* 6ª Ed. Vol. 1. São Paulo: Livraria Francisco Alves, 1940. p.433).

pelo decurso do tempo, a ação que os restabeleceria. Por aí se pode claramente ver os pontos de vista antagônicos entre os dois juristas pátrios: para Clóvis, a prescrição atine a ação; para Carpenter, ela recai sobre o direito".[759]

Essa controvérsia, se a prescrição atinge o direito ou ação estendeu-se ao direito comparado. O Código Civil italiano, em seu art. 2.934, adota a corrente que pretende direcionar a prescrição ao direito e não à ação: "*Ogni diritto si estingue per prescrizione, quando il titolare non lo esercita per il tempo determinato dalla legge*".

Diante desse quadro conflitante, as críticas doutrinárias tornaram-se cada vez mais contundentes.

Está-se diante de um ponto profundamente controvertido, isto é, saber-se qual o *objeto* da prescrição.

Uma coisa é certa, a prescrição não atinge a *ação*, pois a ação como direito constitucional é imprescritível.

Além do mais, a prescrição, sob a perspectiva processual, também não atinge a ação processual, pois o juiz somente deverá analisar no processo a prescrição após analisar os componentes formais do direito de ação, isto é, os pressupostos processuais e as condições de ação/demanda.

Arruda Alvim *"procura estudar a ação e construir uma teoria em vista de usa finalidade, em função do interesse público e não sob perspectiva do autor. 'Esta finalidade é de ação objetiva acionar a jurisdição, para a aplicação da lei. Esta aplicação da lei, obviamente, mesmo no caso do efetivo exercício da ação improcedente, terá sido feita, pois se terá dado razão ao réu, e não ao autor'. Afirma, ainda, Arruda Alvim, que o art. 153, §4º da Constituição Federal* (1969) *ao estabelecer que nenhuma lesão de direito individual poderá ser subtraída à apreciação do Judiciário, está a consagrar, a nível constitucional, autêntico direito abstrato de agir".*[760]

A prescrição é analisada como matéria de mérito, sendo assim, no interior de um processo que foi desencadeado pelo direito de ação processual.

Da mesma forma, a prescrição não atinge o *direito*, uma vez que a extinção do direito é objeto de outro instituto, *a decadência.*

A prescrição atinge a *pretensão,* segundo Nelson Luiz Pinto, *o fundamento de uma pretensão processual*. Disse o autor: *"O que seria, então, o fundamento de uma pretensão processual? Em certa medida, podemos dizer que o fundamento de uma pretensão processual é a materialização do que se costuma chamar de 'pretensão de direito material', seria a vontade interna do sujeito titular do direito material expressada em forma de fundamento de uma pretensão processual. O termo pretensão, a nosso ver, só deve ser utilizado,*

[759] Serpa Lopes, Miguel Maria. *Curso de direito civil.* 6. Ed. Vol. 1. Rio de Janeiro: Livraria Freitas Bastos S.A., 1988. p.496 e 497.

[760] Pinto, N. L., op. Cit., p. 63.

como realidade no direito, no sentido de pretensão processual. Pretensão é o pedido contido na ação, é aquilo que é levado ao Poder Judiciário, é a afirmação em juízo da existência de um direito, sinônimo de lide, de objeto litigioso, de mérito. Vemos pretensão apenas nesse sentido, processual. Não falamos em 'pretensão de direito material', apesar de reconhecermos que essa expressão é utilizada pela maioria dos doutrinadores. Esta, para nós, não existe como realidade no Direito brasileiro. É apenas uma realidade do pensamento, uma vontade interna, está na mente daquele que tem um direito subjetivo. Nada pode atingi-la, molestá-la. Essa vontade interna do sujeito só passará a ter relevância jurídica, quando servir de fundamento para a dedução, em juízo, de uma pretensão processual. Somente enquanto fundamento de uma pretensão poderá ela ser atingida, molestada, o que pode ocorrer através da prescrição... O direito subjetivo, conforme a classificação de Chiovenda, como vimos, pode consistir em direito a uma prestação ou direito potestativo. Como já foi visto, somente os direitos a uma prestação podem ser: 'lesados', comportam uma lesão, ou seja, pode ocorrer que o sujeito passivo da relação de direito material deixe de cumprir a obrigação que lhe competia, ou faça alo que não podia fazer, no caso das prestações negativas. Isto ocorrendo, o que nasce, para o direito, não é uma 'pretensão de direito material'. Esta existe, como dissemos, apenas em pensamento, na cabeça do titular do direito material, é uma vontade interna de fazer valer um direito potestativo. Nasce, isto sim, o fundamento de uma 'pretensão processual', a possibilidade de se deduzir em juízo uma 'pretensão fundada'. Com relação aos direitos protestativos, não há que se falar em lesão. A própria existência de um direito subjetivo potestativo, o seu nascimento, faz surgir o fundamento para uma pretensão processual. O fundamento da pretensão processual, porém, não se confunde com o próprio direito subjetivo potestativo, exatamente por que deriva dele, e algo não pode derivar de si mesmo. O fundamento da pretensão processual, portanto, pode surgir ou com o nascimento de um direito potestativo, ou com a lesão a um direito a uma prestação. No primeiro caso, a pretensão a ser deduzida em juízo será uma pretensão constitutiva; no segundo caso, uma pretensão condenatória ou executiva".[761]

A prescrição não atinge o direito subjetivo, este permanece intacto. Daí porque não se pode repetir o pagamento de uma dívida prescrita.

A prescrição tem por objeto a *pretensão processual*.

Diante dessa característica essencial do instituto da prescrição, o legislador do novo Código Civil brasileiro de 2002, ciente do equívoco cometido pelos intérpretes do Código Civil de 1916, houve por bem consignar *expressamente* no artigo 189 que a *prescrição* não atinge o *direito*, mas, sim, a *pretensão*, *in verbis*: "Art. 189. *Violado o direito, nasce para o titular a pretensão, a qual se extingue, pela prescrição, nos prazos a que aludem os arts. 205 e 205"*.

[761] Pinto, N. L., idem, ibidem, p. 79 e 80.

A prescrição e a decadência, conforme estabelece o inc. II do art. 487 do atual C.P.C., podem ser reconhecidas mediante alegação das partes ou de *ofício pelo juiz*, em qualquer grau de jurisdição.

É importante salientar que o *parágrafo único do art.* 487 do atual C.P.C. preconiza que *ressalvada a hipótese do §1º do art. 332, a prescrição e a decadência não serão reconhecidas sem que antes seja dada às partes oportunidade de manifestar-se.*

Assim, se o órgão jurisdicional, de ofício ou mediante requerimento da parte contrária, convencer-se de que há possibilidade de reconhecer a prescrição ou decadência, deverá, antes de decidir, oportunizar a manifestação da outra parte.

O juiz somente não necessitará ouvir a parte contrária quando puder proferir julgamento liminar de improcedência do pedido, nos termos do §1º do art. 332 do atual C.P.C. Justifica-se esse dispositivo, uma vez que o juiz reconhece, de ofício, a prescrição, antes da citação do réu.

Porém, tenho para mim que muito embora o juiz não necessite ouvir o réu, seria prudente, antes de julgar liminarmente improcedente o pedido, ouvir a parte autora sobre a prescrição ou a decadência.

O *inciso III do art. 487* do atual C.P.C. aduz que o órgão jurisdicional resolverá o mérito quando *homologar:*

a) o reconhecimento da procedência do pedido formulado na ação ou na reconvenção;

Preceito similar encontra-se no §307 do Código de Processo Civil alemão: *"Se uma das partes reconhece em tudo ou em parte a pretensão acionada em relação a si, deve-se pronunciar uma sentença de condenação conforme o reconhecimento..."*.

Segundo leciona José Carlos Barbosa Moreira, o réu poderá reconhecer a procedência do pedido formulada na ação ou na reconvenção. *"isto é, anuir à pretensão do autor – ato que não se confunde com a 'confissão', isto é, com a mera admissão da verdade de fato ou fatos que o autor haja narrado na inicial. Pertence à teoria geral do processo o estudo da natureza, dos requisitos de validade, das espécies e da eficácia do reconhecimento; no presente contexto, é oportuno assinalar que ele só acarreta a extinção do processo quando total, ou seja, abrangente de todo o pedido; e que o juiz, na sentença, fica dispensado de outra fundamentação além da verificação de que o reconhecimento, para ele vinculativo, ocorreu validamente, devendo condenar o réu, ademais, ao pagamento das despesas processuais e honorários de advogado"*.[762]

Conforme afirmou Barbosa Moreira, não se pode confundir *reconhecimento do pedido* com *confissão*, pois a confissão está adstrita à matéria de fato, enquanto que o reconhecimento do pedido diz respeito à pretensão formulada pelo autor na demanda.

[762] BARBOSA MOREIRA, José Carlos. *O novo processo civil brasileiro*. 6. ed., Rio de Janeiro: Forense, 1984. p. 132/133.

Como bem esclarece E.D. Moniz de Aragão, em relação às consequências do reconhecimento do pedido e da confissão: "*Suas consequências, porém, são bastantes diversas. O reconhecimento, importando na admissão da procedência do pedido, implica em excluir a composição jurisdicional da lide: o processo se encerra em vista de um dos litigantes concordar em que o outro tem razão. Na confissão, entretanto, uma das partes apenas aceita como verazes os fatos narrados pela outra, benéficos a esta, mas prejudiciais a si. Isso, no entanto, ainda não significa que o destinatário da confissão tenha razão, pois bem se pode dar que, a despeito dela, o juiz venha a entender que não procede a pretensão, caso em que pronunciará sentença contrária ao beneficiário da confissão*".[763]

Para que o advogado possa reconhecer a procedência do pedido, é necessário que tenha poderes especiais, nos termos do art. 105 do atual C.P.C.

Outrossim, não havendo qualquer nulidade no reconhecimento do pedido, o juiz deverá proferir decisão com resolução do mérito, homologando o reconhecimento.

b) a transação

Haverá resolução do mérito quando as *partes transigirem.*

A transação é um instituto que tem por finalidade resolver eventuais conflitos entre as partes. O seu regramento está previsto no Código Civil brasileiro, a saber:

> *Art. 840. É lícito aos interessados prevenirem ou terminarem o litígio mediante concessões mútuas.*
>
> *Art. 841. Só quanto a direitos patrimoniais de caráter privado se permite a transação.*
>
> *Art. 842. A transação far-se-á por escritura pública, nas obrigações em que a lei o exige, ou por instrumento particular, nas em que ela o admite; se recair sobre direitos contestados em juízo, será feita por escritura pública, ou por termo nos autos, assinado pelos transigentes e homologado pelo juiz.*
>
> *Art. 843. A transação interpreta-se restritivamente, e por ela não se transmitem, apenas se declaram ou reconhecem direitos.*
>
> *Art. 844. A transação não aproveita, nem prejudica senão aos que nela intervierem, ainda que diga respeito a coisa indivisível.*
>
> *§ 1º Se for concluída entre o credor e o devedor, desobrigará o fiador.*
>
> *§ 2º Se entre um dos credores solidários e o devedor, extingue a obrigação deste para com os outros credores.*
>
> *§ 3º Se entre um dos devedores solidários e seu credor, extingue a dívida em relação aos co-devedores.*

[763] Moniz de Aragão, E. D., op. Cit., p. 594.

Art. 845. Dada a evicção da coisa renunciada por um dos transigentes, ou por ele transferida à outra parte, não revive a obrigação extinta pela transação; mas ao evicto cabe o direito de reclamar perdas e danos.

Parágrafo único. Se um dos transigentes adquirir, depois da transação, novo direito sobre a coisa renunciada ou transferida, a transação feita não o inibirá de exercê-lo.

Art. 846. A transação concernente a obrigações resultantes de delito não extingue a ação penal pública.

Art. 847. É admissível, na transação, a pena convencional.

Art. 848. Sendo nula qualquer das cláusulas da transação, nula será esta.

Parágrafo único. Quando a transação versar sobre diversos direitos contestados, independentes entre si, o fato de não prevalecer em relação a um não prejudicará os demais.

Art. 849. A transação só se anula por dolo, coação, ou erro essencial quanto à pessoa ou coisa controversa.

Parágrafo único. A transação não se anula por erro de direito a respeito das questões que foram objeto de controvérsia entre as partes.

Art. 850. É nula a transação a respeito do litígio decidido por sentença passada em julgado, se dela não tinha ciência algum dos transatores, ou quando, por título ulteriormente descoberto, se verificar que nenhum deles tinha direito sobre o objeto da transação.

Antes de iniciado o processo jurisdicional, a transação ocorre exclusivamente no âmbito do direito material, evitando-se, inclusive, a provocação da jurisdição.

A transação somente ocorre em relação aos direitos patrimoniais de caráter privado. De regra, não se admite a transação de direitos indisponíveis.

Contudo, observa-se transação também em relação a certos direitos indisponíveis, quando, por exemplo, pai e mãe transacionam com quem ficará a guarda dos filhos, assim como o valor da prestação da pensão alimentícia ou mesmo a sua dispensa.

Da mesma forma, observa-se transação quando se tem por objeto interesse público, como ocorre nos processos do sistema financeira regulados pelo FCVS com a intervenção da Caixa Econômica Federal, empresa pública federal.

Em princípio, a capacidade exigível para a transação é a mesma para se obrigar. Quem não pode firmar relação jurídica obrigacional também não pode transacionar.

Os representantes ou presentantes das pessoas jurídicas somente podem transacionar se houver autorização legal ou poderes constantes dos estatutos sociais.

Já as pessoas jurídicas de direito público somente podem transacionar mediante autorização legal.

Quanto à forma da transação, estabelece o art. 842 do C.c.brasileiro que a transação far-se-á por escritura pública, nas obrigações em que a lei o exige, ou por instrumento particular, nas em que ela o admite; se recair sobre direitos contestados em juízo, será feita por escritura pública, ou por termo nos autos, assinado pelos transigentes e homologado pelo juiz. Assim, se a transação ocorrer antes de contestado o direito em processo jurisdicional, ela poderá ser feita por instrumento particular nas hipóteses em que se admite tal forma ou por escritura pública nas obrigações em que a lei a exige, como, por exemplo, transmissão de bens imóveis. Se a transação recair sobre direitos já contestados em juízo, será feita por escritura pública ou por termo nos autos, assinado pelos transigentes e homologado pelo juiz. Assim, o termo dos autos terá valor idêntico à escritura pública.

Os transatores devem comparecer pessoalmente para assinar o termo nos autos ou mediante procuradores. Se por meio de procuradores, esses devem ter poderes especiais nos termos do art. 105 do atual C.P.C.

É importante salientar que havendo transação a decisão homologatória a ser proferida pelo juiz não terá natureza de julgamento, pois o juiz apenas irá proferir sentença de homologação da transação revolvendo desta forma o mérito.

Questão que se coloca é se a parte poderá desistir da transação antes de ser homologada pelo juízo.

Estabelece o art. 200 do atual C.P.C. que os atos das partes consistentes em declarações unilaterais ou bilaterais de vontade produzem imediatamente a constituição, modificação ou extinção de direitos processuais.

Assim, as transações realizadas pelas partes, como declarações bilaterais de vontade, produzem efeitos imediato, independentemente de homologação judicial, salvo se houver alguma nulidade no ato de transação.

Sobre o tema, eis os seguintes precedentes do S.T.J.:

1. A teor do artigo 1.026 do Código Civil de 1916 – correspondente ao art. 848 do CC/02 –, sendo nula qualquer das cláusulas da transação, nula será esta. Desse modo, eventual anulação da transação implica o retorno ao status quo ante, não podendo resultar em enriquecimento a qualquer das partes, pois é elemento constitutivo do negócio a concessão de vantagens recíprocas, por isso mesmo não se confunde com renúncia, desistência ou doação.

2. "A transação devidamente homologada, com observância das exigências legais, sem a constatação de qualquer vício capaz de maculá-la, é ato jurídico perfeito e aca-

bado, devendo produzir todos os efeitos legais e almejados pelas partes." (REsp 617.285/SC, Rel.

Ministro FERNANDO GONÇALVES, QUARTA TURMA, julgado em 08/11/2005, DJ 05/12/2005, p. 330) 3. A Súmula 289/STJ, ao prescrever que a restituição das parcelas pagas a plano de previdência privada deve ser objeto de correção plena, por índice que recomponha a efetiva desvalorização da moeda, deixa límpido que se cuida de hipótese em que há o rompimento do vínculo contratual com a entidade de previdência privada, não se tratando de situação em que, por transação judicial, envolvendo concessões recíprocas, haja migração de consumidor, já em gozo do benefício de previdência privada, para outro plano administrado pela mesma entidade, auferindo em contrapartida alguns benefícios.

4. Recurso especial parcialmente provido.

(REsp 1071641/RS, Rel. Ministro LUIS FELIPE SALOMÃO, QUARTA TURMA, julgado em 21/05/2013, DJe 13/06/2013)

(...).

2. – É impossível o arrependimento e rescisão unilateral da transação, ainda que não homologada de imediato pelo Juízo. Uma vez concluída a transação as suas cláusulas ou condições obrigam definitivamente os contraentes, e sua rescisão só se torna possível "por dolo, coação, ou erro essencial quanto à pessoa ou coisa controversa" (Código Civil de 2002, art. 849; CC de 1916, art.1.030).

3. – Recurso Especial provido.

(REsp 825.425/MT, Rel. Ministro SIDNEI BENETI, TERCEIRA TURMA, julgado em 18/05/2010, DJe 08/06/2010).

1. Da análise do artigo 7º da Lei Complementar n. 110/2001, conclui-se pela possibilidade de o fundista transigir extrajudicialmente com a Caixa Econômica Federal a fim de que sejam aplicados os índices de correção monetária às suas contas. Somente a homologação é judicial e, nessa fase, necessária a presença de advogado.

2. "A transação é possível no caso de direitos disponíveis e, uma vez concluída, torna-se inviável o arrependimento unilateral. Diante disso, celebrado o acordo, obriga-se o juiz à sua homologação, salvo se ilícito o seu objeto, incapazes as partes ou irregular o ato, o que não ocorreu. E, se for o caso, a nulidade da transação por vício de vontade (desconhecimento da existência de trânsito em julgado da sentença de mérito) deve ser alegada em ação própria." (AgRgRD no REsp 1057402/BA, Rel. Min. Mauro Campbell Marques, Segunda Turma, julgado em 24.3.2009, DJe 23.4.2009).

Agravo regimental improvido.

(AgRg no REsp 1123817/BA, Rel. Ministro HUMBERTO MARTINS, SEGUNDA TURMA, julgado em 03/12/2009, DJe 16/12/2009).

Importante igualmente é advertência estabelecida no art. 850 do C.c. brasileiro ao dizer que é nula a transação a respeito do litígio decidido por sentença passada em julgado, se dela não tinha ciência algum dos transatores, ou quando, por título ulteriormente descoberto, se verificar que nenhum deles tinha direito sobre o objeto da transação.

d) a renúncia à pretensão formulada na ação ou na reconvenção.

Enquanto o reconhecimento do pedido é uma manifestação jurídica processual realizada pelo réu, a renúncia à pretensão formulada na demanda ou na reconvenção é uma manifestação jurídica feita pelo autor.

Assim como o réu pode reconhecer a procedência do pedido, o autor também pode *renunciar* à pretensão formulada na ação ou na reconvenção.

Trata-se de uma renúncia processual, sendo que quando configurada o juiz prolata decisão homologatória com resolução do mérito.

Conforme anota E. D. Moniz de Aragão: *"Embora não se contraponham, a renúncia há de ser tratada e entendida de modo próprio, conforme se manifeste no âmbito do Direito Processual ou do Direito Material. Em Direito Material, fala-se de renúncia abdicativa, que seria a renúncia propriamente dita, e renúncia translativa, que corresponderia a uma alienação. No processo, a única renúncia cabível é a abdicativa, excluído o cabimento da alienativa, pois esta significaria transferência do direito litigioso a outrem... Admitida embora no direito Material, será incabível no plano processual a renúncia condicional, ou a termo. A renúncia ao direito em que se funda a ação há de ser, sempre, pura"*.[764]

São requisitos para a validade da renúncia: a) que o direito seja renunciável, pois alguns poucos não o são; b) havendo litisconsórcio, seja qual for, a renúncia na medida em que cabível afetará apenas ao renunciante, de modo algum aos colitigantes; c) o autor poderá renunciar no todo ou em parte, sendo que se for parcial o processo continuará em relação à parte não-renunciada; d) há necessidade de que a parte tenha capacidade para renunciar, aproximando-se da capacidade para o reconhecimento e para a transação.[765]

A renúncia à pretensão formulada na demanda ou na reconvenção poderá ser feita pessoalmente ou por procurador com poderes especais (art. 105 do atual C.P.C.).

Muito embora o art. 487, inc. III, letra 'c', fale em renúncia à pretensão formulada na ação ou na reconvenção, o art. 105 do atual C.P.C. fala em renúncia ao direito sobre o qual se funda a ação.

Parece-me que a terminologia utilizada na letra 'd'ora em análise é mais correta, pois se ainda não houve decisão final resolvendo o conflito, não se pode

[764] Moniz de Aragão, E. D., op. Cit., p. 604.

[765] Moniz de Aragão, E. D., idem, ibidem.

afirmar que o renunciante possui o direito. O que há, até então, é mera pretensão a um provimento jurisdicional.

Art. 488

Desde que possível, o juiz resolverá o mérito sempre que a decisão for favorável à parte a quem aproveitaria eventual pronunciamento nos termos do art. 485.

Resolução de mérito na hipótese de decisão favorável à parte a quem aproveita o pronunciamento que não o resolve

Este dispositivo visa a dar aplicabilidade ao princípio da efetiva e eficácia prestação da tutela jurisdicional, ou seja, se o juiz tem a opção de proferir sentença sem resolução do mérito pela falta de alguma condição de análise do mérito (condição da ação) ou de algum pressuposto processual de existência ou validade da relação jurídica processual ou outro requisito que deveria ser analisado preliminarmente, poderá ele juiz não acolher a preliminar e de imediato proferir julgamento com resolução do mérito (por exemplo, reconhecimento da prescrição ou decadência), desde que este julgamento seja em favor da parte a quem aproveitaria o acolhimento da preliminar suscitada.

Este dispositivo impede a perpetuação do conflito social que possa existir entre as partes, evitando-se, assim, o prolongamento das angústias e anseios das partes que compõem a relação jurídica processual.

Sobre o tema, eis os seguintes precedentes do S.T.J.:

> *2. Não obstante, o acórdão embargado trata de ação ordinária ajuizada contra a Caixa Econômica Federal, Perugia Empreendimentos Imobiliários Ltda. (segunda recorrente) e Sergio Guedes Carneiro, Ricardo Ranauro e Rogério Moreira Vieira (então sócios da segunda recorrente), na qual a ora embargante, Alcastle Imobiliária Ltda., requereu a anulação da venda direta de imóvel realizada pela Caixa Econômica Federal em favor de Perugia Empreendimentos Imobiliários S/A, após a deserção de duas licitações prévias. Para tanto, alegou que a forma de pagamento que ofereceu, em momento posterior à homologação da proposta da Perúgia, seria mais vantajosa e que a última proposta estaria eivada de irregularidades. Como consequência, requereu a adjudicação do imóvel em seu favor.*
>
> *3. A Primeira Turma, por maioria, decidiu que: "em atenção à garantia constitucional da razoável duração do processo, bem como ao princípio da economia processual, não seria pertinente a anulação do feito, que já dura mais de dez anos, pois, certamente,*

causaria ainda maiores prejuízos às partes, especialmente considerando que já houve pagamento de mais da metade do valor contratado"; e que, "em face do princípio da instrumentalidade das formas, insculpido no artigo 249, § 2º, do CPC, o julgador não deverá pronunciar a nulidade, nem mandar repetir o ato nulo, quando puder decidir o mérito a favor da parte a quem aproveita a nulidade".

(...).

(AgRg nos EREsp 1331946/RJ, Rel. Ministro MAURO CAMPBELL MARQUES, PRIMEIRA SEÇÃO, julgado em 11/06/2014, DJe 17/06/2014).

1. Não se deve decretar a nulidade quando puder decidir o mérito em favor da parte a quem aproveita a declaração (artigo 249, § 2º, do CPC).

(...).

(REsp 633.469/BA, Rel. Ministro CASTRO MEIRA, SEGUNDA TURMA, julgado em 23/11/2004, DJ 14/02/2005, p. 178).

SEÇÃO II – Dos Elementos e dos Efeitos da Sentença

Art. 489

São elementos essenciais da sentença:

I – o relatório, que conterá os nomes das partes, a identificação do caso, com a suma do pedido e da contestação, e o registro das principais ocorrências havidas no andamento do processo;

II – os fundamentos, em que o juiz analisará as questões de fato e de direito;

III – o dispositivo, em que o juiz resolverá as questões principais que as partes lhe submeterem.

§ 1º Não se considera fundamentada qualquer decisão judicial, seja ela interlocutória, sentença ou acórdão, que:

I – se limitar à indicação, à reprodução ou à paráfrase de ato normativo, sem explicar sua relação com a causa ou a questão decidida;

II – empregar conceitos jurídicos indeterminados, sem explicar o motivo concreto de sua incidência no caso;

III – invocar motivos que se prestariam a justificar qualquer outra decisão;

IV – não enfrentar todos os argumentos deduzidos no processo capazes de, em tese, infirmar a conclusão adotada pelo julgador;

V – se limitar a invocar precedente ou enunciado de súmula, sem identificar seus fundamentos determinantes nem demonstrar que o caso sob julgamento se ajusta àqueles fundamentos;

VI – deixar de seguir enunciado de súmula, jurisprudência ou precedente invocado pela parte, sem demonstrar a existência de distinção no caso em julgamento ou a superação do entendimento.

§ 2º No caso de colisão entre normas, o juiz deve justificar o objeto e os critérios gerais da ponderação efetuada, enunciando as razões que autorizam a interferência na norma afastada e as premissas fáticas que fundamentam a conclusão.

§ 3º A decisão judicial deve ser interpretada a partir da conjugação de todos os seus elementos e em conformidade com o princípio da boa-fé.

Elementos da sentença

Deve-se preliminarmente esclarecer que a expressão *sentença* prevista no dispositivo legal também abrange os *acórdãos* que nada mais são do que sentenças proferidas pelos tribunais.

O dispositivo corrigiu um equívoco circunstancial existente no C.P.C. de 1973.

Na realidade, o relatório, os fundamentos e o dispositivo são efetivamente *elementos* e não *requisitos* da sentença, pois tais circunstâncias compõem o próprio ato jurídico denominado de sentença e não são pressupostos para que o juiz possa proferir a sentença.

O art. 489 do atual C.P.C., portanto, trata dos elementos formais e essenciais da sentença, isto é, formalmente a sentença deve ser constituída por um *relatório*, por um *fundamento* e pela *decisão propriamente dito (dispositivo)*.

Esses elementos essenciais dizem respeito à estrutura da sentença, ou seja, a sentença deve ser estruturada de tal maneira que seja perfeitamente compreensível na comunicação que ela visa a transmitir dentro e fora do processo.

Por isso a sentença deve ser *clara e precisa*, aliás como já previa o art. 280 do C.P.C. de 1939: *"A sentença, que deverá ser clara e precisa..."*.

A) *Relatório.*

O relatório é na verdade a síntese das postulações das partes e de certa forma daquilo que de mais importante aconteceu no processo. Por isso o relatório deve ser sucinto, contendo os nomes das partes, a identificação do caso com a suma do pedido e da contestação do réu, bem como o registro das principais ocorrências havidas no andamento do processo.

O relatório em suma é a exposição que o juiz faz, de todos os fatos e razões de direito que as partes alegaram, e da história relevante do processo (Pontes de Miranda).

O relatório também trará o resumo dos fundamentos de fato e de direito das pretensões formuladas.

Para parte da doutrina, a falta de relatório torna o ato nulo (Frederico Marques, Gabriel Rezende Filho, Lopes da Costa). Por sua vez, para parte da doutrina trata-se de uma nulidade sanável (Fraga, Pontes de Miranda), suprível, desde que da sentença resultasse naquilo que o juiz decidiu com conhecimento de causa.

Conforme já decidiu o Tribunal de Justiça de São Paulo na APL 9226774522008826 SP, (Data da Publicação 31.05.2011), a omissão do nome da autora no relatório é mera irregularidade, sendo que não havendo prejuízo para as partes nao há porque anular o ato processual.

É importante salientar que há procedimento em que o relatório da sentença é dispensado, como ocorre nos juizados especiais, especificamente no art. 38 da Lei 9.099/95: *"A sentença mencionará os elementos de convicção do Juiz, com breve resume dos fatos relevantes ocorridos em audiência, dispensado o relatório"*.

B) *Motivação.*

No relatório o juiz expõe sucintamente as circunstâncias e questões suscitadas de fato e de direito.

Já na motivação o juiz analisará os fundamentos de fato e de direito que justificaram a decisão a ser tomada.

Na motivação, o juiz exteriorizará os fundamentos, em que ele, juiz, analisará as questões de fato e de direito inseridas pelas partes, assim como exteriorizará os seus fundamentos de fato e direito que darão suporte à decisão.

Não há dúvida de que o estudo da motivação apresenta muitas peculiaridades, repercutindo incertezas e contrastes existentes não apenas entre os estudiosos do direito processual civil, mas também entre aqueles que se encontram no âmbito das perspectivas filosóficas, sociológicas e políticas.

E essas incertezas tornaram-se mais evidenciadas a partir do momento em que o *princípio da motivação das decisões judiciais* passou a ser expressamente consignado no art. 93, inc. IX da C.F. Numa perspectiva mais fecunda poderia partir do pressuposto de que a norma constitucional em questão represente não somente o paradigma de congruência constitucional da normatividade ordinária, senão que ademais seria uma 'norma para o juiz', não tanto no sentido formal de impor-lhe a obrigação de motivar suas decisões, dado que a mesma normatividade ordinária já contém preceitos pontuais para esse fim, senão mais no sentido substancial de fixação dos requisitos mínimos que são necessários para que se possa dizer que uma sentença está efetivamente motivada.

Conforme afirma Michele Taruffo, o problema de definir de maneira exaustiva a natureza da motivação não tem sido colocado de maneira adequada, razão pela qual não se alcançou até o momento uma solução satisfatória. Com efeito, *"numa rápida revisão das noções comumente utilizadas tanto pela doutrina como pela jurisprudência, o conceito de motivação aparece amplamente indeterminado, e frequentemente é tratado, inclusive, como algo que tem um conteúdo 'móbil'. Com efeito, cada vez que se intentam definições, estas se resolvem em dizer – como ocorre regularmente, com escassas variações de linguagem – que a motivação consiste na expressão dos 'motivos' ou das 'razões de decidir' ou do 'iter lógico seguido pelo juiz para chegar à decisão', movendo-nos no restrito campo da tautologia (ou naquele, muito mais amplo, porém menos estéril, da indeterminação): expressões deste tipo, dentro do contexto no qual são normalmente utilizadas, não expressam alguma noção precisa de 'motivo', de 'razão' ou de 'iter lógico', e portanto longe de definir alguma coisa, reenviam ao plano da noções intuitivas, a partir do errôneo pressuposto de que se trata, pelo contrário, de conceitos determinados no patrimônio do conhecimento comum".*[766]

A característica da mobilidade da noção de motivação encontra-se bem visível aí onde a doutrina coloca o notório e controvertido problema de estabelecer o que, na sentença, será coberto pelo *iudicatum*. No contexto, a motivação é definida, por exclusão, como aquilo que não passa através do *iudicatum*. Contudo, dado que à esfera objetiva do *iudicatum* lhe são atribuídas por vezes confins mais ou menos amplos, isso faz com que varie de maneira inversa o âmbito que é assinalado à noção de motivação; dessa maneira, por exemplo, a decisão sobre uma questão prejudicial ou a comprovação dos fatos constitutivos do direito derivados da lide, são incluídos ou excluídos no campo da motivação (ou, reciprocamente, no da 'decisão), dependendo de que se admita ou se exclua sua idoneidade para a formação da decisão definitiva incluída na sentença.[767]

Por isso, em razão desse campo aberto de conceitos indeterminados ou somente determinado pela exclusão, é que Calamandrei certa vez afirmou que a motivação não é o fiel resultado lógico-psicológico do processo que há levado o juiz à decisão, senão a apologia que o juiz elabora *a posteriori* da decisão mesma.[768]

É importante salientar que a perspectiva da *motivação da decisão* com base na doutrina do Século XIX do *silogismo judicial* entrou em crise, pois o esquema

[766] Taruffo, Michele. *La motivación de la sentencia civil*. México: Tribunal Electoral del Poder Judicial de la Federación, 2006. p. 6.

[767] Taruffo, M., idem, p. 7.

[768] Calamandrei, Piero. *Processo e democrazia*. Pádua, 1954. p. 101.

conceitual e abstrato do juízo como silogismo não é satisfatório para se definir a motivação da sentença, sendo questionado pelas correntes que combatem o uso exclusivo de instrumento deste tipo, característico do pensamento positivista na interpretação da lei, como a escola do direito livre e a chamada jurisprudência dos interesses. A partir das premissas de caráter pragmático, os maiores expoentes do realismo jurídico, sejam eles norte americanos ou escandinavos negam que o juízo descenda de um procedimento lógico, no qual seja possível individualizar de maneira unívoca as regras que vinculam as premissas com a conclusão, e colocam em primeiro plano os elementos extralógicos que incidem sobre a formação da decisão e que jogam um papel essencial na determinação da 'realidade' do juízo.

Hoje observam-se perspectivas novas de doutrinas que buscam avaliar com usos de instrumento sofisticados, a influência dos fatores psicológicos, sociais e políticos que em concreto influenciam a decisão, tanto no sentido de terminar qualitativamente e quantitativamente tais fatores no marco das correlações na qual a decisão se insere como fenômeno social.[769] Este problema torna-se muito mais evidente a partir do momento em que o juiz deixa de ser visto como pura 'função' abstrata ou como 'máquina neutra', e aparece como portador de valores éticos-políticos.

Modernamente, na visão de Tércio Sampaio Ferraz Júnior, outra deve ser a perspectiva da atividade do órgão jurisdicional: *"Em suma, com base em condições sociopolíticas do século XIX, sustentou-se por muito tempo a neutralização política do Judiciário como consequência do princípio da divisão dos poderes. A transformação dessas condições, com o advento da sociedade tecnológica e do Estado social, parece desenvolver exigências no sentido de uma desneutralização, posto que o juiz é chamado a exercer uma função socioterapêutica, liberando-se do apertado condicionamento da estrita legalidade e da responsabilidade exclusivamente retrospectiva que ela impõe, obrigando-se a uma responsabilidade prospectiva preocupada com a consecução de finalidades políticas das quais ele não mais se exime em nome do princípio da legalidade (dura lex sed lex)".*[770]

[769] Schubert, *Quantitative analisis of judicial behavior,* Glencoe, Illinois, 1959; *The judicial mind attitudes and ideologies of supreme court justices 1946-1963,* Evanston, Illinois, 1965; Nagel, *The legal process from a behavioral perspective,* Homewood, Illinois, 1969; Grossmann-Tanehaus, *Frontiers of judicial research,* Nova York, 1969; SIMON, *The sociology of law,* San Francisco, 1968 etc.

[770] Ferraz Júnior, Tércio Sampaio. Judiciário frente à divisão dos poderes: um princípio em decadência? In *Revista da Universidade de São Paulo, São* Paulo: Coordenação de Comunicação Social da USP, n. 21, mar./mai. 1994, (p. 12-21), p. 19.

Portanto, não se concebe atualmente a manutenção da caricatura de um juiz apolítico ou asséptico.

Essa visão de um juiz dissociado do contexto social, marginalizado da sociedade, purificado de qualquer concepção ideológica, social, cultural e psicológica, costuma-se denominar de "juiz asséptico", que, segundo J. A. G. Griffith, corresponde à figura de alguém que *"(...) quando se dispõe a julgar, deve atuar como eunuco político, econômico e social, desinteressado do mundo fora do tribunal"*.[771]

A figura do juiz asséptico, resultado da estrutura burocrática europeia (bonapartista), sugere a "inimputabilidade política dos juízes".[772]

Ao se postular a "neutralidade" na função de julgar, distante dos conflitos internos e externos do magistrado, eleva-se essa imagem pública a um corolário sobre-humano ou divino, o que, na verdade, nada mais significa do que um produto de manipulação da imaginação coletiva que passa a assimilar e a exigir uma conduta do juiz nessa perspectiva.[773]

Como a ninguém é legítimo intitular-se uma divindade, muito menos por nomeação ou representação do poder estatal, ninguém pode assumir tal papel, pois, no nível individual manifestam-se conflitos graves que podem afetar a própria identidade, bem como conduzir a erros de conduta, tais como "moralismo acerbado" daquele que se considera juiz da ética de todos os demais membros da sociedade, a "onipotência" de quem se intitula "dom Quixote" e combatente de todos os piores males e flagelos da humanidade.[774]

Definitivamente, segundo Eugênio R. Zaffaroni, esta imagem não é mais que um instrumento de ditadura ética da pior espécie, *"(...) condicionada pelo processo interacionista, que nos explica a tendência em assumir as atitudes que nos exigem conforme os estereótipos, e a corresponder positivamente a eles"*.[775]

A partir do momento em que o liberalismo começa ceder espaço para uma perspectiva social, passa-se a perceber que a exigência da neutralidade/imparcialidade do juiz no curso do processo jurisdicional acaba por anular a incansável busca de uma ordem jurídica justa a ser concretizada pela decisão judicial.[776]

[771] Apud ZAFFARONI, E. R., Op. Cit. p. 91.

[772] Idem. Ibidem, Loc. Cit.

[773] SOUZA, Artur César. *A parcialidade positiva do juiz.* São Paulo: Editora Revista dos Tribunais, 2008. p. 136.

[774] ZAFFARONI, op. Cit. p. 160.

[775] "A 'moralidade judicial' ou 'ditadura ética' (na versão doutrinária mais sofisticada, a 'etização do direito') é produto deste mecanismo". (Idem. Ibidem, Loc. Cit.).

[776] SOUZA, A. C., op. Cit., p. 137.

É utópico pretender-se que o juiz não seja cidadão, que não se vincule a certa ordem de ideias, que não compreenda o mundo segundo uma visão nitidamente personalíssima e individual.[777]

Não se pode pedir ao juiz, conforme afirma Plácido Fernández – Viagas Bartolomé, que permaneça em uma urna de cristal ou que seja tão insensível que não experimente reações mentais ante os acontecimentos do mundo exterior.[778]

Nasce, portanto, diante dessa falta de neutralidade do juiz, o impulso de se estudar a atividade e a função do juiz em duas novas direções existenciais: a sociológica e a política. Disso resulta a individualização de linhas de investigação que rechaçam o acostumado ponto de vista dogmático abstrato, e põem em evidência os componentes metajurídicos que intervém na determinação da decisão, assim como as características 'lato sensu' ideológicas da própria decisão.[779]

A abertura das linhas de investigação até agora indicadas brevemente há contribuído para evidenciar três fatores, os quais representam respectivamente as características principais do modo em que atualmente se pode inserir o problema da motivação, a saber: *"a primeira dessas características é que, junto à visão tradicional do problema na ótica rigorosamente jurídica (no sentido dogmático), emerge uma multiplicidade de possíveis pontos de vista que variam com as diversas linhas metodológicas adotadas para estudar a atividade do juiz; disso se deriva o estado de confusão já assinalado que existe em relação aos juristas em geral e os processualistas em particular, e que é o resultado das dificuldades que se apresentam no momento em que se desmorona a exclusividade das perspectivas tradicionais; a segunda característica decorre do fato de que as definições da motivação que são expressas no âmbito estritamente jurídico, são totalmente incapazes para resolver os problemas aos quais temos referido, e inclusive nem sequer proporcionam elementos adequados para enfocar ditos problemas. Isso resulta bastante óbvio se se observa que tais definições hão sido elaboradas regularmente, ademais de com uma escassa profundidade no plano dos fenômenos jurídicos, com uma atenção todavia mais precária pelas inevitáveis implicações de natureza metajurídica que estão presentes na motivação...; a terceira característica essencial do estado do problema é uma consequência direta da segunda, isto é, da insuficiência das soluções propostas no plano rigorosamente jurídico: trata-se, com efeito, da progressiva e cada vez mais difundida, ainda que não claramente expressada, desvalorização tanto da função institucional que o ordenamento jurídico assina à motivação da sentença – especial-*

[777] "Não é possível imaginar um juiz que não a tenha, simplesmente porque não há homem que não a tenha, por pífia ou errada que possa ser julgada. O 'juiz eunuco político' de Griffith é realmente uma ficção absurda, uma imagem inconcebível, uma impossibilidade antropológica". (ZAFFARONI, op. Cit..., p. 92).

[778] VIAGAS BARTOLOMÉ, P. F., Op. Cit., p. 143.

[779] TARUFFO, M., op. cit. p. 12 e 13

mente do ponto de vista constitucional, como da possibilidade e da utilidade de uma solução do problema em questão desde o ponto de vista da natureza jurídica da motivação. Em essência, verifica-se igualmente no tema da motivação uma situação frequente, porém não por isso menos negativa: o acentuado desinteresse do jurista na relação com os componentes não jurídicos dos problemas que enfrenta, termina por reduzir consideravelmente, muito mais do que se deriva da intrínseca complexidade mesma dos problemas, o peso das soluções que são propostas no plano mesmo da investigação jurídica".[780]

A necessidade do estudo e da avaliação dos critérios extrajurídicos que envolvem a motivação da decisão torna-se ainda mais evidente pelo que dispõe o art. 8º do atual C.P.C.:

> *Ao aplicar o ordenamento jurídico, o juiz atenderá aos fins sociais e às exigências do bem comum, resguardando e promovendo a dignidade da pessoa humana e observando a proporcionalidade, a razoabilidade, a legalidade, a publicidade e a eficiência.*

Daí porque a importância de o juiz exteriorizar na decisão o critério axiológico utilizado, isto é, a preponderância do papel do valor que o juiz necessariamente cumpre no caminho que o conduz à decisão.

Por isso, devem-se rechaçar as doutrinas que procuram definir a natureza da motivação sem antes analisar suas características essenciais, pois essas doutrinas são meras tautologias. Segundo Michele Taruffo, *"descartadas as definições de tipo tautológico, a definição unívoca e exaustiva da 'natureza' da motivação poderia somente ser o resultado da soma de todas suas características, identificadas através de todos os pontos de vista possíveis. Trata-se de um objetivo que é impossível conseguir concretamente, e portanto é necessário reconhecer a possibilidade de que sejam dadas várias definições diversas da motivação em correlação com as várias perspectivas sob as quais esta pode ser estudada, todas elas igualmente válidas na medida em que cada uma delas seja derivada de maneira logicamente correta de premissas adequadas. Nenhuma delas pode ser privilegiada como a definição total do fenômeno, porque cada uma resulta ser necessariamente parcial e condicionada pelas premissas das quais se desprende".*[781]

Contudo, muito embora não se possa privilegiar qualquer das perspectivas que tentam definir a motivação, o certo é que se deve e se pode interpretar a sentença (e portanto as motivações e as proposições que a compõem) como um *signo*, principalmente quando se verifica alguma das seguintes situações: a) as partes do processo (e os outros sujeitos interessados) interpretam a sentença como o signo que comunica a decisão, e a motivação como o signo que comunica as razões da

[780] TARUFFO, M., idem, p. 13 e 14.
[781] TARUFFO, M., idem, p. 16.

decisão. Os critérios que as partes utilizam para individualizar estes significados são, antes de tudo, os cânones de interpretação da linguagem ordinária, integrados pelos cânones de interpretação da linguagem técnica; b) o tribunal recursal considera por sua vez como signo a sentença impugnada, utilizando em nível de leitura os mesmos cânones de interpretação de linguagem ordinária e de linguagem técnico-jurídico que utilizam as partes; c) também o público em geral pode considerar a sentença como signo, e também neste caso o nível de leitura está condicionado pelo uso de adequados cânones de compreensão da linguagem no qual está expressa a sentença. Contudo, enquanto que as partes e o tribunal de apelação utilizam critérios que todavia são de maneira prevalecente técnico-jurídico, e assim sucessivamente, o público utiliza preferencialmente critérios de natureza distinta, na medida em que vê na sentença não tanto a mera solução da lide, senão a eleição ética-política (isto é, a tomada de posição sob o perfil da 'justiça substancial', ou da equidade, ou da solução do conflito de interesses concreto do qual surgiu a lide), que se incorpora na decisão.[782]

C) *Dispositivo.*

Elemento essencial da sentença é *o dispositivo,* em que o juiz resolverá as questões que as partes lhe submeteram

Após apresentar seus motivos (fundamentos de fato e de direito), o juiz resolverá ou não o mérito, dispondo sobre as pretensões, acolhendo ou rejeitando o pedido.

Na verdade, a motivação, assim como o dispositivo que dela decorre, é um *discurso* sequencial.

Trata-se de um discurso 'finito', no sentido que também é finito o número das proposições que o compõe e, em consequência, são identificáveis os limites materiais de sua extensão. A extensão material da sentença depende da maneira decisiva, do número das questões que são decididas e da amplitude com a qual essas decisões são justificadas, que são por sua vez variáveis.

Este discurso apresenta também uma estrutura fechada, no sentido de que uma vez publicada a sentença torna-se definitiva, com o que, em linha de máxima, preclui toda possibilidade de modificá-la ou de integrá-la sucessivamente. Com isso, ou seja, com a impossibilidade de modificação da decisão, há uma *despersonalização* do próprio discurso e do sujeito que o emite, isto é, uma despersonalização do discurso como consequência de sua objetividade na forma escrita. Portanto, o que a sentença significa varia dependendo de que esta seja lida sob a perspectiva da parte, do juiz, do público em geral. Referida possibili-

[782] Taruffo, M., idem, p. 24, 25 e 27.

dade de variações de significado da sentença não implica dizer que esta mude de natureza com a mudança de situações, senão que é uma consequência do fato de que, a partir de um significado determinado, a este se lhe pode atribuir significados diversos mediante o uso de distintas regras de interpretação. Consequentemente, os diversos significados constituem o conjunto das potencialidades da entidade linguística e, portanto, estão implícitos nela.[783]

O dispositivo da sentença é a parte final da decisão. Aí encontra-se a conclusão das operações lógicas desenvolvidas pelo juiz na motivação. É no dispositivo que reside o comando que caracteriza a sentença. Sentença sem dispositivo é ato *inexistente*. O dispositivo, quanto à forma, pode ser *direto ou indireto*. Dispositivo *direto* é aquele que decide diretamente, exprimindo o juiz, com suas palavras, a decisão, v.g: condeno o réu a pagar ao autor a quantia pedida. No dispositivo *indireto* o juiz se limita a referir-se ao pedido, declarando-o procedente ou improcedente, v.g.: julgo procedente o pedido formulado.[784]

É importante salientar que a decisão deve ser *clara*, na medida em que deve ser *inteligível* e suscetível de interpretação, evitando ser prolixa, ambígua ou equívoca. A clareza recomenda linguagem simples, em bom vernáculo, a fim de que possa ser entendida por outros juízes recursais e principalmente pelas partes e pelo público em geral.

A sentença também deve ser *precisa, certa e limitada*. Deverá traduzir certeza como ato de inteligência e como ato de vontade. Por ela se dirime questões e se resolve a pretensão processual, razão pela qual não pode gerar dúvidas. Certeza no dispositivo, que encerra o 'comando', para que este possa ser devidamente cumprido. Decisão incerta torna a sentença inexequível.

Conforme ensina Gabriel Rezende Filho: *"O juiz decidirá a lide nos limites em que foi proposta, sendo-lhe defeso conhecer de questões não suscitadas, a cujo respeito a lei exige a iniciativa da parte. É defeso ao juiz proferir sentença, a favor do autor, de natureza diversa da pedida, bem como condenar o réu em quantidade superior ou em objeto diverso do que lhe foi demandado. Precisa e, como tal, limitada à decisão do pedido do autor. Afastando-se dessa norma, decidindo 'ultra' ou 'extra petita', estará contaminada de vício, que afeta a sua eficácia. Não poderá a sentença ir além do pedido (ultra petita), salvo o que nele virtualmente se contém, tais os frutos e as acessões do principal, nem fora do pedido (extra petita), isto é, decidir sobre coisa não pedida. Em ambos os casos, verificado o vício, será ineficaz e nula, ocorrendo, porém, que no primeiro caso a nulidade poderá deixar de ser*

[783] Taruffo, M., idem, p. 18.

[784] Santos, Moacyr Amaral. *Comentários ao código de processo civil*. Vol. IV (art. 332 a 475). Rio de Janeiro: Forense, 1976. p. 436 a 437.

declarada quando a sentença possa ser reduzida na instância superior, 'sempre que a coisa ou o valor sobre que recair a redução estiver expressamente mencionado na sentença'".[785]

Preconiza o Enunciado n. 47 da ENFAM (Escola Nacional de Formação e Aperfeiçoamento de Magistrado): O art. 489 do CPC/2015 não se aplica ao sistema de juizados especiais.

Estabelece o *§1º do art. 489* do atua C.P.C., que não se considera fundamentada qualquer decisão, seja ela interlocutória, sentença ou acórdão que: *I – se limitar à indicação, à reprodução ou à paráfrase de ato normativo, sem explicar sua relação com a causa ou a questão decidida; II – empregar conceitos jurídicos indeterminados, sem explicar o motivo concreto de sua incidência no caso; III – invocar motivos que se prestariam a justificar qualquer outra decisão; IV – não enfrentar todos os argumentos deduzidos no processo capazes de, em tese, infirmar a conclusão adotada pelo julgador; V – se limitar a invocar precedente ou enunciado de súmula, sem identificar seus fundamentos determinantes nem demonstrar que o caso sob julgamento se ajusta àqueles fundamentos; VI – deixar de seguir enunciado de súmula, jurisprudência ou precedente invocado pela parte, sem demonstrar a existência de distinção no caso em julgamento ou a superação do entendimento.*

Não se deve confundir a sucinta motivação com a ausência de motivação, pois decisão sucintamente motivada não é decisão sem motivação. Nesse sentido são os seguintes precedentes do S.T.J.:

> *(...).*
>
> *2. Não há falar em negativa de prestação jurisdicional se o tribunal de origem motiva adequadamente sua decisão, solucionando a controvérsia com a aplicação do direito que entende cabível à hipótese, apenas não no sentido pretendido pela parte.*
>
> (...).
>
> (AgRg no Ag 1284977/SP, Rel. Ministro RICARDO VILLAS BÔAS CUEVA, TERCEIRA TURMA, julgado em 14/05/2013, DJe 23/05/2013).

> *(...).*
>
> *1. A solução integral da controvérsia, com fundamento suficiente, não caracteriza ofensa ao art. 535 do CPC (cf. AgRg no AREsp 434.846/PB, Rel. Min. HERMAN BENJAMIN, DJe 19/03/2014), pois não há que se confundir entre decisão contrária aos interesses da parte e negativa de prestação jurisdicional (cf. AgRg no AREsp 315.629/RJ, Rel. Min. OG FERNANDES, DJe 21/03/2014; AgRg no AREsp 453.623/SP, Rel. Min. SÉRGIO KUKINA, DJe 21/03/2014), nem fundamentação*

[785] Santos, M. A., idem, p. 438.

sucinta com ausência de fundamentação (cf. AgRg no AREsp 347.519/SE, Rel. Min. ARNALDO ESTEVES LIMA, DJe 12/03/2014).

2. Cabe ao magistrado decidir a questão de acordo com o seu livre convencimento, utilizando-se dos fatos, provas, jurisprudência, aspectos pertinentes ao tema e da legislação que entender aplicável ao caso (c.f. AgRg no AREsp 107.884/RS, Rel. Min. HUMBERTO MARTINS, DJe 16/05/2013), não estando obrigado a rebater, um a um, os argumentos apresentados pela parte, quando já encontrou fundamento suficiente para decidir a controvérsia (c.f. EDcl no AgRg no AREsp 195.246/BA, Rel. Min. NAPOLEÃO NUNES MAIA FILHO, DJe 04/02/2014).

3. Agravo regimental não provido.

(AgRg no REsp 1378453/MA, Rel. Ministro MAURO CAMPBELL MARQUES, SEGUNDA TURMA, julgado em 22/04/2014, DJe 29/04/2014)

O §1º do art. 489 do atual C.P.C. estabelece os casos em que não se considera fundamentada a decisão interlocutória, sentença ou acórdão, ensejando, portanto, negativa de prestação jurisdicional.

Em relação a este parágrafo, preceitua o Enunciado n. 19 da ENFAM (Escola Nacional de Formação e Aperfeiçoamento de Magistrado): A decisão que aplica a tese jurídica firmada em julgamento de casos repetitivos não precisa enfrentar os fundamentos já analisados na decisão paradigma, sendo suficiente, para fins de atendimento das exigências constantes no art. 489, § 1º, do CPC/2015, a correlação fática e jurídica entre o caso concreto e aquele apreciado no incidente de solução concentrada.

O inciso I aduz que não se considera fundamentada a decisão interlocutória, sentença ou acórdão quando o juiz *se limitar a indicação, à reprodução ou à paráfrase de ato normativo, sem explicar sua relação com a causa ou a questão decidida.*

Entende-se por *paráfrase* a reprodução explicativa de um texto ou de unidade de um texto, por meio de uma linguagem mais longa.

Assim, não basta que o juiz faça menção ao ato normativo para fundamentar sua decisão, mesmo que por meio de paráfrase, pois é necessário que ele faça uma interpretação, utilizando-se dos critérios de hermenêutica, sobre o conteúdo do texto legal, indicando na motivação os pontos principais que delinearam sua escolha por tal conteúdo hermenêutico, e, especialmente, a interligação que existe entre o conteúdo normativo e a situação fática posta em juízo.

O órgão jurisdicional, portanto, ao proferir sua decisão deverá indicar pontos convergentes entre o conteúdo normativo e a solução que o levou à resolução da causa posta em juízo.

Com isso, o novo C.P.C. de certa forma rompe com o critério clássico de interpretação *in claro cessit interpretatio.*

O inciso II aduz que não se considera fundamentada a decisão interlocutória, sentença ou acórdão quando o juiz *empregar conceitos jurídicos indeterminados, sem explicar o motivo concreto de sua incidência no caso.*

Um dos problemas centrais da motivação das decisões encontra-se justamente na utilização pelo juiz de *conceitos jurídicos indeterminados.*

A imprecisão do significado do termo *conceito jurídico indeterminado*, e, portanto, das noções dos conceitos e das classificações pode ser uma característica de determinada norma jurídica.

Expressões como boa-fé, moralidade, dignidade da pessoa humana, fé pública, razoabilidade, proporcionalidade, apresentam certa indeterminação que demandam maior cuidado do julgar no momento da motivação da decisão.

Conforme leciona Michele Taruffo, ao analisar como as normas definem os fatos e, portanto, de como é individualizado o fato que serve de base para a decisão, há algumas dificuldades que devem ser resolvidas por quem pretenda estabelecer que fato deve ser provado como pressuposto para aplicação de uma determinada norma: *"A primeira dificuldade consiste na 'vaguedad' da linguagem das normas, que está sempre notoriamente presente, porém que se dá especialmente na parte da norma referida a observação do fato. Nesse sentido, parece pelo menos sensato a observação de que as normas deveriam ser as mais claras e precisas possíveis, precisamente, na individualização do pressuposto fático de sua aplicação. Porém, mais além do fato de que não é possível uma precisão absoluta, resulta que em concreto as normas são a princípio vagas precisamente na individualização daqueles pressupostos. O 'grau' de imprecisão e clareza da linguagem usada, ademais do grau de concreção/generalidade das determinações fáticas: resulta intuitivo que uma norma que fala de 'automóveis' é mais específica e menos vaga que uma norma que fala de 'veículos', porém, mais além do fato de que obviamente tem distintos campos de aplicação – ambas normas seguem sendo (em distintos graus) vagas (sendo, por exemplo, necessário determinar se, e em que casos, uma ambulância é um automóvel e se, em que casos, um carrinho para criança é um veículo".*[786].

Assim, qualificações como 'alto', 'pesado', 'veloz', 'custoso', 'velho', 'grande', 'muito', 'habitualmente', 'na maioria dos casos' etc são tipicamente expressões normativas vagas porque expressam valorações ou características significativas porém que carecem de determinação precisa. O problema que se observa disso não é unicamente que essas qualificações têm habitualmente natureza valorativa e não rigorosamente fática, senão principalmente que introduzem, precisamente na medida em que são vagas, elementos de indeterminações e impreci-

[786] TARUFFO, Michele. *La prueba de los hechos.* Madrid: Editorial Trotta, 2005. p. 108 e 109.

sões no discurso, de forma que resulta duvidosa a possibilidade de construir um discurso racional.[787]

Assim, conforme preceitua Michele Taruffo, *"frente a conceitos vagos e a preposições que os contém (e que, portanto, resulta por sua vez mais imprecisas quanto mais empregam conceitos e qualificações desse tipo), podem adotar-se distintas soluções possíveis. Uma primeira possibilidade consiste em eliminar a imprecisão substituindo a qualificação vaga por uma determinação precisa ou por uma valoração adequada para resolver o problema. Se, por exemplo, frente à asserção 'Tício é alto' é possível medir a altura de Tício, a incerteza se elimina dizendo: 'resulta que Tício mede 1,80m de altura'. Desta forma, o fato é determinado por uma perspectiva não vaga. Do mesmo modo, a expressão: o sol se havia posto há pouco' pode ser substituída pela expressão precisa 'o sol se havia posto às 18:45'. Também algumas quantificações vagas podem ser 'precisadas' por dados estatísticos precisos: 'a inflação nos anos setenta era alta' equivale, com efeito, a um conjunto de dados determináveis com exatidão. Quando a valoração contida na determinação vaga não pode ser eliminada com uma medida, o problema pode ser igualmente resolvido: se se trata de dizer que se verificou um dano grave, é necessário por um lado quantificar o dano (o que equivale a dar uma medida precisa do mesmo) e, por outro, a valoração da 'gravidade' deve ser formulada em separado de acordo com uma determinada escala de valores"*.[788]

Diante de conceitos normativos vagos, o juiz deve explicar os motivos concretos que justificam a sua aplicação ao caso concreto.

É bem verdade que a doutrina também sustenta que diante de determinadas situações há dificuldade de se explicar quais seriam os motivos concretos que justificam a aplicação de um determinado conceito normativo impreciso.

Para essas situações já há teorias específicas, como é o caso da teoria dos *fuzzy sets*. Esta teoria parte de um escrito de Lofti Zadeh de 1965 e conheceu em poucos anos uma amplíssima elaboração, especialmente no âmbito dos denominados 'sistemas expertos' em setores que antes não eram suscetíveis de tratamento informatizado. A lógica dos 'conjuntos fuzzy' tem, com efeito, a grande vantagem, em relação à dos 'conjuntos precisos', de permitir esse tratamento pondo a base de cálculo e de programação em muitos setores caracterizados pela 'vagueza irredutíveis dos conceitos empregados'. A teoria dos 'conjuntos fuzzy' considera a vagueza não como um inconveniente a eliminar senão como uma característica ineliminável e pretende construir procedimentos racionais acerca dos conceitos vagos. Trata-se, pois, de uma teoria do 'raciocínio inexato', ou 'aproximado', que encontra sua base na possibilidade de formular inferências entre proposições fundadas em noções vagas ou conceitos imprecisos. Em

787 Taruffo, M., idem, p. 229.

788 Taruffo, M., idem, p. 230.

termos da teoria dos conjuntos isto implica um conceito de conjunto não exatamente determinado, no sentido de que pertencer o indivíduo ao conjunto não está exatamente determinado em termos absolutos positivos ou negativos, senão que somente é definível por graus; daí a definição dos 'fuzzy sets' como funções de grau de pertencer e a possibilidade de construir cálculos referentes às relações entre sistemas vagos. Evidentemente que não é nosso objetivo discutir o desenvolvimento matemático e informático da teoria dos *fuzzy*, mas, sim, indicar a demonstração da possibilidade de se construir procedimentos racionais que tenham por objeto conceitos vagos. Em outras palavras, a vagueza não é por si só um fato de subjetivismo ou de irracionalidade: simplesmente é uma característica muito frequente em princípio irredutível de linguagem, que requer uma lógica especial para ser formalizada porém que não exclui *a priori* toda possível racionalização. Na realidade, em linhas gerais, o que importa nesta análise é o grau de pertencer ao conjunto vago, isto é, o significado de qualificações vagas relativas a valores ou a quantidades, não podem ser indicados com números senão com séries de números que definem o conjunto. Em outras palavras, conceitos vagos como 'alto', 'pesado' ou 'preço baixo' não podem ser indicados com uma só medida, porém podem ser indicados com escalas de medida. "Alto" pode, portanto, corresponder a um valor indeterminado entre 1,70 e 2,00 m; 'pesado' pode corresponder a um valor entre 1 e 10 Kg, 'preço baixo' pode corresponder a um valor entre 100 e 1.000 reais e assim sucessivamente. Deste modo, a vagueza das qualificações não é eliminada, porém tampouco persiste como fator capaz de impedir uma argumentação racional. Aquela é, ao contrário, reduzida e convertida em calculável: um valor incerto resulta menos incerto se se estabelecem os limites da escala entre os que aquele se situa (e ainda menos incerto se a escala está composta por valores discretos e determinados); essa escala funciona pois como definição do conjunto vago e sobre essa base se funda a possibilidade do cálculo informático.[789]

Evidentemente que o juiz ao se utilizar das cláusulas gerais tem por finalidade dar maior operatividade aos princípios jurídicos, pois, em tese, as cláusulas gerais possibilitam a introdução de valores éticos para permitir a operatividade dos princípios jurídicos. Os critérios traçados pela doutrina para se identificar uma cláusula geral normativa são: a) a sua extensão semântica; b) o forte teor valorativo; c) a utilização de conceitos jurídicos indeterminados. São exemplos de cláusula geral e de princípios jurídicos: *boa-fé objetiva; má fé; função social da propriedade; culpa in contrahendo.*

[789] TARUFFO, M., idem, p. 231 a 233.

Muito embora não se deva confundir cláusula geral com princípio, pois enquanto esses são normas/princípios, aquelas, apesar de gerais, são regras/normas (regras dotadas de alto grau de generalidade na sua concretização, pois não apresenta com precisão os casos que serão por ela regulados ou como se fará a sua regulação), o certo é que há alguma similitude entre os princípios e as cláusulas gerais, principalmente no que concerne ao forte teor valorativo e a utilização de conceitos indeterminados.

Sem dúvida que tanto os princípios jurídicos como as cláusulas gerais apresentam conceitos e categorias abertas, razão pela qual a sua *optimização* se dá no momento de sua aplicação ao caso concreto, razão pela qual o juiz ao aplicá-los deve expor de forma analítica o sentido em que compreende e interpretou essas categorias abertas, não bastando apenas a sua menção sem qualquer justificação ou esclarecimento para que se possa valorar a correção de sua concepção hermenêutica. E essa exposição tem sua razão de ser, pois o juiz diante dos princípios ou das cláusulas gerais, como é o caso de conceitos abertos como o de *boa-fé*, e em face da autorização dada pelo próprio ordenamento jurídico, tem a tarefa de adequar a sua decisão às modificações sociais, uma vez que os limites dos fatos previstos por essas categorias abertas são móveis e adaptáveis.

Sem dúvida, conforme leciona Clóvis V. do Couto e Silva, a aplicação das cláusulas gerais tem por função harmonizadora conciliando o rigorismo lógico-dedutivo da ciência do direito do século passado com a vida e as exigências éticas atuais, abrindo, por assim dizer, no *hortus conclusus* do sistema do positivismo jurídico, 'janelas para o ético'. Nessa conciliação, a atividade do juiz exerce tarefa de importância. Seu arbítrio, no entanto, na aplicação do princípio da boa-fé, não é subjetivo, pois que limitado pelos demais princípios jurídicos, os quais, igualmente, tem de aplicar. Nesse mútuo condicionamento de regras, quais serão as relativizações ditadas pela boa-fé? A resposta não pode ser dada *a priori*. A boa-fé dá o critério para a valorização judicial, não a solução prévia. Num sistema jurídico sem lacunas, a função do juiz resume-se em elaborar mecanicamente as soluções, esvaziando-se o direito de conteúdo vital. Num sistema jurídico concebido, não como uma *Geschlossenheit*, como um mundo fechado, mas sim como algo com aberturas por onde penetram os princípios gerais que o vivificam, não se poderá chegar a uma solução concreta apenas por processo dedutivo ou lógico matemático. Com a aplicação do princípio da boa-fé, outros princípios havidos como absolutos serão relativizados, flexibilizados, ao contrato com a ética.[790]

[790] Couto e Silva, Clóvis V. do. *A obrigação como processo*. 4ª ed. Rio de Janeiro: FGV, 2010. p. 42.

O inciso III aduz que não se considera fundamentada a decisão interlocutória, sentença ou acórdão quando o juiz *invocar motivos que se prestariam a justificar qualquer outra decisão*.

A delimitação imposta por este dispositivo tem por finalidade impedir que o juiz utilize-se de motivações amplas, irrestritas e genericamente ilimitadas que possam servir de fundamento para qualquer outro tipo de decisão judicial.

Porém, é importante salientar que este dispositivo não deve ser aplicado aos processos de massa repetitivos, pois se deve aproveitar a mesma fundamentação para matéria idêntica, a fim de se evitar a morosidade do processo, sem macular a motivação da decisão. Aliás, o incidente de demandas repetitivas decorre justamente da identidade de motivação, razão pela qual não há necessidade de construir motivações diferenciadas para demandas repetitivas.

Contudo, se o referido dispositivo está direcionado ao juízo recursal, tal advertência tem razão de ser, pois não pode o Tribunal, a título de motivação do acórdão, apenas transcrever a decisão proferida pelo juízo de primeiro grau, sem efetivamente introduzir no acórdão motivos próprios de fundamentação. Isso não significa dizer que o tribunal não possa se valer de alguns tópicos existentes na sentença de primeiro grau a título de reforço de fundamentação, mas o que não se justifica, apenas para efeitos de estatísticas numéricas de decisões proferidas, simplesmente repetir a motivação da sentença de primeiro grau como tem ocorrido com certa frequência nos tribunais brasileiros.

O mesmo raciocínio deve ser aplicado na hipótese de um juízo simplesmente valer-se da fundamentação de outra decisão proferida por outro juízo diverso. Tal fato caracteriza também a falta de motivação substancial e própria da decisão. Assim, o juiz não pode simplesmente copiar uma jurisprudência, sem realizar qualquer outro critério de fundamentação para dar base à sua decisão. O reenvio aos precedentes ou às 'autoridades jurisprudenciais' tem, no contexto do raciocínio justificativo, o papel de um 'obiter dictum' em particular se o ponto decidido ao que se refere está acompanhado por uma adequada motivação fundada 'a *aliunde*: nesse caso se trata de um expediente retórico orientado a reforçar a eficácia persuasiva do discurso, cuja presença não incide por si só na idoneidade da argumentação justificativa. O reenvio em questão tem, dentro deste limite, somente a função de inserir a decisão em uma orientação jurisprudencial mais geral, reforçando sua aceitabilidade.[791]

Sobre o problema da *motivação por relação*, aduz Michele Taruffo: *"Em geral, se tem uma motivação 'per relationem' quando o juiz não elabora para um ponto deci-*

[791] Taruffo, M. *La motivación de la sentencia civil..*, p. 368.

sório uma justificação autônoma 'ad hoc' senão que aproveita a justificação contida em outra sentença. A este respeito podemos distinguir duas hipóteses principais: a primeira, da qual a corte de cassação se há ocupado com certa frequência, se verifica quando o juiz de segundo grau recebe a justificação contida na sentença de primeiro grau que há sido impugnada perante ele; a segunda, à que a jurisprudência não parece ter ainda dedicado particular atenção, se verifica quando o juiz remete à justificação contida em uma sentença que foi julgada por um juízo distinto ou genericamente à jurisprudência na matéria. A admissibilidade da primeira hipótese de motivação 'per relationem', segundo a corrente predominante na primeira metade do século passado que estava influída pela doutrina e pela jurisprudência francesa, foi posta em dúvida e o art. 361, número 2 do código de processo civil de 1865 qualificou como omissão de motivação o mero reenvio a outra sentença. Também a jurisprudência recente, ainda que falte uma norma análoga no código vigente, se orienta neste sentido, porém devemos advertir que isso não equivale, se nos atemos ao que a jurisprudência normalmente estabelece, a uma verdadeira negação da admissibilidade da motivação por reenvio à sentença impugnada. Na realidade, a única hipótese que resulta claramente excluída é a da motivação por mero reenvio na qual o juiz se limita a manifestar que lhe parecem suficientes os argumentos da sentença impugnada sem ter a necessidade de voltar a analisá-los. Ao contrário, é muito menos contundente a atitude da jurisprudência ante às demais hipóteses possíveis que são mais problemáticas na medida em que resulta menos evidente a renúncia do juiz para justificar de maneira autônoma suas próprias afirmações. De fato, em alguns casos se considerou que a motivação 'per relationem' é aceitável sempre e quando o juiz demonstre que 'teve presentes' e 'fez próprias' as razões adotadas pelo juiz inferior. Trata-se de um critério que, apesar de sua extrema generalidade, resulta aceitável porque implica que a 'relatio' é possível quando o segundo juiz realizou um juízo de idoneidade, para sua própria decisão, da motivação que elaborou o primeiro juiz. Contudo, é pouco produtivo no plano da estrutura da motivação em apelação porque permite uma simples repetição ou recepção contextual do que se disse na sentença impugnada (já que é claro que desta forma o juiz de apelação 'fez próprios' os argumentos do juiz de primeiro grau) sem aportar uma justificação autônoma e original. Uma parte da jurisprudência, que hoje pode considerar-se predominante, se deu conta desta insuficiência e sem chegar a negar a legitimidade da motivação 'per relationem' a condiciona à existência de requisitos específicos entre os que destaca que o segundo juiz deve demonstrar que valorou criticamente a suficiência e a fundamentação dos argumentos que adota oferecendo sua confirmação mediante a refutação dos motivos de impugnação colocados contra a sentença de primeiro grau".[792]

[792] Taruffo, M., *La motivación de la sentencia civil....* p. 365 a 366.

Desta forma, torna-se evidente a necessidade de se garantir que o juízo de apelação adote uma posição crítica consciente em torno das razões nas quais se funda sua decisão.

Contudo, conforme adverte Michele Taruffo, a exigência de se reduzir ao máximo a ambiguidade dos critérios de valoração sobre a suficiência da motivação, e de adequar esta última às funções que deve cumprir (em particular desde o ponto de vista extraprocessual) exigiria que a jurisprudência realizasse uma mudança radical de perspectiva até excluir de uma vez por todas a motivação *per relationem*. Evidentemente que isso não implica que o juiz de apelação tenha que diferenciar totalmente sua motivação da motivação do juiz de primeiro grau porque isso, ademais de que não é necessário, é totalmente impossível. O que se deveria exigir do juiz de apelação é que ofereça uma justificação própria, autônoma, e sobre tudo elaborada especificamente sobre o *decisum*.[793]

Sobre a motivação *per relationem*, assim tem se manifestado o S.T.J.:

> *(...).*
>
> *3. "Esta Corte Superior de Justiça, bem como o Supremo Tribunal Federal, há muito já sedimentaram o entendimento de que não há cogitar nulidade do acórdão por ausência de fundamentação ou ofensa ao artigo 93, inciso IX, da Constituição Federal, se o Colegiado estadual, ao fundamentar o decisum, reporta-se à sentença condenatória, ou mesmo ao parecer do Ministério Público, valendo-se da denominada fundamentação per relationem" (HC 242.995/SP, 6ª Turma, Rel. Min. MARIA THEREZA DE ASSIS MOURA, DJe de 24/03/2014).*
>
> *4. O Tribunal de origem, ao valorar o conjunto fático-probatório dos autos, manteve a condenação do Paciente, ocasião em que citou termos do parecer da Procuradoria-Geral de Justiça, mediante a técnica da fundamentação per relationem ou aliunde. Não há falar, pois, em nulidade por inobservância da exigência constitucional de motivação das decisões judiciais (art. 93, inciso IX, da Constituição Federal).*
>
> *5. Ordem de habeas corpus não conhecida.*
>
> (HC 274.894/SP, Rel. Ministra LAURITA VAZ, QUINTA TURMA, julgado em 22/04/2014, DJe 30/04/2014).
>
> *(...).*
>
> *3. Esta Corte Superior possui entendimento pacificado no sentido de admitir a fundamentação per relationem, que se vale da motivação contida em ato judicial anterior*

[793] Taruffo, M., idem, p. 367.

(sentença ou acórdão), bem como em manifestação ministerial, como razões da decisão judicial mediante sua transcrição.

4. No caso, a fundamentação apresentada pela Corte a quo, a despeito de utilizar trechos da decisão do Juízo de primeiro grau, foi apresentada de forma clara e coerente, razão pela qual não merece prosperar a alegação de ausência de motivação.

5. Agravo regimental desprovido.

(AgRg no AREsp 453.718/RS, Rel. Ministra LAURITA VAZ, QUINTA TURMA, julgado em 03/04/2014, DJe 14/04/2014).

1. A jurisprudência desta Corte Superior de Justiça admite que decisões judiciais adotem manifestações exaradas no processo em outras peças, desde que haja um mínimo de fundamento, com transcrição de trechos das peças às quais há indicação (per relationem).

(...).

(REsp 1399997/AM, Rel. Ministro MAURO CAMPBELL MARQUES, SEGUNDA TURMA, julgado em 17/10/2013, DJe 24/10/2013)

O inciso IV aduz que não se considera fundamentada a decisão interlocutória, sentença ou acórdão quando o juiz *não enfrentar todos os argumentos deduzidos no processo capazes de, em tese, infirmar a conclusão adotada pelo julgador.*

Estabelece o Enunciado n. 12 da ENFAM (Escola Nacional de Formação e Aperfeiçoamento de Magistrados): Não ofende a norma extraível do inciso IV do § 1º do art. 489 do CPC/2015 a decisão que deixar de apreciar questões cujo exame tenha ficado prejudicado em razão da análise anterior de questão subordinante.

Por sua vez, preconiza o Enunciado n. 13 da ENFAM (Escola Nacional de Formação e Aperfeiçoamento de Magistrado:

O art. 489, § 1º, IV, do CPC/2015 não obriga o juiz a enfrentar os fundamentos jurídicos invocados pela parte, quando já tenham sido enfrentados na formação dos precedentes obrigatórios.

A inserção do princípio da motivação das decisões judiciais no âmbito da Constituição Federal brasileira foi justamente direcionada ao órgão jurisdicional, principalmente para que na motivação da decisão o juiz avalie e analise todos os argumentos deduzidos no processo e que sejam capazes de, em tese, infirmar a conclusão adotada pelo julgador.

Assim, o juiz, para motivar a sua decisão, deverá avaliar e rebater (se for o caso) todos os argumentos expendidos pelas partes, desde que esses argumentos possam refutar a escolha adotada pelo juiz em sua decisão final.

O aludido dispositivo legal, ao condicionar a análise dos argumentos das partes na motivação, desde que esses argumentos possam refutar a escolha adotada pelo juiz, significa dizer que obrigatoriedade de motivação não implica o dever de o juiz examinar analiticamente todas as deduções e as argumentações das partes, nem a obrigação de considerar todas as fontes probatórias.

Conforme leciona Michele Taruffo, o princípio da obrigatoriedade da motivação pode ser interpretado em um sentido *débil* e em um sentido *forte*: *"no sentido débil, exclui a necessidade de que a motivação se refira especificamente às argumentações das partes em todos os seus detalhes, em particular quando não tem uma incidência direta na decisão ou quando são supérfluas. Do mesmo modo, é excluída a necessidade da motivação específica dos elementos probatórios que resultam irrelevantes. Por isso, resulta suficiente a motivação que leva em conta o 'sistema defensivo 'das partes e o 'conjunto das provas' adquiridas em juízo. O princípio, dentro destes limites, resulta aceitável ainda que seja casos irrelevantes, pois somente serve para excluir argumentos inúteis. Entendido em seu significado forte, ao contrário, o princípio da motivação implícita permite ao juiz omitir a motivação expressa sobre qualquer aspecto da controvérsia, em particular quando existam afirmações expressas que sejam incompatíveis com uma solução diferente das questões que se resolvem de forma implícita"*.[794]

Michele Taruffo critica o sentido *forte* do princípio da obrigatoriedade das motivações, pois, segundo ele, o problema da *motivação das decisões* deve ser observado sob a perspectiva da relação entre a garantia da motivação e a garantia da defesa. Devem-se separar as hipóteses em que a defesa se orienta a colocar sobre a mesa uma questão prejudicial (de direito ou de mérito) daquela em que a defesa se limita à impugnação das alegações enfrentadas. Neste segundo caso, pode resultar suficiente uma motivação referida ao 'sistema defensivo' da parte, entendido globalmente, porque as argumentações contrárias são pontuais e precisas, podendo ser possível deduzir as razões pelas quais o juiz decidiu considerar uma das teses que se opõe e desacolher a outra. No primeiro caso, o problema é colocado de forma diversa porque se trata de atividades defensivas que buscam provocar a decisão de questões e que, portanto, ampliam o objeto do conhecimento do juiz ou, de plano, o âmbito da decisão destinada a ser resolvida durante o julgamento. Assim o princípio da motivação *implícita* não vale para as soluções de questões prejudiciais em sentido lato.[795]

É importante salientar que a admissão da motivação *implícita* não pode significar admitir a omissão da motivação sobre uma parte do *thema decidendum*, senão somente implica considerar que é válida a motivação que pode deduzir-se logi-

[794] Taruffo, M., idem, p. 370.
[795] Taruffo, M., idem, p. 371.

camente do que o juiz afirmou de forma explícita. Além do mais, o que se encontra *implícito* na decisão de questões principais, e do que se deduz da mesma não é a justificação para a solução correspondente às questões prejudiciais, senão somente a decisão da própria questão prejudicial.[796]

O mesmo discurso vale para as questões processuais: do fato de que o juiz tenha decidido o mérito da causa e de seus motivos correspondentes, somente se pode deduzir que o juiz se considerou competente e dotado de jurisdição, porém não as razões pelas quais considerou infundadas as exceções correspondentes.

Em linhas gerais, tem-se que no tema da solução das questões prejudiciais, ou bem existe uma motivação específica e expressa, ou bem não existe motivação alguma porque as relações de implicação entre a questão principal e a questão prejudicial somente valem para as respectivas decisões porém não para as respectivas justificações.[797]

Os diferentes problemas que surgem a propósito da adequada postura da motivação em função do juízo de fato são de notável gravidade, tanto porque a prática demonstra uma propensão relevante à justificação analítica e sobrepujante da decisão 'em direito' porém não sucede o mesmo em relação às questões 'de simples fato'. Em matéria de admissão dos meios de prova aportados pelas partes, por exemplo, o problema mais importante refere-se à motivação do juízo com o que o juiz rechaça a admissão de uma prova declarando-a inadmissível ou irrelevante. Evidentemente, seria absurdo exigir a motivação de instrução inúteis ou dilatórias, contudo, isso não significa que deixe de ser necessário uma justificação específica da exclusão preliminar das provas que, pela maneira que vem colocada pelo interessado, parecem ser admissíveis e relevantes. Por isso o juiz deveria motivar a declaratória de inadmissibilidade ou de irrelevância quando sustenta o rechaço da instância instrutória. Em face de que no âmbito do princípio constitucional da garantia de defesa encontra-se o direito à prova, a parte também tem o direito de conhecer, mediante a motivação da sentença, as razões específicas da exclusão ou da limitação da prova. De fato, é evidente que, na ausência dessa motivação, a garantia inerente à possibilidade de se valer de todos os meios de prova úteis e admissíveis seguiria sendo meramente formal, porque o juiz poderia colocá-la sem qualquer valia, mediante o rechaço sem motivação das instâncias instrutórias de uma das partes.[798]

796 Taruffo, M., idem, ibidem.

797 Taruffo, M., idem, p. 372.

798 Taruffo, M., idem, p. 374 e 375

O mesmo raciocínio deve ser em relação às provas já admitidas e realizadas em juízo.

Na verdade, é muito mais problemática a hipótese em que a prova se orienta a demonstrar circunstâncias diferentes ou de plano incompatíveis com o convencimento do juiz: nesse caso, a enunciação alcançada mediante outras provas (que é motivada a partir de resultados das mesmas) poderia entender-se como uma justificação de rechaço das provas contrárias, porém somente se se 'absolutiza' indevidamente o fundamento racional da convicção 'livre' do juiz sobre as provas que já se adquiriram em juízo. Assim, se o juiz entende que não mais aceita a prova tendo em vista que já se encontra convencido por outras provas produzidas em juízo, ele deve demonstrar a existência de razões válidas que justifiquem uma decisão (sempre possível, em virtude da discricionariedade reservada ao próprio juiz) nesse sentido. Somente perante dita demonstração, que não pode ser considerada *implícita*, é possível considerar que a ausência da aceitação de uma prova relevante não implica um juízo de fato pré-constituído de forma unilateral e, portanto, que não represente uma violação do contraditório na formação do juízo de fato.[799]

Com base no princípio do *livre convencimento racional do juiz* na configuração do juízo de fato a motivação assume um papel fundamental na racionalização da valoração das provas, isto na medida em que a discricionariedade de referida valoração não exclui, pelo contrário, implica que a mesma se justifique de maneira adequada. Sobre este aspecto da motivação, Michele Taruffo faz a seguinte crítica à jurisprudência italiana: *"Em primeiro lugar, esta sustenta constantemente que o juiz não tem a obrigação de assumir, na motivação, a valoração específica que leva a cabo sobre as fontes individuais da prova, sendo suficiente para justificar a verificação dos fatos, uma consideração global e sintética dos elementos constitutivos sobre o que se baseia o próprio convencimento. Trata-se, ademais, novamente, de um princípio, que por detrás de uma aparência de racionalidade (sendo absurdo exigir uma motivação particularizada das provas irrelevantes, supérfluas ou ineficazes), contém margens de ambiguidade notavelmente graves. Basta observar que desta forma se permite que o juiz exclua da motivação a apreciação de provas relevantes, em particular se seu resultado não coincide ou, de plano, contrasta com os resultados sobre os quais o juiz fundamenta sua própria reconstrução do fato. Ademais, na medida em que somente se exige uma valoração 'global' das provas, admite-se também que a consideração sobre sua eficácia se justifique de um modo genérico e formal, inclusive quando se trata de provas decisivas com relação a dita reconstrução".*[800]

[799] Taruffo, M., idem, p. 376 e 377.

[800] Taruffo, M., idem, p. 377, 378 e 379.

Por isso, fica evidenciado o direito que têm as partes de obter uma motivação específica e expressa sobre a solução das questões que possam de certa forma interferir na escolha adotada pelo juiz na decisão final.

Evidentemente que o *princípio da plenitude da motivação*, no sentido acima exposto, não contrasta com as exigências obvias da brevidade e da clareza do discurso do juiz, nem, tanto menos, implica uma modificação da prática no sentido de uma maior complicação ou extensão das motivações. Pelo contrário, disso provém a necessidade de se abandonar o uso das motivações 'pletóricas', carregadas de *obter dicta* e de divagações doutrinárias, muito difundidas, para dotar um modelo de motivação mais simples e linear. Na realidade, o problema não é uma redução quantitativa das motivações, senão o de uma transformação qualitativa da estrutura da motivação, que pode ser tanto clara como precisa, além de ser completa.[801]

Sobre o tema, eis os seguintes precedentes do S.T.J.:

> *1. Não prospera a alegada violação do arts. 458 e 535 do CPC, pois a prestação jurisdicional foi dada na medida da pretensão deduzida. É sabido que o juiz não fica obrigado a manifestar-se sobre todas as alegações das partes, nem a ater-se aos fundamentos indicados por elas ou a responder, um a um, a todos os seus argumentos, quando já encontrou motivo suficiente para fundamentar a decisão, o que de fato ocorreu.*
>
> (...).
>
> (AgRg no REsp 1436079/RS, Rel. Ministro HUMBERTO MARTINS, SEGUNDA TURMA, julgado em 08/05/2014, DJe 15/05/2014)

> *1. Não há falar em violação do art. 535, inc. II, do CPC quando o aresto recorrido adota fundamentação suficiente para dirimir a controvérsia, sendo desnecessária a manifestação expressa sobre todos os argumentos apresentados pelos litigantes.*
>
> (...).
>
> (AgRg no AREsp 485.840/RS, Rel. Ministro MAURO CAMPBELL MARQUES, SEGUNDA TURMA, julgado em 24/04/2014, DJe 02/05/2014)

> *1. Inexiste violação do art. 535, II, do Código de Processo Civil quando o aresto recorrido adota fundamentação suficiente para dirimir a controvérsia, sendo desnecessária a manifestação expressa sobre todos os argumentos apresentados pelos litigantes.*
>
> (...).
>
> (AgRg no REsp 1374834/MG, Rel. Ministro MAURO CAMPBELL MARQUES, SEGUNDA TURMA, julgado em 03/04/2014, DJe 09/04/2014)

[801] Taruffo, M., idem, p. 382.

O inciso V aduz que não se considera fundamentada a decisão interlocutória, sentença ou acórdão quando o juiz *se limitar a invocar precedente ou enunciado de súmula, sem identificar seus fundamentos determinantes nem demonstrar que o caso sob julgamento se ajusta àqueles fundamentos.*

Este inciso é complementado, por sua vez, pelo inc. VI que dispõe que não se considera fundamentada a decisão interlocutória, sentença ou acórdão quando o juiz *deixar de seguir enunciado de súmula, jurisprudência ou precedente invocado pela parte, sem demonstrar a existência de distinção no caso em julgamento ou a superação do entendimento.*

Estabelece o Enunciado n. 11 da ENFAM (Escola Nacional de Formação e Aperfeiçoamento da Magistratura): Os precedentes a que se referem os incisos V e VI do § 1º do art. 489 do CPC/2015 são apenas os mencionados no art. 927 e no inciso IV do art. 332.

Assim, o juiz não pode simplesmente invocar precedente (por vezes citação simples de ementa) ou enunciado de súmula, sem que antes proceda a uma identificação pontual dos fundamentos determinantes do precedente ou da súmula, a fim de realizar um quadro comparativo e de modulação desses entendimentos jurisprudenciais com o caso sob julgamento.

Pode-se dizer que o juiz deve realizar um confronto analítico entre o caso em julgamento e os fundamentos que deram origem ao precedente ou à súmula.

Também não deve o juiz deixar simplesmente de adotar precedentes ou súmulas de jurisprudência invocados pela parte, sem que de forma expressa e pontual demonstre os motivos pelos quais a citação jurisprudencial não se enquadra como fundamento para resolução do caso concreto.

A ENFAM (Escola Nacional da Magistratura) elaborou o Enunciado n. 9 que assim dispõe: "É ônus da parte, para os fins do disposto no art. 489, §1º, V e VI, do CPC/2015, identificar os fundamentos determinantes ou demonstrar a existência de distinção no caso de julgamento ou a superação do entendimento, sempre que invocar jurisprudência , precedente ou enunciado e súmula".

Evidentemente que esse enunciado não retira a obrigação do magistrado em proceder ao confronto analítico, sob pena de não se encontrar fundamentada a decisão. O Enunciado somente terá aplicação quando a parte, diante de decisão devidamente fundamentada, houver por bem impugnar o confronto analítico realizado pelo magistrado.

Preceitua o *§2º do art. 489* do atual C.P.C. que *no caso de colisão entre normas, o juiz deve justificar o objeto e os critérios gerais da ponderação efetuada, enunciando as razões que autorizam a interferência na norma afastada e as premissas fáticas que fundamentam a conclusão.*

Este dispositivo tem por objeto os casos em que a ponderação a ser realizada pelo juiz para a resolução do caso concreto diz respeito à *colisão* e não ao conflito entre normas.

Pode ocorrer que para a resolução do caso concreto o juiz se depare com a colisão entre normas-princípio ou normas-regra que possam, no momento da aplicação da ordem jurídica, colidir entre si.

Assim, o juiz deverá, em regra, diante desse conflito normativo, realizar uma ponderação com base na máxima da proporcionalidade ou da razoabilidade, para estabelecer qual norma deverá prevalecer para a resolução do caso.

Porém, não bastará que o órgão jurisdicional apenas diga que em face da máxima da razoabilidade ou da proporcionalidade deverá ser aplicada a norma 'A' e não a norma 'B'.

Para que possa efetivamente prevalecer a norma 'A' em relação à norma 'B', é necessário que o magistrado, quando da ponderação de princípios ou de regras, indique expressamente o objeto e os critérios gerais (jurídicos e de fato) que deram sustentação à norma escolhida para regular o caso concreto.

Por isso o órgão jurisdicional deverá enunciar as razões que autorizam o afastamento de determinada norma para que se possa aplicar a norma preponderante na hipótese concreta.

Sobre o tema, eis os seguintes precedentes do S.T.F., nos quais se verifica uma perfeita fundamentação sobre a questão da preponderância de norma-princípio:

> *(...).*
>
> *4. Mecanismo constitucional de calibração de princípios. O art. 220 é de instantânea observância quanto ao desfrute das liberdades de pensamento, criação, expressão e informação que, de alguma forma, se veiculem pelos órgãos de comunicação social. Isto sem prejuízo da aplicabilidade dos seguintes incisos do art. 5º da mesma Constituição Federal: vedação do anonimato (parte final do inciso IV); do direito de resposta (inciso V); direito a indenização por dano material ou moral à intimidade, à vida privada, à honra e à imagem das pessoas (inciso X); livre exercício de qualquer trabalho, ofício ou profissão, atendidas as qualificações profissionais que a lei estabelecer (inciso XIII); direito ao resguardo do sigilo da fonte de informação, quando necessário ao exercício profissional (inciso XIV). Lógica diretamente constitucional de calibração temporal ou cronológica na empírica incidência desses dois blocos de dispositivos constitucionais (o art. 220 e os mencionados incisos do art. 5º). Noutros termos, primeiramente, assegura-se o gozo dos sobredireitos de personalidade em que se traduz a "livre" e "plena" manifestação do pensamento, da criação e da informação. Somente depois é que se passa a cobrar do titular de tais situações jurídicas ativas um eventual desrespeito a direitos constitucionais alheios, ainda que também densi-*

ficadores da personalidade humana. Determinação constitucional de momentânea paralisia à inviolabilidade de certas categorias de direitos subjetivos fundamentais, porquanto a cabeça do art. 220 da Constituição veda qualquer cerceio ou restrição à concreta manifestação do pensamento (vedado o anonimato), bem assim todo cerceio ou restrição que tenha por objeto a criação, a expressão e a informação, seja qual for a forma, o processo, ou o veículo de comunicação social. Com o que a Lei Fundamental do Brasil veicula o mais democrático e civilizado regime da livre e plena circulação das ideias e opiniões, assim como das notícias e informações, mas sem deixar de prescrever o direito de resposta e todo um regime de responsabilidades civis, penais e administrativas. Direito de resposta e responsabilidades que, mesmo atuando a posteriori, infletem sobre as causas para inibir abusos no desfrute da plenitude de liberdade de imprensa.

5. Proporcionalidade entre liberdade de imprensa e responsabilidade civil por danos morais e materiais. Sem embargo, a excessividade indenizatória é, em si mesma, poderoso fator de inibição da liberdade de imprensa, em violação ao princípio constitucional da proporcionalidade. A relação de proporcionalidade entre o dano moral ou material sofrido por alguém e a indenização que lhe caiba receber (quanto maior o dano maior a indenização) opera é no âmbito interno da potencialidade da ofensa e da concreta situação do ofendido. Nada tendo a ver com essa equação a circunstância em si da veiculação do agravo por órgão de imprensa, porque, senão, a liberdade de informação jornalística deixaria de ser um elemento de expansão e de robustez da liberdade de pensamento e de expressão lato sensu para se tornar um fator de contração e de esqualidez dessa liberdade. Em se tratando de agente público, ainda que injustamente ofendido em sua honra e imagem, subjaz à indenização uma imperiosa cláusula de modicidade. Isto porque todo agente público está sob permanente vigília da cidadania. E quando o agente estatal não prima por todas as aparências de legalidade e legitimidade no seu atuar oficial, atrai contra si mais fortes suspeitas de um comportamento antijurídico francamente sindicável pelos cidadãos.

(...).

(ADPF 130, Relator(a): Min. CARLOS BRITTO, Tribunal Pleno, julgado em 30/04/2009, DJe-208 DIVULG 05-11-2009 PUBLIC 06-11-2009 EMENT VOL-02381-01 PP-00001 RTJ VOL-00213- PP-00020)

(...).

II – Legitimidade das pesquisas com células-tronco embrionárias para fins terapêuticos e o constitucionalismo fraternal. A pesquisa científica com células-tronco embrionárias, autorizada pela Lei n° 11.105/2005, objetiva o enfrentamento e cura de patologias e traumatismos que severamente limitam, atormentam, infelicitam, desesperam e não raras vezes degradam a vida de expressivo contingente populacional (ilustrati-

vamente, atrofias espinhais progressivas, distrofias musculares, a esclerose múltipla e a lateral amiotrófica, as neuropatias e as doenças do neurônio motor). A escolha feita pela Lei de Biossegurança não significou um desprezo ou desapreço pelo embrião "in vitro", porém uma mais firme disposição para encurtar caminhos que possam levar à superação do infortúnio alheio. Isto no âmbito de um ordenamento constitucional que desde o seu preâmbulo qualifica "a liberdade, a segurança, o bem-estar, o desenvolvimento, a igualdade e a justiça" como valores supremos de uma sociedade mais que tudo "fraterna". O que já significa incorporar o advento do constitucionalismo fraternal às relações humanas, a traduzir verdadeira comunhão de vida ou vida social em clima de transbordante solidariedade em benefício da saúde e contra eventuais tramas do acaso e até dos golpes da própria natureza. Contexto de solidária, compassiva ou fraternal legalidade que, longe de traduzir desprezo ou desrespeito aos congelados embriões "in vitro", significa apreço e reverência a criaturas humanas que sofrem e se desesperam. Inexistência de ofensas ao direito à vida e da dignidade da pessoa humana, pois a pesquisa com células-tronco embrionárias (inviáveis biologicamente ou para os fins a que se destinam) significa a celebração solidária da vida e alento aos que se acham à margem do exercício concreto e inalienável dos direitos à felicidade e do viver com dignidade (Ministro Celso de Mello).

III – A proteção constitucional do direito à vida e os direitos infraconstitucionais do embrião pré-implanto. O Magno Texto Federal não dispõe sobre o início da vida humana ou o preciso instante em que ela começa. Não faz de todo e qualquer estádio da vida humana um autonomizado bem jurídico, mas da vida que já é própria de uma concreta pessoa, porque nativiva (teoria "natalista", em contraposição às teorias "concepcionista" ou da "personalidade condicional"). E quando se reporta a "direitos da pessoa humana" e até dos "direitos e garantias individuais" como cláusula pétrea está falando de direitos e garantias do indivíduo-pessoa, que se faz destinatário dos direitos fundamentais "à vida, à liberdade, à igualdade, à segurança e à propriedade", entre outros direitos e garantias igualmente distinguidos com o timbre da fundamentalidade (como direito à saúde e ao planejamento familiar). Mutismo constitucional hermeneuticamente significante de transpasse de poder normativo para a legislação ordinária. A potencialidade de algo para se tornar pessoa humana já é meritória o bastante para acobertá-la, infraconstitucionalmente, contra tentativas levianas ou frívolas de obstar sua natural continuidade fisiológica. Mas as três realidades não se confundem: o embrião é o embrião, o feto é o feto e a pessoa humana é a pessoa humana. Donde não existir pessoa humana embrionária, mas embrião de pessoa humana. O embrião referido na Lei de Biossegurança ("in vitro" apenas) não é uma vida a caminho de outra vida virginalmente nova, porquanto lhe faltam possibilidades de ganhar as primeiras terminações nervosas, sem as quais o ser humano não tem factibilidade como projeto de vida autônoma e irrepetível. O Direito infraconstitucional protege por modo variado cada etapa do desenvolvimento biológico do ser humano. Os momentos da vida humana anteriores ao nascimento devem ser objeto de proteção pelo direito comum. O embrião pré-implanto é um bem a ser protegido, mas não uma pessoa no sentido biográfico a que se refere a Constituição.

IV – As pesquisas com células-tronco não caracterizam aborto. Matéria estranha à presente ação direta de inconstitucionalidade. É constitucional a proposição de que toda gestação humana principia com um embrião igualmente humano, claro, mas nem todo embrião humano desencadeia uma gestação igualmente humana, em se tratando de experimento "in vitro". Situação em que deixam de coincidir concepção e nascituro, pelo menos enquanto o ovócito (óvulo já fecundado) não for introduzido no colo do útero feminino. O modo de irromper em laboratório e permanecer confinado "in vitro" é, para o embrião, insuscetível de progressão reprodutiva. Isto sem prejuízo do reconhecimento de que o zigoto assim extra-corporalmente produzido e também extra-corporalmente cultivado e armazenado é entidade embrionária do ser humano. Não, porém, ser humano em estado de embrião. A Lei de Biossegurança não veicula autorização para extirpar do corpo feminino esse ou aquele embrião. Eliminar ou desentranhar esse ou aquele zigoto a caminho do endométrio, ou nele já fixado. Não se cuida de interromper gravidez humana, pois dela aqui não se pode cogitar. A "controvérsia constitucional em exame não guarda qualquer vinculação com o problema do aborto." (Ministro Celso de Mello).

(...).

VI – Direito à saúde como corolário do direito fundamental à vida digna. O § 4º do art. 199 da Constituição, versante sobre pesquisas com substâncias humanas para fins terapêuticos, faz parte da seção normativa dedicada à "SAÚDE" (Seção II do Capítulo II do Título VIII). Direito à saúde, positivado como um dos primeiros dos direitos sociais de natureza fundamental (art. 6º da CF) e também como o primeiro dos direitos constitutivos da seguridade social (cabeça do artigo constitucional de nº 194). Saúde que é "direito de todos e dever do Estado" (caput do art. 196 da Constituição), garantida mediante ações e serviços de pronto qualificados como "de relevância pública" (parte inicial do art. 197).

(...).

(ADI 3510, Relator(a): Min. AYRES BRITTO, Tribunal Pleno, julgado em 29/05/2008, DJe-096 DIVULG 27-05-2010 PUBLIC 28-05-2010 EMENT VOL-02403-01 PP-00134 RTJ VOL-00214- PP-00043)

1. Escrever, editar, divulgar e comerciar livros "fazendo apologia de ideias preconceituosas e discriminatórias" contra a comunidade judaica (Lei 7716/89, artigo 20, na redação dada pela Lei 8081/90) constitui crime de racismo sujeito às cláusulas de inafiançabilidade e imprescritibilidade (CF, artigo 5º, XLII). 2. Aplicação do princí-

pio da prescritibilidade geral dos crimes: se os judeus não são uma raça, segue-se que contra eles não pode haver discriminação capaz de ensejar a exceção constitucional de imprescritibilidade. Inconsistência da premissa.

(...).

10. A edição e publicação de obras escritas veiculando ideias antissemitas, que buscam resgatar e dar credibilidade à concepção racial definida pelo regime nazista, negadoras e subversoras de fatos históricos incontroversos como o holocausto, consubstanciadas na pretensa inferioridade e desqualificação do povo judeu, equivalem à incitação ao discrímen com acentuado conteúdo racista, reforçadas pelas consequências históricas dos atos em que se baseiam.

(...).

13. Liberdade de expressão. Garantia constitucional que não se tem como absoluta. Limites morais e jurídicos. O direito à livre expressão não pode abrigar, em sua abrangência, manifestações de conteúdo imoral que implicam ilicitude penal. 14. As liberdades públicas não são incondicionais, por isso devem ser exercidas de maneira harmônica, observados os limites definidos na própria Constituição Federal (CF, artigo 5º, § 2º, primeira parte). O preceito fundamental de liberdade de expressão não consagra o "direito à incitação ao racismo", dado que um direito individual não pode constituir-se em salvaguarda de condutas ilícitas, como sucede com os delitos contra a honra. Prevalência dos princípios da dignidade da pessoa humana e da igualdade jurídica.

(...).

15. "Existe um nexo estreito entre a imprescritibilidade, este tempo jurídico que se escoa sem encontrar termo, e a memória, apelo do passado à disposição dos vivos, triunfo da lembrança sobre o esquecimento". No estado de direito democrático devem ser intransigentemente respeitados os princípios que garantem a prevalência dos direitos humanos. Jamais podem se apagar da memória dos povos que se pretendam justos os atos repulsivos do passado que permitiram e incentivaram o ódio entre iguais por motivos raciais de torpeza inominável. 16. A ausência de prescrição nos crimes de racismo justifica-se como alerta grave para as gerações de hoje e de amanhã, para que se impeça a reinstauração de velhos e ultrapassados conceitos que a consciência jurídica e histórica não mais admitem. Ordem denegada.

(HC 82424, Relator(a): Min. MOREIRA ALVES, Relator(a) p/ Acórdão: Min. MAURÍCIO CORRÊA, Tribunal Pleno, julgado em 17/09/2003, DJ 19-03-2004 PP-00017 EMENT VOL-02144-03 PP-00524)

Preceitua o *§3º do art. 489* do atual C.P.C. que *a decisão judicial deve ser interpretada a partir da conjugação de todos os seus elementos e em conformidade com o princípio da boa-fé.*

A decisão judicial, como ato comunicativo e de sentidos que é, deve também passar pelo processo hermenêutico, a fim de que se possa evidenciar o seu real significado.

E essa interpretação da decisão judicial provém da conjugação de seus elementos, especialmente da conjugação dos elementos constantes na sua fundação e no seu *decisum*.

Portanto, não é possível se verificar o real sentido da decisão judicial somente pelo que consta no seu dispositivo, sem que se realize uma análise interpretativa dos critérios de fundamentação lançados pelo juiz no ato de decidir.

Outrossim, a leitura que se deve fazer de uma decisão judicial deve ter por base o princípio da *boa-fé* objetiva e não meramente subjetiva do julgador.

Portanto, cada determinação mandamental, condenatória, declaratória, constitutiva ou executiva deverá ser avaliada sob o prisma da boa-fé objetiva.

Art. 490

O juiz resolverá o mérito acolhendo ou rejeitando, no todo ou em parte, os pedidos formulados pelas partes.

Conteúdo do mérito

Analisando o art. 24, inc. I, da Constituição Italiana, referente ao direito constitucional de ação, e o art. 2.907 c.c. italiano sobre a atividade jurisdicional e o art. 99 c.p.c. italiano relativo ao princípio da demanda, anotam Comoglio, Ferri e Taruffo que esses dispositivos indicam claramente, referindo-se à tutela jurisdicional dos direitos, que o objeto do processo não pode ser constituído de um fato histórico, ainda que seja juridicamente relevante, ou simplesmente de uma norma, mas somente de direito, isto é, do direito realizado com a demanda. As normas referidas, todavia, não disciplinam o conteúdo do provimento jurisdicional – sentença, com o qual se conclui o processo ordinário de cognição.[802]

A tutela jurisdicional dos direitos subjetivos pode, como é notório, assumir diversas formas, tais como a tutela executiva, cautelar ou cognitiva. É próprio desta última função ou atividade o acertamento de situações substanciais. Mas é também verdade que nem toda sentença, evidentemente, acerta a existência ou inexistência do direito substancial.[803]

[802] Comoglio, L.p., Corrado, F., Taruffo, M., op. Cit., p. 578

[803] Comoglio, L.p.; Corrado, F., Taruffo, M, idem, ibidem.

Como já se afirmou, o objeto do processo é a *pretensão processual* formulada na demanda e exteriorizada no pedido.

O mérito é justamente o *pedido* formulado, razão pela qual o juiz proferirá a sentença de mérito acolhendo ou rejeitando, no todo ou em parte, o pedido formulado.

O pedido formulado pela parte pode ser de uma pretensão cognitiva de natureza declaratória (negativa ou positiva), constitutiva ou condenatória, assim como uma pretensão executiva ou cautelar, além das denominadas mandamentais e executiva *lato sensu*.

Como bem ensina Elio Fazzalari, *"os provimentos finais incidem sobre o mérito (isto é, subministram medidas jurisdicionais: condenação, declaração ou constituição, ou referem-se apenas ao processo (provimento de rejeição, ou relativos à jurisdição, à competência, à legitimação etc"*.[804]

Os provimentos jurisdicionais em sentido próprio ou de 'mérito' são constituídos pela sentença que acolhe ou rejeita no todo ou em parte o pedido formulado pelas partes.

Por isso, conforme bem ensinou Pontes de Miranda, *"Entendeu Oskar Bülow que não existe ação como direito subjetivo anterior ao juízo. Com a demanda nasce o direito à sentença 'justa', ao funcionamento eficaz do aparelho justiferante do Estado. O direito à sentença 'favorável' não existe antes da convicção do juiz e do julgado. Josef Kohler e Heinrich Degenkolb apoiaram-no. Tal cisão – parece-nos de todo impertinente. Não há direito à sentença favorável. Existem direito e pretensão à sentença, que se presume justa, porque o Estado ou os árbitros 'prometem' justiça. Implícita em tal promessa está a de ser favorável ao que tenha razão"*[805]

E a forma de o órgão jurisdicional resolver em definitivo o mérito da demanda será pelo acolhimento ou rejeição, no todo ou em parte, dos pedidos formulados pelas partes.

Assim, a resolução de mérito poderá ser favorável ao autor ou desfavorável.

Muitas vezes a pretensão à tutela jurisdicional é só aparente; se não se tem o direito à pretensão ou à exceção, não se exerceu qualquer deles; exerceu-se o direito de ação constitucional, a pretensão ao exercício da atividade jurisdicional, e a sentença foi desfavorável.[806] A sentença desfavorável é, na realidade, uma sentença com resolução de mérito de natureza declarativa negativa, pois nega a

[804] Fazzalari, Elio. *Instituzioni di diritto processuale.* Seconda Edizione. Padova: CEDAM, 1979. p. 174.

[805] Pontes de Miranda. *Tratado das ações.* Tomo I. São Paulo: Editora Revista dos Tribunais, 1970. p. 35.

[806] Pontes de Miranda, idem, p. 61.

existência da pretensão processual (cognitiva, executiva, cautelar, mandamental, executiva *lato sensu*) e se afirma a improcedência do pedido.

Art. 491

Na ação relativa à obrigação de pagar quantia, ainda que formulado pedido genérico, a decisão definirá desde logo a extensão da obrigação, o índice de correção monetária, a taxa de juros, o termo inicial de ambos e a periodicidade da capitalização dos juros, se for o caso, salvo quando:

I – não for possível determinar, de modo definitivo, o montante devido;

II – a apuração do valor devido depender da produção de prova de realização demorada ou excessivamente dispendiosa, assim reconhecida na sentença.

§ 1º Nos casos previstos neste artigo, seguir-se-á a apuração do valor devido por liquidação.

§ 2º O disposto no caput também se aplica quando o acórdão alterar a sentença.

Demanda relativa a pagar quantia certa e pedido genérico

Na realidade, este dispositivo quando utiliza a expressão *ação relativa à obrigação de pagar quantia*, ele quer se referir à demanda relativa à obrigação de pagar quantia, ou à *pretensão processual* concernente à exigência de condenação do réu ao pagamento de quantia certa.

A *ação*, ao contrário do que entendia Pontes de Miranda,[807] não gera subdivisão em espécie, uma vez que a ação é justamente um ato provocatório que se dirige ao juiz para a prestação da atividade jurisdicional.

O pedido, no qual se formula uma pretensão de tutela jurisdicional condenatória, é que pode ser relativo a uma obrigação de pagar quantia.

Indaga-se se a obrigação de pagar quantia seria uma espécie da obrigação de dar coisa certa ou incerta.

O Código Civil brasileiro regula as *obrigações de dar coisa certa* no art. 233 a 248.

[807] Segundo Pontes de Miranda, as ações poderiam ser classificadas em declarativas, constitutivas, condenatórias e executivas. Pontes de Miranda, idem, p.117 a 196.

O código civil não especifica o que seria *dar coisa certa*, muito menos o que significa *coisa certa*.

Segundo ensina Clóvis Beviláqua, *"obrigação de dar é aquela cuja prestação consiste na entrega de uma coisa móvel ou imóvel, seja para constituir um direito real, seja somente para facultar o uso, ou ainda, a simples detenção, seja finalmente, para restituí-la ao seu dono"*.[808]

Assim, compreende-se a coisa certa como aquela que está devidamente individualizada, infungível.

O art. 491 do atual C.P.C. menciona uma obrigação mais específica do que aquela prevista no Código civil, pois o código civil não faz menção à obrigação de *pagar quantia*.

Portanto, a tutela do art. 491 do atual C.P.C. trata de uma espécie específica da obrigação de *dar coisa certa*.

Muito embora a obrigação de *pagar quantia* possa ser considerada uma espécie da *obrigação de dar coisa certa*, o atual C.P.C., no âmbito processual, considera aquela obrigação como sendo autônoma, recebendo tratamento diverso das demais obrigações previstas no C.c. brasileiro, inclusive no que concerne à forma de sua execução.

É bem verdade que a *obrigação de pagar quantia* normalmente envolve o *dinheiro*.

Para Orlando Gomes, *"sendo o dinheiro bem fungível por excelência, constituiria objeto de prestação de dar coisa incerta, mas, na verdade, a dívida pecuniária não possui tal natureza"*.[809]

O certo é que o dinheiro, como valor, não é coisa, muito menos coisa incerta, pois não há o momento jurídico da concentração do objeto da obrigação. Também não é coisa certa, pois se o dinheiro se perder sem culpa do devedor isso não lhe retira a obrigação de pagar quantia certa.

Suponha-se que um determinado devedor, no dia do pagamento, caminhava para se encontrar com seu credor, quando, sem culpa sua, foi surpreendido por uma tempestade que molhou o dinheiro e o tornou imprestável para pagamento. Neste caso, o devedor não se desonera de sua obrigação de pagar quantia certa, apesar de não ter tido qualquer culpa no fato ocorrido.

Mas não sendo o dinheiro coisa certa ou incerta, em que espécie de obrigação ou em que dispositivo do código civil ele se enquadra? Lamentavelmente,

[808] Beviláqua, Clóvis. *Direito das obrigações*. 8ª ed. Rio de Janeiro: Livraria Francisco Alves, 1954. p. 54.

[809] Gomes, Orlando. *Obrigações*. Rio de Janeiro: Editora Forense, 2007. p. 55.

o código civil não previu qualquer dispositivo para tratar especificamente do dinheiro ou da entrega de quantia certa.

Na realidade, é no âmbito processual que o dinheiro é tratado em dispositivo independente sem qualquer correlação com as regras do direito material.

Para Pablo Stolze Gagliano e Rodolfo Pamplona Filho, bem como para Álvaro Vilaça, este tipo de obrigação enquadra-se em obrigação autônoma, simplesmente de dar dinheiro (obrigação pecuniária). Caio Mário, por sua vez, ensina que não existe uma obrigação que se classifique e qualifique em especial como de dinheiro, já que toda obrigação tem um cunho patrimonial. Por vezes, é pecuniária desde o nascimento, ou se converte neste em momento futuro, como no mútuo, no inadimplemento das obrigações de dar e de fazer e na reparação de dano decorrente de um ilícito.[810]

Observa-se que para a maioria da doutrina a entrega de dinheiro se enquadra na obrigação de dar, mas não se amolda em qualquer dispositivo do código civil brasileiro.

Assim, nos termos do art. 491 do atual C.P.C., na demanda ou pretensão relativa a uma decisão que tenha por objeto uma obrigação de pagar quantia certa, ainda que formulado pedido genérico, a decisão definirá desde logo a extensão da obrigação, o índice de correção monetária, a taxa de juros e sua capitalização, se houver.

O art. 491 do atual C.P.C. determina que o juiz defina desde logo, em sua decisão, a extensão da obrigação.

Neste caso, a extensão deve dizer respeito tanto à obrigação principal, início e conclusão da obrigação, se abrange apenas as prestações vencidas ou também as vincendas, assim como os seus acessórios.

Por vezes, o montante devido depende de outros fatores não inseridos no processo, fatores esses que podem depender de prova futura ou de acontecimentos futuros.

O art. 491 do atual C.P.C. também prescreve que o juiz deverá determinar desde logo, em sua decisão, o índice de correção monetária e a taxa de juros.

Essa determinação prevista no art. 491 do atual C.P.C. tem por finalidade dar efetividade ao que estabelece o art. 389 do atual C.C.b. que assim dispõe *"não cumprida a obrigação, responde o devedor por perdas e danos, mais juros e atualização monetária segundo índices oficiais regularmente estabelecidos, e honorários de advogado"*.

[810] Pereira, Caio Mário da Silva. *Instituições de direito civil.* 2. vol. Rio de Janeiro: Forense, 2005. p. 131.

Nas obrigações negativas, o devedor é havido por inadimplemento desde o dia em que executou o ato de que se devia abster (art. 390 do C.c. brasileiro).

Também nas hipóteses em que haja pedido genérico em demandas relativas à obrigação de pagar quantia certa, como é o caso, por exemplo, das ações de indenização por ato ilícito, em que a quantificação dependerá de futuras provas sobre fatos que poderão ainda advir, a sentença também deverá fixar desde logo o índice de correção monetária aplicável, assim com a taxa de juros, bem como, em ambos os casos, a data de sua incidência.

De regra, em se tratando de ato ilícito, a correção monetária e os juros de mora incidem desde o momento que ele foi praticado (art. 398 do C.c.brasileiro).

Os índices de correção monetária oficiais são: IPC, BTN, OTN, UFIR, INPC, IGPM, IPC-A etc.

Em relação aos juros moratórios, considera-se em mora o devedor que não efetuar o pagamento e o credor que não quiser recebê-lo no tempo, lugar e forma ou a convenção estabelecer (art. 394 do C.c.brasileiro).

Aliás, o inadimplemento da obrigação positiva e líquida, no seu termo, constitui de pleno direito em mora o devedor (art. 397 do C.c.brasileiro).

Não havendo termo, a mora se constitui mediante interpelação judicial ou extrajudicial (parágrafo único do art. 397 do C.c.brasileiro).

Poderão os juros incidir a partir da citação, nos termos do art. 240 do atual C.P.C.:*A citação válida, ainda quando ordenada por juízo incompetente, induz litispendência, torna litigiosa a coisa e constitui em mora o devedor, ressalvado o disposto nos arts. 397 e 398 da Lei nº 10.406, de 10 de janeiro de 2002 (Código Civil).*

Quando os juros moratórios não forem convencionados, ou o forem sem taxa estipulada, ou quando provierem de determinação da lei, serão fixados segundo a taxa que estiver em vigor para a mora do pagamento de impostos devidos à Fazenda Nacional (art. 406 do C.c.brasileiro).

Atualmente, a taxa em vigor para a mora do pagamento de impostos devidos à Fazenda Nacional é o Sistema Especial de Liquidação e de Custódia – SELIC.

SELIC é o depósito central dos títulos emitidos pelo Tesouro Nacional e pelo Banco Central do Brasil e nessa condição processa, relativamente a esses títulos, a emissão, o resgate, o pagamento dos juros e a custódia. O sistema processa também a liquidação das operações definitivas e compromissadas registradas em seu ambiente. Todos os títulos são escriturais, isto é, emitidos exclusivamente na forma eletrônica. A liquidação da ponta financeira de cada operação é realizada por intermédio do STR, ao qual o Selic é interligado. Participam do sistema, na qualidade de titular de conta de custódia, além do Tesouro Nacional e do Banco Central do Brasil, bancos comerciais, bancos múltiplos, bancos de investimentos, caixa econômica, distribuidoras e corretoras de títulos mobiliários, entidades operadoras de serviços de compensação e de liquidação, fundos de investimento e diversas outras instituições integrantes do Sistema Financeiros Nacional.

É importante salientar que na composição da Taxa SELIC também estão inseridos os índices de correção monetária, razão pela qual, enquanto esta taxa for a indicada para a remuneração dos juros moratórios, ela deve ser aplicada tanto como juros como correção monetária, evitando-se, assim, o *bis in idem*.

Em regra, tanto a correção monetária quanto os juros de mora incidem a partir do vencimento, principalmente quando a mora decorre do próprio vencimento da obrigação.

O art. 491 do atual C.P.C. também determina que o juiz, desde logo, estabeleça na decisão se na incidência dos juros haverá ou não capitalização, ou seja, a incidência de juros sobre juros ou os denominados juros compostos, ao invés de juros simples.

Conforme anota Pontes de Miranda: *"Dizem-se simples os juros que não produzem juros; juros compostos os que fluem dos juros. Se se disse 'com os juros compostos de seis por cento', entende-se que se estipulou que o principal daria juros de seis por cento e sobre esses se contariam os juros de seis por cento ao ano' (= com capitalização anual)"*.[811]
Sobre a capitalização dos juros, eis os seguintes precedentes do S.T.J.:

> Súmula 93: "A legislação sobre cédulas de credito rural, comercial e industrial admite o pacto de capitalização de juros"
>
> *(...).*
>
> *3. Nos contratos de mútuo bancário, celebrados após a edição da Medida Provisória n° 1.963-17/2000 (reeditada sob o n° 2.170-36/2001), admite-se a capitalização mensal de juros, desde que expressamente pactuada.*
>
> *4. Agravo regimental a que se nega provimento.*
>
> (AgRg no AREsp 410.342/MS, Rel. Ministra MARIA ISABEL GALLOTTI, QUARTA TURMA, julgado em 08/05/2014, DJe 16/05/2014)
>
> *(...).*
>
> *4. Não prospera o pedido de proibição da cobrança da capitalização dos juros porquanto o acórdão recorrido entendeu pela inexistência da capitalização mensal dos juros. Rever esta conclusão demandaria a análise dos termos do contrato, vedada nesta esfera recursal extraordinária, em virtude do óbice contido nos Enunciados 5 e 7 da Súmula do Superior Tribunal de Justiça. Precedentes.*

[811] Miranda, Pontes de. *Tratado de Direito Privado*, 3 ed., Revista dos Tribunais, São Paulo, 1984, v. 24, p. 32.

4. Agravo regimental não provido.

(AgRg no AREsp 439.984/SP, Rel. Ministro LUIS FELIPE SALOMÃO, QUARTA TURMA, julgado em 24/04/2014, DJe 29/04/2014)

1. Conforme a jurisprudência desta Corte, a capitalização mensal dos juros só é cabível quando expressamente determinada por lei, o que não é o caso da disposição contida no art. 1º-F da Lei 9.494/97, com a redação dada pela Lei 11.960/09. Nesse sentido: AgRg no REsp 1.360.196/RS, 2ª T., Min. Humberto Martins, DJe 16/12/2013; AgRg no REsp 1.382.105/RS, 2ª T., Min. Humberto Martins, DJe 01/08/2013; AgRg no AgRg no Ag 1.211.604/SP, 5ª T., Min. Laurita Vaz, DJe 21/05/2012.

2. Agravo regimental não provido.

(AgRg no REsp 1441493/SC, Rel. Ministro MAURO CAMPBELL MARQUES, *SEGUNDA TURMA, julgado em 24/04/2014, DJe 02/05/2014).*

O STJ sedimentou o entendimento de que a capitalização de juros somente é permitida nas hipóteses expressamente autorizadas por norma específica, qual seja, mútuo rural, comercial, ou industrial.

Agravo regimental improvido.

(AgRg no REsp 1382105/RS, Rel. Ministro HUMBERTO MARTINS, SEGUNDA TURMA, julgado em 25/06/2013, DJe 01/08/2013)

AGRAVO REGIMENTAL NO AGRAVO EM RECURSO ESPECIAL. AÇÃO REVISIONAL. CONTRATO BANCÁRIO. MATÉRIA CONSTITUCIONAL. REVISÃO NO STJ. IMPOSSIBILIDADE. JUROS REMUNERATÓRIOS. LIMITAÇÃO. DEMONSTRAÇÃO CABAL DO ABUSO. NECESSIDADE. SÚMULA 382 DO STJ. CAPITALIZAÇÃO DE JUROS. JUROS COMPOSTOS. COMISSÃO DE PERMANÊNCIA. SÚMULAS 30, 294 E 472 DO STJ.

1. O recurso especial não é a sede própria para a discussão de matéria de índole constitucional, sob pena de usurpação da competência exclusiva do STF.

2. Nos contratos bancários não se aplica a limitação da taxa de juros remuneratórios em 12% ao ano, não se podendo aferir a exorbitância da taxa de juros apenas com base na estabilidade econômica do país, sendo necessária a demonstração, no caso concreto, de que a referida taxa diverge da média de mercado.

3. "A capitalização dos juros em periodicidade inferior à anual deve vir pactuada de forma expressa e clara. A previsão no contrato bancário de taxa de juros anual superior ao duodécuplo da mensal é suficiente para permitir a cobrança da taxa efetiva anual contratada" (2ª Seção, REsp 973.827/RS, Rel. p/ acórdão Ministra Maria Isabel Gallotti, DJe de 24.9.2012).

(...).

2. As instituições financeiras não se sujeitam à limitação dos juros remuneratórios estipulada na Lei de Usura (Decreto 22.626/33), Súmula 596/STF e a estipulação dos juros remuneratórios superiores a 12% ao ano, por si só, não indica abusividade.

3. A capitalização de juros vedada pelo Decreto 22.626/1933 (Lei de Usura) em intervalo inferior a um ano e permitida pela Medida Provisória 2.170-36/2001, desde que expressamente pactuada, tem por pressuposto a circunstância de os juros devidos e já vencidos serem, periodicamente, incorporados ao valor principal.

(...).

(AgRg no AREsp 347.867/MS, Rel. Ministra MARIA ISABEL GALLOTTI, QUARTA TURMA, julgado em 24/04/2014, DJe 09/05/2014).

"1. A capitalização de juros vedada pelo Decreto 22.626/1933 (Lei de Usura) em intervalo inferior a um ano e permitida pela Medida Provisória 2.170-36/2001, desde que expressamente pactuada, tem por pressuposto a circunstância de os juros devidos e já vencidos serem, periodicamente, incorporados ao valor principal. Os juros não pagos são incorporados ao capital e sobre eles passam a incidir novos juros. 2. Por outro lado, há os conceitos abstratos, de matemática financeira, de "taxa de juros simples" e "taxa de juros compostos", métodos usados na formação da taxa de juros contratada, prévios ao início do cumprimento do contrato. A mera circunstância de estar pactuada taxa efetiva e taxa nominal de juros não implica capitalização de juros, mas apenas processo de formação da taxa de juros pelo método composto, o que não é proibido pelo Decreto 22.626/1933. 3. Teses para os efeitos do art. 543-C do CPC: – 'É permitida a capitalização de juros com periodicidade inferior a um ano em contratos celebrados após 31/3/2000, data da publicação da Medida Provisória nº 1.963-17/2000, em vigor como MP nº 2.170-01, desde que expressamente pactuada.' – 'A capitalização dos juros em periodicidade inferior à anual deve vir pactuada de forma expressa e clara. A previsão no contrato bancário de taxa de juros anual superior ao duodécuplo da mensal é suficiente para permitir a cobrança da taxa efetiva anual contratada'."

(REsp nº 973.827/RS, Rel. Min. Luis Felipe Salomão, Rel. p/ acórdão a Minª. Maria Isabel Gallotti, DJe de 24/9/2012).

É importante salientar que o juiz poderá desde logo fixar os índices de correção monetária e a taxa de juros que deverão incidir sobre a obrigação de pagar quantia imposta pela sentença, independente de pedido expresso, conforme precedentes abaixo do S.T.J.

1. Segundo a jurisprudência do STJ, não configura julgamento ultra petita a fixação de juros de mora e correção monetária, por serem pedidos implícitos, mesmo que não previstos na condenação. Ademais, a Corte de origem analisou a questão com base no contexto fático-probatório dos autos e no exame das cláusulas do contrato administrativo firmado entre a partes. Incidência das Súmulas 5 e 7/STJ.

(...).

(AgRg nos EDcl no AREsp 184.453/MS, Rel. Ministro HERMAN BENJAMIN, SEGUNDA TURMA, julgado em 15/08/2013, DJe 13/09/2013)

(...).

3. "Os juros legais são acessórios do principal, motivo pelo qual, embora omisso o pedido inicial ou a sentença condenatória, consideram-se implícitos e devem ser incluídos na conta de liquidação, ainda que homologado cálculo anterior, não implicando esta inclusão em ofensa a coisa julgada" (REsp 402724/SP, Rel. Min. Luís Felipe Salomão, Quarta Turma, DJe 19.4.2010). Incidência da Súmula 83/STJ.

(...).

(AgRg no AREsp 237.346/RS, Rel. Ministra MARIA ISABEL GALLOTTI, QUARTA TURMA, julgado em 22/04/2014, DJe 29/04/2014)

O juiz somente não estará obrigado a definir na decisão desde logo a extensão da obrigação, o índice de correção monetária e a taxa de juros nas hipóteses em que *I – não for possível determinar, de modo definitivo, o montante devido; II – a apuração do valor devido depender da produção de prova de realização demorada ou excessivamente dispendiosa, assim reconhecida na sentença.*

Por vezes, o montante devido depende de outros fatores não inseridos no processo, fatores esses que podem depender de prova futura ou de acontecimentos futuros. Em razão desses fatores, o juiz não poderá desde logo estabelecer a extensão da obrigação.

O juiz também poderá deixar de estabelecer a extensão da obrigação quando a apuração do valor da quantia certa depender da produção de prova de realização demorada ou excessivamente dispendiosa, assim reconhecida na sentença.

Neste caso, esta prova poderá ser realizada por ocasião da liquidação pelo procedimento comum ou pelo *arbitramento.*

Nestes termos, estabelece o *§1º do art. 488* do atual C.P.C.: *Nos casos previstos neste artigo, seguir-se-á a apuração do valor devido por liquidação.*

Assim, nos casos previstos nos incisos I e II do art. 488, ou seja, se *não for possível determinar, de modo definitivo, o montante devido* ou *a apuração do valor devido depender da produção de prova de realização demorada ou excessivamente dispendiosa, assim reconhecida na sentença,* o montante e a extensão do valor deverão ser apurados na liquidação pelo procedimento comum ou pelo arbitramento.

Estabelece o *§2º do art. 491* do atual C.P.C. que o *disposto no caput também se aplica quando o acórdão alterar a sentença.*

A fixação da extensão da obrigação, como a fixação da taxa de juros e da correção monetária, também deverá ser inserida no acórdão proferido pelo tribunal, principalmente quando o tribunal reforma a decisão de primeiro grau.

Art. 492

É vedado ao juiz proferir decisão de natureza diversa da pedida, bem como condenar a parte em quantidade superior ou em objeto diverso do que lhe foi demandado.

Parágrafo único. A decisão deve ser certa, ainda que resolva relação jurídica condicional.

Princípio da adstrição ou da congruência

Este dispositivo trata do princípio da *adstrição do juiz ou da congruência* da decisão com o *pedido* da parte.

A mesma finalidade normativa verifica-se no art. 141 do atual C.P.C. que estabelece: *o juiz decidirá o mérito nos limites propostos pelas partes, sendo-lhe vedado conhecer de questões não suscitadas a cujo respeito a lei exige iniciativa da parte.*

Ambos os dispositivos reforçam o *princípio dispositivo* como norma fundamental do processo civil brasileiro.

O princípio da adstrição do juiz ao pedido reflete a máxima tradicional – *sententia debet esse conformis libello,* ou seja, a sentença deverá ser proferida nos estritos limites estabelecidos pelo pedido, seja ele pedido *mediato* ou *imediato.*

Entende-se por pedido *imediato* o pedido no que diz respeito à sua natureza, ou seja, pedido *declarativo, constitutivo, condenatório, mandamental ou executivo lato senso.* O juiz, portanto, deve proferir sentença respeitando o conteúdo do pedido *imediato* estabelecido na demanda. Assim, se o pedido é constitutivo, não poderá o juiz proferir pedido de natureza condenatória ou executiva *lato senso.*

Por sua vez, diz-se pedido *mediato*, o pedido referente ao *bem jurídico* pretendido. No pedido imediato declarativo, o pedido mediato é a própria declaração. Já no pedido condenatório, o pedido mediato é uma prestação de dar, fazer ou não fazer, ou seja, pede-se o pagamento de quantia determinada, a construção de uma ponte, a omissão de um ato.

Ainda em face do princípio da *adstrição da sentença ao pedido*, o juiz não poderá condenar a parte *em quantidade superior ou em objeto diverso do que lhe foi demandado*, isto é, o juiz não poderá proferir sentença *ultra petita* ou *extra petita.* Em ambos os casos, a sentença, na parte que excede, será nula por violação ao disposto no art. 492 do atual C.P.C.

Sobre o princípio da *adstrição*, eis os seguintes precedentes do S.T.J.:

(...).

2. Demanda em que se discute a existência de violação de julgamento extra petita decorrente da declaração de dissolução parcial de sociedade em ação de apuração de haveres, bem como prazo prescricional e o rito procedimental aplicáveis à ação.

3. Ausentes os vícios do art. 535 do CPC, rejeitam-se os embargos de declaração.

4. A ausência de pedido expresso, bem como de causa de pedir que permita deduzi-lo, impede a declaração da dissolução parcial da empresa, situação de fato já consolidada, por ofender o princípio da adstrição e importar em julgamento extra petita.

(...).

(REsp 1139593/SC, Rel. Ministra NANCY ANDRIGHI, TERCEIRA TURMA, julgado em 22/04/2014, DJe 02/05/2014).

Civil. Recurso especial. Ação declaratória de nulidade de assembleia e inexistência de obrigação. Interdito proibitório. Condomínio. Limites do pedido. Princípio da congruência ou adstrição. Tutela declaratória e condenatória. Artigos analisados: arts. 2º; 128; 460 do cpc.

(...).

6. É o autor quem fixa os limites da lide, ou seja, o princípio da correlação ou adstrição entre o pedido e a decisão judicial, de que trata o art. 128 do CPC, bem como os arts. 2º e 460 do CPC, faz referência ao que foi deduzido pelo autor, em sua petição inicial.

7. Enquanto a tutela condenatória tem por finalidade à eliminação da crise de inadimplemento, a declaratória é aquela que visa à eliminação da crise de certeza sobre a existência de determinado direito ou relação jurídica.

8. Tendo como base os pedidos dos recorridos, feitos na petição inicial, o acórdão deveria ter se limitado a declarar, ou não, a nulidade da assembleia e a inexistência da obrigação de pagar os acréscimos nas contribuições, não lhe competindo deferir qualquer outro pedido, notadamente de natureza condenatória.

9. A eventual apuração de perdas e danos e a restituição de valores deveriam ter sido expressamente pleiteadas pelos autores, para que pudesse ser determinada pelo Tribunal de origem, não se tratando de decorrência lógica do acórdão que declarou a nulidade da assembleia.

10. Recurso especial conhecido em parte e, nesta parte, provido.

(REsp 1394650/SC, Rel. Ministra NANCY ANDRIGHI, TERCEIRA TURMA, julgado em 25/03/2014, DJe 31/03/2014)

(...).

1. Não viola o princípio da adstrição o acórdão que, atento aos limites da controvérsia, atribui ao responsável pela reforma alteradora da fachada do imóvel o ônus de arcar com os custos da retirada e recolocação de terminal telefônico, mediante o emprego da caução prestada quando do deferimento da antecipação de tutela.

Princípio da causalidade.

2. Agravo regimental a que se nega provimento.

(AgRg no Ag 1191194/PR, Rel. Ministra MARIA ISABEL GALLOTTI, QUARTA TURMA, julgado em 18/02/2014, DJe 06/03/2014)

(...).

7. O Tribunal de origem não poderia ter alterado o termo a quo da incidência dos juros de mora, fixando-os, a partir do novo arbitramento da quantia relativa à compensação por danos morais, em respeito ao princípio do tantum devolutum quantum appellatum.

8. Esta Corte também não pode determinar a incidência dos juros de mora a partir do evento danoso, nos termos da Súmula 54/STJ, pois estaria extrapolando os limites do pedido feito pelo próprio autor, na petição inicial, em clara violação ao princípio da adstrição ou congruência que deve existir entre o pedido da parte e a decisão do juiz.

9. Ainda que os encargos da mora possam ser fixados pelo juiz independentemente de pedido do autor (art. 293 do CPC), quando houve esse pedido, seus limites devem ser observados. Na hipótese, a incidência dos juros de mora é a partir da citação válida.

(...).

(REsp 1314796/SP, Rel. Ministra NANCY ANDRIGHI, TERCEIRA TURMA, julgado em 04/06/2013, DJe 13/06/2013)

Por sua vez, o *parágrafo único do art. 492* do atual C.P.C. preceitua que *a decisão deve ser certa, ainda quando decida relação jurídica condicional.*

Como o pedido deve ser certo e determinado, salvo a postulação de pedido genérico permitida pelos incisos I a III do §1º do art. 324 do atual C.P.C., a sentença também deve ser certa e determinada, ou pelo menos determinável em liquidação, ainda que decida *relação jurídica condicional.*

Não se deve confundir relação jurídica condicional com a denominada *sentença condicional.*

Sobre a denominada *sentença condicional*, assim leciona Francesco Carnelutti: *"Em matéria de atos processuais, não me consta que nenhuma norma expressa ocupe-se da condição voluntária. A doutrina concentrou suas indagações quase exclusivamente sobre a figura da sentença condicional. A prática, sem se dar conta exatamente da importância do problema, inclina-se a admitir a condição servindo-se da analogia com a norma sobre os contratos. Antes de tudo, é exato que unicamente se deve falar em ato processual 'sub conditione' quando a esta se vincule qualquer efeito ou algum efeito jurídico do ato, de tal modo que de sua produção dependa que o fato se realize ou se extinga. Não é necessário mais para esclarecer que não são hipóteses de sentença condicional as daquelas que constituam ou acertem uma relação dependente de um determinado evento, como tampouco as que em relação com um evento futuro ou incerto contêm uma disposição opcional...; aqui o evento futuro não é uma condição da qual dependa a eficácia da sentença, a não ser um fato transcendente para o acertamento da relação.*

Desse modo, é individualizada a figura da sentença condicional como aquela cuja eficácia depende de um evento futuro e incerto determinado na mesma sentença, a doutrina pode dizer que é unânime quanto a excluir sua admissibilidade; o motivo comumente aduzido e indubitavelmente fundamentado consiste exatamente no conflito entre o estado de pendência e a função de acertamento do processo".[812]

No direito brasileiro, a sentença deve ser *precisa*, no sentido de *certa*, de modo que não deixe dúvida quanto ao seu conteúdo e quanto à análise do pedido *mediato ou imediato* formulados na petição inicial ou na reconvenção.

A sentença *não pode ser condicional*, mesmo quando analise *relação jurídica condicional*. Não se deve confundir *sentença condicional* com *relação jurídica condicional*.

A relação jurídica pode ser condicional, ou seja, estar submetida às modalidades do ato ou negócio jurídico, como *condição suspensiva ou resolutiva, termo ou encargo*.

Ainda que o juiz tenha que analisar condição, termo ou encargo, a sentença do juiz não pode ser condicional, devendo ser certa e determinada ou determinável em liquidação. Nesse sentido é a seguinte decisão do S.T.J.:

> *1. Nos termos da jurisprudência do STJ, não é possível que os efeitos de uma sentença fiquem submetidos a ocorrência de eventos futuros e incertos, como na hipótese dos autos, na qual se determinou que o recorrido terá que contratar funcionários para prestar plantão obstétrico, caso venha acontecer a paralisação do serviço regular. Precedentes: RMS 28.186/BA, 1ª Turma, Rel. Min. Benedito Gonçalves, DJe 1.7.2009; AgRg no Ag 934.982/SP, 6ª Turma, Rel. Min. Og Fernandes, DJe 9.3.2009; AgRg no Ag 1059867/SP, 5ª Turma, Rel. Min. Arnaldo Esteves Lima, DJe 17.11.2008.*
>
> *2. Agravo regimental não provido.*
>
> *(AgRg no REsp 1170536/MG, Rel. Ministro MAURO CAMPBELL MARQUES, SEGUNDA TURMA, julgado em 22/03/2011, DJe 31/03/2011)*

[812] Carnelutti, Francesco. *Sistema de direito processual civil.* Trad. Hiltomar Martins de Oliveira. Vol. III. São Paulo: Classic Book. 2000. p. 658 e 659.

Art. 493

Se, depois da propositura da ação, algum fato constitutivo, modificativo ou extintivo do direito influir no julgamento do mérito, caberá ao juiz tomá-lo em consideração, de ofício ou a requerimento da parte, no momento de proferir a decisão.

Parágrafo único. Se constatar de ofício o fato novo, o juiz ouvirá as partes sobre ele antes de decidir.

Fato novo posterior à propositura da demanda

É bem verdade que em razão do princípio da *imutabilidade da causa de pedir e do pedido*, ao autor é vedado aditar no curso do processo pedido ou causa de pedir não formulado na inicial (adição do libelo). Este princípio está expressamente consignado no art. 329 do atual C.P.C., *in verbis*:

> *Art. 329. O autor poderá:*
>
> *I – até a citação, aditar ou alterar o pedido ou a causa de pedir, independentemente de consentimento do réu;*
>
> *II – até o saneamento do processo, aditar ou alterar o pedido e a causa de pedir, com consentimento do réu, assegurado o contraditório mediante a possibilidade de manifestação deste no prazo mínimo de 15 (quinze) dias, facultado o requerimento de prova suplementar.*
>
> *Parágrafo único. Aplica-se o disposto neste artigo à reconvenção e à respectiva causa de pedir.*

Diante dessas vedações impostas ao autor de não poder modificar o pedido ou a causa de pedir após determinada fase processual, da mesma forma o réu, em face do princípio da *eventualidade* ou da *concentração da defesa na contestação*, deverá alegar todas as defesas, exceto as exceções e os incidentes, na contestação, sob pena de preclusão.

Contudo, sendo o processo uma relação jurídica dinâmica e não estática, todas as circunstâncias fáticas que possam influenciar a relação jurídica de direito material deverão ser levadas em consideração no momento da prolação da sentença.

Na realidade, o art. 493 do novo C.P.C. não autoriza a modificação do pedido ou da causa de pedir, pois os fatos supervenientes devem estar ligados impreterivelmente à relação jurídica posta em juízo e não a outra.

O art. 493 do atual C.P.C. demonstra que não são apenas as situações fáticas existentes no momento da propositura da demanda que deverão nortear a decisão judicial, mas, sim, também os fatos constitutivos, modificativos ou extintivos do direito do autor existentes quando da prolação da sentença, cabendo ao juiz tomá-los em consideração, de ofício ou a requerimento da parte.

Este dispositivo diz respeito aos fatos, pois em relação ao direito não haveria necessidade de fazer menção, pois pelo princípio *iura novit curia* (o juiz conhece o direito), o direito a ser aplicado será aquele em vigência no ordenamento jurídico no momento da decisão, respeitando-se, evidentemente, o princípio constitucional do ato jurídico perfeito e do direito adquirido. Aliás, se o juiz não levar em consideração direito superveniente, poderá a parte ingressar com embargos de declaração, conforme o precedente abaixo do S.T.J.:

'Recurso especial – embargos de declaração. Cabíveis embargos declaratórios para sanar omissão de acórdão que não aplicou, de ofício, direito superveniente (arts. 462 c/c 535, ii, do cpc). Recurso improvido.'

(REsp 5708/SP, Rel. Ministro HUMBERTO GOMES DE BARROS, PRIMEIRA TURMA, julgado em 01/09/1991, DJ 30/09/1991, p. 13464)

A sentença deve refletir, portanto, as situações e os estados de fato no momento de sua prolação.

Este princípio também se aplica aos acórdãos dos tribunais.

São requisitos para que o juiz possa aplicar o disposto no art. 493 (levar em consideração tais fatos): a) que tenham ocorridos depois da propositura da demanda; b) que tenham influência no julgamento da lide, isto é, que a lei material diga que o fato novo constitui, modificou ou extinguiu o direito controvertido.[813]

Não importa quem seja beneficiado pelos novos fatos, autor ou o réu, o juiz deverá levar em consideração esses fatos para a prolação de sua decisão.

É importante salientar que esses novos fatos podem ser apreciados de ofício pelo juiz ou mediante requerimento da parte.

Quando convocado para o Tribunal Regional Federal da 4ª Região, tive oportunidade de apresentar o seguinte voto divergente na Apelação Cível n. 0019356-22.2011.404.9999/RS:

"Com a devida vênia do Eminente Relator, apresento a seguinte divergência.

É certo que no momento da propositura do executivo fiscal faltava interesse processual do ente público, pois o débito, em 1994, encontrava-se inserido no âmbito do

[813] Santos, M. A., op. Cit., p. 446.

parcelamento legal. Assim, para alguns faltava uma condição da ação (interesse processual), para outros pressupostos processuais.

Contudo, em face do princípio da instrumentalidade do processo, entendo, e s.m.j., que se deve aplicar o disposto no art. 462 também ao processo de execução. Preceitua este dispositivo, que 'se, depois da propositura da ação, algum fato constitutivo, modificativo ou extintivo do direito influir no julgamento da lide, caberá ao juiz tomá-lo em consideração, de ofício ou a requerimento da parte, no momento de proferir a sentença' (ainda que seja sentença extintiva da execução).

Assim, 'a sentença deve refletir o estado de fato da lide no momento da entrega da prestação jurisdicional, devendo o juiz levar em consideração o 'fato superveniente' (RSTJ 140, p. 386, 42, p. 352, 103, p. 263).

Nesse sentido também os seguintes precedentes:

Processual civil. Tributário. Execução fiscal. Extinção da execução. Ausência de liquidez. Pendência de análise de recurso administrativo. Via administrativa exaurida. Análise dos fatos superveniente. Dever do magistrado. Crédito definitivamente constituído.

1. O Tribunal de origem concluiu pela exigibilidade do crédito, uma vez que já havia pronunciamento definitivo na via administrativa e no mandado de segurança, relacionado à compensação do precatório.

2. Cabe ao juiz solucionar a demanda levando em consideração as questões supervenientes que influenciam na lide, conforme o disposto no art. 462 do CPC. Com efeito, quando do pronunciamento judicial, a questão administrativa já havia se exaurido por definitivo, tornando o título executivo definitivamente constituído, líquido, certo e exigível.

Agravo regimental improvido.

(AgRg no REsp 1270467/PR, Rel. Ministro HUMBERTO MARTINS, SEGUNDA TURMA, julgado em 06/12/2011, DJe 14/12/2011)

Processual civil. Fato superveniente ao julgamento da execução fiscal. Acordo de parcelamento. Suspensão da exigibilidade do crédito tributário. Suspensão da execução fiscal em curso. Violação do artigo 462, do cpc. Ocorrência. Anulação do acórdão recorrido.

1. Insurgência especial fulcrada, preliminarmente, na aduzida ofensa ao artigo 462, do CPC, por não ter o acórdão regional atentado para o fato superveniente capaz de influir no julgamento, qual seja, a celebração de novo acordo de parcelamento, em 31.12.2002, causa suspensiva da exigibilidade do crédito tributário prevista no artigo 151, do CTN, e, por consequência, ensejadora da suspensão da execução fiscal em tela, ajuizada em 01.07.1998.

2. Consoante o Tribunal de origem: "nos documentos de fls. 44/50 assinados em 10/01/1996 pela executada, há declarações espontaneamente prestadas pela contribuinte e a posterior formalização do reconhecimento e a parcelamento de dívida tributária no valor de R$ 4.567.381,75 (quatro milhões, quinhentos e sessenta e sete mil, trezentos e oitenta e um reais e setenta e cinco centavos), relativamente ao ICMS não pago dos meses de junho a outubro de 1995. (...) Conforme a própria executada afirma, após assinar o termo de acordo em foco (datado de 10/01/1996), cujo parcelamento se fixara em sessenta (60) meses, promoveu o pagamento de duas parcelas apenas e nada mais (?!), pois teria apresentado uma 'proposta de liquidação' que não teria sido apreciada pelo fisco estadual. Ora, somente em 14/04/1997 é que se promoveu a inscrição em dívida ativa; e, pelo menos aparentemente, o documento se encontra lastreado em valores informados pela própria contribuinte.

É o que pude extrair da comparação entre os valores declarados pelo contribuinte (fls. 44/45), do que apurou o fisco (fls. 73/74) e do que consta na certidão de dívida ativa nº 001/97 que instrui esta ação executiva (fls. 03/04)».

3. O decisum restou integrado em sede de embargos de declaração, nos quais assinalou o Juízo a quo que: "Como registrei, a contribuinte, ora embargante alega haver parcelamento da dívida fiscal, o que, segundo afirma, acarretaria a suspensão da exigibilidade do crédito tributário e da própria execução, de sorte que sequer deveria ser levado a julgamento o recurso/remessa.

Verifico que, realmente, não há, no julgado, qualquer manifestação acerca dos documentos colacionados aos autos. E os documentos, não impugnados pelo Fisco, demonstram a existência de 'Termo de Acordo de Parcelamento ' (fl. 184/5) e o cumprimento ao menos circunstancial, das obrigações pecuniárias entabuladas (fls. 186/8).

Esta omissão merece, sem dúvida, ser sanada, sob pena de afronta à ampla e plena prestação jurisdicional (art. 93, IX, da Carta da República).

Impossível, todavia, emprestar os efeitos que a recorrente pretende, qual seja, tornar sem efeito o julgamento.

Isto porque o interesse recursal da Fazenda Pública assenta-se, a priori, na necessidade e na utilidade de um provimento definidor da situação acerca da validade do título executivo impugnado e, assim, da própria higidez da demanda executiva (CPC, 618). Aliás, a suspensão da execução reclama, primeiro, um pronunciamento a respeito do seu cabimento, pois revela-se inviável dizer sobre o seguimento da execução sem investigar, antes, a sua admissibilidade (até mesmo porque, se não valer, como 'suspendê-la'?).

Cumpre sublinhar, nessa mesma linha, que este pronunciamento (sobre a admissibilidade da ação de execução), opera sempre efeitos retroativos, podendo, ou alvejar a sentença (como no caso, em que houve reforma do decisum), ou a ação em seu nascedouro (se fosse o caso de o acórdão decretar a nulidade da execução). Significa dizer que a aceitabilidade da demanda executiva também antecede temporalmente a suspensividade dela.

Sem embargo, embora não vislumbre hipótese de desconstituição do julgado, cuida-se, a espécie, de hipótese típica de suspensão da exigibilidade do crédito tributário pela prorrogação do prazo para o pagamento (CTN, 151, inc. I), tendo sido comprovado o parcelamento da dívida.

Isto autoriza, sem dúvida, a suspensão do processo de execução enquanto houver o rigoroso adimplemento do acordo, bem como a descida dos autos, devendo ser observado ainda, pelo juízo a quo, o atendimento dos atos que a lei concedente exige do contribuinte (vide art. 4º, da Lei nº 7.002/01).

Assim, conheço do recurso e dou-lhe provimento parcial para sanar a omissão apontada, determinando a descida dos autos e a suspensão da execução, sem afetação do conteúdo do acórdão embargado." 4. A suspensão da execução fiscal por novel parcelamento é imperiosa sob pena de prosseguimento do processo satisfativo por quantia incerta.

5. É que se suspende a execução até o adimplemento do acordo, embora o pagamento parcial não comprometa a respectiva certidão (REsp 514351/PR, desta relatoria, Primeira Turma, publicado no DJ de 19.12.2003; e REsp 504631/PR, Relatora Ministra Denise Arruda, publicado no DJ de 06.03.2006).

6. Desta sorte, a superveniente celebração de acordo de parcelamento constitui fato que deve ser considerado pelo magistrado quando da prolação de decisão em sede do executivo fiscal, ex vi do artigo 462, do CPC, uma vez que a suspensão do processo é consectário lógico da causa suspensiva da exigibilidade do crédito tributário.

7. Recurso especial parcialmente conhecido e, nesta parte, desprovido, sendo certo que não há imputação de honorários ao recorrido.

(REsp 784.943/ES, Rel. Ministro LUIZ FUX, PRIMEIRA TURMA, julgado em 07/08/2007, DJ 20/09/2007, p. 228)

Desta feita, se no momento da sentença de extinção da execução o débito não estava mais parcelado e encontrava-se sujeito à pretensão de exigibilidade, tal fato deve ser levado em consideração.

Ante o exposto, voto por dar provimento à apelação e à remessa oficial, nos termos da fundamentação".

Estabelece o *parágrafo único do art. 493* do atual C.P.C. que *se constatar de ofício o fato novo, o juiz ouvirá as partes sobre ele antes de decidir.*

Para se evitar surpresa no momento da prolação da decisão, bem como para se impedir qualquer mácula ao princípio do contraditório e da ampla defesa, este parágrafo único determina que o juiz, antes de aplicar o fato novo no momento da decisão, dê oportunidade às partes para se manifestar sobre essa nova circunstância processual.

Art. 494

Publicada a sentença, o juiz só poderá alterá-la:

I – para corrigir-lhe, de ofício ou a requerimento da parte, inexatidões materiais ou erros de cálculo;

II – por meio de embargos de declaração.

Publicada a sentença o juiz cumpre e acaba seu ofício jurisdicional

Preceito similar encontra-se no art. 166 do C.P.C. argentino:

"Art. 166. Pronunciada a sentença, concluída estará a competência do juiz em relação ao objeto do juízo e não poderá substituí-la ou modificá-la. Poderá, contudo:

1) Exercer de ofício, antes da notificação da sentença, a faculdade que lhe outorga o art. 36, inc. 6). Os erros puramente numéricos poderão ser corrigidos ainda durante o trâmite de execução da sentença.

2) Corrigir, a pedido da parte, formulado dentro de três dias da notificação e sem 'substanciación', qualquer erro material; aclarar algum conceito obscuro sem alterar o substancial da decisão e suprir qualquer omissão em que houvesse ocorrido sobre algumas das pretensões deduzidas e discutidas no litígio.

3) Ordenar, a pedido da parte, as medidas de precaução que forem pertinentes.

4) Dispor sobre as anotações estabelecidas por lei e a entrega de testemunhas.

5) Prosseguir a 'substanciación' e decidir os incidentes que tramitem em separado.

6) Resolver acerca da admissibilidade dos recursos e 'sustanciarlos', e, dependendo do caso, decidir o pedido de retificação a que se refere o art. 246.

7) Executar oportunamente a sentença".

No mesmo sentido é o §319 do C.P.C. alemão:

"1) Os erros de escrito, os erros matemáticos e outras inexatidões evidentes presentes na sentença devem ser retificados pelo tribunal, ainda que de ofício, a qualquer momento".

Com base no art. 494 do atual C.P.C., uma vez publicada a sentença, passa ela a ter existência jurídica, e, consequentemente, torna-se público que o juiz cumpriu a acabou o seu ofício jurisdicional.

É com a publicação da sentença que se estabelece em definitivo o seu conteúdo e o seu teor.

Com a publicação da sentença, ela se torna irretratável, não podendo o juiz alterar aquilo que foi decidido, salvo, evidentemente, no caso de embargos de declaração com efeitos *infringentes*.

Contudo, mesmo que publicada a sentença e diante de sua *irretratabilidade*, o art. 494 do atual C.P.C. prevê as hipóteses em que o juiz poderá continuar atuando para realizar correções na decisão proferida.

Assim, o juiz poderá alterar a sentença *para corrigir-lhe, de ofício ou a requerimento da parte, inexatidões materiais ou lhe retificar erros de cálculo*.

Havendo inexatidões materiais ou erro de cálculo de evidência concreta perceptíveis a *primo ictu oculi*, o juiz poderá realizar as correções necessárias para que a decisão represente aquilo que efetivamente quis determinar o magistrado de acordo com a sua intelecção e vontade no momento da sentença. Em tais hipóteses a sentença pode ser corrigida mediante simples despacho, de ofício ou a requerimento da parte.

Competente para a correção da sentença é o próprio juiz que a proferiu. Isso não significa dizer que seja a própria pessoa do juiz, mas, sim, o juízo competente para o exercício da jurisdiçao no momento de corrigir o erro constatado, o que poderá ocorrer, inclusive, em grau de execução do título.

É importante salientar que somente cabe a correção de erros materiais ou de cálculo, não podendo o juiz ingressar na própria substância do julgado ou alterar o conteúdo da decisão.

Admite-se ainda a correção *por meio de embargos de declaração*.

Sobre a integração da sentença preconiza o §321 do C.P.C. alemão:

"§321 Integração da sentença.

1) Se a decisão final não leva em consideração, em tudo ou em parte, alguma pretensão principal ou acessória deduzida em juízo por uma das partes com base em fato acertado originariamente ou retificado em um segundo momento ou não contem disposição de mérito sobre as despesas, a sentença deve ser integrada, mediante requerimento da parte, com uma decisão sucessiva.

2) a decisão sucessiva deve ser solicitada por meio de requerimento escrito no prazo de duas semanas que se inicia a partir da notificação da sentença.

3) Mediante pedido, deve ser fixada uma audiência de tratativa oral. Juntamente com a citação para participação em tal audiência, deve ser notificada a contraparte do ato escrito contendo o requerimento de integração da decisão.

4) A tratativa oral tem por objeto somente a parte não resolvida da controvérsia".

O art. 493, inc. II, do atual C.P.C. permite alteração da sentença ou sua integração nas hipóteses em que são cabíveis os embargos de declaração.

O art. 1022 do atual C.P.C. estabelece as hipóteses que permitem a interposição dos embargos de declaração, a saber:

Art. 1.022. Cabem embargos de declaração contra qualquer decisão judicial para:

I – esclarecer obscuridade ou eliminar contradição;

II – suprir omissão de ponto ou questão sobre o qual devia se pronunciar o juiz de ofício ou a requerimento;

III – corrigir erro material.

Parágrafo único. Considera-se omissa a decisão que:

I – deixe de se manifestar sobre tese firmada em julgamento de casos repetitivos ou em incidente de assunção de competência aplicável ao caso sob julgamento;

II – incorra em qualquer das condutas descritas no art. 489, § 1º.

Dá-se o nome de embargos de declaração ao recurso destinado a requerer ao órgão jurisdicional prolator da sentença ou do acórdão que elimine obscuridade, esclareça dúvidas, supra omissão, elimine contradição. Desta forma, o pressuposto para os embargos de declaração é a existência de obscuridade, dúvida, contradição ou omissão, seja na análise do mérito ou simplesmente nas decisões terminativas de natureza eminentemente processual, quer isso ocorra no relatório, no fundamento ou no dispositivo.

No caso de embargos de declaração, ao contrário do que ocorre na correção de erro material ou de cálculo, a reavaliação da decisão somente ocorrerá mediante requerimento da parte e não de ofício pelo juiz.

Os embargos de declaração poderão apresentar efeitos infringentes em relação ao julgado, isto é, alterar, modificar substancialmente a decisão quando a obscuridade ou omissão for de tal ordem que justifique a alteração da decisão. Neste caso, o efeito modificativo dos embargos de declaração somente poderá ocorrer em virtude da correção do vício, desde que ouvida a parte contrária.

Art. 495

A decisão que condenar o réu ao pagamento de prestação consistente em dinheiro e a que determinar a conversão de prestação de fazer, de não fazer ou de dar coisa em prestação pecuniária valerão como título constitutivo de hipoteca judiciária.

§ 1º A decisão produz a hipoteca judiciária:

I – embora a condenação seja genérica;

II – ainda que o credor possa promover o cumprimento provisório da sentença ou esteja pendente arresto sobre bem do devedor;

III – mesmo que impugnada por recurso dotado de efeito suspensivo.

§ 2º A hipoteca judiciária poderá ser realizada mediante apresentação de cópia da sentença perante o cartório de registro imobiliário, independentemente de ordem judicial, de declaração expressa do juiz ou de demonstração de urgência.

§ 3º No prazo de até 15 (quinze) dias da data de realização da hipoteca, a parte informá-la-á ao juízo da causa, que determinará a intimação da outra parte para que tome ciência do ato.

§ 4º A hipoteca judiciária, uma vez constituída, implicará, para o credor hipotecário, o direito de preferência, quanto ao pagamento, em relação a outros credores, observada a prioridade no registro.

§ 5º Sobrevindo a reforma ou a invalidação da decisão que impôs o pagamento de quantia, a parte responderá, independentemente de culpa, pelos danos que a outra parte tiver sofrido em razão da constituição da garantia, devendo o valor da indenização ser liquidado e executado nos próprios autos.

Título constitutivo de hipoteca judiciária

Sabe-se que a decisão proferida no processo de conhecimento poderá condenar o réu ao cumprimento de uma prestação, cujo objeto pode ser uma obrigação de dar, fazer, não fazer, ou de pagar quantia em dinheiro. Nesta última hipótese, a decisão proferida poderá fundamentar a constituição de uma garantia processual ao cumprimento da decisão, garantia esta denominada de *hipoteca judiciária*.

Sabe-se que ao lado dos efeitos principais da decisão, ou seja, efeito declaratório, condenatório, constitutivo, mandamental ou executivo *lato senso*, há também os denominados *efeitos secundários, acessórios ou de fato da decisão*, sendo que a constituição de *hipoteca judicial* enquadra-se nessa última hipótese.

Enquanto que os efeitos principais da decisão, em regra, decorrem do pedido expresso formulado na demanda judicial e, consequentemente, de pronunciamento expresso do juiz, os efeitos secundários, como no caso da hipoteca judicial, independem de pedido expresso e de pronunciamento do juiz, pois resultam simplesmente do *fato da existência da decisão que tenha por objeto prestação em dinheiro*.

Conforme anotam Comoglio, Ferri e Taruffo, *"a sentença condenatória é pois idônea a constituir o título para a inscrição de hipoteca judiciária nos termos do art. 2.818 (c.c.italiano); se nela há uma condenação ao pagamento de uma soma em dinheiro a hipoteca será inscrita pela aquela quantia determinada na sentença, ainda que o objeto da condenação tenha sido o adimplemento de outra obrigação, a hipoteca poderá inscrever-se pela soma estabelecida pelo credor na nota de inscrição (salvo a possibilidade do devedor de pedir-lhe a redução e salvo de todo modo o ressarcimento do dano para uma inscrição ilegítima)".*[814]

A hipoteca judicial é um efeito que se opera pela força legal, automaticamente.

O art. 466 do C.P.C. de 1973 permitia a constituição de hipoteca judiciária para além das sentenças condenatórias de prestação em dinheiro, abrangendo também as prestações consistentes na entrega de coisa. Esta última hipótese não foi repetida pelo atual art. 492 do novo C.P.C.

A constituição da hipoteca judiciária também ocorrerá quando a decisão converter em dinheiro *a prestação de fazer, de não-fazer ou de dar coisa*. Isso ocorre quando não for possível promover o cumprimento propriamente dito da própria prestação ou do seu resultado equivalente. Assim, deverá o juiz converter a prestação de fazer, não-fazer ou de entrega de coisa em *perdas em danos*, mediante prestação de pagar quantia. Havendo a conversão, poderá também ocorrer a constituição da hipoteca judiciária como garantia do cumprimento da obrigação.

A constituição de hipoteca judiciária caracteriza-se como um *efeito secundário* da decisão condenatória de prestação em dinheiro ou da decisão de conversão de prestação, autorizando o credor a constituir a hipoteca sobre eventual bem do devedor.

Trata-se evidentemente de um instituto de garantia de cumprimento de sentença, que tem por objetivo evitar eventual *fraude à execução*.

Segundo estabelece o art. 1.473 do C.c. brasileiro, podem ser objeto de hipoteca: a) os imóveis e os acessórios dos imóveis conjuntamente com eles; b) o domínio direto; c) o domínio útil; d) as estradas de ferro; e) os recursos naturais a que se refere o art. 1.230, independentemente do solo onde se acham; f) os navios; g) as aeronaves; h) o direito de uso especial para fins de moradia; i) o direito real de uso; j) a propriedade superficiária.

A hipoteca abrange todas as acessões, melhoramentos ou construções do imóvel (art. 1.474 do C.c. brasileiro).

A hipoteca será registrada no cartório do lugar do bem imóvel, ou no de cada um deles, se o título for compatível com mais de um imóvel.

Compete aos interessados, exibindo o título judicial, requerer o registro da hipoteca judicial, inclusive para que ela valha perante terceiros.

A hipoteca judicial, que não deixa de ser legal, pode ser substituída por caução de títulos da dívida pública ou estadual, recebidos pelo valor de sua cotação mínima no ano corrente; ou por outra garantia, a critério do juiz, a requerimento do devedor (art. 1.491 do C.c.brasileiro).

[814] COMOGLIO, Luigi Paolo; FERRI, Corrado; TARUFFO, Michele. *Lezioni sul processo civile*. I. Il processo ordinario di cognizione. Bologna: Il Mulino, 2006. p. 581.

É importante salientar que a hipoteca judiciária, por ser um crédito real, prefere ao pessoal de qualquer espécie, nos termos do art. 961 do C.c.b. Assim, pelo novo código civil, a hipoteca judiciária, além de atribuir o direito de *sequela*, também confere ao credor o direito de preferência na ordem legal.

Segundo estabelece o *§1º do art. 495* do atual C.P.C., *a decisão produz a hipoteca judiciária: I – embora a condenação seja genérica; II – ainda que o credor possa promover o cumprimento provisório da sentença ou esteja pendente arresto sobre bem do devedor; III – mesmo que impugnada por recurso dotado de efeito suspensivo.*

O pedido deve ser certo e determinado, sendo lícito, porém, formular pedido genérico: I – nas ações universais, se não puder o autor individuar na petição os bens demandados; II – quando não for possível determinar, desde logo, as consequências do ato ou do fato ilícito; III – quando a determinação do objeto ou do valor da condenação depender de ato que deva ser praticado pelo réu.

Sobre a condenação genérica, ensinam Comoglio, Ferri e Taruffo: *"O conteúdo da sentença de condenação genérico é circunscrito aos elementos constitutivos do ilícito atribuído ao destinatário da condenação, sujeito passivo, enquanto é excluído qualquer acertamento acerca da entidade da prestação. De fato, o art. 278 atribui ao órgão judicante, mediante pedido da parte, quando já se encontra acertada a subsistência de um direito, mas é ainda controversa a quantidade da prestação devida, o poder de pronunciar por meio de sentença de condenação genérica à prestação...A condenação genérica limita-se a acertar um elemento da situação jurídica entre as partes, colocando como objeto do acertamento a fonte do ilícito. A cisão do mesmo juízo em duas fases deve ser todavia pedida pela parte assim para poder-se ter uma primeira fase na qual a conclusão é a condenação genérica à prestação e uma segunda que tem por objeto a cognição acerca da entidade da prestação devida com a liquidação do dano. Muito embora seja título para inscrição de hipoteca judiciária, é evidente que, sob o terreno funcional, uma condenação com este conteúdo não pode ser suscetível de execução forçada".*[815]

Assim, mesmo que o pedido formulado seja genérico e a sentença, por sua vez, também apresente uma condenação genérica, ou ilíquida, essa decisão produzirá o efeito secundário da hipoteca judiciária para todos os efeitos legais, devendo o credor requerer ao juiz que fixe por arbitramento eventual valor a ser estipulado para fins de inscrição e garantia da hipoteca judiciária.

É bem verdade que no direito italiano, no caso de sentença ilíquida, cabe ao exequente estabelecer ou arbitrar o valor para efeitos da hipoteca judiciária, arcando com a responsabilidade por eventual ilegitimidade da inscrição, conforme se observa pela lição de Comoglio, Ferri e Taruffo acima citada.

[815] Comoglio, L.p.; Ferri, C.; Taruffo, M., idem, p. 583.

Também havendo pendência de arresto de bens do devedor, medida cautelar decorrente de eventual *periculum in mora* e *fumus boni iuris*, tal tutela antecipada de urgência não impede que o credor realize a inscrição da hipoteca judiciária.

Evidentemente que uma vez efetuado o arresto, deverá o credor optar pela garantia que pretenda manter eficaz, sob pena de *onerar demasiadamente o devedor.*

Note-se que a inscrição da hipoteca judiciária não exige a presença de *periculum in mora.*

Não haverá impedimento para inscrição da hipoteca judiciária quando a determinação do objeto ou do valor da condenação depender de ato que deva ser praticado pelo réu.

A hipoteca judiciária também poderá ser constituída mesmo que seja impugnada a decisão por recurso dotado de efeito suspensivo. Assim, o recurso dotado de efeito suspensivo impede o cumprimento provisório da decisão, mas não que ela seja garantida por hipoteca judiciária.

Quanto ao objeto, preconiza o art. 495 do atual C.P.C. que a hipoteca judiciária somente poderá ser deflagrada quando a sentença tiver por conteúdo uma prestação em dinheiro e não mais uma prestação para entrega de coisa, conforme previa o código revogado.

Porém, o valor da condenação na prestação em dinheiro poderá depender de algum ato que deva ser praticado pelo réu, como, por exemplo, demonstração que já efetuou o pagamento ou a compensação parcial do débito. Ainda que na pendência de o réu demonstrar esses fatos, o credor poderá promover o registro da hipoteca judiciária.

Estabelece ainda o *§2º do art. 492* do atual C.P.C. que a hipoteca judiciária poderá ser realizada mediante apresentação de cópia da sentença perante o cartório de registro imobiliário, independentemente de ordem judicial, de declaração expressa do juiz ou de demonstração de urgência.

Sob a égide do C.P.C. de 1973 e do C.c.brasileiro de 1916, havia necessidade, antes de se efetuar o registro da hipoteca judicial, da sua especialização.

Com base na legislação revogada, para que a hipoteca judiciária fosse constituída como direito real em garantia, o que ocorria com sua inscrição no registro de imóveis, fazia-se necessário requerimento formulado pela parte vencedora e dirigido ao juiz para expedição de mandado, no qual, obrigatoriamente, constaria a descrição do bem específico a ser onerado, cujo valor deveria equivaler ao débito fixado na decisão judicial, ou, quando esta fosse genérica, ao montante aproximado da dívida. Esse pedido de especialização era o que bastava para que o juiz expedisse mandado judicial determinando a inscrição da hipoteca judiciária em favor do requerente.

Pelo novo C.P.C., não haverá mais necessidade de especialização da hipoteca judiciária, bastando ao credor, mesmo que a sentença ainda não tenha transitado em julgado, apresentar uma cópia da sentença perante o cartório do registro imobiliário, independentemente de ordem judicial.

Ressalte-se que este instituto da hipoteca judiciária era considerado por muitos doutrinadores como um instituto totalmente obsoleto.

Contudo, diante das diversas interpretações estabelecidas pelos nossos tribunais sobre a questão da fraude à execução, bem como pela simplificação do instituto da hipoteca judicial que pode ser inscrita no registro competente mediante simples cópia da sentença condenatória em prestação em dinheiro, o instituto passa a ser um importante meio preventivo contra a fraude à execução, além de resguardar o credor contra a pressa na promoção da execução.

Uma inovação importante é a possibilidade de constituição da hipoteca judiciária ainda que a sentença possa ser impugnada por meio de recurso com efeito suspensivo.

Preceitua o *§ 3º do art. 495* do atual C.P.C. que no prazo de até 15 (quinze) dias da data de realização da hipoteca, a parte informá-la-á ao juízo da causa, que determinará a intimação da outra parte para que tome ciência do ato.

Como não há mais o instituto da especialização da hipoteca judicial, uma vez registrada a hipoteca judicial, tal fato deverá ser comunicado imediatamente ao juízo da causa, a fim de que se possa determinar a intimação do devedor para que tome ciência do ato e requeira o que lhe for de direito.

Estabelece o *§ 4º do art. 495* do atual C.P.C. que *a hipoteca judiciária, uma vez constituída, implicará, para o credor hipotecário, o direito de preferência, quanto ao pagamento, em relação a outros credores, observada a prioridade no registro.*

Este dispositivo estabelece o direito de *prelação*, ou seja, o direito de preferência em favor do credor hipotecário quanto ao recebimento de seu crédito.

Porém, não obstante o direito de preferência, a ordem a ser seguida será a da prioridade no registro.

Assim, se no registro já houver uma hipoteca contratual registrada, antes da hipoteca judiciária, a primeira terá preferência de pagamento em relação à segunda.

Por fim, preceitua o *§ 5º do art. 495* do atual C.P.C. que *sobrevindo a reforma ou a invalidação da decisão que impôs o pagamento de quantia, a parte responderá, independentemente de culpa, pelos danos que a outra parte tiver sofrido em razão da constituição da garantia, devendo o valor da indenização ser liquidado e executado nos próprios autos.*

Muito embora a hipoteca judiciária seja uma garantia importante que o ordenamento jurídico confere à parte, o certo é que sobrevindo reforma ou invalidação da decisão que deu base à hipoteca, a parte que promoveu a hipoteca judiciária responderá, independentemente de culpa (responsabilidade objetiva), pelos danos que a outra parte tiver sofrido em razão da constituição da garantia, sendo que estes danos serão liquidados e executados nos próprios autos.

SEÇÃO III – Da Remessa Necessária

Art. 496

Está sujeita ao duplo grau de jurisdição, não produzindo efeito senão depois de confirmada pelo tribunal, a sentença:

I – proferida contra a União, os Estados, o Distrito Federal, os Municípios e suas respectivas autarquias e fundações de direito público;

II – que julgar procedentes, no todo ou em parte, os embargos à execução fiscal.

§ 1º Nos casos previstos neste artigo, não interposta a apelação no prazo legal, o juiz ordenará a remessa dos autos ao tribunal,e, se não o fizer, o presidente do respectivo tribunal avocá-los-á.

§2º Em qualquer dos casos referidos no §1º, o tribunal julgará a remessa necessária.

§ 3º Não se aplica o disposto neste artigo quando a condenação ou o proveito econômico obtido na causa for de valor certo e líquido inferior a:

I – 1.000 (mil) salários-mínimos para União e as respectivas autarquias e fundações de direito público;

II – 500 (quinhentos) salários-mínimos para os Estados, o Distrito Federal, as respectivas autarquias e fundações de direito público, e os Municípios que constituam capitais dos Estados;

III – 100 (cem) salários-mínimos para todos os demais Municípios e respectivas autarquias e fundações de direito público.

§ 4º Também não se aplica o disposto neste artigo quando a sentença estiver fundada em:

I – súmula de tribunal superior;

II – acórdão proferido pelo Supremo Tribunal Federal ou pelo Superior Tribunal de Justiça em julgamento de recursos repetitivos;

III – entendimento firmado em incidente de resolução de demandas repetitivas ou de assunção de competência;

IV – entendimento coincidente com orientação vinculante firmada no âmbito administrativo do próprio ente público, consolidada em manifestação, parecer ou súmula administrativa.

Da remessa necessária

Este dispositivo consagra, no novo C.P.C., a obrigatoriedade em determinadas situações do princípio do *duplo grau de jurisdição*, desde que haja a sucumbência de determinada parte que compõe a relação jurídica processual.

A obrigatoriedade do duplo grau de jurisdição não decorre de critério objetivo, mas, sim, subjetivo, com base na natureza da parte que compõe o polo ativo ou passivo da relação jurídica processual.

O princípio do duplo grau de jurisdição, consagrado pela Revolução Francesa, consiste justamente em se admitir, como regra, o conhecimento e a decisão das causas por dois órgãos jurisdicionais, sucessivamente, sendo o segundo hierarquicamente superior ao primeiro.

Esse princípio, que não é considerado um privilégio, mas, sim, uma prerrogativa conferida a determinado ente público, é colocado à disposição da parte vencida, no sentido de que o juiz é obrigado a remeter o processo ao tribunal para o reexame da questão julgada em primeiro grau.

O pressuposto para a aplicação do princípio do duplo grau de jurisdição é justamente o prejuízo ou gravame que a parte indicada na lei sofreu em razão da sentença de primeiro grau. Desta feita, o prejuízo resulta da sucumbência.

O Supremo Tribunal Federal já se manifestou sobre a constitucionalidade do denominado *recurso ex officio*, conforme preconiza o seguinte precedente: "*O impropriamente denominado 'recurso* ex officio' *não foi revogado pelo art. 129, I, da CF, que atribui ao Ministério Público a função de promover, privativamente, a ação penal, e, por extensão, a de recorrer nas mesmas ações. A pesquisa da natureza jurídica do que se contém sob a expressão 'recurso* ex officio' *revela que se trata, na verdade, de decisão que o legislador submete a duplo grau de jurisdição, e não de recurso no sentido próprio e técnico.*" *(**HC 74.714**, Rel. Min. Maurício Corrêa, julgamento em 24-6-1997, Segunda Turma,* DJ *de 22-8-1997.)*

Na realidade, visando ao resguardo de certos interesses de ordem pública, a lei prescreve a exigibilidade do cumprimento do princípio do duplo grau de jurisdição, sempre que aqueles interesses não tenham prevalecido na sentença.

É importante salientar que o princípio do duplo grau de jurisdição, conforme entendimento do S.T.F., não foi erigido como princípio e garantia constitucional, salvo naquelas hipóteses expressamente previstas na Constituição Federal.

Sobre as características do princípio do *duplo grau de jurisdição*, assim se manifestou o Supremo Tribunal Federal:

*"Duplo grau de jurisdição no Direito brasileiro, à luz da Constituição e da Convenção Americana de Direitos Humanos. Para corresponder à eficácia instrumental que lhe costuma ser atribuída, o duplo grau de jurisdição há de ser concebido, à moda clássica, com seus dois caracteres específicos: a possibilidade de um reexame integral da sentença de primeiro grau e que esse reexame seja confiado a órgão diverso do que a proferiu e de hierarquia superior na ordem judiciária. Com esse sentido próprio – sem concessões que o desnaturem – não é possível, sob as sucessivas Constituições da República, erigir o duplo grau em princípio e garantia constitucional, tantas são as previsões, na própria Lei Fundamental, do julgamento de única instância ordinária, já na área cível, já, particularmente, na área penal. A situação não se alterou, com a incorporação ao Direito brasileiro da Convenção Americana de Direitos Humanos (Pacto de São José), na qual, efetivamente, o art. 8º, 2, h, consagrou, como garantia, ao menos na esfera processual penal, o duplo grau de jurisdição, em sua acepção mais própria: o direito de 'toda pessoa acusada de delito', durante o processo, 'de recorrer da sentença para juiz ou tribunal superior'. Prevalência da Constituição, no Direito brasileiro, sobre quaisquer convenções internacionais, incluídas as de proteção aos direitos humanos, que impede, no caso, a pretendida aplicação da norma do Pacto de São José: motivação. (...) Competência originária dos Tribunais e duplo grau de jurisdição. Toda vez que a Constituição prescreveu para determinada causa a competência originária de um Tribunal, de duas uma: ou também previu recurso ordinário de sua decisão (CF, arts. 102, II, a; 105, II, a e b; 121, § 4º, III, IV e V) ou, não o tendo estabelecido, é que o proibiu. Em tais hipóteses, o recurso ordinário contra decisões de Tribunal, que ela mesma não criou, a Constituição não admite que o institua o direito infraconstitucional, seja lei ordinária seja convenção internacional: é que, afora os casos da Justiça do Trabalho – que não estão em causa – e da Justiça Militar – na qual o STM não se superpõe a outros Tribunais –, assim como as do Supremo Tribunal, com relação a todos os demais Tribunais e Juízos do País, também as competências recursais dos outros Tribunais Superiores – o STJ e o TSE – estão enumeradas taxativamente na Constituição, e só a emenda constitucional poderia ampliar. À falta de órgãos jurisdicionais ad quo, no sistema constitucional, indispensáveis a viabilizar a aplicação do princípio do duplo grau de jurisdição aos processos de competência originária dos Tribunais, segue-se a incompatibilidade com a Constituição da aplicação no caso da norma internacional de outorga da garantia invocada." (**RHC 79.785**, Rel. Min. Sepúlveda Pertence, julgamento em 29-03-2000, Plenário, DJ de 22-11-2002.) **No mesmo sentido:** AI 601.832-AgR, Rel. Min. Joaquim Barbosa, julgamento em 17-3-2009, Segunda Turma, DJE de 3-4-2009".*

Também, nesse sentido, eis a seguinte decisão do S.T.F.: *"No ordenamento jurídico-brasileiro não existe a garantia do duplo grau de jurisdição. A Constituição concede aos Prefeitos foro especial por prerrogativa de função. Determina que sejam julgados originariamente pelo Tribunal de Justiça." (**RHC 80.919**, Rel. Min. Nelson Jobim, julgamento em 12-6-2001, Segunda Turma,* DJ *de 14-9-2001.)*

O art. 496 do atual C.P.C. estabelece que está sujeita ao duplo grau de jurisdição, não produzindo efeito senão depois de confirmada pelo tribunal, a sentença proferida contra a União, os Estados, o Distrito Federal, os Municípios e as respectivas autarquias e fundações de direito público.

Sobre a composição do *Estado Federal* brasileiro, anota o saudoso Hely Lopes Meirelles: *"No Estado Federal, que é o que nos interessa, a organização política era dual, abrangendo unicamente a União (detentora da Soberania) e os Estados-membros ou Províncias (com autonomia política, além da administrativa e financeira). Agora, a nossa Federação compreende a União, os Estados-membros, o Distrito Federal e os Municípios, que também são entidades estatais, com autonomia política reconhecida pela Constituição da República (art. 18), embora em menor grau que a dos Estados-membros (art. 25). Essa outorga constitucional de autonomia política aos Municípios é uma 'peculiaridade da Federação brasileira' ...Assim, integra a organização política da nossa Federação um Estado-membro anômalo, que é o Distrito Federal, onde se localiza a Capital da União: Brasília (art. 18 e §1º). Na nossa Federação, portanto, as 'entidades estatais', ou seja, 'entidades com autonomia política' (além da administrativa e financeira), são unicamente a União, os Estados-membros, os Municípios e o Distrito Federal..."*.[816]

Em relação às autarquias e às fundações, leciona Hely Lopes Meirelles:

> *"Entidades autárquicas – São pessoas jurídicas de Direito Público, de natureza meramente administrativa, criadas por lei específica, para a realização de atividades, obras ou serviços descentralizados da entidade estatal que as criou. Funcionam e operam na forma estabelecida na lei instituidora e nos termos de seu regulamento. As autarquias podem desempenhar atividades educacionais, previdenciárias e quaisquer outras outorgadas pela entidade estatal-matriz, mas sem subordinação hierárquica, sujeitas apenas ao controle finalístico de sua administração e da conduta de seus dirigentes.*
>
> *Entidades fundacionais – São pessoas jurídicas de Direito Público ou pessoas jurídicas de Direito Privado, devendo a lei definir as respectivas áreas de atuação, conforme o inc. XIX do art.37 da CF, na redação dada pela EC 19/98. No primeiro caso elas são criadas por lei à semelhança das autarquias, e no segundo a lei apenas autoriza*

[816] Meirelles, Hely Lopes. *Direito administrativo brasileiro*. 29ª ed. São Paulo: Malheiros, 2004. p. 62.

sua criação, devendo o Poder Executivo tomar as providências necessárias para sua instituição”.[817]

Note-se que a exigência do duplo grau de jurisdição somente diz respeito às fundações de direito público e não de direito privado.

Também não estará sujeita ao duplo grau de jurisdição a sentença proferida contra as empresas públicas e as sociedades de economia mista.

Embora despersonalizados, há órgãos estatais que mantêm relações funcionais entre si e com terceiros, das quais resultam efeitos jurídicos internos e externos, na forma legal ou regulamentar. E, a despeito de não terem personalidade jurídica, os órgãos podem ter prerrogativas funcionais próprias que ainda que infringidas por outro órgão admitem defesa até mesmo por *mandado de segurança.*[818] Assim, por exemplo, a Câmara Municipal é dotada de capacidade processual para estar em juízo na defesa de seus interesses e prerrogativas institucionais, sendo que, na hipótese de a sentença lhe ser desfavorável e por ser um órgão de uma entidade estatal, haverá a aplicação obrigatória do duplo grau de jurisdição. É importante salientar que o art. 19 da Lei 10.522, de 19.7.02, com a redação dada pela Lei 11.033, de 21.12.04, estabelece que: *“Fica a Procuradoria-Geral da Fazenda Nacional autorizada a não contestar, a não interpor recurso ou a desistir do que tenha sido interposto, desde que inexista outro fundamento relevante, na hipótese de a decisão versar sobre: I – matérias de que trata o art. 18; II – matérias que, em virtude de jurisprudência pacífica do Supremo Tribunal Federal, ou do Superior Tribunal de Justiça, sejam objeto de ato declaratório do Procurador-Geral da Fazenda Nacional, aprovado pelo Ministro de Estado da Fazenda”.*

A sentença, ocorrendo as hipóteses do art. 19 da Lei 10.522, de 19.7.02, não se subordinará ao duplo grau de jurisdição obrigatório (§2º do art. 19 da Lei 10.522/02).

Por outro lado, estabelece o art. 12 da Medida Provisória n. 2.180-35, de 24.08.01: *“Não estão sujeitas ao duplo grau de jurisdição obrigatório as sentenças proferidas contra a União, suas autarquias e fundações públicas, quando a respeito da controvérsia o Advogado-Geral da União ou outro órgão administrativo competente houver editado súmula ou instrução normativa determinando a não-interposição de recurso voluntário”.*

Também não haverá o duplo grau de jurisdição obrigatório nas sentenças proferidas nos Juizados Especiais, nos termos do art. 13 da LJEF.

[817] MEIRELLES, H. L., idem, p. 66.
[818] MEIRELLES, H. L., idem, p. 69.

Estará sujeita ao duplo grau de jurisdição, igualmente, a sentença que julgar procedente no todo ou em parte pedido formulado nos embargos à execução fiscal.

A *administração pública*, quando ingressa em juízo por qualquer de suas entidades estatais (União, Estados, Distrito Federal e Municípios), por suas autarquias, por suas fundações públicas ou por órgãos que tenham capacidade processual, recebe a designação tradicional de *Fazenda Pública*, porque seu erário é que deverá suportar os encargos patrimoniais da demanda.[819]

O legislador concedeu um procedimento específico à administração pública para cobrança judicial de seus créditos, no caso, essa cobrança poderá ser realizada por meio do procedimento de execução fiscal previsto na Lei n. 6.830/80.

O inciso I do art. 496 do atual C.P.C. dispõe apenas sobre as sentenças proferidas em processo de conhecimento, enquanto que o inciso II do art. 496 limita seu cabimento aos embargos opostos em execução fiscal.

Assim, nas hipóteses em que for julgado procedente o pedido formulado em embargos à execução fiscal de dívida ativa da Fazenda Pública, haverá necessidade do duplo grau de jurisdição.

Esta hipótese somente terá aplicação quando for analisado o *mérito* dos embargos, e desde que a Fazenda Pública seja sucumbente na relação jurídica processual.

Não sendo analisado o mérito dos embargos à execução, ou seja, se os embargos forem extintos sem resolução do mérito, não caberá a incidência do duplo grau de jurisdição. Daí porque não cabe a remessa oficial contra a sentença que julgar improcedentes embargos à execução opostos pela Fazenda Pública (STJ, Resp 522.904, rel Min. José Delgado). No mesmo sentido é a seguinte decisão:

> *1. A sentença que julga os embargos à execução de título judicial opostos pela Fazenda Nacional não está sujeita à remessa oficial do art. 475, II, do CPC.*
>
> *2. Recurso Especial provido.*
>
> (REsp 1064371/SP, Rel. Ministro BENEDITO GONÇALVES, PRIMEIRA TURMA, julgado em 16/04/2009, DJe 04/05/2009)".

Em relação ao acolhimento de exceção de pré-executividade, assim se manifestou o Superior Tribunal de Justiça:

[819] Meirelles, H. L., idem, p. 696.

1. O reexame necessário, previsto no artigo 475, do Código de Processo Civil, somente se aplica às sentenças de mérito (Precedentes do STJ: REsp 781.345/MG, Rel. Ministro Francisco Falcão, Primeira Turma, julgado em 29.06.2006, DJ 26.10.2006; REsp 815360/RS, Rel. Ministro Teori Albino Zavascki, Primeira Turma, julgado em 04.04.2006, DJ 17.04.2006; REsp 640.651/RJ, Rel. Ministro Castro Meira, Segunda Turma, julgado em 18.10.2005, DJ 07.11.2005; REsp 688.931/PB, Rel. Ministro Franciulli Netto, Segunda Turma, julgado em 14.12.2004, DJ 25.04.2005; e AgRg no REsp 510.811/MG, Rel. Ministro Francisco Falcão, Primeira Turma, julgado em 19.08.2004, DJ 27.09.2004).

2. In casu, a extinção do executivo fiscal se deu em virtude do acolhimento de exceção de pré-executividade, uma vez configurada carência da ação por ausência de interesse de agir.

3. Recurso especial provido.

(REsp 927.624/SP, Rel. Ministro LUIZ FUX, Rel. p/ Acórdão MIN., PRIMEIRA TURMA, julgado em 02/10/2008, DJe 20/10/2008)

No caso, esta decisão diz respeito ao acolhimento da exceção de pré-executividade com base na falta de interesse de agir.

É importante salientar que o Tribunal, quando da análise do duplo grau de jurisdição obrigatório, não poderá agravar a situação da Fazenda Nacional. Este é o teor da Súmula n. 45 do S.T.J.: *"No reexame necessário, é defeso ao Tribunal, agravar a condenação imposta à Fazenda Pública"*.

Já a Súmula 325 do S.T.J. estabelece que: *"A remessa oficial devolve ao tribunal o reexame de todas as parcelas da condenação suportadas pela Fazenda Pública, inclusive dos honorários de advogado"*. Portanto, a remessa necessária permite que o tribunal, em favor da Fazenda Pública, a) reduza a verba honorária a que ela foi condenada (STJ – 2ª T., Resp 373.834-RS, rel. Min. Eliana Calmon; b) determine a compensação dos honorários (STJ – 1ª T., Resp 113.365-PR., rel. Min. Garcia Vieira), (quando isso ainda era possível).

O art. 496 do atual C.P.C. preconiza que *não produz efeito* a sentença que não for submetida ao duplo grau de jurisdição. Não produzir efeito é mais que simplesmente não transitar em julgado. Significa dizer que a sentença não terá eficácia no mundo jurídico.

Este preceito normativo deve ser analisado com certo cuidado, pois a sentença proferida contra a Fazenda Pública poderá encampar, por exemplo, uma antecipação de tutela anteriormente concedida, pondo em risco valores mais evidenciados do que a simples remessa necessária.

Assim, na eventual concessão de tutela antecipada na sentença final, tal tutela terá efeito e eficácia antes da análise do duplo grau de jurisdição.

É certo, contudo, que a expedição de precatório, com base na nova redação do §1º do art. 100 da Constituição de 1988, somente ocorrerá depois do trânsito em julgado da sentença. Nesse sentido é a seguinte decisão do Supremo Tribunal Federal:

"Desde a promulgação da Emenda Constitucional 30, de 13.09.2000, que deu nova redação ao § 1º do art. 100 da Constituição federal de 1988, tornou-se obrigatória a inclusão, no orçamento das entidades de direito público, de verba necessária ao pagamento dos débitos oriundos apenas de sentenças transitadas em julgado, constantes de precatórios judiciais. Não se admite, assim, execução provisória de débitos da Fazenda Pública. Agravo regimental a que se nega provimento".

(RE 463936 ED, Relator(a): Min. JOAQUIM BARBOSA, Segunda Turma, julgado em 23/05/2006, DJ 16-06-2006 PP-00027 EMENT VOL-02237-05 PP-00829)

Na verdade, o duplo grau de jurisdição condiciona o trânsito em julgado da decisão. Nesse sentido é a Súmula 423 do S.T.F.: *"Não transita em julgado a sentença por haver omitido o recurso 'ex officio', que se considera interposto 'ex lege'"*.

Sobre o tema, eis ainda o seguinte precedente do S.T.J.:

(...).

3. A remessa necessária, expressão do poder inquisitivo que ainda ecoa no ordenamento jurídico brasileiro, porque de recurso não se trata objetivamente, mas de condição de eficácia da sentença, como se dessume da Súmula 423 do STF e ficou claro a partir da alteração do art. 475 do CPC pela Lei 10.352/2001, é instituto que visa a proteger o interesse público; dentro desse contexto, é possível alargar as hipóteses de seu conhecimento, atribuindo-lhe mais do que o efeito devolutivo em sua concepção clássica (delimitado pela impugnação do recorrente), mas também o chamado efeito translativo, quando se permite ao órgão judicial revisor pronunciar-se de ofício, independentemente de pedido ou requerimento da parte ou interessado, em determinadas situações, como, por exemplo, para dirimir questões de ordem pública.

4. Esse efeito translativo amplo admitido pela doutrina e pela jurisprudência não autoriza a conclusão de que toda e qualquer questão passível de ofender, em tese, o interesse público deva ou possa ser examinada, de ofício, pelo Tribunal ad quem. O reexame necessário nada mais é do que a permissão para um duplo exame da decisão proferida pelo Juiz Singular em detrimento do ente público, a partir das teses efetivamente objeto de contraditório ou de pronunciamento judicial anterior, sendo que o Tribunal somente pode conhecer de ofício daquelas matérias que também poderiam sê-lo pelo Julgador solitário.

(...).

(REsp 959.338/SP, Rel. Ministro NAPOLEÃO NUNES MAIA FILHO, PRIMEIRA SEÇÃO, julgado em 29/02/2012, DJe 08/03/2012)

(...).

2. Considerando que o caso é anterior à Lei n. 10.352, de 26.12.2001, a interpretação do art.475, CPC, deve ser feita à luz de sua redação primitiva. A necessidade de reexame obrigatório, o antigo recurso ex officio, nessas condições, abrange as sentenças que resolvam o mérito da causa, o que incluiria homologação de transação. Precedentes do STJ.

3. A remessa necessária não se submete ao regime comum dos prazos processuais, pois sem ela não poderá ocorrer o trânsito em julgado.

(...).

(REsp 714.665/CE, Rel. Ministro HUMBERTO MARTINS, SEGUNDA TURMA, julgado em 28/04/2009, DJe 11/05/2009)

Preceitua o *§1º do art. 496* do atual C.P.C. que *nos casos previstos neste artigo, não interposta a apelação no prazo legal, o juiz ordenará a remessa dos autos ao tribunal, e, se não o fizer, o presidente do respectivo tribunal avocá-los-á.*

Sendo o duplo grau de jurisdição obrigatório por força de lei, o juiz, após expirado o prazo para eventual recurso voluntário, deverá remeter os autos ao Tribunal competente. Se não o fizer, o presidente do respectivo tribunal poderá avocar os autos para a concretização do princípio aludido.

Enquanto não analisada a questão pelo tribunal superior competente, a decisão não transita em julgado.

Estabelece o *§2º do art. 496* do atual C.P.C. que *em qualquer dos casos referidos no §1º, o tribunal julgará a remessa necessária.*

Assim, uma vez avocado os autos, o tribunal deverá prosseguir no julgamento da remessa necessária.

Segundo estabelece o *§3º do art. 496* do atual C.P.C., *não se aplica o disposto neste artigo quando a condenação ou o proveito econômico obtido na causa for de valor certo e líquido inferior a:*

I – 1.000 (mil) salários-mínimos para União e as respectivas autarquias e fundações de direito público;

II – 500 (quinhentos) salários mínimos para os Estados, o Distrito Federal, as respectivas autarquias e fundações de direito público, e os Municípios que constituam capitais dos Estados;

III – 100 (cem) salários-mínimos para todos os demais municípios e respectivas autarquias e fundações de direito público.

O §2º do art. 475 do C.P.C. de 1973 excluía o duplo grau de jurisdição obrigatório sempre que a condenação, ou o direito controvertido, fosse de valor certo não excedente a 60 (sessenta) salários mínimos, bem como no caso de procedência dos embargos do devedor na execução de dívida ativa do mesmo valor.

O §3º do art. 496 do atual C.P.C. exclui o duplo grau de jurisdição obrigatório quando o valor da condenação, do proveito, do benefício ou da vantagem econômica em discussão for valor certo inferior:

a) a *mil salários mínimos* para a União, respectivas autarquias e fundações de direito público;

b) *quinhentos salários mínimos* para os Estados, o Distrito Federal e as respectivas autarquias e fundações de direito público, bem assim para os Municípios que constituam capitais dos Estados. O legislador determinou que o valor mínimo para os municípios situados nas capitais dos Estados será de quinhentos salários mínimos e não cem salários mínimos conforme estabelece de forma genérica para os municípios a letra c) deste dispositivo;

c) *cem salários mínimos* para todos os demais municípios e respectivas autarquias e fundações de direito público. Salvo para os municípios situados nas capitais dos Estados quando o valor mínimo será de quinhentos salários mínimos.

O novo C.P.C., portanto, ao invés de estabelecer um único valor uniforme, optou por diferenciar o valor dependendo do ente público em questão.

É importante salientar que o valor base para a interposição ou não do recurso voluntário não é o valor da causa, mas, sim, o valor da condenação, do proveito, do benefício ou da vantagem econômica fixado *na sentença* quando de sua publicação. Portanto, o momento para se avaliar a necessidade ou não do reexame necessário é a data da publicação da decisão. Nesse sentido é a decisão proferida pelo S.T.J. no Resp n. 625.219, rel. Min. Teoria Zavascki. Em sentido contrário, S.T.J., Resp N. 572.681, Rel. Min. Laurita Vaz.

Note-se que esses valores também se aplicam nas hipóteses dos embargos à execução fiscal.

Outrossim, quando o valor não puder ser apurado de plano, por ser genérica a sentença ou ilíquida a decisão, haverá necessidade de aplicação do princípio do duplo grau de jurisdição.

Preceitua o *§4º do art.* 496 do atual C.P.C. que *também não se aplica o disposto neste artigo quando a sentença estiver fundada em:*

I – súmula de tribunal superior;

II – acórdão proferido pelo Supremo Tribunal Federal ou pelo Superior Tribunal de Justiça em julgamento de recursos repetitivos;

III – entendimento firmado em incidente de resolução de demandas repetitivas ou de assunção de competência;

IV – entendimento coincidente com orientação vinculante firmada no âmbito administrativo do próprio ente público, consolidada em manifestação, parecer ou súmula administrativa.

A sentença, mesmo que proferida contra os entes elencados no inc. I do art. 496 do atual C.P.C., não estará sujeita ao duplo grau de jurisdição se ela estiver fundamentada em súmula (ainda que não vinculante) dos tribunais superiores (S.T.F., S.T.J., T.S.T.; S.T.M.; T.S.E), ou, ainda, em acórdão proferido pelo Supremo Tribunal Federal ou pelo Superior Tribunal de Justiça em julgamento de casos repetitivos, ou quando o entendimento estiver consubstanciado em decisão proferida em incidente de resolução de demandas repetitivas ou de assunção de competência, ou, por fim, quando o entendimento da sentença coincidir com a orientação administrativa consolidada em manifestação, parecer ou súmula do órgão administrativo competente.

Nestas hipóteses, pouco importando o valor da condenação, não haverá a interposição de recurso *ex officio.*

SEÇÃO IV – Do Julgamento das Ações Relativas às Prestações de Fazer, de Não Fazer e de Entregar Coisa

Art. 497

Na ação que tenha por objeto a prestação de fazer ou de não fazer, o juiz, se procedente o pedido, concederá a tutela específica ou determinará providências que assegurem a obtenção de tutela pelo resultado prático equivalente.

Parágrafo único. Para a concessão da tutela específica destinada a inibir a prática, a reiteração ou a continuação de um ilícito, ou a sua remoção, é irrelevante a demonstração da ocorrência de dano ou da existência de culpa ou dolo.

Sumário:

1. Considerações gerais

A Seção IV do atual C.P.C., ao regular a tutela específica das obrigações de fazer e não fazer, tem por objetivo justamente dar efetividade ao processo, reforçando a necessidade do cumprimento específico da prestação assumida, inclusive permitindo que o magistrado determine providências que assegurem o resultado prático equivalente ao adimplemento, ficando a tutela ressarcitória para um segundo plano.

É importante salientar que esta Seção IV trata do julgamento das demandas cujas pretensões são relativas a uma sentença condenatória que tenha por objeto prestações de obrigações de fazer, não fazer e de entrega de coisa como fase final do processo de conhecimento e não deve ser confundida com a execução de título extrajudicial no qual conste obrigação de fazer, não fazer ou entrega de coisa.

A execução para entrega de coisa, de fazer ou não fazer, fundada em título executivo extrajudicial, está regulamentada nos artigos 814 a 823 do atual C.P.C.

Esta seção IV tem por objeto uma pretensão de natureza condenatória, típica do processo conhecimento.

Com a sentença condenatória pronunciada em favor da parte, esta obtém um provimento que prescreve ao sujeito passivo, obrigado com fundamento no terreno substancial, a um certo comportamento consistente no cumprimento de uma prestação: a sentença condenatória pode de fato ter por conteúdo o pagamento de soma em dinheiro ou o adimplemento de outro tipo de obrigação. Num e noutro caso a função da sentença condenatória é justamente aquela de eliminar os efeitos da já ocorrida violação no terreno substancial, atribuindo ao titular do direito a possibilidade de adquirir a mesma 'utilidade' derivante do direito substancial ou o seu equivalente. A condenação também pode ter objeto diretamente um conteúdo inibitório para o futuro a fim de evitar que a violação efetivamente ocorra ou seja repetida. Conforme ensina Paulo Henrique dos Santos Lucon,

> *"Destina-se a ação condenatória a obter um provimento que obrigue o réu a cumprir determinado ato comissivo ou omissivo. Ou seja, com essa ação o demandante pede a condenação do réu ao cumprimento de prestação. Com a procedência da demanda, o juiz ordena alguém a dar, fazer ou não fazer (pagar uma soma em dinheiro), entregar certo bem móvel, desocupar determinado bem imóvel etc)".*[820]

Observa-se pelo teor desta seção que há um sincretismo entre a sentença condenatória e o específico cumprimento da decisão que corresponde a uma tutela jurisdicional específica, podendo o juiz, para o efetivo cumprimento da sentença condenatória de prestação de fazer ou de não fazer, determinar as

[820] LUCON, Paulo Henrique dos Santos. *Eficácia das decisões e execução provisória*. São Paulo: Editora R.T., 2000. p. 157 e 158.

medidas necessárias à satisfação do credor, dentre elas a imposição de multa por período de atraso, a busca e apreensão, a remoção de pessoas e coisas, o desfazimento de obras, a intervenção judicial em atividade empresarial ou similar e o impedimento de atividade nociva, podendo, caso necessário, requisitar o auxílio de força policial.

Por isso, pode-se dizer que não haveria uma efetiva tutela de adimplemento na forma específica sem as técnicas mandamental e executiva estabelecidas pelo ordenamento jurídico para a efetivação desse tipo de tutela jurisdicional.

2. Demandas relativas a prestações de fazer, não fazer ou entrega de coisa

Segundo estabelece o *art. 497* do atual C.P.C., *na ação que tenha por objeto a prestação de fazer ou de não fazer, o juiz, se procedente o pedido, concederá a tutela específica ou determinará providências que assegurem a obtenção de tutela pelo resultado prático equivalente.*

Muito embora este dispositivo faça referência especificamente à obrigação de fazer e não fazer, isso não significa que este preceito normativo tenha aplicação somente à tutela das 'obrigações' e não de direitos que não têm como correlato uma obrigação, como, por exemplo, os direitos de personalidade.

Na realidade, o legislador, ao desenhar a referida norma, criou apenas técnicas processuais voltadas a permitir a efetividade de determinadas tutelas que decorrem naturalmente do direito material, em outras palavras, o legislador, ciente das necessidades de tutela do direito material, disponibilizou técnicas capazes de permitir a prestação da tutela jurisdicional de modo efetivo e adequado.[821]

O art. 497 do atual C.P.C., assim como o faz o art. 84 do Código de Defesa do Consumidor, deve ser compreendido como norma que permite ao juiz: a) impor um não fazer, sob pena de multa; b) determinar uma modalidade executiva capaz de dar ao autor um resultado equivalente àquele que poderia ser obtido com a imposição e o adimplemento do fazer ou do não fazer.[822]

Em se tratando de obrigação contratual, a tutela específica seria aquela que confere ao autor o cumprimento da prestação inadimplida de uma obrigação de fazer ou não fazer. A tutela que confere ao autor o desfazimento daquilo que não deveria ter sido feito é tutela específica da obrigação de não fazer. Quando se teme a reiteração do descumprimento de uma obrigação de fazer ou de não fazer, a tutela que se destina a impedir o devedor de voltar a inadimplir também é tutela específica.[823]

[821] Marinoni, L. G., op. Cit., p. 71

[822] Marinoni, L. G., idem, ibidem.

[823] Marinoni, L. G., idem, p. 67.

O exame da tutela jurisdicional específica, segundo preconiza o art. 497 do atual C.P.C., recomenda uma análise da própria tutela jurisdicional e o seu modo de atuação e operatividade.

Conforme anota Marinoni: *"é absolutamente fundamental, no estágio em que vive o direito processual civil, redescobrir as relações entre o processo e o direito material, que – como bem observa Denti – a tão proclamada autonomia da ação e da relação processual acabou por obscurecer, deixando de lado a estrita dependência dos institutos do processo (de um processo em determinado momento histórico) da influência do direito substancial e, portanto, do papel que o direito hegemônico desenvolve na sociedade".*[824]

O princípio Constitucional do acesso à jurisdição, mais do que impedir barreiras ao direito de petição perante os órgãos jurisdicionais, também recomenda que a tutela jurisdicional a ser prestada seja eficaz, équo e justa e possa satisfazer de forma célere a pretensão formulada pelo autor, desde que o seu pedido venha a ser julgado procedente.

Por isso, *"a fixação dos objetivos do processo, ou da tutela jurisdicional que através do mesmo se opera, anote-se, é fundamental quando se pretende ingressar nos domínios da técnica processual, visto que esta última 'está posta e há de ser empregada empiricamente a serviço dos diversos escopos pré-determinados', sendo certo também que às exigências do direito material por uma tutela efetiva devem corresponder 'técnicas e soluções específicas do direito processual'".*[825]

É importante salientar que quando se pensa nos meios que permitem a obtenção de um resultado no plano do direito material, não é incorreto falar em 'tutela jurisdicional'. Contudo, quando se tem necessidade de se distinguir os meios (que permitem a prestação da tutela) do fim a ser obtido (o resultado no plano do direito material), apresenta-se como adequada a distinção entre tutela jurisdicional *stricto sensu* e técnicas de tutela jurisdicional.[826]

Daí porque, conforme já afirmou Kazuo Watanabe, uma das vertentes mais significativas das preocupações dos processualistas contemporâneos é a da efetividade do processo como instrumento de tutela de direitos, razão pela qual, atualmente os processualistas e as legislações processuais modernas partem para a busca de um instrumentalismo mais efetivo do processo, dentro de uma ótica mais abrangente e mais penetrante de toda a problemática sócio-jurídica.[827]

[824] MARINONI, L. G., idem, p. 62.

[825] YARSHELL, Flávio Luiz. *Tutela jurisdicional específica nas obrigações de declaração de vontade.* São Paulo: Malheiros, 1993. p. 17 e 18.

[826] MARINONI, L. G., op. Cit., p. 63.

[827] WATANABE, Kazuo. *Da cognição no processo civil.* 2ª ed. Campinas: Bookseller, 2000. p. 20.

E para que essa vertente instrumentalista torne-se mais efetiva e eficaz, há necessidade de um *acoplamento* mais perfeito entre o direito material e o direito processual. Dentro desse enfoque, o processo seria bem aderente ao direito material, pois a pretensão processual estaria perfeitamente ajustada à peculiaridade e à exigência da pretensão material.[828]

Daí porque *"as sentenças (condenatórias, mandamental etc) são apenas técnicas que permitem a prestação da tutela jurisdicional. Quando se pensa em termos de tutela dos direitos é preciso verificar se o processo está conferindo a devida e adequada tutela aos direitos, o que não é possível saber ao se constatar que foi proferida uma sentença condenatória ou mandamental, pois estas não refletem o resultado que o processo proporciona no plano do direito material. Na verdade, tais sentenças refletem apenas o modo (a técnica) através do qual o processo tutela os diversos casos conflitivos. Além disto para a prestação de uma determinada espécie de tutela jurisdicional, importam também os meios de execução que o ordenamento jurídico oferece para a tutela dos direitos, isto para não falar no procedimento e na cognição, os quais também são fundamentais para o encontro da tutela jurisdicional adequada e efetiva. Os meios de execução, que evidentemente interferem no resultado que o processo pode proporcionar no plano do direito material, são técnicas para a prestação da devida tutela jurisdicional"*.[829]

Por isso, ainda hoje permanece muito atual a velha lição de Chiovenda, para que *"o processo deve dar, quando for possível praticamente, a quem tenha um direito, tudo aquilo e exatamente aquilo que ele tenha direito de conseguir"*.[830]

Saliente-se que o art. 497 do atual C.P.C. parte de uma premissa equivocada, pois a *ação* não tem por objeto uma prestação de fazer ou não fazer, pois a ação se exerce e se concretiza com a postulação perante o Poder Judiciário da análise de uma pretensão processual que tem por objeto ou por perspectiva a prolação de uma sentença condenatória correspondente a uma obrigação de fazer ou não fazer. Daí porque, na perspectiva moderna, a ação, como poder ou faculdade de invocar a prestação da atividade jurisdicional, não comporta tipificação ou variação de objeto como acontecia no sistema jurídico romano, em que a *actio* significava a efetiva existência de um direito outorgado pelo pretor. Por isso, o objeto da ação é a prestação da atividade jurisdicional e não a obrigação de fazer ou não fazer.

Sobre o tema, renove-se a advertência feita por Pontes de Miranda: *"É preciso não se confundir o pedido, o 'petitum' com o direito, a pretensão, a ação ou a exceção*

[828] Watanabe, K., idem, p. 22.

[829] Maninoni, L. G., op. Cit., p. 63.

[830] Giuseppe, Chiovenda. *Instituições de direito processual civil.* Trad. J. Guimarães Menegale. Vol I. São Paulo: Edição Saraiva, 1965. p. 46

cuja declaração ou sanção condenatória, ou constitutiva, ou mandamental, ou executiva se pede. Não se pede a ação: pois a ação se tem: pede-se que se declare, se constitua, se condene, se mande ou se execute. A pretensão processual é pretensão à sentença, por se ter exercido a pretensão à tutela jurídica (jurisdicional). *Se chamamos 'demanda' ao pedido de outorga de tutela jurídica* (jurisdicional) *mediante sentença, cumulação de ações é cumulação de demandas, e não de ações de direito material, se bem que, de ordinário, a cada ação de direito material corresponda 'ação' de direito processual, pretensão processual. Quando se exerce a pretensão de tutela jurídica* (jurisdicional) *exerce-se pedindo que se cumpra a promessa estatal da tutela jurídica. Quem a tem ainda não tem pretensão processual: a pretensão processual depende (=nasce) do pedido. Quem tem pretensão à tutela jurídica, tem-na ainda que não a exerça. Quem exerceu não a perde e faz-se titular da pretensão processual, pretensão ao remédio jurídico-processual".*[831]

Giuseppe Chiovenda preconiza a seguinte distinção entre ação e obrigação: *"Ação e obrigação (e falando de obrigação entende-se todo direito a uma prestação, porquanto, como vimos, todo direito, absoluto ou relativo, se apresenta como obrigação no momento do processo) são, por consequência, dois direitos subjetivos distintos, que somente 'juntos e unidos' preenchem plenamente a vontade concreta da lei. A ação não se assimila à obrigação, não é o meio para atuar a obrigação, não é a obrigação em sua tendência para a atuação, não é um efeito da obrigação, não é um 'elemento' nem uma 'função' do direito de obrigação, mas um direito distinto e autônomo, que exsurge e pode extinguir-se independente da obrigação (a ação de condenação se consuma com a emanação da sentença definitiva, se bem que a obrigação subsista); direito tendente a um efeito jurídico e não à prestação...a independência e a autonomia da ação se tornam mais evidentes nos casos em que a ação tende a um bem impossível de conseguir-se por obrigação, mas que só se pode conseguir no processo; ou em que tende a um bem sem que exista, ou sem que se saiba se existe algum direito subjetivo atribuível àquele que dispõe da ação".*[832]

É bem verdade que a doutrina dominante entre nós classifica as ações de processo de conhecimento em declaratória, constitutiva, condenatória, mandamental e executiva *lato sensu*. Adotando-se essa classificação para efeitos didáticos, também se pode falar em modalidades de tutela jurisdicional: declaratória, constitutiva, condenatória, mandamental e executiva *lato sensu*.

Por sua vez, Flávio Luiz Yarsheel faz a seguinte crítica sobre a classificação quinária das ações ou das tutelas jurisdicionais: *"Por outro lado, com esta classificação, rejeita-se a construção doutrinária que, às modalidades expostas (*declaratória, constitutiva e condenatória), *acrescenta outras duas: a denominada ação mandamental (tendente a um 'mandado' endereçado a outro órgão estatal, via sentença judicial) e a*

[831] Miranda, Pontes. *Comentários ao código de processo civil de 1973*, Tomo I. 1974. p. 218 a 219.
[832] Giuseppe, C. op. cit. p. 25 a 27.

denominada ação executiva lato sensu (tendente a um provimento de cunho análogo ao condenatório, apto a proporcionar a execução sem necessidade de novo processo). Quanto à primeira delas, entendemos procedentes as observações no sentido de que não guarda congruência com as anteriores, pois não se funda na natureza peculiar da prestação jurisdicional invocada, mas numa especial qualidade do destinatário da sentença (funcionário ou agente público). Quanto à outra categoria, procedentes igualmente são as assertivas no sentido de que todas as ditas sentenças executivas 'lato sensu' são, em verdade, condenatórias, títulos executivos como todas elas, com a particularidade de sua execução fazer-se na própria relação processual em que geradas, sem distinção entre processo de conhecimento e de execução".[833]É importante salientar que a eficácia da sentença mandamental atualmente é muito mais ampla e não se dirige apenas aos órgãos ou agentes estatais, mas também ao particular.[834]

Quanto às denominadas sentenças executivas *lato sensu*, anota Paulo Henrique dos Santos Lucon: *"Deve ser atribuída, no Brasil, a PONTES DE MIRANDA a formulação dessa categoria da propositura de uma nova demanda (executiva), ou seja, o cumprimento do comando emergente da decisão realiza-se na própria relação jurídica processual em que foi proferido o ato decisório, sem a necessidade de instauração de um processo de execução. A expressão 'sentenças executivas 'lato sensu' merece ser criticada, já que não se sabe quais seriam as 'executivas stricto sensu'. Na verdade, a sentença executiva 'lato sensu' é um provimento jurisdicional portador de eficácia condenatória com uma força a mais: com ela não há necessidade de um novo processo, agora executivo, ou seja, o juiz simplesmente determina a realização prática do comando emergente da sentença de natureza condenatória, dispensando-se a iniciativa da parte para o início da execução. Isso significa que a sentença é apta a conduzir à efetiva satisfação do titular da situação jurídica de vantagem. O juiz na própria sentença de procedência emite um comando, ordenando a realização de atos práticos e materiais a serem executados de imediato por auxiliares do Poder Judiciário, sem a necessidade de o demandante-exequente propor demanda executiva com a citação pessoal do executado... Além disso, não poderão ser opostos embargos à execução, pois todas as defesas devem ser necessariamente apresentas no processo cognitivo, cumprindo lá o demandado o ônus da impugnação específica dos fatos apresentados pelo demandante...Exemplos de provimentos jurisdicionais com essa eficácia são as sentenças proferidas nas ações possessórias e de despejo"*.[835]

Por sua vez, Marinoni reforça a necessidade de se abandonar a classificação trinária das sentenças e do procedimento comum clássico para a tutela dos direitos. Segundo o processualista paranaense, *"com a definição das três sentenças e das*

[833] Yarshell, F. L., op. cit., p. 21 e 22.
[834] Lucon. P. H. S., op. cit., p. 162.
[835] Lucon P. H. S., op. cit., pág. 160 e 161.

formas de execução do processo civil clássico, retira-se do juiz o poder de tutelar adequadamente os direitos, deixando-se-lhe apenas a possibilidade de conferir ao lesado o equivalente em pecúnia ao valor do dano. Na verdade, a classificação trinária subtrai do juiz aquela margem de discricionariedade que, anteriormente, lhe permitia dizer que o réu não tinha o direito de transformar o direto do autor em pecúnia, mas sem que este tivesse o direito de não ter o seu direito expropriado pelo demandado... Com o surgimento das novas relações jurídicas, frequentemente de conteúdo não-patrimonial, tornou-se evidente a inefetividade das sentenças da classificação trinária... A sentença da classificação trinária, em outras palavras, não tutelam de forma adequada os direitos que não podem ser violados, seja porque têm conteúdo não-patrimonial, seja porque, tendo natureza patrimonial, não podem ser adequadamente tutelados pela via ressarcitória... Na verdade, e por incrível que possa parecer, um sistema que trabalha exclusivamente com as três sentenças clássicas está dizendo que todos têm direito a lesar direitos desde que se disponham a pagar por eles...".[836]

Aliás, a ineficácia da sentença condenatória para o cumprimento das obrigações de fazer infungíveis ou de não fazer, sem que se espere ou se aguarde a efetiva ocorrência do dano, levou os italianos a falar na *crise da sentença condenatória*. Proto Pisani inclusive propôs uma reconstrução do conceito de condenação, afirmando que a inexistência de meios de coerção equivale a dizer que a sentença condenatória é *de iure*, e não de fato, impotente para fazer valer a lei.[837]

No caso presente, referente ao conteúdo normativo do art. 497 do atual C.P.C., interessa especificamente a tutela jurisdicional de natureza condenatória e que tenha por objeto uma prestação referente à *obrigação de fazer, não fazer ou entrega de coisa*.

Entende-se por *obrigação*, conforme ensina Roberto de Ruggiero, qualquer espécie de vínculo ou de sujeição da pessoa, qualquer que seja a sua fonte ou o seu conteúdo. Em sentido técnico, a obrigação, como a correspondente *obligatio* da terminologia romana, exprime em regra principal e geral a relação jurídica pela qual uma pessoa (devedor) está adstrita a uma determinada prestação para com outra (credor), que tem direito de a exigir, obrigando o primeiro a satisfazê-lo.[838]

São três os elementos da obrigação: *um vínculo jurídico* que liga uma pessoa a outra; *o duplo sujeito* ativo (credor) e passivo (devedor) entre os quais o vínculo se dá; e a *prestação* que é o objeto da obrigação e que constitui por sua vez e por um

[836] MARINONI, L. G., op. Cit., p. 38 e 39.
[837] MARINONI, L. G., idem, p. 39.
[838] RUGGIERO, Roberto. *Instituições de direito civil*. Trad. Paolo Capitanio. Vol. 3. Campinas: Bookseller, 1999. p. 33 e 34

lado o seu fim, dada a vantagem que o credor tira, e, por outro lado, a limitação imposta ao devedor, pelo dever que implica de fazer ou omitir qualquer coisa.[839]

O vínculo obrigacional pode ter por objeto uma prestação, que pode consistir ou num *dare* (que romanamente significa transmissão de propriedade), ou num *facere*, que compreendendo também o *non facere* abraça qualquer espécie de fato, ato ou omissão, ou num *praestare*, no qual se englobam prestações particulares que não entram nas duas categorias e geralmente são responsabilidade vulgarmente acessória de outras obrigações principais.[840]

Nos limites em que as normas do ordenamento jurídico consentem que uma pessoa se obrigue para com outra a dar, a fazer ou não fazer alguma coisa, qualquer forma da atividade humana pode constituir objeto de obrigação. Esta não tem, porém, por objeto, como muitos pensam, inclusive o próprio legislador, a coisa a que a prestação se refere, mas a própria *prestação*, isto é: *"um ato positivo ou negativo do devedor, que, como dar ou fazer, pode ter por seu turno como objeto próprio uma coisa. Resulta, pois, dos citados limites e ao mesmo tempo da natureza intrínseca do vínculo obrigatório e da 'necessitas' que lhe é inerente, que a prestação deve revestir determinados caracteres, indispensáveis para a existência jurídica da obrigação"*.[841] E dentre esses caracteres encontra-se a sua perspectiva de ser *positiva ou negativa*, conforme consista num *dar* ou num *fazer*, ou em um *não fazer*.

Consiste a obrigação de *fazer* na *"na prática de uma ou mais ações determinadas se lícitas, na prestação de serviços ou trabalhos da mais variada natureza, e distinguem-se as que têm caráter estritamente pessoal, que não podem ser prestadas senão pela própria pessoa do devedor (quer pelas suas qualidades intrínsecas e pessoais, quer pela razão da relação em que só ela se encontra), das outras que não têm tal caráter de modo que, com igual vantagem econômica, podem ser prestadas pelo devedor ou por outra pessoa..."*.[842]

Consiste a obrigação de não fazer *"em omitir, para vantagem do credor, qualquer coisa que, se não fosse ela, o obrigado tinha a faculdade de fazer, ou em sofrer uma ação de outro. A 'solutio', que nas duas espécies se dá mediante a prestação ou execução do fato prometido, exerce-se aqui mediante uma abstenção mais ou menos prolongada, que mantém imutável o estado de fato desejado, de onde se segue que nem todas as regras da 'solutio' ordinária lhe são aplicáveis, nem a falta de cumprimento (que se verifica com a prática da ação proibida) dá lugar às formas ordinárias de coação"*.[843]

[839] Ruggiero, R., idem, p. 37.
[840] Ruggiero, R., idem, p. 36.
[841] Ruggiero, R., idem, p. 62.
[842] Ruggiero, R., idem, p. 65.
[843] Ruggiero, R., idem, p. 65 e 66.

Sobre a normatização brasileira em relação às obrigações de *fazer e não fazer* prescrevem os artigos 247 a 251 do C.c.brasileiro:

Art. 247. Incorre na obrigação de indenizar perdas e danos o devedor que recusar a prestação a ele só imposta, ou só por ele exeqüível.

Art. 248. Se a prestação do fato tornar-se impossível sem culpa do devedor, resolver-se-á a obrigação; se por culpa dele, responderá por perdas e danos.

Art. 249. Se o fato puder ser executado por terceiro, será livre ao credor mandá-lo executar à custa do devedor, havendo recusa ou mora deste, sem prejuízo da indenização cabível.

Parágrafo único. Em caso de urgência, pode o credor, independentemente de autorização judicial, executar ou mandar executar o fato, sendo depois ressarcido.

Art. 250. Extingue-se a obrigação de não fazer, desde que, sem culpa do devedor, se lhe torne impossível abster-se do ato, que se obrigou a não praticar.

Art. 251. Praticado pelo devedor o ato, a cuja abstenção se obrigara, o credor pode exigir dele que o desfaça, sob pena de se desfazer à sua custa, ressarcindo o culpado perdas e danos.

Parágrafo único. Em caso de urgência, poderá o credor desfazer ou mandar desfazer, independentemente de autorização judicial, sem prejuízo do ressarcimento devido.

Na demanda que tenha por objeto obrigação de fazer ou de não fazer, o juiz, se procedente o pedido, concederá a tutela específica da obrigação ou determinará providências que assegurem o resultado prático equivalente ao do adimplemento.

Neste caso, sendo procedente o pedido formulado na demanda, o juiz concederá a *tutela específica* da obrigação assumida pelo devedor, seja ela de *fazer ou não fazer*, determinando, se não houver possibilidade do cumprimento específico da obrigação, providências que assegurem o resultado prático equivalente ao do adimplemento.

O art. 497 do atual C.P.C., ao permitir que o juiz conceda a tutela específica da prestação ou determine as providências que assegurem o resultado prático equivalente ao do adimplemento, permite também que o juiz imponha multa de ofício, outorgando assim tutela inibitória no lugar da tutela de remoção do ilícito e vice-versa. Esta prerrogativa conferida ao magistrado constitui exceção ao princípio de que a sentença deve ficar adstrita ao pedido, uma vez que está incondicionalmente atrelada aos princípios da efetividade e da necessidade. Assim, se é pedido a interdição de uma fábrica e verifica-se na instrução que basta o uso de uma determinada tecnologia para que a prestação seja cumprida de forma específica, o juiz pode determinar que o equipamento seja instalado por um terceiro às custas do demandado. Portanto, se o juiz tem a possibilidade de aplicar o princípio da fungibilidade entre a tutela inibitória e a tutela de remoção do ilícito e vice-versa, é preciso verificar quais são as circunstâncias que o autorizam a assim proceder. Segundo Marinoni, *"a tutela de remoção do ilícito pode ser concedida no lugar da tutela inibitória, como é evidente, quando se tem a demonstração de que o demandado é insolvente e, assim, não será capaz de ser constrangido pela multa que, atrelada à ordem inibitória, destina-se a convencê-lo a adimplir. Quando a necessidade de remoção do ilícito não permite a espera do tempo necessário à efetivação da ordem inibitória – o que é mais comum no caso de tutela antecipatória –, também se justifica a concessão de tutela de remoção do ilícito no lugar da tutela inibitória"*.[844]

Em relação à incidência de multa coercitiva, o S.T.J. no Resp n. 1019455 permitiu que sua aplicação seja discutida em exceção de pré-executividade:

> *A Terceira Turma do Superior Tribunal de Justiça (STJ) considerou possível o manejo de exceção de pré-executividade com objetivo de discutir matéria relativa ao valor da multa diária executada (astreinte). No caso analisado, o juízo de primeiro grau havia imposto multa diária de R$ 50 mil em favor do comprador de um imóvel, por suposto descumprimento de acordo pelo vendedor.*
>
> *"Sendo possível ao magistrado a discricionariedade quanto à aplicação da astreinte, com maior razão poderá fazê-lo quando provocado pelas partes, ainda que em sede de exceção de pré-executividade", afirmou o ministro Massami Uyeda.*
>
> *O relator ainda lembrou a jurisprudência pacífica do STJ segundo a qual a decisão que arbitra a astreinte não faz coisa julgada material. Ele esclareceu que é facultado ao magistrado impor a multa, de ofício ou a requerimento da parte, cabendo a ele, da mesma forma, a sua revogação nos casos em que se tornar desnecessária.*
>
> *Inconformado com o alto valor da astreinte, o vendedor do imóvel havia recorrido ao Tribunal de Justiça do Mato Grosso (TJMT), discutindo também a execução provisória da sentença, já que estava pendente de julgamento apelação interposta por terceiros. Por sua vez, o TJMT excluiu a multa, por considerar seu valor abusivo e por não constar dos autos da execução a prova da mora do executado.*
>
> *"Se a multa fixada como astreinte pelo juízo singular é absurdamente exagerada e corresponde a um verdadeiro prêmio de loteria, o tribunal deve expurgar a penalidade, notadamente porque o processo é instrumento ético de garantias constitucionais, não podendo ser utilizado para o alcance de abusos ou para promover o enriquecimento ilícito", disse a decisão do TJMT.*

[844] MARINONI, L. G., op. cit., p. 146.

A exceção de pré-executividade é um meio disponível à defesa do executado, cabível nas hipóteses de flagrante inexistência ou nulidade do título executivo, e nas hipóteses referentes à flagrante falta de pressupostos processuais ou condições da ação. Já a astreinte só tem cabimento quando houver deliberado descumprimento de ordem judicial.

Sobre o tema, eis ainda os seguintes precedentes do S.T.J.:

1. Tratando-se de fornecimento de medicamentos, cabe ao Juiz adotar medidas eficazes à efetivação de suas decisões, podendo, se necessário, determinar até mesmo, o sequestro de valores do devedor (bloqueio), segundo o seu prudente arbítrio, e sempre com adequada fundamentação.

2. Recurso Especial provido. Acórdão submetido ao regime do art. 543-C do CPC e da Resolução 08/2008 do STJ.

(REsp 1069810/RS, Rel. Ministro NAPOLEÃO NUNES MAIA FILHO, PRIMEIRA SEÇÃO, julgado em 23/10/2013, DJe 06/11/2013).

(...).

2. Precedente do STJ, na interpretação do art. 4º, §4º, da Lei 6.932/1981, impõe às instituições de saúde responsáveis por programas de residência médica o dever de oferecer aos residentes alimentação e moradia no decorrer do período de residência. A impossibilidade da prestação da tutela específica autoriza medidas que assegurem o resultado prático equivalente ou a conversão em perdas e danos – CPC, art. 461 (REsp 813.408/RS, Rel. Ministro Mauro Campbell Marques, Segunda Turma, DJe 15.6.2009).

3. A fixação de valores do auxílio pretendido demanda investigação de elementos fático-probatórios.

4. Recurso Especial provido, determinando o retorno dos autos à origem a fim de que estabeleça valor razoável que garanta resultado prático equivalente ao que dispõe o art. 4º, § 4º, da Lei 6.932/81.

(REsp 1339798/RS, Rel. Ministro HERMAN BENJAMIN, SEGUNDA TURMA, julgado em 21/02/2013, DJe 07/03/2013)

(...).

III – É lícito ao julgador valer-se das disposições da segunda parte do § 1º do art. 461 do Código de Processo Civil para determinar, inclusive de ofício, a conversão da obrigação de dar, fazer ou não-fazer, em obrigação pecuniária (o que inclui o pagamento de indenização por perdas e danos) na parte em que aquela não possa ser executada;

IV – Na espécie, a aplicação do direito à espécie por esta Corte Superior, nos termos do art. 257 do Regimento Interno do Superior Tribunal de Justiça, afigura-se possível, tendo em conta os princípios da celeridade processual e da efetividade da jurisdição;

V – Recurso especial parcialmente provido.

(REsp 1055822/RJ, Rel. Ministro MASSAMI UYEDA, TERCEIRA TURMA, julgado em 24/05/2011, DJe 26/10/2011).

1. A imposição de multa pecuniária, em desfavor da Fazenda Pública, pelo descumprimento da ordem de apresentação dos documentos requisitados pela autoridade judicial revela-se desarrazoada em virtude da possibilidade de expedição de mandado de busca e apreensão, à luz dos artigos 461, § 5º, e 461-A, § 2º, do CPC, notadamente quando não configurado o intuito recalcitrante do devedor.

2. Com efeito, o Código de Processo Civil autoriza o juiz, de ofício ou a requerimento, a determinar medidas necessárias para assegurar a efetivação da tutela específica pretendida nas ações que tenham objeto o cumprimento de obrigações de fazer ou não fazer (fungíveis ou infungíveis) ou de entregar coisa, bem como para garantir a obtenção do resultado prático equivalente (artigos 461 e 461-A).

3. Nesse segmento, os §§ 4º e 5º, do artigo 461, do CPC, enumeram, exemplificativamente, as medidas que podem ser adotadas pelo juiz, quais sejam: (i) imposição de multa diária ao réu, in limine ou quando da prolação da sentença, desde que fixado prazo razoável para cumprimento do preceito; (ii) busca e apreensão da coisa; (iii) remoção de pessoas e coisas; (iv) desfazimento de obras; (v) impedimento de atividade nociva; e (vi) requisição de força policial.

4. A Lei 10.444/2002 alterou a redação do § 5º, do aludido dispositivo legal, que passou a dispor que: "Art. 461. (...) § 5º. Para a efetivação da tutela específica ou a obtenção do resultado prático equivalente, poderá o juiz, de ofício ou a requerimento, determinar as medidas necessárias, tais como a imposição de multa por tempo de atraso, busca e apreensão, remoção de pessoas e coisas, desfazimento de obras e impedimento de atividade nociva, se necessário com requisição de força policial." 5. Destarte, o Códex Processual, entre outras medidas coercitivas, atribuiu ao juiz a faculdade de impor multa cominatória (astreinte) em desfavor do devedor (ainda que se trate da Fazenda Pública), tendo por escopo inibir o descumprimento das obrigações de fazer ou não fazer (fungíveis ou infungíveis) ou de entregar coisa, sendo certo que a aludida pena pecuniária incide a partir da ciência do obrigado e da sua recalcitrância (Precedentes do STJ: REsp 1.162.239/PR, Rel. Ministro Humberto Martins, Segunda Turma, julgado em 26.08.2010, DJe 08.09.2010; AgRg no REsp 1.176.638/RS, Rel.

Ministro Haroldo Rodrigues (Desembargador Convocado do TJ/CE), Sexta Turma, julgado em 17.08.2010, DJe 20.09.2010; AgRg no Ag 1.247.323/SC, Rel. Ministro Herman Benjamin, Segunda Turma, julgado em 08.06.2010, DJe 01.07.2010; e REsp 987.280/SP, Rel. Ministro Luiz Fux, Primeira Turma, julgado em 16.04.2009, DJe 20.05.2009).

6. Outrossim, "é possível a aplicação de multa coercitiva para constranger ao cumprimento de decisões interlocutórias, sentenças e acórdãos, sempre que neles se impor a observância de um fazer ou de um não fazer", revelando-se evidente seu descabimento "para constranger alguém a fazer ou não fazer algo fática ou juridicamente impossível" (Luiz Guilherme Marinoni e Daniel Mitidiero, in "Código de Processo Civil – Comentado Artigo por Artigo", 2ª ed., Ed. Revista dos Tribunais, São Paulo, 2010, pág. 428).

7. Nada obstante, forçoso destacar que o artigo 461-A, do CPC (incluído pela Lei 10.444/2002), no que concerne à obrigação de entregar coisa, determina que, não cumprida a obrigação no prazo fixado pelo juiz, expedir-se-á, em favor do credor, mandado de busca e apreensão ou de imissão na posse, conforme se tratar de coisa móvel ou imóvel (§ 2º).

8. In casu, cuida-se de multa cominatória imposta pelo juízo singular, em sede de mandado de segurança, uma vez vislumbrado o descumprimento, pela Fazenda Nacional, da ordem judicial de que fossem apresentadas cópias das fichas financeiras dos servidores públicos federais (substituídos processuais) "para apuração de desconto feito nos seus vencimentos, embora houvesse determinação judicial vedando tal desconto".

9. Consectariamente, a possibilidade de expedição de mandado de busca e apreensão dos documentos requisitados pela autoridade judicial (artigos 461, § 5º, e 461-A, § 2º, do CPC) torna desarrazoada a fixação de multa pecuniária pelo descumprimento da ordem de apresentação, máxime quando existente pedido de dilação de prazo formulado pela Fazenda Pública, o que afasta a caracterização de seu suposto intuito recalcitrante.

10. Recurso especial provido a fim de excluir a multa pecuniária (astreintes) cominada pelo Juízo Singular em desfavor da Fazenda Pública.

(REsp 1069441/PE, Rel. Ministro LUIZ FUX, PRIMEIRA TURMA, julgado em 14/12/2010, DJe 17/12/2010).

1. Em sede de cumprimento de sentença, é cabível a determinação, pelo Tribunal local, de realização de perícia, a fim de verificar a possibilidade de cumprimento de obrigação de fazer estabelecida em ação de reintegração de posse, consistente na demolição parcial de caixa d'água e canaletas de captação de águas pluviais, máxime quando há dúvida sobre a impossibilidade fática e jurídica de cumprimento do julgado.

2. Em tais casos, a determinação da perícia é providência que visa, inclusive e se for o caso, assegurar o resultado prático equivalente ao adimplemento, conforme dispõe o artigo 461, § 1º do CPC.

3. Recurso especial a que se nega provimento.

(REsp 659.157/SP, Rel. Ministro LUIS FELIPE SALOMÃO, QUARTA TURMA, julgado em 07/10/2010, DJe 14/10/2010)

(...).

– De acordo com o art. 461, § 5º, do CPC, é cabível a multa cominatória em duas situações: para a efetivação da tutela específica ou para a obtenção do resultado prático equivalente.

– Afasta-se a multa cominatória quando há impossibilidade fático- material de se cumprir a ordem judicial.

Recurso especial conhecido e provido.

(REsp 743.185/SP, Rel. Ministra NANCY ANDRIGHI, TERCEIRA TURMA, julgado em 09/03/2010, DJe 17/03/2010 RDDP vol. 86, p. 147).

Prescreve o *parágrafo único do art. 497* do atual C.P.C. que *para a concessão da tutela específica destinada a inibir a prática, a reiteração ou a continuação de um ilícito, ou a sua remoção, é irrelevante a demonstração da ocorrência de dano ou da existência de culpa ou dolo.*

A concessão de uma tutela de natureza *inibitória*, visando à inibição da prática, reiteração ou continuação de um ilícito, poderá ser concedida sem a demonstração da ocorrência de efetivo *dano.*

Este dispositivo traz uma nítida distinção entre dano e ilicitude.

Pode ocorrer um dano, sem ilicitude de um ato; pode ocorrer um dano em decorrência da ilicitude de um fato, ou, ainda, pode ocorrer um ilícito sem dano.

A tutela inibitória também poderá ser concedida sem demonstração da existência de culpa ou dolo.

Conforme aduz Paulo Rogério de Oliveira: "*A tutela inibitória se volta contra a possibilidade da prática do ato ilícito, ainda que se trate de repetição ou continuação. Desta feita, a tutela inibitória se volta somente para o futuro. Isto significa que nada tem a ver com ressarcimento de dano e, por consequência, com os elementos para imputação ressarcitória, ou seja, os chamados pressupostos subjetivos para configuração de culpa ou dolo.*"[845]

Art. 498

Na ação que tenha por objeto a entrega de coisa, o juiz, ao conceder a tutela específica, fixará o prazo para o cumprimento da obrigação.

Parágrafo único. Tratando-se de entrega de coisa determinada pelo gênero e pela quantidade, o autor individualizá-la-á na petição inicial,

[845] OLIVEIRA, Paulo Rogério de; Aspectos da Tutela Inibitória. Jurisprudência do Superior Tribunal de Justiça. LEX: 230. pág. 13.

se lhe couber a escolha, ou, se a escolha couber ao réu, este a entregará individualizada, no prazo fixado pelo juiz.

Demanda que tenha por objeto a entrega de coisa

Se o réu convencionou o cumprimento de uma prestação que tenha por objeto uma obrigação de *entrega de coisa*, o juiz, ao julgar procedente o pedido formulado na demanda, concedendo assim a tutela específica da pretensão processual, fixará de plano o prazo para o cumprimento da obrigação.

É importante salientar que nos termos do §1º do art. 218 do atual C.P.C., quando a lei for omissa, o juiz determinará os prazos tendo em conta a complexidade do ato.

Evidentemente, se o prazo não for fixado pelo juiz na sentença, as partes poderão requerer a sua fixação por meio de embargos de Declaração.

Outrossim, não havendo preceito legal nem outro prazo assinado pelo juiz, será de cinco dias o prazo para a prática de ato processual a cargo da parte (art. 218, §3º, do atual C.P.C.).

Por outro lado, nos termos do art. 538 do atual C.P.C., se não cumprida a obrigação de entrega da coisa no prazo estabelecido na sentença, será expedido em favor do credor mandado de busca e apreensão ou de imissão na posse, conforme se tratar de coisa móvel ou imóvel.

Preceitua o *parágrafo único do art. 498* do atual C.P.C. que em se *tratando de entrega de coisa determinada pelo gênero e pela quantidade, o autor individualizá-la-á na petição inicial, se lhe couber a escolha, ou, se a escolha couber ao réu, este a entregará individualizada, no prazo fixado pelo juiz.*

Este dispositivo trata da obrigação que tem por objeto a entrega de coisa fungível, ou seja, da obrigação de *dar coisa incerta*, que é aquela que é designada pelo gênero, qualidade e quantidade.

Sobre o conteúdo normativo da *obrigação de dar coisa incerta*, prescrevem os artigos 243 a 246 do C.c.brasileiro:

"Art. 243. A coisa incerta será indicada, ao menos, pelo gênero e pela quantidade.

Art. 244. Nas coisas determinadas pelo gênero e pela quantidade, a escolha pertence ao devedor, se o contrário não resultar do título da obrigação; mas não poderá dar a coisa pior, nem será obrigado a prestar a melhor.

Art. 245. Cientificado da escolha o credor, vigorará o disposto na Seção antecedente.

Art. 246. Antes da escolha, não poderá o devedor alegar perda ou deterioração da coisa, ainda que por força maior ou caso fortuito".

Nesta hipótese, a fonte de obrigação (o título da obrigação) é que irá estabelecer se a escolha da coisa fungível cabe ao credor ou ao devedor.

Se a escolha couber ao credor, este deverá individualizar a coisa já na petição inicial; cabendo a escolha ao devedor, este a entregará individualizada no prazo fixado pelo juiz.

O Superior Tribunal de Justiça tem entendido que é cabível a aplicação de multa, contra a Fazenda Pública, para o cumprimento de obrigação de entrega de coisa. Nesse sentido é o seguinte precedente:

> *(...).*
>
> *2. É cabível, mesmo contra a Fazenda Pública, a cominação de multa diária – astreintes – como meio coercitivo para cumprimento de obrigação de fazer (fungível ou infungível) ou para entrega de coisa. Precedentes: AgRg no Ag 1.352.318/RJ, Relator Ministro Benedito Gonçalves, Primeira Turma, DJe 25/2/2011; AgRg no AREsp 7.869/RS, Relator Ministro Humberto Martins, Segunda Turma, DJe 17/8/2011; e AgRg no REsp 993.090/RS, Relatora Ministra Maria Thereza de Assis Moura, Sexta Turma, DJe 29/11/2010.*
>
> (...).
>
> (AgRg no AREsp 23.782/RS, Rel. Ministro BENEDITO GONÇALVES, PRIMEIRA TURMA, julgado em 20/03/2012, DJe 23/03/2012).

Art. 499

A obrigação somente será convertida em perdas e danos se o autor o requerer ou se impossível a tutela específica ou a obtenção de tutela pelo resultado prático equivalente.

Conversão da obrigação em perdas e danos

A tutela jurisdicional quando analisada na perspectiva do direito material pode ser considerada como *ressarcitória, de adimplemento, inibitória, reintegratória ou preventiva executiva*, conforme a necessidade exigida pelo direito material. Há tutela pelo equivalente em face de obrigação de fazer ou não fazer quando se torna impossível o cumprimento da obrigação na forma específica, ou quando não se possa obter o resultado prático correspondente, ou, ainda, quando esta não interessa mais ao credor. Assim, na hipótese de violação de obrigação instantânea, não sendo mais possível a outorga da prestação, torna-se necessária a tutela pelo equivalente.[846]

[846] MARINONI, L. G., idem, p. 68.

Indaga-se se a condenação do réu numa prestação em pecúnia equivalente para a reparação na forma específica seria considerada como tutela específica ou não.

Segundo Luigi Montesano, a condenação ao pagamento de uma soma em dinheiro para a reparação na forma específica é tutela ressarcitória na forma específica e não tutela equivalente.[847]

Por isso é importante salientar que a tutela *ressarcitória* não é sinônimo da *tutela pelo equivalente*, pois, *"há tutela ressarcitória na forma específica quando é possível, ainda que parcialmente, reparar o dano independentemente da outorga ao lesado de um equivalente em pecúnia correspondente ao valor da lesão... A tutela que obriga o demandado a reparar o dano na forma específica ou a tutela que confere ao autor, mediante atividade de um terceiro custeada pelo demandado, a reparação na forma específica constitui formas de tutela na forma específica"*.[848]

Segundo afirma Marinoni, *"se o autor postula a soma necessária para a reparação na forma específica, ou se o dano é reparado e postula-se a soma correspondente ao valor que foi gasto para a reparação, não há tutela específica. Ainda que o dano seja reparável na forma específica, a entrega da soma em dinheiro para a reparação na forma específica não constitui tutela ressarcitória na forma específica, mas sim tutela ressarcitória pelo equivalente ao valor do custo necessário para a reparação na forma específica"*.[849]

Assim, desde que não seja mais possível a concretização da *tutela específica ou o seu resultado prático equivalente*, seja por impossibilidade ou por falta de interesse, segundo estabelece o 499 do atual C.P.C., o autor requererá logo com a petição inicial ou posteriormente, quando se possa verificar a impossibilidade do cumprimento da obrigação originária, a reparação do dano (a postulação de tutela ressarcitória equivalente em pecúnia). Neste caso, a prestação consubstanciada numa obrigação de fazer, não fazer ou entrega de coisa, transmuda-se para uma obrigação de pagar quantia certa.

A indenização decorrente da tutela jurisdicional ressarcitória por equivalente em pecúnia (perdas e danos), abrange os danos emergentes e os lucros cessantes.

847 Montesano, Luigi. *Lê tutela giurisdizionale dei diritti*. Bari: Cacucci, 1981. p. 119 e seguintes).
848 Marinoni, L. G., op. Cit., p. 68.
849 Marinoni, L. G., idem, p. 69.

Art. 500

A indenização por perdas e danos dar-se-á sem prejuízo da multa fixada periodicamente para compelir o réu ao cumprimento específico da obrigação.

Cumulação de multa e indenização por perdas e danos

Este dispositivo faz uma nítida diferenciação entre a *indenização por perdas e danos* e as *medidas* correspondentes à obtenção da tutela específica da obrigação de fazer ou não fazer ou ao resultado prático equivalente.

A multa ou coerção indireta corresponde à incidência de uma ameaça destinada a convencer o réu a cumprir a obrigação inadimplida. A técnica que é mandamental fundada na ordem e na multa não se confunde com a técnica condenatória, ou mesmo com a técnica executiva ligada à coerção direta ou à sub-rogação.

Sabe-se que determinados direitos dependem para a sua efetiva tutela do cumprimento de obrigações infungíveis. Tais direitos, como é óbvio, não podem ser tutelados através de execução por sub-rogação. A sub-rogação não permite a tutela dos direitos que dependem do cumprimento de obrigações infungíveis. Para esses tipos de direitos (os quais correspondem a obrigações infungíveis ou obrigações de não fazer) o ordenamento jurídico confere meios adequados para a sua tutela na sentença, que ordena o fazer ou o não fazer mediante uma 'ameaça' que possa levar o réu a adimplir voluntariamente.[850]

É bem verdade que na doutrina italiana há vozes que afirmam a alternatividade entre a execução indireta e a execução por sub-rogação, no sentido de que se é possível a execução por sub-rogação não é possível a execução indireta e vice-versa.[851]

Contudo, pelo teor do nosso art. 500 do atual C.P.C. não há nenhum impedimento para se aplicar a execução indireta nas hipóteses em que é possível a execução por sub-rogação. Tais formas de execução ou de cumprimento de sentença podem ser cumuladas.

Na realidade, *"a multa, ao agir sobre a vontade do obrigado, elimina a demora e as complicações que marcam a execução por sub-rogação... Na verdade, a opção pela nomeação de um terceiro para fazer aquilo que deveria ter sido feito pelo réu não só acarreta uma*

[850] Marinoni, L. G., idem, p. 71 e 72.

[851] Borrè, Giuseppe. *Esecuzione forzata degli obblighi di fare e di non fare.* Napoli: Jovene, 1996. p. 136.

maior demora, como também pode acarretar custos para o autor...que obriga ao autor a adiantar as despesas necessárias ao fazer. Não é justo obrigar o autor a adiantar as despesas necessárias ao fazer quando é o réu que deve; obrigar o autor a pagar, reservando-se a ele o direito ao ressarcimento da quantia adiantada, implica uma completa desconsideração do princípio de que o processo não pode prejudicar o autor que tem razão".[852]

Marinoni entende, inclusive, que é possível empregar a multa no caso de obrigação fungível, ainda que o demandado não se tenha obrigado a fazer ou não tenha um dever ou uma obrigação legal de fazer, mas apenas obrigação de reparar o dano, que possa ser reparado na forma específica. Para ele, a obrigação de reparar o dano não é obrigação de pagar soma em dinheiro, pois a tutela ressarcitória na forma específica deve prevalecer sobre a tutela prestada na forma do equivalente monetário ao valor da lesão ou do custo necessário para a reparação.[853]

Conforme preconiza o art. 536, §1º do atual C.P.C., para o cumprimento da sentença condenatória de prestação de fazer ou de não fazer (fungíveis ou infungíveis), poderá o juiz, para a efetivação da tutela específica ou a obtenção do resultado prático equivalente, determinar *medidas necessárias* à satisfação do credor, dentre outras, a *imposição de multa por período de atraso.*

A multa periódica imposta ao devedor independe de requerimento da parte e poderá ser aplicada na fase de conhecimento, em tutela provisória ou na sentença, ou na fase de execução, desde que seja suficiente e compatível com a obrigação e que se determine prazo razoável para cumprimento do preceito (art. 537 do atual C.P.C.).

O valor da multa será devido ao exequente (§2º do art. 537 do atual C.P.C.).

É importante salientar que somente não haverá a cumulação da multa com as perdas e danos quando o autor, logo com a petição inicial, já se manifestar apenas pela prestação da tutela jurisdicional ressarcitória pelo equivalente em pecúnia, ou quando, mesmo que solicitando na inicial a prestação de tutela jurisdicional específica, ficar demonstrado pelo réu a impossibilidade física ou jurídica de seu cumprimento desde a propositura da demanda. Na verdade, *"há que se ter cautela quando da sua utilização em relação a obrigações de conteúdo artístico, ou a obrigações que exijam do devedor algo que não é só pessoal, mas que também não é passível de controle por ele próprio, como a inspiração para cantar ou pintar um quadro. Na verdade, o devedor de uma obrigação deste porte pode invocar indisposição momentânea para se furtar não só à responsabilidade pelo inadimplemento como também à própria tutela específica".*[854]

[852] Marinoni, L. G., op. Cit., p. 75.
[853] Marinoni, L. G., idem, ibidem.
[854] Marinoni, L. G., idem, p. 73.

Art. 501

Na ação que tenha por objeto a emissão de declaração de vontade, a sentença que julgar procedente o pedido, uma vez transitada em julgado, produzirá todos os efeitos da declaração não emitida.

Emissão de declaração de vontade

Este dispositivo parte de uma premissa equivocada, uma vez que a *ação* não tem por objeto a emissão de declaração de vontade, pois a ação se exerce e se concretiza com a postulação perante o Poder Judiciário da análise de uma pretensão processual que tem por objeto ou por perspectiva a prolação de uma sentença correspondente à emissão de declaração de vontade.

O art. 501 do atual C.P.C., estando inserido na seção das demandas relativas às obrigações de fazer, não fazer ou de entrega de coisa, caracteriza a pretensão a uma emissão de declaração de vontade como obrigação de fazer, o que, em tese, poderia ensejar a natureza condenatória da decisão. Aliás, Liebman, Frederico Marques, Lopes da Costa, Goldschmidt, Amílcar de Castro, entre outros, afirmam que esta espécie de sentença tem natureza condenatória.

Talvez sob a égide da vigência do art. 466-A do C.P.C. de 1973, poder-se-ia comungar com a doutrina que postulava a natureza condenatória deste tipo de decisão, pois este dispositivo assim prescrevia: "*Condenado o devedor a emitir declaração de vontade, a sentença, uma vez transitada em julgado, produzirá todos os efeitos da declaração não emitida. (Incluído pela Lei nº 11.232, de 2005)*".

Contudo, a atual redação do art. 501 do novo C.P.C. não fala mais em "*condenado o devedor*", mas, sim, na "*procedência do pedido da ação que tenha por objeto a emissão de declaração de vontade*".

Atualmente, portanto, não seria correto falar-se na imposição do dever de efetuar uma declaração. Tal provimento não apresenta dita imposição, mas produz eficácia jurídica idêntica àquela que resultaria da emissão da declaração de vontade. Nem mesmo eventual oportunidade que se dê ao obrigado para a realização da prestação devida, após a prolação da sentença, altera os termos da questão, dado que, em face da renitência do devedor, o provimento não imporá dever de efetuar prestação, mas sim proporcionará eficácia equivalente à prestação devida e não realizada.[855]

Por isso, há aqueles que conferem a esta espécie de decisão a natureza de executiva *lato sensu*, como é o caso de Calamandrei e Pontes de Miranda.

[855] Yarshell, F. L., op. cit., p. 49

Contudo, a doutrina também opta por uma natureza constitutiva da decisão que tende a uma declaração de vontade. Nesse sentido é o ensinamento de Giuseppe Chiovenda:

> *"Casos Especiais de Sentenças Constitutivas. Merecem atenção especial alguns casos de sentenças constitutivas. Tais são:*
>
> *(...).*
>
> *B) 'Ações tendentes a uma declaração de vontade'. Em determinados casos, há um obrigado a emitir uma declaração de vontade, como por exemplo:*
>
> *Aqueles, cujo consentimento é necessário ao menor para casar..., são, na realidade, obrigados a dá-lo, salvo justos motivos para recusá-lo.*
>
> *O enfiteuta, o devedor de uma renda são obrigados a 'reconhecer' formalmente o direito do concedente ou do credor, depois de certo período (obs: a enfiteuse foi extinta pelo C.c.brasileiro de 2002);*
>
> *O concedente, e em geral o credor de uma prestação anual que grava um imóvel, é obrigado a consentir na liberação do imóvel...*
>
> *Nesses casos, se o obrigado recusa prestar a declaração de vontade, resta ao credor o direito de ir a juízo...Nos casos 'b' e 'c', debate-se vivamente se se trata de sentença de condenação, declaratória ou constitutiva. A meu ver, no segundo caso (letra b), pleitear-se-á em juízo simples sentença declaratória; a declaração se deduzirá, de modo perfeito, do reconhecimento privado. Não se trata de uma condenação a 'reconhecer' o direito, que atue por meio da própria sentença; trata-se de uma ação declaratória, cujo interesse derivou da inobservância de obrigação de reconhecer o direito. No caso da letra c, o que se requer ao juiz é, por certo, uma sentença de condenação, só porque existisse verdadeira 'obrigação' do adversário, no tocante ao reconhecimento; o inadimplemento dessa obrigação não dá lugar a uma ação para a atuação da vontade de lei violada, mas a um direito secundário, a um novo direito (potestativo), tendente à produção judicial dos efeitos que se deveriam produzir com a declaração do adversário; direito potestativo que só se atua com a sentença do juiz: essa é, por conseguinte, uma sentença constitutiva".*[856]

Em relação à particularidade da pretensão oriunda do contrato preliminar, anota Giuseppe Chiovenda:

> *"(...). Com frequência, na prática, as partes julgam útil, por especiais conveniências pessoais (necessidade de assegurar-se determinado bem para o futuro), estipular, em vez do contrato, simples ou condicionado, ou a termo, de locação, de mútuo, de venda e*

[856] CHIOVENDA, Giuseppe. *Instituições de direito processual civil.* Vol I. Trad. J. Guimarães Menegale. São Paulo: Edição Saraiva, 1965. p. 201 a 204.

outros, um pacto com o qual se obrigam a estipulá-lo ('pactum de contrahendo', contrato preliminar ou preparatório). Nos contratos reais, como o mútuo, como o comodato, a promessa da coisa, separada da entrega, tem sempre caráter de contrato preliminar. Aí, o efeito de atribuir o direito a conseguir o bem que as partes objetivam, não se realiza como na condição, ou no termo, em virtude de um simples fato, mas exige um novo 'ato jurídico', normalmente, portanto, um novo contrato (contrato 'definitivo'). Se no momento estabelecido, uma das partes se recusa a contratar, discute-se se o inadimplemento dá lugar a simples ação de ressarcimento ou a uma ação (constitutiva) para obter o mesmo efeito jurídico por via de um outro ato jurídico, isto é, a sentença judicial. Esta segunda opinião, outrora dominante, foi abandonada pela doutrina e pela jurisprudência, sob o influxo de uma monografia fundamental de Leonardo Coviello sobre 'contratos preliminares' (na 'Enciclopedia giuridica'). A mim, no entanto, me parece procedente. Não que o juiz contrate em lugar e representação do obrigado, prístina concepção ultra-individualista, banida do processo pela doutrina moderna. Mas o juiz, para atuar a vontade concreta da lei, tem, sem dúvida, o poder de realizar o efeito jurídico que às partes incumbe produzir, independentemente do contrato. Concluo, por isso, que do inadimplemento do contrato preparatório, 'verbi gratia', de compra e venda, surge 'um direito à transferência da propriedade mediante sentença constitutiva'. É o que se depreende do princípio geral exposto (n. 12), pelo qual se deve considerar admissível todo modo de atuação da lei que for praticável e não excluído por uma norma geral ou especial de direito. No caso, falta essa norma. Nem ocorre impossibilidade de fato. A infungibilidade da prestação é, por certo, um caso de impossibilidade; tal, porém, não é o caso do contrato preparatório. Nele, as partes são obrigadas a querer, e não há dúvida de que o seu ato de vontade seja por si incoercível. Temos, no entanto, aí, um caso de infungibilidade jurídica? Não: 'se é possível conseguir por outro modo o efeito jurídico desse ato de vontade'. Quando se invoca, neste assunto, o princípio da autonomia das partes, corre-se o risco de incidir num equívoco: esse princípio tem uma larga área de aplicação no campo da constituição dos direitos, nenhuma, porém, no do adimplemento. Ora, se se deve a constituição de um direito (contrato definitivo) 'em adimplemento' de um contrato precedente (preliminar), claro que a autonomia das partes é aí descabida. Dá-se, então, o que se dá com os contratos em geral. As partes não estipulam contratos pelo prazer de permutar declarações de vontade, mas em vista de certas finalidades, para cuja consecução estabelecem entre si...

No contrato preliminar, obrigam-se as partes, em verdade, a prestar um ato de vontade ulterior, de que se ocasionarão determinados efeitos jurídicos; tanto é certo que a prestação de atos de vontade é o único modo de que elas dispõem para criar tais efeitos. Esses efeitos, todavia, constituem a finalidade delas e aquela a que o direito ajusta o próprio reconhecimento, e a que o direito coordena imediatamente a ação. Recai-se, por isso, num círculo vicioso ao afirmar-se que as partes, na estipulação de contratos preliminares, excluem qualquer outra forma de execução do contrato que não for a sua 'ulterior volição'. Se, num caso concreto, as partes manifestam realmente uma vontade tão limitada, não há que discutir. O ato de vontade pode ser infungível como o pode todo o 'fazer' humano. Mas o 'fazer', e assim também a vontade, dir-se-á juridicamente fungível quanto o 'resultado prático' do fazer, ou o efeito jurídico do querer, se puder conseguir mediante uma atividade diversa da do obrigado.

Que seja juridicamente possível a realização de efeitos jurídicos normalmente contratuais por meio de um ato jurídico diverso do ato privado, está a demonstrá-lo, em nosso ordenamento, a figura da desapropriação, seja por utilidade pública, seja dos bens do devedor; a figura da comunhão obrigatória do muro divisório obtida mediante sentença judicial; a locação por decreto do prefeito...

Ademais, a questão em que ora nos encontramos, suscita-se também em outros países, onde quer que a lei não a tenha resolvido expressamente. Assim, na Alemanha, agitou-se até o regulamento processual do Império (texto atual, §894, ao qual corresponde no regulamento executivo austríaco o §367) a resolveu admitindo a ação constitutiva. Idêntica solução adotou-se no processo franco-italiano do Código das obrigações: 'se num contrato se assumir a obrigação de estipular um contrato futuro, sempre que contenha todos os requisitos, a sentença que condenar alguma das partes ao adimplemento de tal obrigação, assinar-lhe-á um prazo, transcorrido o qual a própria sentença fará as vezes da estipulação do contrato definitivo'".[857]

Para Chiovenda, na demanda que invoca uma sentença constitutiva ostenta-se a existência de um direito a determinada modificação jurídica. Esse direito à modificação de natureza jurídico-material tem caráter potestativo, onde um novo estado jurídico se produz automaticamente em virtude de mera declaração da vontade do titular ou por declaração judicial.

É bem verdade que segundo autorizada doutrina, o acerto sobre a natureza jurídica do momento propriamente modificativo é objeto de divergência, havendo quem chegue a sustentar que o ato inovativo carece de conteúdo propriamente jurisdicional, tendo cunho meramente administrativo (de 'jurisdição voluntária'), ou ainda que se cuida de típico ato de execução. A primeira posição foi ressaltada por Calamandrei, para quem somente no momento declarativo haveria atividade puramente jurisdicional, marcada pela efetiva substituição da atividade intelectiva das partes pelo juiz. Exaurida essa etapa, ao operar a inovação jurídica, desenvolveria o agente estatal atividade que só ele, como destinatário da norma, poderia exercer, não se podendo aí cogitar de atividade das

[857] Chiovenda, G., idem, p. 204 a 207.

partes na prática do ato inovativo e, por consequência, não se podendo cogitar de substitutividade. Em relação à segunda posição, que a adota entre nós Celso Neves, fundando-se na observação dos resultados obtidos mediante essa modalidade de tutela cognitiva, e na percepção de que ela (tanto quanto os atos de execução forçada) proporciona diretamente o atendimento do escopo de atuação da vontade concreta da lei, razão pela qual detém um caráter executivo da sentença constitutiva, afirmando que nela a atividade jurisdicional apresentaria uma 'duplicidade de funções' sucessivas, abrangentes da cognição, onde se decide a relação controvertida, e da execução, onde são realizados os efeitos jurídicos pretendidos, como consequência da declaração.[858]

Certamente, diante desse caráter auto suficiente da sentença constitutiva, parte da doutrina confirma a natureza executiva da tutela constitutiva, dado que a sentença prolatada nessa sede independe de qualquer atividade coercitiva posterior destinada a efetivar-lhe os efeitos.[859]

Na mesma perspectiva, Calamandrei, ao estudar a sentença substitutiva de declaração de vontade (embora negando-lhe a natureza constitutiva), caracterizou-a também como típico ato de execução forçada.[860]

Contudo, num exame crítico desta última posição, Flávio Luiz Yarshell afirma que nada obstante a relevância dessas opiniões, que dão maior amplitude ao conceito de execução para nela incluir sentenças constitutivas ou sentenças 'objetivamente complexas', nesses casos só se pode falar em execução em sentido muito amplo e genérico, sem correspondência com a teoria da execução. Para ele, a tutela jurisdicional, pela qual se opera a eficácia prática equivalente ao cumprimento de uma obrigação de prestar declaração de vontade, não possui caráter executivo; não ao menos no sentido tradicional e mais restrito que lhe confere a doutrina prevalecente, onde o processo de execução fica adstrito a medida de constrição sobre o patrimônio do obrigado para dar atuação prática à sanção. O referido processualista não nega que a sentença constitutiva, além de possuir eficácia diferenciada em relação à meramente declaratória, contém superior carga de efetividade, visto que conduz diretamente às situações desejadas independentemente da vontade do demandado, que passa a ter pouca ou nenhuma relevância. Por isso, o reconhecimento de que a sentença constitutiva não merece ser juridicamente qualificada como típico ato de execução, não impede que se reconheça certa ordem de analogia entre ambos, decorrente das circunstâncias, realmente inafastável, de que o resultado do processo constitu-

[858] Yarshell. Flávio Luiz. Op. Cit. p. 25 e 26.

[859] Yarshell, F. L., idem, p. 27

[860] Yarshell, F. L., idem, p. 28

tivo guarda correspondência, *mutatis mutandis*, com o resultado somado dos processos condenatórios e executivos.[861]

Conforme bem esclareceu Crisanto Mandrioli, aquilo que consiste o *proprium* da sentença constitutiva, enquanto se trata de cognição, não há dúvida de que esta pretensão tende em primeiro lugar a um acertamento do direito que se faz valer. Contudo, como neste caso o direito que se faz valer é um *direito a uma modificação jurídica* (ou como denomina Chiovenda, um direito potestativo), porquanto o pedido de tutela que funda esta pretensão está na exigência de obter aquela modificação (se, pelo menos, tenha sido verificada uma violação); o acertamento do direito não é suficiente para satisfazer aquela exigência, a qual postula um *quid pluris*. A situação é comparável com o que acontece na condenação, onde se vê que o acertamento não basta para atuar a tutela, mas constitui uma premissa lógica e jurídica para aquela ulterior atividade que é a execução forçada. Mas a profunda diferença entre a sentença de condenação e a sentença constitutiva está nisso que, enquanto com a sentença de condenação o juiz não pode mais que remeter a atuação efetiva do direito a uma atividade tutelável posterior, a cumprir pelo órgão executivo, no caso da sentença constitutiva, a ulterior atuação do direito acertado pode cumprir-se súbito e diretamente pelo juiz, no momento em que para atuá-la não se necessita operar no mundo material, mas somente no mundo dos efeitos jurídicos, ou seja, em um mundo no qual o órgão jurisdicional é sem dúvida onipotente. Assim o juiz faz logo a modificação jurídica, depois do acertamento. Imediatamente depois, sob o plano lógico, mas em realidade com o mesmo ato, ou seja, com aquela mesma sentença que contém o acertamento.[862]

É possível, contudo, a cumulação deste tipo de demanda de natureza constitutiva com uma demanda de natureza meramente declaratória. Pense-se na hipótese de contrato preliminar de compromisso de venda e compra, por instrumento não registrado, em que exista controvérsia do valor devido para quitação da obrigação de pagamento do compromissário comprador, onde este pretende liberar-se do débito ofertando determinada importância e onde o promitente vendedor exija, para esse mesmo fim, valor superior, recusando o recebimento do montante ofertado. Suponha-se ainda que, com base em cláusula resolutória expressa contida no instrumento contratual, e mediante simples notificação, considere o credor resolvido o pré-contrato e desfeito o vínculo obrigacional, promovendo-se a promessa do mesmo imóvel a terceiro. Não resta dúvida de

[861] Yarshell, F. L., idem, p. 28 a 32.

[862] Mandrioli, Crisanto. *Diritto processuale civile – nozioni introduttive e disposizioni generali.* Torino: G. Giappichelli Editore, 2005. p. 76.

que, na hipótese figurada, seria perfeitamente invocável pelo compromissário comprador, devedor das prestações, tutela de natureza meramente declaratória, por meio de ajuizamento de demanda consignatória, ultimando-se em juízo de pagamento por consignação, com a extinção do vínculo obrigacional. Uma vez reconhecida a quitação do preço pelo acolhimento da demanda de consignação em pagamento, e desde que não exista qualquer outra obrigação a ser cumprida pelo compromissário comprador, pode o mesmo exigir o cumprimento da obrigação afeta ao promitente vendedor, de emissão de declaração de vontade consistente na escritura definitiva.[863]

Também é permitida a cumulação de demanda de natureza constitutiva e de natureza condenatória. É possível ao demandante cumular pedido substitutivo de declaração de vontade com a entrega da coisa (quando a coisa ainda não se encontra na pessoa do demandante) ou para pagamento de indenização pelo atraso na perfectibilização do contrato. Neste caso, muito embora a sentença constitutiva tenha eficácia imediata (após o trânsito em julgado), a sentença condenatória de entrega de coisa ou de pagamento em pecúnia será objeto de cumprimento de sentença.

Outra questão que pode ser colocada refere-se à possibilidade do demandante reclamar a condenação do demandado à prestação da declaração de vontade, sob pena de multa diária (*astreintes*).

Tendo em vista que o ordenamento jurídico, especificamente pela normatização do art. 501 do atual C.P.C., estabelece a possibilidade de se conceder ao demandante o resultado prático que decorreria do adimplemento voluntário da prestação, não haveria qualquer utilidade num provimento respaldado em multa diária. Está-se diante de uma prestação *infungível*, mas que o ordenamento jurídico apresenta solução substitutiva que independe da incidência de *astreintes*. A possibilidade de uma demanda de natureza cominatória poderá ocorrer se houver alguma impossibilidade fática ou jurídica para a propositura da demanda substitutiva de declaração de vontade.

Na realidade, a hipótese de aplicação de multa encontra-se restrita às demandas condenatórias de obrigação de fazer ou não fazer ou, ainda, de entrega de coisa, o que é diverso da demanda prevista no art. 501 do atual C.P.C.

O art. 501 do atual C.P.C. traz uma tutela jurisdicional que se opera na emissão de um provimento *substitutivo* de declaração de vontade, de modo a proporcionar ao demandante a restauração plena da situação jurídica violada, propiciando-lhe a mesma eficácia prática que lhe teria advindo do adimplemento da

[863] YARSHELL, F., L., op. cit., p. 71 e 72.

obrigação de que figura como credor. Dita restauração depende da existência de uma obrigação (convencional ou legal) cujo objeto seja a emissão de uma declaração de vontade, atendidos os requisitos ditados pelo direito material para a exigibilidade dessa prestação. Está-se diante, na realidade, de uma sentença substitutiva dos efeitos de declaração de vontade (e não simplesmente substitutiva da declaração).[864]

É importante salientar que esse tipo de tutela invoca um caráter pessoal da demanda, uma vez que se limita a produzir idêntica eficácia que produziria a declaração de vontade. A sentença, portanto, vale como ato ainda dependente da eficácia translativa do registro. Ao formular a respectiva demanda, o interessado, embora não postule propriamente a imposição de um dever de prestação (sabido que a sentença não tem cunho condenatório), reclama, em última análise, o cumprimento de uma obrigação. Tal obrigação tem por objeto prestação consistente na emissão de declaração de vontade e é tão-somente com referência a essa prestação que deverá operar o provimento estatal.[865]

O caráter pessoal desse tipo de tutela é tão evidente que não se exige, entre as partes, o registro do contrato preliminar para se postular a declaração de vontade para a concretização do contrato definitivo.

Contudo, é bom ressaltar que o direito do compromissário comprador previsto nos art. 1.417 e 1.418 do C.c.brasileiro tem natureza real e não pessoal, desde que preenchidos os requisitos legais. Estabelecem esses dispositivos:

> *"Art. 1.417. Mediante promessa de compra e venda, em que se não pactuou arrependimento, celebrada por instrumento público ou particular, e registrada no Cartório de Registro de Imóveis, adquire o promitente comprador direito real à aquisição do imóvel*
>
> *Art. 1.418. O promitente comprador, titular do direito real, pode exigir do promitente vendedor, ou de terceiros, a quem os direitos deste forem cedidos, a outorga da escritura definitiva de compra e venda, conforme o disposto no instrumento preliminar; e, se houver recusa, requer ao juiz a adjudicação do imóvel".*

Na hipótese do direito do promitente comprador de natureza real, a pretensão não é apenas pessoal, visando à substituição de declaração de vontade, mas a própria adjudicação do imóvel que é efeito decorrente do direito real (que gera direito de sequela) em relação ao imóvel objeto do compromisso de compra e venda.

[864] Yarshell, F. L., idem, pág. 35.
[865] Yarshell, F. L., idem, p. 62.

Por fim, a declaração de vontade somente será concretizada quando houver sentença que julgar procedente o pedido. E uma vez transitada em julgado produzirá todos os efeitos da declaração não emitida.

Note-se, a sentença produzirá os efeitos da declaração não emitida e não do contrato a ser firmado. O que a sentença supre é a declaração de vontade e não o próprio contrato, o qual deverá ser regulado pelas disposições já estabelecidas em regra no contrato preliminar.

Contudo, é importante salientar que em razão do *fumus boni iuris* e do *periculum in mora*, o demandante pode necessitar de um provimento de natureza urgente que deve ser deferido antes do trânsito em julgado da decisão. É sabido que não se pode antecipar a tutela de natureza constitutiva (questão que se coloca em dúvida em face da ultratividade ou estabilidade dos efeitos da tutela provisória de urgência antecipada). Contudo, os efeitos materiais que esta tutela possa vir a produzir podem ser antecipados mediante uma tutela de urgência satisfativa ou mesmo cautelar.

Sobre o tema, eis os seguintes precedentes do S.T.J.:

> *(...).*
>
> *– A sentença de que trata os arts. 466-A e 466-B do CPC não pode constituir objeto de liquidação destinada à delimitação do objeto do contrato definitivo, pois deve conter, no momento de sua prolação, todos os elementos do título definitivo, de maneira a possibilitar o competente registro do imóvel.*
>
> (REsp 1033893/RJ, Rel. Ministra NANCY ANDRIGHI, TERCEIRA TURMA, julgado em 22/06/2010, DJe 31/08/2010)

> *Possibilidade de execução específica do compromisso de recompra de ações que, suprindo a declaração de vontade do adquirente (obrigação de fazer), autorize a cobrança do preço (obrigação de dar); arts. 632 e 633 do Código de Processo Civil. Recurso especial não conhecido.*
>
> (REsp 856.826/DF, Rel. Ministra NANCY ANDRIGHI, Rel. p/ Acórdão Ministro ARI *PARGENDLER, TERCEIRA TURMA, julgado em 19/02/2008, DJe 05/11/2008)*

> *(...).*
>
> *– Na ação de outorga de escritura não há que se exigir o prévio registro do compromisso de compra e venda, pois a sentença opera a mera substituição da vontade do promitente vendedor, cumprindo em seu lugar a obrigação de formalizar o contrato de compra e venda prometido; na ação de adjudicação compulsória o registro imobiliário do pré-contrato somente se mostra imprescindível para surtir efeitos erga omnes, hipótese em que a sentença transfere a propriedade do bem, ao passo que, não havendo*

o prévio registro, produzirá efeitos apenas entre as partes, tão-somente substituindo a vontade do vendedor, nos termos da Súmula nº 239/STJ.

– Não há que se falar em inépcia da inicial, na presente hipótese, pois prescindíveis as certidões de matrícula, na medida em que consignado no acórdão hostilizado que o autor instruiu a inicial com o compromisso de compra e venda, ao qual se anexa a relação pormenorizada de todos os imóveis que formam o imóvel rural em tela, com a indicação expressa da área de cada bem, de suas respectivas matrículas e, inclusive, dos direitos meramente possessórios ou hereditários que a ré teria sobre dois desses imóveis. Ademais, o autor não exige mais do que efetivamente poderia ser cumprido pela ré, chegando mesmo a se contentar com a mera possibilidade de vir a adquirir, num futuro incerto, a propriedade daquela parcela dos bens sobre os quais a agropecuária possui simplesmente a posse ou direitos hereditários.

– Recurso especial parcialmente conhecido e, nessa extensão, provido.

(REsp 195.236/SP, Rel. Ministro CESAR ASFOR ROCHA, QUARTA TURMA, julgado em 23/10/2001, DJ 15/04/2002, p. 221).

Direito e processo civil. Compromisso de compra e venda. Instrumento particular. Validade. Registro. Prescindibilidade. Adjudicação compulsória deferida. cpc, arts. 639 e 641. Divergência doutrinaria e jurisprudencial. Precedente da corte. Recurso desprovido.

– a circunstância do compromisso de compra e venda ter sido celebrado através de instrumento particular não registrado não inviabiliza, por si só, a adjudicação compulsória, apresentando-se hábil a sentença a produzir os efeitos da declaração de vontade omitida.

(REsp 5.643/RS, Rel. Ministro SÁLVIO DE FIGUEIREDO TEIXEIRA, QUARTA TURMA, julgado em 07/05/1991, DJ 03/06/1991, p. 7430).

SEÇÃO V – Da Coisa Julgada

Art. 502

Denomina-se coisa julgada material a autoridade que torna imutável e indiscutível a decisão de mérito não mais sujeita a recurso.

Definição de coisa julgada material

A regra jurídica estabelecida no art. 502 do atual C.P.C. tem por fundamento a aplicação do princípio Constitucional previsto no art. 5º, inc. XXXVI da C.F.: *"a lei não prejudicará o direito adquirido, o ato jurídico perfeito e a coisa julgada"*.

Portanto, a existência da coisa julgada em nosso ordenamento jurídico não tem por fundamento uma regra prevista no código de processo civil brasileiro, mas decorre da Constituição Federal.

A necessidade da existência da coisa julgada e sua respectiva importância estabelecida na Constituição Federal é de tal ordem que a própria lei (norma geral) não poderá causar mácula a este instituto jurídico.

Contudo, muito embora a Constituição Federal determine que no nosso ordenamento jurídico deve-se resguardar a *coisa julgada*, o texto maior não definiu o que seja *coisa julgada*. Daí porque a definição da coisa julgada, de certo modo, ficou adstrita ao legislador ordinário.

No caso, o art. 502 do atual C.P.C. define a *coisa julgada material* como sendo '*a autoridade que torna imutável e indiscutível a decisão de mérito não mais sujeita a recurso*'.

Segundo anotam Jaime Guasp e Pedro Aragoneses: *"A coisa julgada, em sentido amplo, é, pois a 'força' que o direito atribui normalmente aos resultados processuais. Esta força se traduz em um necessário respeito e subordinação ao que se diz e ao que se fez no processo. O processo, em virtude da figura da coisa julgada, se faz inatacável, e coisa julgada não quer dizer, em substância, senão 'inatacabilidade' do que no processo se conseguiu"*.[866]

Conforme leciona José Mª Asencio Mellado, *"Para Cortés Domínguez a coisa julgada consiste no efeito processual das sentenças que determina a invariabilidade das mesmas e a sua permanência no tempo.*

Deste conceito se pode extrair as seguintes notas:

> *a) Este efeito processual ao que chamamos coisa julgada somente se consente às sentenças firmes que tenham resolvido sobre o fundo do assunto.*
>
> *Não o produz, pois, as sentenças definitivas em relação às quais seja possível interpor qualquer tipo de recurso.*
>
> *Esta afirmação se depreende do art. 222 do c.p.c. espanhol, que ao analisar os limites objetivos dentro dos quais opera esta ficção, os estende 'às pretensões da demanda e da reconvenção', sendo assim que o termo pretensão vem sempre referido a uma petição baseada em um direito material, não meramente processual...*
>
> *b) O efeito da coisa julgada se manifesta em duas ordens de relações, que se qualificam como formal e material, segundo transcendam ao exterior do processo, ou o se limitem ao seu interior."*.[867]

Para Enrico Tullio Liebman, *"Com o fim de por um termo final à lide e de dar certeza ao direito, o legislador fixou um momento em que é interditada toda nova pronúncia sobre isso que foi julgado. Chegando o processo àquele ponto, não só a sentença não é mais impugnável pelas vias ordinárias mas a decisão torna-se vinculante para as partes e para*

[866] Guasp, Jaime; Aragoneses, Pedro. *Derecho procesal civil.* Tomo I. Introducción y parte general. 7ª ed. Navarra: Thomson Civistas, 2005. p. 573.

[867] Mellado, José Mª Asencio. *Derecho procesal civil.* Valencia: Tirant Lo Blanch, 2008. p. 173.

o ordenamento e nenhum juiz pode novamente julgar o mesmo objeto em relação às mesmas partes (salvo a distante possibilidade de proposição das impugnações extraordinárias). Tudo isso se exprime dizendo que a 'sentença é passada em julgado', ou seja, que se tornou 'imutável', ao mesmo tempo imutável torna-se igualmente o provimento que ela contém, com todos os efeitos que disso decorrem.

A sentença, em sentido próprio e por sua natural atitude, já era eficaz; mas agora adquire aquela nova e particular força que a desvincula do fluxo dos atos do procedimento, assegura a sua duração no tempo e garante a sua incondicionada e indiscutível eficácia. Não se poderá propor uma nova demanda, não poderá ser pronunciada uma nova sentença sobre o mesmo objeto, entre as mesmas partes. A essência da coisa julgada encontra-se propriamente na imutabilidade da sentença, do seu conteúdo ...

A eficácia vinculante da sentença passada em julgado se manifesta também positivamente, porque se entre as mesmas partes surge uma controvérsia sobre uma relação jurídica logicamente dependente daquela sobre a qual já houve pronúncia (por exemplo, o direito aos alimentos em favor daquele cuja sentença anterior já lhe garantiu o estado de filho etc), sobre esta relação ou estado prejudicial o juiz não deverá fazer outra coisa a não ser assumi-la como certo e não mais discutível.

A autoridade da coisa julgada de fato não somente obriga a uma pronúncia de modo conforme, quanto também a não pronunciar sobre o objeto do procedente julgamento. Todavia, no caso de pronúncia conforme o ordenamento jurídico não tem motivo para reagir, como o faz, por sua vez, no caso de pronúncia contrária ao mesmo objeto e entre as mesmas partes: neste caso, a sentença estaria viciada e poderia ser revogada (art. 395 n. 5) ou anulada em Cassação. Mas, por sua vez, se passasse em julgado, prevaleceria em confronto com a precedente. A específica previsão da possibilidade de impugná-la significa de fato que se a impugnação não é proposta ou de todo modo não conduz à revogação ou à anulação da sentença, essa passa em julgado e termina por substituir à precedente."[868]

A autoridade que a lei atribui à coisa julgada provém do interesse público, da exigência da ordem social e, principalmente, por determinação da Constituição Federal.

O art. 502 do novo C.P.C., ao mencionar expressamente a coisa julgada *material*, demonstra que também há a denominada *coisa julgada formal.*

A *coisa julgada formal* consiste no fenômeno da imutabilidade da decisão pela preclusão dos prazos para recursos no mesmo processo jurisdicional. Ocorre pelo fato de que a decisão não poderá ser reformada por meio de recursos, seja porque dela não caibam mais recursos, seja porque estes não foram interpostos no prazo, ou porque do recurso interposto se desistiu, ou dele se renunciou.

[868] LIEBMAN, Enrico Tullio. *Manuale di diritto processuale civile – principi.* Sesta edizione. Milano: Giuffrè Editore, 2002. p. 265 e 2566

A coisa julgada formal redunda na imutabilidade da decisão, seja de mérito ou não, como ato processual, *dentro do processo*. Imutável o ato, *dentro do processo*, esgota-se a função jurisdicional. Neste caso, o Estado tem por cumprida a sua obrigação jurisdicional, ou seja, *faz a entrega da prestação jurisdicional*, a que estava obrigado.[869]

Qualquer sentença é, sem dúvida, suscetível a constituir coisa julgada formal, sendo que a coisa julgada material somente se aplica às decisões que acolhem ou rejeitam o pedido, julgando o mérito.

O art. 502 do atual C.P.C. não está tratando especificamente da coisa julgada formal, mas, sim, da coisa julgada material.

Contudo, é pressuposto lógico da autoridade de coisa julgada material que a decisão passe primeiro pela coisa julgada formal.

A coisa julgada contém em si a preclusão de qualquer questão futura: o instituto da preclusão é a base prática da eficácia (autoridade) da coisa julgada, vale dizer: *"a coisa julgada 'substancial' (obrigatoriedade nos futuros processos) tem por pressuposto a coisa julgada 'formal' (preclusão das impugnações)"*.[870]

Não obstante Chiovenda tenha dito expressamente que a coisa julgada contém em si a preclusão de qualquer questão futura, é necessário salientar que a importante contribuição do mestre italiano à doutrina da coisa julgada constituiu-se principalmente em depurar o conceito e o fenômeno da coisa julgada de conceitos afins, isto é, em separar o conteúdo propriamente jurídico de suas justificações político-sociais; em distinguir, daí, a autoridade da coisa julgada da simples preclusão, que é a impossibilidade de se discutir no decurso do processo uma questão já decidida. A coisa julgada é a eficácia própria da decisão que *acolhe ou rejeita a demanda* (para nós o pedido, a pretensão), e consiste em que, pela suprema exigência da ordem e da segurança da vida social, a situação das partes fixada pelo juiz com respeito ao bem da vida (*res*), que foi objeto do contraditório, não mais se pode, daí por diante, contestar. Pelo contrário, a solução adotada pelo juiz para as questões lógicas suscitadas no processo, *concernentes a pontos processuais ou substanciais*, de fato ou de direito, exatamente por ser preparatória da decisão de recebimento ou de rejeição, não tem a eficácia peculiar a esta última; tem, somente, eficácia mais restrita, imposta por *exigências de ordem e de segurança no desenvolvimento do processo* e pela necessidade de fixar o resultado do processo que consiste na *preclusão* da faculdade de renovar a *mesma questão*

[869] Santos, Moacyr Amaral. *Comentário ao código de processo civil (1973)*. IV vol. (art. 332 a 475). Rio de Janeiro: Forense, 1976. p. 459.

[870] Chiovenda, G., op. Cit., p. 374.

no mesmo processo. A mais importante aplicação dessas proposições refere-se às *questões prejudiciais*.[871]

Contudo, Chiovenda recomenda que não se cometam equívocos. Quando ele assevera que as questões lógicas dirimidas pelo magistrado podem ser renovadas sempre nos processos subsequentes, desde que não se atente contra o bem conhecido na sentença, não pretende ele isolar a decisão do juiz das razões em que se apoia. Isso, segundo ele, conduziria a resultados absurdos. Para o mestre italiano, pode rejeitar-se uma reivindicação porque se nega o direito de propriedade do autor ou porque se nega a posse do réu. Pode-se recusar uma exceção de compensação porque se declara insubsistente o crédito do réu ou porque se lhe exclui a liquidez. Se, nesses casos, se tivesse de considerar o mero fato da recusa da reivindicação, ou da aceitação da demanda de pagamento, chegar-se-ia ao resultado de que o autor, repelido por falta de posse pelo réu, não poderia repropor a reivindicação contra o réu, que, depois, passasse a possuidor da coisa, e de que, respectivamente, o réu condenado por falta de liquidez de seu crédito não poderia mais alegar contra o autor o crédito já oposto em compensação. Estes resultados são manifestamente inaceitáveis. Para isso Chiovenda afirma que o conceito de bem é complexo. Bem não é somente a coisa a que visamos como proprietários, mas é bem, isto é, utilidade, inclusive o direito de conseguir aquela coisa mediante a prestação por parte do demandado. Bem não é somente o crédito, mas é bem, isto é, utilidade, inclusivamente o direito de servir-se do crédito para extinguir por via de compensação o nosso débito. Ora, nesses dois exemplos, o bem denegado pelo juiz não era a propriedade nem o crédito, mas o direito de conseguir a coisa mediante a prestação do réu, e respectivamente o direito de servir-se do crédito para o fim de compensação. Dos motivos é que se inferirá o bem denegado. Generalizando-se, pode-se dizer que se deve atender aos motivos da sentença se e enquanto for necessário para estabelecer qual seja o bem da vida reconhecido ou negado pelo juiz.[872]

Por isso, localiza-se a coisa julgada, não em qualquer solução definitiva de questões, e sim na afirmação de uma vontade da lei que garante um bem da vida; se não se quer confundir a coisa julgada substancial com a formal; se nem a própria decisão sobre questões de mérito se deve, em verdade, confundir com a coisa julgada; por mais forte razão se concluirá que a decisão sobre questões processuais, sobre as provas e semelhantes, não garantindo bem algum da vida fora do processo, mas concernindo a uma reflexão que se consuma no processo

[871] Chiovenda, Giuseppe. *Instituições de direito processual civil.* Trad. J. Guimarães Menegale. Vol. 1. São Paulo: Edição Saraiva, 1965. ps. 374 e 375.
[872] Chiovenda, G., idem, p. 375 e 376.

mesmo, limitam seu efeito à relação processual para a qual são emanadas e não vinculam o juiz quanto aos processos futuros.[873]

Outra importante diferença entre a preclusão de questões no curso do processo e a coisa julgada é que a última se funda sobre a preclusão de *todas* as questões aptas a contrastar o bem deduzido em juízo e não somente das questões propostas e decididas, mas também das que poderiam ter sido proposta e não se propuseram (o que impropriamente se denomina de *julgado implícito*). Por outro lado, a preclusão no curso do processo não exclui senão a questão decidida, assim como todas as questões secundárias em que ela se possa subdividir (por exemplo: recusada numa interlocutória a exceção de prescrição, estão preclusas todas as questões concernentes à existência da prescrição).[874]

O Código Civil de 1973, ao definir a coisa julgada material, aduzia em seu art. 467: *Denomina-se coisa julgada material a eficácia, que torna imutável e indiscutível a sentença, não mais sujeita a recurso ordinário ou extraordinário.*

O atual código de processo civil não fala em *eficácia* da sentença, mas, sim, em *autoridade que a torna imutável*.

Haveria alguma diferença nessa perspectiva semântica e conceitual?

Para se verificar se há diferença entre *eficácia* e *autoridade,* devemos nos valer da preciosa monografia escrita por Enrico Tullio Liebman, denominada *Eficácia e Autoridade da Sentença*. Esta obra, conforme prefácio do próprio Liebman à primeira edição brasileira, não seria uma monografia sobre a coisa julgada, mas uma contribuição para o estabelecimento de seu conceito.

Na verdade, para Chiovenda, a eficácia inerente à sentença do juiz que a torna imutável é por ele designada pelo nome de *autoridade da coisa julgada*.[875] Portanto, a autoridade da sentença, segundo o mestre italiano, seria a designação de sua eficácia específica de coisa julgada.

Como dizia o mestre italiano, para os romanos, como para nós, salvo raras exceções, o bem julgado torna-se incontestável (*finem controversiarum accipit*), no sentido de que a parte a quem se denegou o bem da vida não o pode mais reclamar; a parte a quem se reconheceu, não só tem o direito de consegui-lo praticamente, em face da outra, mas não pode sofrer, por parte desta, ulteriores contestações a esse direito e a esse gozo. Essa seria a *autoridade da coisa julgada*. Os romanos a justificaram com razões inteiramente práticas, de utilidade social.

[873] CHIOVENDA, G., idem, p. 376 e 377.

[874] CHIOVENDA, G., idem, p. 382.

[875] LIEBMAN. Enrico Tullio. *Eficacia e autoridade da sentença e outros escritos sobre a coisa julgada – com aditamento relativos ao direito brasileiro*. Trad. Alfredo Buzaid e Benvindo Aires. 2ª Ed. Rio de Janeiro: Forense, 1981. p. 1.

Para que a vida social se desenvolvesse o mais possível segura e pacífica, seria necessário imprimir certeza ao gozo dos bens da vida e garantir o resultado do processo: *ne aliter modus litium multiplicatus summam atque inexplicabilem faciat difficultatem, máxime si diversa pronunciarentur* (fr. 6 Dig. De except. Rei iud. 44, 2).[876]

Por isso, diante dos ensinamentos de Chiovenda e na opinião e linguagem comum, a coisa julgada seria considerada, mais ou menos clara e explicitamente, como *um dos efeitos da sentença*, ou como a sua *eficácia* específica, entendida ela: *"quer como complexo das consequências que a lei faz derivar da sentença, quer como conjunto dos requisitos exigidos, para que possa valer plenamente e considerar-se perfeita"*.[877]

Evidentemente que esse modo de entender a coisa julgada inspira-se na antiga concepção romanística. Para os clássicos, a *res iudicata* era o único e exclusivo efeito do *iudicium*.

Todavia, essa perspectiva começa a sofrer alteração a partir das mudanças discretas e menos aparentes de Justiniano, quando se começa a distinguir entre os *efeitos da sentença* e a sua *auctoritas*. E essa distinção torna-se ainda mais evidente no dia em que se fez a análise do conteúdo e dos efeitos da sentença e se verificou que eles podem, conforme o caso, ser de índole diversa.

É importante salientar, ainda, que a coisa julgada torna imutável o conteúdo da decisão proferida e não a relação jurídica ou os efeitos futuros da decisão prolatada; isto é, a declaração ou a mudança, não a relação jurídica em que incide a decisão, relação sobre a qual conservam as partes plena e íntegra liberdade de disposição. Assim, *"se uma sentença declara Tício devedor de Caio, pode este, todavia, fazer a remissão do débito; qual é aqui o papel da coisa julgada? A declaração do débito permanece invariável e não poderá Tício negar ter sido devedor antes que o liberasse a generosidade de Caio. Tampouco é relevante a distinção feita com esse fim entre a possibilidade de mudança por obra das partes e do juiz. Também este poderá declarar diversamente a relação, se tiver esta sofrido modificações posteriores à precedente sentença..."*.[878]

Diante dessa diversidade de circunstâncias jurídicas, considerar a coisa julgada como efeito da sentença e ao mesmo tempo admitir que a sentença, ora produz simples declaração, ora efeito constitutivo, assim de direito substantivo, como de direito processual, significa colocar frente a frente elementos inconciliáveis, grandezas incongruentes. Seria, pois, conforme indagava Liebman, a coisa julgada um efeito que se põe ao lado deles e no mesmo nível ou se sobre-

[876] Chiovenda, G., op. Cit., p. 370.
[877] Libman, E. T., op. Cit., p. 2.
[878] Liebman, E. T., idem, p. 183.

põe a eles e os abrange? Ou é, pelo contrário, antes uma qualidade desses efeitos, um modo de ser deles, a intensidade com que se produzem?[879]

Na realidade, atualmente não se fala em coisa julgada senão para usar uma forma elíptica, a fim de designar *autoridade* da coisa julgada. Isso, inclusive, foi repetido pelo art. 502 do atual C.P.C. Essa expressão, evidentemente, não pode ser vinculada a um efeito autônomo que possa estar de qualquer forma sozinho; indica, pelo contrário, a força, uma qualidade ou modo e ser do conteúdo decisório da sentença, ou seja, a sua imutabilidade, incontestabilidade, termos que indicam certa qualidade particular, um atributo do objeto a que se referem.

A autoridade da coisa julgada não é, portanto, um *efeito da sentença*, mas uma *qualidade* do conteúdo da decisão.

Mas, evidentemente, em razão da insigne doutrina contemporânea, percebeu-se que há uma relação entre a coisa julgada e os denominados efeitos da sentença, ora meramente declarativos, ora constitutivos.

Na concepção de Hellwig, a autoridade do julgado incide sobre a pura declaração, tal como aparece em todas as sentenças, identificando assim a coisa julgada com a declaração obrigatória e indiscutível que a sentença produz. Observa ele que os órgãos jurisdicionais cumprem seu mister por meio de atos declarativos ou atos constitutivos, sendo que estes últimos abrangem tanto as sentenças constitutivas em sentido estrito, as quais modificam as relações substantivas preexistentes, como as sentenças condenatórias que criam o direito à execução forçada. Contudo, as sentenças constitutivas como as condenatórias encerram ainda uma declaração, isto é, a declaração do direito à mudança jurídica ou à prestação.

A coisa julgada consiste nessa força vinculante da declaração, que se apresenta esta por si só na sentença, que seja acompanhada de efeito constitutivo. Este efeito constitutivo nada tem a ver com a coisa julgada, absolutamente desnecessária para que ele se possa produzir. O termo tradicional de 'coisa julgada' (*Rechtskraft*) poderia e deveria substituir-se pelo mais preciso de 'eficácia de declaração' (*Fewststellungswirkunt*).[880]

Esta diretriz traçada por Hellwig influenciou praticamente toda a doutrina.

No Brasil, ela sofreu adesão de Pontes de Miranda (*Comentários, de 1939, vol. II. p. 378 e segus*) e de Celso Neves.

Contudo, a doutrina dominante entre nós endossa a seguinte crítica formulada por Liebman à concepção de Hellwig. Liebman contesta a posição adotada por Hellwig. Para ele há um erro lógico nessa maneira de sistematizar a coisa jul-

[879] Liebman, E. T., idem, p. 4 e 5.
[880] Liebman, E. T., idem, p. 17 e 18.

gada ao lado dos outros possíveis efeitos da sentença, tendo em vista que coisas heterogêneas são inseridas no mesmo plano. Ao efeito constitutivo da sentença poder-se-á comparar e contrapor o seu efeito declarativo, isto é, a sua eficácia de declaração, e não a coisa julgada que se forma sobre a declaração. Assim, essa identificação da declaração jurisdicional com a autoridade da coisa julgada constitui erro singular de perspectiva. Na realidade, uma coisa é distinguir os efeitos da sentença segundo sua natureza declaratória ou constitutiva, outra é verificar se eles se produzem de modo mais ou menos perene e imutável. De fato, todos os efeitos possíveis da sentença (declaratório, constitutivo, executório) podem, de igual modo, produzir-se, pelo menos em sentido puramente hipotético, independentemente da autoridade da coisa julgada, sem que por isso se lhe desnature a essência. A coisa julgada, na realidade, é um atributo a mais que se ajunta para aumentar-lhes a estabilidade e a imutabilidade do conteúdo da sentença. Identificar a declaração produzida pela sentença com a coisa julgada significa confundir o efeito com um elemento novo que o qualifica.[881]

Portanto, que outra coisa, senão propriamente a coisa julgada, impediria que uma segunda sentença sobre o mesmo objeto revogue, modifique ou de qualquer modo contradiga o efeito constitutivo ou condenatório produzido.

Em razão dessa perspectiva doutrinária, Liebman sustenta que a coisa julgada também abrange o processo de execução, pois, sendo pacífica a natureza jurisdicional do processo de execução, não se pode deixar de presumir que também os *comandos* pronunciados pela autoridade judiciária no processo de execução adquirem a imutabilidade característica da autoridade da coisa julgada.[882]

Na verdade, a coisa julgada incide sobre o conteúdo da sentença, atribuindo-lhe uma qualificação de imutabilidade, seja esse conteúdo declaratório, constitutivo ou condenatório.

A coisa julgada incide sobre o conteúdo da sentença e não sobre os seus efeitos. A prova disso está, principalmente, nas sentenças que possuem a cláusula *rebus sic stantibus*, como é o caso das sentenças condenatórias de alimentos; neste caso, quando há uma mudança nas condições de quem os ministre ou de quem os receba, poderão os alimentos ser reduzidos ou mesmo extintos. O que se relativiza no decorrer do cumprimento das prestações periódicas são os efeitos futuros, ou seja, não se discute a decisão até o momento da alteração das circunstâncias de fato, a não ser que essa discussão ocorra nas vias da ação rescisória. Já o futuro dos efeitos dessa decisão estará subordinado à cláusula *rebus sic stantibus*,

[881] Liebman, E. T., idem, p. 18 a 20.
[882] Liebman, E. T., idem, p. 62.

pois, de certo modo, todas as sentenças em maior ou menor grau contêm esta cláusula.

Na realidade, a coisa julgada não impede absolutamente que se levem em consideração eventuais fatos que intervierem sucessivamente à emanação da sentença.[883]

Por outro lado, não se deve confundir a eficácia jurídica da sentença com a autoridade da coisa julgada. Nesse aspecto é importante acolher a distinção formulada por Carnelutti entre *imperatividade* e *imutabilidade* da sentença.

A eficácia da sentença diz respeito à sua imperatividade, enquanto que a imutabilidade do conteúdo da decisão refere-se à coisa julgada. Note-se que a imperatividade pode produzir todos os seus efeitos ainda antes do trânsito em julgado da decisão, ensejando o seu cumprimento ou a sua execução provisória.

Projeta a sentença a sua *eficácia jurídica* independentemente da passagem em julgado, e confere, por conseguinte, às partes o poder de invocar a sua existência, para que lhe dê o juiz o devido valor – o que não impede que em órgão superior a decisão seja proferida de modo diverso.[884]

Diante de todos esses argumentos, pode-se dizer que a *autoridade da coisa julgada* é definida como a imutabilidade do *comando* emergente de uma sentença. Não se identifica ela simplesmente com a *definitividade* e intangibilidade do ato que pronuncia o *comando*; é, pelo contrário, uma qualidade, mais intensa e mais profunda, que reveste o ato também em seu conteúdo e o torna assim imutável. A eficácia natural da sentença, com a aquisição dessa ulterior qualidade, acha-se, então, intensificada e potencializada, porque se afirma como única e imutável formulação da vontade do Estado de regular concretamente o caso decidido.[885]

Pelo atual C.P.C., são requisitos ou condições para que uma decisão esteja sujeita à autoridade de coisa julgada material: a) que a decisão seja de mérito (julgando procedente ou improcedente o pedido); b) que esta decisão não esteja mais sujeita a recurso.

Quando o dispositivo aduz que a decisão seja de mérito, refuta qualquer entendimento doutrinário de que a coisa julgada também abrangeria o julgamento sobre carência de ação (demanda). Atualmente, a sua limitação à decisão de mérito é indiscutível.

O segundo requisito estabelecido pelo código para que haja a autoridade (ou eficácia) da decisão é no sentido de que ela não esteja mais sujeita a recurso.

[883] Liebman, E. T., idem, p. 25.
[884] Liebman, E. T., idem. p. 58.
[885] Liebman, E. T., idem. p. 54.

É comum afirmação dos intérpretes do direito romano de que a autoridade da coisa julgada nasce, apenas, das sentenças *irrevogáveis*, isto é, não suscetíveis de apelação, conforme afirmam Pothier (*Ad Pandectas,* Lib. XLII, títl. I, §1º, e Cogliolo (*Tratatto Teórico-Pratico dell'Eccezione di Cosa Giudicata*, vol. I, págs. 147-148). Por sua vez, entre os intérpretes do denominado direito moderno havia controvérsia. Para alguns, a existência da coisa julgada dependia de que a sentença não poderia mais estar sujeita à impugnação por qualquer recurso, seja ele ordinário, seja extraordinário. Outros afirmavam bastar, para isso, que a sentença não estivesse sujeita a recursos ordinários, de oposição ou de apelação, embora contra ela pudessem ser tentados os recursos extraordinários de revogação e de cassação. Outros, por sua vez, entendiam que qualquer sentença, embora de primeiro grau ou contumacial, enquanto não fosse de fato impugnada por apelação ou oposição, constituiria coisa julgada.[886]

Por sua vez, Chiovenda aduz que a imunidade da sentença às impugnaçoes é verificável pelas causas seguintes: *"1. Ou porque a sentença 'por sua natureza' não esteja sujeita a nenhum recurso mencionado; 2. ou porque 'hajam decorridos os termos para' propor as impugnações; 3. ou porque a sentença foi 'aceita' pelo vencido, visto como a aceitação consumada numa declaração expressa de vontade, ou tacitamente consumada, quer dizer, por atos (facta concludentia) univocamente incompatíveis com a vontade de impugnar, importa a perda da possibilidade de impugnar a sentença; 4. ou porque houve 'perempção no processo de apelação ou de revogação', desde que os efeitos da sentença ainda não estejam modificados por outra sentença proferida nos mesmos processos; 5. ou porque houve 'desistência no processo de apelação ou de revogação'".*[887]

Importa afirmar ainda que a coisa julgada não se limita a uma sentença de mérito, mas a qualquer decisão que possa julgar o mérito, ainda que parcial.

Por fim, nesse tópico introdutório, é importante salientar que há autores que defendem que determinadas sentenças não têm aptidão para transitar em julgado. Essas sentenças são denominadas por Teresa Arruda Alvim Wambier como *sentenças juridicamente inexistentes*, uma vez que essa renomada processualista adota no direito a categoria dos atos inexistentes, ou seja, dos atos que apresentam ausência de tipicidade.[888]

Assim, sem que haja um pedido formulado diante de um juiz investido na jurisdição, em face de um réu potencialmente presente, ou seja, citado, não há, sob o ângulo jurídico propriamente dito um processo, razão pela qual a sentença

[886] Neves, Celso. *Coisa julgada civil.* São Paulo: Editora R.T., 1971. p. 149.

[887] Chiovenda, G., op. Cit. p. 373 e 374.

[888] Wambier, Teresa Arruda Alvim. *Nulidades do processo e da sentença.* São Paulo, R.T., 1998.

proferida nestas condições e neste contexto é, por 'contaminação', sentença juridicamente inexistente que jamais transita em julgado.[889]

Também se pode indagar se a sentença que ofende a Constituição Federal faz coisa julgada. Em princípio esta decisão pode ser objeto de rescisória. Por sua vez, conforme entendem Teresa Arruda Alvim Wambier e José Miguel Garcia Medina, estas sentenças que são inconstitucionais por acolherem pedidos inconstitucionais seriam sentenças que não transitam em julgado porque foram proferidas em processos instaurados por meio de mero exercício do direito de petição. Assim, havendo certa decisão sobre a qual pese autoridade de *coisa julgada*, decidida com base em *lei posteriormente tida como inconstitucional pelo controle concentrado do STF, estar-se-ia diante de sentença viciada.* O Pleno do S.T.F. afirmou que 'lei inconstitucional não produz efeito, nem gera direito, desde o seu início (...) assim sendo, perfeitamente comportável é a ação rescisória'. Mas para os autores citados seria rigorosamente desnecessária a propositura da ação rescisória, já que a decisão que seria alvo de impugnação seria juridicamente inexistente, pois que baseada em 'lei' que não é lei (lei inexistente). Neste caso, poderá a parte intentar ação declaratória de inexistência.[890]

É importante salientar que em recente decisão proferida no RE 590.809/RS submetido ao instituto da Repercussão Geral, o S.T.F. entendeu que não cabe ação rescisória contra uma decisão baseada em jurisprudência do Supremo Tribunal Federal que depois foi revista. Em outras palavras, o STF julgou que não se pode entrar com ação rescisória no caso de o entendimento do STF mudar, e decisão de tribunal local se basear no entendimento superado. O Supremo decidiu que a Súmula 343 pode ser aplicada a discussões de controle de constitucionalidade. Segundo a referida súmula, "não cabe ação rescisória por ofensa a literal dispositivo de lei, quando a decisão rescindenda se tiver baseado em texto legal de interpretação controvertida nos tribunais".

Outro aspecto importante diz respeito ao fato de que a coisa julgada, em regra, é analisada tradicionalmente em relação às sentenças de mérito proferidas no processo de conhecimento em que se realiza cognição plena e exauriente, razão pela qual este tema foi pouco desenvolvido em relação à cognição sumária no sentido vertical.

Note-se, por sua vez, que a natureza satisfativa da tutela antecipada com base na urgência, a fim de distingui-la da tutela de urgência cautelar, não tem qualquer vinculação com a autoridade da coisa julgada, ou seja, não no sentido de se

[889] Wambier, Teresa Alvim; Medina, José Miguel Garcia. *O dogma da coisa julgada – hipóteses de relativização.* São Paulo: Editora Revista dos Tribunais, 2003. p. 28.
[890] Wambier, T. A. A.; Medina, J. M. G., idem, p. 42 e 43.

conceder ao demandante providência definitiva acerca do direito pleiteado, mas no que se refere à possibilidade de se permitir a este a fruição total ou parcial dos efeitos oriundos da tutela pleiteada, ainda que provisoriamente.[891]

A tutela de urgência, seja ela cautelar ou satisfativa, não ficará sujeita à autoridade da coisa julgada, muito embora possa ocorrer irreversibilidade fática (e não jurídica) dos eventuais efeitos concedidos em decorrência da tutela de urgência. A circunstância que se verifica neste caso não autoriza dizer que a irreversibilidade dos efeitos da decisão atribuiria a esta a condição de decisão acobertada pela coisa julgada, pois, sendo impossível o retorno *in natura* ao *status quo ante*, isso não significa que, por exemplo, constatada a incorreção da decisão que fundada em cognição sumária tenha autorizado a realização imediata da execução, não possa a decisão judicial ser revogada e, ante a ausência de fundamento para a execução, tenha a parte lesada direito à recomposição da lesão operada, mesmo que através de indenização por perdas e danos.[892]

Também haverá a qualificação da decisão pela autoridade da coisa julgada quando houver o *julgamento antecipado parcial de mérito*, nos termos do art. 356 do atual C.P.C., a saber: *O juiz decidirá parcialmente o mérito quando um ou mais dos pedidos formulados ou parcela deles: I – mostrar-se incontroverso; II – estiver em condições de imediato julgamento, nos termos do art. 355.*

Na hipótese do julgamento antecipado parcial do mérito, pode-se dizer que também haverá coisa julgada parcial da decisão de mérito, especialmente quando se verificar que um ou mais dos pedidos formulados mostrarem-se incontroversos.

Aliás, segundo estabelece o art. 503 do atual C.P.C., a decisão que julgar total ou *parcialmente* o mérito tem força de lei nos limites da questão principal expressamente decidida.

Art. 503

A decisão que julgar total ou parcialmente o mérito tem força de lei nos limites da questão principal expressamente decidida.

§ 1º O disposto no caput aplica-se à resolução de questão prejudicial, decidida expressa e incidentalmente no processo, se:

I – dessa resolução depender o julgamento do mérito;

[891] Wambier, T. A. A.; Medina, J. M. G., idem, p. 127.
[892] Wambier, T. A. A.; Medina, J. M. G., idem, p. 93.

II – a seu respeito tiver havido contraditório prévio e efetivo, não se aplicando no caso de revelia;

III – o juízo tiver competência em razão da matéria e da pessoa para resolvê-la como questão principal.

§ 2º A hipótese do § 1º não se aplica se no processo houver restrições probatórias ou limitações à cognição que impeçam o aprofundamento da análise da questão prejudicial.

Decisão – limites com força de lei em relação às questões decididas

Este dispositivo vem reforçar a diferenciação entre eficácia da sentença e coisa julgada. Quando ele menciona que a decisão que julgar o mérito tem *"força de lei"* nos limites da questão principal expressamente decidida, isso significa dizer, que mesmo antes do seu trânsito em julgado ela tem *força de lei*, ou seja, tem eficácia *erga omnes*, pois um dos efeitos desta força legal é justamente atingir a todos indistintamente. Aliás, *"pelo fato de a sentença aplicar a vontade da lei ao caso concreto, esta deve ser obedecida como a própria lei, isto é, com 'força de lei'.*[893]

Essa força de lei está restrita aos limites das questões principais expressamente decididas.

Normalmente, para decidir a causa, o juiz deve examinar não só as questões de fato e de direito diretamente ligadas à relação jurídica controvertida (questão *principal*), mas também questões que digam respeito a outros estados ou relações jurídicas, que poderiam ser, por si mesmas, objeto de um processo autônomo e independente. Estas questões são denominadas de *prejudiciais*.

Antes de enfrentar e decidir a questão *principal*, reconhecendo ou negando o bem reclamado (propriedade, servidão, usufruto, herança, soma de dinheiro etc), o juiz pode deparar-se com uma séria mais ou menos longa de *pontos* que representam o antecedente lógico da questão final *(pontos prejudiciais)*, os quais, uma vez objeto de controvérsia, poderão dar ensejo a *questões* (*questões prejudiciais*).[894]

Theresa Alvim apresenta nítida distinção entre ponto, questão e causa prejudicial, a saber: *"Resta-nos, agora, distinguir entre 'questão' e 'causa prejudicial'. A questão prejudicial e a causa prejudicial já ficaram diferenciadas, uma da outra, pelo simples fato de termos afirmado que será questão prejudicial aquela, cuja decisão influenciará*

[893] Alvim, Thereza. *Questão prévias e os limites objetivos da coisa julgada.* São Paulo: Editora Revista dos Tribunais, 1976. p. 90

[894] Chiovenda, G., op. Cit., p. 385.

o teor da solução de outra questão, 'na mesma lide'. Vejamos, em decidindo a questão do valor da causa em relação ao tipo de procedimento (exemplo dado), o juiz emprega o mesmo raciocínio que usa ao proferir a sentença, aplicando a norma processual ao fato. Assim, teremos uma 'questão prejudicial' que, todavia, não poderá constituir objeto de ação autônoma, só tendo sentido dentro daquele processo. Ainda, A propõe ação contra B, visando o pagamento de uma multa contratual. B, ao contestar, alega a nulidade do contrato. Teremos uma 'questão prejudicial', a da validade do contrato, que poderia ser objeto de ação autônoma, mas não o é. Já, a causa prejudicial surge, efetivamente como 'causa' (lide) 'no mesmo' (através da declaratória incidental) ou 'em outro processo', desde que seja processos pendentes contemporaneamente. Assim, a prejudicial, se controversa, é 'questão prejudicial', a qual poderá tornar-se uma lide, transformando-se em 'causa prejudicial'. Entretanto, a abrangência da questão prejudicial é mais ampla do que o da causa. Portanto, nem toda a questão prejudicial pode ser objeto de ação autônoma ou causa prejudicial, mas esta, sempre, poderia ser discutida como questão. Já, se a prejudicial de uma questão tiver sido, anteriormente ao processo, decidida com força de coisa julgada material, temos o 'ponto prejudicial'. Igualmente só podemos falar em 'ponto prejudicial se as partes não levantam a controvérsia sobre uma assertiva da outra'. 'Il punto pregiudiziale è dunque il precedente lógico su cui le parti non sollevano una controversia – sia che non possano sollevarla, sia che non vogliano – o su cui la controversia è già stata risolta', diz Menestrina... Muitas vezes, porém, a expressão ponto prejudicial vem confundida com questão e até com causa. Chiovenda, por exemplo, assim se exprime: 'a lei pode exigir que um 'ponto prejudicial' seja objeto, mais do que de simples cognição, de verdadeira 'declaração incidente...'. Pontes de Miranda, salienta que a prejudicial pode ser o ponto, a questão ou causa. 'No 'ponto prejudicial, há algo de assente' (isto é, 'não controverso') ou de resolvido entre as partes, implícita ou explicitamente anteposto à matéria a ser decidida. Na 'questão prejudicial', há comunicação de conhecimento, a ser apreciada pelo juiz, que funciona, como antecedente lógico, sem ser preciso ou sem ser provável formar processo separado... Na causa prejudicial, quer surja antes, com, ou depois do processo principal, supõe-se... seja apreciado pelo mesmo ou por outro juiz, noutro processo".[895]

Os romanos, por exemplo, davam o nome de *res iudicata* ao bem da vida reconhecido ou desconhecido pelo juiz, não incluindo nesta conceituação a decisão das questões prejudiciais. Seriam exemplos dessas questões prejudiciais: *a) Questão prejudicial de estado incidental numa causa hereditária; b) questão prejudicial de estado incidental numa causa incidental de alimentos.*[896]

[895] Alvim, Thereza. *Questão prévias e os limites objetivos da coisa julgada.* São Paulo: Editora Revista dos Tribunais, 1976. p. 27 a 29.

[896] Chiovenda, G., idem, p. 386.

É bem verdade que às vezes a contestação sobre um ponto prejudicial assume o grau de uma ação declaratória (*causa prejudicial; declaração incidental*).

O projeto originário do C.P.C. n. 8.046/10 estabelecia em seu art. 20 que *"se, no curso do processo, se tornar litigiosa relação jurídica de cuja existência ou inexistência depender o julgamento da lide, o juiz, assegurado o contraditório, a declarará na sentença, com força de coisa julgada"*.

O art. 5ª do C.P.C. de 1973 apresentava, por sua vez, a seguinte redação: *Se, no curso do processo, se tornar litigiosa relação jurídica de cuja existência ou inexistência depender o julgamento da lide, qualquer das partes poderá requerer que o juiz a declare por sentença. (Redação dada pela Lei nº 5.925, de 1973).*

Já o novo C.P.C., no *§1º, incs. I a III, e no §2º do art. 503* preconiza;

> *§ 1º O disposto no caput aplica-se à resolução de questão prejudicial, decidida expressa e incidentalmente no processo, se:*
>
> *I – dessa resolução depender o julgamento do mérito;*
>
> *II – a seu respeito tiver havido contraditório prévio e efetivo, não se aplicando no caso de revelia;*
>
> *III – o juízo tiver competência em razão da matéria e da pessoa para resolvê-la como questão principal.*
>
> *§ 2º A hipótese do § 1º não se aplica se no processo houver restrições probatórias ou limitações à cognição que impeçam o aprofundamento da análise da questão prejudicial.*

Parece-me que o novo C.P.C. não manteve a demanda declaratória incidental conforme era regulada no C.P.C. de 1973, pois se houver necessidade de resolução de questão prejudicial durante a relação jurídica processual principal, e essa questão prejudicial apresentar os requisitos dos incisos I a III do §1º do art. 503 do atual C.P.C., o juiz deverá resolvê-la, sendo que essa decisão terá autoridade de coisa julgada.

Muito embora o novo C.P.C. não tenha sido tão claro quanto ao seu projeto originário, o certo que essa resolução poderá ser mediante requerimento das partes ou de ofício pelo juiz.

Assim, quando em torno de um ponto prejudicial surge uma 'questão' prejudicial alegada por uma das partes, seja o autor, seja o réu, ou pelo juiz de ofício, este a declarará (resolverá) na decisão (em um capítulo da sentença) com efeitos de coisa julgada.

Este princípio, elaborado pela doutrina francesa, estendeu-se ao direito italiano e ao direito alemão.

Giuseppe Chiovenda, em sua clássica obra, analisando o direito italiano à época, aponta algumas *questões prejudiciais* que poderiam ou não constituir coisa julgada. Vejamos o que diz o mestre italiano:

> *a) Não será, 'em regra', questão prejudicial, no sentido que estamos indicando, a questão relativa a um simples 'fato jurídico'. Em circunstâncias normais, os fatos jurídicos, que só têm importância enquanto servem à formação e à aplicação 'de uma vontade da lei', somente são certificados pelo juiz como 'premissa' do silogismo que conduz à declaração 'dessa vontade'; e só por si não podem constituir 'objeto principal' de uma declaração. Tal, porém, é possível excepcionalmente. Assim, quando a lei permite que se pleiteie por via principal o reconhecimento ou verificação duma escritura, e a declaração de falsidade dum documento. Entende-se que, se se propõem incidentalmente essas questões num processo, poderão elas dar lugar a uma declaração incidental; assim, no caso de alegação de falsidade, 'quer em qualquer caso', a lei quer que sobre essa questão se realize uma declaração definitiva com efeitos de coisa julgada... Em outros casos encontramos, por norma expressa de lei, questões prejudiciais (aptas a dar lugar a uma declaração incidental) sobre fatos jurídicos, incapazes, só por si, de constituir objeto 'principal' de um processo autônomo. Assim, 'quando no curso de um processo civil aparece algum 'fato' no qual se possa advir um crime... se se inicia a ação penal e a cognição do crime influi sobre a decisão da controvérsia civil, suspende-se o processo... até que se profira, na instrução, a impronúncia ou, no processo, a sentença irrevogável...*
>
> *Entre os fatos jurídicos inserem-se também os 'atributos' das pessoas, das coisas, dos atos. O estabelecer que uma 'pessoa' tenha uma idade em vez de outra, seja homem ou mulher, sadia ou enferma mental; que uma parte seja comerciante, uma sociedade seja comercial; que uma 'coisa' seja sagrada ou não, comercial ou não, divisível, imóvel; que um 'ato' seja comercial ou civil, pode constituir 'ponto' prejudicial em lides diferentes; uma vez, porém, que não seria concebível um processo autônomo que tivesse por objeto unicamente a questão concernente àquele atributo, essa questão, suscitada num processo principal, não será prejudicial, no sentido que vamos assinalando, ou seja, apta a dar lugar a uma declaração incidental.*
>
> *b) Será, ao contrário, por sua natureza, 'questão prejudicial', toda questão relativa a um 'estado jurídico', entendido em sentido lato, isto é, compreensivo de toda condição jurídica que, sendo comum a variadíssimas relações jurídicas, seja pelo direito considerada como possível objeto principal dum processo autônomo. Assim, o estado de cidadania, de família, de matrimônio, pode dar ensejo a uma questão prejudicial relativa a essa qualidade ou estado.*
>
> *c) Será 'questão prejudicial' a questão sobre a existência de uma 'relação jurídica complexa' suscitada no processo em que se alegue certo direito adquirido oriundo dessa relação. Quando uma relação jurídica se esgota num único direito (por exemplo,*

empréstimo em dinheiro, sem juros), não pode haver questão propriamente prejudicial. Poderá haver, antes, uma questão sobre a existência da relação distinta da questão sobre a existência do direito (por exemplo, vencimento da obrigação de restituir o mútuo), mas será necessariamente objeto, também, da demanda de restituição a declaração da existência da relação. Por simples, porém, que seja uma relação, sua existência ou validez poderá sempre constituir uma questão prejudicial com respeito às ações 'derivadas' da ação originária. Por exemplo: reclamam-se perante o pretor danos que somam 1.000 liras pelo inadimplemento dum contrato do valor de 6.000 liras, e contesta-se a existência do contrato.

Nas relações jurídicas 'complexas', pelo contrário, das quais, por definição, derivam múltiplos direitos e obrigações, outro é o problema: se se alega com a demanda um só dos direitos, a relação jurídica será, em verdade, 'deduzida em juízo' como 'causa petendi' (poderá, assim, por exemplo, servir a uma reconvenção...); não constituirá, no entanto, por si, objeto da 'demanda' e do 'julgado'. Em tal hipótese, contudo, poderá dar-se que, por 'ocasião' da ação própria, seja contestada a existência da relação jurídica, e advenha, nessas condições, com referência a ela (locação, sociedade ou outra) uma questão prejudicial.

Quanto mais complexa é a relação jurídica, tanto mais nítida se apresenta a distinção entre a questão que tem por objeto a própria relação jurídica e as diversas ações que equivalem a derivações ou emanações da relação mesma, que nos aparece como seu pressuposto, por vezes, remoto. Assim, a ação hereditária em referência à questão sobre a qualidade do herdeiro; a ação confessória com respeito à questão da 'propriedade'; as ações por danos e prejuízos aos imóveis urbanos e rústicos, cercas, fechos, plantas e frutos, a propósito da questão da 'propriedade' ou 'posse' ... O fenômeno se assemelha, aí, ao que se manifesta nas questões de estado.

Urge, entretanto, distinguir nas relações jurídicas complexas, entre os vários direitos, que delas participam, aqueles que têm caráter 'principal', ou 'fundamental', ou 'central', visto como, quando são alegados, deve considerar-se que objeto da demanda e do julgado é, sem mais e diretamente, em conjunto com o direito que se alega, a própria relação jurídica. Assim, no direito de propriedade, a faculdade 'principal' consiste em pretender que 'todos' se abstenham do gozo da coisa e, portanto, da posse, que é condição de gozo; por isso a reivindicação não é, em realidade, senão o mesmo direito de propriedade que se faz valer 'inteiramente' contra o possuidor atual, o que se exprime com a asserção de que o direito de propriedade não é simplesmente prejudicial à reivindicação, mas faz valer com ela (opinião dominante, sempre debatida).

d) Constituirá 'questão prejudicial' a questão sobre a existência de uma 'relação jurídica com obrigações em quotas periódicas', suscitada no processo em que se cobra a prestação. Entre as relações jurídicas complexas ocupam lugar especial as com obrigações em quotas periódicas: tais são os débitos pagáveis por partes, ou a prazos (loca-

ções de coisa e de obra, relação de emprego, prestação de aluguel, pensões alimentícias, impostos, mútuos, e outros). Cada prestação em si pode constituir objeto de demanda e processo; e, na ocasião da demanda de uma prestação, pode agitar-se uma questão prejudicial sobre a relação jurídica, em virtude da qual a prestação é devida.

e) Questão prejudicial é a que versa sobre a existência de uma 'relação jurídica condição da principal'. Muitas vezes a relação existente entre duas pessoas depende da existência de outra relação entre essas pessoas ou entre uma delas e um terceiro ou ainda entre dois terceiros. A relação de sublocação depende de locação; a fiança depende da obrigação principal.

f) Questão prejudicial é, enfim, também, aquela sobre a existência de uma 'relação jurídica incompatível com a principal'. Até agora consideramos a hipótese de que o réu se limite a contestar o fundamento da ação 'negando' simplesmente a existência ou a validez da relação em que a ação se funda. Pode acontecer, porém, que o réu se defenda de forma positiva, isto é, afirmando a existência de outra relação 'incompatível' com a existência, pelo menos atual, do direito afirmado pelo autor e dando, assim, lugar a uma questão prejudicial sobre essa relação (que, por sua vez, poderá dar ensejo a uma declaração incidental). O caso mais comum é o da exceção de compensação em que a incompatibilidade só se origina com a exceção.... Quem é citado para o pagamento de um aluguel ou para a restituição da coisa alugada ou para a restituição dum depósito, em vez de limitar-se a negar a locação ou o depósito, 'pode opor a condição de proprietário ou usufrutuário da coisa' ...".[897]

Chiovenda, portanto, com tais ensinamentos encara o problema de estabelecer se tais questões prejudiciais devem ser simplesmente 'conhecidas' pelo juiz para fim de julgar a demanda, ou se devem ser, ao contrário, 'decididas' pelo magistrado, de maneira que a autoridade da coisa julgada a elas abranja. Assim, na primeira operação o juiz realiza um puro ato de inteligência; já na segunda operação, ao mesmo tempo um ato de inteligência e de vontade.

Que a atividade lógica desenvolvida pelo juiz no processo não está inserida no âmbito da autoridade da coisa julgada, cuja abrangência se limita ao dispositivo da decisão de mérito, é pacífico perante o código de processo civil de 1973 e perante do atual C.P.C.

O C.P.C. de 1939, conforme já teve oportunidade de afirmar Ada Pellegrini Grinover, havia dado margem a intermináveis dúvidas ao estabelecer, no parágrafo único do art. 287, que "considerar-se-ão decididas todas as questões que constituem premissa necessária da conclusão". À luz desse dispositivo, parte da

[897] Chiovenda, G., idem p. 385 a 391.

doutrina havia reavivado o velho pensamento de Savigny, estendendo a coisa julgada aos fundamentos da decisão. A doutrina dominante, porém, já se firmara no sentido restritivo, entendendo que a abrangência da coisa julgada se limita ao dispositivo da decisão de mérito. Inclusive, Barbosa Moreira dedicou ao tema uma monografia (Questões Prejudiciais e Coisa Julgada), ressalvando que o parágrafo único do art. 287 não podia ser separado do caput do dispositivo, devendo entender-se que se consideram decidas as questões que constituam premissa necessária do julgamento, ainda que implicitamente decididas, desde que nos limites da lide.[898]

O novo C.P.C. preconiza que somente terá força de lei as questões prejudiciais que forem expressamente decididas, não podendo essa decisão ser implícita.

Atualmente, a autoridade da coisa julgada delimitada ao dispositivo da decisão de mérito vem também consagrada no art. 504, incs. I e II, do atual C.P.C. que estabelece que não fazem coisa julgada os motivos, ainda que importantes para determinar o alcance da parte dispositiva da sentença, assim como a verdade dos fatos, estabelecida como fundamento da sentença.

Ocorre que o art. 469 do C.P.C. de 1973 estabelecia que não fazia coisa julgada, além dos motivos e da verdade dos fatos, também a apreciação da questão prejudicial decidida incidentalmente no processo (inc. III).

O §1º do art. 503 do atual C.P.C. não repetiu a necessidade de que a questão prejudicial fosse decidida por meio de demanda declaratória incidental para que fosse abrangida pela coisa julgada.

O art. 5ª do C.P.C. de 1973 apresentava, por sua vez, a seguinte redação: *Se, no curso do processo, se tornar litigiosa relação jurídica de cuja existência ou inexistência depender o julgamento da lide, qualquer das partes poderá requerer que o juiz a declare por sentença. (Redação dada pela Lei nº 5.925, de 1973)*

Observa-se, portanto, que pelo atual C.P.C. não há mais falar de ação declaratória incidental, uma vez que surgindo no curso do processo certa litigiosidade de relação jurídica de cuja existência ou inexistência depender o julgamento do mérito, o juiz, de ofício, ou mediante requerimento das partes, assegurado o contraditório, a declarará na sentença, com força de coisa julgada.

Assim, a coisa julgada abrangerá as questões prejudiciais expressas e incidentalmente decididas pelo juiz, seja a requerimento da parte, ou de ofício, independentemente da ação declaratória incidental, bastando para isso que o magistrado resguarde o contraditório.

[898] Apud. LIEBMAN, E. T., op. cit., p. 10.

Mas além do contraditório, o §1º do art. 503 do atual C.P.C. também apresenta outros requisitos necessários para que a resolução de uma questão prejudicial incidental possa gerar coisa julgada material, a saber: I – dessa resolução depende o julgamento do mérito; II – a seu respeito tiver havido contraditório prévio e efetivo, não se aplicando no caso de revelia; III – o juízo tiver competência em razão da matéria e da pessoa para resolvê-la como questão principal.

Portanto, se da resolução da questão prejudicial não depender o julgamento do mérito, ou se não houver o contraditório prévio e efetivo, ou se se tratar de réu revel, ou, por fim, se o juiz não tiver competência em razão da matéria ou da pessoa para resolver a questão prejudicial como questão principal, não se poderá falar em coisa julgada material.

Somente se poderá configurar a coisa julgada se a resolução da questão prejudicial for imprescindível para a solução do mérito da questão principal. Pense-se na hipótese da responsabilidade civil do vendedor em relação ao comprador, na qual há uma questão prejudicial que diz respeito à própria existência do contrato de compra e venda.

Não se poderia pensar em conferir autoridade de coisa julgada material à questão prejudicial se não fosse permitido a ambas as partes realizar o contraditório prévio e pleno, oportunizando ampla dialética em relação à questão prejudicial. Daí porque não se admite a autoridade de coisa julgada em relação ao julgamento da questão prejudicial se o réu for revel, pois neste caso uma das partes não concretizou o contraditório prévio e efetivo na relação jurídica processual.

Por fim, para que se possa conferir autoridade de coisa julgada à decisão que resolver a questão prejudicial, deve o juiz ter competência em razão da matéria e da pessoa para resolvê-la como se fosse questão principal.

Assim, se somente o juiz federal poderia resolver a questão prejudicial como principal, não será conferida autoridade de coisa julgada à resolução da questão prejudicial feita por juiz estadual.

Em relação ao direito intertemporal, preceitua o art. 1.054 do atual C.P.C. que o disposto no art. 503, § 1º, somente se aplica aos processos iniciados após a vigência deste Código, aplicando-se aos anteriores o disposto nos arts. 5º, 325 e 470 da Lei nº 5.869, de 11 de janeiro de 1973.

Portanto, em relação aos processos iniciados antes da vigência deste Código, a resolução de questão prejudicial dependerá: a) de requerimento expresso de qualquer das partes (art. 5º do C.P.c. de 1973); b) contestando o réu o direito que constitui fundamento do pedido, o autor poderá requerer, no prazo de 10 (dez) dias, que sobre ele o juiz profira sentença incidente, se da declaração da existência ou da inexistência do direito depender, no todo ou em parte, o julgamento da lide (art. 5º) (art. 325 do C.P.c. de 1973); c) faz, todavia, coisa julgada a resolução da questão prejudicial, se a parte o requerer (arts. 5º e 325), o juiz for competente em razão da matéria e constituir pressuposto necessário para o julgamento da lide (art. 470 do C.P.c. de 1973).

Estabelece o *§2º do art. 503* do atual C.P.C. que a *hipótese do § 1º não se aplica se no processo houver restrições probatórias ou limitações à cognição que impeçam o aprofundamento da análise da questão prejudicial.*

Este dispositivo vem reforçar que a resolução de questão prejudicial não estará sob o manto da autoridade da coisa julgada se não for possível o pleno contraditório e também a ampla defesa de todas as partes.

Se o procedimento em que será resolvida a questão prejudicial não permitir a utilização de determinada prova, ou se a cognição horizontal ou vertical do juiz não for plena e exauriente, a resolução da questão prejudicial terá efeito apenas para o processo em que ela foi definida.

Desta feita, a resolução de questão prejudicial no âmbito da concessão de tutela de urgência satisfativa ou cautelar não se constitui com a autoridade de coisa julgada.

Sobre o tema, eis os seguintes precedentes do S.T.J.:

> *(...).*
>
> *2. Não pode prevalecer, em face do óbice da preclusão pro judicato, a decisão do magistrado de primeira instância que tenha por fim retratar decisão interlocutória objeto de agravo de instrumento não conhecido pelo Tribunal aq quem.*
>
> *3. O acórdão proferido pela instância de segundo grau, ao não conhecer do mérito do agravo de instrumento pela inobservância do disposto no art. 526 do CPC, trouxe como efeito a manutenção da decisão agravada, impedindo que fosse reaberto o prazo para retratação do juiz de piso. Solução em contrário, importaria em supressão de instância.*
>
> *4. O art. 468 do Código de Processo Civil explicita que a sentença tem força de lei, ou seja, faz coisa julgada, nos limites da lide e das questões decididas, o que impede a propositura de ação idêntica, com as mesmas partes, causa de pedir e pedido.*
>
> *5. Já o art. 474 do CPC dispõe sobre a impossibilidade de se rediscutir não apenas as questões que tenham sido explicitamente decididas no dispositivo, porquanto expressamente alegadas pelas partes, mas também aquelas que poderiam ser alegadas e não o foram.*
>
> *6. Da interpretação desses dispositivos, extrai-se o óbice para a propositura de ação idêntica, rediscussão de pontos já decididos na sentença e alegação de fatos novos não aduzidos por desídia da parte.*
>
> *7. Malgrado constar do dispositivo da sentença a determinação para que, após o trânsito em julgado, os depósitos fossem convertidos em renda da União, o reconheci-*

mento da decadência com a consequente determinação de levantamento dos depósitos pela empresa recorrida não ofende a coisa julgada.

8. Em face da decadência ter-se operado no curso da lide, seria desarrazoado exigir que a parte suscitasse esse fato extintivo em momento anterior. Além disso, essa tese não foi discutida na ação de conhecimento, consubstanciando outra causa de pedir sujeita a nova coisa julgada.

9. Recurso especial conhecido em parte e improvido.

(REsp 861.270/PR, Rel. Ministro CASTRO MEIRA, SEGUNDA TURMA, julgado em 05/10/2006, DJ 16/10/2006, p. 358)

Art. 504

Não fazem coisa julgada:

I – os motivos, ainda que importantes para determinar o alcance da parte dispositiva da sentença;

II – a verdade dos fatos, estabelecida como fundamento da sentença.

Limites objetivos da coisa julgada

O art. 504 do atual C.P.C. trata, na realidade, dos limites objetivos da coisa julgada.

O *inc. I do art. 504* do atual C.P.C. expressamente consigna que *os motivos, ainda que importantes para determinar o alcance da parte dispositiva da sentença,* não fazem coisa julgada.

Savigny observa que desde os tempos antigos se repete que a *força legal* concerne somente à própria sentença, não aos motivos, razão pela qual somente o dispositivo da sentença adquire *força legal.*

Contudo, chega Savigny à conclusão de que a *força legal* compreende, também, os motivos da sentença, ou seja: que se deve considerar a sua força legal em conexão inseparável com as relações jurídicas afirmadas ou negadas pelo juiz, das quais depende a eficácia prática da decisão.[899] Sobre a questão dos motivos objetivos e subjetivos, acrescenta Savigny: *"é possível distinguir-se, entre as considerações que levam o juiz à sentença, duas espécies de motivos determinantes: os 'objetivos', que verdadeiramente integram a relação jurídica, também denominados de 'elementos'; e os 'subjetivos' pelos quais o juiz é pessoalmente levado a uma firme convicção sobre aqueles elementos, para afirmá-los ou negá-los. Com base nessa distinção, os motivos objetivos*

[899] Neves, C., op. cit., p. 108 e 117.

admitidos pelo juiz (os elementos) adquirem força de coisa julgada, enquanto que os motivos subjetivos não...

Quanto aos doutrinadores, divide-os Savigny em três classes, uma, constituída, pela maior parte deles, dos que negam, de maneira absoluta, força de coisa julgada aos 'motivos', só úteis no plano da interpretação das sentenças; outros, que a admitem, se inseridos os motivos na decisão; um terceiro grupo, dos que reconhecem o nexo intrínseco entre motivos e conteúdo da decisão e, assim, a participação daqueles na força da coisa julgada, sem distinguirem, quanto à forma e ao lugar em que estejam expressos...".[900]

Segundo Lacoste, a coisa julgada não reveste toda a sentença, mas apenas o dispositivo, seja expresso ou implícito. Estão fora de sua abrangência os motivos e as simples enunciações, mesmo que tenham relação direta com o dispositivo. Lacoste repele a própria distinção de Savigny, entre motivos objetivos e subjetivos.[901]

A questão dos limites objetivos da coisa julgada, sem dúvida, é uma das mais controvertidas. Há muito tempo foi ela bem analisada por Paula Batista (Compêndio de Teoria e Prática do Processo Civil, 8ª ed., São Paulo, 1935, §185, nota I), quando afirmou que: *"a autoridade da coisa julgada é restrita à parte dispositiva do julgamento e aos pontos aí decididos e fielmente compreendidos em relação aos seus objetivos"*. Isso significa dizer que os motivos da sentença não são objeto da coisa julgada, mas devem ser considerados para entender o verdadeiro e cabal alcance da decisão. No mesmo sentido é o pensamento de João Mendes (Direito Judiciário Brasileiro, 3ª ed. Rio de Janeiro, 1940, os. 485-486), que estende a coisa julgada aos motivos objetivos, entendidos, porém, estes como "elementos ou partes constitutivas da relação de direito", "conteúdo da relação litigiosa". Critério mais amplo aparece, por sua vez, o de João Monteiro (Teoria do Processo Civil e Comercial, 5ª ed., São Paulo, 1936, §246), para quem *"fazem coisa julgada as relações jurídicas que realmente foram controvertidas e julgadas. Por isso, à expressão coisa julgada deve dar-se um sentido substancial e não formalístico, de modo que abranja não só a fase final da sentença, mas também qualquer outro ponto em que tenha o juiz eventualmente provido sobre os pedidos das partes. Excluem-se, por isso, da coisa julgada os motivos; contudo, são eles mesmo um elemento indispensável para determinar com exatidão a significação e o alcance do dispositivo"*.[902]

Assim, observa-se que Paula Batista exclui do âmbito de abrangência da coisa julgada os motivos objetivos e, portanto, e com muito mais razão, os subjetivos. Entretanto, atribui sob esse âmbito os *pontos decididos* na parte disposi-

[900] Neves, C., idem, p. 118 e 199.

[901] Neves, C., idem, p. 145.

[902] Liebman, E. T., idem, p. 55 e 59.

tiva da sentença, mas não somente enunciados. Aliás, um dos exemplos dados por Paula Batista deixa margem a dúvidas: Sentença que decide que o 'devedor é obrigado a pagar juros de certa dívida, cujo montante é simplesmente enunciado, não tem força de 'coisa julgada' quanto ao 'montante' dessa mesma dívida. Esse autor, o qual é identificado como de posição restritiva, parece não ser tão claro quanto seria de se exigir, pois, pelo exemplo, permite concluir que sobre a 'existência da dívida' pesa a autoridade da coisa julgada material, o que não é aceito pelos adeptos da teoria restritiva; desde que sobre essa declaração nada foi pedido pelo autor. João Mendes, por sua vez, estende a coisa julgada aos 'motivos objetivos, mas os considera como conteúdo da relação litigiosa', *in verbis*: *"...a autoridade da coisa julgada não existe senão para o dispositivo do julgamento... mas os motivos objetivos são elementos da causa e, por isso, como conteúdo da relação litigiosa, têm autoridade de coisa julgada"*. Assim, pelo que tudo indica este autor admite que os antecedentes lógico-jurídicos necessários das questões de mérito devam ser atingidos pela imutabilidade da sentença, se controvertidos. Tal posição, se levada às suas últimas consequências, abrange os antecedentes lógico-jurídicos necessários da decisão, não se incluindo aqui os pontos prejudiciais, desde que não sejam elementos da relação 'litigiosa'. Para João Monteiro, por sua vez, a coisa julgada pressupõe o juízo do julgador e este a controvérsia das partes: 'logo fazem coisa julgada as relações jurídicas que realmente foram controvertidas e julgadas', fazendo coisa julgada os motivos em que tais relações estiverem expressas como causa imediata da sentença. Assim, para João Monteiro, as questões prejudiciais seriam objeto da coisa julgada, mas não os pontos prejudiciais.[903]

Por outro lado, Aureliano Gusmão ensina que os motivos, como puros motivos, não tem autoridade de coisa julgada. O juiz, como juiz, decide só as questões ou relações de direito que as partes trouxeram a juízo e aí foram debatidas. Aos motivos, pois, só deve ser atribuída a autoridade da coisa julgada quando eles fazem corpo com o dispositivo da sentença, como partes integrantes desta, de maneira que neles esteja a razão mesma de ser do dispositivo, de modo que, abstraindo-se deles, a contenda ou a relação jurídica disputada pelos litigantes não teria ficada dirimida só pelo dispositivo. Exclui também o autor da coisa julgada os *pontos* que não constituíram objeto da controvérsia, sobre os quais o juiz não foi chamado a pronunciar-se, mesmo que tenham relação direta com o dispositivo da sentença.[904]

[903] Alvim, T., op. Cit., 31 a 33
[904] Alvim, T., idem, p. 33.

Zótico Batista entende que na sentença se compreendem decididas todas *as questões necessárias da conclusão do dispositivo da sentença,* razão pela qual este autor exclui os fundamentos ou motivos da sentença. Para ele, a sentença deve ser conforme o pedido dos autos e restrita à matéria discutida, não julgando o juiz além, nem fora, do que pedirem as partes, salvo aquilo que *virtualmente se considerar incluído no pedido.*[905]

Por outro lado, o autor italiano Cogliolo aduz que a coisa julgada deve restringir-se à sentença e não ao 'pedido' ou à 'intenção', muito embora a intenção poderá explicar e iluminar a sentença. A sentença é aquela que unicamente sofre a coisa julgada, tanto mais que pode também condenar o autor, e conceder ao réu uma qualidade de coisa julgada. Nem todas as relações jurídicas que se encontram na sentença estão sujeitas à coisa julgada, mas aquelas somente que forem julgadas em razão de controvérsia.[906]

Jorge Americano também afirma que os motivos não fazem coisa julgada, pois em princípio são simples argumentações. Contudo, construindo-se a sentença como um silogismo, todos os motivos que constituíram premissas reputam-se fazer corpo com a decisão, como partes integrantes e indispensáveis à própria decisão. Para este autor, faz coisa julgada o motivo que constitui fundamento da sentença, de forma que, abstraindo-se ele, a controvérsia não teria sido decidida pela forma com que se apresenta, isto é, quando nele estiver a relação do direito como causa imediata do dispositivo da sentença.[907]

É bem verdade que a maioria dos autores brasileiros acima citados fizeram seus comentários sob a égide do art. 287, parágrafo único do C.P.C. de 1939, que assim estabelecia:

> *"Art. 287. A sentença que decidir total ou parcialmente a lide terá força de lei nos limites das questões decididas.*
>
> *Parágrafo único. Considerar-se-ão decididas todas as questões que constituam premissa necessária da conclusão".*

José Frederico Marques, comentando o art. 287, p.u. do C.P.C. de 1939 criticava este dispositivo, pois longe de dar orientação segura sobre matéria tão complexa, veio aumentar a perplexidade. Para ele, não se poderia dizer que o artigo adotou a teoria de Savigny, pois não se poderia reduzir a nada o art. 4º do

[905] Alvim, T., idem, p. 35.

[906] Alvim, T., idem, p. 36.

[907] Americano, Jorge. *Comentários ao código de processo civil do Brasil.* 2ª ed., Saraiva, vol. I. p. 440.

C.P.C. de 1939. Assim, os motivos e os fundamentos da decisão não fariam coisa julgada material, servindo, apenas, para seu esclarecimento.[908]

Do mesmo modo é o entendimento de José Carlos Barbosa Moreira ao comentar o art. 289 do C.P.C. de 1939: *"ali se proíbe que a questão já decidida seja objeto de nova decisão; mas não proíbe 'expressi verbis', que ela seja objeto, de novo pronunciamento sem caráter de decisão'.* Já em relação ao C.P.C. de 1973, o mesmo processualista do Rio de Janeiro preconiza que o legislador foi fiel ao princípio tradicional que nega aos pronunciamentos sobre questões processuais a produção de efeitos exteriores ao processo.[909]

O art. 500 do atual C.P.C., além de não repetir o conteúdo normativo do parágrafo único do art. 287 do C.P.C de 1939, expressamente afirmou que a decisão que julgar total ou parcialmente o mérito tem força de lei nos limites da questão principal expressamente decidida

Assim, pelo novo C.P.C., somente as questões principais, inclusive as *questões prejudiciais expressamente decididas,* é que estão sob a égide da autoridade da coisa julgada.

Porém, para se interpretar qual a abrangência da expressão *questões principais* deve-se fazer uma interpretação conjunta com o disposto no art. 504, inc. I, do atual C.P.C., razão pela qual *os motivos* utilizados pelo juiz para justificar o dispositivo de sua decisão não estarão sob o manto da coisa julgada.

Outros autores assim se expressam sobre a abrangência da coisa julgada:

> *"Andrea Lugo também é de opinião que a coisa julgada material se forma sobre a relação jurídica que as partes submeteram ao exame do juiz, por meio da demanda e, portanto, para determinar os limites objetivos da coisa julgada, deve-se examinar esse conteúdo. Distingue ele entre questões logicamente prejudiciais e juridicamente prejudiciais, quando o juiz deve pronunciar-se não mais 'incidenter tantum', mas com força de coisa julgada, acontecendo isto quando a lei expressamente o preveja.*
>
> *Mattirolo ensinava que a autoridade da coisa julgada está no ponto decidido ou declarado pelo juiz, ou seja, no dispositivo da sentença, não nos motivos que o precedem, nem nas assertivas que se podem encontrar em qualquer parte da sentença. Os motivos servem só para elucidar o justo significado do dispositivo.*
>
> *Satta, por sua vez, diz que a incontestabilidade da coisa julgada deve ser determinada em relação à demanda e às questões explícita ou implicitamente decididas, 'al qual*

[908] MARQUES, José Frederico. *Instituições de direito processual civil.* Vol. V Rio de Janeiro: Forense, págs. 48 e seguintes.

[909] BARBOSA MOREIRA, José Carlos. *Questões prejudiciais e coisa julgada.* Borsoi, 1967. p. 124 e 126.

proposito' continua, 'va ricordato che il rapporto giuridico non viene di solito dedotto in giudizio nel suo complesso, ma in relazione a determinate pretese. É nei limiti di queste pretese, e dei pressuposti necessari di esse, che la situazione giuridica accertata viene contenuta e si torna il giudicato'. Com essas palavras parece que adota o autor a posição de que as premissas necessárias à decisão da lide fariam coisa julgada. Seus exemplos, contudo, demonstram não ter ele ido tão longe quanto nós, na aceitação deste ponto-de-vista. Um dos exemplos dados é o seguinte: a sentença, diz ele, que condena ao pagamento do preço de uma venda, decide (accerta) indiscutivelmente a existência da venda, mas não sua validade. Realmente, o pressuposto do pagamento era a existência do contrato, e este para Satta faz coisa julgada. Assim, a existência do contrato não poderá mais ser posta em dúvida".[910]

Theresa Alvim, indo mais além do que Satta, diz que a validade seria igualmente pressuposto necessário do pagamento e, seria também, de acordo com a própria enunciação de Satta abrangida pela coisa julgada material.[911]

João de Castro Mendes entende que não se deve aceitar o sistema restritivo nem o ampliativo puro, razão pela qual propõe ele um sistema intermediário: os pressupostos da decisão transitada em julgado são indiscutíveis como pressuposto da decisão, e só nessa medida. A posição preconizada por Castro Mendes assemelha-se à de Chiovenda. Exemplifica seu ponto-de-vista: A é credor de R pela entrega de X, fica assente que o crédito de que se alegou resultar 'x' existe e é eficaz, só na medida para assegurar uma causa concreta... Se A pedir 'y', outra consequência do contrato, este é discutível na verificação e validade. Mas, e aqui é que parece preconizar posição mais extensa do que Satta, e menos extensa que Chiovenda, se R quiser fazer declarar a nulidade total do contrato em causa autônoma não pode, é indiscutível que ele é válido como fonte de obrigação juridicamente reconhecida. Para Thereza Alvim, essa posição estabelecida por Castro Mendes não eliminaria a desarmonia entre as decisões, desde que o mesmo contrato pode ser considerado válido em relação à prestação X e deixar de sê-lo em relação à prestação Y. Sua validade, que não poderia ser pleiteada autonomamente, não poderia sê-lo também em relação à prestação diferente.[912]

Outra questão interessante é se as condições da ação (por nós denominadas de condições para análise do mérito) fazem ou não coisa julgada material, pois essas condições podem refletir-se fora do processo. Assim, se for entendido ser o autor parte ilegítima 'ad causam', por exemplo, tal pronunciamento não se deve

[910] Alvim, T., op. Cit., p. 56 e 57.
[911] Alvim, T., idem, p. 57.
[912] Alvim, T., idem, p. 58.

restringir ao processo, 'pois não se prende em seu teor, a qualquer peculiaridade deste'. Tanto Barbosa Moreira quanto Frederico Marques e o próprio Liebman entendem que as decisões sobre as condições da ação fazem coisa julgada material. Frederico Marques, inclusive, dá o seguinte exemplo: *"foi declarada a falta de legitimidade 'ad causam', isto impede que se proponha nova ação entre as mesmas partes, a menos que a legitimação, que antes faltara, não perdure ulteriormente"*.[913]

Por sua vez, numa perspectiva particular, Teresa Arruda Alvim Wambier e José Miguel Garcia Medina entendem como *juridicamente inexistentes* as sentenças proferidas em processos gerados pela propositura da 'ação', sem que tenham sido preenchidas as condições de análise do mérito. Em outras palavras, para ambos os autores, se o autor não preenche as denominadas 'condições da ação', a sentença de mérito proferida neste contexto é juridicamente inexistente. Na realidade, eles adotam a teoria de Liebman, no sentido de *'as condições da ação são requisitos constitutivos da ação. Somente se existirem, pode considerar-se existente a ação'.*[914]

Pelo atual C.P.C., as condições para a análise do mérito seriam apenas a *legitimidade da parte* e o *interesse processual,* razão pela qual, na falta de qualquer dessas circunstâncias, a petição inicial poderá ser indeferida.

O atual C.P.C. não considera mais a *possibilidade jurídica do pedido* como condição para análise do mérito, pois essa questão faz parte do próprio mérito.

O art. 337, inc. XI, do atual C.P.C., por sua vez, preconiza que incumbe ao réu, antes de discutir o *mérito*, alegar ausência de legitimidade ou de interesse processual.

Por outro lado, o art. 485, inc. VI do atual C.P.C. aduz que o órgão jurisdicional não resolverá o mérito, quando o juiz verificar a *ausência de legitimidade ou de interesse processual.*

Por isso, sendo a análise da *legitimidade e do interesse processual* pressuposto antecedente à análise do mérito, pelo nosso sistema jurídico não é possível afirmar que a extinção do processo por falta desses requisitos poderá ensejar a autoridade da coisa julgada material, pois não houve a análise do mérito. O que se pode afirmar é que o reconhecimento por decisão da falta de legitimidade ou de interesse processual poderá ensejar a autoridade da coisa julgada formal, ou seja, no mesmo processo em que fora proferido.

Porém, não obstante a decisão que reconhece a ilegitimidade de parte não julgue o mérito, o certo é que nova demanda não poderá ser proposta sem que antes este vício tenha sido corrigido, conforme determinada o art. 486, §1º.

913 Alvim, T., idem, p. 60 de 61.
914 Wambier, T. A. A.; Medina, J. M. G., op. Cit., p. 31.

Portanto, para se corrigir o vício de ilegitimidade de parte outra parte deve vir ao processo. Isso significa dizer que somente uma nova parte é que poderá promover a demanda, fazendo com que os elementos da demanda não sejam os mesmos, pois, muito embora o pedido e a causa de pedir possam ser idênticos na primeira e na segunda demanda, as partes não serão as mesmas, o que em tese poder-se-ia dizer que a decisão que reconheceu a ilegitimidade de parte gera os mesmos efeitos da coisa julgada material, muito embora não tenha sido uma decisão de mérito.

Desta forma, pelo sistema vigente, há como se estender a coisa julgada material à decisão que extingue o processo em razão do reconhecimento da ilegitimidade de parte, muito embora essa decisão não promova a resolução de mérito.

Verifica-se, portanto, que o sistema jurídico processual nem sempre é coerente.

Já em relação aos *pressupostos processuais,* os quais, normalmente, não apresentam relevância para fora do processo em que são avaliados, adotam-se os mesmos argumentos já exteriorizados em relação às condições da ação, ou seja, por não fazerem parte do mérito, também não serão alcançados pela coisa julgada material.

O art. *504, inc. II* do atual C.P.C. *também estabelece que não faz coisa julgada a verdade dos fatos, estabelecida como fundamento para a decisão.*

O lugar apropriado para apreciação da prova dos fatos é na fundamentação ou motivação da decisão; por isso, a verdade dos fatos, a que chega o juiz, inclui-se entre os *motivos* da sentença e só por isso não faz coisa julgada. Por outro lado, a verdade dos fatos resulta da livre apreciação das provas pelo juiz, o que lhe dá certo caráter pessoal, e que não se transmite necessariamente a outro juiz, que noutro processo venha a apreciá-las. É por esse motivo que a denominada 'prova emprestada', ou seja, a prova transportada de um processo para outro, não faz coisa julgada nem no processo em que se produziu, ainda que entre as mesmas partes. Nada impede, por outro lado, que a verdade produzida pela prova no primeiro processo seja negada em um segundo processo, em que se discutem os mesmos fatos e entre as mesmas partes.[915]

O art. 469 do C.P.C. de 1973 apresentava disciplina similar ao art. 504 do atual C.P.C., a saber:

[915] Santos, Moacyr Amaral Santos. *Comentários ao código de processo civil.* Vol. IV. Rio de Janeiro: Ed. Forense, 1976. p. 477 e 478.

"Art. 469. Não fazem coisa julgada:

I – os motivos, ainda que importantes para determinar o alcance da parte dispositiva da sentença;

II – a verdade dos fatos, estabelecida como fundamento da sentença;

III – a apreciação da questão prejudicial, decidida incidentemente no processo".

Observa-se, contudo, que o artigo 504 do atual C.P.C. não repetiu o inc. III do art. 469 do C.P.C. de 1973, ou seja, não previu que a apreciação da questão prejudicial, decidida incidentemente no processo, não faria coisa julgada.

Pelo atual C.P.C., a questão prejudicial decidida *expressamente e incidentalmente no processo também faz coisa julgada material*, razão pela qual não há mais falar em ação declaratória incidental diante do novo estatuto processual.

Sobre o tema, eis os seguintes precedentes do S.T.J.:

(...).

2. A teor do disposto no art. 469, inciso I, do Código de Processo Civil, os motivos, ainda que importantes para determinar o alcance da parte dispositiva do julgado, não fazem coisa julgada.

Precedentes.

3. O indeferimento de expedição de alvará em processo de inventário está sujeito ao instituto da preclusão, impedindo a rediscussão da matéria intra autos, mas não vincula a atuação da Administração no exercício do seu múnus.

4. Recurso especial provido para cassar os acórdãos proferidos em reexame necessário (fls. 141/146 e 168/170) e determinar que a Corte a quo prossiga no julgamento considerando a autonomia da Administração, que não se submete a meros fundamentos expostos em anterior decisão judicial interlocutória.

(REsp 1194817/MG, Rel. Ministro BENEDITO GONÇALVES, PRIMEIRA TURMA, julgado em 13/05/2014, DJe 20/05/2014).

1. A coisa julgada material, qualidade de imutabilidade e de indiscutibilidade que se agrega aos efeitos da sentença de mérito, atinge apenas a carga declaratória contida no dispositivo do decisum.

2. Não fazem coisa julgada: "I – os motivos, ainda que importantes para determinar o alcance da parte dispositiva da sentença; II – a verdade dos fatos, estabelecida como fundamento da sentença; III – a apreciação da questão prejudicial, decidida incidentemente no processo." (art. 469, do CPC).

3. O fato de a sentença proferida em determinado processo judicial adotar como verdadeira premissa fática absolutamente divergente daquela que inspirou a prolação de sentença havida em processo anterior estabelecido entre as mesmas partes, conquanto incomum, não ofende a autoridade da coisa julgada.

4. Recurso Especial improvido.

(REsp 1298342/MG, Rel. Ministro SIDNEI BENETI, TERCEIRA TURMA, julgado em 06/05/2014, DJe 27/06/2014).

1. O instituto da coisa julgada diz respeito ao comando normativo veiculado no dispositivo da sentença, de sorte que os motivos e os fundamentos, ainda que importantes para determinar o alcance da parte dispositiva, não são alcançados pelo fenômeno da imutabilidade, nos termos do art. 469, do CPC.

2. Não tendo sido fixado, pelo título judicial exequendo, o critério de cálculo do valor patrimonial da ação, perfeitamente viável a adoção, em sede de cumprimento de sentença, dos balancetes mensais como critério de apuração do valor patrimonial da ação, sem que se configure, na espécie, a alegada ofensa à coisa julgada material.

Incidência à hipótese, da Súmula 371/STJ. Precedentes.

3. Agravo regimental não provido.

(AgRg nos EDcl no REsp 1399152/RS, Rel. Ministro LUIS FELIPE SALOMÃO, QUARTA TURMA, julgado em 08/04/2014, DJe 14/04/2014).

(...).

3. Nos termos do art. 469 do CPC, os motivos e os fundamentos da sentença, ainda que importantes para determinar o alcance da parte dispositiva da sentença, não fazem coisa julgada. Precedentes.

4. Agravo regimental a que se nega provimento.

(AgRg no REsp 1091875/PR, Rel. Ministro ANTONIO CARLOS FERREIRA, QUARTA TURMA, julgado em 17/12/2013, DJe 03/02/2014)

(...).

2. Não sendo os juros sobre capital próprio contemplados no título executivo, em que pese tratar-se de rubrica acessória, não cabe sua inserção em sede de cumprimento de sentença, em obediência à coisa julgada.

3. Constando apenas de forma isolada, sem nexo argumentativo em toda fundamentação do julgado, e não integrando a parte dispositiva do título exequendo, que realmente faz coisa julgada, não há como se inserir na execução os juros sobre capital próprio.

4. Desse modo, cada uma das questões suscitadas pelas partes é decidida, com a apresentação dos motivos e a conclusão a que chega o órgão julgador. Tem-se, assim, que a fundamentação exposta pelo magistrado, ainda que aponte motivos relevantes para determinar o alcance da parte dispositiva do decisum, não transita em julgado (art.

469, I, do CPC). O que se torna imutável é o dispositivo da sentença, ou do acórdão, ou seja, a parte em que as questões colocadas à apreciação do Poder Judiciário são, de fato, decididas e alcançadas pela coisa julgada. No caso concreto, a situação é não ocorrente.

5. Agravo regimental a que se nega provimento.

(EDcl no REsp 1267536/RS, Rel. Ministro RAUL ARAÚJO, QUARTA TURMA, julgado em 21/11/2013, DJe 17/12/2013).

1. Nos termos do art. 469, incisos I, II e III, do Código de Processo Civil, não fazem coisa julgada: (a) os motivos, ainda que importantes para determinar o alcance da parte dispositiva da sentença; (b) a verdade dos fatos, estabelecida como fundamento da sentença; e (c) a apreciação da questão prejudicial, decidida incidentemente no processo, a não ser, quanto a essa última hipótese, ante a propositura de ação declaratória incidental.

Precedentes.

2. Na parte dispositiva da sentença exequenda, não consta expressa determinação para que seja afastada a reestruturação determinada pela Lei nº 9.654/98, o que infirma a tese de ofensa à coisa julgada.

3. O entendimento deste Superior Tribunal de Justiça é no sentido de que a limitação temporal prevista no art. 10 da Medida Provisória nº 2.225-45/2001, não afronta a coisa julgada.

(...).

(AgRg nos EDcl no REsp 1118351/PR, Rel. Ministra LAURITA VAZ, QUINTA TURMA, julgado em 06/10/2011, DJe 17/10/2011)

Art. 505

Nenhum juiz decidirá novamente as questões já decididas relativas à mesma lide, salvo:

I – se, tratando-se de relação jurídica de trato continuado, sobreveio modificação no estado de fato ou de direito, caso em que poderá a parte pedir a revisão do que foi estatuído na sentença;

II – nos demais casos prescritos em lei.

Exceções à possibilidade de rever questões decididas relativamente à mesma lide

Este dispositivo incorpora na legislação processual a função *negativa* da coisa julgada, identificável como o *ne bis in idem*.

Portanto, o próprio direito positivo ao identificar o julgado civil com o *ne bis in idem* impede que seja proferida nova decisão sobre as questões já decididas.

O art. 511 do anteprojeto do código de Buzaid era ainda mais completo ao dispor: *"nenhum juiz decidirá novamente as questões já decididas em 'sentença de definitiva', relativa à mesma lide, salvo..."*.

Percebe-se, portanto, pela leitura do art. 505 do atual C.P.C., que mais uma vez o ordenamento jurídico brasileiro mantém a posição de Liebman quanto à função negativa da coisa julgada.

Para o mestre italiano, a denominada função positiva da coisa julgada com esta nada tem a ver, podendo ligar-se, quando muito, à eficácia natural da sentença em ordenamentos como o italiano. Ali, com efeito, como lembra Liebman, só se admite recurso extraordinário para a proteção da coisa julgada quando 'a sentença for contrária a outra sentença precedente passada em julgado' e não quando a sentença, embora tornando a julgar sobre o mesmo objeto, tenha julgado de modo conforme. Mas no Brasil, este último caso também dá margem à ação rescisória, pois, conforme leciona Barbosa Moreira: *"haverá ofensa à coisa julgada, quer na hipótese de o novo pronunciamento ser conforme ao primeiro, quer na de ser desconforme: o vínculo não significa que o juiz esteja obrigado a rejulgar a matéria em igual sentido, mas sim que ele está impedido de rejulgá-la"*.[916]

Sendo assim, conforme já asseverou Ada Pellegrini Grinover: *"não há por que falar-se, entre nós, em função positiva da coisa julgada ou da eficácia natural da sentença. Daí porque não terem sentido, aqui, as intermináveis controvérsias entre a concepção material e processual da coisa julgada. E até os autores que limitam a autoridade da coisa julgada à declaração afirmam a natureza processual do instituto"*.[917]

A eficácia de imutabilidade e indiscutibilidade da coisa julgada material, que atribui à sentença força de lei nos limites do pedido e das questões decididas, leva à afirmação de que a coisa julgada material *projeta-se para o futuro*. Por isso, produzida a coisa julgada material, as questões decididas, além de imutáveis, são *indiscutíveis*, quer no mesmo quer em outro processo. Concretizando a afirmação de que a coisa julgada se projeta para o futuro, fazendo-se inviolável, no mesmo ou em outro processo, relativo à mesma lide, o artigo que se examina prescreve que *'nenhum juiz decidirá novamente as questões já decididas, relativas à mesma lide'*. A vedação é tanto para o próprio juiz do processo, quanto para qualquer outro juiz, em outro processo, a que se apresente a mesma lide.[918]

É importante salientar, contudo, que a pretensão do autor pode ser daquelas que tenha por objeto *relação jurídica continuativa*, a qual não se esgota com o

[916] Barbosa Moreira. *Comentários ao código de processo civil.* Rio de Janeiro, 1978, Vol. V, n. 78.

[917] Apud. Liebman, E. T., op. cit., p. 67.

[918] Santos, Moacyr Amaral. *Comentários ao código de processo civil.* IV Vol. Rio de Janeiro: Ed. Forense, 1976. p. 482.

pronunciamento da sentença, mas prossegue, apesar desta, variando quanto aos seus pressupostos de qualidade ou quantidade. São portanto, como diz Pontes de Miranda, regras jurídicas que projetam no tempo os próprios pressupostos, admitindo variações dos elementos quantitativos e qualificativos (*Comentários ao código de processo civil de 1939*, 2º Vol. Pág. 369). Diante dessas pretensões de relação jurídica continuativa, em que a sentença atende os pressupostos do tempo em que foi proferida, sem, entretanto, extinguir a relação jurídica, que continua sujeita a variações dos seus elementos constitutivos. São, por exemplo, as sentenças condenatórias em prestações periódicas, como a de alimentos e a de acidente de trabalho. Para Moacyr Amaral Santos, a lei, decidida uma questão referente à relação jurídica continuativa, admite a *revisão* da sentença, embora transitada em julgado, *por haver-se modificado o estado de fato ou de direito*.[919]

Nesse sentido, aliás, é o art. 619º, 2, do C.P.C. português, *in verbis:*

> *"Artigo 619º Valor da sentença transitada em julgado*
>
> *1 – Transitada em julgado a sentença ou o despacho saneador que decida do mérito da causa, a decisão sobre a relação material controvertida fica a ter força obrigatória dentro do processo e fora dele nos limites fixados pelos artigos 580º e 581º, sem prejuízo do disposto nos artigos 696º a 702º.*
>
> *2 – Mas se o réu tiver sido condenado a prestar alimentos ou a satisfazer outras prestações dependentes de circunstâncias especiais quanto à sua medida ou à sua duração, pode a sentença ser alterada desde que se modifiquem as circunstâncias que determinaram a condenação".*

Além das relações jurídicas de trato continuado, também poderá o juiz rever as questões já decididas quanto da lei assim o autorizar.

A lei autoriza, por exemplo, que o juiz reveja questões já decidas no âmbito da antecipação de tutela urgente satisfativa ou cautelar, desde que se altere o *fumus boni iuris* ou o *periculum in mora*.

O mesmo poderá ocorrer em relação à interdição, tutela ou curatela.

Sobre o tema, eis os seguintes precedentes do S.T.J.:

> *(...).*
>
> *– Colhe-se do inserto na letra do próprio inciso I do artigo 471 do Código de Processo Civil que: "Nenhum Juiz decidirá novamente as questões já decididas, relativas à mesma lide, salvo: I – se, tratando-se de relação jurídica continuativa, sobreveio modi-*

[919] Santos, M. A. idem, p. 483.

ficação no estado de fato ou de direito; caso em que poderá a parte pedir a revisão do que foi estatuído na sentença." – Recentemente, a eg. Terceira Seção deste Superior Tribunal de Justiça decidiu que: "Aplica-se o art. 75 da Lei n. 8.213/91, na redação dada pela Lei nº 9.032/95, a todos os benefícios previdenciários, mesmo no tocante aos concedidos antes de sua vigência, sem que isso configure, a rigor, retroação de lei mais benéfica, mas apenas seu alcance às situações dos que se encontram em idêntico estado de fato." (EREsp 273.866/SP, Terceira Seção, de minha relatoria, DJ de 14/03/2005)

3 – Agravo improvido.

(AgRg no REsp 404.092/CE, Rel. Ministro HÉLIO QUAGLIA BARBOSA, SEXTA TURMA, julgado em 13/09/2005, DJ 03/10/2005, p. 343).

"É de natureza continuativa as ações revisionais acidentárias, vez que o auxílio-acidente mensal é vitalício e corresponde a percentual do salário-de-benefício do segurado (art. 86, § 1º da Lei 8.213/91 alterada pela Lei 9.032/95).

A revisão prevista no art. 471, inciso I, do Código de Processo Civil é uma exceção à regra geral de que nenhum juiz decidirá novamente as questões já decididas relativa à mesma lide, e por conseguinte não agride o ato jurídico perfeito ou a coisa julgada.

Recurso desprovido."

(REsp 141.486/PE, Rel. Ministro JOSÉ ARNALDO DA FONSECA, QUINTA TURMA, julgado em 06/04/1999, DJ 03/05/1999, p. 161)

Art. 506

A sentença faz coisa julgada às partes entre as quais é dada, não prejudicando terceiros.

Limite subjetivo da coisa julgada

Melhor seria que o legislador mantivesse a sistemática que vem adotando em relação à coisa julgada, para ao invés de falar em sentença fazer menção à decisão.

A distinção entre eficácia da decisão e autoridade da coisa julgada pode ter grande importância em relação à influência que uma decisão pode exercer relativamente a terceiros.

É bem verdade que este fenômeno na maioria das vezes sempre foi analisado sob a perspectiva de se ampliar ou não a autoridade da coisa julgada em relação a terceiros, dando lugar à teoria dos *limites subjetivos da coisa julgada*.

Evidentemente que, nos termos do que já foi dito sobre a coisa julgada, há necessidade de se fazer uma nítida distinção entre eficácia da decisão em relação a terceiros e a coisa julgada em relação a terceiros.

Por outro lado, o princípio segundo o qual a coisa julgada produz efeito apenas perante as partes e só entre as partes (*res inter alios iudicata aliis non praeiudicare – D. 42.1.63; 44.2.1)* não pode bastar para exaurir o tema da extensão subjetiva da decisão.

Ascoli e Cammeo, adotando Crome, já tiveram oportunidade de afirmar que *'a sentença pode ter em relação a terceiros 'efeitos reflexos'*. Mas foi, sobretudo Chiovenda quem recolheu e desenvolveu a afirmação de Wach, não a adotando, porém, sem ponderável limitação, segundo a qual no tocante às partes entre as quais intervém, existe a sentença e vale em relação a todos. Por isso, a sentença não prevalece apenas entre as partes; contudo, a sentença não pode *prejudicar* aos que forem estranhos à lide. Assim, todos pois são obrigados a reconhecer o julgado *entre as partes*; não podem, porém, ser *prejudicados*. Contudo, por *prejuízo* não se compreende um *mero fato*, e sim um prejuízo *jurídico*. Por exemplo: o herdeiro pode ser prejudicado *de fato* por julgados que reconhecem novos débitos de seu devedor, mas nem por isso pode impedir-lhes os efeitos que lhe são danosos.[920]

Todos os doutrinadores italianos que vieram depois de Chiovenda adotaram sua doutrina.

Conforme anota Chiovenda, pode haver relações com diversos sujeitos jurídicos de uma parte ou de ambas as partes (diversos condôminos de um imóvel dominante ou serviente; diversos credores ou devedores); e pode dar-se que uma causa seja conduzida por só um dos sujeitos, ou contra um só. Segundo o mestre italiano, há quem entenda que nesses casos a sentença tem efeito igualmente em referência aos sujeitos da relação jurídica que não participaram da causa; outros opinam em contrário; e há, ainda, uma concepção intermédia, segundo a qual a sentença teria efeito 'a fazer e não contra' os sujeitos não participantes. Ele de plano rejeita a teoria eclética; pois a coisa julgada tem efeito, não *secundum eventum litis*, mas para ambas as partes. Além do mais, uma vez que o próprio vencido pode opor a coisa julgada a todos quantos lhe estão sujeitos, não pode depender da vontade de um interessado, sequer estranho à lide, para fazer valer ou não a coisa julgada, conforme lhe convenha; e logo, a coisa julgada deve ou obrigar ou não obrigar os cointeressados não partícipes, qualquer que seja o evento da lide.[921]

Contudo, é importante salientar que no Brasil é possível a extensão da coisa julgada secundum *eventum litis*, sendo um exemplo legislativo dessa previsibili-

[920] CHIOVENDA, G., *Instituições de direito processual civil*. Trad. J. Guimarães Menegale. Vol. 1. São Paulo: Ed. Saraiva, 1965. p. 415.
[921] CHIOVENDA, G., idem. p. 417.

dade o caso da ação popular constitucional (art. 18, da Lei 4.717, de 19 de junho de 1965), na qual a sentença se reveste de autoridade da coisa julgada *erga omnes*, quer acolha, quer rejeite o pedido do autor popular; mas, no caso de rejeição do pedido por insuficiência de prova, a coisa julgada não se forma.[922]

Segundo Chiovenda: *"pode ocorrer que, por direito substancial, uma relação entre B e C somente possa subsistir enquanto subsista uma relação entre A e B; sem que, ao contrário, a subsistência da relação entre A e B implique 'necessariamente' a subsistência da relação entre B e C. Em tais hipóteses, acontecerá que a sentença que declara a 'inexistência' da relação entre A e B, justamente porque essa relação não pode mais ser afirmada como existente por ninguém, e isto prevalece também para C, impedirá que B possa jamais alegar sua pretensão contra C; mas a sentença que declara a 'existência' da relação entre A e B não permitirá que B pretenda, sem mais, existente sua relação com C. Tal é o caso da fiança: a sentença que rejeita a ação do credor contra o devedor principal exclui a ação contra o fiador (se não se tratar de um dos casos em que a obrigação do fiador pode subsistir independente da do devedor principal); ao passo que o credor não se pode fundar na sentença de condenação do devedor para agir contra o fiador; essa sentença importa somente em que A deve 100 a B; mas, com referência a C, seja justa ou injusta a sentença entre A e B, deve reexaminar-se 'ex novo' a relação: a obrigação de A pode muito bem subsistir por si... Ainda no caso de sublocação: o inquilino pode fazer valer a sentença que declara nulo, ou anula, ou rescinde o contrato entre ele e o locador para obter a coisa do sublocatário, salvo a este alegar suas razões possíveis razões contra o sublocador. Ao contrário, no domínio dos direitos potestativos verificamos a eventualidade de casos em que o direito de impugnação de um ato correspondente a diversas pessoas 'sujeitas ao mesmo ato', e nos quais o ato não pode 'existir' ou 'não existir' senão com relação a todos os sujeitos, a coisa julgada, formada sobre a impugnação proposta por um, 'exclui as impugnações dos outros'; e isto, não porque os outros fossem representados no primeiro processo, e sim porque ao juiz não seria possível operar a anulação do ato em relação a um, quando fora já levado a negá-la em relação a outros. O caso típico é o direito de impugnação às deliberações da assembleia, corresponde a 'todo sócio'. Observei que nesse caso, como nos semelhantes conquanto haja 'diversidade de pessoas' e, pois, 'diversidade de ações', a coisa julgada, formada sobre a ação de um só, impede toda nova ação"*.[923]

Contudo, alguns não foram tão prudentes, conforme se observa pela formulação de Redenti, o qual afirmou que a autoridade da coisa julgada tem para os terceiros caráter *reflexo*. Estendeu Segni *"notavelmente a categoria desses efeitos reflexos, abrangendo neles tanto os efeitos secundários da sentença, quando dizem respeito*

[922] Grinover, Ada Pellegrini. A tutela jurisdicional dos interesses difusos. *In Revista Geral do Estado*, vol. 12. São Paulo, 1978. p. 135. Também, Barbosa Moreira, *Litisconsórcio*, p. 148.
[923] Chiovenda, op. Cit., p. 418 e 419.

a terceiros, quanto a extensão a eles da autoridade do julgado, e afirmando decididamente a identidade de natureza de uns e de outros e a sua pertinência comum àqueles fenômenos de 'repercussão' a que deu Jhering o nome de 'efeitos reflexos'".[924]

Por fim, Carnelutti admitiu que a *eficácia reflexa* da coisa julgada se comunica a todos os terceiros indistintamente.[925]

Diante dessas considerações, parece óbvio que houve por parte da doutrina italiana uma tendência de estender a terceiros ou a certos terceiros a autoridade da coisa julgada sob a espécie de uma eficácia reflexa.

Liebman estabelece que essa forma de pensar sofre radicalmente um erro fundamental, pois, se a sentença não produz para as partes o efeito da coisa julgada, não poderá tampouco estender aos terceiros os afirmados efeitos reflexos da coisa julgada. Segundo o mestre italiano, a eficácia da sentença, como já se viu, consiste propriamente na emanação de um *comando*, que declara ou modifica as relações jurídicas ou condena o devedor; se se produz essa eficácia também para terceiro, isso é outra coisa. A coisa julgada, contudo, assim como não é para as partes um efeito da sentença, *a fortiori* não pode sê-lo para os terceiros, nem por via direta nem por via reflexa.[926]

Sobre a questão do *litisconsorte unitário* e não *necessário*, quando a relação jurídica apresenta-se indivisível, devendo a coisa julgada ser única para todos, e cujo exemplo típico é a impugnação da deliberação de sociedade anônima, anota Ada Pellegrini Grinover, em suas notas sobre as *ações concorrentes*: *"Hoje na Itália as normas que regem a matéria são expressas e eliminaram muitas das dúvidas existentes ao tempo em que Liebman escreveu. A legislação pertinente dispõe que só a anulação das deliberações sociais, contrárias à lei ou ao ato constitutivo, tem efeitos com relação a todos os sócios, mas isso não se dá quando a sentença desacolha a impugnação. Daí por que, nesse caso, os co-legitimados que não tenham participado da ação podem reapresentá-la. A lei, ao mesmo tempo, fixa prazo bastante breve de decadência para a impugnação, visando a reduzir a possibilidade de decisões contraditórias (art. 2.377 C.C. italiano). Mas no Brasil, onde não existe norma expressa a respeito, as considerações de Liebman em 1934/37 ainda oferecem grande interesse... Como vimos, a doutrina brasileira objetou à posição do Mestre, porquanto, uma vez conseguida a anulação, nem sempre se terá atingido o 'objetivo comum'. Basta pensar no segundo sócio a que interessasse exatamente a manutenção da deliberação social, que a primeira sentença anulou. Até hoje, entre nós, os reflexos do litis-*

[924] Liebman, E. T., op. cit., 84.
[925] Liebman, E. T., idem, p. 84.
[926] Liebman, E. T., idem, p. 86.

consórcio unitário facultativo[927] *sobre a coisa julgada dão margem a sérios dissensos...Parte da doutrina frisa que se trata da extensão da coisa julgada: 'se os cointeressados alheios ao processo não ficassem jungidos àquela, poderiam provocar a formulação, para si, de regra jurídica concreta de teor porventura 'diverso', com o que estaria quebrada a homogeneidade e tornada inviável a subsistência da situação substancial global'*[928]. *Não obstante reconheça que a extensão da coisa julgada pode ser preceituada 'secundum eventum litis – e há exemplos dessa extensão por via legislativa no Brasil – preconiza Barbosa Moreira que não se adote a solução, para evitar julgados contraditórios entre as mesmas partes e um resultado que já foi qualificado de 'muito feio'. E conclui: 'quer seja o pedido julgado procedente, quer improcedente, a regra jurídica concreta formulada na sentença terá de aplicar-se de modo uniforme a todos os interessados'.*[929] *Assim, o brilhante processualista prefere ficar com a primeira das duas alternativas apontadas por Liebman como dividindo a doutrina: a sentença pronunciada na ação proposta por um dos interessados beneficia ou prejudica a todos os outros. De nossa parte, manifestamos opinião diversa, reconhecendo, embora, a existência, em certos ordenamentos, da extensão subjetiva da coisa julgada, nos casos de litisconsórcio unitário, a quem não participou do processo. E já afirmamos: 'A extensão aos terceiros, virtuais litisconsortes unitários, da coisa julgada proferida 'inter alios' justificar-se-ia, portanto, em virtude da perfeita unidade da 'res in iudicium deducta', que tornaria impossível a formulação de regras jurídicas concretas diversas com relação àqueles que deveriam ter participado do mesmo juízo, obtendo sentenças uniformes...Concluímos assim: 'Sem norma expressa, no sentido da extensão da coisa julgada aos possíveis litisconsortes unitários; e havendo, ao contrário, regra limitadora explícita em nosso ordenamento, não há como abranger na autoridade da coisa julgada terceiro, ainda que eventuais litisconsortes unitários, se do juízo não participaram'. Com efeito, já sustentamos que os direitos constitucionais de defesa, princípio do contraditório, a bilateralidade da ação e da exceção fazem com que a imutabilidade da sentença somente possa valer 'inter partes'".*[930]

O art. 506 do atual C.P.C. não repetiu a redação da parte final prevista no art. 472 do C.P.C. que de 1973 que dizia: "... *Nas causas relativas ao estado de pessoa, se houverem sido citados no processo, em litisconsórcio necessário, todos os interessados, a sentença produz coisa julgada em relação a terceiros*".

O preceito normativo previsto no código revogado representava o comprometimento da doutrina liebmaniana, razão pela qual, para que coisa julgada

[927] Sobre o litisconsórcio unitário – distinto do necessário – ver as monografias de Araújo Cintra, *Do litisconsórcio unitário no sistema do Código de Processo Civil*, São Paulo, 1968 e Barbosa Moreira, *Litisconsórcio unitário*, Rio de Janeiro, 1972.

[928] Barbosa Moreira, idem, p. 144, nota 49.

[929] Barbosa Moreira, idem, p. 148.

[930] Apud Liebman, E. T., op. cit., p. 238 a 242.

e a eficácia da sentença se equivalessem, seria necessário que o ordenamento jurídico determinasse a presença no feito não apenas dos interessados diretos, como também dos interessados secundários. Entendia-se, no caso, por 'interessado', o legítimo contraditor, inclusive o secundário. E exatamente na esteira de Liebman, afirma-se: "*Condição, portanto, para que estes (terceiros) sejam atingidos pela coisa julgada, é que sejam citados para a ação, em litisconsórcio necessário, todos os interessados, sejam interessados diretos ou juridicamente interessados. Aliás, à vista dessa condição, não há terceiros que possam se considerar prejudicados pela sentença*".[931]

A tese postulada por Grinover deu-se com base na Constituição de 1969. Atualmente, com muito mais razão ela deve prevalecer, principalmente quando o princípio do contraditório passou a ser a essência do processo jurisdicional moderno, e pelo fato de que ninguém poderá ser despojado de seus bens sem o devido processo legal.

A coisa julgada está, na verdade, limitada às partes por norma expressa estabelecida no art. 506 do atual C.P.C. Contudo, conforme já se expôs, não é efeito e nem reflexo da sentença, mas tão-só uma qualidade ou um atributo que lhe é conferido em razão da existência de determinadas condições legais.

Contudo, também é importante salientar que, muito embora a decisão gere efeito de coisa julgada entre as partes, o certo é que ela também se destina operar, e operará, sobre todas as relações e sobre todas as pessoas que se encontrem em sua esfera de influência. Por isso, todos os efeitos que uma sentença produzir sobre as partes ou sobre terceiros, produzem-se sempre e unicamente porque quer a lei que se verifiquem.

Betti desenvolveu sua doutrina comentando a famosa *Lex Saepe* (D. 42.1.63). Nessa doutrina, Betti estabeleceu que os limites subjetivos da coisa julgada são regidos por dois princípios fundamentais. O primeiro, de caráter *negativo*, o qual estabelece que a decisão pronunciada entre as partes em causa é juridicamente irrelevante a respeito de terceiros estranhos ao processo, como coisa julgada que se pode a eles referir. Assume esse princípio dois aspectos diversos, segundo a posição do terceiro em confronto com a relação decidida: a) o terceiro, que é sujeito da relação praticamente compatível com a decisão pronunciada entre as partes, mas pode sofrer em virtude dela um prejuízo de fato, acha-se na condição natural de *não poder* sofrer por causa da decisão um prejuízo jurídico, e, em consequência, não pode desconhecer-lhe a eficácia como coisa julgada entre as partes, ainda que possa lesar um interesse seu não elevado ao grau de direito subjetivo (*terceiros juridicamente indiferentes*); b) o terceiro, que é sujeito de rela-

[931] Liebman, E. T., op. cit., p. 215

ção praticamente incompatível com a decisão, *não deve* sofrer em consequência da sentença aquele prejuízo que ela, por exclusão implícita, tenderia a proporcionar-lhe a direito seu. Esse terceiro pode, por consequência, desconhecer legitimamente a eficácia da decisão também como coisa julgada entre as partes, na medida em que seria por ela prejudicado (*terceiros juridicamente interessados*).[932]

Esse princípio de caráter negativo é integrado por um princípio de caráter *positivo*, segundo o qual, a decisão encerrada entre as partes tem valor também em relação a determinados terceiros, como coisa julgada que se formou entre essas partes. Esse princípio assume duas formas diversas: a) a terceiros participantes da relação ou estado deduzido em juízo, e neste caso significa que a coisa julgada, que se formou entre as partes, *se comunica* àqueles terceiros, cuja posição seja, a respeito daquela relação, *subordinada* à posição de uma das partes em causa; b) a terceiros estranhos à relação decidida, e neste caso a coisa julgada que se formou entre as partes *não pode ser desconhecida* por aqueles que são sujeitos de relação diversa, mas praticamente compatível com a decidida. A subordinação do terceiro à parte, para legitimar a extensão da coisa julgada a esse terceiro, pode nascer das seguintes causa: a) sucessão do terceiro à parte na relação litigiosa, depois que esta se deduziu em juízo; b) substituição processual da parte ao terceiro, por ter deduzido em juízo a sua relação jurídica; c) incindível conexão entre a relação jurídica do terceiro e a relação investida da coisa julgada; d) dependência necessária da relação jurídica do terceiro da relação investida da coisa julgada. Nos dois primeiros casos, a extensão da coisa julgada ao terceiro é *direta*; nos dois últimos, pelo contrário, *reflexa*. Da combinação dos dois princípios, segundo Betti, deriva a classificação dos terceiros em três categorias: a) *terceiros juridicamente indiferentes;* b) *terceiros juridicamente interessados, não sujeitos à exceção da coisa julgada;* c) *terceiros juridicamente interessados, sujeitos à exceção da coisa julgada.*[933]

Segundo Liebman, os dois princípios, negativo e positivo, de Betti seriam arbitrários, pois, na realidade, a coisa julgada que se formou entre as partes não tem nunca e em nenhum sentido valor para terceiros, ao menos para aqueles que verdadeiramente são tais segundo a teoria geral das partes em juízo. A coisa julgada, que não é efeito da sentença, está limitada pela lei às partes. Nenhuma disposição do C.P.C., bem como, nenhum princípio geral foi ou poderia ser legitimamente invocado para apoiar diversa conclusão. E Liebman, diante dos casos de subordinação de terceiro, que seria causa de se comunicar a coisa julgada que se formou entre as partes, ensina:

[932] Liebman, E. T., idem, p. 91.

[933] Liebman, E. T., idem, p. 91 e 92.

"a) Como figura primeira, indica-se a da 'sucessão do terceiro à parte da relação jurídica já deduzida em juízo'. É mister distinguir dois casos. Se se dá a sucessão enquanto pende a lide e é sucessão entre vivos, doutrina e jurisprudência recentes concordam, não só em admitir a extensão da coisa julgada ao sucessor que fica estranho ao processo, mas também em reconhecer neste caso uma substituição processual do transmitente ao adquirente....O sucessor, neste caso, sofre a coisa julgada simplesmente porque não é um terceiro; sucedendo à parte em relação já decidida, sucede-lhe em idêntica posição jurídica e torna-se titular da relação, tal como vem configurada pela sentença que interveio anteriormente. Basta evocar aqui as noções gerais sobre o conceito de parte e sobre a identificação das ações e lembrar que 'a mudança da pessoa física como sujeito de uma ação não acarreta a consequência de que o direito trate a ação como diversa' ... Dando-se a sucessão, é, pelo contrário, o terceiro que se torna titular da relação e parte, e o autor desaparece ou se torna, por sua vez, um terceiro estranho; b) a segunda figura de subordinação, dá-la-ia a substituição processual. Fora de discussão está, na verdade, o fato de que se forma a coisa julgada também em relação ao substituído, mas isso se explica, visto que não é ele verdadeiro terceiro, porquanto, por definição, a atividade exercida pelo substituto processual 'tem necessariamente influência e eficácia a respeito do sujeito do direito pelo qual ele litiga'; c) a conexão incindível entre a relação jurídica do terceiro e a relação atingida pela coisa julgada (terceira figura de subordinação, segundo Betti) encontrar-se-ia 'entre os direitos potestativos pertencentes a pessoas diversas em face de situação jurídica que se apresente de caráter indivisível, ou seja, não suscetível senão de ser única em relação a todos, seja no sentido de permanecer, seja no sentido de mudar. Como exemplo típico dessa figura, mostra-se o do art. 163, segunda parte, do Cód. Comercial Italiano, que concede a todo sócio a impugnação contra as deliberações da sociedade anônima manifestamente contrárias ao ato constitutivo, ao estatuto, à lei. Tais deliberações não podem conservar ou perder o vigor senão perante todos os sócios, de sorte que, em caso de acolhimento da impugnação de um deles, se anula a deliberação para todos, ao passo que, em caso de rejeição, ficaria preclusa a impugnação de todos os outros. Mas esta última afirmação é fortemente contestada pela doutrina comercialista, sobretudo pelo perigo inerente a essa solução, porque o conluio com os administradores do sócio que agiu ou também a sua deficiente defesa bastariam para privar todos os outros sócios de seu direito de impugnação, se se admitisse a extensão, em seu prejuízo, do julgado de rejeição. Por outro lado, visto como é certo que a anulação não pode ser senão total, Chiovenda e outros que seguem a primeira opinião preocupam-se justamente em evitar uma extensão da coisa julgada 'segundo eventum litis', que nunca se pode aceitar, pelo que parece impossível que a sentença tenha em caso de rejeição da impugnação efeitos menos amplos que em caso de procedência. Não convence, porém, a explicação que se dá desta extensão excepcional dos limites subjetivos da coisa julgada; não se pode dizer de fato que 'a identidade da quali-

dade se substitui aqui à identidade da pessoa', porquanto a qualidade de sócio é o título que confere à pessoa a 'legitimação' para agir pela anulação, mas todos os que têm esta qualidade são pessoalmente titulares de uma ação própria de impugnação outorgada em seu interesse individual. Por igual motivo, não se pode tampouco dizer que aja um sócio como substituto processual de todos os outros... Não obstante, resolve-se a questão facilmente, tendo-se presente, mais uma vez, a distinção entre efeitos da sentença e coisa julgada. No caso de acolhimento da impugnação de um sócio, é a deliberação anulada para todos, não porque se tenha uma extensão da coisa julgada além dos seus limites subjetivos, mas tão-só porque o efeito extintivo da sentença não pode ser parcial, por causa da natureza e estrutura incindível do ato impugnado, que só pode permanecer ou cair por completo. Permanece, todavia, objeto do pronunciamento judicial, somente a ação do sócio que propôs a impugnação, de modo que, no caso de rejeição, não tem a sentença outro conteúdo que o de declarar a inexistência da ação proposta, sem prejudicar nem impedir as ações dos outros sócios que não foram deduzidas em juízo....O exercício vitorioso de uma delas atinge o escopo comum a todas as outras e, por isso, as absorve e consome; ao revés, a rejeição de uma não prejudica as outras, que são todas entre si independentes e devem poder todas tentar a sua sorte; d) a quarta figura de subordinação e, consoante Betti, dada pela dependência necessária entre duas relações jurídicas, entendida, porém, rigorosamente, e, por isso, de modo restrito. Observa ele que, normalmente (em direito moderno, porém, isso é verdadeiro sem exceção), uma relação jurídica pode ser necessária, mas não suficiente para a existência da relação condicionada. E, então, para poder encontrar uma relação de dependência necessária, por força da qual a coisa julgada, que se formou sobre a relação deduzida em juízo, se estenda necessariamente à relação do terceiro, convém distinguir se a sentença contém a declaração positiva ou negativa da relação condicionante: só na hipótese de declaração negativa, a coisa julgada se comunicaria ao terceiro, porque só ela implica necessariamente a inexistência da relação condicionada. Assim, a declaração positiva da obrigação principal não prevalece em relação ao fiador que permaneceu estranho ao processo, mas a declaração negativa da obrigação principal tem também valimento para ele, porque exclui necessariamente a obrigação fidejussória. A solução ainda conforme a autorizadíssima doutrina; todavia, ainda assim não parece aceitável, visto que envolve petição de princípio. Realmente, pressuposto da comunicação da coisa julgada ao terceiro seria o nexo de dependência necessária da sua relação à relação condicionante sobre que opera a coisa julgada, mas o nexo de dependência necessária tem relevância para ele enquanto prevaleça a decisão sobre a condicionante. Como pode o fiador invocar para a sua própria liberação a sentença que absolve o devedor principal, senão afirmando que ela declara também em relação a ele a inexistência da obrigação principal? Mas essa extensão da coisa julgada ao terceiro, longe de ser a 'consequência' da necessária dependência de uma relação alheia é, ao contrário, precisamente a 'causa' do fato de não poder sub-

sistir para o terceiro a relação condicionada, por ter sido declarada a inexistência da condicionante. Disso se deu conta Chiovenda, que apoia seu raciocínio precisamente na afirmação, consoante seu modo de entender, de que a coisa julgada vale para todos como coisa julgada entre as partes; afirmação que, todavia, não se demonstrou nem se poderá demonstrar como verdadeira. Entre a sentença que absolve o devedor principal e a que condena o fiador, haverá contradição lógica, não contradição prática, porque se trata duas pessoas diversas, titulares de diversas relações; e é pacífico que a lei se não preocupa com o simples conflito lógico ou teórico dos julgados e não o impede... A verdade é que o problema de um caso é idêntico ao do outro – a não ser que se queira admitir a coisa julgada 'secundum eventum litis', e consiste em saber se uma sentença deve projetar, ainda em relação a um terceiro, as consequências que logicamente dela derivam sobre a relação do terceiro, na medida em que é este prejudicado pela relação decidida. A norma que limita às partes a autoridade da coisa julgada significa que a lei resolveu o problema negativamente. Qualquer outra solução é contrária ao direito positivo".[934]

Carnelutti, por sua vez, apresenta uma interpretação diversa à teoria de Betti daquela proclamada por Liebman e acima citada.

Para Canelutti, consiste a eficácia *direta* da coisa julgada no *comando* concreto contido na sentença acerca da lide decidida e por isso somente em relação às partes da própria lide. Para ele, bem diversa é a eficácia que exerce a sentença acerca de outra lide, quando tiver decidido um pressuposto da segunda lide, quer sejam as partes as mesmas ou diversas. Neste caso, há eficácia *reflexa* da coisa julgada, que não é senão manifestação do conhecido fenômeno, estudado por Ihering, dos efeitos reflexos de um fato jurídico. Por isso, seria lícita a firmação de que a limitação subjetiva do julgado não diz respeito senão à eficácia direta. Quando se tratar, ao revés, de eficácia reflexa, não há nem limitação nem extensão; vale a sentença a respeito de todos, de igual modo. O que é possível, porque, *"para a consecução dos escopos do processo, isto é, da formação da sentença justa, fia-se a lei no contraditório das partes"*. Observa, ainda, Carnelutti, que não há entre as duas categorias dos terceiros juridicamente *indiferentes* e dos terceiros juridicamente *interessados* a profunda diferença afirmada por Betti, e que, quando é o terceiro na verdade tal, isto é, sujeito de uma relação diversas da atingida pela coisa julgada, 'então a eficácia da coisa julgada em relação a terceiro não se pode produzir senão por via da repercussão, quando a relação jurídica *de outrem*, declarada ou negada mediante a coisa julgada, reaja de modo diverso sobre a relação jurídica de terceiro. Isso significa dizer que em todos os casos em que

[934] LIEBMAN. E. T., idem, p. 96 a 102.

sofrem os terceiros qualquer influência da coisa julgada de outrem, isso se dá por um fenômeno de *repercussão no sentido jheringuiano*'. Assim, para Carnelutti, todos os terceiros indistintamente estão sujeitos à coisa julgada reflexa, oriunda da sentença de outrem. Sem dúvida, essa formulação de Carnelutti tem exatamente por resultado destruir toda a limitação subjetiva da coisa julgada, à qual atribui a eficácia de prevalecer em relação a todos, vindo, além do mais, diretamente com o que estabelecia o art. 1.351 do C.C. italiano. Procurou, todavia, Carnelutti superar este obstáculo fazendo a distinção entre a eficácia *direta* e a eficácia *reflexa* da coisa julgada. Liebman critica essa posição de Carnelutti, pois as palavras não podem encobrir a realidade e não podem deixar passar de contrabando resultado que, além de não ser satisfatório, praticamente é perigoso e iníquo. Segundo Liebman, a própria distinção entre as duas formas de eficácia da coisa julgada gera perplexidade, pois ela é deduzida da natureza diversa que teria a eficácia da sentença dentro da lide e fora da lide (quer contra os terceiros quer contra as partes). Na realidade, não pode certamente um fenômeno reconhecido como contrário à lei tornar-se legítimo por se lhe atribuir nome diverso.[935]

Na realidade, "*Carnelutti irmana logicamente as partes aos terceiros, e sujeita também as primeiras à eficácia reflexa, quando deve a coisa julgada operar sobre uma 'lide' diversa da decidida, mas justamente assim demonstra a contradição da sua tese com as disposições de lei, que sujeita à coisa julgada as partes e não os terceiros, ainda que se manifeste a respeito de uma 'lide' diversa da decidida. Porque o que a lei quis praticamente distinguir não é a eficácia reflexa da direta (conceitos e terminologia que a lei ignora), mas as partes dos terceiros, para sujeitar uns e eximir outros da autoridade da coisa julgada. Ademais, a tese, amplamente ilustrada nos parágrafos precedentes, segundo a qual a coisa julgada não é efeito da sentença, mas qualidade dela, permite concluir neste ponto que a afirmada noção da eficácia reflexa da coisa julgada não só está por ser demonstrada, mas também não poderia de modo algum justificar-se. A coisa julgada foi, de fato, definida como a imutabilidade do 'comando' contido na sentença; ora, não existem formas diversas de imutabilidade. Esta, quando existe, é sempre a mesma coisa e vale de modo idêntico, tanto se se pretende no novo processo obter nova decisão sobre a mesma relação, como se, ao contrário, se discute sobre outra relação dela dependente. Em segundo lugar, não parece Carnelutti muito convincente, tampouco, quando afirma que a limitação subjetiva diz respeito só à eficácia direta, ao passo que seria ilimitada a reflexa. Para fundamentar essa afirmação, não basta, com efeito, invocar as relações de conexão e a interferência existentes entre as relações jurídicas substanciais, porque são elas uma condição 'sine qua non' do afirmado fenômeno de reper-*

[935] Liebman, E. T., op. cit., p. 102, 106 e 107.

cussão, mas não são nem lhe podem ser a causa... Ora, seria perfeitamente lógico que a coisa julgada que se formou sobre determinada relação influísse também sobre a decisão de outra relação de que a primeira é um pressuposto; mas, exatamente para evitar essa consequência lógica, intervém a lei com sua proibição, quando for um terceiro o titular da relação pendente. A regra dos limites subjetivos tem precisa e unicamente o escopo de impedir perante terceiros as repercussões lógicas da coisa julgada, porque, se não se tratasse de consequências lógicas, seria supérflua a disposição especial de lei para evitá-las".[936]

Uma das questões interessantes sobre a eficácia da coisa julgada em relação a terceiro surge quando analisamos o instituto da *assistência,* previsto no art. 119 do atual C.P.C.: *"Pendendo causa entre 2 (duas) ou mais pessoas, o terceiro juridicamente interessado em que a sentença seja favorável a uma delas poderá intervir no processo para assisti-la".*

Por sua vez estabelece o art. 123 do atual C.P.C. que transitada em julgado a sentença no processo em que interveio o assistente, este não poderá, em processo posterior, discutir a justiça da decisão, salvo se alegar e provar que: *I – pelo estado em que recebeu o processo ou pelas declarações e pelos atos do assistido, foi impedido de produzir provas suscetíveis de influir na sentença; II – desconhecia a existência de alegações ou de provas das quais o assistido, por dolo ou culpa, não se valeu.*

Liebman, analisando a *intervenção na causa* no direito italiano, assim afirmou: *"Conhece a lei italiana várias figuras de intervenção forçada, isto é, de chamamento à causa de um terceiro (art. 203 e, segundo alguns, também o art. 205 do Cód de Proc. Civil italiano; arts. 1.497 e 1582 do Cód. Civil); têm todos estes, ao lado de outros escopos possíveis, o fundamental e comum de estender ao terceiro a coisa julgada que se formará no processo; e é natural que assim seja, porque o terceiro, tendo podido, como as partes, defender em juízo os próprios interesses e contribuir para a instrução da causa, já não tem razão para desconhecer os resultados do processo...".*[937]

Na realidade, o que justifica ou não a extensão da coisa julgada ao terceiro é justamente o exercício do contraditório e da ampla defesa, pois o contraditório atualmente é essência do processo e justifica a extensão dos seus resultados a todos aqueles que tiveram oportunidade de participar do contraditório, mesmo que não sejam considerados processualmente parte. Nesse sentido já teve oportunidade de se manifestar Carnelutti: *"para consecução dos escopos do processo, a saber, da sentença justa, fia-se a lei do contraditório das partes".*[938]

Daí porque a qualidade da coisa julgada como atributo da sentença atinge o assistente desde que ele tenha tido oportunidade de participar plenamente do

[936] LIEBMAN. E. T., idem, p. 107 a 109.
[937] LIEBMAN. E. T., idem, p. 110.
[938] LIEBMAN. E. T., idem, p. 112.

contraditório e não tenha tido qualquer prejuízo no exercício da ampla defesa. Caso contrário, ele poderá discutir a *justiça da decisão*, conforme permissivo legal previsto nos incisos I e II do art. 123 do atual C.P.C.

Há, ainda, aqueles institutos de origem alemã que permitem a quem tem interesse em que uma sentença prejudique também a terceiros, envolvê-los na esfera da coisa julgada como qualidade da sentença. Isso acontece na intervenção coacta, na denunciação à lide ou em garantia, no chamamento ao processo.

Ainda, segundo Liebman, a demonstração de que a autoridade da coisa julgada não é efeito nem soma dos efeitos da sentença, mas uma qualidade ou seu atributo, um modo de ser de produzir-se, revela à indagação científica problema distinto e logicamente anterior ao dos limites subjetivos da coisa julgada: *o problema da extensão subjetiva dos efeitos da sentença.*

Assim, uma vez que se tenha constatado o erro inicial da análise do problema, torna-se natural a possibilidade de que a extensão subjetiva da eficácia da sentença não coincida com a da autoridade da coisa julgada: pode ocorrer que tenham limites subjetivos diversos. Muito embora Liebman não aceita a extensão da coisa julgada além das partes, ou seja, que ela tenha eficácia em relação a terceiros, seja de qual natureza for, não significa dizer que a sentença não possa gerar efeitos em relação a pessoas diversas daquelas que participaram da relação jurídica processual. Pode, portanto, muito bem acontecer que os efeitos da sentença se produzam também fora do âmbito em que opera a coisa julgada, a qual torna o conteúdo da decisão imutável. Desta forma, *"a sentença, como 'ato autoritativo' ditado por um órgão do Estado, reivindica naturalmente, perante todos, seu ofício de formular qual seja o 'comando' concreto da lei ou, mais genericamente, a vontade do Estado, para um caso determinado. As partes, como sujeitos da relação a que se refere a decisão, são certamente as primeiras que sofrem a sua eficácia, mas não há motivo que exima os terceiros de sofrê-la igualmente. Uma vez que o juiz é órgão ao qual atribui o Estado o mister de fazer atuar a vontade da lei no caso concreto, apresenta-se a sua sentença como eficaz exercício dessa função perante todo o ordenamento jurídico e todos os sujeitos que nele operam. Certamente, muitos terceiros permanecem indiferentes em face da sentença que decidiu somente a relação que em concreto foi submetida ao exame do juiz; mas todos, sem distinção, se encontram potencialmente em pé de igualdade de sujeição a respeito dos efeitos da sentença, efeitos que se produzirão efetivamente para todos aqueles cuja posição jurídica tenha qualquer conexão com o objeto do processo, porque para todos contém a decisão a atuação da vontade da lei no caso concreto...O processo não é, pois negócio combinado em família e produtor de efeitos somente para as pessoas indicadas nos mistérios de cada feito, atividade processual singular, mas atividade pública exercida para garantir a observância do ordenamento jurídico; e já que a este estão todos sujeitos indistintamente, devem todos, por igual, sujeitar-se ao ato que é pelo ordenamento jurídico destinado a valer com sua aplicação imparcial. E esse ato não é dirigido a uma pessoa antes que a outra, mas incide objetivamente sobre a relação que foi objeto de decisão. ... A natureza dessa sujeição é para todos, partes ou terceiros, a mesma; a medida da sujeição determina-se, ao revés, pela relação de cada um com o objeto da decisão. Entre as partes e terceiros, só há esta grande diferença: 'que para as partes, quando a sentença passa em julgado, os seus efeitos se tornam imutáveis, ao passo que para os terceiros isso não acontece".*[939]

De tudo isso que foi dito, em geral, pode-se concluir: a) a sentença produz efeitos também para os terceiros; b) que esses efeitos não logram, assim como em relação às partes, a autoridade da coisa julgada, não são imutáveis; c) a sentença não produz em relação a terceiros efeitos especiais e exclusivamente particulares, mas efeitos de natureza igual aos que produz para as partes, participando, assim como as partes, da eficácia natural da sentença.

Por isso, renova-se a necessidade de se diferenciar a *eficácia da sentença* e a *autoridade da coisa julgada*.

Onde não opera a coisa julgada em relação a terceiros, apresenta-se a eficácia da sentença em suas linhas nuas e puras. E qual seria o seu fundamento jurídico? Ou seja, em que consiste a eficácia da sentença independentemente da autoridade da coisa julgada, devendo ser esclarecido em que sentido produz a sentença efeitos fora dos limites da coisa julgada e precisamente em relação a terceiros. Por certo o juiz, ao decidir, pode cometer erros; contudo, até que não se lhe demonstre a contrariedade ao direito, deve a sentença reconhecer-se como aplicação válida do poder jurisdicional. Dessa premissa retira-se a consequência de que a eficácia da sentença, quando for considerada independente da autoridade da coisa julgada, está subordinada à sua conformidade com o direito, razão pela qual, somente a prova de sua contrariedade ao direito é que poderá impedir a sentença de produzir em concreto o seu efeito natural e normal. Portanto, a sentença vale para todos como formulação da vontade do Estado para o caso decidido. Assim, esta validade do conteúdo da sentença para as partes se torna imutável quando se forma a autoridade da coisa julgada, ao passo que para os terceiros se produz com intensidade menor, porque pode ser em cada caso repelido pela demonstração de que a vontade da ordem jurídica é, em realidade, diversa da declarada/constituída. E isso decorre do caráter público universalmente reconhecido ao processo no Estado moderno, e para realçar a evidência basta dissociar a noção da eficácia da sentença da autoridade da coisa julgada, que, no pensamento comum, estiveram, desde tempos imemoriais, confundidas e misturadas. Contudo, o terceiro pode invocar em processo autônomo a *injus-*

[939] LIEBMAN, E. T., idem, p. 122 a 129.

tiça da decisão, ou seja, aos aspectos que dizem respeito ao julgamento, e pode depender tanto do erro de direito como do erro de fato. Quando tal circunstância ocorre, compete ao terceiro a faculdade de fazer valer e demonstrar o erro que vicia a decisão, a fim de repelir o efeito danoso para ele. Assim, a fórmula corrente usada pela doutrina publicista da presunção *iuris tantum* da legitimidade do ato, que produziria a inversão do ônus da prova, para atribuí-lo a quem o afirma como ilegítimo, não é, na verdade, completamente exata, porque a não conformidade com a ordem jurídica pode não depender somente da inexata apreciação dos fatos, mas também da violação ou falsa aplicação da norma jurídica; em suma, a questão que o terceiro pode levantar para fazer reconhecer a injustiça da sentença é mais ampla do que uma simples revisão da questão de fato, e pode tocar toda a decisão sobre o mérito da causa. Na realidade, a faculdade concedida ao terceiro de demonstrar a injustiça da sentença prolatada 'inter alios' e de repelir, por isso, os seus efeitos danosos, corresponde, por fim, exatamente à chamada 'exceptio mali procesus', que já se encontra esboçada em alguns fragmentos das Fontes, aceita com amplitude nem sempre igual no direito comum.[940]

Contudo, nem todos os terceiros prejudicados pela sentença tem a faculdade de repelir-lhe a eficácia com a demonstração da sua injustiça. Somente o terceiro que tenha um efetivo interesse jurídico é que poderá fazê-lo. Daí porque o terceiro que sofre prejuízo em interesse de fato (terceiro juridicamente indiferente) não poderá fazê-lo. Também em relação às decisões sobre questões de estado, pronunciadas entre os legítimos contraditores, porque a índole personalíssima dessas relações e a necessidade de que venham a ser configuradas uniformemente para todos, não consentem reconhecer a terceiros um interesse tutelado pelo direito de discutir e falar sobre aquelas relações. Nesses casos, a eficácia natural da sentença não pode ser contraditada, pois equivale à autoridade da coisa julgada.[941]

A opinião dominante na doutrina e na jurisprudência argentinas e consagrada em diversos países da Europa, afirma que a sentença que decide questão de estado vale *erga omnes*. Assim, pode-se apresentar a eficácia 'erga omnes' das sentenças nas questões de estado como consequência de sua 'natureza especialíssima', que justificaria nesse caso o desvio da regra geral da eficácia *inter partes* da coisa julgada. Em suma, estaríamos diante de uma exceção a essa regra geral: este é o resultado, mais ou menos confessado, a que chegam a doutrina francesa, a alemã. Contudo, conforme afirma Liebman, a posição dominante parece

[940] Liebman. E. T., idem, p. 138 a 143.
[941] Liebman. E. T., idem, p. 145 e 146.

a ele pouco satisfatória e constitui o verdadeiro motivo da incerteza que ainda subsiste na matéria, porque as exceções aos princípios sempre estão sujeitas à discussão e deixam a porta aberta à dúvida, mesmo quando sejam justas e oportunas as soluções práticas do problema concreto. Além disso, considera-se que o desvio indicado vale somente para as sentenças constitutivas, ao passo que parece muito mais duvidosa para as sentenças simplesmente declaratórias. A autoridade da coisa julgada rege e protege as sentenças igualmente, sejam elas declaratórias ou constitutivas. Segundo Liebman, não se pode admitir que uma pessoa, a respeito da qual se produz o efeito constitutivo da sentença, não deva reconhecer também como eficaz a declaração de direito que na mesma sentença justifica e legitima a mudança que o juiz introduz na relação controvertida. O pronunciamento declarativo e o consequente pronunciamento constitutivo de uma sentença estão estritamente ligados entre si, porque o primeiro justifica o segundo e este não pode subsistir sem o apoio daquele. Por isso, para Liebman, adotando a concepção de Chiovenda, a sentença que se pronuncia entre os sujeitos do estado jurídico questionado, quer dizer, entre os *legítimos contraditores* (por exemplo, entre pai e filho, a sentença de qualidade de filho; entre cônjuges, a sentença sobre a existência do casamento), faz com que todos devam reconhecer o estado de filho, o matrimônio etc declarados na sentença. Isso não é mais do que a aplicação da regra geral, e não um caso excepcional de coisa julgada *erga omnes*. Porém a sentença não afetará a qualquer outro *legitimus contradictor*: não impedirá que terceiro se afirme, por exemplo, cônjuge de uma das partes. Na realidade, o que realmente sucede nestes casos é que a sentença sobre o vínculo conexo tem eficácia também em relação a terceiro, mas uma eficácia atenuada, que pode ser destruída pela demonstração de que sentença está errada e que, em realidade, a relação julgada era diversa da que foi declarada. Chega-se a esse resultado partindo de um conceito de coisa julgada diferente da dominante; a coisa julgada não é o efeito ou um dos efeitos da sentença, e sim uma qualidade, uma qualificação particular da decisão, isto é, a sua imutabilidade. Por isso, independentemente da coisa julgada, a sentença tem sua eficácia 'natural', obrigatória e imperativa, que deriva simplesmente de sua natureza de ato de autoridade, de ato do Estado, mas que está destinada a desaparecer, quando se demonstra que a sentença é *injusta*.[942]

É bem verdade que por vezes a ação de estado tem por único objetivo fraudar credores, sendo a sentença decorrente de dolo de ambas as partes. Contudo, nestes casos, os credores (terceiros interessados), por meio da ação pauliana,

[942] LIEBMAN. E. T., idem, p. 196 e 200 e 2001.

poderão anular o negócio referente à transmissão dos bens. Na realidade, o processo, cuja finalidade é produzir uma decisão justa, não pode servir de instrumento para perpetrar a fraude. Poderá o terceiro, ainda, valer-se de recurso, enquanto houver prazo, ou mesmo da ação rescisória. Por sua vez, anota Liebman: *"Por conseguinte, os terceiros das categorias aqui consideradas (qualquer terceiro em relação a uma sentença em matéria de estado, os credores em relação a uma sentença em que o seu devedor foi vencido), sempre que lhes for oposta uma sentença que prejudique e que foi o resultado da fraude das partes, poderão repelir o prejuízo, demonstrando que a sentença é objetivamente injusta e foi obtida com dolo, que visava a lesar os seus interesses. Por exemplo, na execução da sentença, um terceiro propõe embargos, alegando ser proprietário dos bens penhorados e exibindo uma sentença que declara a sua propriedade. Normalmente, o credor exequente nada pode fazer contra tal sentença, que ele deve reconhecer e respeitar. Não assim, porém, no caso de fraude: se ele conseguir demonstrar que a sentença exibida pelo suposto proprietário é injusta e fraudulenta, os embargos deverão ser declarados improcedentes e a execução poderá prosseguir. E assim por diante, em casos semelhantes".*[943]

Liebman nos traz um caso interessante que merece ser citado. O caso é o seguinte: duas pessoas foram reconhecidas, em escritura pública, como filhas naturais, por uma pessoa que depois morreu. Os irmãos do falecido propõem contra ambas, conjuntamente, ação de nulidade do reconhecimento, aduzindo ser falsa a paternidade, mas os autores nada provam e a demanda é repelida. Uma das irmãs descobre, posteriormente, que a outra, realmente, não é filha de seu pai e propõe contra ela ação de nulidade do reconhecimento. Aquela alega então a existência de coisa julgada. Seria fundada a exceção? Numa primeira vista, parece que a tese da doutrina majoritária sobre o efeito *erga omnes* da coisa julgada nas questões de Estado, é atacada duramente, pois a princípio esta exceção de coisa julgada seria infunda, pois entre as duas irmãs nunca foi discutida essa filiação. Contudo, segundo Liebman, não haveria qualquer contradição entre a regra do *efeito erga omnes* e a impossibilidade de se arguir a exceção de coisa julgada, pois, segundo já se afirmou, a validade *erga omnes* da coisa julgada, nas questões de estado, não é uma exceção à relatividade da coisa julgada, mas sim uma aplicação, à natureza especial dessas questões, dos princípios gerais que regem toda a matéria. Trata-se, pois, de estabelecer com todo o cuidado os princípios gerais; deles surgirão, juntamente com a regra mencionada, também suas limitações. É bem verdade que as questões de estado caracterizam-se pelo fato de serem únicas e indivisíveis e por exercerem sua influência sobre uma série de relações jurídicas dependentes e sobre um número indeterminado de

[943] LIEBMAN, E. T., idem, p. 148 e 149.

pessoas. Todavia, é claro que toda demanda interessa e toca em primeiro lugar aos sujeitos da relação ou do *status* controvertido; serão eles legítimos contendores *primários*. Tais são, em uma questão de filiação, o pai e o filho. A primazia de seu interesse é tão evidente que não se admitem disputas de terceiro sobre o estado de filho, depois que for proferida a sentença em uma ação entre pai e filho. Nesse caso se diz, e com razão, que a coisa julgada vale *erga omnes*; pois ficaria excetuado somente aquele terceiro que defendesse interesse equivalente ao da parte, caso que é, sem dúvida, possível, porém assaz difícil de verificar; por exemplo: uma sentença declaratória de filiação entre o filho e o suposto pai não poderia impedir terceiro de afirmar, por sua vez, ser pai do mesmo filho. Mas se o pai morreu, haverá entre os terceiros, alguns cujo interesse na mesma questão será, todavia, maior que o de todos os outros: tal será o caso dos parentes próximos, os membros do núcleo familiar. Serão eles, pois, legítimos contendores *secundários*; em face dos contendores primários, atrás mencionados, seu interesse e, em consequência, sua posição ficam necessariamente pospostos. Se consideramos agora a relação que se forma entre os mesmos legítimos contendores secundários, evidencia-se que ela se caracteriza por uma legitimação do mesmo grau. Cada um deles tem igualmente o direito de disputar sobre a questão. No caso particular da filiação, todos os parentes interessados poderão atacá-la como nula, conjunta ou separadamente, e cabe reconhecer a cada um deles uma ação de nulidade igualmente legítima. Assim, a coisa julgada, embora tenha efeito *erga omnes*, isso não ocorre em relação à legitimidade secundária.[944]

Liebman ainda analisa esta questão sobre a perspectiva do *litisconsorte*. No caso mencionado, por haver a autora estado presente no processo anterior, é decisivo a respeito o fato de que, naquela oportunidade ela não contestou a demanda senão que a defendeu, tal como nesta, sua própria qualidade de filha, em oposição à demanda de desconhecimento proposta pelos irmãos do pai. Naquele processo, cada uma das duas irmãs defendeu sua posição pessoal; as atuações respectivas foram paralelas e não contraditórias, razão pela qual não houve nem processo nem decisão entre elas. É uma situação que a doutrina mais autorizada estudou detidamente, afirmando que, entre litisconsortes, não há coisa julgada sobre as questões decididas entre cada um deles e o adversário.[945]

O atual C.P.C. não repetiu esta normatização prevista no C.P.C. de 1973. E não precisaria repetir, pois a autoridade da coisa julgada alcança todos aqueles que exerceram o contraditório no processo em relação à matéria objeto da

[944] Liebman, E. T., idem, p. 204 a 209.
[945] Liebman, E. T., idem, p. 212.

demanda. Esta é a condição para que a coisa julgada prevaleça em qualquer circunstância, seja em demandas relacionadas ao estado das pessoas ou não.

Podemos resumir o que foi exposto com as seguintes afirmações de Liebman[946]:

> I – A declaração oriunda da sentença, assim como seus outros efeitos possíveis, pode conceber-se e produz-se independentemente da coisa julgada; na aptidão da sentença em produzir os seus efeitos e na efetiva produção deles (quaisquer que sejam, segundo o seu conteúdo) consiste a sua 'eficácia', e esta se acha subordinada à validade da sentença, isto é, à sua conformidade com a lei.
>
> II – A eficácia da sentença, nos limites de seu objeto, não sofre nenhuma limitação subjetiva; vale em face de todos;
>
> III – A autoridade da coisa julgada não é efeito ulterior e diverso da sentença, mas uma qualidade dos seus efeitos e a todos os seus efeitos referentes, isto é, precisamente só às partes do processo;
>
> IV – Consequentemente, todos os terceiros estão sujeitos à eficácia da sentença, não, porém, à autoridade da coisa julgada; a sentença, nos limites do seu objeto, é sempre oponível a eles, que lhes podem repelir os efeitos, demonstrando a sua injustiça, uma vez que tenham interesse jurídico nessa demonstração.

Sobre o tema, eis os seguintes precedentes do S.T.J.:

> *(...).*
>
> *3. No que se prende à abrangência da sentença prolatada em ação civil pública relativa a direitos individuais homogêneos, a Corte Especial decidiu, em sede de recurso repetitivo, que "os efeitos e a eficácia da sentença não estão circunscritos a lindes geográficos, mas aos limites objetivos e subjetivos do que foi decidido, levando-se em conta, para tanto, sempre a extensão do dano e a qualidade dos interesses metaindividuais postos em juízo (arts. 468, 472 e 474, CPC e 93 e 103, CDC)" (REsp 1243887/PR, Rel. Ministro Luis Felipe Salomão, Corte Especial, julgado sob a sistemática prevista no art. 543-C do CPC, DJ 12/12/2011).*
>
> *4. Com efeito, quanto à eficácia subjetiva da coisa julgada na ação civil pública, incide o Código de Defesa do Consumidor por previsão expressa do art. 21 da própria Lei da Ação Civil Pública.*

[946] Liebman, E. T., idem, p. 170

5. Desse modo, os efeitos do acórdão em discussão nos presentes autos são erga omnes, abrangendo a todas as pessoas enquadráveis na situação do substituído, independentemente da competência do órgão prolator da decisão. Não fosse assim, haveria graves limitações à extensão e às potencialidades da ação civil pública, o que não se pode admitir.

6. Agravo regimental a que se nega provimento.

(AgRg no REsp 1380787/SC, Rel. Ministro OG FERNANDES, SEGUNDA TURMA, julgado em 19/08/2014, DJe 02/09/2014).

(...).

2. O sindicato ou associação, como substitutos processuais, têm legitimidade para defender judicialmente interesses coletivos de toda a categoria, e não apenas de seus filiados, sendo dispensável a juntada da relação nominal dos filiados e de autorização expressa.

Assim, a formação da coisa julgada nos autos de ação coletiva deve beneficiar todos os servidores da categoria, e não apenas aqueles que na ação de conhecimento demonstrem a condição de filiado do autor (Ag 1.153.516/GO, Rel. Min. MARIA THEREZA DE ASSIS MOURA, DJe 26.4.2010). No mesmo sentido: RESP 936.229-RS, Rel. Min. ARNALDO ESTEVES LIMA, DJe 16.03.2009.

3. A indivisibilidade do objeto da ação coletiva conduz à extensão dos efeitos positivos da decisão a pessoas não integrantes diretamente da entidade classista postulante que, na verdade, não é a titular do direito material, mas tão somente a substituta processual dos componentes da categoria, a que a lei conferiu legitimidade autônoma para a promoção da ação. Nessa hipótese, diz-se que o bem da vida assegurado pela decisão é fruível por todo o universo de participantes da categoria, grupo ou classe, ainda que não filiados à entidade, isso porque o universo da categoria geralmente é maior do que o universo de filiados à entidade representativa.

4. A extensão subjetiva é consequência natural da transindividualidade e indivisibilidade do direito material tutelado na demanda, que logicamente deve ser uniforme para toda a categoria, grupo ou classe profissional, uma vez que estando os servidores beneficiários na mesma situação, não encontra razoabilidade a desigualdade entre eles; como o que se tutela são direitos pertencentes à coletividade como um todo, não há como nem porque estabelecer limites subjetivos ao âmbito de eficácia da decisão; na verdade, vê-se que o surgimento das ações coletivas alterou substancialmente a noção dos institutos clássicos do Processo Civil, entre os quais o conceito de parte, como encontra-se devidamente evidenciado.

5. A exegese da ação coletiva deve favorecer a ampliação da sua abrangência, tanto para melhor atender ao seu propósito, como para evitar que sejam ajuizadas múltiplas ações com o mesmo objeto; não há nenhuma contraindicação a esse entendimento, salvo o apego a formalismos exacerbados ou não condizentes com a filosofia que fundamenta as ações coletivas; convém assinalar que a visão contrária não produz qualquer proveito geral ou especial, mas pelo contrário, gera situações indesejáveis.

6. Agravo Regimental da União desprovido.

(AgRg no AREsp 389.004/SC, Rel. Ministro NAPOLEÃO NUNES MAIA FILHO, PRIMEIRA TURMA, julgado em 05/06/2014, DJe 18/08/2014).

(...).

3. É cediço que, à luz do art. 472 do CPC, os limites subjetivos da coisa julgada material consistem na produção de efeitos apenas em relação aos integrantes na relação jurídico-processual em curso, de maneira que, em regra, terceiros não podem ser beneficiados ou prejudicados.

(...).

(REsp 1297239/RJ, Rel. Ministra NANCY ANDRIGHI, TERCEIRA TURMA, julgado em 08/04/2014, DJe 29/04/2014).

(...).

3. Para que se pleiteie a desconstituição da coisa julgada, direito constitucionalmente assegurado e característica do exercício jurisdicional, faz-se necessário observar os limites subjetivos abrangidos pela decisão que se pretende rescindir, devendo-se, por isso mesmo, promover-se a integração da lide com todos aqueles que participaram validamente da formação do título acobertado pelo manto da definitividade.

4. Recurso especial provido para reformar o acórdão de origem e julgar procedente a ação cautelar inominada lá intentada, para o fim de suspender a execução da sentença rescindenda até o julgamento da ação rescisória n. 4199/PE.

(REsp 1264963/PE, Rel. Ministro OG FERNANDES, SEGUNDA TURMA, julgado em 01/04/2014, DJe 23/04/2014).

(...).

1. A jurisprudência do STJ é firme quanto à inviabilidade da extensão dos efeitos de decisão judicial a terceiros, especialmente a que assegura vantagens pecuniárias a determinados servidores, porquanto tais efeitos somente atingem as partes que integraram a respectiva relação jurídica, nos termos do art. 472 do CPC.

(...).

(AgRg no AREsp 275.477/CE, Rel. Ministro NAPOLEÃO NUNES MAIA FILHO, PRIMEIRA TURMA, julgado em 27/03/2014, DJe 08/04/2014).

Art. 507

É vedado à parte discutir no curso do processo as questões já decididas a cujo respeito se operou a preclusão.

Questões já decididas e sujeitas a preclusão

Não obstante Chiovenda tenha dito expressamente que a coisa julgada contém em si a *preclusão* de qualquer questão futura, é necessário salientar que a importante contribuição do mestre italiano à doutrina da coisa julgada constitui-se principalmente em depurar o conceito e o fenômeno da coisa julgada de conceitos afins, isto é, em separar o conteúdo propriamente jurídico de suas justificações político-sociais; em distinguir, daí, a autoridade da coisa julgada da simples preclusão, que é a impossibilidade de se discutir no decurso do processo uma questão já decidida.

A coisa julgada é a qualidade própria da sentença que *acolhe ou rejeita a demanda*, e consiste em que, pela suprema exigência da ordem e da segurança da vida social, a situação das partes fixada pelo juiz com respeito ao bem da vida (*res*), que foi objeto do contraditório, não mais se pode, daí por diante, contestar. Pelo contrário, a solução adotada pelo juiz para as questões lógicas suscitadas no processo, *concernentes a pontos processuais ou substanciais*, de fato ou de direito, exatamente por ser preparatória da decisão de recebimento ou de rejeição, não tem a eficácia peculiar a esta última; tem, somente, eficácia mais restrita, imposta por *exigências de ordem e de segurança no desenvolvimento do processo* e pela necessidade de fixar o resultado do processo que consiste na *preclusão* da faculdade de renovar a *mesma questão no mesmo processo*. A mais importante aplicação dessas proposições refere-se às *questões prejudiciais*.[947]

Assim, *"as profundas diferenças entre essa preclusão de questões e a coisa julgada manifesta-se igualmente na diversa resistência que uma e outra apresentam ao sobrevir um a lei interpretativa. A coisa julgada resiste, ainda quando fundada numa interpretação da lei diferente da imposta pela lei interpretativa, porque, uma vez reconhecido ou desconhecido pelo juiz o bem da vida, este resultado deve permanecer intacto para sempre, independentemente das razões de fato e de direito que orientaram o juiz ao operar a atuação da lei, operação que, desde então, se encerra, sem deixar vestígio dos motivos que a determinaram. Se, ao contrário, se decidiu, no curso do processo, determinada questão de direito, e sobrevém nova lei que impõe diversa interpretação da norma, a lei interpretativa prevalece sobre a simples preclusão, pela razão de que, se o processo ainda pende e a operação da aplicação*

[947] CHIOVENDA, G., op cit., p. 374 e 375.

da lei ainda não terminou, quando, em suma, a preclusão ainda não produziu seu efeito e não chegou às últimas consequências (o que só acontece quando o juiz, conformando-se com a decisão da questão preclusa, atua a lei recebendo ou rejeitando a demanda), não é admissível que o juiz adote e aplique uma interpretação de lei que não a imposta pela lei vigente. É um círculo vicioso asseverar-se, nesse caso (Corte de Cassação, 23 de fevereiro de 1932, na 'Giurisprudenza italiana, 1932, pág. 1.180), que sobre a questão preclusa se formou a 'certeza jurídica', porque a 'certeza jurídica' tutelada pelos princípios da coisa julgada é a relativa ao gozo do bem reconhecido pelo juiz. A preclusão das questões no curso do processo é, repito, simples expediente para assegurar ordem e rapidez ao desenvolvimento dele".[948]

A solução adotada pelo juiz para as questões lógicas suscitadas no processo, às questões prejudiciais de fato ou de direito, exatamente por serem preparatórias da decisão de recebimento ou de rejeição, não tem a característica peculiar da coisa julgada; apresentam, ao contrário, uma característica mais restrita, imposta por exigências de ordem e de segurança no desenvolvimento do processo e pela necessidade de fixar o resultado do processo que consiste na preclusão da faculdade de renovar a mesma questão no mesmo processo.[949]

Por isso, o art. 507 do atual C.P.C. não está a tratar da autoridade da coisa julgada, mas, sim, do instituto da *preclusão.*

Segundo Liebman, *"por preclusão entende-se a perda ou extinção do direito de cumprir um ato processual, devido: a) à decorrência do prazo; b) à falta do exercício de direito no momento oportuno, quando a ordem legalmente estabelecida na sucessão das atividades processuais importem uma assim grave consequência; c) à incompatibilidade com uma atividade já cumprida; d) ao fato de ter já uma vez exercitado o direito".*[950]

A *preclusão*, para Chiovenda, é um instituto geral com frequentes aplicações no processo e consistente na *perda* duma faculdade processual por se haverem tocado os extremos fixados pela lei para o exercício dessa faculdade no processo ou numa fase do processo. Nesse sentido, a preclusão é a perda da faculdade de propor questões, da faculdade de contestar. Essa preclusão agiria em dois momentos: antes da sentença do juiz, age por meio da prefixação de um ponto até o qual é possível e além do qual não é mais possível introduzir novos elementos de cognição, propor novos pedidos e exceções; depois da sentença, a

948 Chiovenda, G., idem, p. 381 e 382.

949 Chiovenda, G., idem, p. 375.

950 Liebman. Enrico Tullio. *Manuale di diritto processuale civile.* Principi. 6ª Ed. Milano: Giuffrè Editore, 2002. p. 214.

preclusão age mediante prefixação dum termo às impugnações admitidas contra aquela.[951]

O art. 507 do atual C.P.C. afirma, em outras palavras, que uma vez já decidas determinadas questões no curso do processo, e não usando a parte a sua prerrogativa de recorrer, ou tendo o recurso sido rejeitado, a seu respeito opera-se a preclusão, sendo-lhe defeso, no curso do processo, discutir as mesmas questões, sejam elas de natureza processual, sejam elas de caráter prejudicial decididas incidentalmente no processo.

Por sua vez, o referido artigo não se aplica àquelas questões processuais que o juiz pode reconhecer de ofício, como, por exemplo, a incompetência absoluta, a coisa julgada, a carência da ação etc., pois neste caso não há preclusão *pro iudicato*. Nessas hipóteses, o juiz é livre para reexaminar as respectivas questões de ofício e, com maior razão por provocação da parte.

É importante salientar que não há mais ‹preclusão› para se interpor recurso contra decisão interlocutória proferida durante o transcurso da relação jurídica processual.

Assim, se o juiz proferir alguma decisão interlocutória durante a relação jurídica processual, a parte poderá trazer novamente essa questão como preliminar de apelação, tendo em vista que o recurso de agravo de instrumento ficou limitado apenas às hipóteses do art. 1.015 do atual C.P.C.

O projeto originário do novo C.P.C. exigia que a parte, diante de uma decisão interlocutória desfavorável, realizasse um 'protesto' em relação à decisão proferida pelo órgão jurisdicional, a fim de que pudesse impugnar a decisão como preliminar de apelação. Essa exigência do protesto, porém, não foi introduzida no novo C.P.C.

Sobre o tema, eis os seguintes precedentes do S.T.J.:

> *1. Hipótese em que os contribuintes pretendem afastar o cálculo de liquidação elaborado pela Fazenda Nacional e adotado pelas instâncias ordinárias, ao fundamento de que ele contém limitação temporal não contemplada no título executivo, situação que ensejaria violação ao art. 474 do CPC.*
>
> *2. Ocorre que esse fundamento, que é causa de pedir autônoma a infirmar o cálculo fazendário, não foi oportunamente suscitado pelos contribuintes. A invocação dessa causa de pedir apenas nos segundos aclaratórios oriundos do julgamento da apelação denota evidente inovação recursal, sobre a qual o Tribunal de origem não está obrigado a se manifestar. Frise-se que a mencionada causa de pedir constitui questão nova não*

[951] Chiovenda, G., op. Cit. p. 372.

discutida junto à primeira instância, razão pela qual não há como invocar seu conhecimento com base no efeito devolutivo da apelação, que, embora amplo, está adstrito às "questões suscitadas e discutidas no processo" (art. 515, § 1º, do CPC).

3. Cumpre salientar que, diferentemente do sugerido pelos contribuintes, seu "novo" fundamento não diz respeito à necessidade de pronunciamento judicial acerca de prescrição ou de decadência, pois já decididas no processo de conhecimento, mas acerca da correção dos cálculos de liquidação elaborados pela Fazenda Nacional em face do que dispõe o título executivo, matéria essa que, não impugnada oportunamente, está sujeita à preclusão.

4. Por fim, inexistindo pronunciamento do Tribunal de origem acerca da prescrição ou da decadência, inviável o conhecimento do recurso especial nesse particular, por ausência de prequestionamento (Súmula 282/STF).

5. Agravo regimental não provido. Voto vista acompanhando a conclusão da eminente Ministra Relatora.

(AgRg nos EDcl no REsp 1043599/RS, Rel. Ministra DENISE ARRUDA, Rel. p/ Acórdão Ministro BENEDITO GONÇALVES, PRIMEIRA TURMA, julgado em 02/03/2010, DJe 10/03/2010)

(...).

2. Não pode prevalecer, em face do óbice da preclusão pro judicato, a decisão do magistrado de primeira instância que tenha por fim retratar decisão interlocutória objeto de agravo de instrumento não conhecido pelo Tribunal aq quem.

3. O acórdão proferido pela instância de segundo grau, ao não conhecer do mérito do agravo de instrumento pela inobservância do disposto no art. 526 do CPC, trouxe como efeito a manutenção da decisão agravada, impedindo que fosse reaberto o prazo para retratação do juiz de piso. Solução em contrário, importaria em supressão de instância.

4. O art. 468 do Código de Processo Civil explicita que a sentença tem força de lei, ou seja, faz coisa julgada, nos limites da lide e das questões decididas, o que impede a propositura de ação idêntica, com as mesmas partes, causa de pedir e pedido.

5. Já o art. 474 do CPC dispõe sobre a impossibilidade de se rediscutir não apenas as questões que tenham sido explicitamente decididas no dispositivo, porquanto expressamente alegadas pelas partes, mas também aquelas que poderiam ser alegadas e não o foram.

6. Da interpretação desses dispositivos, extrai-se o óbice para a propositura de ação idêntica, rediscussão de pontos já decididos na sentença e alegação de fatos novos não aduzidos por desídia da parte.

7. Malgrado constar do dispositivo da sentença a determinação para que, após o trânsito em julgado, os depósitos fossem convertidos em renda da União, o reconhecimento da decadência com a consequente determinação de levantamento dos depósitos pela empresa recorrida não ofende a coisa julgada.

8. Em face da decadência ter-se operado no curso da lide, seria desarrazoado exigir que a parte suscitasse esse fato extintivo em momento anterior. Além disso, essa tese não foi discutida na ação de conhecimento, consubstanciando outra causa de pedir sujeita a nova coisa julgada.

9. Recurso especial conhecido em parte e improvido.

(REsp 861.270/PR, Rel. Ministro CASTRO MEIRA, SEGUNDA TURMA, julgado em 05/10/2006, DJ 16/10/2006, p. 358)

(...).

2. O STJ possui entendimento de que a prescrição é matéria de ordem pública, não se sujeitando à preclusão pro iudicato nas instâncias ordinárias. Precedentes: AgRg no Ag 1333860/RS, Rel. Ministro Benedito Gonçalves, Primeira Turma, DJe 16/12/2013; EDcl no AgRg no REsp 1.358.343/RS, Rel. Ministro Mauro Campbell Marques, Segunda Turma, DJe 13/5/2013.

(...).

(REsp 1450361/RN, Rel. Ministro HERMAN BENJAMIN, SEGUNDA TURMA, julgado em 03/06/2014, DJe 24/06/2014)

(...).

1. Não pode o Tribunal Regional, em sede de agravo de instrumento desafiando decisão proferida em exceção de pré-executividade em que se discute verba honorária, reavaliar o conteúdo do título judicial, de ofício, que restou definido em primeiro grau, nos embargos à execução, cuja decisão não foi atacada pela autarquia previdenciária oportunamente, tendo em vista a ocorrência da preclusão pro judicato e da coisa julgada.

2. Recurso especial provido.

(REsp 1163210/RS, Rel. Ministra MARIA THEREZA DE ASSIS MOURA, SEXTA TURMA, julgado em 06/12/2012, DJe 13/12/2012)

(...)

2. A questão da decadência já havia sido decidida no RMS 24.430/RS, quando o então Relator, Ministro Jorge Mussi, assentou o seguinte: "Atendendo ao melhor exame da decisão agravada, verifico que, de fato, o prazo decadencial para a impetração do mandado de segurança foi observado, eis que o writ impugna ato judicial publicado em 1.3.2006 (fl. 28)".

3. Não houve interposição de recurso pelo Estado do Rio Grande do Sul contra a aludida decisão, seguindo-se acórdão da Quinta Turma do STJ, que determinou "o retorno dos autos para apreciação do mérito do Mandado de Segurança no Tribunal de origem". Se assim o fez, é evidente que a questão da decadência ficou superada, concordando o órgão colegiado com a decisão monocrática do Relator, o qual, como sabido, age por delegação.

4. A Segunda Turma do STJ, com base em precedentes do STJ, assentou que a falta de recurso contra decisão sobre a decadência, proferida na fase de saneamento do mandamus, acarreta preclusão (REsp 1.256.371/MS, Rel. Ministro Mauro Campbell Marques, Segunda Turma, DJe 24.8.2011).

5. Se, nos termos desse precedente, a questão torna-se preclusa até mesmo para o órgão julgador de segunda instância, em grau de Apelação, o Tribunal a quo não poderia reexaminar decisão do STJ.

6. Ainda que se admita que a decadência, por ser matéria de ordem pública, não se sujeita à preclusão pro iudicato, o reexame de ofício dessa questão não pode ser feito por órgão de hierarquia jurisdicional inferior, sob pena de desvirtuamento do sistema recursal e de prejuízo à segurança jurídica.

7. Agravo Regimental não provido.

(AgRg no RMS 36.522/RS, Rel. Ministro HERMAN BENJAMIN, SEGUNDA TURMA, julgado em 22/05/2012, DJe 15/06/2012)

(...).

4. "Prevalece na doutrina brasileira, a concepção de que a decisão judicial que reconhece a presença dos requisitos de admissibilidade do processo não se submete à preclusão pro iudicato: enquanto pendente a relação jurídica processual, será sempre possível o controle ex officio dos requisitos de admissibilidade, inclusive com o reexame daqueles que já houverem sido objeto de decisão judicial.

O fundamento legal dessa concepção é o § 3º do art. 267, que teria imunizado as decisões sobre os requisitos de admissibilidade do processo à preclusão" (FREDIE DIDIER JR. in CURSO DE DIREITO PROCESSUAL CIVIL, Ed. Podivm, 10 ª edição, 2008, pág. 514).

Precedentes do STJ.

5. Agravo regimental não provido.

(AgRg no REsp 1049391/MG, Rel. Ministro ARNALDO ESTEVES LIMA, PRIMEIRA TURMA, julgado em 23/11/2010, DJe 02/12/2010)

Art. 508

Transitada em julgado a decisão de mérito, considerar-se-ão deduzidas e repelidas todas as alegações e as defesas que a parte poderia opor tanto ao acolhimento quanto à rejeição do pedido.

Transitada em julgado a decisão – consideram-se deduzidas e repelidas todas as alegações e as defesas que a parte poderia opor

O autor deve indicar na inicial os fatos e os fundamentos jurídicos do pedido, não lhe sendo lícito, no curso do processo, alterar a causa de pedir (art. 317, inc. III do atual C.P.C.). Por sua vez, o réu na contestação deverá alegar toda a matéria de defesa, incluídas as razões de fato e de direito para impugnar a pretensão do autor, aplicando o princípio da *concentração da defesa*. Com base nessas circunstâncias fáticas e jurídicas será formada a sentença de primeiro grau, em relação à qual *se fazem preclusas todas as alegações e defesas que as partes poderiam ter oposto, e não opuseram, assim ao acolhimento como à rejeição do pedido.*[952]

Conforme já teve oportunidade de anotar Chiovenda, preclusas, portanto, todas as questões propostas *ou proponíveis*, temos a coisa julgada, isto é, *a afirmação indiscutível, e obrigatória para os juízes de todos os futuros processos, duma vontade concreta de lei, que reconhece ou desconhece um bem da vida a uma das partes.*[953]

Por isso, encerrado o processo com o trânsito em julgado da sentença de mérito, nada mais há ou pode ser alegado, pois a sentença transitada em julgado, com autoridade de coisa julgada, torna-se imutável quanto ao seu dispositivo. E diante dessa imutabilidade, por questão lógica, também tornam-se preclusas as possibilidades de se alegarem outras matérias de fato ou jurídicas, sejam para o acolhimento ou para a rejeição do pedido formulado na pretensão da demanda proposta pelo autor.

As alegações de defesa que poderiam ter sido arguidas na contestação e não o foram, reputar-se-ão deduzidas e repelidas, não mais podendo ser aventadas em processo futuro.

Assim, a coisa julgada é justamente a qualidade própria da sentença que acolhe ou rejeita a demanda, e consiste em que, pela suprema exigência da ordem e da segurança da vida social, a situação das partes fixada pelo juiz com respeito ao bem da vida (*res*), que foi objeto de contestação, não mais se pode, daí por diante, contestar; o autor que venceu, não pode mais ver-se perturbado no gozo

[952] Santos, M. A., op. Cit., p. 497.
[953] Chiovenda, G., op. Cit., p. 374.

daquele bem. A autoridade da coisa julgada é, portanto, por definição, destinada a agir para o futuro, com relação aos processos futuros, impedindo qualquer alegação (que poderia ter sido feita anteriormente e não o foi) futura.[954]

Porém, se a causa de pedir próxima ou remota for diversa daquela incorporada pelo trânsito em julgado da sentença, poderão novas questões serem avaliadas em novo processo.

É importante salientar, contudo, que não há modificação da causa de pedir a mudança de dispositivo legal em que se funda a pretensão. Assim, *"se se alegou nulidade da arrematação, invocando determinado texto de lei, e a arguição foi repelida, não pode ingressar com nova ação de nulidade com base em outro fundamento legal, uma vez que ao juiz competia, na primeira demanda processual, decidir sobre a nulidade, aplicando a lei, ainda que não invocada, com base no princípio 'da mihi factum, dabo tibi jus"* (R.T. 605/46).

Mas não se pode deixar de citar a afirmação de Cândido Rangel Dinamarco quando manifestou sua preocupação no sentido de que se teria levado longe demais a noção de coisa julgada, propondo que esta noção passe a ser redelineada, em decorrência da tomada em consideração de outros valores, além do que diz respeito à segurança jurídica. Diz ele, citando Pontes de Miranda: *"Para ilustrar a assertiva de que se levou longe demais a noção de coisa julgada, Pontes de Miranda discorre sobre as hipóteses em que a sentença é nula de pleno direito, arrolando três impossibilidades que conduzem a isso: impossibilidade cognoscitiva, lógica ou jurídica. Fala, a propósito, da sentença ininteligível, da que pusesse alguém sob regime de escravidão, da que instituísse concretamente um direito real incompatível com a ordem jurídica nacional etc para esses casos, alvitra uma variedade de remédios processuais diferentes entre si e concorrentes, à escolha do interessado e segundo as conveniências de cada caso, como (a) nova demanda em juízo sobre o mesmo objeto, com pedido de solução conforme com a ordem jurídica, sem os óbices da coisa julgada, (b) resistência à execução, inclusive, mas não exclusivamente por meio de embargos a ela e (c) alegação incidenter tantum em algum outro processo (Tratado da ação rescisória, §18, n. 2, esp. p. 195)".*[955]

Sobre as sentenças juridicamente impossíveis, Cândido Rangel Dinamarco nos oferta os seguintes exemplos: Imagine-se uma sentença que declarasse o recesso de algum Estado federado brasileiro, dispensando-o de prosseguir integrado na República Federativa do Brasil. Um dispositivo como esse chocar-se-ia com um dos postulados mais firme da Constituição Federal, que é o da indissolubilidade da Federação. Sequer a mais elevada das decisões judiciárias, proferida

[954] CHIOVENDA, G., idem, p. 374

[955] DINAMARCO, Cândido Rangel. *Coisa julgada inconstitucional.* Coord. Rio de Janeiro: América Jurídica, 2002. p. 33-75.

que fosse pelo órgão máximo do Poder Judiciário, seria suficiente para superar a barreira política representada pelo art. 1º da Constituição. Imagine-se também uma sentença que condenasse uma pessoa a dar a outrem, em cumprimento de cláusula contratual, determinado peso de sua própria carne, em consequência de uma dívida não honrada; ou que condenasse a mulher a proporcionar préstimos de prostituta ao autor, em cumprimento ao disposto por ambos em cláusula contratual. Sentenças como essas esbarrariam na barreira irremovível que é o zelo pela integridade física e pela dignidade humana, valores absolutos que a Constituição Federal cultiva (art. 1º, inc. II, e art. 5º. Pensar ainda na condenação do devedor à prisão por dívida, fora dos casos constitucionalmente ressalvados (art. 5º, inc. LXVII).[956]

Muito se discute na doutrina brasileira sobre a possibilidade de a sentença que julga a ação de investigação de paternidade poder ou não ser acobertada pela coisa julgada. Prevalecia a orientação no sentido de ocorrência de coisa julgada. Por isso, a existência de um exame de DNA posterior ao feito já julgado, com decisão transitada em julgado, reconhecendo a paternidade, sendo certo que o julgado está coberto pela certeza jurídica conferida pela coisa julgada (STJ, 3ª T., Resp 107248-GO, rel. Min. Carlos Alberto Menezes Direito, j. 07.05.1998, DJU 29.06.1998, p. 160). No mesmo sentido é a seguinte decisão:

> *(...).*
>
> *3. A Segunda Seção deste Tribunal Superior consagrou o entendimento de que deve ser preservada a coisa julgada nas hipóteses de ajuizamento de nova ação de investigação de paternidade, ainda que se postule pela utilização de meios mais modernos de prova, como o exame de DNA, haja vista a preponderância, nesses casos, da segurança jurídica.*
>
> *4. Agravo regimental a que se nega provimento.*
>
> *(AgRg no REsp 899.981/MG, Rel. Ministro VASCO DELLA GIUSTINA (DESEMBARGADOR CONVOCADO DO TJ/RS), TERCEIRA TURMA, julgado em 24/08/2010, DJe 01/09/2010)*

O Tema, contudo, foi objeto de um julgamento paradigmático pelo S.T.J., ao apreciar o Resp n. 226.436-PR, cuja decisão foi proferida nos seguintes termos:

> *I – Não excluída expressamente a paternidade do investigado na primitiva ação de investigação de paternidade, diante da precariedade da prova e da ausência de indícios*

[956] DINAMARCO, C. R., idem, p. 16.

suficientes a caracterizar tanto a paternidade como a sua negativa, e considerando que, quando do ajuizamento da primeira ação, o exame pelo DNA ainda não era disponível e nem havia notoriedade a seu respeito, admite-se o ajuizamento de ação investigatória, ainda que tenha sido aforada uma anterior com sentença julgando improcedente o pedido.

II – Nos termos da orientação da Turma, "sempre recomendável a realização de perícia para investigação genética (HLA e DNA), porque permite ao julgador um juízo de fortíssima probabilidade, senão de certeza" na composição do conflito. Ademais, o progresso da ciência jurídica, em matéria de prova, está na substituição da verdade ficta pela verdade real.

III – A coisa julgada, em se tratando de ações de estado, como no caso de investigação de paternidade, deve ser interpretada modus in rebus. Nas palavras de respeitável e avançada doutrina, quando estudiosos hoje se aprofundam no reestudo do instituto, na busca sobretudo da realização do processo justo, "a coisa julgada existe como criação necessária à segurança prática das relações jurídicas e as dificuldades que se opõem à sua ruptura se explicam pela mesmíssima razão. Não se pode olvidar, todavia, que numa sociedade de homens livres, a Justiça tem de estar acima da segurança, porque sem Justiça não há liberdade".

IV – Este Tribunal tem buscado, em sua jurisprudência, firmar posições que atendam aos fins sociais do processo e às exigências do bem comum.

(REsp 226436/PR, Rel. Ministro SÁLVIO DE FIGUEIREDO TEIXEIRA, QUARTA TURMA, julgado em 28/06/2001, DJ 04/02/2002, p. 370)

A tese acolhida neste julgamento deu-se com base nos arts. 226 e 227 da Constituição Federal, bem como no art. 27 da Lei 8.069/90, assim como no art. 75, inc. 22, da Convenção Internacional dos Direitos da Criança, de 20.11.1989.

Há também parte doutrina que afirma que o pedido julgado improcedente em ação de investigação de paternidade não transita ou pode não transitar em julgado. É que, em tais casos, não teria o juiz afirmado que o direito efetivamente inexistia, mas apenas que não teria sido provado. A solução indicada, segundo Teresa Wambier e Miguel Medina é instigante, pois evoca o exame de diversas outras questões, tais como: a) a distinção entre extinção do processo sem julgamento do mérito e improcedência do pedido ante a ausência de provas; b) a coisa julgada '*secundum eventum probationis*'; c) a ausência de coisa julgada nas ações que versam sobre direitos indisponíveis, quando o autor carecer de provas para demonstrar tal direito.[957]

[957] Wambier, T. A. A.; Medina, J. M. G., op. Cit., p. 193.

Outras decisões sobre o tema:

Ação de nulidade (querella nullitatis). Coisa julgada material (relativização). Situação extraordinária (não ocorrência).

1. Admite-se a relativização da coisa julgada material em situações extraordinárias, por exemplo, quando se trata de sentença nula ou inexistente, embora haja, no Superior Tribunal, vozes que não admitem a relativização em hipótese alguma.

2. Em se tratando de sentença injusta, ou melhor, de errônea resolução da questão de fato (erro de fato), como na espécie (é o que se alega e é o que se diz), não é lícito o emprego da ação de nulidade.

3. A admissão, em casos que tais, da querella nullitatis contribuiria para descaracterizar, mais e mais, a substância da coisa julgada – a sua imutabilidade.

4. Recurso especial do qual se conheceu e ao qual se deu provimento para se restabelecer a sentença que indeferira a inicial.

(REsp 893.477/PR, Rel. Ministro NILSON NAVES, SEXTA TURMA, julgado em 22/09/2009, DJe 19/10/2009)

1. Nas hipóteses de extinção do processo sem resolução do mérito, por carência de ação (CPC, art. 267, VI), não há coisa julgada material, mas apenas coisa julgada formal – a qual, em regra, inviabiliza somente a discussão da controvérsia no mesmo processo, não em outro. Suprido o vício detectado na demanda anterior, é possível o ajuizamento de nova ação, observado o disposto no art. 268 do CPC.

2. No caso dos autos, a nova ação ajuizada pela ora recorrida – ação de investigação de paternidade c/c anulação de registro civil – vem escoimada dos vícios identificados na demanda anterior, na medida em que estão configurados o interesse processual, em seu binômio necessidade-utilidade ou necessidade-adequação, e a possibilidade jurídica do pedido.

3. É possível a cumulação, no âmbito de uma mesma ação, dos pedidos de investigação de paternidade e de anulação ou retificação do registro de nascimento, tendo em vista que a modificação do registro é consequência lógica da eventual procedência do pedido investigatório.

4. Não se deve perder de vista que a pretensão deduzida na investigação fundamenta-se no direito personalíssimo, indisponível e imprescritível de conhecimento do estado biológico de filiação, consubstanciado no princípio constitucional da dignidade da pessoa humana (CF, art. 1º, III), encontrando apoio na busca da verdade real. Destarte, máxime em ações de estado, não se apresenta aconselhável privilegiar a coisa julgada formal em detrimento do direito à identidade genética, consagrado na Constituição Federal como direito fundamental, relacionado à personalidade.

5. Descabe, assim, na espécie, recusar o ajuizamento da nova ação (CPC, art. 268), quando há apenas coisa julgada formal decorrente da extinção do processo anterior e a ação posteriormente proposta atende aos pressupostos jurídicos e legais necessários ao seu processamento.

6. Os embargos de declaração, no caso, foram opostos pelo ora recorrente com o intuito de prequestionar a matéria inserta no art. 471 do Estatuto Processual Civil. Tal o desiderato dos embargos, não há por que inquiná-los de protelatórios, devendo ser afastada a multa aplicada pela eg. Corte local em sede de declaratórios (Súmula 98/STJ).

7. Recurso especial parcialmente provido, apenas para afastar a multa aplicada no julgamento dos embargos de declaração.

(REsp 1215189/RJ, Rel. Ministro RAUL ARAÚJO, QUARTA TURMA, julgado em 02/12/2010, DJe 01/02/2011)

Não obstante essa divergência jurisprudencial, parece que atualmente encontra-se sedimentada na jurisprudência do S.T.J. a prevalência da coisa julgada, conforme se pode observar do seguinte precedente:

1. Encontra-se sedimentado neste STJ o entendimento no sentido da impossibilidade de se renovar a investigação de paternidade em virtude do advento do exame de DNA, afastando a coisa julgada formada em processo anterior, onde não foi reconhecida a alegada paternidade.

2. As razões do agravo regimental não infirmam os fundamentos da decisão agravada.

3. Agravo regimental não provido.

(AgRg no REsp 363.558/DF, Rel. Ministro LUIS FELIPE SALOMÃO, QUARTA TURMA, julgado em 04/02/2010, DJe 22/02/2010).

Por outro lado, o Supremo Tribunal Federal no RE 363889, Relator(a): Min. DIAS TOFFOLI, Tribunal Pleno, julgado em 02/06/2011, reconheceu a Repercussão Geral para a questão ora em exame. Eis o teor da ementa:

1. É dotada de repercussão geral a matéria atinente à possibilidade da repropositura de ação de investigação de paternidade, quando anterior demanda idêntica, entre as mesmas partes, foi julgada improcedente, por falta de provas, em razão da parte interessada não dispor de condições econômicas para realizar o exame de DNA e o Estado não ter custeado a produção dessa prova. 2. Deve ser relativizada a coisa julgada estabelecida em ações de investigação de paternidade em que não foi possível determinar-se a efetiva existência de vínculo genético a unir as partes, em decorrência da não realização do exame de DNA, meio de prova que pode fornecer segurança quase absoluta quanto à existência de tal vínculo. 3. Não devem ser impostos óbices de natureza processual ao exercício do direito fundamental à busca da identidade genética, como natural emanação do direito de personalidade de um ser, de forma a tornar-se igualmente efetivo o direito à igualdade entre os filhos, inclusive de qualificações, bem assim o princípio da paternidade responsável. 4. Hipótese em que não há disputa de paternidade de cunho biológico, em confronto com outra, de cunho afetivo. Busca-se o reconhecimento de paternidade com relação a pessoa identificada. 5. Recursos extraordinários conhecidos e providos.

(RE 363889, Relator(a): Min. DIAS TOFFOLI, Tribunal Pleno, julgado em 02/06/2011, ACÓRDÃO ELETRÔNICO DJe-238 DIVULG 15-12-2011 PUBLIC 16-12-2011).

CAPÍTULO XIV – Da Liquidação de Sentença

Art. 509

Quando a sentença condenar ao pagamento de quantia ilíquida, proceder-se-á à sua liquidação, a requerimento do credor ou do devedor:

I – por arbitramento, quando determinado pela sentença, convencionado pelas partes ou exigido pela natureza do objeto da liquidação;

II – pelo procedimento comum, quando houver necessidade de alegar e provar fato novo.

§ 1º Quando na sentença houver uma parte líquida e outra ilíquida, ao credor é lícito promover simultaneamente a execução daquela e, em autos apartados, a liquidação desta.

§ 2º Quando a apuração do valor depender apenas de cálculo aritmético, o credor poderá promover, desde logo, o cumprimento da sentença.

§ 3º O Conselho Nacional de Justiça desenvolverá e colocará à disposição dos interessados programa de atualização financeira.

§ 4º Na liquidação é vedado discutir de novo a lide ou modificar a sentença que a julgou.

Sumário:

1. Sentença líquida e ilíquida

Nos termos do art. 322 e 324 do atual C.P.C., o pedido deve ser certo e determinado, sendo lícito, porém, formular pedido genérico nos seguintes casos: a) nas ações universais, se o autor não puder individuar na petição os bens demandados; b) quando não for possível determinar, desde logo, as consequências do ou do fato; c) quando a determinação do objeto ou do valor da condenação depender de ato que deva ser praticado pelo réu. Esta regra normativa também se aplica à reconvenção (§2º do art. 324 do atual C.P.C.).

A regra geral é a de que o pedido seja certo e determinado, o que significa dizer que também a sentença deverá ser liquida, certa e determinada.

É bem verdade que a Súmula 318 do S.T.J. aduz que *"formulado pedido certo e determinado, somente o autor tem interesse recursal em arguir o vício da sentença ilíquida"*.

Muito embora não se deva confundir certeza/determinação com liquidez, o certo é que o legislador, como regra geral, optou por recomendar que os pedidos sejam os mais específicos possíveis e, preferencialmente, líquidos, a fim de que a tutela jurisdicional seja bem delineada e delimitada, evitando-se a prorrogação de procedimentos com eventual liquidação da decisão de primeiro grau, tudo de acordo com o que estabelece o princípio da celeridade processual.

Entende-se por decisão líquida, conforme anota Crisanto Mandrioli, *"expressão de crédito em dinheiro (ou de outra coisa fungível) em uma medida certa e determinada, assim permanecendo inclusive quando o crédito expressa-se de modo genérico"*.[958]

A importância da prolação de sentença líquida é de tal ordem, que o parágrafo único do art. 38 da Lei 9.099/95 (Lei dos Juizados Especiais) preconizou: *"não se admitirá sentença condenatória por quantia ilíquida, ainda que genérico o pedido"*. Por sua vez, prescreve o art. 52, inc. I do mesmo diploma legal: *"Art. 52. A execução da sentença processar-se-á no próprio Juizado, no que couber, o disposto no Código de Processo Civil, com as seguintes alterações: I – as sentenças serão necessariamente líquidas, contendo a conversão em Bônus do Tesouro Nacional – BTN ou índice equivalente"*.

Comentando a *Ley de Enjuiciamiento Civil* (C.P.C. espanhol), anota Jaime Guasp e P. Argoneses:

> *"Contudo, conforme estabelece o artigo 571 da LEC o título executivo que dá origem à execução expropriatória ou em dinheiro, segundo os termos da lei, há de resultar direta ou indiretamente no dever de entregar 'uma quantidade líquida de dinheiro', entendendo-se por tal, conforme o disposto no art. 572 'toda quantidade de dinheiro*

[958] MANDRIOLI, Crisanto. *Corso di diritto processuale civile.* III – L'execuzione forzata, I procedimento speciali, I processi del lavoro, locatizio e societário. III V. Quinta edizione. Torino: G. Giappichelli Editore, 2006. p. 30.

determinada, que se expresse em título com letras, cifras ou algarismos compreensíveis. No caso de desconformidade entre as distintas expressões de quantidade, prevalecerá a que consta com letras. Não há nenhuma exigência, no entanto, para efeito de despachar execução que seja líquida a quantidade que o executante solicita em razão dos interesses que puder perceber durante a execução e pelas custas que está originar'. Certo que a nova LEC proíbe, em princípio, a condenação com reserva de liquidação (art. 209.4ª), cujo regime se concretiza no artigo 219. Recordemos que segundo este artigo: 1) quando se reclame em juízo o pagamento da quantidade de dinheiro determinada ou de frutos, rendas, utilidades ou produtos de qualquer classe, não poderá limitar-se a demanda à pretensão de uma sentença meramente declaratória do direito a percebê-la, senão que deverá solicitar-se também a condenação para seu pagamento, quantificando exatamente seu importe, sem que possa solicitar sua determinação no âmbito da execução de sentença, ou fixando claramente as bases segundo as quais se deva efetuar a liquidação, de forma que esta consista em uma pura operação aritmética; 2) Nos casos a que se refere o parágrafo anterior, a sentença condenatória estabelecerá o importe exato das quantidades respectivas, ou fixará com clareza e precisão as bases para sua liquidação, que deverá consistir em uma simples operação aritmética que se efetuará na execução; 3) fora dos casos anteriores, não poderá o demandante pretender, nem se permitirá ao tribunal a sentença, que a condenação se efetue com reserva de liquidação na execução. Não obstante o anteriormente estabelecido, será permitido ao demandante solicitar, e ao tribunal sentenciar, a condenação ao pagamento de quantia de dinheiro, frutos, rendas e utilidades ou produtos quando esse seja exclusivamente a pretensão pleiteada e se deixem para um pleito posterior a liquidação concreta das quantidades".[959]

A Lei 11.232/05, que acrescentara ao Código de Processo Civil de 1973 o art. 475-A, §3º, proibira peremptoriamente sentença ilíquida em dois casos: ações de indenização por acidente de veículos em via terrestre (CPC de 1973, art. 275, II, d) e cobranças de seguro referente a danos causados por acidente de veículo (CPC de 1973, art. 275, II, e). Estes dispositivos não foram repetidos pelo novo C.P.C., sendo o procedimento sumário extinto, devendo-se observar o disposto no art. 1046, §1º, do atual C.P.C.

É certo que a prolação de sentença líquida nem sempre será possível, o que se observa diante das ações universais e das indenizatórias, quando o autor no momento da postulação não apresenta condições de expressar o quantum *debeatur* (o quanto quer), apenas conseguindo demonstrar o *an debeatur* (o que quer), afirmando que a extensão da obrigação será apurada através da liquidação de

[959] Guasp, Jaime; Aragoneses, Pedro. *Derecho procesal civil.* Tomo II. Parte Especial: procesos declarativos y de ejecución. Séptima edición. Navarra: Editorial Aranzadi S.A., 2006. p. 600.

sentença, como fase do processo de conhecimento ulterior à sentença condenatória. Tem-se como exemplo a hipótese da demanda indenizatória por perdas e danos proposta em decorrência de atropelamento havido na via pública, em razão do qual a vítima fraturou os membros inferiores, necessitando submeter-se a intervenções cirúrgicas, além da compra de medicamentos e de realização de sessões de fisioterapia, o que justifica a formulação de pedido genérico, indicando o autor que o valor de cada uma das verbas será apurado na fase de liquidação, não tendo condições de quantificá-las no momento do ingresso da demanda de conhecimento em razão de o efeito da lesão não ter ainda cessado. Observa-se esta situação também com frequência nas hipóteses de título executivo judicial proveniente de sentença penal condenatória, que não retrata soma em dinheiro, mas tão somente a imposição de multa, de pena privativa de liberdade ou restritiva de direitos, com as ressalvas de que a Lei 11.719, de 20 de junho de 2008, alterou o inc. IV do art. 389 do CPP, dentre outros, para prever que o juiz ao proferir sentença condenatória fixe o valor mínimo para reparação dos danos causados pela infração, considerando os prejuízos sofridos pelo ofendido.[960]

O processo civil espanhol também apresenta exceções à necessidade de se prolatar decisões condenatórias líquidas, exceções essas previstas no art. 577.2, quando se trate de pretensão de condenação em moeda estrangeira sem cotação oficial¸ no art. 533.3, sobre revogação de condenação de sentenças provisoriamente executadas, ou no art. 701, parágrafo 3. para o caso de impossibilidade de execução por deveres de entregar coisas, ou no art. 706 sobre danos personalíssimos, hipótese em que a LEC remete aos dispostos nos arts. 712 a 720, que vêm, em linhas gerais, a reproduzir o sistema de liquidação de sentenças da LEC de 1881, que na nova LEC se denomina com o título 'da liquidação dos danos e prejuízos, frutos e rendas e a prestação de contas'.[961]

Da mesma forma, no direito brasileiro, quando não seja possível (em caráter excepcional) proferir-se sentença líquida, haverá necessidade da liquidação da decisão, nos termos do art. 509 do atual C.P.C. Isso dá origem à inserção prévia ao cumprimento de sentença de um procedimento incidental, em regra cognitivo, em razão da iliquidez da decisão.

Portanto, trata-se de uma fase pré-executiva.

Conforme anota Guasp e Aragoneses, *"estes casos de liquidação se concebem na LEC como uma atuação executiva, já que se incluem na passagem correspondente de seu*

[960] Filho Montenegro, Misael. *Curso de direito processual civil.* Teoria geral dos recursos, recursos em espécies, processo de execução. 5ª ed., São Paulo: Editora Atlas, 2009. p. 345.

[961] Guasp, J.; Aragoneses, P., op. cit., p. 601.

texto. Porém, disso não se pode deduzir que tal atividade seja uma parte da execução, nem sequer uma execução autônoma, pois basta fixar-se em sua característica finalidade para compreender que é uma atividade de caráter declarativo e de significado peculiar que não encerra uma verdadeira execução de sentença, senão uma aclaração de questões sobrevindas depois do processo principal...".[962]

O mecanismo de liquidação constitui um procedimento cognitivo, especial por razões jurídico-processuais que tem por objeto facilitar o desenvolvimento de outra fase processual que se segue à sentença, no caso, o cumprimento de sentença, mediante a resolução de questões surgidas posteriormente à decisão judicial e que consistem, concretamente, na fixação do importe de uma certa condenação genérica.

A liquidação poderá ser requerida tanto pelo credor quanto pelo devedor.

Pode ocorrer que o vencido tenha interesse de liquidar o mais rápido com a sua obrigação, razão pela qual ele também terá o direito à pretensão de requerer a liquidação para cumprir definitivamente o que fora determinado na sentença judicial.

Assim, é lícito ao devedor antes de ser intimado para o cumprimento da sentença comparecer em juízo e oferecer em pagamento o valor que entender devido, apresentando memória discriminada do cálculo. Evidentemente, se o valor a ser apurado depender de liquidação por arbitramento ou por procedimento comum, poderá o devedor requerer tal liquidação ao juízo da execução para que possa efetuar o pagamento.

O objeto do procedimento de liquidação é a fixação de uma quantidade numérica determinada, isto é, de uma quantidade líquida. Por isso, não cabe no processo de liquidação emissão de declarações que ultrapassem a órbita da liquidação estrita.[963]

A liquidação tem por objetivo um pronunciamento judicial que defina o *quantum* da obrigação genérica que foi objeto da sentença condenatória.

Prevalece a tese de que a eficácia jurídica preponderante desta decisão de liquidação é meramente declaratória.[964]

Sendo a decisão interlocutória proferida no incidente de liquidação de natureza declaratória (declaração do quantum debeatur) possível de impugnação por meio de agravo de instrumento, haverá preclusão sobre o valor estabelecido na decisão de liquidação se não houver a interposição de recurso. Contudo,

[962] Guasp, J.; Aragoneses, P., idem, ibidem.

[963] Guasp, J; Aragoneses, P., idem, p. 602.

[964] Wambier, Luiz Rodrigues Coord. *Curso avançado de processo civil.* Vol. 2. Execução. 10ª Ed. São Paulo: Editora Revista dos Tribunais, 2007. p. 107.

mesmo após a sua preclusão, o conteúdo da liquidação poderá ser objeto de ação de nulidade.

O título extrajudicial, para que assim seja configurado, há de ser sempre líquido, pois, "*ou ele é líquido, e então se caracteriza como título executivo, ou então, se for ilíquido, não há título algum, ainda que em tese o documento em questão fosse algum daqueles enumerados no rol dos títulos extrajudiciais. Ou seja, não há liquidação de título extrajudicial. A liquidação, portanto, só se liga às sentenças e está diretamente relacionada com a excepcional possibilidade de existirem sentenças ilíquidas (também chamadas de sentenças condenatórias genéricas), em que não tenha sido possível ao Poder Judiciário determinar o valor da condenação ou individuar o seu objeto*".[965]

Partindo da premissa de que a obrigação representada no título executivo deve ser líquida, certa e exigível, conclui-se que a instauração da fase de cumprimento de sentença (ou executiva) sem o preenchimento desses requisitos impõe o seu não conhecimento pela falta de um pressuposto de admissibilidade, ou seja, a liquidez da obrigação imposta na sentença condenatória.

A fase ou o incidente de liquidação justamente tem por finalidade aperfeiçoar o conteúdo da sentença a ponto de permitir o seu imediato cumprimento.

Segundo Misael Montenegro Filho: "*Se o credor der início à execução, apoiada em título executivo que represente obrigação ilíquida, o magistrado deve reconhecer a 'inadequação da via eleita' em face de o credor ter solicitado providência jurisdicional imprópria, não se encontrando autorizado ao manejo da execução. A matéria é de ordem pública e deve ser reconhecida pelo magistrado mesmo de ofício, conferindo-se ao devedor a prerrogativa de suscitar o tema através da apresentação da exceção de pré-executividade, sem a burocracia dos embargos à execução, ou da impugnação*".[966]

Portanto, a liquidação situa-se a meio termo entre a sentença ou o acórdão que a modificou e a fase do cumprimento de sentença.

É possível, por sua vez, que o resultado da liquidação seja ZERO, isto é, que não haja nada a ser requerido no cumprimento de sentença, não obstante a sentença condenatória tenha estabelecido *o an debeatur*. Misael Montenegro apresenta o seguinte exemplo: "*Imagine que uma empresa tenha ingressado em juízo com ação de indenização por perdas e danos, alegando ter sofrido dano material por notícia inverídica estampada em jornal de grande circulação, o que mereceu o acolhimento do pedido, transferindo para a liquidação a apuração do valor dos prejuízos alegados, o que será feito através de análise da contabilidade da empresa, comparando-se os meses subsequentes à publicação com períodos anteriores, para demonstrar o decréscimo do faturamento. Instaurada a liquidação e através de perícia contábil, de realização determinada*

[965] WAMBIER, L. R., op. Cit., p. 106.

[966] FILHO MONTENEGRO, M., op. Cit. p. 344.

pelo juízo, constata-se que após a veiculação da comentada notícia houve aumento de faturamento, ao invés de redução, não se confirmando a ocorrência do prejuízo noticiado na sentença judicial proferida no processo de conhecimento".[967]

Segundo Misael Montenegro, o título não serve ao cumprimento de sentença em face da inexistência de obrigação a ser satisfeita, o que decorre da declaração judicial igual a zero.[968]

2. Juízo competente para a liquidação

A liquidação de sentença apresenta característica de tutela cognitiva, uma vez que a pretensão processual correspondente satisfaz-se por uma declaração do órgão jurisdicional: a declaração na qual se fixa a quantidade líquida em que se traduz a condenação.

No procedimento de liquidação intervém o órgão jurisdicional que poderá conhecer do cumprimento de sentença. Igualmente, intervêm as partes que participaram da relação jurídica processual até a prolação da sentença, ou seus sucessores, podendo inclusive alterar o polo.

A liquidação dar-se-á, salvo exceção, nos mesmos autos em que fora proferida a decisão.

Por sua vez, o art. 516 e seu parágrafo único do atual C.P.C. preconiza:

> *Art. 516. O cumprimento da sentença efetuar-se-á perante:*
> *I – os tribunais, nas causas de sua competência originária;*
> *II – o juízo que decidiu a causa no primeiro grau de jurisdição;*
> *III – o juízo cível competente, quando se tratar de sentença penal condenatória, de sentença arbitral, de sentença estrangeira ou de acórdão proferido pelo Tribunal Marítimo.*
> *Parágrafo único. Nas hipóteses dos incisos II e III, o exequente poderá optar pelo juízo do atual domicílio do executado, pelo juízo do local onde se encontrem os bens sujeitos à execução ou onde deva ser executada a obrigação de fazer ou de não fazer, casos em que a remessa dos autos do processo será solicitada ao juízo de origem.*

Assim, segundo o p.u. do art. 516 do atual C.P.C., no caso de cumprimento de sentença proferida em juízo de primeiro grau, o autor poderá optar pelo atual domicílio do executado ou pelo juízo do local onde se encontram os bens sujeitos à execução ou, ainda, onde deve ser executada a obrigação de fazer ou de

[967] Filho Montenegro, M., idem, p. 354.

[968] Filho Montenegro, M., idem, ibidem.

não fazer, caso em que a remessa dos autos do processo será solicitada ao juízo de origem.

Portanto, a liquidação de sentença poderá ser realizada em juízo distinto daquele em que foi proferida a decisão de primeiro grau, nos termos do art. 516, p.u., do atual C.P.C., ou seja, perante o juízo do atual domicílio do executado ou no juízo do local onde se encontram os bens sujeitos à execução ou no lugar em que deve ser executada a obrigação de fazer ou não fazer.

3. Do recurso contra a decisão de liquidação

A partir da Lei n. 11.232/05, como a liquidação passou a assumir o *status de fase* procedimental interna na relação jurídica processual já instaurada, a decisão que encerrava esse incidente passou a ser qualificada de meramente *interlocutória*, contra a qual seria cabível o recurso de *agravo de instrumento.*

Sob a égide do C.P.C. de 1973, partindo-se da premissa de que o recurso adequado para impugnar a decisão proferida na liquidação é o de *agravo de instrumento*, *"cabe-nos investigar se seria possível o recebimento de eventual recurso de apelação que seja equivocadamente interposto pelo vencido, em respeito ao 'princípio da fungibilidade', plenamente aplicado no panorama dos recursos em geral. Para tanto, devemos verificar se estão presentes os requisitos que autorizam a aplicação do comentado princípio, a saber: a) dúvida objetiva; b) a interposição do recurso equivocado no prazo da espécie correta. Independentemente da questão do prazo, quer nos parecer que a situação é resolvida apenas com análise do primeiro dos requisitos, concluindo-se pela impossibilidade de o princípio da fungibilidade ser aplicado na situação hipotética examinada, em vista do erro grosseiro cometido pela parte. Recordamos que a 'dúvida objetiva' representa a existência de discussão doutrinária e jurisprudencial a respeito do recurso adequado para impugnar determina decisão judicial, não tendo a lei predefinido o 'remédio' processual para hostilizar determinado pronunciamento da lavra do magistrado. Na hipótese examinada, pela simples leitura do art. 475-H, percebemos que a própria lei qualifica como decisão interlocutória o pronunciamento que encerra a liquidação, o que indica o cabimento do recurso de agravo de instrumento para o combate da decisão em referência, não havendo dúvida objetiva a justificar a aceitação e o recebimento do recurso de apelação ao invés do agravo".*[969]

O novo C.P.C. repetiu o conteúdo normativo do art. 475-H do C.P.C. de 1973 no seu art. 1.015, parágrafo único:

[969] Filho Montenegro, Misael. *Curso de direito processual civil.* Teoria geral dos recursos, recursos em espécies, processo de execução. 5ª ed., São Paulo: Editora Atlas, 2009. p. 346 e 347.

Art. 1.015. Cabe agravo de instrumento contra as decisões interlocutórias que versarem sobre

(...).

Parágrafo único. Também caberá agravo de instrumento contra decisões interlocutórias proferidas na fase de liquidação de sentença ou de cumprimento de sentença, no processo de execução e no processo de inventário.

4. Das espécies de liquidação

Os *incisos I e II do art. 509* do atual C.P.C. estabelecem as espécies de liquidação previstas em nosso ordenamento jurídico.

A liquidação é gênero que comporta duas espécies específicas.

A adoção de uma ou outra dessas duas espécies será feita, em princípio, conforme o determinado na sentença a ser liquidada. Contudo, quando a modalidade de liquidação prevista na sentença liquidanda for incompatível com as necessidades do caso concreto, tem-se um mero erro material a ser corrigido até de ofício pelo juiz no momento de iniciar a liquidação, na modalidade correta (esse é sentido da Súmula 344 do S.T.J.).[970]

No *inciso I*, a liquidação dar-se-á *por arbitramento, quando determinado pela sentença, convencionado pelas partes ou exigido pela natureza do objeto de liquidação.*

A liquidação por arbitramento poderá ser determinada na sentença por ato do juiz.

Poderá, ainda, decorrer da própria natureza do objeto de liquidação, que requer a análise de perito para se apurar a quantificação monetária da decisão.

Tratando-se de *direito disponível* não há impedimento para que as partes possam sob a égide do novo C.P.C. convencionar, acordar, transacionar que a liquidação poderá ocorrer por arbitramento e não por outra espécie de liquidação.

Há hipóteses em que o autor que ingressou com ação de indenização por perdas e danos, alegando que foi vítima de erro médico por atuação imprópria do réu, solicita a condenação do profissional ao pagamento de quantia necessária à reabilitação, a ser definida na fase de liquidação. O juiz reconhece a presença dos elementos da teoria da responsabilidade civil ou consumerista, confirmando a condenação do réu ao pagamento das despesas relacionadas à intervenção reparadora. Na liquidação, proceder-se-á à nomeação de perito com formação na área médica para que examine a vítima e defina o custo do procedimento cuja realização foi determinada na sentença. A espécie, em regra, demanda a nomeação de profissional na condição de perito, a depender do objeto da condenação

[970] Wambier, L. R., op. Cit., p. 108.

(engenheiro, médico, arquiteto etc). Em regra geral, aplicam-se à liquidação por arbitramento as regras processuais relacionadas à prova pericial, que consiste em exame para análise de coisas móveis, nada obstando possa incidir em pessoas, em vistoria que incide em relação a bens imóveis, e em avaliação para quantificação de determinado bem ou serviço.[971]

Na realidade, o juiz poderá decidir por arbitramento com base em documento ou pareceres ofertados pelas partes, e somente na hipótese em que não puder fazê-lo com base nesses elementos é que irá realizar a prova pericial, conforme estabelece o art. 510 do atual C.P.C.

Na hipótese, por exemplo, de dano moral, a sua fixação dar-se-á por arbitramento, normalmente com base na experiência de vida do magistrado, segundo as máximas da proporcionalidade e razoabilidade.

A competência para realizar a liquidação é do juízo em que foi proferida a sentença de mérito condenatória de pagamento de quantia ilíquida, sendo hipótese de competência funcional. A petição deve apresentar eventuais documentos ou pareceres e, se possível, já indicar eventuais quesitos a serem respondidos pelo perito que porventura possa ser nomeado pelo juiz, bem como a referência, se assim desejar, de assistente técnico.

Uma vez requerida a liquidação por arbitramento, o juiz poderá decidir de plano com base em documentos ou pareceres, ou, ainda, nomear perito de sua confiança dotado de conhecimentos técnicos coincidentes com o objeto da obrigação a ser adimplida. As partes poderão impugnar a nomeação do perito em razão de falta de conhecimento técnico ou em razão das causas de impedimento ou suspeição.

O perito deverá apresentar o laudo no prazo fixado pelo juiz, devendo as partes serem intimadas para se manifestar sobre as conclusões do perito, podendo, inclusive, requerer esclarecimentos ou mesmo impugnar determinados pontos. A resposta aos questionamentos poderá ser realizada por escrito ou realizada em audiência previamente designada pelo juiz.

O juiz, após a resoluções das questões que possam surgir durante o transcurso do procedimento de liquidação, proferirá decisão interlocutória declarando o *quantum debeatur* com base no princípio do livre convencimento judicial, o que implica em aceitar a perícia, refutá-la fundamentadamente ou mesmo determinar a realização de nova perícia.

No *inc. II* a liquidação dar-se-á *pelo procedimento comum, quando houver necessidade de alegar e provar fato novo.*

[971] Filho Montenegro, M., op. Cit., p. 349 e 350.

Este dispositivo trata da liquidação há muito tempo conhecida pela doutrina como sendo denominada de *liquidação por artigos*, ou seja, de espécie de liquidação utilizada quando há necessidade de ser comprovado *fato novo*, que possa ocorrer após a prolação da sentença final, ou que possa ser consolidado a *posteriori* à propositura da demanda.

Segundo Luiz Rodrigues Wambier: "*fato novo é expressão que pode ter duplo significado. Por vezes, é utilizada para indicar eventos com relevância jurídica (portanto, fatos jurídicos) que ocorram depois de determinado momento processual. Por exemplo, o art. 462 (c.p.c. de 1973) determina que o juiz considere, no momento de proferir a sentença, os fatos relevantes para a causa ocorridos depois de proposta a ação. Outras vezes, a expressão é empregada em sentido mais abrangente, para designar fatos que, embora já existissem antes, ainda não haviam sido trazidos para o processo*".[972]

É nesse segundo sentido que a lei emprega a expressão *fato novo*.

Saliente-se que nessa espécie de liquidação a decisão interlocutória não pode modificar o pronunciamento que pôs fim à fase cognitiva, mas apenas apurar o *quantum debeatur* com base na prova de fatos novos acontecidos *a posteriori*.

Assim, "*é que o fato novo não se refere à questão que se constitua como ponto nodal da controvérsia estabelecida entre as partes (questões de mérito), devendo ter relação com os fatos que se apresentam como o fundamento jurídico da demanda de conhecimento. É o caso, por exemplo, do homicídio que acometeu chefe de família, tendo o magistrado que integra a justiça criminal concluído pela autoria e pela materialidade do fato, gerando a prolação de sentença penal condenatória. O falecimento da vítima prejudicou os seus herdeiros, todos menores de idade, que ficaram sem o sustento paterno. A liquidação não confere ao réu a prerrogativa de rediscutir os aspectos relacionados à autoria e à materialidade do fato, apenas discutindo questões secundárias, não tratadas na fase de conhecimento, mas essenciais para a individuação do objeto da condenação. No caso versado, admite-se a discussão do valor do salário auferido pela vítima antes do homicídio, as despesas do seu sepultamento e do luto, o valor de um bem que se encontrava em poder da vítima no momento do infortúnio, (que sofreu deterioração, como um veículo) na hipótese de homicídio culposo havido em colisão de automóvel.*[973]

A anteriormente conhecida liquidação por artigos, nos termos do inc. II do art. 509 do atual C.P.C., observará o *procedimento comum*.

Neste caso, após transcorrido o prazo de quinze dias para se apresentar a contestação, observar-se-á, no que couber, o disposto no Livro I da Parte Especial deste Código.

[972] Wambier, L. R., op. Cit., p. 108.

[973] Filho Montenegro, M., op. Cit., p. 352.

5. Sentença líquida e ilíquida e apuração do valor por simples cálculo

Estabelece o *§1º do art. 509* do atual C.P.C. que *quando na sentença houver uma parte líquida e outra ilíquida, ao credor é lícito promover simultaneamente a execução daquela e, em autos apartados, a liquidação desta.*

Este dispositivo teve por finalidade dar eficácia ao princípio Constitucional da efetiva eficácia da tutela jurisdicional e ao princípio da celeridade processual.

Daí porque ele permite o *desmembramento* do processo quando houver parte líquida e outra ilíquida. Diante deste fato, ao credor é lícito promover simultaneamente o cumprimento da sentença provisória ou definitiva quanto à parte líquida, e, em autos apartados, provocar o incidente de liquidação (pelo procedimento comum ou arbitramento) da parte ilíquida.

O *§2º do art. 509* do atual C.P.C. aduz que *quando a apuração do valor depender apenas de cálculo aritmético, o credor poderá promover, desde logo, o cumprimento da sentença.*

Percebe-se que esse dispositivo não trata de espécie de liquidação de sentença, pois a apresentação de mero cálculo aritmético é a única condição para se promover, desde logo, o cumprimento da sentença.

O atual ordenamento jurídico, portanto, não prevê mais a hipótese de liquidação por *cálculo do contador*.

Assim, nesta hipótese, basta que o credor apresente *memória discriminada e atualizada dos cálculos* para que de imediato haja a instauração do procedimento processual de cumprimento de sentença.

Eventual discussão sobre os critérios constantes da memória discriminada (impugnação ao cumprimento de sentença ou em embargos) ocorre já no âmbito do procedimento de cumprimento de sentença e não em fase anterior. O excesso de execução, representado pela cobrança maior do que efetivamente consta no título, acarreta um gravame descabido em relação ao devedor, que terá de comprometer o seu patrimônio com penhora incidente em bens que não seriam atingidos se os cálculos tivessem sido elaborados com perfeição.[974]

A *memória discriminada e atualizada do cálculo* é um documento essencial para a instauração do cumprimento da sentença, sendo que, em eventual ausência, o juiz deverá intimar o credor para apresentá-la, sob pena de extinção da pretensão de cumprimento de sentença.

É certo que muitas vezes os advogados têm dificuldades em elaboração de memória de cálculo, especialmente quanto aos índices de correção monetária e juros a serem aplicados. Diante dessa concreta dificuldade, estabelece o *§3º*

[974] Filho Montenegro, M., idem, p. 353.

do art. 509 do atual C.P.C.: *O Conselho Nacional de Justiça desenvolverá e colocará à disposição dos interessados programa de atualização financeira.*

No que concerne a este dispositivo, estabelece o Enunciado n. 17 da ENFAM (Escola Nacional de Formação e Aperfeiçoamento de Magistrados:

Para apuração do "valor atualizado da causa" a que se refere o art. 85, § 2º, do CPC/2015, deverão ser utilizados os índices previstos no programa de atualização financeira do CNJ a que faz referência o art. 509, § 3º.

Em relação à memória de cálculo, eis os seguintes precedentes do S.T.J.:

> *1. Para fins do art. 543-C do CPC: (1.1) "Na liquidação por cálculos do credor, descabe transferir do exequente para o executado o ônus do pagamento de honorários devidos ao perito que elabora a memória de cálculos".*
>
> *(1.2) "Se o credor for beneficiário da gratuidade da justiça, pode-se determinar a elaboração dos cálculos pela contadoria judicial".*
>
> *(1.3) "Na fase autônoma de liquidação de sentença (por arbitramento ou por artigos), incumbe ao devedor a antecipação dos honorários periciais".*
>
> *2. Aplicação da tese 1.3 ao caso concreto.*
>
> *3. RECURSO ESPECIAL DESPROVIDO.*
>
> (REsp 1274466/SC, Rel. Ministro PAULO DE TARSO SANSEVERINO, SEGUNDA SEÇÃO, julgado em 14/05/2014, DJe 21/05/2014)

> *(...).*
>
> *2. Discussão relativa à remessa dos autos ao contador do juízo, para elaboração dos cálculos do valor devido, apenas em razão do credor ser beneficiário da assistência judiciária.*
>
> *3. Quando a determinação do valor da condenação depender apenas de cálculos aritméticos, é do credor o ônus de apresentação da memória discriminada e atualizada do cálculo.*
>
> *4. Em nenhum momento, todavia, foi excluída a possibilidade de utilização do contador judicial. As reformas processuais apenas reduziram a sua esfera de atuação, que se restringiu às hipóteses em que (i) a memória apresentada pelo credor aparentemente exceder os limites da decisão exequenda e (ii) nos casos de assistência judiciária (art. 475-B, § 3º, do CPC).*
>
> *5. No que tange às hipóteses de assistência judiciária, a finalidade da norma é claramente a de facilitação da defesa daquele credor que não tem condições financeiras de contratar profissional para realização dos cálculos sem comprometimento do seu sustento ou de sua família.*
>
> *6. O fato do recorrente, na hipótese, já estar sendo representado pela Defensoria Pública não lhe retira a possibilidade de poder se utilizar dos serviços da contadoria judicial, como beneficiário da assistência judiciária.*

7. O art. 475-B, §3º, do CPC, ao permitir a utilização da contadoria, excepcionando a regra geral de que os cálculos do valor da execução são de responsabilidade do credor, não faz a exigência de que o cálculo deva "apresentar complexidade extraordinária", ou que fique demonstrada a "incapacidade técnica ou financeira do hipossuficiente", como entendeu o Tribunal de origem.

8. Há que se fazer uma interpretação teleológica do benefício previsto no art. 475-B, §3º, segunda parte, do CPC, bem como de caráter conforme à própria garantia prevista no art. 5º, LXXIV, da CF/88, in verbis: "O Estado prestará assistência judiciária integral e gratuita aos que comprovarem a insuficiência de recursos", a fim de lhe outorgar a mais plena eficácia.

9. Recurso especial provido.

(REsp 1200099/SP, Rel. Ministra NANCY ANDRIGHI, TERCEIRA TURMA, julgado em 06/05/2014, DJe 19/05/2014)

1. A execução de sentença pode se dar tanto mediante apresentação de memória de cálculo discriminada e atualizada quanto na forma de liquidação por artigos ou liquidação por arbitramento.

(...).

(AgRg nos EREsp 1218667/RS, Rel. Ministro ARNALDO ESTEVES LIMA, PRIMEIRA SEÇÃO, julgado em 23/04/2014, DJe 30/04/2014)

1. O tribunal de origem, com fundamento na análise dos fatos ocorridos e das provas carreadas aos autos, decidiu que foi apresentada memória de cálculo defeituosa e incompleta. Nesse contexto, a reforma do julgado só seria possível se alterados os fatos reconhecidos pelas instâncias ordinárias, mediante reexame de prova, o que se mostra incabível em sede de recurso especial, a teor da Súmula nº 7/STJ.

(...).

(AgRg no Ag 1311514/TO, Rel. Ministro RICARDO VILLAS BÔAS CUEVA, TERCEIRA TURMA, julgado em 08/04/2014, DJe 22/04/2014)

(...).

2. O Tribunal de origem reputou suficiente a elaboração de meros cálculos aritméticos para apurar o valor devido, motivo pelo qual compreendeu desnecessária a liquidação por arbitramento.

3. Esta Corte de Justiça consolidou orientação segundo a qual "o fato de os cálculos aritméticos serem de alguma complexidade e de resultarem em valor significativo, por si só, não impede a liquidação na forma do art. 475-B do CPC, cujo § 3° autoriza o Juiz a se valer do contador do juízo sempre que a memória apresentada pelo credor aparentemente exceder os limites da decisão exequenda".

(REsp 1148643/MS, Relatora Ministra Nancy Andrighi, DJ de 14.09.2011).

4. Segundo precedentes deste Superior Tribunal "a necessidade de prévia liquidação do valor objeto da condenação depende da análise do conjunto fático-probatório dos autos, o que resta insindicável nesta fase processual, à luz da Súmula nº 7/STJ. (Precedentes: AgRg no Ag nº 1.066.394/RJ, Rel. Ministro Sidnei Beneti, Terceira Turma, julgado em 11/11/2008, DJe 28/11/2008; AgRg no REsp nº 1.092.459/SP, Rel. Ministro Castro Meira, Segunda Turma, julgado em 6/3/2012, DJe 16/3/2012, e AgRg no Ag nº 1.151.315/MG, Rel. Ministro Sebastião Reis Júnior, Sexta Turma, julgado em 20/3/2012, DJe 9/4/2012).

5. Agravo regimental não provido.

(AgRg no AREsp 443.557/MG, Rel. Ministro MAURO CAMPBELL MARQUES, SEGUNDA TURMA, julgado em 20/02/2014, DJe 28/02/2014)

(...).

2. Discute-se a possibilidade de se conhecer, de imediato, da discordância do devedor quanto ao cálculo de liquidação elaborado pelo contador judicial como impugnação ao cumprimento de sentença e, por conseguinte, ser exigida garantia do juízo sem prévia oportunidade para o cumprimento voluntário da obrigação.

3. Segundo o art. 475-J do CPC, apenas após o decurso do prazo de 15 dias para cumprimento da sentença é que podem ser penhorados bens do devedor, para tão somente após a constrição ser aventada a possibilidade de impugnação ao cumprimento de sentença (§ 1º).

4. Tendo sido as partes intimadas, após apuração do valor da condenação pelo contador judicial (art. 475-B, § 3º, CPC), para manifestação in limine quanto ao cálculo confeccionado, não se pode conhecer de simples insurgência do devedor, desprovida de maiores formalidades, como impugnação ao cumprimento de sentença e, assim, exigir-lhe depósito de garantia do juízo, sob pena de se suplantar fase anterior destinada ao adimplemento voluntário da condenação.

5. O ato que conclama o devedor ao cumprimento da condenação deve ser certo, específico e claro, evitando-se dúvidas a respeito da postura que se espera da parte, bem ainda – e principalmente – quanto aos efeitos decorrentes do não atendimento do comando judicial.

6. Ademais, o depósito de garantia do juízo pressupõe o não cumprimento voluntário da sentença (com inclusão dos consectários respectivos), o que não ocorre quando o devedor, em oportunidade conferida pelo juízo, opõe insurgência pontual contra o cálculo do contador judicial destinada ao melhor e adequado cumprimento da sentença.

7. Recurso especial provido.

(REsp 1395281/RJ, Rel. Ministra NANCY ANDRIGHI, TERCEIRA TURMA, julgado em 12/11/2013, DJe 28/11/2013)

O art. 524, §§ 1º e 3º, em relação à memória de cálculo, assim estabelece:

Art. 524 (...).

§ 1º Quando o valor apontado no demonstrativo aparentemente exceder os limites da condenação, a execução será iniciada pelo valor pretendido, mas a penhora terá por base a importância que o juiz entender adequada.

(...).

§ 3º Quando a elaboração do demonstrativo depender de dados em poder de terceiros ou do executado, o juiz poderá requisitá-los, sob cominação do crime de desobediência.

É importante salientar que o juiz não homologa o cálculo apresentado.

Contudo, o magistrado, já no âmbito do procedimento de cumprimento de sentença, poderá valer-se da contadoria para a avaliação do cálculo, principalmente quando uma das partes for incapaz, ou o objeto da obrigação disser respeito a direitos indisponíveis, como é o caso em que na outra parte da relação jurídica processual encontre-se a Fazenda Pública. Deve o juiz utilizar dessa prerrogativa ainda quando a parte seja beneficiária de gratuidade de justiça, pela própria dificuldade que o defensor dativo possa encontrar em apresentar a memória de cálculo.

Preceitua o *§4º do art. 509* do atual C.P.C. que *na liquidação é vedado discutir de novo a lide ou modificar a sentença que a julgou.*

A única pretensão possível a ser formulada na fase de liquidação refere-se ao pedido de *declaração* da *extensão* do objeto atribuído à parte na relação jurídica processual cognitiva já instaurada, que foi encerrada por meio da sentença que define a obrigação certa e exigível, despida, contudo, do atributo de liquidez. A parte não pode renovar temas já discutidos ou que poderiam ser discutidos na fase de conhecimento, desprezando a sentença que acobertou as questões discutidas e decididas, em respeito à preclusão ou à *res iudicata*, bem como os limites objetivos e subjetivos da coisa julgada.[975]

Por outro lado, e na hipótese de o autor ter sucumbido em parte, não lhe tendo sido conferida a totalidade de seu pedido, não se admite que utilize a liquidação para pretender que o juiz condene o réu ao pagamento de verba não prestigiada pela sentença anteriormente proferida, pois na liquidação é vedado discutir de novo a lide ou modificar a sentença que a julgou. É bem verdade que o magistrado pode deferir ao autor os denominados *pedidos implícitos* (juros, etc.), mesmo que o demandante não tenha requerido o pagamento de tais verbas. Contudo, para Misael Montenegro, *"não obstante tal colocação, anotamos a dificuldade de*

[975] Filho Montenegro, M., idem, p. 347.

o juiz deferir as parcelas na fase de liquidação, em respeito à preclusão ou à coisa julgada material. Isso nos faz concluir que os pedidos implícitos podem ser deferidos ao autor na sentença que encerra a fase de conhecimento. Não tendo o magistrado assim se posicionado, não se admite a inclusão das parcelas na decisão interlocutória manifestada na liquidação, já que a fase em referência tem como único propósito declarar o 'an debeatur', não tendo natureza condenatória. No mesmo conduto de exposição, não se confere ao magistrado a prerrogativa de alterar critérios de reajustamento do valor da condenação na liquidação, com adoção de índice não previsto na sentença judicial acobertada pelo manto da coisa julgada, o que representaria uma extrapolação das finalidades da fase intermediária".[976]

Sobre esta questão, assim tem se manifestado o Superior Tribunal de Justiça:

> *1. A Primeira Seção do Superior Tribunal de Justiça, em recurso especial representativo de controvérsia, decidiu: "A fixação de percentual relativo aos juros moratórios, após a edição da Lei 9.250/95, em decisão que transitou em julgado, impede a inclusão da Taxa SELIC em fase de liquidação de sentença, sob pena de violação ao instituto da coisa julgada, porquanto a referida taxa engloba juros e correção monetária, não podendo ser cumulada com qualquer outro índice de atualização" (REsp 1.136.733/PR, Rel. Min. LUIZ FUX, Primeira Seção, DJe 26/10/10).*
>
> *2. Agravo regimental não provido.*
>
> *(AgRg nos EREsp 586.045/MG, Rel. Ministro ARNALDO ESTEVES LIMA, PRIMEIRA SEÇÃO, julgado em 23/11/2011, DJe 29/11/2011)*

> *1 – Segundo orientação fixada por este Superior Tribunal, diversamente do que sucede com os juros moratórios (Súmula n° 254/STF), ofende a coisa julgada a inclusão, em fase de liquidação, de juro remuneratório não expressamente fixado em sentença.*
>
> *Precedentes da Segunda Seção do STJ.*
>
> *2 – Agravo regimental a que se nega provimento.*
>
> *(AgRg no Ag 1339464/RJ, Rel. Ministra MARIA ISABEL GALLOTTI, QUARTA TURMA, julgado em 20/10/2011, DJe 28/10/2011)*

> *(...).*
>
> *3. A ultimação da partilha implica a legitimidade do herdeiro/cessionário – que, até então, não era parte no processo –, para discutir a apuração do valor devido, respeitados os limites estabelecidos na sentença exequenda.*
>
> *4. A sentença parcialmente ilíquida, porquanto ausente um dos elementos necessários à sua quantificação, qual seja, a delimitação exata do que seja "valor atualizado",*

[976] FILHO MONTENEGRO, M, idem, p. 348.

enseja sua arguição em sede de liquidação, ausente qualquer repercussão negativa sobre a coisa julgada.

5. A sentença transitada em julgado, que explicita o termo final de incidência dos juros moratórios – a data do efetivo pagamento –, não pode ser interpretada de maneira diversa, sob pena de ofensa direta à coisa julgada material.

6. Recurso especial parcialmente conhecido e, nesta extensão, parcialmente provido. (REsp 1170169/RJ, Rel. Ministro JOÃO OTÁVIO DE NORONHA, Rel. p/ Acórdão Ministro LUIS FELIPE SALOMÃO, QUARTA TURMA, julgado em 15/09/2011, DJe 13/12/2011)

Art. 510

Na liquidação por arbitramento, o juiz intimará as partes para a apresentação de pareceres ou documentos elucidativos, no prazo que fixar, e, caso não possa decidir de plano, nomeará perito, observando-se, no que couber, o procedimento da prova pericial.

Metodologia da liquidação por arbitramento

Observa-se pelo referido dispositivo, conforme já se afirmou anteriormente, que na liquidação por arbitramento, em regra, o juiz deverá decidir com base em documentos ou pareceres, ou, ainda, com base na sua própria experiência de vida, conforme ocorre, por exemplo, para a fixação de danos morais.

Somente na hipótese em que não possa definir o valor da liquidação de plano, com base nos elementos acima indicados, é que ele nomeará perito, observando-se, no que couber, o procedimento da prova pericial.

Art. 511

Na liquidação pelo procedimento comum, o juiz determinará a intimação do requerido, na pessoa de seu advogado ou da sociedade de advogados a que estiver vinculado, para, querendo, apresentar contestação no prazo de 15 (quinze) dias, observando-se, a seguir, no que couber, o disposto no Livro I da Parte Especial deste Código.

Metodologia da liquidação pelo procedimento comum

É importante salientar que anteriormente à Lei 11.232/05 que alterou substancialmente o C.P.C. de 1973, a liquidação de sentença consistia num processo de conhecimento autônomo e independente, tanto do processo de conhecimento que a antecedeu quanto do processo de execução que estaria por vir.

A Lei 11.232/05, assim como o fez o atual C.P.C., alterou a *natureza jurídica da liquidação*, tornando-a um incidente cognitivo introduzido no mesmo processo em que fora proferida a decisão, como fase posterior à prolação da sentença e anterior à fase de cumprimento de sentença.

De acordo com essa nova natureza jurídica da liquidação, a parte contrária não será mais citada para participar do processo, mas, sim, será *intimada na pessoa de seu advogado ou da sociedade de advogados a que estiver vinculado para, querendo, apresentar contestação no prazo de quinze dias.*

Muito embora seja a liquidação um incidente no interior de um mesmo processo, o princípio Constitucional do devido processo legal, do contraditório e da ampla defesa determinam a possibilidade de participação da parte requerida no incidente.

Assim, a intimação ocorrerá não na pessoa do requerido, mas na pessoa de seu advogado, salvo se o requerido não tiver advogado nomeado no processo.

A intimação poderá ocorrer pelo sistema eletrônico ou mediante de publicação na imprensa oficial.

O requerido, intimado por meio de seu advogado, poderá, se assim o desejar, apresentar contestação no prazo de quinze dias, observando, no que couber, o disposto no Livro I da Parte Especial deste Código.

Segundo Misael Montenegro Filho, poder-se-ia sustentar que a não-apresentação da resposta pela parte contrária acarretaria o quadro da revelia com desdobramento dos seus efeitos, a saber: a) presunção de veracidade dos fatos afirmados pelo autor; b) autorização para julgamento da lide; c) fluência de prazos independentemente de intimação cartorárias. O próprio processualista, por sua vez, discorda desse entendimento, em vista da constatação de que o objetivo da liquidação é o de aperfeiçoar o título que se mostra ainda imprestável para apoiar o cumprimento de sentença, partindo-se da premissa de que a sua instauração sem a liquidação acarretaria a extinção do processo sem a resolução do mérito, em face da carência da ação. A questão, segundo ele, é de ordem pública, do interesse do Estado, não apenas das partes, o que fora a alegação de que a ausência de resposta não representa revelia processual, acompanhada de seus efeitos indesejados. Como reforço das colocações, o autor percebe que a liquidação – ao contrário da demanda de conhecimento – não se debruça na análise de fatos para a declaração do direito, posto que este consta da sentença judicial que pôs fim à fase cognitiva.[977]

De qualquer forma, o devedor deve ser intimado nos termos do princípio constitucional do contraditório e da ampla defesa, podendo indicar todas as provas que pretenda produzir.

[977] Filho Montenegro, M., idem, p. 350.

Art. 512

A liquidação poderá ser realizada na pendência de recurso, processando-se em autos apartados no juízo de origem, cumprindo ao liquidante instruir o pedido com cópias das peças processuais pertinentes.

Liquidação na pendência de recurso

A partir da Lei 11.232/05, metodologia incorporada pelo atual C.P.C., a fase ou incidente de liquidação pode ser instaurado, a pedido da parte interessada, tão logo seja proferida a decisão a ser liquidada, mesmo que contra ela tenha sido interposto recurso com efeito suspensivo.

Quando o pedido de liquidação for formulado na pendência de recurso, ele deverá processar-se em autos apartados no juízo de origem, cumprindo o liquidante (que poderá ser autor ou réu) instruir o pedido com cópias das peças processuais pertinentes.

Isso é possível tendo em vista que a fase de liquidação não caracteriza fase de execução ou de cumprimento da sentença condenatória, mas apenas uma fase de cálculo que não ensejará qualquer prejuízo àquele que deverá cumprir a decisão.

Na realidade, este dispositivo tem por finalidade maximizar o princípio Constitucional da *celeridade processual*, pois evita aguardar o desfecho do recurso para se iniciar a liquidação da sentença.

Evidentemente que aquilo que for apurado na fase de liquidação, enquanto durar o recurso com efeito suspensivo, não poderá ser objeto de cumprimento de sentença, sendo que estará sujeito ao resultado final do recurso, devendo, se for o caso, ser adaptado aos termos da nova decisão.

TÍTULO II – Do Cumprimento Da Sentença

CAPÍTULO I – Disposições Gerais

Art. 513

O cumprimento da sentença será feito segundo as regras deste Título, observando-se, no que couber e conforme a natureza da obrigação, o disposto no Livro II da Parte Especial deste Código.

§ 1º O cumprimento da sentença que reconhece o dever de pagar quantia, provisório ou definitivo, far-se-á a requerimento do exequente.

§ 2º O devedor será intimado para cumprir a sentença:

I – pelo Diário da Justiça, na pessoa do seu advogado constituído nos autos;

II – por carta com aviso de recebimento, quando representado pela Defensoria Pública ou quando não tiver procurador constituído nos autos, ressalvada a hipótese do inciso IV;

III – por meio eletrônico, quando, no caso do § 1º do art. 246, não tiver procurador constituído nos autos;

IV – por edital, quando, citado na forma do art. 256, tiver sido revel na fase de conhecimento.

§ 3º Na hipótese do § 2º, incisos II e III, considera-se realizada a intimação quando o devedor houver mudado de endereço sem prévia comunicação ao juízo, observado o disposto no parágrafo único do art. 274.

§ 4º Se o requerimento a que alude o § 1º for formulado após 1 (um) ano do trânsito em julgado da sentença, a intimação será feita na pessoa do devedor, por meio de carta com aviso de recebimento encaminhada ao endereço constante dos autos, observado o disposto no parágrafo único do art. 274 e no § 3º deste artigo.

§ 5º O cumprimento da sentença não poderá ser promovido em face do fiador, do coobrigado ou do corresponsável que não tiver participado da fase de conhecimento.

Sumário:

1. Forma e rito
2. Legitimidade
3. Formas de intimação do devedor

1. Forma e rito

O cumprimento da sentença condenatória será feito segundo os preceitos normativos constantes deste Título, observando-se, no que couber e conforme a natureza da obrigação, o disposto no Livro II da Parte Especial deste Código.

O art. 513 do atual C.P.C. demonstra que o novo C.P.C., assim como o fez o C.P.C. de 1973, com a alteração introduzida pela Lei 11.232/2005, estabeleceu duas formas de procedimentos executivos a saber: a) cumprimento de sentença caracterizada como título judicial; b) processo de execução autônomo de título extrajudicial.

Diante da nova perspectiva *sincrética* entre o processo de conhecimento e a execução do título (denominada atualmente por cumprimento de sentença), não há se falar em dois processos judiciais distintos, autônomos e independentes como era anteriormente à alteração promovida no C.P.C. de 1973.

Após a Lei n. 11.232 de 2005, o que foi mantido pelo novo C.P.C., num mesmo processo há a prolação da decisão mediante a atividade cognitiva e, logo a seguir, o cumprimento de sentença, seja ela de natureza condenatória de entregar coisa certa, de pagar quantia certa, de fazer ou não fazer.

Comentando o art. 475-N do C.P.C. de 1973, entendia Miguel Garcia Medina que a sentença declaratória também seria título executivo. Dizia ele: *"De acordo com o art. 475-N, I, do CPC, é título executivo judicial 'a sentença proferida no processo civil que reconheça a existência de obrigação de fazer, não fazer, entregar coisa ou pagar quantia'. Pensamos que, diante da letra da norma, não só as sentenças condenatórias, mas 'também as sentenças declaratórias podem constituir título executivo. Para tanto, contudo, 'a sentença deve conter todos os elementos da relação jurídico-obrigacional', identificando, precisamente, credor e devedor, natureza e objeto da obrigação etc. Não deverá ser considerada título executivo a sentença que reconheça, em tese, a existência da obrigação. Por exemplo, a sentença que julgar improcedente ação declaratória de inexistência de dívida, afirmando, genericamente, que o contrato realizado entre as partes não é nulo, não é, segundo nosso entendimento, título executivo. É interessante observar, a propósito, que, mesmo antes da alteração da Lei 11.232/2005, já havia, na jurisprudência do STJ, julgados no sentido de que a sentença declaratória que contém todos os elementos da obrigação (ou a 'definição integral da norma jurídica individualizada', como se afirma em um dos precedentes neste sentido) é título executivo (STJ, 1ª T., Resp 588.202/Pr., Rel. Min. Teori Albino Zavascki, j. 10.02.2004,DJ 25.02.2004, p. 123; EREsp 502.618/RS, rel. Min. João Otávio de Noronha, j. 08.06.2005. DJ 01.07.2005. p. 359)".*[978]

Em regra, não se fala em cumprimento de sentença declaratória ou constitutiva, uma vez que a sua força eficacial, ou melhor, sua eficácia ocorre de plano nas esferas jurídicas sem qualquer necessidade de nova intervenção judicial. A eventual atuação do juiz nas sentenças declaratórias ou constitutivas ocorre apenas para garantir sua eficácia e não como forma de cumprimento de sentença ou para garantir sua força executiva.

Nesse sentido, aliás, é o que estabelecem os artigos 521 e 522 da Ley 1/2000 de *Enjuiciamiento Civil* (Código de Processo Civil espanhol):

> *"Art. 521. Sentenças meramente declaratórias e sentenças constitutivas.*
>
> *1. Não se despachará execução das sentenças meramente declaratórias nem as constitutivas.*

[978] Medina, José Miguel Garcia. *Execução* – Processo civil moderno. N. 03. São Paulo: Editora Revista dos Tribunais, 2008. p. 223 e 224.

2. Mediante sua certificação e, se for o caso, o mandamento judicial oportuno, as sentenças constitutivas firmes poderão permitir inscrições e modificações em Registros Públicos, sem necessidade de que se despache execução.

3. Quando uma sentença constitutiva contenha também pronunciamentos de condenação, estes se executarão do modo previsto para eles nesta Lei.

Art. 522. Acatamento e cumprimento das sentenças constitutivas. Solicitação de atuações judiciais necessárias.

1. Todas as pessoas e autoridades, especialmente as encarregadas dos Registros Públicos, devem acatar e cumprir o que se disponha nas sentenças constitutivas e atender ao estado ou situações jurídicas que delas surjam, salvo se existirem obstáculos derivados do próprio Registro conforme sua legislação específica.

2. Quem tenha sido parte no processo ou tenham interesse direito e legítimo poderão pedir ao tribunal as atuações precisas para a eficácia das sentenças constitutivas e para vencer eventuais resistência ao que disponha".

No que concerne às denominadas sentenças executivas '*lato sensu*' (denominação de Pontes de Miranda, ex: possessória e despejo), também não há falar em cumprimento de sentença (nos termos deste artigo), uma vez que nessas espécies de sentença a decisão do juiz além de reconhecer a violação do direito também determina a realização de atos práticos e concretos para sua efetivação.

É certo que para alguns autores, a expressão '*cumprimento de sentença*' não tem o condão de alterar a natureza da atividade jurisdicional desenvolvida pelo juiz, que nada mais é do que execução da sentença condenatória proferida pelo juiz. O que muda é que esses atos executivos não são mais realizados em um processo autônomo, mas num procedimento específico de cumprimento de sentença. Para essa doutrina, ainda sob a égide do C.P.C. de 1973, haveria necessidade de se distinguir o *cumprimento de sentença pelo réu*, que se realizava antes de iniciada a atividade executiva, evitando-se a incidência da multa, e a *execução da sentença* que se daria após a apresentação do requerimento pelo exequente.[979]

De acordo com a natureza da obrigação, objeto da decisão, o cumprimento da sentença ocorre mediante aplicação, do que couber e de forma subsidiária, das regras estabelecidas no Livro II da Parte Especial deste Código, que trata especificamente do Processo de Execução (autônomo e direcionado aos títulos executivos extrajudiciais). Aliás, o art. 771 do atual C.P.C. dá início ao Capítulo

[979] Medina, José Miguel Garcia. *Execução.* Processo civil moderno. N. 03. São Paulo: Editora Revista dos Tribunais, 2008. p. 214. No mesmo sentido, Moreira, José Carlos Barbosa. Cumprimento e execução de sentença: necessidade de esclarecimentos conceituais. *Temas de direito processual.* 9ª Série. São Paulo: Saraiva, 2007. p. 315 e ss.

I (*Disposições Gerais*) do Livro II (*Processo de Execução*) da Parte Especial deste Código: *Este Livro regula o procedimento da execução fundada em título extrajudicial, e suas disposições aplicam-se, também, no que couber, aos procedimentos especiais de execução, aos atos executivos realizados no procedimento de cumprimento de sentença, bem como aos efeitos de atos ou fatos processuais a que a lei atribuir força executiva.*

Por sua vez, o parágrafo único do art. 771 do atual C.P.C. estabelece que *"aplicam-se subsidiariamente à execução as disposições dos Livros I deste Código"*.

Assim, muito embora haja um capítulo específico para o procedimento de cumprimento de sentença, devem-se aplicar subsidiariamente os dispositivos que tratam do processo de execução de título extrajudicial, assim como os dispositivos reguladores do processo de conhecimento, naquilo que não sejam conflitantes.

Na hipótese de cumprimento de sentença condenatória de pagamento de quantia líquida serão aplicados, além de outros dispositivos, especialmente os artigos 824 a 909 do atual C.P.C.,

No caso de cumprimento de sentença para a entrega de coisa certa, os artigos 806 a 810 do atual C.P.C.

No caso de cumprimento de sentença para entrega de coisa incerta, os artigos 811 a 813 do atual C.P.C.

No caso de cumprimento de sentença que tenha por objeto obrigações de fazer ou não fazer, os artigos 814 a 823 do atual C.P.C.

No caso de cumprimento de sentença contra a Fazenda Pública, o artigo 910 do atual C.P.C.

No caso de cumprimento de sentença que tenha por objeto alimentos, os artigos 911 a 913 do atual C.P.C.

Sob a égide do C.P.C. revogado, havia entendimento de que o credor poderia optar em ingressar com a execução de título extrajudicial ou optar pela demanda de conhecimento a fim de se beneficiar de uma das formas de cumprimento de título judicial previstas nos artigos 461, 461-A ou 475-J. (STJ-3T. Resp n. 717.276/PR: *"A parte que dispõe de título extrajudicial pode optar entre as formas de tutela, vale dizer: a tutela de conhecimento com pedido de antecipação ou a tutela executiva"*.

2. Legitimidade

Prescreve o *§1º do art. 513* do atual C.P.C. que *o cumprimento da sentença que reconhece o dever de pagar quantia, provisório ou definitivo, far-se-á a requerimento do exequente.*

Esse dispositivo demonstra que a sentença condenatória, assim como os outros títulos executivos judiciais, não pode ser objeto de cumprimento ou execução *ex officio* pelo juiz, mas depende de iniciativa da parte, sendo, portanto, condicionada a um novo pedido constante em uma nova demanda, porém, num mesmo processo.

É o requerimento do credor que desencadeia o procedimento de cumprimento de sentença.

Esse cumprimento de sentença poderá ser provisório, quando a decisão ainda não for definitiva, ou seja, não tiver transitada em julgado.

É condição para o cumprimento provisório de sentença que a decisão não tenha sido submetida a recurso com efeito suspensivo. Havendo recurso com efeito suspensivo, não poderá a sentença ser cumprida, nem provisoriamente, conforme preconiza o art. 522, p.u., inc. II do atual C.P.C., *in verbis:*

> *Art. 522. O cumprimento provisório da sentença será requerido por petição dirigida ao juízo competente.*
>
> *Parágrafo único. Não sendo eletrônicos os autos, a petição será acompanhada de cópias das seguintes peças do processo, cuja autenticidade poderá ser certificada pelo próprio advogado, sob sua responsabilidade pessoal:*
>
> *(...).*
>
> *II – certidão de interposição do recurso não dotado de efeito suspensivo;*

Já o cumprimento de sentença definitivo será decorrente do trânsito em julgado da decisão, o que poderá advir de uma sentença final ou do julgamento parcial de mérito quando um dos pedidos cumulados ou parcela deles mostrar-se incontroverso.

O credor está legitimado a promover o cumprimento da sentença contra o devedor constante do título judicial.

Porém, nos termos do §5º do art. 513 do atual C.P.C., o cumprimento da sentença não poderá ser promovido em face do fiador, do coobrigado ou do corresponsável que não tiver participado da fase de conhecimento.

Essa proibição legal decorre do fato de que somente poder-se-á considerar devedor ou obrigado decorrente de um título executivo judicial, se a parte constante do título participou ativamente da relação jurídica processual que o originou.

Portanto, o cumprimento de sentença não poderá ser promovido contra aquele que não participou da relação jurídica processual que deu origem ao título, daí porque o cumprimento de sentença somente pode ser promovido contra o fiador, o coobrigado ou o corresponsável se esses tiverem sido parte da relação jurídica que originou o título.

Aliás, há muito o S.T.J. assim já vem entendendo, conforme se observa dos seguintes precedentes:

> *1. Se é vetado executar fiador com base no título judicial oriundo da ação de despejo, da qual não participou, não se pode admitir que os efeitos desta ação de despejo, no caso, interrupção da prescrição, possam atingir o direito de suscitá-la. Precedentes.*
>
> *2. Agravo regimental a que se nega provimento.*
>
> (AgRg no REsp 1211351/SP, Rel. Ministra MARIA ISABEL GALLOTTI, QUARTA TURMA, julgado em 07/08/2012, DJe 14/08/2012).

> *1. O fiador que não compôs o polo passivo da ação de despejo é parte ilegítima para figurar no polo passivo da ação de execução do respectivo título executivo judicial. Precedentes do STJ.*
>
> *(...).*
>
> (REsp 1040421/SP, Rel. Ministro ARNALDO ESTEVES LIMA, QUINTA TURMA, julgado em 04/02/2010, DJe 08/03/2010)

Aliás, eis o teor da Súmula 268 do S.T.J.: *"O fiador que não integrou a relação processual na ação de despejo não responde pela execução do julgado".*

Contudo, em se tratando de fiador que participa, assinando o título executivo extrajudicial, a execução poderá ser direcionada justamente contra ele, como parte executada, conforme estabelece o art. 779, inc. IV do atual C.P.C.:

> *Art. 779. A execução pode ser promovida contra:*
>
> *(...).*
>
> *IV – o fiador do débito constante em título extrajudicial.*

Nesse sentido já vinha decidindo o S.T.J.:

> *(...).*
>
> *1. Concluindo o Tribunal estadual que a execução se funda, também, em confissão de dívida na qual são executados tanto o devedor principal quanto os fiadores, incidem os enunciados n. 7 e 27, da Súmula desta Corte, no que toca à legitimidade passiva dos últimos.*
>
> *(...).*
>
> (AgRg no Ag 1155297/PR, Rel. Ministra MARIA ISABEL GALLOTTI, QUARTA TURMA, julgado em 20/10/2011, DJe 28/10/2011).

3. Formas de intimação do devedor

Preceitua o §2º do art. 513 do novo C.P.C. que o devedor será intimado para cumprir a sentença: I – pelo Diário da Justiça, na pessoa do seu advogado constituído nos autos; II- por carta com aviso de recebimento, quando representado pela Defensoria Pública ou quando não tiver procurador constituído nos autos, ressalvada a hipóteses do inc. IV; III – por meio eletrônico, quando, sendo caso do § 1º do art. 246, não tiver procurador constituído nos autos; IV – por edital, quando, citado na forma do art. 256, tiver sido revel na fase de conhecimento.

Este dispositivo vem reforçar a ideia de que no cumprimento de sentença não há a instauração de um novo processo autônomo e independente do processo de cognição, principalmente porque o devedor não é citado para cumprir a sentença, mas somente intimado em respeito ao princípio do contraditório e da ampla defesa.

Há, portanto, um sincretismo entre a cognição e a execução.

A pedido do credor, o devedor será devidamente intimado para cumprir a sentença.

O art. 475-J do C.P.C. de 1973 prescrevia que, caso o devedor, condenado ao pagamento de quantia certa ou já fixada em liquidação, não o efetuasse no prazo de quinze dias, o montante da condenação seria acrescido de multa no percentual de dez por cento e, a requerimento do credor e observado o disposto no art. 614, inciso II, desta Lei, expedir-se-á mandado de penhora e avaliação. (Incluído pela Lei nº 11.232, de 2005)

Havia, portanto, uma grande dúvida se o cumprimento da sentença (voluntário) deveria ocorrer imediatamente ao trânsito em julgado da decisão ou após a intimação do devedor para cumprir a obrigação constante na sentença condenatória. O S.T.J., avaliando esta questão, assim se pronunciou:

> *1. O credor deverá requerer o cumprimento da sentença instruindo o pedido com a memória discriminada e atualizada do cálculo, sendo necessária a intimação do devedor na pessoa do seu advogado, mediante publicação na imprensa oficial, para efetuar o pagamento no prazo de quinze dias (arts. 475-B e 475-J do CPC).*
>
> *2. A ausência de adimplemento voluntário no prazo de 15 (quinze) dias, contados do primeiro dia útil posterior à intimação do devedor na pessoa do seu advogado, autoriza a aplicação de multa de 10% (dez por cento) sobre o montante da condenação (art. 475-J do CPC).*
>
> (...).
>
> (AgRg no AREsp 62.241/RS, Rel. Ministro ANTONIO CARLOS FERREIRA, QUARTA TURMA, julgado em 13/12/2011, DJe 01/02/2012)

(...).

2. A jurisprudência desta Corte Superior é no sentido de que a incidência da multa prevista no artigo 475-J do CPC depende do trânsito em julgado e da intimação da parte, por seu advogado, sendo desnecessária a intimação pessoal do devedor.

3. No REsp 1059478/RS, Rel. Ministro LUIS FELIPE SALOMÃO, Rel. p/ Acórdão Ministro ALDIR PASSARINHO JUNIOR, julgado em 15/12/2010, DJe 11/04/2011, pela Corte Especial, reafirmou-se o posicionamento acima exposto.

4. No presente caso, tendo sido intimada a parte recorrente para cumprimento da sentença em 20.11.2008, nessa oportunidade deveria ter-se insurgido contra a referida decisão ainda não transitada em julgado. Todavia, tendo permanecido inerte naquela ocasião, ocorreu a preclusão do direito de se recorrer da decisão que determinou o cumprimento da sentença não transitada em julgado e, consequentemente, da aplicabilidade do art. 475-J do CPC.

(...).

(REsp 1274444/RS, Rel. Ministro MAURO CAMPBELL MARQUES, SEGUNDA TURMA, julgado em 13/12/2011, DJe 02/02/2012)

I. "Na hipótese em que o trânsito em julgado da sentença condenatória com força de executiva (sentença executiva) ocorrer em sede de instância recursal (STF, STJ, TJ E TRF), após a baixa dos autos à Comarca de origem e a aposição do "cumpra-se" pelo juiz de primeiro grau, o devedor haverá de ser intimado na pessoa do seu advogado, por publicação na imprensa oficial, para efetuar o pagamento no prazo de quinze dias, a partir de quando, caso não o efetue, passará a incidir sobre o montante da condenação, a multa de 10% (dez por cento) prevista no art. 475-J, caput, do Código de Processo Civil." (REsp n. 940.274/MS, Rel. para o acórdão Min. João Otávio de Noronha, Corte Especial, maioria, DJe de 31.05.2010, RSTJ vol. 219 p. 35).

II. "Quanto à possibilidade de se fixar honorários advocatícios na fase de cumprimento de sentença, é cabível a verba sucumbencial em face do não-cumprimento voluntário por parte do devedor da obrigação imposta. In casu, não são devidos honorários advocatícios, pois houve o depósito do valor da condenação pela ré, sem que fosse apresentada impugnação." (AgR-REsp n. 1.060.935/RS, Rel. Min.

Massami Uyeda, Terceira Turma, Unânime, DJe de 03.12.2008) III. Agravo regimental desprovido.

(AgRg no REsp 1119688/SP, Rel. Ministro ALDIR PASSARINHO JUNIOR, QUARTA TURMA, julgado em 22/02/2011, DJe 25/02/2011)

A posição adotada pelo S.T.J. em relação à interpretação do art. 475-J do C.P.C. deve ser mantida no atual C.P.C., ou seja, o devedor poderá cumprir a obrigação imposta na decisão judicial logo que intimado, porém, a intimação também é imprescindível para os efeitos legais provenientes de execução judicial do título

A intimação, segundo o novo C.P.C., dar-se-á:

I) pelo Diário da Justiça, na pessoa do seu advogado constituído nos autos.

Neste caso, o mais prudente e produtivo é que a intimação do devedor na pessoa de seu advogado ocorresse mediante comunicação realizada no sistema de 'e-mail' quando se tratar de processo eletrônico (Lei 11.419), uma vez que o advogado cadastrado no sistema de processo eletrônico dos tribunais indica seu endereço eletrônico para intimação, dando mais efetividade ao conhecimento da decisão do que a intimação pelo diário. Aliás, é o que estabelece o art. 270 do atual C.P.C.: *"As intimações realizam-se, sempre que possível, por meio eletrônico, na forma da lei".*

Por outro lado, se inviável a intimação por meio eletrônico e não houver na localidade publicação em órgão oficial, incumbirá ao escrivão ou chefe de secretaria intimar de todos os atos do processo os advogados das partes: a) pessoalmente, se tiverem domicílio na sede do juiz; b) por carta registrada, com aviso de recebimento, quando forem domiciliados fora do juízo (art. 273 inc. I e II do atual C.P.C.).

Não poderá a intimação ser feita por telefone. Nesse sentido é o seguinte precedente do S.T.J.:

1. O nosso sistema jurídico-processual só admite sete formas de intimação dos advogados, tidas como solenes para que possam produzir efeito: a primeira, por meio eletrônico, que é a mais nova, pela Lei 11.419; a segunda, pela imprensa; a terceira, em audiência; a quarta, pelo correio; a quinta, pelo oficial de justiça; a sexta, pessoalmente, em caso de antecipação de audiência; e a sétima, por edital, se de outra forma não for possível ser realizada.

(...).

3. O caso concreto revela que o oficial de justiça, sem certificação de maiores detalhes, procedeu a comunicação ao advogado por telefone. O prejuízo é manifesto, pois o investigado foi condenado sem a presença dos seus advogados, sem direito à sustentação oral e, consequentemente, à ampla defesa.

4. Recurso ordinário provido.

(RMS 21.719/DF, Rel. Ministra DENISE ARRUDA, Rel. p/ Acórdão Ministro JOSÉ DELGADO, PRIMEIRA TURMA, julgado em 04/12/2007, DJe 30/06/2008)

Por sua vez, conforme já vinha decidindo o S.T.J. na égide do C.P.C. de 1973, é legitima a intimação do devedor na pessoa de seu advogado constituído nos autos, inclusive para efeito da incidência da multa. Nesse sentido eis o seguinte precedente:

1. É desnecessária a intimação pessoal para a incidência da multa prevista no artigo 475-J do Código de Processo Civil, bastando para tanto a intimação do advogado devidamente constituído.

2. "(...) o devedor haverá de ser intimado na pessoa do seu advogado, por publicação na imprensa oficial, para efetuar o pagamento no prazo de quinze dias, a partir de quando, caso não o efetue, passará a incidir sobre o montante da condenação, a multa de 10% (dez por cento) prevista no art. 475-J, caput, do Código de Processo Civil." (REsp nº 940.274/MS, Relator Ministro Humberto Gomes de Barros, Relator p/ acórdão Ministro João Otávio de Noronha, Corte Especial, in DJe 31/5/2010).

3. Agravo regimental improvido.

(AgRg no REsp 1231006/RJ, Rel. Ministro HAMILTON CARVALHIDO, PRIMEIRA TURMA, julgado em 17/03/2011, DJe 13/04/2011).

Deve-se esclarecer: para que a intimação do devedor na pessoa de seu advogado seja válida e eficaz, é necessário que o mandato, concretizado pelo instrumento de procuração, ainda esteja em vigor.

Assim, se o devedor faleceu, houve a extinção do mandado judicial, razão pela qual a intimação deve-se dar aos seus sucessores, salvo se já houver habilitação dos sucessores no processo com juntada de procuração em nome de novo advogado.

Por outro lado, se o mandato judicial foi outorgado com prazo certo, por exemplo, até a prolação da sentença final, o mandatário a partir desta data não pode mais ser considerado procurador do devedor, razão pela qual a intimação na pessoa do advogado não poderá surtir efeito, justamente pela extinção do contrato de mandato.

II) por carta com aviso de recebimento, quando representado pela Defensoria Pública ou quando não tiver procurador constituído nos autos, ressalvada a hipótese do inc. IV.

É possível que no processo comum o réu, embora citado, não tivesse constituído advogado. Neste caso, evidentemente, não poderá ser intimado para o cumprimento da sentença na pessoa de seu advogado. Assim, ele deverá ser intimado por carta com aviso de recebimento, conforme preconiza o art. 274 do atual C.P.C.: Não dispondo a lei de outro modo, as intimações serão feitas às partes, aos seus representantes legais, aos advogados e aos demais sujeitos do processo pelo correio ou, se presentes em cartório, diretamente pelo escrivão ou chefe de secretaria.

É importante salientar que, nos casos de intimação, presumem-se válidas as intimações dirigidas ao endereço constante dos autos, ainda que não recebidas pessoalmente pelo interessado, se a modificação temporária ou definitiva não tiver sido devidamente comunicada ao juízo, fluindo os prazos a partir da juntada aos autos do comprovante de entrega da correspondência no primitivo endereço (p.ú. do art. 274 do atual C.P.C.).

Ao invés, se fosse caso de citação, a regra a ser aplicada seria a do §1º do art. 248 que dispõe: "A carta será registrada para entrega ao citando, exigindo-lhe o carteiro, ao fazer a entrega, que assine o recibo". Sendo o citando pessoa jurídica, será válida a entrega do mandado a pessoa com poderes de gerência geral ou de administração ou, ainda, a funcionário responsável pelo recebimento de correspondências (§2º do art. 248 do atual C.P.C.).

A intimação do réu por carta com aviso de recebimento também será realizada quando for representado pela Defensoria Pública.

Aliás, conforme estabelece o §2º do art. 186 do atual C.P.C., a requerimento da Defensoria Pública, o juiz determinará a intimação pessoal da parte patrocinada quando o ato processual depender de providência ou informação que somente por ela possa ser realizada ou prestada.

Mas a intimação pessoal do réu deverá ser realizada não somente quando ele for representado pela defensoria pública, mas, também, quando for beneficiário da assistência judiciária gratuita e o juiz nomear para ele um advogado, pois *'ubi eadem ratio legis idem eadem disposition'*.

Deve-se, também, aplicar por analogia o disposto no art. 247 do atual C.P.C. que dispõe:

> *Art. 247. A citação será feita pelo correio para qualquer comarca do país, exceto:*
> *I – nas ações de estado, observado o disposto no art. 695, § 3º;*
> *II – quando o citando for incapaz;*
> *III – quando o citando for pessoa de direito público;*
> *IV – quando o citando residir em local não atendido pela entrega domiciliar de correspondência;*
> *V – quando o autor, justificadamente, a requerer de outra forma.*

Nessas hipóteses, a intimação para o cumprimento de sentença deverá ser pessoal.

III – por meio eletrônico, quando, no caso do § 1º do art. 246, não tiver procurador constituído nos autos.

Tendo em vista que, salvo nas hipóteses de microempresas e das empresas de pequeno porte as demais empresas públicas e privadas ficam obrigadas a manter cadastro junto aos sistemas de processo em autos eletrônicos, a intimação destas empresas para o cumprimento da decisão dar-se-á preferencialmente pelo meio eletrônico, quando essas pessoas jurídicas não tiverem procurador constituídos nos autos.

IV – por edital, quando, citado na forma do art. 256, tiver sido revel na fase de conhecimento

Sendo o réu revel, o atual C.P.C. optou por sua intimação por edital para o cumprimento de sentença.

Contudo, penso que o legislador não observou os princípios do contraditório, da ampla defesa, da celeridade processual e da economia processual ao idealizar a intimação por edital do revel.

Não há dúvida de que o mais produtivo seria encaminhar carta registrada ao invés de intimar o revel por Edital, o que muitas vezes acarreta mais dilação de prazo e por vezes despesas processuais.

Na hipótese de litisconsorte, o autor poderá requerer o cumprimento de sentença requerendo a intimação do advogado daquele litisconsorte que participou do processo, salvo se se tratar de litisconsorte facultativo, quando a relação jurídica é distinta para cada litisconsorte. Neste caso, sendo o listisconsorte revel, deverá ser intimado, segundo o inc. IV do §2º do art. 513 do atual C.P.C., por 'edital', sendo que o melhor seria a sua intimação por carta registrada.

A intimação por edital dar-se-á não somente quando se tratar de réu revel, mas também, por analogia, nas hipóteses previstas no art. 256, a saber: a) quando desconhecido ou incerto o citando; b) quando ignorado, incerto ou inacessível o lugar em que se encontrar o citando; c) nos casos expressos em lei.

Estabelece *§3º do art. 513* do atual C.P.C. que *na hipótese do §2º, incisos II e III, considera-se realizada a intimação quando o devedor houver mudado de endereço sem prévia comunicação ao juízo, observado o disposto no parágrafo único do art. 274.*

Quando o réu for beneficiário da justiça gratuita ou representado pela defensoria pública, ou, ainda, não tiver defensor constituído, deverá manter atualizado o seu endereço no juízo, devendo comunicar imediatamente ao juízo se houver mudança de endereço, sob pena de ser considerada realizada a intimação por carta.

A mesma regra ocorre na intimação por meio eletrônico, quando a parte não tiver procurador constituído nos autos, devendo a parte comunicar a mudança do correio eletrônico, sob pena de ser considerada válida a intimação.

Aliás, nesse sentido é o teor do p.u. do art. 274 do atual C.P.C., a saber: *presumem-se válidas as intimações dirigidas ao endereço constante dos autos, ainda que não recebidas pessoalmente pelo interessado, se a modificação temporária ou definitiva não tiver sido devidamente comunicada ao juízo, fluindo os prazos a partir da juntada aos autos do comprovante de entrega da correspondência no primitivo endereço.*

Segundo estabelece o *§4º do art. 513* do atual C.P.C., *se o requerimento a que alude o § 1º for formulado após 1 (um) ano do trânsito em julgado da sentença, a intimação será feita na pessoa do devedor, por meio de carta com aviso de recebimento encaminhada ao endereço que consta nos autos, observado o disposto no parágrafo único do art. 274 e no § 3º deste artigo.*

Muito embora a intimação do devedor para o cumprimento de sentença possa se dar por vários meios, o certo é que se o requerimento do credor para o cumprimento da decisão for formulado após um ano de seu trânsito em julgado, a intimação do devedor deverá ser feita na própria pessoa do devedor, e não mais de seu advogado, por meio de carta com aviso de recebimento, encaminhada ao endereço que consta nos autos, sendo de qualquer sorte válida a intimação nas hipóteses do p.u. do art. 274 e do §3º do art. 513 do atual C.P.C.

Art. 514

Quando o juiz decidir relação jurídica sujeita a condição ou termo, o cumprimento da sentença dependerá de demonstração de que se realizou a condição ou de que ocorreu o termo.

Decisão sujeita a condição ou a termo

O Código Civil brasileiro, em seus artigos 121 a 135, regula especificamente as modalidades do negócio jurídico denominadas de *condição* e *termo*. Prescrevem os referidos dispositivos:

Art. 121. Considera-se condição a cláusula que, derivando exclusivamente da vontade das partes, subordina o efeito do negócio jurídico a evento futuro e incerto.

Art. 122. São lícitas, em geral, todas as condições não contrárias à lei, à ordem pública ou aos bons costumes; entre as condições defesas se incluem as que privarem de todo efeito o negócio jurídico, ou o sujeitarem ao puro arbítrio de uma das partes.

Art. 123. Invalidam os negócios jurídicos que lhes são subordinados:

I – as condições física ou juridicamente impossíveis, quando suspensivas;

II – as condições ilícitas, ou de fazer coisa ilícita;

III – as condições incompreensíveis ou contraditórias.

Art. 124. Têm-se por inexistentes as condições impossíveis, quando resolutivas, e as de não fazer coisa impossível.

Art. 125. Subordinando-se a eficácia do negócio jurídico à condição suspensiva, enquanto esta se não verificar, não se terá adquirido o direito, a que ele visa.

Art. 126. Se alguém dispuser de uma coisa sob condição suspensiva, e, pendente esta, fizer quanto àquelas novas disposições, estas não terão valor, realizada a condição, se com ela forem incompatíveis.

Art. 127. Se for resolutiva a condição, enquanto esta se não realizar, vigorará o negócio jurídico, podendo exercer-se desde a conclusão deste o direito por ele estabelecido.

Art. 128. Sobrevindo a condição resolutiva, extingue-se, para todos os efeitos, o direito a que ela se opõe; mas, se aposta a um negócio de execução continuada ou periódica, a sua realização, salvo disposição em contrário, não tem eficácia quanto aos atos já praticados, desde que compatíveis com a natureza da condição pendente e conforme aos ditames de boa-fé.

Art. 129. Reputa-se verificada, quanto aos efeitos jurídicos, a condição cujo implemento for maliciosamente obstado pela parte a quem desfavorecer, considerando-se, ao contrário, não verificada a condição maliciosamente levada a efeito por aquele a quem aproveita o seu implemento.

Art. 130. Ao titular do direito eventual, nos casos de condição suspensiva ou resolutiva, é permitido praticar os atos destinados a conservá-lo.

Art. 131. O termo inicial suspende o exercício, mas não a aquisição do direito.

Art. 132. Salvo disposição legal ou convencional em contrário, computam-se os prazos, excluído o dia do começo, e incluído o do vencimento.

§ 1º Se o dia do vencimento cair em feriado, considerar-se-á prorrogado o prazo até o seguinte dia útil.

§ 2º Meado considera-se, em qualquer mês, o seu décimo quinto dia.

§ 3º Os prazos de meses e anos expiram no dia de igual número do de início, ou no imediato, se faltar exata correspondência.

§ 4º Os prazos fixados por hora contar-se-ão de minuto a minuto.

Art. 133. Nos testamentos, presume-se o prazo em favor do herdeiro, e, nos contratos, em proveito do devedor, salvo, quanto a esses, se do teor do instrumento, ou das circunstâncias, resultar que se estabeleceu a benefício do credor, ou de ambos os contratantes.

Art. 134. Os negócios jurídicos entre vivos, sem prazo, são exequíveis desde logo, salvo se a execução tiver de ser feita em lugar diverso ou depender de tempo.

Art. 135. Ao termo inicial e final aplicam-se, no que couber, as disposições relativas à condição suspensiva e resolutiva.

Conforme Inocêncio Galvão Teles, *"pode definir-se 'condição' a 'cláusula acessória pela qual as partes fazem depender a vigência do contrato (ou de outro negócio jurídico) da verificação ou não verificação de um facto futuro e objectivamente incerto'. A vigência do contrato está na dependência desse facto ulterior, da sua eventual ocorrência, ou porque antes dele os efeitos jurídicos não se produzem (ou produzem-se atenuadamente) ou por-*

que depois dele cessam. Com isso fica esboçada a distinção fundamental entre 'condições suspensivas' e 'condições resolutivas' ...a condição suspensiva, como se deixa a ver de sua designação, 'suspende' os efeitos até à ocorrência do evento previsto; a condição resolutiva 'resolve-os', isto é, elimina-os retroactivamente, como se eles não se tivessem dado... A incerteza do facto futuro determina um estado de 'pendência'. Os efeitos jurídicos 'pendentes', porque não se sabe se virão a produzir-se (ou a adquirir a sua intensidade normal) no caso de condição suspensiva ou se a condição resolutiva que os ameaça se tornará realidade, reduzindo-os a nada. Um facto 'secundário' e 'futuro', quando 'incerto', como o previsto na cláusula condicional, tem sempre esse resultado de tornar 'incertos' os efeitos jurídicos do 'facto principal', no que respeita à sua produção ou à sua subsistência. 'Estado de pendência' que perdura por todo o tempo em que é possível o preenchimento da condição e cessa logo que a condição se realiza, ou falta, ou se torna certo que já não pode realizar-se. Terminada a situação de pendência, o contrato, conforme os casos, assim adquire ou perde valor, ou não chega a alcançá-lo, ou mantém-no. A pendência reveste duas formas: 'suspensão' se a condição é suspensiva, 'resolubilidade' se é resolutiva".[980]

Por sua vez, diz-se *termo*: "*a cláusula acessória por virtude da qual os efeitos do contrato, ou de outro negócio jurídico, ficam dependentes de um facto 'futuro e certo'. O termo não envolve aquele 'estado de pendência' característico da 'condição'; não existe 'incerteza' sobre a produção dos efeitos ou sobre a sua permanência, porque antecipadamente se sabe que o evento previsto há-de verificar-se, como 'certo' que é; apenas se 'difere' ou 'limita no tempo' a atuação do contrato, que principiará ou cessará com aquele evento... O termo distingue-se em 'inicial' (dies a quo) e 'final' (dies ad quem), conforme se traduz numa 'dilação' ou numa 'limitação temporal' dos efeitos*".[981]

O atual C.P.C. preconiza em seu art. 803, inc. III, que *é nula a execução instaurada antes de se verificar a condição ou de ocorrer o termo.*

Outrossim, haverá excesso no cumprimento de sentença quando o exequente, sem cumprir a prestação que lhe corresponde, exige o adimplemento da prestação do executado (art. 917, §2º, inc. IV do atual C.P.C.).

Portanto, quando o juiz na sentença cognitiva condenatória julgar relação jurídica condicional ou sujeita a termo, o credor não poderá requerer o cumprimento da sentença se não trouxer, junto com o requerimento inicial, a prova de que ocorreu o termo ou a condição suspensiva ou resolutiva que gera condição de procedibilidade para a demanda de cumprimento de sentença.

[980] TELLES. Inocêncio Galvão. *Manual dos contratos em geral*. Coimbra: Coimbra Editora, 2002. p. 258 e 259.

[981] TELLES, I. G., idem, p. 274 e 275.

Nesse sentido é o seguinte precedente do S.T.J.:

Processo civil. Execução. Incidência dos arts. 618, iii e 572, cpc. Dissídio não demonstrado.

i – nula se apresenta a execução se instaurada antes de se verificar a condição ou de ocorrido o termo, como proclamam as normas dos arts. 572 e 618, iii do código de processo civil.

– não ocorrida a condição acordada, indevida a multa pactuada.

ii – o dissídio pretoriano, ensejador do recurso especial pela alínea c do inciso iii do art. 105 da constituição, deve ser induvidosamente demonstrado, inclusive através das circunstancias que identifiquem ou assemelhem os casos confrontados.

(REsp 1680/PR, Rel. Ministro SÁLVIO DE FIGUEIREDO TEIXEIRA, QUARTA TURMA, julgado em 06/03/1990, DJ 02/04/1990, p. 2458).

Art. 515

São títulos executivos judiciais, cujo cumprimento dar-se-á de acordo com os artigos previstos neste Título:

I – as decisões proferidas no processo civil que reconheçam a exigibilidade de obrigação de pagar quantia, de fazer, de não fazer ou de entregar coisa;

II – a decisão homologatória de autocomposição judicial;

III – a decisão homologatória de autocomposição extrajudicial de qualquer natureza;

IV – o formal e a certidão de partilha, exclusivamente em relação ao inventariante, aos herdeiros e aos sucessores a título singular ou universal;

V – o crédito de auxiliar da justiça, quando as custas, emolumentos ou honorários tiverem sido aprovados por decisão judicial;

VI – a sentença penal condenatória transitada em julgado;

VII – a sentença arbitral;

VIII – a sentença estrangeira homologada pelo Superior Tribunal de Justiça;

IX – a decisão interlocutória estrangeira, após a concessão do exequatur à carta rogatória pelo Superior Tribunal de Justiça.

X – o acórdão proferido pelo Tribunal Marítimo quando do julgamento de acidentes e fatos da navegação. (VETADO).

Razões do veto

"Ao atribuir natureza de título executivo judicial às decisões do Tribunal Marítimo, o controle de suas decisões poderia ser afastado do Poder Judiciário, possibilitando a interpretação de que tal colegiado administrativo passaria a dispor de natureza judicial."

§ 1º Nos casos dos incisos VI a IX, o devedor será citado no juízo cível para o cumprimento da sentença ou para a liquidação no prazo de 15 (quinze) dias.

§ 2º A autocomposição judicial pode envolver sujeito estranho ao processo e versar sobre relação jurídica que não tenha sido deduzida em juízo.

Espécies de título executivo judicial

Conforme ensina Girolamo Monteleone: *"Os títulos executivos subdividem-se em duas grandes categorias: judiciais e extrajudiciais.*

Título judiciais: Por força do art. 474 do c.p.c. n. 1, esses são as sentenças e os provimentos aos quais a lei atribui expressamente eficácia executiva. Observamos, antes de tudo, que o uso do advérbio 'expressamente' induz a rejeitar, porque contra a lei, qualquer tentativa de atribuir em via analógica a extensiva dita eficácia a provimentos, que disso sejam formalmente desprovidos.

Tradicionalmente se observa que as sentenças executivas são somente aquelas de condenação em sentido técnico, mas a lei não contem tal locução limitativa. Portanto, qualquer sentença contém conteúdo, implícito ou explícito, suscetíveis de ser atuada mediante qualquer um dos procedimentos executivos previstos pela lei que configure título executivo".[982]

O novo C.P.C. discrimina no art. 515 do atual C.P.C. as espécies de títulos executivos judicial que estão sujeitos ao cumprimento de sentença, a saber:

I – as decisões proferidas no processo civil que reconheçam a exigibilidade de obrigação de pagar quantia, de fazer, de não fazer ou de entregar coisa.

É bem verdade que a sentença que determina o pagamento de quantia certa, o cumprimento de obrigação de fazer, de não fazer ou de entregar coisa, denomina-se de sentença condenatória, pois esses tipos de pretensões são mais comuns no âmbito da sentença condenatória.

Contudo, também as sentenças *declaratórias* podem reconhecer a exigibilidade de obrigação de pagar quantia, de fazer, de não fazer ou de entregar coisa.

[982] MONTELEONE. Girolamo. *Manuale di diritto processuale civile.* Vol. II. L'arbitrato – L'execuzione forzata – I procedimenti speciali. Quarta edizione. Padova: CEDAM.

Comentando o art. 475-N do C.P.C. de 1973, entendia Miguel Garcia Medina que a sentença declaratória também seria título executivo. Dizia ele: *"De acordo com o art. 475-N, I, do CPC, é título executivo judicial 'a sentença proferida no processo civil que reconheça a existência de obrigação de fazer, não fazer, entregar coisa ou pagar quantia'. Pensamos que, diante da letra da norma, não só as sentenças condenatórias, mas 'também as sentenças declaratórias podem constituir título executivo. Para tanto, contudo, 'a sentença deve conter todos os elementos da relação jurídico-obrigacional', identificando, precisamente, credor e devedor, natureza e objeto da obrigação etc. Não deverá ser considerada título executivo a sentença que reconheça, em tese, a existência da obrigação. Por exemplo, a sentença que julgar improcedente ação declaratória de inexistência de dívida, afirmando, genericamente, que o contrato realizado entre as partes não é nulo, não é, segundo nosso entendimento, título executivo. É interessante observar, a propósito, que, mesmo antes da alteração da Lei 11.232/2005, já havia, na jurisprudência do STJ, julgados no sentido de que a sentença declaratória que contém todos os elementos da obrigação (ou a 'definição integral da norma jurídica individualizada', como se afirma em um dos precedentes neste sentido) é título executivo (STJ, 1ª T., Resp 588.202/Pr., Rel. Min. Teori Albino Zavascki, j. 10.02.2004,DJ 25.02.2004, p. 123; EREsp 502.618/RS, rel. Min. João Otávio de Noronha, j. 08.06.2005. DJ 01.07.2005. p. 359)".*[983]

Mas não só as sentenças podem ser consideradas como título executivo judicial.

Este inc. I menciona especificamente as 'decisões' proferidas no processo civil.

Assim, também as decisões de natureza interlocutória, como é o caso das provisórias antecipatórias também serão consideradas título executivo judicial.

O mesmo se dá com a tutela de evidência, a qual é concedida por meio de uma decisão interlocutória, considerada, nos termos do art. 515, inc. I, do atual C.P.C., como título executivo judicial.

II – *a decisão homologatória de autocomposição judicial*

III – *a decisão homologatória de autocomposição extrajudicial de qualquer natureza.*

A decisão homologatória de autocomposição judicial ou extrajudicial de qualquer natureza não possui natureza condenatória.

Contudo, a decisão que homologa a realização de acordo mediante conciliação (art. 22, p.u. da Lei 9.099/95) ou transação (art. 57 da Lei 9.099/95) apresenta potencialidade para desencadear a demanda de cumprimento de sentença, podendo ensejar atos executivos em relação ao que foi definido em seu conteúdo.

[983] Medina, J. M. G. op. cit., p. 223 e 224.

Conforme anota Miguel G. Medina, a consequência mais notória de se tratar de títulos executivos judiciais ou extrajudiciais reside no grau de limitação das matérias suscetíveis de serem arguidas na impugnação à execução de título judicial e nos embargos à execução fundada em título extrajudicial. Por isso Enrico Tullio Liebman já afirmara que a amplitude da discussão que se permite limita-se diversamente, conforme a qualidade do título executório.[984] Este esquema delineado pela doutrina com base na dogmática jurídica não se ajusta perfeitamente à *decisão homologatória de conciliação*, já que, no caso, o título executivo é formado por dois atos distintos: o acordo de vontade das partes e a decisão homologatória. O mesmo ocorre com o 'acordo extrajudicial', de qualquer natureza, homologado judicialmente.

Conforme anota Ernane Fidélis Santos, a transação é 'forma de prevenção ou extinção de litígios mediante mútuas concessões'. Já a conciliação 'é qualquer forma de acordo feito no processo, podendo assumir feição de transação, reconhecimento e renúncia de direitos'.[985]

A Lei 8.953/94 havia alterado a redação do art. 584, inc. III, do C.P.C. de 1973, para que dele constasse como título executivo a sentença homologatória de conciliação ou transação, '*ainda que esta não verse questão posta em juízo*'. Esta possibilidade foi repetida no §2º do art. 515 do atual C.P.C. Exemplificando: João cobra de Pedro R$500,00 (quinhentos reais). Na audiência de conciliação, as partes chegam ao consenso: Pedro dispõe-se a pagar a João aquela quantia; João, de sua parte, compromete-se a devolver a Pedro um televisor que havia tomado emprestado. A questão do televisor não era objeto do processo (questão posta em juízo): não integrava a pretensão exposta na demanda de João nem estava contida em reconvenção de Pedro. O acordo é reduzido a termo e o juiz profere decisão homologatória.[986]

Para Miguel G. Medina, não há procedimento específico para a homologação de acordo extrajudicial. Diante disso, aplicam-se as disposições referentes ao procedimento de jurisdição voluntária, uma vez que as partes já terão realizado um ato de composição da lide, nada tendo o juiz que decidir a respeito. Deverá o juiz somente avaliar e controlar a validade do acordo realizado.[987]

[984] MEDINA, M. J. G., idem, p. 225.

[985] SANTOS, ERNANI FIDELIS. *Novos perfis do processo civil brasileiro* Belo Horizonte: Del Rey, 1996. p. 67.

[986] WAMBIER, Luiz Rodrigues Coord. *Curso avançado de processo civil*. Vo. 2. Execução. 10ª ed. São Paulo: Ed. Revista dos Tribunais, 2007. p. 68.

[987] MEDINA, M. J. G., op. cit., p. 226.

Para Medina, por sua vez, pode ocorrer que a conciliação seja homologada por juízo absolutamente incompetente. Neste caso não seria afetada a executividade do acordo entre as partes, pois é possível notar na decisão homologatória de conciliação, mediação ou acordo extrajudicial, considerada em seu todo, a *coexistência de dois atos distintos*, sendo possível admitir, inclusive, a subsistência de um deles, apesar da falta ou nulidade do outro. Isso significa dizer que a nulidade da sentença homologatória não implica em nulidade da declaração de vontade das partes que foi homologada. Assim, inexistindo mácula quanto ao acordo de vontades, haverá entre as partes a constituição de um *título extrajudicial*. Nesse sentido é o seguinte precedente do S.T.J.:

> *(...).*
> *III – A ausência de homologação judicial do instrumento de transação, por si só, não retira ao documento o caráter de título executivo, embora lhe subtraia a possibilidade de execução como título judicial.*
> *(...).*
> *VII – Referindo-se a transação a dívida decorrente de condenação judicial e não tendo havido homologação pelo juiz, a instauração da execução perante o mesmo juízo do processo ali em curso não acarreta prejuízo ao devedor e atende à finalidade de satisfazer o interesse do credor, de modo mais econômico para o processo e menos oneroso para o devedor (CPC, art. 620), sendo certo, outrossim, que o sistema de nulidades processuais rege-se pelos princípios da finalidade e da ausência de prejuízos.*
> *(REsp 234.385/SP, Rel. Ministro SÁLVIO DE FIGUEIREDO TEIXEIRA, QUARTA TURMA, julgado em 04/04/2000, DJ 14/08/2000, p. 177).*

Por sua vez, os vícios decorrentes de uma conciliação, mediação ou transação devidamente homologada judicialmente somente podem ser alegados em demanda anulatória.

IV – o formal e a certidão de partilha, exclusivamente em relação ao inventariante, aos herdeiros e aos sucessores a título singular ou universal;

Tanto o formal de partilha quanto a certidão de partilha são documentos que retratam a adjudicação de quinhão sucessório, formalizando a transferência da titularidade de bens em virtude de sucessão *causa mortis*.[988]

Estabelece o art. 655 do atual C.P.C. que transitada em julgado a sentença de partilha (art. 654 do atual C.P.C.), receberá o herdeiro os bens que lhe tocarem e um formal de partilha, do qual constarão as seguintes peças: I – termo de

[988] WAMBIER, Luiz Rodrigues Coord. *Curso avançado de processo civil*. Vo. 2. Execução. 10ª ed. São Paulo: Ed. Revista dos Tribunais, 2007. p. 70.

inventariante e título de herdeiros; II- avaliação dos bens que constituíram o quinhão do herdeiro; III – pagamento do quinhão hereditário; IV – quitação dos impostos: V – sentença.

O formal de partilha poderá ser substituído por certidão do pagamento do quinhão hereditário quando esse não exceder a 5 (cinco) vezes o salário mínimo, caso em que se transcreverá nela a sentença de partilha transitada em julgado (p.u. do art. 655 do atual C.P.C.).

O formal de partilha ou a certidão simplificada de partilha tem força executiva (cumprimento de sentença) exclusivamente em relação ao inventariante, aos herdeiros e aos sucessores a título universal ou singular. Assim, se o bem constante do formal ou da certidão de partilha estiver em poder de algumas dessas pessoas, o beneficiário do formal de partilha ou da certidão poderá requerer o cumprimento de sentença. Se a posse do bem encontrar-se com terceiro que não participou do processo de inventário, deverá o beneficiário valer-se de demanda autônoma. Neste caso, a certidão ou o formal não desencadeará o efeito para o cumprimento de sentença.

Segundo estabelece Luiz Rodrigues Wambier: *"A Lei 11.441/2007 criou a possibilidade de o inventário e a partilha realizarem-se extrajudicialmente, perante tabelião, quando não houver testamento e todos os interessados forem capazes e não tiverem nenhuma divergência quanto à partilha (art. 982 do c.p.c de 1973, na redação dada por tal Lei). Nessa hipótese, a escritura pública lavrada pelo tabelião servirá de título hábil para o registro imobiliário. Todavia, tal escritura não tem caráter de título executivo judicial, pois não provém de autoridade jurisdicional ou equivalente (como seria, por exemplo, um árbitro). A escritura terá apenas valor e eficácia de título executivo extrajudicial (art. 585, II, do c.p.c. de 1973). Para assumir força de título judicial, a partilha em questão terá de ser homologada pelo juiz, nos termos do art. 1.031 do Código. Trata-se de procedimento simples, em que o juiz chancela de plano a partilha, após a mera verificação de seus requisitos formais e do recolhimento dos tributos devidos".*[989]

V – o crédito de auxiliar de justiça, quando as custas, emolumentos ou honorários tiverem sido aprovados por decisão judicial.

Evidentemente que o trabalho realizado pelos auxiliares da justiça no processo jurisdicional deve ser remunerado. Assim, os serventuários de justiça, o perito, o intérprete, o tradutor e o leiloeiro deverão ser remunerados (custas, emolumentos ou honorários) de acordo com o que for estabelecido em lei ou de acordo com o que fixar o juiz no processo.

[989] WAMBIER, L. R., idem, p. 70.

Este crédito não era previsto como título executivo judicial no disposto do art. 475-N do C.P.C. revogado. Esse crédito era considerado apenas objeto de um título executivo extrajudicial, nos termos do art. 585, inc. VI do C.P.C. de 1973. Agora, desde que esse crédito tenha sido aprovado por decisão judicial, poderá ser objeto de *cumprimento de sentença.*

É importante salientar que a decisão que aprova tais créditos normalmente é dada incidentalmente no curso do processo em que esses auxiliares desenvolvem suas atividades. Não é resultante de discussão em contraditório, nem necessariamente homologado por decisão judicial. Por isso, torna-se discutível essa sua natureza para fins de cumprimento de sentença.

VI – a sentença penal condenatória transitada em julgado;

O Código de Processo Penal, em seus artigos 63 a 68, trata da Ação Civil ex delicto, assim dispondo:

Art. 63. Transitada em julgado a sentença condenatória, poderão promover-lhe a execução, no juízo cível, para o efeito da reparação do dano, o ofendido, seu representante legal ou seus herdeiros.

Parágrafo único. Transitada em julgado a sentença condenatória, a execução poderá ser efetuada pelo valor fixado nos termos do inciso IV do caput do art. 387 deste Código sem prejuízo da liquidação para a apuração do dano efetivamente sofrido. (Incluído pela Lei nº 11.719, de 2008).

Art. 64. Sem prejuízo do disposto no artigo anterior, a ação para ressarcimento do dano poderá ser proposta no juízo cível, contra o autor do crime e, se for caso, contra o responsável civil. (Vide Lei nº 5.970, de 1973)

Parágrafo único. Intentada a ação penal, o juiz da ação civil poderá suspender o curso desta, até o julgamento definitivo daquela.

Art. 65. Faz coisa julgada no cível a sentença penal que reconhecer ter sido o ato praticado em estado de necessidade, em legítima defesa, em estrito cumprimento de dever legal ou no exercício regular de direito.

Art. 66. Não obstante a sentença absolutória no juízo criminal, a ação civil poderá ser proposta quando não tiver sido, categoricamente, reconhecida a inexistência material do fato.

Art. 67. Não impedirão igualmente a propositura da ação civil:

I – o despacho de arquivamento do inquérito ou das peças de informação;

II – a decisão que julgar extinta a punibilidade;

III – a sentença absolutória que decidir que o fato imputado não constitui crime.

Art. 68. Quando o titular do direito à reparação do dano for pobre (art. 32, §§ 1º e 2º), a execução da sentença condenatória (art. 63) ou a ação civil (art. 64) será promovida, a seu requerimento, pelo Ministério Público.

Por sua vez, o art. 927 do atual C.C.b. estabelece que aquele que, por ato ilícito, causar dano a outrem, fica obrigado a repará-lo.

Em complemento, preconiza o art. 935 do C.C.b. que a responsabilidade civil é independente da criminal, não se podendo questionar mais sobre a existência do fato, ou sobre quem seja o seu autor, quando estas questões se acharem decididas no juízo criminal.

Definida no processo penal a existência do fato e sua autoria, tal matéria gera reflexos intransponíveis na esfera do direito civil, não podendo mais ser objeto de revisão ou qualquer outra indagação em eventual processo civil, segundo a concepção dogmática.

Uma vez definidas a autoria e a materialidade do delito no âmbito penal, e tendo em vista a vinculação normativa interdisciplinar, o ofendido, seu representante legal ou seus herdeiros poderão promover a *actio civilis ex delicto* ou, se for o caso, a execução judicial em processo civil da sentença penal condenatória transitada em julgado, para o efeito de reparação do dano, contra o autor da infração penal, responsável natural pelo ressarcimento dos prejuízos.

Aliás, o art. 387, inc.IV do C.P.P., com a redação dada pela Lei 11.719/08, determina que o juiz criminal, ao proferir a sentença condenatória, fixe *valor mínimo para reparação dos danos causados pela infração, considerando os prejuízos sofridos pelo ofendido.*

Assim, antes da Lei 11.719/08, o valor a ser fixado da indenização decorrente do crime que fora objeto de sentença condenatória, ou seja, *quantum debeatur*, era de competência do juízo cível, mediante procedimento de liquidação por artigos ou arbitramento. Atualmente, o valor mínimo da indenização será fixado pelo juízo criminal como um dos capítulos da sentença penal condenatória. É certo que os nossos Tribunais ainda estão definindo se a Lei 11.719/08, que alterou o art. 387, inc. IV do C.P.P. aplica-se aos processos em andamento, ou somente aos processos instaurados após a sua vigência. Sobre o tema eis as seguintes decisões do Tribunal Regional Federal da 4ª Região:

EMENTA: Processual Penal. Apropriação Indébita. Equiparação a funcionário público. Inviabilidade. Extinção da Punibilidade. Prescrição. Inocorrência. Materialidade e autoria comprovadas. Édito condenatório mantido. Dosimetria da pena. Consequências normais à espécie. Reparação do dano. Norma híbrida. Lex gravior. Irretroatividade. Ampla defesa e contraditório. Garantia constitucional. Afastamento de ofício. 1. A atividade de gestora de ONG, associação civil de direito privado, desempenhada pela acusada, não se amolda ao conceito de entidade paraestatal, tornando inviável a equiparação a funcionário público para fins penais. 2. Nos termos do artigo 109, inciso V do CP, não transcorreu o prazo prescricional entre a data da constata-

ção de cada fato delituoso (20/12/2002 e 31/12/2002) e o recebimento da denúncia (01/02/2006). 3. Havendo lastro probatório contundente da autoria e materialidade do delito, não há justificativa para afastar o édito condenatório. 4. A exasperação da reprimenda, no que tange às consequências, justifica-se quando se extrapolam aquelas normais à espécie, transcendendo o resultado típico. 5. O disposto no artigo 387, IV, do CPP (com a redação dada pela Lei 11.719/08) é norma processual com reflexos penais concretos e prejudiciais à acusada, só se aplicando aos fatos ocorridos a partir da entrada em vigor da alteração legislativa, consoante vedação da aplicação de lex gravior. 6. A ré não pode ser surpreendida, no curso do processo, por apenamento, ainda que de natureza civil, sem que lhe seja oportunizado momento processual para exercer sua ampla defesa.

(TRF4, ACR 0013520-07.2003.404.7200, Sétima Turma, Relator Élcio Pinheiro de Castro, D.E. 26/01/2012)

EMENTA: Processual Penal. Apropriação Indébita. Equiparação a funcionário público. Inviabilidade. Extinção da Punibilidade. Prescrição. Inocorrência. Materialidade e autoria comprovadas. Édito condenatório mantido. Dosimetria da pena. Consequências normais à espécie. Reparação do dano. Norma híbrida. Lex gravior. Irretroatividade. Ampla defesa e contraditório. Garantia constitucional. Afastamento de ofício. 1. A atividade de gestora de ONG, associação civil de direito privado, desempenhada pela acusada, não se amolda ao conceito de entidade paraestatal, tornando inviável a equiparação a funcionário público para fins penais. 2. Nos termos do artigo 109, inciso V do CP, não transcorreu o prazo prescricional entre a data da constatação de cada fato delituoso (20/12/2002 e 31/12/2002) e o recebimento da denúncia (01/02/2006). 3. Havendo lastro probatório contundente da autoria e materialidade do delito, não há justificativa para afastar o édito condenatório. 4. A exasperação da reprimenda, no que tange às consequências, justifica-se quando se extrapolam aquelas normais à espécie, transcendendo o resultado típico. 5. O disposto no artigo 387, IV, do CPP (com a redação dada pela Lei 11.719/08) é norma processual com reflexos penais concretos e prejudiciais à acusada, só se aplicando aos fatos ocorridos a partir da entrada em vigor da alteração legislativa, consoante vedação da aplicação de lex gravior. 6. A ré não pode ser surpreendida, no curso do processo, por apenamento, ainda que de natureza civil, sem que lhe seja oportunizado momento processual para exercer sua ampla defesa.

(TRF4, ACR 0013520-07.2003.404.7200, Sétima Turma, Relator Élcio Pinheiro de Castro, D.E. 26/01/2012).

A parte que for vítima de um crime poderá optar ou pela *actio civile ex delicti* ou pelo *cumprimento da sentença penal condenatória transitada em julgado no âmbito civil.*

Idêntico fato pode encontrar-se previsto em duas ou mais regras jurídicas, razão pela qual, na visão de Araken de Assis *"trivial que seja a observação, quando o fato é ilícito e objeto de previsão simultânea em normas penal (crime) e civil (delito civil) – a ação penal e a ação civil reparatória – que competem, outrossim, a titulares diversos".*[990]

VII – a sentença arbitral.

A sentença arbitral, sem necessidade de homologação judicial, também pode ser objeto de cumprimento de sentença.

As pessoas capazes de contratar poderão valer-se da arbitragem para dirimir litígios relativos a direitos patrimoniais disponíveis, nos termos do art. 1º da Lei 9.307, de 23 de setembro de 1996.

As pessoas interessadas podem submeter a solução de seus litígios ao juízo arbitral mediante convenção de arbitragem, assim entendida a cláusula compromissória e o compromisso arbitral (art. 2º da Lei 9.307/96).

O árbitro escolhido pelas partes é juiz de fato e de direito, sendo que a sentença que proferir não fica sujeita a recurso ou a homologação pelo Poder Judiciário (art. 18 da Lei 9.307/96).

São requisitos obrigatórios da sentença arbitral: a) o relatório, que conterá os nomes das partes e o resumo do litígio; b) os fundamentos da decisão, onde serão analisadas as questões de fato e de direito, mencionando-se, expressamente, se os árbitros julgarão por equidade; c) o dispositivo, em que os árbitros resolverão as questões que lhes forem submetidas e estabelecerão o prazo para o cumprimento da decisão, se for o caso; e d) a data e o lugar em que foi proferida (art. 26 da Lei 9.307/96).

A sentença arbitral decidirá sobre a responsabilidade das partes acerca das custas e despesas com a arbitragem, bem como sobre verdade decorrente de litigância de má-fé, se for o caso, respeitadas as disposições da convenção de arbitragem, se houver (art. 27 da Lei 9.307/96).

Proferida a sentença arbitral, dá-se por finda a arbitragem, devendo o árbitro, ou o presidente do tribunal arbitral, enviar cópia da decisão às partes, por via

[990] "Esta coexistência provável de duas ações, tendo comum o mesmo fato contrário a direito, suscita intrincado problema de coordenação, regulado em cinco diplomas distintos: Código Civil (art. 1.525); Código de Processo Civil (arts. 110 e 584, III); Código Penal (art. 91, I); Código de Processo Penal (arts. 63/68); e Código de Defesa do Consumidor (art. 103, §4º). Todavia, não há advogado, promotor de justiça ou magistrado que não se veja, com alarmante freqüência, às voltas com tal questão, a partir da opção básica outorgada à vítima, que pode ajuizar sua ação reparatória de forma autônoma ou aguardar o resultado do processo-crime e executar, diretamente, eventual sentença condenatória". (Assis, Araken. *Eficácia civil da sentença penal.* São Paulo: Ed. Revista dos Tribunais, 1993, p.9).

postal ou por outro meio qualquer de comunicação, mediante comprovação de recebimento, ou, ainda, entregando-a diretamente às partes, mediante recibo (art. 29 da Lei 9.307/96).

Preconiza o art. 31 da Lei 9.307/96 que a sentença arbitral produz, entre as partes e seus sucessores, os *mesmos efeitos da sentença proferida pelos órgãos do Poder Judiciário e, sendo condenatória, constitui título executivo.*

Em relação à sentença arbitral estrangeira, esta será reconhecida ou executado no Brasil de conformidade com os tratados internacionais com eficácia no ordenamento interno e, na sua ausência, estritamente de acordo com a Lei 9.307/96.

Segundo preconizava o art. 35 da Lei 9.307/96, para que a sentença arbitral estrangeira pudesse ser reconhecida no Brasil, dependeria única e exclusivamente de homologação do Supremo Tribunal Federal. Atualmente, essa competência é do Superior Tribunal de Justiça (CF, art. 105, I, i). Depois de homologada, compete à Justiça Federal de primeiro grau sua execução (CF, art. 109, X).

VIII – a sentença estrangeira homologada pelo Superior Tribunal de Justiça.

IX – a decisão interlocutória estrangeira, após a concessão do exequatur à carta rogatória pelo Superior Tribunal de Justiça.

Em relação à eficácia condenatória ou em relação à eficácia das demais hipóteses previstas no art. 515 do atual C.P.C. que possa ter a sentença estrangeira, seu cumprimento em território nacional encontra-se regulado pelos artigos 960 a 965 do atual C.P.C.

Segundo preconiza o art. 960 do atual C.P.C., a homologação de decisão estrangeira será requerida por ação de homologação de decisão estrangeira, salvo disposição especial em sentido contrário prevista em tratado.

A homologação obedecerá ao que dispuser o Regimento Interno do Superior Tribunal de Justiça, no caso a Resolução n. 9 de 04.05.2005.

As decisões estrangeiras somente terão eficácia no Brasil após homologadas (art. 961).

É passível de homologação a decisão judicial definitiva, bem como a decisão não judicial que, pela lei brasileira, teria natureza jurisdicional (art. 961, §1º, do C.P.C.).

A autoridade judiciária brasileira poderá deferir pedidos de urgência, assim como realizar atos de execução provisória, nos procedimentos de homologação de decisões estrangeiras.

É passível de execução a decisão estrangeira concessiva de medida de urgência. A execução no Brasil de decisão interlocutória estrangeira concessiva de medida de urgência dar-se-á por carta rogatória.

Por fim, estabelece o art. 965 do atual C.P.C. que o cumprimento de decisão estrangeira far-se-á perante o juízo federal competente, a requerimento da parte, conforme as normas estabelecidas para o cumprimento de decisão nacional.

Também nessa hipótese, embora se trate de título sujeito a cumprimento no âmbito do território brasileiro, haverá necessidade de instauração de um novo e específico processo destinado à liquidação da sentença, se for o caso, perante o juízo competente federal.

Sobre o tema, eis a seguinte decisão do S.T.J.:

1. Em nosso regime constitucional, a competência da União para "manter relações com estados estrangeiros" (art. 21, I), é, em regra, exercida pelo Presidente da República (CF, art. 84, VII), "auxiliado pelos Ministros de Estado" (CF, art. 76). A intervenção dos outros Poderes só é exigida em situações especiais e restritas.

No que se refere ao Poder Judiciário, sua participação está prevista em pedidos de extradição e de execução de sentenças e de cartas rogatórias estrangeiras: "Compete ao Supremo Tribunal Federal (...) processar e julgar, originariamente (...) a extradição solicitada por Estado estrangeiro" (CF, art. 102, I, g); "Compete ao Superior Tribunal de Justiça (...) processar e julgar originariamente (...) a homologação de sentenças estrangeiras e a concessão de exequatur às cartas rogatórias" (CF, art. 105, I, i); e "Aos Juízes federais compete processar e julgar (...) a execução de carta rogatória, após o exequatur, e de sentença estrangeira, após a homologação" (CF, art. 109, X).

2. As relações entre Estados soberanos que têm por objeto a execução de sentenças e de cartas rogatórias representam, portanto, uma classe peculiar de relações internacionais, que se estabelecem em razão da atividade dos respectivos órgãos judiciários e decorrem do princípio da territorialidade da jurisdição, inerente ao princípio da soberania, segundo o qual a autoridade dos juízes (e, portanto, das suas decisões) não pode extrapolar os limites territoriais do seu próprio País. Ao atribuir ao STJ a competência para a "concessão de exequatur às cartas rogatórias" (art. 105, I, i), a Constituição está se referindo, especificamente, ao juízo de delibação consistente em aprovar ou não o pedido feito por autoridade judiciária estrangeira para cumprimento, em nosso país, de diligência processual requisitada por decisão do juiz rogante. É com esse sentido e nesse limite, portanto, que deve ser compreendida a referida competência constitucional.

3. Preocupados com o fenômeno da criminalidade organizada e transnacional, a comunidade das Nações e os Organismos Internacionais aprovaram e estão executando, nos últimos anos, medidas de cooperação mútua para a prevenção, a investigação e a punição efetiva de delitos dessa espécie, o que tem como pressuposto essencial e básico um sistema eficiente de comunicação, de troca de informações, de compartilhamento de provas e de tomada de decisões e de execução de medidas preventivas, investigató-

rias, instrutórias ou acautelatórias, de natureza extrajudicial. O sistema de cooperação, estabelecido em acordos internacionais bilaterais e plurilaterais, não exclui, evidentemente, as relações que se estabelecem entre os órgãos judiciários, pelo regime das cartas precatórias, em processos já submetidos à esfera jurisdicional. Mas, além delas, engloba outras muitas providências, afetas, no âmbito interno de cada Estado, não ao Poder Judiciário, mas a autoridades policiais ou do Ministério Público, vinculadas ao Poder Executivo.

4. As providências de cooperação dessa natureza, dirigidas à autoridade central do Estado requerido (que, no Brasil, é o Ministério da Justiça), serão atendidas pelas autoridades nacionais com observância dos mesmos padrões, inclusive dos de natureza processual, que devem ser observados para as providências semelhantes no âmbito interno (e, portanto, sujeitas a controle pelo Poder Judiciário, por provocação de qualquer interessado). Caso a medida solicitada dependa, segundo o direito interno, de prévia autorização judicial, cabe aos agentes competentes do Estado requerido atuar judicialmente visando a obtê-la. Para esse efeito, tem significativa importância, no Brasil, o papel do Ministério Público Federal e da Advocacia Geral da União, órgãos com capacidade postulatória para requerer, perante o Judiciário, essas especiais medidas de cooperação jurídica.

5. Conforme reiterada jurisprudência do STF, os tratados e convenções internacionais de caráter normativo, "(...) uma vez regularmente incorporados ao direito interno, situam-se, no sistema jurídico brasileiro, nos mesmos planos de validade, de eficácia e de autoridade em que se posicionam as leis ordinárias" (STF, ADI-MC 1480-3, Min. Celso de Mello, DJ de 18.05.2001), ficando sujeitos a controle de constitucionalidade e produzindo, se for o caso, eficácia revogatória de normas anteriores de mesma hierarquia com eles incompatíveis (lex posterior derrogat priori). Portanto, relativamente aos tratados e convenções sobre cooperação jurídica internacional, ou se adota o sistema neles estabelecido, ou, se inconstitucionais, não se adota, caso em que será indispensável também denunciá-los no foro próprio. O que não se admite, porque então sim haverá ofensa à Constituição, é que os órgãos do Poder Judiciário pura a simplesmente neguem aplicação aos referidos preceitos normativos, sem antes declarar formalmente a sua inconstitucionalidade (Súmula vinculante 10/STF).

6. Não são inconstitucionais as cláusulas dos tratados e convenções sobre cooperação jurídica internacional (v.g. art. 46 da Convenção de Mérida – "Convenção das Nações Unidas contra a Corrupção" e art. 18 da Convenção de Palermo – "Convenção das Nações Unidas contra o Crime Organizado Transnacional") que estabelecem formas de cooperação entre autoridades vinculadas ao Poder Executivo, encarregadas da prevenção ou da investigação penal, no exercício das suas funções típicas. A norma constitucional do art. 105, I, i, não instituiu o monopólio universal do STJ de intermediar essas relações. A competência ali estabelecida – de conceder exequatur a cartas rogatórias –, diz respeito, exclusivamente, a relações entre os órgãos do Poder Judiciá-

rio, não impedindo nem sendo incompatível com as outras formas de cooperação jurídica previstas nas referidas fontes normativas internacionais.

7. No caso concreto, o que se tem é pedido de cooperação jurídica consistente em compartilhamento de prova, formulado por autoridade estrangeira (Procuradoria Geral da Federação da Rússia) no exercício de atividade investigatória, dirigido à congênere autoridade brasileira (Procuradoria Geral da República), que obteve a referida prova também no exercício de atividade investigatória extrajudicial.

O compartilhamento de prova é uma das mais características medidas de cooperação jurídica internacional, prevista nos acordos bilaterais e multilaterais que disciplinam a matéria, inclusive na "Convenção das Nações Unidas contra o Crime Organizado Transnacional" (Convenção de Palermo), promulgada no Brasil pelo Decreto 5.015, de 12.03.04, e na "Convenção das Nações Unidas contra a Corrupção" (Convenção de Mérida), de 31.10.03, promulgada pelo Decreto 5.687, de 31.01.06, de que a Federação da Rússia também é signatária. Consideradas essas circunstâncias, bem como o conteúdo e os limites próprios da competência prevista no art. 105, I, i da Constituição, a cooperação jurídica requerida não dependia de expedição de carta rogatória por autoridade judiciária da Federação da Rússia e, portanto, nem de exequatur ou de outra forma de intermediação do Superior Tribunal de Justiça, cuja competência, consequentemente, não foi usurpada.

8. Reclamação improcedente.

(Rcl 2.645/SP, Rel. Ministro TEORI ALBINO ZAVASCKI, CORTE ESPECIAL, julgado em 18/11/2009, DJe 16/12/2009)

X – o acórdão proferido pelo Tribunal Marítimo quando do julgamento de acidentes e fatos da navegação. **(VETADO)**

Razões do veto

"Ao atribuir natureza de título executivo judicial às decisões do Tribunal Marítimo, o controle de suas decisões poderia ser afastado do Poder Judiciário, possibilitando a interpretação de que tal colegiado administrativo passaria a dispor de natureza judicial."

Por fim, estabelece o *§1º do 515* do atual C.P.C. que *nos casos dos incisos VI a IX, o devedor será citado no juízo cível para o cumprimento da sentença ou para a liquidação no prazo de 15 (quinze) dias.*

Assim, no caso de sentença penal condenatória transitada em julgado, sentença arbitral, sentença estrangeira homologada e decisão interlocutória estrangeira (*exequatur*), o devedor será citado no juízo cível competente para o cumprimento da sentença ou para liquidação no prazo de quinze dias.

O dispositivo não fala em intimação para cumprir a decisão, mas, sim, de citação. E tal determinação tem sua lógica de ser, pois na hipótese de sentença penal ou de cumprimento de sentença estrangeira o devedor não foi parte em nenhum processo cível no Brasil que pudesse ter gerado o título executivo judicial.

Art. 516

O cumprimento da sentença efetuar-se-á perante:

I – os tribunais, nas causas de sua competência originária;

II – o juízo que decidiu a causa no primeiro grau de jurisdição;

III – o juízo cível competente, quando se tratar de sentença penal condenatória, de sentença arbitral, de sentença estrangeira ou de acórdão proferido pelo Tribunal Marítimo.

Parágrafo único. Nas hipóteses dos incisos II e III, o exequente poderá optar pelo juízo do atual domicílio do executado, pelo juízo do local onde se encontrem os bens sujeitos à execução ou pelo juízo do local onde deva ser executada a obrigação de fazer ou de não fazer, casos em que a remessa dos autos do processo será solicitada ao juízo de origem.

Juízo competente para o cumprimento de sentença

A jurisdição é genérica, enquanto que a competência é a medida certa do exercício dessa jurisdição por parte de um órgão jurisdicional.

A competência é a possibilidade de se exercer a jurisdição num caso específico, segundo a atribuição conferida pela lei ao órgão judiciário, obedecidos determinados critérios. Por isso, pode-se dizer que todo juiz tem jurisdição, contudo, nem todo juiz é competente para conhecer de determinada causa. Por conseguinte, o juiz competente é juiz com jurisdição; e juiz incompetente é juiz também com jurisdição, mas sem competência. Daí porque Eduardo J. Couture sintetizava o problema: *"A jurisdição é o todo; a competência é a parte: um fragmento da jurisdição"*.[991]

Quando se tratar de competência originária dos tribunais, o cumprimento da sentença dar-se-á no próprio tribunal, inclusive para efeito de cumprimento de sentença em que há condenação de honorários de advogado. Trata-se de competência *funcional* de caráter *absoluto*, sendo, portanto, improrrogável.

[991] Lima, Alcidez de Mendonça. *Comentários ao código de processo civil.* VI Vol. Tomo I. Arts. 566 a 585. Rio de Janeiro: Forense, 1979. p. 232.

Contudo, o tema do ponto legislativo altera-se constantemente.

Para se ter uma ideia, em Portugal, a sentença em causa de competência originária de um tribunal superior é executada perante órgão equivalente ao nosso juízo de primeiro grau. Não sendo o caso de competência originária, o cumprimento da sentença ocorrerá no juízo cível que processou a causa no primeiro grau de jurisdição. Para alguns doutrinadores este tipo de competência é absoluta, instituída não no interesse da parte, mas, sim, do Estado (Fraga, Liebman, José Frederico Marques, Alcides de Mendonça Lima). Para outros, trata-se de competência relativa (Gabriel Resende Filho, Amílcar de Castro, Pontes de Miranda). É certo que com a redação constante no p.u. do art. 516 do atual C.P.C., pode-se afirmar que se está diante de competência *relativa*.

A competência do juízo que processou a causa no primeiro grau de jurisdição prevalece mesmo na hipótese de a sentença ter sido reformada em grau de recurso.

Em se tratando de sentença penal condenatória, de sentença arbitral ou de sentença ou decisão estrangeira, o seu cumprimento dar-se-á no juízo civil competente, ressaltando-se que na última hipótese, o juízo competente é o da Justiça Federal de primeiro grau, nos termos do art. 109, inc. X da C.F. A competência deste juízo ocorre com base nas regras de competência geral deste Código.

O *parágrafo único do art. 516* do atual C.P.C. estabelece que *nas hipóteses dos incisos II e III, o exequente poderá optar pelo juízo do atual domicílio do executado, pelo juízo do local onde se encontrem os bens sujeitos à execução ou pelo juízo do local onde deve ser executada a obrigação de fazer ou de não fazer, casos em que a remessa dos autos do processo será solicitada ao juízo de origem.*

Sob a égide do C.P.C. de 1973, assim se manifestou o S.T.J.: *"É absoluta a competência funcional estabelecida no art. 575, II* (atual 503, inc. II) *devendo a execução ser processada no juízo em que decidida a causa no primeiro grau de jurisdição"* (S.T.J., 4ª T., Resp 538.227-MT, rel. Min. Fernando Gonçalves, j. 20.4.04.).

Agora, pelo novo C.P.C., essa competência deixou de ser absoluta para se tornar relativa, uma vez que poderá o cumprimento de sentença ser efetivado em outro juízo que não aquele em que foi proferida a decisão.

Faculta-se ao demandante com pretensão de cumprimento de sentença escolher o juízo para o cumprimento dentre os seguintes: o juízo do atual domicílio do executado, o juízo do local onde se encontram os bens sujeitos à execução ou onde deve ser executada a obrigação de fazer ou de não fazer. Nestes casos, o requerente poderá solicitar a remessa dos autos do processo ao juízo de origem. Quando se tratar de litisconsortes facultativos, o cumprimento poderá ocorrer por meio de certidão de inteiro teor em autos apartados.

José Miguel Garcia Medina, ao comentar o parágrafo único do art. 475-P do C.P.C. de 1973, que tinha a mesma redação do atual parágrafo único do art. 516, preconizava: *"O parágrafo único do art. 475-P do CPC faculta ao exequente requerer a execução em juízo distinto daquele que tenha processado 'a causa no primeiro grau de jurisdição (CPC, art. 475-P, II), podendo optar pelo juízo do local onde se encontrem bens sujeitos à expropriação ou pelo do atual domicílio do executado. Os princípios que regulam a competência absoluta, assim, são mitigados pelo art. 475-P, parágrafo único do CPC, já que este preceito estabelece competência concorrente entre os três juízos referidos".*[992]

O certo é que o código de processo civil, por ser lei ordinária, não poderá alterar as regras de competência absoluta instituídas pela Constituição Federal, mas somente aquelas estabelecidas em leis ordinárias. Assim, somente haverá a alteração da competência absoluta prevista na Constituição Federal, para efeitos de cumprimento de sentença, se respeitada a regra de competência prevista no texto Constitucional. Por isso, se for competente para o cumprimento de sentença a justiça federal, o deslocamento do cumprimento de sentença somente poderá ocorrer também para a justiça federal e não para a justiça estadual.

Art. 517

A decisão judicial transitada em julgado poderá ser levada a protesto, nos termos da lei, depois de transcorrido o prazo para pagamento voluntário previsto no art. 523.

§ 1º Para efetivar o protesto, incumbe ao exequente apresentar certidão de teor da decisão.

§ 2º A certidão de teor da decisão deverá ser fornecida no prazo de 3 (três) dias e indicará o nome e a qualificação do exequente e do executado, o número do processo, o valor da dívida e a data de decurso do prazo para pagamento voluntário.

§ 3º O executado que tiver proposto ação rescisória para impugnar a decisão exequenda pode requerer, a suas expensas e sob sua responsabilidade, a anotação da propositura da ação à margem do título protestado.

§ 4º A requerimento do executado, o protesto será cancelado por determinação do juiz, mediante ofício a ser expedido ao cartório, no prazo de 3 (três) dias, contado da data de protocolo do requerimento, desde que comprovada a satisfação integral da obrigação.

[992] Medina, J. M. G., op. cit., p. 247.

Protesto da decisão judicial

Trata-se de uma grande inovação introduzida pelo atual C.P.C., no sentido de constranger ainda mais o devedor a cumprir integralmente a obrigação imposta pela decisão judicial.

Segundo dispõe o art. 1º da Lei n. 9.492, de 10 de setembro de 1997, o protesto é *o ato formal e solene pelo qual se prova a inadimplência e o descumprimento de obrigação originada em títulos e outros documentos de dívida*.

Até então, o protesto de título era reservado aos títulos extrajudiciais, incluindo-se entre os títulos sujeitos a protesto as certidões de dívida ativa da União, dos Estados, do Distrito Federal, dos Municípios e das respectivas autarquias e fundações públicas (p.u. do art. 1º da Lei 9.492/97 com a redação dada pela Lei 12.767, de 2012).

Pelo novo C.P.C., também a decisão judicial transitada em julgado poderá ser levada a protesto, nos termos da Lei 9.492/97, depois de transcorrido o prazo para pagamento voluntário previsto no art. 523.

Assim, no caso de condenação em quantia certa, ou já fixada em liquidação, e no caso de decisão sobre parcela incontroversa, o cumprimento definitivo da sentença far-se-á a requerimento do exequente, sendo o executado intimado para pagar o débito, no prazo de 15 (quinze) dias, acrescido de custas, se houver.

Expirado o prazo de quinze dias para o pagamento do débito, e permanecendo o devedor em mora, poderá o credor levar a decisão transitada em julgado a protesto, sem prejuízo do prosseguimento do cumprimento de sentença, perante o Tabelião de Protesto de Títulos competente, no caso, o Tabelião do local em que se promove o cumprimento de sentença.

Nos termos do art. 3º da Lei 9.492/97, *c*ompete privativamente ao Tabelião de Protesto de Títulos, na tutela dos interesses públicos e privados, a protocolização, a intimação, o acolhimento da devolução ou do aceite, o recebimento do pagamento, do título e de outros documentos de dívida, bem como lavrar e registrar o protesto ou acatar a desistência do credor em relação ao mesmo, proceder às averbações, prestar informações e fornecer certidões relativas a todos os atos praticados, na forma desta Lei.

Para efetivar o protesto, incumbe ao exequente apresentar certidão de teor da decisão, certidão essa que será fornecida pela Secretaria do juízo independentemente de despacho.

A certidão de teor da decisão deverá ser fornecida no prazo de três dias e indicará o nome e a qualificação do exequente e do executado, o número do processo, o valor da dívida e a data de decurso do prazo para pagamento voluntário.

O protesto será registrado dentro de três dias úteis contados da protocolização da decisão judicial transitada em julgado. Na contagem deste prazo, exclui-se o dia da protocolização e inclui-se o do vencimento.

Protocolizada a certidão da decisão transitada em julgado, o Tabelião de Protesto expedirá a intimação ao devedor, no endereço fornecido pelo apresentante do título ou documento, considerando-se cumprida quando comprovada a sua entrega no mesmo endereço.

A remessa da intimação poderá ser feita por portador do próprio tabelião, ou por qualquer outro meio, desde que o recebimento fique assegurado e comprovado através de protocolo, aviso de recepção (AR) ou documento equivalente.

A intimação deverá conter nome e endereço do devedor, elementos de identificação do título ou documento de dívida, e prazo limite para cumprimento da obrigação no Tabelionato, bem como número do protocolo e valor a ser pago.

A intimação será feita por edital se a pessoa indicada para aceitar ou pagar for desconhecida, sua localização incerta ou ignorada, for residente ou domiciliada fora da competência territorial do Tabelionato, ou, ainda, ninguém se dispuser a receber a intimação no endereço fornecido pelo apresentante.

O edital será afixado no Tabelionato de Protesto e publicado pela imprensa local onde houver jornal de circulação diária.

Aquele que fornecer endereço incorreto, agindo de má-fé, responderá por perdas e danos, sem prejuízo de outras sanções civis, administrativas ou penais.

Esgotado o prazo de três dias para o registro do protesto, sem que haja o pagamento da obrigação imposta na decisão transitada em julgado, o Tabelião lavrará e registrará o protesto, sendo o respectivo instrumento entregue ao apresentante.

O protesto, nesta hipótese, será tirado por falta de pagamento.

O executado que tiver proposto ação rescisória para impugnar a decisão exequenda pode requerer, a suas expensas e sob sua responsabilidade, a anotação da propositura da ação à margem do título protestado.

Muito embora seja averbada a propositura da ação rescisória à margem do título protestado, tal fato não acarreta a suspensão do protesto, a não ser que seja concedida antecipação de tutela para suspender a exigibilidade da decisão transitada em julgado.

A requerimento do executado, o protesto será cancelado por determinação do juiz, mediante ofício a ser expedido ao cartório, no prazo de três dias, contato da data de protocolo do requerimento, desde que comprovada a satisfação integral da obrigação.

Art. 518

Todas as questões relativas à validade do procedimento de cumprimento da sentença e dos atos executivos subsequentes poderão ser arguidas pelo executado nos próprios autos e nestes serão decididas pelo juiz.

Impugnação do devedor nos próprios autos

Este dispositivo legal trata da natureza jurídica da *impugnação* do incidente denominado de *cumprimento de sentença*.

Percebe-se, inicialmente, que a impugnação ao procedimento de cumprimento de sentença não se desenvolve por meio de um incidente autônomo, como é o caso dos embargos do devedor à execução fundada em título executivo extrajudicial.

A impugnação prevista no art. 518 do novo C.P.C. trata de uma oposição interposta pelo devedor ao pedido de cumprimento de sentença, resguardando assim os princípios Constitucionais do contraditório e da ampla defesa, assumindo, por vezes, o mesmo papel de uma demanda cognitiva e de um mero incidente processual.

Em regra, a matéria que pode ser veiculada na impugnação diz respeito: a) inexistência de pressuposto para o cumprimento da sentença, como, por exemplo, falta de cumprimento de condição ou encargo objeto da relação jurídica, iliquidez do título, ilegitimidade 'ad processum'; b) validade e adequação dos atos executivos, como eventual invalidade da penhora; c) inexistência da obrigação contida no título executivo judicial, em razão da ocorrência de fato superveniente (*defesa indireta*).

Os temas referidos no item a) e b) podem ser analisados *ex officio* pelo juiz, nada impedindo que o executado os provoque por simples petição.

Já em relação à temática sobre a penhora, por exemplo, esta deverá ser arguida pela parte e não provocada de ofício pelo juiz, salvo raras exceções, como, por exemplo, quando o imóvel pertence a um incapaz.

Na realidade, o art. 518 do atual C.P.C. veio institucionalizar no âmbito da execução a denominada *exceção de pré-executividade ou objeção de pré-executividade*.

Isso não significa dizer, contudo, que o devedor, antes da fase própria para a apresentação da impugnação, não possa se valer da exceção ou objeção de pré-executividade.

Por isso, tratando-se de matéria em que o juiz possa conhecer de *ofício* ou que não depende de *dilação probatória*, poderá a parte valer-se da *exceção ou objeção de pré-executividade* quando ainda não se encontrar na fase para apresentação de *impugnação* ao cumprimento de sentença. Nesse sentido, aliás, é a decisão proferida pelo TJMG, AgIn. 1.0024.02.742451-4/001, rel. Des. Pereira da Silva, j. 15.05.2007.

Indaga-se se o executado, deixando transcorrer *in albis* o prazo para a *impugnação* do procedimento de cumprimento de sentença, poderia ainda assim ingressar com *exceção de pré-executividade?* Afirmativamente entende José Miguel Garcia Medina.[993]

Contudo, não obstante o posicionamento de Medina, o certo é que há um limite para a apresentação de *exceção de pré-executividade* (salvo em relação àquelas matérias que o juiz poderá conhecer de ofício), no caso, a expiração do prazo para que o devedor apresente *impugnação*. Neste caso, deixando transcorrer o prazo para a impugnação, eventual matéria (que o juiz não poderá conhecer de ofício) somente poderá ser arguida em demanda cognitiva autônoma e não por meio de *exceção de pré-executividade*. O próprio C.P.C. prevê a possibilidade de demanda rescisória ou de demanda anulatória, conforme o caso, para a desconstituição do título, no caso a sentença. Nesse sentido foi o voto proferido pelo Ministro João Otávio de Noronha no Recurso Especial n. 396.397-MG:

> *"A jurisprudência do Superior Tribunal de Justiça vem admitindo exceção de pré-executividade em ação executiva fiscal para arguição de matérias de ordem pública, tais como as condições de ação e os pressupostos processuais, sem que haja necessidade de dilação probatória e desde que manejada em momento anterior à penhora e aos embargos.*
>
> *No presente caso, conforme consignou o acórdão recorrido, 'regularmente intimada da penhora de fls. 27 em 10.10.96, através de seu representante legal, a executada deixou de apresentar embargos no prazo legal, conforme certidão de fls. 28v, quando poderia e deveria discutir a exigibilidade do crédito ora em execução'. Nesse sentido, transcrevo os seguintes julgados:*
>
> *'Processual civil. Exceção de pré-executividade. Matéria que não se refere às condições da ação ou constitui pressuposto processual. Taxa de juros e capitalização. Penhora. Não oferecimento de embargos do devedor. Preclusão da exceção apresentada ulteriormente. Improvimento' (Agrg. no Ag. n. 489.949/sp, Relator Ministro Aldir Passarinho Júnior, dj de 22.9.2003).*
>
> *'Execução Fiscal. Processo Civil. Prescrição. Exceção de Pré-Executividade. Possibilidade Antes dos Embargos do Devedor e da Penhora. Lei 6.830/80, art. 8º, §2º. CPC, artigos 219, §§§2º, 3º e 4º, e 620. CTN, artigo 174 e Parágrafo Único.*

[993] MEDINA, J. M. G. idem, p. 255 a 256.

1. Denunciada a ocorrência da prescrição, verificação independente da produção ou exame laborioso de provas, não malfere nenhuma regra do Código de Processo Civil o oferecimento da exceção de 'pré-executividade', independentemente dos embargos de devedor e da penhora para a prévia garantia do juízo. Condicionar o exame da prescrição à interposição dos embargos seria gerar desnecessários gravames ao executado, ferindo o espírito da lei de execução, que orienta no sentido de serem afastados art. 620, CPC. Provocada, pois, a prestação jurisdicional quanto à prescrição, pode ser examinada como objeção à pré-executividade. Demais, seria injúria ao princípio da instrumentalidade adiar para os embargos a extinção do processo executivo...

4. Recurso provido' (Resp n. 179.750/SP, relator Ministro Milton Luiz Pereira, DJ de 6.8.2002)".

É bem verdade que a jurisprudência, em se tratando de exceção de pré-executividade, não admite que esse incidente possa veicular conteúdo de matéria de fato que demandaria *dilação probatória*. Nesse sentido, eis os seguintes precedentes do S.T.J.:

(...).

3. A Exceção de Pré-Executividade é admitida nas situações em que são desnecessárias dilações probatórias.

(AgRg no AREsp 28.904/RS, Rel. Ministro HERMAN BENJAMIN, SEGUNDA TURMA, julgado em 03/11/2011, DJe 08/11/2011).

(...).

2. Em algumas hipóteses, no entanto, utiliza-se a exceção de pré-executividade, fruto de construção doutrinária, amplamente aceita pela jurisprudência, inclusive desta Corte, como meio de defesa prévia do executado, independentemente de garantia do juízo.3. A exceção de pré-executividade é cabível quando atendidos simultaneamente dois requisitos, um de ordem material e outro de ordem formal, ou seja: (a) é indispensável que a matéria invocada seja suscetível de conhecimento de ofício pelo juiz; e (b) é indispensável que a decisão possa ser tomada sem necessidade de dilação probatória. Precedentes.

4. A alegação de excesso de execução não é cabível em sede de exceção de pré-executividade, salvo quando esse excesso for evidente. Precedentes.

5. A exceção de pré-executividade somente se justifica na medida em que puder evitar a constrição indevida de bens do indigitado devedor. Realizada a penhora, com a consequente oposição dos embargos à execução, a exceção de pré-executividade restará prejudicada. Não tendo sido possível evitar a constrição de bens, caberá ao devedor opor os respectivos embargos, nos quais deduzirá toda a matéria de defesa, esvaziando por completo o interesse na exceção de pré-executividade, que perde o seu objeto.

6. Na hipótese de haver decisão transitada em julgado no âmbito dos embargos à execução, não é possível o reexame de tema neles contidos em sede de impugnação aos cálculos, ainda que este incidente tenha se iniciado antes.

7. Recurso especial provido.

(REsp 1061759/RS, Rel. Ministra NANCY ANDRIGHI, TERCEIRA TURMA, julgado em 21/06/2011, DJe 29/06/2011).

(...).

3. Aplica-se ao caso a Súmula 83/STJ, pois o acórdão recorrido está em consonância com o entendimento desta Corte no sentido de que não é cabível Exceção de Pré-executividade em Execução Fiscal ajuizada contra sócio que figura como responsável na Certidão de Dívida Ativa – CDA, pois a demonstração de inexistência de responsabilidade do sócio demanda a produção de provas, tendo em vista a presunção de legitimidade da CDA. Nesse sentido: REsp. 1.110.925/SP, representativo de controvérsia.

4. Agravo Regimental desprovido.

(AgRg no AREsp 37.807/MG, Rel. Ministro NAPOLEÃO NUNES MAIA FILHO, PRIMEIRA TURMA, julgado em 18/10/2011, DJe 08/11/2011).

O art. 518 do atual C.P.C. restringe a impugnação do devedor às questões *relativas à validade do procedimento de cumprimento de sentença* e dos *atos executivos subsequentes*. Em princípio, somente questão referente às nulidades dos atos concernentes ao procedimento de cumprimento de sentença é que poderiam ser arguidos na impugnação.

Até mesmo para se evitar o prosseguimento indevido do procedimento de cumprimento de sentença, outras matérias poderão também ser arguidas no procedimento de cumprimento de sentença, inclusive matéria de fato, como, por exemplo (pagamento, compensação, transação, novação, prescrição após a sentença etc).

As matérias que podem ser arguidas no cumprimento de sentença definitiva condenatória em quantia certa encontram-se devidamente arroladas no art. 525 do novo C.P.C., a saber:

Art. 525. Transcorrido o prazo previsto no art. 523 sem o pagamento voluntário, inicia-se o prazo de 15 (quinze) dias para que o executado, independentemente de penhora ou nova intimação, apresente, nos próprios autos, sua impugnação.

§ 1º Na impugnação, o executado poderá alegar:

I – falta ou nulidade da citação se, na fase de conhecimento, o processo correu à revelia;

II – ilegitimidade de parte;
III – inexequibilidade do título ou inexigibilidade da obrigação;
IV – penhora incorreta ou avaliação errônea;
V – excesso de execução ou cumulação indevida de execuções;
VI – incompetência absoluta ou relativa do juízo da execução;
VII – qualquer causa modificativa ou extintiva da obrigação, como pagamento, novação, compensação, transação ou prescrição, desde que supervenientes à sentença.

Por sua vez, o art. 475-L do C.P.C. de 1973 permitia que a impugnação versasse sobre as seguintes matérias:

Art. 475-L. A impugnação somente poderá versar sobre: (Incluído pela Lei nº 11.232, de 2005)
I – falta ou nulidade da citação, se o processo correu à revelia; (Incluído pela Lei nº 11.232, de 2005)
II – inexigibilidade do título; (Incluído pela Lei nº 11.232, de 2005)
III – penhora incorreta ou avaliação errônea; (Incluído pela Lei nº 11.232, de 2005)
IV – ilegitimidade das partes; (Incluído pela Lei nº 11.232, de 2005)
V – excesso de execução; (Incluído pela Lei nº 11.232, de 2005)
VI – qualquer causa impeditiva, modificativa ou extintiva da obrigação, como pagamento, novação, compensação, transação ou prescrição, desde que superveniente à sentença. (Incluído pela Lei nº 11.232, de 2005)

Tendo em vista que a impugnação ao cumprimento de sentença equivale aos embargos à execução, numa perspectiva mais limitada e restritiva, não se pode negar a possibilidade de dilação probatória, sob pena de se ferir os princípios Constitucionais do contraditório e da ampla defesa, em relação exclusiva às matérias constantes nos incisos I a VII do art. 525 do atual C.P.C.

Na realidade, a impugnação ao cumprimento de sentença amplia o objeto de cognição do juiz, o qual deverá analisar, avaliar e decidir a respeito de questões que, em regra, sem a impugnação, não poderiam ser apreciadas naquele procedimento.

É o caso, por exemplo, das matérias referidas no inc. VII do art. 525 do atual C.P.C., isto é, *qualquer causa impeditiva, modificativa ou extintiva da obrigação, como pagamento, novação, compensação, transação ou prescrição, desde que supervenientes à sentença*. Neste caso, conforme já teve oportunidade de afirmar José Miguel Garcia Medida, ainda sob a égide do C.P.C. de 1973: *"o instituto é mais assimilável a uma ação que, propriamente, a uma defesa. É que, caso se entenda que a impugnação tem natureza de defesa, seu não acolhimento não ensejaria a 'procedência' de qualquer pedido, já que quem pede a execução nos termos do art. 475-J e ss. Do CPC, 'não pede a prolação de sentença, mas, apenas, a realização de atos executivos voltados à realização do direito contido no título judicial'. Como, em princípio, só se pode conceber a existência de 'sentença' que declare a existência/inexistência da obrigação se houver 'pedido' veiculado em uma ação, infere-se que, como o exequente não fez tal pedido, isto só pode decorrer de ação ajuizada pelo executado, que, de fato, no caso 'pede que se reconheça a extinção da obrigação'. Não fosse assim, acolhida a impugnação, caso se entendesse que esta não é uma ação, se estaria diante de uma sentença proferida 'sem pedido', e que não teria condições de transitar em julgado, qualquer que fosse seu resultado".*[994]

Em conclusão, Medina afirma que a) nos casos em que a impugnação nada acrescenta aos elementos sobre os quais há de recair a cognição do juiz, versando sobre questões atinentes aos requisitos da ação executiva e à validade dos atos executivos, se estará diante, propriamente, de mera defesa incidental. Nesta hipótese, o juiz examina, tão somente, se o pedido veiculado pelo exequente, ou o ato executivo que se está a realizar, é ou não admissível; b) caso, diversamente, a impugnação sirva de veículo a um pedido, em que se postula o reconhecimento de dada situação jurídica e a respectiva atribuição de um bem jurídico ao impugnante, não se estará diante de mera defesa relativa à demanda que já se encontra em curso, mas de outra demanda, com novo objeto, embora ajuizada incidentalmente. Neste caso, rigorosamente, há demanda de conhecimento voltada à concessão de uma sentença declaratória.[995]

É possível, contudo, que a interposição de impugnação não suspenda o procedimento de cumprimento de sentença, razão pela qual os atos executivos devem ter prosseguimento, apesar da impugnação.

Neste caso, e para se evitar tumulto processual, não se vê razão para se impedir o juiz de determinar a extração de cópias da impugnação e da resposta à impugnação a fim de que este procedimento (e não processo) tenha seguimento apenas em autos apartados. Isso, evidentemente, não transforma a impugnação em uma demanda de embargos do devedor à execução, mas apenas tem por objetivo evitar a inversão tumultuária do procedimento de cumprimento de sentença. Aliás, essa possibilidade encontrava-se prevista expressamente no art. 475-M, §2º do C.P.C. de 1973 que assim dispunha: *§ 2º Deferido efeito suspensivo, a impugnação será instruída e decidida nos próprios autos e, caso contrário, em autos apartados. (Incluído pela Lei nº 11.232, de 2005).*

[994] MEDINA, J. M. G., idem, p. 254.
[995] MEDINA, J. M. G., idem, p. 255.

O fato de não constar essa possibilidade expressamente no novo C.P.C., não significa que o juiz não poderá se utilizar dessa prerrogativa, justamente para evitar mácula à efetividade da tutela jurisdicional ou à celeridade processual, bem como para evitar inversão tumultuária do procedimento de cumprimento de sentença.

Observa-se, portanto, que o juiz poderá proferir dois tipos de decisão na fase procedimental de cumprimento de sentença: a) decisão interlocutória, na qual não há extinção do processo; b) ou sentença decretando a extinção do processo ou declarando a satisfação da obrigação. Na primeira hipótese, a decisão do juiz estará sujeita ao agravo de instrumento. Já na segunda hipótese, o recurso será o de apelação.

Assim, a natureza jurídica da decisão que julga o incidente de impugnação ao cumprimento de sentença deve ser analisada em função do que fora alegado na própria impugnação.

Sobre a existência de coisa julgada na impugnação, assim já se pronunciou José Miguel Garcia Medina: *"Nos casos em que, através da impugnação, o executado ajuíza ação contra o exequente, a decisão que acolhe ou rejeita o pedido faz coisa julgada material. É o que se dá, por exemplo, se o juiz rejeita a impugnação, afirmando que não houve pagamento ou outra das circunstâncias referidas no art. 475-L, VI. Ainda que, para fins de recorribilidade, tenha a lei estabelecido que cabe agravo de instrumento contra a decisão que rejeita a impugnação (475-M, §3º), no caso referido se estará diante de pronunciamento que, substancialmente, é uma sentença, e que, como tal, pode ser alvo de ação rescisória, se presente alguma das hipóteses referidas no art. 485 do Código. Não há coisa julgada, contudo, se a impugnação é indeferida em razão da ausência de um de seus requisitos, por exemplo, ter sido apresentada após o prazo de 15 dias, ou antes da penhora".*[996]

Art. 519

Aplicam-se as disposições relativas ao cumprimento da sentença, provisório ou definitivo, e à liquidação, no que couber, às decisões que concederem tutela provisória.

Aplicação do capítulo da liquidação e do cumprimento de sentença às decisões de tutela antecipada

O novo C.P.C. trata das tutelas provisórias de urgência ou de evidência nos artigos 294 a 311.

[996] Medina, J. M. G., idem. p.259.

Se o juiz deferir alguma tutela de urgência *cautelar ou antecipatória satisfativa* ou mesmo tutela de evidência, o cumprimento dessa decisão dar-se-á com base nas disposições relativas ao cumprimento provisório de sentença, pois este tipo de tutela não é definitivo, podendo ser revertido pela decisão final.

É importante salientar que as medidas de urgência satisfativa são as que visam a antecipar ao autor, no todo ou em parte, os efeitos da tutela pretendida. Já as medidas cautelares são as que visam, sem caráter satisfativo, a afastar riscos e assegurar o resultado útil do processo.

Por sua vez, conforme estabelece o art. 297 do atual C.P.C. *"O juiz poderá determinar as medidas que considerar adequadas para a efetivação da tutela provisória"*.

O cumprimento da decisão proferida em tutelas de urgência cautelar ou satisfativa dependerá do provimento que fora deferido, podendo corresponder à obrigação de dar, fazer ou não fazer, bem como de pagar quantia certa.

Assim, o juiz deverá utilizar o procedimento de cumprimento de sentença definitivo ou provisório como parâmetro operativo, isto é, como parâmetro para a concretização da medida que foi concedida como tutela de urgência cautelar ou satisfativa.

O mesmo ocorre em relação à tutela de evidência prevista no art. 311. Também neste caso, o juiz deverá utilizar como parâmetro operativo o procedimento de cumprimento de sentença provisório ou definitivo.

CAPÍTULO II – Do Cumprimento Provisório da Sentença que Reconhece a Exigibilidade de Obrigação de Pagar Quantia Certa

Art. 520

O cumprimento provisório da sentença impugnada por recurso desprovido de efeito suspensivo será realizado da mesma forma que o cumprimento definitivo, sujeitando-se ao seguinte regime:

I – corre por iniciativa e responsabilidade do exequente, que se obriga, se a sentença for reformada, a reparar os danos que o executado haja sofrido;

II – fica sem efeito, sobrevindo decisão que modifique ou anule a sentença objeto da execução, restituindo-se as partes ao estado anterior e liquidando-se eventuais prejuízos nos mesmos autos;

III – se a sentença objeto de cumprimento provisório for modificada ou anulada apenas em parte, somente nesta ficará sem efeito a execução;

IV – o levantamento de depósito em dinheiro e a prática de atos que importem transferência de posse ou alienação de propriedade ou de outro direito real, ou dos quais possa resultar grave dano ao executado, dependem de caução suficiente e idônea, arbitrada de plano pelo juiz e prestada nos próprios autos.

§ 1º No cumprimento provisório da sentença, o executado poderá apresentar impugnação, se quiser, nos termos do art. 525.

§ 2º A multa e os honorários a que se refere o § 1º do art. 523 são devidos no cumprimento provisório de sentença condenatória ao pagamento de quantia certa.

§ 3º Se o executado comparecer tempestivamente e depositar o valor, com a finalidade de isentar-se da multa, o ato não será havido como incompatível com o recurso por ele interposto.

§ 4º A restituição ao estado anterior a que se refere o inciso II não implica o desfazimento da transferência de posse ou da alienação de propriedade ou de outro direito real eventualmente já realizada, ressalvado, sempre, o direito à reparação dos prejuízos causados ao executado.

§ 5º Ao cumprimento provisório de sentença que reconheça obrigação de fazer, de não fazer ou de dar coisa aplica-se, no que couber, o disposto neste Capítulo.

Sumário:

1. Forma e requisitos do cumprimento provisório de sentença

O presente capítulo trata do cumprimento provisório de sentença condenatória em quantia certa.

Porém, conforme estabelece o *§5º do art. 520 do atual C.P.C.*, o cumprimento provisório de sentença que reconheça obrigação de fazer, de não fazer ou dar coisa aplica-se, no que couber, o disposto neste Capítulo.

Observa-se, portanto, que este Capítulo aplica-se ao cumprimento provisório de sentença condenatória em quantia certa, e, subsidiariamente, às sentenças que tenham por objeto obrigação de fazer, não fazer ou dar coisa.

Interposto recurso contra a sentença sem efeito suspensivo (recurso especial ou extraordinário), pode o credor requerer o cumprimento provisório da sentença condenatória de quantia certa.

Alguns autores entendem que a rigor não é tecnicamente correto denominar de execução o cumprimento de sentença provisório, uma vez que provisória seria a decisão em que se baseia o cumprimento de sentença. Os atos executivos, ao contrário, realizam-se de modo definitivo. Assim, melhor seria afirmar que, no caso, se está diante de cumprimento integral de sentença provisória.[997]

Conforme estabelece o art. 520 do atual C.P.C., o cumprimento provisório da sentença impugnada por recurso desprovido de efeito suspensivo, será realizado na mesma forma que o cumprimento definitivo, ou seja, aplicando-se a regulamentação estabelecida por este código para o cumprimento definitivo de sentença condenatória de quantia certa – arts. 523 a 527, sujeitando-se, obrigatoriamente, ao seguinte regime:

a) O exequente tem responsabilidade pela reparação dos danos causados ao executado se a sentença provisoriamente cumprida for reformada pelo tribunal competente.

É importante salientar que no atual regime a instauração do cumprimento provisório de sentença não está condicionada à prestação de caução por parte do credor, pois a prestação de caução ficou limitada a situações excepcionais previstas no inc. IV do art. 517 do atual C.P.C.

b) O cumprimento provisório de sentença ficará sem efeito, sobrevindo decisão que modifique ou anule a sentença objeto da execução, restituindo-se as partes ao estado anterior e liquidados eventuais prejuízos nos mesmos autos.

Assim, modificada ou anulada a sentença ou decisão pelo tribunal, as partes deverão ser restituídas ao estado anterior, se possível. Não sendo possível essa restituição, devem ser liquidados nos próprios autos eventuais prejuízos que o credor causou ao devedor.

Note-se que esse retorno ao estado anterior pode decorrer de eventual modificação ou anulação de decisão interlocutória que concedeu a tutela de urgência satisfativa ou cautelar, tutela essa cujo o cumprimento deve observar os atos de concretização do cumprimento de sentença provisório. Outrossim, essa revogação pode não apenas ocorrer por meio de acórdão (em eventual recurso), mas também com a própria sentença final que julga improcedente o pedido e ao mesmo tempo cassa a decisão que concedera a tutela de urgência.

[997] Medina, José Miguel Garcia. *Execução* – processo civil moderno, vol. 3. São Paulo: Ed. Revista dos Tribunais, 2008. p. 250.

É importante salientar que nos termos do *§4º do art. 520* do atual C.P.C., *o retorno ao estado anterior a que se refere o inciso II não implica o desfazimento da transferência de posse ou da alienação de propriedade, ou de outro direito real eventualmente já realizada, ressalvado, sempre, o direito à reparação dos prejuízos causados ao executado.* Se no momento da reforma da sentença já tiver ocorrido transferência de posse ou alienação da propriedade, ou de outro direito real no âmbito da execução, essa reforma não afetará a transferência do bem, podendo o executado apurar eventuais prejuízo nos próprios autos.

Os prejuízos que possam ter sido suportados pelo devedor deverão ser liquidados no mesmo processo. Conforme afirma Teori Albino Zavascki: *"inclui os prejuízos emergentes dos atos executivos e, se tiver sido o caso, dos da liquidação provisória, bem como o lucro cessante (CC, art. 1.059). Se houve execução para entrega de coisa, o devedor assistirá o direito de ter de volta o bem nas condições em que o entregou (retorno ao 'status quo') e de haver indenização pela privação do seu uso ou do uso dele pelo credor. Se a execução provisória tiver sido estrepitosa a ponto de ter causado danos morais, não há porque não incluí-los no montante indenizável".*[998]

Tendo em vista que se está diante de cumprimento de sentença de quantia certa, eventual reparação do prejuízo poderá limitar-se à quantia já paga pelo devedor com juros ou correção monetária. Mas se houver a alienação de bens do devedor, esse prejuízo, além do valor do bem, poderá ensejar o lucro cessante e os danos emergentes, bem como, dependendo do caso, também danos morais.

A liquidação, portanto, poderá ser realizada por mero cálculo aritmético, por arbitramento ou por procedimento comum.

c) Se a sentença objeto de cumprimento provisório for modificada ou anulada apenas em parte, somente nesta ficará sem efeito a execução.

Evidentemente que poderá a sentença ser anulada ou reformada apenas em parte, razão pela qual em relação a esta parte o credor deverá, se for o caso, reparar os danos causados ao devedor, ficando sem efeito o cumprimento de sentença provisório.

Contudo, não haverá necessidade de reparação de danos ao devedor no caso de a parte não reformada da sentença ser substancialmente mais vantajosa ao credor ou houver compensação entre os danos causados ao credor pelo não cumprimento espontâneo da obrigação e os eventuais danos ocorridos ao devedor pelo cumprimento provisório da decisão.

Em relação à parte não anulada ou reformada da sentença, o cumprimento provisório terá andamento normal.

[998] ZAVASCKI, Teori Albino. *Comentários ao código de processo civil.* Vol.8. São Paulo: Ed. Revista dos Tribunais, 2000. p. 253.

d) o levantamento de depósito em dinheiro e a prática de atos que importem transferência de posse ou alienação de propriedade ou de outro direito real, ou dos quais possa resultar grave dano ao executado, dependem de caução suficiente e idônea, arbitrada de plano pelo juiz e prestada nos próprios autos.

Como se disse acima, a instauração do cumprimento de sentença condenatória de quantia certa não depende de prestação de caução por parte do credor, salvo nas hipóteses estabelecidas no inc. IV do art. 520 do atual C.P.C.

Assim, o exequente deverá prestar caução real (penhor, hipoteca ou anticrese) ou fidejussória (caução em dinheiro, ou, ainda, fiador, nas seguintes fases do procedimento de cumprimento de sentença: a) para o levantamento do depósito em dinheiro efetuado pelo executado; b) para a prática de atos que importem transferência da posse ou alienação de propriedade de bens pertencentes ao executado; c) ou para a prática de atos executivos que possam resultar graves danos ao executado.

Nesses casos, esses atos processuais somente serão realizados se o exequente prestar caução suficiente e idônea, arbitrada pelo juiz e prestada nos próprios autos.

Importante fazer referência ao disposto no art. 525 do C.P.C. espanhol, o qual não permite, em determinadas situações específicas, o cumprimento provisório de sentença, *in verbis:*

> *Art. 525. Sentenças não provisoriamente executáveis.*
>
> *1. Não serão em nenhum caso suscetíveis de execução provisória:*
>
> *a) As sentenças ditadas no processo sobre paternidade, maternidade, filiação, nulidade de matrimônio, separação e divórcio, capacidade e estado civil e direitos honoríficos, salvo os pronunciamentos que regulem as obrigações e relações patrimoniais relacionadas com o que seja objeto principal do processo.*
>
> *b) As sentenças que condenem a emitir uma declaração de vontade.*
>
> *c) As sentenças que declarem a nulidade ou caducidade de títulos de propriedade industrial.*
>
> *2. Tampouco procederá a execução provisória das sentenças estrangeiras não firmes, salvo que expressamente se disponha nos Tratados internacionais vigentes na Espanha.*
>
> *3. Não se procederá à execução provisória dos pronunciamentos de caráter indenizatório das sentenças que declarem mácula dos direitos à honra, à intimidade pessoal e familiar e à própria imagem.*

2. Impugnação ao cumprimento provisório de sentença

Conforme estabelece o *§1º do art. 520* do atual C.P.C., *no cumprimento provisório da sentença, o executado poderá apresentar impugnação, se quiser, nos termos do art. 525.*

Da mesma forma como ocorre no cumprimento definitivo de sentença, também no cumprimento provisório será facultado ao executado apresentar defesa, não por meio de embargos do devedor, pois se trata de título executivo judicial, mas, sim, por meio de *impugnação* que será apresentada nos próprios autos.

Transcorrido o prazo de quinze dias para o executado pagar voluntariamente o débito, acrescido das custas, inicia-se o prazo também de quinze dias para que ele, executado, independentemente de penhora ou nova intimação, apresente nos próprios autos sua impugnação.

O prazo de quinze dias começa correr automaticamente após o transcurso do prazo de quinze dias para pagamento do débito, independentemente de penhora ou nova intimação.

Na impugnação, o executado poderá alegar: I – falta ou nulidade da citação se, na fase de conhecimento, o processo correu à revelia; II – ilegitimidade de parte; III – inexequibilidade do título ou inexigibilidade da obrigação; IV – penhora incorreta ou avaliação errônea; V – excesso de execução ou cumulação indevida de execuções; VI – incompetência absoluta ou relativa do juízo da execução; VII – qualquer causa modificativa ou extintiva da obrigação, como pagamento, novação, compensação, transação ou prescrição, desde que supervenientes à sentença.

A alegação de impedimento ou suspeição observará o disposto nos arts. 146 e 148.

Aplica-se à impugnação o disposto no art. 229.

Quando o executado alegar que o exequente, em excesso de execução, pleiteia quantia superior à resultante da sentença, cumprir-lhe-á declarar de imediato o valor que entende correto, apresentando demonstrativo discriminado e atualizado de seu cálculo.

Não apontado o valor correto ou não apresentado o demonstrativo, a impugnação será liminarmente rejeitada, se o excesso de execução for o seu único fundamento; se houver outro fundamento, a impugnação será processada, mas o juiz não examinará a alegação de excesso de execução.

A apresentação de impugnação não impede a prática dos atos executivos, inclusive os de expropriação. O juiz poderá, entretanto, a requerimento do executado e desde que garantido o juízo com penhora, caução ou depósito suficientes, atribuir à impugnação efeito suspensivo, se relevantes seus fundamentos e se o prosseguimento da execução for manifestamente suscetível de causar ao executado grave dano de difícil ou incerta reparação. A concessão de efeito suspensivo não impedirá a efetivação dos atos de substituição, de reforço ou redução da penhora e de avaliação dos bens.

Quando o efeito suspensivo atribuído à impugnação disser respeito apenas a parte do objeto da execução, esta prosseguirá quanto à parte restante.

A concessão de efeito suspensivo à impugnação deduzida por um dos executados não suspenderá a execução contra os que não impugnaram, quando o respectivo fundamento disser respeito exclusivamente ao impugnante.

Ainda que atribuído efeito suspensivo à impugnação, é lícito ao exequente requerer o prosseguimento da execução, oferecendo e prestando, nos próprios autos, caução suficiente e idônea a ser arbitrada pelo juiz.

As questões relativas a fato superveniente ao término do prazo para apresentação da impugnação, assim como aquelas relativas à validade e à adequação da penhora, da avaliação e dos atos executivos subsequentes, podem ser arguidas pelo executado por simples petição. Em qualquer dos casos, o executado tem o prazo de quinze dias para formular esta arguição, contado da comprovada ciência do fato ou da intimação do ato, salvo se se tratar de matéria que o juiz possa conhecer de ofício.

Para efeito do disposto no inciso III do §1º do art. 525, considera-se também inexigível a obrigação reconhecida em título executivo judicial fundado em lei ou ato normativo considerado inconstitucional pelo Supremo Tribunal Federal, ou fundado em aplicação ou interpretação da lei ou do ato normativo tido pelo Supremo Tribunal Federal como incompatível com a Constituição Federal, em controle de constitucionalidade concentrado. Nesta hipótese, os efeitos da decisão do Supremo Tribunal Federal poderão ser modulados no tempo, em atenção à segurança jurídica. A decisão do Supremo Tribunal Federal acima referida deve ser anterior ao trânsito em julgado da decisão exequenda.

Recentemente o S.T.F. não admitiu a demanda rescisória que teve por fundamento divergência jurisprudencial, ainda que decorrente de interpretação Constitucional.

3. Incidência de multa pelo não pagamento do débito

Estabelece *o §2º do art. 520* do atual C.P.C. que a multa e os honorários a que se refere o §1º do art. 523 são devidos no cumprimento provisório de sentença condenatória ao pagamento de quantia certa.

O caput do art. 520 do atual C.P.C. é peremptório ao afirmar que o cumprimento provisório da sentença será realizado nos mesmos moldes do cumprimento definitivo.

O art. 523 e seus parágrafos, ao tratar do cumprimento definitivo da sentença condenatória em quantia certa, assim preceitua:

Art. 523. No caso de condenação em quantia certa, ou já fixada em liquidação, e no caso de decisão sobre parcela incontroversa, o cumprimento definitivo da sentença far-se-á a requerimento do exequente, sendo o executado intimado para pagar o débito, no prazo de 15 (quinze) dias, acrescido de custas, se houver.

§ 1º Não ocorrendo pagamento voluntário no prazo do caput, o débito será acrescido de multa de dez por cento e, também, de honorários de advogado de dez por cento.

§ 2º Efetuado o pagamento parcial no prazo previsto no caput, a multa e os honorários previstos no § 1º incidirão sobre o restante.

§ 3º Não efetuado tempestivamente o pagamento voluntário, será expedido, desde logo, mandado de penhora e avaliação, seguindo-se os atos de expropriação.

Ritualisticamente, o cumprimento provisório ocorre, em regra, da seguinte forma:

a) requerimento do exequente para pagamento de quantia certa fixada na sentença ou em liquidação, ou, ainda, em decisão sobre parcela incontroversa;

b) intimação do executado para pagar o débito no prazo de quinze dias, acrescido de custas (sem honorários de advogado)

c) não ocorrendo o pagamento voluntário do débito no prazo de quinze dias após a intimação do devedor, o débito será acrescido de multa de dez por cento e, também, de honorários de advogado de dez por cento. (Evidentemente que com base no princípio da proporcionalidade e dependendo do valor da execução, o juiz poderá reduzir ou mesmo aumentar o valor dos honorários estipulados).

d) efetuado o pagamento parcial no prazo de quinze dias, a multa e os honorários incidirão sobre o restante não pago.

e) não efetuado tempestivamente (no prazo de quinze dias) o pagamento voluntário, será expedido mandado de penhora e avaliação, seguindo-se os atos de expropriação.

O Superior Tribunal de Justiça, ao interpretar o art. 475-J do C.P.C. de 1973 que tratava da incidência da multa de dez por cento sobre o valor da condenação, firmou entendimento de que essa multa não incidiria no cumprimento de sentença provisório, conforme precedente abaixo:

I. A multa prevista no art. 475-J do CPC não se aplica à execução provisória.
II. Recurso especial conhecido e provido.

(REsp 1059478/RS, Rel. Ministro LUIS FELIPE SALOMÃO, Rel. p/ Acórdão Ministro ALDIR PASSARINHO JUNIOR, CORTE ESPECIAL, julgado em 15/12/2010, DJe 11/04/2011)

Outrossim, também entendeu o S.T.J. que a multa prevista no art. 475-J do C.P.C. de 1973 não seria aplicável às sentenças condenatórias transitadas em julgado anteriormente à vigência da Lei 11.232/2005. As leis processuais têm aplicação imediata, mas não incidem retroativamente, afetando situações consolidadas. Precedente:

(...).

5. A multa prevista no art. 475-J do Código de Processo Civil não é aplicável às sentenças condenatórias transitadas em julgado anteriormente à vigência da Lei 11.232/2005. As leis processuais têm aplicação imediata, mas não incidem retroativamente, afetando situações consolidadas. Precedentes.

(AgRg no Ag 942.140/RJ, Rel. Ministro PAULO DE TARSO SANSEVERINO, TERCEIRA TURMA, julgado em 14/09/2010, DJe 22/09/2010)

O novo C.P.C., por sua vez, em seu §1º do art. 523, ou seja, por *lege lata*, determinou a efetiva aplicação da multa de dez por cento no montante do débito em caso de não cumprimento voluntário da obrigação, inclusive no procedimento de cumprimento provisório da sentença condenatória.

Deve-se ressaltar, conforme entendimento do S.T.J., havendo o cumprimento voluntário da pretensão de cumprimento provisório de sentença, não haverá incidência de honorários de advogado:

1. A multa prevista no artigo 475-J do CPC somente incidirá após transcorrido o prazo de 15 (quinze) dias da intimação da parte, por nota de expediente, para o pagamento espontâneo da dívida.

2. O entendimento do Tribunal de origem coaduna-se com a jurisprudência desta Corte no sentido de que, havendo depósito do valor da condenação pela ré, sem apresentação de impugnação, não são devidos honorários advocatícios.

(...).

(AgRg no REsp 1273417/RS, Rel. Ministro SIDNEI BENETI, TERCEIRA TURMA, julgado em 22/11/2011, DJe 07/12/2011)

I. "Na hipótese em que o trânsito em julgado da sentença condenatória com força de executiva (sentença executiva) ocorrer em sede de instância recursal (STF, STJ, TJ E TRF), após a baixa dos autos à Comarca de origem e a aposição do "cumpra-se" pelo juiz de primeiro grau, o devedor haverá de ser intimado na pessoa do seu advogado, por publicação na imprensa oficial, para efetuar o pagamento no prazo de quinze dias, a partir de quando, caso não o efetue, passará a incidir sobre o montante da condenação, a multa de 10% (dez por cento) prevista no art. 475-J, caput, do Código de Processo

Civil." (REsp n. 940.274/MS, Rel. para o acórdão Min. João Otávio de Noronha, Corte Especial, maioria, DJe de 31.05.2010, RSTJ vol. 219 p. 35).

II. "Quanto à possibilidade de se fixar honorários advocatícios na fase de cumprimento de sentença, é cabível a verba sucumbencial em face do não-cumprimento voluntário por parte do devedor da obrigação imposta. In casu, não são devidos honorários advocatícios, pois houve o depósito do valor da condenação pela ré, sem que fosse apresentada impugnação." (AgR-REsp n. 1.060.935/RS, Rel. Min. Massami Uyeda, Terceira Turma, Unânime, DJe de 03.12.2008)

III. Agravo regimental desprovido.

(AgRg no REsp 1119688/SP, Rel. Ministro ALDIR PASSARINHO JUNIOR, QUARTA TURMA, julgado em 22/02/2011, DJe 25/02/2011)

Preceitua o *§3º do art. 520* do atual C.P.C. que *se o executado comparecer tempestivamente e depositar o valor, com a finalidade de isentar-se da multa, o ato não será havido como incompatível com o recurso por ele interposto.*

Este dispositivo é de extrema importância para se evitar a alegação de *preclusão lógica* entre a interposição do recurso contra a sentença proferida e o depósito voluntário do débito para efeito de se evitar a incidência de multa de dez por cento.

Assim, o executado, com a finalidade de isentar-se ao pagamento da multa prevista no §3º do art. 520 do atual C.P.C., poderá depositar em juízo o valor do débito objeto do procedimento de cumprimento de sentença provisório, sem que tal postura seja considerada incompatível com eventual recurso por ele interposto.

Nesse sentido, aliás, já vinha entendendo o S.T.J. sob a égide do C.P.C. revogado:

1. O depósito efetivado em execução provisória de sentença, com a nítida finalidade de procurar evitar a aplicação da multa prevista no art. 475-J do CPC, não torna sem objeto agravo de instrumento interposto com a finalidade de destrancar o recurso especial e nem configura ato incompatível com a vontade de recorrer.

(...).

(AgRg no Ag 843.911/RJ, Rel. Ministra MARIA ISABEL GALLOTTI, QUARTA TURMA, julgado em 27/09/2011, DJe 06/10/2011)

– O espírito condutor das alterações impostas pela Lei nº 11.232/05, em especial a multa de 10% prevista no art. 475-J do CPC, é impulsionar o devedor a cumprir voluntariamente o título executivo judicial. A redação do referido dispositivo legal é

clara, privilegiando o pagamento espontâneo, nada dispondo acerca da respectiva comprovação no processo.

– Eventual omissão em trazer aos autos o demonstrativo do depósito judicial ou do pagamento feito ao credor dentro do prazo legal, não impõe ao devedor o ônus do art. 475-J do CPC. A quitação voluntária do débito, por si só, afasta a incidência da penalidade.

– Isso não significa que tal inércia não seja passível de punição; apenas não sujeita o devedor à multa do art. 475-J do CPC. Contudo, conforme o caso, pode o devedor ser condenado a arcar com as despesas decorrentes de eventual movimentação desnecessária da máquina do Judiciário, conforme prevê o art. 29 do CPC; ou até mesmo ser considerado litigante de má-fé, por opor resistência injustificada ao andamento do processo, nos termos do art. 17, IV, do CPC.

Recurso especial a que se dá provimento.

(REsp 1047510/RS, Rel. Ministra NANCY ANDRIGHI, TERCEIRA TURMA, julgado em 17/11/2009, DJe 02/12/2009)

Art. 521

A caução prevista no inciso IV do art. 520 poderá ser dispensada nos casos em que:

I – o crédito for de natureza alimentar, independentemente de sua origem;

II – o credor demonstrar situação de necessidade;

III – pender o agravo fundado nos incisos II e III do art. 1.042;

IV – a sentença a ser provisoriamente cumprida estiver em consonância com súmula da jurisprudência do Supremo Tribunal Federal ou do Superior Tribunal de Justiça ou em conformidade com acórdão proferido no julgamento de casos repetitivos.

Parágrafo único. A exigência de caução será mantida quando da dispensa possa resultar manifesto risco de grave dano de difícil ou incerta reparação.

Dispensa de caução no cumprimento provisório de sentença

Em se tratando de cumprimento de sentença provisório, o legislador preocupou-se em não permitir a prática de atos executivos que de certa forma possam resultar manifesto risco de grave dano de difícil ou incerta reparação ao executado, sem que antes o exequente preste caução suficiente e idônea para fazer frente a esses eventuais prejuízos.

Contudo, também é certo afirmar que em determinadas situações concretas, a exigência de caução poderá macular direitos fundamentais do exequente, seja pela impossibilidade da prestação de caução, seja pela natureza da prestação a ser cumprida ou seja pelo *evento litis*. Há neste caso, portanto, um conflito de princípios, ou seja, presta-se a tutela jurisdicional de forma rápida e eficaz sem prestação de caução ou resguarda-se possíveis prejuízos ao devedor.

O art. 521, optando pelo princípio da rápida e efetiva prestação da tutela jurisdicional, indicou as hipóteses excepcionais em que os atos executivos inclusive liberação de depósitos poderão ser realizados independentemente de prestação de caução pelo exequente. As hipóteses excepcionais são: a) o crédito for de natureza alimentar, independentemente de sua origem; b) o credor demonstrar situação de necessidade; c) pender agravo em Recurso Especial ou Extraordinário; d) a sentença a ser provisoriamente cumprida estiver em consonância com súmula da jurisprudência do S.T.F. ou do S.T.J. ou estiver em conformidade com acórdão proferido no julgamento de casos repetitivos.

Em relação ao *crédito alimentar*, o art. 475-O, §2º, inc. I do C.P.C. de 1973 excepcionava a prestação de caução *quando, nos casos de crédito de natureza alimentar ou decorrente de ato ilícito, até o limite de sessenta vezes o valor do salário-mínimo, o exequente demonstrar situação de necessidade; (Incluído pela Lei nº 11.232, de 2005).*

O novo C.P.C., além de estabelecer que não será exigida caução para os créditos alimentares, independentemente de sua origem, o que significa dizer que os alimentos podem decorrer de ato ilícito, não exige que o credor dos alimentos, ao contrário do que estabelecia o código revogado, demonstre situação de necessidade, pois, evidentemente, se houve prolação de sentença provisoriamente a ser cumprida, é porque o julgador já vislumbrou no momento de prolatar a decisão a efetiva necessidade dos alimentos, o que não se justifica nova exigência por ocasião de seu cumprimento, ainda que provisório.

O novo C.P.C., ao contrário do código revogado, também não limitou a dispensa da caução somente para os créditos alimentares até o limite de sessenta vezes o valor do salário-mínimo. Portanto, a normatização atual permite a dispensa de caução, independentemente do valor do crédito alimentar.

O inc. II do art. 521 do atual C.P.C. prescreve que haverá dispensa de caução quando o *credor demonstrar situação de necessidade*.

Neste caso, seja qual for a natureza do crédito (não necessariamente alimentar) e havendo comprovação de situação de necessidade (matéria que de certa forma será avaliada pelo juiz de acordo com os princípios da razoabilidade e proporcionalidade), poderá haver a prática de atos executivos, inclusive liberação de valor depositado, independentemente de caução.

O inc. III do art. 521 do atual C.P.C. estabelece que haverá dispensa de caução quando *pender agravo em Recurso Especial ou Extraordinário (incs. II e III do art. 1.042).*

O legislador, com base na experiência e no grau de acerto da decisão judicial, entendeu que se contra a decisão não foi recebido recurso extraordinário ou especial, respectivamente de competência do Supremo Tribunal Federal ou do Superior Tribunal de Justiça, pelo Presidente ou Vice-Presidente do Tribunal de apelação competente, é porque a decisão está intimamente em consonância com a atual posição dos Tribunais superiores, razão pela qual o indeferimento de remessa do recurso especial ou extraordinário foi objeto de agravo. Diante desse fato, a possibilidade de a decisão tornar-se definitiva é muito grande, razão pela qual é razoável não se exigir a prestação de caução na hipótese de prática de atos executivos ou liberação de valores depositados no procedimento de cumprimento provisório da sentença.

O inc. IV do art. 521 do atual C.P.C. estabelece que haverá dispensa de caução *se a sentença a ser provisoriamente cumprida estiver em consonância com súmula da jurisprudência do Supremo Tribunal Federal ou do Superior Tribunal de Justiça ou em conformidade com acórdão proferido no julgamento de casos repetitivos.*

O legislador, nesta hipótese, prestigiou a uniformidade da jurisprudência dos tribunais superiores ou mesmo dos tribunais de apelação como é o caso da hipótese do entendimento firmado em incidente de resolução de demandas repetitivas.

Evidentemente, se a decisão estiver em consonância com súmula do Supremo Tribunal Federal ou do Superior Tribunal de Justiça (não necessariamente súmula vinculante), o seu cumprimento provisório será realizado independentemente de exigência de caução.

O dispositivo faz expressa referência a *acórdão proferido em julgamento de casos repetitivos.* Nada diz sobre acórdão proferido por turmas ou pelo próprio plenário do S.T.F. ou do S.T.J., o que significa dizer que nestes casos deve-se exigir a caução.

Os Tribunais têm sido muito sensíveis à questão de exigência de caução. Nos precedentes abaixo, ainda sob a égide do código revogado, observam-se algumas hipóteses em que a caução é dispensada:

> *(...).*
>
> *III. A execução provisória da sentença que decreta o despejo por falta de pagamento de aluguel dispensa a prestação de caução, conforme leitura sistemático-teleológica do art. 64 da Lei 8.245/91, com redação anterior à Lei 12.112/2009.*
>
> *IV. A caução é dispensada quando estão presentes os requisitos do art. 64 da Lei 8.245/91.*

5. Recurso especial não provido.

(REsp 1207793/MG, Rel. Ministra NANCY ANDRIGHI, TERCEIRA TURMA, julgado em 14/04/2011, DJe 28/04/2011)

(...).

2. A jurisprudência desta Corte Superior tem admitido, em se tratando de verba de natureza alimentar, a dispensa da caução na execução provisória. Precedentes.

3. Na hipótese, a análise da pretensão do recorrente de que não estaria suficientemente comprovado o estado de necessidade das partes implicaria o revolvimento do conjunto fático-probatório, o que é vedado em recurso especial. Incidência da Súmula 7/STJ.

4. O limite de 60 vezes o salário mínimo previsto no art. 588, § 2º, do CPC para a liberação de valores referentes à pensão alimentícia, com dispensa de caução, deve ser considerado individualmente, para cada um dos exequentes, seja em função da excepcionalidade da norma, seja em razão do caráter social da verba alimentar.

5. Como a verba alimentar é devida mensalmente, visando assegurar a subsistência do exequente durante toda a tramitação da execução provisória, a limitação prevista no art. 588, § 2º, do CPC aplica-se para o mesmo período.

6. Ainda que o crédito de natureza alimentar seja superior a sessenta vezes o salário mínimo, o juiz poderá admitir a execução provisória, dispensando a caução, até o limite do valor legal, sendo que a execução do excesso somente poderá ser realizada após o trânsito em julgado da sentença ou acórdão, ou mediante caução.

7. Recurso especial conhecido em parte e, nessa parte, não provido.

(REsp 1066431/SP, Rel. Ministra NANCY ANDRIGHI, TERCEIRA TURMA, julgado em 15/09/2011, DJe 22/09/2011)

(...).

4. Uma vez definitivamente constituído o título executivo judicial, com o trânsito em julgado do agravo de instrumento que pendia de julgamento perante esta Corte, não há mais que se falar em execução provisória e, por conseguinte, na necessidade de caução para o levantamento de depósito em dinheiro.

(...).

(AgRg no Ag 942.140/RJ, Rel. Ministro PAULO DE TARSO SANSEVERINO, TERCEIRA TURMA, julgado em 14/09/2010, DJe 22/09/2010)

(...).

3. Na execução provisória é possível o levantamento do valor da dívida depositada judicialmente, mas exige-se caução do credor, nos termos do art. 588, I CPC, atualmente revogado pela Lei 11.232/2005.

4. A regra acima indicada deve ser relativizada, a depender da situação fática. Hipótese que justifica a dispensa da caução porque o levantamento diz respeito a valores incontroversos.

5. Recurso especial não provido.

(REsp 1180680/RJ, Rel. Ministra ELIANA CALMON, SEGUNDA TURMA, julgado em 18/03/2010, DJe 26/03/2010)

(...).

3 – A caução na execução provisória (Art. 588, I, do CPC) tem como escopo evitar o chamado risco processual, sobretudo quando os procedimentos executivos envolvem a entrega de bens ou dinheiro ao credor.

4 – Se a execução não implica em alienação do domínio ou risco de dano ao executado, é prescindível a garantia.

(AgRg no Ag 596.145/SP, Rel. Ministro HUMBERTO GOMES DE BARROS, TERCEIRA TURMA, julgado em 26/10/2006, DJ 04/12/2006, p. 296)

Por sua vez, quando o requerente do cumprimento provisório da sentença for a Fazenda Pública, os tribunais assim estabelecem:

(...).

3 – A caução na execução provisória (Art. 588, I, do CPC) tem como escopo evitar o chamado risco processual, sobretudo quando os procedimentos executivos envolvem a entrega de bens ou dinheiro ao credor.

4 – Se a execução não implica em alienação do domínio ou risco de dano ao executado, é prescindível a garantia.

(AgRg no Ag 596.145/SP, Rel. Ministro HUMBERTO GOMES DE BARROS, TERCEIRA TURMA, julgado em 26/10/2006, DJ 04/12/2006, p. 296)

Execução. Municípios credores. Levantamento de quantia depositada. Prestação de caução. Inexigibilidade. Gozando os municípios da presunção de idoneidade financeira, não há que se exigir deles a prestação de caução para levantamento, em execução, de quantia depositada.

(REsp 64.218/SP, Rel. MIN. HELIO MOSIMANN, SEGUNDA TURMA, julgado em 02/06/1998, DJ 29/06/1998, p. 135)

Caução em relação a valores incontroversos ou devidos pela Fazenda Pública, inclusive para efeito de expedição de precatório, eis os seguintes precedentes do S.T.J.

1. A execução contra a Fazenda Pública é juridicamente possível quando se pretende a expedição de precatório, relativo à parte incontroversa do débito. Precedentes: EREsp 658.542/SC, DJ 26.02.2007; REsp 522.252/RS, DJ 26.02.2007; AgRg nos EREsp 716.381/PR, DJ 05.02.2007.

(...).

7. A doutrina assenta que: "A 'execução provisória' admite adiantamento de atos executivos, e o alcance dos atos de satisfação irreversível que caracteriza a execução definitiva, com as novas garantias do art. 588 do CPC. Nesse sentido é que o exequente compromete-se, caso modificada a decisão, a repor as coisas no estado anterior, vedando-lhe o levantamento de dinheiro sem garantia real ou fidejussória e qualquer alienação dominial, como forma de proteção dos potenciais terceiros adquirentes, A reposição das coisas ao estado anterior, v.g, restituição de coisa e dinheiro, pressupõe possibilidade fática, nem sempre ocorrente. Como consectário, é por conta e risco de exequente que se processa.

Advirta-se, entretanto, que a prestação de garantia não deve inviabilizar o acesso à justiça, permitindo-se, casuisticamente, ao juiz que a dispense nos casos em que a sua exigibilidade obsta a promoção da execução. Ademais, a caução reclama avaliação pelo juízo de eventuais e possíveis prejuízos com a reversão do julgado, por isso que onde não houver risco não se impõe, podendo iniciar-se o processo sem caução a garantia.". (FUX, Luiz. Curso de direito processual Civil. 2. ed. Rio de Janeiro: Forense, pág. 1281)

(...).

(REsp 1125582/MG, Rel. Ministro LUIZ FUX, PRIMEIRA TURMA, julgado em 21/09/2010, DJe 05/10/2010)

1. "Esta Corte firmou compreensão de que é possível a execução provisória contra a Fazenda Pública quando a hipótese não se enquadrar no rol taxativo do artigo 2º-B da Lei nº 9.494/97, além de que a prévia caução pode ser dispensada em face do caráter alimentar do crédito." (AgRg no REsp 507974/RS, Rel. Ministro PAULO GALLOTTI, SEXTA TURMA, julgado em 09/05/2006, DJ 19/06/2006 p. 210)

2. Agravo regimental a que se nega provimento.

(AgRg no REsp 507.160/AC, Rel. Ministro OG FERNANDES, SEXTA TURMA, julgado em 11/12/2009, DJe 01/02/2010)

Por sua vez, estabelece o *parágrafo único do art. 521* do atual C.P.C. que *a exigência de caução será mantida quando da dispensa possa resultar manifesto risco de grave dano de difícil ou incerta reparação.*

Assim, muito embora o legislador tenha estabelecido nos incisos do art. 521 do atual C.P.C. as hipóteses legais em que a caução poderá ser dispensada em face de atos executivos a serem praticados no procedimento de cumprimento provisório de sentença, o parágrafo único do referido dispositivo apresenta uma exceção da exceção, ou seja, o juiz, mesmo diante das hipóteses indicadas no art. 521, poderá, com base no princípio da proporcionalidade e razoabilidade, exigir a prestação de caução quando da dispensa possa manifestamente resultar risco de grande dano de difícil ou incerta reparação. O legislador, portanto, permitiu que o juiz faça, efetivamente, uma ponderação de valores, não estabelecendo qualquer valor absoluto como critério a ser observado.

Assim, será o caso concreto que irá determinar se o juiz deverá ou não exigir a prestação de caução.

Art. 522

O cumprimento provisório da sentença será requerido por petição dirigida ao juízo competente.

Parágrafo único. Não sendo eletrônicos os autos, a petição será acompanhada de cópias das seguintes peças do processo, cuja autenticidade poderá ser certificada pelo próprio advogado, sob sua responsabilidade pessoal:

I – decisão exequenda;

II – certidão de interposição do recurso não dotado de efeito suspensivo;

III – procurações outorgadas pelas partes;

IV – decisão de habilitação, se for o caso;

V – facultativamente, outras peças processuais consideradas necessárias para demonstrar a existência do crédito.

Peças que devem acompanhar o cumprimento provisório de sentença

Tendo em vista que o cumprimento provisório de sentença ocorre na pendência do processo de conhecimento, uma vez que pressupõe a existência de recurso sem efeito suspensivo, tal circunstância recomenda que esse procedimento seja autuado em autos apartados, evitando assim inversão tumultuária do processo.

Por isso, o 522 do atual C.P.C. estabelece que o *cumprimento provisório da sentença será requerido por petição dirigida ao juízo competente.*

Além de ser um procedimento a ser realizado em autos apartados, o cumprimento provisório de sentença não poderá ser iniciado *ex officio* pelo juiz, mas dependerá de requerimento da parte interessada perante o juízo competente.

Por sua vez, estabelece o *parágrafo único do art. 522* do atual C.P.C. que não sendo eletrônicos os autos, a petição será acompanhada de cópias das seguintes peças do processo, cuja autenticidade poderá ser certificada pelo próprio advogado, sob sua responsabilidade pessoal.

As peças obrigatórias que devem acompanhar os autos de cumprimento de sentença são:

a) *decisão exequenda* – uma vez que a execução pode decorrer de sentença, acórdão ou mesmo de decisão judicial;

b) *certidão de interposição do recurso não dotado de efeito suspensivo* – É pressuposto do cumprimento provisório que a decisão ainda não tenha se tornado definitiva, pois, caso contrário, o cumprimento de sentença será definitivo. Além do mais, deve-se comprovar que o recurso interposto não tem efeito suspensivo, pois se o tiver não poderá a decisão ser objeto de cumprimento provisório.

c) *procurações outorgadas pelas partes* – justamente para se verificar a capacidade postulatória, bem como para se constatar se o advogado do executado ou devedor ainda tem poderes de representação para efeito de receber a intimação inicial do cumprimento de sentença.

d) *decisão de habilitação, se for o caso* – havendo falecimento de uma das partes, há necessidade de se demonstrar que houve decisão em pedido de habilitação, uma vez que o procedimento de cumprimento provisório, apesar de ser realizado em autos apartados, equivale a um procedimento incidental nos próprios autos principais, ou seja, no próprio transcurso do processo.

e) *facultativamente,* outras peças processuais necessárias para demonstrar a existência do crédito.

CAPÍTULO III – Do Cumprimento Definitivo da Sentença que Reconhece a Exigibilidade de Obrigação de Pagar Quantia Certa

Art. 523

No caso de condenação em quantia certa, ou já fixada em liquidação, e no caso de decisão sobre parcela incontroversa, o cumprimento definitivo da sentença far-se-á a requerimento do exequente, sendo o executado intimado para pagar o débito, no prazo de 15 (quinze) dias, acrescido de custas, se houver.

§ 1º Não ocorrendo pagamento voluntário no prazo do caput, o débito será acrescido de multa de dez por cento e, também, de honorários de advogado de dez por cento.

§ 2º Efetuado o pagamento parcial no prazo previsto no caput, a multa e os honorários previstos no §1º incidirão sobre o restante.

§ 3º Não efetuado tempestivamente o pagamento voluntário, será expedido, desde logo, mandado de penhora e avaliação, seguindo-se os atos de expropriação.

Sumário:

1. Metodologia do cumprimento definitivo de sentença

Ao lado do cumprimento provisório de sentença em quantia certa, previsto nos artigos 520 a 522 do atual C.P.C., há também o cumprimento *definitivo da sentença*, ou seja, quando não haja mais possibilidade de recurso da decisão ou quando se tratar de julgamento antecipado parcial de mérito ou de parcela incontroversa.

O cumprimento definitivo de condenação em quantia certa ou já fixado em liquidação somente será instaurado mediante requerimento do exequente, razão pela qual o juiz não poderá agir de ofício.

É importante salientar que o art. 523 do atual C.P.C. aplica-se apenas às hipóteses de cumprimento de sentença condenatória em quantia certa, e não de obrigação de dar, de fazer e de não fazer.

O cumprimento definitivo de sentença, ao contrário do que se observou em relação ao cumprimento provisório, dar-se-á nos próprios autos, e não em autos apartados, pois neste caso o procedimento cognitivo já se encerrou por não haver a interposição de recurso ou por ter sido ele já julgado definitivamente. Há, portanto, no mínimo, coisa julgada *formal*.

Ritualisticamente, o cumprimento definitivo da sentença ocorre, em regra, da seguinte forma:

a) requerimento do exequente para pagamento de quantia certa fixada na sentença, em liquidação ou em decisão sobre parcela incontroversa;

b) intimação do executado para pagar o débito no prazo de 15 (quinze) dias, acrescido de custas, se houver.

Não haverá pagamento de honorários se o executado pagar o débito no prazo de quinze dias.

c) não ocorrendo o pagamento voluntário do débito no prazo de quinze dias, após a intimação do devedor, o débito será acrescido de multa de dez por cento e, também, de honorários de advogado de dez por cento (§1º do art. 523).

Os honorários de advogado de dez por cento somente incidirão se não houver o pagamento voluntário no prazo de quinze dias.

d) efetuado o pagamento parcial no prazo de quinze dias, a multa e os honorários de dez por cento incidirão sobre o restante não pago (§2º do art. 523).

e) não efetuado tempestivamente (no prazo de quinze dias) o pagamento voluntário, será expedido, desde logo, mandado de penhora e avaliação, seguindo-se os atos de expropriação (§3º do art. 523).

O art. 523 do atual C.P.C. vem reforçar a ideia de que no cumprimento de sentença não há a instauração de um novo processo autônomo e independente do processo de cognição, principalmente porque o devedor não é citado para cumprir a sentença, mas somente intimado para pagar o débito ou para exercer plenamente o princípio do contraditório e da ampla defesa.

A pedido do exequente, o executado será devidamente intimado para cumprir a sentença.

Aliás, quando se fala em execução, num sentido muito amplo, também se pode designar como realização das obrigações. Por isso, executar uma obrigação, nesse quadro, seria em primeiro lugar cumpri-la voluntariamente.

O art. 475-J do C.P.C. de 1973 prescrevia que caso o devedor condenado ao pagamento de quantia certa ou já fixada em liquidação não o efetuasse no prazo de quinze dias, o montante da condenação será acrescido de multa no percentual de dez por cento e, a requerimento do credor e observado o disposto no art. 614, inciso II, desta Lei, expedir-se-á mandado de penhora e avaliação. (Incluído pela Lei nº 11.232, de 2005).

Havia, portanto, uma grande dúvida se o cumprimento da sentença (voluntário) deveria ocorrer imediatamente ao trânsito em julgado da decisão ou após a intimação do devedor para cumprir a obrigação constante na sentença condenatória.

O S.T.J., avaliando esta questão, assim se pronunciou:

> *1. O credor deverá requerer o cumprimento da sentença instruindo o pedido com a memória discriminada e atualizada do cálculo, sendo necessária a intimação do devedor na pessoa do seu advogado, mediante publicação na imprensa oficial, para efetuar o pagamento no prazo de quinze dias (arts. 475-B e 475-J do CPC).*
>
> *2. A ausência de adimplemento voluntário no prazo de 15 (quinze) dias, contados do primeiro dia útil posterior à intimação do devedor na pessoa do seu advogado, autoriza a aplicação de multa de 10% (dez por cento) sobre o montante da condenação (art. 475-J do CPC).*

3. No caso concreto, o acórdão recorrido está em consonância com o entendimento jurisprudencial desta Corte, uma vez que a parte, ora recorrente, foi intimada para o pagamento (e-STJ fl. 408).

4. A interposição de recurso manifestamente inadmissível ou infundado autoriza a imposição de multa com fundamento no art. 557, § 2º, do CPC.

5. Agravo regimental desprovido com a condenação da parte agravante ao pagamento de multa no percentual de 1% (um por cento) sobre o valor corrigido da causa, ficando condicionada a interposição de qualquer outro recurso ao depósito do respectivo valor (art. 557, § 2º, do CPC).

(AgRg no AREsp 62.241/RS, Rel. Ministro ANTONIO CARLOS FERREIRA, QUARTA TURMA, julgado em 13/12/2011, DJe 01/02/2012)

(...).

2. A jurisprudência desta Corte Superior é no sentido de que a incidência da multa prevista no artigo 475-J do CPC depende do trânsito em julgado e da intimação da parte, por seu advogado, sendo desnecessária a intimação pessoal do devedor.

3. No REsp 1059478/RS, Rel. Ministro LUIS FELIPE SALOMÃO, Rel. p/ Acórdão Ministro ALDIR PASSARINHO JUNIOR, julgado em 15/12/2010, DJe 11/04/2011, pela Corte Especial, reafirmou-se o posicionamento acima exposto.

4. No presente caso, tendo sido intimada a parte recorrente para cumprimento da sentença em 20.11.2008, nessa oportunidade deveria ter-se insurgido contra a referida decisão ainda não transitada em julgado. Todavia, tendo permanecido inerte naquela ocasião, ocorreu a preclusão do direito de se recorrer da decisão que determinou o cumprimento da sentença não transitada em julgado e, consequentemente, da aplicabilidade do art. 475-J do CPC.

Verifica-se que a parte recorrente não atacou tal argumento utilizado como fundamento pelo acórdão recorrido, o que atrai a incidência da Súmula n. 283 do Supremo Tribunal Federal, por analogia: "É inadmissível o recurso extraordinário, quando a decisão recorrida assenta em mais de um fundamento suficiente e o recurso não abrange todos eles".

5. Recurso especial conhecido e não provido.

(REsp 1274444/RS, Rel. Ministro MAURO CAMPBELL MARQUES, SEGUNDA TURMA, julgado em 13/12/2011, DJe 02/02/2012)

I. "Na hipótese em que o trânsito em julgado da sentença condenatória com força de executiva (sentença executiva) ocorrer em sede de instância recursal (STF, STJ, TJ E TRF), após a baixa dos autos à Comarca de origem e a aposição do "cumpra-se" pelo juiz de primeiro grau, o devedor haverá de ser intimado na pessoa do seu advogado, por publicação na imprensa oficial, para efetuar o pagamento no prazo de quinze dias, a partir de quando, caso não o efetue, passará a incidir sobre o montante da condenação, a multa de 10% (dez por cento) prevista no art. 475-J, caput, do Código de Processo Civil." (REsp n. 940.274/MS, Rel. para o acórdão Min. João Otávio de Noronha, Corte Especial, maioria, DJe de 31.05.2010, RSTJ vol. 219 p. 35).

II. "Quanto à possibilidade de se fixar honorários advocatícios na fase de cumprimento de sentença, é cabível a verba sucumbencial em face do não-cumprimento voluntário por parte do devedor da obrigação imposta. In casu, não são devidos honorários advocatícios, pois houve o depósito do valor da condenação pela ré, sem que fosse apresentada impugnação." (AgR-REsp n. 1.060.935/RS, Rel. Min. Massami Uyeda, Terceira Turma, Unânime, DJe de 03.12.2008) III. Agravo regimental desprovido.

(AgRg no REsp 1119688/SP, Rel. Ministro ALDIR PASSARINHO JUNIOR, QUARTA TURMA, julgado em 22/02/2011, DJe 25/02/2011)

O novo C.P.C., seguindo a orientação já firmada pelo S.T.J., exige a intimação expressa do devedor para cumprir a obrigação imposta na decisão transitada em julgado.

A intimação do devedor, segundo o §2º do art. 513 do novo C.P.C., dar-se-á:

I – pelo Diário da Justiça, na pessoa do seu advogado constituído nos autos;

II – por carta com aviso de recebimento, quando representado pela Defensoria Pública ou não tiver procurador constituído nos autos, ressalvada a hipótese do inciso IV;

III – por meio eletrônico, quando, sendo caso do § 1º do art. 246, não tiver procurador constituído nos autos;

IV – por edital, quando, citado na forma do art. 256, tiver sido revel na fase de conhecimento.

2. Incidência de multa de dez por cento

Preceitua o *§1º do art.* 523 do atual C.P.C. que *não ocorrendo pagamento voluntário no prazo do caput, o débito será acrescido de multa de dez por cento e, também, de honorários de advogado de dez por cento.*

A multa estabelecida neste dispositivo tem função coercitiva, a fim de estimular o devedor a cumprir a obrigação determinada na sentença sem necessidade de instauração do procedimento de cumprimento definitivo de sentença.

Esta multa não fica ao arbítrio do juiz, pois se trata de uma imposição legal obrigatória, ao contrário das *astreintes* que podem ser impostas na hipótese de cumprimento de obrigação de fazer ou não fazer.

Além do mais, ao contrário das *astreintes*, o valor da multa fixada no §1º do art. 523 do atual C.P.C. não pode ser reduzido ou aumentado por determinação judicial, pois o seu percentual é legalmente fixo e determinado.

Também não se pode confundir a multa deste dispositivo com a multa aplicada em razão de fraude processual ou por ato atentatório à dignidade da justiça, pois a multa que estamos tratando visa a sancionar a *mora* e não outro tipo de conduta processual.

Mas é importante salientar que é possível cumular a multa prevista no §1º do art. 523 com outra multa sancionatória por ato atentatório à dignidade da justiça prevista no novo C.P.C.

José Miguel Garcia Medina, ao comentar o art. 475-J do C.P.C. de 1973, ensinava que, *"a multa referida no art. 475-J restringe-se à 'sentença condenatória', não podendo ser exigida, em caso de não cumprimento da obrigação de pagar quantia veiculada em outro título judicial. Incide, no caso, o princípio segundo o qual as sanções devem ser interpretadas restritivamente. Por outro lado, a referida multa incide quanto ao descumprimento de sentença condenatória proferida em procedimento comum (ordinário ou sumário) ou especial, inexistindo restrição, quanto a este aspecto. Assim, por exemplo, em caso de não cumprimento de sentença condenatória proferida no Juizado Especial Cível, incide a multa referida no art. 475-J do CPC. Nesse sentido, cf. Enunciado 97 do Fonaje: 'O art. 475-J do CPC – Lei 11.323/2005 – aplica-se aos Juizados Especiais, ainda que o valor da multa somado ao da execução ultrapasse o valor de 40 salários mínimos'".*[999]

A multa moratória em razão do não cumprimento voluntário da obrigação constante na sentença condenatória de quantia certa foi introduzida em nosso ordenamento jurídico pela Lei 11.232/2005.

Por sua vez, o S.T.J. passou a entender que a multa prevista no art. 475-J do C.P.C. de 1973 não seria aplicável às sentenças condenatórias transitadas em julgado anteriormente à vigência da Lei 11.232/2005. As leis processuais têm aplicação imediata, mas não incidem retroativamente, afetando situações consolidadas. Sobre o tema, eis o seguinte precedente:

> *(...).*
>
> *5. A multa prevista no art. 475-J do Código de Processo Civil não é aplicável às sentenças condenatórias transitadas em julgado anteriormente à vigência da Lei 11.232/2005. As leis processuais têm aplicação imediata, mas não incidem retroativamente, afetando situações consolidadas. Precedentes.*
>
> (AgRg no Ag 942.140/RJ, Rel. Ministro PAULO DE TARSO SANSEVERINO, TERCEIRA TURMA, julgado em 14/09/2010, DJe 22/09/2010)

[999] Medina, J. M. G., op. cit., p. 217.

O novo C.P.C., por sua vez, no §1º do art. 520, ou seja, por *lege lata*, determinou a efetiva aplicação da multa de dez por cento no montante do débito em caso de não cumprimento voluntário da obrigação, inclusive no procedimento de cumprimento provisório da sentença condenatória.

O art. 475-J do C.P.C. de 1973, assim como o faz o §1º do art. 520 do atual C.P.C., prescrevia que, caso o devedor condenado ao pagamento de quantia certa ou já fixada em liquidação não o efetuasse no prazo de quinze dias, o montante da condenação será acrescido de multa no percentual de dez por cento. (Incluído pela Lei nº 11.232, de 2005)

Havia, portanto, uma grande dúvida se o cumprimento da sentença (voluntário) deveria ocorrer imediatamente ao trânsito em julgado da decisão ou após a intimação do devedor para cumprir a obrigação constante na sentença condenatória.

O S.T.J., avaliando esta questão, assim se pronunciou:

1. O credor deverá requerer o cumprimento da sentença instruindo o pedido com a memória discriminada e atualizada do cálculo, sendo necessária a intimação do devedor na pessoa do seu advogado, mediante publicação na imprensa oficial, para efetuar o pagamento no prazo de quinze dias (arts. 475-B e 475-J do CPC).

2. A ausência de adimplemento voluntário no prazo de 15 (quinze) dias, contados do primeiro dia útil posterior à intimação do devedor na pessoa do seu advogado, autoriza a aplicação de multa de 10% (dez por cento) sobre o montante da condenação (art. 475-J do CPC).

(...).

(AgRg no AREsp 62.241/RS, Rel. Ministro ANTONIO CARLOS FERREIRA, QUARTA TURMA, julgado em 13/12/2011, DJe 01/02/2012)

I. "Na hipótese em que o trânsito em julgado da sentença condenatória com força de executiva (sentença executiva) ocorrer em sede de instância recursal (STF, STJ, TJ E TRF), após a baixa dos autos à Comarca de origem e a aposição do "cumpra-se" pelo juiz de primeiro grau, o devedor haverá de ser intimado na pessoa do seu advogado, por publicação na imprensa oficial, para efetuar o pagamento no prazo de quinze dias, a partir de quando, caso não o efetue, passará a incidir sobre o montante da condenação, a multa de 10% (dez por cento) prevista no art. 475-J, caput, do Código de Processo Civil." (REsp n. 940.274/MS, Rel. para o acórdão Min. João Otávio de Noronha, Corte Especial, maioria, DJe de 31.05.2010, RSTJ vol. 219 p. 35).

II. "Quanto à possibilidade de se fixar honorários advocatícios na fase de cumprimento de sentença, é cabível a verba sucumbencial em face do não-cumprimento voluntário por parte do devedor da obrigação imposta. In casu, não são devidos hono-

rários advocatícios, pois houve o depósito do valor da condenação pela ré, sem que fosse apresentada impugnação." (AgR-REsp n. 1.060.935/RS, Rel. Min. Massami Uyeda, Terceira Turma, Unânime, DJe de 03.12.2008)

III. Agravo regimental desprovido.

(AgRg no REsp 1119688/SP, Rel. Ministro ALDIR PASSARINHO JUNIOR, QUARTA TURMA, julgado em 22/02/2011, DJe 25/02/2011)

Deve-se ressaltar, conforme entendimento do S.T.J., havendo o cumprimento voluntário da pretensão de cumprimento de sentença, não haverá incidência de honorários de advogado.

Nesse sentido (AgRg no REsp 1273417/RS, Rel. Ministro SIDNEI BENETI, TERCEIRA TURMA, julgado em 22/11/2011, DJe 07/12/2011) ;(AgRg no REsp 1119688/SP, Rel. Ministro ALDIR PASSARINHO JUNIOR, QUARTA TURMA, julgado em 22/02/2011, DJe 25/02/2011).

Ainda sobre a questão de honorários de advogado no âmbito do cumprimento de sentença, assim se manifestou o S.T.J. em Recurso Repetitivo:

1. Para efeitos do art. 543-C do CPC: 1.1. São cabíveis honorários advocatícios em fase de cumprimento de sentença, haja ou não impugnação, depois de escoado o prazo para pagamento voluntário a que alude o art. 475-J do CPC, que somente se inicia após a intimação do advogado, com a baixa dos autos e a aposição do "cumpra-se" (REsp. nº 940.274/MS).

1.2. Não são cabíveis honorários advocatícios pela rejeição da impugnação ao cumprimento de sentença.

1.3. Apenas no caso de acolhimento da impugnação, ainda que parcial, serão arbitrados honorários em benefício do executado, com base no art. 20, § 4º, do CPC.

2. Recurso especial provido.

(REsp 1134186/RS, Rel. Ministro LUIS FELIPE SALOMÃO, CORTE ESPECIAL, julgado em 01/08/2011, DJe 21/10/2011)

O executado, com a finalidade de isentar-se ao pagamento da multa prevista no §1º do art. 523 do atual C.P.C., poderá depositar em juízo o valor do débito objeto do procedimento de cumprimento de sentença definitivo, podendo, inclusive, impugnar a execução nos termos da lei, pois qualquer impedimento legal nesse sentido é inconstitucional.

Estabelece o *§2º do art. 523* do atual C.P.C. que *efetuado o pagamento parcial no prazo previsto no caput, a multa e os honorários previstos no §1º incidirão sobre o restante.*

Tendo em vista que a multa prevista no *caput* do art. 523 do atual C.P.C. tem por finalidade sancionar a mora do devedor, evidentemente que se houver pagamento parcial da dívida, em relação a esse pagamento não se poderá falar em mora. Por tal razão, fica proibida a incidência da multa sobre o valor depositado em juízo ou pago diretamente ao credor, ainda que parcial.

3. Expedição de mandado de penhora
Preconiza o *§3º do art. 523* do atual C.P.C. que não efetuado tempestivamente o pagamento voluntário, será expedido, desde logo, mandado de penhora e avaliação, seguindo-se os atos de expropriação.

Se o devedor, oportunizada a possibilidade de cumprimento voluntário da obrigação contida em sentença condenatória de quantia certa, assim não proceder, o procedimento de cumprimento definitivo de sentença passará para uma segunda fase, ou seja, ingressará nos atos concretos de execução mediante a expedição de mandado de penhora e avaliação de bens, seguindo-se os atos de expropriação.

Assim, subsiste em nosso ordenamento jurídico o binômio condenação e execução quando não há o cumprimento voluntário da execução. Contudo, esse binômio, ao invés de ser consagrado em processos autônomos, passou a ser delineado num mesmo processo, em procedimentos subsequentes.

Art. 524

O requerimento previsto no art. 523 será instruído com demonstrativo discriminado e atualizado do crédito, devendo a petição conter:

I – o nome completo, o número de inscrição no Cadastro de Pessoas Físicas ou no Cadastro Nacional de Pessoas Jurídicas do exequente e do executado, observado o disposto no art. 319, §§ 1º a 3º;

II – o índice de correção monetária adotado;

III – os juros aplicados e as respectivas taxas;

IV – o termo inicial e o termo final dos juros e da correção monetária utilizados;

V – a periodicidade da capitalização dos juros, se for o caso;

VI – especificação dos eventuais descontos obrigatórios realizados;

VII – indicação dos bens passíveis de penhora, sempre que possível.

§ 1º Quando o valor apontado no demonstrativo aparentemente exceder os limites da condenação, a execução será iniciada pelo valor pretendido, mas a penhora terá por base a importância que o juiz entender adequada.

§ 2º Para a verificação dos cálculos, o juiz poderá valer-se de contabilista do juízo, que terá o prazo máximo de 30 (trinta) dias para efetuá-la, exceto se outro lhe for determinado.

§ 3º Quando a elaboração do demonstrativo depender de dados em poder de terceiros ou do executado, o juiz poderá requisitá-los, sob cominação do crime de desobediência.

§ 4º Quando a complementação do demonstrativo depender de dados adicionais em poder do executado, o juiz poderá, a requerimento do exequente, requisitá-los, fixando prazo de até 30 (trinta) dias para o cumprimento da diligência.

§5º Se os dados adicionais a que se refere o §4º não forem apresentados pelo executado, sem justificativa, no prazo designado, reputar-se-ão corretos os cálculos apresentados pelo exequente apenas com base nos dados de que dispõe.

Requisitos da petição inicial do cumprimento definitivo de sentença
Este dispositivo trata da petição inicial para instauração do cumprimento de sentença condenatória de quantia certa.

A petição inicial em análise não tem por finalidade instaurar um novo processo, mas apenas um novo procedimento que terá por finalidade concretizar os atos executivos.

Evidentemente que se deve conjugar os requisitos do art. 524 com os requisitos da petição inicial previstos no art. 319 e incisos do atual C.P.C., o qual deve ser aplicado subsidiariamente.

Como se está diante de uma nova pretensão, em que pese formulada procedimentalmente num mesmo processo, a petição inicial deverá observar os seguintes requisitos:

a) indicação do juízo competente para promover os atos executivos de cumprimento de sentença – inc. I do art. 319 do atual C.P.C.;

b) o nome completo, o número de inscrição do Cadastro de Pessoas Físicas ou no Cadastro Nacional de Pessoas Jurídicas do exequente e do executado, o endereço eletrônico, o domicílio e a residência do exequente e do executado – inc. II do art. 319 do atual C.P.C.

Deve-se, observar, ainda, o art. 319, §§1º a 3º

c) o pedido de cumprimento de sentença com suas especificações se for o caso – inc. IV do art. 319 do atual C.P.C.;

d) o valor da causa – inc. V do art. 319 do atual C.P.C. É importante a indicação do valor da causa, inclusive para fixação de eventuais taxas judiciárias (se houver e se existir previsão legal), bem como para a incidência de multa em decorrência de eventual ato atentatório à dignidade da justiça ou do exercício da jurisdição previsto no art. 80, §1º do atual C.P.C.

e) pedido para a intimação do executado cumprir voluntariamente a obrigação no prazo de 15 dias.

f) demonstrativo discriminado e atualizado do débito contendo: f.1) índice de correção monetária adotado; f.2) os juros aplicados e respectivas taxas; f.3) termo inicial e termo final de juros e correção monetária utilizados; f.4) a periodicidade da capitalização dos juros, se for o caso; f.5) especificação dos eventuais descontos obrigatórios realizados; f.6) indicação dos bens passíveis de penhora, sempre que possível.

Evidentemente que as indicações no demonstrativo acima indicadas são meramente exemplificativas, pois se outras incidências monetárias incidirem, também deverão ser discriminadas, como é o caso de eventuais juros compensatórios, sua taxa e seu período de incidência.

Outrossim, não se considera ilíquida a sentença quando o objeto da obrigação é determinável ou aferível por meio da realização de simples cálculo aritmético.

Por isso, não basta a apresentação de memória de cálculo elaborada superficialmente, sem compreensão das incidências das taxas legais ou contratuais.

O exequente deve discriminar os critérios utilizados para a determinação do valor do débito, a fim de que seja compreendido pela parte contrário e pelo juiz.

Se a parte não apresentar a memória discriminada, deverá o juiz determinar sua intimação, sob pena de indeferimento do pedido de abertura procedimental de cumprimento de sentença.

Verificando o juiz que a petição inicial não preenche os requisitos legais ou que apresenta defeitos e irregularidades capazes de dificultar o julgamento do mérito, determinará que o autor, no prazo de quinze dias, a emende ou a complete, indicando com precisão o que deve ser corrigido.

Se o exequente não cumprir a diligência, o juiz indeferirá o pedido de instauração do cumprimento de sentença.

Por outro lado, estabelece o *§ 1º do art. 524* do atual C.P.C. que *quando o valor apontado no demonstrativo aparentemente exceder os limites da condenação, a execução será iniciada pelo valor pretendido, mas a penhora terá por base a importância que o juiz entender adequada*.

Evidentemente que o pedido de cumprimento de sentença condenatória de quantia certa deve restringir-se *ipsi literis* ao que fora determinado na sentença, nem mais nem menos.

Se houver pedido que extrapole o conteúdo do título executivo judicial, esse pedido é *ultra petita,* razão pela qual o juiz pode inclusive *conhecer de ofício.*

Por isso que, quando a memória aparentemente exceder os limites da condenação, a execução será iniciada pelo valor pretendido, mas a penhora terá por base a importância que o juiz, se necessário ouvido o contador do juízo, entender adequada.

Para verificação dos cálculos, nos termos do *§2º do art. 523* do atual C.P.C., o juiz poderá valer-se de contabilista do juízo, que terá o prazo máximo de 30 (trinta) dias para efetuá-la, exceto se outro lhe for determinado.

Antes de determinar a intimação do devedor para o cumprimento voluntário da obrigação, poderá o juiz de *ofício* ou mediante requerimento da parte, em caso de dúvida razoável e objetiva quanto à adequação do valor ao título executivo, valer-se do contador judicial. Uma vez prestada a informação pelo auxiliar do juízo, a execução terá início pelo valor pretendido, isto é, a intimação do devedor será para pagar o valor constante da memória de cálculo, porém, havendo necessidade de penhora de bens, está terá por base a importância que o juiz entender adequada.

Prescreve o *§3º do art. 524* do atual C.P.C. que *quando a elaboração do demonstrativo depender de dados que estejam em poder de terceiros ou do executado, o juiz poderá requisitá-los, sob cominação do crime de desobediência.*

Por vezes, o credor somente poderá elaborar a memória de cálculo mediante análise de documentos que se encontram em mãos de terceiros ou do próprio executado. Neste caso, diante da impossibilidade fática e jurídica da elaboração do cálculo, o credor deverá requerer ao juiz a intimação do terceiro ou do executado para que exiba os dados que estejam em seu poder, a fim de que se possa elaborar a memória de cálculo, sob pena de a parte ou de o terceiro cometerem o crime de desobediência.

Penso que o juiz também poderá, dependendo do caso, impor a aplicação de multa cominatória, *astreintes*, a fim de que se cumpra, no caso, a obrigação de fazer imposta pelo juiz, além da multa prevista no art. 81 do atual C.P.C.

Sobre o tema, eis a seguinte decisão do S.T.J.:

> (...).
>
> *1. Para fins de elaboração da memória de cálculo indispensável à execução do julgado, cabe à CEF a apresentação dos extratos das contas vinculadas do FGTS, nos termos do art. 604, § 1º, do CPC.*
>
> (...).
>
> (REsp 818.145/CE, Rel. Ministra ELIANA CALMON, SEGUNDA TURMA, julgado em 11/04/2006, DJ 23/05/2006, p. 151)

Evidentemente que o juiz somente deverá intervir, nos termos do §3º do art. 523, quando houver demonstração de pretensão resistida em face do exequente, ou seja, quando houver indícios suficientes de que o terceiro ou o próprio devedor recusam-se imotivadamente em fornecer os dados.

Essa pretensão resistida deve ser relativizada quando se tratar de beneficiário de gratuidade de justiça.

Além do mais, se a parte ou o terceiro alegar que não dispõe do documento, caberá ao exequente demonstrar o contrário. Nesse sentido há precedente do S.T.J.:

> *(...).*
>
> *3. Ordenada, pelo juiz, a exibição de documento ou coisa, o requerido não estará obrigado a atender a ordem se não dispuser do objeto da requisição. Havendo alegação de que o documento ou coisa não está em poder do requerido, cabe à parte que requereu a exibição fazer prova da inverdade dessa declaração (CPC, art. 357).*
>
> *4. Relativamente aos extratos das contas vinculadas ao FGTS, a sua centralização junto à Caixa Econômica Federal ocorreu, por força do art. 12 da Lei 8.036, de 1990, a partir de maio de 1991. No período anterior, a responsabilidade pelo seu controle era do respectivo banco depositário (Decreto 99.684/90, art. 23).*
>
> *5. No caso dos autos, requisitou-se a entrega de extrato analítico referente a período anterior à migração das contas para a CEF. Com a alegação da CEF de que não dispõe de tal documento, cumpria à parte autora demonstrar a inverdade da alegação, ou requerer, nos termos do art. 360 do CPC, a exibição da prova por quem efetivamente a detenha. O que não se pode, em face de insuperável empecilho de ordem material, é obrigar alguém a exibir documento de que não dispõe. "Ad impossibilitá nemo tenetur".*
>
> *6. Recurso desprovido.*
>
> (REsp 429.216/RS, Rel. Ministro TEORI ALBINO ZAVASCKI, PRIMEIRA TURMA, julgado em 25/05/2004, DJ 07/06/2004, p. 159, REPDJ 23/08/2004, p. 120).

Estabelece o *§4º do art. 524* do atual C.P.C. que *quando a complementação do demonstrativo depender de dados adicionais em poder do executado, o juiz poderá, a requerimento do exequente, requisitá-los, fixando prazo de até 30 (trinta) dias para o cumprimento da diligência.*

Por fim, preconiza o *§5º do art. 524* do atual C.P.C. que *se os dados adicionais a que se refere o §4º não forem apresentados pelo executado, sem justificativa, no prazo designado, reputar-se-ão corretos os cálculos apresentados pelo exequente apenas com base nos dados de que dispõe.*

Art. 525

Transcorrido o prazo previsto no art. 523 sem o pagamento voluntário, inicia-se o prazo de 15 (quinze) dias para que o executado, independentemente de penhora ou nova intimação, apresente, nos próprios autos, sua impugnação.

§ 1º Na impugnação, o executado poderá alegar:

I – falta ou nulidade da citação se, na fase de conhecimento, o processo correu à revelia;

II – ilegitimidade de parte;

III – inexequibilidade do título ou inexigibilidade da obrigação;

IV – penhora incorreta ou avaliação errônea;

V – excesso de execução ou cumulação indevida de execuções;

VI – incompetência absoluta ou relativa do juízo da execução;

VII – qualquer causa modificativa ou extintiva da obrigação, como pagamento, novação, compensação, transação ou prescrição, desde que supervenientes à sentença.

§ 2º A alegação de impedimento ou suspeição observará o disposto nos arts. 146 e 148.

§ 3º Aplica-se à impugnação o disposto no art. 229.

§ 4º Quando o executado alegar que o exequente, em excesso de execução, pleiteia quantia superior à resultante da sentença, cumprir-lhe-á declarar de imediato o valor que entende correto, apresentando demonstrativo discriminado e atualizado de seu cálculo.

§ 5º Na hipótese do § 4º, não apontado o valor correto ou não apresentado o demonstrativo, a impugnação será liminarmente rejeitada, se o excesso de execução for o seu único fundamento, ou, se houver outro, a impugnação será processada, mas o juiz não examinará a alegação de excesso de execução.

§ 6º A apresentação de impugnação não impede a prática dos atos executivos, inclusive os de expropriação, podendo o juiz, a requerimento do executado e desde que garantido o juízo com penhora, caução ou depósito suficientes, atribuir-lhe efeito suspensivo, se seus fundamentos forem relevantes e se o prosseguimento da execução for manifestamente suscetível de causar ao executado grave dano de difícil ou incerta reparação.

§ 7º A concessão de efeito suspensivo a que se refere o § 6º não impedirá a efetivação dos atos de substituição, de reforço ou de redução da penhora e de avaliação dos bens.

§ 8º Quando o efeito suspensivo atribuído à impugnação disser respeito apenas a parte do objeto da execução, esta prosseguirá quanto à parte restante.

§ 9º A concessão de efeito suspensivo à impugnação deduzida por um dos executados não suspenderá a execução contra os que não impugnaram, quando o respectivo fundamento disser respeito exclusivamente ao impugnante.

§ 10. Ainda que atribuído efeito suspensivo à impugnação, é lícito ao exequente requerer o prosseguimento da execução, oferecendo e prestando, nos próprios autos, caução suficiente e idônea a ser arbitrada pelo juiz.

§ 11. As questões relativas a fato superveniente ao término do prazo para apresentação da impugnação, assim como aquelas relativas à validade e à adequação da penhora, da avaliação e dos atos executivos subsequentes, podem ser arguidas por simples petição, tendo o executado, em qualquer dos casos, o prazo de 15 (quinze) dias para formular esta arguição, contado da comprovada ciência do fato ou da intimação do ato.

§ 12. Para efeito do disposto no inciso III do § 1º deste artigo, considera-se também inexigível a obrigação reconhecida em título executivo judicial fundado em lei ou ato normativo considerado inconstitucional pelo Supremo Tribunal Federal, ou fundado em aplicação ou interpretação da lei ou do ato normativo tido pelo Supremo Tribunal Federal como incompatível com a Constituição Federal, em controle de constitucionalidade concentrado ou difuso.

§ 13. No caso do § 12, os efeitos da decisão do Supremo Tribunal Federal poderão ser modulados no tempo, em atenção à segurança jurídica.

§ 14. A decisão do Supremo Tribunal Federal referida no § 12 deve ser anterior ao trânsito em julgado da decisão exequenda.

§ 15. Se a decisão referida no § 12 for proferida após o trânsito em julgado da decisão exequenda, caberá ação rescisória, cujo prazo será contado do trânsito em julgado da decisão proferida pelo Supremo Tribunal Federal.

Sumário:

1. Impugnação do executado

Estabelece o art. 518 do atual C.P.C. que todas as questões relativas à validade do procedimento de cumprimento da sentença e dos atos executivos subsequentes poderão ser arguidas pelo executado nos próprios autos e nestes serão decididas pelo juiz.

Em face da edição da Lei 11.232, de 22 de dezembro de 2005, a sentença judicial é simplesmente *cumprida*, sem reclamar ação (demanda) e processo de execução judicial autônomo e independente do processo de cognição.

Trata-se do sincretismo entre cognição e execução.

Assim, como não há mais processo de execução de título judicial autônomo, não há mais previsão da propositura de *embargos do devedor* como forma autônoma de impugnação da execução por título executivo judicial.

Os embargos do devedor foram substituídos pelo procedimento incidental de cumprimento de sentença denominado de *impugnação*, o qual é instaurado nos próprios autos do processo único. Anota Misael Montenegro Filho, *"essa nova defesa, repita-se, apresentada nos autos da própria demanda, com a natureza jurídica de mero incidente processual, permite a discussão de questões formais e de mérito, confirmando a prevalência do princípio do contraditório e da ampla defesa no ambiente da jurisdição executiva, encartada na realidade da jurisdição de conhecimento, qualificando-se como prolongamento dessa"*.[1000]

Conforme já teve oportunidade de advertir Salvatore Satta: *"Aquela, que é a instância insuprível do contraditório, é satisfeita no processo de execução 'a posteriori', ou seja, com as impugnações do ato que o devedor é admitido a cumprir, instaurando um juízo de validez, que pode ser formal ou substancial, quando se contestar, nada obstante a normativa de cuja execução se trata (oposição de rito e de mérito). Essas impugnações serão por certo incidentais no processo de execução, mas não intrínsecas dele, vale dizer, como deverão*

[1000] Montenegro Filho, Misael. *Curso de direito processual civil.* Teoria Geral dos Recursos. Recursos em Espécie. Processo de Execução. 5ª ed. São Paulo: Editora Atlas, 2009. p. 231.

ser autonomamente consideradas. Se fossem intrínsecas, a ação executiva e a normativa que a determina perderiam qualquer significado".[1001]

Evidentemente que a *impugnação* ao cumprimento de sentença não é a única forma processual de defesa do executado, pois a eventual perda do prazo para o oferecimento da impugnação não impede o devedor de ingressar com demanda autônoma para denunciar a nulidade da execução em vista da própria nulidade do título executivo.

Poderá, ainda, ingressar com exceção de pré-executividade, desde que a utilize antes de transcorrer o prazo para o procedimento de *impugnação*.

Optando o devedor por ingressar com a impugnação, o primeiro aspecto a ser observado é de que essa defesa processual poderá ser desencadeada independente da realização da *penhora*.

Deve-se lembrar que no caso de embargos à execução, o pressuposto para sua interposição era justamente a penhora de bens, ainda que não integral.

Pelo atual C.P.C., o devedor poderá ingressar com a *impugnação* ao cumprimento de sentença definitiva, no prazo de 15 (quinze) dias, contados após o transcurso do prazo previsto no art. 523 do atual C.P.C.

O prazo para a impugnação corre independentemente de penhora ou de nova intimação.

Na impugnação, o devedor poderá alegar, dentre outras matérias de ordem pública:

a) *falta ou nulidade de citação, se, na fase de conhecimento, o processo correu à revelia.*

Ressalvadas as hipóteses de indeferimento da petição inicial ou de improcedência liminar do pedido, para a validade do processo é indispensável a citação do réu ou do executado.

Como se sabe, a citação do réu para o processo de conhecimento é pressuposto processual de existência da relação jurídica processual justamente em relação ao réu.

Se não houver a citação válida do réu ou do executado, o processo não existiu em relação a ele, razão pela qual essa nulidade poderá ser arguida a qualquer momento, independentemente de demanda rescisória. Nesse sentido é o pronunciamento do S.T.J.:

> *Processual civil. Citação. Pessoa falecida. Ciência do autor. Invalidade. Autoridade da coisa julgada. Inexistência. Arguição em mandado de segurança. Possibilidade.*

[1001] Satta, S., op. cit. p. 532.

Nulidade "pleno iure". Doutrina. Precedente. Herdeiro impetrante. Legitimação. Cabimento do "writ". Recurso provido.

i – requerida a citação editalícia de réus falecidos, fato certificado pelo oficial de justiça, impõe-se reconhecer a nulidade do ato citatório e a não-ocorrência de formação da coisa julgada.

ii – as nulidades de pleno direito, que decorrem da falta de regular formação da relação processual, podem ser deduzidas a qualquer momento, mesmo em sede de mandado de segurança impetrado por herdeiro dos falecidos.

(RMS 8.865/RJ, Rel. Ministro SÁLVIO DE FIGUEIREDO TEIXEIRA, QUARTA TURMA, julgado em 19/02/1998, DJ 30/03/1998, p. 65)

Inclusive, essa nulidade (querela nullitatis) pode ser arguida a qualquer momento, independentemente de demanda rescisória, também em relação ao litisconsórcio passivo necessário. Nesse sentido são os seguintes precedentes do S.T.J.:

(...).

2. O art. 485 em comento não cogita, expressamente, da admissão da ação rescisória para declaração de nulidade por ausência de citação, pois não há que se falar em coisa julgada na sentença proferida em processo em que não se formou a relação jurídica apta ao seu desenvolvimento. É que nessa hipótese estamos diante de uma sentença juridicamente inexistente, que nunca adquire a autoridade da coisa julgada. Falta-lhe, portanto, elemento essencial ao cabimento da rescisória, qual seja, a decisão de mérito acobertada pelo manto da coisa julgada. Dessa forma, as sentenças tidas como nulas de pleno direito e ainda as consideradas inexistentes, a exemplo do que ocorre quando proferidas sem assinatura ou sem dispositivo, ou ainda quando prolatadas em processo em que ausente citação válida ou quando o litisconsorte necessário não integrou o polo passivo, não se enquadram nas hipóteses de admissão da ação rescisória, face a inexistência jurídica da própria sentença porque inquinada de vício insanável.

3. Apreciando questão análoga, atinente ao cabimento ou não de ação rescisória por violação literal a dispositivo de lei no caso de ausência de citação válida, o Supremo Tribunal Federal e o Superior Tribunal de Justiça já se posicionaram no sentido de que o vício apontado como ensejador da rescisória é, em verdade, autorizador da querela nullitatis insanabilis. Precedentes: do STF – RE 96.374/GO, rel. Ministro Moreira Alves, DJ de 30.8.83; do STJ – REsp n. 62.853/GO, Quarta Turma, rel. Min. Fernando Gonçalves, unânime, DJU de 01.08.2005; AR .771/PA, Segunda Seção, Rel. Ministro Aldir Passarinho Junior DJ 26/02/2007.

4. No caso específico dos autos, em que a ação tramitou sem que houvesse citação válida do litisconsórcio passivo necessário, não se formou a relação processual em ângulo. Há, assim, vício que atinge a eficácia do processo em relação ao réu e a validade dos atos processuais subsequentes, por afrontar o princípio do contraditório. Em virtude disto, aquela decisão que transitou em julgado não atinge aquele réu que não integrou o polo passivo da ação. Por tal razão, a nulidade por falta de citação poderá ser suscitada por meio de ação declaratória de inexistência por falta de citação, denominada querela nullitatis, ou, ainda, por simples petição nos autos, como no caso dos autos.

5. Recurso especial provido.

(REsp 1105944/SC, Rel. Ministro MAURO CAMPBELL MARQUES, SEGUNDA TURMA, julgado em 14/12/2010, DJe 08/02/2011)

É cabível ação declaratória de nulidade (querela nullitatis), para se combater sentença proferida, sem a citação de todos os réus que, por se tratar, no caso, de litisconsórcio unitário, deveriam ter sido citados.

Recurso conhecido e provido.

(REsp 194.029/SP, Rel. Ministra MARIA THEREZA DE ASSIS MOURA, SEXTA TURMA, julgado em 01/03/2007, DJ 02/04/2007, p. 310)

Correndo o processo de conhecimento à revelia do réu, poderá ele alegar, quando do cumprimento de sentença, por meio de impugnação, eventual nulidade de sua citação, como, por exemplo, que a pessoa que recebeu a citação pessoal não era ele, que a carta foi encaminhada a endereço errado ou inexistente, que o autor não comunicou ao juízo o real endereço do réu, muito embora tivesse plena ciência desse endereço, permitindo, com isso, que a citação fosse realizada por edital etc.

b) *ilegitimidade de parte.*

É sabido que para propor ação é necessário ter interesse e legitimidade (art. 17 do atual C.P.C.), bem como que ninguém poderá pleitear direito alheio em nome próprio, salvo quando autorizado pelo ordenamento jurídico (art. 18 do atual C.P.C.). Estes dispositivos aplicam-se também ao procedimento de cumprimento de sentença, ou seja, para se pleitear o cumprimento de sentença é necessário que tenha o requerente legitimidade 'ad causam' e 'ad processum', assim como deve ser legítimo para participar da demanda aquele contra quem se requererá o cumprimento de sentença.

Se a demanda for proposta por quem não é parte legítima ou contra quem não poderia ser indicada no polo passivo, o juiz deverá extinguir o processo (no caso o procedimento) sem resolução de mérito, ou seja, sem analisar o mérito da execução, no caso o pedido de cumprimento da obrigação imposta na sentença.

Aliás, a legitimidade *ad causam* ou *ad processum* pode ser avaliada de ofício pelo juiz, pois se está diante de um pressuposto processual ou de um pressuposto para análise do mérito do procedimento de cumprimento de sentença (também conhecido como condição da ação).

Esse reconhecimento de ilegitimidade pode ocorrer de ofício, no âmbito da impugnação, ou mesmo em exceção de pré-executividade.

Reconhecida a ilegitimidade *ad causam* ou *ad processum*, o juiz extingue o procedimento de cumprimento de sentença, resultando daí sentença com atributo de coisa julgada formal, o que não impede que o credor ou exequente renove o procedimento corrigindo o polo ativo ou passiva da relação jurídica processual.

O cumprimento de sentença pode ocorrer entre as partes *originárias* que participaram do processo de conhecimento, ou mediante partes sucessivas ou substitutivas, no caso de falecimento ou de cessão de direitos creditórios, caracterizando nesta última hipótese o que a doutrina denomina de parte *derivada*.[1002]

Pode ocorrer, também, a *legitimação extraordinária em razão de substituto processual*, como ocorre com o Ministério Público, quando ele poderá promover o cumprimento de sentença nas hipóteses permitidas pela Constituição Federal e pela lei, agindo em nome próprio, mas defendendo interesse ou direito de outrem. Isso é comum quando o Ministério Público realiza intervenção para a defesa de interesse difuso, coletivo ou individual homogêneo, principalmente na esfera ambiental e consumerista.

b.1) As hipóteses de legitimação ativa do cumprimento de sentença podem ser:

a) *legitimação ativa do credor que figura no título executivo judicial*. Neste caso não há dificuldade para se avaliar a legitimação, pois o credor é aquele que promoveu a demanda de conhecimento e nela se encontra quando da prolação da sentença ou do acórdão definitivo. Assim, há uma nítida congruência entre as partes da relação jurídica material com as partes envolvidas no cumprimento de sentença definitivo. Evidentemente, em se tratando de diversos credores solidários, qualquer um deles poderá promover o cumprimento de sentença. Aliás, nesse sentido prescrevem os seguintes dispositivos do C.c.b.: *Art. 267. Cada um dos credores solidários tem direito a exigir do devedor o cumprimento da prestação por inteiro. Art. 268. Enquanto alguns dos credores solidários não demandarem o devedor comum, a qualquer daqueles poderá este pagar. Art. 269. O pagamento feito a um dos credores solidários extingue a dívida até o montante do que foi pago;*

b) *legitimação do Ministério Público para promover a execução como substituto processual*, isto é, defendendo em nome próprio interesse alheio. Eis algumas hipóteses em que o Ministério Público apresenta legitimidade para o ingresso com a

[1002] Montenegro Filho, M., op. cit. p. 243.

demanda de conhecimento e seu respectivo cumprimento de sentença: b.1) na defesa dos interesses dos portadores de deficiência física (art. 3º da Lei 7.853, de 24 de outubro de 1989; b.2) na ação de investigação de paternidade (§4º do art. 2º da Lei 8.560, de 29 de dezembro de 1992); b.3) na ação de proteção e defesa de consumidor (art. 82, inc. I da Lei n. 8.078, de 11 de setembro de 1990); b.4) mediante ação civil pública para proteção e reparação por danos causados ao meio ambiente, ao patrimônio artístico, histórico ou paisagístico etc. (art. 3º da Lei 24. de julho de 1985); b.5) promover a proteção de interesses individuais, difusos e coletivos das crianças e adolescentes (art. 98, inc. V da Lei 8.069 de 13 de julho de 1990); b.6). proteção dos interesses individuais indisponíveis, difusos e coletivos, relativos às comunidades indígenas, à família, às minorias étnicas (art. 6º, inc. VII da Lei Complementar n. 75/93.

Note-se que a legitimidade para promover a defesa de interesses coletivos também é das associações constituídas há mais de 1(um) ano, nos termos da lei civil.

Em relação às entidades sindicais, assim já se manifestou o S.T.J.:

> *1. Os sindicatos ostentam legitimidade para propor a liquidação e a execução de sentença, proferida em ação condenatória na qual atuaram como substitutos processuais, caso não promovidas pelos interessados, hipótese em que as referidas entidades atuam em regime de representação processual. Precedentes do S.T.F: RE 210029/RS, Relator Min. CARLOS VELLOSO, DJ de 17.08.2007; e RE 193503/SP, Relator Min. CARLOS VELLOSO, DJ de 24-08-2007 e do S.T.J: REsp 876812/RS, Rel. Ministro LUIZ FUX, PRIMEIRA TURMA, DJ de 01/12/2008; AgRg no REsp 926.608/RS, Rel. Ministro FRANCISCO FALCÃO, PRIMEIRA TURMA, DJ 02.08.2007; REsp 692.987/RS, Rel.*
>
> *Ministra DENISE ARRUDA, PRIMEIRA TURMA, DJ 04.12.2006; REsp 637.837/RS, Rel. Ministro LUIZ FUX, PRIMEIRA TURMA, DJ 28.03.2005.*
>
> *2. Os sindicatos ostentam legitimatio ad causam extraordinária, na qualidade de substitutos processuais (art. 6º, do CPC), para a defesa dos direitos e interesses coletivos ou individuais da categoria que representa, como dispõe o art. 8º, III, da CF.*
>
> *3. A Lei n.° 7.788/89 estabelece, em seu art. 8º, que as entidades sindicais poderão atuar como substitutas processuais da categoria que representam, por isso que assente a autorização legal, revela-se desnecessária a autorização expressa do titular do direito subjetivo.*
>
> *4. Embargos de Divergência providos.*
>
> *(EREsp 901.627/RS, Rel. Ministro LUIZ FUX, CORTE ESPECIAL, julgado em 17/06/2009, DJe 06/08/2009)*

Também as autarquias, empresa pública, fundação ou sociedade de econômica mista que inclua, entre suas finalidades institucionais, a proteção das pessoas portadoras de deficiência.

Em algumas dessas situações, o Ministério Público não atuou como parte na propositura de eventual ação civil pública, mas poderá promover a execução ou o cumprimento da sentença, principalmente se o autor permanecer inerte durante certo tempo, após o trânsito em julgado da decisão. É o que se observa, por exemplo com o disposto no art. 16 da Lei 4.717, de 29 de junho de 1965 que diz: "*Caso decorridos 60 (sessenta) dias da publicação da sentença condenatória de segunda instância, sem que o autor promova a respectiva execução, o representante do Ministério Público a promoverá nos 30 (trinta) dias seguintes, sob pena de falta grave*". Da mesma forma preceitua o art. 15 do mesmo diploma legal: "*Decorridos 60 (sessenta) dias do trânsito em julgado da sentença condenatória, sem que a associação autora lhe promova a execução, deverá fazê-lo o Ministério Público, facultada igual iniciativa aos demais legitimados*".

Estabelece, por sua vez, o art. 68 do C.P.P.: "*Quando o titular do direito à reparação do dano for pobre (art. 32, §§1º e 2º), a execução da sentença condenatória (art. 63) ou a ação civil (art. 64) será promovida, a seu requerimento, pelo Ministério Público*". Sobre o art. 68 do C.P.P. assim se manifestou o Supremo Tribunal Federal e o Superior Tribunal de Justiça:

> *EMENTA: Ministério Público: legitimação para promoção, no juízo cível, do ressarcimento do dano resultante de crime, pobre o titular do direito à reparação: C. Pr. Pen., art. 68, ainda constitucional (cf. RE 135328): processo de inconstitucionalização das leis. 1. A alternativa radical da jurisdição constitucional ortodoxa entre a constitucionalidade plena e a declaração de inconstitucionalidade ou revogação por inconstitucionalidade da lei com fulminante eficácia ex tunc faz abstração da evidência de que a implementação de uma nova ordem constitucional não é um fato instantâneo, mas um processo, no qual a possibilidade de realização da norma da Constituição – ainda quando teoricamente não se cuide de preceito de eficácia limitada – subordina-se muitas vezes a alterações da realidade fáctica que a viabilizem. 2. No contexto da Constituição de 1988, a atribuição anteriormente dada ao Ministério Público pelo art. 68 C. Pr. Penal – constituindo modalidade de assistência judiciária – deve reputar-se transferida para a Defensoria Pública: essa, porém, para esse fim, só se pode considerar existente, onde e quando organizada, de direito e de fato, nos moldes do art. 134 da própria Constituição e da lei complementar por ela ordenada: até que – na União ou em cada Estado considerado –, se implemente essa condição de viabilização da cogitada transferência constitucional de atribuições, o art. 68 C. Pr.*

Pen. será considerado ainda vigente: é o caso do Estado de São Paulo, como decidiu o plenário no RE 135328.

(STF RE 147776/SP – SÃO PAULO RECURSO EXTRAORDINÁRIO Relator(a): Min. SEPÚLVEDA PERTENCE Julgamento: 19/05/1998 Órgão Julgador: Primeira Turma Publicação DJ 19-06-1998 PP-00009 EMENT VOL-01915-01 PP-00136 Parte(s) RECTE.: ESTADO DE SÃO PAULO RECDO.: GERALDA CARDOSO DE PAULA)

Ao Estado, no que assegurado constitucionalmente certo direito, cumpre viabilizar o respectivo exercício. Enquanto não criada por Lei, organizada – e, portanto, preenchidos os cargos próprios, na unidade da Federação – a Defensoria Pública, permanece em vigor o artigo 68 do Código de Processo Penal, estando o Ministério Público legitimado para a ação de ressarcimento nele prevista. Irrelevância de a assistência vir sendo prestada por órgão da Procuradoria Geral do Estado, em face de não lhe competir, constitucionalmente, a defesa daqueles que não possam demandar, contratando diretamente profissional da advocacia, sem prejuízo do próprio sustento. (STF; RE 135328; SP; Tribunal Pleno; Rel. Min. Marco Aurélio; Julg. 29/06/1994; DJU 20/04/2001; p. 00137) (Publicado no DVD Magister nº 17 – Repositório Autorizado do TST nº 31/2007)

(...).

4. O Ministério Público tem legitimidade para representação de hipossuficiente em ação civil de reparação por dano decorrente de conduta criminosa, nos expressos termos do art. 68 do CPP, litteris: "Quando o titular do direito à reparação do dano for pobre (art. 32, §§ 1º e 2º), a execução da sentença condenatória (art. 63) ou a ação civil (art. 64) será promovida, a seu requerimento, pelo Ministério Público."

5. O Supremo Tribunal Federal reconheceu a inconstitucionalidade progressiva do art. 68 do CPP, concluindo que 'enquanto não criada por Lei, organizada – e, portanto, preenchidos os cargos próprios, na unidade da Federação – a Defensoria Pública, permanece em vigor o artigo 68 do Código de Processo Penal, estando o Ministério Público legitimado para a ação de ressarcimento nele prevista' (RE nº 135.328-7/SP, Rel. Min. Marco Aurélio, DJ 01/08/94).

6. Evidenciando-se que a atuação do Parquet se deu, in casu, nos estreitos limites do art. 68 do CPP em momento anterior à instituição da Defensoria Pública no Estado de São Paulo (janeiro de 2006), revelam-se válidos todos os atos praticados pelo órgão ministerial na defesa dos interesses do hipossuficiente autor da demanda.

7. O art. 1.525 do Código Civil de 1916, a despeito de afirmar independentes as responsabilidades civil e criminal, deixa consignado que "não se poderá, porém, questionar mais sobre a existência do fato, ou quem seja o seu autor, quando estas questões se acharem decididas no crime. " 8. In casu, o pedido autoral está assentado em sentença crimi-

nal, transitada em julgado, na qual se reconheceu culpado o preposto da ora recorrente pelas lesões corporais ocasionadas à parte autora em acidente automobilístico. Serve o título judicial como prova cabal da existência e da autoria dos fatos, não havendo falar, assim, a empresa recorrente, em ofensa ao art. 159 do Código Civil, tampouco ao art. 1525 do mesmo diploma legal. 9. Recurso Especial não conhecido.

(STJ; REsp 219.815; Proc. 1999/0054604-0; SP; Quarta Turma; Rel. Juiz Fed. Conv. Carlos Fernando Mathias; Julg. 11/11/2008; DJE 24/11/2008) (Publicado no DVD Magister nº 24 – Repositório Autorizado do TST nº 31/2007)

1. Apesar da Constituição Federal de 1988 ter afastado, dentre as atribuições funcionais do Ministério Público, a defesa dos hipossuficientes, incumbindo-a às Defensorias Públicas (art. 134), o Supremo Tribunal Federal consignou pela inconstitucionalidade progressiva do CPP, art. 68, concluindo que 'enquanto não criada por Lei, organizada – E, portanto, preenchidos os cargos próprios, na unidade da Federação – A Defensoria Pública, permanece em vigor o artigo 68 do Código de Processo Penal, estando o Ministério Público legitimado para a ação de ressarcimento nele prevista' (RE nº 135.328-7/SP, Rel. Min. Marco Aurélio, DJ 01/08/94). 2. Precedentes do STF e do STJ. 3. Embargos rejeitados.

(STJ; ERESP 232279; SP; Corte Especial; Rel. Min. Edson Carvalho Vidigal; Julg. 01/07/2003; DJU 04/08/2003; pág. 00205) (Publicado no DVD Magister nº 17 – Repositório Autorizado do TST nº 31/2007)

c) *legitimidade do espólio, dos herdeiros ou dos sucessores credores.* Uma vez aberta a sucessão, a posse e a propriedade dos bens do falecido são transferidas automaticamente aos seus herdeiros e sucessores (*princípio da saisine*), conforme estabelece o art. 1.784 do C.c.b. Todos os bens, materiais ou imateriais, inclusive direitos provenientes de decisões judiciais condenatórias, são transferidos aos herdeiros. Na realidade, a herança não é constituída apenas de bens materiais (terreno, automóvel, apartamento), mas é representada por uma universalidade de bens (art. 91), ou seja, por um complexo de relações jurídicas dotadas de valor econômico. Compreende o ativo e o passivo. É um somatório que abrange os bens e as dívidas, os créditos e os débitos, os direitos e as obrigações, as pretensões e ações de que era titular o falecido, e as que contra ele foram propostas, desde que transmissíveis.[1003]

[1003] Veloso, Zeno. *In:* Fiuza, Ricardo (Coordenador). *Novo código civil comentado.* São Paulo: Saraiva, 2002.

Tendo o autor da herança falecido durante ou após a prolação, em seu favor, de sentença condenatória de quantia certa, a prerrogativa de instaurar o procedimento de cumprimento de sentença passa ao seu espólio, herdeiros e sucessores, devendo a inicial ser instruída com documento que comprove esta relação jurídica de sucessão particular ou universal, bem como a certidão de óbito ou a nomeação de inventariante.

Aberto o processo de inventário de bens deixados pelo *de cujus*, enquanto a sucessão não for concluída, a lei confere legitimidade ativa ao espólio, representado pelo inventariante ou por quem for designado ou, não havendo inventário, ao herdeiro administrador dos bens, ou, ainda, aos herdeiros em conjunto.

Aliás, conforme estabelece o art. 75, incisos VI e VII do atual C.P.C., a herança jacente ou vacante será representada ativa e passivamente por seu curador, enquanto que o espólio, pelo inventariante.

Por sua vez, o §1º do art. 75 do atual C.P.C. preceitua que quando o inventariante for dativo, os sucessores do falecido serão intimados no processo em que o espólio for parte.

Uma vez encerrado o inventario com a partilha dos bens, somente o herdeiro que foi agraciado com o crédito decorrente da sentença judicial é que poderá promover a execução.

É importante salientar que ocorrendo a morte de qualquer das partes durante o procedimento de cumprimento de sentença, dar-se-á a sucessão pelo seu espólio ou pelos seus sucessores.

d) *legitimidade do cessionário por ato entre vivos.* Trata-se de legitimidade ativa *derivada*, quando o credor cede seu direito/crédito representado pela sentença condenatória de quantia certa, conforme permite o art. 286 do C.c.b.: *"O credor pode ceder o seu crédito, se a isso não se opuser a natureza da obrigação, a lei, ou a convenção com o devedor; a cláusula proibitiva da cessão não poderá ser oposta ao cessionário de boa-fé, se não constar do instrumento da obrigação".*

É importante salientar, para que valha a cessão de crédito em relação ao devedor, é necessário que essa cessão seja notificada ao devedor, nos termos do art. 290 do C.c.b.: *"A cessão do crédito não tem eficácia em relação ao devedor, senão quando a este notificada; mas por notificado se tem o devedor que, em escrito público ou particular, se declarou ciente da cessão feita".*

A notificação pode ser judicial ou extrajudicial, desde que chegue ao efetivo conhecimento do devedor.

É importante afirmar também que: *"O crédito é transferido com as mesmas características que possuía à época da cessão, não podendo o cedente, por óbvio, transferir mais direitos do que tenha. O cessionário passa a ter os mesmos direitos do cedente, incluindo bônus e ônus. Sendo assim, poderá o devedor opor contra o cessionário todas as formas de defesa de que dispunha contra o cedente, ao tempo em que teve conhecimento da cessão".*[1004]

Diante da inadimplência do devedor, o cessionário poderá promover o procedimento de cumprimento de sentença, devendo instruí-lo com prova documental da cessão e da notificação dirigida ao devedor que comprove sua inequívoca ciência em relação aos termos da cessão. Trata-se de documentos essenciais para a instauração da demanda, sob pena de indeferimento do pedido, razão pela qual, na sua falta, o juiz determinará a emenda da inicial.

Na hipótese de alienação do direito litigioso no curso do procedimento de cumprimento de sentença, deve-se aplicar o disposto no art. 108 e 109 do atual C.P.C. que assim dispõe:

> *Art. 108. No curso do processo, somente é lícita a sucessão voluntária das partes nos casos expressos em lei.*
>
> *Art. 109. A alienação da coisa ou direito litigioso por ato entre vivos, a título particular, não altera a legitimidade das partes.*
>
> *§ 1º O adquirente ou cessionário não poderá ingressar em juízo, sucedendo o alienante ou cedente, sem que o consinta a parte contrária.*
>
> *§ 2º O adquirente ou cessionário poderá intervir no processo como assistente litisconsorcial do alienante ou cedente.*
>
> *§ 3º Estendem-se os efeitos da sentença proferida entre as partes originárias ao adquirente ou cessionário.*

Comentando o C.P.C. de 1973, afirma Misael Montenegro Filho: *"Porém, por conta de reiterados julgados sobre o assunto, concluímos que o §1º do art. 42 não se aplica à ação executiva, em face de o inciso II do art. 567 não ter repetido a exigência constante da norma legal, de modo que o cessionário pode ingressar na execução em curso mesmo sem contar com o consentimento do executado, operando-se o fenômeno da 'sucessão processual', ocupando o cessionário o assento antes habitado pelo cedente".*.[1005]

e) *legitimidade do sub-rogado, nos casos de sub-rogação legal ou convencional.*

O sub-rogado é aquele que, por ter adimplido a obrigação do devedor, sub-roga-se nos direitos do credor, inclusive quanto à prerrogativa de promover a demanda de cumprimento da sentença, a fim de reaver a quantia desembolsada. Hipótese mais comum de sub-rogação é a do fiador que paga a dívida do afiançado, principalmente nos contratos de locação.

[1004] Régis, Mário Luiz Delgado. *In:* Fiuza, Ricardo (coordenador). *Novo código civil comentado.* São Paulo: Saraiva, 2002. p. 276.

[1005] Montenegro Filho, M., op. cit., p. 251.

Na sub-rogação, o devedor, que mantinha relação originária material com o seu credor, passa agora a ser devedor da pessoa que pagou a dívida originária, operando-se a sub-rogação, sendo que essa dívida passa com as mesmas características da obrigação que se extinguiu em relação ao credor primitivo.[1006]

A sub-rogação pode decorrer da lei ou de relação jurídica convencional (art. 346 e 347 do C.c.b.).

Exemplo típico de sub-rogação legal encontra-se no art. 794, §2º, do atual C.P.C., a saber:

> *"O fiador que pagar a dívida poderá executar o afiançado nos autos do mesmo processo".*

b.2) Legitimidade passiva para o procedimento de cumprimento de sentença.

Na realidade, consideram-se sujeitos passivos no procedimento de cumprimento de sentença, o devedor, assim reconhecido como tal na sentença condenatória executiva; o espólio, os herdeiros ou sucessores do devedor; o novo devedor, que assumiu com o consentimento do credor, a obrigação resultante do título executivo.

a) *legitimidade passiva do devedor originário.* O devedor é o vencido em demanda condenatória.

A pessoa que foi indicada na sentença como devedora da obrigação imposta na decisão é considerada parte passiva legítima ordinária no procedimento de cumprimento de sentença.

Se a obrigação imposta na sentença for direcionada a vários devedores solidários, o credor terá a faculdade de instaurar a execução contra apenas um ou algum deles, como estabelece o art. 275 do C.c.b.: *"O credor tem direito a exigir e receber de um ou de alguns dos devedores, parcial ou totalmente, a dívida comum; se o pagamento tiver sido parcial, todos os demais devedores continuam obrigados solidariamente pelo resto".*

É possível que o credor demande o cumprimento de sentença apenas contra um dos devedores, ou promova nova demanda contra os demais. A decisão inicial de demandar apenas contra um dos coobrigados não representa *renúncia* ao direito de cobrar a dívida dos demais, autorizando nova demanda judicial de cumprimento de sentença.[1007]

b) *legitimidade passiva do espólio, dos herdeiros ou dos sucessores do devedor originário.*

Falecendo o devedor originário constante do título judicial executivo, passa a responder pela dívida, mediante certos limites, o espólio, herdeiros ou sucessores do autor da herança.

[1006] Montenegro Filho, M., idem, p. 252.

[1007] Montenegro Filho, M., idem, p. 253.

Se a demanda de cumprimento de sentença for proposta antes do inventariante ser investido na função, o que ocorrerá com a assinatura do termo de compromisso de inventariante, a intimação do espólio para o cumprimento da sentença deve ser efetivada na pessoa do *administrador provisório*, nos termos do art. 1.797 do C.c.b. que assim dispõe:

> *Art. 1.797. Até o compromisso do inventariante, a administração da herança caberá, sucessivamente: I – ao cônjuge ou companheiro, se com o outro convivia ao tempo da abertura da sucessão; II – ao herdeiro que estiver na posse e administração dos bens, e, se houver mais de um nessas condições, ao mais velho; III – ao testamenteiro; IV – a pessoa de confiança do juiz, na falta ou escusa das indicadas nos incisos antecedentes, ou quando tiverem de ser afastadas por motivo grave levado ao conhecimento do juiz.*

Depois da abertura do inventário e da assinatura do termo de compromisso, a intimação deve ser efetivada na pessoa do inventariante.

Os sucessores somente podem ser convocados para adimplir a obrigação até o limite da força da herança, ou seja, até o limite do valor correspondente ao quinhão hereditário recebido pelo herdeiro, conforme preconiza o art. 1.792 do C.c.b: *"O herdeiro não responde por encargos superiores às forças da herança; incumbe-lhe, porém, a prova do excesso, salvo se houver inventário que a escuse, demonstrando o valor dos bens herdados"*.

Se o falecimento do devedor ocorrer após o início da demanda de cumprimento de sentença, os herdeiros ou sucessores ingressarão na demanda por meio da *habilitação*, suspendendo o processo para a sua efetivação.

Se já houve o encerramento do inventário com a repartição dos bens da herança, o cumprimento de sentença deverá ocorrer individualmente em relação a cada herdeiro, limitada a responsabilidade patrimonial aos bens recebidos por herança.

c) *legitimidade passiva do novo devedor que por meio da assunção de dívida, assumiu a responsabilidade do débito mediante consentimento do credor.*

O instituto da *assunção de dívida*, instituído em nosso ordenamento jurídico pelo C.c.brasileiro de 2002, encontra-se regulado nos artigos 299 a 303, *in verbis*:

> *"Art. 299. É facultado a terceiro assumir a obrigação do devedor, com o consentimento expresso do credor, ficando exonerado o devedor primitivo, salvo se aquele, ao tempo da assunção, era insolvente e o credor o ignorava.*
>
> *Parágrafo único. Qualquer das partes pode assinar prazo ao credor para que consinta na assunção da dívida, interpretando-se o seu silêncio como recusa.*

Art. 300. Salvo assentimento expresso do devedor primitivo, consideram-se extintas, a partir da assunção da dívida, as garantias especiais por ele originariamente dadas ao credor.

Art. 301. Se a substituição do devedor vier a ser anulada, restaura-se o débito, com todas as suas garantias, salvo as garantias prestadas por terceiros, exceto se este conhecia o vício que inquinava a obrigação.

Art. 302. O novo devedor não pode opor ao credor as exceções pessoais que competiam ao devedor primitivo.

Art. 303. O adquirente de imóvel hipotecado pode tomar a seu cargo o pagamento do crédito garantido; se o credor, notificado, não impugnar em trinta dias a transferência do débito, entender-se-á dado o assentimento".

A assunção pode ser *liberatória* ou *cumulativa*. Na primeira, há liberação do devedor primitivo, enquanto que na segunda institui-se uma espécie de coobrigação entre os devedores para o cumprimento da obrigação, assemelhando-se ao instituto da fiança.[1008]

Diferencia-se a *assunção de dívida* da *novação*, tendo em vista que na segunda há extinção da obrigação originária, contraída pelo devedor primitivo, em seu lugar surgindo nova obrigação com características diversas, envolvendo novo devedor, acarretando a alteração do devedor e da obrigação; já na assunção de dívida, ao contrário, embora também tenhamos um novo devedor, este assume a obrigação primitiva na sua totalidade, pondo-se apenas na posição do devedor originário. Altera-se o devedor, mantendo-se a obrigação.[1009]

d) *legitimidade passiva do coobrigado e do corresponsável.*

Segundo estabelece o §5º do art. 513 do atual C.P.C., *"o cumprimento da sentença não poderá ser promovido em face do fiador, do coobrigado ou do corresponsável que não tiver participado da fase de conhecimento"*.

Esse dispositivo vem reforçar a ideia de que a sentença proferida no processo de conhecimento tem sua eficácia executiva apenas contra aqueles que participaram da relação jurídica processual e não contra terceiros que não integraram a lide.

É importante salientar que o cumprimento de sentença não poderá ser direcionado contra o fiador que não participou da relação jurídica processual. E tal imposição normativa já vinha sendo construída pela jurisprudência, conforme os seguintes precedentes do S.T.J.:

[1008] Montenegro Filho, M., idem, p. 255.

[1009] Montenegro Filho, M., idem, ibidem.

1. Não tendo integrado a ação de conhecimento, a garante não pode responder pela execução do julgado, sob pena de ofensa aos princípios constitucionais do contraditório e da ampla defesa e de afronta à literal disposição do art. 472 do Código de Processo Civil, incidência da Súmula 268 desta Corte.

2. Sendo a fiança prestada pelos cônjuges, imprescindível é a citação de ambos para responder em juízo pelos débitos decorrentes da garantia prestada, sob pena de nulidade, por se tratar de litisconsórcio passivo necessário, a teor do que dispõe o art. 10, § 1º, inciso II, do Código de Processo Civil.

3. Estando o acórdão recorrido em sintonia com a jurisprudência pacificada desta Corte, incide, na espécie, o óbice da Súmula nº 83 do Superior Tribunal de Justiça.

4. Agravo regimental desprovido.

(AgRg no REsp 954.709/RS, Rel. Ministra LAURITA VAZ, QUINTA TURMA, julgado em 03/05/2011, DJe 18/05/2011).

1. O fiador que não compôs o polo passivo da ação de despejo é parte ilegítima para figurar no polo passivo da ação de execução do respectivo título executivo judicial. Precedentes do STJ.

(...).

(REsp 1040421/SP, Rel. Ministro ARNALDO ESTEVES LIMA, QUINTA TURMA, julgado em 04/02/2010, DJe 08/03/2010).

Aliás, eis o teor da Súmula 268 do S.T.J.: *"O fiador que não integrou a relação processual na ação de despejo não responde pela execução do julgado".*

Contudo, em se tratando de fiador que participa, assinando o título concebido como título executivo extrajudicial, a execução poderá ser direcionada justamente contra ele, como parte executada, conforme estabelece o art. 779, inc. IV do atual C.P.C.:

Art. 779. A execução pode ser promovida contra:

(...).

IV – o fiador do débito constante em título extrajudicial.

Nesse sentido já vinha decidindo o S.T.J.:

1. Concluindo o Tribunal estadual que a execução se funda, também, em confissão de dívida na qual são executados tanto o devedor principal quanto os fiadores, incidem os enunciados n. 7 e 27, da Súmula desta Corte, no que toca à legitimidade passiva dos últimos.

(...).

(AgRg no Ag 1155297/PR, Rel. Ministra MARIA ISABEL GALLOTTI, QUARTA TURMA, julgado em 20/10/2011, DJe 28/10/2011)

c) *inexequibilidade do título ou inexigibilidade da obrigação.*

A impugnação também poderá ter por conteúdo a alegação de inexequibilidade do título executivo judicial ou a inexigibilidade da obrigação que é objeto do título executivo.

Para que um ato tenha eficácia para tornar adequado o procedimento de cumprimento de sentença, é indispensável que em sua formação tenham sido observados os requisitos exigidos de forma para a sua regularidade. Em outras palavras, há requisitos formais além dos requisitos substanciais que digam respeito ao *conteúdo do ato*.

Entre os requisitos formais está a existência de uma sentença consubstanciada na forma escrita. Esse ato jurídico, que é a sentença, subordina-se a certos requisitos particulares, antes mesmo de se pensar na sua eficácia executiva, a qual somente ocorrerá se o ato estiver perfeito. A eficácia executiva, por sua vez, decorre da lei de natureza processual.[1010]

Já o conteúdo substancial decorre da precisa individualização do direito a que se refere.

A sentença civil condenatória será sempre uma sentença civil condenatória, ainda que se refira a uma quantia indeterminada (ilíquida), ou a uma obrigação alternativa. Para que seja considerada título executivo, todavia, ela precisa individualizar o bem devido, e, tratando-se de bem fungível, indicar o número de unidades. É que a execução se caracteriza por ser um procedimento visando a uma determinada finalidade prática e objetiva, dispondo de meios para a realização do direito e não para o acertamento de sua natureza ou existência, ou da individualidade do bem devido, ou, ainda, a quantidade de bens.[1011]

Ao estudarem os requisitos substanciais do título executivo, a doutrina costuma falar frequentemente sobre os predicados de *liquidez, certeza e exigibilidade*.

A *exigibilidade*, contudo, é estranha ao conceito e configuração do título executivo. A *exigibilidade* diz respeito apenas que é chegado o momento da satisfação da vontade concreta da lei, sem que haja mais qualquer impedimento legal.[1012]

Em resumo: *"enquanto o título executivo pertence à disciplina da adequação da tutela executiva como requisito para que concorra o legítimo interesse de agir, a exigibilidade do direito é caracterizadora do interesse-necessidade. Só assim se explica a existência de títulos que se constituem antes da exigibilidade do direito, como sucede na hipótese de condenação para o futuro e como é corriqueiro entre os títulos extrajudiciais. No tocante à exigibilidade, deve o título apenas propiciar ao juiz a apreciação de sua ocorrência no momento da execu-*

[1010] Dinamarco, Cândido Rangel. *Execução civil.* 3ª ed. São Paulo: Malheiros, 1993, p. 481.
[1011] Dinamarco, C. R., idem, p.482.
[1012] Dinamarco, C. R., idem, p. 483.

ção, isto é, indicar as 'condições de exigibilidade', de modo que à primeira vista se saiba se o débito está ou não vencido, se há ou não condições".[1013]

Por isso, a qualidade de liquidez, certeza e exigibilidade não diz respeito ao título em sentido formal, ou seja, ao ato jurídico dotado de eficácia executiva, mas, sim, ao seu *conteúdo, ao direito subjetivo atestado.* Na realidade, o conceito de exigibilidade pertence exclusivamente ao direito substancial e ali deve ser desenvolvido e esclarecido. É, segundo os critérios deste, portanto, que se deve verificar, em cada caso concreto, se já chegou o momento do recurso aos órgãos da jurisdição ou se ainda é preciso esperar pela satisfação voluntária.[1014]

Também a exigibilidade pode estar condicionada ao implemento da *condição ou termo* prevista no art. 514, *caput* do atual C.P.C.: "*Quando o juiz decidir relação jurídica sujeita a condição ou termo, o cumprimento da sentença dependerá de demonstração de que se realizou a condição ou de que ocorreu o termo*".

Já a *inexequibilidade do título* não diz respeito à obrigação como conteúdo jurídico, mas, sim, ao próprio título executivo.

Um exemplo de *inexequibilidade do título* ocorre quando a decisão condenatória proferida pelo juízo encontra-se sujeita a recurso com efeito suspensivo.

Do inadimplemento.

Os pressupostos da relação processual executiva são aqueles elementos, requisitos e fatores de admissibilidade do processo regular, cuja presença enseja a emanação de pronunciamento válido e eficaz sobre o mérito, isto é, a satisfação do exequente, que é propriamente a execução.[1015]

Pela grande influência de Liebman, o C.P.C. de 1973, assim como o atual C.P.C., além dos pressupostos comuns de existência, aos requisitos de admissibilidade e às condições de ação, estabelece também requisitos necessários para a realização do cumprimento da sentença: a sentença (título executivo) e o *inadimplemento.* Desta feita, a disposição atinente ao inadimplemento da obrigação é herança de Liebman, para quem o inadimplemento é a 'razão de ser' da execução (ou cumprimento de sentença), ou seu pressuposto de fato.[1016]

[1013] Dinamarco, C. R., idem, ibidem.

[1014] Dinamarco, C., R., idem, p. 408.

[1015] Assis, Araken. *Manual da execução.* 11ª ed. São Paulo: Revista dos Tribunais, 2008. p. 338.

[1016] Liebman, Enrico Tullio. *Manual de direito processual civil.* Trad. e notas de Cândido Rangel Dinamarco. 3. ed. São Paulo, Malheiros, 2005. Vol. 1, p. 264.

Por influência de Liebman, parte da doutrina classifica o inadimplemento como condição da ação de execução relacionada ao interesse de agir. Nesse sentido é a lição de José Frederico Marques.[1017]

Por sua vez, para Pontes de Miranda, Cândido Rangel Dinamarco, Marcelo Lima Guerra, Willis S. Guerra e outros, é imprópria a inclusão do inadimplemento como requisito da execução.[1018]

Para Dinamarco, o inadimplemento é um elemento integrante da causa de pedir executiva. Contudo, isso não significa dizer que ele configure condição da ação ou esteja inserido no interesse de agir. Ensina o processualista: *"Ao incluir o inadimplemento entre os 'requisitos para realizar qualquer execução', cometeu o Código de Processo Civil ao menos uma impropriedade, ficando incoerente consigo mesmo e com o sistema que contém; se o inadimplemento fosse realmente condição da ação executiva, dele haveria o juiz de conhecer de-ofício e não somente mediante os eventuais embargos do executado"*.[1019]

Teori Albino Zavascki entende que o inadimplemento *"é tema relacionado com a própria existência do direito, ou seja, é questão de mérito, e não de processo... Inadimplemento não é condição da ação de execução, mas condição para realizar legitimamente os atos executivos, ou, em outras palavras, condição para uma ação executiva 'procedente'"*.[1020]

Já Fredie Didier Jr. diferencia a *afirmação* do inadimplemento, que é um requisito específico de admissibilidade do procedimento executivo, e a *efetiva demonstração* do inadimplemento, que é uma questão de mérito.[1021]

Pois bem, seja o inadimplemento uma condição ou um pressuposto para o desencadeamento do procedimento de cumprimento de sentença, o certo é que sua avaliação, logo com o pedido de cumprimento de sentença, deve ocorrer com base na Teoria da Asserção ou *prospettazione*, segundo a qual as condições de análise do mérito (do pedido) ou condições de ação devem ser aferidas de acordo com as afirmações do autor, no caso o exequente. Kazuo Watanabe assinala: *"As condições da ação' são aferidas no plano 'lógico' e da mera asserção do direito, e a 'cognição' a que o juiz procede consiste em simplesmente confrontar a afirmativa do autor com o esquema abstrato da lei. Não se procede, ainda, ao acertamento do direito afirmado"*.[1022]

[1017] MARQUES, José Frederico. *Manual de direito processual civil.* 2ª ed. Campinas: Millennium, 2000, vol. 4., p. 27.

[1018] ZAVASCKI, Teori Albino. *Comentários ao código de processo civil.* São Paulo: Revista dos Tribunais, 2000, vol. 8. p. 160.

[1019] DINAMARCO, C., R., op. cit., 411.

[1020] ZAVASCKI, T. A., op. Cit., p. 160.

[1021] DIDIER JÚNIOR, Fredie, *et al. Curso de direito processual civil*: teoria geral do processo e processo de conhecimento. 10ª ed., Salvador: Juspodivm, 2008. v. 1,, p. 95.

[1022] WATANABE, Kazuo. *Da cognição no processo civil.* São Paulo: Revista dos Tribunais, 1987. p. 69.

Da mesma forma leciona Flávio Luiz Yarshell: *"a aferição das chamadas 'condições da ação' nada mais é do que um exame apriorístico e superficial, da própria relação material ou de dados relevantes colhidos no plano substancial. Trata-se de um juízo formulado com base em cognição não exauriente da controvérsia que, desde logo, pode antecipar o insucesso do pleito deduzido pelo demandante"*.[1023]

Assim, com base na Teoria da Asserção ou *prospettazione*, apresentando o exequente o título executivo, no caso a sentença transitada em julgado, e alegando o seu inadimplemento, deverá o juiz de imediato admitir a execução.

Por outro lado, se o juiz verificar de plano que não houve o pressuposto executivo (seja ele processual ou material), no caso, o inadimplemento, poderá indeferir o pedido de instauração do procedimento de cumprimento de sentença.

Porém, é possível que no momento do pedido de instauração do cumprimento de sentença o juiz não perceba que não houve o inadimplemento, ou seja, não ocorreu a exigibilidade da obrigação, e determine a instauração do processo. Apenas após diversos atos executivos é que se apercebe desta falha processual, quando, por sua vez, a exigibilidade se perfectibilizou por outros fatores. Nesta hipótese, parece-me que não será mais o caso de extinguir o cumprimento de sentença, pois fato novo ou superveniente surgiu no transcurso dos atos executivos demonstrando a efetiva ocorrência do inadimplemento.

É importante salientar que, em face do princípio da instrumentalidade do processo, entendo que se deve aplicar, também no cumprimento de sentença, o disposto no art. 493 do atual C.P.C. que assim dispõe: *Se, depois da propositura da ação, algum fato constitutivo, modificativo ou extintivo do direito influir no julgamento do mérito, caberá ao juiz tomá-lo em consideração, de ofício ou a requerimento da parte, no momento de proferir a decisão.*

Assim, *"a sentença deve refletir o estado de fato da lide no momento da entrega da prestação jurisdicional, devendo o juiz levar em consideração o 'fato superveniente'"* (RSTJ 140, p. 386, 42, p. 352, 103, p. 263).

Nesse sentido também os seguintes precedentes:

> *(...)..*
> *2. Cabe ao juiz solucionar a demanda levando em consideração as questões supervenientes que influenciam na lide, conforme o disposto no art. 462 do CPC. Com efeito, quando do pronunciamento judicial, a questão administrativa já havia se exaurido por definitivo, tornando o título executivo definitivamente constituído, líquido, certo e exigível.*

[1023] Yarshell, Flávio Luiz. *Tutela jurisdicional*. São Paulo: Atlas, 1998. n. 17. p. 103.

Agravo regimental improvido.

(AgRg no REsp 1270467/PR, Rel. Ministro HUMBERTO MARTINS, SEGUNDA TURMA, julgado em 06/12/2011, DJe 14/12/2011)

(...).

6. Desta sorte, a superveniente celebração de acordo de parcelamento constitui fato que deve ser considerado pelo magistrado quando da prolação de decisão em sede do executivo fiscal, ex vi do artigo 462, do CPC, uma vez que a suspensão do processo é consectário lógico da causa suspensiva da exigibilidade do crédito tributário.

7. Recurso especial parcialmente conhecido e, nesta parte, desprovido, sendo certo que não há imputação de honorários ao recorrido.

(REsp 784.943/ES, Rel. Ministro LUIZ FUX, PRIMEIRA TURMA, julgado em 07/08/2007, DJ 20/09/2007, p. 228)

Desta feita, se no momento da sentença de extinção da execução o débito não estava mais parcelado e encontrava-se sujeito à pretensão de exigibilidade, tal fato deve ser levado em consideração.

d) *penhora incorreta ou avaliação errônea.*

Se no momento da apresentação da impugnação do executado já houver sido realizada a penhora de bens do devedor, poderá a defesa referir-se à penhora incorreta ou avaliação errônea.

Porém, sabe-se que a penhora não é pressuposto para a apresentação da impugnação, razão pela qual este ato de constrição judicial poderá ocorrer após expirado o prazo para a apresentação da impugnação. Não obstante, poderá o executado, por petição autônoma, alegar a incorreção da penhora ou que a avaliação foi errônea.

e) excesso de execução ou cumulação indevida de execuções.

A impugnação também poderá ter por fundamento a alegação de *excesso de execução ou cumulação indevida de execuções.*

O devedor ou requerido poderá afirmar que o pedido formulado no procedimento de cumprimento de sentença, o qual corresponde ao valor a ser pago, poderá estar em total dissonância com o conteúdo condenatório da sentença judicial, no caso, com o título apto a gerar atos de execução forçada. Na realidade, *"a essência da sentença de condenação está própria no fato de ser instrumental em relação à expropriação forçada para superar o comportamento obstrutivo do devedor"*.[1024]

[1024] MONTELEONE, Girolamo. *Manuale di diritto processuale civile.* Vol. II. Quarta Edizione. Modena: CEDAM, 2007. p. 68.

Assim, o pedido formulado no âmbito do cumprimento de sentença deve ater-se *ipsi literis* ao conteúdo previsto na sentença condenatória e aos limites normativos nela estabelecidos.

Por isso, convém afirmar que a sentença condenatória deve exprimir ou permitir a possibilidade de exprimir uma obrigação certa, líquida e exigível.

Por certeza entende-se uma precisa individualização do próprio direito, seja na imputação, ou direção subjetiva, ou no seu conteúdo.

A liquidez, por sua vez, estabelece a sua expressão monetária.

Quando o executado alegar que o exequente, em excesso de execução, pleiteia quantia superior à resultante da sentença, cumprir-lhe-á declarar de imediato o valor que entende correto, apresentando demonstrativo discriminado e atualizado de seu cálculo (*§4º do art. 525* do atual C.P.C.).

Não apontado o valor correto ou não apresentado o demonstrativo, a impugnação será liminarmente rejeitada, se o excesso de execução for o seu único fundamento, ou, se houver outro fundamento, a impugnação será processada, mas o juiz não examinará a alegação de excesso de execução (*§5º do art. 525* do atual C.P.C.).

Estabelece o Enunciado n. 55 da ENFAM (Escola Nacional de Formação e Aperfeiçoamento de Magistrado): Às hipóteses de rejeição liminar a que se referem os arts. 525, § 5º, 535, § 2º, e 917 do CPC/2015 (excesso de execução) não se aplicam os arts. 9º e 10 desse código.

Comentando o §5º do art. 739-A do CPC de 1973, afirmara José Miguel Garcia Medina: *"De acordo com o §5º do art. 739-A do CPC, se os embargos se fundarem em excesso de execução, a petição deverá declarar o valor que o executado entende devido, 'sob pena de rejeição liminar dos embargos ou de não conhecimento desse fundamento'. Com esta regra, passa-se a observar, também nos embargos do executado, o princípio segundo o qual 'não pode o devedor escusar-se de cumprir a parte incontroversa da obrigação', o que consistiria em abuso do direito de defesa. Tendo em vista que, no caso, os embargos veiculam ação de execução, pensamos que, antes de indeferi-los liminarmente, deverá o juiz intimar o embargante para que este proceda a emenda da petição inicial de embargos. Caso o excesso de execução seja o único fundamento dos embargos, não havendo emenda, deverão os embargos ser indeferidos; caso, diversamente haja outros fundamentos nos embargos, aquele referente ao excesso de execução. A rejeição dos embargos 'ex vi' do §5º do art. 739-A se dará por decisão que não julga o mérito, já que, consoante estabelece a referida regra, o fundamento deduzido não será conhecido. No caso não ocorre coisa julgada, portanto, nada impedindo o ajuizamento de outra ação de conhecimento pelo executado com base no mesmo fundamento".*[1025]

[1025] MEDINA, J. M. G., op. cit., p. 128 e 129.

Discorda-se, apenas, do ilustre processualista maringaense quanto ao dever de o juiz oportunizar ao devedor a possibilidade de emendar a inicial a fim de que indique qual o valor que entende correto para o cumprimento da obrigação.

Na realidade, o §5º do art. 525 do atual C.P.C. é muito claro, ou seja, se o executado, ao alegar o excesso de execução, não indicar de plano o valor que endenta correto, o juiz deverá rejeitar liminarmente a impugnação, sem oportunizar a emenda da inicial. Nesse sentido, aliás, é o seguinte precedente do S.T.J.:

> *1. A reforma processo implementada pela Lei n. 11.382/2006, a qual incluí vários dispositivos legais ao CPC, dentre eles o art. 739-A, bem como alterou a redação de outros dispositivos, teve com objetivo possibilitar a prestação jurisdicional de forma mais célere e efetiva e, no que tange aos embargos à execução, ainda que ofertados pela Fazenda Pública, passou-se a exigir, expressamente, que a alegação de excesso de execução seja feita com a discriminação dos valores tidos por corretos pela embargante e com os documentos comprobatórios.*
>
> *2. No caso dos autos, a embargante não trouxe, na petição inicial, a memória de cálculos tidos por corretos e os documentos necessários, o que levou o juiz singular a ordenar a emenda da petição inicial dos embargos, o que somente foi cumprido pela embargante após decorrido o prazo fixado pelo juiz, o que acarretou a rejeição dos embargos, na forma do art. 739, II, do CPC.*
>
> *3. A Segunda Turma desta Corte perfilha entendimento no sentido de que, após a vigência do art. 739-A, do CPC, a priori, não mais seria possível a emenda da petição inicial dos embargos fundados em excesso de execução se ela não trouxer a memória discriminada dos cálculos tidos por corretos, bem como os documentos comprobatórios do direito alegado, na forma do art. 475-L, § 2º, da legislação adjetiva, sob pena de subverter a sistemática da Lei n. 11.382/2006 que, ao inserir referido dispositivo legal no CPC, buscou reduzir condutas que se reputam temerárias e procrastinatórias tanto por parte do particular como do poder público, em caso de execução contra a Fazenda Pública, com ocorre na hipótese em tela.*
>
> *4. Ressalte-se que a inépcia da inicial dos embargos à execução não retira a faculdade do juiz de, havendo dúvida acerca dos cálculos apresentados pelo exequente, remeter os autos à contadoria judicial, independentemente de requerimento das partes nesse sentido.*
>
> *5. Recurso especial provido.*
>
> *(REsp 1248453/SC, Rel. Ministro MAURO CAMPBELL MARQUES, SEGUNDA TURMA, julgado em 24/05/2011, DJe 31/05/2011)*

Sobre o tema, eis ainda os seguintes precedentes do S.T.J.:

1. Por expressa disposição legal (art. 475-L, §2º, do CPC), quando o executado alegar que o exequente, em excesso de execução, pleiteia quantia superior à resultante da sentença, deverá declarar de imediato o valor que entende correto, sob pena de rejeição liminar dessa impugnação.

(...).

(AgRg no REsp 1106962/AL, Rel. Ministro RICARDO VILLAS BÔAS CUEVA, TERCEIRA TURMA, julgado em 22/04/2014, DJe 29/04/2014)

(...).

2. A alegação de excesso de execução por indevida inclusão da multa do art. 475-J do CPC é matéria reservada à impugnação ao cumprimento de sentença, não se operando a preclusão ainda que haja ciência inequívoca da decisão que determinou sua inclusão nos cálculos inicialmente apresentados pelo credor.

3. "O cumprimento da sentença não se efetiva de forma automática, ou seja, logo após o trânsito em julgado da decisão. De acordo com o art. 475-J combinado com os arts. 475-B e 614, II, todos do CPC, cabe ao credor o exercício de atos para o regular cumprimento da decisão condenatória, especialmente requerer ao juízo que dê ciência ao devedor sobre o montante apurado, consoante memória de cálculo discriminada e atualizada." (REsp 920.274/MS, Corte Especial, Rel.p/acórdão Ministro João Otávio de Noronha, DJe 31.5.2010).

(...).

(EDcl nos EDcl no AREsp 202.458/MS, Rel. Ministro JOÃO OTÁVIO DE NORONHA, TERCEIRA TURMA, julgado em 24/09/2013, DJe 02/10/2013)

(...).

3. O acolhimento da alegação de excesso de execução reclama que a impugnante decline o valor que entende correto, sendo insuficiente alegações genéricas.

(...).

(AgRg no REsp 1342848/RS, Rel. Ministro LUIS FELIPE SALOMÃO, QUARTA TURMA, julgado em 13/11/2012, DJe 20/11/2012).

1. A memória de cálculo elaborada pelo credor na forma do art. 475-B do CPC, ainda que o devedor, intimado, não apresente os dados necessários à elaboração da conta que estejam em seu poder, possui presunção relativa. Conclusão que se extrai a partir de uma interpretação conjunta dos parágrafos do próprio artigo mencionado e da necessidade de adstrição da execução aos limites do título executivo.

2. A impugnação ao cumprimento de sentença é o instrumento processual à disposição do devedor para que se manifeste sobre eventual excesso de execução. O prazo para sua apresentação, em regra, conta-se da intimação do auto de penhora e avaliação.

(...).
(REsp 1138195/SP, Rel. Ministra NANCY ANDRIGHI, TERCEIRA TURMA, julgado em 28/08/2012, DJe 05/09/2012).

É lícito ao exequente, sendo o mesmo devedor, cumular obrigações decorrentes em quantia certa contida na sentença condenatória, podendo exigir o cumprimento da sentença num mesmo procedimento. Dá-se a isso o nome de *cumulação objetiva de execução.*

Também é possível ao exequente promover o cumprimento da obrigação decorrente de sentença condenatória de quantia certa contra o devedor originário e contra os coobrigados e fiadores. Dá-se o nome a isso de *cumulação subjetiva de execução.*

Não obstante a possibilidade de cúmulo subjetivo ou objetivo de execução, o executado poderá impugnar essa cumulação, sob a alegação de que é impertinente.

Poderá a sentença condenatória, por exemplo, ter por conteúdo o cumprimento de obrigação de pagar quantia certa, obrigação de fazer ou não fazer e de dar coisa. Evidentemente que cada uma dessas obrigações demanda um procedimento específico de cumprimento de sentença, razão pela qual não poderão ser cumuladas, sob pena de ocorrer tumulto processual.

Também sob a égide do atual C.P.C. não poderá haver cumulação de execução contra o mesmo devedor, uma fundada em título executivo judicial (sentença condenatória) e outra amparada em título executivo extrajudicial[1026], pois uma terá caráter procedimental (sincretismo cognição/execução), enquanto a outra será instrumentalizada num verdadeiro processo autônomo decorrente de uma ação desencadeadora de uma demanda executiva.

f) *incompetência absoluta ou relativa do juízo de execução.*

Poderá a impugnação, como matéria preliminar, ter fundamento na incompetência do juízo da execução.

Estabelece o *art. 516* do atual C.P.C. que o cumprimento da sentença efetuar-se-á perante:

I – os tribunais, nas causas de sua competência originária;

II – o juízo que decidiu a causa no primeiro grau de jurisdição;

III – o juízo cível competente, quando se tratar de sentença penal condenatória, de sentença arbitral, de sentença estrangeira ou de acórdão proferido pelo Tribunal Marítimo.

[1026] Sob a égide do C.P.C. de 1973, admitia-se a cumulação de execução, uma por título judicial e outra por título extrajudicial (RP 40/198).

Quando se tratar de competência originária dos tribunais, o cumprimento da sentença dar-se-á no próprio tribunal, inclusive para efeito de cumprimento de sentença em que há condenação de honorários de advogado.

Não sendo o caso de competência originária, o cumprimento da sentença ocorrerá no juízo cível que processou a causa no primeiro grau de jurisdição.

Em se tratando de sentença penal condenatória, de sentença arbitral ou de sentença estrangeira ou acórdão proferido pelo tribunal marítimo, o seu cumprimento dar-se-á no juízo civil competente, ressaltando-se que na penúltima hipótese, o juízo competente é o da Justiça Federal de primeiro grau, nos termos do art. 109, inc. X da C.F. A competência deste juízo ocorre com base nas regras de competência geral deste Código ou nos termos do p.ú. do art. 516.

O *parágrafo único do art. 516* do atual C.P.C. estabelece que nas hipóteses dos incisos II e III, o exequente poderá optar pelo juízo do atual domicílio do executado, pelo juízo do local onde se encontrem os bens sujeitos à execução ou onde deva ser executada a obrigação de fazer ou de não fazer, casos em que a remessa dos autos do processo será solicitada ao juízo de origem.

Sob a égide do C.P.C. de 1973, assim se manifestou o S.T.J.: *"É absoluta a competência funcional estabelecida no art. 575, II* (atual 503, inc. II) *devendo a execução ser processada no juízo em que decidida a causa no primeiro grau de jurisdição"* (S.T.J., 4ª T., Resp 538.227-MT, rel. Min. Fernando Gonçalves, j. 20.4.04.

Porém, pelo novo C.P.C., esta competência deixou de ser absoluta para se tornar relativa, uma vez que poderá a execução ser proposta em outro juízo que não aquele em que foi proferida a decisão.

Agora, faculta-se ao demandante com pretensão de cumprimento de sentença escolher entre o juízo do atual domicílio do executado, o juízo do local onde se encontram os bens sujeitos à execução ou onde deve ser executada a obrigação de fazer ou de não fazer. Nestes casos, o requerente poderá solicitar a remessa dos autos ao juízo de sua escolha.

Quando se tratar de litisconsortes facultativos, o cumprimento poderá ocorrer por meio de certidão de inteiro teor em autos apartados. A mesma solução é possível nos casos em que a competência é fixada em atenção à característica de uma das partes. Por exemplo, a execução de sentença em que se condena alguém ao pagamento de alimentos não é, necessariamente, realizada perante o juízo que a proferiu, mas perante o do domicílio ou da residência do alimentando.

g) *qualquer causa modificativa ou extintiva da obrigação, como pagamento, novação, compensação, transação ou prescrição, desde que supervenientes à sentença.*

Observa-se que a impugnação ao cumprimento de sentença pode resultar em oposição por defeito processual e, como é o caso, oposição por motivo de fundo.

A oposição de fundo refere-se, naturalmente, às causas de cumprimento ou extinção da obrigação.

Note-se que esse dispositivo não trata de causa impeditiva, modificativa ou extintiva da sentença condenatória, mas, sim, da obrigação que é objeto e conteúdo da sentença condenatória.

Por isso, eventuais causas impeditivas, modificativas ou extintivas da obrigação ocorridas antes do trânsito em julgado da decisão, deveriam ter sido alegadas no procedimento cognitivo, não podendo mais ser formuladas no procedimento de cumprimento de sentença, sob pena de preclusão ou coisa julgada.

Se por erro a parte não apresentou o recibo de pagamento ou de transação que possuía à época, entendo que poderá aventar tal questão em ação rescisória, mas não na fase de cumprimento de sentença, em razão do impedimento legal estabelecido no inc. VII do art. 525 do atual C.P.C.

Outrossim, essas causas impeditivas, modificativas ou extintivas da obrigação somente poderão ser alegadas se supervenientes à sentença.

Por sua vez, essas causas impeditivas, modificativas ou extintivas da obrigação constantes do titulo executivo poderão surgir após o prazo da impugnação, razão pela qual elas poderão ser comunicadas ao juiz por petição escrita, em razão da própria superveniência desses fatos. Ex: o pagamento, a transação, ou mesmo a prescrição intercorrente poderão ocorrer após o prazo de quinze dias para a apresentação da impugnação.

É importante salientar que se a impugnação for acolhida, o juiz deverá fixar honorários de advogado em favor do executado. Se, porém, a impugnação não for acolhida, não haverá fixação de honorários, conforme já teve oportunidade de afirmar o S.T.J.:

> *(...).*
>
> *2. A Corte Especial do STJ, no julgamento do REsp 1.134.186/RS, relatoria do Min. Luis Felipe Salomão, submetido ao regime dos recursos repetitivos (art. 543-C do CPC), reconheceu que "não são cabíveis honorários advocatícios pela rejeição da impugnação ao cumprimento de sentença".*
>
> *3. A impugnação ao cumprimento de sentença, previsto na parte final do art. 475-J, § 1º, do CPC, reveste-se de "mero incidente processual" semelhante à "exceção de pré-executividade" e que, de consequência, sua rejeição não enseja a fixação de verba honorária.*
>
> *4. Após o trânsito em julgado do incidente de liquidação, a inércia do devedor, quando devidamente intimado na pessoa do seu advogado, em efetuar o pagamento voluntário no prazo legal – 15 dias – enseja a aplicação da multa punitiva prevista no art. 475-J do CPC e fixação de nova verba honorária.*

Embargos declaratórios conhecidos como agravo regimental, mas improvido.

(EDcl no AREsp 170.707/RJ, Rel. Ministro HUMBERTO MARTINS, SEGUNDA TURMA, julgado em 11/09/2012, DJe 18/09/2012)

No projeto originário também se previa a possibilidade de se alegar na impugnação o impedimento ou a suspeição do juiz.

Porém, o *§ 2º do art. 525* do atual C.P.C. preconiza que *a alegação de impedimento ou suspeição observará o disposto nos arts. 146 e 148.*

Nos termos do *§ 3º do art. 525* do atual C.P.C., aplica-se à impugnação o disposto no art. 229, ou seja:

> *Art. 229. Os litisconsortes que tiverem diferentes procuradores, de escritórios de advocacia distintos, terão prazos contados em dobro para todas as suas manifestações, em qualquer juízo ou tribunal, independentemente de requerimento.*
>
> *§ 1º Cessa a contagem do prazo em dobro se, havendo apenas dois réus, é oferecida defesa por apenas um deles.*
>
> *§ 2º Não se aplica o disposto no caput aos processos em autos eletrônicos.*

2. Concessão de efeito suspensivo ao cumprimento de sentença

Preconiza o *§6º do art. 525* do atual C.P.C. que a *apresentação de impugnação não impede a prática dos atos executivos, inclusive os de expropriação, podendo o juiz, a requerimento do executado e desde que garantido o juízo com penhora, caução ou depósito suficientes, atribuir-lhe efeito suspensivo, se seus fundamentos forem relevantes e se o prosseguimento da execução for manifestamente suscetível de causar ao executado grave dano de difícil ou incerta reparação.*

Em complementação, aduz o *§7º do art. 525* do atual C.P.C. que a *concessão de efeito suspensivo, a que se refere o §6º não impedirá a efetivação dos atos de substituição, de reforço ou redução da penhora e de avaliação dos bens.*

Em regra, a apresentação da impugnação ao cumprimento de sentença condenatória de quantia certa não suspende a prática de atos executórios, inclusive os de eventual expropriação de bens móveis e imóveis.

Contudo, havendo a conjugação de dois requisitos: a) relevantes fundamentos; e b) prosseguimento da execução seja manifestamente suscetível de causar ao executado grave dano de difícil ou incerta reparação, poderá o juiz, desde que garantido o juízo com penhora, caução ou depósito suficientes, atribuir efeito suspensivo ao procedimento de cumprimento de sentença, impedindo a realização de atos executórios.

Dentre os motivos de *relevantes fundamentos* encontram-se: a) prescrição da pretensão executória; b) pagamento; c) compensação; d) novação; e) transação etc. Evidentemente que o juiz somente concederá efeito suspensivo se houver algum início de prova suficiente dessas alegações, ou se o devedor apresentar uma *dúvida razoável*.

Se foi deferido o efeito suspensivo, a impugnação será instruída e decidida nos próprios autos. Contudo, se não for dado efeito suspensivo e houver realização de instrução probatória da impugnação (oitiva de testemunha ou necessidade de prova pericial), deverá o juiz determinar que a impugnação seja autuada em apartado, sem que perca com isso o seu caráter incidental ao cumprimento de sentença. Com isso evita-se inversão tumultuária do processo.

É importante salientar que a concessão de efeito suspensivo não impedirá a efetivação dos atos de substituição, de reforço ou redução da penhora e de avaliação dos bens.

Conforme estabelece o *§8º do art. 525* do atual C.P.C., *quando o efeito suspensivo atribuído à impugnação disser respeito apenas a parte do objeto da execução, esta prosseguirá quanto à parte restante.*

Este dispositivo denota que a impugnação não precisa ter por objeto a integralidade da execução, podendo fazer referência apenas a parte do objeto da execução. Neste último caso, a execução deverá prosseguir em relação ao objeto da execução que não sofreu impugnação.

Preconiza o *§ 9º do art. 525* do atual C.P.C. que *a concessão de efeito suspensivo à impugnação deduzida por um dos executados não suspenderá a execução contra os que não impugnaram, quando o respectivo fundamento disser respeito exclusivamente ao impugnante.*

Pode ocorrer que o cumprimento de sentença tenha sido direcionado contra mais de um executado.

Neste caso, a concessão de efeito suspensivo à execução somente abrangerá os executados que promoveram sua respectiva impugnação, não se estendendo aos executados que não ingressaram com as demais impugnações, salvo se o fundamento da impugnação alcançar a todos os executados, indistintamente, como geralmente ocorre com a prescrição, decadência, pagamento etc.

É possível, ainda, que dois ou mais executados ingressem com a impugnação, mas o juiz conceda efeito suspensivo apenas a um ou alguns desses executados, tendo em vista que o fundamento da impugnação diz respeito exclusivamente ao impugnante.

Estabelece o *§10. do art. 525* do atual C.P.C. que *ainda que atribuído efeito suspensivo à impugnação, é lícito ao exequente requerer o prosseguimento da execução, oferecendo e prestando, nos próprios autos, caução suficiente e idônea a ser arbitrada pelo juiz.*

A caução não corresponderá, em regra, ao valor de eventual bem penhorado, mas deverá ser suficiente para garantir os eventuais danos que possam ser acarretados ao executado pelo prosseguimento dos atos executivos.

3. Questões relativas a fato superveniente

Prescreve o *§11. do art. 525* do atual C.P.C. *as questões relativas a fato superveniente ao término do prazo para apresentação da impugnação, assim como aquelas relativas à validade e à adequação da penhora, da avaliação e dos atos executivos subsequentes, podem ser arguidas pelo executado por simples petição, tendo o executado, em qualquer dos casos, o prazo de 15 (quinze) dias para formular esta arguição, contado da comprovada ciência do fato ou da intimação do ato.*

Este dispositivo vem manter o caráter de logicidade do sistema de impugnação ao cumprimento de sentença.

Como a impugnação deverá ser apresentada no prazo de quinze dias após transcorrido o prazo que dispõe o devedor para o cumprimento da obrigação de forma voluntária, isso significa dizer que a penhora de bens somente ocorrerá após o prazo para a apresentação da impugnação.

Por isso, eventuais questões sobre a validade e adequação da penhora, avaliação e atos subsequentes executórios somente poderão ser articulados por petição avulsa, mesmo que após transcorrido o prazo para a impugnação.

O executado deverá arguir a impugnação por petição avulsa no prazo de quinze dias, contado da comprovada ciência do fato ou da intimação do ato, sob pena de preclusão, salvo se se tratar de matéria que o juiz possa conhecer de ofício.

4. Inexigibilidade do título judicial em face de decisão proferida pelo S.T.F

Prescreve o *§12. do art. 525* do atual C.P.C. que *para efeito do disposto no inciso III do § 1º deste artigo, considera-se também inexigível a obrigação reconhecida em título executivo judicial fundado em lei ou ato normativo considerado inconstitucional pelo Supremo Tribunal Federal, ou fundado em aplicação ou interpretação da lei ou do ato normativo tido pelo Supremo Tribunal Federal como incompatível com a Constituição Federal, em controle de constitucionalidade concentrado ou difuso.*

É possível que determinada pessoa física ou jurídica tenha sido favorecida por uma decisão, cuja fundamentação se dê com base em determinada lei ou ato normativo declarado como constitucional, ou, ainda, com base em determinada aplicação ou interpretação de norma tida por constitucional.

Porém, também é possível que após a prolação da referida decisão, mas antes do seu trânsito em julgado, o Supremo Tribunal Federal, em controle concentrado ou difuso de constitucionalidade, declare a inconstitucionalidade da norma que serviu de base para a decisão acima referida, ou dê aplicação ou interpretação à lei ou ao ato normativo, em face da Constituição Federal, de forma diversa daquela dada pela decisão acima mencionada.

Convém ressaltar que a supremacia das normas constitucionais e a presunção de constitucionalidade das leis exigem a escolha pelo intérprete do sentido da norma que esteja em conformidade com a Constituição Federal, evitando, assim, sempre que viável, a sua declaração de inconstitucionalidade e consequente retirada do mundo jurídico.

A interpretação conforme à Constituição, como técnica de hermenêutica, pode e deve ser procedida por todo e qualquer juízo, monocrático ou colegiado.

Já a interpretação conforme à Constituição, como técnica de controle da constitucionalidade da lei, somente tem cabimento quando a norma oferecer diferentes significados, uns compatíveis com as normas constitucionais e outros não. Segundo o STF, essa técnica "só é utilizável quando a norma impugnada admite, dentre as várias interpretações possíveis, uma que a compatibilize com a Carta Magna, e não quando o sentido da norma é unívoco" (Pleno, Adin nº 1344-1/ES, medida liminar – Rel. Min. Moreira Alves, DJ, Scção 1, 19-04-96, p. 12.212.). Tal método, no entanto, não é utilizável quando contrariar texto expresso de lei, que não possibilite qualquer interpretação em conformidade com a Constituição Federal, porquanto o Poder Legislativo não poderá ser substituído pelo Poder Judiciário, atuando como legislador positivo. Nesses casos, o Judiciário deverá declarar a inconstitucionalidade da lei ou do ato normativo incompatível com a CF.

É importante salientar que compete ao S.T.F. dar a última palavra sobre a questão de constitucionalidade ou inconstitucionalidade da norma jurídica, razão pela qual entendo que se deve prestigiar o teor normativo do artigo 525, §12, do novo C.P.C. em sua maior extensão possível, pois num Estado Democrático de Direito a definição final sobre a constitucionalidade ou não da norma deve ser de competência de um único órgão jurisdicional, no nosso caso, o Supremo Tribunal Federal.

A questão é de tamanha gravidade, podendo gerar grandes distorções econômicas e sociais. Pense-se na hipótese de uma empresa que foi beneficiada por uma decisão que declarou a inconstitucionalidade da incidência do IPI e do ICMs sobre sua produção industrial e comercial. Porém, somente essa empresa foi beneficiada pela referida decisão, uma vez que o S.T.F., posteriormente, declarou a constitucionalidade da incidência dos referidos tributos em relação às demais empresas. Prevalecendo a decisão anterior, haverá colapso no sistema econômica e social, pois a concorrência entre as empresas será desleal, além de promover a quebra de diversas empresas cuja incidência tributária foi declarada constitucional pelo S.T.F.

Note-se que a norma processual prevista no §12 do art. 525 do novo C.P.C. não traz uma nova espécie de demanda rescisória, pois não rescinde o conteúdo do título executivo judicial, mas apenas declara sua *inexigibilidade*, justamente para torná-lo novamente exigível caso o S.T.F., no futuro, altere o seu posicionamento.

A inexigibilidade do título executivo judicial decorre tanto do controle concentrado quanto do controle difuso de constitucionalidade.

Tendo em vista que o art. 741, p.u., do C.P.C. de 1973 trazia preceito similar ao do §12 do art. 525 do C.P.C., tal questão já se encontrava sob o crivo do S.T.F.

Sobre o tema, eis ainda a seguinte decisão do Supremo Tribunal Federal:

> *1. O Supremo Tribunal firmou orientação no sentido de que os servidores públicos que recebiam antecipadamente seus vencimentos têm direito ao reajuste na razão de 11,98% (onze vírgula noventa e oito por cento), percentual este excluído da remuneração dos agentes públicos em virtude da errônea conversão dos seus estipêndios em URV (ADI n. 2.323, Relator o Ministro Ilmar Galvão, Plenário, DJ de 20.04.01). 2. A decisão de mérito proferida em ação direta de inconstitucionalidade tem efeito vinculante e erga omnes, portanto, em decorrência desse julgamento (ADI n. 1.797), ao juízo da execução cumprirá, no ponto, assentar a inexigibilidade do título judicial (CPC, artigo 741, parágrafo único). Agravo regimental a que se nega provimento. (*AI 553669 AgR, Relator(a): Min. EROS GRAU, Segunda Turma, julgado em 18/04/2006, DJ 12-05-2006 PP-00020 EMENT VOL-02232-06 PP-01076) *decisão de mérito proferida em ação direta de inconstitucionalidade tem efeito vinculante e erga omnes, portanto, em decorrência desse julgamento, ao juízo da execução cumprirá, no ponto, assentar a inexigibilidade do título judicial (CPC, artigo 741, parágrafo único). Agravo regimental a que se nega provimento. (*AI 481990 AgR, Relator(a): Min. EROS GRAU, Primeira Turma, julgado em 16/12/2004, DJ 08-04-2005 PP-00018 EMENT VOL-02186-06 PP-01042)

É importante salientar que a questão da interpretação do art. 741, parágrafo único, do C.P.C. de 1973 foi submetida ao instituto de repercussão geral no S.T.F., a saber:

> *Possui repercussão geral a questão constitucional atinente à compatibilidade entre a garantia constitucional da coisa julgada e o parágrafo único do art. 741 do Código de Processo Civil. (*RE 611503 RG, Relator(a): Min. AYRES BRITTO, julgado em 16/12/2010, DJe-109 DIVULG 07-06-2011 PUBLIC 08-06-2011 EMENT VOL-02539-03 PP-00443)
>
> *Processo Civil. Execução. Inexigibilidade do título executivo judicial (artigo 741, parágrafo único do CPC). Aplicabilidade no âmbito dos juizados especiais. Pensão por morte (Lei nº 9.032/1995). Decisão do Supremo Tribunal Federal. Extensão do*

precedente aos casos com trânsito em julgado. Coisa julgada (artigo 5º, XXXVI, da Constituição Federal). Existência de repercussão geral, dada a relevância da questão versada. (RE 586068 RG, Relator(a): Min. ELLEN GRACIE, julgado em 02/08/2008, DJe-157 DIVULG 21-08-2008 PUBLIC 22-08-2008 EMENT VOL-02329-04 PP-00687)

Em decisão monocrática assim decidiu o Ministro Celso de Mello no julgamento proferido em 25.05.2010, no RE n. 594.350:

> *A sentença de mérito transitada em julgado só pode ser desconstituída mediante ajuizamento de específica ação autônoma de impugnação (ação rescisória) que haja sido proposta na fluência do prazo decadencial previsto em lei, pois, com o exaurimento de referido lapso temporal, estar-se-á diante da coisa soberanamente julgada, insuscetível de ulterior modificação, ainda que o ato sentencial encontre fundamento em legislação que, em momento posterior, tenha sido declarada inconstitucional pelo Supremo Tribunal Federal, quer em sede de controle abstrato, quer no âmbito de fiscalização incidental de constitucionalidade. – A decisão do Supremo Tribunal Federal que haja declarado inconstitucional determinado diploma legislativo em que se apóie o título judicial, ainda que impregnada de eficácia "ex tunc", como sucede com os julgamentos proferidos em sede de fiscalização concentrada (RTJ 87/758 – RTJ 164/506-509 – RTJ 201/765), detém-se ante a autoridade da coisa julgada, que traduz, nesse contexto, limite insuperável à força retroativa resultante dos pronunciamentos que emanam, "in abstracto", da Suprema Corte. Doutrina. Precedentes. (...).*
>
> *(...).*
>
> *É por essa razão que o Supremo Tribunal Federal, por mais de uma vez, já fez consignar advertência que põe em destaque a essencialidade do postulado da segurança jurídica e a conseqüente imprescindibilidade de amparo e tutela das relações jurídicas definidas por decisão transitada em julgado: "o cumprimento das decisões judiciais irrecorríveis impõe-se ao poder público como obrigação constitucional inderrogável. A exigência de respeito incondicional às decisões judiciais transitadas em julgado traduz imposição constitucional justificada pelo princípio da separação de poderes e fundada nos postulados que informam, em nosso sistema jurídico, a própria concepção de Estado Democrático de Direito.*
>
> *(...).*
>
> *Tenho para mim que essa postulação, se admitida, antagonizar-se-ia com a proteção jurídica que a ordem constitucional dispensa, em caráter tutelar, à "res judicata". Na realidade, a desconsideração da "auctoritas rei judicatae" implicaria grave enfraquecimento de uma importantíssima garantia constitucional que surgiu, de modo expresso, em nosso ordenamento positivo, com a Constituição de 1934. A pretendida*

"relativização" da coisa julgada provocaria conseqüências altamente lesivas à estabilidade das relações intersubjetivas, à exigência de certeza e de segurança jurídicas e à preservação do equilíbrio social...

(....).

Tanto quanto aos efeitos pretéritos, quanto aos efeitos futuros da decisão proferida no controle concentrado, parece-me inconstitucional o disposto no referido parágrafo único do artigo 741, que encontra obstáculo na segurança jurídica e na garantia da coisa julgada, salvo quanto a relações jurídicas continuativas, pois, quanto a estas, modificando-se no futuro os fatos ou o direito, e no caso da declaração 'erga omnes' pelo STF pode ter sofrido alteração o direito reconhecido na sentença, cessará a imutabilidade dos efeitos do julgado, nos termos do artigo 741 do CPC. 6. Em síntese, a segurança jurídica, como direito fundamental, assegurada pela coisa julgada, não permite, como regra, a propositura de ação de revisão da coisa julgada como conseqüência da declaração de constitucionalidade ou de inconstitucionalidade pelo Supremo Tribunal Federal." (grifei) Cabe ter presente, neste ponto, o que a própria jurisprudência constitucional do Supremo Tribunal Federal vinha proclamando, já há quatro (4) décadas, a respeito da invulnerabilidade da coisa julgada em sentido material, enfatizando, em tom de grave advertência, que sentenças transitadas em julgado, ainda que inconstitucionais, somente poderão ser invalidadas mediante utilização de meio instrumental adequado, que é, no domínio processual civil, a ação rescisória....

(....).

Impõe-se registrar, finalmente, no que concerne à própria controvérsia suscitada nesta causa, que o entendimento exposto na presente decisão tem sido observado em julgamentos, monocráticos ou colegiados, proferidos no Supremo Tribunal Federal (AI 723.357/RS, Rel. Min. CEZAR PELUSO – RE 593.160/RN, Rel. Min. EROS GRAU, v.g.): "EXECUÇÃO CONTRA A FAZENDA PÚBLICA. Precatório. Incidência de juros de mora entre a expedição e o pagamento no prazo constitucional. Previsão em sentença transitada em julgado. Exigibilidade. Garantia da coisa julgada material. Jurisprudência assentada. Recurso extraordinário inadmissível. Ausência de razões consistentes. Decisão mantida. Agravo regimental improvido. Sob pretexto de contrariar a jurisprudência, não pode ser descumprida sentença recoberta por coisa julgada material." (RE 486.579-AgR-AgR/RS, Rel. Min. CEZAR PELUSO – grifei)

(...).

Sendo assim, e pelas razões expostas, conheço do presente recurso extraordinário, para negar-lhe provimento. Publique-se. Brasília, 25 de maio de 2010. Ministro CELSO DE MELLO Relator (RE 594350, Relator(a): Min. CELSO DE MELLO, julgado em 25/05/2010, publicado em DJe-105 DIVULG 10/06/2010 PUBLIC 11/06/2010)

Percebe, portanto, que a questão da constitucionalidade do §12. do art. 525 do atual C.P.C. encontra-se aberta no âmbito do S.T.F.

O Superior Tribunal de Justiça, por sua vez, apresenta entendimento de que o parágrafo único do art. 741 do C.P.C. de 1973, correspondente ao atual art. 525, §12., tem incidência imediata, ressalvadas as situações consolidadas antes de seu advento:

> *1. A questão relativa à nulidade da execução por ausência de intimação pessoal da União no processo de conhecimento não foi suscitada nas razões de recurso especial.*
>
> *2. É inviável a apreciação de matéria que não foi arguida no momento processual adequado, pois à parte é vedado inovar pedidos quando da interposição de agravo regimental.*
>
> *3. O parágrafo único do artigo 741 do Código de Processo Civil, acrescentado pela Medida Provisória nº 2.180/2001, determina que se considera inexigível o título judicial fundado em lei ou ato normativo declarados inconstitucionais pelo Supremo Tribunal Federal ou cuja aplicação ou interpretação foram tidos por incompatíveis com a Carta Constitucional.*
>
> *4. Na compreensão assente na Terceira Seção, a aludida modificação tem incidência imediata, ressalvadas as situações consolidadas antes de seu advento. Assim, se o título judicial transitou em julgado antes da vigência da mencionada Medida Provisória, inaplicável a novel legislação.*
>
> *5. Agravo regimental improvido.*
>
> (AgRg no REsp 926.198/AL, Rel. Ministro JORGE MUSSI, QUINTA TURMA, julgado em 10/08/2010, DJe 13/09/2010).

Prescreve o *§13. do art. 525* do atual C.P.C. que no *caso do § 12, os efeitos da decisão do Supremo Tribunal Federal poderão ser modulados no tempo, em atenção à segurança jurídica.*

A modulação dos efeitos de ação declaratória de inconstitucionalidade de lei ou de ato normativo encontra-se expressamente prevista no art. 27 da Lei 9.868, de 10 de novembro de 1999, que assim dispõe: *"Ao declarar a inconstitucionalidade de lei ou ato normativo, e tendo em vista razões de segurança jurídica ou de excepcional interesse social, poderá o Supremo Tribunal Federal, por maioria de dois terços de seus membros, restringir os efeitos daquela declaração ou decidir que ela só tenha eficácia a partir de seu trânsito em julgado ou de outro momento que venha a ser fixado".*

Essa modulação de efeitos é importante para se evitar mácula ao princípio da segurança jurídica.

Aduz o *§14. do art. 525* do atual C.P.C. que *a decisão do Supremo Tribunal Federal referida no §12 deve ser anterior ao trânsito em julgado da decisão exequenda.*

O legislador do atual C.P.C. estabeleceu um marco temporal para que se possa reconhecer a inexigibilidade da decisão exequenda.

No caso, a decisão do Supremo Tribunal Federal, contrária aos fundamentos contidos na decisão exequenda deverá ter sido proferida (ainda que não transitada em julgado) antes do trânsito em julgado da decisão exequenda.

Se a decisão do S.T.F. foi posterior à decisão exequenda, não será possível aplicar o disposto no §12 do art. 525 do novo C.P.C.

Por fim, preceitua o *§15 do art. 525* do novo C.P.C. que *se a decisão referida no §12 for proferida após o trânsito em julgado da decisão exequenda, caberá ação rescisória, cujo prazo será contado do trânsito em julgado da decisão proferida pelo Supremo Tribunal Federal.*

Portanto, se a decisão do S.T.F. for posterior ao trânsito em julgado da decisão exequenda, sua desconstituição dependerá da propositura da demanda rescisória no prazo de dois anos contado do trânsito em julgado da decisão proferida pelo Supremo Tribunal Federal.

Trata-se de uma regra de exceção, uma vez que o prazo de dois anos da rescisória conta-se da data do trânsito em julgado da própria decisão que se pretende rescindir, e não de outra que servirá de fundamento para sua eventual rescisão.

O problema é que o S.T.F., em recente decisão, tem afirmado que não é possível rescindir decisão com base na divergência ou modificação da jurisprudência, ainda que essa jurisprudência trate de matéria Constitucional.

Art. 526

É lícito ao réu, antes de ser intimado para o cumprimento da sentença, comparecer em juízo e oferecer em pagamento o valor que entender devido, apresentando memória discriminada do cálculo.

§ 1º O autor será ouvido no prazo de 5 (cinco) dias, podendo impugnar o valor depositado, sem prejuízo do levantamento do depósito a título de parcela incontroversa.

§ 2º Concluindo o juiz pela insuficiência do depósito, sobre a diferença incidirão multa de dez por cento e honorários advocatícios, também fixados em dez por cento, seguindo-se a execução com penhora e atos subsequentes.

§ 3º Se o autor não se opuser, o juiz declarará satisfeita a obrigação e extinguirá o processo.

Pagamento voluntário do réu

Diante do princípio da efetividade da tutela jurisdicional e da tendência moderna de evitabilidade de demandas judiciais, o art. 526 do atual C.P.C. permite que o réu antecipe-se a qualquer ato executivo de cumprimento de sentença por parte do autor, cumprindo por vontade própria e de forma espontânea a obrigação imposta na sentença condenatória de quantia certa.

Na realidade, o art. 526 não deveria fazer referência apenas ao 'réu', pois poderá acontecer que o devedor seja o 'autor' em razão de sua sucumbência no processo.

Para tanto, é lícito ao devedor, antes de ser intimado para o cumprimento da sentença, comparecer em juízo e oferecer em pagamento o valor que entende devido, o qual deverá estar devidamente discriminado em memória de cálculo.

O autor será ouvido no prazo de cinco dias, podendo impugnar o valor depositado, sem prejuízo do levantamento do depósito a título de parcela incontroversa (*§1º do art. 526* do atual C.P.C.).

Evidentemente que a impugnação do depósito deverá estar fundamentada em argumentos sólidos e objetivos, não bastando a mera impugnação mediante articulações genéricas.

Concluindo o juiz pela insuficiência do depósito, sobre a diferença incidirão multa de dez por cento e honorários advocatícios, também fixados em dez por cento, seguindo-se a execução com penhora e atos subsequentes (*§2º do art. 526* do atual C.P.C.).

Parece-me que o mais razoável é que, antes de incidir a multa, o juiz oportunize ao devedor o pagamento da diferença, em homenagem à própria iniciativa do devedor em cumprir a obrigação.

Deve-se notar que, se o devedor não tomasse a iniciativa de cumprir a obrigação, a multa de dez por cento somente incidiria após o transcurso do prazo de quinze dias para o cumprimento voluntário da obrigação.

Se o credor não opuser objeção, o juiz declarará satisfeita a obrigação e extinguirá o processo (*§3º do art. 526* do atual C.P.C.).

Qual seria a natureza da sentença que extingue o processo de execução pelo pagamento?

A questão recomenda analisar a natureza jurídica da sentença que extingue a execução quando o devedor satisfaz a obrigação, nos termos do §3º do art. 526 do atual Código de Processo Civil, isto é, se esta sentença resolve ou não o mérito da causa.

Sendo essa decisão uma sentença que resolve o mérito, não haverá possibilidade de se reabrir a execução para perseguir eventual complementação de pagamento. Caso contrário, isso será possível.

A primeira questão a ser dirimida é definir o que se entende por mérito da causa.

Uma das melhores definições de mérito foi assim formulada por Cândido Rangel Dinamarco, *in Instituições de Direito Processual Civil*, III, Malheiros, São Paulo, 2001. p.653:

> *"Mérito é o objeto do processo e reside no 'petitum' contido na demanda, o qual por sua vez expressa duas pretensões a serem decididas pelo juiz. Ao extinguir o processo sem julgamento do* ***mérito****, este está rejeitando a primeira dessas pretensões, a saber, a pretensão ao provimento, sem chegar a manifestar-se sobre a pretensão ao bem. Ao extingui-lo com o julgamento do* ***mérito****, ele está acolhendo a pretensão ao provimento, tanto que o emite; e a pretensão ao bem da vida estará sendo acolhida ou rejeitada, conforme o juiz julgue a demanda procedente ou improcedente"*

O *mérito*, portanto, decorre do ato de demandar.

A tutela jurisdicional conferida ao demandante refere-se sempre a uma pretensão, conforme leciona Dinamarco, *in Instituições de Direito Processual Civil*, vol. II, Malheiros, São Paulo, 2001. p. 107:

> *"O ato de demandar é o responsável pela colocação da pretensão diante do juiz para que a seu respeito ele se manifeste – julgando-a no processo de conhecimento, satisfazendo-a no executivo. É sobre esse material que se desenvolverão as atividades de todos os sujeitos do processo e é sobre ele que atuarão os resultados da jurisdição. A tutela jurisdicional conferida ao demandante refere-se sempre a uma pretensão, por ele trazida. Daí dizer-se que a pretensão constitui o objeto do processo ou o mérito".*

Assim, mérito é o objeto do processo e reside no *petitum*, isto é, na pretensão, seja ela resistida (processo de conhecimento) ou insatisfeita (processo ou procedimento de execução).

A pretensão, que é objeto do processo e reside no *petitum*, não existe apenas no processo de conhecimento, mas também existe no processo ou procedimento de *execução*, não como pretensão resistida, mas agora como pretensão insatisfeita.

Portanto, na *execução* também existe demanda, pedido, pretensão, e consequentemente *decisão de mérito*.

Essa pretensão encontra-se na satisfação da obrigação inadimplida pelo devedor, ou seja, na satisfação do crédito. A satisfação do crédito costuma ser indicada pela doutrina como o resultado típico do processo ou procedimento executivo.

Diante da satisfação do crédito, o juiz deve prolatar uma *sentença* reconhecendo essa situação com base no §3º do art. 526 do atual C.P.C. que prevê a única hipótese em que a *execução tem desfecho normal,* conforme leciona Dinamarco, *in Execução Civil,* 3. Ed. Malheiros, São Paulo, 1993, p. 151, ao comentar o inc. I do art. 794 do C.P.C. de 1973:

"O inc. I do art. 794 do Código de Processo Civil prevê a única hipótese em que a ***execução*** *tem desfecho normal e que é aquela em que o 'devedor satisfaz a obrigação'; nesse dispositivo estão previstos, naturalmente, todos os casos em que o direito vem a ser satisfeito, seja por ato do devedor ou terceiro, seja mediante as próprias medidas executivas culminantes com a entrega do bem devido ao credor".*

A sentença que extingue a execução, declarando o cumprimento da obrigação, é sentença *de mérito,* pois o mérito nada mais é do que o pedido formulado na demanda. Na execução, o exequente formula pedido de cumprimento da obrigação. Uma vez cumprida a obrigação, o juiz profere sentença declarando o cumprimento, nos termos do artigo 523, §3º do atual C.P.C.

O juiz, declarando extinto o processo porque houve o cumprimento da obrigação, estará acolhendo a pretensão do credor, razão pela qual a decisão que assim a reconhece devidamente cumprida tem natureza *de resolução de mérito,* pois esta decisão tem nítido caráter declaratório.

Tendo a sentença que declara devidamente cumprida obrigação, nos termos do artigo 526, §3º, do atual C.P.C., natureza declaratória, não resta dúvida de que após a sua prolação o juiz não poderá mais exercer a atividade jurisdicional no processo, pois *"prolatada a sentença de mérito, o magistrado cumpre e acaba o ofício jurisdicional cessando, destarte, sua competência para decidir sobre questões ligadas à coisa julgada".* Uma vez transitada em julgado a sentença que extinguiu a execução pelo pagamento, somente poderá ser desconstituída por ação rescisória.

Sobre o tema, eis o seguinte precedente do Superior Tribunal de Justiça:

REsp 238059 / RN RECURSO ESPECIAL

1999/0102641-5 Relator(a) Ministro FERNANDO GONÇALVES Órgão Julgador T6 – SEXTA TURMA

Data do Julgamento 21/03/2000

"(...).

2. No caso, julgador monocrático declarou extinta a execução por entender que o INSS já havia feito o pagamento integral do débito, tendo fundamentado sua decisão no artigo 794, I, do Código de Processo Civil, que dispõe extinguir-se a execução quando "o devedor satisfaz a obrigação".

3. A decisão que extingue execução pelo pagamento, reveste-se de conteúdo material, sendo, portanto atacável pela ação rescisória.

4. Recurso especial não conhecido.

Nego seguimento ao agravo"

Pela importância das lições produzidas no voto proferido pelo Ministro Fernando Gonçalves, no Resp. n. 238059, sobre a questão ora analisada, transcreve-se a seguinte passagem:

"Como se vê, o magistrado julgou extinta a execução por entender que o INSS já havia feito o pagamento integral do débito, tendo fundamentado sua decisão no artigo 794, I, do Código de Processo Civil, que dispõe extinguir-se a execução quando 'o devedor satisfaz a obrigação'.

A 'obrigação' a que se refere o artigo 794, é de natureza material, visto que não se cogita da existência de execução forçada para cumprimento de obrigação processual.

Ora, não há como a sentença que declara extinto o direito de crédito produzir apenas coisa julgada formal.

Se, in casu, possui o acórdão rescindendo conteúdo material, cabível é a ação rescisória.

Nesse sentido, transcrevo lições de doutrinadores pátrios:

'A extinção da execução produz efeito depois de declarada por sentença (art. 795). A sentença que julga extinta a execução é, no entanto, simplesmente declaratória com efeitos ex tunc, isto é, a partir do ato. Daí, se houver transação ou renúncia de direito, ficarem os transigentes ou renunciante impossibilitados de qualquer arrependimento.

Quando o juiz julga extinto o processo por transação, novação, renúncia de direito, etc., declara apenas a extinção da execução e a validade formal do ato que o causou. A homologação de acordo ou o reconhecimento de manifestação e vontade das partes tem pura natureza deliberatória, isto é, de confirmação de validade formal do ato que poderá ser rescindido na forma comum (art. 486). Se o juiz, todavia, julgar que a obrigação foi cumprida, há coisa julgada material e a sentença somente se rescinde por ação rescisória (Ernane Fidélis dos Santos, Manual de Direito Processual Civil, Ed. Saraiva, 1987, Vol. III, pp. 275/276)'.

'A finalidade do processo de execução é a satisfação da obrigação contida no título. Todavia pode a execução também extinguir-se quando qualquer causa determinar a extinção civil da obrigação, como a transação, a remissão, a novação, a renúncia, etc. (art. 794). Estes casos de extinção decorrem do desaparecimento da obrigação contida no título, mas pode a execução também extinguir-se em virtude dos fatos processuais impeditivos do desenvolvimento válido e regular do processo, relacionados no art. 301. Esta extinção de natureza processual. A do art. 794 é extinção material. Há, no caso,

um paralelo entre a extinção do processo com e sem julgamento de mérito do processo de conhecimento. (Vicente Greco Filho, Direito Processual Civil Brasileiro, Ed. Saraiva, 1992, 6. edição, Vol. III, pp. 145/146)'.

'Se alguma autoridade de coisa julgada advém da sentença extintiva da execução, esta reside no reconhecimento da ocorrência do fato jurídico (e de suas consequências) que serviu de causa à extinção. Exemplificando: a sentença do art. 794, I, declara que a obrigação, tal como estabelecida no título, foi satisfeita, extinguindo-se o direito do credor. Fica, a partir de então, vedado ao exequente ingressar com outra execução para receber o crédito cuja extinção já se declarou em sentença' (Luiz Rodrigues Wambier e outros, Curso Avançado de Processo Civil, Ed. Revista dos Tribunais, 1999, 2. edição, vol. II, p. 232)'.

'Também pode ser rescindível a sentença que declara a insolvência do devedor (art. 761, I e II), ou a que julga a verificação dos créditos (arts. 771-772), ou que julga extintas as obrigações (arts. 781 e 782), ou a remição de bem penhorado ou de bens penhorados (art. 790), ou que declara a extinção do processo de execução (art. 794-795)'. (Pontes de Miranda. Tratado da Ação rescisória, Ed. Bookseller, 1998, p. 358/359)".

Art. 527

Aplicam-se as disposições deste Capítulo ao cumprimento provisório da sentença, no que couber.

Aplicação subsidiária

Aplicam-se as disposições deste Capítulo ao cumprimento provisório da sentença, no que couber.

Portanto, no cumprimento provisório de sentença deverão ser observados os artigos 523 a 526 do atual C.P.C., ou seja, as disposições que regulam o cumprimento definitivo de sentença de quantia certa, naquilo em que for aplicável.

CAPÍTULO IV – Do Cumprimento de Sentença que Reconheça a Exgibilidade de Obrigação de Prestar Alimentos

Art. 528

No cumprimento de sentença que condene ao pagamento de prestação alimentícia ou de decisão interlocutória que fixe alimentos, o juiz, a requerimento do exequente, mandará intimar o executado pessoalmente para, em 3(três) três dias, pagar o débito, provar que o fez ou justificar a impossibilidade de efetuá-lo.

§1º Caso o executado, no prazo referido no caput, não efetue o pagamento, não prove que o efetuou ou não apresente justificativa da impossibilidade de efetuá-lo, o juiz mandará protestar o pronunciamento judicial, aplicando-se, no que couber, o disposto no art. 517.

§ 2º Somente a comprovação de fato que gere a impossibilidade absoluta de pagar justificará o inadimplemento.

§ 3º Se o executado não pagar ou se a justificativa apresentada não for aceita, o juiz, além de mandar protestar o pronunciamento judicial na forma do §1º, decretar-lhe-á a prisão pelo prazo de 1 (um) a 3 (três) meses.

§ 4º A prisão será cumprida em regime fechado, devendo o preso ficar separado dos presos comuns.

§ 5º O cumprimento da pena não exime o executado do pagamento das prestações vencidas e vincendas.

§ 6º Paga a prestação alimentícia, o juiz suspenderá o cumprimento da ordem de prisão.

§7º O débito alimentar que autoriza a prisão civil do alimentante é o que compreende até as 3 (três) prestações anteriores ao ajuizamento da execução e as que se vencerem no curso do processo.

§ 8º O exequente pode optar por promover o cumprimento da sentença ou decisão desde logo, nos termos do disposto neste Livro, Título II, Capítulo III, caso em que não será admissível a prisão do executado, e, recaindo a penhora em dinheiro, a concessão de efeito suspensivo à impugnação não obsta a que o exequente levante mensalmente a importância da prestação.

§ 9º Além das opções previstas no art. 516, parágrafo único, o exequente pode promover o cumprimento da sentença ou decisão que condena ao pagamento de prestação alimentícia no juízo de seu domicílio.

Sumário:

1. Considerações gerais

O cumprimento de sentença condenatória, cuja obrigação seja prestar alimentos, é regulamentado num capítulo à parte do capítulo que trata do cumprimento de sentença condenatória de quantia certa.

Alimentos, em direito, denomina-se a prestação fornecida a uma pessoa em dinheiro ou espécie, para que possa atender às necessidades da vida. Este termo tem conotação muito mais ampla do que na linguagem vulgar, em que significa o necessário para o sustento. Aqui se trata não só do sustento, como também de vestuário, habitação, assistência médica em caso de doença, enfim, de todo o necessário para atender às necessidades da vida; e, em se tratando de criança, abrange o que for preciso para sua instrução.[1027]

Quando se fala em alimentos, fala-se em pretensão à sua exigência e a obrigação correspondente de prestá-los, principalmente quando essa pretensão está consubstanciada numa sentença ou decisão em que se determina o pagamento de alimentos.

Dada a importância que a questão de alimentos representa para o ordenamento jurídico, as regras que a disciplinam são de ordem pública e, por conseguinte, inderrogáveis por convenção das partes.[1028]

A lei confere ao credor meios coativos de grande eficácia, todos destinados a facilitar-lhe o pronto recebimento da prestação alimentícia. Por isso *"a prestação alimentícia visa socorrer o alimentário, ela não se compensa com dívida que este último, porventura, tenha para com o alimentante (art. 1.707 do C.c.b). Por essa mesma razão os créditos de alimentos são impenhoráveis (art. 1.707 do C.c.b)".*[1029]

A prestação de alimentos pode nascer entre estranhos, por virtude de convenção ou de disposição testamentária ou por efeito de um delito, ou por virtude da lei entre pessoas ligadas por um determinado vínculo de parentesco ou de afinidade.[1030] Rara são as hipóteses de alimentos convencionados pelas partes, sendo um de seus exemplos o pagamento de alimentos convencionado no divórcio amigável entre os cônjuges.

Questão interessante sobre o divórcio amigável é a possibilidade de o cônjuge renunciar aos alimentos.

1027 Rodrigues, Silvio. *Direito civil.* Direito de família. 27ª ed. Vol. 6. São Paulo: Ed. Saraiva, 2002. p. 418.

1028 Rodrigues, S., idem, p. 419.

1029 Rodrigues, S., idem, p. 420.

1030 Ruggiero, Roberto de. *Instituições de direito civil.* Vol. 2. Campinas: Bookseller Editora e Distribuidora, 1999. p. 73.

A Súmula 379 do S.T.F., ainda sob a égide do desquite, prescrevia: *"No acordo de desquite não se admite renúncia aos alimentos que poderão ser pleiteados ulteriormente, verificados os pressupostos legais"*.

É importante salientar que com a Emenda Constitucional n. 66, de 13 de julho de 2010, deu-se nova redação ao §6º do art. 226 da Constituição Federal, dispondo: *"O casamento civil pode ser dissolvido pelo divórcio"*, suprimindo-se, para alguns, assim a separação judicial prévia do casal, que persistia em muitas eventualidades. Há, outrossim, entendimento diverso.

Sobre o tema da renúncia dos alimentos, ensina Yussef Said Cahali: *"Decorre da própria lei processual que a estipulação de alimentos não representa cláusula necessária na petição comum, sem a qual o acordo de separação judicial não possa ser homologado; pois a necessidade da estipulação está condicionada ao fato de não possuir a mulher bem suficientes para a sua manutenção; possuindo-os suficientemente, é legítima a dispensa, sem óbice à homologação do acordo. Ainda que a 'dispensa' venha mascarada sob a expressão formal de 'renúncia' aos alimentos, o juiz (mesmo com a discordância do representante do Ministério Público),não pode deixar de homologar a separação convencionada, ainda que o faça com a ressalva à mulher do direito de reclamá-los oportunamente (ressalva, de resto, sem significação jurídica, porquanto não cria nem modifica direitos: a renúncia, ainda que homologada por sentença, é ou não eficaz, é ou não válida, conforme o entendimento que se adotar a respeito. É certo que, atualmente, tais afirmações não podem mais ser levadas a extremos diante da inovação do art. 34, §2º, da Lei do Divórcio; mas, neste caso, apenas se 'comprovado' (como diz o citado artigo), ou se o juiz 'apurar' (conforme melhor se expressa o parágrafo único do art. 1.574 do Novo Código Civil) que a dispensa ou a renúncia ou mesmo a forma de estipulação da pensão alimentícia mostra-se particularmente prejudicial ao cônjuge desistente, ou renunciante ou anuente, convencido o juiz (na audiência pessoal dos cônjuges) da inveracidade do pressuposto legal condicionante (posse de bens suficientes para seu sustento), ou de que a dispensa (ou renúncia ou anuência quanto à forma de pagamento) foi obtida em razão de constrangimento, poderá ser recusada a homologação do acordo 'nessa parte'; prevalece, também aqui, 'o princípio da cindibilidade do acordo', que não era desconhecido do direito anterior, de modo a não se excluir 'a priori' a eventual homologação da separação consensual"*.[1031]

Mas é importante fazer uma distinção entre a *cláusula de dispensa dos alimentos* e a *cláusula de renúncia dos alimentos*.

Cezar Peluso, quando ainda Desembargador do Tribunal de Justiça do Estado de São Paulo, apresentava a seguinte distinção: o caso não é de renúncia; diz, com efeito, a convenção: 'A desquitanda vive de seu trabalho, assim como os

[1031] Cahali, Yussef Said. *Dos alimentos.* 4ª ed. São Paulo: Editora Revista dos Tribunais, 2002. p. 321 e 322.

dois filhos mais velhos trabalham. Contribuirá o pai com a pensão mensal para os filhos"; tal cláusula, à evidência, não hospeda nenhum ato jurídico de *renúncia*, que é coisa que se não infere nem presume ao só comportamento passivo do titular de um direito; com silenciar acerca deste, embora justificasse o silencia por declaração de que vivia de seu trabalho, não estava a mulher *renunciando*, pois renúncia é ato declaratório explícito de abdicação do direito, mas apenas *dispensando*, de modo tácito, a percepção dos alimentos.[1032]

Sobre o tema da renúncia ou dispensa dos alimentos, eis os seguintes precedentes do S.T.J.:

1. Consoante disposto na Súmula 336/STJ: a mulher que renunciou aos alimentos na separação judicial tem direito à pensão previdenciária por morte do ex-marido, comprovada a necessidade econômica superveniente.

2. O só fato de a recorrente ter-se divorciado do falecido e, à época, dispensado os alimentos, não a proíbe de requerer a pensão por morte, uma vez devidamente comprovada a necessidade (REsp.472.742/RJ, Rel. Min. JOSÉ ARNALDO DA FONSECA, DJU 31.03.2003).

3. Agravo Regimental desprovido.

(AgRg no REsp 1015252/RS, Rel. Ministro NAPOLEÃO NUNES MAIA FILHO, QUINTA TURMA, julgado em 12/04/2011, DJe 25/04/2011)

(...).

3. Consoante entendimento pacificado desta Corte, após a homologação do divórcio, não pode o ex-cônjuge pleitear alimentos se deles desistiu expressamente por ocasião do acordo de separação consensual. Precedentes da 2ª Seção.

4. Agravo regimental a que se nega provimento.

(AgRg no Ag 1044922/SP, Rel. Ministro RAUL ARAÚJO, QUARTA TURMA, julgado em 22/06/2010, DJe 02/08/2010)

(...).

2. A renúncia aos alimentos decorrentes do matrimônio é válida e eficaz, não sendo permitido que o ex-cônjuge volte a pleitear o encargo, uma vez que a prestação alimentícia assenta-se na obrigação de mútua assistência, encerrada com a separação ou o divórcio.

3. A fixação de prestação alimentícia não serve para coibir eventual possibilidade de procrastinação da entrega de bens, devendo a parte pleitear, pelos meios adequados, a participação na renda auferida com a exploração de seu patrimônio.

[1032] Cahali, Y., idem, p.323 e 324.

4. Embargos de declaração recebidos como agravo regimental, a que se nega provimento.

(EDcl no REsp 832.902/RS, Rel. Ministro JOÃO OTÁVIO DE NORONHA, QUARTA TURMA, julgado em 06/10/2009, DJe 19/10/2009)

O S.T.J. vem entendendo que a pensão obrigatória deve ser por tempo limitado, até que a mulher possa estar habilitada a ingressar no campo de trabalho. Nesse sentido: REsp n. 933.355; 1.205.408; 1.188.399

Em virtude de legado, constante de testamento, pode o testador impor a um herdeiro o mister de fornecer alimentos a um legatário.

A prestação de alimentos pode advir também de ato ilícito, ficando o causador do dano obrigado a pagar alimentos à vítima. Preceitua, por exemplo, o art. 948, inc. II do C.c.b.:

"Art. 948. No caso de homicídio, a indenização consiste, sem excluir outras reparações:

(...).

II – na prestação de alimentos às pessoas a quem o morto os devia, levando-se em conta a duração provável da vítima".

A prestação de alimentos também pode emanar da lei, conforme estabelecem os artigos 1694 a 1710 do C.c.b, a saber:

Art. 1.694. Podem os parentes, os cônjuges ou companheiros pedir uns aos outros os alimentos de que necessitem para viver de modo compatível com a sua condição social, inclusive para atender às necessidades de sua educação.

§ 1º Os alimentos devem ser fixados na proporção das necessidades do reclamante e dos recursos da pessoa obrigada.

§ 2º Os alimentos serão apenas os indispensáveis à subsistência, quando a situação de necessidade resultar de culpa de quem os pleiteia.

Art. 1.695. São devidos os alimentos quando quem os pretende não tem bens suficientes, nem pode prover, pelo seu trabalho, à própria mantença, e aquele, de quem se reclamam, pode fornecê-los, sem desfalque do necessário ao seu sustento.

Art. 1.696. O direito à prestação de alimentos é recíproco entre pais e filhos, e extensivo a todos os ascendentes, recaindo a obrigação nos mais próximos em grau, uns em falta de outros.

Art. 1.697. Na falta dos ascendentes cabe a obrigação aos descendentes, guardada a ordem de sucessão e, faltando estes, aos irmãos, assim germanos como unilaterais.

Art. 1.698. Se o parente, que deve alimentos em primeiro lugar, não estiver em condições de suportar totalmente o encargo, serão chamados a concorrer os de grau ime-

diato; sendo várias as pessoas obrigadas a prestar alimentos, todas devem concorrer na proporção dos respectivos recursos, e, intentada ação contra uma delas, poderão as demais ser chamadas a integrar a lide.

Art. 1.699. Se, fixados os alimentos, sobrevier mudança na situação financeira de quem os supre, ou na de quem os recebe, poderá o interessado reclamar ao juiz, conforme as circunstâncias, exoneração, redução ou majoração do encargo.

Art. 1.700. A obrigação de prestar alimentos transmite-se aos herdeiros do devedor, na forma do art. 1.694.

Art. 1.701. A pessoa obrigada a suprir alimentos poderá pensionar o alimentando, ou dar-lhe hospedagem e sustento, sem prejuízo do dever de prestar o necessário à sua educação, quando menor.

Parágrafo único. Compete ao juiz, se as circunstâncias o exigirem, fixar a forma do cumprimento da prestação.

Art. 1.702. Na separação judicial litigiosa, sendo um dos cônjuges inocente e desprovido de recursos, prestar-lhe-á o outro a pensão alimentícia que o juiz fixar, obedecidos os critérios estabelecidos no art. 1.694.

Art. 1.703. Para a manutenção dos filhos, os cônjuges separados judicialmente contribuirão na proporção de seus recursos.

Art. 1.704. Se um dos cônjuges separados judicialmente vier a necessitar de alimentos, será o outro obrigado a prestá-los mediante pensão a ser fixada pelo juiz, caso não tenha sido declarado culpado na ação de separação judicial.

Parágrafo único. Se o cônjuge declarado culpado vier a necessitar de alimentos, e não tiver parentes em condições de prestá-los, nem aptidão para o trabalho, o outro cônjuge será obrigado a assegurá-los, fixando o juiz o valor indispensável à sobrevivência.

Art. 1.705. Para obter alimentos, o filho havido fora do casamento pode acionar o genitor, sendo facultado ao juiz determinar, a pedido de qualquer das partes, que a ação se processe em segredo de justiça.

Art. 1.706. Os alimentos provisionais serão fixados pelo juiz, nos termos da lei processual.

Art. 1.707. Pode o credor não exercer, porém lhe é vedado renunciar o direito a alimentos, sendo o respectivo crédito insuscetível de cessão, compensação ou penhora.

Art. 1.708. Com o casamento, a união estável ou o concubinato do credor, cessa o dever de prestar alimentos.

Parágrafo único. Com relação ao credor cessa, também, o direito a alimentos, se tiver procedimento indigno em relação ao devedor.

Art. 1.709. O novo casamento do cônjuge devedor não extingue a obrigação constante da sentença de divórcio.

Art. 1.710. As prestações alimentícias, de qualquer natureza, serão atualizadas segundo índice oficial regularmente estabelecido.

A Lei 5.478, de 25 de julho de 1968, estabelece rito especial para a demanda de alimentos. Esta legislação permite a fixação desde logo dos denominados *alimentos provisórios* (art. 4º), concentrando os atos de audiência de tentativa de conciliação, instrução e julgamento (arts. 5º e 6º).

Sob a égide do C.P.C. de 1973, tendo o requerente optado pela demanda de alimentos mediante o rito do processo comum ordinário, era-lhe facultado a formulação de pedido de natureza cautelar, incidental ou antecedente, de *alimentos provisionais* (arts. 852 e s. do C.P.C. de 1973).

Atualmente, o processo cautelar autônomo foi extinto pelo novo C.P.C.

Por isso, poderá a parte requerer, no caso de promover a ação de alimentos pelo processo comum ordinário, tutela provisória de urgência, não mais de natureza cautelar, mas sim de natureza *satisfativa*.

Assim, provando o autor o "*fumus boni iuris*" e o '*periculum in mora*', poderá requerer antecipação provisória do pedido principal de alimentos definitivos.

Na realidade, após a entrada em vigor da Lei 8.952/91, que introduziu em nosso ordenamento jurídico o instituto da antecipação da tutela (art. 273 do C.P.C. de 1973), a doutrina assim como a jurisprudência passaram a entender que os alimentos provisionais nada mais seriam do que a própria antecipação de tutela do processo principal em que se pretendia o pagamento de alimentos, principalmente pelo caráter *satisfativo* dessa tutela de urgência que era prestada.

Agora não há mais dúvida, a concessão de alimentos de urgência mediante pedido provisório antecipado ou incidental não caracteriza mais medida cautelar, mas, sim, tutela de urgência de caráter satisfativo.

Tendo em vista o interesse do Estado no cumprimento da prestação alimentícia, que visa a atender a uma necessidade atual e inadiável daquele que necessita de alimentos, o legislador municia este último de meios executórios de grande eficácia.

Além da execução de bens do devedor, como se dá em todo cumprimento de sentença condenatória de quantia certa, também prevê o recurso à prisão do devedor.

Vejamos então os meios executórios e de cumprimento de sentença que são colocados à disposição do credor de alimentos pelo novo C.P.C.

2. Execução de decisão que tenha por objeto pagamento de alimentos

O legislador, ao lado do procedimento geral de cumprimento definitivo de sentença condenatória em quantia certa, estabeleceu para as obrigações alimentares um procedimento de cumprimento de sentença específico e especial.

Esse procedimento, conforme estabelece o art. 528 do atual C.P.C., serve tanto para o cumprimento de sentença definitiva na qual foi estabelecida a obrigação de pagar alimentos, quanto para o cumprimento de decisão interlocutória, como no caso de concessão de tutela antecipada satisfativa com base na urgência. A diferença é que na primeira ocorre a fixação por meio de cognição exauriente, enquanto que na segunda a fixação ocorre por meio de cognição sumária.

A decisão interlocutória é aquela concedida a título de *alimentos provisórios* (art. 4º da Lei 5.478/68: *"Ao despachar o pedido, o juiz fixará desde logo alimentos provisórios a serem pagos pelo devedor, salvo se o credor expressamente declarar que deles não necessita"*).

Também será o caso de decisão interlocutória concedida com base na urgência, quando a parte, juntamente com o pedido principal de alimentos, formula pedido acessório de concessão de tutela provisória de urgência satisfativa de antecipação dos alimentos.

Em ambas as situações, o cumprimento da decisão interlocutória será de acordo com o art. 528 e ss. do atual C.P.C.

Sobre as disciplinas legais dos alimentos provisórios e provisionais, ensina Yussef Said Cahali: *"O Código Civil previra que, concedida a separação de corpos antes de mover a ação de nulidade do casamento, a de anulação ou a de desquite (art. 223), 'a mulher poderá pedir os alimentos 'provisionais', que lhe serão arbitrados, na forma do art. 400 (art. 224)'.*

O CPC de 1939, em seu art. 676, referia que (VIII) 'as medidas preventivas poderão constituir na prestação de alimentos 'provisionais', no caso em que o devedor seja suspenso ou destituído do pátrio poder e nos de destituição de tutores e curadores, e de desquite, nulidade ou anulação do casamento'.

A Lei 883/49 estatuíra, em seu art. 5º, que, 'na hipótese de ação investigatória da paternidade, terá direito o autor a alimentos 'provisionais' desde que lhe seja favorável a sentença de primeira instância, embora se haja, desta, interposto recurso'; a disposição reaparece, de certa forma, na recente Lei 8.560, de 29.12.1992, em seu art. 7º: 'Sempre que na sentença de primeiro grau se reconhecer a paternidade, nela se fixarão os alimentos provisionais ou definitivos do reconhecido que deles necessite'.

Com a Lei de Alimentos, (Lei n. 5.478/68), deu-se maior amplitude ao instituto, dispondo o seu art. 4º que, 'ao despachar o pedido (de alimentos), o juiz fixará desde logo alimentos 'provisórios' a serem pagos pelo devedor, salvo se o credor expressamente declarar que deles não necessita'; acrescentando-se, no art. 13, §1º, que 'os alimentos 'provisórios' fixados na inicial poderão ser revistos a qualquer tempo, se houver modificação na situação financeira das partes, mas o pedido será sempre processado em apartado'; e no §3º: Os alimentos 'provisórios' serão devidos até a decisão final, inclusive o julgamento do recurso extraordinário'.

O novo CPC (1973), *cuidando dos procedimentos cautelares específicos neles incluiu os 'alimentos provisionais', dizendo ser lícito pedir alimentos provisionais (art. 852): I – nas ações de desquite e de anulação de casamento, desde que estejam separados os cônjuges; II – nas ações de alimentos, desde o despacho da petição inicial; III – nos demais casos expressos em lei. Acrescenta o art.854, parágrafo único, que 'o requerente poderá pedir que o juiz, ao despachar a petição inicial e sem audiência do requerido, lhe arbitre desde logo uma mensalidade para mantença".*[1033]

Adroaldo Fabrício, comentando o CPC revogado, afirma que o CPC de 1973 teria derrogado o art. 4º da Lei de Alimentos, alegando que se vigente estivesse esta lei, não teriam aplicação possível as disposições dos art. 852, II e 584, p.ú. do C.P.C. de 1973.

Yussef Said Cahali, por sua vez, afirmara que a pretendida revogação de lei especial por lei geral processual não encontraria supedâneo no art.2º, §1º, da Lei de Introdução ao C.C.b. Teria havido, quando muito, uma redundância ou inutilidade de disposições.[1034]

Yussef Said Cahali, contudo, reconheceu que os institutos denominados de alimentos *provisórios* e alimentos *provisionais* não se identificavam necessariamente, pelo menos *em sede de separação judicial ou divórcio.* Botelho de Mesquita enunciava alguns pontos de diferenciação: *"Toda vez que vamos deduzir em juízo pretensão alimentícia, por via de ação de alimentos, podemos requerer a prestação de 'alimentos provisórios'. Aí temos uma medida que não é cautelar, é simplesmente uma medida liminar antecipatória, própria do processo da ação de alimentos, como ocorre também no mandado de segurança ou no embargo da obra nova. Não existe neste caso natureza cautelar. Tal não ocorre 'nos outros casos' (de ação de separação judicial ou de divórcio, portanto), em que vamos usar a 'medida de alimentos provisionais', com seu caráter específico. Os 'alimentos provisionais' não têm, ao contrário do que normalmente se lê, o caráter antecipatório. Podem ter, se for deduzida posteriormente na ação principal, uma pretensão alimentícia. Tratando-se de 'alimentos provisionais', a ação principal deve ser proposta no prazo de 30 dias da efetivação da medida".*[1035]

Pelo novo C.P.C., essa diferenciação preconizada por Botelho de Mesquita não se justifica, uma vez que a concessão antecipada de alimentos, seja qual for a modalidade de demanda, não se considera mais de natureza cautelar, mas, sim, como sendo *tutela provisória de urgência de natureza satisfativa.*

Também não se justifica a afirmação de que os alimentos *provisórios* previstos na Lei da Alimentos devem ser pagos até final decisão, inclusive do recurso

[1033] Cahali, Y. S., idem, p. 845 e 846.
[1034] Cahali, Y. S., idem, p. 846.
[1035] Cahali, Y. S., idem, p. 847 e 848.

extraordinário, isto é, a concessão de *alimentos provisórios* não pode ser revogada. Em primeiro lugar, diante do princípio Constitucional de que ninguém pode ser privado de seus bens sem o devido processo legal, não se pode dizer que não se possa revogar a concessão de alimentos provisórios se a demanda de alimentos, por exemplo, for julgada improcedente em primeiro grau e confirmada em segundo grau.

Muito embora o novo C.P.C. tenha considerado a antecipação de alimentos como *tutela de urgência de natureza satisfativa*, o certo é que o novo estatuto manteve os mesmos requisitos da tutela de urgência cautelar para sua concessão, isto é, *fumus boni iuris* e o *periculum in mora*, conforme preconiza o art. 300 do atual C.P.C.: *A tutela de urgência será concedida quando houver elementos que evidenciem a probabilidade do direito e o perigo de dano ou o risco ao resultado útil do processo.*

Portanto, é possível manter-se atualmente a diferenciação entre o pedido de alimentos com base na Lei de Alimentos n. 5.478/68 e o pedido de alimentos como pedido de tutela de urgência antecipada no âmbito do processo de conhecimento, levando-se em conta a *prova pré-constituída* para efeitos de avaliação da obrigação de prestar alimentos.

Assim, podem ser requeridos alimentos como objeto de tutela de urgência satisfativa antecipada nas ações (demandas) de divórcio, e para aqueles que entendem que ainda é possível, nas ações (demandas) de separação judicial; nas ações (demandas) de revisão de cláusulas de renúncia aos alimentos; nas ações (demandas) de reconhecimento de paternidade.

Por sua vez, são casos de *alimentos provisórios* a serem concedidos com base no art. 4º da Lei 5.478/68 aqueles requeridos nas ações (demandas) típicas de alimentos, ou seja, após cessada a convivência da sociedade conjugal e definida a responsabilidade pelos alimentos; nas ações (demandas) de alimentos ajuizadas pelos filhos ou pelos parentes beneficiados.

Tratando-se de alimentos solicitados com base em tutela provisória de urgência satisfativa, a sua concessão sujeita-se à demonstração do *fumus boni iuris* e do *periculum in mora*. Essa demonstração compete ao credor dos alimentos. Por isso, deverá o requerente expor na inicial a *necessidade* e a *possibilidade do alimentante*, bem como a plausibilidade da obrigação de prestar alimentos.

Já na hipótese da ação especial de alimentos, determina o art. 4º da Lei 5.478/68 que, *'ao despachar o pedido, o juiz fixará desde logo 'alimentos provisórios' a serem pagos pelo devedor, salvo se o credor expressamente declarar que deles não necessita'.*

Assim, na ação especial de alimentos a causa de pedir está representada pela *prova pré-constituída* da relação de parentesco ou conjugal, inclusive decorrente de união estável, ou, ainda, da obrigação de prestar alimentos decorrente de eventual obrigação imposta em dissolução da sociedade conjugal.

Por outro lado, enquanto no pedido de alimentos como tutela provisória de urgência satisfativa, o *periculum in mora* deve ser devidamente demonstrado, no âmbito da ação especial de alimentos, o *periculum in mora* é presumido, quando não dispensado os alimentos pelo credor. Aquele que necessita de alimentos tem o ônus de demonstrar de imediato ao magistrado, *initio litis*, o dever de alimentar do demandado. Assim, na ação especial de alimentos, a concessão dos alimentos *provisórios* passou a ser regra, considerando-se a dispensa como exceção em face de declaração expressa.

Contudo, o juiz não deve conceder de ofício os alimentos (salvo em hipóteses especiais como no caso de interesse de criança ou adolescente e em outras hipóteses de evidente interesse público e social).

Sobre a fixação de alimentos provisórios e provisionais, assim tem se manifestado o S.T.J.:

1. Ação de fixação de alimentos provisionais entre colaterais, com peculiaridades.

2. Nos termos da lei processual, ressalvadas as exceções legais, ao recurso especial não é atribuído efeito suspensivo, notadamente quando for interposto em sede de ação cautelar de alimentos provisionais, na hipótese, incidental a investigatória de paternidade.

3. O recurso interposto contra decisão que fixa alimentos é sempre recebido no efeito meramente devolutivo, mesmo nos juízos ordinários, o que reforça ainda mais a inviabilidade de se atribuir efeito suspensivo ao recurso especial que veicula matéria alusiva a alimentos.

4. Os alimentos provisionais liminarmente concedidos destinam-se a suprir as necessidades vitais do alimentando, enquanto estiver pendente a ação principal. Revestem-se de cunho marcadamente antecipatório, porque prescindem do trânsito em julgado na investigatória de paternidade e são devidos a partir da decisão que os arbitrou. Dessa forma, obsta-se a adoção, pelo julgador, de qualquer ato tendente a criar embaraço ao pronto atendimento das necessidades do credor de alimentos, sob pena de se impor grave restrição ao caráter emergencial conferido à obrigação alimentícia.

5. Enquanto não finda o processo principal, nada impede que os possíveis irmãos alcancem ao alimentando aquilo que poderá constituir fração do patrimônio que porventura lhe venha a ser destinado, na hipótese de encerramento positivo da investigatória de paternidade.

6. A obrigação de prestar alimentos, na hipótese específica, nasce a partir da decisão de reconhecimento do vínculo de parentesco, ainda que esteja pendente de recurso, conforme disposto no art. 7º da Lei nº 8.560/92.

7. Todos os filhos – sejam eles nascidos fora da relação de casamento, sejam oriundos de justas núpcias –, assim como os parentes entre si, têm, potencialmente, o direito de reclamar alimentos, desde que respeitada a ordem legal dos obrigados a prestá-los.

8. O art. 1.694 do CC/02 contempla os parentes, os cônjuges ou companheiros, como sujeitos potencialmente ativos e passivos da obrigação recíproca de prestar alimentos, observando-se, para sua fixação, a proporção das necessidades do reclamante e dos recursos dos obrigados.

9. Àqueles unidos pelos laços de parentesco, sejam eles ascendentes descendentes ou, ainda, colaterais, estes limitados ao segundo grau, impõe-se o dever recíproco de socorro, guardada apenas a ordem de prioridade de chamamento à prestação alimentícia, que é legalmente delimitada, nos termos dos arts. 1.696 e 1.697 do CC/02.

10. São chamados, primeiramente, a prestar alimentos, os parentes mais próximos em grau, só fazendo recair a obrigação nos mais remotos, à falta daqueles; essa falta deve ser compreendida, conforme interpretação conjugada dos arts. 1.697 e 1.698 do CC/02, para além da ausência de parentes de grau mais próximo, como a impossibilidade ou, ainda, a insuficiência financeira desses de suportar o encargo.

11. Os alimentos provisionais arbitrados em cautelar incidental à ação de investigação de paternidade têm amparo legal não apenas se forem decorrentes do vínculo paterno-filial surgido do reconhecimento, como também dos laços de parentesco dele derivados.

12. O parentesco surgido entre as partes, na hipótese, irmãos unilaterais, em razão da sentença de reconhecimento da paternidade, declarada e confirmada, respectivamente, em 1º e em 2º graus de jurisdição, é suficiente para autorizar o arbitramento dos alimentos na forma em que se deu.

13. A condição de idoso do alimentando encontra disciplina específica na Lei 10.741/2003 (Estatuto do Idoso), que estabelece, a partir do art. 11, os alimentos devidos às pessoas idosas.

14. Com a cessação do efeito suspensivo atribuído ao REsp 1.120.922/SE, julgado concomitantemente ao presente recurso especial, torna-se desde já obrigatório o pagamento dos alimentos provisionais, na forma em que foram arbitrados pelo i. Juiz e confirmados pelo TJ/SE. O débito pretérito – desde o arbitramento – poderá, desde logo, ser executado.

15. Recurso especial não provido.

(REsp 1170224/SE, Rel. Ministra NANCY ANDRIGHI, TERCEIRA TURMA, julgado em 23/11/2010, DJe 07/12/2010)

(...).

2. A possibilidade de fixação de alimentos provisionais em sede de ação de investigação de paternidade é disciplinada pelo art. 7º da Lei nº 8.520/92, bem como pelo art. 5º da Lei nº. 883/49, já revogada, mas vigente quando da decisão que fixou os alimentos. Tais dispositivos tratam expressamente da possibilidade de fixação de alimentos provisionais quando já proferida sentença que reconheça a paternidade, ainda que tenha sido ela objeto de recurso. Contudo, nada dispõem acerca da fixação de alimentos provisionais quando ainda não há reconhecimento judicial do vínculo de parentesco.

3. Na mesma esteira, já decidiu esta Eg. Corte que "a Legislação consagra a sentença declaratória de paternidade como termo a quo para fixação dos alimentos provisórios. O motivo ensejador dessa fixação é lógico, pois somente aí é reconhecida a relação de parentesco entre as partes e, consequentemente, a obrigação de prestar alimentos" (REsp 200595/SP, Rel. Ministro ANTÔNIO DE PÁDUA RIBEIRO, TERCEIRA TURMA, julgado em 08/05/2003, DJ 09/06/2003, p. 263).

4. Nesse contexto, embora a matéria não esteja pacificada no âmbito desta Eg. Corte, a redação legal, o precedente supramencionado e posições doutrinárias no sentido supra evidenciam a existência de dúvidas acerca da legalidade de decisão que determina, no bojo de ação investigatória de paternidade cumulada com alimentos, o pagamento de alimentos provisionais, antes da prolação de sentença que declare a existência do vínculo de parentesco.

5. Da leitura do art. 5º, inc. LXVII, da CF, depreende-se que a gravidade da medida coercitiva de prisão civil só será aplicável em casos excepcionais, nos quais o descumprimento da obrigação revele-se inescusável, o que não se vislumbra na hipótese.

6. Ressalte-se que não se está a desonerar o recorrente da obrigação de prestar os alimentos provisionais fixados, o que se mostra inclusive inviável na presente estreita via, mas tão-somente retirando a força coercitiva de tal obrigação a ponto de ensejar a segregação civil do recorrente.

7. Recurso ordinário provido.

(RHC 28.382/RJ, Rel. Ministro RAUL ARAÚJO, QUARTA TURMA, julgado em 21/10/2010, DJe 10/11/2010)

Ação de investigação de paternidade cumulada com alimentos. Fixação de alimentos provisórios antes da sentença. Inviabilidade, no caso.

I – O autor da ação investigatória de paternidade tem direito a alimentos provisionais desde a sentença, ainda que objeto de recurso. Leis nº 8.560/92, art. 7º, e nº 883/49, art. 5º. Aplicação.

II – Recurso especial conhecido e provido.

(REsp 200.595/SP, Rel. Ministro ANTÔNIO DE PÁDUA RIBEIRO, TERCEIRA TURMA, julgado em 08/05/2003, DJ 09/06/2003, p. 263)

1. O reconhecimento da paternidade em ação de investigação pode levar à condenação em alimentos (provisionais ou definitivos), caso haja a necessidade, independentemente de pedido expresso na petição inicial, a teor do art. 7º da Lei 8.560/92.

2. Nas demandas em que houver a modificação dos alimentos, como as próprias ações de alimentos ou as de separação, anulação de casamento, revisional de pensão alimentícia e respectivas execuções, o novo valor fixado é devido a partir da data da citação – e não da data da decisão que os alterou, o que abrange, também, as ações que buscam a modificação de cláusula alimentar. Inteligência do art. 13, caput, c/c o § 2º, da Lei 5.478/68. Precedentes.

3. Agravo regimental não provido.

(AgRg no Ag 605.885/RJ, Rel. Ministro VASCO DELLA GIUSTINA (DESEMBARGADOR CONVOCADO DO TJ/RS), TERCEIRA TURMA, julgado em 06/08/2009, DJe 28/08/2009)

(...).

III. "A sentença de procedência da ação de investigação de paternidade pode condenar o réu em alimentos provisionais ou definitivos, independentemente de pedido expresso na inicial. Art. 7º da Lei 8.560, de 29.12.92." (REsp 257.885/RS, Rel. Min. Ruy Rosado de Aguiar, Quarta Turma, julgado em 21.09.2000, DJ 06.11.2000 p. 208).

IV. O STJ já firmou seu posicionamento no sentido de que a apelação contra a sentença que fixa alimentos será recebida apenas no efeito devolutivo. Precedentes.

V. Recurso especial não conhecido.

(REsp 819.729/CE, Rel. Ministro ALDIR PASSARINHO JUNIOR, QUARTA TURMA, julgado em 09/12/2008, DJe 02/02/2009)

Ação de investigação de paternidade cumulada com alimentos. Termo inicial da pensão alimentícia. Entendimento uniforme da Egrégia Segunda Seção do STJ. Dissídio notório. Incidência a partir da citação.

– Os alimentos devidos em ação de investigação de paternidade, decorrentes de sentença declaratória de paternidade e condenatória de alimentos, são os definitivos, e, portanto, vige a disciplina do art. 13, § 2º, da Lei n. 5.478/68, com retroação dos efeitos à data da citação.

– O art. 5º da Lei n. 883, de 21-10-1949, e o art. 7º da Lei n. 8.560, de 29-12--1992, discorrem também sobre a fixação de alimentos provisionais, e não impedem o arbitramento de verba alimentar de natureza definitiva, na forma apregoada pela Lei de Alimentos, ainda que não baseada em prova preconstituída da filiação.

(EREsp 85.685/SP, Rel. Ministra NANCY ANDRIGHI, SEGUNDA SEÇÃO, julgado em 18/02/2002, DJ 24/06/2002, p. 180)

3. Intimação do executado para pagamento em três dias – consequências

No cumprimento de sentença que condena ao pagamento de prestação alimentícia ou de decisão interlocutória que fixa alimentos, o juiz, a requerimento do exequente, mandará intimar pessoalmente o executado para, em 3 (três) dias, pagar o débito, provar que o fez ou justificar a impossibilidade de efetuá-lo

Observa-se nessa hipótese normativa uma importante diferenciação entre o cumprimento de sentença definitiva condenatória de obrigação de pagar quantia certa e a sentença que fixar alimentos. Na primeira, a intimação para cumprir a obrigação poderá ser feita na pessoa do *advogado* constituído, sendo o prazo para cumprimento voluntário de *quinze dias*. Já no cumprimento de sentença de obrigação de pagar alimentos, a intimação deverá ser *pessoal* do devedor, sendo que o prazo para cumprir voluntariamente a obrigação será de apenas *três dias*.

O executado, uma vez intimado, e no prazo de três dias, deverá efetuar o pagamento do débito, assim como as que se forem vencendo no transcurso do procedimento.

Poderá o executado, como espécie de impugnação, além de outras alegações de ordem pública, aduzir que já efetuou o pagamento, comprovando tal circunstância documentalmente, inclusive com cópia de depósito bancário em favor do alimentando.

Poderá, também, apresentar justificação da impossibilidade de realizar o pagamento dos alimentos.

A impossibilidade de prestar alimentos pode decorrer de diversas questões fáticas, como, por exemplo: a) o devedor foi demitido do emprego; b) o devedor, profissional liberal remunerado com comissão, encontra-se enfermo e acamado ou hospitalizado; d) redução do salário percebido em razão de ter arranjado novo emprego etc.

Deve-se ter o cuidado de se demonstrar perfeitamente essas condições perante o juízo de primeiro e no máximo perante os Tribunais de apelação, pois o S.T.J. não costuma analisar questão de matéria fática, a não ser para a valoração da prova. Por isso, no sitio http://www.stj.gov.br/portal_stj/publicacao/engine.wsp?tmp.area=398&tmp.texto=104787, encontra-se elementos para se diferenciar o reexame da revaloração da prova:

Súmula 7: como o STJ distingue reexame e revaloração da prova

Cerca de um ano após sua instalação, em junho de 1990, os ministros do Superior Tribunal de Justiça (STJ) já percebiam que a Corte não poderia se tornar uma terceira instância. O recurso especial, uma de suas principais atribuições, tem regras rígidas e, em respeito a elas, o Tribunal logo editou a Súmula 7: "A pretensão de simples reexame de prova não enseja recurso especial." O enunciado passou a ser largamente aplicado pelos ministros na análise de variadas causas, impossibilitando o conhecimento do recurso – isto é, o julgamento do mérito da questão.

No entanto, os magistrados observaram que há casos em que a revaloração da prova ou de dados explicitamente admitidos e delineados na decisão da qual se recorre não implica o reexame de fatos e provas, proibido pela súmula. São diversos os recursos em que as partes conseguiram demonstrar a desnecessidade de reanálise de fatos e provas e, com isso, afastando a aplicação da Súmula 7.

Em precedente recente, julgado em dezembro do ano passado, a Quarta Turma confirmou decisão individual do ministro Marco Buzzi que debateu a revaloração da prova. No recurso, uma transportadora de São Paulo conseguiu o reconhecimento da impossibilidade de uma seguradora acioná-la regressivamente para o ressarcimento de prejuízos em decorrência de roubo da carga (REsp 1.036.178).

A seguradora protestou contra a decisão, levando o caso à Turma. Disse que haveria desobedecido a Súmula 7, porque o ministro teria reexaminado a prova produzida nos autos. Entretanto, o ministro Buzzi explicou que a decisão "apenas deu definição jurídica diversa aos fatos expressamente mencionados no acórdão" do Tribunal de Justiça de São Paulo.

O ministro esclareceu que o reexame de prova é uma "reincursão no acervo fático probatório mediante a análise detalhada de documentos, testemunhos, contratos, perícias, dentre outros". Nestes casos, o relator não pode examinar mera questão de fato ou alegação de error facti in judicando *(julgamento errôneo da prova).*

Porém, o ministro acrescentou que o error in judicando *(inclusive o proveniente de equívoco na valoração das provas) e o* error in procedendo *(erro no proceder, cometido pelo juiz) podem ser objeto de recurso especial. "A revaloração da prova constitui em atribuir o devido valor jurídico a fato incontroverso sobejamente reconhecido nas instâncias ordinárias, prática francamente aceita em sede de recurso especial", ressaltou o ministro Buzzi.*

Dados admitidos

Em 2005, a Quinta Turma reconheceu que a "revaloração da prova ou de dados explicitamente admitidos e delineados no decisório recorrido não implica o vedado reexame do material de conhecimento". Porém, ao julgar o recurso, os ministros decidiram aplicar a Súmula 7 ao caso. O ministro Felix Fischer, atual vice-presidente do STJ, foi o relator (REsp 683.702).

Naquela hipótese, as instâncias ordinárias condenaram um administrador por ter deixado de recolher contribuições previdenciárias de uma empresa. Ele recorreu, pedindo a absolvição por presunção de inocência, já que entendia não haver prova suficiente de que estaria à frente da empresa à época do delito.

A Quinta Turma não conheceu do recurso, aplicando a Súmula 7. O ministro Fischer constatou que o tribunal de segunda instância reconheceu de forma cabal, por documentos e testemunhos, da mesma forma que o juiz de primeiro de grau, que o admi-

nistrador efetivamente, à época dos fatos descritos na denúncia, figurava como sócio-gerente da empresa.

Na ocasião, o ministro Fischer teceu algumas considerações acerca da diferença entre reexame e revaloração de prova. Ele explicou que a revaloração de elementos aceitos pelo acórdão do tribunal de origem é questão jurídica e que não se pode negar às instâncias superiores a faculdade de examinar se o direito à prova foi malferido ou se os juízes negaram o direito que as partes têm de produzi-la. Isto é, "não é só em consequência do erro de direito que pode haver má valoração da prova. Ela pode decorrer também do arbítrio do magistrado ao negar-se a admiti-la".

Livre convencimento

Um dos precedentes que inauguraram a tese de revaloração da prova no STJ é de 1998. A Quinta Turma, em recurso especial interposto pelo assistente de acusação, restabeleceu a sentença que condenou um motorista por homicídio culposo ao volante (REsp 184.156).

Testemunhas foram unissonas ao afirmar que o veículo era conduzido em alta velocidade. Porém, como duas perícias de universidades renomadas foram divergentes quanto à velocidade, os desembargadores, por maioria, adotaram a presunção de inocência para absolver o motorista no julgamento de apelação.

O relator do recurso no STJ, ministro Felix Fischer, baseou-se no amplo debate ocorrido na segunda instância, para concluir que não se poderia negar a prova testemunhal (admitida e especificada em segundo grau) em "proveito de especulações teóricas" para chegar a uma suposta dúvida fundada, a ponto de absolver o réu.

O relator destacou em seu voto que o princípio do livre convencimento, que exige fundamentação concreta vinculada à prova dos autos, não se confunde com o princípio da convicção íntima. De acordo com o ministro Fischer, a convicção pessoal, subjetiva, do magistrado, alicerçada em outros aspectos que não a prova dos autos, não se presta para basear uma decisão.

O princípio do livre convencimento, asseverou, não afastou o magistrado do dever de decidir segundo os ditames do bom senso, da lógica e da experiência. A apreciação da prova não pode ser "imotivável e incontrolável", do contrário seria arbitrária, explicou o ministro. E sempre que tais limites se mostrem violados, a matéria é suscetível de recurso ao STJ.

Prova já delineada

A Primeira Turma também já considerou possível a revaloração da prova delineada nos autos. Num dos recursos que discutiu a tese, em 2006, o então ministro do STJ Luiz Fux, atualmente no Supremo Tribunal Federal (STF), baseou-se em passa-

gens do voto-condutor do julgamento no Tribunal de Justiça de São Paulo para atender a recurso interposto por uma contribuinte (REsp 734.541).

O debate foi sobre a prescindibilidade ou não da existência de sintomas de câncer para que uma servidora pública aposentada, que sofreu extirpação da mama esquerda em decorrência da doença, em 1984, continuasse isenta do Imposto de Renda.

O ministro Fux considerou possível revalorar a prova e restabelecer a sentença, em que o perito afirma, sem possibilidade de qualquer dúvida, que a autora é portadora da doença. Na decisão, a própria assistente técnica do município de São Paulo (réu na ação) afirma que "existem chances de cura, após o período preconizado de acompanhamento e tratamento, caso não surjam recidivas e metástase, isto é, o paciente pode ser considerado curado, desde que a doença não volte".

De acordo com o ministro, a revaloração da prova delineada na decisão recorrida, suficiente para a solução do caso, é, ao contrário do reexame, permitida no recurso especial. No caso, o próprio acórdão do TJSP, em algumas passagens, reconheceu que "a cura, em doenças com alto grau de retorno, nunca é total", e mais: "O que se pode dizer é que, no momento, em face, de seu histórico pessoal, não apresenta ela sintomas da doença."

Valor de indenização

Em 2009, ao julgar um recurso, o então desembargador convocado Paulo Furtado afirmou, na Terceira Turma, que o STJ havia alguns anos começava a afastar o rigor da técnica do recurso especial para controlar o montante arbitrado pela instância ordinária a título de dano moral (REsp 785.777).

O objetivo era impedir o estabelecimento de uma "indústria do dano moral" Assim, destacava o magistrado, o STJ, em situações especialíssimas, como a de arbitramento de valores por dano moral ínfimos ou exorbitantes, se pronuncia nos casos concretos para aferir a razoabilidade do valor destinado à amenização do abalo moral.

"Não se tem dúvida de que esta Corte, ao reexaminar o montante arbitrado pelo tribunal a quo *nesta situação, mergulha nas particularidades soberanamente delineadas pela instância ordinária para aferir a justiça da indenização (se ínfima, equitativa ou exorbitante), afastando-se do rigor da técnica do recurso especial, consubstanciada, na hipótese em tela, pela Súmula7/STJ", observou o desembargador convocado.*

Posição semelhante adotou a Quarta Turma, em julgamento que tratou de ação de reconhecimento de tempo de serviço ajuizadas contra o INSS. Os ministros entenderam que não ofende o princípio da Súmula 7 emprestar, no julgamento do recurso especial, significado diverso aos fatos estabelecidos pelo acórdão da segunda instância (REsp 461.539).

O relator, ministro Hélio Quaglia Barbosa, esclareceu: "Inviável é ter como ocorridos fatos cuja existência o acórdão negou ou negar fatos que se tiveram como verifi-

cados." De acordo com o ministro, o voto proferido em recurso especial em momento algum negou os elementos fáticos reconhecidos no acórdão do Tribunal Regional Federal da 5ª Região (TRF5), apenas, com base neles, chegou a entendimento diverso, restabelecendo decisão de primeiro grau.

É importante salientar que o executado também poderá apresentar impugnação alegando outras questões, como, por exemplo, incompetência absoluta ou relativa do juízo da execução, falta de capacidade postulatória, falta de legitimidade 'ad causam' ou 'ad processum', inexigibilidade da obrigação ou inexequibilidade do título etc. Não poderá discutir, evidentemente, o conteúdo do título, ou seja, a própria obrigação de prestar alimentos e o seu valor.

Aliás, sobre a questão da incompetência relativa do juízo de alimentos, já decidiu o S.T.J.:

I – O reconhecimento posterior da incompetência do Juízo não tem, por si só, o condão de tornar nulos os atos processuais presididos pelo Juízo relativamente incompetente. Ao contrário, a fixação da obrigação alimentar (no caso, os alimentos provisórios) por Juízo relativamente incompetente constitui título executivo judicial hábil a lastrear a correspondente execução de alimentos, remanescendo válidos os correlatos atos coercitivos praticados, quando ratificados pelo Juízo competente;

II – Em razão de a definição do foro do alimentando, como o competente para as ações em que se pleiteia alimentos, cuidar de critério de competência relativa (comportando, inclusive, renúncia daquele que detém tal prerrogativa, ut HC 71.986/MG, deste Relator), remanescem válidos a decisão que fixou a obrigação alimentar, bem como os atos até então praticados sob a presidência de Juízo incompetente, a serem ratificados pelo Juízo competente.

III – Insubsistente a alegação consistente na necessidade de se observar, na espécie, a coerção executiva por meio dos descontos em folha de pagamento, ao invés da prisão civil do executado. No ponto, é de se constatar que tal argumentação, pelos elementos constantes dos autos, em momento algum foi ventilada, revelando-se, no mínimo, descabida sua menção, somente nesta via processual. Ad argumentandum, ainda que se admitisse tal alegação, esta não teria o condão de infirmar o decreto prisional, já que o simples desconto mensal em folha de pagamento, desde que devidamente reconhecido pelas instâncias ordinárias como sendo apto a satisfazer as prestações do débito alimentar (situação não ocorrente na hipótese dos autos), referir-se-ia às parcelas vincendas, de forma a remanescer inadimplidas as vencidas;

IV – Ordem denegada.

(HC 212.996/SP, Rel. Ministro MASSAMI UYEDA, TERCEIRA TURMA, julgado em 01/12/2011, DJe 13/12/2011).

Em resumo, conforme estabelece o *§2º do art. 528* do atual C.P.C., *somente a comprovação de fato que gere a impossibilidade absoluta de pagar justificará o inadimplemento.*

Caso o executado, no prazo de três dias, não efetue o pagamento, prove que o efetuou ou apresente justificativa da impossibilidade de efetuá-lo, o juiz mandará *protestar* o pronunciamento judicial, aplicando-se, no que couber, o disposto no art. 517 (*§1º do art. 528* do atual C.P.C.).

Essa é uma importante inovação trazida pelo atual C.P.C., ou seja, o *protesto* do título executivo judicial.

No caso, o protesto é efetuado mediante iniciativa do exequente, sendo que no caso dos alimentos, o juiz, de ofício, mandará realizar o protesto da decisão que contém o crédito de alimentos inadimplido.

4. Da prisão do devedor

Conforme já ensinara Chiovenda, os meios tendentes à execução forçada tanto pode decorrer de coação ou por meio de sub-rogação. No primeiro, o órgão jurisdicional busca o cumprimento da obrigação com a participação voluntária do devedor, enquanto que no segundo obtém-se o cumprimento da obrigação independentemente da participação ou da vontade do obrigado.

Segundo lição de Amílcar de Castro, a execução apresenta, na maioria das hipóteses, um caráter nitidamente patrimonial, razão pela qual a coação possível por parte do Estado visa a um resultado econômico, inclusive quando se decreta a prisão civil daquele que é obrigado a pagar dívida alimentícia. Prende-se executá-lo não para puni-lo mas para coagi-lo indiretamente ou diretamente a pagar o débito ao credor dos alimentos.[1036]

José Carlos Barbosa Moreira, ao analisar o art. 733 e seus parágrafos do C.P.C. de 1973, afirmava que este dispositivo não contemplava uma particular modalidade de procedimento executório, mas um meio de coerção tendente a conseguir o adimplemento por obra do próprio devedor: a prisão civil, autorizada pelo texto Constitucional e totalmente despojada de caráter punitivo, a despeito do uso impróprio da palavra 'pena.[1037]

A prisão civil do devedor de prestação alimentícia está consagrada no art. 5º, inc. LXVII, da C.F.: *"não haverá prisão por dívida, salvo a do responsável pelo inadimplemento voluntário e inescusável de obrigação alimentícia e a do depositário fiel"*.

[1036] Castro, Amílcar Augusto. *Comentários ao código de processo civil.* Vol. VIII. Rio de Janeiro: Forense, 1973. p. 376.

[1037] Moreira, José Carlos Barbosa. *O novo processo civil brasileiro.* 6ª ed. Rio de Janeiro: Forense, 1984. p. 363.

Em relação ao depositário fiel, no julgamento conjunto dos **RE nº 466.343** (Rel. **Min. CEZAR PELUSO**), **RE nº 349.703** (Rel. Min. **CARLOS BRITTO**), **HCs nº 87.585** e **nº 92.566** (Rel. Min. **MARCO AURÉLIO**), em sessão realizada em 03.12.2008, o Plenário do Supremo Tribunal Federal assentou que é *ilícita a prisão civil de depositário infiel*, qualquer que seja a modalidade do depósito, consoante interpretação do art. 5º, inc. LXVII e §§ 1º, 2º e 3º, da CF, à luz do art. 7º, § 7, da Convenção Americana de Direitos Humanos (Pacto de San José da Costa Rica). E, reafirmando essa e outras teses, no julgamento dos **HCs nº 91.676**, **nº 92.578**, **nº 92.691** e **nº 92.933** (Rel. Min. **RICARDO LEWANDOWSKI**) e do **RHC nº 93.172** (Rel. Min. **CÁRMEN LÚCIA**), em 12.02.2009, resolveu Questão-de-Ordem no sentido de autorizar os Ministros Relatores a decidirem monocraticamente, quando se tratar desses temas.

Em nosso ordenamento jurídico somente se manteve a prisão civil pelo descumprimento de obrigação alimentícia.

Desta feita, se o devedor, devidamente intimado para, no prazo de três dias, pagar obrigação alimentar ou justificar porque não o fez, deixar de fazê-lo voluntariamente e sem escusa legítima, deverá o juiz decretar-lhe a prisão pelo prazo de um a três meses.

Tendo em vista que essa espécie de coerção incide sob um dos direitos fundamentais do devedor, no caso, sua liberdade, a jurisprudência vem condenando com veemência esse tipo de procedimento, preconizando a sua excepcionalidade e a devida prudência do magistrado para decretá-la. Tenha-se em mente que a prisão do alimentante relapso não é pena, mas meio e modo de constrangê-lo ao adimplemento da obrigação reclamada. Por isso, se não houve possibilidade fática para o cumprimento da obrigação, não se deve decretar a prisão, sob pena de transmutar a medida coercitiva em pena punitiva de caráter pessoal, restabelecendo-se a triste reminiscência dos tempos em que o devedor respondia corporalmente pelas obrigações inatendidas, o que, no Direito Romano, cessou com o advento da Lei *Paetelia Papíria*. Nessa perspectiva: *"tendo caráter apenas 'compulsivo' a prisão, 'não pode ser transmudada em 'corretiva', a pretexto de advertência para não se repetirem impontualidades ou como sanção de impontualidades passadas', aliás, não sendo 'pena', não se sujeita aos prazos prescricionais do Código Penal, se não cumprido o mandado respectivo"*.[1038]

Há também entendimento de que se os alimentos legítimos forem constituídos em título extrajudicial, não se poderá utilizar a coerção pessoal para o adimplemento do crédito. Nesse sentido eis os seguintes precedentes do S.T.J.:

[1038] Cahali, Y. S., op. cit. p. 1005.

1 – "Excluídas da competência do Juizado Especial as causas de natureza alimentar, o acordo celebrado pelas partes, ainda que homologado por aquele Juízo, não tem eficácia para a compulsão executória da prisão civil do devedor, à míngua do devido processo legal". (HC 9.363/BA, Rel. Min. BARROS MONTEIRO, DJ de 17.12.1999) 2 – Recurso não conhecido.

(REsp 769334/SC, Rel. Ministro JORGE SCARTEZZINI, QUARTA TURMA, julgado em 07/12/2006, DJ 05/02/2007, p. 246).

Habeas corpus. Título executivo extrajudicial. Escritura pública. Alimentos. Art. 733 do Código de Processo Civil. Prisão civil.

1. O descumprimento de escritura pública celebrada entre os interessados, sem a intervenção do Poder Judiciário, fixando alimentos, não pode ensejar a prisão civil do devedor com base no art. 733 do Código de Processo Civil, restrito à "execução de sentença ou de decisão, que fixa os alimentos provisionais".

2. Habeas corpus concedido.

(HC 22.401/SP, Rel. Ministro CARLOS ALBERTO MENEZES DIREITO, TERCEIRA TURMA, julgado em 20/08/2002, DJ 30/09/2002, p. 253)

Contudo, para Maria Berenice Dias a lei não distingue que somente para os títulos executivos judiciais é que será possível a coerção prevista como prisão civil. Se não há essa distinção, essa coerção deve ser aplicada também para os títulos executivos extrajudiciais, principalmente se os acordos são firmados e referendados pelo Ministério Público, Defensoria Pública ou pelos advogados das partes.[1039]

Em relação ao acordo firmado pela defensoria pública, ainda que não homologado judicialmente, eis a recente decisão do S.T.J.:

1. Diante da essencialidade do crédito alimentar, a lei processual civil acresce ao procedimento comum algumas peculiaridades tendentes a facilitar o pagamento do débito, dentre as quais destaca-se a possibilidade de a autoridade judicial determinar a prisão do devedor.

2. O acordo referendado pela Defensoria Pública estadual, além de se configurar como título executivo, pode ser executado sob pena de prisão civil.

3. A tensão que se estabelece entre a tutela do credor alimentar versus o direito de liberdade do devedor dos alimentos resolve-se, em um juízo de ponderação de valores, em favor do suprimento de alimentos a quem deles necessita.

[1039] Dias, Maria Berenice. *Manual de Direito das Famílias.* 4º ed. São Paulo, Editora Revista dos Tribunais, 2007. p. 500.

4. Recurso especial provido.
(REsp 1117639/MG, Rel. Ministro MASSAMI UYEDA, TERCEIRA TURMA, julgado em 20/05/2010, DJe 21/02/2011)

Ressalte-se que inovações legislativas, atentas à necessidade de se facilitar a composição amigável dos litígios, reconhecem executividade dos acordos que versem sobre alimentos e que são celebrados perante o Ministério Público, a Defensoria Pública e até mesmo em cartório. A propósito da questão, confira-se o art. 13 do Estatuto do Idoso: *"As transações relativas a alimentos poderão ser celebradas perante o Promotor de Justiça ou Defensor Público, que as referendará, e passarão a ter efeito de título executivo extrajudicial nos termos da lei processual civil"*.

Aliás, deve-se observar que nos termos do art. 515 do atual C.P.C., que se encontra localizado nas disposições gerais de cumprimento de sentença, portanto, abrangendo também o cumprimento de sentença de obrigação de alimentos, expressamente preceitua:

Art. 515. São títulos executivos judiciais, cujo cumprimento dar-se-á de acordo com os artigos previstos neste Título:

I – as decisões proferidas no processo civil que reconheçam a exigibilidade de obrigação de pagar quantia, de fazer, de não fazer ou de entregar coisa;

II – a decisão homologatória de autocomposição judicial;

III – a decisão homologatória de autocomposição extrajudicial de qualquer natureza;

IV – o formal e a certidão de partilha, exclusivamente em relação ao inventariante, aos herdeiros e aos sucessores a título singular ou universal;

V – o crédito de auxiliar da justiça, quando as custas, emolumentos ou honorários tiverem sido aprovados por decisão judicial;

VI – a sentença penal condenatória transitada em julgado;

VII – a sentença arbitral;

VIII – a sentença estrangeira homologada pelo Superior Tribunal de Justiça;

IX – a decisão interlocutória estrangeira, após a concessão do exequatur à carta rogatória pelo Superior Tribunal de Justiça;

X – o acórdão proferido pelo Tribunal Marítimo quando do julgamento de acidentes e fatos da navegação.

O Superior Tribunal de Justiça tem entendido que não cabe a prisão por dívida civil de alimentos, quando esses alimentos são fixados antecipadamente em ação de investigação de paternidade, ou seja, antes da sentença que reconheça, ainda que não definitiva, a paternidade:

1. No caso em apreço, foi decretada a prisão do paciente em razão do descumprimento de obrigação de prestar alimentos fixados em decisão interlocutória proferida em ação de investigação de paternidade, antes, portanto, da prolação de sentença reconhecendo a relação de parentesco entre o recorrente e a alimentanda.

2. A possibilidade de fixação de alimentos provisionais em sede de ação de investigação de paternidade é disciplinada pelo art. 7º da Lei nº 8.520/92, bem como pelo art. 5º da Lei nº. 883/49, já revogada, mas vigente quando da decisão que fixou os alimentos. Tais dispositivos tratam expressamente da possibilidade de fixação de alimentos provisionais quando já proferida sentença que reconheça a paternidade, ainda que tenha sido ela objeto de recurso. Contudo, nada dispõem acerca da fixação de alimentos provisionais quando ainda não há reconhecimento judicial do vínculo de parentesco.

3. Na mesma esteira, já decidiu esta Eg. Corte que "a Legislação consagra a sentença declaratória de paternidade como termo a quo para fixação dos alimentos provisórios. O motivo ensejador dessa fixação é lógico, pois somente aí é reconhecida a relação de parentesco entre as partes e, consequentemente, a obrigação de prestar alimentos" (REsp 200595/SP, Rel. Ministro ANTÔNIO DE PÁDUA RIBEIRO, TERCEIRA TURMA, julgado em 08/05/2003, DJ 09/06/2003, p. 263).

4. Nesse contexto, embora a matéria não esteja pacificada no âmbito desta Eg. Corte, a redação legal, o precedente supramencionado e posições doutrinárias no sentido supra evidenciam a existência de dúvidas acerca da legalidade de decisão que determina, no bojo de ação investigatória de paternidade cumulada com alimentos, o pagamento de alimentos provisionais, antes da prolação de sentença que declare a existência do vínculo de parentesco.

5. Da leitura do art. 5º, inc. LXVII, da CF, depreende-se que a gravidade da medida coercitiva de prisão civil só será aplicável em casos excepcionais, nos quais o descumprimento da obrigação revele-se inescusável, o que não se vislumbra na hipótese.

6. Ressalte-se que não se está a desonerar o recorrente da obrigação de prestar os alimentos provisionais fixados, o que se mostra inclusive inviável na presente estreita via, mas tão-somente retirando a força coercitiva de tal obrigação a ponto de ensejar a segregação civil do recorrente.

7. Recurso ordinário provido.

(RHC 28.382/RJ, Rel. Ministro RAUL ARAÚJO, QUARTA TURMA, julgado em 21/10/2010, DJe 10/11/2010)

Juízo competente para determinar a prisão é o juízo da causa em que os alimentos foram estipulados ou estão sendo exigido, conforme preconiza o art. 516 do atual C.P.C., a saber:

Art. 516. O cumprimento da sentença efetuar-se-á perante:
I – os tribunais, nas causas de sua competência originária;

II – o juízo que decidiu a causa no primeiro grau de jurisdição;

III – o juízo cível competente, quando se tratar de sentença penal condenatória, de sentença arbitral, de sentença estrangeira ou de acórdão proferido pelo Tribunal Marítimo.

Parágrafo único. Nas hipóteses dos incisos II e III, o exequente poderá optar pelo juízo do atual domicílio do executado, pelo juízo do local onde se encontrem os bens sujeitos à execução ou onde deva ser executada a obrigação de fazer ou de não fazer, casos em que a remessa dos autos do processo será solicitada ao juízo de origem.

É importante salientar que o art. 53, inc. II, do atual C.P.C, prescreve que é competente o foro *do domicílio ou da residência do alimentando, para a ação em que se pedem alimentos.*

Por sua vez, estabelece o *§9º do art. 528* do atual C.P.C. que a*lém das opções previstas no art. 516, parágrafo único, o exequente pode promover o cumprimento da sentença ou decisão que condena ao pagamento de prestação alimentícia no juízo de seu domicílio.*

Sustentam Yussef Said Cahali e Araken de Assis que é proibido ao juízo deprecado expedir ordem de prisão civil do devedor, pelo não pagamento dos alimentos, uma vez que não estão entre os poderes transferidos pelo juiz deprecante ao deprecado quando expede a precatória de citação, execução e penhora.[1040]

Afirmam Barbosa Moreira e Pontes de Miranda que o juiz poderá decretar a prisão *de ofício*, ou seja, sem necessidade de requerimento da parte interessada.[1041]

Já Amílcar de Castro entende que a prisão civil não pode ser decretada de ofício, pois depende de requerimento do credor, tendo em vista que este estará sempre em melhores condições do que o juiz para avaliar sua eficácia e oportunidade. Deixa-se ao credor a oportunidade ou não em requerer a prisão civil.[1042]

Sobre o tema, eis os seguintes precedentes do S.T.J.:

– Ao credor de prestação alimentícia cabe a opção do rito processual de execução.

– Optando o exequente pelo rito do artigo 732 do CPC, que não prevê restrição de liberdade do executado, é inadmissível a conversão de ofício para o rito mais gravoso.

– Ordem concedida.

(HC 188.630/RS, Rel. Ministra NANCY ANDRIGHI, TERCEIRA TURMA, julgado em 08/02/2011, DJe 11/02/2011).

1040 Cahali, Y. S., op. cit., 1007.
1041 Moreira, J. C. B., op. cit., p. 363.
1042 Castro, A. A., op. cit., p. 376.

I – A execução de sentença condenatória de prestação alimentícia, em princípio, rege-se pelo procedimento da execução por quantia certa, ressaltando-se, contudo, que, a considerar o relevo das prestações de natureza alimentar, que possuem nobres e urgentes desideratos, a lei adjetiva civil confere ao exequente a possibilidade de requerer a adoção de mecanismos que propiciam a célere satisfação do débito alimentar, seja pelo meio coercitivo da prisão civil do devedor, seja pelo desconto em folha de pagamento da importância devida;

II – Não se concebe, contudo, que a exequente da verba alimentar, maior interessada na satisfação de seu crédito e que detém efetivamente legitimidade para propor os meios executivos que entenda conveniente, seja compelida a adotar procedimento mais gravoso para com o executado, do qual não se utilizou voluntariamente, muitas vezes para não arrefecer ainda mais os laços de afetividade, já comprometidos com a necessária intervenção do Poder Judiciário, ou por qualquer outra razão que assim repute relevante.

III – Ordem concedida.

(HC 128.229/SP, Rel. Ministro MASSAMI UYEDA, TERCEIRA TURMA, julgado em 23/04/2009, DJe 06/05/2009)

Esse requerimento, por sua vez, não precisa ser formal e expresso, bastando-se que se possa averiguar da petição a efetiva intenção de se requerer a prisão, como, por exemplo, a expressa citação do §3º do art. 528 do atual C.P.C. Há alguns que entendem que o próprio exequente pode formular o pedido de prisão, mesmo que desassistido por advogado.

Também, no meu entender, o Ministério Público, seja agindo como parte (*legitimatio extraordinem*) ou como fiscal da ordem jurídica justa e democrática poderá requerer a prisão civil do devedor de alimentos. Sobre o tema eis os seguintes precedentes do S.T.J., a favor e contra a esse posicionamento:

1 – Em execução de alimentos, onde indeferida a prisão civil do alimentante e inerte a parte interessada (menor impúbere representado pela mãe), tem o Ministério Público, como fiscal da lei, legitimidade para recorrer. Aplicação da súmula 99/STJ. Precedente.

2 – Recurso especial conhecido e provido para determinar ao Tribunal de origem o julgamento do agravo de instrumento conforme entender de direito.

(REsp 493.708/SP, Rel. Ministro FERNANDO GONÇALVES, QUARTA TURMA, julgado em 15/03/2005, DJ 04/04/2005, p. 315)

– "O Ministério Público tem legitimidade para recorrer no processo em que oficiou como fiscal da lei, ainda que não haja recurso da parte." (Súmula nº 99-STJ).

Recurso especial conhecido, em parte, e provido.

(REsp 211.061/MG, Rel. Ministro BARROS MONTEIRO, QUARTA TURMA, julgado em 04/12/2003, DJ 29/03/2004, p. 244)

Habeas corpus. Ação de alimentos. Execução. Ministério Público. Ilegitimidade.

1. Proposta a ação de alimentos diretamente pelo menor, devidamente representado por sua mãe e por advogado regularmente constituído, depois substituído por defensor público, não tem o Ministério Público legitimidade para ingressar, como substituto processual, com a execução da respectiva sentença.

2. Ordem concedida para vedar a prisão civil do paciente na execução de alimentos proposta pelo Ministério Público.

(HC 33.783/BA, Rel. Ministro CARLOS ALBERTO MENEZES DIREITO, TERCEIRA TURMA, julgado em 29/06/2004, DJ 27/09/2004, p. 354)

É importante salientar que a prisão por dívida civil atinge apenas o devedor direto da obrigação alimentícia, e não terceiros que possam com ele estar envolvidos indiretamente, como é o caso do empregador ou mesmo de eventual avalista.

É bem verdade que estabelece o art. 22 e seu parágrafo único da Lei 5.478/68:

Art. 22. Constitui crime contra a administração da Justiça deixar o empregador ou funcionário público de prestar ao juízo competente as informações necessárias à instrução de processo ou execução de sentença ou acordo que fixe pensão alimentícia:

Pena – Detenção de 6 (seis) meses a 1 (um) ano, sem prejuízo da pena acessória de suspensão do emprego de 30 (trinta) a 90 (noventa) dias.

Parágrafo único. Nas mesmas penas incide quem, de qualquer modo, ajuda o devedor a eximir-se ao pagamento de pensão alimentícia judicialmente acordada, fixada ou majorada, ou se recusa, ou procrastina a executar ordem de descontos em folhas de pagamento, expedida pelo juiz competente.

Ocorre que este dispositivo não trata de prisão por dívida civil, mas, sim, de tipicidade penal, ou seja, crime contra a administração da justiça, cuja competência para sua apuração não é do juízo civil do cumprimento de sentença que tenha por objeto os alimentos, mas, sim, do juízo penal competente.

Preconiza o §3º *do art.* 528 do atual C.P.C. *se o executado não pagar ou se a justificativa apresentada não for aceita, o juiz, além de mandar protestar o pronunciamento judicial na forma do §1º, decretar-lhe-á a prisão pelo prazo de 1 (um) a 3 (três) meses.*

Já o art. 19 da Lei de Alimentos prescreve: "*o juiz, para instrução da causa, ou na execução de sentença ou acordo, poderá tomar todas as providências necessárias para seu esclarecimento ou para o cumprimento do julgado ou do acordo, inclusive a decretação de prisão do devedor até 'sessenta dias'.*

Observa-se, desde já, que há certa divergência entre o art. 19 da Lei de Alimentos e o §3º do art. 528 do atual C.P.C. quanto ao prazo máximo da prisão.

Para Alexandre Câmara, o ordenamento jurídico é um sistema lógico, sem contradições, o que nos leva à necessidade de interpretação pelo método lógico-sistemático de hermenêutica. Com isso, é de se afastar, desde logo, a interpretação segundo a qual há prazos diferenciados para a prisão do executado por alimentos provisórios ou definitivos. Esta distinção esbarraria no absurdo de considerar que o prazo de prisão a que está sujeito o devedor de alimentos definitivos é inferior ao prazo a que se sujeita o devedor dos alimentos fixados, por exemplo, em razão de tutela urgência satisfativa. O prazo será sempre um só, e deve-se verificar qual a norma em vigor, se a do CPC ou se a da Lei de Alimentos.[1043]

Para Fredie Didier Jr, o prazo máximo da prisão não poderia ultrapassar os sessenta dias, visto que o art. 19 da Lei 5.478/68 foi mantido por Lei Federal posterior, no caso, a Lei 6.014/73, lei esta que adapta o Código de Processo Civil às leis por ele mencionadas. Assim, o prazo de sessenta dias deverá ser observado em qualquer das hipóteses, inclusive na execução de alimentos com base no C.P.C. A Lei 5.478/86, que estabelece o prazo máximo de sessenta dias, é uma lei especial e não foi revogada pelo C.P.C. Além disso, deve-se aplicar o princípio do menor sacrifício possível ao executado, devendo propugnar pela forma menos gravosa para a execução, inclusive de alimentos.

Sobre o prazo máximo de prisão, eis os seguintes precedentes do S.T.J.:

> *Recurso de habeas corpus. Prisão civil. Alimentos. Maioridade. Prazo máximo da prisão. Sessenta ou noventa dias. Precedente da Terceira Turma.*
>
> *1. A maioridade de filha credora de alimentos, por si só, não afasta a obrigação alimentar, devendo ser discutida nas instâncias cíveis a sua real necessidade.*
>
> *2. Na linha da jurisprudência da Corte, o habeas corpus não é via adequada para o exame aprofundado de provas e a verificação da necessidade, ou não, da credora dos alimentos.*
>
> *3. A prisão civil, cuidando-se de execução fundada no art. 733 do Código de Processo Civil, pode ser fixada de um a três meses, nos termos do § 1º do referido dispositivo.*

[1043] Câmara, Alexandre. *Lições de direito processual civil.* 17ª ed. Rio de Janeiro: Editora Lúmen Júris, 2009. p. 319.

4. Recurso ordinário desprovido.

(RHC 16.005/SC, Rel. Ministro CARLOS ALBERTO MENEZES DIREITO, TERCEIRA TURMA, julgado em 01/06/2004, DJ 30/08/2004, p. 279)

I. Cumprida a pena de sessenta dias pelo devedor de alimentos, decreta no bojo da execução, o decurso do prazo não impede novo decreto prisional, em razão da contumácia do inadimplente, desde que não excedido o limite de três meses estabelecido pelo art. 733, § 1º, do CPC.

II. Recurso ordinário desprovido.

(RHC 17.541/RJ, Rel. Ministro ALDIR PASSARINHO JUNIOR, QUARTA TURMA, julgado em 04/08/2005, DJ 26/09/2005, p. 378)

– É admissível a prisão civil do devedor de alimentos quando se trata de dívida atual, correspondente às três últimas prestações anteriores ao ajuizamento da execução, acrescidas das que se vencerem no curso do processo – Súmula nº 309/STJ.

– O "nosso ordenamento jurídico não veda a possibilidade de o juiz, renovar, no mesmo processo de execução de alimentos, o decreto prisional, após analisar a conveniência e oportunidade e, principalmente, após levar em conta a finalidade coercitiva da prisão civil do alimentante." (HC 39902/MG, Rel. Ministra Nancy Andrighi, Terceira Turma, DJ 29/05/2006 p. 226), especialmente porque, somando-se as duas, não excedem ao prazo máximo estabelecido na lei (art. 733, § 1º, do CPC) – Ordem denegada.

(HC 159.550/RS, Rel. Ministro LUIS FELIPE SALOMÃO, QUARTA TURMA, julgado em 17/08/2010, DJe 26/08/2010).

O Supremo Tribunal Federal, por sua vez, assim se manifestou sobre o prazo máximo de prisão:

Prisão civil por dívida de alimentos. E de sessenta dias o prazo máximo, tratando-se de alimentos definitivamente fixados por sentença. Recurso de habeas corpus provido em parte. (rhc 61238, Relator(a): Min. DJACI FALCAO, SEGUNDA TURMA, julgado em 27/09/1983, DJ 27-10-1983 PP-16697 EMENT VOL-01314-01 PP-00147)

Prisão civil por alimentos. Cabível mesmo quando se trata de alimentos definitivos, fixada, porém, no prazo máximo de 60 dias. "in casu", em face das circunstancias da causa, fixada em 30 dias. rhc provido, em parte.

RHC 60327, Relator(a): Min. OSCAR CORREA, PRIMEIRA TURMA, julgado em 15/10/1982, DJ 10-12-1982 PP-12788 EMENT VOL-01279-01 PP-00290 RTJ VOL-00104-01 PP-00137)

Prisão civil por dívida de alimentos; não se restringe, após o advento do cpc/73, a hipótese de alimentos provisionais. E de sessenta dias, porém, tratando-se de alimentos definitivamente fixados por sentença ou acordo, o prazo máximo da prisão. Recurso de habeas corpus parcialmente provido.

(RHC 56176, Relator(a): Min. XAVIER DE ALBUQUERQUE, PRIMEIRA TURMA, julgado em 15/08/1978, DJ 01-09-1978 PP-*****)

A prisão, conforme preconiza o *§4º do art. 528* do atual C.P.C., *será cumprida em regime fechado, devendo o preso ficar separado dos presos comuns.*

Porém, o S.T.J. tem entendido que em determinadas situações é possível a concessão de prisão domiciliar ao responsável pelos alimentos, especialmente quando está em jogo o princípio da dignidade da pessoa humana. Nesse sentido são os seguintes precedentes:

1. Se o ordenamento jurídico garante a advogado supostamente infrator da lei penal o recolhimento em sala de Estado Maior, razão não há que justifique recolhimento em cela comum de delegacia de polícia de causídico devedor de alimentos, porque um ilícito civil não pode justificar tratamento mais gravoso do que o previsto para aquele que pretensamente viola a norma penal.

2. Aplica-se à prisão civil de advogado a regra contida no artigo 7º, V, da Lei 8.906/94 (EOAB), segundo a qual constitui direito do advogado "não ser recolhido preso, antes de sentença transitada em julgado, senão em sala de Estado Maior, com instalações e comodidades condignas e, na sua falta, em prisão domiciliar".

3. Ordem de habeas corpus concedida.

(HC 271.256/MS, Rel. Ministro RAUL ARAÚJO, QUARTA TURMA, julgado em 11/02/2014, DJe 26/03/2014)

1. É cabível a prisão civil do alimentante inadimplente em ação de execução contra si proposta, quando se visa ao recebimento das últimas três parcelas devidas a título de pensão alimentícia, mais as que vencerem no curso do processo. Precedentes.

2. Em hipótese absolutamente excepcional, tal como na espécie, em que a paciente, avó dos alimentados, possui patologia grave e idade avançada, é possível o cumprimento da prisão civil em regime domiciliar, em prestígio à dignidade da pessoa humana. Precedentes.

3. Recurso provido.

(RHC 38.824/SP, Rel. Ministra NANCY ANDRIGHI, TERCEIRA TURMA, julgado em 17/10/2013, DJe 24/10/2013).

– Sendo o paciente portador de necessidades especiais, e constatando-se a impossibilidade do estabelecimento prisional suprir essas necessidades, faculta-se, em caráter

excepcional, o cumprimento do decreto prisional no próprio domicílio do devedor de pensão alimentícia.

Ordem concedida para possibilitar ao paciente o cumprimento do decreto prisional em seu domicílio.

(HC 86.716/SP, Rel. Ministra NANCY ANDRIGHI, TERCEIRA TURMA, julgado em 21/08/2007, DJ 01/02/2008, p. 1).

Estabelece o *§4º do art.* 528 do atual C.P.C. que o *cumprimento da pena não exime o executado do pagamento das prestações vencidas e vincendas.*

Este dispositivo vem reforçar a ideia de que a prisão civil não é uma sanção retributiva pelo não pagamento do débito, o que significaria dizer que uma vez cumprida a pena de prisão o devedor estaria livre do pagamento do débito atrasado.

Ao contrário, tratando-se a prisão civil apenas de um critério de coerção para o pagamento, ou seja, coerção em razão da mora, o cumprimento da pena não exime o devedor do pagamento das prestações vencidas e vincendas.

Sobre o tema, eis o seguinte precedente do S.T.J.:

1. Na via estreita do habeas corpus não é viável, para fins de afastamento da prisão civil, avaliar-se a capacidade de o paciente arcar com o pagamento dos valores executados a título de pensão alimentícia, bem como a não configuração do binômio necessidade/possibilidade. O writ não comporta dilação probatória.

2. O habeas corpus não é a via adequada para se discutir a obrigação de prestar alimentos em si, mas tão somente para se analisar a legalidade do constrangimento à liberdade de ir e vir do paciente (CF, art. 5º, LXVIII).

3. Não se aplicam à prisão civil do devedor de alimentos as regras de extinção da pretensão punitiva pela prescrição, previstas na legislação penal, porquanto a prisão civil não se reveste dos atributos peculiares da sanção de caráter penal. A prisão civil é um meio de coerção do devedor inadimplente, não lhe sendo aplicáveis os prazos do Código Penal.

4. Nos termos da Súmula 309/STJ, "o débito alimentar que autoriza a prisão civil do alimentante é o que compreende as três prestações anteriores ao ajuizamento da execução e as que se vencerem no curso do processo".

5. Faz-se necessária a quitação integral das três últimas parcelas anteriores ao ajuizamento da execução, acrescidas das vincendas, para que seja afastada a aplicação do disposto no art. 733, § 1º, do CPC, o que, no entanto, não ocorreu na hipótese dos autos.

6. Recurso ordinário a que se nega provimento.

(RHC 30.024/SP, Rel. Ministro RAUL ARAÚJO, QUARTA TURMA, julgado em 06/09/2011, DJe 27/09/2011)

Sobre a expedição de decretos sucessivos de prisão contra o devedor de alimentos, eis os seguintes precedentes do S.T.J.:

– É admissível a prisão civil do devedor de alimentos quando se trata de dívida atual, correspondente às três últimas prestações anteriores ao ajuizamento da execução, acrescidas das que se vencerem no curso do processo – Súmula nº 309/STJ.

– O "nosso ordenamento jurídico não veda a possibilidade de o juiz, renovar, no mesmo processo de execução de alimentos, o decreto prisional, após analisar a conveniência e oportunidade e, principalmente, após levar em conta a finalidade coercitiva da prisão civil do alimentante." (HC 39902/MG, Rel. Ministra Nancy Andrighi, Terceira Turma, DJ 29/05/2006 p. 226), especialmente porque, somando-se as duas, não excedem ao prazo máximo estabelecido na lei (art. 733, § 1º, do CPC) – Ordem denegada.

(HC 159550/RS, Rel. Ministro LUIS FELIPE SALOMÃO, QUARTA TURMA, julgado em 17/08/2010, DJe 26/08/2010)

1. É possível a renovação do decreto de prisão do devedor de pensão alimentícia que, tendo quitado parte do débito alimentar, volta a descumprir as prestações subsequentes.

2. Ante a recalcitrância do alimentante, mostra-se possível a renovação do decreto prisional, desde que não ultrapassado o limite de três meses estabelecido no §1º do art. 733 do CPC.

3. É assente na jurisprudência desta eg. Corte que não é o habeas corpus a via adequada para se discutir questões de fato relacionadas à capacidade financeira do executado.

4. Ordem denegada.

(HC 213.646/RJ, Rel. Ministro RAUL ARAÚJO, QUARTA TURMA, julgado em 20/09/2011, DJe 03/10/2011)

Habeas corpus. Diversas execuções de alimentos. Decretada prisão do devedor. Cumulação de prazo de prisão. Impossibilidade. Renovação do decreto prisional. Cabimento.

– Em execução de alimentos proposta pelo procedimento descrito no art. 733 do CPC, o decreto prisional expedido contra o devedor abrange todas as prestações alimentícias que se vencerem, no curso do processo, até o cumprimento do prazo de prisão estabelecido no decreto.

– Propostas sucessivas execuções de alimentos, todas pelo procedimento do art. 733 do CPC, mostra-se inviável o cumprimento cumulativo dos decretos prisionais, expedidos em cada um dos processos, pois, nesta hipótese, estaria configurado bis in idem, considerando que as prestações que se vencerem no curso da primeira execução e, por-

tanto, abrangidas pelo primeiro decreto prisional serão, justamente, o objeto das execuções posteriores.

– O cumprimento cumulativo dos decretos prisionais expedidos em processos distintos frustra a finalidade da prisão que deve ser decretada, excepcionalmente, apenas como meio de coagir o devedor a adimplir o débito alimentar e não como mecanismo de punição pelo não pagamento.

– No entanto, nosso ordenamento jurídico não veda a possibilidade de o juiz, renovar, no mesmo processo de execução de alimentos, o decreto prisional, após analisar a conveniência e oportunidade e, principalmente, após levar em conta a finalidade coercitiva da prisão civil do alimentante.

(HC 39902/MG, Rel. Ministra NANCY ANDRIGHI, TERCEIRA TURMA, julgado em 18/04/2006, DJ 29/05/2006, p. 226

Paga a prestação alimentícia, conforme estabelece o *§6º do art. 528* do atual C.P.C., *o juiz suspenderá o cumprimento da ordem de prisão.*

Tal dispositivo vem confirmar a afirmação de que a *prisão* do devedor de alimentos não é uma espécie de *sanção* (pena) que deverá ser cumprida integralmente, mas, sim, uma forma de coerção para o cumprimento da obrigação.

Uma vez cumprida a obrigação de prestação de alimentos, deverá ser o devedor imediatamente posto em liberdade.

E o adimplemento deve ser total, se for parcial permanece hígido o decreto prisional, conforme o precedente abaixo do S.T.J.:

1. "O débito alimentar que autoriza a prisão civil do alimentante é que compreende as três prestações anteriores ao ajuizamento da execução e as que se vencerem no curso do processo." (Súmula 309 do STJ).

2. O adimplemento parcial do débito não é capaz de elidir a prisão civil do devedor de alimentos.

3. Inviabilidade de investigação probatória na estreita via do remédio heroico.

4. ORDEM DENEGADA.

(HC 209.137/SP, Rel. Ministro PAULO DE TARSO SANSEVERINO, TERCEIRA TURMA, julgado em 06/09/2011, DJe 13/09/2011)

Estabelece o *§7º do art. 528* do atual C.P.C. que o *débito alimentar que autoriza a prisão civil do alimentante é o que compreende até as 3 (três) prestações anteriores ao ajuizamento da execução e as que se vencerem no curso do processo.*

Tratando-se de prestação pretérita de alimentos, a doutrina já teve oportunidade de afirmar que a execução dos alimentos referente a período extenso, com valor demasiadamente alto, impossibilitaria o devedor de obter de pronto esse montante em tempo reduzido, razão pela qual seria conveniente que o cumprimento de sentença se processasse sem a coerção prisional.[1044]

Diante dessa constatação doutrinária, o S.T.J. editou a Súmula 309 estabelecendo: *"O débito alimentar que autoriza a prisão civil do alimentante é o que compreende as três prestações anteriores ao ajuizamento da execução e as que vencerem no curso do processo".*

A Segunda Seção do Superior Tribunal de Justiça alterou a redação inicial da Súmula 309. A alteração do enunciado da súmula se deu por iniciativa da ministra Nancy Andrighi, que observou ser possível dar mais efetividade ao cumprimento da prisão do devedor caso se considerasse a data do ajuizamento e não da citação.

Ainda sobre o conteúdo do débito pretérito, eis o seguinte precedente do S.T.J.:

> *Habeas corpus. Execução de alimentos. Prisão civil. Art. 733 do Código de Processo Civil. Precedentes da Corte.*
>
> *1. A jurisprudência da 2ª Seção firmou-se no sentido de que o devedor de alimentos, para se livrar da prisão civil, deve pagar as três últimas prestações vencidas à data do mandado de citação e as vincendas durante o processo. No caso concreto, a dívida relativa à matrícula e ao material escolar dos menores está sendo cobrada em ação proposta em março do respectivo ano letivo, não estando caracterizado débito pretérito.*
>
> *2. O habeas corpus, nos termos da jurisprudência da Corte, não é via adequada para o exame aprofundado de provas e a verificação das justificativas, fáticas, apresentadas em relação à inadimplência do devedor dos alimentos, da situação financeira da genitora dos menores e da necessidade destes.*
>
> *3. A propositura de ação revisional não obsta a execução de alimentos com base no art. 733 do Código de Processo Civil, admitindo-se a prisão civil do devedor.*
>
> *4. Optando os credores dos alimentos pelo rito do art. 733 do Código de Processo Civil, ao invés do previsto no art. 732 do mesmo diploma processual, a eventual indicação de bens pelo devedor não obsta a prisão civil.*
>
> *5. Habeas corpus indeferido.*
>
> (HC 22.876/SP, Rel. Ministro CARLOS ALBERTO MENEZES DIREITO, TERCEIRA TURMA, julgado em 30/08/2002, DJ 02/12/2002, p. 302)

[1044] CAHALI, Y. S., op. cit., p. 1022.

5. Opção pela execução de decisão alimentar por *sub-rogação* e não por *coerção*.

Sob a égide do C.P.C. de 1973, bem como em razão da prolixidade e da falta de simetria das normas concernentes à execução dos alimentos com prisão do devedor inadimplente, suscitava-se ampla digressão doutrinária e jurisprudencial quanto ao emprego da coerção pessoal, principalmente no sentido de que haveria necessidade de se exaurir os meios tendentes à execução por expropriação, para então se poder requerer a prisão do devedor.

A Lei 5. 478/68, adaptada ao então C.P.C. de 1973, permite que o credor de alimentos execute a sentença ou o acordo por várias maneiras, entre as quais as formas previstas nos artigos 732, 733 e 735 do C.P.C. de 1973 (art. 18 da Lei 5.478/68).

Assim, se o executado não cumpria a obrigação alimentícia, o credor de alimentos teria a alternativa: ou satisfazer-se com a penhora, ou requerer a citação do devedor com a cláusula de prisão, alegando e provando ter havido inadimplemento; do §2º do art. 733 do C.P.C. de 1973 infere-se que a exigência da pensão sob ameaça de prisão pode ser feita antes da tentativa de penhora, mesmo que o devedor possua bens suficientes, pois, de outro modo, estar-se-ia tornando a execução morosa, procrastinando ou desvirtuando o caráter de urgência, próprio da prestação alimentícia; cabendo ao credor a opção entre requerer a citação com a cominação de prisão (art. 733 de 1973), ou apenas a penhora (arts. 732 e 735 de 1973); a escolha da primeira modalidade não veda a posterior execução por quantia certa sob o rito comum das obrigações desta modalidade (§2º do art. 733 do C.P.C. de 1973), caso persista o inadimplemento.[1045]

O novo C.P.C. manteve a faculdade de o exequente optar por promover o cumprimento da sentença ou decisão desde logo, observando o disposto neste Livro, Título II, Capítulo III. Nesse sentido preceitua o *§8º do art. 528* do atual C.P.C.: *o exequente pode optar por promover o cumprimento da sentença ou decisão desde logo, nos termos do disposto neste Livro, Título II, Capítulo III, caso em que não será admissível a prisão do executado, e, recaindo a penhora em dinheiro, a concessão de efeito suspensivo à impugnação não obsta a que o exequente levante mensalmente a importância da prestação.*

Assim, poderá o credor de alimentos optar por uma ou outra forma de cumprimento de sentença.

Porém, o novo C.P.C. é claro ao estabelecer que se o credor optar pelo cumprimento de sentença com base neste Livro, Título II, Capítulo III, não poderá

[1045] CAHALI, Y. S., op. cit., p. 1016 e 1017.

mais requerer a prisão do devedor como forma de coerção para cumprimento da obrigação alimentícia.

Álvaro Villaça Azevedo, ainda sob a égide do C.P.C. de 1973, preconizava que *"devem ser exauridos todos os meios compulsivos, antes do decreto de prisão"*.[1046]

Para Amílcar de Castro, por exemplo, *"a prisão civil só será decretada se não houver possibilidade de desconto em folha de vencimentos, ou de arresto de bens ou rendimento do devedor; trata-se de remédio heróico, só aplicável em casos extremos, por violento e vexatório..."*.[1047]

Optando o credor pelo cumprimento de sentença com base neste Livro, Título II, Capítulo III e realizada a penhora dos bens, não há mais como requerer a coerção do pagamento por meio de prisão civil.

Aliás, sobre a penhora para pagamento de alimentos, assim já se manifestou o S.T.J.:

> *1. A competência para a execução de sentença condenatória de alimentos é da Justiça Estadual, sendo irrelevante para transferi-la para a Justiça Federal a intervenção da CEF.*
>
> *2. Na execução de alimentos travada entre o trabalhador e seus dependentes, a CEF é terceira interessada.*
>
> *3. A impenhorabilidade das contas vinculadas do FGTS e do PIS frente à execução de alimentos deve ser mitigada pela colisão de princípios, resolvendo-se o conflito para prestigiar os alimentos, bem de status constitucional, que autoriza, inclusive, a prisão civil do devedor.*
>
> *4. O princípio da proporcionalidade autoriza recaia a penhora sobre os créditos do FGTS e PIS.*
>
> *5. Recurso ordinário não provido.*
>
> *(RMS 26.540/SP, Rel. Ministra ELIANA CALMON, SEGUNDA TURMA, julgado em 12/08/2008, DJe 05/09/2008)*

Sempre com os olhos voltados para a efetividade e celeridade no cumprimento da obrigação alimentar, pode-se sintetizar o procedimento de atos executivos com base no novo C.P.C. da seguinte forma:

a) compete ao credor a escolha do procedimento de atos executivos por dívida alimentícia a ser adotado;

b) assim, cabe ao exequente requerer a execução com a possibilidade de prisão ou sem a possibilidade de prisão. Optando pelo cumprimento de sen-

[1046] Azevedo, Álvaro Villaça. *Prisão civil por dívida*. São Paulo: 1992. p. 144.
[1047] Castro, A. A., op. cit., p. 377.

tença sem possibilidade de prisão, não poderá fazer a inversão do procedimento. Nesse sentido são os seguintes precedentes do S.T.J., ainda sob a égide do C.P.C. de 1973:

I – Cabe ao credor a opção pela via executiva da cobrança de alimentos. Assim, pode optar pela cobrança com penhora de bens ou ajuizar desde logo a execução pelo procedimento previsto no art. 733, CPC, desde que se trate de dívida atual.

II – Optando os credores pela execução com penhora (art. 732, CPC), que não prevê a restrição da liberdade, inadmissível a decretação da prisão prevista no art. 733, CPC.

(RHC 12.622/RS, Rel. Ministro SÁLVIO DE FIGUEIREDO TEIXEIRA, QUARTA TURMA, julgado em 21/05/2002, DJ 12/08/2002, p. 210).

I – A norma contida no art. 733 do Código de Processo Civil se aplica tanto aos alimentos definitivos como aos provisionais.

II – Cabe ao credor a opção pela via executiva da cobrança de alimentos. Assim, pode optar pela cobrança com penhora de bens ou ajuizar desde logo a execução pelo procedimento previsto no art.733, CPC, desde que se trate de dívida atual.

III – A jurisprudência desta Corte está consolidada no sentido de que o paciente, para livrar-se da prisão civil, está obrigado a pagar as três últimas parcelas vencidas na data do mandado de citação e as vincendas no curso do processo.

(REsp 345.627/SP, Rel. Ministro SÁLVIO DE FIGUEIREDO TEIXEIRA, QUARTA TURMA, julgado em 02/05/2002, DJ 02/09/2002, p. 194).

Porém, há precedente que permite a conversão dos procedimentos. Nesse sentido é a seguinte decisão do S.T.J.:

– Cabe à credora a escolha do rito processual a ser seguido para a execução de alimentos. Nada obsta que primeiramente tente a penhora de bens do executado, como na espécie e, uma vez frustrada a execução pelo rito comum, valha-se a exeqüente da ameaça do decreto prisional.

– Na execução de alimentos, prevista pelo artigo 733 da lei processual civil, ilegítima se afigura a prisão civil do devedor fundada no inadimplemento de prestações pretéritas, assim consideradas as anteriores às três últimas prestações vencidas antes do ajuizamento da execução.

– Recurso parcialmente conhecido e, nessa extensão, provido.

(REsp 216.560/SP, Rel. Ministro CESAR ASFOR ROCHA, QUARTA TURMA, julgado em 28/11/2000, DJ 05/03/2001, p. 169).

Art. 529

Quando o executado for funcionário público, militar, diretor ou gerente de empresa ou empregado sujeito à legislação do trabalho, o exequente poderá requerer o desconto em folha de pagamento da importância da prestação alimentícia.

§ 1º Ao proferir a decisão, o juiz oficiará à autoridade, à empresa ou ao empregador, determinando, sob pena de crime de desobediência, o desconto a partir da primeira remuneração posterior do executado, a contar do protocolo do ofício.

§ 2º O ofício conterá o nome e o número de inscrição no Cadastro de Pessoas Físicas do exequente e do executado, a importância a ser descontada mensalmente, o tempo de sua duração e a conta na qual deva ser feito o depósito.

§ 3º Sem prejuízo do pagamento dos alimentos vincendos, o débito objeto de execução pode ser descontado dos rendimentos ou rendas do executado, de forma parcelada, nos termos do caput deste artigo, contanto que, somado à parcela devida, não ultrapasse cinquenta por cento de seus ganhos líquidos.

Desconto em folha de pagamento

Sendo o executado funcionário público, militar, diretor ou gerente de empresa, bem como empregado sujeito à legislação do trabalho, poderá o requerente solicitar ao juiz o desconto em folha de pagamento da importância alimentícia.

Tendo em vista que a finalidade é dar efetividade ao cumprimento da obrigação alimentar, nada melhor para isso do que promover-se o efetivo desconto na folha de pagamento ou nos vencimentos do devedor, principalmente se este for funcionário público, militar, diretor ou gerente de empresa, bem como empregado sujeito à legislação do trabalho.

Deve-se ter em mente que o juiz deverá, se for o caso, determinar de ofício esse desconto, evitando-se, assim, mal necessário maior como é o caso da decretação da prisão do devedor.

A grande dificuldade existe quando o devedor não recebe salário, proventos ou vencimentos, ou seja, quando é trabalhador autônomo. Neste caso, não será possível o desconto em folha, dificultando por vezes o efetivo cumprimento da obrigação alimentar, o que justifica ainda mais a coerção por meio do decreto de prisão civil.

Sobre o tema, eis os seguintes precedentes do S.T.J.:

(...).

2. Mostrando-se infrutífera a busca por bens a serem penhorados e dada a natureza de prestação alimentícia do crédito do exequente, de rigor admitir o desconto em folha de pagamento do devedor, solução que, ademais, observa a gradação do art. 655 do CPC, sem impedimento da impenhorabilidade constatada do art. 649, IV, do CPC.

3. Recurso Especial provido.

(REsp 948.492/ES, Rel. Ministro SIDNEI BENETI, TERCEIRA TURMA, julgado em 01/12/2011, DJe 12/12/2011)

1. Os alimentos decorrem da solidariedade que deve haver entre os membros da família ou parentes, visando garantir a subsistência do alimentando, observadas sua necessidade e a possibilidade do alimentante. Desse modo, a obrigação alimentar tem a finalidade de preservar a vida humana, provendo-a dos meios materiais necessários à sua digna manutenção, ressaindo nítido o evidente interesse público no seu regular adimplemento.

2. Por um lado, a Súmula 309/STJ, ao orientar que "o débito alimentar que autoriza a prisão civil do alimentante é o que compreende as três prestações anteriores ao ajuizamento da execução e as que se vencerem no curso do processo", deixa límpido que os alimentos vencidos no curso da ação de alimentos ostentam também a natureza de crédito alimentar.

3. Por outro lado, os artigos 16 da Lei 5.478/1968 e 734 do Código de Processo Civil prevêem, preferencialmente, o desconto em folha para satisfação do crédito alimentar. Destarte, não havendo ressalva quanto ao tempo em que perdura o débito para a efetivação da medida, não é razoável restringir-se o alcance dos comandos normativos para conferir proteção ao devedor de alimentos.

Precedente do STJ.

4. É possível, portanto, o desconto em folha de pagamento do devedor de alimentos, inclusive quanto a débito pretérito, contanto que o seja em montante razoável e que não impeça sua própria subsistência.

5. Recurso especial parcialmente provido.

(REsp 997.515/RJ, Rel. Ministro LUIS FELIPE SALOMÃO, QUARTA TURMA, julgado em 18/10/2011, DJe 26/10/2011)

I – A execução de sentença condenatória de prestação alimentícia, em princípio, rege-se pelo procedimento da execução por quantia certa, ressaltando-se, contudo, que, a considerar o relevo das prestações de natureza alimentar, que possuem nobres e urgentes desideratos, a lei adjetiva civil confere ao exequente a possibilidade de requerer a adoção de mecanismos que propiciam a célere satisfação do débito alimentar, seja pelo meio coercitivo da prisão civil do devedor, seja pelo desconto em folha de pagamento da importância devida;

II – Não se concebe, contudo, que a exequente da verba alimentar, maior interessada na satisfação de seu crédito e que detém efetivamente legitimidade para propor os meios executivos que entenda conveniente, seja compelida a adotar procedimento mais gravoso para com o executado, do qual não se utilizou voluntariamente, muitas vezes para não arrefecer ainda mais os laços de afetividade, já comprometidos com a necessária intervenção do Poder Judiciário, ou por qualquer outra razão que assim repute relevante.

III – Ordem concedida.

(HC 128.229/SP, Rel. Ministro MASSAMI UYEDA, TERCEIRA TURMA, julgado em 23/04/2009, DJe 06/05/2009)

A dívida de alimentos, concernente ao período anterior às três últimas parcelas que antecedem ao ajuizamento da ação de execução, deve ser cobrada segundo o rito do artigo 732 do Código de Processo Civil (Capítulo IV – Execução por Quantia Certa), restando, portanto, obstado o desconto direto na folha de pagamento do executado do débito relativo a tal período, ainda mais considerando-se que a dívida alimentar, no caso concreto, formou-se por culpa exclusiva da fonte pagadora, que recolheu a menor o valor mensal devido pelo executado à exequente.

Agravo regimental improvido.

(AgRg no REsp 822.486/RJ, Rel. Ministro SIDNEI BENETI, TERCEIRA TURMA, julgado em 18/09/2008, DJe 08/10/2008)

Havendo eficácia e a possibilidade de desconto em folha de pagamento da importância alimentícia, o juiz, antes de decretar a prisão, deverá optar por este método de pagamento, pois além de efetivo é menos oneroso ao devedor.

Sobre o tema, eis as seguintes decisões do S.T.J.:

1. Os alimentos decorrem da solidariedade que deve haver entre os membros da família ou parentes, visando garantir a subsistência do alimentando, observadas sua necessidade e a possibilidade do alimentante. Desse modo, a obrigação alimentar tem a finalidade de preservar a vida humana, provendo-a dos meios materiais necessários à sua digna manutenção, ressaindo nítido o evidente interesse público no seu regular adimplemento.

2. Por um lado, a Súmula 309/STJ, ao orientar que "o débito alimentar que autoriza a prisão civil do alimentante é o que compreende as três prestações anteriores ao ajuizamento da execução e as que se vencerem no curso do processo", deixa límpido que os alimentos vencidos no curso da ação de alimentos ostentam também a natureza de crédito alimentar.

3. Por outro lado, os artigos 16 da Lei 5.478/1968 e 734 do Código de Processo Civil preveem, preferencialmente, o desconto em folha para satisfação do crédito alimentar. Destarte, não havendo ressalva quanto ao tempo em que perdura o débito para a efetivação da medida, não é razoável restringir-se o alcance dos comandos normativos para conferir proteção ao devedor de alimentos.

Precedente do STJ.

4. É possível, portanto, o desconto em folha de pagamento do devedor de alimentos, inclusive quanto a débito pretérito, contanto que o seja em montante razoável e que não impeça sua própria subsistência.

5. Recurso especial parcialmente provido.

(REsp 997.515/RJ, Rel. Ministro LUIS FELIPE SALOMÃO, QUARTA TURMA, julgado em 18/10/2011, DJe 26/10/2011)

I – O reconhecimento posterior da incompetência do Juízo não tem, por si só, o condão de tornar nulos os atos processuais presididos pelo Juízo relativamente incompetente. Ao contrário, a fixação da obrigação alimentar (no caso, os alimentos provisórios) por Juízo relativamente incompetente constitui título executivo judicial hábil a lastrear a correspondente execução de alimentos, remanescendo válidos os correlatos atos coercitivos praticados, quando ratificados pelo Juízo competente;

II – Em razão de a definição do foro do alimentando, como o competente para as ações em que se pleiteia alimentos, cuidar de critério de competência relativa (comportando, inclusive, renúncia daquele que detém tal prerrogativa, ut HC 71.986/MG, deste Relator), remanescem válidos a decisão que fixou a obrigação alimentar, bem como os atos até então praticados sob a presidência de Juízo incompetente, a serem ratificados pelo Juízo competente.

III – Insubsistente a alegação consistente na necessidade de se observar, na espécie, a coerção executiva por meio dos descontos em folha de pagamento, ao invés da prisão civil do executado. No ponto, é de se constatar que tal argumentação, pelos elementos constantes dos autos, em momento algum foi ventilada, revelando-se, no mínimo, descabida sua menção, somente nesta via processual. Ad argumentandum, ainda que se admitisse tal alegação, esta não teria o condão de infirmar o decreto prisional, já que o simples desconto mensal em folha de pagamento, desde que devidamente reconhecido pelas instâncias ordinárias como sendo apto a satisfazer as prestações do débito alimentar (situação não ocorrente na hipótese dos autos), referir-se-ia às parcelas vincendas, de forma a remanescer inadimplidas as vencidas;

IV – Ordem denegada.

(HC 212.996/SP, Rel. Ministro MASSAMI UYEDA, TERCEIRA TURMA, julgado em 01/12/2011, DJe 13/12/2011)

Ao proferir a decisão, o juiz oficiará à autoridade, à empresa ou ao empregador, determinado, sob pena de crime de desobediência, o desconto a partir da primeira remuneração posterior do executado, a contar do protocolo do ofício (*§1º do art. 529* do atual C.P.C.).

Este dispositivo demonstra que o empregador ou a autoridade pública não pode deixar de cumprir a ordem determinada pelo juízo da execução, no sentido de não proceder ao desconto do salário, remuneração, subsídios ou proventos dos alimentos devidos.

O terceiro, no caso, não está sujeito à prisão civil pelo não cumprimento da obrigação ou por não efetuar o desconto em folha. Contudo, poderá sofrer as sanções penais decorrentes do crime de desobediência, se o desconto não ocorrer a partir da primeira remuneração posterior do executado, a contar do protocolo do ofício.

O terceiro ainda estará sujeito à incidência da multa prevista no 77, inc IV, §§1º e 2º do atual C.P.C., *in verbis*:

> *Art. 77. Além de outros previstos neste Código, são deveres das partes, de seus procuradores e de todos aqueles que de qualquer forma participem do processo:*
>
> *(...).*
>
> *IV – cumprir com exatidão as decisões jurisdicionais, de natureza provisória ou final, e não criar embaraços à sua efetivação;*
>
> *(...).*
>
> *§ 1º Nas hipóteses dos incisos IV e VI, o juiz advertirá qualquer das pessoas mencionadas no caput de que sua conduta poderá ser punida como ato atentatório à dignidade da justiça.*
>
> *§ 2º A violação ao disposto nos incisos IV e VI constitui ato atentatório à dignidade da justiça, devendo o juiz, sem prejuízo das sanções criminais, civis e processuais cabíveis, aplicar ao responsável multa de até vinte por cento do valor da causa, de acordo com a gravidade da conduta.*

O ofício conterá o nome e o número de inscrição no Cadastro de Pessoas Físicas do exequente e do executado, a importância a ser descontada mensalmente, o tempo de sua duração e a conta na qual deva ser feito o depósito (*§2º do art. 529* do atual C.P.C.).

Sem prejuízo do pagamento dos alimentos vincendos, o débito objeto de execução pode ser descontado dos rendimentos ou rendas do executado, de forma parcelada, nos termos do *caput* deste artigo, contanto que, somado à parcela devida, não ultrapasse cinquenta por cento de seus ganhos líquidos (*§3º do art. 529* do atual C.P.C.).

Art. 530

Não cumprida a obrigação, observar-se-á o disposto nos arts. 831 e seguintes.

Consequências pelo não cumprimento da obrigação alimentar

Se o executado não cumprir a obrigação alimentar imposta no título executivo judicial, tenha sido feita a opção pelo exequente pela prisão ou não, prosseguir-se-á o cumprimento de sentença ou decisão interlocutória com base nos arts. 831 e seguintes ou seja: a) penhora de bens, depósito e avaliação; b) expropriação de bens; c) pagamento do crédito.

Art. 531

O disposto neste Capítulo aplica-se aos alimentos definitivos ou provisórios.

§ 1º A execução dos alimentos provisórios, bem como a dos alimentos fixados em sentença ainda não transitada em julgado, se processa em autos apartados.

§ 2º O cumprimento definitivo da obrigação de prestar alimentos será processado nos mesmos autos em que tenha sido proferida a sentença.

Procedimento aplicado aos alimentos definitivos e provisórios

O art. 545 do projeto originário n. 2.046/10 determinava a aplicação deste Capítulo aos *alimentos legítimos* definitivos ou provisório.

Entende-se por *alimentos legítimos* aqueles que decorrem de uma obrigação legal, seja em razão de natureza parental, familiar ou matrimonial (união estável).

Porém, o novo C.P.C., em seu art. 531, não restringe mais a aplicação deste Capítulo apenas aos *alimentos legítimos.*

Questão que se coloca é se o disposto neste capítulo também se aplica aos alimentos decorrentes de ato ilícito.

Sustenta Yussef Said Cahali que exatamente por ser a prisão civil por dívida de caráter alimentar meio coercitivo, é cabível apenas no caso dos alimentos previstos nos arts. 1.566, III e 1.694 do Código Civil brasileiro, a saber:

> *"Art. 1.566. São deveres de ambos os cônjuges:*
> *(...).*
> *III – mútua assistência.*

> *Art. 1.694. Podem os parentes, os cônjuges ou companheiros pedir uns aos outros os alimentos de que necessitem para viver de modo compatível com a sua condição social, inclusive para atender às necessidades de sua educação".*

Sendo assim, seria incabível a prisão civil por falta de pagamento de prestação alimentícia decorrente de demanda de responsabilidade civil *ex delicto.*[1048] Esse entendimento, contudo, não é pacífico.

Luiz Guilherme Marinoni, por exemplo, entende que não se deve limitar o uso da prisão civil apenas para os alimentos legítimos, embora seja essa a orientação prevalecente em nossos tribunais. Para o autor, a necessidade dos alimentos é mesma, tanto para aquele que deve receber os alimentos por uma relação parental ou conjugal, quanto para aquele que tem seu direito em decorrência de ato ilícito. Deve-se ressaltar que a incapacidade do alimentado em decorrência de ato ilícito é, por vezes, muita mais drástica para a sua própria sobrevivência do que aquele que depende de alimentos em razão de relação parental ou conjugal. Sendo assim, não seria justo que somente o credor de alimentos legítimos pudesse utilizar-se de um meio executório tão importante e eficaz como é a prisão civil.[1049]

Assim, se houver uma interpretação meramente gramatical, entender-se-á que este Capítulo, inclusive a incidência da coerção prisional, somente terá aplicação nas execuções que tenham por objeto alimentos legítimos, não incidindo em relação aos alimentos decorrentes de ato ilícito.

Porém, se se preferir uma interpretação teleológica, voltada para a finalidade da coerção prisional no campo do pagamento de prestação alimentícia, a prisão também poderá ser decretada em face de alimentos provenientes de ato ilícito.

O S.T.J., sobre essa questão, já havia assim se manifestado:

> *1. Segundo a pacífica jurisprudência do Superior Tribunal de Justiça, é ilegal a prisão civil decretada por descumprimento de obrigação alimentar em caso de pensão devida em razão de ato ilícito.*
>
> *2. Ordem concedida.*
>
> (HC 182.228/SP, Rel. Ministro JOÃO OTÁVIO DE NORONHA, QUARTA TURMA, julgado em 01/03/2011, DJe 11/03/2011)

[1048] Cahali, Y. S., op. cit., 1005 e 1006.

[1049] Marinoni, Luiz Guilherme; Arenhart, Sérgio Cruz. *Curso de Processo Civil – Execução.* Volume 3. São Paulo, Editora Revista dos Tribunais, 2007. p. 375.

Quem deixa de pagar débito alimentar decorrente de ato ilícito não está sujeito à prisão civil. Ordem concedida.

(HC 92.100/DF, Rel. Ministro ARI PARGENDLER, TERCEIRA TURMA, julgado em 13/11/2007, DJ 01/02/2008, p. 1)

Sob a égide do C.P.C. de 1973, em razão de certa ambiguidade existente entre o art. 733 e o art. 735, havia divergência doutrinária e jurisprudencial quanto à possibilidade de se decretar a prisão em relação aos alimentos provisionais (ou provisórios).

Pontes de Miranda, por exemplo, sustentava que o art. 733 do C.P.C. de 1973 somente se aplicava aos alimentos provisionais, enquanto que os arts. 732 e 734 do C.P.C. de 1973 aplicavam-se à prestação de alimentos em geral.[1050]

Athos Gusmão Carneiro cita alguns precedentes nos quais se indica que o art. 735 do C.P.C. de 1973 só se referiria aos alimentos provisionais, sendo que os outros eram regulados pelos arts. 646-731.[1051]

Já para Amílcar de Castro, apenas os alimentos definitivos autorizavam a prisão do devedor.[1052]

Contudo, conforme ensina Yussef Said Cahali, *"paulatinamente, porém, a doutrina foi se definindo no sentido de que, embora o art. 733 do CPC só tivesse cogitado de 'execução de sentença ou de decisão, que fixa os alimentos provisionais', isto é, de provimento final (sentença), liminar ou incidente (decisão) em processo cautelar (art. 852 et seq), deve-se ter em conta que o art. 19, 'caput', da Lei 5.478/68, neste ponto não derrogado pelo CPC, nem alterado pela Lei 6.014, de 27.12.1973 (Lei de Adaptação, art. 4º), autoriza o decreto de prisão administrativa em termos genéricos, 'para cumprimento do julgado ou do acordo', que eventualmente tenha sido objeto do processo (principal) da ação de alimentos, abrangendo também a sentença ou o acordo de alimentos na separação judicial (e agora também do divórcio)".*[1053]

O atual C.P.C., em seu art. 531, acabou com essa polêmica, pois expressamente determina que o Capítulo do cumprimento de sentença, em que há a prisão civil do devedor inadimplente de obrigação alimentícia, aplica-se tanto aos alimentos definitivos quando aos alimentos provisórios, independentemente de sua origem.

Evidentemente, o termo *alimentos provisórios* deve ser compreendido como alimentos provisórios da Lei de Alimentos como em relação aos alimentos pro-

[1050] Pontes de Miranda. *Comentários ao código de processo civil. X, p. 487.*

[1051] Carneiro, Athos Gusmão. *Ação de alimentos e prisão civil* – R.T. 516/41 e AJURIS 13/61.

[1052] Castro, A. A., op. cit., p. 381.

[1053] Cahali, Y. S., op. cit., p. 1013.

visórios fixados em razão de tutela de urgência satisfativa antecipatória, os quais não deixam de ser *provisórios*. Assim, o termo provisório é contraposto ao termo definitivo.

A execução dos alimentos provisórios, bem como a dos alimentos fixados em sentença ainda não transitada em julgado, se processa em autos apartados (*§1º do art. 531* do atual C.P.C.).

O cumprimento definitivo da obrigação de prestar alimentos será processado nos mesmos autos em que tenha sido proferida a sentença (*§2º do art. 531* do atual C.P.C.).

Art. 532

Verificada a conduta procrastinatória do executado, o juiz deverá, se for o caso, dar ciência ao Ministério Público dos indícios da prática do delito de abandono material.

Delito de abandono material

O novo C.P.C., além de resguardar a esfera cível para a prestação de tutela jurisdicional que vise à percepção do crédito alimentar, também demonstra sua preocupação com eventual prática de infração penal por parte daquele que deve prestar alimentos.

Assim, se o juiz verificar certa postura procrastinatória do executado deverá de imediato dar ciência ao Ministério Público dos eventuais indícios de prática do delito de abandono material.

O crime contra a assistência da família está previsto no art. 244 do Código Penal brasileiro, que assim dispõe:

Art. 244. Deixar, sem justa causa, de prover a subsistência do cônjuge, ou de filho menor de 18 (dezoito) anos ou inapto para o trabalho, ou de ascendente inválido ou maior de 60 (sessenta) anos, não lhes proporcionando os recursos necessários ou faltando ao pagamento de pensão alimentícia judicialmente acordada, fixada ou majorada; deixar, sem justa causa, de socorrer descendente ou ascendente, gravemente enfermo: (Redação dada pela Lei nº 10.741, de 2003)

Pena – detenção, de 1 (um) a 4 (quatro) anos e multa, de uma a dez vezes o maior salário mínimo vigente no País. (Redação dada pela Lei nº 5.478, de 1968)

Parágrafo único – Nas mesmas penas incide quem, sendo solvente, frustra ou ilide, de qualquer modo, inclusive por abandono injustificado de emprego ou função, o pagamento de pensão alimentícia judicialmente acordada, fixada ou majorada. (Incluído pela Lei nº 5.478, de 1968).

Portanto, verificando o juiz que o executado está dilapidando seu patrimônio, escondendo-se para não receber citação na demanda de alimentos, abandonando injustificadamente o emprego ou função, deverá encaminhar peças dos autos ao Ministério Público para a apuração do crime previsto no art. 244 do C.P.b.

Art. 533

Quando a indenização por ato ilícito incluir prestação de alimentos, caberá ao executado, a requerimento do exequente, constituir capital cuja renda assegure o pagamento do valor mensal da pensão.

§ 1º O capital a que se refere o caput, representado por imóveis ou por direitos reais sobre imóveis suscetíveis de alienação, títulos da dívida pública ou aplicações financeiras em banco oficial, será inalienável e impenhorável enquanto durar a obrigação do executado, além de constituir-se em patrimônio de afetação.

§ 2º O juiz poderá substituir a constituição do capital pela inclusão do exequente em folha de pagamento de pessoa jurídica de notória capacidade econômica ou, a requerimento do executado, por fiança bancária ou garantia real, em valor a ser arbitrado de imediato pelo juiz.

§ 3º Se sobrevier modificação nas condições econômicas, poderá a parte requerer, conforme as circunstâncias, redução ou aumento da prestação.

§ 4º A prestação alimentícia poderá ser fixada tomando por base o salário mínimo.

§ 5º Finda a obrigação de prestar alimentos, o juiz mandará liberar o capital, cessar o desconto em folha ou cancelar as garantias prestadas.

Prestação de alimentos decorrente de ato ilícito

Por fim, preconiza o *art. 533* do atual C.P.C. que *quando a indenização por ato ilícito incluir prestação de alimentos, caberá ao executado, a requerimento do exequente, constituir capital cuja renda assegure o pagamento do valor mensal da pensão.*

Para aqueles que desejam interpretar o art. 531 do atual C.P.C. restritivamente, ou seja, sustentando que a prisão civil prevista neste Capítulo somente se aplica à execução que tenha por objeto os alimentos legítimos, tem em seu respaldo o disposto no art. 533 do atual C.P.C., ou seja, fomentando a conclusão de que na hipótese de alimentos decorrentes de ato ilícito, a execução deverá ser realizada, exclusivamente, pelo disposto no art. 533 do atual C.P.C.

Tendo em vista que os alimentos provenientes de ato ilícito normalmente são pagos por diversos anos de vida da vítima ou dos seus sucessores, o certo é que o devedor constitua um capital, seja em bens móveis ou imóveis, que forneça rendas ou mesmo em dinheiro devidamente aplicado. Se se trata de pessoa que não possua condições de constituir o capital, também poderá ser descontado em folha o pagamento da pensão alimentícia decorrente de ato ilícito.

O capital a que se refere o *caput*, representado por imóveis ou por direitos reais sobre imóveis suscetíveis de alienação, títulos da dívida pública ou aplicações financeiras em banco oficial, será inalienável e impenhorável enquanto perdurar a obrigação do executado, além de constituir-se em patrimônio de afetação (*§1º do art. 533* do C.P.C).

Tendo em vista que o capital representado por imóveis ou direitos reais, títulos de dívida pública ou aplicações financeiras em bancos oficiais não sai da esfera da propriedade do devedor dos alimentos, a lei considerou esse capital inalienável, ou seja, intransferível pelo devedor dos alimentos a terceiros e também impenhorável, ou seja, esse capital não responde por dívidas do devedor dos alimentos. Constitui-se, portanto, em patrimônio de afetação à determinada obrigação definida no título executivo judicial.

Segundo prescreve o *§2º do art. 533* do atual C.P.C., *o juiz poderá substituir a constituição do capital pela inclusão do exequente em folha de pagamento de pessoa jurídica de notória capacidade econômica ou, a requerimento do executado, por fiança bancária ou garantia real, em valor a ser arbitrado de imediato pelo juiz.*

Por sua vez, *se sobrevier modificação nas condições econômicas, poderá a parte requerer, conforme as circunstâncias, redução ou aumento da prestação* (*§3º do art. 533* do atual C.P.C.).

Preceitua o *§ 4º do art. 533* do atual C.P.C. que *a prestação alimentícia poderá ser fixada tomando por base o salário- mínimo.*

É certo que a Constituição Federal, em seu artigo 7º, parágrafo 5º estabelece:

"Art. 7º. São direitos dos trabalhadores urbanos e rurais, além de outros que visem à melhoria de sua condição social:

(...).

IV – salário mínimo, fixado em lei, nacionalmente unificado, capaz de atender a suas necessidades vitais básicas e às de sua família com moradia, alimentação, educação, saúde, lazer, vestuário, higiene, transporte e previdência social, com reajustes periódicos que lhe preservem o poder aquisitivo, sendo vedada sua vinculação para qualquer fim".

Contudo, o Supremo Tribunal Federal não visualizou inconstitucionalidade nessa vinculação, conforme precedente abaixo:

EMENTA: PENSÃO ESPECIAL. FIXAÇÃO COM BASE NO SALÁRIO-MÍNIMO. C.F., ART. 7., IV. A vedação da vinculação do salário-mínimo, constante do inc. IV do art. 7. da Carta Federal, visa a impedir a utilização do referido parâmetro como fator de indexação para obrigações sem conteúdo salarial ou alimentar. Entretanto, não pode abranger as hipóteses em que o objeto da prestação expressa em salários-mínimos tem a finalidade de atender as mesmas garantias que a parte inicial do inciso concede ao trabalhador e a sua família, presumivelmente capazes de suprir as necessidades vitais básicas. Recurso extraordinário não conhecido. (RE 170203, Relator(a): Min. ILMAR GALVÃO, Primeira Turma, julgado em 30/11/1993, DJ 15-04-1994 PP-08076 EMENT VOL-01740-08 PP-01535 RTJ VOL-00151-02 PP-00652)

No mesmo sentido:

1. As pessoas jurídicas de direito privado prestadoras de serviço público respondem de forma objetiva (artigo 37, § 6º, da Constituição Federal) por danos causados a terceiros usuários e não usuários do serviço (RE n. 591.874, Relator o Ministro Ricardo Lewandowski, Plenário, DJe de 18.12.09). 2. A utilização do salário mínimo como base para calcular o valor inicial da pensão mensal decorrente de reparação por ato ilícito, não ofende a Constituição Federal, em vista de seu caráter alimentar. (Precedentes: RE n. 140.940, Relator o Ministro Ilmar Galvão, 1ª Turma, DJ de 15.09.95; RE n. 389.989-AgR, Relator o Ministro Sepúlveda Pertence, 1ª Turma, DJ de 05.11.04; RE n. 535.387-AgR, Relator o Ministro Gilmar Mendes, 2ª Turma, DJe de 24.02.11; AI n. 831.327-AgR, Relatora a Ministra Cármen Lúcia, 1ª Turma, DJe de 24.03.11; AI n. 761.226-AgR, Relator o Ministro Dias Toffoli, 1ª Turma, DJe de 07.06.11; RE n. 603.496-AgR, Relator o Ministro Ayres Britto, 2ª Turma, DJe de 27.06.11, entre outros) 3. Os princípios da legalidade, o do devido processo legal, o da ampla defesa e do contraditório, bem como a verificação dos limites da coisa julgada e da motivação das decisões judiciais quando a verificação da violação dos mesmos depende de reexame prévio de normas infraconstitucionais, revelam ofensa indireta ou reflexa à Constituição Federal, o que, por si só, não desafia a instância extraordinária. (Precedentes: AI n. 804.854, 1ª Turma, Relatora a Ministra Cármen Lúcia, DJe de 18.08.10 e AI n. 756.336-AgR, 2ª Turma, Relatora a Ministra Ellen Gracie, DJe de 25.10.10). 4. In casu, o acórdão originariamente recorrido assentou: "RESPONSABILIDADE CIVIL. PENSÃO POR ATO ILÍCITO. VINCULAÇÃO AO SALÁRIO MÍNIMO. DANO MORAL. VALOR. 1 – Pessoa jurídica de direito pri-

vado prestadora de serviço público responde objetivamente pelos danos que seus agentes, nessa qualidade, causarem a terceiros (CF, art. 37, § 6º). 2 – Provada a incapacidade para exercício de atividade laborativa da vítima de acidente de trânsito, devida pensão vitalícia, no valor do salário que ela percebia à época do acidente (CC, art. 950). 3 – Porque têm natureza diversa, benefício previdenciário recebido pelo segurado não se compensa com pensão civil por ato ilícito. 4 – A vedação do art. 7º, IV, da CF, não abrange o cálculo e atualização de pensão por ato ilícito. E a estipulação dos alimentos em salários mínimos, atualmente prevista no art. 475-Q, § 4º, do CPC (redação da L. 11.232/05), resguarda o caráter alimentar da condenação e se presta a simplificação de futuras atualizações. 5 – No caso de lesão, o ofensor indenizará o ofendido das despesas do tratamento até o fim da convalescença (CC, art. 949), sendo possível a condenação por despesas vencidas e vincendas. 6 – Valor de indenização, a título de danos morais, que se mostra razoável, devido a gravidade do gato e a extensão das lesões – morte de uma pessoa e sequelas irreversíveis em outra – deve ser mantido." 5. Agravo regimental a que se nega provimento.

(RE 662582 AgR, Relator(a): Min. LUIZ FUX, Primeira Turma, julgado em 27/03/2012, ACÓRDÃO ELETRÔNICO DJe-082 DIVULG 26-04-2012 PUBLIC 27-04-2012)

Preceitua o *§5º do art. 533* do atual C.P.C. que *finda a obrigação de prestar alimentos, o juiz mandará liberar o capital, cessar o desconto em folha ou cancelar as garantias prestadas.*

Este dispositivo vem reforçar a ideia de que constituição de capital não faz com que os bens sejam transferidos ao credor dos alimentos, mas permanece na esfera de propriedade do devedor, apesar de ser inalienável e impenhorável.

Por isso, finda a obrigação de prestar alimentos, o juiz mandará liberar o capital, cessar o desconto em folha ou cancelar as garantias prestadas.

CAPÍTULO V – Do Cumprimento de Sentença que Reconheça a Exigibilidade de Obrigação de Pagar Quantia Certa pela Fazenda Pública

Art. 534

No cumprimento de sentença que impuser à Fazenda Pública o dever de pagar quantia certa, o exequente apresentará demonstrativo discriminado e atualizado do crédito contendo:

I – o nome completo e o número de inscrição no Cadastro de Pessoas Físicas ou no Cadastro Nacional da Pessoa Jurídica do exequente;

II – o índice de correção monetária adotado;

III – os juros aplicados e as respectivas taxas;

IV – o termo inicial e o termo final dos juros e da correção monetária utilizados;

V – a periodicidade da capitalização dos juros, se for o caso;

VI – especificação dos eventuais descontos obrigatórios realizados.

§ 1º Havendo pluralidade de exequentes, cada um deverá apresentar o seu próprio demonstrativo, aplicando-se à hipótese, se for o caso, o disposto nos §§ 1º e 2º do art. 113.

§ 2º A multa prevista no § 1º do art. 523 não se aplica à Fazenda Pública.

Sumário:

1. O significado de Fazenda Pública

2. Demonstrativo atualizado do crédito

3. Pluralidade de exequentes

4. Multa pelo descumprimento da obrigação

1. O significado de Fazenda Pública

O Capítulo V trata do cumprimento de sentença que reconheça a obrigação de pagar quantia certa pela Fazenda Pública.

Portanto, este capítulo está restrito às sentenças condenatórias de obrigação de pagar quantia certa pela Fazenda Pública.

A expressão *Fazenda Pública* é usada para indicar, de modo genérico, tanto a Fazenda Nacional como a Estadual e a Municipal, bem como seus respectivos interesses financeiros e patrimoniais.[1054]

A *Fazenda Pública* tem origem na antiga doutrina do fisco, onde o Estado era definido pelo regime de polícia e não era possível este ser submetido à justiça nem mesmo para cobrar seus créditos. Daí aparece um órgão do Estado, mas não o próprio Estado especificamente. Aparece outra pessoa moral ao lado do próprio Estado, ou, conforme afirma Castro Nunes, surge *"como criação espontânea e que se desenvolveu, a ficção de se considerar existente, ao lado do Estado, uma outra pessoa moral, submetida ao Príncipe, que, por intermédio dela, agiria ativa e passivamente, isso consistindo a famosa doutrina do Fisco"*.[1055]

[1054] SOUZA, Ernani Vieira, *Enciclopédia Saraiva de Direito*. São Paulo: Saraiva, 1977, v. 36, p. 393.

[1055] NUNES, Castro. *Da fazenda pública em juízo*. Rio de Janeiro: Freitas Bastos, 1950. p. 284.

No âmbito da definição de *Fazenda Pública,* pode-se abranger, a União Federal, os Estados, os Municípios, o Distrito Federal, os Territórios (se houver), suas respectivas autarquias e as fundações instituídas e mantidas pelo Poder Público. Não estão incluídas nessa definição as empresas públicas e as sociedades de economia mista, muito menos os chamados Conselhos de Fiscalização Profissionais.

Não se pode esquecer que o S.T.F., no que concerne à OAB, entende que não se trata de autarquia:

> *1. A Lei n. 8.906, artigo 79, § 1º, possibilitou aos "servidores" da OAB, cujo regime outrora era estatutário, a opção pelo regime celetista. Compensação pela escolha: indenização a ser paga à época da aposentadoria. 2. Não procede a alegação de que a OAB sujeita-se aos ditames impostos à Administração Pública Direta e Indireta. 3. A OAB não é uma entidade da Administração Indireta da União. A Ordem é um serviço público independente, categoria ímpar no elenco das personalidades jurídicas existentes no direito brasileiro. 4. A OAB não está incluída na categoria na qual se inserem essas que se tem referido como "autarquias especiais" para pretender-se afirmar equivocada independência das hoje chamadas "agências". 5. Por não consubstanciar uma entidade da Administração Indireta, a OAB não está sujeita a controle da Administração, nem a qualquer das suas partes está vinculada. Essa não-vinculação é formal e materialmente necessária. 6. A OAB ocupa-se de atividades atinentes aos advogados, que exercem função constitucionalmente privilegiada, na medida em que são indispensáveis à administração da Justiça [artigo 133 da CB/88]. É entidade cuja finalidade é afeita a atribuições, interesses e seleção de advogados. Não há ordem de relação ou dependência entre a OAB e qualquer órgão público. 7. A Ordem dos Advogados do Brasil, cujas características são autonomia e independência, não pode ser tida como congênere dos demais órgãos de fiscalização profissional. A OAB não está voltada exclusivamente a finalidades corporativas. Possui finalidade institucional. 8. Embora decorra de determinação legal, o regime estatutário imposto aos empregados da OAB não é compatível com a entidade, que é autônoma e independente. 9. Improcede o pedido do requerente no sentido de que se dê interpretação conforme o artigo 37, inciso II, da Constituição do Brasil ao caput do artigo 79 da Lei n. 8.906, que determina a aplicação do regime trabalhista aos servidores da OAB. 10. Incabível a exigência de concurso público para admissão dos contratados sob o regime trabalhista pela OAB. 11. Princípio da moralidade. Ética da legalidade e moralidade. Confinamento do princípio da moralidade ao âmbito da ética da legalidade, que não pode ser ultrapassada, sob pena de dissolução do próprio sistema. Desvio de poder ou de finalidade. 12. Julgo improcedente o pedido. (ADI 3026, Relator(a): Min. EROS GRAU, Tribunal Pleno, julgado em 08/06/2006, DJ 29-09-2006 PP-00031 EMENT VOL-02249-03 PP-00478 RTJ VOL-00201-01 PP-00093)*

É importante salientar que não entram no regime de precatório as sociedades de economia mista e as empresas públicas. Nesse sentido é o seguinte precedente do S.T.J.:

Os privilégios da Fazenda Pública são inextensíveis às sociedades de economia mista que executam atividades em regime de concorrência ou que tenham como objetivo distribuir lucros aos seus acionistas. Portanto, a empresa Centrais Elétricas do Norte do Brasil S.A. – Eletronorte não pode se beneficiar do sistema de pagamento por precatório de dívidas decorrentes de decisões judiciais (art. 100 da Constituição). Recurso extraordinário ao qual se nega provimento. (RE 599628, Relator(a): Min. AYRES BRITTO, Relator(a) p/ Acórdão: Min. JOAQUIM BARBOSA, Tribunal Pleno, julgado em 25/05/2011, REPERCUSSÃO GERAL – MÉRITO DJe-199 DIVULG 14-1C 2011 PUBLIC 17-10-2011 EMENT VOL-02608-01 PP-00156)

A execução contra a Fazenda Pública pode ter fundamento em título judicial ou extrajudicial (Súmula 279 do S.T.J.: *É cabível execução por título extrajudicial contra a Fazenda Pública*).

2. Demonstrativo atualizado do crédito

O primeiro requisito para se promover o procedimento de cumprimento de sentença condenatória de quantia certa contra a Fazenda Pública é o seu *trânsito em julgado*.

Contudo, há situações em que a obrigação imposta à Fazenda Pública não decorre de uma sentença, mas, sim, de uma decisão com força de definitiva, ou seja, quando se verifica o *julgamento antecipado parcial de mérito*, nos termos do art. 356, inc. I e II, do atual C.P.C., que assim dispõe:

Art. 356. O juiz decidirá parcialmente o mérito quando um ou mais dos pedidos formulados ou parcela deles:
I – mostrar-se incontroverso;
II – estiver em condições de imediato julgamento, nos termos do art. 355.

Muito embora a decisão proferida com base no art. 356, inc. I e II, do atual C.P.C., não possa ser considerada uma *sentença* na concepção do termo, pode, sem dúvida, ser considerada a definição de um dos *capítulos da sentença*, decidido antecipadamente.

Aliás, o Superior Tribunal de Justiça já vinha se manifestando favorável à expedição de precatório ou de requisição de pequeno valor em caso de valores incontroversos. Nesse sentido é o seguinte precedente:

1. No atinente à aplicação do art. 739, § 2º, do CPC, e com fulcro neste dispositivo, o Superior Tribunal de Justiça pacificou entendimento de que a execução da parte incontroversa constitui execução definitiva, sendo possível a expedição de precatório do valor a ela pertinente, prosseguindo-se a execução da parte não embargada, se esta houver. Não há, pois, ofensa à sistemática constitucional do precatório prevista no art. 100, § 4º, da Constituição Federal de 1988, bem como ao art. 730 do Código de Processo Civil. A execução contra a Fazenda Pública é juridicamente possível quando se pretende a expedição de precatório, relativo à parte incontroversa do débito. Precedentes: (EREsp 658.542/SC, DJ 26.02.2007; REsp 522.252/RS, DJ 26.02.2007; AgRg nos EREsp 716.381/P, DJ 05.02.2007).

2. A Corte Especial decidiu nos Embargos de Divergência, em Recurso Especial, nº 721791/RS, de relatoria do Ministro Ari Pargendler, que restou vencido, tendo o Ministro José Delgado sido designado para lavrar o acórdão, no sentido de ser possível a expedição de precatório da parte incontroversa em sede de execução contra a Fazenda Pública.

3. Recurso especial provido.

(REsp 1114934/RS, Rel. Ministro MAURO CAMPBELL MARQUES, SEGUNDA TURMA, julgado em 17/03/2011, DJe 29/03/2011).

A exigência do trânsito em julgado da sentença para efeitos de cumprimento de sentença contra a Fazenda Pública, significa dizer que não cabe cumprimento provisório de sentença ou de decisão contra a Fazenda Pública. Aliás, nesse sentido já se manifestou o S.T.J.:

"EC 30/00, ao inserir no §1º do art. 100 da CF/88 a obrigação de só ser inserido no orçamento o pagamento de débitos oriundos de sentenças transitadas em julgado, extinguiu a possibilidade de execução provisória. Releitura dos arts. 730 e 731 do CPC, para não se admitir, contra a Fazenda Pública, execução provisória. Recurso Especial conhecido e provido"

(Resp 447406 – SP, 2ª Turma do STJ, Rel. Min. Eliana Calmon, j. 20.2.2003, DJ 12.5.2003).

1. De acordo com o art. 730 do CPC, e ante a alteração promovida no art. 100, § 1º, da CF pela EC 30/2000, é inviável a Execução Provisória contra a Fazenda Pública. Tal dispositivo determina que devem ser incluídos nos orçamentos anuais apenas os precatórios referentes a sentenças condenatórias transitadas em julgado.

Precedentes do STF e do STJ.

2. Hipótese em que a Apelação interposta pelo INCRA contra a sentença que julgou os Embargos à Execução foi recebida no efeito devolutivo e suspensivo. Portanto, inexistem valores incontroversos que possam ser objeto de Execução Provisória.

3. Agravo Regimental provido.

(AgRg no Ag 1057363/PR, Rel. Ministro HERMAN BENJAMIN, SEGUNDA TURMA, julgado em 19/03/2009, DJe 23/04/2009)

Também nesse sentido é o seguinte precedente do S.T.J., salvo em relação ao valor incontroverso:

1. A execução contra a Fazenda Pública é juridicamente possível quando se pretende a expedição de precatório, relativo à parte incontroversa do débito. Precedentes: (EREsp 658.542/SC, DJ 26.02.2007; REsp 522.252/RS, DJ 26.02.2007; AgRg nos EREsp 716.381/P, DJ 05.02.2007).

(...).

4. A Corte Especial decidiu nos Embargos de Divergência, em Recurso Especial, nº 721791/RS, de relatoria do Ministro Ari Pargendler, que restou vencido, tendo o Ministro José Delgado sido designado para lavrar o acórdão, no sentido de ser possível a expedição de precatório da parte incontroversa em sede de execução contra a Fazenda Pública.

5. Naquela oportunidade, manifestei o seguinte posicionamento, precursor da divergência acolhida pela Corte: "Como se trata de parcela incontroversa, efetivamente, dela sequer cabe recurso. Se não cabe recurso é porque a decisão transitou em julgado; não há controvérsia sobre isso.

Por um lado, confesso que tenho severas dificuldades de admitir que uma decisão de mérito não transita em julgado enquanto não acabar o processo que tratará de outra questão completamente diferente.

Por outro lado, também sempre foi cediço no Tribunal o fato de que a sentença sujeita à apelação dos embargos não retira a definitividade da execução tal como ela era na sua origem. Se ela era definitiva, continua definitiva; se era provisória, continua provisória.

Por fim, em uma conversa lateral com a Ministra Nancy Andrighi, verifiquei que, na prática, bem pode ocorrer que, muito embora a parcela seja incontroversa, haja oferecimento de embargos protelatórios, completamente infundados, exatamente com o afã de impedir a expedição de precatório complementar. Observe V. Exa. que é a causa de uma luta já antiquíssima de um funcionário público para receber uma parcela que o próprio Superior Tribunal de Justiça entendeu devida e incontroversa. O fato de o resíduo ser eventualmente controvertido não pode infirmar a satisfação imediata do direito da parte, mas, em virtude do princípio da efetividade do processo, peço vênia para abrir a divergência.

Conheço dos embargos de divergência, mas os rejeito." a execução contra a Fazenda Pública, é possível a expedição de precatório relativo à parte incontroversa. Precedentes:

(EREsp 658.542/SC, DJ 26.02.2007; REsp 522.252/RS, DJ 26.02.2007; AgRg nos EREsp 716.381/P, DJ 05.02.2007).

6. Inadmitir a expedição de precatórios para aquelas parcelas que se tornaram preclusas e, via de consequência, imodificáveis, é atentar contra a efetividade e a celeridade processual.

7. Destarte, in casu, a execução não definitiva não implica risco ao executado, restando prescindível a garantia. Precedentes: REsp 182924/PE; RECURSO ESPECIAL Relator Ministro MILTON LUIZ PEREIRA DJ 11.03.2002; REsp 30326/SP Relator Ministro EDSON VIDIGAL (DJ 28.09.1998).

8. Neste sentido já me manifestei acerca do tema in "Curso de Processo Civil", 2ª Edição, Rio de Janeiro, Editora Forense, fls. 1281, in verbis: "A 'execução provisória' admite adiantamento de atos executivos, e o alcance dos atos de satisfação irreversível que caracteriza a execução definitiva, com as novas garantias do art. 588 do CPC. Nesse sentido é que o exequente compromete-se, caso modificada a decisão, a repor as coisas no estado anterior, vedando-lhe o levantamento de dinheiro sem garantia real ou fidejussória e qualquer alienação dominial, como forma de proteção dos potenciais terceiros adquirentes, A reposição das coisas ao estado anterior, v.g, restituição de coisa e dinheiro, pressupõe possibilidade fática, nem sempre ocorrente. Como consectário, é por conta e risco de exequente que se processa. Advirta-se, entretanto, que a prestação de garantia não deve inviabilizar o acesso à justiça, permitindo-se, casuisticamente, ao juiz que a dispense nos casos em que a sua exigibilidade obsta a promoção da execução. Ademais, a caução reclama avaliação pelo juízo de eventuais e possíveis prejuízos com a reversão do julgado, por isso que onde não houver risco não se impõe, podendo iniciar-se o processo sem caução a garantia.".

9. Agravo regimental desprovido.

(AgRg no REsp 1096575/RJ, Rel. Ministro LUIZ FUX, PRIMEIRA TURMA, julgado em 03/09/2009, DJe 07/10/2009).

É certo que a questão de execução provisória contra a Fazenda Pública está sob o crivo de Repercussão Geral no S.T.F., conforme seguinte precedente:

EMENTA: constitucional. Precatório. Execução provisória de débitos da fazenda pública. Violação ao art. 100 da constituição. Emenda constitucional 30/2000. Existência de repercussão geral. Precedentes nesta Corte quanto à matéria. Questão relevante do ponto de vista econômico, social e jurídico que ultrapassa o interesse subjetivo da causa.

(RE 573872 RG, Relator(a): Min. RICARDO LEWANDOWSKI, julgado em 20/03/2008, DJe-065 DIVULG 10-04-2008 PUBLIC 11-04-2008 EMENT VOL-02314-08 PP-01694)

É importante ainda salientar que nos termos do art. 1º-D da Lei 9.494 de 10 de setembro de 1997, com a redação dada pela Medida Provisória n. 2.180-35, de 2001, *"não serão devidos honorários advocatícios pela Fazenda Pública nas execuções não embargadas"*. O S.T.F., avaliando a constitucionalidade desse dispositivo, fez uma diferenciação entre os valores devidos pela Fazenda Pública e que são pagos por meio de precatórios e aqueles que são considerados de pequeno valor e que são pagos por RPV:

> *EMENTA: 1. Fazenda Pública: execução não embargada: honorários de advogado: MPr 2.180/2001: constitucionalidade declarada pelo STF, com interpretação conforme ao art. 1º-D da L. 9.494/97, na redação que lhe foi dada pela MPr 2.180-35/2001, de modo a reduzir-lhe a aplicação à hipótese de execução por quantia certa contra a Fazenda Pública (C. Pr. Civil, art. 730), excluídos os casos de pagamento de obrigações definidos em lei como de pequeno valor (CF/88, art. 100, § 3º) (RE 420.816, Plenário, 29.9.2004, red. p/acórdão Pertence, DJ 06.10.2004). Declaração de constitucionalidade por maioria qualificada do Tribunal, a cuja aplicação aos casos concretos subsequentes estão vinculadas as Turmas (RISTF, art. 101), ainda que o acórdão do leading case não tenha sido publicado: precedentes. No caso, contudo, tratando-se de litisconsórcio, não há nos autos elementos que permitam concluir, com segurança, pela incidência do § 3º do art. 100 da Constituição com relação a todos os litisconsortes. RE provido para, ressalvada a incidência do procedimento relativo às obrigações definidas em lei como de pequeno valor, afastar a condenação da Fazenda Pública ao pagamento da verba honorária. 2. Agravo regimental: alegações improcedentes de prejuízo do recurso extraordinário e de incidência da Súmula 283.*
>
> (RE 453056 AgR, Relator(a): Min. SEPÚLVEDA PERTENCE, Primeira Turma, julgado em 06/12/2005, DJ 03-02-2006 PP-00025 EMENT VOL-02219-10 PP-02019)

> *I. Recurso extraordinário: alínea "b": devolução de toda a questão de constitucionalidade da lei, sem limitação aos pontos aventados na decisão recorrida. Precedente (RE 298.694, Pl. 6.8.2003, Pertence, DJ 23.04.2004). II. Controle incidente de inconstitucionalidade e o papel do Supremo Tribunal Federal. Ainda que não seja essencial à solução do caso concreto, não pode o Tribunal – dado o seu papel de "guarda da Constituição" – se furtar a enfrentar o problema de constitucionalidade suscitado incidentemente (v.g. SE 5.206-AgR; MS 20.505). III. Medida provisória: requisitos de relevância e urgência: questão relativa à execução mediante precatório, disciplinada pelo artigo 100 e parágrafos da Constituição: caracterização de situação relevante de urgência legislativa. IV. Fazenda Pública: execução não embargada: honorários de advogado: constitucionalidade declarada pelo Supremo Tribunal, com interpretação*

conforme ao art. 1º-D da L. 9.494/97, na redação que lhe foi dada pela MPr 2.180-35/2001, de modo a reduzir-lhe a aplicação à hipótese de execução por quantia certa contra a Fazenda Pública (C. Pr. Civil, art. 730), excluídos os casos de pagamento de obrigações definidos em lei como de pequeno valor (CF/88, art. 100, § 3º).

(RE 420816, Relator(a): Min. CARLOS VELLOSO, Relator(a) p/ Acórdão: Min. SEPÚLVEDA PERTENCE, Tribunal Pleno, julgado em 29/09/2004, DJ 10-12-2006 PP-00050 EMENT VOL-02255-04 PP-00722)

É importante salientar que muito embora os honorários de advogado tenham natureza alimentar, não estão à margem dos precatórios, sendo-lhes reservado apenas uma ordem especial. Nesse sentido é o seguinte precedente do S.T.F.:

1. Os honorários advocatícios incluídos na condenação pertencem ao advogado e possuem natureza alimentícia. A satisfação pela Fazenda Pública se dá por precatório, observada ordem especial restrita aos créditos de igual natureza. Precedentes: AIs 623.145, sob a relatoria do ministro Dias Toffoli; 691.824, sob a relatoria do ministro Marco Aurélio; 732.358-AgR, sob a relatoria do ministro Ricardo Lewandowski; e 758.435, sob a relatoria do ministro Cezar Peluso; REs 470.407, sob a relatoria do ministro Marco Aurélio; 538.810, sob a relatoria do ministro Eros Grau; e 568.215, sob a relatoria da ministra Cármen Lúcia; bem como SL 158-AgR. 2. Agravo regimental desprovido.

(RE 415950 AgR, Relator(a): Min. AYRES BRITTO, Segunda Turma, julgado em 26/04/2011, DJe-162 DIVULG 23-08-2011 PUBLIC 24-08-2011 EMENT VOL-02572-02 PP-00282)

O S.T.J., interpretando o art. 1º-D da Lei 9.494 de 10 de setembro de 1997, com a redação dada pela Medida Provisória n. 2.180-35, 2011, tem entendido que não cabe a condenação da Fazenda Pública em execução não embargada desde que a execução tenha sido ajuizada após a edição de tal norma, não seja o crédito de pequeno valor nem se trate de execução de sentença proveniente de ação civil pública ou de ação coletiva proposta por associação ou sindicato como substitutos processuais. Nesse sentido é o seguinte precedente do S.T.J.:

(...).

3. Consoante a jurisprudência preponderante desta Corte, é indevida a fixação de honorários advocatícios em execuções não embargadas contra a Fazenda Pública, nos termos do art. 4º da Medida Provisória nº 2.180/2001, desde que a execução tenha sido ajuizada após a edição de tal norma, não seja o crédito de pequeno valor nem se trate de execução de sentença proveniente de ação civil pública ou de ação coletiva proposta por associação ou sindicato como substitutos processuais. Precedentes.

4. O simples fato de o Excelso Pretório não ter adotado o mesmo posicionamento deste Superior Tribunal de Justiça não impede esta Corte de dar a interpretação que entender mais correta a uma norma infraconstitucional.

5. In casu, cuida-se de execução de sentença proferida em ação civil pública, razão pela qual são cabidos honorários advocatícios.

Aplicação do disposto na Súmula 345/STJ.

6. Agravo regimental improvido.

(AgRg no Ag 1124175/RS, Rel. Ministra MARIA THEREZA DE ASSIS MOURA, SEXTA TURMA, julgado em 04/08/2009, DJe 24/08/2009)

No mesmo sentido é o seguinte precedente do S.T.F.

EMENTA: Fazenda Pública: execução iniciada antes da edição da MPr 2.180-35/2001, que acrescentou o art. 1º-D na L. 9.494/97: honorários de advogado devidos. Ainda que a MPr 2.180-35/2001, no ponto, discipline norma de natureza processual, aplicá-la nas ações de execuções iniciadas antes de sua vigência implicaria não em mera aplicação imediata, mas em aplicação retroativa, de modo a desconstituir direito adquirido, o que é vedado pela Constituição.

(RE 458038 AgR, Relator(a): Min. SEPÚLVEDA PERTENCE, Primeira Turma, julgado em 25/06/2007, DJe-082 DIVULG 16-08-2007 PUBLIC 17-08-2007 DJ 17-08-2007 PP-00050 EMENT VOL-02285-07 PP-01312)

Contudo, há precedente do S.T.F., 2ª Turma, em sentido contrário, *in verbis*:

EMENTA: Agravo regimental em agravo de instrumento. 2. Recurso que não demonstra o desacerto da decisão agravada. Decisão em consonância com a jurisprudência desta Corte. 3. Honorários advocatícios. Execução não embargada contra a Fazenda Pública. Precedentes. 4. Propositura da execução em data anterior à edição da MP no 2.180/01. Norma de natureza processual. Aplicação imediata. Precedente. 5. Requisição de pequeno valor. Ação coletiva. Fracionamento. Impossibilidade. Precedente. 6. Agravo regimental a que se nega provimento.

(AI 603197 AgR, Relator(a): Min. GILMAR MENDES, Segunda Turma, julgado em 12/02/2008, DJe-041 DIVULG 06-03-2008 PUBLIC 07-03-2008 EMENT VOL-02310-08 PP-01740)

De acordo com o dispositivo, transitada em julgado a sentença ou diante de tutela de evidência de valor incontroverso que impuser à Fazenda Pública o dever de pagar quantia certa, ou, se for o caso, a decisão que julgar a liquidação (pois o valor devido pela Fazenda Pública poderá decorrer de liquidação por artigos ou arbitramento), o exequente apresentará demonstrativo discriminado e atualizado do crédito contendo:

a) o nome completo, o número de inscrição no Cadastro de Pessoas Físicas ou no Cadastro Nacional da Pessoa Jurídica do exequente.

A importância de indicação do número do C.P.F. ou C.N.P.J., respectivamente, tratando-se de pessoa física ou jurídica, serve, para além da devida identificação do exequente, também para efeitos de registro do sistema de processo eletrônico, uma vez que esse tipo de procedimento determina a indicação desses dados, inclusive para efeito de avaliação de prevenção.

Também será importante para os registros tributários, como informação ao Imposto de Renda.

b) o índice de correção monetária adotado.

O credor deverá indicar com precisão qual o índice de correção monetário que utilizou, assim como o período para efeito de atualização do débito.

É importante salientar que o credor deverá ater-se ao conteúdo do julgado, inclusive quanto ao índice de correção monetária ali determinado. Nesse sentido eis o seguinte precedente do S.T.J.:

> *1. Controverte-se a respeito da existência de coisa julgada relativamente à inclusão dos expurgos inflacionários e da taxa Selic, na Repetição de Indébito Tributário.*
>
> *2. É lícito incluir os expurgos nos cálculos da liquidação, ou da execução de sentença, se a decisão transitada em julgado no processo de conhecimento não decidiu expressamente sobre essa matéria.*
>
> *3. Admite-se a inclusão da Selic se o decisum passou em julgado antes da entrada em vigor da lei que a instituiu.*
>
> *4. Hipótese em que o Tribunal de origem consignou que o acórdão, transitado em julgado em 1997, limitou-se a determinar a "correção monetária plena" e juros de 1% ao mês.*
>
> *5. Recurso Especial parcialmente provido, para excluir a incidência da Selic. (REsp 1189634/ES, Rel. Ministro HERMAN BENJAMIN, SEGUNDA TURMA, julgado em 05/10/2010, DJe 02/02/2011)*

Note-se que a SELIC somente é utilizada nos créditos de restituição de tributos contra a Fazenda Pública, pois referido índice é aplicado pelo Fisco na cobrança de seus créditos tributários. Sobre o tema, eis os seguintes precedentes do S.T.J.:

1. É assente na jurisprudência desta Corte de Justiça que a adoção da Taxa Selic, como índice de correção monetária do crédito tributário, não ofende a coisa julgada, quando a sentença exequenda é proferida antes da vigência da Lei 9.250/95. Afasta-se, contudo, a utilização de quaisquer outros índices, seja de juros, seja de correção monetária, levando em consideração a natureza mista da aludida taxa, conforme destacado anteriormente.

Nesse sentido: REsp 375.503/RS, 2ª Turma, Rel. Min. João Otávio de Noronha, DJ de 13.3.2006; REsp 654.048/DF, 2ª Turma, Rel. Min. Francisco Peçanha Martins, DJ de 6.3.2006.

2. Agravo regimental desprovido.

(AgRg no AgRg no REsp 916.559/SP, Rel. Ministra DENISE ARRUDA, PRIMEIRA TURMA, julgado em 20/10/2009, DJe 13/11/2009)

1. Cuida-se de agravo regimental interposto por Labormédica Industrial Farmacêutica Ltda. contra decisão que negou provimento a agravo de instrumento por estar o aresto recorrido em harmonia com o entendimento uníssono deste STJ sobre o tema.

2. É firme a jurisprudência desta Corte sobre a matéria no sentido de que: a) em se tratando de tributo sujeito a lançamento por homologação, como o ICMS, é dispensável o prévio processo administrativo para inscrição em dívida ativa da Fazenda Pública, tornando-se o crédito tributário plenamente exigível a partir da sua declaração; b) é cabível a utilização da taxa Selic como fator de correção monetária dos referidos débitos, desde que haja lei local que assim autorize.

3. Agravo regimental não-provido.

(AgRg no Ag 960.787/SP, Rel. Ministro JOSÉ DELGADO, PRIMEIRA TURMA, julgado em 22/04/2008, DJe 21/05/2008)

É importante salientar que de acordo com o estabelecido no §6º do art. 28 da Lei 11. 768/08: *A atualização monetária dos precatórios, determinada no § 1º do art. 100 da Constituição, inclusive em relação às causas trabalhistas, previdenciárias e de acidente do trabalho, e das parcelas resultantes da aplicação do art. 78 do ADCT, observará, no exercício de 2009, a variação do Índice Nacional de Preços ao Consumidor Amplo – Especial – IPCA-E, divulgado pela Fundação Instituto Brasileiro de Geografia e Estatística.*

Por sua vez, o art. 5º da Lei 11.960/09, que deu nova redação ao art. 1º-F da Lei n. 9.494/97, assim preconizou quanto à correção monetária dos débitos decorrentes de condenação impostas contra a Fazenda Pública:

Art. 5º O art. 1º-F da Lei nº 9.494, de 10 de setembro de 1997, introduzido pelo art. 4º da Medida Provisória nº 2.180-35, de 24 de agosto de 2001, passa a vigorar com a seguinte redação:

"Art. 1º-F. Nas condenações impostas à Fazenda Pública, independentemente de sua natureza e para fins de atualização monetária, remuneração do capital e compensação da mora, haverá a incidência uma única vez, até o efetivo pagamento, dos índices oficiais de remuneração básica e juros aplicados à caderneta de poupança." (NR).

O Superior Tribunal de Justiça, interpretando esse dispositivo, apresentava a seguinte solução:

1. Segundo entendimento firmado pela Corte Especial no julgamento do EREsp n. 1.207.197/RS, relator Ministro Castro Meira, publicado no DJE de 2/8/2011, em todas as condenações impostas contra a Fazenda Pública, para fins de atualização monetária, remuneração do capital e compensação da mora, haverá a incidência uma única vez, até o efetivo pagamento, dos índices oficiais de remuneração básica e juros aplicados à caderneta de poupança, consoante a redação do artigo 1º-F da Lei 9.494/97, alterado pelo art. 5º da Lei nº 11.960/09, dispositivo que deve ser aplicável aos processos em curso à luz do princípio do tempus regit actum.

2. Embargos de declaração acolhidos, com efeitos modificativos.

(EDcl no AgRg no REsp 1233203/SC, Rel. Ministro JORGE MUSSI, QUINTA TURMA, julgado em 25/10/2011, DJe 11/11/2011)

Ocorre que o Supremo Tribunal Federal, na ADI 4425, *por arrastamento*, declarou a *inconstitucionalidade* do art. 1º-F da Lei nº 9.494/97, com redação dada pela Lei nº 11.960/09, ao reproduzir as regras da EC nº 62/09 quanto à atualização monetária e à fixação de juros moratórios de créditos inscritos em precatórios *in verbis:*

A Constituição Federal de 1988 não fixou um intervalo temporal mínimo entre os dois turnos de votação para fins de aprovação de emendas à Constituição (CF, art. 62, §2º), de sorte que inexiste parâmetro objetivo que oriente o exame judicial do grau de solidez da vontade política de reformar a Lei Maior. A interferência judicial no âmago do processo político, verdadeiro locus da atuação típica dos agentes do Poder Legislativo, tem de gozar de lastro forte e categórico no que prevê o texto da Constituição Federal. Inexistência de ofensa formal à Constituição brasileira. 2. O pagamento prioritário, até certo limite, de precatórios devidos a titulares idosos ou que sejam portadores de doença grave promove, com razoabilidade, a dignidade da pessoa humana (CF, art. 1º, III) e a proporcionalidade (CF, art. 5º, LIV), situando-se dentro da margem de conformação do legislador constituinte para operacionalização da novel preferência subjetiva criada pela Emenda Constitucional nº 62/2009. 3. A expressão "na data de expedição do precatório", contida no art. 100, §2º, da CF, com redação dada pela EC nº 62/09, enquanto baliza temporal para a aplicação da preferência no pagamento de idosos, ultraja a isonomia (CF, art. 5º, caput) entre os cidadãos credores da Fazenda Pública, na medida em que discrimina, sem qualquer fundamento, aqueles que venham a alcançar a idade de sessenta anos não na data da expedição do precatório, mas sim posteriormente, enquanto pendente este e ainda não ocorrido o pagamento. 4. O regime de compensação dos débitos da Fazenda Pública inscritos em precatórios, previsto nos §§ 9º e 10 do art. 100 da Constituição Federal, incluídos pela EC nº 62/09, embaraça a efetividade da jurisdição (CF, art. 5º, XXXV), desrespeita a coisa julgada material (CF, art. 5º, XXXVI), vulnera a Separação dos Poderes (CF, art. 2º) e ofende a isonomia entre o Poder Público e o particular (CF, art. 5º, caput), cânone essencial do Estado Democrático de Direito (CF, art. 1º, caput). 5. A atualização monetária dos débitos fazendários inscritos em precatórios segundo o índice oficial de remuneração da caderneta de poupança viola o direito fundamental de propriedade (CF, art. 5º, XXII) na medida em que é manifestamente incapaz de preservar o valor real do crédito de que é titular o cidadão. A inflação, fenômeno tipicamente econômico-monetário, mostra-se insuscetível de captação apriorística (ex ante), de modo que o meio escolhido pelo legislador constituinte (remuneração da caderneta de poupança) é inidôneo a promover o fim a que se destina (traduzir a inflação do período). 6. A quantificação dos juros moratórios relativos a débitos fazendários inscritos em precatórios segundo o índice de remuneração da caderneta de poupança vulnera o princípio constitucional da isonomia (CF, art. 5º, caput) ao incidir sobre débitos estatais de natureza tributária, pela discriminação em detrimento da parte processual privada que, salvo expressa determinação em contrário, responde pelos juros da mora tributária à taxa de 1% ao mês em favor do Estado (ex vi do art. 161, §1º, CTN). Declaração de inconstitucionalidade parcial sem redução da expressão "independentemente de sua natureza", contida no art. 100, §12, da CF, incluído pela EC nº 62/09, para determinar que, quanto aos precatórios de natureza tributária, sejam aplicados os mesmos juros de mora incidentes sobre todo e qualquer crédito tributário. 7. O art. 1º-F da Lei nº 9.494/97, com redação dada pela Lei nº 11.960/09, ao reproduzir as regras da EC nº 62/09 quanto à atualização monetária e à fixação de juros moratórios de créditos inscritos em precatórios incorre nos mesmos vícios de juridicidade que inquinam o art. 100, §12, da CF, razão pela qual se revela inconstitucional por arrastamento, na mesma extensão dos itens 5 e 6 supra. 8. O regime "especial" de pagamento de precatórios para Estados e Municípios criado pela EC nº 62/09, ao veicular nova moratória na quitação dos débitos judiciais da Fazenda Pública e ao impor o contingenciamento de recursos para esse fim, viola a cláusula constitucional do Estado de Direito (CF, art. 1º, caput), o princípio da Separação de Poderes (CF, art. 2º), o postulado da isonomia (CF, art. 5º), a garantia do acesso à justiça e a efetividade da tutela jurisdicional (CF, art. 5º, XXXV), o direito adquirido e à coisa julgada (CF, art. 5º, XXXVI). 9. Pedido de declaração de inconstitucionalidade julgado procedente em parte.

(ADI 4425, Relator(a): Min. AYRES BRITTO, Relator(a) p/ Acórdão: Min. LUIZ FUX, Tribunal Pleno, julgado em 14/03/2013, PROCESSO ELETRÔNICO DJe-251 DIVULG 18-12-2013 PUBLIC 19-12-2013)

c) os juros aplicados e respectivas taxas

Além da correção monetária, também incide juros moratórios nos débitos da Fazenda Nacional, razão pela qual o exequente deverá indicar na memória de cálculo a taxa de juros de mora aplicada.

A antiga redação do art. 1º-F da Lei n. 9.494, de 10 de setembro de 1997, com a redação dada pela Medida Provisória n. 2.170-35, de 2001, assim estabelecia sobre a incidência de juros de mora nas condenações impostas à Fazenda Pública para pagamento de verbas remuneratórias devidas a servidores e empregado públicos: *"Art. 1º-F. Os juros de mora, nas condenações impostas à Fazenda Pública para pagamento de verbas remuneratórias devidas a servidores e empregado públicos, não poderão ultrapassar o percentual de seis por cento ao ano".*

Posteriormente, com a redação dada pela Lei n. 11.960, de 2009, o art. 1º-F da Lei 9.494, de 10 de setembro de 1997, passou a ter a seguinte redação: *Nas condenações impostas à Fazenda Pública, independentemente de sua natureza e para fins de atualização monetária, remuneração do capital e compensação da mora, haverá a incidência uma única vez, até o efetivo pagamento, dos índices oficiais de remuneração básica e juros aplicados à caderneta de poupança.*

Porém, o 1º-F da Lei n. 9.494, de 10 de setembro de 1997 foi declarado inconstitucional pelo S.T.F. (ADI 4425)

A questão dos juros moratórios, quando o pagamento a ser efetuado pela Fazenda Nacional somente pode ocorrer por meio de precatório, apresenta certa particularidade.

Tenho para mim que o interesse público no pagamento a ser efetuado pelo patrimônio do Tesouro Nacional demanda maior reflexão quanto à incidência dos **juros** moratórios.

Deve-se, portanto, propugnar pela natureza ontológica, pela essência do instituto da **mora,** a fim de se delimitar no tempo e no espaço o termo desencadeador pela demora no pagamento de determinada obrigação.

Segundo preceitua o artigo 394 do C. C. b., considera-se em **mora** o devedor que não efetuar o pagamento e o credor que o não quiser recebê-lo no tempo, lugar e forma que a lei ou convenção estabelecer.

Numa simples leitura do enunciado apresentado pela textualização da comunicação inserida no artigo 394 do CC, basta o não pagamento pelo devedor para que haja a mora *solvendi*.

Mas a parte final do dispositivo estabelece um requisito importante para a constituição da mora, ou seja, que o devedor não cumpra a sua obrigação no tempo, lugar e forma que a lei estabelecer.

No presente caso, a lei, mais precisamente, A CONSTITUIÇÃO, estabelece o tempo, o lugar e a forma de pagamento do crédito, ou seja, por meio de RPV.

Outrossim, muito embora o código civil não tenha definido o que se entende por mora, o seu enunciado estabelece através de uma síntese os elementos necessários para sua conceituação, que numa linguagem natural corresponde ao atraso ou ao retardamento.

Não basta apenas a análise do enunciado molecular para se perfectibilizar o sentido deôntico da norma jurídica, razão pela qual, numa interpretação de cunho sistêmico, necessita-se de uma análise contextual e conjectural para se perceber a essência do instituto da mora.

Desta feita, o simples retardo ou a falta de cumprimento da obrigação, por si só, não se demonstra suficiente para se considerar o devedor em mora.

Não obstante a falta de referência à questão da "culpa" na configuração da mora no artigo 394 do CC, é evidente que no seu sentido deontológico há necessidade da existência de culpa do devedor para que se possa falar em mora.

A configuração normativa do instituto da mora reclama a conjugação do artigo 394 com o artigo 396, também do Código Civil, que assim dispõe: *"Não havendo fato ou omissão imputável ao devedor, não incorre este em mora"*.

Aí está, portanto, a norma jurídica que configura a natureza ontológica do instituto da mora em nosso ordenamento jurídico, consubstanciada no fato de o devedor, culposamente, não cumprir sua obrigação no tempo, lugar e modo convencionados.

Nas palavras de Carvalho de Mendonça, a grande diferença entre a mora do devedor e a do credor é exatamente que naquela é essencial a culpa e nesta não.

Portanto, se a Fazenda Pública não pode cumprir sua obrigação a não ser através do precatório ou RPV, conforme determinada a Constituição Federal em seu artigo 100, o não cumprimento imediato da obrigação imposta pela sentença não decorre de culpa do devedor, mas sim de imposição Constitucional.

O próprio Supremo Tribunal Federal, no Recurso Extraordinário (149.466-SP), quanto à questão dos precatórios judiciais, teve oportunidade de se manifestar através da seguinte passagem contida no voto do relator Ministro Octavio Gallotti: *Essa exegese gramatical coincide com a lógica, pois juros de mora são conceitual-*

mente os decorrentes do retardamento no cumprimento da obrigação, não havendo razão para impô-los, em referência a uma dívida que, no caso, está sendo satisfeita dentro do prazo da Constituição. (RTJ, n. 147, p. 1023).

O Supremo Tribunal Federal, na AG.RE. no Agravo de Instrumento 641.149-1/SP., já definiu, em sua Segunda Turma, relator Min. Gilmar Mendes, que não incide **juros** de mora entre a homologação do cálculo e a expedição da requisição ou precatório. Disse Sua Excelência, Ministro Gilmar Mendes, em seu voto:

*A Agravante não conseguiu demonstrar o desacerto da decisão agravada, a qual está fundada na jurisprudência desta Corte no sentido de que não são devidos **juros** de **mora** entre a data da **expedição** e o efetivo pagamento do precatório. Nesse sentido, o RE 389.180.... Ressalte-se que esse entendimento também se aplica ao período entre a elaboração do cálculo e a **expedição** da requisição, pois o próprio texto constitucional determinava o prazo para o pagamento do precatório, qual seja, até o final do exercício seguinte (...).*

No mesmo sentido o AGR 492784, relatora Ministra Cármen Lúcia, da 1ª Turma. Igualmente do Supremo Tribunal Federal, os seguintes arestos:

> *CONSTITUCIONAL. AGRAVO REGIMENTAL EM AGRAVO DE INSTRUMENTO. AGRAVO CONTRA DECISÃO QUE DETERMINOU O SOBRESTAMENTO DOS AUTOS. IMPOSSIBILIDADE. PRECATÓRIO. **MORA.** INOCORRÊNCIA. AGRAVO IMPROVIDO. I – Não cabe agravo de instrumento contra decisão do Tribunal de origem que determina o sobrestamento do feito com fundamento no art. 543-B do CPC. Entretanto, razões de economia processual e celeridade justificam a manutenção da decisão ora atacada. II – O entendimento firmado no julgamento do RE 298.616/SP, Rel. Min. Gilmar Mendes, no sentido de que, não havendo atraso na satisfação do débito, não incidem juros moratórios entre a data da expedição e a data do efetivo pagamento do precatório, também se aplica ao período entre a elaboração da conta e a expedição do precatório. III – Agravo regimental improvido. (AI 713551 AgR, Relator(a): Min. RICARDO LEWANDOWSKI, Primeira Turma, julgado em 23/06/2009, DJe-152 DIVULG 13-08-2009 PUBLIC 14-08-2009 EMENT VOL-02369-14 PP-02925).*
>
> *Agravo regimental em recurso extraordinário. 2. Juros de mora entre a elaboração da conta e a expedição da requisição. Não-incidência. Aplicação do entendimento firmado pelo Pleno deste Tribunal no julgamento do RE 298.616. 3. Agravo regimental a que se nega provimento.*
>
> *(RE 565046 AgR, Relator(a): Min. GILMAR MENDES, Segunda Turma, julgado em 18/03/2008, DJe-070 DIVULG 17-04-2008 PUBLIC 18-04-2008 EMENT VOL-02315-07 PP-01593).*

Em sintonia, os recentíssimos precedentes do STJ:

PROCESSUAL CIVIL. RECURSO ESPECIAL. AUSÊNCIA DE PREQUESTIONAMENTO.

SÚMULA 282/STF. PRECATÓRIO. JUROS DE MORA. NÃO INCIDÊNCIA NO PERÍODO COMPREENDIDO ENTRE A APRESENTAÇÃO DA CONTA DE LIQUIDAÇÃO E A EXPEDIÇÃO DO PRECATÓRIO. REEXAME DE MATÉRIA. SÚMULA 07/STJ.

1. "Não incidem juros moratórios no período compreendido entre a homologação da conta de liquidação e o registro do precatório, porquanto correspondem a uma sanção pecuniária pelo inadimplemento da obrigação no prazo assinado. Assim, a demora do poder judiciário em inscrever o débito no regime precatorial, ou em expedir a requisição de pequeno valor, não pode ser imputada à fazenda pública" (AgRg no REsp 1003000/SP, 1ª T., Min. Francisco Falcão, DJe de 10/11/2008).

2. É vedado o reexame de matéria fático-probatória em sede de recurso especial, a teor do que prescreve a Súmula 07 desta Corte.

3. Recurso especial parcialmente conhecido e, nesta parte, desprovido.

(REsp 771624/PR, Rel. Ministro TEORI ALBINO ZAVASCKI, PRIMEIRA TURMA, julgado em 16/06/2009, DJe 25/06/2009).

*1. Para o período compreendido entre a homologação da **conta** de liquidação e a **expedição** do precatório é incabível a incidência dos **juros** de **mora**. Precedentes.*

2. Agravo regimental improvido.

(AgRg no Ag 1164497/SP, Rel. Ministro HAMILTON CARVALHIDO, PRIMEIRA TURMA, julgado em 05/11/2009, DJe 17/11/2009).

I – Este e. STJ firmou entendimento no sentido de que fica prejudicado o exame de violação ao disposto no art. 557 do CPC se a questão é reapreciada pelo órgão colegiado, na via de agravo regimental.

*II – "A jurisprudência desta Corte é firme no sentido de que, no lapso compreendido entre a homologação da **conta** de liquidação e a **expedição** do precatório, não há **mora** da Fazenda Pública que determine a incidência de **juros**." (REsp 991.710/CE, 5ª Turma, Rel. Min. Jorge Mussi, DJe de 29/06/2009).*

Agravo regimental desprovido.

(AgRg no REsp 1116229/RS, Rel. Ministro FELIX FISCHER, QUINTA TURMA, julgado em 06/10/2009, DJe 16/11/2009).

A questão, contudo, ainda não está totalmente definida no S.T.F., uma vez que a Ministra Ellen Gracie apresentou proposta de análise da questão da incidência de juros de mora entre a data da conta e a data da expedição do precatório no âmbito da Repercussão Geral:

1. Aplica-se, plenamente, o regime da repercussão geral às questões constitucionais já decididas pelo Supremo Tribunal Federal, cujos julgados sucessivos ensejaram a formação de súmula ou de jurisprudência dominante. 2. Há, nessas hipóteses, necessidade de pronunciamento expresso do Plenário desta Corte sobre a incidência dos efeitos da repercussão geral reconhecida para que, nas instâncias de origem, possam ser aplicadas as regras do novo regime, em especial, para fins de retratação ou declaração de prejudicialidade dos recursos sobre o mesmo tema (CPC, art. 543-B, § 3º). 3. Fica, nesse sentido, aprovada a proposta de adoção de procedimento específico que autorize a Presidência da Corte a trazer ao Plenário, antes da distribuição do RE, questão de ordem na qual poderá ser reconhecida a repercussão geral da matéria tratada, caso atendidos os pressupostos de relevância. Em seguida, o Tribunal poderá, quanto ao mérito, (a) manifestar-se pela subsistência do entendimento já consolidado ou (b) deliberar pela renovação da discussão do tema. Na primeira hipótese, fica a Presidência autorizada a negar distribuição e a devolver à origem todos os feitos idênticos que chegarem ao STF, para a adoção, pelos órgãos judiciários a quo, dos procedimentos previstos no art. 543-B, § 3º, do CPC. Na segunda situação, o feito deverá ser encaminhado à normal distribuição para que, futuramente, tenha o seu mérito submetido ao crivo do Plenário. 4. Possui repercussão geral a discussão sobre o tema do cabimento de juros de mora no período compreendido entre a data da conta de liquidação e da expedição da requisição de pequeno valor ou do precatório, dada a sua evidente relevância. Assunto que exigirá maior análise em futuro julgamento no Plenário. 5. Questão de ordem resolvida com a definição do procedimento, acima especificado, a ser adotado pelo Tribunal para o exame da repercussão geral nos casos em que já existente jurisprudência firmada na Corte. Deliberada, ainda, o envio dos autos do presente recurso extraordinário à distribuição normal, para posterior enfrentamento de seu mérito.

(RE 579431 QO, Relator(a): Min. MINISTRO PRESIDENTE, julgado em 13/03/2008, DJe-202 DIVULG 23-10-2008 PUBLIC 24-10-2008 EMENT VOL-02338-09 PP-01809)

d) o termo inicial e o termo final dos juros e de correção monetária utilizados;

Em relação à correção monetária, o termo inicial e final é bem claro, ou seja, desde a data do fato, em se tratando de ato ilícito, ou da data da citação, ou, ainda, daquela estabelecida na decisão judicial, até o pagamento total e final do precatório.

Já em relação aos juros de mora há controvérsia sobre o seu início e o seu final, o que de certa forma será decidido quando do julgamento pelo Supremo Tribunal Federal da Repercussão Geral no RE 579431.

e) periodicidade de capitalização dos juros, se for o caso.

Havendo aplicação de juros capitalizados no título executivo judicial, deverá o exequente indicar no demonstrativo de débito a periodicidade dessa capitalização.

f) especificação dos eventuais descontos obrigatórios realizados.

É possível que o exequente/credor deva abater do seu crédito eventuais descontos obrigatórios determinados pela sentença, como é o caso, por exemplo, da reciprocidade de sucumbência.

3. Pluralidade de exequentes

Preceitua o *§1º do art. 534* do atual C.P.C. que *havendo pluralidade de exequentes, cada um deverá apresentar o seu próprio demonstrativo, aplicando-se à hipótese, se for o caso, o disposto nos §§1º e 2º do art. 113.*

Evidentemente, esse dispositivo deve ser interpretado de acordo com a natureza da pluralidade de exequentes.

Diante de litisconsórcio ativo facultativo, cada um deverá apresentar o seu próprio demonstrativo, aplicando-se à hipótese, se for o caso, o disposto nos §§1º e 2º do art. 113 que assim dispõem:

§ 1º O juiz poderá limitar o litisconsórcio facultativo quanto ao número de litigantes na fase de conhecimento, na liquidação de sentença ou na execução, quando este comprometer a rápida solução do litígio ou dificultar a defesa ou o cumprimento da sentença.

Assim, poderá o juiz do cumprimento de sentença limitar o número de litisconsorte facultativo, se verificar que a presença de um número elevado puder dificultar a prestação da tutela jurisdicional e sua celeridade.

§ 2º O requerimento de limitação interrompe o prazo para manifestação ou resposta, que recomeçará da intimação da decisão que o solucionar.

Na hipótese de o juiz do cumprimento de sentença limitar o número de litisconsorte, o prazo para a Fazenda Pública apresentar impugnação recomeça da intimação da decisão que solucionar o número de litisconsorte.

Em se tratando de pluralidade de exequentes decorrente de litisconsórcio unitário necessário, basta a apresentação de apenas um demonstrativo de débito que valerá para todos os demais litisconsortes.

4. Multa pelo não cumprimento da obrigação

Estabelece o *§2º do art. 534 do atual C.P.C.* que *a multa prevista no §1º do art. 523 não se aplica à Fazenda Pública.*

Este dispositivo vem reforçar a ideia de que a Fazenda Pública não se encontra em mora após a prolação da sentença, pois não pode, como o faz o particular, efetuar o pagamento em dinheiro ou mesmo oferecer depósito, tendo em vista que por determinação Constitucional a forma de cumprimento da obrigação se dá pela expedição de precatório ou de requisição de pequeno valor.

É importante salientar que nos termos do art. 535 do atual C.P.C., a Fazenda Pública não é intimada para pagar, mas, sim, para, querendo, apresentar impugnação à execução no prazo de 30 (trinta) dias.

Se a Fazenda Pública não pode efetuar o pagamento de imediato, também não poderá ser constrangida a fazê-lo mediante a incidência da multa prevista no §1º do art. 523 do atual C.P.C.

Art. 535

A Fazenda Pública será intimada na pessoa de seu representante judicial, por carga, remessa ou meio eletrônico, para, querendo, no prazo de 30 (trinta) dias e nos próprios autos, impugnar a execução, podendo arguir:

I – falta ou nulidade da citação se, na fase de conhecimento, o processo correu à revelia;

II – ilegitimidade de parte;

III – inexequibilidade do título ou inexigibilidade da obrigação;

IV – excesso de execução ou cumulação indevida de execuções;

V – incompetência absoluta ou relativa do juízo da execução;

VI – qualquer causa modificativa ou extintiva da obrigação, como pagamento, novação, compensação, transação ou prescrição, desde que supervenientes ao trânsito em julgado da sentença.

§ 1º A alegação de impedimento ou suspeição observará o disposto nos arts. 146 e 148.

§ 2º Quando se alegar que o exequente, em excesso de execução, pleiteia quantia superior à resultante do título, cumprirá à executada declarar de imediato o valor que entende correto, sob pena de não conhecimento da arguição.

§ 3º Não impugnada a execução ou rejeitadas as arguições da executada:

I – expedir-se-á, por intermédio do presidente do tribunal competente, precatório em favor do exequente, observando-se o disposto na Constituição Federal;

II – por ordem do juiz, dirigida à autoridade na pessoa de quem o ente público foi citado para o processo, o pagamento de obrigação de pequeno valor será realizado no prazo de 2 (dois) meses contado da entrega da requisição, mediante depósito na agência de banco oficial mais próxima da residência do exequente.

§ 4º Tratando-se de impugnação parcial, a parte não questionada pela executada será, desde logo, objeto de cumprimento.

§ 5º Para efeito do disposto no inciso III do caput deste artigo, considera-se também inexigível a obrigação reconhecida em título executivo judicial fundado em lei ou ato normativo considerado inconstitucional pelo Supremo Tribunal Federal, ou fundado em aplicação ou interpretação da lei ou do ato normativo tido pelo Supremo Tribunal Federal como incompatível com a Constituição Federal, em controle de constitucionalidade concentrado ou difuso.

§ 6º No caso do § 5º, os efeitos da decisão do Supremo Tribunal Federal poderão ser modulados no tempo, de modo a favorecer a segurança jurídica.

§ 7º A decisão do Supremo Tribunal Federal referida no § 5º deve ter sido proferida antes do trânsito em julgado da decisão exequenda.

§ 8º Se a decisão referida no § 5º for proferida após o trânsito em julgado da decisão exequenda, caberá ação rescisória, cujo prazo será contado do trânsito em julgado da decisão proferida pelo Supremo Tribunal Federal.

Sumário:

1. Impugnação ao cumprimento de sentença ou decisão

O art. 730 do C.P.C. de 1973 estabelecia que n*a execução por quantia certa contra a Fazenda Pública, citar-se-á a devedora para opor embargos em 30 (trinta) dias* (Lei n. 9.494 de 1997)*; se esta não os opuser, no prazo legal, observar-se-ão as seguintes regras...*

Eis as seguintes diferenças entre o preceito normativo do C.P.C. de 1973 e o atual C.P.C.: a) pelo código de 1973, a Fazenda Pública era citada para opor embargos; já no atual C.P.C. ela é simplesmente intimada; b) pelo código de 1973, a Fazenda Pública poderia ingressar com embargos do devedor no prazo de 10 (dez) dias, posteriormente passando para 30 (trinta) dias; c) pelo atual C.P.C., a Fazenda Pública poderá ingressar com *impugnação à execução* no prazo de 30 (trinta) dias.

O art. 535 do atual C.P.C. vem reforçar a ideia de que não há mora da Fazenda Pública para efeito de cumprimento da obrigação imposta na sentença, principalmente pelo fato de que ela não é intimada para pagar ou cumprir a decisão, mas, sim, para, querendo, *impugnar a execução.*

A intimação da Fazenda Pública dar-se-á na pessoa de seu representante judicial, no caso da União, Estados, Distrito Federal e Territórios, por seus procuradores, no caso do Município, por seu prefeito ou procurador.

Incumbe à Advocacia Pública, na forma da lei, defender e promover os interesses públicos da União, dos Estados, do Distrito Federal e dos Municípios, por meio da representação judicial, em todos os âmbitos federativos, das pessoas jurídicas de direito público que integram a Administração direta e indireta (art. 182 do atual C.P.C.).

Por sua vez, a intimação da Advocacia Pública para o efeito de cumprimento da sentença deverá ser *pessoal*, mediante carga, remessa ou meio eletrônico.

É importante salientar que no caso do art. 535 do atual C.P.C., a Fazenda Pública não terá o prazo em dobro para realizar a impugnação, uma vez que o prazo de 30 (trinta) dias previsto neste dispositivo é prazo específico para o representante da Fazenda Pública e não geral como os demais prazos que são regulados pelo art. 183 do atual C.P.C. Aliás, o art. 535 do atual C.P.C., ao conferir à Fazenda Nacional o prazo de 30 (trinta) dias para apresentar a impugnação, de certa forma já dobrou o prazo de impugnação, que para as outras pessoas é de 15 (quinze) dias.

Sobre o prazo em dobro para a apresentação de embargos pela Fazenda Pública na égide do C.P.C. de 1973, assim já tinha se manifestado o S.T.J.:

1. A eficácia da sentença está condicionada ao não-provimento de agravo de instrumento anteriormente interposto, não havendo falar, antes do julgamento deste, em coisa julgada material. Provido o recurso, anulam-se todos os atos com ele incompatíveis, inclusive a sentença. Precedentes.

2. Incabível o prazo em dobro ou quádruplo, nos termos do art. 188 do CPC, para oposição de embargos à execução pela Fazenda Pública, porquanto não se trata de recurso ou contestação, mas de ação autônoma. Aplicação do prazo de 10 (dez) dias previsto no art. 730 do CPC.

3. Recurso especial conhecido e improvido.

(REsp 768.120/AL, Rel. Ministro ARNALDO ESTEVES LIMA, QUINTA TURMA, julgado em 06/09/2007, DJ 22/10/2007, p. 352)

Saliente-se que muito embora a norma geral determine a intimação pessoal da Fazenda pública, o certo é que o Superior Tribunal de Justiça firmou entendimento de que em determinadas situações especiais, em que a intimação pessoal com vista dos autos torna-se muito difícil, a regra pode ser excepcionada. Nesse sentido eis os seguintes precedentes:

1. A Primeira Seção, no julgamento dos EREsp 743.867/MG (Rel. Min. Teori Albino Zavascki, DJ de 26.3.2007, p. 187), a partir da interpretação conjunta dos arts. 25 da Lei 6.830/80, 38 da Lei Complementar 73/93 e 20 da Lei 11.033/2004, deixou consignado que tais disposições normativas estabelecem regra geral fundada em pressupostos de fato comumente ocorrentes. Todavia, nas especiais situações, não disciplinadas expressamente nas referidas normas, em que a Fazenda não tem representante judicial lotado na sede do juízo, nada impede que a sua intimação seja promovida na forma do art. 237, II do CPC (por carta registrada), solução que o próprio legislador adotou em situação análoga no art. 6º, § 2º da Lei 9.028/95, com a redação dada pela MP 2.180-35/2001.

2. Esta Turma, ao julgar o AgRg no REsp 1.220.231/RS (Rel. Min. Herman Benjamin, DJe de 25.4.2011), decidiu que a intimação pessoal por carta precatória, do Procurador da Fazenda Nacional lotado em outra comarca, não prejudica o contraditório ou a ampla defesa, não sendo cabível a regra do art. 20 da Lei 11.033/2004 (carga dos autos).

3. Recurso especial não provido.

(REsp 1254045/RS, Rel. Ministro MAURO CAMPBELL MARQUES, SEGUNDA TURMA, julgado em 02/08/2011, DJe 09/08/2011)

1. Nos termos da Lei 6.830/80, a intimação ao representante da Fazenda Pública, nas execuções fiscais, "será feita pessoalmente" ou "mediante vista dos autos, com imediata remessa ao representante judicial da Fazenda Pública, pelo cartório ou secretaria".2. Tais disposições normativas estabelecem regra geral fundada em pressupostos de fato comumente ocorrente. Todavia, nas especiais situações, não disciplinadas expressamente nas referidas normas, em que a Fazenda não tem representante judicial lotado na sede do juízo, nada impede que a sua intimação seja promovida na forma do art. 237, II do CPC (por carta registrada).

3. In casu, ao contrário do defendido pela ora agravante, na data de 27/7/2003, a Juíza somente determinou a intimação da Fazenda Nacional para se manifestar no prazo de 48 horas (fl. 69), sendo que a sentença que extinguiu o processo sem julga-

mento do mérito, com fulcro no art. 267, III, do CPC, somente foi prolatada na data de 27/12/2004 (fl. 78), ou seja, quando ultrapassado o período de um ano da suspensão, sem manifestação da Fazenda Nacional.

4. A orientação das Turmas que integram a Primeira Seção desta Corte firmou-se no sentido de que "a inércia da Fazenda exequente, uma vez atendidos os artigos 40 e 25, da Lei de Execução Fiscal e regularmente intimada com o escopo de promover o andamento da execução fiscal, impõe a extinção do feito sem julgamento do mérito". (REsp 770.240/PB, Rel. Min. Luiz Fux, Primeira Turma, DJ 31.5.2007).

5. Agravo regimental não provido.

(AgRg no REsp 1157225/MT, Rel. Ministro BENEDITO GONÇALVES, PRIMEIRA TURMA, julgado em 11/05/2010, DJe 20/05/2010)

Note-se que em razão do *sincretismo* entre o processo de conhecimento e o *procedimento de cumprimento de sentença*, não haverá mais processo autônomo de embargos da Fazenda Pública, devendo sua defesa (impugnação) ser apresentada no próprio processo em que fora proferida a decisão, no prazo de 30 (trinta) dias.

Outro aspecto importante é que a falta de apresentação de impugnação por parte da Fazenda Pública não caracteriza os efeitos da revelia, razão pela qual, havendo dúvida objetiva e razoável sobre o valor executado, poderá o juiz da execução valer-se da contadoria judicial para conferir o cálculo apresentado pela exequente, antes mesmo de determinar a expedição do precatório ou da requisição de pequeno valor. Nesse sentido são os seguintes precedentes do S.T.J.:

1. Os efeitos da revelia não se operam integralmente em face da Fazenda Pública, posto indisponíveis os interesses em jogo, na forma do art. 320, II, do CPC. Precedentes do S.T.J: REsp 635.996/SP, DJ 17.12.2007 e REsp 541.239/DF, DJ 05.06.2006.

2. (...).

(EDcl no REsp 724.111/RJ, Rel. Ministro LUIZ FUX, PRIMEIRA TURMA, julgado em 17/12/2009, DJe 12/02/2010)

(...).

2. O procedimento monitório não colide com o rito executivo específico da execução contra Fazenda Pública previsto no art. 730 do CPC. O rito monitório, tanto quanto o ordinário, possibilita a cognição plena, desde que a parte ré ofereça embargos. No caso de inércia na impugnação via embargos, forma-se o título executivo judicial, convertendo-se o mandado inicial em mandado executivo, prosseguindo-se na forma do Livro II, Título II, Capítulo II e IV (execução strictu sensu), propiciando à Fazenda, mais uma vez, o direito de oferecer embargos à execução de forma ampla, sem malferir princípios do duplo grau de jurisdição; da imperiosidade do precatório; da impenhorabilidade dos bens públicos; da inexistência de confissão ficta; da indisponibilidade do direito e não-incidência dos efeitos da revelia.

3. O propósito da ação monitória é exclusivamente encurtar o caminho até a formação de um título executivo. A execução deste título contra Fazenda Pública deve seguir normalmente os trâmites do art.

730, que explicita o cânone do art.100, da Carta Constitucional vigente.

4. Os procedimentos executivo e monitório têm natureza diversa. O monitório é processo de conhecimento. A decisão 'liminar' que nele se emite e determina a expedição do mandado de pagamento não assegura ao autor a prática de atos de constrição patrimonial, nem provimento satisfativo, uma vez que a defesa (embargos) tempestiva do réu instaura a fase cognitiva e impede a formação do título.

5. No que pertine à comprovação da liquidez para a propositura da ação monitória, insta frisar que se credor dispusesse de título líquido e certo, teria aparelhado desde logo o processo de execução.

6. Deveras, a ratio essendi do art. 1102-A do CPC revela ser desnecessária a liquidez da dívida contida no documento que instrui a inicial da ação monitória, eis que o próprio dispositivo legal exige, apenas, "prova escrita sem eficácia de título executivo".

7. Precedentes jurisprudenciais do STJ: RESP 680519/MG, Relator Ministro José Delgado, DJ de 30.05.2005 e RESP 596043/RJ, Relator Ministro Paulo Medina, DJ de 29.03.2004.

8. Recurso especial provido.

(REsp 687.173/PB, Rel. Ministro LUIZ FUX, PRIMEIRA TURMA, julgado em 18/08/2005, DJ 12/09/2005, p. 230)

É bem verdade que o próprio S.T.J. não concede carta branca para que a Fazenda Pública deixe de impugnar a execução, só pelo fato de que em relação a ela não se aplica o efeito da revelia, *in verbis*:

(...).

2. A Fazenda Pública municipal deixou de impugnar a alegação dos contribuintes de que não havia sido prestado o serviço de coleta de lixo e que essa seria feita por eles próprios.

3. O juiz de primeiro grau, diante da falta de impugnação da entidade pública quanto à não-prestação do serviço e das razões apresentadas pelos autores, considerou que o lixo tinha sua destinação dada pelos contribuintes da taxa de coleta, conforme alegado na exordial da ação.

4. O Tribunal a quo, ao julgar a apelação, manteve a sentença, considerando indevida a taxa de coleta de lixo, já que quem realizava o suposto serviço eram os próprios contribuintes.

5. O recorrente entende que assim não poderia ter ocorrido, uma vez que se estaria a aplicar os efeitos da revelia à Fazenda Pública e que o Tribunal, em sede de reexame necessário, deveria ter declarado a nulidade da sentença por não ter sido determinada a produção de provas.

6. A não-aplicação dos efeitos da revelia à Fazenda Pública não pode servir como um escudo para que os entes públicos deixem de impugnar os argumentos da parte contrária, não produzam as provas necessárias na fase de instrução do feito e, apesar disso, busquem reverter as decisões em sede recursal. Precedentes: REsp 541.239/DF, Rel. Min.

Luiz Fux, DJ 05.06.2006; REsp 624.922/SC, Rel. Min. Carlos Alberto Menezes Direito, DJU de 07.11.05.

7. Ainda que pretendesse fazer a prova desconstitutiva do fato alegado pelos autores em momento posterior, o município recorrente, quando da apresentação da contestação, em face do princípio da eventualidade, deveria ter realizado todas as impugnações que entendesse devidas, de modo especificado, nos termos do art. 302 do CPC.

8. Apenas quando da interposição da apelação, a municipalidade se insurgiu quanto a esse ponto, aduzindo que os serviços existiriam e seriam prestados. Se não se incumbiu de demonstrar o alegado na instrução do feito não poderia pretender que o Tribunal acolhesse tal pedido em sede de apelação.

9. A contrariedade ao art. 320, II, do CPC nem mesmo foi suscitada pelo município na apelação, sendo aventada apenas nos embargos de declaração opostos contra o acórdão recorrido, quando, então, veio o dispositivo a ser analisado pelo Tribunal a quo.

10. Não é de se conceder tamanha largueza ao instituto do reexame necessário, a ponto de se ter de reconhecer nulidade – se esta existisse – decorrente da não-produção de provas não requeridas pela Fazenda Pública, já que esta não se insurgiu quanto ao ponto. Não se reconhece a nulidade na decisão que deixou de determinar a produção de provas sobre matéria que não foi impugnada pela entidade pública.

Ademais, as instâncias ordinárias para chegarem à conclusão de que não houve a prestação do serviço e de que eram os próprios contribuintes que o realizavam, valeram-se não apenas da falta de impugnação por parte do Município, mas também das razões apresentadas pelos contribuintes, de forma que o juízo alcançado não decorreu exclusivamente da inércia da Fazenda.

11. Recurso especial conhecido em parte e não provido.

(REsp 635.996/SP, Rel. Ministro CASTRO MEIRA, SEGUNDA TURMA, julgado em 06/12/2007, DJ 17/12/2007, p. 159)

2. Matéria que pode ser arguida na impugnação

Segundo preceitua o art. 535 do atual C.P.C., a impugnação ofertada pela Fazenda Pública poderá consistir:

I – falta ou nulidade da citação se, na fase de conhecimento, o processo correu à revelia. Estabelece o art. 239 do atual C.P.C. que *para validade do processo é indispensável a citação do réu ou do executado, ressalvadas as hipóteses de indeferimento da petição inicial ou de improcedência liminar do pedido.*

Como se sabe, a citação do réu para o processo de conhecimento é pressuposto processual de existência da relação jurídica processual justamente em relação ao réu. Se não houver a citação válida do réu ou do executado, o processo não existiu em relação a eles, razão pela qual essa nulidade poderá ser arguida independentemente de demanda rescisória a qualquer momento. Nesse sentido é o pronunciamento do S.T.J.:

> *i – requerida a citação editalícia de réus falecidos, fato certificado pelo oficial de justiça, impõe-se reconhecer a nulidade do ato citatório e a não-ocorrência de formação da coisa julgada.*
>
> *ii – as nulidades de pleno direito, que decorrem da falta de regular formação da relação processual, podem ser deduzidas a qualquer momento, mesmo em sede de mandado de segurança impetrado por herdeiro dos falecidos.*
>
> *(RMS 8.865/RJ, Rel. Ministro SÁLVIO DE FIGUEIREDO TEIXEIRA, QUARTA TURMA, julgado em 19/02/1998, DJ 30/03/1998, p. 65)*

Inclusive, essa nulidade (querela nullitatis) pode ser arguida a qualquer momento, independentemente de ação rescisória, também em relação ao litisconsórcio passivo necessário. Nesse sentido é o seguinte precedente do S.T.J.:

> *1. As hipóteses excepcionais de desconstituição de acórdão transitado em julgado por meio da ação rescisória estão arroladas de forma taxativa no art. 485 do Código de Processo civil. Pelo caput do referido dispositivo legal, evidencia-se que esta ação possui natureza constitutiva negativa, que produz sentença desconstitutiva, quando julgada procedente. Tal ação tem como pressupostos (i) a existência de decisão de mérito com trânsito em julgado; (ii) enquadramento nas hipóteses taxativamente previstas; e (iii) o exercício antes do decurso do prazo decadencial de dois anos (CPC, art. 495).*
>
> *2. O art. 485 em comento não cogita, expressamente, da admissão da ação rescisória para declaração de nulidade por ausência de citação, pois não há que se falar em coisa julgada na sentença proferida em processo em que não se formou a relação jurídica apta ao seu desenvolvimento. É que nessa hipótese estamos diante de uma sentença juridicamente inexistente, que nunca adquire a autoridade da coisa julgada. Falta-lhe, portanto, elemento essencial ao cabimento da rescisória, qual seja, a decisão de mérito acobertada pelo manto da coisa julgada. Dessa forma, as sentenças tidas como nulas de pleno direito e ainda as consideradas inexistentes, a exemplo do que ocorre quando*

proferidas sem assinatura ou sem dispositivo, ou ainda quando prolatadas em processo em que ausente citação válida ou quando o litisconsorte necessário não integrou o polo passivo, não se enquadram nas hipóteses de admissão da ação rescisória, face a inexistência jurídica da própria sentença porque inquinada de vício insanável.

3. Apreciando questão análoga, atinente ao cabimento ou não de ação rescisória por violação literal a dispositivo de lei no caso de ausência de citação válida, o Supremo Tribunal Federal e o Superior Tribunal de Justiça já se posicionaram no sentido de que o vício apontado como ensejador da rescisória é, em verdade, autorizador da querela nullitatis insanabilis. Precedentes: do STF – RE 96.374/GO, rel. Ministro Moreira Alves, DJ de 30.8.83; do STJ – REsp n.62.853/GO, Quarta Turma, rel. Min. Fernando Gonçalves, unânime, DJU de 01.08.2005; AR .771/PA, Segunda Seção, Rel. Ministro Aldir Passarinho Junior DJ 26/02/2007.

4. No caso específico dos autos, em que a ação tramitou sem que houvesse citação válida do litisconsórcio passivo necessário, não se formou a relação processual em ângulo. Há, assim, vício que atinge a eficácia do processo em relação ao réu e a validade dos atos processuais subsequentes, por afrontar o princípio do contraditório. Em virtude disto, aquela decisão que transitou em julgado não atinge aquele réu que não integrou o polo passivo da ação. Por tal razão, a nulidade por falta de citação poderá ser suscitada por meio de ação declaratória de inexistência por falta de citação, denominada querela nullitatis, ou, ainda, por simples petição nos autos, como no caso dos autos.

5. Recurso especial provido.

(REsp 1105944/SC, Rel. Ministro MAURO CAMPBELL MARQUES, SEGUNDA TURMA, julgado em 14/12/2010, DJe 08/02/2011)

(...).

É cabível ação declaratória de nulidade (querela nullitatis), para se combater sentença proferida, sem a citação de todos os réus que, por se tratar, no caso, de litisconsórcio unitário, deveriam ter sido citados.

Recurso conhecido e provido.

(REsp 194.029/SP, Rel. Ministra MARIA THEREZA DE ASSIS MOURA, SEXTA TURMA, julgado em 01/03/2007, DJ 02/04/2007, p. 310)

Correndo o processo de conhecimento à revelia do réu, poderá ele alegar, quando da execução, eventual nulidade de sua citação, como, por exemplo, que a pessoa que recebeu a citação pessoal não era ele, que a carta foi encaminhada a endereço errado ou inexistente, que o autor não comunicou ao juízo o real endereço do réu, muito embora tivesse plena ciência desse endereço, permitindo, com isso, que a citação fosse realizada por edital etc.

É importante salientar que de qualquer sorte, em relação à Fazenda Pública, não ocorrerão os efeitos da revelia, conforme expressamente estabelece o art. 345. inc. II, do atual C.P.C., *in verbis*:

> *Art. 345. A revelia não produz o efeito mencionado no art. 344 se:*
> *(...).*
> *II – o litígio versar sobre direitos indisponíveis;*
> *(...).*

Entende-se por direito indisponível aquele em relação ao qual o titular não poderá manifestar sua vontade livremente, a fim de desencadear efeitos diversos daqueles estabelecidos cogentemente pela norma jurídica. Versando a questão sobre direitos indisponíveis, e havendo revelia desencadeada no processo, inaplicável afigura-se o efeito previsto no art. 344 do atual C.P.C. (presunção de verdade dos fatos articulados pelo autor), razão pela qual o autor deverá provar os fatos articulados na inicial, a fim de que a tutela jurisdicional lhe seja favorável. Assim, muito embora a norma processual não estabeleça o que se entenda por direito indisponível, o seu significado é de fácil compreensão, pois corresponde ao inverso daquilo que se entende por disponível. O direito será disponível quando ocorre a faculdade de se determinar o destino de eventual direito subjetivo ou interesse juridicamente protegido, segundo a vontade de seu titular. Não se possibilitando essa faculdade ao titular de determinado direito subjetivo ou interesse jurídico, ingressa-se no campo da indisponibilidade do direito ou do interesse juridicamente protegido.[1056]

Sobre o tema, eis os seguintes precedentes do S.T.J.:

> *1. Não se aplicam os efeitos da revelia contra a Fazenda Pública uma vez que indisponíveis os interesses em jogo.*
>
> *2. O ato administrativo goza da presunção de legalidade que, para ser afastada, requer a produção de prova inequívoca cujo valor probatório não pode ter sido produzido unilateralmente – pelo interessado.*
>
> *Agravo regimental improvido.*
>
> (AgRg no REsp 1137177/SP, Rel. Ministro HUMBERTO MARTINS, SEGUNDA TURMA, julgado em 18/02/2010, DJe 02/03/2010)
>
> *1. Consoante jurisprudência do STJ, ainda que a contestação apresentada pela Fazenda Pública tenha sido reputada intempestiva, diante de direitos indisponíveis do*

[1056] SOUZA, Artur César. *Contraditório e revelia – perspectiva crítica dos efeitos da revelia em face da natureza dialética do processo*. São Paulo: Editora Revista dos Tribunais, 2003. p. 207 e 208.

ente estatal, os fatos da causa não comportam confissão, tampouco estão sujeitos aos efeitos da revelia. A remessa oficial comporta o efeito translativo do recurso. Precedentes.

2. Agravo regimental a que se nega o provimento.

(AgRg no REsp 817.402/AL, Rel. Ministra JANE SILVA (DESEMBARGADORA CONVOCADA DO TJ/MG), SEXTA TURMA, julgado em 18/11/2008, DJe 09/12/2008)

II – ilegitimidade de parte;

É sabido que para propor a demanda é necessário ter interesse e legitimidade (art. 17 do atual C.P.C.), bem como que ninguém poderá pleitear direito alheio em nome próprio, salvo quando autorizado pelo ordenamento jurídico (art. 18 do atual C.P.C.).

Estes dispositivos aplicam-se também ao procedimento de cumprimento de sentença, ou seja, para se pleitear o cumprimento de sentença é necessário que tenha o requerente legitimidade 'ad causam' e 'ad processum', assim como deve ser legítimo aquele contra quem se requererá o cumprimento de sentença.

Se a demanda for proposta por quem não é parte legítima ou contra quem não poderia ser indicada no pólo passivo, o juiz deverá extinguir o processo (no caso o procedimento) sem resolução de mérito, ou seja, sem analisar o mérito da execução, no caso o pedido de cumprimento da obrigação imposta na sentença.

Aliás, a legitimidade *ad causam* ou *ad processum* pode ser avaliada de ofício pelo juiz, pois estamos diante de um pressuposto processual ou de um pressuposto para análise do mérito do procedimento de cumprimento de sentença (também conhecido como condição da ação).

Esse reconhecimento de ilegitimidade pode ocorrer de ofício, no âmbito da impugnação ou mesmo em exceção de pré-executividade.

Reconhecida a ilegitimidade *ad causam* ou *ad processum*, o juiz extingue o procedimento de cumprimento de sentença, resultando daí sentença com atributo de coisa julgada formal, o que não impede que o credor ou exequente renove o procedimento corrigindo o polo ativo ou passiva da relação jurídica processual.

O cumprimento de sentença pode ocorrer entre as partes *originárias* que participaram do processo de conhecimento, ou mediante partes sucessivas ou substitutivas, no caso de falecimento ou de cessão de direitos creditórios, caracterizando nesta última hipótese o que a doutrina denomina de parte *derivada.*[1057]

[1057] Montenegro Filho, M., op. cit., p. 243.

Pode ocorrer, também, a *legitimação extraordinária em razão de substituto processual*, como ocorre com o Ministério Público, quando ele poderá promover o cumprimento de sentença nas hipóteses permitidas pela Constituição Federal e pela lei, agindo em nome próprio e em interesse ou direito de outrem. Isso é comum quando o Ministério Público realiza intervenção para a defesa de interesse difuso, coletivo ou individual homogêneo, principalmente na esfera ambiental e consumerista.

b.1) As hipóteses de legitimação ativa do cumprimento de sentença podem ser:

a) *legitimação ativa do credor que figura no título executivo judicial*. Neste caso não há dificuldade para se avaliar a legitimação, pois o credor é aquele que promoveu a demanda de conhecimento e nela se encontra quando da prolação da sentença ou do acórdão definitivo. Assim, há uma nítida congruência entre as partes da relação jurídica material com as partes envolvidas no cumprimento de sentença definitivo. Evidentemente, em se tratando de diversos credores solidários, qualquer um deles poderá promover o cumprimento de sentença. Aliás, nesse sentido prescrevem os seguintes dispositivos do C.c.b.: *Art. 267. Cada um dos credores solidários tem direito a exigir do devedor o cumprimento da prestação por inteiro. Art. 268. Enquanto alguns dos credores solidários não demandarem o devedor comum, a qualquer daqueles poderá este pagar. Art. 269. O pagamento feito a um dos credores solidários extingue a dívida até o montante do que foi pago;*

b) *legitimação do Ministério Público para promover a execução como substituto processual*, isto é, defendendo em nome próprio interesse alheio. Eis algumas hipóteses em que o Ministério Público apresenta legitimidade para o ingresso com a demanda de conhecimento e seu respectivo cumprimento de sentença: b.1) na defesa dos interesses dos portadores de deficiência física (art. 3º da Lei 7.853, de 24 de outubro de 1989; b.2) na ação de investigação de paternidade (§4º do art. 2º da Lei 8.560, de 29 de dezembro de 1992); b.3) na ação de proteção e defesa de consumidor (art. 82, inc. I da Lei n. 8.078, de 11 de setembro de 1990); b.4) mediante ação civil pública para proteção e reparação por danos causados ao meio ambiente, ao patrimônio artístico, histórico ou paisagístico etc. (art. 3º da Lei 24. de julho de 1985); b.5) promover a proteção de interesses individuais, difusos e coletivos das crianças e adolescentes (art. 98, inc. V da Lei 8.069 de 13 de julho de 1990); b.6). proteção dos interesses individuais indisponíveis, difusos e coletivos, relativos às comunidades indígenas, à família, às minorias étnicas (art. 6º, inc. VII da Lei Complementar n. 75/93).

Note-se que a legitimidade para promover a defesa de interesses coletivos também é das associações constituídas há mais de 1(um) ano, nos termos da lei civil.

Em relação às entidades sindicais, assim já se manifestou o S.T.J.:

1. Os sindicatos ostentam legitimidade para propor a liquidação e a execução de sentença, proferida em ação condenatória na qual atuaram como substitutos processuais, caso não promovidas pelos interessados, hipótese em que as referidas entidades atuam em regime de representação processual. Precedentes do S.T.F: RE 210029/RS, Relator Min. CARLOS VELLOSO, DJ de 17.08.2007; e RE 193503/SP, Relator Min. CARLOS VELLOSO, DJ de 24-08-2007 e do S.T.J: REsp 876812/RS, Rel. Ministro LUIZ FUX, PRIMEIRA TURMA, DJ de 01/12/2008; AgRg no REsp 926.608/RS, Rel. Ministro FRANCISCO FALCÃO, PRIMEIRA TURMA, DJ 02.08.2007; REsp 692.987/RS, Rel.

Ministra DENISE ARRUDA, PRIMEIRA TURMA, DJ 04.12.2006; REsp 637.837/RS, Rel. Ministro LUIZ FUX, PRIMEIRA TURMA, DJ 28.03.2005.

2. Os sindicatos ostentam legitimatio ad causam extraordinária, na qualidade de substitutos processuais (art. 6º, do CPC), para a defesa dos direitos e interesses coletivos ou individuais da categoria que representa, como dispõe o art. 8º, III, da CF.

3. A Lei n.° 7.788/89 estabelece, em seu art. 8º, que as entidades sindicais poderão atuar como substitutas processuais da categoria que representam, por isso que assente a autorização legal, revela-se desnecessária a autorização expressa do titular do direito subjetivo.

4. Embargos de Divergência providos.

(EREsp 901.627/RS, Rel. Ministro LUIZ FUX, CORTE ESPECIAL, julgado em 17/06/2009, DJe 06/08/2009)

Também as autarquias, empresa pública, fundação ou sociedade de econômica mista que inclua, entre suas finalidades institucionais, a proteção das pessoas portadoras de deficiência.

Em algumas dessas situações, o Ministério Público, apesar de não ter atuado como parte na propositura de eventual ação civil pública, pode promover a execução ou o cumprimento da sentença, principalmente, se o autor permanecer inerte durante certo tempo, após o trânsito em julgado da decisão. É o que se observa, por exemplo, com o disposto no art. 16 da Lei 4.717, de 29 de junho de 1965 que diz: *"Caso decorridos 60 (sessenta) dias da publicação da sentença condenatória de segunda instância, sem que o autor promova a respectiva execução, o representante do Ministério Público a promoverá nos 30 (trinta) dias seguintes, sob pena de falta grave"*. Da mesma forma preceitua o art. 15 do mesmo diploma legal: *"Decorridos 60 (sessenta) dias do trânsito em julgado da sentença condenatória, sem que a associação autora lhe promova a execução, deverá fazê-lo o Ministério Público, facultada igual iniciativa aos demais legitimados"*.

Estabelece, por sua vez, o art. 68 do C.P.P.: *"Quando o titular do direito à reparação do dano for pobre (art. 32, §§1º e 2º), a execução da sentença condenatória (art. 63) ou a ação civil (art. 64) será promovida, a seu requerimento, pelo Ministério Público"*. Sobre o art. 68 do C.P.C., assim se manifestou o Supremo Tribunal Federal e o Superior Tribunal de Justiça:

EMENTA: Ministério Público: legitimação para promoção, no juízo cível, do ressarcimento do dano resultante de crime, pobre o titular do direito à reparação: C. Pr. Pen., art. 68, ainda constitucional (cf. RE 135328): processo de inconstitucionalização das leis. 1. A alternativa radical da jurisdição constitucional ortodoxa entre a constitucionalidade plena e a declaração de inconstitucionalidade ou revogação por inconstitucionalidade da lei com fulminante eficácia ex tunc faz abstração da evidência de que a implementação de uma nova ordem constitucional não é um fato instantâneo, mas um processo, no qual a possibilidade de realização da norma da Constituição – ainda quando teoricamente não se cuide de preceito de eficácia limitada – subordina-se muitas vezes a alterações da realidade fáctica que a viabilizem. 2. No contexto da Constituição de 1988, a atribuição anteriormente dada ao Ministério Público pelo art. 68 C. Pr. Penal – constituindo modalidade de assistência judiciária – deve reputar-se transferida para a Defensoria Pública: essa, porém, para esse fim, só se pode considerar existente, onde e quando organizada, de direito e de fato, nos moldes do art. 134 da própria Constituição e da lei complementar por ela ordenada: até que – na União ou em cada Estado considerado –, se implemente essa condição de viabilização da cogitada transferência constitucional de atribuições, o art. 68 C. Pr. Pen. será considerado ainda vigente: é o caso do Estado de São Paulo, como decidiu o plenário no RE 135328.

(STF RE 147776/SP – SÃO PAULO RECURSO EXTRAORDINÁRIO Relator(a): Min. SEPÚLVEDA PERTENCE Julgamento: 19/05/1998 Órgão Julgador: Primeira Turma Publicação DJ 19-06-1998 PP-00009 EMENT VOL-01915-01 PP-00136 Parte(s) RECTE.: ESTADO DE SÃO PAULO RECDO.: GERALDA CARDOSO DE PAULA)

Ao Estado, no que assegurado constitucionalmente certo direito, cumpre viabilizar o respectivo exercício. Enquanto não criada por Lei, organizada – e, portanto, preenchidos os cargos próprios, na unidade da Federação – a Defensoria Pública, permanece em vigor o artigo 68 do Código de Processo Penal, estando o Ministério Público legitimado para a ação de ressarcimento nele prevista. Irrelevância de a assistência vir sendo prestada por órgão da Procuradoria Geral do Estado, em face de não lhe competir, constitucionalmente, a defesa daqueles que não possam demandar, contratando diretamente profissional da advocacia, sem prejuízo do próprio sustento. (STF; RE 135328; SP; Tribunal Pleno; Rel. Min. Marco Aurélio; Julg. 29/06/1994; DJU

20/04/2001; p. 00137) (Publicado no DVD Magister nº 17 – Repositório Autorizado do TST nº 31/2007)

À luz dos enunciados sumulares nºs 282/STF e 356/STF, é inadmissível o Recurso Especial que demande a apreciação de matéria sobre a qual não tenha se pronunciado a Corte de origem. 2. A mera transcrição de ementas e excertos, desprovida da realização do necessário cotejo analítico entre os arestos confrontados, revela-se insuficiente para comprovar a divergência jurisprudencial ensejadora da abertura da via especial com esteio na alínea «c» do permissivo constitucional. 3. A aferição acerca do acerto das conclusões das instâncias de cognição acerca da existência ou não de interesse pessoal dos arrolados como testemunhas demanda, in casu, o reexame do conjunto fático-probatório carreado aos autos, labor obstado à esta Corte Superior, na via especial, nos termos do verbete sumular nº 07/STJ. 4. O Ministério Público tem legitimidade para representação de hipossuficiente em ação civil de reparação por dano decorrente de conduta criminosa, nos expressos termos do art. 68 do CPP, litteris: «Quando o titular do direito à reparação do dano for pobre (art. 32, §§ 1º e 2º), a execução da sentença condenatória (art. 63) ou a ação civil (art. 64) será promovida, a seu requerimento, pelo Ministério Público. « 5. O Supremo Tribunal Federal reconheceu a inconstitucionalidade progressiva do art. 68 do CPP, concluindo que ‹enquanto não criada por Lei, organizada – e, portanto, preenchidos os cargos próprios, na unidade da Federação – a Defensoria Pública, permanece em vigor o artigo 68 do Código de Processo Penal, estando o Ministério Público legitimado para a ação de ressarcimento nele prevista' (RE nº 135.328-7/SP, Rel. Min. Marco Aurélio, DJ 01/08/94). 6. Evidenciando-se que a atuação do Parquet se deu, in casu, nos estreitos limites do art. 68 do CPP em momento anterior à instituição da Defensoria Pública no Estado de São Paulo (janeiro de 2006), revelam-se válidos todos os atos praticados pelo órgão ministerial na defesa dos interesses do hipossuficiente autor da demanda. 7. O art. 1.525 do Código Civil de 1916, a despeito de afirmar independentes as responsabilidades civil e criminal, deixa consignado que "não se poderá, porém, questionar mais sobre a existência do fato, ou quem seja o seu autor, quando estas questões se acharem decididas no crime." 8. In casu, o pedido autoral está assentado em sentença criminal, transitada em julgado, na qual se reconheceu culpado o preposto da ora recorrente pelas lesões corporais ocasionadas à parte autora em acidente automobilístico. Serve o título judicial como prova cabal da existência e da autoria dos fatos, não havendo falar, assim, a empresa recorrente, em ofensa ao art. 159 do Código Civil, tampouco ao art. 1525 do mesmo diploma legal. 9. Recurso Especial não conhecido.

(STJ; REsp 219.815; Proc. 1999/0054604-0; SP; Quarta Turma; Rel. Juiz Fed. Conv. Carlos Fernando Mathias; Julg. 11/11/2008; DJE 24/11/2008) (Publicado no DVD Magister nº 24 – Repositório Autorizado do TST nº 31/2007)

1. Apesar da Constituição Federal de 1988 ter afastado, dentre as atribuições funcionais do Ministério Público, a defesa dos hipossuficientes, incumbindo-a às Defensorias Públicas (art. 134), o Supremo Tribunal Federal consignou pela inconstitucionalidade progressiva do CPP, art. 68, concluindo que 'enquanto não criada por Lei, organizada – E, portanto, preenchidos os cargos próprios, na unidade da Federação – A Defensoria Pública, permanece em vigor o artigo 68 do Código de Processo Penal, estando o Ministério Público legitimado para a ação de ressarcimento nele prevista' (RE nº 135.328-7/SP, Rel. Min. Marco Aurélio, DJ 01/08/94). 2. Precedentes do STF e do STJ. 3. Embargos rejeitados.

(STJ; ERESP 232279; SP; Corte Especial; Rel. Min. Edson Carvalho Vidigal; Julg. 01/07/2003; DJU 04/08/2003; pág. 00205) (Publicado no DVD Magister nº 17 – Repositório Autorizado do TST nº 31/2007)

c) *legitimidade do espólio, dos herdeiros ou dos sucessores credores.* Uma vez aberta a sucessão, a posse e a propriedade dos bens do falecido são transferidas automaticamente aos seus herdeiros e sucessores (*princípio da saisine*), conforme estabelece o art. 1.784 do C.c.b.

Assim, todos os bens, materiais ou imateriais, inclusive direitos provenientes de decisões judiciais condenatórias, são transferidos aos herdeiros. Na realidade, a herança não é constituída apenas de bens materiais (terreno, automóvel, apartamento), mas é representada por uma universalidade de bens (art. 91), ou seja, por um complexo de relações jurídicas dotadas de valor econômico. Compreende o ativo e o passivo. É um somatório que abrange os bens e as dívidas, os créditos e os débitos, os direitos e as obrigações, as pretensões e ações de que era titular o falecido, e as que contra ele foram propostas, desde que transmissíveis.[1058]

Tendo o autor da herança falecido durante ou após a constituição judicial em seu favor de sentença condenatória de quantia certa, a prerrogativa de instaurar o procedimento de cumprimento de sentença passa ao seu espólio, herdeiros e sucessores, devendo a inicial ser instruída com documento que comprove esta relação jurídica de sucessão particular ou universal, bem como a certidão de óbito ou a nomeação de inventariante.

Aberto o processo de inventário de bens deixados pelo *de cujus*, enquanto a sucessão não for concluída, a lei confere legitimidade ativa ao espólio, representado pelo inventariante ou por quem for designado ou, não havendo inventário, ao herdeiro administrador dos bens, ou, ainda, aos herdeiros em conjunto.

[1058] Veloso, Zeno. *In:* Fiuza, Ricardo (Coordenador). *Novo código civil comentado.* São Paulo: Saraiva, 2002.

Aliás, conforme estabelece o art. 75, incisos VI e VII do atual C.P.C., a herança jacente ou vacante será representada ativa e passivamente por seu curador, enquanto que o espólio, pelo inventariante.

Por sua vez, o §1º do art. 75 preceitua que quando o inventariante for dativo, os sucessores do falecido serão intimados no processo no qual o espólio seja parte.

Uma vez encerrado o inventario com a partilha dos bens, somente o herdeiro que foi agraciado com o crédito decorrente da sentença judicial é que poderá promover a execução.

É importante salientar que ocorrendo a morte de qualquer das partes durante o procedimento de cumprimento de sentença, dar-se-á a sucessão pelo seu espólio ou pelos seus sucessores.

d) *legitimidade do cessionário por ato entre vivos.* Trata-se de legitimidade ativa *derivada*, quando o credor cede seu direito/crédito representado pela sentença condenatória de quantia certa, conforme permite o art. 286 do C.c.b.: *"O credor pode ceder o seu crédito, se a isso não se opuser a natureza da obrigação, a lei, ou a convenção com o devedor; a cláusula proibitiva da cessão não poderá ser oposta ao cessionário de boa-fé, se não constar do instrumento da obrigação"*.

Para que valha a cessão de crédito em relação ao devedor, é necessário que essa cessão seja notificada ao devedor, nos termos do art. 290 do C.c.b.: *"A cessão do crédito não tem eficácia em relação ao devedor, senão quando a este notificada; mas por notificado se tem o devedor que, em escrito público ou particular, se declarou ciente da cessão feita"*.

A notificação pode ser judicial ou extrajudicial, desde que chegue ao efetivo conhecimento do devedor.

É importante salientar que: *"O crédito é transferido com as mesmas características que possuía à época da cessão, não podendo o cedente, por óbvio, transferir mais direitos do que tenha. O cessionário passa a ter os mesmos direitos do cedente, incluindo bônus e ônus. Sendo assim, poderá o devedor opor contra o cessionário todas as formas de defesa de que dispunha contra o cedente, ao tempo em que teve conhecimento da cessão"*.[1059]

Diante da inadimplência do devedor, o cessionário poderá promover o procedimento de cumprimento de sentença, devendo instruí-lo com prova documental da cessão, a notificação dirigida ao devedor que comprove sua inequívoca ciência em relação aos termos da cessão. Trata-se de documentos essenciais para a instauração da demanda, sob pena de indeferimento do pedido, razão pela qual o juiz determinará a emenda da inicial.

[1059] Régis, Mário Luiz Delgado. *In:* Fiuza, Ricardo (coordenador). *Novo código civil comentado.* São Paulo: Saraiva, 2002. p. 276.

Na hipótese de alienação do direito litigioso no curso do procedimento de cumprimento de sentença, deve-se aplicar o disposto no art. 108 e 109 do atual C.P.C. que assim dispõe:

> *Art. 108. No curso do processo, somente é lícita a sucessão voluntária das partes nos casos expressos em lei.*
>
> *Art. 109. A alienação da coisa ou do direito litigioso por ato entre vivos, a título particular, não altera a legitimidade das partes.*
>
> *§ 1º O adquirente ou cessionário não poderá ingressar em juízo, sucedendo o alienante ou cedente, sem que o consinta a parte contrária.*
>
> *§ 2º O adquirente ou cessionário poderá intervir no processo como assistente litisconsorcial do alienante ou cedente.*
>
> *§ 3º Estendem-se os efeitos da sentença proferida entre as partes originárias ao adquirente ou cessionário.*

Comentando o C.P.C. de 1973, afirma Misael Montenegro Filho: *"Porém, por conta de reiterados julgados sobre o assunto, concluímos que o §1º do art. 42 não se aplica à ação executiva, em face de o inciso II do art. 567 não ter repetido a exigência constante da norma legal, de modo que o cessionário pode ingressar na execução em curso mesmo sem contar com o consentimento do executado, operando-se o fenômeno da 'sucessão processual', ocupando o cessionário o assento antes habitado pelo cedente"*.[1060]

a) *legitimidade passiva do devedor originário.* O devedor é o vencido em demanda condenatória.

A pessoa que foi indicada na sentença como devedora da obrigação imposta na decisão é considerada parte passiva legítima ordinária no procedimento de cumprimento de sentença.

Se a obrigação imposta na sentença for direcionada a vários devedores solidários, o credor terá a faculdade de instaurar a execução contra apenas um ou algum deles, como estabelece o art. 275 do C.c.b.: *"O credor tem direito a exigir e receber de um ou de alguns dos devedores, parcial ou totalmente, a dívida comum; se o pagamento tiver sido parcial, todos os demais devedores continuam obrigados solidariamente pelo resto"*.

É possível que o credor demande o cumprimento de sentença apenas contra um dos devedores, ou promova nova demanda contra os demais. A decisão inicial de demandar apenas contra um dos coobrigados não representa *renúncia*

[1060] Montenegro Filho, M., op. cit., p. 251.

ao direito de cobrar a dívida dos demais, autorizando nova demanda judicial de cumprimento de sentença.[1061]

III – a inexequibilidade do título ou inexigibilidade da obrigação;

A impugnação também poderá ter por conteúdo a alegação de inexequibilidade do título executivo judicial ou inexigibilidade da obrigação correspondente, no caso, a presença de impedimentos jurídicos para que o devedor satisfaça a pretensão do credor.

Para que um ato tenha eficácia para tornar adequado o procedimento de cumprimento de sentença é indispensável que em sua formação tenham sido observados os requisitos exigidos de forma para a sua regularidade. Em outras palavras, há requisitos formais além dos requisitos substanciais, referentes ao *conteúdo do ato*.

Entre os requisitos formais está a existência de uma sentença consubstanciada na forma escrita. Esse ato jurídico, que é a sentença, subordina-se a certos requisitos particulares, antes mesmo de se pensar na sua eficácia executiva, a qual somente ocorrerá se o ato estiver perfeito. A eficácia executiva, por sua vez, decorre da lei de natureza processual.[1062]

Já o conteúdo substancial decorre da precisa individualização do direito a que se refere. A sentença civil condenatória será sempre uma sentença civil condenatória, ainda que se refira a uma quantia indeterminada (ilíquida), ou a uma obrigação alternativa. Para que seja considerada título executivo, todavia, ela precisa individualizar o bem devido, e, tratando-se de bem fungível, indicar o número de unidades. É que a execução se caracteriza por ser um procedimento visando a uma determinada finalidade prática e objetiva, dispondo de meios para a realização do direito e não para o acertamento de sua natureza ou existência, ou da individualidade do bem devido, ou, ainda, a quantidade de bens.[1063]

Ao estudarem os requisitos substanciais do título executivo, a doutrina costuma falar muito e frequentemente sobre os predicados de *liquidez, certeza e exigibilidade*.

A *exigibilidade*, contudo, é estranha ao conceito e configuração do título executivo. A *exigibilidade* diz respeito apenas que é chegado o momento da satisfação da vontade concreta da lei, sem que haja mais qualquer impedimento legal.[1064]

[1061] MONTENEGRO FILHO, M., idem, p. 253.

[1062] DINAMARCO, Cândido Rangel. *Execução civil.* 3ª ed. São Paulo: Malheiros, 1993, p. 481.

[1063] DINAMARCO, C. R., idem, p.482.

[1064] DINAMARCO, C. R., idem, p. 483.

Em resumo: *"enquanto o título executivo pertence à disciplina da adequação da tutela executiva como requisito para que concorra o legítimo interesse de agir, a exigibilidade do direito é caracterizadora do interesse-necessidade. Só assim se explica a existência de títulos que se constituem antes da exigibilidade do direito, como sucede na hipótese de condenação para o futuro e como é corriqueiro entre os títulos extrajudiciais. No tocante à exigibilidade, deve o título apenas propiciar ao juiz a apreciação de sua ocorrência no momento da execução, isto é, indicar as 'condições de exigibilidade', de modo que à primeira vista se saiba se o débito está ou não vencido, se há ou não condições".*[1065]

Por isso, a qualidade de liquidez, certeza e exigibilidade não diz respeito ao título em sentido formal, ou seja, ao ato jurídico dotado de eficácia executiva, mas, sim, ao seu *conteúdo*, ou seja, *ao direito subjetivo atestado*. Na realidade, o conceito de exigibilidade pertence exclusivamente ao direito substancial e ali deve ser desenvolvido e esclarecido. É, segundo os critérios deste, portanto, que se deve verificar, em cada caso concreto, se já chegou o momento do recurso aos órgãos da jurisdição ou se ainda é preciso esperar pela satisfação voluntária.[1066]

Assim, no caso de cumprimento de sentença condenatória de quantia certa, a exigibilidade decorre do trânsito em julgado da sentença condenatória, ou do procedimento de liquidação do valor a ser pago quando necessário. Portanto, não há exigibilidade enquanto a obrigação de cumprir a obrigação não se encontre vencida, razão pela qual é lícita ao obrigado a abstenção do adimplemento, pois o direito reconhecido na sentença não lhe exige qualquer prestação.

Também a exigibilidade pode estar condicionada ao implemento da *condição ou termo* prevista no art. 514 do atual C.P.C.: *quando o juiz decidir relação jurídica sujeita a condição ou termo, o cumprimento da sentença dependerá de demonstração de que se realizou a condição ou de que ocorreu o termo.*

Na realidade, os pressupostos da relação processual executiva são aqueles elementos, requisitos e fatores de admissibilidade do processo regular, cuja presença enseja a emanação de pronunciamento válido e eficaz sobre o mérito, isto é, a satisfação do exequente, que é propriamente a execução.[1067]

Pela grande influência de Liebman, o C.P.C. de 1973, assim como o atual C.P.C., além dos pressupostos processuais comuns de existência e validade da relação jurídica processual, dos requisitos de admissibilidade e das condições da ação (análise de mérito), estabelecem também requisitos necessários para a realização do cumprimento da sentença: a sentença (título executivo) e o *inadimplemento*. Desta feita, a disposição atinente ao inadimplemento da obrigação

[1065] Dinamarco, C. R., idem, ibidem.

[1066] Dinamarco, C., R., idem, p. 408.

[1067] Assis, Araken. *Manual da execução.* 11ª ed. São Paulo: Revista dos Tribunais, 2008. p. 338.

é herança de Liebman, para quem o inadimplemento é a 'razão de ser' da execução (ou cumprimento de sentença), ou seu pressuposto de fato.[1068]

Por influência de Liebman, parte da doutrina classifica o inadimplemento como condição da ação de execução relacionada ao interesse de agir. Nesse sentido é a lição de José Frederico Marques.[1069]

Por sua vez, para Pontes de Miranda, Cândido Rangel Dinamarco, Marcelo Lima Guerra, Willis S. Guerra e outros, é imprópria a inclusão do inadimplemento como requisito da execução.[1070]

Para Dinamarco, o inadimplemento é um elemento integrante da causa de pedir executiva. Contudo, isso não significa dizer que ele configure condição da ação ou esteja inserido no interesse de agir. Ensina o processualista: *"Ao incluir o inadimplemento entre os 'requisitos para realizar qualquer execução', cometeu o Código de Processo Civil ao menos uma impropriedade, ficando incoerente consigo mesmo e com o sistema que contém; se o inadimplemento fosse realmente condição da ação executiva, dele haveria o juiz de conhecer de-ofício e não somente mediante os eventuais embargos do executado"*.[1071]

Teori Albino Zavascki entende que o inadimplemento *"é tema relacionado com a própria existência do direito, ou seja, é questão de mérito, e não de processo... Inadimplemento não é condição da ação de execução, mas condição para realizar legitimamente os atos executivos, ou, em outras palavras, condição para uma ação executiva 'procedente'"*.[1072]

Já Fredie Didier diferencia a *afirmação* do inadimplemento, que é um requisito específico de admissibilidade do procedimento executivo, e a *efetiva demonstração* do inadimplemento, que é uma questão de mérito.[1073]

Pois bem, seja o inadimplemento uma condição ou um pressuposto para o desencadeamento do procedimento de cumprimento de sentença, o certo é que sua avaliação, logo com o pedido de cumprimento de sentença, deve ocorrer com base na Teoria da Asserção ou *prospettazione*, segundo a qual as condições de análise do mérito (do pedido) ou condições de ação devem ser aferidas de acordo com as afirmações do autor, no caso o exequente. Kazuo Watanabe assinala: *"As*

1068 Liebman, Enrico Tullio. *Manual de direito processual civil.* Trad. e notas de Cândido Rangel Dinamarco. 3. ed. São Paulo, Malheiros, 2005. Vol. 1, p. 264.

1069 Marques, José Frederico. *Manual de direito processual civil.* 2ª ed. Campinas: Millennium, 2000, vol. 4., p. 27.

1070 Zavascki, Teori Albino. *Comentários ao código de processo civil.* São Paulo: Revista dos Tribunais, 2000, vol. 8. p. 160.

1071 Dinamarco, C., R., op. cit., 411.

1072 Zavascki, T. A., op. Cit., p. 160.

1073 Didier Júnior, Fredie, *et al. Curso de direito processual civil*: teoria geral do processo e processo de conhecimento. 10ª ed., Salvador: Juspodivm, 2008. v. 1,, p. 95.

condições da ação' são aferidas no plano 'lógico' e da mera asserção do direito, e a 'cognição' a que o juiz procede consiste em simplesmente confrontar a afirmativa do autor com o esquema abstrato da lei. Não se procede, ainda, ao acertamento do direito afirmado".[1074] Da mesma forma leciona Flávio Luiz Yarshell: *"a aferição das chamadas 'condições da ação' nada mais é do que um exame apriorístico e superficial, da própria relação material ou de dados relevantes colhidos no plano substancial. Trata-se de um juízo formulado com base em cognição não exauriente da controvérsia que, desde logo, pode antecipar o insucesso do pleito deduzido pelo demandante"*.[1075]

Assim, com base na Teoria da Asserção ou *prospettazione*, apresentando o exequente o título executivo, no caso a sentença transitada em julgado, e alegando o seu não cumprimento, deverá o juiz de imediato admitir a execução.

Por outro lado, se o juiz verificar de plano que não houve o pressuposto executivo (seja ele processual ou material), no caso, o inadimplemento, poderá indeferir o pedido de instauração do procedimento de cumprimento de sentença em razão deste fato.

Mas poderá ocorrer que no momento do pedido de instauração do cumprimento de sentença, a parte requerente não alegue, nem o juiz percebe que não houve o inadimplemento, ou seja, não ocorreu a exigibilidade do título e determine a instauração do processo. Apenas após diversos atos executivos é que se apercebem desta falha processual, quando, por sua vez, já se concretizara a exigibilidade por outros fatores. Nesta hipótese, parece-me que não será mais o caso de extinguir o cumprimento de sentença, pois fato novo ou superveniente surgiu no transcurso dos atos executivos.

É importante salientar que, em face do princípio da instrumentalidade do processo, entendo que se deve aplicar, também no cumprimento de sentença, o disposto no art. 490 do atual C.P.C. que assim dispõe: *Se, depois da propositura da ação, algum fato constitutivo, modificativo ou extintivo do direito influir no julgamento do mérito, caberá ao juiz tomá-lo em consideração, de ofício ou a requerimento da parte, no momento de proferir a decisão* (ainda que seja sentença extintiva da execução).

Assim, *"a sentença deve refletir o estado de fato da lide no momento da entrega da prestação jurisdicional, devendo o juiz levar em consideração o 'fato superveniente'"* (RSTJ 140, p. 386, 42, p. 352, 103, p. 263).

Nesse sentido também os seguintes precedentes:

[1074] Watanabe, Kazuo. *Da cognição no processo civil.* São Paulo: Revista dos Tribunais, 1987. p. 69.

[1075] Yarshell, Flávio Luiz. *Tutela jurisdicional.* São Paulo: Atlas, 1998. n. 17. p. 103.

1. O Tribunal de origem concluiu pela exigibilidade do crédito, uma vez que já havia pronunciamento definitivo na via administrativa e no mandado de segurança, relacionado à compensação do precatório.

2. Cabe ao juiz solucionar a demanda levando em consideração as questões supervenientes que influenciam na lide, conforme o disposto no art. 462 do CPC. Com efeito, quando do pronunciamento judicial, a questão administrativa já havia se exaurido por definitivo, tornando o título executivo definitivamente constituído, líquido, certo e exigível.

Agravo regimental improvido.

(AgRg no REsp 1270467/PR, Rel. Ministro HUMBERTO MARTINS, SEGUNDA TURMA, julgado em 06/12/2011, DJe 14/12/2011)

1. Insurgência especial fulcrada, preliminarmente, na aduzida ofensa ao artigo 462, do CPC, por não ter o acórdão regional atentado para o fato superveniente capaz de influir no julgamento, qual seja, a celebração de novo acordo de parcelamento, em 31.12.2002, causa suspensiva da exigibilidade do crédito tributário prevista no artigo 151, do CTN, e, por consequência, ensejadora da suspensão da execução fiscal em tela, ajuizada em 01.07.1998.

(...).

6. Desta sorte, a superveniente celebração de acordo de parcelamento constitui fato que deve ser considerado pelo magistrado quando da prolação de decisão em sede do executivo fiscal, ex vi do artigo 462, do CPC, uma vez que a suspensão do processo é consectário lógico da causa suspensiva da exigibilidade do crédito tributário.

7. Recurso especial parcialmente conhecido e, nesta parte, desprovido, sendo certo que não há imputação de honorários ao recorrido.

(REsp 784.943/ES, Rel. Ministro LUIZ FUX, PRIMEIRA TURMA, julgado em 07/08/2007, DJ 20/09/2007, p. 228)

Desta feita, se no momento da sentença de extinção da execução o débito não estava mais parcelado e encontrava-se sujeito à pretensão de exigibilidade, tal fato deve ser levado em consideração.

IV – O excesso de execução ou cumulação indevida de execuções.

A impugnação também poderá ter por fundamento a alegação de *excesso de execução.*

A Fazenda Nacional poderá afirmar que o pedido formulado no procedimento de cumprimento de sentença, o qual corresponde ao valor a ser pago, poderá estar em total dissonância com o conteúdo condenatório da sentença judicial, no caso, com o título apto a gerar atos de execução forçada. Na realidade, *"a essência da sentença de condenação está próprio no fato de ser instrumental em relação à expropriação forçada para superar o comportamento obstrutivo do devedor"*.[1076]

Assim, o pedido formulado no âmbito do cumprimento de sentença deve ater-se *ipsi literis* ao conteúdo previsto na sentença condenatória e aos limites normativos nela estabelecidos.

Por isso, convém afirmar que a sentença condenatória deve exprimir ou permitir a possibilidade de exprimir um direito certo, líquido e exigível. Por certeza entende-se uma precisa individualização do próprio direito, seja na imputação, ou direção subjetiva, ou no seu conteúdo. A liquidez, por sua vez, estabelece a sua expressão monetária.

Se a Fazenda Pública alegar na impugnação o excesso de execução, ou seja, que o exequente pleiteia quantia superior à resultante da sentença, deverá declarar de imediato o valor que entende correto.

Por sua vez, é lícito ao credor, sendo o mesmo devedor (Fazenda Pública), cumular as obrigações decorrentes em quantia certa contida na sentença condenatória, podendo exigir o cumprimento da sentença num mesmo procedimento.

É possível ao credor promover o cumprimento da obrigação decorrente de sentença condenatória de quantia certa contra o devedor originário e contra eventuais coobrigados. Contudo, em se tratando de Fazenda Pública (coobrigado) e servidor público (devedor originário), poderá haver incompatibilidade do procedimento de cumprimento de sentença, justamente porque a forma de pagamento a ser realizado pela Fazenda Pública será por precatório ou RPV. Neste caso, poderá haver inversão tumultuária do processo, razão pela qual se recomenda a separação dos procedimentos de cumprimento de sentença.

Sob a égide do C.P.C. de 1973, admitia-se a cumulação de execução, uma por título judicial e outra por título extrajudicial (RP 40/198).

Aliás, a Súmula 27 do S.T.J. preconiza que *"pode a execução fundar-se em mais de um título extrajudicial relativos ao mesmo negócio"*.

Contudo, o devedor também poderá inserir como fundamento da impugnação ao procedimento de cumprimento de sentença a *indevida cumulação de execução.*

Poderá a sentença condenatória, por exemplo, ter por conteúdo o cumprimento de obrigação de pagar quantia certa, obrigação de fazer ou não fazer e de dar coisa. Evidentemente que cada uma dessas obrigações demanda um procedimento específico de cumprimento de sentença, razão pela qual não poderão ser cumuladas sob pena de ocorrer tumultuo processual, principalmente porque

[1076] MONTELEONE, Girolamo. *Manuale di diritto processuale civile.* Vol. II. Quarta Edizione. Modena: CEDAM, 2007. p. 68.

o cumprimento de sentença estabelecido neste capítulo em relação à Fazenda Pública é somente para as sentenças condenatórias de quantia certa.

V – incompetência absoluta ou relativa do juízo da execução.

Poderá a impugnação, como matéria preliminar, ter fundamento na incompetência do juízo da execução.

Estabelece o *art. 516* do atual C.P.C. que o cumprimento da sentença efetuar-se-á perante:

I – os tribunais, nas causas de sua competência originária;

II – o juízo que decidiu a causa no primeiro grau de jurisdição;

III – o juízo cível competente, quando se tratar de sentença penal condenatória, de sentença arbitral, de sentença estrangeira ou de acórdão proferido pelo Tribunal Marítimo.

Quando se tratar de competência originária dos tribunais, o cumprimento da sentença dar-se-á no próprio tribunal, inclusive para efeito de cumprimento de sentença em que há condenação de honorários de advogado.

Não sendo o caso de competência originária, o cumprimento da sentença ocorrerá no juízo cível que processou a causa no primeiro grau de jurisdição.

Em se tratando de sentença penal condenatória, de sentença arbitral ou de sentença estrangeira ou acórdão proferido pelo Tribunal Marítimo, o seu cumprimento dar-se-á no juízo civil competente, ressaltando-se que na penúltima hipótese, o juízo competente é o da Justiça Federal de primeiro grau, nos termos do art. 109, inc. X da C.F. A competência deste juízo ocorre com base nas regras de competência geral deste Código ou nos termos do p.ú. do art. 516.

O parágrafo único do art. 516 do atual C.P.C. estabelece que nas hipóteses dos incisos II e III, o exequente poderá optar pelo juízo do atual domicílio do executado, pelo juízo do local onde se encontram os bens sujeitos à execução ou onde deve ser executada a obrigação de fazer ou de não fazer, casos em que a remessa dos autos do processo será solicitada ao juízo de origem.

Sob a égide do C.P.C. de 1973, assim se manifestou o S.T.J.: *"É absoluta a competência funcional estabelecida no art. 575, II* (atual 503, inc. II) *devendo a execução ser processada no juízo em que decidida a causa no primeiro grau de jurisdição"* (S.T.J., 4ª T., Resp 538.227-MT, rel. Min. Fernando Gonçalves, j. 20.4.04).

Agora, pelo novo C.P.C., esta competência deixou de ser absoluta para se tornar relativa, uma vez que poderá a execução ser proposta em outro juízo que não aquele em que foi proferida a decisão.

Assim, faculta-se ao demandante com pretensão de cumprimento de sentença escolher o cumprimento e inclusive a eventual liquidação da sentença, no juízo do atual domicílio do executado, do juízo do local onde se encontram os bens sujeitos à execução ou onde deve ser executada a obrigação de fazer ou de não fazer.

VI – qualquer causa modificativa ou extintiva da obrigação, como pagamento, novação, compensação, transação ou prescrição, desde que supervenientes ao trânsito em julgado da sentença.

Observa-se que a impugnação ao cumprimento de sentença pode resultar em oposição por defeito processual e, como é o caso, oposição por motivo de fundo.

A oposição de fundo refere-se, naturalmente, às causas de cumprimento ou extinção da obrigação.

Note-se que esse dispositivo não trata de causa impeditiva, modificativa ou extintiva da sentença condenatória, mas, sim, da obrigação que é objeto e conteúdo da sentença condenatória.

Por isso, eventuais causas impeditivas, modificativas ou extintivas da obrigação ocorridas antes do trânsito em julgado da decisão, deveriam ter sido alegadas no procedimento cognitivo, não podendo mais ser formuladas no procedimento de cumprimento de sentença, sob pena de preclusão ou coisa julgada.

Se por erro a parte não apresentou o recibo de pagamento ou de transação que possuía à época, entendo que poderá aventar tal questão em ação rescisória.

Outrossim, essas causas impeditiva, modificativa ou extintiva da obrigação somente poderão ser alegadas se supervenientes à decisão transitada em julgado.

O dispositivo fala em superveniência à sentença. Contudo, não é apenas a sentença de primeiro grau que delimita o tempo de sua alegação, pois o termo sentença aí referido também abrange eventual acórdão.

Por sua vez, essas causas impeditivas, modificativas ou extintivas da obrigação constantes do título executivo poderão advir após o prazo da impugnação, razão pela qual elas poderão ser comunicadas ao juiz por petição escrita, em razão da própria superveniência desses fatos. Ex: o pagamento, a transação, ou mesmo a prescrição intercorrente poderão ocorrer após o prazo de quinze dias para a apresentação da impugnação.

Segundo estabelece o *§1º do art. 535* do atual C.P.C., *a alegação de impedimento ou suspeição observará o disposto nos arts. 146 e 148.*

Preceitua o *§2º do art. 535* do atual C.P.C. que *quando se alegar que o exequente, em excesso de execução, pleiteia quantia superior à resultante do título, cumprirá à executada declarar de imediato o valor que entende correto, sob pena de não conhecimento da arguição.*

Estabelece o Enunciado n. 55 da ENFAM (Escola Nacional de Formação e Aperfeiçoamento de Magistrado): Às hipóteses de rejeição liminar a que se referem os arts. 525, § 5º, 535, § 2º, e 917 do CPC/2015 (excesso de execução) não se aplicam os arts. 9º e 10 desse código.

Comentando o §5º do art. 739-A do CPC de 1973, afirmara José Miguel Garcia Medina: *"De acordo com o §5º do art. 739-A do CPC, se os embargos se fundarem em excesso de execução, a petição deverá declarar o valor que o executado entende devido, 'sob pena de rejeição liminar dos embargos ou de não conhecimento desse fundamento'. Com esta regra, passa-se a observar, também nos embargos do executado, o princípio segundo o qual 'não pode o devedor escusar-se de cumprir a parte incontroversa da obrigação', o que consistiria em abuso do direito de defesa. Tendo em vista que, no caso, os embargos veiculam ação de execução, pensamos que, antes de indeferi-los liminarmente, deverá o juiz intimar o embargante para que este proceda a emenda da petição inicial de embargos. Caso o excesso de execução seja o único fundamento dos embargos, não havendo emenda, deverão os embargos ser indeferidos; caso, diversamente haja outros fundamentos nos embargos, aquele referente ao excesso de execução. A rejeição dos embargos 'ex vi' do §5º do art. 739-A se dará por decisão que não julga o mérito, já que, consoante estabelece a referida regra, o fundamento deduzido não será conhecido. No caso não ocorre coisa julgada, portanto, nada impedindo o ajuizamento de outra ação de conhecimento pelo executado com base no mesmo fundamento"*.[1077]

Discorda-se, apenas, do ilustre processualista maringaense quanto ao dever de o juiz oportunizar ao executado a possibilidade de emendar a inicial a fim de que indique qual o valor que entende correto para o cumprimento da obrigação.

Na realidade, o §2º do art. 535 do atual C.P.C. é muito claro, ou seja, se o executado, ao alegar o excesso de execução, não indicar de plano o valor que endente correto, o juiz deverá rejeitar liminarmente a impugnação ou a arguição, sem oportunizar a emenda da inicial. Nesse sentido, aliás, é o seguinte precedente do S.T.J.:

> *1. A reforma processual implementada pela Lei n. 11.382/2006, a qual inclui vários dispositivos legais ao CPC, dentre eles o art. 739-A, bem como alterou a redação de outros dispositivos, teve como objetivo possibilitar a prestação jurisdicional de forma mais célere e efetiva e, no que tange aos embargos à execução, ainda que ofertados pela Fazenda Pública, passou-se a exigir, expressamente, que a alegação de excesso de execução seja feita com a discriminação dos valores tidos por corretos pela embargante e com os documentos comprobatórios.*
>
> *2. No caso dos autos, a embargante não trouxe, na petição inicial, a memória de cálculos tidos por corretos e os documentos necessários, o que levou o juiz singular a ordenar a emenda da petição inicial dos embargos, o que somente foi cumprido pela embar-*

1077 Medina, J. M. G., op. cit., p. 128 e 129.

gante após decorrido o prazo fixado pelo juiz, o que acarretou a rejeição dos embargos, na forma do art. 739, II, do CPC.

3. A Segunda Turma desta Corte perfilha entendimento no sentido de que, após a vigência do art. 739-A, do CPC, a priori, não mais seria possível a emenda da petição inicial dos embargos fundados em excesso de execução se ela não trouxer a memória discriminada dos cálculos tidos por corretos, bem como os documentos comprobatórios do direito alegado, na forma do art. 475-L, § 2º, da legislação adjetiva, sob pena de subverter a sistemática da Lei n. 11.382/2006 que, ao inserir referido dispositivo legal no CPC, buscou reduzir condutas que se reputam temerárias e procrastinatórias tanto por parte do particular como do poder público, em caso de execução contra a Fazenda Pública, com ocorre na hipótese em tela.

4. Ressalte-se que a inépcia da inicial dos embargos à execução não retira a faculdade do juiz de, havendo dúvida acerca dos cálculos apresentados pelo exequente, remeter os autos à contadoria judicial, independentemente de requerimento das partes nesse sentido.

5. Recurso especial provido.

(REsp 1248453/SC, Rel. Ministro MAURO CAMPBELL MARQUES, SEGUNDA TURMA, julgado em 24/05/2011, DJe 31/05/2011)

3. Consequências da falta de impugnação – expedição de precatório ou de requisição de pequeno valor

Estabelece o *§3º do art. 535* do atual C.P.C. que *não impugnada a execução ou rejeitada as arguições da executada:*

> *I – expedir-se-á por intermédio do presidente do tribunal competente, precatório em favor do exequente, observando o disposto na Constituição Federal;*
>
> *II – por ordem do juiz, dirigida à autoridade na pessoa de quem o ente público foi citado para o processo, o pagamento de obrigação de pequeno valor será realizado no prazo de 2 (dois) meses contado da entrega da requisição, mediante depósito na agência de banco oficial mais próxima da residência do exequente.*

Não sendo apresentada impugnação pela Fazenda Pública, ou, embora apresentada, tenha sido rejeitada, caberá ao juiz por intermédio do presidente do tribunal competente expedir precatório em favor do exequente, observando o disposto na Constituição da República ou, por ordem do juiz, dirigida à autoridade citada para a causa, solicitar o pagamento da obrigação de pequeno valor por meio de requisição de pequeno valor.

Sobre o regramento Constitucional de expedição de precatório ou de requisição de pequeno valor – RPV, eis o que diz o art. 100 da C.F.:

Art. 100. Os pagamentos devidos pelas Fazendas Públicas Federal, Estaduais, Distrital e Municipais, em virtude de sentença judiciária, far-se-ão exclusivamente na ordem cronológica de apresentação dos precatórios e à conta dos créditos respectivos, proibida a designação de casos ou de pessoas nas dotações orçamentárias e nos créditos adicionais abertos para este fim. (Redação dada pela Emenda Constitucional nº 62, de 2009).

No art. 100, *caput,* estão abrangidas também as respectivas autarquias e fundações públicas.

Deve-se obedecer exclusivamente a ordem cronológica de pagamento de apresentação de precatórios e à conta dos créditos respectivos, proibida designação de casos ou de pessoas nas dotações orçamentárias e nos créditos adicionais abertos para este fim. Em razão desse preceito, fica a dúvida de constitucionalidade dos pagamentos efetuados fora da ordem cronológica de precatórios em razão de conciliação ou transação, pois a Constituição não abre essa exceção.

Assim, é proibida a designação de casos ou pessoas para fins de quebra da ordem cronológica de precatórios, mesmo na hipótese de créditos adicionais para esse fim.

Abre-se exceção ao disposto no *caput* do art. 100 para os débitos de natureza alimentícia e para os créditos em favor de titulares que tenham mais de 60 (sessenta) anos de idade ou sejam portadores de doença grave.

A ordem cronológica deverá ser observada, inclusive pela autoridade judiciária, que não poderá inverter esta ordem por meio de decisão judicial. Nesse sentido é a seguinte decisão do S.T.F.:

EMENTA: PRECATÓRIO. Determinação de pagamento imediato. Inadmissibilidade. Grave dano à ordem e economia públicas. Ordem cronológica. Observância obrigatória. Suspensão de segurança deferida. Agravo regimental improvido. Há risco de grave lesão à ordem e à economia públicas na decisão judicial que determina imediato pagamento de precatórios de valores elevados, sem obediência à ordem cronológica.

(SS 4090 AgR, Relator(a): Min. CEZAR PELUSO (Presidente), Tribunal Pleno, julgado em 17/02/2011, DJe-047 DIVULG 11-03-2011 PUBLIC 14-03-2011 EMENT VOL-02480-01 PP-00103)

É importante salientar que não caracteriza quebra da ordem cronológica de pagamento de precatórios, a solicitação feita em favor de um mesmo interessado, mas diante de pessoas jurídicas diversas, ainda que pertencente ao mesmo ente federado. Nesse sentido, eis o seguinte precedente do S.T.F.:

EMENTA: EXECUÇÃO. Fazenda Pública. Precatório judicial. Ordem cronológica. Quebra ou preterição. Não ocorrência. Precatórios judiciais cujo pagamento incumbe a pessoas jurídicas distintas, embora pertencentes ao mesmo ente federado. Ordens diversas. Bloqueio e sequestro de verba. Inadmissibilidade. Devolução de quantias eventualmente retidas. Liminar concedida para esses fins, em reclamação. Agravo improvido. Inteligência do art. 100, § 2º, da CF. Precedentes. Não se caracteriza quebra de precedência na ordem cronológica, quando se trate de precatórios judiciais cujo pagamento incumbe a pessoas jurídicas distintas, embora pertencentes ao mesmo ente federado.

(Rcl 3219 AgR, Relator(a): Min. CEZAR PELUSO, Tribunal Pleno, julgado em 29/10/2007, DJe-147 DIVULG 22-11-2007 PUBLIC 23-11-2007 DJ 23-11-2007 PP-00021 EMENT VOL-02300-01 PP-00188 RTJ VOL-00203-01 PP-00127)

Sobre a questão do pagamento de dívida pública por meio de precatório, eis o seguinte precedente do S.T.J.:

1. O art. 100 da Constituição Federal é claro ao dispor que "Os pagamentos devidos pelas Fazendas Públicas Federal, Estaduais, Distrital e Municipais, em virtude de sentença judiciária, far-se-ão exclusivamente na ordem cronológica de apresentação dos precatórios e à conta dos créditos respectivos, proibida a designação de casos ou de pessoas nas dotações orçamentárias e nos créditos adicionais abertos para este fim. (Redação dada pela Emenda Constitucional nº 62, de 2009)".

2. No caso, o pagamento dos valores retroativos previstos na portaria de anistia somente foi determinado pela decisão judicial proferida no mandado de segurança, a qual reconheceu a ilegalidade da omissão da Autoridade coatora no cumprimento integral da portaria.

3. A Terceira Seção, em sede de questão de ordem suscitada no MS 10.226/DF, firmou o entendimento de que, em face da alegada ausência de disponibilidade financeira da União, o pagamento dos valores retroativos previstos na Portaria de Anistia deve ser buscado pelo rito do precatório, nos termos do art. 730 do Código de Processo Civil.

4. Segundo a jurisprudência do Supremo Tribunal Federal, "todo pagamento devido pela Fazenda Pública está adstrito ao sistema de precatórios estabelecido na Constituição, o que não exclui, portanto, a situação de ser derivado de sentença concessiva de mandado de segurança." (AgRg no Ag 712216/ 1ª Turma, Relator Min. RICARDO LEWANDOWSKI, DJe de 18/09/2009.)

5. Agravo regimental desprovido.

(AgRg no MS 10.037/DF, Rel. Ministra LAURITA VAZ, TERCEIRA SEÇÃO, julgado em 22/06/2011, DJe 30/08/2011)

§ 1º do art. 100 da C.F. Os débitos de natureza alimentícia compreendem aqueles decorrentes de salários, vencimentos, proventos, pensões e suas complementações, benefícios previdenciários e indenizações por morte ou por invalidez, fundadas em responsabilidade civil, em virtude de sentença judicial transitada em julgado, e serão pagos com preferência sobre todos os demais débitos, exceto sobre aqueles referidos no § 2º deste artigo. (Redação dada pela Emenda Constitucional nº 62, de 2009).

Os débitos de natureza alimentar em geral serão pagos com preferência em relação a todos os demais débitos, sem que isso fira a ordem cronológica de pagamento de precatórios.

A Constituição Federal estabeleceu que se compreendem como débito de natureza alimentar os *salários, vencimentos, proventos, pensões e suas complementações, benefícios previdenciários e indenizações por morte ou por invalidez, fundadas em responsabilidade civil.*

Parece-me que essa classificação dada pela Constituição é meramente exemplificativa, pois outros casos de alimentos têm sido inseridos pelo S.T.F. nessa classificação, conforme se constata pelo seguinte precedente:

> *1. Os honorários advocatícios incluídos na condenação pertencem ao advogado e possuem natureza alimentícia. A satisfação pela Fazenda Pública se dá por precatório, observada ordem especial restrita aos créditos de igual natureza. Precedentes: AIs 623.145, sob a relatoria do ministro Dias Toffoli; 691.824, sob a relatoria do ministro Marco Aurélio; 732.358-AgR, sob a relatoria do ministro Ricardo Lewandowski; e 758.435, sob a relatoria do ministro Cezar Peluso; REs 470.407, sob a relatoria do ministro Marco Aurélio; 538.810, sob a relatoria do ministro Eros Grau; e 568.215, sob a relatoria da ministra Cármen Lúcia; bem como SL 158-AgR. 2. Agravo regimental desprovido.*
>
> (RE 415950 AgR, Relator(a): Min. AYRES BRITTO, Segunda Turma, julgado em 26/04/2011, DJe-162 DIVULG 23-08-2011 PUBLIC 24-08-2011 EMENT VOL-02572-02 PP-00282)

Essa preterição da ordem cronológica de pagamento de precatório, por ser imposta pela própria Constituição, é válida e legítima, conforme se depreende do seguinte precedente do S.T.F.:

> *EMENTA: PRECATÓRIO. Natureza alimentar. Preterição em relação a precatório não alimentar. Regimes constitucionais distintos. Inexistência de desrespeito à ordem cronológica. Suspensão de segurança deferida. Pedido de extensão. Deferimento. Agravo regimental na extensão. Deficiência na fundamentação. Caracterização de grave dano à ordem e à economia públicas. Efeito multiplicador. Agravo regimental improvido. O chamado efeito multiplicador, que provoca lesão à economia pública, é fundamento suficiente para deferimento de pedido de suspensão.*

(SS 4010 Extn-AgR, Relator(a): Min. CEZAR PELUSO (Presidente), Tribunal Pleno, julgado em 01/06/2011, DJe-122 DIVULG 27-06-2011 PUBLIC 28-06-2011 EMENT VOL-02552-01 PP-00046)

Mas dentro do contexto dos próprios débitos de natureza alimentar também haverá uma ordem de preferência, ou seja, dentre os débitos alimentares serão pagos preferencialmente os créditos em favor dos titulares que tenham 60 (sessenta) anos de idade ou mais, ou, ainda, em favor dos que sejam portadores de doença grave, definidos na forma da lei.

§ 2º do art. 100 da C.F. Os débitos de natureza alimentícia cujos titulares tenham 60 (sessenta) anos de idade ou mais na data de expedição do precatório, ou sejam portadores de doença grave, definidos na forma da lei, serão pagos com preferência sobre todos os demais débitos, até o valor equivalente ao triplo do fixado em lei para os fins do disposto no § 3º deste artigo, admitido o fracionamento para essa finalidade, sendo que o restante será pago na ordem cronológica de apresentação do precatório. (Redação dada pela Emenda Constitucional nº 62, de 2009).

Este dispositivo garante a preferência no pagamento dos precatórios de débito alimentar para aquelas pessoas que tenham 60 (sessenta) anos de idade ou mais na data da expedição do precatório. Essa regra constitucional está de acordo com os princípios fundamentais do Estatuto do Idoso, Lei 10.741 de 1º de outubro de 2003. Aliás, estabelece o art. 71 do Estatuto do Idoso: *"É assegurada prioridade na tramitação dos processos e procedimentos e na execução dos atos e diligências em que figure como parte ou interveniente pessoa com idade igual ou superior a 60 (sessenta) anos, em qualquer instância".*

Também terão prioridade no pagamento de débitos alimentares as pessoas portadoras de doença grave, definidos na forma da lei.

A Lei 12.008 de 29 de julho de 2009, alterando o C.P.C. de 1973, passou a estabelecer quais seriam as doenças graves para efeito de celeridade processual. Eis o teor desta legislação.

O PRESIDENTE DA REPÚBLICA Faço saber que o Congresso Nacional decreta e eu sanciono a seguinte Lei:

Art. 1º O art. 1.211-A da Lei nº 5.869, de 11 de janeiro de 1973 – Código de Processo Civil, passa a vigorar com a seguinte redação:

"Art. 1.211-A. Os procedimentos judiciais em que figure como parte ou interessado pessoa com idade igual ou superior a 60 (sessenta) anos, ou portadora de doença grave, terão prioridade de tramitação em todas as instâncias.

Parágrafo único. (VETADO)" (NR)

Art. 2º O art. 1.211-B da Lei nº 5.869, de 1973 – Código de Processo Civil, passa a vigorar com a seguinte redação:

"Art. 1.211-B. A pessoa interessada na obtenção do benefício, juntando prova de sua condição, deverá requerê-lo à autoridade judiciária competente para decidir o feito, que determinará ao cartório do juízo as providências a serem cumpridas.

§ 1º Deferida a prioridade, os autos receberão identificação própria que evidencie o regime de tramitação prioritária.

§ 2º (VETADO)

§ 3º (VETADO)" (NR)

Art. 3º O art. 1.211-C da Lei nº 5.869, de 1973 – Código de Processo Civil, passa a vigorar com a seguinte redação:

"Art. 1.211-C. Concedida a prioridade, essa não cessará com a morte do beneficiado, estendendo-se em favor do cônjuge supérstite, companheiro ou companheira, em união estável." (NR)

Art. 4º A Lei nº 9.784, de 29 de janeiro de 1999, passa a vigorar acrescida do seguinte art. 69-A:

"Art. 69-A. Terão prioridade na tramitação, em qualquer órgão ou instância, os procedimentos administrativos em que figure como parte ou interessado:

I – pessoa com idade igual ou superior a 60 (sessenta) anos;

II – pessoa portadora de deficiência, física ou mental;

III – (VETADO)

IV – pessoa portadora de tuberculose ativa, esclerose múltipla, neoplasia maligna, hanseníase, paralisia irreversível e incapacitante, cardiopatia grave, doença de Parkinson, espondiloartrose anquilosante, nefropatia grave, hepatopatia grave, estados avançados da doença de Paget (osteíte deformante), contaminação por radiação, síndrome de imunodeficiência adquirida, ou outra doença grave, com base em conclusão da medicina especializada, mesmo que a doença tenha sido contraída após o início do processo.

§ 1º A pessoa interessada na obtenção do benefício, juntando prova de sua condição, deverá requerê-lo à autoridade administrativa competente, que determinará as providências a serem cumpridas.

§ 2º Deferida a prioridade, os autos receberão identificação própria que evidencie o regime de tramitação prioritária.

§ 3º (VETADO)

§ 4º (VETADO)

Art. 5º Esta Lei entra em vigor na data de sua publicação.

É importante salientar que as doenças graves indicadas no inc. II e IV do art. 69-A da Lei 9.784/99 são meramente exemplificativas, uma vez que a autoridade judiciária, valendo-se de informação de médicos especialistas, poderá, por analogia, outorgar o benefício a outro tipo de doença existente ou por existir, mas que para todos os efeitos seja considerada pela medicina como doença grave.

Antes mesmo da inserção da nova redação do §2º do art. 100 da C.F. pela Emenda Constitucional n. 61, de 2009, o Supremo Tribunal Federal, aplicando o princípio que tenho denominado de *parcialidade positiva do juiz*,[1078] já vinha dando um tratamento diferenciado à pessoa portadora de doença grave, fazendo uma nítida distinção entre as partes que compõem a relação jurídica processual, priorizando e distinguindo a parte portadora de doença grave. Nesse sentido, eis o seguinte precedente:

> *1. Não cabe reclamação contra ato futuro indeterminado. A reclamação pressupõe a prática de ato específico para que possa ser conhecida. 2. Por ocasião do julgamento da ADI 1.662 (rel. min. Maurício Corrêa), a Corte decidiu que a ausência de previsão orçamentária ou o pagamento irregular de crédito que devesse ser solvido por precatório não se equiparam à quebra de ordem cronológica ou à preterição do direito do credor (art. 100, § 2º, da Constituição). 3. Naquela assentada, a Corte não ponderou acerca da influência do direito fundamental à saúde e à vida na formação das normas que regem a sistemática de pagamentos de precatório. Portanto, ordem de bloqueio de verbas públicas, para pagamento de precatório, fundada no quadro de saúde do interessado, não viola a autoridade do acórdão prolatado durante o julgamento da ADI 1.662. 4. Ressalva do ministro-relator, quanto à possibilidade do exame da ponderação, cálculo ou hierarquização entre o direito fundamental à saúde e a sistemática que rege os precatórios em outra oportunidade. 5. Reclamação conhecida parcialmente e, na parte conhecida, julgada improcedente.*
>
> (Rcl 3982, Relator(a): Min. JOAQUIM BARBOSA, Tribunal Pleno, julgado em 19/11/2007, DJe-162 DIVULG 13-12-2007 PUBLIC 14-12-2007 DJ 14-12-2007 PP-00049 EMENT VOL-02303-01 PP-00064 RTJ VOL-00204-01 PP-00238)

§ 3º do art. 100 da C.F. O disposto no caput deste artigo relativamente à expedição de precatórios não se aplica aos pagamentos de obrigações definidas em lei como de pequeno valor que as Fazendas referidas devam fazer em virtude de sentença judicial transitada em julgado. (Redação dada pela Emenda Constitucional nº 62, de 2009).

Em se tratando de pagamento de obrigações definidas em lei como de pequeno valor, não haverá expedição de precatório, pois neste caso a quitação

[1078] Souza, Artur César. *A parcialidade positiva do juiz*. São Paulo: Editora Revista dos Tribunais, 2010.

do débito pela entidade pública ocorrerá mediante Requisição de Pequeno Valor – RPV.

A Resolução n. 168, de 05 de dezembro de 2011, alterada pela Resolução n. 235, de 13.03.2013, do Conselho da Justiça Federal, regulamenta, no âmbito da Justiça Federal de primeiro e segundo graus, os procedimentos relativos à expedição de ofícios requisitórios, ao cumprimento da ordem cronológica dos pagamentos e compensações e ao saque e levantamento dos depósitos.

§ 4º do art. 100 da Constituição Federal. Para os fins do disposto no § 3º, poderão ser fixados, por leis próprias, valores distintos às entidades de direito público, segundo as diferentes capacidades econômicas, sendo o mínimo igual ao valor do maior benefício do regime geral de previdência social. (Redação dada pela Emenda Constitucional nº 62, de 2009).

Segundo preceitua o art. 3º da Resolução n. 168 de 05 de dezembro de 2011 do Conselho da Justiça Federal:

"Art. 3º Considera-se Requisição de Pequeno Valor – RPV aquela relativa a crédito cujo valor atualização, por beneficiário, seja igual ou inferior a:

I – sessenta salários mínimos, se a devedora for a Fazenda federal (art. 17, §1º, da Lei n. 10.259, de 12 de julho de 2001);

II – quarenta salários mínimos ou o valor estipulado pela legislação local, se a devedor for a Fazenda estadual ou a Fazenda distrital, não podendo a lei fixar valor inferior ao do maior benefício do regime geral de previdência social;

III – trinta salários mínimos ou o valor estipulado pela legislação local, se a devedora for a Fazenda municipal, não podendo a lei fixar valor inferior ao do maior benefício do regime geral de previdência social".

§ 5º da Constituição Federal. É obrigatória a inclusão, no orçamento das entidades de direito público, de verba necessária ao pagamento de seus débitos, oriundos de sentenças transitadas em julgado, constantes de precatórios judiciários apresentados até 1º de julho, fazendo-se o pagamento até o final do exercício seguinte, quando terão seus valores atualizados monetariamente. (Redação dada pela Emenda Constitucional nº 62, de 2009).

Este parágrafo torna obrigatória a inclusão no orçamento das entidades de direito público de verba necessária ao pagamento de seus débitos, oriundos de sentenças transitadas em julgado, constantes de precatórios judiciários apresentados até 1º de julho, fazendo-se o pagamento até o final do exercício seguinte (dezembro do ano seguinte), quando terão seus valores atualizados monetariamente. Porém, o descumprimento dessa norma não permite que o exequente requeira o sequestro de verba para receber o que lhe é devido, pois o S.T.F., na

ADI n. 1.662, entendeu que a não inclusão no orçamento não caracteriza quebra da ordem cronológica de pagamento.

Há, contudo, uma exceção prevista na Constituição Federal em que a não dotação orçamentária para o pagamento do precatório justifica e legitima o sequestro de valores da entidade de direito público. É a hipótese prevista §4º do art. 78 dos ADCT, que assim preceitua: *§ 4º O Presidente do Tribunal competente deverá, vencido o prazo ou em caso de omissão no orçamento, ou preterição ao direito de precedência, a requerimento do credor, requisitar ou determinar o sequestro de recursos financeiros da entidade executada, suficientes à satisfação da prestação. (Incluído pela Emenda Constitucional nº 30, de 2000)*

Por outro lado, existem normas Constitucionais previstas nos Atos de Disposições Constitucionais Transitórios que ultrapassam, e muito, o prazo de pagamento de precatórios previsto neste §5º do art. 100 da C.F.

O art. 33 do ADCT estabelece: *"Ressalvados os créditos de natureza alimentar, o valor dos precatórios judiciais pendentes de pagamento na data da promulgação da Constituição, incluído o remanescente de juros e correção monetária, poderá ser pago em moeda corrente, com atualização, em prestações anuais, iguais ou sucessivas, no prazo máximo de oito anos, a partir de 1º de julho de 1989, por decisão editada pelo Poder Executivo até cento e oitenta dias da promulgação da Constituição.*

Parágrafo único. Poderão as entidades devedoras, para o cumprimento do disposto neste artigo, emitir, em cada ano, no exato montante do dispêndio, títulos de dívida pública não computáveis para efeito do limite global de endividamento".

Como esse dispositivo excepcionou os créditos de natureza alimentar, assim se pronunciou o S.T.F. sobre o tema:

> *Os honorários advocatícios e periciais têm natureza alimentar. Por isso, excluem-se da forma de pagamento preconizada no art. 33, ADCT. II. – R.E. não conhecido.* (RE 146318, Relator(a): Min. CARLOS VELLOSO, Segunda Turma, julgado em 13/12/1996, DJ 04-04-1997 PP-10537 EMENT VOL-01863-03 PP-00617)

Entendeu o S.T.F. que uma vez calculado o valor do precatório para os fins do art. 33 do ADCT, não incidem mais juros moratórios, *in verbis*:

> *EMENTA: I – Apenas incidem juros moratórios, no caso de pagamento de precatório nos termos do art. 33 do ADCT, na hipótese de atraso na quitação das prestações mencionadas naquele dispositivo. II – Não incidem juros compensatórios no pagamento de precatórios efetuado na forma prevista no art. 33 do ADCT. III – Agravo regimental desprovido.*

(RE 533133 AgR, Relator(a): Min. RICARDO LEWANDOWSKI, Segunda Turma, julgado em 23/08/2011, DJe-171 DIVULG 05-09-2011 PUBLIC 06-09-2011 EMENT VOL-02581-01 PP-00120)

Também não incidem juros compensatórios, *in verbis:*

1. Não incidem juros compensatórios sobre o parcelamento previsto no art. 33 do ADCT referentes às parcelas pagas com atraso. 2. A questão relativa aos juros compensatórios em desapropriação já está pacificada por esta Corte. Precedentes. 3. Inexistência de omissão, contradição ou obscuridade a suprir. 4. Embargos de declaração rejeitados.

(RE 477377 AgR-ED, Relator(a): Min. ELLEN GRACIE, Segunda Turma, julgado em 31/05/2011, DJe-121 DIVULG 24-06-2011 PUBLIC 27-06-2011 EMENT VOL-02551-01 PP-00095)

O art. 78 dos ADCT estabelece:

Art. 78. Ressalvados os créditos definidos em lei como de pequeno valor, os de natureza alimentícia, os de que trata o art. 33 deste Ato das Disposições Constitucionais Transitórias e suas complementações e os que já tiverem os seus respectivos recursos liberados ou depositados em juízo, os precatórios pendentes na data de promulgação desta Emenda e os que decorram de ações iniciais ajuizadas até 31 de dezembro de 1999 serão liquidados pelo seu valor real, em moeda corrente, acrescido de juros legais, em prestações anuais, iguais e sucessivas, no prazo máximo de dez anos, permitida a cessão dos créditos. (Incluído pela Emenda Constitucional nº 30, de 2000)

§ 1º É permitida a decomposição de parcelas, a critério do credor. (Incluído pela Emenda Constitucional nº 30, de 2000)

§ 2º As prestações anuais a que se refere o caput deste artigo terão, se não liquidadas até o final do exercício a que se referem, poder liberatório do pagamento de tributos da entidade devedora. (Incluído pela Emenda Constitucional nº 30, de 2000)

§ 3º O prazo referido no caput deste artigo fica reduzido para dois anos, nos casos de precatórios judiciais originários de desapropriação de imóvel residencial do credor, desde que comprovadamente único à época da imissão na posse. (Incluído pela Emenda Constitucional nº 30, de 2000)

§ 4º O Presidente do Tribunal competente deverá, vencido o prazo ou em caso de omissão no orçamento, ou preterição ao direito de precedência, a requerimento do credor, requisitar ou determinar o sequestro de recursos financeiros da entidade executada, suficientes à satisfação da prestação. (Incluído pela Emenda Constitucional nº 30, de 2000)

É importante salientar que em relação ao § 2º do art. 78 do ADCT *(As prestações anuais a que se refere o caput deste artigo terão, se não liquidadas até o final do exercício a que se referem, poder liberatório do pagamento de tributos da entidade devedora. (Incluído pela Emenda Constitucional nº 30, de 2000))* há no Supremo Tribunal Federal um procedimento de Repercussão Geral aguardando julgamento, *in verbis:*

> *Decisão: O Supremo Tribunal Federal reconheceu a repercussão geral da controvérsia objeto dos presentes autos – aplicabilidade imediata do artigo 78, § 2º, do Ato das Disposições Constitucionais Transitórias – ADCT e a possibilidade de se compensar precatórios de natureza alimentar com débitos tributários – que será submetida à apreciação do Pleno desta Corte, nos autos do RE n. 566.349, Relatora a Ministra Cármen Lúcia. Destarte, aplicando a decisão Plenária no RE n. 579.431, secundada, a posteriori pelo AI n. 503.064-AgR-AgR, Rel. Min. CELSO DE MELLO; AI n. 811.626-AgR-AgR, Rel. Min. RICARDO LEWANDOWSKI, e RE n. 513.473-ED, Rel. Min. CEZAR PELUSO, determino a devolução dos autos ao Tribunal de origem (art. 328, parágrafo único, do RISTF c.c. artigo 543-B e seus parágrafos do Código de Processo Civil). Publique-se. Brasília, 30 de novembro de 2011. Ministro Luiz Fux Relator Documento assinado digitalmente.*
>
> (RE 577251, Relator(a): Min. LUIZ FUX, julgado em 30/11/2011, publicado em DJe-231 DIVULG 05/12/2011 PUBLIC 06/12/2011)

O Supremo Tribunal Federal, na ADI 2356 MC, e na Medida Cautelar que teve por objeto analisar a constitucionalidade do art. 2º da Emenda Constitucional n. 30, de 13 de setembro de 2000, que acrescentou o art. 78 aos ADCT, assim se manifestou em decisão liminar:

> *1. O precatório de que trata o artigo 100 da Constituição consiste em prerrogativa processual do Poder Público. Possibilidade de pagar os seus débitos não à vista, mas num prazo que se estende até dezoito meses. Prerrogativa compensada, no entanto, pelo rigor dispensado aos responsáveis pelo cumprimento das ordens judiciais, cujo desrespeito constitui, primeiro, pressuposto de intervenção federal (inciso VI do art. 34 e inciso V do art. 35, da CF) e, segundo, crime de responsabilidade (inciso VII do art. 85 da CF). 2. O sistema de precatórios é garantia constitucional do cumprimento de decisão judicial contra a Fazenda Pública, que se define em regras de natureza processual conducentes à efetividade da sentença condenatória trânsita em julgado por quantia certa contra entidades de direito público. Além de homenagear o direito de propriedade (inciso XXII do art. 5º da CF), prestigia o acesso à jurisdição e a coisa julgada (incisos XXXV e XXXVI do art. 5º da CF). 3. A eficácia das regras jurídicas produzidas*

pelo poder constituinte (redundantemente chamado de "originário") não está sujeita a nenhuma limitação normativa, seja de ordem material, seja formal, porque provém do exercício de um poder de fato ou suprapositivo. Já as normas produzidas pelo poder reformador, essas têm sua validez e eficácia condicionadas à legitimação que recebam da ordem constitucional. Daí a necessária obediência das emendas constitucionais às chamadas cláusulas pétreas. 4. O art. 78 do Ato das Disposições Constitucionais Transitórias, acrescentado pelo art. 2º da Emenda Constitucional nº 30/2000, ao admitir a liquidação "em prestações anuais, iguais e sucessivas, no prazo máximo de dez anos" dos "precatórios pendentes na data de promulgação" da emenda, violou o direito adquirido do beneficiário do precatório, o ato jurídico perfeito e a coisa julgada. Atentou ainda contra a independência do Poder Judiciário, cuja autoridade é insuscetível de ser negada, máxime no concernente ao exercício do poder de julgar os litígios que lhe são submetidos e fazer cumpridas as suas decisões, inclusive contra a Fazenda Pública, na forma prevista na Constituição e na lei. Pelo que a alteração constitucional pretendida encontra óbice nos incisos III e IV do § 4º do art. 60 da Constituição, pois afronta "a separação dos Poderes" e "os direitos e garantias individuais". 5. Quanto aos precatórios "que decorram de ações iniciais ajuizadas até 31 de dezembro de 1999", sua liquidação parcelada não se compatibiliza com o caput do art. 5º da Constituição Federal. Não respeita o princípio da igualdade a admissão de que um certo número de precatórios, oriundos de ações ajuizadas até 31.12.1999, fique sujeito ao regime especial do art. 78 do ADCT, com o pagamento a ser efetuado em prestações anuais, iguais e sucessivas, no prazo máximo de dez anos, enquanto os demais créditos sejam beneficiados com o tratamento mais favorável do § 1º do art. 100 da Constituição. 6. Medida cautelar deferida para suspender a eficácia do art. 2º da Emenda Constitucional nº 30/2000, que introduziu o art. 78 no ADCT da Constituição de 1988.

(ADI 2356 MC, Relator(a): Min. NÉRI DA SILVEIRA, Relator(a) p/ Acórdão: Min. AYRES BRITTO, Tribunal Pleno, julgado em 25/11/2010, DJe-094 DIVULG 18-05-2011 PUBLIC 19-05-2011 EMENT VOL-02525-01 PP-00054)

O Supremo Tribunal Federal, avaliando a questão da incidência de juros de mora e juros compensatórios na hipótese do art. 78 dos ADCT, assim se pronunciou:

1. O Supremo Tribunal Federal, após reconhecer a repercussão geral da questão, decidiu no julgamento do RE 590.751, da relatoria do ministro Ricardo Lewandowski, que "o art. 78 do ADC possui a mesma mens legis que o art. 33 deste Ato, razão pela qual, uma vez calculado o precatório pelo valor real do débito, acrescido de juros legais, não há mais falar em incidência destes nas parcelas anuais, iguais e sucessivas em que é fracionado, desde que adimplidas a tempo e corrigidas monetariamente". Ressalvado o ponto de vista deste Relator. 2. Agravo regimental desprovido.

(RE 576291 AgR, Relator(a): Min. AYRES BRITTO, Segunda Turma, julgado em 25/10/2011, ACÓRDÃO ELETRÔNICO DJe-239 DIVULG 16-12-2011 PUBLIC 19-12-2011)

I – O art. 78 do ADC possui a mesma mens legis que o art. 33 deste Ato, razão pela qual, uma vez calculado o precatório pelo valor real do débito, acrescido de juros legais, não há mais falar em incidência destes nas parcelas anuais, iguais e sucessivas em que é fracionado, desde que adimplidas a tempo e corrigidas monetariamente. II – Não se mostra possível, em sede de recurso extraordinário, examinar a alegação de ofensa ao princípio da justa indenização, abrigado no art. 5º, XXIV, da Constituição Federal, diante do que dispõe a Súmula 279 do STF. III – A discussão acerca dos limites objetivos da coisa julgada, ademais, constitui matéria de legislação ordinária, que não dá ensejo à abertura da via extraordinária. IV – Recurso extraordinário parcialmente provido.

(RE 590751, Relator(a): Min. RICARDO LEWANDOWSKI, Tribunal Pleno, julgado em 09/12/2010, REPERCUSSÃO GERAL – MÉRITO DJe-063 DIVULG 01-04-2011 PUBLIC 04-04-2011 EMENT VOL-02495-01 PP-00153)

O Superior Tribunal de Justiça, num caso especial, assim se manifestou sobre os juros compensatórios na hipótese do art. 78 dos ADCT:

1. O mandamus foi impetrado contra ato do Presidente do TJ/RJ, que determinou o sequestro de verba municipal para o pagamento de precatório. A quantia requisitada originou-se de única condenação proferida em demanda expropriatória. No entanto, como o ente público discutiu na execução a incidência de juros compensatórios, foram expedidos dois precatórios: o primeiro relativo à parte não controvertida e o segundo referente ao ponto impugnado na fase executiva. No apelo, a municipalidade alega que não é possível a inclusão de juros compensatórios na sistemática prevista no art. 78 do ADCT.

2. Segundo o regime da moratória previsto no art. 78 do ADCT, o montante apurado no início da execução será decomposto em, no máximo, dez prestações anuais. Todavia, no momento de efetuar-se o pagamento de cada uma dessas parcelas, não haverá incidência de um novo percentual de juros compensatórios ou moratórios, salvo quanto a esses últimos, se não for realizado o pagamento dentro do prazo constitucional estabelecido. Precedentes.

3. Situação diversa é a dos juros compensatórios previstos no próprio título judicial transitado em julgado. Esses integram o cálculo inicial destinado à expedição do primeiro precatório e estão em perfeita sintonia com a sistemática do art. 78 do ADCT. No caso, a quantia sequestrada destina-se a saldar os juros compensatórios contidos no título judicial, os quais, como destacado, não se confundem com os juros em continuação das parcelas anuais, inexistindo qualquer ilegalidade no ato impugnado.

4. Recurso ordinário em mandado de segurança não provido.

(RMS 34.141/RJ, Rel. Ministro CASTRO MEIRA, SEGUNDA TURMA, julgado em 04/10/2011, DJe 13/10/2011).

O S.T.J., por sua vez, apresenta o seguinte precedente sobre os juros compensatórios e a possibilidade de sua inclusão já na fase de sua expedição do precatório:

1. O Presidente do Tribunal local é competente para corrigir erro de cálculo, nos termos do disposto no art. 1º- E da Lei 9.494/97, incluído pela Medida Provisória 2.180-35/2001, em que se lhe permite, de ofício ou a requerimento das partes, proceder à revisão das contas elaboradas para aferir o valor dos precatórios antes de seu pagamento ao credor.

2. Ao incluir os juros compensatórios e moratórios em continuação do cálculo da sentença exequenda, o órgão Especial do Tribunal de Justiça do Estado de São Paulo atuou nos estritos limites de sua competência, procedente a retificação da conta, segundo precedentes jurisprudenciais firmados até mesmo pelo Supremo Tribunal Federal: "O pagamento de precatórios segundo o critério de parcelamento previsto no art. 78 da ADCT não prevê a incidência de juros compensatórios, mas somente dos juros legais". AI-AgR 545.938/SP, DJ 14-12-2007, Rel. Min. Carmen Lúcia, julgamento, 23/10/2007, órgão julgador: Primeira Turma.

3. Todavia, o atraso no pagamento de parcela de precatório, submetido à moratória prevista nos arts. 33 e 78 do ADCT, enseja a aplicação de juros moratórios sobre a parcela não adimplida no vencimento. Precedentes do STJ: RMS 25.838/SP, Segunda Turma, DJ e 16/9/2008 EDcl no RMS 25.374/SP, Segunda Turma, DJ 16.6.2008.

4. Conclui-se, portanto, que são devidos juros de mora nos cálculos de atualização para expedição de precatório complementar, desde que não observado o prazo previsto no artigo 100 da Constituição – o que ocorreu no caso em tela, segundo confirmado pelo Tribunal Recorrido, já que o próprio impetrante confessou a mora no pagamento das parcelas.

5. Houve o efetivo desrespeito ao prazo constitucional para o pagamento do precatório, razão pela qual, aplicando-se a jurisprudência desta Corte, devem incidir nesse período os juros moratórios.

6. Recurso ordinário não provido.

(RMS 33.904/SP, Rel. Ministro MAURO CAMPBELL MARQUES, SEGUNDA TURMA, julgado em 02/06/2011, DJe 09/06/2011)

Por sua vez, estabelece o art. 97 dos ADCT, incluído pela Emenda Constitucional n. 62 de 2009, os seguintes critérios para pagamento de precatório de Estados, Distrito Federal e Municípios:

> *Art. 97. Até que seja editada a lei complementar de que trata o § 15 do art. 100 da Constituição Federal, os Estados, o Distrito Federal e os Municípios que, na data de publicação desta Emenda Constitucional, estejam em mora na quitação de precatórios vencidos, relativos às suas administrações direta e indireta, inclusive os emitidos durante o período de vigência do regime especial instituído por este artigo, farão esses pagamentos de acordo com as normas a seguir estabelecidas, sendo inaplicável o disposto no art. 100 desta Constituição Federal, exceto em seus §§ 2º, 3º, 9º, 10, 11, 12, 13 e 14, e sem prejuízo dos acordos de juízos conciliatórios já formalizados na data de promulgação desta Emenda Constitucional. (Incluído pela Emenda Constitucional nº 62, de 2009)*
>
> *§ 1º Os Estados, o Distrito Federal e os Municípios sujeitos ao regime especial de que trata este artigo optarão, por meio de ato do Poder Executivo: (Incluído pela Emenda Constitucional nº 62, de 2009)*
>
> *I – pelo depósito em conta especial do valor referido pelo § 2º deste artigo; ou (Incluído pela Emenda Constitucional nº 62, de 2009)*
>
> *II – pela adoção do regime especial pelo prazo de até 15 (quinze) anos, caso em que o percentual a ser depositado na conta especial a que se refere o § 2º deste artigo corresponderá, anualmente, ao saldo total dos precatórios devidos, acrescido do índice oficial de remuneração básica da caderneta de poupança e de juros simples no mesmo percentual de juros incidentes sobre a caderneta de poupança para fins de compensação da mora, excluída a incidência de juros compensatórios, diminuído das amortizações e dividido pelo número de anos restantes no regime especial de pagamento. (Incluído pela Emenda Constitucional nº 62, de 2009)*
>
> *§ 2º Para saldar os precatórios, vencidos e a vencer, pelo regime especial, os Estados, o Distrito Federal e os Municípios devedores depositarão mensalmente, em conta especial criada para tal fim, 1/12 (um doze avos) do valor calculado percentualmente sobre as respectivas receitas correntes líquidas, apuradas no segundo mês anterior ao mês de pagamento, sendo que esse percentual, calculado no momento de opção pelo regime e mantido fixo até o final do prazo a que se refere o § 14 deste artigo, será: (Incluído pela Emenda Constitucional nº 62, de 2009)*
>
> *I – para os Estados e para o Distrito Federal: (Incluído pela Emenda Constitucional nº 62, de 2009)*

a) de, no mínimo, 1,5% (um inteiro e cinco décimos por cento), para os Estados das regiões Norte, Nordeste e Centro-Oeste, além do Distrito Federal, ou cujo estoque de precatórios pendentes das suas administrações direta e indireta corresponder a até 35% (trinta e cinco por cento) do total da receita corrente líquida; (Incluído pela Emenda Constitucional nº 62, de 2009)

b) de, no mínimo, 2% (dois por cento), para os Estados das regiões Sul e Sudeste, cujo estoque de precatórios pendentes das suas administrações direta e indireta corresponder a mais de 35% (trinta e cinco por cento) da receita corrente líquida; (Incluído pela Emenda Constitucional nº 62, de 2009)

II – para Municípios: (Incluído pela Emenda Constitucional nº 62, de 2009)

a) de, no mínimo, 1% (um por cento), para Municípios das regiões Norte, Nordeste e Centro-Oeste, ou cujo estoque de precatórios pendentes das suas administrações direta e indireta corresponder a até 35% (trinta e cinco por cento) da receita corrente líquida; (Incluído pela Emenda Constitucional nº 62, de 2009)

b) de, no mínimo, 1,5% (um inteiro e cinco décimos por cento), para Municípios das regiões Sul e Sudeste, cujo estoque de precatórios pendentes das suas administrações direta e indireta corresponder a mais de 35 % (trinta e cinco por cento) da receita corrente líquida. (Incluído pela Emenda Constitucional nº 62, de 2009)

§ 3º Entende-se como receita corrente líquida, para os fins de que trata este artigo, o somatório das receitas tributárias, patrimoniais, industriais, agropecuárias, de contribuições e de serviços, transferências correntes e outras receitas correntes, incluindo as oriundas do § 1º do art. 20 da Constituição Federal, verificado no período compreendido pelo mês de referência e os 11 (onze) meses anteriores, excluídas as duplicidades, e deduzidas: (Incluído pela Emenda Constitucional nº 62, de 2009)

I – nos Estados, as parcelas entregues aos Municípios por determinação constitucional; (Incluído pela Emenda Constitucional nº 62, de 2009)

II – nos Estados, no Distrito Federal e nos Municípios, a contribuição dos servidores para custeio do seu sistema de previdência e assistência social e as receitas provenientes da compensação financeira referida no § 9º do art. 201 da Constituição Federal. (Incluído pela Emenda Constitucional nº 62, de 2009)

§ 4º As contas especiais de que tratam os §§ 1º e 2º serão administradas pelo Tribunal de Justiça local, para pagamento de precatórios expedidos pelos tribunais. (Incluído pela Emenda Constitucional nº 62, de 2009)

§ 5º Os recursos depositados nas contas especiais de que tratam os §§ 1º e 2º deste artigo não poderão retornar para Estados, Distrito Federal e Municípios devedores. (Incluído pela Emenda Constitucional nº 62, de 2009)

§ 6º Pelo menos 50% (cinquenta por cento) dos recursos de que tratam os §§ 1º e 2º deste artigo serão utilizados para pagamento de precatórios em ordem cronológica de apresentação, respeitadas as preferências definidas no § 1º, para os requisitórios do

mesmo ano e no § 2º do art. 100, para requisitórios de todos os anos. (Incluído pela Emenda Constitucional nº 62, de 2009)

§ 7º Nos casos em que não se possa estabelecer a precedência cronológica entre 2 (dois) precatórios, pagar-se-á primeiramente o precatório de menor valor. (Incluído pela Emenda Constitucional nº 62, de 2009)

§ 8º A aplicação dos recursos restantes dependerá de opção a ser exercida por Estados, Distrito Federal e Municípios devedores, por ato do Poder Executivo, obedecendo à seguinte forma, que poderá ser aplicada isoladamente ou simultaneamente: (Incluído pela Emenda Constitucional nº 62, de 2009)

I – destinados ao pagamento dos precatórios por meio do leilão; (Incluído pela Emenda Constitucional nº 62, de 2009)

II – destinados a pagamento a vista de precatórios não quitados na forma do § 6° e do inciso I, em ordem única e crescente de valor por precatório; (Incluído pela Emenda Constitucional nº 62, de 2009)

III – destinados a pagamento por acordo direto com os credores, na forma estabelecida por lei própria da entidade devedora, que poderá prever criação e forma de funcionamento de câmara de conciliação. (Incluído pela Emenda Constitucional nº 62, de 2009)

§ 9º Os leilões de que trata o inciso I do § 8º deste artigo: (Incluído pela Emenda Constitucional nº 62, de 2009)

I – serão realizados por meio de sistema eletrônico administrado por entidade autorizada pela Comissão de Valores Mobiliários ou pelo Banco Central do Brasil; (Incluído pela Emenda Constitucional nº 62, de 2009)

II – admitirão a habilitação de precatórios, ou parcela de cada precatório indicada pelo seu detentor, em relação aos quais não esteja pendente, no âmbito do Poder Judiciário, recurso ou impugnação de qualquer natureza, permitida por iniciativa do Poder Executivo a compensação com débitos líquidos e certos, inscritos ou não em dívida ativa e constituídos contra devedor originário pela Fazenda Pública devedora até a data da expedição do precatório, ressalvados aqueles cuja exigibilidade esteja suspensa nos termos da legislação, ou que já tenham sido objeto de abatimento nos termos do § 9º do art. 100 da Constituição Federal; (Incluído pela Emenda Constitucional nº 62, de 2009)

III – ocorrerão por meio de oferta pública a todos os credores habilitados pelo respectivo ente federativo devedor; (Incluído pela Emenda Constitucional nº 62, de 2009)

IV – considerarão automaticamente habilitado o credor que satisfaça o que consta no inciso II; (Incluído pela Emenda Constitucional nº 62, de 2009)

V – serão realizados tantas vezes quanto necessário em função do valor disponível; (Incluído pela Emenda Constitucional nº 62, de 2009)

VI – a competição por parcela do valor total ocorrerá a critério do credor, com deságio sobre o valor desta; (Incluído pela Emenda Constitucional nº 62, de 2009)

VII – ocorrerão na modalidade deságio, associado ao maior volume ofertado cumulado ou não com o maior percentual de deságio, pelo maior percentual de deságio, podendo ser fixado valor máximo por credor, ou por outro critério a ser definido em edital; (Incluído pela Emenda Constitucional nº 62, de 2009)

VIII – o mecanismo de formação de preço constará nos editais publicados para cada leilão; (Incluído pela Emenda Constitucional nº 62, de 2009)

IX – a quitação parcial dos precatórios será homologada pelo respectivo Tribunal que o expediu. (Incluído pela Emenda Constitucional nº 62, de 2009)

§ 10. No caso de não liberação tempestiva dos recursos de que tratam o inciso II do § 1º e os §§ 2º e 6º deste artigo: (Incluído pela Emenda Constitucional nº 62, de 2009)

I – haverá o sequestro de quantia nas contas de Estados, Distrito Federal e Municípios devedores, por ordem do Presidente do Tribunal referido no § 4º, até o limite do valor não liberado; (Incluído pela Emenda Constitucional nº 62, de 2009)

II – constituir-se-á, alternativamente, por ordem do Presidente do Tribunal requerido, em favor dos credores de precatórios, contra Estados, Distrito Federal e Municípios devedores, direito líquido e certo, autoaplicável e independentemente de regulamentação, à compensação automática com débitos líquidos lançados por esta contra aqueles, e, havendo saldo em favor do credor, o valor terá automaticamente poder liberatório do pagamento de tributos de Estados, Distrito Federal e Municípios devedores, até onde se compensarem; (Incluído pela Emenda Constitucional nº 62, de 2009)

III – o chefe do Poder Executivo responderá na forma da legislação de responsabilidade fiscal e de improbidade administrativa; (Incluído pela Emenda Constitucional nº 62, de 2009)

IV – enquanto perdurar a omissão, a entidade devedora: (Incluído pela Emenda Constitucional nº 62, de 2009)

a) não poderá contrair empréstimo externo ou interno; (Incluído pela Emenda Constitucional nº 62, de 2009)

b) ficará impedida de receber transferências voluntárias; (Incluído pela Emenda Constitucional nº 62, de 2009)

V – a União reterá os repasses relativos ao Fundo de Participação dos Estados e do Distrito Federal e ao Fundo de Participação dos Municípios, e os depositará nas contas especiais referidas no § 1º, devendo sua utilização obedecer ao que prescreve o § 5º, ambos deste artigo. (Incluído pela Emenda Constitucional nº 62, de 2009)

§ 11. No caso de precatórios relativos a diversos credores, em litisconsórcio, admite-se o desmembramento do valor, realizado pelo Tribunal de origem do precatório, por credor, e, por este, a habilitação do valor total a que tem direito, não se aplicando, neste caso, a regra do § 3º do art. 100 da Constituição Federal. (Incluído pela Emenda Constitucional nº 62, de 2009)

§ 12. Se a lei a que se refere o § 4º do art. 100 não estiver publicada em até 180 (cento e oitenta) dias, contados da data de publicação desta Emenda Constitucional, será considerado, para os fins referidos, em relação a Estados, Distrito Federal e Municípios devedores, omissos na regulamentação, o valor de: (Incluído pela Emenda Constitucional nº 62, de 2009)

I – 40 (quarenta) salários mínimos para Estados e para o Distrito Federal; (Incluído pela Emenda Constitucional nº 62, de 2009)

II – 30 (trinta) salários mínimos para Municípios. (Incluído pela Emenda Constitucional nº 62, de 2009)

§ 13. Enquanto Estados, Distrito Federal e Municípios devedores estiverem realizando pagamentos de precatórios pelo regime especial, não poderão sofrer sequestro de valores, exceto no caso de não liberação tempestiva dos recursos de que tratam o inciso II do § 1º e o § 2º deste artigo. (Incluído pela Emenda Constitucional nº 62, de 2009)

§ 14. O regime especial de pagamento de precatório previsto no inciso I do § 1º vigorará enquanto o valor dos precatórios devidos for superior ao valor dos recursos vinculados, nos termos do § 2º, ambos deste artigo, ou pelo prazo fixo de até 15 (quinze) anos, no caso da opção prevista no inciso II do § 1º. (Incluído pela Emenda Constitucional nº 62, de 2009)

§ 15. Os precatórios parcelados na forma do art. 33 ou do art. 78 deste Ato das Disposições Constitucionais Transitórias e ainda pendentes de pagamento ingressarão no regime especial com o valor atualizado das parcelas não pagas relativas a cada precatório, bem como o saldo dos acordos judiciais e extrajudiciais. (Incluído pela Emenda Constitucional nº 62, de 2009)

§ 16. A partir da promulgação desta Emenda Constitucional, a atualização de valores de requisitórios, até o efetivo pagamento, independentemente de sua natureza, será feita pelo índice oficial de remuneração básica da caderneta de poupança, e, para fins de compensação da mora, incidirão juros simples no mesmo percentual de juros incidentes sobre a caderneta de poupança, ficando excluída a incidência de juros compensatórios. (Incluído pela Emenda Constitucional nº 62, de 2009)

§ 17. O valor que exceder o limite previsto no § 2º do art. 100 da Constituição Federal será pago, durante a vigência do regime especial, na forma prevista nos §§ 6º e 7º ou nos incisos I, II e III do § 8° deste artigo, devendo os valores dispendidos para o atendimento do disposto no § 2º do art. 100 da Constituição Federal serem computados para efeito do § 6º deste artigo. (Incluído pela Emenda Constitucional nº 62, de 2009)

§ 18. Durante a vigência do regime especial a que se refere este artigo, gozarão também da preferência a que se refere o § 6º os titulares originais de precatórios que tenham completado 60 (sessenta) anos de idade até a data da promulgação desta Emenda Constitucional. (Incluído pela Emenda Constitucional nº 62, de 2009)

O Superior Tribunal de Justiça, avaliando a aplicação imediata do art. 97 dos ADCT, incluído pela Emenda Constitucional n. 62, de 2009, assim se pronunciou:

1. Com o advento da EC 62/2009 que, entre outras disposições, acrescentou o art. 97 do ADCT, instituindo regime especial de pagamento de precatórios pelos Estados, Distrito Federal e Municípios, sendo que tais entes, sujeitos ao regime especial, optarão, por meio de ato do Poder Executivo, "pelo depósito em conta especial do valor referido pelo § 2º deste artigo" (§ 1º, I) ou "pela adoção do regime especial pelo prazo de até 15 (quinze) anos" (§ 1º, II). Estabeleceu-se, ainda, que "os precatórios parcelados na forma do art. 33 ou do art. 78 deste Ato das Disposições Constitucionais Transitórias e ainda pendentes de pagamento ingressarão no regime especial com o valor atualizado das parcelas não pagas relativas a cada precatório, bem como o saldo dos acordos judiciais e extrajudiciais" (art. 97, § 15, do ADCT).

2. Se o próprio texto constitucional é que determina o ingresso do precatório vencido e não pago no regime especial de pagamento, não há falar em direito adquirido ou em violação ao princípio da segurança jurídica, pois, não obstante a Emenda Constitucional n. 62/2009 ter sido promulgada posteriormente à inadimplência do Estado e ao pedido realizado no âmbito administrativo, ela traz normas procedimentais que se aplicam imediatamente aos processos em curso, sendo certo, ainda, que não há falar em direito adquirido à manutenção de regime jurídico.

3. Deve-se anotar que as Fazendas Públicas Federal, Estaduais, Distrital e Municipais estão obrigadas a observarem as novas regras constitucionais trazidas pela EC n. 62/2009, razão pela qual, diante da revogação do art. 78, § 2º, do ADCT, estão impossibilitadas de pagarem os precatórios de forma contrária à previsão constitucional, caso optem pelo regime especial, como no caso; daí porque prejudicado o mandado de segurança pela superveniência da referida emenda constitucional.

4. Recurso ordinário em mandado de segurança não provido.

(RMS 36.003/PR, Rel. Ministro MAURO CAMPBELL MARQUES, SEGUNDA TURMA, julgado em 06/12/2011, DJe 13/12/2011)

Por sua vez, o S.T.F., sobre a questão do art. 97 dos ADCT, introduzido pela Emenda Constitucional n. 62 de 2009, assim tem decidido:

Trata-se de ação cautelar, com pedido de medida liminar, proposta pelo Município de São Paulo, com o objetivo de atribuir efeito suspensivo a recurso extraordinário admitido pelo Tribunal de Justiça do Estado de São Paulo. Colhe-se dos autos que o Presidente do Tribunal estadual, em razão do advento da Emenda Constitucional 62, de 11 de novembro de 2009, determinou a extinção de pedido de sequestro de rendas for-

mulado por Heleno e Fonseca Construtécnica S/A. Irresignado, o requerido impetrou mandado de segurança contra referido decisum, pugnando fosse dado prosseguimento ao feito. O Órgão Especial do TJSP concedeu a segurança pleiteada sob o fundamento de que a regra de transição para a quitação dos precatórios vencidos até a data da publicação da referida emenda, "a qual, dentre outras coisas, veda o sequestro de valores dos entes públicos, salvo em caso de não-efetivação tempestiva dos depósitos em conta especial" não se compatibiliza com a Constituição Federal, "na medida em que ofende, frontalmente, o postulado da separação dos poderes, a cláusula pétrea relativa à imutabilidade do ato jurídico perfeito, do direito adquirido e da coisa julgada e os princípios da moralidade e razoabilidade (...)". Entendeu o colegiado, pois, que a aplicação do regramento especial de pagamento de precatórios, instituído pela EC 62/2009, deve se dar de forma prospectiva, ou seja, aplicando-se apenas aos requisitórios constituídos após a entrada em vigor daquela emenda. Narra o município requerente que, interposto recurso extraordinário dessa decisão, não foi atendido seu pedido de atribuir-lhe efeito suspensivo. Pleiteia, nessa linha, a suspensão do pedido de sequestro de rendas da municipalidade até o julgamento do referido recurso extraordinário. Aduz presentes os requisitos ensejadores da concessão da liminar. É o breve relatório. Decido. Como se vê, a controvérsia exposta nos autos diz respeito a validade e aplicação da Emenda Constitucional 62/2009, que alterou o art. 100 da Constituição Federal e acrescentou o art. 97 ao Ato das Disposições Constitucionais Transitórias, instituindo regime especial de pagamento de precatórios pelos Estados, Distrito Federal e Municípios. Essa questão está sob análise do Plenário desta Corte no bojo das Ações Diretas de Inconstitucionalidade 4.357/DF, 4.372/DF, 4.400/DF e 4.425/DF, todas de relatoria do Min. Ayres Britto, cujo julgamento, embora iniciado na data de hoje, 6/10/2011, foi interrompido por um pedido de vista formulado pelo Min. Luiz Fux. Assim, em uma análise perfunctória, própria deste momento processual, tendo em vista razões de segurança jurídica, entendo que se fazem presentes os pressupostos ensejadores do deferimento da medida liminar pleiteada, em face da plausibilidade jurídica das razões expostas pelo requerente e da ocorrência do perigo da demora, por se tratar de iminente constrição de rendas da municipalidade. Assim, entendo ser de rigor que se aguarde o pronunciamento desta Corte quanto ao tema, quer seja nos autos das mencionadas ações diretas, quer seja nos do recurso extraordinário interposto perante esta Corte. Isso posto, defiro o pedido. Comunique-se. Publique-se. Brasília, 6 de outubro de 2011. Ministro Ricardo Lewandowski Relator.

(AC 3002 MC, Relator(a): Min. RICARDO LEWANDOWSKI, julgado em 06/10/2011, publicado em PROCESSO ELETRÔNICO DJe-195 DIVULG 10/10/2011 PUBLIC 11/10/2011)

Como se vê, há controvérsia exposta no seio do S.T.J e no S.T.F. a respeito da validade e aplicação da Emenda Constitucional 62/2009, que alterou o art. 100 da Constituição Federal e acrescentou o art. 97 aos Atos das Disposições Constitucionais Transitórias, instituindo regime especial de pagamento de precatórios pelos Estados, Distrito Federal e Municípios.

Essa questão, porém, já foi decidida pelo Plenário do S.T.F. no bojo das Ações Diretas de Inconstitucionalidade 4.357/DF, 4.372/DF, 4.400/DF e 4.425/DF, todas de relatoria do então Min. Ayres Britto, nos seguintes termos:

EMENTA: 1. A Constituição Federal de 1988 não fixou um intervalo temporal mínimo entre os dois turnos de votação para fins de aprovação de emendas à Constituição (CF, art. 62, §2º), de sorte que inexiste parâmetro objetivo que oriente o exame judicial do grau de solidez da vontade política de reformar a Lei Maior. A interferência judicial no âmago do processo político, verdadeiro locus da atuação típica dos agentes do Poder Legislativo, tem de gozar de lastro forte e categórico no que prevê o texto da Constituição Federal. Inexistência de ofensa formal à Constituição brasileira. 2. O pagamento prioritário, até certo limite, de precatórios devidos a titulares idosos ou que sejam portadores de doença grave promove, com razoabilidade, a dignidade da pessoa humana (CF, art. 1º, III) e a proporcionalidade (CF, art. 5º, LIV), situando-se dentro da margem de conformação do legislador constituinte para operacionalização da novel preferência subjetiva criada pela Emenda Constitucional nº 62/2009. 3. A expressão "na data de expedição do precatório", contida no art. 100, §2º, da CF, com redação dada pela EC nº 62/09, enquanto baliza temporal para a aplicação da preferência no pagamento de idosos, ultraja a isonomia (CF, art. 5º, caput) entre os cidadãos credores da Fazenda Pública, na medida em que discrimina, sem qualquer fundamento, aqueles que venham a alcançar a idade de sessenta anos não na data da expedição do precatório, mas sim posteriormente, enquanto pendente este e ainda não ocorrido o pagamento. 4. O regime de compensação dos débitos da Fazenda Pública inscritos em precatórios, previsto nos §§ 9º e 10 do art. 100 da Constituição Federal, incluídos pela EC nº 62/09, embaraça a efetividade da jurisdição (CF, art. 5º, XXXV), desrespeita a coisa julgada material (CF, art. 5º, XXXVI), vulnera a Separação dos Poderes (CF, art. 2º) e ofende a isonomia entre o Poder Público e o particular (CF, art. 5º, caput), cânone essencial do Estado Democrático de Direito (CF, art. 1º, caput). 5. A atualização monetária dos débitos fazendários inscritos em precatórios segundo o índice oficial de remuneração da caderneta de poupança viola o direito fundamental de propriedade (CF, art. 5º, XXII) na medida em que é manifestamente incapaz de preservar o valor real do crédito de que é titular o cidadão. A inflação, fenômeno tipicamente econômico-monetário, mostra-se insuscetível de captação apriorística (ex ante), de modo que o meio escolhido pelo legislador constituinte (remuneração da caderneta de poupança) é inidôneo a promover o fim a que se destina (traduzir a inflação do período). 6. A quantificação dos juros moratórios relativos a débitos fazendários inscritos em precatórios segundo o índice de remuneração da caderneta de poupança vulnera o princípio constitucional da isonomia (CF, art. 5º, caput) ao incidir sobre débitos estatais de natureza tributária, pela discriminação em detrimento da parte processual privada que, salvo expressa determinação em contrário, responde pelos juros da mora tributária à taxa de 1% ao mês em favor do Estado (ex vi do art. 161, §1º, CTN). Declaração de inconstitucionalidade parcial sem redução da expressão "independentemente de sua natureza", contida no art. 100, §12, da CF, incluído pela EC nº 62/09, para determinar que, quanto aos precatórios de natureza tributária, sejam aplicados os mesmos juros de mora incidentes sobre todo e qualquer crédito tributário. 7. O art. 1º-F da Lei nº 9.494/97, com redação dada pela Lei nº 11.960/09, ao reproduzir as regras da EC nº 62/09 quanto à atualização monetária e à fixação de juros moratórios de créditos inscritos em precatórios incorre nos mesmos vícios de juridicidade que inquinam o art. 100, §12, da CF, razão pela qual se revela inconstitucional por arrastamento, na mesma extensão dos itens 5 e 6 supra. 8. O regime "especial" de pagamento de precatórios para Estados e Municípios criados pela EC nº 62/09, ao veicular nova moratória na quitação dos débitos judiciais da Fazenda Pública e ao impor o contingenciamento de recursos para esse fim, viola a cláusula constitucional do Estado de Direito (CF, art. 1º, caput), o princípio da Separação de Poderes (CF, art. 2º), o postulado da isonomia (CF, art. 5º), a garantia do acesso à justiça e a efetividade da tutela jurisdicional (CF, art. 5º, XXXV), o direito adquirido e à coisa julgada (CF, art. 5º, XXXVI). 9. Pedido de declaração de inconstitucionalidade julgado procedente em parte.

(ADI 4425, Relator(a): Min. AYRES BRITTO, Relator(a) p/ Acórdão: Min. LUIZ FUX, Tribunal Pleno, julgado em 14/03/2013, PROCESSO ELETRÔNICO DJe-251 DIVULG 18-12-2013 PUBLIC 19-12-2013)

No mesmo sentido: (ADI 4357, Relator(a): Min. AYRES BRITTO, Relator(a) p/ Acórdão: Min. LUIZ FUX, Tribunal Pleno, julgado em 14/03/2013, ACÓRDÃO ELETRÔNICO DJe-188 DIVULG 25-09-2014 PUBLIC 26-09-2014).

Porém, aguarda-se no S.T.F. a modulação dos efeitos das Ações Diretas de Inconstitucionalidades n. 4.357 e 4.425:

EMENTA: Agravo regimental no recurso extraordinário com agravo. Execução contra a fazenda pública. Declaração de inconstitucionalidade por arrastamento do art. 5º da lei n. 11.960/2009. Ações diretas de inconstitucionalidade ns. 4.357 e 4.425. Modulação de efeitos pendente. Manutenção do sistema anterior. Agravo regimental ao qual se nega provimento.

(ARE 672948 AgR-terceiro, Relator(a): Min. CÁRMEN LÚCIA, Segunda Turma, julgado em 02/12/2014, ACÓRDÃO ELETRÔNICO DJe-249 DIVULG 17-12-2014 PUBLIC 18-12-2014)

§ 6º do art. 100 da Constituição Federal. As dotações orçamentárias e os créditos abertos serão consignados diretamente ao Poder Judiciário, cabendo ao Presidente do Tribunal que proferir a decisão exequenda determinar o pagamento integral e autorizar, a requerimento do credor e exclusivamente para os casos de preterimento de seu direito de precedência ou de não alocação orçamentária do valor necessário à satisfação do seu débito, o sequestro da quantia respectiva. (Redação dada pela Emenda Constitucional nº 62, de 2009).

É importante salientar que compete ao Presidente do Tribunal proferir a decisão exequenda e determinar o pagamento integral e autorizado, mediante dotação orçamentária e crédito aberto diretamente ao Poder Judiciário.

Assim, a questão da expedição de precatório não se enquadra no âmbito da atividade jurisdicional, mas, sim, no campo da atividade administrativa. Tanto é, que a Súmula 733 do S.T.F. aduz que: *"Não cabe recurso extraordinário contra decisão proferida no processamento de precatórios"*.

Nesse sentido também é seguinte precedente do S.T.J.:

1. Tratar-se, na origem, de ato do magistrado Coordenador de Conciliação de Precatórios da Coordenadoria de Precatórios do Tribunal de Justiça do Distrito Federal e dos Territórios, que indeferiu o pedido de imediata expedição do alvará de levantamento do valor de R$ 62.805,48, referente ao precatório 32/95.

2. Os atos dos magistrados, concernentes ao processamento e pagamento de precatórios, ostentam natureza administrativa, consoante entendimento cristalizado no verbete das Súmulas 311/STJ e 733/STF. Esse entendimento sedimentado nas referidas súmulas aplica-se ao caso dos autos, em que o ato do magistrado indeferiu, administrativamente, o levantamento dos valores contidos no precatório em discussão.

3. Recurso ordinário em mandado de segurança provido, com a determinação de retorno dos autos à origem.

(RMS 33.403/DF, Rel. Ministro MAURO CAMPBELL MARQUES, SEGUNDA TURMA, julgado em 16/08/2011, DJe 24/08/2011)

Este dispositivo, na sua parte final, também estabelece que o Presidente do Tribunal, a requerimento do credor e exclusivamente para os casos de preterimento de seu direito de precedência ou de não alocação orçamentária do valor necessário à satisfação do seu débito, poderá determinar o sequestro da quantia respectiva. (Redação dada pela Emenda Constitucional nº 62, de 2009).

O referido parágrafo aduz que o sequestro é legítimo tanto para a hipótese de preterimento da ordem cronológica de pagamento, quanto para o caso de não alocação orçamentária do valor necessário à satisfação do débito.

O S.T.F. tem admitido o sequestro de verba para a hipótese de preterimento da ordem cronológica de pagamento. Nesse sentido são os seguintes precedentes:

A jurisprudência do Supremo Tribunal Federal firmou entendimento de que a única hipótese autorizadora de sequestro de bens públicos é a da ocorrência de quebra da ordem cronológica no pagamento de precatórios.
(AI 598790 AgR, Relator(a): Min. CÁRMEN LÚCIA, Primeira Turma, julgado em 09/11/2010, DJe-226 DIVULG 24-11-2010 PUBLIC 25-11-2010 EMENT VOL-02438-02 PP-00380)

1. Não cabe ao Supremo Tribunal Federal, por meio de reclamação, a verificação da ocorrência ou não de quebra de ordem cronológica para pagamento de precatórios, por suposta afronta ao que decidido na ADI n. 1.662. Precedentes. 2. Não há identidade ou similitude de objeto entre o ato impugnado e a decisão tida por desrespeitada. A via processual eleita é inadequada para atender a pretensão dos reclamantes. Agravo regimental a que se nega provimento.
(Rcl 6019 AgR, Relator(a): Min. EROS GRAU, Tribunal Pleno, julgado em 23/09/2009, DJe-195 DIVULG 15-10-2009 PUBLIC 16-10-2009 EMENT VOL-02378-01 PP-00168 LEXSTF v. 31, n. 371, 2009, p. 166-171)

1. A decisão reclamada assegurou a ordem de precedência cronológica em que se situavam os credores do Estado (art. 33 do Ato das Disposições Constitucionais Transitórias e art. 100, § 2º, da Constituição da República). 2. No julgamento da Ação Direta de Inconstitucionalidade n. 1.098, foram discutidas diferenças resultantes de erros materiais ou aritméticos ou de inexatidões de cálculos dos precatórios. Não foram discutidos os precatórios submetidos ao art. 100, § 2º, da Constituição da República. 3. Os pedidos de intervenção federal constantes nas Intervenções Federais ns. 689, 1.446 e 1.804 do Supremo Tribunal Federal têm por fundamento o descumprimento de decisão judicial ante o não-pagamento, no prazo de noventa dias, de precatório complementar. 4. Ausência de identidade material entre a decisão reclamada e os julgados tidos como paradigmas. 5. Reclamação julgada improcedente.
(Rcl 3274, Relator(a): Min. CÁRMEN LÚCIA, Tribunal Pleno, julgado em 29/04/2009, DJe-099 DIVULG 28-05-2009 PUBLIC 29-05-2009 EMENT VOL-02362-04 PP-00806 LEXSTF v. 31, n. 365, 2009, p. 147-157)

1. A decisão proferida na Ação Direta de Inconstitucionalidade n. 1.662/DF não determinou o sequestro imediato de verbas dos entes federativos que desrespeitassem a ordem de pagamento de precatórios alimentares, apenas concluiu pela possibilidade desse meio de constrição em casos nos quais o órgão judicial tiver por comprovada a preterição da ordem de pagamento. 2. Não compete ao Supremo Tribunal Federal aferir originariamente eventual quebra na ordem cronológica dos precatórios, sob pena de supressão de instâncias processuais. 3. Agravo regimental ao qual se nega provimento.

(Rcl 5992 AgR, Relator(a): Min. CÁRMEN LÚCIA, Tribunal Pleno, julgado em 02/04/2009, DJe-079 DIVULG 29-04-2009 PUBLIC 30-04-2009 EMENT VOL-02358-02 PP-00240)

O S.T.F., na ADI n. 1.662, não considerou a quebra da ordem cronológica de precatórios para fins de sequestro da importância devida a falta de recurso ou a falta de dotação orçamentária para pagamento de precatórios, *in verbis*:

1. Item III: a equiparação da não inclusão no orçamento das verbas relativas a precatórios, ao preterimento do direito de precedência, cria, na verdade, nova modalidade de sequestro, além da única prevista na Constituição (parte final do § 2º do art. 100); além disto, não se concebe no direito constitucional brasileiro a efetivação de sequestro ouvindo-se exclusivamente o Ministério Público, sem observância do contraditório. Na ocorrência da hipótese, a Constituição prevê intervenção federal no Estado (art. 34, VI). 2. O mesmo ocorre com a equiparação que o item XII denomina de pagamento inidôneo (a menor, sem a devida atualização ou fora do prazo legal). 3. O Item VIII, alínea "b", ao estabelecer que ao Presidente do Tribunal Regional compete: ... b) determinar, de ofício a requerimento das partes, a correção de inexatidões materiais ou a retificação de erros de cálculo, alcança, apenas, a correção das diferenças resultantes de erros materiais ou aritméticos ou de inexatidões dos cálculos dos valores dos precatórios, não podendo alcançar o critério adotado para a elaboração dos cálculos nem a adoção de índices de atualização monetária diversos do que foram utilizados na primeira instância, tal como decidido por este Tribunal ao examinar o art. 337, III, VI e VII, do Regimento Interno do Tribunal de Justiça paulista (ADI nº 1.098, j. em 11.09.96). 4. Não é considerada discriminatória a exigência de cumprimento da obrigação prevista na Constituição paulista (art. 57, § 3º), no sentido de que os créditos de natureza alimentícia serão pagos de uma só vez, devidamente atualizados até a data do efetivo pagamento. Precedentes do Plenário (ADInMC nº 446-SP e RE nº 189.942-SP) e das Turmas. 5. Medida cautelar deferida, em parte, para suspender a eficácia dos itens III e XII, e para dar interpretação conforme à alínea b do item VIII, todos da Instrução Normativa nº 11/97, do Tribunal Superior do Trabalho, com efeito ex nunc, até o julgamento final da ação.

(ADI 1662 MC, Relator(a): Min. MAURÍCIO CORRÊA, Tribunal Pleno, julgado em 11/09/1997, DJ 20-03-1998 PP-00004 EMENT VOL-01903-01 PP-00147)

Atualmente o S.T.F. tem admitido o sequestro, pois, diversamente do que preconizava o § 2º do art. 100 inserido pela EC 30/2000 – há muito declarada inconstitucional pelo Supremo Tribunal Federal –, o regramento em vigor autoriza expressamente, desde que requerido pelo credor, a utilização da medida constritiva não apenas nos casos de preterição, mas também na hipótese de 'não alocação orçamentária do valor necessário à satisfação de seu débito'. Nesse sentido Rcl 18900 e Agravo Regimental à Reclamação n. 2.253/RS.

Para o S.T.J., a não inclusão de valores em dotação orçamentária para pagamento de precatório não configura *ato atentatório à dignidade da justiça*:

> *1. Esta Corte já se manifestou no sentido de que o não pagamento do precatório no prazo não configura, por si só, resistência injustificada à ordem judicial, tampouco ato atentatório à dignidade da jurisdição. Precedentes: REsp 980.134/RS, Rel. Min. Luiz Fux, Primeira Turma, DJe de 21.9.2009; AgRg no AgRg no REsp 951.662/RS, Rel. Min. Nilson Naves, Sexta Turma, DJe de 24.5.2010; REsp 1.103.417/RS, Rel. Min. Eliana Calmon, Segunda Turma, DJe de 4.8.2009.*
>
> *2. Registre-se, ademais, que há outros meios coercitivos previstos constitucionalmente a serem adotados pelo Judiciário em caso de atraso injustificado no pagamento dos precatórios.*
>
> *3. Recurso especial provido.*
>
> (REsp 1225772/SP, Rel. Ministro MAURO CAMPBELL MARQUES, SEGUNDA TURMA, julgado em 12/04/2011, DJe 27/04/2011)

§ 7º da Constituição Federal. O Presidente do Tribunal competente que, por ato comissivo ou omissivo, retardar ou tentar frustrar a liquidação regular de precatórios incorrerá em crime de responsabilidade e responderá, também, perante o Conselho Nacional de Justiça. (Incluído pela Emenda Constitucional nº 62, de 2009).

Muito embora não haja uma perfeita sanção em relação aos Chefes do executivo quanto à tentativa de retardar ou tentar frustrar a liquidação regular de precatórios, ou se há, não tem sido aplicada como deveria ser pelos nossos Tribunais, o certo é que se o Presidente do Tribunal competente (autoridade administrativa encarregada de solicitar o valor do precatório e efetuar o seu pagamento) retardar ou tentar frustrar a liquidação regular do precatório, incorrerá em crime de responsabilidade e responderá, também, perante o Conselho Nacional de Justiça.

§ 8º do art. 100 da Constituição Federal. É vedada a expedição de precatórios complementares ou suplementares de valor pago, bem como o fracionamento, repartição ou quebra do valor da execução para fins de enquadramento de parcela do total ao que dispõe o § 3º deste artigo. (Incluído pela Emenda Constitucional nº 62, de 2009).

Este dispositivo apresenta duas proibições de expedição de precatório: a) precatório complementar ou suplementar de valor pago; b) fracionamento, repartição ou quebra do valor da execução para fins de enquadramento de parcela do total ao que dispõe o §3º do art. 100 da C.F.

Sobre a questão de expedição de precatório complementar, o S.T.F., na ADI 2.925, dando interpretação *conforme* ao Regimento Interno do Tribunal de Justiça de São Paulo, estabeleceu que somente há possibilidade de expedição desse tipo de precatório em caso de erro material e inexatidão aritmética, contidos no precatório original:

> *1. Na ADI 2.925, esta Corte deu interpretação conforme o art. 336, V do RITJ/SP, sem redução de texto, para o fim de ficar assentado que "pagamentos complementares", referidos no citado preceito regimental, são somente aqueles decorrentes de erro material e inexatidão aritmética, contidos no precatório original, bem assim da substituição, por força de lei, do índice aplicado. Respeito à regra da estrita legalidade orçamentária. 2. Não obstante, a regra da estrita legalidade orçamentária não pode ser manipulada para postergar, indefinidamente, o pagamento dos valores devidos pelo Estado por força de sentenças transitadas em julgado. O pagamento parcial de valor previsto na lei orçamentária é fato grave, que deve ser apurado a tempo e modo próprios. 3. Hipótese em que presente litígio sobre a aplicação de índices (BTN vs. IPC). Agravo regimental ao qual se nega provimento.*
>
> (RE 472000 AgR, Relator(a): Min. JOAQUIM BARBOSA, Segunda Turma, julgado em 14/09/2010, DJe-190 DIVULG 07-10-2010 PUBLIC 08-10-2010 EMENT VOL-02418-06 PP-01144)

Também não se tem admitido o fracionamento, repartição ou quebra do valor da execução para fins de enquadramento de parcela do total ao que dispõe o §3º do art. 100 da C.F. Prescreve o §3º do art. 100 da C.F. que o disposto no caput deste artigo relativamente à expedição de precatórios não se aplica aos pagamentos de obrigações definidas em leis como de pequeno valor que as Fazendas referidas devam fazer em virtude de sentença judicial transitada em julgado. (Redação dada pela Emenda Constitucional nº 62, de 2009).

Portanto, não é possível ao exequente fracionar o precatório, seja para inserir todas as frações no âmbito da RPV, seja para inserir parte desse fracionamento nessa forma de pagamento.

Sobre o tema, assim decidiu o S.T.F.:

> *Recurso Extraordinário. 2. Alegação de ofensa ao art. 87 do ADCT e ao § 4º do art. 100 da Constituição Federal. Ocorrência. 3. Fracionamento do valor de precatório em execução de sentença, com o objetivo de efetuar o pagamento das custas processuais*

por meio de requisição de pequeno valor (RPV). Impossibilidade. 4. Recurso extraordinário provido.

(RE 592619, Relator(a): Min. GILMAR MENDES, Tribunal Pleno, julgado em 08/09/2010, DJe-218 DIVULG 12-11-2010 PUBLIC 16-11-2010 EMENT VOL-02431-01 PP-00179 RSJADV dez., 2010, p. 41-43 RJTJRS v. 46, n. 280, 2011, p. 29-34)

DECISÃO: Trata-se de recurso extraordinário (art. 102, III, a, da Constituição) interposto de acórdão prolatado pelo Tribunal Regional Federal da 5ª Região, que entendeu que o art. 100, § 4º, da Carta Magna vedou por completo a expedição de precatório complementar.

(...).

"EMENTA: 1. Execução contra a Fazenda Pública: recurso extraordinário: descabimento: controvérsia relativa às exigências para a inclusão do precatório no orçamento, de natureza infraconstitucional, de exame inviável no RE. 2. Execução contra a Fazenda Pública: fracionamento do valor da execução em parcelas controversa e incontroversa, sem que isso implique em alteração de regime de pagamento, que é definido pelo valor global da obrigação: ausência, no caso, de violação do art. 100, §§ 1º e 4º, da Constituição Federal." (RE 484.770, rel. min. Sepúlveda Pertence, DJ de 01.09.2006) Por isso, esta Corte entende que não viola a Constituição a expedição de requisição de pequeno valor complementar, quando o somatório das requisições não ultrapassar o limite constitucionalmente previsto. Nesse sentido: RE 526.608, rel. min. Ricardo Lewandowski, DJ de 17/02/2010. Do exposto, conheço do recurso extraordinário e dou-lhe provimento. Publique-se. Brasília, 5 de dezembro de 2011. Ministro JOAQUIM BARBOSA Relator

(RE 595978, Relator(a): Min. JOAQUIM BARBOSA, julgado em 05/12/2011, publicado em DJe-238 DIVULG 15/12/2011 PUBLIC 16/12/2011)

Há, contudo, uma exceção em que o fracionamento é permitido. É o que dispõe o §2º do art. 100 da C.F.: *Os débitos de natureza alimentícia cujos titulares tenham 60 (sessenta) anos de idade ou mais na data de expedição do precatório, ou sejam portadores de doença grave, definidos na forma da lei, serão pagos com preferência sobre todos os demais débitos, até o valor equivalente ao triplo do fixado em lei para os fins do disposto no § 3º deste artigo, admitido o fracionamento para essa finalidade, sendo que o restante será pago na ordem cronológica de apresentação do precatório. (Redação dada pela Emenda Constitucional nº 62, de 2009).*

§ 9º do art. 100 da Constituição Federal. No momento da expedição dos precatórios, independentemente de regulamentação, deles deverá ser abatido, a título de compensação, valor correspondente aos débitos líquidos e certos, inscritos ou não em dívida ativa e constituí-

dos contra o credor original pela Fazenda Pública devedora, incluídas parcelas vincendas de parcelamentos, ressalvados aqueles cuja execução esteja suspensa em virtude de contestação administrativa ou judicial. (Incluído pela Emenda Constitucional nº 62, de 2009).

§ 10. Antes da expedição dos precatórios, o Tribunal solicitará à Fazenda Pública devedora, para resposta em até 30 (trinta) dias, sob pena de perda do direito de abatimento, informação sobre os débitos que preencham as condições estabelecidas no § 9º, para os fins nele previstos. (Incluído pela Emenda Constitucional nº 62, de 2009).

Estes dispositivos introduziram a possibilidade de a Fazenda Pública proceder, no momento da expedição dos precatórios, independentemente de regulação, o abatimento do valor a título de compensação, valor correspondente aos débitos líquidos e certos, inscritos ou não em dívida ativa e constituídos contra o credor original pela Fazenda Pública devedora, incluídas parcelas vincendas de parcelamentos, ressalvadas aquelas cuja execução esteja suspensa em virtude de contestação administrativa ou judicial.

Assim, antes da expedição dos precatórios, o Tribunal solicitará à Fazenda Pública devedora, para resposta em até 30 (trinta) dias, sob pena de perda do direito de abatimento, informação sobre os débitos que preencham as condições estabelecidas no §9º do art. 100 da C.F.

O Tribunal Regional Federal da 4ª Região, por meio de sua Corte Especial, em sessão realizada na data de 27 de outubro de 2011, ao apreciar o incidente de arguição de inconstitucionalidade n. 0036865-24.2010.404.0000/SC, acolheu, à unanimidade, a inconstitucionalidade dos parágrafos 9º e 10 do art. 100 da Constituição Federal, introduzidos pela emenda constitucional n. 62/2009. Confira-se a íntegra do acórdão, in verbis:

> *(...).*
>
> *Em conclusão: os §§ 9º e 10 do art. 100 da CF, introduzidos pela EC n. 62, de 2009, ofendem, a um só tempo, os seguintes dispositivos e princípios constitucionais: a) art. 2º da CF/88 (princípio federativo que garante a harmonia e independência dos poderes); b) art. 5º, inciso XXXVI, da CF/88 (garantia da coisa julgada/segurança jurídica); c) art. 5º, inciso LV, da CF/88 (princípio do devido processo legal); d) princípio da razoabilidade/proporcionalidade. 6. Acolhido o incidente de arguição de inconstitucionalidade para declarar a inconstitucionalidade dos §§ 9º e 10 do art. 100 da CF, introduzidos pela EC n. 62, de 2009. (Argüição de inconstitucionalidade nº 0036865-24.2010.404.0000, Rel. acórdão Des. Federal Otávio Roberto Pamplona, DJ 09/11/2011).*

É importante salientar que o Supremo Tribunal Federal já analisou a questão da constitucionalidade dos §§9º e 10º nas ADI 4357/DF, rel. Min. Ayres Britto,

6.10.2011. (ADI-4357) ; ADI 4372/DF, rel. Min. Ayres Britto, 6.10.2011. (ADI-4372); ADI 4400/DF, rel. Min. Ayres Britto, 6.10.2011. (ADI-4400); ADI 4425/DF, rel. Min. Ayres Britto, 6.10.2011. (ADI-4425), conforme se constata do Boletim Informativo n. 643 do S.T.F, *in verbis*:

Precatório: regime especial e EC 62/2009 – 2

O Plenário retomou julgamento conjunto de ações diretas, propostas pelo Conselho Federal da Ordem dos Advogados do Brasil, pela Associação dos Magistrados Estaduais – Anamages, pela Associação Nacional dos Magistrados da Justiça do Trabalho – Anamatra e pela Confederação Nacional das Indústrias – CNI, em que se questiona a constitucionalidade da Emenda Constitucional 62/2009, que alterou o art. 100 da CF e acrescentou o art. 97 ao ADCT, "instituindo regime especial de pagamento de precatórios pelos Estados, Distrito Federal e Municípios" – v. Informativo 631. O Min. Ayres Britto, relator, julgou parcialmente procedente a ação para o fim de declarar a inconstitucionalidade: a) da expressão "na data de expedição do precatório", contida no § 2º do art. 100 da CF; b) dos §§ 9º e 10 do art. 100 da CF; c) da expressão "índice oficial de remuneração básica da caderneta de poupança", constante do § 12 do art. 100 da CF, do inciso II do § 1º e do § 16, ambos do art. 97 do ADCT; d) do fraseado "independentemente de sua natureza", inserido no § 12 do art. 100 da CF, para que aos precatórios de natureza tributária se apliquem os mesmos juros de mora incidentes sobre o crédito tributário; e) por arrastamento (itens "c" e "d" acima), do art. 5º da Lei 11.960/2009; f) do § 15 do art. 100 da CF e de todo o art. 97 do ADCT (especificamente o caput e os §§ 1º, 2º, 4º, 6º, 8º, 9º, 14 e 15, sendo os demais por arrastamento ou reverberação normativa).

(...).

Acrescentou que na ADI 4400/DF haveria, também, remissão ao § 4º do art. 97 do ADCT ("§ 4º As contas especiais de que tratam os §§ 1º e 2º serão administradas pelo Tribunal de Justiça local, para pagamento de precatórios expedidos pelos tribunais"). Evidenciou que essa norma prejudicaria a autonomia dos tribunais do trabalho, pois esse ramo especializado da justiça federal decairia do poder de, na vigência do regime especial de pagamento de precatórios, ordenar que suas decisões condenatórias contra a Fazenda Pública fossem cumpridas de forma integral. Por fim, a partir de informações adicionais, constatou que, na maioria dos entes federados, não faltaria dinheiro para o adimplemento dos precatórios, mas sim compromisso dos governantes quanto ao cumprimento de decisões judiciais. Nesse contexto, observou que o pagamento de precatórios não se contraporia, de forma inconciliável, à prestação de serviços públicos. Além disso, arrematou que configuraria atentado à razoabilidade e à proporcionalidade impor aos credores a sobrecarga de novo alongamento temporal do perfil das dívidas estatais em causa, inclusive mediante leilões, deságios e outros embaraços.

Muito embora já tenha ocorrido o julgamento, o S.T.F. ainda está analisando a questão da modulação dos efeitos, conforme o seguinte precedente:

EMENTA: Agravo regimental no recurso extraordinário com agravo. Execução contra a fazenda pública. Declaração de inconstitucionalidade por arrastamento do art. 5º da lei n. 11.960/2009. Ações diretas de inconstitucionalidade ns. 4.357 e 4.425. Modulação de efeitos pendente. Manutenção do sistema anterior. Agravo regimental ao qual se nega provimento.

(ARE 672948 AgR-terceiro, Relator(a): Min. CÁRMEN LÚCIA, Segunda Turma, julgado em 02/12/2014, ACÓRDÃO ELETRÔNICO DJe-249 DIVULG 17-12-2014 PUBLIC 18-12-2014)

§ 11 da Constituição Federal. É facultada ao credor, conforme estabelecido em lei da entidade federativa devedora, a entrega de créditos em precatórios para compra de imóveis públicos do respectivo ente federado. (Incluído pela Emenda Constitucional nº 62, de 2009).

Desta feita, havendo lei de cada ente federado devedor (União, Estados, Distrito Federal e Município), estabelecendo os critérios e forma de sua concretização, poderão ser entregues créditos em precatório para compra de imóveis públicos do respectivo ente federado.

A Câmara Municipal do Rio de Janeiro apresentou o Projeto de Lei n.671/2010, com o seguinte teor:

A CÂMARA MUNICIPAL DO RIO DE JANEIRO
DECRETA:

***Art. 1º** – Esta Lei estabelece normas gerais sobre a utilização de créditos representados por precatórios vencidos pendentes de pagamento e extraídos contra o Município do Rio de Janeiro, suas autarquias e fundações, para fins de sua utilização, quitação e amortização em compra de imóveis públicos desta municipalidade, desde que observado o procedimento desta Lei, da Lei Geral de Licitações e Contratos da Administração Pública e das normas municipais aplicáveis.*

***Art. 2º** – Serão utilizáveis, para os fins de que trata o artigo anterior, os créditos que se façam representados por precatórios pendentes de pagamento ou que venham a ser expedidos em decorrência de ações judiciais.*

***Art. 3º**- A proposta da compra do imóvel público deverá ser correspondente ao do titular do crédito decorrente do precatório, seja por crédito de titularidade, primitiva ou derivada.*

***Art. 4º**- Para os fins desta Lei, considera-se:*

I – titularidade primitiva – quando o crédito decorrer de relações diretamente estabelecidas entre o contribuinte e o Município do Rio de Janeiro, ou entre aquele e qualquer entidade da Administração Indireta Municipal.

> *II – crédito derivado – aquele cuja titularidade adquirir o contribuinte e o devedor tributário em face de cessão a ele procedida por terceiro, cujo instrumento será submetido ao Município do Rio de Janeiro, que certificará, desde que preenchidos todos os requisitos legais pertinentes, o reconhecimento da operação e dos seus consequentes efeitos sub-rogatórios.*
>
> ***Art. 5º** – É pré-condição da utilização dos créditos de que trata esta Lei, e para os fins nela estabelecidos, o expresso reconhecimento, pelo credor primitivo ou derivado, conforme o caso, da definitividade do valor consignado no instrumento em que é fundada a obrigação.*
>
> ***Art. 6º** – Serão atualizados, até a data do deferimento do pedido, mediante a aplicação do índice legal pertinente, o valor do débito a ser liquidado, compreendendo principal e acessórios, e o valor expresso no instrumento em que representa a obrigação.*
>
> ***Art. 7º** – Poderão ainda ser utilizados, para os fins e na forma que prescreve esta Lei, créditos oriundos de sentenças judiciais transitadas em julgado e de natureza contratual ou alimentar.*
>
> ***Art. 8º** – Esta lei será regulamentada pelo Poder Executivo, estabelecendo o procedimento administrativo a ser utilizado para a sua aplicação.*
>
> ***Art. 9º** – Esta Lei entrará em vigor na data de sua publicação.*

§ 12 da Constituição Federal. A partir da promulgação desta Emenda Constitucional, a atualização de valores de requisitórios, após sua expedição, até o efetivo pagamento, independentemente de sua natureza, será feita pelo índice oficial de remuneração básica da caderneta de poupança, e, para fins de compensação da mora, incidirão juros simples no mesmo percentual de juros incidentes sobre a caderneta de poupança, ficando excluída a incidência de juros compensatórios. (Incluído pela Emenda Constitucional nº 62, de 2009).

É importante salientar que na **ADI 4425/DF, rel. Min. Ayres Britto, 6.10.2011. (ADI-4425),** o relator já apresentou seu voto, conforme ficou assim consignado no Boletim Informativo do S.T.F. n. 643, *in verbis*:

> *O relator declarou, ainda, a inconstitucionalidade parcial do § 12 do art. 100 da CF ("A partir da promulgação desta Emenda Constitucional, a atualização de valores requisitórios, após sua expedição, até o efetivo pagamento, independentemente de sua natureza, será feita pelo índice oficial de remuneração básica da caderneta de poupança, e para fins de compensação da mora, incidirão juros simples no mesmo percentual de juros incidentes sobre a caderneta de poupança, ficando excluída a incidência de juros compensatórios"), no que diz respeito à expressão "índice oficial de remuneração básica da caderneta de poupança", bem como do inciso II do § 1º e do § 16, ambos do art. 97 do ADCT. Realçou que essa atualização monetária dos débitos inscritos em precatório deveria corresponder ao índice de desvalorização da moeda, no fim de certo período,*

e que esta Corte já consagrara não estar refletida, no índice estabelecido na emenda questionada, a perda de poder aquisitivo da moeda. Dessa maneira, afirmou a afronta à garantia da coisa julgada e, reflexamente, ao postulado da separação dos Poderes. Na sequência, considerou inconstitucional, de igual modo, o fraseado "independentemente de sua natureza", previsto no mesmo § 12 em apreço. Aludiu que, para os precatórios de natureza tributária, deveriam ser aplicados os mesmos juros de mora incidentes sobre todo e qualquer crédito tributário.

§ 13 da Constituição Federal. O credor poderá ceder, total ou parcialmente, seus créditos em precatórios a terceiros, independentemente da concordância do devedor, não se aplicando ao cessionário o disposto nos §§ 2º e 3º. (Incluído pela Emenda Constitucional nº 62, de 2009).

§ 14 da Constituição Federal. A cessão de precatórios somente produzirá efeitos após comunicação, por meio de petição protocolizada, ao tribunal de origem e à entidade devedora. (Incluído pela Emenda Constitucional nº 62, de 2009).

A Constituição Federal vem legitimar a cessão de crédito de precatórios, total ou parcialmente, independência da concordância do devedor (no caso o ente federado), não se aplicando ao cessionário o disposto nos §§2º e 3º do art. 100 da C.F.

Assim, se houver cessão do crédito, e mesmo que o cessionário seja maior de 60 (sessenta) anos ou esteja acometido de doença grave, não poderá requerer prioridade no pagamento do seu crédito, muito menos será admitido fracionamento para tal finalidade.

Também o cessionário, mesmo que o crédito seja definido em lei como de pequeno valor, não poderá requerer que seja pago por RPV, mas apenas por precatório, salvo, evidentemente, se a cessão for posterior à expedição do RPV.

A cessão de precatórios somente produzirá efeitos após comunicação, por meio de petição protocolizada, ao tribunal de origem e à entidade devedora.

Muito embora não haja necessidade de autorização da entidade devedora para a cessão do crédito de precatório, essa cessão somente produzirá efeito após a comunicação, por meio de petição protocolizada junto ao tribunal de origem e à entidade devedora de sua ocorrência. Se não houver comunicação, o Tribunal, assim como a entendida, poderá efetuar o pagamento do precatório ao credor originário para todos os efeitos legais.

§ 15 da Constituição Federal. Sem prejuízo do disposto neste artigo, lei complementar a esta Constituição Federal poderá estabelecer regime especial para pagamento de crédito de precatórios de Estados, Distrito Federal e Municípios, dispondo sobre vinculações à receita corrente líquida e forma e prazo de liquidação. (Incluído pela Emenda Constitucional nº 62, de 2009).

É importante salientar que na **ADI 4425/DF, rel. Min. Ayres Britto, 6.10.2011. (ADI-4425),** o relator já apresentou seu voto, conforme ficou assim consignado no Boletim Informativo do S.T.F. n. 643, *in verbis*:

> *Em passo seguinte, apreciou o § 15 do art. 100 da CF ("Sem prejuízo do disposto neste artigo, lei complementar a esta Constituição Federal poderá estabelecer regime especial para pagamento de crédito de precatórios de Estados, Distrito Federal e Municípios, dispondo sobre vinculações à receita corrente líquida e forma e prazo de liquidação") e o art. 97 do ADCT ("Até que seja editada a lei complementar de que trata o § 15 do art. 100 da Constituição Federal, os Estados, o Distrito Federal e os Municípios que, na data de publicação desta Emenda Constitucional, estejam em mora na quitação de precatórios vencidos, relativos às suas administrações direta e indireta, inclusive os emitidos durante o período de vigência do regime especial instituído por este artigo, farão esses pagamentos de acordo com as normas a seguir estabelecidas, sendo inaplicável o disposto no art. 100 desta Constituição Federal, exceto em seus §§ 2º, 3º, 9º, 10, 11, 12, 13 e 14, e sem prejuízo dos acordos de juízos conciliatórios já formalizados na data de promulgação desta Emenda Constitucional"). Salientou que a Constituição possibilitara à lei complementar estabelecer regime especial para pagamento de precatórios pelas unidades federativas e que, ante a falta daquela espécie legislativa, o tema fora instituído pelo art. 97 do ADCT. Após breve explicação sobre os 2 modelos de regime especial de pagamento de precatório, registrou que os preceitos impugnados subverteriam os valores do Estado de Direito, do devido processo legal, do livre e eficaz acesso ao Poder Judiciário e da razoável duração do processo. Frisou que esses artigos ampliariam, por mais 15 anos, o cumprimento de sentenças judiciais com trânsito em julgado e desfavoráveis ao Poder Público, cujo prazo já teria sido, outrora, prorrogado por 10 anos pela Emenda Constitucional30/2000. O relator entendeu adequada a referência à EC 62/2009 como a "emenda do calote". Mencionou que esse calote feriria o princípio da moralidade administrativa, haja vista o não-adimplemento, por parte do Estado, de suas próprias dívidas. Além disso, sublinhou que o Estado: a) reconheceria o não-cumprimento, durante anos, de ordens judiciais de pagamento em desfavor do erário; b) propor-se-ia a adimpli-las, mas limitado a percentual pequeno de sua receita; c) forçaria, com esse comportamento, que os titulares de crédito assim inscritos os levassem a leilão.*

§ 16 da Constituição Federal. A seu critério exclusivo e na forma de lei, a União poderá assumir débitos, oriundos de precatórios, de Estados, Distrito Federal e Municípios, refinanciando-os diretamente. (Incluído pela Emenda Constitucional nº 62, de 2009).

Este dispositivo permite que a União, desde que observadas as regras atinentes ao pagamento de precatórios previstas no art. 100 e parágrafos da C.F., assuma débitos oriundos de precatórios de Estado, do Distrito Federal e dos Municípios, refinanciando-os diretamente.

Essa medida poderá ser tomada pela União quando verificar total insolvência do Estado, do Distrito Federal ou do Município.

Note-se que a Constituição Federal não permitiu o mesmo procedimento a ser adotado pelos Estados em relação os débitos de precatórios dos Municípios.

Prescreve o *§4º do art. 535* do atual C.P.C. que *em se tratando de impugnação parcial, a parte não questionada pela executada será, desde logo, objeto de cumprimento.*

Na realidade, quando se está diante de pedido incontroverso, deve-se promover a efetivação da tutela jurisdicional o mais rápido possível, expedindo-se desde logo precatório ou requisição de pequeno valor, prosseguindo-se a demanda em relação ao pedido controvertido.

4. Inexigibilidade do título executivo judicial baseado em lei ou ato normativo considerados inconstitucionais pelo S.T.F.

Estabelece o *§ 5º do art. 535* do atual C.P.C.: *para efeito do disposto no inciso III do caput deste artigo, considera-se também inexigível a obrigação reconhecida em título executivo judicial fundado em lei ou ato normativo considerado inconstitucional pelo Supremo Tribunal Federal, ou fundado em aplicação ou interpretação da lei ou do ato normativo tido pelo Supremo Tribunal Federal como incompatível com a Constituição Federal, em controle de constitucionalidade concentrado ou difuso.*

Estabelece o *§ 6º do art. 535* do atual C.P.C.: *No caso do §5º, os efeitos da decisão do Supremo Tribunal Federal poderão ser modulados no tempo, de modo a favorecer a segurança jurídica.*

Estabelece o *§ 7º do art. 535* do atual C.P.C.: *A decisão do Supremo Tribunal Federal referida no § 5º deve ter sido proferida antes do trânsito em julgado da decisão exequenda.*

Preceitua o *§8º do art. 535* do atual C.P.C.: *Se a decisão referida no § 5º for proferida após o trânsito em julgado da decisão exequenda, caberá ação rescisória, cujo prazo será contado do trânsito em julgado da decisão proferida pelo Supremo Tribunal Federal.*

Sobre o comentário desses parágrafos, remete-se o leitor para nossa análise ao art. 522, §§ 12., 13., 14. e 15.

CAPÍTULO VI – Do Cumprimento de Sentença que Reconheça a Exigibilidade de Obrigação de Fazer, de não Fazer ou de Entregar Coisa

SEÇÃO I – Do Cumprimento de Sentença que Reconheça a Exigibilidade de Obrigação de Fazer ou de não Fazer

Art. 536

No cumprimento de sentença que reconheça a exigibilidade de obrigação de fazer ou de não fazer, o juiz poderá, de ofício ou a requerimento, para a efetivação da tutela específica ou a obtenção de tutela pelo resultado prático equivalente, determinar as medidas necessárias à satisfação do exequente.

§ 1º Para atender ao disposto no caput, o juiz poderá determinar, entre outras medidas, a imposição de multa, a busca e apreensão, a remoção de pessoas e coisas, o desfazimento de obras e o impedimento de atividade nociva, podendo, caso necessário, requisitar o auxílio de força policial.

§ 2º O mandado de busca e apreensão de pessoas e coisas será cumprido por 2 (dois) oficiais de justiça, observando-se o disposto no art. 846, §§ 1º a 4º, se houver necessidade de arrombamento.

§ 3º O executado incidirá nas penas de litigância de má-fé quando injustificadamente descumprir a ordem judicial, sem prejuízo de sua responsabilização por crime de desobediência.

§ 4º No cumprimento de sentença que reconheça a exigibilidade de obrigação de fazer ou de não fazer, aplica-se o art. 525, no que couber.

§ 5º O disposto neste artigo aplica-se, no que couber, ao cumprimento de sentença que reconheça deveres de fazer e de não fazer de natureza não obrigacional.

Sumário:

1. Considerações gerais
2. Cumprimento de sentença que tenha por objeto obrigação de fazer ou não fazer
3. Espécies de medidas coercitivas
4. Litigância de má-fé
5. Deveres de fazer e de não fazer não obrigacional

1. Considerações gerais

Esse tipo de *tutela específica de obrigação de fazer e não fazer* tem por objetivo romper com a postura dogmática do art. 1.142 do Código Napoleão, segundo o qual toda obrigação de fazer e não fazer resolve-se em perdas e danos em caso de inadimplemento do devedor.

Na realidade, a desnecessidade de tutela diferenciada, que reflete um ordenamento jurídico neutro em relação às diversas posições sociais, tem como consequência a universalização da tutela ressarcitória.[1079]

Contudo, é necessário construir-se tutelas que garantam às pessoas um sistema processual que permita a fruição efetiva e real dos bens, principalmente aqueles que são considerados vitais para uma organização social que se preocupa em ser mais justa. Para isso é necessário romper com a dogmática de origem romana, segundo a qual a tutela de reparação de danos é a única forma de tutela contra o ilícito, ocorrendo nesta época uma efetiva unificação entre as categorias da ilicitude e da responsabilidade civil. E essa perspectiva tem por fundamento também os princípios da liberdade e da defesa da personalidade, próprios do jusnaturalismo e do racionalismo iluminista, pois num Estado liberal, marcado por uma rígida delimitação dos seus poderes de intervenção sobre a esfera jurídica dos particulares, não podia conceber um juiz que detivesse o poder de ordenar a alguém a fazer algo ou não fazer algo sob pena de coerção. Note-se que a tutela ressarcitória pelo equivalente permite apenas o sacrifício de um valor em dinheiro e não de valores concretos, como o do bem prometido ao credor.[1080]

A história tem demonstrado que o processo não pode ser compreendido à distância do direito material, razão pela qual a percepção de que o processo não estava correspondendo à necessidade de tutela do direito material obrigou a doutrina a pensar em termos de 'efetividade do processo', consciente de que a 'efetividade' seria o encontro do resultado devido ao autor, em consonância com as normas de direito substancial, no menos espaço de tempo e com o mínimo de esforço possível.[1081]

Com a sentença condenatória pronunciada em favor da parte, esta obtém um provimento que prescreve ao sujeito passivo, obrigado com fundamento no terreno substancial, a um certo comportamento consistente no cumprimento de uma prestação: a sentença condenatória pode de fato ter por conteúdo o pagamento de soma em dinheiro ou o adimplemento de outro tipo de obrigação. Num e noutro caso, a função da sentença condenatória é justamente aquela de eliminar os efeitos da já ocorrida violação no terreno substancial, atribuindo ao

[1079] Marinoni, Luiz Guilherme. *Tutela específica – arts. 461, CPC e 84, CDC*. 2ª ed. São Paulo: Editora R.T., 2001. p. 19.
[1080] Marinoni, L. G., idem, p. 20 e 21.
[1081] Maninoni, L. G., idem, p. 33.

titular do direito a possibilidade de adquirir a mesma 'utilidade' derivante do direito substancial ou o seu equivalente. A condenação também pode ter por objeto diretamente um conteúdo inibitório para o futuro a fim de evitar que a violação efetivamente ocorra ou seja repetida.

Conforme ensina Paulo Henrique dos Santos Lucon, *"Destina-se a ação condenatória a obter um provimento que obrigue o réu a cumprir determinado ato comissivo ou omissivo. Ou seja, com essa ação o demandante pede a condenação do réu ao cumprimento de prestação. Com a procedência da demanda, o juiz ordena alguém a dar, fazer ou não fazer (pagar uma soma em dinheiro), entregar certo bem móvel, desocupar determinado bem imóvel etc)".*[1082]

Ao lado do procedimento de cumprimento de sentença condenatória de quantia certa, regula este capítulo o procedimento de cumprimento de sentença condenatória de dar, fazer, não fazer e de entrega de coisa.

Conforme bem assinalam Jaime Guasp e Pedro Argoneses, ao tratar do processo de execução: *"O processo de execução por dação, em que se persegue a entrega de uma quantidade em dinheiro não é um processo de execução qualquer, senão que é o que pode chamar-se de forma geral das execuções processuais. Com efeito, não somente nestas dações, em que se persegue a entrega de quantidade de dinheiro, atua-se a imensa maioria das pretensões de execuções que a realidade oferece, senão que, ademais, as restantes podem converter-se nela quando não for possível o desenvolvimento das medidas que são peculiares a cada uma das mesmas".*[1083]

Por isso, ao lado da execução expropriativa, como figura ordinária dos procedimentos de cumprimento de sentença, os demais tipos de cumprimento de sentença aparecem como execuções peculiares, isto é, separadas do modelo anterior, apesar de não serem consideradas como medidas executivas especiais, tendo em vista que foram pensadas com mais amplitude que as simples hipóteses particulares e concretas. Portanto, tanto a execução expropriativa, como as satisfativas e transformativas são execuções singulares. Ao seu lado existe a execução geral que abarca a execução distributiva, isto é, de repartição de um patrimônio entre vários sujeitos que dá lugar aos processos concursais, constituindo um suposto de execução extraordinária que se aparta das outras formas de cumprimento de sentença.[1084]

[1082] LUCON, Paulo Henrique dos Santos. *Eficácia das decisões e execução provisória.* São Paulo: Editora R.T., 2000. p. 157 e 158.
[1083] GUASP, Jaime; ARAGONESES, Pedro. *Derecho procesal civil.* Tomo II – Parte Especial: procesos declarativos y de ejecución. 7ª ed. Navarra: Editorial Aranzia, 2006. p. 587.
[1084] GUASP, J.; ARAGONESES, P., idem, p. 588.

Para se saber o tipo de procedimento de cumprimento de sentença que se deverá utilizar, deve-se observar, em primeiro lugar, a base da consideração do próprio título sentencial a que o procedimento de cumprimento de sentença deve utilizar, ou seja, qual dos tipos de medidas executivas ordinárias é aplicável.

Em princípio, a reclamação em que consista a pretensão de medidas executivas e que está fundada numa sentença condenatória correspondente, decidirá sobre a índole das medidas executivas que deva seguir-se. Assim, se a pretensão apoia-se em um título que autoriza a exigir a entrega de uma *quantidade de dinheiro*, deve-se acudir do cumprimento de sentença expropriativo; se o título permite reclamação de *entrega de uma coisa* se acudirá do cumprimento de sentença satisfativo; se o fundamento da pretensão autoriza a obter do juiz *um fazer* ou *um não fazer forçoso*, se acudirá da *execução transformativa.*[1085]

O Capítulo VI deste Livro trata especificamente da pretensão contida em sentença condenatória de obrigação de fazer, de não fazer ou de entrega de coisa, sendo que os arts. 536 e 537 do atual C.P.C. tratam de medidas coadjuvantes do cumprimento de sentença condenatória de fazer ou de não fazer, enquanto que o art. 538 do atual C.P.C. trata do cumprimento de sentença condenatória de entrega de coisa.

2. Cumprimento de sentença que tenha por objeto obrigação de fazer ou de não fazer

Inicialmente, deve-se esclarecer que as medidas coercitivas e executivas previstas nos artigos 536 e 537 do atual C.P.C. são instrumentos ao procedimento específico de cumprimento de sentença de obrigação de fazer ou de não fazer.

Porém, o Livro específico do processo de execução e que regula o procedimento de execução fundada em título extrajudicial aplica-se, também, no que couber, aos atos executivos realizados no procedimento de cumprimento de sentença, isso significa dizer que o cumprimento de sentença condenatória de fazer ou de não fazer deverá observar, no que couber, os preceitos normativos estabelecidos nos arts. 815 a 823 do atual C.P.C.

O disposto no art. 536 do atual C.P.C. apresenta instrumentos que permitem de imediato a efetivação da tutela específica ou a obtenção de tutela pelo resultado prático equivalente. Contudo, se esses instrumentos não forem suficientes, deverá a execução prosseguir, no que couber, com os preceitos normativos previstos nos arts. 815 a 823 do atual C.P.C.

[1085] Guasp, J.; Aragoneses, P., idem, p. 590.

Outrossim, o *§5º do art. 536* do atual C.P.C. estabelece que no cumprimento da sentença que reconheça a exigibilidade de obrigação de fazer ou de não fazer, aplica-se o art. 525, no que couber.

O vínculo obrigacional pode ter por objeto uma prestação, que pode consistir ou num *dare* (que romanamente significa transmissão de propriedade), ou num *facere*, que compreendendo também o *non facere*, abraça qualquer espécie de fato, ato ou omissão, ou num *praestare*, no qual se englobam prestações particulares que não entram nas duas categorias e geralmente são responsabilidade vulgarmente acessória de outras obrigações principais.[1086]

Nos limites em que as normas do ordenamento jurídico consentem que uma pessoa se obrigue para com outra a dar, a fazer ou não fazer alguma coisa, qualquer forma da atividade humana pode constituir objeto de obrigação. Esta não tem, porém, por objeto, como muitos dizem às vezes, inclusive o próprio legislador, a coisa a que a prestação se refere, mas a própria *prestação*, isto é: *"um ato positivo ou negativo do devedor, que, como dar ou fazer, pode ter por seu turno como objeto próprio uma coisa. Resulta, pois, dos citados limites e ao mesmo tempo da natureza intrínseca do vínculo obrigatório e da 'necessitas' que lhe é inerente, que a prestação deve revestir determinados caracteres, indispensáveis para a existência jurídica da obrigação"*.[1087] E dentre esses caracteres encontra a sua perspectiva de ser *positiva ou negativa*, conforme consista num *dar* ou num *fazer*, ou em um *não fazer*.

Consiste a obrigação de *fazer* na *"na prática de uma ou mais ações determinada se lícitas, na prestação de serviços ou trabalhos da mais variada natureza, e distinguem-se as que têm caráter estritamente pessoal, que não podem ser prestadas senão pela própria pessoa do devedor (quer pelas suas qualidades intrínsecas e pessoais, quer pela razão da relação em que só ela se encontra), das outras que não têm tal caráter de modo que, com igual vantagem econômica, podem ser prestadas pelo devedor ou por outra pessoa..."*.[1088]

Consiste a obrigação de não fazer *"em omitir, para vantagem do credor, qualquer coisa que, se não fosse ela, o obrigado tinha a faculdade de fazer, ou em sofrer uma ação de outro. A 'solutio', que nas duas espécies se dá mediante a prestação ou execução do fato prometido, exerce-se aqui mediante uma abstenção mais ou menos prolongada, que mantém imutável o estado de fato desejado, de onde se segue que nem todas as regras da 'solutio' ordinária lhe são aplicáveis, nem a falta de cumprimento (que se verifica com a prática da ação proibida) dá lugar às formas ordinárias de coação"*.[1089]

[1086] Ruggiero, Roberto. *Instituições de direito civil*. Trad. Paolo Capitanio. Vol. 3. Campinas: Bookseller, 1999. p. 36.

[1087] Ruggiero, R., idem, p. 62.

[1088] Ruggiero, R., idem, p. 65.

[1089] Ruggiero, R., idem, p. 65 e 66.

Sobre a normatização brasileira em relação às obrigações de *fazer e não fazer* prescrevem os artigos 247 a 251 do C.C.brasileiro:

Art. 247. Incorre na obrigação de indenizar perdas e danos o devedor que recusar a prestação a ele só imposta, ou só por ele exequível.

Art. 248. Se a prestação do fato tornar-se impossível sem culpa do devedor, resolver-se-á a obrigação; se por culpa dele, responderá por perdas e danos.

Art. 249. Se o fato puder ser executado por terceiro, será livre ao credor mandá-lo executar à custa do devedor, havendo recusa ou mora deste, sem prejuízo da indenização cabível.

Parágrafo único. Em caso de urgência, pode o credor, independentemente de autorização judicial, executar ou mandar executar o fato, sendo depois ressarcido.

Art. 250. Extingue-se a obrigação de não fazer, desde que, sem culpa do devedor, se lhe torne impossível abster-se do ato, que se obrigou a não praticar.

Art. 251. Praticado pelo devedor o ato, a cuja abstenção se obrigara, o credor pode exigir dele que o desfaça, sob pena de se desfazer à sua custa, ressarcindo o culpado perdas e danos.

Parágrafo único. Em caso de urgência, poderá o credor desfazer ou mandar desfazer, independentemente de autorização judicial, sem prejuízo do ressarcimento devido.

Assim, conforme estabelece o art. 497 do atual C.P.C., na demanda que tenha por objeto a prestação de fazer ou de não fazer, o juiz, se procedente o pedido, concederá a tutela específica ou determinará providências que assegurem a obtenção de tutela pelo resultado prático equivalente.

Neste caso, sendo procedente o pedido formulado na demanda, o juiz concederá a *tutela específica* da obrigação assumida pelo devedor, seja ela de *fazer ou não fazer*, determinando providências que assegurem o resultado prático equivalente ao do adimplemento.

O art. 536 do atual C.P.C. estabelece a forma pela qual se dá o cumprimento da obrigação da sentença condenatória de prestação de fazer ou de não fazer. Aliás, este dispositivo permite a interpretação de que no cumprimento de sentença que tenha por objeto o cumprimento de obrigação de fazer ou não fazer, o juiz atuará no sentido de propiciar ao exequente, nesta ordem: a) tutela específica; b) resultado prático equivalente; c) indenização por perdas e danos.

Quanto à indenização por perdas e danos, prescreve o art. 499 do atual C.P.C. que somente será convertida a obrigação em perdas e danos se o autor o requerer ou se impossível a tutela específica ou a obtenção de tutela pelo resultado prático equivalente

Portanto, quando se fala em *tutela específica*, significa dizer entregar ao exequente a própria tutela estabelecida na sentença condenatória de fazer ou não fazer. Por sua vez, quando se fala em *resultado prático equivalente*, é a concessão de outro objeto (que não seja indenização em dinheiro), mas que seja equivalente à tutela prestada na sentença condenatória, inclusive podendo ser realizada por terceiro (o mesmo ou outro objeto), mas não só por terceiro, pois o próprio executado poderá sugerir a realização de medidas que gerem um resultado prático equivalente.

Assim, não sendo o caso de se tentar a obtenção de tutela específica, deve o órgão jurisdicional atuar no sentido de obter o *resultado prático equivalente*. Esse resultado prático equivalente não encontra maiores dificuldades quando se trata de obrigação de fazer *fungível*.

Em relação à *infungibilidade*, também se deve distinguir, para efeitos de conseguir o resultado prático equivalente, a *infungibilidade jurídica* da *infungibilidade prática*. Ocorrendo esta, não haverá possibilidade de resultado prático equivalente, mas apenas a conversão em perdas em danos. Já se for aquela, ou seja, a infungibilidade jurídica, haverá possibilidade de se obter o resultado prático equivalente, podendo o ato ser realizado por terceiro.

Assim, no caso de obrigação de concluir um contrato, ou seja, do dever de prestar declaração de vontade, haverá infungibilidade apenas jurídica, razão pela qual a norma jurídica permite que o mesmo efeito jurídico seja obtido por meio de outra declaração, no caso, a declaração do próprio juiz que valerá para todos os efeitos como sendo a própria declaração do devedor. A sentença proferida pelo magistrado substitui o ato devido pelo executado por ato próprio do juiz. Exemplo clássico dessa hipótese é o direito real do compromissário comprador.

É importante salientar, ainda, que a atuação de medida executiva concernente à obrigação de fazer e de não fazer tem por fundamento: a) execução ou cumprimento de sentença condenatória de fazer ou não fazer, ou seja, com base num título executivo judicial; b) processo de execução que tenha por objeto um título executivo extrajudicial.

Quando a pretensão de medidas executivas a serem realizadas tem por objeto obter do órgão jurisdicional uma *conduta distinta da de dar*, fala-se em medidas *executivas transformativa*.

Execução transformativa, *"é, portanto, aquele processo de execução em que se satisfaz ao exequente mediante a realização pelo órgão jurisdicional de uma conduta física distinta da entrega"*. Neste tipo de procedimento não se solicita do juiz uma emissão de declaração de vontade, senão a realização de uma manifestação de vontade, operação em sentido material. Por isso, não ficará satisfeito o exequente com o simples pronunciamento de uma resolução a cargo do juiz ou tribunal, senão que é preciso, para atuar a pretensão, que se inove em situações estritamente físicas, as quais, portanto, transcendem a órbita meramente ideal das simples declarações judiciais. Desta forma, este tipo de procedimento de medidas executivas não é, diferentemente do procedimento executivo expropriativo, um procedimento de execução por dação, senão um procedimento executivo por *transformação*, de acordo com os termos em que este tipo de procedimento é definido. Não é um procedimento de dação, porque não se visa com ele conseguir do órgão jurisdicional a entrega de nada ao credor exequente, nem uma quantidade genérica, seja dinheiro ou outra coisa, nem um objeto específico ou genérico. A execução transformativa busca que o juiz faça algo distinto do de dar.[1090]

A *transformação* processual pode ser concebida como um fazer físico a cargo do órgão jurisdicional. O conceito de fazer se define positiva e negativamente: "*como um fazer positivo ou como um fazer negativo, isto é, como um desfazer, pois o conceito puro do não fazer não pode ser reclamado, logicamente, do órgão jurisdicional. A execução transformativa configura-se assim como um fazer ou desfazer forçoso, a cargo de um juiz ou tribunal, para satisfazer uma pretensão processual de medidas executivas*".[1091]

Quanto ao objeto da execução transformativa, tem de concorrer nele a possibilidade, idoneidade e causas comuns. O fazer físico que se exige do juiz tem que ser possível físico e moralmente.

Deve-se ficar atento à distinção entre um fazer *personalíssimo* e *não personalíssimo*.

No que concerne aos requisitos da *atividade*, aplicam-se aqui as regras gerais sobre *lugar, tempo e forma*. Lugar será, em regra, o do órgão jurisdicional; tempo, o que resulte de ter em conta as normas sobre dias e horas hábeis e sobre termos e prazos; e forma, correspondente à essência dos atos que na execução há que ser realizados, tendo em conta que as manifestações de vontade que essencialmente a integram não estão definidas juridicamente por lei, senão que se remetem às regras da experiência comum que determinam o que há de entender-se por cada espécie de conduta física que o órgão jurisdicional exija.[1092]

Os efeitos das medidas executivas transformativas operam no âmbito jurídico-material. É certo que uma inovação direta das situações jurídico-materiais não se produz neste procedimento pois, por definição, as situações de direito preexistem à própria execução e nela se trata somente de adequar as circunstâncias de fato ao que as outras reclamam.

1090 Guasp, J.; Aragoneses, P., idem, p. 693.
1091 Guasp, J.; Aragoneses, P., idem, p. 694.
1092 Guasp, J.; Aragoneses, P., idem, p. 695.

É importante salientar que nos termos do art. 536 do atual C.P.C., o juiz poderá *de ofício* ou mediante requerimento determinar as medidas necessárias para o cumprimento da obrigação de fazer ou de não fazer.

Para que o devedor não seja surpreendido de imediato com as medidas coercitivas e executivas previstas no §1º do art. 536 do atual C.P.C., o juiz deverá, primeiramente, intimar o devedor, por intermédio de seu advogado, para que no prazo razoável decorrente da própria natureza da obrigação satisfaça o objeto de fazer ou não fazer estabelecido na sentença condenatória. Não seria razoável oferecer essa oportunidade para o cumprimento de sentença condenatória de quantia certa e não o fazê-lo para o cumprimento de sentença condenatória de fazer ou não fazer.

Se no prazo fixado, o executado não satisfizer a obrigação, aí sim os atos coercitivos e executivos previstos no §1º serão aplicados.

Evidentemente que se o juiz verificar que a intimação do devedor para o cumprimento da obrigação, como por exemplo, entrega de pessoa, puder tornar ineficaz a medida, poderá aplicar os requisitos da tutela da concessão de tutela de urgência satisfativa.

3. Espécies de medidas coercitivas

Estabelece o *§1º do art. 536* do atual C.P.C. que *para atender ao disposto no caput, o juiz poderá determinar, entre outras medidas, a imposição de multa, a busca e apreensão, a remoção de pessoas e coisas, o desfazimento de obras e o impedimento de atividade nociva, podendo, caso necessário, requisitar o auxílio de força policial.*

A requerimento do credor, ou de ofício, e para a efetivação da tutela específica ou a obtenção do resultado prático equivalente, o juiz poderá determinar as medidas necessárias para satisfação da prestação, entre outras medidas, a imposição de multa por período de atraso, a busca e apreensão, a remoção de pessoas e coisas, o desfazimento de obras, a intervenção judicial em atividade empresarial ou similar e o impedimento de atividade nociva, podendo, caso necessário, requisitar o auxílio de força policial.

Este dispositivo, meramente exemplificativo, estabelece algumas medidas práticas e eficazes que o juiz no procedimento de cumprimento de sentença de fazer ou não fazer poderá adotar para alcançar a efetivação da tutela específica ou o resultado prático equivalente.

Contudo, não poderá o juiz se valer da prisão civil como meio coercitivo para o cumprimento de dever ou obrigação de fazer ou não fazer, por força do art. 5º, inc. LXVII da C.F.). Ressalte-se que o nosso ordenamento jurídico não adotou o *Contempt of Court* do direito anglo-saxão, no qual o desrespeito à ordem judicial permite a prisão civil até que ela seja cumprida integralmente.

A prisão civil em nosso ordenamento jurídico está prevista apenas para os casos de não cumprimento de *pensão alimentícia*, não se aplicando mais nem ao caso de *depositário infiel* em face do *Pacto de São José da Costa Rica*, ou seja, do Tratado Interamericano de Direito Humanos que revogou a Constituição Federal brasileira no que concerne à prisão civil do depositário infiel.

São, portanto, abundantes as medidas executivas que podem ser operadas pelo juiz, com base no §1º do art. 536 do atual C.P.C. Este dispositivo abrange medidas coercitivas que recaem sobre o patrimônio ou sobre a pessoa, como a multa e a expedição de ordem judicial para remoção de pessoa. Poderá também ser o executado processado por crime de desobediência. Há também medidas sub-rogatórias, como, por exemplo, desfazimento de obras.

Para que o cumprimento de sentença de condenação de fazer ou não fazer tenha efetiva eficácia para a remoção do ilícito, no caso de omissão ilícita, de atividade ilícita e de ato ilícito de eficácia continuada, como, por exemplo, de um fábrica que exerce atividade ilícita, é possível designar-se um administrador provisório para que a atividade cesse; também é possível determinar a interdição da empresa. Tanto a nomeação de administrador provisório, quanto a interdição, constituindo meios de coerção direta, são suficientes para a eliminação da situação da ilicitude.[1093]

Na hipótese de ato ilícito de eficácia continuada, sendo possível a repristinação do estado anterior mediante um fazer, é possível requerer ao juiz a designação de pessoa habilitada a prestar o fazer permitindo-se assim a remoção do ilícito. Tratando-se de omissão ilegal, ou de não-observância de norma que impõe um fazer, é possível determinar-se que um terceiro faça aquilo que deveria ter sido feito pelo réu, estabelecendo-se a situação que deveria estar vigorando caso a norma houvesse sido observada desde logo.[1094]

Evidentemente que o juiz, ao adotar as medidas necessárias para a realização da tutela específica, deverá observar o princípio de que a tutela do direito deve dar-se do modo menos gravoso para o réu, ou seja, não pode causar gravame desproporcional ou não razoável maior do que necessário para a incidência do resultado prático pretendido.

Deve-se ressaltar que essas medidas coercitivas podem ser aplicadas mesmo na hipótese de sentença condenatória de obrigação de fazer ou de não fazer contra a própria Fazenda Pública. Quanto à multa coercitiva, a jurisprudência mais recente pacificou-se nesse sentido, *in verbis*:

[1093] Marinoni, L. G., op. Cit., p. 144.
[1094] Marinoni, L. G., idem, ibidem.

1. Ação Ordinária c/c pedido de tutela antecipada ajuizada em face do Estado do Rio Grande Sul, objetivando o fornecimento de medicamento de uso contínuo e urgente a paciente sem condição de adquiri-lo.

2. A função das astreintes é vencer a obstinação do devedor ao cumprimento da obrigação e incide a partir da ciência do obrigado e da sua recalcitrância.

3. In casu, consoante se infere dos autos, trata-se obrigação de fazer, consubstanciada no fornecimento de medicamento a pessoa necessitada, cuja imposição das astreintes objetiva assegurar o cumprimento da decisão judicial e consequentemente resguardar o direito à saúde.

4. "Consoante entendimento consolidado neste Tribunal, em se tratando de obrigação de fazer, é permitido ao juízo da execução, de ofício ou a requerimento da parte, a imposição de multa cominatória ao devedor, mesmo que seja contra a Fazenda Pública." (AGRGRESP 189.108/SP, Relator Ministro Gilson Dipp, DJ de 02.04.2001).

5. Precedentes jurisprudenciais do STJ: RESP 490228/RS, DJ de 31.05.2004; AGRGRESP 440686/RS, DJ de 16.12.2002; AGRESP 554776/SP, DJ de 06.10.2003; AgRgREsp 189.108/SP, DJ 02.04.2001 e AgRgAg 334.301/SP, DJ 05.02.2001.

6. Depreende-se do art. 461, §5º do CPC, que o legislador, ao possibilitar ao juiz, de ofício ou a requerimento, determinar as medidas assecuratórias como a "imposição de multa por tempo de atraso, busca e apreensão, remoção de pessoas e coisas, desfazimento de obras e impedimento de atividade nociva, se necessário com requisição de força policial", não o fez de forma taxativa, mas sim exemplificativa, pelo que, in casu, o sequestro ou bloqueio da verba necessária à aquisição de medicamento objeto da tutela indeferida, providência excepcional adotada em face da urgência e imprescindibilidade da prestação dos mesmos, revela-se medida legítima, válida e razoável.

7. Deveras, é lícito ao julgador, à vista das circunstâncias do caso concreto, aferir o modo mais adequado para tornar efetiva a tutela, tendo em vista o fim da norma e a impossibilidade de previsão legal de todas as hipóteses fáticas. Máxime diante de situação fática, na qual a desídia do ente estatal, frente ao comando judicial emitido, pode resultar em grave lesão à saúde ou mesmo por em risco a vida do demandante.

(...).

10. Outrossim, a tutela jurisdicional para ser efetiva deve dar ao lesado resultado prático equivalente ao que obteria se a prestação fosse cumprida voluntariamente. O meio de coerção tem validade quando capaz de subjugar a recalcitrância do devedor. O Poder Judiciário não deve compactuar com o proceder do Estado, que condenado pela urgência da situação a entregar medicamentos imprescindíveis proteção da saúde e da vida de cidadão necessitado, revela-se indiferente à tutela judicial deferida e aos valores fundamentais por ele eclipsados.

11. In casu, a decisão ora hostilizada pelo recorrente importa na negativa de fixação das astreintes ou bloqueio de valor suficiente à aquisição dos medicamentos necessários à sobrevivência de pessoa carente, revela-se indispensável à proteção da saúde do autor da demanda que originou a presente controvérsia, mercê de consistir em medida de apoio da decisão judicial em caráter de sub-rogação.

12. Por fim, sob o ângulo analógico, as quantias de pequeno valor podem ser pagas independentemente de precatório e a fortiori serem, também, entregues, por ato de império do Poder Judiciário.

13. Recurso especial provido.

(REsp 836913/RS, Rel. Ministro LUIZ FUX, PRIMEIRA TURMA, julgado em 08/05/2007, DJ 31/05/2007, p. 371)

(...).

2. A jurisprudência do Superior Tribunal de Justiça firmou orientação no sentido da possibilidade de aplicação da multa pecuniária do art. 461 do CPC, em caso de descumprimento de decisão judicial que impõe obrigação de fazer ou não fazer.

3. Agravo regimental desprovido.

(AgRg no Ag 1071833/RS, Rel. Ministra DENISE ARRUDA, PRIMEIRA TURMA, julgado em 03/03/2009, DJe 01/04/2009).

Ora, não teria sentido dizer que se aplica apenas contra a Fazenda Pública, na hipótese de cumprimento de sentença condenatória de fazer ou de não fazer, a incidência de multa coercitiva.

Como a Constituição Federal estabelece que a lei não poderá excluir da apreciação do Poder Judiciário lesão ou ameaça de lesão a direito, isso significa dizer também que a tutela jurisdicional a ser prestada pelo Estado-Juiz deve ser célere e eficaz, razão pela qual as outras medidas coercitivas ou práticas executivas também poderão ser concedidas contra o Estado-Administração.

A única exceção que a própria Constituição Federal abre em favor da Fazenda Pública é no cumprimento de sentença condenatória de pagamento de quantia certa, quando neste caso o pagamento deverá ser feito pelo sistema de precatório e não por outra forma de atos executivos expropriatórios.

Assim, se necessário for, poderá o juiz conceder medidas coercitivas e sub-rogatórias, como, por exemplo, *busca e apreensão, a remoção de pessoas e coisas, o desfazimento de obras, caso necessário requisitar o auxílio de força policial.*

Não poderá o juiz valer-se destas medidas de caráter sub-rogatórias, caso o fazer ou não fazer seja de caráter *personalíssimo* a ser realizado pela Fazenda Pública, como, por exemplo, *expedição de certidão negativa de débito tributário.*

Admitem a possibilidade de medidas sub-rogatórias contra a Administração Pública a fim de que se dê ensejo ao cumprimento de uma decisão judicial, José Miguel Garcia Medina, Eduardo Talamini, entre outros.

Em se tratando de busca e apreensão de pessoas e coisa, o mandado de busca e apreensão de pessoas e coisas será cumprido por 2 (dois) oficiais de justiça. Havendo necessidade de arrombamento, observar-se-á o disposto no art. 846, §§1º a 4º do atual C.P.C. (§2º do art. 536 do atual C.P.C.).

Assim, se o executado fechar as portas da casa, a fim de obstar a penhora dos bens, o oficial de justiça comunicará o fato ao juiz, solicitando-lhe ordem de arrombamento. Deferido o pedido, dois oficiais de justiça cumprirão o mandado, arrombando cômodos e móveis em que se presuma estarem os bens, e lavrarão de tudo auto circunstanciado, que será assinado por duas testemunhas presentes à diligência. Sempre que necessário, o juiz requisitará força policial, a fim de auxiliar os oficiais de justiça na penhora dos bens. Os oficiais de justiça lavrarão em duplicata o auto da ocorrência, entregando uma via ao escrivão ou ao chefe de secretaria, para ser juntada aos autos, e a outra à autoridade policial a quem couber a apuração criminal dos eventuais delitos de desobediência ou resistência. Do auto da ocorrência constará o rol de testemunhas, com sua qualificação.

Estabelecia (não repetido no atual C.P.C.) o §3º do (art. 533) do projeto n. 2.046/10 que a intervenção judicial em atividade empresarial somente seria determinada se não houvesse outro meio eficaz para a efetivação da decisão e observaria, no que coubesse, o disposto nos arts. 102 a 111 da Lei nº 12.529, de 30 de novembro de 2011.

A Lei 12.529, de 30 de novembro de 2011, estrutura o Sistema Brasileiro de Defesa da Concorrência; dispõe sobre a prevenção e repressão às infrações contra a ordem econômica; altera a Lei nº 8.137, de 27 de dezembro de 1990, o Decreto-Lei nº 3.689, de 3 de outubro de 1941 – Código de Processo Penal, e a Lei nº 7.347, de 24 de julho de 1985; revoga dispositivos da Lei nº 8.884, de 11 de junho de 1994, e a Lei nº 9.781, de 19 de janeiro de 1999; e dá outras providências.

Como se disse, este dispositivo não foi repetido pelo novo C.P.C.

4. Litigância de má-fé

Preceitua o *§3º do art.* 536 do atual C.P.C. que *o executado incidirá nas penas de litigância de má-fé quando injustificadamente descumprir a ordem judicial, sem prejuízo de sua responsabilização por crime de desobediência.*

Este preceito normativo determina a aplicação de sanções processuais e penais no caso de o executado, sem motivo justificado, deixar de cumprir a ordem judicial, ou seja, promover o cumprimento da tutela específica ou o resultado prático equivalente constante da decisão judicial.

Entre essas sanções encontra-se a pena processual de *litigância de má-fé*.

Aliás, estabelece o art. 774, inc. IV do atual C.P.C.:

> *Art. 774. Considera-se atentatória à dignidade da justiça a conduta comissiva ou omissiva do executado que:*
> *(...).*
> *IV – resiste injustificadamente às ordens judiciais;*
> *Parágrafo único. Nos casos previstos neste artigo, o juiz fixará multa ao executado em montante não superior a vinte por cento do valor atualizado do débito em execução, a qual será revertida em proveito do exequente, exigível nos próprios autos do processo, sem prejuízo de outras sanções de natureza processual ou material.*

Por sua vez, estabelece o art. 330 do Código Penal Brasileiro:

> *"Art. 330. Desobedecer a ordem legal de funcionário público:*
> *Pena – detenção de quinze dias a seis meses, e multa".*

Para José Carlos Barbosa Moreira, *"se não houver ordem, a sentença de procedência não será mandamental, mas simplesmente condenatória"*[1095]

Assim, diante dessa diferenciação, parte da doutrina entendia que o crime de desobediência somente se aplicava às decisões de caráter mandamental, entre as quais se compreendia a execução de fazer personalíssimas, ou seja, naquelas em que somente o próprio executado poderia cumprir o dever ou a obrigação estabelecida na sentença condenatória.

Contudo, o certo é que o §3º do art. 536 do atual C.P.C. não faz esta distinção. Portanto, o crime de desobediência poderá ser aplicado tanto ao executado que tenha por dever o cumprimento de uma obrigação de fazer personalíssima, como naquela impersonalíssima que gera atos executivos por sub-rogação. Assim, a ordem judicial decorre tanto de uma decisão mandamental quanto de uma decisão que determine o cumprimento de um dever ou obrigação de fazer ou não fazer.

Mesmo que seja possível a incidência de multa coercitiva, também será possível ao juízo do processo cível comunicar ao juízo penal sobre eventual crime de desobediência.

[1095] MOREIRA, José Carlos Barbosa. A sentença mandamental. Da Alemanha ao Brasil, *RePro*, vo. 97, p. 261.

O certo é que não poderá o juiz civil determinar a prisão do executado por crime de desobediência, pois essa prerrogativa é do juízo criminal, conforme já teve oportunidade de se manifestar o S.T.J. no Resp 490.228., relator Min. José Arnaldo da Fonseca. Disse o relator nessa decisão:

"(...). No caso, a requerente solicita 'a cominação da pena de prisão em flagrante', porém, a prisão em flagrante não é pena e, mesmo que fosse, não caberia a este Tribunal a sua aplicação. A inobservância da ordem judicial atenta contra a própria autoridade da justiça, mas o Órgão Cível não tem competência para a imputação de práticas criminosas. Cabe a ele somente a comunicação do fato ao Ministério Público, em cumprimento ao art. 40 do CPP".

No mesmo sentido:

1. É entendimento assente no Superior Tribunal de Justiça que decreto de prisão decorrente de decisão de magistrado no exercício da jurisdição cível, quando não se tratar das hipóteses de devedor de alimentos, é ilegal.

2. Habeas corpus concedido.

(HC 125.042/RS, Rel. Ministro JOÃO OTÁVIO DE NORONHA, QUARTA TURMA, julgado em 19/02/2009, DJe 23/03/2009)

5. Deveres de fazer e de não fazer não obrigacional

Estabelece o *§ 5º do art. 536 do atual C.P.C. que o disposto neste artigo aplica-se, no que couber, ao cumprimento de sentença que reconheça deveres de fazer e de não fazer de natureza não obrigacional.*

Pode acontecer que o cumprimento de uma obrigação fazer ou de não fazer não tenha por suporte jurídico um contrato, mas seja decorrente de uma imposição prevista em decisão judicial como, por exemplo, quando o juiz determina a exibição de pessoa, documento ou coisa para efeito de inspeção judicial ou para realização de prova pericial.

Também será o caso do cumprimento de um dever imposto pela sentença, como, por exemplo, não se aproximar de determinado lugar ou ficar a uma distância 'x' desse lugar.

Art. 537

A multa independe de requerimento da parte e poderá ser aplicada na fase de conhecimento, em tutela provisória ou na sentença, ou na fase de execução, desde que seja suficiente e compatível com a obrigação e que se determine prazo razoável para cumprimento do preceito.

§ 1º O juiz poderá, de ofício ou a requerimento, modificar o valor ou a periodicidade da multa vincenda ou excluí-la, caso verifique que:

I – se tornou insuficiente ou excessiva;

II – o obrigado demonstrou cumprimento parcial superveniente da obrigação ou justa causa para o descumprimento.

§ 2º O valor da multa será devido ao exequente.

§ 3º A decisão que fixa a multa é passível de cumprimento provisório, devendo ser depositada em juízo, permitido o levantamento do valor após o trânsito em julgado da sentença favorável à parte ou na pendência do agravo fundado nos incisos II ou III do art. 1.042.

§ 4º A multa será devida desde o dia em que se configurar o descumprimento da decisão e incidirá enquanto não for cumprida a decisão que a tiver cominado.

§ 5º O disposto neste artigo aplica-se, no que couber, ao cumprimento de sentença que reconheça deveres de fazer e de não fazer de natureza não obrigacional.

Multa periódica

Ao se proferir um julgamento que tenha por objeto uma pretensão de obrigação de fazer ou não fazer, o juiz, ao conceder a tutela específica da obrigação, poderá impor multa periódica, inclusive de ofício e independentemente de requerimento, outorgando assim tutela inibitória no lugar da tutela de remoção do ilícito. Esta prerrogativa conferida ao magistrado constitui exceção ao princípio de que a sentença deve ficar adstrita ao pedido, uma vez que está incondicionalmente atrelada aos princípios da efetividade e da necessidade.

A fixação da multa poderá ocorrer por meio de tutela antecipada ou na própria sentença que julgar procedente o pedido de condenação em obrigação de fazer ou não fazer.

Também poderá ser fixada a multa periódica, conforme estabelece o art. 537 do atual C.P.C., independentemente de pedido do credor, no âmbito da execução, isto é, no procedimento de cumprimento de sentença de obrigação de fazer ou de não fazer.

Portanto, a imposição de astreintes coercitivas poderá se dar em antecipação de tutela, na sentença ou na execução, desde que seja suficiente e compatível com a obrigação.

Por vezes, o objeto da obrigação ou do dever de fazer ou não fazer será de valor inestimável, como, por exemplo, não fazer barulho, razão pela qual o juiz deverá estabelecer o valor periódico da multa pelo critério de arbitramento.

É importante salientar que a multa somente começará a incidir após ultrapassado o prazo razoável fixado pelo juiz para o cumprimento do preceito previsto na sentença condenatória de obrigação de fazer ou não fazer.

Assim, o juiz poderá, como medida coercitiva na realização da tutela específica prevista na sentença condenatória de fazer ou não fazer, impor *multa, astreintes*, por período de atraso. Essa aplicação da multa coercitiva deverá observar a máxima da razoabilidade e proporcionalidade, ou seja, não poderá ter um valor elevado demais, que se torne impossível ao devedor pagá-lo, e, consequentemente, deixe de gerar nele a finalidade coercitiva ditada pela norma, nem mesmo baixo demais, de tal forma que não gera qualquer estímulo no devedor para o cumprimento da sentença.

Em decorrência da máxima da razoabilidade e da proporcionalidade, prescreve o *§1º, inc.s. I e II, do art. 537* do atual C.P.C.:

> *§ 1º O juiz poderá, de ofício ou a requerimento, modificar o valor ou a periodicidade da multa vincenda ou excluí-la, caso verifique que:*
>
> *I – se tornou insuficiente ou excessiva;*
>
> *II – o obrigado demonstrou cumprimento parcial superveniente da obrigação ou justa causa para o descumprimento.*

O art. 537, *caput,* do atual C.P.C. não estabeleceu qualquer critério objetivo no que concerne à determinação do valor da multa a ser aplicada ao executado. Isso não significa dizer, contudo, que seja possível ao juiz aplicar qualquer valor. Para a fixação da multa, o juiz deverá seguir alguns princípios, a saber: a) princípio da menor onerosidade possível ao devedor, razão pela qual não poderá fixar valor que seja inviável ao devedor pagar ou que seja capaz de reduzi-lo a insolvência; b) princípio da máxima efetividade que impede ao juiz fixar valor irrisório, que seja incapaz de atingir a finalidade coercitiva da multa aplicada; c) o valor da multa não é limitado pelo valor da obrigação principal.

Como se disse, a *astreintes* somente terá eficácia se for suficiente para provocar certo efeito psicológico no devedor, a fim de que ele cumpra o dever ou a obrigação de fazer ou não fazer.

O juiz poderá, inclusive de ofício, modificar o valor ou a periodicidade da multa vincenda, caso verifique: a) que essa multa se tornou insuficiente ou excessiva. Isso significa dizer que a multa deve ser ajustada aos limites necessários para gerar no psíquico do devedor a necessidade de dar efetividade à tutela concedida na sentença condenatória; b) se o obrigado demonstrou o cumprimento parcial superveniente da obrigação ou justa causa para o descumprimento. Evidentemente, se o executado demonstrar justa causa (caso fortuito ou força maior) para o não cumprimento da obrigação, o juiz deverá, além de revogar a multa imposta, também cancelar a já incidida, se a incidência ocorreu durante a justa causa. Por outro lado, se o executado cumprir parcialmente a obrigação, o juiz poderá reduzir a multa aplicada, levando-se em conta a utilidade desse cumprimento.

Em relação à multa, o S.T.J., no Resp n.1019455, permitiu que sua aplicação seja discutida em exceção de pré-executividade:

> *A Terceira Turma do Superior Tribunal de Justiça (STJ) considerou possível o manejo de exceção de pré-executividade com objetivo de discutir matéria relativa ao valor da multa diária executada (astreinte). No caso analisado, o juízo de primeiro grau havia imposto multa diária de R$ 50 mil em favor do comprador de um imóvel, por suposto descumprimento de acordo pelo vendedor.*
>
> *"Sendo possível ao magistrado a discricionariedade quanto à aplicação da astreinte, com maior razão poderá fazê-lo quando provocado pelas partes, ainda que em sede de exceção de pré-executividade", afirmou o ministro Massami Uyeda.*
>
> *O relator ainda lembrou a jurisprudência pacífica do STJ segundo a qual a decisão que arbitra a astreinte não faz coisa julgada material. Ele esclareceu que é facultado ao magistrado impor a multa, de ofício ou a requerimento da parte, cabendo a ele, da mesma forma, a sua revogação nos casos em que se tornar desnecessária.*
>
> *Inconformado com o alto valor da astreinte, o vendedor do imóvel havia recorrido ao Tribunal de Justiça do Mato Grosso (TJMT), discutindo também a execução provisória da sentença, já que estava pendente de julgamento apelação interposta por terceiros. Por sua vez, o TJMT excluiu a multa, por considerar seu valor abusivo e por não constar dos autos da execução a prova da mora do executado.*
>
> *"Se a multa fixada como astreinte pelo juízo singular é absurdamente exagerada e corresponde a um verdadeiro prêmio de loteria, o tribunal deve expurgar a penalidade, notadamente porque o processo é instrumento ético de garantias constitucionais, não podendo ser utilizado para o alcance de abusos ou para promover o enriquecimento ilícito", disse a decisão do TJMT.*
>
> *A exceção de pré-executividade é um meio disponível à defesa do executado, cabível nas hipóteses de flagrante inexistência ou nulidade do título executivo, e nas hipóteses referentes à flagrante falta de pressupostos processuais ou condições da ação. Já a astreinte só tem cabimento quando houver deliberado descumprimento de ordem judicial.*

Porém, o S.T.J., com base na Súmula 07, não tem analisado Recurso Especial quando a questão a ser discutida decorre do valor fixado a título de multa coercitiva, salvo se o valor fixado for irrisório ou excessivo. Nesse sentido, eis os seguintes precedentes:

(...).

3. Conforme o disposto no artigo 461, § 4º, do Código de Processo Civil pode o juiz impor multa diária ao réu por descumprimento de obrigação de fazer ou não fazer.

4. No que se refere ao valor da multa diária por descumprimento de ordem judicial, à ofensa ao artigo 461, §§ 4º e 6º do Código de Processo Civil, esta Corte já se manifestou no sentido de que incide o óbice da Súmula 7 desta Corte (REsp n. 638.806/RS, Rel. Min. LUIZ FUX, DJ 17.12.04; AgRg no AG n. 510.177/RJ, Rel. Min. CASTRO FILHO, DJ 20.06.05), sendo lícita a sua revisão, nesta instância, apenas nos casos em que o valor fosse irrisório ou exagerado ou, ainda, em que fosse flagrante a impossibilidade de cumprimento da medida, o que não ocorre no caso.

5. Agravo Regimental improvido.

(AgRg no AREsp 56.294/SP, Rel. Ministro SIDNEI BENETI, TERCEIRA TURMA, julgado em 22/11/2011, DJe 07/12/2011)

(...).

5. É possível a revisão de multa cominatória por decisão fundamentada, inclusive pelo STJ, em situações excepcionais e quando ela se tornar insuficiente, excessiva ou desnecessária, à luz do art. 461, §6º, do CPC. Precedentes do STJ.

6. As astreintes não podem ser fixadas em valor irrisório, estimulando a procrastinação e os litigantes de má-fé, que são renitentes em cumprir determinações judiciais e agem em desrespeito às partes e ao próprio Poder Judiciário. Porém, há que realizar juízo de proporcionalidade e adequação sobre a pretensão, a medida deferida e o resultado obtido.

7. No caso dos autos, existem elementos que incutem sérias dúvidas sobre legitimidade da forma pela qual são estabelecidas as astreintes: a) o critério da multa originária tendia à excessividade; b) a fórmula proposta inicialmente conduzia a bis in idem; c) há profundos sinais de desproporcionalidade entre o valor das astreintes e a demora no adimplemento da obrigação d) dado que o atraso foi de aproximadamente três meses, não se verifica sinal de desídia da União nem prejuízo ao recebimento da parcela pecuniária pelo agravante, e e) inatribuível a responsabilidade à União pela demora na outorga da tutela jurisdicional no caso concreto.

8. Mantida a condenação da União ao pagamento de R$ 10 mil, em valores fixos, a título de multa. Ratifica-se a decisão que deu provimento parcial ao Recurso Especial da União.

9. Agravo Regimental não provido.

(AgRg no AgRg no REsp 1234990/RJ, Rel. Ministro HERMAN BENJAMIN, SEGUNDA TURMA, julgado em 07/06/2011, DJe 12/09/2011)

É importante salientar que a multa coercitiva somente deve ser imposta se for compatível com a obrigação ou dever de fazer ou não fazer. Se não houver mais possibilidade de qualquer utilidade da obrigação de fazer ou de não fazer em favor do credor, não será mais o caso de imposição de multa, mas, sim, de conversão imediata da obrigação em perdas e danos.

A multa somente deverá ser aplicada, portanto, se houver alguma utilidade jurídica ou material da obrigação de fazer ou não fazer ao credor exequente.

O valor da multa, conforme determina o *§2º do art. 537* do atual C.P.C., *será devido ao exequente*, como forma de ressarcimento da mora temporal no cumprimento da obrigação.

Estabelece o *§ 3º do art. 537* do atual C.P.C. que *a decisão que fixa a multa é passível de cumprimento provisório, devendo ser depositada em juízo, permitido o levantamento do valor após o trânsito em julgado da sentença favorável à parte ou na pendência do agravo fundado nos incisos II ou III do art. 1.042.*

No projeto originário do novo C.P.C., n. 2.046/10, o cumprimento da pena de multa dependeria do trânsito em julgado da sentença favorável à parte.

Agora, a decisão que fixa a multa é passível de cumprimento provisório.

Porém, se a multa for depositada em juízo, somente será permitido o seu levantamento após o trânsito em julgado da sentença favorável à parte ou na pendência de agravo em Recurso Especial ou Extraordinário.

A multa coercitiva para cumprimento de obrigação de fazer ou de não fazer poderá ser fixada:

a) na fase de conhecimento; b) em tutela provisória; c) na sentença condenatória ou; d)na fase de execução.

Segundo o *§4º do art. 537* do atual C.P.C. *a multa será devida desde o dia em que se configurar o descumprimento da decisão e incidirá enquanto não for cumprida a decisão que a tiver cominado.*

É possível, porém, o cumprimento provisório da decisão que fixar a multa. Porém, uma vez depositada em juízo, somente será permitido o seu levantamento após o trânsito em julgado da sentença favorável à parte ou na pendência do agravo fundado nos incisos II ou III do art. 1.042.

Assim, se a multa for fixada em liminar ou em sentença não transitada em julgado, o requerente poderá solicitar o cumprimento provisório da decisão que fixou a multa, inclusive com prática de atos expropriatórios do devedor.[1097]

O valor da multa, neste caso, deverá ser depositado em juízo, sendo que, em se tratando de procedimento provisório, o seu levantamento somente ocorrerá

[1097] Essa já era a lição de José Carlos Barbosa Moreira, Teori Albino Zavascki, Alberto Camiña Moreira, Sérgio Shimura, José Miguel Garcia Medina, dentre outros. Em sentido contrário, Luiz Guilherme Marinoni.

após o trânsito em julgado ou na pendência de agravo interposto contra decisão denegatória de seguimento de recurso especial ou extraordinário.

A execução da multa periódica abrange o valor relativo ao período de descumprimento já verificado, até o momento do seu requerimento, bem como o do período superveniente, até e enquanto não for cumprida pelo executado a decisão que a cominou (*§4º do art. 537 do atual C.P.C.).*

Observa-se que a execução da multa cominada é diversa da execução da sentença condenatória da obrigação de fazer ou não fazer, razão pela qual, para se evitar eventual tumulto processual, poderá o juiz deferir que seu cumprimento ocorra mediante extração de carta sentença ou certidão da decisão. Note-se que a execução da multa deverá seguir o procedimento de cumprimento de decisão ou sentença condenatória de quantia certa, mediante expropriação de bens.

Havendo requerimento de execução da multa, o seu conteúdo abrange tanto as multas que se venceram, quanto àquelas que se forem vencendo ao longo do processo, enquanto não cumprida pelo réu a decisão que a cominou, ou, enquanto não convertido o procedimento em perdas e danos.

Por fim, estabelece o *§5º do art. 537* do atual C.P.C. que *o disposto neste artigo aplica-se, no que couber, ao cumprimento de sentença que reconheça deveres de fazer e de não fazer de natureza não obrigacional*, como, por exemplo, quando há imposição de um ônus processual.

SEÇÃO II – Do Cumprimento de Sentença que Reconheça a Exigibilidade de Obrigação de Entregar Coisa

Art. 538

Não cumprida a obrigação de entregar coisa no prazo estabelecido na sentença, será expedido mandado de busca e apreensão ou de imissão na posse em favor do credor, conforme se tratar de coisa móvel ou imóvel.

§ 1º A existência de benfeitorias deve ser alegada na fase de conhecimento, em contestação, de forma discriminada e com atribuição, sempre que possível e justificadamente, do respectivo valor.

§ 2º O direito de retenção por benfeitorias deve ser exercido na contestação, na fase de conhecimento.

§ 3º Aplicam-se ao procedimento previsto neste artigo, no que couber, as disposições sobre o cumprimento de obrigação de fazer ou de não fazer.

Obrigação de entregar coisa

Ao lado do cumprimento de sentença condenatória de fazer ou de não fazer, há também o cumprimento de sentença condenatória de obrigação para entrega de coisa.

Neste caso, excepciona-se apenas a entrega de coisa em dinheiro, tendo em vista que, nessa hipótese, o exequente deve utilizar-se do procedimento de cumprimento de sentença condenatória de quantia certa.

Na hipótese do art. 538 do atual C.P.C., não cumprida a obrigação de entregar coisa no prazo estabelecido na sentença ou não havendo prazo estabelecido na sentença, no prazo estipulado pelo juízo da execução, será expedido em favor do credor mandado de busca e apreensão, no caso de bens móveis, ou de imissão na posse, no caso de bens imóveis.

Para o cumprimento de sentença condenatória de obrigação de entrega de coisa, o prazo previsto na sentença terá início não do trânsito em julgado, mas, sim, da intimação do devedor para cumprir o conteúdo da decisão.

Por força do que dispõe o art. 771 do atual C.P.C., no cumprimento de sentença para entrega da coisa deverá ser observado, no que couber, o disposto nos artigos 806 a 810 do atual C.P.C.

O art. 538 do atual C.P.C. trata da obrigação que tem por objeto a entrega de coisa certa ou incerta.

A obrigação de *dar coisa incerta* é aquela designada pelo gênero, qualidade e quantidade. Sobre o conteúdo normativo da *obrigação de dar coisa incerta*, prescrevem os artigos 243 a 246 do C.C.brasileiro:

> *"Art. 243. A coisa incerta será indicada, ao menos, pelo gênero e pela quantidade.*
>
> *Art. 244. Nas coisas determinadas pelo gênero e pela quantidade, a escolha pertence ao devedor, se o contrário não resultar do título da obrigação; mas não poderá dar a coisa pior, nem será obrigado a prestar a melhor.*
>
> *Art. 245. Cientificado da escolha o credor, vigorará o disposto na Seção antecedente.*
>
> *Art. 246. Antes da escolha, não poderá o devedor alegar perda ou deterioração da coisa, ainda que por força maior ou caso fortuito".*

Assim, neste caso, é a fonte de obrigação (o título da obrigação) que irá estabelecer se a escolha da coisa fungível cabe ao credor ou ao devedor.

Se a escolha couber ao credor, este deverá individualizar a coisa já na petição inicial; cabendo a escolha ao devedor, este a entregará individualizada no prazo fixado pelo juiz.

Havendo benfeitoria na coisa a ser entregue, prescreve o §1º do art. 538 do atual C.P.C.: a existência de benfeitorias deve ser alegada na fase de conhecimento, em contestação, de forma discriminada e com atribuição, sempre que possível e justificadamente, do respectivo valor.

No caso, havendo benfeitoria necessária ou útil realizada na coisa a ser entregue, e sendo o seu possuidor de boa-fé, terá direito à indenização dessas benfeitorias.

Estabelece o §2º do art. 538 do atual C.P.C. que o direito de retenção por benfeitorias deve ser exercido na contestação, na fase de conhecimento.

O direito de retenção por benfeitoria deverá ser alegado na fase de conhecimento, em contestação, discriminando-as e atribuindo, sempre que possível e justificadamente, o seu valor para efeito de pagamento ou compensação com eventuais perdas e danos.

Ocorre que a boa-fé do possuidor poderá seguir-se à contestação, podendo as benfeitorias terem sido realizadas após o prazo de defesa. Nesta hipótese, nada impede que o possuidor suscite o seu direito de indenização de benfeitoria durante o cumprimento de sentença.

Por fim, estabelece o *§ 3º do art. 538* do atual C.P.C. que *se aplicam ao procedimento previsto neste artigo, no que couber, as disposições sobre o cumprimento de obrigação de fazer ou de não fazer.*

Dentre as disposições que podem ser aplicadas é justamente a imposição de multa diária para que o possuidor entregue a coisa que está em seu poder, assim como as demais medidas coercitivas previstas nas disposições sobre o cumprimento de obrigação de fazer e não fazer.

TÍTULO III – Dos Procedimentos Especiais

CAPÍTULO I – Da Ação de Consignação em Pagamento

Art. 539

Nos casos previstos em lei, poderá o devedor ou terceiro requerer, com efeito de pagamento, a consignação da quantia ou da coisa devida.

§ 1º Tratando-se de obrigação em dinheiro, poderá o valor ser depositado em estabelecimento bancário, oficial onde houver, situado no lugar do pagamento, cientificando-se o credor por carta com aviso de recebimento, assinado o prazo de 10 (dez) dias para a manifestação de recusa.

§ 2º Decorrido o prazo do § 1º, contado do retorno do aviso de recebimento, sem a manifestação de recusa, considerar-se-á o devedor liberado da obrigação, ficando à disposição do credor a quantia depositada.

§ 3º Ocorrendo a recusa, manifestada por escrito ao estabelecimento bancário, poderá ser proposta, dentro de 1 (um) mês, a ação de consignação, instruindo-se a inicial com a prova do depósito e da recusa.

§ 4º Não proposta a ação no prazo do § 3º, ficará sem efeito o depósito, podendo levantá-lo o depositante.

Sumário:

1. Considerações preliminares
2. Da consignação em pagamento
3. Consignação extrajudicial

1. Considerações preliminares

O Título III deste Livro regulamenta os denominados *procedimentos especiais*, os quais são especiais em relação ao procedimento comum.

O novo C.P.C. extinguiu o procedimento comum sumário, mantendo, por sua vez, os procedimentos de natureza especial.

Neste Livro, ao lado do processo de conhecimento realizado por meio do procedimento comum, há também o processo de conhecimento realizado por meio de procedimentos especiais.

O novo C.P.C., no Capítulo I, deste Título, perdeu a oportunidade de corrigir um equívoco terminológico constatado também no C.P.C. revogado. Esse equívoco está justamente em denominar as diversas demandas, cujo rito se dá pelos procedimentos especiais, como ação.

Ação é um direito subjetivo de natureza Constitucional outorgado a todas as pessoas, nacionais e estrangeiros, como forma de provocar o exercício da tutela jurisdicional, ou, em outras palavras, um direito de agir constitucionalmente legitimado para provocar a atuação do Poder Judiciário.

Mais adequado do que denominar *ação de consignação em pagamento* seria inserir dentro das espécies de demanda, a demanda de tutela jurisdicional de consignação em pagamento. Assim, não é a ação que se subdivide, mas as espécies de demandas de tutela jurisdicional.

É de se ressaltar que o legislador agiu com acerto em não falar em *processos especiais*, pois o instituto do processo também não aceita subdivisão, conforme já tivemos oportunidade de afirmar ao definir o processo na obra *Contraditório e Revelia – perspectivas críticas dos efeitos da revelia diante da natureza dialética do processo.*

O *processo* é instrumento do poder exercido mediante um procedimento realizado por meio de uma relação jurídica em contraditório.

O processo jurisdicional é, portanto, um instituto jurídico próprio de resolução de conflitos ou de concretização do ordenamento jurídico, cuja essência é o seu desenvolvimento em contraditório.

Agiu com acerto o legislador ao intitular o Título III deste Livro como *Dos Procedimentos Especiais*, pois o procedimento admite subdivisão em espécies.

E o procedimento admite subdivisão justamente porque ele designa a ordem, a forma e a disposição das séries de atos processuais que serão realizados de acordo com as exigências da necessidade constitucional do direito material, para efeito de ser resguardado pelas tutelas jurisdicionais.

Conforme já teve oportunidade de afirmar Kazuo Watanabe, é através das técnicas de cognição que se constroem as diversas formas de tutela jurisdicionais necessárias à proteção do direito material. E por vezes, para melhor proteger o direito material da parte, há necessidade de procedimentos especiais variáveis na quantidade, na qualidade e na ordem de atos conducentes ao resultado desejado pelo legislador.

Na concepção de Adroaldo Furtado Fabrício, *"o procedimento é, pois, o conteúdo cujo continente é o processo; aquele é em relação a este como a dezena em face do número concreto – que pode ser menor do que a dezena, ou conter mais de uma"*.[1098]

O novo C.P.C., assim como o fazia o C.P.C. de 1973, manteve a subdivisão entre procedimento de jurisdição contenciosa e procedimento de jurisdição voluntária (Capítulo XV).

Porém, o legislador não agiu com acerto em manter essa subdivisão – jurisdição contenciosa/jurisdição voluntária, tendo em vista que a jurisdição não pode ser adjetivada como contenciosa ou voluntária.

A jurisdição nada mais significa do que o exercício da atividade estatal realizada pelos órgãos do Poder Judiciário.

A jurisdição tem por função *"assegurar a justiça, a paz social e os demais valores jurídicos, mediante a aplicação, eventualmente coercitível, do direito"*.[1099]

A jurisdição, portanto, antes de tudo é uma função. Sendo uma função, não pode ser adjetivada ou subdividida em jurisdição contenciosa ou voluntária.

O que é contencioso ou voluntário é o conteúdo das questões que são objeto da jurisdição e não a própria função jurisdicional.

[1098] "A metáfora é de Carnelutti". (Fabrício, Adroaldo Furtado. *Comentários ao código de processo civil*. Vol. VIII, tomo III (art. 890 a 945), Rio de Janeiro: Forense, 2002, p. 4).

[1099] Couture, Eduardo J., *Fundamentos del derecho procesal civil*, 4ª ed. Montevideo-Buenos Aires: Editorial IbdeF, 2009. p. 29.

Por isso, o ideal seria que este Código mantivesse a denominação contida no Projeto originário n. 2.046/10, ou seja, *Dos Procedimentos não Contenciosos* ao invés de procedimento de jurisdição voluntária.

Deveria o legislador do novo C.P.C. acolher a crítica há muito formulada por Adroaldo Furtado Fabrício, a saber: *"(...). Fique apenas referido que a tendência predominante na doutrina contemporânea é a de não apenas considerar não-jurisdicional a referida atividade, mas também a de advogar a exclusão de sua disciplina dos códigos de processo, deslocando-a para leis especiais, a exemplo do que, já no Século XIX, se fizera ao menos em parte, na Alemanha e na Áustria".*[1100]

O procedimento comum é o modelo básico, a técnica legislativa usual, destinado a regular a generalidade dos casos. Trata-se de um procedimento padrão.

Por vezes, alguns procedimentos especiais, quando atingem determinado momento processual, retornam à forma do procedimento comum para a conclusão do processo.

Deve-se ressaltar que as regras do procedimento comum, quando não contrariarem disposições próprias do procedimento especial, a este são aplicadas.

É importante salientar, muito embora a construção de procedimentos especiais adequados às reais necessidades da tutela, o certo é que não há um critério harmônico e justificável para a exclusão de determinadas demandas do âmbito do procedimento comum.

Conforme já teve oportunidade de ressaltar Adroaldo Furtado Fabrício, *"a verdade, pois, é que os legisladores não se orientam apenas por aquela diretriz. O peso da tradição histórica, com as complicações e incongruências decorrentes de múltiplas fontes de influência, nem sempre coevas e coerentes; a eventual interpenetração, no mesmo processo, de elementos de diversas modalidades de tutela jurisdicional (de cognição, de execução e cautelar); razões de conveniência momentânea e local, com caráter meramente emergencial; até mesmo a simples impaciência do legislador frente à morosidade do aparelhamento judiciário em contraste com a pressão da necessidade local – tudo influi no sentido de retirar da 'vala comum' do rito ordinário um número crescente de 'ações', em antagonismo com as recomendações da doutrina, está cada vez mais inclinada à redução numérica dos tipos procedimentais como imperativo da simplificação e da racionalização".*[1101]

Os procedimentos especiais não estão delimitados ao Título III deste Código, pois inúmeras leis extravagantes também estabelecem procedimentos especiais para determinadas tutelas jurisdicionais, como, por exemplo, a lei das desapropriações (Dec-lei n. 3.365, de 21 de junho de 1941), a Lei 11.101/05, que regular a recuperação judicial e a falência das sociedades empresárias etc.

[1100] Fabrício, A. F., op. cit., p. 24.
[1101] Fabrício, A. F., idem. p. 8.

É importante salientar que tanto a União como os Estados e o Distrito Federal podem legislar concorrentemente sobre *procedimento em matéria processual*, nos termos do art. 24, inc. XI da C.F.

O autor, diante da cumulação de demanda (também denominada cumulação de ações), poderá abrir mão do procedimento especial, desde que opte para todos os pedidos pelo procedimento comum, nos termos do art. 327, §2º do atual C.P.C.: "*Quando, para cada pedido, corresponder tipo diverso de procedimento, será admitida a cumulação se o autor empregar o procedimento comum, sem prejuízo do emprego das técnicas processuais diferenciadas previstas nos procedimentos especiais a que se sujeitam um ou mais pedidos cumulados, que não forem incompatíveis com as disposições sobre o procedimento comum*".

Contudo, esse princípio não é aceitável com tamanha elasticidade.

Há procedimentos que não apenas favorecem a melhor eficácia da tutela jurisdicional pretendida pelo autor, mas que também favorecem um melhor contraditório ou uma melhor posição do réu no procedimento.

Há procedimentos, ainda, que em razão da sua complexidade toda especial, não poderá ser convertido em comum, como é o caso, por exemplo, da tutela jurisdicional de exibição de contas, do inventário e partilha etc.

A adequação correta procedimental é um pressuposto processual de validade da relação jurídica processual.

Conforme leciona Oskar Von Bülow: "*... demonstram-se precisamente os pressupostos processuais enumerados são os que provêm da matéria referente às exceções processuais; estas últimas não são outra coisa que 'pressupostos processuais expressados negativamente', em forma de exceção. Como tais, são enumeradas em particular: (...). 2) correspondentes à matéria do processo em si: a 'exceptio non rite formati processus (exceção de processo não ritualmente formado*".[1102]

Porém, a equivocada forma procedimental não acarreta de plano a nulidade do processo, conforme preconiza o art. 283, p.u., do atual C.P.C., *in verbis*:

> *Art. 283. O erro de forma do processo acarreta unicamente a anulação dos atos que não possam ser aproveitados, devendo ser praticados os que forem necessários a fim de se observar as prescrições legais.*
>
> *Parágrafo único. Dar-se-á o aproveitamento dos atos praticados desde que não resulte prejuízo à defesa de qualquer parte.*

[1102] BÜLOW, Oskar Von. *La teoria de las excepciones procesales y los presupuestos procesales.* Trad. Miguel Angel Rosas Lichtschein. Buenos Aires, Ediciones Jurídicas Europa – America, 1964. p. 12.

Deve-se compreender a expressão *erro de forma do processo*, como erro na escolha do procedimento apropriado.

Sobre a questão do denominado *princípio da correção*, esclarece Adroaldo Furtado Fabrício: *"A propósito do tema, já se alertou para o cuidado que se impõe no diferenciar 'impropriedade da forma (do rito, portanto), da possível inaptidão do próprio pedido para alcançar acolhimento judicial, mesmo em tese. A adequação de que se cogita, com vistas à verificação de validade ou à possível conversão, diz respeito ao procedimento e ao fim 'visado pelo autor', pois é tendo em conta um determinado fim que o legislador estabeleceu este ou aquele rito. Neste nível de indagação, não cabe ainda investigar se o pedido tem ou não alguma viabilidade jurídica, mesmo em tese: só se trata de apurar se o caminho = procedimento escolhido pelo autor é o adequado para conduzir ao resultado que ele, autor, espera do processo".*[1103]

O atual C.P.C. prevê os seguintes procedimentos especiais: a) Capítulo I – da ação de consignação em pagamento; b) Capítulo II – da ação de exigir contas; c) Capítulo III – das ações possessórias; d) Capítulo IV – da ação de divisão e da demarcação de terras particulares; e) Capítulo V – da ação de dissolução parcial de sociedade; f) Capítulo VI – do inventário e da partilha; g) Capítulo VII – dos embargos de terceiro; h) Capítulo VIII – da oposição; Capítulo IX – da habilitação; i) Capítulo X – das ações de família; Capítulo XI – da Ação Monitória; Capítulo XII – Da homologação do penhor legal; Capítulo XIII – Da regulação da avaria grossa; Capítulo XIV – da restauração de autos; Capítulo XV – do procedimento de jurisdição voluntária.

O novo C.P.C., ao contrário do C.P.C. de 1973, retirou do título dos procedimentos especiais, remetendo para o procedimento comum, os seguintes procedimentos: a) ação de depósito; b) ação de anulação e substituição de título ao portador; c) ação de nunciação de obra nova; d) ação de usucapião de terras particulares; e) venda a crédito com reserva de domínio;

O novo C.P.C. agiu tecnicamente muito bem ao retirar a homologação do penhor legal do âmbito das medidas cautelares, como era no C.P.C. de 1973, para inserir essa demanda nos procedimentos especiais.

2. Da consignação em pagamento

Preceitua o *art. 539* do atual C.P.C. que *nos casos previstos em lei, poderá o devedor ou terceiro requerer, com efeito de pagamento, a consignação da quantia ou da coisa devida.*

Existindo um vínculo obrigacional, no qual uma pessoa fica obrigada a satisfazer uma prestação em proveito da outra, a extinção normal dessa relação obri-

[1103] Fabrício, A. F., op. cit., p. 21.

gacional apenas ocorrerá por meio de um ato liberatório denominado de *cumprimento da prestação assumida, ou pagamento.*

O núcleo da obrigação é a realização da prestação, podendo ser de dar, fazer ou não fazer.

Conforme já lecionou Caio Mário da Silva Pereira, no vínculo jurídico, *'reside a essência abstrata da obrigação, o poder criador de um liame por cujo desate o indivíduo respondia outrora com sua pessoa e hoje com o seu patrimônio. É ele que traduz o poder que o sujeito ativo tem de impor ao outro uma ação positiva ou negativa, e exprime uma sujeição que pode variar largamente, dentro, porém, de dois extremos, que são seus limites externos: a seriedade da prestação e a liberdade individual.*[1104]

Diante desse vinculo jurídico, o credor tem o direito subjetivo à percepção da prestação devida. Contudo, o devedor também é titular de direitos nesta relação jurídica material. O devedor é juridicamente interessado na própria exoneração, tendo em vista que a permanência do débito é uma situação constrangedora e potencialmente danosa.[1105]

Por isso, para que o devedor da prestação contida no núcleo obrigacional, abstraído o aspecto puramente moral, possa evitar qualquer tipo de sanção material ou processual, deve cumprir aquilo que assumiu e efetuar o pagamento no modo, tempo e lugar aprazado.

Pagamento, portanto, *"nada mais é que a solução, desfazimento desse liame e, uma vez operado, duas consequências decorrem imediatamente: a satisfação do credor e a desoneração do devedor"*.[1106]

Assim, a extinção da obrigação opera-se diretamente por meio do pagamento quando há convergência das vontades do devedor e do credor no sentido de desfazer o vínculo obrigacional.

O Código Civil brasileiro, em seus artigos 304 a 333, trata do adimplemento ou pagamento da obrigação.

Contudo, o pagamento também poderá revestir outras formas, como, por exemplo: a) do pagamento em consignação; b) do pagamento com sub-rogação; c) da imputação do pagamento; d) da dação em pagamento.

A consignação em pagamento é, sem dúvida, uma forma de extinção das obrigações.

1104 Pereira, Caio Mário da Silva. *Instituição de direito civil.* Vol. II, n. 128, pp. 27 e 28.

1105 Fabrício, A. F., op. cit., p. 39.

1106 Marcato, Antonio Carlos. *Ação de consignação em pagamento.* 3ª ed. São Paulo: Editora Revista dos Tribunais, 1989. p. 12.

O depósito feito perante instituição financeira ou mesmo como pressuposto da demanda processual não é um ato processual por essência, mas um ato jurídico de direito material de cumprimento da obrigação.

É importante salientar que não é a sentença a ser proferida na consignação em pagamento que gera a força liberatória do devedor, ou seja, a 'força de pagamento', mas sim o depósito realizado pelo devedor, desde que regular. A eficácia constitutiva, portanto, é do próprio depósito. A finalidade da sentença é a de *declarar* que o depósito preenche e satisfaz os requisitos legais, legitimando desta forma a sua força liberatória.[1107]

Se não houver convergências de vontade, a lei permite que o devedor faça o pagamento numa *modalidade especial*, denominada de *consignação em pagamento.*

Assim, *"o pagamento por consignação, destarte, tecnicamente, pagamento não é, por faltar-lhe a união das vontades dos sujeitos da relação obrigacional; é, todavia, uma modalidade especial de extinção da 'obligatio'"*.[1108]

Por sua vez, para Sílvio de Salvo Venosa, a consignação em pagamento é efetivamente uma espécie de pagamento. Como tal, seu objeto deve ser certo. Obrigações ilíquidas não podem ser objeto de consignação, enquanto não se tornarem líquida. Segundo o autor civilista, há forte tendência das partes em tentar alargar o âmbito da ação de consignação, tentando substituir a ação cabível pela consignação. Não pode pretender o consignante, por exemplo, tentar depositar o valor de um sinal de um contrato, se não houver qualquer contrato entre as partes. Da mesma forma, uma vez acolhido o pedido de consignação, automaticamente não estará validado um contrato. O que é válido é o pagamento.[1109]

Por sua vez, Adroaldo Furtado Fabrício afirma que "*em se tratando de dinheiro, a quantia 'ofertada' deve ser determinada. Não se exigirá seja 'certa e líquida', mas também não se há de admitir a completa indeterminação, como se o devedor faz citar o credor para receber 'o que for devido... Nunca esteve em nenhuma disposição legal essa exigência. Na verdade, indispensável é a 'afirmação' do autor no sentido da existência e do montante do débito. Não é exigível que ele desde logo comprove aquela existência e esse valor; nem se há de negar a possibilidade de virem a ser demonstradas no curso do processo, inclusive por testemunhos, segundo as regras comuns de direito probatório. O que ao autor se pode exigir, como em qualquer ação, é que 'afirme' os fatos pertinentes. Aliás, com referência à liquidez, erigida que fosse à categoria de condição de viabilidade da demanda consignatória, colidiria*

1107 Lopes, João Batista. *Ação declaratória, pp. 72 e seguintes;* Silva, Ovídio Baptista. *Curso de processo civil,* vol. 1. p. 124.

1108 Marcato, A. C., op. cit., p. 13.

1109 Venosa, Sílvio Salvo. *Direito civil.* 9ª ed. Teoria geral das obrigações e teoria geral dos contratos. São Paulo: Editora Atlas, 2009. p. 233.

com as próprias disposições legais que tradicionalmente põem a alegação de insuficiência do depósito entre as admissíveis como matéria de contestação. E ainda mais radicalmente brigaria com a regra, consagrada por este Código, permissiva até mesmo da complementação posterior do depósito, ante a impugnação do demandado quanto ao seu valor. Só é aceitável o requisito da liquidez e certeza quando entendido como 'ônus de alegar' imposto ao autor. Com efeito, este não seria admitido a propor ação consignatória relativamente ao que ele acaso possa dever, colocando ele próprio em dúvida a existência do débito. Também não se o admitiria a oferecer um indeterminado valor a ser apurado no curso do processo, e que o demandante afirme desconhecer. A 'oferta' tem de ser precisa quanto ao seu objeto e determinada em sua quantidade – sem que para isso a 'dívida' em si mesma precise ser líquida e certa'".[1110]

Este raciocínio de Adroaldo Furto é pertinente, pois num caso de locação verbal, sem que o locatário tenha inclusive recibos de pagamento de aluguel, a demanda consignatória estaria, indevidamente, fechada para ele.

O art. 539 do atual C.P.C. permite o pagamento por consignação *nos casos previstos em lei.* Dentre os casos previstos em lei, encontra-se o Código Civil brasileiro que regula o *pagamento por consignação* em seus artigos 334 a 345, *in verbis:*

> *Art. 334. Considera-se pagamento, e extingue a obrigação, o depósito judicial ou em estabelecimento bancário da coisa devida, nos casos e forma legais.*
>
> *Art. 335. A consignação tem lugar:*
>
> *I – se o credor não puder, ou, sem justa causa, recusar receber o pagamento, ou dar quitação na devida forma;*
>
> *II – se o credor não for, nem mandar receber a coisa no lugar, tempo e condição devidos;*
>
> *III – se o credor for incapaz de receber, for desconhecido, declarado ausente, ou residir em lugar incerto ou de acesso perigoso ou difícil;*
>
> *IV – se ocorrer dúvida sobre quem deva legitimamente receber o objeto do pagamento;*
>
> *V – se pender litígio sobre o objeto do pagamento.*
>
> *Art. 336. Para que a consignação tenha força de pagamento, será mister concorram, em relação às pessoas, ao objeto, modo e tempo, todos os requisitos sem os quais não é válido o pagamento.*
>
> *Art. 337. O depósito requerer-se-á no lugar do pagamento, cessando, tanto que se efetue, para o depositante, os juros da dívida e os riscos, salvo se for julgado improcedente.*

[1110] Fabício. A. F., op. cit., p. 76.

Art. 338. Enquanto o credor não declarar que aceita o depósito, ou não o impugnar, poderá o devedor requerer o levantamento, pagando as respectivas despesas, e subsistindo a obrigação para todas as consequências de direito.

Art. 339. Julgado procedente o depósito, o devedor já não poderá levantá-lo, embora o credor consinta, senão de acordo com os outros devedores e fiadores.

Art. 340. O credor que, depois de contestar a lide ou aceitar o depósito, aquiescer no levantamento, perderá a preferência e a garantia que lhe competiam com respeito à coisa consignada, ficando para logo desobrigados os codevedores e fiadores que não tenham anuído.

Art. 341. Se a coisa devida for imóvel ou corpo certo que deva ser entregue no mesmo lugar onde está, poderá o devedor citar o credor para vir ou mandar recebê-la, sob pena de ser depositada.

Art. 342. Se a escolha da coisa indeterminada competir ao credor, será ele citado para esse fim, sob cominação de perder o direito e de ser depositada a coisa que o devedor escolher; feita a escolha pelo devedor, proceder-se-á como no artigo antecedente.

Art. 343. As despesas com o depósito, quando julgado procedente, correrão à conta do credor, e, no caso contrário, à conta do devedor.

Art. 344. O devedor de obrigação litigiosa exonerar-se-á mediante consignação, mas, se pagar a qualquer dos pretendidos credores, tendo conhecimento do litígio, assumirá o risco do pagamento.

Art. 345. Se a dívida se vencer, pendendo litígio entre credores que se pretendem mutuamente excluir, poderá qualquer deles requerer a consignação.

Percebe-se, portanto, que nos termos do C.C.b., a consignação em pagamento terá lugar nas seguintes hipóteses (art. 335): a) se o credor não puder, ou, sem justa causa, recusar receber o pagamento, ou dar quitação na devida forma; b) se o credor não for nem mandar receber a coisa no lugar, tempo e condição devidos; c) se o credor for incapaz de receber, for desconhecido, declarado ausente, ou residir em lugar incerto ou de acesso perigoso ou difícil; d) se ocorrer dúvida sobre quem deva legitimamente receber o objeto do pagamento; e) se pender litígio sobre o objeto do pagamento.

Se o credor recusar injustamente o pagamento ou se não for nem mandar receber a coisa no lugar, tempo e condição devidos, haverá mora do credor, legitimando-se a consignação em pagamento. Estabelece o art. 394 do C.C.b.: *Considera-se em mora o devedor que não efetuar o pagamento e o credor que não quiser recebê-lo no tempo, lugar e forma que a lei ou a convenção estabelecer".*

Por sua vez, o art. 400 do C.C.b. aduz que: *A mora do credor subtrai o devedor isento de dolo à responsabilidade pela conservação da coisa, obriga o credor a ressarcir as despesas empregadas em conservá-la, e sujeita-o a recebê-la pela estimação mais favorá-*

vel ao devedor, se o seu valor oscilar entre o dia estabelecido para o pagamento e o da sua efetivação.

A recusa injustificada do credor pode ser expressa ou tácita. A recusa tácita decorre da omissão do credor em realizar as providências necessárias para o recebimento da prestação.

Também caracteriza a mora se o credor não comparece no lugar estipulado para receber a prestação ou não procura o devedor para receber a prestação (dívida *quérable*), ou, ainda, quando procurado pelo devedor (dívida *portable*) não recebe a prestação devida.

Da mesma forma será legitimada a consignação se o credor, apesar de aceitar o pagamento, recusa-se, injustamente, dar a devida quitação ao devedor pelo cumprimento da obrigação.

Em todas essas hipóteses, o devedor encontra-se em situação de risco, pois enquanto permanecer com o bem poderá arcar com as consequências de sua injustificada retenção. Daí porque estabelece o art. 337 do C.C.b que os riscos e os juros da dívida cessam, para o devedor, tão logo requerido o depósito, exceto se o pedido de consignação for julgado improcedente.

Havendo a mora do credor, libera-se o devedor desde que deposite a coisa devida.

Por sua vez, conforme anota Antonio Carlos Marcato, citando Adroaldo Furtado Fabrício, *"caso a entrega da coisa deva ser feita no próprio local onde se encontre, o devedor consignante não está obrigado a trazê-la à sede do juízo perante o qual propôs a ação, mas, sim, requerer seja o credor compelido a buscá-la ou mandar que outro o faça; aliás, é até mesmo impossível a oblação real, por vezes, como sucede quando tenha por objeto bem imóvel..."*.[1111]

Nesta hipótese, como se trata de prova negativa, caberá ao credor comprovar que compareceu para receber o bem, mas o devedor *se* recusou, injustamente, a entregá-lo.

Também será justificada a consignação em pagamento quando o credor for declarado ausente ou se encontrar em lugar ignorado ou inacessível, sem que haja quem possa por ele receber e dar quitação do pagamento. Nessa hipótese, a plena quitação somente poderá ser concretizada com o depósito da coisa.

Conforme anota Antonio Carlos Marcato: *"residindo o credor em local ignorado ou inacessível, é patente a impossibilidade material em efetuar o pagamento, facultando a lei ao devedor, por isso mesmo, o pagamento por consignação. Ressalve-se, entretanto, o seguinte: quando ignorado ou inacessível o lugar onde resida o credor, somente será justifi-*

[1111] Marcato, A. C., op. cit., p. 21.

cável a consignação fundada inc. III do art. 973 (C.C. de 1916) quando portável a dívida; sendo quesível e configurada a mora 'accipiendi', o fundamento da oblação será a inércia do credor em receber ou mandar que alguém receba o pagamento em seu nome.

Sendo desconhecido o credor (v.g., por haver morrido o credor original e desconhecer o devedor quem seja seu herdeiro), a única saída legal para o devedor desonerar-se da obrigação é consignando o pagamento, já que nestes casos a sentença de procedência, declarando efetuado o depósito, também declarará quitada a dívida".[1112]

Encontrando-se o credor em lugar incerto ou de difícil acesso, o devedor poderá valer-se da consignação, pois na hipótese de lugar de difícil acesso não seria justo exigir do devedor, às vezes com risco à própria integridade física, que se desloque até a residência do credor para efetuar o pagamento. Esta causa deve ser objetiva, levando-se em conta apenas o lugar de residência ou domicílio do credor.

Se o credor for incapaz ou declarado incapaz de receber a prestação, o devedor, para se desvencilhar de eventual risco ou mora, deverá depositar o objeto da prestação, pois somente sendo a pessoa capaz de dar quitação é que poderá o devedor oferecer a prestação diretamente ao credor. Evidentemente, se o credor incapaz tiver quem o represente, o pagamento deverá ser feito ao seu representante legal, o qual terá capacidade e legitimidade para outorgar a devida quitação.

A consignação em pagamento também poderá ter por fundamento a dúvida sobre quem deva legitimamente receber o objeto do pagamento. A dúvida poderá incidir sobre quem esteja legitimado a receber (dúvida subjetiva), quanto em relação à legitimação para receber (dúvida objetiva), mesmo que o devedor reconheça, nessa última hipótese, a qualidade do credor.[1113]

Esta dúvida, em relação ao credor, não decorre apenas em *causa mortis*, mas também pode decorrer nas hipóteses de a dívida corporificar-se em título ao portador, ou outros títulos cambiais, de extrema circularidade. É muito difícil o devedor acompanhar essa circulação do título.

Também é possível o desconhecimento do credor na promessa de recompensa, caso em que no momento da promessa o devedor desconhece quem será o seu futuro credor.

Da mesma forma, havendo concurso de preferência entre credores, deverá o devedor consignar em pagamento a prestação. Mas se houver simples existência de concurso creditório, sem disputa de preferência, não se justifica o substitutivo do pagamento. Este, feito à massa ou ao administrador, integraria o monte

1112 Marcato, A. C., idem, p. 22.

1113 Marcato, A. C., idem, ibidem.

geral donde sairiam os pagamentos destinados aos credores do credor, e o interessado destes estaria resguardado pelas próprias regras jurídicas pertinentes à execução coletiva. No concurso em que se questiona a ordenação de preferências, pode ocorrer que a prioridade do crédito incida sobre o próprio objeto do pagamento, o que justifica a dispensa a esse objeto do mesmo tratamento.[1114]

Mas além das hipóteses estabelecidas no art. 331, inc.s. I a V, do C.C.b., poderia a causa de pedir ser mais abrangente, para o efeito de se discutir a própria dívida?

Quanto ao fato e aos fundamentos jurídicos do pedido, indaga-se na doutrina e na jurisprudência se a demanda consignatória insere limites mais estreitos do que as demais demandas em que se discute a própria obrigação, inclusive quanto à extensão da coisa julgada.

Afirma Adroaldo F. Fabrício: *"Restringe-se o próprio objeto do processo, como que no temor de permitir-se a invasão de seu âmbito por questões relacionadas com a origem, montante e natureza do débito. Vezes sem conta se julgou que a consignatória 'não tem suficiente superfície' para suportar tais discussões, ditas 'de alta indagação', que só 'dívida líquida e certa' pode ser objeto dela; que 'relações complexas' não se podem discutir no seu âmbito, como não se debate o mérito (!) da dívida e que dita ação não comporta a discussão sobre 'existência da dívida' e sobre 'quem seja o credor'"*.[1115]

Conforme estabelece o inc. III do art. 319 do atual C.P.C., a petição inicial deverá indicar os fatos (causa de pedir remota) e os fundamentos jurídicos do pedido (causa de pedir próxima).

Por sua vez, a causa de pedir é objeto de análise por duas teorias distintas: a da *substanciação* e da *individualização*.

A primeira teoria estabelece que a *causa de pedir* delimita-se pela descrição do fato ou conjunto de fatos que suportam a pretensão deduzida, sendo que com base neles o juiz resolverá a lide. Por isso, a mudança desses fatos, ainda que sem alteração do pedido, importará sempre em mudança da demanda ou 'ação'. Além do mais, a sentença proferida com base nos fatos narrados na inicial impede a propositura de nova demanda entre as mesmas partes e com os mesmos fatos, ainda que se lhes dê nova qualificação jurídica.

Para a segunda teoria, da individualização, a *causa de pedir* delimita-se na relação jurídica que se pretende fazer valer em juízo, sendo indiferente a dedução do fato ou dos fatos que fundamentam o pedido. Assim, para esta teoria, a sentença que decidir a lide e em relação aos fatos descritos na inicial, abrangerá todos os fatos que pudessem ter sido alegados pelo autor, impedindo desta

[1114] Fabrício, A. F., op. cit., p. 64.
[1115] Fabrício, A. F., idem, p. 45.

forma nova propositura de demanda sobre a mesma relação jurídica, ainda que quando consubstanciada em fatos omitidos ou não alegados.

Na demanda de consignação em pagamento a norma já estabelece quais seriam os fatos que permitem essa pretensão, sendo que, no nosso ordenamento jurídico, a teoria da *substanciação* é a que prevalece.

Mas será possível ampliar esse rol de fatos para inserir questões complexas quanto à validade ou legitimidade da obrigação assumida, ou seja, para se discutir a própria relação jurídica obrigacional?

Antonio Carlos Marcato bem avaliou a doutrina sobre esta questão, razão pela qual valho-me de seus ensinamentos:

> *"Problema de mais alta relevância refere-se à admissibilidade da ação de consignação em pagamento, quando exista dúvida a respeito da liquidez e certeza da prestação consignada.*
>
> *Realmente, a sempre lembrada assertiva de Jair Lins, no sentido de que a consignação representa uma 'execução invertida', encontra até hoje mais adeptos que opositores.*
>
> *Sustenta-se, de um lado, ser indispensável à integridade do depósito tratar-se de obrigação líquida e certa; critica-se, de outro, tal posição, demonstrando-se que o devedor só pode pedir consignação em pagamento daquilo que entenda seja devido e argumentando-se inexistir no ordenamento pátrio qualquer referência à liquidez e certeza como requisito para a propositura da consignação.*
>
> *A razão está com os defensores da segunda corrente, como demonstraremos adiante*
>
> *Mesmo sendo indiscutível que a própria lei processual procura restringir a matéria de contestação a certos limites (CPC, art. 896 de 1973), isto não significa esteja vedada a discussão a respeito da natureza, valor ou origem do débito. Neste sentido, aliás, a lição de Adroaldo Fabrício, in verbis: 'Só é aceitável o requisito da liquidez e certeza, quando entendido como ônus de alegar imposto ao autor. Com efeito, este não seria admitido a propor ação de consignação relativamente ao que ele possa dever, colocando ele próprio em dúvida a existência do débito; ou ao valor que venha a ser apurado no curso do processo, e que o demandante afirme desconhecer. A oferta tem de ser precisa quanto ao seu objeto e determinada em sua quantidade – sem que para isso a dívida em si mesma precise ser líquida e certa. Divergências que surjam a qualquer desses respeitos entre as partes solucionam-se nos próprios autos da consignatória, sem o que o julgamento de mérito será impossível – consistindo esse julgamento, como consiste, na declaração de haver ou não o devedor realizado um equivalente pagamento.*
>
> *Tal discussão é antiga, como demonstra Carvalho Santos, referindo-se às três correntes versando sobre a possibilidade de consignação de dívida ilíquida: não é possível a consignação nesse caso, é possível sem qualquer restrição e, finalmente, é possível com restrições. A última solução exige, para o cabimento da consignação, tenha o devedor*

tentado, prévia e amigavelmente, a liquidação do débito, sem sucesso, quando então depositará quantia aproximada, protestando pela complementação, se necessária; se o depósito for excessivo, com protesto, pelo devedor, da repetição do indébito e o credor persista na sua injustificada recusa, a consignação será convalidada, posto que no mais está abrangido o menos. O próprio Carvalho Santos, entretanto, sustenta a inadmissibilidade, na consignação, da resolução de questões sobre a substância das obrigações reclamadas, sob o argumento de que aquela ação é mero incidente, não comportando, por isso, qualquer discussão sobre a origem ou qualidade da dúvida.

No mesmo diapasão Machado Guimarães apregoa a inadmissibilidade de discussão sobre a dívida em si mesma ou seu 'quantum', afirmando que somente as hipóteses elencadas em lei (referindo-se ao art. 316 do CPC revogado de 1939) podem ser objeto de discussão. Segundo o ilustre processualista, a consignação em pagamento tem a finalidade precípua de substituir o pagamento e, consequentemente, deve ser líquida e certa, já que onde não há liquidez e certeza inexiste exigibilidade e, pois, pagamento.

Já a corrente contrária, capitaneada principalmente por Pontes de Miranda e Adroaldo Fabrício, não admite possa a consignação sofrer outras limitações além das que resultam da sua própria finalidade.

O primeiro entende que a consignação permite discussão sobre a origem e qualidade da dívida, e, como exemplo desta admissibilidade, lembra a contestação depositada aquela a que o credor-réu tinha direito.

O segundo refuta de forma irretorquível, a nosso ver, a orientação restritiva, lembrando que seria possível ao auto, p. ex., a complementação do depósito prevista em lei, bem como a discussão a respeito do exato valor da dívida – que pode ocorrer, sendo impugnado o depósito. E esclarece: o requisito da liquidez e certeza deve ser entendido como ônus de alegar imposto ao autor-devedor, ou seja, a ação seria inadmissível sempre que ele próprio colocasse em dúvida a existência da dívida ou o valor que venha a ser apurado no curso do processo. Assim, a 'oferta' é que deverá ser precisa quanto ao seu objeto e determinada em sua quantidade, ainda que a 'dívida', em si mesma, não seja líquida e certa. Ademais, mesmo incidentalmente é possível a discussão a respeito da existência do débito, da legitimação ativa e passiva, do valor a ser pago, da não inacessibilidade do lugar de pagamento ou da inexistência de dúvida a respeito do titular do crédito".[1116]

Dinamarco repudia a concepção restritiva, num brilhante voto proferido, ainda quando magistrado do Tribunal de Alçada Civil de São Paulo (AP. 293.492).

[1116] Marcato, A. C., op. cit., p. 73.

O Superior Tribunal de Justiça assim tem se posicionado sobre a questão:

Ação consignatória. Discussão de cláusulas contratuais. Precedentes da Corte.

1. Esta Corte já assentou que, em se tratando de ação consignatória, "é possível ampla discussão acerca do débito, inclusive com o exame da validade de cláusulas contratuais" (AgRgAg nº 406.408/DF, Terceira Turma, Relatora a Ministra Nancy Andrighi, DJ de 18/2/02; no mesmo sentido: AgRgAg nº 432.140/DF, Quarta Turma, Relator o Ministro Sálvio de Figueiredo Teixeira, DJ de 17/6/02; REsp nº 345.568/SP, Quarta Turma, Relator o Ministro Aldir Passarinho Junior, DJ de 10/2/03; REsp nº 299.171/MS, Quarta Turma, Relator o Ministro Sálvio de Figueiredo Teixeira, DJ de 10/9/01; REsp nº 401.708/MG, Terceira Turma, Relator o Ministro Castro Filho, DJ de 9/12/03).

2. Recurso especial não conhecido.

(REsp 652.711/PE, Rel. Ministro CARLOS ALBERTO MENEZES DIREITO, TERCEIRA TURMA, julgado em 25/04/2006, DJ 12/03/2007, p. 219)

1. Possível, no âmbito de ação consignatória, a discussão da legalidade de cláusula contratual, com vistas a aferir o quantum realmente devido, restringindo-se o provimento judicial, contudo, à declaração de liberação da dívida.

2. Precedentes deste STJ.

3. Especial provido.

(REsp 337.910/RJ, Rel. Ministro EDSON VIDIGAL, QUINTA TURMA, julgado em 18/12/2001, DJ 08/04/2002, p. 268)

Há por sua vez, a seguinte decisão do S.T.J.:

(...).

III – Consoante entendimento firmado por esta Corte, "estabelecido um procedimento específico para acertamento da contribuição escolar, tanto na esfera administrativa como na judicial, não vulnera a lei a decisão que considera inadequada a ação de consignação em pagamento proposta por alunos para a mesma finalidade" (REsp 120.676/RS, Rel. Min. Barros Monteiro, Quarta Turma, DJ 05/05/2003).

IV – O Agravo não trouxe nenhum argumento novo capaz de modificar a conclusão alvitrada, a qual se mantém por seus próprios fundamentos.

V – Agravo Regimental improvido.

(AgRg no Ag 1160238/MG, Rel. Ministro SIDNEI BENETI, TERCEIRA TURMA, julgado em 17/06/2010, DJe 29/06/2010).

Em relação à matéria tributária, há jurisprudência restritiva quanto à possibilidade de o contribuinte aventar a discussão sobre questão complexa da dívida, como, por exemplo, eventual direito à compensação do crédito tributário. Nesse sentido é o seguinte precedente do S.T.J.:

1. A Primeira Seção firmou-se no sentido de que a ação de consignação em pagamento possui natureza meramente declaratória, ou seja, objetiva somente liberar o devedor de sua obrigação tributária, e não obter o parcelamento do débito negado na esfera administrativa.

(...).

(AgRg no REsp 1012300/RS, Rel. Ministro HUMBERTO MARTINS, SEGUNDA TURMA, julgado em 02/10/2008, DJe 26/11/2008)

Por sua vez, o S.T.J. tem de certa forma ampliado o fundamento ou motivação da consignação em pagamento em matéria tributária:

É correta a propositura da ação consignatória em pagamento para fins de o contribuinte se liberar de dívida fiscal cujo pagamento seja recusado ou dificultado pelos órgãos arrecadadores – arts. 156, VIII, e 164 do CTN. Precedentes.

Agravo regimental improvido.

(AgRg no REsp 1057357/SP, Rel. Ministro HUMBERTO MARTINS, SEGUNDA TURMA, julgado em 09/09/2008, DJe 09/10/2008)

1. A ação de consignação é instrumento processual admissível para pagamento de tributo em montante inferior ao exigido, o que implica em recusa do Fisco ao recebimento do tributo por valor menor.

2. Precedentes desta Corte.

3. Recurso especial conhecido e provido.

(REsp 538.764/RS, Rel. Ministro CASTRO MEIRA, SEGUNDA TURMA, julgado em 12/04/2005, DJ 13/06/2005, p. 237)

1. O depósito em consignação é modo de extinção da obrigação, com força de pagamento, e a correspondente ação consignatória tem por finalidade ver atendido o direito – material – do devedor de liberar-se da obrigação e de obter quitação. Trata-se de ação eminentemente declaratória: declara-se que o depósito oferecido liberou o autor da respectiva obrigação.

2. Com a atual configuração do rito, a ação de consignação pode ter natureza dúplice, já que se presta, em certos casos, a outorgar tutela jurisdicional em favor do réu, a quem assegura não apenas a faculdade de levantar, em caso de insuficiência do depó-

sito, a quantia oferecida, prosseguindo o processo pelas diferenças controvertidas (CPC, art. 899, § 1º), como também a de obter, em seu favor, título executivo pelo valor das referidas diferenças que vierem a ser reconhecidas na sentença (art. 899, § 2º).

3. Como em qualquer outro procedimento, também na ação consignatória o juiz está habilitado a exercer o seu poder-dever jurisdicional de investigar os fatos e aplicar o direito na medida necessária a fazer juízo sobre a existência ou o modo de ser da relação jurídica que lhe é submetida a decisão. Não há empecilho algum, muito pelo contrário, ao exercício, na ação de consignação, do controle de constitucionalidade das normas.

4. Não há qualquer vedação legal a que o contribuinte lance mão da ação consignatória para ver satisfeito o seu direito de pagar corretamente o tributo quando entende que o fisco está exigindo prestação maior que a devida. É possibilidade prevista no art. 164 do Código Tributário Nacional. Ao mencionar que "a consignação só pode versar sobre o crédito que o consignante se propõe a pagar", o § 1º daquele artigo deixa evidenciada a possibilidade de ação consignatória nos casos em que o contribuinte se propõe a pagar valor inferior ao exigido pelo fisco. Com efeito, exigir valor maior equivale a recusar o recebimento do tributo por valor menor.

5. Recurso especial provido.

(REsp 659779/RS, Rel. Ministro TEORI ALBINO ZAVASCKI, PRIMEIRA TURMA, julgado em 14/09/2004, DJ 27/09/2004, p. 281)

Muito embora a jurisprudência majoritária tenha admitido a avaliação da própria origem da obrigação, assim como sua liquidez no âmbito da consignatória em pagamento, não se deve perder de vista que a sentença a ser proferida nesta demanda é meramente *declaratória*. Por isso, é necessário diferenciar a *cognitio* e *iudicium*, ou seja, entre conteúdo racional e conteúdo volitivo da sentença. Assim, *"o julgamento verdadeiro e propriamente dito da ação consignatória, vinculativo para as partes e gerador de coisa julgada material, jamais poderia exceder os limites da declaração positiva ou negativa de eficácia liberatória do depósito. A declaração de liberação, e nada mais do que ela, é o 'bem da vida' perseguido pelo autor; só ela é objeto do 'petitum' que, por sua vez, delimita o conteúdo do 'decisum'"*.[1117]

Apesar de o pedido encontrar-se delimitado por uma pretensão processual declaratória, no sentido de que o depósito realizado tem força liberatória da obrigação, tal delimitação não impede que os fundamentos e as questões complexas possam ser objeto de análise do juiz no âmbito de sua *cognitio*.

A cognição realizada pelo juiz na consignatória em pagamento é horizontal plena e vertical exauriente.

[1117] Fabrício, A. F., op. cit., p. 48

Aliás, se não fosse permitido ao juiz conhecer por que deve e a quem deve, resultaria tão limitada a consignação que deixaria de justificar-se sua existência.[1118]

A coisa julgada, conforme se disse, somente alcança a eficácia declaratória da sentença, sem abranger os motivos da decisão, ou seja, sem alcançar os *motivos* que justificam a eficácia do depósito. Por isso, as resoluções sobre as questões que compõe a motivação da sentença não integram o *decisum*.

Para que a consignação tenha forma de pagamento, será mister concorram, em relação às pessoas, ao objeto, modo e tempo, todos os requisitos sem os quais não é válido o pagamento (art. 336 do C.c.b.).

Pendendo litígio sobre o objeto do pagamento, o devedor não poderá realizar diretamente o pagamento ao credor, devendo promover a demanda de consignação em pagamento.

Aliás, dentre os efeitos materiais da citação válida, verifica-se a de *tornar litigiosa a coisa* (art. 240 do atual C.P.C.). Tendo ciência de tal efeito, o devedor não poderá mais oferecer o pagamento diretamente ao credor, devendo efetuar esse pagamento por consignação da coisa litigiosa.

O litígio indicado nesta hipótese não versa sobre a titularidade do credor, mas, sim, sobre a própria coisa objeto do pagamento.

Sobre a existência de obrigação litigiosa, preceitua o art. 344 do C.C.b.: *O devedor de obrigação litigiosa exonerar-se-á mediante consignação, mas, se pagar a qualquer dos pretendidos credores, tendo conhecimento do litígio, assumirá o risco do pagamento.* E o art. 345 do C.C.b. complementa: *Se a dívida se vencer, pendendo litígio entre credores que se pretendem mutuamente excluir, poderá qualquer deles requerer a consignação.*

O Código Tribunal Nacional também prevê a consignação em pagamento como forma de extinção do crédito tributário (art. 156, inc. VIII do C.T.N.). Por sua vez, o art. 164 do C.T.N. prescreve:

"Art. 164. A importância do crédito tributário pode ser consignada judicialmente pelo sujeito passivo, nos casos:

I – de recusa de recebimento, ou subordinação deste ao pagamento de outro tributo ou de penalidade, ou ao cumprimento de obrigação acessória;

II – de subordinação do recebimento ao cumprimento de exigências administrativas sem fundamento legal;

III – de exigência, por mais de uma pessoa jurídica de direito público, de tributo idêntico sobre um mesmo fato gerador.

[1118] Fabrício, A. F., idem, p. 48.

§1º A consignação só pode versar sobre o crédito que o consignante se propõe pagar.

§2º Julgada procedente a consignação, o pagamento se reputa efetuado e a importância consignada é convertida em renda; julgada improcedente a consignação no todo ou em parte, cobra-se o crédito acrescido de juros de mora, sem prejuízo das penalidades cabíveis".

A consignação poderá ser requerida pelo próprio *devedor ou por terceiro*. Em regra, o pagamento deve ser feito por aquele que está diretamente vinculado ao conteúdo da obrigação, no caso, o devedor. Também considera-se feito pelo devedor o pagamento realizado por mandatário. Evidentemente que em se tratando de obrigações personalíssimas, em que a pessoa do próprio devedor deve realizar o cumprimento/pagamento da obrigação, este não poderá ser feito por mandatário ou terceiro, como é o caso da pintura de um quadro por determinado artista.

Contudo, qualquer interessado na extinção da dívida pode pagá-la, usando, se o credor se opuser, dos meios conducentes à exoneração do devedor (art. 304 do atual C.C.b.). O interessado previsto neste dispositivo é o *terceiro que tem interesse jurídico* na extinção da obrigação. É o caso, por exemplo, do fiador que tem interesse jurídico no pagamento da dívida, podendo valer-se, inclusive, da tutela jurisdicional de consignação em pagamento. Nesse sentido é o seguinte precedente do S.T.J.:

1. Qualquer interessado pode pagar a dívida (Cód. Civil, art. 930). Pode também o terceiro requerer a consignação (Cód. de Pr. Civil, art. 890).

2. Em caso de compromisso de compra e venda, verificada a morte de um dos contratantes, é lícito ao descendente-sucessor valer-se da ação de consignação em pagamento. É, portanto, parte legítima.

3. Recurso especial conhecido e provido.

(REsp 85.551/PB, Rel. Ministro NILSON NAVES, TERCEIRA TURMA, julgado em 20/10/1998, DJ 08/03/1999, p. 215)

Igual direito cabe ao terceiro não interessado, se o fizer em nome e à conta do devedor, salvo oposição deste (parágrafo único do art. 304 do atual C.c.b.). É o caso, por exemplo, de um pai que efetua o pagamento da dívida do filho. Neste caso, o pai poderá fazê-lo desde que o faça em nome e por conta do devedor. O interesse manifestado nesta hipótese não é jurídico, mas apresenta outra natureza. Se o credor não aceitar o pagamento, segundo entende Silvio de Salvo

Venosa, poderá o terceiro não interessado ingressar com ação de consignação.[1119] Evidentemente que o terceiro não interessado não poderá ingressar com a demanda consignatória em seu exclusivo interesse, mas se utilizando do instituto de substituição processual, ou seja, agindo em nome próprio, no interesse alheio.

Contudo, para Adroaldo Furtado Fabrício, *"não há confundir 'interesse' em sentido de Direito Material – relacionado ao envolvimento no vínculo jurídico ou aos reflexos que a criação, desenvolvimento e extinção do mesmo possam ter na posição jurídica da pessoa considerada – com o interesse 'processual' (qualificativo que hoje é o da lei), caracterizado como 'necessidade e utilidade da prestação jurisdicional pretendida'... Nessa perspectiva, o terceiro (=não parte) pode ser 'interessado' ou 'indiferente', segundo exista ou inexista influência da relação jurídica em foco sobre sua situação em geral. Mas, em existindo, o interesse daquele pode ser de duas diferentes classes: será juridicamente 'fático' (às vezes impropriamente dito 'econômico') quando a repercussão sobre a situação do terceiro não seja regulada pelo Direito.*

Relativamente ao terceiro juridicamente interessado, nenhuma dificuldade há em compreender sua legitimação ativa à ação consignatória. A liberação do devedor, por hipótese, lhe traz benefício de natureza jurídica, e muito naturalmente se estende ao terceiro, por isso, a faculdade reconhecida ao devedor. Mais complexa, porque algo turbada por enfoques inadequados, é a justificação da 'legitimatio ad causam' do 'terceiro indiferente'...

O que se precisa ter na devida conta é que o terceiro 'indiferente' (e bem assim o interessado não juridicamente, que àquele se iguala para o que aqui importa), se bem que possa pagar até em seu próprio nome, não se legitima, nesse caso, à ação de consignação. Por outras palavras, o credor pode recusar tal pagamento, se lhe convém manter ou colocar o devedor em mora, e a recusa não se há de considerar injusta. Com efeito, a hipótese vem prevista no art. 931 do Código Civil (atual art. 304 , parágrafo único), que, ao contrário do artigo anterior (do caput), 'nenhuma referência faz' aos 'meios conducentes à liberação do devedor'".[1120]

Não obstante o posicionamento do eminente Adroaldo F. Fabrício, penso que a razão está com Venosa.

Na verdade, o terceiro não interessado poderá ingressar com ação de consignação em pagamento em nome próprio, mas no interesse exclusivo do devedor. Contudo, como eventual improcedência da demanda de consignação poderá ensejar responsabilidade pela sucumbência processual, custas e honorários, tenho para mim que o terceiro não interessado deverá, antes de ingressar com a demanda, notificar o devedor de sua pretensão de natureza processual. Nesta

[1119] Venosa, S. S., op. cit., p. 175.

[1120] Fabrício, A. F., op. cit. loc. cit.

hipótese, deve-se aplicar o disposto no art. 111 do C.c.b.: *"O silencio importa anuência, quando as circunstâncias ou os usos o autorizarem, e não for necessária a declaração de vontade expressa"*.

Tendo em vista que o parágrafo único do art. 304 do C.c.b permite que terceiros não interessados realizem o pagamento, salvo oposição do devedor, isso significa dizer que não havendo expressa oposição do devedor o pagamento será eficaz, assim como estará o terceiro não interessado legitimado a ingressar com a demanda de consignação em pagamento. Além do mais, o art. 536 ao mencionar o terceiro como requerente não distingue entre terceiro interessado e o indiferente.

Portanto, além do devedor, a consignação em pagamento poderá ser realizada por qualquer interessado na extinção da dívida, assim como pelos terceiros não interessados, se o fizerem em nome e à conta do devedor, salvo se o devedor expressamente se opuser a esse pagamento.

Outrossim, o pagamento feito por terceiro, com desconhecimento ou oposição do devedor, não obriga a reembolsar aquele que pagou, se o devedor tinha meios para ilidir a ação (art. 306 do C.C.b). Evidentemente que o termo 'ação' utilizado no referido dispositivo deve ser interpretado como 'ação de direito material'. Este dispositivo diz respeito às hipóteses de a dívida não ser exigível por inteiro, ou sua pretensão estar prescrita, ou ser possível ao devedor alegar a compensação, ou, ainda, da possibilidade de o devedor alegar a *exceptio non adimpleti contractus.*

Assim, o motivo da oposição deve ser justo. O terceiro 'solvens' deve ter, evidentemente, conhecimento da oposição pelo devedor, antes de pagar.

Afirma Venosa que o dispositivo do art. 306 do C.c.b não é muito compreensível, dando margem a dúvidas. Segundo ele, o que se deve entender é que se o devedor tinha meios para se opor ao pagamento, esse pagamento feito contra sua vontade ou sem o seu conhecimento não o obriga a reembolsar, pois não lhe terá sido útil. Da mesma forma na hipótese de desconhecimento por parte do devedor: *"impõe-se que o 'solvens' informe o devedor que vai pagar, sob pena de pagar mal. Em qualquer situação, o montante do pagamento que tenha sido útil para o devedor deve ser reembolsado, em que pese a nova redação, sob pena de ocorrer injusto enriquecimento"*.[1121]

O terceiro não interessado que paga a dívida em seu próprio nome tem direito a reembolsar-se do que pagar; mas não se sub-roga nos direitos do credor (art. 305 do atual C.c.b.). Se pagar antes de vencida a dívida, só terá direito ao reembolso no vencimento (p.ú. do art. 305 do C.c.b.).

[1121] Venosa, S. S., op. cit., p. 177 e 178.

Por sua vez, só terá eficácia o pagamento que importar transmissão da propriedade, quando feito por quem possa alienar o objeto em que ele consistiu (art. 307 do C.c.b.). Contudo, se se der em pagamento coisa fungível, não se poderá mais reclamar do credor que, de boa-fé, a recebeu e consumiu, ainda que o solvente não tivesse o direito de aliená-la (p.u. do art. 307 do C.c.b.). Esse dispositivo aplica o princípio fundamental de que ninguém pode outorgar mais direito a outrem do que possui. Assim, a alienação a *non domini* é ineficaz. A exceção ocorre em relação às coisas fungíveis e o credor a receber de boa-fé.

O sujeito passivo da demanda de consignação em pagamento será o credor (*accipiens*), pois o pagamento deve ser feito ao credor ou a quem de direito o represente, sob pena de só valer depois de por ele ratificado, ou tanto quanto reverter em seu proveito (art. 308 do C.c.b.).

Se forem vários credores, em solidariedade, qualquer um deles poderá ser sujeito passivo da demanda de consignação.

Pode suceder, contudo, que no momento da propositura da demanda de consignação, o credor originário já tenha sido substituído, seja por ato entre vivos, mediante cessão de crédito, seja por *causa mortis*, quando o herdeiro ou legatário estará na posição de *accipiens*.

Por sua vez, a consignação em pagamento pode ter sido proposta em relação a pessoa não legitimada a receber, mas, não obstante essa irregularidade, mesmo assim recebe o pagamento. Se, neste caso, houver ratificação do credor ou do representante, este pagamento terá eficácia, nos termos do art. 308 do atual C.c.b.

É importante salientar, ainda, que o Direito gira em torno da aparência e da boa-fé objetiva. As circunstâncias externas, não denotando que o portador da quitação seja um impostor, tornam o pagamento válido, nos termos do art. 311 do C.c.b.

Pode ocorrer, ainda, que a consignação em pagamento seja proposta em face de pessoa que tenha a mera aparência de credor ou de pessoa autorizada. Trata-se do denominado credor *putativo*. Também o pagamento feito de boa-fé ao *credor putativo* é válido, ainda que provado posteriormente que não era o credor (art. 310 do C.c.b.).

Evidentemente que essas regras materiais sobre consignação em pagamento deverão também ser aplicadas no resultado final da demanda processual de consignação em pagamento.

O sujeito ativo da demanda de consignação em pagamento, nos termos do art. 536 do atual C.P.C., requererá a consignação, com efeito de pagamento, de *quantia ou de coisa devida*.

O pagamento deve compreender, como objeto, aquilo que foi acordado, podendo ser uma quantia ou uma coisa devida, sendo que, serão nulas as convenções de pagamento em ouro ou em moeda estrangeira, bem como para compensar a diferença entre o valor desta e o da moeda nacional, excetuados os casos previstos na legislação especial (art. 318 do C.c.b.). As exceções são os contratos de compra e venda de câmbio e contratos celebrados com pessoa residente e domiciliada no exterior.

Aliás, segundo estabelecem os art.s. 313 e 314 do C.c.b.:

Art. 313. O credor não é obrigado a receber prestação diversa da que lhe é devida, ainda que mais valiosa.

Art. 314. Ainda que a obrigação tenha por objeto prestação divisível, não pode o credor ser obrigado a receber, nem o devedor a pagar, por partes, se assim não se ajustou.

Sobre o tema, assim decidiu o S.T.J.:

(...).

4. A consignação exige que o depósito judicial compreenda o mesmo objeto que seria preciso prestar, para que o pagamento possa extinguir a obrigação, pois "o credor não é obrigado a receber a prestação diversa da que lhe é devida, ainda que mais valiosa" (art. 313 do NCC) 5. Recurso especial não-provido.

(REsp 1194264/PR, Rel. Ministro LUIS FELIPE SALOMÃO, QUARTA TURMA, julgado em 01/03/2011, DJe 04/03/2011)

A consignação em pagamento somente gerará os efeitos pretendidos com a solução da dívida se houver a entrega do objeto da prestação.

Os pagamentos contratados em medida ou peso devem obedecer aos costumes do lugar. Os termos arroba, braças, alqueires podem variar de acordo com as regiões onde as obrigações houverem de ser cumpridas (art. 326 do C.c.b.).

Sobre o objeto da consignação em pagamento, leciona Adroaldo F. Fabrício: *"O que se deposita é importância em dinheiro ou coisa corpórea, objeto da prestação a que está o autor obrigado...A coisa corpórea pode pertencer a qualquer das categorias em que, segundo variados critérios, as classifica o Direito Material, desde que sua própria caracterização como objeto da obrigação não seja impossível juridicamente (v.g., coisa fora do comércio). As coisas fungíveis, desde que determináveis quanto à qualidade e quantidade, podem ser consignadas. Não o seriam quando a indeterminação fosse absoluta – mas em tal caso a própria obrigação não poderia existir, porque 'a coisa não determinada nem determinável não pode ser objeto de obrigação' e 'o gênero, por si só, não contém determina-*

ção suficiente'. Feitas essas ressalvas, pertinentes ao Direito Material, todas as coisas são consignáveis".[1122]

Também pode ser objeto de consignação coisa *imóvel*.[1123]

A consignação de coisa imóvel é de *lege lata*, conforme se verifica pelo teor do art. 341 do C.c.b. que assim dispõe: *"Se a coisa devida for imóvel ou corpo certo que deva ser entregue no mesmo lugar onde está, poderá o devedor citar o credor para vir ou mandar recebê-la, sob pena de ser depositada".*

Por fim, ressalte-se que em se tratando de consignação em pagamento de alugueres, com base na Lei 8.245/91, há regras específicas, a saber:

CAPÍTULO III

Da Ação de Consignação de Aluguel e Acessórios da Locação

Art. 67. Na ação que objetivar o pagamento dos aluguéis e acessórios da locação mediante consignação, será observado o seguinte:

I – a petição inicial, além dos requisitos exigidos pelo art. 282 do Código de Processo Civil, deverá especificar os aluguéis e acessórios da locação com indicação dos respectivos valores;

II – determinada a citação do réu, o autor será intimado a, no prazo de vinte e quatro horas, efetuar o depósito judicial da importância indicada na petição inicial, sob pena de ser extinto o processo;

III – o pedido envolverá a quitação das obrigações que vencerem durante a tramitação do feito e até ser prolatada a sentença de primeira instância, devendo o autor promover os depósitos nos respectivos vencimentos;

IV – não sendo oferecida a contestação, ou se o locador receber os valores depositados, o juiz acolherá o pedido, declarando quitadas as obrigações, condenando o réu ao pagamento das custas e honorários de vinte por cento do valor dos depósitos;

V – a contestação do locador, além da defesa de direito que possa caber, ficará adstrita, quanto à matéria de fato, a:

a) não ter havido recusa ou mora em receber a quantia devida;

b) ter sido justa a recusa;

c) não ter sido efetuado o depósito no prazo ou no lugar do pagamento;

d} não ter sido o depósito integral;

VI – além de contestar, o réu poderá, em reconvenção, pedir o despejo e a cobrança dos valores objeto da consignatória ou da diferença do depósito inicial, na hipótese de ter sido alegado não ser o mesmo integral;

[1122] Fabrício, A. F., op. cit., p. 76.

[1123] Pontes de Miranda, *Comentário ao código de processo civil* de 1973. T. XIII. p. 9; Serpa Lopes, *Curso de Direito Civil*, vol. II, p. 220; Fabrício, A. F., idem, p. 76.

VII – o autor poderá complementar o depósito inicial, no prazo de cinco dias contados da ciência do oferecimento da resposta, com acréscimo de dez por cento sobre o valor da diferença. Se tal ocorrer, o juiz declarará quitadas as obrigações, elidindo a rescisão da locação, mas imporá ao autor-reconvindo a responsabilidade pelas custas e honorários advocatícios de vinte por cento sobre o valor dos depósitos;

VIII – havendo, na reconvenção, cumulação dos pedidos de rescisão da locação e cobrança dos valores objeto da consignatória, a execução desta somente poderá ter início após obtida a desocupação do imóvel, caso ambos tenham sido acolhidos.

Parágrafo único. O réu poderá levantar a qualquer momento as importâncias depositadas sobre as quais não penda controvérsia.

3. Consignação extrajudicial

Estabelece o *§1º do art. 539* do atual C.P.C. que em se tratando de obrigação em dinheiro, poderá o valor ser depositado em estabelecimento bancário, oficial onde houver, situado no lugar do pagamento, cientificando-se o credor por carta com aviso de recebimento, assinado o prazo de 10 (dez) dias para a manifestação de recusa.

Nesse sentido também é a previsão do art. 334 do C.c.b.: *Considera-se pagamento, e extingue a obrigação, o depósito judicial ou em estabelecimento bancário da coisa devida, nos casos e forma legais.* Em que pese este dispositivo permita o depósito em estabelecimento bancário da coisa devida, o termo *coisa devida* deve ser interpretado de forma sistêmica com o disposto no §1º do art. 539 do atual C.P.C., ou seja, deve ser compreendido apenas como *depósito em dinheiro.*

A possibilidade de realização da consignação em pagamento diretamente em depósito bancário surgiu em nosso ordenamento jurídico com a Lei 8.951/94.

Percebe-se, portanto, que o devedor não precisa judicializar a consignação em pagamento, pois a lei lhe facultada a possibilidade de realizar o depósito em dinheiro diretamente em estabelecimento bancário oficial (Banco do Brasil, Caixa Econômica Federal, bancos estatais), onde houver; se não houver, o depósito poderá ser realizado em qualquer instituição financeira credenciada pelo Banco Central.

É importante salientar que o depósito a ser realizado na instituição financeira deverá ser feito, preferencialmente, em conta que haja incidência de correção monetária, preferencialmente a conta poupança.

A demanda de consignação em pagamento de alugueres e seus acessórios é regulada pelo art. 67, da Lei 8.245, de 1991. Apesar dessa legislação especial silenciar sobre o depósito bancário, é possível a realização dessa espécie de depósito, aplicando-se por analogia o disposto no art. 536, §1º, do atual C.P.C. Nesse sentido já decidiu o S.T.J.:

I – O depósito extrajudicial dos aluguéis tem o efeito de desonerar o locatário da obrigação.

II – É necessário que o locatário comprove o efetivo conhecimento do depósito pelo locador, o que se perfaz com a notificação pessoal deste. Interpretação sistemática do §1º do art. 890 com o art. 223, parágrafo único do CPC.

Recurso especial desprovido.

(REsp 618295/DF, Rel. Ministro FELIX FISCHER, QUINTA TURMA, julgado em 06/06/2006, DJ 01/08/2006, p. 514)

O depósito não poderá ser efetuado em qualquer lugar, pois o §1º do art. 539 estabelece que deverá ser realizado *no lugar do pagamento*. A mesma regra encontra-se no art. 337 do C.c.b.: *O depósito requerer-se-á no lugar do pagamento, cessando, tanto que se efetue, para o depositante, os juros da dívida e os riscos, salvo se for julgado improcedente.*

Para se apurar o lugar de pagamento, há necessidade de se diferenciar a dívida *portable* da dívida *quérable*.

A dívida será *portable (ir levar)* quando o devedor deve procurar o credor no seu domicílio ou em outro lugar convencionado para oferecer o pagamento. Já a dívida será *quérable* quando compete ao credor procurar o devedor em seu domicílio ou em outro local convencionado para receber o pagamento.

Qualquer um que se omita quanto a levar ou a vir receber encontrar-se-á em mora.

Em regra, as dívidas são *quérable*, conforme estabelece o art. 327 do C.c.b.: *Efetuar-se-á o pagamento no domicílio do devedor, salvo se as partes convencionarem diversamente, ou se o contrário resultar da lei, da natureza da obrigação ou das circunstâncias.*

Mas a regra geral poderá ser excepcionada, caso as partes convencionem lugar diverso para a realização do pagamento, ou se a lei, a natureza da obrigação ou, ainda, as circunstâncias fáticas estabelecerem outro lugar para a sua realização.

No campo processual, se o devedor ajuíza a demanda em lugar diverso do pagamento, o juiz não poderá conhecer de sua incompetência de ofício, pois se trata de competência meramente relativa. Neste caso, para que o processo seja remetido ao juízo competente, deverá o credor alegar a incompetência como preliminar de contestação (art. 327, inc. II do C.c.b.).

Em se tratando de coisa imóvel, estabelece o art. 328 do C.c.b.: *Se o pagamento consistir na tradição de um imóvel, ou em prestações relativas a imóvel, far-se-á no lugar onde situado o bem.*

Se o lugar do pagamento não for conhecido ou houver dúvida razoável sobre sua localização, o depósito poderá ser efetuado no domicílio do credor.

Havendo mais de um lugar de pagamento, sem delimitação de preferência, o depósito poderá ser realizado em qualquer deles.

É bem verdade que o parágrafo único do art. 327 do C.c.b. prescreve: *Designados dois ou mais lugares, cabe ao credor escolher entre eles.* Contudo, essa regra somente terá aplicação se o credor não estiver em mora para receber a prestação.

Se por motivo grave não se puder efetuar o pagamento no lugar determinado, poderá o devedor fazê-lo em outro, sem prejuízo para o credor (art. 329 do C.c.b.).

O pagamento reiteradamente feito em outro local faz presumir renúncia do credor relativamente ao previsto no contrato (art. 330 do C.c.b.).

Efetuado o depósito em conta com correção monetária e em instituição bancária oficial, onde houver, de imediato o devedor deverá cientificar o credor *por carta com aviso de recebimento, assinando a ele o prazo de dez dias para eventual manifestação de recusa.*

Para Adroaldo Furtado Fabrício, a comunicação ao credor do depósito efetuado será de incumbência da instituição bancária, e não do depositante. A sua justificação para essa afirmação encontra-se na redação do §3º deste art. 539 do novo C.P.C., que determina que a resposta do credor seja dirigida diretamente ao estabelecimento bancário e não ao devedor.

Pode até ser que a comunicação possa ser enviada pelo estabelecimento bancário. Contudo, a instituição financeira poderá cobrar taxas e despesas por essa comunicação.

O certo é que a comunicação, de qualquer forma, deverá ser feita ao estabelecimento bancário, até para que a instituição financeira altere nos seus registros o nome do depositante, voltando o depósito a ficar à disposição do devedor.

Não havendo essa previsão nas regulamentações do Banco, a comunicação deverá ser feita pelo próprio devedor ao credor, por carta registrada, muito embora a resposta seja dirigida à Instituição Financeira.

O prazo de dez dias conta-se do *retorno do aviso de recebimento* para a instituição financeira ou para o devedor, nos termos do *§2º do art. 539* do atual C.P.C.

Tendo em vista que a contagem desse prazo é de direito material (pois nem processo ainda existe), deve ela ser de acordo com o art. 132 e seu §1º do C.c.b.: *in verbis*:

> *Art. 132. Salvo disposição legal ou convencional em contrário, computam-se os prazos, excluído o dia do começo, e incluído o do vencimento.*
>
> *§ 1º Se o dia do vencimento cair em feriado, considerar-se-á prorrogado o prazo até o seguinte dia útil.*

Estabelece o *§2º do art. 539* do atual C.P.C. *que decorrido o prazo do §1º, contado do retorno do aviso do recebimento, sem a manifestação de recusa, considerar-se-á o devedor liberado da obrigação, ficando à disposição do credor a quantia depositada.*

Uma vez cientificado o credor do depósito bancário, e transcorrido o prazo de dez dias contados do primeiro dia útil seguinte do retorno do A.R. ao devedor ou à instituição financeira, nos termos do §1º, *o silêncio* do credor quanto ao depósito faz presumir sua aceitação do pagamento, ficando o depósito à disposição do credor, assim como devidamente liberado o devedor de sua obrigação. Poderá o credor também formalizar sua aceitação expressa quanto ao depósito realizado.

Preconiza o *§3º do art. 539* do atual C.P.C. que *ocorrendo a recusa, manifestada por escrito ao estabelecimento bancário, poderá ser proposta, dentro de 1 (um) mês, a ação de consignação, instruindo-se a inicial com a prova do depósito e da recusa.*

Poderá o credor, no prazo de dez dias fixado pelo §1º do art. 539 do atual C.P.C., formalizar *recusa expressa* quanto ao depósito realizado, mediante comunicação formal endereçada ao estabelecimento bancário, caso em que o depósito bancário, durante o prazo de um mês, terá ainda eficácia para efeito da pretensão de direito material formulada pelo devedor.

Manifestada a recusa, o devedor ou terceiro interessado ou não interessado, dentro do prazo de um mês a contar do recebimento da recusa pelo estabelecimento bancário, poderá promover a tutela jurisdicional de consignação em pagamento, instruindo a inicial com a prova do depósito e da recusa.

Estabelece o *§4º do art. 539* do atual C.P.C. que *não proposta a ação no prazo do §3º, ficará sem efeito o depósito, podendo levantá-lo o depositante.*

Se o devedor ou o terceiro não promover a demanda de consignação no prazo de um mês, não mais poderá valer-se do depósito efetuado, que perde sua eficácia, podendo ser levantado.

Poder-se-ia questionar se o devedor poderia levantar o depósito antes de expirado o prazo de um mês para a propositura da demanda de consignação em pagamento. Nenhum impedimento há para que isso aconteça diante da recusa formal do credor. Contudo, se assim o fizer, o depósito não terá mais eficácia para futura demanda de consignação em pagamento a ser proposta. Nesse sentido é o disposto no art. 338 do C.c.b.: *Enquanto o credor não declarar que aceita o depósito, ou não o impugnar, poderá o devedor requerer o levantamento, pagando as respectivas despesas, e subsistindo a obrigação para todas as consequências de direito.*

Art. 540
Requerer-se-á a consignação no lugar do pagamento, cessando para o devedor, à data do depósito, os juros e os riscos, salvo se a demanda for julgada improcedente.

Local para se requerer a consignação em pagamento
Estabelece o art. 337 do C.c.b. que *o depósito requerer-se-á no lugar do pagamento, cessando, tanto que se efetue, para o depositante, os juros da dívida e os riscos, salvo se for julgado improcedente.*

Parece-me que tanto a redação do dispositivo da legislação civilista quanto a redação constante no texto processual, não se ateve que a consignação pode ser realizada diretamente em instituição bancária. Assim, quando o devedor realiza a consignação diretamente em conta depósito de instituição financeira, ele nada requer. O requerimento somente haverá quando judicializada a consignação.

Em relação à competência jurisdicional, a regra geral de competência é a do domicílio do réu.

O art. 540 do atual C.P.C. estabelece foro territorial (competência relativa), ou seja, deve ser proposta no local do pagamento.

Tratando-se de dívida quesível, a demanda deve ser proposta no foro do domicílio do autor (devedor); sendo portável ou na hipótese de foro de eleição, ou ainda havendo disposição a respeito do local do pagamento, a consignação será intentada no foro do domicílio do réu (credor), no foro eleito ou no do local especialmente previsto em lei.

Sobre o tema eis os seguintes precedentes do S.T.J.:

> *I. A Fazenda Pública municipal não dispõe de foro privativo, podendo ser demandada tanto na sua sede, como no local onde assumiu a obrigação. Precedentes.*
>
> *II. Não prevalece o foro contratual de eleição, se configurada que tal indicação, longe de constituir-se uma livre escolha, mas mera adesão a cláusula pré-estabelecida pela instituição mutuante, implica em dificultar a defesa da parte contrária, em face dos ônus que terá para acompanhar o processo em local distante daquele em que tem sua sede, prevalecendo o local onde foi celebrado o mútuo, no município vizinho do autor e sede da comarca.*
>
> *III. Precedentes do STJ.*
>
> *IV. Conflito conhecido para declarar competente o Juízo de Direito de Corumbá de Goiás.*
>
> (CC 31.408/MG, Rel. Ministro ALDIR PASSARINHO JUNIOR, SEGUNDA SEÇÃO, julgado em 26/09/2001, DJ 04/02/2002, p. 266)

Competência. Conflito positivo. – em se tratando de contrato de adesão, o foro de eleição, quando obstáculo ao pleno exercício do direito de defesa do consumidor, e desconsiderável.

(CC 19.703/PA, Rel. Ministro FONTES DE ALENCAR, SEGUNDA SECAO, julgado em 28/05/1997, DJ 22/09/1997, p. 46321)

Por sua vez, sendo devida coisa imóvel ou corpo certo, assim preceitua o art. 341 do C.c.b.: *Se a coisa devida for imóvel ou corpo certo que deva ser entregue no mesmo lugar onde está, poderá o devedor citar o credor para vir ou mandar recebê-la, sob pena de ser depositada.*

Portanto, sendo impossível ao autor levar a coisa até o local de residência do credor, ou em se tratando de bens imóveis, a consignação em pagamento deverá ser promovida no local em que a coisa se encontra.

Em razão dessa determinação legal, a consignação em pagamento deverá ser proposta no *foro* onde se encontra a coisa devida, devendo o credor ir buscá-la ou mandar que outro o faça.

Na realidade, o art. 341 do C.c.b. não trata de competência material (foro de situação da coisa), mas, sim, de competência relativa, ou seja, competência referente ao cumprimento da obrigação.

Sobre esta questão, ensina Antonio Carlos Marcato: *"Cabe um alerta a esta altura: tratando-se de competência de foro e tendo em vista a natureza eminentemente pessoal da relação jurídica material subjacente à processual, é bem de ver a relatividade daquela. Em outras palavras, a competência fixada pelo art. 891 (C.P.C. de 1973) e seu parágrafo único é sempre relativa – e, portanto, prorrogável, legal ou convencionalmente (CPC, arts. 102, 111 e 114), não se aplicando o critério do 'forum rei sitae' (art. 95), ainda quando a prestação consignada tenha por objeto um imóvel, posto que o referido parágrafo único do art. 891 prevê apenas um foro alternativo".*[1124]

Na hipótese de o depósito ter sido efetuado em lugar diverso do pagamento, o réu poderá alegar a incompetência relativa como preliminar de contestação.

Depositada a coisa ou o valor correspondente cessa para o devedor, a partir da data do depósito, os juros e riscos, salvo se for julgada improcedente.

Verifica-se pela disposição da parte final do art. 540 do atual C.P.C., que o devedor, para não ter que assumir o risco pela posse do bem, ou para evitar o pagamento ou a progressão de pagamento dos juros contratuais ou legais, deve promover a consignação em pagamento, logo encerrado o prazo para a realização do pagamento.

[1124] Marcato, Antonio Carlos. *Ação de consignação em pagamento.* 3ª ed. São Paulo: Editora Revista dos Tribunais, 1989. p. 52.

Aliás, a questão do *momento* para se pedir a consignação sempre foi considerado um tema problemático.

Evidentemente que a consignação em pagamento não pode ser realizada antes do vencimento da prestação devida.

Contudo, uma vez vencida a dívida, qual seria o momento apropriado para a consignação?

Sobre o tema, anota Antonio Carlos Marcato: *"Segundo Machado Guimarães, amparado na orientação jurisprudencial da época em que vigia o Código de Processual revogado (de 1939), duas soluções antagônicas se opunham: uma delas preconizava a necessidade de consignação, tratando-se de dívida portável, até o primeiro dia útil seguinte ao vencimento; outra, mais liberal, entendia ser lícito ao devedor, uma vez configurada a mora 'accipiendi', consignar a prestação a qualquer tempo, enquanto perdurasse aquela. Chegou-se a sustentar, inclusive, devesse a consignação ser feita imediatamente após vencida a dívida, com a prévia oferta formal até o último momento do esgotamento do prazo, pena de ineficácia da medida, já que a tolerância de mais um dia após o vencimento só se justificava pela necessidade de constatar-se a recusa do credor. Tal rigor foi seguramente abrandado, inclusive em função do disposto nos arts. 892 e 899 do CPC (de 1973) vigente, que fixam prazos mais elásticos para a consignação de prestações periódicas e para a complementação do depósito, quando impugnado por insuficiência.*

A melhor solução ao problema, então, é a seguinte: tratando-se de dívida portável, deverá o devedor consignar a prestação o mais rápido possível, tão logo configurada mora do credor, inclusive para liberar-se dos riscos e ônus da dívida, podendo aproveitar-se, após a oferta, dos prazos fixados pela lei; sendo quesível a dívida, a consignação poderá ser realizada a qualquer tempo, enquanto perdure a mora do credor, suportando o devedor, neste caso, entretanto, ainda que de forma atenuada, os riscos da coisa, já que sua liberação depende da realização do depósito válido".[1125]

A jurisprudência do S.T.J. sobre a possibilidade de o devedor em mora realizar a consignação em pagamento é vacilante.

Há entendimento de que ele pode realizar a consignação, *in verbis*:

> *1. A consignação em pagamento é ação própria para discutir-se a natureza, a origem e o valor da obrigação, quando controvertidos.*
>
> *2. Repudia-se antiga prática de expurgar-se, do âmago da consignatória, cognição quanto a controvérsias em torno do an e quantum debeatur.*
>
> *3. Prestações atrasadas, se idôneas para o credor, podem ser consignadas.*
>
> *4. Recurso especial improvido.*

[1125] MARCATO, A. C., idem. p. 18.

(REsp 256275/GO, Rel. Ministra ELIANA CALMON, SEGUNDA TURMA, julgado em 19/02/2002, DJ 08/04/2002, p. 171)

Há entendimento de que ele não pode realizar a consignação:

"Ao devedor em mora, já que não adimpliu a obrigação no tempo e forma convencionado, é defeso utilizar-se da consignação com efeito de pagamento" (STJ- RT 739/220).

Em relação ao contrato de locação assim decidiu o S.T.J.:

Consignação em pagamento. Recusa do locador em receber o aluguel por findo o prazo contratual. Sendo o locatário obrigado a pagar o aluguel nas condições do contrato terminado, tem ele, de outra parte, o direito de consignar a quantia correspondente em caso de recusa por parte do locador.

Recurso especial conhecido e provido.

(REsp 28339/GO, Rel. Ministro BARROS MONTEIRO, QUARTA TURMA, julgado em 09/03/1993, DJ 16/05/1994, p. 11772)

Uma vez depositado o valor correto, cessa para o devedor, a partir do depósito, a incidência dos juros e o risco por eventual caso fortuito ou força maior, não em relação a danos dolosos ou culposos.

Segundo o art. 540 do atual C.P.C., não cessarão os juros e os riscos caso o pedido seja julgado improcedente.

Mas não somente se o pedido for julgado improcedente, também se o juiz extinguir o processo sem resolução do mérito (falta de condições para análise do mérito ou falta de pressupostos processuais), pois nesse caso o depósito não gerará o efeito legal de liberação do vínculo obrigacional.

No âmbito das obrigações civis, havendo julgamento de improcedência do pedido ou mesmo extinção do processo sem resolução de mérito, o devedor poderá levantar em seu favor o depósito efetuado.

Contudo, no âmbito do direito tributário, o S.T.J. alterou o seu entendimento para determinar, mesmo na hipótese de extinção do processo sem resolução do mérito, a conversão em rendas do ente público do valor depositado. Essa mudança ocorreu em 9.11.2005, no julgamento do EREsp 227.835/SP, de relatoria do Min. Teori Albino Zavascki. Nesse sentido eis os seguintes precedentes:

1. Era permitido levantar o valor do depósito realizado, para efeito de suspensão da exigibilidade do crédito tributário, na hipótese de extinção do feito sem resolução do mérito.

2. Em 9.11.2005, no julgamento do EREsp 227.835/SP, de relatoria do Min. Teori Albino Zavascki, houve mudança de entendimento da Primeira Seção, que posicionou-se pela conversão da renda em favor da União, na hipótese de extinção do feito, sem resolução do mérito, do depósito realizado pelo contribuinte para suspensão da exigibilidade do crédito tributário.

3. Posição atual pacífica da Primeira Seção pela conversão da renda em favor da União, na hipótese constante dos autos.

Embargos de divergência conhecidos e providos.

(EREsp 548.224/CE, Rel. Ministro HUMBERTO MARTINS, PRIMEIRA SEÇÃO, julgado em 28/11/2007, DJ 17/12/2007, p. 120)

(...).

3. O cumprimento da obrigação tributária só pode ser excluída por força de lei ou suspensa de acordo com o que determina o art. 151 do CTN. Fora desse contexto o contribuinte está obrigado a recolher o tributo. No caso de o devedor pretender discutir a obrigação tributária em juízo, permite a lei que faça o depósito integral da quantia devida para que seja suspensa a exigibilidade. Se a ação intentada, por qualquer motivo, resultar sem êxito, deve o depósito ser convertido em renda da Fazenda Pública. É essa a interpretação que deve prevalecer. O depósito é simples garantia impeditiva do fisco para agilizar a cobrança judicial da dívida, em face da instauração de litígio sobre a legalidade da sua exigência. Extinto o processo sem exame do mérito contra o contribuinte, têm-se uma decisão desfavorável. O passo seguinte, após o trânsito em julgado, é o recolhimento do tributo.

4. Precedentes: EREsp 479.725/BA, de minha relatoria, DJU 26/09/05; Resp 273.860/SP, Rel. Min. João Otávio de Noronha, DJ 13/03/06; Resp 490.641/PR, Rel. Min. Luiz Fux, DJ de 03/11/2003; Resp 258.752/SP, Rel. Min. Milton Luiz Pereira, DJ de 25/02/2002; Resp 251.350/SP, Rel. Min. Humberto Gomes de Barros, DJ de 12/03/2001; Resp 227.958, Rel. Min. Garcia Vieira, DJ 7/2/2000; Resp 163.045/SP, Rel. Min. Hélio Mosiman, DJ de 09/11/98.

5. Embargos de divergência providos.

(EREsp 215.589/RJ, Rel. Ministro JOSÉ DELGADO, PRIMEIRA SEÇÃO, julgado em 12/09/2007, DJ 05/11/2007, p. 217)

Art. 541

Tratando-se de prestações sucessivas, consignada uma delas, pode o devedor continuar a depositar, no mesmo processo e sem mais formalidades, as que se forem vencendo, desde que o faça em até 5 (cinco) dias contados da data do respectivo vencimento.

Consignação de prestações periódicas

A consignação em pagamento pode ter por objeto prestação única, em dinheiro ou em coisa, cujo depósito regular extingue a obrigação.

É importante salientar que, nos termos do art. 314 do C.c.b., ainda que a obrigação tenha por objeto prestação divisível, não pode o credor ser obrigado a receber, nem o devedor a pagar, por partes, se assim não se ajustou.

Contudo, a consignação em pagamento também pode ter por objeto o depósito de prestações sucessivas, seja em dinheiro ou em coisa, razão pela qual a obrigação perdura no tempo até a integralização total do pagamento.

Preceitua o art. 316 do C.c.b.: *"É lícito convencionar o aumento progressivo de prestações sucessivas"*.

As prestações sucessivas são realizadas em quotas periódicas, em regra, ano, mês ou dia, mas também podem ser programadas em razão de acontecimentos futuros e certos como venda de determinada lavoura ou de determinada mercadoria, caso em que haverá irregularidade no tempo do cumprimento da prestação. Como o artigo fala em prestações sucessivas, isso abrange tanto as prestações periódicas (regulares no tempo) ou meramente sucessivas sem qualquer regularidade no tempo. O novo C.P.C., aliás, acatou a recomendação de Adroaldo Furtado Fabrício, que no seu comentário ao art. 892 do C.P.C. de 1973, postulava a alteração da redação do dispositivo para constar, ao invés de prestação periódica, simplesmente prestações sucessivas.[1126]

Sendo o pagamento em quotas periódicas, a quitação da última estabelece, até prova em contrário, a presunção de estarem solvidas as anteriores (art. 322 do C.c.b.).

O art. 541 do atual C.P.C., por uma questão de lógica e de economia processual, e em se tratando de prestações sucessivas, possibilita ao devedor o depósito de todas as prestações sucessivas no mesmo processo e sem necessidade de outras formalidades. Se não fosse admitido tal expediente, a cada vencimento deveria ser instaurado um novo processo de consignação. Há, também, a vantagem da unidade do julgamento.

É certo que em se tratando de dívida *portable*, o interesse de agir da demanda de consignação em pagamento depende do efetivo oferecimento da prestação pelo devedor ao credor. Contudo, uma vez instaurado o processo consignatório, não há necessidade de que o devedor reitere essa oferta da prestação, ou seja, não é necessário que, a cada vencimento, a oferta da nova prestação seja repetida, uma vez que o pedido de depósito das prestações futuras é um pedido

[1126] FABRÍCIO, A. F., op. cit., p. 94.

implícito, nos termos do art. *323 do atual C.P.C.:Na ação que tiver por objeto cumprimento de obrigação em prestações sucessivas, estas serão consideradas incluídas no pedido, independentemente de declaração expressa do autor...*

Muito embora o art. 323 do atual C.P.C. refira-se ao interesse do autor, e o art. 541 diga respeito ao interesse do devedor, o certo é que *ubi eadem ratio legis idem eadem disposition.*

Neste caso, contudo, não há cumulação de pedidos, mas apenas um pedido, no qual há um pedido implícito de se depositarem as prestações que se forem vencendo no curso do processo.

O dispositivo legal ainda permite que o devedor faça o depósito até cinco dias contados da data do respectivo vencimento de cada prestação. Note-se que o depósito e não o seu pedido deverá ser realizado no prazo de cinco dias do vencimento.

Há dispositivo especial na lei de locação, pois no que tange à consignação de alugueres, os depósitos devem ser realizados 'nos respectivos vencimentos (Lei 8.245/91, art. 67, inc. III, *in fine*).

É importante salientar que a tempestividade do depósito será analisada pela data de sua realização e não da juntada do comprovante nos autos.

Se não for observado este prazo, segundo Pontes de Miranda, o devedor não poderá realizar o pagamento da prestação nos mesmos autos, devendo valer-se de nova consignação em pagamento.[1127] Contudo, como a tendência moderna é evitar-se a sucessão de processos e a morosidade da prestação jurisdicional, entendo que se pode interpretar o dispositivo da seguinte forma: não feito o depósito no prazo de cinco dias, o devedor não poderá mais efetuá-lo pelo valor nominal, mas, sendo a prestação ainda útil ao credor, poderá ser realizada, desde que o devedor o faça com o pagamento de juros de mora e eventual multa fixada em lei ou no contrato. Vejo que essa é a melhor interpretação, pois, mesmo que se exija novo processo para o prosseguimento do depósito, este será reunido ao processo já em andamento em razão da prevenção.

Deve-se ressaltar que os depósitos sucessivos são uma faculdade do devedor, razão pela qual, se não o fizer, o juiz não poderá declarar a extinção do processo, mas se manifestar sobre os depósitos até então realizados, proferindo sentença sobre sua regularidade e eventual cumprimento das prestações então depositadas, mesmo que o devedor permaneça vinculado à obrigação.

Não se exigindo qualquer outra formalidade, entende a doutrina que o depósito poderá ser feito sem necessidade de qualquer requerimento, bastando

[1127] Pontes de Miranda. *Comentários ao código de processo civil de 1973.* Tomo XIII. Rio de Janeiro: Forense, 1977. p. 26.

que o consignante compareça na Secretaria do juízo ou diretamente no banco depositário e faça o depósito, realizando apenas a juntada do comprovante no processo judicial. A forma é livre, bastando apenas que o devedor tenha como comprovar o depósito sucessivo no prazo de cinco dias. Neste caso, não há nova citação do réu, pois, conforme já se afirmou, trata-se de pedido implícito e que faz parte do todo constante na inicial. Também não haverá abertura de prazo para resposta, o que não significa dizer que o réu, credor, não poderá impugnar a regularidade dos depósitos sucessivos, quanto ao valor ou quanto ao prazo de sua realização, ou mesmo por ser prestação estranha ao objeto do processo. O prazo para eventual impugnação incidental, em regra, será de cinco dias, salvo se o juiz estabelecer outro prazo.

Indaga-se até que momento pode o devedor realizar depósito de prestações sucessivas no mesmo processo.

Questão controvertida que se apresenta diz respeito ao limite temporal dos depósitos de prestações periódicas no próprio procedimento de consignação em pagamento.

Para Adroaldo Furtado Fabrício aduz que, *"alguns julgados têm admitido o prosseguimento dos depósitos após o julgamento de primeiro grau, pendente de recurso, recusando-lhe admissibilidade, porém, após o trânsito em julgado da sentença. Como ficou dito, a declaração de eficácia liberatória dos depósitos só se pode referir, do ponto de vista lógico, àqueles efetivados antes do julgamento, isto é, antes da declaração. Se admitida a continuação após a sentença, o julgamento do recurso é que poderia dizer da regularidade e da eficácia dos depósitos intercorrentes, com o que se estaria a suprimir um dos graus de jurisdição"*.[1128] Para o mestre gaúcho, as prestações cujo vencimento sobrevier à prolação da sentença poderão ser admitidas à consignação, mas mediante a propositura de nova demanda, com a decorrente formação de outro processo. Aliás, nesse sentido estabelece o art. 67, inc. III da Lei 8.245/91, no que concerne à consignação de alugueres.

Adotando o mesmo posicionamento de Adroaldo Furtado Fabrício é a posição de Ovídio Baptista da Silva (*Procedimentos Especiais*, Aide, 1989, n. 14, p. 27).

O Superior Tribunal de Justiça já se manifestou nesse sentido no Resp n. 6.935/SP (DJ 1.7.91). Contudo, é de convir-se que esse precedente se referiu à matéria locacional, sendo que a própria lei de locação, n. 8.24591, em seu art. 67, inc. II, excepciona a regra geral, no sentido de que os depósitos deverão ser realizados até a sentença de primeiro grau.

Em matéria que não era de locação, assim se manifestou o S.T.J.:

[1128] Fabrício, A. F., op. cit., p. 100.

Tratando-se de prestações periódicas, pode o devedor continuar consignando, no mesmo processo e sem mais formalidades, as que se forem vencendo.

O princípio, entretanto, não é absoluto, como se, em qualquer hipótese, fosse obrigatória a aceitação dos depósitos, até o transito em julgado da sentença. Vale a continuidade dos depósitos quando conhecidos os valores; não quando discutível o valor das prestações, sujeito a constantes alterações.

(REsp 29.620/SP, Rel. Ministro HÉLIO MOSIMANN, SEGUNDA TURMA, julgado em 06/09/1995, DJ 02/10/1995, p. 32345)

Ernane Fidélis dos Santos, em seus comentários ao art. 892 (n. 10), entende que esses depósitos podem ocorrer até o *trânsito em julgado da sentença de consignação.* Da mesma forma entendem Calmon de Passos *(Comentários, n. 137, p. 194)*, Pontes de Miranda (*Comentários ao código de processo civil de 1939, Tomo II, p. 386)*, José Frederico Marques (*Instituições de direito processual civil*, vol. III, p. 67).

Nessa mesma linha de pensamento, já teve oportunidade de se manifestar Wellington Moreira Pimentel (*Comentários*, R.T.), comentando o art. 290 do C.P.C. de 1973: *"Ao sentenciar, o juiz incluirá na condenação as prestações que, vencidas no curso da demanda, não tenham sido pagas ou consignadas pelo devedor, enquanto, é claro, subsistira obrigação. Mas não fica assim limitado o dispositivo. A lei diz que sentença incluirá na condenação as prestações, enquanto durar a obrigação. Vale dizer que a obrigação abrangerá, inclusive, as prestações futuras, que se vencerem após a sentença e ao trânsito em julgado desta...Incluídas na sentença a condenação às prestações de trato sucessivo futuras, assim compreendidas a expressão enquanto durar a obrigação, o eventual inadimplemento de uma delas, posteriormente ao trânsito em julgado da sentença condenatória, não exigirá a propositura de nova ação, por isso que se fará desnecessário novo processo de conhecimento"*. No mesmo sentido, Moacyr Amaral Santos (*Primeiras linhas,* Saraiva, 16ª ed., n. 421), Milton Paulo de Carvalho *(Pedido no processo civil,* Fabris, ed, 1992, pág. 101 e 102).

Nesse sentido também já se manifestou o S.T.J.:

Processo civil. Ação de consignação em pagamento. Prestações mensais. Continuação dos depósitos após a sentença de 1. grau.

Na ação de consignação em pagamento de prestações mensais, os depósitos continuam após a sentença de 1. grau; a respectiva regularidade, todavia, fica dependente de conferencia a ser realizada depois do trânsito em julgado. Recurso especial conhecido e provido.

(REsp 139.402/MG, Rel. Ministro ARI PARGENDLER, SEGUNDA TURMA, julgado em 05/02/1998, DJ 02/03/1998, p. 65)

O depósito de prestações sucessivas também pode ser realizado no âmbito do depósito extrajudicial realizado em instituições financeiras.

No caso de prestações periódicas, pode o credor recusar o pagamento em consignação se o devedor deixou de pagar as prestações que o antecederam. Sobre o tema já decidiu o S.T.J.:

> *1. A comprovação da quitação das prestações periódicas subsequentes, sem ressalvas do credor, implica a presunção da realização do pagamento das parcelas anteriores, constituindo-se presunção iuris tantum, a favor do devedor.*
>
> *2. Havendo alugueres inadimplidos, é justo ao locador, ante a presunção do art. 943 do Código Civil de 1916 – art. 322 do Código Civil atual –, recusar o recebimento do valor relativo à prestação posterior, de modo a afastar a necessidade de mover processo judicial a fim de comprovar em juízo a inadimplência quanto aos débitos anteriores.*
>
> *3. Recurso especial conhecido e provido.*
>
> (REsp 556.317/MG, Rel. Ministra LAURITA VAZ, QUINTA TURMA, julgado em 10/09/2009, DJe 28/09/2009)

> *I – Em se tratando de prestações periódicas, a quitação da última gera a presunção relativa de já terem sido pagas as anteriores, incumbindo a prova em contrário ao credor, conforme o art. 943 do Código Civil.*
>
> *II – Pode o credor recusar a última prestação periódica, estando em débito parcelas anteriores, uma vez que, ao aceitar, estaria assumindo o ônus de desfazer a presunção juris tantum prevista no art. 943 do Código Civil, atraindo para si o ônus da prova. Em outras palavras, a imputação do pagamento, pelo devedor, na última parcela, antes de oferecidas as anteriores, devidas e vencidas, prejudica o interesse do credor, tornando-se legítima a recusa no recebimento da prestação.*
>
> (...).
>
> (REsp 225.435/PR, Rel. Ministro SÁLVIO DE FIGUEIREDO TEIXEIRA, QUARTA TURMA, julgado em 22/02/2000, DJ 19/06/2000, p. 151)

Art. 542

Na petição inicial, o autor requererá:

I – o depósito da quantia ou da coisa devida, a ser efetivado no prazo de 5 (cinco) dias contados do deferimento, ressalvada a hipótese do art. 539, § 3º;

II – a citação do réu para levantar o depósito ou oferecer contestação.

Parágrafo único. Não realizado o depósito no prazo do inciso I, o processo será extinto sem resolução do mérito.

Prestações periódicas

O art. 542 do atual C.P.C. especificou os limites do pedido de uma demanda de consignação em pagamento.

Por isso, a demanda consignação não serve, por exemplo, para que o devedor ingresse com declaração de nulidade de contrato firmado com o réu/credor; para que obtenha declaração de que não é obrigado a pagar; para alegar ter dúvida sobre a efetiva existência do objeto.

O S.T.J. também entendeu que não cabe a demanda consignatória nos seguintes casos:

Ação consignatória. Revisão do contrato.

A ação consignatória é meio hábil para a parte depositar o valor que entende devido e discutir a validade ou a interpretação de cláusulas do contrato. Precedentes.

Recurso conhecido e provido.

(REsp 473827/DF, Rel. Ministro RUY ROSADO DE AGUIAR, QUARTA TURMA, julgado em 25/03/2003, DJ 22/04/2003, p. 235)

Civil. Ação de consignação em pagamento. Deposito incompleto.

Não cabe ação de consignação em pagamento para quitar-se o autor de parte de dívida, com promessa de discutir o restante, em ação declaratória futura.

(AgRg no Ag 15594/GO, Rel. Ministro DIAS TRINDADE, TERCEIRA TURMA, julgado em 19/11/1991, DJ 16/12/1991, p. 18542)

Outrossim, firmou-se a jurisprudência no sentido de que a demanda de consignação é demanda própria para se discutir a natureza, a origem e o valor da obrigação, quando controvertidos. Nesse sentido são os seguintes precedentes do S.T.J.:

1. A consignação em pagamento é ação própria para discutir-se a natureza, a origem e o valor da obrigação, quando controvertidos.

2. Repudia-se antiga prática de expurgar-se, do âmago da consignatória, cognição quanto a controvérsias em torno do an e quantum debeatur.

3. Prestações atrasadas, se idôneas para o credor, podem ser consignadas.

4. Recurso especial improvido.

(REsp 256275/GO, Rel. Ministra ELIANA CALMON, SEGUNDA TURMA, julgado em 19/02/2002, DJ 08/04/2002, p. 171)

(...).

3. Na consignatória é perfeitamente possível discutir o débito e o seu quantum, mesmo que se tenha que examinar intrincados aspectos de fato e complexas questões de direito.

(...).

(AgRg no Ag 326383/BA, Rel. Ministro BARROS MONTEIRO, QUARTA TURMA, julgado em 21/03/2002, DJ 03/06/2002, p. 210)

Consignação em pagamento. Âmbito da cognição. Existência e valor da dívida. Na ação consignatória e perfeitamente admissível, e com frequência absolutamente necessário, conhecer da existência da dívida e de seu valor, a fim de que possa o juiz decidir quanto a procedência da própria pretensão do autor a liberação. A ação consignatória não e uma ação executiva 'as avessas', e nela a consignação não sofre limitações outras que as pertinentes a própria finalidade da demanda.

Recurso especial conhecido e provido.

(REsp 15391/RJ, Rel. Ministro ATHOS CARNEIRO, QUARTA TURMA, julgado em 08/09/1992, DJ 28/09/1992, p. 16432)

Na petição inicial da demanda consignatória, o autor requererá o depósito da quantia ou da coisa devida, a ser efetivado no prazo de cinco dias contados do deferimento, ressalvada a hipótese do art. 539, §3º, bem como a citação do réu para levantar o depósito ou oferecer contestação.

Neste requerimento inicial não há mais necessidade de designação de momento e lugar para a oblação real processual.

Com base nesse preceito, o depósito da coisa devida ou da quantia monetária poderá ser realizado não de imediato com a inicial, mas no prazo de cinco dias a contar do deferimento do depósito.

O dispositivo ressalva a hipótese do *§3º do art. 539* que assim dispõe: *Ocorrendo a recusa, manifestada por escrito ao estabelecimento bancário, poderá ser proposta, dentro de 1 (um) mês, a ação de consignação, instruindo a inicial com a prova do depósito e da recusa.*

Assim, se houver antecipadamente a tentativa de se realizar a consignação extrajudicial por meio de depósito bancário, com a expressa recusa do credor em receber o pagamento, a petição inicial da demanda consignatória deverá vir instruída com a prova do depósito já realizado na instituição financeira e com a prova da recusa do recebimento deste depósito.

Por sua vez, em se tratando da lei de locação, estabelece o art. 67, inc. II da Lei 8.245/91: *"determinada a citação do réu, o autor será intimado a, no prazo de vinte e quatro horas, efetuar o depósito judicial da importância indicada na petição inicial, sob pena de ser extinto o processo"*. Neste caso, o depósito deverá ser efetuado, não no prazo de cinco dias, mas no prazo de vinte e quatro horas.

Entendo que, em se tratando de situação na qual estejam evidenciados o *fumus boni iuris* ou o *periculum in mora*, o autor poderá requerer a concessão de tutela provisória de urgência satisfativa, a fim de que o depósito seja realizado em tempo inferior aos cinco dias estabelecidos pela norma. Note-se que muito embora a tutela a ser prestada ao final da demanda consignatória seja meramente declaratória (declara a legitimidade do pagamento como forma de cumprimento da obrigação), isso não impede a concessão de tutela de urgência satisfativa. No caso, não se está antecipando os aspectos jurídicos e formais da sentença declaratória a ser proferida na consignatória, mas, sim, os efeitos materiais, concretos e fáticos dessa decisão.[1129]

O depósito, de qualquer forma, deve ser realizado antes da citação do réu, pois uma das condutas deferidas ao credor é justamente o levantamento do depósito efetuado pelo devedor com força de pagamento.

O depósito, se a obrigação for em dinheiro, deverá ser realizado em espécie, não se admitindo o uso do cheque, salvo se o credor for citado após a compensação do título cambiário.

O depósito é imprescindível para o prosseguimento do processo, sendo que se não for realizado, o juiz extinguirá o processo sem resolução do mérito por falta de pressuposto processual, conforme estabelece o parágrafo único do art. 542 do atual C.P.C.

O dispositivo também estabelece que na petição inicial da demanda consignatória haverá de ser requerida a citação do réu/credor para levantar o depósito ou oferecer contestação. Abrem-se então duas possibilidades ao réu: ou levanta o depósito ofertado pelo devedor (pessoalmente ou por meio de representante com poderes para dar quitação), em razão da interpelação para assim agir, quando então o juiz extinguirá o processo com resolução de mérito, declarando regular o pagamento, ou, no prazo de quinze dias, oferecerá o réu contestação.

É importante salientar que se o credor requerer o levantamento do depósito, deverá passar quitação incondicional e sem reserva, ou seja, não poderá ressalvar no recibo que o depósito é incompleto ou que não foi realizado tempestivamente. O procedimento, portanto, não comporta receber para depois discutir o valor correto.[1130]

A citação deverá ser realizada por qualquer das formas admitidas nas disposições gerais do procedimento comum. Contudo, na hipótese de se encontrar o credor em lugar incerto e não sabido, o pedido de citação poderá de imediato ser formulado por edital.

É importante salientar que muito embora o art. 542 do atual C.P.C. apenas tenha feito menção a um dos elementos da demanda, ou seja, ao *pedido,* o certo

[1129] Zavascki. Teori Albino. *Tutela de tutela.* São Paulo: R.T., 1997. p. 48.

[1130] Fabrício, A. F., op. cit., p. 106.

é que a petição inicial deverá também conter os requisitos estabelecidos no art. 319 do atual C.P.C., *in verbis*:

> *Art. 319. A petição inicial indicará:*
> *I – o juízo a que é dirigida;*
> *II – os nomes, os prenomes, o estado civil, a existência de união estável, a profissão, o número de inscrição no Cadastro de Pessoas Físicas ou no Cadastro Nacional da Pessoa Jurídica, o endereço eletrônico, o domicílio e a residência do autor e do réu;*
> *III – o fato e os fundamentos jurídicos do pedido;*
> *IV – o pedido com as suas especificações;*
> *V – o valor da causa;*
> *VI – as provas com que o autor pretende demonstrar a verdade dos fatos alegados;*
> *VII – a opção do autor pela realização ou não de audiência de conciliação ou de mediação.*

Se houver documentos indispensáveis para a propositura da demanda, estes devem acompanhar a petição inicial.

A inicial também é suscetível de emenda ou de complementação segundo as regras do procedimento comum.

Em relação ao valor da causa, sustenta Adroaldo F. Fabrício: "*Em face das disposições legais que estabelecem critérios para fixação do valor da causa, parece razoável a estimação desse valor, na ação consignatória, em quantia equivalente ao débito do qual se quer liberar o autor. Em se tratando de prestações sucessivas, e tendo-se em conta que as vincendas se têm por incluídas no pedido independentemente de manifestação do autor, o valor é de ser arbitrado segundo os critérios do art. 260 (do C.P.C. de 1973), somando-se as parcelas vencidas e as vincendas, estas até o limite de uma anuidade. A jurisprudência sumulada do Supremo Tribunal Federal, anterior ao Código, mandava fixar o valor da consignatória 'de aluguéis' em uma anuidade (Enunciado n. 449). Mas, se há prestações atrasadas, o mais razoável e mais afinado com a lei é que seu valor se some ao da anuidade, assim como ocorreria se a ação fosse de cobrança de prestações sucessivas*".[1131]

Art. 543

Se o objeto da prestação for coisa indeterminada e a escolha couber ao credor, será este citado para exercer o direito dentro de 5 (cinco) dias, se outro prazo não constar de lei ou do contrato, ou para aceitar que o

[1131] Fabrício, A. F., idem, p. 101.

devedor o faça, devendo o juiz, ao despachar a petição inicial, fixar lugar, dia e hora em que se fará a entrega, sob pena de depósito.

Coisa indeterminada como objeto da prestação

Regra similar ao disposto no art. 543 encontra-se no art. 342 do C.c.b.: *"Se a escolha de coisa indeterminada competir ao credor, será ele citado para esse fim, sob cominação de perder o direito e de ser depositada a coisa que o devedor escolher; feita a escolha pelo devedor, proceder-se-á como no artigo antecedente"*.

Ambos os dispositivos vêm reforçar a argumentação de que a consignação em pagamento judicial não tem por objeto apenas prestação em dinheiro.

No caso, a prestação da obrigação tem por objeto *coisa indeterminada*.

Em regra, a obrigação de dar refere-se a coisa certa e determinada. Contudo, pode o título ou o contrato estabelecer a entrega de coisa incerta.

A coisa incerta abrange tanto as chamadas obrigações genéricas, quanto também as obrigações alternativas quando o aludido ato de vontade deve consistir na opção entre coisas diversas, cada uma delas perfeitamente caracterizada.[1132]

O elemento comum entre ambas as obrigações é que a escolha e determinação da obrigação genérica ou alternativa ficarão para um momento futuro da constituição da obrigação.

Conforme anota Adroaldo F. Fabrício: *"nenhuma possibilidade de incidência tem o artigo quando, mesmo ocorrendo alternatividade ou indeterminação, inexista escolha a ser feita, como nos casos em que a concretização ou concentração só depende de fatos objetivos, independentes da vontade do interessado: o fazendeiro deve entregar todos os animais nascidos em determinado período, ou todos os nascidos com determinada pelagem (como ocorreu no pacto entre Labão e Jacó, Gênesis, 30:32); também não há escolha a fazer-se quando convencionado que um dos bens será objeto da entrega se não existir o outro ao tempo do pagamento"*.[1133]

Conforme preconiza o art. 243 do C.c.b.: *"A coisa incerta será indicada, ao menos, pelo gênero e pela quantidade"*.

Por sua vez, nas coisas determinadas pelo gênero e pela quantidade, a escolha pertence ao devedor, se o contrário não resultar do título da obrigação (art. 244 do C.c.b.). Antes da escolha, não poderá o devedor alegar perda ou deterioração da coisa, ainda que por força maior ou caso fortuito (art. 246 do C.c.b.).

[1132] Couto e Silva, Clóvis. *Comentários ao código de processo civil.* Tomo I, Vol. XI. São Paulo: Editora Revista dos Tribunais, 1977. p. 37.

[1133] Fabrício, A. F., op. cit., p. 110.

Assim, tendo o título estabelecido que compete ao credor a escolha de coisa incerta ou indeterminada, este deverá realizar a escolha no prazo estabelecido no título ou no contrato firmado entre as partes.

Se o credor não exercita a escolha que lhe foi outorgada no prazo estabelecido e comunica expressamente ao devedor, este não pode adimplir a obrigação, razão pela qual presume-se com esse ato a recusa ou omissão em escolher, gerando ao devedor a pretensão de consignar a coisa em juízo. A falta de escolha caracteriza a mora accipiendi.

Deixando o credor de fazer a escolha, o devedor ingressará com a consignação, requerendo a citação do credor para realizar a escolha.

No mandado de citação constará o prazo de cinco dias, se outro não constar da lei ou do contrato, bem como *lugar, dia e hora em que se fará a entrega, sob pena de depósito.*

Este ato citatório contém, na realidade, duas interpelações, a que correspondem também a duas cominações distintas. O credor-réu é interpelado para primeiramente realizar a escolha. Se não realizar a escolha, transfere-se a possibilidade de escolha ao autor-devedor, o qual depositará o bem que escolher no lugar dia e hora já designados. Se o credor realizar a escolha em juízo, o juiz intimará o devedor para a concretização do depósito do bem.

Art. 544

Na contestação, o réu poderá alegar que:

I – não houve recusa ou mora em receber a quantia ou a coisa devida;

II – foi justa a recusa;

III – o depósito não se efetuou no prazo ou no lugar do pagamento;

IV – o depósito não é integral.

Parágrafo único. No caso do inciso IV, a alegação somente será admissível se o réu indicar o montante que entende devido.

Sumário:

1. Contestação do réu e seu conteúdo 2. Falta de contestação

1. Contestação do réu e seu conteúdo

É importante, inicialmente, salientar que a contestação à demanda de consignação em pagamento submete-se, qualquer que seja o motivo invocado pelo autor, ao disposto neste artigo 544 do atual C.P.C.

Incumbe ao réu alegar, na contestação, toda a matéria de defesa, expondo as razões de fato e de direito com que impugna o pedido do autor e especificando as provas que pretende produzir (art. 336 do atual C.P.C.).

Poderá o réu não somente alegar as matérias indicadas em contestação, mas, também, poderá suscitar, no prazo de quinze dias, a contar do conhecimento do fato, impedimento ou suspeição em petição específica dirigida ao juiz da causa, indicando o fundamento da recusa (art. 146 do atual C.P.C.).

O prazo para a contestação será contado de acordo com o que dispõe o art. 335 do atual C.P.C.

Em se tratando de depósito em dinheiro ou coisa certa não haverá maiores dificuldades.

O problema surge quando o objeto da prestação for coisa indeterminada e a escolha couber ao credor. Neste caso, tenho para mim que somente após a efetivação do depósito, seja por escolha do credor ou do devedor, é que poderá correr o prazo de contestação, até mesmo para que o credor possa arguir que o depósito não foi integral.

Assim, penso que a melhor solução seria: a) primeiramente, o réu é citado para escolher a coisa a ser depositada. Depositada a coisa no lugar, dia e hora já designados na inicial e por certo conhecido do credor- réu, o prazo para apresentar a contestação conta-se desta data, ou seja, da data em que o depósito foi concretizado.

O art. 316 do C.P.C. de 1939 estabelecia que na contestação da demanda consignatória, o réu somente poderia alegar as hipóteses descritas nos incs. I a IV do atual art. 544.

O novo C.P.C. omite o advérbio somente. Contudo, não obstante a omissão, o certo é que em face do próprio pedido formulado na demanda consignatória, as razões de contestação não poderão abandonar os limites estabelecidos pelos incs. I a IV do atual art. 544. Penso que estamos diante de espécie de cognição horizontal limita e não plenária.

Contudo, não obstante a cognição horizontal limitada, isso não significa que a cognição vertical seja meramente sumária ou superficial. Na realidade, a cognição vertical existente na demanda de consignação é exauriente, ou seja, o juiz poderá avaliar com profundidade todas as questões de fato e de direito inseridas no seu campo de avaliação, por mais complexas que sejam, desde que digam respeito a algumas das hipóteses prevista no art. 544 do atual C.P.C., pois o que o legislador pretende, há várias décadas, é justamente preservar o objeto da demanda consignatória, que é justamente a análise do pagamento e sua eficácia liberatória. Assim, o juiz poderá analisar questões como o pagamento em si mesmo, a existência da obrigação, a legitimação para pagar e para receber, o valor a ser pago e assim por diante.[1134]

Sobre o tema eis o seguinte precedente:

Ação consignatória. Revisão do contrato.

A ação consignatória é meio hábil para a parte depositar o valor que entende devido e discutir a validade ou a interpretação de cláusulas do contrato. Precedentes.

Recurso conhecido e provido.

(REsp 473827/DF, Rel. Ministro RUY ROSADO DE AGUIAR, QUARTA TURMA, julgado em 25/03/2003, DJ 22/04/2003, p. 235)

Outrossim, firmou-se a jurisprudência no sentido de que a ação de consignação é ação própria para se discutir a natureza, a origem e o valor da obrigação, quando controvertidos. Nesse sentido é o seguinte precedente do S.T.J.:

1. A consignação em pagamento é ação própria para discutir-se a natureza, a origem e o valor da obrigação, quando controvertidos.

2. Repudia-se antiga prática de expurgar-se, do âmago da consignatória, cognição quanto a controvérsias em torno do an e quantum debeatur.

(...).

(REsp 256275/GO, Rel. Ministra ELIANA CALMON, SEGUNDA TURMA, julgado em 19/02/2002, DJ 08/04/2002, p. 171)

O inc. I do art. 544 estabelece que o réu poderá alegar na contestação que não houve recusa ou mora em receber a quantia ou coisa devida.

Já o inc. II do art. 544 preconiza que o réu poderá alegar na contestação que a recusa foi justa.

Trata-se de hipóteses que refutam a alegação do autor na consignatória de mora accipiendo.

Como a questão de recusa ou não do pagamento diz respeito à comprovação de um fato, o ônus da prova incumbe ao autor da consignatória, salvo se o juiz aplicar a distribuição diversa do ônus da prova nos termos do §1º art. 373 do atual C.P.C., a saber:

§ 1º Nos casos previstos em lei ou diante de peculiaridades da causa relacionadas à impossibilidade ou à excessiva dificuldade de cumprir o encargo nos termos do caput ou à maior facilidade de obtenção da prova do fato contrário, poderá o juiz atribuir o

[1134] Fabrício, A. F., op. cit., p. 125.

ônus da prova de modo diverso, desde que o faça por decisão fundamentada, caso em que deverá dar à parte a oportunidade de se desincumbir do ônus que lhe foi atribuído.

Evidentemente, o réu, quando alega tal matéria, quer demonstrar que o autor/devedor não compareceu para oferecer o pagamento (dívida portable) ou que ele, réu/credor, compareceu perante o devedor mas este não efetuou o pagamento (dívida querable). Poderá, ainda, o réu demonstrar que muito embora o autor/devedor tenha oferecido o pagamento, sua recusa foi justa, seja porque o pagamento não era integral ou não foi na forma estabelecida pelo contrato ou pelo título correspondente (por exemplo, coisa diversa). Essa justa recusa pode também ter por fundamento a validade ou nulidade do contrato. Normalmente, para se avaliar se a recusa foi justa ou não há necessidade de se ingressar nas cláusulas do contrato ou da avença.

O inc. III do art. 544 estabelece que o réu poderá alegar em contestação que o depósito não se efetuou no prazo ou no lugar do pagamento.

O contrato ou o título jurídico correspondente pode estabelecer o prazo e o lugar do pagamento, os quais deverão ser rigidamente observados pelo devedor no momento de efetuar o pagamento.

O credor não será obrigado a receber o pagamento em prazo diverso ou em lugar incompatível com aquilo que foi estabelecido pelas partes na relação jurídica de direito material.

Aliás, o lugar onde o pagamento deve ser efetuado é o lugar em que a demanda de consignação em pagamento deverá ser proposta (art. 540 do atual C.P.C.). Por isso, se o réu entender que o lugar do pagamento não é aquele em que foi proposta a demanda consignatória, deverá arguir em preliminar de contestação, sob pena de se prorrogar a competência. Contudo, muito embora prorrogada a competência, isso não impede que o juiz conheça da questão do lugar do pagamento para efeito de análise do mérito.

Sobre a questão da intempestividade ou prazo do pagamento, anota Adroaldo Furtado Fabrício: *"A consignação serve não apenas para impedir a caracterização da 'mora in solvendo', mas também para fazê-la cessar mediante purgação...Com efeito, só é lícito ao credor recusar a prestação por tardia quando, em razão da mora, ela se tenha tornado inútil para ele...Se, fora dessa hipótese, o credor se recusa ao recebimento, ante a oferta realizada na forma e com os requisitos do precitado art. 959, I (C.P.C. de 1973), cabe ainda a consignação, naturalmente com os acréscimos que a mora já tenha tornado devidos"*.[1135]

[1135] Fabrício, A. F., idem, p. 130.

A recusa legítima do pagamento pelo credor em razão do prazo ou da tempestividade somente ocorrerá quando a prestação, mesmo que acrescida dos encargos da mora, não mais lhe for útil ou adequada. Nesse sentido eis o seguinte precedente do S.T.J.:

Processo civil. Consignação em pagamento. Alegação de deposito insuficiente. Ônus da prova. Mora. Modificação legislativa. Recurso conhecido e provido.

i – alegada a insuficiência do deposito (c.p.c. art. 896, iv), ao credor-contestante incumbe declinar o valor pretendido e sua respectiva demonstração.

ii – a mora do devedor, por si só, se ainda não produziu consequências irreversíveis, não impede a sua liberação pela via da consignatória.

(REsp 39353/RJ, Rel. Ministro SÁLVIO DE FIGUEIREDO TEIXEIRA, QUARTA TURMA, julgado em 29/08/1995, DJ 02/10/1995, p. 32365).

Entende, ainda, Adroaldo F. Fabrício que a reiterada tolerância de excesso de prazo por parte do credor acarreta a presunção de haverem as partes convencionado tacitamente por forma diversa da inicialmente contratada. A fim de restabelecer a estipulação desta, a respeito do prazo, torna-se necessária uma notificação ao devedor.[1136]

O inc. IV do art. 541 estabelece que o réu poderá alegar na contestação que o depósito não é integral.

Para que o pagamento tenha força liberatória da obrigação, há necessidade que ele seja integral, ou seja, que corresponda em qualidade e quantidade àquilo que foi estipulado. O credor não é obrigado a receber pagamento menor, e se for parcial, somente com sua anuência.

Contudo, se o pagamento não for suficiente, estabelece o parágrafo único do art. 544 do atual C.P.C. que, no caso do inciso IV, a alegação somente será admissível se o réu indicar o montante que entende devido.

Neste caso, uma vez alegado que o pagamento não foi suficiente em quantidade ou qualidade, deverá o réu suscitar na contestação e demonstrar pelos meios disponíveis, memória de cálculo, parecer técnico, dentro outros, o montante que entende devido, sob pena de o juiz não conhecer dessa alegação quando da análise do mérito do pedido consignatório.

O C.P.C. de 1939, em seu art. 317, §2º, estabelecia que oferecida a contestação na consignação em pagamento, a partir daí adotar-se-ia o rito ordinário. Este procedimento não foi recepcionado pelo C.P.C. de 1973, nem pelo atual C.P.C.,

[1136] FABRÍCIO, A. F., idem, p. 131.

salvo na hipótese do art. 548 do atual C.P.C., ou seja, quando mais de um credor comparecer para receber o depósito realizado.

Contudo, muito embora na demanda consignatória geral não se estabeleça a adoção do rito comum, o certo é que após a contestação o juiz poderá aplicar os dispositivos reguladores do rito comum, principalmente se houver necessidade de instrução e julgamento da causa.

2. Falta de contestação

O *art. 531* do Projeto originário n. 2.046/10 estabelecia que *se não oferecida a contestação e ocorrendo os efeitos da revelia, o juiz julgará procedente o pedido, declarará extinta a obrigação e condenará o réu nas custas e nos honorários advocatícios.*

Muito embora o novo C.P.C. não tenha mantido este dispositivo, o certo é que se o réu não contestar a ação (demanda), presumir-se-ão verdadeiros os fatos afirmados pelo autor, desde que as alegações deste sejam *verossímeis* (art. 344 do atual C.P.C.).

Portanto, deve-se interpretar o art. 544 com os limites normativos estabelecidos pelo art. 344, ambos do atual C.P.C.

Porém, sobre o tema da revelia na demanda consignatória, assim tem se posicionado o S.T.J.:

1. A revelia caracterizada pela ausência de contestação ou a apresentação intempestiva desta, não conduz à procedência do pedido deduzido na demanda consignatória, salvo se verificado pelo magistrado que, do exame das provas colacionadas aos autos suficientes ao seu convencimento, resulte a presunção de veracidade dos fatos, consoante o disposto no art. 897, do CPC (com a redação que lhe deu a Lei nº 8.951/94), verbis: "Não oferecida a contestação, e ocorrentes os efeitos da revelia, o juiz julgará procedente o pedido, declarará extinta a obrigação e condenará o réu nas custas e honorários advocatícios" (Precedentes: REsp 624.922/SC, Rel. Ministro CARLOS ALBERTO MENEZES DIREITO, TERCEIRA TURMA, julgado em 04/08/2005, DJ 07/11/2005 p. 265; REsp 302280/RJ, Rel.

Ministro CARLOS ALBERTO MENEZES DIREITO, TERCEIRA TURMA, julgado em 26/06/2001, DJ 18/02/2002 p. 415; REsp 434.866/CE, Rel. Ministro BARROS MONTEIRO, QUARTA TURMA, julgado em 15/08/2002, DJ 18/11/2002 p. 227; REsp 261310/RJ, Rel. Ministro RUY ROSADO DE AGUIAR, QUARTA TURMA, julgado em 03/10/2000, DJ 27/11/2000 p. 171)

2. "Na ação de consignação em pagamento, quando decretada a revelia, não será compulsória a procedência do pedido se os elementos probatórios constantes nos autos conduzirem à conclusão diversa ou não forem suficientes para formar o convencimento do juiz (...)" (REsp 769.468/RJ, Rel. Ministra NANCY ANDRIGHI, TERCEIRA

TURMA, julgado em 29/11/2005, DJ 06/03/2006 p. 386) 3. A reforma do Código de Processo Civil engendrada em 1994 introduziu o § 1º no art. 899, possibilitando o levantamento, pelo consignado, das quantias depositadas, quando alegada em contestação a insuficiência do depósito. Trata-se de faculdade do credor, independentemente de concordância por parte do consignante

(...)..

4. "A lei inovou corajosamente na disciplina da ação de consignação em pagamento, também para autorizar ao réu o levantamento imediato do valor depositado. Diz que o processo prosseguirá 'quanto à parcela controvertida', o que significa que prosseguirá para converter em integral essa parcial exoneração obtida pelo autor quando feito o levantamento (art. 899, § 1º) ou para condená-lo a pagar a diferença que houver. Essa valiosíssima inovação inclui-se no contexto de um processo que não é mais encarado unilateralmente como arma de um dos litigantes contra o outro, mas como instrumento para dar tutela a quem tiver direito. Se o réu-credor nada alega além de insuficiência do crédito, a única divergência possível entre ele e o autor é sobre se o crédito se reduz àquilo que foi depositado ou se é maior. No mínimo, ele terá direito ao valor do depósito. (Cândido Rangel Dinamarco, in "A Reforma do Código de Processo Civil". São Paulo, Malheiros, 5ª ed., p. 275/276).

5. Revela-se ilícito ao devedor valer-se de consignação em pagamento, ação de efeitos meramente declaratórios, após reconhecida a improcedência do pedido pretender levantar a quantia que ele próprio afirmara dever.

6. Julgado improcedente o pedido consignatório, convertida em favor do demandado a quantia incontroversa, a quitação parcial produzirá os seus efeitos no plano do direito material, e, sob o ângulo processual, impedirá a repropositura pelo todo, admitindo a acionabilidade pelo resíduo não convertido.

7. Raciocínio inverso infirmaria a ratio essendi do § 1º do art. 899 do CPC, fundado em razão de Justiça, equidade e economia processual, no sentido de que visa preservar o direito daquele que realmente o possui. (Precedentes: REsp 472389/MG, Rel. Ministro CASTRO MEIRA, DJ de 01/04/2008; REsp 886823/DF, Rel. Ministro ARI PARGENDLER, DJ de 25/06/2007; REsp 568552/GO, Rel. Ministro LUIZ FUX, DJ de 28/03/2005; REsp 515976/GO, Rel. Ministro HUMBERTO GOMES DE BARROS, DJ de 17/12/2004; REsp 659779/RS, Rel. Ministro TEORI ALBINO ZAVAZCKI, DJ de 27/09/2004; REsp 90.166/RS, Rel. Ministro. FRANCISCO PEÇANHA MARTINS, DJ de 18/11/1996; REsp 27.949/RJ, Rel. Ministro SÁLVIO DE FIGUEIREDO TEIXEIRA, DJ de 16/10/1995).

8. Recurso especial desprovido.

(REsp 984.897/PR, Rel. Ministro LUIZ FUX, PRIMEIRA TURMA, julgado em 19/11/2009, DJe 02/12/2009)

Se o réu não oferecer contestação e forem verossímeis as alegações do autor, bem como, se ocorrerem os efeitos da revelia, *o juiz julgará procedente o pedido, declarará extinta a obrigação e condenará o réu nas custas e nos honorários advocatícios.*

Proceder-se-á do mesmo modo se o credor receber e der quitação.

Uma vez realizado o depósito e o credor recebê-lo e der quitação, o juiz julgará procedente o pedido, declarando extinta a obrigação, condenando o réu/credor nas custas e nos honorários advocatícios.

Segundo afirma Adroaldo Furtado Fabrício, *"há respeitável aresto no sentido de admitir-se o recebimento da coisa ou quantia oferecida sob protesto ou sob reserva, com o simultâneo ou posterior oferecimento da contestação: o credor, afirma-se, concordou em receber e realmente recebeu, mas negou, ao contestar, a 'mora accipiendi' que lhe era imputada. Aproximadamente na mesma linha de raciocínio, julgou-se que, ainda tendo o réu recebido, a ação é de se julgar improcedente se foi proposta abusivamente, sem ter ocorrido recusa ou mora do credor (TJ-SC in CPC Anotado , De Paula, vol. IV, n. 6. e 7, p. 25). No primeiro caso, o réu teria adotado atitudes entre si incompatíveis: recebendo, renunciaria à contestação; para contestar, teria de deixar em depósito a quantia oferecida. Não deveria o juiz admitir essa conduta contraditória, que leva à negativa pura e simples da aplicação do parágrafo. No segundo exemplo, igualmente, negou-se aplicação à regra legal. Comparecendo para receber – repete-se, o réu não apenas confessa tacitamente a sua mora como renuncia às defesas que pudesse ter. Por outro lado, não contestando, desatendeu ele ao ônus de alegar a inocorrência de mora sua, e não se percebe de que modo poderia o órgão judiciário concluir nesse sentido".*[1137]

Art. 545

Alegada a insuficiência do depósito, é lícito ao autor completá-lo, em 10 (dez) dias, salvo se corresponder a prestação cujo inadimplemento acarrete a rescisão do contrato.

§ 1º No caso do caput, poderá o réu levantar, desde logo, a quantia ou a coisa depositada, com a consequente liberação parcial do autor, prosseguindo o processo quanto à parcela controvertida.

§ 2º A sentença que concluir pela insuficiência do depósito determinará, sempre que possível, o montante devido e valerá como título executivo, facultado ao credor promover-lhe o cumprimento nos mesmos autos, após liquidação, se necessária.

[1137] Fabrício, A. F., op. cit., 143.

Complementação do depósito insuficiente
Este dispositivo permite que o autor/devedor da demanda consignatória possa complementar o depósito realizado em juízo, quando houver sido tal questão arguida em contestação.

Trata-se de um dispositivo sintonizado com o princípio da efetiva prestação da tutela jurisdicional, pois no caso de insuficiência do depósito, ao invés de o juiz extinguir o processo, permite-se que o depósito seja complementado para que seja resolvida de forma definitiva a controvérsia instaurada.

O dispositivo não exige que a insuficiência do depósito esteja amparada em erro escusável, nem nos casos em que houver má-fé por parte do devedor. Contudo, se o devedor agir com má-fé, haverá mecanismo para punir essa conduta irresponsável, ou seja, poderá realizar o depósito complementar, mas também será sancionado pela litigância de má-fé.

O complemento do depósito pode ser tanto de valores em dinheiro como em obrigação de pagamento em dinheiro, quanto em relação à obrigação de dar coisa.

A complementação do depósito deverá ocorrer no prazo de dez dias da intimação do devedor sobre o conteúdo da contestação.

É evidente que o autor/devedor não necessita utilizar da faculdade que lhe foi outorgada pela norma, deixando de realizar a complementação do depósito se está convicto de que o valor oferecido é suficiente para configurar a integralidade do pagamento. Neste caso, o juiz deverá manifestar-se sobre a questão da insuficiência do depósito em decisão final.

Ultrapassado o prazo de dez dias, não poderá mais o autor/devedor valer-se da possibilidade de complementação do depósito, salvo, evidentemente, se o credor aceitar receber o complemento a posteriori, razão pela qual o processo será extinto em razão da perda de objeto ou em decorrência de transação realizada pelas partes.

Tendo o autor/devedor ofertado o complemento do depósito, encerra-se a controvérsia, devendo o juiz extinguir o processo com resolução do mérito, declarando que o pagamento é suficiente para a extinção da obrigação, condenando-se o autor ao pagamento das custas processuais e honorários se esse foi o único motivo alegado na contestação para a recusa do depósito. Esta decisão gera coisa julgada material, somente podendo ser rescindida por meio de demanda rescisória.

Se a contestação trouxer outros argumentos além da insuficiência do depósito, deverá o juiz prosseguir na instrução processual ou no julgamento conforme o estado do processo.

Entende Adroaldo Furtado Fabrício que nenhum efeito opera complementação parcial do depósito pelo autor. Se o autor quiser valer-se da faculdade legal deverá depositar integralmente o valor complementar exigido pelo réu/credor, sob pena de ser impedido de realizar o depósito complementar. Somente poderá ser realizado o depósito parcial se houver expressa concordância do credor.[1138]

O autor/devedor não poderá valer-se do disposto neste dispositivo (complementação do depósito) se o a própria complementação *corresponder a prestação cujo inadimplemento acarrete a rescisão do contrato.*

Assim, se a falta de integralização do depósito no momento oportuno, ou seja, quando autorizado pelo juiz ou juntamente com a inicial na hipótese de tentativa de depósito em dinheiro extrajudicial, acarretar a inutilidade da prestação ao credor, gerando a resolução do contrato, a complementação não poderá ser autorizada. Isso somente poderá acontecer se a resolução do contrato for consequência direta do inadimplemento, sem necessidade de qualquer iniciativa do credor. Em regra, o ordenamento jurídico nacional é avesso às cláusulas comissórias: o simples inadimplemento é insuficiente, devendo a resolução ser buscada por meio de demanda apropriada. [1139]

Em relação as relações jurídicas contratuais, preceitua o art. 474 do C.c.b.: "A cláusula resolutiva expressa opera de pleno direito; a tácita depende de interpelação judicial".

É importante salientar que a complementação do depósito também se aplica às prestações periódicas, podendo o autor/devedor complementá-lo no prazo de dez dias.

Sobre o tema, eis os seguintes precedentes do S.T.J.:

> *(...).*
>
> *III – A jurisprudência desta Corte já se firmou no sentido de que é possível, nas ações de consignação em pagamento em que se discute o valor das prestações da casa própria, a complementação do depósito considerado insuficiente, na medida em que a obrigação é parcialmente adimplida pelo montante consignado, acarretando a liberação parcial do devedor. O restante do débito, reconhecido pelo julgador, pode ser objeto de execução nos próprios autos da ação consignatória, nos termos do que dispõe o § 2.° do art. 899 do CPC.*
>
> *Agravo regimental parcialmente provido.*
>
> (AgRg no REsp 874.944/DF, Rel. Ministro SIDNEI BENETI, TERCEIRA TURMA, julgado em 18/09/2008, DJe 08/10/2008)

1138 Fabrício, A. F., idem, p. 163.

1139 Fabrício, A. F., idem, ibidem.

– O entendimento majoritário do STJ é no sentido de que a insuficiência do depósito em ação de consignação em pagamento não acarreta a total improcedência do pedido.

– Reconhecendo o juiz que a obrigação foi parcialmente adimplida, deve-se permitir ao credor o levantamento da quantia incontroversa e a execução, nos próprios autos da ação consignatória, do restante devido, em homenagem aos princípios da celeridade, da economia e da efetividade processuais.

– O Direito enquanto sistema deve ter no processo um instrumento de realização da justiça, tendente à pacificação dos conflitos sociais.

Recurso Especial não conhecido.

(REsp 663.051/RS, Rel. Ministro CARLOS ALBERTO MENEZES DIREITO, Rel. p/ Acórdão Ministra NANCY ANDRIGHI, TERCEIRA TURMA, julgado em 14/08/2007, DJ 01/02/2008, p. 474)

(...).

II. Ainda ao tempo da antiga redação do art 896, do CPC, exigível do credor, na contestação, a indicação exata do valor que entendia devido, ante a possibilidade de complementação do depósito no prazo de dez dias, direito disponibilizado ao devedor pelo art. 899, da mesma lei adjetiva.

(...).

(REsp 260.743/SP, Rel. Ministro ALDIR PASSARINHO JUNIOR, QUARTA TURMA, julgado em 03/10/2006, DJ 23/10/2006, p. 314)

Prescreve o *§1º do art. 545* do atual C.P.C. que *no caso do caput, poderá o réu levantar, desde logo, a quantia ou a coisa depositada, com a consequente liberação parcial do autor, prosseguindo o processo quanto à parcela controvertida.*

Este dispositivo permite que o autor/devedor, a fim de evitar os riscos da coisa ou as consequências da mora, proceda ao depósito complementar, sem, contudo, aderir aos argumentos do credor/réu de que esse valor complementar é efetivamente devido. No caso, o autor da consignatória manifesta-se no sentido de que o processo prossiga para que o juiz, em decisão final, resolva a questão.

Ainda que autor não se utilize da faculdade de realização do depósito complementar, o processo seguirá até o seu desfecho, devendo o juiz resolver a questão da necessidade ou não do depósito complementar.

Em ambos os casos, o réu poderá levantar o depósito (incontroverso) efetuado, prosseguindo o processo em relação à parcela controvertida.

Havendo o levantamento do depósito incontroverso, o devedor receberá quitação parcial da obrigação, até o montante do depósito levando.

Tendo em vista que este dispositivo não estipulou prazo para que o réu solicite o levantamento do depósito, esta faculdade normativa pode ser exercida durante o transcurso do processo, inclusive em grau recursal. Aliás, essa é a regra prevista no parágrafo único do art. 67 da Lei 8.245/91: "O réu poderá levantar a qualquer momento as importâncias depositadas sobre as quais não penda controvérsia".

Preceitua o *§2º do art. 545* do atual C.P.C. que *a sentença que concluir pela insuficiência do depósito determinará, sempre que possível, o montante devido e valerá como título executivo, facultado ao credor promover-lhe o cumprimento nos mesmos autos, após liquidação, se necessária.*

Art. 546

Julgado procedente o pedido, o juiz declarará extinta a obrigação e condenará o réu ao pagamento de custas e honorários advocatícios.

Parágrafo único. Proceder-se-á do mesmo modo se o credor receber e der quitação.

Procedência do pedido

Evidentemente, se o pedido formulado na demanda de consignação em pagamento for julgado procedente, o juiz declarará por sentença cumprida e extinta a obrigação imposta no título, condenando o réu ao pagamento das custas processuais e dos honorários de advogado.

Se a sucumbência for parcial, poderá ocorrer a divisão das custas e dos honorários de advogado.

Proceder-se-á do mesmo modo se o credor, tendo ciência do depósito feito na demanda de consignação, recebê-lo e der quitação sem qualquer contestação.

Art. 547

Se ocorrer dúvida sobre quem deva legitimamente receber o pagamento, o autor requererá o depósito e a citação dos possíveis titulares do crédito para provarem o seu direito.

Dúvida sobre quem deve receber o pagamento

Conforme preconiza o art. 308 do C.c.b., o pagamento deve ser feito ao credor ou a quem de direito o represente, sob pena de só valer depois de por ele ratificado, ou tanto quanto reverter em seu proveito.

Ocorre que, o devedor, durante o transcurso da obrigação por ele assumida, pode, em decorrência de circunstâncias jurídicas, fáticas objetivas, ter dúvida sobre quem deva legitimamente receber a prestação devida.

Essa dúvida pode surgir, inclusive em razão de a obrigação se tornar litigiosa. Neste caso, prescreve o art. 344 do atual C.c.b.: *O devedor de obrigação litigiosa exonerar-se-á mediante consignação, mas, se pagar a qualquer dos pretendidos credores, tendo conhecimento do litígio, assumirá o risco do pagamento.*

Aliás, a autorização legislativa para que o devedor realize a consignação em pagamento, seja em razão de dúvida sobre qual credor deve receber a prestação ou porque a obrigação tornou-se litigiosa, encontra-se nos incisos IV e V do art. 335 do C.c.b., *in verbis:*

> *Art. 335. A consignação tem lugar:*
> *(...).*
> *IV – se ocorrer dúvida sobre quem deva legitimamente receber o objeto do pagamento;*
> *V – se pender litígio sobre o objeto do pagamento.*

Também nesta hipótese de dúvida ou litigiosidade não haverá mais necessidade de o juiz designar lugar, dia e hora para o recebimento da prestação, sendo que o depósito deve ser feito junto com a petição inicial.

Nessas hipóteses, os litigantes ou os supostos credores da prestação serão citados para virem defender seus direitos e fundamentar sua pretensão ao pagamento. Cabe a cada um, munido das provas que lhe são pertinentes ou de indicação daquelas que deverão ser produzidas em instrução, sustentar o direito ao bem, objeto da prestação.

Mesmo que haja apenas um pretendente ao pagamento, a lei não lhe possibilita o levantamento do depósito sem que prove efetivamente ser o credor da obrigação, causa de pedir da lide consignatória.

Muito embora o autor requeira a citação dos supostos credores para virem receber o bem depositado, isso não significa que eles não possam apresentar contestação ao pedido consignatório. Principalmente, quando comparece apenas um credor afirmando que jamais houve dúvida sobre quem seria o credor da obrigação, e que o devedor agiu de má-fé ou de forma temerária ao promover a ação consignatória, devendo arcar com as custas e honorários, bem como com eventuais prejuízos causados pela má fé praticada.[1140]

[1140] Pontes de Miranda. *Comentários ao código de processo civil de 1973.* Tomo XIII. pp. 47, 51 e 52. Couto e Silva. *Comentários ao código de processo civil.* Tomo I, Vol. XI, p. 50.

Na verdade, havendo contestação à própria demanda consignatória, surge duas etapas no procedimento, uma na qual o juiz deve analisar a procedência ou não da consignatória, e a outra na qual deverá definir quem será o credor legitimado a receber o depósito realizado pelo devedor.

Não ocorrendo a contestação, o juiz decidirá apenas sobre a legitimidade do credor.

Art. 548

No caso do art. 547:

I – não comparecendo pretendente algum, converter-se-á o depósito em arrecadação de coisas vagas;

II – comparecendo apenas um, o juiz decidirá de plano;

III – comparecendo mais de um, o juiz declarará efetuado o depósito e extinta a obrigação, continuando o processo a correr unicamente entre os presuntivos credores, observado o procedimento comum.

Decisão sobre o pagamento quando há possibilidade de diversos credores

Este dispositivo traz três alternativas bem definidas:

a) não comparecendo pretendente algum, converter-se-á o depósito em arrecadação de coisas vagas.

Entende-se por coisa vaga a coisa perdida ou sem dono.

Assim, ingressando o devedor com a demanda consignatória, mas não comparecendo nenhum pretendente ao recebimento da prestação, converter-se-á o depósito em arrecadação de coisas vagas.

Há duas possibilidades de se caracterizar a coisa vaga.

A primeira é quando o devedor sabe quem é o credor, mas tem notícia que ele desapareceu do seu domicílio, sem deixar representante ou mandatário capaz de receber ou dar quitação. A segunda hipótese ocorre quando o devedor desconhece efetivamente quem seja o credor.

Em ambas as hipóteses, credor conhecido, mais ausente, e credor desconhecido, a citação para vir receber o depósito deverá ocorrer por edital, salvo se na primeira hipótese existir procedimento aberto de sucessão de ausente (arrecadação de bens do ausente com nomeação de curador).

Também será pessoal a citação se houverem mais de um credor pretendente ao depósito efetuado.

Expirado o prazo para que o credor ou possíveis credores compareçam ao processo, o juiz deverá declarar cumprida a obrigação por parte do devedor, pois não se justifica que o devedor permaneça vinculado ao processo quando já realizou integralmente seu dever em depositar a coisa ou o dinheiro. Além do mais, a finalidade da consignatória é justamente a liberação e a declaração de cumprimento e extinção da obrigação, sendo que a conversão em processo de arrecadação afasta qualquer interesse do devedor permanecer no âmbito da relação jurídica processual.

É bem verdade que o legislador poderia ter sido um pouco mais preciso sobre a forma procedimental da consignatória quando não comparece qualquer credor para receber o depósito, uma vez que é muito abrangente e por vezes de certa forma incompatível apenas a referência à arrecadação da coisa vaga.

Contudo, não obstante a crítica que merece a redação do art. 548 do atual C.P.C., deve-se estabelecer um procedimento adequado para a questão.

Na hipótese de o devedor não conhecer quem seja o credor, deve-se aplicar, no que couber, o disposto no art. 746 do atual C.P.C. que assim preconiza:

> *Art. 746. Recebendo do descobridor coisa alheia perdida, o juiz mandará lavrar o respectivo auto, do qual constará a descrição do bem e as declarações do descobridor.*
>
> *§ 1º Recebida a coisa por autoridade policial, esta a remeterá em seguida ao juízo competente.*
>
> *§ 2º Depositada a coisa, o juiz mandará publicar edital na rede mundial de computadores, no sítio do tribunal a que estiver vinculado e na plataforma de editais do Conselho Nacional de Justiça ou, não havendo sítio, no órgão oficial e na imprensa da comarca, para que o dono ou o legítimo possuidor a reclame, salvo se se tratar de coisa de pequeno valor e não for possível a publicação no sítio do tribunal, caso em que o edital será apenas afixado no átrio do edifício do fórum.*
>
> *§ 3º Observar-se-á, quanto ao mais, o disposto em lei.*

Assim, uma vez consignada a coisa e expirado o prazo para que eventuais credores compareçam em juízo para receber o depósito, o juiz, de imediato, procederá a arrecadação de coisa vaga, aplicando-se por analogia e no que couber o disposto no artigo 1.237 do C.c.b.:

> *Art. 1.237. Decorridos sessenta dias da divulgação da notícia pela imprensa, ou do edital, não se apresentando quem comprove a propriedade sobre a coisa, será esta vendida em hasta pública e, deduzidas do preço despesas, mais a recompensa do descobridor, pertencerá o remanescente ao Município em cuja circunscrição se deparou o objeto perdido.*
>
> *Parágrafo único. Sendo de diminuto valor, poderá o Município abandonar a coisa em favor de quem a achou.*

Na hipótese de o devedor saber quem é o credor, mas em razão da notícia de que ele desapareceu de seu domicílio, sem deixar representante ou mandatário, ou deixando mandatário este não quer ou não pode exercer ou continuar o mandato, ou, ainda, se seus poderes forem insuficientes, deve-se adotar os seguintes procedimentos: Se já houver a instauração de procedimento de ausência com curador nomeado, o juiz determinará a remessa do depósito ao juízo competente da ausência. Se não houver a instauração de procedimento de ausência, e por uma questão de economia processual, o juiz da consignatória nomeará um curador nos termos do art. 744 do atual C.P.C.. Feita a arrecadação, o juiz mandará publicar editais na rede mundial de computadores, no sítio do tribunal a que estiver vinculado e na plataforma de editais do Conselho Nacional de Justiça, onde permanecerá por um ano; não havendo sítio, a publicação far-se-á no órgão oficial e na imprensa da comarca, durante um ano, reproduzida de dois em dois meses, anunciando a arrecadação e chamando o ausente a entrar na posse de seus bens (art. 745, caput, do atual C.P.C.). Findo o prazo previsto no edital, poderão os interessados requerer a abertura da sucessão provisória, observando-se o disposto na lei. Se não houver interessado ou estes forem desconhecidos, o juiz notificará o Ministério Público para que assim o proceda, remetendo o bem para o juízo competente da abertura de sucessão de ausência.

b) comparecendo apenas um, o juiz decidirá de plano.

Nesta segunda hipótese, feita a intimação por edital ou pessoal de todos os pretendentes, e comparecendo apenas um para comprovar seu direito ao bem depositado, o juiz decidirá de plano, desde que a prova produzida, junto com a sua manifestação, seja suficiente para demonstrar o seu direito. Caso contrário, o juiz deverá promover a instrução a fim de que o credor que compareceu tenha oportunidade de comprovar o direito que alega ser seu. Nesta hipótese, se ao final o juiz reconhecer que o único pretendente não comprovou o seu direito, deverá proceder de acordo com a arrecadação de coisa vaga.

Também poderá haver necessidade de instrução, quando comparece apenas um credor, mas este, além de requerer o levantamento do depósito, também apresenta contestação à consignatória.

Nos casos em que compareça apenas um ou alguns credores, penso que o juiz poderia, antes de proferir a decisão, ouvir o devedor, principalmente quando a consignatória foi proposta em razão de ser desconhecido o credor.

c) comparecendo mais de um, o juiz declarará efetuado o depósito e extinta a obrigação, continuando o processo a correr unicamente entre os presuntivos credores, observado o procedimento comum.

No caso de comparecer mais de um pretendente ao depósito, o juiz, após ouvir o devedor, declarará extinta a obrigação, continuando o processo a correr unicamente com os presuntivos credores, observando-se a partir daí o procedimento comum. Nesta hipótese, o procedimento consignatório exaure-se, cumprindo sua finalidade que é declarar cumprida a obrigação pelo depósito. É certo que poderá um dos credores arguir a insuficiência do depósito. Neste caso, o juiz deverá suspender a consignatória até se definir quem é o credor legítimo. Constatando a legitimidade, a consignatória prosseguirá, desde que a arguição tenha sido feita pelo efetivo credor.

O juiz, ao declarar extinta a obrigação, excluirá o autor/devedor da consignatória da relação jurídica processual, abrindo-se novo procedimento pelo rito comum apenas entre os supostos credores, para que eles possam ter oportunidade de comprovar seus direitos e ao final o juiz decida quem é o legítimo credor para realizar o levantamento do depósito.

Evidentemente que esse novo procedimento comum deverá sofrer uma severa adaptação, pois todos os credores são ao mesmo tempo autores e réus.

Indaga-se se a coisa julgada atinge o devedor que foi excluído antecipadamente da decisão final. Nesta hipótese, leciona Adroaldo Furtado Fabrício: *"Este é mais um dos problemas que nossa interpretação do artigo afasta por inteiro. Com efeito, a dificuldade só existe na medida em que se visualiza o processo unitariamente, com discussão simultânea e julgamento conjunto de matérias tão heterogêneas como a pretensão do devedor à sua liberação mediante depósito e a definição de quem seja, entre os vários disputantes, o legítimo titular do crédito. Nossa proposta, antes pormenorizada, consiste em separar temporal e procedimentalmente essas questões e as respectivas soluções. Nesse esquema, só depois de se considerar liberado o devedor (verbis: 'efetuado o depósito e extinta a obrigação') é que se inicia a disputa entre os pretendentes, já sem a presença do devedor. Há, pois, dois julgamentos distintos, em momentos diversos e com objetos inconfundíveis. O segundo deles, atributivo da condição de credor a determinado pretendente, faz coisa julgada para os disputantes, únicos que a essa altura são partes. Não a faz para o devedor, já porque não é mais parte, já porque às questões aí resolvidas ele é de todo estranho. A 'res iudicata' que lhe diz respeito e aos pretendentes, então ainda na posição de réus frente àquele, é a resultante do primeiro julgamento, com objeto na declaração de regularidade e eficácia do depósito como forma de liberação. Exatamente por haver já obtido essa declaração autoritativa (=com força de julgado), por si mesmo plenamente capaz de satisfazer seu interesse e sua necessidade, a lei o afasta desde então do processo. A decisão referida é, sem dúvida, julgamento de mérito: o mérito da ação consignatória propriamente dita. Contudo, curiosamente, o procedimento de primeiro grau não se encerra, devendo 'prosseguir', com novo objeto. Essa particularidade impede que, no sistema do Código, seja apelável o ato judicial em causa, visto que não 'extingue o processo' e, pois, na terminologia do Código, não é sentença. O recurso cabível será o agravo de instrumento"*.[1141]

[1141] Fabrício, A. F., idem, p. 152.

No sentido da lição de Adroaldo, é a seguinte decisão do S.T.J., inclusive com o efeito de aplicar o princípio da fungibilidade recursal:

I – O sistema do Código de Processo, calcado no art. 162, conceitua os atos do juiz, a cada ato correspondendo um recurso cabível. A sentença, nesse contexto, se caracteriza como o ato que põe termo ao processo, com ou sem exame do mérito.

II – Se efetivamente houve extinção do processo, sem prosseguimento do feito, foi proferida uma sentença. Se, ao contrário, se ensejou a continuação do processo, resolvida situação incidente, ainda que tenha sido extinto o feito em relação a um dos litisconsortes, ou quando extinta a reconvenção, a decisão tem natureza jurídica de interlocutória, sendo agravável, portanto.

III – O ato pelo qual o juiz exclui um dos participantes do litígio tem natureza jurídica de decisão interlocutória, uma vez que o processo continua no tocante às partes remanescentes. Nesse caso, a decisão sujeita-se à interposição do recurso de agravo.

IV – Aplica-se no caso o princípio da fungibilidade, uma vez presente dúvida objetiva a respeito do recurso cabível, e também por inocorrer erro grosseiro e má-fé, sendo dispensável o pressuposto do prazo menor como requisito.

(REsp 113.443/PR, Rel. Ministro ALDIR PASSARINHO JUNIOR, Rel. p/ Acórdão Ministro SÁLVIO DE FIGUEIREDO TEIXEIRA, QUARTA TURMA, julgado em 11/12/2001, DJ 01/07/2004, p. 195)

É importante ressaltar que havendo demanda instaurada entre os credores, na qual o objeto é justamente comprovar qual deles está legitimado a exigir a obrigação do devedor, a consignatória efetuada pelo devedor, inclusive por dependência e prevenção de juízo, não apresentará a segunda fase procedimental descrita no art. 548 do atual C.P.C. Nessa hipótese, o juiz, após o depósito do bem, determinará a citação dos contendores. Não havendo contestação à consignatória, o juiz declarará extinta a obrigação e liberado o devedor por sentença, encerrando a demanda consignatória. Neste caso, o recurso cabível desta decisão será de apelação.

Haverá necessidade de se prosseguir a consignatória com a segunda fase se o devedor incluir na consignatória um outro credor que não é parte da demanda instaurada entre os credores.

Por fim, sobre a responsabilidade das custas e honorários advocatícios, Adroaldo Furtado Fabrício apresenta a seguinte solução:

"Em qualquer dos casos de declaração de subsistência do depósito e liberação do devedor (segundo a terminologia consagrada pela praxe, melhor do que a 'extinção da obrigação' a que alude o Código), há procedência da ação consignatória, no sentido de que a prestação jurisdicional representou uma resposta afirmativa ao petitum e con-

cedeu ao autor o bem jurídico por ele perseguido. E, assim, ocorrendo, o princípio da sucumbência consagrado pelo Código assegura ao demandante a indenidade patrimonial decorrente do reembolso das despesas do processo, inclusive honorários advocatícios.

Portanto, qualquer que seja a hipótese ocorrente, dentre as figuradas no artigo, terá o juiz de arbitrar, na decisão que acolher a demanda, o valor dos honorários, além de dispor sobre o pagamento das custas. Como, nesse mesmo momento, o devedor se desliga do processo, ainda que este deva prosseguir com objeto diverso (arrecadação de bens ou disputa entre pretendentes), cabe extrair do próprio depósito, se de dinheiro, a quantia necessária à satisfação dessas verbas. Quando, ao fim e ao cabo, vier a ser decidido o litígio entre os pretendentes (se esse for o caso), nova resolução judicial terá lugar sobre a atribuição dos encargos da sucumbência relativamente a essa fase final. Essa resolução, naturalmente, só dirá respeito aos litigantes ainda presente à relação processual – os disputantes do pagamento – e beneficiará aquele que seja reconhecido como verdadeiro credor, em detrimento dos demais. Se do depósito tiver sido retirada a quantia necessária ao pagamento de custas e honorários da primeira fase, os vencidos na segunda deverão ser condenados a repô-la, além da condenação relativa aos encargos da fase final".[1142]

O art. 548 em comento expressamente estabelece que a segunda fase do procedimento deverá seguir o rito comum. E a conversão do rito comum somente é possível nessa hipótese, não se admitindo que em qualquer outra hipótese a demanda consignatória siga o rito comum. Nesse sentido é o seguinte precedente do S.T.J.:

(...).

3. A norma processual segundo a qual o autor pode optar pelo procedimento comum mesmo havendo previsão de procedimento especial (§ 2º do art. 292 do CPC), não é de aplicação universal. Ela supõe, em primeiro lugar, que o direito material em função do qual se criou o procedimento especial seja compatível com o rito comum; e, em segundo lugar, que o procedimento especial tenha sido estabelecido apenas no interesse do autor, e não do réu. Ora, no caso da ação consignatória, além de ter rito especialmente amoldado à satisfação específica do direito material de liberar-se da obrigação, sua adoção, na forma como estabelecida a partir da reforma processual de 1994, é também de interesse do réu, não só por lhe ser facultado levantar antecipadamente os depósitos (CPC, art. 899, § 1º), mas sobretudo porque poderá, ao final, obter tutela jurisdicional em seu favor (art. 899, § 2º). Trata-se de ação dúplice, em que a tutela em favor do réu é dada independentemente de reconvenção, o que não ocorre no procedimento comum. Assim,

1142 FABRÍCIO, A. F., idem, p. 155.

porque prejudicial ao réu, já não dispõe o autor da faculdade de optar pelo rito comum, ao exercer a sua pretensão de consignar em pagamento.

4. Recurso especial parcialmente conhecido e, nessa parte, desprovido.

(REsp 816.402/RS, Rel. Ministro TEORI ALBINO ZAVASCKI, PRIMEIRA TURMA, julgado em 15/09/2009, DJe 23/09/2009)

Art. 549

Aplica-se o procedimento estabelecido neste Capítulo, no que couber, ao resgate do aforamento.

O procedimento consignatório e o resgate do aforamento

Historicamente havia três formas de o devedor liberar-se de sua prestação na hipótese e mora do credor. A consignação ou depósito, a venda de mão própria e o abandono da coisa.

O abandono da coisa como forma de liberação da obrigação desapareceu de nosso ordenamento jurídico, salvo em casos especialíssimos e sob formas rigidamente determinadas: no direito brasileiro, por exemplo, o abandono pelo enfiteuta da coisa aforada, segundo os arts. 687 e 891 do Código Civil de 1916 revogado que, entretanto, melhor se caracterizava como renúncia ao direito.[1143] Outra forma de renúncia encontra-se no art. 1.316 do C.c.b.: *"Pode o condômino eximir-se do pagamento das despesas e dívidas, renunciando à parte ideal"*.

O art. 549 do atual C.P.C. trata especificamente do instituto da enfiteuse que era prevista no art. 678 do Código Civil de 1916: *"Dá-se a enfiteuse, aforamento, ou emprazamento, quando por ato entre vivos, ou de última vontade, o proprietário atribui a outrem o domínio útil do imóvel, pagando a pessoa, que o adquire, e assim se constitui enfiteuta, ao senhorio direto uma pensão, ou foro, anual, certo e invariável"*

O instituto da enfiteuse foi extinto pelo código civil de 2002. Nesse sentido prescreve o art. 2038 do C.c.b:

> *"Fica proibida a constituição de enfiteuses e subenfiteuses, subordinando-se as existentes, até sua extinção, às disposições do Código Civil anterior, Lei 3.071, de 1º de janeiro de 1916 e leis posteriores.*
>
> *§1º Nos aforamentos a que se refere este artigo é defeso:*
>
> *I – cobrar laudêmio ou prestação análogo nas transmissões de bem aforado, sobre o valor das construções ou plantações;*

[1143] Fabrício, A. F., idem. p. 41.

II – constituir subenfiteuse.

§2º A enfiteuse dos terrenos de marinha e acrescidos regula-se por lei especial".

Tendo em vista que a enfiteuse tinha caráter perpétuo, e como a perpetuidade verdadeira é contrária à consciência jurídica, política e econômica moderna, houve por bem o legislador permitir o resgate do aforamento.

Sobre o resgate do aforamento, prescreve o art. 693 do C.c.b de 1916: *"Todos os aforamentos, inclusive os constituídos anteriormente a este Código, salvo acordo entre as partes, são resgatáveis 10 (dez) anos depois de constituídos, mediante pagamento de um laudêmio, que será de 2,5% (dois e meio por cento) sobre o valor atual da propriedade plena, e de 10 (dez) pensões anuais pelo foreiro, que não poderá no seu contrato renunciar ao direito de resgate, nem contrariar as disposições imperativas deste Capítulo.*

O resgate do aforamento nada mais significa do que a consolidação do domínio pleno nas mãos do enfiteuta.

Assim, se o senhorio direto recusar a receber o resgate do aforamento, no caso 2,5 (dois e meio por cento) de laudêmio sobre o valor atual da propriedade e de 10 (dez) pensões anuais, poderá o enfiteuta valer-se da consignação em pagamento.

Neste caso, a sentença de procedência da demanda consignatória tem uma abrangência maior do que as sentenças proferidas nas consignatórias em geral. Representa e incorpora ela própria o título de remição do aforamento, hábil para promover o cancelamento deste, segundo o art. 250, I, da Lei de Registro Público, Lei n. 6.015 de 1973.

A eficácia dessa sentença é declaratória quanto ao pagamento e o cumprimento do pagamento e constitutiva quanto à incorporação do domínio pleno.

CAPÍTULO II – Da Ação de Exigir Contas

Art. 550

Aquele que afirmar ser titular do direito de exigir contas requererá a citação do réu para que as preste ou ofereça contestação no prazo de 15 (quinze) dias.

§ 1º Na petição inicial, o autor especificará, detalhadamente, as razões pelas quais exige as contas, instruindo-a com documentos comprobatórios dessa necessidade, se existirem.

§ 2º Prestadas as contas, o autor terá 15 (quinze) dias para se manifestar, prosseguindo-se o processo na forma do Capítulo X do Título I deste Livro.

§ 3º A impugnação das contas apresentadas pelo réu deverá ser fundamentada e específica, com referência expressa ao lançamento questionado.

§ 4º Se o réu não contestar o pedido, observar-se-á o disposto no art. 355.

§ 5º A decisão que julgar procedente o pedido condenará o réu a prestar as contas no prazo de 15 (quinze) dias, sob pena de não lhe ser lícito impugnar as que o autor apresentar.

§ 6º Se o réu apresentar as contas no prazo previsto no § 5º, seguir-se-á o procedimento do § 2º, caso contrário, o autor apresentá-las-á no prazo de 15 (quinze) dias, podendo o juiz determinar a realização de exame pericial, se necessário.

Sumário:

1. Considerações preliminares

Prestar contas significa fazer alguém a outrem, pormenorizadamente, parcela por parcela, a exposição dos componentes de débito e crédito resultantes de determinada relação jurídica, concluindo pela apuração aritmética do saldo credor ou devedor, ou de sua inexistência.[1144]

Todos aqueles que, por qualquer título que seja, administrem bens ou interesses de outrem encontram-se obrigados a prestar contas, salvo se for dispensado expressamente pelo favorecido desse dever legal.[1145]

A finalidade da prestação de contas é justamente definir de forma clara, transparente e leal, com base no princípio da boa-fé objetiva, o crédito e débito decorrentes de relação jurídica firmada entre as partes.

A prestação é justamente uma obrigação decorrente do título jurídico, ou, na sua inexistência de inserção, da própria determinação legal. Mesmo que aquele que deva prestar contas tenha algo a receber, ou seja, após o encontro de contas

1144 Definição dada por Fabrício, A. F., idem. p. 321

1145 Reis, José Alberto. *Processo especiais*. 1º Vol. Coimbra, 1955. p. 303.

tenha saldo em seu favor, tal fato não lhe exime da prestação de contas sobre a administração ou o interesse de bens alheios.

É importante salientar que a pretensão de direito material decorrente de uma demanda de exibição de contas não se encontra numa pretensão processual condenatória de dar ou pagar, mas, sim, numa sentença condenatória de fazer, ou seja, de prestar contas.

Já para Sérgio Sahione, a demanda de prestação de contas é de natureza constitutiva, e estava no Código de 1939 classificada como espécie do gênero cominatória. Segundo ele, a pretensão de quem as presta, ou de quem exige que as preste, é a obtenção de um título, que constitua uma obrigação.[1146]

Contudo, como o próprio legislador preconiza que a sentença que definir o saldo devedor será considerada um título executivo, a doutrina que entende que essa decisão apresenta natureza condenatória de pagamento de quantia certa, está mais adequada com a sistemática do Código.

É possível, antes ou depois da propositura da demanda, a realização de conciliação ou transação.

Há no âmbito do direito material (Código Civil brasileiro) algumas hipóteses legais (sem pretensão de exaurimento ou de taxatividade) que de plano exigem a prestação de contas, como, por exemplo: a) contrato de mandato (art. 668 do C.c.b.); b) comissão (art. 709 do C.c.b); c) gestão de negócio (art. 873 do C.c.b.).

2. Legitimidade para requerer prestação de contas

É parte legítima para promover a demanda de prestação de contas quem tiver o direito de exigi-las.

É por isso que o *§1º do art. 550* do atual C.P.C. determina que *na petição inicial, o autor especificará, detalhadamente, as razões pelas quais exige as contas, instruindo-a com documentos comprobatórios dessa necessidade, se existirem.*

O C.P.C. de 1973, em seu art. 914, estabelecia: *A ação de prestação de contas competirá a quem tiver: I – o direito de exigi-las; II – a obrigação de prestá-las.*

Assim, pelo código revogado, o procedimento em questão era frequentemente alinhado dentre as demandas de caráter 'dúplice', ou seja, a de pedir e a de dar contas.

Enquanto o C.P.C. de 1973 outorgava legitimidade tanto para aquele que tinha direito de exigi-las quanto para aquele que tinha obrigação de prestar as contas, o novo C.P.C. concede legitimidade ativa apenas àquele que tem o direito de exigi-la, conforme prescreve o art. 550.

[1146] FADEL, Sergio Sahione. *Código de processo civil comentado.* Vol. II. 8ª ed. Rio de Janeiro: Forense, 2010. p. 1130.

Se aquele que tem obrigação de prestá-la assim deseja fazê-lo, poderá valer-se do procedimento comum e não mais do procedimento especial.

Assim, pelo art. 550 do atual C.P.C., tem legitimidade para exigir a prestação de contas aquele que por um determinado título, por exemplo, um contrato, lhe garante o direito para tal exigência diante do inadimplemento de obrigação de fazer por parte daquele que deveria prestar as contas.

De certa forma, este tipo de demanda apresenta caráter *cominatório,* pois, se o réu, citado, não presta contas, tal inércia permite que o próprio autor a preste para os fins de direito.

Sobre a legitimação passiva para figurar na demanda de prestação de contas, Pontes de Miranda coloca a possibilidade dos herdeiros daquele que deveria prestar as contas participarem da relação jurídica processual. Disse o saudoso jurista brasileiro: *"é questão que não se há de resolver 'a priori', porque as relações jurídicas de que resultam as obrigações de prestar contas são de diferente natureza e categoria, muitas vezes sujeitas a variação dentro do mesmo instituto. O fato de se transmitir aos herdeiros a obrigação de prestar contas não basta para que se afirme transmitir-se aos herdeiros a legitimação passiva na ação cominatória. Seria confundir a pretensão de direito processual e a de direito material. Os herdeiros do advogado, por exemplo, que não o tenham substituído no escritório de advocacia, não podem ser preceituados segundo o art. 302, V; têm de ser chamados em processo de rito ordinário. O herdeiro que ficou à testa do estabelecimento comercial responde segundo o art. 302, V".*[1147]

Em relação aos herdeiros daquele que teria direito de exigir contas, assim se manifestou o S.T.J.:

> *(...).*
>
> *1. A questão relativa à legitimidade da autora – herdeira do sócio majoritário – para propor ação de prestação de contas em face do sócio, que gere a sociedade empresária, no interesse dos herdeiros, não comporta rediscussão nos autos, visto que já foi decidida no acórdão, que pôs fim à primeira fase do procedimento da prestação de contas, estando preclusa.*
>
> *2. Como é cediço, a ação de prestação de contas tem duas fases, sendo que na primeira é verificado se assiste ao autor o direito de exigir a prestação de contas que, acaso existente, resulta na abertura da segunda fase do mesmo procedimento, no qual será apreciada as contas apresentadas e o eventual saldo existente. Como houve preclusão para discussão acerca da legitimidade ativa da recorrida – matéria decidida na pri-*

[1147] Pontes de Miranda. *Comentários ao Código de processo civil de 1939.* T. V, pp. 25-26. (VER MELHRO).

meira fase do procedimento –, e foram julgadas boas as contas prestadas pelo próprio recorrente, não há falar em decisão que extrapola os limites do pedido exordial, pois o princípio da boa-fé objetiva obsta à parte assumir comportamentos contraditórios no decorrer da relação processual, sendo, pois, vedado o venire contra factum proprium.

3. Recurso especial não conhecido.

(REsp 1005727/RJ, Rel. Ministro LUIS FELIPE SALOMÃO, QUARTA TURMA, julgado em 24/04/2012, DJe 15/05/2012)

1. Esta Corte já decidiu que o dever de prestar de contas não se transmite aos herdeiros do mandatário, devido ao caráter personalíssimo do contrato de mandato (cf. REsp 1.055.819/SP, Rel. Ministro MASSAMI UYEDA, TERCEIRA TURMA, DJe 07/04/2010).

2. Essa orientação, porém, não pode ser estendida à hipótese de morte do mandante, porque as circunstâncias que impedem a transmissibilidade do dever de prestar contas aos herdeiros do mandatário não se verificam na hipótese inversa, relativa ao direito de os herdeiros do mandante exigirem a prestação de contas do mandatário.

3. Legitimidade dos herdeiros do mandante para ajuizarem ação de prestação de contas em desfavor do mandatário do 'de cujus'.

Doutrina sobre o tema.

(REsp 1122589/MG, Rel. Ministro PAULO DE TARSO SANSEVERINO, TERCEIRA TURMA, julgado em 10/04/2012, DJe 19/04/2012)

A Súmula 259 do S.T.J. confere legitimidade para exigir contas ao titular de conta-corrente, independentemente do fornecimento extrajudicial de extratos detalhados. Porém, o S.T.J., no Resp. n. 1203021, assim interpretou a referida Súmula:

1. O titular de conta-corrente bancária tem interesse processual para exigir contas do banco (Súmula 259). Isso porque a abertura de conta-corrente tem por pressuposto a entrega de recursos do correntista ao banco (depósito inicial e eventual abertura de limite de crédito), seguindo-se relação duradoura de sucessivos créditos e débitos. Por meio da prestação de contas, o banco deverá demonstrar os créditos (depósitos em favor do correntista) e os débitos efetivados em sua conta-corrente (cheques pagos, débitos de contas, tarifas e encargos, saques etc) ao longo da relação contratual, para que, ao final, se apure se o saldo da conta corrente é positivo ou negativo, vale dizer, se o correntista tem crédito ou, ao contrário, se está em débito.

2. A entrega de extratos periódicos aos correntistas não implica, por si só, falta de interesse de agir para o ajuizamento de prestação de contas, uma vez que podem não ser suficientes para o esclarecimento de todos os lançamentos efetuados na conta--corrente.

3. Hipótese em que a padronizada inicial, a qual poderia servir para qualquer contrato bancário, bastando a mudança do nome das partes e do número da conta--corrente, não indica exemplos concretos de lançamentos não autorizados ou de origem desconhecida e sequer delimita o período em relação ao qual há necessidade de prestação de contas, postulando sejam prestadas contas, em formato mercantil, no prazo legal de cinco dias, de todos os lançamentos desde a abertura da conta-corrente. Tal pedido, conforme voto do Ministro Aldir Passarinho Junior, acompanhado pela unanimidade da 4ª Turma no REsp. 98.626-SC, "soa absurdo, posto que não é crível que desde o início, em tudo, tenha havido erro ou suspeita de equívoco dos extratos já apresentados."

4. A pretensão deduzida na inicial, voltada, na realidade, a aferir a legalidade dos encargos cobrados (comissão de permanência, juros, multa, tarifas), deveria ter sido veiculada por meio de ação ordinária revisional, cumulada com repetição de eventual indébito, no curso da qual pode ser requerida a exibição de documentos, caso esta não tenha sido postulada em medida cautelar preparatória.

5. Embora cabível a ação de prestação de contas pelo titular da conta-corrente, independentemente do fornecimento extrajudicial de extratos detalhados, tal instrumento processual não se destina à revisão de cláusulas contratuais e não prescinde da indicação, na inicial, ao menos de período determinado em relação ao qual busca esclarecimentos o correntista, com a exposição de motivos consistentes, ocorrências duvidosas em sua conta-corrente, que justificam a provocação do Poder Judiciário mediante ação de prestação de contas.

5. Agravo regimental a que se dá provimento. Recurso especial não provido.

(AgRg no REsp 1203021/PR, Rel. Ministro LUIS FELIPE SALOMÃO, Rel. p/ Acórdão Ministra MARIA ISABEL GALLOTTI, QUARTA TURMA, julgado em 25/09/2012, DJe 24/10/2012)

Sobre o tema, eis também as seguintes decisões do S.T.J.:

1. Conquanto a jurisprudência desta Corte tenha-se firmado no sentido de que "a ação de prestação de contas pode ser proposta pelo titular de conta-corrente bancária" (Súmula 259/STJ), independentemente do prévio fornecimento de extratos, é imprescindível que, na petição inicial, sejam indicados motivos consistentes acerca de ocorrências duvidosas na conta-corrente, bem como o período determinado sobre o qual se busca esclarecimentos, não se admitindo, para tal fim, a afirmação genérica de que se busca prestação de contas desde a sua abertura até os dias atuais.

Ademais, para a revisão da contratualidade, deve a parte ajuizar ação ordinária, cumulada com eventual repetição do indébito (AgRg no REsp 1.203.021/PR Relatora p/ acórdão Ministra MARIA ISABEL GALLOTTI, QUARTA TURMA, DJe de 24/10/2012).

2. Agravo regimental a que se nega provimento.

(AgRg no AREsp 469.025/PR, Rel. Ministro RAUL ARAÚJO, QUARTA TURMA, julgado em 11/03/2014, DJe 11/04/2014)

Em relação à legitimidade de condomínio para a prestação de contas, assim tem se manifestado o S.T.J.:

(...).

II. O art. 22, § 1º, "f" da Lei nº 4.591/64, que tem por objeto o condomínio em edificações e as incorporações imobiliárias, expressamente, dispõe que, § 1º Compete ao síndico:f) prestar contas à assembleia dos condôminos.

III. Logo, não há dúvidas a respeito da responsabilidade do síndico, na qualidade de representante e administrador do condomínio, de prestar contas de sua gestão, já que lhe cabe administrar e gerir valores e interesses alheios.

IV. Forçoso, portanto, reconhecer a ilegitimidade do condomínio para figurar no polo passivo da demanda.

V. Recurso Especial conhecido em parte e, nessa parte, provido.

(REsp 707.506/RJ, Rel. Ministro SIDNEI BENETI, TERCEIRA TURMA, julgado em 15/12/2009, DJe 18/12/2009)

– A Lei 4.591/64 trata os adquirentes de unidades autônomas construídas sob o regime de administração, ou preço de custo, como condôminos, mesmo enquanto não há propriedade comum, instituindo uma Assembleia Geral e uma Comissão de Representante como órgãos aptos a manifestar a vontade deste condomínio, tudo no intuito de prestigiar o associativismo e facilitar a proteção dos interesses de um grupo disperso de contratantes. Assim, em atenção a seus fins, essa formulação legal não deve ser tomada como excludente de outras garantias, mas apenas como um reforço a elas.

– Na construção a preço de custo, o incorporador e/ou construtor se comprometem a administrar interesse alheio, para a construção de uma unidade individual e exclusiva, que, quando pronta, não comporá a parte comum do condomínio edilício. Por isso, não é razoável que a Comissão, representando o condomínio de adquirentes, ente estranho ao compromisso de compra-e-venda, possa dar a última palavra sobre o direito individual à propriedade exclusiva que foi objeto da promessa.

– Os adquirentes das unidades habitacionais detêm legitimidade para a propositura de ação de prestação de contas em face do construtor e/ou incorporador, a despeito das atribuições legalmente acometidas à Comissão de Representantes. Precedentes.

– Vencida a parte ré, que apresentou vigorosa resistência, cabível a fixação de honorários de advogado na primeira fase da ação de prestação de contas. Precedentes.

Recursos Especiais não conhecidos.

(REsp 782.631/MG, Rel. Ministra NANCY ANDRIGHI, TERCEIRA TURMA, julgado em 07/10/2008, DJe 23/10/2008)

– Se o suposto erro de fato foi objeto de controvérsia na formação da sentença rescindenda, não cabe ação rescisória.

– Não viola literalmente a lei, a outorga de legitimidade para, em nome próprio, pedir prestação de contas ao síndico quando este não as tenha prestado por ausência de convocação de Assembleia de condôminos e impossibilidade de obtenção de quorum para convocação de Assembleia extraordinária.

(REsp 535.696/SP, Rel. Ministro HUMBERTO GOMES DE BARROS, TERCEIRA TURMA, julgado em 13/03/2007, DJ 26/03/2007, p. 231)

Recentemente o S.T.J., em relação ao tomador de empréstimo, passou a entender que ele não tem interesse de agir para ajuizar a ação de prestação de contas. Sobre o tema eis a seguinte notícia publicada no sitio do S.T.J.:[1148]

Tomador de empréstimo não tem interesse de agir para ajuizar ação de prestação de contas

Nos contratos de mútuo e financiamento, o tomador do empréstimo não possui interesse de agir para a ação de prestação de contas. A Segunda Seção do Superior Tribunal de Justiça (STJ) definiu, em julgamento de ***recurso repetitivo*** *(tema* ***615****), que nesses contratos não há interesse de agir porque o banco não administra recursos do financiado.*

"Trata-se de contrato fixo, em que há valor e taxa de juros definidos, cabendo ao próprio financiado fazer o cálculo, pois todas as informações constam no contrato", afirmou o relator do recurso, ministro Luis Felipe Salomão.

A tese passa a orientar as demais instâncias do Judiciário que tratarem do tema. Havendo decisão em consonância com o que foi definido pelo STJ, não será admitido recurso contra ela para a corte superior.

Ingerência

No caso levado a julgamento, a ação de prestação de contas foi ajuizada por uma consumidora contra o Banco Bradesco com o objetivo de obter informações sobre encargos cobrados pela instituição financeira e critérios aplicados no cálculo das prestações do contrato.

[1148] http://www.stj.jus.br/sites/STJ/default/pt_BR/noticias/noticias/%C3%9Altimas/Tomador-de-empr%C3%A9stimo-n%C3%A3o-tem-interesse-de-agir-para-ajuizar-a%C3%A7%C3%A3o-de-presta%C3%A7%C3%A3o-de-contas

A sentença não acolheu o pedido da consumidora. O Tribunal de Justiça do Paraná (TJPR) extinguiu a ação sem resolução do mérito, afirmando a falta de interesse de agir (carência da ação), pois o Bradesco não tem gerência do dinheiro depois que o entrega ao mutuário.

Contrato fixo

Em seu voto, o ministro Salomão destacou que a obrigação do mutuante cessa com a entrega da coisa. Dessa forma, a instituição financeira não tem a obrigação de prestar contas, uma vez que a relação estabelecida com o mutuário não é de administração ou gestão de bens alheios, mas apenas de empréstimo.

Salomão afirmou ainda que o mesmo entendimento pode ser estendido aos contratos de financiamento em geral. "A diferença entre eles é que, no contrato de financiamento, há destinação específica dos recursos tomados. Ademais, geralmente o contrato de financiamento possui algum tipo de garantia, como a hipoteca ou a alienação fiduciária", ressaltou.

O relator citou diversos precedentes do STJ que confirmam a tese definida no recurso especial, entre eles o REsp 1.201.662 e o REsp 1.225.252.

O colegiado, de forma unânime, negou provimento ao recurso da consumidora.

3. Citação do réu para prestar as contas ou oferecer contestação

O C.P.C. de 1973, em seu art. 915, estabelecia o prazo de 5 (cinco) dias para apresentar as contas ou contestar o pedido.

O art. 550 do atual C.P.C. ampliou este prazo para quinze dias.

Agiu bem o legislador em ampliar o prazo para quinze dias, pois não se trata apenas de se permitir a contestação, mas também possibilitar ao réu apresentar as contas, o que, em determinadas hipóteses, pode exigir certa complexidade e necessidade de maior tempo para a realização dos cálculos.

Observa-se que o rito estabelecido pelo C.P.C. para a demanda de prestação de contas desenvolve-se em duas fases, cada qual com seu próprio objeto.

Na primeira, objetiva-se apurar se o réu está ou não obrigado a prestar as contas ao autor. Esta questão e somente ela é que corresponde ao mérito a ser solucionado na fase inicial. Nesta primeira fase não se avalia quem deve a quem.

Na segunda, uma vez definido a obrigação de prestar contas, passa-se ao exame das próprias contas a serem prestadas se consideradas devidas, exame do qual resultará a definição da posição econômica das partes uma em face da outra.[1149]

[1149] Fabrício, A. F., op. cit., p. 335.

Entende Adroaldo F. Fabrício que a questão envolvida na primeira fase é *preliminar* (não prejudicial) da que vai ser tratada na segunda fase, pois ao exame desta só se há de chegar-se se for positiva a solução dada àquela primeira fase.[1150] A finalidade, principalmente da demanda de prestação de contas, é justamente apurar o saldo devedor ou credor em favor do autor da pretensão processual. Mas isso somente poderá ser objeto da lide, após a constatação de que o réu deve efetivamente prestar as contas.

Uma vez citado o réu, como diz o artigo, ele poderá optar por duas possibilidades: a) ou contesta o pedido, podendo alegar que não tem obrigação de prestar contas ou outra eventual matéria; b) ou presta as contas conforme exigido pelo autor.

Caso o réu não preste as contas ou não apresente contestação, o juiz conhecerá de plano do pedido, proferindo julgamento antecipado de mérito.

Entendo que no caso de falta de contestação e de apresentação de contas, caracteriza-se a revelia do réu (salvo se a questão se enquadrar nas hipóteses em que não se verificam os efeitos da revelia), razão pela qual o juiz poderá presumir como verdadeiros os fatos que denotam a obrigação de prestar contas.

Optando o réu pela prestação de contas, mas sem contestar o pedido, elimina uma das questões que poderiam surgir na demanda, ou seja, a obrigação ou não da prestação de contas.

É possível ao réu, também, apresentar as contas juntamente com a contestação, podendo alegar que apenas não apresentou as contas em tempo oportuno por se furtar o autor a recebê-las ou por se encontrar em lugar incerto e não sabido, ou, ainda, por haver discordância entre as partes em relação à prestação de contas ofertada extrajudicialmente. Contudo, entende Adroaldo F. Furtado que essa atitude do réu em contestar e apresentar contas é antagônica.[1151] Não obstante a oposição do mestre gaúcho, parece-me que a melhor opção é no sentido de se permitir ao réu contestar e apresentar as contas ao mesmo tempo.

Preceitua o *§2º do art. 550* do atual C.P.C. que *prestadas as contas, o autor terá 15 (quinze) dias para se manifestar, prosseguindo-se o processo na forma do Capítulo X do Título I deste Livro.*

Optando o réu por prestar as contas, conjuntamente ou não com a contestação, o autor terá quinze dias para se manifestar sobre elas.

[1150] Fabrício, A. F., idem, p. 336.
[1151] Fabrício. A. F., idem, p. 339.

Manifestando-se ou não o autor sobre a prestação de contas, o processo passará a adotar as regras do procedimento comum, no caso, o juiz irá proferir julgamento conforme o estado do processo.

É importante salientar que, segundo prescreve o *§3º do art. 550* do atual C.P.C., *a impugnação das contas apresentadas pelo réu deverá ser fundamentada e específica, com referência expressa ao lançamento questionado.*

É importante salientar que o silêncio do autor permitirá que o juiz tenha por corretas as contas prestadas pelo réu, aprovando-as de plano, proferindo julgamento conforme o estado do processo.

O autor poderá impugnar as contas apresentadas pelo réu, seja quanto ao seu conteúdo, seja quanto à forma de sua apresentação.

Não se pode esquecer que o réu deve apresentar as contas em forma adequada, especificando-se as receitas e a aplicação das despesas, bem como o respectivo saldo, e será instruída com os documentos justificativos. Se o autor impugnar o conteúdo das contas, deverá, juntamente com a impugnação, apresentar demonstrativo das contas que considere correto.

Seja qual for o motivo da impugnação das contas apresentadas pelo réu, o juiz poderá, realizando o saneamento do processo, determinar produção probatória, inclusive, se for o caso, a realização de prova pericial. Todo esse procedimento probatório deverá seguir as normas do procedimento comum.

Conforme bem esclarece Adroaldo F. Fabrício, *"ao usar da faculdade que lhe outorga o §1º, o juiz precisa ser extremamente cuidadoso. Diante da impugnação do autor, só caberá a dispensa da produção de provas quando os elementos já presentes nos autos bastem realmente à fixação de um juízo de certeza...É preciso ter em mente, no particular, que o julgamento não consistirá simplesmente em se declararem boas ou más as contas do réu: a sentença obrigatoriamente concluirá, após o exame da prova disponível, pela inexistência ou existência de saldo; pelo sentido e valor deste...."*.[1152]

Há entendimento no sentido de que a decisão a ser proferida na segunda fase da demanda de prestação de contas apresenta natureza condenatória, seja em favor do autor, seja em favor réu, dependendo do saldo devedor apurado. Poderá, também, ser zero, caso haja coincidência de compensação de valores, o que é muito difícil. Nesse sentido é a posição de Pontes de Miranda.[1153] Por sua vez, Celso Neves entende que somente haverá sentença condenatória na primeira fase do procedimento de prestação de contas.[1154]

1152 Fabrício, A. F., idem, p. 348.

1153 Pontes de Miranda. *op. cit. Comentários ao código de 1973.* Tomo. XIII, p. 122.

1154 Celso Neves. Divagações sobre a ação de prestação de contas. *Revista dos Tribunais,* São Paulo, n. 537. p. 11.

Contudo, conforme estabelece o art. 552 do atual C.P.C., a sentença deverá apurar o saldo e constituirá título executivo, o que significa que poderá ser declaratória/homologatória tanto em relação ao réu como em relação ao autor.

A sentença proferida na segunda fase estará sujeita ao recurso de apelação.

O *§4º do art. 550* do atual C.P.C. estabelece que *se o réu não contestar o pedido, observar-se-á o disposto no art. 355.*

Assim, deixando o réu de apresentar contestação, o juiz proferirá julgamento antecipado do mérito nos termos do art. 355 do atual C.P.C., a saber:

> *Art. 355. O juiz julgará antecipadamente o pedido, proferindo sentença com resolução de mérito, quando:*
>
> *I – não houver necessidade de produção de outras provas;*
>
> *II – o réu for revel, ocorrer o efeito previsto no art. 344 e não houver requerimento de prova, na forma do art. 349.*

Se o réu não contestar a pretensão formulada pelo autor na demanda, em regra presumir-se-ão verdadeiros os fatos afirmados pelo autor, no caso a obrigação de o réu apresentar as contas.

A revelia não produz o efeito mencionado no art. 344 do atual C.P.C. se, havendo pluralidade de réus, algum deles contestar a demanda, ou o litígio versar sobre direitos indisponíveis, ou, a petição inicial não estiver acompanhada do instrumento que a lei considere indispensável à prova do ato, ou, ainda, as alegações de fato formuladas pelo autor forem inverossímeis ou estiverem em contradição com a prova constante dos autos (art. 345, incs. I a IV do atual C.P.C.).

Preceitua o *§5º do art. 550* do atual C.P.C. que *a decisão que julgar procedente o pedido condenará o réu a prestar as contas no prazo de 15 (quinze) dias, sob pena de não lhe ser lícito impugnar as que o autor apresentar.*

A decisão que trata este parágrafo diz respeito àquela que é proferida na *primeira fase* do procedimento de prestação de contas.

A decisão de improcedência do pedido ou de extinção do processo sem resolução de mérito é sentença nos exatos termos do art. 485 e 487 do atual C.P.C. É ato judicial que, muito embora não ponha fim ao procedimento comum, tem por finalidade por fim ao procedimento especial de prestação de contas e, por consequência, ao processo, com ou sem resolução de mérito. A sentença de improcedência do pedido declara que o réu não está obrigado a prestar contas ao autor. Tem essa decisão natureza de *declaratória negativa.* O recurso contra essa decisão será o de apelação.

Já a decisão que julga procedente o pedido formulado pelo autor na primeira fase da demanda de prestação de contas, apesar de promover a resolução do mérito, não extingue o processo, mas tão-somente uma fase do procedimento.

Essa decisão, em regra, resolve o mérito quanto à obrigação de prestar contas, sendo admitido contra ela, segundo a doutrina e a jurisprudência sob a égide do C.P.c. de 1973, o recurso de apelação. Porém, pelo novo C.P.C. essa decisão poderá ser considerada interlocutória, pois apesar de condenatória, não ingressa no conceito de sentença previsto no art. 203, §1º, do novo C.P.C. Note-se que não há ressalva nesta hipótese, pois o C.P.C. não fala em sentença, mas em decisão. Assim, o recurso seria o de agravo de instrumento nos termos do art. 1.015, inc. II, do novo C.P.C.

A decisão que julga procedente o pedido tem natureza *condenatória* de *obrigação de fazer*, no caso, condenará o réu a prestar as contas no prazo de quinze dias, sob pena de não lhe ser lícito impugnar as que o autor apresentar na segunda fase do procedimento.

Esse efeito é extremamente prejudicial ao réu, pois além de transferir a possibilidade de o autor apresentar as contas, também impede que o réu possa impugná-las.

O Superior Tribunal de Justiça, mesmo sob a égide do C.P.C. de 1973, também se inclinou pela apelabilidade da sentença proferida na primeira fase do procedimento. Nesse sentido, eis o seguinte precedente:

> *Processo civil. Ação de prestação de contas. Primeira fase.*
>
> *Impugnação da pretensão, por um dos réus, com base em dois argumentos independentes, dos quais um demanda dilação probatória.*
>
> *Julgamento antecipado do processo, acolhendo tese de ilegitimidade cuja prova era exclusivamente documental. Recurso de apelação interposto. Reforma da decisão, pelo Tribunal, e condenação de todos os réus à prestação de contas, sem análise do fundamento subsidiário que demanda instrução processual. Impossibilidade. Acórdão reformado.*
>
> *– Na hipótese de julgamento antecipado do processo, com o acolhimento de um argumento que não demanda dilação probatória, se o Tribunal reformar a decisão deverá apreciar os argumentos subsidiariamente desenvolvidos pelas partes nas contestações. Na hipótese em que algum desses argumentos demande produção de provas, não será possível, com base no art. 515, §3º, do CPC, que o Tribunal julgue diretamente a lide. Deverá reformar a sentença e devolver o processo ao primeiro grau para que se ingresse na fase probatória.*
>
> *Recurso especial conhecido e provido.*
>
> (REsp 828.342/SP, Rel. Ministra NANCY ANDRIGHI, TERCEIRA TURMA, julgado em 15/05/2008, DJe 23/09/2008).

Estabelece o *§6º do art.* 550 do atual C.P.C. que *se o réu apresentar as contas dentro do prazo estabelecido no §5º, seguir-se-á o procedimento do §2º, caso contrário, o* *autor apresentá-las-á no prazo de 15 (quinze) dias, podendo o juiz determinar a realização de exame pericial, se necessário.*

Encerrada a primeira fase do procedimento da prestação de contas com a prolação de decisão condenatória do réu para prestar as contas devidas, se este apresentá-las dentro do prazo de quinze dias, após a intimação da decisão, a segunda fase do procedimento seguirá na forma do Capítulo X do Título I deste Livro, ou seja, julgamento conforme o estado do processo.

Se o réu não apresentar as contas no prazo de quinze dias, o autor fica autorizado a apresentá-las no prazo também de quinze dias, sendo as contas julgadas segundo o prudente arbítrio do juiz, que poderá determinar, se necessário, a realização de exame pericial.

Note-se que a sanção imposta ao réu no §5º diz respeito apenas à sua impossibilidade de impugnar as contas apresentas pelo autor. Contudo, essa sanção não se aplica ao juiz, o qual, em face do princípio da livre persuasão racional, deverá avaliar de forma prudente as contas apresentadas pelo autor, sendo-lhe permitido, em caso de complexidade das contas, determinar a realização do exame pericial. O juiz, portanto, não é um simples homologador das contas apresentadas pelo autor.

Agora, se tanto o réu quanto o autor deixarem de apresentar as contas, não resta outra solução ao juiz do que extinguir o processo.

Se o autor não apresentar as contas no prazo de quinze dias, entendo que é de ser renovada a intimação, agora pessoalmente, para que assim o faça, sob pena de extinção do processo por abandono da causa.

Com relação às custas e honorários, há certa particularidade, conforme ensina Adroaldo F. Fabrício:

> *"A dificuldade resulta da existência de duas fases distintas, com duas sentenças. Pode suceder que o réu, vencido na primeira etapa (entenda-se, condenado a prestar contas a que, segundo sua contestação, não estava obrigado), venha a ser vitorioso na segunda, vale dizer, as contas por ele apresentadas com saldo a seu favor obtiveram a aprovação judicial, vencida a impugnação do autor. Em tal hipótese, só a distribuição proporcional das custas e honorários é solução justa, embora se deva reconhecer, por outro lado, a dificuldade de estabelecer-se um critério preciso de proporcionalidade... De um modo geral, tem-se de considerar vencido, para efeito de custas e honorários, quem deu causa à instauração do processo; aqui, quem se achava em mora de dar ou de tomar contas".*[1155]

[1155] Fabrício, A. F., op. cit., p. 351.

Art. 551

As contas do réu serão apresentadas na forma adequada, especificando-se as receitas, a aplicação das despesas e os investimentos, se houver.

§ 1º Havendo impugnação específica e fundamentada pelo autor, o juiz estabelecerá prazo razoável para que o réu apresente os documentos justificativos dos lançamentos individualmente impugnados.

§ 2º As contas do autor, para os fins do art. 550, § 5º, serão apresentadas na forma adequada, já instruídas com os documentos justificativos, especificando-se as receitas, a aplicação das despesas e os investimentos, se houver, bem como o respectivo saldo.

Formas de apresentação de contas

Este dispositivo trata da metodologia formal de apresentação das contas, tanto por parte do autor (quando o réu não apresenta as contas a que foi condenado), quanto por parte do réu.

A formatação técnica de apresentação das contas será de tal forma que seja adequada e compreensível, sendo que anteriormente, sob a égide do C.P.C. de 1973, era exigido que fosse utilizado o método *mercantil*, especificando as receitas e a aplicação das despesas e os investimentos, se houvessem.

O ideal é que as contas sejam apresentadas em colunas separadas de 'débito' e 'crédito', nas quais são lançados os valores de ingressos e saídas, havendo sempre um registro histórico das operações onde constem a origem e destino do pagamento, com informação das respectivas datas. Os lançamentos devem obedecer rigorosamente a ordem cronológica dos apontamentos contábeis. É possível, em face do desenvolvimento tecnológico, a substituição dos históricos por códigos contábeis que se encontrem devidamente identificados por informações anexas.

Apesar de ser a forma mercantil a maneira mais recomendada na prestação de contas, estas podem ser prestadas de outra forma que não a mercantil, se trouxerem as informações necessárias. O entendimento foi consagrado pelo Superior Tribunal de Justiça em recurso movido pelo Banco Banestado S/A contra a Freezagro Produtos Agrícolas Ltda. O banco recorreu contra decisão que o condenou a indenizar a Freezagro pela não apresentação das contas. A prestação de contas na forma mercantil segue a escrituração contábil, com a anotação de valores recebidos, lançamentos e outros dados. O banco afirmou que não poderia seguir tal modelo. A Freezagro pactuou um contrato de empréstimo com o Banestado para capital de giro, enquanto aguardava recursos do BNDES, tendo a empresa Rio Paraná Companhia Securitizadora de Créditos como garantidora do negócio. Posteriormente, a empresa agrícola fechou outros contratos com o banco, com a promessa de liberação de mais recursos. A Freezagro afirmou não ter recebido os recursos do BNDES e requereu a prestação de contas.

O Banestado foi intimado a prestar contas e a Rio Paraná apresentou-as, todavia estas foram rejeitadas. O banco foi condenado ao pagamento de pouco menos de R$ 6,5 milhões, a partir de cálculos da Freezagro. Com base nos artigos 42 do Código de Defesa do Consumidor e 940 do Código Civil, entendeu-se que o valor deveria ser pago em dobro, já que as contas prestadas não foram aceitas.

No recurso ao STJ, a defesa do banco alegou já ter depositado mais de R$ 6 milhões na conta da Freezagro. Esses pontos não teriam sido levados em conta no julgado. Argumentou que a prestação de contas foi feita, mas não na forma mercantil, pois não houve pagamento pela Freezagro de nenhum valor dado em mútuo. Apesar de as contas serem apresentadas pela Rio Paraná, estas foram rejeitadas pela empresa agrícola, não se justificando, portanto, a cobrança do débito em dobro. Também afirmou haver cerceamento de defesa, pois o juiz deveria ter determinado a produção de provas por perito contábil para esclarecer a questão.

O relator do processo, Ministro João Otávio de Noronha, afirmou que a forma mercantil é exigida para facilitar o exame, pois segue as regras técnicas de contabilidade. Todavia, se as contas são apresentadas por outra forma que não a mercantil, mas de modo inteligível e que apresente os dados necessários, não podem ser simplesmente desconsideradas, afirmou. O magistrado destacou que devem ser buscadas soluções que se harmonizem com a concepção finalística do processo e, se a prestação pode levar o julgador a um exame seguro, deve ser aproveitada. Se não for, devem ser determinadas diligências complementares.

Os julgados das instâncias inferiores, observou ainda o ministro Noronha, não foram fundamentados, porque aceitaram os valores apresentados pela empresa agrícola. Segundo ele, por ser uma ação que envolve questão complexa e valores elevados, não deveriam ser presumidas como verdadeiras as informações dadas por apenas uma das partes, devendo o convencimento dos julgadores sustentar-se em elementos de convicção concretos. O ministro determinou, então, que as contas apresentadas fossem admitidas e que fosse realizada perícia contábil. A Quarta Turma seguiu a decisão do relator integralmente. Eis o teor da ementa da decisão:

> *(...).*
>
> *2. A apresentação de contas em forma mercantil é uma necessidade do processo, uma vez que o exame, a discussão e o julgamento devem ser facilitados para os sujeitos processuais.*

3. As contas apresentadas de forma não mercantil podem ser consideradas diante da apresentação de justificativa pela parte e da possibilidade de realização de perícia contábil.

(...).

(REsp 1218899/PR, Rel. Ministro JOÃO OTÁVIO DE NORONHA, QUARTA TURMA, julgado em 04/08/2011, DJe 16/08/2011)

Contudo, não basta apenas um cálculo meramente aritmético no formato mercantil para demonstrar a realidade das contas. Há necessidade que créditos e débitos sejam demonstrados por meio de documentos hábeis a comprovar esses dados contábeis. Aliás, desde o C.P.C. de 1939 já se exigia a apresentação de documentos comprobatórios e explicativos da prestação de contas.

Segundo afirma Adroaldo Furtado Fabrício, *"não é imprescindível a juntada de documentos relativos a 'todos' os lançamentos. Há despesas relativamente às quais não se usa pedir e talvez nem seja possível obter comprovação documental, tais como as compras de ínfimo valor, gorjetas, transporte em táxis e outras que tais"*.[1156]

Contudo, mesmo que não haja documentos escritos que possam ser imediatamente juntados com a prestação de contas, é possível a demonstração de créditos ou débitos mediante as provas legítimas e permitidas pelo ordenamento jurídico, especialmente perícia contábil em livros de empresas etc.

Adroaldo F. Fabrício, ao contrário de Fadel, entende que não é de se admitir a opinião segundo a qual a apresentação das contas sem documentação sujeita o prestador delas, se impugnadas, e em face da simples impugnação, à rejeição das mesmas. A melhor interpretação da disposição em comento diz respeito mais ao momento em que se admite a produção de prova documental.[1157]

Aliás, o *§1º do art. 551* do atual C.P.C. prescreve que *havendo impugnação específica e fundamentada pelo autor, o juiz estabelecerá prazo razoável para que o réu apresente os documentos justificativos dos lançamentos individualmente impugnados.*

É importante salientar que a exigência de que o autor junte os documentos necessários para demonstrar as contas que porventura possa apresentar na eventual inércia do réu deve ser avaliada com certa parcimônia, pois, em regra, esses documentos de uma maneira geral encontram-se normalmente na posse do réu. Neste caso, o autor fará juntar os documentos que possivelmente se encontrem em seu poder.

É importante salientar, ainda, que a*s contas do autor, para os fins do art. 550, § 5º, serão apresentadas na forma adequada, já instruídas com os documentos justificati-*

1156 Fabrício, A. F., idem, p. 361.

1157 Fabrício, A. F., idem, p. 362.

vos, especificando-se as receitas, a aplicação das despesas e os investimentos, se houver, bem como o respectivo saldo (§2º do art. 551 do atual C.P.C.*)*.

Art. 552

A sentença apurará o saldo e constituirá título executivo judicial.

Título executivo judicial representativo do saldo devedor

Conforme já se afirmou, a demanda de prestação de contas é desenvolvida em duas fases distintas. Uma na qual haverá a prolação de uma decisão condenando o réu à obrigação de fazer, ou seja, a prestar as contas; outra em que o juiz julgará as contas, declarando a existência de saldo devedor em favor do autor ou do réu, ou seja, declarando eventual saldo residual decorrente da prestação de contas. Assim, a sentença proferida declarará o valor do saldo e a parte favorecida, que pode ser tanto o autor como o réu. Se houver saldo *zero*, o juiz declarará recíproca e total quitação entre as partes.

O julgamento, portanto, não pode apenas analisar e declarar as contas prestadas sem também estabelecer sobre o saldo e a parte beneficiada. Se não analisar esta última questão, a decisão será *citra petita*.

A sentença que declarar a existência de saldo credor em favor do autor ou do réu configura título executivo judicial sujeito ao instituto do cumprimento de sentença de obrigação de pagar quantia certa. A sentença, em relação ao saldo apurado, tem natureza condenatória.

Art. 553

As contas do inventariante, do tutor, do curador, do depositário e de qualquer outro administrador serão prestadas em apenso aos autos do processo em que tiver sido nomeado.

Parágrafo único. Se qualquer dos referidos no caput for condenado a pagar o saldo e não o fizer no prazo legal, o juiz poderá destituí-lo, sequestrar os bens sob sua guarda, glosar o prêmio ou a gratificação a que teria direito e determinar as medidas executivas necessárias à recomposição do prejuízo.

Contas do inventariante, do tutor, do curador, do depositário e de qualquer outro administrador

Este dispositivo traça a existência de dois processos distintos. Um em que há a nomeação judicial e ativa participação de inventariante, tutor, curador, depositário e outro qualquer administrador (como por exemplo, processo de insolvência civil, liquidante judicial etc). Outro no qual serão prestadas por eles as contas dos bens que lhes foram outorgados para administrar. Os dois processos correrão em apenso.

Esta norma não se aplica aos administradores legitimados por relações jurídicas materiais (como um contrato, por exemplo), mas somente àqueles administradores nomeados judicialmente, pois a tomada de conta e a prestação de contas são em relação ao juiz e não ao interessado no processo. Contudo, o fato de as contas serem prestadas ao juízo em que os administradores foram nomeados, não impede que os próprios interessados promovam e provoquem também a necessidade de prestação de contas. Em ambas as hipóteses o processo de prestação de contas corre em apenso, tornando o juízo do processo de nomeação do administrador prevento para a prestação de contas.

Estabelece o *parágrafo único do art. 553* do atual C.P.C. que *se qualquer dos referidos no caput for condenado a pagar* o saldo *e não o fizer no prazo legal, o juiz poderá destituí-lo, sequestrar os bens sob sua guarda, glosar o prêmio ou a gratificação a que teria direito e determinar as medidas executivas necessárias à recomposição do prejuízo.* A natureza jurídica dessa sentença, portanto, é condenatória, caracterizando-se como título executivo judicial. Contudo, neste caso, o juiz não depende da iniciativa da parte para promover o cumprimento da sentença. Sendo ele juiz o destinatário das contas e havendo saldo em favor do processo principal, o juiz poderá de imediato, com base em seu poder geral de cautela, determinar as medidas necessárias para garantir o crédito, podendo, inclusive, determinar medidas satisfativas executivas no sentido de cobrar de ofício o crédito existente.

Por outro lado, uma vez prestadas as contas e houver saldo credor em favor do administrador nomeado, esse será credor no processo no qual foi nomeado, devendo também o juízo tomar as medidas necessárias para que o seu crédito seja pago nos próprios autos de nomeação. Se não for possível, a sentença que reconhece o crédito também terá natureza condenatória, razão pela qual ele, administrador, poderá promover o cumprimento de sentença nos termos da legislação em vigor.

CAPÍTULO III – Das Ações Possessórias

SEÇÃO I – Disposições Gerais

Art. 554

A propositura de uma ação possessória em vez de outra não obstará a que o juiz conheça do pedido e outorgue a proteção legal correspondente àquela cujos pressupostos estejam provados.

§ 1º No caso de ação possessória em que figure no polo passivo grande número de pessoas, serão feitas a citação pessoal dos ocupantes que forem encontrados no local e a citação por edital dos demais, determinando-se, ainda, a intimação do Ministério Público e, se envolver pessoas em situação de hipossuficiência econômica, da Defensoria Pública.

§ 2º Para fim da citação pessoal prevista no §1º, o oficial de justiça procurará os ocupantes no local por uma vez, citando-se por edital os que não forem encontrados.

§ 3º O juiz deverá determinar que se dê ampla publicidade da existência da ação prevista no § 1º e dos respectivos prazos processuais, podendo, para tanto, valer-se de anúncios em jornal ou rádio locais, da publicação de cartazes na região do conflito, e de outros meios.

Sumário:

1. Considerações gerais

Poucas questões no âmbito do direito civil têm gerado tantas indagações quanto a *posse*.

Nem mesmo os dois principais autores que, com base no direito romano, trataram com brilhantismo da posse no Século XIX – Savigny e Ihering – conseguiram chegar a um denominador comum.

O Código Civil brasileiro de 1916 também não conseguiu se desvencilhar dessa complexidade temática, embora o projeto, de autoria de Clóvis Beviláqua, tenha sido de certa maneira fiel à tese de Ihering, foi ele visivelmente influenciado pelo Código Civil alemão, onde há princípios germânicos que não se conciliam com a concepção romana da posse. Por sua vez, o projeto inicial foi modificado parcialmente pela comissão revisora, antes de ser enviado ao Congresso Nacional, ocasião em que se introduziram preceitos que mais se ajustaram à teoria de Savigny.[1158]

[1158] Moreira Alves, José Carlos. *Posse.* Vol. I Evolução História. Rio de Janeiro: Forense, 1985. p. 3.

O Código Civil de 2002, em relação ao Código Civil de 1916, não fez grandes modificações sobre o tema da posse.

Savigny, em 1803, aos vinte e quatro anos, publicou o livro intitulado: *Das Recht des Besitzes*, cujo objetivo era expor a teoria da posse como ela se apresentava no direito romano. Tratava-se de livro voltado para a reconstrução da teoria da posse como a haviam concebido os romanos.[1159]

As linhas mestras da concepção possessória de Savigny são: a) somente dois são os efeitos atribuídos à posse no direito romano, a usucapião e os interdictos possessórios; b) posse é fato e direito ao mesmo tempo. Pela sua essência é um fato, por suas consequências um direito; c) os elementos essenciais da noção de posse jurídica são um fato exterior (*corpus*) e uma vontade determinada que o acompanha (*o animus*, fato interior ou *animus domini*, ou seja, a intenção de ter a coisa como proprietário); d) o que distingue a posse da mera detenção é que na posse há o *animus domini*, o que não existe na detenção (assim por ter o *animus dominis*, o ladrão teria a posse; já o inquilino não a tem, pois é mero detentor). Contudo, o próprio Savigny não deixou de reconhecer que existiam casos em que, segundo os textos romanos, havia posse, apesar da inexistência do *animus domini*, como era o caso do precarista, do credor pignoratício, do depositário da coisa litigiosa e do enfiteuta, que possuíam a coisa sem ter o *animus domini*.[1160]

Ihering passa a atacar as concepções sobre a posse construídas por Savigny, principalmente em 1868, quando começa a publicar sua obra sobre o fundamento da proteção da posse – uma revisão da teoria da posse. As principais concepções de Ihering sobre a posse podem assim ser resumidas: a) a proteção da posse seria um postulado da proteção da propriedade; b) sendo a posse a exteriorização ou visibilidade da propriedade, o critério para a verificação de sua existência é a maneira pela qual o proprietário exerce, de fato, sua propriedade, o que implica dizer que o *corpus* é a relação de fato entre a pessoa e a coisa de acordo com a sua destinação econômica; c) o possuidor tinha o *animus domini*, contudo, um *animus domini* abstrato. Esse *animus domini* abstrato não era a vontade verdadeira do possuidor, mas a vontade vinculada pela lei, independentemente da disposição de espírito pessoal, ao título da posse. Por essa teoria, *teoria da vontade abstrata*, para se demonstrar a existência da posse não seria mister que se provasse que o possuidor tinha a intenção real de ser proprietário, mas bastava que se comprovasse a existência de uma *causa possessionis*. Mas, o artificilialismo dessa tese, como salientou Saleilles, acabaria por levar Ihering à sua teoria definitiva, que nega a existência de qualquer *animus domini*, concreto

[1159] Moreira Alves, J. C., idem, p. 209.
[1160] Moreira Alves, J. C., idem, p. 211 e 212.

ou abstrato, como elemento capaz de distinguir a posse da detenção, deixando, simplesmente, que a lei o faça.[1161]

Uma das questões problemáticas sobre a posse decorre de sua abrangência e extensão.

Não há dúvida de que no direito canônico a *possessio iuris* se estendia aos direitos em geral, ultrapassando o âmbito estreito dos direitos reais sobre coisa alheia, para alcançar também os direitos relativos ao estado das pessoas e os das obrigações, como eram os denominados direitos episcopais ligados aos cargos e dignidades eclesiásticas. Foi com base nessa perspectiva medieval, que Ruy Barbosa fez a defesa da posse dos direitos pessoais, referente ao direito de alguns professores da Escola do Rio de Janeiro em permanecer no cargo de professor diante de concreta turbação consistente em sua demissão. Essa tese de Ruy foi aceita pelo Supremo Tribunal Federal, obtendo apoio do eminente Ministro Orosimbo Nonato. Posteriormente, o Supremo altera sua jurisprudência para proclamar que a posse é um instituto exclusivo dos direitos das coisas e não dos direitos pessoais.

Contudo, não obstante as complexas questões referentes ao direito material da posse, o certo é que ela demanda, no âmbito processual, a sua proteção.

Discute-se sobre a origem, no direito romano, da proteção possessória.

Segundo Moreira Alves, duas são as principais teorias a esse respeito. Ambas concordam num ponto: o de que foi o pretor quem a criou, sendo ela, por isso, feita por meio de interditos. Divergem, contudo, quanto ao motivo que deu margem a que surgisse. A primeira dessa teoria, exposta, nos termos modernos, por Niehbur, seguida por Savigny, e que hoje continua dominante, sustenta que a proteção possessória surgiu para tutelar os que ocupavam a 'ager publicus', pois, não sendo este susceptível de propriedade privada, seu ocupantes não podiam defender-se, com as ações relativas ao direito de propriedade, contra a turbação ou o esbulho do uso da parcela do 'ager publicus' que lhes fora concedida; deu-lhe, então, o pretor proteção por meio de interditos, que, mais tarde, foram estendidos à posse em geral. Já a segunda teoria, defendida por Ihering, localiza a origem da proteção possessória na faculdade que tinha o pretor de, nas ações de reivindicação, até a sentença final, atribuir a uma das duas partes litigantes a posse provisória da coisa litigiosa, posse essa que ele, se necessário, tutelava com interditos. Assim, tendo Savigny formulado a teoria subjetiva da posse, Ihering preconiza a teoria objetiva do mesmo instituto. Não obstante ser chamada de teoria objetiva, para Ihering, tanto a posse quanto a detenção exigem o *corpus*

[1161] Moreira Alves, J. C., idem, p. 225 e 226.

e o *animus,* não como elementos independentes, mas, sim, indissoluvelmente ligados, nascendo ao mesmo tempo pela incorporação da vontade na relação do sujeito com a coisa.[1162]

No direito clássico, a *possessio civilis* e a *possessio ad interdicta* eram protegidas pelos interditos possessórios. Já a detenção somente era tutelada indiretamente por meio da *actio iniuriarum,* tendo em vista que a turbação do uso da coisa era uma *iniura* praticada contra sua pessoa. As duas espécies de interditos que nesse período tutelavam a posse: a) *interdicta retinendae possessionis causa* (interditos para a conservação da posse) e os *interdicta recuperandae possessionis causa* (interditos para a recuperação da posse). Para Savigny, os interditos *adipiscendae possessórios causa* (para a aquisição da posse não eram interditos possessórios, porque eles não têm causa na posse, mas se destinam a obtê-la para quem nunca a teve).[1163]

Antes de ingressarmos especificamente na normatização das tutelas jurisdicionais possessórias, vejamos alguns aspectos importantes sobre a dogmática jurídica material da posse.

Definição de posse: Considera-se possuidor todo aquele que tem de fato o exercício, pleno ou não, de algum dos poderes inerentes da propriedade (art. 1.196 do C.c.b.).

Essa definição demonstra que o nosso código civil adotou a teoria objetiva de Ihering, pois não diz que para ser possuidor há necessidade do *animus domini* ou *animus rem sibi habendi.*

O dispositivo não fala em ter um direito, mas ter de fato alguns dos poderes da propriedade, o que significa dizer que a posse é um instituto de direito das coisas e não dos direitos pessoais ou obrigacionais. Aliás, conforme já dissera Ihering, *a posse seria a exteriorização do direito de propriedade*, ou, conforme diz o nosso código civil, a exteriorização de alguns dos poderes inerentes à propriedade, que de certa forma não deixa de ser um direito de *uso, gozo ou disposição.*

A estrutura da posse: A estrutura da posse é essa relação entre uma pessoa e uma coisa, ainda que incorpórea, como são os direitos autorais. Assim, essa estrutura corresponde ao *corpus* e o *animus,*, não o *animus domini,* mas uma vontade que a distinga de uma simples detenção em nome ou por conta de terceiro, ou seja, de *uma justaposição de uma coisa a uma pessoa.*

Elementos da posse: os elementos da posse são o *corpus* e o *animus* (não na perspectiva de Savigny, mas, sim, de Ihering, ou seja, é indissolúvel esses dois elementos). Na realidade, o *corpus* não é uma simples relação material, o fato de ter uma coisa em seu poder fático; é a manifestação exterior de uma vontade.

[1162] Moreira Alves, J. C., idem, p. 225, 226, 227 e 228.
[1163] Moreira Alves, J. C., idem, p. 63.

Ele não existe, portanto, sem o *animus*, que é vontade cujo *corpus* é a expressão exterior e visível.[1164]

O certo é que o nosso código adotou a teoria de Ihering, ou seja, é uma teoria objetivista.

Natureza jurídica da posse: O Código Civil brasileiro, embora tenha disciplinado a posse no Livro concernente aos direitos das coisas, ao enumerar os direitos reais, no art. 1.225, não a incluiu entre os direitos reais. Diante disso, para alguns doutrinadores a posse seria um *mero fato* e não *um direito*. Contudo, muito embora seja um fato, uma vez firmada nela a ordem jurídica, em atenção à paz social e à personalidade humana, respeita o que ela aparenta ser, reconhece o 'ius possessionis', o direito de posse, que os interditos defendem. A posse, para essa concepção, seria um estado de fato. Se a lei a protege, é visando a propriedade de que ela é manifestação. Assume, assim, o fato a posição de direito, não, propriamente, a categoria.[1165]

Contudo, muito embora a norma não exija o *animus domini*, o certo é que para ser possuidor há necessidade de que haja uma vontade de possuir, a *afectio possessionis*, pois se esse elemento subjetivo não existir, uma vez que a pessoa detém a coisa em nome ou por conta de outrem, estaremos diante da mera *detenção*. Segundo preceitua o art. 1.198, *"considera-se detentor aquele que, achando-se em relação de dependência para com outro, conserva a posse em nome deste e em cumprimento de ordens ou instruções suas"*.

O mero detentor não tem legitimidade para proteger sua detenção por meio dos *interditos possessórios*.

A posse adquirida mediante atos violentos ou clandestinos não induzem posse, salvo quando cessar a violência ou clandestinidade. Nesse sentido é o art. 1.208 do C.c.b.: *'não induzem posse os atos de mera permissão ou tolerância assim como não autorizam a sua aquisição os atos violentos, ou clandestinos, senão depois de cessar a violência ou a clandestinidade"*.

Também não induzem posse os atos de mera permissão ou tolerância do possuidor legítimo.

Assim, para ser possuidor, basta que haja o exercício pleno, ou não, de alguns dos poderes da propriedade, no caso, *usar, gozar ou dispor*. Tendo o locatário, o comodatário, o usufrutuário um dos poderes da propriedade, no caso, *usar ou gozar*, eles têm posse e podem protegê-la pelos interditos possessórios. Já outros doutrinadores entendem que a posse é um direito subjetivo, como observa Bon-

1164 Moreira Alves, José Carlos. *Posse*, Vol. II, 1º Tomo. Estudo Dogmático. Rio de Janeiro: Forense, 1990. p. 38.

1165 Moreira Alves, J.C., idem, p. 99.

fante, tendo em vista que a posse é, sim, um direito, uma vez que é defendida, tem a seu serviço a coação do Estado. Daí porque para Ihering a posse é um verdadeiro direito. Sabe-se que para Ihering o direito subjetivo corresponde a um interesse juridicamente protegido. E sendo a posse um interesse juridicamente protegido, pode-se dizer que ela é um direito subjetivo do possuidor.[1166]

Pressupostos da posse. Sujeito e objeto. Somente pode ser sujeito de posse aquele que possuir capacidade jurídica. Por isso, para Strohal o nascituro não pode ser possuidor, pois ainda não tem capacidade jurídica. No Brasil, Pontes de Miranda defende a tese contrária, no sentido de que a posse vai para o nascituro, como se já tivesse nascido, ou a quem, se o feto não nasce com vida, é herdeiro. O nascituro teria, pelo direito brasileiro, a capacidade especial. Trata-se como se fora já nascido. Não há direitos sem sujeitos, que o curador exerça; o curador representa o titular de tais direitos que é o nascituro.[1167]

Já para José Carlos Moreira Alves, o nascituro não pode ser possuidor, pois a personalidade jurídica da pessoa começa com o nascimento com vida. Por isso, muito embora a lei garanta os direitos eventuais do nascituro, isso não significa dizer que enquanto seja nascituro possa exercer esses direitos. Enquanto não nascer com vida, o nascituro teria apenas expectativas de direito.[1168]

Por sua vez, as coisas que podem ser objeto de posse. Tudo o que puder ser objeto de direito real também estará sujeito a ser objeto de posse. Assim, em princípio, no nosso sistema jurídico, podem ser objeto de posse as coisas corpóreas, sejam móveis, sejam imóveis.

As coisas corpóreas abarcam as matérias em estado gasoso (assim como o gás e o vapor), bem como as energias ou forças naturais, como a energia elétrica, pois umas e outras são susceptíveis de percepção pelos sentidos. O gás, o vapor, a energia elétrica, embora coisas corpóreas, só podem ser objetos de posse, como sucede com a água corrente, se, como diz Massineo, estiverem isoladas, isto é, colocadas dentro da esfera do usuário, com o que se realiza e entrega delas e se lhes adquire a posse. Já no tocante às coisas incorpóreas propriamente ditas o problema é mais complexo. São coisas incorpóreas certas entidades ou valores espirituais, que consistem em produtos da atividade intelectual do ser humano (obra de engenho, invenção industrial) ou idealizações (atividade criadora: criação artística, científica etc). Para Pontes de Miranda, o conceito de posse não se restringe apenas às coisas corpóreas, razão pela qual se possui o corpóreo como se possui o incorpóreo. No direito italiano, podem ser objeto de posse as

[1166] Moreira Alves, J. C., idem, p. 103.

[1167] Pontes de Miranda. *Tratado de direito privado.* Tomo X, §1.092, 2, p. 213.

[1168] Moreira Alves, J. C., op. cit., p. 140 e 141.

coisas incorpóreas. Por sua vez, na Alemanha prevalece a tese de que somente se admite posse sobre coisas corpóreas. Já para Moreira Alves, limita-se o objeto da posse às coisas corpóreas, móveis ou imóveis.[1169]

Posse direta e posse indireta. A posse direta, de pessoa que tem a coisa em seu poder, temporariamente, em virtude de direito pessoal, ou real, não anula a indireta, de quem aquela foi havida, podendo o possuidor direto defender a sua posse contra o indireto (art. 1.197 do C.c.b.).

A posse, segundo este preceito normativo, pode ser fragmentada, em posse direta e indireta.

No contrato de locação, por exemplo, o locador, proprietário do bem móvel ou imóvel, mantém no âmbito de seu poder a posse indireta, no caso, a posse decorrente do direito real de propriedade. Já o locatário, aquele que recebe o bem móvel ou imóvel em locação, recebe também com fundamento nesse direito pessoal (negócio jurídico contratual) a posse direta.

A posse direta também poderá ter por fundamento um direito real, como é o caso do usufrutuário, superficiário, do usuário, e daquele que recebe um bem para habitação.

Diante desse desdobramento da posse plena, o art. 1.197 C.c.b concebe a convivência harmônica e pacífica entre o detentor da posse indireta e o da posse direta, pois a posse direta, de pessoa que tem a coisa em seu poder temporariamente, em virtude de direito pessoal, ou real, não anula a indireta, de quem aquela foi havida.

Aliás, o possuidor direto somente tem posse, em rega, no caso de posse justa, uma vez que o possuidor indireto lhe ofertou tal possibilidade em razão de direito pessoal ou real.

E tanto o possuidor direto quanto o possuidor indireto podem defender a sua respectiva possa, pois assim estão legitimados pelo ordenamento jurídico.

É importante salientar que uma vez ocorrida a graduação da posse em direta e indireta, e cada uma delas podendo caber a um só possuidor ou a uma pluralidade de possuidores em composse (compossuidores), pode o possuidor direto, preenchidos os requisitos necessárias para o desdobramento, desdobrá-la novamente, passando a ser também possuidor indireto, embora em graduação diversa da que vem a ser ocupada pelo possuidor indireto anteriormente.[1170] Pense-se na hipótese da sublocação ou do usufrutuário que loca a coisa a terceiro.

Ao tratar da natureza da *posse indireta*, leciona José Carlos Moreira Alves: *"O possuidor direto, por ter poder de fato sobre a coisa objeto da posse direta, tem posse real,*

[1169] Moreira Alves, J. C., idem, p. 154 a 160.
[1170] Moreira Alves, J. C., idem, p. 443.

efetiva. Já no tocante à posse indireta, na realidade ela não é tão manifesta, pois o possuidor indireto, como tal, não tem a coisa em seu poder. Se a tem, ou é a título de servidor da posse direta, ou seja, de detentor (e isso porque nada impede que alguém, ao mesmo tempo e com relação à mesma coisa, seja possuidor indireto e detentor), ou, então, em decorrência de o desdobramento da posse entre ele e o possuidor direto se haver extinto, passando aquele – na ausência de desdobramento sucessivo – a ser possuidor pleno, ou – se houver outros possuidores indiretos em grau superior ao que ele tinha – a ser possuidor indireto, que, em razão disso, é denominado pelos autores germânicos (assim, entre muitos outros, Warneyer), 'mediador da posse'. Em virtude dessa característica da posse indireta, a doutrina alemã, desde a admissão do desdobramento da posse pelo BGB, diverge sobre sua natureza. Examinando a controvérsia, distingue Klein duas correntes que, a respeito, se digladiam. Para a primeira, que é vigorosamente sustentada por Wendt, a posse indireta não é posse verdadeira, como a do possuidor direto, mas somente ficção, cujo cerne é um direito de ação subsidiário: a ação possessória...A segunda corrente – que é dominante na doutrina germânica, sendo seguida por Dernburg, Crome, Gierke,Wolff-Raiser, Warneyer, Cosack-Mitteis, Viltor Bruns, Heck, Baur, Westermann – se manifesta no sentido de que não se deve dar ao elemento subjetivo da posse (sic) (o corpus) a significação estreita que lhe atribuem os partidários da primeira. Na posse mediata (ou indireta) há dominação espiritualizada da coisa, como salienta Wolff, razão por que se concede ao possuidor mediato (ou indireto) proteção possessória..." [1171]

Da composse. Estabelece o art. 1.199 do C.c.b, que se duas ou mais pessoas possuírem coisa indivisa, poderá cada uma exercer sobre ela atos possessórios, contando que não excluam os dos outros compossuidores.

Não se deve confundir a posse exclusiva, com a posse múltipla e com a composse.

Posse exclusiva é aquela em que uma única pessoa, física ou jurídica, tem sobre a mesma coisa posse plena, direta ou indireta.

Já a posse múltipla e a composse apresentam um ponto em comum, ou seja, de serem posses que apresentam mais de um possuidor sobre a mesma coisa. Contudo, elas não se confundem. Há posse múltipla, conforme leciona Wolff, em dois casos, no de *posse de parte real da coisa*, a que alude o §865 do Código Civil alemão, e em que sobre a mesma coisa há vários possuidores, tendo, porém, cada um posse sobre parte diversa da coisa) e no de *desdobramento da posse*, em que há no mínimo dois possuidores, o direto e o indireto.[1172]

A *composse*, por sua vez, conhecida pelos autores alemães como *posse simples*, dá-se de acordo com as características do condomínio. Ocorre quando duas ou

[1171] Moreira Alves, J. C., idem, p. 450 e 451.
[1172] Moreira Alves, J. C., idem, p. 476.

mais pessoas possuírem coisa indivisa, podendo cada uma exercer sobre ela atos possessórios, contando que não excluam os dos outros compossuidores.

Na composse, inclusive, dá-se o denominado *litisconsórcio ativo unitário facultativo,* no sentido de qualquer dos compossuidores pode ingressar isoladamente em juízo para defender a posse, sendo que a decisão aproveitará todos os demais compossuidores.

É importante salientar que é indispensável, na composse, que a posse em comum seja 'pro indiviso', isto é, que não haja posses localizadas com relação à coisa. Se isso ocorrer, o que se verifica, por exemplo, quando, com referência a um imóvel, cada compossuidor localiza sua posse que exerce exclusivamente sobre determinada parte dele, não há composse, mas, sim, posses exclusivas.[1173]

Legitima defesa da posse ou desforço imediato. O art. 1.210, §2º, trata de tutela jurídica outorgada ao próprio possuidor, sem necessidade de se valer do Estado Juiz. Entende-se por tutela jurídica a proteção do direito objetivo outorgada aos direitos subjetivos ou a qualquer forma de atuar lícito, sem necessidade de que haja intervenção do Poder Judiciário.

Trata-se daquilo que se denomina de ação de direito material, ou seja, a possibilidade de o próprio possuidor realizar a legítima defesa da posse de seus bens ou o desforço imediato, sendo esse exercício das próprias razões lícito e permitido pelo ordenamento jurídico.

Distingue-se a *legitima defesa da posse* do *desforço imediato* pelo momento em que se dá a tutela jurídica. Na legítima defesa da posse o possuidor age refutando ato de *turbação,* ou seja, ato que não obstante não retire do possuidor a posse de seus bens, perturba o livre exercício da posse (ex. pessoa que adentra no imóvel para retirar lenha, água, tenta modificar a cerca etc). Já o *desforço imediato* corresponde a uma tutela jurídica contra *ato de esbulho,* ou seja, ato que faz com que o legítimo possuidor perca a posse momentaneamente. Por isso, o possuidor somente poderá exercer a ação material de *desforço imediato,* desde que o faça *logo.*

Não será desforço imediato se a posse, mesmo que injusta, tenha de certa forma se consolidado nas mãos daquele que praticou o ato de esbulho.

Por fim, os atos de defesa, ou de desforço, não podem ir além do indispensável à manutenção, ou restituição da posse.

Posse justa e posse injusta. É *justa a posse* que não for violenta, clandestina ou precária (art. 1.200 do C.c.b). Por sua vez, será *injusta a posse* que for violenta, clandestina ou precária.

1173 MOREIRA ALVES, J. C., idem, p. 485.

Entende-se por posse violenta, aquela que é adquirida mediante utilização de meios violentos contra a pessoa, podendo essa violência ser física ou moral. É clandestina a posse que decorre de atos furtivos ou clandestinos do possuidor injusto, quando o proprietário não percebe o ingresso clandestino na posse de seus bens. É precária a posse que decorre da quebra de confiança, ou seja, aquela que é outorgada legitimamente, mas que não é devolvida no momento ou no prazo estipulado.

Posse de boa-fé e de má-fé. É de *boa-fé* se o possuidor ignora o vício, ou o obstáculo que impede a aquisição da coisa (art. 1.201 do C.c.b.). Assim, se o possuidor desconhece que a posse que está adquirindo advém de uma posse injusta, ou seja, decorrente de violência, clandestinidade ou precariedade, ou, ainda, que há obstáculos legais que impede a sua aquisição, esta posse é de boa-fé.

Segundo estabelece o art. 1.202 do C.c.b, a posse de boa-fé só perde este caráter no caso e desde o momento em que as circunstâncias façam presumir que o possuidor não ignora que possui indevidamente.

Efeito da posse. O principal efeito da posse é a possibilidade de o possuidor, seja ele justo, injusto, de boa-fé ou de má-fé, valer-se dos interditos possessórios, no caso, das demandas possessórias para proteger a posse.

Contudo, há outros efeitos importantes da posse; a) a possibilidade de usucapião; b) legítima defesa ou desforço imediato; c) direito de retenção; d) direitos aos frutos; e) responsabilidade por deterioração da coisa.

Demanda de natureza 'real' ou demanda de natureza 'pessoal'. Questiona-se se as demandas possessórias são reais ou pessoais. Para aqueles que entendem que a posse é um direito, pode-se afirmar que se trata de um direito real. Contudo, se o entendimento de que a posse é um mero fato e não um direito, então essa discussão não tem qualquer valor, pois a posse não será nem um direito real nem um direito pessoal, mas simplesmente um fato.

Contudo, essa discussão de demanda de natureza real ou pessoal poderia interferir na questão da delimitação do polo ativo e passivo das demandas possessórias, ou seja, se casado for o possuidor, haveria necessidade de participação na relação jurídica processual de seu cônjuge. Contudo, esta questão está bem definida pelo art. 73, §2º do atual C.P.C.:

> *"Nas ações possessórias, a participação do cônjuge do autor ou do réu somente é indispensável nos casos de composse ou de atos por ambos praticados".*

Diante dessa perspectiva normativa, parece-me que tem razão Adroaldo Furtado Fabrício quando afirma: *"Consagrou-se, assim, em sede legislativa, a solução que sempre havíamos preconizado, desde a primeira edição deste livro, e que já vinha alcançando a preferência dos pretórios, mesmo quando interpretavam e aplicavam o texto ori-*

ginal do Código. Sob outros ângulos de análise, porém, o tema conserva sua importância. Com efeito, do nosso ponto de vista, as ações possessórias não envolvem de modo algum 'ius in re'. Esses interditos visam tão-somente preservar ou restaurar um estado de fato ameaçado ou inovado arbitrariamente. Repetindo a já citada lição de Benedetti, 'em el debate posesorio no se juzga sobre el derecho, sino sobre una conducta'. A presença do cônjuge no processo só se justificará na medida em que seja também ele possuidor, ou ofensor da posse, caso em que o fundamento será encontrado no inciso II e não no inciso I do parágrafo do art. 10 – exatamente como dispõe o texto reformado".[1174]

Pelo C.P.C. de 1973, as causas referentes ao arrendamento rural e parceria agrícola estavam sujeitas ao procedimento sumário do art. 275, inc. II, letra 'a'. Contudo, com a extinção do procedimento sumário pelo novo C.P.C., essas causas também podem ser objeto do procedimento especial das ações possessórias.

Por outro lado, tendo em vista que o art. 275, inc. II, foi revogado, parece-me que as causas descritas neste dispositivo não são mais da competência dos Juizados Especiais, conforme estabelecia o art. 3º, inc. II, da Lei n. 9.099/95.

Permanece, contudo, a competência dos juizados especiais para as ações possessórias sobre bens imóveis de valor não excedente a quarenta salários mínimos, no caso de juizados estaduais, ou sessenta salários mínimos, no caso de juizados federais (art. 3º, inc. IV da Lei 9.099/95).

2. Fungibilidade das demandas possessórias

A propositura de uma ação possessória em vez de outra não obstará a que o juiz conheça do pedido e outorgue a proteção legal correspondente àqueles cujos requisitos estejam provados.

Segundo estabelece o *art. 1.210* do C.c.b., *o possuidor tem direito a ser mantido na posse em caso de turbação, restituído no de esbulho, e segurado de violência iminente, se tiver justo receio de ser molestado.*

A ofensa da posse pode ensejar diversas formas de sua proteção, inclusive por meio de tutela jurídica e não jurisdicional como é o caso da legitima defesa da posse e do desforço imediato.

No âmbito das demandas judiciais que podem defender a possa estariam os embargos de terceiro senhor e possuidor, tratados em tópico separado no atual C.P.C.

O art. 554 do atual C.P.C., contudo, trata das demandas possessórias em *sentido estrito*, reconhecidas pelo código como sendo as demandas de: *reintegração de posse; manutenção de posse* e *interdito possessório*.

[1174] Fabrício, Adroaldo Furtado. *Comentários ao código de processo civil.* Vol. VIII. Tomo III (art. 890 a 945), 8ª ed., Rio de Janeiro: Forense, 2002. p. 392.

Nesse capítulo não se inclui mais a ação de *imissão de posse*, que o código de 1939 contemplava entre as ações possessórias.

Na realidade a *imissão de posse* não se inclui entre as demandas possessórias propriamente ditas, mas, sim, no *ius possidendi*.

É importante lembrar que o interdito romano, *adspiciendae possessionis*, apresenta semelhança com a atual demanda de imissão na posse, uma vez que não visava a defesa ou proteção da posse, mas à sua obtenção, tendo em vista que a pessoa que utilizava desse interdito ainda não detinha posse.[1175]

As três tutelas jurisdicionais de proteção da posse correspondem ao grau de periculosidade à posse, no caso, o esbulho, a turbação e ameaça.

O esbulho corresponde ao ato em que o possuidor é destituído da sua posse, retirando de suas mãos o poder inerente a algumas das prerrogativas do proprietário, poder esse fático que exercia sobre a coisa. No esbulho há perda da posse.

O ato de turbação não acarreta a perda da posse, mas dificulta ou embaraça o seu exercício. Os atos turbativos privam o possuidor da utilização plena dos poderes inerentes à propriedade.

Já o ato de ameaça não caracteriza nem turbação, muito menos esbulho. Trata-se de um ato de mera ameaça, sem atos concretos, seja de turbação ou de esbulho, visando à restrição ao exercício de poder fático. Normalmente manifesta-se por palavras, gestos ou qualquer outra forma que simbolize a efetiva e real ameaça.

A zona limítrofe entre essas três demandas possessórias, *reintegração de posse (recuperandae possessioni)*, *manutenção de posse (retinandae possessionis)* e *o interdito proibitório* por vezes é inconsistente e sujeita a modificação constante, razão pela qual o art. 554 do atual C.P.C. estabelece que a propositura de uma ação possessória em vez de outra não obstará a que o juiz conheça do pedido e outorgue a proteção legal correspondente àquela cujos requisitos estejam provados.

Assim, se a parte autora, ao invés de ingressar com uma demanda possessória de reintegração de posse, realiza um pedido de manutenção de posse ou de interdito proibitório, está autorizado o juiz conhecer do pedido e outorgar a proteção legal correspondente àqueles cujos requisitos estejam provados, no caso, uma proteção contra ato de esbulho, concedendo a *reintegração de posse* que deveria ter sido o objeto real do pedido.

[1175] Santos, Gildo dos. Imissão na posse. Aspectos processuais. *In* vol. *Posse e Propriedade.* Org. Yussef Said Cahali, São Paulo, 1987. p. 443.

3. Legitimidade para as demandas possessórias

Legitimação ativa. A legitimação para a propositura de eventual demanda possessória pressupõe que o autor, antes do esbulho, tenha sido efetivo possuidor (seja justo ou injusto), ou, ainda, que detenha a posse diante da turbação ou da ameaça.

A legitimação pode decorrer de posse direta ou indireta (por exemplo, locador e locatório).

A legitimação também ocorre em relação ao possuidor direto contra o possuidor indireto. É o caso de o locatário ingressar com demanda possessória de manutenção de posse contra o locador que está importunando sua posse sem justa causa.

A doutrina admite a legitimação ativa para a demanda de reintegração de posse aos sucessores do possuidor esbulhado.[1176]

Legitimação passiva. É legitimado para participar da ação possessória aquele que praticou o esbulho, a turbação ou ameaça.

Também está legitimado o sucessor *a título singular ou universal.* É o que estabelece o art. 1.203 do C.c.b.: *"Salvo prova em contrário, entende-se manter a posse o mesmo caráter com que foi adquirida"*. Por sua vez, estabelece o art. 1.206 do C.c.b. *"A posse transmite-se aos herdeiros ou legatários do possuidor com os mesmos caracteres"*.

Evidentemente, nas hipóteses do art. 1.203 e 1.206 do C.c.b. é necessário que tenha havido o esbulho, pois somente assim o atual possuidor poderá transferir sua posse a título singular ou universal.

Também pode ser réu em demanda possessória o Poder Público, quando este pratica esbulho, turbação ou ameaça ilegal ou ilegítima.[1177]

Adroaldo Furtado Fabrício, em comentário ao C.P.C. de 1973, assim se manifestou sobre o instituto de *nomeação a autoria* nas demandas possessórias: *"Se o demandado é simples detentor, 'nomeia a autoria' o possuidor verdadeiro (art. 62); se é possuidor direito apenas, 'denuncia a lide' ao possuidor indireto (art. 70, II)... O detentor em nome alheio, 'que não tem posse sua a defender', que não é senão 'longa manus', instrumento do verdadeiro possuidor, deve fazer-se substituir por este na relação processual. Já o possuidor direto, com perdão da tautologia, 'tem posse', e, pois, não há erro no endereçamento da demanda; contudo, como sua posse é derivada, cabe-lhe trazer ao processo o 'outro possuidor', aquele que se acha acima dele no escalonamento possessório – mas não para que*

[1176] Hanada, Nelson. O possuidor esbulhado na posse e a legitimação de seu sucessor para a cão de reintegração de posse. *In. Revista de Processo,* São Paulo, R.T., n. 26. p. 75.
[1177] Fabrício, A. F., *op. cit.*, p. 396.

o substitua, e sim para que 'com ele' responda à ação principal e 'perante ele' responda pela 'pequena evicção' de que se vê ameaçado o possuidor direto".[1178]

Com o novo C.P.C., sendo o *detentor* citado em nome próprio, poderá ele, na *contestação*, alegar ser parte ilegítima, conforme preceitua o art. 338 do atual C.P.C, a saber: *alegando o réu, na contestação, ser parte ilegítima ou não ser o responsável pelo prejuízo invocado, o juiz facultará ao autor, em 15 (quinze) dias, a alteração da petição inicial para substituição do réu.*

Já se o citado na demanda de natureza possessória for um *possuidor direto*, poderá ele, se for o caso, valer-se do disposto no art. 125, inc. II, que trata do instituto da denunciação da lide ou em garantia:

> *Art. 125. É admissível a denunciação da lide, promovida por qualquer das partes:*
> *I – ao alienante imediato, no processo relativo à (...).*
> *II – àquele que estiver obrigado, por lei ou pelo contrato, a indenizar, em ação regressiva, o prejuízo do que for vencido no processo.*

Muitas vezes a lei ou o contrato estabelece que o possuidor indireto (por exemplo locador) deverá entregar o bem para uso do locatário livre e desembaraçado durante o tempo de locação. Se assim estabelecer a lei ou o contrato, o locador deverá indenizar o locatário pela perda antecipada da posse.

Uma importante inovação encontra-se no *§1º do art. 554* do atual C.P.C., ao estabelecer *que no caso de ação possessória em que figure no polo passivo grande número de pessoas, serão feitas a citação pessoal dos ocupantes que forem encontrados no local e a citação por edital dos demais, determinando-se, ainda, a intimação do Ministério Público e, se envolver pessoas em situação de hipossuficiência econômica, da Defensoria Pública.*

Por vezes, observa-se que invasões de áreas ou prédios alheios ocorrem mediante ocupação de grande número de pessoas, muitas vezes envolvidas em movimentos sociais, como os 'sem teto', 'sem terra' etc.

Diante da amplitude subjetiva da invasão, havia grande dificuldade para o autor identificar ou mesmo localizar cada um dos invasores a fim de indicar com segurança o polo passivo da demanda possessória.

Agora, no caso de ação possessória em que figure no polo passivo grande número de pessoas, será feita a citação pessoal dos ocupantes que forem encontrados no local e a citação por edital dos demais.

Para fim da citação pessoal prevista no §1º, o oficial de justiça procurará os ocupantes no local por uma vez, citando-se por edital os que não forem encontrados. (*§2º do art. 554* do atual C.P.C.).

[1178] Fabrício, A. F., idem, p. 397.

Permite-se, portanto, a citação por edital dos invasores desconhecidos ou que não forem localizados na área invadida quando da citação.

Deverá ainda ser determinada a intimação do Ministério Público e, se envolver pessoas em situação de hipossuficiência econômica, a Defensoria Pública. Com isso supre-se qualquer alegação de mácula ao contraditório ou à ampla defesa.

O juiz deverá determinar que se dê ampla publicidade da existência da ação prevista no § 1º e dos respectivos prazos processuais e, podendo, para tanto, valer-se de anúncios em jornal ou rádio locais, da publicação de cartazes na região do conflito e de outros meios (*§3º do art. 554* do atual C.P.C.).

Art. 555

É lícito ao autor cumular ao pedido possessório o de:

I – condenação em perdas e danos;

II – indenização dos frutos.

Parágrafo único. Pode o autor requerer, ainda, imposição de medida necessária e adequada para:

I – evitar nova turbação ou esbulho;

II – cumprir-se a tutela provisória ou final.

Sumário:

1. Cumulação de pedidos **2.** Medidas preventivas e coercitivas

1. Cumulação de pedidos

É lícito ao autor cumular ao pedido possessório o de condenação em perdas e danos e indenização dos frutos.

Este dispositivo vem reforçar nossa perspectiva de que as ações não são subdividas, mas, sim, as demandas. Tanto é que o art. 555 do atual C.P.C. não fala em cumulação de ações, mas em cumulação de pedidos.

Sabe-se que os requisitos específicos para cumulação de pedidos encontram-se no art. 327, §1º, incs. I a III do atual C.P.C., a saber:

> *Art. 327. É lícita a cumulação, em um único processo, contra o mesmo réu, de vários pedidos, ainda que entre eles não haja conexão.*
>
> *§ 1º São requisitos de admissibilidade da cumulação que:*

I – os pedidos sejam compatíveis entre si;

II – seja competente para conhecer deles o mesmo juízo;

III – seja adequado para todos os pedidos o tipo de procedimento.

§ 2º Quando, para cada pedido, corresponder tipo diverso de procedimento, será admitida a cumulação se o autor empregar o procedimento comum, sem prejuízo do emprego das técnicas processuais diferenciadas previstas nos procedimentos especiais a que se sujeitam um ou mais pedidos cumulados, que não forem incompatíveis com as disposições sobre o procedimento comum.

§ 3º O inciso I do § 1º não se aplica às cumulações de pedidos de que trata o art. 326.

Na hipótese do art. 555 do atual C.P.C., evidencia-se uma acumulação de pedidos de procedimentos diversos, no caso, as demandas possessórias que adotam o procedimento especial e a demanda indenizatória que em tese segue o rito comum.

Assim, se houver cumulação de pedidos, deve-se observar o procedimento comum, sem prejuízo do emprego das técnicas processuais diferenciadas previstas no procedimento especial.

O *inc. I do art.* 555 do atual C.P.C. permite a cumulação de pedido possessório com o de perdas e danos.

As perdas e danos decorrem do esbulho, da turbação ou da ameaça da posse do autor. É bem verdade que em relação à última hipótese fica um pouco difícil provar eventuais danos, pois para que se possa falar em simples ameaça, o pressuposto é que o possuidor ainda não tenha sido molestado materialmente em sua posse. Por isso, é difícil imaginar que a simples iminência da ofensa possa gerar algum dano econômico, pois o prejuízo existe e decorre de já ter sido tolhido o possuidor no exercício do seu poder de fato, caso em que já se terá caracterizado, no mínimo, a turbação, ou tudo se acha ainda no terreno da ameaça, e o que pode haver é perigo de dano e não sua efetiva concretização.[1179] Contudo, muito embora a simples ameaça não enseja eventual dano material, é possível a configuração de dano moral.

Estabelece o art. 1.212 do C.c.b. que o possuidor pode intentar a ação de esbulho, ou a de indenização, contra o terceiro que recebeu a coisa esbulhada sabendo que o era.

[1179] Fabrício, A. F., idem, p. 410.

Assim, a indenização pode ser requerida tanto contra o autor do esbulho, da turbação ou da ameaça, assim como contra terceiro que recebeu a coisa esbulhada sabendo que o era.

O *inc. II do art.* 555 do atual C.P.C. fala também na indenização dos frutos.

Em relação aos *frutos pendentes*: os frutos pendentes ao tempo em que cessar a boa-fé devem ser restituídos, depois de deduzidas as despesas de produção e custeio; devem ser restituídos também os frutos colhidos com antecipação (p.u. do art. 1.214 do C.c.b.).

Em relação aos *frutos colhidos e percebidos*: o possuidor de má-fé responde por todos os frutos colhidos e percebidos, bem como pelos que, por culpa sua, deixou de perceber, desde o momento em que se constituiu de má-fé; tem direito às despesas da produção e custeio (art. 1.216 do C.c.b.).

Em relação *à perda, ou deterioração da coisa*: o possuidor de má-fé responde pela perda, ou deterioração da coisa, ainda que acidentais, salvo se provar que de igual modo se teriam dado, estando ela na posse do reivindicante (art. 1.218 do C.c.b.).

Em relação às *benfeitorias*: ao possuidor de má-fé serão ressarcidas somente as benfeitorias necessárias; não lhe assiste o direito de retenção pela importância destas, nem o de levantar as voluptuárias (art. 1.220 do C.c.b.). As benfeitorias compensam-se com os danos, e só obrigam ao ressarcimento se ao tempo da evicção ainda existirem (art. 1.221 do C.c.b.). O reivindicante, obrigado a indenizar as benfeitorias ao possuidor de má-fé, tem o direito de optar entre o seu valor atual e o seu custo; ao possuidor de boa-fé indenizará pelo valor atual (art. 1.222 do C.C.b.).

A indenização abrange tanto os danos emergentes quanto os lucros cessantes, podendo, ainda, corresponder aos danos morais causados ao proprietário ou ao legítimo possuidor.

É importante salientar que o pedido de indenização por perdas e danos não é *implícito*, devendo ser expressamente cumulado com o pedido possessório, sob pena de o juiz não poder dele conhecer.

O pedido de indenização pode ser em quantia certa ou apurável por ocasião da liquidação.

2. Medidas preventivas e coercitivas

Pode o autor requerer, ainda, cumulativamente, imposição de medida necessária e adequada para: I – evitar nova turbação ou esbulho; II – cumprir-se tutela provisória ou final

O inc. I do p.u. do art. 555 do atual C.P.C. permite a cumulação de pedido possessório com medidas coercitivas que possam evitar nova turbação ou esbulho.

Dentre essas medidas encontra-se a incidência de multa diária.

Trata-se de um pedido cominatório de aplicação de *astreintes*, ou seja, de multa imposta ao réu por cada ato de turbação ou de esbulho que venha novamente a praticar contra a posse do autor.

Ressalte-se que no interdito proibitório a cominação de multa é da essência da própria demanda, sob pena de a tutela jurisdicional ali concedida tornar-se ineficaz.

Em se tratando de turbação ou de esbulho o pedido de cominação de sanção é facultativo.

Discute-se na doutrina se é lícito o juiz cominar uma pena na hipótese de o réu infringir o mandado *liminar* de reintegração ou de manutenção de posse. Adroaldo Furtado Fabrício não vê óbice, uma vez que se trata de providência sem dúvida útil e afinada com o espírito da lei.[1180]

Por sua vez, prescreve o art. 80, inc. IV do atual C.P.C.:

> *Art. 80. Considera-se litigante de má-fé aquele que:*
>
> *(...).*
>
> *IV – opuser resistência injustificada ao andamento do processo".*
>
> *Por outro lado, preceitua o art. 77, inc. IV e §§1º e 2º do atual C.P.C.:*
>
> *Art. 77. Além de outros previstos neste Código, são deveres das partes, de seus procuradores e de todos aqueles que de qualquer forma participem do processo:*
>
> *(...).*
>
> *IV – cumprir com exatidão as decisões jurisdicionais, de natureza provisória ou final, e não criar embaraços a sua efetivação;*
>
> *(...).*
>
> *§ 1º Nas hipóteses dos incisos IV e VI, o juiz advertirá qualquer das pessoas mencionadas no caput de que sua conduta poderá ser punida como ato atentatório à dignidade da justiça.*
>
> *§ 2º A violação ao disposto nos incisos IV e VI constitui ato atentatório à dignidade da justiça, devendo o juiz, sem prejuízo das sanções criminais, civis e processuais cabíveis, aplicar ao responsável multa de até vinte por cento do valor da causa, de acordo com a gravidade da conduta.*

O inc. II do p.u. do art. 555 do atual C.P.C. permite a cumulação de pedido possessório com medidas para o cumprimento de tutela provisória ou final.

[1180] Fabrício, A. F., idem, p. 411.

Assim, poderão ser concedidas medidas previstas no cumprimento de tutelas de fazer ou não fazer, incluído aí também a aplicação de multa coercitiva.

Poderá ser concedida, também, a concessão de tutela provisória antecipada ou medida liminar da pretensão possessória formulada, com a única diferença de que a parte autora não precisará comprovar o *periculum in mora*.

Art. 556

É lícito ao réu, na contestação, alegando que foi o ofendido em sua posse, demandar a proteção possessória e a indenização pelos prejuízos resultantes da turbação ou do esbulho cometido pelo autor.

Característica *dúplice* das demandas possessórias

Em regra, na configuração da relação jurídica processual, o autor é que formula pretensão de direito material e processual contra o réu. Daí porque o autor formula pedido de procedência, enquanto que o réu formula pedido de improcedência. Em regra, pode-se afirmar que o Direito Material é que estabelece a polarização ativa e passiva da relação jurídica processual.

Sob a égide do C.P.C. de 1973, era possível o réu formular pretensão contra o autor mediante reconvenção e nas denominadas demandas *dúplice*, ou nas hipóteses em que se poderia utilizar do chamado *pedido contraposto*.

Com a entrada em vigor do novo C.P.C., permanece a possibilidade de o réu formular pedido contra o autor por meio da reconvenção.

O legislador, em relação às ações possessórias, permite que o réu usufrua da característica dúplice das demandas possessórias, permitindo-lhe que na própria contestação argua que fora ofendido em sua posse, podendo demandar a proteção possessória e a indenização pelos prejuízos resultantes da turbação ou do esbulho cometido pelo autor.

Percebe-se, portanto, que nas demandas possessórias a finalidade primordial é a identificação da 'melhor posse', pouco importando que essa melhor posse esteja com o autor ou com o réu.

O réu fará seu pedido *contraposto* na própria contestação, podendo também cumular o pedido de *reintegração,* manutenção *de posse ou de interdito proibitório* com o de *indenização pelos prejuízos que tenha ou venha a sofrer* pelo ato turbativo ou de ameaça do autor.

Em que pese o dispositivo somente faça menção aos atos turbativos ou de esbulho, também o réu poderá formular em sua contestação pedido contraposto em decorrência de mera *ameaça* praticada pelo autor.

Não obstante o dispositivo tenha feito menção apenas à cumulatividade do pedido possessória com o pedido de indenização, nada impede que o réu também promova a cumulação do pedido possessório com as outras hipóteses previstas nos incisos II e III do art. 555 do atual C.P.C.

Afirma Adroaldo Furtado Fabrício que a faculdade outorgada ao réu não autoriza concessão a ele de *liminar* possessória, pois a contestação alcança o procedimento já *ordinarizado*. Segundo o processualista gaúcho, o retorno à fase preliminar, por hipótese já vencida, representaria perturbação grave e desnecessária.[1181]

Contudo, não obstante o entendimento de Adroaldo F. Fabrício, o certo é que a lei não poderá excluir da apreciação do Poder Judiciário lesão *ou ameaça* de lesão a direitos. Sendo assim, se é lícito ao réu formular pretensão material e processual em relação ao autor por meio do pedido contraposto inserido na própria contestação, também poderá ele requerer liminar para a manutenção, reintegração ou mesmo para impedir o prosseguimento de ameaça à sua posse, desde que se esteja diante de posse com menos de ano e dia, ou seja, posse nova.

Evidentemente que essa possibilidade legal de formular pedido contraposto não deixa de ser mera faculdade outorgada ao réu. Poderá ele, se assim desejar, promover demanda própria possessória com pedido de indenização, quando as duas demandas deverão correr conjuntamente em razão da conexão.

Sobre o tema, eis o seguinte precedente do S.T.J.:

> *I – A ação possessória julgada improcedente não tem o condão de convalidar a posse do réu se este assim não requereu expressamente em sede de contestação. Caráter dúplice da ação possessória.*
>
> *Inteligência do artigo 922 do Código de Processo Civil.*
>
> *II – Legalidade do ato judicial que, em paralelo processo executivo fiscal, determina a imissão do arrematante no bem litigioso, sobretudo se o terceiro interessado, réu daquela ação possessória, intimado dos leilões designados, manifestou desinteresse sobre a questão.*
>
> *III – Inviável, em sede de mandado de segurança, dilação probatória para verificação da qualidade da posse alegada, não comprovada de plano.*
>
> *Nego provimento ao recurso.*
>
> (RMS 20.626/PR, Rel. Ministro PAULO FURTADO (DESEMBARGADOR CONVOCADO DO TJ/BA), TERCEIRA TURMA, julgado em 15/10/2009, DJe 29/10/2009)

[1181] Fabrício, A. F., idem, p. 418.

Art. 557

Na pendência de ação possessória é vedado, tanto ao autor quanto ao réu, propor ação de reconhecimento do domínio, exceto se a pretensão for deduzida em face de terceira pessoa.

Parágrafo único. Não obsta à manutenção ou à reintegração de posse a alegação de propriedade ou de outro direito sobre a coisa.

Alegação de domínio na demanda possessória

Na pendência de ação possessória é vedado, assim ao autor como ao réu, propor ação de reconhecimento do domínio.

Encontra-se a mesma regra no art. 705 (Proibição de propor juízo petitório) do C.P.C. italiano: "*O réu no juízo possessório não pode propor juízo petitório, até que o primeiro juízo não seja definitivo e a decisão não tenha sido executada. O réu pode todavia propor o juízo petitório quando demonstra que a execução do provimento possessório não pode cumprir-se por fato do autor*".

Muito embora este dispositivo faça menção à propositura de demanda de domínio na pendência de demanda possessória, esta regra também abrange a proibição de cumulação de pedidos pertinentes à posse e ao domínio, no mesmo processo.

Essa delimitação decorre da própria classificação da *cognição* realizada no âmbito da tutela jurisdicional.

Sabe-se que no âmbito horizontal a cognição pode ser *plena ou plenária ou limitada*.

A cognição horizontal plena ou plenária é aquela em que o juiz pode analisar todo o tipo de questão de fato e de direito trazida pela parte no âmbito da relação jurídica processual.

Por sua vez, a cognição horizontal limitada é aquela em que determinada questão de fato ou jurídica não pode ser analisada pelo juiz em face de proibição legal.

A proibição normativa que impede que o juiz, no âmbito das demandas possessórias, analise a questão de domínio é justamente uma espécie de cognição horizontal limitada.

Este preceito normativo busca justamente impedir ao mesmo tempo a discussão sobre a posse e sobre o domínio em relação à mesma coisa, seja no mesmo processo ou em processo separado.

No juízo possessório discute-se o *ius possessionis*, enquanto que no juízo petitório discute-se o *ius possidendi*. No primeiro o exercício da posse se dá como um poder fático sobre a coisa, enquanto que no segundo é a posse como exercício do direito de propriedade. Isso significa dizer que a posse, como *ius possessionis* pode ser exercida por pessoa diversa daquela que detém o direito de propriedade.

Atualmente, a doutrina continua a insistir na preservação da pureza dos meios possessórios como instrumento da posse em si mesma, sem admitir no âmbito dos interditos qualquer alegação de domínio. Apoia-se principalmente na ideia de que o esbulhador, mesmo titular do *ius possidendi*, tem de restituir o bem ao primeiro, ainda que podendo reivindicar depois.[1182] Isso ocorre, inclusive, em relação ao bem público, conforme estabelece o seguinte precedente do S.T.J.:

> *– Mesmo que se trate de bem público, ação possessória não admite oposição louvada em propriedade de imóvel.*
>
> (REsp 493.927/DF, Rel. Ministro HUMBERTO GOMES DE BARROS, TERCEIRA TURMA, julgado em 07/12/2006, DJ 18/12/2006, p. 361)

Contudo, a doutrina, a fim de harmonizar o disposto no revogado art. 505 do Código Civil de 1916, e optando pela relativização do dispositivo em comento, permitiu a *exceptio proprietatis* nas ações possessórias quando: a) a posse em si mesma fosse duvidosa, por não haver nenhum dos litigantes conseguido comprovar que efetivamente possuía de fato a coisa; b) ambos os litigantes disputam a posse com base no direito de propriedade, ou seja, invocam a propriedade como fundamento da posse. Nesse sentido é a Súmula 487 do S.T.F.: *"Será deferida a posse a quem, evidentemente, tiver o domínio; se com base neste for ela disputada"*. No mesmo sentido é o seguinte precedente do S.T.F.:

> *1. Ação possessória. exceção de domínio evidente. código civil, art. 505, parte final. súmula, verbete 487. A jurisprudência do stf firmou o entendimento de que é admissível a exceptio proprietatis em ação possessória quando as partes disputam a posse mediante alegação de domínio. Precedentes da corte redigidos por Pedro Lessa e Orosimbo nonato. 2. recurso extraordinário não conhecido.*
>
> (RE 67343, Relator(a): Min. ANTONIO NEDER, Primeira Turma, julgado em 04/03/1975, DJ 04-04-1975 PP-02046 EMENT VOL-00979-01 PP-00204)

No mesmo sentido também são os seguintes precedentes do S.T.J.:

[1182] Fabrício, A. F., idem, p. 423.

(...).

2. Em regra, descabe discutir o domínio em ação possessória, exceto se ambos os litigantes disputam a posse sob a alegação de propriedade ou quando duvidosas ambas as posses suscitadas.

Precedentes.

(...).

(AgRg no AREsp 238.530/RJ, Rel. Ministro ANTONIO CARLOS FERREIRA, QUARTA TURMA, julgado em 19/02/2013, DJe 27/02/2013)

(...).

3. O acórdão recorrido encontra-se em consonância com o entendimento desta Corte no sentido de que "a proteção possessória independe da arguição de domínio, salvo se ambos os litigantes disputam a posse com base na alegação de propriedade ou quando há dúvidas quanto a posse, o que não ocorre no caso vertente, em que não se vislumbra a litigância do desfrute possessório a título de domínio e exclusivamente a este título.". Em conclusão, em se tratando de ação possessória, não se discute o domínio sobre os bens em comento, mas tão-somente a posse exercida sobre eles.

4. Recurso especial parcialmente conhecido e, nesta parte, não provido.

(REsp 1141098/RS, Rel. Ministro MAURO CAMPBELL MARQUES, SEGUNDA TURMA, julgado em 16/12/2010, DJe 08/02/2011)

Evidentemente, nessas hipóteses a questão do domínio fica limitada *à cognitio* e não ao *iudicium*. Mas nada impede que o juiz declare por sentença também a questão de domínio, fazendo coisa julgada material.

O novo C.P.C., na parte final do art. 557, também permite a propositura de demanda de reconhecimento de domínio na pendência da demanda possessória quando a pretensão for deduzida em face de terceira pessoa que não o réu possuidor.

Assim, nada impede que o autor ou mesmo o réu promovam demanda dominial em relação a terceiro, mesmo que ainda esteja em trâmite demanda possessória.

O Pretório Excelso já havia analisado a constitucionalidade do art. 923 do C.P.C. revogado, na RE 87.344, rel. Min. Moreira Alves, RTJ, n. 91, p. 594.

Em data posterior, a 2ª Turma do S.T.F. foi explícita ao ressalvar que a vedação do artigo supunha a pendência de 'processo possessório fundado em alegação de domínio" (RE n. 89.179-O-PA).

No caso de haver infração à proibição de propositura de demanda de domínio quando pendente demanda possessória, qual seria a consequência legal? De plano, descarta-se a alegação de *litispendência*, pois não se fazem presentes os *essentialia* desta, pois não há identidade de pedidos. O que cabe à parte alegar é a ausência de pressuposto de constituição válida do processo. A regra em referência criou um *pressuposto processual negativo* para a demanda de 'reconhecimento de domínio', qual seja, a inexistência de processo em que as mesmas partes disputem a posse, sob invocação de domínio, do mesmo bem.[1183]

Estabelece o art. 1.210, §2º do C.c.b.: *"Não obsta à manutenção ou reintegração na posse a alegação de propriedade, ou de outro direito sobre a coisa".*

Também o *parágrafo único do art.* 557 do atual C.P.C. é claro ao estabelecer que *não obsta à manutenção ou à reintegração de posse a alegação de propriedade ou de outro direito sobre a coisa.*

Por isso, terá o possuidor o direito de defender sua posse em relação ao possuidor indireto, como ocorre quando o locador pratica esbulho ou turbação em relação à posse legítima do locatário.

Art. 558

Regem o procedimento de manutenção e de reintegração de posse as normas da Seção II deste Capítulo quando proposta dentro de ano e dia da turbação ou do esbulho afirmado na petição inicial.

Parágrafo único. Passado o prazo referido no caput, será comum o procedimento, não perdendo, contudo, o caráter possessório.

Posse nova e posse velha

O art. 558 do atual C.P.C. apresenta uma classificação da posse há muito utilizada na doutrina e na dogmática jurídica, qual seja, a distinção entre *posse nova* e *posse velha.*

Entende-se por *posse velha* aquela que é superior a um ano e um dia; por sua vez, entende-se por *posse nova* aquela que é inferior a um ano e um dia.

Essa distinção entre posse nova e posse velha repercutiu inclusive nos interditos, ou seja, ações de força nova e ações de força velha, submetendo-se as primeiras ao rito sumário e as últimas ao rito ordinário.

Posteriormente, ao invés do rito sumário e ordinário, passou a diferença ser de procedimento comum ordinário e procedimento especial, permitindo-se neste último a concessão de mandado liminar de reintegração ou de manutenção *initio litis* quando se tratasse de demanda de 'força nova'.

[1183] Fabrício, A. F., idem, p. 435.

Assim, se o ato de esbulho ou de turbação fosse praticado a menos de ano e dia, o legítimo possuidor poderia valer-se dos interditos possessórios pelo rito especial, inclusive requerendo liminarmente a manutenção ou a reintegração da posse.

Em relação à contagem do prazo de ano e dia, a data a ser considerada como de turbação ou de esbulho é aquela em que se consuma e concretiza a ofensa à posse; enquanto o possuidor está resistindo por seus próprios meios, reagindo às investidas de outrem, ainda não se consumou a situação fática considerada. Só a partir do momento em que ocorre a efetiva perda da posse (no esbulho) ou a limitação ao seu livre exercício (na turbação), o prazo começa a fluir.[1184]

Contudo, se o ato de esbulho ou de turbação for praticado na ausência do possuidor e sem seu imediato conhecimento, aplica-se o art. 1.224 do C.c.b.: *Só se considera perdida a posse para quem não presenciou o esbulho, quando, tendo notícia dele, se abstém de retornar a coisa, ou, tentando recuperá-la, é violentamente repelido.* Muito embora este dispositivo fale apenas em perda da posse, a doutrina também o aplica para o caso de turbação da posse. Evidentemente, não pode correr prazo algum em relação à pessoa que ignora o fato a partir do qual começaria a correr o prazo contra si. O mesmo ocorre no caso de turbação ou esbulho realizado de forma clandestina, enquanto não cessar a clandestinidade e o ato não chegar ao conhecimento do legítimo possuidor. Ressalvam-se apenas os atos de desconhecimentos que possam ser imputáveis por negligência do legítimo possuidor.

É importante ressaltar que se existem vários atos turbativos, sendo os posteriores mera continuação dos primeiros, como, por exemplo, quando o turbador transita pelo imóvel contra a vontade do possuidor, ou aí colhe frutos, a turbação é uma só, e o prazo não se pode considerar reaberto a cada reiteração. Mas, se ao contrário, os atos são entre si independentes e autônomos, sem se ligarem uns aos outros pela nota de continuidade (por exemplo, o turbador tenta deslocar um tapume divisório); depois colhe frutos, em outra oportunidade solta animais no terreno alheio, cada um deles representa e concretiza uma nova turbação, e o fato de se haver escoado desde o primeiro tempo superior a ano e dia não retira ao ofendido a ação de força nova, desde que da turbação invocada como fundamento do pedido não haja decorrido o prazo.[1185]

É importante salientar que a efetiva diferença entre as demandas de 'força nova' e as demandas de 'força velha' encontra-se na oportunidade que é concedida às primeiras de concessão de liminar, sem perquirir sobre o *periculum in*

[1184] Fabrício, A. F., idem, p. 438.
[1185] Fabrício, A. F., idem, p. 439.

mora, pois, uma vez ultrapassada a fase de concessão de liminar, o rito passa ser o mesmo para ambas as demandas, ou seja, o rito comum.

Assim, as demandas possessórias submetem-se sempre ao rito comum, salvo no caso de demanda de *força nova*, ou seja, *quando o ato de esbulho ou de turbação* tenha sido praticado antes de ano e dia da sua propositura.

Contudo, mesmo dispondo o autor de demanda de *força nova*, nada impede que opte pelo rito ordinário desde o começo, podendo deixar de requerer a liminar.

Estabelece o *parágrafo único do art.* 558 do atual C.P.C. que *passado o referido no caput, será comum o procedimento, não perdendo, contudo, o caráter possessório.*

Por isso, seja qual for a forma do rito, a demanda sempre será possessória, tendo por objeto apenas a posse.

Por outro lado, seja na hipótese de rito ordinário ou especial, o julgado terá força de título executivo *lato sensu*, ou seja, será autoaplicável. A eficácia do julgado restringe-se apenas à expedição de mandado de reintegração ou manutenção de posse, sem necessidade de nova citação ou de outras formalidades.

Em relação às demandas de *força velha*, incide também as regras gerais das demandas possessórias deste título, como, por exemplo, o princípio da fungibilidade dos remédios, cumulação especial de pedido, vedação de ação de reconhecimento de domínio etc.

Por fim, é importante salientar que diante das demandas de *força velha*, o autor poderá requerer a seu favor a concessão de *tutela antecipada satisfativa de urgência*. Contudo, ao contrário das liminares que são concedidas nas demandas de *força nova*, o autor deverá comprovar, além do *fumus boni iuris*, também o *periculum in mora*. Nesse sentido é o seguinte precedente do S.T.J.:

> *(...).*
>
> *4. É possível a antecipação de tutela em ação de reintegração de posse em que o esbulho data de mais de ano e dia (posse velha), submetida ao rito comum, desde que presentes os requisitos que autorizam a sua concessão, previstos no art. 273 do CPC, a serem aferidos pelas instâncias de origem.*
>
> *5. Agravo regimental a que se nega provimento.*
>
> (AgRg no REsp 1139629/RJ, Rel. Ministra MARIA ISABEL GALLOTTI, QUARTA TURMA, julgado em 06/09/2012, DJe 17/09/2012)

Art. 559

Se o réu provar, em qualquer tempo, que o autor provisoriamente mantido ou reintegrado na posse carece de idoneidade financeira para, no caso de sucumbência, responder por perdas e danos, o juiz designar-lhe-á o prazo de 5 (cinco) dias para requerer caução, real ou fidejussória, sob pena de ser depositada a coisa litigiosa, ressalvada a impossibilidade da parte economicamente hipossuficiente.

Contracautela

Este dispositivo trata daquilo que se denomina de *contracautela*, isto é, da necessidade de caução a ser prestada pelo autor dos interditos possessórios, a fim de garantir ao réu eventuais prejuízos que possa sofrer pela manutenção ou reintegração da posse em mãos do autor.

Este dispositivo visa, na verdade, a preservar o réu quanto à eventual insolvência do autor, na hipótese deste vir a perder a demanda. Se o autor decair da demanda, deverá ressarcir o réu dos prejuízos que possam ter ocasionado a concessão da medida liminar, ou seja, a manutenção ou restituição da posse em favor do autor.

A prova da falta de idoneidade do autor para garantir eventuais prejuízos, deve ser realizada no próprio processo de demanda possessória, seja por meio de documentos ou de testemunhas, devendo o juiz, se necessário for, realizar audiência de justificação prévia antes de exigir a contracautela.

O pedido de prestação de caução poderá ser formulado a qualquer tempo e, inclusive, em qualquer grau de jurisdição. Por isso, poderá ser formulado em grau de recurso perante o relator competente.

Comprovado nos autos que o autor carece de idoneidade financeira, o juiz assinar-lhe-á o prazo de cinco dias para requerer a caução. Note-se, o juiz não determina de plano que o autor preste caução, mas que no prazo de cinco dias contado de sua intimação *requeira* a prestação de caução, pois a caução neste caso não é uma obrigação mas sim um *ônus* do autor. Neste caso, o juiz confere ao autor duas alternativas: a) requerer a prestação de caução; b) sofrer a sanção de ser a coisa litigiosa depositada em juízo, perante depositário público ou outro particular que o juiz nomear.

A caução a ser prestada pode ser real ou fidejussória. O valor da caução não está restrito ao valor da coisa litigiosa, mas, sim, ao valor dos possíveis danos que a perda da posse ou a restrição de sua utilização possa causar ao réu. Deve-se, portanto, observar o tipo de exploração econômica que se faz da coisa, o possível desgaste que sua utilização possa acarretar, o tempo provável de duração do procedimento.

O pedido de prestação de caução deve seguir as normatizações das tutelas de urgências cautelares, pois, na verdade, a concessão de contracautela nada mais significa que uma tutela cautelar que visa não só garantir os danos, mas a própria eficácia da sentença que possa ser proferida na demanda possessória no sentido de ressarcir eventuais prejuízos que possam ser acarretados ao réu. Trata-se, portando, de um pedido incidental que deve ser formulado no próprio processo de demanda possessória.

O dispositivo ressalva a necessidade de prestação de caução quando se tratar de autor hipossuficiente, ou seja, que não disponha de recursos para garantir eventuais prejuízos ao réu.

Porém, se comprovado nos autos que o autor hipossuficiente está destruindo o bem que se encontra em sua posse, poderá o juiz determinar o depósito até que seja proferida decisão final da demanda possessória.

SEÇÃO II – Da Manutenção e da Reintegração de Posse

Art. 560

O possuidor tem direito a ser mantido na posse em caso de turbação e reintegrado no de esbulho.

Turbação e esbulho

A demanda de manutenção e reintegração de posse é tratada no C.P.C. brasileiro no âmbito dos procedimentos especiais, enquanto que no C.P.C. português está delineada nas medidas cautelares.

O art. 560 do atual C.P.C. estabelece que o *possuidor tem direito a ser mantido na posse em caso de turbação e reintegrado no de esbulho.*

Este dispositivo revela um dos principais efeitos da posse que é a possibilidade de utilização dos interditos possessórios.

O dispositivo previsto no art. 560 do atual C.P.C. é praticamente o mesmo encontrado no art. 1.210 do C.c.b.: *"O possuidor tem direito a ser mantido na posse em caso de turbação, restituído no de esbulho, e segurado de violência iminente, se tiver justo receito de ser molestado.*

A turbação e o esbulho são atos distintivos da intensidade de agressão à posse.

Pode-se dizer que a gravidade de agressão da posse vai do grau mínimo, mera ameaça, para um grau médio, turbação, até chegar ao grau máximo que é o esbulho.

Como ensina Silvio de Salvo Venosa: *"As três tradicionais modalidades de possessórias correspondem a três diferentes planos de ofensa da posse. A mais grave das ofensas é o esbulho, em que o possuidor é despojado do poder de fato sobre a coisa. Cuida-se da perda da posse com a ação de 'reintegração'. Busca-se recolocar o agente na disposição do direito possessório. A turbação situa-se em menor grau. Os atos turbativos molestam e dificultam a posse, sem suprimi-la do sujeito. Para a turbação, a ação adequada é a de 'manutenção de posse', pela qual se busca fazer cessar os atos perturbadores da posse. A ameaça contra a posse, a violência iminente citada pela lei, é remediada pelo 'interdito proibitório'. É utilizada na situação de agressão iminente ou receito justificável de perturbação da posse. Cuida-se de situação em que a turbação ou esbulho são altamente prováveis e atuais".*[1186]

Pelo interdito de reintegração de posse, restitui-se a posse ao possuidor esbulhado, pouco importante que o ato de esbulho tenha sido exercido por meio de violência, de forma precária ou clandestinamente.

Já pelo interdito de manutenção de posse, busca-se impedir a perpetuação do ato de turbação, ou seja, de atos que molestam a posse do possuidor turbado.

Art. 561

Incumbe ao autor provar:

I – a sua posse;

II – a turbação ou o esbulho praticado pelo réu;

III – a data da turbação ou do esbulho;

IV – a continuação da posse, embora turbada, na ação de manutenção, ou a perda da posse, na ação de reintegração.

O que deve o autor comprovar na demanda possessória

O art. 561 do atual C.P.C. estabelece os requisitos necessários para que o autor da reintegração ou da manutenção de posse venha a ter sucesso na sua demanda, principalmente para o efeito de obter liminarmente a reintegração ou manutenção de posse com base no procedimento especial das tutelas possessórias, independentemente de comprovar o *periculum in mora*.

O ônus da prova dos requisitos estabelecidos pelo art. 561 do atual C.P.C. é do autor do interdito possessório.

Se não houver prova suficiente com a petição inicial, a consequência jurídica é a de que o juiz não concederá de plano a liminar pretendida, nada impedindo que durante o transcurso do processo o autor comprove os requisitos para con-

[1186] Venosa. Sílvio de Salvo. *Direito civil.* 7ªed. São Paulo: Editora Atlas, 2007. p. 111.

cessão da tutela possessória, inclusive para efeito de requerer a tutela de urgência satisfativa, mediante a comprovação do *fumus boni iuris* e o *periculum in mora*.

Os requisitos exigidos pelo art. 561 do atual C.P.C. são:

a) comprovação da posse. Deve o autor comprovar que detinha a posse (seja ele de boa-fé, de má-fé, justa ou injusta) antes do ato do esbulho, ou que ainda a mantém diante do ato de turbação. Note-se que a proteção possessória também pode ser em favor daquele que detinha ou detém posse injusta e de má-fé, desde que a sua posse seja melhor em relação àquele que cometeu o ato de esbulho.

O autor deve provar não somente o seu direito à posse, mas também que a exerceu de fato ou que ainda a exerce.

b) turbação ou esbulho praticado pelo réu. Sem que haja, no mínimo, a prova da turbação ou do esbulho da posse do autor, não poderá ser deferida a tutela possessória requerida pelo autor.

b) data da turbação ou do esbulho. Esse requisito é de extrema importância para se verificar se o rito a ser seguido na demanda possessória será o do procedimento especial ou do comum. Em se tratando de posse nova (ou seja, se o ato turbativo ou de esbulho for inferior a ano e dia), poderá o autor requerer liminarmente a concessão da reintegração ou de manutenção de posse, independentemente de comprovar eventual *periculum in mora*.

c) a continuação da posse, embora turbada, na ação de manutenção, ou a perda da posse, na ação de reintegração.

Esse requisito permitirá ao juiz verificar se a medida concedida será de manutenção de posse, no caso de se estar diante de um ato turbativo, ou de reintegração de posse no caso de esbulho.

É importante salientar que o juiz poderá aplicar o princípio da fungibilidade quando da análise desse requisito, pois é possível que o autor tenha requerido na petição inicial a manutenção de posse, mas, quando o juiz for analisar a liminar, já tenha ocorrido a perda da posse em decorrência de ato de esbulho.

A análise dos requisitos estabelecidos pelo art. 561 do atual C.P.C. ocorre com base no princípio da verossimilhança, ou seja, com base numa cognição superficial e não exauriente. Trata-se, portanto, de uma análise provisória.

Art. 562

Estando a petição inicial devidamente instruída, o juiz deferirá, sem ouvir o réu, a expedição do mandado liminar de manutenção ou de reintegração, caso contrário, determinará que o autor justifique previamente o alegado, citando-se o réu para comparecer à audiência que for designada.

Parágrafo único. Contra as pessoas jurídicas de direito público não será deferida a manutenção ou a reintegração liminar sem prévia audiência dos respectivos representantes judiciais.

Expedição de mandado liminar de reintegração ou manutenção de posse
Este dispositivo trata da principal característica e da principal medida da demanda possessória a ser seguida pelo rito especial, ou seja, a concessão liminar (inaudita altera par) de mandado de reintegração ou de manutenção de posse.

Estando a petição inicial devidamente instruída com provas que demonstrem a posse, a data da posse, e que o autor detinha ou ainda detém a posse do bem, o juiz deverá expedir mandado de manutenção ou de reintegração de posse. Nesse caso, a liminar será concedida sem ouvir o réu.

É importante salientar que não se trata de uma prerrogativa ou arbítrio do juiz em conceder ou não a liminar.

Estando comprovados os requisitos exigidos pela norma legal, o juiz deve conceder a liminar. Assim, muito embora se aplica o livre convencimento do juiz, o certo é que uma vez convencido em razão das provas produzidas com a inicial, a concessão da liminar é de rigor.

O Código não diz quais seriam as provas necessárias que devem acompanhar a inicial. Contudo, por uma questão lógica, essas provas somente podem ser documentais, inclusive fotografia. Podem ainda ser, as denominadas provas emprestadas, de outro processo civil ou penal. Pode decorrer também de justificação prévia realizada em procedimento antecedente, ou mesmo de produção antecipada de prova.

É possível também a juntada de declarações de pessoas. Contudo, como essas declarações não são prestadas em juízo, o magistrado deve ter cuidado redobrado para aceitá-las. Nesse caso, seria melhor designar a audiência de justificação prévia para ouvir as pessoas que prestaram as declarações.

É possível, ainda, quando o juiz tenha alguma dúvida, mesmo diante das provas produzidas com a inicial, a realização de audiência de justificação prévia, na qual o autor poderá demonstrar melhor os requisitos legais exigidos para a concessão da liminar, inclusive arrolando testemunhas para serem ouvidas.

Havendo necessidade de realização de audiência de justificação prévia, o réu será citado para comparecer à audiência que for designada.

Na audiência de justificação prévia, o réu pode ser representado por advogado, o qual poderá participar ativamente, inclusive inquirindo as testemunhas arroladas pelo autor e podendo inclusive contraditá-las. Não pode o réu, contudo, arrolar testemunha para a audiência de justificação prévia, sendo que suas testemunhas serão ouvidas oportunamente na instrução do processo.

O ato judicial que concede ou nega a liminar tem natureza de decisão interlocutória, atacável por meio de agravo de instrumento.

Estabelece o parágrafo único do art. 562 do atual C.P.C. que contra as pessoas jurídicas de direito público não será deferida a manutenção ou a reintegração liminar sem prévia audiência dos respectivos representantes judiciais.

Este dispositivo tem sua razão de ser, principalmente pelo perigo de se conceder liminar de manutenção ou de reintegração de posse em face de bem público ou em face de interesse de pessoa jurídica de direito público.

Por isso, antes de o juiz deferir liminar de manutenção ou de reintegração de posse contra pessoas jurídicas de direito público, deverá intimar para se manifestar os representantes judiciais dessas entidades.

O dispositivo abrange qualquer espécie de pessoa jurídica de direito público, seja ela a União, Estado, Distrito Federal, Município e respectivas autarquias e fundações.

Também estão incluídos no âmbito dessa normatização os Estados soberanos estrangeiros.

Não se incluem as pessoas jurídicas de direito privado, como, por exemplo, as empresas públicas e as sociedades de economia mista, assim como as concessionárias e permissionárias de serviços públicos, salvo se os bens da concessão pertencerem a um ente público de direito público.

A intimação do ente público caracteriza-se prazo próprio, razão pela qual não há falar em prazo em dobro para se manifestar.

O prazo para se manifestar é aquele outorgado pelo juiz de acordo com a complexidade da questão, conforme estabelece o art. 218, p.ú. do C.P.C.:

> *Art. 218. Os atos processuais serão realizados nos prazos prescritos em lei.*
>
> *§ 1º Quando a lei for omissa, o juiz determinará os prazos em consideração à complexidade do ato.*

Entende Adroaldo Furtado Fabrício que *"embora presumidas a pureza de intenções e a fidelidade à lei das pessoas de Direito Público, a experiência diária fornece exemplos frequentes de invasão arbitrária da propriedade privada para execução de obras públicas. Esse desapossamento pode colocar o possuidor em situação típica de concurso eletivo de ações: certamente, não lhe podem ser denegados os remédios possessórios, mas o instituo hoje reconhecido da 'desapropriação indireta' ou 'desapropriação de fato' lhe deixa a alternativa de considerar-se expropriado e pedir o arbitramento de uma indenização segundo os critérios aplicáveis à desapropriação propriamente dita. É importante ter-se em mente, porém que a 'opção é do desapossado'. Se este prefere a reintegração, e os correspondentes pressupostos se fazem presentes, não lhe pode ser vedada essa via. Assim, se tem orientado a jurisprudência, fiel ao princípio de que a lei obriga antes de mais ninguém ao Estado, e mesmo quando existe ato formal de expropriação tem-se julgado que a tomada da posse pelo expropriante sem o devido processo legal caracteriza esbulho. (A dispensa da proteção possessória ao 'expropriado de fato' já foi assegurada, inclusive, pelo Pretório Maior – 2ª Turma, em 15.12.1954, in . Ver. Dos Tribs., vol. 252, p. 643)".*[1187]

Art. 563

Considerada suficiente a justificação, o juiz fará logo expedir mandado de manutenção ou de reintegração.

Demonstração da posse por justificação

Este dispositivo vem complementar o artigo anterior.

Havendo necessidade de realização de audiência de justificação prévia para efeito de amadurecer a justeza da concessão da liminar, e verificando que as provas colhidas em audiência firmaram a convicção do julgador em favor do autor da demanda, o juiz expedirá o mandado de manutenção ou de reintegração de posse.

Evidentemente que não se deve interpretar a expressão *julgada procedente a justificação*, como se fosse uma sentença ou decisão a ser proferida pelo juiz de acolhimento ou rejeição da justificação. A interpretação que se deve dar a esta expressão é no sentido de que o juiz, diante da justificação, convenceu-se da necessidade de se conceder a liminar requerida pela parte autora.

Art. 564

Concedido ou não o mandado liminar de manutenção ou de reintegração, o autor promoverá, nos 5 (cinco) dias subsequentes, a citação do réu para, querendo, contestar a ação no prazo de 15 (quinze) dias.

Parágrafo único. Quando for ordenada a justificação prévia, o prazo para contestar será contado da intimação da decisão que deferir ou não a medida liminar.

[1187] Fabrício, A. F., idem, p. 465.

Citação e prazo para contestação do réu

Este dispositivo demonstra que a concessão ou não da liminar é apenas uma fase do procedimento.

Sendo a essência do processo jurisdicional a sua realização e desenvolvimento por meio de contraditório, o ato subsequente à análise da liminar é justamente a realização da citação do réu para contestar a demanda.

Assim, o autor deverá promover a citação do réu nos cincos dias subsequentes à decisão que conceder ou não o mandado liminar de manutenção ou de reintegração de posse.

Note-se que o prazo de cinco dias concedido ao autor não é para requerer ou para realizar a citação, mas, sim, para promovê-la. O requerimento deve vir com a petição inicial, sendo que a concretização da citação pode ocorrer após o prazo de cinco dias.

Promover a citação é fornecer os meios necessários para a sua realização, principalmente efetuar o pagamento das custas e despesas para a realização do ato processual.

Segundo Adroaldo F. Fabrício, se o autor não promover a citação do réu no prazo de cinco dias, não haveria maiores consequências jurídicas, pois tal circunstância não se enquadra nas causas extintivas do art. 485, inc. III do atual C.P.C., uma vez que o processo ainda não se encontra parado por mais de trinta dias. Segundo o mestre gaúcho, enquanto não decorrer o prazo de trinta dias, nada se poderia fazer no sentido de compelir o autor a cumprir a lei. É certo que para Adroaldo, se houve a concessão da liminar de reintegração ou de manutenção de posse, a falta de promoção da citação no prazo de cinco dias, acarretará a perda da eficácia da liminar concedida.[1188]

Não obstante o posicionamento do mestre Adroaldo, entendo que o juiz, uma vez expirado o prazo de cinco dias para que o autor promova a citação do réu, poderá determinar a extinção do processo sem resolução do mérito, nos termos do art. 485, inc.IV do atual C.P.C., ou seja, por se verificar a *ausência de pressuposto de constituição e desenvolvimento válido e regular do processo.*

No caso, se o autor não promover os atos necessários para a realização da citação do processo, não poderá haver a triangulação da relação jurídica processual. Por isso, a falta de promoção da citação no prazo de cinco dias caracteriza ausência de um dos pressupostos de desenvolvimento válido e regular do processo, pois deixará de se concretizar o princípio constitucional do Contraditório e a efetiva participação do réu no âmbito da relação jurídica processual.

[1188] Fabrício, A. F., idem, p. 469 e 470

O art. 564 do atual C.P.C. estabelece que o prazo para contestar será de quinze dias.

Muito embora o dispositivo somente fale em contestar, deve-se interpretar esse dispositivo numa perspectiva mais abrangente, ou seja, que o réu é citado não só para contestar mas para responder à demanda que lhe foi proposta. A resposta é gênero na qual a contestação é espécie.

O prazo de quinze dias para que o réu apresente sua defesa conta-se, nos termos do art. 231 do atual C.P.C.:

I – a data de juntada aos autos do aviso de recebimento, quando a citação ou a intimação for pelo correio;

II – a data de juntada aos autos do mandado cumprido, quando a citação ou a intimação for por oficial de justiça;

III – a data de ocorrência da citação ou da intimação, quando ela se der por ato do escrivão ou do chefe de secretaria;

IV – o dia útil seguinte ao fim da dilação assinada pelo juiz, quando a citação ou a intimação for por edital;

V – o dia útil seguinte à consulta ao teor da citação ou da intimação ou ao término do prazo para que a consulta se dê, quando a citação ou a intimação for eletrônica;

VI – a data de juntada do comunicado de que trata o art. 232 ou, não havendo esse, a data de juntada da carta aos autos de origem devidamente cumprida, quando a citação ou a intimação se realizar em cumprimento de carta;

VII – a data de publicação, quando a intimação se der pelo Diário da Justiça impresso ou eletrônico;

VIII – o dia da carga, quando a intimação se der por meio da retirada dos autos, em carga, do cartório ou da secretaria.

Estabelece o *parágrafo único do art.* 564 do atual C.P.C. que *quando for ordenada a justificação prévia, o prazo para contestar será contado da intimação da decisão que deferir ou não a medida liminar.*

Sabe-se que o juiz pode conceder a liminar de reintegração ou de manutenção de posse sem ou com justificação prévia.

Havendo necessidade de justificação prévia, o juiz determinará a realização da audiência, citando o réu para nela comparecer.

Assim, somente após a realização da audiência de justificação prévia e a devida intimação do réu sobre a concessão ou não da medida liminar, é que se iniciará o prazo de quinze dias para que o réu possa contestar a demanda contra si proposta.

No caso, não há necessidade de nova citação do réu, mas simplesmente sua intimação, pois ele, réu, já foi citado para comparecer à audiência de justificação prévia.

Assim, se o réu comparecer à audiência de justificação e nessa mesma audiência for concedida ou não a medida liminar, o prazo para a contestação de quinze dias conta-se da data da audiência.

Se o réu não comparecer à audiência, o prazo para a contestação contar-se-á a partir de sua intimação.

Para Adroaldo F. Fabrício, constando do mandado de citação para comparecer à audiência de justificação a advertência sobre as consequências legais da revelia e ao prazo de resposta, com explícito registro de que este há de correr da futura intimação, nada impede que a intimação do parágrafo único se faça na pessoa do procurador que o réu tenha constituído. Se não foi outorgado mandato a advogado, a intimação tem de ser feita pessoalmente. Por sua vez, se a citação foi realizada com fisionomia de mera intimação 'para comparecer à audiência', terá de ser forçosamente repetida, para que se atendam agora os requisitos negligenciados na ocasião anterior. Não seria concebível que o prazo de resposta comece a fluir de nova intimação igualmente singela, sem ser o réu informado, em momento algum, da duração do prazo, das consequências da revelia, da cominação que houver – enfim, daqueles dados que constituem a própria razão de ser da citação e onde reside a base de todas as garantias processuais do demandado (STJ, 3ª T. Min. Waldemar Zveiter, RMS n. 791-ES, em 23.04.91).[1189]

Art. 565

No litígio coletivo pela posse de imóvel, quando o esbulho ou a turbação afirmado na petição inicial houver ocorrido há mais de ano e dia, o juiz, antes de apreciar o pedido de concessão da medida liminar, deverá designar audiência de mediação, a realizar-se em até 30 (trinta) dias, que observará o disposto nos §§ 2º e 4º.

§ 1º Concedida a liminar, se essa não for executada no prazo de 1 (um) ano, a contar da data de distribuição, caberá ao juiz designar audiência de mediação, nos termos dos §§ 2º a 4º deste artigo.

[1189] Fabrício, A. F., idem, p. 471.

§ 2º O Ministério Público será intimado para comparecer à audiência, e a Defensoria Pública será intimada sempre que houver parte beneficiária de gratuidade da justiça.

§ 3º O juiz poderá comparecer à área objeto do litígio quando sua presença se fizer necessária à efetivação da tutela jurisdicional.

§ 4º Os órgãos responsáveis pela política agrária e pela política urbana da União, de Estado ou do Distrito Federal, e de Município onde se situe a área objeto do litígio poderão ser intimados para a audiência, a fim de se manifestarem sobre seu interesse no processo e sobre a existência de possibilidade de solução para o conflito possessório.

§ 5º Aplica-se o disposto neste artigo ao litígio sobre propriedade de imóvel.

Litígio coletivo sobre a posse de imóvel

É muito comum no Brasil a invasão de grandes áreas rurais ou mesmo de prédios urbanos por centenas ou milhares de pessoas sem terra e sem teto.

Diante dessa realidade social, em que está em jogo o princípio da proteção da propriedade privada e da dignidade da pessoa humana, deve-se redobrar a preocupação das autoridades competentes diante das consequências fáticas de uma desocupação de área, especialmente quando se tem de utilizar da força policial para o cumprimento de eventual liminar de reintegração de posse.

O legislador do novo C.P.C., ciente desse conflito social existente no Brasil, prescreveu no art. 565 do atual C.P.C. que no litígio coletivo pela posse de imóvel, quando o esbulho ou a turbação afirmado na petição inicial houver ocorrido há mais de ano e dia, o juiz, antes de apreciar o pedido de concessão da medida liminar, deverá designar audiência de mediação, a realizar-se em até trinta dia, observando o que dispõe os §§2º e 4º deste dispositivo.

É importante salientar que se o pedido de reintegração de posse for formulado há mais de ano e dia, não se trata de concessão de liminar com base no procedimento especial, mas, sim, mediante a concessão de tutela antecipada satisfativa de urgência.

O juiz, antes de conceder a antecipação de tutela, deverá promover a mediação das partes, visando dar solução alternativa ao litígio, e evitando promover a desocupação do imóvel à força, a fim de evitar maiores consequências sociais.

Para a audiência de mediação, deverá ser intimado o Ministério Público para participar como fiscal da ordem jurídica, assim como a Defensoria Pública se houver parte beneficiada pela gratuidade de justiça.

Também poderão ser intimados para comparecer à audiência de mediação os órgãos responsáveis pela política agrária e pela política urbana da União, de Estado ou do Distrito Federal, e de Município onde se situe a área objeto do litígio, a fim de se manifestarem sobre seu interesse na causa e a existência de possibilidade de solução para o conflito possessório.

Se houver interesse da União ou de uma de suas autarquias (como o INCRA) a competência será da Justiça Federal.

Se não houver resultado na tentativa de mediação, e preenchido os requisitos, o juiz concederá a antecipação de tutela. Porém, se esta não for executada no prazo de um ano, a contar da data da distribuição da petição inicial, caberá ao juiz designar audiência de mediação, nos termos do §§2º e 4º deste artigo (*§1º do art. 565* do atual C.P.C.).

Se, apesar da concessão da antecipação de tutela, esta por qualquer circunstância não for executado no prazo de um ano, a contar da distribuição, tal fato recomenda que seja designada nova audiência de mediação ou conciliação, para uma nova tentativa de resolução do conflito, intimando, novamente, os órgãos descritos nos §§2º e 4º deste artigo.

Visando a conhecer melhor a questão sobre o litígio coletivo possessório, poderá o juiz comparecer à área objeto do litígio quando sua presença se fizer necessária à efetivação da tutela jurisdicional (*§3º do art. 565* do atual C.P.C.).

O presente artigo também será aplicado quando se tratar de litígio coletivo que tenha por objeto a propriedade de bem imóvel e não apenas quando a questão disser respeito somente à posse (§5º do art. 565 do atual C.P.C.).

Art. 566

Aplica-se, quanto ao mais, o procedimento comum.

Aplicação do procedimento comum

Vencida a fase inicial do procedimento especial das demandas possessórias, no caso, a análise da pretensão à tutela liminar, e após transcorrido o prazo para a defesa do réu, os demais atos processuais deverão seguir o que for estabelecido para o procedimento comum.

Após a contestação e a impugnação da contestação, passa-se à fase das providências preliminares e do saneamento do processo e do julgamento conforme o estado do processo.

A sentença que for proferida nos interditos possessórios julgará procedente ou não o pedido formulado, podendo, ainda, extinguir o processo sem resolução de mérito. Essa decisão confirmará ou não a liminar que porventura tenha sido concedida.

O recurso contra essa decisão é o de apelação.

SEÇÃO III – Do Interdito Proibitório

Art. 567

O possuidor direto ou indireto que tenha justo receio de ser molestado na posse poderá requerer ao juiz que o segure da turbação ou esbulho iminente, mediante mandado proibitório em que se comine ao réu determinada pena pecuniária, caso transgrida o preceito.

Interdito proibitório – características

Ao lado dos interditos de reintegração e de manutenção de posse, contra atos, respectivamente, de esbulho e de turbação da posse, o art. 567 do atual C.P.C. também confere ao possuidor direto ou indireto a possibilidade de se valer do *interdito proibitório*, para o caso de ameaça que caracterize *justo receito* de ser o possuidor molestado na posse.

O objetivo do interdito proibitório é meramente preventivo, ou seja, de impedir a concretização da ameaça. Não tem ele finalidade de fazer cessar os efeitos de um ataque concreto contra a posse, ou seja, refutar atos efetivos de turbação ou de esbulho.

O objetivo é afastar a concretização dos atos provenientes da ameaça, ou seja, a ameaça de violência ou de molestação da posse.

Mas para que o interdito proibitório tivesse alguma eficácia prática, havia necessidade de se estabelecer uma sanção para a permanência da ameaça.

Assim, a lei estabeleceu a aplicação de uma pena pecuniária que deve constar do mandado proibitório que será aplicada cada vez que o réu praticar a ameaça propalada. Trata-se, efetivamente, de uma tutela cominatória, ou de natureza inibitória, em que se visa a um não fazer por parte do réu, no caso, uma não ameaça à posse legítima.

A pena pecuniária deve ser de tal ordem que corresponda a um mecanismo que freie efetivamente a intenção de concretização de ameaça. Por isso, não pode ser muito baixa, sob pena de nenhuma eficácia ter no espírito do réu, muito menos pode ser extremamente alta, pois neste caso também nenhuma influência poderá decorrer de sua aplicação. Deve-se procurar um critério de proporcionalidade e de razoabilidade para fins de fixação da pena pecuniária.

O interdito proibitório poderá ser utilizado enquanto haja grave e injusta ameaça.

Outro aspecto importante desse interdito processual é que a ameaça deve ser grave e concreta, causando justo e efetivo receio de mal maior.

O *justo receio*, de um lado, é o temor justificado, *"no sentido de estar embasado em fatos exteriores, em dados objetivos. Nesse enfoque, não basta como requisito para obtenção do mandado proibitório o receio infundado, estritamente subjetivo – ainda que existente. Por tibieza de temperamento ou até mesmo por deformação psíquica pode alguém tomar como ameaça à posse o que não passa de maus modos de um vizinho incivil"*.[1190]

O que importa, na verdade, é a seriedade e a credibilidade da ameaça, apta para infundir num espírito normal receito de lesão à posse.

A ameaça deve ser *injusta*, pois a ameaça *justa* nada mais é do que um exercício de direito, quando, por exemplo, o vizinho afirma que irá propor as demandas judiciais cabíveis em relação ao bem que é objeto da posse.

Outrossim, a iminência do mal maior deve ser próxima e não longínqua que possa ensejar ameaça sem concretização alguma.

É importante salientar que se a turbação ou esbulho se concretizarem no curso do interdito proibitório, o juiz expedirá mandado de manutenção ou de reintegração de posse (aplicando o princípio da fungibilidade), sem prejuízo da cobrança da pena pecuniária já aplicada no interdito proibitório.

Outrossim, o pagamento da pena pecuniária não isenta o réu ao pagamento das perdas e danos que possa ter causado pela turbação ou pelo esbulho.

Art. 568

Aplica-se ao interdito proibitório o disposto na Seção II deste Capítulo.

Aplicação Subsidiária da Seção II desta Capítulo

Deve-se aplicar ao interdito proibitório, no que couber, às disposições normativas concernentes às demandas de reintegração e manutenção de posse, inclusive no que diz respeito à concessão de medida liminar.

[1190] Fabrício, A. F., idem, p. 478.

CAPÍTULO IV – Da Ação de Divisão e da Demarcação de Terras Particulares

SEÇÃO I – Disposições Gerais

Art. 569

Cabe:

I – ao proprietário ação de demarcação, para obrigar o seu confinante a estremar os respectivos prédios, fixando-se novos limites entre eles ou aviventando-se os já apagados;

II – ao condômino a ação de divisão, para obrigar os demais consortes a estremar os quinhões.

Sumário:

1. Considerações preliminares

2. Disposições gerais sobre a demarcação e divisão

1. Considerações preliminares

O Capítulo IV deste título trata da demanda de divisão e de demarcação de terras particulares.

Há, portanto, duas pretensões bem definidas para aquele que detém o direito de propriedade sobre terras particulares.

A primeira pretensão é de demarcar o imóvel de que é proprietário para separá-lo e delimitá-lo dos demais imóveis que lhe são confinantes.

A segunda pretensão é justamente partilhar um determinado imóvel que até então a propriedade era exercida de forma conjunta em decorrência da existência de um condomínio ou comunhão.

Sabe-se que a noção do direito de propriedade dá enseja ao direito de usar, gozar e dispor de forma exclusiva determinado bem imóvel. Nesse sentido é o disposto no art. 1.231 do C.c.b.: *A propriedade presume-se plena e exclusiva, até prova em contrário.*

Já o condomínio assenta-se na comunidade de direitos sobre o mesmo bem imóvel.

O condomínio decorre por vezes de ato *inter vivos*, como num contrato ou outro negócio jurídico, como também em razão de *causa mortis*, quando aberta a herança o bem passa a ser de propriedade conjunta dos herdeiros ou ainda quando é constituído por testamento.

É certo que muitos consideram o exercício de direito de propriedade por meio da comunhão uma modalidade *anormal* desse exercício, pois a forma *normal* decorre da exclusividade do direito de propriedade.

A comunhão ou condomínio é uma forma excepcional do exercício conjunto da propriedade, razão pela qual a possibilidade de se dividir o bem ou encerrar a comunhão é um direito subjetivo de todos os comunheiros ou condôminos.

Sobre o direito de dividir o bem em condomínio ou em comunhão aduzem os artigos 1.320 a 1.322 do C.c.b.:

> *Art. 1.320. A todo tempo será lícito ao condômino exigir a divisão da coisa comum, respondendo o quinhão de cada um pela sua parte nas despesas da divisão.*
>
> *§ 1º Podem os condôminos acordar que fique indivisa a coisa comum por prazo não maior de cinco anos, suscetível de prorrogação ulterior.*
>
> *§ 2º Não poderá exceder de cinco anos a indivisão estabelecida pelo doador ou pelo testador.*
>
> *§ 3º A requerimento de qualquer interessado e se graves razões o aconselharem, pode o juiz determinar a divisão da coisa comum antes do prazo.*
>
> *Art. 1.321. Aplicam-se à divisão do condomínio, no que couber, as regras de partilha de herança (arts. 2.013 a 2.022).*
>
> *Art. 1.322. Quando a coisa for indivisível, e os consortes não quiserem adjudicá-la a um só, indenizando os outros, será vendida e repartido o apurado, preferindo-se, na venda, em condições iguais de oferta, o condômino ao estranho, e entre os condôminos aquele que tiver na coisa benfeitorias mais valiosas, e, não as havendo, o de quinhão maior.*
>
> *Parágrafo único. Se nenhum dos condôminos tem benfeitorias na coisa comum e participam todos do condomínio em partes iguais, realizar-se-á licitação entre estranhos e, antes de adjudicada a coisa àquele que ofereceu maior lanço, proceder-se-á à licitação entre os condôminos, a fim de que a coisa seja adjudicada a quem afinal oferecer melhor lanço, preferindo, em condições iguais, o condômino ao estranho.*

Como o proprietário tem o direito de exercer exclusivamente a propriedade sobre o seu bem, requerendo a divisão se este exercício estiver em condomínio ou em comunhão, também é direito subjetivo do proprietário realizar a demarcação de sua propriedade, a fim de que este bem esteja perfeitamente delimitado e demarcado e não haja dúvida sobre os limites do exercício do seu direito de propriedade.

Para que o proprietário possa exercer de forma exclusiva e absoluta o seu direito de propriedade, é pressuposto lógico que o *objeto material da propriedade* esteja bem identificado.

O direito de propriedade, que deve ser pleno, pressupõe, portanto, a delimitação do objeto para que não se confunda com outros bens pertencentes a outrem.

Como já teve oportunidade de lecionar Caio Mário da Silva Pereira, *"a demarcação nasceu com a propriedade, no sentido de que os marcos e cercas, além de trazerem estímulos aos interesses privados, eram a garantia da paz pública"*.[1191]

O direito de demarcar e de extremar o prédio encontra-se devidamente descrito nos artigos 1.297 do C.c.b., a saber:

> *Art. 1.297. O proprietário tem direito a cercar, murar, valar ou tapar de qualquer modo o seu prédio, urbano ou rural, e pode constranger o seu confinante a proceder com ele à demarcação entre os dois prédios, a aviventar rumos apagados e a renovar marcos destruídos ou arruinados, repartindo-se proporcionalmente entre os interessados as respectivas despesas.*
>
> *§ 1º Os intervalos, muros, cercas e os tapumes divisórios, tais como sebes vivas, cercas de arame ou de madeira, valas ou banquetas, presumem-se, até prova em contrário, pertencer a ambos os proprietários confinantes, sendo estes obrigados, de conformidade com os costumes da localidade, a concorrer, em partes iguais, para as despesas de sua construção e conservação.*
>
> *§ 2º As sebes vivas, as árvores, ou plantas quaisquer, que servem de marco divisório, só podem ser cortadas, ou arrancadas, de comum acordo entre proprietários.*
>
> *§ 3º A construção de tapumes especiais para impedir a passagem de animais de pequeno porte, ou para outro fim, pode ser exigida de quem provocou a necessidade deles, pelo proprietário, que não está obrigado a concorrer para as despesas.*
>
> *Art. 1.298. Sendo confusos, os limites, em falta de outro meio, se determinarão de conformidade com a posse justa; e, não se achando ela provada, o terreno contestado se dividirá por partes iguais entre os prédios, ou, não sendo possível a divisão cômoda, se adjudicará a um deles, mediante indenização ao outro.*

Esse direito de demarcação de terras particulares pode decorrer da necessidade de se definir linha demarcatória ainda inexistente entre os prédios contíguos, como em aviventar rumos apagados ou renovar marcos destruídos ou arruinados. Por isso, conforme preconiza o art. 1.297 do C.c.b., o proprietário tem direito a cercar, murar, valar ou tapar de qualquer modo o seu prédio, urbano ou rural, e pode constranger o seu confinante a proceder com ele à demarcação entre os dois prédios, a aviventar rumos apagados e a renovar marcos destruídos

[1191] PEREIRA, Caio Mário. *Instituições,* Vol. 4. n. 324, p. 183.

ou arruinados, repartindo-se proporcionalmente entre os interessados as respectivas despesas.

2. Disposições gerais sobre a demarcação e divisão

Estabelece o *art.* 569 do atual C.P.C. que *cabe: I – ao proprietário ação de demarcação, para obrigar o seu confinante a estremar os respectivos prédios, fixando-se novos limites entre eles ou aviventando-se os já apagados; II – ao condômino a ação de divisão, para obrigar os demais consortes a estremar os quinhões.*

Se o proprietário tem o direito de cercar, murar, valar ou tapar de qualquer modo o seu prédio, urbano ou rural, podendo, inclusive, constranger o seu confinante a proceder com ele à demarcação entre os dois prédios, a aviventar rumos apagados e a renovar marcos destruídos ou arruinados, repartindo-se proporcionalmente entre os interessados as respectivas despesas, conforme preconiza o art. 1.297 do C.c.b ., evidentemente que também apresenta a pretensão de direito material para exigir do confinante a realização deste trabalho de demarcação. E se diante dessa necessidade de direito material, a pretensão de direito material não for suficiente para constranger o confinante à demarcação, surge a pretensão de direito processual em favor do proprietário à demanda de demarcação de terras particulares.

A demarcação, segundo Ripert e Boulanger, é a operação por meio da qual se fixa ou define a linha divisória entre dois terrenos, assinalando-a, em seguida, com elementos materiais, sobre o solo.[1192]

Objetiva-se com a demarcação entre os prédios justamente cravar marcos a fim de identificar os limites divisórios, assim como permitir a construção de *intervalos, muros, cercas e os tapumes divisórios, tais como sebes vivas, cercas de arame ou de madeira, valas ou banquetas,* para que esta delimitação seja reconhecida por terceiros, e especialmente pelos vizinhos contíguos.[1193] A identificação e delimitação dos prédios urbanos e rústicos se perfectibilizam por meio dos seus limites territoriais, entendendo-se por limites as '*linhas que no terreno separam um prédio de outros que o circundam*'.[1194]

Os limites entre prédios podem decorrer do trabalho humano, por meio de construções artificiais, como são os tapumes artificiais, e decorrente de *marcos* apoiados no solo. Conforme ensina Humberto Theodoro Junior, "*'tapume' é expressão genérica que se usa para indicar a construção utilizada pelo dono para cercar e vedar seu imóvel...Enquanto a demarcação é apenas simbólica, por cuidar tão-somente de*

1192 Ripert, Georges, Goulanger, Jan. *Tratado de derecho civil.* Tomo 6, n. 2.481, 1965. p.225.

1193 Lopes da Costa. Alfredo de Araújo. *Demarcação, divisão, tapumes.* 1963. n. 315, p. 357.

1194 Lopes da Costa, A. A., idem, n. 15. p. 36.

linhas, rumos e marcos que definam e demonstrem os limites do terreno, a tapagem torna concretos e palpáveis os limites delineados pela operação demarcatória. Através dos tapumes, surge a materialização ostensiva dos limites do prédio, de forma a atestar o exercício pleno do direito do proprietário e a assegurar o gozo mais completo da propriedade sobre toda a extensão da coisa possuída".[1195]

Por sua vez, os limites podem decorrer da própria natureza, os quais são denominados de limites *naturais* que são aqueles provenientes de acidentes geográficos, como vales, grotas, rios, minas de água, pedras, serras etc.

Há, ainda, os denominados limites *de iure*, que constam do título de propriedade, ou de documentos anteriores autênticos que o refiram e esclareçam, e os denominados limites *de facto* que são os limites transplantados do título para o terreno, acarretando a efetiva discriminação do prédio daqueles que lhe são contíguos. Por isso, *"a separação 'de facto' dos prédios decorre da separação 'de iure', de modo que aquela pressupõe esta. Mas a recíproca não é verdadeira, já que podem existir limites definidos pelo título dominial que nunca foram transplantados para solo, ou pode ocorrer que já tendo sido fixados no terreno sofreram ação da natureza ou do homem que os destruiu ou apagou. Sem a discriminação 'de facto', a situação dos imóveis lindeiros é de verdadeira comunhão, pela imprecisão dos contornos indispensáveis ao exercício do direito de propriedade, com o seu imprescindível atributo de exclusividade".*[1196]

A forma mais comum da origem dos limites, em relação aos bens imóveis, é a sua descrição na transcrição do registro de imóveis. Os limites consignados na matrícula do imóvel são a medida territorial do direito de propriedade. É bem verdade que os limites constantes no registro de imóveis apresentam presunção *iure tantum*, ou seja, presumem-se verdadeiros até prova em contrário.

Outras formas de aquisição de domínio, e, portanto, da origem dos limites entre os prédios, são a acessão (formação de ilhas, aluvião, abandono de álveo), a usucapião e a aquisição hereditária. Também a dissolução do condomínio é outra forma de constituição de limites, pois no título de dissolução da comunhão fixam-se os limites que prevalecerão entre as porções que foram divididas.

Quando ocorrer que o título não defina de forma precisa os limites entre os prédios e as linhas divisórias, ou quando os marcos identificadores dela tenham desaparecidos acidentalmente, por força da natureza, ou propositalmente, por força de conduta humana, cada proprietário confinante tem o direito de obrigar seu vizinho a demarcar com ele prédios.

[1195] THEODORO JÚNIOR. Humberto. *Terras particulares, demarcação, divisão, tapumes.* 4ª ed. São Paulo: Editora Saraiva, 1999. p. 17.

[1196] THEODORO JÚNIOR, H., idem, p. 21

O direito de demarcação do prédio decorre do próprio *direito de vizinhança*, aliás, um dos principais e mais relevante direito de vizinhança. Por direito de vizinhança entende-se: *"a irradiação da propriedade imóvel, refletindo-se em outra, por exigência da vida social"*; *"é um direito inerente à contiguidade de domínios imóveis"*.[1197]

Com relação a essa obrigação legal, surgem as seguintes regras: a) 'por tapumes' entendem-se as sebes vivas, as cercas de arame ou de madeira, as valas ou banquetas, ou quaisquer outros meios de separação dos terrenos, observadas as dimensões estabelecidas em posturas municipais, de acordo com os costumes de cada localidade, contanto que impeçam a passagem de animais de grande porte, como sejam gado vacum, cavalar e muar. São os confinantes, de conformidade com os costumes da localidade, obrigados a concorrer, em partes iguais, para as despesas de sua construção e conservação; b) a construção de tapumes especiais para impedir a passagem de animais de pequeno porte, ou para outro fim, pode ser exigida de quem provocou a necessidade deles, pelo proprietário, que não está obrigado a concorrer para as despesas; Nas cidades, vilas e povoados cuja edificação estiver adstrita a alinhamento, o dono de um terreno pode nele edificar, madeirando na parede divisória do prédio contíguo, se ela suportar a nova construção; mas terá de embolsar ao vizinho metade do valor da parede e do chão correspondentes; c) o confinante, que primeiro construir, pode assentar a parede divisória até meia espessura no terreno contíguo, sem perder por isso o direito a haver meio valor dela se o vizinho a travejar, caso em que o primeiro fixará a largura e a profundidade do alicerce; d) se a parede divisória pertencer a um dos vizinhos, e não tiver capacidade para ser travejada pelo outro, não poderá este fazer-lhe alicerce ao pé sem prestar caução àquele, pelo risco a que expõe a construção anterior; e) o condômino da parede-meia pode utilizá-la até ao meio da espessura, não pondo em risco a segurança ou a separação dos dois prédios, e avisando previamente o outro condômino das obras que ali tenciona fazer; não pode sem consentimento do outro, fazer, na parede-meia, armários, ou obras semelhantes, correspondendo a outras, da mesma natureza, já feitas do lado oposto; f) qualquer dos confinantes pode altear a parede divisória, se necessário reconstruindo-a, para suportar o alteamento; arcará com todas as despesas, inclusive de conservação, ou com metade, se o vizinho adquirir meação também na parte aumentada; g) não é lícito encostar à parede divisória chaminés, fogões, fornos ou quaisquer aparelhos ou depósitos suscetíveis de produzir infiltrações ou interferências prejudiciais ao vizinho.

[1197] Borges, Paulo Torminn. *Ação de demarcação de terras. In Digesto de processo civil.* Vol. 1, p. 94.

A demarcação prevista no presente título refere-se unicamente à propriedade privada ou imóvel particular. Se a intenção é a separação ou demarcação de propriedade do domínio público com o domínio particular, há legislação especial, no caso a Lei 6.383, de 1976 que regula a demanda ou ação discriminatória.

É importante salientar que o particular não está impedido a usar a demanda *demarcatória* para determinar os limites de seu terreno pelo simples fato de ter o Poder Público como confinante.[1198]

São requisitos para a interposição da demanda demarcatória: a) existência de um imóvel do domínio privado, seja rural ou urbano; b) que os prédios sejam confinantes, ou seja que haja *contiguidade* entre eles. Assim, se os prédios não são contíguos ou se há um rio separando os prédios não há interesse para a demarcatória; d) os prédios contíguos devem pertencer a proprietários diversos, razão pela qual não há interesse processual para a demarcação de dois imóveis pertencentes ao mesmo proprietário. É importante salientar que não há impedimento para demarcatória o fato de ser o autor da demarcatória também condômino do outro prédio vizinho; e) imprecisão ou dúvida sobre os limites entre os prédios. Se os limites existem materialmente, mas um dos vizinhos desrespeita esses limites, a pretensão processual que se evidencia é a de manutenção ou reintegração de posse. O fato de existir algum muro ou cerca separando os prédios vizinhos não significa que os limites entre os prédios estejam devidamente configurados e respeitados, pois essa construção material pode ter sido realizada unilateralmente por um dos vizinhos, tal divisão pode estar errada ou equivocada, ensejando o interesse pela demanda demarcatória.[1199]

É importante salientar que a confusão entre os limites dos prédios pode levar ao exercício conjunto dos proprietários sobre a área confundida, o que pode gerar uma comunhão entre vizinhos. Há, contudo, aqueles que negam a existência dessa comunhão, pois apesar da confusão, subsiste a separação jurídica entre os dois prédios.[1200]

Mas, mesmo para aqueles que entendem que não há uma comunhão na área confundida, é inegável que "*pela inexistência, desaparecimento ou confusão dos limites, forma-se na linha fronteiriça uma paragem a que se julgam com igual direito os proprietários confinantes, mas que nenhum deles pode arrogar como exclusivamente sua. É uma zona que, por força das circunstâncias, se torna comum a um e outro; há, portanto, em*

[1198] Theodoro Júnior, H., op. cit., p. 34

[1199] Theodoro Júnior, H., idem, p. 35 e 36.

[1200] Cruz, Alcides. *Demarcação e divisão de terras.* Porto Alegre: Ed. Ajuris. 1979. p. 15.

certo sentido como diz Windscheid, uma real comunhão e a ação que tende a extinguir esta comunhão é, e não pode deixar de ser, uma ação divisória".[1201]

Se a propriedade dita normal é aquela em que o seu uso, gozo e dispositivo são exercidos de forma exclusiva por um proprietário, esse direito de exclusividade confere a possibilidade ao condômino de encerrar o condomínio até então existente por meio de uma demanda de divisão, a fim de obrigar os demais consortes a estremar os respectivos quinhões.

Quando uma comunhão, ou seja, uma relação jurídica que cria direitos subjetivos conjuntos para mais de uma pessoa, incide sobre o direito de propriedade, dá-se o nome de condomínio, ou seja, a concorrência de vários titulares do domínio de um só bem.

Diversas são as correntes sobre a natureza jurídica do condomínio. Para alguns, o direito de propriedade seria divido em frações abstratas para cada condômino sobre a coisa indivisa. Para outros, a propriedade seria da coletividade de condôminos, por inteiro. Cada consorte teria apenas a propriedade de sua cota no condomínio. Contudo, não obstante as críticas que possam ser formuladas para cada uma dessas teorias, o certo é que atualmente a tese que tem prevalecido é a de que cada condômino é proprietário da coisa por inteiro, ocorrendo uma concorrência de domínios que se limitam para o seu exercício, de modo que um condômino não prejudique o outro. Essa posição é seguida inclusive pelo atual código civil brasileiro que em seu artigo 1.314 assim dispõe: *"cada condômino pode usar da coisa conforme sua destinação, sobre ela exercer todos os direitos compatíveis com a indivisão, reivindicá-la de terceiro, defender a sua posse e alhear a respectiva parte ideal, ou gravá-la".*

Portanto, o condomínio é uma situação jurídica especial em que o domínio de uma mesma coisa toca a mais de uma pessoa, gerando para cada condômino poder jurídico, não sobre uma parte determinada da coisa, porém, sobre ela em sua integralidade.[1202] Assim, cada cota ou fração ideal da coisa comum *"não significa que a cada um dos coproprietários se reconhece a plenitude do domínio sobre um fragmento físico do bem, mas que todos os comunheiros têm direitos qualitativamente iguais sobre a totalidade dele, limitados contudo na proporção 'quantitativa' em que concorre com os outros coproprietários na titularidade sobre o conjunto".*[1203]

Justamente por caracterizar o condomínio a propriedade integral de cada consorte sobre a coisa toda, é que não se concebe a demanda ou ação reivindi-

[1201] Morato, Francisco. *Da prescrição nas ações divisórias.* 2ª ed. São Paulo, 1944. p. 18.

[1202] Pereira, Caio Mário da Silva. *Intituições de direito civil.* Volume IV. Rio de Janeiro: Forense, s/d., n. 314, p. 160.

[1203] Pereira, C.M.S., idem, p. 160 e 161.

catória de um contra outro consorte. Por isso, surgida a disputa entre a forma de exercer a composse, e não sendo possível determinar-se como gerir a coisa indivisa, o caminho adequado para solucionar o impasse entre os comunheiros será a *divisão* e jamais a reivindicatória.[1204]

Affonso Fraga estabelece como requisitos da copropriedade: a) *um direito real* sobre a coisa comum que pode decorrer de usufruto, uso, habitação etc); b) *homogeneidade* do direito real para todos os condôminos; c) *pluralidade de pessoas* titulares de igual direito real; d) *uma ou mais coisas indivisas.* Se a coisa não mais existe ou já se acha dividida ou partilhada, não há falar em comunhão.[1205]

Não se deve confundir *condomínio* com *sociedade,* pois são dois institutos jurídicos diversos. São pontos de divergência entre esses dois institutos: a) *origem*: a sociedade é sempre fruto de um *contrato* entre pessoas capazes; já a comunhão tanto pode resultar de contrato, como de *sucessão 'ab intestato'*, do *legado* etc. Pode surgir independentemente da vontade e da capacidade dos titulares do direito; b) *natureza das relações jurídicas:* na sociedade, as relações jurídicas entre os sócios são *pessoais* decorrentes do contrato; já na comunhão, são relações de direito reais, oriundas da coisa comum; c) *fim:* na sociedade, o fim comum é o lucro, benefício ou vantagem dos sócios, para cuja obtenção todos conjugam esforços; no condomínio inexiste a *affectio societatis*; d) *ações*: a extinção da comunhão ocorre por meio de ações *reais*; para extinguir-se a sociedade, o que se tem de romper é o contrato, sendo, portanto, uma ação *pessoal.*

As causas geradoras da comunhão podem ser: a) contrato ou convenção; b) testamento; c) a lei; d) confusão, comistão ou adjunção; e) confusão de limites entre dois prédios; f) ato judicial.[1206]

Levando em consideração a sua origem, a comunhão pode ser: a) voluntário ou involuntária; b) universal ou singular; c) ordinária ou forçada.

A comunhão também pode ser *pro diviso* ou *pro indiviso.*

Muito embora havendo uma comunhão de um prédio ou de uma coisa que permanece em comum, os condôminos, ao exercerem os atos dominiais sobre a coisa comum, podem estabelecer que cada um deles usufrute de seu direito sobre porções delimitadas da coisa comum; a isso denominamos comunhão *pro diviso*, ou seja, a comunhão existe de direito mas não de fato. Há, nesta hipótese, a partilha de fato e não de direito do bem.

1204 THEODORO JÚNIOR, H., op. cit., p. 53.

1205 FRAGA, Affonso. *Theoria e prática na divisão e demarcação das terras particulares.* 4ª ed., 1936. p. 21.

1206 THEODORO JÚNIOR, H. op. cit., p. 57 e 58.

Como observa Morato: *"este estado de fato, no caso figurado, embora modifique e limite no gozo os direitos dos condôminos, respectivamente a cotas provisórias em que se encabeçam, deixa todavia íntegros e inalterados os direitos de todos sobre a coisa em sua integridade e em cada uma das suas moléculas, até que se apurem e concretizem definitivamente em divisão regular".*[1207]

Por isso, não se tornando o condômino senhor exclusivo da área possuída dentro da coisa comum, não pode impedir, por exemplo, que, na partilhar regular, venha uma parcela de sua posse a ser atribuída a outro condômino, se tal se fizer necessário para a justa divisão do bem comum. O que a lei lhe confere é apenas uma preferência para tirar seu quinhão no local da posse, preferência que, todavia, cederá lugar às exigências da justa partilha, se com ela se mostrar incompatível.[1208]

Embora efetivamente seja de caráter precário a comunhão *pro diviso,* o certo é que os condôminos agem praticamente de forma a ignorar a comunhão. Havendo a comunhão *pro diviso,* cada comunheiro passa a usufruir de sua porção no imóvel com exclusividade, podendo mesmo usar dos interditos possessórios contra outro consorte que pretenda molestá-lo na exploração individual. Do que colher ou auferir de dita exploração não precisará repartir com os demais comunheiros. Também não poderá reclamar rateio de suas despesas, sejam de exploração, sejam de conservação do quinhão. As acessões ou benfeitorias que edificar serão próprias e não entrarão na partilha se na divisão alguma acessão ou benfeitora feita por ele ficar fora da sua porção no rateio, terá ele direito à indenização, por se tratar de bem exclusivo e não comum.[1209]

Já o condomínio *pro indiviso* é aquele em que a indivisão é de direito e também de fato.

São *direitos e deveres* dos condôminos, segundo o C.c.b.:

> *Art. 1.314. Cada condômino pode usar da coisa conforme sua destinação, sobre ela exercer todos os direitos compatíveis com a indivisão, reivindicá-la de terceiro, defender a sua posse e alhear a respectiva parte ideal, ou gravá-la.*
>
> *Parágrafo único. Nenhum dos condôminos pode alterar a destinação da coisa comum, nem dar posse, uso ou gozo dela a estranhos, sem o consenso dos outros.*
>
> *Art. 1.315. O condômino é obrigado, na proporção de sua parte, a concorrer para as despesas de conservação ou divisão da coisa, e a suportar os ônus a que estiver sujeita.*
>
> *Parágrafo único. Presumem-se iguais as partes ideais dos condôminos.*

[1207] MORATO, op. cit., p. 25 e 26.
[1208] THEODORO JÚNIOR, H. op. cit., p. 60.
[1209] THEODORO JÚNIOR, H., idem, p. 61.

Art. 1.316. Pode o condômino eximir-se do pagamento das despesas e dívidas, renunciando à parte ideal.

§ 1º Se os demais condôminos assumem as despesas e as dívidas, a renúncia lhes aproveita, adquirindo a parte ideal de quem renunciou, na proporção dos pagamentos que fizerem.

§ 2º Se não há condômino que faça os pagamentos, a coisa comum será dividida.

Art. 1.317. Quando a dívida houver sido contraída por todos os condôminos, sem se discriminar a parte de cada um na obrigação, nem se estipular solidariedade, entende-se que cada qual se obrigou proporcionalmente ao seu quinhão na coisa comum.

Art. 1.318. As dívidas contraídas por um dos condôminos em proveito da comunhão, e durante ela, obrigam o contratante; mas terá este ação regressiva contra os demais.

Art. 1.319. Cada condômino responde aos outros pelos frutos que percebeu da coisa e pelo dano que lhe causou.

Art. 1.320. A todo tempo será lícito ao condômino exigir a divisão da coisa comum, respondendo o quinhão de cada um pela sua parte nas despesas da divisão.

§ 1º Podem os condôminos acordar que fique indivisa a coisa comum por prazo não maior de cinco anos, suscetível de prorrogação ulterior.

§ 2º Não poderá exceder de cinco anos a indivisão estabelecida pelo doador ou pelo testador.

§ 3º A requerimento de qualquer interessado e se graves razões o aconselharem, pode o juiz determinar a divisão da coisa comum antes do prazo.

Art. 1.321. Aplicam-se à divisão do condomínio, no que couber, as regras de partilha de herança (arts. 2.013 a 2.022).

Art. 1.322. Quando a coisa for indivisível, e os consortes não quiserem adjudicá-la a um só, indenizando os outros, será vendida e repartido o apurado, preferindo-se, na venda, em condições iguais de oferta, o condômino ao estranho, e entre os condôminos aquele que tiver na coisa benfeitorias mais valiosas, e, não as havendo, o de quinhão maior.

Parágrafo único. Se nenhum dos condôminos tem benfeitorias na coisa comum e participam todos do condomínio em partes iguais, realizar-se-á licitação entre estranhos e, antes de adjudicada a coisa àquele que ofereceu maior lanço, proceder-se-á à licitação entre os condôminos, a fim de que a coisa seja adjudicada a quem afinal oferecer melhor lanço, preferindo, em condições iguais, o condômino ao estranho.

Tendo em vista que o condômino também é titular da composse, ele pode defender a posse da coisa comum. É o que estabelece o art. 1.314 do C.c.b: *Cada condômino pode usar da coisa conforme sua destinação, sobre ela exercer todos os direitos compatíveis com a indivisão, reivindicá-la de terceiro, defender a sua posse e alhear a respectiva parte ideal, ou gravá-la.*

Contra terceiros, a composse de todo e qualquer condômino lhe autoriza a promover a demanda dos interditos possessórios, mesmo que individualmente, para defesa da posse sobre o imóvel comum. Estamos diante de um *litisconsórcio ativo unitário facultativo*.

Já entre os comunheiros, o uso dos interditos depende da existência de posse *pro diviso* (posse localizada).

Há também a possibilidade de o condômino ingressar com demanda reivindicatória contra terceiro, pois além de ter posse ele é também proprietário do bem comum. Essa pretensão processual, contudo, não pode ser usada contra outro consorte, mesmo que este detenha de forma irregular parte material da coisa comum superior à sua cota. Os conflitos surgidos entre os comunheiros não podem ser resolvidos pela demanda reivindicatória. Somente a demanda divisória terá condições de fixar, individualmente, o local de cada consorte no respectivo bem.

Como se disse, a comunhão é um exercício anormal do direito de propriedade, sendo que perdura até que surja uma das causas de extinção do condomínio.

Entre as causas de extinção do condomínio encontra-se a) perecimento ou extinção da coisa comum; b) sucessão hereditária; c) a usucapião; d) o contrato; e) o término do prazo convencionado para a indivisão; f) a *divisão ou partilha*.

A *divisão*, conforme leciona Câmara Leal, é o meio hábil de extinção do condomínio, outorgando-se a cada condômino um determinado quinhão, fisicamente individualizado, pela sua medição, localização e delimitação no imóvel comum.[1210]

No estado de indivisão, cada condômino tem a sua cota parte indicada de forma abstrata, por meio de percentagem. Essas cotas materialmente confundem-se no patrimônio comum, e que somente podem ser efetivamente destacadas quando da *divisão*.

Sendo a divisão um ato potestativo de qualquer condômino, podendo ser imposta aos demais condôminos ou ser exercitada de comum acordo entre os diversos comunheiros, a doutrina estabelece as seguintes espécies de divisão: a) judicial ou em juízo; b) amigável ou extrajudicial. A divisão extrajudicial é negócio jurídico bi ou plurilateral que exige capacidade plena dos agentes. A divisão judicial, por sua vez, pode ser objeto de jurisdição voluntária, quando não há

[1210] Câmara Leal, Antônio Luiz. *Comentários ao código de processo civil.* 3ª ed., Vol. 5. Rio de Janeiro: Forense, 1979. p. 311.

litígio entre os condôminos, ou de jurisdição contenciosa, quando a pretensão de um ou alguns dos comunheiros é resistida por outro ou outros.[1211]

O direito potestativo do condômino à divisão encontra-se formulado no art. 1.320 do C.c.b., a saber: *A todo tempo será lícito ao condômino exigir a divisão da coisa comum, respondendo o quinhão de cada um pela sua parte nas despesas da divisão.*

É bem verdade que os condôminos podem acordar que fique indivisa a coisa comum por prazo não maior de cinco anos, suscetível de prorrogação ulterior (§1º do art. 1.320 do C.c.b.). Este prazo não poderá exceder de cinco anos se a indivisão for estabelecida pelo doador ou pelo testador (§2º do art. 1.320 do C.c.b.). A requerimento de qualquer interessado e se graves razões o aconselharem, pode o juiz determinar a divisão da coisa comum antes do prazo (§3º do art. 1.320 do C.c.b).

Por sua vez, o art. 1.321 do C.c.b. estabelece que se aplicam à divisão do condomínio, no que couber, as regras de partilha de herança (arts. 2.013 a 2.022).

Assim, a *divisão extrajudicial* é feita quando os condôminos, capazes, acordam amigavelmente em dividir o bem objeto de condomínio, conforme preconiza o art. 2.015 do C.c.b.: *Se os herdeiros forem capazes, poderão fazer partilha amigável, por escritura pública, termo nos autos do inventário, ou escrito particular, homologado pelo juiz.*

A homologação judicial somente será exigida se a divisão for por meio de escrito particular.

Como a divisão de imóvel decorre de um direito real sobre imóvel, há necessidade de anuência de ambos os cônjuges.

Já a divisão será sempre *judicial* se os herdeiros divergirem, assim como se algum deles for incapaz (art. 2.016 do C.c.b.).

Entende Câmara Leal que a divisão também deverá ser judicial se houver interesse do Município, do Estado ou da União na copropriedade.[1212]

Segundo Humberto Theodoro Júnior, entende-se por partilha judicial a partilha realizada em juízo, não sendo obrigatoriamente realizada por meio de procedimento contencioso. Assim, o procedimento especial de divisão deve ser realizado quando houver jurisdição contenciosa. Se não existe litígio entre as partes e se o recurso às vias judiciais só se faz em função, por exemplo, da incapacidade de um dos condôminos, empecilho não há para que a partilha seja realizada de modo mais simples, com observância dos procedimentos não contenciosos. Segundo o processualista mineiro, para se processar uma divisão judicial não contenciosa, as próprias partes poderiam indicar o perito e os arbi-

[1211] THEODORO JÚNIOR, H., op. cit., p. 78.
[1212] CÂMARA LEAL, A. L., op. cit., p. 312.

tradores, que sem maiores formalidades apresentariam, de uma só vez, plantas, memoriais e folhas de pagamento. Assim, após o compromisso, num só laudo e respectivos anexos, todos os trabalhos divisórios estariam concluídos. Todo o feito correria sob fiscalização do Ministério Público e aos incapazes dar-se-ia curador especial.[1213]

Art. 570

É lícita a cumulação dessas ações, caso em que deverá processar-se primeiramente a demarcação total ou parcial da coisa comum, citando-se os confinantes e os condôminos.

Da cumulação da demanda demarcatória e divisória

Inicialmente, reforça-se novamente a crítica à redação a esse tipo de dispositivo.

Na verdade, não se trata de cumulação de ações, mas, sim, de demanda, pois a ação não pode ser adjetivada conforme já tivemos oportunidade de afirmar.

Permite o código a cumulação de demanda de demarcação e divisão de um mesmo bem imóvel, num mesmo processo. Na realidade, está-se diante de uma cumulação sucessiva, pois em primeiro lugar deve-se concluir a demarcação dos limites divisórios entre os prédios confinantes para depois definir a segunda pretensão que seria a divisão.

O C.P.C. de 1939, em seu art. 416, dizia que a reunião das demandas demarcatórias e divisão não seria cumulação de ações, mas, sim, concurso de demandas, pois a demarcação deveria primeiro ser julgada, para depois passar-se à divisão.

Há, portanto, conexão entre a demanda de demarcação e divisão do mesmo imóvel, em razão de ser comum o mesmo objeto.

Segundo afirma Theodoro Júnior, *"entre a divisão e a demarcação, na espécie, há conexão, porque o objeto (um dos imóveis) é comum nos dois feitos. Mas a acumulação é apenas de ordem prática, fundada na economia processual, e, na prejudicialidade, sem a forma de criar competência para o juiz que nunca a teve. A conexão só amplia ou modifica, em regra, a competência relativa, não a absoluta. Por isso, entende Pontes de Miranda, com razão, que a competência do juiz da demarcação só se estenderá para a divisão se parte do imóvel dividendo também estiver sob sua jurisdição. Se cada imóvel confinante ficar de um lado da divisa dos territórios das duas comarcas ou Estados, ou se o imóvel a dividir se achar todo numa só comarca (apenas o demarcando é que se situa nas duas), a competência*

[1213] Theodoro Júnior, H., op. cit., p. 79 e 80.

comum será para a demarcação. A divisão continuará pertencente ao 'forum rei sitae', já que as terras a partilhar, a nenhum título, se acham subordinadas ao foro do outro imóvel demarcado, a não ser para o próprio ato da demarcação. Mas, se uma parcela, mínima que seja, do imóvel dividendo invadir o território da outra comarca, então qualquer dos dois foros poderá se prestar para a demarcação e a divisão cumuladas, resolvendo-se o problema pela prevenção".[1214]

Se já houver sido instaurada uma das demandas, como, por exemplo, a divisória, e posteriormente ingressar-se com a demarcatória, poderá a parte, desde que o juízo da divisória seja também competente para a demarcatória, requerer a distribuição por prevenção.

Por sua vez, se as duas demandas devem ser processadas por juízos que apresentem competência diversa em razão da matéria, o juiz da divisão poderá utilizar-se da prerrogativa prevista no art. 313, inv. V, letra 'a', do atual C.P.C.:

> *"Art. 313. Suspende-se o processo:*
> *(...).*
> *V – quando a sentença de mérito:*
> *a) depender do julgamento de outra causa ou da declaração da existência ou da inexistência da relação jurídica que constitua o objeto principal de outro processo pendente";*

É importante salientar que haverá sujeição passiva, de certa forma, diversa entre ambas as demandas.

Enquanto que na divisão a sujeição passiva dá-se entre os comunheiros ou condôminos, na demarcatória a sujeição passiva ocorre entre os confinantes ou vizinhos, os quais serão citados para acompanhar a demarcatória. Desta feita, os confinantes são citados apenas para participar da demarcatória, sendo terceiros em relação à divisória. Já os condôminos podem ser citados para intervirem na demarcação, como litisconsortes do promovente, como também para acompanharem, como réus, o processo divisório. A citação dos comunheiros e dos confinantes será requerida na petição inicial e realizada de uma única vez. Os réus serão citados observando-se o disposto no art. 246 do novo C.P.C. Frustrada a citação das pessoas domiciliadas na comarca onde corre a demarcatória, estas serão citadas por edital.

Na contestação, os confrontantes somente podem apresentar respostas em relação à pretensão demarcatória, já que não são parte da demanda divisória. Já os condôminos, tanto podem se opor à divisão, como também à demarcação, por

[1214] Theodoro Júnior, H., idem, p. 145 e 146.

serem partes indistintas de ambos os feitos. Assim, pode um dos condôminos, por exemplo, não concordar com a linha indicada pelo autor, por julgá-la inexata ou prejudicial ao condomínio.[1215]

Conforme afirma Theodoro Júnior, *"na primeira fase do processo, há processamento simultâneo ou cumulado das duas ações. Confinantes e condôminos oferecem suas contestações no mesmo prazo, e o julgamento de todos os pedidos e resposta se faz numa só sentença. Passando-se à fase complementar do processo, ou fase dos trabalhos técnicos, os procedimentos se dissociam completamente...Homologada a demarcação, portanto, os confrontantes ficam excluídos do processo, que passará a versar, então, sobre os atos divisórios, que só dizem respeito aos condôminos".*[1216]

Art. 571

A demarcação e a divisão poderão ser realizadas por escritura pública, desde que maiores, capazes e concordes todos os interessados, observando-se, no que couber, os dispositivos deste Capítulo.

Divisão e demarcação por escritura pública

Tanto a divisão quanto a demarcação podem ser efetivadas judicialmente ou extrajudicialmente.

Aliás, em relação à divisão estabelece o art. 1.321 do C.c.b. que se aplicam à divisão do condomínio, no que couber, as regras de partilha de herança (arts. 2.013 a 2.022).

Assim, a *divisão extrajudicial* é feita quando os condôminos, capazes, acordam amigavelmente em dividir o bem objeto de condomínio, conforme preconiza o art. 2.015 do C.c.b.: *Se os herdeiros forem capazes, poderão fazer partilha amigável, por escritura pública, termo nos autos do inventário, ou escrito particular, homologado pelo juiz.*

Da mesma forma a demarcação, aplicando-se por analogia o disposto no art. 1.321 do atual C.c.b., poderá ser feita por escritura pública, termo nos autos ou instrumento particular homologado pelo juiz, desde que os confinantes e interessados sejam capazes e não haja controvérsia entre eles.

O art. 571 do atual C.P.C., no que concerne à demarcação ou divisão por escritura pública, recomenda a aplicação, no que couber, das disposições previstas neste Capítulo.

1215 Theodoro Júnior, H., idem, p. 151.
1216 Theodoro Júnior, H., idem, p. 149.

Art. 572

Fixados os marcos da linha de demarcação, os confinantes considerar-se-ão terceiros quanto ao processo divisório, ficando-lhes, porém, ressalvado o direito de vindicar os terrenos de que se julguem despojados por invasão das linhas limítrofes constitutivas do perímetro ou de reclamar indenização correspondente ao seu valor.

§ 1º No caso do caput, serão citados para a ação todos os condôminos, se a sentença homologatória da divisão ainda não houver transitado em julgado, e todos os quinhoeiros dos terrenos vindicados, se a ação for proposta posteriormente.

§ 2º Neste último caso, a sentença que julga procedente a ação, condenando a restituir os terrenos ou a pagar a indenização, valerá como título executivo em favor dos quinhoeiros para haverem dos outros condôminos que forem parte na divisão ou de seus sucessores a título universal, na proporção que lhes tocar, a composição pecuniária do desfalque sofrido.

Consequências subjetivas da fixação dos marcos divisórios quando há cumulação de demandas

Este dispositivo regula a cumulação sucessiva de demanda de demarcação e de divisão.

Conforme já se afirmou, as demandas demarcatórias e divisórias têm início pela petição inicial e se desenvolvem em conjunto numa primeira fase que vai até o momento da realização das perícias técnicas. Já na segunda fase, a demarcação deve ser definida primeiramente, até para que a divisão possa efetivamente ser concluída. Por isso, na segunda fase os procedimentos se separam, de tal maneira que a divisão permanecerá no aguardo do julgamento da demarcação.

Uma vez fixados os marcos da linha de demarcação na segunda fase do procedimento demarcatório, os confinantes considerar-se-ão terceiros quanto ao processo divisório, o qual deverá correr exclusivamente entre os comunheiros ou condôminos. Esta afirmação contida no art. 572 do atual C.P.C. também estava consignada no art. 416 do Código de 1939 e que de certa forma gerou polêmica entre os processualistas. Segundo Humberto Theodoro Junior, *"para uns, a sucessividade ficaria reduzida aos trabalhos técnicos, de sorte que, depois de realizadas separadamente as operações de demarcação e as de divisão, a sentença homologatória seria única. Para outros, todavia, a sentença homologatória seria autônoma. Primeiro se julgariam os trabalhos demarcatórios e só depois teriam início os trabalhos de divisão"*.[1217]

[1217] Theodoro Júnior, H., idem, p. 152.

No caso, interpretando o art. 416 do C.P.C. de 1939, Faria Motta, com apoio em Amorim Lima, dizia que realmente havia dois julgamentos, uma para a demarcação, outro para a divisão, mas ambos numa só sentença homologatória. Encerrados os trabalhos de campo, mediante a inserção dos marcos divisórios, lavrar-se-ia o respectivo auto, mas a homologação ficaria suspensa até a conclusão dos trabalhos da divisão. Reconhecia, contudo, Faria Motta, que seria razoável o encerramento definitivo do processo demarcatório, com sentença passado em julgado, para só depois prosseguir na divisão. Mas, no seu entender, essa não era a orientação da norma, pois o código não falava em homologação da demarcação ou do seu encerramento. Já Humberto Theodoro entende que o texto legal, embora de redação infeliz, não devia ser interpretado de acordo com o entendimento de Faria Motta, apoiado em Amorim Lima, pois a preocupação do legislador, tanto de 1939 como de 1973, foi a de tornar claro que os confrontantes deveriam ser afastados do processo quando se passasse a tratar das operações de divisão. Com isto, todavia, não pretendeu impedir que o juiz homologasse a demarcação tão logo se encerrassem os respectivos trabalhos técnicos. Mesmo porque ficaria sem sentido excluir-se do processo o confrontante sem solucionar a lide no que lhe diz respeito. Daí, conforme aduz Humberto, a supremacia da lição de Câmara Leal, para quem, *"é verdade que o art. 416 (hoje: art. 948 do CPC de 1973) não se refere à homologação, dizendo que – 'concluídas as linhas de demarcação, os confrontantes serão havidos como estranhos ao processo divisório' – parecendo indicar que este deve iniciar-se independentemente da homologação da demarcação. Mas isso é mera conclusão aparente, resultante da falta de técnica do enunciado desse dispositivo. O legislador não podia criar preceitos antinômicos. Se a demarcação termina pela homologação (art. 439) e esta é recorrível (art. 830, n. 10, é evidente que, antes da homologação e seu trânsito em julgado, continuam os confrontantes na lide e sujeitos à instância, que só cessará para eles quando a demarcação estiver irrecorrivelmente terminada". "O que o legislador quis dizer no art. 416 – explicava Câmara Leal – é que os confrontantes são estranhos ao processo divisório, sendo o seu interesse na causa restrito às linhas de demarcação, de modo que, fixadas estas e entrando-se no processo divisório, os confrontantes se tornam estranhos à lide".*[1218]

Da mesma forma entende Pontes de Miranda que a retirada dos confrontantes do processo divisório cumulativo deve corresponder ao exaurimento do processo demarcatório.[1219]

Sendo os confinantes configurados como terceiros e não como partes do processo divisório, fica-lhes, porém, ressalvado o direito de vindicar os terrenos

[1218] Theodoro Júnior, H., idem, p. 153.

[1219] Pontos de Miranda, op. cit. p. 416.

de que se julguem despojados por invasão das linhas limítrofes constitutivas do perímetro ou de reclamar indenização correspondente ao seu valor. Portanto, se no processo divisório houver invasão da linha limítrofe entre os prédios, causando prejuízo ao direito de proprietário de alguns dos confrontantes, estes poderão reivindicar os terrenos que se julguem prejudicados ou despojados pela invasão das linhas limítrofes ou, ao invés, reclamar indenização correspondente ao valor. Além do valor do terreno, poderão reclamar igualmente eventual desvalorização da área remanescente.

Estabelece o *§ 1º do art. 572* do atual C.P.C. que no *caso do caput, serão citados para a ação todos os condôminos, se a sentença homologatória da divisão ainda não houver transitado em julgado, e todos os quinhoeiros dos terrenos vindicados, se a ação for proposta posteriormente.*

Conforme ficou consignado no art. 572 do atual C.P.C., a lei confere ao confinante que tenha sido despojado de sua posse ou propriedade dois caminhos: ou reivindica a área invadida ou reclama indenização correspondente ao seu valor e sua depreciação. Trata-se de pedido alternativo.

Se o confinante foi parte da demanda demarcatória que tenha precedido à divisão, ele estará sujeito aos efeitos da coisa julgada, devendo sofrer a execução do julgado que ali for definido. Se não houve demarcatória anterior, mas apenas a divisão, a sentença proferida nesta demanda somente vai ser imutável em relação aos condôminos, não atingindo essa imutabilidade os terceiros que não foram parte na relação jurídica processual.

O §1º do art. 572 do atual C.P.C., por sua vez, trata da sujeição passiva das possíveis pretensões indicadas no *caput*, ou seja, a demanda reivindicatória ou a demanda ressarcitória.

Assim, se ainda não transitou em julgado a sentença homologatória da divisão, serão réus todos os condôminos, devendo ser citados para integrarem a relação jurídica processual.

Se já houve o trânsito em julgado da sentença homologatória da divisão, e se a demanda reivindicatória ou ressarcitória é promovida após isso, serão citados apenas os quinhoeiros dos terrenos vindicados.

No primeiro caso, se ainda não transitou em julgado a sentença homologatória da divisão, eventual procedência da reivindicação obrigatoriamente acarretará a redução da área do imóvel a ser dividido, devendo ser redimensionados os quinhões da divisão.

Ocorrendo o trânsito em julgado da sentença homologatória da divisão, não há mais falar em condomínio, ficando cada condômino com sua parte definida na divisão, exercendo propriedade autônoma e independente. O confrontante não terá mais qualquer vinculação com os quinhoeiros que não façam divisa com o seu imóvel, razão pela qual, se pretende promover demanda reivindicatória ou ressarcitória por possível invasão de sua área, deverá fazê-lo em relação aos proprietários dos quinhões que façam divisa com seu imóvel.

Prescreve o *§2º do art. 572* do atual C.P.C. que *neste último caso, a sentença que julga procedente a ação, condenando a restituir os terrenos ou a pagar a indenização, valerá como título executivo em favor dos quinhoeiros para haverem dos outros condôminos que forem parte na divisão ou de seus sucessores a título universal, na proporção que lhes tocar, a composição pecuniária do desfalque sofrido.*

Evidentemente que havendo a propositura da demanda reivindicatória ou ressarcitória, o quinhoeiro que porventura puder sofrer a perda do imóvel ou que for obrigado a pagar a indenização poderá valer-se da denunciação à lide ou em garantia, denunciando a demanda aos antigos condôminos, fazendo da sentença condenatória título executório contra os quinhoeiros não confinantes, de acordo com a proporção de cada quinhão.

Somente se houver a efetiva participação dos antigos condôminos na relação jurídica processual é que a sentença poderá valer como título executivo judicial, pois sem que haja o contraditório e a ampla defesa, ninguém poderá ser despojado de seus bens, conforme preconiza a Constituição Federal. Além dos ex condôminos, também poderão ser denunciados os sucessores a título universal, na proporção que lhes tocar.

O artigo não fala no sucessor singular. Neste caso, o sucessor singular não será obrigado a repor o prejuízo do confinante.

Se não houver a denunciação à lide ou em garantia, nada impede que o confinante obrigado a devolver parte do imóvel ou ressarcir em dinheiro interponha ação própria contra os demais confinantes, antigos condôminos.

Art. 573

Tratando-se de imóvel georreferenciado, com averbação no Registro de Imóveis, pode o juiz dispensar a realização de prova pericial.

Imóvel georreferenciado

A palavra *georreferenciamento* advém da conjugação da expressão *geo* = terra e *referenciamento* = referência. Significa ajustar pontos ou divisas por um sistema de coordenadas.

A Lei 10.267 de 2001 criou o Cadastramento Nacional de Imóveis Rurais – CNIR.

O art. 3º da Lei 10.267/01 alterou os arts. 176 e 225 da Lei 6.015, de 31 de dezembro de 1973, os quais passaram a vigorar com a seguinte redação:

"Art. 176....

§3º. Nos casos de desmembramento, parcelamento ou remembramento de imóveis rurais, a identificação prevista na alínea a do item 3 do inciso II do § 1º será obtida a partir de memorial descritivo, assinado por profissional habilitado e com a devida Anotação de Responsabilidade Técnica – ART, contendo as coordenadas dos vértices definidores dos limites dos imóveis rurais, geo-referenciadas ao Sistema Geodésico Brasileiro e com precisão posicional a ser fixada pelo INCRA, garantida a isenção de custos financeiros aos proprietários de imóveis rurais cuja somatória da área não exceda a quatro módulos fiscais.

§4º A identificação e que trata o §3º tornar-se-á obrigatória para efetivação de registro; em qualquer situação de transferência de imóvel rural, nos prazos fixados por ato do Poder Executivo".

"Art. 225....

§3º Nos autos judiciais que versem sobre imóveis rurais, a localização, os limites e as confrontações serão obtidos a partir de memorial descritivo assinado por profissional habilitado e com a devida Anotação de Responsabilidade Técnica – ART, contendo as coordenadas dos vértices definidores dos limites dos imóveis rurais, geo-referenciadas ao Sistema Geodésico Brasileiro e com precisão posicional a ser fixada pelo INCRA, garantida a isenção de custos financeiros aos proprietários de imóveis rurais cuja somatória da área não exceda a quatro módulos rurais".

A Lei 10.267/01 foi devidamente regulamentada pelo Decreto n. 4.449 de 30 de outubro de 2001.

Assim, se a divisória ou demarcatória tiver por base imóvel georreferencial, devidamente averbado no Registro de Imóveis, o juiz poderá dispensar a realização de prova pericial, tornando o rito mais célere e simplificado.

SEÇÃO II – Da Demarcação

Art. 574

Na petição inicial, instruída com os títulos da propriedade, designar-se-á o imóvel pela situação e pela denominação, descrever-se-ão os limites por constituir, aviventar ou renovar e nomear-se-ão todos os confinantes da linha demarcanda.

Demarcatória. Considerações gerais

Quando o confrontante não se submete voluntariamente à pretensão de direito material de demarcar, poderá o confinante ingressar com uma demanda demarcatória, fazendo valer sua pretensão de direito material e processual.

A finalidade da demanda demarcatória é justamente definir os limites, aviventar ou renovar os marcos divisórios entre os prédios contíguos.

Quanto a extensão, a demanda demarcatória pode ser total ou parcial. Será total quando se pede o levantamento de todo o perímetro do imóvel, sendo citados para o processo todos os confrontantes. Contudo, a relação jurídica processual será individualizada para cada extensão de limites confrontantes, ou seja, de acordo com cada testada. Será parcial, quando se pede o estabelecimento somente de parte de linhas divisórias do prédio. Neste caso, será citado para a demarcatória apenas o réu que fizer confrontação com a testada do imóvel a confrontar.

Quanto à consideração de inexistência de limites pretéritos, a demanda demarcatória pode ser classificada como demarcação propriamente dita, na qual se pretende a assinalação de limites novos, e demarcação de aviventação de limites, quando se pretende a restauração de marcos arruinados, destruídos ou desaparecidos.

Quanto à natureza do pedido, a demanda demarcatória classifica-se em: demarcatória simples, cuja finalidade presta-se apenas para assinalar no solo a linha de limites constantes no título das partes, sem cumulação com qualquer outra pretensão; demarcatória qualificada, na qual, além da fixação dos limites, o autor pretende também a restituição de área, dos frutos e de pagamento de perdas e danos.

Em se tratando de demarcatória propriamente dita, conforme estabelece o art. 574 do atual C.P.C., na petição inicial devem ser descritos os limites por constituir.

Entende-se por limites de um prédio, a linha de separação contínua, reta, quebrada, ou curva, entre ele e todos os outros que lhe são contíguos. Na sua assinalação no solo, os limites podem ser naturais ou convencionais, também denominados de artificiais. Os naturais são visíveis em decorrência de sua materialização na natureza. Já os artificiais ou convencionais são os rumos formados de linhas ligadas por marcos assentados nos vértices do polígono que a superfície do imóvel representa. Há, nessa hipótese, apenas uma linha imaginária (um rumo), cuja localização se faz no terreno em relação a determinados pontos que recebem o nome de marcos.[1220]

[1220] Theodoro Júnior. H., op. cit., p. 186.

Na demarcatória de aviventação de limites, o autor deve descrever na petição inicial os marcos a serem aviventados ou renovados.

Assim, na petição inicial, o autor da demarcatória deve formular sua pretensão que será exteriorizada pela causa de pedir e pelo pedido, elementos que compõem o mérito da demanda. Sem a petição inicial a relação processual não se inicia.

O art. 574 do atual C.P.C. estabelece os requisitos subjetivos e objetivos da demarcatória. Evidentemente que além desses requisitos, a petição inicial também deve observar, no que for aplicável, os requisitos previstos no art. 319 do atual C.P.C.

De acordo com o art. 574, o autor deverá, na inicial, além de observar o disposto no art. 319 do atual C.P.C., também: a) juntar o título de propriedade; b) designar o imóvel pela situação e denominação; c) descrever os limites por constituir, aviventar ou renovar; e d) nomear os confinantes da linha demarcanda.

Os elementos objetivos são a juntada do título de propriedade, a designação do imóvel e a descrição dos limites.

Os elementos subjetivos são a designação do autor e dos réus (confinantes da linha demarcanda).

Em relação ao título de propriedade, o código somente tratou de eventual relação de domínio do autor da demarcatória. Contudo, conforme bem considera Pontes de Miranda[1221], a linha de separação pode ser necessária também entre possuidores ou mesmo entre titulares de outros direitos reais, como é o caso da servidão ou do promitente comprador.

Assim, se a demarcatória tiver por fundamento a posse ou outro direito real que não a propriedade, o rito será o mesmo, aplicando-se os dispositivos dessa seção com base na analogia.

Contudo, para Hamilton de Moraes e Barros, a legitimação ativa e passiva para a demarcatória é do proprietário e não de quem seja titular de qualquer direito real.[1222]

Além do mais, muito embora a petição inicial da demanda demarcatória deva ser instruída com o título de domínio, "se, porém, não puder ser exibido, por circunstâncias alheias à vontade do requerente, ou se este fundar-se na usucapião, a prova pode ser apresentada, sem inconveniente, no correr do processo".[1223]

[1221] Pontes de Miranda, op. cit. p. 428.

[1222] Moraes e Barros, Hamilton de. *Comentários ao código de processo civil.* 2ª ed. Rio de Janeiro: Forense, 1988. p. 72.

[1223] Whitaker, Firmino. *Terras: divisão e demarcação.* 2ª ed., 1920. p. 90.

Agora, se a demarcatória fundar-se na propriedade, a falta do título de domínio caracteriza a ausência de documento indispensável para a propositura da demanda, razão pela qual o juiz deverá intimar a parte para suprir a falha, sob pena de extinção do processo.

Muito embora em nosso direito o título de domínio seja representado pela transcrição no registro de imóveis, o certo é que os tribunais têm admitido a escritura pública como elemento comprovador da boa-fé e da legitimidade para efeito de comprovação da propriedade.

A designação do imóvel deve ser clara e objetiva, devendo o autor arrolar dados como a denominação, a numeração e a sua situação, seja ele imóvel rural ou urbano.

A descrição dos limites pretendidos na demarcatória é o objeto principal da demanda, seja para implementar limites ainda não definidos, seja para aviventar marcos apagados ou destruídos.

É importante salientar que nos termos do art. 573 do atual C.P.C., tratando-se de imóvel georreferenciado, com averbação no Registro de imóveis, pode o juiz dispensar a realização de prova pericial.

Na demarcatória, a descrição da linha divisória é requisito indispensável da petição inicial, sob pena de nulidade ou carência de demanda. Se não for descrito o limite divisório, deverá o juiz intimar a parte para emendar a inicial, sob pena de carência de ação.

O atual C.P.C., ao contrário do C.P.C. de 1939, não determina que a descrição da linha demarcanda seja realizada de maneira 'minuciosa'. O art. 574 satisfaz-se com a mera descrição do limite a constituir ou aviventar.

Assim, a descrição de limites que a inicial há de descrever, *"só tem a finalidade de estabelecer exclusivamente o local da incerteza que exige demarcação, bastando, portanto, que a inicial, sem traçar a linha divisória, estabeleça os pontos extremos, entre os quais a linha se orientará"*.[1224]

O que não se admite é que a petição inicial, quanto aos limites divisórios, seja totalmente lacunosa e imprecisa quanto à descrição da linha demarcanda, condicionando sua pretensão ao mero arbítrio do agrimensor para o levantamento de toda a divisa, sem indicar em que ponto está a confusão de limites e em que consiste essa confusão. Também não se admite a alternatividade do pedido em matéria de linha de limites, ou seja, nem o promovente na petição inicial, nem o juiz na sua sentença poderão indicar para discriminação dos prédios confinantes duas linhas, uma na falta da outra, facultando ao agrimensor observar esta ou

[1224] Santos, Ernani Fidélis dos. *Comentários ao código de processo civil.* Vol. 6. Série 6. n. 230. Rio de Janeiro: Forense, p. 256.

aquela conforme o juízo particular que forma pelo exame do terreno, estudo dos títulos e a fama da vizinhança.[1225]

Os elementos subjetivos da petição inicial da demarcatória dizem respeito à indicação dos confrontantes ou confinantes da linha demarcanda, conforme estabelece o art. 574 do atual C.P.C. Assim, todos os confiantes devem ser indicados ou denominados na petição inicial, pois são eles os sujeitos passivos da relação jurídica processual. Não são todos os confrontantes do imóvel que devem participar do processo, mas apenas aqueles que façam testada com a linha divisória que se pretende seja demarcada.

Está-se diante, portanto, de litisconsórcio necessário não unitário, pois a demanda somente será válida se estiverem presentes todos os litisconsortes, sendo que a sentença poderá ser diversa ou específica para cada um deles.

A citação dos confinantes pode ocorrer nos termos do art. 576 do atual C.P.C.

Se o confrontante for casado em comunhão total ou parcial de bens, haverá necessidade de citação do cônjuge.

O valor da causa que deverá ser indicada na petição inicial será aquele estabelecido pelo art. 292, inc.IV do atual C.P.C.:

> *Art. 292. O valor da causa constará da petição inicial ou da reconvenção e será: (...).*
>
> *IV – na ação de divisão, de demarcação e de reivindicação, o valor de avaliação da área ou bem objeto do pedido;*

O rateio das despesas pressupõe a inexistência de sucumbência, pela falta de contestação ao pedido (art. 1.297 do C.c.b.). Ocorrendo a oposição, a sentença que julgar a primeira fase do procedimento condenará o vencido ao pagamento das custas. Se, contudo, mesmo depois da sucumbência, o procedimento tiver de prosseguir para realização dos trabalhos técnicos, na segunda fase as despesas serão normalmente rateadas. Em outras palavras, nas demarcações não contestadas, todos os gastos do processo são rateados entre os confinantes, na proporção de suas testadas junto à linha demarcanda; caso contrário, o sucumbente arcará com as custas do incidente em que sucumbiu, e o rateio atingirá os demais gastos do feito. Por sua vez, quando o demandante exercitar a faculdade de cumular ao pedido de demarcação a queixa de esbulho, terá de requerer que

[1225] Fraga, Affonso. *Theoria e prática na divisão e demarcação das terras particulares.* 4ª ed., 1936. p. 280.

o confinante seja condenado a restituir a área invadida com os respectivos rendimentos ou indenização dos danos.[1226]

Art. 575

Qualquer condômino é parte legítima para promover a demarcação do imóvel comum, requerendo a intimação dos demais para, querendo, intervir no processo.

Demarcatória. Legitimidade

O direito à demarcação funda-se em regra no domínio, nos termos do art. 574 do atual C.P.C., sabendo-se que também aquele que detém apenas a posse ou outro direito real sobre o imóvel, como a servidão, também poderá ingressar com a demanda demarcatória.

O direito subjetivo material à demarcatória encontra-se expressamente consignado no art. 1.297 do C.c.b.: *"O proprietário tem direito a cercar, murar, valar ou tapar de qualquer modo o seu prédio, urbano ou rural, e pode constranger o seu confinante a proceder com ele à demarcação entre os dois prédios, a aviventar rumos apagados e a renovar marcos destruídos ou arruinados, repartindo-se proporcionalmente entre os interessados as respectivas despesas"*.

É possível que o imóvel objeto da demarcatória, ao invés de pertencer apenas a uma pessoa, pode pertencer a diversos proprietários em regime de condomínio.

No caso de existência de condomínio, é lícito a apenas um dos condôminos promover a demarcação do imóvel comum como parte ativa legítima.

Sendo a demarcatória uma ação dúplice, em que o autor pode virar réu e o réu pode assumir a posição de autor, o certo é que a legitimação ativa repercutirá na legitimação passiva e vice-versa.

Também poderá compor a legitimação ativa da demanda demarcatória o proprietário, o qual deve chamar ao processo o usuário, o usufrutuário e vice--versa, eis que entre eles se reparte o uso do bem. São, por isso, litisconsortes.[1227]

Da mesma forma, quando a propriedade tiver dois titulares simultâneos, como se dá no usufruto, ou dois titulares sucessivos, como ocorre no fideico-

[1226] Theodoro Júnior, op. cit., p. 263.

[1227] Moraes e Barros, Hamilton de. *Comentários ao código de processo civil.* 2ª ed. Rio de Janeiro: Forense, 1988. p. 71.

misso, entende Hamilton Moraes e Barros que é de rigor a presença de ambos no processo demarcatório.[1228]

Os credores de garantia real não têm legitimidade para participar da demanda demarcatória, uma vez que o seu interesse nos limites do prédio dado em garantia é meramente fático e não jurídico.[1229]

É certo que em relação ao credor hipotecário efetivamente não há nem posse nem domínio para justificar sua legitimação ativa para a demarcatória. Contudo, em relação ao credor com anticrese, há posse pela utilização do imóvel, razão pela qual teria ele legitimidade para participar da demarcatória, pois o seu interesse não é meramente fático mas também jurídico pela efetiva utilização do imóvel.

Sendo o imóvel objeto da demarcatória de propriedade condominial, cada condômino poderá promover a demarcatória isoladamente e autonomamente, requerendo a intimação dos demais para participar da relação jurídica processual, querendo.

O C.P.C. de 1973, em seu art. 952, era claro em afirmar a natureza de litisconsortes dos demais condôminos, razão pela qual eles também deveriam ser citados para comporem o polo ativo da demanda demarcatória.

O novo C.P.C., em seu art. 575, traz uma redação diversa, pois apenas estabelece que os demais condôminos deverão ser intimados para intervir no processo, querendo. Contudo, muito embora este dispositivo não fale expressamente em litisconsorte, não há dúvida de que a exigência de sua intimação e não mais citação é justamente para comporem o polo ativo da relação processual como partes, ou seja, como litisconsortes ativo unitário facultativo.

Tenho para mim que a redação do art. 575 do atual C.P.C. não teve por finalidade retornar à interpretação dada com base no C.P.C. de 1939, em que os condôminos eram tidos como simples assistentes, ou seja, uma figura secundária do processo, sem vida autônoma como litigante, não podendo excepcionar o juiz, nem recorrer, quando não recorre o assistido, embora possa defender seu direito próprio e primário e não apenas o do assistido.[1230]

Assim, uma vez promovida a demarcatória por apenas um dos condôminos, deverá ele requerer a intimação dos demais para intervir no processo, querendo.

[1228] Moraes e Barros, H., idem, p. 71 e 72.

[1229] "Não tem, por isso, razão Athos Aquino de Magalhães, quando, em sua excelente monografia, inscreve entre os que se legitima o credor hipotecário" (Moraes e Barros, H., idem, p. 73.

[1230] Moraes e Barros, H., idem, p. 85.

Os demais condôminos poderão ingressar na relação jurídica processual como litisconsortes ativo, ou permanecerem afastados do processo, sem que isso impeça que a sentença a ser proferida na demarcatória também atinja seus interesses, pois se trata de uma sentença proferida diante de litisconsortes ativos unitários facultativos.

Desta feita, a sentença a ser proferida na demarcatória fará coisa julgada material também em relação aos condomínios que não ingressaram na relação jurídica processual, apesar de devidamente intimados.

Art. 576

A citação dos réus será feita por correio, observado o disposto no art. 247.

Parágrafo único. Será publicado edital, nos termos do inciso III do art. 259.

Forma de citação dos réus

O art. 953 do C.P.C. de 1973 estabelecia que os réus que residissem na comarca seriam citados pessoalmente; os demais, por edital.

A citação é ato jurídico processual solene e formal de alta relevância, pois permite a concretização do princípio do contraditório no âmbito da relação jurídica processual. Aliás, modernamente, a essência do processo é justamente a sua realização e perfectibilização por meio do contraditório.

Para receber a citação pessoalmente, o réu deve ser plenamente capaz e estar no exercício do direito de dispor de seu patrimônio, sendo que se for incapaz, a citação deverá ser realizada na pessoa de seu representante legal ou de curador designado pelo juiz.

É importante salientar que a citação inicial vincula o réu para as duas fases da demanda demarcatória, ou seja, para a fase contenciosa e de execução, não existindo solução de continuidade.

Tendo a demanda demarcatória natureza de demanda real, que diz respeito ao domínio imobiliário, há necessidade de citação de ambos os cônjuges para compor a relação jurídica processual.

O art. 576 do atual C.P.C. afirma que os réus serão citados pelo correio, observado o disposto no art. 247, que assim dispõe:

> *Art. 247. A citação será feita pelo correio para qualquer comarca do país, exceto:*
> *I – nas ações de estado, observado o disposto no art. 695, § 3º;*
> *II – quando o citando for incapaz;*

III – quando o citando for pessoa de direito público;

IV – quando o citando residir em local não atendido pela entrega domiciliar de correspondência;

V – quando o autor, justificadamente, a requerer de outra forma.

Assim, o atual C.P.C. dá preferência à citação pelo correio das pessoas residentes ou não na comarca onde corre a demarcatória.

Frustrada a citação dos réus pelo correio, a citação deverá ser formalizada por edital.

Conforme estabelece *o parágrafo único do art. 576* do atual C.P.C., será publicado edital, nos termos do inciso III do art. 259, que assim dispõe:

Art. 259. Serão publicados editais:

(...)

III – em qualquer ação em que seja necessária, por determinação legal, a provocação, para participação no processo, de interessados incertos ou desconhecidos.

Art. 577

Feitas as citações, terão os réus o prazo comum de 15 (quinze) dias para contestar.

Prazo para contestar

O prazo para a resposta do réu é de quinze dias, devendo ser contado de acordo com o art. 231, inc. I a VI, do atual C.P.C. que assim dispõe:

Art. 231. Salvo disposição em sentido diverso, considera-se dia do começo do prazo:

I – a data de juntada aos autos do aviso de recebimento, quando a citação ou a intimação for pelo correio;

II – a data de juntada aos autos do mandado cumprido, quando a citação ou a intimação for por oficial de justiça;

III – a data de ocorrência da citação ou da intimação, quando ela se der por ato do escrivão ou do chefe de secretaria;

IV – o dia útil seguinte ao fim da dilação assinada pelo juiz, quando a citação ou a intimação for por edital;

V – o dia útil seguinte à consulta ao teor da citação ou da intimação ou ao término do prazo para que a consulta se dê, quando a citação ou a intimação for eletrônica;

VI – a data de juntada do comunicado de que trata o art. 232 ou, não havendo esse, a data de juntada da carta aos autos de origem devidamente cumprida, quando a citação ou a intimação se realizar em cumprimento de carta;

VII – a data de publicação, quando a intimação se der pelo Diário da Justiça impresso ou eletrônico;

VIII – o dia da carga, quando a intimação se der por meio da retirada dos autos, em carga, do cartório ou da secretaria.

O prazo deverá levar em conta apenas os dias úteis, de acordo com o preconiza do art. 219, p.u., do atual C.P.C. que assim dispõe:

Art. 219. Na contagem de prazo em dias, estabelecido por lei ou pelo juiz, computar-se-ão somente os úteis.

Parágrafo único. O disposto neste artigo aplica-se somente aos prazos processuais.

Se forem vários réus, o prazo de quinze dias será comum.

Para Humberto Theodoro Júnior, terá cabimento, na contagem do prazo, a norma do art. 229 do atual C.P.C. que diz: *"Os litisconsortes que tiverem diferentes procuradores, de escritórios de advocacia distintos, terão prazos contados em dobro para todas as suas manifestações, em qualquer juízo ou tribunal, independentemente de requerimento"*.[1231] Já para Hamilton Moraes e Barroso prazo comum de quinze dias será aplicado sejam os réus litigantes autônomos, isolados, ou venham eles em litisconsortes.[1232]

Se os réus forem plurais, o prazo comum começa a correr da juntada da última carta ou do último mandado devidamente cumprido. O prazo comum conta-se da última citação.

Se houver necessidade de citação por edital, o prazo de quinze dias correrá a partir do final do prazo estabelecido no edital.

Entende Hamilton de Moraes e Barros que em se tratando de demarcação parcial, movida contra apenas um confrontante, o prazo para a contestação será também de 15 dias.[1233]

Na contestação, o réu poderá alegar falhas ou faltas processuais, bem como: a) que o autor não tem domínio ou outro direito real sobre o imóvel demarcando e, sem que tenha o *ius in re*, não tem direito à demarcação; b) que os imóveis não

[1231] Theodoro Júnior, H., op. cit., p. 270.

[1232] Moraes e Barros, H., op. cit., p. 90.

[1233] Moraes e Barros, H., op. cit., p. 89

são contíguos; c) que os limites legítimos já foram traçados, ou ainda existem, ou que não precisam de aviventação; e) que já ocorreu a usucapião.[1234]

Art. 578

Após o prazo de resposta do réu, observar-se-á o procedimento comum.

Observância do procedimento comum

Transcorrido o prazo de resposta do réu, ou seja, o prazo de quinze dias, observar-se-á o procedimento comum.

Na realidade, com ou sem contestação, a demanda demarcatória deverá observar o procedimento comum, pois o julgamento antecipado da lide é uma das fases do julgamento conforme o estado do processo que se encontra no âmbito do procedimento comum.

É importante salientar que mesmo não havendo contestação, o processo demarcatório reclama conhecimentos técnicos para que a linha divisória seja devidamente demarcada com precisão, mesmo na hipótese de revelia. Por isso, o juiz não pode, de plano, julgar procedente o pedido e determinar, desde logo, o exato traçado da linha divisória, antes de se valer da prova pericial.

Assim, ao mesmo tempo em que o legislador determina que o juiz deve proferir o julgamento antecipado da lide na hipótese de revelia, impede o magistrado de proferir sentença final sem antes nomear um ou mais peritos para levantar o traçado da linha demarcanda.

A ocorrência de eventual revelia diz respeito apenas à dispensa de provar fatos alegados pelo autor no que concerne à causa de confusão dos limites, e todas as circunstâncias arroladas para influir na definição da linha, como por ele pretendida. Tudo isso estará definitivamente fora de discussão em face da revelia. Cotejando esses fatos com os elementos constantes dos títulos dominiais, os peritos levantarão o traçado da linha, segundo seus conhecimentos técnicos e científicos, e elaborarão laudo, memorial e planta. No conflito entre a prova pericial com as afirmações do autor, o que prevalecerá, sem dúvida, será a conclusão técnica, pois a presunção de veracidade que decorre da revelia não é absoluta.[1235]

1234 Moraes e Barros, H., idem, p. 90.

1235 Theodoro Junior, H., op. cit., p. 278 e 279.

Art. 579

Antes de proferir a sentença, o juiz nomeará um ou mais peritos para levantar o traçado da linha demarcanda.

Obrigatoriedade de nomeação de um ou mais peritos

Como o processo demarcatório exige conhecimentos técnicos, para que a linha seja levantada com precisão, mesmo no caso de revelia, o juiz não pode, de plano, julgar procedente o pedido e determinar, desde logo, o exato traçado dela, para figurar na sentença, salvo na hipótese do art. 573 deste Código, a saber: tratando-se de imóvel georreferenciado, com averbação no registro de imóveis, pode o juiz dispensar a realização de prova pericial.

Não sendo o caso de imóvel georreferenciado, e havendo ou não contestação do réu, o juiz, antes de proferir a sentença definitiva, nomeará um ou mais peritos para levantar o traçado da linha demarcanda.

O art. 956 do C.P.C. de 1973 determinava a nomeação de dois arbitradores e um agrimensor para levantarem o traçado da linha demarcanda. O novo C.P.C. não fez tal exigência, deixando ao prudente arbítrio do juiz a nomeação de um ou mais perito (que de regra deverá ser um agrimensor) para levantar o traçado da linha demarcanda.

Poderão, contudo, as partes, de comum acordo, escolher o perito, indicando-o mediante requerimento, desde que sejam plenamente capazes e a causa possa ser resolvida por autocomposição (art. 471, inc. I e II do atual C.P.C.).

Por sua vez, nos termos do art. 472 do atual C.P.C., o juiz poderá dispensar prova pericial quando as partes, na inicial e na contestação, apresentarem sobre as questões de fato pareceres técnicos ou documentos elucidativos que considerar suficientes.

Recaindo a nomeação sobre um agrimensor, este deve estar habilitado ao exercício de sua profissão, nos termos da legislação atual (no caso, no Conselho Regional de Engenharia e Arquitetura), pois ele, em regra, é o técnico ao qual incumbirá a demarcação, trabalho que permite o levantamento da linha divisória entre os terrenos. Os limites são fatos, cuja prova depende de conhecimento técnico ou científico. O trabalho de levantamento da linha demarcando deve ser acompanhado por planta da região e do memorial das operações de campo.

A nomeação do perito ou dos peritos agrimensores é feita após a contestação ou após o transcurso do prazo para sua realização, no estágio de saneamento do processo.

Os peritos serão nomeados dentre os profissionais legalmente habilitados e os órgãos técnicos ou científicos devidamente inscritos em cadastro mantido pelo tribunal ao qual o juiz está vinculado (§1º do art. 156 do atual C.P.C.).

O juiz nomeará perito e fixará de imediato o prazo para a entrega do laudo, incumbindo às partes, dentro de quinze dias contadas da intimação do despacho de nomeação do perito, arguir seu impedimento ou suspeição, indicar o assistente técnico e apresentar quesitos se for o caso e a perícia comportar tal questionamento (art. 465, §1º, incs. I, II e III do atual C.P.C.).

Ciente da sua nomeação, o perito apresentará proposta de honorários em cinco dias, e o juiz decidirá depois de ouvidas as partes (inc. I do §2º do art. 465 do atual C.P.C.).

Conforme afirma Hamilton Moraes e Barros, o trabalho do perito agrimensor não se limita às atividades que antecedem e preparam a fixação da linha demarcanda: irá até depois da sentença, na colocação e inspeção dos marcos, na elaboração de relatórios e documentos que o instruem.[1236]

É importante salientar que o juiz deve nomear o perito ou os peritos antes de proferir a sentença final, ou seja, logo na primeira fase do procedimento demarcatório.

A nomeação do perito ou dos peritos é de rigor, haja ou não contestação do réu, pretendam ou não as partes outra linha, diversa da pretensão formulada pelo autor.

Sobre o tema, eis o seguinte precedente do S.T.J.:

Processual civil. Ação demarcatória. Extinção do processo por abandono da ação. Ausência de requerimento da ré. Impossibilidade. Súmula 240/stj. Necessidade da prova pericial para prosseguimento do feito. Intimação da ré para antecipar as custas processuais. Recurso especial conhecido e provido.

I – "Não se faculta ao juiz, na hipótese do inciso III do art. 267, CPC, extinguir o processo de ofício, sendo imprescindível o requerimento do réu. Inadmissível presumir-se desinteresse do réu no prosseguimento e solução da causa". (REsp 168036/SP, Rel. Ministro SÁLVIO DE FIGUEIREDO TEIXEIRA, QUARTA TURMA, julgado em 05/08/1999, DJ 13/09/1999 p. 69) II – Mostra-se inviável a extinção do processo por iniciativa oficial, em se tratando de abandono da causa, devendo a desídia do autor ser apenada com a preclusão do ato processual que pretendia praticar.

[1236] Moraes e Barros, H., idem, p. 94.

III – Contudo, cuidando-se de procedimento que depende da produção de prova pericial, solução mais adequada, antes da extinção, é a intimação do réu para, se desejar, antecipar as custas do trabalho técnico.

IV – Recurso especial provido.

(REsp 203.836/PR, Rel. Ministro LUIS FELIPE SALOMÃO, QUARTA TURMA, julgado em 20/11/2008, DJe 15/12/2008)

Art. 580

Concluídos os estudos, os peritos apresentarão minucioso laudo sobre o traçado da linha demarcanda, considerando os títulos, os marcos, os rumos, a fama da vizinhança, as informações de antigos moradores do lugar e outros elementos que coligirem.

Apresentação de laudo minucioso

Foi o Código de Processo Civil de Minas Gerais, no art. 747, que rompeu com o sistema do Decreto n. 720, de 5 de setembro de 1890, de, no local do imóvel, realizar o juiz, em diligência, uma audiência especial, para exame de títulos das partes e a verificação do ponto de partida da divisão ou da demarcação.[1237]

O Código Mineiro foi inspirar-se no diploma de 1939.

Assim, atualmente, basta que o perito ou peritos, concluídos os estudos sobre a devida e regular forma de demarcação da área, apresente laudo minucioso sobre o traçado da linha demarcanda.

A perícia apresentada pelo perito ou peritos não dirá respeito à questão do domínio ou propriedade dos imóveis, ou seja, ao direito de propriedade dos confinantes. A perícia deve se ater aos limites e confrontos das áreas objeto da lide. Por outro lado, embora o perito seja nomeado para o levantamento do traçado da linha demarcanda, o juiz também poderá incumbi-los de fornecer quaisquer outros dados técnicos necessários para a solução da lide, como os relacionados ao tamanho da área esbulhada, ao cálculo dos frutos ou dos eventuais prejuízos acarretados.

Evidentemente para que o perito ou peritos possam estabelecer os marcos divisórios e a linha demarcanda terão de valer-se dos títulos de domínio, mas não só desses títulos, como também dos títulos que demonstrem a posse da área fronteiriça.

[1237] Moraes e Barros, H., idem, p. 98.

Os peritos devem observar não só os títulos de posse ou de domínio, mas averiguar a fama da vizinhança, as informações de antigos moradores do lugar e outros elementos que possam restaurar ou configurar os marcos e as linhas divisórias entre os imóveis demarcandos.

É importante salientar que as informações prestadas pelos antigos moradores ou por outras pessoas não têm natureza de prova testemunhal, uma vez que essas informações apenas servem de subsídio para a localização da linha demarcatória. Essas pessoas são simples informantes. Os peritos apenas colhem as informações fazendo referência a essas indicações no laudo pericial. Tudo que os informantes disserem cabe aos peritos verificar.[1238]

A possibilidade de o perito valer-se de informações de pessoas e de outras meios necessários encontra-se também confirmada pelo §3º do art. 473 atual C.P.C.: *"Para o desempenho de sua função, o perito e os assistentes técnicos podem valer--se de todos os meios necessários, ouvindo testemunhas, obtendo informações, solicitando documentos que estejam em poder da parte, de terceiros ou em repartições públicas, bem como instruir o laudo com planilhas, mapas, plantas, desenhos, fotografias ou outros elementos necessários ao esclarecimento do objeto da perícia"*.

As partes terão ciência da data e do local designados pelo juiz ou indicados pelo perito para ter início a produção da prova.

Juntamente com o laudo, o perito (s) apresentará planta e memorial.

O perito apresentará o laudo em cartório, no prazo fixado pelo juiz, pelo menos vinte dias antes da audiência de instrução e julgamento, se houver necessidade de audiência. As partes serão intimadas para, querendo, manifestar-se sobre o laudo do perito do juízo no prazo comum de quinze dias. Em igual prazo, o assistente técnico de cada uma das partes poderá apresentar seu respectivo parecer (art. 477, §1º, do atual C.P.C.).

Até o revel, tomando ciência da juntada do laudo pericial ao processo, pode ingressar nos autos e, se ainda estiver no prazo, formular pedidos relacionados com o trabalho técnico, apontando defeitos, erros ou vícios na planta, no memorial ou em outros documentos apresentados pelos peritos ou perito.

É possível que diante das impugnações ou de eventuais complementos de laudo ofertados pelo perito ou peritos, haja necessidade de outras provas, como testemunhas, documentos, depoimento pessoal etc, razão pela qual o juiz poderá designar audiência de instrução e julgamento antes de proferir a sentença final. Na audiência, antes de iniciar a coleta de prova, o juiz tentará conciliar as partes.

[1238] Moraes e Barros, H., idem, p. 98.

Art. 581
A sentença que julgar procedente o pedido determinará o traçado da linha demarcanda.

Parágrafo único. A sentença proferida na ação demarcatória determinará a restituição da área invadida, se houver, declarando o domínio ou a posse do prejudicado, ou ambos.

Conteúdo da sentença de procedência e restituição de área invadida
Observa-se que uma vez apresentada ou não a contestação, e realizada a prova pericial, o juiz está apto para proferir sentença com a finalidade de encerrar a primeira fase do procedimento demarcatório.

Este dispositivo, assim como o seu parágrafo único, estabelece o conteúdo da sentença que põe fim à fase contenciosa da demanda demarcatória. Além de resolver questão sobre domínio, a discussão sobre o direito à demarcação, matéria sobre usucapião, posse etc e outras questões concernentes à fase contenciosa, também traz a fixação da linha divisória entre os prédios.

A função primordial dessa sentença é justamente estabelecer, declarando, os marcos quando se apoia nos títulos dos confinantes, ou constituindo os marcos e linhas limítrofes entre os prédios confinantes quando estes não existam ou sejam confusos, traçando a linha demarcanda.

A sentença poderá ser também de improcedência do pedido, ou de extinção do processo por falta de pressupostos processuais ou condições de análise do mérito.

Compete, portanto, ao juiz, quando da sentença, e em face da prova oferecida pelas partes ou pela perícia, definir os marcos e a linha divisória, em conformidade com o domínio, posse ou outro direito real.

Sendo confusos os limites, e em falta de outro meio, serão determinados de conformidade com a posse justa; e, não se achando ela provada, o terreno contestado se dividirá por partes iguais entre os prédios, ou, não sendo possível a divisão cômoda, se adjudicará a um deles, mediante indenização ao outro (art. 1.298 do C.c.b.).

Ao agrimensor cumpre, depois de resolvido o traçado da linha divisória pelo juiz, colocar os marcos divisórios nos locais necessários para assinalar os limites entre os prédios. Mas este trabalho técnico somente será realizado na segunda fase do procedimento de demarcação, cujo início ocorre após o trânsito em julgado da sentença definitiva da fase contenciosa. Por isso, há necessidade de uma nova sentença, de conteúdo meramente homologatório, e sem possibilidade de discutir o traçado da linha ou o direito das partes.

O recurso para atacar esta sentença é o de apelação.

Estabelece o *parágrafo único do art. 581* do atual C.P.C. que *a sentença proferida na ação demarcatória determinará a restituição da área invadida, se houver, declarando o domínio ou a posse do prejudicado, ou ambos.*

Este dispositivo permite que o juiz, ao encerrar a primeira fase do procedimento demarcatório, também defina em sua sentença a restituição da área invadida, se houver, declarando o domínio ou a posse do prejudicado, ou uma e outra.

Portanto, além de o juiz estabelecer os limites e os marcos divisórios, também deverá determinar a restituição da área invadida pelo esbulhador.

A restituição da área invadida deverá decorrer de pedido cumulativo a ser formulado pelo interessado quando da propositura da demarcatória.

Sobre o tema, eis os seguintes precedentes do S.T.J., a saber:

Administrativo. terras indígenas. demarcação. art. 63 da lei nº 6.001/73. necessária oitiva do ministério público.

1. O art. 63 da Lei nº 6.001/73 determina que "nenhuma medida judicial será concedida liminarmente em causas que envolvam interesse de silvícolas ou do Patrimônio indígena, sem prévia audiência da União e do órgão de proteção ao índio". Assim, deve ser anulada a decisão que concedeu liminar de reintegração de posse de terras em processo de demarcação sem atentar para a regra insculpida nesse dispositivo legal.

2. Prejudicada a análise do mérito da liminar concedida.

3. Recurso especial provido.

(REsp 840.150/BA, Rel. Ministro CASTRO MEIRA, SEGUNDA TURMA, julgado em 10/04/2007, DJ 23/04/2007, p. 246).

Processo civil – recurso ordinário em mandado de segurança – manutenção de posse – improcedência – coisa julgada – reintegração de posse – expedição de mandado – execução imediata – ação demarcatória – independência de objetos – art. 538, § único, do cpc – multa – desprovimento.

1 – Na esteira de culta doutrina (SERPA LOPES e OVÍDIO BAPTISTA DA SILVA), as possessórias têm natureza executiva e devem ser processadas de plano, com a simples expedição do mandado, sendo desnecessária, a citação do executado. Inaplicável, na espécie, o art. 603, do CPC. Precedentes (RESP nº 14.138/MS, Rel. Ministro SÁLVIO DE FIGUEIREDO TEIXEIRA e RESP nº 54.780/DF, Rel. Ministro CARLOS ALBERTO MENEZES DIREITO). Ademais, sendo os objetos das ações demarcatória e possessória distintas, o resultado de uma não cria obstáculos na execução da outra, sendo desnecessário o aguardo da correta delimitação da área para que a reintegração de posse seja cumprida.

2 – Correta a aplicação da multa prevista no art. 538, § único, do CPC, quando os embargos declaratórios foram utilizados indevidamente, provocando injustificada procrastinação do andamento processual.

3 – Recurso Ordinário desprovido.

(RMS 10.231/BA, Rel. Ministro JORGE SCARTEZZINI, QUARTA TURMA, julgado em 22/02/2005, DJ 28/03/2005, p. 256)

Civil e processual civil. recurso especial. ação de divisão cumulada com demarcação. área definida em formal de partilha divergente da realidade. cabimento. preliminar de decadência enfrentada somente pelo voto-vista. nulidades. carência de ação. inocorrência.

1. A incerteza da divisão e a correta demarcação da área delimitada em Formal de Partilha que diverge da realidade fática autoriza o cabimento de ação de divisão cumulada com demarcatória, não ensejando a carência de ação por falta de interesse. – Precedentes.

2. Não incorre nos vícios do art. 535 do CPC o acórdão recorrido que enfrenta preliminar de decadência somente através de fundamentos do voto-revisor. O acórdão é decisão final do Órgão Colegiado, o voto dos demais membros integra o decisum.

3. O Magistrado não está adstrito à prova pericial, conforme exegese do art. 436 do CPC. Entretanto, tratando-se de ação demarcatória, em que a nomeação de um agrimensor é imposição legal (art. 956 do CPC), a perícia produzida pelo expert possui relevante importância ao deslinde da causa.

4 As instâncias ordinárias firmaram convicção de que a insurgência quanto ao cômputo de lagos na área litigiosa fora suscitada pelos recorrentes tão-somente após conclusão da perícia. Essa questão, além de preclusa, ensejaria o reexame dos da prova pericial já valorada pelo MM. Juiz sentenciante e pelo Eg. Tribunal a quo. Óbice do Enunciado nº 07 da Súmula deste Egrégio Tribunal.

5. A ausência de similitude fática entre os arestos paradigmas e o acórdão recorrido não enseja divergência jurisprudencial, conforme art. 541, parágrafo único, do CPC.

6. Recurso especial não conhecido.

(REsp 790.206/ES, Rel. Ministro HONILDO AMARAL DE MELLO CASTRO (DESEMBARGADOR CONVOCADO DO TJ/AP), QUARTA TURMA, julgado em 04/02/2010, DJe 12/04/2010).

É cabível ação de demarcação, por ser meio processual eficaz para individualização do bem e determinação dos limites da propriedade, para se dirimir controvérsia entre o título dominial e marcos divisórios.

Recurso especial conhecido e improvido.

(REsp 662.775/RN, Rel. Ministro HUMBERTO MARTINS, SEGUNDA TURMA, julgado em 04/06/2009, DJe 29/06/2009).

1. Na ação demarcatória, é absoluta a necessidade de prova documental do Registro de Imóveis de propriedade da área pelos promoventes.

2. Alegação de direito que remonta a Carta de Sesmaria insuficiente à configuração de propriedade por parte dos antecessores dos promoventes, que receberam hereditariamente direitos da mesma natureza, isto é, sem a qualificação de propriedade.

3. O afastamento de carência da ação, pelo C. Supremo Tribunal Federal na anterior competência, por aquisição decorrente de direito hereditário, não significa reconhecimento de direito de propriedade, visto que os direitos transmitidos causa mortis conservam a mesma natureza dos direitos anteriores, ligados à carta de sesmaria, sem a conotação de direito de propriedade.

4. Não caracterização de direito de propriedade no Acórdão recorrido, devido à análise da prova, que afasta a possibilidade de conhecimento da questão fática (Súmula 7/ STJ).

5.- Recurso Especial não conhecido quanto à letra "c" e, quanto a letra "a" conhecido, mas improvido.

(REsp 926.755/MG, Rel. Ministro SIDNEI BENETI, TERCEIRA TURMA, julgado em 12/05/2009, DJe 04/08/2009)

As linhas de demarcação, uma vez definidas por sentença, tornam-se imutáveis em face do trânsito em julgado da decisão, fazendo coisa julgada material.

Art. 582

Transitada em julgado a sentença, o perito efetuará a demarcação e colocará os marcos necessários.

Parágrafo único. Todas as operações serão consignadas em planta e memorial descritivo com as referências convenientes para a identificação, em qualquer tempo, dos pontos assinalados, observada a legislação especial que dispõe sobre a identificação do imóvel rural.

Art. 583

As plantas serão acompanhadas das cadernetas de operações de campo e do memorial descritivo, que conterá:

I – o ponto de partida, os rumos seguidos e a aviventação dos antigos com os respectivos cálculos;

II – os acidentes encontrados, as cercas, os valos, os marcos antigos, os córregos, os rios, as lagoas e outros;

III – a indicação minuciosa dos novos marcos cravados, dos antigos aproveitados, das culturas existentes e da sua produção anual;

IV – a composição geológica dos terrenos, bem como a qualidade e a extensão dos campos, das matas e das capoeiras;

V – as vias de comunicação;

VI – as distâncias a pontos de referência, tais como rodovias federais e estaduais, ferrovias, portos, aglomerações urbanas e polos comerciais;

VII – a indicação de tudo o mais que for útil para o levantamento da linha ou para a identificação da linha já levantada.

Art. 584

É obrigatória a colocação de marcos tanto na estação inicial, dita marco primordial, quanto nos vértices dos ângulos, salvo se algum desses últimos pontos for assinalado por acidentes naturais de difícil remoção ou destruição.

Art. 585

A linha será percorrida pelos peritos, que examinarão os marcos e os rumos, consignando em relatório escrito a exatidão do memorial e da planta apresentados pelo agrimensor ou as divergências porventura encontradas.

Sumário:

1. Obrigação do perito após o trânsito em julgado da sentença

2. Forma e conteúdo do trabalho a ser realizado pelo perito

1. Obrigação do perito após o trânsito em julgado da sentença

Estes dispositivos tratam da fase executória ou administrativa do procedimento demarcatória.

Transitada em julgada a sentença proferida na primeira fase do procedimento que julgou o pedido formulado pelo autor da pretensão demarcatória, passa-se à segunda fase do procedimento demarcatório, sendo que nesta fase o perito efetuará a demarcação e colocará os marcos necessários no imóvel demarcado, consignando esses dados em planta e memorial descritivo com as referências convenientes para a identificação, em qualquer tempo, dos pontos assinalados.

Nesta segunda fase administrativa, os interessados passarão à marcação no terreno dos pontos por onde passará a linha, promovendo a definição ou execução do seu traçado. Evidentemente que esse traçado deverá respeitar os limites definidos na fase contenciosa, ou primeira fase do procedimento demarcatório.

O perito deverá observar, quanto à identificação do imóvel rural, o que dispõe a Lei 6.015 de 31 de dezembro de 1973, Lei 6.739/79, Decreto 4.449/02, Decreto 5.570/05, Decreto 7.620/11.

Sobre o tema, eis o seguinte precedente do S.T.J.:

(...).

4. *Transitada em julgado a sentença homologatória de laudo de demarcação, nada resta a fazer senão executar a decisão, sendo incabível a realização de nova perícia tendente a revisar a correção do mencionado laudo.*

5. *Recurso especial parcialmente conhecido e, nessa parte, improvido.*

(REsp 1292000/GO, Rel. Ministra NANCY ANDRIGHI, TERCEIRA TURMA, julgado em 18/09/2012, DJe 05/12/2012)

2. Forma e conteúdo do trabalho a ser realizado pelo perito

Na primeira fase do procedimento demarcatório, vários trabalhos técnicos periciais já foram realizados, mas apenas para que o juiz pudesse estabelecer a linha demarcanda, sem qualquer conteúdo executivo ou de efetivação da demarcação propriamente dita.

Agora, os quatro dispositivos (art. 582, 583, 584 e 585) indicam a forma e o conteúdo do trabalho a ser realizado pelo perito agrimensor quando da demarcação definitiva dos imóveis confinantes.

Observar-se que o perito deverá realizar tanto um trabalho gráfico mediante a confecção de plantas e memoriais descritivos, como um trabalho de campo para cravar os marcos divisórios entre os prédios.

Os três artigos tratam de normas técnicas que devem ser observadas nos trabalhos de campo, na elaboração da planta dos imóveis confinantes.

Para Pontes de Miranda, essas regras são impróprias para uma lei processual, pois se trata de normas administrativas de realização do trabalho de perito agrimensor, estando sujeitas à evolução técnicas das máximas da experiência.[1239]

Não obstante a crítica de Pontes de Miranda, para Hamilton de Moraes e Barros: *"Boa planta, já se disse, que é aquela que bem se amarra ao terreno, como que retratando-o. Boa demarcação é aquela que dá às partes a certeza da linha, a correção e a segurança do trabalho efetuado, protegendo-o contra a atuação da natureza, bem como contra os desígnios dos homens. Os imóveis, quanto ao seu contorno, são polígonos. Deli-*

[1239] Pontes de Miranda. *Comentário ao código de processo civil de 1939.* 2ª ed., Vol. VI, Rio de Janeiro: Forense, p. 305.

mitar um imóvel nada mais é do que marcar os pontos por onde passa a linha que o envolve e contém. Esses pontos, marquem ou não vértices de ângulos, cumpre sejam assinalados na planta e no terreno. Enquanto vai realizando os trabalhos técnicos a seu cargo, o agrimensor os vai lançando na sua caderneta de operações de campo. É o seu registro, é a sua documentação cronológica. É pela caderneta de campo que elabora o agrimensor o seu memorial. Já se disse que a caderneta de campo está para o agrimensor assim como o borrador está para quem faz a escrita. É dos lançamentos feitos em ordem cronológica, em registros plurais e individuados, que se parte para um registro síntese e sistemático. Planta, memorial, caderneta de campo são todos os documentos que devem ser juntos ao processo, instruindo-o, iluminando-o. Para conseguir esses préstimos, todos devem estar autenticados pelo agrimensor".[1240]

Art. 586

Juntado aos autos o relatório dos peritos, o juiz determinará que as partes se manifestem sobre ele no prazo comum de 15 (quinze) dias.

Parágrafo único. Executadas as correções e as retificações que o juiz determinar, lavrar-se-á, em seguida, o auto de demarcação em que os limites demarcandos serão minuciosamente descritos de acordo com o memorial e a planta.

Procedimento a ser adotado após a juntada aos do relatório do perito

Uma vez encerrado o trabalho técnico do perito ou dos peritos, o juiz determinará que as partes se manifestem sobre ele no prazo comum de quinze dias. O art. 965 do C.P.C. de 1973 previa um prazo comum de dez dias.

A manifestação das partes não poderá fazer referência ao que fora decidido pela sentença que encerrou a primeira fase do procedimento demarcatório, uma vez que essa decisão já transitou em julgado. Assim, não poderão as partes reabrir discussão sobre: domínio, posse, direito à demarcação, indenização etc.

A manifestação das partes com base no art. 586 do atual C.P.C. deverá ater-se ao trabalho executivo dos peritos, ou seja, à execução e à deliberação sobre o efetivo e concreto traçado da linha divisória e de seus marcos indicativos, pois, durante a cravação dos marcos e a autenticação da linha não há momento específico para a participação das partes, porque tudo corre sob a orientação e dire-

[1240] Moraes e Barros, H., op. cit., p. 109.

ção dos peritos, embora os interessados possam e devam acompanhar o trabalho técnico.

A impugnação das partes deverá ser sobre o relatório, o que não impede que a crítica ocorra também em relação à planta ou ao memorial descritivo do perito.

Assim, se o agrimensor não cumpriu as determinações constantes da sentença transitada em julgado proferida na primeira parte do procedimento demarcatório, as partes poderão alertar o juiz sobre tal circunstância.

Somente após concluída a última diligência pericial é que surge oportunidade para as partes, mediante prazo comum de quinze dias, manifestarem-se sobre o trabalho técnico realizado.

Existindo impugnação das partes, o juiz examinará seu conteúdo, sendo que acolhendo o pedido o juiz determinará que o relatório e a fixação dos marcos sejam refeitos.

É importante que o juiz, antes de acolher ou rejeitar o pedido, ouça o perito.

Dependendo dos argumentos exteriorizados pelas partes em suas manifestações, poderá o juiz determinará a produção de prova, inclusive com oitiva de testemunhas.

Poderá o juiz, inclusive, determinar diligência de *inspeção judicial*, comparecendo o julgador pessoalmente ao local da linha divisória.

De qualquer sorte, sempre o juiz, antes de decidir sobre a impugnação, deverá oportunizar à outra parte o devido contraditório.

A deliberação do juiz sobre o requerimento da parte, ao contrário do que entende Humberto Theodor Júnior, não se trata de despacho de mero expediente, mas, sim, decisão interlocutória sujeita a preclusão. Contra esta decisão cabe agravo de instrumento nos termos do art. 1.015, inc. II do atual C.P.C., pois a definição concreta da linha divisória com a cravação de marcos é um efetivo cumprimento da sentença proferida na primeira fase do procedimento demarcatório, ou seja, diz respeito ao mérito da causa. Nesse sentido, aliás, é a lição de Hamilton de Moraes e Barros[1241]

É bem verdade que para Humberto Theodoro Júnior e outros, a deliberação do juiz nesta fase do procedimento é mero despacho de expediente que orienta e prepara a conclusão dos trabalhos técnicos. Para ele, a única decisão propriamente dita é a que homologa a demarcação, ao final dos trabalhos de assinalação da linha. [1242]

O auto de demarcação, que é o termo processual que encerra o estágio de trabalhos de campo, tanto para o agrimensor como para os peritos, será lavrado,

[1241] Moraes e Barros, H., idem, p. 119.

[1242] Theodoro Júnior, H., op. cit., p. 311.

por ordem do juiz: a) depois de transcorrido o prazo de quinze dias da intimação do relatório dos peritos, quando nenhuma reclamação houver da partes dos interessados; b) depois de rejeitadas todas as reclamações; c) depois de feitas as correções e retificações ordenadas pelo juiz, em face das reclamações das partes, caso em que a linha terá de ser novamente 'autenticada' antes do auto.[1243]

Estabelece o *parágrafo único do art. 586* do atual C.P.C. que *excetuadas as correções e as ratificações que o juiz determinar, lavrar-se-á, em seguida, o auto de demarcação em que os limites demarcandos serão minuciosamente descritos com o memorial e a planta.*

Findas todas as diligências e resolvidas todas as questões postas, será lavrado o *auto de demarcação*, no qual serão descritos, minuciosamente, os limites demarcandos, de acordo com o memorial descritivo e as plantas elaboradas pelo perito. O auto será redigido pelo escrivão ou diretor de secretaria e será encerrado pelas assinaturas do juiz e dos peritos. Se, porventura, ocorrer a hipótese de o perito se recusar a assinar, ou de ficar impedido de fazê-lo, por morte, enfermidade ou incapacidade, a solução será mandar o juiz que o fato fique constando do auto, sob a fé pública do escrivão ou do diretor de secretaria.[1244]

Art. 587

Assinado o auto pelo juiz e pelos peritos, será proferida a sentença homologatória da demarcação.

Sentença homologatória da demarcação

O traçado da linha divisória já foi definido pela sentença proferida na primeira fase do procedimento demarcatório

Na segunda fase, procede-se à execução ou materialização da linha no solo. A sentença que encerra esta fase tem força declaratória. Trata-se de uma segunda sentença, desta vez a definitiva sobre os aspectos materiais da demarcação entre os imóveis, com a efetiva colocação de sinais materiais indicativos da divisão dos prédios.

Para que os marcos sejam devidamente reconhecidos como juridicamente importantes para a divisão dos prédios, é necessário que sejam reconhecidos por uma decisão judicial de natureza homologatória.

Homologar significa ratificar, confirmar, sancionar com ato de autoridade.

[1243] Theodoro Júnior, H., idem, p. 312.
[1244] Theodoro Júnior, H., idem, p. 313.

Portanto, o juiz homologa o auto de demarcação, reconhecendo juridicamente os marcos ali indicados como aqueles que definitivamente deverão compor a linha divisória entre os prédios confinantes. Trata-se de uma sentença homologatória, uma vez que o juiz nada decide nesta fase, mas apenas autentica como legítimo o trabalho material realizado pelo perito ou pelos peritos.

Segundo Hamilton de Moraes e Barros, uma vez passada em julgado, a sentença homologatória da demarcação produz os seguintes efeitos: a) obriga os confinantes a contribuírem para a despesas do feito de forma proporcional; b) faz a demarcação coisa julgada entre as partes, herdeiros e sucessores, quanto à linha demarcanda; c) estabelece em favor dos confinantes a presunção de domínio e posse sobre cada um dos prédios; d) dá ao confinante o direito de pedir no Registro de Imóveis a retificação de tudo o que do seu prédio e do confinante estiver em desacordo com a demarcação; e) torna comuns os marcos e a linha que por eles passa; f) esses efeitos se produzem *ex tunc*, isto é, desde a propositura da demanda.[1245]

Entende Humberto Theodoro Júnior que *"por ser uma sentença 'homologatória', não quer dizer que não seja uma sentença de mérito (definitiva). É sentença de mérito porque é ela o instrumento utilizado pelo órgão judicante para encerrar, em caráter definitivo, o conflito de interesses (lide) surgido a propósito da confusão de limites entre prédios. Ao homologar o trabalho técnico da demarcação, o que fez o juiz foi justamente prestar a tutela jurisdicional de mérito com apoio em dados e elementos fornecidos e implantados pelos órgãos auxiliares (os peritos). Isto posto, embora seja uma sentença homologatória, não é, contudo, 'meramente homologatória', para os fins do art. 486 do C.P.C. de 1973, já que, como se disse, importou solução judicial de mérito para um processo"*.[1246]

Para Humberto Theodoro Júnior, sendo uma sentença de mérito, o recurso cabível é o de apelação. Além do mais, essa sentença faz coisa julgada material a respeito das linhas assinaladas e homologadas.[1247]

Na verdade, sendo uma sentença, ainda que homologatória, cabe apelação.

SEÇÃO III – Da Divisão

Art. 588

A petição inicial será instruída com os títulos de domínio do promovente e conterá:

[1245] MORAES E BARROS, H., op. cit., p. 121 e 122.

[1246] THEODORO JÚNIOR, H., op. cit., p. 317.

[1247] THEODORO JÚNIOR, H., idem, ibidem.

I – a indicação da origem da comunhão e a denominação, a situação, os limites e as características do imóvel;

II – o nome, o estado civil, a profissão e a residência de todos os condôminos, especificando-se os estabelecidos no imóvel com benfeitorias e culturas;

III – as benfeitorias comuns.

Sumário:

1. Divisão de bem imóvel – disposições gerais **2.** Requisitos da petição inicial

1. Divisão de bem imóvel – disposições gerais

A demanda de divisão é uma das que compõem o denominado juízo divisório.

Essa demanda é outorgada ao condômino para obrigar aos demais comunheiros a partilhar a coisa comum, conforme estabelece o art. 1.320 do C.c.b.: *"A todo tempo será lícito ao condômino exigir a divisão da coisa comum, respondendo o quinhão de cada um pela parte das despesas da divisão"*.

A divisão da coisa comum pode ser amigável ou extrajudicial ou judicial.

A divisão amigável deve ser realizada quando todos os condôminos são maiores e capazes, por meio de escritura pública. Se não houver acordo entre os condôminos sobre a divisão, não resta outra alternativa senão a divisão judicial.

O foro competente para a divisão bem como para a demarcação é o de situação do imóvel (*forum rei sitae*).

Se o imóvel estiver situado em mais de uma comarca ou seção judiciária, a competência será definida pela prevenção, ou seja, será competente primeiro juízo que conhecer do pedido de divisão do imóvel, prorrogando-se sua jurisdição sobre todo o objeto da divisão.

A doutrina diverge quanto à natureza da demanda de divisão. Para alguns se trata de uma demanda de natureza pessoal, porque se assenta no direito que tem o condômino de pedir a divisão da coisa comum, sendo um direito exclusivo seu. Para Hamilton de Moraes e Barros, este argumento é fraco e falso, pois as demais demandas que nascem da propriedade, como a reivindicação, são direitos pessoais do proprietário, no sentido de ser um direito apenas dele, e, nem por isso, deixa de ser uma demanda real a reivindicação.[1248] Para o referido autor,

[1248] Moraes e Barros, H., op. cit., p. 125.

a demanda de divisão é uma demanda que possui natureza real, pois se assenta no direito real de propriedade. Seu fim é desfazer o condomínio, isto é, transformar o direito até então fracionário ao todo no direito interior a uma fração, ou seja, transformar a propriedade compartilhada de um bem, um todo vultoso, mais custoso, num direito exclusivo sobre uma parte.[1249]

Por isso, sendo uma demanda real, o cônjuge do condômino deve compor a relação jurídica, salvo se casado em regime de separação total de bens.

Por sua vez, a demanda de divisão tem natureza constitutiva, pois altera a situação jurídica anterior, desfazendo-se a comunhão, a copropriedade, criando uma situação nova para os condôminos e para a própria propriedade.

A demanda de divisão prevista neste capítulo é apenas de terras particulares, mesmo que um dos condôminos seja uma pessoa jurídica de direito público, não se devendo confundir com a demanda discriminatória.

Por meio da demanda de divisão, o que se deseja é dividir a propriedade comum, transformando-se em propriedade exclusiva de cada condômino. Esse direito é pessoal e de cada condômino, independentemente da concordância dos demais condôminos, pois ninguém é obrigado a manter a coisa permanentemente indivisível.

Este direito pode ser exercitado pelo próprio condomínio ou por seus sucessores a título universal ou singular.

A demanda de divisão pode ser proposta pelo proprietário, assim como por outros titulares de direitos reais, ou seja, em relação àqueles que são detentores da posse, do uso, do usufruto, desde que esses direitos desmembrados estejam em estado de comunhão. Assim, se o imóvel está em comum e se não se fixou a área sobre a qual vai recair o uso, o usufruto etc, somente após a divisão é que esses direitos reais de gozo terão como exercer-se.[1250]

Em relação à posse especificamente, há autores que entendem que a ação de divisão pode ser promovida pelo possuidor que já preencheu os requisitos para a aquisição do bem pelo instituto da usucapião. Hamilton de Moraes e Barros discorda dessa posição. Para ele, a divisão é privativa do condômino, isto é, de titular do *ius in re*. Não o tem o possuidor qualidade para promover ou para ser promovido.[1251]

Por sua vez, Humberto Theodoro Júnior afirma que: *(...)onde há litígios, a tutela jurisdicional tem de atuar, mesmo sem prévia disposição legal que indique como solucionar a pendência. Segundo o processualista mineiro, a composse que gera conflitos*

[1249] Moraes e Barros, H., idem, ibidem.
[1250] Moraes e Barros, H., idem, p. 128 e 129.
[1251] Moraes e Barros, H., idem, p. 129.

que a divisão pode solucionar é a que representa a concorrência de posse ad interdicta. Pois o possuidor justo, embora sem título dominial, mesmo sem contar com o prazo da usucapião, é protegido pela lei como se dono fora da coisa. Tem, assegurado pela ordem jurídica, o direito de manter-se na posse e reintegrar-se nela quando esbulhado. E a reintegração, para o possuidor, é, em tudo, similar à reivindicação para o dono. Ora, quem pode o mais, que é reivindicar, há de poder também o menos, que é individuar a coisa possuída, mediante partilha com seu compossuidor, desde, é claro, que entre eles não se contraponham posse e domínio, posto que a aparência sempre cede diante da realidade.[1252]

No condomínio, se tiver algum dos consortes ocupado uma parte qualquer do imóvel comum, essa ocupação não poderá ser tida como uma posse localizada, mas será vista como simples uso e gozo da coisa comum a título precário. A posse do condômino, mesmo que seja longa e bem determinada a área sobre que se exerce, não irá gerar usucapião em seu favor. Já o terceiro estranho ao condomínio poderá usucapir a área de que tenha a posse por largo tempo, isto é, pelo prazo determinado em lei no conjunto dos requisitos.[1253] Neste caso, antes dos condôminos ingressarem com a divisão, devem ingressar com a demarcação para delimitar a área usucapida.

Há, contudo, julgados que admitem que um dos condôminos adquira a totalidade ou parte do imóvel por usucapião, desde que este condômino comprove a posse própria, pessoal, exclusiva, com o animus decorrente de atos inequívocos. Sua posse teria, também, de ser inconciliável e incontrastada com os direitos dos outros coproprietários.[1254]

O promitente comprador, por ser possuidor de um direito real sobre o imóvel, tem legitimidade para requerer a divisão do condomínio, da mesma forma aquele que possui uma escritura de compra e venda do imóvel, mas que ainda não foi registrada no respectivo Cartório de Registro de Imóveis.

Não há decadência para o exercício da demanda de divisão, pois a qualquer tempo o condômino poderá exercer seu direito à divisão. A única restrição é quando um terceiro já tenha adquirido a totalidade do imóvel por usucapião.

Sobre o tema, eis os seguintes precedentes do S.T.J.:

1. Detém a parte autora legitimidade para ingressar em juízo visando à suspensão da desapropriação de imóvel que, à época do ajuizamento da demanda, já estava incorporado ao seu patrimônio, com título de propriedade devidamente registrado no ofício de registro de imóveis competente.

[1252] Theodoro Júnior, H., op. cit., p. 333.
[1253] Moraes e Barros, H., op. cit., p. 133.
[1254] Moraes e Barros, H., idem, p. 134.

2. Os arts. 1º, § 1º, da Lei 8.437/92 e 1º da Lei 9.494/97 – que vedam a concessão de medidas cautelares ou antecipatórias objetivando a impugnação de ato de autoridade sujeita, na via de mandado de segurança, à competência originária de Tribunal – não tem aplicação à hipótese em que não se postula a declaração de nulidade do decreto presidencial expropriatório, mas apenas a suspensão do procedimento administrativo prévio à desapropriação.

3. "A divisão de imóvel rural, em frações que configurem médias propriedades rurais, decorridos mais de seis meses da data da comunicação para levantamento de dados e informações, mas antes da edição do Decreto Presidencial, impede a desapropriação para fins de reforma agrária" (MS 24.890/DF, Tribunal Pleno, Rel. Min. ELLEN GRACIE, julgado em 27/11/2008, DJe de 12/2/2009).

4. Recurso especial não provido.

(REsp 1376958/SE, Rel. Ministra ELIANA CALMON, SEGUNDA TURMA, julgado em 05/12/2013, DJe 19/03/2014)

Administrativo. Processual. Desapropriação. Propriedade Condominial. Desmembramento. Anulação. Antecipação da Tutela. Impossibilidade.

1. Aos proprietários é assegurado o direito de usar e dispor do que é seu, independentemente da vontade do Estado.

2. A divisão ou subdivisão da gleba é direito do proprietário, não cometendo ilícito quem exercita um direito, razão pela qual é inadmissível a antecipação da tutela para anular o desmembramento do condomínio.

3. Recurso especial conhecido e improvido.

(REsp 268.453/PR, Rel. Ministro FRANCISCO PEÇANHA MARTINS, SEGUNDA TURMA, julgado em 04/02/2003, DJ 07/04/2003, p. 256)

Processo civil. Ação de divisão de imóvel rural. Homologação judicial. Execução para entrega de coisa certa cumulada com perdas e danos, fundada em título executivo judicial. Embargos do devedor à execução. Legitimidade dos sucessores.

– O art. 568, inc. II, do CPC, elenca entre os sujeitos passivos da execução os sucessores do devedor, qualidade que ostentam os recorridos, devendo ser reconhecida a sua legitimidade passiva, porque adquirentes da coisa litigiosa, sobre os quais se estendem os efeitos da sentença do processo divisório (art. 42, § 3º, do CPC).

– Apenas nas hipóteses em que há a perda da coisa, o seu perecimento ou deterioração, que se aplica a regra do art. 627 do CPC, o que assegura ao credor o direito a receber, além das perdas e danos, o valor da coisa.

– No processo julgado há a retenção do imóvel, em virtude das benfeitorias nele efetuadas pelos adquirentes, além da alegação de serem possuidores de boa-fé, questões

passíveis de serem analisadas tão-somente em sede de cognição, com ampla instrução probatória.

Recurso especial parcialmente conhecido e nessa parte provido.

(REsp 720.061/GO, Rel. Ministra NANCY ANDRIGHI, TERCEIRA TURMA, julgado em 14/11/2006, DJ 18/12/2006, p. 371)

2. Requisitos da petição inicial

O art. 588 do atual C.P.C. estabelece os requisitos subjetivos e objetivos da demanda divisória. Evidentemente que além desses requisitos, a petição inicial também deve observar, no que for aplicável, os requisitos previstos no art. 319 do atual C.P.C.

De acordo com o art. 588, o autor deverá, na inicial, além de observar o disposto no art. 319, também: a) juntar o título de propriedade ou domínio; b) a indicação da origem da comunhão e a denominação, a situação, os limites e as características do imóvel; c) o nome, o estado civil, a profissão e a residência de todos os condôminos, especificando-se os estabelecidos no imóvel com benfeitorias e culturas; d) as benfeitorias comuns.

Os elementos objetivos são a juntada do título de propriedade, a indicação da origem e designação do imóvel com sua descrição, as benfeitorias comuns.

Os elementos subjetivos são a designação do autor e dos réus, ou seja, dos demais condôminos, devendo, ainda, especificar os condôminos estabelecidos no imóvel com benfeitorias e culturas próprias.

Em relação ao título de propriedade, o código somente tratou de eventual relação de domínio do autor da divisória.

Contudo, a divisão pode ser necessária também entre titulares de outros direitos reais, como é o caso da servidão ou do promitente comprador.

Assim, se a divisória tiver por fundamento outro direito real que não a propriedade, o rito será o mesmo, aplicando-se os dispositivos dessa seção com base na analogia.

Além do mais, muito embora a petição inicial da demanda divisória deva ser instruída com o título de domínio, *"se, porém, não puder ser exibido, por circunstâncias alheias à vontade do requerente, ou se este fundar-se na usucapião, a prova pode ser apresentada, sem inconveniente, no correr do processo".*[1255]

Agora, se a divisória fundar-se na propriedade, a falta do título de domínio caracteriza a ausência de documento indispensável para a propositura da

[1255] WHITAKER, Firmino. *Terras: divisão e demarcação.* 2ª ed., 1920. p. 90.

demanda, razão pela qual o juiz deverá intimar a parte para suprir a falha, sob pena de extinção do processo.

Muito embora em nosso direito o título de domínio seja representado pela transcrição no registro de imóveis, o certo é que os tribunais têm admitido a escritura pública como elemento comprovador da boa-fé e da legitimidade para efeito de comprovação da propriedade.

A designação do imóvel deve ser clara e objetiva, devendo o autor arrolar dados como a denominação, a numeração e a sua situação, seja ele imóvel rural ou urbano.

Assim, a inicial deve conter: a) a identificação do juízo a quem ela é dirigida, isto é, o do juiz competente para processar a divisão; b) a qualificação (nome, prenome, nacionalidade, CPF, estado civil, profissão, residência ou domicílio) do promovente e dos promovidos; os promoventes qualificarão também os seus cônjuges e pedirão a citação dos cônjuges dos promovidos, salvo se forem casados com separação total de bens; c) se houver, a indicação dos incapazes, bem como de seus representantes legais, isto é, dos seus pais, tutores ou curadores; d) a indicação da propriedade comum, a que se vai dividir, com seu nome, situação, características; e) a indicação da causa, ou origem da comunhão; f) a indicação dos condôminos estabelecidos no local com benfeitorias próprias e culturas; g) a existência de benfeitorias comuns e a indicação de quem as utiliza; h) o pedido da divisão do imóvel e dos frutos comuns; i) a menção das provas com que pretende o promovente demonstrar a verdade do que alegou; j) a declaração do valor da causa; l) o requerimento para citação dos demais condôminos e seus cônjuges; m) o pedido de rateamento das despesas da causa, em proporção dos quinhões.[1256]

Art. 589

Feitas as citações como preceitua o art. 576, prosseguir-se-á na forma dos arts. 577 e 578.

Procedimento após as citações

O art. 589 do atual C.P.C. estabelece que os réus, na demanda de divisão, serão citados observando-se o disposto no art. 576, a saber:

1256 Moraes e Barros, H., op. cit. p. 144 e 145.

Art. 574. A citação dos réus será feita por correio, observado o disposto no art. 247.

Parágrafo único. Será publicado edital, nos termos do inciso III do art. 259.

A citação é ato jurídico processual solene e formal de alta relevância, pois permite a concretização do princípio do contraditório no âmbito da relação jurídica processual. Aliás, modernamente, a essência do processo é justamente a sua realização e perfectibilização por meio do contraditório.

Para receber a citação pessoalmente, o réu deve ser plenamente capaz e estar no exercício do direito de dispor de seu patrimônio, sendo que se for incapaz, a citação deverá ser realizada na pessoa de seu representante legal ou de curador designado pelo juiz.

É importante salientar que a citação inicial vincula o réu para as duas fases da demanda divisória, ou seja, para a fase contenciosa e de execução, não existindo solução de continuidade.

Tendo a demanda divisória natureza de demanda real, que diz respeito ao domínio imobiliário, há necessidade de citação de ambos os cônjuges para compor a relação jurídica processual. Contudo, qualquer deles poderá responder à demanda independentemente da participação do outro, pois se trata de litisconsorte autônomo, embora necessário.

O art. 589 do atual C.P.C. afirma que os réus serão citados de acordo com o que estabelece o art. 576 do atual C.P.C.

Assim, o atual C.P.C. dá preferência à citação pelo correio.

Frustrada a citação pelo correio, a citação dar-se-á por edital.

A opção pela citação por edital somente se amolda aos ditames do art. 5º, inc. LV da C.F., nas hipóteses exclusivas e restritas dos incisos I, II e III do art. 256 do atual C.P.C., ou seja, quando desconhecido ou incerto o citando; quando ignorado, incerto ou inacessível o lugar em que se encontrar o citando; nos casos expressos em lei.

Se o local da residência do réu é do conhecimento do Poder Judiciário, a sua citação deverá ser feita por carta ou por mandado, mas jamais por edital, pois o edital, mera citação ficta, não se justifica nos casos em que o réu tem residência conhecida.

Feita a citação nos termos do art. 576, estabelece o art. 589 do atual C.P.C. que o processo deverá prosseguir na forma dos arts. 577 e 578 que assim dispõem:

Art. 577. Feitas as citações, terão os réus o prazo comum de 15 (quinze) dias para contestar.

Art. 578. Após o prazo de resposta do réu, observar-se-á o procedimento comum.

O prazo para a resposta do réu é de quinze dias, devendo ser contado de acordo com o art. 231, inc. I a VI, do atual C.P.C. que assim dispõe:

Art. 231. Salvo disposição em sentido diverso, considera-se dia do começo do prazo:
I – a data de juntada aos autos do aviso de recebimento, quando a citação ou a intimação for pelo correio;
II – a data de juntada aos autos do mandado cumprido, quando a citação ou a intimação for por oficial de justiça;
III – a data de ocorrência da citação ou da intimação, quando ela se der por ato do escrivão ou do chefe de secretaria;
IV – o dia útil seguinte ao fim da dilação assinada pelo juiz, quando a citação ou a intimação for por edital;
V – o dia útil seguinte à consulta ao teor da citação ou da intimação ou ao término do prazo para que a consulta se dê, quando a citação ou a intimação for eletrônica;
VI – a data de juntada do comunicado de que trata o art. 232 ou, não havendo esse, a data de juntada da carta aos autos de origem devidamente cumprida, quando a citação ou a intimação se realizar em cumprimento de carta;
(...).

O prazo deverá levar em conta apenas os dias úteis, de acordo com o preconiza do art. 219, p.u., do atual C.P.C. que assim dispõe:

Art. 217. Na contagem de prazo em dias, estabelecido por lei ou pelo juiz, computar-se-ão somente os úteis.
Parágrafo único. O disposto neste artigo aplica-se somente aos prazos processuais.

Se forem vários réus, o prazo de quinze dias será comum.

Para Humberto Theodoro Júnior, terá cabimento, na contagem do prazo, a norma do art. 229 do atual C.P.C. que diz: *"Os litisconsortes que tiverem diferentes procuradores, de escritórios de advocacia distintos, terão prazos contados em dobro para todas as suas manifestações, em qualquer juízo ou tribunal, independentemente de requerimento"*.[1257] Já para Hamilton Moraes e Barroso prazo comum de quinze dias será aplicado sejam os réus litigantes autônomos, isolados, ou venham eles em litisconsortes.[1258]

[1257] Theodoro Júnior, H., op. cit., p. 270.
[1258] Moraes e Barros, H., op. cit., p. 90.

Se os réus forem plurais, o prazo comum começa a correr da juntada da última carta ou do último mandado devidamente cumprido. O prazo comum conta-se da última citação.

Se houver necessidade de citação por edital, o prazo de quinze dias correrá a partir do prazo estabelecido no edital.

Na contestação o réu poderá alegar falhas ou faltas processuais, bem como: a) que o autor não tem domínio ou outro direito real sobre o imóvel divisório e, sem que tenha o *ius in re*, não tem direito à divisão; b) que já ocorreu a usucapião; c) que falta alguma das condições de conhecimento de mérito da demanda ou dos pressupostos processuais; d) que o título do autor tem outra origem; e) que a permanência da divisão se impõe, seja por vontade do testador, do doador, seja em atenção ao que acordaram os próprios condôminos; g) que não há condomínio; h) que o imóvel, pela sua natureza ou destinação não comporta divisão; i) que a relação de condômino é incorreta, havendo omissão de outros condomínios; j) que a maioria dos condôminos querem manter a indivisão, razão por que separação dos quinhões devem ser parcial.

Na realidade, com ou sem contestação, a demanda divisória deverá observar o procedimento comum, pois o julgamento antecipado da lide é uma das fases do julgamento conforme o estado do processo que se encontra no âmbito do procedimento comum.

A sentença, que será proferida com ou sem contestação, irá prover sobre a divisão, isto é, irá admiti-la ou vedá-la. Nesta fase é que serão resolvidas as possíveis questões que geram contenciosidade, como, por exemplo, questões sobre o domínio, prescrição etc.

A impugnação da sentença a ser proferida na fase contenciosa da divisão dá-se mediante o recurso de apelação.

Art. 590

O juiz nomeará um ou mais peritos para promover a medição do imóvel e as operações de divisão, observada a legislação especial que dispõe sobre a identificação do imóvel rural.

Parágrafo único. O perito deverá indicar as vias de comunicação existentes, as construções e as benfeitorias, com a indicação dos seus valores e dos respectivos proprietários e ocupantes, as águas principais que banham o imóvel e quaisquer outras informações que possam concorrer para facilitar a partilha.

Nomeação de perito

Os trabalhos de divisão propriamente dito deverão começar após encerrada a primeira fase do procedimento da demanda divisória, isto é, a fase contenciosa, na qual o juiz, verificando a existência da comunhão e dos direitos dos condôminos, decide sobre o domínio, se contestado, e ordenará à retalhadura do imóvel.[1259]

A primeira fase encerra-se com a sentença ou com o acórdão do tribunal transitado em julgado.

Como o processo divisório exige conhecimentos técnicos, para que a linha seja levantada com precisão, mesmo no caso de revelia, o juiz não pode, de plano, determinar desde logo o exato traçado da divisão entre os condôminos.

Portanto, havendo ou não contestação do réu, o juiz, na segunda fase de cumprimento de sentença da demanda divisória, nomeará um ou mais peritos para levantar o traçado da linha divisória dos quinhões.

O art. 969 do C.P.C. de 1973 determinava a nomeação de arbitradores e agrimensores para levantarem o traçado da linha divisória. O novo C.P.C. não fez tal exigência, deixando ao prudente arbítrio do juiz a nomeação de um ou mais perito (que de regra deverá ser um agrimensor) para promover a medição e divisão do imóvel.

Poderão, contudo, as partes, de comum acordo, escolher o perito, indicando-o mediante requerimento, desde que sejam plenamente capazes e a causa possa ser resolvida por autocomposição (art. 471, inc. I e II do atual C.P.C.).

Por sua vez, nos termos do art. 471 do atual C.P.C., o juiz poderá dispensar prova pericial quando as partes, na inicial e na contestação, apresentarem, sobre as questões de fato, pareceres técnicos ou documentos elucidativos que considerar suficientes.

Recaindo a nomeação sobre um agrimensor, este deverá estar habilitado ao exercício de sua profissão, nos termos da legislação atual (no caso, no Conselho Regional de Engenharia e Arquitetura), pois ele, em regra, é o técnico ao qual incumbirá a demarcação, trabalho que permite o levantamento da linha divisória entre os terrenos. Os limites são fatos, cuja prova depende de conhecimento técnico ou científico.

A nomeação do perito ou dos peritos agrimensores é feita após a contestação ou após o transcurso do prazo para sua realização, no estágio de saneamento do processo.

[1259] Moraes e Barros, H., idem, p. 149.

Os peritos serão nomeados dentre os profissionais legalmente habilitados e os órgãos técnicos ou científicos devidamente inscritos em cadastro mantido pelo tribunal ao qual o juiz está vinculado (§1º do art. 156 do atual C.P.C.).

O juiz nomeará perito e fixará de imediato o prazo para a entrega do laudo, incumbindo às partes, dentro de quinze dias contados da intimação do despacho de nomeação do perito, arguir seu impedimento ou suspeição, indicar o assistente técnico e apresentar quesitos se for o caso e a perícia comportar tal questionamento (art. 465, §1º, incs. I, II e III do atual C.P.C.).

Ciente da sua nomeação, o perito apresentará proposta de honorários em cinco dias, e o juiz decidirá depois de ouvidas as partes (§3º do art. 465 do atual C.P.C.).

É importante salientar que o juiz deverá nomear o perito ou os peritos antes de proferir a sentença final, ou seja, logo na primeira fase do procedimento divisório.

A nomeação do perito ou dos peritos é de rigor, haja ou não contestação do réu, pretendam ou não as partes outra linha, diversa da pretensão formulada pelo autor.

O perito deverá observar, quanto à identificação do imóvel rural, o que dispõe a Lei 6.015 de 31 de dezembro de 1973, Lei 6.739/79, Decreto 4.449/02, Decreto 5.570/05, Decreto 7.620/11.

Estabelece o parágrafo único do art. 590 do atual C.P.C. que o perito deverá indicar as vias de comunicação existentes, as construções e as benfeitorias, com a indicação dos seus valores e dos respectivos proprietários e ocupantes, as águas principais que banham o imóvel e quaisquer outras informações que possam concorrer para facilitar a partilha.

Tendo em vista que no processo de divisão a finalidade é justamente retalhar a superfície do imóvel, partindo-o em outras áreas menores, essa repartição deverá observar, de acordo com os valores e o percentual dos quinhões, uma divisão justa, levando-se em conta o critério geométrico, bem com outros valores na composição dos quinhões, inclusive a existência de vias de comunicação, as construções (acessões) e as benfeitorias, com a indicação dos respectivos valores e seus proprietários e possíveis ocupantes, as águas principais que banham o imóvel e quais outras informações que possam concorrer para facilitar a partilha.

É importante salientar que podem existir acessões (construções ou plantações), assim como benfeitorias (útil ou voluptuária) que tenham sido realizadas por todos os condôminos ou por alguns dos condôminos, os quais poderão estar ocupando essas acessões.

O perito ou os peritos deverão levar em conta esta particularidade no momento de se realizar a divisão e encontrar a área dividida de acordo com os quinhões de cada comunheiro.

Art. 591

Todos os condôminos serão intimados a apresentar, dentro de 10 (dez) dias, os seus títulos, se ainda não o tiverem feito, e a formular os seus pedidos sobre a constituição dos quinhões.

Apresentação dos títulos pelos condôminos

Uma vez nomeado pelo juiz o perito ou os peritos para realizarem a medição e divisão do imóvel, todos os condôminos serão intimados dessa nomeação para, no prazo de dez dias, apresentar assistente técnico, se assim desejar, bem como para apresentar seus títulos de condôminos, se ainda não o tiverem feito, bem como para formular os seus pedidos sobre a constituição dos quinhões.

Sabe-se que a apresentação dos títulos deve ocorrer no momento processual apropriado, no caso, com a inicial ou com as contestações. Não se trata de simples reabertura do prazo, o que, evidentemente, fez o Código para todas as partes. Os títulos poderão ser outros, diversos dos títulos de domínio que instruem obrigatoriamente o pedido de divisão e as eventuais oposições a ela. As partes são obrigadas a entrar com todos os títulos que provem a sua aquisição. Aqui tem lugar, também, o exercício da contraprova, ou da prova do ato contrário, isto é, a juntada de títulos e documentos outros que expliquem ou reforcem os já apresentados, como ocorre na filiação e sequência dos domínios. Assim, terá lugar a exibição, neste momento, por exemplo, dos títulos de aquisição de benfeitorias, das acessões, a invocação de eventual disposição do testador, ou do doador, ou mesmo do ato de aquisição.[1260]

Se os condôminos formularem os seus pedidos de constituição dos quinhões de forma uniforme e equânime, ficará mais fácil para o perito realizar o seu trabalho, assim como para o juiz decidir ao final.

Se não houver esse acordo, o perito deverá realizar a divisão de forma mais equânime possível, a fim de subsidiar o juiz em sua decisão final.

1260 Moraes e Barros, H., idem, p. 152.

Art. 592

O juiz ouvirá as partes no prazo comum de 15 (quinze) dias.

§1º Não havendo impugnação, o juiz determinará a divisão geodésica do imóvel.

§2º Havendo impugnação, o juiz proferirá, no prazo de 10 (dez) dias, decisão sobre os pedidos e os títulos que devam ser atendidos na formação dos quinhões.

Oitiva das partes sobre as formulações de quinhões

Este dispositivo complementa o art. 591 do atual C.P.C., ou seja, estabelece que o juiz ouvirá as partes, no prazo comum de quinze dias, sobre os títulos – novos e velhos – influentes na composição ou conteúdo dos quinhões e sobre os pedidos que a respeito as partes lhe fizerem, pois, em regra, é com base nesses títulos e pretensões, materializadas essas nos pedidos de constituição dos quinhões, que o juiz vai determinar a divisão geodésica do imóvel.[1261]

Segundo estabelece o §1º do art. 591 do atual C.P.C., não havendo impugnação, o juiz determinará a divisão geodésica do imóvel.

Ouvidas as partes e não havendo impugnação quanto aos títulos e as pretensões formuladas em relação a cada quinhão, o juiz determinará a divisão geodésica do imóvel.

Estabelece o §2º do art. 592 do atual C.P.C. que havendo impugnação, o juiz proferirá, no prazo de 10 (dez) dias, decisão sobre os pedidos e os títulos que devam ser atendidos na formação dos quinhões.

Por outro lado, havendo impugnação, terá o juiz de decidir, respeitados os títulos apresentados, sobre os pedidos que devem ser atendidos na especificação dos quinhões.

Segundo Hamilton de Moraes e Barros, "age aqui o juiz num misto de jurisdição e de discricionariedade administrativa. Em discricionariedade, porque terá de empregar muito de sua imaginação, de construção e do arbítrio do bom varão. Não é, porém, a discricionariedade livre, mas decisão embasada em títulos e manifestações de vontade (pedidos, concordâncias, oposições) e, sobretudo, decisão fundamentada, justificada, acolhendo ou repelindo pretensões, razão por que se faz ato de jurisdição".[1262]

[1261] Moraes e Barros, H., idem, p. 153.
[1262] Moraes e Barros, H., idem, p. 154.

A decisão proferida pelo juiz com base no art. 592 do atual C.P.C. é interlocutória, sujeita a recurso de agravo de instrumento, sob pena de preclusão, uma vez que diz respeito ao mérito do processo (art. 1.015, inc. II, do atual C.P.C.).

Art. 593

Se qualquer linha do perímetro atingir benfeitorias permanentes dos confinantes feitas há mais de 1 (um) ano, serão elas respeitadas, bem como os terrenos onde estiverem, os quais não se computarão na área dividenda.

Resguardo do terreno em que tenha sido realizadas benfeitorias permanentes

Este dispositivo, ao mencionar as benfeitorias, está tratando, na verdade, de acessões (construções ou plantações), assim como benfeitorias úteis e voluptuárias.

São exemplos de benfeitorias úteis, cercas, muros, valas etc.

Se não obstante a introdução de benfeitorias ou acessões permanentes no prédio, o confinante a abandonou, não terá o agrimensor a obrigação de respeitá-la.

Da mesma forma, se as benfeitorias ou acessões estiverem na posse de estranhos e não do confinante, não terá o agrimensor a obrigação de respeitá-las.

A divisão, sendo um procedimento que só diz respeito aos condôminos, determina que o agrimensor, ao levantar a linha do perímetro do imóvel dividendo, respeite as benfeitorias ou acessões permanentes realizadas pelo confinante e que se localizem dentro da área da comunhão.

Assim, se a linha do perímetro de divisão do imóvel atingir acessões ou benfeitorias úteis e necessárias permanentes realizadas há mais de um ano, haverá necessidade de respeitá-las, assim como os terrenos onde estiverem, não se computando na área dividenda.

Conforme anota Hamilton de Moraes e Barros, o C.P.C., ao determinar que se exclua da divisão a área ocupada, nada diz, entretanto, quanto ao seu destino. A economia da disposição permite-nos indagações como estas: "a área vai ser abandonada? Irá bipartir-se o procedimento divisório, para conhecer uma eventual redivisão, em caso de recuperar-se a área? Em caso afirmativo, como se fará essa divisão complementar? E os comunheiros distantes da área ocupada ficarão sem acesso a ela? Que vai acontecer ao confrontante invasor?".[1263]

[1263] Moraes e Barros, H., idem, p. 156.

Na verdade, faltou ao legislador complementar seu pensamento, "dizendo que os terrenos ocupados pelas benfeitorias do confrontante e as próprias benfeitorias não se computariam na divisão, mas ressalvava-se aos comunheiros o direito de reivindicar aludida área e receber tais benfeitorias, conforme o direito".[1264]

Essa parcela provisoriamente excluída da divisão permanecerá em comum, para todos os condôminos, mesmo depois de concluída a divisão. Por isso, qualquer condômino terá legitimidade para demandar a reivindicação contra o confrontante. Eventual restituição, contudo, será de proveito de todos os condôminos.

O art. 593 do atual C.P.C. não quer dizer que deva o perito traçar outra linha do perímetro. Deve traçá-lo como efetivamente traçaria se não existisse a acessão ou a benfeitoria. É que a área dividenda é de fixar-se com toda precisão e rigor, conforme os títulos e as determinações do juiz. Isso irá facilitar posterior verificação dos direitos dos condôminos. Fará o agrimensor a planta e precisará o perímetro com respeito aos títulos e às determinações do juiz. Consignará, entretanto, os desvios feitos pela linha em respeito à posse e às benfeitorias e acessões alheias. Deixará bem claro que existe uma área ocupada e beneficiada. Caracterizará essa área na planta.[1265]

É importante salientar que a posse da acessão ou da benfeitoria faz presumir sua propriedade. Se o dono das benfeitorias ou das acessões é também o dono do terreno, isso é cogitação influente no processo divisório. A lei não impõe aos condôminos do prédio dividendo, neste artigo, o abandono da área ocupada pelas benfeitorias do confrontante. O que a lei determina é que elas não sejam computadas desde logo nos quinhões, razão por que não é cogitada para avaliação nem é considerada para essa primeira composição dos quinhões.[1266]

A apuração da existência de benfeitorias, sua natureza, a propriedade dela, a idade, o eventual abandono, tudo isso deve ser verificado pelo agrimensor, inclusive, se for necessário, com a oitiva de pessoas e informantes.

Art. 594

Os confinantes do imóvel dividendo podem demandar a restituição dos terrenos que lhes tenham sido usurpados.

[1264] MORAES E BARROS, H., idem, ibidem.
[1265] MORAES E BARROS, H., idem, ibidem.
[1266] MORAES E BARROS, H., idem, p. 157.

§ 1º Serão citados para a ação todos os condôminos, se a sentença homologatória da divisão ainda não houver transitado em julgado, e todos os quinhoeiros dos terrenos vindicados, se a ação for proposta posteriormente.

§ 2º Nesse último caso terão os quinhoeiros o direito, pela mesma sentença que os obrigar à restituição, a haver dos outros condôminos do processo divisório ou de seus sucessores a título universal a composição pecuniária proporcional ao desfalque sofrido.

Restituição dos terrenos usurpados aos confinantes do imóvel dividendo
Os confinantes do imóvel dividendo podem demandar a restituição dos terrenos que lhes tenham sido usurpados.

A demanda disciplinada neste art. 594 é a mesma demanda de que trata o art. 572 do atual C.P.C.

No art. 572 do atual C.P.C., o legislador cuidou da demanda nas disposições gerais. Agora, no art. 594, reaparece no processo divisório.

No caso, se o resultado da demanda divisória ensejar a invasão do terreno dos imóveis confinantes, os proprietários ou possuidores do terreno invadido poderão ingressar com embargos de terceiro para fazer cessar a constrição judicial sobre a posse ou propriedade do terreno invadido.

Poderá, ainda, o confrontante, ingressar com a demanda reivindicatória.

A demanda reivindicatória ou os embargos de terceiro somente poderão ser utilizados se o confrontante que se sente prejudicado não tiver sido parte em eventual demanda demarcatória proposta conjuntamente com a demanda divisória.

Preceitua o *§1º do art. 594* do atual C.P.C. que *serão citados para a ação todos os condôminos, se a sentença homologatória da divisão ainda não houver transitado em julgado, e todos os quinhoeiros dos terrenos vindicados, se proposta posteriormente.*

Este dispositivo trata da *legitimação passiva 'ad causam'* na demanda do confinante para reaver a área invadida e usurpada em razão da demanda divisória.

Enquanto não transitada em julgado a sentença homologatória da divisão, a sujeição passiva da demanda que pretende recuperar a área usurpada é do condomínio, razão pela qual deverão ser citados todos os condôminos.

Por sua vez, passado em julgado a sentença que homologar a divisão, não haverá mais condomínio, razão pela qual somente serão citados para a demanda proposta pelo confinante os quinhoeiros dos terrenos vindicados. A demanda, portanto, será proposta contra aquele que permaneceu na propriedade da área reclamada pelo confinante.

O *§2º do art. 594* do atual C.P.C. preconiza que *nesse último caso terão os quinhoeiros o direito, pela mesma sentença que os obrigar à restituição, a haver dos outros condôminos do processo divisório ou de seus sucessores a título universal a composição pecuniária proporcional ao desfalque sofrido.*

Na hipótese de já haver transitado em julgado a sentença homologatória da divisão, e tendo sido condenados os quinhoeiros dos terrenos vindicados à restituição da área invadida, o juiz, na mesma sentença, deverá obrigar os ex-condôminos do processo divisório ou seus sucessores a título universal à composição pecuniária proporcional ao desfalque sofrido.

Aos ex-condôminos, agora quinhoeiros não confrontantes, deve ser denunciada a lide pelo ex-comunheiro confrontante, uma vez que deles se vai pretender a composição pecuniária do prejuízo sofrido pelo ex-condômino que ficou o quinhão contíguo ao confrontante autor.[1267]

É importante salientar que somente o sucessor a título universal é que continuará obrigado a ressarcir eventual prejuízo que possa sofrer o quinhoeiro que perdeu a área reclamada. Não é o sucessor a título singular, como o comprador, obrigado à indenização. O encargo de ressarcir o quinhoeiro, nesta hipótese, continua com o ex-condômino vendedor.

Dúvida pode existir em relação ao legatário, pois alguns doutrinadores afirmam que o legatário é sucessor a título singular, enquanto que outros aduzem que se está diante de sucessor a título universal.

Art. 595

Os peritos proporão, em laudo fundamentado, a forma da divisão, devendo consultar, quanto possível, a comodidade das partes, respeitar, para adjudicação a cada condômino, a preferência dos terrenos contíguos às suas residências e benfeitorias e evitar o retalhamento dos quinhões em glebas separadas.

Forma de divisão

Após a elaboração da planta e memorial descritivo da área, os peritos elaborarão laudo fundamentado em que apresentarão seu plano de divisão.

É possível que os títulos dos condôminos identifiquem a cota com expressões aritméticas (um terço, um quinto, um décimo etc), o cálculo consistirá em indi-

[1267] Moraes e Barros, H., idem, p. 160.

car, sobre o valor geral atribuído ao imóvel comum, qual o valor que terá a cota de cada condômino. Se há revéis, o valor será apenas das cotas dos comunheiros que se interessaram pela partilha. O restante continuará em comunhão sobre o que remanescer dos quinhões delimitados para os consortes presentes. A cota também pode ser discriminada em valores monetários ou de forma abstrata em função de medida de superfície (20 alqueires num total de 85 alqueires). Assim, num imóvel de R$100.000,00 atribui-se a cota de R$34.000,00 a um herdeiro. Nessa situação, o cálculo atualizado consistirá em apurar, primitivamente, qual a cota aritmética ou qual o percentual sobre o todo primitivo que aqueles valores representavam, para depois transplantar essa cota para o valor atual do prédio comum, apurado no procedimento divisório.[1268]

Se houver divergência entre a área do título apresentado pelos condôminos e a área verdadeira, deverão os peritos observar o seguinte: a) se o excesso provier de deficiência do título, na descrição do prédio, mas não houver dúvida quanto a ser o imóvel medido o que corresponde ao direito de propriedade dos promoventes, partilhado será normalmente na sua área verdadeira. O registro da divisão no Registro de Imóveis produzirá, automaticamente, a correção da transcrição anterior, independentemente de procedimento especial para tal fim; b) se, porém, apurar o perito que o excesso provém de terras não tituladas, que foram agregadas à posse da comunhão, não poderão elas ser partilhadas juntamente com as tituladas, sem antes regularizar-se o domínio; c) quanto à falta de área, não é empecilho à divisão, qualquer que seja a origem da deficiência. O imóvel será partilhado com as dimensões reais do levantamento feito pelo agrimensor.[1269]

Em que pese a forma de divisão esteja no âmbito do trabalho técnico dos peritos nomeados pelo juiz, o certo é que esses profissionais devem realizar o trabalho de tal forma que possa ser respeitada a comodidade das partes, dando-se preferência dos terrenos contíguos aos condôminos que ali possuam residência e benfeitorias, evitando o retalhamento dos quinhões em glebas separadas.

Assim, se os peritos se depararem com um condomínio pro diviso, ou seja, um condomínio de direito, mas que de fato os condôminos de certa forma já dividiram a área, inclusive ali estabelecendo residências e realizando benfeitorias, deverão os peritos, se for possível a justa divisão, respeitar o interesse e a comodidade de cada condômino, ao elaborar o laudo divisória da área.

[1268] Theodoro Júnior, H., op. cit., p. 420.
[1269] Theodoro Júnior, H., idem, p. 422.

Todas essas circunstâncias deverão os peritos consignar em laudo fundamentado para que o juiz possa ao final deliberar pela homologação ou não da partilha.

As partes também serão ouvidas sobre o laudo, razão pela qual a forma de divisão deve ser a mais equânime e justa possível.

Percebe-se, portanto, que a divisão não se reduz a uma operação meramente aritmética de repartição da área, pois os peritos deverão ter a sensibilidade de observar todos os fatores fáticos e jurídicos (valores das áreas, realização de benfeitorias, existência de água, proximidade a vias públicas etc) a fim de que a divisão possa ser considerada justa entre os condôminos.

As benfeitorias ou acessões que possam permanecer com algum ou alguns dos condôminos ensejaram a compensação de áreas para os demais, ou, havendo concordância, a devolução em dinheiro, se outra forma de partilha não houverem acordado os condôminos.

Portanto, a divisão além de ser justa, também deve ser cômoda, ou seja, não reservar aos condôminos embaraços ou problemas futuros, criando já propriedades desvalorizadas, dadas as dificuldades de sua exploração e os problemas que surgirão com os vizinhos. Câmara Leal, nos seus Comentários ao Código de Processo Civil de 1939, Edição da Revista Forense, 1940, vol. V, págs. 429 e 430 formulou algumas regras para elaboração do plano de divisão[1270]:

"I – verificarão quantos quinhões devem ser retalhados de acordo com o número de condôminos que apresentaram seus títulos, que foram examinados, conferidos e aceitos;

II – determinarão o valor de cada parte ideal, em relação ao valor global do imóvel, de modo a determinar, assim, o valor de cada quinhão a ser constituído;

III – tomarão como base da localização de cada quinhão a localização do imóvel da morada do sócio e de suas benfeitorias, quando estas próximas daquela;

IV – se a extensão das benfeitorias não der para dentro de sua área localizar o quinhão, tomarão por base a morada e, dentro do valor do quinhão em correspondência com o valor do terreno, cortarão o mesmo, de modo a abranger a morada e as benfeitorias que couberem dentro do quinhão, indicando a indenização devida ao quinhoeiro pelas benfeitorias excluídas do quinhão, ficando essa indenização a cargo do quinhoeiro em cujo quinhão ficarem localizadas estas benfeitorias;

V – evitarão sempre que o mesmo quinhoeiro fique localizado em glebas separadas, procurando formar um só quinhão continuo para cada condômino;

1270 Apud Moraes e Barros, H., op. cit., p. 167.

VI – procurarão fazer com que cada quinhão seja provido de aguada, quando constituído por terreno em pasto, e, havendo matas, todos, sendo possível, tenham algum capão de mato em seu quinhão, a fim de não ficar o quinhoeiro desprovido de lenha;

VII – procurarão, ainda, fazer com que cada quinhão tenha água corrente ou fonte para as necessidades domésticas".

É bem verdade que conflitos entre os condôminos poderão surgir quando do plano de partilha. Não há regra absoluta para solucionar esses conflitos, sendo que o bom senso e o espírito de justiça (equidade) é que deve inspirar o magistrado para, em face das particularidades do caso concreto, encontrar um meio de causar o menor dano possível aos interesses antagônicos. No sentido de Humberto Theodoro Júnior, num conflito entre posse efetiva sobre a coisa comum, por parte de um condômino, e contiguidade de prédio exclusivo de outro consorte, a melhor solução, pelo menos em tese, é a que dá prevalência à posse.[1271]

Art. 596

Ouvidas as partes, no prazo comum de 15 (quinze) dias, sobre o cálculo e o plano da divisão, o juiz deliberará a partilha.

Parágrafo único. Em cumprimento dessa decisão, o perito procederá à demarcação dos quinhões, observando, além do disposto nos arts. 584 e 585, as seguintes regras:

I – as benfeitorias comuns que não comportarem divisão cômoda serão adjudicadas a um dos condôminos mediante compensação;

II – instituir-se-ão as servidões que forem indispensáveis em favor de uns quinhões sobre os outros, incluindo o respectivo valor no orçamento para que, não se tratando de servidões naturais, seja compensado o condômino aquinhoado com o prédio serviente;

III – as benfeitorias particulares dos condôminos que excederem à área a que têm direito serão adjudicadas ao quinhoeiro vizinho mediante reposição;

IV – se outra coisa não acordarem as partes, as compensações e as reposições serão feitas em dinheiro.

[1271] Theodoro Júnior, H., op. cit., p. 430.

Deliberação da partilha pelo juiz

Em observância ao princípio do contraditório, as partes devem ser ouvidas no prazo comum de quinze dias sobre o cálculo e o plano de divisão apresentados pelo perito ou pelos peritos judiciais.

Somente após a manifestação das partes é que o juiz irá deliberar sobre a partilha.

As partes poderão, por exemplo, arguir as seguintes matérias como impugnação sobre o cálculo e plano de partilha: a) inexatidão da avaliação e da medição; b) inexatidão do cálculo que determinou a quota aritmética de qualquer condômino sobre o imóvel comum; c) má localização de algum quinhão; d) inobservância das regras de preferência e comodidade na formação de algum quinhão; e) retalhamento desnecessário de um quinhão em várias glebas; f) má distribuição de terras ou águas entre os quinhões; g) má distribuição de quinhões, por exclusão de algum título que deveria figurar ou inclusão de outro que não deveria ser apurado; h) falta de previsão de servidões indispensáveis para quinhão encravado, sem saída para a via pública ou sem acesso a manancial de água; i) falta de estimativa da indenização para a benfeitoria particular de um condômino que saiu no quinhão de outro etc.[1272]

Não havendo impugnação, ou se havendo, após a sua resolução, o juiz proferirá decisão sobre a partilha. Este despacho denomina-se de deliberação de partilha. Não estando adstrito ao laudo, o juiz desde que fundamentadamente poderá afastar-se da deliberação dos peritos.

A decisão que delibera pela partilha é uma decisão interlocutória, sujeita ao recurso de agravo de instrumento, sob pena de preclusão.[1273]

Estabelece o parágrafo único do art. 596 do atual C.P.C. que em cumprimento dessa decisão, o perito procederá à demarcação dos quinhões, observando, além do disposto nos arts. 584 e 585 do atual C.P.C., as seguintes regras:

Art. 584. É obrigatória a colocação de marcos assim na estação inicial, dita marco primordial, como nos vértices dos ângulos, salvo se algum desses últimos pontos for assinalado por acidentes naturais de difícil remoção ou destruição.

Art. 585. A linha será percorrida pelos peritos, que examinarão os marcos e rumos, consignando em relatório escrito a exatidão do memorial e planta apresentados pelo agrimensor ou as divergências porventura encontradas.

[1272] THEODORO JÚNIOR, H., idem, p. 438.

[1273] Para Theodoro Júnior esse despacho é irrecorrível. Nesse sentido também é a lição de Pontes de Miranda. (THEODORO JÚNIOR H., idem, p. 440.

Portanto, o perito agrimensor deverá inserir os marcos na estação inicial, dita marco primordial, salvo se algum desses pontos for assinalado por acidentes naturais de difícil remoção ou destruição, devendo, ainda, percorrer a linha divisória, examinando os marcos e rumos, consignando em relatório escrito a exatidão do memorial e planta apresentados ou eventuais divergências porventura encontradas.

Além do quc dispõem os arts. 584 e 585 do atual C.P.C., o perito deverá também observar as seguintes regras:

a) as benfeitorias comuns que não comportarem divisão cômoda serão adjudicadas a um dos condôminos mediante compensação. Em se tratando de benfeitorias particulares do condômino do imóvel comum geram para o autor delas a preferência de ser aquinhoado pelas terras onde se localizem os melhoramentos. Contudo, se as benfeitorias forem comuns aos condôminos e não puderem elas sofrer divisão cômoda, serão adjudicadas a um dos condôminos mediante compensação em área ou em dinheiro para os demais.

b) instituir-se-ão as servidões que forem indispensáveis em favor de uns quinhões sobre os outros, incluindo o respectivo valor no orçamento para que, não se tratando de servidões naturais, seja compensado o condômino aquinhoado com o prédio serviente. Havendo necessidade de instituir servidões, como, por exemplo, de passagem, o perito deverá de imediato indicar essas servidões no plano de partilha, para que as partes e o juiz possam deliberar sobre sua constituição. Por servidão entende-se a obrigação ou encargo imposto a um prédio em proveito de outro, pertencentes a proprietários diversos. As servidões que poderão ser instituídas pela divisão do condomínio são apenas aquelas necessárias e indispensáveis, como as provocadas pelo encravamento de um quinhão que fica sem acesso à via pública ou a manancial de água. Não sendo o caso de servidão natural, o quinhoeiro que ficar prejudicado pelas obras e implementação da servidão instituída sobre sua área, terá direito a ser compensado pelo respectivo valor, no âmbito da divisão. A indenização ficará a cargo da comunhão e não somente do dono do prédio beneficiado pela servidão.

c) as benfeitorias particulares dos condôminos que excederem à área a que têm direito serão adjudicadas ao quinhoeiro vizinho mediante reposição. Em regra, as benfeitorias realizadas pelo condômino de forma particular deverão ficar com ele na divisão. Contudo, quando as benfeitorias não se comportarem todas no quinhão de seu proprietário, o outro condômino que as tiver incluídas em seu quinhão será obrigado a indenizar o proprietário da benfeitoria, conforme o valor que for atribuído pelo perito. O direito à indenização refere-se apenas às benfeitorias úteis e necessárias, construídas ou realizadas antes da citação. As voluptuárias serão indenizadas se não puderem ser retiradas sem ser danificadas. Toda e qualquer benfeitoria inserida no imóvel após a citação será considerada como sendo de má-fé, razão pela qual somente será indenizada se for necessária. As úteis poderão ser levantadas, sem indenização, e as voluptuárias sequer poderão ser levantadas.

d) se outra coisa não acordarem as partes, as compensações e as reposições serão feitas em dinheiro. Se as partes não chegarem a um acordo justo sobre a divisão, o juiz poderá determinar a compensação dos prejudicados por meio de reposição de pagamento em dinheiro.

Art. 597

Terminados os trabalhos e desenhados na planta os quinhões e as servidões aparentes, o perito organizará o memorial descritivo.

§1º Cumprido o disposto no art. 586, o escrivão, em seguida, lavrará o auto de divisão, acompanhado de uma folha de pagamento para cada condômino.

§2º Assinado o auto pelo juiz e pelo perito, será proferida sentença homologatória da divisão.

§ 3º O auto conterá:

I – a confinação e a extensão superficial do imóvel;

II – a classificação das terras com o cálculo das áreas de cada consorte e com a respectiva avaliação ou, quando a homogeneidade das terras não determinar diversidade de valores, a avaliação do imóvel na sua integridade;

III – o valor e a quantidade geométrica que couber a cada condômino, declarando-se as reduções e as compensações resultantes da diversidade de valores das glebas componentes de cada quinhão.

§ 4º Cada folha de pagamento conterá:

I – a descrição das linhas divisórias do quinhão, mencionadas as confinantes;

II – a relação das benfeitorias e das culturas do próprio quinhoeiro e das que lhe foram adjudicadas por serem comuns ou mediante compensação;

III – a declaração das servidões instituídas, especificados os lugares, a extensão e o modo de exercício.

Art. 598

Aplica-se às divisões o disposto nos arts. 575 a 578.

Memorial descritivo, auto de divisão e folha de pagamento

Encerrados os trabalhos práticos e de confecção do plano de partilha, inclusive com os desenhos na planta dos quinhões e das servidões aparentes, o perito organizará o memorial descritivo.

É importante salientar que no laudo em que os peritos encerram os trabalhos preparatórios deverá estar contido: a) histórico da comunhão; b) o cálculo da partilha; c) o plano de divisão.

Em seguida, o perito organizará o memorial descritivo.

Ao escrivão ou diretor de secretaria cabe, em seguida, elaborar o auto de divisão e redigir a folha de pagamento.

Segundo preceitua o §1º do art. 597 do atual C.P.C., cumprido o disposto no art. 586, o escrivão, em seguida, lavrará o auto de divisão, acompanhado de uma folha de pagamento para cada condômino.

Uma vez assinado o auto pelo juiz e pelo perito, será proferida sentença homologatória da divisão (§2º do art. 597 do atual C.P.C.).

A sentença que homologa a divisão não faz coisa julgada em relação ao domínio da área dividida, mas somente em relação à sua divisão. Esta sentença não é imutável em relação a terceiros que não participaram do processo de divisão. Cumulada com a demarcação, a imutabilidade decorre da demanda demarcatória e não da divisão. Somente por demanda rescisória é que se anula a sentença que homologou a divisão.[1274]

Segundo o §3º do art. 597 do atual C.P.C., o auto conterá: I – a confinação e a extensão superficial do imóvel; II – a classificação das terras com o cálculo das áreas de cada consorte e com a respectiva avaliação ou, quando a homogeneidade das terras não determinar diversidade de valores, a avaliação do imóvel na sua integridade; III – o valor e a quantidade geométrica que couber a cada condômino, declarando-se as reduções e as compensações resultantes da diversidade de valores das glebas componentes de cada quinhão.

O auto de divisão é um ato processual em que o escrivão ou diretor de secretaria transcreve os elementos fundamentais dos trabalhos técnicos, os quais são resumidos na peça denominada orçamento da divisão.

[1274] Moraes e Barros, H., op. cit., p. 176.

O escrivão ou diretor de secretaria deverá lavrar o auto de divisão o qual deverá conter os requisitos dos incisos I a III deste §3º do art. 597 do atual C.P.C.

Se porventura houver divergência da superfície dividenda com a área constante dos títulos, o excesso ou a falta se distribuirão por igual e proporcionalmente aos valores a que os condôminos tiverem direito. Essa circunstância também deverá constar no auto lavrado pelo escrivão ou chefe de secretaria.

A partilha inserida no auto de divisão deve ser homologada por sentença. O recurso cabível contra essa decisão é o de apelação.

Preceitua o §4º do art. 597 do atual C.P.C. que cada folha de pagamento conterá: I – a descrição das linhas divisórias do quinhão, mencionadas as confinantes; II –a relação das benfeitorias e das culturas do próprio quinhoeiro e das que lhe foram adjudicadas por serem comuns ou mediante compensação; III – a declaração das servidões instituídas, especificados os lugares, a extensão e o modo de exercício.

O escrivão ou chefe de secretaria obriga-se a lavrar dois atos importantes. Um é o auto de divisão e o outro as *folhas de pagamento* de cada quinhoeiro.

As folhas de pagamento devem conter todas as declarações importantes que constam do auto de divisão, sob pena de ser imprestável para o fim a que se destina. Devem, por isso, *"ser organizadas com minuciosa e completa descrição dos limites do quinhão, menção expressa da área atribuída, menção da qualidade das terras, a enumeração dos marcos fincados no terreno, e a declaração de eventuais servidões, onde se dirá em que e como o quinhão é prédio serviente ou dominante".*[1275]

Os requisitos que devem compor a folha de pagamento de cada quinhoeiro encontram-se no §4º do art. 597 do atual C.P.C.

O auto de divisão e a folha de pagamento são peças que se complementam, razão pela qual a folha de pagamento deve ser tão minuciosa quanto o auto de divisão. Uma vez feita a divisão, o quinhão passa a ser de propriedade exclusiva, concreta, autônoma de um dos condôminos, razão pela qual é imprescindível a existência de um título que declare, de modo expresso e certo a extensão desse novo imóvel e as suas dimensões, descrevendo a figura geométrica dentro da qual se inscreve, demonstrando seus limites e confrontações, informe a qualidade da terra e a sua composição, faça menção das aguadas que nela nasçam ou corte, bem como mencione estradas de qualquer tipo e qualidade, inclusive pequenos caminhos.[1276]

Por fim, estabelece o *art. 598* do atual C.P.C.: *Aplica-se às divisões o disposto nos arts. 575 a 578 do atual C.P.C.*, a saber:

1275 Moraes e Barros, H., idem. p. 175.

1276 Moraes e Barros, H., idem, p. 175.

Art. 575. Qualquer condômino é parte legítima para promover a demarcação do imóvel comum, requerendo a intimação dos demais para, querendo, intervir no processo.

Art. 576. A citação dos réus será feita por correio, observado o disposto no art. 247.

Parágrafo único. Será publicado edital, nos termos do inciso III do art. 259.

Art. 577. Feitas as citações, terão os réus o prazo comum de 15 (quinze) dias para contestar.

Art. 578. Após o prazo de resposta do réu, observar-se-á o procedimento comum.

Este dispositivo permite a aplicação das normas da demarcação em relação à divisão.

Em relação às despesas processuais do processo de divisão, preconiza Hamilton Moraes e Barros: "*Pelo art. 20 (C.P.C. de 1973), paga todas as despesas do processo, inclusive os honorários do advogado da parte contrária, quem sucumbir, isto é, quem foi vencido na demanda, pela simples razão de haver sido vencido. Poderá ocorrer, seja a sucumbência total, seja a sucumbência parcial, o que redundará no pagamento integral das custas ou no pagamento proporcional à extensão da sucumbência. Segundo o disposto no art. 25 do C.P.C. de 1973, nos juízos divisórios, não havendo litígio, os interessados pagarão as despesas do processo proporcionalmente aos seus quinhões. Acontece que a demarcação e a divisão, na primeira fase desses procedimentos, chamada a fase contenciosa, poderão conhecer eventualmente sérias controvérsias, seja sobre a necessidade de demandar ou de dividir, seja sobre o domínio e outras. Essa controvérsia eventual, esse litígio incidente, terminará por uma decisão tipicamente contenciosa, além de como contenciosos serem tidos por lei os aludidos procedimentos. Essa controvérsia vai encontrar fim e solução em sentença declaratória incidente, na qual haverá uma sucumbência. O impugnante, ou o impugnado, vencido, irá pagar sejam as despesas resultantes da impugnação, sejam as que vierem dos recursos de que se valerem esses litigantes. Decorrendo o procedimento demarcatória e o divisório sem incidentes, ou pagas pelo vencido as despesas de que decaiu na primeira fase, segue-se a fase administrativa da divisão ou da demarcação, ou de ambas. É aqui que irá incidir, por inteiro, o disposto no art. 25 do Código de Processo Civil de 1973, isto é, terá lugar, então, o rateio das despesas processuais*".[1277]

CAPÍTULO V – Da Ação de Dissolução Parcial de Sociedade

Art. 599

A ação de dissolução parcial de sociedade pode ter por objeto:

[1277] Moraes e Barros, H., idem, p. 178.

I – a resolução da sociedade empresária contratual ou simples em relação ao sócio falecido, excluído ou que exerceu o direito de retirada ou recesso; e

II – a apuração dos haveres do sócio falecido, excluído ou que exerceu o direito de retirada ou recesso; ou

III – somente a resolução ou a apuração de haveres.

§ 1º A petição inicial será necessariamente instruída com o contrato social consolidado.

§ 2º A ação de dissolução parcial de sociedade pode ter também por objeto a sociedade anônima de capital fechado quando demonstrado, por acionista ou acionistas que representem cinco por cento ou mais do capital social, que não pode preencher o seu fim.

Sumário:

1. Considerações gerais

A sociedade é um negócio jurídico de natureza contratual em que as pessoas reciprocamente se obrigam a contribuir, com bens ou serviços, para o exercício de atividade econômica e a partilha, entre si, dos resultados (art. 981 do C.c.b).

Salvo as exceções expressas, considera-se empresária a sociedade que tem por objeto atividade própria de empresário sujeito a registro (art. 967 do C.C.b); e, simples, as demais (art. 982 do C.c.b.).

Entende-se por empresário, quem exerce profissionalmente atividade econômica organizada para a produção ou circulação de bens ou de serviços (art. 966 do C.c.b.).

Não se considera empresário quem exerce profissão intelectual, de natureza científica, literária ou artística, ainda com o concurso de auxiliares ou colaboradores, salvo se o exercício da profissão constituir elemento de empresa (p.u. do art. 967 do C.c.b.).

Independentemente de seu objeto, considera-se empresária a sociedade por ações; e, simples, a cooperativa (p.u. do art. 982 do C.c.b.).

A sociedade empresária deve constituir-se segundo os tipos regulados nos arts. 1.039 a 1.092 do C.c.b., ou seja: a) sociedade em nome coletivo; b) sociedade em comandita simples; c) sociedade limitada; d) sociedade anônima; e) sociedade comandita por ações.

Já a sociedade simples pode ter a natureza de qualquer tipo descrito para a sociedade empresária. Se não revestir qualquer um desses tipos, subordina-se às regras que lhe são próprias, no caso, as normas dos artigos 997 a 1038 do C.c.b. Ressalvam-se, contudo, as disposições concernentes à sociedade em conta de participação e à cooperativa, bem como as constantes de leis especiais que, para o exercício de certas atividades, imponham a constituição da sociedade segundo determinado tipo (p.u. do art. 983 do C.c.b.).

A sociedade empresária mantém seu registro de constituição na Junta Comercial, enquanto que a sociedade simples será registrada no Cartório de Registro Civil de Pessoas Jurídicas.

As sociedades não personificadas são: a) a sociedade comum, regida pelos arts. 986 a 990 do C.c.b.; b) a sociedade em conta de participação, regida pelos art. 991 a 996 do C.c.b.

As sociedades personificadas são: a) a sociedade simples, regida pelos arts. 997 a 1038 do C.c.b; b) a sociedade em nome coletivo, regida pelos arts. 1039 a 1044 do C.c.b; c) a sociedade em comandita simples, regida pelos arts. 1.045 a 1.051 do C.c.b.; d) a sociedade limitada, regida pelos arts. 1052 a 1087 do C.c.b.; e) a sociedade anônima, regida pelos arts. 1088 a 1089 do C.c.b.; f) sociedade em comandita por ações, regida pelos arts. 1090 a 1092 do C.c.b.; g) sociedade cooperativa, regida pelos arts. 1093 a 1096 do C.c.b; h) sociedades coligadas, regidas pelos arts. 1097 a 1.101 do C.c.b.

As obrigações dos sócios começam imediatamente com o contrato, se este não fixar outra data, e terminam quando, liquidada a sociedade, se extinguirem as responsabilidades sociais.

As sociedades podem ser constituídas por prazo determinado ou indeterminado.

Além dos casos previstos na lei ou no contrato, qualquer sócio pode retirar-se da sociedade; se de prazo indeterminado, mediante notificação aos demais sócios, com antecedência mínima de sessenta dias; se de prazo determinado, provando judicialmente justa causa (art.1.029 do C.c.b.). Nos trinta dias subsequentes à notificação, podem os demais sócios optar pela dissolução da sociedade (p.u. do art. 1029 do C.c.b.).

Enquanto existir a *affectio societatis*, a sociedade apresenta seu elemento essencial de coalizão entre os sócios, sendo que não havendo mais esse requisito, ela poderá ser dissolvida. A *affectio societatis* é pressuposto para que as sociedades se digam empresárias, ou seja, não é somente necessário que a empresa tenha forma legal, é indispensável que as pessoas que a compõem tenham se unido com um objetivo comum de caráter mercantil. Conforme leciona Carvalho de Mendonça, são da essência da *affectio societatis* (I) a colaboração ativa de todos os sócios, (II) consciente e (III) igualitária dos contratantes (IV) para a realização de um lucro a partilhar.[1278]

A dissolução parcial da sociedade, segundo as normas desse Capítulo V, somente se aplica às sociedades personificadas e não em relação às sociedades não personificadas.

A sociedade comum (não personificada) deverá ser dissolvida mediante a liquidação do patrimônio de sociedade de fato, pois ela não tem constituição jurídica.

Já a sociedade em conta de participação, também não personificada, será dissolvida pelas normas relativas à prestação de contas, na forma da lei processual (art. 996 do C.c.b.).

O credor poderá requerer a liquidação da quota do sócio devedor, se a sociedade ainda não estiver dissolvida, cujo valor, apurado na forma do art. 1031 do C.c.b., será depositado em dinheiro, no juízo da execução, até noventa dias após aquela liquidação (p.ú. do art. 1026 do C.c.b). Por sua vez, em se tratando de sociedade em nome coletivo, o credor particular de sócio não pode, antes de dissolver-se a sociedade, pretender a liquidação da quota do devedor (art. 1043 do C.c.b.). Poderá fazê-lo quando: I – a sociedade houver sido prorrogada tacitamente; II – tendo ocorrido prorrogação contratual, for acolhida judicialmente oposição do credor, levantada no prazo de noventa dias, contado da publicação do ato dilatório (p.u. do art. 1043 do C.c.b.).

Aplicam-se à sociedade em comandita simples as normas da sociedade em nome coletivo, no que forem compatíveis com as deste Capítulo (art. 1046 do C.c.b).

No caso de morte do sócio, liquidar-se-á sua quota, salvo: a) se o contrato dispuser diferentemente; b) se os sócios remanescentes optarem pela dissolução da sociedade; c) se, por acordo com os herdeiros, regular-se a substituição do sócio falecido (art. 1028 do C.c.b.).

Em se tratando de sociedade em comandita simples, no caso de morte de sócio comanditário, a sociedade, salvo disposição do contrato, continuará com os seus sucessores, que designarão quem os represente (art. 1050 do C.c.b).

Ressalvado o disposto no art. 1.004 e seu parágrafo único, pode o sócio ser excluído judicialmente, mediante iniciativa da maioria dos demais sócios, por falta grave no cumprimento de suas obrigações, ou, ainda, por incapacidade superveniente (art. 1030 do C.c.b.). Será de pleno direito excluído da sociedade

[1278] Carvalho de Mendonça, J.X., *Tratado de direito comercial brasileiro*, 5ª ed., Rio de Janeiro: Freitas Bastos, 1953, v. 3, Livro 2, parte 3, item 529.

o sócio declarado falido, ou aquele cuja quota tenha sido liquidada nos termos do parágrafo único do art. 1.026 (p.u. do art. 1030 do C.c.b).

Nos casos em que a sociedade se resolver em relação a um sócio, o valor da sua quota, considerada pelo montante efetivamente realizado, liquidar-se-á, salvo disposição contratual em contrário, com base na situação patrimonial da sociedade, à data da resolução, verificada em balanço especialmente levantado (art. 1031 do C.c.b). O capital social sofrerá a correspondente redução, salvo se os demais sócios suprirem o valor da quota (§1º do art. 1031 do C.c.b.). A quota liquidada será paga em dinheiro, no prazo de noventa dias, a partir da liquidação, salvo acordo, ou estipulação contratual em contrário (§2º do art. 1031 do C.c.b.).

A retirada, exclusão ou morte do sócio não o exime, ou a seus herdeiros, da responsabilidade pelas obrigações sociais anteriores, até dois anos após averbada a resolução da sociedade; nem nos dois primeiros casos, pelas posteriores e em igual prazo, enquanto não se requerer a averbação (1.032 do C.c.b.).

As hipóteses do art. 1028 a 1032 do C.c.b., tratam da resolução da sociedade em relação a um sócio.

As normas que regem a sociedade limitada, possibilita a resolução da sociedade em relação a sócios minoritários.

Segundo estabelece o art. 1085 do C.b.b., ressalvado o disposto no art. 1.030 do mesmo diploma legal, quando a maioria dos sócios, representativa de mais da metade do capital social, entender que um ou mais sócios estão pondo em risco a continuidade da empresa, em virtude de atos de inegável gravidade, poderá excluí-los da sociedade, mediante alteração do contrato social, desde que prevista neste a exclusão por justa causa. A exclusão somente poderá ser determinada em reunião ou assembleia especialmente convocada para esse fim, ciente o acusado em tempo hábil para permitir seu comparecimento e o exercício do direito de defesa (p.u. do art. 1085 do C.c.b).

Além da *resolução,* o código civil brasileiro também prevê a possibilidade de *dissolução da sociedade* nos termos dos arts. 1033 a 1038 do C.c.b.

Dissolve-se a sociedade quando ocorrer: I – o vencimento do prazo de duração, salvo se, vencido este e sem oposição de sócio, não entrar a sociedade em liquidação, caso em que se prorrogará por tempo indeterminado; II – o consenso unânime dos sócios; III – a deliberação dos sócios, por maioria absoluta, na sociedade de prazo indeterminado; IV – a falta de pluralidade de sócios, não reconstituída no prazo de cento e oitenta dias; V – a extinção, na forma da lei, de autorização para funcionar. Não se aplica o disposto no inciso IV caso o sócio remanescente, inclusive na hipótese de concentração de todas as cotas da sociedade sob sua titularidade, requeira, no Registro Público de Empresas Mercantis, a transformação do registro da sociedade para empresário individual ou para empresa individual de responsabilidade limitada, observado, no que couber, o disposto nos arts. 1.113 a 1.115 do Código Civil brasileiro.

A sociedade pode ser dissolvida judicialmente a requerimento de qualquer dos sócios, quando: I – anulada a sua constituição; II – exaurido o fim social, ou verificada a sua inexequibilidade.

Por sua vez, em relação às sociedades anônimas, a Lei 6.404/76 estabelece as seguintes hipóteses de dissolução de pleno direito e de dissolução pela via judicial:

> *Art. 206. Dissolve-se a companhia:*
>
> *I – de pleno direito:*
>
> *a) pelo término do prazo de duração;*
>
> *b) nos casos previstos no estatuto;*
>
> *c) por deliberação da assembleia-geral (art. 136, X); (Redação dada pela Lei nº 9.457, de 1997)*
>
> *d) pela existência de 1 (um) único acionista, verificada em assembleia-geral ordinária, se o mínimo de 2 (dois) não for reconstituído até à do ano seguinte, ressalvado o disposto no artigo 251;*
>
> *e) pela extinção, na forma da lei, da autorização para funcionar.*
>
> *II – por decisão judicial:*
>
> *a) quando anulada a sua constituição, em ação proposta por qualquer acionista;*
>
> *b) quando provado que não pode preencher o seu fim, em ação proposta por acionistas que representem 5% (cinco por cento) ou mais do capital social;*
>
> *c) em caso de falência, na forma prevista na respectiva lei.*
>
> *III – por decisão de autoridade administrativa competente, nos casos e na forma previstos em lei especial.*

O contrato pode prever outras causas de dissolução, a serem verificadas judicialmente quando contestadas.

Ocorrida a dissolução, cumpre aos administradores providenciar imediatamente a investidura do liquidante, e restringir a gestão própria aos negócios inadiáveis, vedadas novas operações, pelas quais responderão solidária e ilimitadamente. Dissolvida de pleno direito a sociedade, pode o sócio requerer, desde logo, a liquidação judicial.

Ocorrendo a hipótese prevista no inciso V do art. 1.033, o Ministério Público, tão logo lhe comunique a autoridade competente, promoverá a liquidação judicial da sociedade, se os administradores não o tiverem feito nos trinta dias seguintes à perda da autorização, ou se o sócio não houver exercido a faculdade assegurada no parágrafo único do artigo antecedente. Caso o Ministério Público não promova a liquidação judicial da sociedade nos quinze dias subsequentes ao recebimento da comunicação, a autoridade competente para conceder a autorização nomeará interventor com poderes para requerer a medida e administrar a sociedade até que seja nomeado o liquidante.

Se não estiver designado no contrato social, o liquidante será eleito por deliberação dos sócios, podendo a escolha recair em pessoa estranha à sociedade.

O liquidante pode ser destituído, a todo tempo: I – se eleito pela forma prevista neste artigo, mediante deliberação dos sócios; II – em qualquer caso, por via judicial, a requerimento de um ou mais sócios, ocorrendo justa causa.

A sociedade em comandita simples dissolve-se de pleno direito por qualquer das causas previstas no art. 1044 ou quando por mais de cento e oitenta dias perdurar a falta de uma das categorias de sócio (art. 1051 do C.c.b.). Na falta de sócio comanditado, os comanditários nomearão administrador provisório para praticar, durante o período de cento oitenta dias contados da falta de uma das categorias de sócio, os atos de administração (p.u. do art. 1051 do C.c.b.).

A *dissolução* da sociedade limitada ocorre de pleno direito nas hipóteses do art. 1044 do C.C.b.. Já o art. 1044, que trata da dissolução da sociedade em nome coletivo, faz remição ao art. 1033 que trata da dissolução da sociedade simples. Assim, a dissolução da sociedade limitada ocorre nas mesmas hipóteses da dissolução da sociedade simples.

As sociedades anônimas regem-se por lei especial, aplicando-se, nos casos omissos, as disposições do código civil brasileiro. A lei 6.404, de 15 de dezembro de 1976, dispõe sobre a sociedade anônima. O art. 206 da Lei da S.A. estabelece as hipóteses de dissolução da companhia. Essa dissolução pode ser de pleno direito: a) pelo término do prazo de duração; b) nos casos previstos no estatuto; c) por deliberação da assembleia-geral (art. 136, X); d) pela existência de 1 (um) único acionista, verificada em assembleia-geral ordinária, se o mínimo de 2 (dois) não for reconstituído até à do ano seguinte, ressalvado o disposto no art. 251; e) pela extinção, na forma da lei, da autorização para funcionar. Pode a dissolução ocorrer também por decisão judicial: a) quando anulada a sua constituição, em ação proposta por qualquer acionista; b) quando provado que não pode preencher o seu fim, em ação proposta por acionistas que representam 5% (cinco por cento) ou mais do capital social; c) em caso de falência, na forma prevista na respectiva lei. Ainda pode ser dissolvida a companhia por decisão de autoridade administrativa competente, nos casos e na forma previstos em lei especial.

A dissolução da sociedade comandita por ações se dá de acordo com as regras de dissolução da sociedade anônima.

A sociedade cooperativa é regulada por lei especial, sendo que se essa for omissa, aplicam-se as regras do código civil em relação à sociedade simples. As sociedades cooperativas são reguladas pela Lei 5.764 de 16 de dezembro de 1971. O art. 63 da Lei 5.764/71 estabelece as hipóteses em que se dissolve de pleno direito a sociedade, a saber: a) quando assim deliberar a Assembleia Geral, desde que os associados, totalizando o número mínimo exigido pela referida lei, não se disponham a assegurar a sua continuidade; b) pelo decurso do prazo de sua duração; c) pela consecução dos objetivos predeterminados; d) devido à alteração de sua forma jurídica; e) pela redução do número mínimo de associados ou do capital social mínimo se, até a Assembleia Geral subsequente, realizada em prazo não inferior a 6 (seis) meses, eles não forem restabelecidos; f) pelo cancelamento da autorização para funcionar; g) pela paralisação de suas atividades por mais de 120 (cento e vinte) dias. Quando a dissolução da sociedade não for promovida voluntariamente, nas hipóteses previstas no artigo anterior, a medida poderá ser tomada judicialmente a pedido de qualquer associado ou por iniciativa do órgão executivo federal.

Feitas essas considerações preliminares sobre a resolução e dissolução das sociedades, passa-se a análise da *dissolução parcial* da sociedade nos termos do Capítulo V deste Código.

2. Objeto da demanda de dissolução parcial de sociedade

Preceitua o *art.* 599 do atual C.P.C. que a *ação de dissolução parcial de sociedade pode ter por objeto: I – a resolução da sociedade empresária contratual ou simples em relação ao sócio falecido, excluído o que exerceu o direito de retirada ou recesso; e II – a apuração dos haveres do sócio falecido, excluído o que exerceu o direito de retirada ou recesso, ou III – somente a resolução ou a apuração de haveres.*

Segundo ensina Fábio Ulhoa Coelho, *"dissolução é conceito que pode ser utilizado em dois sentidos diferentes: para compreender todo o processo de término da personalidade jurídica da sociedade comercial (sentido largo) ou para individuar o ato específico que desencadeia este processo ou que importa na desvinculação de um dos sócios do quadro associativo (sentido estrito)".*[1279]

O C.P.C. de 1973 manteve em vigor os artigos 655 e 674 do C.P.C. de 1939 sobre a dissolução e liquidação das sociedades, conforme estabelecia o seu art. 1.218, inc. VII:

[1279] Coelho. Fábio Ulhoa. *Manual de direito comercial.* 14ª ed. São Paulo: Saraiva, 2003. p. 165.

"Art. 1.218. Continuam em vigor até serem incorporados nas leis especiais os procedimentos regulados pelo Decreto-lei n. 1.608, de 18 de setembro de 1939, concernentes: (...).
VII – à dissolução e liquidação das sociedades (art. 655 a 674)".

Assim, sob a égide do C.P.C. de 1973, a legislação somente previa a dissolução total da sociedade com base nos dispositivos do C.P.C. de 1939.

Contudo, a doutrina e a jurisprudência construíram a possibilidade da existência da dissolução parcial da sociedade, em face da retirada de um dos sócios, principalmente a partir da égide do código civil brasileiro de 2002 que criou um instituto até então ignorado pelo legislador, ou seja, a dissolução parcial da sociedade.

Assim, conforme já teve oportunidade de lecionar Fábio Ulhoa Coelho: *"Quando os conflitos entre os sócios, ou entre estes e os sucessores de um deles, impossibilitam a preservação dos laços contratuais, deve-se tentar a compatibilização entre o fim destes laços e a continuidade da sociedade comercial ou, pelo menos, da empresa explorada. A dissolução, assim, não será da pessoa jurídica, propriamente, mas dos vínculos contratuais que a originaram. Se houver dissolução de apenas parte destes vínculos, permanecendo a sociedade por força dos demais não-dissolvidos, estar-se-á diante da dissolução 'parcial'. Se, ao revés, dissolveram-se todos os vínculos contratuais e, por isso, a sociedade deixar de existir, então será o caso de dissolução 'total'. Mas embora sejam os vínculos contratuais a se dissolverem, em parte ou totalmente, é costume, para simplificação, falar-se em dissolução da 'sociedade'. Uma abreviação útil, que deve ser prestigiada. Portanto, de acordo com a abrangência, tem-se dissolução total ou parcial. No Código Civil de 2002 a 'dissolução parcial' é chamada de 'resolução da sociedade em relação a um sócio (arts. 1.028 a 1.032, 1.085 e 1.086)".*[1280]

O atual C.P.C. permite a existência das duas formas de dissolução da sociedade, ou seja, total e parcial.

A dissolução parcial é a regulada neste capítulo. A total, por sua vez, deve observar o que dispõe o art. 1.046, §3º, do atual C.P.C., inserido no Livro Complementar Das Disposições Finais Transitórias, que assim estabelece *"As causas mencionadas no art. 1.218 da Lei nº 5.869, de 11 de janeiro de 1973, e cujo procedimento ainda não tenha sido incorporado por lei submetem-se ao procedimento comum previsto neste Código".*

Assim, a dissolução total da sociedade é regulada pelo procedimento comum.

[1280] COELHO, F. U., idem, p. 166 e 167.

Atualmente, o novo C.P.C. tratou da dissolução parcial da sociedade como procedimento especial.

Na realidade, não condiz com a transitoriedade da vida humana a perpetuidade da sociedade empresarial, e mesmo a da sociedade simples. Conforme observou Bonjean, pode-se dizer que toda sociedade é limitada, no máximo, pela vida do primeiro sócio atingido pela lei da morte, o que bem caracteriza o personalismo que a domina. Como ordinariamente a sociedade se contrata a tempo certo, *ac tempus*, compreende-se que aquela que não tivesse outro limite, resultante tacitamente da morte, se pudesse haver como contratada *in perpetum*; mas nenhuma é. *Nulla societatis in aeternis coitio est.* Poucas são centenárias.[1281]

E o atual C.P.C., referendando a lição de Waldemar Ferreira quanto à limitação no tempo da sociedade, principalmente a de pessoas, traz, em seu art. 599, as *hipóteses de dissolução parcial da sociedade.*

Este dispositivo trata apenas da *dissolução parcial* da sociedade, não abrangendo a *dissolução total.*

A dissolução será total quando nenhum sócio desejar mais continuar com o contrato de sociedade, ou em razão das demais hipóteses do art. 1.033 do C.c.b., devendo a sociedade ser dissolvida e encerrada de forma definitiva.

A resolução parcial, por sua vez, refere-se ao *sócio falecido, excluído ou que exerceu o direito de retirada ou recesso* da sociedade empresária ou da sociedade simples.

Os incisos I e II do art. 599 do atual C.P.C. tratam das hipóteses de resolução e de apuração dos haveres do sócio falecido, excluído ou que exerceu o direito de retirada ou recesso.

Já o inciso III do art. 599 trata somente da resolução ou apuração de haveres.

No caso de morte do sócio, liquidar-se-á sua quota, salvo: a) se o contrato dispuser diferentemente; b) se os sócios remanescentes optarem pela dissolução integral da sociedade; c) se, por acordo com os herdeiros, regular-se a substituição do sócio falecido (art. 1028 do C.c.b.).

O novo código civil brasileiro, ao contrário da normatização existente na égide do C.c.b. de 1916 (art. 335 do Código Comercial revogado), preconiza que a morte do sócio não acarreta de pleno direito a dissolução total da sociedade, mas apenas a sua dissolução parcial, no sentido de que a quota social do sócio falecido seja liquidada.

Não haverá a dissolução parcial da sociedade no caso de morte do sócio se o contrato social dispuser diferentemente, se os sócios remanescentes optarem

[1281] Ferreira, Waldemar. *Tratado de direito comercial.* 3º Vol. (O estatuto da sociedade de pessoas). São Paulo: Edição Saraiva, 1961. p. 232.

pela dissolução integral da sociedade ou se, por acordo com os herdeiros, regular-se a substituição do sócio falecido.

A dissolução parcial da sociedade simples ou empresarial somente poderá ocorrer na hipótese em que a sociedade tenha mais de dois sócios. Por outro lado, não acarretará a dissolução total da sociedade na hipótese em que não houver pluralidade de sócios, caso o sócio remanescente, inclusive na hipótese de concentração de todas as cotas da sociedade sob sua titularidade, requeira, no Registro Público de Empresas Mercantis, a transformação do registro da sociedade para empresário individual ou para empresa individual de responsabilidade limitada, observado, no que couber, o disposto nos arts. 1.113 a 1.115 do código civil brasileiro (art.1033, p.u., do C.c.b.).

Quando um dos sócios da sociedade empresarial ou simples (não anônima) falece, sua quota na sociedade deve ser inventariada, nos termos do que dispõe o artigo 993, II, do Código de Processo Civil, que assim determina: *"Art.618. (...) §1º. O juiz determinará que se proceda: I – (...) II – a apuração de haveres, se o autor da herança era sócio de sociedade que não anônima."*.

Na hipótese de morte de sócio de uma Sociedade Limitada, ensina Fábio Ulhoa Coelho: "*Se falece o sócio da sociedade limitada, isto pode implicar a dissolução parcial desta. De fato, a participação societária, como os demais elementos do patrimônio do falecido, será atribuída, por sucessão causa mortis, a um herdeiro ou legatário, que nunca estão obrigados a fazer parte da sociedade limitada, seja ela de pessoas ou de capital. Têm eles direito, portanto, à apuração dos haveres de que decorre a dissolução parcial. Claro, se o sucessor do sócio morto quiser fazer parte da sociedade, e os sobreviventes concordarem, nada obriga a liquidação da quota. (...)Em suma, a morte de sócio só dissolve a limitada quando o sucessor não deseja entrar para a sociedade, ou, sendo ela de pessoas, os sobreviventes querem impedir o ingresso dele. Se o sucessor do sócio morto concorda em manter o investimento na empresa, e os sobreviventes concordam em tê-lo como sócio, a sociedade não se dissolve, nem sequer parcialmente. (...)*"[1282]

O atual Capítulo V abrange quaisquer sociedades personificadas, exceto as sociedades cujo processo de dissolução e liquidação seja regulado pelo direito constitucional ou administrativo, ou, ainda, em decorrência de lei especial. Não se distingue entre sociedade empresarial ou simples. Ao direito material é que compete estabelecer e determinar os casos de dissolução e liquidação, bem como seus pressupostos básicos.

Segundo preconiza o art. 599 do atual C.P.C., a demanda de dissolução parcial de sociedade pode ter por objeto a resolução da sociedade empresarial

[1282] Coelho, Fábio Ulhoa. *Curso de direito comercial.* 5. ed. São Paulo: Saraiva, 2002. p. 465-466.

contratual ou simples em relação ao sócio falecido, excluído ou que exerceu o direito de retirada ou recesso.

O *direito de retirada ou de recesso* é direito que pode ser exercido a qualquer tempo por qualquer sócio. Trata-se de ato unilateral, sendo que uma vez exercido esse direito não se permite arrependimento posterior. Conforme leciona Raquel Sztajn, *"a manifestação de vontade do acionista de que deseja retirar-se da sociedade com reembolso de suas ações é negócio jurídico unilateral que está sujeito, para sua eficácia apenas ao recebimento pelo destinatário, independentemente de qualquer manifestação de vontade desta. No entanto, a declaração de vontade de que o acionista deseja exercer o direito de recesso não se torna eficaz de imediato. A lei concede ao acionista o direito de recesso não pelo fato de dissentir de deliberação majoritária, mas para dar-lhe a possibilidade de subtrair-se aos efeitos dessa decisão".*[1283]

O direito de recesso consiste no direito estabelecido por lei para que um acionista possa se retirar de uma empresa mediante reembolso do valor de suas ações. Sua retirada ocorre pelo dissenso, quando a maioria, por exemplo, decide pela alteração do objetivo social.

Assim, nos termos do art. 136 da Lei n. 6.404 de 1976, haverá necessidade de quorum qualificado para: a) – criação de ações preferenciais ou aumento de classe de ações preferenciais existentes, sem guardar proporção com as demais classes de ações preferenciais, salvo se já previstos ou autorizados pelo estatuto; (Redação dada pela Lei nº 10.303, de 2001); b) – alteração nas preferências, vantagens e condições de resgate ou amortização de uma ou mais classes de ações preferenciais, ou criação de nova classe mais favorecida; (Redação dada pela Lei nº 9.457, de 1997); c) – redução do dividendo obrigatório; (Redação dada pela Lei nº 9.457, de 1997); d) – fusão da companhia, ou sua incorporação em outra; (Redação dada pela Lei nº 9.457, de 1997); e) – participação em grupo de sociedades (art. 265); (Redação dada pela Lei nº 9.457, de 1997); f) – mudança do objeto da companhia; (Redação dada pela Lei nº 9.457, de 1997); g) – cisão da companhia; (Incluído pela Lei nº 9.457, de 1997).

Por outro lado, nos termos do art. 137 da Lei n. 6.404 de 1976, a aprovação das matérias previstas acima indicadas dá ao acionista dissidente o direito de retirar-se da companhia, mediante reembolso do valor das suas ações. Esse direito denomina-se de *recesso*.

Havendo pretensão ao direito material de retirada do sócio da sociedade, deverá notificar os demais sócios para que efetuem o pagamento do valor de seus haveres na forma do que foi entre as partes livremente convencionado.

[1283] SZTAJN, Raquel. *Direito de recesso*, Faculdade de Direito da USP, 1982, pp. 124-129.

Se não houver o pagamento extrajudicial, surge a necessidade de proteção jurisdicional.

O sócio que exerceu o direito de retirada poderá ser parte legítima para requerer a dissolução parcial da sociedade, quando ocorrer a hipótese do inc. IV do art. 600 do atual C.P.C., ou seja, se não tiver sido providenciada, pelos demais sócios, a alteração contratual formalizando o desligamento, depois de transcorridos dez dias do exercício do direito.

A resolução parcial da sociedade e a apuração dos haveres também poderá ser requerida pela própria sociedade, nos casos em que a lei não autoriza a exclusão do sócio de forma extrajudicial (inc. V do art. 600 do atual C.P.C.).

Também poderá ser exercida pelo sócio excluído (inc. VI do art. 600 do atual C.P.C.).

A pretensão a ser formulada com base no art. 599 do atual C.P.C. poderá ter por objeto também a simples apuração dos haveres do sócio falecido, retirado ou excluído. Essa hipótese ocorre quando a dissolução parcial da sociedade se dá *ipso iure*, ou seja, se a dissolução é *ipso iure*, o procedimento, em princípio, restringir-se-á à liquidação, uma vez que a resolução já ocorreu pela simples incidência da hipótese fática na norma legal. Contudo, a resolução de pleno direito deverá ser *declarada* pelo juiz, pois que já se operou, e nenhum poder e constituição negativa tem o juiz. A cognição nesta hipótese é fácil, não havendo necessidade de maiores questionamentos. A sentença será declarativa com eficácia *ex tunc*.

Assim, o objeto da demanda pode ser apenas a apuração de haveres, sem que haja a necessidade de decisão desconstitutiva de resolução parcial da sociedade, uma vez que essa já ocorreu *ipso iure*.

Desta forma, conforme ensina Pontes de Miranda, se a dissolução resulta de lei, a demanda e a sentença que a proclamam são *declarativas*: a sociedade está dissolvida, subsistindo apenas a responsabilidade social para com terceiros, pelas dívidas que tenha contraído. Se a dissolução depende de sentença, a demanda e a sentença são de *constituição*, com forte elemento constitutivo, ou, às vezes, condenatória.[1284]

A dissolução dependente de sentença deve ser decretada pelo juiz. A sentença tem natureza constitutiva negativa com elemento condenatório. A eficácia é *ex nunc*.

Segundo estabelece o *§1º do art. 599* do atual C.P.C., *a petição inicial será necessariamente instruída com o contrato social consolidado.*

[1284] PONTES DE MIRANDA. *Comentários ao código de processo civil de 1939*. Tomo VIII (arts. 600-706), 2ª ed. Rio de Janeiro: Forense, 1959. p. 150.

O contrato social, devidamente registrado, é documento indispensável para a propositura da demanda, pois é ele que comprova a existência personificada da sociedade empresarial ou simples.

Se a parte não juntar o contrato social, o juiz a intimará para que assim o faça, sob pena de extinção do processo sem resolução do mérito, em face da inépcia da inicial.

É por meio do contrato social que o juiz poderá analisar as situações que justificam ou não a dissolução parcial da sociedade, assim como o valor da quota social do sócio falecido, que se retirou ou que foi excluído.

Por sua vez, preconiza o *§ 2º do art. 599* do atual C.P.C. que *a ação de dissolução parcial de sociedade pode ter também por objeto a sociedade anônima de capital fechado quando demonstrado, por acionista ou acionistas que representem cinco por cento ou mais do capital social, que não pode preencher o seu fim.*

Em se tratando de sociedade anônima de capital fechado[1285], e não de capital aberto, poderá ser promovida a demanda de dissolução parcial de sociedade por meio do procedimento especial, desde que essa demanda seja proposta por acionista ou acionistas que representem cinco por cento ou mais do capital social, demonstrando que essa sociedade não poderá preencher a finalidade para qual foi constituída.

Sobre o tema, eis os seguintes precedentes do S.T.J.:

> *1. Admite-se dissolução de sociedade anônima fechada de cunho familiar quando houver a quebra da affectio societatis.*
>
> *2. A dissolução parcial deve prevalecer, sempre que possível, frente à pretensão de dissolução total, em homenagem à adoção do princípio da preservação da empresa, corolário do postulado de sua função social.*
>
> *3. Para formação do livre convencimento motivado acerca da inviabilidade de manutenção da empresa dissolvenda, em decorrência de quebra do liame subjetivo dos sócios, é imprescindível a citação de cada um dos acionistas, em observância ao devido processo legal substancial.*
>
> *4. Recurso especial não provido.*
>
> (REsp 1303284/PR, Rel. Ministra NANCY ANDRIGHI, TERCEIRA TURMA, julgado em 16/04/2013, DJe 13/05/2013).

[1285] Uma Empresa de capital fechado é uma *sociedade anônima* na qual o *capital social* representado pelas ações está normalmente dividido entre poucos acionistas sendo que essas ações não são comercializadas em bolsas de valores ou no mercado de balcão.

(...).

III – É inquestionável que as sociedades anônimas são sociedades de capital (intuito pecuniae), próprio às grandes empresas, em que a pessoa dos sócios não tem papel preponderante. Contudo, a realidade da economia brasileira revela a existência, em sua grande maioria, de sociedades anônimas de médio e pequeno porte, em regra, de capital fechado, que concentram na pessoa de seus sócios um de seus elementos preponderantes, como sói acontecer com as sociedades ditas familiares, cujas ações circulam entre os seus membros, e que são, por isso, constituídas intuito personae. Nelas, o fator dominante em sua formação é a afinidade e identificação pessoal entre os acionistas, marcadas pela confiança mútua. Em tais circunstâncias, muitas vezes, o que se tem, na prática, é uma sociedade limitada travestida de sociedade anônima, sendo, por conseguinte, equivocado querer generalizar as sociedades anônimas em um único grupo, com características rígidas e bem definidas.

Em casos que tais, porquanto reconhecida a existência da affectio societatis como fator preponderante na constituição da empresa, não pode tal circunstância ser desconsiderada por ocasião de sua dissolução. Do contrário, e de que é exemplo a hipótese em tela, a ruptura da affectio societatis representa verdadeiro impedimento a que a companhia continue a realizar o seu fim, com a obtenção de lucros e distribuição de dividendos, em consonância com o artigo 206, II, "b", da Lei nº 6.404/76, já que dificilmente pode prosperar uma sociedade em que a confiança, a harmonia, a fidelidade e o respeito mútuo entre os seus sócios tenham sido rompidos.

A regra da dissolução total, nessas hipóteses, em nada aproveitaria aos valores sociais envolvidos, no que diz respeito à preservação de empregos, arrecadação de tributos e desenvolvimento econômico do país. À luz de tais razões, o rigorismo legislativo deve ceder lugar ao princípio da preservação da empresa, preocupação, inclusive, da nova Lei de Falências – Lei nº 11.101/05, que substituiu o Decreto-lei nº 7.661/45, então vigente, devendo-se permitir, pois, a dissolução parcial, com a retirada dos sócios dissidentes, após a apuração de seus haveres em função do valor real do ativo e passivo.

A solução é a que melhor concilia o interesse individual dos acionistas retirantes com o princípio da preservação da sociedade e sua utilidade social, para evitar a descontinuidade da empresa, que poderá prosseguir com os sócios remanescentes.

Embargos de divergência improvidos, após rejeitadas as preliminares.

(EREsp 111.294/PR, Rel. Ministro CASTRO FILHO, SEGUNDA SEÇÃO, julgado em 28/06/2006, DJ 10/09/2007, p. 183)

Art. 600

A ação pode ser proposta:

I – pelo espólio do sócio falecido, quando a totalidade dos sucessores não ingressar na sociedade;

II – pelos sucessores, após concluída a partilha do sócio falecido;

III – pela sociedade, se os sócios sobreviventes não admitirem o ingresso do espólio ou dos sucessores do falecido na sociedade, quando esse direito decorrer do contrato social;

IV – pelo sócio que exerceu o direito de retirada ou recesso, se não tiver sido providenciada, pelos demais sócios, a alteração contratual consensual formalizando o desligamento, depois de transcorridos 10 (dez) dias do exercício do direito;

V – pela sociedade, nos casos em que a lei não autoriza a exclusão extrajudicial; ou

VI – pelo sócio excluído.

Parágrafo único. O cônjuge ou companheiro do sócio cujo casamento, união estável ou convivência terminou poderá requerer a apuração de seus haveres na sociedade, que serão pagos à conta da quota social titulada por este sócio.

Legitimidade ativa para a demanda de dissolução parcial de sociedade

Este dispositivo trata da legitimidade ativa para a propositura da demanda intitulada de dissolução parcial da sociedade.

O inc. I deste artigo estabelece que a ação que desencadeia a demanda de dissolução pode ser proposta pelo espólio do sócio falecido, quando a totalidade dos sucessores não ingressar na sociedade

Ocorrendo o falecimento da pessoa natural, desde a abertura da sucessão, os bens do falecido passam a constituir bens do espólio.

Assim, os sucessores, na sua totalidade, poderão assumir a posição do sócio falecido em razão da sucessão.

Porém, se um dos sócios não quiser ingressar na sociedade, não resta outra alternativa a não ser promover o espólio a dissolução parcial da mesma.

Tendo um dos sócios falecido, a resolução parcial e apuração dos seus haveres poderão ser requeridas pelo espólio, por meio do inventariante, desde que já tenha sido instaurado o procedimento ou processo de inventário.

Quando o inventariante for dativo, todos os sucessores do falecido serão intimados no processo no qual o espólio seja parte (§1º do art. 75 do atual C.P.C.).

Se ainda não foi instaurado o processo de inventário com a efetiva prestação de compromisso do inventariante, continuará o espólio na posse do administrador provisório (art. 613 do atual C.P.C.). O administrador provisório representa ativa e passivamente o espólio, é obrigado a trazer ao acervo os frutos que desde a abertura da sucessão percebeu (art. 614 do atual C.P.C.).

O espólio não terá legitimidade para promover a demanda de resolução parcial da sociedade se a totalidade dos sucessores do falecido ingressar na sociedade.

O inc. II deste artigo estabelece que ação que desencadeia a demanda de dissolução pode ser proposta *pelos sucessores, após concluída a partilha do sócio falecido.*

Evidentemente, se o inventário já foi encerrado com a partilha dos bens do espólio aos herdeiros do falecido, cessa a legitimidade do espólio, por meio de seu inventariante, para a propositura da demanda em questão.

Uma vez partilhados os bens, a demanda de resolução e apuração dos haveres poderá ser proposta pelos sucessores. Neste caso, qualquer sucessor tem legitimidade ativa para a propositura da demanda como parte legítima, independentemente da concordância dos demais.

Contudo, uma vez apurado os haveres do sócio falecido, o seu resultado deverá ser objeto de *sobrepartilha*, cabendo a cada sucessor, mesmo em relação àqueles que não participaram da demanda de resolução e apuração dos haveres a sua respectiva quota parte.

O inc. III deste artigo estabelece que a ação que desencadeia a demanda de dissolução pode ser proposta, *pela sociedade, se os sócios sobreviventes não admitirem o ingresso do espólio ou dos sucessores do falecido na sociedade, quando esse direito decorrer do contrato social.*

É possível que o contrato social preveja uma cláusula segunda a qual havendo o falecimento de um dos sócios, o ingresso do espólio ou dos sucessores do falecido na sociedade somente será válido e eficaz mediante a concordância expressa dos demais sócios sobreviventes.

Assim, existindo no contrato social o direito de os sócios sobreviventes recusarem o ingresso do espólio ou dos sucessores do falecido na sociedade, a sociedade terá legitimação ativa concorrente com o espólio e com os sucessores do falecido, se já houve a partilha da herança, para a propositura da resolução parcial da sociedade e a apuração dos haveres do sócio falecido.

Sendo a demanda proposta pela sociedade, será citado como parte passiva o administrador provisório, se não houver ainda prestado compromisso o inventariante, o inventariante se já prestou compromisso, ou todos os sucessores do falecido se já houve a partilha dos bens da herança.

O inc. IV deste artigo estabelece que a ação que desencadeia a demanda de dissolução pode ser proposta pelo *sócio que exerceu o direito de retirada ou recesso, se não tiver sido providenciada, pelos demais sócios, a alteração contratual consensual formalizando o desligamento, depois de transcorridos 10 (dez) dias do exercício do direito.*

Estabelece o art. 1.029 do C.c.b. que além dos casos previstos na lei ou no contrato, qualquer sócio pode retirar-se da sociedade; se de prazo indeterminado, mediante notificação aos demais sócios, com antecedência mínima de sessenta dias; se de prazo determinado, provando judicialmente justa causa. O parágrafo único do art. 1029 do C.c.b. complementa que nos trinta dias subsequentes à notificação, podem os demais sócios optar pela dissolução da sociedade.

Assim, deve-se conjugar o inc. IV do art. 600 do atual C.P.C. com o art. 1029 do C.c.b. Desta feita, o prazo de dez dias indicado na legislação processual somente começa a correr após o transcurso do prazo de sessenta dias, no caso de sociedade por prazo indeterminado, conforme preconiza o art. 1.029 da lei material. Em se tratando de prazo determinado, após comprovado judicialmente justa causa para o desligamento.

O direito de retirada ou de recesso é direito que pode ser exercido a qualquer tempo por qualquer sócio. Trata-se de ato unilateral, sendo que uma vez exercido esse direito não se permite arrependimento posterior. Conforme leciona Raquel Sztajn, *"a manifestação de vontade do acionista de que deseja retirar-se da sociedade com reembolso de suas ações é negócio jurídico unilateral que está sujeito, para sua eficácia apenas ao recebimento pelo destinatário, independentemente de qualquer manifestação de vontade desta. No entanto, a declaração de vontade de que o acionista deseja exercer o direito de recesso não se torna eficaz de imediato. A lei concede ao acionista o direito de recesso não pelo fato de dissentir de deliberação majoritária, mas para dar-lhe a possibilidade de subtrair-se aos efeitos dessa decisão".*[1286]

Havendo pretensão ao direito material de retirada do sócio da sociedade, deverão ser notificados os demais sócios para que efetuem o pagamento do valor de seus haveres na forma do que foi entre as partes livremente convencionado. Se não houver o pagamento extrajudicial, surge a necessidade de proteção jurisdicional.

O sócio que exerceu o direito de retirada poderá ser parte legítima para requerer a dissolução parcial da sociedade, quando ocorrer a hipótese do inc. IV do art. 600 do atual C.P.C., ou seja, se não tiver sido providenciada, pelos demais sócios, a alteração contratual formalizando o desligamento, depois de transcorridos dez dias do exercício do direito.

[1286] SZTAJN, R., op. cit., pp. 124-129.

Justifica-se a exigência de alteração rápida do contrato social para a exclusão da sociedade do sócio que se retirou ou exerceu o recesso, uma vez que, conforme preconiza o art. 1.032 do C.c.b., *a retirada, exclusão ou morte do sócio, não o exime, ou a seus herdeiros, da responsabilidade pelas obrigações sociais anteriores, até dois anos após averbada a resolução da sociedade; nem nos dois primeiros casos, pelas posteriores e em igual prazo, enquanto não se requerer a averbação.*

O inc. V deste artigo estabelece que a ação que desencadeia a demanda de dissolução pode ser proposta *pela sociedade, nos casos em que a lei não autoriza a exclusão extrajudicial.*

É possível que o sócio possa ser excluído da sociedade de forma extrajudicial, ou seja, sem que haja necessidade de que essa exclusão dependa de uma decisão judicial.

Por exemplo, será de pleno direito (portanto, sem necessidade de decisão judicial) excluído da sociedade o sócio declarado falido, ou aquele cuja quota tenha sido liquidada nos termos do parágrafo único do art. 1.026 do C.c.b. (p.u. do art. 1030 do C.c.b.).

No caso da sociedade limitada, a resolução da sociedade poderá ocorrer extrajudicialmente em relação aos sócios minoritários, conforme estabelecem os arts.1.085 e 1.086 do C.c.b., *in verbis*:

> *Art. 1.085. Ressalvado o disposto no art. 1.030, quando a maioria dos sócios, representativa de mais da metade do capital social, entender que um ou mais sócios estão pondo em risco a continuidade da empresa, em virtude de atos de inegável gravidade, poderá excluí-los da sociedade, mediante alteração do contrato social, desde que prevista neste a exclusão por justa causa.*
>
> *Parágrafo único. A exclusão somente poderá ser determinada em reunião ou assembleia especialmente convocada para esse fim, ciente o acusado em tempo hábil para permitir seu comparecimento e o exercício do direito de defesa.*
>
> *Art. 1.086. Efetuado o registro da alteração contratual, aplicar-se-á o disposto nos arts. 1.031 e 1.032.*

Contudo, quando a exclusão não puder ser realizada extrajudicialmente, tal fato somente poderá ser perfectibilizado por meio da propositura da demanda de dissolução parcial da sociedade, com apuração dos haveres, sendo que a sociedade terá legitimidade para a propositura da demanda.

Em relação à sociedade simples, prescreve o 1.030 do C.c.b.:

> *Art. 1.030. Ressalvado o disposto no art. 1.004 e seu parágrafo único, pode o sócio ser excluído judicialmente, mediante iniciativa da maioria dos demais sócios, por falta grave no cumprimento de suas obrigações, ou, ainda, por incapacidade superveniente.*

Este dispositivo prescreve que a dissolução somente pode ocorrer judicialmente. Neste caso, a legitimidade é da maioria dos demais sócios, bem como da própria sociedade.

O inc. VI deste artigo estabelece que a ação que desencadeia a demanda de dissolução pode ser proposta pelo *sócio excluído.*

Este dispositivo trata do sócio excluído *extrajudicialmente.*

Sendo o sócio excluído, e não tendo os demais sócios providenciado a apuração dos seus haveres, ele terá legitimidade para ingressar com a demanda de apuração dos haveres.

Estabelece *o parágrafo único do art. 600* do atual C.P.C. que *o cônjuge ou companheiro do sócio cujo casamento, união estável ou convivência terminou poderá requerer apuração de seus haveres na sociedade, que serão pagos à conta da quota social titulada por este sócio.*

Havendo dissolução da sociedade conjugal (casamento ou união estável), poderá requerer judicialmente a apuração de seus haveres na sociedade o cônjuge ou o companheiro/a do sócio. Os haveres assim apurados serão pagos à conta da quota social titulada por este sócio.

Por sua vez, complementa o art. 1.027 do C.c.b. que os herdeiros do cônjuge de sócio, ou o cônjuge do que se separou judicialmente, não podem exigir desde logo a parte que lhes couber na quota social, mas concorrer à divisão periódica dos lucros, até que se liquide a sociedade.

Este dispositivo não disse, mas é certo que também o credor do sócio pode, na insuficiência de outros bens do devedor, fazer recair a execução sobre o que lhe couber nos lucros da sociedade, ou na parte que lhe tocar na liquidação, conforme estabelece o art. 1.026 do C.c.b.

Por sua vez, se a sociedade não estiver dissolvida, pode o credor requerer a liquidação da quota do devedor, cujo valor, apurado na forma do art. 1.031, será depositado em dinheiro, no juízo da execução, até noventa dias após aquela liquidação (p.u. do art. 1.026 do C.c.b).

Art. 601

Os sócios e a sociedade serão citados para, no prazo de 15 (quinze) dias, concordar com o pedido ou apresentar contestação.

Parágrafo único. A sociedade não será citada se todos os seus sócios o forem, mas ficará sujeita aos efeitos da decisão e à coisa julgada.

Legitimidade passiva para a demanda de dissolução parcial de sociedade
Este dispositivo trata da legitimação passiva da demanda de dissolução parcial ou de apuração de haveres.

Diz o dispositivo que deverão ser citados para a demanda todos os sócios, inclusive os quotistas, ou, ainda, seus sucessores, assim como a própria sociedade, representada pelo seu diretor ou gerente.

Não se pode esquecer que a liquidação, mesmo que parcial, diz respeito à própria sociedade, sendo ela que deve velar pelos seus interesses, inclusive patrimonial.

Os sócios e a sociedade serão citados para, no prazo de quinze dias, adotarem uma das seguintes opções: ou concordarem com o pedido formulado pelo autor da demanda, ou seja, com a dissolução parcial e com a apuração dos haveres, ou contestarem o pedido.

Se a sociedade concordar com o pedido, mas um dos sócios não, deverá o processo seguir até seu final.

A apresentação da contestação deverá ocorrer no prazo de quinze dias a contar da citação.

Preceitua o *parágrafo único do art. 601* do atual C.P.C. que *a sociedade não será citada se todos os seus sócios o forem, mas ficará sujeita aos efeitos da decisão e à coisa julgada*.

Até então, o entendimento firmado pelos Tribunais era de que a demanda de Dissolução Parcial deveria ser obrigatoriamente proposta contra a Sociedade, sendo dispensável a inclusão dos demais sócios. E isso porque caberia à Sociedade pagar pelas quotas do dissidente.

Contudo, muito embora o legislador, no *caput* deste dispositivo, reconheça a autonomia da pessoa jurídica da sociedade em relação às pessoas de seus sócios, neste parágrafo o legislador praticamente confunde a pessoa jurídica com a pessoa dos sócios, pois dispensa a citação da sociedade (pessoa jurídica) se todos os seus sócios forem citados. Contudo, estende os efeitos da decisão à sociedade como pessoa jurídica, inclusive no que concerne à imutabilidade da coisa julgada.

Esse preceito normativo demanda a seguintes considerações.

Em regra, a sociedade não precisará ser citada, pois o próprio *caput* do art. 601 do atual C.P.C. determinada que *todos* os sócios sejam citados para a demanda de dissolução parcial e de apuração de haveres. Se não forem citados todos os sócios, não haverá o preenchimento do pressuposto processual de legitimidade, para alguns de validade, para outros de existência da relação jurídica processual.

Assim, diante da determinação contida no *caput* do art. 601 do atual C.P.C., a sociedade não precisará ser citada nessa espécie de demanda.

Sobre o tema, eis os seguintes precedentes do S.T.J.:

1. Na ação de dissolução parcial de sociedade limitada, é desnecessária a citação da pessoa jurídica se todos os que participam do quadro social integram a lide.

2. A ausência de prequestionamento nas instâncias ordinárias inviabiliza o conhecimento de recurso especial fundado em violação de lei federal. Incidência das Súmulas n. 282 e 356/STF.

3. Em circunstâncias excepcionais, é possível a exclusão do sócio majoritário a pedido de minoritário, a fim de prestigiar o princípio da preservação da empresa. Teoria do fato consumado que se adota como fundamento para manter o sócio minoritário no quadro societário.

(...).

(REsp 1121530/RN, Rel. Ministro MARCO BUZZI, QUARTA TURMA, julgado em *13/09/2011, DJe 26/04/2012).*

(...).

II – Na ação para apuração de haveres de sócio, a legitimidade processual passiva é da sociedade empresarial e dos sócios remanescentes, em litisconsórcio passivo necessário.

III – A falta de citação do litisconsorte necessário inquina de nulidade, desde a origem, o processo originário, matéria a ser apreciada, inclusive, de ofício. Em casos que tais, "os atos nulos pleno iure jamais precluem, não se sujeitando à coisa julgada, porque invalidam a formação da relação processual, podendo ser reconhecidos e declarados em qualquer época ou via." (REsp 147.769/SP, Rel. Min. SÁLVIO DE FIGUEIREDO TEIXEIRA, DJ 14.2.00) IV – Agravo Regimental improvido.

(AgRg no REsp 947.545/MG, Rel. Ministro SIDNEI BENETI, TERCEIRA TURMA, julgado em 08/02/2011, DJe 22/02/2011)

1. A apuração de haveres – levantamento dos valores referentes à participação do sócio que se retira ou que é excluído da sociedade – se processa da forma prevista no contrato social, uma vez que, nessa seara, prevalece o princípio da força obrigatória dos contratos, cujo fundamento é a autonomia da vontade, desde que observados os limites legais e os princípios gerais do direito. Precedentes.

2. No caso sob exame, o contrato social previu o pagamento dos haveres parcelados em 48 (quarenta e oito) prestações mensais e sucessivas, tendo o Tribunal estadual determinado o vencimento da primeira por ocasião do trânsito em julgado da decisão.

3. Em ação que versa sobre o inadimplemento dos haveres oriundos da retirada de sócio, a sociedade é constituída em mora com a citação válida, que passa então a ser considerada como termo inicial para o pagamento das parcelas, sendo certo que aquelas que venceram no curso do processo devem ser pagas de imediato, após o trânsito em julgado da sentença condenatória, enquanto as remanescentes serão adimplidas consoante determinado no contrato social. (Precedentes) 4. Recurso especial parcialmente provido.

(REsp 1239754/RS, Rel. Ministro LUIS FELIPE SALOMÃO, QUARTA TURMA, julgado em 15/05/2012, DJe 22/05/2012)

Art. 602

A sociedade poderá formular pedido de indenização compensável com o valor dos haveres a apurar.

Compensação dos haveres com eventual indenização em prol da sociedade

Requerendo os sucessores do sócio falecido ou mesmo o sócio que se retirou da sociedade a apuração dos seus haveres, poderá a sociedade formular pedido perante a autoridade judiciária de indenização decorrente de atos praticados pelo sócio falecido ou que se retirou, solicitando a compensação dos haveres com o valor da indenização.

Art. 603

Havendo manifestação expressa e unânime pela concordância da dissolução, o juiz a decretará, passando-se imediatamente à fase de liquidação.

§ 1º Na hipótese prevista no caput, não haverá condenação em honorários advocatícios de nenhuma das partes, e as custas serão rateadas segundo a participação das partes no capital social.

§ 2º Havendo contestação, observar-se-á o procedimento comum, mas a liquidação da sentença seguirá o disposto neste Capítulo.

Consequências jurídicas na hipótese de concordância ou contestação do pedido

Conforme preceitua o art. 601, *caput*, os sócios e a sociedade serão citados para no prazo de quinze dias concordarem com o pedido ou apresentarem contestação.

Se houver concordância unânime e expressa de todos os sócios e da sociedade (se for o caso) o *juiz decretará* a dissolução parcial da sociedade.

A pretensão a ser formulada pelo art. 599 do atual C.P.C. poderá ter por objeto também a simples apuração dos haveres do sócio falecido, retirado ou excluído. Essa hipótese ocorre quando a dissolução parcial da sociedade se dá *ipso iure*, ou seja, se a dissolução é *ipso iure*, o procedimento, em princípio, restringir-se-á à liquidação, uma vez que a resolução já ocorreu pela simples incidência da hipótese fática na norma legal. Contudo, a resolução de pleno direito deverá ser *declarada* pelo juiz, pois que já se operou, e nenhum poder de constituição negativa tem o juiz. A cognição nesta hipótese é fácil, não havendo necessidade de maiores questionamentos. A sentença será declarativa com eficácia *ex tunc*.

Assim, a demanda poderá ter por objeto simplesmente a apuração de haveres, sem que haja a necessidade de decisão desconstitutiva de resolução parcial da sociedade, uma vez que essa já ocorreu *ipso iure*.

Desta forma, conforme ensina Pontes de Miranda, se a dissolução resulta de lei, a demanda e a sentença que a proclamam são *declarativas*: a sociedade está dissolvida, subsistindo apenas a responsabilidade social para com terceiros, pelas dívidas que tenha contraído. Se a dissolução depende de sentença, a demanda e a sentença são de *constituição*, com forte elemento constitutivo, ou, às vezes, condenatória.[1287]

A dissolução dependente de sentença deve ser decretada pelo juiz. A sentença tem natureza constitutiva negativa com elemento condenatório. A eficácia é *ex nunc*.

Havendo concordância de todos, a decisão que o juiz deverá proferir nessa primeira fase da demanda é meramente declarativa, no caso de dissolução *ipso iure*, ou constitutiva negativa, na hipótese da dissolução depender de decisão do juiz.

O legislador, contudo, não diz qual a espécie de decisão que será proferida pelo juiz nessa primeira fase do procedimento, ou seja, se terá natureza de sentença ou de decisão interlocutória.

Segundo estabelece o §1º do art. 203 do atual C.P.C., *"ressalvadas as disposições expressas dos procedimentos especiais, sentença é o pronunciamento por meio do qual o juiz, com fundamento nos arts. 485 e 487, põe fim à fase cognitiva do procedimento comum, bem como extingue a execução"*.

A nova sistemática do processo civil brasileiro não define mais a sentença como o ato pelo qual o juiz extingue o processo com ou sem resolução de mérito.

A sentença passou a ser um ato jurisdicional em que o juiz põe fim à fase cognitiva do procedimento comum, bem como extingue a execução.

Por isso, entendo que a decisão proferida pelo juiz, mesmo que havendo concordância de todas as partes, tem natureza de sentença, estando sujeita ao recurso de apelação.

[1287] Pontes de Miranda. *Comentários ao código de processo civil de 1939*. Tomo VIII (arts. 600 – 706), 2ª ed. Rio de Janeiro: Forense, 1959. p. 150.

Segundo estabelece o *§1º do art. 603* do atual C.P.C., *na hipótese prevista no caput, não haverá condenação em honorários advocatícios de nenhuma das partes, e as custas serão rateadas segundo a participação das partes no capital social.*

Tendo em vista que na hipótese do *caput* do art. 603 do atual C.P.C. todos os sócios, inclusive a sociedade se for o caso, concordaram com a dissolução parcial, isso significa dizer que o juiz não teve que resolver questão sobre tal matéria, razão pela qual a sentença a ser proferida pelo juiz será meramente declaratória (na hipótese de dissolução *ipso iure*) ou constitutiva negativa, sem qualquer conteúdo condenatório, inclusive a título de honorários de advogado.

Em relação às custas processuais, estas deverão ser rateadas nos termos da participação das partes no capital social da sociedade.

Estabelece o *§2º do art. 603* do atual C.P.C. que *havendo contestação, observar-se-á o procedimento comum, mas a liquidação da sentença seguirá o disposto neste Capítulo.*

Isso significa dizer que optando os sócios ou a sociedade pela contestação ao pedido, o juiz deverá prosseguir com a demanda pelo procedimento comum previsto neste Código.

Contudo, se alguns dos sócios concordarem expressamente com a dissolução da sociedade, entendo que, ao final, não poderão ser condenados em honorários de advogado caso o autor da demanda saia vencedor, uma vez que essa verba deverá ser de responsabilidade das partes rés que houveram por bem contestar o pedido.

Ao adotar o procedimento comum, o juiz passará ao julgamento conforme o estado do processo, podendo proferir julgamento antecipado da lide se não houver necessidade de produzir provas, ou designar audiência de instrução e julgamento, se for o caso.

Porém, muito embora havendo contestação deva ser adotado o procedimento comum, a fase de liquidação deverá observar as disposições inseridas neste Capítulo.

Art. 604

Para apuração dos haveres, o juiz:

I – fixará a data da resolução da sociedade;

II – definirá o critério de apuração dos haveres à vista do disposto no contrato social; e

III – nomeará o perito.

§ 1º O juiz determinará à sociedade ou aos sócios que nela permanecerem que depositem em juízo a parte incontroversa dos haveres devidos.

§ 2º O depósito poderá ser, desde logo, levantando pelo ex-sócio, pelo espólio ou pelos sucessores.

§ 3º Se o contrato social estabelecer o pagamento dos haveres, será observado o que nele se dispôs no depósito judicial da parte incontroversa.

Forma de liquidação dos haveres

Quando da liquidação dos haveres do sócio demandante, o juiz deverá estabelecer para sua apuração a data da resolução da sociedade, observando o que dispõe o art. 605 e incisos do atual C.P.C.

O juiz, em sua decisão, também deverá estabelecer o critério de apuração dos haveres do sócio de acordo com o que estabelece o contrato social. Se o contrato social não indicar os critérios de apuração dos haveres, a definição desses critérios será de acordo com o que dispõe o art. 604, caput, do atual C.P.C.

Haverá necessidade também de nomear perito ou liquidante para realizar a liquidação da quota parte do sócio que foi desligado da sociedade. De preferência, o juiz poderá nomear perito observando eventual acordo entre os sócios, ou aquele que for indicado nos estatutos ou no contrato social.

Estabelece o *§1º do art. 604* do atual C.P.C. que o *juiz determinará à sociedade ou aos sócios que nela permanecerem que depositem em juízo a parte incontroversa dos haveres devidos.*

Em regra, o pagamento dos haveres do sócio falecido que se retirou ou que foi excluído encontra-se definido no contrato social.

Contudo, pode ocorrer que mesmo havendo no contrato social cláusula que estabeleça especificamente a forma, critério e o montante do pagamento dos haveres dos sócios, as partes poderão divergir sobre *an debeatur* ou *quantum debeatur*.

Para que a decisão seja líquida e certa, a parte deverá indicar o *quantum* que a sociedade deverá apurar em pagamento da quota do sócio falecido, que se retirou ou que foi excluído.

Os demais sócios, contudo, poderão impugnar esse valor, argumentando que nada devem ou que o valor dos haveres é inferior àquele que foi indicado pelo sócio em sua petição inicial.

Se os demais sócios alegam que o valor é inferior, deverão depositar a parte incontroversa, prosseguindo-se com a demanda em relação à parte controvertida. Não depositando logo com a contestação, o juiz determinará à sociedade ou aos sócios que nela permanecerem que depositem em juízo a parte incontroversa dos haveres devidos.

Preceitua o *§2º do art. 604* do atual C.P.C. que *o depósito poderá ser, desde logo, levantado pelo ex-sócio, pelo espólio ou pelos sucessores.*

Não havendo dúvida quanto à legitimidade da parte para realizar o levantamento do depósito, o juiz poderá autorizar, de plano, o levantamento pelo ex-sócio, pelo espólio ou pelos sucessores da parte incontroversa devidamente depositada em juízo, prosseguindo-se com a demanda em relação à parte controvertida. Havendo dúvida sobre a legitimidade para o levantamento, o juiz deverá, antes de autorizar o levantamento, resolver tal questão, salvo se esta questão deva ser dirimida em demanda própria.

Preceitua *§3º do art. 604* do atual C.P.C. que *se o contrato social estabelecer o pagamento dos haveres, será observado o que nele se dispôs no depósito judicial da parte incontroversa.*

O juiz, ao determinar que a sociedade ou os demais sócios depositem em juízo a parte incontroversa, levará em consideração, para definir o que efetivamente significa essa parte incontroversa, aquilo que o contrato social estabeleceu para o pagamento dos haveres, uma vez que o contrato social, em tese, faz lei entre as partes.

Art. 605

A data da resolução da sociedade será:

I – no caso de falecimento do sócio, a do óbito;

II – na retirada imotivada, o sexagésimo dia seguinte ao do recebimento, pela sociedade, da notificação do sócio retirante;

III – no recesso, o dia do recebimento, pela sociedade, da notificação do sócio dissidente;

IV – na retirada por justa causa de sociedade por prazo determinado e na exclusão judicial de sócio, a do trânsito em julgado da decisão que dissolver a sociedade; e

V – na exclusão extrajudicial, a data da assembleia ou da reunião de sócios que a tiver deliberado.

Data da resolução da sociedade

Prescreve o *art. 605* do atual C.P.C. que *a data da resolução da sociedade será:*

I – no caso de falecimento do sócio, a do óbito;

Ocorrendo o falecimento da pessoa natural, desde a abertura da sucessão, os bens do falecido passam a constituir bens do espólio.

A pretensão a ser formulada, nos termos do art. 599 do atual C.P.C., poderá ter por objeto a simples apuração dos haveres do sócio falecido. Essa hipótese ocorre quando a dissolução parcial da sociedade se dá *ipso iure*, ou seja, quando o procedimento, em princípio, restringe-se à liquidação, uma vez que a resolução já ocorreu pela simples incidência da hipótese fática na norma legal. Contudo, a resolução de pleno direito deverá ser *declarada* pelo juiz, pois já se operou, sendo que nenhum poder e constituição negativa tem o juiz. A cognição nesta hipótese é fácil, não havendo necessidade de maiores questionamentos. A sentença será declarativa com eficácia *ex tunc*, ou seja, retroativa à data do óbito do sócio.

II – na retirada imotivada, o sexagésimo dia seguinte ao do recebimento, pela sociedade, da notificação do sócio retirante;

Estabelece o art. 1.029 do C.c.b. que além dos casos previstos em lei ou no contrato, qualquer sócio pode retirar-se da sociedade; se de prazo indeterminado, mediante notificação aos demais sócios, com antecedência mínima de sessenta dias; se de prazo determinado, provando judicialmente justa causa. O parágrafo único do art. 1029 do C.c.b. complementa que nos trinta dias subsequentes à notificação, podem os demais sócios optar pela dissolução da sociedade.

Assim, na hipótese de o sócio resolver se retirar da sociedade por prazo indeterminado, sem necessidade de qualquer justa causa para isso, deverá notificar os demais sócios de sua intenção, com antecedência mínima de sessenta dias.

Nesta hipótese, o juiz considerará como sendo a data da resolução da sociedade o sexagésimo dia seguinte ao recebimento da notificação pelos demais sócios.

III – no recesso, o dia do recebimento, pela sociedade da notificação do sócio dissidente;

O *direito de retirada ou de recesso* é direito que pode ser exercido a qualquer tempo por qualquer sócio. Trata-se de ato unilateral, sendo que uma vez exercido esse direito não se permite arrependimento posterior. Conforme leciona Raquel Sztajn, *"a manifestação de vontade do acionista de que deseja retirar-se da sociedade com reembolso de suas ações é negócio jurídico unilateral que está sujeito, para sua eficácia apenas ao recebimento pelo destinatário, independentemente de qualquer manifestação de vontade desta. No entanto, a declaração de vontade de que o acionista deseja exercer o direito de recesso não se torna eficaz de imediato. A lei concede ao acionista o direito de recesso não pelo fato de dissentir de deliberação majoritária, mas para dar-lhe a possibilidade de subtrair-se aos efeitos dessa decisão"*.[1288]

[1288] Sztajn, R., op. cit., pp. 124-129.

O direito de recesso consiste no direito estabelecido por lei para que um acionista possa se retirar de uma empresa mediante reembolso do valor de suas ações. Sua retirada ocorre pelo dissenso quando a maioria, por exemplo, decide pela alteração do objetivo social.

Assim, nos termos do art. 136 da Lei n. 6.404 de 1976, haverá necessidade de quorum qualificado para: a) – criação de ações preferenciais ou aumento de classe de ações preferenciais existentes, sem guardar proporção com as demais classes de ações preferenciais, salvo se já previstos ou autorizados pelo estatuto; (Redação dada pela Lei nº 10.303, de 2001); b) – alteração nas preferências, vantagens e condições de resgate ou amortização de uma ou mais classes de ações preferenciais, ou criação de nova classe mais favorecida; (Redação dada pela Lei nº 9.457, de 1997); c) – redução do dividendo obrigatório; (Redação dada pela Lei nº 9.457, de 1997); d) – fusão da companhia, ou sua incorporação em outra; (Redação dada pela Lei nº 9.457, de 1997); e) – participação em grupo de sociedades (art. 265); (Redação dada pela Lei nº 9.457, de 1997); f) – mudança do objeto da companhia; (Redação dada pela Lei nº 9.457, de 1997); g) – cisão da companhia; (Incluído pela Lei nº 9.457, de 1997)

Por outro lado, nos termos do art. 137 da Lei n. 6.404 de 1976, a aprovação das matérias previstas acima indicadas dá ao acionista dissidente o direito de retirar-se da companhia, mediante reembolso do valor das suas ações. Esse direito denomina-se de *recesso.*

Havendo pretensão ao direito material de retirada do sócio da sociedade, deverá notificar os demais sócios para que efetuem o pagamento do valor de seus haveres na forma do que foi livremente convencionado entre as partes. Se não houver o pagamento extrajudicial, surge a necessidade de proteção jurisdicional.

No caso, a data da resolução da sociedade será a do dia do recebimento pela sociedade da notificação do sócio dissidente.

IV – na retirada por justa causa de sociedade por prazo determinado e na exclusão judicial de sócio, a do trânsito em julgado da decisão que dissolver a sociedade.

Nos termos deste inciso, considerar-se-á resolvida a sociedade, na hipótese de retirada do sócio por justa causa, quando se trata de sociedade por prazo determinado, e na exclusão judicial de sócio, a data do trânsito em julgado da decisão que dissolver a sociedade.

Nesta hipótese, a dissolução não se dá ipso iure, razão pela qual a decisão constitutiva negativa é que marcará a resolução da sociedade.

V – na exclusão extrajudicial, a data da assembleia ou da reunião de sócios que a tiver deliberado.

Em se tratando da hipótese legal que possibilita a retirada do sócio de forma extrajudicial, a data da resolução da sociedade ocorre na data da assembleia ou da data da reunião de sócios que a tiver deliberado.

Art. 606

Em caso de omissão do contrato social, o juiz definirá, como critério de apuração de haveres, o valor patrimonial apurado em balanço de determinação, tomando-se por referência a data da resolução e avaliando-se bens e direitos do ativo, tangíveis e intangíveis, a preço de saída, além do passivo também a ser apurado de igual forma.

Parágrafo único. Em todos os casos em que seja necessária a realização de perícia, a nomeação do perito recairá preferencialmente sobre especialista em avaliação de sociedades.

Definição dos critérios de haveres por determinação judicial

O contrato social poderá estabelecer em suas cláusulas os critérios de apuração de haveres, na hipótese de liquidação parcial da sociedade. Neste caso, nos termos do art. 604, inc. II do atual C.P.C., o juiz definirá o critério de apuração dos haveres de acordo com o que dispõe o contrato social.

Não havendo previsão no contrato social sobre o critério de apuração dos haveres, o juiz definirá, como critério de apuração, o valor patrimonial apurado em balanço de determinação, tomando-se por referência a data da resolução indicada no art. 605 do atual C.P.C. e avaliando-se bens e direitos do ativo, tangíveis e intangíveis, a preço de saída, além do passivo também a ser apurado de igual forma.

O *balanço de determinação* ou balanço especial corresponde a uma demonstração contábil elaborada pelo perito de contabilidade, nomeado pelo juiz, para a data do evento que ensejou a resolução parcial da sociedade, tendo por finalidade a apuração dos haveres em favor do sócio dissidente, excluído ou dos herdeiros do sócio falecido.

Trata-se, portanto, de demonstração contábil utilizada para a fixação do valor do patrimônio líquido de determinada sociedade.

Esta apuração contábil estabelecerá os valores do ativo e passivo de realização, ou seja, valores de saída determinados pelos juízos de dissolução de sociedade, os quais deverão resultar da avaliação do acervo patrimonial a preço de mercado, de forma mais ampla possível, com a inclusão do aviamento.

Os critérios de apuração de haveres devem considerar a universalidade dos bens patrimoniais da sociedade existente na data da resolução, avaliados pelos respectivos valores de mercado, no caso, os valores líquidos de realização. Os eventos ocorridos após a resolução não interferem na apuração dos haveres.

É importante salientar que o Supremo Tribunal Federal, no RE 52.569, relator Ministro Victor Nunes, já estabeleceu que o balanço contra o qual protestou judicialmente o sócio, sem o assinar, não pode prevalecer na apuração dos haveres do sócio excluído pela maioria. Tal decisão deu ensejo à Súmula 265 do S.T.F. que estabelece: *"Na apuração de haveres não prevalece o balanço não aprovado pelo sócio falecido, excluído ou que se retirou"*.

Prescreve o *parágrafo único do art. 606* do atual C.P.C. *em todos os casos em que seja necessária a realização de perícia, a nomeação do perito recairá preferencialmente sobre especialista em avaliação de sociedades.*

Tendo em vista que o balanço de determinação ou balanço especial é de competência de contadores devidamente registrados no Conselho de Contabilidade, deverá o juiz nomear um contador para a realização da perícia.

Pode acontecer que o simples balanço especial não seja suficiente para a apuração dos haveres, principalmente se o contrato social estabelecer como critério de apuração o valor econômico da sociedade ou outro fundado em projeção de resultados futuros que possa angariar a sociedade. Neste caso, o contador não terá conhecimento suficiente para a apuração integral dos haveres, razão pela qual deverá o juiz nomear preferencialmente especialistas em avaliação de sociedade, principalmente quando essa avaliação envolve o valor econômico do nome social ou de patente de marcas.

Art. 607

A data da resolução e o critério de apuração de haveres podem ser revistos pelo juiz, a pedido da parte, a qualquer tempo antes do início da perícia.

Revisão da data da resolução e do critério de apuração de haveres pelo juiz

Tendo em vista que a apuração dos haveres do sócio que se desligou da sociedade deve ter por base a data da resolução e os critérios estabelecidos no contrato social ou pelo juiz nos termos do art. 607 do atual C.P.C., essas circunstâncias devem ser bem definidas e não podem ser mal avaliadas.

Assim, se a parte perceber, antes do início da perícia, que houve *error in procedendo ou error in iudicando* sobre a data da resolução da sociedade ou sobre o critério de apuração dos haveres, poderá requerer ao juiz a revisão desses critérios, desde que o faça antes do início da perícia.

Art. 608

Até a data da resolução, integram o valor devido ao ex-sócio, ao espólio ou aos sucessores a participação nos lucros ou os juros sobre o capital próprio declarados pela sociedade e, se for o caso, a remuneração como administrador.

Parágrafo único. Após a data da resolução, o ex-sócio, o espólio ou os sucessores terão direito apenas à correção monetária dos valores apurados e aos juros contratuais ou legais.

Valores devidos até a data da resolução e após a data da resolução da sociedade

Como o marco divisório entre a permanência e o desligamento do sócio da sociedade é a *data da resolução da sociedade,* indicada no art. 605 do atual C.P.C., não poderia ser diferente a questão da participação do ex-sócio nos lucros e dividendos da sociedade. Enquanto não resolvida a sociedade, o ex-sócio terá direito a tudo aquilo que até então era proveniente de sua participação social. Por isso, até a data da resolução, integra o valor devido ao ex-sócio, ao espólio ou aos seus sucessores a participação nos lucros ou os juros sobre o capital próprio declarados pela sociedade.

Preceitua o *parágrafo único do art. 608* do atual C.P.C. que *após a data da resolução, o ex-sócio, o espólio ou os seus sucessores terão direito apenas à correção monetária dos valores apurados e aos juros contratuais ou legais.*

Art. 609

Uma vez apurados, os haveres do sócio retirante serão pagos conforme disciplinar o contrato social e, no silêncio deste, nos termos do § 2º do art. 1.031 da Lei nº 10.406, de 10 de janeiro de 2002 (Código Civil).

Forma de pagamento dos valores ao sócio retirante

Encerrada a apuração dos haveres, a forma de pagamento dos valores ao sócio retirante dar-se-á segundo o disposto no contrato social, sendo que no silêncio deste, o pagamento ocorrerá nos termos do §2º do art. 1.031 do Código Civil.

CAPÍTULO VI – Do Inventário e da Partilha

SEÇÃO I – Disposições Gerais

Art. 610

Havendo testamento ou interessado incapaz, proceder-se-á ao inventário judicial.

§1º Se todos forem capazes e concordes, o inventário e a partilha poderão ser feitos por escritura pública, a qual constituirá documento hábil para qualquer ato de registro, bem como para levantamento de importância depositada em instituições financeiras.

§2º O tabelião somente lavrará a escritura pública se todas as partes interessadas estiverem assistidas por advogado ou por defensor público, cuja qualificação e assinatura constarão do ato notarial.

Sumário:

1. Considerações gerais
2. Inventário judicial e extrajudicial

1. Considerações gerais

O Código Civil brasileiro também trata do inventário e da partilha em seus artigos 1.191 a 2.027.

Aberta a sucessão, a herança transmite-se desde logo aos herdeiros legítimos ou testamentários (art. 1.784 do C.c.b.).

Por sua vez, nos termos do art. 1.788 do C.c.b., morrendo a pessoa sem testamento, transmite-se a herança aos herdeiros legítimos; o mesmo ocorrerá quanto aos bens que não forem compreendidos no testamento; e subsiste a sucessão legítima se o testamento caducar, ou for julgado nulo.

A abertura da sucessão é o pressuposto jurídico normativo que confere legitimidade ao denominado direito hereditário. Direito hereditário ou das sucessões: *"é o complexo dos princípios segundo os quaes se realiza a transmissão do patrimônio de alguém que deixa de existir. Essa transmissão constitue a succestão; o patrimônio transmitido denomina-se 'herança'; a quem a recebe se diz 'herdeiro'"*.[1289]

[1289] BEVILÁQUA. Clovis. *Direito da successões.* 2ª Ed., Rio de Janeiro: Livraria Editora Freitas Bastos, 1932. p. 12.

A herança defere-se como um todo unitário, ainda que vários sejam os herdeiros.

Até a partilha, o direito dos coerdeiros, quanto à propriedade e posse da herança, será indivisível, e regular-se-á pelas normas relativas ao condomínio (art. 1.791 e p.u. do C.c.b.).

O ato processual em que ocorrerá a partilha definitiva entre os herdeiros será aquele a ser proferido no processo de inventário e partilha regulado por este Capítulo.

A palavra inventário, ato ou efeito de inventariar, é sinônimo das expressões arrolar, relacionar, registrar e catalogar os bens deixados pelo *de cujus* ou falecido. Esta palavra é derivada do latim *inventarium*, de *invenire* (agenciar, diligenciar, promover), em sentido amplo, quer significar *processo* ou a *série de atos* praticados com o objetivo de ser apurada a *situação econômica* de uma pessoa ou de uma instituição, pelo relacionamento de todos os seus bens e direitos, ao lado de um rol de todas as suas obrigações ou encargos.[1290]

O inventário, no sentido do direito civil ou processual, entende-se por um processo desenvolvido por meio de procedimento especial, no qual serão arrecadados todos os bens e direitos do *falecido*, quer os que se encontravam em seu poder, quando de sua morte, ou em poder de outrem. Em relação aos herdeiros, tem por finalidade determinar os encargos que pesarão sobre os mesmos, segundo o princípio *intra vives hereditatis*, isto é, dentro da força da herança. Sem o inventário, os herdeiros seriam responsáveis pelas dívidas do *de cujus ultra vires*.[1291]

Pode-se dizer que em *sentido lato* o inventário seria a relação de descrição dos bens pertencentes a qualquer pessoa, sendo que em sentido *estrito*, é o processo em que se fazem a descrição, avaliação e partilha dos bens do defunto entre seus herdeiros.[1292]

O inventário e partilha de bens não ocorre apenas quando há a efetiva e real morte de alguém.

Também na hipótese de ausência ou denominada morte presumida poderá ser aberto o processo de inventário. Nesse sentido é o disposto no art. 28 do C.c.b: *A sentença que determinar a abertura da sucessão provisória só produzirá efeito cento e oitenta dias depois de publicada pela imprensa; mas, logo que passe em julgado, proceder-se-á à abertura do testamento, se houver, e ao inventário e partilha dos bens, como se o ausente fosse falecido.*

1290 De Plácido e Silva, *Vocabulário jurídico*. 24ª ed. Rio de Janeiro: Forense, 2004. p. 773.

1291 De Plácido e Silva, idem, ibidem.

1292 Starling. Leão Vieira. *Inventários e partilhas*. .3ª ed. São Paulo: Saraiva, 1947. p. 17.

Findo o prazo a que se refere o art. 26 do C.c.b., e não havendo interessados na sucessão provisória, cumpre ao Ministério Público requerê-la ao juízo competente. Não comparecendo herdeiro ou interessado para requerer o inventário até trinta dias depois de passar em julgado a sentença que mandar abrir a sucessão provisória, proceder-se-á à arrecadação dos bens do ausente pela forma estabelecida nos arts. 1.819 a 1.823.

O processo de inventário e partilha previsto neste Capítulo deve ser aplicado, sem exceção, ao arrolamento e ao inventário extrajudicial, evidentemente naquilo que for pertinente.

Pode acontecer que um morto não deixe bens e que seu cônjuge ou os seus herdeiros tenham necessidade da certeza jurídica desse fato. O meio jurídico para se positivar isso, denomina-se de inventário *negativo.* Muito embora o código não o regule, *"o inventário é, às vezes, uma necessidade do cônjuge sobrevivo ou dos herdeiros. Por isso, os juízes e a praxe o admitem como o modo judicial de provar-se, para determinado fim, a inexistência de bens".*[1293] No caso, o interessado em provar que o morto não deixou bens requererá ao juízo competente do foro do inventário que lhe sejam tomadas, por termo as declarações, onde informa o nome do morto, com a sua qualificação, o dia, hora e local do falecimento, instruindo sua petição com a certidão de óbito, que permanecerá nos autos. Informará, ainda, se houver, o nome, idade e estado civil dos filhos do morto e de seus herdeiros e dirá que inexistem quaisquer bens a inventariar ou a partilhar. Deferida a petição, será lavrado pelo escrivão o termo de declarações. A seguir, ouvir-se-ão os curadores de órfãos e de ausentes, ou o curador geral, se não houver especialização de curadorias, e se forem declarados órfãos ou ausentes com qualidade para suceder. Deverá ser, também, ouvido o representante da Fazenda Pública. Se ninguém reclamar, os autos serão conclusos ao juiz, para julgar, por sentença, encerrado o inventário, por falta de bens. Se houver, ao contrário, alguma impugnação, o juiz decidirá de plano.[1294]

Não obstante as críticas formuladas ao inventário negativo por parte da doutrina, o certo é que sua finalidade é produzir certeza de que o falecido não deixou bens a inventariar e de que não havia patrimônio partilhável na sociedade conjugal que a morte desfez.[1295]

Com relação à *competência internacional* para o processamento do inventário, estabelece o art. 23, inc. II do atual C.P.C.:

[1293] Moraes e Barros, Hamilton de. *Comentários ao código de processo civil.* IX Vol. (Art. 946 a 1102). Rio de Janeiro, 1988. p. 182.

[1294] Moraes e Barros, H., idem, p. 182 e 183.

[1295] Moraes e Barros, H., idem, p. 183.

> *"Art. 23. Compete à autoridade judiciária brasileira, com exclusão de qualquer outra:*
>
> *(...).*
>
> *II – em matéria de sucessão hereditária, proceder a confirmação de testamento particular e ao inventário e à partilha de bens situados no Brasil, ainda que o autor da herança seja de nacionalidade estrangeira ou tenha domicílio fora do território nacional".*

Assim, de acordo com o art. 23, inc. II, do atual C.P.C., que possui a mesma redação do art. 89, inc. II, do C.P.C. de 1973, compete à autoridade judiciária brasileira, com exclusão de qualquer outra, proceder ao inventário e partilha dos bens situados no Brasil, ainda que o autor da herança seja de nacionalidade estrangeira ou tenha domicílio fora do território nacional.

Pouco importa a nacionalidade ou o lugar da residência ou domicílio do falecido, a competência brasileira é absoluta e não pode ser derrogada.

Por sua vez, estabelece o art. 10 da Lei de Introdução ao Ordenamento Jurídico brasileiro:

> *"Art. 10 A sucessão por morte ou por ausência obedece à lei do país em que domiciliado o defunto ou o desaparecido, qualquer que seja a natureza e a situação dos bens.*
>
> *§1º A sucessão de bens de estrangeiros, situados no País, será regulada pela lei brasileira em benefício do cônjuge ou dos filhos brasileiros, ou de quem os represente, sempre que não lhes seja mais favorável a lei pessoal do de cujus.*
>
> *§2º A lei do domicílio do herdeiro ou legatário regula a capacidade para suceder".*

É importante não confundir o disposto no art. 10 e parágrafos da Lei de Introdução com o art. 23, inc. II do atual C.P.C.

O art. 10 da Lei de Introdução trata da legislação material que deve reger a sucessão por morte ou por ausência.

Já o art. 23, inc. II do atual C.P.C. trata da competência processual para promover a abertura do processo de inventário e partilha.

2. Inventário judicial e extrajudicial

Estabelece o *art. 610* do atual C.P.C. que *havendo testamento ou interessado incapaz, proceder-se-á ao inventário judicial.*

Era comum em alguns estados brasileiros, antes da entrada em vigor do C.P.C. de 1973, os inventários denominados administrativos, os quais se processavam perante o Coletor de Rendas, quando os herdeiros fossem maiores e estivessem todos de acordo com essa forma. Em Minas Gerais, por exemplo, assim dispunha o art. 27 do Decreto 1.798. Depois da entrada em vigor do C.P.C. de 1939, não sendo mais possível este tipo de inventário perante o Coletor, foi a norma acima revogada.

Comentando o C.P.C. de 1939, Leão Vieira Starling assim se manifestava sobre o denominado inventário amigável: *"Não são mais permitidos os inventários amigáveis, face o artigo 465 do Código de Processo Civil. A matéria não era pacífica. Alguns juristas de nota reputavam errônea a opinião daqueles que afirmavam ser necessário o inventário quando maiores os herdeiros, ou quando interessada a Fazenda Pública pela taxa de herança e legados. Exigir o inventário nestes casos é contravir o art. 1.773 do Código Civil. O Código não impõe para a partilha, quando os herdeiros são maiores e capazes, outra condição, além da escritura, auto público ou escrito particular homologado; nas leis tem a Fazenda Pública meios para assegurar o pagamento do imposto. Nem se diga que pode ela ser lesada, porque não é simplesmente pelas declarações dos pactuantes que se liquida a contribuição fiscal. Outros, de não menos valor, já sustentavam que pelo fato de a partilha amigável ser mencionada na lei civil 'em capítulo que trata da partilha, subsequente ao que dispõe sobre a descrição de bens, não se poderá pretender que ela esteja a dispensar esse início judicial de inventário, mas tão somente a judicialização de atos referentes à partilha. A solução, dizem eles, deverá ser esta:*

a) a descrição dos bens e a declaração de herdeiros é indispensável e será feita judicialmente;

b) a avaliação e as partilhas serão judiciais em certos casos e menos formalizados em outros. De modo que não se pode, ainda que entre maiores, proceder a um inventário completamente extrajudicial. Será sempre judicial em relação ao momento ou fase que mais propriamente se chama inventário, ou seja a descrição de bens e declaração de herdeiros".[1296]

Preceitua o *§1º do art. 610* do atual C.P.C. que *se todos forem capazes e concordes, o inventário e a partilha poderão ser feitos por escritura pública, a qual constituirá documento hábil para qualquer ato de registro, bem como para levantamento de importância depositada em instituições financeiras.*

O atual C.P.C. prevê a possibilidade do denominado *inventário amigável* realizado perante o tabelião.

Assim, se não houver testamento ou interessado incapaz, e se todos forem capazes e concordes, o *inventário e a partilha* poderão ser feitos por escritura pública, a qual constituirá documental hábil para qualquer ato de registro, bem assim para levantamento de importância depositada em instituições financeiras.

O art. 982 do C.P.C. de 1973 também previa a possibilidade da realização do denominado *inventário amigável*, mas não previa a possibilidade, por meio desta

[1296] STARLING, Leão Vieira. *Inventários e partilhas.* 3ª ed. São Paulo: Saraiva, 1947. p. 19 e 20.

espécie de inventário para o levantamento de importância depositada em instituições financeiras. *(Redação dada pela Lei nº 11.441, de 2007).*

Há, portanto, a possibilidade de inventário e partilha *extrajudicial e judicial*, sendo que esta última hipótese está reservada obrigatoriamente quando houver testamento, interessado incapaz, ou, ainda, quando, embora sejam todos capazes, não há concordância sobre o seu conteúdo.

No inventário processado perante o tabelião, em regra, os documentos necessários poderão ser assim discriminados:

1. Certidão de óbito do autor da herança;

2. Documento de identidade oficial com número de RG e CPF das partes e do autor da herança;

3. Certidões comprobatórias do vínculo de parentesco dos herdeiros (v.g., certidões de nascimento);

4. Certidão de casamento do cônjuge sobrevivente e dos herdeiros casados, atualizada (90 dias);

5. Certidão do pacto antenupcial, se houver;

6. Certidão de propriedade, ônus e alienações dos imóveis, atualizada (30 dias) e não anterior à data do óbito;

7. Certidão ou documento oficial comprobatório do valor venal dos imóveis, relativo ao exercício do ano do óbito ou ao ano imediatamente seguinte deste;

8. Documentos comprobatórios do domínio e valor dos bens móveis, se houver;

9. Certidão negativa de tributos municipais que incidam sobre os bens imóveis do espólio;

10. Certidão negativa conjunta da Receita Federal e PGFN;

11. Certidão de regularidade do ITCMD;

12. Certidão comprobatória da inexistência de testamento;

13. CCIR e prova de quitação do imposto territorial rural, relativo aos últimos anos, para bens imóveis rurais do espólio.

Nos termos do *§2º do art. 610* do atual C.P.C., *o tabelião somente lavrará a escritura pública se todas as partes interessadas estiverem assistidas por advogado ou por defensor público, cuja qualificação e assinatura constarão do ato notarial.*

Um dos pressupostos de validade do inventário e partilha amigável mediante escritura pública é a presença de advogado comum ou advogados de cada uma delas, ou, ainda, defensor público, para efeito de assistência das partes interessadas, devendo do ato notarial constar a assinatura e qualificação desses profissionais.

A importância da presença do advogado decorre do fato de que o inventário e partilha apresentam particularidades jurídicas próprias, por vezes de difícil compreensão dos interessados, razão pela qual a presença de um profissional das ciências jurídicas nesses atos permite que sejam supridas dúvidas e garanta a lisura do procedimento.

Se, porventura, no local da realização do ato notarial não houver defensor público, e a parte se declarar hipossuficiente economicamente, a justiça (no caso o juiz competente para a corregedoria dos cartórios judiciais e extrajudiciais) deverá nomear advogado para efeito de comparecimento no ato, devendo este trabalho ser remunerado pelos cofres públicos.

O §2º do art. 596 do Projeto Originário n. 2.046/10 estabelecia que *a escritura e os demais atos notariais serão gratuitos àqueles que se declararem hipossuficientes economicamente, na forma e sob as penas da lei.*

Este dispositivo não foi mantido pelo novo C.P.C.

É importante salientar que se encontra pronta na Comissão de Constituição, Justiça e Cidadania (CCJ), proposta de Projeto de Lei que estabelece normas para a concessão, pelo Poder Público, de assistência judicial gratuita aos economicamente necessitados. Pelo projeto (PLS 124/09), serão considerados necessitados os nacionais e estrangeiros residentes no país, cuja situação econômica não lhes permite, sem prejuízo do sustento próprio, ou de sua família, pagar as despesas do processo. A isenção poderá abranger as taxas judiciárias, autenticações em cartório, emolumentos e custas processuais. Para solicitar a gratuidade de assistência judicial, o requerente deverá apresentar declaração de que não tem condições de pagar uma ou mais despesas e requerimento assinado comprovando essa condição, documentos que comprovem ainda a situação financeira e patrimonial do requerente. A concessão da gratuidade poderá ser total ou limitada a um ou mais itens, conforme a disponibilidade econômica do beneficiário. Constatada a falsidade da declaração de hipossuficiência econômica ou patrimonial, a parte será condenada a pagar o décuplo do valor do benefício sob isenção ao respectivo credor.

Atualmente, a gratuidade judicial encontra-se regulada por este Código e de certa forma pela Lei 1.060/60.

Art. 611

O processo de inventário e de partilha deve ser instaurado dentro de 2 (dois) meses, a contar da abertura da sucessão, ultimando-se nos 12 (doze) meses subsequentes, podendo o juiz prorrogar esses prazos, de ofício ou a requerimento de parte.

Prazo para abertura e encerramento do processo de inventário e de partilha O art. 611 do atual C.P.C. revogou o disposto no art. 1.796 do C.c.b. que estabelecia o prazo de trinta dias, a contar da abertura da sucessão, para a instauração do inventário.

O art. 611 do atual C.P.C. demonstra a intenção do legislador de que o inventário e partilha comecem e terminem logo.

Por isso, o processo de inventário (seja ele judicial ou extrajudicial) deve ser aberto no prazo de dois meses a contar da abertura da sucessão que ocorre com o falecimento, devendo ser encerrado no prazo de doze meses subsequentes, podendo o juiz prorrogar esses prazos (início e término) de ofício ou a requerimento da parte. Diante de casos complexos e especiais, o juiz poderá prorrogar o prazo de abertura ou de encerramento de inventário, principalmente quando a partilha dos bens demande certa complexidade.

O prazo para a abertura do inventário conta-se a partir do dia da morte do inventariado. Se ele morreu no dia 11 de um mês qualquer, o inventário deve iniciar-se até o dia 11 do segundo mês subsequente. A ultimação deve ocorrer no prazo de doze meses subsequentes. Indaga-se, subsequente a que? Ao óbito ou à abertura do inventário? Parece-me que a lógica indica que deve ser doze meses subsequentes à abertura do inventário.[1297]

Saliente-se que o inventário não se processa durante as férias coletivas ou recesso.

A intenção do legislador em fixar os prazos de abertura e encerramento do inventário é evitar discórdia ou conflitos entre os sucessores, pois a indivisão pode acarretar tais circunstâncias.

Conforme anota Hamilton de Moraes e Barros, *"nem as dúvidas sobre questões fundamentais, como a de ser um bem ou não do espólio, a de haver disputa sobre esse bem, a existência ou não de uma obrigação do morto, a qualidade de herdeiro, nada disso pode paralisar o inventário ou escusar a sua não abertura no prazo marcado pelo Legislador. Tais dúvidas ou perplexidades não podem parar esse procedimento inicial nem são obstáculos à sua instalação. Vão todas elas ser resolvidas em feitos autônomos, nas chamadas vias ordinárias, fora do inventário, pois que, procedimento especial, tem finalidade certa, inampliável, indistorcível"*.[1298]

A legislação pode estabelecer sanções pecuniárias pela não abertura do inventário no prazo fixado em lei. A mora processual pode ensejar sanções fiscais, como, por exemplo, multa moratória e pagamento de juros em razão do imposto *causa mortis* devido.

[1297] Moraes e Barros, H., op. cit., p. 193.
[1298] Moraes e Barros, H., idem. p. 187.

Os arts. 17 e 21 da Lei 10.705 de 28.12.2000 do Estado de São Paulo prescrevem:

"Art. 17. Na transmissão 'causa mortis' o imposto será pago até o prazo de 30 (trinta) dias após a decisão homologatória do cálculo ou do despacho que determinar seu pagamento, observado o disposto no art. 15 desta lei.

§1º. O prazo de recolhimento do imposto não poderá ser superior a 180 (cento e oitenta) dias da abertura da sucessão, sob pena de sujeitar-se o débito à taxa de juros prevista no art. 20, acrescido das penalidades cabíveis, ressalvado, por motivo justo, o caso de dilação desse prazo pela autoridade judicial"

"Art. 21. O descumprimento das obrigações principais e acessórias, instituídas pela legislação do Imposto sobre Transmissão 'causa mortis' e doação de quaisquer bens ou direitos – ITCMD, fica sujeitos às seguintes penalidades:

I – no inventário e arrolamento que não for requerido dentro do prazo de 60 (sessenta) dias da abertura da sucessão, o imposto será calculado com acréscimo de multa equivalente a 10% (dez por cento) do valor do imposto; se o atraso exceder a 180 (cento e oitenta) dias, a multa será de 20% (vente por cento);

II – na exigência de imposto mediante lançamento de ofício, em decorrência de omissão do contribuinte, responsável, serventuário de justiça, tabelião ou terceiro, o infrator fica sujeito à multa correspondente a uma vez o valor do imposto não recolhido...".

Outras sanções de direito material também podem decorrer pelo atraso da abertura ou encerramento do processo de inventário, como, por exemplo, pode observar-se da seguinte hipótese prevista no C.c.b.:

Art. 1.523. Não devem casar:

I – o viúvo ou a viúva que tiver filho do cônjuge falecido, enquanto não fizer inventário dos bens do casal e der partilha aos herdeiros.

O legislador teve por intenção resguardar a situação dos filhos, evitando confusão patrimonial, ou seja, confusão do patrimônio do cônjuge sobrevivente com o dos filhos, o da nova prole, a que vem do novo casamento, e o patrimônio do novo consorte.

É importante salientar que quando o dispositivo da lei civil fala em dar os bens à partilha, não significa que o inventário deva estar encerrado, pois apresentando o cônjuge supérstite as primeiras declarações, com a relação dos bens a serem inventariados e partilhados, cumpriu a determinação do art. 1.523, inc. I do C.c.b., não havendo mais o impedimento ao casamento.

Art. 612

O juiz decidirá todas as questões de direito desde que os fatos relevantes estejam provados por documento, só remetendo para as vias ordinárias as questões que dependerem de outras provas.

Questões relevantes decididas pelo juízo do inventário

Em regra, todas as questões concernentes à sucessão, aos herdeiros e a bens devem ser decididas pelo juízo do inventário, o qual é um juízo universal atrativo para a decisão dessas questões, ainda que complexas.

Conforme leciona Orlando de Souza: *"O juízo universal é, como se sabe, aquele a que se dirigem todas as questões ou controvérsias suscitadas sobre os bens ou obrigações que tenham identidade com interesses patrimoniais, com exceção de qualquer outro na causa que for nele intentada; por outras palavras, é um juízo ordinário de competência indivisível por disposição de lei, com exclusão de outro juízo, para todas as questões, reclamações ou impugnações sobre bens, interesses ou negócios concernentes a determinada pessoa ou coletividade"*.[1299]

O juízo de inventário e partilha concentra todas as questões concernentes à qualidade dos herdeiros, pagamento das dívidas do morto, divisão de patrimônio, pagamento do imposto *causa mortis*.

O processo de inventário é dividido num procedimento com várias etapas sequenciais.

Assim, em razão do juízo *universal* e da unidade do foro da herança, correm no juízo do inventário as seguintes demandas: a) demanda de nulidade de partilha ou de sobrepartilha; b) demanda de sonegados; c) demanda referente ao testamento, de nulidade ou ineficácia; demanda de prestação de contas do inventariante; d) demanda de prestação de contas do testamenteiro; e) demanda de petição de herança e de entrega de legados; f) demanda de deserção; g) demanda de indignidade de herdeiro, h) demanda em que o espólio seja réu.

A única exigência que o art. 612 do atual C.P.C. faz para que o juiz do inventário e partilha conheça dessas questões é que sejam questões de direito e que os fatos relevantes estejam provados por documento, pois no juízo de inventário e partilha não haverá oportunidade para a realização de instrução probatória dos fatos apresentados.

1299 SOUZA, Orlando. *Inventários e partilhas – doutrina – jurisprudência – formulários.* 11ª ed. Rio de Janeiro: Forense, 1984. p. 8.

Agora, se os fatos relevantes necessitarem de outras provas que não a documental, como, por exemplo, perícia, oitiva de testemunha, o juiz do inventário remeterá as partes para os meios ordinários.

É importante salientar que o atual C.P.C., ao contrário do que afirmava o art. 984 do C.P.C. de 1973, não faz mais referência às *questões de alta indagação*.

Estabelecia o *art. 984* do C.P.C. de 1973, que o *juiz decidirá todas as questões de direito e também as questões de fato, quando este se achar provado por documento, só remetendo para os meios ordinários as que demandarem alta indagação ou dependerem de outras provas.*

Portanto, pelo C.P.C. de 1973 as questões de alta indagação deveriam ser remetidas para os meios ordinários.

Segundo anota Orlando de Souza: *"questões de alta indagação são aquelas que, para serem averiguadas, exigem provas mais amplas, como testemunhas, depoimento pessoal e outros meios próprios dos processos ordinários, em que pode haver diversidade de provas. Dependem, pois, de 'prova aliunde', vale dizer, de prova que está em outra parte, fora do processo do inventário, ou que deve ser produzida mediante certas diligências ou pesquisas"*.[1300]

É bem verdade que a doutrina entende por *questão de alta indagação*, não a de indagação difícil, mas aquela questão que busca prova fora do processo e além dos documentos que o instruem.

Pretendeu-se que a questão de alta indagação fosse equiparada a intrincada questão de direito, ou seja, a aplicação na espécie de uma intranquila ou polêmica tese jurídica, ou de uma solução legal controvertida. Esse entendimento *"não prosperou nem poderia prosperar. O Direito se presume certo e sabido. Assim como ninguém se escusa, alegando ignorar a lei, não pode o juiz furtar-se ao seu dever de despachar e de julgar, invocando o silêncio, a obscuridade ou a sua aparente indecisão, ou contradição. Enquanto o fato se presume incerto e, por isso, dependente de provas, já o Direito se presume sabido por todos, certo e invariável atuação, através do juiz. Se a norma contiver mais de um comando, aplicará o juiz o que lhe parecer mais razoável.... Alta indagação não é, assim, uma intrincada, difícil e debatida questão de direito. É o fato incerto que depende de prova 'aliunde', isto é, de prova a vir fora do processo, a ser colhida em outro feito"*.[1301]

A jurisprudência tem decidido não serem questão de alta indagação: a) a dúvida sobre parentesco dos alegados herdeiros com o *de cujus*, dúvida que pode e deve ser resolvida no processo do inventário, mediante a apresentação de prova documental; b) a impugnação da qualidade de inventariante e herdeiro do *de cujus*', salvo hipótese controvertida, caso em que se remetem as partes às

[1300] Souza, O., idem, p. 30.

[1301] Moraes e Barros, H., op. cit., p. 198 e 199.

vias ordinárias; c) as questões puramente de direito; d) o regime de separação obrigatória de bens, quando se trata de varão maior do limite de idade, pode ser resolvido desde logo no inventário do marido etc.[1302]

Pelo novo C.P.C., somente serão remetidas para os meios ordinários as questões de fato que devam ser provadas por outros meios de prova que não por documento.

Sobre o tema, eis o seguinte precedente do S.T.J.:

> *(...).*
>
> *4. O fato de o eventual acolhimento do pleito de petição de herança implicar nulidade da partilha e do Juízo do inventário ter a mesma competência em razão da matéria e ser prevento para eventual sobrepartilha, demonstra a manifesta conveniência de os processos tramitarem no Juízo do Inventário, inclusive no que tange também ao resguardo dos interesses da recorrida, visto que é o Juízo que poderá apreciar os pleitos de sobrepartilha que possam vir a ser formulados pelos herdeiros e, também, no que tange à eventual prolação de medidas cautelares. Desse modo, é mais adequado, e em consonância com a interpretação sistemática e teleológica do Diploma Processual Civil, o reconhecimento da competência do Juízo do Inventário que, ademais, nos termos do artigo 106 do CPC, primeiro proferiu despacho em feito conexo 5. Recurso especial provido para reconhecer a competência para o julgamento dos feitos do Juízo da 2ª Vara de Família e Sucessões da Comarca de Uberlândia-MG, por onde tramitou o inventário.*
>
> (REsp 1278217/MG, Rel. Ministro LUIS FELIPE SALOMÃO, QUARTA TURMA, julgado em 16/02/2012, DJe 13/03/2012)

Art. 613

Até que o inventariante preste o compromisso, continuará o espólio na posse do administrador provisório.

Art. 614

O administrador provisório representa ativa e passivamente o espólio, é obrigado a trazer ao acervo os frutos que desde a abertura da sucessão percebeu, tem direito ao reembolso das despesas necessárias e úteis que fez e responde pelo dano a que, por dolo ou culpa, der causa.

[1302] Souza, O., op. cit., p. 31.

Administrador provisório

O espólio é representado, em regra, pelo inventariante. Aliás, nesse sentido prescreve o art. 75, inc. VI do atual C.P.C.:

> *Art. 75. Serão representados em juízo, ativa e passivamente:*
> *(...).*
> *VII – o espólio, pelo inventariante.*

Quando o inventariante for dativo, os sucessores do falecido serão intimados no processo no qual o espólio seja parte (§1º do art. 75 do atual C.P.C.).

Não obstante o inventariante seja o representante do espólio, o certo é que haverá um hiato entre a data do falecimento e a prestação de compromisso pelo inventariante. Nesse lapso de tempo, o espólio permanecerá na posse do *administrador provisório.*

Até que o inventariante preste o compromisso, continuará o espólio na posse do administrador provisório.

Por sua vez, o administrador provisório representa ativa e passivamente o espólio, é obrigado a trazer ao acervo os frutos que desde a abertura da sucessão percebeu, tem direito ao reembolso das despesas necessárias e úteis que fez e responde pelo dano a que, por dolo ou culpa, der causa.

Assim, o novo C.P.C., como já fazia o código revogado, confere ao *administrador provisório* existência legal, atribuindo-lhe a representação do espólio, fixando responsabilidade, direitos e deveres.

O art. 1.797 e seus incisos do C.c.b. estabelecem a ordem de indicação do administrador provisório, sucessivamente, a saber:

> *Art. 1.797. Até o compromisso do inventariante, a administração da herança caberá, sucessivamente:*
>
> *I – ao cônjuge ou companheiro, se com o outro convivia ao tempo da abertura da sucessão;*
>
> *II – ao herdeiro que estiver na posse e administração dos bens, e, se houver mais de um nessas condições, ao mais velho;*
>
> *III – ao testamenteiro;*
>
> *IV – a pessoa de confiança do juiz, na falta ou escusa das indicadas nos incisos antecedentes, ou quando tiverem de ser afastadas por motivo grave levado ao conhecimento do juiz.*

Como se disse, o administrador provisório, que assume este cargo automaticamente com a ocorrência da sucessão hereditária, tem direitos e obrigações.

Dentre as prerrogativas, encontra-se a possibilidade de representação ativa e passiva do espólio até que o inventariante preste compromisso, conforme preconiza o art. 613 do atual C.P.C.

Por sua vez, o administrador provisório é obrigado a trazer ao acervo os frutos que desde a abertura da sucessão percebeu, sejam esses frutos industriais, civis ou naturais. Por isso, se se trata de uma propriedade rural, o administrador provisório deverá trazer ao acervo a colheita ou o resultado da venda da colheita, assim como, em se tratando de imóvel locado, o valor do aluguel.

Por outro lado, o administrador provisório tem direito ao reembolso das despesas necessárias e úteis que fez e responde pelo dano a que, por dolo ou culpa, der causa.

SEÇÃO II – Da Legitimidade para Requerer o Inventário

Art. 615

O requerimento de inventário e de partilha incumbe a quem estiver na posse e na administração do espólio, no prazo estabelecido no art. 611.

Parágrafo único. O requerimento será instruído com a certidão de óbito do autor da herança.

Art. 616

Têm, contudo, legitimidade concorrente:

I – o cônjuge ou companheiro supérstite;

II – o herdeiro;

III – o legatário;

IV – o testamenteiro;

V – o cessionário do herdeiro ou do legatário;

VI – o credor do herdeiro, do legatário ou do autor da herança;

VII – o Ministério Público, havendo herdeiros incapazes;

VIII – a Fazenda Pública, quando tiver interesse;

IX – o administrador judicial da falência do herdeiro, do legatário, do autor da herança ou do cônjuge ou companheiro supérstite.

Legitimidade para requerer o inventário

Estabelece o *art. 615* do atual C.P.C. que *o requerimento de inventário e partilha incumbe a quem estiver na posse e na administração do espólio, no prazo estabelecido no art. 611.*

Segundo o dispositivo, aquele que estiver na posse e na administração do espólio terá legitimidade para requerer a abertura do processo de inventário no prazo estabelecido no art. 611 do atual C.P.C., ou seja, no prazo de dois meses a contar da abertura da sucessão, podendo esse prazo ser prorrogado pelo juízo competente.

Estabelece o art. 1.978 do C.c.b.: *"Tendo o testamenteiro a posse e a administração dos bens, incumbe-lhe requerer inventário e cumprir o testamento"*.

O dispositivo condiciona a legitimidade para a abertura do inventário a dois requisitos: ou seja, a pessoa deve estar na *posse* e na *administração* do espólio.

Segundo estabelece o art. 1.797 do C.c.b., até o compromisso do inventariante, a administração da herança caberá, sucessivamente: I – ao cônjuge ou companheiro, se com o outro convivia ao tempo da abertura da sucessão; II – ao herdeiro que estiver na posse e administração dos bens, e, se houver mais de um nessas condições, ao mais velho; III – ao testamenteiro; IV – a pessoa de confiança do juiz, na falta ou escusa das indicadas nos incisos antecedentes, ou quando tiverem de ser afastadas por motivo grave levado ao conhecimento do juiz.

Evidentemente, a legitimidade para requerer o inventário decorre da regra estabelecida no art. 17 do atual C.P.C., ou seja, para propor a demanda é necessário ter interesse e legitimidade.

Em regra, a posse e administração dos bens do falecido encontrar-se-ão nas mãos do cônjuge ou companheiro supérstite ou com os herdeiros necessários em linha reta ou colateral.

A lei, portanto, concedeu a iniciativa para se abrir o inventário ao administrador provisório.

A legislação não estabeleceu, contudo, uma sanção, pela não abertura do inventário, àquele que estiver na posse ou administração dos bens do espólio. Porém, este administrador provisório responderá pelos prejuízos que causar a sua inércia, assumindo todos os riscos em razão de sua investidura temporária, inclusive o pagamento da multa pelo atraso na abertura do inventário e partilha.

Por sua vez, estabelece o art. 1.652 do C.c.b.:

> *Art. 1.652: O cônjuge, que estiver na posse dos bens particulares do outro, será para com este e seus herdeiros responsável:*
>
> *I – como usufrutuário, se o rendimento for comum;*
>
> *II – como procurador, se tiver mandato expresso ou tácito para os administrar;*
>
> *III – como depositário, se não for usufrutuário, nem administrador.*

O C.P.C. de 1973 previa, em seu art. 989, a possibilidade de o juiz determinar, de ofício, que se iniciasse o inventário, se nenhuma das pessoas mencionadas nos artigos antecedentes o requeresse no prazo legal.

O atual C.P.C. não prevê mais a possibilidade de o juiz iniciar, de ofício, o processo de inventário, razão pela qual se aplica a este procedimento o princípio da *inércia da jurisdição.*

Preceitua o *parágrafo único do art. 613* do atual C.P.C. que *o requerimento será instruído com a certidão de óbito do autor da herança.*

Trata-se de documento indispensável, que deve acompanhar o requerimento de abertura do inventário.

Sem dúvida, sendo a morte pressuposto necessário para o inventário e partilha, sua prova incontestável deve ser feita pela *certidão de óbito do autor da herança.*

É importante salientar, contudo, que o inventário não ocorre apenas quando há a efetiva e real morte de alguém. Também na hipótese de ausência ou denominada morte presumida poderá ser aberto o processo de inventário. Nesse sentido é o disposto no art. 28 do C.c.b: *A sentença que determinar a abertura da sucessão provisória só produzirá efeito cento e oitenta dias depois de publicada pela imprensa; mas, logo que passe em julgado, proceder-se-á à abertura do testamento, se houver, e ao inventário e partilha dos bens, como se o ausente fosse falecido.*

Estabelece o *art. 616* do atual C.P.C. que *têm, contudo, legitimidade concorrente: I – o cônjuge ou companheiro supérstite; II – o herdeiro; III – o legatário; IV – o testamenteiro; V – o cessionário do herdeiro ou do legatário; VI – o credor do herdeiro, do legatário ou do autor da herança; VII – o Ministério Público, havendo herdeiros incapazes; VIII – a Fazenda Pública, quando tiver interesse; XI – o administrador judicial da falência do herdeiro, do legatário, do autor da herança ou do cônjuge ou companheiro supérstite.*

Este dispositivo confere legitimidade para a abertura do processo de inventário a outras pessoas que não apenas àquele que esteja na posse e na administração provisória do espólio.

É bem verdade que pode coincidir a indicação de algumas das pessoas referidas no art. 614 do atual C.P.C. com a pessoa daquele que esteja na posse e administração do espólio.

Contudo, se a pessoa indicada no art. 615 não cumprir com o seu encargo de abrir o inventário no prazo estipulado pelo art. 611 do atual C.P.C., terão legitimidade concorrente, para assim fazê-lo, qualquer das pessoas enumeradas no art. 616 do atual C.P.C.

Trata-se de uma enumeração taxativa, de número *cláusus,* sem ampliação a outros legitimados.

O primeiro legitimado a pedir a abertura do processo de inventário e partilha é o cônjuge ou companheiro/a supérstite.

Sabe-se que o casamento pode se dar pelo regime de comunhão total ou parcial de bens, assim como sob o regimento de separação total de bens.

O art. 616, inc. I, do atual C.P.C., não faz distinção entre os regimes de bens, razão pela qual, mesmo que o regime de bens tenha sido o de separação total de bens, terá o cônjuge supérstite legitimidade para requerer a abertura do inventário e partilha dos bens. Poderá, inclusive, ter interesse direto no inventário no caso de comunicação dos aquestos (art. 1.672 do C.c.b.).

Em se tratando de regime de comunhão total de bens ou de comunhão parcial, dada a comunicação dos bens adquiridos, principalmente após a realização do casamento, constituindo esses bens uma massa indivisa, evidencia-se o interesse do cônjuge sobrevivo em arrolar e descrever os bens, especialmente para resguardo de sua meação.

O companheiro supérstite também apresenta legitimidade, desde que possa comprovar a existência dessa relação jurídica.

Também tem legitimidade para requerer a abertura do inventário o *herdeiro*, seja ele herdeiro legítimo ou testamenteiro, nos termos do inc. II do art. 616 do atual C.P.C.

Pode-se considerar herdeiro todos aqueles que estão autorizados a participar da *ordem da vocação hereditária*, assim estabelecida pelo C.c.b.:

> *Art. 1.829. A sucessão legítima defere-se na ordem seguinte:*
>
> *I – aos descendentes, em concorrência com o cônjuge sobrevivente, salvo se casado este com o falecido no regime da comunhão universal, ou no da separação obrigatória de bens (art. 1.640, parágrafo único); ou se, no regime da comunhão parcial, o autor da herança não houver deixado bens particulares;*
>
> *II – aos ascendentes, em concorrência com o cônjuge;*
>
> *III – ao cônjuge sobrevivente;*
>
> *IV – aos colaterais.*
>
> *Art. 1.830. Somente é reconhecido direito sucessório ao cônjuge sobrevivente se, ao tempo da morte do outro, não estavam separados judicialmente, nem separados de fato há mais de dois anos, salvo prova, neste caso, de que essa convivência se tornara impossível sem culpa do sobrevivente.*
>
> *Art. 1.831. Ao cônjuge sobrevivente, qualquer que seja o regime de bens, será assegurado, sem prejuízo da participação que lhe caiba na herança, o direito real de habitação relativamente ao imóvel destinado à residência da família, desde que seja o único daquela natureza a inventariar.*
>
> *Art. 1.832. Em concorrência com os descendentes (art. 1.829, inciso I) caberá ao cônjuge quinhão igual ao dos que sucederem por cabeça, não podendo a sua quota ser inferior à quarta parte da herança, se for ascendente dos herdeiros com que concorrer.*

Art. 1.833. Entre os descendentes, os em grau mais próximo excluem os mais remotos, salvo o direito de representação.

Art. 1.834. Os descendentes da mesma classe têm os mesmos direitos à sucessão de seus ascendentes.

Art. 1.835. Na linha descendente, os filhos sucedem por cabeça, e os outros descendentes, por cabeça ou por estirpe, conforme se achem ou não no mesmo grau.

Art. 1.836. Na falta de descendentes, são chamados à sucessão os ascendentes, em concorrência com o cônjuge sobrevivente.

§ 1º Na classe dos ascendentes, o grau mais próximo exclui o mais remoto, sem distinção de linhas.

§ 2º Havendo igualdade em grau e diversidade em linha, os ascendentes da linha paterna herdam a metade, cabendo a outra aos da linha materna.

Art. 1.837. Concorrendo com ascendente em primeiro grau, ao cônjuge tocará um terço da herança; caber-lhe-á a metade desta se houver um só ascendente, ou se maior for aquele grau.

Art. 1.838. Em falta de descendentes e ascendentes, será deferida a sucessão por inteiro ao cônjuge sobrevivente.

Art. 1.839. Se não houver cônjuge sobrevivente, nas condições estabelecidas no art. 1.830, serão chamados a suceder os colaterais até o quarto grau.

Art. 1.840. Na classe dos colaterais, os mais próximos excluem os mais remotos, salvo o direito de representação concedido aos filhos de irmãos.

Art. 1.841. Concorrendo à herança do falecido irmãos bilaterais com irmãos unilaterais, cada um destes herdará metade do que cada um daqueles herdar.

Art. 1.842. Não concorrendo à herança irmão bilateral, herdarão, em partes iguais, os unilaterais.

Art. 1.843. Na falta de irmãos, herdarão os filhos destes e, não os havendo, os tios.

§ 1º Se concorrerem à herança somente filhos de irmãos falecidos, herdarão por cabeça.

§ 2º Se concorrem filhos de irmãos bilaterais com filhos de irmãos unilaterais, cada um destes herdará a metade do que herdar cada um daqueles.

§ 3º Se todos forem filhos de irmãos bilaterais, ou todos de irmãos unilaterais, herdarão por igual.

Art. 1.844. Não sobrevivendo cônjuge, ou companheiro, nem parente algum sucessível, ou tendo eles renunciado a herança, esta se devolve ao Município ou ao Distrito Federal, se localizada nas respectivas circunscrições, ou à União, quando situada em território federal.

Os filhos adotivos podem requerer a abertura do inventário, pois não há mais distinção entre filhos naturais e adotivos.

Também poderá requerer a abertura do inventário e partilha o *legatário*, nos termos do art. 616, inc. III, do atual C.P.C.

O legatário é a pessoa em favor da qual é instituído o legado, sucessor a título singular.

O legatário não é considerado herdeiro para os efeitos de legitimação de abertura de processo de inventário.

O sucessor universal é aquele que substitui o titular primitivo na totalidade dos bens, ou numa quota ideal deles, como no caso do herdeiro.

Já o sucessor singular, é aquele que substitui o antecessor em direitos ou coisas determinadas, como é a hipótese do comprador ou do *legatário*.

Também poderá requerer a abertura do inventário o *testamenteiro*, nos termos do inc. IV do art.616 do atual C.P.C.

O testamenteiro é a pessoa a quem foi confiada a execução do testamento, ficando obrigado a dar cumprimento às disposições de última vontade do inventariado.

O testamenteiro normalmente é nomeado pelo testador, no próprio testamento ou em codicilo.

O testamenteiro deverá comprovar essa qualidade no momento de requer a abertura do inventário.

Tem legitimidade concorrente para requerer a abertura do inventário o *cessionário do herdeiro ou do legatário*, nos termos do art. 616 inc. V., do atual C.P.C.

Sabe-se que não pode ser objeto de transação a herança de pessoa viva.

Contudo, uma vez ocorrendo a morte, os herdeiros que tenham direito à herança poderão cedê-la mediante cessão de direitos.

Prescreve o art. 1.793 do C.c.b.:

"O direito à sucessão aberta, bem como o quinhão de que disponha o co-herdeiro, pode ser objeto de cessão por escritura pública.

§1º Os direitos, conferidos ao herdeiro em consequência de substituição ou de direito de acrescer, pode ser objeto de cessão por escritura pública.

§2º É ineficaz a cessão, pelo co-herdeiro, de seu direito hereditário sobre qualquer bem da herança considerado singularmente.

§3º Ineficaz é a disposição, sem prévia autorização do juiz da sucessão, por qualquer herdeiro, de bem componente do acervo hereditário, pendente a indivisibilidade.

Art. 1.794. O co-herdeiro não poderá ceder a sua quota hereditária a pessoa estranha à sucessão, se outro co-herdeiro a quiser, tanto por tanto.

Art. 1.795. O co-herdeiro, a quem não se der conhecimento da cessão, poderá, depositado o preço, haver para si a quota cedida a estranho, se o requerer até cento e oitenta dias após a transmissão.

Parágrafo único. Sendo vários os co-herdeiros a exercer a preferência, entre eles se distribuirá o quinhão cedido, na proporção das respectivas quotas hereditárias".

O cessionário é aquele a quem se transfere um direito ou obrigação por meio de cessão.

O cessionário de direitos hereditários ocupa o lugar do herdeiro, e o cessionário do legatário, o lugar do legatário.

Poderá requerer a abertura do inventário o *credor do herdeiro, do legatário ou do autor da herança*, conforme preconiza o inc. VI do art. 616 do atual C.P.C.

É no inventário que serão pagas as dívidas do falecido, assim como se irá precisar o quinhão do herdeiro ou o bem que será deixado ao legatário.

Conforme estabelece o art.835, inc. XIII, do atual C.P.C., a penhora poderá recair sobre *outros direitos*, sendo que entre esses direitos há o direito à sucessão aberta, já que esse direito é transferível por cessão.

Para que o credor possa requerer a abertura do inventário, deverá comprovar juntamente com a petição a sua condição de credor.

Também possui legitimidade o *Ministério Público*, quando houver herdeiros incapazes, nos termos do art. 616, inc. VII, do atual C.P.C.

Em regra, sendo a sucessão hereditária desenvolvida entre maiores e capazes, o Ministério Público não terá interesse e nem será legitimado para a abertura do inventário e partilha.

Contudo, havendo interesse de incapazes no inventário e na partilha, o Ministério Público, mediante legitimidade concorrente, poderá requerer a abertura do inventário.

Prescrevem os arts. 3º e 4º do C.c.b.:

Art. 3º São absolutamente incapazes de exercer pessoalmente os atos da vida civil:

I – os menores de dezesseis anos;

II – os que, por enfermidade ou deficiência mental, não tiverem o necessário discernimento para a prática desses atos;

III – os que, mesmo por causa transitória, não puderem exprimir sua vontade.

Art. 4º São incapazes, relativamente a certos atos, ou à maneira de os exercer:

I – os maiores de dezesseis e menores de dezoito anos;

II – os ébrios habituais, os viciados em tóxicos, e os que, por deficiência mental, tenham o discernimento reduzido;

III – os excepcionais, sem desenvolvimento mental completo;

IV – os pródigos.

Parágrafo único. A capacidade dos índios será regulada por legislação especial.

Poderá também requerer a abertura do inventário, nos termos do inc. VIII do art. 616, a *Fazenda Pública*, quando tiver interesse.

É certo que o interesse da Fazenda Pública surge desde a abertura da sucessão, tanto que, iniciado o inventário, é intimada a falar sobre as primeiras declarações do inventariante, sobre a avaliação e sobre o cálculo hereditário.

Por isso, em tese, a Fazenda Pública sempre terá interesse na abertura do inventário, principalmente porque deve resguardar o pagamento do imposto *causa mortis*, se houver.

Da mesma forma, nos termos do inc. IX do art. 616 do atual C.P.C., *o administrador judicial da falência do herdeiro, do legatário, do autor da herança ou do cônjuge ou companheiro supérstite.*

O administrador da falência do herdeiro, do legatário, do autor da herança ou do cônjuge ou companheiro supérstite poderá requerer a abertura do inventário em relação ao devedor falido, principalmente porque na falência devem concorrer todas as dívidas e todos os bens do falido.

É evidente que se as dívidas do falido ultrapassarem a força dos bens, não haverá herança a ser dividida entre os herdeiros, daí porque deve-se sobrestar o inventário até que se defina a falência.

SEÇÃO III – Do Inventariante e das Primeiras Declarações

Art. 617

O juiz nomeará inventariante na seguinte ordem:

I – o cônjuge ou companheiro sobrevivente, desde que estivesse convivendo com o outro ao tempo da morte deste;

II – o herdeiro que se achar na posse e na administração do espólio, se não houver cônjuge ou companheiro sobrevivente ou se estes não puderem ser nomeados;

III – qualquer herdeiro, quando nenhum deles estiver na posse e na administração do espólio;

IV – o herdeiro menor, por seu representante legal;

V – o testamenteiro, se lhe tiver sido confiada a administração do espólio ou se toda a herança estiver distribuída em legados;

VI – o cessionário do herdeiro ou do legatário;

VII – o inventariante judicial, se houver;

VIII – pessoa estranha idônea, quando não houver inventariante judicial.

Parágrafo único. O inventariante, intimado da nomeação, prestará, dentro de 5 (cinco) dias, o compromisso de bem e fielmente desempenhar a função.

Ordem de nomeação de inventariante

Até que seja nomeado inventariante para representar e administrar o espólio, ficará responsável pela posse e administração do espólio o administrador provisório.

O Código Civil brasileiro, em seu art. 1.797, estabelece a seguinte ordem para a administração da herança até que o inventariante preste compromisso:

> *Art. 1.797. Até o compromisso do inventariante, a administração da herança caberá, sucessivamente: I – ao cônjuge ou companheiro, se com o outro convivia ao tempo da abertura da sucessão; II – ao herdeiro que estiver na posse e administração dos bens, e, se houver mais de um nessas condições, ao mais velho; III – ao testamenteiro; IV – a pessoa de confiança do juiz, na falta ou escusa das indicadas nos incisos antecedentes, ou quando tiverem de ser afastadas por motivo grave levado ao conhecimento do juiz.*

Contudo, uma vez promovida a demanda de inventário e partilha, há necessidade de se nomear o inventariante, o qual assumirá a representação e administração do espólio.

Estabelece o art. 1.991 do C.c.b. que *desde a assinatura do compromisso até a homologação da partilha, a administração da herança será exercida pelo inventariante.*

O inventariante é a pessoa natural, nomeada pelo juiz, para administrar o espólio, zelar por ele e defendê-lo e, ainda, para promover o inventário e partilha. Incumbe-lhe trazer para o inventário e partilha a relação dos bens e dos herdeiros, cuidar dos bens, como faria o bom chefe de família, defendê-los contra as forças da natureza e de terceiros, até que, passada em julgado a partilha, os entregue aos titulares do direito hereditário.[1303]

Ao prestar compromisso, o inventariante assume a posse a administração dos bens que compõem o espólio.

A escolha do inventariante deve dar-se de acordo com a ordem cronológica estabelecida no art. 617 do atual C.P.C., o que significa dizer que o juiz não tem

[1303] Moraes e Barros, H., op. cit., p. 211.

discricionariedade para escolher o inventariante, afastando-se do critério estabelecido na regra processual.

O juiz deve escolher o inventariante dentro da ordem de classe estabelecida pelo art. 617 do atual C.P.C., sendo que se dentro de uma classe houver várias possibilidades, aí sim poderá prevalecer o arbítrio do magistrado. Evidentemente que o juiz não poderá escolher como inventariante aquele que tiver interesse colidente com o do espólio ou com o de algum dos herdeiros.[1304]

A ordem de preferência estabelecida no art. 617 do atual C.P.C. deve ser rigorosamente observada.

As partes também poderão impugnar a nomeação do inventariante, conforme estabelece o art. 627, inc. II do atual C.P.C., *in verbis*:

> *Art. 627. Concluídas as citações, abrir-se-á vistas às partes, em cartório e pelo prazo comum de 15 (quinze) dias, para que se manifestem sobre as primeiras declarações, incumbindo à parte:*
>
> *(...).*
>
> *II – reclamar contra a nomeação do inventariante.*

Dentre as classes preferenciais para a ordem de preferência de nomeação de inventariante encontra-se em primeiro lugar *o cônjuge ou companheiro sobrevivente, desde que estivesse convivendo com o outro ao tempo da morte deste.*

Portanto, tanto o cônjuge quanto o companheiro sobrevivente têm preferência para ser nomeado como inventariante, desde que ao tempo da morte de um deles, o sobrevivente estivesse convivendo com o outro.

Em relação ao companheiro, deve-se ter em mente que não se trata de qualquer companheiro ou companheira, mas, sim, aquele/a que tenha uma relação que possa ser caracterizada ou ter as atribuições decorrentes de uma *união estável*, nos termos do art. 1.723 do atual C.c.b., que assim dispõe: *"É reconhecida como entidade familiar a união estável entre o homem e a mulher, configurada na convivência pública, contínua e duradoura e estabelecida com o objetivo de constituição de família"*.

Recentemente, o S.T.J., sobre o interesse do companheiro ou companheira na participação do inventário, assim preconizou:

> *(...).*
>
> *4. Conquanto o art. 5º da Lei 9.278/96 incida do momento de sua vigência em diante, não se pode negar que o seu espírito nasceu impregnado do senso de justiça e*

[1304] Moraes e Barros, H., idem, p.213.

solidariedade que impõe, na interpretação do § 3º do art. 226 da CF, mesmo antes da correspondente regulamentação, o reconhecimento de que, como entidade familiar que é, a união estável pressupõe a intenção dos seus membros de comungar esforços para o alcance de objetivos que lhes são comuns, sejam eles patrimoniais ou extrapatrimoniais.

5. Essa comunhão de esforços não se restringe à mera contribuição financeira, porque, na divisão de tarefas do cotidiano familiar, outras atividades existem, de igual importância e necessidade para a harmonia do convívio de todos os integrantes e a construção do almejado patrimônio.

6. A tese de que até o advento da Lei 9.278/96 se exige a comprovação do esforço comum, para que tenha o companheiro direito à metade dos bens onerosamente adquiridos na constância da união estável, é construção jurisprudencial que não se coaduna com a natureza própria de entidade familiar, conferida, muito antes, pela Constituição Federal, sob cujos influxos axiológicos deve ser interpretado todo o Direito infraconstitucional.

7. Assim, o preenchimento do vácuo legislativo decorrente da ausência de regulamentação legal do § 3º do art. 226 da Constituição Federal impõe ao Juiz o dever de decidir no sentido que confira máxima efetividade ao dispositivo constitucional que reconhece a união estável como entidade familiar. Para tanto, observando aquilo que ordinariamente acontece – que a formação da família pressupõe o empenho mútuo, no plano material e/ou imaterial, necessário à realização plena de seus integrantes –, a solução da controvérsia outra não deve ser senão a de reconhecer, salvo as exceções legais ou se pactuado diversamente pelos companheiros, o emprego do esforço comum para a aquisição onerosa de bens no curso da vida a dois.

8. Recurso especial conhecido e parcialmente provido.

(REsp 1337821/MG, Rel. Ministra NANCY ANDRIGHI, TERCEIRA TURMA, julgado em 21/11/2013, DJe 29/11/2013)

1. A Lei 8.971/1994, não tratava diretamente da questão relativa aos bens amealhados durante a constância da união estável, na hipótese de dissolução desta por vontade dos companheiros, não podendo, assim, servir como parâmetro para a divisão patrimonial de união estável ocorrida durante sua vigência.

1- A Lei 9.278 organiza, ou fixa, sistemática própria para a produção de provas relativas à existência de esforço comum dentro da união estável, pois cristaliza a presunção iure et de iure de que há esforço comum, fazendo incidir à questão, o disposto no art. 334, IV, do CPC, quanto a desnecessidade de se provar os fatos "em cujo favor milita presunção legal de existência de veracidade.

2. Pela natureza processual dessa presunção de esforço comum, aplica-se a norma desde o momento da vigência da Lei, para suprir a produção de provas quanto a existência de esforço comum, que passa, a partir de então, a ser simplesmente presumido.

3 – Recurso não provido.

(REsp 1159424/RN, Rel. Ministro RICARDO VILLAS BÔAS CUEVA, Rel. p/ Acórdão Ministra NANCY ANDRIGHI, TERCEIRA TURMA, julgado em 05/06/2012, DJe 19/06/2012).

1. Na via do mandado de segurança o direito deve vir líquido e certo, extreme de dúvidas, sendo inadmissível a ampla investigação, a ensejar dilação probatória.

2. O inconformismo acerca do direito de usufruto do impetrante, em contraposição ao direito da ex-companheira (nua proprietária) de permanecer provisoriamente no imóvel, deve ser solucionado no processo de inventário e partilha (já ajuizado), mesmo porque há sentença transitada em julgado – proferida em ação cautelar de separação de corpos, julgada conjuntamente com ação de reconhecimento e dissolução de união estável – determinando o afastamento do ex-companheiro do antigo lar em comum até a finalização do procedimento de individualização e divisão de bens.

3. Agravo regimental a que se nega provimento.

(AgRg no RMS 30.752/SP, Rel. Ministro VASCO DELLA GIUSTINA (DESEMBARGADOR CONVOCADO DO TJ/RS), TERCEIRA TURMA, julgado em 16/09/2010, DJe 22/09/2010)

Outrossim, diante do princípio constitucional *da não discriminação*, a nomeação de inventariante também poderá ocorrer no companheiro ou companheira decorrente de uma relação homossexual, desde que tenha as características de uma união estável.

Em relação ao cônjuge, pouco importa o regime de casamento de bens, podendo ser até na hipótese de separação total de bens.

O pressuposto exigido de convivência com o cônjuge ou companheiro tem sua razão de ser, pois neste caso presume-se que aquele que sobreviveu tem mais conhecimento sobre os bens, direitos e obrigações do espólio.

Outro aspecto que deve ser observado é que a exigência de *convivência* com o outro não se limita à simples morada habitual de pessoas que estão, por exemplo, em processo de divórcio, pois a melhor interpretação para a expressão *convivência* deve ser aquela em que a relação afetiva, de coabitação, de formação de uma família encontra-se evidenciada.

Desta feita, se o companheiro ou o cônjuge estiver separado, ainda que somente de fato, no momento da abertura da sucessão, ou já estiver com processo de divórcio em andamento, não poderá ser indicado como inventariante.

Não sendo possível ao juiz nomear o cônjuge ou companheiro/a como inventariante, deverá seguir a ordem de preferência de nomeação, no caso, o juiz poderá nomear *o herdeiro que se achar na posse e na administração do espólio, se não houver cônjuge ou companheiro sobrevivente ou estes não puderem ser nomeados.*

A escolha poderá recair no herdeiro (homem ou mulher) que se achar na posse e administração do espólio. Esta escolha tem por fundamento a presunção de que este herdeiro, por se encontrar na posse e administração dos bens do espólio, teria mais conhecimento sobre esta situação jurídica, o que lhe confere uma boa condição para o desempenho da função de inventariante.

Evidentemente que a *posse* referida no inciso somente pode ser a *posse direta*, uma vez que a *posse indireta* transmite-se a todos os herdeiros, indistintamente, no momento da abertura da sucessão.

Se nenhum dos herdeiros se encontrar na posse e administração do espólio, a legislação volta a indicar como possível titular do posto de inventariante *o cônjuge sobrevivente, qualquer que seja o regime do casamento.*

Neste caso, o inciso não mais condiciona como critério de indicação do cônjuge sobrevivente a sua efetiva *convivência* com o falecido.

Assim, mesmo que haja separação de fato ou mesmo a interposição de demanda de divórcio, desde que não encerrada, o cônjuge sobrevivente poderá ser indicado como inventariante.

Note-se que pelo Código Civil brasileiro, o cônjuge poderá ser também considerado herdeiro do falecido, desde que ocorra alguma das hipóteses do art. 1.829, incisos I a III:

> *Art. 1.829. A sucessão legítima defere-se na seguinte ordem:*
>
> *I – aos descendentes, em concorrência com o cônjuge sobrevivente, salvo se casado este com o falecido no regime da comunhão universal, ou no da separação obrigatória de bens (art. 1.640, parágrafo único); ou se, no regime da comunhão parcial, o autor da herança não houver deixado bens particulares;*
>
> *II – aos ascendentes, em concorrência com o cônjuge;*
>
> *III – ao cônjuge sobrevivente;*

Observe-se que nesta hipótese não poderá ser indicado como inventariante o companheiro, pois se o companheiro não estiver em *convivência* com o falecido, estará excluído da indicação como inventariante.

Se nenhum dos herdeiros estiver na posse ou administração do inventário, e não houver cônjuge sobrevivente ou companheiro que convivia com o falecido, poderá ser indicado como inventariante *qualquer herdeiro.*

A legislação permite essa indicação, uma vez que todos eles têm uma condição em comum, ou seja, são herdeiros, o que significa dizer, que com a morte passe-se a posse *indireta* dos bens imediatamente aos herdeiros legítimos e testamentários.

Nesta hipótese, todos os herdeiros apresentam presunção de idoneidade para ser indicados como inventariante, razão pela qual o juiz terá certa discricionariedade na indicação, devendo, obviamente, indicar aquele que tenha mais competência, tempo disponível, idoneidade para realizar o *múnus.*

A *praxe* forense tem demonstrado que o juiz nomeia como inventariante o herdeiro que requereu a abertura do inventário, pois se mostrou o mais diligente e goza, com os demais, de igual presunção de idoneidade e capacidade específica.[1305]

Em resumo, duas qualidades devem ser bem acuradas no momento da escolha: a probidade e a qualidade para o encargo, e, se possível, que o inventariante tenha a confiança dos demais herdeiros.

Segundo Hamilton de Moraes e Barros, *"não impede a nomeação o fato de residir no estrangeiro o que seria inventariante. A residência no estrangeiro não impede ninguém de ser parte. O inventariante é, ou passa a ser, o autor da ação de inventário. Toca-lhe realizar o impulso processual. Essa atividade, entretanto, ele a exerce através de advogado, podendo esse, desde que munido dos poderes competentes e expressos, fazer as declarações e assinar os termos. A residência no estrangeiro é um inconveniente, não sendo, entretanto, um impedimento".*[1306]

Se não houver cônjuge ou companheiro sobrevivente que tenha condições para a nomeação, nem mesmo herdeiros maiores e capazes dignos da nomeação poderão ser nomeado inventariante *o herdeiro menor, por seu representante legal.*

Evidentemente que se houver concorrência entre herdeiros maiores e capazes aptos a serem designados inventariantes e herdeiros menores, o juiz deverá dar preferência aos herdeiros maiores e capazes, até porque a plena capacidade para a realização de todos os atos da vida civil facilita a administração do processo de inventário.

Contudo, se não houver a possibilidade de indicar um herdeiro maior e capaz, poderá o juiz, na ordem de preferência, nomear um herdeiro menor, o qual será representado ou assistido pelo seu representante legal.

Note-se que o dispositivo somente fala de um herdeiro *menor*, nada dizendo sobre as outras formas de incapacidade que não seja a menoridade.

Pode-se realizar uma interpretação extensiva ao dispositivo, sob a argumentação de que o legislador disse menos do que deveria dizer.

[1305] MORAES E BARROS, H., idem, p. 216.

[1306] MORAES E BARROS, H., idem, p. 217.

Na verdade, não há argumento plausível ou justificável para não ser permitir que o herdeiro *incapaz* por outra circunstância que não a menoridade não tenha a possibilidade de ser indicado como inventariante, pois este também será representado pelo seu curador, o qual terá capacidade para administrar o processo de inventário.

A interpretação extensiva também se exige para inserir no âmbito do dispositivo o relativamente incapaz que não será representado, mas assistido pelo seu representante legal.

Assim, o compromisso como inventariante será firmado pelo representante legal ou curador do herdeiro incapaz, sendo que a este caberá, de fato e de direito, administrar o espólio.

Note-se que o representante legal do incapaz poderá ser seu pai ou sua mãe, o qual, por sua vez, poderá ser o cônjuge sobrevivente. Nesta hipótese, o incapaz somente será nomeado inventariante se o pai ou a mãe não preencherem os requisitos legais para assumir tal *múnus*.

Também poderá ser indicado como inventariante, na falta dos demais indicados acima, *o testamenteiro, se lhe foi confiada a administração do espólio ou toda a herança estiver distribuída em legados.*

Se o *de cujus* fez um testamento, indicando um testamenteiro e lhe confiou a administração do espólio, isso significa que o falecido tinha plena e irrestrita confiança no testamenteiro nomeado, razão pela qual esta circunstância lhe credencia a ser nomeado inventariante.

O testamenteiro também poderá ser nomeado inventariante se toda a herança estiver distribuída em legados.

É importante salientar que o testador está limitado à distribuição de toda a herança em legados, pois, ele deve respeitar o que dispõem os arts. 1.845 e 1.846 do C.c.b.:

> *Art. 1.845. São herdeiros necessários os descendentes, os ascendentes e o cônjuge.*
>
> *Art. 1.846. Pertence aos herdeiros necessários, de pleno direito, a metade dos bens da herança, constituindo a legítima.*

Por sua vez, estabelece o art. 1.857 do C.c.b.:

> *Art. 1.857. Toda pessoa capaz pode dispor, por testamento, da totalidade dos seus bens, ou de parte deles, para depois de sua morte.*
>
> *§ 1º A legítima dos herdeiros necessários não poderá ser incluída no testamento.*
>
> *§ 2º São válidas as disposições testamentárias de caráter não patrimonial, ainda que o testador somente a elas se tenha limitado.*

Assim, se toda herança está dividida em legado, é porque não existem herdeiros necessários.

Se ao testamenteiro não foi confiada a administração do espólio ou se a herança não está toda ela distribuída em legados, o testamenteiro ocupará a última hipótese da ordem cronológica de nomeação de inventariante.

Não se encontrando em condições para indicação como inventariante qualquer das pessoas acima referidas, a escolha poderá recair *no cessionário do herdeiro ou do legatário.*

Essa recomendação tem por fundamento o interesse do cessionário na herança, pois ele substitui no inventário o herdeiro ou o legatário que lhe transferiu por cessão os direitos hereditários sobre o *monte mor* ou sobre a coisa objeto do legado.

Se não houver nenhuma das pessoas acima indicadas como aptas a exercer o *munus* de inventariante, o juiz deverá indicar *o inventariante judicial, se houver.* E não havendo *inventariante judicial* para ser indicado, o juiz deverá indicar como inventariante *pessoa estranha idônea.*

É possível que determinadas organizações judiciárias tenham instituído a figura do *inventariante judicial*, serventuário apto a exercer o encargo.

Se não houver na organização judiciária a figura do *inventariante judicial*, esse múnus passa *a pessoa estranha*, desde que essa pessoa seja capaz, idônea e tenha possibilidade de administrar o espólio.

Contudo, havendo a indicação de *inventariante dativo*, este, além de representar ativa e passivamente o espólio em juízo (ao contrário do que dizia o C.P.C. de 1973), deverá promover a intimação de todos os sucessores do falecido, nos termos do art. 75, §1º do atual C.P.C.:

> *§ 1º Quando o inventariante for dativo, os sucessores do falecido serão intimados no processo no qual o espólio seja parte.*

Deve-se diferenciar o inventariante *legítimo* do inventariante *dativo*. Legítimo é aquele que tem direito a exercer o encargo, isto é, o cônjuge ou companheiro sobrevivente, o herdeiro, o testamenteiro. Dativo é a pessoa estranha, idônea, que recebe o encargo.

Conforme afirma Hamilton de Moraes e Barros: *"O inventariante dativo, mesmo que seja o inventariante judicial, nas organizações judiciárias que preveem a sua existência, é pessoa estranha à herança e o Legislador houver por bem retirar-lhe, por completo, a representação do espólio, ou seja, a formulação da sua vontade e a sua presença em juízo, para alegar e recorrer em seu nome. Se a ação for movida contra o espólio, isto é, se o espólio for a parte passiva da demanda, e se houver inventariante dativo, a parte, aí, não será o espólio, mas os próprios herdeiros e sucessores e o meeiro, se meeiro existir. O mesmo ocorrerá se houver de ser proposta ação pelo espólio".*[1307]

Prescreve o *parágrafo único* do art. 617 do atual C.P.C. que *o inventariante, intimado da nomeação, prestará, dentro de 5 (cinco) dias, o compromisso de bem e fielmente desempenhar a função.*

É a partir da assinatura desse compromisso que o inventariante passará a ser investido no cargo.

Deverá o inventariante comparecer em juízo, no prazo de cinco dias após a sua intimação, para prestar o compromisso de bem e fielmente desempenhar o cargo. Se não comparecer, e não justificar a sua falta, o juiz revogará a nomeação, passando para a outra hipótese de indicação constante na ordem de preferência.

Sobre o tema, eis os seguintes precedentes do S.T.J.:

Direito processual civil. Sucessões. Recurso especial. Nomeação de inventariante. Regra do art. 990 do CPC. Caráter não absoluto.

Convicção do Juízo formada a partir dos elementos fáticos do processo. Vedado o reexame na via especial.

– A ordem de nomeação de inventariante, prevista no art. 990 do CPC, não apresenta caráter absoluto, podendo ser alterada em situação de fato excepcional, quando tiver o Juiz fundadas razões para tanto, forte na existência de patente litigiosidade entre as partes.

Evita-se, dessa forma, tumultos processuais desnecessários.

– Se o Tribunal de origem atesta a ocorrência de situação de fato excepcional consubstanciada na existência de animosidade entre as partes, admite-se o temperamento da ordem legal de nomeação de inventariança, conforme firme convicção do Juiz que repousa na ponderada análise dos elementos fáticos do processo.

– Esquadrinhar o convencimento motivado do Juízo calcado em circunstâncias fáticas constantes dos autos é procedimento vedado na via especial.

Recurso especial não conhecido.

(REsp 1055633/SP, Rel. Ministra NANCY ANDRIGHI, TERCEIRA TURMA, julgado em 21/10/2008, DJe 16/06/2009).

– Para efeitos de nomeação de inventariante, os herdeiros testamentários são equiparados aos herdeiros necessários e legítimos.

– Herdeiro menor ou incapaz não pode ser nomeado inventariante, pois é impossibilitado de praticar ou receber diretamente atos processuais; sendo que para os quais

[1307] Moraes e Barros, H., idem, p. 219.

não é possível o suprimento da incapacidade, uma vez que a função de inventariante é personalíssima.

– Os herdeiros testamentários, maiores e capazes, preferem ao testamenteiro na ordem para nomeação de inventariante.

– Existindo herdeiros maiores e capazes, viola o inciso III, do art. 990, do CPC, a nomeação de testamenteiro como inventariante.

Recurso especial conhecido e provido.

(REsp 658.831/RS, Rel. Ministra NANCY ANDRIGHI, TERCEIRA TURMA, julgado em 15/12/2005, DJ 01/02/2006, p. 537)

– A ordem prevista no art. 990 do CPC não é absoluta, podendo ser alterada em situação de fato excepcional.

– Em sede de recurso especial não se reexamina matéria fático-probatória. Incidência da Súmula n. 7–STJ.

Recurso especial não conhecido.

(REsp 402.891/RJ, Rel. Ministro BARROS MONTEIRO, QUARTA TURMA, julgado em 01/03/2005, DJ 02/05/2005, p. 353).

Inventário. Nomeação de inventariante designado no testamento do autor da herança. Revisão da decisão agravada considerando que os herdeiros necessários estão em condições de assumir o encargo.

(...).

4. Quanto ao art. 990, IV, embora em casos concretos, diante do cenário de fato, possa ser alterada a ordem nele estabelecida, o exame da Corte, neste feito, é inviável porque o Acórdão recorrido cuidou da realidade fática, observando as circunstâncias concretas para decidir pela capacidade dos herdeiros necessários. Coberta está a decisão pela Súmula nº 07 da Corte.

5. Quanto ao art. 515, § 1°, do Código de Processo Civil, o Tribunal de origem julgou a questão que foi posta pelos agravantes, confinada ao ato de nomeação do inventariante, alinhando as razões pelas quais entendeu de rever a decisão agravada, alcançando os aspectos que reputou relevantes para afastar a nomeação do recorrente. Não há, portanto, violação alguma, ademais de estar o dispositivo vinculado ao recurso de apelação.

6. Não existe chance de prosperar a alegada violação aos artigos 473 c/c o 986 do Código de Processo Civil, que sequer mereceu desenvolvimento adequado por parte do recorrente, sendo, ainda, impertinente ao quadro dos autos.

(...).

(REsp 399.442/RJ, Rel. Ministro CARLOS ALBERTO MENEZES DIREITO, TERCEIRA TURMA, julgado em 20/08/2002, DJ 07/10/2002, p. 251).

PROCESSO CIVIL. INVENTÁRIO. LEVANTAMENTO DE VALORES. Administrador, que é, o inventariante tem a obrigação de zelar pela conservação do patrimônio do espólio. A falta de pagamento de impostos e de quotas condominiais acarreta o pagamento de encargos adicionais (v.g., multa e juros de mora), quando não a própria perda dos imóveis por força de eventual execução judicial. Consequentemente, tem o inventariante o direito de dispor das quantias correspondentes para solver as obrigações propter rem. Recurso especial conhecido e provido em parte.

(REsp 930.983/RJ, Rel. Ministro ARI PARGENDLER, TERCEIRA TURMA, julgado em 15/04/2008, DJe 16/05/2008)

Art. 618

Incumbe ao inventariante:

I – representar o espólio ativa e passivamente, em juízo ou fora dele, observando-se, quanto ao dativo, o disposto no art. 75, § 1º;

II – administrar o espólio, velando-lhe os bens com a mesma diligência que teria se seus fossem;

III – prestar as primeiras e as últimas declarações pessoalmente ou por procurador com poderes especiais;

IV – exibir em cartório, a qualquer tempo, para exame das partes, os documentos relativos ao espólio;

V – juntar aos autos certidão do testamento, se houver;

VI – trazer à colação os bens recebidos pelo herdeiro ausente, renunciante ou excluído;

VII – prestar contas de sua gestão ao deixar o cargo ou sempre que o juiz lhe determinar;

VIII – requerer a declaração de insolvência.

Incumbência do inventariante

O atual C.P.C., assim como já o fazia o C.P.C. de 1973, houve por bem enumerar os encargos e obrigações do inventariante.

Se o inventariante já era administrador provisório, cabia-lhe a representação ativa e passiva do espólio, dando sequência com ele próprio. Se não o era, sucede ao administrador provisório.

Como se percebe, o espólio não tem personalidade jurídica, ou seja, não é uma pessoa jurídica, nem é uma pessoa física. Trata-se de mera massa patrimonial autônoma. Confere-lhe o Direito, contudo, legitimidade para estar em juízo, ou *capacidade processual*, devendo por isso ser representado por quem de direito.

O art. 75, inc. VII, do atual C.P.C., estabelece que o espólio é *representado* em juízo, ativa e passivamente, pelo *inventariante,* salvo se se tratar de inventariante *dativo,* que deve ser observado o disposto no §1º do art. 75 do atual C.P.C.

Aduz Pontes de Miranda que *"trata-se de representação dos herdeiros e dos legatários e demais interessados. No art. 991, I (C.P.C. de 1973), repete-se que o inventariante representa. Tal representação não exclui os representados, se atendemos à relação jurídica entre representante e partes. Essas podem falar na ação como litisconsortes. Se o inventariante se recusa a pleitear, qualquer delas pode fazê-lo".*[1308]

Deve-se diferenciar o inventariante *legítimo* do inventariante *dativo.* Legítimo é aquele que tem direito a exercer o encargo, isto é, o cônjuge ou companheiro sobrevivente, o herdeiro, o testamenteiro. Dativo é a pessoa estranha, idônea, que recebe o encargo.

Assim, diante de uma demanda de petição de herança, basta a citação do espólio na pessoa do inventariante legítimo, sem necessidade de citação do testamenteiro, do herdeiro ou do cônjuge. Já em se tratando de inventariante dativo, todos esses devem ser intimados para compor o polo passivo da relação processual.

Tem de ser o inventariante uma pessoa natural, devendo no processo de inventário dar-lhe o impulso necessário para a sua conclusão que se dá com a partilha dos bens e pagamento das dívidas.

Para além do processo, compete ao inventariante administrar o espólio, zelando por sua integridade e resguardando sua utilidade, devendo promover as demandas necessárias para sua proteção.

O inventariante, na proteção dos bens do espólio, deve agir como agiria se os bens lhe pertencessem.

Diante do fato de que sua atuação é transitória, não lhe compete iniciativas arrojadas, nem as de longa duração, eis que outras podem ser as intenções dos sucessores. Não se lhe permite subestimar ou substituir tais vontades. Deve, contudo, manter os trabalhos e iniciativas já realizadas pelo morto, tanto quanto baste para colheita dos resultados úteis pretendidos. Deve recolher os frutos naturais, civis ou industriais, sendo responsável por sua inércia ou omissão. As despesas que forem necessárias para a manutenção do empreendimento ou dos bens do espólio, despesas ordinárias e gerais, essas o inventariante pode realizar dentro do encargo do administrador e dentro das posses do espólio. O que for conveniente ou aconselhável, mas que vai além das rotinas administrativas,

[1308] Pontes de Miranda. *Comentários ao código de processo civil.* Tomo XIV (arts. 982-1.045). Rio de Janeiro: Forense, 1977. p. 66 e 67.

somente poderá realizá-las mediante audiência dos interessados e com autorização do juiz.[1309]

Uma vez firmado o compromisso, o inventariante, dentro do processo de inventário, deverá prestar as *primeiras declarações e as últimas declarações* pessoalmente ou mediante procurador com poderes especiais. Assim, se o fizer por meio de um advogado, deverá a procuração outorgada ao advogado conter *poderes especiais para prestar as primeiras e/ou últimas declarações.*

As *primeiras e últimas declarações* prestadas no processo de inventário, se não forem refutadas com provas convincentes, terão presunção de veracidade e legitimidade.

Se a refutação das declarações prestadas pelo inventariante demandar outras provas que não as meramente documentais, o juiz do inventário determinará que a questão seja objeto de procedimento ordinário.

As declarações prestadas pelo inventariante, seja pessoalmente por termos nos autos, ou por meio de procurador com poderes especiais (que pode ser o próprio advogado), acarretam-lhe a plena responsabilidade civil. Se forem falsas e prestadas com dolo, serão objeto de tipificação penal.[1310]

Se o inventariante não cumprir com o seu dever processual de prestar as primeiras ou as últimas declarações, poderá ser removido, nos termos do art. 622, inc. I, do atual C.P.C.

O inventariante também tem o dever de *exibir em cartório, a qualquer tempo, para exame das partes, os documentos relativos ao espólio.*

As partes, sem dúvida, têm legitimidade para analisar todos os documentos relativos ao espólio, devendo o inventariante exibi-los em juízo quando solicitado.

A parte terá direito de ingressar com pedido de exibição de documento, ou mesmo de requerer a busca e apreensão do documento para que possa analisá-lo e avaliá-lo.

Deverá o inventariante, ainda no âmbito do processo de inventário, *juntar aos autos certidão do testamento, se houver.*

Do testamento deixado pelo falecido, há de ser tirada *certidão,* para que o inventariante peça que seja juntada ao processo. Sem isso, não podem o inventariante e as partes ter ciência de qual destino terão os bens da herança.

Também deverá o inventariante *trazer à colação os bens recebidos pelo herdeiro ausente, renunciante ou excluído.*

1309 Moraes e Barros, H., op. cit., p. 225.
1310 Moraes e Barros, H., idem, p. 226.

Normalmente, a colação dos bens recebidos é feita pelo próprio herdeiro que recebeu os bens.

Contudo, na hipótese de herdeiro ausente, renunciante à herança, ou excluído da sucessão hereditária, a responsabilidade de trazer à colação é do inventariante.

Sobre o instituto da colação, estabelecem os arts. 2002 a 2012 do C.c.b.:

Art. 2.002. Os descendentes que concorrerem à sucessão do ascendente comum são obrigados, para igualar as legítimas, a conferir o valor das doações que dele em vida receberam, sob pena de sonegação.

Parágrafo único. Para cálculo da legítima, o valor dos bens conferidos será computado na parte indisponível, sem aumentar a disponível.

Art. 2.003. A colação tem por fim igualar, na proporção estabelecida neste Código, as legítimas dos descendentes e do cônjuge sobrevivente, obrigando também os donatários que, ao tempo do falecimento do doador, já não possuírem os bens doados.

Parágrafo único. Se, computados os valores das doações feitas em adiantamento de legítima, não houver no acervo bens suficientes para igualar as legítimas dos descendentes e do cônjuge, os bens assim doados serão conferidos em espécie, ou, quando deles já não disponha o donatário, pelo seu valor ao tempo da liberalidade.

Art. 2.004. O valor de colação dos bens doados será aquele, certo ou estimativo, que lhes atribuir o ato de liberalidade.

§ 1º Se do ato de doação não constar valor certo, nem houver estimação feita naquela época, os bens serão conferidos na partilha pelo que então se calcular valessem ao tempo da liberalidade.

§ 2º Só o valor dos bens doados entrará em colação; não assim o das benfeitorias acrescidas, as quais pertencerão ao herdeiro donatário, correndo também à conta deste os rendimentos ou lucros, assim como os danos e perdas que eles sofrerem.

Art. 2.005. São dispensadas da colação as doações que o doador determinar saiam da parte disponível, contanto que não a excedam, computado o seu valor ao tempo da doação.

Parágrafo único. Presume-se imputada na parte disponível a liberalidade feita a descendente que, ao tempo do ato, não seria chamado à sucessão na qualidade de herdeiro necessário.

Art. 2.006. A dispensa da colação pode ser outorgada pelo doador em testamento, ou no próprio título de liberalidade.

Art. 2.007. São sujeitas à redução as doações em que se apurar excesso quanto ao que o doador poderia dispor, no momento da liberalidade.

§ 1º O excesso será apurado com base no valor que os bens doados tinham, no momento da liberalidade.

§ 2º A redução da liberalidade far-se-á pela restituição ao monte do excesso assim apurado; a restituição será em espécie, ou, se não mais existir o bem em poder do donatário, em dinheiro, segundo o seu valor ao tempo da abertura da sucessão, observadas, no que forem aplicáveis, as regras deste Código sobre a redução das disposições testamentárias.

§ 3º Sujeita-se a redução, nos termos do parágrafo antecedente, a parte da doação feita a herdeiros necessários que exceder a legítima e mais a quota disponível.

§ 4º Sendo várias as doações a herdeiros necessários, feitas em diferentes datas, serão elas reduzidas a partir da última, até a eliminação do excesso.

Art. 2.008. Aquele que renunciou a herança ou dela foi excluído, deve, não obstante, conferir as doações recebidas, para o fim de repor o que exceder o disponível.

Art. 2.009. Quando os netos, representando os seus pais, sucederem aos avós, serão obrigados a trazer à colação, ainda que não o hajam herdado, o que os pais teriam de conferir.

Art. 2.010. Não virão à colação os gastos ordinários do ascendente com o descendente, enquanto menor, na sua educação, estudos, sustento, vestuário, tratamento nas enfermidades, enxoval, assim como as despesas de casamento, ou as feitas no interesse de sua defesa em processo-crime.

Art. 2.011. As doações remuneratórias de serviços feitos ao ascendente também não estão sujeitas a colação.

Art. 2.012. Sendo feita a doação por ambos os cônjuges, no inventário de cada um se conferirá por metade.

Evidentemente que tendo o inventariante a possibilidade de administrar o inventário, ou seja, bens que não lhe pertence, pelo menos na integralidade, deverá sempre *prestar contas de sua gestão ao deixar o cargo ou sempre que o juiz lhe determinar.*

A prestação de contas será tanto para o juiz, como principalmente para os herdeiros que receberão a herança.

A prestação de contas será realizada nos próprios autos do inventário ou em apenso a eles, a critério do juiz. O Código não dispõe a esse respeito, razão pela qual as duas formas de prestação de contas são válidas.[1311]

Por fim, incumbe ao inventariante *requerer a declaração de insolvência.*

Segundo prescreve o art. 1.052 do atual C.P.C., até que seja editada lei específica, as execuções contra devedor insolvente, em curso ou que venham a ser propostas, permanecem reguladas pelo Livro II, Título IV, do C.P.C. de 1973.

[1311] Moraes e Barros, H., idem, p. 227

Tendo em vista que o inventariante tem o dever de realizar um confronto de contas, ou seja, verificar as dívidas ativas e passivas do espólio, verificando que o passivo é maior que o ativo, tem o inventariante de requerer a insolvência civil ou mesmo a falência do empresário, se for o caso.

Sobre o tema eis os seguintes precedentes do S.T.J.:

– Nas instâncias ordinárias, verificada a falta de instrumento de mandato ou defeito na representação da parte, incumbe ao Magistrado ensejar o suprimento da falta, assinando prazo razoável para tanto.

Precedentes.

É sanável a falta de representação do Espólio, por seu inventariante.

Recurso especial conhecido e provido.

(REsp 331.071/PR, Rel. Ministro BARROS MONTEIRO, QUARTA TURMA, julgado em 09/11/2004, DJ 07/03/2005, p. 259).

I – Em observância ao Princípio da Saisine, corolário da premissa de que inexiste direito sem o respectivo titular, a herança, compreendida como sendo o acervo de bens, obrigações e direitos, transmite-se, como um todo, imediata e indistintamente aos herdeiros. Ressalte-se, contudo, que os herdeiros, neste primeiro momento, imiscuir-se-ão apenas na posse indireta dos bens transmitidos. A posse direta, conforme se demonstrará, ficará a cargo de quem detém a posse de fato dos bens deixados pelo de cujus ou do inventariante, a depender da existência ou não de inventário aberto;

II – De todo modo, enquanto não há individualização da quota pertencente a cada herdeiro, o que se efetivará somente com a consecução da partilha, é a herança, nos termos do artigo supracitado, que responde por eventual obrigação deixada pelo de cujus. Nessa perspectiva, o espólio, que também pode ser conceituado como a universalidade de bens deixada pelo de cujus, assume, por expressa determinação legal, o viés jurídico-formal, que lhe confere legitimidade ad causam para demandar e ser demandado em todas aquelas ações em que o de cujus integraria o polo ativo ou passivo da demanda, se vivo fosse;

III – Pode-se concluir que o fato de inexistir, até o momento da prolação do acórdão recorrido, inventário aberto (e, portanto, inventariante nomeado), não faz dos herdeiros, individualmente considerados, partes legítimas para responder pela obrigação, objeto da ação de cobrança, pois, como assinalado, enquanto não há partilha, é a herança que responde por eventual obrigação deixada pelo de cujus e é o espólio, como parte formal, que detém legitimidade passiva ad causam para integrar a lide;

IV – Na espécie, por tudo o que se expôs, revela-se absolutamente correta a promoção da ação de cobrança em face do espólio, representado pela cônjuge supérstite, que, nessa qualidade, detém, preferencialmente, a administração, de fato, dos bens do de cujus, conforme dispõe o artigo 1797 do Código Civil;

V – Recurso Especial provido.

(REsp 1125510/RS, Rel. Ministro MASSAMI UYEDA, TERCEIRA TURMA, julgado em 06/10/2011, DJe 19/10/2011)

Administrador, que é, o inventariante tem a obrigação de zelar pela conservação do patrimônio do espólio. A falta de pagamento de impostos e de quotas condominiais acarreta o pagamento de encargos adicionais (v.g., multa e juros de mora), quando não a própria perda dos imóveis por força de eventual execução judicial. Consequentemente, tem o inventariante o direito de dispor das quantias correspondentes para solver as obrigações propter rem. Recurso especial conhecido e provido em parte.

(REsp 930.983/RJ, Rel. Ministro ARI PARGENDLER, TERCEIRA TURMA, julgado em 15/04/2008, DJe 16/05/2008)

Art. 619

Incumbe ainda ao inventariante, ouvidos os interessados e com autorização do juiz:

I – alienar bens de qualquer espécie;

II – transigir em juízo ou fora dele;

III – pagar dívidas do espólio;

IV – fazer as despesas necessárias para a conservação e o melhoramento dos bens do espólio.

Outras incumbências do inventariante mediante autorização judicial

Muito embora o inventariante não necessite ouvir os interessados, muito menos de autorização judicial para a realização dos deveres previstos no art. 618 do atual C.P.C., o mesmo não ocorre em relação às prerrogativas indicadas nos incisos do art. 619 do atual C.P.C., pois o inventariante somente poderá exercer tais prerrogativas após ouvir os interessados e com a devida autorização judicial.

Assim, para alienar bens, sejam móveis ou imóveis, o inventariante deverá ouvir os interessados e requerer autorização judicial, salvo, evidentemente, se essa alienação corresponder ao ativo circulante de determinada empresa do espólio, cuja alienação é necessária inclusive para a gestão normal e geral da empresa.

Deve-se abranger na expressão *alienação* também as hipóteses de *oneração*, como, por exemplo, dar os bens em penhor, hipoteca ou anticrese.

Também não poderá o inventariante sem ouvir os interessados e sem autorização do juiz *transigir em juízo ou fora dele*, pois, de certa forma, a transação envolve renúncia de ambas as partes, o que poderá ensejar uma espécie de transferência de bens ou de renúncia de crédito em favor do espólio, prejudicando os sucessores hereditários.

Da mesma forma, sem autorização do juiz e sem ouvir os interessados, o inventariante não *poderá pagar dívidas do espólio*, salvo, evidentemente, em se tratando de uma empresa, das dívidas que correspondem ao próprio funcionamento da empresa, como, por exemplo, fornecedores, folha de salário etc.

O pagamento das dívidas do espólio deverá ser feito no momento certo e mediante a oitiva dos interessados e autorização judicial.

Também não poderá o inventariante, sem ouvir os interessados e sem autorização do juiz, *fazer as despesas com a conservação e melhoramento dos bens do espólio*. Por isso, salvo em situação de urgência, não poderá o inventariante realizar benfeitorias necessárias, úteis ou voluptuárias, muito menos acessões (construções), sem cumprir o requisito previsto no *caput* do art. 619 do atual C.P.C.

Além das atribuições expressamente conferidas pelo Código de Processo Civil, pode o inventariante, como administrador que é da herança:

"– requerer prorrogação do prazo para a conclusão do inventário;

– defender-se e produzir provas, no prazo de cinco dias, no caso de ser requerida sua remoção;

– usar, depois de autorizado pelo juiz, dos interditos possessórios, contra estranhos ou contra os próprios herdeiros, quando ameacem, perturbem ou esbulhem a posse da herança sob sua administração;

– atender às despesas necessárias e úteis de conservação dos bens, motivados por consertos e reparos;

– promover a cobrança e recebimento das dívidas ativas do espólio, amigável ou judicialmente, propondo, se necessário, as ações próprias;

– arrendar ou alugar prédios rústicos ou urbanos para produzir renda para o espólio, mas em contrato de breve vencimento, de modo que este não ultrapasse a conclusão do inventário, ou o julgamento da partilha, e, mesmo assim, com devida autorização do juiz do inventário;

– alienar, mediante consentimento dos herdeiros e autorização do juiz, por alvará, os bens, quando constituírem frutos destinados à venda ou que sejam de difícil conservação, facilmente sujeitos a deterioração;

– requerer a execução da sentença de ação em que o espólio for vencedor;

– contratar, depois é autorizado pelo juiz, advogado para o inventário e ações dele decorrentes, e os respectivos honorários serão pagos pelo monte;

– opor embargos de terceiros;

– fazer apelação e agravos em nome do espólio e demais recursos que se fizerem necessário".[1312]

Art. 620

Dentro de 20 (vinte) dias contados da data em que prestou o compromisso, o inventariante fará as primeiras declarações, das quais se lavrará termo circunstanciado, assinado pelo juiz, pelo escrivão e pelo inventariante, no qual serão exarados:

I – o nome, o estado, a idade e o domicílio do autor da herança, o dia e o lugar em que faleceu e se deixou testamento;

II – o nome, o estado, a idade, o endereço eletrônico e a residência dos herdeiros e, havendo cônjuge ou companheiro supérstite, além dos respectivos dados pessoais, o regime de bens do casamento ou da união estável;

III – a qualidade dos herdeiros e o grau de parentesco com o inventariado;

IV – a relação completa e individualizada de todos os bens do espólio, inclusive aqueles que devem ser conferidos à colação, e dos bens alheios que nele forem encontrados, descrevendo-se:

a) os imóveis, com as suas especificações, nomeadamente local em que se encontram, extensão da área, limites, confrontações, benfeitorias, origem dos títulos, números das matrículas e ônus que os gravam;

b) os móveis, com os sinais característicos;

c) os semoventes, seu número, suas espécies, suas marcas e seus sinais distintivos;

d) o dinheiro, as joias, os objetos de ouro e prata e as pedras preciosas, declarando-se-lhes especificadamente a qualidade, o peso e a importância;

e) os títulos da dívida pública, bem como as ações, as quotas e os títulos de sociedade, mencionando-se-lhes o número, o valor e a data;

f) as dívidas ativas e passivas, indicando-se-lhes as datas, os títulos, a origem da obrigação e os nomes dos credores e dos devedores;

g) direitos e ações;

h) o valor corrente de cada um dos bens do espólio.

[1312] Souza, O, op. cit., p. 63 e 64.

§ 1º O juiz determinará que se proceda:

I – ao balanço do estabelecimento, se o autor da herança era empresário individual;

II – à apuração de haveres, se o autor da herança era sócio de sociedade que não anônima.

§ 2º As declarações podem ser prestadas mediante petição, firmada por procurador com poderes especiais, à qual o termo se reportará.

Das primeiras declarações

A primeira função importante do inventariante, após prestar o compromisso de bem e fiel cumprir o *múnus* que lhe foi outorgado, é justamente apresentar no processo do inventário *as primeiras declarações.*

As chamadas declarações do inventariante são *comunicações de conhecimento*, e não *declarações de vontade*. Por isso, *"nas ações em que se vai proceder à partilha, certa cognição prévia é indispensável, e as afirmações do inventariante são tidas como verdadeiras, até que sejam destruídas.*[1313]

As primeiras declarações são a peça principal do inventário. Pode-se dizer que se trata de sua estrutura principal, pois nelas constarão a qualificação dos herdeiros, do falecido e do cônjuge meeiro, a relação dos bens do espólio, bem como as dívidas que devem ser pagas.

Conforme estabelece o art. 620 do atual C.P.C., o inventariante deverá prestar as primeiras declarações no prazo de vinte dias, contado da assinatura do termo de compromisso.

As declarações prestadas pessoalmente ou por procurador especial serão lavradas em termo circunstanciado.

Segundo Hamilton de Moraes e Barros: *"no que o código chama de auto de declarações do inventariante e que o diploma anterior batizara por termo, existem, em realidade, três ordens de declarações, que, individualmente, bem poderiam constituir outros tantos termos autônomos: as primeiras declarações propriamente ditas; o termo de declaração de herdeiros e o termo de descrição e avaliação de bens. São declarações independentes entre si, perfeitamente desmembráveis, cada qual, pode-se dizer, com especial finalidade dentro desse procedimento"*.[1314]

É importante salientar que eventual omissão ou erro constante das primeiras declarações poderá ser retificado quando da apresentação das *últimas declarações.*

[1313] Pontes de Miranda, op. cit., p. 85.
[1314] Moraes e Barros, H., op. cit., p. 231.

Em regra, nas primeiras declarações o inventariante deverá informa o nome do autor da herança, seu estado civil, sua idade e seu domicílio, bem como o dia e lugar em que faleceu. Deve informar se deixou ou não testamento. Se casado, deve informar o regime de bens. Para tanto deve juntar a certidão de óbito, a certidão de nascimento ou casamento, a certidão do testamento e o pacto antenupcial.

A informação do estado civil é de rigor, inclusive porque tal indicação poderá influir na nomeação do inventariante.

O último domicílio do falecido deve ser informado, pois é com base nele que o juiz irá verificar a competência para processar o inventário e partilha.

A outra parte das primeiras declarações diz respeito aos herdeiros, a sua qualificação e qualidade na ordem sucessória. Deverá ser indicado o nome, o estado civil, a idade, o endereço eletrônico e a residência dos herdeiros e, havendo cônjuge ou companheiro supérstite, além dos respectivos dados pessoais, o regime de bens do casamento ou da união estável.

Nome, estado civil são indispensáveis. A indicação da idade é importante para se conhecer a capacidade processual dos herdeiros. Outrossim, se algum herdeiro ainda não nasceu, é de exigir-se tal afirmação, especialmente se há verba testamentária em favor de prole futura, e ainda não nasceu nenhum dos beneficiados. Se está concebido e já há a pretensão, é possível e necessária a comunicação.[1315]

A parte final das primeiras declarações deve fazer referência às dívidas e à descrição dos bens, arrolando cada qual com sua característica, quantidade, qualidade, descrição pormenorizada, apresentando avaliação de acordo com o valor que teriam na data da abertura da sucessão.

Segundo Pontes de Miranda: *"o juiz pode deferir o pedido de entrega de bem alheio, se o inventariante o declarou e os interessados concordaram; ou se aquele o declarou e esses não concordaram, ou vice-versa, ou, ainda, se nem aquele nem esses concordaram, se há prova documental... Se os bens já estavam penhorados, prosseguindo-se na execução, tudo se passa fora do juízo do inventário e partilha...Se há bens do espólio em posse de terceiros, sem que sejam possuidores mediatos os herdeiros, ou o seja o herdeiro, não se incluem na relação de bens como bens possuídos, mas são de incluir-se o direito, a pretensão e a ação para haver-lhes a posse...Se ainda não se fez o registro do imóvel, ou há apenas pré-contrato, tem-se de incluir nos bens inventariados o direito do 'de cujo'..."*[1316]

Em regra, conforme estabelece o art. 620 do atual C.P.C., nas primeiras declarações deverão, em tese, constar:

1315 Pontes de Miranda, op. cit., p. 74.
1316 Pontes de Miranda, idem, p. 75 a 77.

I – nome, o estado, a idade e o domicílio do autor da herança, o dia e o lugar em que faleceu e bem ainda se deixou testamento;

II – o nome, o estado, a idade, o endereço eletrônico e a residência dos herdeiros e, havendo cônjuge ou companheiro supérstite, além dos respectivos dados pessoais, o regime de bens do casamento ou da união estável;

III – a qualidade dos herdeiros e o grau de parentesco com o inventariado;

IV – a relação completa e individualizada de todos os bens do espólio, inclusive aqueles que devem ser conferidos à colação, e dos alheios que nele forem encontrados, descrevendo-se:

a) os imóveis, com as suas especificações, nomeadamente local em que se encontram, extensão da área, limites, confrontações, benfeitorias, origem dos títulos, números das matrículas e ônus que os gravam;

b) os móveis, com os sinais característicos (mobiliários, tapetes, quadros, aparelhos de porcelana, automóveis etc);

c) os semoventes, seu número, suas espécies, suas marcas e sinais distintivos (cavalo, carneiros, galinhas, bois, inclusive as vacas prenhas);

d) o dinheiro, as joias, os objetos de ouro e prata e as pedras preciosas, declarando-se-lhes especificadamente a qualidade, o peso e a importância;

e) os títulos da dívida pública, bem como as ações, as quotas e os títulos de sociedade, mencionando-se-lhes o número, o valor e data;

f) as dívidas ativas e passivas, indicando-se-lhes as datas, os títulos, a origem da obrigação e os nomes dos credores e dos devedores;

g) direitos e ações;

h) o valor corrente de cada um dos bens do espólio.

Sobre o tema, eis o seguinte precedente do S.T.J.:

2. A promessa de compra e venda identificada como direito real ocorre quando o instrumento público ou particular é registrado no cartório de registro de imóveis, o que não significa que a ausência do registro retire a validade do contrato.

3. A gradação do instituto da promessa de compra e venda fica explícita no art. 25 da Lei n. 6.766/1979, que prevê serem irretratáveis os compromissos de compra e venda, cessões e promessas de cessão, os que atribuem direito a adjudicação compulsória e, estando registrados, conferem direito real oponível a terceiros.

4. Portanto, no caso concreto, parece lógico admitir a inclusão dos direitos oriundos do contrato de promessa de compra e venda de lote em inventário, ainda que sem registro imobiliário. Na verdade, é facultado ao promitente comprador adjudicar compulsoriamente imóvel objeto de contrato de promessa de compra e venda não registrado, e a Lei n. 6.766/1979 admite a transmissão de propriedade de lote tão somente em decorrência de averbação da quitação do contrato preliminar, independentemente de celebração de contrato definitivo, por isso que deve ser inventariado o direito daí decorrente.

5. O compromisso de compra e venda de imóvel é suscetível de apreciação econômica e transmissível a título inter vivos ou causa mortis, independentemente de registro, porquanto o escopo deste é primordialmente resguardar o contratante em face de terceiros que almejem sobre o imóvel em questão direito incompatível com a sua pretensão aquisitiva, o que não é o caso dos autos.

6. Recurso especial provido.

(REsp 1185383/MG, Rel. Ministro LUIS FELIPE SALOMÃO, QUARTA TURMA, julgado em 08/04/2014, DJe 05/05/2014)

Em se tratando de empresário individual ou de sócio de sociedade empresarial ou simples, o *§1º do art. 620* do atual C.P.C. preconiza que *o juiz determinará que se proceda: I – ao balanço do estabelecimento, se o autor da herança era empresário individual; II – à apuração de haveres, se o autor da herança era sócio de sociedade que não anônima.*

O juiz determinará que se proceda ao balanço do estabelecimento, na hipótese de ser o autor da herança empresário individual, ou que se faça a apuração dos haveres (dissolução parcial da sociedade), se o autor da herança era sócio de sociedade que não anônima.

As ações que o autor da herança porventura possui em sociedade anônima deverão ser arroladas como outros bens do espólio.

Para Leão Vieira Starling[1317], quando o falecido for comerciante (empresário) em nome individual, o balanço do estabelecimento comercial e a sua liquidação devem ser feitos no próprio juízo do inventário. O balanço pode ser feito pelo próprio inventariante, que também pode ser o liquidante. O balanço ou o instrumento de liquidação será juntado em apenso aos autos de inventário, para ciência e audiência dos interessados.

No inventário deverá figurar apenas o resultado líquido do balanço, positivo, ou negativo.

Declarada a falência do espólio, será suspenso o inventário até o encerramento da falência.

Na lição de Humberto de Moraes e Barros, *"o problema de continuar, ou não, a atividade comercial do 'de cujus' com seus sucessores, ou o seu cônjuge, é problema de direito material que o juiz do inventário tem de decidir, caso por caso, pesando conveniências e contra-indicações, além das proibições legais...*

[1317] Starlgin, L. V., op. cit., p. 221.

A morte do sócio pode acarretar, ou não, a dissolução da sociedade comercial.

No juízo do inventário somente se dará a liquidação do estabelecimento comercial, se se trata de estabelecimento de comerciante em nome individual. No juízo cível, ou comercial, em outro feito, é que terá lugar seja a dissolução de sociedade comercial, seja a simples apuração de haveres. Coisa diferente é se o mesmo juiz tem as duas competências, a orfanológica e a civil ou comercial. Nesse caso, será o juiz dos dois processos, do feito cível – do inventário e da partilha – e do feito comercial, da dissolução de sociedade ou da simples apuração de haveres".[1318]

A apuração dos haveres requer o balanço social, com a participação do inventariante, do representante do herdeiro incapaz ou do curador especial desse incapaz. Essa apuração de haveres será junta em apenso aos autos do inventário, falando sobre elas os interessados. Por isso: *"devendo continuar a sociedade mercantil depois da morte do sócio, os herdeiros desse não se transformam em seus sucessores na sociedade, ocupando o que seria o seu lugar. São e serão apenas credores pelos haveres apurados. Não podem, por isso, pedir a dissolução ou a liquidação da sociedade, mas tão-somente reclamar os fundos a eles pertencentes. Ocorrendo a dissolução da sociedade por morte de um sócio, terá lugar sua liquidação, que se processará no juízo comercial. A liquidação poderá ser amigável, com a intervenção do inventariante, do representante legal do incapaz e do seu curador. Havendo divergência, a liquidação deve fazer-se judicialmente. O que se descreverá em inventário, é o saldo havido com a liquidação da sociedade mercantil. Esse é que irá computar-se na herança, seja para pagamento do imposto, seja para a partilha".*[1319]

Estabelece o §2º *do art. 620* do atual C.P.C. que *as declarações podem ser prestadas mediante petição, firmada por procurador com poderes especiais, à qual o termo se reportará.*

No caso, as declarações podem ser prestadas mediante petição, firmada por procurador com poderes especiais, de preferência advogado, à qual o termo se reportará.

Este dispositivo teve por finalidade simplificar o procedimento quando a declaração é prestada por petição. Nesta hipótese, o termo lavrado apenas fará referência à petição apresentada, razão pela qual a própria petição fará parte do termo das primeiras declarações.

[1318] Moraes e Barros, H., op. cit., p. 236.
[1319] Moraes e Barros, H., idem, p. 236 e 237.

Art. 621

Só se pode arguir sonegação ao inventariante depois de encerrada a descrição dos bens, com a declaração, por ele feita, de não existirem outros por inventariar.

Momento para alegação de sonegação

Conforme se viu, uma das obrigações do inventariante ao elaborar as primeiras declarações é justamente descrever minuciosamente os bens que serão inventariados e partilhados. Essa relação é minuciosa, envolvendo todos os bens do patrimônio.

Tendo em vista que o inventariante poderá retificar as primeiras declarações, inclusive com a apresentação das últimas declarações, somente quando apresentadas estas com a afirmação de que não existem outros bens a inventariar, é que poderá ser arguida a sonegação de bens por parte do inventariante. Enquanto não apresentadas as últimas declarações, com a declaração firmada pelo inventariante de que não há outros bens a inventariar, não se poderá alegar ou arguir que o inventariante sonegou algum bem que deveria participar da partilha.

Se o sonegador dos bens for o inventariante, ele sofrerá a pena de remoção. Se o inventariante for também herdeiro, além da remoção, sofrerá as sanções civis do sonegador, no caso, a perda do direito que tiver a respeito dos bens sonegados.

A questão da sonegação não interessa apenas aos herdeiros, mas também à Fazenda Pública, principalmente quanto à incidência do imposto de transmissão.

Assim, pode-se dizer que somente haverá sonegação após a apresentação das *últimas declarações*.

Art. 622

O inventariante será removido de ofício ou a requerimento:

I – se não prestar, no prazo legal, as primeiras ou as últimas declarações;

II – se não der ao inventário andamento regular, se suscitar dúvidas infundadas ou se praticar atos meramente protelatórios;

III – se, por culpa sua, bens do espólio se deteriorarem, forem dilapidados ou sofrerem dano;

IV – se não defender o espólio nas ações em que for citado, se deixar de cobrar dívidas ativas ou se não promover as medidas necessárias para evitar o perecimento de direitos;

V – se não prestar contas ou se as que prestar não forem julgadas boas;

VI – se sonegar, ocultar ou desviar bens do espólio.

Hipóteses de remoção do inventariante

Pontes de Miranda define a remoção do inventariante como sendo a *"a resolução judicial que retira o cargo do inventariante, por haver esse incorrido em falta, no exercício do cargo"*.[1320]

É importante não confundir *remoção* com *destituição* do inventariante, não obstante ensejam ambas a perda do cargo. Segundo Hamilton de Moraes e Barros: *"A remoção é por falta, isto é, pela prática de ato omissivo ou comissivo, dentro do processo ou por fora dele, mas ligado ao processo; a destituição é por fato exterior a ele, como, por exemplo, a condenação criminal, que retira a idoneidade, e a falência, que pode envolver inidoneidade moral ou técnica"*.[1321]

Discutia-se sob a égide do Código de Processo Civil de 1939, a possibilidade de remoção *ex officio* do inventariante. A maioria da doutrina negava essa possibilidade. Contudo, em face da redação contida atual art. 622 (de ofício) do atual C.P.C., que enumera os casos de remoção, não mais a subordina, como o C.P.C. de 1939, ao *requerimento de qualquer interessado*. Conforme anota Hamilton de Moraes e Barros: *"Sendo um postulado da moderna ciência processual o de que o juiz tem a direção dos feitos e deve estar armado de poderes para velar pelo exato procedimento e pelo regular desfecho das ações, não se compreenderia ficasse desarmado, tolhido, paralisado ante desvios, distorções, desmandos, omissões, fraudes e só agisse quando solicitado por um interessado. Pode dar-se, até, o fato de estar o interessado mancomunado com o inventariante e o juiz ficaria, então, reduzido a mera testemunha, condenado a assistir aos desmandos, sem nada poder fazer, eis que privado do poder de reprimir, já que depende de alheias iniciativas"*.[1322]

A confiança do juiz passa a ser um importante elo entre a permanência ou não do inventariante na administração do espólio, inclusive no que concerne ao inventariante dativo.

Além de o juiz poder destituir o inventariante de ofício, também poderá ser requerido o seu afastamento pelos interessados ou pelo Ministério Público, desde que esse requerimento tenha fundamento em algumas das hipóteses do art. 622 do atual C.P.C.

1320 Pontes de Miranda. *Comentários ao código de processo civil.* 2ª ed. Tomo VII. Rio de Janeiro: Forense, s/d. pág. 65.

1321 Moraes e Barros, H., op. cit., p. 244.

1322 Moraes e Barros, H., idem, p. 245.

O pedido de remoção pode ser feito a qualquer momento, enquanto não encerrado o inventário.

A enumeração das hipóteses previstas no art. 622 do atual C.P.C. não é taxativa, mas meramente exemplificativa.

Outras faltas podem ocorrer que fundamentam a remoção do inventariante. Assim, tudo que se revelar negligência, incúria, falta de zelo, improbidade, deslealdade etc. justificam a sua remoção.[1323]

É bem verdade que a decisão que nomeia ou remove o inventariante poderá ensejar o recurso de agravo de instrumento.

O inventariante destituído do cargo deverá entregar imediatamente ao seu substituto os bens do espólio que se encontram sob sua guarda e administração. Se não o fizer, o juiz poderá expedir mandado de busca e apreensão ou imissão de posse, respectivamente para bens móveis ou imóveis, sem prejuízo de eventual multa que o juiz poderá aplicar, nos termos do art. 625 do atual C.P.C.

A primeira hipótese que justifica a remoção do inventariante é se ele *não prestar, no prazo legal, as primeiras e as últimas declarações.*

Uma vez nomeado, a primeira obrigação do inventariante após prestar compromisso é justamente apresentar as primeiras declarações, nos termos do art. 620 do atual C.P.C. Não prestando as primeiras declarações no prazo legal, ou seja, no prazo de vinte dias a partir da data em que prestou compromisso, salvo motivo de força maior ou caso fortuito, será ele destituído por incúria. O mesmo ocorrerá se não prestar as últimas declarações.

O segundo motivo que justifica a remoção do inventariante ocorre se ele *não der ao inventário andamento regular, se suscitar dúvidas infundadas ou se praticar atos meramente protelatórios.*

Não pode o inventariante deixar de ter em mente que o processo de inventario é transitório e sua finalidade é justamente realizar o mais rápido possível a partilha dos bens, se for o caso, a fim de encerrar a indivisibilidade ou a comunhão dos bens do espólio com os herdeiros, assim como apurar a meação do cônjuge, se houver. Deve ter ele em mente que é administrador de bens alheios, pois com a abertura da sucessão, a propriedade dos bens transmite-se desde logo aos herdeiros e legatários. Para que isso ocorra de forma rápida e célere, o inventariante deve dar andamento regular ao processo de inventário, evitando suscitar dúvidas infundadas ou praticando atos meramente protelatórios e em prejuízo ao inventário.

[1323] SOUZA, O., op. cit. p. 89.

Evidentemente que o simples fato da demora na marcha ou na conclusão do inventário não é suficiente para a remoção do inventariante. Há demoras justificadas, muitas vezes causadas pela complexidade do inventário ou por terceiro. O que a norma visa a evitar é justamente as causas de retardamento de inventário que possam ser debitadas à conta do inventariante.

A terceira hipótese de remoção do inventariante ocorre *se, por culpa sua, bens do espólio se deteriorarem, forem dilapidados ou sofrerem dano.*

Tendo em vista que o inventariante nomeado tem por obrigação, nos termos do art. 618, inc. II, do atual C.P.C., administrar o espólio, velando-lhe os bens com a mesma diligência, como se seus fossem, deve exercer tal incumbência com rigor, nos termos da boa administração.

Assim, se em decorrência de culpa, negligência, imprudência ou imperícia, e com mais razão, se houver dolo, os bens do espólio se deteriorarem ou forem dilapidados, ou, ainda, sofrerem danos, será o inventariante imediatamente removido de sua função, respondendo, ainda, por perdas e danos que causar aos herdeiros e legatários, ou a terceiros interessados.

A quarta hipótese de remoção do inventariante ocorre *se* ele *não defender o espólio nas ações em que for citado, deixar de cobrar dívidas ativas ou não promover as medidas necessárias para evitar o perecimento de direitos.*

Note-se que uma das obrigações/deveres do inventariante é representar o espólio ativa e passivamente em juízo.

O inventariante tem a obrigação de promover as ações que visam a proteger o espólio. Da mesma forma deverá defender o espólio quando este for citado em sua pessoa. Sua inércia ou incúria enseja a sua remoção e responsabilização pelos danos causados.

A quinta causa que justifica a remoção do inventariante ocorre *se não prestar contas ou as que prestar não forem julgadas boas.*

Administrador de bens alheios que é o inventariante, é seu dever, nos termos do art. 618, inc. VII, do atual C.P.C., prestar contas de sua gestão ao deixar o cargo ou sempre que o juiz lhe determinar. Por isso, deve manter em livros ou arquivos os documentos necessários exigidos por lei e pela administração do inventário, a fim de prestar as contas devidas de sua administração, seja para o juiz, seja para os herdeiros, legatários e interessados nos bens do espólio.

Muito embora haja uma prestação de contas final, por ocasião do encerramento do processo de inventário, isso não significa dizer que o inventariante não deva prestar contas periodicamente sobre sua administração, inclusive quando o juiz lhe determinar.

Essas contas devem ser boas, claras, corretas e convincentes. Essa prestação de contas pode ser realizada em apenso ao processo do inventário, se a complexidade assim o exigir, ou para facilitar a sua consulta.

Por fim, a sexta hipótese de remoção do inventariante ocorre *se sonegar, ocultar ou desviar bens do espólio.*

Evidentemente que essas hipóteses são graves e justificam a imediata remoção do inventariante.

Não se pode admitir como bom administrador, responsável e cuidadoso, o inventariante que sonega, oculta ou desvia bens do espólio, praticando, muitas vezes, o crime de apropriação indébita.

É importante salientar que a arguição de sonegação dos bens somente poderá ocorrer após encerrada a descrição dos bens, com as últimas declarações, juntamente com a declaração do inventariante de não existirem outros bens para serem arrolados. A sonegação ocorre sempre que o inventariante oculte ou esconda bens do espólio.

Segundo a doutrina, constitui sonegação: *"a) a não descrição de todos os bens da herança, quando estejam em poder do herdeiro, do inventariante, ou de terceiros, com ciência daqueles; b) a omissão dos bens doados, ou dotados, à colação; c) a recusa, por parte do herdeiro ou do inventariante, de restituição dos bens pertencentes à herança; d) a negativa, feita pelo inventariante, da existência de bens, quando indicados pelos herdeiros, ou pelos credores".*[1324]

O incidente de remoção, quando requerido ou decretado de ofício pelo juiz, deverá ser processado em apenso aos autos do inventário, assegurando ao inventariante o direito ao contraditório e à ampla defesa.

Removido o inventariante, de imediato o juiz nomeará outro para o seu lugar, observando a ordem estabelecida neste Código.

Art. 623

Requerida a remoção com fundamento em qualquer dos incisos do art. 622, será intimado o inventariante para, no prazo de 15 (quinze) dias, defender-se e produzir provas.

Parágrafo único. O incidente da remoção correrá em apenso aos autos do inventário.

[1324] Souza, O, idem, p. 84.

Contraditório conferido ao inventariante

Não obstante este dispositivo fale em 'requerida' a remoção do inventariante, como se a única forma de remoção fosse mediante requerimento da parte ou do Ministério Público, isso não quer dizer que o juiz não possa, de ofício, determinar a remoção do inventariante nas hipóteses do art. 622 do atual C.P.C.

O art. 623 do atual C.P.C. vem resguardar os princípios Constitucionais do contraditório e da ampla defesa, razão pela qual o inventariante, antes que o juiz decida sobre a sua efetiva remoção, terá o direito de apresentar defesa no prazo de quinze após a sua intimação para se manifestar sobre as alegações que justificam a remoção, podendo, inclusive, produzir provas. O C.P.C. de 1973, em seu art. 996, previa o prazo para manifestação do inventariante de cinco dias.

Tendo em vista a possibilidade de instrução processual sobre a questão da remoção do inventariante, o *parágrafo único do art. 623* do atual C.P.C. estabelece que *o incidente de remoção correrá em apenso aos autos de inventário.*

Art. 624

Decorrido o prazo, com a defesa do inventariante ou sem ela, o juiz decidirá.

Parágrafo único. Se remover o inventariante, o juiz nomeará outro, observada a ordem estabelecida no art. 617.

Decisão final do juiz sobre a remoção do inventariante

O importante é que o juiz conceda ao inventariante o prazo de quinze dias para defesa e possibilidade de indicação de prova, garantindo assim o princípio constitucional do contraditório e da ampla defesa.

Se o inventariante apresentar sua defesa, inclusive requerendo a produção de prova, o juiz avaliará a necessidade de instrução, caso contrário, entendendo que as provas constantes dos autos já são suficientes, proferirá de imediato a decisão.

Da mesma forma, se inventariante, apesar de intimado, deixar de se manifestar, o juiz também decidirá de plano sobre a remoção.

Conforme estabelece o *parágrafo único do art. 624* do atual C.P.C., *se remover o inventariante, o juiz nomeará outro, observada a ordem estabelecida no art. 617.*

Havendo a remoção, a consequência é a entrega ao novo inventariante de todos os bens do espólio.

Havendo recusa do inventariante removido de cumprir tal obrigação, o juiz determinará a busca e apreensão dos bens móveis ou a imissão de posse em relação aos bens imóveis, sem prejuízo da multa a ser aplicada ao ex-inventariante.

Sobre o tema, eis os seguintes precedentes do S.T.J.:

Agravo regimental no agravo em recurso especial. Inventário. Remoção do inventariante. Reexame de matéria de fato. súmula n. 7/stj. Agravo regimental desprovido.
(AgRg no AREsp 270.059/SP, Rel. Ministro PAULO DE TARSO SANSEVERINO, TERCEIRA TURMA, julgado em 20/02/2014, DJe 07/03/2014)

(...).
2. – Os bens doados em vida pelo autor da herança sujeitam-se a colação, o que justifica a remoção do inventariante que omite tal informação.
3. – Agravo Regimental improvido.
(AgRg no REsp 1150354/SP, Rel. Ministro SIDNEI BENETI, TERCEIRA TURMA, julgado em 27/09/2011, DJe 05/10/2011)

(...).
III. O conteúdo normativo do artigo 988 do Código de Processo Civil é insuficiente para desconstituir o acórdão recorrido, visto que não autoriza o credor do de cujus a imitir-se na condição de inventariante, autorizando-o somente a requerer abertura do processo de inventário.
IV. A análise do artigo 990 do Código de Processo Civil, revela-se desinfluente, no caso concreto, para determinar a manutenção do credor, ora Recorrente, no cargo de inventariante. É que, ainda quando se admita que a expressão "pessoa estranha idônea" constante do inciso VI daquele artigo, possa alcançar terceiro interessado na causa, tal como o credor, ele não exclui a possibilidade de a autoridade judiciária, apreciando as circunstâncias do caso concreto, nomear aquele com melhores condições para o exercício de tal mister.
(...).
(AgRg nos EDcl no REsp 804.559/MT, Rel. Ministro SIDNEI BENETI, TERCEIRA TURMA, julgado em 16/03/2010, DJe 14/04/2010)

1. Como diretor do processo (art. 125/CPC), detém o magistrado a prerrogativa legal de promover a remoção do inventariante caso verifique a existência de vícios aptos, a seu juízo, a justificar a medida, que não aqueles expressamente catalogados no art. 995 do CPC.
2. Recurso especial não-conhecido.
(REsp 1114096/SP, Rel. Ministro JOÃO OTÁVIO DE NORONHA, QUARTA TURMA, julgado em 18/06/2009, DJe 29/06/2009).

I. A remoção do inventariante, substituindo-o por outro, dativo, pode ocorrer quando constatada a inviabilização do inventário pela animosidade manifestada pelas partes.

II. "A pretensão de simples reexame de prova não enseja recurso especial" – Súmula n. 7-STJ.

III. Pretensão de reforma do julgado que ademais se sustenta na violação de dispositivos constitucionais sem que tenha sido interposto o recurso competente.

IV. Recurso especial não conhecido.

(REsp 988.527/RS, Rel. Ministro ALDIR PASSARINHO JUNIOR, QUARTA TURMA, julgado em 24/03/2009, DJe 11/05/2009)

Remoção de inventariante. Ausência de cerceamento de defesa.

1. Não se configura o cerceamento de defesa no caso de remoção de inventariante quando está presente o contraditório, e pode o Juiz, constatado qualquer dos vícios do art. 995 do Código de Processo Civil, promover de ofício a remoção.

2. Recurso especial não conhecido.

(REsp 539.898/MA, Rel. Ministro CARLOS ALBERTO MENEZES DIREITO, TERCEIRA TURMA, julgado em 29/03/2005, DJ 06/06/2005, p. 318).

Art. 625

O inventariante removido entregará imediatamente ao substituto os bens do espólio e, caso deixe de de fazê-lo, será compelido mediante mandado de busca e apreensão ou de imissão na posse, conforme se tratar de bem móvel ou imóvel, sem prejuízo da multa a ser fixada pelo juiz em montante não superior a três por cento do valor dos bens inventariados.

Consequências jurídicas aplicadas ao inventariante removido

O inventariante removido entregará imediatamente ao substituto os bens do espólio; deixando de fazê-lo, será compelido mediante mandado de busca e apreensão ou de imissão de posse, conforme se tratar de bem móvel ou imóvel, sem prejuízo da multa a ser fixada pelo juiz em montante não superior a três por cento do valor dos bens inventariados.

A remoção de ofício ou a requerimento do inventariante acarreta as seguintes responsabilidades daquele que foi removido:

a) entrega imediata dos bens do espólio ao substituto;

b) se não o fizer, será expedido mandado de busca e apreensão de bem móvel ou de imissão de posse no caso de bem imóvel

c) aplicação de multa sancionatória no montante não superior a três por cento do valor dos bens inventariados.

SEÇÃO IV – Das Citações e das Impugnações

Art. 626

Feitas as primeiras declarações, o juiz mandará citar, para os termos do inventário e da partilha, o cônjuge, o companheiro, os herdeiros e os legatários, e intimar a Fazenda Pública, o Ministério Público, se houver herdeiro incapaz ou ausente, e o testamenteiro, se houver testamento.

§ 1º O cônjuge ou o companheiro, os herdeiros e os legatários serão citados pelo correio, observado o disposto no art. 247, sendo, ainda, publicado edital, nos termos do inciso III do art. 259.

§ 2º Das primeiras declarações extrair-se-ão tantas cópias quantas forem as partes.

§ 3º A citação será acompanhada de cópia das primeiras declarações.

§ 4º Incumbe ao escrivão remeter cópias à Fazenda Pública, ao Ministério Público, ao testamenteiro, se houver, e ao advogado, se a parte já estiver representada nos autos.

Citação e intimação dos interessados para compor a relação jurídica processual do inventário

Este dispositivo demonstra que todos aqueles que têm interesse no processo de inventário devem ser citados ou intimados para nele, se assim desejar, comparecer e atuar.

Daí porque a importância de o inventariante indicar e qualificar precisamente o cônjuge ou companheiro, os herdeiros, os legatários, a específica relação com o *de cujus, a* fim de que se possa realizar a citação de todos.

Segundo estabelece o art. 1.845 do C.c.b.: *"São herdeiros necessários os descendentes, os ascendentes e o cônjuge".*

A participação do cônjuge sobrevivente tem por fundamento o resguardo da meação, se for o caso, ou eventual participação na sucessão, como herdeiro/a, nos termos do art. 1.829 do C.c.b., *in verbis*:

"Art. 1.829. A sucessão legítima defere-se na seguinte ordem:

I – aos descendentes, em concorrência com o cônjuge sobrevivente, salvo se casado este com o falecido no regime de comunhão universal, ou no de separação obrigatória de bens (art. 1.640, parágrafo único); ou se, no regime de comunhão parcial, o autor da herança não houver deixado bens particulares;

II – aos ascendentes, em concorrência com o cônjuge;

III – ao cônjuge sobrevivente".

Por sua vez, estabelece o art. 1.830 do C.c.b.: *"Somente é reconhecido direito sucessório ao cônjuge sobrevivente se, ao tempo da morte do outro, não estavam separados judicialmente, nem separados de fato há mais de dois anos, salvo prova, neste caso, de que essa convivência se tornará impossível sem culpa do sobrevivente".*

Em complemento, prescrevem os arts. 1.831 e 1.832 do C.c.b.:

"Art. 1.831. Ao cônjuge sobrevivente, qualquer que seja o regime de bens, será assegurado, sem prejuízo da participação que lhe caiba na herança, o direito real de habitação relativamente ao imóvel destinado à residência da família, desde que seja o único daquela natureza a inventariar.

Art. 1.832. Em concorrência com os descendentes (art. 1.829, inciso I) caberá ao cônjuge quinhão igual ao dos que sucederem por cabeça, não podendo a sua quota ser inferior à quarta parte da herança, se for ascendente dos herdeiros com que concorrer".

A importância da participação do companheiro ou da companheira que viviam em *união estável* é tanto para resguardar sua meação, nos termos do art. 1.725 do C.c.b., como para proteger sua participação na sucessão do falecido, conforme preconiza o art. 1.790 do C.c.b.:

"Art. 1.790. A companheira ou o companheiro participará da sucessão do outro, quanto aos bens adquiridos onerosamente na vigência da união estável, nas condições seguintes:

I – se concorrer com filhos comuns, terá direito a uma quota equivalente à que por lei for atribuída ao filho;

II – se concorrer com descendentes só do autor da herança, tocar-lhe-á a metade do que couber a cada um daqueles;

III – se concorrer com outros parentes sucessíveis, terá direito a um terço da herança;

IV – não havendo parentes sucessíveis, terá direito à totalidade da herança".

Será citado para o inventário o *testamenteiro* nomeado pelo testador. Contudo, conforme estabelece o 1.984 do C.c.b.: *"Na falta de testamenteiro nomeado pelo testador, a execução testamentária compete a um dos cônjuges, e, em falta destes, ao herdeiro nomeado pelo juiz".*

Em complemento, estabelecem os arts. 1.985 e 1.986 do C.c.b.:

> *Art. 1.985. O encargo da testamentaria não se transmite aos herdeiros do testamenteiro, nem é delegável; mas o testamenteiro pode fazer-se representar em juízo e fora dele, mediante mandatário com poderes especiais.*
>
> *Art. 1.986. Havendo simultaneamente mais de um testamenteiro, que tenha aceitado o cargo, poderá cada qual exercê-lo, em falta dos outros; mas todos ficam solidariamente obrigados a dar conta dos bens que lhes forem confiados, salvo se cada um tiver, pelo testamento, funções distintas, e a elas se limitar.*

Também participarão do inventário, a Fazenda Pública, em face do seu interesse fiscal, e o Ministério Público quando houver herdeiro incapaz ou ausente. Contudo, o Ministério Público participará também quando houver legatário ou cônjuge sobrevivo incapaz ou ausente.

As presenças das pessoas acima indicadas são indispensáveis, sendo que na ausência de citação ou intimação de qualquer delas, haverá nulidade dos atos processuais posteriores.

Conforme esclarece Hamilton de Moraes e Barros, *"No Código de Processo Civil de 1939, era norma expressa no art. 479 que a citação seria dispensada, se, em petição, os interessados se dessem por cientes do inventário. Essa facilidade, se bem que não tenha hoje embasamento em texto legal, é perfeitamente válida, legitimando-se e aconselhando-se até por respeito ao princípio da economia processual".*[1325]

Sobre o tema, eis os seguintes precedentes do S.T.J.:

> *Processo civil – agravo de instrumento – inventário – restabelecimento das primeiras declarações – ausência de citação válida – aplicação do princípio da instrumentalidade das formas – impossibilidade – recurso improvido.*
>
> *1. – Em se tratando de nulidade absoluta, não tem aplicação o princípio da finalidade do ato processual. Artigos 154 e 244 do CPC.*
> *Ofensa não caracterizada.*
>
> *2. – Não tendo a parte apresentado argumentos novos capazes de alterar o julgamento anterior, deve-se manter a decisão recorrida.*
>
> *3. – Agravo Regimental improvido.*
>
> (AgRg no AREsp 5.936/MG, Rel. Ministro SIDNEI BENETI, TERCEIRA TURMA, julgado em 17/04/2012, DJe 04/05/2012).

[1325] MORAES E BARROS, H., op. cit., p. 252.

Civil e processual civil – inventário – legatárias situadas no exterior – citação – nulidade absoluta – questão de ordem pública que se conhece de ofício.

I – Conhecido o recurso e aberta a via especial, autorizado está o STJ a conhecer de ofício de patentes nulidades absolutas.

II – Indevida citação editalícia de legatárias sediadas no exterior que se deve anular.

III – Retorno dos autos para a correta prática do ato.

IV – Recurso especial provido.

(REsp 730.129/SP, Rel. Ministro PAULO FURTADO (DESEMBARGADOR CONVOCADO DO TJ/BA), TERCEIRA TURMA, julgado em 02/03/2010, DJe 10/03/2010).

Processo civil. Recurso especial. Inventário. Falta de citação do testamenteiro. Ausência de nulidade. Finalidade atingida.

– Tendo o falecido deixado testamento, é necessária a citação do testamenteiro no processo de inventário para que fiscalize o efetivo cumprimento das disposições testamentárias.

– Entretanto, tendo o testamenteiro tomado ciência da tramitação do inventário, prescindível sua citação, não havendo nulidade, pois a finalidade da norma já teria sido atingida.

– A falta de impugnação às primeiras declarações pelo testamenteiro implica em sua concordância tácita.

Recurso especial não conhecido.

(REsp 277.932/RJ, Rel. Ministra NANCY ANDRIGHI, TERCEIRA TURMA, julgado em 07/12/2004, DJ 17/12/2004, p. 514)

Estabelece o *§1º do art.624* do atual C.P.C. que o *cônjuge ou o companheiro, o herdeiro e o legatário serão citados pelo correio, observado o disposto no art. 245. Será, ainda, publicado edital, nos termos do inciso III do art. 257.*

Este dispositivo estabelece a forma da citação das pessoas que devem intervir no processo de inventário.

No caso, o cônjuge ou o companheiro, o herdeiro (necessário ou testamentário) e o legatário serão citados na forma do art. 247 do atual C.P.C. que assim dispõe:

Art. 247. A citação será feita pelo correio para qualquer comarca do país, exceto:

I – nas ações de estado, observado o disposto no art. 695, §3º;

II – quando o citando for incapaz;

III – quando o citando for pessoa de direito público;

> *IV – quando o citando residir em local não atendido pela entrega domiciliar de correspondência;*
> *V – quando o autor, justificadamente, a requerer de outra forma.*

A regra geral é a realização da citação no processo de inventário por meio dos Correios.

Não será feita a citação pelo correio, mas pessoalmente, se conhecido o endereço, quando o cônjuge, companheiro, herdeiro ou legatário for incapaz, ou quando o requerente do inventário requerer, justificadamente, que a citação seja realizada de outra forma.

Note-se que a citação pelo correio deverá ocorrer tanto para as pessoas domiciliadas na Comarca onde tramita o inventário como para as outras pessoas que apresentem residência ou domicílio conhecido fora da comarca.

Se frustrada a citação, pelo correio, das pessoas que apresentam domicílio na Comarca do Inventário, deverá ser realizada a citação, respectivamente, nos termos dos arts. 249 e 256 do atual C.P.C. que assim dispõem:

> *Art. 249. A citação será feita por meio de oficial de justiça nas hipóteses previstas neste Código ou na lei, ou quando frustrada a citação pelo correio.*
> *Art. 256. A citação por edital será feita:*
> *I – quando desconhecido ou incerto o citando;*
> *II – quando ignorado, incerto ou inacessível o lugar em que se encontrar;*
> *III – nos casos expressos em lei.*

Portanto, não sendo possível a realização da citação das pessoas domiciliadas na Comarca do Inventário pelo correio, a citação deverá ocorrer por oficial de justiça ou por edital, respectivamente. Sendo por oficial de justiça, caberá também a citação por hora certa.

A intimação do Ministério Público e da Fazenda Pública deverá ser feita pessoalmente.

Preceitua o *§2º do art. 626* do atual C.P.C. que *das primeiras declarações extrair-se-ão tantas cópias quantas forem as partes.*

Tendo em vista que nas primeiras declarações encontram-se todos os dados sobre o inventário, cada parte terá direito de receber uma cópia das primeiras declarações a fim de que possa tomar ciência da situação dos bens e de sua própria situação no inventário.

Prescreve o *§3º do art. 626* do atual C.P.C. que *a citação será acompanhada de cópia das primeiras declarações.*

Como se fossem uma contrafé, as cópias extraídas das primeiras declarações deverão acompanhar o ato citatório, a fim de que o citando tenha ciência de todas as circunstâncias do inventário.

O *§4º do art. 624* do atual C.P.C. estabelece que *incumbe ao escrivão remeter cópias à Fazenda Pública, ao Ministério Público, ao testamenteiro, se houver, e ao advogado, se a parte já estiver representada nos autos.*

No caso do Ministério Público e da Fazenda Pública, como a intimação é pessoal, com vista direta dos autos, fica dispensada a remessa de cópia das primeiras declarações. Com muito maior razão será desnecessária cópia das primeiras declarações ao M.P. e à Fazenda Pública em se tratando de processo eletrônico, pois basta acessá-lo para se ter ciência das primeiras declarações.

Cópia das primeiras declarações formuladas pelo inventariante também deverá ser encaminhada ao testamenteiro, se houver, e ao advogado, se a parte já estiver representada nos autos por referido profissional.

Art. 627

Concluídas as citações, abrir-se-á vista às partes, em cartório e pelo prazo comum de 15 (quinze) dias, para que se manifestem sobre as primeiras declarações, incumbindo às partes:

I – arguir erros, omissões e sonegação de bens;

II – reclamar contra a nomeação de inventariante;

III – contestar a qualidade de quem foi incluído no título de herdeiro.

§ 1º Julgando procedente a impugnação referida no inciso I, o juiz mandará retificar as primeiras declarações.

§ 2º Se acolher o pedido de que trata o inciso II, o juiz nomeará outro inventariante, observada a preferência legal.

§ 3º Verificando que a disputa sobre a qualidade de herdeiro a que alude o inciso III demanda produção de provas que não a documental, o juiz remeterá a parte para às vias ordinárias e sobrestará, até o julgamento da ação, a entrega do quinhão que na partilha couber ao herdeiro admitido.

Citações e impugnações das partes

Preceitua o *art. 627* do atual C.P.C. que *concluídas as citações, abrir-se-á vista às partes, em cartório e pelo prazo comum de 15 (quinze) dias, para que se manifestem sobre as primeiras declarações.*

Com exceção do Ministério Público e da Fazenda Pública, quando os autos devem ser remetidos com vista pessoal (com as devidas proporções em se tratando de processo eletrônico), os interessados que forem citados para o processo de inventário e partilha terão vista dos autos em cartório e pelo prazo comum de quinze dias, para se manifestarem sobre as primeiras declarações.

Por sua vez, estabelece o art. 183 do atual C.P.C.: *"A União, os Estados, o Distrito Federal, os Municípios e suas respectivas autarquias e fundações de direito público gozarão de prazo em dobro para todas as suas manifestações processuais, cuja contagem terá início a partir da intimação pessoal"*.

Da mesma forma, preconiza o art. 180 do atual C.P.C.: *" O Ministério Público gozará de prazo em dobro para manifestar-se nos autos, que terá início a partir da sua intimação pessoal, nos termos do art. 183, § 1º"*.

Em regra, portanto, os entes indicados nos arts. 180 e 183 do atual C.P.C. terão prazo em dobro para se manifestar.

Contudo, no caso presente, e em relação à Fazenda Pública, o legislador já estabeleceu o prazo fixo de quinze dias para que ela se manifeste e indique o valor dos bens arrolados nas primeiras declarações, conforme preconiza o art. 629 do atual C.P.C.: *A Fazenda Pública, no prazo de 15 (quinze) dias, após a vista de que trata o art. 627, informará ao juízo, de acordo com os dados que constam de seu cadastro imobiliário, o valor dos bens de raiz descritos nas primeiras declarações.*

Nesta fase do processo de inventário poderão ser opostas, conhecidas e decididas questões importantes sobre a marcha e o desfecho do inventário e partilha.

Cabe à parte, se for o caso*: I – arguir erros, omissões e sonegações de bens; II – reclamar contra a nomeação do inventariante; III – contestar a qualidade de quem foi incluído no título de herdeiro.*

O interessado poderá suscitar em sua manifestação no processo de inventário questões sobre a qualidade e legitimidade do inventariante, a qualidade e legitimidade dos herdeiros e legatários, a ocorrência de erros e omissões nas primeiras declarações do inventariante.

Todas essas arguições deverão ser realizadas no prazo comum de quinze dias, que começa ocorrer a partir da juntada aos autos da carta de citação do último interessado. Conforme anota Humberto de Moraes e Barros, *"Como em todo prazo comum, o seu início começa a correr depois de realizada a última citação real, não ficta, isto é, a última citação direta, na pessoa da parte, seja ela feita por mandado, seja por hora certa, e depois de findo o prazo marcado na citação por edital"*.[1326]

Em princípio, qualquer herdeiro poderá impugnar qualquer matéria.

[1326] MORAES E BARROS, H., idem, p. 254.

Há casos, entretanto, em que falta interesse para a impugnação específica, como ocorre com a Fazenda Pública que não tem interesse e legitimidade para impugnar a ordem de nomeação do inventariante ou para incluir e excluir determinado herdeiro. Da mesma forma o credor não poderá impugnar eventual irregularidade na ordem de escolha do inventariante. Já o Ministério Público tem ampla faculdade para apresentar impugnação. A qualidade para impugnar do M.P. é tão ampla quanto a do herdeiro, e às vezes até a supera, pois, para recorrer, não está na dependência de ser vencido, de sofrer gravame. Basta que ocorra a violação à ordem jurídica, por cuja observância tem de velar.[1327]

A impugnação da nomeação do inventariante pode decorrer da inversão da ordem de preferência para essa nomeação, principalmente por parte daquele que tinha o direito de ser escolhido inventariante e não o foi. Pode-se arguir, ainda, falta de capacidade ou de idoneidade para ser inventariante. Qualquer interessado pode arguir a falta de capacidade ou idoneidade do inventariante para assumir o ônus. Também pode ser arguida a incompatibilidade entre os interesses do inventariante com os interesses do espólio.

É importante salientar, conforme já observou Hamilton de Moraes e Barros, que não se deve confundir a remoção do inventariante com a impugnação de sua investidura. Na primeira hipótese, a remoção caracteriza certa pena. A impugnação à nomeação tem como fundamento a irregularidade ou a inconveniência em sua investidura.[1328] Acolhendo ou não o pedido de substituição do inventariante, esta decisão está sujeita a agravo de instrumento.

Ocorrendo a substituição do inventariante, outro deve ser imediatamente nomeado, segundo a ordem de preferência, a fim de que não tenha solução de continuidade o processo de inventário e partilha. Evidentemente que a nomeação do novo inventariante poderá ensejar nova impugnação.

Poderão os interessados, ainda, arguir eventuais erros, omissões ou contradições das declarações prestadas pelo inventariante.

Também se pode arguir eventual sonegação de bens.

Se as declarações do inventariante não corresponderem à realidade, ou contiverem omissões e contradições, o juiz determinará que sejam corrigidas, completadas ou retificadas.

Também poderão os interessados no processo de inventário impugnar ou *contestar* a qualidade de quem foi incluído no título de herdeiro. Como se sabe, o juiz do processo do inventário pode decidir todas as questões concernentes ao espólio, ao inventário e à partilha, inclusive sobre eventual qualidade ou titula-

[1327] Moraes e Barros, H., idem, p. 255.
[1328] Moraes e Barros, H., idem, p. 256.

ção do herdeiro e legatário, assim como a questão da meação do cônjuge ou do companheiro sobrevivente. Essa competência é universal, mesmo que isoladamente o juízo do inventário não tivesse competência para julgar a e processar tal questão autonomamente.

Estabelece o *§1º do art. 627* do atual C.P.C. que *julgando procedente a impugnação referida no inciso I, o juiz mandará retificar as primeiras declarações.*

Portanto, se o juiz acolher a alegação de *erros, omissões e sonegações de bens* por parte do inventariante, ele determinará que sejam retificadas as primeiras declarações para o efeito de corrigir os erros e omissões, assim como para incluir os bens sonegados.

Preceitua o *§2º do art. 627* do atual C.P.C. que *se acolher o pedido de que trata o inciso II, o juiz nomeará outro inventariante, observada a preferência legal.*

Assim, se o juiz acolher a reclamação contra a nomeação do inventariante, deverá de imediato nomear outro inventariante, observada a ordem legal prevista neste código.

Por fim, preconiza o *§3º do art. 627* do atual C.P.C. que *verificando que a disputa sobre a qualidade de herdeiro a que alude o inciso III demanda produção de provas que não a documental, o juiz remeterá a parte para às vias ordinários e sobrestará, até o julgamento da ação, a entrega do quinhão que na partilha couber ao herdeiro admitido.*

É importante salientar que no inventário, em regra, não há instrução probatória, ou seja, não serão ouvidas testemunhas, nem se colhe o depoimento pessoal das partes, muito menos haverá realização de prova pericial.

Se um dos interessados impugnar a qualidade de herdeiro ou de legatário, e o juiz verificar que esta questão demanda produção de provas que não a documental, as partes serão remetidas para os meios ordinários, mediante o sobrestamento, até o julgamento da demanda, da entrega do quinhão que na partilha caberia ao herdeiro admitido e impugnado. Sendo procedente a postulação de impugnação do herdeiro, o quinhão que possivelmente lhe pertenceria retornará ao monte para partilha, ou se já realizada esta, para a sobrepartilha. Se for julgada improcedente a pretensão de exclusão do herdeiro, este receberá a parte que lhe toca na partilha. Na realidade, se não houvesse a reserva do quinhão, talvez fosse difícil ao herdeiro, reconhecido como legítimo, receber a sua quota após o encerramento do inventário, pois estes bens poderiam ter sido transmitidos a terceiros de boa-fé.

Note-se que o sobrestamento da entrega do quinhão da partilha caracteriza uma medida provisória de natureza cautelar, conforme estabelece o art. 668 do atual C.P.C., razão pela qual se a demanda autônoma não for proposta no prazo de trinta dias, cessa a eficácia da medida cautelar concedida.

Art. 628

Aquele que se julgar preterido poderá demandar sua admissão no inventário, requerendo-a antes da partilha.

§ 1º Ouvidas as partes no prazo de 15 (quinze) dias, o juiz decidirá.

§ 2º Se para solução da questão for necessária a produção de provas que não a documental, o juiz remeterá o requerente às vias ordinárias, mandando reservar, em poder do inventariante, o quinhão do herdeiro excluído até que se decida o litígio.

Herdeiro preterido

A relação dos herdeiros ou legatários constará das primeiras declarações realizadas pelo inventariante, sendo que, em tese, a partilha deverá ser restrita a eles.

Contudo, é possível que o inventariante, por erro ou omissão, não tenha indicado e qualificado um determinado herdeiro, podendo, inclusive, incluir em seu lugar uma outra pessoa que não teria legitimidade para ser herdeiro.

Estabelece o *§1º do art. 628* do atual C.P.C. que *ouvidas as partes no prazo de 15 (quinze) dias, o juiz decidirá.*

Verificando-se que determinado herdeiro foi preterido pela ausência de sua qualificação nas primeiras declarações apresentas pelo inventariante, o interessado poderá demandar a sua admissão no processo de inventário, desde que o faça antes da partilha.

Neste caso, o juiz, após ouvido o inventariante e as demais partes no prazo de quinze dias, prolatará sua decisão. O juiz estará apto a decidir se não houver necessidade de produção de outras provas que não seja apenas a documental. É importante salientar que não é a complexidade da questão que poderá impedir o juiz de decidir nos próprios autos do inventário, mas, sim, a necessidade de outras provas sobre a titularidade ou não do herdeiro.

Preceitua o *§2º do art. 628* do atual C.P.C. que *se para solução da questão for necessária a produção de provas que não a documental, o juiz remeterá o requerente às vias ordinárias, mandando reservar, em poder do inventariante, o quinhão do herdeiro excluído até que se decida o litígio.*

Havendo necessidade de outras provas que não simplesmente a documental, o juiz do inventário remeterá as partes para as vias ordinárias, reservando, como medida urgente cautelar, o quinhão do herdeiro excluído até que se decida sobre o litígio. Essa medida cautelar de reserva do quinhão deve ser estendida também no caso de discussão sobre a meação do cônjuge ou da companheira/companheiro sobrevivente, assim como na hipótese do legatário.

Note-se que o sobrestamento da entrega do quinhão da partilha caracteriza uma medida provisória cautelar, razão pela qual, nos termos do art. 668 do atual C.P.C., se a demanda autônoma não for proposta no prazo de trinta dias, cessa a eficácia da medida cautelar concedida.

É importante salientar que não se deve confundir as demandas relativas à herança com as demandas em que o espólio seja parte.

Nas demandas relativas à herança, discutem-se direitos sucessórios, direitos à sucessão ou direitos decorrentes dela. Já nas demandas em que o espólio é parte, sãos as demandas que o *de cujus* proporia ou que contra ele seriam propostas.

Segundo Hamilton de Moraes e Barros, são as seguintes as principais demandas relativas à herança: a) a de petição de herança; b) a de petição de legado; c) a de nulidade de testamento; d) a de inventário e de partilha; e) a do testamenteiro, do interessado ou do Ministério Público, para obrigar o legatário a cumprir os encargos do legado; f) a demanda de sonegados; g) a demanda para excluir herdeiro ou legatário; h) a demanda de nulidade ou de rescisão de partilha; i) a de indignidade do herdeiro e de deserdação; j) a *actio supplendam legitiman,* cuja finalidade é reduzir as doações e as disposições testamentárias às exatas quantidade livre e validade disponíveis.[1329]

Sobre a *petição de herança,* estabelecem os artigos 1.824 a 1.828 do C.c.b.:

> *Art. 1.824. O herdeiro pode, em ação de petição de herança, demandar o reconhecimento de seu direito sucessório, para obter a restituição da herança, ou de parte dela, contra quem, na qualidade de herdeiro, ou mesmo sem título, a possua.*
>
> *Art. 1.825. A ação de petição de herança, ainda que exercida por um só dos herdeiros, poderá compreender todos os bens hereditários.*
>
> *Art. 1.826. O possuidor da herança está obrigado à restituição dos bens do acervo, fixando-se-lhe a responsabilidade segundo a sua posse, observado o disposto nos arts. 1.214 a 1.222.*
>
> *Parágrafo único. A partir da citação, a responsabilidade do possuidor se há de aferir pelas regras concernentes à posse de má-fé e à mora.*
>
> *Art. 1.827. O herdeiro pode demandar os bens da herança, mesmo em poder de terceiros, sem prejuízo da responsabilidade do possuidor originário pelo valor dos bens alienados.*
>
> *Parágrafo único. São eficazes as alienações feitas, a título oneroso, pelo herdeiro aparentem a terceiro de boa-fé.*

[1329] Moraes e Barros, H., idem, p. 261.

Art. 1.828. O herdeiro aparente, que de boa-fé houver pago um legado, não está obrigado a prestar o equivalente ao verdadeiro sucessor, ressalvado a este o direito de proceder contra quem o recebeu.

Sobre a *deserção* do herdeiro, prescrevem os artigos 1.961 a 1.965 do C.c.b.:

Art. 1.961. Os herdeiros necessários podem ser privados de sua legítima, ou deserdados, em todos os casos em que podem ser excluídos da sucessão.

Art. 1.962. Além das causas mencionadas no art. 1.814, autorizam a deserdação dos descendentes por seus ascendentes:

I – ofensa física;

II – injúria grave;

III – relações ilícitas com a madrasta ou com o padrasto;

IV – desamparo do ascendente em alienação mental ou grave enfermidade.

Art. 1.963. Além das causas enumeradas no art. 1.814, autorizam a deserdação dos ascendentes pelos descendentes:

I – ofensa física;

II – injúria grave;

III – relações ilícitas com a mulher ou companheira do filho ou a do neto, ou com o marido ou companheiro da filha ou o da neta;

IV – desamparo do filho ou neto com deficiência mental ou grave enfermidade.

Art. 1.964. Somente com expressa declaração de causa pode a deserdação ser ordenada em testamento.

Art. 1.965. Ao herdeiro instituído, ou àquele a quem aproveite a deserdação, incumbe provar a veracidade da causa alegada pelo testador.

Parágrafo único. O direito de provar a causa da deserdação extingue-se no prazo de quatro anos, a contar da data da abertura do testamento.

Sobre os sonegados, estabelecem os arts. 1.992 a 1.996 do C.c.b.:

Art.1.992. O herdeiro que sonegar bens da herança, não os descrevendo no inventário quando estejam em seu poder, ou, com o seu conhecimento, no de outrem, ou que os omitir na colação, a que os deva levar, ou que deixar de restituí-los, perderá o direito que sobre eles lhe cabia.

Art. 1.993. Além da pena cominada no artigo antecedente, se o sonegador for o próprio inventariante, remover-se-á, em se provando a sonegação, ou negando ele a existência dos bens, quando indicados.

Art.1.994. A pena de sonegados só se pode requerer e impor em ação movida pelos herdeiros ou pelos credores da herança.

Parágrafo único. A sentença que se proferir na ação de sonegados, movida por qualquer dos herdeiros ou credores, aproveita aos demais interessados.

Art. 1.995. Se não se restituírem os bens sonegados, por já não os ter o sonegador em seu poder, pagará ele a importância dos valores que ocultou, mais as perdas e danos.

Art. 1.996. Só se pode argüir de sonegação o inventariante depois de encerrada a descrição dos bens, com a declaração, por ele feita, de não existirem outros por inventariar e partir, assim como argüir o herdeiro, depois de declarar-se no inventário que não os possui.

Art. 629

A Fazenda Pública, no prazo de 15 (quinze) dias, após a vista de que trata o art. 627, informará ao juízo, de acordo com os dados que constam de seu cadastro imobiliário, o valor dos bens de raiz descritos nas primeiras declarações.

Informação sobre o valor dos bens de raiz

É certo que o art. 155, inc. I, da Constituição Federal estabelece que compete aos Estados e ao Distrito Federal instituir impostos sobre: transmissão *causa mortis*, de quaisquer bens ou direitos, sendo que os impostos previstos neste inc. I, relativamente a bens imóveis e respectivos direitos, compete ao Estado da situação do bem, ou do Distrito Federal, e relativamente a bens móveis, título de créditos, que compete ao Estado onde se processar o inventário ou arrolamento (inc.s. I e II do §1º do art. 155 da C.F.).

Contudo, em relação aos bens de raiz, sabe-se que o Município é quem possui o cadastro e o valor dos bens imóveis para fins de imposto de propriedade, razão pela qual o mais correto seria que o Município indicasse o valor dos bens constante nas primeiras declarações feitas pelo inventariante.

Contudo, como o imposto *causa mortis* é de interesse do Estado, a competência para apresentar a avaliação é da Fazenda Pública Estadual.

Assim como o Ministério Público, a Fazenda Pública terá vista pessoal dos autos de inventário, para no prazo de quinze dias informar ao juízo, de acordo com os dados que constam de seu cadastro imobiliário, o valor dos bens de raiz, descritos nas primeiras declarações.

Compete à Fazenda Pública indicar o valor dos bens descritos pelo inventariante nas primeiras declarações.

Não existindo bens de raiz no inventário, a Fazenda Pública nada informará sobre o valor previsto no art. 629 do atual C.P.C.

Anota Pontes de Miranda: *"A despeito de se tratar de comunicação de fato pela Fazenda Pública, não se pode ter o cadastro imobiliário como não suscetível de alegações de erros, ou de terem descido ou subido os valores do imóvel ou dos imóveis. A informação da Fazenda Pública não é munida de presunção legal. Ou a Fazenda Pública admite o que foi declarado, ou considera maior ou menor o valor do imóvel ou dos imóveis. Diante da controvérsia, tem de haver julgamento. Daí o mandado de avaliação e as medidas circunscritas (arts. 1.003-1.010 do C.P.C de 1973)".*[1330]

SEÇÃO V – Da Avaliação e do Cálculo do Imposto

Art. 630

Findo o prazo previsto no art. 627 sem impugnação ou decidida a impugnação que houver sido oposta, o juiz nomeará, se for o caso, perito para avaliar os bens do espólio, se não houver na comarca avaliador judicial.

Parágrafo único. Na hipótese prevista no art. 620, § 1º, o juiz nomeará perito para avaliação das quotas sociais ou apuração dos haveres.

Nomeação de perito para avaliação dos bens

Conforme preconiza o art. 627 do atual C.P.C., concluídas as citações, abrir-se-á vista às partes, em cartório e pelo prazo comum de quinze dias, para que se manifestem sobre as primeiras declarações.

Expirado o prazo comum de quinze dias para que as partes se manifestem sobre as primeiras declarações, e não havendo impugnação, ou se havendo já estiver decidida, o juiz nomeará, *se for o caso*, um perito para avaliar os bens do espólio, se não houver na Comarca avaliador judicial.

É de se notar que a Fazenda Pública Estadual, intimada para se manifestar sobre as primeiras declarações, deverá indicar o valor dos bens de raiz, de acordo com os dados que constam de seu cadastro imobiliário (art. 629 do atual C.P.C.).

Se todos os herdeiros concordarem com o valor atribuído aos bens pela Fazenda Pública, e não havendo outros bens para serem avaliados, esse valor deverá ser fixado como o da avaliação dos bens do espólio, dispensando a nomeação de perito ou a remessa dos autos ao avaliador judicial.

[1330] Pontes de Miranda. *Comentários ao código de processo civil.* Tomo XIV (arts. 982-1.045). Forense: Rio de Janeiro, 1977. p. 118 e 119.

Se as partes não concordarem com o valor dos bens indicado pela Fazenda Pública, ou se houverem bens não avaliados pela Fazenda, o juiz determinará que o avaliador judicial proceda a avaliação, ou, se não houver avaliador judicial na Comarca, nomeará perito para avaliar os bens do espólio.

A avaliação dos bens é uma fase importante e não pode ser dispensada no procedimento do inventário.

A correção da avaliação é de suma importância, inclusive para se apreciar a quota parte que toca a cada herdeiro, bem como para se verificar se um herdeiro não ficou com uma quota maior que o outro.

Também é importante a correção da avaliação a fim de que a Fazenda Pública possa receber aquilo que lhe é devido a título de imposto de transmissão *causa mortis*.

Para Hamilton Moraes e Barros, *"Além das concordâncias dos herdeiros e da Fazenda quanto ao valor dos bens, o que dispensa a avaliação (arts. 1.007 e 1.008 do C.P.C. de 1973), ela também poderá ser dispensada, se é recente e já existente nos autos. É o caso da avaliação dos bens deixados pelo cônjuge supérstite, se pouco tempo sobreviveu ao cônjuge morto, e se os bens do casal já estiverem avaliados no primeiro inventário aberto. Uma certidão do laudo da avaliação no primeiro inventário servirá ao juiz do segundo. É esse um caso de prova emprestada, ou transplantada. Foi colhida em feito igual, entre as mesmas partes, com os mesmos fiscais".*[1331]

Havendo discordância quanto ao valor apresentado pelos avaliadores, ou for impugnado o laudo, o juiz poderá, motivadamente, determinar que se repita a avaliação.

Sobre o tema, eis os seguintes precedentes do S.T.J.

> *Civil. Inventário. Nova avaliação. Imposto causa mortis.*
>
> *Na avaliação só será repetida quando viciada por erro ou dolo do perito ou quando se verificar, posteriormente a avaliação, que os bens apresentam defeito que lhes diminui o valor (art. 1.010, cpc).*
>
> *Recurso conhecido e provido.*
>
> (REsp 15.309/MS, Rel. Ministro CESAR ASFOR ROCHA, QUARTA TURMA, julgado em 26/05/1997, DJ 01/09/1997, p. 40837).

> *Tributário. Inventário. Avaliação. Renovação. Imposto de transmissão "causa mortis". Correção.*
>
> *– impossível renovação da avaliação fora das hipóteses previstas no art. 1010, cpc.*

[1331] Moraes e Barros, H., op. cit., p. 266.

– o imposto de transmissão "causa mortis", calculado sobre o valor encontrado na avaliação, deve ser corrigido monetariamente.

(REsp 17.132/PR, Rel. Ministro AMÉRICO LUZ, SEGUNDA TURMA, julgado em 22/02/1995, DJ 20/03/1995, p. 6104).

(...).

2. – A convicção a que chegou o Tribunal a quo quanto à avaliação e partilha dos bens comuns do casal, bem como quanto às questões relacionadas ao tema que estariam preclusas, decorreu da análise das circunstâncias fático-probatórias da causa, cujo reexame é vedado em âmbito de Recurso Especial, ante o óbice da Súmula 7 desta Corte.

3. – Agravo Regimental improvido.

(AgRg no AREsp 373.437/RJ, Rel. Ministro SIDNEI BENETI, TERCEIRA TURMA, julgado em 22/10/2013, DJe 29/10/2013).

(...).

III – Acórdão rescindendo que, com base no princípio da igualdade, anulou a partilha homologada pelas instâncias ordinárias e determinou que nova fosse realizada após a avaliação do valor real das ações tituladas pela falecida, que não possuíam cotação em bolsa de valores ou equivalente.

IV – Enquanto que a apuração dos haveres disciplinada pelo inciso II do parágrafo único do art. 993 do CPC, aplicável às sociedades não-anônimas, visa a liquidar a quota-parte do sócio falecido para a dissolução parcial da sociedade, a apuração de haveres determinada pelo acórdão rescindendo pretendeu apenas avaliar o valor real de ações de sociedade anônima familiar fechada, permitindo, na partilha, dando concreção ao princípio da igualdade positivado no art. 1775 do CC/16 (atual art. 2017 do CC/02).

(...).

(AR .810/RS, Rel. Ministro PAULO DE TARSO SANSEVERINO, SEGUNDA SEÇÃO, julgado em 08/06/2011, DJe 16/06/2011).

1. O juízo do inventário, na modalidade de arrolamento sumário, não detém competência para apreciar pedido de reconhecimento da isenção do ITCMD (Imposto sobre Transmissão Causa Mortis e Doação de quaisquer Bens ou Direitos), à luz do disposto no caput do artigo 179, do CTN, verbis: "Art. 179. A isenção, quando não concedida em caráter geral, é efetivada, em cada caso, por despacho da autoridade administrativa, em requerimento com o qual o interessado faça prova do preenchimento das condições e do cumprimento dos requisitos previstos em lei ou contrato para concessão.

(...)" 2. Como cediço, a abertura da sucessão (morte do autor da herança) reclama a observância do procedimento especial de jurisdição contenciosa denominado "inven-

tário e partilha", o qual apresenta dois ritos distintos: "um completo, que é o inventário propriamente dito (arts. 982 a 1.030) e outro, sumário ou simplificado, que é o arrolamento (arts. 1.031 a 1.038)" (Humberto Theodoro Júnior, in "Curso de Direito Processual Civil: Procedimentos Especiais", Vol.III, 36ª Ed., Ed. Forense, pág.. 240).

3. O artigo 1.013, do CPC, rege o procedimento para avaliação e cálculo do imposto de transmissão causa mortis no âmbito do inventário propriamente dito, assim dispondo: "Art. 1.013. Feito o cálculo, sobre ele serão ouvidas todas as partes no prazo comum de 5 (cinco) dias, que correrá em cartório e, em seguida, a Fazenda Pública.

§ 1º Se houver impugnação julgada procedente, ordenará o juiz novamente a remessa dos autos ao contador, determinando as alterações que devam ser feitas no cálculo.

§ 2º Cumprido o despacho, o juiz julgará o cálculo do imposto.» 4. Consequentemente, em sede de inventário propriamente dito (procedimento mais complexo que o destinado ao arrolamento), compete ao Juiz apreciar o pedido de isenção do Imposto sobre Transmissão Causa Mortis, a despeito da competência administrativa atribuída à autoridade fiscal pelo artigo 179, do CTN (Precedentes do STJ: REsp 138.843/RJ, Rel. Ministro Castro Meira, Segunda Turma, julgado em 08.03.2005, DJ 13.06.2005; REsp 173.505/RJ, Rel. Ministro Franciulli Netto, Segunda Turma, julgado em 19.03.2002, DJ 23.09.2002; REsp 143.542/RJ, Rel. Ministro Milton Luiz Pereira, Primeira Turma, julgado em 15.02.2001, DJ 28.05.2001; REsp 238.161/SP, Rel. Ministra Eliana Calmon, Segunda Turma, julgado em 12.09.2000, DJ 09.10.2000; e REsp 114.461/RJ, Rel. Ministro Ruy Rosado de Aguiar, Quarta Turma, julgado em 09.06.1997, DJ 18.08.1997).

5. É que a prévia oitiva da Fazenda Pública, no inventário propriamente dito, torna despiciendo o procedimento administrativo, máxime tendo em vista o teor do artigo 984, do CPC, verbis: "Art. 984. O juiz decidirá todas as questões de direito e também as questões de fato, quando este se achar provado por documento, só remetendo para os meios ordinários as que demandarem alta indagação ou dependerem de outras provas."

6. Por seu turno, os artigos 1.031 e seguintes, do CPC, estabelecem o procedimento a ser observado no âmbito do arrolamento sumário, cujo rito é mais simplificado que o do arrolamento comum previsto no artigo 1.038 e o do inventário propriamente dito, não abrangendo o cálculo judicial do imposto de transmissão causa mortis.

7. Deveras, o caput (com a redação dada pela Lei 7.019/82) e o § 1º (renumerado pela Lei 9.280/96) do artigo 1.031, do CPC, preceituam que a partilha amigável (celebrada entre partes capazes) e o pedido de adjudicação (formulado por herdeiro único) serão homologados de plano pelo juiz, mediante a prova da quitação dos tributos relativos aos bens do espólio e às suas rendas.

8. Entrementes, o artigo 1.034, do CPC (com a redação dada pela Lei 7.019/82), determina que, "no arrolamento, não serão conhecidas ou apreciadas questões relativas ao lançamento, ao pagamento ou à quitação de taxas judiciárias e de tributos incidentes sobre a transmissão da propriedade dos bens do espólio" (caput), bem como que "o imposto de transmissão será objeto de lançamento administrativo, conforme dispuser a legislação tributária, não ficando as autoridades fazendárias adstritas aos valores dos bens do espólio atribuídos pelos herdeiros" (§ 2º).

9. Outrossim, é certo que, antes do trânsito em julgado da sentença de homologação da partilha ou adjudicação (proferida no procedimento de arrolamento sumário), inexiste intervenção da Fazenda Pública, a qual, contudo, condiciona a expedição dos respectivos formais, à luz do disposto no § 2º, do artigo 1.031, do CPC, verbis: "Art. 1.031. (...) § 2º Transitada em julgado a sentença de homologação de partilha ou adjudicação, o respectivo formal, bem como os alvarás referentes aos bens por ele abrangidos, só serão expedidos e entregues às partes após a comprovação, verificada pela Fazenda Pública, do pagamento de todos os tributos. (Incluído pela Lei nº 9.280, de 30.5.1996)"

10. Consectariamente, nos inventários processados sob a modalidade de arrolamento sumário (nos quais não cabe o conhecimento ou a apreciação de questões relativas ao lançamento, pagamento ou quitação do tributo de transmissão causa mortis, bem como tendo em vista a ausência de intervenção da Fazenda até a prolação da sentença de homologação da partilha ou da adjudicação), revela-se incompetente o Juízo do inventário para reconhecer a isenção do ITCMD, por força do disposto no artigo 179, do CTN, que confere, à autoridade administrativa, a atribuição para aferir o direito do contribuinte à isenção não concedida em caráter geral.

11. Ademais, prevalece o comando inserto no artigo 192, do CTN, segundo o qual "nenhuma sentença de julgamento de partilha ou adjudicação será proferida sem prova da quitação de todos os tributos relativos aos bens do espólio, ou às suas rendas", impondo-se o sobrestamento do feito de arrolamento sumário até a prolação do despacho administrativo reconhecendo a isenção do ITCMD.

12. Assim, falecendo competência ao juízo do inventário (na modalidade de arrolamento sumário), para apreciar pedido de reconhecimento de isenção do ITCMD, impõe-se o sobrestamento do feito até a resolução da quaestio na seara administrativa, o que viabilizará à adjudicatária a futura juntada da certidão de isenção aos autos.

13. Recurso especial fazendário provido, anulando-se a decisão proferida pelo Juízo do inventário que reconheceu a isenção do ITCMD. Acórdão submetido ao regime do artigo 543-C, do CPC, e da Resolução STJ 08/2008.

(REsp 1150356/SP, Rel. Ministro LUIZ FUX, PRIMEIRA SEÇÃO, julgado em 09/08/2010, DJe 25/08/2010)

Estabelece o *parágrafo único do art. 630* do atual C.P.C. que *na hipótese prevista no art. 620, §1º, o juiz nomeará perito para avaliação das quotas sociais ou apuração dos haveres.*

Havendo necessidade de se proceder ao balanço do estabelecimento, no caso de ser o autor da herança empresário individual, ou à apuração de haveres, se o autor da herança era sócio de sociedade que não anônima, o juiz deverá nomear um perito para a apuração do balanço ou do haver do sócio.

Art. 631

Ao avaliar os bens do espólio, o perito observará, no que for aplicável, o disposto nos arts. 872 a 873.

Método de avaliação dos bens do espólio

Este dispositivo determina que a avaliação dos bens do espólio ocorre de acordo com a avaliação dos bens penhorados no processo de execução. Para tanto, recomenda-se ao perito judicial nomeado realizar a avaliação dos bens do espólio, no que for aplicável, observando o disposto nos arts. 872 e 873 do atual C.P.C. que assim dispõem:

> *Art. 872. A avaliação realizada pelo oficial de justiça constará de vistoria e de laudo anexados ao auto de penhora ou, em caso de perícia realizada por avaliador, de laudo apresentado no prazo fixado pelo juiz, devendo-se, em qualquer hipótese, especificar:*
>
> *I – os bens, com as suas características, e o estado em que se encontram;*
>
> *II – o valor dos bens.*
>
> *§ 1º Quando o imóvel for suscetível de cômoda divisão, a avaliação, tendo em conta o crédito reclamado, será realizada em partes, sugerindo-se, com a apresentação de memorial descritivo, os possíveis desmembramentos para alienação.*
>
> *§ 2º Realizada a avaliação e, sendo o caso, apresentada a proposta de desmembramento, as partes serão ouvidas no prazo de 5 (cinco) dias.*
>
> *Art. 873. É admitida nova avaliação quando:*
>
> *I – qualquer das partes arguir, fundamentadamente, a ocorrência de erro na avaliação ou dolo do avaliador;*
>
> *II – se verificar, posteriormente à avaliação, que houve majoração ou diminuição no valor do bem;*
>
> *III – o juiz tiver fundada dúvida sobre o valor atribuído ao bem na primeira avaliação.*
>
> *Parágrafo único. Aplica-se o art. 480 à nova avaliação prevista no inciso III do caput deste artigo.*

A avaliação deve se aproximar ao máximo do preço de mercado que o bem possa alcançar ao tempo de sua realização.

Segundo Hamilton de Moraes e Barros, *"a avaliação judicial, feita por perito do juízo, prevalece sobre a avaliação extrajudicial, ainda que feita por peritos ou técnicos da Fazenda, eis que esses se equiparam a peritos da parte".*[1332]

A avaliação deve conter todos os bens, não somente os de raiz, mas todos os que compõem o espólio, inclusive aqueles que porventura foram omitidos ou sonegados, para que o valor total dos bens possa representar uma justa divisão do patrimônio entre os herdeiros e cônjuge/companheira/o.

Previa o art. 1.005 do C.P.C. de 1973 que o herdeiro, ao requerer, durante a avaliação, a presença do juiz e do escrivão, pagaria as despesas da diligência. Esse dispositivo não foi repetido pelo atual C.P.C. Contudo, nada impede que o juiz, utilizando-se do procedimento da inspeção judicial, compareça pessoalmente à perícia que será realizada.

Art. 632

Não se expedirá carta precatória para a avaliação de bens situados fora da comarca onde corre o inventário se eles forem de pequeno valor ou perfeitamente conhecidos do perito nomeado.

Avaliação por precatória

A regra geral é que todos os bens pertencentes ao espólio sejam avaliados.

A norma em questão continha e contem a possibilidade de se dispensar a expedição de precatória para a avaliação direta dos bens situados fora da comarca onde corre o inventário, se estes forem de pequeno valor, ou, se eles forem perfeitamente conhecidos do avaliador. Esta providência é excepcional.

Este dispositivo tem por finalidade reduzir as despesas que serão arcadas pelo espólio, principalmente com a expedição de precatório. Também tem por objetivo dar *celeridade* ao processo de inventário, a fim de que em menor tempo possível o estado de indivisão dos bens cesse.

Eis o requisito para que não seja expedida a precatória: ou que o bem seja de pequeno valor, ou que o bem seja perfeitamente conhecido do perito nomeado. Não há necessidade de cumulação das duas hipóteses.

Para Hamilton de Moraes e Barros, *"o conceito de pequeno valor é relativo. Para que não fique o tema, aqui, ao exclusivo arbítrio do juiz ou das partes, poder-se-ia, como construção, tentar-se o estabelecimento de um limite, além do qual não poderia ser assim*

1332 Moraes e Barros, H., idem, p. 268.

considerado. Repetindo Cândido Naves, nos seus perfeitos comentários ao Código de 1939, achamos que esse limite é o que determina o procedimento dos arrolamentos. É um critério objetivo. Afasta caprichos e facilidades perigosas".[1333]

Segundo Pontes de Miranda, *"nada obsta a que, satisfeitos os pressupostos da regra jurídica, se aplique o art. 1006 (C.P.C. de 1973) às rogatórias".*[1334]

Se os bens encontram-se na comarca, a inspeção deve ser *in loco* e não por mera informação.

Art. 633

Sendo capazes todas as partes, não se procederá à avaliação se a Fazenda Pública, intimada pessoalmente, concordar de forma expressa com o valor atribuído, nas primeiras declarações, aos bens do espólio.

Avaliação diante de partes capazes

Não havendo incapazes no processo de inventário, e concordando a Fazenda Pública com o valor atribuído aos bens do espólio pelo inventariante, nas primeiras declarações, não haverá necessidade de se proceder à avaliação, seja por avaliador judicial, seja por perito nomeado pelo juízo do inventário.

Se houver alguma parte incapaz no inventário, esta regra não incide, de modo que as partes não poderão evitar a avaliação, mesmo que a Fazenda Pública concorde com o valor atribuído pelo inventariante nas primeiras declarações.

Para Pontes de Miranda, a concordância da Fazenda Pública, quanto ao valor atribuído pelo inventariante nas primeiras declarações aos bens do espólio, deve ser expressa.[1335] Contudo, parece-me que a melhor solução deve ser diversa. Deverá prevalecer o valor atribuído aos bens do espólio pelo inventariante, se a Fazenda Pública, devidamente intimada pessoalmente, não impugná-lo. O silêncio da Fazenda Pública, neste caso, presume sua concordância com o valor atribuído aos bens nas primeiras declarações.

Se a Fazenda Pública discordar parcialmente dos valores atribuídos, somente em relação a esses bens é que se procederá à avaliação, e não em relação aos outros bens em que a Fazenda Pública concordou expressa ou tacitamente.

É importante salientar que esse dispositivo vem reforçar que a intimação da Fazenda Pública para se manifestar sobre as primeiras declarações deve ser *pessoal* e não por outro meio processual.

[1333] Moraes e Barros, H., idem, p. 271.

[1334] Pontes de Miranda, op. cit., p. 128.

[1335] Pontes de Miranda, idem, p. 272.

Art. 634

Se os herdeiros concordarem com o valor dos bens declarados pela Fazenda Pública, a avaliação cingir-se-á aos demais.

Concordância com o valor dos bens declarados pela Fazenda Pública

Segundo prescreve o art. 629 do atual C.P.C., a Fazenda Pública, no prazo de quinze dias, após a vista de que trata o art. 627, informará ao juízo, de acordo com os dados que constam de seu cadastro imobiliário, o valor dos bens de raiz descritos nas primeiras declarações.

Se os herdeiros concordarem com o valor dos bens declarados pela Fazenda Pública, não haverá necessidade de se realizar avaliação sobre os bens de raiz. No caso, a avaliação delimitar-se-á aos demais bens do espólio que não foram avaliados pela Fazenda Pública, por não se tratar de bens de raiz.

Também poderá ocorrer que os herdeiros concordem com o valor atribuído pela Fazenda Pública para alguns bens de raiz. Neste caso, em relação aos demais bens de raiz, a avaliação será de rigor.

É importante salientar que o art. 634, ao contrário do art. 633, não fala tão-somente em herdeiros capazes. Nesta hipótese, também será dispensada a avaliação se o herdeiro incapaz, por meio de seu representante legal, e com a participação do Ministério Público, concordar com o valor atribuído pela Fazenda Pública.

Art. 635

Entregue o laudo de avaliação, o juiz mandará que as partes se manifestem no prazo de 15 (quinze) dias, que correrá em cartório.

§ 1º Versando a impugnação sobre o valor dado pelo perito, o juiz a decidirá de plano, à vista do que constar dos autos.

§ 2º Julgando procedente a impugnação, o juiz determinará que o perito retifique a avaliação, observando os fundamentos da decisão.

Exercício do contraditório em relação ao laudo de avaliação

Os Trabalhos de avaliação concretizam-se e se delimitam no laudo apresentado pelo avaliador, o qual será entregue em juízo, para juntada nos autos.

Uma vez entregue o laudo, as partes devem manifestar-se sobre ele no prazo de quinze dias. O art. 635 do atual C.P.C. reafirma o princípio Constitucional do

Contraditório, razão pela qual as partes devem ser intimadas para se manifestar sobre o laudo pericial de avaliação apresentado pelo perito nomeado ou pelo avaliador judicial.

As partes poderão se manifestar, concordando ou discordando com a avaliação, no prazo comum de quinze dias, prazo esse que correrá em cartório (ou no sistema eletrônico, em caso de processo eletrônico).

O Ministério Público, quando for necessária a sua participação, deverá ser intimado pessoalmente para se manifestar sobre o laudo de avaliação, no prazo em dobro.

Se não houver manifestação das partes sobre a avaliação, a questão tornar-se-á preclusa. Não haverá abertura de outro prazo para que as partes se manifestem sobre o laudo.

Estabelece o *§1º do art. 635* do atual C.P.C., que *versando a impugnação sobre o valor dado pelo perito, o juiz a decidirá de plano, à vista do que constar dos autos.*

As partes do inventário, assim como o Ministério Público, poderão impugnar o laudo de avaliação apresentado pelo avaliador judicial ou pelo perito nomeado. Neste caso, o juiz deverá decidir de plano, com base nos elementos constantes dos autos.

Evidentemente, a impugnação apresentada pela parte não poderá ser aleatória ou genérica, sem estar respaldada por documentos ou outros elementos de prova que possam por em dúvida a avaliação oficial.

Preceitua o *§2º do art. 635* do atual C.P.C. que *julgando procedente a impugnação, o juiz determinará que o perito retifique a avaliação, observando os fundamentos da decisão.*

Se os elementos trazidos pelas partes para fundamentar a impugnação do laudo forem suficientes e concretos, o juiz julgará procedente o pedido de impugnação, determinando que o perito retifique a avaliação, observando os fundamentos da decisão.

Se não houver impugnação do laudo, ou se esta for decidida, estará encerrada a fase de avaliação dos bens do espólio, oportunizando-se ao inventariante a apresentação das últimas declarações.

Art. 636

Aceito o laudo ou resolvidas as impugnações suscitadas a seu respeito, lavrar-se-á em seguida o termo de últimas declarações, no qual o inventariante poderá emendar, aditar ou completar as primeiras.

Termo de últimas declarações

Encerrada a fase da avaliação, seja porque o laudo foi aceito pelas partes, seja pelo fato de o juiz ter resolvido todas as questões sobre ele suscitadas, passa-se para fase da apresentação das *últimas declarações*, na qual o inventariante poderá emendar, aditar ou complementar as primeiras declarações.

Se o inventariante não apresentar *as últimas declarações*, o juiz deverá intimá-lo para que assim o proceda, sob pena de remoção.

Segundo estabelece Hamilton de Moraes e Barros, *"essas declarações finais, ou últimas declarações, são o complemento natural das primeiras. Fatos velhos mal avaliados ou ignorados, e os fatos novos influentes devem ali figurar. A destinação de tal ato é ampla, como se vê da previsão do legislador, no art. 1.011 (C.P.C. de 1973): nas últimas declarações, o inventariante poderá emendar, aditar ou complementar as primeiras"*.[1336]

As últimas declarações encerram a fase nuclear do processo de inventário, pois nelas serão concretizados todos os elementos necessários para a definição do processo de inventário. É o retrato último e definitivo da situação da família e de bens do inventariado. Este é o momento apropriado para se corrigirem eventuais omissões ou erros que possam ter sido cometidos quando da apresentação das primeiras declarações. Nas últimas declarações deverão ser revelados os bens omitidos, seja por sonegação, seja por desconhecimento da sua existência, os frutos, os rendimentos e despesas etc.[1337]

As últimas declarações serão ditadas ao escrivão ou serão apresentadas por petição. Em ambas as hipóteses, elas serão reduzidas a termo lavrado nos autos.

Art. 637

Ouvidas as partes sobre as últimas declarações no prazo comum de 15 (quinze) dias, proceder-se-á ao cálculo do tributo.

Cálculo do imposto

Novamente o princípio Constitucional do Contraditório concretiza-se neste dispositivo.

Após apresentadas as últimas declarações, as partes, assim como determinou o legislador em relação às primeiras declarações, serão intimadas para se manifestar sobre as *últimas declarações.*

[1336] Moraes e Barros, H., op. cit., p. 277.

[1337] Moraes e Barros, H., idem, ibidem.

O prazo para a manifestação será de quinze dias, salvo para a Fazenda Pública e para o Ministério Público que é em dobro.

O prazo de quinze dias é comum, correndo em cartório.

As partes poderão suscitar correções de erros ou de omissões realizadas pelo inventariante, assim como postular a supressão de erros ou omissões.

Se as partes silenciarem e não se manifestarem no prazo legal, o silêncio caracterizará concordância tácita com o conteúdo das últimas declarações.

Se houver impugnações, o juiz decidirá de plano de acordo com os elementos dos autos.

Não havendo impugnações, ou se havendo, forem devidamente julgadas, passará o juiz para a fase do *cálculo* do imposto *causa mortis*.

O cálculo do imposto é feito pelo contador do juízo, com base na avaliação aceita.

Segundo Hamilton de Moraes e Barros: *"A Fazenda, ao pronunciar-se sobre a avaliação, para o cálculo do imposto de transmissão 'causa mortis', tem a considerar não somente a avaliação para efeito fiscal, isto é, para o pagamento do imposto predial ou territorial, como também a estimativa do inventariante e a avaliação do avaliador do juízo, que é um perito"*.[1338]

O Contador do juízo, além de realizar o cálculo do imposto de transmissão *causa mortis*, também apresentará o cálculo das custas processuais, porcentagem do escrivão, taxa judiciária etc.

Sobre o tema, eis os seguintes precedentes do S.T.J.:

> *(...).*
>
> *2. No caso, tratando-se de inventário, compete ao juiz, depois de ouvida a Fazenda Pública, proceder ao cálculo do imposto de transmissão causa mortis, conforme dispõem os arts. 1.012 e 1.013 do CPC.*
>
> *3. Consequentemente, enquanto não homologado o cálculo do inventário, não há como efetuar a constituição definitiva do tributo, porque incertos os valores inventariados sobre o qual incidirá o percentual da exação, haja vista as possíveis modificações que os cálculos sofrerão ante questões a serem dirimidas pelo magistrado, nos termos dos arts. 1.003 a 1.011 do CPC.*
>
> *4. No caso em apreço, homologado o cálculo em 27.6.2008, o prazo decadencial só ocorrerá após 31.12.2013.*
>
> *Agravo regimental improvido.*
>
> (AgRg no REsp 1257451/SP, Rel. Ministro HUMBERTO MARTINS, SEGUNDA TURMA, julgado em 06/09/2011, DJe 13/09/2011)

[1338] Moraes e Barros, H., idem, p. 279.

1. O juízo do inventário, na modalidade de arrolamento sumário, não detém competência para apreciar pedido de reconhecimento da isenção do ITCMD (Imposto sobre Transmissão Causa Mortis e Doação de quaisquer Bens ou Direitos), à luz do disposto no caput do artigo 179, do CTN, verbis: "Art. 179. A isenção, quando não concedida em caráter geral, é efetivada, em cada caso, por despacho da autoridade administrativa, em requerimento com o qual o interessado faça prova do preenchimento das condições e do cumprimento dos requisitos previstos em lei ou contrato para concessão. (...)" 2. Como cediço, a abertura da sucessão (morte do autor da herança) reclama a observância do procedimento especial de jurisdição contenciosa denominado "inventário e partilha", o qual apresenta dois ritos distintos: "um completo, que é o inventário propriamente dito (arts. 982 a 1.030) e outro, sumário ou simplificado, que é o arrolamento (arts. 1.031 a 1.038)" (Humberto Theodoro Júnior, in "Curso de Direito Processual Civil: Procedimentos Especiais", Vol. III, 36ª Ed., Ed. Forense, pág. 240).

3. O artigo 1.013, do CPC, rege o procedimento para avaliação e cálculo do imposto de transmissão causa mortis no âmbito do inventário propriamente dito, assim dispondo: "Art. 1.013. Feito o cálculo, sobre ele serão ouvidas todas as partes no prazo comum de 5 (cinco) dias, que correrá em cartório e, em seguida, a Fazenda Pública.

§ 1º Se houver impugnação julgada procedente, ordenará o juiz novamente a remessa dos autos ao contador, determinando as alterações que devam ser feitas no cálculo.

§ 2º Cumprido o despacho, o juiz julgará o cálculo do imposto.»

4. Consequentemente, em sede de inventário propriamente dito (procedimento mais complexo que o destinado ao arrolamento), compete ao Juiz apreciar o pedido de isenção do Imposto sobre Transmissão Causa Mortis, a despeito da competência administrativa atribuída à autoridade fiscal pelo artigo 179, do CTN (Precedentes do STJ: REsp 138.843/RJ, Rel. Ministro Castro Meira, Segunda Turma, julgado em 08.03.2005, DJ 13.06.2005; REsp 173.505/RJ, Rel. Ministro Franciulli Netto, Segunda Turma, julgado em 19.03.2002, DJ 23.09.2002; REsp 143.542/RJ, Rel. Ministro Milton Luiz Pereira, Primeira Turma, julgado em 15.02.2001, DJ 28.05.2001; REsp 238.161/SP, Rel. Ministra Eliana Calmon, Segunda Turma, julgado em 12.09.2000, DJ 09.10.2000;e REsp 114.461/RJ, Rel. Ministro Ruy Rosado de Aguiar, Quarta Turma, julgado em 09.06.1997, DJ 18.08.1997).

5. É que a prévia oitiva da Fazenda Pública, no inventário propriamente dito, torna despiciendo o procedimento administrativo, máxime tendo em vista o teor do artigo 984, do CPC, verbis: "Art. 984. O juiz decidirá todas as questões de direito e também as questões de fato, quando este se achar provado por documento, só remetendo para os meios ordinários as que demandarem alta indagação ou dependerem de outras provas."

6. Por seu turno, os artigos 1.031 e seguintes, do CPC, estabelecem o procedimento a ser observado no âmbito do arrolamento sumário, cujo rito é mais simplificado que o do arrolamento comum previsto no artigo 1.038 e o do inventário propriamente dito, não abrangendo o cálculo judicial do imposto de transmissão causa mortis.

7. Deveras, o caput (com a redação dada pela Lei 7.019/82) e o § 1º (renumerado pela Lei 9.280/96) do artigo 1.031, do CPC, preceituam que a partilha amigável (celebrada entre partes capazes) e o pedido de adjudicação (formulado por herdeiro único) serão homologados de plano pelo juiz, mediante a prova da quitação dos tributos relativos aos bens do espólio e às suas rendas.

8. Entrementes, o artigo 1.034, do CPC (com a redação dada pela Lei 7.019/82), determina que, "no arrolamento, não serão conhecidas ou apreciadas questões relativas ao lançamento, ao pagamento ou à quitação de taxas judiciárias e de tributos incidentes sobre a transmissão da propriedade dos bens do espólio" (caput), bem como que "o imposto de transmissão será objeto de lançamento administrativo, conforme dispuser a legislação tributária, não ficando as autoridades fazendárias adstritas aos valores dos bens do espólio atribuídos pelos herdeiros" (§ 2º).

9. Outrossim, é certo que, antes do trânsito em julgado da sentença de homologação da partilha ou adjudicação (proferida no procedimento de arrolamento sumário), inexiste intervenção da Fazenda Pública, a qual, contudo, condiciona a expedição dos respectivos formais, à luz do disposto no § 2º, do artigo 1.031, do CPC, verbis: "Art. 1.031. (...) § 2º Transitada em julgado a sentença de homologação de partilha ou adjudicação, o respectivo formal, bem como os alvarás referentes aos bens por ele abrangidos, só serão expedidos e entregues às partes após a comprovação, verificada pela Fazenda Pública, do pagamento de todos os tributos. (Incluído pela Lei nº 9.280, de 30.5.1996)"

10. Consectariamente, nos inventários processados sob a modalidade de arrolamento sumário (nos quais não cabe o conhecimento ou a apreciação de questões relativas ao lançamento, pagamento ou quitação do tributo de transmissão causa mortis, bem como tendo em vista a ausência de intervenção da Fazenda até a prolação da sentença de homologação da partilha ou da adjudicação), revela-se incompetente o Juízo do inventário para reconhecer a isenção do ITCMD, por força do disposto no artigo 179, do CTN, que confere, à autoridade administrativa, a atribuição para aferir o direito do contribuinte à isenção não concedida em caráter geral.

11. Ademais, prevalece o comando inserto no artigo 192, do CTN, segundo o qual "nenhuma sentença de julgamento de partilha ou adjudicação será proferida sem prova da quitação de todos os tributos relativos aos bens do espólio, ou às suas rendas", impondo-se o sobrestamento do feito de arrolamento sumário até a prolação do despacho administrativo reconhecendo a isenção do ITCMD.

12. Assim, falecendo competência ao juízo do inventário (na modalidade de arrolamento sumário), para apreciar pedido de reconhecimento de isenção do ITCMD, impõe-se o sobrestamento do feito até a resolução da quaestio na seara administrativa, o que viabilizará à adjudicatária a futura juntada da certidão de isenção aos autos.

13. Recurso especial fazendário provido, anulando-se a decisão proferida pelo Juízo do inventário que reconheceu a isenção do ITCMD. Acórdão submetido ao regime do artigo 543-C, do CPC, e da Resolução STJ 08/2008.

(REsp 1150356/SP, Rel. Ministro LUIZ FUX, PRIMEIRA SEÇÃO, julgado em 09/08/2010, DJe 25/08/2010).

1. Cinge-se a controvérsia em saber o fato gerador do ITCD – Imposto de Transmissão Causa Mortis.

2. Pelo princípio da saisine, a lei considera que no momento da morte o autor da herança transmite seu patrimônio, de forma íntegra, a seus herdeiros. Esse princípio confere à sentença de partilha no inventário caráter meramente declaratório, haja vista que a transmissão dos bens aos herdeiros e legatários ocorre no momento do óbito do autor da herança.

3. Forçoso concluir que as regras a serem observadas no cálculo do ITCD serão aquelas em vigor ao tempo do óbito do de cujus.

4. Incidência da Súmula 112/STF.

Recurso especial provido.

(REsp 1142872/RS, Rel. Ministro HUMBERTO MARTINS, SEGUNDA TURMA, julgado em 20/10/2009, DJe 29/10/2009)

1. No processo de arrolamento sumário, processado com base nos arts. 1.031 e seguintes do CPC, cabível quando todos os herdeiros forem maiores e capazes e estiverem de acordo com a partilha, somente é possível examinar se o inventariante comprovou a quitação dos tributos relativos aos bens do espólio e às suas rendas.

2. Para a homologação da partilha pelo juiz são dispensadas certas formalidades exigidas no inventário, entre elas a intervenção da Fazenda Pública para verificar a correção do pagamento dos tributos devidos pelo espólio. Assim, a discussão de supostas diferenças pagas a menor deverão ser resolvidas na esfera administrativa, a teor do disposto no art. 1.034 do CPC.

3. Feito o pagamento do imposto e juntado o comprovante aos autos, não pode o juiz condicionar a homologação da partilha em processo de arrolamento sumário à entrega de documentos à Receita estadual necessários ao cálculo do imposto. Ainda que o pagamento não esteja completo ou tenha o inventariante calculado mal o imposto, essas questões não podem ser tratadas e discutidas em arrolamento sumário.

4. Recurso especial não provido.

(REsp 927.530/SP, Rel. Ministro CASTRO MEIRA, SEGUNDA TURMA, julgado em 12/06/2007, DJ 28/06/2007, p. 897)

Art. 638
Feito o cálculo, sobre ele serão ouvidas todas as partes no prazo comum de 5 (cinco) dias, que correrá em cartório, e, em seguida, a Fazenda Pública.

§ 1º Se acolher eventual impugnação, o juiz ordenará nova remessa dos autos ao contabilista, determinando as alterações que devam ser feitas no cálculo.

§ 2º Cumprido o despacho, o juiz julgará o cálculo do tributo.

Julgamento do cálculo do imposto
O imposto *causa mortis* incide sobre todos os bens do *monte mor*. A ele estão sujeitos todos os bens, seja em decorrência de sucessão legítima ou testamentária.

Se o falecido era casado sob o regime de comunhão total ou parcial de bens, o imposto somente incide sobre a parte que lhe cabia na comunhão, não havendo incidência do imposto sobre a meação do cônjuge ou da companheira/o. Se o casamento fora realizado pelo regime de separação total de bens, o imposto será integral sobre os bens que pertenciam ao *de cujus*.

Outrossim, o imposto de transmissão deve incidir apenas sobre os bens que efetivamente serão repartidos entre os herdeiros, depois de abatidas as eventuais dívidas e despesas do espólio.

Para Humberto Moraes e Barros, *"se alguém deve trazer bens à colação e sobre esses bens já pagou o imposto de transmissão 'inter vivos' e esses bens vão permanecer com o conferente, não haverá, quanto a eles, imposto de transmissão 'causa mortis'.*[1339]

Com relação a renúncia à herança, ensina Humberto Moraes e Barros: *"Para efeito do cálculo do imposto de sucessão, cumpre fixar com precisão a natureza das renúncias porventura verificadas. A renúncia, aqui, pode ser extintiva ou translativa dos direitos hereditários. A renúncia extintiva, isto é, a renúncia pura e simples, não acarreta o pagamento do imposto de sucessão que seria devido pelo renunciante. O que seria o seu quinhão, a sua parte na herança, permanece no monte partível. Não há imposto a ser pago pelo renunciante, porque não houve transmissão de herança para ele. Os bens, que lhe tocariam, permanecendo no monte partível, vão engrossar outros quinhões ou legados e irão acrescer o imposto a cargo daqueles que se beneficiaram com os aumentos de herança derivados da renúncia. O princípio essencial, o que rege a hipótese, é o de que o herdeiro que renuncia, reputa-se nunca ter sido herdeiro. Se a renúncia translativa de direitos hereditários, como, por exemplo, se o filho abre mão da herança em benefício da mãe viúva, ou se um irmão renuncia em favor do outro, aqui, nessas hipóteses, são devidos dois impostos, o imposto de transmissão 'causa mortis', e o de doação. É que, além da aceitação da herança – fato gera-*

[1339] Moraes e Barros, H., idem, p. 280.

dor do imposto de transmissão por causa de morte – existe ainda uma doação, que também é fato gerador de imposto de transmissão entre vivos".[1340]

Também em relação ao cálculo do imposto, as partes devem ser ouvidas, podendo impugná-lo caso verifiquem erros ou omissões.

O prazo para se manifestarem será de cinco dias, prazo esse que correrá em cartório, sendo considerado prazo comum a todas as partes do processo.

A Fazenda Pública e o Ministério Público, por sua vez, terão prazo em dobro para se manifestar sobre o cálculo do imposto, ou seja, dez dias, contado de sua intimação pessoal.

Preceitua o *§1º do art. 638* do atual C.P.C. que *se acolher eventual impugnação, o juiz ordenará nova remessa dos autos ao contabilista, determinando as alterações que devam ser feitas no cálculo.*

Havendo impugnação, e o juiz julgá-la procedente em face dos argumentos expendidos, ordenar-se-á nova remessa dos autos ao contador, determinando-se as alterações que devam ser feitas no cálculo, para mais, ou para menos.

Prescreve o *§2º do art. 638* do atual C.P.C. que *cumprido o despacho, o juiz julgará o cálculo do tributo.*

Não havendo impugnação, ou se houver, o juiz julgá-la procedente, ocasionando modificação do cálculo do imposto, o juiz julgará, para efeito do pagamento do imposto, o cálculo apresentado.

Contra a decisão que homologar o cálculo caberá recurso de agravo de instrumento, pois ela não põe fim à fase cognitiva do processo de conhecimento. Na verdade, esta decisão é um ato-condição para que o inventário e a partilha tenham prosseguimento.[1341]

Sobre a alíquota de incidência do imposto, ver STF RE n. 72.958, bem como as Súmulas 112 e 113.

Se entre a avaliação e o cálculo do imposto transcorrer muito tempo, impõe-se nova avaliação.

SEÇÃO VI – Das Colações

Art. 639

No prazo estabelecido no art. 627, o herdeiro obrigado à colação conferirá por termo nos autos ou por petição à qual o termo se reportará os bens que recebeu ou, se já não os possuir, trar-lhes-á o valor.

[1340] MORAES E BARROS, H., idem, p. 281.

[1341] MORAES E BARROS, H., idem, p. 282.

Parágrafo único. Os bens a serem conferidos na partilha, assim como as acessões e as benfeitorias que o donatário fez, calcular-se-ão pelo valor que tiverem ao tempo da abertura da sucessão.

Da colação

O art. 627 do atual C.P.C. preconiza que concluídas as citações, abrir-se-á vista às partes, em cartório e pelo prazo comum de quinze dias, para que se manifestem sobre as primeiras declarações.

No prazo de quinze dias, as partes obrigatoriamente deverão trazer à *colação,* por termo nos autos ou por petição, os bens que receberam ou, se já não os possuírem, o valor correspondente.

Segundo o Código Civil brasileiro, considera-se *colação* a obrigação legal imposta aos descendentes que concorrerem à sucessão do ascendente comum, para igualar as legítimas, a conferir o valor das doações que dele em vida receberam, sob pena de sonegação (art. 2.002 do C.c.b.). Estão, assim, sujeitos à colação os bens que o descendente recebeu por doação do ascendente.

No C.P.C. de 1939, art. 488, as colações faziam-se no inventário apenas depois de terminadas as avaliações. No atual C.P.C., devem ser realizadas no prazo estabelecido para as partes manifestarem-se sobre as primeiras declarações.

Esses bens devem ser oferecidos ao processo de inventário, para igualar as legítimas, uma vez que esses bens são considerados pertencentes ao patrimônio do *de cujus* para efeito de cálculo da legítima.

O herdeiro, por termo nos autos ou por petição dirigida ao juiz do inventário, devidamente instruída com o documento que comprove a liberalidade do doador, indicará os bens que devem ser objeto da colação.

Regular a petição, o juiz proferirá despacho ordenando que o escrivão lavre o termo de conferência, o qual será assinado pelo juiz e pelo advogado do conferente. Na hipótese de os bens não mais existirem na posse ou propriedade do herdeiro, deverá ele indicar na petição o valor correspondente desses bens.

A colação tem por finalidade igualar, na proporção estabelecida pelo código civil, as legítimas dos descendentes e do cônjuge sobrevivente, obrigando também os donatários que, ao tempo do falecimento do doador, já não possuírem os bens doados (art. 2.003 do C.c.b.).

Se computados os valores das doações realizadas em adiantamento de legítima, não houver no acervo bens suficientes para igualar as legítimas dos descendentes e do cônjuge, os bens assim doados serão conferidos em espécie, ou, quando deles já disponha o donatário, pelo seu valor ao tempo da liberalidade (parágrafo único do art. 2003 do C.c.b.).

É importante salientar que pelo disposto no art. 2.002 do C.c.b., a colação deveria concretizar-se, em primeiro lugar, pelo *valor das doações* que o donatário recebeu do falecido ainda em vida. Somente se, computados os valores das doações realizadas em adiantamento de legítima, não houvesse no acervo bens suficientes para igualar as legítimas dos descentes e do cônjuge, é que os bens assim doados seriam conferidos em espécie.

O art. 639 do atual C.P.C. inverteu a ordem ou o critério para se realizar a colação, estabelecendo que o herdeiro será obrigado a conferir para o inventário, em primeiro lugar, os bens que recebeu. Somente se não os possuir, é que trará o valor correspondente.

Portanto, o art. 639 do atual C.P.C., no que concerne à ordem da colação, revogou em parte o art. 2002 do C.c.b.

Se o herdeiro não cumprir a sua obrigação de trazer à colação os bens recebidos em vida do falecido, sofrerá as sanções previstas para a *sonegação*.

A *sonegação*, por sua vez, é regulada nos arts. 1.992 a 1.996 do C.c.b., a saber:

Art.1.992. O herdeiro que sonegar bens da herança, não os descrevendo no inventário quando estejam em seu poder, ou, com o seu conhecimento, no de outrem, ou que os omitir na colação, a que os deva levar, ou que deixar de restituí-los, perderá o direito que sobre eles lhe cabia.

Art. 1.993. Além da pena cominada no artigo antecedente, se o sonegador for o próprio inventariante, remover-se-á, em se provando a sonegação, ou negando ele a existência dos bens, quando indicados.

Art.1.994. A pena de sonegados só se pode requerer e impor em ação movida pelos herdeiros ou pelos credores da herança.

Parágrafo único. A sentença que se proferir na ação de sonegados, movida por qualquer dos herdeiros ou credores, aproveita aos demais interessados.

Art. 1.995. Se não se restituírem os bens sonegados, por já não os ter o sonegador em seu poder, pagará ele a importância dos valores que ocultou, mais as perdas e danos.

Art. 1.996. Só se pode argüir de sonegação o inventariante depois de encerrada a descrição dos bens, com a declaração, por ele feita, de não existirem outros por inventariar e partir, assim como argüir o herdeiro, depois de declarar-se no inventário que não os possui.

Complementando, estabelecem os arts. 2.007, 2009 e 2012 do C.c.b.:

Art. 2.007. São sujeitas à redução as doações em que se apurar excesso quanto ao que o doador poderia dispor, no momento da liberalidade.

§ 1º O excesso será apurado com base no valor que os bens doados tinham, no momento da liberalidade.

§ 2º A redução da liberalidade far-se-á pela restituição ao monte do excesso assim apurado; a restituição será em espécie, ou, se não mais existir o bem em poder do donatário, em dinheiro, segundo o seu valor ao tempo da abertura da sucessão, observadas, no que forem aplicáveis, as regras deste Código sobre a redução das disposições testamentárias.

§ 3º Sujeita-se a redução, nos termos do parágrafo antecedente, a parte da doação feita a herdeiros necessários que exceder a legítima e mais a quota disponível.

§ 4º Sendo várias as doações a herdeiros necessários, feitas em diferentes datas, serão elas reduzidas a partir da última, até a eliminação do excesso.

Art. 2.009. Quando os netos, representando os seus pais, sucederem aos avós, serão obrigados a trazer à colação, ainda que não o hajam herdado, o que os pais teriam de conferir.

Art. 2.012. Sendo feita a doação por ambos os cônjuges, no inventário de cada um se conferirá por metade.

Preconiza o *parágrafo único* do art. 639 do atual C.P.C. que *os bens a serem conferidos na partilha, assim como as acessões e as benfeitorias que o donatário fez, calcular-se-ão pelo valor que tiverem ao tempo da abertura da sucessão.*

Não sendo mais possível a colação com base nos próprios bens que foram doados, o herdeiro deverá trazer ao inventário o valor correspondente.

Pelo que estabelece o parágrafo único do art. 639 do atual C.P.C., o valor a ser conferido na partilha será aquele que teria o bem, assim como as acessões (construção ou plantações) e as benfeitorias (necessárias, úteis e voluptuárias), no momento da *abertura da sucessão*. Parece-me que agiu com acerto o legislador ao fixar a data da abertura da sucessão como momento apropriado para a apuração dos valores que deverão ser conferidos à colação, pois, nos termos do art. 1.784 do C.c.b., *"aberta a sucessão, a herança transmite-se, desde logo, aos herdeiros legítimos e testamentário"*. Se bens ainda estivessem na posse do *de cujus*, os herdeiros receberiam esses bens com base em seu valor respectivo no momento da abertura da sucessão.

É certo que o art. 2004 do C.c.b. estabelecia outro critério para se apurar o valor dos bens que seriam trazidos à colação, a saber:

Art. 2.004. O valor de colação dos bens doados será aquele, certo ou estimativo, que lhes atribuir o ato de liberalidade.

§ 1º Se do ato de doação não constar valor certo, nem houver estimação feita naquela época, os bens serão conferidos na partilha pelo que então se calcular valessem ao tempo da liberalidade.

§ 2º Só o valor dos bens doados entrará em colação; não assim o das benfeitorias acrescidas, as quais pertencerão ao herdeiro donatário, correndo também à conta deste os rendimentos ou lucros, assim como os danos e perdas que eles sofrerem.

Portanto, o art. 2004 do C.c.b. indicava como marco de apuração do valor dos bens o da data da *liberalidade*, ou seja, *da doação.*

Contudo, o parágrafo único do art. 639 do atual C.P.C. revogou o art. 2004 do C.c.b. quanto à data do cálculo do valor dos bens para efeitos da colação.

É importante salientar que deverá ser feito o acerto entre o valor do bem objeto da liberalidade e eventuais acessões ou benfeitorias que tenha o herdeiro de boa-fé realizado no imóvel, justamente para se evitar eventual locupletamento ilícito por parte dos demais herdeiros.

Sobre o tema, eis os seguintes precedentes do S.T.J.:

(...)

2 – Controvérsia que se cinge em determinar se a definição do critério de avaliação dos bens trazidos à colação é matéria sobre a qual se operou a preclusão.

3 – Hipótese em que a decisão alçada pela embargante à condição de detentora de eficácia preclusiva acerca da questão não definiu a forma de avaliação dos bens colacionáveis, objeto do recurso especial apreciado.

4 – Os motivos da decisão, ainda que importantes para determinação do alcance de sua parte dispositiva, não têm a força necessária para tornar indiscutível a questão trazida a debate.

5 – A preclusão tem como efeito impedir que o juiz se pronuncie novamente a respeito das questões já decididas, relativas à mesma lide. A mesma regra é também dirigida às partes, obstando a rediscussão de questões que já tenham sido objeto de decisão anterior no curso do mesmo processo.

6 – Ainda que se entendesse que a questão de fundo, objeto do recurso especial, tivesse sido dirimida anteriormente, ela o fora em juízo de cognição sumária, de natureza não exauriente. O conteúdo desta torna-se esvaziado com a subsequente prolação da sentença extintiva da ação.

7 – Embargos de declaração rejeitados.

(EDcl no REsp 595.742/SC, Rel. Ministra NANCY ANDRIGHI, TERCEIRA TURMA, julgado em 06/05/2014, DJe 22/05/2014).

(...).

2. Discute-se a legitimidade de herdeiro, que cedeu seus direitos hereditários, para pleitear a declaração de nulidade da doação realizada pelo ascendente aos demais coerdeiros necessários, bem como a validade desse negócio jurídico.

3. A cessão de direitos hereditários não retira da cedente a qualidade de herdeira, que é personalíssima, e, portanto, não afasta a sua legitimidade para ajuizar a presente ação, porque apenas transferiu ao cessionário a titularidade de sua situação, de modo a permitir que ele exija a partilha judicial dos bens que compõem a herança.

4. A doação universal, como apregoa o art. 1.175 do CC/16, é caracterizada quando, doados todos os bens, o doador não faz a reserva de parte ou renda suficiente para a própria subsistência, razão pela qual o reconhecimento da nulidade absoluta não prescinde da demonstração de ter ele se reduzido à miséria, em decorrência do negócio jurídico realizado.

5. A melhor interpretação do art. 1.171 do CC/16 é a de que a doação feita de ascendente para descendente, por si só, não é considerada inválida ou ineficaz pelo ordenamento jurídico, mas impõe ao donatário obrigação protraída no tempo, de, à época do óbito do doador, trazer o patrimônio recebido à colação, para igualar as legítimas, caso não seja aquele o único herdeiro necessário (art. 1.785 do CC/16).

6. À luz do que dispõe o art. 1.795 do CC/16 (art. 2.012 do CC/02), se ambos os cônjuges doam bens aos filhos comuns, no inventário de cada um deles devem ser conferidos pela metade.

7. O ato de liberalidade do falecido de doar todos os seus bens aos filhos que possuía com a esposa, preterindo a filha, fruto de outro relacionamento, torna inoficiosa (nula) a doação no tocante ao que excede a parte disponível do patrimônio mais as respectivas frações da legítima, porque caracterizado o indevido avanço da munificência sobre a legítima da herdeira preterida.

8. Recurso especial conhecido e provido.

(REsp 1361983/SC, Rel. Ministra NANCY ANDRIGHI, TERCEIRA TURMA, julgado em 18/03/2014, DJe 26/03/2014).

(...).

2. A existência de sentença homologatória de acordo, em separação judicial, pela qual o antigo casal doa imóvel aos filhos, tem idêntica eficácia da escritura pública. Precedentes.

3. A caracterização de doação inoficiosa é vício que, se não invalida o negócio jurídico originário – doação –, impõe ao donatário-herdeiro, obrigação protraída no tempo: de, à época do óbito do doador, trazer o patrimônio à colação, para igualar as legítimas, caso não seja herdeiro necessário único, no grau em que figura.

4. A busca da invalidade da doação, ante o preterimento dos herdeiros nascidos do segundo relacionamento do de cujus, somente é cabível se, e na medida em que, seja constatado um indevido avanço da munificência sobre a legítima, fato aferido no momento do negócio jurídico.

5. O sobejo patrimonial do de cujus é o objeto da herança, apenas devendo a fração correspondente ao adiantamento da legítima, in casu, já embutido na doação aos dois primeiros descendentes, ser equalizado com o direito à legítima dos herdeiros não contemplados na doação, para assegurar a esses outros, a respectiva quota da legítima, e ainda, às respectivas participações em eventuais sobras patrimoniais.

6. Recurso não provido.

(REsp 1198168/RJ, Rel. Ministra NANCY ANDRIGHI, TERCEIRA TURMA, julgado em 06/08/2013, DJe 22/08/2013)

(...).

1. Devem ser relacionados no inventário, valores vultosos de caderneta de poupança conjunta, mantida por herdeiros com o "de cujus", ante a retirada deste da titularidade da conta, permanecendo o valor, não trazido ao inventário, em poder dos herdeiros.

2. Válido o julgamento da matéria obrigacional, antecedente do direito à colação, de alta indagação e dependente de provas, por Juízo de Vara Cível, para o qual declinada, sem recurso, a competência, pelo Juízo do Inventário. Matéria, ademais, não cognoscível por esta Corte (Súmula 280/STF).

3. Ação de colação adequada, não se exigindo a propositura, em seu lugar, de ação de sobrepartilha, consequência do direito de colação de sonegados cujo reconhecimento é antecedente necessário da sobrepartilha.

4. O Direito à colação de bens do "de cujus" em proveito de herdeiros necessários subsiste diante da partilha amigável no processo de inventário, em que omitida a declaração dos bens doados inoficiosamente e que, por isso, devem ser colacionados.

5. Recurso Especial improvido

(REsp 1343263/CE, Rel. Ministro SIDNEI BENETI, TERCEIRA TURMA, julgado em 04/04/2013, DJe 11/04/2013)

(...).

2. Os bens doados em vida pelo autor da herança sujeitam-se a colação, o que justifica a remoção do inventariante que omite tal informação.

3. Agravo Regimental improvido.

(AgRg no REsp 1150354/SP, Rel. Ministro SIDNEI BENETI, TERCEIRA TURMA, julgado em 27/09/2011, DJe 05/10/2011)

(...).

1. O direito de exigir a colação dos bens recebidos a título de doação em vida do "de cujus" é privativo dos herdeiros necessários, pois a finalidade do instituto é resguardar a igualdade das suas legítimas.

2. A exigência de imputação no processo de inventário desses bens doados também é direito privativo dos herdeiros necessários, pois sua função é permitir a redução das liberalidades feitas pelo inventariado que, ultrapassando a parte disponível, invadam a legítima a ser entre eles repartida.

3. Correto o acórdão recorrido ao negar legitimidade ao testamenteiro ou à viúva para exigir a colação das liberalidades recebidas pelas filhas do inventariado.

4. Doutrina e jurisprudência acerca do tema.

5. Recursos especiais desprovidos.

(REsp 167.421/SP, Rel. Ministro PAULO DE TARSO SANSEVERINO, TERCEIRA TURMA, julgado em 07/12/2010, DJe 17/12/2010)

Agravo regimental em recurso especial – cumprimento de sentença – intempestividade do instrumento de agravo manejado junto ao tribunal local – não-ocorrência – execução contra espólio – juízo do inventário – possibilidade de o credor optar livremente por perseguir seu crédito nas vias ordinárias – precedentes – agravo improvido.

(AgRg no REsp 1172455/RJ, Rel. Ministro MASSAMI UYEDA, TERCEIRA TURMA, julgado em 05/06/2012, DJe 13/06/2012)

1. Pedido de habilitação de crédito formulado pela instituição financeira credora, nos autos do processo de inventário, em razão da morte superveniente de avalista da cédula de crédito comercial executada.

2. A regra do art. 1.017 do CPC deve ser interpretada como mera faculdade concedida ao credor, podendo também optar por propor ação de cobrança ou de execução. Precedente específico.

3. Tendo o credor já ajuizado ação de execução contra a devedora principal e os demais co-obrigados, sobrevindo a morte do avalista do título cobrado, a hipótese é de suspensão do processo para habilitação dos sucessores do 'de cujus', na forma do art. 265, I, e 1055 e seguintes do CPC.

4. Cuidado para evitar a reprodução de pretensões idênticas mediante procedimentos judiciais diversos.

5. Recurso especial a que se nega provimento.

(REsp 615.077/SC, Rel. Ministro PAULO DE TARSO SANSEVERINO, TERCEIRA TURMA, julgado em 16/12/2010, DJe 07/02/2011)

Art. 640

O herdeiro que renunciou à herança ou o que dela foi excluído não se exime, pelo fato da renúncia ou da exclusão, de conferir, para o efeito de repor a parte inoficiosa, as liberalidades que obteve do doador.

§ 1º É lícito ao donatário escolher, dentre os bens doados, tantos quantos bastem para perfazer a legítima e a metade disponível, entrando na partilha o excedente para ser dividido entre os demais herdeiros.

§ 2º Se a parte inoficiosa da doação recair sobre bem imóvel que não comporte divisão cômoda, o juiz determinará que sobre ela se proceda a licitação entre os herdeiros.

§3º O donatário poderá concorrer na licitação referida no §2º e, em igualdade de condições, terá preferência sobre os herdeiros.

Colação e renúncia à herança

Pode acontecer que o herdeiro, durante a vida do autor da herança, receba bens em doação.

Pode ocorrer, ainda, que o herdeiro, quando da abertura da sucessão, renuncie à herança.

Sabe-se que uma vez aceita a herança, torna-se definitiva a sua transmissão ao herdeiro, desde a abertura da sucessão. Contudo, a transmissão tem-se por não verificada quando o herdeiro renuncia à herança (p.u. do art. 1804 do C.c.b.).

Nos termos do art. 1.806 do C.c.b., a renúncia da herança deve constar expressamente de instrumento público ou termo judicial.

O herdeiro também pode ser excluído da sucessão, nas hipóteses do art. 1.814 do C.c.b., a saber: a) quando houver sido autor, coautor ou partícipe de homicídio doloso, ou tentativa deste, contra a pessoa de cuja sucessão se tratar, seu cônjuge, companheiro, ascendente ou descendente; b) que houver acusado caluniosamente em juízo o autor da herança ou incorrerem em crime contra a sua honra, ou de seu cônjuge ou companheiro; c) que, por violência ou meios fraudulentos, inibirem ou obstarem o autor da herança de dispor livremente de seus bens por ato de última vontade.

Porém, seja na hipótese de renúncia ou na de exclusão da herança, o herdeiro que recebeu bens doados em vida pelo falecido, não se exime de trazer à colação esses bens que recebeu por liberalidade do doador, para o efeito de repor a parte inoficiosa.

É importante salientar que o herdeiro necessário que renuncia ou é excluído da herança não perde o direito à doação. Os bens que são objeto da doação anterior não fazem parte da herança. São, entretanto, colacionados, para, com esse expediente, possibilitar a igualdade das legítimas.[1342]

1342 Moraes e Barros, H., op. cit., p. 288.

A não ser na hipótese do art. 2005 do C.c.b. (*são dispensadas da colação as doações que o doador determinar saiam da parte disponível, contanto que não a excedam, computado o seu valor ao tempo da doação)*, tem o herdeiro de colacionar os bens que lhe foram doados. Além de igualar as legítimas, *"irá a colação fundamentar a reposição da parte inoficiosa, definida no parágrafo único do art. 1.790 do Código Civil de 1916 como a parte da doação, ou do dote, que exceder a legítima e mais a parte disponível, ou seja, a porção de que poderia livremente dispor o autor da herança"*.[1343]

Por outro lado, segundo prescreve o p.u. do art. 2005 do C.c.b., são dispensadas da colação as doações que o doador determinar saiam da parte disponível, contanto que não a excedam, computado o seu valor ao tempo da doação. A dispensa da colação pode ser outorgada pelo doador em testamento, ou no próprio título da liberalidade (art. 2.006 do C.c.b.).

Em regra geral, o herdeiro renunciante e o herdeiro excluído devem repor ao espólio os bens que receberam anteriormente, com o fim de reporem a parte inoficiosa, ou seja, repor aquilo que excedeu a legítima do herdeiro necessário e mais a parte disponível, ou seja, a porção que poderia livremente dispor o autor da herança.

Preceitua o *§1º do art.640* do atual C.P.C. que *é lícito ao donatário escolher, dentre os bens doados, tantos quantos bastem para perfazer a legítima e a metade disponível, entrando na partilha o excedente para ser dividido entre os demais herdeiros.*

Este dispositivo permite que o donatário escolha os bens que irá repor ao espólio mediante à colação. Poderá, também, escolher os bens, tantos quantos bastem para perfazer a sua legítima, bem como a metade disponível.

Por sua vez, prescreve o *§2º do art. 640* que *se a parte inoficiosa da doação recair sobre bem imóvel que não comporte divisão cômoda, o juiz determinará que sobre ela se proceda a licitação entre os herdeiros.*

É possível que a parte inoficiosa da doação incida, recaia, sobre bem imóvel que não comporte divisão cômoda. Neste caso o juiz determinará que sobre ela se proceda entre os herdeiros a licitação, a fim de que o maior lanço seja o vencedor, outorgando-se o bem em definitivo ao licitante, o qual deverá repor em dinheiro a parte dos demais herdeiros.

Estabelece o *§3º do art. 640* do atual C.P.C. que o *donatário poderá concorrer na licitação referida no §2º e, em igualdade de condições, terá preferência sobre os herdeiros.*

Se ocorrendo a licitação, o donatário der o mesmo lanço que os demais herdeiros, terá ele preferência, em igualdade de condições, a permanecer com o imóvel, repondo a parte dos demais herdeiros em dinheiro.

[1343] Moraes e Barros, H., idem, ibidem.

A licitação ocorre entre os herdeiros e apresenta certa semelhança com a arrematação. Não se admite a participação de terceiros, que não sejam herdeiros. Qualquer herdeiro oferece um lanço que pode ser superado por outro lanço oferecido por outro herdeiro. A coisa será adjudicada ao herdeiro que oferecer maior lanço, salvo se o donatário oferecer igual preço, quando, neste caso, tem preferência sobre os outros herdeiros.

O dispositivo em análise nada mencionada sobre eventual indivisibilidade de bens móveis. É possível que a doação recaia sobre um cavalo. Neste caso, entendo que deve ser aplicado, por analogia, o disposto no parágrafo segundo.

Art. 641

Se o herdeiro negar o recebimento dos bens ou a obrigação de os conferir, o juiz, ouvidas as partes no prazo comum de 15 (quinze) dias, decidirá à vista das alegações e das provas produzidas.

§ 1º Declarada improcedente a oposição, se o herdeiro, no prazo improrrogável de 15 (quinze) dias, não proceder à conferência, o juiz mandará sequestrar-lhe, para serem inventariados e partilhados, os bens sujeitos à colação ou imputar ao seu quinhão hereditário o valor deles, se já não os possuir.

§ 2º Se a matéria exigir dilação probatória diversa da documental, o juiz remeterá as partes às vias ordinárias, não podendo o herdeiro receber o seu quinhão hereditário, enquanto pender a demanda, sem prestar caução correspondente ao valor dos bens sobre os quais versar a conferência.

Negativa de recebimento dos bens

Havendo negativa por parte do herdeiro quanto ao recebimento dos bens, as partes, no prazo de comum de cinco dias, poderão comprovar fato contrário, mediante a apresentação de documentos que demonstrem a concretização da liberalidade. O mesmo se dá quanto à negativa de que os bens não devem vir à colação.

Preceitua o *§1º do art. 641* do atual C.P.C. que *declarada improcedente a oposição, se o herdeiro, no prazo improrrogável de 15 (quinze) dias, não proceder à conferência, o juiz mandará sequestrar-lhe, para serem inventariados e partilhados, os bens sujeitos à colação ou imputar ao seu quinhão hereditário o valor deles, se já não os possuir.*

Não estão sujeitas à colação as liberalidades preconizadas nos arts. 2.010 e 2.011 do C.c.b., a saber:

Art. 2.010. Não virão à colação os gastos ordinários do ascendente com o descendente, enquanto menor, na sua educação, estudos, sustento, vestuário, tratamento nas enfermidades, enxoval, assim como as despesas de casamento, ou as feitas no interesse de sua defesa em processo-crime.

Art. 2.011. As doações remuneratórias de serviços feitos ao ascendente também não estão sujeitas a colação.

Se o juiz não acolher a oposição ofertada pelo herdeiro, convencendo-se de que houve efetivamente o recebimento dos bens ou de que há a obrigação de conferi-los ao inventário, tudo isso com base em prova documental, determinará que ele, herdeiro, apresente o bem ou o seu valor no prazo improrrogável de quinze dias. Se não proceder à conferência, o juiz mandará sequestrar-lhe, para serem inventariados e partilhados, os bens sujeitos à colação ou imputará ao seu quinhão hereditário o valor deles, se já os não possuir.

Se o herdeiro não possuir os bens, nem lhe for conferido direito na partilha, deverá restituir o valor correspondente aos bens doados.

Por fim, preconiza o *§2º do art. 641* do atual C.P.C. que *se a matéria exigir dilação probatória diversa da documental, o juiz remeterá as partes às vias ordinárias, não podendo o herdeiro receber o seu quinhão hereditário, enquanto pender a demanda, sem prestar caução correspondente ao valor dos bens sobre os quais versar a conferência.*

O juiz somente poderá proferir decisão de plano sobre a questão tratada no *caput* do art. 656 se a matéria depender apenas de prova documental.

Porém, se a matéria exigir dilação probatória diversa da documental, o juiz remeterá as partes para os meios ordinários, no qual a amplitude da prova poderá ser estabelecida. Enquanto pender a demanda nas vias ordinárias, não poderá o herdeiro receber o seu quinhão, salvo se prestar caução (real ou fidejussória) correspondente ao valor dos bens sobre que versar a conferência.

SEÇÃO VII – Do Pagamento das Dívidas

Art. 642

Antes da partilha, poderão os credores do espólio requerer ao juízo do inventário o pagamento das dívidas vencidas e exigíveis.

§ 1º A petição, acompanhada de prova literal da dívida, será distribuída por dependência e autuada em apenso aos autos do processo de inventário.

§ 2º Concordando as partes com o pedido, o juiz, ao declarar habilitado o credor, mandará que se faça a separação de dinheiro ou, em sua falta, de bens suficientes para o pagamento.

§ 3º Separados os bens, tantos quantos forem necessários para o pagamento dos credores habilitados, o juiz mandará aliená-los, observando-se as disposições deste Código relativas à expropriação.

§ 4º Se o credor requerer que, em vez de dinheiro, lhe sejam adjudicados, para o seu pagamento, os bens já reservados, o juiz deferir-lhe-á o pedido, concordando todas as partes.

§ 5º Os donatários serão chamados a pronunciar-se sobre a aprovação das dívidas, sempre que haja possibilidade de resultar delas a redução das liberalidades.

Pagamento de dívida

É regra geral de que o patrimônio do devedor é a garantia de seus credores, sendo que os bens do devedor respondem pelo pagamento das suas dívidas.

A questão do pagamento das dívidas do falecido é de ordem de direito material, razão pela qual prescreve o art. 1.997 do C.c.b.:

> *Art. 1.997. A herança responde pelo pagamento das dívidas do falecido; mas, feita a partilha, só respondem os herdeiros, cada qual em proporção da parte que na herança lhe coube.*
>
> *§ 1º Quando, antes da partilha, for requerido no inventário o pagamento de dívidas constantes de documentos, revestidos de formalidades legais, constituindo prova bastante da obrigação, e houver impugnação, que não se funde na alegação de pagamento, acompanhada de prova valiosa, o juiz mandará reservar, em poder do inventariante, bens suficientes para solução do débito, sobre os quais venha a recair oportunamente a execução.*
>
> *§ 2º No caso previsto no parágrafo antecedente, o credor será obrigado a iniciar a ação de cobrança no prazo de trinta dias, sob pena de se tornar de nenhum efeito a providência indicada.*

A herança, portanto, responde pelo pagamento das dívidas do *de cujus* enquanto não realizada a partilha dos bens.

Feita a partilha dos bens, respondem os herdeiros, cada qual em proporção da parte que na herança lhe coube.

O crédito da Fazenda Pública tem preferência ao pagamento a qualquer outro crédito, salvo o crédito trabalhista. Estabelece o art. 189 do C.T.N.: *São pagos preferencialmente a quaisquer créditos habilitados em inventário ou arrolamento, ou a outros encargos do monte, os créditos tributários vencidos ou vincendos, a cargo do de cujus ou de seu espólio, exigíveis no decurso do processo de inventário ou arrolamento.*

Por outro lado, a Fazenda Pública não está sujeita à habilitação no processo de inventário ou arrolamento para efeito de cobrança de seus créditos, conforme preconiza o art. 29 da Lei 6.830/80 – *A cobrança judicial da Dívida Ativa da Fazenda Pública não é sujeita a concurso de credores ou habilitação em falência, concordata, liquidação, inventário ou arrolamento.*

Em complemento, prescreve o art. 5º da Lei 6.830/80 que a competência para processar e julgar a execução da Dívida Ativa da Fazenda Pública exclui a de qualquer outro Juízo, inclusive o da falência, da concordata, da liquidação, da insolvência ou do inventário.

Desta feita, se o falecimento ocorreu durante o trâmite da execução fiscal, o processo será direcionado contra o espólio.

Agora, se o falecimento ocorreu antes da distribuição da execução fiscal, esta somente poderá ser promovida contra o espólio e não contra o falecido, não havendo oportunidade para se alterar o polo passivo da demanda.

Outro aspecto importante é que se a penhora na execução fiscal ocorreu antes do falecimento, a sua arrematação será realizada pelo juízo da execução, devendo o valor arrecado ser encaminhado ao juízo do inventário para efeito de realização do pagamento, bem como para observância das preferências.

Agora, se a penhora deve ser realizada após o falecimento, essa deve recair no rosto dos autos do inventário, uma vez que o patrimônio do *de cujus* passou a ser uma universalidade de bens, uma massa, razão pela qual deve ser promovida no rosto dos autos do inventário, devendo o inventariante reservar bens suficientes para o pagamento da dívida da Fazenda Pública, assim como ocorre, por exemplo, com a falência.

É importante salientar que o credor não é obrigado a habilitar-se no inventário. Poderá, se assim entender, promover a demanda ordinária de cobrança ou de execução, ou, ainda, promover o cumprimento de sentença.

Os credores com garantia real também não precisam habilitar-se no inventário para receber o que lhes é devido, pois não correm qualquer risco de falta de pagamento, uma vez que bens específicos garantem o pagamento da dívida. Um dos direitos que envolve a garantia real é justamente o direito de sequela, segundo o qual o credor pode buscar o bem nas mãos de quem quer que seja.

A finalidade de possibilitar a habilitação dos credores no processo de inventário visa, justamente, ao pagamento das dívidas do morto de forma normal e rápida, sem delongas, evitando-se, assim, a propositura de outras demandas visando ao pagamento da dívida. Todos saem beneficiados, credores e herdeiros.

O pagamento das dívidas deve ocorrer antes da partilha dos bens, pois os herdeiros somente irão partilhar as sobras, após o pagamento dos credores. O passivo do espólio reduz o monte partível.

Conforme estabelece o art. 642 do atual C.P.C., antes da partilha poderão os credores do espólio requerer (habilitar-se) ao juízo do inventário o pagamento das dívidas vencidas e exigíveis, sejam elas decorrentes de título extrajudicial ou judicial.

Há também a possibilidade de habilitação de credor de dívida líquida e certa, ainda que não vencida, nos termos do art. 644 do atual C.P.C.

Nestes casos, o juiz pode determinar ou *alienação* de bens suficientes para o pagamento das *dívidas vencidas*, ou a *separação* de bens para o pagamento das *dívidas ainda não vencidas*, ou, ainda, a *reserva* de bens suficientes para o pagamento dos credores não atendidos no inventário e remetidos às vias ordinárias. Essa será a solução também para os créditos fiscais contestados.

É importante salientar que nos termos do art. 1.998 do C.c.b., as *despesas funerárias, haja ou não herdeiros legítimos, sairão do monte da herança; mas as de sufrágios por alma do falecido só obrigarão a herança quando ordenadas em testamento ou codicilo.*

Preceitua o *§1º do art.* 642 do atual C.P.C. que *a petição, acompanhada de prova literal da dívida, será distribuída por dependência e autuada em apenso aos autos do processo de inventário.*

A petição inicial do pedido de habilitação no processo de inventário será acompanhada de prova literal de dívida (prova escrita), podendo ela estar vencida ou não, sendo distribuída por dependência do processo de inventário, devendo ser autuada em apenso a esses autos.

A determinação de que o pedido de habilitação tenha prosseguimento em apenso aos autos de inventário não havia durante a vigência do C.P.C. de 1939, sendo uma inovação proveniente do C.P.C. de 1973.

Segundo Hamilton Moraes e Barros, *"o pedido de pagamento de dívida em inventário deve vir acompanhado de prova escrita da existência da dívida e de seu montante. Para que possa provocar e merecer concordância, deve ser incontestável, isto é, certa quanto ao seu valor. Em resumo: deve ter a força de convencer e tranqüilizar. Os representantes de menores, incapazes e ausentes; o testamenteiro, que deve cumprir a vontade do morto, e o representante da Fazenda Pública, que verá minguar-se o montante partível e tributável, todos esses precisam estar convencidos da existência do montante da dívida, para que tenham a certeza da correção de suas atitudes no incidente".*[1344]

[1344] MORAES E BARROS, H., idem, p. 296.

Preceitua o *§2º do art. 642* do atual C.P.C. que *concordando as partes com o pedido, o juiz, ao declarar habilitado o credor, mandará que se faça a separação de dinheiro ou, em sua falta, de bens suficientes para o pagamento.*

Não havendo impugnação das partes quanto ao pedido de habilitação do credor, o juiz declarará por decisão (sujeita a recurso de agravo de instrumento), como habilitado o crédito para efeito de pagamento, mandando que se faça a separação de dinheiro ou, em sua falta, de bens suficientes para o seu pagamento.

Para Hamilton Moraes e Barros, a impugnação solitária da Fazenda Pública não é impeditiva do reconhecimento da dívida e do atendimento à sua solução. Se os demais interessados concordarem e se apenas a Fazenda impugnar, a dívida pode ser reconhecida e paga, desde que seja assegurado à Fazenda o pagamento do imposto devido pela permanência no monte da importância mandada pagar. O interesse da Fazenda é limitado, pois que se resume no recolhimento do imposto devido pela sucessão.[1345]

Desta feita, excetuada a Fazenda, a habilitação do crédito somente poderá ser feita de plano se houver concordância de todas as partes.

Estabelece o *§3º do art. 642* do atual C.P.C. que *separados os bens, tantos quantos forem necessários para o pagamento dos credores habilitados, o juiz mandará aliená-los, observando-se as disposições deste Código relativas à expropriação.*

Se o espólio somente apresenta bens para efeito de garantir o pagamento das dívidas, haverá necessidade de alienação desses bens a fim de transformá-los em moeda corrente.

A venda dos bens deverá seguir, no que for aplicável, o rito da expropriação dos bens para efeito de cumprimento de sentença, ou seja, deverá ser oferecida em leilão ou em praça pública.

A avaliação será aquela estabelecida na recente apuração do valor dos bens. Haverá necessidade de nova avaliação se esta tiver sido realizada há muito tempo e houver risco de mudança do valor dos bens.

Estabelece o *§4º do art. 642* do atual C.P.C. que *se o credor requerer que, em vez de dinheiro, lhe sejam adjudicados, para o seu pagamento, os bens já reservados, o juiz deferir-lhe-á o pedido, concordando todas as partes.*

Preceitua o art. 876 do atual C.P.C. que *é lícito ao exequente, oferecendo preço não inferior ao da avaliação, requerer lhe sejam adjudicados os bens penhorados".*

Se as partes concordarem, o juiz deferirá a adjudicação.

Se o valor do crédito for inferior ao dos bens, o requerente da adjudicação depositará de imediato a diferença, ficando à disposição do espólio; se superior,

[1345] Moraes e Barros, H., idem, p. 297 e 298.

o credor continuará com sua habilitação no inventário (aplicação do §4º do art. 876 do atual C.P.C.).

Se houver mais de um pretendente, proceder-se-á entre eles a licitação, tendo preferência, em caso de igualdade de oferta, o cônjuge, o companheiro, o descendente ou o ascendente, nessa ordem (§6º do art. 876 do atual C.P.C.).

Estabelece o *§5º do art. 642* do atual C.P.C. que *os donatários serão chamados a pronunciar-se sobre a aprovação das dívidas, sempre que haja possibilidade de resultar delas a redução das liberalidades.*

O direito de reclamar os bens objeto de liberalidade será do herdeiro legitimado, dos seus credores, dos cessionários do direito dele, dos adquirentes do quinhão. Segundo Orlando de Souza, não terá legitimidade os credores do inventário. É que os credores do inventário não teriam ação para fazer tornarem ao acervo as dádivas inoficiosas *feitas em vida* do autor da herança. Conforme adverte Orlando de Souza: *"a colação das doações a herdeiros necessários ou a redução, em geral, nem assim aproveita ao credor do falecido o bem doado (ob.cit., n. 1.199), lembrando que, com a maior propriedade, se costuma dizer que as doações se 'colacionam' à massa 'depois' de deduzidas as dívidas, dá esse exemplo: 'Patrimônio do inventariado, na data do óbito – Cr$15.000,00; doações – Cr$10.000,00; dívidas – Cr$20.000,00. Os credores rateiam entre si Cr$15.000,00; perdem Cr$5.000,00; porque os Cr$10.000,00 das doações tocam aos legitimários'. Finalmente, diz que herdeiros legítimos, mas não necessários, nenhum direito têm à 'redução'; se nada sobra, depois de atendidas as dádivas em vida ou 'causa mortis', ficam tacitamente excluídos da partilha"*.[1346]

Por outro lado, os donatários serão chamados a pronunciar-se sobre a aprovação das dívidas sempre que haja possibilidade de resultar delas a redução das liberalidades. Efetivamente, a fim de proteger a liberalidade que lhe foi outorgada pelo autor da herança, os donatários terão o direito de avaliar a legitimidade da dívida que o credor deseja habilitar na herança, especialmente se essa dívida acarretar redução da liberalidade.

Em regra, o donatário participa do processo do inventário como parte, pois é herdeiro necessário.

Sobre o tema, eis os seguintes precedentes do S.T.J.:

> *(...).*
>
> *2. Na execução de dívida decorrente de taxas condominiais, a penhora não deve recair necessariamente sobre o imóvel que deu ensejo à cobrança, não obstante a natureza propter rem da obrigação.*

[1346] Souza, Orlando. Op. cit., p. 173.

Precedente da 3ª Turma.

3. Dessa sorte, a habilitação de tais valores nos autos do inventário do espólio não configura, por si só, ofensa ao princípio da menor onerosidade ao executado.

4. Agravo regimental não provido.

(AgRg no AREsp 458.732/RJ, Rel. Ministro LUIS FELIPE SALOMÃO, QUARTA TURMA, julgado em 18/03/2014, DJe 26/03/2014)

1. A multa do artigo 475-J do CPC tem por escopo incentivar o devedor a cumprir espontaneamente, no prazo de quinze dias, sentença condenatória ao pagamento de quantia certa ou já fixada em liquidação.

2. Sendo devedor o espólio, tal pagamento deve-se dar na forma dos arts. 992, III ou 1017, ambos do CPC, já que se trata de uma universalidade de bens cuja disposição não prescinde autorização do juízo do inventário.

3. A interpretação harmônica do artigo 475-J com o art. 992, III, ambos do CPC, leva ao entendimento de que o devedor fica a salvo da multa nele prevista desde que, no prazo de quinze dias, tome as providências a seu alcance para o cumprimento da obrigação, a saber, prove que requereu, ao juízo do inventário, autorização para o pagamento da dívida, sujeitando-se às providências por ele determinadas para tal fim.

4. Hipótese em que o recorrente não adotou medida alguma tendente ao pagamento da espontâneo da quantia executada, notadamente o requerimento de autorização ao juízo do inventário. Pelo contrário.

Apresentou impugnação, demonstrando que não pretende pagar o valor executado, o qual considera ilíquido e indevido por diversos motivos mencionados na impugnação, cujo conhecimento e julgamento foi ordenado pelo acórdão recorrido. A sorte da multa seguirá o resultado do julgamento da impugnação ainda a ser procedido em primeiro grau de jurisdição.

5. Embargos de declaração acolhidos sem efeitos modificativos.

(EDcl nos EDcl nos EDcl no REsp 1021416/AM, Rel. Ministra MARIA ISABEL GALLOTTI, QUARTA TURMA, julgado em 12/11/2013, DJe 10/12/2013)

Pedido de habilitação de crédito em inventário deferido pelo magistrado de piso, para determinar a reserva de bens suficientes a fazer frente ao débito do espólio perante o credor habilitante.

Decisum, que ensejou o manejo de agravo de instrumento pelo espólio.

Agravo de instrumento não conhecido pelo Tribunal de origem, por reputar cabível recurso de apelação, não se afigurando possível aplicar, à espécie, o princípio da fungibilidade recursal ante a verificação de erro grosseiro.

1. O agravo de instrumento é o recurso adequado para impugnar decisão que aprecia pedido de habilitação de crédito no inventário, pois o provimento judicial atacado, embora processado em apenso aos autos principais, tem natureza de decisão interlocutória, uma vez que não encerra o processo de inventário. Não obstante, mesmo que o ora recorrente tivesse intentado recurso de apelação, o conhecimento da insurgência seria de rigor, em observância ao princípio da fungibilidade recursal, a considerar a existência de dúvida objetiva no âmbito da doutrina, assim como da jurisprudência (identificada, ao menos, em dois precedentes desta Corte de Justiça).

2. Negativa de prestação jurisdicional. Inexistência. A fundamentação adotada pelo Tribunal de origem para o deslinde da controvérsia é clara e suficiente, revelando-se desnecessário ao magistrado rebater cada um dos argumentos declinados pela parte.

3. Decisão judicial sobre a habilitação de crédito no inventário.

Provimento jurisdicional que não encerra o procedimento perante o Juízo de Direito, mas mantém o processo de inventário em curso, relegando eventual discussão sobre o crédito para as vias ordinárias ou determinado a separação de bens para o pagamento da dívida em momento posterior.

4. A mera autuação em apenso do pedido não tem o condão de desnaturar a essência da decisão proferida, pois a forma de processamento do pleito se refere à disciplina da marcha processual, a fim de se alcançar a boa prestação jurisdicional, sem tumultos processuais ou sem dilações indevidas.

5. O agravo de instrumento é o recurso adequado para impugnar decisão que aprecia pedido de habilitação de crédito no inventário, pois o provimento judicial atacado, embora processado em apenso aos autos principais, tem natureza de decisão interlocutória, uma vez que não encerra o processo de inventário.

6. Recurso especial provido, para afastar o óbice apresentado pelo Tribunal de origem e determinar que este prossiga no julgamento do agravo de instrumento como bem entender de direito.

(REsp 1107400/SP, Rel. Ministro MARCO BUZZI, QUARTA TURMA, julgado em 10/09/2013, DJe 13/11/2013)

Art. 643

Não havendo concordância de todas as partes sobre o pedido de pagamento feito pelo credor, será o pedido remetido às vias ordinárias.

Parágrafo único. O juiz mandará, porém, reservar, em poder do inventariante, bens suficientes para pagar o credor quando a dívida constar de documento que comprove suficientemente a obrigação e a impugnação não se fundar em quitação.

Discordância do pagamento e procedimento a ser adotado

O pagamento da dívida do espólio será feito normalmente no âmbito do inventário, mediante prova literal da sua existência, bem como com a concordância de todas as partes sobre o pedido de pagamento feito pelo credor. Surgindo qualquer impugnação, o pedido administrativo do pagamento da dívida não poderá ser deferido.

A discordância com o pagamento deve ser séria e fundada, e não leviana, caprichosa, aventureira. A recusa gratuita, imotivada, ou ilegítima, longe de defender o espólio e os herdeiros, agrava a situação deles.[1347]

Penso que também poderá haver impugnação de outro credor do espólio, o qual também terá legitimidade para impugnar o pedido de pagamento, principalmente se os bens do espólio não forem suficientes para prover o pagamento de todas as dívidas.

Havendo impugnação ao pedido de pagamento, o juiz remeterá a questão para as vias ordinárias.

Se houver impugnação, o credor também poderá valer-se das vias judiciais, ingressando com a demanda de cobrança ou de execução, se for o caso.

A vantagem da habilitação no espólio é a rápida solução do débito, beneficiando o credor que recebe logo e os próprios herdeiros que poderão realizar de forma definitiva a partilha sem qualquer pendência condicionante.

Estabelece o *parágrafo único* do art. 643 do atual C.P.C. que *o juiz mandará, porém, reservar em poder do inventariante, bens suficientes para pagar o credor quando a dívida constar de documento que comprove suficientemente a obrigação e a impugnação não se fundar em quitação.*

Como houve a impugnação administrativa do crédito habilitado no processo de inventário, não resta outra alternativa ao juiz do que encaminhar as partes para as vias ordinárias, onde lá será resolvida em definitivo a questão do débito.

Contudo, o juiz, mediante requerimento da parte ou de ofício, mandará reservar em poder do inventariante bens suficientes para pagar o credor, na hipótese de a dívida constar de documento que comprove suficientemente a obrigação, e a impugnação não se fundar em quitação. Não exige a norma que a prova da dívida seja plena e completa, bastando que haja início de prova literal da existência da dívida, a qual deverá ser complementada por outras provas, como a prova testemunhal, pericial etc.

[1347] Moraes e Barros, H., op. cit., p. 300.

Se não houver apresentação de documento que comprove suficientemente a obrigação, o juiz não estará obrigado a reservar bens suficientes para pagar o credor.

Ocorre que às vezes a dívida ainda não está amparada em documento literal de sua existência, mas as circunstâncias podem ensejar a futura existência da dívida, como, por exemplo, na cobrança de prestação de serviço ou demanda em que se postula a reparação de danos. Nesses casos, seria prudente o juiz reservar bens suficientes para fazer às vezes do débito, caso o espólio não seja vencedor.

Entende Hamilton Moraes e Barros que essa medida determinada pelo juiz tem natureza de cautelaridade, razão pela qual, se o credor não propuser o processo principal no prazo de 30 dias, perderá ela a sua eficácia.[1348]

Note-se que o sobrestamento da entrega do quinhão caracteriza uma medida cautelar, razão pela qual, se a demanda autônoma não for proposta no prazo de trinta dias, cessa a eficácia da medida cautelar concedida.

Se o credor sair-se vitorioso na demanda judicial, os bens reservados serão levados à expropriação, pagando-se o débito. Se perder a demanda, os bens serão partilhados, se ainda não terminou o inventário, ou realizada sobrepartilha, se já se encerrou o processo de inventário.

Art. 644

O credor de dívida líquida e certa, ainda não vencida, pode requerer habilitação no inventário.

Parágrafo único. Concordando as partes com o pedido referido no caput, o juiz, ao julgar habilitado o crédito, mandará que se faça separação de bens para o futuro pagamento.

Credor de dívida líquida e certa e ainda não vencida

Este dispositivo vem confirmar que não apenas as dívidas líquidas, certas e exigíveis podem ser habilitadas no âmbito administrativo do processo do inventário, mas também as dívidas que ainda não se venceram. Na realidade, há uma obrigação a ser cumprida pelo espólio, é certa sua existência, mas ainda não está vencida e, consequentemente, não é exigível do espólio antes do vencimento.

[1348] Moraes e Barros, H., idem, p. 301.

Estabelece o *parágrafo único do art. 644* do atual C.P.C. que *concordando as partes com o pedido referido no 'caput', o juiz, ao julgar habilitado o crédito, mandará que se faça separação de bens para o futuro pagamento.*

Havendo concordância das partes com o pedido, o juiz, ao julgar habilitado o crédito, mandará que se faça a separação de bens para o futuro pagamento.

Se não houver concordância, a dívida não poderá ser habilitada no processo de inventário, pois neste caso ainda não houve o vencimento do prazo para pagamento ou cumprimento da obrigação.

Nada impede, contudo, que o credor, diante da recusa e de eventual *fumus boni iuris* ou *periculum in mora*, ingresse com as tutelas de urgência necessárias para resguardar o seu direito ao crédito, inclusive com uma medida cautelar de reserva de bens. A cautela, *"é de pedir-se no juízo da ação principal, o da ação de cobrança (art. 800 do C.P.C. de 1973), executando-se, todavia, a cautela no juízo do inventário, onde, também, em execução futura da ação de cobrança, irá ter lugar a penhora, no rosto dos autos, dos bens que deverão ser praceados"*.[1349]

Art. 645

O legatário é parte legítima para manifestar-se sobre as dívidas do espólio:

I – quando toda a herança for dividida em legados;

II – quando o reconhecimento das dívidas importar redução dos legados.

Interesse do legatário para se manifestar sobre as dívidas do espólio

A transmissão dos bens de uma pessoa que falece, a uma outra que lhe sobrevive, pode ocorrer a título universal ou a título particular. Na primeira hipótese, transmite-se a herança, na segunda, o legado. O legado, portanto, *"é uma disposição testamentária de uma ou mais coisas particulares, que alguém faz a favor de uma ou mais pessoas (PACIFICE-MAZZONI, obr. Cit., volume 7, número 2). Existe legado ainda que o testador, ao manifestar a sua vontade, tenha empregado expressões diversas, como, por exemplo: 'nomeio João herdeiro do prédio tal', ou a 'José o prédio tal'; 'quero e desejo que Paulo receba o prédio tal'; 'determino ao herdeiro dar o prédio tal a Francisco'. Em qualquer dessas hipóteses, evidentemente, há uma disposição testamentária a título particular, um legado"*.[1350]

[1349] Moraes e Barros, H., idem, p. 303.

[1350] Carvalho Santos, J. M. *Código civil brasileiro interpretado.* Vol. XXIII. 6ª ed., Livraria Freitas Bastos S.A., 1958. p. 350.

Existindo a designação de um legado, o legatário passa a ter legitimidade para se manifestar sobre as dívidas do espólio, quando ocorrerem as duas hipóteses previstas no art. 645 do atual C.P.C., a saber: a) quando toda a herança for dividida em legados, isto é, não existir nem herdeiros necessários e nem herdeiros testamentários legitimados à sucessão hereditária ou; b) quando o reconhecimento da dívida importar a redução dos legados. Neste caso, o legado somente será entregue ao legatário após o pagamento das dívidas, o que significa dizer que a dívida poderá abranger parte do legado, o que legitima o legatário à eventual impugnação do crédito habilitado no inventário.

Aliás, prescreve o art. 2.000 do C.c.b. que os legatários e credores da herança podem exigir que do patrimônio do falecido se discrimine o do herdeiro, e, em concurso com os credores deste, ser-lhes-ão preferidos no pagamento.

Art. 646

Sem prejuízo do disposto no art. 860, é lícito aos herdeiros, ao separarem bens para o pagamento de dívidas, autorizar que o inventariante os indique à penhora no processo em que o espólio for executado.

Indicação de bens do espólio à execução

Estabelece o art. 860 do atual C.P.C. que quando o direito estiver sendo pleiteado em juízo, a penhora que recair sobre ele será averbada, com destaque, nos autos pertinentes ao direito e na ação correspondente à penhora, a fim de que esta seja efetivada nos bens que forem adjudicados ou que vierem a caber ao executado.

Portanto, havendo penhora em bens do espólio, essa penhora deverá ser efetivada no rosto dos autos de inventário, conforme estabelece o art. 860 do atual C.P.C.

Contudo, sem prejuízo do que estabelece o art. 860 do atual C.P.C., é lícito aos herdeiros, ao separarem bens para o pagamento de dívidas, autorizar que o inventariante os indique à penhora no processo em que o espólio for executado.

Neste caso, os herdeiros poderão autorizar ao inventariante que a penhora recaia sobre bem específico do espólio, podendo ele indicar na eventual demanda em que se cobra dívida do espólio, que esse bem seja convertido em penhora, e sobre ele ocorram os atos expropriatórios.

Somente após a expropriação do bem e o pagamento integral do débito na demanda executiva, é que poderá ser levantada a penhora no rosto dos autos, pois se a alienação do bem não for suficiente para o pagamento integral da dívida, a penhora realizada no rosto dos autos do inventário continuará a surtir seus efeitos legais.

SEÇÃO VIII – Da Partilha

Art. 647

Cumprido o disposto no art. 642, § 3º, o juiz facultará às partes que, no prazo comum de 15 (quinze) dias, formulem o pedido de quinhão e, em seguida, proferirá a decisão de deliberação da partilha, resolvendo os pedidos das partes e designando os bens que devam constituir quinhão de cada herdeiro e legatário.

Parágrafo único. O juiz poderá, em decisão fundamentada, deferir antecipadamente a qualquer dos herdeiros o exercício dos direitos de usar e de fruir de determinado bem, com a condição de que, ao término do inventário, tal bem integre a cota desse herdeiro, cabendo a este, desde o deferimento, todos os ônus e bônus decorrentes do exercício daqueles direitos.

Deliberação sobre a partilha

Separados os bens, tantos quantos forem necessários para o pagamento dos credores habilitados (§3º do art. 642 do atual C.P.C), passa-se para a fase da partilha dos bens que sobraram no inventário, após a separação dos bens que foram destinados ao pagamento dos credores.

Na verdade, o inventário antecede e prepara a partilha dos bens.

No inventário propriamente dito, que se configura como a primeira fase do processo, foram arrolados, descritos e avaliados os bens deixados pelo *de cujus*. Foram também discriminados os sucessores legais, ou seja, os herdeiros e legatários. Também foi juntado aos autos eventual testamento deixado pelo morto. Também foi qualificado o morto, a data e o lugar de seu falecimento. Foi também indicado eventual cônjuge ou companheira/º

Assim, arrolados os bens, identificado o morto, discriminados os herdeiros e legatários, verificada a meação do cônjuge ou do companheiro/a, passa-se à segundo fase que trata da partilha.

Também deve ser separada a meação do companheiro ou da companheira, pois, nos termos do art. 1.725 do C.c.b., *na união estável, salvo contrato escrito entre os companheiros, aplica-se às relações patrimoniais, no que couber, o regime de comunhão parcial de bens.*

A partilha é *"o ato de divisão dos bens do morto por seus herdeiros e legatários. Envolve, é claro, a prévia separação da meação do cônjuge sobrevivente, eis que somente é partilhado o que era do morto"*.

Um dos princípios que deve nortear a partilha é a *igualdade* na distribuição dos bens entre os sucessores. Igualdade essa que deve ocorrer na qualidade e na quantidade dos bens, sejam eles móveis, imóveis, semoventes. Deve-se distribuir por igual, ou na maior proporção de igualdade possível.

Outra regra que deve nortear a partilha, conforme preconiza Hamilton de Moraes e Barros, *"é a comodidade dos herdeiros e do meeiro. A uma viúva, senhora de hábitos urbano, não convém um imóvel rural que demande sua presença e vigilância. Do mesmo modo, ao homem do campo, habituado às atividades agrícolas ou pecuárias, não ficaria bem atribuir-se a exploração de uma jazida, ou um estabelecimento comercial na cidade. A comodidade deve combinar-se com a igualdade. Os dois critérios explicam a terceira regra das partilhas, que é a prevenção dos futuros litígios. Não deve, pois, ser germe de próximas discórdias, como a criação de servidões desnecessárias, a colocação das coisas em condomínio; a distribuição das terras sem continuidade, ou em vários bolsões, dificultando a vigilância e o uso, impondo longas caminhadas e tapumes e fazendo perder-se a organicidade das propriedades agrícolas"*.[1351]

Para que ocorra a divisão dos bens, o art. 647 do atual C.P.C. permite que as partes formulem, no prazo comum de quinze dias, pedido de quinhão. Esse prazo comum de quinze dias, que correrá em cartório, será contado ou do julgamento do cálculo do imposto, se não houver colação ou requerimento de pagamento no inventário das dívidas do morto, ou da alienação dos bens reservados para o pagamento dos credores habilitados no inventário. O saldo, porventura existente, retornará ao monte, para a partilha.[1352]

O pedido de quinhão não pode ser impedido nem mesmo pelo falecido, pois, conforme preconiza o art. 2.013 do C.c.b., *"o herdeiro pode sempre requer a partilha, ainda que o testador o proíba, cabendo igual faculdade aos seus cessionários e credores"*.

Por sua vez, pode o testador indicar os bens e valores que devem compor os quinhões hereditários, deliberando ele próprio a partilha, que prevalecerá, salvo se o valor dos bens não corresponder às quotas estabelecidas (art. 2.014 do C.c.b.).

[1351] Moraes e Barros, H., op. cit., p. 307.

[1352] Moraes e Barros, H., idem, p. 308.

Presentes nos autos os requerimentos de partilha e a indicação de cada qual quanto aos quinhões, ou certificado pelo escrivão que as partes não se manifestaram sobre a partilha, o juiz, *em seguida, proferirá a decisão de deliberação da partilha, resolvendo os pedidos das partes e designando os bens que devam constituir quinhão de cada herdeiro e legatário.*

É possível, contudo, que as partes, logo na apresentação das primeiras declarações pelo inventariante, já estejam de acordo com a partilha, principalmente se todas forem capazes. Neste caso, as partes podem já nas primeiras declarações apresentar o plano de partilha dos bens, acordando amigavelmente quanto à forma da divisão do patrimônio do *falecido*, evidentemente, levando-se em conta eventual pagamento de dívida do falecido. É importante salientar que se todos os herdeiros forem capazes e estiverem de acordo com a partilha, esta, assim como o próprio inventário, poderá ser realizada via cartório extrajudicial, perante o tabelionato de notas.

Além do mais, sabe-se que a partilha poderá ser realizada por instrumento público, por termo nos autos do inventário ou por escrito particular homologado pelo juiz.

Sobre a partilha amigável, estabelece o art. 2.015 do C.c.b.: *"Se os herdeiros forem capazes, poderão fazer partilha amigável, por escritura pública, termo nos autos do inventário, ou escrito particular, homologado pelo juiz"*.

Por sua vez, conforme preceitua o art. 2.016 do C.c.b.: *"será sempre judicial a partilha, se os herdeiros divergirem, assim como se algum deles for incapaz"*.

Para que se tenha uma partilha amigável, é imprescindível que todos os interessados, herdeiros, legatários, cônjuge ou companheiro/a meeiro, estejam de acordo com a divisão dos bens. Deve haver uma unanimidade entre todos, sem qualquer impugnação.

Se houver qualquer impugnação, inclusive do cônjuge ou companheiro/a falecido, já obstará a partilha amigável.

Ao deliberar sobre a partilha, o juiz também deverá decidir todas as questões postas pelos herdeiros sobre a divisão dos quinhões. O juiz também deve estabelecer quais são os herdeiros e sucessores, bem como se eles sucedem por cabeça ou por estirpe; deve esclarecer quais os bens que irão constituir o quinhão do herdeiro e, se houver testamento, também o do legatário; verificará se o testamento pode ser cumprido integralmente, ou se as verbas têm de ser reduzidas e ajustadas, para que se dê o respeito à regra maior, que é o respeito às legítimas. Disporá sobre a venda dos bens que não comportem divisão cômoda, salvo se foi pedida a sua adjudicação, com reposição da diferença de preço, ou se foi pedida a sua colocação em condomínio. Disporá sobre a licitação, quando dois ou mais herdeiros pretenderem o mesmo bem, sendo que ele irá para o quinhão do herdeiro que oferecer maior preço.[1353]

A partilha irá por fim à comunhão hereditária, *"criando, talvez, uma comunhão de propriedades, ou um condomínio, quando um dos bens do espólio não couber por inteiro num dos quinhões ou na própria meação, ou, cabendo, seja antieconômico ou ruinosa a sua retalhação. Essas possibilidades e possíveis desfechos explicam o cuidado do Legislador em ouvir as partes sobre a composição dos quinhões e conteúdo da eventual meação"*.

É preferível que se evite a permanência dos herdeiros em condomínio, a não ser que a partilha amigável assim se aperfeiçoe. Deve o juiz do inventário, na medida do possível, resolver a comunhão, podendo o magistrado, se for necessário, autorizar a venda de bens de inventário, fazendo o pagamento de cada quinhão em dinheiro. Assim, poderá o juiz determinar a venda de bens imóveis, bens móveis ou, em casos especiais, a alienação de estabelecimento comercial ou industrial. Esta venda deve ser determinada pelo juiz do inventário, ouvidos todos os interessados.

Se o condomínio, entretanto, era do *de cujus* com terceiros *"não é, por isso mesmo, assunto exclusivo de sua herança e sucessão, eis que fato jurídico exterior ao processo de inventário e ao seu juízo. Sua eventual extinção é de fazer-se em atos exteriores ao inventário, seja amigavelmente, seja através de ação própria, mas processada essa em juízo diverso daquele em que corre o inventário, eis que o condomínio era anterior e externo à sucessão. No juízo do inventário o que o inventariante vai fazer, é buscar autorização para ingressar no outro juízo, o da extinção. Não é tema orfanológico, passando o assunto à diversa competência"*.[1354]

Para Hamilton de Moraes e Barros, ainda sob a égide do C.P.C. de 1973, do despacho de deliberação da partilha, bem como da sua eventual retificação ou ratificação não caberia qualquer recurso. Essa era a lição de Pontes de Miranda, nos comentários ao art. 501 do Código de Processo civil de 1939.[1355] Contudo, se a decisão do juiz causasse dano ao princípio da igualdade ou aos direitos sucessórios, caberia mandado de segurança contra essa decisão.

O novo C.P.C. estabelece que o juiz proferirá *decisão de deliberação da partilha*, resolvendo os pedidos das partes e designando os bens que devam constituir quinhão de cada herdeiro e legatário.

Sobre o tema, eis o seguinte precedente do S.T.J.:

[1353] Moraes e Barros, H., idem, p. 309.
[1354] Moraes e Barros, H., idem, p. 312.
[1355] Moraes e Barros, H., idem, p. 310.

Partilha diferida, em parte, até o implemento de condição estabelecida em testamento. A decisão que indefere a ultimação da partilha, por entender que a condição ainda não se realizou, está sujeita a agravo de instrumento. Recurso especial conhecido e provido.

(REsp 136.053/MG, Rel. Ministro ARI PARGENDLER, TERCEIRA TURMA, julgado em 29/09/1999, DJ 03/11/1999, p. 110)

O parágrafo único do art. 647 do atual C.P.C. estabelece que o juiz poderá, em decisão fundamentada, deferir antecipadamente a qualquer dos herdeiros o exercício dos direitos de usar e de fruir de determinado bem, com a condição de que, ao término do inventário, tal bem integre a cota desse herdeiro, cabendo a este, desde o deferimento, todos os ônus e bônus decorrentes do exercício daqueles direitos.

Essa norma de exercício antecipado do uso e fruição do bem não havia no C.P.C. de 1973, tratando-se de uma importante inovação do atual C.P.C.

Em regra, os herdeiros em posse dos bens da herança, o cônjuge sobrevivente e o inventariante são obrigados a trazer ao acervo os frutos que perceberam, desde a abertura da sucessão; têm direito ao reembolso das despesas necessárias e úteis que fizeram, e respondem pelo dano a que, por dolo ou culpa, deram causa.

Contudo, diante da excepcionalidade do caso, o juiz poderá autorizar, mediante decisão fundamentada, a utilização antecipada a qualquer herdeiro de determinado bem, podendo usar e usufruir deste bem, com a condição de que, ao término do inventário, tal bem integre a cota desse herdeiro. Este preceito legal pode ser útil para complementar o que dispõe o art. 2.018 do C.c.b.: *"É válida a partilha feita por ascendente, por ato entre vivos ou de última vontade, contanto que não prejudique a legítima dos herdeiros necessários"*.

Parece-me que esse dispositivo somente terá aplicação nas seguintes situações:

a) Numa primeira situação, o que às vezes é comum em relação aos imóveis rurais, o falecido tenha outorgado a seus herdeiros determinada faixa de terra, permitindo que cada qual dela se utilize, realizando aquilo que se denomina de partilha de fato. Nesta hipótese, não seria razoável que o herdeiro deixasse o local em que já se encontra instalado e produzindo, quando há anos vem se utilizando daquela propriedade. Em tal hipótese, mostra-se legítimo que o herdeiro permaneça na posse deste bem, utilizando e usufruindo de seus frutos, desde que ao final do inventário esse imóvel ou essa parte de imóvel seja incorporado no quinhão do respectivo sucessor;

b) A outra hipótese seria no caso de concordância dos demais herdeiros ou sucessores.

Em qualquer hipótese, a condição *sine qua non* é que ao término do inventário, tal bem integre a cota desse herdeiro;

c) não poderá ser deferida se se tratar de único bem, ou se não existirem outros bens para que possam ser compostos os quinhões dos demais herdeiros.

Deferido o exercício dos direitos de usar e fruir do bem, cabe ao herdeiro beneficiado todos os ônus e bônus decorrentes do exercício daquele direito. Assim, torna-se o herdeiro proprietário dos frutos (naturais, civis ou industriais) que o bem produzir, e, em contrapartida, sofrerá exclusivamente os prejuízos que da utilização advierem. Também ficará sob sua responsabilidade, e não do espólio, a realização de benfeitorias necessárias e úteis que devam ser realizadas para conservação do bem.

Art. 648

Na partilha, serão observadas as seguintes regras:

I – a máxima igualdade possível quanto ao valor, à natureza e à qualidade dos bens;

II – a prevenção de litígios futuros;

III – a máxima comodidade dos coerdeiros, do cônjuge ou do companheiro, se for o caso.

Regras a serem observadas na partilha

Este dispositivo não tinha referência no C.P.C. de 1973.

Por outro lado, prescreve o art. 2.017 do C.c.b.: *"No partilhar os bens, observar-se-á, quanto ao seu valor, natureza e qualidade, a maior igualdade possível"*.

O art. 648 do atual C.P.C. estabelece os critérios ou princípios que devem nortear a partilha.

O primeiro deles é que a partilha deverá promover a máxima igualdade possível, seja quanto ao valor, seja quanto à natureza, seja quanto à qualidade dos bens.

Um dos princípios que deve nortear a partilha é a *igualdade* na distribuição dos bens entre os sucessores. Igualdade essa que deve ocorrer na qualidade e na quantidade dos bens, sejam eles móveis, imóveis, semoventes. Deve-se distribuir por igual, ou na maior proporção de igualdade possível.

Outra regra que deve nortear a partilha, conforme preconiza Hamilton de Moraes e Barros, *"é a comodidade dos herdeiros e do meeiro. A uma viúva, senhora de hábitos urbano, não convém um imóvel rural que demande sua presença e vigilância. Do mesmo modo, ao homem do campo, habituado às atividades agrícolas ou pecuárias, não ficaria bem atribuir-se a exploração de uma jazida, ou um estabelecimento comercial na cidade. A comodidade deve combinar-se com a igualdade. Os dois critérios explicam a terceira regra das partilhas, que é a prevenção dos futuros litígios. Não deve, pois, ser germe de próximas discórdias, como a criação de servidões desnecessárias, a colocação das coisas em condomínio; a distribuição das terras sem continuidade, ou em vários bolsões, dificultando a vigilância e o uso, impondo longas caminhadas e tapumes e fazendo perder-se a organicidade das propriedades agrícolas".*[1356]

É certo que, conforme anota Orlando de Souza, a doutrina e a jurisprudência têm acentuado que o princípio da igualdade nem sempre consiste em atribuir a cada herdeiro parte igual em cada um dos bens do acervo hereditário. Por isso, a prevenção de litígios e a maior comodidade dos herdeiros são regras que devem complementar a igualdade na partilha. A igualdade maior possível, a que se refere a lei, segundo Pontes de Miranda: *"é a igualdade que não prejudica a algum dos herdeiros; é a igualdade que sirva, e não dessirva; é igualdade que atenda às circunstâncias e aos bens do monte, e não igualdade cega; é a igualdade que respeita as regras que recomendam não se fragmentar demasiado a propriedade, nem se darem dois bens em comum a dois herdeiros, se melhor seria dar a um herdeiro e o outro o outro. Para Itabaiana de Oliveira (ob. Cit., p. 881, n. 916), 'a igualdade nas partilhas não assenta em que todos os herdeiros tirem uma parte aritmética e ideal em cada uma das propriedades da herança, pois, assim, o juiz, no pressuposto de ter desfeito e extinto litígios, criaria ou aumentaria a comunhão, que é a 'discordiarum nutrix'. São justamente esses os ensinamentos de Menezes (ob. Cit., §82 e nota) e Velasco (ob. Cit., cap. 22, n. 19), Ramalho (Inst. Orf., nota 885) Ainda, na lição de Ramalho, não é completa a partilha em que todos os herdeiros levam uma quota-parte em cada uma das propriedades da herança; porque, sendo assim feita, fica tudo 'in diviso', como estava, produzindo inquietações entre os herdeiros no uso comum; aconselhando (nota 887) que se deve dar aos órfãos, de preferência, bens de raiz, e, dentre estes, os mais rendosos e os que mais dificilmente se deteriorem".*[1357]

Assim, o juiz deverá recomendar que a partilha se faça por meio de uma divisão cômoda, respeitando, se for possível, a posse dos coerdeiros ou do cônjuge/companheiro/a em relação aos bens que já estão utilizando.

Note-se que o art. 1.831 do C.c.b. estabelece que ao cônjuge sobrevivente, qualquer que seja o regime de bens, será assegurado, sem prejuízo da participação que lhe caiba na herança, o direito real de habitação relativamente ao imóvel

[1356] Moraes e Barros, H., op. cit., p. 307.
[1357] Souza, Orlando. Op. cit., p. 204 de 205.

destinado à residência da família, desde que seja o único daquela natureza a inventariar.

Deverá o juiz, na partilha, adotar critérios que possam evitar futuras discussões ou litígios entre os sucessores do falecido.

Em relação aos direitos sucessórios da companheira ou companheiro, eis a seguinte doutrina de Sílvio de Salvo Venosa:

Direito sucessório dos companheiros na união estável
Autor: Sílvio de Salvo Venosa
Publicado em: 1/9/2005
Direito sucessório dos companheiros na união estável

SÍLVIO DE SALVO VENOSA
Advogado, Juiz aposentado e autor de diversas obras jurídicas

Muitas foram as interpretações e comentários acerca do conceito e dos direitos dos concubinos na união estável segundo as Leis ns. 8.971/94 e 9.278/96. Em todos os institutos de direito de família e de direito sucessório importa desse modo avaliar a posição dos direitos dos conviventes. Sem dúvida, essa nova legislação representa uma guinada radical nos direitos em proteção à união estável. A primeira dessas leis foi promulgada sem a devida discussão no Congresso, tendo o Presidente da República a sancionado no último dia de seu mandato. O diploma trouxe inúmeras dúvidas de interpretação. Aguarda-se a promulgação de um novo estatuto sobre o tema, o qual, espera-se, venha aplainar as inúmeras dificuldades interpretativas dessas duas leis.

Até a promulgação da Constituição de 1988, dúvidas não havia que o companheiro ou companheira não eram herdeiros. A nova Carta reconheceu a união estável do homem e da mulher como entidade a ser protegida, (art. 226, § 3º), "DEVENDO A LEI FACILITAR SUA CONVERSÃO EM CASAMENTO". Porém, em que pesem algumas posições doutrinárias e jurisprudenciais isoladas, tal proteção não atribuiu direito sucessório à concubina ou concubino. Os tribunais admitiam a divisão do patrimônio adquirido pelo esforço comum dos concubinos, a título de liquidação de uma sociedade de fato (Súmula 380 do STF). De qualquer modo, essa divisão podia interferir na partilha de bens hereditários quando, por exemplo, tivesse havido o chamado concubinato impuro ou adulterino e o autor da herança falecesse no estado de casado, com eventual separação de fato. Nessa situação, perdurante até a novel legislação, cabe ao juiz, separar os bens adquiridos pelo esforço comum daqueles pertencentes à meação ou herança do cônjuge. Toda a matéria se revolve na prova.

Quando não se atribuía parte do patrimônio pelo esforço comum, a jurisprudência concedia indenização à concubina, a título de serviços domésticos prestados. Sob essa rotulação há evidente eufemismo, porque se pretende di-zer muito mais do que a expressão encerra. Nessa hipótese também ocorria uma diminuição do acervo hereditário, pois parte era concedido ao companheiro.

Esse patamar de direitos relativos à convivência sem casamento foi totalmente modificado com os dois diplomas legais aqui referidos. No que tange à sucessão, a Lei nº 8.971/94 inseriu o companheiro na ordem de vocação hereditária.

Dentre as muitas imperfeições dessa lei, dispôs o artigo 1º:

"A COMPANHEIRA COMPROVADA DE HOMEM SOLTEIRO, SEPARADO JUDICIALMENTE, DIVORCIADO OU VIÚVO, SEPARADO JUDICIALMENTE, QUE COM ELE VIVA, HÁ MAIS DE 5 (CINCO) ANOS, OU DELE TENHA PROLE, PODERÁ VALER-SE DO DISPOSTO NA LEI 5.478, DE 25 DE JULHO DE 1968, ENQUANTO NÃO CONSTITUIR NOVA UNIÃO E DESDE QUE PROVE A NECESSIDADE". "PARÁGRAFO ÚNICO. IGUAL DIREITO E NAS MESMAS CONDIÇÕES É RECONHECIDO AO COMPANHEIRO DE MULHER SOLTEIRA, SEPARADA JUDICIAL-MENTE, DIVORCIADA, OU VIÚVA". De forma canhestra, a lei pretendeu atribuir direito a alimentos, referindo-se somente à lei processual que regula a ação de alimentos, omitindo-se quanto ao direito material. Essa lei também restringiu o direito aos conviventes não casados com mais de cinco anos de vida em comum ou com prole.

O artigo 2º desse diploma estabeleceu o direito sucessório a esses conviventes:

"AS PESSOAS REFERIDAS NO ARTIGO ANTERIOR PARTICIPARÃO DA SUCESSÃO DO(A) COMPANHEIRO(A) NAS SEGUINTES CONDIÇÕES:

I – O(A) COMPANHEIRO(A) SOBREVIVENTE TERÁ DIREITO ENQUANTO NÃO CONSTITUIR NOVA UNIÃO, AO USUFRUTO DA QUARTA PARTE DOS BENS DO DE CUJUS, SE HOUVER FILHOS DESTE OU COMUNS;

II – O(A) COMPANHEIRO(A) SOBREVIVENTE TERÁ DIREITO, ENQUANTO NÃO CONSTITUIR NOVA UNIÃO, AO USUFRUTO DA METADE DOS BENS DO DE CUJUS, SE NÃO HOUVER FILHOS, EMBORA SOBREVIVAM ASCENDENTES;

III – NA FALTA DE DESCENDENTES E DE ASCENDENTES, O(A) COMPANHEIRO(A) SOBREVIVENTE TERÁ DIREITO À TOTALIDADE DA HERANÇA".

Completa ainda o artigo 3º, quanto ao direito de meação:

"QUANDO OS BENS DEIXADOS PELO(A) AUTOR(A) DA HERANÇA RESULTAREM DE ATIVIDADE EM QUE HAJA COLABORAÇÃO DO(A)

COMPANHEIRO(A), TERÁ O SOBREVIVENTE DIREITO À METADE DOS BENS".

Em coro a doutrina admite que a matéria sucessória no concubinato é a mais complicada dentre tantas outras levantadas por essa lei. Esse diploma restringiu os direitos a que alude, de alimentos, de herança e de meação, aos companheiros com convivência de mais de cinco anos ou com prole. De acordo com essa lei, para fins de meação, a colaboração não se presumia e deveria ser provada em cada caso. Atualmente, por força da segunda lei, o companheiro sobrevivente, independentemente do prazo de duração da união estável ou de existência de prole, é meeiro em relação aos bens adquiridos onerosamente na respectiva convivência.

Poderia o legislador ter optado em fazer a união estável equivalente ao casamento, mas não o fez. Preferiu estabelecer um sistema sucessório isolado, no qual o companheiro supérstite não é equiparado ao cônjuge não se estabelecendo regras claras para sua sucessão.

Como referimos, embora ocorra o reconhecimento constitucional, as semelhanças entre o casamento e a união estável se restringem apenas aos elementos essenciais. O diploma legal mais recente, Lei nº 9.278/96, que poderia aclarar definitivamente a questão, mais ainda confundiu, pois se limitou, laconicamente, a atribuir direito real de habitação ao companheiro com relação ao imóvel destinado à residência familiar, enquanto não constituísse nova união.

Na análise linear do artigo 2º transcrito, observa-se que os direitos sucessórios são atribuídos às "pessoas referidas no artigo anterior". Ora, essas pessoas são a companheira ou companheiro do homem ou da mulher, respectivamente, solteiro, separado judicialmente, divorciado ou viúvo. A lei é expressa quanto à união heterossexual, ficando fora de cogitação as uniões de pessoas do mesmo sexo. Essas pessoas referidas na lei participarão da sucessão. O convivente falecido deverá ser solteiro, separado judicialmente, divorciado ou viúvo.

Essa lei, portanto, protegeu unicamente o concubinato puro, isto é, aquele que não coexiste com o casamento. O denominado concubinato impuro ou adulterino é aquele que convive com o casamento. Desse modo, se o falecido era casado, pouco importando se separado de fato, não haverá direito hereditário para o convivente sobrevivente porque nesse aspecto, ao menos, a lei foi clara. Não ficará ao desamparo o sobrevivente nessas condições, porque poderá pleitear a divisão da sociedade de fato, recebendo parte dos bens que tenha auxiliado a amealhar. Em termos hereditários, contudo, prevalecem os direitos do antigo cônjuge do de cujus, embora de há muito separado de fato, porque ainda não está dissolvida a sociedade conjugal, pelo menos para efeitos sucessórios. Neste caso, subsiste a possibilidade de partilha dos bens da sociedade de fato entre os concubinos, de acordo com a Súmula 380 do Supremo Tribunal Federal.

Passada a perplexidade inicial concluiu-se que ambas as leis, de 1994 e de 1996, coexistem.

Os incisos I e II do artigo 2o acima transcrito estabelecem o denominado usufruto vidual, disposto igualmente para o cônjuge viúvo no artigo 1.611, § 1º. Nesse usufruto houve equiparação significativa dos direitos do companheiro aos do cônjuge. Trata-se de usufruto legal que independe da situação econômica do companheiro. Pelos princípios do usufruto, não sobrevindo nova união, o usufruto é vitalício, extinguindo-se com a morte do usufrutuário. A lei da convivência estável se reporta à extinção, quando o companheiro estabelece nova união. Trata-se, evidentemente, de referência a novo casamento ou a nova união estável. Nem sempre será fácil a prova desta última. Incumbe aos interessados na extinção do usufruto que promovam ação para declarar sua extinção, se não for obtida aquiescência do companheiro supérstite.

Quando houver, concomitantemente, direito ao usufruto e à meação, não há superposição de direitos porque o usufruto incide sobre a herança e meação não é herança. Esse usufruto, da quarta parte ou da metade dos bens, incide sobre a totalidade da herança, ainda que venha atingir a legítima dos herdeiros necessários.

O inciso III do artigo 2º, que na realidade, por questão de lógica, deveria ser o inciso primeiro, equiparou o companheiro sobrevivente ao cônjuge supérstite, na ordem de vocação hereditária estabelecida pelo artigo 1.603. Desse modo, na falta de ascendentes ou descendentes (bem como de cônjuge, como adiante se afirma), o companheiro será herdeiro da totalidade dos bens do falecido, alijando assim os colaterais e o Estado da herança. Sob esse prisma, como é irrelevante para o direito sucessório do cônjuge o regime de bens adotado, também é irrelevante o fato de ter ou não havido conjuração de esforços para obtenção de patrimônio comum pelos companheiros. O que importa, para o direito sucessório, é que tenha havido realmente uma união estável, cujo exame dos requisitos compete ao caso concreto.

A inclusão do companheiro ou companheira na ordem de vocação hereditária, sem a clareza que seria de se esperar em matéria tão relevante, não autoriza que eles concorram na herança com o cônjuge. Como visto, na ordem legal, para que seja considerado herdeiro, além da ausência de descendentes e ascendentes, o autor da herança deverá ter falecido solteiro, separado judicialmente, divorciado ou viúvo. Se faleceu no estado de casado, o cônjuge sobrevivente será inarredavelmente herdeiro. A separação de fato não dissolve a sociedade conjugal. Tanto para a herança em usufruto, como para a herança em propriedade, a situação é idêntica. Por outro lado, como é básico, o direito sucessório se estabelece no momento da morte. Se, quando do falecimento, já está extinta a união estável, não haverá direito hereditário para o companheiro. Competirá a este, nessa situação, provar a existência de patrimônio decorrente de esforço comum para pedir a quota respectiva. Essa matéria certamente trará infindáveis discussões nas hipóteses limítrofes, merecendo que o legislador seja mais claro no próximo estatuto da união estável que vier a editar.

Como o cônjuge, no atual sistema, não é herdeiro necessário, na mesma situação é colocado o convivente. Lembre-se que, por uma questão de lógica e em decorrência do sistema constitucional sobre a família, o concubinato, em princípio, nunca poderá gozar de direitos mais amplos do que o casamento. Desse modo, o testamento poderá contemplar terceiros, excluindo o cônjuge ou o companheiro da ordem legítima de sucessão, assim como os colaterais (art. 1.725). Lembre-se que a meação, que não é herança, não pode ser afastada. Há que se repelir entendimento de que o diploma da união estável tenha guindado o companheiro à posição de herdeiro necessário.

Como herdeiro, o companheiro fica sujeito também à pena de exclusão por indignidade, na forma dos artigos 1.595 e seguintes, em ação movida pelos herdeiros interessados.

A Lei nº 9.278/96 acrescentou o direito real de habitação, como direito sucessório, à esfera da união estável:

"DISSOLVIDA A UNIÃO ESTÁVEL POR MORTE DE UM DOS CONVIVENTES, O SOBREVIVENTE TERÁ DIREITO REAL DE HABITAÇÃO, ENQUANTO VIVER OU NÃO CONSTITUIR NOVA UNIÃO OU CASAMENTO, RELATIVAMENTE AO IMÓVEL DESTINADO À RESIDÊNCIA DA FAMÍLIA" (par. único do artigo 7º).

O dispositivo também está mal colocado, em parágrafo cujo caput, relativo a alimentos entre companheiros, nada tem a ver com a matéria.

No casamento, esse direito está contemplado no artigo 1.611, § 2º, examinado no tópico anterior. Em sede de união estável, o direito de habitação se apresenta de forma mais ampla, pois no casamento está restrito aos enlaces sob o regime da comunhão universal, afora o fato de tratar-se de imóvel destinado à residência da família e o único bem dessa natureza a inventariar. Trata-se de restrição injustificável, que recebeu repulsa da doutrina. Nenhuma restrição é feita quanto aos conviventes sob esse aspecto.

No casamento, como vimos, o direito de habitação possui conteúdo diverso do direito de usufruto porque, na comunhão universal, o cônjuge remanescente já terá o respaldo da meação. Quando o casal somente possuía o imóvel residencial, a meação também atingia esse imóvel, ocorrendo maior garantia com o direito de habitação, o qual, neste caso, onera também a metade que não pertence ao meeiro. O usufruto da quarta parte ou da metade, como se nota, pode atingir âmbito muito mais expressivo.

Dentro das peculiaridades dessas duas leis, enfatize-se outra vez que os direitos sucessórios descritos no artigo 2º da Lei nº 8.971/94 somente serão atribuídos ao companheiro ou companheira de pessoa de outro sexo, solteira, separada judicialmente, divorciada ou viúva. Não se atribui a convivente casado. Por outro lado, o dispositivo relativo ao direito real de habitação, descrito de forma ilhada na Lei nº 9.278/96, não faz referência à situação do sobrevivente na união estável. Desse modo, é perfeitamente aceitável concluir que o direito de habitação pode também ser deferido ao companheiro sobrevivente, ainda que o falecido tivesse morrido no estado de casado, mas separado de fato. A lei não restringiu, não podendo a interpretação restringir.

Em qualquer situação, há que se considerar que o direito real de habitação é atribuído unicamente ao imóvel destinado à residência do casal, sendo o único bem dessa natureza. Leve-se em conta que se trata do imóvel destinado na maioria das vezes à moradia da mulher, que lá reside com os filhos. Importa verificar no caso concreto a destinação do imóvel. O artigo 1o da Lei nº 9.278 se reporta "convivência duradoura". Esse aspecto sempre deve ser levado em consideração. Quando o autor da herança morre em estado de casado, poderá coexistir o direito de habitação do convivente, com o direito do usufruto vidual do cônjuge, como sustenta, com razão, parte da doutrina.

Como assinalado, o usufruto e o direito real de habitação, conferidos ao cônjuge e ao companheiro, embora definidos pelos direitos reais, são institutos de direito de família; decorrem da lei. Esse direito de habitação deferido ao companheiro somente tem sentido quando ao convivente não cabe a totalidade da herança, pois inadmissível falar nesse direito restrito se lhe couberem, em propriedade, todos os bens.

As questões sucessórias dos companheiros não se esgotam facilmente, contudo. Quanto ao inventário, se o companheiro sobrevivente estiver na posse a administração dos bens do espólio, cabe a ele requerer a abertura do inventário, na forma do artigo 987 do CPC. Pela mesma razão, pode fazê-lo se for herdeiro. Do mesmo modo, pode ser nomeado inventariante. Se sua condição de herdeiro ou de companheiro for contestada e depender de provas, a questão deve ser dirimida fora do inventário, pelas vias ordinárias (art. 984 do CPC). De outro lado, o direito à meação dos companheiros foi disciplinado pelo artigo 3º da lei nº 8.971/94, acima transcrito. Como evidente, meação não se confunde com direito hereditário. Com a divisão da meação coloca-se termo ao estado de indivisão do patrimônio comum. A situação descrita agora na lei se assemelha ao teor da Súmula 380 do STF. Na aplicação dessa súmula, os julgados foram paulatinamente se posicionando que a divisão devia ser proporcional ao esforço comprovado e não simplesmente dividir-se o patrimônio à metade. Essa solução continua possível em sede de transação, com interessados maiores e capazes. Com base na lei em questão, porém, parece que é possível manter-se a mesma orientação, pois foi intenção do legislador estabelecer uma proteção ao companheiro que tenha efetivamente colaborado na formação do patrimônio comum. A colaboração de pequena monta não daria ao companheiro sobrevivente o direito à meação e à habilitação no inventário. Note-se, no entanto, que os cônjuges podem ter estabelecido o regime patrimonial de sua convivência de forma diversa, como permite a Lei nº 9.278/96. No silêncio dos conviventes, porém, presumem-se adquiridos pelo esforço comum os bens amealhados na constância da união estável, a título oneroso, passando a pertencer a ambos, em condomínio, em partes iguais (art. 5º). Se houver motivos para comprovar o contrário, cabe aos interessados promover ação para derrubar a presunção relativa aí estabelecida. Pelo sistema disposto pela Lei nº 8.971/94, artigo 3º, além da convivência de mais de cinco anos ou existência de prole do casal, havia necessidade de se comprovar o esforço comum na aquisição do patrimônio, o que era sempre um ônus para o interessado.

Interessante também observar que, para efeito de partilha de bens adquiridos pelo esforço comum, na constância da união estável e a título oneroso, são irrelevantes os motivos do desfazimento da união de fato, não se restringindo apenas à morte do companheiro, mas aplicando-se às situações de extinção do enlace em vida. Desse modo, não se discute culpa pelo término da união estável, pois a divisão do patrimônio comum não levará em conta esse aspecto.

Sobre essa matéria, nos estendemos mais longamente em nossa obra Direito de Família (ed. Atlas, 2000). Artigo publicado no Mundo Jurídico (www.mundojuridico.adv.br) em julho/2002

Sobre o tema, eis as seguintes decisões do S.T.J.:

1. O Código Civil de 1916, com a redação que lhe foi dada pelo Estatuto da Mulher Casada, conferia ao cônjuge sobrevivente direito real de habitação sobre o imóvel destinado à residência da família, desde que casado sob o regime da comunhão universal de bens.

2. A Lei nº 9.278/96 conferiu direito equivalente aos companheiros e o Código Civil de 2002 abandonou a postura restritiva do anterior, estendendo o benefício a todos os cônjuges sobreviventes, independentemente do regime de bens do casamento.

3. A Constituição Federal (artigo 226, § 3º) ao incumbir o legislador de criar uma moldura normativa isonômica entre a união estável e o casamento, conduz também o intérprete da norma a concluir pela derrogação parcial do § 2º do artigo 1.611 do Código Civil de 1916, de modo a equiparar a situação do cônjuge e do companheiro no que respeita ao direito real de habitação, em antecipação ao que foi finalmente reconhecido pelo Código Civil de 2002.

4. Recurso Especial improvido.

(REsp 821.660/DF, Rel. Ministro SIDNEI BENETI, TERCEIRA TURMA, julgado em 14/06/2011, DJe 17/06/2011)

Preenchidos os requisitos legais e regimentais, cabível o incidente de inconstitucionalidade dos incisos, III e IV, do art. 1790, Código Civil, diante do intenso debate doutrinário e jurisprudencial acerca da matéria tratada.

(AI no REsp 1135354/PB, Rel. Ministro LUIS FELIPE SALOMÃO, QUARTA TURMA, julgado em 24/05/2011, DJe 02/06/2011)

1. Os arts. 1.659, VI, e o art. 1.790, II, ambos do Código Civil, referem-se a institutos diversos: o primeiro dirige-se ao regime de comunhão parcial de bens no casamento, enquanto o segundo direciona-se à regulação dos direitos sucessórios, ressoando inequívoca a distinção entre os institutos da herança e da participação na sociedade conjugal.

2. Tratando-se de direito sucessório, incide o mandamento insculpido no art. 1.790, II, do Código Civil, razão pela qual a companheira concorre com o descendente exclusivo do autor da herança, que deve ser calculada sobre todo o patrimônio adquirido pelo falecido durante a convivência, excetuando-se o recebido mediante doação ou herança. Por isso que lhe cabe a proporção de 1/3 do patrimônio (a metade da quota-parte destinada ao herdeiro).

3. Recurso especial parcialmente provido, acompanhando o voto do Relator.

(REsp 887.990/PE, Rel. Ministro FERNANDO GONÇALVES, Rel. p/ Acórdão Ministro LUIS FELIPE SALOMÃO, QUARTA TURMA, julgado em 24/05/2011, DJe 23/11/2011)

Art. 649

Os bens insuscetíveis de divisão cômoda que não couberem na parte do cônjuge ou companheiro supérstite ou no quinhão de um só herdeiro serão licitados entre os interessados ou vendidos judicialmente, partilhando-se o valor apurado, salvo se houver acordo para que sejam adjudicados a todos.

Bens insuscetíveis de divisão

Estabelece o art. 2.019 do C.c.b. *que os bens insuscetíveis de divisão cômoda, que não couberem na meação do cônjuge sobrevivente ou no quinhão de um só herdeiro, serão vendidos judicialmente, partilhando-se o valor apurado, a não ser que haja acordo para serem adjudicados a todos.*

Houve uma alteração substancial entre o que dispunha o art. 2.019 do C.c.b. e a atual normatização do art. 649 do atual C.P.C.

Em primeiro lugar, o atual C.P.C., ao contrário do C.c.b., faz expressa referência à meação do *companheiro ou companheira* supérstite, reforçando a ideia de que se deve resguardar a meação do parceiro/a.

Por outro lado, o C.c.b., em seu art. 2.019, determinava a venda judicial dos bens, repartindo-se entre os sucessores o valor apurado, a não ser que houvesse acordo para serem adjudicados a todos.

O atual C.P.C., em seu art. 649, estabelece que haverá licitação entre os interessados ou vendido judicialmente. Assim, a nova regra permite em primeiro lugar a realização de certame licitatório entre os interessados e que participam do processo de inventário, e não havendo interessado, o bem será vendido judicialmente.

Por outro lado, segundo estabelece o §1º do art. 2.019 do C.c.b, ainda em vigor, não se fará a venda judicial se o cônjuge/companheiro/a sobrevivente ou um ou mais herdeiros requererem lhes seja adjudicado o bem, repondo aos outros, em dinheiro, a diferença, após avaliação atualizada (§1º do art. 2.019 do C.c.b).

Se a adjudicação for requerida por mais de um herdeiro, observar-se-á o processo de licitação (§2º do art. 2.019 do C.c.b.).

Art. 650

Se um dos interessados for nascituro, o quinhão que lhe caberá será reservado em poder do inventariante até o seu nascimento.

Interesse de nascituro

Este dispositivo não tinha correspondência no C.P.C. de 1973.

Muito embora a interminável discussão jurídica se o nascituro é pessoa ou não, o certo é que a lei põe a salvo os direitos do nascituro desde a concepção.

Se houver necessidade de se ingressar com um pedido de posse em nome do nascituro, e já houver inventário em andamento, este pedido deve ser distribuído por dependência ao processo de inventário.

Assim, demonstrada a existência de nascituro como interessado no processo de inventário, o juiz deverá reservar em poder do inventariante o quinhão correspondente ao direito do nascituro. Caso ele nasça com vida, e, portanto, herde, o quinhão lhe pertencerá. Se não nascer com vida, e, portanto, não herdando, o quinhão será partilhado, ou será objeto de sobrepartilha entre os sucessores indicados no inventário.

É interessante que se faça a reserva do quinhão não apenas ao nascituro, mas também na hipótese de notícia referente a demanda de investigação de paternidade, de petição de herança ou mesmo de nulidade de testamento.

Evidentemente que esse pedido de reserva poderá ser impugnado pelos demais herdeiros, contudo, tal medida acautelatória seria de extrema importância, tanto para resguardar eventual direito daquele que se sair vitorioso neste tipo de demanda, quanto para se evitar novos litígios no futuro.

Art. 651

O partidor organizará o esboço da partilha de acordo com a decisão judicial, observando nos pagamentos a seguinte ordem:

I – dívidas atendidas;

II – meação do cônjuge;

III – meação disponível;

IV – quinhões hereditários, a começar pelo coerdeiro mais velho.

Esboço de partilha

Não havendo acordado os herdeiros sobre a partilha, ou na hipótese de existência de herdeiro incapaz, a incumbência de se realizar a partilha dos bens deixados pelo morto é do *partidor*, serventuário auxiliar do juízo. Este deverá realizar o esboço de partilha segundo as determinações estabelecidas pelo juiz, o qual poderá ter acolhido ou não os pedidos formulados pelas partes sobre a composição dos quinhões.

O dispositivo ora em análise estabelece um certo roteiro a ser seguido pelo partidor para a realização do esboço da partilha, que é um projeto a ser apresentado pelo partidor.

Conforme leciona Orlando de Souza, *"O 'esboço de partilha' deve ser feito pelo partidor, de acordo com o que foi determinado pelo juiz no despacho de deliberação, sendo a partilha esboçada na seguinte ordem: a) dívidas atendidas, que podem ser as que o inventariante descreveu no auto das primeiras declarações (art. 993, IV, letra f) do C.P.C. de 1973) e as referidas no art. 1.017 e mais as do art. 1.019 do C.P.C. de 1973, se com elas concordaram as partes; b) declaradas as dívidas, será feita a meação do cônjuge sobrevivente; c) depois desta, será observada a metade disponível pelo contador que, em seguida, lançará os quinhões hereditários, a começar pelo quinhão do herdeiro mais velho entre os herdeiros legítimos e, feitos os quinhões destes, serão lançados os dois herdeiros testamentários"*.[1358]

Conforme preceitua o art. 651 do atual C.P.C., o primeiro aspecto que deve ser tratado no esboço de partilha é a ordem dos pagamentos das dívidas que podem ser atendidas. Em segundo lugar, o esboço discriminará a meação do cônjuge sobrevivente, mas não só a meação do cônjuge, mas também, se for o caso, companheiro/a. Num terceiro momento, o esboço descreverá a meação disponível, ou seja, a meação que será objeto de partilha. Por fim, o esboço indicará os quinhões hereditários, começando pelo coerdeiro mais velho e seguindo essa ordem até chegar ao herdeiro mais novo. Após o lançamento dos herdeiros

[1358] Souza, O. Op. cit., p. 203 e 204.

legítimos, serão lançados os quinhões dos herdeiros testamentários, bem como a parte que toca ao legatário.

No esboço de partilha, a primeira parte terá por finalidade lançar o retrato fiel do patrimônio do falecido, com seu ativo e passivo. Deve o esboço partir do conjunto de bens, para atingir aos quinhões. Esses bens devem ser discriminados pelos valores contidos na avaliação. Assim, se existirem, devem ser computados pelo valor os bens móveis, imóveis, semoventes, direitos e ações, as benfeitorias realizadas nos imóveis rurais e urbanos, as dívidas ativas, o dinheiro existente em depósito bancário, os títulos de crédito etc.

Uma vez apurado o *monte mor*, o partidor deverá abater as dívidas do espólio, como, por exemplo, as dívidas passivas, as despesas de funeral do falecido, as custas processuais, os honorários de advogado contratados pelo inventariante. (Segundo prescreve a Súmula 115 do S.T.F., sobre tais honorários não incide o imposto de transmissão *causa mortis*). Após essas deduções, chega-se ao *monte partível*, pois o patrimônio do *de cujus* não se transmite na sua integralidade aos sucessores, principalmente pelo fato de que de plano se deve apartar a meação do cônjuge ou do companheiro/a se for o caso, tendo em vista que a meação não é caracterizada como herança.[1359]

É importante salientar que o partidor, ao elaborar o esboço da partilha, deverá observar no que for possível, e segundo as determinações do juiz do inventário: I – a maior igualdade possível, seja quanto ao valor, seja quanto à natureza e à qualidade dos bens; II – a prevenção de litígios futuros; III – a maior comodidade dos coerdeiros, do cônjuge ou do companheiro, se for o caso.

Art. 652

Feito o esboço, as partes manifestar-se-ão sobre esse no prazo comum de 15 (quinze) dias, e, resolvidas as reclamações, a partilha será lançada nos autos.

Manifestação sobre o esboço de partilha

Diante da concretização do princípio Constitucional do Contraditório, uma vez realizado o *esboço de partilha* pelo partidor do juízo, as partes serão intimadas para sobre ele se manifestar no prazo comum (em cartório, no caso de processo físico) de quinze dias.

[1359] Moraes e Barros, H., op. cit., p. 317 e 318.

O C.P.C. de 1973 previa um prazo comum de cinco dias.

As partes que apresentam legitimidade para se manifestar sobre o esboço de partilha são: o inventariante, os herdeiros, o legatário, o Ministério Público na hipótese de interesse de incapaz.

Aduz Orlando de Souza que a Fazenda Pública não é considerada parte para falar sobre a partilha esboçada, porquanto nenhum interesse teria na constituição dos quinhões. Contudo, parece-me que há certo interesse da Fazenda na manutenção da igualdade dos quinhões, pois se houver diferença entre os quinhões, poderá ser legítimo à Fazenda Pública exigir o imposto de transmissão *inter vivos*.

No prazo estabelecido por este dispositivo, os interessados podem apresentar as reclamações que tiverem em relação ao esboço e aos respectivos quinhões, assim como quanto à injustiça da partilha esboçada, de modo a favorecer determinado herdeiro. Portanto, as reclamações podem versar sobre matéria de direito ou de fato.

Podem ser formulados nesta fase os pedidos de adjudicação de bens e a licitação.

O juiz deverá deliberar sobre as reclamações formuladas.

Resolvida as reclamações, a partilha será lançada nos autos.

Segundo Hamilton Moraes e Barros, o C.P.C. de 1939 havia abolido o lançamento da partilha, o qual foi ressuscitado pelo C.P.C. de 1973. Trata-se de um ato inútil e dispendioso em tempo e em dinheiro. Resolve a praxe o problema, com o auto de retificação e ratificação do esboço. Rápido, barato e funcional.[1360]

Art. 653

A partilha constará:

I – de um auto de orçamento, que mencionará:

a) os nomes do autor da herança, do inventariante, do cônjuge ou companheiro supérstite, dos herdeiros, dos legatários e dos credores admitidos;

b) o ativo, o passivo e o líquido partível, com as necessárias especificações;

c) o valor de cada quinhão;

[1360] Moraes e Barros, H., idem, p. 321.

II – de folha de pagamento para cada parte, declarando a quota a pagar-lhe, a razão do pagamento e a relação dos bens que lhe compõem o quinhão, as características que os individualizam e os ônus que os gravam.

Parágrafo único. O auto e cada uma das folhas serão assinados pelo juiz e pelo escrivão.

Auto de orçamento e folha de pagamento

Este dispositivo estabelece os requisitos que devem nortear a partilha dos bens do inventário.

Nos termos do art. 653 do atual C.P.C., a partilha será composta de duas fases: o auto de orçamento (*auto de partilha*) e as folhas de pagamento aos sucessores.

A formulação da partilha deve seguir os critérios estabelecidos em lei, não havendo campo para discricionariedade ou informalidade.

No auto de orçamento, primeira peça da partilha, há necessidade de que sejam especificados os nomes do autor da herança, do inventariante, do cônjuge ou companheiro/a supérstite, dos herdeiros, dos legatários e dos credores admitidos no inventário. Deverá indicar também o ativo, passivo e o líquido partível, com as necessárias especificações. Por fim, trará o valor de cada quinhão.

Na folha de pagamento, peça processual imprescindível para a constituição do formal de partilha e do seu respectivo registro, confeccionada para cada parte, deve-se indicar a quota que cabe a cada herdeiro, a razão do pagamento (herdeiro, legatário etc), a relação dos bens que compõem o quinhão, as características que os individualizam e os ônus que os gravam. Conforme anota Orlando de Souza, a folha de pagamento de cada herdeiro deverá conter os seguintes e indispensáveis requisitos: *"a) o nome, domicílio e nacionalidade do herdeiro, o estado, a profissão e o número de inscrição no Cadastro de Pessoas Físicas do Ministério da Fazenda – CPF, ou do Registro Geral da cédula de identidade, ou, à falta deste, sua filiação; b) a identificação do imóvel, feita mediante indicação de suas características e confrontações, localização, área e denominação, se rural, ou logradouro e número, se urbano, bem como referência à matrícula ou ao registro anterior. Seu número e cartório. Também devem constar da mesma folha de pagamento as servidões e os ônus que gravam os imóveis"*.[1361]

Prescreve o *parágrafo único* do art. 653 do atual C.P.C. que *o auto e cada uma das folhas serão assinados pelo juiz e pelo escrivão.*

A assinatura, que poderá ser eletrônica, dará autenticidade ao auto de partilha e a cada uma das folhas de pagamento.

[1361] SOUZA, Orlando, op. cit., p. 211.

Art. 654
Pago o imposto de transmissão a título de morte e juntada aos autos certidão ou informação negativa de dívida para com a Fazenda Pública, o juiz julgará por sentença a partilha.

Parágrafo único. A existência de dívida para com a Fazenda Pública não impedirá o julgamento da partilha, desde que o seu pagamento esteja devidamente garantido.

Julgamento da partilha por sentença
Uma vez apresentado o auto de partilha e a folha de pagamento, pago o imposto de transmissão *causa mortis* de competência estadual, e juntada aos autos certidão ou informação negativa de dívida para com a Fazenda Pública federal, estadual ou municipal, o juiz julgará por sentença a partilha.

O pagamento do imposto deve ser providenciado pelo inventariante, pois, nos termos do art. 134, inc. IV, do Código Tributário Nacional, o inventariante será responsável pelos tributos devidos pelo espólio, *in verbis*:

> *Art. 134. Nos casos de impossibilidade de exigência do cumprimento da obrigação principal pelo contribuinte, respondem solidariamente com este nos atos em que intervierem ou pelas omissões de que forem responsáveis:*
> *(...).*
> *IV – o inventariante, pelos tributos devidos pelo espólio;*

Evidentemente que o juiz somente prolatará sentença homologatória da partilha quando estiver diante de partilha judicial, pois sendo a partilha amigável e feita por escritura pública, independe de homologação judicial.

A sentença que julga a partilha tem natureza *constitutiva*, ou seja, extingue a propriedade comum e faz nascer a individualizada de cada herdeiro ou meeiro. Não perde essa natureza a de homologação, pois atinge o mesmo resultado.[1362]

Na hipótese de partilha amigável, feita por instrumento particular, deve ser juntada aos autos, ratificada por termo e homologada.

Assim, findo o prazo do art. 652, sem reclamações ou resolvidas as que forem apresentadas; concedidas, ou não, as adjudicações pedidas ou decorrentes de

[1362] Moraes e Barros, H., op. cit., 323.

licitação; feitas as modificações no esboço primitivo, ou elaborado novo esboço pelo partidor do juízo, é que irá ser julgada por sentença.[1363]

O recurso cabível contra a sentença que julgar a partilha é o de apelação.

Estabelece o *parágrafo único do art. 654* do atual C.P.C. que *a existência de dívida para com a Fazenda Pública não impedirá o julgamento da partilha, desde que o seu pagamento esteja devidamente garantido.*

Este dispositivo não tinha correspondência no C.P.C. de 1973.

Como se afirmou, a Fazenda Pública tem interesse em falar e se for necessário impugnar a partilhar, uma vez que o seu interesse pode incidir tanto sobre os impostos de transmissão *causa mortis*, quanto aos impostos de transmissão *inter vivos*. Há outros impostos, taxas ou contribuições que também são de interesse dos entes federados União, Estados, Distrito Federal e Município. Contudo, uma vez garantido o pagamento destes créditos, a Fazenda Pública deixa de ter interesse na impugnação da partilha, razão pela qual o juiz está liberado para homologá-la.

Art. 655

Transitada em julgado a sentença mencionada no art. 654, receberá o herdeiro os bens que lhe tocarem e um formal de partilha, do qual constarão as seguintes peças:

I – termo de inventariante e título de herdeiros;

II – avaliação dos bens que constituíram o quinhão do herdeiro;

III – pagamento do quinhão hereditário;

IV – quitação dos impostos;

V – sentença.

Parágrafo único. O formal de partilha poderá ser substituído por certidão de pagamento do quinhão hereditário quando este não exceder a 5 (cinco) vezes o salário- mínimo, caso em que se transcreverá nela a sentença de partilha transitada em julgado.

Requisitos do formal de partilha

Da decisão que julga a partilha, as partes interessadas serão devidamente intimadas, podendo, se for o caso, interpor recurso de apelação.

[1363] Moraes e Barros, H., idem, p. 323.

Não sendo interposto recurso contra a sentença que julga a partilha, ou se interposto, já foi definitivamente julgado, transitando em julgado a decisão proferida pelo juízo do inventário, o herdeiro receberá os bens que lhe tocarem na partilha, bem como um formal de partilha, do qual constarão as seguintes peças: a) termo do inventariante e título de herdeiros; b) – avaliação dos bens que constituíram o quinhão do herdeiro; c) pagamento do quinhão hereditário; d) quitação dos impostos; e) sentença de partilha.

Muito embora os herdeiros desde a abertura da sucessão já possam ser considerados possuidores e proprietários dos bens no âmbito do direito das sucessões, a propriedade específica e exclusiva do bem somente poderá ser concretizada por meio da expedição e registro do *formal de partilha*, que é uma modalidade de carta de sentença.

O *formal de partilha*, conforme anota Orlando de Souza, *"é um instrumento extraído, com as formalidades usadas no foro, dos autos de inventário, para título, e conservação dos direitos do interessado, inventariante ou herdeiro, a favor de quem for passado. Tem valor jurídico, se assinado pelo juiz competente, depois de subscrito pelo escrivão."*.[1364]

O formal de partilha deve ser transcrito no Registro de Imóveis, nos termos do art. 221, inc. IV da Lei 6.015/72, a saber:

> *Art. 221 – Somente são admitidos registro: (Renumerado do art. 222 com nova redação pela Lei nº 6.216, de 1975).*
>
> *(...).*
>
> *IV – cartas de sentença, formais de partilha, certidões e mandados extraídos de autos de processo.*

Conforme já teve oportunidade de salientar o Supremo Tribunal Federal, *in* Revista dos Tribunais, vol. 185, p. 1006: *"a transcrição da partilha é obrigatória, desde que os herdeiros tencionem transferir ou onerar a propriedade, mas é facultativa enquanto não o fazem, exercendo por si mesmos as faculdades que o domínio encerra"*.

Não se pode perder de vista que o formal ou a certidão de partilha pode ser objeto de *cumprimento de sentença,* conforme estabelece o art. 515, inc. IV do atual C.P.C., *in verbis*:

> *Art. 515. São títulos executivos judiciais, cujo cumprimento dar-se-á de acordo com os artigos previstos neste Título:*
>
> *(...).*

[1364] Souza, O., op. cit., p. 222.

IV – o formal e a certidão de partilha, exclusivamente em relação ao inventariante, aos herdeiros e aos sucessores a título singular ou universal;

Isso significa dizer que o titular do formal ou da certidão de partilha pode promover o cumprimento de sentença contra o inventariante ou contra os outros coerdeiros, ou contra os sucessores a título universal ou singular, que hajam sido partes no mesmo processo de inventário e partilha de que foi extraído o formal ou a certidão. Não pode ser utilizado contra terceiros ou sucessores que não hajam participado do inventário.

Estabelece o *parágrafo único do art. 655* do atual C.P.C. que *o formal de partilha poderá ser substituído por certidão do pagamento do quinhão hereditário quando este não exceder a 5 (cinco) vezes o salário mínimo, caso em que se transcreverá nela a sentença de partilha transitada em julgado.*

Este dispositivo permite a expedição de um documento simplificado que garante a transferência da propriedade dos bens aos sucessores.

Assim, o formal de partilha poderá ser substituído por *certidão de pagamento do quinhão hereditário*, quando este não exceder a *cinco vezes o salário mínimo*. Nesta certidão será transcrita a sentença de partilha transitada em julgado.

A certidão de partilha terá os mesmos efeitos jurídicos do formal.

Art. 656

A partilha, mesmo depois de transitada em julgado a sentença, pode ser emendada nos mesmos autos do inventário, convindo todas as partes, quando tenha havido erro de fato na descrição dos bens, podendo o juiz, de ofício ou a requerimento da parte, a qualquer tempo, corrigir-lhe as inexatidões materiais.

Emenda da partilha

Muito embora o juiz cumpra seu oficio jurisdicional após a prolação da sentença, o certo é que o art. 656 do atual C.P.C. mitiga essa regra processual.

É importante salientar que este dispositivo não trata de nulidade ou anulabilidade da partilha, mas de existência de erros de fato na descrição dos bens, o que pode sugerir sua emenda nos mesmos autos do inventário, ainda que já tenha ocorrido o trânsito em julgado da decisão. Ocorrendo a existência desses fatos na descrição dos bens, basta que seja retificada a partilha. Aliás, conforme estabelece a parte final do artigo, o juiz de ofício poderá, a qualquer tempo, mesmo depois do trânsito em julgado da partilha, corrigir as inexatidões materiais.

Na verdade, o art. 656 do C.P.C. tem a mesma razão de ser dos embargos de declaração, somente com um porém, não está limitado ao restrito prazo para a sua interposição, uma vez que a emenda da partilha pode ser feita a qualquer tempo, mesmo depois de transitada em julgado a sentença de partilha.

Assim, apresentando a partilha inexatidões ou erro de fato na descrição dos bens, ou mesmo eventuais inexatidões materiais, poderá o juiz corrigi-la a qualquer tempo. Essas inexatidões dizem respeito a enganos quanto à área e confrontações do imóvel, nome ou número de rua, número de matrícula e registro etc. Outrossim, para que o juiz possa corrigir eventual erro de fato na descrição dos bens, haverá necessidade de que todas as partes estejam de acordo.

As emendas serão realizadas nos próprios autos do inventário. Uma vez determinada a emenda, e não havendo recurso, serão expedidos novos formais de partilha para que sejam levados a registro.

Na hipótese de existirem inexatidões materiais, que não digam respeito à descrição dos bens, o juiz poderá agir de ofício ou mediante requerimento das partes. Um requerimento feito ao juiz, que, por sua vez, determinará a intimação das demais partes e interessados que compuseram o inventário, é o que basta para a correção do equívoco material.

É importante salientar que esse dispositivo permite a correção da partilha, mas não ofensa à coisa julgada.

Conforme afirmou Orlando de Souza, *"já aconteceu tentarem os herdeiros a emenda de uma partilha por haverem sido partilhados 10 alqueires de terras, quando, na realidade, o espólio se constituía de vinte. Disso dá notícia um julgado, que decidiu conforme o art. 1.779 do Código Civil de 1916, que dispõe 'que ficarão sujeitos à sobrepartilha os bens sonegados e os que se descobrirem depois da partilha', e segundo Clóvis Beviláqua, para quem, os sonegados e outros bens que se descubram constituem um novo acervo, que por dolo ou ignorância deixaram de ser partilhados..."*.[1365]

Art. 657

A partilha amigável, lavrada em instrumento público, reduzida a termo nos autos do inventário ou constante de escrito particular homologado pelo juiz, pode ser anulada por dolo, coação, erro essencial ou intervenção de incapaz, observado o disposto no § 4º do art. 966.

Parágrafo único. O direito à anulação de partilha amigável extingue-se em 1 (um) ano, contado esse prazo:

[1365] Souza, O., idem, p. 215 e 216.

I – no caso de coação, do dia em que ela cessou;

II – no de erro ou dolo, do dia em que se realizou o ato;

III – quanto ao incapaz, do dia em que cessar a incapacidade.

Partilha amigável

Estabelece o art. 2.027 do C.c.b: *"A partilha uma vez feita e julgada, só é anulável pelos vícios e defeitos que invalidam, em geral, os negócios jurídicos"*.

Por sua vez, o art. 966, §4º, do atual C.P.C. preconiza: *"Os atos de disposição de direitos, praticados pelas partes ou por outros participantes do processo e homologados pelo juízo, bem como os atos homologatórios praticados no curso da execução, estão sujeitos à anulação, nos termos da lei"*.

O ato negocial praticado pela parte ou por participante d*o processo, homologado ou não em juízo, está sujeito à invalidação, nos termos da lei.*

O art. 657 não trata da partilha judicial proveniente do esboço do partidor, mas, sim, da partilha *amigável*, lavrada por instrumento público, reduzida a termo nos autos ou constante de escrito particular homologado pelo juiz.

A pretensão de nulidade não é pedida no inventário, mas em ação própria perante o juízo competente.

A demanda anulatória deve ser proposta no domicílio do *de cujus*.

A partilha amigável é um negócio jurídico como qualquer outro, sujeita às mesmas regras de validade e de eficácia. Em regra, demanda agente capaz, objeto lícito e forma prescrita ou não defesa em lei.

Assim, nas hipóteses de dolo, coação, erro essencial ou intervenção de incapaz, a partilha amigável constante de escrito particular homologado pelo juiz, ou reduzida a termo nos autos do inventário ou constante de escrito particular homologado pelo juiz, poderá ser objeto de demanda anulatória.

As hipóteses consagradas no atual C.P.C. sobre a anulabilidade da partilha são o erro essencial, o dolo e a coação.

O Código Civil brasileiro apresenta os seguintes regramentos sobre o erro, dolo e a coação:

Seção I – Erro ou Ignorância

Art. 138. São anuláveis os negócios jurídicos, quando as declarações de vontade emanarem de erro substancial que poderia ser percebido por pessoa de diligência normal, em face das circunstâncias do negócio.

Art. 139. O erro é substancial quando:

I – interessa à natureza do negócio, ao objeto principal da declaração, ou a alguma das qualidades a ele essenciais;

II – concerne à identidade ou à qualidade essencial da pessoa a quem se refira a declaração de vontade, desde que tenha influído nesta de modo relevante;

III – sendo de direito e não implicando recusa à aplicação da lei, for o motivo único ou principal do negócio jurídico.

Art. 140. O falso motivo só vicia a declaração de vontade quando expresso como razão determinante.

Art. 141. A transmissão errônea da vontade por meios interpostos é anulável nos mesmos casos em que o é a declaração direta.

Art. 142. O erro de indicação da pessoa ou da coisa, a que se referir a declaração de vontade, não viciará o negócio quando, por seu contexto e pelas circunstâncias, se puder identificar a coisa ou pessoa cogitada.

Art. 143. O erro de cálculo apenas autoriza a retificação da declaração de vontade.

Art. 144. O erro não prejudica a validade do negócio jurídico quando a pessoa, a quem a manifestação de vontade se dirige, se oferecer para executá-la na conformidade da vontade real do manifestante.

Seção II – Do Dolo

Art. 145. São os negócios jurídicos anuláveis por dolo, quando este for a sua causa.

Art. 146. O dolo acidental só obriga à satisfação das perdas e danos, e é acidental quando, a seu despeito, o negócio seria realizado, embora por outro modo.

Art. 147. Nos negócios jurídicos bilaterais, o silêncio intencional de uma das partes a respeito de fato ou qualidade que a outra parte haja ignorado, constitui omissão dolosa, provando-se que sem ela o negócio não se teria celebrado.

Art. 148. Pode também ser anulado o negócio jurídico por dolo de terceiro, se a parte a quem aproveite dele tivesse ou devesse ter conhecimento; em caso contrário, ainda que subsista o negócio jurídico, o terceiro responderá por todas as perdas e danos da parte a quem ludibriou.

Art. 149. O dolo do representante legal de uma das partes só obriga o representado a responder civilmente até a importância do proveito que teve; se, porém, o dolo for do representante convencional, o representado responderá solidariamente com ele por perdas e danos.

Art. 150. Se ambas as partes procederem com dolo, nenhuma pode alegá-lo para anular o negócio, ou reclamar indenização.

Seção III – Da Coação

Art. 151. A coação, para viciar a declaração da vontade, há de ser tal que incuta ao paciente fundado temor de dano iminente e considerável à sua pessoa, à sua família, ou aos seus bens.

Parágrafo único. Se disser respeito a pessoa não pertencente à família do paciente, o juiz, com base nas circunstâncias, decidirá se houve coação.

Art. 152. No apreciar a coação, ter-se-ão em conta o sexo, a idade, a condição, a saúde, o temperamento do paciente e todas as demais circunstâncias que possam influir na gravidade dela.

Art. 153. Não se considera coação a ameaça do exercício normal de um direito, nem o simples temor reverencial.

Art. 154. Vicia o negócio jurídico a coação exercida por terceiro, se dela tivesse ou devesse ter conhecimento a parte a que aproveite, e esta responderá solidariamente com aquele por perdas e danos.

Art. 155. Subsistirá o negócio jurídico, se a coação decorrer de terceiro, sem que a parte a que aproveite dela tivesse ou devesse ter conhecimento; mas o autor da coação responderá por todas as perdas e danos que houver causado ao coacto.

Assim, percebe-se que a partilha amigável pode ser anulada se ocorrer algum dos vícios ou defeitos que invalidam em geral o negócio jurídico

Não obstante o art. 657 do atual C.P.C. não tenha feito referência, é possível realizar aqui uma interpretação extensiva, para no seu conteúdo também incluir a nulidade da partilha quando ficar demonstrado que o sucessor a assinou sob as situações que configuram o estado de perigo ou de lesão. Sobre o estado de perigo e a lesão, preceitua o C.c.b.:

Seção IV – Do Estado de Perigo

Art. 156. Configura-se o estado de perigo quando alguém, premido da necessidade de salvar-se, ou a pessoa de sua família, de grave dano conhecido pela outra parte, assume obrigação excessivamente onerosa.

Parágrafo único. Tratando-se de pessoa não pertencente à família do declarante, o juiz decidirá segundo as circunstâncias.

Seção V – Da Lesão

Art. 157. Ocorre a lesão quando uma pessoa, sob premente necessidade, ou por inexperiência, se obriga a prestação manifestamente desproporcional ao valor da prestação oposta.

§ 1º Aprecia-se a desproporção das prestações segundo os valores vigentes ao tempo em que foi celebrado o negócio jurídico.

§ 2º Não se decretará a anulação do negócio, se for oferecido suplemento suficiente, ou se a parte favorecida concordar com a redução do proveito

Será também hipótese que poderá caracterizar a nulidade da partilha amigável, eventual participação nela de incapaz. Havendo incapaz, a partilha obrigatoriamente deverá ser judicial.

Ressalta-se que se o vício ocorreu apenas na partilha e não em todo o processo (como é a hipótese de juiz absolutamente incompetente), anulada a partilha, é de se fazer outra logo a seguir e nos mesmos autos.

Estabelece o *parágrafo único do art. 657*, que *o direito à anulação de partilha amigável extingue-se em 1 (um) ano, contado esse prazo: I – no caso de coação, do dia em que ela cessou; II – no de erro ou dolo, do dia em que se realizou o ato; III – quanto ao incapaz, do dia em que cessar a incapacidade.*

Este dispositivo trata do prazo *decadencial* para que a demanda anulatória da partilha amigável possa ser proposta.

Preceitua o parágrafo único do art. 2.027 do C.c.b.: *"Extingue-se em um ano o direito de anular a partilha"*.

No caso, em se tratando de coação, o prazo decadencial conta-se da data em que a coação cessou. Na hipótese de erro, dolo, estado de perigo ou lesão, da data em que o ato se realizou. E na hipótese de intervenção de incapaz, a decadência correrá a partir do dia em que cessar a incapacidade.

Sobre o tema, eis os seguintes precedentes:

> *(...).*
>
> *2. O Código Civil de 1916, vigente à época dos fatos e do ajuizamento da ação, estabelecia, em seu art. 178, § 6º, V, o lapso prescricional ânuo para as ações de "nulidade da partilha; contado o prazo da data em que a sentença da partilha passou em julgado", sendo certo que "a partilha, uma vez feita e julgada, só é anulável pelos vícios e defeitos que invalidam, em geral, os atos jurídicos" (CC/1916, art. 1.805).*
>
> *3. As instâncias ordinárias concluíram que não se configurou a alegada sonegação, no inventário, das ações ordinárias transmitidas pelos ascendentes ao descendente, com os respectivos dividendos e bonificações. Isso, porque foram noticiadas nos autos as transferências, inclusive por meio de ofício de instituição financeira dirigido ao Juízo e juntado àqueles autos. Afirmaram, ainda, que os herdeiros foram devidamente cientificados desses documentos, não tendo apresentado oposição. Ao contrário, firmaram o acordo que deu causa à partilha amigável, homologada por sentença.*
>
> *4. Nesse contexto, não é viável, na via estreita do recurso especial, rever essas premissas fáticas e probatórias examinadas, soberanamente, pela instância a quo, para o fim de reconhecer a sonegação das referidas transferências de ações, tendo em vista o óbice da Súmula 7 do Superior Tribunal de Justiça.*
>
> *5. Quer se considere a hipótese como de transferência onerosa ou gratuita, as referidas transmissões de ações atenderam às determinações legais, sobretudo quanto ao dever de informar ao Juízo do Inventário, não estando caracterizado, outrossim, prejuízo aos recorrentes. Não há, portanto, razão para se acolher a alegada invalidade da partilha.*
>
> *6. Recurso especial desprovido.*

(REsp 796.700/MS, Rel. Ministro RAUL ARAÚJO, QUARTA TURMA, julgado em 26/02/2013, DJe 19/06/2013)

1. Houve preclusão parra discussão acerca do foro competente, cingindo-se a controvérsia em saber para qual dos dois Juízos, com mesma competência territorial e em razão da matéria, deverão ser encaminhados os feitos.

2. A teor da Súmula 235/STJ, a conexão não determina a reunião de processos se um deles já foi julgado. Todavia, vale ressaltar que, conforme consignado em precedentes das Turmas que compõem a Segunda Seção, os julgados que ensejaram a edição dessa Súmula, reconhecem que o artigo 105 do Código de Processo Civil confere ao juiz certa margem de discricionariedade para a reunião de ações conexas.

3. A regra do artigo 253, II, do CPC não implica competência absoluta do Juízo que havia conhecido da primeira ação de investigação de paternidade, extinta sem resolução do mérito, significa que o Juízo é absolutamente competente apenas para decidir acerca de sua própria competência, podendo, todavia, aplicar, em tal decisão, as regras da competência relativa territorial. Precedente do STJ.

4. O fato de o eventual acolhimento do pleito de petição de herança implicar nulidade da partilha e do Juízo do inventário ter a mesma competência em razão da matéria e ser prevento para eventual sobrepartilha, demonstra a manifesta conveniência de os processos tramitarem no Juízo do Inventário, inclusive no que tange também ao resguardo dos interesses da recorrida, visto que é o Juízo que poderá apreciar os pleitos de sobrepartilha que possam vir a ser formulados pelos herdeiros e, também, no que tange à eventual prolação de medidas cautelares. Desse modo, é mais adequado, e em consonância com a interpretação sistemática e teleológica do Diploma Processual Civil, o reconhecimento da competência do Juízo do Inventário que, ademais, nos termos do artigo 106 do CPC, primeiro proferiu despacho em feito conexo.

5. Recurso especial provido para reconhecer a competência para o julgamento dos feitos do Juízo da 2ª Vara de Família e Sucessões da Comarca de Uberlândia-MG, por onde tramitou o inventário.

(REsp 1278217/MG, Rel. Ministro LUIS FELIPE SALOMÃO, QUARTA TURMA, julgado em 16/02/2012, DJe 13/03/2012).

1 – Admite-se excepcionalmente o processamento de recurso especial retido, uma vez que há situações nas quais a permanência do recurso nos autos pode frustrar a entrega da tutela jurisdicional. Para tanto, está o relator autorizado a proceder a um juízo prévio e perfunctório de viabilidade do recurso especial, apreciando os requisitos da aparência do direito e do perigo de demora.

2 – As alienações feitas por herdeiro aparente a terceiros de boa-fé, a título oneroso, são juridicamente eficazes. Art. 1.827, parágrafo único, do CC/02.

3 – Na hipótese dos autos, o negócio jurídico foi aperfeiçoado antes do trânsito em julgado da sentença que decretou a nulidade da partilha e inexistiam, à época em que foi celebrado o contrato de compra e venda, quaisquer indícios de que o imóvel fosse objeto de disputa entre os herdeiros do espólio.

4 – A retenção do recurso especial interposto, nestas condições, não acarreta o esvaziamento da utilidade da irresignação ou morosidade excessiva da prestação jurisdicional. A mera possibilidade de alienação do bem imóvel litigioso pelos terceiros adquirentes de boa-fé não constitui, na espécie dos autos, razão suficiente para afastar a aplicação do art. 542, § 3º, do CPC.

– Agravo não provido.

(AgRg na MC 17.349/RJ, Rel. Ministra NANCY ANDRIGHI, TERCEIRA TURMA, julgado em 28/06/2011, DJe 01/08/2011)

1. A incerteza da divisão e a correta demarcação da área delimitada em Formal de Partilha que diverge da realidade fática autoriza o cabimento de ação de divisão cumulada com demarcatória, não ensejando a carência de ação por falta de interesse. – Precedentes.

2. Não incorre nos vícios do art. 535 do CPC o acórdão recorrido que enfrenta preliminar de decadência somente através de fundamentos do voto-revisor. O acórdão é decisão final do Órgão Colegiado, o voto dos demais membros integra o decisum.

3. O Magistrado não está adstrito à prova pericial, conforme exegese do art. 436 do CPC. Entretanto, tratando-se de ação demarcatória, em que a nomeação de um agrimensor é imposição legal (art. 956 do CPC), a perícia produzida pelo expert possui relevante importância ao deslinde da causa.

4 As instâncias ordinárias firmaram convicção de que a insurgência quanto ao cômputo de lagos na área litigiosa fora suscitado pelos recorrentes tão-somente após conclusão da perícia. Essa questão, além de preclusa, ensejaria o reexame dos da prova pericial já valorada pelo MM. Juiz sentenciante e pelo Eg. Tribunal a quo. Óbice do Enunciado nº 07 da Súmula deste Egrégio Tribunal.

5. A ausência de similitude fática entre os arestos paradigmas e o acórdão recorrido não enseja divergência jurisprudencial, conforme art. 541, parágrafo único, do CPC.

6. Recurso especial não conhecido.

(REsp 790.206/ES, Rel. Ministro HONILDO AMARAL DE MELLO CASTRO (DESEMBARGADOR CONVOCADO DO TJ/AP), QUARTA TURMA, julgado em 04/02/2010, DJe 12/04/2010).

Art. 658

É rescindível a partilha julgada por sentença:

I – nos casos mencionados no art. 657;

II – se feita com preterição de formalidades legais;

III – se preteriu herdeiro ou incluiu quem não o seja.

Rescisão da partilha julgada por sentença

Este dispositivo trata da partilha judicial julgada por sentença.

Neste caso, a partilha não pode ser desconstituída por demanda anulatória comum, mas deverá ser objeto de demanda rescisória.

O atual C.P.C. foi claro ao reservar a demanda anulatória para as hipóteses do art. 657 do atual C.P.C., ou seja, para as partilhas amigáveis viciadas por dolo, coação, erro essencial, intervenção de incapaz, estado de perigo e lesão.

Por sua vez, na hipótese de partilha julgada por sentença, ou seja, não amigável, a sua forma de desconstituição somente poderá decorrer de demanda rescisória.

Segundo estabelece o art. 654 do atual C.P.C., pago o imposto de transmissão a título de morte e juntada aos autos certidão ou informação negativa de dívida para com a Fazenda Pública, o juiz julgará por sentença a partilha.

A partilha julgada por sentença será rescindível, observando-se para isso o rito previsto nos art. 966 a 975 do atual C.P.C.

Segundo Pontes de Miranda, *"à sentença de partilha pode-se argüir inexistência, nulidade, rescindibilidade ou anulabilidade. Se existe e vale e se não há anulabilidade por vício comum aos negócios jurídicos, somente cabe a ação rescisória"*.[1366]

Assim, transitada em julgado a sentença de partilha, esta somente poderá ser desconstituída por demanda rescisória e dentro do prazo de dois anos contado do trânsito em julgado, segundo preceitua o art. 975: *O direito à rescisão se extingue em 2 (dois) anos contados do trânsito em julgado da última decisão proferida no processo.*

O art. 658 do atual C.P.C. estabelece que é rescindível a partilha julgada por sentença: I – nos casos mencionados no art. 657; II – se feita com preterição de formalidades legais; III – se preteriu herdeiro ou incluiu quem não o seja.

O inciso I menciona os casos do art. 657, a saber: *por dolo, coação, erro essencial ou intervenção de incapaz.*

[1366] Pontes de Miranda. *Comentário ao código de processo civil.* Vol. VII, 2ª ed., Rio de Janeiro: Revista Forense, 1959, p. 164.

O inciso II, por sua vez, estabelece que a rescindibilidade da sentença pode decorrer em razão de preterição de formalidades legais. E esta preterição de formalidades legais pode decorrer de alguns dos incisos do art. 966 do atual C.P.C., a saber:

Art. 966. A decisão de mérito, transitada em julgado, pode ser rescindida quando:

I – se verificar que foi proferida por força de prevaricação, concussão ou corrupção do juiz;

II – for proferida por juiz impedido ou por juízo absolutamente incompetente;

III – resultar de dolo ou coação da parte vencedora em detrimento da parte vencida ou, ainda, de simulação ou colusão entre as partes, a fim de fraudar a lei;

IV – ofender a coisa julgada;

V – violar manifestamente norma jurídica;

VI – for fundada em prova cuja falsidade tenha sido apurada em processo criminal ou venha a ser demonstrada na própria ação rescisória;

VII – obtiver o autor, posteriormente ao trânsito em julgado, prova nova cuja existência ignorava ou de que não pôde fazer uso, capaz, por si só, de lhe assegurar pronunciamento favorável;

VIII – for fundada em erro de fato verificável do exame dos autos.

O inc. III também permite a rescisão quando a partilha preteriu herdeiro ou incluiu quem não o era.

Segundo anota Hamilton de Moraes e Barros, não seria a demanda rescisória o *remedium iuris* apropriado de que dispõem os herdeiros que não participaram do inventário, para atacar a partilha. Tal remédio seria a demanda de petição de herança.[1367] Contudo, o inc. III do art. 658 do atual C.P.C. é claro ao permitir como conteúdo da demanda rescisória a questão referente à preterição de herdeiro ou inclusão de quem não o seja.

É importante dizer que o S.T.J., até então, não vinha autorizando a interposição de demanda rescisória na falta de inclusão de herdeiro, a saber:

1. A ação rescisória não é o remédio processual adequado a ser manejado pelos herdeiros que não participaram do processo de inventário, buscando atacar a partilha homologada em procedimento sem contencioso.

2. Inteligência das regras dos arts. 1.824 e 1.825 do Código Civil de 2002.

3. Doutrina e jurisprudência acerca do tema.

[1367] Moraes e Barros, H., op. cit., p. 331.

4. Recurso especial desprovido.
(REsp 940.455/ES, Rel. Ministro PAULO DE TARSO SANSEVERINO, TERCEIRA TURMA, julgado em 17/05/2011, DJe 23/05/2011)

São partes legítimas para requererem a demanda rescisória, nos termos do art. 967 do atual C.P.C.:

Art. 967. Têm legitimidade para propor a ação rescisória:
I – quem foi parte no processo ou o seu sucessor a título universal ou singular;
II – o terceiro juridicamente interessado;
III – o Ministério Público:
a) se não foi ouvido no processo em que lhe era obrigatória a intervenção;
b) quando a decisão rescindenda é o efeito de simulação ou de colusão das partes, a fim de fraudar a lei;
c) em outros casos em que se imponha sua atuação;
IV – aquele que não foi ouvido no processo em que lhe era obrigatória a intervenção.
Parágrafo único. Nas hipóteses do art. 178, o Ministério Público será intimado para intervir como fiscal da ordem jurídica quando não for parte.

A propositura da demanda rescisória não impede o cumprimento da partilha transitada em julgado, salvo se houver concessão de tutela provisória de urgência ou de evidência.

Sobre o tema, eis os seguintes precedentes do S.T.J.:

1. Tem-se conflito negativo de competência em ação de petição de herança, tendo em vista a existência, em juízos diversos, de anterior ação de investigação de paternidade, pendente de julgamento, e de inventário, já concluído, com homologação de partilha.2. A regra do art. 96 do CPC determina que: "o foro do domicílio do autor de herança, no Brasil, é o competente para o inventário, a partilha, a arrecadação, o cumprimento de disposições de última vontade e todas as ações em que o espólio for réu, ainda que o óbito tenha ocorrido no estrangeiro." 3. Essa regra especial de fixação de competência, entretanto, não incide quando já encerrado o inventário, com trânsito em julgado da sentença homologatória da partilha. Precedente (CC 51.061/GO, Rel. Ministro MENEZES DIREITO).

4. A sentença homologatória da partilha não faz coisa julgada em relação a herdeiro que não participou do processo de inventário.
Precedente (REsp 16.137/SP, Rel. Ministro SÁLVIO DE FIGUEIREDO TEIXEIRA).

5. O fundamento deduzido na ação de petição de herança não diz respeito a um vício propriamente dito verificado no bojo do inventário já encerrado, o qual observou o procedimento legal pertinente, dentro das condições de fato então existentes. O fundamento a respaldar a ação de petição de herança – existência de um novo herdeiro até então desconhecido – é externo, alheio a qualquer circunstância levada em consideração no julgamento do processo de inventário e partilha, pois decorrerá da eventual procedência da investigação de paternidade.

6. Sendo assim, não se está diante das clássicas hipóteses de desconstituição de coisa julgada previstas nos arts. 485 e 486, ou mesmo 1.029 e 1.030, todos do CPC, porquanto, como já mencionado, não há vício a ser sanado no processo de inventário. A eventual nulidade da partilha, neste caso, advirá de mudança qualitativa posterior verificada na situação de fato antes considerada no julgamento do inventário, em decorrência do resultado de procedência da ação de investigação de paternidade a viabilizar a pretensão deduzida na ação de petição de herança. Essas causas externas afetarão a partilha antes realizada, mas não por vício intrínseco desta.

7. Então, data vênia, os fundamentos invocados pelo d. Juízo perante o qual tramita a ação investigatória para declinar da competência não merecem prosperar, pois há relação de dependência lógica entre a ação de investigação de paternidade e a de petição de herança, uma vez que a viabilidade desta depende da comprovação, naquela, da qualidade de herdeira da autora.

8. Em situações desse jaez, na qual é reconhecida a conexão por prejudicialidade externa (a solução que se der a uma demanda direciona o resultado da outra – CPC, art. 265, IV, a e c), é recomendável a reunião dos feitos para trâmite conjunto, motivo pelo qual a ação de petição de herança deve tramitar no juízo em que tramita a ação de investigação de paternidade anteriormente proposta, não sendo a existência de regra de organização judiciária estadual óbice à prevalência das regras processuais invocadas.

9. Eventual acolhimento do pedido formulado na ação de petição de herança ensejará uma nova partilha de bens, a ser executada mediante simples petição, sem necessidade de propositura de ação anulatória.

10. Conflito conhecido para declarar competente o d. Juízo de Direito da 1ª Vara de Família e Registros Públicos de Cascavel/PR.

(CC 124.274/PR, Rel. Ministro RAUL ARAÚJO, SEGUNDA SEÇÃO, julgado em 08/05/2013, DJe 20/05/2013)

1. Ação anulatória de partilha distribuída em 06/08/2002, da qual foi extraído o presente recurso especial, concluso ao Gabinete em 15/04/2013.

2. Discute-se a ação adequada para desconstituir a partilha homologada por sentença nos autos do inventário, assim como a legitimidade dos herdeiros para figurar no polo passivo.

3. A análise da ação adequada à invalidação da partilha tem por pressuposto a análise do conteúdo e dos limites da sentença proferida nos autos do inventário: se homologada, simplesmente, a partilha, mesmo que para aprovar o plano apresentado pelo inventariante, mas desde que ausente litigiosidade, deve-se ajuizar a ação anulatória; se, ao revés, na sentença forem resolvidas questões suscitadas pelos interessados quanto à divisão de bens e/ou à admissão de herdeiros, cabível é a ação rescisória.

4. Na espécie, a invalidação pretendida na ação anulatória é do ato homologado e não da sentença homologatória, porquanto ficou demonstrado nos autos que, ao elaborar as primeiras declarações e o esboço de partilha, a inventariante (recorrente), intencionalmente, omitiu a condição de meeira da então companheira do falecido, embora a tenha indicado na petição inicial do inventário, preterindo, assim, o seu direito à meação.

5. Transitada em julgado a sentença que homologou a partilha, cessa o condomínio hereditário e os sucessores passam a exercer, exclusiva e plenamente, a propriedade dos bens e direitos que compõem o seu quinhão, nos termos do art. 2.023 do CC/02. Não há mais falar em espólio, sequer em representação em juízo pelo inventariante, de tal forma que a ação anulatória deve ser proposta em face daqueles que participaram da partilha; na espécie, a filha (recorrente) e a ex-mulher do falecido.

6. Recurso especial conhecido e desprovido.

(REsp 1238684/SC, Rel. Ministra NANCY ANDRIGHI, TERCEIRA TURMA, julgado em 03/12/2013, REPDJe 21/02/2014, DJe 12/12/2013)

I – Inviável a rediscussão, em ação rescisória, da admissibilidade de recurso especial, ainda que conhecido. Precedentes.

II – O cabimento da ação rescisória no Superior Tribunal de Justiça não se condiciona à ausência de debate, no acórdão rescindendo, do dispositivo de lei reputado como literalmente violado.

III – Acórdão rescindendo que, com base no princípio da igualdade, anulou a partilha homologada pelas instâncias ordinárias e determinou que nova fosse realizada após a avaliação do valor real das ações tituladas pela falecida, que não possuíam cotação em bolsa de valores ou equivalente.

IV – Enquanto que a apuração dos haveres disciplinada pelo inciso II do parágrafo único do art. 993 do CPC, aplicável às sociedades não-anônimas, visa a liquidar a quota-parte do sócio falecido para a dissolução parcial da sociedade, a apuração de haveres determinada pelo acórdão rescindendo pretendeu apenas avaliar o valor real de ações de sociedade anônima familiar fechada, permitindo, na partilha, dando concreção ao princípio da igualdade positivado no art. 1775 do CC/16 (atual art. 2017 do CC/02).

V – AÇÃO RESCISÓRIA JULGADA IMPROCEDENTE.

(AR.810/RS, Rel. Ministro PAULO DE TARSO SANSEVERINO, SEGUNDA SEÇÃO, julgado em 08/06/2011, DJe 16/06/2011)

I. É cabível rescisória para desconstituir sentença homologatória da partilha de bens, quando presente a figura de incapaz, ainda que à época representado por sua mãe no inventário.

II. Recurso especial conhecido e parcialmente provido.

(REsp 917.606/RS, Rel. Ministro ALDIR PASSARINHO JUNIOR, QUARTA TURMA, julgado em 03/03/2011, DJe 17/03/2011)

SEÇÃO IX – Do Arrolamento

Art. 659

A partilha amigável, celebrada entre partes capazes, nos termos da lei, será homologada de plano pelo juiz, com observância dos arts. 660 a 663.

§ 1º O disposto neste artigo aplica-se, também, ao pedido de adjudicação, quando houver herdeiro único.

§ 2º Transitada em julgado a sentença de homologação de partilha ou de adjudicação, será lavrado o formal de partilha ou elaborada a carta de adjudicação e, em seguida, serão expedidos os alvarás referentes aos bens e às rendas por ele abrangidos, intimando-se o fisco para lançamento administrativo do imposto de transmissão e de outros tributos porventura incidentes, conforme dispuser a legislação tributária, nos termos do § 2º do art. 662.

Arrolamento

O dispositivo trata de uma demanda de inventário e partilha, mas sob um rito mais célere e enxuto.

O legislador procurou facilitar a partilha e a transferência dos bens deixados pelo *de cujus*, quando se tratar de *partilha amigável*, ou seja, quando todos os herdeiros forem maiores e capazes, evitando-se, assim, as delongas formais do processo de inventário.

A facilidade é tanto, que na hipótese de não existir testamento ou herdeiro incapaz, o inventário e a partilha poderão ser realizados por escritura pública perante tabelionato de notas.

Daí a importância de que os herdeiros maiores e capaz entrem em acordo, pois isso facilitará, e muito, a conclusão do inventário e da partilha, evitando-se as formalidades inerentes ao processo judicial de inventário na hipótese de inexistência de acordo entre os herdeiros.

Havendo, portanto, acordo entre as partes maiores e capazes sobre a partilha, o inventário e a partilha dar-se-ão sobre a modalidade denominada de *arrolamento*, uma espécie de inventário simplificado e sem determinadas solenidades. Trata-se de um procedimento mais rápido, dispensando diversos atos processuais que são peculiares ao processo de inventário.

O inventário normal e solene somente terá lugar na hipótese de existirem herdeiros incapazes ou se o valor dos bens do espólio for superior a mil salários mínimos. Também processar-se-á o inventário na sua forma normal se, muito embora sejam todos os herdeiros capazes, não houver acordo entre eles. Além dessas hipóteses, o inventário e a partilha processar-se-ão na forma de arrolamento.

Portanto, dois são os critérios estabelecidos pelo atual C.P.C. para que o inventário e a partilha ocorram na forma de arrolamento: a) o pequeno valor do espólio, quando igual ou inferior a *mil salários mínimos*, ainda que existam incapazes, nos termos do art. 664 do atual C.P.C.; b) ou quando o valor dos bens do espólio seja superior a mil salários mínimos, haja acordo entre todos os herdeiros capazes e o Ministério Público quanto à partilha dos bens. Cada uma dessas hipóteses terá certa variação procedimental.

No caso de partilha amigável, celebrada entre as partes capazes, nos termos da lei, será homologada de plano pelo juiz, com observância dos arts. 660 a 663 do atual C.P.C.

Sobre o tema, eis o seguinte precedente do S.T.J.:

> *1. A Primeira Seção do Superior Tribunal de Justiça, no julgamento do REsp 1.150.356/SP, de relatoria do Ministro LUIZ FUX, publicado em 25/8/10, processado sob o rito do art. 543-C, do CPC, manifestou-se no sentido de ser incompetente o juízo do inventário processado sob a modalidade de arrolamento sumário para reconhecer a isenção do ITCMD. Nos termos do art. 179 do CTN, é atribuição da autoridade administrativa aferir o direito do contribuinte à isenção não concedida em caráter geral.*
>
> *2. Agravo regimental não provido.*
>
> (AgRg no AgRg no REsp 1205265/SP, Rel. Ministro ARNALDO ESTEVES LIMA, PRIMEIRA TURMA, julgado em 27/11/2012, DJe 03/12/2012)

Estabelece o *§1º do art. 659* do atual C.P.C. que o *disposto neste artigo aplica-se, também, ao pedido de adjudicação, quando houver herdeiro único.*

Havendo apenas um herdeiro, o pedido de adjudicação dos bens do espólio a esse único herdeiro far-se-á nos termos do art. 659 do atual C.P.C., ou seja, será homologado de plano pelo juiz, com observância dos arts. 660 a 663.

Preceitua o *§2º do art. 657* do atual C.P.C. que *transitada em julgado a sentença de homologação de partilha ou de adjudicação, será lavrado o formal de partilha ou elaborada a carta de adjudicação e, em seguida, serão expedidos os alvarás referentes aos bens e às rendas por ele abrangidos, intimando-se o fisco para lançamento administrativo do imposto de transmissão e de outros tributos porventura incidentes, conforme dispuser a legislação tributária, nos termos do § 2º do art. 662.*

O processamento do inventário e da partilha com base no procedimento do arrolamento apresenta as seguintes inovações: *"a) a dispensa da avaliação, bastando, assim apenas a estimativa que os herdeiros derem aos bens; b) a eliminação de termos e atos processuais desnecessários, prescindíveis; c) o não conhecimento e a não apreciação de questões referentes ao lançamento, pagamento ou quitação da taxa judiciária e de tributos incidentes relativos à propriedade dos bens do espólio; d) a eliminação do cálculo do imposto de herança que era feito pelo contador; e e) o afastamento da figura incômoda do Fisco, que agora, não terá função alguma nos autos do arrolamento".*[1368]

Este parágrafo segundo é claro ao preceituar que uma vez transitada em julgado a sentença de homologação de partilha, quando se tratar de partilha amigável entre capazes, ou na hipótese da adjudicação dos bens para o único herdeiro, será de imediato lavrado o respectivo formal de partilha ou a carta de adjudicação, bem como serão expedidos os alvarás necessários referentes aos bens e rendas por eles abrangidos.

No procedimento do arrolamento não há cálculo ou mesmo pagamento de imposto, ao contrário do que estabelecia o §2º do art. 1.031 do C.P.C. de 1973, a saber:

§ 2º Transitada em julgado a sentença de homologação de partilha ou adjudicação, o respectivo formal, bem como os alvarás referentes aos bens por ele abrangidos, só serão expedidos e entregues às partes após a comprovação, verificada pela Fazenda Pública, do pagamento de todos os tributos. (Incluído pela Lei nº 9.280, de 30.5.1996). Assim, pelo C.P.C. de 1973, a expedição do formal de partilha e dos supostos alvarás somente poderiam ocorrer após a comprovação, verificada pela Fazenda Pública, do pagamento de todos os herdeiros.

Sobre o tema, eis o seguinte precedente do S.T.J.:

[1368] Souza, O., op. cit., p. 233.

1. Caso em que a agravante insurge-se contra a decisão que indeferiu o pedido de sobrestamento dos autos de arrolamento até que se procedesse a verificação da regularidade da documentação e dos cálculos referentes ao imposto causa mortis.

2. A jurisprudência desta Corte se firmou no sentido de que no inventário por arrolamento, procedimento de rito sumário, não cabe discussão sobre tributo relativo à transmissão. Precedentes: AgRg no Ag 1.074.843/SP, Rel. Min. Mauro Campbell Marques, Segunda Turma, DJe 10/9/2009; AgRg no REsp 1.080.245/SP, Rel. Min. Herman Benjamin, Segunda Turma, DJe 24/3/2009; AgRg no Ag 1.082.453/SP, desta relatoria, Primeira Turma, DJe 17/6/2009.

3. Agravo regimental não provido.

(AgRg no AgRg no Ag 1289505/SP, Rel. Ministro BENEDITO GONÇALVES, PRIMEIRA TURMA, julgado em 28/09/2010, DJe 07/10/2010)

Pelo atual C.P.C., conforme determina este *§2º do art. 659* do novo C.P.C., o Fisco será intimado da expedição do formal de partilha ou da adjudicação para que realize o lançamento administrativo do imposto de transmissão e de outros tributos porventura incidentes, conforme dispuser a legislação tributária, não ficando as autoridades fazendárias adstritas aos valores dos bens do espólio atribuídos pelos herdeiros.

O pagamento do imposto de transmissão não seria uma fase condicionante do inventário, uma vez que o lançamento deste imposto deverá ser feito administrativamente pelo Fisco.

Sobre a constituição do crédito tributário, prescreve o art. 142 do Código Tributário Nacional:

> *Art. 142. Compete privativamente à autoridade administrativa constituir o crédito tributário pelo lançamento, assim entendido o procedimento administrativo tendente a verificar a ocorrência do fato gerador da obrigação correspondente, determinar a matéria tributável, calcular o montante do tributo devido, identificar o sujeito passivo e, sendo caso, propor a aplicação de penalidade cabível.*

Este tipo de lançamento é de ofício, sendo que o Fisco não está adstrito ao valor dos bens indicado no procedimento de arrolamento, podendo apurar via administrativa o valor real para efeito de lançamento do imposto de transmissão *causa mortis*.

O lançamento reportar-se-á à data da ocorrência do fato gerador da obrigação e rege-se pela lei então vigente, ainda que posteriormente modificada ou revogada (art. 144 do C.T.N.). Portanto, a lei que irá regrar o lançamento do imposto *causa mortis* é a vigente na data do óbito, fato gerador do imposto *causa mortis*.

O lançamento regularmente notificado ao sujeito passivo só pode ser alterado em virtude de: a) impugnação do sujeito passivo; b) recurso de ofício; c) iniciativa de ofício da autoridade administrativa, nos casos previstos no art. 149. (Art. 145 do C.T.N.).

É importante salientar que o Fisco poderá notificar qualquer herdeiro ou todos os herdeiros ao mesmo tempo, pois são responsáveis solidários pelo pagamento do imposto de transmissão, principalmente pelo fato de que o lançamento somente será efetuado após a partilha e a expedição do formal de partilha.

O direito de a Fazenda Pública constituir o crédito tributário extingue-se após 5 (cinco) anos, contados, do primeiro dia do exercício seguinte àquele em que o lançamento poderia ter sido efetuado (art. 173, inc. I do C.T.N.).

Como o lançamento somente poderá ser efetuado após a intimação do Fisco da expedição do formal de partilha ou da adjudicação, o direito de a Fazenda Pública constituir o crédito tributário do imposto de transmissão *causa mortis*, começa a correr no primeiro dia do exercício seguinte após a sua devida intimação.

Art. 660

Na petição de inventário, que se processará na forma de arrolamento sumário, independentemente da lavratura de termos de qualquer espécie, os herdeiros:

I – requererão ao juiz a nomeação do inventariante que designarem;

II – declararão os títulos dos herdeiros e os bens do espólio, observado o disposto no art. 630;

III – atribuirão o valor dos bens do espólio, para fins de partilha.

Requisitos da petição inicial

Este dispositivo indica os requisitos da petição inicial para a instauração do chamado arrolamento convencional, já que o seu uso somente terá lugar se houver o acordo de todos os herdeiros e, para essa hipótese, se forem todos eles maiores e capazes. Para este tipo de arrolamento, é indiferente o valor dos bens do espólio.

Como se afirmou, o arrolamento é apenas um procedimento especial do processo de inventário e partilha, um procedimento célere e informal.

Por mais diversificada que seja a relação dos bens que compõem o espólio, isso não será obstáculo para que os herdeiros optem pelo inventário mediante arrolamento convencional, desde que tais bens venham inventariados, descritos e avaliados no requerimento de abertura deste feito simplificado e que as partes já se apresentem certas e ajustadas na sua distribuição pela partilha amigável.[1369]

Se houver entre os herdeiros algum incapaz, esta via não poderá ser utilizada pelos demais. Também não se poderá optar por este procedimento simplificado se um ou alguns dos herdeiros discordar da sua adoção. Assim, "não pode o tutor falar aqui por seu pupilo; o curatelado através do seu curador; nem que tenham para isso, autorização do juiz, que, de resto, não a poderia dar, como, também, sem poderes especiais e expressos, não poderia o procurador falar ou obrigar-se por seu representado".[1370]

O art. 660 do atual C.P.C. simplifica a forma da instauração do arrolamento convencional. Na petição que instaurar o inventário na forma de arrolamento sumário, os herdeiros ou o herdeiro adjudicante: a) requererão ao juiz a nomeação do inventariante que designarem; b) declararão os títulos dos herdeiros e os bens do espólio, observado o disposto no art. 630; c) atribuirão o valor dos bens do espólio, para fins de partilha e não para fins de pagamento de imposto.

Observa-se que os herdeiros, logo com a petição inicial, requererão ao juiz a nomeação do inventariante que já designaram e que, a rigor, já começou a praticar os atos do seu encargo, uma vez que, na petição de abertura do arrolamento, o inventariante indicado pelos herdeiros já traz conjuntamente as primeiras declarações.

Posto que a nomeação do inventariante seja ato do juiz, "não é ato livre, discricionário, caprichoso, mas, ao contrário, ato condicionado às preferências da lei e às conveniências do feito. Podem as partes, em tese, reclamar contra tal investidura (art. 1.000 CPC de 1973). No arrolamento, a indicação do inventariante pelos herdeiros, para a aprovação do juiz, já afasta as reclamações quanto à investidura no cargo, pois que traz a presunção de idoneidade moral e específica do escolhido, exige a sua prévia aceitação pelos demais e vale por tácita renúncia ao encargo daqueles que o poderiam pleitear ou nele ser investidos em obediência à preferência legal".[1371]

Muito embora o inc. II do art. 660 do atual C.P.C. faça referência ao art. 630 do mesmo diploma legal, o certo é que a indicação correta seria a do art. 620 do novo C.P.C., a saber:

[1369] Moraes e Barros, H., op. cit., p. 334.
[1370] Moraes e Barros, H., idem, ibidem.
[1371] Moraes e Barros, H., idem, p. 335.

Art. 620. Dentro de 20 (vinte) dias contados da data em que prestou o compromisso, o inventariante fará as primeiras declarações, das quais se lavrará termo circunstanciado. assinado pelo juiz, pelo escrivão e pelo inventariante, no qual serão exarados:

I – o nome, o estado, a idade e o domicílio do autor da herança, o dia e o lugar em que faleceu e se deixou testamento;

II – o nome, o estado, a idade, o endereço eletrônico e a residência dos herdeiros e, havendo cônjuge ou companheiro supérstite, além dos respectivos dados pessoais, o regime de bens do casamento ou da união estável;

III – a qualidade dos herdeiros e o grau de parentesco com o inventariado;

IV – a relação completa e individualizada de todos os bens do espólio, inclusive aqueles que devem ser conferidos à colação, e dos bens alheios que nele forem encontrados, descrevendo-se:

a) os imóveis, com as suas especificações, nomeadamente local em que se encontram, extensão da área, limites, confrontações, benfeitorias, origem dos títulos, números das matrículas e ônus que os gravam;

b) os móveis, com os sinais característicos;

c) os semoventes, seu número, suas espécies, suas marcas e seus sinais distintivos;

d) o dinheiro, as joias, os objetos de ouro e prata e as pedras preciosas, declarando-se-lhes especificadamente a qualidade, o peso e a importância;

e) os títulos da dívida pública, bem como as ações, as quotas e os títulos de sociedade, mencionando-se-lhes o número, o valor e a data;

f) as dívidas ativas e passivas, indicando-se-lhes as datas, os títulos, a origem da obrigação e os nomes dos credores e dos devedores;

g) direitos e ações;

h) o valor corrente de cada um dos bens do espólio.

§ 1º O juiz determinará que se proceda:

I – ao balanço do estabelecimento, se o autor da herança era empresário individual;

II – à apuração de haveres, se o autor da herança era sócio de sociedade que não anônima.

§ 2º As declarações podem ser prestadas mediante petição, firmada por procurador com poderes especiais, à qual o termo se reportará.

Muito embora no arrolamento deva ser observado o disposto no art. 620 do atual C.P.C., não será lavrado qualquer tipo de termo ou de compromisso.

Assim, as primeiras declarações serão prestadas sem necessidade de serem lavradas por termo nos autos, bastando a juntada por petição.

Art. 661

Ressalvada a hipótese prevista no parágrafo único do art. 663, não se procederá à avaliação dos bens do espólio para nenhuma finalidade.

Inexistência de avaliação de bens

Esse é um dos principais aspectos do processo de inventário realizado mediante o procedimento de arrolamento, ou seja, não se procederá à avaliação dos bens do espólio para qualquer finalidade, nem mesmo para efeitos de cálculo do imposto, o qual deverá ser exigido administrativamente. Assim, nem mesmo o Fisco tem legitimidade para impugnar o valor atribuído aos bens pelo inventariante nas primeiras declarações.

A única hipótese em que se autoriza a avaliação dos bens do espólio decorre do preceito contido no parágrafo único do art. 663 do atual C.P.C. Segundo esse dispositivo, a existência de credores do espólio não impedirá a homologação da partilha ou da adjudicação, se forem reservados bens suficientes para o pagamento da dívida. A reserva de bens será realizada pelo valor estimado pelas partes, salvo se o credor, regularmente notificado, *impugnar a estimativa*, caso em que se promoverá a avaliação dos bens a serem reservados.

Portanto, a avaliação judicial dos bens ocorrerá somente se houver impugnação do credor ao valor indicado pelo inventariante, na hipótese do parágrafo único do art. 663 do atual C.P.C.

Art. 662

No arrolamento, não serão conhecidas ou apreciadas questões relativas ao lançamento, ao pagamento ou à quitação de taxas judiciárias e de tributos incidentes sobre a transmissão da propriedade dos bens do espólio.

§ 1º A taxa judiciária, se devida, será calculada com base no valor atribuído pelos herdeiros, cabendo ao fisco, se apurar em processo administrativo valor diverso do estimado, exigir a eventual diferença pelos meios adequados ao lançamento de créditos tributários em geral.

§ 2º O imposto de transmissão será objeto de lançamento administrativo, conforme dispuser a legislação tributária, não ficando as autoridades fazendárias adstritas aos valores dos bens do espólio atribuídos pelos herdeiros.

Questões relativas ao lançamento e pagamento de tributos e taxas judiciárias

A mesma regra apresentava o art. 1.034 do C.P.C. de 1973.

No arrolamento, não serão conhecidas ou apreciadas questões relativas ao lançamento, ao pagamento ou à quitação de taxas judiciárias e de tributos incidentes sobre a transmissão da propriedade dos bens do espólio.

No caso dos tributos, especialmente o referente à transmissão de propriedade dos bens do espólio, a Fazenda Pública será notificada para que efetue o lançamento administrativo, sendo que todas as questões concernentes ao lançamento ou ao pagamento dos tributos deverão ser analisadas na via administrativa ou em demanda própria e autônoma.

Sobre o tema, eis o seguinte precedente do S.T.J.:

1. Determina o artigo 1.034, caput, do Código de Processo Civil que, "no arrolamento, não serão conhecidas ou apreciadas questões relativas ao lançamento, ao pagamento ou à quitação de taxas judiciárias e de tributos incidentes sobre a transmissão da propriedade dos bens do espólio". Assim, nos processos de inventário sob forma de arrolamento, não cabe apreciação e decisão sobre taxa judiciária, que deve ser calculada com base no valor atribuído pelos herdeiros.

2. Precedentes: AgRg no Ag 746.703/MS, Rel. Min. José Delgado, Primeira Turma, DJ 8.6.2006, p. 134; REsp 682.257/RJ, Rel. Min. Teori Albino Zavascki, Primeira Turma, DJ 21.3.2005, p. 289; e REsp 252.850/SP, Rel. Min. Francisco Peçanha Martins, Segunda Turma, DJ 2.2.2004, p. 297.

3. Recurso especial provido.

(REsp 1174551/SP, Rel. Ministro MAURO CAMPBELL MARQUES, SEGUNDA TURMA, julgado em 02/06/2011, DJe 09/06/2011)

A taxa judiciária, se devida, será calculada com base no valor atribuído pelos herdeiros, cabendo ao fisco, se apurar em processo administrativo valor diverso do estimado, exigir a eventual diferença pelos meios adequados ao lançamento de créditos tributários em geral (§1º do art. 662 do atual C.P.C.).

Sobre o tema, eis o seguinte precedente do S.T.J.:

(...).

3. O arrolamento sumário, previsto no art. 1.031 do CPC, tem rito mais simplificado que o inventário e o arrolamento comum, este previsto no artigo 1.038, do mesmo diploma legal.

4. O pedido de partilha amigável será homologado de plano pelo juiz, mediante a prova da quitação dos tributos relativos aos bens do espólio e às suas rendas (art. 1.031, caput, do CPC combinado com o art. 192 do CTN).

5. Antes do trânsito em julgado da sentença de homologação da partilha ou adjudicação proferida no procedimento de arrolamento sumário, inexiste intervenção da

Fazenda Pública, a qual, contudo, condiciona a expedição dos respectivos formais, à luz do disposto no § 2º do artigo 1.031 do CPC. Precedentes.

6. Nessa linha, eventuais questões tributárias deverão ser resolvidas pela via adequada, ficando suspensa a expedição do formal de partilha e respectivos alvarás, ante a manifesta prejudicialidade do processo que discute a relação jurídico-tributária na esfera administrativa (art. 1.034 do CPC) ou judicial.

7. No caso em julgamento, insurge-se a Fazenda Pública quanto ao valor do tributo recolhido a menor, razão pela qual requer a suspensão ou anulação do formal de partilha e dos alvarás expedidos, sendo certo que, sem sua anuência, não há falar em expedição regular das autorizações, nos estritos termos do art. 1.031, § 2º do CPC, devendo o Estado do Paraná, no entanto, instaurar o devido processo para discussão do valor a ser recolhido a título dos tributos incidentes sobre a transmissão da propriedade. Precedentes.

8. Recurso especial parcialmente conhecido, e, nesta parte, provido.

(REsp 910.413/PR, Rel. Ministro LUIS FELIPE SALOMÃO, QUARTA TURMA, julgado em 06/12/2011, DJe 15/03/2012)

Estabelece o *§2º do art. 662* do atual C.P.C. que *o imposto de transmissão será objeto de lançamento administrativo, conforme dispuser a legislação tributária, não ficando as autoridades fazendárias adstritas aos valores dos bens do espólio atribuídos pelos herdeiros.*

O pagamento do imposto de transmissão não seria uma fase condicionante do inventário, uma vez que o lançamento deste imposto deverá ser feito administrativamente pelo Fisco.

Sobre a constituição do crédito tributário, prescreve o art. 142 do Código Tributário Nacional:

Art. 142. Compete privativamente à autoridade administrativa constituir o crédito tributário pelo lançamento, assim entendido o procedimento administrativo tendente a verificar a ocorrência do fato gerador da obrigação correspondente, determinar a matéria tributável, calcular o montante do tributo devido, identificar o sujeito passivo e, sendo caso, propor a aplicação de penalidade cabível.

Este tipo de lançamento é de ofício, sendo que o Fisco não está adstrito ao valor dos bens indicados no procedimento de arrolamento, podendo apurar via administrativa o valor real para efeitos de lançamento do imposto de transmissão *causa mortis*.

O lançamento reportar-se-á à data da ocorrência do fato gerador da obrigação e rege-se pela lei então vigente, ainda que posteriormente modificada ou revogada (art. 144 do C.T.N.). Portanto, a lei que irá regrar o lançamento do imposto *causa mortis* é a vigente na data do óbito, fato gerador do imposto *causa mortis*.

O lançamento regularmente notificado ao sujeito passivo só pode ser alterado em virtude de: a) impugnação do sujeito passivo; b) recurso de ofício; c) iniciativa de ofício da autoridade administrativa, nos casos previstos no art. 149. (Art. 145 do C.T.N.).

É importante salientar que o Fisco poderá notificar qualquer herdeiro ou todos os herdeiros ao mesmo tempo, pois são responsáveis solidários pelo pagamento do imposto de transmissão, principalmente pelo fato de que o lançamento somente será efetuado após a partilha e a expedição do formal de partilha.

O direito de a Fazenda Pública constituir o crédito tributário extingue-se após 5 (cinco) anos, contados do primeiro dia do exercício seguinte àquele em que o lançamento poderia ter sido efetuado (art. 173, inc. I do C.T.N.).

Como o lançamento somente poderá ser efetuado após a intimação do Fisco da expedição do formal de partilha ou da adjudicação, o direito de a Fazenda Pública constituir o crédito tributário do imposto de transmissão *causa mortis*, começa a correr no primeiro dia do exercício seguinte após a sua devida intimação.

Art. 663

A existência de credores do espólio não impedirá a homologação da partilha ou da adjudicação, se forem reservados bens suficientes para o pagamento da dívida.

Parágrafo único. A reserva de bens será realizada pelo valor estimado pelas partes, salvo se o credor, regularmente notificado, impugnar a estimativa, caso em que se promoverá a avaliação dos bens a serem reservados.

Existência de credores e homologação da partilha ou da adjudicação

Em que pese o espólio possa ser devedor de obrigações legais ou contratuais, a existência dessas dívidas e de credores habilitados não impedirá a homologação da partilha ou da adjudicação dos bens ao único herdeiro, desde que o juiz determine que sejam reservados bens suficientes para o pagamento da dívida. Assim, a homologação da partilha depende da garantia concreta dos credores habilitados para pagamento de seus créditos.

Estabelece o *parágrafo único* do art. 663 do atual C.P.C. que *a reserva de bens será realizada pelo valor estimado pelas partes, salvo se o credor, regularmente notificado, impugnar a estimativa, caso em que se promoverá a avaliação dos bens a serem reservados.*

O art. 661 do atual C.P.C. estabelece que no procedimento do arrolamento convencional não se procederá à avaliação dos bens do espólio para qualquer finalidade, exceto para a hipótese do parágrafo único do art. 661 do atual C.P.C.

Assim, a única hipótese em que o juiz poderá determinar a avaliação judicial dos bens do espólio no procedimento de arrolamento ocorrerá se qualquer dos credores impugnar o valor dos bens do espólio para efeito de reserva de bens em garantia de seu crédito. Neste caso, o juiz, antes de homologar a partilha, determinará a avaliação judicial. Somente após a avaliação judicial é que o juiz determinará a reserva de bens para pagamento dos credores, não mais com base na estimativa apresentada pelo inventariante, mas com base no valor apurado na avaliação judicial.

Art. 664

Quando o valor dos bens do espólio for igual ou inferior a 1.000 (mil) salários -mínimos, o inventário processar-se-á na forma de arrolamento, cabendo ao inventariante nomeado, independentemente de assinatura de termo de compromisso, apresentar, com suas declarações, a atribuição de valor aos bens do espólio e o plano da partilha.

§ 1º Se qualquer das partes ou o Ministério Público impugnar a estimativa, o juiz nomeará um avaliador, que oferecerá laudo em 10 (dez) dias.

§ 2º Apresentado o laudo, o juiz, em audiência que designar, deliberará sobre a partilha, decidindo de plano todas as reclamações e mandando pagar as dívidas não impugnadas.

§ 3º Lavrar-se-á de tudo um só termo, assinado pelo juiz, pelo inventariante e pelas partes presentes ou seus advogados.

§ 4º Aplicam-se a essa espécie de arrolamento, no que couber, as disposições do art. 672, relativamente ao lançamento, ao pagamento e à quitação da taxa judiciária e do imposto sobre a transmissão da propriedade dos bens do espólio.

§ 5º Provada a quitação dos tributos relativos aos bens do espólio e às suas rendas, o juiz julgará a partilha.

Arrolamento em razão do valor dos bens do espólio

Este dispositivo do atual C.P.C. trata da segunda hipótese em que o inventário processar-se-á por meio do procedimento do arrolamento. Essa hipótese decorre do valor atribuído aos bens do espólio. Se o valor for igual ou inferior a mil salários mínimos, o inventário será processado na forma de arrolamento.

Assim, observa-se que há duas modalidades de inventário mediante o procedimento do arrolamento: a) a primeira, arrolamento convencional – seja qual for o valor dos bens do espólio, ocorrerá mediante concordância de todos herdeiros maiores e capazes; b) a segunda, arrolamento pelo valor dos bens – desde que o valor dos bens atribuídos ao espólio não seja superior a mil salários mínimos, e mesmo que entre os herdeiros haja incapazes.

Note-se que o C.P.C. de 1973 também previa essa hipótese de arrolamento, contudo, estabelecia como valor limite o de 2.000 (duas mil) OTN, nos termos do art. 1.036, *in verbis*:

> *Art. 1.036. Quando o valor dos bens do espólio for igual ou inferior a 2.000 (duas mil) Obrigações do Tesouro Nacional – OTN, o inventário processar-se-á na forma de arrolamento, cabendo ao inventariante nomeado, independentemente da assinatura de termo de compromisso, apresentar, com suas declarações, a atribuição do valor dos bens do espólio e o plano da partilha. (Redação dada pela Lei nº 7.019, de 31.8.1982)*

Em regra, o requerimento de abertura do inventário sob a forma do arrolamento em face do valor dos bens deverá ser feito por aquele que se encontra na posse e na administração dos bens do espólio, devendo ser instruído com a certidão de óbito do autor da herança. Também pode ser requerida a abertura do inventário sob esta forma de procedimento por qualquer interessado.

Uma vez nomeado o inventariante, independentemente de assinatura do termo de compromisso, ele deverá apresentar as primeiras declarações, observando no que for aplicável o disposto no art. 620 do atual C.P.C., que assim estabelece:

> *Art. 620. Dentro de 20 (vinte) dias contados da data em que prestou o compromisso, o inventariante fará as primeiras declarações, das quais se lavrará termo circunstanciado, assinado pelo juiz, pelo escrivão e pelo inventariante, no qual serão exarados:*
>
> *I – o nome, o estado, a idade e o domicílio do autor da herança, o dia e o lugar em que faleceu e se deixou testamento;*
>
> *II – o nome, o estado, a idade, o endereço eletrônico e a residência dos herdeiros e, havendo cônjuge ou companheiro supérstite, além dos respectivos dados pessoais, o regime de bens do casamento ou da união estável;*
>
> *III – a qualidade dos herdeiros e o grau de parentesco com o inventariado;*
>
> *IV – a relação completa e individualizada de todos os bens do espólio, inclusive aqueles que devem ser conferidos à colação, e dos bens alheios que nele forem encontrados, descrevendo-se:*

a) os imóveis, com as suas especificações, nomeadamente local em que se encontram, extensão da área, limites, confrontações, benfeitorias, origem dos títulos, números das matrículas e ônus que os gravam;

b) os móveis, com os sinais característicos;

c) os semoventes, seu número, suas espécies, suas marcas e seus sinais distintivos;

d) o dinheiro, as joias, os objetos de ouro e prata e as pedras preciosas, declarando-se-lhes especificadamente a qualidade, o peso e a importância;

e) os títulos da dívida pública, bem como as ações, as quotas e os títulos de sociedade, mencionando-se-lhes o número, o valor e a data;

f) as dívidas ativas e passivas, indicando-se-lhes as datas, os títulos, a origem da obrigação e os nomes dos credores e dos devedores;

g) direitos e ações;

h) o valor corrente de cada um dos bens do espólio.

§ 1º O juiz determinará que se proceda:

I – ao balanço do estabelecimento, se o autor da herança era empresário individual;

II – à apuração de haveres, se o autor da herança era sócio de sociedade que não anônima.

§ 2º As declarações podem ser prestadas mediante petição, firmada por procurador com poderes especiais, à qual o termo se reportará.

Deverá também o inventariante, nas primeiras declarações, indicar o valor dos bens, assim como o plano de partilha.

De tudo terão vista as partes, o Ministério Público, se funcionar.

Estabelece o §1º do art. 664 do atual C.P.C. que *se qualquer das partes ou o Ministério Público impugnar a estimativa, o juiz nomeará um avaliador, que oferecerá laudo em 10 (dez) dias.*

Se não houver impugnação de qualquer das partes ou do Ministério Público, ficará valendo a estimativa aos bens apresentada pelo inventariante em suas primeiras declarações. Se houver impugnação de qualquer das partes ou do Ministério Público, o juiz nomeará avaliador judicial, o qual deverá oferecer o laudo no prazo de dez dias.

Preconiza o *§2º do art. 664* do atual C.P.C. que *apresentado o laudo, o juiz, em audiência que designar, deliberará sobre a partilha, decidindo de plano todas as reclamações e mandando pagar as dívidas não impugnadas.*

Este tipo de procedimento de arrolamento pelo valor permite simplificação efetiva dos atos processuais, bem como a perfectibilização do princípio da *concentração*, harmonizando-se com os procedimentos desenvolvidos nos processos orais. Com base no princípio da concentração, o §2º do art. 664 do atual C.P.C. preconiza a realização de uma audiência que deverá ocorrer após a apresentação do laudo de avaliação judicial dos bens do espólio. Nessa audiência, o juiz irá deliberar sobre a avaliação, caso haja alguma dúvida ou impugnação, assim como sobre a partilha dos bens, decidindo de plano todas as reclamações arguidas na audiência oralmente ou por escrito, mandando pagar as dívidas não impugnadas (as impugnadas deverão ser objeto de análise em ação própria, reservando-se bens pelo juiz do inventário), deliberando sobre a partilha, atendendo ou não ao que lhe foi solicitado pelos herdeiros ou pelo cônjuge ou companheiro/a meeiro.

No procedimento de arrolamento, ao contrário do que acontece no processo normal de inventário em que cada fase é autônoma e própria, haverá apenas uma audiência em que serão definidas todas as questões jurídicas postas em juízo para a solução do inventário e partilha dos bens.

Estabelece o *§3º do art. 664* do atual C.P.C. que *lavrar-se-á de tudo um só termo, assinado pelo juiz, pelo inventariante e pelas partes presentes ou por seus advogados.*

Tudo que ocorrer de importante na audiência designada, nos termos do §2 deste artigo, constará de termo, o qual deverá ser assinado pelo juiz, pelo inventariante e pelas partes presentes ou seus advogados, inclusive eventuais impugnações ou inconformidade com as decisões prolatadas.

Preceitua o *§4º do art. 664* do atual C.P.C. que se *aplicam a essa espécie de arrolamento, no que couber, as disposições do art. 672, relativamente ao lançamento, ao pagamento e à quitação da taxa judiciária e do imposto sobre a transmissão da propriedade dos bens do espólio.*

Este parágrafo quarto diz que o art. 672 do atual C.P.C. deve ser aplicado, no que couber, na espécie de arrolamento aqui tratada.

Na realidade, não se trata de aplicar o art. 672 do atual C.P.C., mas, sim, o art. 662 do atual C.P.C., que assim dispõe:

> *Art. 662. No arrolamento, não serão conhecidas ou apreciadas questões relativas ao lançamento, ao pagamento ou à quitação de taxas judiciárias e de tributos incidentes sobre a transmissão da propriedade dos bens do espólio.*
>
> *§ 1º A taxa judiciária, se devida, será calculada com base no valor atribuído pelos herdeiros, cabendo ao fisco, se apurar em processo administrativo valor diverso do estimado, exigir a eventual diferença pelos meios adequados ao lançamento de créditos tributários em geral.*
>
> *§ 2º O imposto de transmissão será objeto de lançamento administrativo, conforme dispuser a legislação tributária, não ficando as autoridades fazendárias adstritas aos valores dos bens do espólio atribuídos pelos herdeiros.*

Nessa espécie de arrolamento (pelo valor dos bens do espólio), há uma particularidade em relação ao arrolamento consensual.

Enquanto que no arrolamento convencional não se discute e nem se questiona sobre o pagamento dos tributos relativos aos bens do espólio e às suas rendas, pois tudo isso ficará postergado para lançamentos administrativos, no arrolamento pelo valor há necessidade de se comprovar a quitação dos tributos relativos aos bens do espólio e às suas rendas, antes de o juiz julgar a partilha.

Assim, não se aplica o art. 662 do atual C.P.C. na sua integralidade, mas apenas no que couber.

Por isso, no arrolamento pelo valor não serão conhecidas ou apreciadas questões relativas ao lançamento, ao pagamento ou à quitação de taxas judiciárias e de tributos incidentes sobre a transmissão da propriedade dos bens do espólio. Contudo, muito embora as questões concernentes a essas situações não sejam objeto de análise no procedimento do arrolamento, isso não importa dizer que o inventariante e os herdeiros não devam comprovar o pagamento desses tributos. Sem a comprovação do pagamento das taxas judiciárias e dos tributos incidentes sobre os bens do espólio, o juiz não julgará a partilha.

A taxa judiciária, se devida, será calculada com base no valor atribuído aos bens do espólio pelos herdeiros, ou no caso de impugnação das partes, pelo valor fixado na avaliação judicial.

Da mesma forma, o pagamento dos tributos deverá ocorrer com base nos valores fixados pelo inventariante, ou no caso de impugnação das partes, de acordo com o valor fixado na avaliação judicial.

É importante salientar que sendo parte do inventário a Fazenda Pública, ela também poderá impugnar, dentro do próprio procedimento do arrolamento, os valores indicados pelo inventariante.

Estabelece o *§5º do art. 664* do atual C.P.C. que *provada a quitação dos tributos relativos aos bens do espólio e às suas rendas, o juiz julgará a partilha.*

Como já se afirmou, uma das diferenças entre o arrolamento consensual e o arrolamento pelo valor, é que neste último, como condição para julgamento da partilha, haverá necessidade de quitação dos tributos relativos aos bens do espólio e às suas rendas, o que não ocorre na primeira espécie de arrolamento.

Assim, o inventariante deverá apresentar as guias de quitação dos tributos relativos aos bens do espólio, sejam eles de competência Federal, Estadual ou Municipal, assim como eventual pagamento do imposto de renda. Somente após a comprovação desses pagamentos é que o juiz poderá julgar a partilha.

Art. 665

O inventário processar-se-á também na forma do art. 664, ainda que haja interessado incapaz, desde que concordem todas as partes e o Ministério Público.

Arrolamento quando houver concordância de todas as partes e o Ministério Público

Outra diferença importante entre o arrolamento consensual e o arrolamento pelo valor dos bens do espólio, é que no primeiro todos os herdeiros deverão ser maiores e capazes, enquanto que no segundo poderá existir herdeiro incapaz. Contudo, a escolha pelo procedimento de arrolamento pelo valor dos bens dependerá da concordância de todas as partes, inclusive o Ministério Público que deverá atuar em razão da presença do herdeiro incapaz.

Art. 666

Independerá de inventário ou de arrolamento o pagamento dos valores previstos na Lei nº 6.858, de 24 de novembro de 1980.

Pagamento de valores com base na Lei 6.858 de 24 de novembro de 1980

A Lei 6.858 de 24 de novembro de 1980 trata do pagamento aos dependentes ou sucessores de valores não recebidos em vida pelos respectivos titulares. Eis o teor do referido texto normativo:

> *Art. 1º – Os valores devidos pelos empregadores aos empregados e os montantes das contas individuais do Fundo de Garantia do Tempo de Serviço e do Fundo de Participação PIS-PASEP, não recebidos em vida pelos respectivos titulares, serão pagos, em quotas iguais, aos dependentes habilitados perante a Previdência Social ou na forma da legislação específica dos servidores civis e militares, e, na sua falta, aos sucessores previstos na lei civil, indicados em alvará judicial, independentemente de inventário ou arrolamento.*
>
> *§ 1º – As quotas atribuídas a menores ficarão depositadas em caderneta de poupança, rendendo juros e correção monetária, e só serão disponíveis após o menor completar 18 (dezoito) anos, salvo autorização do juiz para aquisição de imóvel destinado à residência do menor e de sua família ou para dispêndio necessário à subsistência e educação do menor.*
>
> *§ 2º – Inexistindo dependentes ou sucessores, os valores de que trata este artigo reverterão em favor, respectivamente, do Fundo de Previdência e Assistência Social, do Fundo de Garantia do Tempo de Serviço ou do Fundo de Participação PIS-PASEP, conforme se tratar de quantias devidas pelo empregador ou de contas de FGTS e do Fundo PIS PASEP.*
>
> *Art. 2º – O disposto nesta Lei se aplica às restituições relativas ao Imposto de Renda e outros tributos, recolhidos por pessoa física, e, não existindo outros bens sujei-*

tos a inventário, aos saldos bancários e de contas de cadernetas de poupança e fundos de investimento de valor até 500 (quinhentas) Obrigações do Tesouro Nacional.

Parágrafo único. Na hipótese de inexistirem dependentes ou sucessores do titular, os valores referidos neste artigo reverterão em favor do Fundo de Previdência e Assistência Social.

Art. 3º – Esta Lei entrará em vigor na data de sua publicação.

Art. 4º – Revogam-se as disposições em contrário.

Entendeu o S.T.J. que somente haveria necessidade de alvará judicial na hipótese de não existirem dependentes habilitados:

Conflito de competência. fgts. Valor não recebido em vida. liberação aos sucessores. lei n. 6.858, de 1980. os montantes das contas individuais do fundo de garantia do tempo de serviço, não recebidos em vida pelos respectivos titulares, devem ser liberados aos dependentes habilitados, independentemente de inventario ou arrolamento; o levantamento só depende de autorização judicial se não houver dependentes habilitados, hipótese em que serão recebidos pelos sucessores previstos na lei civil, mediante alvará a ser requerido ao juízo competente para o inventario ou arrolamento.

(CC 17.311/SP, Rel. Ministro ARI PARGENDLER, PRIMEIRA SECAO, julgado em 14/08/1996, DJ 02/09/1996, p. 31018)

Na hipótese de necessidade de alvará judicial para o levantamento das quantias referidas, o juízo competente é o da Justiça Estadual, segundo os precedentes abaixo:

Competência. Pis / pasep. fgts. falecimento do titular da conta.
Alvará de levantamento.

i – É da competência da justiça estadual expedir alvará de levantamento de valores relativos ao pis/pasep e ao fgts, em decorrência, de falecimento do titular da conta, independentemente de inventario ou arrolamento.

ii – lei n. 6.858, de 24.11.80, art. 1. decreto n. 85.845, de 1981, art. 2.

iii – conflito de que se conhece, a fim de declarar-se a competência da justiça estadual.

(CC 8.457/SC, Rel. Ministro ANTÔNIO DE PÁDUA RIBEIRO, PRIMEIRA SEÇÃO, julgado em 10/05/1994, DJ 30/05/1994, p. 13434).

1. Em razão do disposto no art. 112 da Lei 8.213/91, segundo o qual "o valor não recebido em vida pelo segurado só será pago aos seus dependentes habilitados à pensão por morte ou, na falta deles, aos seus sucessores na forma da lei civil, independentemente de inventário ou arrolamento", pacificou-se a jurisprudência desta Corte no sen-

tido de atenuar o rigor formal da legitimação processual, reconhecendo-a, por vezes, ao herdeiro, sem prejuízo da legitimação conferida ao espólio.

2. Agravo regimental a que se nega provimento.

(AgRg no REsp 726.484/RJ, Rel. Ministro ROGERIO SCHIETTI CRUZ, SEXTA TURMA, julgado em 06/02/2014, DJe 27/02/2014).

1. A suposta afronta ao art. 535, inciso II, do Código de Processo Civil não subsiste, porquanto o acórdão hostilizado solucionou a quaestio juris de maneira clara e coerente, apresentando todas as razões que firmaram o seu convencimento.

2. Na forma do art. 112 da Lei nº 8.213/91, os sucessores de ex-titular – falecido – de benefício previdenciário detêm legitimidade processual para, em nome próprio e por meio de ação própria, pleitear em juízo os valores não recebidos em vida pelo de cujus, independentemente de habilitação em inventário ou arrolamento de bens.

3. Agravo regimental desprovido.

(AgRg no REsp 1260414/CE, Rel. Ministra LAURITA VAZ, QUINTA TURMA, julgado em 19/03/2013, DJe 26/03/2013).

1. Os dependentes ou sucessores de ex-titular de benefício previdenciário têm legitimidade processual para pleitear valores não recebidos em vida pelo de cujus, independentemente de inventário ou arrolamento de bens. Precedentes do STJ.

2. Agravo Regimental não provido.

(AgRg no REsp 1197447/RJ, Rel. Ministro HERMAN BENJAMIN, SEGUNDA TURMA, julgado em 05/10/2010, DJe 02/02/2011)

Art. 667

Aplicam-se subsidiariamente a esta Seção as disposições das Seções VII e VIII deste Capítulo.

Aplicação subsidiária das Seções VII e VIII deste Capítulo

A seção VII trata do pagamento das dívidas do espólio (arts. 642 a 646) e a Seção VIII trata da partilha (arts. 647 a 658).

Assim, as disposições sobre o pagamento das dívidas e da partilha aplicam-se subsidiariamente ao procedimento de arrolamento consensual ou em razão do valor.

SEÇÃO X – Disposições Comuns a Todas as Seções

Art. 668

Cessa a eficácia da tutela provisória prevista nas Seções deste Capítulo:

I – se a ação não for proposta em 30 (trinta) dias contados da data em que da decisão foi intimado o impugnante, o herdeiro excluído ou o credor não admitido;

II – se o juiz extinguir o processo de inventário com ou sem resolução de mérito.

Cessação da eficácia de tutela antecipada

Em determinadas situações, o juízo do inventário ou do arrolamento poderá determinar que seja sobrestada a entrega do quinhão que na partilha couber ao herdeiro, ou mesmo determinar a retenção de bens antes da partilha, caracterizando isso uma tutela antecedente de natureza cautelar.

As hipóteses em que o juiz do inventário ou do arrolamento pode conceder uma medida cautelar encontram-se nos arts. 627, §3º, 628, §2º e o parágrafo único do art. 643 do atual C.P.C.

Contudo, poderá o magistrado conceder também tutelas provisórias antecipadas se assim for necessário.

Se o juiz conceder algumas das medidas cautelares acima indicadas, a eficácia dessa medida terá um prazo limitado, ou seja, até que ocorram algumas das hipóteses do art. 668 do atual C.P.C.

Portanto, cessará a eficácia da medida cautelar concernente à retenção do quinhão do herdeiro ou dos bens suficientes para pagar o credor: a) se a demanda ordinária não for proposta em 30 (trinta) dias contados da data em que da decisão foi intimado o impugnante, o herdeiro excluído ou o credor não admitido; b) se o juiz extinguir o processo de inventário com ou sem resolução de mérito.

No que concerne à primeira hipótese, verifica-se que o legislador manteve a sistemática do C.P.C. de 1973, ou seja, vinculando a eficácia da medida cautelar à propositura da demanda principal no prazo de trinta dias.

No que concerne à última hipótese, deve-se observar alguns aspectos.

Requerida e obtida a medida cautelar para assegurar o resultado útil do processo que será proposto nas vias ordinárias, extinto o processo de inventário, no qual foi concedida a medida acautelatória, cessa sua eficácia em razão da perda do objeto.

Evidentemente que o juiz poderá declarar a extinção do processo do inventário com resolução de mérito, ou seja, pela realização da partilha dos bens entre os herdeiros. No caso, pode ocorrer que a demanda proposta nas vias ordinárias ainda não tenha terminado. Neste caso, não parece salutar a cessação pura e simples da medida cautelar deferida no processo de inventário. O mais sensato, nesta hipótese, é remeter o quinhão ou o bem declarado indisponível para que fique sob o crivo do juízo em que corre a demanda no juízo ordinário.

Também cessará a medida cautelar proposta no processo de inventário, se a ação proposta na via ordinária for extinta sem resolução de mérito, ou, se extinta com resolução de mérito, a decisão do juiz for desfavorável àquele que fora beneficiário da medida cautelar.

Art. 669

São sujeitos à sobrepartilha os bens:

I – sonegados;

II – da herança descobertos após a partilha;

III – litigiosos, assim como os de liquidação difícil ou morosa;

IV – situados em lugar remoto da sede do juízo onde se processa o inventário.

Parágrafo único. Os bens mencionados nos incisos III e IV serão reservados à sobrepartilha sob a guarda e a administração do mesmo ou de diverso inventariante, a consentimento da maioria dos herdeiros.

Da sobrepartilha

Este dispositivo trata da necessidade de se realizar nova partilha, em fase posterior à conclusão do processo de inventário.

Sabe-se que no inventário em dois momentos distintos o inventariante poderá descrever os bens a serem partilhados. Um na fase das primeiras declarações; o outro quando apresentar as últimas declarações.

Porém, todos os bens que sejam conhecidos após a partilha, serão objeto de sobrepartilha, assim como aqueles que conhecidos durante o inventário, mas que por questões jurídicas ou fáticas, foram deixados para partilhar posteriormente.

Poderá haver no inventário tantas sobrepartilhas quanto forem necessárias.

Conforme anota Orlando de Souza: *"A sobrepartilha que, conforme Eduardo de Carvalho (ob.cit., §53) e Coelho Rocha (ob. Cit., § 495), também se denomina 'partilha adicional' ou suplemento de partilha, constitui uma nova partilha de bens, que, por qualquer motivo, não foram descritos no inventário.*

Estão sujeitos à sobrepartilha: os bens sonegados pelo inventariante ou pelos herdeiros, os que somente foram descobertos depois de feita e julgada a partilha, pois que uns e outros constituem num novo acervo de bens que, por dolo ou ignorância, deixaram de ser partilhados; também os bens litigiosos, bem como os de liquidação morosa ou difícil e aqueles que se encontram em lugar remoto da sede do juízo do inventário.

Podem, no entanto, no inventário do cônjuge herdeiro supérstite, ser descritos e partilhados bens omitidos no inventário do cônjuge pré-morto.

A sobrepartilha pode ser pedida por qualquer herdeiro e, para ela devem ser citados novamente todos os interessados no inventário; por isso que constitui nova ação de inventário e partilha num mesmo processo de inventário. Procede-se, pois, a novo inventário, avaliando-se os bens que não tenham sido avaliados e faz-se a sobrepartilha, observando-se as mesmas regras e formalidades da partilha; o juiz nomeará inventariante aquele que a maioria dos herdeiros indicar, podendo servir o mesmo que funcionou no inventário.

No requerimento da sobrepartilha já deverão estar relacionados todos os bens, descritos especificadamente, não incluídos na partilha julgada no inventário.

O art. 1.040 (C.P.C. de 1973) declara ficarem sujeitos à sobrepartilha os bens sonegados, os da herança que se descobrirem depois da partilha, os litigiosos, os de liquidação difícil ou morosa e os situados em lugar remoto da sede do juízo, onde se processa o inventário.

Há, porém, outros casos em que a sobrepartilha se faz necessária. Assim, se houve reserva de bens no inventário para pagamento de credores e estes, depois de julgada a partilha, perderem a ação de cobrança, os bens reservados no inventário devem ser objeto de sobrepartilha; igualmente, no caso de não haver o credor requerido no prazo legal a ação de cobrança; também se, por erro, foi descrita no inventário área de terras menor do que realmente existia, a diferença a mais, descoberta depois de julgada a partilha, deve ser objeto de sobrepartilha, salvo se for tão pequena que não interessa ser sobrepartilhada, caso em que cabe uma correção na partilha, os termos do art. 1028, se com isso concordarem os herdeiros e o Fisco.

Finalmente, se houver, entre os descritos, algum bem 'sujeito à desapropriação', não deverá entrar na partilha, ficando para a sobrepartilha, a fim de que não fique prejudicado o herdeiro a quem iria caber o mesmo bem, caso fosse partilhado".[1372]

Sobre o tema, eis os seguintes precedentes do S.T.J.:

> *1. Inviável o recurso especial cuja análise das razões impõe reexame da matéria fática da lide, nos termos da vedação imposta pelo enunciado nº 7 da Súmula do STJ.*
> *2. Agravo regimental a que se nega provimento.*
> (AgRg no AREsp 170.229/RN, Rel. Ministra MARIA ISABEL GALLOTTI, QUARTA TURMA, julgado em 17/12/2013, DJe 04/02/2014).

[1372] Souza, O., op. cit., p. 249 e 250.

1. Devem ser relacionados no inventário, valores vultosos de caderneta de poupança conjunta, mantida por herdeiros com o "de cujus", ante a retirada deste da titularidade da conta, permanecendo o valor, não trazido ao inventário, em poder dos herdeiros.

2. Válido o julgamento da matéria obrigacional, antecedente do direito à colação, de alta indagação e dependente de provas, por Juízo de Vara Cível, para o qual declinada, sem recurso, a competência, pelo Juízo do Inventário. Matéria, ademais, não cognoscível por esta Corte (Súmula 280/STF).

3. Ação de colação adequada, não se exigindo a propositura, em seu lugar, de ação de sobrepartilha, consequência do direito de colação de sonegados cujo reconhecimento é antecedente necessário da sobrepartilha.

4. O Direito à colação de bens do "de cujus" em proveito de herdeiros necessários subsiste diante da partilha amigável no processo de inventário, em que omitida a declaração dos bens doados inoficiosamente e que, por isso, devem ser colacionados.

5. Recurso Especial improvido

(REsp 1343263/CE, Rel. Ministro SIDNEI BENETI, TERCEIRA TURMA, julgado em 04/04/2013, DJe 11/04/2013)

1. Inadmissível o recurso especial, por ausência de prequestionamento, quanto não debatida pelo Tribunal de origem a tese trazida nas razões do recurso especial (Enunciado n. 282/STF).

2. Cabimento de sobrepartilha de todo e qualquer bem do espólio que deveria ter vindo à partilha, qualquer que seja a causa da omissão ou retardamento. Precedentes.

3. AGRAVO REGIMENTAL DESPROVIDO.

(AgRg no REsp 1151143/RJ, Rel. Ministro PAULO DE TARSO SANSEVERINO, TERCEIRA TURMA, julgado em 04/09/2012, DJe 10/09/2012)

(...).

3. A regra do artigo 253, II, do CPC não implica competência absoluta do Juízo que havia conhecido da primeira ação de investigação de paternidade, extinta sem resolução do mérito, significa que o Juízo é absolutamente competente apenas para decidir acerca de sua própria competência, podendo, todavia, aplicar, em tal decisão, as regras da competência relativa territorial. Precedente do STJ.

4. O fato de o eventual acolhimento do pleito de petição de herança implicar nulidade da partilha e do Juízo do inventário ter a mesma competência em razão da matéria e ser prevento para eventual sobrepartilha, demonstra a manifesta conveniência de os processos tramitarem no Juízo do Inventário, inclusive no que tange também ao resguardo dos interesses da recorrida, visto que é o Juízo que poderá apreciar os pleitos de sobrepartilha que possam vir a ser formulados pelos herdeiros e, também, no que tange à eventual prolação de medidas cautelares. Desse modo, é mais adequado, e em con-

sonância com a interpretação sistemática e teleológica do Diploma Processual Civil, o reconhecimento da competência do Juízo do Inventário que, ademais, nos termos do artigo 106 do CPC, primeiro proferiu despacho em feito conexo 5. Recurso especial provido para reconhecer a competência para o julgamento dos feitos do Juízo da 2ª Vara de Família e Sucessões da Comarca de Uberlândia-MG, por onde tramitou o inventário.

(REsp 1278217/MG, Rel. Ministro LUIS FELIPE SALOMÃO, QUARTA TURMA, julgado em 16/02/2012, DJe 13/03/2012).

1. "Conforme o disposto no parágrafo único do art. 1.041 do Código de Processo Civil, a sobrepartilha deve correr nos autos do inventário do autor da herança, assim, compete ao juízo que processou e julgou inventário processar e julgar ação de sobrepartilha". (CC 54.801/DF, Rel. Ministro SIDNEI BENETI, SEGUNDA SEÇÃO, julgado em 27/05/2009, DJe 05/06/2009) 2. Com efeito, estando claro que, além do reconhecimento da alegada paternidade, pretende a requerida haver o seu quinhão hereditário, e tendo ambos os Juízos a mesma competência territorial e também em razão da matéria, em análise perfunctória, é mais conveniente, até o julgamento do recurso especial, que o feito tramite no Juízo do inventário que, ademais, foi o que primeiro proferiu despacho em feito conexo.

3. Agravo regimental não provido.

(AgRg no AgRg na MC 18.563/MG, Rel. Ministro LUIS FELIPE SALOMÃO, QUARTA TURMA, julgado em 02/02/2012, DJe 07/02/2012).

1. O nome atribuído à ação é irrelevante para a aferição da sua natureza jurídica. Precedentes.

2. Da análise da petição inicial, verifica-se que a pretensão da autora não era a de nulidade da partilha, mas sim a de que os bens e os valores dolosamente sonegados na partilha fossem corretamente divididos, haja vista terem sido adquiridos na constância do casamento, sem o conhecimento da agravada. Busca, na verdade, a recomposição do patrimônio pertencente ao casal antes da separação consensual para posterior sobrepartilha.

3. A pretensão a sobrepartilha de bens não se subordina ao prazo prescricional do art. 178, § 9º, I, c, mas ao disposto no art. 177 do Código Civil de 1916.

4. Na hipótese em exame, aplicando-se a norma de direito intertemporal prevista no art. 2.028 do Código Civil de 2002, tem-se que, quando entrou em vigor o referido código, já havia transcorrido mais da metade do prazo de 20 anos previsto no art. 177 do Código Civil de 1916. Desse modo, o prazo prescricional aplicável é mesmo o do referido dispositivo legal.

5. Agravo regimental a que se nega provimento.

(AgRg no Ag 740.560/SP, Rel. Ministro RAUL ARAÚJO, QUARTA TURMA, julgado em 22/06/2010, DJe 02/08/2010).

I – Nos termos do artigo 1.580 do Código Civil de 1916, até a partilha, "qualquer dos co-herdeiros pode reclamar a universalidade da herança ao terceiro, que indevidamente a possua".

II – Considerando que é a própria indivisibilidade do bem objeto da herança que cria em favor dos herdeiros a situação de condomínio que lhes autoriza a, de per si, atuar na defesa do patrimônio comum, é de se concluir que sempre que presente essa situação, estará configurada a legitimidade destacada.

III – Em outras palavras, a restrição temporal imposta pelo artigo 1.580, parágrafo único, do Código Civil de 1916 – "até a partilha", só se aplica em relação aos bens que foram objeto da partilha, porque em relação aos demais, sujeitos a uma sobrepartilha, persiste a situação de indivisibilidade e, por conseguinte, a legitimação.

IV – Recurso Especial provido.

(REsp 844.248/RS, Rel. Ministro SIDNEI BENETI, TERCEIRA TURMA, julgado em 20/05/2010, DJe 10/06/2010).

– O crédito penhorado no âmbito da ação em que se discute sobrepartilha de bens de um dos acionistas da empresa, na verdade, pertence exclusivamente à Sociedade Anônima, por tal razão não pode servir de garantia ao pagamento de dívida do sócio acionista, vez que as responsabilidades e patrimônios são distintos.

– RECURSO A QUE SE DÁ PROVIMENTO PARA CONCEDER A ORDEM.

(RMS 19.149/GO, Rel. Ministro LUIS FELIPE SALOMÃO, QUARTA TURMA, julgado em 20/04/2010, DJe 03/05/2010).

(...).

3. A sentença que se pretende liquidar possui natureza eminentemente declaratória, apenas reconhecendo a nulidade da doação realizada pelo de cujus. No caso, a sobrepartilha deverá recair sobre parte da "biblioteca pessoal e direitos autorais" do autor da herança, sendo que em relação à primeira, diante de eventual desacordo entre os herdeiros – legítimos e testamentários –, chega-se facilmente ao seu valor mediante avaliação oficial, e, em relação aos direitos autorais, inclusive os frutos eventualmente percebidos pela donatária, é o caso de prova documental e de colação, matérias absolutamente afeitas ao juízo do inventário.

4. Cabe ao juízo do inventário decidir, nos termos do art. 984 do CPC, "todas as questões de direito e também as questões de fato, quando este se achar provado por documento, só remetendo para os meios ordinários as que demandarem alta indagação ou dependerem de outras provas", entendidas como de "alta indagação" aquelas questões que não puderem ser provadas nos autos do inventário.

5. Recurso especial parcialmente conhecido e, na extensão, provido.

(REsp 450.951/DF, Rel. Ministro LUIS FELIPE SALOMÃO, QUARTA TURMA, julgado em 23/03/2010, DJe 12/04/2010)

Prescreve o *parágrafo único do art. 669* do atual C.P.C. que *os bens mencionados nos incisos III e IV serão reservados à sobrepartilha sob a guarda e a administração do mesmo ou de diverso inventariante, a consentimento da maioria dos herdeiros.*

Na hipótese de existirem bens litigiosos, assim como os de liquidação difícil ou morosa ou situados em lugar remoto da sede do juízo onde se processa o inventário, o juiz poderá determinar que esses bens sejam retirados da partilha original para que em relação a eles seja realizada a sobrepartilha. Nesta hipótese, esses bens serão reservados à sobrepartilha sob a guarda e a administração do mesmo ou de diverso inventariante, mediante consentimento da maioria dos herdeiros. Neste caso, a maioria absoluta dos (50% + 1) é que indicará o inventariante que ficará com a guarda e administração dos bens. Se não houver possibilidade de se conseguir a maioria absoluta, caberá ao juiz fazer a indicação.

Art. 670

Na sobrepartilha dos bens, observar-se-á o processo de inventário e de partilha.

Parágrafo único. A sobrepartilha correrá nos autos do inventário do autor da herança.

Da sobrepartilha. Procedimento. Competência

A sobrepartilha é uma outra partilha que sobrevém. Corre, por isso, nos mesmos autos do inventário originário do autor da herança, conforme estabelece o *parágrafo único do art. 670* do atual C.P.C., pois neste processo encontram-se todos os dados necessários para sua realização, prosseguindo-se por simples intimação dos interessados.

Sobre o tema, eis os seguintes precedentes do S.T.J.:

(...).

4. O fato de o eventual acolhimento do pleito de petição de herança implicar nulidade da partilha e do Juízo do inventário ter a mesma competência em razão da matéria e ser prevento para eventual sobrepartilha, demonstra a manifesta conveniência de os processos tramitarem no Juízo do Inventário, inclusive no que tange também ao res-

guardo dos interesses da recorrida, visto que é o Juízo que poderá apreciar os pleitos de sobrepartilha que possam vir a ser formulados pelos herdeiros e, também, no que tange à eventual prolação de medidas cautelares. Desse modo, é mais adequado, e em consonância com a interpretação sistemática e teleológica do Diploma Processual Civil, o reconhecimento da competência do Juízo do Inventário que, ademais, nos termos do artigo 106 do CPC, primeiro proferiu despacho em feito conexo 5. Recurso especial provido para reconhecer a competência para o julgamento dos feitos do Juízo da 2ª Vara de Família e Sucessões da Comarca de Uberlândia-MG, por onde tramitou o inventário.

(REsp 1278217/MG, Rel. Ministro LUIS FELIPE SALOMÃO, QUARTA TURMA, julgado em 16/02/2012, DJe 13/03/2012)

1. "Conforme o disposto no parágrafo único do art. 1.041 do Código de Processo Civil, a sobrepartilha deve correr nos autos do inventário do autor da herança, assim, compete ao juízo que processou e julgou inventário processar e julgar ação de sobrepartilha". (CC 54.801/DF, Rel. Ministro SIDNEI BENETI, SEGUNDA SEÇÃO, julgado em 27/05/2009, DJe 05/06/2009)

2. Com efeito, estando claro que, além do reconhecimento da alegada paternidade, pretende a requerida haver o seu quinhão hereditário, e tendo ambos os Juízos a mesma competência territorial e também em razão da matéria, em análise perfunctória, é mais conveniente, até o julgamento do recurso especial, que o feito tramite no Juízo do inventário que, ademais, foi o que primeiro proferiu despacho em feito conexo.

3. Agravo regimental não provido.

(AgRg no AgRg na MC 18.563/MG, Rel. Ministro LUIS FELIPE SALOMÃO, QUARTA TURMA, julgado em 02/02/2012, DJe 07/02/2012)

A sobrepartilha tem o mesmo fim da partilha originária realizada no processo de inventário, modificando-se apenas os bens a partilhar. Assim, deve obedecer às mesmas regras da partilha e os mesmos princípios como o da igualdade, da comodidade das partes e da prevenção de futuros litígios.

Desde o direito português se conhece a prática da sobrepartilha (Ordenações Filipinas, Livro IV, Título 96, §17). Aliás, Teixeira de Freitas incorporou à sua *Consolidação das Leis Civis* o mandamento do art. 1.177, de que: *"A partilha do líquido não se deve demorar por causa do ilíquido e este se partilhará, à medida que se for liquidando", o que se vê repetido no art. 1.857 da 'Nova Consolidação das Leis Civis, de Carlos de Carvalho, a regra que o líquido não pode ser sacrificado pelo ilíquido, nem esperar por ele".*[1373]

[1373] Moraes e Barros, H., op.cit. p. 347.

A disciplina procedimental da sobrepartilha será a mesma da partilha original. Deve ser precedida de avaliação dos bens trazidos por descoberta posterior (salvo se se tratar de arrolamento consensual), ou em virtude de colação, ou em repressão à sonegação, ou em razão de qualquer outro motivo, devendo, dependendo do caso, como condição do seu julgamento, proceder-se ao recolhimento dos tributos devidos, inclusive o *causa mortis*.

Art. 671

O juiz nomeará curador especial:

I – ao ausente, se o não tiver;

II – ao incapaz, se concorrer na partilha com o seu representante, desde que exista colisão de interesses.

Curador Especial

Todos os herdeiros e meeiros devem atuar como parte no processo de inventário e partilha. Cônjuge ou companheiro/a meeiro, herdeiros, legatários e testamenteiro, se houver testamento, Fazenda Pública e o Ministério Público se houver incapaz ou ausente ou testamento, todos devem ser citados para compor a relação jurídica processual.

Os herdeiros e meeiros que não promoveram o inventário devem ser citados para compor a relação jurídica processual.

É certo que toda pessoa que se acha no exercício dos seus direitos tem capacidade para estar em juízo (art. 70 do atual C.P.C.).

Os incapazes, por sua vez, serão representados ou assistidos por seus pais, tutores ou curadores na forma da lei.

A curatela especial será exercida pela Defensoria Pública, nos termos da Lei (p.u. do art. 72 do atual C.P.C.).

O curador especial que o Código determina neste artigo que se dê ao incapaz é o denominado curador à lide. Tal curador não interfere com a representação legal ordinária desse incapaz. Essa curadoria especial, ou à lide, somente é de exercer-se se no inventário houver colisão dos interesses do incapaz com os do seu representante (parte final do inc. II do art. 671 do atual C.P.C.).

A outra hipótese em que deverá ser nomeado um curador especial em favor da parte no inventário é quando essa parte for considerada *ausente*.

Conforme estabelece o art. 22 do C.c.b., desaparecendo uma pessoa do seu domicílio sem dela haver notícia, se não houver deixado representante ou procurador a quem caiba administrar-lhe os bens, o juiz, a requerimento de qualquer interessado ou do Ministério Público, declarará a ausência, e nomear-lhe-á curador. Também se declarará a ausência, e se nomeará curador, quando o ausente deixar mandatário que não queira ou não possa exercer ou continuar o mandato, ou se os seus poderes forem insuficientes (art. 23 do C.c.b.). O Cônjuge do ausente, sempre que não esteja separado judicialmente, ou de fato ou mais de dois anos antes da declaração da ausência, será o seu legítimo curador (art. 25 do C.c.b.).

Se o *ausente* não tiver curador nomeado em procedimento próprio, o juiz do inventário lhe nomeará um curador especial para proteger seus interesses no processo de inventário.

Sobre o tema, eis os seguintes precedentes do S.T.J.:

– Somente se justifica a nomeação de Curador Especial quando colidentes os interesses dos incapazes e os de seu representante legal. Precedentes do STJ.

– "É de vinte anos o prazo da prescrição da ação de nulidade do herdeiro que não foi parte no ato de partilha" (REsp nº 45.693-2/SP).

Recurso especial não conhecido.

(REsp 114.310/SP, Rel. Ministro BARROS MONTEIRO, QUARTA TURMA, julgado em 17/10/2002, DJ 17/02/2003, p. 280).

I – Inocorre intempestividade, quando o recurso, à luz dos fatos certificados nos autos, é interposto no prazo legal.

II – Em inventário, somente se nomeia curador para defesa de menores, quando houver colisão de interesses, não se fazendo necessário quando os infantes, representados pela genitora inventariante, esta exerce o pátrio poder. Tratando-se de múnus público, não há pagamento de honorários.

III – Matéria de prova (Súmula 07/STJ).

IV – Recurso não conhecido.

(REsp 139.237/MG, Rel. Ministro WALDEMAR ZVEITER, TERCEIRA TURMA, julgado em 15/02/2001, DJ 02/04/2001, p. 285)

Art. 672

É lícita a cumulação de inventários para a partilha de heranças de pessoas diversas quando houver:

I – identidade de pessoas entre as quais devam ser repartidos os bens;

II – heranças deixadas pelos dois cônjuges ou companheiros;

III – dependência de uma das partilhas em relação à outra.

Parágrafo único. No caso previsto no inciso III, se a dependência for parcial, por haver outros bens, o juiz pode ordenar a tramitação separada, se melhor convier ao interesse das partes ou à celeridade processual.

Cumulação de inventários

Este dispositivo, por uma questão de praticidade, economia processual, redução de custos, permite que se faça, cumulativamente, o inventário para partilha de heranças de pessoas diversas, desde que preenchidas as condições estabelecidas pelos incisos I a III; legitima-se a reunião de inventários entre marido e mulher, companheira e companheiro, filhos solteiros etc.

Trata-se de cumulação dos inventários como um caso especial de cumulação objetiva de demandas.[1374]

O C.P.C. de 1973, em seus arts. 1.043 e 1044, também previa essa possibilidade de cumulação de inventário nos seguintes termos:

> *Art. 1.043. Falecendo o cônjuge meeiro supérstite antes da partilha dos bens do pré-morto, as duas heranças serão cumulativamente inventariadas e partilhadas, se os herdeiros de ambos forem os mesmos.*
>
> *§ 1º Haverá um só inventariante para os dois inventários.*
>
> *§ 2º O segundo inventário será distribuído por dependência, processando-se em apenso ao primeiro.*
>
> *Art. 1.044. Ocorrendo a morte de algum herdeiro na pendência do inventário em que foi admitido e não possuindo outros bens além do seu quinhão na herança, poderá este ser partilhado juntamente com os bens do monte.*

Observa-se que o C.P.C. de 1973 era um pouco mais restritivo no que concerne à cumulação de inventários, permitindo tal fato na hipótese de falecimento do cônjuge meeiro supérstite, e no caso de ocorrer a morte de algum herdeiro na pendência do inventário em que foi admitido, e não possuindo outros bens além do seu quinhão na herança.

O atual C.P.C., por sua vez, permite a cumulação de inventários para partilha de heranças de pessoas diversas se houver *identidade de pessoas por quem devam ser repartidos os bens.*

Essa identidade de pessoas restringe-se aos herdeiros legítimos, não aos legatários e aos credores.

1374 Moraes e Barros, H., idem, p. 352.

Para o credor e o legatário, *"é juridicamente indiferente que a cumulação tenha ou não lugar. A presença num inventário de legatário ou de credor não suscita, de resto, qualquer dificuldade na partilha dos bens deixados pelos inventariados"*.[1375]

Neste caso, pode ocorrer a morte do cônjuge ou companheiro/a supérstite, durante ou antes da abertura do inventário do anterior falecido.

A hipótese também se aplica à morte sucessiva de irmãos, pais e filhos etc.

A condição para que se faça o inventário conjunto é de que haja *identidade de pessoas por quem devam ser repartidos os bens*.

Contudo, pode ocorrer que não haja identidade de pessoas por quem devam ser repartidos os bens, mas pode ocorrer *dependência de uma das partilhas em relação à outra*. Neste caso, o código permite a cumulatividade de inventários, nos termos do inc. III do art. 672 do atual C.P.C.

Assim, o atual código permite a cumulatividade de inventário de gerações diversas, mesmo que haja diversidade de partilhas e mesmo de herdeiros.

É importante salientar que essa cumulação somente poderá ocorrer antes da partilha de um dos inventários, pois se já houve a partilha não há mais porque cumular os inventários.

Preceitua o *parágrafo único do art. 672* do atual C.P.C. que n*o caso previsto no inciso III, se a dependência for parcial, por haver outros bens, o juiz pode ordenar a tramitação separada, se melhor convier ao interesse das partes ou à celeridade processual*.

Este dispositivo trata do rito procedimental dos inventários cumulados.

Procedimentalmente falando, haverá um só inventariante funcionando nos dois feitos.

Se os dois inventários não constarem de uma mesma petição inicial, o segundo poderá ocorrer no mesmo processo. Neste caso, prevalecerão as primeiras declarações, assim como o laudo de avaliação, se houver, salvo se se alterou os bens. Na realidade, não há porque repetir as primeiras declarações se os bens e os herdeiros são os mesmos. O que pode se alterar será a habilitação de novos herdeiros, ou dos herdeiros já declarados, agora a novo título e concorrendo a outra herança. Fatos novos, ou achados recentes de fatos antigos, isso está previsto e é até a razão de ser das declarações finais, ou últimas declarações.[1376]

Se porventura houver alteração do valor individual de algum bem, isso pode ser resolvido na partilha. Se a modificação do valor é grande, repercutindo na igualdade dos quinhões ou do imposto, é claro que a nova avaliação se impõe.[1377]

[1375] Moraes e Barros, H., idem, ibidem.
[1376] Moraes e Barros, H., idem, p. 355.
[1377] Moraes e Barros, H., idem, ibidem.

É possível também, apesar de o novo código expressamente não prever, a inserção de bens omitidos no inventário do cônjuge ou companheiro/a pré-morto, evitando-se, assim, a realização de sobrepartilha.

Na hipótese do inc. III do art. 672 do atual C.P.C., ou seja, se houver *dependência de uma das partilhas em relação à outra*, e se esta dependência for apenas parcial, uma vez que existem outros bens que não se identificam, o juiz poderá ordenar a tramitação separada, se melhor convier ao interesse das partes ou à celeridade processual.

Art. 673

No caso previsto no art. 672, inciso II, prevalecerão as primeiras declarações, assim como o laudo de avaliação, salvo se alterado o valor dos bens.

Cumulação de inventários. Prevalência das primeiras declarações e do laudo de avaliação

Ocorrendo a cumulação de inventários em razão de heranças deixadas por dois cônjuges ou companheiros, prevalecem para todos os efeitos legais as primeiras declarações apresentadas, assim como o laudo de avaliação, salvo se houver alteração do valor dos bens.

Observa-se neste dispositivo a economia processual, pois tanto as primeiras declarações quanto a avaliação dos bens, salvo alguma alteração, dirão respeito ao mesmo patrimônio.

CAPÍTULO VII – Dos Embargos de Terceiro

Art. 674

Quem, não sendo parte no processo, sofrer constrição ou ameaça de constrição sobre bens que possua ou sobre os quais tenha direito incompatível com o ato constritivo, poderá requerer seu desfazimento ou sua inibição por meio de embargos de terceiro.

§ 1º Os embargos podem ser de terceiro proprietário, inclusive fiduciário, ou possuidor.

§ 2º Considera-se terceiro, para ajuizamento dos embargos:

I – o cônjuge ou companheiro, quando defende a posse de bens próprios ou de sua meação, ressalvado o disposto no art. 843;

II – o adquirente de bens cuja constrição decorreu de decisão que declara a ineficácia da alienação realizada em fraude à execução;

III – quem sofre constrição judicial de seus bens por força de desconsideração da personalidade jurídica, de cujo incidente não fez parte;

IV – o credor com garantia real para obstar expropriação judicial do objeto de direito real de garantia, caso não tenha sido intimado, nos termos legais dos atos expropriatórios respectivos.

Embargos de terceiro.

Segundo preceitua o art. 789 do atual C.P.C., o devedor responde, para o cumprimento de suas obrigações, com todos os seus bens presentes e futuros, salvo as restrições estabelecidas em lei.

Diante desse preceito, todo devedor que compareça ao processo como parte processual poderá sofrer o ônus de submeter seus bens ao pagamento/cumprimento da obrigação prevista na pretensão de direito material e processual.

Em contrapartida, todos aqueles, inclusive devedores, que não forem parte da relação jurídica processual, não sofrerão o ônus de ver seus bens particulares sujeitos à ameaça ou à apreensão ou expropriação judicial.

Assim, deve-se diferenciar *partes* de *terceiros* que participam da relação jurídica processual.

As partes, autor e réu, são figuras essenciais na composição da relação jurídica processual. Encontram-se entre os elementos subjetivos da demanda.

A primeira preocupação da doutrina foi conceituar *parte* sob o ponto de vista da relação jurídica de direito material, em razão da qual autor seria aquele que pede em juízo o reconhecimento de um direito ameaçado ou violado.

Contudo, o direito de ação, por ser um direito abstrato, desvincula-se do direito material, rompendo com a teoria imanentista da ação.

Assim, parte não é apenas o credor na relação jurídica de direito material, tendo o devedor como réu.

No caso da ação declaratória negativa, a pretensão deduzida em juízo tem por objetivo declarar a inexistência de relação jurídica de direito material entre as partes processuais.

Deve-se conceituar a parte no seu âmbito processual. Neste aspecto: *"o autor há de ser conceituado como o proponente da ação. É aquele que primeiro pede em juízo. O réu, em face de quem se pede alguma coisa, pode ter direito seu a deduzir em Juízo contra o autor..."*.[1378]

[1378] RODRIGUES, Maria Stella Villela Souto Lopes. *ABC do processo civil – processo de conhecimento.* São Paulo: Editora Revista dos Tribunais, 1983. p. 68.

Na lição de Pontes de Miranda: *"Diz-se parte quem participa da relação jurídica processual. Quando alguém propõe ação quer ser parte na relação jurídica processual que, com o despacho do juiz, se cria e mais tarde, com a citação do demandado, se angulariza (autor, Estado; Estado, réu). O réu é a outra parte...Pode alguém, sem ser demandante ou demandado, ter interesse jurídico na causa. Daí as regras jurídicas que cogitam de atos processuais que atraem ao processo terceiros interessados e atos processuais com que eles, de vontade própria, vão ao processo".*[1379]

Se a pessoa for parte da relação jurídica processual, não poderá valer-se dos embargos de terceiro, se houver alguma determinação de constrição judicial de seus bens particulares.

Por outro lado, quem não sendo parte sofrer ameaça de constrição ou constrição propriamente dita sobre bens que possua ou sobre os quais tenha direito incompatível com o ato constritivo, poderá requerer medida inibitória ou o seu desfazimento por meio de *embargos de terceiro.*

Sobre o *conceito de terceiro,* anota Hamilton de Moraes e Barros: *"Um conceito que reclama fixação é o de terceiro. Quem não é parte na causa terceiro é, pode-se dizer de maneira simplista. Para Pereira e Souza, citado por Luiz Ambra, em 'Dos Embargos de Terceiro', pág. 20, 'Terceiro é pessoa diferente daquele que tem contenda entre si' e, logo a seguir, o mesmo Luiz Ambra acrescenta: 'é o antônimo de parte, haja ou não sentença na lide'"*[1380]

José Frederico Marques ensina: *"Os embargos são de 'terceiro'; mas, como tal, deve entender-se não a pessoa física ou jurídica que não tenha participado do feito, mas 'a pessoa titular de um direito outro que não tenha sido atingido pela decisão judicial".*[1381]

Essa espécie de demanda poderá ser proposta por aquele que no curso de demanda alheia sofrer alguma constrição judicial de seus bens que possua ou sobre os quais tenha direito incompatível com o ato constritivo.

Sobre o tema, já decidiu o S.T.J.:

– Admite-se que o sócio não gerente, citado em execução fiscal – como litisconsorte passivo da sociedade limitada – ofereça embargos de terceiros, para desconstituir penhora incidente sobre seus bens particulares. Precedentes do STJ.

(REsp 139.199/MG, Rel. Ministro HUMBERTO GOMES DE BARROS, PRIMEIRA TURMA, julgado em 15/09/1998, DJ 03/11/1998, p. 22)

1379 Pontes de Miranda. *Comentários ao código de processo civil.* Tomo I (arts. 1º – 45). 2ª ed. Rio de Janeiro: Editor Forense, 1979. p. 123 e 124.

1380 Moraes e Barros, H., op. cit., p. 364.

1381 Marques, José Frederico. *Instituições de direito processual civil.* Vol. V. Rio de Janeiro: Forense, 1960. *p. 455.*

O remédio jurídico de que se dispõe, justamente pelo fato de a constrição ter sido determinada por órgão jurisdicional, é denominado como *embargos de terceiro*, também chamado de *embargos de separação*.[1382]

Pontes de Miranda definiu os embargos de terceiros da seguinte forma: *"São a ação do terceiro que pretende ter direito ao domínio ou outro direito, inclusive a posse, sobre os bens penhorados ou por outro modo constritos"*.[1383]

Os elementos objetivos para que o terceiro possa se valer dos embargos são: a) não ser parte; b) sofrer constrição ou ameaça de constrição judicial; c) que a ameaça ou a constrição recaia sobre bens que possua ou sobre os quais tenha direito incompatível com o ato constritivo.

Os embargos de terceiro, embora tenham sido considerados como mero incidente da execução nas Ordenações Filipinas (Livro 3º, Título 86, §17), para o C.P.C. brasileiro de 1939, de 1973 e agora o atual C.P.C. essa espécie de demanda também serve para outras constrições judiciais provenientes de outros processos que não apenas o de execução.

Na realidade, os embargos de terceiro são caracterizados como demanda (ação) autônoma, especialmente porque estão inseridos no procedimento especial contencioso.

É importante salientar que não se deve confundir os embargos de terceiro com as demandas possessórias *stricto sensu*. Apesar de serem um mecanismo processual de restituição ou mesmo manutenção da posse, não são, por sua natureza, uma demanda possessória.

O art. 1.046 do C.P.C. de 1973 previa a utilização dos embargos de terceiro para a hipótese de turbação ou esbulho da posse de bens por ato de apreensão judicial, em casos como o de penhora, depósito, arresto, sequestro, alienação judicial, arrecadação, arrolamento, inventário partilha.

O art. 674 do atual C.P.C. não usa mais as expressões, *turbação ou esbulho da posse*, mas, sim, *constrição ou ameaça de constrição que recaia sobre bens que possua ou sobre os quais tenha direito incompatível com o ato constritivo.*

Assim, os embargos de terceiro não se restringem à proteção de posse direta (como locatário, comodatário etc) ou indireta, mas também a proteger eventuais direitos reais em garantia concedidos em favor do terceiro, bem como a própria propriedade sem existência de posse. Pelos embargos de terceiro, o credor com garantia real pode obstar a alienação judicial do objeto da hipoteca, do penhor ou da anticrese.

[1382] Moraes e Barros, H., op. cit., p. 358.

[1383] Pontes de Miranda. *Comentários ao Código de Processo Civil de 1939.* Vol. IX. 2ª ed. Rio de Janeiro: Revista Forense. 1959, p. 6).

Trata-se de um procedimento idôneo de proteção do domínio, com ou sem posse, de posse, ou de direito real ou obrigacional que confere posse sobre coisa alheia.[1384]

Verifica-se, portanto, que os atuais embargos de terceiro têm por finalidade devolver a tranquilidade da posse ou de outro eventual direito maculado pela constrição judicial.

A constrição judicial, como se afirmou, pode provir de qualquer processo ou de qualquer demanda, como penhora no âmbito do processo de execução ou de cumprimento de sentença, em decorrência de medidas constritivas provenientes de tutela de urgência satisfativa ou cautelar, ou, ainda, em face de procedimentos especiais, como inventário e partilha etc.

Em se tratando de posse, sabe-se que a proteção possessória pode ser efetivada com plena eficácia pelas demandas possessórias (reintegração, manutenção ou interdito proibitório). Contudo, para se saber qual demanda o terceiro deve utilizar para a proteção de sua posse, necessita-se indagar sobre a origem da constrição. Se a constrição decorre de um *ato judicial*, deverá valer-se dos *embargos de terceiro*. Porém, se o esbulho, turbação ou mera ameaça advém de um particular ou do próprio Estado (que não o Estado em exercício da atividade jurisdicional), o remédio será o uso de uma das demandas possessórias comuns.

É importante salientar que quando a constrição advém do exercício da função jurisdicional, não poderá o possuidor exercer o desforço imediato ou a legítima defesa da posse, ainda que o ato jurisdicional possa ser reformado ou anulado posteriormente.

Muito embora o ato que se impugna nos embargos de terceiro seja proveniente do juiz, a parte passiva será composta por aquele que indicou o bem ou provocou o magistrado para a constrição judicial.

Tratando-se de processo de execução, se a penhora decorreu de indicação do bem pelo executado, a parte passiva nos embargos de terceiro será composta pelo executado em litisconsórcio com o exequente; se a indicação do bem foi por ato exclusivo do exequente, a parte passiva nos embargos será composta apenas pelo exequente. Sobre o tema, eis as seguintes decisões do S.T.J.:

(...).

2. Quanto à alegada ausência de prequestionamento, tem-se que a questão relativa à existência ou não de litisconsórcio passivo necessário entre exequente e executado nos Embargos de Terceiro restou devidamente debatida no acórdão recorrido, embora este

[1384] Moraes e Barros, H., op. cit., p. 362.

não tenha analisado a disciplina contida no art. 47 do CPC, pelo que, assim, tem-se por admitido o recurso quanto à suposta violação de lei federal, porquanto configurado o prequestionamento implícito (3a. Turma, AgRg no REsp. 1.039.457/RS, Rel. Min. SIDNEI BENETI, DJe 23.09.2008).

3. Discute-se na doutrina a respeito da composição do pólo passivo nos Embargos de Terceiro. Segundo Araken de Assis, porém, parece mais razoável a tese de que só o credor, a quem aproveita o processo executivo, encontra-se legitimado passivamente, ressalvadas duas hipóteses: a) cumulação de outra ação (p.ex., negatória) contra o executado; e b) efetiva participação do devedor no ato ilegal (Manual do Processo de Execução. São Paulo: Editora Revista dos Tribunais, 6a. Ed., p. 1.147/1.148).

4. Ressalvadas as louváveis opiniões em contrário, essa parece ser a melhor conclusão, mormente porque a indicação do bem imóvel foi realizada pela exequente, ora recorrida, cabendo apenas a esta a contestação da pretensão deduzida pela embargante, ora recorrente, tal como efetivamente ocorreu. Inexistente, portanto, o litisconsórcio passivo necessário entre credor e devedor, também porque este decorre apenas da lei ou da natureza jurídica da relação de direito material acaso existente entre exequente e executado, circunstâncias que não se verificam no âmbito dos Embargos de Terceiro (CPC, art. 47). Precedente: 3a. Turma, REsp. 282.674/SP, Rel. Min. NANCY ANDRIGHI, DJU 07.05.2001, p. 140.

5. A propósito, curiosa é a observação de que o art. 1.050, § 3o. do CPC se refere ao embargado no singular, o que sugeriria a existência de apenas um deles (exequente ou executado) no pólo passivo da ação de Embargos de Terceiro, tudo a depender de quem terá realizado a indicação do bem à penhora.

6. Recurso Especial de ÂNGELA BEATRIZ CEZIMBRA conhecido em parte e, nessa parte, provido para afastar a nulidade reconhecida no acórdão e determinar o retorno dos autos ao Tribunal de origem, para que prossiga no julgamento da Apelação da União Federal.

(REsp 1033611/DF, Rel. Ministro NAPOLEÃO NUNES MAIA FILHO, PRIMEIRA TURMA, julgado em 28/02/2012, DJe 05/03/2012).

I – Nas hipóteses em que o imóvel de terceiro foi constrito em decorrência de sua indicação à penhora por parte do credor, somente este detém legitimidade para figurar no polo passivo dos Embargos de Terceiro, inexistindo, como regra, litisconsórcio passivo necessário com o devedor.

II – O princípio da causalidade não se contrapõe ao princípio da sucumbência. Antes, é este um dos elementos norteadores daquele, pois, de ordinário, o sucumbente é considerado responsável pela instauração do processo e, assim, condenado nas despesas processuais. O princípio da sucumbência, contudo, cede lugar quando, embora vencedora, a parte deu causa à instauração da lide.

III – Se o credor indicou à penhora imóvel objeto de contrato de compra e venda não registrado, é iniludível que a necessidade do ajuizamento dos embargos de terceiro pelo adquirente é resultado da desídia deste em não promover o registro, providência que a par da publicidade do ato poderia evitar a indesejada constrição patrimonial, haja vista a eficácia erga omnes dos atos submetidos a registro. Assim, face ao princípio da causalidade, cabe ao terceiro-embargante, adquirente do imóvel, arcar com os consectários da sucumbência.

Recurso Especial a que se dá provimento parcial.

(REsp 282.674/SP, Rel. Ministra NANCY ANDRIGHI, TERCEIRA TURMA, julgado em 03/04/2001, DJ 07/05/2001, p. 140)

A *legitimidade ativa* nos embargos de terceiro é daquele que alega ter algum direito sobre o bem constrito.

Na realidade, *"a admissibilidade dos embargos de terceiro, manifestados por quem seja parte no processo principal, está condicionada à distinção entre os títulos que tenha sobre a coisa objeto dos embargos ou da constrição judicial. Assim o vencido na ação, ou o obrigado, pode manifestar embargos de terceiro quanto aos bens que, pelo título, ou qualidade em que os possuir, não devam ser atingidos pela diligência judicial constritiva. A mesma pessoa física ou jurídica pode ser simultaneamente parte e terceiro no mesmo processo, se são diferentes os títulos jurídicos que justificam esse duplo papel. A palavra terceiro significa não só a pessoa física ou jurídica que não tenha participado do feito, como também a pessoa que participou do processo, mas que, aqui, nos embargos, é titular de um direito diferente, outro que não o que foi objeto da decisão judicial. Assim, por exemplo, o condômino que seja também proprietário do prédio contínuo, mesmo participando da ação de divisão, pode embargar, como terceiro, se linha do perímetro invadir a propriedade que é sua. Do mesmo modo viúva meeira e inventariante tem qualidade para oferecer embargos de terceiro à arrecadação dos bens deixados pelo marido, se, por exemplo, argüir sua qualidade de comerciante e quanto aos bens de seu ramo de comércio"*.[1385]

Também podem ingressar com embargos de terceiro o cônjuge ou o companheiro/a para defender sua meação na relação jurídica de direito material. Sobre o tema, eis os seguintes precedentes do S.T.J.:

1. "A intimação do cônjuge enseja-lhe a via dos embargos à execução, nos quais poderá discutir a própria causa debendi e defender o patrimônio como um todo, na qualidade de litisconsorte passivo do(a) executado(a) e a via dos embargos de terceiro,

[1385] Moraes e Barros, H. op. cit., p. 365.

com vista à defesa da meação a que entende fazer jus" (REsp 252854/RJ, QUARTA TURMA, Rel.

Ministro SÁLVIO DE FIGUEIREDO TEIXEIRA, DJ de 11/09/2000).

2. Não obstante, o cônjuge só será parte legítima para opor embargos de terceiro quando não tiver assumido juntamente com seu consorte a dívida executada, caso em que, figurando no polo passivo do processo de execução como corresponsável pelo débito, não se lhe é legítimo pretender eximir seu patrimônio como "terceiro".

3. Embargos de divergência conhecidos, mas rejeitados.

(EREsp 306.465/ES, Rel. Ministra LAURITA VAZ, CORTE ESPECIAL, julgado em 20/03/2013, DJe 04/06/2013).

1. Nos termos do artigo 1.046, § 3º do CPC, o cônjuge tem interesse em propor ação de embargos de terceiro sempre que, não sendo parte no processo, sofrer turbação ou esbulho na posse de seus bens, por ato de apreensão judicial.

2. No caso, a viúva, que atuou como representante do Espólio, não foi parte no processo de execução, e portanto possui legitimidade, em nome próprio, para propor ação de embargos de terceiro.

3. Encerrado o inventário e proferida sentença homologando a adjudicação em prol da viúva, os bens passaram a ser de sua exclusiva propriedade, afigurando-se nula a penhora efetivada posteriormente à adjudicação.

4. Recurso especial não-provido.

(REsp 803.736/GO, Rel. Ministro LUIS FELIPE SALOMÃO, QUARTA TURMA, julgado em 16/09/2010, DJe 28/09/2010).

– A meação da mulher só deve responder pelos atos ilícitos levados a cabo pelo cônjuge quando houver prova de que se beneficiou com o produto oriundo da infração.

– Tendo a mulher do devedor se insurgido contra o arresto efetivado sobre sua meação, via embargos de terceiro, não há sentido em impedir que o credor, nos próprios autos, demonstre a legitimidade da constrição.

Recurso especial parcialmente conhecido e, nesta parte, provido.

(REsp 830.577/RJ, Rel. Ministra NANCY ANDRIGHI, TERCEIRA TURMA, julgado em 16/12/2008, DJe 25/09/2009)

Estabelece o *§1º do art. 674* do atual C.P.C. que *os embargos podem ser de terceiro proprietário, inclusive fiduciário, ou possuidor.*

Este dispositivo distingue a existência de um terceiro que seja proprietário e um terceiro que seja possuidor.

Sabe-se que a posse pode ser distinguida entre *posse direta* e *posse indireta.*

Conforme preceitua o art. 1.197 do atual C.c.b.: *"a posse direta, de pessoa que tem a coisa em seu poder, temporariamente, em virtude de direito pessoal, ou real, não anula a indireta, de quem aquela foi havida, podendo o possuidor direito defender a sua posse contra o indireto"*.

O proprietário pode ao mesmo tempo exercer a posse indireta e a posse direta, ou somente a posse indireta.

Nas hipóteses de comodato, locação, uso ou habitação, assim como no caso de usufruto etc., haverá o desmembramento da posse, permanecendo o proprietário com a posse indireta, enquanto que aquele que usa ou goza do bem terá a posse direta.

Ocorre que, é possível ainda que a pessoa seja meramente proprietária, sem exercer a posse indireta ou mesmo a posse direta do bem. Isso ocorre quando, por exemplo, alguém, ao adquirir um bem imóvel, permite que o vendedor continue nele residindo por um determinado tempo. Se o comprador não inserir no contrato de compra e venda a denominada *Cláusula Constituti*, ele, comprador, terá adquirido somente o domínio do bem, mas não adquiriu nem a sua posse direta, nem a sua posse indireta. Se deseja também adquirir a posse indireta, é necessário que, nessa hipótese, faça inserir no contrato de compra e venda a cláusula *constituti*.

O código civil brasileiro de 1916 previa expressamente a cláusula *constituti* no inc. IV do art. 494 e no inc. V do art. 520.

O atual C.c.b. não prevê expressamente a cláusula do constituto possessório. Contudo, o constituto possessório ou *cláusula constituti* continua a existir, implicitamente, em nosso ordenamento jurídico, podendo tal interpretação ser retirada do conteúdo normativo do art. 1.204 do C.c.b. Isso é o que preceitua o Enunciado n. 77 da Jornada de Direito Civil: *"A posse das coisas móveis e imóveis também pode ser pelo constituto possessório"*.

O *constituto possessório*, portanto, é uma cláusula contratual em que há a inversão do título da posse, ou seja, aquele que possuía em nome próprio passa a possuir em nome alheio.

No exemplo acima indicado, se o vendedor não entregar o bem na data marcada, duas questões poderão surgir: Se no contrato de compra e venda não foi inserida a *cláusula constituti*, o adquirente não poderá ingressar com as demandas possessórias, pois jamais adquiriu a posse, podendo, contudo, ingressar com a demanda de *imissão de posse*. Se no contrato de compra e venda foi inserida a *cláusula constituti*, o adquirente poderá então ingressar com a demanda de reintegração de posse.

Já no que concerne aos embargos de terceiro, tal questão não gerará maiores considerações, pois o legislador permitiu que os embargos possam ser utilizados tanto pelo possuidor, quanto pelo simples detentor de domínio, no caso, o proprietário.

O dispositivo também permite que o proprietário fiduciário possa ingressar com os embargos de terceiro.

A propriedade fiduciária encontra-se regulada nos artigos 1.361 a 1.368-A do C.c.b, a saber:

Art. 1.361. Considera-se fiduciária a propriedade resolúvel de coisa móvel infungível que o devedor, com escopo de garantia, transfere ao credor.

§ 1º Constitui-se a propriedade fiduciária com o registro do contrato, celebrado por instrumento público ou particular, que lhe serve de título, no Registro de Títulos e Documentos do domicílio do devedor, ou, em se tratando de veículos, na repartição competente para o licenciamento, fazendo-se a anotação no certificado de registro.

§ 2º Com a constituição da propriedade fiduciária, dá-se o desdobramento da posse, tornando-se o devedor possuidor direto da coisa.

§ 3º A propriedade superveniente, adquirida pelo devedor, torna eficaz, desde o arquivamento, a transferência da propriedade fiduciária.

Art. 1.362. O contrato, que serve de título à propriedade fiduciária, conterá:

I – o total da dívida, ou sua estimativa;

II – o prazo, ou a época do pagamento;

III – a taxa de juros, se houver;

IV – a descrição da coisa objeto da transferência, com os elementos indispensáveis à sua identificação.

Art. 1.363. Antes de vencida a dívida, o devedor, a suas expensas e risco, pode usar a coisa segundo sua destinação, sendo obrigado, como depositário:

I – a empregar na guarda da coisa a diligência exigida por sua natureza;

II – a entregá-la ao credor, se a dívida não for paga no vencimento.

Art. 1.364. Vencida a dívida, e não paga, fica o credor obrigado a vender, judicial ou extrajudicialmente, a coisa a terceiros, a aplicar o preço no pagamento de seu crédito e das despesas de cobrança, e a entregar o saldo, se houver, ao devedor.

Art. 1.365. É nula a cláusula que autoriza o proprietário fiduciário a ficar com a coisa alienada em garantia, se a dívida não for paga no vencimento.

Parágrafo único. O devedor pode, com a anuência do credor, dar seu direito eventual à coisa em pagamento da dívida, após o vencimento desta.

Art. 1.366. Quando, vendida a coisa, o produto não bastar para o pagamento da dívida e das despesas de cobrança, continuará o devedor obrigado pelo restante.

Art. 1.367. Aplica-se à propriedade fiduciária, no que couber, o disposto nos arts. 1.421, 1.425, 1.426, 1.427 e 1.436.

Art. 1.368. O terceiro, interessado ou não, que pagar a dívida, se sub-rogará de pleno direito no crédito e na propriedade fiduciária.

Art. 1.368-A. As demais espécies de propriedade fiduciária ou de titularidade fiduciária submetem-se à disciplina específica das respectivas leis especiais, somente se aplicando as disposições deste Código naquilo que não for incompatível com a legislação especial. (Incluído pela Lei nº 10.931, de 2004)

O credor fiduciário apresenta legitimidade para ingressar com embargos de terceiro.

Sobre o tema, eis os seguintes precedentes do S.T.J.:

1. "A alienação fiduciária em garantia expressa negócio jurídico em que o adquirente de um bem móvel transfere – sob condição resolutiva – ao credor que financia a dívida, o domínio do bem adquirido.

Permanece, apenas, com a posse direta. Em ocorrendo inadimplência do financiado, consolida-se a propriedade resolúvel" (REsp 47.047-1/SP, Rel. Min. Humberto Gomes de Barros).

2. O bem objeto de alienação fiduciária, que passa a pertencer à esfera patrimonial do credor fiduciário, não pode ser objeto de penhora no processo de execução, porquanto o domínio da coisa já não pertence ao executado, mas a um terceiro, alheio à relação jurídica.

3. Por força da expressa previsão do art. 1.046, § 2º, do CPC, é possível a equiparação a terceiro, do devedor que figura no pólo passivo da execução, quando este defende bens que pelo título de sua aquisição ou pela qualidade em que os possuir, não podem ser atingidos pela penhora, como é o caso daqueles alienados fiduciariamente.

4. Recurso especial não provido.

(REsp 916.782/MG, Rel. Ministra ELIANA CALMON, SEGUNDA TURMA, julgado em 18/09/2008, DJe 21/10/2008)

1. "A alienação fiduciária em garantia expressa negócio jurídico em que o adquirente de um bem móvel transfere – sob condição resolutiva – ao credor que financia a dívida, o domínio do bem adquirido.

Permanece, apenas, com a posse direta. Em ocorrendo inadimplência do financiado, consolida-se a propriedade resolúvel" (REsp 47.047-1/SP, Rel. Min. Humberto Gomes de Barros).

2. O bem objeto de alienação fiduciária, que passa a pertencer à esfera patrimonial do credor fiduciário, não pode ser objeto de penhora no processo de execução fiscal, porquanto o domínio da coisa já não pertence ao executado, mas a um terceiro, alheio à relação jurídico-tributária.

3. A alienação fiduciária não institui um ônus real de garantia, não havendo de se falar, nesses casos, em aplicação da preferência do crédito tributário.

4. Precedentes das Turmas de Direito Público.

5. Recurso especial improvido.

(REsp 332.369/SC, Rel. Ministra ELIANA CALMON, SEGUNDA TURMA, julgado em 27/06/2006, DJ 01/08/2006, p. 388)

1. Recurso especial oposto contra acórdão que, com base na Súmula nº 92/STJ, asseverou que "o bem alienado fiduciariamente, de propriedade do credor fiduciário, pode por este ser reivindicado em embargos de terceiro, desde que o contrato de alienação fiduciária, no caso de veículo automotor, conste do registro do Departamento Nacional de Trânsito".

2. Estabelece a Súmula nº 92 desta Corte Superior: "A terceiro de boa-fé não é oponível a alienação fiduciária não anotada no Certificado de Registro do veículo automotor".

3. Agravo regimental improvido.

(AgRg no REsp 642.357/RN, Rel. Ministro JOSÉ DELGADO, PRIMEIRA TURMA, julgado em 03/02/2005, DJ 11/04/2005, p. 189).

LEASING. Alienação fiduciária. Bem arrendado dado em garantia a outro credor. Registro (falta). Embargos de terceiro.

A posse de bem móvel faz presumir a sua propriedade, daí a possibilidade de ser recebida como garantia em contrato de alienação fiduciária a máquina que está na posse da empresa por força de contrato de leasing. Inexistindo o registro do contrato de arrendamento ou outra prova que possa destruir aquela presunção, são improcedentes os embargos de terceiro opostos pela arrendadora.

Recurso não conhecido.

(REsp 470.615/SP, Rel. Ministro RUY ROSADO DE AGUIAR, QUARTA TURMA, julgado em 26/05/2003, DJ 04/08/2003, p. 314)

Preceitua o *§2º do art. 674* do atual C.P.C.: *Considera-se terceiro, para ajuizamento dos embargos: I – o cônjuge ou companheiro, quando defende a posse de bens próprios ou de sua meação, ressalvado o disposto no art. 843; II – o adquirente de bens cuja constrição decorreu de decisão que declara a ineficácia da alienação realizada em fraude à execução; III – quem sofre constrição judicial de seus bens por força de desconsideração da personalidade jurídica, de cujo incidente não fez parte; IV – o credor com garantia real para obstar expropriação judicial do objeto de direito real de garantia, caso não tenha sido intimado, nos termos legais dos atos expropriatórios respectivos.*

Apesar de já termos definido o *terceiro*, o certo é que este parágrafo expressamente estabelece algumas espécies de terceiros, para que a doutrina e a jurisprudência não tenham mais dúvida da legitimidade deles para ingressar com os embargos de terceiro.

Dentre esses terceiros, encontra-se no inc. I o cônjuge ou companheiro quando defende a posse de bens próprios ou de sua meação, salvo no caso do art. 843 do atual C.P.C.

Assim, se o cônjuge ou companheiro/a, não sendo parte na relação jurídica processual, sofrer constrição na sua meação do patrimônio comum ou em bens próprios, quando o casamento, por exemplo, é realizado em separação total de bens, pode ingressar com embargos de terceiro para a defesa de seus bens. Este dispositivo ressalva apenas a hipótese do art. 843 do atual C.P.C., que assim dispõe: *Tratando-se de penhora de bem indivisível, o equivalente à quota parte do coproprietário ou do cônjuge alheio à execução recairá sobre o produto da alienação do bem.*

Portanto, em se tratando de bem indivisível, o cônjuge ou o companheiro/a não será considerado terceiro para efeito de defesa de seus bens. Nesta hipótese, não conseguirá, por meio de embargos de terceiro, recuperar a posse do bem ou evitar que esses bens sejam levados à expropriação. Terá direito, contudo, por simples petição nos autos de execução, de requerer que seja resguardada sua meação que recairá sobre o produto da alienação do bem, podendo, ainda, ter preferência na arrematação do bem em igualdade de condições.

O S.T.J. vem entendendo que o cônjuge teria legitimidade para ingressar com embargos de terceiro para defender sua meação, bem como com embargos do devedor para discutir a dívida. Nesse sentido eis o seguinte precedente:

1. A intimação do cônjuge é imprescindível, tratando-se de constrição que recaia sobre bem pertencente ao casal, constituindo sua ausência causa de nulidade dos atos posteriores à penhora.

2. É cediço nesta Corte que: A intimação do cônjuge enseja-lhe a via dos embargos à execução, nos quais poderá discutir a própria causa debendi e defender o patrimônio como um todo, na qualidade de litisconsorte passivo do(a) executado(a) e a via dos embargos de terceiro, com vista à defesa da meação a que entende fazer jus. (REsp 252854 / RJ, Ministro SÁLVIO DE FIGUEIREDO TEIXEIRA, DJ 11.09.2000).

3. Falecendo o cônjuge, a intimação deve operar-se na pessoa do representante do espólio da mesma, porquanto a constrição influi no regime jurídico do bem do acervo. Deveras, por força dos arts. 12 da Lei nº 6.830/80 e 669 do CPC, o cônjuge e a fortiori o seu espólio, são partes legitimadas para oferecerem embargos à execução e, nessa qualidade deveriam ter sido intimados.

4. In casu, o cônjuge foi intimado em 12.11.2001 no lugar de sua esposa falecida, sendo certo que o recorrente e demais partes interessadas protocolaram no dia 04.12.2001 os embargos à execução.

5. Dessarte, nesse incidente o cônjuge é parte, aplicando-se, analogicamente o artigo 43 do CPC, verbis: Art. 43. Ocorrendo a morte de qualquer das partes, dar-se-á a substituição pelo seu espólio ou pelos seus sucessores, observado o disposto no art. 265.

6. O espólio não se limita à interposição dos embargos de terceiro, podendo suceder o de cujos, ajuizando, inclusive, embargos à execução, a fim de proteger a fração ideal que lhe pertence, da penhora realizada.

7. Recurso especial provido, para determinar o recebimento dos embargos do espólio, ora recorrente, a fim de processá-lo.

(REsp 740.331/RS, Rel. Ministro LUIZ FUX, PRIMEIRA TURMA, julgado em 14/11/2006, DJ 18/12/2006, p. 318).

Nesse sentido, aliás, é o teor da Súmula 134 do S.T.J.: *embora intimado da penhora em imóvel do casal, o cônjuge do executado pode opor embargos de terceiro para defesa de sua meação.*

O inc. II considera terceiro também o adquirente de bens cuja constrição decorreu de decisão que declara a ineficácia da alienação em fraude à execução. No Resp. n. 1227318, o S.T.J. entendeu que o adquirente de bem litigioso não possui legitimidade para ingressar com embargos de terceiro. Eis o conteúdo da decisão do S.T.J.:

"A Terceira Turma do Superior Tribunal de Justiça (STJ) reafirmou o entendimento de que a pessoa que adquire bem litigioso não possui a qualidade de terceiro e, portanto, não tem legitimidade para opor embargos de terceiro, buscando defender tal bem em execução movida contra quem o alienou.

Para defender a posse de um imóvel, ameaçado pela insolvência decretada contra o alienante, o comprador opôs embargos de terceiro. O magistrado de primeiro grau extinguiu o processo, sem resolução de mérito, sob o fundamento de que o autor não teria legitimidade na causa.

O Tribunal de Justiça de Mato Grosso (TJMS) negou provimento à apelação, por considerar que "o embargante que adquiriu coisa já litigiosa está sujeito aos efeitos que a decisão guerreada produziu, não sendo mais considerado terceiro".

Ciência

O TJMS verificou que constava expressamente no contrato de compra e venda que o comprador tinha ciência dos ônus judiciais sobre o imóvel. Verificou, ainda, que a compra do imóvel ocorreu anos após a citação do vendedor e o trânsito em julgado da sentença que o declarou insolvente.

No recurso especial, o comprador alegou violação ao artigo 472 do Código Civil e às Súmulas 84 e 375 do STJ. Além disso, sustentou que a decisão do TJMS o impede de exercer o direito de defesa da posse, a qual, segundo ele, já dura mais de 12 anos.

Certidões

O ministro Sidnei Beneti, relator do recurso especial, afirmou que a Terceira Turma tem entendimento no sentido de que o adquirente de qualquer imóvel pode obter certidões que mostram a situação pessoal dos alienantes, bem como do próprio imóvel e, com isso, cientificar-se da existência de eventuais demandas e ônus sobre o objeto do contrato. Ele citou precedente segundo o qual, "na alienação de imóveis litigiosos, ainda que não haja averbação dessa circunstância na matrícula, subsiste a presunção relativa de ciência do terceiro adquirente acerca da litispendência, pois é impossível ignorar a publicidade do processo, gerada pelo seu registro e pela distribuição da petição inicial" (RMS 27.358).

"A jurisprudência da Terceira e Quarta Turmas é unânime em não considerar como terceiro aquele que adquire a coisa litigiosa, não podendo, portanto, opor embargos, aplicando-se o disposto no artigo 42, parágrafo 3º, do Código de Processo Civil", concluiu Sidnei Beneti.

Diante disso, a Terceira Turma, em decisão unânime, negou provimento ao recurso especial".

Entende a doutrina que não se pode alegar em impugnação aos embargos de terceiro a *fraude contra credores*, pois a fraude contra credores gera apenas a anulabilidade do ato fraudulento, o qual somente se desfaz por força de sentença de procedência de pedido formulado em demanda que visa a desconstituí-la. Enquanto não promovida a demanda própria, o ato fraudulento continua a ter eficácia.

A jurisprudência também entende que não se pode alegar fraude contra credores como matéria de defesa em embargos de terceiro, tendo o S.T.J., inclusive, expedido nesse sentido a Súmula 195: *em embargos de terceiro não se anula ato jurídico, por fraude contra credores.*

Eis sobre o tema os precedentes abaixo:

(...).

III. "É admissível a oposição de embargos de terceiro fundados em alegação de posse advinda do compromisso de compra e venda de imóvel, ainda que desprovido do registro" (Súmula n. 84-STJ).

IV. "Em embargos de terceiro não se anula ato jurídico, por fraude contra credores" (Súmula n. 195-STJ).

V. Recurso especial parcialmente conhecido e provido.

(REsp 443.865/PR, Rel. Ministro ALDIR PASSARINHO JUNIOR, QUARTA TURMA, julgado em 05/08/2008, DJe 15/09/2008).

(...).

I. Inviável o reconhecimento da fraude contra credores no bojo de embargos de terceiro, sendo necessária a sua investigação e decretação na via própria da ação pauliana ou revocatória.

II. Recurso especial conhecido e provido.

(REsp 471.223/RS, Rel. Ministro ALDIR PASSARINHO JUNIOR, QUARTA TURMA, julgado em 27/11/2007, DJ 17/12/2007, p. 174)

Por outro lado, a *fraude à execução*, que gera a ineficácia da alienação em relação ao credor, pode ser arguida como matéria de defesa nos embargos de terceiro. Em tema de fraude à execução, tudo se passa como se a alienação não tivesse ocorrido em relação ao credor, pois o ordenamento jurídico lhe nega eficácia.

Sobre o tema, assim se manifesta o S.T.J.:

1. É parte ilegítima para a ação de embargos de terceiro aquele que pretende defender bem que não mais possui, por já lhe ter alienado.

O reconhecimento da fraude à execução dá ensejo apenas à ineficácia do ato de alienação ou oneração frente ao credor, de sorte que não determina o retorno do bem ao patrimônio do devedor. O negócio jurídico que frauda à execução gera pleno efeito entre alienante e adquirente.

2. Não tendo a parte apresentado argumentos novos capazes de alterar o julgamento anterior, deve-se manter a decisão recorrida.

3. Agravo Regimental improvido.

(AgRg no AREsp 43.159/RS, Rel. Ministro SIDNEI BENETI, TERCEIRA TURMA, julgado em 19/04/2012, DJe 09/05/2012).

1. "É admissível a oposição de embargos de terceiro fundados em alegação de posse advinda do compromisso de compra e venda de imóvel, ainda que desprovido do registro" (Súmula 84/STJ).

2. A jurisprudência desta Corte, consolidada com a edição da Súmula 375/STJ, orienta que sem o registro da penhora sobre o imóvel ou prova da má-fé do adquirente, não há que se falar em fraude à execução.

3. Agravo Regimental improvido.
(AgRg no AREsp 48.147/RN, Rel. Ministro SIDNEI BENETI, TERCEIRA TURMA, julgado em 07/02/2012, DJe 24/02/2012)

É importante salientar, contudo, que se na execução o juiz reconheceu a *fraude à execução* para efeito de determinar a penhora do bem, tal decisão somente faz coisa julgada ou preclusão entre as partes, não abrangendo terceiro que não é sujeito da relação jurídica processual. Nesse sentido são os precedentes do S.T.J.:

I – A decisão transitada em julgado, reconhecendo a fraude à execução, vincula tão-somente as partes do processo em que foi prolatada, não estendendo seus efeitos a terceiros.
II – O simples indeferimento do pedido incidental de levantamento da penhora, formulado incidentalmente nos autos da execução, não constitui obstáculo ao ajuizamento dos embargos de terceiro.
Recurso especial provido.
(Resp 633418/MG, Rel. Ministro CASTRO FILHO, Terceira Turma, julgado em 09/08/2005, DJ 12/09/2005, p. 322).

A sentença faz coisa julgada as partes entre as quais é dada, não beneficiando, nem prejudicando terceiros (art. 472 do CPC). Ainda que cancelado o registro concernente à alienação havida entre o executado e os antecessores dos embargantes, a estes – terceiros adquirentes de boa-fé – é permitido o uso dos embargos de terceiro para a defesa de sua posse.
– Inexistindo registro da penhora sobre bem alienado a terceiro, incumbe ao exeqüente e embargado fazer a prova de que o terceiro tinha conhecimento da ação ou da constrição judicial
Precedentes do STJ.
Recurso Especial conhecido e provido.
(Resp 144190, Rel. Min. Barros Monteiro, Quarta Turma, julgado em 15.3.2005, DJ 2.5.2005, p. 353).

O inc. III afirma que é terceiro quem sofre constrição judicial de seus bens por força de desconsideração da personalidade jurídica, de cujo incidente não fez parte.

O incidente de desconsideração da personalidade jurídica encontra-se regulado nos arts. 133 a 137 do atual C.P.C.

Na hipótese de o juiz promover a desconsideração da pessoa jurídica, nos termos do art. 133 a 137 do atual C.P.C., a constrição judicial poderá incidir sobre bens de terceiros que não são partes na relação jurídica processual em que houve a desconstituição da personalidade jurídica, tendo eles, portanto, legitimidade para ingressar com os embargos.

O inc. IV configura como terceiro o credor com garantia real para obstar expropriação judicial do objeto de direito real de garantia, caso não tenha sido intimado, nos termos legais, dos atos expropriatórios respectivos.

São garantias reais o penhor, a hipoteca e a anticrese.

Nos termos do art. 1.419 do C.c.b., *"nas dívidas garantidas por penhor, anticrese ou hipoteca, o bem dado em garantia fica sujeito, por vínculo real, ao cumprimento da obrigação"*.

A legislação processual estabelece que em caso de expropriação de bens em processo de execução no qual o credor com garantia real não seja parte exequente, é necessária sua intimação dos atos expropriatórios, conforme preconiza o art. 889 do atual C.P.C., *in verbis*:

> *Art. 889. Serão cientificados da alienação judicial, com pelo menos 5 (cinco) dias de antecedência:*
>
> *(...).*
>
> *V – o credor pignoratício, hipotecário, anticrético, fiduciário ou com penhora anteriormente averbada, quando a penhora houver recair sobre bens com tais gravames, caso não seja o credor, de qualquer modo, parte na execução;*

Muito embora o inc. IV do art. 674 do atual C.P.C. somente mencione como *terceiro* o credor com garantia real, o certo é que onde existe a mesma razão de ser há necessidade de se aplicar idêntica disposição legal (ubi eadem ratio, idem eadem disposition). Por isso, também possuem legitimidade para ingressar com embargos de terceiro, dependendo do caso, as pessoas indicadas nos incisos do art. 889 do atual C.P.C.

Assim, também serão legitimados para ingressar com embargos de terceiro o senhorio direto (no caso de usufruto), o coproprietário de bem indivisível do qual tenha sido penhorada fração ideal (salvo na hipótese de cônjuge ou companheira/o) e o credor com penhora anteriormente averbada que não seja de qualquer modo parte na execução. Evidentemente que essa legitimidade somente ocorrerá se não forem devidamente intimados nos autos do processo de execução da alienação judicial, com pelo menos cinco dias de antecedência.

Estabelece a Súmula 84 do S.T.J.: *é admissível a oposição de embargos de terceiros fundados em alegação de posse advinda do compromisso de compra e venda de imóvel, ainda que desprovido do registro.*

Sobre o tema, eis os seguintes precedentes:

Hipótese em que o adquirente de imóvel executado pelo credor hipotecário ajuizou embargos de terceiro, pleiteando a desconstituição da penhora efetuada, ao argumento de que existente equívoco por parte do oficial de justiça.

Sentença de improcedência mantida pelo acórdão estadual, considerando regular o ato de constrição judicial do imóvel dado como garantia de pagamento da cédula de crédito rural. Assinalou- se, outrossim, não terem sido praticados atos executórios após o recebimento dos embargos de terceiro.

1. Embargos de terceiro ajuizados por adquirente de imóvel objeto de execução hipotecária. Prevalência do direito do credor hipotecário de buscar o adimplemento de seu crédito por meio da alienação judicial do imóvel dado em garantia, independentemente da regular transferência de sua propriedade.

2. Ampliação do limite objetivo da demanda. No tocante à aventada nulidade de cláusula do título de crédito, em face da avaliação do bem hipotecado em valor demasiadamente inferior ao real, verifica- se que tal argumentação somente foi expendida no bojo do recurso de apelação, traduzindo vedada inovação dos elementos objetivos da demanda, ex vi do disposto no artigo 264 do CPC, razão pela qual inviável sua apreciação, conforme bem propugnado pela instância ordinária.

3. Termo inicial da suspensão do feito executivo em razão da propositura de embargos de terceiro (artigo 1.052 do CPC).

Evidenciada a natureza meramente declaratória da atividade cognitiva do juiz delineada no artigo 1.052 do CPC, é certo que a suspensão obrigatória e automática do processo principal verifica-se a partir da propositura dos embargos de terceiro (ato jurídico determinante), malgrado condicionada ao ato judicial de recebimento da inicial, o qual ostenta eficácia ex tunc, vale dizer, o efeito suspensivo declarado pela decisão retroage à data de ajuizamento da demanda acessória. Precedentes.

No caso dos autos, os embargos de terceiro foram ajuizados em 28.03.2003, tendo sido proferida a decisão de recebimento da inicial em 06.06.2003. Por sua vez, o laudo de avaliação do imóvel penhorado (ato executório cuja invalidação se requer) foi lavrado em 25.03.2003 e juntado aos autos principais em 03.04.2003 (fls. e-STJ 107/109). Assim, apesar do acolhimento da tese recursal acerca do termo inicial da suspensão obrigatória dos embargos de terceiro, resta inequívoca a higidez da avaliação judicial impugnada, porquanto realizada em data anterior ao ajuizamento da demanda incidental.

4. Recurso especial desprovido.

(REsp 1059867/MT, Rel. Ministro MARCO BUZZI, QUARTA TURMA, julgado em 19/09/2013, DJe 24/10/2013).

1. "A renúncia ao usufruto não importa fraude à execução, porquanto, a despeito de os frutos serem penhoráveis, o usufruto é direito impenhorável e inalienável, salvo para o nú-proprietário" (REsp 1.098.620/SP, Rel. Min. Luiz Fux, Primeira Turma, DJe 3/12/09).

2. Agravo regimental não provido.

(AgRg no REsp 1214732/RS, Rel. Ministro BENEDITO GONÇALVES, PRIMEIRA TURMA, julgado em 17/11/2011, DJe 22/11/2011)

1. O promitente comprador ostenta legitimidade ativa para propor ação que tenha por objeto a tutela de direitos reais sobre o imóvel, ainda que o respectivo contrato de promessa de compra e venda não tenha sido registrado no Cartório de Registro Imobiliário. Inteligência do Enunciado nº 84, da Súmula do Superior Tribunal de Justiça, verbis: "É admissível a oposição de embargos de terceiro fundados em alegação de posse advinda do compromisso de compra e venda de imóvel, ainda que desprovido do registro".

2. Precedentes em situações análogas: AgRg no Ag 952.361/DF, Rel. Ministro José Delgado, Primeira Turma, julgado em 01/04/2008, DJe 17/04/2008; REsp 132.486/RJ, Rel. Ministro João Otávio de Noronha, Segunda Turma, julgado em 08/03/2005, DJ 02/05/2005, p. 255.

(...).

(REsp 1181797/RS, Rel. Ministro LUIZ FUX, PRIMEIRA TURMA, julgado em 22/02/2011, DJe 14/04/2011).

(...).

– A legitimação para oposição dos embargos de terceiro pressupõe que o embargante tenha interesse jurídico em demandar incidentalmente ao processo principal para impugnar ato processual neste praticado. Em outras palavras, o embargante deve ser titular de direito material que indevidamente esteja sofrendo os reflexos de decisão proferida na ação principal.

(...).

(REsp 856.699/MS, Rel. Ministra NANCY ANDRIGHI, TERCEIRA TURMA, julgado em 15/09/2009, DJe 30/11/2009).

1. A transmissão da propriedade de bem imóvel, na dicção do art.1.245 do Código Civil, opera-se com o registro do título translativo no Registro de Imóveis, sem o qual o alienante continua a ser havido como dono do imóvel.

2. A Lei 6.015, a seu turno, prevê a compulsoriedade do registro e averbação dos títulos ou atos constitutivos, declaratórios, translativos e extintivos de direitos reais sobre imóveis reconhecidos em lei, inter vivos ou mortis causa, quer para sua constitui-

ção, transferência e extinção, quer para sua validade em relação a terceiros, quer para a sua disponibilidade.

3. Deveras, à luz dos referidos diplomas legais, sobressai clara a exigência do registro dos títulos translativos da propriedade imóvel por ato inter vivos, onerosos ou gratuitos, porquanto os negócios jurídicos, em nosso ordenamento jurídico, não são hábeis a transferir o domínio do bem. Assim, titular do direito é aquele em cujo nome está transcrita a propriedade imobiliária.

4. Entrementes, a jurisprudência do STJ, sobrepujando a questão de fundo sobre a questão da forma, como técnica de realização da justiça, vem conferindo interpretação finalística à Lei de Registros Públicos. Assim é que foi editada a Súmula 84, com a seguinte redação: "É admissível a oposição de embargos de terceiro fundados em alegação de posse advinda de compromisso de compra e venda de imóvel, ainda que desprovido do registro".

(...) Destarte, correta a decisão monocrática que julgou procedentes os Embargos de Terceiro, fundamentando na inexistência de prova de fraude quando da então transferência do imóvel. Isto porque a transferência do referido imóvel foi realizada antes da propositura da ação de execução, conforme se vê à fl. 42 dos autos.

(...) Ocorre que o imóvel em questão fora penhorado quando sua propriedade já havia sido deferida à apelada por meio de sentença homologatória da separação judicial dela com o seu ex-cônjuge, sócio da empresa Agaupuros Metais Ltda., então responsável pelos débitos fiscais que ocasionaram a execução dos autos em apenso.

(...) Destarte, o formal de partilha, devidamente homologado pelo juiz competente, independentemente de registro, é documento público capaz de comprovar que a apelada foi aquinhoada com o imóvel ora em questão, adquirindo, daí, o domínio do bem."

8. A apelação voluntária interposta pelo recorrente devolveu ao Tribunal de origem toda a matéria impugnada, por isso que o não-conhecimento da remessa necessária não importou em afronta ao art. 475, I, § 3º, do CPC, ante a ausência de prejuízo. (Precedentes: REsp 823.565/RN, Rel. Ministro ARNALDO ESTEVES LIMA, QUINTA TURMA, julgado em 27/03/2008, DJe 12/05/2008 REsp 713.747/ES, Primeira Turma, Rel. Min. JOSÉ DELGADO, DJ 27/6/05; REsp 505.579/RS, Rel. Ministra DENISE ARRUDA, PRIMEIRA TURMA, julgado em 21/09/2004, DJ 25/10/2004).

9. Os embargos de terceiro não impõem ônus ao embargado que não deu causa à constrição imotivada porquanto ausente o registro da propriedade.

10. A ratio essendi da súmula nº 303/STJ conspira em prol da assertiva acima, verbis: "Em embargos de terceiro, quem deu causa à constrição indevida deve arcar com os honorários advocatícios".

11. É que a imposição dos ônus processuais, no Direito Brasileiro pauta-se pelo princípio da sucumbência, norteado pelo princípio da causalidade, segundo o qual aquele que deu causa à instauração do processo deve arcar com as despesas dele decorrentes.

12. Deveras, afasta-se a aplicação do enunciado sumular 303/STJ quando o embargado (exeqüente) opõe resistência às pretensões do terceiro embargante, desafiando o próprio mérito dos embargos, hipótese que reclama a aplicação do princípio da sucumbência para fins de imposição da condenação ao pagamento da verba honorária (Precedentes: REsp nº 777.393/DF, Corte Especial, Rel. Min Carlos Alberto Menezes Direito, DJU de 12.06.2006; REsp nº 935.289/RS, Primeira Turma, Rel. Min. José Delgado, DJU de 30.08.2007; AgRg no AG nº 807.569/SP, Quarta Turma, Rel. Min. Hélio Quaglia Barbosa, DJU de 23.04.2007; e REsp nº 627.168/PR, Rel. Min. João Otávio de Noronha, DJU de 19.03.2007).

13. In casu, apesar de a embargante não ter providenciado o registro, no cartório competente, do formal de partilha que lhe transferiu a propriedade do imóvel objeto da posterior constrição, deveria, em tese, suportar o embargado o ônus pelo pagamento da verba honorária, vez que, ao opor resistência a pretensão meritória deduzida na inicial, atraiu a aplicação do princípio da sucumbência.

Todavia, em sede de recurso voluntário da Fazenda Pública, é defesa a reformatio in pejus, devendo prevalecer o acórdão recorrido, que imputou a cada parte o ônus relativo aos honorários de seus procuradores.

14. Recurso especial desprovido.

(REsp 848.070/GO, Rel. Ministro LUIZ FUX, PRIMEIRA TURMA, julgado em 03/03/2009, DJe 25/03/2009)

Art. 675

Os embargos podem ser opostos a qualquer tempo no processo de conhecimento enquanto não transitada em julgado a sentença e, no cumprimento de sentença ou no processo de execução, até 5 (cinco) dias depois da adjudicação, da alienação por iniciativa particular ou da arrematação, mas sempre antes da assinatura da respectiva carta.

Parágrafo único. Caso identifique a existência de terceiro titular de interesse em embargar o ato, o juiz mandará intimá-lo pessoalmente.

Prazo para interposição dos embargos de terceiro

Este dispositivo estabelece o prazo *decadencial* para que o terceiro possa se valer dos embargos de terceiro a fim de desconstituir a constrição judicial.

O dispositivo diferencia o prazo para a propositura dos embargos quando a constrição decorre de uma decisão proferida no processo de conhecimento ou quando é proveniente do cumprimento de sentença ou do processo de execução.

No processo de conhecimento, os embargos de terceiro poderão ser opostos *a qualquer tempo*, inclusive durante o transcurso dos recursos perante os tribunais superiores. Contudo, o prazo final para se ingressar com os embargos ocorre no momento em que a sentença *transitar em julgado*.

Se o processo estiver em grau de recurso, a doutrina diverge sobre o juízo competente.

Ernane Fidelis entende que o juízo competente será aquele que ordenou a apreensão, entretanto, se a apreensão for ordenada pelo próprio tribunal, continua competente o juízo em que, em primeira instância, poderia ter ordenado a apreensão, pois não se pode suprimir um grau de jurisdição, ressalvada a hipótese de competência originária do tribunal.[1386]

Para Nelson Nery Júnior e Rosa Maria de Andrade Nery: *"Como os embargos de terceiro são ação acessória (CPC 108), a competência para processá-los e julgá-los é sempre do juízo competente para a ação principal. Portanto, ainda que a constrição tenha sido ordenada pelo tribunal, em grau de competência recursal (adiantamento de tutela recursal ou provimento do recurso) ou de ação cautelar nos termos do art. 800, parágrafo único, terá sempre como gênese a ação principal que tramita no primeiro grau de jurisdição. Assim, a competência para processar e julgar os embargos de terceiro opostos contra essa constrição determinada pelo tribunal, será sempre do juízo de primeiro grau, que é o competente para a ação principal e acessória. O tribunal só será competente para os embargos de terceiro quando a ação principal for de sua competência originária"* [1387]

Há entendimento doutrinário de que se o juiz de primeiro grau já cumpriu seu ofício jurisdicional, sendo então o juiz da causa o Tribunal, os embargos deverão ser opostos neste último.

É bem verdade que seria mais seguro e se evitaria subsequentes e inoportunos litígios se o legislador estabelecesse uma contagem de prazo a partir do momento em que ficasse demonstrado que o terceiro teve plena ciência da constrição realizada no bem. Com isso evitar-se-ia o prosseguimento de uma constrição sobre bem que mais cedo ou mais tarde deverá ser desconstituída.

O legislador, contudo, preferiu apenas fixar o termo final para o ingresso dos embargos e não o termo inicial.

Em se tratando de cumprimento de sentença ou de processo de execução, os embargos de terceiro poderão ser interpostos, no máximo, até cinco dias após

[1386] Santos, Ernane Fidélis dos. *Comentários ao Código de Processo Civil*. Vol. VI. Rio de Janeiro: Forense, 1978, p. 500.

[1387] Nery Junior, Nelson; Andrade Nery, Rosa Maria de. *Código de Processo civil comentado*. 10 ed. São Paulo: Revista dos Tribunais, 2007, p. 1.225).

a adjudicação, alienação por iniciativa particular ou a arrematação, mas sempre antes da assinatura da respectiva carta.

O prazo, portanto, é de até cinco dias após a adjudicação, alienação por iniciativa particular ou da arrematação.

Porém, o legislador não estabeleceu quando efetivamente se pode considerar perfectibilizada a alienação judicial do bem para efeito de se contar o prazo de cinco dias. O correto, portanto, é contar esse prazo de cinco dias a partir da assinatura do auto de alienação particular, arrematação ou adjudicação, mas sempre antes da assinatura da respectiva carta. Nesse sentido já entendeu o S.T.J.:

> *(...).*
>
> *II – Consoante já decidiu este Superior Tribunal de Justiça, a arrematação é ato complexo, de modo que se vê perfeita e acabada depois de assinado o auto pelo juiz, nos termos do art. 694 do Código de Processo Civil. A lavratura do auto, por sua vez, deve ser guiada pelo art. 693 do mesmo Diploma Processual, ou seja 24 (vinte e quatro) horas depois de realizada a praça ou leilão, prazo este concedido com o fim de oportunizar a remição, nos moldes dos arts.*
>
> *788, inciso I e 789 do mesmo Estatuto Legal. Precedentes.*
>
> *III – No caso dos autos, não se verifica dilatação do prazo estabelecido no art. 1.048 do Código de Processo Civil, mas tão somente a fixação do seu termo inicial.*
>
> *IV – Recurso especial desprovido.*
>
> (REsp 437.573/SP, Rel. Ministro GILSON DIPP, QUINTA TURMA, julgado em 15/04/2004, DJ 24/05/2004, p. 324)

Assim, no caso de cumprimento de sentença ou de processo de execução, o prazo para a propositura dos embargos encontra-se delimitado entre a data da assinatura do auto de arrematação, adjudicação ou de alienação particular e a assinatura da respectiva carta.

Porém, se houver antecipação da assinatura da carta, ou seja, antes do prazo de cinco dias, a decadência ocorrerá com a assinatura e não com o transcurso do prazo.

É importante salientar que a contagem do prazo de cinco dias fixado pelo art. 675 do atual C.P.C. somente terá aplicação na hipótese em que o terceiro tenha efetivo conhecimento da execução. Se o terceiro não tiver conhecimento da execução, o prazo será contado a partir da data da efetiva turbação de sua posse. Nesse sentido são os seguintes precedentes do S.T.J.:

> *(...).*
>
> *3. A jurisprudência do STJ admite como termo inicial dos Embargos de Terceiro a data da efetiva turbação ou esbulho, mas exige como requisito para a flexibilização*

do art. 1.048 do CPC – segundo o qual sua propositura deve ocorrer até cinco depois da arrematação, mas sempre antes da assinatura da respectiva carta – que o terceiro embargante não tenha tido ciência da Execução.

4. Sucede que, com base em peculiaridades fáticas percebidas na origem, chegou-se à conclusão de que, na hipótese dos autos, houve prévia ciência dos atos expropriatórios (fls. 288-290).

5. O acolhimento da pretensão da requerente pressupõe a conclusão de que ela não teve conhecimento dos atos expropriatórios, o que, em princípio, esbarra no óbice da Súmula 7/STJ.

6. Ao contrário do que alega, não é correto afirmar que o STJ tem firme entendimento de que deve haver, necessariamente, comprovação formal de ciência da constrição judicial pelo terceiro, o qual, como sabido, não é parte no processo e, por isso, não é destinatário natural das intimações judiciais. Desse modo, inafastável a Súmula 634/STF.

7. Agravo Regimental não provido.

(AgRg na MC 20.130/MG, Rel. Ministro HERMAN BENJAMIN, SEGUNDA TURMA, julgado em 04/12/2012, DJe 19/12/2012).

Embargos de terceiro. Prazo. Fraude de execução. Precedentes da Corte.

1. Como assentado na jurisprudência da Corte, o prazo para interposição dos embargos de terceiro conta-se da data em que manifestada a turbação.

2. Apoiada a decisão do Tribunal local em aspectos de fato sobre a ausência de citação quando da venda do imóvel e sem a configuração de insolvência, não há falar em fraude de execução.

3. Recurso especial não conhecido.

(REsp 651.126/DF, Rel. Ministro CARLOS ALBERTO MENEZES DIREITO, TERCEIRA TURMA, julgado em 29/11/2006, DJ 26/03/2007, p. 232).

1. Para o terceiro embargante que não teve ciência da execução, o prazo inicia-se com a turbação, situação diversa da versada nos autos, em que o recorrente tomara ciência inequívoca da imissão na posse anteriormente à juntada aos autos do mandado. Precedentes.

2. Agravo regimental não provido.

(AgRg no REsp 1206181/PA, Rel. Ministro CASTRO MEIRA, SEGUNDA TURMA, julgado em 23/11/2010, DJe 01/12/2010).

(...).

III. O prazo para oposição dos embargos de terceiro é de até cinco dias depois da arrematação, adjudicação ou remição, mas sempre antes da assinatura da respectiva carta. No caso, além da penhora, já efetivada, não há elementos nos autos seguros para verificar a ocorrência de qualquer dessas hipóteses antes de opostos os embargos de terceiro, não se podendo falar, portanto, em intempestividade dos embargos.

IV. A agravante não trouxe qualquer argumento capaz de modificar a conclusão alvitrada, a qual se mantém por seus próprios fundamentos.

Agravo improvido.

(AgRg no Ag 676.606/RS, Rel. Ministro SIDNEI BENETI, TERCEIRA TURMA, julgado em 26/08/2008, DJe 11/09/2008).

Muito embora o art. 675 do atual C.P.C. somente faça referência à execução de quantia certa, o certo é que os embargos de terceiro também podem ser interpostos em se tratando de processo de execução que tenha por objeto obrigação para entrega de coisa. Nesta hipótese, os embargos deverão ser apresentados até cinco dias após a intimação do terceiro para e entrega do bem objeto da execução, ou seja, após tomar ciência do ato turbativo.

Prescreve o Enunciado n. 54 da ENFAM (Escola Nacional de Formação e Aperfeiçoamento de Magistrado): A ausência de oposição de embargos de terceiro no prazo de 15 (quinze) dias prevista no art. 792, § 4º, do CPC/2015 implica preclusão para fins do art. 675, caput, do mesmo código.

O S.T.J. já entendeu que é possível fixar como termo inicial do prazo para oposição de embargos de terceiro a data do cumprimento do mandado de imissão na posse, pois, apesar de o artigo 1048 do CPC (de 1973) prever que tal prazo conta-se da arrematação, adjudicação ou remição, o STJ, em interpretação extensiva, considera que o terceiro embargante, não sendo parte no processo, não é cientificado da execução a fim de defender em juízo o seu direito de posse. (AgRg n. REsp 507872).

O fato de o terceiro não ter ingressado com os embargos, permitindo o transcurso do prazo decadencial, não significa dizer que se tornou inviável qualquer outra forma jurídica para se excluir o bem da constrição judicial.

Apesar do transcurso do prazo decadencial para se interporem os embargos, o terceiro poderá combater a constrição judicial por meio de outras demandas.

O *parágrafo único do art. 675* traz uma inovação importante ao estabelecer: *caso identifique a existência de terceiro titular de interesse em embargar o ato, o juiz mandará intimá-lo pessoalmente.*

Verificando o juiz pelos elementos constantes do processo que a constrição poderá atingir bens de terceiro, o juiz providenciará sua intimação pessoal para, se assim desejar, propor embargos de terceiro contra a ameaça ou a efetiva prática de ato constritor judicial.

Art. 676

Os embargos serão distribuídos por dependência ao juízo que ordenou a constrição e autuados em apartado.

Parágrafo único. Nos casos de ato de constrição realizado por carta, os embargos serão oferecidos no juízo deprecado, salvo se indicado pelo juízo deprecante o bem constrito ou se já devolvida a carta.

Competência para julgamento dos embargos de terceiro

Observa-se que os embargos de terceiro são uma nova demanda e não mera inserção de terceiro no âmbito do processo já instaurado, onde ocorreu a constrição judicial. Contudo, há de certa forma um vínculo de acessoriedade entre os embargos e o processo em que se efetivou a constrição judicial, devendo aquele ser distribuído por dependência perante o juízo no qual tramita o processo antecedente. Nesse sentido estabelece o art. 676 do atual C.P.C., ao afirmar que os embargos serão distribuídos por dependência e correrão em autos distintos perante o mesmo juízo que ordenou a apreensão.

Distribuídos, em regra, por dependência, correrão em autos distintos, devendo ser juntada aos embargos cópia do ato de constrição.

A competência do juízo de primeiro grau para processar e julgar os embargos é funcional, portanto, absoluta e improrrogável.

Contudo, se os embargos de terceiro são interpostos pela União, autarquias federais ou empresas públicas federais em face de constrição proveniente de processo que tramita perante a justiça estadual, haverá deslocamento dos embargos para a Justiça Federal, uma vez que a competência federal é *ratione personae,* nos termos do art. 109 da Constituição Federal. Neste caso, o juiz estadual poderá reconhecer, de ofício, a competência da justiça federal. Eis nesse sentido os seguintes precedentes do S.T.J.:

> *1. Na espécie, embora a execução tramite perante a Justiça Estadual (por apenas envolver entes particulares), os embargos de terceiro apresentados pelo INSS – como ação autônoma que são – deverão ser processados e julgados na Justiça Federal, por imposição constitucional (art. 109, I, CF). Hipótese de competência absoluta. Precedentes.*
>
> *2. Conflito de competência conhecido para declarar competente o Juiz Federal da 16ª Vara Cível da Seção Judiciária do Estado de São Paulo, o suscitante.*
>
> (CC 95.138/SP, Rel. Ministro CASTRO MEIRA, PRIMEIRA SEÇÃO, julgado em 22/04/2009, DJe 04/05/2009)

A União ajuizou embargos de terceiro contra decisão proferida pelo juízo comum estadual, que determinou, nos autos de execução de título judicial movida por pensionistas de ex-ferroviários, a penhora de créditos da Rede Ferroviária Federal S/A, sucessora da FEPASA – Ferrovia Paulista S/A, que entende lhes pertencer.

Nos termos do art. 109, I, da CF/88, compete à justiça comum federal o exame dos embargos de terceiro, pois presente a União no pólo ativo da demanda.

Todavia, apenas os embargos de terceiro se deslocam para a justiça federal, devendo o processo executório em curso na justiça comum estadual lá permanecer. Isso porque a competência da justiça federal é absoluta e, por isso, não se prorroga por conexão. Além disso, a execução tem por objeto sentença de mérito transitada em julgado proferida pelo judiciário paulista, o que atrai a incidência da regra contida no art. 575, II, do Diploma Processual Civil.

Impõe-se, de outra parte, o sobrestamento da execução em curso na justiça comum estadual até o julgamento final dos embargos de terceiro pela justiça federal, a fim de se evitar a prolação de decisões conflitantes ou irreversíveis.

Conflito conhecido para declarar a competência do Juízo da 4ª Vara da Fazenda Pública de São Paulo/SP, ora suscitado, para o exame da demanda executória"

(CONFLITO DE COMPETÊNCIA N. 83.326-SP).

Preceitua o *parágrafo único do art. 676* do atual C.P.C. que *nos casos de ato de constrição realizado por carta, os embargos serão oferecidos no juízo deprecado, salvo se indicado pelo juízo deprecante o bem constrito ou se já devolvida a carta.*

A Súmula 33 do extinto Tribunal Federal de Recursos preceituava que *"o juiz deprecado, na execução por carta, é o competente para julgar os embargos de terceiros, salvo se o bem apreendido foi indicado pelo juiz deprecante"*.

O novo C.P.C., além de consignar que compete ao juízo deprecante julgar os embargos de terceiro quando o bem for por ele expressamente indicado, também lhe outorga essa competência quando a carta precatória já tiver sido devolvida ao juízo deprecante.

Assim, se o bem constrito foi indicado pelo juízo deprecante, compete a este julgar os embargos de terceiro. A competência também será do juízo deprecante, quando a carta precatória já tiver sido devolvida ao juízo deprecante.

Porém, é possível que a constrição do bem tenha sido determinada pelo juízo deprecado, mas a interposição dos embargos se dê no juízo deprecante, uma vez que a carta já tinha sido devolvida. Nesta hipótese, segundo o novo C.P.C., os embargos deverão ser julgados pelo juízo deprecante.

Sobre o tema, eis os seguintes precedentes do S.T.J.:

1. Em princípio, o juízo que determinou a prática de um ato executivo é o competente para conhecer dos inconformismos daí decorrentes, tal como ocorre nos embargos à execução por carta (art.

747 do CPC) e nos embargos de terceiro (art. 1.049 do CPC). De fato, em tese, seria descabido atribuir tal competência para outro juízo, que não ergueu os fundamentos jurídicos do ato executivo impugnado.

2. Ao juízo deprecante compete apreciar os embargos de terceiro opostos contra penhora de imóvel por ele indicado (Súmula n. 33 do extinto Tribunal Federal de Recursos – TFR).

3. In casu, desinfluente é o fato de que a penhora fora inicialmente determinada pelo juízo deprecado de Bagé/RS, pois ela só se tornou realmente efetiva com a decisão do juízo deprecante de Araranguá/SC, que reconheceu a ocorrência de fraude à execução.

4. Recurso especial não-conhecido.

(REsp 1033333/RS, Rel. Ministro MASSAMI UYEDA, TERCEIRA TURMA, julgado em 19/08/2008, DJe 05/09/2008)

1. De nosso sistema processual civil retira-se o princípio segundo o qual compete ao juízo em que se praticou o ato executivo processar e julgar as causas tendentes a desconstituí-lo. Assim o é para os embargos à execução por carta (CPC, art. 747) e para os embargos de terceiro (CPC, art. 1.049). Precedentes do STJ e do STF.

2. Conflito conhecido e declarada a competência do Juízo Federal da 7ª Vara de Execuções Fiscais da Seção Judiciária do Rio de Janeiro, o suscitado.

(CC 53.034/GO, Rel. Ministro TEORI ALBINO ZAVASCKI, PRIMEIRA SEÇÃO, julgado em 14/06/2006, DJ 01/08/2006, p. 342)

Ensina HUMBERTO THEODORO JÚNIOR: *"se a ordem deprecada através da carta foi genérica, como a de citação do devedor para pagar em 24 horas sob pena de penhora, a escolha e apreensão de certos e determinados bens do devedor é, sem dúvida, ato ordenado e presidido pelo juiz que dá cumprimento à deprecação. Logo, se houver violação à posse ou domínio de terceiro, os embargos deverão ser dirimidos pelo juiz deprecado, pois o ato de apreensão partiu dele. Quando, porém, a carta precatória já é expedida pelo deprecante com a especificação do bem a ser apreendido, como, v.g., nas execuções hipotecárias e nas buscas e apreensões, o deprecado age, na verdade, como simples executor material de deliberação do deprecante. Então, os embargos de terceiro terão de ser aforados e dirimidos perante o juízo de origem."*[1388] .

[1388] THEODORO JÚNIOR, Humberto. *Curso de direito processual civil.* 18. ed., Rio de Janeiro: Forense, 1999, v. 3., p. 334 -5

Art. 677

Na petição inicial, o embargante fará a prova sumária de sua posse ou de seu domínio e da qualidade de terceiro, oferecendo documentos e rol de testemunhas.

§ 1º É facultada a prova da posse em audiência preliminar designada pelo juiz.

§ 2º O possuidor direto pode alegar, além da sua posse, o domínio alheio.

§ 3º A citação será pessoal, se o embargado não tiver procurador constituído nos autos da ação principal.

§ 4º Será legitimado passivo o sujeito a quem o ato de constrição aproveita, assim como o será seu adversário no processo principal quando for sua a indicação do bem para a constrição judicial.

Sumário:

1. Petição inicial – requisitos **2.** Legitimidade passiva

1. Petição inicial – requisitos

Este dispositivo estabelece alguns requisitos da petição inicial.

O art. 1050 do C.P.C. de 1973 preconizava que a petição inicial deveria observar o disposto no art. 282 do mesmo diploma legal, *in verbis*:

> *Art. 1.050. O embargante, em petição elaborada com observância do disposto no art. 282, fará a prova sumária de sua posse e a qualidade de terceiro, oferecendo documentos e rol de testemunhas.*
>
> *§ 1º É facultada a prova da posse em audiência preliminar designada pelo juiz.*
>
> *§ 2º O possuidor direto pode alegar, com a sua posse, domínio alheio.*
>
> *§ 3º A citação será pessoal, se o embargado não tiver procurador constituído nos autos da ação principal. (Incluído pela Lei nº 12.125, de 2009)*

Muito embora o art. 677 do atual C.P.C. não faça referência ao dispositivo que trata dos requisitos gerais, não há dúvida de que a petição inicial dos embargos de terceiro também deve observar, no que couber, o disposto no art. 319 do atual C.P.C., que assim dispõe:

> *Art. 319. A petição inicial indicará:*
>
> *I – o juízo a que é dirigida* – no caso será, em regra, o mesmo juízo que determinou a constrição judicial

II – os nomes, os prenomes, o estado civil, a existência de união estável, a profissão, o número de inscrição no Cadastro de Pessoas Físicas ou do Cadastro Nacional da Pessoa Jurídica, o endereço eletrônico, o domicílio e a residência do autor e do réu – o réu será aquele que se beneficiou com a constrição judicial, sendo que no caso do processo de execução ou de cumprimento de sentença, se o bem foi indicado pelo executado, também este deverá ser citado como embargado, em litisconsorte com o exequente.

III – o fato e os fundamentos jurídicos do pedido – aqui o embargante deverá indicar a ameaça ou o ato constritivo dos bens, demonstrando sua legitimidade e seu interesse em reverter a constrição.

IV – o pedido e suas especificações – que em síntese diz respeito à tutela inibitória ou à desconstituição do ato constritivo e a liberação do bem.

V – o valor da causa – que em regra será o valor do bem objeto da constrição, o que significa dizer que nem sempre será o mesmo valor da causa do processo em que houve a constrição.

VI – as provas com que o autor pretende demonstrar a verdade dos fatos alegados;

VII – a opção do autor pela realização ou não de audiência de conciliação ou de mediação.

Por outro lado, complementa o art. 320 do atual C.P.C.: *"A petição inicial será instruída com os documentos indispensáveis à propositura da ação"*.

Conforme estabelece o art. 677 do atual C.P.C., com a petição inicial dos embargos, o embargante deverá fazer prova sumária de sua posse ou de seu domínio, assim como deverá demonstrar sua qualidade de terceiro.

Deverá juntamente com a inicial também apresentar os documentos indispensáveis para comprovar o domínio ou a posse.

O número de testemunhas arroladas não pode ser superior a dez, sendo três, no máximo, para a prova de cada fato (§6º do art. 357 do atual C.P.C.).

O juiz poderá limitar o número de testemunhas em consideração à complexidade da causa e dos fatos individualmente considerados (§7º do art. 357 do atual C.P.C.).

Se o embargante puder provar de plano, documentalmente, o seu domínio ou a sua posse ou seu interesse em outro direito real ou pessoal sobre o bem, deverá fazê-lo de imediato.

Estabelece o *§1º do art. 677* do atual C.P.C. que é *facultada a prova da posse em audiência preliminar designada pelo juiz.*

Pode ocorrer que a posse do embargante não possa ser provada documentalmente, não havendo prova material. Ocorre que, sendo a posse um fato, pode ela ser provada exclusivamente mediante prova testemunhal. A posse pode ser provada exclusivamente por prova testemunhal, principalmente a posse *ad usucapionem*. Neste caso, se não houver prova documental suficiente para que o juiz defira liminarmente a medida, ele pode realizar audiência de justificação, isto é, uma audiência preliminar para oitiva do embargante e das testemunhas para a avaliação da pretensão inserida na inicial.

Preceitua o *§2º do art. 677* do atual C.P.C. que *o possuidor direto pode alegar, além de sua posse, o domínio alheio.*

Sabe-se que a posse pode ser distinguida entre *posse direta* e *posse indireta*. Conforme preceitua o art. 1.197 do atual C.c.b.: *"a posse direta, de pessoa que tem a coisa em seu poder, temporariamente, em virtude de direito pessoal, ou real, não anula a indireta, de quem aquela foi havida, podendo o possuidor direito defender a sua posse contra o indireto"*.

Assim, pode-se afirmar: o locador tem a posse indireta enquanto que o locatário detém a posse direta; o comodante tem a posse indireta e o comodatário a posse direta; o nú-proprietário a posse indireta, enquanto que o usufrutuário a posse direta, e assim por diante.

No caso, pode o locatário, o comodatário ou o usufrutuário ingressar com embargos de terceiro, aduzindo que detém apenas a posse direta do bem, sendo que o domínio pertence a terceiro.

O possuidor direto está legitimado a ingressar com os embargos terceiro a fim de proteger domínio alheio.

Preceitua o *§3º do art. 677* que *a citação será pessoal, se o embargado não tiver procurador constituído nos autos da ação principal.*

Em regra, aquele que requereu a constrição do bem no processo principal, ou dela se favoreceu, terá procurador constituído nos autos, sendo que neste caso sua citação para compor a relação jurídica processual dos embargos de terceiro será realizada na pessoa de seu procurador.

Contudo, pode ocorrer que o embargado não tenha procurador constituído nos autos da ação principal, uma vez que, por exemplo, ele tenha renunciado ao mandato. Neste caso, a citação do embargado deverá ser pessoal, via correio, por mandado ou por Edital.

2. Legitimidade passiva

Estabelece o *§4º do art. 677* do atual C.P.C. que *será legitimado passivo o sujeito a quem o ato de constrição aproveita, assim como o será seu adversário no processo principal quando for sua a indicação do bem para a constrição judicial.*

Como se tem afirmado, o sujeito passivo para compor a relação jurídica processual dos embargos de terceiro será aquele a quem o ato judicial de constrição do bem aproveita, sendo que em se tratando de processo de execução, o proveito da constrição judicial será, em regra, do exequente.

Este parágrafo diz ainda que será legitimado, também, o adversário no processo principal quando for sua a indicação do bem para a constrição judicial. É o caso de o executado indicar o bem para a penhora, ou, ainda, a hipótese de o réu indicar o bem para eventual constrição em tutela de urgência cautelar ou satisfativa.

Sobre o tema, eis o seguinte precedente do S.T.J.:

(...).

3. Discute-se na doutrina a respeito da composição do pólo passivo nos Embargos de Terceiro. Segundo Araken de Assis, porém, parece mais razoável a tese de que só o credor, a quem aproveita o processo executivo, encontra-se legitimado passivamente, ressalvadas duas hipóteses: a) cumulação de outra ação (p.ex., negatória) contra o executado; e b) efetiva participação do devedor no ato ilegal (Manual do Processo de Execução. São Paulo: Editora Revista dos Tribunais, 6ª Ed., p. 1.147/1.148).

4. Ressalvadas as louváveis opiniões em contrário, essa parece ser a melhor conclusão, mormente porque a indicação do bem imóvel foi realizada pela exequente, ora recorrida, cabendo apenas a esta a contestação da pretensão deduzida pela embargante, ora recorrente, tal como efetivamente ocorreu. Inexistente, portanto, o litisconsórcio passivo necessário entre credor e devedor, também porque este decorre apenas da lei ou da natureza jurídica da relação de direito material acaso existente entre exequente e executado, circunstâncias que não se verificam no âmbito dos Embargos de Terceiro (CPC, art. 47). Precedente: 3a. Turma, REsp. 282.674/SP, Rel. Min. NANCY ANDRIGHI, DJU 07.05.2001, p. 140.

5. A propósito, curiosa é a observação de que o art. 1.050, § 3º do CPC se refere ao embargado no singular, o que sugeriria a existência de apenas um deles (exequente ou executado) no pólo passivo da ação de Embargos de Terceiro, tudo a depender de quem terá realizado a indicação do bem à penhora.

6. Recurso Especial de ÂNGELA BEATRIZ CEZIMBRA conhecido em parte e, nessa parte, provido para afastar a nulidade reconhecida no acórdão e determinar o retorno dos autos ao Tribunal de origem, para que prossiga no julgamento da Apelação da União Federal.

(REsp 1033611/DF, Rel. Ministro NAPOLEÃO NUNES MAIA FILHO, PRIMEIRA TURMA, julgado em 28/02/2012, DJe 05/03/2012)

Art. 678

A decisão que reconhecer suficientemente provado o domínio ou a posse determinará a suspensão das medidas constritivas sobre os bens litigiosos objeto dos embargos, bem como a manutenção ou a reintegração provisória da posse, se o embargante a houver requerido.

Parágrafo único. O juiz poderá condicionar a ordem de manutenção ou de reintegração provisória de posse à prestação de caução pelo requerente, ressalvada a impossibilidade da parte economicamente hipossuficiente.

Efeitos do recebimento dos embargos

É importante salientar que o juiz pode receber ou rejeitar liminarmente os embargos de terceiro, uma vez que, conforme afirma Hamilton de Moraes e Barros, o juiz não é mero protocolista, tendo até entre seus poderes-dever o de matar no nascedouro os feitos que já se evidenciam inviáveis. Pode ocorrer conluio entre o executado e o embargante, com o único fim de tumultuar a execução ou o cumprimento de sentença. Pode, ainda, o direito invocado pelo embargante não ser impeditivo da prática do ato de constrição judicial contra que se insurge, como também pode a prova anunciada ser imprestável para tornar certa a pretendida relação jurídica invocada. O Código admite uma decisão liminar já de rejeição dos embargos de terceiro, quando evidentemente sem fundamento, como, também, a de seu recebimento liminar para discussão. [1389]

Recebendo os embargos e determinando o seu processamento, o juiz poderá de plano conceder liminarmente um dos efeitos da tutela pretendida pelo embargante, mediante a suspensão das medidas constritivas e a devolução do bem ao seu pretendente.

Muito embora o atual C.P.C. não tenha repetido o disposto no art. 1052 do C.P.C. de 1973, é certo que quando os embargos versarem sobre todos os bens, o juiz determinará a suspensão do curso do processo principal, se não houver outros bens para garanti-lo; versando sobre alguns deles, prosseguirá o processo principal somente quanto aos bens não embargados.

Se o juiz considerar suficientemente provada a posse ou o domínio determinará a suspensão das medidas constritivas (decorrente de tutela de urgência cautelar ou satisfativa ou, ainda, de penhora) objeto dos embargos.

[1389] Moraes e Barros, H., op. cit., p. 387.

A prova exigida pelo código é uma prova circunstancial e suficiente para fundamentar a concessão de uma tutela de urgência com base na cognição sumária ou superficial. Não há necessidade de que a prova seja plena e inequívoca. Uma prova assim deve ser exigida por ocasião da sentença final a ser proferida nos embargos. Para o juiz, o princípio que deve reger a prova neste momento é o da simples verossimilhança ou da probabilidade de certeza.

Se o embargante requerer, poderá ainda o juiz determinar a manutenção ou a restituição da posse. Nesse sentido, aliás, é o que dispõe o art. 347º do Código de Processo Civil português, a saber:

> *Artigo 347º Efeitos do recebimento dos embargos*
> *O despacho que receba os embargos determina a suspensão dos termos do processo em que se inserem, quanto aos bens a que dizem respeito, bem como a restituição provisória da posse, se o embargante a houver requerido, podendo, todavia, o juiz condicioná-la à prestação de caução pelo requerente.*

O art. 1051 do C.P.C. de 1973 somente autorizava a expedição de mandado de manutenção ou de restituição da posse em favor do embargante *depois que ele prestasse caução de os devolver com seus rendimentos, casso os embargos fossem afinal declarados improcedentes.*

O novo C.P.C. autoriza a entrega dos bens ao embargante independentemente de caução, desde que a prova da posse ou do domínio esteja bem caracterizada.

É bem verdade que nos termos do que estabelece o *parágrafo único do art. 678* do atual C.P.C., *o juiz poderá condicionar a ordem de manutenção ou de reintegração provisória de posse à prestação de caução pelo requerente, ressalvada a impossibilidade da parte economicamente hipossuficiente.*

Note-se que a prestação de caução não é mais uma condicionante para a devolução dos bens ao embargante, mas uma contracautela exigida de acordo com o convencimento do magistrado e a segurança da efetividade da tutela a ser proferida no processo principal.

A caução que o juiz poderá exigir terá natureza de hipoteca, penhor, depósito em dinheiro ou papéis de crédito, ou, ainda, fiança, e será prestada nos próprios autos dos embargos de terceiro.

Sendo o embargante economicamente hipossuficiente, poderá o juiz dispensar a prestação de caução para a manutenção ou restituição do bem.

Porém, se o juiz verificar pelos elementos dos autos que a parte hipossuficiente poderá desaparecer com o bem ou destruí-lo totalmente, o juiz poderá determinar que o bem fique em depósito até decisão final nos embargos.

Sobre o tema, eis os seguintes precedentes do S.T.J.:

Agravo regimental no recurso especial. Processual civil. Embargos de terceiro. Deferimento liminar. Art. 1.051 do cpc. Caução não exigida. Possibilidade de dispensa. Aplicação da súmula 07/stj. Recurso especial a que se nega seguimento. agravo regimental desprovido.

(AgRg no REsp 1289626/SP, Rel. Ministro PAULO DE TARSO SANSEVERINO, TERCEIRA TURMA, julgado em 20/05/2014, DJe 02/06/2014).

– Se a caução prevista no art. 1.051 do CPC não é exigida ou não puder ser prestada pelo embargante, o objeto dos embargos de terceiro fica seqüestrado e quem o recebe assume o cargo de depositário judicial do bem, nos termos do art. 148 do CPC.

– Se aquele que recebe liminarmente o bem o objeto dos embargos de terceiro, sem prestar caução, nega a sua qualidade de depositário judicial, para esquivar-se da devolução do bem ou mesmo da sua prisão civil, quebra o dever de lealdade processual exigido pelo art. 14 do CPC, incorre em litigância de má-fé e, por isso, pode ser condenado de acordo com o disposto nos arts. 17 e 18, ambos do CPC.

Recurso especial não conhecido.

(REsp 754.895/MG, Rel. Ministra NANCY ANDRIGHI, TERCEIRA TURMA, julgado em 25/09/2006, DJ 09/10/2006, p. 291).

EMBARGOS DE TERCEIRO. Caução.

A caução exigida para a reintegração na posse pode ser substituída pelo depósito judicial do bem.

Recurso conhecido e provido.

(REsp 475.156/SC, Rel. Ministro RUY ROSADO DE AGUIAR, QUARTA TURMA, julgado em 19/12/2002, DJ 24/02/2003, p. 251).

Art. 679

Os embargos poderão ser contestados no prazo de 15 (quinze) dias, findo o qual se seguirá o procedimento comum.

Prazo para contestação

O art. 1.053 do C.P.C. de 1973 estabelecia o prazo de 10 (dez) dias para contestação dos embargos, findo o qual se procederia de acordo com o disposto no art. 803. O art. 803 do C.P.C. de 1973 dizia respeito ao procedimento cautelar.

Pelo novo C.P.C., tendo o embargado procurador constituído nos autos, a sua citação far-se-á na pessoa do procurador, caso contrário deverá ele ser citado pessoalmente. Sendo citado, terá o embargado o prazo de quinze dias para apresentar contestação. Findo esse prazo, com ou sem contestação, o processo deverá seguir o que estabelece o procedimento comum.

Se o embargado não contestar, presumir-se-ão aceitos por ele, como verdadeiros, os fatos articulados pelo embargante, não havendo necessidade de audiência de instrução e julgamento, nem necessidade de outras provas. Já se o embargado contestar o pedido, forma-se o contraditório, podendo existir necessidade de produção de outras provas a ser colhida em audiência. Não havendo necessidade de outras provas, o juiz poderá proferir julgamento conforme o estado do processo.

Saliente-se que a sentença que julgar os embargos não fará coisa julgada em relação ao domínio ou em relação à posse definitiva do embargante ou do embargado. Essas questões poderão ser objeto de outro processo.

Se o terceiro houver perdido a posse, poderá reivindicá-la, ainda que tenha sido sucumbente nos embargos.

Da mesma forma o exequente ou o promovente do ato constritivo, se não conseguir obstar a vitória do terceiro nos embargos, poderá provar, em demanda autônoma, com finalidade especial, que o terceiro não possui o direito que provisoriamente lhe foi reconhecido nos embargos.[1390]

Art. 680

Contra os embargos do credor com garantia real, o embargado somente poderá alegar que:

I – o devedor comum é insolvente;

II – o título é nulo ou não obriga a terceiro;

III – outra é a coisa dada em garantia.

Conteúdo dos embargos em relação a credor com garantia real

Em razão do *direito de sequela* que acompanha os bens oferecidos em garantia real (penhor, hipoteca e anticrese), a força que tem o credor com garantia real é tamanha, a ponto de que o embargado, diante de embargos de terceiro propostos por este tipo de credor, ficar limitado no seu direito de defesa, ensejando por parte do juiz uma cognição horizontal parcial ou limitada.

Assim, conforme estabelece o art. 680 do atual C.P.C., contra os embargos do credor com garantia real, o embargado somente poderá alegar que:

[1390] Moraes e Barros, H., idem, p. 396.

a) o devedor comum é insolvente, ou seja, os bens que compõem o seu patrimônio não são mais suficientes para garantir os créditos contra si constituídos.

Como é do conhecimento de todos, a falência e a insolvência admitem a discussão de fraude contra credores, razão pela qual, ocorrendo uma dessas hipóteses, poderá o credor sem garantia real analisar a legitimidade da garantia prestada pelo devedor, inclusive como matéria de defesa em embargos de terceiro.

b) que o título é nulo ou que não obriga a terceiro, ou seja, que o título constitutivo da garantia real é nulo, não produzindo qualquer efeito jurídico. Poderá ser alegado que a garantia real oferecida não obriga o terceiro, como, por exemplo, quando a garantia é pignoratícia e o instrumento particular não foi registrado no registro público. Da mesma forma em relação à garantia hipotecária.

c) que outra é a coisa dada em garantia, ou seja, que o bem constrito não é o objeto da garantia real.

A cognição exercida pelo juiz nesta hipótese de embargos de terceiro é horizontal *limitada ou parcial*.

Art. 681

Acolhido o pedido inicial, o ato de constrição judicial indevida será cancelado, com o reconhecimento do domínio, da manutenção da posse ou da reintegração definitiva do bem ou do direito ao embargante.

Efeito da decisão de procedência proferida nos embargos de terceiro

Uma vez acolhida a pretensão formulada pelo terceiro embargante por decisão final, o ato de indevida constrição judicial será cancelado em definitivo.

Outrossim, a decisão de procedência do pedido nos embargos de terceiro também reconhecerá/declarará o domínio, a manutenção da posse ou a reintegração definitiva do bem ou direito ao embargante.

CAPÍTULO VIII – Da Oposição

Art. 682

Quem pretender, no todo ou em parte, a coisa ou o direito sobre que controvertem autor e réu poderá, até ser proferida a sentença, oferecer oposição contra ambos.

Oposição

O C.P.C. de 1973 inseria o instituto da oposição no Capítulo da Intervenção de Terceiros, juntamente com a nomeação à autoria, denunciação da lide e o chamamento ao processo.

O Projeto originário n. 166/10 do atual C.P.C. retirou o instituto da oposição do capítulo da intervenção de terceiro, dando colorido de uma pretensão a ser formulada pelo procedimento comum ordinário, sem qualificação de intervenção de terceiro.

A Emenda nº 129, do Senador Marconi Perillo, propõe a inserção na modalidade de intervenção de terceiros da oposição, para permitir àquele que pretender, no todo ou em parte, a coisa ou o direito sobre o qual controvertem autor e réu, oferecer oposição contra ambos até ser proferida a sentença.

Já o novo C.P.C. reintroduziu a *oposição* no Capítulo VIII do Título III dos Procedimentos Especiais.

Assim, a oposição deixou de ser manejada pelo procedimento comum, passando a seguir o rito dos procedimentos especiais.

Segundo prescreve o *art. 682* do atual C.P.C., quem pretender, no todo ou em parte, a coisa ou o direito sobre que controvertem autor e réu poderá, até ser proferida a sentença, oferecer oposição contra ambos.

Conforme anota Cândido Rangel Dinamarco: *"oposição é a demanda através da qual terceiro deduz em juízo pretensão incompatível com os interesses conflitantes de autor e réu de um processo cognitivo pendente. Esse conceito engloba os pontos essenciais da teoria da oposição e todos os aspectos que o integram, a saber: a) a oposição como demanda, com que o seu autor vem a juízo pedir algo para si; b) a qualidade de terceiro, que obviamente o autor da oposição deixa de ter, tornando-se parte a partir do momento em que intervém em processo alheio; c) a incompatibilidade substancial de interesses (excluir o direito de ambas as partes); d) a litispendência 'inter alios'); e) a pertinência exclusiva ao processo de conhecimento – não ao executivo, não ao monitório, não ao cautelar. Permite ainda: f) distinguir entre a oposição interventiva, que se faz ingressando em processo pendente entre os opostos, e a autônoma, que dá origem a um processo novo".*[1391]

Na verdade, a oposição autônoma não se trata de intervenção de terceiro, pois o postulante da coisa ou do direito já controvertido é, sim, parte processual, formulando pretensão própria.

Daí porque ter agido com acerto o legislador do novo C.P.C., em inserir a oposição como demanda própria a seguir o rito dos procedimentos especiais.

[1391] DINAMARCO, Cândido Rangel. *Intervenção de terceiros*. São Paulo: Malheiros, 2000. p. 37 e 38.

O Código de Processo Civil português faz uma distinção entre *oposição provocada* e *oposição autônoma.*

Segundo estabelece o art. 338º do C.P.C. português, ocorre a *oposição provocada,* quando esteja disposto a satisfazer a prestação que lhe é exigida, mas tenha conhecimento de que um terceiro se arroga ou pode arrogar-se de direito incompatível com o do autor, pode o réu, dentro do prazo para contestar, requerer que o terceiro seja citado para deduzir, querendo, a sua pretensão, desde que aquele demandado proceda simultaneamente à consignação em depósito da quantia ou coisa devida.

Pode-se observar uma espécie de oposição provocada em nosso ordenamento jurídico pelo teor do que dispõe o parágrafo único do art. 675, parágrafo único, do atual C.P.C., a saber: *caso identifique a existência de terceiro titular de interesse em embargar o ato, o juiz mandará intimá-lo pessoalmente.*

Por sua vez, o art. 333º do C.P.C. português conceitua a *oposição espontânea* nos seguintes termos: *1 – Estando pendente uma causa entre duas ou mais pessoas, pode um terceiro intervir nela como opoente para fazer valer, no confronto de ambas as partes, um direito próprio, total ou parcialmente incompatível com a pretensão deduzida pelo autor ou pelo reconvinte. 2 – A intervenção do opoente só é admitida enquanto não estiver designado dia para a audiência final em 1ª instância ou, não havendo lugar a audiência final, enquanto não estiver proferida sentença.*

O S.T.J. apresentava uma restrição à interposição da oposição quando no processo originário a pretensão dizia respeito apenas à posse e não ao domínio. Nesse sentido são os seguintes precedentes:

> *1. A determinação contida no art. 82, III do CPC mostra-se inaplicável ao caso em exame, uma vez que a controvérsia diz com a interpretação a ser conferida ao art. 923 do CPC. Trata-se de questão unicamente de hermenêutica jurídica, isto é, concluir-se pelo cabimento, ou não, de Intervenção de Terceiro na modalidade Oposição, fundada no domínio do imóvel, em ação em que se discute tão-somente a posse da terra, sem qualquer invasão do mérito da demanda original, sem qualquer repercussão sobre o poder de desapropriação do INCRA.*
>
> *2. Ademais, a decisão objurgada, conforme já assinalado, não obsta a Autarquia Federal de proceder, sendo o caso, ao aforamento de postulação petitória da pretensão, em ação de cognição ampla, ou tampouco lhe embaraça o procedimento desapropriatório, visto que já concluído, devendo tão-somente aguardar o desenrolar da disputa jurídica para decidir sobre os destinatários das terras.*
>
> *(...).*

4. A pretensão deduzida pelo agravante, na Oposição manejada, esbarra no impedimento legal contido no art. 923 do CPC, que impede tanto o autor quanto o réu de intentar ação de reconhecimento do domínio, na pendência do processo possessório.

5. Agravo Regimental desprovido.

(AgRg no REsp 1296991/DF, Rel. Ministro NAPOLEÃO NUNES MAIA FILHO, PRIMEIRA TURMA, julgado em 05/06/2012, DJe 18/06/2012).

PROCESSO CIVIL – INTERVENÇÃO DE TERCEIROS – OPOSIÇÃO.

– Mesmo que se trate de bem público, ação possessória não admite oposição louvada em propriedade de imóvel.

(REsp 493.927/DF, Rel. Ministro HUMBERTO GOMES DE BARROS, TERCEIRA TURMA, julgado em 07/12/2006, DJ 18/12/2006, p. 361)

O art. 682 do atual C.P.C. estabelece um limite temporal para que o opoente possa ingressar com a oposição pelo rito especial, ou seja, até que seja proferida sentença de primeiro grau.

A propositura da demanda originária passa a ser um pressuposto importante para que o 'terceiro' possa ingressar com o procedimento especial de oposição.

Porém, para Celso Agrícola Barbi e Arruda Alvim, a oposição somente poderá ser interposta após a citação do réu. [1392]

A oposição pelo rito especial poderá ser interposta desde a propositura da demanda até a data da publicação da sentença em cartório pelo juízo de primeiro grau, tendo em vista que uma vez publicada a sentença, o juiz cumpre e acaba o seu ofício jurisdicional.

Se já foi proferida a sentença de primeiro grau, eventual pretensão de terceiro deverá ser formulada pelo procedimento comum ordinário. Nesse sentido é a seguinte lição de Cândido Rangel Dinamarco: *"Da clássica limitação dos efeitos diretos da sentença e autoridade da coisa julgada às partes do processo (postulados do processo civil individualista) decorre a preservação das posições jurídicas do terceiro que, podendo formular oposição, não o fez. Resguarda-se sua ação em relação ao bem disputado pelos sujeitos litigantes, assim como permanece o seu eventual direito a ele. Simplesmente, como se costuma dizer, sua possível demanda em juízo, sendo deduzida depois de superado o tempo hábil à oposição, como 'oposição' não virá mais"*.[1393]

A oposição deverá ser proposta em relação ao autor e réu cumulativamente, razão pela qual apresenta uma natureza *bifronte*.

[1392] Barbi, Celso Agrícola. *Comentários ao código de processo civil.* I Vol. Tomo I, (arts. 1 a 55). Rio de Janeiro: Forense, 1977. n. 355, p. 309.

[1393] Dinamarco, C. R., op. cit., p. 45.

Forma-se, portanto, um litisconsórcio necessário entre autor e réu.

Para Cândido Rangel Dinamarco, o *litisconsórcio* será necessário e *unitário.*[1394]

A oposição passa a ser, sem dúvida, uma *questão prejudicial* para que o juiz possa definir a questão entre autor e réu.

Art. 683

O opoente deduzirá seu pedido em observação aos requisitos exigidos para propositura da ação.

Parágrafo único. Distribuída a oposição por dependência, serão os opostos citados, na pessoa de seus respectivos advogados, para contestar o pedido no prazo comum de 15 (quinze) dias.

Requisitos da petição inicial. Legitimidade passiva

O opoente deduzirá seu pedido com observância dos requisitos exigidos para propositura da demanda, ou seja, deverá observar os requisitos dos pressupostos processuais e das condições para análise do mérito da pretensão formulada em juízo.

A petição inicial da oposição deverá observar os requisitos previstos no art. 319 do atual C.P.C., a saber:

Art. 319. A petição inicial indicará:

I – o juízo a que é dirigida;

II – os nomes, os prenomes, o estado civil, a existência de união estável, a profissão, o número de inscrição no Cadastro de Pessoas Físicas ou no Cadastro Nacional da Pessoa Jurídica, o endereço eletrônico, o domicílio e a residência do autor e do réu;

III – o fato e os fundamentos jurídicos do pedido;

IV – o pedido com as suas especificações;

V – o valor da causa;

VI – as provas com que o autor pretende demonstrar a verdade dos fatos alegados;

VII – a opção do autor pela realização ou não de audiência de conciliação ou de mediação.

Segundo estabelece o *parágrafo único do art. 683* do atual C.P.C., *distribuída a oposição por dependência, serão os opostos citados, na pessoa de seus respectivos advogados, para contestar o pedido no prazo comum de 15 (quinze) dias.*

[1394] Dinamarco, C. R., idem, p. 91.

A oposição pelo rito especial será distribuída por dependência ao processo que já se encontra em andamento.

Deverão ser citados para a oposição, na pessoa de seus respectivos advogados, autor e réu, ou seja, os opostos.

Se a parte não tiver advogado, porque é revel, por exemplo, a citação deverá ser pessoal.

As partes terão o prazo de quinze dias para contestar o pedido formulado na demanda de oposição.

Em que pese o parágrafo único do art. 683 do atual C.P.C. falar somente em contestação, o certo é que os opostos poderão apresentar qualquer forma de defesa em relação ao pedido formulado na oposição.

Em se tratando de opostos como a Fazenda Pública e o Ministério Público, o prazo deverá ser contado em dobro.

Art. 684

Se um dos opostos reconhecer a procedência do pedido, contra o outro prosseguirá o opoente.

Reconhecimento da procedência do pedido

Há entre o autor e o réu originários um *litisconsórcio necessário* na configuração da relação jurídica processual da oposição.

É possível, porém, que um dos litisconsortes reconheça a procedência do pedido formulado pelo opoente.

Neste caso, conforme estabelece o art. 684 do atual C.P.C., havendo o reconhecimento de procedência do pedido por um dos opostos, o processo seguirá em relação ao outro que assim não procedeu.

Aliás, o conteúdo normativo do art. 684 do atual C.P.C. é reforçado pelo que dispõem o art. 117 do atual C.P.C. que assim dispõe:

> *Art. 117. Os litisconsortes serão considerados, em suas relações com a parte adversa, como litigantes distintos, exceto no litisconsórcio unitário, caso em que os atos e as omissões de um não prejudicarão os outros, mas os poderão beneficiar.*

Portanto, como o reconhecimento do pedido por parte de um dos opostos é um ato jurídico processual que pode prejudicar o outro litisconsorte, tal conduta somente prejudicará aquele que assim procedeu, não vinculando o oposto que não realizou a mesma conduta.

Art. 685

Admitido o processamento, a oposição será apensada aos autos e tramitará simultaneamente à ação originária, sendo ambas julgadas pela mesma sentença.

Parágrafo único. Se a oposição for proposta após o início da audiência de instrução, o juiz suspenderá o curso do processo ao fim da produção das provas, salvo se concluir que a unidade da instrução atende melhor ao princípio da duração razoável do processo.

Forma de tramitação da oposição

Admitido o processamento da oposição, será esta apensada aos autos originários, tramitando simultaneamente, sendo ambas julgadas pela mesma sentença.

Neste caso, o juiz deverá conhecer de cada demanda em capítulo de sentença individualizada.

Como a oposição se caracteriza como uma questão prejudicial em relação à demanda originária, deverá o juiz, mesmo que na mesma decisão, decidir em primeiro lugar a oposição, para após resolver a questão da demanda originária.

Se a oposição for proposta após o início da audiência de instrução, o órgão jurisdicional suspenderá o curso do processo ao final da produção das provas, salvo se concluir que a unidade da instrução melhor atende ao princípio da duração razoável do processo.

Caberá ao juiz verificar se deverá ou não promover uma instrução única para o processo principal e para a oposição, tendo por fundamento o princípio da duração razoável do processo.

Art. 686

Cabendo ao juiz decidir simultaneamente a ação originária e a oposição, desta conhecerá em primeiro lugar.

A característica prejudicial lógica da oposição

Tendo em vista que a oposição é prejudicial em relação à demanda principal, a sua resolução deverá vir em primeiro lugar, ou seja, antes que o juiz analise a questão trazida na demanda principal.

Evidentemente, se o juiz julgar procedente o pedido do opoente, tal julgamento levará à perda de objeto da demanda principal, pois haveria incompatibilidade de pretensões em razão da prejudicialidade lógica.

CAPÍTULO IX – Da Habilitação

Art. 687

A habilitação ocorre quando, por falecimento de qualquer das partes, os interessados houverem de suceder-lhe no processo.

Habilitação

É princípio corrente que as partes legítimas para compor uma determinada demanda são aquelas que intervieram no âmbito da relação jurídica processual. Essa legitimidade deve prevalecer tanto no momento da propositura da demanda quanto no transcorrer de toda a relação jurídica processual, especialmente quando da prolação da decisão final.

Contudo, uma vez proposta a demanda, pode ocorrer que durante o transcurso da relação jurídica processual umas das partes venha a falecer.

Falecendo a parte, além de tornar irregular a legitimação processual, também torna irregular a 'capacidade postulatória', pois com a morte do mandante extingue-se o contrato de mandato outorgado ao seu advogado.

Em relação à morte da parte e a extinção do mandato outorgado a seu advogado, eis o que estabelece o art. 351, n. 3, do Código de Processo Civil português:

> *(...). 3 – Se o autor falecer depois de ter conferido mandato para a proposição da ação e antes de esta ter sido instaurada, pode promover-se a habilitação dos seus sucessores quando se verifique algum dos casos excecionais em que o mandato é suscetível de ser exercido depois da morte do constituinte.*

A morte ou a perda da capacidade da parte é causa de suspensão do processo, nos termos do art. 313, inc. I, do atual C.P.C., *in verbis:*

> *Art. 313. Suspende-se o processo:*
> *I – pela morte ou pela perda da capacidade processual de qualquer das partes, de seu representante legal ou de seu procurador;*

Morrendo uma das partes durante o transcurso do processo, o juiz, de imediato, deverá determinar a suspensão do processo, evitando-se a partir deste momento a prática de atos processuais, salvo aqueles de caráter de urgência e de perecimento de direito.

Constatando-se a morte da parte durante o transcurso do processo, deve-se proceder à habilitação dos seus sucessores.

Denomina-se habilitação: *"o processo em que os sucessores das partes ingressam em juízo, para demonstrar a sua qualidade de legítimos continuadores das partes originais, isto é, daquelas que iniciaram a causa ou nela vieram a entrar, para integrar a relação processual"*.[1395]

A finalidade da *habilitação* é recompor a relação jurídica processual, no que concerne ao pólo ativo ou passivo.

Por isso a habilitação tem lugar quando, por falecimento de qualquer das partes, os interessados houverem de suceder-lhe no processo. Assim, os sucessores interessados passam a demandar no lugar do falecido, seja ele autor ou réu, inclusive na hipótese de litisconsorte.

A habilitação pode ser requerida pelos interessados como ordenada de ofício pelo juiz, quando este tiver conhecimento no processo de que uma das partes faleceu.

Com a habilitação, os interessados sucessores passam a fazer parte da relação jurídica processual, sendo que a decisão nela proferida também irá alcançá-los, fazendo coisa julgada material.

Note-se que o habilitante não é um terceiro na relação jurídica, mas a própria parte que fora substituída. O habilitante ingressa no lugar da parte falecida. É um sucessor da parte na relação jurídica processual.

No caso de falecimento do representante legal da pessoa jurídica não será caso de habilitação da parte, pois a pessoa jurídica, que detém personalidade jurídica, continua a ser considerada como parte na relação jurídica processual. A questão de se encontrar um novo representante legal da pessoa jurídica é um problema interno que deve ser resolvida de acordo com o que dispõem os estatutos ou o contrato social.

Da mesma forma, se houver o falecimento do representante legal do incapaz, não haverá mudança do polo ativo ou passivo da relação jurídica processual, pois o incapaz continuará a ser a parte legítima 'ad causam'. Apenas haverá mudança de seu representante legal, sendo que na sua falta, o juiz poderá nomear curador especial para representá-lo em juízo.

A habilitação denominada ativa é aquela promovida pelos herdeiros da parte autora da relação jurídica processual, enquanto que a denominada passiva é a promovida pelos herdeiros do réu.

É importante salientar que a morte da parte não pode ser simplesmente alegada nos autos, mas deve vir acompanhada de prova documental, no caso, da

[1395] Moraes e Barros, H., op. cit., p. 400.

certidão de óbito do falecido. Se houver dúvida, poderá o juiz determinar diligências para esclarecer se houve ou não morte da parte.

Uma vez provada a morte da parte, todos os atos processuais praticados a partir deste fato jurídico serão considerados nulos.

Deve-se observar, contudo, que nem todas as demandas podem ser transmitidas, ou seja, podem ter continuidade com os sucessores do falecido. Somente as demandas *transmissíveis* é que comportam o instituto da *habilitação* processual.

Na hipótese de a demanda ter por objeto *direitos personalíssimos*, não poderá ocorrer a habilitação dos sucessores. Exemplos de direitos personalíssimos: alimentos, usufruto, casamento/divórcio etc. Nesse aspecto, eis os seguintes precedentes do S.T.J.:

> *O fato de ter o ora agravante assumido provisoriamente o Tabelionato, em razão do falecimento do titular não lhe enseja nenhum direito quanto à assunção definitiva do cargo, que há de ser preenchido mediante concurso público de remoção, inclusive já realizado, por força do v. aresto desta colenda Corte, o que redunda, afinal, na assertiva de que o agravante, de fato, não possui interesse jurídico na demanda.*
>
> *Ademais, tratando a ação rescisória de direito personalíssimo, com a morte do autor outra possibilidade inexistiria, a não ser aquela de extinção do processo, sem julgamento de mérito, na forma do art.* 267, inc. IX, do Código de Processo Civil.
>
> *Agravo regimental desprovido.*
>
> (AgRg na AR .845/RS, Rel. Ministro PAULO MEDINA, TERCEIRA SEÇÃO, julgado em 14/05/2003, DJ 30/06/2003, p. 126)

> *1. Em face ao caráter mandamental da ação e a qualidade personalíssima do pedido principal, inadmissível a habilitação dos herdeiros por morte do impetrante, ressalvada a possibilidade de recorrerem às vias ordinárias.*
>
> *2. Extinção do processo sem julgamento de mérito.*
>
> (REsp 89.882/MG, Rel. Ministro EDSON VIDIGAL, QUINTA TURMA, julgado em 17/11/1998, DJ 14/12/1998, p. 266)

Nas demandas personalíssimas e intransmissíveis não há lugar para a habilitação. Ocorrendo a morte de uma das partes, deverá o juiz extinguir o processo.

Outro aspecto importante a ser observado, é que o art. 687 do atual C.P.C. estabelece que a habilitação terá lugar quando houver o falecimento de uma *das partes*. Assim, em se tratando da morte do *assistente*, que não é considerado parte, não haverá a suspensão do processo para que ocorra o incidente de habilitação. Contudo, poderão os herdeiros do assistente ingressar no processo, em seu lugar, e na mesma posição e qualidade processual.

Também não se deve confundir a sucessão processual com a substituição processual. Segundo Hamilton de Moraes e Barros, "*dois conceitos devem ser estremados: o de sucessão processual e o de substituição processual. Consiste a sucessão, em substituir um sujeito a outro na titularidade de uma relação. Na relação jurídica processual, a sucessão consiste na troca de um dos seus sujeitos parciais, ou seja, na mudança de uma ou de algumas, ou de todas as partes no processo. Essa mudança de partes, essa sucessão processual, pode ocorrer por três motivos diferentes, a saber: a sucessão universal, a sucessão singular e em razão de intervenção de terceiro. A causa de sucessão universal é a morte da parte. Determina a habilitação, menos nas ações personalíssimas. Na sucessão singular, ocorrida em virtude de cessão de direito, ou de sub-rogação, o sucessor singular cessionário, ou sub-rogado, ingressa nos autos juntando a prova dos atos de transmissão dos direitos, requer a citação da parte contrária e, a final, irá, assumir a posição do seu antecessor. A sucessão por intervenção de terceiro dá-se com a nomeação à autoria. Dá-se aqui a mudança da parte. Aceitando o nomeado, assumirá a posição do nomeante. Substituto processual é aquele que defende em juízo, em nome próprio, um direito alheio. O substituto processual é parte. Sua posição, entretanto, não é igual à da parte que tenha, também, tido direito defendido em juízo. A substituição processual é, também, de distinguir-se da representação. O substituto defende em nome próprio um direito alheio, enquanto o representante age, mas em nome do representado*".[1396]

É importante salientar que a habilitação deve ocorrer durante o transcurso da relação jurídica processual. Daí porque não há falar em habilitação se a parte é falecida antes do ingresso com a demanda. Neste caso, se se promove a demanda em face de parte falecida, o que há é a ilegitimidade de parte e não o desencadeamento do instituto de habilitação.

Sobre o tema, eis os seguintes precedentes do S.T.J.:

> *1. No caso de falecimento do impetrante durante o processamento do mandado de segurança, a jurisprudência do Superior Tribunal de Justiça é firme no sentido de que não é cabível a sucessão de partes, ante o caráter mandamental e a natureza personalíssima da demanda. Precedentes: EDcl no MS 11.581/DF, Rel. Ministro OG FERNANDES, TERCEIRA SEÇÃO, julgado em 26/6/2013, DJe 1º/8/2013; MS 17.372/DF, Relator Ministro HERMAN BENJAMIN, PRIMEIRA SEÇÃO, julgado em 26/10/2011, DJe 8/11/2011.*
>
> *2. Todavia, na hipótese de o mandado de segurança encontrar-se em fase de execução, é cabível a habilitação de herdeiros, conforme determinou a Corte de origem.*
>
> *Agravo regimental improvido.*

1396 Moraes e Barros, H., idem, p. 405 e 406.

(AgRg no AgRg no REsp 1415781/PR, Rel. Ministro HUMBERTO MARTINS, SEGUNDA TURMA, julgado em 22/05/2014, DJe 28/05/2014).

(...).

2. Não promovida a habilitação do espólio ou sucessores no prazo legal, impõe-se a extinção do recurso especial.

3. O abandono da causa somente ocorre quando o autor deixa de realizar os atos que lhe competem. Não caracterização na hipótese dos autos.

4. Agravo não provido.

(AgRg na PET no AREsp 372.240/CE, Rel. Ministra NANCY ANDRIGHI, TERCEIRA TURMA, julgado em 08/05/2014, DJe 19/05/2014).

(...).

Contudo, foi mantida a negativa de provimento ao pleito de habilitação de herdeiro em mandado de segurança, com base nos artigos 1.055 e 1.056 do Código Civil.

2. A jurisprudência do Supremo Tribunal Federal e do Superior Tribunal de Justiça é pacífica ao reconhecer que o direito de postulação pela via mandamental é personalíssimo e, assim, incabível a sucessão no writ por habilitação – prevista nos artigos 1.055 e 1.056 do Código Civil, cabendo aos herdeiros, contudo, a possibilidade de recorrer às vias ordinárias.

3. Precedentes no Supremo Tribunal Federal: AgR no RMS 26.806/DF, Relator Min. Dias Toffoli, Primeira Turma, Acórdão eletrônico publicado no DJe-119 em 19.6.2012 e na RT v. 101, n. 925, 2012, p. 565-572; AgR no RE 445.409/AM, Relator Min. Dias Toffoli, Primeira Turma, publicado no DJe-146 em 1º.8.2011 e no Ementário vol. 2556-03, p. 533; e QO no MS 22.130/DF, Relator Min. Moreira Alves, Tribunal Pleno, publicado no DJ em 30.5.1997, p. 23.178 e no Ementário vol. 1871-02, p. 260. Precedentes do Superior Tribunal de Justiça: MS 17.372/DF, Rel. Ministro Herman Benjamin, Primeira Seção, DJe 8.11.2011; e AgRg no MS 15.652/DF, Rel. Ministro Herman Benjamin, Primeira Seção, DJe 26.4.2011.

Agravo regimental improvido.

(AgRg no RMS 44.798/PE, Rel. Ministro HUMBERTO MARTINS, SEGUNDA TURMA, julgado em 24/04/2014, DJe 02/05/2014).

(...).

2. No tocante à ilegitimidade ativa ad causam, sustenta o agravante que a parte autora veio a óbito em momento anterior ao ajuizamento da demanda. O Tribunal a quo nada decidiu a respeito, tendo julgado apenas a legalidade da habilitação dos herdeiros para o prosseguimento da Execução (fl. 254, e-STJ).

(...).

4. O exame da veracidade do fato arguido – falecimento da autora antes da propositura da ação – demanda incursão no material fático-probatório, uma vez que sobre ele não há registro algum no acórdão recorrido. Tal procedimento, contudo, é incabível em Recurso Especial (Súmula 7/STJ).

(...).

(AgRg no AREsp 458.370/PE, Rel. Ministro HERMAN BENJAMIN, SEGUNDA TURMA, julgado em 22/04/2014, DJe 22/05/2014).

1. O óbito do segurado acarreta a suspensão do processo e, em razão da inexistência de prazo específico para a habilitação dos respectivos sucessores, não há que se falar em prescrição intercorrente. Precedentes.

2. Agravo regimental a que se nega provimento.

(AgRg no AREsp 282.834/CE, Rel. Ministro OG FERNANDES, SEGUNDA TURMA, julgado em 01/04/2014, DJe 22/04/2014).

1. Segundo entendimento desta Corte, ocorrendo a morte de qualquer das partes envolvidas no processo, ocorre a suspensão do feito, nos termos do art. 265, I, do CPC, a fim de que haja a devida regularização processual, restando viciados de nulidade os atos posteriormente praticados. Precedentes: REsp 1.170.258/RJ, Rel. Min. Benedito Gonçalves, Primeira Turma, DJe de 17.6.2010; REsp 216.714/SP, Rel. Min. Luis Felipe Salomão, Quarta Turma, DJe de 15.12.2008; EREsp 270.191/SP, Rel. Min. Francisco Peçanha Martins, Corte Especial, DJ de 20.9.2004.

2. Na espécie, houve o falecimento da parte autora, pelo que cabível a suspensão do processo para habilitação dos seus sucessores.

(...).

(EDcl no AgRg no AREsp 360.091/RS, Rel. Ministro SIDNEI BENETI, TERCEIRA TURMA, julgado em 27/03/2014, DJe 14/04/2014).

Em ação exercida por casal, habilitados os herdeiros da co-autora, falecida no curso da lide, não há necessidade de nova habilitação dos mesmos herdeiros quando, posteriormente, falece o co-autor.

(...).

(REsp 875.228/PR, Rel. Ministro HUMBERTO GOMES DE BARROS, TERCEIRA TURMA, julgado em 09/08/2007, DJ 27/08/2007, p. 235)

Art. 688

A habilitação pode ser requerida:

I – pela parte, em relação aos sucessores do falecido;

II – pelos sucessores do falecido, em relação à parte.

Legitimidade para requerer a habilitação

Este dispositivo reconhece a legitimidade para se arguir a necessidade de habilitação em razão do falecimento da parte, não obstante a habilitação possa ser determinada de *ofício* pelo juiz.

A habilitação pode ser requerida pela parte, em relação aos sucessores do falecido. Assim, a parte sobrevivente poderá requerer ao juiz a citação dos sucessores do falecido para que venham ao processo e assumam a sujeição passiva da demanda, recompondo desta forma a relação jurídica processual.

A legitimação também poderá ser exercida antecipadamente pelos sucessores do falecido, requerendo seu ingresso no âmbito da relação jurídica processual. Na realidade, a normalidade é que os sucessores do falecido requeiram seu ingresso no processo, a fim de recompor a sujeição ativa ou passiva da relação jurídica processual. Se eles permanecerem inerte, essa iniciativa transfere-se à parte remanescente da relação jurídica processual.

Art. 689

Proceder-se-á à habilitação nos autos do processo principal, na instância em que estiver, suspendendo-se, a partir de então, o processo.

Processamento nos mesmos autos

Este dispositivo preconiza que seja qual for a forma da habilitação, deverá processar-se nos próprios autos da causa principal e na fase em que se encontrarem.

O C.P.C. de 1973, em seu art. 1060, permitia o processamento da habilitação nos autos da causa principal e *independentemente de sentença* quando: I – promovida pelo cônjuge e herdeiros necessários, desde que provassem por documento o óbito do falecido e a sua qualidade; II – em outra causa, sentença passada em julgado houvesse atribuído ao habilitando a qualidade de herdeiro ou sucessor; III – o herdeiro fosse incluído sem qualquer oposição no inventário; IV – estivesse declarada a ausência ou determinada a arrecadação da herança jacente; V – oferecidos os artigos de habilitação, a parte reconhecesse a procedência do pedido e não houvesse oposição de terceiros.

O C.P.C. de 1973, no seu art. 1060, estabelecia um modo excepcional de se proceder à habilitação, diversa do procedimento padrão. Neste artigo, o Código dispensava a figura do juízo, admitindo a habilitação quase de plano, ante alegações lógicas e concatenadas e boa prova da qualidade de herdeiro, e, ainda, diante da ausência de oposição.

O atual C.P.C. não abre exceção para hipóteses legais em que a habilitação poderia ser deferida *independentemente de sentença*.

No atual C.P.C., seja qual for a forma e a legitimação dos sucessores, *haverá sempre necessidade de sentença*, não havendo mais espaço para regra de exceção.

Na nova sistemática, o juiz deverá promover uma relação jurídica processual toda própria para o instituto da habilitação, seja esta requerida pelos habilitandos, seja pela parte adversa.

A diferença que se observa ocorre quando a habilitação está devidamente fundada em prova documental, ao contrário daquela em que há necessidade de outras provas. Nesta segunda hipótese, *se o pedido de habilitação for impugnado e houver necessidade de dilação probatória diversa da documental, o juiz determinará que o pedido seja autuado em apenso e disporá sobre a instrução. Caso contrário, decidirá imediatamente* (art. 706 do atual C.P.C.).

Pelo novo C.P.C., seja qual for a forma, o motivo e a legitimação para a habilitação, esta deverá ser processada nos próprios autos principais, inclusive perante o Tribunal competente, se estes já estiverem em grau de recurso. Para tanto, o juiz ou o relator deverá determinar a suspensão da causa principal até que se defina a questão da habilitação.

É importante salientar que em matéria de prova para efeitos de habilitação, o normal e mais comum é que seja ela toda documental, mediante certidões de óbito, certidões de registros públicos de casamento, nascimento, cópia de nomeação de herdeiro por testamento, de acordo com a natureza do ato ou do fato. A morte, por sua vez, pode ser provada por justificação no caso de desaparecimento em desastres ou grandes calamidades. É de se levar em consideração também a falta de oposição da parte contrária em relação ao requerimento de habilitação dos herdeiros.

A habilitação não pode ser parcial, mas deve abranger todos os sucessores do falecido.

Se já houver inventariante nomeado, este deverá ingressar no processo, habilitando-se, a fim de defender o espólio.

Se não houver inventariante, a habilitação deverá ocorrer em relação a todos os herdeiros.

Art. 690

Recebida a petição, o juiz ordenará a citação dos requeridos para se pronunciarem no prazo de 5 (cinco) dias.

Parágrafo único. A citação será pessoal, se a parte não tiver procurador constituído nos autos.

Citação dos requeridos

A habilitação é uma forma de demanda incidental, devendo ser processada com esta característica. Assim, ela é instaurada mediante a apresentação de *petição*, devendo ser dirigida ao juiz competente, que no caso é o juízo competente da causa principal, seja em que instância estiver. Nela, deverá o requerente trazer a qualificação completa de todos os sucessores do falecido, bem como a qualidade de cada um na sucessão. Se for o caso, deverá apresentar cópia da certidão de óbito e da qualidade dos herdeiros. Se houver inventário, deverá trazer o termo de compromisso do inventariante.

Sendo a habilitação uma demanda incidental, apresenta ela uma causa de pedir e um pedido bem delimitado, ou seja, a demonstrar que determinadas pessoas são sucessoras do falecido e que devem recompor a relação jurídica processual. Não se pode cumular outros pedidos no âmbito da habilitação.

Estando a petição inicial em ordem, o juiz ordenará a citação dos requeridos. Se a habilitação for promovida pela parte sobrevivente, os requeridos serão os eventuais sucessores da parte falecida. Se a habilitação for promovida pelos sucessores (habilitandos), o requerido será a parte sobrevivente.

Os requeridos poderão se pronunciar sobre a habilitação no prazo de cinco dias, podendo alegar como matéria de defesa questões atinentes à legitimidade de sucessão, qualidade e ordem de herdeiros ou a necessidade ou não de habilitação, inclusive que a demanda principal não comporta habilitação por se tratar de direitos personalíssimos.

Segundo estabelece o *parágrafo único do art. 690* do atual C.P.C., *a citação será pessoal, se a parte não tiver procurador constituído nos autos.*

Este dispositivo prescreve que o requerido na demanda incidental de habilitação deverá ser citado pessoalmente, especialmente quando seja sucessor da parte falecida, e desde que não tenha procurador constituído nos autos. A citação, inclusive, poderá ser realizada via edital se for desconhecido o paradeiro dos sucessores. Nesta hipótese, a causa deverá ter prosseguimento com curador especial nomeado pelo juiz e com a curadoria de ausentes, se for o caso.

Por outro lado, se a parte requerida na habilitação tiver procurador habilitado nos autos, a citação deverá ser realizada na pessoa do procurador.

Art. 691

O juiz decidirá o pedido de habilitação imediatamente, salvo se este for impugnado e houver necessidade de dilação probatória diversa da documental, caso em que determinará que o pedido seja autuado em apartado e disporá sobre a instrução.

Impugnação do pedido

O C.P.C. de 1973, quando o pedido de habilitação estivesse amparado em prova documental, permitia o seu deferimento independentemente de sentença. Caso contrário, deveria seguir o rito dos arts. 802 e 803 do C.P.C. de 1973. Nesse sentido é o seguinte precedente do S.T.J.:

> *(...).*
>
> *3. O Tribunal de origem, soberano na análise das circunstâncias fáticas e probatórias da causa, ao negar provimento ao recurso, afirmou que as agravadas comprovaram o óbito dos autores e a qualidade de cônjuge e única filha herdeira, cumprindo os requisitos elencados pelo inciso I do artigo 1.060 do Código de Processo Civil para procederem à habilitação nos autos da causa principal e independentemente de sentença.*
>
> *4. Modificar o acórdão recorrido, como pretende o recorrente, demandaria o reexame de todo o contexto fático-probatório dos autos, o que é defeso a esta Corte, em vista do óbice da Súmula 7/STJ.*
>
> *Agravo regimental improvido.*
>
> (AgRg no AREsp 378.605/CE, Rel. Ministro HUMBERTO MARTINS, SEGUNDA TURMA, julgado em 08/10/2013, DJe 18/10/2013)

O novo C.P.C., seja qual for o conteúdo probatório da habilitação, exige que o juiz a definida sempre por sentença.

Ocorre que, se o pedido de habilitação for impugnado e houver necessidade de dilação probatória diversa da documental, o juiz determinará que o pedido seja autuado em apenso e disporá sobre a instrução, de acordo com o que estabelece o rito ordinário e não mais cautelar.

Também pode acontecer que o pedido de habilitação, apesar de não impugnado pela parte requerida, não esteja devidamente comprovado com base em prova documental. Nesta hipótese, o juiz poderá determinar que o pedido seja autuado em separado, deliberando sobre a necessidade de outras provas a serem produzidas, sejam elas testemunhais, periciais etc.

Agora, se o pedido de habilitação estiver amparado exclusivamente em prova documental suficiente, e não for ele impugnado pela parte requerida, o juiz proferirá sentença de imediato no próprio processo principal, sem necessidade de autuação em separado.

Art. 692

Transitada em julgado a sentença de habilitação, o processo principal retomará o seu curso, e cópia da sentença será juntada aos autos respectivos.

Trânsito em julgado da sentença de habilitação

Como se afirmou, seja qual for a hipótese do pedido de habilitação, sempre haverá necessidade de o juiz julgá-la por sentença.

Há entendimento da doutrina de que contra a sentença que julga o procedimento de habilitação (art. 1.062 do C.P.C. de 1973), atual art. 692 do atual C.P.C., o recurso cabível é de apelação.

Efetivamente, o art. 692 do atual C.P.C. expressamente estabelece que a decisão proferida na habilitação é uma *sentença*, pois fala em trânsito em julgado da sentença de habilitação.

Segundo estabelece o §1º do art. 203 do atual C.P.C., *ressalvadas as disposições expressas dos procedimentos especiais, sentença é o pronunciamento por meio do qual o juiz, com fundamento nos arts. 485 e 487, põe fim à fase cognitiva do procedimento comum, bem como extingue a execução.*

Assim, o próprio Código preconiza que será considerada também como sentença as decisões proferidas nos *procedimentos especiais*, como é o caso do julgamento da habilitação, muito embora essa decisão não ponha fim à fase cognitiva do procedimento comum, muito menos extinga a execução.

Sob a égide do C.P.C. de 1973, a doutrina e a jurisprudência entendiam que o recurso seria o de apelação.

Por fim, deve-se verificar quais são os efeitos da falta de comparecimento ao processo dos sucessores, apesar de devidamente citados para tal fim.

A sentença de habilitação apenas decidirá se os sucessores estão ou não legitimados a participar da relação jurídica processual, regularizando o pólo ativo ou passivo.

Uma vez definida a habilitação, volta-se ao transcurso normal o processo, dando-se sequência à causa principal.

Se a habilitação for em relação à parte autora, e os sucessores não derem prosseguimento ao processo pelo prazo de 30 (trinta) dias, o juiz deverá prolatar sentença sem resolução de mérito, nos termos do art. 485, inc. III do atual C.P.C. que assim prescreve:

> *Art. 485. O juiz não resolverá o mérito quando:*
> *(...).*
> *III – por não promover os atos e as diligências que lhe incumbir, o autor abandonar a causa por mais de 30 (trinta) dias.*

Se a habilitação ocorrer em relação à parte ré, e os seus sucessores, apesar de intimados, não realizarem os atos processuais que sejam de sua incumbência, o processo prosseguirá normalmente, decretando-se a contumácia a partir desta fase processual.

Solução interessante apresenta-se no art. 353º do Código de Processo Civil português:

> *1 – Se a qualidade de herdeiro ou aquela que legitimar o habilitando para substituir a parte falecida já estiver declarada noutro processo, por decisão transitada em julgado, ou reconhecida em habilitação notarial, a habilitação tem por base certidão da sentença ou da escritura, sendo requerida e processada nos próprios autos da causa principal.*
>
> *2 – Os interessados para quem a decisão constitua caso julgado ou que intervieram na escritura não podem impugnar a qualidade que lhes é atribuída no título de habilitação, salvo se alegarem que o título não preenche as condições exigidas por este artigo ou enferma de vício que o invalida.*
>
> *3 – Na falta de contestação, verifica-se se o documento prova a qualidade de que depende a habilitação, decidindo-se em conformidade; se algum dos chamados contestar, segue-se a produção da prova oferecida e depois decide-se.*
>
> *4 – Apresentada certidão do inventário, pela qual se provem os factos indicados, observa-se o que fica disposto neste artigo.*

BIBLIOGRAFIA

AGUIAR, João Carlos Pestana. *Comentários ao código de processo civil.* 2ª Ed. Vol. IV – Arts. 332 a 443. São Paulo: Editora Revista dos Tribunais, 1977.

ALEXY, Robert. *Teoria de los derechos fundamentales.* Madrid: Centro de Estudios Constitucionales, 1997.

ALI/UNIDROIT. *Principles of transnational civil procedure.* New York: Cambridge Universty Press: 2004.

ALLEGRETTI, Umberto. *L'imparzialità amministrativa.* Padova: CEDAM – Casa Editrice Dott. Antonio Milani, 1965

ALVARO DE OLIVEIRA, Carlos Alberto; GALENO, Lacerda. *Comentários ao código de processo civil.* Vol. VIII. Tomo II – art. 813 a 889. Rio de Janeiro: Forense, 1988.

ALVIM, Agostinho. *Da inexecução das obrigações e suas conseqüências.* 4ª ed. atual. São Paulo: Saraiva, 1972.

ALVIM, Arruda. *Manual de direito processual civil.* Vol. I. Parte Geral. São Paulo: Editora Revista dos Tribunais, 1979.

ALVIM, Arruda; ALVIM, Teresa Arruda. *Manual de Direito Processual Civil,* vol. 1, São Paulo: R.T.

ALVIM, José Manoel Arruda. *Código de processo civil comentado.* Vol. III, São Paulo: Ed. Revista dos Tribunais, 1976.

ALVIM, Thereza. *Questão prévias e os limites objetivos da coisa julgada.* São Paulo: Editora Revista dos Tribunais, 1976.

AMADO, Juan Antonio García. *Tópica. derecho y método jurídico.* DOXA http://www.cervantesvirtual.com/servlet/SirveObras/12837218659036051876657/cuaderno4/Doxa4_12.pdf#search="non liquet"&page=6.

AMERICANO, Jorge. *Comentários ao código de processo civil do Brasil.* 2ª ed., Saraiva, vol. I.

ANDOLINA, Italo Augusto. Crisi del giudicato e nuovi strumenti alternativi di tutela giurisdizionale – la nuova tutela provvisoria di merito e le garanzie costituzionali del giusto processo. *In: Revista de Processo,* São Paulo, R.T., ano 32, n. 150, agost/2007.

Andrioli, Virgilio, Commeto al Códice di procedura civile. 3. ed. v. I. Nápoles: Edit. Jovene, 1954.

Aragão, E. D. Moniz; *Comentários ao código de processo civil.* II Vol. Arts. 154 a 269. Rio de Janeiro: Forense, 1983.

Araújo Cintra, Antônio Carlos de; Grinover, Ada Pellegrini; Dinamarco, Cândido Rangel. *Teoria geral do processo.* São Paulo: Editora Revista dos Tribunais, 1976.

Armelin, Donaldo. A tutela jurisdicional cautelar. *In Revista da Procuradoria do Estado de São Paulo,* São Paulo, jun. 1985.

Armelin, Donaldo. *Legitimidade para agir no direito processual civil brasileiro,* São Paulo: Editora Revista dos Tribunais, 1979.

Aroca, Juan Montero.*I principi politici del nuovo processo civile spagnolo.* Trad. Vittorio Bratteli e Nicoletta Magrino. Napoli: Edizioni Scientifiche Italiane, 2002.

Ascarelli. Tullio. Inexistenza e nullità, *in Rivista di Diritto Processuale,* vol. XI, part I, ano 1956, Padova, CEDAM.

Ascensão, José de Oliveira. *O Direito – introdução e teoria geral.* Lisboa: Fundação Calouste Gulbenkian, 1979.

Asensio, Rafael Jiménez. Imparcialidad judicial y derecho al juez imparcial. Navarra: Aranzadi, 2002.

Assis, Araken. *Eficácia civil da sentença penal.* São Paulo: Ed. Revista dos Tribunais, 1993.

Assis, Araken. *Cumulações de ações.* 4ª ed., São Paulo: Ed. Revista dos Tribunais, 2002.

Assis, Araken. *Manual do processo de execução.* 8ª ed. São Paulo: Editora Revista dos Tribunais, 2002.

Atienza, C. A. *Técnicas de indexação de pronunciamentos judiciais.* São Paulo: s.n.), 1981.

Aubry, C.; Rau, C. *Cours de droit civil français.* 3ª ed. Paris: Cosse, 1856, Tomo I, §37.

Augenti, Giacomo P. *In:* Fancesco Carnelutti. *La prueba civil.* Trad. Niceto Alcalá-Zamora Y Castillo. Buenos Aires, Ediciones Arayú, 1955.

Ávila, Hmberto. *Teoria dos princípios – da definição à aplicação dos princípios jurídicos.* 5ª ed. São Paulo: Malheiros, 2006.

Azevedo, Álvaro Villaça. *Prisão civil por dívida.* São Paulo: 1992.

Babosa Moreira, José Carlos. *Comentário ao código de processo civil.* 2ª ed. Vol. V. Rio de Janeiro: Forense: 1976.

Balena, Giampiero. *Istituzioni di diritto processuale civile* – i princìpi. Primo Volume. Seconda Edizione. Bari: Cacucci Editore, 2012.

Baptista da Silva, Ovídio A. *Comentários ao código de processo civil.* Vol. XI – arts. 796-889 – do processo cautelar. Porto Alegre: Letras Jurídicas Editoras, 1985.

Baptista da Silva, Ovídio A. *Doutrina e prática do arresto ou embargo.* Rio de Janeiro: Forense, 1976. §21.

Barbi, Celso Agrícola. *Ação declaratória – principal e incidente.* Rio de Janeiro: Forense, 1977.

Barbi, Celso Agrícola. *Comentário ao código de processo civil.* 5ª ed. I Vol. (art. 1º a 153). Rio de Janeiro: Forense, 1983.

Barbi, Celso Agrícola. *Comentários ao código de processo civil.* 5ª ed. I Vol. Rio de Janeiro: Forense, 1988.

Barbi, Celso Agrícola. *Comentários ao código de processo civil.* 6ª ed. Vol. I (arts. 1º a 153º). Rio de Janeiro: Forense, 1991.

Barbi, Celso Agrícola. *Comentários ao código de processo civil.* I Vol. Tomo I, (arts. 1 a 55). Rio de Janeiro: Forense, 1977.

Barbi, Celso Agrícola. *Comentários ao código de processo civil.* I Vol. Art. 1 a 153. Rio de Janeiro: Editora Forense, 1988.

Barbosa Moreira, *A conexão de causas como pressupostos da reconvenção.* São Paulo: Editora Saraiva, 1979.

Barbosa Moreira, José Carlos, *Comentários ao código de processo civil.* Vol. V. Rio de Janeiro: Forense, 1976.

Barbosa Moreira, José Carlos. *Questões prejudiciais e coisa julgada.* Borsoi, 1967.

Barbosa Moreira, José Carlos. Aspectos do 'usufruto de imóvel ou de empresa' no processo de execução. *In REPRO,* São Paulo, R.T., n. 26, ano 7, abr-jun/82.

Barbosa Moreira, José Carlos. *Litisconsórcio unitário.* Rio de Janeiro: Editora Forense, 1972.

Barbosa Moreira, José Carlos. *O novo processo civil brasileiro.* 6. ed., Rio de Janeiro: Forense, 1984.

Barbosa Moreira. José Carlos. *Comentários ao código de processo civil.* Rio de Janeiro, 1978, Vol. V.

Barbosa Moreira. José Carlos. *Comentários ao código de processo civil.* 2ª ed. Rio de Janeiro: Forense, 1976.

Barby, Celso Agrícola. *Comentários ao código de processo civil.* 10ª ed. Vol.1. Rio de Janeiro: Forense.

Bedaque, José Roberto dos Santos. *Poderes instrutórios do juiz.* São Paulo, RT, 1994.

Bellavista, Girolamo. *Lezioni di diritto processuale penale.* 4. ed. Milano: Dott. A. Giuffrè Editore, 1973.

Beristain, Antonio. Nuevo proceso penal desde las víctimas. *In Direito Criminal.* coord. José Enrique Pierangeli. Belo Horizonte: Del Rey, 2001.

Berti, Giorgio. *Interpretazione costituzionale.* Quarta edizione. Milano: CEDAM, 2001.

Betti, Emilio. *Diritto processuale civile italiano.* IIª edizione. Roma: Società Editrice del 'Foro Italiano', 1936.

BETTI, Emilio. *Teoria general del negocio jurídico*. Trad. A. Martin Peres.2ª ed. Madrid: Editorial Revista de Derecho Privado, 1959.

BETTIOL, Giuseppe. *Istituzioni di diritto e procedura penale*. Padova: CEDAM – Casa Editrice Dott. Antonio Milani, 1966,

BEVILÁQUA, Clóvis, *Código civil dos estados unidos do brasil*. Vol. V. Tomo 2. São Paulo: Livraria Francisco Alves, 1919.

BEVILAQUA, Clóvis. *Código civil dos estados unidos do Brasil comentado*. 6ª ed., Vol. I, Rio de Janeiro: Livraria Francisco Alves, 1940.

BEVILAQUA, Clóvis. *Código civil dos estados unidos do Brasil comentado*. 6ª ed., Vol. III. Rio de Janeiro: Livraria Francisco Alves, 1942.

BEVILÁQUA, Clóvis. *Código civil dos estados unidos do brasil*. 4ª Tiragem. Comentário ao art. 136. Edição Histórica. Rio de Janeiro: 1979.

BEVILÁQUA. Clovis. *Direito da successões*. 2ª Ed., Rio de Janeiro: Livraria Editora Freitas Bastos, 1932.

BINDER, Alberto. Importância y limites del periodismo judicial. *In Justicia penal y estado de derecho*. Buenos Aires: Ad-Hoc, 1993.

BLECKMANN, A. *Allgemeine Grundrechtslehere*, Munique, 1979.

BONATO, Gilson. *Devido processo legal e garantias processuais penais*. Rio de Janeiro: Lumen Juris, 2003.

BONNECASE, Julien. *Supplément au traité théorique et pratique de droit civil, par Baudry--Lacantinerie*. Paris: Recueil Sirey, 1926. Tomo III.

BORGES, Paulo Torminn. *Ação de demarcação de terras. In Digesto de processo civil*. Vol. 1,

BORRÈ, Giuseppe. *Esecuzione forzata degli obblighi di fare e di non fare*. Napoli: Jovene, 1996.

BÜLOW, Oscar. *La teoria de las excepciones procesales y los presupuestos procesales*. Trad. Miguel Angel Rosas Lichtschein. Buenos Aires: Ediciones Jurídicas Europa--América, 1964.

BURGER, Warren E. Constituição norte-americana. Conferência pronunciada perante a ABA (American Bar Association), publicada *in Revista de Direito Público*, São Paulo, Ed. Revista dos Tribunais, n. 80 – out./dez de 1986.

BUSAID, Alfredo. Da responsabilidade do juiz. *IN Revista de Processo*, n. 9, janeiro--março, 1978, São Paulo, R.T.

BUZAID, Alfredo. *Do agravo de petição no sistema do código de processo civil*. Segunda Edição. São Paulo: Saraiva, 1956.

BUZAID, Alfredo. *Estudos e pareceres de direito processo civil*. São Paulo: Editora Revista dos Tribunais, 2002.

CABIALE, José Antonio Díaz. *Principios de aportación de parte y acusatorio: la imparcialidad del juez*. Granada: Editorial Comares, 1996.

CABRAL, Antonio de Passo. Despolarização do processo e 'zonas de interesse': sobre a migração entre polos da demanda', *in* http://www4.jfrj.jus.br/seer/index.php/revista_sjrj/article/viewFile/25/24.

CAHALI, Yussef Said. *Dos alimentos.* 4ª ed. São Paulo: Editora Revista dos Tribunais, 2002.

CAHALI, Yussef Said. *Fraudes conra credores.* 5ª ed. São Paulo: Revista dos Tribunais, 2013.

CAHALI, Yussef Said. *Fraudes contra credores.* São Paulo: Ed. Revista dos Tribunais, 1989.

CALAMANDREI, Piero. *Instituciones de derecho procesal civil.* Vol. I. Trad. Santiago Sentis Melendo. Buenos Aires: Ediciones Juridicas – Europa-America, 1973.

CALAMANDREI, Piero. *Introdução ao estudo sistemático dos procedimentos cautelares.* Trad. Carla Roberta Andreasi Bassi (traduzido da edição italiana de 1936). Campinas: Servanda, 2000.

CALMON DE PASSOS José Joaquim. *Comentários ao código de processo civil.* 6ª ed., Vol. III (arts. 270 a 331). Rio de Janeiro: Editora Forense, 1989.

CALMON DE PASSOS, J. J. Democracia, participação e processo. *In:* GRINOVER, Ada Pellegrini; DINAMARCO, Cândido Rangel; WATANABE, Kazuo (Coord.). *Participação e processo.* São Paulo: Editora R.T., 1988.

CALMON DE PASSOS, José Joaquim de. *A nulidade no processo civil.* 2ª ed. III v. Rio de Janeiro: Forense, 1977.

CALMON DE PASSOS. José Joaquim de. *Direito, Poder Justiça e Processo.* Rio de Janeiro: Forense, 2000.

CALMON DE PASSOS. José Joaquim. *Comentários ao código de processo civil.* Vol. III, arts. 270 a 331. Rio de Janeiro: Editora Forense, 1989.

CALMON, Petrônio. *Fundamentos da mediadação e da conciliação.* Rio de Janeiro: Forense, 2007.

CÂMARA LEAL, Antônio Luiz. *Comentários ao código de processo civil.* 3ª ed., Vol. 5. Rio de Janeiro: Forense, 1979.

CÂMARA, Alexandre Freitas. *Lições de direito processual civil.* 6ª ed. Vol. 1. Rio de Janeiro: Ed. Lúmen Júris, 2001.

CÂMARA, Alexandre. *Lições de direito processual civil.* 17ª ed. Rio de Janeiro: Editora Lúmen Júris, 2009.

CAMBI, Eduardo; NALIN, Paulo. O controle da boa-fé contratual por meio de recurso de estrito sentido. *IN: Aspectos polêmicos e atuais dos recursos cíveis e de outros meios de impugnação às decisões judiciais.* Teresa Wambier e Nelson Nery Jr. (coord.). São Paulo: Editora Revista dos Tribunais, 2003. CAMPESTRINI, H. *Como redigir ementas.* São Paulo: Saraiva, 1994.

CÂNDIDO RANGEL DINAMARCO, A reclamação no processo civil brasileiro, *in* Nelson Nery Junior e Teresa Arruda Alvim Wambier. *Aspectos polêmicos e atuais dos recursos cíveis e de outros meios de impugnação às decisões judiciais*. São Paulo: Editora Revista dos Tribunais, 2002. V. 6.

CANOTILHO, José Joaquim Gomes. *Direito constitucional e teoria da constituição*. 6. ed. Lisboa: Almedina, 2002.

CANOTILHO, José Joaquim Gomes. *Estudos sobre direitos fundamentais*. Coimbra: Coimbra Editora, 2004.

CAPPELLETTI, Mauro. *Proceso, ideologias, sociedad*. Trad. Sentis Melendo y Tomás A. Banzhaf. Buenos Aires: Ediciones Jurídicas Europa-America, 1974.

CAPPELLETTI, Mauro; BRYANT Garth. *Acesso à justiça*. Trad. Ellen Gracie Northfleet. Porto Alegre: Sergio Antonio Fabris Editor, 1988.

CARNEIRO, Athos Gusmão. Denunciação da lide e chamamento ao processo. AJURIS, n. 21.

CARNEIRO, Athos Gusmão. *Intervenção de terceiros*. 8ª ed. São Paulo: Saraiva, 1999.

CARNEIRO, Athos Gusmão. Poderes do relator e agravo interno – *Revista de Processo*. São Paulo, Revista dos Tribunais, 2000, n. 100.

CARNEIRO, Athos Gusmão. Requisitos específicos de admissibilidade de recurso especial. *In: Aspectos polêmicos e atuais dos recursos cíveis de acordo com a Lei 9.756/98*. São Paulo: Revista dos Tribunais, 1999.

CARNELLI, Lorenzo. *O fato notório*. Trad. Erico Maciel. Rio de Janeiro: José Konfino, 1957.

CARNELUTTI, Fancesco. *La prueba civil*. Trad. Niceto Alcalá-Zamora Y Castillo. Buenos Aires, Ediciones Arayú, 1955.

CARNELUTTI, Francesco La publicidad del proceso penal, *in: Cuestiones sobre el proceso penal*, Trad. Sentis Melendo, Buenos Aires, 1961.

CARNELUTTI, Francesco. *Lecciones sobre el proceso penal*. Trad. Santiago Sentís Melendo. Buenos Aires: Bosch Y Cía Editores, 1950.

CARNELUTTI, Francesco. *Instituições de processo civil*. Trad. Adrián Sotero De Witt Batista. Vol. I. Campinas: Servanda, 1999.

CARNELUTTI, Francesco. *La prueba civil*. Trad. para o español: Niceto Alcalá-Zamora Y Castillo. Buenos Aires: Ediciones Arayú. 1947.

CARNELUTTI, Francesco. *Lezioni di diritto processuale civile*. Volume Terzo. Parte Seconda. Padova: CEDAM, 1922.

CARNELUTTI, Francesco. *Sistema de direito processual civil* Trad. Hiltomar Martins Oliveira. Vol. II. São Paulo: Classic. Book, 2000.

CARNELUTTI, Francesco. Sistema de direito processual civil. Trad. Hiltomar Martins Oliveira. v. IV. São Paulo: Classic Book, 2000.

CARNELUTTI, Francesco. *Sistema de direito processual civil.* Trad. Hiltomar Martins de Oliveira, Vol. III. São Paulo: Classic Book, 2000.

CARNELUTTI, Francesco. *Sistema de direito processual.* Trad. Hiltomar Martins Oliveira. Vol. I. São Paulo: Classic Book, 2000.

CARNENELUTTI, Francesco. *Diritto e proceso.* Napoli: Morano Editore, 1958.

CARVALHO DE MENDONÇA, J.X., *Tratado de direito comercial brasileiro,* 5ª ed., Rio de Janeiro: Freitas Bastos, 1953, v. 3, Livro 2

CARVALHO DE MENDONÇA, José Xavier. *Tratado de direito comercial brasileiro.* 5ª Ed. Vol. VI. Rio de Janeiro: Livraria Freitas Bastos, 1955.

CARVALHO SANTOS, J. M. *Código civil brasileiro interpretado.* Parte Geral. Vol. XI. 7ª Ed., Rio de Janeiro: Freitas Bastos, 1956.

CARVALHO SANTOS, J. M. *Código civil brasileiro interpretado.* Vol. XXIII. 6ª ed., Livraria Freitas Bastos S.A., 1958.

CARVALHO SANTOS, J. M., *Código civil interpretado.* 7. ed. Vol. III. Rio de Janeiro: Livraria Freitas Bastos S/A, 1958.

CARVALHO SANTOS, J. M., *Código de processo civil interpretado.* (artigos 263 a 353). Vol. IV. 3. Ed., Rio de Janeiro: Livraria Editora Freitas Bastos, 1946.

CARVALHO SANTOS, J. M.. *Código civil brasileiro interpretado.* 7. ed. Art. 928 a 971. V. XII. São Paulo: Livraria Freitas Bastos, 1958.

CARVALHO SANTOS, J. M.. *Código civil interpretado.* Parte Geral. Volume XI. 7ª ed., Rio de Janeiro: Livraria Freitas Bastos S.A., 1956.

CARVALHO SANTOS. J. J. de. *Código civil brasileiro interpretado.* Direto das Coisas. 7ª ed. Vol. XIX, São Paulo: Livraria Freitas Bastos, 1958.

CARVALHO SANTOS. J. M. *Código de processo civil interpretado.* (art. 180 a 262). Vol. III, 3ª ed., São Paulo: Libraría Editora Freitas Bastos, 1946.

CASTRO FILHO, José Olympio. *Comentários ao código de processo civil.* X Vol. (art. 1.103 a 1.220). Rio de Janeiro: Forense, 1988.

CASTRO, Amílcar Augusto. *Comentários ao código de processo civil.* Vol. VIII. Rio de Janeiro: Forense, 1973.

CELSO NEVES. Divagações sobre a ação de prestação de contas. *Revista dos Tribunais,* São Paulo.

CHIARLONI, Sergio. Giusto processo, garanzie processuali, giustizia della decisione. In. *Rivista Trimestrale di Diritto e Procedura Civile,* Milano, Ed. Giuffrè, Marzo 2008, Anno LXII.

CHIAVARIO, Mario. *Processo e garanzie della persona – le garanzie fondamentali.* 3.ed. v. II. Milano: Dott. A. Giuffrè Editore, 1984

CHIAVARIO, Mario. Garanzie individuali ed efficienza del processo. Il giusto processo. Associazione tra gli studiosi del processo penal, n. 8. Milano: giuffrè, 1998.

Chiovenda, G., *Instituições de direito processual civil.* Trad. J. Guimarães Menegale. Vol. 1. São Paulo: Ed. Saraiva, 1965.

Chiovenda, Giuseppe. *Instituições de direito processual civil.* Trad. Alfredo Buzaid. 2º Ed. Vol. III, São Paulo: Edição Saraiva, 1965.

Chiovenda, Giuseppe. *Instituições de direito processual civil.* Trd. Alfredo Buzaid. II. Vol. São Paulo: Edição Saraiva, 1965.

Cintra, Antonio Carlos de Araújo; GRINOVER, Ada Pellegrini; Dinamarco, Cândido R. *Teoria Geral do Processo.* 15 ed. São Paulo: Ed. Malheiros, 1999.

Cirigliano, Raphael. *Prova civil – legislação – doutrina – jurisprudência.* Rio de Janeiro: Forense, 1930.

Coelho, Fábio Ulhoa. *Curso de direito comercial.* 5. ed. São Paulo: Saraiva, 2002.

Coelho. Fábio Ulhoa. *Manual de direito comercial.* 14ª ed. São Paulo: Saraiva, 2003.

Comoglio, Luigi Paolo. *La garanzia costituzionale dell'azione ed il processo civile.* Padova: CEDAM,1970.

Comoglio, Luigi Paolo; Corrado, Ferri; Taruffo, Michele. *Lezioni sul processo civile – il processo ordinário di cognizione.* Bologna: Il Mulino, 2006.

Cooley, Thomas M. *Princípios gerais de direito constitucional nos estados unidos da América.* Traduzido e anotado por Ricardo Rodrigues Gama. Campinas: Russell, 2002.

Cordeiro, António Manuel da Rocha e Menezes. *Da boa fé no direito civil.* Vol. II. Coimbra: Livraria Almedina, 1984.

Costa Machado, Antônio Cláudio da. *Tutela antecipada.* 3. Ed., revista. São Paulo: Editora Juarez de Oliveira, 1999.

Costa Machado, Antônio Cláudio da. *A intervenção do ministério público no processo civil brasileiro.* São Paulo: Ed. Saraiva, 1989.

Couto e Silva, Clóvis V. do. *A obrigação como processo.* 4ª ed. Rio de Janeiro: FGV, 2010.

Couto e Silva, Clóvis. *Comentários ao código de processo civil.* Tomo I, Vol. XI. São Paulo: Editora Revista dos Tribunais, 1977.

Couture, Eduardo J. *Fundamentos del derecho procesal civil.* 4ª ed. Buenos Aires: IBdeF, 2009.

Couture, Eduardo J. *Introdução ao estudo do processo civil.* 3 Ed. Rio de Janeiro: Editor José Konfino, s/d.

Couture, Eduardo J., *Fundamentos do direito processual civil.* Trad. Rubens Gomes de Sousa. São Paulo: Ed. Saraiva, 1946.

Cruz e Tucci, José Rogério. Do relacionamento juiz-advogado como motivo de suspeição. In Revista dos Tribunais, São Paulo, Ano 87, v. 756, outubro de 1998.

Cruz e Tucci, José Rogério. *A causa petendi no processo civil.* 2. Ed. Coleção Estudos de Direito de Processo Enrico Tullio Liebman, vol. 27. São Paulo: Ed. Revista dos Tribunais, 2001.

Cruz, Alcides. *Demarcação e divisão de terras.* Porto Alegre: Ed. Ajuris. 1979.

Cruz, Rogério Schietti Machado. *Garantias processuais nos recursos criminais.* São Paulo: Atlas, 2002.

Cunha de Sá, Fernando Augusto. *Abuso de direito.* Coimbra: Almedina, 1997.

Cunha Gonçalves, Luiz da. *Tratado de direito civil.* 2ªed. Vol. I. Tomo I. São Paulo: Max Limonad, 1955.

Cura, António Alberto Vieira. *Curso de organização judiciária.* Coimbra: Coimbra Editora, 2011.

Dantas, Marcelo Navarro Ribeiro. *Reclamação constitucional no direito brasileiro.* Porto Alegre: Sérgio ª Fabris, 2000.

Dantas, Marcelo Navarro. *Reclamação constitucional no direito brasileiro.* Porto Alegre: Fabris, 2000.

De Paolis, Maurizio. *Eccessiva durata del processo: risarcimento del dano.* II ed. Republica de San Marino, 2012.

De Plácido e Silva, *Vocabulário jurídico.* 24ª ed. Rio de Janeiro: Forense, 2004.

Denti, Vittorio: Il ruolo del giudice nel processo civile tra vecchio e nuovo garantismo. In *Rivista Trimestrale di Diritto e Procedura Civile*, Milano, Dott. A. Giuffrè Editore, Ano XXXVIII, n.3, (726-739), settembro-1984.

Di Chiaria, Giuseppe. Televisione e dibattimento penale – Esperienze e problemi della pubblicità mediata 'tecnologia' in Italia. In: Barbero Santos, Marino; Díaz-Santos, Maria Rosario (coord.). *Criminalidad, medios de comunicación y proceso penal.* Salamanca: Universidad Salamanca, 1998.

Di Pietro, Maria Sylvia Zanella. *Direito administrativo.* 20ªed. São Paulo: Ed. Atlas, 2007.

Dias, Maria Berenice. *Manual de direito das famílias.* 4ª ed. rev. atual. e ampl. São Paulo: Editora Revista dos Tribunais, 2007.

Dias, Maria Berenice. *Manual de Direito das Famílias.* 4º ed. São Paulo, Editora Revista dos Tribunais, 2007.

Didier JR, Fredie. *Curso de direito processual civil.* Teoria geral do processo e processo de conhecimento. Vol. I. Salvador: Edições PODIVM, 2007.

Didier JR, Fredie. *Curso de direito processual civil*: Teoria geral do processo e processo de conhecimento. 6. ed. Salvador: JusPodivm, 2006.

Didier JR. Fredie; Cunha, Leonardo José Carneiro. *Curso de direito processual civil* – meios de impugnação às decisões judiciais e processo nos tribunais. Vol. 3. Salvador: Edições PODIVM, 2007.

DIDIER JR., Fredie. *Curso de direito processual civil – teoria geral do processo e processo de conhecimento.* Vol. 1. Salvador: Edições PODIVM, 2007.

DIDIER JÚNIOR, Fredie, *et al. Curso de direito processual civil*: teoria geral do processo e processo de conhecimento. 10ª ed., Salvador: Juspodivm, 2008. v. 1.

DINAMARCO, Cândido Rangel, *Instituição de Direito Processual Civil.* V. III, 4. ed. São Paulo: Malheiros, 2004,

DINAMARCO, Cândido Rangel. *Fundamentos do processo civil moderno.* São Paulo: Ed. Revista dos Tribunais, 1986.

DINAMARCO, Cândido Rangel. *A instrumentalidade do processo*. São Paulo: Ed. Revista dos Tribunais, 1987.

DINAMARCO, Cândido Rangel. *A Reforma do Código de Processo Civil.* São Paulo: Malheiros, 1995.

DINAMARCO, Cândido Rangel. *Capítulos da sentença.* 4ª ed. São Paulo: Malheiros, 2009.

DINAMARCO, Cândido Rangel. *Coisa julgada inconstitucional.* Coord. Rio de Janeiro: América Jurídica, 2002.

DINAMARCO, Cândido Rangel. *Execução civil.* 3ª Ed., São Paulo: Malheiros, 1993.

DINAMARCO, Cândido Rangel. *Instituições de direito processual civil.* Vol. III. São Paulo: Malheiros, 2001.

DINAMARCO, Cândido Rangel. *Intervenção de terceiros.* São Paulo: Malheiros, 2000.

DINAMARCO, Cândido Rangel. *Litisconsórcio.* 2. Ed., São Paulo: Ed. Revista dos Tribunais, 1986.

DINAMARCO, Cândido Rangel. *Nova era do processo civil.* São Paulo: Malheiros, 2003.

DINAMARCO, Cândido Rangel. O ônus de contestar e o efeito da revelia. *RePro,* n. 41, São Paulo, jan.-mar,1986,

DINAMARCO. Cândido Rangel. *Instituições de direito processual civil.* Vol. I. São Paulo: Ed. Malheiros, 2001.

DINAMARCO. Cândido Rangel. *Instituições de direito processual civil.* Vol. II. São Paulo: Malheiros, 2001.

DINIZ, Maria Helena. *As lacunas no direito.* 2ª ed., São Paulo: Editora Saraiva, 1989.

DINIZ, Maria Helena. *Lei de introdução ao código civil brasileiro interpretada.* 14ª Ed. São Paulo: Ed. Saraiva, 2009.

DOMINGOS DE ANDRADE, Manual A. *Teoria geral da relação jurídica*. Vol. I. Coimbra: Almedina, 1992.

DONALD R. Songer and Reginald S. Sheehan. "Interest Group Success in the Courts: Amicus participation in the Supreme Court." Vol. 46 (June 1993) Political Research Quarterly.

DWORKIN, Ronald. *Levando os direitos a sério*. São Paulo: Martins Fontes, 2002.

ENNECCERUS, Ludwig; KIPP, Theodor; WOLFF, Martin. *Tratado de Derecho Civil. Tradução da 39ª Edição Alamã por Blas Pérez González e José Alguer.*, 2 ed. Primeiro Tomo. Parte Geral. Barcelona: Bosch, Casa Editorial, 1953.

ENNECCERUS, Ludwig; KIPP, Theodor; WOLFF, Martin. *Tratado de derecho civil.* Primer Tomo. Parte General. II. 2ª ed. Barcelona: Casa Editorial Bosch, 1950.

ENNECCERUS, Ludwig; KIPP, Theodor; WOLFF, Martín. *Tratado de derecho civil.* Segundo Tomo. Derecho de obligaciones. Vol. I. Barcelona: BOSCH, 1947.

ESSER, Josef. *Principio y norma en la elaboración jurisprudencial del derecho privado.* Barcelona: Casa Editorial Bosch, 1961.

FABRÍCIO, Adroaldo Furtado. *Comentários ao código de processo civil.* Vol. VIII, tomo III (art. 890 a 945), Rio de Janeiro: Forense, 2002.

FADEL, Sérgio Sahione *Código de processo civil comentado.* Tomo IV. Rio de Janeiro: J. Kofino, 1974. BORGES, Marcos Afonso. *Comentários ao código de processo civil.* Vol. III. São Paulo: 1976.

FADEL, Sérgio Sahione. *Código de processo civil comentado.* Vol. 2. 4ª ed. Rio de Janeiro: Forense, 1981.

FADEL, Sergio Sahione. *Código de processo civil comentado.* Vol. II. 8ª ed. Rio de Janeiro: Forense, 2010.

FARAGO, France. *A justiça.* Trad. Maria Jose Pontieri. Barueri: Editora Manole, 2004.

FARIAS, Edison Pereira. *Colisão de direito – a honra, a intimidade, a vida privada e a imagem versus a liberdade de expressão e informação.* Porto Alegre: Sergio Antonio Fabris, 1996.

FAZZALARI, Elio. *Instituições de direito processual.* Trad. Elaine Nassif. Campinas: Bookseller, 2006.

FAZZALARI, Elio. *Instituições de direito processual civil.* Trad. Elaine Nassif. Campinas: Bookseller, 2006.

FAZZALARI, Elio. *Instituzioni di diritto processuale.* Seconda Edizione. Padova: CEDAM, 1979.

FAZZALARI, Elio. La imparzialità del giudice. In *Rivista di Dirito Processuale,* Padova, Edizioni Cedam, n. 2, 1972.

FAZZALARI, Elio. *Lezioni di diritto processaule: processo ordinário di cognizione.* Padova: Cedam, 1985.

FERNANDES, Antonio Scarance. *Processo penal constitucional.* São Paulo: Revista dos Tribunais, 1999.

FERRAJOLI, Luigi. *Direito e razão – teoria do garantismo penal.* Trad. Ana

FERRAZ JÚNIOR, Tércio Sampaio. Judiciário frente à divisão dos poderes: um princípio em decadência? In *Revista da Universidade de São Paulo,* **São** Paulo: Coordenação de Comunicação Social da USP, n. 21, mar./mai. 1994,

FERRAZ JÚNIOR. Tercio Sampaio. *Constituição de 1988: legitimidade, vigência e eficácia, supremacia.* São Paulo: Atlas, 1989.

FERREIRA, Waldemar. *Tratado de direito comercial.* 3º Vol. (O estatuto da sociedade de pessoas). São Paulo: Edição Saraiva, 1961.

FIGUEIREDO CRUZ, Luana Pedrosa. Reclamação constitucional para garantia de autoridade de decisão do STJ e violação dos deveres das partes. Org: MEDINA, José Miguel Garcia; FIGUEIREDO CRUZ, Luana Pedrosa; SEQUEIRA DE CERQUEIRA, Luiz Otávio; GOMES JUNIOR, Luiz Manoel. *Os poderes do juiz e o controle das decisões judiciais.* – estudos em homenagem à Professora Teresa Arruda Alvim Wambier. Ed. Revista dos Tribunais, 2008.

FIGUEIREDO DIAS, Jorge. *Direito processual penal.* Primeiro Volume. Coimbra: Coimbra Editora, Ltda., 1974.

FILHO MONTENEGRO, Misael. *Curso de direito processual civil.* Teoria geral dos recursos, recursos em espécies, processo de execução. 5ª ed., São Paulo: Editora Atlas, 2009.

FIQUEIREDO, Lúcia Vale. *Curso de direito administrativo.* 5ª ed., São Paulo: Malheiros.

FONSECA, Isabel Celeste. *A urgência na reforma do processo administrativo In:*http://rca.meticube.com/_RCA/Documents/doc13.rtf

FRAGA, Affonso. *Theoria e prática na divisão e demarcação das terras particulares.* 4ª ed., 1936.

FRANÇA, Rubens Limongi, *Manual de direito civil.* 3. ed. Vol. 1. São Paulo: Ed. Revista dos Tribunais. BEVILÁQUA, Clóvis. *Código civil dos estados unidos do Brasil comentado.* 6ª Ed. Vol. 1. São Paulo: Livraria Francisco Alves, 1940.

FRANCOS, María Victoria Berzosa (Prólogo), in Joan Picó I Junoy, La imparcialidad judicial y sus garantías: la abstención y recusación. Barcelona: J. M. Bosch Editor, 1998.

FREITAS, Lebre, *apud* GERALDES, António Santos Abrantes. *Temas da reforma do processo civil* – princípios fundamentais – fase inicial do processo declarativo. Coimbra: Almedina, 1997.

GAGLIANO, Pablo Stolze; PAMPLONA FILHO, Rodolfo. *Novo curso de direito civil* – parte geral. São Paulo: Editora Saraiva, 2008.

GARCÍA DE ENTERRÍA, Eduardo; FERNANDEZ, Tomás Ramon. *Curso de direito administrativo.* Tradução Arnaldo Setti, São Paulo: RT, 1991.

GERALDES, António Santos Abrantes. *Termas da reforma do processo civi – princípios fundamentais – fase inicial do processo declarativo.* Coimbra: Almedina, 1997.

GIANESINI, Rita. *Da revelia no processo civil brasileiro.* São Paulo: Ed. Revista dos Tribunais, 1977. FERREIRA, Aurélio Buarque de Holanda. *Novo dicionário da língua portuguesa.* 2. ed. rev. e aum. 29ª impressão. Rio de Janeiro: Ed. Nova Fronteira, 1986.

GIARETA, Gerci. Teoria da despersonalização da pessoa jurídica ('disregard doctrine'). *In: Revista dos Juízes do Rio Grande do Sul – AJURIS*, n. 44, novembro, 1988.

GIORGETTI, Alessandro; VALLEFUOCO, Valério. *Il contenzioso di massa in itália, in Europa e nel mondo.* Profili di comparazione in tema di azioni di classe ed azioni di gruppo. Milano: Giuffrè Editore, 2008.

GIOSTRA, Glauco. *Processo penale e informação.* 2ª ed. Milano: Giuffrè, 1989.

GIUSEPPE, Chiovenda. *Instituições de direito processual civil.* Trad. J. Guimarães Menegale. Vol I. São Paulo: Edição Saraiva, 1965.

GODOY, Arnaldo Sampaio de Moraes. *Direito nos estados unidos. Obra inédita.*

GOLDSCHMIDT, James. *Derecho procesal civil.* Trad. Leonardo Prieto Castro. Barcelona: Editorial Labor S.A., 1936.

GOMES, Orlando. *Obrigações.* 17ª ed. Rio de Janeiro: Forense, 2007.

GOMES, Sergio Alves. *Hermenêutica jurídica e constituição no estado de direito democrático.* Rio de Janeiro: Forense, 2001.

GONÇALVES, Fernando; ALVES, Manuel João. *Os tribunais, as polícias e o cidadão* – o processo penal prático. 2. ed. revista e actualizada. Coimbra: Almedida, 2002.

GONZÁLEZ MONTES, J. L. Instituiciones de derecho procesal. 3. ed. Tomo I. Madrid: Tecnos, 1993.

GRINOVER, Ada Pellegrini, org. *Código de defesa do consumidor.* 6. Ed., Rio de Janeiro: Forense Universitária, 1999.

GRINOVER, Ada Pellegrini. *Novas tendências do direito processual* – de acordo com a constituição de 1988. 2. ed. São Paulo: Ed. Forense Universitária Ltda, 1990.

GRINOVER, Ada Pellegrini. A tutela jurisdicional dos interesses difusos. *In Revista Geral do Estado*, vol. 12. São Paulo, 1978.

GRINOVER, Ada Pellegrini. *As garantias constitucionais do direito de ação.* São Paulo: Revista dos Tribunais, 1973.

GRINOVER, Ada Pellegrini. O princípio do juiz natural e sua dupla garantia. In *Revista de Processo*, São Paulo, Ed. Revista dos Tribunais, n. 29, Ano 8, jan./mar.

GRINOVER, Ada Pellegrini; GOMES FILHO, Antônio Magalhães; FERNANDES, Antonio Scarance. *Recursos no processo penal.* 5ª ed. São Paulo: Editora Revista dos Tribunais, 2005.

GRONDONA, Mariano, *Los pensadores de la liberdad – de John Locke a Robert Nozick.* 6. ed. Sudamericana, 1992,

GROSSMANN-TANEHAUS, *Frontiers of judicial research,* Nova York, 1969,

GUASP, Jaime; ARAGONESES, Pedro. *Derecho procesal civil.* Tomo I. Introducción y parte general. 7ª ed. Navarra: Thomson Civitas, 2005.

GUASP, Jaime; ARAGONESES, Pedro. *Derecho procesal civil.* Tomo II – Parte Especial: procesos declarativos y de ejecución. 7ª ed. Navarra: Editorial Aranzia, 2006.

GUERRA, Marcelo Lima. Condições da ação e mérito no processo cautelar. *in Revista de Processo*, São Paulo, R.T., n.78, p.191/203. Abril-junho, 1995.

GUERRA, Marcelo Lima. *Execução forçada:* controle de admissibilidade. São Paulo: Ed. Revista dos Tribunais, 1995.

GUSDORF, Georges. Pasado, presente y futuro de la investigacion interdisciplinaria. *In Interdisciplinariedad y ciencias humanas. Madrid*: Editorial Tecnos, 1983.

HABERMAS, Jürgen. *Direito e democracia* – entre facticidade e validade. Trad. Flávio Beno Siebeneichler. v. I. Rio de Janeiro: Tempo Brasileiro, 1997.

HANADA, Nelson. O possuidor esbulhado na posse e a legitimação de seu sucessor para a cão de reintegração de posse. *In. Revista de Processo*, São Paulo, R.T., n. 26.

HESSE, Konrad. *A força normativa da constituição.* Trad. Gilmar Ferreira Mendes. Porto Alegre, Sergio Antonio Fabris, 1991.

HOYOS, Arturo. *Justicia contencioso-administrativa y derechos humano*. Panamá: Instituto Panameño de Derecho Procesal, 1991.

JARDIM, Afrânio Silva. *Direito processual penal – de acordo com a constituição de 1988.* 4.ed. Rio de Janeiro: Forense, 1992.

KELSEN, Hans. *Teoria pura do direito.* 2ª ed. Coimbra: Armênio Amado: 1962, vol. 2,

LA CHINA. Norma giuridica (dir. Proc. Civ.), *In: Enciclopedia del diritto,* XXVIII, Milano, 1978.

LACERDA, Galeno. *Despacho Saneador.* Porto Alegre: Sergio Antonio Fabris Editor, n. 2, 1990.

LAKATOS, E., MARCONI, M. A.. *Fundamentos de metodologia científica.* São Paulo: Atlas, 1986.

LASSALLE, Ferdinand. *A essência da constituição*. 6. ed. Rio de Janeiro: Lúmen Júris, 2001.

LEGAZ Y LACAMBRA, Luis. *Humanismo, Estado e Direito.* Barcelona. Edit. Bosch, 1960, p. 7.

LEITE, Eduardo de Oliveira. *Direito civil aplicado* (direito de família). Vol. 5. São Paulo: Editora Revista dos Tribunais, 2004.

LESSA, Breno Munici. (03/2010) *A invalidade das provas digitais no processo judiciário* http://jus.uol.com.br/revista/texto/14555/a-invalidade-das-provas-digitais-no--processo-judiciario/print . Acesso em: 03/11/2010

LIBMANN, Enrico. *Manuale di diritto processuale civile – principi.* Sesta Edizione. Milano: Giuffrè Editore, 2002.

LIEBMAN, Enrico Tullio. *Embargos do executado.* Caminas: Bookseller, 2003.

LIEBMAN, Enrico Tullio. Fondamento del principio dispositivo. In: Rivista di diritto processuale. Padova, CEDAM – Casa Editrice Dott. Antonio Milani, Volume XV, Ano 1960.

LIEBMAN, Enrico Tullio. *Manual de direito processual civil.* Trad. Cândido R. Dinamarco. Rio de Janeiro: Forense, 1984.

LIEBMAN, Enrico Tullio. *Manuale di diritto processuale civile – principi.* Sesta edizione. Milano: Giuffrè Editore, 2002.

LIEBMAN, Enrico Tullio. *Manuale di diritto processuale civile.* Vol. II. Milano: Giuffrè Editores, 1984. PESSOA, Fábio Guidi Tabos. *In: Código de processo civil interpretado.* Coord. Antonio Carlos Marcato. São Paulo: Atlas, 2004.

LIEBMAN, Enrico Túllio. *Processo de execução.* 5ª ed. São Paulo: Saraiva, 1986. n.12.

LIEBMAN. Enrico Tullio. *Eficacia e autoridade da sentença e outros escritos sobre a coisa julgada – com aditamento relativos ao direito brasileiro.* Trad. Alfredo Buzaid e Benvindo Aires. 2ª Ed. Rio de Janeiro: Forense, 1981.

LIEBMAN. Enrico Tullio. *Manuale di diritto processuale civile.* Principi. 6ª Ed. Milano: Giuffrè Editore, 2002.

LIMA, Alcides de Mendonça. *Comentários ao código de processo civil.* Vol. VI, Tomo I. Rio de Janeiro: Forense, 1979.

LIMA, Alcides de Mendonça. *Comentários ao código de processo civil.* 3ª ed. Vol. VII. Tomo II (arts. 586 a 645). Rio de Janeiro: Forense, 1979.

LIMA, João Franzen. Irretroatividade das leis. *In: Revista dos Tribunais,* São Paulo, Vol. 132.

LINCOLN CAPLAN. *The Tenth Justice: The Solicitor General and the Rule of Law.* (New York: Alfred A. Kinopf, 1987).

LLAMBIAS. *Efecto de la nulidad y de la anulación de los actos jurídicos.* Buenos Aires: Arayú, 1953.

LOBO, Paulo Luiz Netto. *Código civil comentado,* XVI. Direito de Família. Relações de Parentesco. Direito Patrimonial. São Paulo: Atlas, 2003.

LOEWENSTEIN, Karl. *Teoria de la constitución.* Trad. Alfredo Gallego Anabitarte. Madrid: Ariel, 1970.

LOPES DA COSTA, Alfredo de Araújo, *Medidas preventivas.* 2ª ed. Belo Horizonte: Livraria Bernardo Álvares, 1958.

LOPES DA COSTA. Alfredo de Araújo. *Demarcação, divisão, tapumes.* 1963. n. 315.

LOPES, João Batista. *Ação declaratória.* 5ª ed.. São Paulo: Editora Revista dos Tribunais, 2002.

LOPES, João Batista. O depoimento pessoal e o interrogatório livre no processo civil e estrangeiro. *Revista de Processo,* n. 13/86.

LOPES, João Batista. O depoimento pessoal e o interrogatório livre no processo civil e estrangeiro. *Revista de Processo,* n. 13/86.

LOPEZ JIMÉNEZ, Raquel. *La prueba en el juicio por jurados.* Valencia: Tirant lo Blanch, 2002.

López Ortega, Juan J. Información y justicia. *In: Justicias y Medios de Comunicación, Cuadernos de Derecho Judicial,* Madrid, XVI, 2006.

Lucon, Paulo Henrique dos Santos. *Eficácia das decisões e execução provisória.* São Paulo: Editora R.T., 2000.

Luiso, Francesco P. *Diritto processuale civile.* II. Il processo di cognizione. Terza edizione. Milano: Giuffrè Editore, 2000.

Luiso, Francisco Paolo. *L'execuzione 'ultra partes'.* Milano: Dott. A. Giuffrè Editore, 1984.

Macedo. Regina Maria; Ferrari, Nery. *Normas constitucionais programáticas.* São Paulo: Revista dos Tribunais. 1994.

Maier, Julio B. *La ordenanza procesal penal alemana – su comentario y comparación con los sistemas de enjuiciamiento penal argentinos.* Buenos Aires: Depalma, 1978.

Malatesta. Nicola Framarino Dei. *A lógica das provas em matéria criminal.* Vol. II. Trad. Alexandre Augusto Correia. São Paulo: Edição Saraiva, 1960.

Mancuso, Rodolfo de Camargo. *Recurso extraordinário e recurso especial.* 11ª edição. São Paulo: Editora Revista dos Tribunais, 2010.

Mandrioli, Crisante. *Diritto processuale civile.* I nozioni introduttive e disposizioni generali. 17ª ed., Torino: G. Giappichelli Editore, 2005.

Mandrioli, Crisanto. *Corso di diritto processuale civile.* II – Il processo di cognizione. 5ª ed. Torino: G. Giappichelli Editore, 2006.

Mandrioli, Crisanto. *Corso di diritto processuale civile.* III – L'execuzione forzata, I procedimento speciali, I processi del lavoro, locatizio e societário. III V. Quinta edizione. Torino: G. Giappichelli Editore, 2006.

Mandrioli, Crisanto. *Diritto processuale civile – nozioni introduttive e disposizioni generali.* Diciassettesima edizione. Torino: G. Giappichelli Editore, 2000.

Marcato, Antonio Carlos. *Ação de consignação em pagamento.* 3ª ed. São Paulo: Editora Revista dos Tribunais, 1989.

Marcel Storm ed., *Approximation of judiciary law in the European union.* Amsterdam: Kluwer, 1994.

Marinoni, Luiz Guilherme. *Tutela específica – arts. 461, CPC e 84, CDC.* 2ª ed. São Paulo: Editora R.T., 2001.

Marinoni, Luiz Guilherme; Arenhart, Sérgio Cruz. *Execução.* 4ª ed. São Paulo: Editora Revista dos Tribunais, 2012.

Marinoni, Luiz Guilherme; Arenhart, Sérgio Cruz. *Comentários ao código de processo civil.* 2. ed. Tomo 1. São Paulo: Ed. Revista dos Tribunais, 2005.

Marinoni, Luiz Guilherme; Arenhart, Sérgio Cruz. *Curso de Processo Civil – Execução.* Volume 3. São Paulo, Editora Revista dos Tribunais, 2007.

Marinoni, Luiz Guilherme; Arenhart, Sérgio Cruz. *Execução.* Vol. 3. 4º ed., São Paulo: Ed. R.T., Marinoni. Luiz Guilherme. *Tutela antecipatória, julgamento ante-*

cipado e execução imediata da sentença. 2ª ed. São Paulo: Editora Revista dos Tribunais, 1998.

Marinoni. Luiz Guilherme. *A antecipação da tutela.* 7. Ed. São Paulo: Editora Malheiros, 2002.

Marques, José Frederico. *Instituições de direito processual civil.* Vol. V. Rio de Janeiro: Forense, 1960.

Marques, José Frederico. *Manual de direito processual civil.* 2ª ed. Campinas: Millennium, 2000, vol. 4.

Marques, José Frederico. *Manual de Direito Processual Civil.* 8ª Ed. Vol. II. São Paulo: Saraiva, 1985.

Marques, José Frederico. *Manual de direito processual civil.* Vol. III. 2ª parte. 9ªed. São Paulo: Saraiva, 1987.

Martins, Fran. *O cheque segundo a nova lei.* Rio de Janeiro: Forense, 1986.

Mazzilli, Hugo Nigri. *O ministério público na constituição de 1988.* São Paulo: Saraiva, 1989.

McLauchalan, Judithanne Scourfield. *Congressional Participation as amicus curiae before the U.S. Supreme Court.* LFB Scholarly Publishing LLC, New York, 2005.

Meador, Daniel John. *Os tribunais nos estados unidos.* Tradução de Ellen G. Northfleet. Brasília: Serviço de Divulgação e Relações Culturais dos Estados Unidos da América – USIS, 1996.

Medina, José Miguel Garcia. *Execução* – Processo civil moderno. N. 03. São Paulo: Editora Revista dos Tribunais, 2008.

Medina, José Miguel Garcia. *O prequestionamento nos recursos extraordinário e especial.* São Paulo: Ed. Revista dos Tribunais, 1998,

Meirelles, Hely Lopes. *Direito administrativo brasileiro.* 29ª ed. São Paulo: Malheiros, 2004.

Meirelles, Hely Lopes; Wald, Arnoldo; Mendes, Gilmar Ferreira. *Mandado de segurança e ações constitucionais.* 34ª ed. São Paulo: Editora Malheiros, 2012.

Mellado, José Mª Asencio. *Derecho procesal civil.* Valencia: Tirant Lo Blanch, 2008.

Mello, Celso D. de Albuquerque. *Curso de Direito Internacional Público.* 14 ed Rio de Janeiro: Renovar, 2002.

Melo Ribeiro, Maria Teresa de. *O princípio da imparcialidade da administração pública.* Coimbra: Almedina, 1996.

Mendes, Gilmar Ferreira, Branco, Paulo Gustavo Gonet. *Curso de direito constitucional.* São Paulo: Editora Saraiva, 2012.

Mendes, Gilmar Ferreira. *Direitos fundamentais e controle de constitucionalidade.* 4ª ed. São Paulo: Saraiva, 2012.

Mendes, Gilmar Ferreira; Branco, Paulo Gustavo Gonet. *Curso de direito constitucional.* 7ª ed. São Paulo: Saraiva, 2012.

MENDES, Gilmar Ferreira; BRANCO, Paulo Gustavo Gonet. *Curso de direito constitucional.* 7ª ed. São Paulo: Saraiva, 2012.

MIAILLE, Michel. *Introdução crítica ao direito.* Trad. Ana Prata. Lisboa: Editorial Estampa, 1994.

MICHELI, Gian Antonio. Curso de derecho procesal civil, v. I. Buenos Aires: Ed. EJEA, 1970.

MILHOMENS, Jônatas. *Teoria e prática do despacho saneador.* Rio de Janeiro: Editora Forense, 1958. CARVALHO SANTOS, J. M., *Código de processo civil interpretado.* (artigos 263 a 353). Vol. IV. 3. Ed., Rio de Janeiro: Livraria Editora Freitas Bastos, 1946.

MIRABETE, Julio Fabbrini. Processo penal. 16 ed. Rev. e atual. São Paulo: Atlas, 2004.

MIRANDA, Pontes de. *Comentários ao código de processo civil.* Vol. VIII, Rio de Janeiro: Forense, 2002.

MIRANDA, Pontes. *Comentário ao código de processo civil.* Tomo I: arts. 1º a 45. Rio de Janeiro: Forense, 1979.

MIRANDA, Pontes. *Comentários ao código de processo civil.* Tomo I (arts. 1-79). 2 ed., Rio de Janeiro: Ed. Forense, 1958.

MONIZ DE ARAGÃO, E. D., *Comentários ao código de processo civil.* 6ª ed., Vol. II (arts. 154 a 269). Rio de Janeiro: Editora Forense, 1989.

MONTEIRO, João. *Curso de processo civil.* São Paulo: Ed. Cia. Industrial, 1900,

MONTELEONE, Girolamo. Intorno al conceitto di verità "materiale" o "oggettiva" nel proceso civile. In: Rivista di Diritto Processuale. CEDAM, 2009. Volume LXIV (II Serie), Anno 2009.

MONTELEONE, Girolamo. *Manuale di diritto processuale civile.* Vol. II. Quarta Edizione. Modena: CEDAM, 2007.

MONTELEONE. Girolamo. *Manuale di diritto processuale civile.* Vol. II. L'arbitrato – L'execuzione forzata – I procedimenti speciali. Quarta edizione. Padova: CEDAM.

MONTENEGRO FILHO, Misael. *Curso de direito processual civil.* Teoria Geral dos Recursos. Recursos em Espécie. Processo de Execução. 5ª ed. São Paulo: Editora Atlas,2009.

MONTERO AROCA, J. Princípios del proceso penal – una explicación basada en la razón. Valencia: Tirant lo Blanck, 1997.

MONTESANO, Luigi. *Lê tutela giurisdizionale dei diritti.* Bari: Cacucci, 1981.

Montovani, Ferrando. *Diritto Penale.* Padova: CEDAM, 1992.

MORAES E BARROS, Hamilton de. *Comentários ao código de processo civil.* 2ª ed. Rio de Janeiro: Forense, 1988.

MORAES, Crislayne Maria Amaral Nogueira Cavalcante de Moraes. *Prova eletrônica: aspectos controvertidos.* http://www.jurisway.org.br/v2/dhall.asp?id_dh=5633. Acesso em 29/10/2011.

MORAES, Vânila Cardoso André de. Demandas repetitivas decorrentes de ações ou omissões da administração pública: hipóteses de soluções e a necessidade de um direito processual público fundamentado na Constituição. *Serie Monografia do CEJ*. N.14, Brasília, 2012.

MORATO, Francisco. *Da prescrição nas ações divisórias.* 2ª ed. São Paulo, 1944.

MORATO, Leonardo. *Reclamação* – e sua aplicação para o respeito da súmula vinculante. São Paulo: Editora Revista dos Tribunais, 2006.

MOREIRA ALVES, José Carlos. *Posse*, Vol. II, 1º Tomo. Estudo Dogmático. Rio de Janeiro: Forense, 1990.

MOREIRA ALVES, José Carlos. *Posse*. Vol. I Evolução História. Rio de Janeiro: Forense, 1985.

MOREIRA, Alberto Camiña. *Defesa sem embargo do executado.* São Paulo: Editora Saraiva, 2000. p. 9.

MOREIRA, José Carlos Barbosa. La igualdad de las partes em el proceso civil. *In. Revista de Processo*, São Paulo: Revista dos Tribunais, n. 44, ano 11, out./dez., 1986,

MOREIRA, José Carlos Barbosa. *Litisconsórcio unitário*. Rio de Janeiro: Ed. Forense, 1972.

MOREIRA, José Carlos Barbosa. A sentença mandamental. Da Alemanha ao Brasil, *RePro*, vo. 97.

MOREIRA, José Carlos Barbosa. *Comentários ao código de processo civil.* Vol. V. (arts. 476 a 565). Rio de Janeiro: Forense, 1976.

MOREIRA, José Carlos Barbosa. Cumprimento e execução de sentença: necessidade de esclarecimentos conceituais. *Temas de direito processual.* 9ª Série. São Paulo: Saraiva, 2007.

MOREIRA, José Carlos Barbosa. *O novo processo civil brasileiro*. 2. ed., vol. I, Rio de Janeiro: Forense, 1976.

MOREIRA, José Carlos Barbosa. *O novo processo civil brasileiro.* 6ª ed. Rio de Janeiro: Editora Forense, 1984.

MOREIRA. José Carlos Barbosa. Pode o juiz declarar de ofício a incompetência relativa?. *Temas de direito processual – Quinta Série*. São Paulo: Saraiva, 1994.

MORELI, Gaetano. *Derecho procesal civil internacional.* Trad. Santiago Sentis Melendo. Buenos Aires: Ediciones Jurídicas Europa-América, 1953.

MORELLO, Augusto. *El proceso justo.* Buenos Aires: Abeledo – Perrot, 1994.

Muñoz, Pedro Soares. Da intervenção de terceiros no novo código de processo civil. In *Estudos sobre o novo código de processo civil.* Vol. I.

NEGRÃO, Theotônio. *Código de processo civil e legislação processual em vigor.* 32. ed. São Paulo: Saraiva, 2001.

NEGRÃO, Theotônio; GOVÊA, José Roberto F.; BONDIOLI, Luis Guilherme A.; FONSECA, Francisco N. *Processo civil e legislação processual em vigor.* 44ª ed. São Paulo: Editora Saraiva, 2012.

NELUTTI, Francesco. *Sistema de direito processual civil.* Trad. Hiltomar Martins Oliveira. Vol. II. São Paulo: Classic Book, 2000.

NERY JR., Nelson. Ainda sobre o prequestionamento – embargos de declaração prequestionadores. *In: Aspectos polêmicos e atuais dos recursos cabíveis e de outras formas de impugnação às decisões judiciais.* Nelson Nery Jr. e Teresa Wambier (Coord.). São Paulo: Ed. Revista dos Tribunais, 2000.

NERY JR., Nelson.; NERY, Rosa. Apud. WAMBIER. Teresa Arruda Alvim. *Os agravos no CPC brasileiro.* 4ª ed. São Paulo: Ed. Revista dos Tribunais, 2005.

NERY JÚNIOR, Nelson. *Código de processo civil comentado e legislação processual civil extravagante em vigor.* 4ª ed., São Paulo: Ed. R.T.,

NERY JUNIOR, Nelson; ANDRADE NERY, Rosa Maria de. *Código de Processo civil comentado.* 10 ed. São Paulo: Revista dos Tribunais, 2007,

NERY JUNIOR, Nelson; ANDRADE NERY, Rosa Maria. *Código de processo civil comentado e legislação processual civil extravagante em vigor*. 3. ed. São Paulo: Ed. R.T.: 1997.

NERY JÚNIOR, Nelson; NERY, Rosa Maria Andrade. *Código de processo civil comentado.* 2ª ed. São Paulo: Editora Revistas dos Tribunais, 1996.

NERY JUNIOR, Nelson; NERY, Rosa Maria de Andrade. *Código de processo civil comentado e legislação extravagante.* 12ª ed. revista, atualizada e ampliada, São Paulo: Editora Revista dos Tribunais

NERY JUNIOR. Nelson. *Princípio do processo civil na constituição federal.* 5ª ed. São Paulo: Editora Revista dos Tribunais, 1999.

NEVES, Celso. *Coisa julgada civil.* São Paulo: Editora Revista dos Tribunais, 1971.

NEVES, Celso. *Comentários ao código de processo civil.* 2ª ed. Vol. VII. Rio de Janeiro: Forense, 1977. NEVES, Celso. *Comentários ao código de processo civil.* Rio de Janeiro: Forense, 1979.

NEVES, Marcelo. *A constituição simbólica***.** São Paulo: Acadêmica, 1994.

NIETO, Alejandro. *El arbítrio judicial.* Editorial Ariel, 2004.

NINO, Carlos Santiago. *Introdución al análisis del derecho,* 10ª Ed. Barcelona: Editorial Ariel, 2001.

NUNES, Castro. *Da fazenda pública em juízo.* Rio de Janeiro: Freitas Bastos, 1950.

NUNES, Castro. *Teoria e prática do poder judiciário.* 1943,

OLIVEIRA NETO. Olavo. *Conexão por prejudicialidade.* São Paulo: Revista dos Tribunais, 1994.

Oliveira, J. Lamartine Corrêa de. *A dupla crise da pessoa jurídica.* São Paulo: Saraiva, 1979.

Oliveira, Paulo Rogério de; Aspectos da Tutela Inibitória. Jurisprudência do Superior Tribunal de Justiça. LEX: 230.

Oliveria. Yonne Dolácio. *A natureza jurídica das custas judiciais.* OAB-SP: Ed. Resenha Tributária, 1092.

Ortiz, Maria Isabel Valldecabres. Imparcialidad del juez y médios de comunicación. Valencia: Tirant lo Blanch, 2004.

Otero Gonzáles, María del Pilar. *Protección del secreto sumarial y juicios paralelos.* Madrid: Editorial Centro de Estudios Ramón Areces, S.A., 1999.

Pace, Alessandro, *Problemática delle liberta constitucionale,* Padova, 1984.

Pacheco, José da Silva. *O mandado de segurança e outras ações constitucionais típicas.* 4. ed. São Paulo: Revista dos Tribunais, 2002.

Paolozzi, Giovanni. Giudice político e iudex suspectus. Rivista Italiana di Diritto e Procedura Penal, Milano: Dott. A. Giuffrè, 1973, Anno XVI.

Pastore. Baldassare. *Giudizio, prova, ragion pratica.* Milano: Dott. A. Giuffrè, 1996.

Patti, Salvatore. *Codice di procedura civile tedesco – Zivilprozessordnung* – Milano: Giuffrè Editore, 2010

Paula Batista. *Compêndio da teoria e prática do processo civil e comercial,* Lisboa, 1910.

Penteado, Luciano de Camargo. *Direito das coisas.* São Paulo: Editora Revista dos Tribunais, 2008.

Pereira, Caio Mário da Silva. *Instituições de direito civil.* 2. vol. Rio de Janeiro: Forense, 2005.

Pereira, Caio Mário da Silva. *Instituições de direito civil.* Vol. 5. 13ª ed.

Pereira, Caio Mário da Silva. *Intituições de direito civil.* Volume IV. Rio de Janeiro: Forense, s/d.,

Pereira, Caio Mário. *Instituições de direito civil.* 5ª edição. I Vol., Rio de Janeiro: Editora Forense.

Pereira, Milton Luiz. Embargos de divergência contra decisão lavrada por relator. *In. Revista de Processo,* São Paulo, RT, 2001, n. 101.

Pérez, Ruiz. *Juez y sociedad.* Colombia: Editorial Temis, 1987.

Pessoa, Fábio Guidi Tabosa, Coord. Antônio Carlos Marcato. *Código de processo civil interpretado.* São Paulo: Atlas, 2004.

Picó i Junoy, Joan. La imparcialidad judicial y sus garantías: la abstención y la recusación. Barcelona: J. M. Bosch, 1998.

Pinto, Nelson Luiz. O fundamento da pretensão processual como objeto da prescrição e da decadência. *In: Revista de Processo,* N. 34, Ano 9, abril-junho de 1984, São Paulo.

Pires Júnior, Paulo Abraão. O papel da cooperação jurídica internacional, In: *Manual de cooperação jurídica internacional e recuperação de ativos.* Ministério da Justiça Secretaria de Justiça – Departamento de Recuperação de Ativos e Cooperação Jurídica Internacional, Brasília, 2012, 2ª edição.

Pires, Ruy. *In: Revista do Clube de Oficias da Marinha Mercante.* Bordo Livre – Nº 70 Setembro/Outubro 2005.

Pisani, Andrea Proto. *Lezioni di diritto processual civile.* Napoli: Casa Editrice Dott. Eugenio, 1999.

Pisapia, Gian Domenico. *Copendio di procedura penal.* Padova: CEDAM – Casa Editrice Dott. Antonio Milani, 1975.

Planiol, Marcelo; Ripert, Jorge. *Tratado practico de derecho civil.francês.* Trad. espanhola Mario Diaz Curz. Tomo X. Havana: Cultural S.A., 1946.

Ponte de Miranda, *Comentário ao c.p.c de 1973.* Tomo VI. Rio de Janeiro: Forense, s/d.,

Pontes de Miranda, *Comentário ao CPC DE 1973.* Tomo VIII. Rio de Janeiro: Forense, s/d.

Pontes de Miranda, *Comentários ao código de 1939,* vol.XIV, pág., 20, n. 5. Idem, 1973, vol.X, Pontes de Miranda, *Comentários ao código de processo civil de 1939.* Tomo III, 2ª Ed. Rio de Janeiro: Forense, 1958.

Pontes de Miranda, *Comentários ao código de processo civil de 1973.* Vol. V. Rio de Janeiro: Forense, s/d.

Pontes de Miranda, *Comentários ao código de processo civil.* Tomo XII (arts. 796 a 889). Rio de Janeiro: Forense, 1976.

Pontes de Miranda, *Comentários ao código de processo civil.* Tomo X. Rio de Janeiro: Forense, 1976.

Pontes de Miranda, Francisco Cavalcanti. *Tratado de direito privado:* parte geral. Rio de Janeiro: Borsoi, 1955. V.

Pontes de Miranda, *Tratado de direito privado.* Editora Borsoi: Rio de janeiro, s/d. Tomo X.

Pontes de Miranda. *Tratado da ação rescisória.* Rio de Janeiro: Forense, 1976.

Pontes de Miranda. *Tratado de direito privado.* Tomo V, Rio de Janeiro: Editor Borsoi, 1955.

Pontes de Miranda. *A acção rescisória.* Rio de Janeiro: Livraria Jacintho, 1934.

Pontes de Miranda. *Comentário ao C.P.C. de 1973.* Tomo VIII. Rio de Janeiro: Forense, s/d.,

Pontes de Miranda. *Comentário ao código de processo civil de 1939.* 2ª ed., Vol. VI, Rio de Janeiro: Forense.

Pontes de Miranda. *Comentário ao código de processo civil.* Tomo IV (arts. 273 a 301), Rio de Janeiro: Editora Forense, 1959.

PONTES DE MIRANDA. *Comentário ao código de processo civil.* Tomo XVI. Rio de Janeiro, 1977.

PONTES DE MIRANDA. *Comentário ao código de processo civil.* Tomo X. Rio de Janeiro: Forense, 1976.

PONTES DE MIRANDA. *Comentário ao código de processo civil.* Vol. VII, 2ª ed., Rio de Janeiro: Revista Forense, 1959.

PONTES DE MIRANDA. *Comentários ao C.P.C. de 1973.* Vol. IX. Rio de Janeiro: Forense, s/d..

PONTES DE MIRANDA. *Comentários ao C.P.C. de 1973. Vol. X.* Rio de Janeiro: Forense, s/d.

PONTES DE MIRANDA. *Comentários ao código de processo civil de 1939.* Tomo VIII (arts. 600-706), 2ª ed. Rio de Janeiro: Forense, 1959.

PONTES DE MIRANDA. *Comentários ao código de processo civil de 1939.* Tomo VIII (arts. 600-706), 2ª ed. Rio de Janeiro: Forense, 1959.

PONTES DE MIRANDA. *Comentários ao Código de Processo Civil de 1939.* Vol. IX. 2ª ed. Rio de Janeiro: Revista Forense. 1959,

PONTES DE MIRANDA. *Comentários ao código de processo civil de 1973.* 2ª ed. Tomo I. Rio de Janeiro: Forense, 1979.

PONTES DE MIRANDA. *Comentários ao código de processo civil de 1973.* Tomo XIII. Rio de Janeiro: Forense, 1977.

PONTES DE MIRANDA. *Comentários ao código de processo civil de 1973.* Tomo XIII.

PONTES DE MIRANDA. *Comentários ao código de processo civil* de 1973. Tomo IX (arts. 566-611). Rio de Janeiro: Forense, 1976.

PONTES DE MIRANDA. *Comentários ao código de processo civil.* Tomo X. Rio de Janeiro: Forense, 1976.

PONTES DE MIRANDA. *Comentários ao código de processo civil.* Tomo I (arts. 1º-45). 2ª ed. Rio de Janeiro: Editor Forense, 1979.

PONTES DE MIRANDA. *Comentários ao código de processo civil.* 2ª ed. Tomo VII. Rio de Janeiro: Forense, s/d.

PONTES DE MIRANDA. *Comentários ao código de processo civil.* Tomo I (arts. 1º-79). 2 ed., São Paulo: Ed. Forense, 1957.

PONTES DE MIRANDA. *Comentários ao código de processo civil.* Tomo III. Rio de Janeiro: Forense, 1973.

PONTES DE MIRANDA. *Comentários ao código de processo civil.* Tomo IV (arts. 282-443). 2ª Ed., Rio de Janeiro: Forense, 1979.

PONTES DE MIRANDA. *Comentários ao código de processo civil.* Tomo XIV (arts. 982-1.045). Rio de Janeiro: Forense, 1977.

PPONTES DE MIRANDA. *Comentários ao código de processo civil.* Tomo XI (arts. 736-795). Rio de Janeiro: Forense, 1976.

PONTES DE MIRANDA. *Tratado das ações.* Tomo I. São Paulo: Editora Revista dos Tribunais, 1970. PONTES DE MIRANDA. *Tratado das ações.* Tomo VI – ações mandamentais. São Paulo: Editora Revista dos Tribunais, 1976.

PORTANOVA, Rui. *Princípios do processo civil.* 4ª Ed. Porto Alegre: Livraria do Advogado, 2001.

PRADO, Geraldo. *Sistema acusatório* – a conformidade constitucional das leis processuais penais. Rio de Janeiro: Ed. Lúmen Júris, 1999.

PRIETO-CASTRO Y FERRÁNDIZ, Leornardo. Tribunales españoles – organización y funcionamiento. 4. ed., Madrid: Ed. Tecnos, 1977.

PUBLIATTI, Salvatore. *Esecuzione forzata e diritto sostanziale.* N. 32, Milano: Giuffrè, 1935.

PUGLIATTI, Salvatore. *Esecuzione forzata e diritto sostanziale,* Milão, 1935.

PUGLIESE, Giovanni. Introdução realizada à obra de WINDSCHEID, Bernhard; MUTHER, Theodor. *Polemica sobre la 'actio'.* Trad. Tomás A. Banzhaf. Buenos Aires: Ediciones Jurídicas Europa-America, 1974.

RAFFAELLO, Magi. In *Il giusto proceso*. Associazione tra gli studiosi Del proceso penale. Milano: Dott. A. Giuffrè Editore, 1998.

RAWLS, John. *Uma teoria da justiça.* São Paulo: Martins Fontes, 2002.

RÉGIS, Mário Luiz Delgado. *In:* FIUZA, Ricardo (coordenador). *Novo código civil comentado.* São Paulo: Saraiva, 2002.

REIS, José Alberto dos. *Código de Processo Civil portuguès: Anotado,* 3ª ed., Coimbra: Coimbra, 1948, p. 5, n. 3.

REIS, José Alberto. *Processo especiais.* 1º Vol. Coimbra, 1955.

RESK. Lloveras de. *Tratado teórico – práctico de las nulidades.* Buenos Aires: Ediciones Depalma, 1985. Revista dos Tribunais, 2002.

REZEK, Francisco. *Direito internacional público – curso elementar.* 12ª ed., São Paulo: Editora Saraiva, 2010.

REZENDE, Gabriel de. *Curso de direito processual civil.* São Paulo: Ed. Saraiva, 1963. v. II.

RIPERT, Georges; BOULANGER, Jean. *Tratado de derecho civil.* Tomo I, Parte General. Buenos Aires: La Ley, s/d.

RODRIGUES, Fernando Pereira. *O novo Processo Civil – os princípios estruturantes.* Coimbra: Almedina, 2013.

RODRIGUES, Marcelo Abelha. *Ação civil pública e meio ambiente.* São Paulo: Forense Universitária, 2003.

RODRIGUES, Maria Stella Villela Souto Lopes. *ABC do processo civil – processo de conhecimento.* São Paulo: Editora Revista dos Tribunais, 1983.

RODRIGUES, Silvio. *Direito civil.* Direito de família. 27ª ed. Vol. 6. São Paulo: Ed. Saraiva, 2002.

ROSA, Eliézer. *Dicionário de processo civil.* Vbo. "Audiência de Instrução".

ROSAS, Roberto. Suprema corte Americana: acompanhamento da realidade política e econômica. *In Arquivos do Ministério da Justiça.* ano 49, número 187, janeiro/junho de 1996.

ROSENBERG, Leo. *Tratado de derecho procesal civil.* Trad. Angela Romera Vera. Tomo II. Buenos Aires: Ediciones Juridicas Europa-America, 1955.

ROSENBERG, Leo. *Tratado de derecho procesal civil.* Trad. Angela Romera Vera. Tomo I. Buenos Aires, 1955.

ROWAT, Donald C. *El ombudsman – el defensor del ciudadano.* México: Fondo de Cultura Económica, 1973.

RUGGIERO, Roberto de. *Instituições de direito civil.* Vol. 2. Campinas: Bookseller Editora e Distribuidora, 1999.

RUGGIERO, Roberto. *Instituições de direito civil.* Trad. Paolo Capitanio. Vol. 3. Campinas: Bookseller, 1999.

RUGGIERO, Roberto. *Instituições de direito civil.* Trad. Paolo Capitanio. Vol. 3. Campinas: Bookseller, 1999.

SALES, Lilia Maia de Moraes. *Justiça e mediação de conflitos.* Belo Horizonte: Del Rey, 2003

SANCHES, Sydney. *Denunciação da lide no direito processual civil brasileiro.* São Paulo: Editora Revista dos Tribunais.

SANTOS, Ernani Fidélis dos. *Comentários ao código de processo civil.* Vol. 6. Série 6. n. 230. Rio de Janeiro: Forense.

SANTOS, Ernani Fidélis. *Manual de direito processual civil.* 5ª ed. Vol. 1. São Paulo: Editora Saraiva, 1997.

SANTOS, ERNANI FIDELIS. *Novos perfis do processo civil brasileiro* Belo Horizonte: Del Rey, 1996. SANTOS, Gildo dos. Imissão na posse. Aspectos processuais. *In* vol. *Posse e Propriedade.* Org. Yussef Said Cahali, São Paulo, 1987.

SANTOS, Moacyr Amaral Santos. *Comentários ao código de processo civil.* Vol. IV. Rio de Janeiro: Ed. Forense, 1976.

SANTOS, Moacyr Amaral. *Primeiras linhas do direito processual civil.* São Paulo: Ed. Max Limonad, 1962. v. 2.

SANTOS, Moacyr Amaral. *Comentário ao código de processo civil (1973).* IV vol. (art. 332 a 475). Rio de Janeiro: Forense, 1976.

SANTOS, Moacyr Amaral. *Comentário ao código de processo civil (1973).* IV vol. (art. 332 a 475). Rio de Janeiro: Forense, 1976.

SANTOS, Moacyr Amaral. *Da reconvenção no direito brasileiro.* 4ª ed. São Paulo: Max Limonad, 1973.

SARLET, Ingo W. *A eficácia dos direitos fundamentais.* 5ª ed. Porto Alegre: Livraria do Advogado, 2005.

Satta, Salvatore. Astensione del giudice. In Enciclopedia del diritto. Tomo III. Milan: Editora Giuffrè, 1958.

Satta, Salvatore. . *Direito processual civil.* Trad. de Luiz Autuori. 7. Ed., Rio de Janeiro: Editor Borsoi, 1973.

Schmidt, Eberhard. *Los fundamentos teóricos y constitucionales del derecho procesal penal.* Trad. José Manuel Nuñez. Buenos Aires: Bibliografia Argentina, 1957.

Schönke, Adolf. *Direito processual civil.* Revisão de Afonso Celso Rezende: Campinas: Editora Romana, 2003.

Schubert, *Quantitative analisis of judicial behavior,* Glencoe, Illinois, 1959

Schwab, Karl Heinz. *El objeto litigioso en el proceso civil.* Trad. Tomás A. Banzhaf. Buenos Aires: Ediciones Jurídicas Europa-America, 1968.

Scognamiglio. Renato. *Contributo alla teoria del negozio giuridico,* Napoli: Jovene, s/d. n. 137,

See Samuel Krslov. 'The Amicus Curiae Brief: From Friendship to Advocacy'. Vol. 72 (1963) *Yale Law Journal.*

See Stephen L. Wasby, 'Amicus Briel', included in Kermit L. Hall, edtor-in-chiefl. *The Oxford Companion to the Supremo Court of the United States.* (Oxford: Oxford university Press, 1992)

Serpa Lopes, Maria Miguel de. *Curso de direito civil.* 6ª ed., Vol. I. Rio de Janeiro: Livraria Freitas Bastos S.A., 1988.

Serpa Lopes, Miguel Maria de. *Comentários à lei de introdução ao código civil.* 2ª ed. Vol. I, São Paulo: Livraria Freitas Bastos, 1959.

Serpa Lopes, Miguel Maria de. *Exceções substanciais: exceção de contrato não cumprido.* Rio de Janeiro: Livraria Freitas Bastos S.A., 1959.

Serpa Lopes, Miguel Maria. *Curso de direito civil.* 6. Ed. Vol. 1. Rio de Janeiro: Livraria Freitas Bastos S.A., 1988.

Serpa Lopes, Miguel Maria. *Curso de direito civil.* Vol. III. 4ª Ed., rev. e atual. Rio de Janeiro: Livraria Freitas Bastos, 1964.

Siches, Luis Recaséns. *Introdução ao estudo do direito.* 12 ed. México: Editorial Porrua, 1997.

Silva, De Plácido, *Vocabulário jurídico.* Rio de Janeiro: Forense, 1984. v. IV,.

Silva, Ovídio Baptista. *Curso de direito processual civil.* Vol. II, Porto Alegre: Fabris, 1990,

Sousa. Rabindranath V. A. Capelo. *O direito geral de personalidade.* Coimbra: Coimbra Editora, 1995. Gabliano, Pablo Stolze; Pamplona Filho, Rodolfo. *Novo curso de direito civil.* Parte Geral. Vol. I. 10ª Ed. São Paulo: Editora Saraiva, 2008.

Souza, Artur César de. *Contraditório e revelia – perspectiva crítica dos efeitos da revelia em face da natureza dialética do processo.* São Paulo: Ed. Revista dos Tribunais, 2003.

SOUZA, Artur César. *A parcialidade positiva do juiz*. São Paulo. Editora: Revista dos Tribunais, 2008.

SOUZA, Ernani Vieira, *Enciclopédia Saraiva de Direito*. São Paulo: Saraiva, 1977, v. 36,

SOUZA, Gelson Amaro. Da revelia. *RePro, n. 80,* São Paulo, out.-dez. 1995.

SOUZA, Orlando. *Inventários e partilhas – doutrina – jurisprudência – formulários*. 11ª ed. Rio de Janeiro: Forense, 1984.

STARLING, Leão Vieira. *Inventários e partilhas*. 3ª ed. São Paulo: Saraiva, 1947.

SZTAJN, Raquel. *Direito de recesso,* Faculdade de Direito da USP, 1982.

TABOSA, FÁBIO, *in: Código de processo civil interpretado*. Coord. Antonio Carlos Marcato, São Paulo, Ed. Atlas, 2004.

TARUFFO, Michele. Il significato costituzionale dell'obbligo di motivazione. In: GRINOVER, Ada Pellegrini; DINAMARCO, Cândido Rangel; WATANABE, Kazuo (coord..). *Participação e processo*. São Paulo: RT, 1988.

TARUFFO, Michele. *La motivación de la sentencia civil*. Trad. Lorenço Córdova Vianello. México: Tribunal Electoral del Poder Judicial de la Federación, 2006.

TARUFFO, Michele. *La prueba de los hechos*. Trad. Jordi Ferrrer Bletrán. Madri: Editorial Trotta, 2005.

TARZIA, Giuseppe. *Lineamenti del processo civile di cognizione*. Seconda edizione. Milano: Dott. A. Giuffre Editore, 2002.

TEIXEIRA, J. H. Mirelles. *Curso de direito constitucional*. Rio de Janeiro: Forense, 1991. p. 315.

TELLES. Inocêncio Galvão. *Manual dos contratos em geral*. Coimbra: Coimbra Editora, 2002.

TESCHEINER, José Maria. Ata notarial como meio de prova – uma revolução no processo civil. *In: Boletim eletrônico IRIB,* São Paulo, agosto de 2004, n. 1.259 de 26.08.2004.

TESHEINER. José Maria. *Pressupostos processuais e nulidades no processo civil*. São Paulo: Editora Saraiva, 2000.

THEODORO JÚNIOR, Humberto. *Curso de direito processual civil*. 32ª ed., Vol. I Rio de Janeiro: Forense, 2000.

THEODORO JÚNIOR, Humberto. *Curso de direito processual civil*. 18. ed., Rio de Janeiro: Forense, 1999, v. 3.

THEODORO JÚNIOR. Humberto. *Terras particulares, demarcação, divisão, tapumes*. 4ª ed. São Paulo: Editora Saraiva, 1999.

TOMASZEWSKI, Adauto de Almeida. A ata notarial como meio de prova e efetivação de direitos. *Revista Cien. Jurídica e Sociológica da Unipar,* Umuara, vol. 11, n. 1, p. 7-23, jan./jun., 2008.

TONINI, Paolo. *Manuale di procedura penale*. Milano: Giuffrè Editore, 2007.

Tornaghi, Hélio. *Comentários ao código de processo civil.* 2ª ed., São Paulo: Ed. Revista dos Tribunais, 1976.

Tucci, Rogério Lauria. *Da contumácia no processo civil brasileiro.* São Paulo: Ed. José Bushatsky, 1964.

Tucci, Rogério Lauria. *Direitos e garantias individuais no processo penal brasileiro.* São Paulo: Saraiva, 1993.

Umbertis, Giulio. in Il giusto processo. Associazione tra gli studiosi del processo penale. Milano: Dott. A. Giuffrè Editore, 1998.

Vasconcelos, Julenildo Nunes. Cruz, Antonio Augusto. *Direito notarial: teoria e prática.* Rio de Janeiro: Forense, 2006.

Veloso, Zeno. *In:* Fiuza, Ricardo (Coordenador). *Novo código civil comentado.* São Paulo: Saraiva, 2002.

Venosa, Sílvio Salvo. *Direito civil.* 9ª ed. Teoria geral das obrigações e teoria geral dos contratos. São Paulo: Editora Atlas, 2009.

Venosa. Sílvio de Salvo. *Direito civil.* 7ªed. São Paulo: Editora Atlas, 2007.

Verde, Filippo. *I provvdimenti cautelari – la nuova disciplina.* Padova: CEDAM, 2006.

Verde, Giovanni; Capponi, Bruno. *Proffili del processo civile.* 3. Processo di esecuzione e procedimenti speciali. Napoli: Jovene, 2006.

Verde, Giovanni; Capponi, Bruno. *Profili del processo civile* 3. Processo di esecuzione e procedimenti speciali . Napoli: Jovene Editore, 2006.

Verde, Giovanni; Capponi, Bruno. *Profili del processo civile.* 3. Processo di esecuzione e procedimenti speciali. Napoli: Jovene Editore, 2006.

Verde, Giovanni; Capponi, Bruno. *Profili del processo civile.* Napoli: Jovene Editore, 2006.

Veronese, Alexandre. O terceiro poder em crise: impasses e saídas; *Cadernos Adenauer*, Ano III, 2002, n. 06, Rio de Janeiro: Ed. Fundação Konrad.

Viagas Bartolomé. Plácido Fernández. El juez imparcial. Granada: Editorial Comares, 1997.

Wambier, Luis Rodrigues (Coordenação); Talamini, Eduardo; Correia de Almeida. Flávio Renato Correia. *Curso avançado de processo civil.* Teoria geral do processo e processo de conhecimento. V. 1. 10ª ed., São Paulo: Ed. R.T., 2008.

Wambier, Luiz Rodrigues (Coord). *Curso avançado de processo civil.* 9º e. Vol. 2. Execução. São Paulo: Editora Revista dos Tribunais, 2007.

Wambier, Luiz Rodrigues; Wambier, Teresa Arruda Alvim. *Breves comentários à 2º fase da reforma do Código de Processo Civil.* 2ª ed. São Paulo: Editora Revista dos Tribunais, 2002.

Wambier, Luiz Rodrigues; Wambier, Teresa Arruda Alvim. *Breves comentários à 2ª fase da reforma do código de processo civil.* 2ª ed. São Paulo: Editora Revistas dos Tribunais, 2002, p. 131.

WAMBIER, Teresa Alvim; MEDINA, José Miguel Garcia. *O dogma da coisa julgada – hipóteses de relativização*. São Paulo: Editora Revista dos Tribunais, 2003.

WAMBIER, Teresa Arruda Alvim. *Direitos de família e do menor*. 3ª ed. Belo Horizonte: Del Rey, 1993. WAMBIER, Teresa Arruda Alvim. *Nulidades do processo e da sentença*. São Paulo, R.T., 1998.

WAMBIER, Teresa Arruda Alvim. *Os agravos no CPC brasileiro*. 4ª ed. São Paulo: Editora Revista dos Tribunais, 2005.

WAMBIER, Teresa Arruda. *Os agravos no CPC brasileiro*. 4ª Ed., São Paulo: Editora Revista dos Tribunais, 2006.

WAMBIER. Luiz Rodrigues. *Curso avançado de processo civil*. V. 1. Teoria Geral do Processo e Processo de Conhecimento, 10ª edição, revista, atualizada e ampliada. São Paulo: Ed. R.T., 2008.

WATANABE, Kazuo. *Da cognição no processo civil*. 2. ed. 2. Tiragem. Campinas: Bookseller, 2000.

WATANABE, Kazuo. *Da cognição no processo civil*. São Paulo: Revista dos Tribunais, 1987.

WELLMAN, Francis L. *The art of cross-examination*. Fourth edition. New York: Touchstone Book, 1997.

WHITAKER, Firmino. *Terras: divisão e demarcação*. 2ª ed., 1920.

YARSHELL, Flavio Luiz. *Competência no Estatuto do Idoso (lei n. 10.741/03)*, In: http://www.mundo jurídico.adv.br. 29.12.2004.

YARSHELL, Flávio Luiz. *Tutela jurisdicional específica nas obrigações de declaração de vontade*. São Paulo: Malheiros, 1993.

YARSHELL, Flávio Luiz. *Tutela jurisdicional*. São Paulo: Atlas, 1998.

ZANITELLI, Leandro Martins. Abuso da pessoa jurídica e desconsideração. *In* Org. COSTA-MARTINS, Judith. *A reconstrução do direito privado*. São Paulo. Editora Revista dos Tribunais, 2002.

ZANZUCCHI, Marco Tullio. *Diritto processuale civile*. vol. I, 4ª ed., Milano: Giuffrè, 1948.

ZANZUCCHI. Marco Túlio. *Diritto processuale civile*, Milão, 1946, Tomo III.

ZAVASCKI, Teori Albino. *Comentários ao código de processo civil*. Vol.8. São Paulo: Ed. Revista dos Tribunais, 2000.

ZAVASCKI. Teori Albino. *Tutela de tutela*. São Paulo: R.T., 1997.

ZOCCOLI, Dinemar. Autenticidade e integridade dos documentos eletrônicos: a firma eletrônica. *IN:* ROVER, Aires José (Org). *Direito, Sociedade e Informática: limites e perspectivas da vida digital*. Florianópolis: Fundação Boiteux, 2000.

TABELA COMPARATIVA DO NOVO C.P.C. COM O C.P.C. DE 1973 E COM CÓDIGOS ESTRANGEIROS

NOVO CPC	CPC 1973	CPC PORTUGAL	CPC ITÁLIA	CPC ESPANHA
Art. 318	Art. 272 Art. 598	Art. 546		Art. 248
Art. 319	Art. 282		Art. 414	Art. 399
Art. 320	Art. 283			
Art. 321	Art. 284			
Art. 322	Art. 286			
Art. 323	Art. 290			
Art. 324	Art. 286			
Art. 325	Art. 288			
Art. 326	Art. 289			
Art. 327	Art. 292			
Art. 328	Art. 291			
Art. 329	Art. 294	Art. 264 Art. 265		Art. 400
Art. 330	Art. 295	Art. 186		
Art. 331	Art. 296			
Art. 332	Art. 285-A			
Art. 333				
Art. 334	Art. 331	Art. 591		Art. 414 Art. 415
Art. 335	Art. 297 Art. 298	Art. 569	Art. 167	Art. 405

NOVO CPC	CPC 1973	CPC PORTUGAL	CPC ITÁLIA	CPC ESPANHA
Art. 336	Art. 300	Art. 571 Art. 573		Art. 405
Art. 337	Art. 301			
Art. 338				
Art. 339				
Art. 340	Art. 304			
Art. 341	Art. 302	Art. 574	Art. 167	Art. 405
Art. 342	Art. 303	Art. 573		
Art. 343	Art. 315 Art. 316 Art. 317	Art. 93 Art. 266 Art. 583		
Art. 344	Art. 319	Art. 567	Art. 290	Art. 497
Art. 345	Art. 320	Art. 568		
Art. 346	Art. 322		Art. 292 Art. 294	Art. 497
Art. 347	Art. 323			Art. 414
Art. 348	Art. 324			
Art. 349				
Art. 350	Art. 326	Art. 584		
Art. 351	Art. 327	Art. 585		
Art. 352	Art. 327	Art. 590		
Art. 353	Art. 328			
Art. 354	Art. 329			
Art. 355	Art. 330	Art. 591		
Art. 356			Art. 186-bis	
Art. 357	Art. 331	Art. 595		
Art. 358	Art. 450			
Art. 359	Art. 448	Art. 604		
Art. 360	Art. 445	Art. 602	Art. 127	
Art. 361	Art. 452			
Art. 362	Art. 453	Art. 592		
Art. 363				
Art. 364 Art. 365	Art. 454 Art. 455	Art. 606		

NOVO CPC	CPC 1973	CPC PORTUGAL	CPC ITÁLIA	CPC ESPANHA
Art. 366	Art. 456	Art. 607		
Art. 367	Art. 457		Art. 130	
Art. 368	Art. 444	Art. 606	Art. 128	
Art. 369	Art. 332			Art. 281
Art. 370			Art. 184	Art. 282
Art. 371				
Art. 372				
Art. 373	Art. 333			
Art. 374	Art. 334	Art. 412		
Art. 375	Art. 335			
Art. 376	Art. 337			
Art. 377	Art. 338			
Art. 378	Art. 339	Art. 417		
Art. 379	Art. 340			
Art. 380	Art. 341			
Art. 381	Art. 846	Art. 419	Art. 692	
Art. 382	Art. 848	Art. 420	Art. 693	
Art. 383	Art. 851	Art. 78		
Art. 384				
Art. 385	Art. 342 Art. 343	Art. 452		Art. 301
Art. 386	Art. 345	Art. 459		Art. 304 Art. 307 Art. 309
Art. 387	Art. 346	Art. 461		Art. 305
Art. 388	Art. 347	Art. 454		
Art. 389	Art. 348	Art. 46	Art. 228	
Art. 390	Art. 349		Art. 228 Art. 229	
Art. 391	Art. 350	Art. 288		
Art. 392	Art. 351	Art. 46		
Art. 393	Art. 352 Art. 353	Art. 291		
Art. 394				
Art. 395	Art. 354			

NOVO CPC	CPC 1973	CPC PORTUGAL	CPC ITÁLIA	CPC ESPANHA
Art. 396	Art. 355	Art. 429		Art. 328
Art. 397	Art. 356			
Art. 398	Art. 357	Art. 431		
Art. 399	Art. 358			Art. 332
Art. 400	Art. 359	Art. 430 Art. 433 Art. 434 Art. 437		Art. 329
Art. 401	Art. 360	Art. 432	Art. 210 Art. 211	Art. 330
Art. 402	Art. 361	Art. 432		
Art. 403	Art. 362	Art. 433 Art. 437		
Art. 404	Art. 363	Art. 434		
Art. 405	Art. 364	Art. 318 Art. 319		
Art. 406	Art. 366			Art. 322
Art. 407	Art. 367			
Art. 408	Art. 368			Art. 326
Art. 409	Art. 370			
Art. 410	Art. 371			
Art. 411	Art. 369			
Art. 412	Art. 372 Art. 373			
Art. 413	Art. 374			
Art. 414	Art. 375			
Art. 415	Art. 376			
Art. 416	Art. 377			
Art. 417	Art. 379 Art. 380	Art. 435		Art. 327
Art. 418	Art. 379			
Art. 419	Art. 380			
Art. 420	Art. 381	Art. 435		Art. 327
Art. 421	Art. 382			
Art. 422	Art. 383	Art. 428		
Art. 423	Art. 384			

NOVO CPC	CPC 1973	CPC PORTUGAL	CPC ITÁLIA	CPC ESPANHA
Art. 424	Art. 385			Art. 274 Art. 276
Art. 425	Art. 385			Art. 318
Art. 426	Art. 386			
Art. 427	Art. 387			
Art. 428	Art. 388			Art. 320
Art. 429	Art. 389			
Art. 430	Art. 390	Art. 444	Art. 221	
Art. 431	Art. 391		Art. 221	
Art. 432	Art. 392	Art. 445 Art. 448		
Art. 433	Art. 395	Art. 450	Art. 225 Art. 226 Art. 227	
Art. 434	Art. 396	Art. 423 Art. 425 Art. 426		
Art. 435	Art. 397	Art. 425		
Art. 436	Art. 398	Art. 427		
Art. 437				
Art. 438	Art. 399	Art. 436		
Art. 439				
Art. 440				
Art. 441				
Art. 442	Art. 400			Art. 360
Art. 443	Art. 400			
Art. 444	Art. 401 Art. 402			
Art. 445	Art. 402			
Art. 446	Art. 404			
Art. 447	Art. 405	Art. 495 Art. 496 Art. 497	Art. 246 Art. 247 Art. 248	Art. 361
Art. 448	Art. 406		Art. 249	
Art. 449				Art. 364
Art. 450	Art. 407	Art. 498		Art. 362

NOVO CPC	CPC 1973	CPC PORTUGAL	CPC ITÁLIA	CPC ESPANHA
Art. 451	Art. 408	Art. 510		
Art. 452	Art. 409	Art. 499		
Art. 453	Art. 410	Art. 500		
Art. 454	Art. 411	Art. 503 Art. 504 Art. 505		
Art. 455	Art. 412	Art. 507	Art. 250	
Art. 456	Art. 413	Art. 512		
Art. 457	Art. 414	Art. 513 Art. 514 Art. 515 Art. 521 Art. 522	Art. 251 Art. 252	Art. 365 Art. 367
Art. 458	Art. 415	Art. 513	Art. 251	
Art. 459	Art. 416	Art. 516	Art. 253	Art. 368
Art. 460	Art. 417			Art. 374
Art. 461	Art. 418	Art. 523 Art. 524		Art. 373
Art. 462	Art. 419	Art. 525		Art. 375
Art. 463	Art. 419			
Art. 464	Art. 420	Art. 467 Art. 468	Art. 191	
Art. 465	Art. 421	Art. 469	Art. 191	
Art. 466	Art. 422	Art. 469		
Art. 467	Art. 423	Art. 470 Art. 471	Art. 192	
Art. 468	Art. 424		Art. 196	
Art. 469	Art. 425	Art. 485		
Art. 470	Art. 426			
Art. 471				
Art. 472	Art. 427			
Art. 473				
Art. 474	Art. 431-A	Art. 478		
Art. 475	Art. 431-B			
Art. 476	Art. 432	Art. 483		

NOVO CPC	CPC 1973	CPC PORTUGAL	CPC ITÁLIA	CPC ESPANHA
Art. 477	Art. 433	Art. 484 Art. 485 Art. 486		
Art. 478	Art. 434			
Art. 479	Art. 436			
Art. 480	Art. 437 Art. 438 Art. 439	Art. 487 Art. 488 Art. 489		
Art. 481	Art. 440	Art. 490		Art. 353
Art. 482	Art. 441	Art. 492		Art. 354 Art. 356 Art. 357
Art. 483	Art. 442			
Art. 484	Art. 443	Art. 493		Art. 358
Art. 485	Art. 267	Art. 277 Art. 278		
Art. 486	Art. 268	Art. 279 Art. 282		
Art. 487	Art. 269	Art. 277 Art. 278		
Art. 488	Art. 249			
Art. 489	Art. 458	Art. 607	Art. 275	Art. 434
Art. 490	Art. 459	Art. 608	Art. 277	
Art. 491	Art. 460		Art. 278	
Art. 492	Art. 460	Art. 609		
Art. 493	Art. 462	Art. 611		
Art. 494	Art. 463	Art. 614		
Art. 495	Art. 466			
Art. 496	Art. 475			
Art. 497	Art. 461			
Art. 498	Art. 461-A			
Art. 499				
Art. 500				
Art. 501	Art. 466-A Art. 466-B Art. 466-C			
Art. 502	Art. 467	Art. 619		

NOVO CPC	CPC 1973	CPC PORTUGAL	CPC ITÁLIA	CPC ESPANHA
Art. 503	Art. 468	Art. 621		
Art. 504	Art. 469 Art. 470			
Art. 505	Art. 471	Art. 619		
Art. 506	Art. 472	Art. 622		
Art. 507	Art. 473			
Art. 508	Art. 474			
Art. 509	Art. 475-A Art. 475-B Art. 475-C	Art. 358 Art. 359		
Art. 510	Art. 475-D	Art. 361		
Art. 511	Art. 475-F			
Art. 512	Art. 475-A			
Art. 513	Art. 475-I	Art. 712		
Art. 514	Art. 572			
Art. 515	Art. 475-N	Art. 703		
Art. 516	Art. 475-P			
Art. 517				
Art. 518				
Art. 519				
Art. 520	Art. 475-O			Art. 524 Art. 528
Art. 521	Art. 475-O			Art. 526
Art. 522	Art. 475-O			
Art. 523	Art. 475-I Art. 475-J			Art. 549 Art. 551 Art. 553 Art. 554
Art. 524	Art. 475-J			Art. 550
Art. 525	Art. 475-L			
Art. 526				
Art. 527	Art. 475-R			
Art. 528	Art. 732 Art. 733 Art. 735	Art. 933		
Art. 529	Art. 734	Art. 933		

NOVO CPC	CPC 1973	CPC PORTUGAL	CPC ITÁLIA	CPC ESPANHA
Art. 530				
Art. 531				
Art. 532				
Art. 533				
Art. 534				
Art. 535	Art. 730			
Art. 536	Art. 461	Art. 868 Art. 876	Art. 612 Art. 613	Art. 705 Art. 706
Art. 537	Art. 461			Art. 711
Art. 538	Art. 461-A	Art. 859 Art. 861		Art. 701 Art. 702 Art. 703 Art. 704 Art. 709 Art. 710
Art. 539	Art. 890	Art. 916		
Art. 540	Art. 891			
Art. 541	Art. 892	Art. 916		
Art. 542	Art. 893	Art. 917		
Art. 543	Art. 894			
Art. 544	Art. 896	Art. 919		
Art. 545	Art. 899	Art. 921		
Art. 546	Art. 897			
Art. 547	Art. 895	Art. 922		
Art. 548	Art. 898	Art. 922		
Art. 549	Art. 900			
Art. 550	Art. 914 Art. 915	Art. 941	Art. 263 Art. 264	
Art. 551	Art. 917			
Art. 552	Art. 918			
Art. 553	Art. 919			
Art. 554	Art. 920	Art. 609	Art. 703	
Art. 555	Art. 921			
Art. 556	Art. 922			
Art. 557	Art. 923	Art. 595	Art. 704 Art. 705	

NOVO CPC	CPC 1973	CPC PORTUGAL	CPC ITÁLIA	CPC ESPANHA
Art. 558	Art. 924			
Art. 559	Art. 925			
Art. 560	Art. 926	Art. 377		
Art. 561	Art. 927			
Art. 562	Art. 928			
Art. 563	Art. 929			
Art. 564	Art. 930			
Art. 565				
Art. 566	Art. 931			
Art. 567	Art. 932			
Art. 568	Art. 933			
Art. 569	Art. 946		Art. 784	
Art. 570	Art. 947			
Art. 571			Art. 790	
Art. 572	Art. 948 Art. 949			
Art. 573				
Art. 574	Art. 950			
Art. 575	Art. 952			
Art. 576	Art. 953			
Art. 577	Art. 954			
Art. 578	Art. 955			
Art. 579	Art. 956			
Art. 580	Art. 957			
Art. 581	Art. 958			
Art. 582				
Art. 583				
Art. 584				
Art. 585	Art. 959 Art. 960 Art. 961 Art. 962 Art. 963 Art. 964			
Art. 586	Art. 965			

NOVO CPC	CPC 1973	CPC PORTUGAL	CPC ITÁLIA	CPC ESPANHA
Art. 587	Art. 966			
Art. 588	Art. 967	Art. 925	Art. 786	
Art. 589	Art. 968			
Art. 590				
Art. 591	Art. 970	Art. 927		
Art. 592	Art. 971			
Art. 593	Art. 973			
Art. 594	Art. 974			
Art. 595				
Art. 596	Art. 975			
Art. 597				
Art. 598	Art. 980			
Art. 599	Art. 1218	Art. 1068		
Art. 600				
Art. 601				
Art. 602				
Art. 603				
Art. 604				
Art. 605				
Art. 606				
Art. 607				
Art. 608				
Art. 609				
Art. 610	Art. 982		Art. 769 Art. 770	
Art. 611	Art. 983			
Art. 612	Art. 984			
Art. 613				
Art. 614	Art. 985 Art. 986			
Art. 615				
Art. 616	Art. 987 Art. 988			
Art. 617	Art. 990			Art. 798

NOVO CPC	CPC 1973	CPC PORTUGAL	CPC ITÁLIA	CPC ESPANHA
Art. 618	Art. 991			Art. 797 Art. 799 Art. 800
Art. 619	Art. 992			Art. 801 Art. 802 Art. 803
Art. 620	Art. 993			
Art. 621	Art. 994			
Art. 622	Art. 995			
Art. 623	Art. 996			
Art. 624	Art. 997			
Art. 625	Art. 998			
Art. 626	Art. 999			Art. 793
Art. 627	Art. 1000			Art. 794
Art. 628	Art. 1001			
Art. 629	Art. 1002			
Art. 630	Art. 1003			
Art. 631	Art. 1004			
Art. 632	Art. 1006			
Art. 633	Art. 1007			
Art. 634	Art. 1008			
Art. 635	Art. 1009			
Art. 636	Art. 1011			
Art. 637	Art. 1012			
Art. 638	Art. 1013			
Art. 639	Art. 1014			
Art. 640	Art. 1015			
Art. 641	Art. 1016			
Art. 642	Art. 1017			
Art. 643	Art. 1018			
Art. 644	Art. 1019			
Art. 645	Art. 1020			
Art. 646	Art. 1021			
Art. 647	Art. 1022			

NOVO CPC	CPC 1973	CPC PORTUGAL	CPC ITÁLIA	CPC ESPANHA
Art. 648				
Art. 649				
Art. 650				
Art. 651	Art. 1023			
Art. 652	Art. 1024			
Art. 653	Art. 1025			
Art. 654	Art. 1026			
Art. 655	Art. 1027			
Art. 656	Art. 1028			
Art. 657	Art. 1029			
Art. 658	Art. 1030			
Art. 659	Art. 1031			
Art. 660	Art. 1032			
Art. 661	Art. 1033			
Art. 662	Art. 1034			
Art. 663	Art. 1035			
Art. 664	Art. 1036			
Art. 665				
Art. 666	Art. 1037			
Art. 667	Art. 1038			
Art. 668	Art. 1039			
Art. 669	Art. 1040			
Art. 670	Art. 1041			
Art. 671	Art. 1042			
Art. 672	Art. 1043 Art. 1044			
Art. 673	Art. 1045			
Art. 674	Art. 1046	Art. 342 Art. 343	Art. 619 Art. 622	
Art. 675	Art. 1048	Art. 344	Art. 619	
Art. 676	Art. 1049	Art. 344		
Art. 677	Art. 1050	Art. 345 Art. 348	Art. 621	
Art. 678	Art. 1051	Art. 347		

NOVO CPC	CPC 1973	CPC PORTUGAL	CPC ITÁLIA	CPC ESPANHA
Art. 679	Art. 1.053	Art. 348		
Art. 680	Art.1.054			
Art. 681		Art. 349		
Art. 682	Art. 56	Art. 333		
Art. 683	Art. 57	Art. 334		
Art. 684	Art. 58	Art. 337		
Art. 685	Art. 59 Art. 60			
Art. 686	Art. 61			
Art. 687	Art. 1055	Art. 351		
Art. 688	Art. 1056	Art. 351		
Art. 689	Art. 1059			
Art. 690	Art. 1057	Art. 352 Art. 355		
Art. 691	Art.1.058	Art. 353 Art. 354		
Art. 692	Art.1.062			

ÍNDICE